建築設備
ハンドブック

紀谷文樹
酒井寛二
瀧澤　博
田中清治
松縄　堅
水野　稔
山田賢次

［編］

朝倉書店

序

「建築設備ハンドブック」が初めて出版されたのは，1959年であった．ようやく設備の重要性が認められ始めてきた頃で，「建物と設備はあたかも車の両輪のようなもので，この両者の完全な融合があってこそ完全な建築といえる」と序文に記されている．この書は，設計者・実務家向けの座右書として，「建築設備のほとんど全部門を網羅しかつ各項目相互のバランスを考え」て1冊にまとめられた総合的な書籍で，当時多くの設計者・実務家がこれによって学んだものである．その後1967年と，1981年に大幅な改訂がなされているが，その後時間が経過したことから，徐々に過去のものになりつつあった．

この書と同等の主旨を復活させるべく，2000年に朝倉書店から筆者が相談を受け，編集委員として加わっていただいた諸氏の絶大な賛同を得て，新しい版を起こすことになった．

時代は大きく変わり，地球環境や，都市環境との関わりの中で建築と建築設備を考えることが当然のこととして認識されるようになっている．また省エネルギー・省資源はもとより，安全性・機能性などのさまざまな評価を多角的に検討することが求められるようになってきている．したがって本書もそのような視点を踏まえて編集することとした．

さらに都市インフラの理解とビル管理への配慮を加え，建築設備の根幹としての空気調和設備，給排水衛生設備，電気設備も内容を吟味して編集することはもとより，情報・通信設備，防災・防犯設備を加え，材料と施工にも言及した．

諸般の事情により，刊行は当初の予定から大幅に遅れてしまったが，改めて原稿を推敲し，ここに出版の運びとなったことは大変喜ばしいことである．

編集委員各位には多大の熱意をもって企画から原稿の査読までをすすめていただいた．執筆者各位にはご多忙の中にもかかわらず，企画の主旨に添って原稿を纏めていただいた．ここに心より各位のご協力に感謝する次第である．また，朝倉書店の方々には終始大変ご苦労をいただいた．改めて御礼を申し上げたい．

現在は各種便覧をはじめ多くの出版物があるなか，最新の建築設備を総合的に網羅して1冊に纏めた本書が，建築と建築設備の設計者・実務家の座右書として活用されることを願っている．

2010年7月

編集委員を代表して　紀谷文樹

執筆者一覧

■編集委員

紀谷 文樹	東京工業大学名誉教授
酒井 寛二	中央大学教授
瀧澤 博	前 鹿島建設(株)
田中 清治	前(株)メック・ビルファシリティーズ
松縄 堅	日建設計総合研究所所長
水野 稔	大阪大学名誉教授
山田 賢次	山田技術士事務所所長

■執筆者(五十音順)

新井 博	前鹿島建設(株)	金子 千秋	鹿島建設(株)
荒木 和路	東京工業大学	神村 一幸	(独)国立環境研究所
有吉 淳	(株)竹中工務店	川瀬 貴晴	千葉大学
飯田 一嘉	ブリヂストンケービージー(株)	菅 秀俊	三菱電機(株)
石井 和則	三機化工建設(株)	神田 憲治	大成建設(株)
石川 昇	(株)日建設計	北村 規明	(株)ビルディング・パフォーマンス・コンサルティング
泉山 浩郎	鹿島建設(株)	木部 博志	新菱冷熱工業(株)
市橋 迪訓	大星ビル管理(株)	倉田 丈司	(株)INAX
井手 克則	新菱冷熱工業(株)	黒田 渉	(株)日本設計
伊藤 仁	前三菱地所(株)	小池 孜郎	SKO 技術士事務所
井上 一正	前高砂熱学工業(株)	小林 勝広	清水建設(株)
宇田川 光弘	工学院大学	小林 護	(株)日建設計
梅村 省三	日立造船(株)	是永 慈音	(株)JION
遠藤 正俊	矢崎電線(株)	近藤 保志	新菱冷熱工業(株)
大高 一博	(株)日建設計	近藤 純一	鹿島建設(株)
大谷 隆	三菱電機(株)	斎藤 満	前(株)大林組
大庭 正俊	(株)日本設計	栄 千治	(株)日建設計
小倉 正	(株)総合設備コンサルタント	佐藤 孝輔	(株)日建設計
小沢 真吾	鹿島建設(株)	佐藤 信孝	(株)日本設計
小原 直人	(株)ピーエーシー	佐藤 正章	鹿島建設(株)
掛田 健二	前日立造船(株)	塩谷 正樹	鹿島建設(株)
柏原 忠茂	鹿島建設(株)	清水 五郎	清水技術士事務所
加藤 信介	東京大学	下田 吉之	大阪大学

執筆者一覧

正田 良次	高砂熱学工業(株)	平山 昌宏	芝浦工業大学
白鳥 泰宏	(株)竹中工務店	昼間 和男	(株)大林組
鈴木 信二	(株)S&Sエンジニアリング	広嶋 和彦	新明和工業(株)
鈴村 明文	(株)伊藤喜三郎建築研究所	福本 啓二	(株)日建設計
曽武川 淳	新菱冷熱工業(株)	舟津 四郎	(株)山下設計
高田 秋一	前(株)荏原製作所	本多 敦	(株)日建設計
高津戸 昭夫	前高砂熱学工業(株)	前川 哲也	東京電力(株)
高山 博	清水建設(株)	松本 ちあき	新菱冷熱工業(株)
瀧澤 博	前鹿島建設(株)	馬渕 順三	清水建設((株))
立原 敦	前大成建設(株)	三海 正春	栗田工業(株)
田中 勝好	(株)西原ネオ	水上 邦夫	(株)エヌ・ワイ・ケイ
田中 昭司	清水建設(株)	水野 稔	大阪大学名誉教授
田中 清治	前(株)メック・ビルファシリティーズ	宮崎 友昭	(株)大林組
田中 良彦	(株)三菱地所設計	宮崎 久史	新菱冷熱工業(株)
田辺 新一	早稲田大学	明珍 邦彦	鹿島建設(株)
田村 富士雄	(株)久米設計	村岡 宏	(株)大林組
塚本 宏怡	前(株)日本設計	村上 正吾	大成建設(株)
土屋 欣治	(社)日本保温保冷工業協会	村上 三千博	高砂熱学工業(株)
寺門 泰男	日本メックス(株)	村田 博道	(株)森村設計
豊岡 直	東京ガス(株)	室山 浩二	三機工業(株)
西塚 栄	新明和工業(株)	山岸 勝己	前新菱冷熱工業(株)
野原 孝之	NTTビジネスアソシエ(株)	山崎 和生	(株)西原衛生工業所
野原 文男	(株)日建設計	山田 賢次	山田技術士事務所
芳賀 康寿	新菱冷熱工業(株)	横山 正博	(株)日建設計
橋村 哲夫	新菱冷熱工業(株)	渡辺 義公	北海道大学
橋本 健	前新菱冷熱工業(株)	渡辺 悦朗	新菱冷熱工業(株)
花畠 玲	(株)ウッドノート	渡辺 健一郎	芝浦工業大学
浜田 晃爾	(株)山武	渡邊 隆生	新菱冷熱工業(株)
日沖 正行	鹿島建設(株)		

目　次

第Ⅰ編　建築設備計画原論

1. 建築環境システムと設備 ……………[水野　稔]… 1
    1.1 建築環境関連システムと設備技術 …………… 1
    1.2 室内環境適正化手法の多様性 ………………… 4
    1.3 総合的環境計画 …………………………………… 5

2. 現状認識と今後の課題 ………………[水野　稔]… 7
    2.1 建築環境システムと資源・環境の関係の変遷 …………………………………………… 7
    2.2 視野の拡張の必要性 …………………………… 7
    2.3 ライフサイクルエンジニアリングの必要性 … 8

3. 都市代謝システムと建築設備
    ………………………………[水野　稔・下田吉之]… 10
    3.1 都市代謝システムの実態 ……………………… 10
    3.2 都市代謝システムと建築設備の位置づけ …… 12
    3.3 都市代謝システムの総合マネジメントと建築設備 …………………………………………… 14

4. 設備システム評価の適正化
    ………………………………[水野　稔・下田吉之]… 16
    4.1 多様な評価指標 ………………………………… 16
    4.2 ライフサイクル評価とその手順 ……………… 19
    4.3 総合評価の必要性と事例 ……………………… 20

第Ⅱ編　設備計画の基礎

1. 設備計画・設計の進め方 …………[北村規明]… 24
    1.1 設備計画・業務フロー ………………………… 24
    1.2 設備設計業務内容 ……………………………… 28

2. 計画・設計方針の決定 ……………[北村規明]… 29
    2.1 条件設定 ………………………………………… 29
    2.2 プロジェクトの構想と目標設定 ……………… 31
    2.3 コストプランニング …………………………… 41
    2.4 計画設計スケジュール ………………………… 42

3. 建築計画 ……………………………………………… 43
    3.1 建築計画と設備計画 …………[塚本宏怡]… 43
    3.2 設備スペース配置計画 ………[黒田　渉]… 44
    3.3 サステナブルビルの総合評価手法
          ……………………………………[佐藤正章]… 57

4. 設備計画 ……………………………………………… 62
    4.1 地球環境 ……………[立原　敦・村上正吾]… 62
    4.2 居住環境と快適性 …[立原　敦・村上正吾]… 64
    4.3 省エネルギー・省資源
          ……………………[立原　敦・村上正吾]… 65
    4.4 ライフサイクル計画 …………………………… 73
        4.4.1 評価診断 …………………[近藤純一]… 73
        4.4.2 形　成 ……………………[日沖正行]… 75
        4.4.3 運　営 ……………………[日沖正行]… 78
        4.4.4 保全・リニューアル ……[近藤純一]… 80
    4.5 安全性と耐震 ………………[水上邦夫]… 82
    4.6 信頼性と性能保証 …………[泉山浩郎]… 86
    4.7 利便性とフレキシビリティ …[瀧澤　博]… 88
    4.8 高齢者対応 …………………[明珍邦彦]… 89
    4.9 情報化対応 …………………[小林勝広]… 91
    4.10 生産施設環境 ……………[小沢真吾]… 94

4.11	VE ……………………………[柏原忠茂]… 97	4.12.1	風力 ……………………………[金子千秋]… 99
4.12	自然エネルギー …………………………… 99	4.12.2	太陽光発電 …………………[塩谷正樹]… 100

第Ⅲ編　都市インフラと汎用設備

1. **都市設備** ………………………………… 104
   - 1.1 上水道施設 ………………[渡辺義公]… 104
   - 1.2 下水道施設 ………………[渡辺義公]… 113
   - 1.3 電力供給設備 ……………[前川哲也]… 121
   - 1.4 都市ガス供給設備 ………[荒木和路]… 126
   - 1.5 地域冷暖房施設 …………[小池孜郎]… 128
   - 1.6 廃棄物処理設備 ……[掛田健二・梅村省三]… 131
   - 1.7 通信設備 …………………[野原孝之]… 136

2. **ガス設備（都市ガス）** …………[豊岡　直]… 140
   - 2.1 都市ガスの種類 ……………………… 140
   - 2.2 都市ガスの圧力 ……………………… 140
   - 2.3 内　管 ………………………………… 141

3. **コージェネレーション設備** ………[斎藤　満]… 150
   - 3.1 システム構成機器 …………………… 151
   - 3.2 電力供給システム …………………… 153
   - 3.3 廃熱回収・利用システム …………… 154
   - 3.4 コージェネレーションの効率と省エネルギー性 ……………………………………… 154
   - 3.5 コージェネレーションの計画と設計 ……… 155

4. **太陽熱利用設備** ………………[宇田川光弘]… 158
   - 4.1 建築における太陽エネルギー利用 ……… 158
   - 4.2 太陽熱集熱器 ………………………… 158
   - 4.3 太陽熱給湯 …………………………… 160
   - 4.4 太陽熱暖房 …………………………… 161
   - 4.5 太陽熱冷房・除湿システム ………… 162

5. **自動制御設備** …………………[神村一幸]… 164
   - 5.1 自動制御の概要 ……………………… 164
   - 5.2 自動制御システム …………………… 168
   - 5.3 制御パラメータの調整 ……………… 172

6. **搬送設備** ………………………………… 174
   - 6.1 エレベータ ………[大谷　隆・菅　秀俊]… 174
   - 6.2 エスカレータ設備 …[大谷　隆・菅　秀俊]… 180
   - 6.3 物品搬送設備 ……………[鈴木信二]… 182
   - 6.4 機械駐車設備 ……………[広嶋和彦]… 185

7. **ビル管理設備** …………………………… 188
   - 7.1 基本事項 …………………[伊藤　仁]… 188
   - 7.2 運転管理設備 ……………[宮崎友昭]… 195
   - 7.3 維持管理 …………………[市橋迪訓]… 210
   - 7.4 経営管理設備 ……………[伊藤　仁]… 222
   - 7.5 性能劣化診断設備 …………………… 224

第Ⅳ編　空気調和設備

1. **換気設備計画** …………………………… 230
   - 1.1 換気の基本 ………………[加藤信介]… 230
   - 1.2 換気にかかわる室内基準（建築基準法他）
     …………………………………[加藤信介]… 235
   - 1.3 換気設備技術基準（建築基準法・SHASE-S 他）
     …………………………………[加藤信介]… 237
   - 1.4 換気の種類 ………………[加藤信介]… 241
   - 1.5 シックハウス ……………[田辺新一]… 241
   - 1.6 換気負荷計算法と計算例 …[加藤信介]… 246
   - 1.7 空気清浄空間形成計画の基本
     …………………………………[加藤信介]… 252
   - 1.8 換気計画 ……………………………… 253
     - 1.8.1 業務用建築における換気設備計画
       ………………………………[有吉　淳]… 253
     - 1.8.2 高度清浄空間における換気・空調設備計画 ……[馬渕順三・田中昭司]… 258

1.8.3 自然換気計画事例 ………[大高一博]… 279

2. 空調設備計画 …………………………… 288
- 2.1 空調計画の基本 ………………………… 288
  - 2.1.1 空調設備の設置目的
    ……………[川瀬貴晴・福本啓二]… 288
  - 2.1.2 空調にかかわる室内環境基準
    ……………[川瀬貴晴・福本啓二]… 289
  - 2.1.3 空調設備技術基準
    ……………[川瀬貴晴・福本啓二]… 291
  - 2.1.4 室内温熱環境指標（熱的快適性）
    …………………………[田辺新一]… 293
  - 2.1.5 室内熱環境形成計画の基本
    …………………………[田辺新一]… 295
  - 2.1.6 空調熱負荷計算法 ………[瀧澤 博]… 298
  - 2.1.7 空調熱負荷計算における設計条件
    …………………………[瀧澤 博]… 301
  - 2.1.8 最大空調熱負荷計算 ……[瀧澤 博]… 305
  - 2.1.9 最大空調熱負荷の特性 …[瀧澤 博]… 310
  - 2.1.10 年間空調熱負荷の特性 …[瀧澤 博]… 313
  - 2.1.11 空気線図 …………………[瀧澤 博]… 315
- 2.2 空調機器 ………………………………… 318
  - 2.2.1 冷凍機・ヒートポンプ ……[山岸勝己]… 318
  - 2.2.2 冷却塔 ……………………[渡邊隆生]… 325
  - 2.2.3 ボイラ ……………………[木部博志]… 327
  - 2.2.4 蓄熱装置 …………………[渡辺悦朗]… 331
  - 2.2.5 空気調和機 ……………[松本ちあき]… 334
  - 2.2.6 熱交換器 ………………[松本ちあき]… 340
  - 2.2.7 加湿器・減湿装置 ………[松本ちあき]… 343
  - 2.2.8 空気清浄機 ……………[松本ちあき]… 346
  - 2.2.9 ポンプ・送風機 …………[井手克則]… 349
  - 2.2.10 制気口・ターミナルユニット
    …………………………[橋本 健]… 355
- 2.3 空調ゾーニング計画 ………[田村富士雄]… 355
- 2.4 熱源システム計画 …………[渡辺健一郎]… 363
- 2.5 空調システムの計画 ………[佐藤信孝]… 380
- 2.6 搬送システム計画 …………[白鳥泰宏]… 401
- 2.7 監視制御システム計画 ……[宮崎友昭]… 407

3. 空調設備と省エネルギー・環境負荷削減 …… 431
- 3.1 空調設備のエネルギー消費量
  ……………………………[野原文男]… 431
- 3.2 空調設備の省エネルギーと環境負荷削減方策
  ……………………[野原文男・佐藤孝輔]… 432
- 3.3 環境負荷抑制上の留意点 …[佐藤孝輔]… 438

4. 維持管理段階に対する空調設備計画上の留意点
  ……………………………………………… 441
- 4.1 日常メンテナンスへの配慮
  ………[高津戸昭夫・正田良次・田中良彦]… 441
- 4.2 改修・更新時への配慮
  ……………………[井上一正・正田良次]… 448
- 4.3 FM視点の導入 ……………[田中良彦]… 450
- 4.4 計量・計測への配慮（リコミッショニング対応）
  …………………………[田中良彦]… 451

第Ｖ編　給排水衛生設備

1. 概論 …………………………[山田賢次]… 456
- 1.1 給排水衛生設備の目的と範囲 ……… 456
- 1.2 関連法規と基準など ………………… 456

2. 給排水衛生設備の全体計画 ……[小倉 正]… 459
- 2.1 全体計画 ………………………………… 459
- 2.2 目的別計画の要点 ……………………… 461

3. 給水設備計画 ………………[小原直人]… 468
- 3.1 基本事項 ………………………………… 468
- 3.2 水源設備の計画 ………………………… 472
- 3.3 上水設備 ………………………………… 475
- 3.4 雑用水設備 ……………………………… 487

4. 給湯設備計画 ………………[村田博道]… 488
- 4.1 基本事項 ………………………………… 488
- 4.2 中央式設備 ……………………………… 492
- 4.3 局所式および住戸セントラル方式 …… 503

5. 排水通気設備計画 ……………………[山崎和生]… 506
  5.1 排水通気設備の基本事項 …………………… 506
  5.2 排水設備 …………………………………… 511
  5.3 通気設備 …………………………………… 518
  5.4 雨水排水設備 ……………………………… 520

6. 衛生器具設備計画 ……………………[倉田丈司]… 523
  6.1 基本事項 …………………………………… 523
  6.2 適正器具数 ………………………………… 524
  6.3 衛生器具 …………………………………… 525
  6.4 高齢者・障がい者用衛生器具 …………… 537
  6.5 寒冷地用衛生器具 ………………………… 539
  6.6 その他特殊用途衛生器具 ………………… 541
  6.7 設備ユニットなど ………………………… 542

7. 排水再利用・雨水利用設備計画 …[石井和則]… 545
  7.1 基本事項 …………………………………… 545

7.2 排水再利用設備 …………………………… 546
7.3 雨水利用設備 ……………………………… 553

8. 浄化槽・排水処理設備計画 ………[田中勝好]… 557
  8.1 浄化槽設備 ………………………………… 557
  8.2 厨房排水除害施設 ………………………… 561
  8.3 放射性排水処理設備 ……………………… 565
  8.4 酸・アルカリ排水処理設備 ……………… 567

9. 特殊設備計画 ………………………………… 570
  9.1 医療器具および医療用特殊配管
    ………………………………[鈴村明文]… 570
  9.2 水泳プール設備 ………………[三海正春]… 576
  9.3 浴場設備および温泉設備 ……[清水五郎]… 586
  9.4 水景設備 ………………………[三海正春]… 592
  9.5 ごみ処理設備 ……………………[西塚 栄]… 599

第Ⅵ編 電気設備

1. 電気設備の概要 ………………………[田中清治]… 612
  1.1 電気設備と本編の編成 …………………… 612
  1.2 一般事項 …………………………………… 613

2. 電力設備 ……………………………………… 614
  2.1 基本事項 ………………[本多 敦・石川 昇]… 614
  2.2 供給設備 ………………[本多 敦・栄 千治]… 623
  2.3 電源設備 ………………………[高山 博]… 633
  2.4 負荷設備 ………………………[神田憲治]… 669
  2.5 制御設備 ………………………[船津四郎]… 693

2.6 電力配線設備 …………………[船津四郎]… 713
2.7 接地設備 ……………[横山正博・小林 護]… 730

3. 情報・通信設備 ……………………………… 743
  3.1 基本事項 ………………………[大庭正俊]… 743
  3.2 一般情報設備 …………………[大庭正俊]… 747
  3.3 特殊情報設備 …………[新井 博・是永慈音]… 760
  3.4 情報通信設備 …………………[寺門泰男]… 769
  3.5 情報配線設備 …………………[花畠 玲]… 793

第Ⅶ編 防災・防犯設備

1. 火災対応設備 …………………………[村岡 宏]… 806
  1.1 火災の基礎知識 …………………………… 806
  1.2 警戒・警報設備 …………………………… 816
  1.3 消火設備 …………………………………… 820
  1.4 排煙設備 …………………………………… 828
  1.5 防火設備 …………………………………… 831
  1.6 避難誘導設備 ……………………………… 832

2. 地震対応設備 ………………………[平山昌宏]… 835
  2.1 地震と免震 ………………………………… 835
  2.2 耐震支持を主とする建築設備の耐震対策 … 837
  2.3 設備の機能確保を目指した耐震対策 …… 843
  2.4 被災対応設備 ……………………………… 846

3.	雷対応設備……………………[昼間和男]…850	4.	防犯設備………………………[浜田晃爾]…853
	3.1 外部雷保護……………………………850		4.1 監視警報設備…………………………853
	3.2 内部雷保護……………………………851		4.2 出入管理設備…………………………855
			4.3 広域防犯設備…………………………857

第Ⅷ編　材料と施工

1. 汎用材料……………………………………860
    1.1 管材料………………………[村上三千博]…860
    1.2 板材料…………………………[室山浩二]…864
    1.3 電線材料………………………[遠藤正俊]…865
    1.4 断熱材料………………………[土屋欣治]…870
    1.5 防音・防振材料………………[飯田一嘉]…875
    1.6 防食・塗装材料………………[村上三千博]…878

2. 汎用機器…………………………[高田秋一]…880
    2.1 ポンプ・送風機………………………880
    2.2 電動機・原動機………………………884
    2.3 水槽・圧力容器………………………887

3. 建築設備施工………………………………890
    3.1 着工前業務……………………[曽武川　淳]…890
    3.2 施工管理………………………[橋村哲夫]…894
    3.3 機器搬入据え付け……………[近藤保志]…900
    3.4 電気工事………………………[橋本　健]…902
    3.5 配管工事………………………[井手克則]…904
    3.6 ダクト工事……………………[宮崎久史]…906
    3.7 断熱工事………………………[芳賀康寿]…910
    3.8 防食・塗装工事………………[橋村哲夫]…911
    3.9 竣工時業務……………………[近藤保志]…913

索　　引……………………………………………………………………………………………………917
資　料　編…………………………………………………………………………………………………931

I. 建築設備計画原論

1. 建築環境システムと設備
2. 現状認識と今後の課題
3. 都市代謝システムと建築設備
4. 設備システム評価の適正化

1 建築環境システムと設備

1.1 建築環境関連システムと設備技術

a. 建築設備の目的

建築設備技術は，人が人生の大半を過ごす「建築内の環境の適正化」を目的としている．ここには，自然界と異なる環境をつくることが可能であり，目的にもよるが，それは一般に快適で便利なものでなければならない．なお，建築空間には産業用もあるが，ここでは居住用を対象として述べることにする．対象とする環境には，光・熱・音・空気質環境のような物理的・化学的・心理的環境（これらを室内環境と呼ぶことにする）に加えて，エネルギーや水の供給設備，生活廃棄物や汚水などの排出設備，人やものの輸送設備，情報の受発信などの通信設備，火災などの非常時の防災設備など，便利で安全かつ衛生的な生活を支援するさまざまな設備環境が含まれる．もちろん後者には，室内環境の調整を目的とする設備，例えば，空調設備，

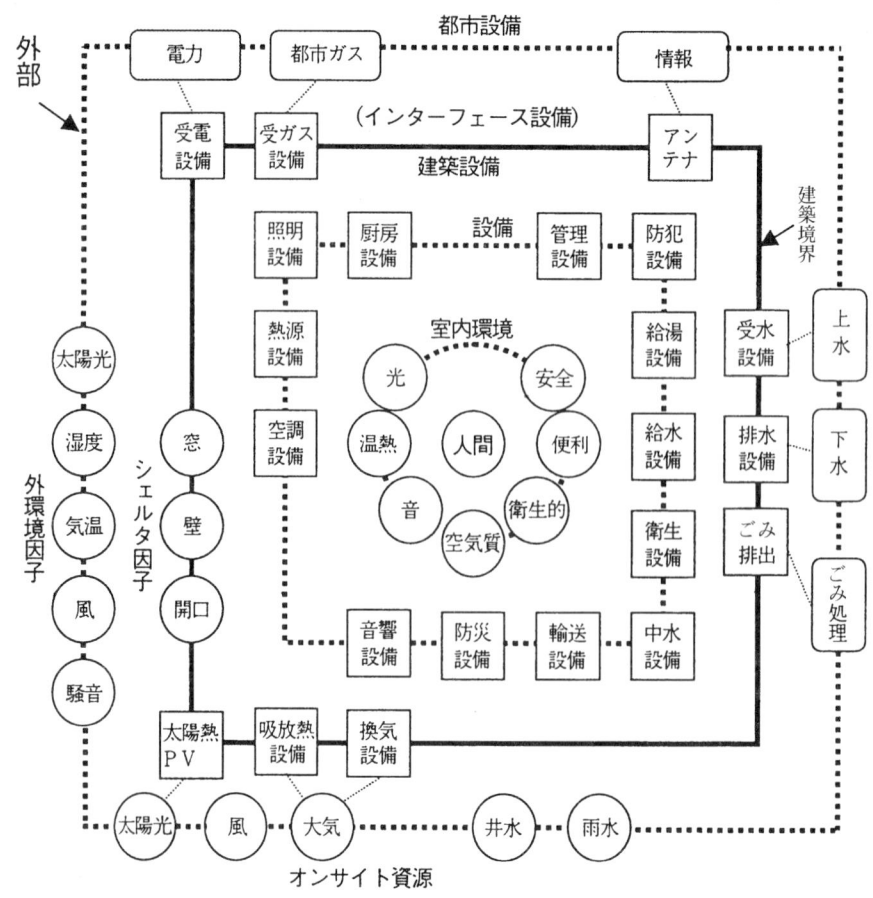

図1.1 建築環境システムの関連要素

換気設備，照明設備，音響設備なども含まれる．

b. 建築環境システム

上記目的を果たすために，設備技術は欠くことのできない根幹技術であるが，すべてではない．図1.1に，建築環境関連システムの構成要素を示す．中心に居住者である人間がいて，そのための環境整備がこのシステムの目的である．構成要素の分類として「人間」，「室内環境」，「建築シェルタ因子」，「建築設備」，負荷源となる「外環境因子」，「オンサイト資源」，「都市設備」を区別し，空間的位置づけを考えて中心から外部への広がりを意識して配置した図である．なお，建築設備のうち，都市や環境などの外部とのインターフェースとなる設備を「インターフェース設備」として，シェルタ因子と同列に表示した．

この図は構成要素のみを示したもので，全体システムを機能させるためのエネルギーや水，もの，情報などのフローの記入は複雑化を避けるため省略した．これらについては後記する(図1.4)．また，図では「安全」，「衛生的」，「便利」も環境項目として表示した．その他，いろいろな設備や資源・環境などの要素が登場する可能性があるが，概念表示を目的として，代表的なものにとどめた．

これらの室内環境，設備環境は多くの因子が相互に関係する複雑なシステムである．例えば，室内環境はさまざまな因子の影響を受け形成される．まず，外環境因子が建築シェルタ因子を通して室内環境に影響を及ぼす．もちろん，環境調整のための設備は室内環境に決定的な因子である．居住者もさまざまな生活を行い，負荷を発生させる．また，ある環境要素の調整設備が別の環境に対する負荷になることも多い．光環境調整のための照明設備で使われる電力が熱環境に影響し，空調設備の負荷になるなどは典型的な例である．なお，設備の性能も外環境因子や負荷因子の影響を受けるのが一般的である．これは，気温や負荷率の影響を受けて効率が決定される，ヒートポンプなどの機器を考えるとわかりやすいであろう．

なお，最近，建築環境システムの範囲も広がりつつある．図では省略したが，生物的環境も重要な分野となりつつある．たとえば屋上庭園，屋内緑化，ビオトープなどもシステムの要素である．また，空気質では，シックビル，シックハウスなどとして，微量化学物質や微生物による問題も顕在化しており，マクロレベルからミクロレベルまで問題は拡大している．

このように，室内環境は多くの要因によって決定される複雑なシステムであり，これを建築環境システム

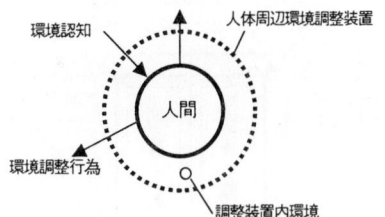

図1.2 居住者まわりの環境システム

と呼ぶことにする．

c. 環境調整の人間的手法

図1.2に，居住者周辺の環境システムの概要を示す．居住者は，室内環境の享受者であると同時に，負荷発生源であり，環境を認知し環境調整行為をなす主体でもある．人間に対する理解は，建築環境システムの構築にとって，最重要項目の一つである．

なお，人間による環境調整行為には3種類あり，(1) 建築設備の操作，(2) 窓やカーテン・ブラインドの開閉，雨戸の開閉など建築シェルタの操作，(3) 人体周辺環境調整装置の操作，である．人体周辺環境調整装置とは，温熱環境については着衣，うちわや扇風機，また，採暖などもこの一種である．光環境では，電気スタンド，懐中電灯，サングラスなどが相当し，音環境では補聴器，耳栓など，空気質ではマスクなどがこれに該当するであろう．特に，(2)と(3)は環境調整の人間的手法と呼ぶべきものである．

d. 代謝系としての設備，建築

図1.3に，建築設備におけるエネルギーや水などの流入・流出の一般的なイメージを示す．設備には，もの，エネルギー(電力・都市ガス，熱，太陽光など)，水，空気が流入し，目的とする機能を果たす．そして，不要になった廃物，廃熱，排水，排気を排出する．これを生物体とのアナロジーから，代謝系とみなすことができる．

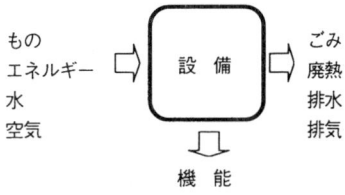

図1.3 設備のインプットとアウトプット

このような視点で，建築環境システムを一つの代謝系として，フローを中心として見たときの概要を図1.4に示す．建築設備は室内環境の調整と，生活支援機能

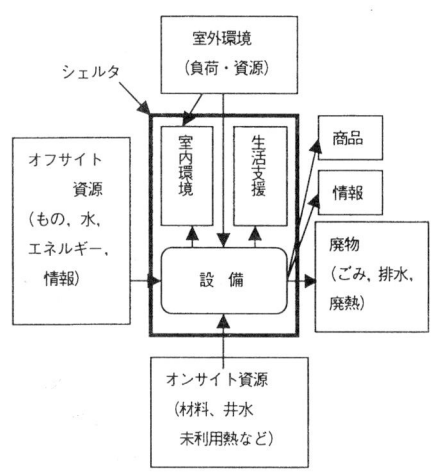

図1.4 フローを中心とする建築環境システム

を果たす．設備にはそれらを機能させるために必要なエネルギー，水，もの，情報が外部から取り込まれる．これらは一般にオフサイト資源である．例えば，エネルギーは世界各地から集めた化石燃料，または，それから変換された電力などの二次エネルギー，水は大都市では一般に遠隔立地の水源からの水である．そして，建築内で消費された結果の，廃物，排水，廃熱などの不要物 (bads) が排出され，商品 (goods) や情報が外部に出ていく．前者のうち，廃物は都市のごみ処理プラントへ，排水は下水プラントへ，廃熱は直接環境に拡散していく．

建築周辺にオンサイト資源も存在する．例えば，太陽光，大気，風，井水，未利用エネルギーなどである．これらは，一般にエントロピーが高く上記オフサイト資源よりも使いにくいが，貴重な資源であり，建築環境システムを考えるときに，オンサイト資源とオフサイト資源のウエイトのとり方は重要な課題となる．

なお，太陽光などは，エネルギー源としての側面と建築環境システムにとって負荷となる側面を有している．例えば，冷房期には室内への太陽光の入射は負荷となるが，暖房期および昼光として利用すればエネルギー源となる．風も夏期や適度な強さであれば有用であるが，冬期や強すぎる場合には有害である．このように，複雑な時間変化などもあり，扱いの厄介なのがオンサイト資源である．

e. 時間軸への配慮

以上，空間軸での問題の広がりを見てきたが，建築環境システムを考えるとき，時間軸も忘れてはならない．単に，システムを計画・設計し，創り上げるのみならず，このシステムをうまく運営していくことも重要である．基本は建築環境システムをライフサイクルで最適化することである．また，平常時のみならず，大震災時などの非常時も視野に入れ，建築環境システムのあり方を考えることも不可欠である[1]．

以上のような建築環境システムの最適化は複雑であるが，いろいろな可能性のある興味ある課題である．

1.2 室内環境適正化手法の多様性

a. 3つの環境調整手法

複雑なシステムである室内環境の調整には，さまざまな代替手法が存在する．したがって，多様な対応の中から最適な手法（の組み合わせ）の選定が課題となる．周知のように，室内環境の調整手法には「建築的手法」，「設備的手法」，「人間的手法」がある．建築的手法は，窓面積や外壁仕様などの建築シェルタ因子による対応であり，パッシブ手法とも呼ばれる．設備的手法は，設備を用いて電力や都市ガスのような非更新性エネルギーを使って環境調整する手法で，アクティブ手法とも呼ばれる．人間的手法は前述したとおりである．

一般に，図1.5に示すように，建築の規模でそれらの最適ウエイトが異なり，建築規模が大きくなるにしたがって，設備的手法のウエイトが高くなる[2]．また，これらは外環境の厳しさにもよるであろう．穏やかな気候区では，建築的手法のウエイトが大きくなるが，厳しい気候の下では，エネルギーを使った設備的手法が不可欠となるであろう．そのほか，これらのウエイトは技術レベル，経済レベル，建築の用途などによっても変わるべきものである．

b. 室内環境レベルとの関係

建築環境システムにおける環境調整手法の選定にあたって，室内の環境レベルの設定も重要項目である．建築内につくられる環境にもいろいろなレベルがある．人の居住空間では，「健康レベル」と「快適レベル」の概念が存在する．前者が基本レベルで，後者が高級レベルと考えてよい．一般に，前者の許容範囲の方が

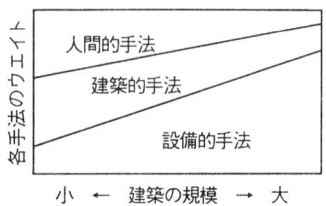

図1.5 建築規模と各手法のウエイト

広く，後者の方が狭いが，必ずしも後者がすべて前者に含まれるとは限らない．例えば，変動のない高度快適環境は人の環境適応能力を低下させることが指摘されており，このような点にも注意が必要である．快適レベルが要求されると，建築的手法の適用が制限され，設備的手法のウエイトが増すことになる．

環境の空間分布も問題である．全空間の均一化が要求されると，設備的手法のウエイトが増すであろう．アンビエント域を基本レベルとして，タスク域を快適レベルにする発想は現実的な解である．特に大空間になるとこの発想が有用である．

c. 手法選択の優先順位

設備的手法は，安定した高度な快適環境を比較的容易に創り出すことができるが，エネルギー多消費という問題がある．第2章に詳しく述べるが，建築環境システムは，安易に設備的手法の適用で対処するのではなく，多くの条件に配慮して，条件の緩和も含んで，多様な対応を考える必要がある．一般的には，まず建築的手法を基本として，それで対処できない場合に設備的手法を考えるべきであろう．もちろん，人間的手法も忘れてはならない．すなわち，「小規模建築の発想を大規模建築に拡張」していく方向を基本とすべきであろう．また，同様に，オンサイト資源の活用をまず第一に検討すべきであろう．

d. 高度技術の必要性

設備的手法として，「室内環境を外環境と切り離し，閉じた環境を均一に調整する技術」のイメージがある．この場合の理論的扱いは，ボックスモデルのような平均化した扱いが可能な場合も多く，比較的単純である．これに対して，建築的手法では，「外部に対して開いた空間」や「空間内分布」を扱う必要があり，理論的扱いが1レベル難しくなる．

また，設備的手法は電力・都市ガスのような強力なエネルギーの力を使うため，少し物理的に不合理なシステムでも環境調整が可能である．例えば，暖冷房を考えるとき，設備的手法では強制対流や大温度差が利用できるため，気流の吹き出し方向の選定などは熱源に対してあまり大きな問題ではない．一方，建築的手法の場合は，小温度差や自然対流，あるいは変動のあるオンサイトエネルギーを利用しなければならない．この場合は，物理的合理性が不可欠となるなど，より高度な技術が要求される．

建築環境システムは，このような高度技術を有した技術者が担うべき重要な分野である．もちろん，これらの技術は設備的対応の高度化にも不可欠である．

e. 建築環境技術

以上述べてきたように，建築設備技術は建築環境システムの適正化技術の根幹であるが，設備に限定することなく，「建築環境システム技術」の枠組みのなかで職能を求めるべきである．この観点から，以後，原則として建築環境（システム）技術と称することにする．

1.3 総合的環境計画

図1.1から推測できるように，建築環境システムの最適化には，さまざまな分野の知識が必要である．工学・技術のみならず，人間・環境・資源などに関する幅広く深い理解が必要である．例えば，エネルギー（電力，都市ガス），燃焼，熱力学，流体工学，衛生工学などの工学，人間に対する生理学，心理学，環境に対する気象学，物理学など枚挙にいとまがない．すなわち，建築環境システムの構築は，典型的な総合工学的課題，総合システム的課題，目的指向のソリューション型課題である．

専門技術者は，得意な技術のみで解決を図りがちである．電気技術者は電気で，機械技術者は機械で解決を図る．これに対して，建築環境技術者は総合システム技術者として，問題解決に最適なシステムを組み上げるべきである．

図1.1～図1.3に示したように，建築環境システムの各要素には相互関係がある．現状は，このシステムをいくつかのサブシステムに分け，個々を最適化することが行われる．これは一つの実用解であるが，基本は全体システムの総合的な環境の最適計画である．

本章のまとめを兼ねて，総合的環境計画のためのポイントをいくつか列挙する．

（1）人間中心の基本：　環境システムの複雑性から，本来の目的である「居住者のための環境の適正化」を忘れがちになりやすい．よい環境で暮らすのは基本的人権の一つであることを確認し，経済性などの追求のあまり，本来の目的が損なわれないようにしなければならない．

（2）設備間の協調：　前述したように，各設備にはそれぞれインプットとアウトプットがある．工夫次第で，ある設備のアウトプットが他の設備のインプットになりうる場合もある．一般に，専門ごとの縦割り体制では，アウトプットは廃棄物として排出されやすい．専門分野を越えた総合的かつ周到な検討が必要である．例えば，給湯排水からの熱回収など典型的な例で

ある.また,ある用途の設備を別の用途に兼用し,新たな機能を付加することも重要な視点である.例えば,蓄熱槽の防災水槽としての兼用,氷蓄熱槽のビル制振用の質量への利用などの例がある.躯体蓄熱もこの類である.

(3) あらゆる要素の活性化: 計画の単純化を考えると,設備的手法によりエネルギーの力ですべて対応するのが解となるであろう.しかし,この方法では,前述のようにエネルギーの大量消費につながりやすい.また,建築環境システムの他の要素が眠ってしまう可能性もある.例えば,「暑くても窓を開けない子供たちが増えた」などといわれる.これは,明らかな欠陥システムである.また,現状ではオンサイト資源も眠っている.安易にオフサイト資源に頼るのではなく,オンサイト資源の活用をまず図るべきである.これは,省資源・省エネルギーだけではなく,自立性の点からも重要である.阪神大震災時にあったように[1],都市ライフライン崩壊時などに建築環境システムの最低限の安定維持が期待できる.

理想はあらゆる要素が活性化し,省資源・省エネルギーで,非常時にも強いシステムである.オンサイト資源の例を表1.1に示す.

表1.1 オンサイト資源の例

資 源	内 容
水	井水,雨水,中水,河川水
エネルギー	太陽光,風,夜間放射,人力,未利用エネルギー
光	太陽光
もの,資材	リサイクル品

(4) 質への配慮: 質を考え,それらを適材適所にうまく対処することがポイントである.環境の質,エネルギーの質,水の質などいろいろあるが,現状では必ずしもうまく対処できているとはいえず,改善の余地がある.

水については,飲料水からトイレ水までさまざまな水質の需要があるが,現状では,すべて飲料水の水質で対応する場合が多い.エネルギーにおいても同じである.電子機器の制御に必要な高品質の電力から,給湯熱のような低レベル熱までさまざまな質のエネルギー需要が存在する.これも,すべての用途に高品質な電力や都市ガスが使われているのが現状である.

このように,従来はさまざまな質の需要に対して,安易に高級・汎用の資源を投入し対応を行ってきた.これは,設備コストの低減化や設計の容易さの点で意味があるが,システム改善の大きなポイントである.需要の質を考え,それにマッチする資源・エネルギーを用いることが原則である.ここに,オンサイト資源の活用の場も生じる.「エネルギーのカスケード利用」も関連する重要なキーワードである.

環境の質も,高級・汎用である均一・安定が目指されることが多い.目的にもよるが,タスク域とアンビエント域をうまくゾーニングすることなど,質の適正化も十分考えられるべきである.

これらは,すべて「エントロピー発生の少ない建築環境システムの構築」というべきものである.

(5) 適切な情報システム: ふつう,情報システムといえば,人と人のコミュニケーションが目的であり,この重要性はいうまでもないが,建築環境システムの制御のための情報システムも重要である.BEMS(Building Energy Management System)などがそれに相当する.

また,人間的手法を機能させるためにも適切な情報システムが必要である.例えば,住宅の各所に温度計を設置することにより,暖冷房機の使い方,間仕切りなどの操作が変わるという筆者らの調査結果がある.今まで,自動化技術などにより設備をブラックボックス化し,人を単なる環境の享受者化してきた傾向のある建築設備技術において,人をシステムに参加させるための情報システムのあり方は重要な課題である.

なお,阪神大震災でのライフライン崩壊時に,居住者が建築設備に適切な対応のできた建物はずいぶん機能維持の点で違ったといわれる[1].このようなことにも配慮して,情報システムを広い視野から考える必要がある.　　〔水野　稔〕

文　献

1) 日本建築学会編:阪神・淡路大震災被害調査報告集,建築編第7巻,1998.
2) 中原信生:新版 ビル・建築設備の省エネルギー 設計・管理技術の基礎から応用まで,省エネルギーセンター,2001.

2 現状認識と今後の課題

2.1 建築環境システムと資源・環境の関係の変遷

a. エネルギーインフラの整備と設備的手法

過去から高度経済成長期前ぐらいまで,すなわち,石油などの国際的オフサイトエネルギーが普及していなかった時代には,室内環境の調整はもっぱら建築的手法および人間的手法で行われていた.燃料などのエネルギーは必要最小限の範囲にのみ利用されたにすぎない.このような建築は,省エネルギー面からは理想的であったが,快適性や健康面などでは問題があった点も忘れてはならない.

高度経済成長期を経て都市のエネルギーインフラが整備され,相対的に安価で豊富なエネルギーが利用可能になるとともに,設備的手法により,安定した快適な室内環境の創造が可能となった.これには,建築環境工学の進展もおおいに寄与した.それまでは,室内環境の調整が建築の主題であったが,この手法の普及とともに,意匠と環境の分離が可能になるなど,設計の自由度の増加と,建築計画の効率化が促進された.

このように,近年の歴史は,第1章で述べたのとは逆に,「大規模建築の発想が小規模建築の方へ拡張」していく過程であった.その結果,安定した室内環境をもった建築が大量供給され,社会におおいに貢献した.しかし,一方で,エネルギー消費は等比級数的に増加し,新たな問題をもたらすところとなった.すなわち,資源・環境問題である.

b. 資源・環境問題による空調技術の変遷

ここで,空調システムを例として,近年における資源・環境問題と建築設備の歴史を概観しておく.

1) **地域環境問題**　1960年代の高度経済成長期には地域環境問題との関係が大きな課題であった.ここでは,暖房用の石炭や重油の燃焼から発生する大気汚染物質,特にSO_x問題が問われた.また,同じころ,冷房の冷却水としての地下水の汲み上げが地盤沈下をもたらし,これらの対策が空調システムのあり方に大きく影響を及ぼした.

2) **オイルショック**　1970年代はオイルショックである.安易に非更新性エネルギーに依存した建築環境システムのあり方が強烈に問われ,省エネルギーが建築の主要テーマとなった.

3) **バブル経済期**　オイルショックは政治的につくられた仮の危機という側面があり,1980年代には反動で省エネルギーはトーンダウンした.この年代はバブル期であり,アメニティが追求され,ドームやアトリウムなどの大空間の快適化などが実現し,エネルギー消費は再び増加基調となった.

4) **地球環境問題**　1990年代はバブルの崩壊と地球環境問題である.冷房システムに使われるフロンによるオゾン層の破壊問題も大きな課題であったが,化石燃料の消費により必然的に発生する二酸化炭素による地球温暖化問題から,再びエネルギー大量消費体質が問われている.

c. 大量消費・大量廃棄システム

資源・環境に十分な余裕のあった現代の初期には,都市の需要の伸びを与件として,オフサイトのバージン資源を都市に運ぶインフラを構築し,大量消費をして早く豊かになることが勝ち組国家となる手法であった.これが,現代の大量消費・大量廃棄文明である.

その結果,建築にはインターフェース設備を備え,広域インフラに個々の建築をつなげば,エネルギーや水の入手,廃物や排水の処理の問題から解放され,建築環境システムの計画・設計は著しく容易になった.こうして,巨大都市が出来上がった.

このような動向のなかで,扱いの厄介なオンサイト資源が使われなくなっていったのも当然の帰結である.

2.2 視野の拡張の必要性

a. 地球時代

自然の環境容量に比して人間活動がささやかなとき

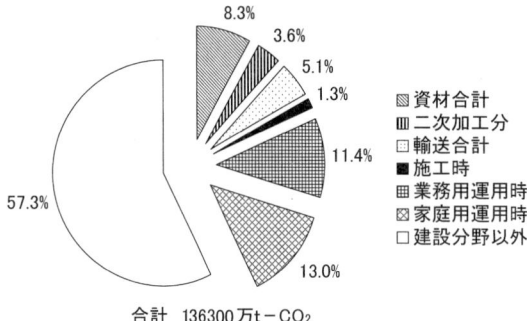

図 2.1 産業連関法（1995）から推定した，日本の二酸化炭素排出量に占める建設分野の比率

は，創造すべき建築環境システムのことのみを考えていればよかった．しかし，人類の活動が膨大化し，実質上の上限である地球レベルの環境・資源に明らかな影響が表れ，その反作用が現実のものとなりつつある．今や，これらを考えて行動を決定すべき時代であり，「地球時代」と呼ぶべき，まったく新しい時代である．

具体的数値をあげると，わが国では平均で1人年間約 2.5 t-C もの二酸化炭素を出す時代である．このうち，図 2.1 に示すように建築分野での二酸化炭素排出は 40% を超えることが推定されている[1]．ライフサイクル分析で，建設時よりも運用時の二酸化炭素排出が主となることが明らかとなっているように，エネルギー消費に直接関係のある，建築設備・建築環境システムのあり方が問題である．

b. 都市システムへの負担

建築環境システムで使われている資源・エネルギーは，都市システムにも大きな負担を与えている．定量的な詳細は第3章にゆずり，ここでは定性的に位置づけのみを述べる．

ヒートアイランドと建築環境システムの関係は重要である．寒冷地型の欧米先進国と異なり，温帯から亜熱帯型のわが国の諸都市では，夏期のヒートアイランド問題は重要案件である[2]．これに，建築環境システムでのエネルギー消費の結果としての廃熱が大きな負荷となっている[3]．

また，環境への影響のみならず，建築環境システムのあり方は都市インフラにも大きな負担をかけている．大量消費・大量廃棄による上下水道への負荷増，ごみ処理施設やエネルギー供給システムへの負荷増がそれである．なお，エネルギー供給システムへの負担として，ピーク電力問題は関連する重要課題である．建築での冷房需要がピーク電力問題を引き起こし，発電所の増設，電力負荷率の低下など，さまざまな問題

の原因となっている．

以上のように，もはや自分の建築のことのみを考え，システム構築することは許されない．本来，これらの諸問題は正しく評価され，経済システムに取り込まれることが望ましい．すなわち，いわゆる外部コストが内部化される仕組みが確立されなければならない．この仕組みの実現にはさらに時間を要するであろう．当面は，建築の際に自己規制する姿勢を基本とすべきである．

c. 視野の拡張

建築環境システム関連の技術者は，建築内部のみならず，視野を広げて都市や地球の環境システムの中における，建築環境システムを考える必要がある．

地球環境問題で最も深刻なのは，地球の温暖化である．地球の温暖化も都市の温暖化であるヒートアイランドも，処理技術では基本的に対処できない新しいタイプの環境問題である．大気汚染や水質汚濁のような従来の環境問題においては，建築や施設から排出される汚染物を処理する技術（これはエンドオブパイプ技術と呼ばれる）で対処できた．しかし，これらの技術では地球温暖化問題は解決できず，消費システム（建築環境システムはその最重要システムの一つである）を省資源・省エネルギー型に変更する「根本的な解決策」が必要である．

すなわち，「建築環境システム技術者は地球環境問題緩和の主役」，「優秀な建築環境システムは地球時代の環境インフラ」であることを正しく認識し，公共性を社会にアピールすることを含めて，適切な対応をとるべきである．

建築環境技術者が扱う水やエネルギーは，貨幣コストを越えたきわめて貴重なものである．今までは，都市設備から安定供給されるものを利用すればよかった．しかし，これからは関連諸問題に対する深い理解の下に，適正消費・最小廃棄システムの確立に努めなくてはならない．

2.3 ライフサイクルエンジニアリングの必要性

a. 建設のためのエンジニアリング

今までのエンジニアリングは，主としてものづくりのための工学・技術であった．建築設備・建築環境工学も建設エンジニアリングであった．これは，高度経済成長のなかで都市人口の急激な伸びにより，建築空間の絶対的不足の状況下で，量的充足を目指して新しい空間を生み出すという社会的要請に沿ったものであ

り，この点でおおいに社会貢献してきた．

建設エンジニアリングは設計が主目的であり，建築環境システムが安全に機能を果たすことが第1目標であった．例えば，空調負荷計算も最大負荷を求めるニーズから出発している．ルームエアコンディショナなどの性能表示も定格点でのデータのみが表示されていたが，ルームエアコンディショナの稼動は部分負荷がふつうであり，電力消費量を予測するにはデータ不足である．これも「電力設備容量決定」という設計のためのデータと考えられる．

このように，現在の技術データベースの多くは，建設エンジニアリングのためのものといっても過言ではない．

b．ライフサイクルエンジニアリング

量的充足がある程度実現した今，地球環境問題への対応からも，建築の長寿命化が期待されている．今後，新築ニーズの停滞が予想されるなかで，建築ストックをうまくマネジメントしていくことがかなりのウエイトになると考えられる．

また，新たに建設する場合も，従来はメンテナンスに引き渡すことが一連の仕事の終わりであったが，これからはライフサイクルを通して最適化する発想で建設がなされるべきである．従来は「企画」，「調査」，「予測」，「設計」，「施工」，「引き渡し」で終わっていたエンジニアリングが，さらに「事後評価」，「マネジメント」，「建築・設備診断」，「改修」，「資源回収」，「廃棄」のような各プロセスが付け加わり，物件を一生にわたるシステムとして面倒をみる体制がとられるべきである．

最近確立されてきたBEMS，コミッショニング，ESCO（Energy Service Company）などもこの一環である．建築設備のライフサイクルエンジニアリング化はこれからの大きな課題である．例えば，あらゆるデータベースがこれに対応する必要があるなど，ライフサイクルエンジニアリングを支えるシステムづくりを進めていかねばならない．

これは建築の製造者責任を全うすることにも相当し，時代の流れである．

本章では，現代の繁栄を支えてきた建築環境システム・建築設備技術が，大量消費・大量廃棄文明の真っ只中にある現状を位置づけた．21世紀は，「適正消費・最小廃棄システム化」，「循環型社会への転換」が，人類の存続をかけた重要課題である．もはや，地球規模の環境問題，資源問題を外部化して，建築環境システムを開発することは許されない．これからは，これらの問題を内部化，すなわち，これらの問題を含んだ「閉じたシステム」のなかで最適案を見つけなければならない．

このとき，時空間的にシステムを閉じることが不可欠である．空間的には地球までを視野に入れること，時間的にはライフサイクルで考えることである．今まで（少なくとも産業革命以後）は，次世代は現世代より豊かになると考え，目先のことのみ考えればよかった．しかし，今後は世代間の公平性なども考えなければならない時代である．

これらを建築環境システムの最適化で具現するには，適切なシステムの評価手法と最適化結果の実現のための推進システムの確立が必要である．評価手法に関しては，本編第4章で述べる．

システム的には，強力なエネルギーの力を使った設備的手法のみで「計画・設計の単純化・効率化」，「建設コストの削減」を第一とする傾向のある現状に対して，あらゆる要素を活用したトータルシステム的手法で「持続可能性」，「ライフサイクル最適化」が課題である．このためには，本文で述べたように，視野の広さとともに，高度な技術が要求される．設備的手法が使えなかった一世代前の過去も，同じような状況であったといえるが，経験的技術で対応してきた過去に対して，今後は，高度な技術で科学的にシステム構築する体系が要求されよう．

なお，第1章で述べたように，建築環境システムの目的は，居住者の健康的で快適な生活の支援である．経済性や省資源・省エネルギーの追求のあまり，これが損なわれるようなことがあってはならない．これが大前提であることを再確認しておく．　〔水野　稔〕

文　　献

1) 漆崎昇，水野稔，下田吉之，酒井寛二：産業連関表を利用した建築業の環境負荷推定，日本建築学会計画系論文集，**549**(2001)，75-82．
2) 空気調和・衛生工学会編：ヒートアイランド対策，オーム社，2009．
3) 亀谷茂樹，水野稔，下田吉之，西隆良：空調システムをもつ建物からの熱環境負荷に関する研究（その2）地域による廃熱特性の相違とモデル地区における都市熱環境負荷の推定，空気調和・衛生工学会論文集，No.64，49-59，1997．

3 都市代謝システムと建築設備

3.1 都市代謝システムの実態

3.1.1 都市代謝システムとその問題点

都市で営まれる人間活動は，自然界におけるそれとは比べものにならないほど大きな水，物質，エネルギーのフローによって支えられている．大阪市（人口260万人）を対象とした筆者らの推計によれば，その概略は以下のとおりである．

(1) 水：1年間の市域全体の給水総量は $530 \times 10^6 m^3$（人口1人当たり $204 m^3$）であり，年間降水量 $290 \times 10^6 m^3$ の約1.8倍に達する．また，下水処理量（処理場を経ず，ポンプ場から直接排水された雨水を除く）は雨水などが加わるため $773 \times 10^6 m^3$ と給水量よりも大きくなる．

(2) エネルギー：1年間に市域全体に流入する人工的なエネルギーの総量は317046TJ（人口1人当たり122GJ）であり，年間の市域に入射する日射量1003079TJの32%に相当する．なお，消費するエネルギーの36%に相当する92219TJは民生部門，すなわち主として建築内で消費されるエネルギーである．

(3) 物質：1年間に市域全体に流入する物資総量は $91996 \times 10^3 t$ である．このうち約2/3は製品や原材料として他地域に流出するが，8.5%に相当する $7885 \times 10^3 t$ は最終的に廃棄物として処理されている．なお廃棄物の28%に相当する $2176 \times 10^3 t$ （人口1人当たり837kg）は一般廃棄物，すなわち住宅およびオフィスなど，建築を中心として行われる人間活動から排出された廃棄物である．また，廃棄物量を上回る年間 $9540 \times 10^3 t$ の物質が新しい建築物として大阪市に蓄積しているが，これらは数十年後には建築廃棄物となるものである．

このようにいずれのフローも莫大な量であり，自然界がもつ再生産能力や浄化能力をはるかに凌駕しており，いろいろな環境問題の元凶となっていることは明らかである．これらのフローを以下では「都市代謝」と呼ぶことにする．もともと，「代謝」とは生物学や医学の分野で「新陳代謝」のように古くなった組織が新しいものに入れ替わることを意味する用語であるが，本章では都市を一つの生物のように見立て，その水・エネルギー・物質のフローを司るインフラストラクチャー（供給処理施設）を都市スケールでの代謝システムとしてとらえることにする．

1.1節d項でも述べたように，建築設備は元来，その中に住まう人間の代謝と人間の生活・生産を支える機器類の運転が望ましい状態を保つよう建築内の環境を整え，必要な水・物質・エネルギーの流れを司る一つの代謝体であるといえるので，都市代謝システムは図3.1に示すように人間－建築－都市の3つの代謝体が階層性をもって活動する複雑な代謝体であると考えることができる．人間から見ると活動による環境へのインパクトは人間が直接与えるものよりも，都市代謝システムや建築設備を通じて与えるものの方がはるかに大きく，自らの生活の環境への影響を実感しにくい構造になっている．本章では，このような都市代謝体の特性と問題点を概観し，建築設備システムとの望ましい連携の姿を論じることとする．

現在，わが国の都市環境がある一定のレベルを維持

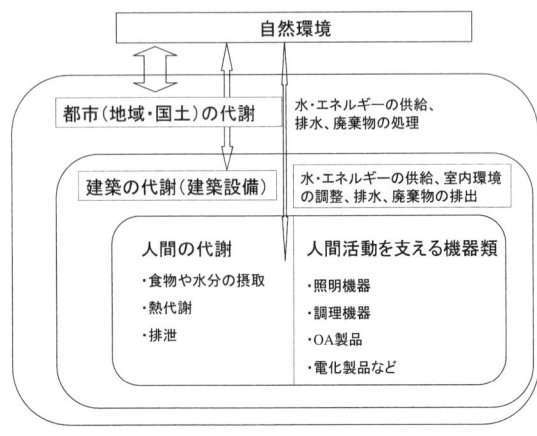

図3.1 人間－建築－都市代謝システムの階層性

3.1 都市代謝システムの実態

できているのは，環境と，人間活動（人工の水・エネルギー・物質フロー）の場としての建築とのインターフェースである都市のインフラストラクチャーが高度に発達し，環境への影響を極力緩和してきた成果である．

しかし，都市への人口集中がさらに進む一方で，環境面からの制約がいちだんと厳しくなり，循環型社会への転換が要請されるなか，現在のような環境と都市活動のインターフェースを現状の都市インフラストラクチャーのみで賄う代謝システムのままでは，以下のような限界が顕在化してくることも明らかである．

(1) 水代謝系の問題：前述のように，すでに地域の降水量を超え，遠隔地の水源からの取水に依存してきた水供給システムは，その需要の増大に追随していくことができず，一部の都市では渇水が現実的な問題となっている．また，これら給水システムならびに下水処理システムを維持するために消費されているエネルギーも莫大なものとなっている．例えば大阪市で1998年度に上水道の浄化・配水のために消費された電力量は194 GWhであり，大阪市の全電力消費量の0.9%に相当する[1]．

(2) 物質代謝系の問題：物質の流入や廃棄物の発生をコントロールせず，発生する廃棄物の増大に合わせた施設の増強で対応してきた廃棄物処理システムにおいても，その処理量の増大による中間処理場および最終処分地の環境問題や用地不足，処理費用の高騰，資源の枯渇などの問題が顕在化している．

(3) エネルギー・熱代謝系の問題：需要の右肩上がりの予測に対して設備の増強で対応してきたエネルギー供給システムにおいては，需要の時間的な変動が主として冷房用エネルギーの増大によるピーク負荷の増加とともに年間負荷率の低下を招き，エネルギー供給システムの経済効率性を損なう結果となっている．また，排出端での除去が困難で，かつ排出場所にかかわらずその排出量が環境影響の大きさを規定する二酸化炭素排出による地球温暖化問題の登場は，エネルギーソースの転換や遠隔地での発電による排出場所の分散，あるいは排出端での浄化による対処がある程度は可能であったこれまでの環境問題と異なり，化石エネルギー消費自体の削減を必要としている．さらに，都市エネルギーシステムでは廃棄物処理施設や下水処理施設に相当する"廃熱の処理系"をもたないために，大気への人工廃熱の増加が，都市域の気温が郊外に比べて高くなる「ヒートアイランド現象」の一因ともなっている．

したがって，今後都市において循環型社会を形成していくにあたっては，都市インフラストラクチャーよりもより需要端に近いところ，すなわち建築設備での代謝の大きさを小さくすることにより，都市インフラストラクチャーに過度の負担をかけないようにすることが重要となる．

3.1.2 エネルギーフロー分析

本項では，都市代謝の実態をより詳しく明らかにし，建築設備の位置づけを明らかにする一例として著者らによる大阪市域におけるエネルギーフロー分析[2]の例を示す．

図3.2に，大阪市全域におけるエネルギーの流入・転換より消費，廃棄に至る全容を表現したエネルギーフロー図を示す．

需要の内訳を部門別に見ると，産業46%，民生36%，運輸18%となっており，全国ベースの比率（おおむね2：1：1）に比べて民生部門が大きく，運輸部門が小さくなっており，高密居住で公共交通機関が発達し，第三次産業の比率の高い都市の特徴がよく現れている．今後わが国の大都市においては，製造業の都市外への移転や産業構造の変化から，民生・運輸部門の比率がさらに高まることが予想されており，建築や建築設備における取り組みの重要性を示している．

また，民生部門のエネルギー消費は比較的必要温度の低い冷温熱需要の割合が高く，したがって熱のカスケード利用により他分野でのエネルギー消費から生じる廃熱を再利用することで，エネルギー消費量全体を削減できる可能性がある．その観点から見ると，廃棄物の焼却処理によって発生するエネルギーは，地域に流入してきた全エネルギーの7%に相当するほど大きいこと，また電力消費量の64%が民生部門であり，発電場所をより需要端に近づけることができれば熱併給発電（コージェネレーション）のメリットが高いこと，さらに産業用エネルギー消費の中にも利用可能な廃熱のポテンシャルがかなり大きいことなどがわかる．しかしながら，現状では都市内の用途地域規制が廃棄物処理・発電所・工場などの廃熱発生施設を住宅地域や業務・商業地域と可能な限り隔離するように計画されていることなどから，現状では図に示すように廃棄物・発電廃熱などの利用は低いレベルにとどまっている．例えば，現状でも電力消費量の42%は市内で発電されているが，市内の配置で見ると発電施設の多くと市街地は遠く離れており，その間を廃熱導管で結ぶことは経済的に成立しない．

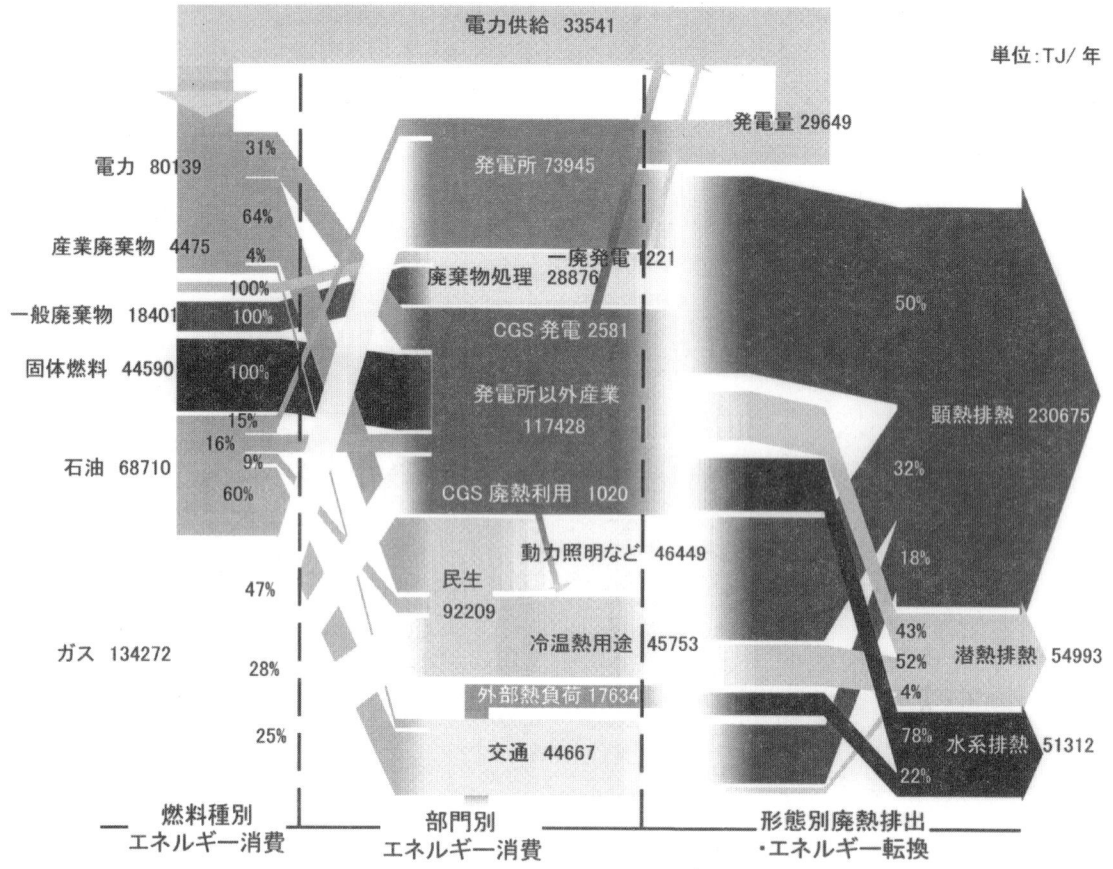

図 3.2 大阪市の年間エネルギーフロー

また，前述のように年間で流入エネルギー量の 3 倍以上に相当する太陽日射が賦存しているにもかかわらず，現在太陽光発電や太陽熱発電などで利用されているエネルギー量は，このフロー図に図示できないほど少量にとどまっている．ただし，これらの都市廃熱・太陽エネルギーの膨大な利用ポテンシャルは，今後の技術進歩や社会の関心の増大，土地利用政策の変化によってその活用が飛躍的に進む可能性があることを，このエネルギーフロー分析は暗示している．

なお，環境影響分析の視点からは，都市内での燃料消費に伴って環境汚染物質が排出されていることと同時に，エネルギーフロー図の左端に記載されている電力，都市ガス，石油の流入は，それに伴う都市外の発電所や精製施設，さらには国際輸送過程や資源採掘端における CO_2 や NO_x，SO_x などの環境汚染物質の排出を意味しているので，都市内でのエネルギー消費が，地球上のさまざまな地域で環境汚染物質の排出と環境インパクトを与えている実態を把握して，それらの地域間倫理の問題をも考慮したエネルギーフローの改善の重要性が示唆される．

3.2 都市代謝システムと建築設備の位置づけ

3.2.1 都市代謝システムと建築設備の関係

すでに第 1 章や前節でも触れたように，従来の建築設備と都市供給処理施設との関係は一方向的であり，建築設備は都市供給処理施設の限界を考慮することなく計画・運用される一方で，都市供給処理施設は建築設備が発する需要情報をそのまま受け入れる形で計画されてきた．その場合，両者のインターフェース（受電設備，ガス・水道・下水道の受け入れ設備，廃棄物の集積所など）は規格化された画一的なものであった．この関係を図 3.3 に示す．

しかし，前節で述べたような都市設備の限界，循環型社会形成への強い希求，さらには技術のコンパクト化・オンサイト化による都市・建築設備の多様化はこのような関係を大きく変えていくことを必要としている．すでに空調熱源システムに関して，電力負荷平準

3.2 都市代謝システムと建築設備の位置づけ

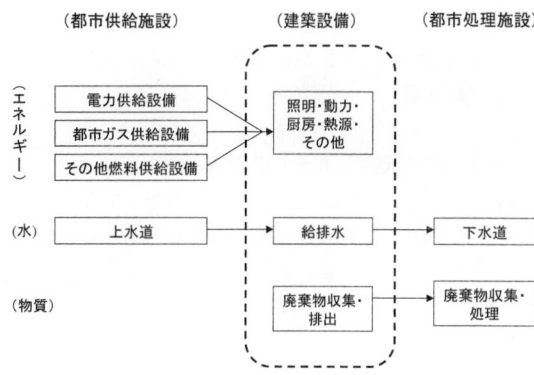

図 3.3 従来の建築設備と都市供給処理施設の関係

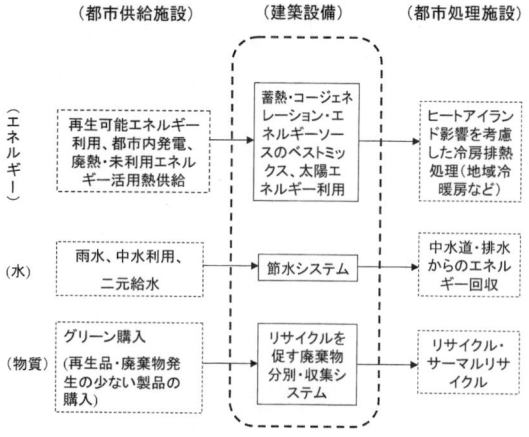

図 3.4 これからの建築設備と都市供給処理施設の関係を示すキーワード

化の要求から蓄熱システム，ガス空調システムの普及が図られ，一部地域では渇水の経験から中水道システムが積極的に整備されているように，今後の建築設備・都市インフラストラクチャーの関係は図 3.4 内に示したキーワードのように多様化・相補的となり，地域や建築の特性に応じてインターフェースもフレキシブルなものとなっていくものと考えられる．

特に電力供給に関しては，図 3.2 に示したように民生部門では現在でも電力消費の割合が高く，今後も最終需要端ではその利便性から電力の比率が高まると予想されるものの，スケールメリットを有する一方で負荷の時間変動に対する経済性の悪い広域発電設備との適切な負荷配分の観点から，地区内・建築内での発電・蓄電の割合が高まるものと考えられる．すなわち，建築設備は従来の電力消費者としての立場から，generator（供給者）あるいは modulator（調整者）の立場へと転換していくものと考えられる．

3.2.2 建築の重要性
a. 建築の長寿命化とその影響

これまで，都市代謝のなかでの建築設備の位置づけについて述べてきたが，建築設備によって引き起こされる年々の代謝のほかに，建築はそれ自身を構成している物質による長周期の代謝を行い，都市物質代謝に大きな影響を与えている．本章の冒頭に述べたように，現在，年間の一般廃棄物量を上回る物資が建築として蓄積されており，これらが廃棄物になる数十年後には，建設廃棄物が現在の約 2 倍となり，埋め立て地など最終処分地の枯渇が大きな問題になるものと予想されている[3]．このような建設廃棄物増大の大きな要因としては，わが国における建築物の寿命が欧米のそれと比べてきわめて短い，すなわち建築がフローとしてとらえられていることがあり，今後は建築をできるだけ長く使うための，良好なストックづくりが要求される．このことは，建築設備との関連において以下の点を示唆している．

(1) 設備技術と建築計画の一体化：建物の使用期間が長くなることにより，照明負荷や熱負荷が少なくなるような，建築構造自体にかかわる省エネルギー計画，あるいは太陽エネルギー・雨水利用など構造と一体となって計画すべき設備技術に配慮した建築計画の重要性がさらに高まる．

(2) 将来の設備技術を見通した建築計画：同様に，設備の更新期間を 15 年程度と考えれば，従来 2 回程度のリニューアルであったものが，寿命 100 年とすると 5 回前後となり，数十年後の設備技術への適応を見据えた建築計画が必要となる．このことの重要性および難しさは，現在において数十年前の設備技術水準で計画された建築のリニューアルの困難さを考えれば明らかである．

上記のような問題を勘案すれば，当初の建築デザインにおいて長寿命化が要求される建物の構造部分と定期的な更新が必要な内装・設備部分を分離するスケルトン・インフィルデザインの重要性が高まるものと予想される．

b. 小規模建築の重要性

従来，建築設備における革新的な試みは大規模な建築において行われることが多く，平均的にみても建築費用の総体が高く設計期間の比較的長い大規模建築の方が中小建築に対して設備技術者の労力がより多く注がれていると考えられる．省エネルギー対策として，法規的にも「エネルギーの使用の合理化に関する法律」（省エネルギー法）における特定建築物では平成

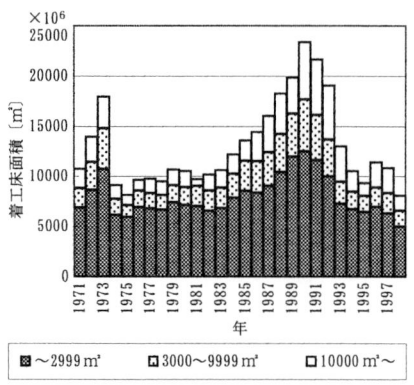

図 3.5 建物規模別事務所着工床面積の推移

20年改正までは延べ床面積 2000 m² 以上，「建築物における衛生的環境の確保に関する法律」（建築物衛生法）では同 3000 m² 以上を適用の対象としており，小規模建築は省資源・省エネルギーあるいは室内環境に対して特段の配慮がなされないまま建設されることが多い．しかし，わが国に存在する建築ストック全体のなかで小規模建築の割合を考えると，事務所について図 3.5 に示すように 3000 m² 以下の建築物の着工割合は総床面積の 60% 前後を占めている[4]．建築が環境に及ぼす影響を考えると，生産施設による大気汚染や水質汚濁のように大規模な排出源が局地的に大きな環境インパクトを及ぼすものよりは，地球温暖化原因物質としての二酸化炭素などのように施設の規模にかかわらず，すべての建築からほぼ床面積に比例した影響の生じるものが主流であり，その意味ではストックで大きな割合を占める小規模建築の対策の方がより重要である．すなわち，従来のような大規模建築における革新的な技術の開発に加えて，すべての建築を対象とした建築の断熱気密性能の最低基準の設定や，機器・建材レベルでの性能基準の強化など，全体の平均的性能のボトムアップを図ることが重要である．あるいは，設備技術の立場からはあまり考えられてこなかったことではあるが，良好な建築ストックを残していくという目的からは，従来のように小規模建築が多数建築されている状況から，できるだけ環境・室内性能の高度化が容易な大規模建築となるよう，一体化して建築が進められるような都市計画面での誘導も必要であると考えられる．

3.3 都市代謝システムの総合マネジメントと建築設備

3.3.1 都市代謝システムの統合とマネジメント

以上，述べてきたようにこれからの建築設備システムは都市代謝システムの大きな部分を占め，室内の快適性・利便性を必要最小限のコストで賄うという内部的な目的を満たしつつ，都市代謝系のもたらす各種環境影響を最小限にするという外部的な目標をも同時に解決するという使命を担っている．このような背景のなか，今後の建築設備システムの都市代謝システムに対する関係は，図 3.4 にキーワードを示したように，多様でかつ相補的な関係を結びながら，場合によっては都市代謝システムと建築設備システム，異なる都市代謝システム，あるいは複数の建築設備システムを統合[5]して計画・運用されることにより，総体として最適な代謝の形をつくり上げていくべきものと考えられる．

都市代謝システムと建築設備の関係においては，

(1) 比較的小型のコージェネレーションシステムやスケールメリットの小さい太陽熱・太陽電池，雨水利用システムなど自立分散型システム

(2) 複数の建築設備が統合することによる，大型のコージェネレーションシステムによる熱電併給，都市廃熱や海水・河川・下水利用ヒートポンプによる未利用エネルギー活用型熱供給，地区スケールでの中水道，下水・ごみの簡易処理プラントなどコミュニティスケールの代謝システム

(3) スケールメリットを追求した大型発電プラント，都市ガス供給プラントや広域上・下水道システム，廃棄物処理システム

の 3 者を地区の特性に応じて最適な形に統合していく都市代謝システムマネジメントの概念を確立する必要がある．

3.3.2 未利用エネルギーの活用

異なる機能をもつ都市代謝システムの統合による都市代謝の最適化の例として，エネルギーシステムと他の代謝システムを統合した都市未利用エネルギーの活用システムがあり，その一例を以下に紹介する．

a. 水システムとエネルギーシステムの統合

1) 都市下水からの熱回収 下水は熱の需要端である市街地周辺に豊富に存在するとともに，下水の一部は給湯排水を含んでいるため温度レベルが高く，特

に温熱供給のためのヒートポンプ熱源として適している.

2) 下水汚泥からのエネルギー回収　下水に含まれる有機分は下水処理場で汚泥として回収されるが、この減容を嫌気性消化で行うことによりメタンガス（バイオガス）を回収することができる．あるいは、直接焼却してエネルギー回収している例も見られる．

3) 上水道を利用した温熱供給　都市廃熱活用の大きな障壁は，廃熱を需要端である建築に搬送するための導管設備コストが大きいことであるが，特に住宅においてはそのエネルギー需要の多くを給湯需要が占めているため，上水道に都市廃熱を与え，水温を上昇させることにより給湯用エネルギーの削減を図ることができる．同システムの実現のためには飲用水など低水温が好まれる水用途への対処や温度上昇による衛生上の問題などの課題があるが，水供給の二元化などが同時に進めば実現の可能性は高いと考えられる．

b. 廃棄物処理システムとエネルギーシステムとの統合

1) 清掃工場からのエネルギー回収　都市ごみは，以前は水分の高い厨芥類が多く，発熱量が低いために燃焼に燃料の添加が必要な時期もあったが，近年ではカロリーの高い紙ごみやプラスチックの増加によって全体の発熱量が上昇し，廃棄物総量の増加と相まってエネルギー源としてのポテンシャルが高まっている[6]．

その活用法としては回収した蒸気からの発電による電力利用が現在の主流であるが，エネルギーのカスケード利用の観点からは蒸気の抽気・背圧利用によるコージェネレーションシステムが最も効率が高くなる．しかし，そのためには清掃工場の立地を見直し，熱需要地と近接させることで熱を有効に利用できるようにすることが前提条件となる[7]．

また，厨芥類に関しては下水汚泥と同様，嫌気性消化によるメタンガス回収を行うことも可能である．

c. エネルギーシステムとエネルギーシステムの統合

エネルギー供給システムにおいても，発電所からの熱併給はもとより，変電所からの廃熱回収，都市ガス供給減圧装置からの動力回収などが可能である．また，エネルギーシステムの一部である建築冷房システムの冷房廃熱も熱回収ヒートポンプを利用した熱利用が可能であり，特に冷房負荷の高い電算機ビル，地下鉄駅・地下街付近に安定した温熱需要があれば大きな活用のポテンシャルがある．

3.3.3　情報システムと代謝システムのマネジメント

上で述べたような，各種の連係関係を内包した都市代謝システムの運用に当たっては，各建築設備と都市インフラストラクチャーの間で情報を交換し，最適なマネジメントを行う情報システムの存在が不可欠である．第1章でも述べたように，すでに建築内部では業務用建築設備の最適運用と保全を行う BEMS が広く普及しており，今後は住宅に対するマネジメントシステムや，電力・ガスなどエネルギー供給事業者がDSM（Demand Side Management）の一環として行う冷房機器など最終需要の直接コントロールシステムなどについての開発，実用化が進んでいくものと考えられる．

〔水野　稔・下田吉之〕

文　献

1) 平成11年版　大阪市統計書．
2) 下田吉之，高原洋介，亀谷茂樹，鳴海大典，水野稔：大阪府におけるエネルギーフローの推定と評価，日本建築学会計画系論文集，**555**, 99-106, 2002.
3) 下田吉之，井上晋一，山岸　源，水野　稔：大阪府におけるマテリアルフローの推定と評価，日本建築学会計画系論文集，**546**, 83-90, 2001.
4) 山崎政人，下田吉之，江草恒則，水野稔：小規模建物の年間熱負荷特性に関する研究，空気調和・衛生工学会論文集，**82**, 19-28, 2001.
5) 中原信生：建築設備から環境システムへの展開と課題，空気調和・衛生工学，**70**-5, 1-13, 1996.
6) 下田吉之，水野　稔：都市におけるサーマルリサイクルポテンシャルの推計と活用システムの検討，第17回エネルギーシステム・経済・環境コンファレンス講演論文集，135-140, 2001.
7) 下田吉之，柳　邦治，水野　稔：熱需要の変動を考慮した清掃工場廃熱活用熱電併給システムに関する研究，空気調和・衛生工学会論文集，**80**, 27-35, 2001.

4 設備システム評価の適正化

4.1 多様な評価指標

4.1.1 指標に求められる要件

建築設備にかかわらず，工業製品の「評価」とは，その対象物が要求される性能項目（評価指標）とは何かを明らかにしたうえで，それぞれの評価指標に対して当該製品の有する価値・性能を可能な限り定量的・客観的な形で明らかにすることであり，すべての（あるいは代表的な）評価指標値を総合的に評価することによって，他の同種の製品に対して当該製品が優位にあるかどうかを明らかにすることや，あるいは評価指標間のトレードオフ関係を明らかにして製品の性能を最適化するなどの目的で用いられる．したがって評価手法を論じる際にはまず，その評価指標，すなわち建築設備システムに要求される性能項目の全体像を明らかにし，それらの定量化手法と総合的な優劣の決定方法を明確にする必要がある．

性能項目を，建築物のオーナー，ユーザーの立場から大別すると，

(1) 私的効用：コストや空間の快適性・健康性などのようにビルオーナー・ユーザーが明確な要求としてもっているもの．

(2) 社会的効用：地球温暖化をはじめとする環境問題のように，ビルオーナー・ユーザー側の直接的な要求としては現れにくいものの，建築設備がその社会的使命として果たさねばならないもの．

の2種に分類される．以下では，(1) のカテゴリーに属するものとして「建築内部における利便性・快適性・健康性」，「経済性」，「非常時・災害時の対応」，(2) のカテゴリーに属するものとして「外部環境に与える影響」の4つの大分類別に，建築設備の評価指標の候補となりうる項目群について紹介する．

なお，評価指標群を選定するにあたっては，以下の4つの要件について留意する必要がある[1),2)]．

① 実用性（計算が可能で，評価結果を判断する意思決定者にわかりやすい形で提示することのできる指標であるか？）

② 完全性（建築設備システムの評価に必要な指標がすべて含まれているか？）

③ 独立性（指標間に相互関係の強い，したがって統合可能なものがないか？）

④ 客観性（客観的な指標算出が可能であるか？）

なお，建築全体に関しては村上[1)]を中心に建築環境総合性能評価システム CASBEE（Comprehensive Assessment System for Building Environmental Efficiency）が事務所建物，戸建て住宅，まちづくり等を対象に開発され，広く活用されているが，本章では特に建築設備に重点を置いた評価手法について枠組・考え方を中心に述べることとする．なお，CASBEE については第Ⅱ編3.3節を参照．

4.1.2 評価指標の例

1) 建築内部における利便性・快適性・健康性

ⅰ) 熱的快適性　空気調和設備の本質的な目的であり，PMV や ET* などの温熱環境指標によって表現される．ただし，最適値は一般に幅をもっているが，もともと人間の快適性には個人差が大きいので，その幅のなかで最も望ましいポイントを特定することにはあまり意味がない．

ⅱ) 適切な照度環境　これも，照明設備の本質的な目的であり，入射光束 (lx) などで表現される．空間の使用目的などによって，最適な値は異なる．

ⅲ) 騒音・振動の防止・最小化　これは，建築設備の稼働に伴って生じるマイナスの影響であるが，ここでは居住者に対する影響に着目している．その許容値は，建物の用途により異なる．

ⅳ) 衛生環境の保全　給排水・衛生設備の本質的な目的であり，給水が目的に応じた水質を満たしているか，建築内における活動によって排出される廃棄物や排出物が，建築内の衛生環境に悪影響を及ぼさない形で処理され，建築外へ排出されるか否かが評価され

る．また，在郷軍人病のように，空気調和設備を介した病原菌の繁殖・感染のリスクについても併せて評価される必要がある．

　v）室内空気質　　空気調和設備によって実現される室内の空気質が空間の使用目的に応じた必要性能条件を満たすか否かが評価される．空気質の評価項目として，「建築物における衛生的環境の確保に関する法律」では浮遊粉じん，CO，CO_2，相対湿度が定められているが，近年ではホルムアルデヒドなど，建材等に含まれる化学物質についても大きな関心を集めている．

2）経済性

　i）設備システムの経済性　　経済性の評価指標としては，イニシャルコスト（設備費用・工事費用など）とランニングコスト（エネルギー費，保守管理費）を一つに統合して評価するライフサイクルコストがある．ただし，この統合において仮定される将来のエネルギー費用，金利などは実際には変動する可能性があり，そのリスクについても併せて考慮しておく必要がある．例えば，初期投資が高いものの，エネルギー費が少なくなる設備システムにおいては，ライフサイクルコストが同一であってもエネルギー費の将来の高騰に対するリスクが小さくなっている点を併せて評価すべきである．

　また，同じライフサイクルコストが同一であっても，イニシャルコストの増分がランニングコストの減で回収される回収年数が長くなると，経済的な有利性が低くなる．

　ii）建築空間の有効利用　　上記のような建築設備システムが要する建築設備システムが占有する建築空間の大きさは，建築空間の建設費や有効利用可能面積に大きく影響してくるため，経済性にかかわる大きな評価要素である．空間の経済的な価値は，単なる床面積・容積ではなく，屋上や地下室などその部位によっても異なる．

　iii）都市設備の有効利用度　　現在，わが国の電力・都市ガス・熱供給料金の体系は，年間の最大使用量によって決まる基本料金と，使用量によって決まる従量料金の2本立てとなっている．したがって，年間のエネルギー消費が等しい場合においては，その消費量の時間変化が小さく，年間最大消費量が小さい場合にこれらエネルギー供給設備への負担が小さくなり，光熱水費（基本料金）が低くなる．これは i）のランニングコストに反映されているが，特に電力供給においては現状の負荷率（年間の最大電力に対する平均電力の比率）の低下が電力コストを押し上げている大きな一因となっており，将来的な電力料金体系の変化に対するリスクを見るうえではこの指標を別に評価しておく必要がある．

　iv）耐久性・保守管理の容易性　　機器の寿命や故障の頻度はその経済性に直接的な影響を与える因子であり，また保守管理の容易性も保守費用に対して強い相関がある．

3）非常時・災害時の対応

　i）災害発生の危険性　　火災などの発生する危険性や，地震や周辺での火災時に火災や倒壊，漏水などによる二次災害を発生させる危険性を示す．使用するエネルギーソースの種類や，地震対策，燃料漏れ・漏電に対する対策などで評価される．

　ii）非常時の運転における稼働安定性　　非常時・災害時において建築設備がその基本的な機能を継続することができるかを評価するもので，特に病院や公共施設など，建物が機能不全に陥ることの影響が大きい建物や，非常時・災害時に重要な役割を担う建物においては重視される．これには転倒防止など設備システム自体の機能保全とともに，電力・ガス・水道などライフラインの途絶による機能停止を防止する観点があり，後者においては非常用燃料・冷却水などの確保やライフラインの多重性，エネルギーソースの多様化などが評価項目となる．

4）外部環境に与える影響

　i）枯渇性資源の消費　　枯渇性資源としては大別してエネルギー資源と金属資源がある．空気調和設備においては使用時のエネルギー消費がきわめて多いので，特にエネルギー資源の枯渇に与える影響が大きいと考えられる．都市ガスや電力の消費は，天然ガスや石油，石炭，ウランなどの非再生資源の消費につながっている．21世紀後半になってくるとこれらの資源のうちいくつかはその枯渇が近づくと予想されており，今後さらに重要になるものと考えられる．なお，金属資源の消費の評価においてはリサイクル率の考慮が必要である．

　ii）地球温暖化　　大気中の温暖化ガスの濃度上昇により地球の気候が変動するもので，温暖化ガスとしてはCO_2をはじめメタン，フロンなど6種類の物質が京都議定書による削減対象物質とされているが，建築設備システムにおいては特に化石燃料の燃焼に伴うCO_2の排出と，冷凍機の冷媒や断熱材の製造に使用されるフロンが重要である．第2章で示したように，日本のCO_2排出量のうち約40％以上は建設分野が占

め，特に約25％は家庭および業務用建築内でのエネルギー消費に起因していると推計されており，建築設備における対策の重要性が明らかである．

iii) 酸性化　酸性化した雨や霧によって樹木や建築物・文化財が被害を受けているもので，原因物質としては硫黄酸化物（SO_x）や窒素酸化物（NO_x）があり，これらが上空で拡散して酸性雨や酸性霧を広範囲に発生させている．これらの土壌や生態系への影響は長い時間を経て顕在化するといわれており，今後より重大な環境影響を引き起こす可能性も否定できない．

iv) オゾン層の破壊　フロンなどが成層圏においてオゾン層を破壊し，生物に有害な紫外線の地上到達量を増加させている問題である．過去にターボ冷凍機などに冷媒として使用されていたCFC-11などオゾン層破壊性の高い特定フロンに関してはすでに製造が打ち切られ，その他の物質についても順次切り替えが進んでいるが，現状でも比較的オゾン層破壊性の低い冷媒や過去に生産された特定フロンなどが一部で使用され続けている．

v) 大気汚染による環境影響　都市内での暖房用重油の燃焼が大きな大気汚染源であった1960年代に比べれば都市内の大気汚染問題は軽減されたとはいえ，現在でも道路沿道で測定されるNO_xの濃度は環境基準が達成されていない場合が多いなど，依然として重要な環境影響項目の一つである．現在では燃料転換が進み，建築設備の排出源としての寄与はそれほど大きくないが，一般に都心の建築から排出される大気汚染質は郊外の工場などから排出されるものに比べて暴露する人口が大きいため，引き続き注意が必要である．

vi) 光化学オキシダントによる環境影響　建築設備システムから排出されるNO_xや炭化水素類が太陽光を受けて光化学反応を起こし，人間や生態系に被害を与える光化学スモッグの原因物質である光化学オキシダントが生成される．

vii) 熱汚染　日本の大都市においては，都心部の気温が周辺に比べて気温が高くなるヒートアイランド現象が明確に観測されており，結果として起こる熱帯夜の増加などは人間生活に確実に悪影響を及ぼしている．この原因としては人工的な地表面の増大による地表面での蒸発の減少や日射吸収量の増加，および，都市でのエネルギー消費に伴う人工廃熱の影響の2種が考えられているが，高密な都心部ほど後者の影響が大きくなる．冷房時に建物内部で消費されるエネルギーは，空気調和以外のエネルギー消費についてもそのほとんどが冷房負荷となり空調熱源装置を経て大気に放出されるので，建築設備側での評価としては，蒸発式冷却塔のように水蒸気で捨てるか，あるいは家庭用エアコンのように顕熱として捨てるかなど空調熱源装置からの熱の捨て方も重要なポイントである．

viii) 景観　屋上に設置される冷凍機やヒートポンプの屋外機や壁面に設置されるエアコンの屋外機，ボイラからの煙突などは，建物全体あるいは都市の景観に大きな影響を与えている．

ix) 騒音　一部建築設備においては建物外部に対しても騒音の影響を及ぼす場合がある．

x) 水質汚濁物質の発生　建築内での活動から排出される排水とともに，冷却塔のブロー水など，建築設備自身から排出されるものもある．

xi) 廃棄物の発生　建築内での活動から排出されるもの，建築設備の運転によって生じるものとともに，建築設備自体が廃棄された場合の廃棄物発生がある．

4.1.3　指標間の相互関係

以上，4種の大分類の下で考えうる指標をリストアップしてきたが，そもそもこれら指標には図4.1に示すようにいくつかの相関関係・トレードオフ関係があり，それぞれが独立した関係にはない．また，最終的にビルオーナー，ユーザー，設計者らの意思決定者が主観的な判断を行うためには，実用性の観点から指標の数はなるべく少なくする必要がある．したがって実際の建築設備の評価にあたっては，その評価の目的を踏まえ，本章の初めにも述べたような実用性，完全性，独立性，客観性の4つの観点から，上述の指標を対象に応じて取捨選択していくことが必要である．

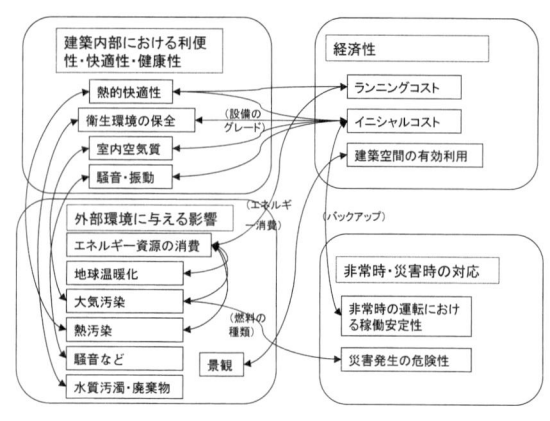

図4.1　評価指標間の相互関係

4.2 ライフサイクル評価とその手順

評価において重要なポイントに，運用時だけでなく，建設時や廃棄・改修時の費用や環境負荷も念頭に入れてライフサイクル全体での優劣を判断すべき点がある．ライフサイクル評価として，建築設備では前述したように経済性評価におけるライフサイクルコストでの評価とともに，環境影響を評価する場合におけるライフサイクルアセスメント（LCA）がある．ライフサイクルアセスメントのカバーすべきインパクト（評価カテゴリー）の範囲は曖昧で，文献によってはライフサイクルコストなど経済的・社会的要因を含めた評価を行っている例[2),3)]もあるが，以下では環境影響に限定したライフサイクルアセスメントの手順を示すこととする．

全体の手順について，図4.2に示す．

4.2.1 目的と範囲設定

LCAの実施に当たって，まずその目的と解析の対象とする範囲を明確にするステップである．特に建築設備の特性を踏まえたうえでどのような目的（機器の選択か，設計の指針づくりかなど）・内容の評価とするか，建築設備システムのどの部分までを評価の対象にするのか，通常十分には得られないデータを基にして，どのような仮定の下にどの程度の精度で各数値を求めるのかについて十分な配慮が必要である．これらの設定が明確でないと，LCAの最終段階において結果をいかに活用していくか，あるいは結果がその活用のために要求される十分な信頼性をもっているかについて，判断することができなくなる．

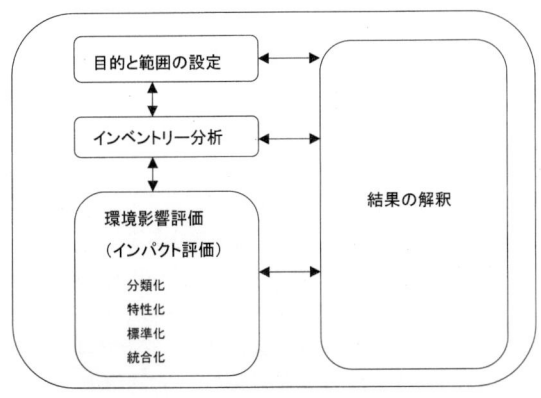

図4.2 ライフサイクルアセスメントの手順

4.2.2 インベントリー分析

建築設備のライフサイクルにわたるエネルギーなどの資源消費量，CO_2やNO_xなどの環境負荷物質排出量の総計を求める手順である．4.2.1項で定義した評価対象範囲に含まれる各要素ごとに，その原材料，生産・施工・使用・廃棄の各過程でのエネルギー・資源消費や廃棄物・環境負荷物質排出量など，すべてのインプットとアウトプットを定量的に分析する．これは，次に続く環境影響評価の基礎データとするプロセスで，LCAの最も基本となる部分である．

なお，製品の製造過程における資源・環境負荷物質排出量などを求める方法としては，(1) 各製品の製造過程を詳細に追跡し，その入出力を把握する積上げ法，(2) 産業連関表を利用し，各産業部門間の物資（貨幣）の収支の状況から各製品の入出力を推定する方法，の2通りがあるが，一般的に前者の作業は困難であり，LCAの目的と照らして特に必要がなければ後者が用いられることが多い．建築設備関連の製品に関しては，産業連関表をもとに算出されたCO_2排出などの原単位が空気調和・衛生工学会[4)]や日本建築学会[5)]により取りまとめられている．

原単位を利用する際に注意すべきポイントの一例として，系統電力を1単位使用した場合における各種環境負荷物質排出量の原単位推計手法がある．これには，大きく分けて以下に示す2つの異なる方法が使用されている．

(1) マージナル電源原単位：評価対象を新規に運転を開始する設備と考えれば，この設備の運用開始によって新たに電力需要が発生し，系統電源側ではそれに応じた発電が必要になるが，それは水力・原子力・火力の現状の発電構成比率とは関係なく，経済性などの観点から選択された一つまたはごく少数の発電所の発電量増加によって賄われると考えるのが妥当であり，この電源を「マージナル電源」と呼ぶ．通常マージナル電源は水力や原子力ではなく，燃料費のコストに占める割合が高くかつ出力調整の容易な火力発電所であると考えられる．また，長期的に見て需要の増減によって新規発電所の建設や発電所の休止があるとした場合も，同様にそれをマージナル電源と考える．ただし，この方法ではマージナル電源を特定することが困難であることや，電力系統における発電システムの環境負荷低減化努力が，それがマージナル電源に及ばなければまったく評価されないという問題点がある．

(2) 全電源平均原単位：現状で運用されている熱源システムを考える場合など，それが使用している電力

は系統内で稼働している電源の発電構成比率に応じて供給されていると考え，各電源の排出量を発電量で重みづけ平均した環境負荷量を与える考え方．

この2つの考え方のいずれをとるかによって原単位，ひいては評価結果が大きく変わる．建築設備システムのうち，空調熱源システムには，電力を主たるエネルギーソースとするものと，ガスや石油を主たるエネルギーソースとするものがあるが，これらを比較する際に，この原単位の差異は結果に大きな影響を及ぼすので，その判断は重要なポイントである．

このように，インベントリーにおいても多くの不確定要因が存在するので，実際のLCA実施に当たっては選択した原単位とその理由など，過程を逐一記述することが求められる．

4.2.3 環境影響評価

わが国のLCA評価事例においては，ライフサイクルにわたるCO_2排出量のみのインベントリーを行う$LCCO_2$評価が行われることが多い．このような分析を特にLCI (Life-cycle Inventory) とも呼んでいるが，本来LCAは評価しようとする製品やサービスの環境に与える影響を総合的に評価しようとするもので，$LCCO_2$は地球温暖化に与える影響のみを評価しているか，あるいは各種の環境影響が二酸化炭素の排出量にほぼ比例していると仮定して，環境影響の代表指標としてCO_2排出量のみを取り上げているかのいずれかの位置づけにある．本来のLCAの目的を達成するためには，インベントリーの対象項目をその製品の環境影響を表すすべての入出力に拡大し，以下に示す手順の環境影響評価を行う必要がある．

(1) 分類化：インベントリー分析で算出した各インベントリーを具体的な環境影響項目ごとに分類する．例えば，CO_2は地球温暖化に，フロンは地球温暖化とオゾン層破壊に関係する．環境影響には4.1.2の4)で示したようにさまざまな項目が考えられるが，4.2.1で定めた目的と範囲に従い，適切な項目を選択する必要がある．

(2) 特性化：環境影響項目ごとに各インベントリー結果を用いた影響の定量化を行う．分類化で定められた各環境影響項目それぞれに属する物質のインベントリー結果に対して当該の環境影響の大きさに応じた重みづけを行い，その積の総和をとる方法が一般的である．例えば，地球温暖化においては二酸化炭素，メタン，フロン類などのインベントリー結果をそれぞれの物質の温室ガス効果指数GWP (Global Warming Potential) によって重みづけし，CO_2当量として合計する．重みづけについては可能な限り科学的根拠に基づくことが望ましいが，一部の環境影響項目を除いて未だ研究段階であるものが多く，どのような係数を用いたか明記することが必要である．

(3) 標準化：(2)で算出した環境影響項目ごとの特性化値は項目ごとに単位が異なるため，これらをある基準値，例えば国全体での当該環境影響の総量で除して単位を揃える．

これにより各環境影響項目ごとに全体のインパクトに対する当該の財の寄与率を把握することができる．なお，この段階は統合手法によっては省略される場合もある．

(4) 統合化：(3) もしくは (2) で算出された各環境影響項目ごとの指標値を総合的に評価する段階で，例えば，地球温暖化，オゾン層破壊，酸性雨などの異なる環境影響の大きさを重みを用いて一つに統合化し，評価するものである．

重みづけの手法としては，① 専門家や一般市民らの主観的判断による重みづけ，② 環境目標値や基準値あるいはこれら目標値と現状の乖離の大きさに基づいた重みづけ，③ 環境影響の回復費用や防止費用，一般市民らが主観的に定めた支払い意思額などを用いて各環境インパクトを貨幣価値に換算する方法，などがあげられるが，いずれにせよ純粋に客観的な手法は存在せず，LCA全体の目的に応じて適切な手法を選択することが要求される．

4.2.4 結果の解釈

得られた結果（最終的な統合化の結果だけでなく，インベントリーなど各ステップにおける経過を含めて）を解釈し，当初設定した目的（機器選択か，設計の指針づくりかなど）に従って具体的な結論を導く．

4.3 総合評価の必要性と事例

前節では，一般的なライフサイクルアセスメントの枠組みと手順を紹介したが，実際の建築設備の評価においては最後の環境影響評価，特に統合化による代替案間の優劣比較までが行われる例はあまり見られない．これには，環境影響評価，特に統合化における重みを定めるプロセスが確立されていないことが大きな要因である．現実の建築設備の計画・設計プロセスにおいては，客観的に統合化された単一の数値に従って計画・設計が進められるというよりは，特性化された

経済性,快適性,環境保全性などのインパクト項目(環境影響のみを論じる場合,ライフサイクルアセスメントにおける環境影響項目に相当する)の評価結果を設計グループやビルオーナーらの意思決定者(あるいはそのグループ)が主観的に判断し,代替案を選択していくことが通例であると考えられる.

しかし,公共建築など公共性の高い建築においては,各インパクト項目に対する一般の選好をあらかじめ把握しておくことも計画・設計上重要な課題である.上記①〜③の手法のうち,アンケートを用いた専門家や一般市民らの主観的判断による重みづけの例として,全国の地方自治体における環境保全部署・建築営繕担当部署の関係者に,公共建築の設計にあたって重視すべき項目の重みについて,地球環境・広域環境・近隣環境さらには経済性・機能性を含めて階層分析法(AHP法)[6]によるアンケートから導出を行ったケーススタディ[7]について,その手順と結果の概要を示す.

1) 階層法によるアンケート まず,評価項目を表4.1のように階層的に整理する.アンケートでは,A〜Eの5つの主カテゴリーのうち2つの組み合わせ(例えば,「地球環境問題」と「広域地域環境問題」,全部で10通り)について,その組み合わせ(カテゴリーiとカテゴリーj)の重要度を「iがjに比べてきわめて重要」から「jがiに比べてきわめて重要」まで9段階で回答してもらう.これを,9(iがjに比べてきわめて重要),7, 5, 3, 1(両者の重要度が等しい),1/3, 1/5, 1/7, 1/9(jがiに比べてきわめて重要)の数値に換算しa_{ij}とする.なお上の定義により$a_{ij}=1/a_{ji}$となる.$a_{ii}=1$として,a_{ij}をi行j列の要素とする正方行列(一対比較行列)Aを作成する.

同様に,主カテゴリーAに属するA-1からA-4までの4つのサブカテゴリーについても上と同じアンケートにより一対比較行列を作成する.以下,B〜Eのサブカテゴリーについても同様である.

2) 重みの計算例 得られた各一対比較行列について,べき乗法などにより行列の固有値・固有ベクトルを計算すると,その最大固有値に対応した固有ベクトルの要素が重みを示す.すなわち,固有ベクトルのi成分がカテゴリーiの重みとなる.主カテゴリーについての重みの計算結果を図4.3に示し,各サブカテゴリーの重みに主カテゴリーの重みを乗じて全体のなかでの各サブカテゴリー(経済性をのぞく)の重みを求めた結果を図4.4に示す.

結果は,環境保全担当者が環境関連の評価項目に強い重みをつけているのに対して,建築営繕担当者が全体に均等な重みをつける傾向があるなど,両回答グループの特性をよく反映した重みとなっていることがわかる.

なお,このようなアンケートを実施する際には,評価項目の数や階層のつくり方に応じて結果が変わってくる.例えば,このアンケートでは環境関連項目を3つの主カテゴリーに分けているため,環境関連の重みが大きくなる傾向になっている.したがって,アンケー

表4.1 ケーススタディで使用した評価指標

主カテゴリー	サブカテゴリー
A 地球環境問題	A-1 資源枯渇 A-2 地球温暖化 A-3 オゾン層破壊 A-4 酸性雨
B 広域地域環境問題	B-1 大気汚染 B-2 水質汚濁 B-3 処分場増設 B-4 (ピーク電力増加による)発電所増設
C 近隣地域環境問題	C-1 熱汚染 C-2 騒音・振動 C-3 景観
D 機能性	D-1 熱的快適性 D-2 音環境 D-3 視環境(照度環境) D-4 自律性 D-5 安全・安定性 D-6 啓発効果 D-7 操作性
E 経済性	E-1 イニシャルコスト E-2 ランニングコスト

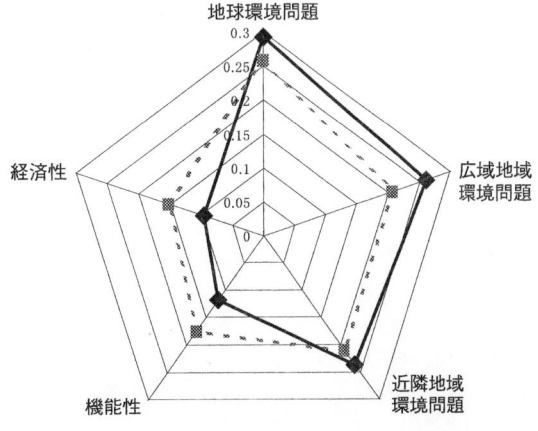

図4.3 アンケートにより求めた公共建築における評価指標の重要度

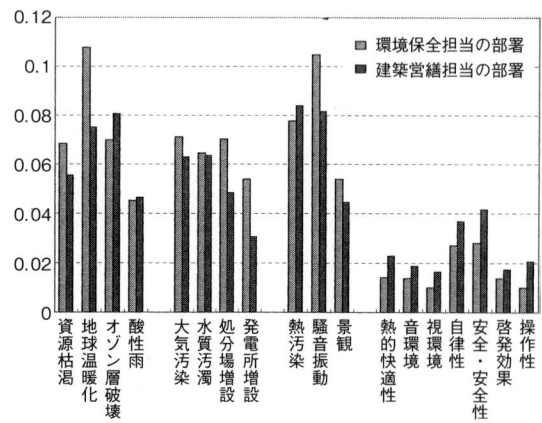

図 4.4 サブカテゴリー間の重要度の比較

トの設計には十分な注意が必要である.

〔水野　稔・下田吉之〕

文　　献

1) 村上周三他著：CASBEE 入門，日経 BP 社，2004.
2) Bent Sørensen：What is Life-Cycle Analysis?, Proceedings of Expert Workshop on Life-Cycle Analysis of Energy Systems, OECD/IEA, p. 21-53, 1992.
3) 下田吉之，水野　稔，内海　巌，横林直規：環境保全型地域熱供給システムの総合評価手法に関する研究，空気調和・衛生工学会論文集，**70**，59-71，1998.
4) 空気調和・衛生工学会：空気調和・衛生設備の環境負荷削減対策マニュアル，2001.
5) 日本建築学会：建物の LCA 指針（案）～地球温暖化防止のための $LCCO_2$ を中心として，1999.
6) 刀根薫：ゲーム感覚意思決定法　AHP 入門，日科技連，1986.
7) 坂野幸代，内海　巌，下田吉之，水野　稔：環境配慮型公共施設の総合評価手法に関する研究，日本建築学会大会学術講演梗概集　環境工学 I，1999.

II. 設備計画の基礎

1. 設備計画・設計の進め方
2. 計画・設計方針の決定
3. 建築計画
4. 設備計画

1 設備計画・設計の進め方

1.1 設備計画・業務フロー

設備計画・設計の流れを分解すると、一般には企画・構想→基本計画→基本設計→実施設計と表される。各ステージの位置づけには諸説あるが、本書では以下に示すフローを採用する。

1.1.1 基本計画の流れ

基本計画の範囲を建築主から提示された要求事項・与条件に基づいて、社会的要求事項を満足する施設のイメージを発想・形成し、建築の計画を確立するステージと位置づける。空調設備の基本計画の流れを図1.1に示す。

1.1.2 基本設計の流れ

基本設計の範囲を基本計画で決定した基本方針・概略検討結果に基づいて、技術的・法的裏づけを整え、より精度の高い設計条件として確立し、さらに工事費・工期の確認を行って実施設計へ結びつけるステージと位置づける。空調設備の基本設計の流れを図1.2に示す。

1.1.3 実施設計の流れ

実施設計の範囲を基本設計を終了した後、設計図書（各種申請用書類・特記仕様書・実施設計図・設計計算書・工事予算書など）を作成し、発注業務を経て着工するまでのすべてを含むステージと位置づける。主として基本設計にて決定した設備システムについて、

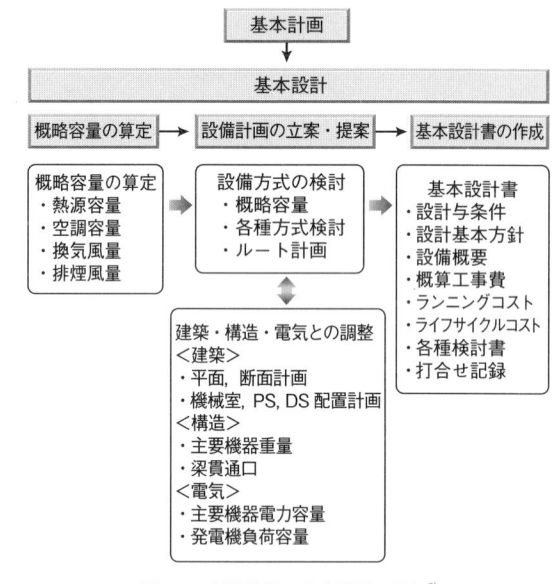

図1.2 空調設備の基本設計の流れ[2]

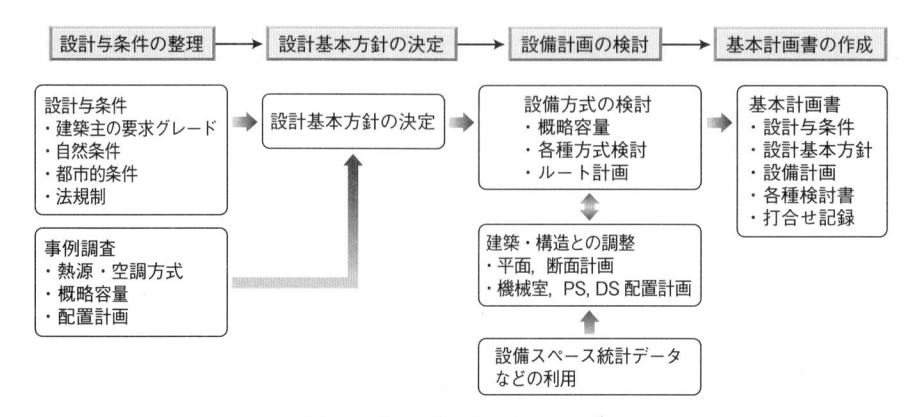

図1.1 空調設備の基本計画の流れ[1]

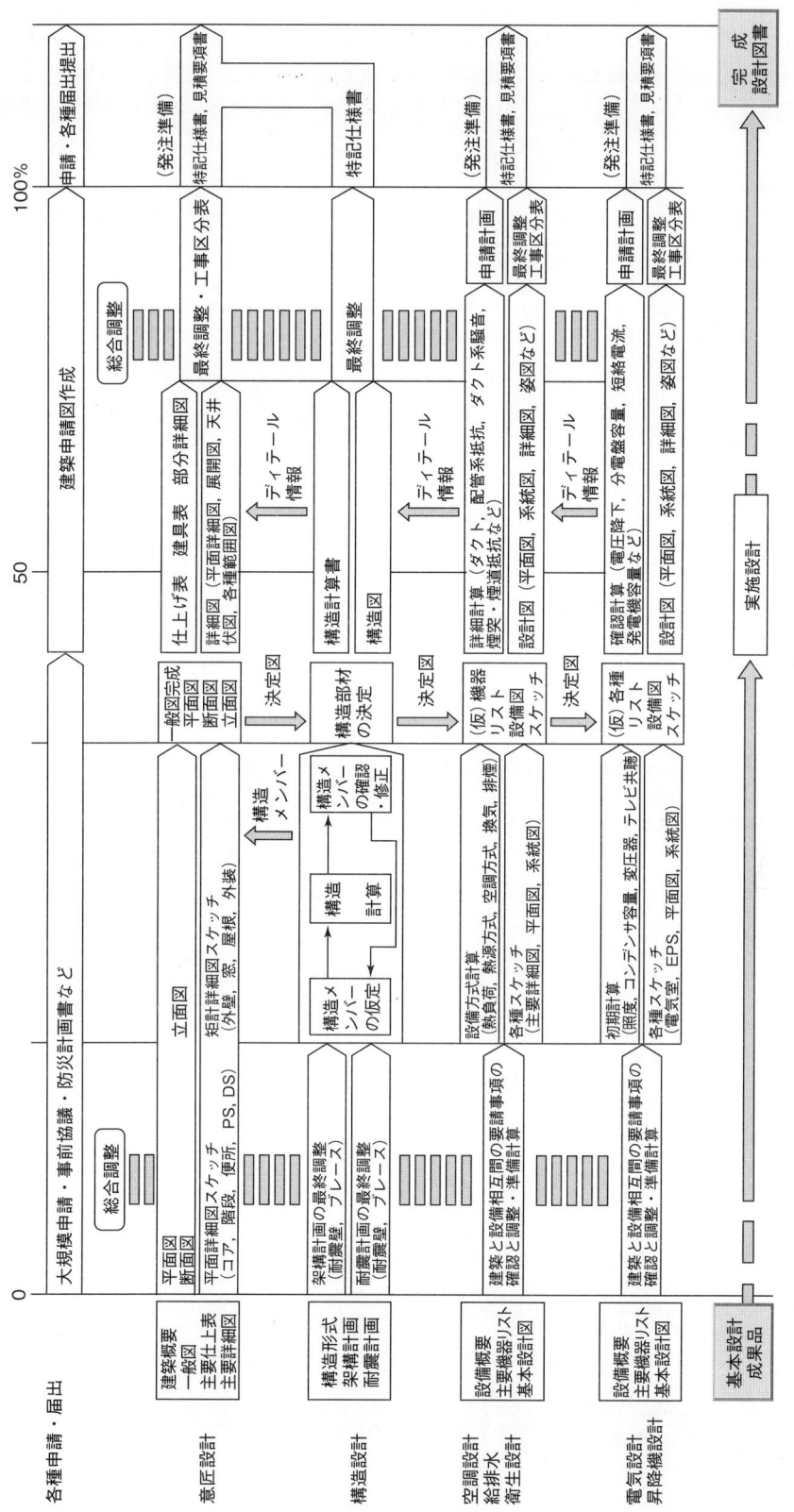

図 1.3 実施設計の流れ[3]

各機器の詳細な容量や仕様・ダクト・配管・配線などの詳細サイズの決定，制御システムなどの詳細決定を行って実施設計図書を作成する業務となる．実施設計の流れを図1.3に示す．

1.1.4 ライフサイクルデザインの必要性

上記のフローが建築の企画・新築設計だけを対象としているのに対し，建築の「新生」，「運用」，「再生」の3ステップを含む全生涯を見通した最適の計画を行

表1.1 企画・構想，基本計画業務の概要[4]

業務の進行段階	企画・構想	基本計画
全体業務内容	都市計画，地区整備計画，地区開発計画，再開発事業推進，アーバンデザイン，事業計画，環境アセスメント，敷地調査と検討，現状調査と将来予測，基本構想の立案，コンセプトワーク，開発手法の検討，行政との調整，プレゼンテーション	設計条件の整理，コンセプトの確立，土質調査，地盤対策計画，建築計画，構造計画，設備計画，供給システム計画，省エネルギー計画，ランドスケープ計画，スケジュール検討，行政との事前対応，プレゼンテーション
空調設備設計業務内容	(1) 与条件の把握，周辺条件の調査 　　周辺条件 　　　自然条件 　　　　地理的条件 　　　　気象条件 　　　都市的条件 　　　　地域指定 　　　　都市設備　電気，ガス，水道など法規制 (2) 企画 　　条件の整理・設定 　　目標の設定 　　　施設の種類，規模，内容，営業形態 　　　グレード 　　計画理念の確立 　　類似建物の調査 　　事業費・スケジュールの設定	(1) 与条件の整理 　　建築主の要求：グレード 　　周辺条件：自然条件，都市的条件，法規制 (2) 基本方針の決定 (3) 設備計画 　　概略容量の設定 　　比較検討：熱源方式，空調方式，省エネルギー手法 　　配置計画：熱源機械室，空調機械室，パイプシャフト（PS），ダクトシャフト（DS） 　　ルート計画：配管・ダクトルートの検討 (4) 建築・構造・他セクションとの調整 (5) 基本計画書の作成 　　設計与条件のまとめ，基本計画方針，計画内容説明，施主・官公署協議記録 (6) 概算コスト 　　概算工事費
成果品	(1) 基本構想書（企画書） (2) 環境影響評価書（環境アセスメント）	(1) 設備方式比較検討書 (2) 基本計画書 (3) 工事概算書

表1.2 基本設計業務の概要[5]

業務の進行段階	基　本　設　計
全体業務内容	設計条件の整理，コンセプトの確立，土質調査・地盤対策計画，建築計画，構造計画，設備計画，供給システム計画，省エネルギー計画，ランドスケープ計画，スケジュール検討，行政との事前対応，プレゼンテーション
空調設備設計業務内容	(1) 与条件の整理（基本計画） 　　建築主の要求：グレード 　　周辺条件：自然条件，都市的条件，法規制 (2) 基本方針の決定（基本計画） (3) 設備計画 　　概略容量計算：概略容量・サイズの設定（機器・配管・ダクト） 　　比較検討：熱源方式，空調方式，省エネルギー手法 　　ゾーニング 　　制御システム：自動制御，防災，中央監視 　　配置計画：熱源機械室，空調機械室，パイプ・ダクトシャフト 　　ルート計画：配管・ダクトルートの決定 (4) 建築・構造・他セクションとの調整 (5) 基本設計書の作成 　　設計与条件のまとめ，基本設計方針，設備概要説明，官公署協議記録 (6) 概算コスト 　　概算工事費，ランニングコスト，ライフサイクルコスト
成果品	(1) 設備方式比較検討書 (2) 基本設計書 (3) 工事概算書

1.1 設備計画・業務フロー

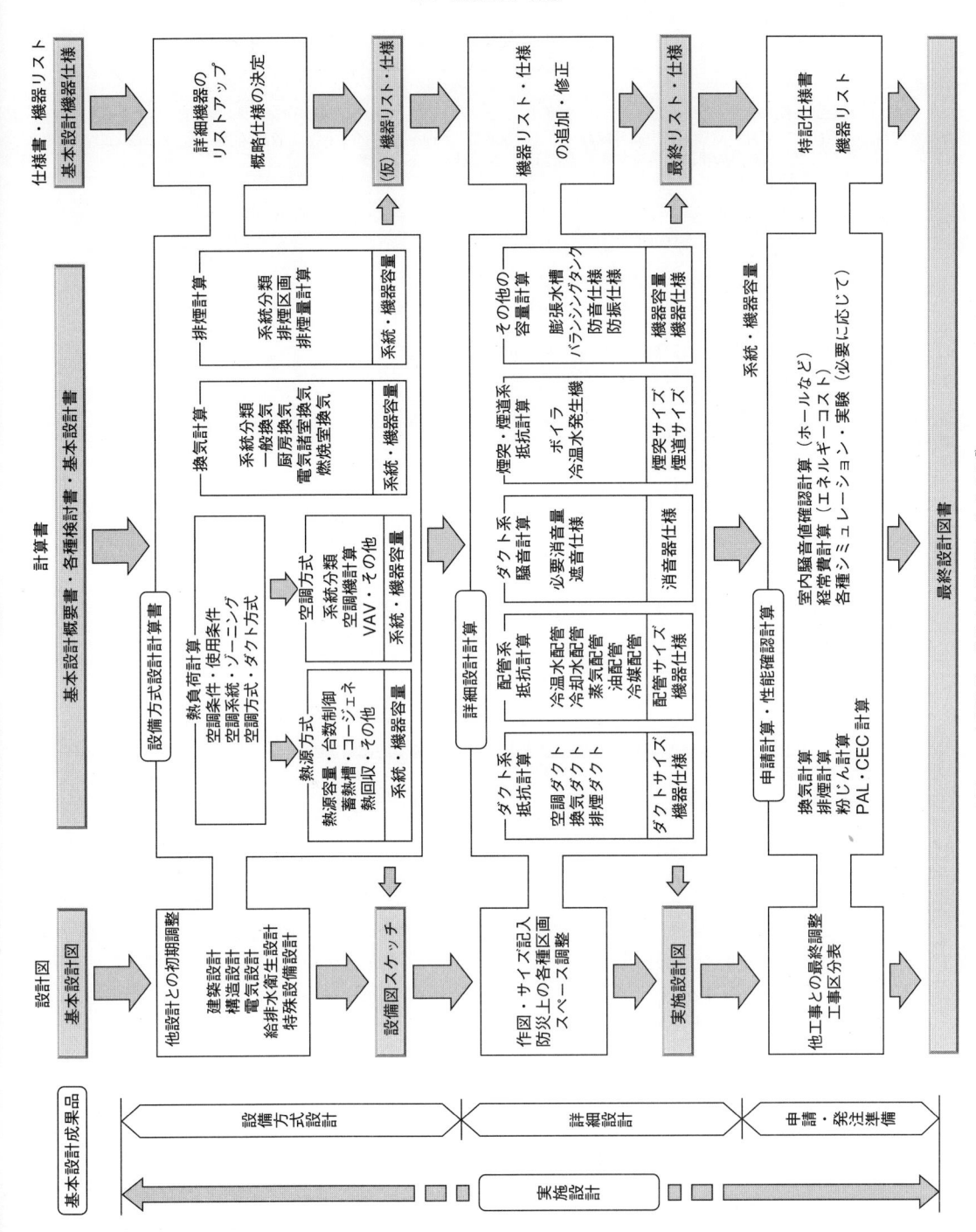

図 1.4 空調設備の計算書と設計図の作成手順[7]

表 1.3 実施設計業務の概要[6]

業務の進行段階	実 施 設 計
全体業務内容	設計条件の確定，建築計画（プラン，デザイン，ディテール），各種シミュレーション，構造設計，電気設備設計，空調設備設計，給排水衛生設備設計，防災設備設計，照明計画，インテリア設計，ランドスケープ設計，コスト算出，行政への申請，発注準備，技術開発，仮設計画，工程調整
空調設備設計業務内容	(1) 設計条件の確定 　　建築主の要求：グレード 　　周辺条件：自然条件，都市的条件，法規制 (2) 設備計画 　　熱負荷計算：最小単位空間，ゾーン別 　　設備方式：熱源，空調，換気，排煙方式，省エネルギー手法 　　機器決定：容量，能力，仕様，寸法 　　制御システム：自動制御システム，中央監視設備 (3) 配置計画：熱源機械室，空調機械室，パイプ・ダクトシャフト (4) 納まり詳細図検討 　　機器配置 　　パイプ・ダクトシャフト，天井内 (5) 他セクションとの詳細調整 　　外部がらり，器具形状，納まり，工事区分 (6) 申請図書作成 　　防災評定 　　確認申請（設計図，換気計算，省エネルギー計画） (7) 設計図書作成 　　設計図，仕様書，計算書 (8) コスト算出 　　工事予算書 　　ランニングコスト（エネルギー消費量，維持管理費）
成果品	(1) 防災評定書 (2) 確認申請書 　　設計図，換気計算書，排煙計算書，省エネルギー計画書（PAL，CEC） (3) 特記仕様書 (4) 実施設計図 (5) 設計計算書 (6) 工事予算書

うべきであるという考え方が広まりつつある．この漠然として具体性に乏しい概念を，経済性（LCC）や環境保全性（LCA）などの定量的な評価指標により具体化するのがライフサイクルデザイン（LCD）の役目であり，各種代替案のなかから決定案を選定するための，合理的な計画手法といえよう．

1.2 設備設計業務内容

1.1の設備計画・業務フローにしたがい，設備設計業務内容を以下に示す．

1.2.1 企画・構想，基本計画の業務内容
企画・構想，基本計画業務の概要を表1.1に示す．

1.2.2 基本設計の業務内容
基本設計業務の概要を表1.2に示す．設備計画の大きな骨格は，この基本設計段階で決めることとなるため，このステージでの検討を十分行うことが必要となる．また，建築計画・構造計画の骨格も同様にこの段階において決定されるため，他分野との調整作業も重要となる．

1.2.3 実施設計の業務内容
実施設計業務の概要を，表1.3に示す．また，空調設備の計算書と設計図の作成手順の例を図1.4に示す．
〔北村規明〕

文　献

1) 空気調和・衛生工学会編：空気調和設備計画設計の実務の知識，（改訂2版）p. 2，オーム社，2002．
2) 前掲 1) p. 66.
3) 前掲 1) p. 103.
4) 前掲 1) p. 1.
5) 前掲 1) p. 65.
6) 前掲 1) p. 99.
7) 前掲 1) p. 104.

2

計画・設計方針の決定

2.1 条件設定

　計画・設計を行う際には，最初に設計条件を整理・設定する必要がある．設計条件には大別して，建築主から提示される条件，立地条件などの周辺条件と法的条件などがある．以下にその概要を示すが，この設計条件は「設計条件書」あるいは「基本計画書」などに記述して，保存すべき設計上重要な項目の一つである．

2.1.1 建築主条件

　建築主条件には，一般に建築主から提示される与条件と，計画・設計の過程で建築主と設計者の協議により設定される目標性能条件がある．

a. 建築条件
(1) 建築目的（自社用・賃貸用・公共用など）
(2) 建築用途（単用途・複合用途，建物種別など）
(3) 建物構成（階数，地下の有無など）
(4) 建物配置・主方位
(5) 建物規模（延べ床面積・各階床面積・有効率など）
(6) 建物高さ・地下深さ・階高
(7) 躯体構造・床荷重（各階・地階・屋上など）
(8) 天井高・フリーアクセス高さ
(9) 工期・使用開始時期
(10) 工事予算・資金調達法
(11) 工事発注方式
(12) 工事資材発注方式
(13) 将来計画（増築予定など）など

b. 環境条件
(1) 使用範囲と使用時間帯
(2) 室内条件（温湿度・空気清浄度・CO_2濃度・騒音・振動・電磁環境・照度・気流分布など）
(3) 室内負荷（在室人員・着席率・コンセント容量・照明容量・照明制御方式・外気導入量・機器稼働率など）

(4) ユーティリティ供給条件（給水・排水・都市ガスなど）など

c. 機能条件
(1) 快適性（アメニティ向上対策，パーソナルシステム・ユーザーズオペレーションシステム採用など）
(2) 安全性（地震対策・火災対策，停電・断ガス・断水などのインフラ停止対策，高齢化対応など）
(3) 健康性（IAQ確保などのシックビル対策，飲用上質水など）
(4) 社会性（設備の技術革新対応，性能基準化・ISOなどの国際化対応，24時間ビル化対応，無人化ビル対応，マルチメディア化対応など）
(5) 安定性（ノンダウンビルなどの高信頼化対策，耐震・制震・免震などの耐震対策，電磁シールドビル等の情報保護対策など）
(6) 利便性（照明・空調システムなどの個別制御性，24時間フレックス勤務対応性，無人化対応性，年間冷房対応など）
(7) 拡張更新性（設備の容量増強対応，用途変更対応，設備システムの更新対応など）
(8) 保守性（メンテナビリティ）
(9) 省力化（設備保守員の有資格問題，遠隔監視など）
(10) 工業化（プレハブ化・ユニット化など）
(11) 保全性（課金用の計量，管理用のモニタリング，BMS・BEMSの採用，ライフサイクルマネジメント（LCM）システムの採用など）
(12) 省エネルギー性（企業イメージの向上など）
(13) 性能検証（ライフサイクルコミッショニング（LCCom対応））

d. 経済性（収益性）条件
(1) ライフサイクルコスト（LCC）：企画・設計コスト，初期建設コスト，運用管理コスト，廃棄処分コストなど，建物の生涯すべての費用を含むLCCの内訳を図2.1に示す．LCCの特徴は，図2.2に示すとおり，竣工後必要となる諸費用が大半を占めており，初

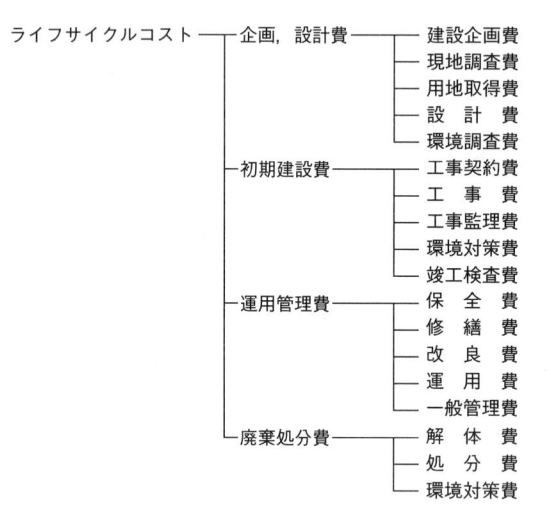

ライフサイクルコスト ─┬─ 企画, 設計費 ─┬─ 建設企画費
　　　　　　　　　　　│　　　　　　　　├─ 現地調査費
　　　　　　　　　　　│　　　　　　　　├─ 用地取得費
　　　　　　　　　　　│　　　　　　　　├─ 設　計　費
　　　　　　　　　　　│　　　　　　　　└─ 環境調査費
　　　　　　　　　　　├─ 初期建設費 ─┬─ 工事契約費
　　　　　　　　　　　│　　　　　　　　├─ 工　事　費
　　　　　　　　　　　│　　　　　　　　├─ 工事監理費
　　　　　　　　　　　│　　　　　　　　├─ 環境対策費
　　　　　　　　　　　│　　　　　　　　└─ 竣工検査費
　　　　　　　　　　　├─ 運用管理費 ─┬─ 保　全　費
　　　　　　　　　　　│　　　　　　　　├─ 修　繕　費
　　　　　　　　　　　│　　　　　　　　├─ 改　良　費
　　　　　　　　　　　│　　　　　　　　├─ 運　用　費
　　　　　　　　　　　│　　　　　　　　└─ 一般管理費
　　　　　　　　　　　└─ 廃棄処分費 ─┬─ 解　体　費
　　　　　　　　　　　　　　　　　　　├─ 処　分　費
　　　　　　　　　　　　　　　　　　　└─ 環境対策費

図 2.1 ライフサイクルコストの内訳[1]

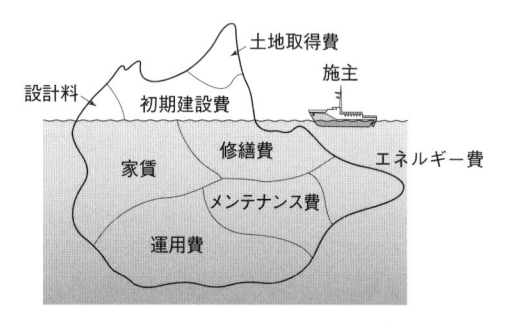

図 2.2 建築の生涯コストの概念[1]

期建設費は 1/4 程度にすぎないことである．したがって，LCC を経済性の評価手法とする場合，建設後の保全コストや運用コストを重視することとなり，最初から計画・設計の基本条件となるわけである．

(2) イニシャルコスト（初期建設コスト）：前述のように，LCC に占める初期建設コストの割合は小さい．しかしながら，建築主の意向によるイニシャルコスト重視のケースも多いため，ビル経営上は重要な要素であることに間違いはない．

(3) 費用対効果分析（CEA）：費用対効果 CE（システム有効性 SE/LCC で定義）分析結果を評価手法とする場合，生産性など SE の尺度として何を採用するかがポイントとなる．

(4) その他の経済性評価手法：年間経常費法・回収年数法・熱経済ベクトル法などさまざまあり，比較的簡便にイニシャルコストとランニングコストの関係を評価することができる．ただし，金利やエネルギーコスト・税金を考慮することができないため，必ずしも LCC の評価結果とは一致しないこともある．

e. 環境保全条件

良質な社会資産としての建築を求める場合，環境影響評価も重要な要素である．図 2.3 に示す建物のライフサイクルにおける環境負荷の，代表的な評価手法を以下に記述する．

(1) ライフサイクルアセスメント（LCA）評価
① 一次エネルギー消費評価
② CO_2, SO_x, NO_x 排出評価（$LCCO_2$ 評価など）
③ 枯渇資源消費評価

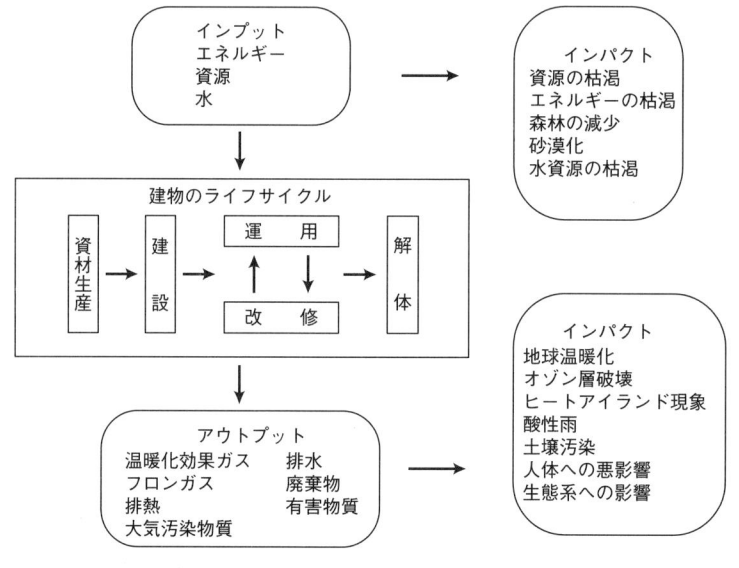

図 2.3 建物のライフサイクルにおける環境負荷[2]

(2) 環境効率：環境効率（生活の質/環境負荷LCAで定義）に対して，環境配慮を行った環境効率の比を，環境効率改善のファクタと呼ぶ．例えば，質を2倍にし，環境負荷を1/2にすれば，FACTOR4$^+$（4倍の環境効率）というわけである．

(3) その他の環境性能評価

国内外の環境性能の評価手法については，第3章第3節を参照されたい

2.1.2 立地条件
a. 気象条件
(1) 外気温湿度（最高気温・最低気温・平均気温・冷暖房デグリデーなど）
(2) 日照（日射量・日照時間など）
(3) 風向と風速（常風向・季節風など）
(4) 降雨量と降雪量
(5) 地震（活断層・軟弱地盤・流動砂地域など）

b. 周辺条件
(1) 周辺環境（大気汚染，火山性ガス等の有害ガス濃度，暗騒音，振動，塩害，粉じん，臭気，電磁環境など）
(2) 敷地特性（海抜，地下水位，凍結深度，土質，迷走電流の有無，井水利用の可否，高圧送電線の有無，鉄道軌道・幹線道路への距離，近隣住民の有無など）
(3) 周辺建物からの影響（日影，光公害，窓，外気取入れ口・排気口・煙突・冷却塔等の配置，ビル風など）

c. インフラ条件
(1) エネルギー（電力・都市ガス・地域熱供給など）
(2) 情報（電話・各種ネットワークなど）
(3) ユーティリティ（上水・下水・工業用水など）
(4) 供給状況（供給条件，供給の質，供給・排出可能量など）

d. その他の条件
(1) アクセス（緊急時のメンテナンス体制など）
(2) 立地に伴う経済性（土地価格と収益性など）
(3) 立地に伴う工事費（人件費・資材費・機器コストなど）

2.1.3 法的条件
a. 財政的助成・支援制度

環境負荷低減化，省エネルギー化を図る建築技術についてはNEDO（新エネルギー・産業技術総合開発機構）をはじめ，経済産業省，国土交通省，地方自治体などが関係する助成・支援制度がある．これらの制度は年度により変わるので計画段階で調べる必要がある．

b. 都市計画・土地利用関連
(1) 都市計画法
(2) 都市再開発法
(3) 土地区画整理法

c. 建築基準法

d. ハートビル法・耐震改修促進法
(1) 高齢者，身体障害者らが円滑に利用できる特定建築物の建築の促進に関する法律
(2) 建築物の耐震改修の促進に関する法律

e. 労働・安全衛生関係法
(1) 労働基準法
(2) 労働安全衛生法

f. 消防・安全・エネルギー関係法
(1) 消防法
(2) 高圧ガス保安法
(3) 電気事業法
(4) ガス事業法
(5) エネルギーの使用の合理化に関する法律
(6) エネルギーの使用の合理化に関する基本方針

g. 衛生・公害・環境関係法
(1) 水道法
(2) 下水道法
(3) 浄化槽法
(4) 廃棄物の処理および清掃に関する法律
(5) 再生資源の利用の促進に関する法律
(6) 建設工事にかかわる資材の再資源化などに関する法律
(7) 建築物における衛生的環境の確保に関する法律
(8) 騒音規制法
(9) 振動規制法
(10) 環境影響評価法
(11) 大気汚染防止法
(12) 水質汚濁防止法

h. 地方条例（東京都の例）など
(1) 東京都建築基準法関係規則
(2) 建築基準法関係東京都告示
(3) 東京都建築安全条例
(4) 東京都駐車場条例

2.2 プロジェクトの構想と目標設定

2.2.1 計画・設計コンセプト

2.1で設定した設計条件に基づいて，設計目標を決

定することとなる．設計目標である計画・設計コンセプトは，建築主の意向，工事予算，建物種別などにより，さまざまに変化することが予想される．

例えば，最も一般的な建築といえる事務所建築も，次に示すように所有形態・使用形態により建築目的はさまざまである．

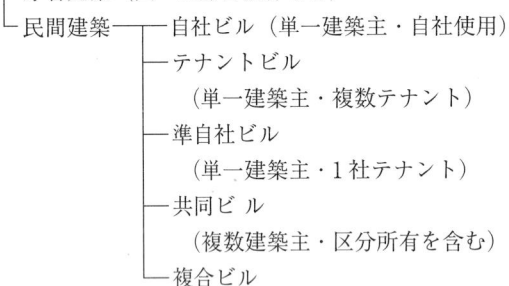

```
┌ 庁舎建築（国・地方自治体など）
└ 民間建築 ┬─ 自社ビル（単一建築主・自社使用）
           ├─ テナントビル
           │    （単一建築主・複数テナント）
           ├─ 準自社ビル
           │    （単一建築主・1社テナント）
           ├─ 共同ビル
           │    （複数建築主・区分所有を含む）
           └─ 複合ビル
                （事務所用途を含む多用途）など
```

特に，自社ビルとテナントビルでは，管理運営における計画上のポイントが表2.1のように違うなど，汎用のコンセプトはないというのが実情である．

以下に，計画・設計コンセプトに直結する「目標性能」のサンプル例を，次世代事務所建築の場合でアップトゥデートに示す．

a. ビル事業性・収益性

テナントビルでは，中長期で考える収支バランスから導かれるイニシャルコストとランニングコスト，あるいはリニューアルコストなどの目標値が，まず定まる．次に，このコスト目標値に合致する形で目標性能が設定されることとなる．自社ビルでは，従来採算性という考え方は無いに等しかったが，最近の経営環境を反映してか「テナントビルを賃借する場合と比較して」などの投資対効果の評価が行われる例も多い．

いずれにしろ，建物の事業性・収益性はなにより重要な目標性能であり，ROE（株主資本利益率）などの諸指標が今後は建物のコンセプトを決定するといっても過言ではない．

b. 用途のフレキシビリティ

テナントビルでは，従来オフィス用途や商業（飲食・物販など）用途など，さまざまな意味で比較的テナント誘致が容易なビル事業計画が一般的であった．また，ホテルやデパートなど，あらかじめテナントが決定された後に計画・設計を行う場合も多かった．

ところが，近年のビル経営マーケットの環境激変の影響を受けて，貸コンピュータセンター・貸ラボラトリー・貸IDC（インターネットデータセンター）などの，新たなコンセプトをもつ建物群が登場している．

さらには，オフィスを住宅へなど将来における用途転用まで計画・設計上考慮した建物も出現し始めており，フレキシビリティに関する要求性能には，とどまる

表2.1　自社建築とテナント建築の管理運営における計画の違い[3]

計画上の注意項目とその概要		自社建築	テナント建築
計量	・エネルギー（冷温熱量，電気，ガス，水）使用量の把握	(1) 運転制御のための計量 (2) エネルギー使用量の把握 ・管理運営費の予算計上 ・省エネルギー計画立案	(1) 運転制御のための計量 (2) テナントのエネルギー使用量の把握 ・テナントのエネルギー料金課金用 ・テナント貸し区分に合わせた空調方式 ・空調系統，空調ゾーンの分割
テナント工事	・標準の容量，機能，配置などの変更および追加をする工事 ・竣工後の変更工事が容易にできるようにフレキシビリティの高い計画をする	(1) 標準仕様，容量は"最小公倍数"的に決定 ・テナント建築より安全側の設定になる (2) 追加，変更工事費は自社負担（すべて自己資産） ・工事区分は不明確でもよい	(1) 標準仕様，容量は"最大公約数"的に決定 (2) 追加，変更工事費はテナント負担（オーナー資産とテナント資産区分） ・工事区分を明確にする
機械室・機器配置	・保守・管理が容易な機械室・機器配置 ・保守・管理は一般的にオーナーが実施	(1) 効率的な機械室・機器配置を優先	(1) オーナーが保守・管理をすることを前提とした機械室・機器配置（セキュリティ上の問題） ・テナントエリア内にオーナー資産の機器を設置しない ・テナントエリア内にオーナー資産の機械室・シャフトの点検口を設置しない
時間外空調運転	・時間外空調の延長申請を容易にする ・熱源の効率的な低負荷運転（熱源機器の台数分割，ポンプの省エネルギー制御） ・効率的な部分負荷対応空調（空調系統，空調ゾーニング）	(1) 空調運転の延長を容易にする	(1) 空調運転の延長およびその空調料金の課金を容易にする．

ところを知らないといったおそれもありそうである．

c. 証券化・転売など

近年顕著になってきた諸企業のM&A（合併と買収）や統廃合などに伴い，あるいは不良資産や競争力を失った自己資産の処分のために，建物の証券化や転売は日常茶飯事となっている．

この反面，保有し続けることを決定したビルの競争力を増すための，資産価値向上あるいはビル再生などへの取り組みにも，急激に熱がこもり始めているのもまた事実である．

新築・既築改修にかかわらず計画・設計のコンセプトに「建物性能向上」は必須の条件である．

d. 工　　期

事業用の建物を計画する場合，金利負担や収益性を考慮する限りは，設計期間や施工期間などを含むいわゆる「工期」が短縮されることが望ましいのは明らかである．もちろんのこと，設計や施工面からの技術的に望まれるスケジュールも存在していることも事実であるが，「スケジュールを短縮」するための施工法などに対する関心が強いこともまた昨今の特徴である．

e. イニシャルコスト

なにはともあれ，ビルオーナーにとっての最大関心事は，やはりイニシャルコストに間違いないであろう．不景気の影響からか，費用対効果の評価に対する見方は厳しさを増しており，単純回収年数に対する要求は減少の一途をたどっている．それどころか，新築におけるPFI方式や証券化の活用，改修におけるリース事業やESCO事業の活用など，資金調達の方法も多様化している．

新築・既築改修にかかわらず計画・設計のコンセプトに「イニシャルコストの考え方」は必須の条件である．

2.2.2　設計グレード

2.2.1項のように計画・設計コンセプトが設定されると，次に設計グレードを調整・決定することとなる．具体的な設計目標に直結する設計グレードは，建物の経営方針，工事予算，使い勝手を含めた運用条件，テナント誘致条件などにより，さまざまに変化することが予想される．

以下に，計画・設計条件と直接リンクする「性能グレード」のサンプル例を，次世代事務所建築の場合でアップトゥデートに示す．

a. インテリジェント化

インテリジェントビルという言葉そのものの新規性はなくなってしまったものの，その概念は約20年間綿々と引き継がれてきており，現在の情報通信サービス・情報処理サービス（OA）・BA（ビルディングオートメーション）などを具備した「ニューオフィス」へ変化したとも考えられる．表2.2にNOPA（ニューオフィス推進協議会）が公表したニューオフィスのグレードを示す．

b. 耐　震　性

'95年の阪神・淡路大震災以降，建築設備の耐震設計における目標性能には，以下の各項目を考慮するのが一般的となっている．

(1) 災害時の機能確保
(2) 災害後の復旧性確保
(3) 人命に対する安全性確保（火災など二次災害防止，設備の落下・転倒の防止など）

各性能は，建設される建物の社会的重要度や用途，およびその設備系の損傷によるリスク影響の程度などにより設定する必要がある．特に公共建築物などで，防災拠点の扱いを受ける際には，安全性・信頼性の向上や備蓄などのグレード設定もさらに必要となる．

c. 省エネルギー（環境負荷削減）

エネルギーコスト削減と環境負荷削減の主要な手段としての省エネルギーは，いまだにその使命を失っていないどころか，ますますその重要性を増している．改正省エネ法の「第二種エネルギー管理指定工場」の新設や，自治体の各種施策（東京都「環境計画書」など）などの規制強化や，グリーン企業化を目指してISOなどの認証を取得する企業・団体が増加していることもあり，そのグレード設定には細心の注意を払う必要がある．地球環境問題を視野に入れたエネルギー有効利用に関するキーワードと，運用上の留意事項，建物用途などの可能性について，表2.3に示す．

d. 長寿命と保全性

省エネルギーとともに，建物の長寿命化はビル経営・経済性と環境親和の両面で重要な鍵を握っている．長寿命化を達成するためには，機器・材料の選択やスペースの確保といった設計上の配慮ももちろん重要であるが，運用段階における運営・維持管理など維持保全の状況に負うところが大きい．この維持保全技術は，近年急速に注目を集めていることもあり，さまざまな新規技術・高度化技術が導入されつつあり，設計グレードの設定にも影響を与えている．以下に，最近関心を集めている関連技術について述べるが，導入にあたっては費用対効果を冷静に見きわめるとともに，アフタフォロー体制を確立することが必要であろう．

表2.2 インテリジェント化のレベル[4]

項　目	レベル1 ニューオフィス化の指針を満足しないレベル	レベル2 ニューオフィス化の指針を満足するレベル	レベル3 現状における実現可能な最高レベル	備　考
B. 環境	(1) 法的規制などをクリアする程度 (2) 知的生産活動に対して問題を残す環境	(1) 知的生産活動にふさわしい快適な空気環境 (2) 喫煙に対する配慮 (3) 明るさの確保 (4) 光の質的配慮 (5) 暗騒音対策 (6) 室内騒音対策 (7) 防災・耐震・セキュリティ (8) 床面に対する配慮	最高の快適性を確保し, 個性化の演出, 将来性対応にも優れた環境	
B-I. 空調	中央一括制御 (全体で制御)	エネルギーコストなどの要因に配慮：室・フロアなど空間の区切ごとに時間・温度などの設定が自由に調整可能 中央制御・中央監視・機能分散(室・フロア単位)ローカル制御も可能	個々人が自由に条件を設計できるシステム 中央監視, 機能分散でユニット単位でローカル制御可能	法規制 室温 17〜28℃ 湿度 40〜70%
1. 快適性	ビル全体で吹出し温度の適性化など, 温湿度の自動調整制御が行われる	(1) 室・フロアごとに時間・温湿度が自由に設定可能(分散空調・小規模ゾーン空調) (2) 空調システムより発生する騒音低減に工夫 (3) VAV構造・吹出し位置などが工夫され, 気流分布が改善されている	(1) 左記調整がユニット単位で手元から自由に設定できる(パーソナル化への対応) (2) 騒音は45 dB以下 (3) 同左 (4) たばこ煙対策, 消臭技術が応用されたにおい塵あい改善対策が採用されている	
2. 経済性		(1) 分散空調の採用により搬送システムの省エネルギーが行われる (2) コンパクトなシステムで省スペース (3) 施工の容易性や保守管理動線の確保がされている (4) 運転の自由化 (5) 管理報告の作成を機械化	(1) 外気冷房の効果, 取入れ外気量の適正化が図られて省エネルギーに生かされている (2) 熱回収のシステムが組み込まれている (3) 蓄熱空調, または高効率機器が採用されている (4) 管理データ・収集・分析の自動化判断のシステム化	
3. 対応性		(1) 空間構成変化(レイアウト変更)への対応が容易なこと (2) 分散型の採用により機能停止時間の短縮が図られている	異常の自動通報	
4. 維持管理性			設備診断システム化が行われている	

〔注〕 ニューオフィス推進協議会「ニューオフィス化リニューアルのためのガイドライン（案）」（1988年12月）のA. 情報化, B. 環境, C. デザインの3分類のうち, B. 環境の一部分を抜粋した.

(1) ビルオートメーションシステム（BAS）
(2) ビルマネジメントシステム（BMS）
(3) ビルエネルギー管理システム（BEMS）
(4) 施設管理システム（FMS）
(5) 環境マネジメント（EMS）
(6) リスクマネジメント（RM）
(7) ライフサイクルマネジメント（LCM）

具体的な解説は省略するが, 一例としてBEMSにおける計測ポイント・評価項目・評価方法を表2.4に, ビルマネジメント業務の目的・課題・実行計画を図2.4に経営目的とRMの目的を図2.5に示す.

2.2.3 建物種別による特徴

次世代事務所建築の場合の「プロジェクトの構想と目標設定」については, 2.2.1〜2.2.2項で述べてきたので, ここでは他の主要な建物種別についてその特徴

2.2 プロジェクトの構想と目標設定

表2.3 地球環境問題を視野に入れたエネルギー有効利用に関するキーワード
(空気調和・衛生工学会地球環境に関する委員会, 平9をもとに修正した文献2)の表2.39に一部加筆)[5]

フェーズ	分 類	項 目	対 応	事務	物販	飲食	宿泊	生産	流通	住宅
企画設計	自然エネルギーのパッシブ利用	太陽光の利用	パッシブソーラー, ソーラーハウス				○			◎
			自然採光 　内装色彩計画, 天窓, 高窓, 北側採光, 光庭, アトリウム, トップライト, 膜屋根, 反射ルーバ, ライトシェルフ, 追尾式の自然光取入れ装置, 光ダクト →日射遮蔽と昼光利用のバランス, 輝度対比や照度の不均一性に注意する	◎	○	○	○	○	○	○
		外気の利用	外気冷房 →給排気ファンの動力削減に留意する. 温湿度の許容範囲の緩和が必要	○	◎			○	◎	
			自然換気, ナイトパージ, 風の道, 風の塔, サンクンガーデン, 開閉窓, 換気モニタ →すきま風の防止を同時に検討する	○				○		○
	自然エネルギーのアクティブ利用	太陽光の利用	アクティブソーラー →給湯への利用が効率的				○	○		○
			太陽光発電 →屋根・外壁との一体化によるデザイン性向上, 架台の省略などを検討する	先進的技術の汎用化						
		地中冷熱利用	地下化・半地下化, クールチューブ		○			○	○	
		風力・水力利用	小型の風力発電, 小型の水力発電はシンボル的な意味が強い	先進的技術の汎用化						
		河川水・海水利用	河川水ヒートポンプ	先進的技術の汎用化						
	エネルギーの多段活用	コージェネレーション	熱/電比の大きな建物で, 総合効率のよい運転が可能 →NO_x対策を同時に検討する	○	○	○	○			
		カスケード排気	空調エリアの排気をバックヤードの簡易な空調として用いる	寒冷地に適す						
		排熱回収	井水利用 →地盤沈下・還元水による地下汚染の防止を検討する	地域が限定される						
			排水からの熱回収 →腐食を含めた耐久性の検討が重要			○	○			
			排気からの熱回収 (ヒートポンプなどによる熱回収) →多量の換気が必要な空調空間が有効					◎		
		地域冷熱源施設での未利用エネルギーの利用	下水・河川などからの熱回収・ごみ発電の熱・蒸気利用, LNG冷熱利用	先進的技術の汎用化						
		地域での排熱融通	工業団地でのカスケード熱利用					◎		
	空調負荷の削減	断熱	ヒートブリッジの防止 →結露防止にも効果がある					○		
			廊下・倉庫の熱的緩衝帯, 屋上緑化 (土壌による断熱)	○	◎		○	○	○	○
			外断熱, 二重ガラス・サッシ, 高断熱複層ガラス, 断熱建具, 断熱雨戸	寒冷地, 住宅に適す						
		日射遮蔽	建物方位計画, コア配置	◎		○	◎			◎
			窓システム 　ひさし, ルーバ, マリオン, 外ブラインド, すだれ, 選択透過フィルム, 高性能ガラス (Low-ε・熱線反射), ダブルスキン, エアフローウインド・換気窓	◎		○	◎			
			壁面緑化, 植栽による日射遮蔽, 屋上の日陰 (植栽, フライングルーフ)	◎	○		○			○
			外壁の材質・色彩計画, 高反射塗料などの採用	◎	○					○
			小屋裏, 二重壁内の換気					○	○	◎
		すきま風の防止	開口部の風下配置	○	○			○		○
			高気密サッシ	高層建物, 寒冷地, 住宅						
			出入口の気密化 (回転・自動扉, エアカーテン, 風除室), 階段, EVシャフトの気密	高層建物, 寒冷地						
		周辺環境の緩和	植栽・自然表土による照り返し防止, 冬の常風に対する防風林の設置	郊外の施設						
			親水施設 (河川, 池, 噴水) による冷却	郊外の施設						
			屋上・壁面緑化による冷却, 敷地内, 建物内の植栽・緑化による空気浄化	都市の施設						
			屋根散水: スプリンクラなどによる散水	膜屋根施設など						
		外気負荷の削減	最小外気量制御 (CO_2濃度制御), 予熱時の外気カット →人員密度の変化が激しい場所に有効	○	◎	○				
			全熱交換器, ヒートパイプ →中間期・冬期に冷房が発生する場合は, 外気冷房のためのバイパスが必要	○	○		◎	○		○
		照明負荷の削減	高効率照明器具の採用					◎		
			昼光照明との連動, 照度の適正化, 不在時の消灯, 時間外の減光 →省エネルギーに対する意識の向上に有効	◎			○	○	○	◎
			タスク&アンビエント照明	◎						

表2.3 （つづき）

フェーズ	分類	項目	対応	事務	物販	飲食	宿泊	生産	流通	住宅
企画設計	高効率空調 局所空調 局所換気	高効率空調	床吹出し空調システム → 搬送動力の削減，高効率換気・排熱に留意する	○						
			気流感や変動風を利用した空調システム → 室内温湿度の設定範囲の緩和とともに考慮する	◎	○	○		◎	○	○
		局所空調	成層空調・置換空調 → 冷房に対して有効，暖房は別システムが必要	天井の高い空間に有効						
			放射熱の利用：放射パネル，床暖房システム				◎	◎		○
			タスク＆アンビエント空調システム，パーソナル空調システム → アンビエント部分の温湿度範囲の緩和が必要	◎				◎	○	
		高効率換気・局所換気	工場の高効率換気（ドラフトチャンバ，クリーンベンチなど）					◎		
			厨房の高効率換気（火気使用量に応じた換気量・外気量の制御など）			◎				
			機械室・駐車場などの換気量制御（温度制御，CO・CO_2制御など）	◎	◎	◎	○	◎	○	
			たばこの高効率排気（渦流の利用），OA機器の直接排熱	◎						
	高効率機器	過大選定の回避	適正な風量・静圧・水圧・水量，適正な熱源容量	◎						
		高効率機器の採用	高効率機器の選沢（高効率冷凍機，ボイラの排熱回収，熱回収ヒートポンプなど）	◎						
			部分負荷・期間負荷特性のよい機器の選沢	◎						
		適正な台数分割	年間の負荷発生パターンに応じた最適容量分割，最適制御方法 → 信頼性の向上，リニューアルや故障時の対応を同時に考慮する	◎						
			部分負荷対応の熱源設置	◎						
		熱源負荷の平準化 高効率運転	蓄熱槽（水・氷），バッファタンク，土壌蓄熱，躯体蓄熱 → 搬送動力削減の工夫が重要，CO_2排出原単位の小さい夜間電力の利用が可能	◎						
		熱源冷媒の選択	温暖化防止（TEWI）を考慮したフロン冷媒の選沢，吸収式の選沢	◎						
		冷媒の漏えい防止	冷媒の漏えい防止・回収に対する配慮	◎						
	むだ・損失の回避	適正ゾーニング	室用途，負荷特性別ゾーニング	◎						
			休日・時間外の停止の配慮	◎						
		混合損失防止 → 混合利得	冷水・温水の適正切り替え → 切替えシークエンスの最適化，4パイプシステム	◎	○	○	◎	○	○	
			冷房・暖房の同時発生防止 → ペリメータレスシステム，ペリメータとインテリアのシステムの協調，室温センサ位置の適切化 → 室温設定範囲を広くとれれば混合損失は少なくなる	◎						
		放熱の防止	個別熱源，個別給湯方式	◎						○
			機器・配管の適切な断熱，温度の適正化 → 蒸気還水の熱ロス防止，回収など					◎		
		過冷・過熱の防止	適正室温制御，適正冷温水温度制御	◎						
		除湿再熱の防止	湿度設定の緩和，コイルバイパス，ソフトドライ制御，冷媒ガスによるレヒートなど	◎						
	搬送エネルギーの最小化	効率のよいプランニング	機械室，設備シャフト配置，設備機器の適正配置	◎						—
		風量の削減	VAV，低温吹き出し，大温度差 → 空気清浄や最低外気量，圧力損失，気流拡散性，コイル選定などを考慮する	◎	○	○				
			空調と照明の融合（トロッファシステム） → 照明器具の効率向上，空調給気と還気の大温度差化	◎	○	○				
			空気清浄による換気量の削減 → 喫煙やにおいの除去で換気量が決まる場合に有効	◎		○		○		
			高性能フィルタによる循環風量の低減 → 同時に低圧損であることが必要	◎	○		◎			
			冷房による換気量の削減 → 高発熱の機械室や電気室，還気ルートが長い，防音が必要な機械室で有効 → 高層ビルのEV機械室は，EVシャフトの煙突効果防止に有効	高発熱の機械室						
		水量の削減	VWV，大温度差 → 制御性のよい弁の選定，熱源運転方法・熱交換器の選定・熱源効率の変化に留意					◎		—
			ブリードインシステム，負荷の直列システム					○		
		空気系の低圧損化	天井・床チャンバシステム → 天井内・床下内の障害物による圧力損失，リーク，熱ロスなどを考慮する	◎	○					
			低圧損ダクト，フィルタ，機器，低圧損の消音システム					◎		—
			個別分散空調方式 → 小型機器の効率低下，搬送動力削減，メンテナンス性などを総合的に判断する	◎	○	○				

表2.3 （つづき）

フェーズ	分類	項目	対応	事務	物販	飲食	宿泊	生産	流通	住宅
企画設計	搬送エネルギーの最小化	水系の低圧損化	蓄熱槽二次回路の密閉化・動力回収	蓄熱槽システム						−
			低圧損配管，機器	◎						−
		給排水の搬送削減	直結給水，直結増圧，水圧の適正化，排水の自然流下	○						
	最適自動制御	エネルギー管理，最適運転	DDC, BEMS, BOFD	◎						
	給湯負荷の削減	給湯量の適正化	水圧の適正化，節水こま，泡沫水栓による多水量感	○	○	○	◎			◎
		給湯時間の短縮	シングルレバーによるこまめな止水，サーモバルブによる温度調整時間の削減	○	○	○	◎			◎
	資源の有効利用	資機材の有効利用	改修・更新におけるフレキシビリティ向上，むだな資機材発生防止，適正寿命	◎						
		水資源の有効利用	節水・給湯量の削減（節水システム・節水器具の採用，意識の向上）	◎						
		自然資源の利用	雨水利用	○						
		資源の多段活用	中水利用（清浄な原水の確保，適正な水処理方法の選択）	○						
			厨かいコンポスト化			◎			◎	
機器資材の製造	設備機器の高効率化	低圧損失化	フィルタ・コイルバルブ・空調機内の抵抗削減	◎						
		効率の向上	部分負荷効率の向上，期間負荷効率の向上，停止時のロス防止	◎						
	経年劣化・効率低下の最小化	腐食，スケールなどの防止	→配管洗浄剤の脱フロン化などによる影響にも注意する	◎						
		冷媒漏出の防止	→効率の低下だけでなく，オゾン層破壊や地球温暖化も考慮する	◎						
		メンテナンス，補修の容易さ	→長寿命化・資源保護の観点も重要	◎						
	リサイクル	分解が容易な部品構成	→リサイクルによる廃棄物削減の観点も重要	○						
施工（新築）（改修）	断熱施工	適正な断熱施工	防湿性能確保，ヒートブリッジ回避，気密性向上	◎						
	配管ダクトの施工	低静圧，低揚程化	大きな圧力損失を招くダクト配管の施工ディテールの回避	◎						−
		断熱・漏気の防止		◎						
	試運転・調整による最適化	OM(operation management)	熱源効率，風量，水量，揚程・静圧などの確認と調整	○						
			自動制御が設計意図どおりに働いているかの確認	○						
	適正運用	取扱い説明	設計意図と実際の管理の整合性を調整する	◎						
	廃棄物削減	設備の廃棄物の削減	端材・梱包材・養生材の削減，更新・解体・リサイクルを考慮した施工ディテール	○						
	建設・輸送	施工の合理化	プレハブ工法，オフサイト工法	○						
運用	設備システム最適運転	計測・解析・最適化 最適化と誤り防止	BEMS (building energy management systems) BOFD (building optimization and fault detection)	◎						−
	効率低下防止	清掃・保守の適正化	定期的な保守点検，予防保全，部品交換，更新による効率向上 →長寿命化の観点からも重要	◎						
	ライフスタイルの見直し誘導	むだな運転の防止	照明，OA機器，空調のこまめなON-OFF	◎						
		設定温湿度の見直し	服装のカジュアル化	◎						
			始業・終業時の条件緩和	◎	◎	◎				
			外気温に対応した設定	◎	◎	◎	○			◎
			許容変動幅の見直し →放射環境の改善や変動風の利用，パーソナル化などと同時に考える	◎	○	○	◎			◎
		中間期の自然換気	空調停止，窓の開放，入口扉開放 →温湿度の許容範囲の考え方を変える必要がある	◎	○		○			◎
			夜間換気による放熱（ナイトパージ）	◎	○					
		節水・節湯	季節に応じた給湯温度 →衛生上必要な温水温度は確保する必要がある	◎	○	○	◎			◎
			給湯期間の見直し	◎	○	○		○		
		照度の見直し	過大照度の減光，インバータによる初期照度補正	◎						
廃棄	建設廃棄物	分別解体・リサイクル	分別回収，再使用，メーカーリサイクル，フロン類・管理廃棄物の適正回収・処理	○						
		熱リサイクル	再生利用できない資材の焼却熱利用，有害物質に対する適正な配慮	○						
	解体・輸送		解体の合理化，燃費のよい機器の採用	○						

〔注〕 ○：適用可能性がある手法，◎：適用可能性が高い手法．

表2.4 エネルギー管理における計測ポイント，評価項目，評価方法[6]

計測ポイント	評価項目	評価方法
(1) 計測ポイント（積算値） 　① エネルギー源 　　受電電力量 　　ガス使用量 　　上下水使用量 　② 個別/系統別エネルギー 　　系統別照明コンセント 　　系統別一般動力 　　個別熱源動力 　　個別空調熱源 (2) 計測ポイント（瞬時値） 　　個別空調熱源 　　個別熱源電力 (3) データの用途 　　エネルギー使用量の確認 　　エネルギー使用量削減検討	(1) 竣工時 　個別，系統別エネルギー使用量の評価と対策 　設計条件と運転状態の評価と対策 (2) 引渡し時 　エネルギー使用の月別比較 　個別，系統別エネルギーの消費エネルギー削減検討 　機器の能力診断 　機器の劣化診断 　システムの運転評価 　設定パラメータの再設定 　設備，システムの改良 　室内環境の確認 　制御性の確認	(1) 評価機能 　運転，運営，メンテナンスデータの分析，対策作成 　最適運転，最適運営，最適メンテナンスの支援 (2) 評価方法 　運営管理者が分析，対策（各種ツール利用） (3) 評価指標 　絶対値評価，コスト評価 　ライフサイクルエネルギー，$LCCO_2$評価 　原単位評価 　効率的評価（COP，効率） 　エネルギー消費係数（1/COP） (4) 評価ツール 　トレンドデータ表示，汎用表計算ソフト 　データベースツール，劣化・不具合診断ツール (5) 評価者 　運転管理者（設計者などの専門家もありうる）

<目的>　　　　　　<課題>　　　　　　<実行計画>

(1) 基盤の安定 ─┬─ テナントの確保 ── 営業情報の蓄積（データベース）
　　　　　　　 │　　　　　　　　　　営業ツールの整備（仲介，広告活動など）
　　　　　　　 │　　　　　　　　　　営業マンの強化（資格取得，人材育成）
　　　　　　　 ├─ 業務の効率化 ─┐
　　　　　　　 └─ コスト削減 ───┤
　　　　　　　　　　　　　　　　他ビルとの比較（ベンチマーク手法）
　　　　　　　　　　　　　　　　　…規模・用途・築年数・整備率・管理仕様
　　　　　　　　　　　　　　　　築年数が長いビルでの重点チェック
　　　　　　　　　　　　　　　　予防保全と事後保全の見直し
　　　　　　　　　　　　　　　　省エネルギーの検討
　　　　　　　　　　　　　　　　エリア（ブロック）管理化
　　　　　　　　　　　　　　　　目に見える所と見えない所のグレード分けの検討
　　　　　　　　　　　　　　　　リニューアル前と後のメンテ仕様の見直し
　　　　　　　　　　　　　　　　専門データの蓄積
　　　　　　　　　　　　　　　　投資の実行の費用対効果検証　など

(2) CS（顧客満足）── テナントニーズの把握 ── テナント企業のオフィス戦略の把握　　← FM
　　　　　　　　　　　　　　　　　　　　　　　オフィス環境のデータ収集
　　　　　　　　　　　　　　　　　　　　　　　オフィスコストのデータ収集
　　　　　　　　　　　└─ リニューアル計画への反映
　　　　　　　　　　　　　新築ビル計画への反映

(3) 計数計画 ─┬─ ビル損益管理の一元化 ── 収入項目，支出項目の予算管理の一元化　↕ LCC管理
　　　　　　 │　　　　　　　　　　　　　　年度計画，長期計画策定
　　　　　　 └─ 投資計画の把握 ── 年度改・修繕計画，長期保全計画の策定

図2.4 ビルマネジメント業務の目的，課題，実行計画[7]

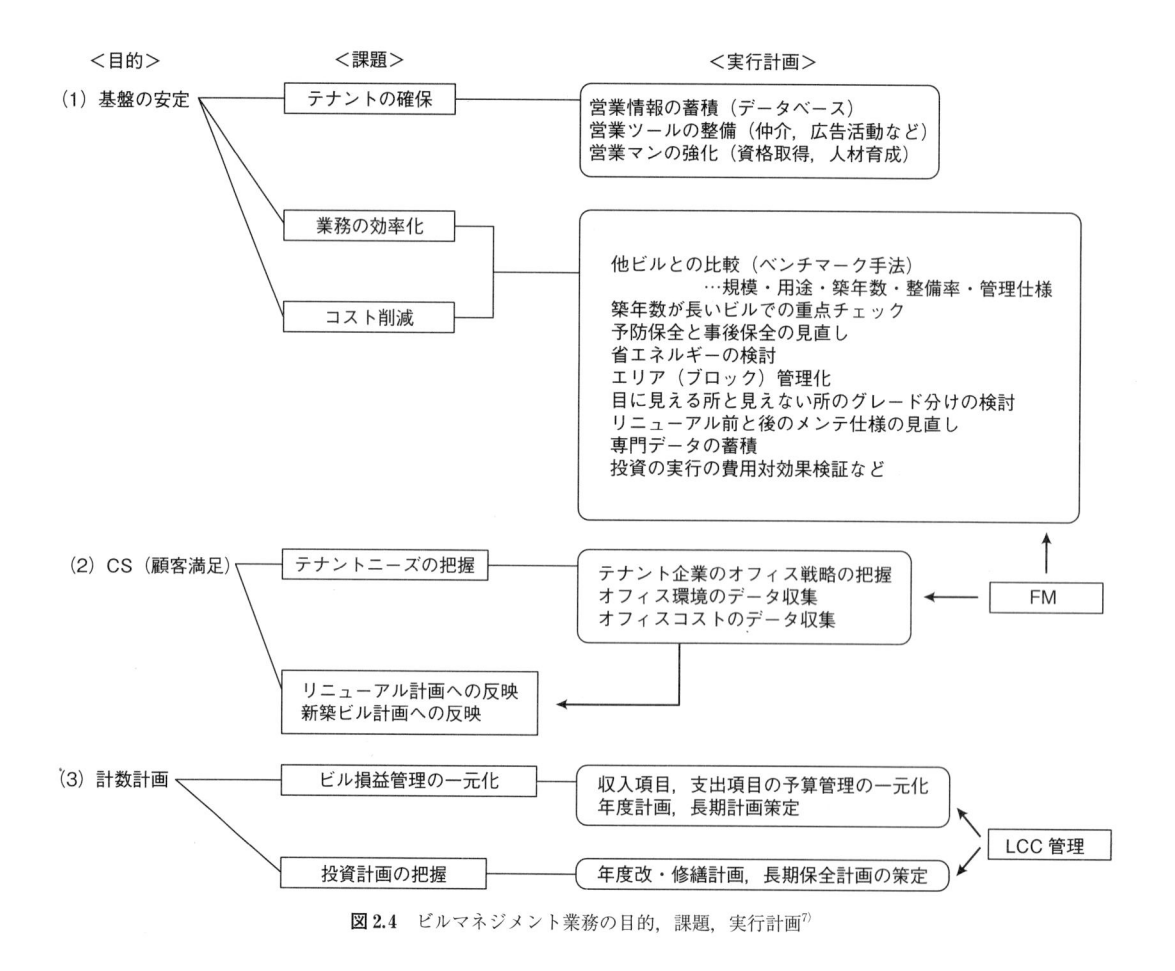

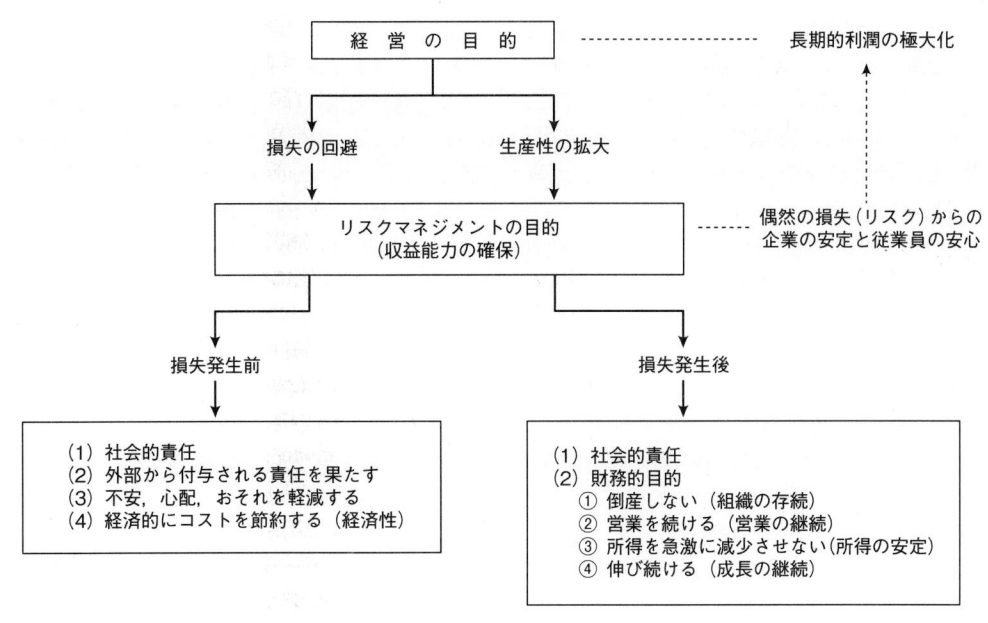

2.2 プロジェクトの構想と目標設定

```
           ┌─────────────────┐
           │  経 営 の 目 的  │ ─────────── 長期的利潤の極大化
           └─────────────────┘
              ↓           ↓
          損失の回避    生産性の拡大
              ↓           ↓
        ┌───────────────────────┐
        │  リスクマネジメントの目的  │ ────── 偶然の損失（リスク）からの
        │   （収益能力の確保）     │       企業の安定と従業員の安心
        └───────────────────────┘
              ↓           ↓
          損失発生前      損失発生後
```

┌─────────────────────────────┐　┌─────────────────────────────┐
│ (1) 社会的責任   │　│ (1) 社会的責任   │
│ (2) 外部から付与される責任を果たす │　│ (2) 財務的目的   │
│ (3) 不安，心配，おそれを軽減する │　│   ① 倒産しない（組織の存続） │
│ (4) 経済的にコストを節約する（経済性）│　│   ② 営業を続ける（営業の継続）│
│   │　│   ③ 所得を急激に減少させない（所得の安定）│
│   │　│   ④ 伸び続ける（成長の継続）│
└─────────────────────────────┘　└─────────────────────────────┘

図 2.5 経営の目的とリスクマネジメントの目的[7]

的な部分について述べる．

a. 情報施設（新聞社・放送局・電算センター・IDC など）
 (1) 室内環境条件の厳密さ（許容騒音値・電磁シールド・空気清浄度など）
 (2) 社会的使命の重要性（非常時リスク対応など）
 (3) 信頼性と保全性の確立（365日24時間ノンダウン化など）
 (4) エネルギー多消費に伴う省エネ対策
 (5) フレキシビリティの確保（システム変更への追従性など）
 (6) 安全性と防災性の確保（セキュリティ・防水対策など）
 (7) 高度情報ネットワークの整備

b. 居住施設（独立住宅・集合住宅など）
 (1) 断熱性と気密性
 (2) VOC・アレルゲン対策
 (3) 結露・防湿対策
 (4) 許容騒音・振動レベル
 (5) 設備システムの採否（換気・冷暖房・乾燥・セキュリティなど）
 (6) ホームオートメーションの導入
 (7) 給湯・厨房を含めた省エネルギー対策

c. 宿泊・宴会施設（シティーホテル・リゾートホテル・旅館・保養所など）
 (1) 信頼性と保全性の確立（年中無休，24時間営業）
 (2) 安全性と防災性の確保（不特定多数の多種多目的使用）
 (3) エネルギー多消費に伴う省エネ対策の重要性
 (4) 許容騒音・振動レベル（特に宿泊室・宴会場）
 (5) ホテルシステムと照明・空調制御の連携制御
 (6) 将来の変更や模様替え対応のフレキシビリティ確保（多機能化・差別化・高度化など）
 (7) ピーク負荷と通常負荷の双方に対応可能な設備システムの採用
 (8) 温泉水・地下水など自然エネルギーの有効利用（リゾートの場合）

d. 商業施設（デパート・ショッピングセンター・スーパー・地下街など）
 (1) 複合建築化への対応（一般商品販売・物販専門店・飲食店・映画館・展示場・金融機関店舗などの複合大型建築）
 (2) 安全性と防災性の確保（大量の不特定多数利用客・大量の可燃物の存在など）
 (3) フレキシビリティの確保（着工後のテナント決定・変更対応など）
 (4) 衛生的環境の確保（食料品売場・飲食店などの存在）
 (5) 休日と平日の利用人数差に対応可能な設備システムの採用
 (6) テナント個別計量・課金への対応
 (7) 照明など内部発熱が多い場合の省エネ対策の重

要性.
  e. 教育施設（小・中・高等学校・大学・各種学校など）
  (1) エコスクール化への対応
  (2) 複合化・防災拠点化・学校教育施設としてのボーダレス化への対応
  (3) インテリジェント化などの教育高度化への対応
  (4) 多様性・用途変更などのフレキシビリティ対応
  (5) 休日と平日の利用人数差に対応可能な設備システムの採用
  (6) VOC・アレルゲン対策
  (7) 空調・冷暖房の普及に伴う省エネルギー対策
  f. 医療・福祉施設（病院・診療所・老人保健施設・特別養護老人ホームなど）
  (1) 災害時の救護拠点としての機能の具備
  (2) 身体的・精神的ハンデキャップをもつ人の使用が前提
  (3) 感染防止・汚染防止などの安全・衛生対策
  (4) 信頼性と保全性の確立（365日24時間ノンダウン化など）
  (5) エネルギー多消費に伴う省エネ対策の重要性
  (6) 負荷増大や使用勝手の増大などのフレキシビリティ確保
  (7) ピーク負荷と通常負荷の双方に対応可能な設備システムの採用
  (8) 特殊医療設備（純水・精製水・滅菌水・医療ガス，消毒・滅菌設備など）への対応
  (9) その他設備（洗濯設備・真空掃除設備，焼却炉設備，厨房設備，ごみ処理設備など）への対応
  g. 劇場・集会施設（オペラ・バレエ劇場，コンサートホール・映画館・会議場・文化会館・コミュニティセンターなど）
  (1) 許容騒音・振動レベル
  (2) 温熱環境・気流環境・空気質環境のレベルと換気量の設定
  (3) 間欠使用に伴う立上り特性などの設定
  (4) 残響時間などの音環境レベル
  (5) 催物種類によって異なる男女比率への対応
  (6) 観客数の変動・休館日に伴う部分負荷時への対応
  (7) 陳腐化に対応可能な音響・映像システムの採用
  h. スポーツ施設（体育館・プール・多目的アリーナ・スポーツジムなど）
  (1) 競技環境と観覧環境の使い分け
  (2) 大空間の居住域空調など省エネルギー対策
  (3) 多目的用途への設備対応
  (4) 自然エネルギー利用（自然換気・自然採光）
  (5) 催物用吊り物・音響・照明・大型映像システム
  (6) イベント開催時と一般利用時などの負荷変動に対応可能なシステム採用
  (7) 稼働率の低さを考慮した設備システムの採用
  i. 交通施設（駅，空港，自動車ターミナルなど）
  (1) 室内環境条件の設定（温湿度・CO濃度・喫煙対策など）
  (2) 利用客の増減に伴う負荷率の変動対策
  (3) 財産区分・管理区分などを考慮した計量・課金システム
  j. 美術館・博物館・図書館施設
  (1) 保存・収蔵環境の設定（温湿度・気流・換気量・空気質など）
  (2) 建築的断熱・調湿手法と空調設備の融合
  (3) 電子化・ネットワーク化に対応した情報システムの整備
  (4) 結露・漏水事故対策
  k. 動物園・水族館・植物園施設
  (1) 飼育・展示環境の設定（日照・温度・給排水・通風・防風・防虫など）
  (2) 展示シーンの変更に対応可能なフレキシビリティ確保
  (3) 環境制御システムの故障や保守に対応したバックアップシステムの採用
  l. 生産施設（半導体工場・医療品工場・食品工場など）
  (1) GMP・FDA・HACCPなど各種基準への適合
  (2) ゼロエミッション・リサイクルなど環境負荷削減対応
  (3) 周辺地域の環境保護・公害防止対応
  (4) 危険物・毒物などを扱う施設としての安全・防災対策
  (5) 省エネ法のエネルギー管理指定工場としての省エネルギー対策
  (6) 作業者の労働環境維持のための環境調整システム選定（全体換気・局所換気・排気処理など）
  (7) 製品・生産施設維持のための環境調整システム選定（温湿度・空気清浄度・室内圧力条件・ケミカル汚染・静電気・微小振動・電磁波・光環境など）
  (8) 高精度環境エリアの限定化，部分負荷運転への対応などの省エネ対策
  (9) レイアウト変更などへのフレキシブルな対応
  (10) バックアップシステムなどの緊急時保安体制の

確立
(11) 各種ユーティリティの整備（純水・蒸気・圧縮空気・各種ガス・薬品など）

m. 研究施設（化学系・生物系・物理系など）
(1) GLP・RI関連法・バイオハザード関連指針等各種基準への適合
(2) ゼロエミッション・リサイクルなど環境負荷削減対応
(3) 周辺地域の環境保護・公害防止対応
(4) 危険物・毒物などを扱う施設としての安全・防災対策
(5) エネルギー多消費に伴う省エネ対策
(6) レイアウト変更に対応するモジュール化とフレキシビリティの確保
(7) 厳密な実験環境維持のための環境調整システム選定（温湿度・気流・空気清浄度・室内圧力条件・ケミカル汚染・バイオハザード・放射線障害・静電気・微小振動・電磁波・光環境など）
(8) 特殊実験室の整備（恒温恒湿室・クリーンルーム・実験動物室・植物環境調整室・人工気象室・電子顕微鏡室・RI室・MRI室・培養室など）
(9) バックアップシステムなどの緊急時保安体制の確立
(10) 各種ユーティリティの整備（純水・蒸気・圧縮空気・各種ガス・薬品など）
(11) ドラフトチャンバ・フードなど局所排気処理設備の整備

2.3 コストプランニング

設備計画において，コストプランニングは最も重要なアイテムの一つといっても過言ではない．計画の各ステージにおいて，コストプランニングが必須となる場面は，以下に示すとおりである．
(1) 全体建築計画の建設コスト（イニシャルコスト）プランニングと，設備計画の調整・整合をとるため
(2) 設備計画において，複数の採用候補システムを経済性・採算性を指標として比較評価するため（建設コスト・維持保全コストなど）
(3) 全体建築計画あるいは設備計画の一環として，ライフサイクル計画を行う際，建設コストと運用・廃棄コストのバランスを評価するため（ライフサイクルコストなど）
(4) 設備の改修計画において，設備更新などの最適時期を判断するため
(5) 全体建築改修計画において，大規模全面改修か，証券化・転売などか，ビル経営上の判断をするため

このコストプランニングに使用される各種コストについて，以下に概説する．

a. 建設費（イニシャルコスト）
多くのプロジェクトでは，最も重要なファクタであり，設備計画のすべてを決定づける場合も多い．ただし，平均的な事務所ビルでは，40年ライフサイクルコスト（LCC）の25％しか占めないことにも留意すべきである（図2.6）．

b. 維持・保全コスト（ランニングコスト）
平均的な事務所ビル（図2.6）では，運用費（光熱水費・設備管理費など）が21％，保全費15％，修繕費6％，更新費5％などとなっており，竣工後に必要となる費用の占める割合が40年ライフサイクルコスト（LCC）の約50％にも達することに留意すべきである．

c. リニューアルコスト（更新コスト）
上記の例では更新費が5％程度であったが，耐用年数をもう少し長期にとったり，他の事情（用途変更，特殊目的のテナント入居など）により大規模な模様替え工事が発生する場合には，リニューアルコストの比率が増大する．特にイニシャルコストを低額に抑えて，長寿命化や保全性を考慮したライフサイクルマネジメント（LCM）を導入しない場合には，このコストが支配的になることもある．

d. ライフサイクルコスト（LCC）
2.1.1d項で述べたとおり，設備計画全体の基礎となる最も重要なコストであるが，抽象的な概念だけに，金額そのものの取り扱いには注意する必要がある．

e. ファシリティコスト（FC）
表2.5にファシリティコストの内訳を示す．ファシリティマネジメント（FM）の分野では最も重要なコストで，設備計画の領域を越えてはいるものの，ビル経営などの観点からは利用価値の高い指標となっている．

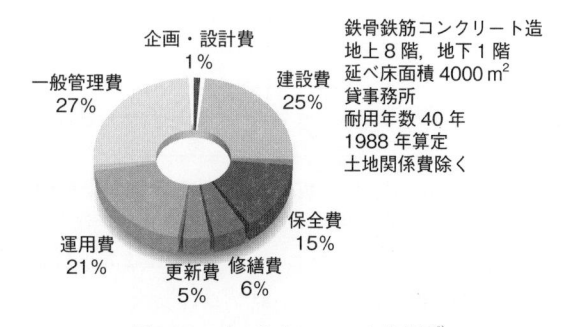

図2.6 ライフサイクルコスト試算例[8]
（企画・設計費 1％，一般管理費 27％，建設費 25％，保全費 15％，修繕費 6％，更新費 5％，運用費 21％）
鉄骨鉄筋コンクリート造，地上8階，地下1階，延べ床面積 4000 m²，貸事務所，耐用年数 40年，1988年算定，土地関係費除く

表 2.5 施設運営費の分類体系

施設運営費の分類，名称はさまざまでかなりの混乱が見られる．その原因は上記の多様な使用目的と管理対象施設のレベルの差にあると思われる．ここではこれらの条件を考慮しかつ FM 標準業務の分類に準拠して以下の分類を行う．

① 維持保全費	
運転・点検費	日常・定期点検，保守，診断など
修繕費	経常的・臨時修繕など
清掃・衛生費	清掃・衛生など
光熱水費	電気，ガス，水道，油など
廃却処分費	解体，処分，環境対策，リサイクル
② 運用管理費	
賃借料	賃借料，共益費，地代
減価償却費	自社施設，テナント工事分
租　税	固定資産税，地価税，事業所税
保険料	火災保険，賠償責任保険，事故担保特約
保安・防災費	警備費など
移転費	レイアウト設計・実施，移転
什器・備品費	家具，什器，備品
運営管理費	施設管理費，委託費の一般管理費と図面・台帳管理の運用支援
資本コスト	自己資本コスト，借入金利子，社内金利
③ サービス費	
業務支援費	受付，応接，メール，コピー，印刷など
生活支援費	食堂，自販機，医務，ATM など

2.4 計画設計スケジュール

多種多様な建物用途・制約条件・規模などに応じた計画設計スケジュールについては，一般的に概説することは困難である．ここでは，中規模の一般事務所ビルで，都市計画上・環境アセスメント上などの重大な懸案事項がない場合の事例を図 2.7 に示すにとどめる．

〔北村規明〕

文　献

1) 建築・設備維持保全推進協会編著：ビルディング LC ビジネス百科，オーム社，1992.
2) 空気調和・衛生工学便覧，第 13 版，第 11 編第 1 章，2003.
3) 空気調和・衛生工学会編：空気調和設備計画設計の実務の知識（改訂 2 版），p. 39，オーム社，2002.
4) 空気調和・衛生工学会編：空気調和・衛生工学便覧，第 13 版 6 巻，p. 150，2003.
5) 前掲 4)，pp. 89～91.
6) 前掲 4)，p. 98.
7) 前掲 4)，p. 100.
8) 前掲 3)，p. 5.

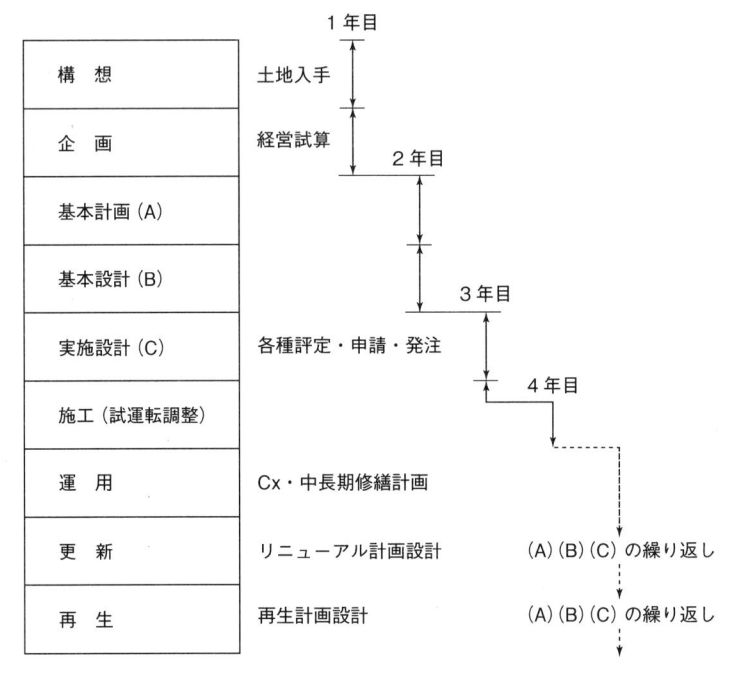

図 2.7 設計計画スケジュールの事例

3 建築計画

3.1 建築計画と設備計画

　建築は，本来自然の脅威や危険から身を守るための住居としてつくり出された．現代において，建築をつくる目的は人間が生活を営むうえで，人間活動をより円滑に快適に行うための環境を整えること，あるいは，より効率的に物を生産するための環境を整えることなど，多様化してきているものの，本質はその建設目的にあった建築をつくるところにある．

　建築および設備を計画するに際しては，建築の建設目的を明確にとらえ，建物の室内外の環境を整えるためにどのように対処すべきかを，建築設計者と十分協議を重ね，環境設備技術者の視点からの発想を建築計画に十分反映させ，建築計画と設備計画が融合した，バランスのとれた建築計画とすべきである．

　建築計画にあたって，環境設備的視点から考慮すべき主な項目は，表3.1に例として示すが，建設する目的によっては，別の視点から整理が必要である．

　建築を計画するうえで，地球温暖化防止や環境負荷低減が重点なテーマであり，避けて通れない．

　自然光や自然換気を取り入れ，自然との調和のなかで建設された近代建築の夜明けの時代から，半世紀の間に照明技術や空調技術の急速な発展とともに建築のつくり方が一変した．現代の建築は，重力や自然の影響から解き放されて自由な設計が可能となり，大型化，

表3.1　建築計画と設備計画との関連項目

建築に必要な要素大項目	建築に必要な要素中項目	建築との関連項目例
快適性	温熱環境（温度，湿度，気流） 光環境（照度，輝度） 音環境（騒音，振動）	断熱性能，日射遮蔽，室内気流分布 自然光の取り入れ，照明器具配置 機械室の位置，防音防振対策
衛生性	空気環境（空気質） 水環境	空気清浄，外気取り入れの量と位置，建材の環境汚染物質の使用制限と排出，分煙計画，健康な建築 自然光の入る快適なトイレ，湯沸室，清掃しやすい材料の使用
安全性	防火防煙性能 耐震性能 災害対策 高齢者，身体障害者対策	避難計画と消火設備，自然排煙と窓，機械排煙と排煙ダクトルート 耐震，免震，制震構造と設備 風，水，雪害対策，落雷ノイズ対策 音声案内設備，身障者トイレ
保守・管理性	運転管理 保守・点検対応 更新対応	適切な機械室の位置，適切な設備ルートの確保 保守・点検スペースの確保，共用部からの点検，長寿命計画，床荷重，階高などの確保 機器の搬出・搬入口計画
機能性	残業対策 将来対応	個別運転，個別計量，PCからの発停 設備容量，将来用のスペース確保
信頼性	故障時対応	機器の台数分割，設備二重化の必要性とそのスペース
社会性	地球温暖化防止，省エネルギー，省資源対策 ヒートアイランド防止 周辺環境との整合	建築計画上の省エネルギー（外壁計画，コア計画など），省資源対策（浸透性舗装など）の実施 建物の緑化計画など 排気口の位置，機器騒音対策，ビル風対策，地域インフラとの整合
デザイン性	景観など	外壁のデザインと建物の断熱・遮蔽性能・屋外機，給排口の位置
経済性	イニシャルコスト ランニングコスト ライフサイクルコスト	建築性能と将来対応への設備投資 エネルギーコスト，保全コスト，イニシャルコストとのバランス イニシャルコスト，ランニングコスト，改修コスト，解体処理コストまでを含めたコスト評価

表 3.2　部門別最終エネルギー消費の実績と見通し[1]

（原油換算 百万 kl）

年度 項目	1990	構成比〔%〕	2005	構成比〔%〕	2020 現状固定ケース	構成比〔%〕	2020 最大導入ケース	構成比〔%〕
産　業	183	53	181	44	180	43	177	47
民　生	85 (100%)	24	134 (158%)	32	149 (175%)	35	121 (142%)	32
家　庭	46 (100%)	13	56 (122%)	14	61 (133%)	14	52 (113%)	14
業　務	39 (100%)	12	78 (200%)	19	88 (226%)	21	68 (174%)	18
運　輸	80	23	98	24	92	22	78	21
合　計	349	100	413	100	421	100	375	100

高層化，高密度化が一気に進んだ．

日本におけるエネルギー消費実態をみても，2005年のデータ（環境エネルギー庁（2009年8月））から，建築などで消費されている民生部門の消費エネルギーは134百万 kl となり，京都議定書の基準値である1990年比で158%に達している（表3.2）．

民生部門のエネルギー消費は，全体の32%であり，内訳は住宅などの家庭部門で14%，オフィスなどの業務部門で19%となっている．この民生部門のエネルギー消費は，現状の対応で継続すれば2020年には1990年比の175%の149百万 kl となるだろうと予想されており，京都議定書におけるわが国の目標達成のために120百万 kl 程度に抑えたいとしている．

建物のエネルギー消費構造は，オフィスビルの例で，熱源23%，空調動力27%，照明・コンセント33%，給湯3%，その他14%程度となっており，空調と照明・コンセントで80%を超える値である．

このようにエネルギー利用を前提とした建築は，エネルギー消費量が大きく，建物として必要な室内環境を確保するために，あるゆる省エネルギー対策をとり，環境負荷の削減に努める必要がある．

実効性がある省エネルギー対策としては，次の4つの視点が重要である．

（1）自然エネルギーの積極的活用と建築計画が一体となった外部負荷抑制計画

（2）快適な室内環境をより少ないエネルギーで実現する設備計画

（3）資源・エネルギー消費の削減と統括管理を実現する管理運営計画

（4）広域計画と整合した環境・循環計画（街全体の省エネルギー化）

建築の省エネルギー計画をたてるうえで重要な点は，第一に自然エネルギーをいかに有効に利用するかを考え，次に自然からの不要な負荷をいかに抑制するかを建築計画とともに計画することにある．表3.3に建築における自然エネルギー利用例について示す．

自然エネルギー利用と自然からの負荷の抑制計画は，時として相矛盾することが多い．また，これらの計画を建築計画に組み入れるときにエネルギーコストだけで評価すると，化石エネルギーが安価なことから破綻する場合が多い．したがって，これらを計画する場合は，単機能としてではなく，他の要素を融合させてその相乗効果で計画することも必要となる．

建物を建設することは大きな負荷となり，周辺環境のみならず地区や都市から地球環境に至るまで大きな影響を与える．その影響は CO_2 排出，大気汚染，水質汚濁，廃棄物の増大，電波障害，風害などとなって現れ，最近では，大都市圏でヒートアイランドが最後の大きな公害問題として取り上げられている．

いずれにしても，建築計画や設備計画においては建物本体のみならず周辺環境にも配慮し，持続可能な街づくりに向けて，視野を広げて計画する必要がある．

このようなサステナブルな建設計画の総合評価手法については，本章3節を参照されたい．〔塚本宏怡〕

3.2　設備スペース配置計画

3.2.1　設備スペース計画

建築計画では，室の配置すなわち平面計画を行うことは基本的で最も重要な作業であり，かつ難しいものである．つまり，人の動線や目的室の配置と連携させ，使い勝手など建築の直接的な目的，機能を満足させる必要があり，また，ある一つの解を見いだすためには知識，情報収集力，分析力，評価判断力といった総合

表 3.3 建築における自然エネルギー利用

分類	項目		具体例
自然エネルギー	光のエネルギー	自然光利用	自動調光システムによる照明電力の低減 ライトシェルフによる反射光の利用 アトリウムによる自然光利用範囲の拡大 光ダクトを利用した自然光利用の拡大
		太陽光発電	庇形状の太陽光発電による日射負荷低減 置屋根形状の太陽光発電による日射負荷低減 屋外駐車場の屋根を兼用する太陽光発電
		太陽熱利用	太陽温水器による給湯,暖房熱利用 排熱利用吸収冷凍機による太陽熱の冷房利用 アトリウムなどによる温室効果
	風のエネルギー	自然通風	地下駐車場の自然通風による換気 アトリウムを利用した2面開口による自然通風の確保 空気温度の差異による空気密度差を利用した自然通風の確保
		風力発電	高さ方向の風力増大を利用した高層建物屋上設置 風力利用ヒートポンプによる蓄熱を介した熱利用
	水のエネルギー	雨水利用	中水として便所洗浄水,屋外散水などに利用 雨水調整池の機能とビオトープ,生物循環水として利用
		井水利用 河川水利用	地下水の熱としてヒートポンプ融雪などに利用 水資源として利用 蒸散作用を利用した屋根散水による日射負荷低減 蒸散作用を利用した空気冷却
	空気のエネルギー	空気の断熱効果利用	外壁のダブルスキン構造による日射負荷低減(排熱に利用) 外壁のダブルスキン構造による太陽熱利用(集熱に利用)
		外気熱利用	外気が低温・低湿度の外気冷房利用(ナイトパージ,春秋の外気冷房,冬期冷房利用) 冬期のフリークーリング利用
	緑のエネルギー	植物の蒸散作用利用	植物の蒸散作用や保有水による建物表面温度の低減 植物の放散する物質や視覚による心理的鎮静効果
	土のエネルギー	地下保有熱利用	地下保有熱を利用したクールチューブ,ヒートチューブによる補助冷却・加熱利用 地下建築,建物に土を被せることによる土の断熱効果利用

的なバランス感覚が必要となるからである.

これに対し設備スペースは,室あるいは空間の機能を満足させるために重要な要因であるにもかかわらず,設備機器の配置スペース,供給処理の搬送ルートスペースは,建築の目的を達成するために間接的なものとなり,位置づけも曖昧なものとなりがちである.

スペース計画では建築計画と設備計画が競合し,調和のとれたものが必要となるが,双方を融合させた構成,あるいは独立させた構成など検討プロセスにおいては十分な議論が必要である.また,施主への理解を求める際に,価直観や視点の違いにより建築構成が変化することも補って説明する必要がある.スペース計画の目的では完全な正解は存在せず,数個の解のなかから最適解を見つけだすことにある.

なお大規模地震時に防災拠点となる施設については,ライフラインが途絶えた場合の備蓄や代替設備などの対応が必要となるが,ここでは一般的な施設におけるスペース計画ついて記述する.

3.2.2 設備スペース
a. 設備スペース

設備スペースとは,表3.4に例示するような設備機器や配管,配線,ダクト(風道)などを設置するために必要なスペースのことである.このなかには,空間的に壁や床で区画された室として存在し,建築の直接的な目的室と競合するものと,天井内や地下ピット,屋上,屋外といった目的室との影響が少ないものに分かれる.前者は機械室,パイプシャフトとして建築平面計画に影響を及ぼし,後者は断面計画,立面計画および配置計画に影響を及ぼす.

表3.5に,建物用途別に必要な設備諸室を示す.ただし,これらの設備諸室は一般的傾向で表現しているため,立地条件,建物機能などの与条件により異なることに注意されたい.

表3.4 設備スペースの例

主要室	付属室	設備機器, 用途
電気室		受変電設備, 蓄電池, ケーブルラック, 配線, 送排風機, 冷房装置
非常用発電機室		非常用発電機, オイルサービスタンク, 補機, 盤, 送排風機
コージェネ室	機械室 電気室	原動機, 発電機, 熱回収装置, 送排風機, 冷房装置, 起動盤 送電遮断機盤, 同期制御盤, 補機盤
EPS	電力EPS 通信EPS 情報EPS	分電盤, ケーブルラック 端子盤, ケーブルラック 制御盤, ケーブルラック
熱源機械室	ボイラ室 冷凍機室 熱源ポンプ室	ボイラ, 還水タンク, 蒸気ヘッダ, 制御盤, オイルサービスタンク, 送排風機 冷凍機, 冷却水ポンプ, 制御盤, 冷水一次ポンプ 冷水・温水二次ポンプ・ヘッダ, 熱交換器, 水処理装置, 制御盤
受水槽室	受水槽室 給水ポンプ室	受水槽, 緊急遮断弁操作盤, 雨水利用設備 揚水ポンプ, 制御盤
消火ポンプ室		スプリンクラポンプ, 屋内消火栓ポンプ, 制御盤
不活性ガス消火ボンベ室		不活性ガス消火ボンベ
空調機械室		空調機, 送排風機, 給排気ガラリ・チャンバ, 配管・ダクト
屋外スペース	屋上 地上 地下	冷却塔, 煙突, 高架水槽, 配管・配線 電力引込みスペース, 空調屋外機 オイルタンク, ハンドホール, 配管トレンチ, 共同溝, 配管・排水ます
中央監視室		中央監視盤, UPS, 防災副受信盤, 仮眠室
防災センター		防災受信盤, エレベータ監視盤, 監視モニタ, 仮眠室
その他のスペース	天井内 ピット	配線, ケーブルラック, 配管, ダクト 配線, 配管, ダクト

　建築計画全体として調和のとれた設備スペース計画，建築コンセプトを理解し，設備システムの設定を把握したうえで初めて可能となる．さらに，設備スペース計画を行うことは設備計画全体のフレームを形成することになり，設備計画のなかでも重要な意味をもつ．最適な設備スペース計画を行うには，表3.6に示す項目に留意し，図3.1に示すような設備スペースの連携に配慮して，全体計画のバランスをとって決定する．

　設備スペースと建築目的室の配置要望が競合する場合の協調ポイントとしては，移動や搬送の主体が建築目的室は人であるのに対し，設備スペースでは物やエネルギーであり，移動や搬送方法に選択肢が数種存在するとことである．これは設備の融通性が高いことを示している．しかし，設備スペースのどこかに無理を生じるような設計や施工は，安全性，省エネルギー，省資源，管理性のいずれかないしは複数目を損なう可能性があり，建設コストだけでなく事業採算に影響することもある．

b. 屋外設置と屋内設置

　設備機器の設置を屋内または屋外にするか否かは建築機能の重要な要素となる．屋外設置の問題点である，風雨や日射，酸性雨による劣化および耐候性に対する設備コストの増額，荒天時や夜間のメンテナンス作業の困難さなどを考えると屋内設置の利点は多い．一方，オフィスビルのような業務系施設ではレンタブル比（貸室面積比）を高めるために屋外設置を行うこともある．これは，初期投資である建設費よりも収益を上げることに主眼がおかれ，メンテナンス上のデメリットを生じても事業上有利と判断されるものである．

　屋外設置機器では，環境建築で採用される，太陽光発電設備，太陽熱利用設備は，建築デザインに大きく影響するので，屋外設置パネルの配置を設計の早い段階に検討する必要がある．

c. 主要機械室・電気室の配置

　重量や容積の大きい主要機器は，建設時の搬入や更新時の搬出入の方法，日常メンテナンスの対応を考慮することは当然であるが，地下躯体への建設費削減，周辺地域への影響なども考慮しながら検討する必要がある．

　主要機械室には熱源機械室，受水槽室，コージェネ室，排水処理室があり，主要電気室には電気室（受変電設備），非常用発電機室がある．

　主要機械室・電気室の配置は従来では長方形型の建物の地下部分に配置してきた例が多い．現在では建物用途の複雑化，免震構造の採用，豪雨や水害対策などの理由，主要機械室・電気室の配置も多様化している．表3.7に示すように，主要機械室・電気室の配置は多様化している．

　主要機械室のうち大型機器が設置される熱源機械

表3.5 建物用途別の設備諸室

設備スペース			オフィス・庁舎 一般	オフィス・庁舎 超高層	ホテル	病院	商業	劇場	教育	研究	美術館 博物館	共同住宅 一般	共同住宅 超高層
設備室	電気設備	電気室	○	○	○	○	○	○	○	○	○	○	△
		非常用発電気室	○	○	○	○	○	○	○	○	○		△
		蓄電池室	○	○	○	○	○	○	○	○	○		△
		電話交換機室	○	○	○	○	○	○	○	○	○		△
	空調・衛生設備	熱源機械室 ボイラ室	○	○	○	○	○	○	△	○	○		△
		冷凍機室	○	○	○	○	○	○	△	○	○		△
		熱源ポンプ室	○	○	○	○	○	○	△	○	○		△
		受水槽室 受水槽室	○	○	○	○	○	○	○	○	○	△	
		給水ポンプ室	○	○	○	○	○	○	○	○	○	△	
		中間水槽室		○	△								△
		消火ポンプ室	○	○	○	○	○	○	△	○	○		△
		消火ボンベ室	○	○	○	○	○	○	△	○	○		△
		医療ガス機械室 医療ガス機械室				○				○			
		(特殊ガス機械室) マニホールド室				○				○			
		プロパンボンベ庫	△	△	△	○	△	△	△	△	△		
		排水処理室 厨房除害設備室	△	○	○	○	○	△					
		感染系排水処理設備室				○							
		RI排水処理設備室				○			○				
		排水中和処理設備室				○			○				
		空調機械室	○	○	○	○	○	○	○	○	○		○
		排煙・換気ファンルーム	○	○	○	○	○	○	○	○	○	○	○
	その他	中央監視室	○	○	○	○	○	○	△	○	○		
		防災センター	△(中央監視室との兼用が多い)	△(中央監視室との兼用が多い)		○			△(中央監視室との兼用が多い)	△(中央監視室との兼用が多い)			○
		コージェネレーション室 常用発電機室	△	△	△	△	△	△	△	△	△		
		常用発電機電気室	△	△	△	△	△	△	△	△	△		
		廃棄物処理室 一般廃棄物処理室	○	○	○	○	○	○	○	○	○	○	○
		産業廃棄物処理室	○	○		○				○			
		感染性廃棄物処理室				○			△				
		再資源化物集積室	○	○	○	○	○	○	○	○	○	○	○
	搬送設備	エレベーター機械室	○	○	○	○	○	○	○	○	○	○	○
		搬送設備機械室				○							
屋外スペース		オイルタンク	△	△	△	○	△	△	△	△	△		
		冷却塔	○	○	○	○	○	○	△	○	○		△
		屋外機	○	○	○	○	○	○	○	○	○	△	△
		高架水槽	○	○	○	○	○	○	○	○	○	△	○
		浄化槽			△	△	△	△	△	△	△		
		液酸タンク				○							
		煙突	△	○	○	○							△

凡例 ○：必要な場合が多い室　△：必要な場合もある室　空欄：不要な場合が多い室

表3.6 設備スペース計画の留意点

(1) 全体計画のコンセプトに整合した設備計画であること
(2) 設備計画に基づいた合理性の高いスペース計画であること
(3) 防災計画など安全性が十分に確保された配置計画であること
(4) 設備システムが十分に機能できる配置や面積であること
(5) 振動・騒音伝搬の危険性が少なく，環境が十分確保されること
(6) 保守管理が十分に可能な配置や面積であること
(7) 将来の改修や設備更新に対応できる計画であること

室（ボイラ室，冷凍機室）の階高は一般階に比べて高く5～8mの有効高さが必要で．構造計画や建設コストとの調整を行ったうえで決定する．またコージェネレーションシステムのようなエネルギー有効利用システムへの高さ確保の対応も必要となる．

d. 設備スペース検討の進め方

1) 基本設計　建築計画の初期段階に基準階平面図，配置図を基にして設備システムの構想を建築設計者・構造設計者に伝え，必要スペースのおおまかな要望を伝える．このとき，主要機械室・電気室の設置スペース，空調機械室と給排気の考え方を議論して方針を決定する．また，屋上，屋外の設置機器や煙突なども考慮する．さらに，周辺地域への影響（騒音，振動，煙など）や将来の設備更新対応の検討も必要である．

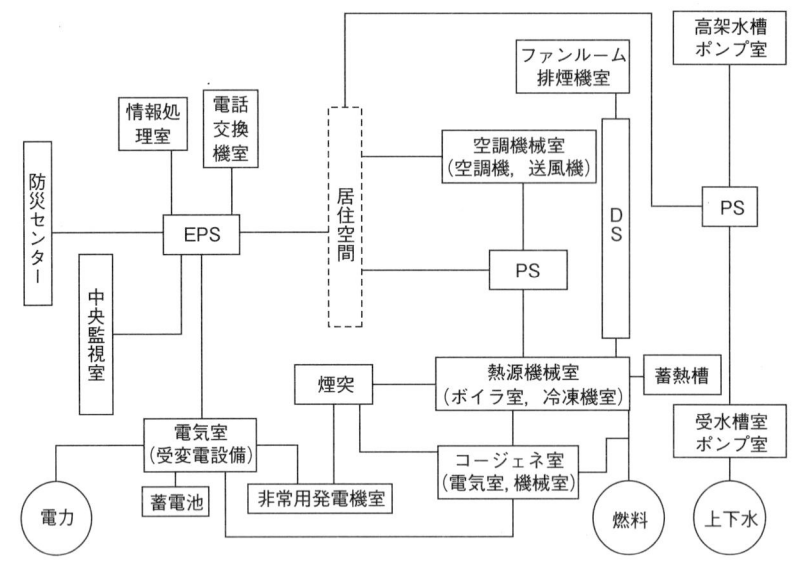

図3.1 設備スペースの連携

表3.7 建物種別による主要機械室・電気室の配置計画例

方式	地下利用型	分棟型	中間階利用型	最上階利用型
概念図				
長所	設置階が地下のため面積・階高が確保しやすい 集約した設置のため管理が行いやすい	独立した配置のため面積・階高が確保しやすい 集約した設置のため管理が行いやすい 設備更新時の対応が行いやすい 免震構造の対応が容易	電気室を中間階に設置することにより，水害や高潮対策となる	近年では事例が少ない
短所	地下工事により建設費がかかる 電気室への止水処理に注意が必要 冷却塔の設置が屋上階になる傾向が強い 免震構造の対応が難しい	別棟のため建設費がかかる 共同溝，配管トレンチなどの設備幹線ルートが必要	中間階のため面積・階高の制約がある 意匠上の配慮が必要 主幹線ルートの確保が難しい	最上階の有効性を損なう 設備更新時の搬出入が難しい
適応用途	一般事務所ビル	病院，地域開発	情報化ビル，電算センター	

建物内部の設備スペースのつながりを明確にするため各シャフト計画を行う．この場合，建築平面計画に影響するので設備ゾーニングと機能性を十分に検討したうえで行う．また，シャフトが各階異なる平面位置に配置されることがあるが，建物の機能として致命的な事故につながらないようにするべきであり，むしろ避けるべきである．

表3.8に建築計画に設備スペースを登録するときの留意事項を示す．

2) 実施設計 基本設計で登録した設備スペースのチェックを行う．主要機器の寸法や重量を把握し，機器配置の調整をする．特にメンテナンスのスペースと動線を設定し，効率的で円滑に保守管理が行えるようにする．また，設備更新対応の吊り材や補強材の登録も行う．防火区画の設定も考慮する．

3) 監理・施工 選定された機器により確認およ

表3.8 設備スペース登録時の留意事項

(1)	設置される主要な機器を過不足なく把握する.
(2)	将来の機器増設を設定している場合は必ず容量, 台数を登録する.
(3)	メンテナンスルートを設定する. 特に, 点検扉, 冷凍機などのチューブ引抜きスペースの確保をする.
(4)	立体的配置をも考慮する.
(5)	機器の搬出入ルートを確保する. マシンハッチ, ドライエリアも登録する.
(6)	省スペース化に強い要求がある場合は, 更新時に倉庫など隣接室が利用可能にする.
(7)	設備システムに影響するような省スペース化の対応は事前に調整し, システム変更にならないようにする.
(8)	屋外設置を多用する場合は, 耐候性, 建設コスト, メンテナンス性を十分検討したうえで行う.

び調整を行う. メンテナンスのスペースと動線が有効に確保されているか, 機器やバルブ・ダンパ操作に支障がないか, 点検扉・点検口が有効に開くかなど使い勝手上の問題点を解消しておく.

e. 設備スペースの大きさ

設備スペースは, 設計, 施工, 運転, 保守管理の自由度や柔軟性を高めるために, ある程度余裕のあることが望ましい. 一方, 居室有効面積や階高に影響するため, 設備スペース配置計画は建築計画と競合する要素となる. 過大なスペース登録は避けなければならないが, 過小なスペースで機器類を納めるのは設計者が苦しむだけでなく, 施工性が悪くなり, さらには日常の運転やメンテナンスに支障をきたし, 更新時には大きな障害となる. したがって, 発注者, 建築設計者と十分な協議を行い理解を求めなければならない. 設備諸室の必要面積または面積比率実績値により把握できるが, あくまでこれは傾向を示すもので, 発注者の要求事項や立地条件, 設備システムの変遷に対応したものではない. 参考値として統計値からの近似式を表3.9に, 目安値を表3.10に示す.

また, 主要機器まわりでは, 施工作業スペース, メンテナンススペース, 法的離隔距離, 搬出入ルート, 避難ルートを考慮した無理のない配置計画が望まれる.

f. 振動・騒音などに対する配慮

熱源設備や空調設備は騒音や振動などの発生源となる. 機械室の配置計画においては, 隣室だけでなく直上・直下の室も考慮されなければならない. 床, 天井, 壁, 扉の遮音性能に十分配慮する. 特に, コージェネレーションシステムのような原動機の規模の大きいものは, エンクロージャ化するなど装置そのものの対策が必須となる.

屋外に設置される, 冷却塔や空気熱源ヒートポンプチラーやパッケージエアコンの室外機からの騒音を考慮するには, 計画建物だけでなく, 周辺地域への影響を考慮して配置計画を行う必要がある. 一方これらには十分な通風が必要であることも配慮して, 建築計画者との協議と理解を求める必要がある.

g. 給排気に対する配慮

空調機械室には新鮮外気を取り入れ, 室内汚染空気を排出するための給排気口が必要となる. したがって空調機械室は外気に面した位置に設けた方が効率がよい. 一方, 建築意匠的にもこうした部分は重要であり, 特に空調機械室として理想的な建物のコーナー部分に設置するのは難しいことが多い.

また, 建物の中央部に空調機械室を設置する場合は給排気用のダクトスペースを考慮し, 縦穴区画との関係を十分検討する. 外気冷房を計画する場合は給排気のためのガラリ面積が大きくなるので注意する. 地下機械室の場合はドライエリアや給排気筒を計画する.

h. 水に対する配慮

電気室, EPSは水損事故に対する配慮が必要である. 電気室上部に便所や厨房などの水を使用する室が配置されないようにする. やむをえずそのような配置になる場合は二重ピット（二重スラブ）を設置して電気室への水損事故の発生確率を低減させる. 二重ピットには漏水警報と結露対策としての空調や換気が必要である.

また, 床の仕上げレベルも他室のレベルよりやや高くしておくことも重要であり, EPSは点検口からの浸水を防ぐようにしなければならない.

i. 搬送動力削減への配慮

熱源設備でつくられた冷温水, 蒸気などはポンプ, 配管設備を通じて空調機やファンコイルユニットに搬送され, ここで供給空気と熱交換され冷風や温風となってダクトを経由して室内に搬送される. これらの水や蒸気, 空気などの熱搬送媒体は最短距離で負荷側へ搬送されることが熱損失防止と搬送動力削減のうえで有効である. したがって, 配管やダクトシャフトは平面的に各階で同一の位置にあるのが望ましい. 特に熱容量が小さい空気は搬送効率が悪いため, 空調機と負荷側の室との距離を小さくすることが重要である. 電気の幹線や情報ルートも管理上各階同一の位置に設置することが管理上有効となる.

j. 階高・天井高への配慮

ダクトや配管を水平展開するときは, 梁やスラブの

3. 建築計画

表 3.9 建物用途別設備諸室面積[2]

建物用途		空調主機械室		空調関連機械室		電気主機械室		電気関連機械室		シャフト	
	種別	近似式	平均値 (m^2/延m^2)	近似式	平均値 (m^2/延m^2)	近似式	平均値 (m^2/延m^2)	近似式	平均値 (m^2/延m^2)	近似式	平均値 (m^2/延m^2)
業務施設 (事務所)	全体	$y = 0.0095\,x + 153.78$	0.015	$y = 0.0251\,x + 276.07$	0.035	$y = 0.0073\,x + 94.99$	0.011	$y = 0.0251\,x + 276.07$	0.013	$y = 0.0330\,x - 148.47$	0.025
	自社建物	$y = 0.0086\,x + 182.78$	0.020	$y = 0.0441\,x - 24.78$	0.043	$y = 0.0156\,x - 4.26$	0.016	$y = 0.0217\,x - 49.94$	0.018	$y = 0.0277\,x - 78.90$	0.021
	貸建物	$y = 0.0096\,x + 145.93$	0.013	$y = 0.0237\,x + 341.47$	0.032	$y = 0.0069\,x + 71.72$	0.009	$y = 0.0095\,x + 62.54$	0.011	$y = 0.0334\,x - 149.90$	0.028
	官公庁舎	$y = 0.0078\,x + 158.86$	0.018	$y = 0.0623\,x - 300.36$	0.043	$y = 0.0141\,x + 23.79$	0.016	$y = 0.0142\,x + 30.09$	0.016	$y = 0.0264\,x - 129.40$	0.018
商業施設		$y = 0.0152\,x + 109.53$	0.019	$y = 0.0338\,x + 17.68$	0.035	$y = 0.0111\,x + 36.98$	0.012	$y = 0.0139\,x + 25.19$	0.015	$y = 0.0215\,x + 182.10$	0.014
医療施設		$y = 0.0277\,x - 57.34$	0.025	$y = 0.0396\,x + 193.30$	0.051	$y = 0.0149\,x + 21.40$	0.140	$y = 0.0174\,x - 15.81$	0.016	$y = 0.0171\,x - 29.05$	0.015
宿泊施設		$y = 0.0137\,x + 76.41$	0.017	$y = 0.0438\,x + 4.53$	0.044	$y = 0.0650\,x - 68.49$	0.009	$y = 0.0087\,x + 62.00$	0.012	$y = 0.0351\,x + 111.31$	0.026
スポーツ施設	全体	$y = 0.0108\,x + 221.73$	0.023	$y = 0.0366\,x + 155.86$	0.047	$y = 0.0350\,x + 297.62$	0.019			$y = 0.0172\,x + 37.70$	0.015
	ドーム競技場	$y = 0.0105\,x + 119.47$	0.013	$y = 0.0358\,x + 105.75$	0.038	$y = 0.0383\,x + 572.92$	0.026			$y = 0.0169\,x + 6.91$	0.017
	屋内アイスアリーナ	$y = 0.0592\,x - 215.54$	0.034			$y = 0.0360\,x + 156.07$	0.018			$y = 0.0027\,x + 4.51$	0.003
	屋内プール	$y = 0.0263\,x + 118.45$	0.036	$y = 0.0785\,x - 99.38$	0.068	$y = 0.0046\,x + 100.24$	0.012			$y = 0.0679\,x + 319.42$	0.027
	屋内多目的アリーナ	$y = 0.0465\,x - 162.73$	0.032	$y = 0.0676\,x - 184.27$	0.051	$y = 0.0160\,x - 44.57$	0.012			$y = 0.0106\,x + 7.13$	0.010
劇場・集会施設				$y = 0.0403\,x + 313.38$	0.060					$y = 0.0298\,x + 5.03$	0.030
博物館施設		$y = 0.0172\,x + 100.23$	0.031			$y = 0.0111\,x + 54.94$	0.018	$y = 0.0111\,x + 58.96$	0.015	$y = 0.0150\,x + 4.75$	0.016

注) y は求める機械室面積 (m^2), x は延床面積 (m^2) を表す.

表 3.10 設備スペースの建物延べ面積に占める比率の目安[3]

空調方式	建物 形名	主要機械室					シャフトスペース				受変電室	発電機室	構内交換機室	配線室	中央監視室	合計 [%]
		主機械室	各階機械室	受水タンク室	換気機械室	エレベーター機械室	小計 [%]	空調シャフト	衛生シャフト	小計 [%]						
中央式空気調和 (全空気式)	400	7.9~6.8	—	—	1.6~0.8	—	9.5~7.6	0.9~0.4	0.9~0.2	1.8~0.6	3.2~2.7	—	—	—	—	11.3~8.2
	750	7.8~6.8	—	—	1.6~0.8	—	9.4~7.6	0.9~0.4	0.9~0.2	1.8~0.6	2.7~2.2	—	—	—	—	14.4~10.9
	1500	6.2~5.2	—	1.3	1.6~0.8	—	9.1~7.3	0.7~0.4	0.9~0.2	1.6~0.6	2.2~1.8	—	0.5~0.4	0.8~0.7	0.7~0.6	14.7~11.0
	3000	5.9~4.9	—	1.0	1.4~0.3	0.4	8.7~6.6	0.7~0.2	0.9~0.2	1.6~0.4	2.2~1.8	1.0~0.8	0.5~0.4	0.8~0.7	0.7~0.6	15.5~11.3
中央式空気調和 (ファンコイル・ダクト併用)	3000	4.0~3.3	1.7~1.5	0.8	1.4~0.3	0.4	8.5~6.5	0.7~0.2	0.9~0.2	1.6~0.4	1.7~1.4	0.7~0.6	0.5~0.4	0.8~0.7	0.4~0.3	15.3~11.2
	6000	3.4~2.8	2.0~1.8	0.4	1.4~0.3	0.4	8.0~6.1	0.7~0.2	0.9~0.2	1.6~0.4	1.7~1.4	0.7~0.6	0.5~0.4	0.75~0.6	0.4~0.3	13.65~9.8
	15000	1.4~1.2	2.6~2.4	0.4	1.4~0.3	0.4	6.2~4.7	0.7~0.2	0.9~0.2	1.6~0.4	1.3~1.1*	0.5~0.4	0.5~0.4	0.75~0.6	0.4~0.3	11.25~7.9
	30000	1.0~0.8	2.9~2.8	0.3	1.4~0.3	0.4	6.0~4.6	0.7~0.2	0.9~0.2	1.6~0.4	0.9	0.5~0.4	0.5~0.4	0.6~0.5	0.2	10.5~7.4
中央式空気調和 (各階ユニット・全空気式)	3000	5.4~4.5	1.8~1.6	1.0	1.4~0.3	0.4	10.0~7.8	0.7~0.2	0.9~0.2	1.6~0.4	2.2~1.8	1.0~0.8	0.5~0.4	0.8~0.7	0.7~0.6	16.8~12.5
	6000	3.8~3.2	1.5~1.4	0.8	1.4~0.3	0.4	7.9~6.1	0.7~0.2	0.9~0.2	1.6~0.4	1.7~1.4	0.7~0.6	0.5~0.4	0.75~0.6	0.4~0.3	13.55~9.8
	15000	2.3~1.9	1.4~1.3	0.4	1.4~0.3	0.4	5.9~4.3	0.7~0.2	0.9~0.2	1.6~0.4	1.3~1.1*	0.5~0.4	0.5~0.4	0.75~0.6	0.4~0.3	10.95~7.5
	30000	1.4~1.2	1.3~1.2	0.3	1.4~0.3	0.4	4.8~3.4	0.7~0.2	0.9~0.2	1.6~0.4	1.1~0.9	0.5~0.4	0.5~0.4	0.6~0.5	0.2	9.3~6.2

備考 (1) 主機械室,各階機械室及び電気関係の各室は,国土交通省工事実績から算出した.
(2) シャフトスペースは延べ面積,基準階面積に対する比率が比較的大きいので,全データの70~90% (平均 80%) が満足される値を採用した.ただし,高置タンクは屋外設置のものとし,換気機械室には全熱交換器室は含んでいない.
(3) エレベーター機械室は計算により算出した.

注 * 特別高圧受電となる場合は,その部分を加算する.

レベルなど構造計画との整合性に留意する．特に構造種別により，有効梁せいが異なり，許容できる梁貫通スリーブの配置間隔や径が異なるからである．将来対応の予備スリーブを含めて構造設計者と十分協議する必要がある（図3.2, 3.3）．

最近では床吹出し空調や置換空調など床を利用する事例が増えており，将来性を見すえた階高計画や天井高計画が必要である．また，ビル用マルチエアコンの天井設置型室内機を用いる場合は，可能ならば梁のふところに設置して階高を抑えるなどの工夫も必要である．

k. 維持管理・設備更新への配慮

建物のライフサイクルコスト削減や，環境負荷低減に配慮した建物の長寿命化などは，今や建築計画を行ううえでは標準的であり，設備計画においても積極的に検討して推進してゆかなければならない．

熱源設備などの大型機器の更新に対応するための搬出入ルートの確保やマシンハッチ，ドライエリアの設置は計画当初より行わなければならない．設備更新では建物ユーザーの業務に支障のないように，部分的，時間的停止程度で更新工事が可能なように計画するべ

きである．また，日常の維持管理や更新に対応したスペースやルートの検討が必要である．

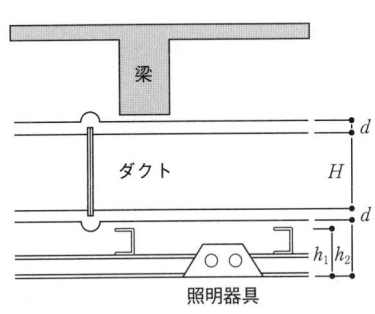

3.2.3 機能別によるスペース計画

ここでは機能別の設備スペースの計画段階で考慮するべき事項を中心に述べる．

a. 設備シャフトの計画

設備シャフト計画はエネルギー供給処理の動線計画といってよいほど設備計画では重要である．その目的は主機械室や主電気室からダクトや配管，配線を通じて目的室への供給処理を行うルートを確保することである．すなわち，建物の機能を維持するための骨格的な存在として考えなくてはならない．計画段階では各階での設備シャフトの配置に留意する．設備シャフトの位置ずれは余分な配管・配線の横引きが増え，天井高に影響するだけでなく，漏水の危険性が増し，維持管理を複雑にする．

図3.4に設備諸室と設備シャフトの関係を模式的に示し，表3.11に設備シャフト計画の好ましい例と好ましくない例を示す．

b. 受変電設備室のスペース計画[4]

（1）概算電力負荷を集計して受変電容量を求め，特高受変電設備の要否を判断する．

（2）受変電設備および直流電源装置，交流無停電装置の容量から受変電室の概略寸法を求める．

（3）搬出入経路，保守管理スペース，将来の増設スペースを考慮する．

（4）商用電力の引き込みルートに近く，負荷が集中している位置，または負荷の中心に近い位置に計画し，電気シャフトに隣接させる．

（5）水害のおそれがない位置とする．上階の水場は避け，水場のある隣室とは床レベル差を確保する．浸水がおきやすい地域では基本的に2階以上に配置する．

（6）高温，湿潤な場所は避ける．

（7）変圧器から出る電磁波が，近接する室のコンピュータなどへ影響しないように，位置関係に配慮し，必要ならば電磁シールドを計画する．

c. 発電機室のスペース計画[4]

（1）概算所要発電機出力をもとに，内燃機関と発電機室面積を決める（図3.5, 図3.6参照）．

（2）発電設備は屋内の発電機専用室とする．

（3）発電機室の位置は設備の搬出入経路，給排気および給油口などについて十分検討したうえで決定し，原則として受変電設備室に隣接させる．

梁下ダクトスペース ≧ ダクト高さ＋250～400 mm（施工誤差を見込む）
d は保温材厚さ25 mm，H はダクト高さ，h_1 は天井下地および天井板 100～150 mm，h_2 は照明器具高さ 150～300 mm．

図3.2 天井内スペース（梁下とダクトの納まりより）

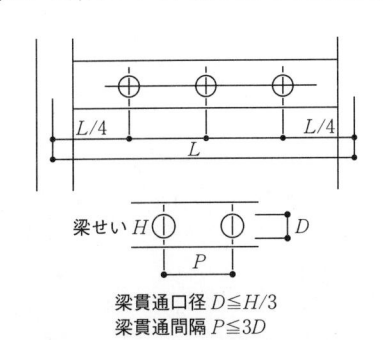

梁貫通口径 $D ≦ H/3$
梁貫通間隔 $P ≦ 3D$

図3.3 梁貫通の考え方（構造計画者と十分協議すること）

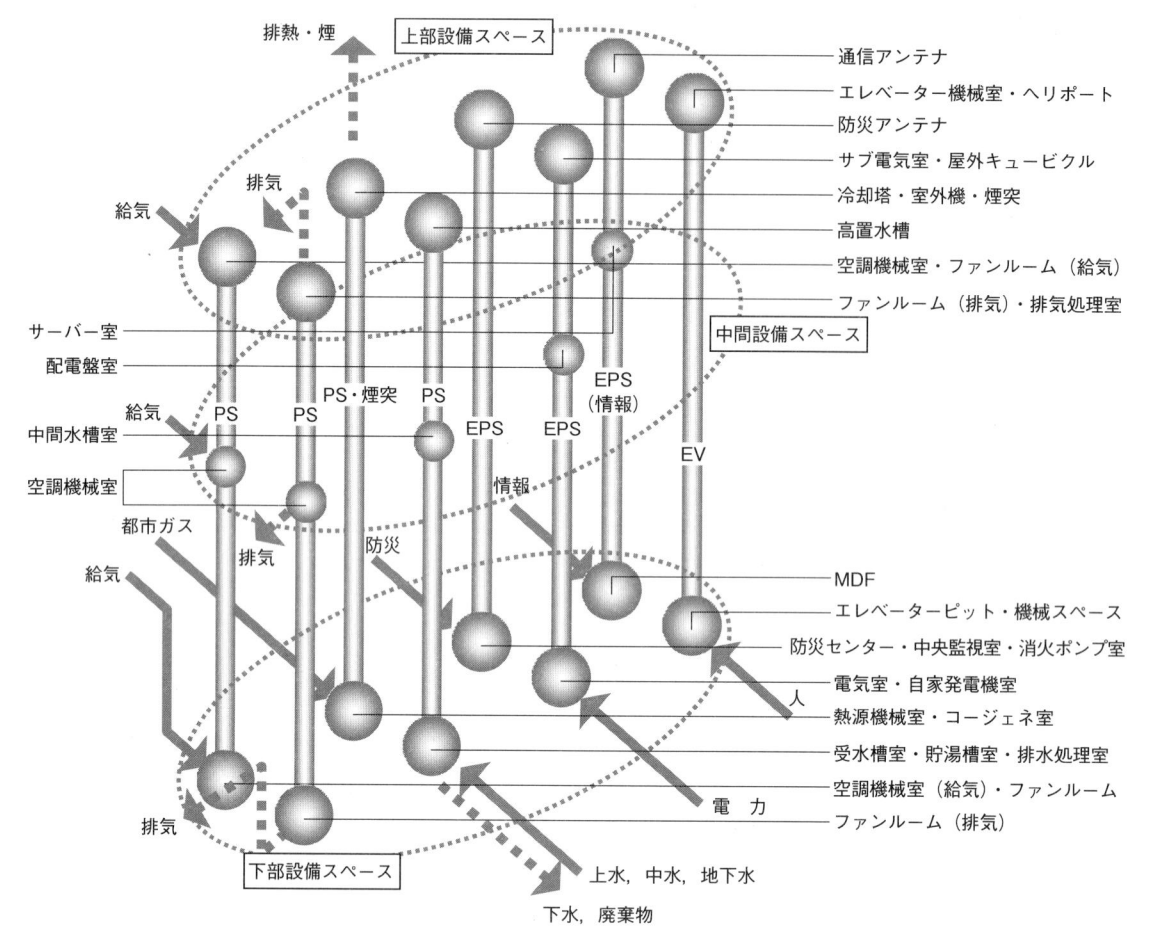

図 3.4 設備スペースと設備シャフトの関連

(4) 発電機室は高温，多湿，浸水，漏水および有毒ガスなどの浸入のおそれのない室とし，発電設備以外のガス管，油管，水管，配線およびダクトの通過がない場所とする．直上階よりの漏水に留意する．

(5) 壁，柱および床は耐火構造とし，壁および天井は吸音仕上げとする．また，出入口には防火戸を設け，防火ダンパの設置を検討する．

(6) 外壁に設ける給排気ガラリおよび直接外部に出す排気管は，外部への騒音を低減できる位置を検討する．特に空冷式の場合の給気量と給気口は大風量となるため注意する．

(7) 排気管（煙道，煙突）は可能な限り短くし，原則としてボイラ，直焚冷温水発生機などの煙突との共用を行わず単独とする．ガスタービンの場合は，曲がりを少なくするとともに伸縮も検討する．また，排気温度を考慮する．

(8) 水冷式の場合，冷却水槽または冷却塔設置スペースを確保する．

(9) 給油口の設置場所は，タンクローリーの駐車スペースを考慮する．

(10) コージェネレーションシステムとする場合は排熱回収装置および排熱利用設備を計画する．

d. 配線室のスペース計画

(1) 原則として，各階の床面積 800 m² 程度ごとに配線室を設ける．室や部門など用途も考慮したゾーニングが必要である．

(2) 配線室の配置は，各階を縦に通る EPS に接する，廊下などの共用部に面した位置とし，共用部に面する点検扉を設ける．

(3) 通信用交換機および情報用配線機器などの設置が見込まれる場合は，発熱除去のための換気や冷房も別途考慮する．

(4) 操作・保守点検スペースを考慮して，分電盤，端子盤などの機器と幹線ケーブルの配置を決める．

3.2 設備スペース配置計画

表 3.11 設備シャフト計画の好ましい例と好ましくない例

	好ましい例	好ましくない例
断面計画を考慮した縦動線	機械室から断面方向に設備シャフトが通っているためむだなスペースが少ない	設備シャフトがずれている部分で余分な天井裏スペースを必要とする．横引き部分で漏水が起きた場合や，保守を行う場合に天井下のスペースに影響を与える．
関連部位との配置	機械室や便所と近接して配置することでむだな横引きスペースや漏水などの影響を受ける箇所を削減．階段室，エレベータシャフトと併せて設備シャフトを配置することで合理的な平面計画が可能	便所と設備シャフトが離れているため通路部分での漏水の危険性がある．複数箇所に縦動線が配置されているため不合理な平面計画となる．
取出し部の構造	設備シャフト周囲は，構造的に開放されているため，配管やダクトなどの自由な取り出しが可能	設備シャフト周囲が耐震壁やはりなどで囲われているため，配管やダクトなどの取り出しに制約がある．特に，配管取替えなどの改修時に新たなルートを破壊することは困難
メンテナンスを考慮した配置	地下や通路などの共用部からメンテナンスや改修工事を行うことが可能	設備シャフトへのルートが専有部経由となるため，メンテナンスや改修時に専有部に影響を及ぼす．

LAN 接続装置などの増設が見込まれる場合は設置スペースを考慮する．

（5） 電力用幹線と情報用幹線の EPS は，電磁誘導障害防止上および2次側ケーブルの交差防止上，別シャフトが望ましい．

e. 熱源設備のスペース計画[4]

（1） 熱源設備室の面積は，設備方式および主要機器の概算容量から主要機器の占有スペースを適宜加算して求めるが，最終的には建築の基本設計図面に概略の配置を行い，機器の搬出入，保守点検などのスペースを確保して決定する．

（2） 熱源設備室の位置はなるべく負荷に近い場所とし，主要機器の騒音・振動の影響を考慮して決める．また，同じ用途の関連機器を一つの機械室にまとめて設置する．

（3） 冷熱源機器は，原則としてボイラと別室に設置する．なお，同室に設置する場合は，冷凍機と火気の保安距離を確保する．

（4） ボイラ，温水発生機は原則として専用室に設置し，本体とオイルサービスタンクとの離隔距離は，障壁の設置など防火のための措置を講じた場合を除き 2 m 以上とする．伝熱面積が $3 m^2$ を超えるボイラは，ボイラ専用室に設置し，2以上の出入口を設ける．ボイラの最上部から天井または配管などの構造物との離

隔距離は 1.2 m 以上とする．

(5) 冷凍機類，熱交換器の配置計画においては，保守管理スペースおよびチューブ引抜きスペースを合理的（複数台設置のときに共用する，あるいは設備室の内部通路と兼用するなど）に確保し，搬出入ルートを検討する．

(6) 冷却塔を設置する場合，周囲に壁などがある場合には周囲空間および吐出しダクト高さを十分考慮する．吹い込みと排気のショートサーキットに留意する．

(7) 空気熱源パッケージ型空気調和機の室外機や，空気熱源ヒートポンプチリングユニットの設置位置の周囲に壁などがある場合には，外気との熱交換に支障のないよう考慮し，外気取入れ口および煙突との離隔距離が十分確保されていることを確認する．また，複数台を隣接して設置する場合には相互影響が少ないように配慮する．

(8) 蓄熱空調システムの場合の熱源機器の配置は蓄熱槽に近い位置とする．温度成層型蓄熱槽などシステムとして有効なスペースを確保する．蓄熱槽スペースは，ピーク日の日積算負荷から設定した熱量を蓄熱できるスペースを確保する．建物最下部の二重スラブ内を蓄熱槽として利用する場合は，蓄熱槽として利用できる範囲を構造設計者と協議して設定する．また，地中梁で区切られた複数の水槽を利用するときは，各槽の内部点検用の入口マンホールの設置可能位置を水槽直上階の室の用途を考慮して検討する．原則として，電気設備関係の諸室下部の蓄熱槽は避け，貸室の床にはマンホールを設置しない．すなわち，冷温水の温度による上部への影響および，断熱，防水の検討を含めた計画とする．

(9) ポンプの設置スペースを検討する場合，ポンプ吸込み側に点検用通路および制御操作用などのスペースを確保する．

(10) 地下オイルタンクの設置位置は，タンクローリが容易に給油できる位置とする．埋設型オイルタンク上部空間は利用できない．

f. 空調設備のスペース計画[4]

(1) 空調機室の面積は，空調方式および主要機器の概算容量から空調機，全熱交換器，チャンバ，ダクトなどの占有スペースを適宜加算して求めるが，最終的には建築の基本設計図面上に概略の配置を行い，機器の搬出入，ダクト・配管・盤類の保守管理などのスペースを確保して決定する．

(2) 空調機室はなるべく負荷に近く，外気の取入れと余剰空気の排出が容易な位置とし，騒音，振動などに配慮し，十分なメンテナンススペースを確保する．特に，コンパクト型空調機は機器両面のメンテナンススペースを確保する．

(3) 各階設置の空調機室の空調対象スペースに面する側の壁体は，給気ダクト，還気ダクトが集中して貫通するので，構造設計者と協議して耐震壁としないようにし，可能ならば逆梁等によりダクトが通過しやすいように要請する．

(4) 空気熱源パッケージ型空調機の屋外機は，なるべく屋内機に近い位置に設置し，周囲に壁などの空気の流れを阻害する障害物がある場合，周囲空間および高さを検討する．

g. 換気設備・排煙設備のスペース計画

(1) ファンルームとしてスペースを検討する場合は，他の送風機との納まり，制御盤のスペース，ガラリとのつながりなどを考慮して決定する．

(2) 排気用送風機はダクト系の末端側に設け，吐出し側のダクトはなるべく短くなるように計画する．

(3) 給気用送風機はダクト系の起点側に設け，吸込み側のダクトはなるべく短くなるように計画する．

(4) 排煙機およびその電動機は，原則として耐火構造で換気設備を設けた屋上機械室などに設置する．

(5) 排煙機は，その系統内の最も高い位置にある排煙口より高い位置に設ける．

(6) 垂直に各階を貫通する主ダクトは，原則として耐火構造のシャフト内に収める．

(7) 送風機の周囲には 600 mm のメンテスペースを確保して設置スペースを検討する．

h. 給水設備のスペース計画[4]

(1) 概算日積算給水量をもとに，受水槽容量，水槽寸法，ポンプ容量・台数を決める．

(2) 受水槽室内は飲料系統以外の他用途の配管が室内を通過しないことが望ましい．

(3) 受水槽の周囲には 6 面点検スペースの法的要求寸法である 600 mm 以上を確保する．ただし，上面側は点検・槽内清掃を容易とするために，マンホールの上部の寸法を 1000 mm 以上とする行政官庁との協議も必要である．この条件を満たす建築スペースに配置する．

(4) 建築物衛生法の適用を受ける建物ではその規定を満足させる．

(5) 地下ピット内を受水槽室として利用する場合は，延べ床面積の対象外とするためには，室入口と給水ポンプの設置位置に配慮が必要である．しかし，衛生管理上好ましいとはいえない．

(6) 受水槽から水が溢れた場合に備えて他の室や設備に支障が生じないように計画する．

(7) 給水方式により，揚水ポンプと高置水槽，または圧力タンクユニットなどの配置を決める．必要に応じて中間水槽，ブースタポンプなどの配置を決める．屋上の高い位置に設置する高置水槽には，必要により目隠しルーバーの設置を要請する．

(8) 中水や工業用水を利用する場合は上水とは別系統の給水設備を設ける．

i. 給湯設備のスペース計画

(1) 建物用途と規模により給湯方式は異なる．病院やホテルのような給湯需要の多い施設では中央熱源方式とすることが多い．

(2) 中央熱源方式の場合は，空調設備と熱源を共用し貯湯槽から給湯する方式と，給湯専用ボイラによる方式がある．方式に合わせて循環ポンプを含む機器を選定し配置する．

(3) 給湯の利用端で混合水栓を用いる場合は，給水側と給湯側の水圧差が少なくなるように計画する．

j. 排水設備のスペース計画

(1) 排水は重力式を原則とする．1階や地下の排水は必要に応じて，汚水槽，雑排水槽を設置する．湧水槽，雨水貯留槽を設け，それぞれに排水ポンプで排出する．

(2) 直接放流できる公共下水道がない場合は排水処理設備や浄化槽を計画して配置する．屋外に設置する場合は保守管理スペースを含めたスペースを確保し，臭気対策を検討する．また，連続するブロア室の騒音対策を考慮する．

(3) 雨水，雑排水を処理して雑用水（中水）として利用する場合は処理設備を計画して配置する．

(4) 厨房排水のグリーストラップ，駐車場排水のガソリントラップが必要な場合は建築計画・構造計画に反映するように要請する．

k. ガス設備のスペース計画

(1) ガスガバナー室には単独の給排気ルートを確保し，防爆型ファンを使用する．

(2) 都市ガスが供給されない地域の場合は，屋外でLPGボンベの運搬やバルク設備の充てんにトラックが駐車可能な場所の近くにLPGのボンベ置場やバルク置場を確保する．

l. 消火設備のスペース計画

(1) 消防法に適合する消火設備を計画する．なお，建築計画によって緩和される規定がある一方，地方自治体の条例には消防法を上回る規定もあることに留意する．さらに，水系の消火設備が不都合な用途の室に対しては不活性ガス消火設備など代替消火設備を検討し，所長室も登録する．

(2) スペース計画に反映させる必要がある主な消火設備としては，消火水槽，消火ポンプ，泡原液タンク，不活性ガスなどの消火ガスボンベ，自動警報弁，屋内消火栓などのほかに，専ら消防隊が使用する連結送水管や連結散水栓の設備がある．

m. 空調用DS・配管用PSのスペース計画

(1) 空調設備用のDSとPSは各階の機械室内または機械室に隣接させ，各階で同一位置とする．

(2) 衛生用の配管PSは便所・湯沸室などの水廻りに隣接した位置とする．給水管，給湯管については主管のほかに各階取出しの立下り管およびバルブ操作のスペースを確保する．

(3) シャフト内での施工および保守管理ができるようなスペースを確保する．必要に応じて配管更新工事に備えた予備のスペースを確保する．

(4) 主DS・PSから副DS・PSに水平展開するスペースを，点検スペースとともに確保する．

n. 排気用DSのスペース計画

(1) 縦に直通する位置で，できる限り屋上まで立上げ，外気取入れ口とは離して開放する．

(2) 便所・湯沸室の排気DSは便所・湯沸室に隣接して設ける．

(3) 排水処理設備，厨房排水除害設備，ごみ処理設備などの臭気を除去する排気ダクトの経路と，建物内への逆流と近隣への悪影響がない位置に確保する．ダクト内は負圧とするため，排風機は押し出し排気とならないように機械室などを計画する．

o. 排煙用DSのスペース計画

(1) 排煙ダクトと空調ダクトが交差しないように計画し，分岐の多い空調用ダクトには隣接させない．各階横引きダクトの壁（梁）貫通の集中を避ける．

(2) オフィスなどでは天井内の水平ダクトを少なくできる天井チャンバなどの排煙方式を検討する．

(3) 排煙区画に隣接させ，縦に通る位置とする．

(4) 排煙ファンの台数が少なくなるようにダクト展開を検討する．

(5) 非常用エレベータの乗降ロビーおよび特別避難階段付室の排煙給気の外気取入ルートを確保する．

p. 屋上機械室・屋上機器設置のスペース計画

(1) 将来の屋外機，冷却塔などの増設スペースを確保する．このときの搬出入の経路も確保する．

(2) 煙突からの排気ガスにより冷却水質が悪化し，

配管，機器が劣化するため冷却塔と煙突は離隔する．

（3）点検用デッキ，グレーチング等を総合的に検討する．特に日常の点検が円滑に行えるようにする．

（4）建築床面積の1/8以上の機械室があれば階として扱われる．

（5）商業施設等では，建築床面積の1/2以上の屋上広場を確保する必要がある．また，屋上庭園などの利用が多くなっている．設備スペースは制約される．

q. 給排水衛生関係の特殊設備のスペース計画

（1）給排水衛生関係の特殊設備として，厨房設備，洗濯設備，医療および特殊配管設備，水泳プール設備，温泉供給および浴場設備，水景および散水設備，水族館水供給・処理設備，事業系排水処理設備，放射性排水設備，真空掃除設備，ごみ処理設備，物品搬送設備などがある．

（2）給排水衛生設備計画，空調・換気設備計画，電気設備計画に影響する設備容量を概算し，いずれも建築計画に，必要な設備スペースを確保する．よって，設備計画の初期段階からの検討を必要とする．

r. 中央管理室（防災センター）のスペース計画

（1）多くの防災設備を，1箇所で集中的に監視・制御し，避難誘導指令ができる装置を設置する．監視・制御情報は中央監視室や守衛室にも送られる．

（2）避難階またはその直上階もしくは直下階で，消防隊が外部から容易に出入りできる位置とする．

（3）非常用エレベータの乗降ロビーおよび特別避難階段と容易に連絡できる位置とする．

（4）水害のおそれがない場所に設ける．上階の水場は避ける．水場のある隣室とは床レベル差を確保する．

（5）この室の空調設備は単独運転が可能なシステムを採用する．

（6）付属する休憩室・仮眠室のスペースを確保する．

s. 中央監視室のスペース計画

（1）多数の設備機器などを，1箇所で集中的に監視・制御できるような装置を設置する．防災関係の情報は防災センターと共有する．

（2）主機械室や主電気室の近くに配置する．

（3）付属する室，空調方式の要件は防災センターと同じであり，建物によっては守衛室の機能ももたせる．

t. 電話交換機室のスペース計画

（1）交換室・休憩室および機械室・保守員室の2つのグループとして計画する．交換室は施設運営方針として要求され，自然採光や居住性にも配慮する．

（2）交換機室は振動，熱，塵あい，腐食性物質（潮風・ガスなど）の影響を受けないように配慮する．水害のおそれがない位置に設ける．換気・冷房が行えるようにする．

（3）搬入経路，増設スペースを考慮し，電話交換設備に関係のない機器の併設は避ける．

3.2.4 設備スペース応用技術

a. 天井モジュール計画

オフィスビルでは設計段階，施工段階では執務空間内の間仕切り，人員配置，OA機器配置などの詳細な運用方法が明確にならないことが多い．またファシリティーマネジメントに伴うオフィスレイアウト変更も多い．これらに対応させるために天井設備器具をユニット単位で構成する天井モジュール計画が行われる．この考えは霞が関ビルから始まり，その後多くの

表3.12 天井モジュール計画例[4]

		A	B	C	D
AS：空調吹出し口 AR：空調吸込み口 FL：照明 S：スプリンクラ		3 200×3 200	3 600×3 600	3 600×1 800	3 600×3 600 600グリッド天井
1モジュール面積		$3.2 \times 3.2 = 10.24 \, m^2$	$3.6 \times 3.6 = 12.96 \, m^2$	$3.6 \times 3.6 = 12.96 \, m^2$	$3.6 \times 3.6 = 12.96 \, m^2$
内部負荷	照明負荷 人体負荷 その他 合計	20 W/m² (Hf) 18 W/m² (0.2 人/m²) 50 W/m² 84 W/m² 標準オフィスの例	16 W/m² 18 W/m² (0.2 人/m²) 60～100 W/m² 94～134 W/m²	16 W/m² 18 W/m² (0.2 人/m²) 60～100 W/m² 94～134 W/m²	18.5 W/m² (Hf) 18 W/m² (0.2 人/m²) 60～100 W/m² 96.5～136.5 W/m² ハイスペックオフィスの例

オフィスビルで採用されている．天井モジュール計画では執務空間単位を設定し，空調制気口，照明，防災などの器具を配置する．表3.12は代表的な天井モジュール計画の例である．モジュール寸法はスプリンクラヘッドの配置により3.2 m×3.2 mが一般的に用いられている．最近では高感度スプリンクラヘッドの採用により，警戒範囲が通常ヘッドより広い3.6 m×3.6 m（7.2 m×7.2 m）などのモジュール計画もみられ，ワークスペース配置の自由度を向上させた計画が多い．

b．設備ユニット

設備ユニットは従来現場作業で行われていた配管施工を可能な限り工場で行い，現場作業工数を削減し工期短縮と品質向上を図る工法である．種類としては配管ユニット，空調機と配管を組み合わせた空調機ユニット，ポンプと配管を組み合わせたポンプユニットなどがある．施工時にはユニット一体で搬入，揚重されるためその経路の確保が必要となる．

図3.5は制御弁組込みコンパクトエアハン2台と冷水管（往還），温水管（往還），ドレン管，雨水排水管，給水管を2層式で構成した空調機ユニットであり，図3.6はポンプ4台，防振架台，ヘッダー，バルブ類で構成したポンプユニットである．

設備スペースの視点では，ユニットとしての標準化が前提となるので，配管ユニットや空調機ユニットなどは各所一定した設備スペースの確保が必要となり，配管経路も単純化したものとなる． 〔黒田 渉〕

文　献

1) 資源エネルギー庁「長期エネルギー需給見通し2009年8月」より算出．
2) 空気調和・衛生工学会編：空気調和設備計画設計の実務の知識，改訂2版，オーム社，2002．
3) 国土交通省大臣官房官庁営繕部設備・環境課監修：建築設備計画基準平成21年版，2009．
4) 空気調和・衛生工学会編：建築設備集成オフィス，2010．
5) 空気調和・衛生工学，**74**(5)，2000．
6) 空気調和・衛生工学，**77**(5)，2003．

3.3　サステナブルビルの総合評価手法

3.3.1　サステナブルビル

「環境にやさしい建物」，「環境共生建築」，「環境配慮建築」，「グリーンビル」，「サステナブルビル」など，さまざまな呼び方が，さまざまな場面で用いられてい

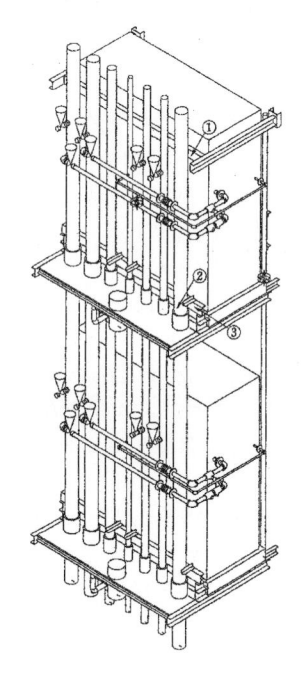

図3.5　空調機ユニット[5]

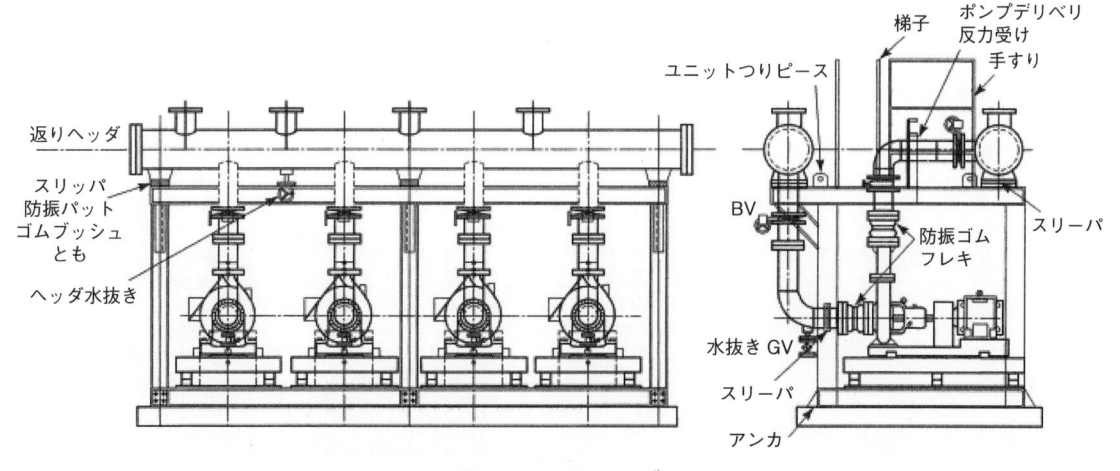

図3.6　ポンプユニット[6]

る．その言葉から想像されるものは，人によって大きな差があるが，学会などでは持続可能な社会に貢献する建物という意味で，「サステナブルビル」という言葉を用いることが多い．

「今の世代が，将来の世代の利益や要求を充足する能力を損なわない範囲内で環境を利用し，要求を満たしていこうとする理念」として，持続可能な開発（サステナブル・ディベロップメント）という理念が，1987年に国連のブルントラント委員会より示され，その後「サステナブル」という言葉が，環境問題を論じる時に汎用的に用いられるようになっている．

本節では，サステナブルビルの評価手法に関する国内外の動向と，日本の評価手法として活用されている「建築環境総合性能評価システム（略称CASBEE）」（英文名称：Comprehensive Assessment System for Built Environment Efficiency）の概要を示す．

3.3.2 国際的なサステナブルビルの評価手法

サステナブルビルを評価し，それに対する取り組みを推進するという仕組み作りは，1990年ころから欧米で始まっており代表的な例を表3.13に示す．これら以外にも，LEED-Canada（カナダ），グリーンスター（オーストラリア），HK-BEAM（香港）グリーンマーク（シンガポール）など，各国で評価システムの開発と運用が行われている．

a. BREEAM

BREEAM (Building Research Establishment Environmental Assessment Method)[1]は英国建築研究所（BRE）により1990年に開発された評価法で，新築オフィスに対するBREEAMの普及状況は約3割[4]となっている．オフィスを評価する「BREEAM 98 for Offices」における評価項目は，表3.13に示す9項目である．「3.エネルギー」の項目ではエネルギー消費に伴うCO_2排出量kg/(m^2・年)を評価するとともに，エネルギー管理の取り組みを評価している．なお，新築オフィスだけでなく，既存オフィスや商業店舗，工場，学校などを対象とした評価方法も開発している．

b. LEED

LEED (Leadership in Energy and Environment Design)[2]は，米国グリーンビルディング評議会（U.S. Green Building Council）により開発されたもので，原則として先進的な建物が自主的に評価を受け，その結果を登録する仕組みとなっている．公的機関の建物で広く採用され千数百件が登録[4]されている．新築建物の評価のほか，既存建物を評価するLEED-EB，テナントなどの評価をするLEED-CI，躯体・外装を評価するLEED-CS，地域を評価するLEED-NDにより評価の対象を広げている．

c. GBTool

GBTool (Green Building Tool) は，1998年にカナダで開催され日本チームも参加した国際会議GBC'98 (Green Building Challenge) において，各国のグリーンビルのケーススタディを共通の評価指標で比較するために開発されたツールである．その後，GBCの取り組みはiisbe[3] (International Initiative for a Sustainable Built Environment) に継承され，サステナブルビルに関する国際会議がGBC2000，SB2002，SB2005，SB2007と継続的に開催されている．

表3.13 代表的な建築物総合環境性能評価手法

名称	BREEAM	LEED	GBTool	GBES	CASBEE
発祥	イギリス	アメリカ	カナダ	日本	日本
経過	1990年初版 2002年最新	1996年草案 2002年最新	1998年初版 2005年最新	1999年初版 2005年最新	2002年初版 2008年最新
普及	旧宗主国にも普及	カナダなどにも普及	研究レベル	官庁施設（グリーン庁舎）	アジア中心国際化指向
評価項目（注）	1. マネジメント 2. 健康と快適性 3. エネルギー 4. 交通 5. 水 6. 材料 7. 土地利用 8. 敷地の生態系 9. 汚染	1. 敷地計画 2. 水消費の効率化 3. エネルギーと大気 4. 材料と資源の保護 5. 室内環境の質 6. 革新性および設計・建設のプロセス	A 敷地選定，プロジェクト計画，開発 B エネルギーと資源の消費 C 環境負荷 D 室内環境の質 E 建物システムの機能性と制御性 F 長期の性能 G 社会的や経済的な側面	1. 長寿命 2. 適正使用・適正処理 3. エコマテリアル 4. 省エネルギー・省資源 　4.1 負荷の低減 　4.2 自然エネルギーの利用 　4.3 エネルギー・資源の有効利用 5. 周辺環境保全 　5.1 地域生態系保全 　5.2 周辺環境配慮	Q：環境性能・品質 　Q1 室内環境 　Q2 サービス性能 　Q3 室外環境（敷地内） L：環境負荷 　L1 エネルギー 　L2 資源・マテリアル 　L3 敷地外環境 BEE：環境性能効率＝Q/L

注) 評価項目の名称と順序は最新版に基づいている

3.3.3 日本におけるサステナブルビルの評価手法
a. グリーン庁舎計画指針

日本におけるサステナブルビルへの先行的な取り組みとして，4.3.4c に後述する，建設大臣官房官庁営繕部（当時）による「環境配慮型官庁施設（グリーン庁舎）計画指針」（1998 年 3 月）がある．その後，改訂が続けられて，2006 年に「グリーン庁舎評価システム」（GBES：Green Government Building Evaluation System）が公表されている．

b. CASBEE の全体像

前述の国際的な動向やグリーン庁舎推進の動きなどを受けて，2001 年より日本におけるデファクトスタンダードとなる建築環境総合性能評価手法の開発が，産官学で構成される組織（日本サステナブル・ビルディング・コンソーシアム）により進められ，その成果として 2002 年に CASBEE の初版が公表された[4]．

CASBEE では図 3.13 に示すような仮想閉空間を想定し，境界内部は建築主や設計者などによる制御可能な部分で，この取り組みを環境品質・性能の向上（Q：Quality）で評価し，境界外である公共空間に対する社会的な責任としての環境負荷（L：Load）を軽減する取り組み（LR：Load Reduction）を評価している．

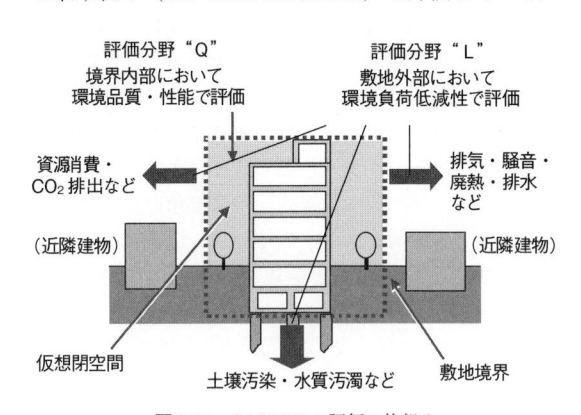

図 3.13 CASBEE の評価の枠組み

図 3.14 の左図は，Q を構成する 3 つの大項目と LR を構成する 3 つの大項目の評価結果（それぞれ 5 段階評価）をレーダーチャートにより表示したものである．この結果を用いて，図 3.14 の中央に示すように，総合的な環境性能 Q（0～100），総合的な環境負荷 L（0～100）に換算し，さらに環境効率（Eco-Efficiency）の概念（2.1.1e 参照）を拡張した，建物の環境性能効率（BEE：Built Environment Efficiency）という概念を導入して，BEE＝Q/L と定義し，それに基づきランキングを導入した点に大きな特徴がある．

これにより，主として建築物にかかわる環境負荷の削減を対象とした従来の評価手法に較べ，建物の環境性能の向上を同時に評価できること，BEE に基づく S，A，B^+，B^-，C のランク分け（図 3.14 の右図）を可能としたことにより，建築主や設計者などが，より受け入れやすいシステムとなっている．

CASBEE による評価方法が普及したのは，2004 年以降，地方自治体における建築物環境配慮制度などの届出書式として採用された（2009 年末で 6 府県，10 政令市）ためである．このとき評価者の作業負担を軽減するために，評価方法を多少簡易化した CASBEE-新築（簡易版）が開発され利用されている．さらに，自治体によっては独自の環境への取り組みを考慮してマイナーチェンジしたバージョン（例：CASBEE-横浜）を利用することとしている．

主として設計段階で活用される CASBEE-新築 以外にも，表 3.14 に示すバリエーションが用意されている．業務ビルについては，新築だけでなく，3.3.5 に後述するように，既存建物や改修を評価するシステムが整備されている．また，業務ビルだけでなく，戸建住宅を対象とした「すまい（戸建）」や，街区やキャンパスなどの建物群で構成される地区を評価する「まちづくり」などの評価ツールも開発されている．

文献 5）には CASBEE の概要と多数の物件の評価

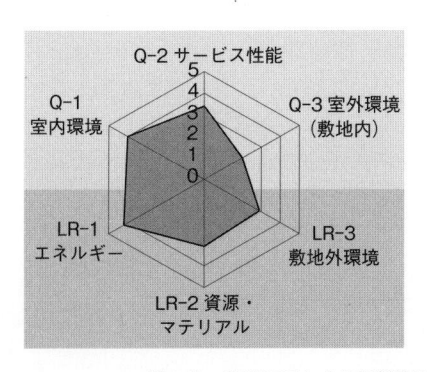

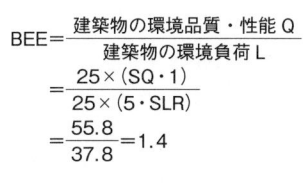

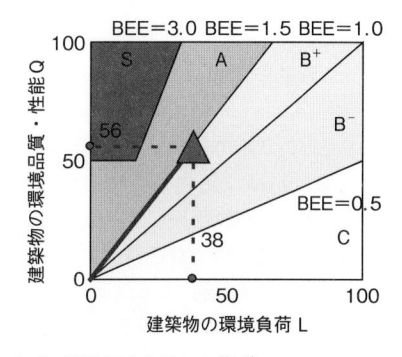

$$BEE = \frac{建築物の環境品質・性能 Q}{建築物の環境負荷 L} = \frac{25 \times (SQ \cdot 1)}{25 \times (5 \cdot SLR)} = \frac{55.8}{37.8} = 1.4$$

図 3.14 CASBEE による評価結果の例（レーダーチャートによる表示と Q・L・BEE によるランク分け）

表 3.14 CASBEE のバリエーション

分類	CASBEE のバリエーション	活用フェーズ 設計段階	活用フェーズ 運用段階	備　考
建築系 ※1	新築	◎	△	主に設計が活用
	新築（簡易版）	◎	△	自治体への届出に活用
	既存		◎	不動産価値評価にも活用されることを想定
	既存（簡易版）		◎	
	改修	○	◎	改修による環境性能向上などを評価
	改修（簡易版）	◎	◎	
	ヒートアイランド	◎		※2
住宅系	住まい（戸建）	◎	○	戸建住宅を評価
	住まい（住戸ユニット）	◎	○	開発中 ※3
まちづくり系	まちづくり	◎	○	※4
	まちづくり（簡易版）	◎	○	

※1 建築系には，集合住宅の評価を含む
※2 建物周辺の自敷地内と周辺地域の温熱環境向上と熱汚染防止を評価
※3 集合住宅の個々の住居を評価することを目的として開発中
※4 住宅団地や街区再開発，キャンパス計画などの建物群で構成される地区を評価，大規模ビル周辺の公開空地などが街として機能する場合も評価

結果が掲載されているので参照されたい．

3.3.4 CASBEE-新築の概要
a. 評価項目，採点方法，建物用途

CASBEE-新築の評価項目（大項目・中項目）を表 3.15 に示す．実際にはさらに小項目，場合によっては細目にわたってブレークダウンして評価する項目が定められている．建物用途により評価項目数が異なるが，CASBEE-新築（簡易版）2008年版[6]で事務所を評価する場合には 88 の項目を評価する必要がある．

評価の採点は，原則としてつぎのような基準により 1～5 の 5 段階評価で行い，総合評価では項目別に AHP 法（第Ⅰ編 4.3 参照）で定められた重み係数を乗ずる．

・建築基準法等，最低限の条件を満たしている場合： 1 点
・一般的な技術・社会水準に相当するレベルの場合： 3 点
・先進的な取り組み，トップランナー　　　　　：5 点

評価対象は戸建住宅以外のすべての建物であり，PAL/CEC の建物用途区分に従った 8 用途と集合住宅に分類した用途別の評価基準に基づき評価を行う．

b. 活用方法の例
1) 環境性能水準の設定　CASBEE の評価結果を，建築主・設計者・施工者などの共通の「ものさし」

表 3.15 CASBEE-新築の評価項目（大・中項目）

Q 建築物の環境品質	LR 建築物の環境負荷低減性
Q1 室内環境	LR1 エネルギー
1 音環境	1 建物の熱負荷抑制
2 温熱環境	2 自然エネルギー利用
3 光・視環境	3 設備システムの高効率化
4 空気質環境	4 効率的運用
Q2 サービス性能	LR2 資源・マテリアル
1 機能性	1 水資源保護
2 耐用性・信頼性	2 非再生性資源の使用量削減
3 対応性・更新性	3 汚染物質含有材料の使用回避
Q3 室外環境（敷地内）	LR3 敷地外環境
1 生物環境の保全と創出	1 地球温暖化への配慮
2 まちなみ・景観への配慮	2 地域環境への配慮
3 地域性・アメニティへの配慮	3 周辺環境への配慮

とすることにより，設計時に環境性能の目標を定め，建築・構造・設備の設計者間の合意形成，建築主に対する設計性能表示などに活用する．

2) 設計コンペ，設計提案における性能表示　建築主の要求水準として CASBEE の目標値が提示される事例がでてきている．また，設計提案で自主的に CASBEE 評価結果を示すこともある．

3) 地方自治体の届出制度に基づく性能の公表　自治体の建築物環境配慮制度などで，環境行政の一環として建築物の環境配慮の取り組みを公表・推進するためのツールとして活用されている．

4) ラベリング　評価結果を基に専門家による第三者認証（ラベリング）を行うことにより，建物の環境性能を広く公表する．今後，資産価値評価などに活用されることも考えられている．

5) 環境目標の設定と達成度の管理　ISO14001 の認証取得企業が設定する「環境目標」として，原則として A ランク以上を目指し，さらに特定の建設計画ではトップランナーである S ランク以上を目指すことを掲げている例もある．

c. LCCO$_2$ の表示（ライフサイクル CO$_2$ 排出量）

近年，地球温暖化防止が重要な課題として認識されており，2008 年版 CASBEE では LCCO$_2$ 評価を取り入れた．このとき LCCO$_2$ の算出作業の負担を軽減するために，標準計算として主として CASBEE ですでに評価している項目を基に LCCO$_2$ を簡易に推定する手法を整備している．ただし，日本建築学会等で公表している LCA 手法を用いて LCCO$_2$ をより正確に計算して表示することも可能としている．

3.3.5 CASBEE-既存および改修の概要
a. 基本的な考え方

CASBEE-新築は設計仕様に基づく評価であるが，建物が運用され始めると，設計で想定していない使われ方をする場合や中期的には改修などにより当初の性能と異なっている場合もある．これらの建物を評価するツールがCASBEE-既存である．また，既存の建物を改修して，省エネ化や室内環境の改善などにより，環境性能の向上を行う場合には，CASBEE-既存で「改修前」を評価し，ほぼCASBEE-新築に沿った方法で「改修後」を評価するCASBEE-改修というツールも整備されている．建物管理をする技術者にとってはCASBEE-既存やCASBEE-改修のほうがむしろ重要とも考えられる．

CASBEE-既存の基本的な評価項目はCASBEE-新築と同様であるが，設計仕様と予測性能を評価しているCASBEE-新築に対して，CASBEE-既存では評価時点において実現されている仕様や性能を評価することを原則としている．したがって，室内環境の性能や省エネルギーの性能を，可能な限り実測値やエネルギー消費量データに基づいて評価することとし，建物管理の取り組み状況の評価項目が加えられている．

b. CASBEE-既存およびCASBEE-改修の簡易化

CASBEE-既存および改修の評価では，詳細な環境測定やエネルギー消費量の分析が必要である．このために評価の時間と費用が負担となり活用が進まなかったという状況があった．この状況を踏まえ，CASBEE-既存（簡易版）と改修（簡易版）は，評価項目の削減，測定内容の簡易化などを図ることで，評価者に負担をかけない評価システムとすることを意図して開発され2009年度に公開された．簡易化には下記の2つの特徴がある．

1）「室内環境」の評価項目を削減　実績評価が必要である「Q1室内環境」の評価項目を35項目から25項目に削減した．また，温熱環境・空気質環境の評価において，建築物衛生法に基づく室内環境の定期的な測定データがあれば，これを用いて評価することを可能とした．

2）「設備システムの高効率化」の評価の簡易化

既存評価では，特に「LR1 3.設備システムの高効率化」の評価において，空調・換気・照明・給湯・昇降機の各設備別のエネルギー消費データが必要である．しかし，BEMSなどが完備している建物以外では，これらの実測値を入手することは非常に困難であることから，この部分の簡易化を図った．具体的には，新築と同様に設計仕様に基づき設備システムの省エネ性能をCECで一次評価し，エネルギー消費実績値を統計値と比較して，その評価を補正するという2段階の評価方法を採用している．

〔佐藤正章〕

文　　献

1) BREEAMのホームページ：http://www.breeam.org.
2) USGBCのホームページ：http://www.usgbc.org/.
3) iisbeのホームページ：http://www.iisbe.org.
4) 村上周三：CASBEE入門，日経BP社，2004.
5) 村上周三ほか：実例に学ぶCASBEE，日経BP社，2005.
6) 日本サステナブル・ビルディング・コンソーシアム：建築物総合環境性能評価システムCASBEE-新築評価マニュアル，(財)建築環境・省エネルギー機構，2008改訂．

4 設備計画

4.1 地球環境

4.1.1 地球環境負荷の低減
a. 過去100年間の地球温暖化

過去100年間で地球の平均気温は世界平均で約0.8℃, 日本平均で約1.5℃の温度上昇が見られた. IPCC (気候変動に関する政府間パネル) の予測によると2100年までに, 気温は1.4～5.8℃上昇し, 海面は9～88cm上昇する (図4.1).

地球温暖化に寄与する「温暖化ガス」は大きくは二酸化炭素であり, それ以外にメタン, フロンなどが考えられる. 温暖化ガスは太陽からくる主な波長 (可視光～紫外域) の光は通すが, 地球から放出される赤外域の波長を吸収する性質がある. 大気中の温暖化ガスが吸収した赤外線を再度大気中に放出することで地球の温暖化が進行する.

大気中の二酸化炭素濃度の推移と化石燃料消費量の推移がよく一致することから, 大気中の二酸化炭素増大の原因は化石燃料の消費によるものと位置づけることができる. 化石燃料の消費を削減し, 大気中への二酸化炭素の放出を削減することが, 地球温暖化防止につながる.

b. 世界のなかでの日本の二酸化炭素排出量

世界全体の二酸化炭素排出量は過去50年で約3.5倍増大している. 国別に見ると米国が約1/4を占め, また先進国だけで約60%を占めている. 日本は世界で4番目であり, 割合的には約5%を占めている (図

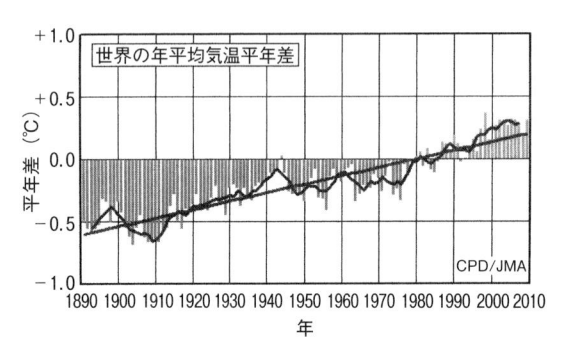

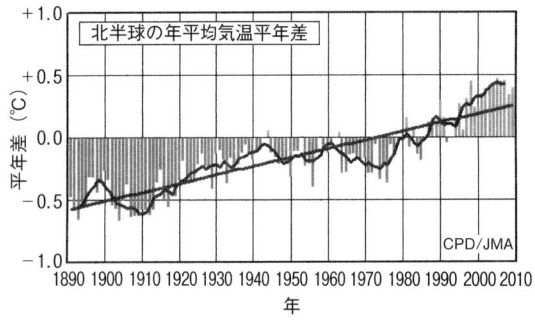

図4.1 過去100年間の平均気温の推移
(気象庁気象統計情報より)

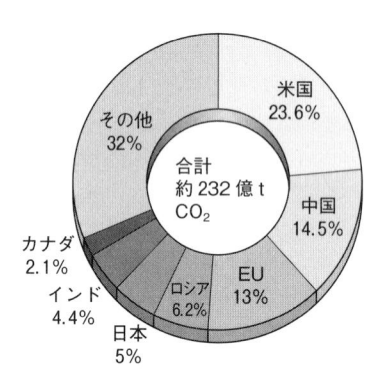

図4.2 世界各国の二酸化炭素排出量
(オークリッジ国立研究所 (米)
統計結果より)

表4.1 京都議定書の各国の内訳

EU (ヨーロッパ連合) 各国, ブルガリア, チェコ, エストニア, ラトビア, リヒテンシュタイン, リトアニア, モナコ, ルーマニア, スロバキア, スロベニア, スイス	8%削減
米国	7%削減
カナダ, ハンガリー, 日本, ポーランド	6%削減
クロアチア	5%削減
ニュージーランド, ロシア, ウクライナ	0%
ノルウェー	1%増加
オーストラリア	8%増加
アイスランド	10%増加

4.1 地球環境

c. 地球温暖化防止に向けた国際的な動き

1997年に開催された気候変動枠組条約京都会議（COP3）にて2008年から2012年の間に二酸化炭素，メタン，亜酸化窒素は1990年に比べて，代替フロン（HFC，PFC），六ふっ化硫黄（SF_6）は1995年に比べて先進国全体で5.2％削減することが採択された．日本は6％の削減（表4.1）．

2001年7月米国が京都議定書の批准を拒否．

2001年11月モロッコのマラケシュで開催されたCOP7（マラケシュ合意）の内容

(1) CO_2吸収源の認定と上限の設定（日本は1300万炭素トン）

(2) 排出権取引の認定と，排出取引量の上限設定

(3) 数値目標が達成できなかった場合には，超過分の1.3倍を次期約束期間の割当量から差し引く

(4) 途上国の技術移転，適応措置などを支援するための基金を設置

2009年12月デンマークのコペンハーゲンで開催されたCOP15においては，気温上昇2度以内の目標，2050年までに温室効果ガスの排出量を世界全体で50％削減，先進国全体で80％削減することの採択を目指したが合意に至らなかった．わが国は，「すべての主要国による公平かつ実効性のある国際枠組みの構築及び意欲的な目標の合意を前提として，2020年の排出削減目標を1990年比で25％とする」と表明した．

d. 日本における建築関連が占める二酸化炭素排出量

図4.3に示すように，1990年にわが国の全産業から排出されたCO_2総量の36％は，建築関連であったが，第I編図2.1に示すように，1995年には，40％を超えたと推定されている．

e. 建築物のライフサイクルでの二酸化炭素排出量

建築物を計画設計から施工竣工を経て運用，更新を繰り返し廃棄に至るライフサイクルでの二酸化炭素排出量を見ると約60％が運用時のエネルギーである．運用時のエネルギー削減すなわち省エネルギーがたいせつである（図4.4）．

4.1.2 地域環境負荷の低減

第3章第3節で述べたCASBEEにおいて「敷地外環境」の評価項目で「建築物および敷地内から発生する環境負荷が敷地を越えて周辺地域に及ぼす影響」について触れている．その中から地域環境負荷低減につながる項目と負荷低減の方法を列挙する．

a. 大気汚染防止

NO_x，SO_x，ばい塵の発生抑制

(1) 低NO_x，SO_x型の冷房，給湯設備機器の採用

(2) 低硫黄燃料や天然ガスなどのクリーン燃料の使用

(3) 排煙脱硝装置や集じん装置の採用

(4) 植物利用によるNO_x，SO_x，ばい塵の吸着除去

(5) 光触媒，土壌浄化などの大気浄化装置の使用

b. 温熱環境悪化の改善（ヒートアイランド化抑制）

1) 建物の工夫

(1) 排熱の低減に寄与する河川水，海水，地熱などの未利用エネルギー利用

(2) 冷却塔，室外機，煙突などの人工排熱の高位置設置による生活環境への影響減少

(3) 日射反射率の高い屋上，屋根，外壁材料の選定

(4) 屋上緑化，壁面緑化の推進

(5) 風通しに配慮した適切な空地，緑地計画

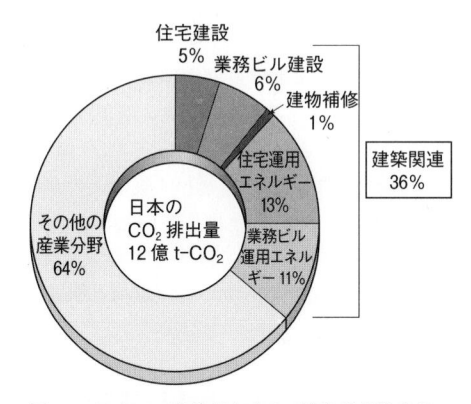

図4.3 日本での建築が占める二酸化炭素排出量の割合（1990年産業連関表より推計）
（日本建築学会地球環境ライフサイクル評価小委員会）

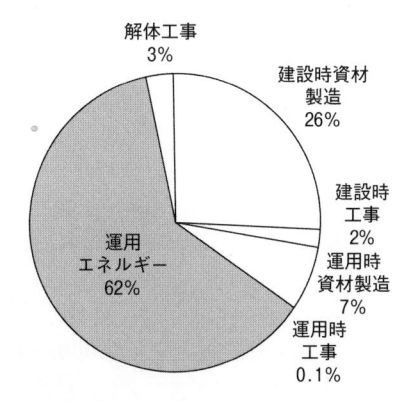

図4.4 建築物のライフサイクルでの二酸化炭素排出量
（大成建設パンフレットより）

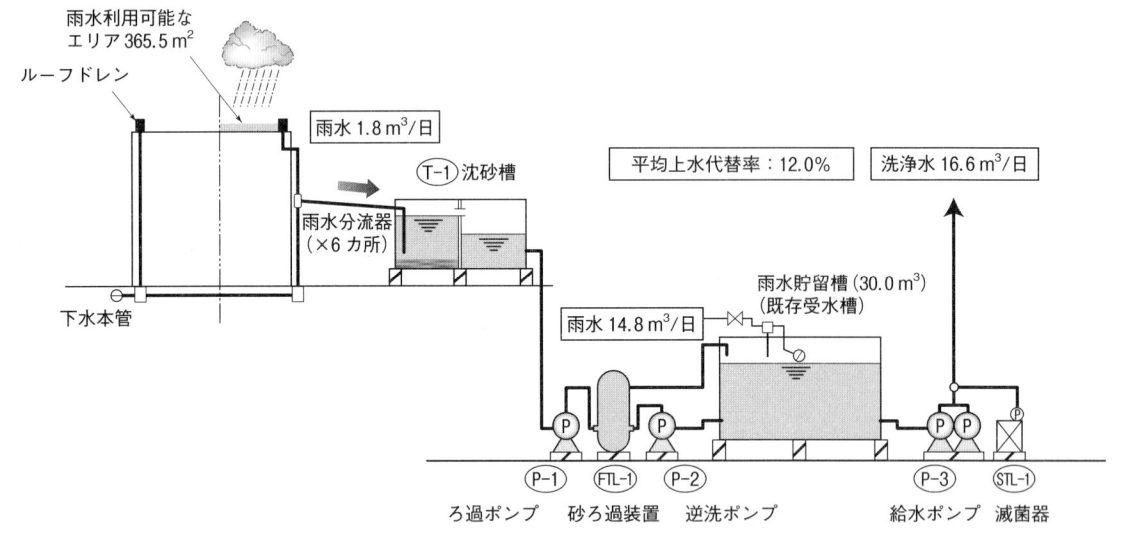

図 4.5 雨水システム利用事例

(6) 敷地外の風通しに配慮した建物の配置，高さ，形状計画
(7) 雨水や中水を利用した散水計画（図4.5）
2) 外構の工夫
(1) 保水性・透水性の高い舗装材料，日射反射率の高い舗装材料の選定
(2) 植栽面や土面の保全・確保
(3) 中木・高木など日射遮蔽効果が高い樹木・植栽の採用
(4) せせらぎ，池など親水空間，クールスポットの創出

c. 地域インフラへの負荷抑制
1) 雨水流出の抑制
(1) 表土の保全，透水性舗装，浸透ます，浸透管の採用
(2) 雨水貯留槽，遊水池，遊水施設などの設置
2) 汚水処理負荷の低減
(1) 公共域への排水基準の法令，条例の遵守
(2) 地域水質基準以上の性能を有する浄化槽の設置
(3) 汚水再利用システム導入による汚水量と汚水処理負荷の軽減
3) ごみ処理負荷の低減
(1) 分別ごみ箱，分別ごみストックヤードなど分別回収施設・設備の整備
(2) ディスポーザ，コンポスタなど生ごみ減容化，堆肥化装置の導入

〔立原　敦・村上正吾〕

4.2 居住環境と快適性

4.2.1 CASBEEにおける室内環境評価項目

居住環境と快適性を維持するための室内環境性能に関し，第3章第3節で述べたCASBEEでは「室内環境」の項目にて評価している．主として竣工後の運用段階での性能評価は従来から行われていたが，CASBEEでは設計・施工段階から室内環境の性能目標値を設定評価しようとするものである．居住環境と快適性に関する項目を列挙する．

a. 温熱環境
(1) 室温設定，外部からの熱侵入の抑制，ゾーン別制御などの室温制御の性能
(2) 夏期の快適性を保つ除湿や冬期の健康面を考慮した加湿など湿度制御の性能
(3) 室内の上下温度差や気流速度を軽減する空調方式の評価

b. 空気質環境
(1) 化学汚染物質による空気質汚染を回避する対策の有無など，発生源対策を評価
(2) 換気量が十分とられているかを評価
(3) CO_2の制御や喫煙の制御など運用管理対策を評価

c. 光・視環境
(1) 昼光率，昼光利用設備など昼光利用の評価
(2) 照明器具，昼間の直射光のグレア対策評価
(3) 室中央，机上面の昼間の明るさを照度（ルクス）

表4.2 建築物環境衛生管理基準

項　目	基　準　値
浮遊粉塵量	空気1 m³につき0.15 mg以下
CO含有率	10 ppm以下
CO_2含有率	1000 ppm以下
温度	17℃以上，28℃以下 居室における温度を外気の温度より低くする場合は，その差を著しくしないこと
相対湿度	40％以上，70％以下
気流	0.5 m/s以下
ホルムアルデヒドの量	空気1 m³につき0.1 mg以下

(建築物衛生法施行令第2条)

表4.3 照度基準
(JIS Z 9110：2010の事務所をもとに作成)

領域，作業または活動の種類		維持照度(1x)
作業	設計，製図	750
	キーボード操作，計算	500
執務空間	設計室，製図室，事務室，役員室	750
	診察室，印刷室，電子計算機室，調理室，集中監視室，制御室，守衛室	500
	受付	300
共用空間	玄関ホール（昼間）	750
	会議室，集会室，応接室	500
	宿直室，食堂，化粧室，エレベータホール	300
	喫茶室，オフィスラウンジ，湯沸室，書庫，更衣室，便所，洗面所，電気室，機械室，電気・機械室などの配電盤及び計器盤	200
	階段	150
	休憩室，倉庫，廊下，エレベータ，玄関ホール（夜間），玄関（車寄せ）	100
	屋内非常階段	50

空調の室内条件の標準としての新有効温度（ET*）は人体に感ずる温度，湿度，気流を一つにまとめた快感の指標である（図4.6）.

(3) JISの照度基準

室内の照度基準は作業効率，疲労度および照明コストなどを考慮しJISにて定められている．事務所の例を表4.3に示す．　　　　　〔立原　敦・村上正吾〕

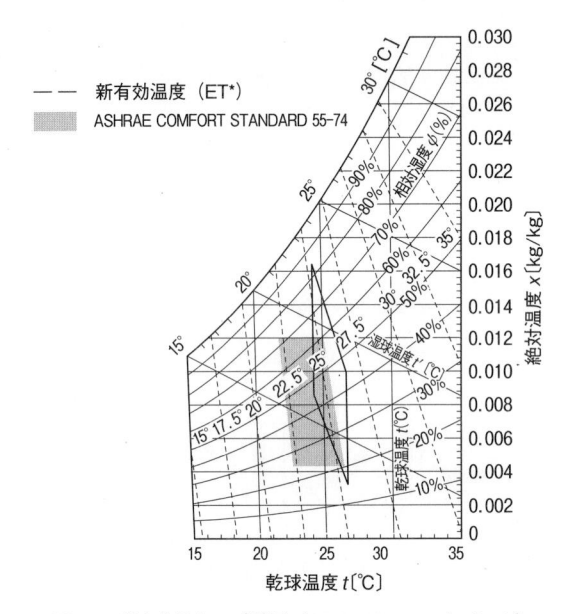

図4.6 新有効温度ET*線図（ASHRAE，ハンドブック）

にて評価
(4) 対象空間の照明制御の可能な最小範囲の評価
d. 音環境
(1) 空調騒音や外部からの交通騒音による室内の暗騒音による評価
(2) 窓，サッシなどの開口部や部屋間の界壁，上下階の床の遮音性能評価
(3) 内装材による吸音のしやすさを評価

4.2.2 法令などによる室内環境基準

(1) 温熱・空気質環境

建築物における衛生的環境の確保に関する法律（略称：建築物衛生法．1970年厚生省）施行令．および建築基準法施行令における基準は，3000 m²以上の事務所，百貨店，興行場などに適用されている（表4.2）.

(2) 保健のための室内条件，新有効温度

4.3　省エネルギー・省資源

4.3.1　省エネルギー・省資源計画

1997年のCOP3（地球温暖化防止京都会議）で採択された「京都議定書」の内容では，日本は，温室効果ガスの排出量を2008〜2012年の目標期間に1990年比で6％削減することで合意した．このような世界的動向を背景に，1999年，省エネ法（エネルギー使用の合理化に関する法律）が改正，施行された．同法は昭和54年の制定以来，今日世界最高水準といわれるわが国のエネルギー使用効率の実現に寄与してきたが，この改正により，建築の省エネルギー基準，努力目標がさらに強化された．また，指導の対象となる建物用途の拡大や省エネルギー措置の届出義務化など，環境負荷のさらなる削減を目指した改正が2008年に行われた．

東京都では，建築物に対して，2002年度から新し

い環境配慮制度が取り入れられるなど，既存を含む建築計画における環境配慮が早急な対策を要する課題として注視されるようになった．

地球温暖化が進行するなかで，温室効果ガスである二酸化炭素の発生量は，建設関連だけでも3割を占める．建築物のライフサイクルは長く，建設時から解体・廃棄時までの数十年間にわたって二酸化炭素を排出し続ける．建物運用時のエネルギー消費による二酸化炭素発生量は，生涯二酸化炭素発生量（ライフサイクルCO_2：$LCCO_2$）の6割以上を占める．これらのことから，建築物の環境配慮は基本計画段階からしっかりと行うことが重要であり，また運用段階においても，建物の利用方法，省エネ対策が不可欠であることがわかる．

"ダブルスキン"，"屋上緑化"，"タスクアンビエント照明"，……．環境配慮のなかでも，省エネルギーに関する手法は，さまざまなものが紹介され，また実際に採用されている．

近年では，「温湿度設定の適正化」，「窓換気」，「分煙」など，運用による手法のなかでもライフスタイルに関連する事例が増えており，居住者の省エネルギー，環境配慮への意識が高まっていると考えられる．

建築，設備に関する省エネルギー手法は，次のように考えることができる．

(1) 建築計画の省エネルギー手法：建築計画に関する省エネルギー手法は，日射を有効に遮蔽できるコア配置，適正な断熱，採光など，基本計画段階で検討すべき内容が多く．冷暖房負荷，照明電力の削減に寄与する．また，年間エネルギー消費量だけでなく，ピーク時の負荷を削減する効果がある．

また，自然エネルギーの有効利用として，パッシブソーラー，クールチューブなどがあり，年間に消費される設備動力の低減に効果がある．

(2) 設備計画の省エネルギー手法：設備計画に関する省エネルギー手法は，負荷削減，高効率化，自然・未利用エネルギー利用，そして運用方法など多岐の分類に関連する．また，エネルギー消費量の削減とは異なるが，エネルギー使用の「平準化」も環境負荷削減に寄与する手法の一つである．

省エネルギー計画とともに，環境負荷削減の手法として省資源計画への取り組みも行われている．

4.3.2 建築計画と省エネルギー

建築計画における省エネルギー計画は，計画初期段階での検討が望ましい．建築計画では，コア配置計画，日射遮蔽，自然通風計画など，負荷削減，自然エネルギーの利用による省エネルギー手法が主な検討項目となる．計画初期段階の省エネルギー検討は，設備の装置容量やエネルギー消費量の削減に大きな効果がある．以下に建築計画における省エネルギー手法の例を示す．

a. 負荷削減

(1) 建物方位，平面形状，コア配置計画：建築計画を進めるうえで基本計画段階で検討することが必要である．建物方位の影響がない場合では，建物の平面形状は，正方形に近いほど負荷は小さくなる．建物方位とコア配置を変化させた場合の，年間冷房負荷の違いを表4.4に示す．センターコアよりもサイドコア，さらにダブルコアが年間熱負荷を抑えるうえで有効であると考えられる．延べ床面積数千m^2の中小規模ビルでは，基準階面積とレンタブル比の制約などによりサイドコアの配置が採用されることが多いが，コアを西

表4.4 コア配置と年間冷暖房負荷

	方位別年間負荷〔$MJ/m^2 \cdot$年〕				平均熱負荷
	N(S)	NE(SW)	E(W)	SE(NW)	
センターコア	352.1	355.9	351.7	355.0	109% / 353.7
ダブルコア	322.8	326.2	321.5	324.1	100% / 323.6
サイドコア	325.7	329.5	328.2	334.5	102%
サイドコア	332.9	335.4	330.3	330.3	330.9

条件			
地域	東京	温湿度 冷房	26℃ 50%
延べ床面積	19200 m^2	暖房	22℃ 50%
基準階面積	2400 m^2	空調面積比	65%
階高	3.7 m	取入れ外気	4.5 $m^3/m^2 \cdot h$
窓面積比	60%	辺長比	1：1.5
照明	30 W/m^2	断熱	フォームポリスチレン 25 mm
すきま風	1回/h		
人員	7 m^2/人		

（モデルによる年間熱負荷計算による）

側に配置する計画は負荷削減効果が大きい．

(2) 外壁の断熱，屋根の断熱：断熱により，冷暖房のピーク負荷を削減することができる．暖房負荷においては期間負荷を全般的に低減できる．中間期，冬期に人体や機器など建物内部の発熱により発生する冷房負荷に対してはマイナス要因であることにも留意したい．冷房負荷については，春秋は自然換気により外気を十分取り入れ，涼しい期間の冷房運転を最小限にとどめることを考慮すべきである．

(3) ガラスの種類，窓面積率：窓ガラスの冷暖房負荷にかかわる性能としては，熱貫流率のほかに日射遮蔽係数がある．

$$\text{窓ガラスからの日射熱による負荷} = A \times S_n \times SC \text{〔W〕}$$

ここで，A は窓ガラス面積〔m²〕，S_n は窓ガラスからの標準日射熱取得〔W/m²〕，SC は日射遮蔽係数．

遮蔽係数が小さな窓ガラスほど冷房負荷削減効果は大きい．遮蔽係数は，熱線吸収ガラスで普通ガラスの70〜80％，熱線反射ガラスでは約50％の値となる．

また，Low-E（low-emissivity）ガラスも採用が目立ってきた．Low-E ガラスは"放射"による透過熱を遮る効果がある．普通板ガラスに比べて30％前後の断熱性能の向上が期待できる．

(4) ダブルスキン，エアフローウィンド：窓の二重化による暖房負荷削減効果の向上と，換気システムによる冷房負荷削減効果をもつ高性能窓システムである（表4.5）．

(5) 日射遮蔽の利用：窓面に庇を有効に取り付けることで冷房負荷を削減することができる（水平庇 $D=1$ m の場合で30〜40％の冷房負荷を削減）．また，西面では太陽高度の低い西日の遮蔽のために縦型ルーバが有効である．また，日射は冬期の暖房負荷の軽減，照明エネルギーの節減などに寄与するため，ガラスのファサードを計画に取り入れた建築では，可動式ルーバを取り入れることがある．

(6) 反射塗料：屋根面が大きな建物では，冷房負荷の削減に大きな効果がある．また，屋上表面の温度を下げる効果があるので，防水，断熱，躯体を高温による劣化から保護する役割もある（表4.6）．

(7) 外壁・窓の気密化：寒冷地の場合，気密サッシの採用は，暖房負荷の軽減と建物のペリメータ部の温熱環境の向上に大きな効果がある．先にあげた Low-E ガラスは，ペアガラスとすることにより（金

表4.5 高性能窓システムの例

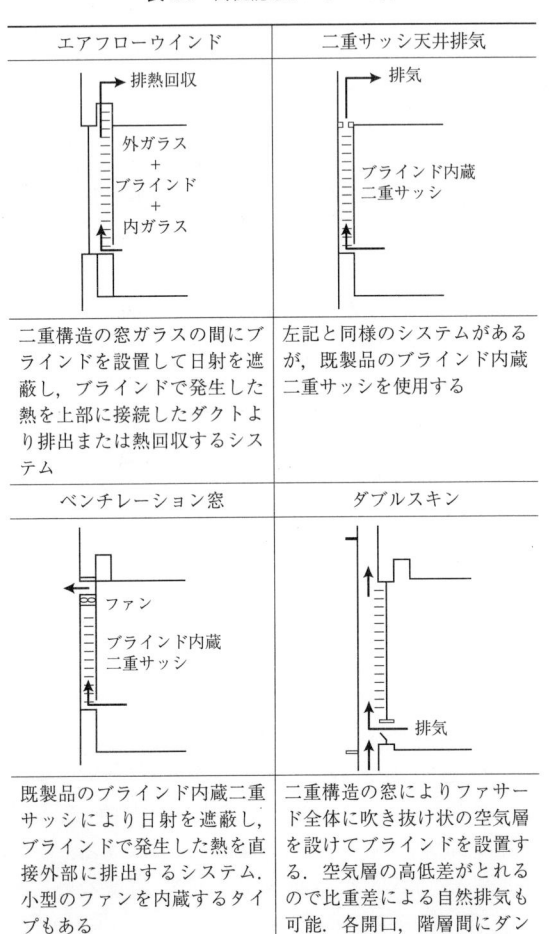

エアフローウインド	二重サッシ天井排気
外ガラス＋ブラインド＋内ガラス（排熱回収）	ブラインド内蔵二重サッシ（排気）
二重構造の窓ガラスの間にブラインドを設置して日射を遮蔽し，ブラインドで発生した熱を上部に接続したダクトより排出または熱回収するシステム	左記と同様のシステムがあるが，既製品のブラインド内蔵二重サッシを使用する
ベンチレーション窓	ダブルスキン
ファン，ブラインド内蔵二重サッシ	排気
既製品のブラインド内蔵二重サッシにより日射を遮蔽し，ブラインドで発生した熱を直接外部に排出するシステム．小型のファンを内蔵するタイプもある	二重構造の窓によりファサード全体に吹き抜け状の空気層を設けてブラインドを設置する．空気層の高低差がとれるので比重差による自然排気も可能．各開口，階層間にダンパを設け外気冷房が可能

表4.6 材料および色による日射吸収率

等級	材料・色	日射吸収率
0	完全黒体	1.00
1	大きな空洞に開けられた小孔	0.97〜0.99
2	黒色非金属面（アスファルト，スレート・ペイント・紙）	0.85〜0.98
3	赤れんが・タイル・コンクリート・石・さびた鉄板・暗色ペイント（赤・褐・緑など）	0.65〜0.80
4	黄および鈍黄色れんが・石・耐火れんが・耐火粘土	0.50〜0.70
5	白または淡クリームれんが・タイル・ペイント・紙・プラスタ・塗料	0.30〜0.50
6	窓ガラス	大部分透過
7	光沢アルミニウムペイント・金色またはブロンズペイント	0.30〜0.50
8	鈍色黄銅・銅・アルミニウム・トタン板・磨き鉄板	0.40〜0.65
9	磨き黄銅・銅・モネルメタル	0.30〜0.50
10	よく磨いたアルミニウム・ブリキ板・ニッケル・クロム	0.10〜0.40

（建築計画原論II，渡辺要編（丸善）1965）

属皮膜を内側として保護），断熱，結露防止効果が高まることから，寒冷地でのLow-Eペアガラス＋気密サッシの採用が増えている．

(8) 屋根散水・ルーフポンド，建物緑化：屋上屋根の表面温度は，真夏の炎天下では50〜60℃にまで上昇する．しかし，屋上緑化により屋上の表面温度は10℃程度低下できることがわかっている．

ルーフポンドなども，都市に自然の生態系を取り戻すビオトープとして重要性が再認識されている．

都市のヒートアイランドを緩和し，省エネルギーにも効果がある建物緑化は，地方自治体の環境条例にも積極的に盛り込まれている．

b. 自然エネルギー利用

(1) 自然換気・通風：建物の高気密・高断熱化を図る一方で，自然通風を取り入れていくことは中間期の冷房負荷を低減するうえで有効である．設備的には外気冷房の手法も同じ効果を目的としているが，外気冷房が冷房エネルギー低減の反面，送風機の搬送エネルギー増大を伴うことからも，基本計画段階での自然通風計画は非常に有効と考えられる．建物の外壁に開口を2カ所設けた場合の自然通風量は，開口部の圧力差（圧力差は風速の2乗に比例），高低差および温度差のそれぞれ平方根に比例する性質があることがわかっている．

(2) パッシブソーラー：冬期の日射熱を蓄熱性のある床や壁に蓄えて，暖房エネルギーとして利用するものである．蓄熱を目的として特に設けた壁はトロンブ・ウォールと呼ばれる．

(3) クールチューブ：外気を取り入れる経路を地中にクールチューブとして設置し，地中の年間安定した温度を利用して，外気の冷却，加熱エネルギーの低減を図る．先にあげた自然通風計画と併用する場合と，機械換気の外気取入れ口をクールチューブに接続して利用する場合がある．

4.3.3 設備計画と省エネルギー

設備計画における省エネルギーは，建物の使用用途や建築計画により左右される条件が多い．

図4.7に建物用途ごとのエネルギー消費量の内訳を示す．これを見ると，エネルギー消費量の内訳は，事務所や百貨店では照明・コンセントの占める割合が大きく，病院，ホテルでは給湯が大きいことなどがわかる．省エネルギー化を有効に進めるうえでは，最も大きな割合を占めるエネルギー使用用途から優先して検討していくことが望ましい．例えば，既存建物のリ

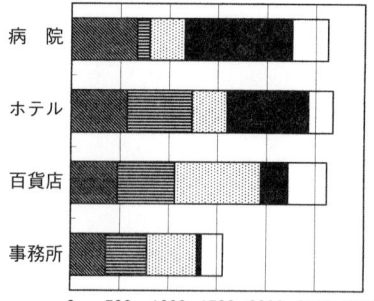

■ 冷暖房用　□ 空調動力用
□ 照明・コンセント用
□ 給湯用　□ その他用

〔注〕1. 比率：「各種建物のエネルギー消費量などの調査結果」空気調和・衛生工学会，第58巻第11号より
2. 消費量：「平成8年度建築物エネルギー報告書（調査A第XIX報）」日本ビルエネルギー総合管理技術協会（一次エネルギー換算 kW＝2250 kcal）

図4.7 各種建物の用途別エネルギー消費量および比率[1]

ニューアルなどで行われる省エネルギー診断では，大きな省エネルギー効果を得るために，エネルギー消費量の内訳の実態把握は特に重要である．

a. 空調・換気設備の省エネルギー

1) 負荷削減　空調設備における負荷削減は建築計画と密接に関連しており，基本計画段階からのデザイナーとの連携作業が重要である．

(1) エアバリア，エアカーテン：エアバリアは，ペリメータにライン型吹出し口をもつファンを設け，ガラス面とブラインドの間に空気の流れを起こし，ペリメータの熱負荷を天井に吸い込むシステムである．夏期，冬期とも，室内負荷のうち，日射・貫流負荷の約40％の処理が可能で，これにより，空調機ファン動力を削減することができる．

エアバリア方式に加え，窓台前面に放射暖房パネルを設置し，冬期でも快適な環境を維持できるようにしたシステムは，放射エアバリアと呼ばれる（図4.8）．放射エアバリアは，冷暖房混合によるエネルギーロスが少ないので，冷暖房熱量を軽減することができる．

(2) 居住域空調：この方式の一つである，タスク-アンビエント空調は，室内全体（アンビエント）を一様に空調するのではなく，居住空間（タスク）を重点的に空調することで，個別の快適性を主目的とし，同時に空調の省エネルギーを図るシステムである．省エネルギー効果を十分に得るには，在席していないときは，こまめにタスク空調を停止することが重要である．また，空間の温度成層を利用した，床（座席）吹出し

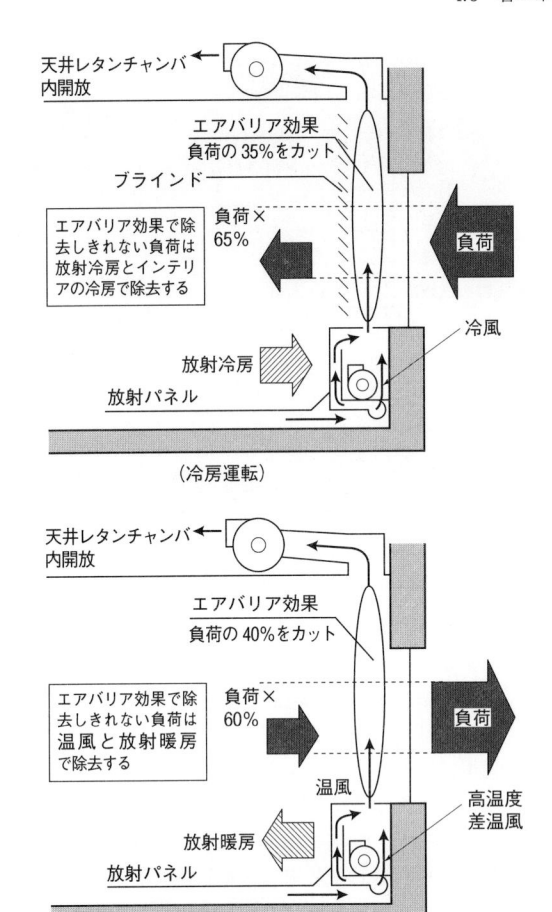

図4.8 エアバリアのシステム例

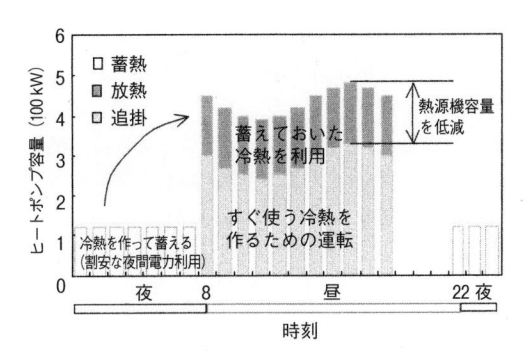

図4.9 蓄熱式空調システムによるピークシフト

空調は，天井高の高いアトリウム，コンサートホールなどで用いられ，冷房負荷を低減するとともに効率のよい暖房に寄与している．

(3) 予冷予熱時外気遮断，最小外気量制御，局所換気：空調機は，建物使用開始の1時間ぐらい前から予熱運転を行うことが多いが，予熱時は外気の取り入れは不要であり，遮断することで外気負荷を削減することができる．冬期の暖房装置容量は予熱時の立上り負荷で決まるが，外気遮断により装置容量を大幅に低減でき，負荷平準化にも寄与することになる．

最小外気量制御は，CO_2濃度により外気導入量を加減するシステムで，VAVと併用することで外気負荷と搬送動力の両方を低減することができる．

最近は建物内の分煙化が進み，新築では，喫煙コーナーの換気設備を単独系とする例が多くなっている．局所換気システムは，送風機のファン動力の低減と外気負荷の低減上非常に有効なシステムである．

2) 負荷平準化 エネルギー使用の平準化により，都市供給処理施設であるエネルギーインフラまで含めたエネルギーの高効率利用を目指す．

(1) 蓄熱システム：蓄熱式空調システムは，需要の低い夜間電力を有効利用して熱源機を運転し，冷熱・温熱を蓄熱媒体に蓄熱し，昼間の空調に利用するシステムである．メリットとしては，電力使用の平準化のほかに，冷暖房負荷，電力負荷のピークシフトによる熱源，受変電容量の低減があげられる（図4.9）．

(2) ガス冷房システム　ガスにより冷熱を製造し，昼間の空調用電力を低減することが可能になる．機器としては，ガスエンジンヒートポンプ，吸収冷凍機などがあげられる．吸収式冷凍機の冷媒は水であり，温室効果，オゾン層破壊の要因であるフロン冷媒を使用していないという環境負荷削減メリットもある．

3) エネルギーの高効率利用

(1) コージェネレーションシステム：コージェネレーションシステムとは，ガスエンジンやガスタービン，ディーゼルエンジンなどの動力によって発電機を回転させ，電気を起こすとともに，その際に発生する排ガスや冷却水の熱を回収して，給湯や冷暖房に有効利用するシステムである．従来のエネルギーシステムと比較して，排熱を有効に利用するため，トータルでのエネルギー効率向上が図れる．

(2) 全熱交換器の採用：建物より排気される空気と取入れ外気を熱交換し，排出する熱を回収する装置．温度交換のみのタイプは特に顕熱交換器と呼ばれる．中間期には給排気がバイパスするようにして外気冷房効果が得られるよう，エンタルピー制御機能をもった機器の採用が多くなった．東京では年間外気負荷の30〜50％の削減である．札幌では冬期外気負荷の削減効果が特に大きく，80％前後の削減が可能である．

(3) VAVシステム，VWVシステム，大温度差利用：これらのシステムは空調設備の搬送動力低減に効

果がある．事務所ビルや商業施設の年間空調搬送エネルギーは建物全体の約3割を占めており，この部分の対策は重要である．

VAV（Variable Air Volume）システムは，熱負荷に応じて送風量を低減し，ファン動力を削減するシステムである．方式がいくつかあるが，ダンパ制御→サクションベーン→可変ピッチ→回転数制御の順に省エネ効果が大きい．

VWV（Variable Water Volume）システムは，同様に空調ポンプ動力を低減するシステムであるが，制御方式としては，台数制御，可変回転数制御（インバータ制御），またはその組み合わせがある．

冷房時の大温度差利用は，空調吹出し温度や，送水温度を下げ，単位風量，水量当たりの搬送熱量を多くとり，搬送動力を低減する手法である．

4) 自然・未利用エネルギー利用　設備計画においても，自然エネルギー利用による省エネルギー効果を把握，評価することは難しいが，省エネルギーや環境共生に対する意識向上に伴い，また地球温暖化抑止の早急な必要性から急速に導入が進んでいる．また，自然に賦存する温度差エネルギー，都市供給処理施設の排熱などは，未利用エネルギーと呼ばれている．未利用エネルギーの賦存量は膨大であり，地域冷暖房などの高いエネルギー需要密度での採用検討が有効である．

(1) 外気冷房，ナイトパージ，フリークーリング：特にインテリジェント建物をはじめとして，室内発熱密度が大きくなった事務室などの室内環境維持のために，中間期～冬期において，外気導入による冷却効果を利用するシステムを外気冷房システムという．これまでの外気冷房は，人為的に外気/冷暖房運転の切り替え方式が多かったが，近年，室内と屋外のエンタルピー差から外気冷房の効果を演算し，取入れ外気量をVAVにより制御するシステムがみられるようになった．

外気冷房システムは，24時間，年間で冷熱を要する施設での導入事例が多い．しかし，一般の事務所のように，夜間は施設を利用しない場合でも，ナイトパージの効果により，外気冷房の省エネ効果が上がる可能性もある．導入検討では，冷房エネルギーの削減と送風機動力の増大のバランスを考慮する必要がある．また，ナイトパージも建築的手法により自然通風が可能であれば送風機動力が不要となり，大きな省エネルギー効果が期待できる．

フリークーリングも外気エネルギーを利用したシステムである．フリークーリングは，冬期も冷房負荷が

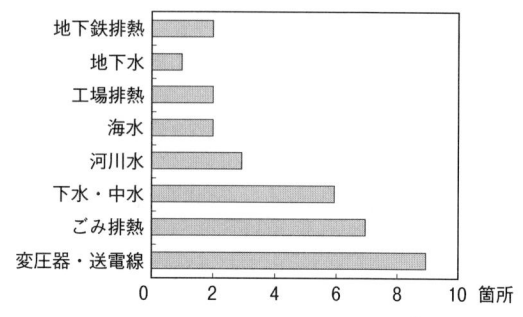

図4.10　未利用エネルギー導入件数（地域熱供給）[2]

あり冷凍機を運転しているような建物で，冬期に冷却塔の冷却水温度が十分低いことを利用し，冷熱源の圧縮機を停止して，冷却水の交換熱のみで冷房を行うシステムのことである．

(2) 温度差エネルギー（河川・海水・下水処理水）：水熱源ヒートポンプ方式において．豊富な熱源水として利用する．

(3) 地下鉄・変電所排熱，清掃工場排熱：清掃工場，下水処理場，発電所，変電所などからの温排熱の有効利用は，建物単体のエネルギー消費量削減だけでなく，これら都市供給処理施設から排出される排熱を回収することで，都市レベルでの環境負荷削減につながると考えられる．未利用エネルギーの活用は，まとまった大きな熱需要をもつ地域熱供給事業を中心に導入が進んでいる（図4.10）．

5) 運用による省エネルギー　建物の$LCCO_2$（生涯二酸化炭素排出量）に占める運用エネルギーによるCO_2排出量は60％以上であり，建物や設備の運用方法による省エネルギーは重要である．

しかし，近年では，仕事やライフスタイルの多様化によるエネルギー使用時間の延長，または新しい利便をもたらす機器の登場により，簡単にはエネルギー使用量を削減できないのが実情のようである．

(1) 設定温湿度の変更：室内温湿度を，温熱快適性を考慮して適正に設定することにより，熱負荷の削減を図る（例：夏26℃→28℃　冬22→20℃）．

(2) ブラインドの利用，窓換気の励行：ブラインドによる日射遮蔽や，窓換気による自然換気，外気冷房は，建物利用者が操作しやすいよう，また雨風，騒音に対応した工夫が必要である．窓は，強風時や雨天時の閉め忘れ防止を配慮した建築が見られるようになった．

b.　衛生設備の省エネルギー

衛生設備では，ポンプや給湯器のエネルギーだけで

なく，水道水の節減が環境負荷削減のポイントとなる．ここでは節水に関する手法も紹介する．

1) 負荷削減
(1) 節水器具，雨水利用：衛生器具では，洋便器のフラッシュバルブを約10 l/回の節水型とした器具が主に採用されるようになった．従来に比べ3割近くの節水量がある．

雨水を利用して，植栽への潅水・屋根散水が行われる．これらの需要が晴天時であることを利用して，太陽電池で動く揚水ポンプを利用する場合がある．

2) 自然エネルギー利用
(1) 太陽熱利用：建築物の屋上やベランダに太陽熱集熱器を設置して太陽熱を集熱し，給湯熱源として利用する．このシステムには，集熱部の上部に貯湯槽が設置されている自然循環型と，屋根面などに集熱部を設け，貯湯槽を地上部に設置する強制循環型がある．

自然エネルギー利用のシステムに共通する留意点であるが，気象変動を考慮する場合，補助熱源装置が必要となる．

3) 運用による省エネルギー
(1) 給湯温度の適正化，給湯期間の適正化：給湯温度の適正化にあたっては，30～50℃で繁殖することが知られているレジオネラ菌に十分注意する．

事務所などの給湯は夏期は停止するようにする．特に中央方式の給湯の場合，温水循環ポンプの動力，配管からの熱ロスの削減効果が大きい．

c. 電気設備の省エネルギー
1) 負荷削減
(1) タスク-アンビエント照明，人感センサ照明：作業（タスク）に対しては局部照明を用い，作業の周辺の環境（アンビエント）に対しては，比較的低い照度レベルの全般照明を用いる方式をタスク-アンビエント照明と呼び，最近オフィスを中心に普及し始めている．タスク-アンビエント照明方式は設計段階で十分検討がなされれば，適切な照明を経済的に実現することができ，什器などで間仕切りをする場合や，1人当たりの占有面積が大きい場合には，省エネルギー効果が期待される．タスク-アンビエント照明方式を採用する場合のアンビエント照明の照度は少なくとも300～400 lxとすることが望ましい．

人感センサ照明は，倉庫や廊下，便所などの共用部分で，使用頻度が低い箇所に設置すると効果が上がる．

2) エネルギーの高効率利用
(1) 高効率照明器具，高配電圧計画：省電力型蛍光ランプ（ラピッドスタート蛍光ランプ，Hf蛍光ランプ）は一般型蛍光ランプと比較し5～10%の省電力となり，さらに改良型安定器（Hfインバータ）と組み合わせて使用すると12～15%の省電力となる．最近の新築では，ほとんどがHfインバータ方式であるが，既存照明を天井工事なしで交換できるリニューアル対応器具もある．

高配電圧による建物内の電力供給は，負荷容量，電線太さ，線路こう長が同一であれば，電圧降下率は供給電圧の2乗に逆比例するので，このロスの差が省エネルギーとなる．また，省エネ効果を多少犠牲にしても，電線断面積の低減が可能であり，省資源にも寄与する手法である．

3) 自然エネルギー利用
(1) 太陽光発電：太陽電池の発電効率は約10～15%，つまり，約1 m^2 の太陽電池により，ピーク時において約100 Wの電力が得られる．太陽光をエネルギーとするため，蓄電池の併設，使用用途など，天候の影響を考慮した設計が要求される（図4.11）．後述 4.12.2を参照されたい．

(2) 昼光利用照明：1日や1週間の仕事の流れに応じて照明の点灯，消灯，調光などが自動的に制御できる設備を考慮するとともに，昼光が十分確保できる窓際では，極力照明を制御して省エネルギー化を図ることが望ましい．

このためには，次のような方策または処置を設計段階から考慮する．

① 昼光の入射量に応じて連続調光や段調光できる昼光連動方式とする．

② 時刻に応じて最適な点灯状態に自動的に切り替えられるタイムスケジュール制御方式の検討．

③ 屋外照明については，デイライトスイッチやタイムスケジュールにより，日没や日の出に応じて自動点滅させる制御が望ましい．

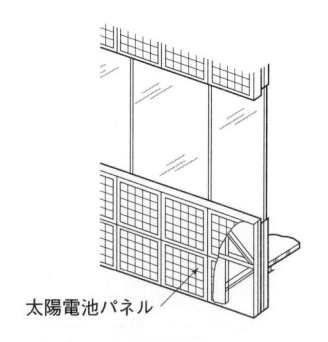

図4.11 太陽光発電システム

4.3.4 省エネルギー評価手法

a. PAL/CEC

建築の省エネルギー評価手法としては，PAL/CEC が用いられている．PAL（年間熱負荷係数）は建築外皮設計によって達成された省エネルギー性能を評価する指標である．また，CEC（エネルギー消費係数）は，空調設備（AC），機械換気設備（V），照明設備（L），給湯設備（HW），エレベータ（EV）などの省エネルギーを評価する指標である．PAL/CEC の手法は，省エネ法で定められた新築建物の省エネルギー計画書で用いられており，省エネ性能の評価手法として広く知られている．PAL, CEC は次式で与えられる．

$$PAL = \frac{屋内周囲空間の年間負荷〔MJ/年〕}{屋内周囲空間の床面積〔m^2〕}$$

$$CEC/AC = \frac{年間空調消費エネルギー量〔MJ/年〕}{年間仮想空調負荷〔MJ/年〕}$$

$$CEC/V = \frac{年間換気消費エネルギー量〔MJ/年〕}{年間仮想換気消費エネルギー量〔MJ/年〕}$$

$$CEC/L = \frac{年間照明消費エネルギー量〔MJ/年〕}{年間仮想照明消費エネルギー量〔MJ/年〕}$$

$$CEC/HW = \frac{年間給湯消費エネルギー量〔MJ/年〕}{年間仮想給湯負荷〔MJ/年〕}$$

$$CEC/EV = \frac{年間エレベーター消費エネルギー量〔MJ/年〕}{年間仮想エレベーター消費エネルギー量〔MJ/年〕}$$

PAL/CEC による評価手法は，建築と建築設備の省エネ性能を簡便，客観的に評価する手法として用いられていくものと考えられる．

b. $LCCO_2$ による評価手法

建築が地球環境に与える温暖化影響の評価として，$LCCO_2$（生涯二酸化炭素排出量）による評価手法（$LCCO_2$ 法）が用いられるようになった．これは，建築が，建設，運用，廃棄のライフサイクルで排出する温室効果ガスである二酸化炭素量を評価軸とする手法である．この評価手法は，気候変動枠組条約締約国会議において地球規模で進められている温室効果ガスの削減方針にも沿うもので，後述するグリーン庁舎計画指針のなかでも環境負荷削減のための計画・判断の基準として活用されている．

c. グリーン庁舎計画指針

グリーン庁舎（環境配慮型官庁施設）は，1998 年に当時の建設大臣官房庁営繕部で策定された，「環境配慮型官庁施設（グリーン庁舎）計画指針」をもとに計画される庁舎のことで，「計画から，建設，運用，廃棄に至るまでのライフサイクルを通じた環境負荷の低減に配慮し，わが国の建築分野における環境保全対策の規範となる官庁施設」（環境配慮型官庁施設計画指針）として国土交通省が推進している．$LCCO_2$（生涯二酸化炭素排出量）による環境負荷削減効果を評価軸としており，計画段階の手法，ツールとして「グリーン化技術チェックシート」，「グリーン庁舎チェックシート」，「庁舎版 $LCCO_2$」などがあり，「グリーン庁舎基準及び同解説平成 17 年版」が公共建築協会から刊行されている．今後は，民間建築への波及効果が期待されており，グリーン庁舎の評価方法は，第 3 章第 3 節に述べた CASBEE の開発に反映されている．

グリーン庁舎の環境負荷削減手法は，以下の 5 つの主要な項目で構成されている．

(1) 周辺環境への配慮（environment design）：周辺環境に与える影響の軽減，地域生態系の保護育成，大気，水質，土壌などの周辺環境の汚染防止に努める（関連技術：屋上緑化，透水性舗装など）．

(2) 省エネ・省資源（energy conservation）：負荷の抑制，自然エネルギーの利用，エネルギー・資源の有効利用などにより，運用段階の省エネ・省資源に努める（関連技術：太陽光発電，自然換気など）．

(3) 長寿命（long life）：階高・床面積・床荷重などの機能的ゆとりの確保と，耐久性・耐震性などの物理的ゆとりの確保により長寿命化に努める（関連技術：階高・床面積のゆとりの確保など）．

(4) エコマテリアル（eco material）：資源の枯渇に配慮した材料，リサイクルが容易な材料など，環境負荷の少ない材料（エコマテリアル）の採用に努める（関連技術：高炉セメント，再生砕石など）．

(5) 適正使用・処理（appropriate waste disposal）：建設時における，建設副産物発生抑制・再利用，運用段階の適切なごみ処理への配慮など，適正使用・処理に努める（関連技術：ごみ搬送システム，梱包レス化など）．

d. 省エネルギー・省資源の課題

今後，環境に配慮した計画，あるいは省エネルギー，省資源対策をより効果的に行ううえで，ぜひ，取り組みが必要と思われる事項を以下にあげる．

(1) 建物寿命にマッチした低環境負荷材料：長寿命建築として注目されるスケルトンインフィルタイプの建築物，あるいは短期間の事業や使用に対応し，易解体・再利用を特徴とした建築物など，適切な構造と材料の選択が望まれる．

(2) 管理者・利用者と連携した省エネルギー：建物では，運用エネルギーによる CO_2 発生量がライフサイクル CO_2 の 6 割以上を占めるという実情からみて，今後は，設計者と建物の管理者や利用者が，設計コン

セプトや運用方法について積極的に意見を交換して省エネルギー化を目指す必要がある．

(3) 既存建物の省エネルギー：ストック社会の今日，多数を占める既存建物の省エネルギー化は不可欠である．リニューアル時の省エネルギー診断技術，評価手法がいっそう重視されると考えられる．

〔立原　敦・村上正吾〕

文　献

1) 住宅・建築省エネルギー機構：省エネルギーハンドブック'98, p.167, 1998.
2) NEDO：未利用エネルギー活用ガイドブック，1998.

4.4　ライフサイクル計画

ライフサイクル計画として，ここでは評価診断と，形成段階，運営段階，保全・リニューアル段階の各フェーズについて記述する．

4.4.1　評　価　診　断

評価診断におけるライフサイクル計画として，建物の各種診断について述べる．建物の診断評価は，建物所有者が不具合を感じたり，性能に不安を感じたりした場合に，基本的な建物データを収集し，それらデータに基づいて不具合・不安に対する改善案や資産運用計画案を立案する作業である．これら診断の概要を表4.7に示す．

a. 予 備 診 断

予備診断とは，低価格（無料の場合が多い）にて，アンケートなどによる少ない情報から，短期間に豊富なアウトプットを提供することを目的としている．

表4.7　各種評価診断

診　断	概　　要
1. 予備診断	問題点（症状）を明らかにし，最も適切な診断法を提案し，診断項目・費用・期間を算定する
2. 耐震診断	建物の大地震時における安全性を判定する．備品や設備の耐震レベルも判定する
3. 劣化診断	摩耗や経年劣化の進行状況を調査する．寿命を延ばすための修繕・更新の計画を立案する
4. 機能診断	ニーズの高度化・多様化，そして用途変更に伴う，快適で機能的な空間についての提案を行う
5. 省エネ診断	むだをなくして，最も効率のよい設備機器の運転を目指して，LCCを考慮した省エネ・省コスト提案を行う
6. 環境診断	廃棄物の収集から処理まで，総合的な問題解決を行う．環境に関するリスクの的確な把握が重要である
7. 建物デューデリジェンス	不動産流動化に対応した，建物の格づけレポートを作成する

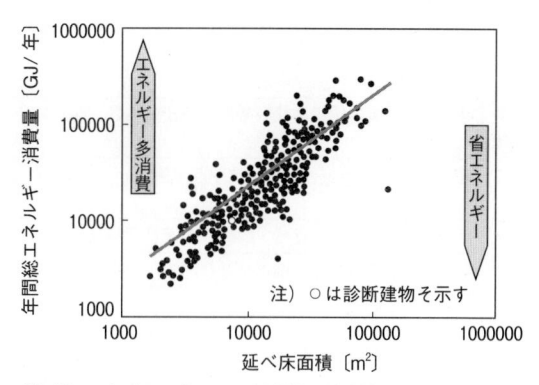

〔参考〕日本ビルエネルギー総合管理技術協会：建築物エネルギー費量調査報告書（平成11年度）

図4.12　年間エネルギー消費量と延べ床面積

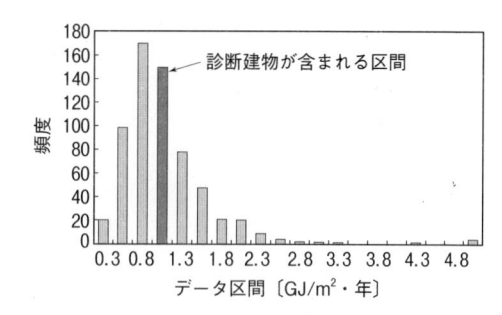

図4.13　エネルギー消費原単位頻度分布

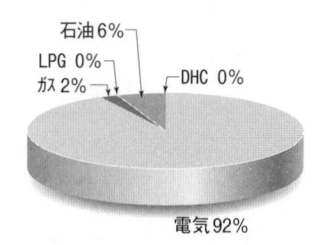

図4.14　エネルギー源比率（一次換算エネルギー）

あらゆる診断に対して，予備診断が考えられるが，ここでは一例として設備に関連の深い省エネ診断の予備診断について述べる．

省エネ予備診断では，建物用途，延べ床面積，年間の電気・ガス・石油・水道の使用量を質問して，類似建物の年間消費エネルギー量，水使用量と比較評価し，図4.12，図4.13，図4.14に示すようなグラフと，省エネに関する所見を記述する．

b. 耐 震 診 断

設備の耐震診断は，既存の設備機器あるいはシステムを現行の耐震基準と照合して，必要があれば耐震改修工事を施すために行う．参照すべき耐震基準を表4.8に示す．

表 4.8 耐震基準

	名　称	監　修	発　行
一般建物	建築設備・昇降機耐震診断基準及び改修指針 1996 年版	「国土交通省国土技術政策研究所，独立行政法人建築研究所」	（財）日本建築設備・昇降機センター
	建築設備耐震設計・施工指針 2005 年版	「国土交通省国土技術政策研究所，独立行政法人建築研究所」	（財）日本建築センター
官庁建物	官庁施設の総合耐震診断・改修基準及び同解説平成 8 年版	建設大臣官房官庁営繕部	（財）建築保全センター
	官庁施設の総合耐震計画基準及び同解説平成 8 年版	建設大臣官房官庁営繕部	（財）公共建築協会

設備の耐震診断の進め方について，一般に予備調査，本診断がある．予備調査では依頼先の希望にしたがって，耐震目標のレベル設定を行って，診断計画を立案するために必要な基礎的な情報やデータを収集するもので，設計図書・竣工図書の事前チェックの後，現地にて目視調査を行う．ここで設備だけでなく，建築本体の耐震性能を知っておくことが非常に重要である．この予備調査を踏まえて，耐震グレードの確認，診断対象，診断費用を盛り込んだ診断計画書を作成する．

本診断は耐震性能を判定するもので，予備調査で得られた情報・写真・目視評価に加えて，建築本体の耐震性能より地震力を算定し，コンクリート強度の推定からアンカーボルトの許容引抜き耐力と許容せん断耐力を推定し，さらに機器メーカーに耐震性能を確認したうえで，耐震性能の判定を行う．

c. 劣化診断

建物は経過年数とともに劣化し，性能が徐々に低下する．この劣化状況を調査し更新時期などを提案する必要がある．

建築としては，各部の漏水，割れ破損，汚れやさび，変形などを調査し修繕あるいは更新する．また設備としての主要なチェック項目を表 4.9 に列挙する．

d. 機能診断

市場性・収益性のニーズと建物機能の食い違いや，機能低下の度合を総合的に診断する．設備的な項目が多い機能診断項目を表 4.10 に示す．

e. 省エネ診断

省エネ予備診断については，前述したとおりであるが，さらに簡易診断から詳細診断へとステップを踏んで進められる．このステップを踏んで行うのは，さらなる診断が有効であるかどうか見きわめながら，やり過ぎを防止する意味で慎重に進めるということである．

簡易診断は 1 日の現地目視調査を行い，すでに測定されているエネルギーデータを借りて，報告書を提出する．報告書の内容は，既存エネルギーデータ分析，

表 4.9 劣化診断の主要チェック項目

項目	チェックすべき内容
電気設備	・受変電幹線の電気容量の不足 ・照明が暗い，ぎらつきなどの不具合 ・電気機器および機材の不具合
情報設備	・情報幹線やコンセント容量の不足 ・配線変更への対応が不足
空調設備	・空調が効かない，不均一，騒音・振動 ・空調システムの変更（個別空調へ変更） ・建築物衛生法の基準への適合
衛生設備	・漏水，赤水，排水不良など ・衛生器具，機器類の不具合 ・ガス漏れなどの有無
防災設備	・消防署からの指摘事項 ・建築基準法，消防法への適合性 ・形式失効している機器の有無
昇降機設備	・エレベータの待ち時間が長い ・エレベータのかごの老朽化

表 4.10 機能診断項目

電気設備	・テナントの要求に対する電源容量不足 ・OA フロア（二重床）の採用 ・幹線・変圧器増設のスペースの有無
IT 対応設備	・NTT 以外の通信キャリヤ引き込みの可能性 ・通信線の配線スペースの有無 ・携帯電話着信の制御（可能・不可能）
空調設備	・小分割テナント貸しに対応しているか ・OA 機器発熱に対する空調能力 ・空調機器増設のスペースの有無
建築計画	・小分割テナント貸しに対応しているか ・重量機器設置可能部分の有無 ・エントランスなどのデザイン性
環境対策	・法的な室内環境基準への適合性 ・有害物質（アスベスト，PCB）の有無 ・特定フロン使用機器の有無
リスク対策	・停電時のリスク対策の有無 ・都市洪水対策を検討 ・敷地の土壌汚染の可能性

エネルギー消費に関するコメント，運転管理に関するコメント，省エネ改善案および効果試算である．

さらに次のステップの詳細診断になると，現地実測

および詳細目視調査を行い，必要であれば運転データ収集（期間計測）を行う．報告書の内容は，既存および計測データの分析評価，エネルギー消費および運転管理に関するコメント，省エネ改修工事計画と工事費概算さらに LCC 評価による経済性評価，$LCCO_2$ による環境評価である．

予備調査は，標準化しやすくプログラム化しておくと好都合であり，顧客より送られてきたデータを入力すれば，自動的に作成される．

これに対して，簡易診断と詳細診断は，建物を調査し，個々の建物に即した診断を進める場合がほとんどであり，標準化しにくい．ツールとしては，省エネ手法を列記したチェックリストと，診断の進め方の原則を述べたマニュアルがある．この部分は診断員の経験と能力に依存するところが大きく，省エネ診断を担当する組織を維持し，経験豊かで建築および設備の計画を熟知した人材を確保しておくことが重要である．

f. 環境診断

自然災害だけではなく，昨今は大気汚染・水質汚染・土壌汚染などの環境問題が，企業にとって無視できないリスクとなっている．

環境診断では図面と実地調査を基に，建物内部の有害物質の有無，排出物や土壌による地下水汚染の可能性などについて評価する．環境診断の業務スコープを表 4.11 に示す．

g. 建物デューディリジェンス

デューディリジェンスとは「しかるべき注意」という意味であり，通称デューデリと呼ばれる．一般的には「不動産あるいは不動産に関する権利の取引」において，契約締結前に一定期間を設けて購入者側が当該不動産のリスクをあらゆる側面から調査分析し，最終的にそのリスクを組み入れた収益還元法によって物件の経済価値を算出し，取引の判断指標の一つを割り出すことである．

リスクを算定するための具体的調査分析項目として建物診断・地震リスク分析・環境影響評価などがあげられ，それらを勘案した物件の現在価値評価がデューデリ業務である．

デューデリ業務はこれからの不動産活用のために，避けて通れない手続きとなりつつある．不動産購入にかかわる直接当事者のみならず，不動産担保融資・プロジェクトファイナンスを行う金融機関や不動産証券化の際の格付け機関などが，専門的かつ中立的立場の機関による調査を要求する場合が多くなっている．

不動産の証券化というのは賃料収入などの不動産収益を根拠に，不動産を小口有価証券の形態に変えて，流動性を高めて広く投資家を募る仕組みである．特に海外の投資家を募る場合に格付け機関の格付け取得が必要となり，その際不動産価値評価の拠り所の一つがデューデリ報告書である．日本の不動産では地震リスクに関する事項が重要視され，耐震性など建物構造や設備にかかわる客観的な評価も強く求められている．

土地神話の崩壊，企業の資産リストラ機運の高まりもあり，「不動産は流動性のある投資商品の一つ」という欧米型のとらえ方も浸透し始めている．現在の不動産の適正価値や将来にわたってかかる費用（ライフサイクルコスト）を見きわめ，当該不動産をどう活用するのがベストなのか，商品価値を維持・向上させるためには，また数年後に証券化をするために今何をすべきかなどのコンサルが重要な業務になっている．

〔近藤純一〕

4.4.2 形　　成

形成段階におけるライフサイクル計画には各種の計画手法があるが，ここではライフサイクル評価（LC 評価）とファシリティプログラミング（FP）の紹介を行う．

a. ライフサイクル評価

竣工時点での建物性能のみを重視するのではなく，建物のライフサイクルを通して機能・性能が維持できるように，形成の段階で LC 評価を行うことである．

LC 評価で使用するコストの指標としてライフサイクルコスト（LCC）を用いる．LCC は建物のライフサイクルにわたって発生する費用であり，設計・建設費から水光熱費，点検・保守・清掃費などの運用維持管理費用，修繕・更新費用，解体処分費や税金・保険費用まで含んでいるコストの総計として，経済性を検討してゆく方法で，金利と物価変動率の影響を加味して，想定される使用年数の全体にわたって検討するものである．図 4.15 に事務所ビルの LCC 構成比率の例を示す．

建物の LC 評価は，図 4.16 に示すように企画・設

表 4.11 環境診断の業務スコープ

建物内有害物質有無の評価	建物からの排出物の評価	土壌・地下水汚染の可能性の評価
アスベスト	水	オイル
鉛含有塗料	空気	全シアン（青酸・青酸ソーダ）
PCB	ごみ	
ラドンガス		有機塩素系塗料（テトラクロロエチレンなど）
オゾン層破壊物質		

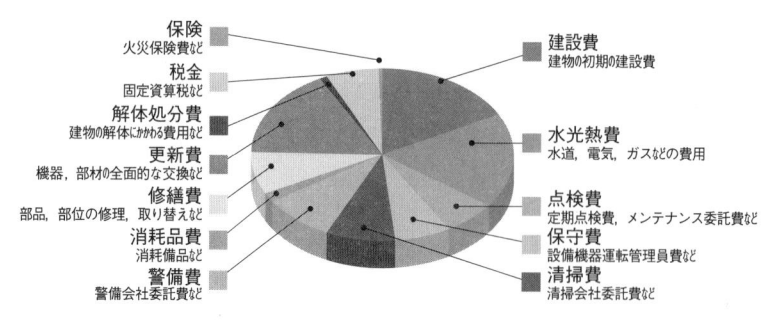

図 4.15 事務所ビル 50 年間の LCC 構成比率の例
（延べ床面積 10000 m², 金利・物価上昇を考慮しない）

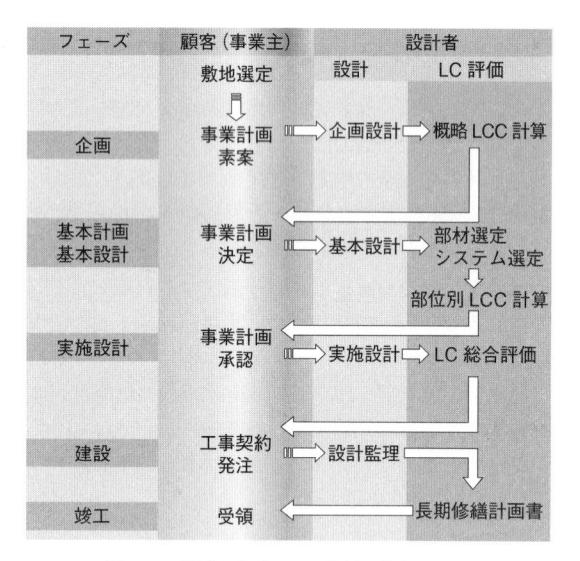

図 4.16 形成における LC 評価の基本フロー

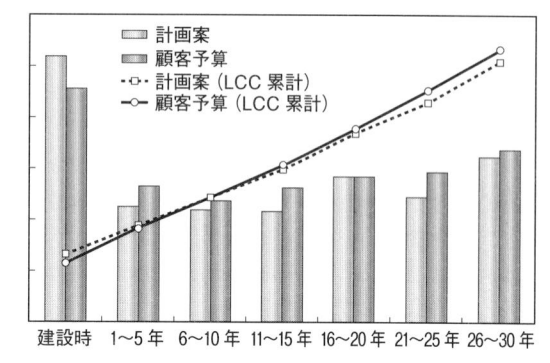

図 4.17 顧客予算と計画建物の LCC 比較例

計から建設の各フェーズでのニーズに基づいて行うことになるが，結果に大きな影響を与える項目を重点的に検討することが効果的である．また，LC 評価は各フェーズのなかでもなるべく早期に行うほど効果が大きくなる．

次に，形成の各フェーズでの LC 評価例を紹介する．

1) 企画段階 事業主が事業計画の妥当性を評価するために事業収支計算を実施するうえで建物全体の LCC を算出し，評価を行うことが重要である．この段階では特に顧客の事業立案や PFI（Private Finance Initiative, 限られた財政資金でより効率的・効果的な社会資本を整備することを目的に，公共施設の分野に，民間事業者のもつ経営力・資金調達力・技術力などを導入するまったく新しい事業方法である）に有効である．図 4.17 は顧客の想定予算と計画建物の概略 LCC を比較した例である．初期建設費は予算より高いが 30 年間の LCC は予算を下まわっている．

PFI は 1992 年に英国で初めて導入され，橋，鉄道，病院，学校などの公共施設，再開発などの分野で活用されている．

日本では 1999 年 7 月に「民間資金等の活用による公共施設等の整備等の促進に関する法律」（PFI 法）が施行され，全国で数多くの PFI 事業が実施されている．

PFI は「ある一定の支出のなかで最も価値のあるサービスを実現する」ことが目的である．

2) 基本計画段階 基本計画段階では建築の部材選定や設備のシステム選定時に LC 評価を行う．建築設備のシステム・仕様を決定するうえで，最も合理的で経済性のよいライフサイクル計画を行う．もちろん，経済性の評価だけではなく，環境負荷低減，メンテナンス性，フレキシビリティ，機能などの評価も行う必要がある．特に LCC のなかで大きな比率を占める保全費（点検費，保守費）は建築設備を対象としており，設備システムによって LCC に大きな違いが発生するので，基本計画段階での LC 評価が最も重要になる．

図 4.18 は，空調システムを 30 年間の LCC で比較した例である．

3) 実施設計段階 実施設計段階では美観・機能

性・耐久性・経済性・維持管理のしやすさの観点から建築・設備の各要素について詳細なLCC評価を行う．また，最終的に建物全体のLCCを計算し総合評価を行う．

4) 建設段階　見積・施工時にVEを行う場合，単に機能と価値の判断だけではなく，ライフサイクルとしての価値の判断が求められている．また，建物竣工時に長期修繕計画を作成することにより，顧客が建物の資産としての価値を維持し，運営管理を合理的に判断するためのツールとして利用可能である．長期修繕計画ではLCCの構成要素のなかから，機器・部材の補修を対象とした修繕費と全面的な交換を対象とした更新費について，さらに細かく分析し，年度ごとの支出の推定を行う．図4.19は事務所ビルの50年間の長期修繕計画の費用を5年ごとのグラフに表した例である．

b. ファシリティプログラミング（FP）

FPは企業の経営資産である建物・設備・家具・什器をライフサイクルの視点からとらえ，最適な環境を構築するために，企業のFM（ファシリティマネジメント）の一環として検討する手法である．

FPの契機としては下記のようなケースが考えられる．

(1) 本社ビル建設プロジェクト
(2) 事務所移転プロジェクト（賃借ビルを含む）
(3) 営業拠点の再構築（賃借ビルを含む）
(4) 業務用不動産の再構築に伴う面積などのフィージビリティスタディ

特に建設プロジェクトの初期段階においては，企業組織のさまざまな要望を聴取し，

(1) 現状の課題把握
(2) 計画目標設定
(3) 科学的手法による分析・シミュレーション
(4) ベンチマーク

などを通じて，顧客の立場から最適な設計条件を整理し，企業の意思決定と合意形成を支援する手法である．図4.20は，FMの標準スケジュールを示したものであり，FPは建設プロジェクトにおけるFMサービスのうち，第一フェーズを対象としている．

〔日沖正行〕

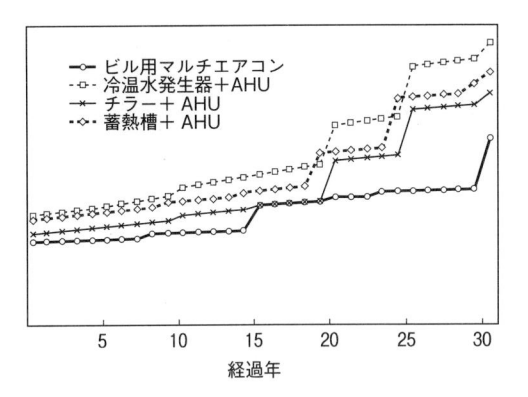

図4.18　空調システムのLCC比較例

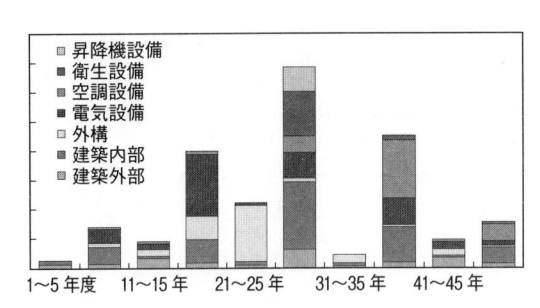

図4.19　事務所ビルの長期修繕計画費用グラフ例（50年間）

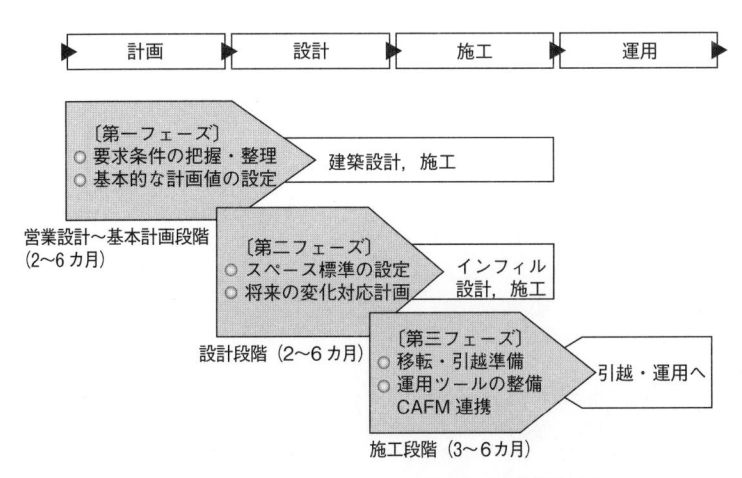

図4.20　FMサービスのフェーズ分けとFPの位置づけ

4.4.3 運　　営

建物はライフサイクルのうち，運用段階での使用が最も長いため，効率的に運営・管理することが重要である．運用段階での管理手法には数多くの手法があるが，ここでは施設管理，環境管理，事業管理，品質管理について主な手法の紹介を行う．

a. 施 設 管 理

施設管理の主な手法には，CAFM, BEMSがあげられる．

1) CAFM　コンピュータ支援施設管理システム（Computer Aided Facility Management）のことであり，施設の運営管理に必要な情報をコンピュータを活用して一元的に管理・活用するものである．

CAFMで扱う主な項目と内容を表4.12に示す．

2) BEMS　従来の中央監視は，異常の警報監視，省力化，自動制御の実行，記録の採取などが主体であった．ここで紹介するBEMS（Building and Energy Management System）は，竣工後の運転データをもとに，設計で計画した各種の省エネ手法の効率的な運転や，設備システムの細部の調整を行うことにより大幅な省エネを可能とするシステムを指している．

図4.21に示すように，運用状況のグラフィック表示（オーナー，管理者向け）をもち，運用状況の判断と，具体的対応（自動で最適にコントロール）や良好な室内環境のもとでのエネルギー消費の最小化，および設計へのフィードバックが図れる機能をもつ．

BEMSの主な機能を以下に示す．

(1) エネルギー管理
(2) 室内環境管理
(3) 設備運用管理
(4) 省エネルギー制御
(5) 異常検知診断
(6) 検収支援
(7) 劣化診断
(8) 設備維持管理の合理化

BEMSによる建物の改善サイクルを図4.22に示す．

医者が患者を診察して診断するように改善サイクルを回すことが重要である．

表4.12　CAFMで扱う主な項目と内容

項　目	内　容
資産管理	価格，租税，償却などの財務，経理的業務支援
資産管理 土地管理 建物管理 構築物管理	土地，建物，構築物の集計帳票類 土地台帳，価格，周辺写真，図面 建物台帳，租税，償却，建築設備仕様 構築物台帳，租税，償却，図面
施設管理	施設計画，修繕・保全計画，予算策定業務支援
賃借管理 テナント管理	借りている施設の契約条件，概要，面積 テナント契約，面積，クレーム，建築設備概要
支出管理 図面書類管理 工事履歴管理	修繕費，保守点検費，水光熱費 図面，契約書，官庁提出書類 工事内容，工事箇所，工事金類
施設利用管理	部署配置計画，備品管理，引越しなどの業務
SFP管理 入居部署管理 什器家具管理 OA機器管理 引越管理	スタッキング図，部署配置シミュレーション 建物台帳，租税，償却，建築設備仕様 什器家具台帳，設置場所，レイアウト図面 OA機器台帳，リース情報，設置場所 座席レイアウト，移動量，ネットワーク配線
施設日常管理	建物管理，保守点検業務などの業務支援
日常管理 保全マニュアル 点検レポート	機器台帳，点検履歴，修繕履歴 保守と管理，取扱説明書 不具合内容，写真，不具合箇所

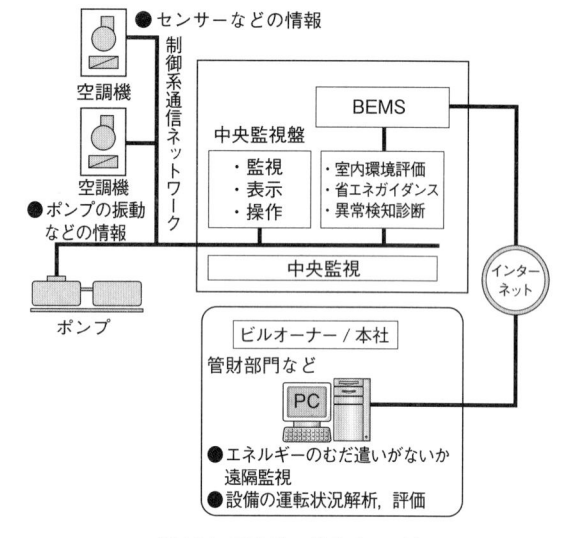

図4.21　BEMSの構成イメージ

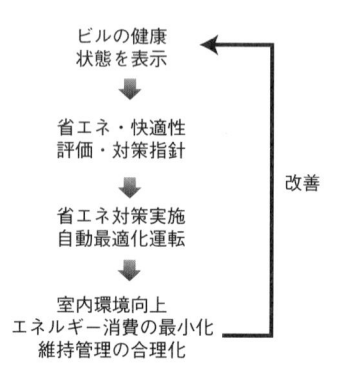

図4.22　BEMSによる建物の改善サイクル

b. 環 境 管 理

近年，環境問題を背景に，居住者だけでなく，周辺地域に対してより良い環境を提供し，地球環境まで含めた環境全体に悪影響を与える原因（環境負荷）をより小さくすることが求められてきている．

建物が与える環境影響を考えるとき，建物のライフサイクルの各段階において，エネルギーや資源・水が消費（インプット）され，その結果，CO_2 や排水・廃棄物などが排出（アウトプット）される．

これらの環境負荷を適正に判断する総合評価指標として LCA 評価や LCW 評価を活用することが必要である．

1) LCA（ライフサイクル環境評価）　運用段階での環境負荷としては，運用エネルギーと維持管理にかかわる環境負荷が主なものである．

運用エネルギー消費量から，環境負荷に換算する方法は以下の式による．

$$\text{エネルギー消費による環境負荷} = \sum_{\text{エネルギー種別}} (\text{エネルギー消費量} \times \text{エネルギー別環境負荷原単位})$$

また，運用時の冷媒漏出による環境負荷（地球温暖化・オゾン層破壊）としては，以下の式により環境負荷が算定できる．

$$\text{冷媒漏出による環境負荷} = \sum_{\text{冷媒種別}} (\text{冷媒漏出量} \times \text{冷媒別環境負荷原単位})$$

冷媒別環境負荷原単位としては，GWP（地球温暖化係数）ODP（オゾン破壊係数）が用いられる．

具体的な空調機器の冷媒充てん量や漏えい量については，メーカーなどに確認する必要があるが，廃棄時や点検時の冷媒回収の有無などが結果に大きく影響することに注意を要する．また，フロン系の発泡断熱材などの評価も重要となる．

なお，具体的なエネルギー別環境負荷原単位，冷媒別環境負荷原単位は地球温暖化対策の推進に関する法律施行令（改正：平成21年3月31日政令第86号）を参照されたい．

維持管理にかかわる環境負荷原単位としては，産業連関表で対応する建物サービス部門を，対応させることができる[1]．

修繕における環境負荷は，簡易には，初期建設の環境負荷に対して一定比率として算出できる．また，更新に関しては，建物寿命を想定し，それに応じた内装や設備の改修回数から算出する．

環境負荷原単位は法律の改正や，産業連関表の見直し等で随時変化するので，最新の情報を入手する必要がある．

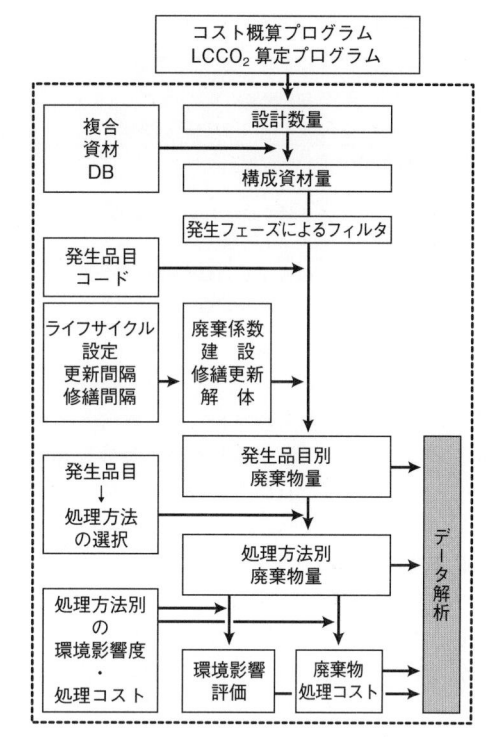

図 4.23　LCW 算定の基本フロー[2]

2) LCW　ライフサイクルでの環境負荷削減を目指すためには，建物の基本計画段階からの配慮が重要であり，廃棄物削減を目指すためには，企画・計画段階の情報に基づいて評価し，設計にフィードバックすることが重要となる．ここでは，建設行為に伴う廃棄物の評価について記述する．

LCW（ライフサイクル廃棄物評価）においては，図 4.23 の LCW 評価基本フロー図に示すように，$LCCO_2$ 評価などに際して推定した建物の構成資材に対して，いつどのような更新や修繕が発生し，解体を含めて，それがどのような廃棄物になるのか，その廃棄物の処理はどうするのか，それによりどのような環境影響が発生するのかを評価していくことになる．

c. 事 業 管 理

近年不動産の価値が所有から収益性に変わってきている．収益性を向上するには，ソフト（テナント業務）とハード（建物管理業務）双方に関する知識を有するとともに，レンダー（融資者）やインベスター（投資家）の視点に立った不動産投資も含めて総合的にマネジメントする業務が現れてきている．そこで使用される手法としてプロパティマネジメントがある．

表4.13 プロパティマネジメントの項目

テナント業務の項目	テナントフォロー営業・管理 契約業務 その他業務（ハード関係）
金銭管理業務の項目	口座管理 予算管理 各種 請求・要求・支払い代行 入出金管理
建物管理業務の項目	設備管理，清掃管理，修繕管理， 環境衛生管理，セキュリティ， ユーティリティ（エネルギー）管理， IT管理

1) プロパティマネジメント　プロパティマネジメント（PM）とは，テナント業務・金銭管理業務・建物管理業務を一括で行い，オーナーに代わってビルを総合的，包括的にマネジメントするものである．表4.13に各業務の主な項目を示す．

d. 品質管理

品質管理については，特に医薬品の製造における品質確保の手法であるバリデーションや，食品関連施設の衛生管理手法であるHACCPが注目されている．

1) バリデーション　バリデーションとは医薬品の製造における品質確保のための手法である．製造方法と管理に関する基準の確立とその遵守を目的として，建物運用段階での医薬品の製造・品質・安全を対象とした管理システムである．詳細は4.10.1項を参照されたい．

2) HACCP　食品関連施設においては製造製品の安全性の確保が重要な課題であり，施設計画と衛生的安全性確保の間に密接な関係がある．

食品関連施設の衛生管理手法として最近注目されているのがHACCP（Hazard Analysis Critical Control Point）方式である．HACCPでは食品の生産から最終消費者へ渡るプロセスでの微生物汚染発生の要因分析とそれを防ぐための計画的な監視方式を定め運用する手法である．詳細は4.10.2項を参照されたい．

〔日沖正行〕

文　献

1) 空気調和・衛生設備の環境負荷削減対策マニュアル，空気調和，衛生工学会，2001.
2) 佐藤正章，川畑隆常：基本計画段階でのライフサイクル評価システムに関する研究，その5，日本建築学会学術講演梗概集，No. 40468, 2000.

4.4.4 保全・リニューアル

a. 保　全

建築設備の維持保全について，表4.14にその分類を示すが，なんらかの不具合が生じて初めて保全の措置をとる事後保全（Breakdown Maintenance）が最も一般的であり，現在もそのような状況にある．一方，生産施設を中心に，1950年ごろから維持保全に関する新しい考え方が続々と提案されてきた．その代表例を以下に示す．これらのうち予防保全が建築設備分野に適用される場合が多い．

建築設備の維持保全は，従来事後保全的な考え方で進められてきたため，管理のための諸活動を有機的連携のもとで実施することがなかった．また管理の基準も不確かで，全体的に計画的・能率的でなかった．しかし今日の建築設備は下記のような特徴をもち，維持保全に対する要求が高度化してきている．

(1) 大規模な計画の増加
(2) 建築設備の機能の高度化に伴う複雑化
(3) 建築設備の省力化・自動化
(4) 性能維持，安全・防災のための計画的保全に関する要望の増加
(5) 管理組織および技術分野の専門化・細分化の拡大
(6) 維持管理における省力化およびコスト低減

b. リニューアル

建築設備の経年劣化を防ぐため，計画的な保守や維持管理を行っても，徐々にその機能は劣化していく．建物躯体の寿命に比べ，大部分の設備の寿命は短い．また設備としての本来の機能は問題ないとしても，社会的環境の変化に伴って設備が陳腐化して，建物使用者から不満がでる場合がある．このような場合に，建物の価値を保持し，あるいは価値を増加したり，さらにまったく新しい価値をつくり出すのが，設備のリニューアルである．そしてリニューアルの動機は表

表4.14 維持保全の分類

維持管理の分類	内　容
予防保全 preventive maintenance	機能低下や突発的事故防止の目的で，設備の故障が生じる前に予防的に修理を行う
生産保全 productive maintenance	設備の故障が生じる前に予防的に修理を行う．設備の故障による生産の休止・製品の納期の遅延を防止でき，製品不良を少なくする
改良保全 corrective maintenance	設備や装置の改造，生産体制の改革を進め，故障に伴う損失や保全費用の大幅引き下げを目指す

表4.15 劣化の分類

社会的劣化	・地球環境配慮に関する省資源・省エネルギーに問題がある場合 ・IT化の流れに対応できない場合 ・防災防犯機能や耐震性など，安全性に問題がある場合
物理的劣化	・設備機器やシステム全体の信頼性に問題がある場合 ・部品や機器の調達に問題がある場合
経済的劣化	・機器やシステム全体の劣化によるエネルギー費やメンテナンス費増大 ・機器やシステムを自動化すれば人件費を削減できる場合 ・スペースの有効利用によって利益が得られる場合 ・資産価値を保持する必要がある場合

4.15に示すように，社会的劣化，物理的劣化，経済的劣化に分類される．

リニューアルに対する言葉として建て替えがある．これは設備だけでなく建築および構造を含めて，新築する行為である．リニューアルの大部分が建築確認行為を伴わないのに対して，建築および設備とも現行法規に従って計画される．このような建て替えでなくリニューアルが行われる要因として以下の項目があげられる．

(1) 建物が歴史的建造物であって，建て替えができない．
(2) 建て替えると現行法規の規制を受け経済的に不利となる．（容積率・高さ制限など）
(3) リニューアルすべき内容が限定されており，建て替えより経済性がある．
(4) 建て替えの場合は，既存建物の解体から新築建物の竣工まで，長期間移転先を確保する必要があり，居ながらリニューアルする方が経済的に有利である．
(5) 店舗や公共施設などでは継続して営業を続ける必要がある場合．

なおリニューアル工事の場合は，既存構造体による制約，工事が夜間や休日主体で工事期間が長くなること，既存埋設物の調査や仮設盛替え工事の発生などで，工事費用が新築建替えよりも高価となる場合がある．

1) リニューアルに伴う問題点 リニューアル工事に伴って，設計側と施工側にそれぞれ問題が発生する．施工側では居ながらリニューアルでなければ問題は少ない．既存建家で使用してきた有害材料の処分や撤去に伴う環境問題や，屋外機器の設置に伴う基礎など建築雑工事などに注意を要する．有害物質の処分としては，受変電設備やコンデンサー，照明の安定器に使用されていたPCB，蓄電池設備の鉛や油類などであり，撤去時のアスベストなどがある．

居ながらリニューアル工事の場合は，建物内に使用者が居たまま，建物の機能を生かしながら行うため，以下に列挙するように工程の調整，安全・防犯，仮設計画，法規の遵守に困難が伴う．

(1) 工事工程：夜間や休日の作業が発生し，工事は長期化する．それに伴って工事費も増大する．
(2) 安全・防犯性：工事作業者と居住者との完全分離を原則として，エリアの区分と区画化を行う．不可能な場合は，夜間や休日の作業とする．
(3) 仮設計画：設備機器の搬入や作業動線計画に伴う調整が必要である．仮設の電源供給や給排水設備の盛替え工事などが必要な場合もある．
(4) 法規の遵守：防災設備のリニューアル時はもちろん，消火・警報・排煙・避難関連設備本体の取り替え時には全体設備が作動しない状況となる．こうした場合は官庁の了解と指導を仰ぎ，使用者への連絡が必須である．一方全体設備にかかわる工事については，長期休暇を利用し，かつ各設備工事を分散して行うことも必要になる．また安全・防犯上の理由でエリアを隔離した場合には，長期間にわたって避難路の確保が困難となる場合があり，このような場合には官庁との十分な協議と使用者の理解が必要となる．

2) 新築計画におけるリニューアル工事への配慮

これまで述べてきた内容は既存建物を対象としているが，近年の地球環境配慮の観点から，建物の長寿命化を図るという動向を考えると，建物の新築計画に際しても，将来のリニューアル工事がやりやすい，建築・構造・設備計画を行う必要がある．具体的には以下の項目があげられる．

(1) 搬入経路の確保：将来計画として居ながらリニューアルを想定し，熱源機械室となりうる階やエリアでは，将来の工事搬入口を，構造計画上の開口や外構計画上の動線計画と矛盾しないように計画しなくてはいけない．併せて建築計画的にも廊下幅を大きめに設定するなどの配慮も必要である．
(2) 点検口の寸法と設置箇所：将来シャフト内で機器・機材の更新工事を行うための搬出・搬入ができる寸法の点検口を確保することや，水場下の天井点検口の設置をすべきである．このような点検口は配管からの漏水対処を容易に可能とし，将来配管を再利用する場合でも劣化診断を容易に行えるものとなる．

(3) 更新用代替スペースの確保：将来の熱源機械室，電気室の確保として倉庫などをあらかじめ計画しておきたい．倉庫であれば，更新工事中は外部の倉庫を確保することで対応が可能となる．

(4) 構造躯体と機械室やシャフト位置の隔離など：将来機械室やシャフトを再利用する場合など，空調風量の増加・配線の増設などに対して，機械室やシャフトの壁が構造上重要な壁であれば，追加の開口など設けることができない場合が多い．機械室やシャフトの壁をフレキシブルな構造とすることが有効である．

〔近藤純一〕

4.5 安全性と耐震

4.5.1 基本的な考え方

阪神・淡路大震災を契機に，建築および建築設備の安全性と耐震性への関心が高まり，特にライフラインを確保するため建築設備の重要性が再認識されている．

建物の安全性は，建築設備を抜きにして論じられないが，人命や財産の安全性だけでなく，建物の機能維持のための安全性も考慮しなければならない．

地震対策，火災対策および停電・断ガス・断水などのインフラ停止時のバックアップ対策などに関して建築と建築設備のバランスのとれた計画が必要である．特に最近の高度情報化社会では情報を活用するための施設・システムは多岐にわたり，これらの活用は建築設備の安全性によるところが大きい．

また，不特定多数の人が使用する建物では，特に安全性や使い勝手の点で高齢者や身障者に対し，ハートビル法や条例に基づいた利用しやすいのはもちろん，災害時もバリアフリーであることが重要である．

なお，本項では防災・防犯設備の概論を述べ，具体的内容については，主に第Ⅶ編防災・防犯設備を参照されたい．

a. 火災（防災）

建築防災計画の目的は，建築物において人間や財産の安全を守ることであり，法規以前に建築設計者が考えるべき最も根本的な命題である．

防災計画の有効性は実際に災害にならないとわからない点が多く，安全の尺度も建物の用途や機能によって違うので，建物によって防災の目標や内容が違っても当然である[1]．

建築設備が火災などによってその機能を停止する要因には，設備機器自身がなんらかの原因で火災などを起こす場合と建築物の火災によって設備システムに影響を与える場合の2つのケースが考えられる．

設備機器自身の火災より，むしろ経年や管理上の要因で火災が発生することが多いので，可燃性の材料を使用した場合や，経年によりシステム内に堆積した可燃性の塵あい（グリースなどを含む）などについて，管理上考慮する必要がある[2]．

建築設備を火災から守るには，防災計画と建築計画時のレイアウトによって防御することが基本であり，重要なシステムに対しては，法的基準以上の建築的考慮や建築設備の処置を講ずる必要がある．

b. 防　犯

建物の防犯に対しては，ゾーニングや動線などいわゆる空間の基本的な考え方が重要で，建築設備でできることはかぎられており，建築計画とあいまって機能を発揮する．

なんらかの妨害によって設備システムの停止や誤動作が考えられるが，これらの施設に不特定の人間が侵入しないよう建築的にガードするのは当然であり，特に，電源・通信系は侵入したときに簡単に妨害されやすいために，重点的な配慮が必要である．

最近の情報技術の普及により，勤務時間に関係なく情報伝達や通信回線を利用したシステムなどに対し，侵入することも考えられるため，情報・通信系のセキュリティ計画および管理が重要である[2]．

セキュリティはグレードを決めて対応する必要があり，建物用途・重要度によってその方法もかわってくるが，情報技術の発達により，情報ネットワーク上の不正侵入への対策が求められている．ICカードの普及による出入管理，避難動線との折り合いなどの検討が必要であるが，出入りの管理を厳しくすると避難が複雑になることも考慮しなければならない．

グレードによるが，防犯カメラとテープの保存（複数）は管理上必要であり，セキュリティのゾーニングや動線計画を十分に考えてプランニングし，ソフト，ハード面でのアクセス管理を検討する．

住宅系では，基本的には簡単に近づかせないことが重要で，セキュリティの高さが分譲集合住宅の差別化になっている．高額な住戸の付加価値として，防犯対策はオートロックを二重にするなど，建物に入る部分と各階のエレベータホールを，防犯カメラによる24時間監視体制を実施している集合住宅もある[3]．

c. 避　雷[4]

雷は天空にある雲にたまった（帯電した）電荷（静電気のようなもの）が放電し発生する自然現象であ

4.5 安全性と耐震

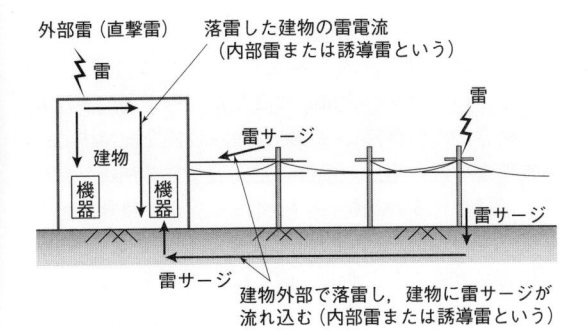

図4.24 外部雷（直撃雷）・内部雷（誘導雷）概念図[4]

り，完璧に雷害を防止することはできないが，多雷地域でない限り雷の害が発生する確率は比較的低い．図4.24に雷害概念図を示す．

落雷によって発生する害には外部雷（直撃雷）による害と，内部雷（誘導雷）による害があり，最近の事例では内部雷（誘導雷）による雷害が増えている．

内部雷（誘導雷）対策は，その建物の立地条件，重要度や棟数によって違うが，次のような対策により被害を少なくすることができる．

(1) 避雷器（サージアブソーバ）の設置：配線で接続された複数の建物がある場合，当該建物群のどれかに落雷し，接続された配線を通して流れてくる誘導雷の害を軽減する．

各電子機器の配線の出入りの接続部分に避雷器（サージアブソーバ）を設け，雷サージを軽減させて保護する．

(2) 電流を分流させる：避雷針からの避雷導線を，屋上や地下でループ状に結ぶことで雷電流を分流でき，1カ所当たりの電流値を小さくする．

鉄骨造の建物では避雷導線の代用として鉄骨を利用できるので有効であり，鉄筋コンクリートの場合は，鉄筋が電気的に接続されるよう考慮する．

(3) 光ケーブルの採用：外部と連絡する配線に金属ではない光ケーブルを採用すると，雷サージ電流は流れない．

(4) 地中にループ状のメッシュ導体の敷設：敷地内にある建物の地中部分に，導電性のある金属物を鉄筋のメッシュ筋のようにループ状に配置して，外部からの誘導雷の侵入を軽減する．

d. 耐 震

建物の耐震は，建築計画と設備計画の総合計画により性能を発揮する．建築計画では，従来の耐震構造に加え免震構造と制振構造の3つの構造に分類され，設備計画もこれにあった計画をしなければならない．特に免震・制振構造では，地盤と建物との絶縁部分や制振部分との取り合いなど設備的な考慮が必要になる．

機器や配管・ダクト類は建築躯体に固定するのが原則であるが，防振基礎の必要な機器にはストッパを，配管・ダクト類は地震時における躯体の変位量（層間変位，層間変形角）にあった設置方法を考慮し，機器と配管・ダクト類との接点は，それぞれの異なった動きに追従するような変位吸収型の接続が必要である．

二次災害，波及障害を防止するために建築設備だけで対策を考えることには限界がある．ライフラインの途絶，地盤沈下，浸水など外的なもの，建築構造材の破損，天井や壁の二次部材の破損により設備がこうむる機能障害があり，被害の拡大を防止するためにも，建築と設備のバランスのとれた設計・施工が必要である．

e. 水害防止

水害・水損事故は，設備システムによる場合とそれ以外の要因によることが考えられる．建築計画で配慮することが重要であり，建物の立地条件が水害の危険があるところでは，防災センター・電算室や情報関連施設などの重要な室は設備システムを含め水害の及ばない階に設置することや，地下階に直接外部からアクセスできる建物では，万一浸水した場合の排水経路を考慮しておく必要がある．また，寒冷地などの外気取り入れ用コイルの凍結防止も考慮する．

梅雨時の豪雨など，大雨による冠水により地下室で水死する事故が，福岡市や東京都新宿区で発生したが，地下室の浸水被害は比較的頻繁に起こるものと考えて日ごろから対策を講じておく必要がある．地下に閉じ込められないように，地下街（室）への非常時の情報伝達を速やかに行えるようにすることが重要である．

地下室へ浸水が始まると扉はすぐに開かなくなり，電気設備などは浸水で停電し，エレベータシャフトに浸水するとエレベータは停止する．また，ガラリなどの開口部は，ドライエリアに直接設置せず地上部へ立ち上げるなど考慮しなければならない．図4.25に"地下室が所定深さまで浸水する時間（まちの浸水の水面の上昇早さが2 cm/min の場合）"を示す[5]．

設備システムからの水損防止は，機器の設置位置や配管の経路が重要で，重要な室内には水配管を通さないことや，床防水や防水立上りで防ぐことも考慮する．

消火設備の使用や誤動作が生じても，水が重要な用途のシステム系や室に浸水しないよう建築計画で，床防水や排水口の設置・防水立上りを考慮する．階段室

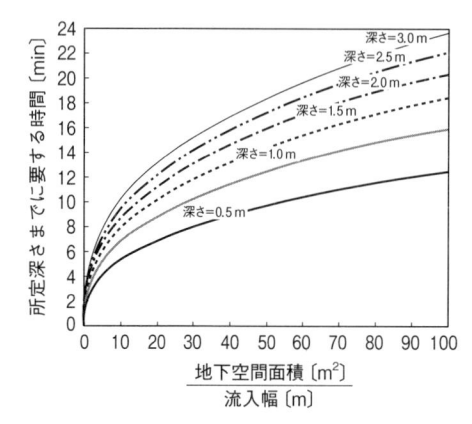

図4.25 地下室が所定深さまで浸水する時間[5]（まちの浸水の水面の上昇速さが2 cm/minの場合）

を伝って上階からの水が地下に浸水しないためには1階で外部へ排水できるようにするか，地下の階段室の最下階に排水溝の設置や湧水槽のマンホールを設置して非常用排水口として使用するのも一法である．マンホールカバーに"非常時排水口"と明示してあると使いやすい．

f. 環　境

人類が生存すること自体，自分たちの周辺や地球環境全体に影響を及ぼしており，この地球環境問題のなかで地球温暖化の主要因が，人類の活動に伴う二酸化炭素の排出によるものとされている．

最近の調査によるとわが国の二酸化炭素排出量の1/3強が建設とその運用にかかわるもので，その波及効果まで含めると，排出量は1/2にも達するといわれている．

環境負荷低減のためには，有限な地球資源の利用をできるだけ少なくし，LC（ライフサイクル）評価や，二酸化炭素の削減を目指したLCCO$_2$（ライフサイクルCO$_2$）評価などを通しての総合計画の実行により環境に与える影響を最小限にしなければならないが，環境保全のためには，オゾン層破壊ガス，酸性雨の原因となるガス，生活廃棄物など地球環境に負荷を与えるものを対象とした総合的なLCA手法が求められる．

環境負荷低減を最終目標とし，建築・建築設備におけるエネルギー利用として，建築物の受ける負荷を極力減らすために，自然エネルギーや未利用エネルギーの有効利用，エネルギーの高効率・合理的利用などがあり，衛生設備ではこれらに加え，節水，水環境の保全，廃棄物の減量などがある．電気設備では自然採光，高効率照明や太陽光発電などがあり，建築設備だけでなく建築全体で考慮しなければならない．

4.5.2 大地震への対応

建築設備の耐震計画においては，個々の設備機器・配管などの部位や接合部を主としたハード面に限定せず，総合的な機能確保のための耐震性能を配慮する．

重要なのは，用途と建物の重要度などを加味し，建築と設備が地震の規模によって，地震後の機能障害をどこまで許容し，建築機能を発揮できるようにするかを決めておくことであり，例えば

(1) 地震時には損傷を与えず，その機能を確保する
(2) 地震時には建築設備が建築物から脱落・転倒および移動することなく，機能確保あるいは早急な機能の回復が可能なものとする

と想定し，大地震後に"とりあえず使用可能な状態あるいは避難可能な状態が確保されていれば，少々の被害が生じてもやむをえない"という条件設定をして，その後の早急な復旧のしやすさなどを考え合わせ総合的に判断することが考えられる．

その一つの方法として，建物ごとに耐震性能表を作成して耐震設計の目標を整理すると，より的確な耐震設計が可能となる．

表4.16に耐震性能表の例と被害度の分類の例を示す．

a. 防災拠点

人命の安全性確保は建物の用途に関係なく重要であり，防災拠点や救援活動など避難上必要な施設，社会的に重要な施設は耐震性能のレベルを上げなければならない[6]．

公共建築協会の旧建設大臣官房庁営繕部監修による「官庁施設の総合耐震計画基準及び同解説」平成8年版には次の4施設について，耐震安全性の分類および目標が示されているので参照されたい[7]．

(1) 災害応急対策活動に必要な施設
(2) 避難所として位置づけられた施設
(3) 人命および物品の安全性確保が特に必要な施設
(4) その他の施設

防災拠点施設は，災害の規模を予測し，被害を最小限に抑えなければならない．

施設の自立性の目標レベルを設定し，耐震性能の確保と食料の備蓄などを併せて決る必要があり，建物の重要度，安全性，コスト面から建築だけでなく設備との整合性，などを考りよして発注者と十分な打合せを行い，耐震性能を決めなければならない[6]．

機能確保のために，設備に対する耐震設計を考慮しなければならない主な項目は，次項b.に加え，次による[8]．

4.5 安全性と耐震

表 4.16 耐震性能表と被害度の分類（例）

地震の規模			建築			空調・衛生設備				電気設備				防災設備		昇降機設備	
地震の呼び方	気象庁震度階級	想定加速度〔gal〕	主体構造・耐震壁	外装タイル・カテンウォール	井材仕上材・間仕切壁天	熱源機器	配管ダクト	空調機器	水槽類	ポンプ類	受変電設備	発電機・蓄電池	電力幹線	負荷設備	情報・通信	消火設備	自火報・防排煙	エレベータ	エスカレータ
大地震	7	1500程度～	□	△	△	□	△	△	□	△	□	□	□	△	□	□	□		△
	強6弱	～830程度	○	□	□	○	□	□	○	□	○	○	○	□	○	○	○		□
中地震	強5弱	～520程度 ～240程度	◎	○	○	◎	○	○	◎	○	◎	◎	◎	○	◎	◎	◎		○
小地震	4～	～110程度 ～40程度	◎	◎	◎	◎	◎	◎	◎	◎	◎	◎	◎	◎	◎	◎	◎		◎

被害度の分類

記号	使用可能状態の区分
◎	問題なし
○	使用可能（簡単な点検補修が必要な場合がある）
□	とりあえず使用可能（一部に後日補修・改修が必要）
△	補修・改修を経た後使用が可能

大地震後において
・重要な用途の建物および設備は，□以上の状態にあることが望ましい．
・ふつうの用途の建物および設備においても，△以上を確保したい．

1) 給排水衛生設備

(1) 災害時の被害分散を考慮し，水槽類は中仕切り二槽式でなく，別設置の2基の水槽とする．
(2) 災害時の生活用水として，雨水や井水，蓄熱槽水，プール用水の利用を検討する．
(3) 機器類の耐震グレードの割り増しを検討する．
(4) 排水を放流できないことを予想し，地下二重スラブ内を非常用排水槽として使用することを検討する．
(5) 災害時に給湯が必要な設備には，非常電源系統が使用できるシステムや熱源のバックアップなどを考慮する．

2) 空調・換気設備

(1) 災害後も使用する必要のある，手術室などの空調設備は，熱源を含め他に優先して運転できるようシステムを検討する．
(2) 空調の複数熱源，二重化，バックアップを考慮する．
(3) 災害時に各機器の負荷（温度・風量）を低減し容量を下げた運転が可能なシステムを検討する．

b. 一般建物

防災拠点として使用しない一般の建物においても，人命の確保を第一に考えて耐震設計しなければならない．災害時に建物の機能を最低限必要とする場合，考慮すべき内容として，

(1) 給水量は，当該建物に想定される必要な水量として，飲料用水 3 l/人・日，雑用水は 30 l/人・日程度を建築物の重要度，用途，使用人数に応じ確保するよう検討する．
(2) 給水車からの給水を極力有効に使用できるよう，特に大型水槽では中仕切りの片方に貯水できるよう考慮し，受水槽から直接給水できる給水栓を設置する．
(3) 災害時の水の有効利用のため，系統の区分や，飲料水用と雑用水の系統の区分を検討する．
(4) 地盤沈下による配管破断の防止のため，変位吸収継手を考慮する．
(5) 重要な用途の給湯設備は熱源の分散化，二重化やバックアップを検討する．
(6) 節水器具の採用や，災害時に優先して使用する器具の設置を検討する．
(7) 極力重力排水とし，災害時の使用不能部分の低減を図るため，配管の系統を区分する．
(8) ガス配管の建物への飛び込み部，継手は破断し

にくい方法とし，ガス器具は固定する．

(9) スプリンクラ配管の破損や，天井材の移動や防火戸の誤作動によるスプリンクラヘッドの破損などによる二次災害を防止する工法を採用する．また，二次災害防止対策として，予作動スプリンクラの採用を検討する．

(10) 特に災害時に機能を発揮する防災設備の制御盤は地震により破損しないよう設置する．

(11) 災害時に重要度の高い空調系統を優先的に運転可能にするほか，負荷容量を下げた運転も可能にするよう検討する．

(12) 災害時の火災発生に対し，機能を発揮するよう排煙システム全体の耐震支持を行う．

(13) 換気設備は空調に準ずる．

(14) 災害時の避難確保，防災設備の機能確保，重要度の高い系統の機能確保のための電源確保などを考慮する．

建物と設備システムのバランスと，基本的な耐震設計の考え方は防災拠点と変らないが，設備システムは，災害時に設備機能が失われたときに早期復旧が可能なように計画することが望ましい． 〔水上邦夫〕

文　献

1) 長谷見雄二：空気調和・衛生工学会誌, **75**-5 (2001), 建築防災計画, p.2.
2) 建築技術教育普及センター：[平成13年度] 建築設備士更新講習テキスト "第3章社会ニーズに対応した建築設備技術：安全性" p.77-81.
3) NIKKEI ARCHITECTURE：2001・8, 防犯設計最前線, p.88-92.
4) 清水建設（株）設備部ホームページ．
5) 日本建築防災協会：建築物防災推進協議会パンフレット, 浸水時の地下室の危険性について, 2000.6.
6) 水上邦夫：空調・給排水の大百科, p.602, 空気調和・衛生工学会, 1998.
7) 日本建築学会：23回水環境シンポジウム, 災害時における水確保—建築・設備計画の立場から, p.46.
8) 空気調和・衛生工学会新指針「建築設備の耐震設計施工法」, pp.4-6, 空気調和・衛生工学会, 1997.

4.6 信頼性と性能保証

4.6.1 信頼性とは

信頼性は，製品が顧客の要求機能を実行できる状態にあるかどうかの性質である．JIS-Z 8115 信頼性用語から「系，機器，部品などが，与えられた条件で，規定の期間中，要求された機能を果たす性質」と解釈できる．系・機器・部品などが機能を果たすためには，「壊れにくくすること」と「壊れたら簡単に直せること」が大切で，前者のことを信頼性，後者のことを保全性という．つまり信頼性には保全性をも含んだ広義の信頼性と単に故障のしにくさを表す狭義の信頼性（耐久性とも言う）とがある．類似した用語に「安全性」があるが，安全性は人命などに限定したもので，信頼性とは無関係ではないが，異なった概念である．

4.6.2 建築と信頼性

信頼性が重要視されてきた分野は，航空機，高速度鉄道，宇宙開発，エネルギープラントなど高額な製品・施設に限定されていたが，設備依存型の建物が増え，その故障が大きな損失を伴うようになってからは，建築の分野でも信頼性が注目されるようになった．24時間サーバー等が稼動するインターネットデータセンター，IC などの製品を生産するクリーンルームをもつ工場，価値の高い美術品や工芸品を展示する美術館・博物館などはその例である．また地球環境問題を背景に，資源の有効利用，機器・部品の長寿命化の重要性が増し，信頼性が注目されてきた．

4.6.3 狭義の信頼性の数理

信頼性の検討が定性的なものであっても設計・生産業務に役立てることができるが，定量的に表すことができれば費用対効果分析ができさらに効果的である．

信頼性を測るための一般的尺度として信頼度が定義されている．信頼度は前述した信頼性の定義の「性質」を「確率」に変更したものである．時刻 t における無故障確率で0～1の正数をとり，$R(t)$ で表す（R は信頼度 reliability の頭文字）．信頼性を測るための他の代表的尺度としては平均故障時間間隔，平均故障寿命，故障率がある．平均故障時間間隔（MTBF, Mean Time Between Failures）は修理品の耐久性を測る尺度で故障までに至る平均時間，平均故障寿命（MTTF, Mean Time to Failure）は非修理品の耐久性を測る尺度で故障までに至る平均時間である．図4.26にその概念と算出方法を示す．

故障率は $\lambda(t)$ で表し，時刻 t における単位時間当たりの故障発生割合を示し，時間の逆数の次元をもつ．

信頼性の検討を行う場合，よくワイブル分布を用いるが，それらの信頼度・故障率をそれぞれ式 (4.1)，式 (4.2) に表す．

$$R(t) = \exp\left[-\left(\frac{t}{\eta}\right)^m\right] \tag{4.1}$$

$$\lambda(t) = \frac{m}{\eta}\left(\frac{t}{\eta}\right)^{m-1} \tag{4.2}$$

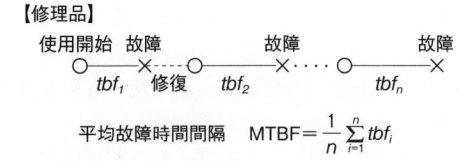

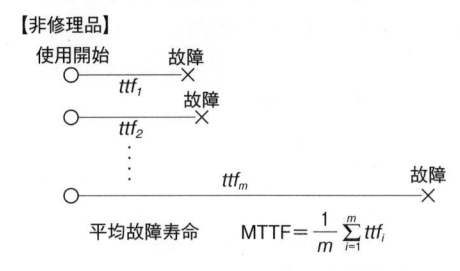

4.6 信頼性と性能保証

【修理品】

平均故障時間間隔　$\text{MTBF} = \dfrac{1}{n}\sum_{i=1}^{n} tbf_i$

【非修理品】

平均故障寿命　$\text{MTTF} = \dfrac{1}{m}\sum_{i=1}^{m} ttf_i$

図 4.26　MTBF・MTTF の概念と算出法

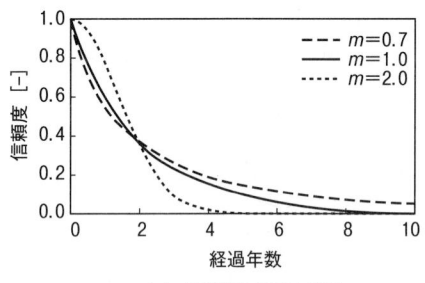

(a) 信頼度に及ぼす変化

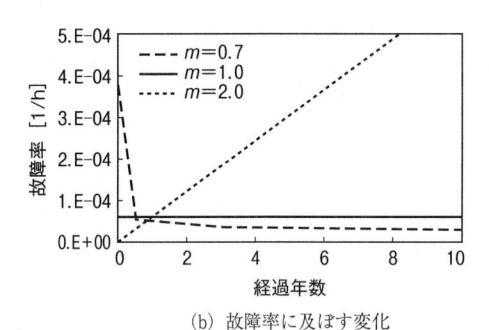

(b) 故障率に及ぼす変化

図 4.27　形状パラメータ m の影響（$\eta = 17000$ h）

(a) 信頼度に及ぼす変化

(b) 故障率に及ぼす変化

図 4.28　尺度パラメータ η の影響　$m = 2.0$

ただし，t は時間〔h〕，$R(t)$ は信頼度〔-〕，$\lambda(t)$ は故障率〔1/h〕，η は尺度パラメータ〔h〕，m は形状パラメータ〔-〕である．なお位置パラメータを考慮していない．

形状パラメータ m，尺度パラメータ η が変化すると信頼度と故障率のカーブがどのような形になるかを示したものが図 4.27 (a)，(b) と図 4.28 (a)，(b) である．図 4.27 (a)，(b) は η を固定し，m を変化させた場合の信頼度と故障率の変化を，図 4.28 (a)，(b) は m を固定し，η を変化させた場合の信頼度と故障率の変化を示している．特に注目すべき点は，形状パラメータが故障率変化に及ぼす影響を示した図 4.27 (b) である．$m < 1$，≒ 1，> 1 によってまったく異なった形を示している．$m < 1$ のときは経年とともに故障率が低下している．初期故障といわれ，設計・生産過程に不具合があった場合にこのような形を示す．$m ≒ 1$ のときは故障率に変化がなく一定である．過去の故障履歴にとらわれないため，偶発故障といわれている．$m > 1$ のときは経年とともに故障率が増加している．ベアリングなどの回転体の故障はこのような傾向を示し，摩耗故障といわれている．

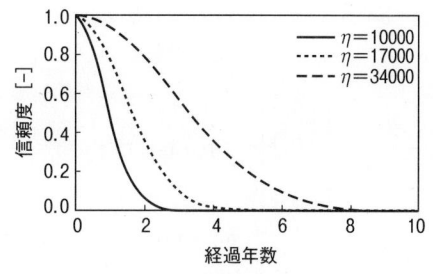

図 4.28 (a)，(b) から η は信頼度の低下割合と故障率の増大割合に関係し，η が小さい方が変化割合が大きいことがわかる．

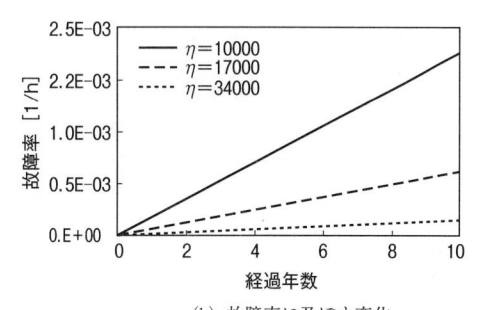

なおワイブル分布のパラメータを具体的に推定する方法は文献[1]を参照されたい．

4.6.4　システム信頼度

機器・部品の信頼度がわかるとそれらから構成されるシステムの信頼度を算出することができる．図 4.29 に算出式を示す．

この図から直列結合は要素が少ないときの方が信頼度が高いことがわかる．信頼度 0.90 の要素を 2 直列にするとシステム信頼度は 0.81，3 直列にすると 0.73 になる．並列結合の場合は，要素が多い方が信頼度が高くなる．信頼度 0.7 の要素を 2 並列にするとシステ

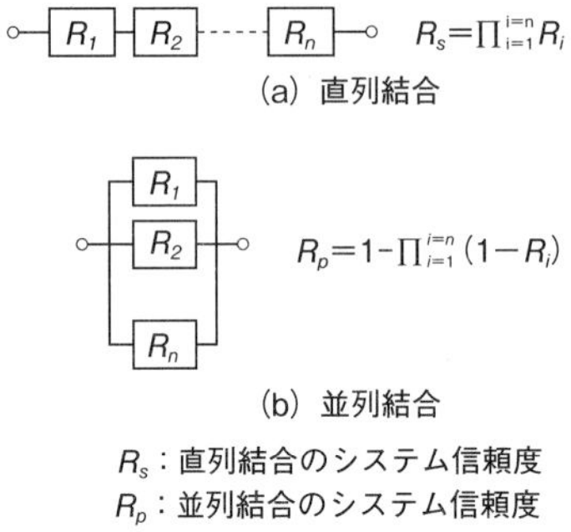

$$R_s = \prod_{i=1}^{i=n} R_i$$
(a) 直列結合

$$R_p = 1 - \prod_{i=1}^{i=n}(1-R_i)$$
(b) 並列結合

R_s：直列結合のシステム信頼度
R_p：並列結合のシステム信頼度

図 4.29 システム信頼度の算出

ム信頼度は 0.91，3 直列にすると 0.97 になる．

信頼性について数学的事柄も含めて概略を説明した．設備計画において信頼性の面から検討する必要のあるものは，

(1) システムの簡素化
(2) 故障の少ない機器の採用
(3) 機器の台数分割・バックアップも含めた冗長設計が考えられる．

ここでは保全性の説明を割愛したが，

(4) 修理しやすいような機器配置
(5) 機器の搬出・搬入ルートの確保
(6) 予備器のストック

などが重要である．

信頼性はライフサイクルコストの算出に密接に関係することから，その定量的検討が特に重要である．信頼性の部分的な基礎データは建築・設備維持保全推進協会や建築業協会が刊行した耐久性に関する資料[2～4]に掲載されている．　　　　　　〔泉山浩郎〕

文　　献

1) 塩見　弘：信頼性・保全性の考え方と進め方，技術評論社，1992.
2) 建築・設備維持保全推進協会建築物の LC 評価用データ集，1990.
3) 建築業協会：設備システムの耐久性に関する調査研究（給水揚水システムについて）報告書，1985.
4) 建築業協会：設備システムの耐久性に関する調査研究（空調設備・衛生設備・電気設備）報告書，1985.

4.7　利便性とフレキシビリティ

4.7.1　設備の利便性

設備の計画段階では，以下のような利便性にかかわる事項への配慮が必要である．

a. 施設使用者の利便性

(1) 設備機器の日常的な発停を容易に行えること．特に時間外勤務や休日出勤に対する配慮が必要．
(2) 設備機器の設定変更を容易に行えること．
(3) 設備システムや機器が，室の使い方や室負荷の急変動に対応できること．
(4) 設備機器の季節ごとの切り替えを容易に行えること．特に空調設備では中間期などに1日のうちでも冷房・暖房の切り替えが必要になることがある．

b. 施設管理者の利便性

(1) 電気関係諸室，設備機械室，屋上・屋外設置機器，設備シャフトなどの，日常的な点検箇所へ容易にアクセスできること．
(2) 設備機器の異常を容易に検知できること．
(3) 設備機器の故障・異常に対する自己診断機能と警報発信機能をもっていること．
(4) 設備機器の維持管理が容易なこと．
(5) 可能な限り通常時は無人管理で対応できること．

c. 施工における利便性

(1) 少ない工事業種で施工できること．
(2) 短工期で施工できること．
(3) 施工性がよいこと．
(4) 補修工事や取り替えが容易となるように，標準仕様の設備機器による構成であること．

4.7.2　設備のフレキシビリティ

設備を取り巻く環境の変化は，計画時に予測可能なものから，予測が困難な時代の変化や社会動向によるものまでさまざまである．設備計画時点でどのようにこれらの変化を想定し，どの程度の対応策をとるかが設備のフレキシビリティを左右する．

a. モジュール化

モジュール化を図ることにより建物のフレキシビリティを確保する場合に，設備面の配慮事項としては以下の事項がある．天井モジュール計画については 3.2.5 項を参照されたい．

(1) 室用途や内部発熱密度の変更に対して，顧客が要求する室内環境（空調による温熱環境，照明による光環境など）を確保し，さらに電源や情報関係のインフラが対応できるようにする．
(2) スプリンクラ，自動火災報知機，非常照明，排煙などの防災設備の対応ができるようにする．
(3) 間仕切り（パーティション）変更への対応を容易にする．
(4) モジュールに対応したユニット化を図る．

オフィスビルのモジュール寸法の事例としては，

3 m, 3.2 m, 3.6 m などがある. このうち, 3.2 m は一般的なスプリンクラヘッドを半径2.3 m 以内ごとに配置する場合に経済的となる寸法である. 3.6 m モジュールの場合はスプリンクラヘッドの水量を増やすなどの対応が必要となる.

b. 将来の負荷の増加への対応

将来の負荷増加に対しては, 建物全体の設備容量と供給システムの対応が必要となる.

(1) 電源設備：予備負荷に配慮する. 変圧器および電気シャフトの予備スペースを確保する. 予備の床配管を用意する.

(2) 情報設備：予備のシャフト, 配管, ケーブルピット, フロアダクトを用意する. フリーアクセス方式やアンダーカーペット方式を採用する.

(3) 熱源設備：熱源機器の予備スペースを確保する. 予備の冷温水配管・冷却水配管・冷媒配管を敷設するかスペースを確保する.

(4) 給排気設備：外気取り入れや排気（厨房, 特殊排気, 喫煙排気など）のための, 予備のダクトスペースおよび給排気ガラリを用意する.

(5) 給排水設備：予備の給排水管を敷設するかスペースを確保する.

これらの設備計画に対応するためには, 建築計画上も階高, スペース, 耐床荷重などの確保が必要である.

c. 建築設備の交換への対応

(1) 機器の搬出入ルートを確保する. 大型機器については適切なマシンハッチを用意する.

(2) 屋上などの高層部設置の機器については, 揚重を容易にするための機器分割を考慮する.

(3) 配管・配線について, シャフト内部の交換スペースおよび交換資材の搬出入口を確保する.

(4) 建築工事から分離・独立した設備とし, 設備のみの更新時に道連れ建築工事を減らす.

d. SI 化によるフレキシビリティの確保

建物は設備などの内部機能の低下により, 耐用年限に至っていない構造体までも取り壊して建て替えることが多い. これに対して, SI 化は, 将来の変化や更新にフレキシブルに対応できるように, 建物全体を, 骨格をなす部分（S：サポートまたはスケルトン）と, 内装・設備部分（I：インフィル）に明確に分けて構築する建築計画である. 〔瀧澤 博〕

4.8 高齢者対応

4.8.1 超高齢化社会と建築

加速度的に進む高齢化に伴い, わが国も1970年に高齢化率（全人口に占める65歳以上の高齢者の割合）が7%を超え高齢化社会に突入し, その後1994年に14%, 2007年に21%を超え, 現在は実に5人に1人は高齢者という超高齢社会になっている. このため, これまでは病院などの医療施設や老人ホームなどの社会福祉施設など特定の施設にのみ特に配慮されてきた高齢者・身体障害者対応であるが, 現在では全ての施設において同様な配慮がなされることは当然であるという考え方に変わってきている. その対象はこれまでの歩行障害をイメージした高齢者・身体障害者から視覚・聴覚障害者, 発達障害者等も含むすべての障害者に, さらには年齢や国籍をも問わないすべての人へと広がってきている.

4.8.2 高齢化と法的対応

このような社会の変化に対応するためにさまざまな施策, 法整備が進められてきた. 都市環境・建築関連では1994年に「高齢者, 身体障害者などが円滑に利用できる特定建築物の建築の促進に関する法律」, いわゆる「ハートビル法」が施行された. これは, その後の改正も合わせて, 不特定多数または多数の者が利用する施設, 公共性の高い建築物に対し高齢者・身体障害者が円滑に利用できるための措置を講ずるように求めたものである.

2000年には「高齢者, 身体障害者等の公共交通機関を利用した移動の円滑化の促進に関する法律」いわゆる「交通バリアフリー法」が施行された. これは, 鉄道駅等の旅客施設にエレベーターや誘導用のブロックを設置してバリアフリー化の促進を求めたものである.

その後「一体的・総合的なバリアフリー施策の推進」が必要であるという反省から, 2006年に両法律が統合され「高齢者, 障害者等の移動等の円滑化の促進に関する法律」にわゆる「バリアフリー新法」が施行されている. これにより, 対象者が身体障害者からすべての障害者が保護対象となり, 対象施設の拡充, 基準の強化, 他基準との整合が図られた. 同法率により2000 m^2 以上の特別特定建築物は基準適合義務が生じ, 駐車場・通路・階段・出入り口・廊下・エレベーター・トイレ等の構造基準に適合する必要がある.

4.8.3 高齢者の特性

高齢者対応を検討するためには，基礎となる高齢者の特性をよく理解する必要がある．これまで他覚的でデータ収集の容易な身体機能についての資料は多く存在したが，近年の人間工学の進歩によるさまざまな基礎実験から感覚的特性も明らかになってきている．

a. 運動・生理機能特性
(1) 筋力の低下：動作が緩慢になる．敏捷性が低下する．
(2) 関節稼動範囲の制限，姿勢維持の困難性：手を伸ばして届く距離（高さ・低さ）が制限される．
(3) 触覚の低下（加齢による末梢神経系の変化）：巧微性の低下（細かい作業がしにくくなる）．
(4) 生体リズムの変化（加齢による睡眠・覚醒リズムの変化）：眠りが浅く，昼間にうとうとし，夜は眠れなくなるといった症状の発生．

b. 聴覚特性
聴覚の低下がある．純音聴力試験によると高齢者は一般に 2 kHz 以上の高音域が聞き取りにくくなる．そのほか会話等の聴力評価に用いる単音節明瞭度試験では背景音の有無，音の強さによって 80 歳代の正答率は一般成人の半分以下になる．

c. 視覚特性
(1) 視力・視野の低下：小さい表示が見にくく，視野も狭いため躓いたり障害物に当たりやすくなる．動体視力も低下するため動いている物に対する認識も低くなる．
(2) 色覚の変化：近似色が見分けにくい．白内障が起こると黄色が識別しにくくなる．
(3) 順応の低下：急に明るい場所（暗い場所）へ移動すると見えにくい．照明のグレアを強く感じる．

d. 温熱感覚特性
(1) 代謝機能，恒常性維持機能の低下：体温調節機能が低下するため，寒冷暴露時の低体温症や暑熱暴露時の熱中症を起こしやすい．
(2) 温度変化に対する感受性の低下：周囲温度に対し鈍感になるため，室内温度の暖め過ぎや冷やし過ぎを起こしやすい．
(3) 周囲温度に対する循環器系の過剰反応：急に寒い場所に入ると末梢血管が収縮し血圧が急上昇する．寒い脱衣室から暖かい浴室に入った場合の血圧の急変動によるヒートショックが代表的な事例．

4.8.4 高齢者の運動・感覚特性に合わせた環境の設計指針について

a. 各環境について配慮するポイント
1) 動作環境
(1) 操作器具の取り付け高さに配慮する．
(2) 操作のしやすさに配慮する．

2) 音環境
(1) 高音特性に配慮する．
(2) 目的音を明確にさせるため暗騒音の低減化を図る（空調機，送風機の低騒音型の採用や騒音源からの離隔・遮断）．

3) 光環境
(1) グレアに対する配慮と黄色の表示類について検討を要する．
(2) 一般的に通常より高照度を確保することが望ましいが，壁面照度や天井面照度の向上による部屋全体としての明るさ感の向上を図ることが重要で心理的な快適性が向上する．
(3) 1日中（特に夜間）一定の高照度環境に置かれると昼夜のリズムが崩れやすくなるため，昼夜とも同室で居住する場合は採光や照明に配慮して昼・夜の雰囲気を感じられるよう照度・色温度に配慮し生体リズムの崩れを防ぐ．

4) 温熱環境　温熱ストレス（温度差，温度むら，ドラフト等）を軽減する．特に冬期の暖房に配慮が必要で通常より室温を高くするとともに，他室・廊下等との温度差を少なくするように配慮する．

b. 設備的対応
1) 操作性能改善
(1) 照明スイッチ・空調スイッチ
① スイッチボタンの大型化
② 数の削減・分散設置
③ 取り付け高さを若干低めにする（90～100 cm）
(2) コンセント
① 取り付け高さを若干高めにする（30～40 cm）
② マグネットコンセント（コードに引っかかってもはずれてつまずきにくい）の利用
(3) 衛生器具
① わかりやすくシンプルな操作のものを選定
② 水栓器具のシングルレバーの選定
　・弱い力でも操作可能なものの選定
　・動かす方法の表示をわかりやすくする
③ 清掃性の容易な器具の選定

2) 拡声放送
(1) 高齢者にも聞き取りやすい放送システムの検討

(特に高音成分を補足できるような放送でグラフィックイコライザにて周波数を調整する).

(2) 音圧分布の平均化のために,スピーカの設置台数を通常より多くする.

3) 照明

(1) グレアの低い器具の採用(カバー付き,ダウンライト,間接照明等).

(2) 原則として高輝度型のランプ(ミニハロゲンランプ,ローボルトハロゲンランプ等)は採用しない.

(3) 常夜灯,足元灯の採用

(4) 不用意なコントラストを避ける.

(5) 昼夜とも居住する室の照明は調光式にするか,昼白色と電球色の2色の蛍光灯を設置し昼・夜による使い分けを可能とするなど生体リズムを保つための配慮をする.高齢者施設等ではこの考え方をさらに積極的に照明設備に取り入れ,人工的に昼夜の雰囲気をつくり出すサーカディアン照明システムの採用事例も出てきている.

4) 表示類の改善

(1) 小さな表示ランプの大型化

(2) ルームエアコン,パッケージエアコンの操作スイッチの夜晶パネルをバックライト付きにして見やすくする.リモコンは紛失や置き忘れも多いため使用の可否を確認する.

(3) おおまかな表示.(具体的な温度表示より,"熱い""冷たい"や,色(冷たい"青"から熱い"赤"へ)による表示).

5) 安全性の確保

(1) 給湯による火傷防止

① 給湯供給温度の低温化(ただしレジオネラ菌対策の考慮が必要で循環式の場合60℃未満は避ける.この場合特に浴室等の給湯側の水栓は火傷防止のカバー付とする).

② サーモタイプの水栓の採用

(2) 緊急時対応

① 便所,浴室,洗面所内に緊急時用の呼出し装置の設置を検討する(トイレコール,バスコール,インターホン機能付リモコン).

② 住居系の建物では異常検知システムの導入を検討する(人感センサにより居住者の動きを検知する.ただし,プライバシーの保護に有意する).

③ 裸火を使用しない器具の選定

④ コンロはIHヒーター(電気ヒーターは見た目で熱いかどうかわからない器具があり,逆に危険),湯沸かし器はFF式,暖房を電気式にするなど裸火を使用しない器具を選定する.

6) 空調・換気

(1) 温風暖房と輻射暖房について

① 冬期の室内温度は通常より若干高め(24℃程度)に設定する.エアコンは温風を床面まで到達させるために吹き出し温度が高く,ドラフトも感じる.室内上下温度差も大きいため高齢者向けの暖房設備としてはあまり適したものではない.

② 温風暖房に比べ輻射暖房はドラフトも無く均質で柔らかい暖房のため高齢者には適した暖房システムである.特に床暖房は室内の温度むら(特に上下温度差)が少なく,室温が低くても快適感が得られるため高齢者には適した暖房システムである.

③ 輻射暖房の欠点は立ち上がりに時間がかかるため,予熱運転が必要になることであるが,近年エアコンに床暖房の機能をもたせた機種が出てきており,エアコンと床暖房の併用により欠点を補い合うことも可能である.

(2) 居室と非居室(廊下・便所等)の温度差を極力少なくする.

① 給排気ルートを上手に設定し,空調空気が廊下を通って便所から排気されるように設計する.

② 浴室・脱衣室は暖房機能付きのバス乾燥機や床暖房機能付きの湯沸かし器などを利用しヒートショックの防止に努める.

(3) 加湿の重要性:インフルエンザの感染防止のためには適度な温度を保つ必要があるとの臨床データもあり,冬期は積極的な加湿が望まれる.ポータブル式は管理によってウイルスの温床になる危険があるため,空調システムとして加湿を行えることが望ましい.

(4) 臭気対策と換気の配慮

① 特に高齢者施設などでは排泄臭等の独特の臭いがこもりがちである.十分な換気量と適切な換気ルートを確保し臭気の除去に努める.

② 人が集まる室(食堂やデイルーム等)や長く在室する居室(集会室等)は脱臭設備の設備も検討する.

〔明珍邦彦〕

4.9 情報化対応

施設への情報化投資の増大に伴い,設備の計画段階で情報化対応を十分検討することが必要である.情報化の検討にあたって,情報化の対象領域を明確にするため,施設情報化の対象領域マップを表4.17に示す.

表 4.17 施設情報化の対象領域マップ

主要建物用途	事務所	コンピュータセンターIDC*	教育・研修	医療・福祉	ホテル	集合住宅寮・社宅	研究所	工場・倉庫
情報化対応施設計画	[建築計画] ・外部通信ネットワーク引き込みルート確保 ・情報通信用シャフト最適配置 ・電磁環境制御計画（電磁・磁気ノイズ低減対策など）			[設備計画] ・信頼性の高い電源設備（十分な電源容量の確保，冗長性） ・安全性の高い接地システム ・情報機器の発熱負荷に対応した空調設備				
施設情報化設備計画	[施設管理設備] ・監視制御システム ・防災監視制御システム（火災，地震） ・防犯監視システム（入出退管理，ITV監視など） ・駐車場管制システムなど			[一般情報設備] ・館内情報設備（放送設備，インターホン設備など） ・公共放送受信設備（TV，CATV, BS, CS） ・各種表示装置			[特殊情報設備] ・視聴覚設備 ・舞台音響映像設備	
情報・通信設備計画	[施設内情報・通信設備] ・施設内ネットワーク（有線LAN，無線LAN） ・電話設備（交換機，有線電話，無線IP電話，IP電話など） ・電磁環境制御計画（電波の混信防止，盗聴防止など）			[情報配線設備] ・統合配線			[施設外情報・通信設備] ・通信ネットワークサービス（WANなど） ・インターネット/イントラネット	
業務・生活支援サービス計画	・テナント管理 ・CAFM ・キャッシュレス利用		・教務管理 ・事務管理 ・パソコン教室 ・図書管理など	・オーダリングシステム ・電子カルテ ・医療支援 ・薬剤支援 ・患者サービスなど	・ナイトパネル ・ホテルシステム	・電子回覧版	・GMP（医療） ・HACCP（食品）	・生産・物流管理
経営支援サービス計画	・ERP		・法人財務会計	・医事会計				・SCM

[用語説明]
・CAFM: computer aided facility management
・ERP: enterprized resource planning
・GMP: good manufacturing practice
・HACCP: hazard analysis critical control point
・SCM: supply chain management
[*1] IDC: インターネット・データ・センター

マップでは横軸に主な建物用途，縦軸に計画段階で検討すべき項目を情報化対応施設計画，施設情報化設備計画，情報通信設備計画，業務・生活支援サービス計画，経営支援サービス計画の5項目に分類した．従来，建築設備で検討すべき項目としては，情報化対応施設計画と建築設備工事範囲に分類される施設情報化設備計画が中心であったが，最近では情報化の基盤設備である情報通信設備をはじめ，ソフト分野である業務・生活支援サービス計画や経営支援サービス計画まで一括して検討することが求められている．特にソフト分野のサービスメニューは建物用途によって異なるため，計画にあたっては建物用途ごとの業務内容や経営に関する専門知識が要求される．この傾向は今後いっそう強まっていくことが予想される．

以下に，設備計画の段階で検討すべき情報化対応に関する基本的な留意事項について述べる．

a. 情報化対応施設計画

情報化対応施設計画は，施設内で情報通信システムを利用するユーザーが長期にわたって，便利に，かつ支障なく利用できるように，建築および設備計画上，検討すべき項目である．その際に考慮すべき主な留意点について述べる．

1) 建築計画 施設内のユーザーが多様な通信サービスを利用できるよう配線ルートを十分に確保する必要がある．また，施設内幹線ネットワーク配線や機器用の専用シャフトを設置する．この際，支線ネッ

トワークの配線長に制約条件（例：100BASE-TX で100 m 以内）があるため，情報通信シャフトの設置場所を決定する際には，注意が必要である．さらに情報通信システムの技術革新が激しいことから5年程度の短期間で，施設を使いながらの更新作業を考慮して，予備スペースを十分確保することも重要である．

サーバー室や通信ネットワーク機械室などに設置される情報・通信機器に対する電磁波ノイズや磁気ノイズ対策も重要である．特に，携帯電話，テレビ・ラジオ放送など建物外部から到来する電磁波強度を計画段階で計測し，サーバーや通信機器などの誤作動などのリスクを事前に把握する必要がある．また，建物内部に設置する空調機や無停電電源装置などのインバータから発生する電磁波ノイズの影響を防ぐため，これらの機器とサーバーや通信機器を近接して設置しないことも重要である．また，電気室の変圧器などから発生する交流磁気により CRT 画面をゆらす障害が発生する可能性があるため，電気室とサーバー室を近接させない等建築計画上留意する必要がある．しかし，上記の建築計画上での対応が困難な場合には，電磁波シールドや磁気シールドの導入を検討し，計画段階で解決できる対策を講じておく必要がある．

2) 設備計画　サーバーや通信機器などの情報通信機器への電源供給にあたっては，十分な電源容量の確保と交流無停電電源装置（UPS），自家発電機によるバックアップ，幹線ケーブルの二重化など信頼性の高い電源計画が求められる．また，前記の電磁波ノイズ対策や高調波対策の観点から情報通信設備の独立接地や統合接地など安全性の高い接地計画が求められる．

電源計画や接地計画にあたっては，コンピュータセンター，インターネットデータセンター（IDC）や本社ビルのサーバー室など，建物用途や情報通信設備の重要度に応じて費用対効果を考慮しながらシステムを決定する．

b. 施設情報化設備計画

施設情報化設備計画は，従来から建築設備工事範囲に位置づけられ，それぞれが単独システムとして完結していた．しかし，近年のアナログからデジタル技術への技術革新および情報通信技術のオープン化・マルチベンダー化の流れを受けて，施設情報化設備相互や施設内ネットワーク（LAN, WAN）との統合化がみられるようになってきた．

ここでは，施設管理設備，一般情報設備，特殊情報設備に分けて，設備計画段階で考慮すべき主な留意点について述べる．

1) 施設管理設備　設備機器の監視制御，防災監視，防犯監視などの各システムは小規模建物では，個別に設置させるケースが多く，大規模建物になるにしたがい，統合される傾向にある．システムの統合を検討するにあたっては，異なるベンダーのシステムをネットワークを介して，容易かつローコストで接続するため，インターネットの基盤技術である Ethernet (TCP/IP) やビル管理用のデータ通信サービスと通信手段を定義した BACnet (Building Automation Control network：米国 ANSI/ASHRAE standard 135-1995) などのオープン化・マルチベンダー対応のネットワーク技術の採用も検討する．

また，施設内ネットワーク（LAN, WAN）と接続することで，複数の建物を一括で管理する多棟管理やパソコンから空調の残業予約，室内温度の設定変更，照明の点滅などユーザーへの業務・生活支援サービスについても検討する．

2) 一般情報設備　放送設備，インターホンなどの館内情報設備や地上波テレビ，衛星放送（BS）・衛星通信サービス（CS）などの公共放送受信設備および施設内の電光掲示板などの表示装置は今後，デジタル化が進み，施設内ネットワーク（LAN, WAN）との統合化を考慮した機器の選定やシステム計画を行う必要がある．

3) 特殊情報設備　事務所や研究施設の会議室や教育施設の教室，講義室などでは，視聴覚設備（AV 設備）が，また，劇場，ホールや教育施設の講堂などでは，舞台音響映像設備の検討が必要である．これらの特殊情報設備は，システムのグレードによってコストに大きく影響することから，計画段階でユーザーのニーズを十分把握したうえで，過不足のないシステム設計をする必要である．

c. 情報通信設備計画

情報通信設備計画は，従来は建築設備工事範囲外の別途工事として位置づけられていたが，b. 施設情報化設備のデジタル化技術の普及により統合化され新しい業務・生活支援サービスを提供できるようになってきた．ここでは，施設内情報・通信設備，情報配線設備，施設外情報通信設備に分けて，設備計画段階で考慮すべき主な留意点について述べる．

1) 施設内情報・通信設備　施設内ネットワークや電話設備は，技術革新が著しいため，計画にあたっては，最新技術動向や標準化動向に留意する必要がある．特にインターネット（IP）電話などデータ系と音声系の統合化動向は注目すべき点である．さらに，無

線LANなどのモバイルシステムの普及により，建物用途や建物の使い勝手によって，有線と無線ネットワークを最適に組み合わせたシステム計画が重要となる．

また，モバイルシステムの普及により，電波の混信，建物内の反射による伝送速度の低下防止対策や建物外部へ電波が漏れることによる盗聴リスク対策として，電磁波シールドなど電磁波対策技術の導入についても計画段階で検討すべき重要な項目である．

2) 情報配線設備　従来，パソコンのデータ系と電話の音声系の配線を統合し，先行配線する方式がとられてきた．この統合配線により，組織変更などに伴うレイアウト変更に対して，柔軟に対応が可能となる．今後は，IP電話の商品化などデータ・音声統合化の進展状況を踏まえ，統合配線の計画を行うことが重要である．

3) 施設外情報通信設備　インターネット・イントラネットの普及や多数の通信ベンダーから多様な通信サービスが提供されていることから，データや音声のデータ量を把握し，セキュリティグレードの設定，通信量の最低保障，ネットワークの信頼性，障害時のバックアップ体制などの通信品質を十分に検討したうえで，通信サービスメニューの選定を行う．また，施設内ネットワークと合わせて情報セキュリティポリシーレベルを設定し，システムを構築する．さらに，建築計画と合わせたセキュリティ計画が重要である．

4) 携帯電話の不感知対策　携帯電話の普及に伴い建物内での携帯電話の不感知対策が必要となることがある．この対策は建物の環境によっては数億円規模の費用がかかることもあり，建物計画の早い段階で検討する必要がある．

d. 業務・生活支援サービス計画

業務・生活支援サービスは，建物用途によってサービスメニューが異なるため，建物用途別に専門知識をもった設計者が，ユーザーニーズを十分に把握したうえで，計画設計を進めることが重要である．特に，建築計画の初期段階から施設計画と一体で検討することで，施設計画との整合性が図れ，より使いやすいシステムを構築することが可能になる．

e. 経営支援サービス計画

経営支援サービス計画は，ERP (Enterprized Resource Planning，企業の業務環境の統合管理) やSCM (Supply Chain Management，商品の供給プロセス全体の一元管理) など経営を支援するシステムであり，従来は，建築設備計画とはまったくかかわりをもたず，ユーザーが直接検討していた項目である．しかし，最近では，アウトソーシング化の流れのなかで，建築設備計画のなかで検討すべき項目になりつつある．したがって，設計者は，建物ユーザーの経営分野も含めたトータル的な提案や設計を求められるようになってきている．
〔小林勝広〕

4.10　生産施設環境

4.10.1　バリデーション

a. 医薬品とGMP

医薬品は人の生命に深いかかわりをもつ一方その有効性や安全性は外観からは判断できないなど他の工業製品にはない特徴をもっている．GMP (Good Manufacturing Practice) は優れた品質の医薬品を恒常的に製造する規範として厚生労働省により「医薬品の製造管理及び品質管理規則」(GMPソフト面，平成6年1月27日，厚生省令第3号) と「薬局等構造設備基準」(GMPハード面，平成6年1月27日，厚生省令第4号) として基準が定められている．医薬品GMPの目的は (1) 人為的な誤りの最小限化，(2) 医薬品への汚染防止および品質低下防止，(3) 高品質を保証するシステムである．

b. GMPとバリデーション

バリデーション (validation) は1980年代に米国FDAにおいて概念が導入され，国内においては平成6年に「医薬品の製造管理及び品質管理規則」内に制定された．その中でバリデーションとは，「製造所の構造設備並びに手順，工程その他の製造管理及び品質管理の方法が期待される結果を与えることを検証し，これを文書とすること．工程等が規格に適合した製品を恒常的に生産することを保証するための手段」とある．

c. バリデーションの実際

バリデーションは医薬品の品質確保のための検証手段であり，品質に影響を及ぼすシステムはその概念に沿った検証が求められる．建築設備的には空調設備 (清浄度，換気回数，室間差圧，温湿度維持など)，衛生設備 (製造用水，排水，圧縮空気，特殊ガス，蒸気など)，電気設備 (照度，停電対策，監視装置など) などが製造を支援するシステムとしてその対象となるが，製造する医薬品によってその重要性は異なるため施設の内容をよく理解しバリデーションの対象を定める必要がある．図4.30に施設建設時のバリデーションの流れを示す．各ステップで必要とされる内容は以

4.10 生産施設環境

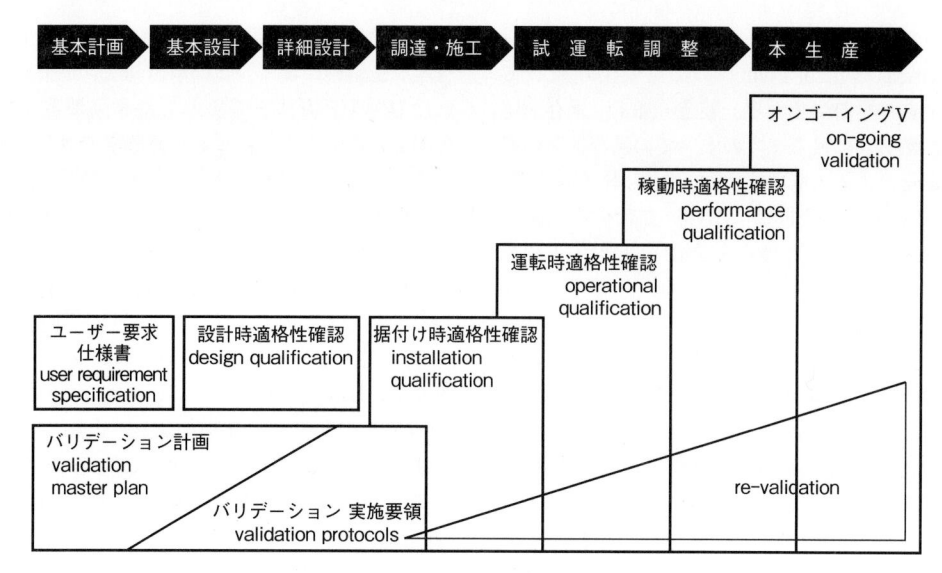

図 4.30 バリデーションステップ

下のとおり．

1) バリデーション計画（VMP） 目的，実施方法，システムへの要求事項，対象，プロトコルの書式，責任・実施体制，スケジュールなどを記述する．バリデーション全体の指標となる．

2) 計時適格性確認 設計されたシステムや機器の仕様が要求された事項に適合しているか，あらかじめ作成したチェックリストなどを用いて確認を行う．

3) 据付け時適格性確認（IQ） 機器が設計仕様通りに製作されているか，また所期の性能を満足できるよう据え付けられているかを確認する．あらかじめシステムごとにIQプロトコル（実施計画書）を定め，そこで決められた手順にしたがって実施する．

4) 運転時適格性確認（OQ） IQおよびセンサ類のキャリブレーション実施後，設備・システムが設計仕様の範囲内の条件で仕様のとおり動作することを確認する．あらかじめシステムごとにOQプロトコル（実施計画書）を定め，そこで決められた手順にしたがって実施する．OQの目的は性能のベースラインを確立することにある．

5) 稼動時適格性確認（PQ） 製造プロセスが要求された品質の製品を再現性をもって稼動することを確認する．この段階では建築設備面の検証はすべて完了しており実際の製造と同様の運転がなされる．

6) プロトコル 各ステップで必要とされるプロトコル（実施計画書）に記載すべき内容は，
(1) 承認／改定
(2) 目的
(3) 組織／役割／責任分担
(4) システム概要
(5) 合格基準
(6) 検査方法／検査記録書
(7) 不合格時の対応
(8) スケジュール

などである．

4.10.2 HACCP

a. HACCPとは

HACCPは食品の安全性を確保するシステムであ

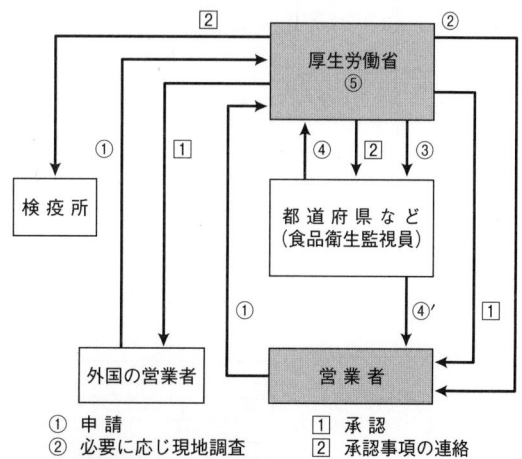

① 申請
② 必要に応じ現地調査
③ 現地調査および報告依頼
④ 報告
④' 必要に応じ現地調査
⑤ 審査
１ 承認
２ 承認事項の連絡

図 4.31 総合衛生管理製造過程承認制度実施体制

り，危害分析（HA＝Hazard Analysis）と重要管理点（CCP＝Critical Control Point）の2点で成り立っている．食品の原材料生産から，製造・加工，保存，流通を経て，消費者に渡るまでのすべての過程において発生するおそれあるの危害（生物的危害，化学的危害，物理的危害）を調査分析し（HA），これらの危害を防止するための重要な管理点を定め（CCP），工程を科学的に管理する方式である．

b. HACCPの歴史と動向

1960年代の米国の宇宙計画において安全な宇宙食を求めてHACCPは開発され，その後米国，EU，日本ほか世界に広まっている．米国では1995年水産物，1996年食肉製造に関してHACCP導入が義務化され，EUでは1996年すべての食品に対してHACCP手法による衛生管理が義務づけられた．

日本では1996年食品衛生法が改正され，「総合衛生管理製造過程による製造の承認制度」が発足した．これはHACCP方式を基礎とした食品製造における自主衛生管理方式の国による承認制度であり，対象品目について厚生省が製造ラインごとに審査し，基準を満たせば承認する制度である（この制度の実施体制を図4.31に示す）．

対象品目は最初に「食肉製品」と「牛乳および乳製品」が指定され，その後「容器包装詰加熱加圧食品（いわゆるレトルト食品）」，「魚肉練製品」，「清涼飲料水」が追加指定されている．この制度をうけ日本では2010年2月現在822施設が承認を受けている．

また，HACCP導入を促進するために1998年「食品の製造過程の管理の合理化に関する臨時措置法（HACCP手法支援法，農水省，厚生労働省）」が成立

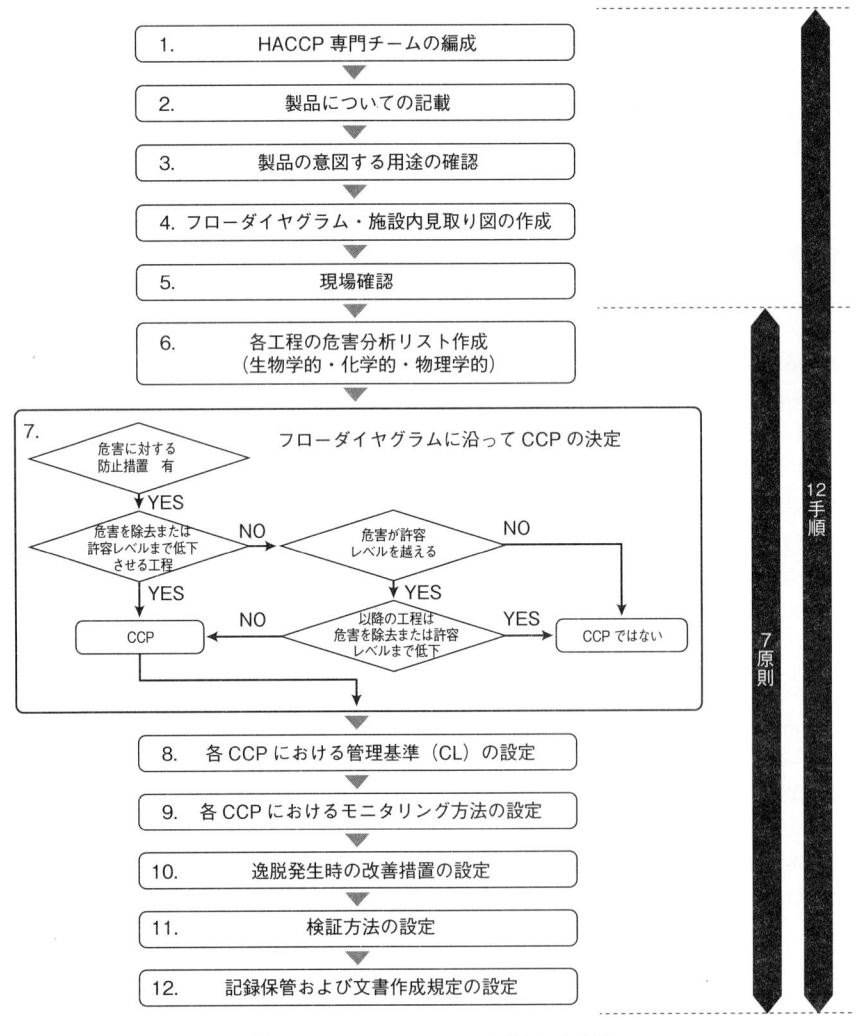

図4.32 HACCPシステムの原則と12手順

し，業界団体ごとに HACCP 手法を取り入れた食品の安全性高度化計画が進められている．

c. HACCP の特徴

従来，食品の安全性管理は主に製造された製品を抜き取り，微生物検査を実施していたが検査結果が出る前に出荷されることが多かった．また問題を生じた場合も「製造過程のどの部分が適切でなかったか」か把握しがたい面があった．

これに対して HACCP 方式は次の特徴をもつ．

(1) HACCP は食品の微生物的危害だけでなく，化学的危害，物理的危害の防止にも有効である．

(2) 食品の製造・加工段階のみならず，原料製造から最終消費に至るまで衛生管理可能な手法である（米国では farm to table という）．

(3) HACCP は合理的，科学的手法であるが日常容易に実施できる．また特別な装置・設備は不要であり製造過程を継続的に監視しており，管理結果は迅速に得られ，出荷前に問題製品は除去できる．

d. HACCP の構築

厚生労働省では HACCP を導入，構築する方法として 1993 年国際食品規格委員会から出されたガイドラインによる「7つの原則と12の手順」に従うこととしている．

この手法の作業フローおよび内容を図4.32に示す．

e. HACCP と建築的対応

HACCP システムは食品の製造設備に関する安全性確保手法であり建築（建築設備）そのものではない．しかし製造環境における危害を少なくすることが CCP（重要管理点）を少なくし，HACCP を効率的なものとするうえで重要である．この点から，「防じん・防虫対策」，「清掃しやすい作業室」，「異物をいれない，細菌・かびを発生させない」製造環境を建築（建築設備）として構成する必要がある．　　　〔小沢真吾〕

4.11　VE

4.11.1　VE の概要

VE は，Value Engineering（価値工学）の略語．1947 年に米国で生まれた管理技術で，機能に着目した「価値の向上を目指す活動」と位置づけられている．

a. VE の定義

VE の定義は，(1) 最低のライフサイクルコストで，(2) 必要な機能を (3) 確実に達成するために製品や (4) サービスの (5) 機能的研究に注ぐ (6) 組織的努力である．その概念式は，V (value) $= F$ (function)$/C$ (cost) で表され，それぞれの言葉の意味は次の内容である．

(1) 最低の LCC：建設コストと維持管理から廃棄にかかわるコストを最小にすること．

(2) 必要な機能：使用者が要求する目的を達成するために必要な，品質・性能・信頼性・保守性・耐久性・安全性・操作性など．

(3) 確実に達成：要求水準値をクリアしていることを確認すること．

(4) サービス：組織・制度・事務手続き・工程・流通・エネルギーなどを含む．

(5) 機能的研究：一連の効果的な手順により問題を解決すること．

(6) 組織的努力：手順を尊重して組織的かつ確実に展開することと，各専門分野の優れた知識や技術を結集し，問題解決に専念するチームデザイン体制の構築を図る．

b. VE の基本原則

価値ある製品やサービスを追求するための VE 活動の行動指針としては，(1) 使用者優先，(2) 機能本位，(3) 創造による変更，(4) チームデザイン，(5) 価値向上の5つの原則があり，価値 (V) 向上 ($\uparrow$) の形態として，

(1) $\dfrac{F(\rightarrow)}{C(\downarrow)}$ ：① 同じ機能のものを，
　　　　　　　② 安いコストで提供する．

(2) $\dfrac{F(\uparrow)}{C(\downarrow)}$ ：① より優れた機能を果たすものを，
　　　　　　　② より安いコストで提供する．

(3) $\dfrac{F(\uparrow)}{C(\rightarrow)}$ ：① より優れた機能を果たすものを，
　　　　　　　② 同じコストで提供する．

(4) $\dfrac{F(\uparrow)}{C(\uparrow)}$ ：① なお優れた機能を果たすものを，
　　　　　　　② 少々のコストアップで提供する．

がある．ただし，(4) の逆パターンでよくありがちな

(5) $\dfrac{F(\downarrow)}{C(\downarrow)}$ ：① やや機能は下がるが
　　　　　　　② 大幅に安いコストで提供できる．

については，機能を下げることは VE では容認しないため，グレードや仕様の変更が伴うが果たすべき機能は変わらないことを明示する必要がある．

4.11.2　建築での VE 適用

建築設計での VE は，VE により建築物を新たに設計し，最初から機能とコストを保証していく場合と，VE により既存の設計仕様を改善設計し，機能を高めコストを低減していく場合の2通りの適用方法がある．前者を価値保証のための「1st look VE」，後者を価値改善のための「2nd look VE」と区別している．

a. 価値保証のための設計 VE（1st look VE）

施主要求（品質・予算・工期）を把握し，設計条件を確立するための活動で，その手順を次に示す．

(1) 目標の設定 ： ① 設計ポイントの明確化
　　　↓　　　　② 目標コストの設定
(2) 条件の確認 ： ③ 制約条件の明確化
　　　↓　　　　　（法規制・環境条件など）
(3) 機能定義 ： ④ 施主要求事項を機能に変換
　　　↓　　　　　（機能を数値化する）
(4) 機能評価 ： ⑤ 機能重要度と建築物の構成
　　　↓　　　　　ブロック別の重要度の把握
(5) 具体案の作成 ： ⑥ 構成ブロック別目標コスト
　　　　　　　　　　の設定
　　　↓　　　　⑦ アイデアの発想と整理
(6) 実施案の作成 ： ⑧ 建築物全体からのチェック

1) 機能定義とは　施主の要求事項が漠然とした表現であることによる竣工時のトラブルを回避するため，イメージを具体的な機能に置き換え，数値化できるものは規定する．

例えば，「快適な空間を確保してほしい」には，(1) 温・湿度条件，(2) 気流条件，(3) 騒音レベル，(4) 照度，(5) 1人当たりの気積，(6) 天井高，(7) 内装仕上げ材・色 などの数値やサンプルを提示して，実際に体感させることで了承を得るのが肝要である．

2) 機能評価とは　施主の要求事項から変換された機能の重要度を，(1) 経済性，(2) 安全性，(3) 可変性，(4) 使用性，(5) 信頼性，(6) 快適性，(7) 美感，などで評価してウエイトづけした後，建築物の構成ブロックの関連度合に応じ按分することで，構成要素別目標コストの設定を行う．

例えば，同じ事務所ビルであっても，施主要望の重点が A．ランドマーク的，B．防災拠点，C．テナント募集のためなどと異なれば，コスト配分方法については，A の場合は外装の仕上げアップのために建築意匠へ，B の場合は耐震性能や非常時対応のため構造や設備へ，C の場合は快適性能や利便性向上のために設備へ，の上乗せの考慮が必要となるはずである．

b. 価値改善のための設計時 VE（2nd look VE）

設計仕様を決めて概算を算出した後，施主の予算と合致させるための活動で，その手順を次に示す．

(1) 目標の設定 ： ① CR (Cost Reduction) 目標額
　　　↓
(2) 対象の選定 ： ② 着手工種，テーマの絞り込み
　　　↓
(3) 機能定義 ： ③ ものの働きを明確にする
　　　↓
(4) 機能評価 ： ④ 改善対象の明確化
　　　↓
(5) 具体案の作成 ： ⑤ アイデアの発想と整理
　　　↓
(6) 改善案の作成 ： ⑥ 具体案の洗練化

1) 対象（テーマ）の選定とは　総 CR（原価低減）目標額を決めた後，各工種に対して一律に減額割り当てをするのではなく，設定の目標コストに達成していない工種に重点配分すべきである．これは，基本計画の妥当性と検討努力に応えるためと VE 検討効率を高めるねらいがある．

また，VE 検討テーマの選定にあたっては，工事のコスト比率が大きいものに注力しがちであるが，市販のウエイト表（用途別・規模別）などを参考にして，数値の上まわる工種に衆知を集めるべきである．

例えば，事務所ビルの場合を参考に示す．まずは担当プロジェクトの工種別のコストを把握し，全体に対する割合を算出することで，表4.18のような参考データと比較する．ここで，建築と設備とのバランスを見た後に，設備工事の中でのウエイトはどうか確認する．

ここで，空調設備がオーバーしているとすれば，さらに小項目についても比較して対象を絞り込んでゆく．

もしも，ダクトの比率が高い場合には (1) 熱負荷過剰（電気機器発熱・ガラス面積比率・外壁率・外気導入量），(2) 梁貫通制約，(3) 空調機械室の位置，(4) 外気冷房対応，などに問題がないかを着眼点にテーマを選定していく．ただし，施主要求・官庁指導・環境条件などでコストアップになっている項目は

表4.18　事務所規模別工事費ウエイト表

建　物　名	A ビル	B ビル	C ビル
構　　造	RC	RC	SRC
延べ面積 [m²]	600	2000	7000
階数（地下／上）	0/3	1/7	2/9
純　工　事　費	1.0000	1.0000	1.0000
(1) 建　　築	0.7412	0.6951	0.6924
(2) 設　　備	0.2588	0.3049	0.3076
設　備　工　事　費	1.0000	1.0000	1.0000
(1) 電　　気	0.4386	0.3621	0.3861
(2) 衛　　生	0.2441	0.1624	0.1338
(3) 空　　調	0.3173	0.3233	0.3849
(4) 昇　降　機	－	0.1522	0.0952

表4.19 事務所規模別空調工事費ウエイト表

建 物 名	Aビル	Bビル	Cビル
空 調 工 事 費	1.0000	1.0000	1.0000
(1) 機　　　器	0.5056	0.4886	0.3795
(2) ダ ク ト	0.0000	0.1262	0.2255
(3) 配　　　管	0.2371	0.1626	0.1865
(4) 自 動 制 御	0.0059	0.0732	0.1218
(5) 換　　　気	0.2514	0.1494	0.0867

検討から除外する．

2) 機能定義・機能評価とは VE検討テーマを構成要素に分解し，それぞれの役割を洗い出して整理することで，テーマの果たすべき機能分野を再確認する．さらに，価値の低い（機能達成にかけるべきコストよりも現行コストがかかりすぎている）機能分野を見つけ出して，優先的に代替案の検討することで，大きな成果を上げる効率のよいVE活動を実施することができるようになる．

また，この段階では当初設定した制約条件に過不足がないか，他の工種とのグレードや安全率の見方に整合性がとれているか，見直しも必要となる．

4.11.3 設計者のあるべき姿とVE
a. コストコントロール機能の充実
設計者としては，基本設計段階で施主予算の±5%以内に収まっていなければ実施設計へ移行すべきではない．そのためには，基本計画の段階で概算見積を実施し施主予算との整合性を図り，また設計の各段階でコスト検証を実施し，必要に応じてVE検討をすることで「コストコントロール」を行って，目標予算内におさめるように努力すべきである．その前提としては，短期間で可能な概算ツールとその評価のためのコストテーブルの整備が必要となる．

b. 原価企画の導入
他の製造業での「原価企画」では，市場価格を想定し自社の利益を確保した残りで製造原価を設定した後，製品仕様をVE検討により決定している．この考え方をマンション建設などに導入し，市場価格や採算価格を想定し施工会社の利益を控除して工事原価を設定し，各工事項目に分配した金額に合わせるための仕様をVE検討により決定する．このようにして，新規物件を開発事業会社に売り込みできるようになれば，建設業・設計業の受注産業からの脱却の一歩となる．

〔柏原忠茂〕

4.12　自然エネルギー

4.12.1　風　　力
a. 風車の規模
文献[1]では以下のように分類している．
(1) 大型風車：定格発電出力が500 kW以上の風車．
(2) 小型風車：ロータの受風面積が40 m^2 未満の風車．

本節では，建物の近傍あるいは屋上に設置される程度の規模の風車を主体に記述する．

b. 風車の種類
水平軸型と垂直軸型の2種類がある．水平軸型にはプロペラ型風車があり，現在の風車の大半を占めている．垂直軸型にはサボニウス，ダリウス風車などがあり，主として小型風車に使用されている．

c. 風力発電の検討ポイント
1) 景観 導入目的がシンボルにある場合，デザインについては特に留意する．

2) 風速 設置場所は，年間風が強く，乱れの少ない立地が望まれる．文献[2]では，風速による設置場所の判定目安として，以下をあげている．
(1) 1週間のうち2～3日間，風速4.5～5.5 m/s以上の風が，1日少なくとも2～3時間吹く場所を選ぶ．
(2) 気象庁から発表される年間平均風速が3.5 m/s以上の場所を選ぶ．
(3) 年間4 m/s以上の風が2000時間以上吹く場所を選ぶ．

また，文献[3]では，風況特性の評価として，以下をあげている．
(1) 平均風速：地上高10 mにおける年平均風速が5 m/s以上．
(2) 風向出現率：風軸上の年間風向出現率が60%以上．風軸とは，16方位の風向を対象に，主風向とその隣にある2風向と，これらの風向と対称となる風向の合計6方位．
(3) 乱れ強度：地上高20 mで0.30以下．
(4) 瞬間最大風速：地上高20 mで60 m/s以下．

3) 建物による風の変化 建物が風に及ぼす影響は，文献[4]では，以下のとおりとしている．

建物まわりには乱流域が形成され，その領域は，風上側に建物高さの2倍，風下側に建物高さの10～20倍，高さ方向に建物高さの2倍の範囲に及ぶ．

4) 強風対策 プロペラ型風車の場合，ロータの回転数は半径に反比例するため，小型風車ほど回転数

が多くなり，強風対策に留意する．強風対策には，自動と手動がある．自動の場合には，定格風速以上になると保安装置が過回転を自動制御し防止する．故障トラブルの少ない保安装置を含めた風車選定を行う．手動の場合には，台風時などの管理体制を検討し，強風時には手動停止させる．

5) システム形態　用途に合わせて，以下のシステム形態を選択する．
(1) 蓄電
(2) 負荷直結運転：電源品質の高さを求められないので，風力発電に向いている．
(3) 内燃機関とのハイブリッド
(4) 太陽光発電とのハイブリッド
(5) 商用電力との系統連系：商用電力会社とよく協議する．

6) その他　風車騒音，建物に設置する場合の振動，視覚的圧迫感などについては，対策を十分に検討する．

d. システムの評価項目
経済性について，下記の評価項目で検討を行う．
(1) 年間発電量（エネルギー取得量）（文献[4]）
　　年間発電量〔kWh〕= $\sum (V_i \times f_i \times 8760\,\text{h})$
V_i は風速階級 i の発電電力〔kW〕，f_i は風速階級 i の出現率．
(2) 設備利用率（文献[4]）
　　設備利用率＝年間発電量〔kWh〕／
　　　（定格出力〔kW〕×年間暦時間（8760 h））
(3) 稼働率（利用可能率）
　　稼働率＝年間発電時間〔h〕／年間暦時間（8760 h）
(4) 発電コスト（文献[4]）
　　発電コスト〔円/kWh〕=（建設コスト〔円〕×
　　　年経費率＋年間運転保守費〔円〕）／年間発電量〔kWh〕
ただし，年経費率 = $r/(1-(1+r)^{-n})$，r は金利，n は耐用年数．　　　　　　　　　　〔金子千秋〕

文　献

1) 日本工業標準調査会：JIS 風力発電用語，JIS C 1400-0：1999, p. 1, 1999.
2) 電気設備学会：街づくりにおける風力発電の利用に関する研究報告書, p. 36-38, 1999.
3) 新エネルギー・産業技術総合開発機構：風況精査マニュアル, p. 37, 1997.
4) 同上：風力発電導入ガイドブック, p. 16, p. 31-32, p. 61, 1998.

4.12.2　太陽光発電

a. 太陽光発電の特徴

太陽光発電は，大気汚染物質・騒音振動・廃棄物を排出しないクリーンで再生可能なエネルギーとして，導入普及が促進されている．多様な設置形態が可能なため，住宅を中心に建設分野でも幅広く適用が進んでいる．

一方，太陽光をエネルギー源としているため，下記のような課題もある．
(1) イニシャルコストが高い
(2) エネルギー密度が小さく（1 kW/m^2），必要な発電電力を得るために設置面積が必要．
(3) 季節や地域，天候によって発電量が左右される．

b. 太陽電池の種類

現在，実用化されている太陽電池は，ほとんどがシリコン太陽電池で，結晶系シリコン系とアモルファス（非結晶）系に分類される．さらに，結晶系は，構造の違いにより，単結晶と多結晶の2種類がある．表 4.20 に示すように，変換効率（太陽電池が太陽光の入射エネルギーをどれだけ有効に電気エネルギーに変換したかを示す割合）でみると，単結晶が最も高く，次が多結晶で，低コスト化が期待されているアモルファスは，現状では最も低い．

c. 太陽電池モジュール

1) 基本構造　太陽電池の最小単位である太陽電池セル（100～150 mm 角）を，破損・腐食防止のた

表 4.20　太陽電池モジュールの特徴比較[1]

	結晶シリコン系太陽電池モジュール		アモルファスシリコン系太陽電池モジュール
	単結晶シリコン	多結晶シリコン	
変換効率（%）	12～16	11～14	6～8
モジュール出力（W/m^2）	120～160	110～140	60～80
システム価格（万円/kW）[注1]	56～120	56～121	87～109
耐久性	20 年以上（期待寿命）		

注1) 住宅用太陽光発電導入基盤整備事業における平成12年度システム設置価格から算出

図4.33 建材一体型太陽電池モジュールの適用事例

め，表面をガラスまたは透明樹脂，裏面側をガラスまたは樹脂フィルムでパッケージしたものをモジュールと呼んでいる．メーカーによって仕様が異なるので，設計時点で公称最大出力，外形寸法などのデータ収集が重要である．

2) 建材一体型モジュール 近年，建材一体型太陽電池モジュールの実用化が進んでいる．これは，太陽電池モジュールと屋根，外壁，窓などの建物部位を一体化したもので，意匠性の向上と設置コストの低減が図れる．適用事例を図4.33に示す．

d. 太陽光発電システム

1) システム構成 電力会社の商用電力系統との接続の有無で，「系統連系システム」と「独立システム」に分類される．一般的には，太陽電池アレイ，接続箱，パワーコンディショナなどで構成されている．蓄電池を併用すれば，停電時や夜間の電力供給が行える．

2) 発電量計算 定格発電量から年間発電量を概略算出する方法を以下に示す．

日本の場合，南面で適切な傾斜角で太陽電池モジュールを設置した場合の年間の利用率は12%程度である．これは，年間8760時間のうちの12%，すなわち，約1000時間だけ，モジュールの定格発電量で運転することに等しい．例えば，1 kWの太陽電池モジュールの年間発電量は約1 MWhである．ただし，メーカーカタログに記載されている定格発電量は，標準条件（モジュール表面温度25℃，エアマス1.5，日射強度1 kW/m^2）での発電量である．詳細な発電量計算を行う場合は，温度，日射強度に応じた補正が必要である．

また，汚れなどの経年変化や，日陰による電力量の低下も考慮して発電量の算定を行う必要がある．

e. 補助金制度

太陽光発電システムは，現段階では，イニシャルコストが高く，導入促進のため，数々の助成制度や補助金制度が整備されている．助成内容や補助金額は年度によって変更される場合があるので，助成機関に確認する必要がある． 〔塩谷正樹〕

文　献

1) 太陽光発電技術研究組合：建材一体型太陽電池モジュールの最新技術開発成果，p. 4, 2001年3月．

Ⅲ. 都市インフラと汎用設備

1. 都市設備
2. ガス設備
3. コージェネレーション設備
4. 太陽熱利用設備
5. 自動制御設備
6. 搬送設備
7. ビル管理設備

1 都市設備

1.1 上水道施設

水源，水源から消費地までの導水施設，浄水施設，配水施設，および給水施設の総体（図1.1）を上水道施設という．

日本では，16世紀から17世紀にかけての江戸時代初期に神田上水（1650年（天正18）着工）および玉川上水（1653年（承応2）着工）が整備され，日本独自の技術によって江戸の大部分に給水を行った．これは世界の水道史上においても特筆に値する．玉川上水の開きょ部分は43 km，樋管による暗きょ部分は84.4 kmにも及んだ．江戸時代には，金沢，水戸，仙台，福島，福井，名古屋，福山，高松，鹿児島など，各地の城下町にも，それぞれ小規模ながら当時としてはよく整備された水道が設けられた．

しかしその後，ヨーロッパにおいては，ポンプ，鉄管の発明によって圧力送水が採用され，水質改良のための砂ろ過の技術も発達し，ようやく近代的水道が完備した．この近代的水道は日本では1887年（明治20）に初めて横浜市に設けられた．これはイギリス人パーマー（H. S. Parmer）が設計し，その材料である鉄管，バルブ，ポンプ，耐火れんがなどはすべてイギリスから輸入された．

横浜水道において導入された近代水道技術は，いち早く日本の技術者に習得され，1889年（明治22）完成の函館水道は，日本人だけによって設計ならびに施工された．次いで，長崎（同年），1892年（明治25）には東京，大阪で近代水道事業が着工された．明治時代の水道事業はコレラなどの伝染病が開港都市から移入されることを警戒して，広島，神戸，下関などの開港場から進められた．大正時代になると，地方都市にも水道が普及していったが，他の土木事業に比べてその普及は必ずしも順調ではなく，水道普及率が先進諸国並に近づいたのは1950年（昭和25）以後のことである．1950年にわずか25%であった全国の水道普及率は，1970年には79%と飛躍的に発展し，1989年には95%に達した．

1.1.1 水源

湖沼水，河川水，地下水あるいは淡水供給が不足する場合は海水なども含めて，そのいずれが水源として最適であるかは当該地域の水利条件，地質，地形によって決定される．すぐ近くに大きな水源をもっている地域社会もあれば，近郊あるいは都市区域内の地下水層に水源を求められる都市もある．一方，数百 kmも離れたところに水源を求めなければならない都市もある．

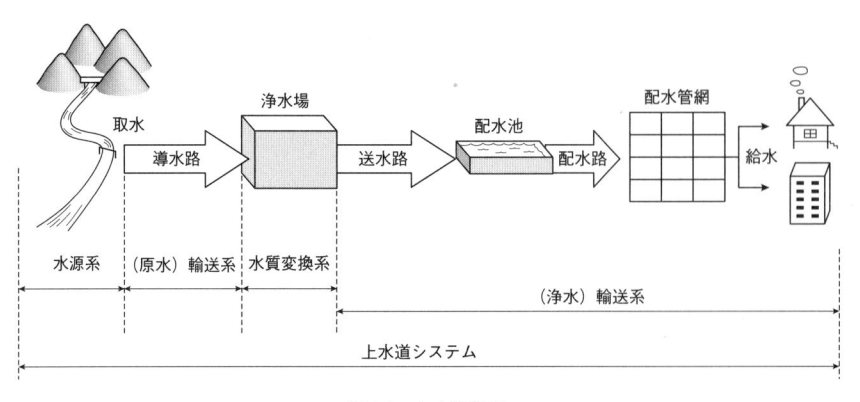

図1.1 上水道施設

水源は次のように分類される.

(1) 天水：家庭用には屋上や地下の水槽に，また共同用には貯水池に一定の集水区域から雨水を集めて蓄える．

(2) 地表水：大規模な貯水施設がなくても継続的に，または適当なため池や貯水池によって適宜，必要量を取水できる規模と補給力のある河川や湖沼から取水する．

(3) 貯水池水：乾季の流量は十分ではないが，年流量が相当ある河川では，ダムを建設し貯水池をつくることによって地表水が得られる．

(4) 地下水：自然の泉や井戸から，または地下の帯水層に集水溝や地下水盆，木材の枠組みなどをつくって取水する．

(5) 人工地下水：河川などの他の水源からの水を地下水の集まる場所へ放水し，土壌にしみこませることによって自然の地下水を増加させる．

(6) かん水・海水：蒸発，イオン交換，電気化学的方法，RO膜などで脱塩して淡水をつくる．

1.1.2 輸送施設
a. 導水施設

取水施設で取り入れた原水を浄水場まで導く施設を導水施設といい，導水きょ，導水管，導水ポンプなどによって構成される．導水方式としては，路線の地形によって自然流下式，ポンプ圧送式および併用式がある．また，自由水面の有無により開水路式と管水路式に分けられる．さらに，地表面との関係により地下式と地表式に分けられる．導水管は管水路により原水を導水する施設で，導水ルートの地形に起伏があり，一様の勾配で導水できない場合に採用される．導水管には鋳鉄管，ダクタイル鋳鉄管，鋼管，硬質塩化ビニル管のほか，配水管とは違い給水分岐がないことなどから，プレストレストコンクリート管や遠心力鉄筋コンクリート管も使用される．導水管の管径は，流速が大きくなりすぎると管内面に摩擦が生ずるため，最大で3 m/sとしている．導水きょは原水を開水路式により導く施設で，自由水面を有し勾配をもたせることによる重力の作用で水が流れる．導水きょの断面形状は，円形，馬蹄形などである．同一水面勾配と同一断面積で最大流量を流すことのできる断面が経済的であり，一般に水面勾配は1/1000～1/3000程度，流速は最大3 m/sから流砂の沈殿が生じない流速を考慮して最小0.3 m/sとしている．

b. 送水施設

送水施設は，浄水施設から浄水を配水施設へ送るための施設で，送水管，送水ポンプ，調整池およびバルブ類などで構成される．送水方式には自然流下式とポンプ加圧式および併用式がある．いずれの場合にも外部からの汚染防止の見地から管路によるのが通常である．自然流下式で開水路とする場合には，トンネルまたは水密性の暗きょとしなければならない．送水管は通常浄水場からは配水池までの単一管路として設置されるが，給水区域と各施設の位置によっては複数の配水池へ送水する場合もある．

c. 配水施設

配水施設は，配水池，配水塔，高架タンク，配水管，ポンプおよびバルブなどから構成され，良好な水質の水を，適正な水圧で，安定的に供給する機能を備えなければならない．一般に水道水は浄水場構内や高台などに設けられた配水池，配水塔から配水管に流されるが，給水地域の地形の高低や配水管の大きさや長さによって，さまざまな配水方式（自然流下式，ポンプ加圧式，併用式）が採用される．自然流下式は水が高い所から低い所へ流れることを利用し，丘陵地帯などの高台にある配水池，配水塔から水道水を自然に流下させて配水する方式で，地震や風水害などで停電になっても断水がない．ポンプ加圧式は高台に配水池を設ける場所がなかったり，遠方まで配水する必要がある場合に，ポンプによって圧送する方式である．停電やポンプの故障などにより断水することがあるが，水の圧力調整などを必要に応じて適切に行いうる．併用式は，給水区域の地形によって自然流下のみでは配水できない所にポンプ加圧式を用いたり，水の使用量が急増する時期だけポンプで配水する場合に用いられる．

配水池は浄水場から送られてきた水を受け，配水区域内の需要に応じた配水を行うため水を貯留する施設で，配水量の時間変動を調整するとともに，水質事故などで浄水場から水が送れない非常事態にも，一定の時間配水を維持する機能をもつ．また，地震などの災害時には，応急活動の拠点としても利用される．配水塔および高架タンクは，配水区域内に適当な高所が得られない場合に，配水量の調整やポンプ加圧地区の水圧調整などを目的として設けられる施設で，円筒状または球形をしており，配水池と同じ役割をもつ．

d. 給水施設

配水管から家屋内の蛇口まで水を輸送する施設である．直結式とタンク式がある．直結式は配水圧を利用し直接家屋内の蛇口まで給水する方式で，通常は2階

建てまで給水する圧力が保たれている．タンク式は水をいったん受水槽に受けた後別途に設置した加圧装置などで家屋内に給水する方式である．原則として3階建以上の建物に適用される．加圧方法はポンプで各階に直接送る，ポンプで圧力タンクに貯えその内部圧で各階に送る，屋上などに設置した高置タンクや屋外に独立して構築した高置タンク（給水塔）に揚水してから自然流下で各階に送る方式がある．最近では受水槽の管理不備から生ずる水質問題のために5階建てでも直結式にする動きがある．

1.1.3 浄　　水

水源から取水された水道原水は，通常そのままでは飲用に適さない．そこでなんらかの操作を行って，原水中の好ましくない不純物を除去し，飲用可能なレベルまで水質を改善する必要がある．この水質改善操作を浄水という．浄水工程は除去すべき不純物の種類と濃度によって異なる．歴史的にみると，① 1884年のコッホ（Robert Koch）によるコレラ菌の発見，② 1892年のハンブルク事件（コレラ菌で汚染されたエルベ川の水を，短時間の沈殿処理のみで給水したハンブルク市ではコレラが大発生したのに対して，その下流に位置するアルトナ市では砂ろ過して給水したため，ほとんどコレラ患者が出なかった）を契機として，濁り成分や病原菌などの懸濁物除去を目的として，河川水を砂ろ過する浄水方式が定着した．歴史的発展と機能から浄水法を大別すると，① 緩速砂ろ過去，② 急速砂ろ過法，③ 高度浄水法，④ 膜ろ過去，になる．現在わが国で使用されている浄水法を処理水量百分率で示すと図1.2のようである．以下にそれぞれについて解説する．

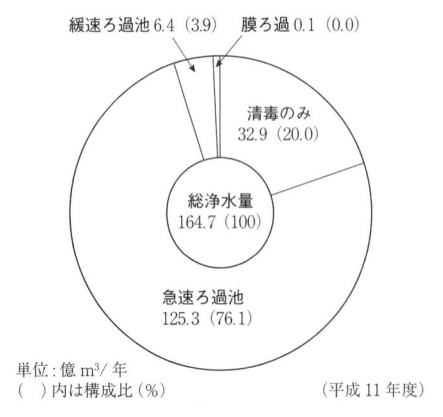

図 1.2 各種浄水法の処理水量百分率

a. 緩速砂ろ過法

現用されている形式の緩速砂ろ過法は，1829年にシンプソン（James Simpson）によって，ロンドンのチェルシー水道会社に設置されたものにさかのぼる．この方式は，現在でもヨーロッパでは広く用いられており，コンチネンタルフィルタとも呼ばれる．本法は，沈殿，緩速砂ろ過，殺菌の3つのプロセスからなる．まず，長時間（8〜24時間）の単純沈殿によって粗い懸濁物を沈殿させた後，1日に4m程度の緩やかな速度で砂ろ過をし，残余の微少懸濁物を除去する．その後，塩素殺菌を行うのがふつうであるが，ヨーロッパ諸国では殺菌を省略する場合も多い．砂ろ過の経過に伴い，砂表面に無数の微生物や藻類を含むゼラチン状のろ過膜が形成される．このろ過膜により，不純物の抑止と捕捉，捕捉された有機物やアンモニアの酸化が行われる．この方式では，濁度の高い水をろ過するとたちまちろ過膜の通水抵抗が増加してろ過を継続できなくなるので，原水濁度が高い場合には使用できない．また，フミン酸などの安定な色度成分の除去能力はきわめて低い．このような理由から，高濁度・高色度の水が多いアメリカで，これら2つの弱点を補うために急速砂ろ過法が開発された．

b. 急速砂ろ過法

現在，最も一般的に用いられている浄水方式である．これは，凝集，フロック（綿屑状の集塊物）形成，沈殿，急速砂ろ過，殺菌の5つのプロセスからなる．この方式は，19世紀末にアメリカで開発された．本法では，原水にアルミニウムや鉄などの水中で正の電気をもつ多価金属（凝集剤という）を添加し，表面が負に帯電している粘土粒子や細菌などの1/1000 mm程度の寸法をもつ微細な懸濁粒子を電気的に中和して相互に付着しやすい状態にする（この現象を凝集という）．そのあとで静かに水を撹拌して懸濁粒子の集塊化を促進する．このようにして形成された綿状の塊をフロックという．フロックの密度は水よりも若干大きい程度だが，その粒径は数百 μm〜数mmにも達するので，微細懸濁粒子の数百〜数千倍の沈降速度を有する．フロック形成度（粒径分布）はフロック形成速度 $G \cdot C$ とフロック形成時間 T の積で与えられる $G \cdot C \cdot T$ 値によって決まり，$G \cdot C \cdot T$ 値が1程度になると最大形成度に達する．G 値はフロック形成の場における速度勾配〔1/s〕で，$G \approx \left[\frac{(10\sim20)\varepsilon_0}{\mu}\right]^{1/2}$，ここで，$\varepsilon_0$ は単位体積の水塊中の有効エネルギー消費率〔erg/cm³/s〕，μ は水の粘性係数〔g/cm/s〕である．C 値

は凝集剤を添加して形成されるマイクロフロックの単位体積濃度である．フロックは成長に伴い内部に多くの間隙水を含む膨潤な構造となり，フロック径の増加に伴ってその密度は減少する．フロック径とその有効密度 ρ_e（フロック密度 ρ_f －水の密度 ρ_w）の関係は，フロック密度関数で示される．$\rho_e = a \cdot d_f^{-K\rho}$，ここで，$d_f$ はフロックの直径〔cm〕，a は ALT 比によって決まる定数，直径 1 cm の仮想フロックの有効密度〔g/cm³〕，$K\rho$ は ALT 比によって決まる指数（-）．したがって，フロックがストークスの沈降速度式にしたがって沈殿する場合には，沈降速度はフロック径の 2 乗ではなく（$2-K\rho$）乗に比例する．$K\rho$ 値は ALT 比（添加アルミニウム濃度/原水の懸濁物濃度）によって決まり，ALT 比が 1/100 で約 1.0, 1/10 で約 1.5 である．フロックは次段の沈殿池で分離される．沈殿池の効率は表面負荷率（処理流量/床面積）が小さいほど高くなるので，最近では，床面積を大きくし，沈殿部の水の流れを安定化するために傾斜板や傾斜管を挿入した沈殿池が多用されている．図 1.3 は斜板沈殿池の例である．1～2 時間の滞留時間内に速やかにフロックは沈殿分離される．

沈殿池で除去されなかった微少なフロックは，急速砂ろ過池に流入し，その砂層（直径 0.5～0.8 mm の砂を 60 cm 程度に充てんしたもの）を 1 日に 100～200 m 程度の速度で通過する間に，砂層内空隙に抑留される．急速砂ろ過池は流れの駆動力により，ろ過時に自由水面がある重力式と自由水面をもたない圧力式とに分けられる．浄水場規模では重力式が一般的である．重力式では，流入水量とろ過水量とを平衡させるための流量制御装置が必要になり，ろ過水量を一定に制御する流量制御方式と何も制御しない減衰ろ過方式がある．減衰ろ過方式ではろ層に懸濁物が抑留されて目づまりが進むと，ろ過水量が次第に減少する．多用されている定速ろ過方式では，ろ過継続時間の経過に

図 1.3 傾斜板沈殿池

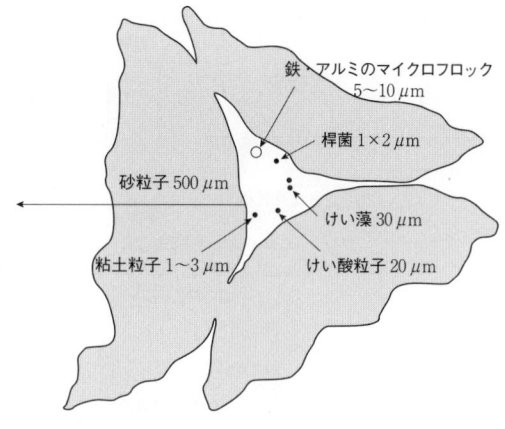

図 1.4 ろ層内部

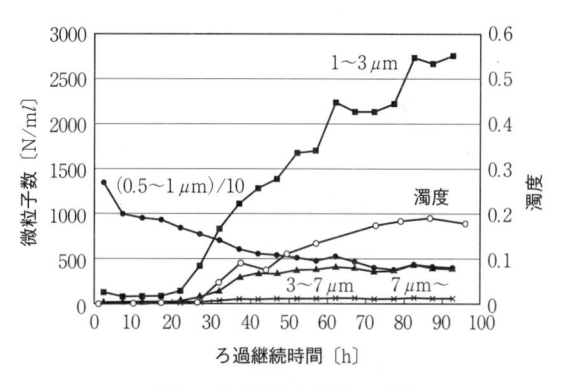

図 1.5 ろ過時間と微粒子の漏出

伴って，損失水頭とろ過水濁度も上昇する．そこで，急速砂ろ過池は，損失水頭かろ過水濁度のいずれかが所定の値を超えると，通水を止め，ろ過池底部からろ過水を高速で逆流させ，水流によって砂層を洗浄する．耐塩素性のクリプトスポリジウムやジアルジアのような病原性微生物がろ過水に漏出しないように，最近はろ過水濁度が 0.1 度になるとろ過池を洗浄することが奨励されている．しかし，砂層内空隙と除去対象粒子の大きさを比較（図 1.4）して明らかなように，0.1 度以下の濁度でも細菌やクリプトスポリジウムの大きさをもつ微粒子は常に相当数存在する．三層ろ過池（ろ層をアンスラサイト，砂，ガーネットにより構成）をろ過速度 100 m/d で運転した結果が図 1.5 である．

最後に，細菌学的な安全を保障するために塩素による殺菌を行う．ヨーロッパではオゾン殺菌を行う場合も多い．急速砂ろ過法は，懸濁物の除去を主目的とした浄水法であるため，溶解性の臭気・無機の諸成分に対処するには，別個の処理プロセスを付加しなければならない．

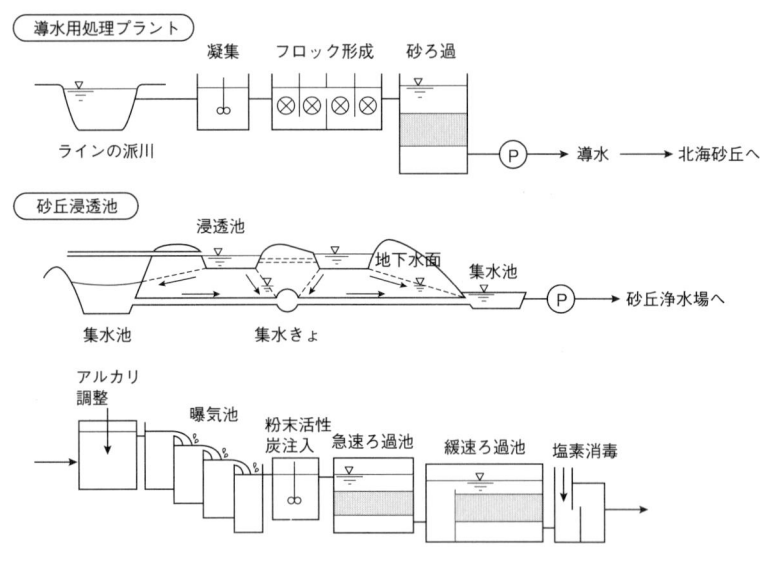

図 1.6 アムステルダムの浄水システム

c. 高度浄水処理

わが国の水道原水の約70％は河川水である．水道原水となる河川や湖沼には排水規制により，ある段階まで処理された工場廃水や下水処理水，処理の不十分な一般家庭排水などが排出され，その量も増加傾向にある．その結果，標準的な急速砂ろ過法のみで飲用水にできる原水を容易に取水できる時代は過去のものとなりつつある．ヨーロッパやアメリカのような長大河川に水源を依存する国々では，上流の都市が排出した下水はそのまま，または処理後に再び川に戻り，下流域の上水源となる繰り返し利水が常である．その代表的な例がライン川下流部である．スイス，ドイツを経てオランダに流下するライン川は，流下の過程でさまざまな排水を受け入れている．そのために，河川水に塩素と化合して発がん性のトリハロメタン（THM）を生成する難生物分解性物質であるフミン質が蓄積されている．ドイツ・オランダの国境のライン川におけるフミン質は全溶解性有機物の約35％を占めている．ライン川下流部（支流）を水源としているアムステルダムの水道では図1.6のように，取水点での凝集と長時間貯留，地下浸透，複雑な浄水システムにより，かろうじて安全な水道水を供給している状況にある．ロッテルダムも以前はライン川を水源としていたが，現在はマース川に水源を変更している．しかし，マース川もフランス，ベルギーを経由してオランダに至る国際河川であり，ロッテルダム水道は水質が良好な時期に取水した河川水を長時間，ビスボッシュ貯水池群に貯水し，自然の浄化により水質をある程度改善した

あとに，急速砂ろ過法とオゾン酸化・活性炭吸着により高度処理を行っている．

わが国でも，ライン川のような繰り返し利水が行われている．その代表が関西の淀川や関東の利根川である．淀川は琵琶湖の水質悪化と京都市などの下水処理水や流域の未処理下・廃水により汚染され，最下流部の大阪水道は原水の異臭味やアンモニア性窒素濃度の増加による塩素添加量の増大に伴うTHMの生成に苦慮してきた．その結果，高度浄水処理施設の採用に踏み切り，現在，全量を高度処理している．利根川から取水している東京水道も後述するように高度処理を採用している．アメリカの環境保護庁（USEPA）は1975年に全米での水道水の有機化合物に関する実態調査を実施した．その結果，THMやその他の人に有害な有機化合物が多くの水道で検出されたことを報告するとともに，急性・亜急性毒性に基づいた従来の水質基準体系に対して，化学物質の発がん性・変異原性を導入した新しい水質基準を制定した．これらの事例は，水道水が具備すべき安全性（病原菌その他健康に害があるような物質を含まない）に関連する問題である．一方，水道水の「おいしさ」（外観が清澄で，異臭味がなく美味であることに）に関連する問題も顕在化している．これは，富栄養化した湖沼や貯水池を水源とする水道では，春から秋にかけて藻類が生成するかび臭物質 2-MIB（メチルイソボルネオール）やジオスミンによる異臭味によるものである．日本全国の水道水異臭味被害人口は渇水年であった1990年には2163万人に達し，水道水源を取り巻く環境はます

ます厳しさを増している．このような背景のなかで1993年12月1日より，水道水の新しい水質基準が施行され，旧26項目に新たに各種化学物質，農薬，消毒副生産物を追加し46項目の基準となった．厚生省は厳しい水道水質基準を設定する一方で，環境庁と歩調を合わせて1994年に，水道原水の水質を保全するためのいわゆる「水道原水水質保全法」を制定し，水道水の安全を確保するには原水を清浄に保つことが基本である姿勢を示した．しかし，当面はオランダなどで実施されている高度浄水処理を導入して，原水の水質の悪化と新しい水道水質基準に対応する都市が増加している．

d. 高度処理技術

高度浄水処理の主な対象はTHMと異臭味である．水道水中のTHM濃度を低減させるための技術は，①THMの生成を抑制する，②生成したTHMを除去する，に大別される．①に関連する技術として，塩素処理法の改善がある．急速砂ろ過法ではろ過水に残存する細菌の消毒とパイプによって水道水が浄水場から消費者に運ばれる途中での再汚染に対応するために，処理の最後に塩素を注入する後塩素処理が行われてきた．塩素処理は消化器系伝染病の抑止に決定的な効果をあげたが，同時に塩素により酸化されて配水管内に沈殿したマンガンが一度に蛇口に流出して，「黒い水」問題が生じた．その対策として，塩素を原水に添加し，鉄，マンガンを酸化・不溶化して沈殿池と砂ろ過池で除去する前塩素処理が広く用いられるようになった．

しかし，下水，有機廃水の混入によって原水のアンモニアや細菌類の濃度が高まってきた．アンモニアは塩素を結合しやすく，結合すると殺菌力の弱いクロラミンと呼ばれる塩素との化合物が形成され，塩素本来の殺菌力が低下する．そこで，アンモニアを含む水には過剰の塩素を注入して塩素本来の殺菌力を保持しなければならない．さらに藻類が生成する異臭味除去のために前塩素の注入量が増加した．これにより，赤痢やコレラのような水系伝染病から完璧に人々を守ってきた塩素が，発がん性のTHMなどの塩素化有機化合物の生成を促進するという矛盾が生じた．

塩素の殺菌力を保持し，THMの生成を抑制するために最も広く行われているのは中間塩素処理である．中間塩素処理は沈殿池と砂ろ過池の間に塩素を注入するもので，THMの生成に重要な役割を果たすフミン質などの前駆物質を，塩素の注入前にできるだけ凝集・沈殿で除去し，THMの生成を抑制しようとする方法である．凝集・沈殿により，フミン質の比較的分子量の大きな部分は除去できるが，全体の除去率は一般に40%程度で，フミン質の凝集・沈殿による除去には限界があり，THM生成を低減化するための中間塩素処理には多くを期待できない．

②に関連する技術としては，活性炭によるTHMの吸着がある．比較的短時間に活性炭の細孔がTHMで塞がれて吸着飽和となり，頻繁に再生が必要となる．以上の理由からTHM対策としては，急速砂ろ過システムに，活性炭により塩素と化合してTHMを生成する前駆動質であるフミン質を吸着除去するプロセスを導入する浄水方式が採用され始めている．臭気物質も活性炭により吸着除去される．活性炭によるフミン質と臭気物質の除去効率を高めるために，オゾン処理を付加する場合が多い．以下に，高度浄水処理の主体となるオゾン酸化処理と活性炭吸着処理の原理を簡単に説明する．

オゾン処理は，オゾン（O_3）の強力な酸化力を利用し，殺菌・脱臭・脱色・有機物と無機物の酸化を行うものである．産業分野では広く採用されているが，浄水処理分野では塩素殺菌処理が普及したためにほとんど使用されなかった．しかし，昭和40年代半ばから琵琶湖・淀川を水源とする浄水場のかび臭対策として使われ，高度浄水処理に用いられるようになった．オゾン発生装置では，冷却・除湿された空気に電圧をかけて放電し，オゾンを製造する．

活性炭は，内部表面積が大きい（1gの表面積は1000 m^2 程度）ため吸着能力が高く，微量有機物の除去に多く採用されている．活性炭にはおがくずなどを原料として粒径75 μm 以下の粉末炭と，ヤシガラ，石炭，木炭，石油ピッチなどを原料とした粒径が0.3～1 mm程度の粒状炭がある．粒状活性炭処理では，活性炭の表面や大きめの細孔に微生物が生息し，通常の吸着作用に加えて活性炭表面や孔内に繁殖する微生物による有機物の分解作用やアンモニアの酸化も期待できる．この方法は生物活性炭処理と呼ばれる．

1992年6月に完成した東京都金町浄水場の高度処理施設を例として高度浄水処理の効果を説明する．金町浄水場は江戸川の河口から上流約17.5kmの位置で取水し，処理能力160万 m^3/d，給水人口約250万人の全国最大級の浄水場である．江戸川は利根川，渡良瀬川などの上流水域の影響を受け，水質の年間変動が大きい．夏季には江戸川本流流量が少なくなり水温が上昇すると，藻類の大量発生により原水にかび臭がつき，冬季には微生物による分解活性が低下し，アンモ

図 1.7 金町浄水場の高度処理施設

ニア性窒素や合成洗剤の主成分である陰イオン界面活性剤の濃度が高くなる．かび臭やアンモニア性窒素は標準的急速ろ過法では有効に除去されない．そこで金町浄水場では図 1.7 のように，急速砂ろ過法の沈殿池と砂ろ過池の間に，オゾン接触池・生物活性炭吸着池（高度浄水処理施設）を導入して，かび臭とアンモニア性窒素を除去し，安全でおいしい水を造水している．オゾン接触池では，オゾンは底部の細孔の開いた散気装置から注入される．一部未反応で残ったオゾンは，排オゾン処理装置でマンガン触媒方式により分解されたあと，大気中に排出される．オゾン処理後の水は生物活性炭吸着池に導入され，2.5 m の粒状活性炭層を 250 m/d のろ過速度で通過するあいだに吸着処理される．こうした処理によって，かび臭はもとより，アンモニア性窒素，陰イオン界面活性剤が除去される．フミン質が除去されるので，THM 生成能も低下する．金町浄水場における高度浄水処理による水質改善状況をまとめると，藻類が出す臭気原因物質である 2-メチルイソボルネオールの除去は 100％，アンモニアの除去は 100％，陰イオン界面活性剤（合成洗剤）の除去は 80％，発がん性物質 THM の生成能力の低下は 80％となっている．東京，大阪のような大都会だけではなく，全国各地で水源である河川水中の有害物質濃度の増加が懸念されており，安全でおいしい水道水を造水するためには，高度浄水処理の必要性はますます高まるであろう．

e. 膜ろ過

セラミックや高分子材料（エチレン，酢酸セルロースなど）の表面に細孔を有する膜により河川水などの水道原水をろ過して，細孔よりも大きな粘土や細菌などをほぼ完璧に除去する浄水方法を膜ろ過という．図 1.8 は膜細孔と除去対象粒子の大きさを比較したものである．砂ろ過（図 1.4）と比較すると，膜ろ過の固

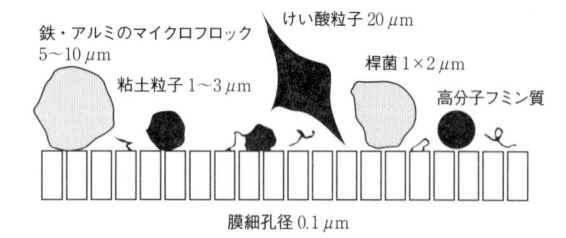

図 1.8 膜細孔と除去対象物質の関係

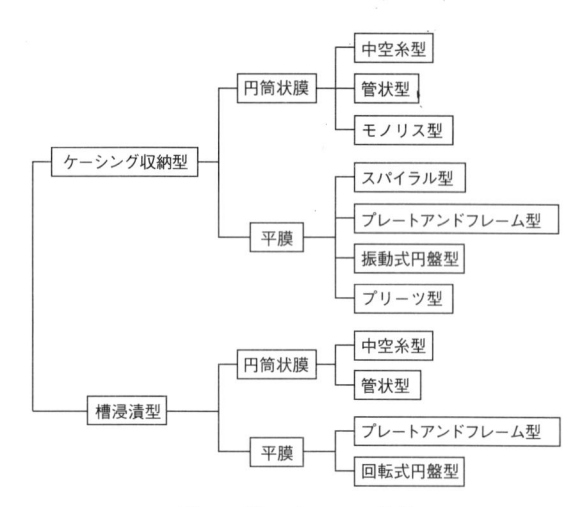

図 1.9 膜モジュールの種類

液分離能がきわめて高いことが理解できる．水道の浄水工程に使用されている膜は，形状では中空系状，フィルム状，管状が多く，膜の種類としては細孔の大きさが 1 万分の 1 mm から 10 万分の 1 mm 程度の精密ろ過膜（MF 膜）と，それよりも細孔が小さく分子量が数万以上の物質も阻止できる限外ろ過膜（UF 膜），農薬などの溶解性有機物の除去も可能なナノろ過膜（NF 膜）があり，海外淡水化には逆浸透膜（RO 膜）が用いられている．表 1.1 は分離対象物の大きさからみた浄水用膜の分離領域である．膜を原水と膜透

1.1 上水道施設

表1.1 分離対象物の大きさからみた浄水用膜の分離領域

名称	膜	分離粒径・分子量	操作圧力（単位 MPa）	水道での除去対象物質
精密ろ過法	精密ろ過膜（MF膜）	粒径 0.01 μm以上	吸引方式 −0.06程度以上 加圧方式　0.2程度以下	懸濁物質，コロイド，細菌，藻類，クリプトスポリジウムなど
限外ろ過法	限外ろ過膜（UF膜）	分子量 1000〜300000程度	吸引方式 −0.06程度以上 加圧方式　0.3程度以下	懸濁物質，コロイド，細菌，藻類，クリプトスポリジウムなど
ナノろ過法	ナノろ過膜（NF膜）	分子量 最大数百程度	0.2〜1.5程度	消毒副生成物前駆物質，農薬，臭気物質，陰イオン界面活性剤，カルシウム，マグネシウムなど硬度成分，蒸発残留物など

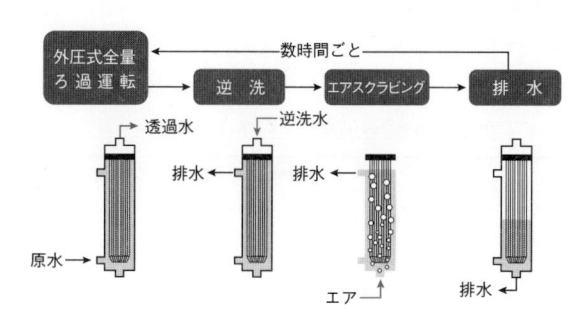

図1.10　中空糸膜モジュールの運転方法

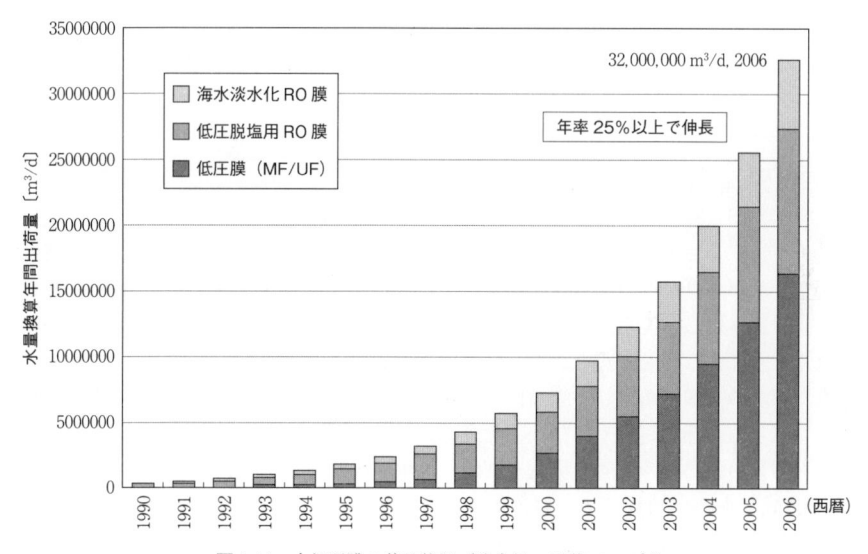

図1.11　水処理膜の普及状況（造水量・累積ベース）[6]

過水の出し入れが可能なように集積したものが膜モジュールである．膜モジュールには図1.9に示すように，膜を一定のサイズの容器（ハウジング）に収めたケーシング収納型，集積した膜をそのまま浸漬槽に取り付ける槽浸漬型がある．ケーシング収納型では，ポンプにより原水をモジュールに圧入することで膜ろ過を行う．槽浸漬型では，水位差や吸引ポンプによりろ過を行う．水道分野では水道技術研究センターから自主基準として認定委託を受けている膜分離技術振興協会が制定した次の3つの水道用膜モジュール規格に

よって，それぞれの膜が満たすべき要件が決められている．① ASTM-001：水道用精密膜ろ過モジュールおよび限外ろ過膜モジュール規格，② ASTM-002：水道用逆浸透膜モジュールおよびナノろ過膜モジュール規格，③ ASTM-003：水道用海水淡水用逆浸透膜モジュール規格．膜モジュールの運転方法は大別して，① 全量ろ過方式（デッドエンドろ過方式），② クロスフローろ過方式，③ 浸漬方式，の3つに分類される．全量ろ過方式は，膜供給水を循環することなく，砂ろ過と同じように全量をろ過する方式である．ケーシン

1. 都市設備

表1.2 大規模膜ろ過施設の導入状況（建設中を含む）

事業体	水源	膜種	施設能力 (m³/d)
東京都水道局（砧）	伏流水	MF	40000
東京都水道局（砧下）	伏流水	MF	40000
福井県企業局（王子保）	表流水	MF（無機）	38900
鳥取市水道局（江山）	伏流水	UF	80000
今治市水道部（馬越）	伏流水	MF（無機）	23600
松山市公営企業局（かきつばた）	地下水	MF	40300
松山市公営企業局（高井神田）	地下水	MF	32700

横浜市川井浄水場　表流水　モノリス型セラミックMF膜 173000 m³/日（契約済み）

表1.3 世界の大規模なMF/UF膜ろ過浄水施設

国名	位置	施設能力（千m³/日）	稼働開始年	膜の種類	水源
米国	Minneapolis (Fridley Plant)	360	2011年予定	UF	表流水
カナダ	Mississauga, Ontario	302	2006年	UF	湖水
シンガポール	Chestnut	273	2003年	UF	表流水
米国	Minneapolis (Columbia Heights)	265	2005年	UF	表流水
米国	Racine, Wisconsin	189	2005年	UF	表流水
米国	Thornton, Colorado	187.5	2005年	UF	表流水
カナダ	Kamloops, British Columbia	160	2005年	UF	表流水
英国	Clay Lane	160	2001年	UF	地下水
ドイツ	Roetgen/Aachen	144	2005年	UF	貯水池
米国	San Joaquin, California	136	2005年	UF	表流水

出典：水道技術研究センター　水道ホットニュース58号

グの収納された膜モジュールに膜供給水を供給し全量を透過水として得る．クロスフロー方式では，膜供給水を膜面に沿って平行に供給し，膜ろ過水が膜供給水と直角方向に流れるようにするろ過方式である．膜モジュールに供給した原水の一部を循環し，膜面にせん断力を与えることで原水中の懸濁物質やコロイド物質などのファウリング物質の膜面への付着や堆積を制御しながら運転する方式である．槽浸漬方式は，膜モジュールを原水が流入する槽に浸漬した状態で膜ろ過を行うので，基本的には全量ろ過方式で加圧または減圧（吸引）であるがこれらを併用できる．生物処理や活性炭吸着などとの組み合わせも可能である．また，膜はろ過の継続に伴い汚れが蓄積する（ファウリング）ので，定期的に膜を洗浄して性能を回復させながら運転を行う必要がある．膜の洗浄方法は，物理的な洗浄と化学的な洗浄に大別できる．物理洗浄には，膜ろ過水や圧縮空気を透過側から原水側に流す逆洗や，空気を膜モジュール下部から導入して膜を揺するエアスクラビング洗浄および両者の併用洗浄がある．化学洗浄には，酸，アルカリ，塩素，界面活性剤，酵素などを用いた薬液洗浄がある．通常は，物理洗浄を数十分〜数時間間隔，化学洗浄を数カ月間隔で行う．図1.10は現在最も広く用いられている中空糸膜モジュールの運転方法の特徴をまとめたものである．

膜処理は沈殿・砂ろ過による方法と比べて，コンパクトで維持管理が容易であり，自動化による無人運転が可能である．しかし，色，におい，味などに関与する膜の細孔より小さい溶解性物質を除去できないので，このような成分を含む原水に対しては，薬品処理や高度処理との組み合わせが必要である．世界で最初の膜処理を用いた浄水場は1987年に建設されたアメリカ・コロラド州のキーストン浄水場である．それ以降の世界の膜ろ過水道水量（海水淡水化を除く）の経年変化が図1.11である．表1.3は世界の主な膜ろ過浄水場である．わが国の総膜ろ過水道水量は12万m³/d程度に過ぎないが，今後の発展が期待される．

〔渡辺義公〕

1.2 下水道施設

1.2.1 下水道の種類

下水道は下水道法により，公共下水道，流域下水道，都市下水路の3種類に分けられる．

a. 公共下水道

公共下水道とは，主として市街地における下水を排除または処理するために，地方公共団体が管理する下水道で，終末処理場を有するものまたは流域下水道に接続するものであり，かつ，汚染を排除すべき排水施設の相当部分が暗きょである構造のものをいう．公共下水道のうち，終末処理場を有するものを単独公共下水道，流末を流域下水道に接続するものを流域関連公共下水道という．公共下水道事業は原則として市町村が行うが例外的に都道府県が行うこともある．なお，以下に説明する特定環境保全公共下水道と特定公共下水道も公共下水道に含まれ，これらを含めた場合を広義の公共下水道，除いた場合を狭義の公共下水道としている．公共下水道のうち市街化区域（市街化区域が設定されていない都市計画区域にあっては，既成市街地およびその周辺の地域）以外の区域において設置されるもので，計画区域の排水人口が1000人以上10000人以下の下水道は特定環境保全公共下水道と定義され，自然保護下水道と農山漁村下水道に分けられた．昭和61年以降は水質保全上特に緊急を要する地区においては計画排水人口が1000人以下の簡易な公共下水道も実施されている．特定公共下水道は特定の事業者の事業活動に主として利用され，当該下水道の計画汚水量のうち，事業者の事業活動に起因しまたは付随する計画汚水量がおおむね2/3以上を占めるものをいう．

b. 流域下水道

河川や湖沼，海域などの公共水域の水質環境基準の達成，ならびにそれら水域における生活環境の改善などを図るために，2以上の市町村の区域にわたり下水道を一体的に整備することが効果的かつ効率的な場合がある．流域下水道は，このような区域のうち特に水質保全が必要である重要水域を対象として実施している根幹的な下水道施設である（図1.12）．その設置および管理は，原則として都道府県が行う．市町村は計画区域内の下水を排除するために，流域下水道の幹線管きょに接続する枝線管きょなどからなる関連公共下水道を設置・管理する．

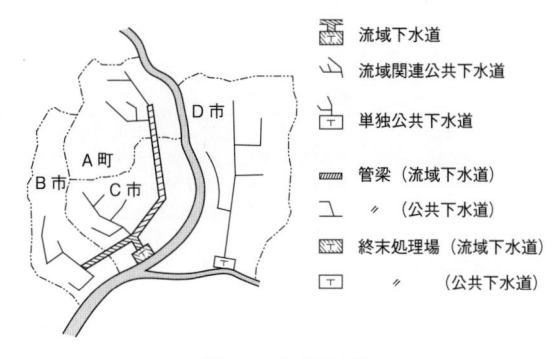

図1.12 流域下水道

c. 都市下水路

都市下水路は主として市街地における浸水の防除を目的とし，原則，内径が0.5m以上の排水管きょで集水面積10ha以上のものである．特に，浸水被害が常習的に発生する地区においては，公共下水道の整備に先立って雨水排除を緊急に実施する必要がある場合は，公共下水道との関連を十分に考慮しながら都市下水路として整備する必要がある．

d. 下水道以外の汚水処理施設

下水道は，地方公共団体が責任をもって建設し，維持管理を行う生活基盤施設であり，①生活環境の改善，②浸水の防除，③公共水域の水質保全を主な目的としている．

下水道は公共水域の水質を保全し，水を基軸とする生態系や自然の循環システムを健全に保つために重要な役割を担うため，下水道の普及拡大に伴って，下水道を経由する汚水・雨水（併せて下水という）の量が増大し，河川の正常な流況の形成や解放循環による水の高度利用など，水域の水量・水質管理における下水道の影響と役割が高まっている．一方，水環境をめぐっては，安全でおいしい水の確保や閉鎖性水域における富栄養化対策，多様な生態系の復活や身近な水辺の創造，渇水への対応などの課題に直面しており，従来の行政単位を基本とした目的別，事業種別などの施策展開のみでは限界がある．今後は水域をより広域的，一体的にとらえ，水量・水質の両面から望ましい水循環・水環境のあり方を明らかにし，その中で下水道の役割をとらえ，広域的・総合的な施策の展開が望まれる．下水道以外にも，農業集落排水施設や合併処理浄化槽（下水道類似施設と一般に呼ぶ．表1.4は下水道と下水道類似施設の比較である）が家庭で発生する汚水や商業生産活動により発生する汚水を処理している．汚水処理施設の整備にあたっては，それぞれの施設の特

表1.4 下水道と下水道類似施設

区分＼事業名	公共下水道事業 特定環境保全公共下水道事業	農業集落排水事業	合併処理浄化槽
1. 目的	都市の健全な発達および公衆衛生の向上に寄与し，併せて公共用水域の水質の保全に資する．自然環境の保全または農山漁村における水質の保全に資する．	農業集落における農業用用排水の水質保全，農業用排水施設の機能を維持または農村生活環境の改善を図り，併せて公共用水域の水質保全に寄与する．	下水道未整備地域における雑排水による公共用水域の汚濁などの生活環境の悪化に対処する．
2. 制度の創設時期	現行下水道法 昭和33年制定 特定環境保全公共下水道 昭和50年 簡易な公共下水道 昭和61年	モデル事業（昭和48年） 集排単独（昭和58年）	合併処理浄化槽（昭和62年）
3. 対象地域	公共下水道：主として市街地 特定環境保全公共下水道： 市街化区域以外の区域	農業振興地域の整備に関する法律に基づく農業振興地域（これと一体的に整備することを相当とする区域を含む）内の農業集落	下水道法の認可を受けた事業計画に定められた予定処理区域以外などの地域で，雑排水対策などを促進する必要がある地域
4. 対象人口	公共下水道：特になし 特定環境公共下水道： 1000～10000人 （1000人以下も可）	受益戸数がおおむね20戸以上原則としておおむね1000人以下	戸別に設置
5. 普及率 (H. 12年度末)	62% 7803万人	2.1%＊ 259万人	7.2% 914万人 （個人設置を含む）

＊漁業集落排水事業，林業集落排水事業，簡易排水施設を含む．

性を活かしつつ，連携して整備を促進することが必要である．

1.2.2 下水道の仕組み

下水道施設は，下水管，ポンプ場，処理場から構成される．家庭，工場，事業所から排水される汚水は，各家庭や工場に設けられた排水設備から汚水ますに流れ込み，下水管を通じて処理場に流入し，処理され公共水域に放流される．下水道は雨水の収集・排除も行う．降雨に伴う雨水流出量は，短時間であるが，汚水量の数十倍以上に及ぶことが多い．特に，合流式下水道では汚水と雨水を同一管きょで排除するので，管きょ断面は雨水量に支配される．雨水量の算定は下水道計画上きわめて重要であるが，ここでは省略する．下水道計画の対象となる汚水量は一般家庭，事務所，工場，事業所などの，生活，営業ならびに生産活動から発生するあらゆる汚水が含まれる．わが国のように，水道普及率が97％にも達している場合には，家庭汚水量は水道水量によって決まる．一般家庭ではおおよそ1人1日200lの水道水を使用するので，この値が基礎家庭汚水量である．その他の汚水量については，都市の産業構造などによってかわる．基礎家庭汚水による汚濁負荷量は1人1日当たりが排出する汚濁負荷量を汚濁負荷量原単位として，排水区域内の人口から推定できる．原単位は生活様式や水利用状況により変化する．わが国ではBOD負荷原単位として1人1日当たり60g程度としている．この場合，家庭下水の平均BODは200 mg/lとなる．下水処理場ではこの程度の濃度の下水を処理し，表1.5のような処理水の水質基準を満足できるようにしている．

a. 下水排除方式

下水の排除方式としては，汚水と雨水を別々の管きょ系統で排除する分流式（図1.13(a)）と汚水と雨水を同一の管きょ系統で排除する合流式（図1.13(b)）がある．合流式は，1本の管きょで汚水と雨水を収集・排除し，汚濁対策と浸水対策をある程度同時に解決でき，分流式に比べて施工が容易であるという長所がある．反面，雨天時に流下流量が晴天時の一定倍率以上になると，それを超過した流入水は公共水域に直接放流される構造になっているため，晴天時に管きょ内に沈殿した汚水中の浮遊物が降雨の初期に掃流され公共水域に流出する．日本の下水道は主として大都市の低湿地帯を中心に普及してきた歴史的経緯から，大都市では合流式を採用しているところが多い．公共水域の水質保全における下水道の役割が重視されるようになり，近年の下水道はほとんどが分流式である．表1.6

1.2 下水道施設

表1.5 処理水質基準

区分＼項目	水素イオン濃度〔pH〕	生物化学的酸素要求量 BOD〔mg/l〕	浮遊物質量 SS〔mg/l〕	大腸菌群数（単位1cm³につき個）
活性汚泥法，標準散水ろ床法その他これらと同程度に下水を処理することができる方法により下水を処理する場合	5.8〜8.6	20以下	70以下	3000以下
高速散水ろ床法，モディファイド・エアレーション法その他これらと同程度に下水を処理することができる方法により下水を処理する場合	5.8〜8.6	60以下	120以下	3000以下
沈殿法により下水を処理する場合	5.8〜8.6	120以下	150以下	3000以下
その他の場合	5.8〜8.6	150以下	200以下	3000以下

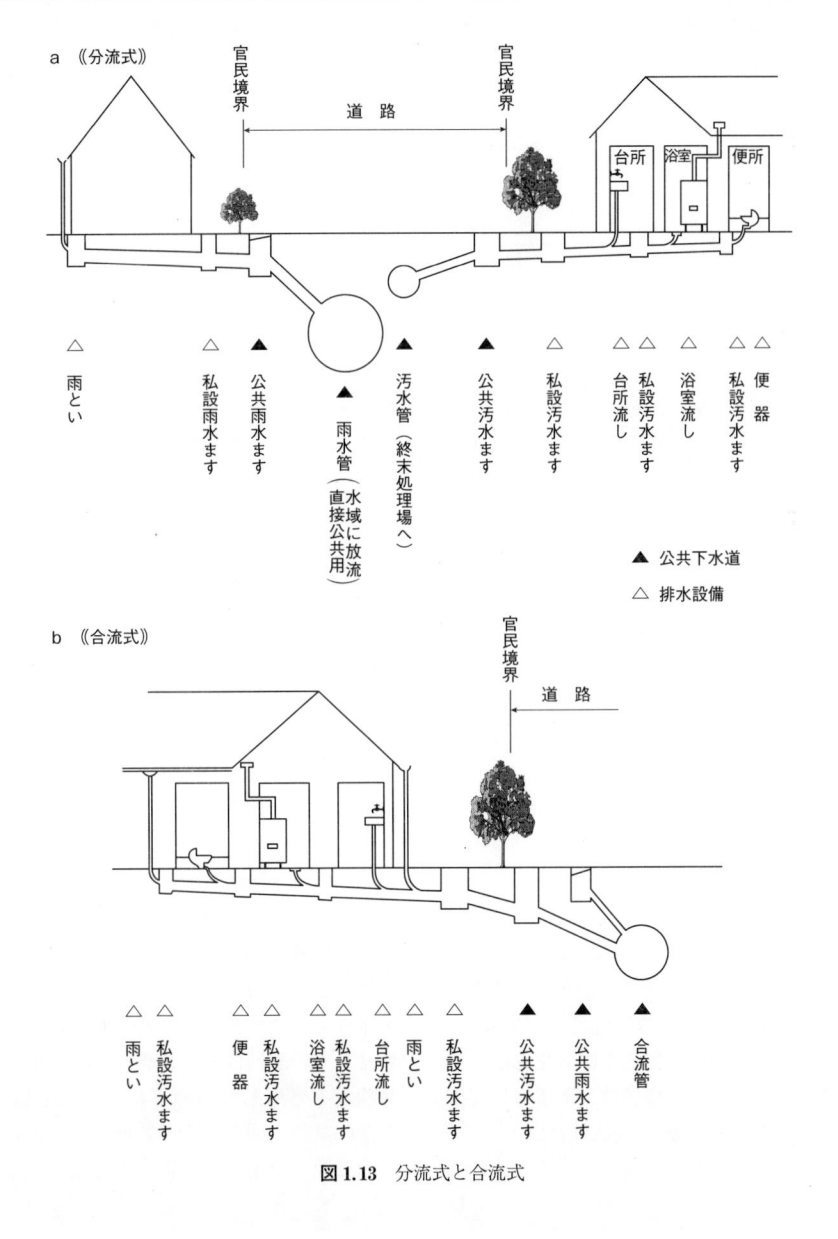

図1.13 分流式と合流式

1. 都市設備

表 1.6 下水道排除方式一覧

(a) 排除方式別団体数 （平成 12 年 3 月 31 日現在）

人口区分など	排除方式	合流	一部分流	分流	一部合流	計
指定都市			4	1	8	13
市町村	30万以上		2	14	37	53
	10～30万未満	4	9	83	65	161
	5～10万未満		4	187	30	221
	5万未満		1	1716	23	1740
計		4	20	2001	163	2188

〔注〕 1. 市町村の人口は，平成 12 年 3 月 31 日現在の住民基本台帳人口（自治省資料）による．
2. 東京都の区部は 1 市として扱い指定都市に含めた．
3. 単独公共下水道と流域関連公共下水道の両事業を実施している場合は 1 市町村として数えた．
4. ① 事業を一部事務組合および都県施行で実施している場合，組合および都県施行は市町村数から除外し，その構成市町村数を数えた．その場合，組合および都県施行以外に構成市町村が事業を実施しているときは 1 市町村として数えた．
② 公共下水道と特定環境保全公共下水道の両事業を実施している場合，1 市町村として数えた．

(b) 処理方式別処理場数 （平成 12 年 3 月 31 日現在）

処理方式		計画晴天時日最大処理水量 (千 m³/d)	5未満	5～10	10～50	50～100	100～500	500以上	計
一次処理	沈殿法		1		1				2
二次処理	標準活性汚泥法		43	59	295	117	148	15	669
	ステップエアレーション法				8	10	7	7	32
	酸素活性汚泥法		3	1	3	1	4		12
	長時間エアレーション法		16	4	2				22
	オキシデーションディッチ法		429	68	26				523
	コンタクトスタビリゼーション法		1						1
	回分式活性汚泥法		56	4	4				64
	高速エアレーション沈殿池法				5		1		6
	回転生物接触法		12	6	4	1			23
	高速散水ろ床法			2	3				5
	接触酸化法		23	1					24
	好気性ろ床法		19	1					20
	その他		10		4	2			16
高度処理	循環式消化脱窒法		1	1	5	3	5	1	16
	硝化内生脱窒法		3						3
	嫌気-無酸素-好気法			1	5	1	2		9
	嫌気-好気活性汚泥法		10	4	14	5	13	1	47
計			627	152	379	140	172	24	1494

〔注〕 廃止の処理場（5 カ所）および休止の処理場（2 カ所）を除く．

合計 1494 処理場の内訳
- 公共下水道 869
- 流域下水道 152
- 特定公共下水道 10
- 特定環境保全公共下水道 463

は日本における下水道の排除方式一覧である．

b. 下水処理方式

1) 高級処理（二次処理） 下水は下水処理場（法的には終末処理場という）で処理されるが，日本を含めて世界的にほとんどが生物学的に処理されている．生物学的下水処理法は，浮遊生物法と固着生物法（生物膜法）に分けられる．浮遊生物法は，下水中に浮遊する程度の小さな微生物の集塊物（活性汚泥という）によって下水中の有機物などを酸化・分解する方法である．固着生物法は個体表面に生物膜を生成させ，そこに生息する微生物によって下水中の有機物などを酸化・分解する方法である．図 1.14 は主な生物学的下水処理法の分類である．終末処理場は個々の処理施設を組み合わせた総体である．個々の処理施設の組み合わせとその配列は，それぞれの処理場の置かれている諸状況を考慮して決められる．図 1.15 は標準活性汚泥法のフロー図である．処理場に流入した下水は，沈砂池で粗くて重い固形物を除去した後，微細な浮遊物

```
                ┌─ 標準活性汚泥法
      ┌─ 浮遊生物法 ─┤
      │           └─ 活性汚泥変法 ─┬─ ステップエアレーション法
      │                          ├─ 酸素活性汚泥法
      │                          ├─ 長時間エアレーション法
      │                          ├─ オキシデーションディッチ法（OD法）
      │                          ├─ コンタクトスタビリゼーション法
      │                          ├─ 回分式活性汚泥法
      │                          ├─ 高速エアレーション沈殿池法
      │                          └─（高度処理）─┬─ 循環式硝化脱窒法（窒素除去）
      │                                      ├─ 硝化内生脱窒法（窒素除去）
      │                                      ├─ 嫌気無酸素好気法（窒素・りん除去）
      │                                      └─ 嫌気好気法（りん除去）
      └─ 固着生物法 ─┬─ 回転生物接触法
         （生物膜法）  ├─ 散水ろ床法
                    ├─ 接触酸化法
                    └─ 好気性ろ床法
```

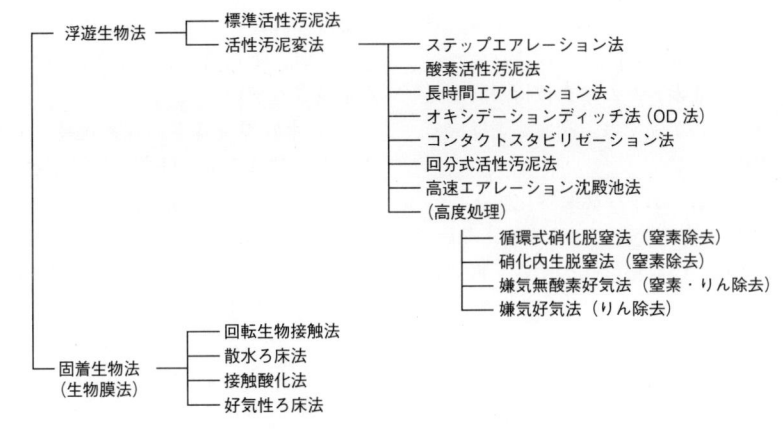

図 1.14 下水処理方式一覧

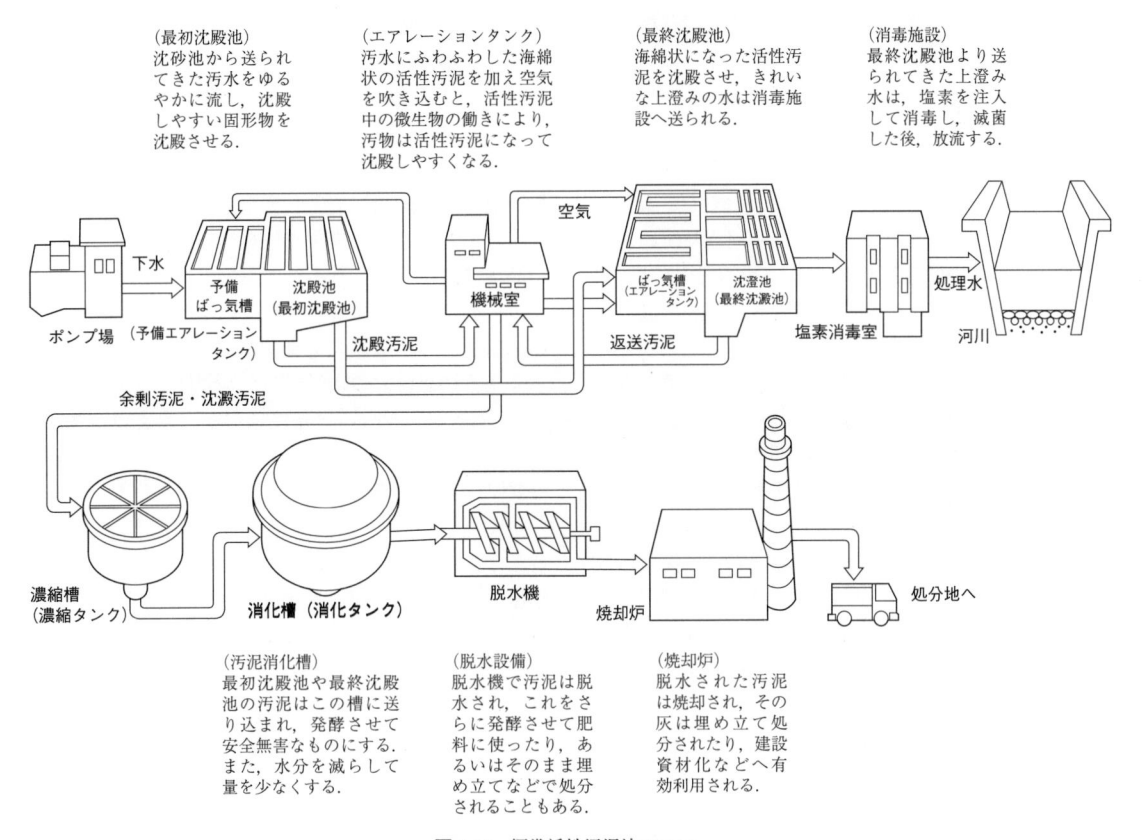

図 1.15 標準活性汚泥法のフロー

の除去と，コロイド状固形物，溶解性有機物の除去を経て，殺菌後放流される．この下水処理過程で発生する汚泥は，濃縮・嫌気性消化・脱水・焼却などによって減容化して最終処分（埋め立て，有効利用）する．通常は，下水処理というとこの二次処理を意味する．

2) 高度処理 高度処理とは，水質環境基準の達成など公共水域の水質保全上の要請からあるいは処理水の再利用のために，活性汚泥法に代表される通常の二次処理による処理水の水質をさらに向上させるために行われる処理である．通常の二次処理の対象水質（BOD, SS など）の向上を目的とするほかに，二次処理ではほとんど除去できない物質（窒素，りんなど）の除去向上を目的とする処理を含むものである．高度処理技術は，物理化学処理法を主とするいわゆる三次

処理技術として開発されてきた．しかし今日では，処理の経済性あるいは既存施設の有効利用の観点から，活性汚泥の変法を用いた窒素・りん除去技術が高度処理の主流となっている．わが国では，高度処理は次のような場合に実施される．

i) 湖沼，閉鎖性水域における富栄養化防止
湖沼，閉鎖性水域における富栄養化による水質汚濁は，窒素，りんなどの栄養塩類の蓄積に起因する．富栄養化を防止するために，湖沼の窒素，りんにかかわる環境基準については昭和57年12月に定められ，湖沼の窒素，りんにかかわる排水基準が昭和60年7月から施行された．また，湖沼水質保全特別措置法に基づく湖沼指定について，窒素，りんの目標水質が定められた．閉鎖性海域の窒素，りんにかかわる環境基準は平成5年8月に定められ，閉鎖性海域の窒素，りんにかかわる排水基準が平成5年10月から施行された（平成13年現在，窒素，りん規制閉鎖性海域は88である）．その後，順次，東京湾，伊勢湾，瀬戸内海の三大湾や浜名湖，大弓湾などの閉鎖性水域についても窒素，りんの環境基準が定められた．このため湖沼や閉鎖性海域の窒素・りんの環境基準の達成のための主要な対策として下水道の窒素・りん除去型の高度処理施設の整備が鋭意進められているところである．

ii) 水道水源水域の水質保全　近年，水道原水の水質に関して発がん性物質であるトリハロメタンなどの有害物質の影響，異臭味などの問題が生じており，これらに対応して平成6年2月に「水道原水水質保全事業の実施の促進に関する法律」および「特定水道利水障害の防止のための水道水源水域の水質の保全に関する特別措置法」が成立し，5月10日に施行された．両法律において下水道事業は，水道原水の水質保全を図るうえで，その実効性の面からも重要な施策に位置づけられ，下水道の普及拡大に加え，高度処理の進展が期待されている．

iii) 水質環境基準の達成維持　水質環境基準達成のためには，工場排水の規制などと並んで下水道整備の促進がきわめて重要な施策であるが，人口が密集している都市地域の汚濁水域や，固有流量の少ない河川などにおいては二次処理による下水処理のみでは水質環境基準を達成，維持していくことが困難な場合がある．これらの水域においては，高度処理の効果およびその水域の重要性を十分検討したうえで，BOD，COD，SSなどを対象とした高度処理を行う必要がある．

iv) 下水処理水の再利用　近年，大都市域などを中心に水需給の逼迫した地域において，その対応方策として下水処理水の再利用の重要性が高まっている．

処理水の再利用を行う場合，散水用水，修景・親水用水など，その用途により要求される水質が異なるため，各用途に応じた高度処理を行う必要がある．

高度処理に適用されるプロセスは，その要求水質によって異なるが，除去対象物質を浮遊物，溶解性有機物，窒素，りんなどに分別することにより，表1.7に示すようにおのおのに対応した処理技術がある．

〔実施状況〕平成12年度末現在，水質環境基準達成のため指定湖沼の水質保全を目的とした高度処理は滋賀県の琵琶湖流域下水道の湖南中部浄化センターなど18カ所で実施され，水道水源域の水質保全を目的とした高度処理は兵庫県加古川流域下水道の加古川上流浄化センターをはじめとする40カ所で実施されている．さらに，三大湾の水質保全を目的とした高度処

表1.7 高度処理プロセス

目　的	除去対象項目		除　去　プ　ロ　セ　ス
環境基準達成水道水源対策など	有機物	浮遊物	急速ろ過，マイクロストレーナ，スクリーン 凝集沈殿，限外膜ろ過，精密膜ろ過
		溶解性	活性炭吸着，凝集沈殿，逆浸透，オゾン酸化
	栄養塩類	窒素	生物学的硝化脱窒法
			生物学的窒素りん同時除去法
			凝集剤併用型生物学的窒素除去法
		リン	凝集沈殿，凝集剤添加活性汚泥法
			嫌気好気活性汚泥法，晶析脱りん法
再利用	濁　　　度		凝集・砂ろ過，精密・限外膜ろ過
	溶解性物質		逆浸透
	微　生　物		消毒（NaOCl，オゾン，紫外線），精密・限外ろ過，逆浸透
	色　　　度		オゾン，活性炭吸着

理は，大阪府南大阪湾岸流域下水道の南部処理場をはじめとする61ヵ所で実施されるなど，高度処理は合計178ヵ所で実施されており，高度処理人口は1040万人となっている．

3) ハイブリッド下水処理 下・廃水中には窒素とりんが含まれており，閉鎖水域の窒素とりん濃度が高くなると（富栄養化）藻類の異常発生が生じるため，下・廃水中の窒素やりんの除去も行われている．しかし，特にりんについては枯渇に直面している資源であることから，除去から回収へ（from removal to recovery）の方向転換が必要である．日本は年間35万tのりん鉱石（P_2O_5換算）を輸入しているが，全国の公共下水道での都市下水処理によって発生する汚泥の焼却灰にはP_2O_5換算で10万t程度のりんが含まれている．公共下水道以外の農業集落排水処理施設や合併浄化槽といった生活排水処理施設で発生する汚泥も含めると，日本の下水に含まれるりん量は膨大である．もちろん，すべての下水からりんを回収し，それを緑農地利用することは合理的とはいえないが，下水汚泥の有効利用の促進の大きな柱となる．下水からのりん回収効率を高めるには，下・廃水処理法の改善が必要である．活性汚泥法を嫌気・好気法として運転して窒素とりんの除去率を高める方式が広く行われているが，著者らは処理水の高度化を省エネルギーによって行うための物理化学処理と生物処理を組み合わせた「ハイブリッド下水処理システム」を提案した．図 11.16 は提案する下水処理システムと従来型の活性汚泥法との比較である．物理化学処理としての凝集沈殿処理では，下水中の大部分の有機物とほとんどのりんが除去される．凝集剤としてはアルミニウム系の硫酸アルミニウムやポリ塩化アルミニウムが多用されているが，凝集沈殿汚泥を緑農地利用する場合は，アルミニウムによる植物の生育阻害を考慮すると，鉄系の凝集剤を用いるべきである．塩化鉄や硫酸鉄のような従来型の凝集剤はアルミニウム系凝集剤に比べて添加量が多く，凝集pHも低くする必要がある．しかし，最近アルミニウム系凝集剤とほぼ等しい凝集力をもつ重合シリカと鉄を結合させた鉄系高分子凝集剤（PSI）が実用化された．また，著者らは簡易な凝集沈殿処理装置として機械的撹拌を必要としない噴流撹拌固液分離槽（JMS）を開発した．このような新しい技術開発によって，下水中の有機物とりんを緑農地利用しやすい形態で容易に回収できるようになる．凝集沈殿処理された下水は残存有機物やアンモニア性窒素の酸化のために生物処理を受ける．著者らは生物処理法として改良型回転生物接触法（RBC）を用いたパイロットプ

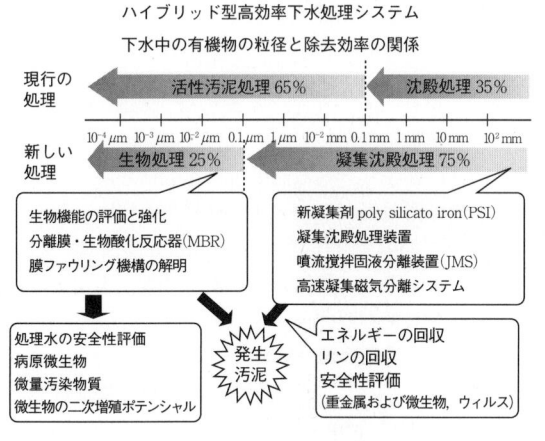

図 1.16 ハイブリッドの提案

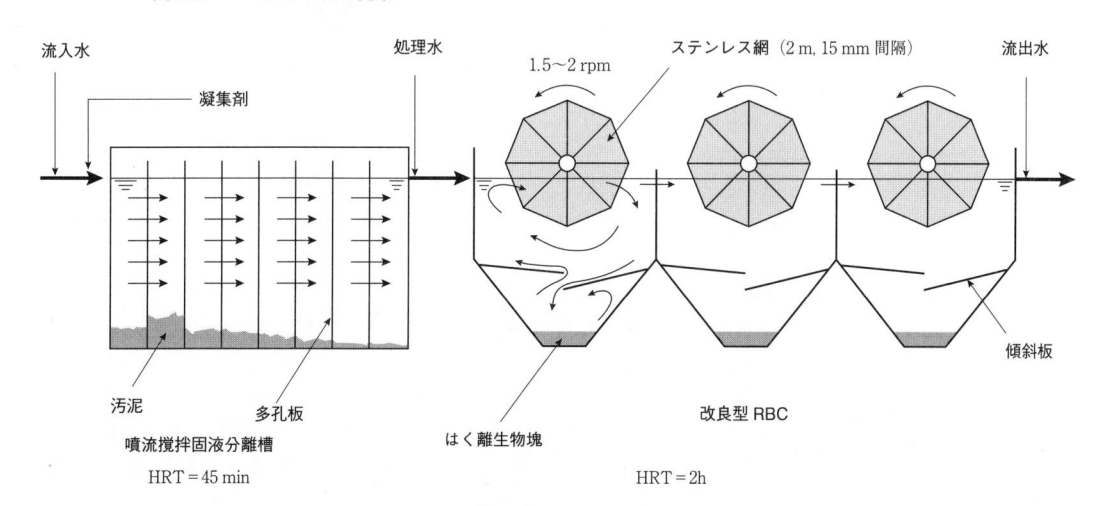

図 1.17 JMS+RBC

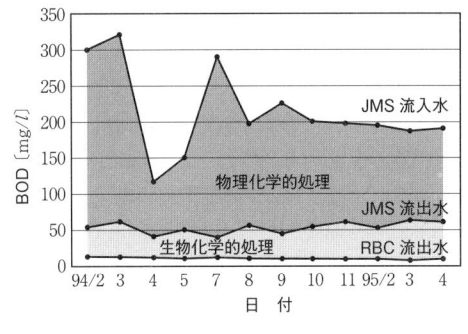

図 1.18 BOD 除去

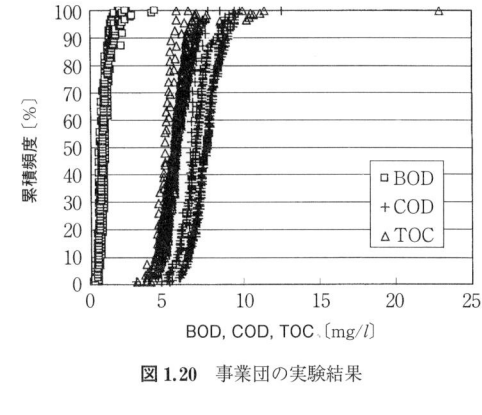

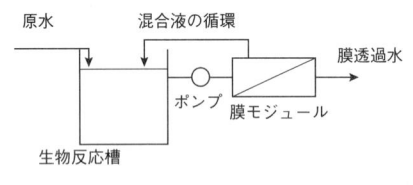

図 1.20 事業団の実験結果

(a) クロスフロー型　　(b) 浸漬型

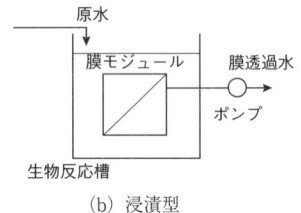

図 1.19 MBR

ラント（図 1.17）実験を行った．原水は下水処理場の沈砂池流出水である．JMS の水理学的滞留時間は 45 分，RBC の水量負荷は $110 l/m^2/d$ である．RBC の消費電力は $0.07 kWH/m^3$ であり，きわめて省エネ型である．図 1.18 はパイロットプラントにおける BOD 除去である．前段の JMS で大部分の BOD が除去されたため，後段の RBC は高い水量負荷での運転が可能であった．

下水処理水の再利用を考えると，MBR が有望である．MBR は，① 生物反応槽内に微生物を高濃度で集積できる．コンパクトで高効率なバイオリアクタである．② 処理効率は微生物集塊の沈降性に支配されず，完全な固液分離が可能である，などの優れた特性をもつ．MBR は 1980 年代からヨーロッパを中心に都市下水処理に適用されてきた．MBR の第一世代は，高い微生物濃度を維持するために，膜分離を従来の沈殿池に替わる固液分離プロセスとして使用した（図 1.19(a)）．日本では最初にし尿処理に適用され，合併処理浄化槽にも用いられている．微生物をバイオリアクタに返送するために，膜モジュールはクロスフロー型である．この方式は操作圧力が比較的高く，循環ポンプも必要なためにエネルギー消費も大きい．MBR の第二世代は，バイオリアクタに直接膜モジュールを浸漬させ，通常はデッドエンド型で運転する（図 1.19(b)）．循環ポンプは不要であり，吸引型のために操作圧力も低い．しかし，バイオリアクタの微生物濃度が高く，生物代謝産物の蓄積によって混合液の粘度が上昇し膜面へ汚泥の蓄積し，膜ろ過抵抗が比較的短時間で上昇する．膜の間欠吸引やエアスクラビングによる膜洗浄が不可欠である．図 1.20 は日本下水道事業団のパイロットプラントの実験結果である．今後，下水処理にも適用されるであろう．

c．下水汚泥の処理・処分　日本の公共下水道普及率は 20 世紀末には 60％を超えた．農業集落排水施設と合併処理浄化槽（下水道類似施設）も併せると，し尿を含めた日本の生活排水の約 80％が処理されている．処理によって発生する汚泥は，公共下水道に限っても年間 300 万 t（乾燥重量）を超えている．その最終処分先はおおよそ，埋め立て 70％，緑農地還元 14％，建設資材利用 10％，海洋投棄 1％，その他 5％である．しかし，埋め立て処分地の確保はますます困難になっており，建設資材利用，緑農地利用といった下水汚泥の有効利用の促進が求められる．平成 3 年に施行されたいわゆる「リサイクル法」を受けて，下水汚泥の建設資材利用が大都市を中心に注目されている．ヨーロッパでは枯渇が懸念されているりん酸質資源問題への対応策として，EU 指令による下水処理の高度化と結びつけて，下水汚泥からのりん回収が大規模に実施されようとしている．下水汚泥には有機物，りん，窒素などの有用資源のほかにも有害な重金属や

病原性微生物も含まれるため，汚泥の質や地域性に対応した多様な有効利用を考えねばならない．

〔渡辺義公〕

文　　献（1.1～1.2）

1) 丹保憲仁：新体系土木工学88，上水道，技報堂出版，1980．
2) 北海道大学工学部衛生環境工学コース編：健康と環境の工学，技報堂出版，1996．
3) 国土交通省下水道部監修：日本の下水道，2009．
4) 五十嵐敏文・渡辺義公編著：水環境の工学と再利用，北海道大学図書出版会，1999．
5) 渡辺義公・中尾真一編著：膜にする水処理技術の展開，シーエム出版，2004．
6) 膜分離技術振興協会：浄水膜第2版，技報堂出版，p.6, 2008．

1.3　電力供給設備

電気が人類の生活を豊かなものにしたことは明らかであるが，その歴史はそれほど古いものではなく1879年のエジソン以来のことになる．当初の電気事業は今で言う「オンサイト発電」であり，支払い能力のある需要家の隣地に発電機を置き，電力を供給していた．それが増えて来るにつれて公害発生源として街中から遠隔地に立地するようになり，水力発電を含めた遠距離電源からの長距離送電というシステムが確立されていったのである．今では，発電→送電→変電→配電という区分で設備が建設・運用され，安定した電力が供給されている．ここでは建築設備に電力が届けられるまでの仕組みについて解説する．なお，以下の文章中，数字は，特記がない限り東京電力のものである．

1.3.1　発電設備（発電所の各種設備）
a.　概　　要

発電設備には火力（石油・石炭・天然ガス），原子力，水力（揚水・自流式），再生可能エネルギー等がある．地球温暖化対策として発電設備が担う役割は大きく，化石燃料比率を下げることと，発電効率を向上させることが求められている．

図1.21に電源別比率の推移を示す．電力会社が再編成された昭和26年には水力発電比率が80.4％で火力発電が19.6％であったものが，石油ショック直前の昭和45年には火力発電が75.7％にまで上昇し，現在（平成20年度）では火力発電が58.9％，水力発電14.0％，原子力発電27.1％となっている．フランスのように原子力発電比率を80％以上にすれば確実にCO_2排出量は下がるが，特定の電源に過度に依存することによるリスクを考え，バランス良く電源を配置することを日本の電気事業者は目指している．その意味で，今後大きな水力発電サイトが得られない日本においては，原子力発電比率を向上させることは重要課題の一つである．また，同じ火力発電のなかでも，CO_2排出量はそれぞれ異なり，石油を100とすれば石炭は131，天然ガスは82である．あまり知られていないことであるが，すでに石油は主力電源の地位を天然ガスに譲っており，火力発電の内訳は，石油29％，石炭4％，天然ガス67％となっている．

b.　火力発電

火力発電の効率は長い間「40％」であった，というよりは，効率の良い新規電源が投入されても既存の発電設備の効率と加重平均すれば40％近傍を推移していた．それが近年はスクラップアンドビルドが進み，平成20年度の平均発電効率は46.1％になっている．昭和26年には16.7％であったものがほぼ3倍になった（図1.22）．最新鋭機のそれは59％にもなり，旧来の常識を変えるべき時期に来ている．

最新鋭の火力発電はコンバインドサイクル（CC）発電を基本としている．これはガスタービンと蒸気タービンを組み合わせた発電方式である．圧縮した空気の中で燃料である天然ガスを燃やして燃焼ガスを発

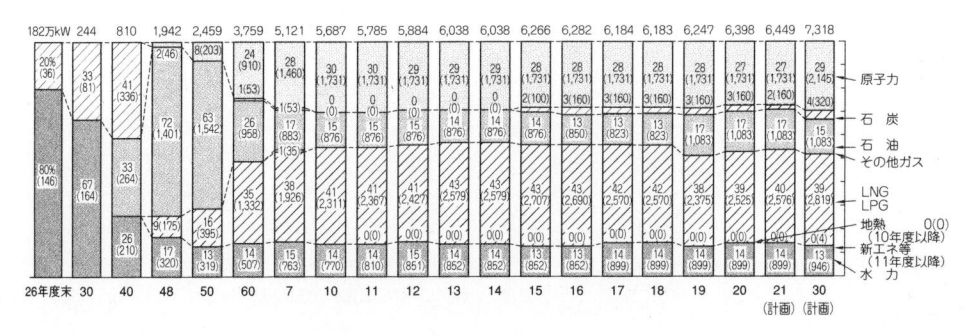

図1.21　電源構成比の推移（東京電力）

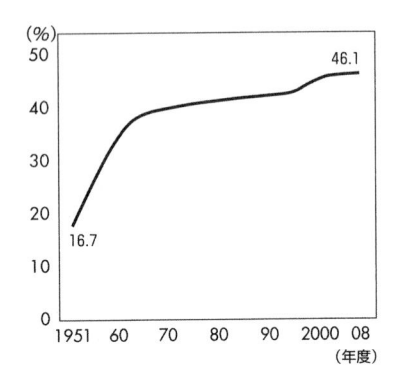

図1.22 東京電力の火力発電全体の熱効率の推移

生させ，その膨張力を利用して発電機を回すガスタービン発電と，その排ガスの余熱を回収して蒸気タービンを回す汽力発電を組み合わせて高いエネルギー効率（47％程度）を得るものである．初期のコンバインドサイクル発電におけるガスタービン入口の燃焼ガスの温度は1100℃程度であったが，これを1300℃程度に高めたものを改良型コンバインドサイクル発電（Advanced Combined Cycle：ACC）と呼んでいる．これはガスタービン単体の高効率化と高出力化が期待できるうえ，ガスタービンからの排ガス温度も上昇するため，蒸気タービン部分の効率向上も実現できる．その結果，発電効率は54〜55％にも達する．さらに，ガスタービン入口の燃焼温度を1500℃程度にまで高めたものが，1500℃級コンバインドサイクル発電（MACC）と呼ばれる最新鋭の発電システムで，発電効率は59％にまで上昇する．この背景にはガスタービン耐熱材料の開発やガスタービンの蒸気冷却などの技術革新があり，世界展開も期待されている．

火力発電にとって重要な課題は発電効率だけではない．SO_xやNO_x対策も重要である．SO_x対策としては，硫黄分の少ない燃料を使用することや脱硫装置を設置することが行われてきた．NO_xについても同様で，ボイラー改善，脱硝装置の設置などの努力が行われている．SO_xとNO_xについてのデータを図1.23に示す．

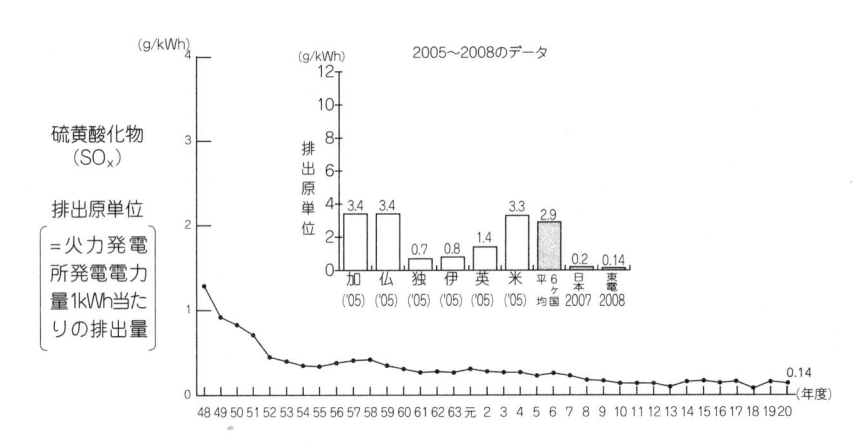

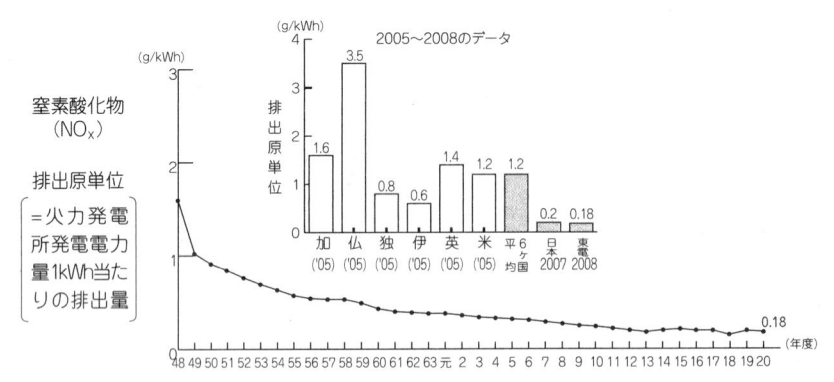

図1.23 火力発電所から大気中へ排出される単位発電電力量当たりのSO_x・NO_x排出量の推移
（出所）OECD ENVIRONMENTAL DATA COMPENDIUM 2006/2007 および
「IEA ENERGY BALANCES OF OECD COUNTRIES 2004-2005」より試算．
日本は電気事業連合会調べ

c. 原子力発電

原子力発電の燃料はウランであり，そのうちウラン235が核分裂する．原子炉内部でウラン235が中性子を吸収すると核分裂が起き，大きな熱エネルギーが発生する．この核分裂は連鎖的に発生し，熱エネルギーは高温高圧の蒸気として取り出される．原子炉で発生した高温高圧のこの蒸気は配管を通ってタービンを回し，タービンにつながる発電機が回転して電力を発生する．ここの仕組みはスチームタービン駆動の火力発電と同じである（図1.24）．

原子炉には沸騰水型（BWR）と加圧水型（PWR）があり，世界の原子炉市場を二分している．日本でも東日本ではBWR，西日本ではPWRが使われている．日本には53基，約4800万kWの原子炉が稼働中であり，アメリカ，フランスに続いて世界第3位の位置にある（平成21年3月現在）．

原子力発電にとって何よりも重要なことは安全性である．原子力発電所では「五重の壁」によって放射性物質を閉じこめる構造としている．それは，ペレット，被覆管，原子炉圧力容器，原子炉格納容器，原子炉建屋を指し，周辺環境への放射能漏れを防止している．こうした仕組みにより，原子力発電所では敷地境界線付近での放射線量を年間0.05ミリシーベルト以下にすることを目標に管理しているが，実際の数値はそれをはるかに下回り，0.001ミリシーベルト程度で運用されている．

d. 水 力 発 電

冒頭に述べたように，水力発電の歴史は火力発電のそれよりも浅く，明治時代の末期になる．一度つくれば運転コストが安いため，徐々に日本の発電方式の主力になり，ピーク時には電源の80％程度を占めるまでになったものの，昭和30年代以降には急増する電力需要を賄うために，建設費が安く比較的短期間に建設できる火力発電に主役の地位を譲ることになった．初期の水力発電は自流式（流れ込み式）と言われるもので，川の水をそのまま利用するものである．この方式による発電電力量は川の水量により変動するため，水路の途中に貯水池を造ることにより発電電力量をコントロールすることが行われるようになり，一般に知られる「貯水ダム」による水力発電が生まれた．その後，高度成長期以降には電力需要のピークに対応するための「揚水発電」が盛んに建設され，水力発電全体に占める揚水発電の比率は今では75.8％にまで高まっている．

水力発電と言えば想起されるダムには図1.25に示す4つのタイプがある．すでに日本では合理的に開発されうる大規模な地点はほとんど無いと言われているが，最近では，CO_2を発生しない電源として「小水力発電」が注目され，日本を含む多くの国で再生可能エネルギーのひとつとして位置づけられている．

e. 再生可能エネルギー発電（風力，太陽光，地熱，バイオマス等）

再生可能エネルギーの多くは大規模集中電源ではなく，小規模分散型電源である．そのため電力会社は自らの電力設備として建設するだけでなく，こうした電源からの電力購入にも積極的である．また，政府も，電気事業者による新エネルギー等の利用に関する特別措置法（通称：RPS法）で，電気事業者に対して，販売電力量の一定割合を新エネルギー等で賄うように義務づけているうえ，電力の需要家が設置する太陽光発

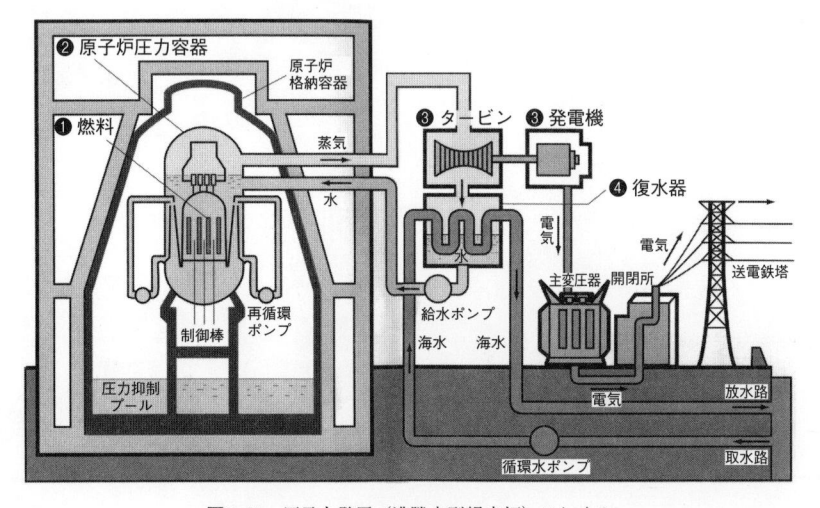

図1.24 原子力発電（沸騰水型軽水炉）のしくみ

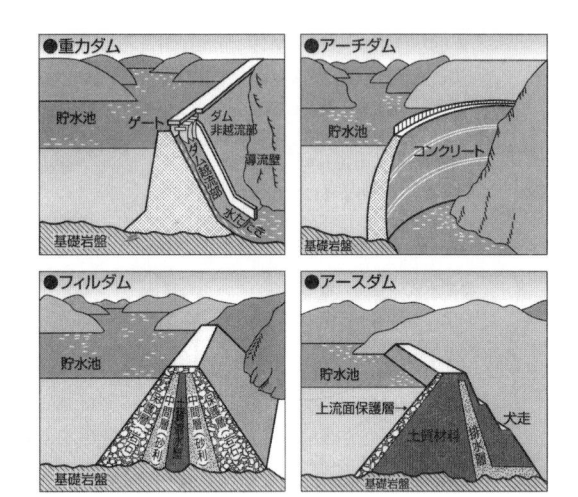

図 1.25　ダムのタイプ

電設備からの余剰電力を販売価格のほぼ2倍の単価で購入する仕組みも制度化した．分散型電源が大量に導入される電力系統が備えるべき要件に関する検討（スマートグリッド）も始まっている．

電源にはkW価値とkWh価値がある．電力需要のピーク時間帯に供給力として期待できる場合には「kW価値」がある電源ということができる．再生可能エネルギーの多くはkW価値を持たないが，「kWh価値」により化石燃料の燃焼を減らすことはできる．1%に満たない現状の再生可能エネルギーの比率を少しでも向上させるために色々な方策が，後述する電力系統の健全性を確保した上で，展開されることを期待する．

1.3.2　送配電設備（送電線，変電所，配電線）
a. 概　要

発電された電力を需要家まで届ける設備を送配電設備という（図1.26）．発電所には昇圧設備があり，電力は275000ボルトあるいは500000ボルトで需要地に向かって送られている．需要地付近では，需要家の必要とする電圧レベルに応じて減圧されていく．減圧するための設備を変電設備と言い，関東地方では，

　超高圧変電所（275000あるいは500000ボルトを154000ボルトに減圧）
　一次変電所　（154000ボルトを66000ボルトに減圧）
　中間変電所　（66000ボルトを22000ボルトに減圧）
　配電用変電所（66000ボルトを6600ボルトに減圧）

の4種類が存在する（各電圧は電力会社によって微妙に異なっている）．業務用と産業用の需要家には，6600ボルト以上の電圧で電力が供給されている．

家庭用や小規模な業務用・産業用の需要家に対しては，電柱に乗っている柱上変圧器にまで6600ボルトの電力が送られ，そこで100ボルトや200ボルトに減圧される．配電用変電所の出口から柱上変圧器と各需要家への引込線までを，電力会社では「配電設備」と呼んでいる．送変電設備が「点と線」であるのに対して配電設備は「面」を扱っており，送変電と配電とは，日本だけでなく世界中で，異なるものとして扱われている．

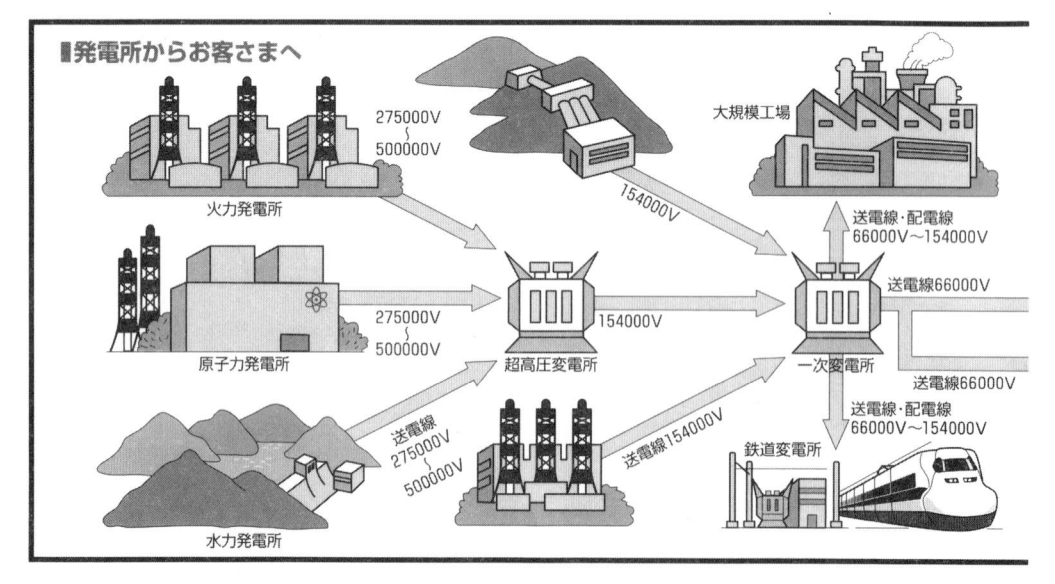

図 1.26　発電所から需

b. 送電設備

送電線には架空線と地中線がある．建設コストは架空線の方が遙かに安価ではあるが，都心部で建設することは事実上無理であり，関東地方では，送電線の約30％が地中化されている（平成21年3月現在）．なお，この数字はよく言われる「電線地中化（配電線の地中化）」の話ではなく，あくまでも送電線についての値である（配電線については後述）．

地中送電線の電圧は50万ボルトや27.5万ボルトである．送電線は発熱するため，それを冷却して送電効率を維持する必要があり，そのための冷水配管設備も併せて埋設される．そして一定間隔で冷凍機が設置されている．

架空送電線の送電電圧は100万ボルトクラスにまで上げられてきた．世界中で高圧送電が競われるようになっている．それを支える「絶縁技術」「8導体方式」「新高張力鋼」などが日本で開発されている．

c. 変電設備

遠隔地から送電されてきた電力を使いやすい電圧に減圧する施設が変電所である．関東地方には約1600カ所存在する．送電線と同じように，都心部では建物の地下に設置されることが多く，ビルのテナントとなっている．このような場合には，変電所の部分が容積対象床面積から除外され，ビルオーナーにとっての変電所誘致のインセンティブとなっている．

さて，よく知られているように，日本には2つの周波数がある．アメリカから技術を導入した西日本が60 Hz，欧州から導入した東日本では50Hzとなっている．静岡県の富士川から新潟県の糸魚川あたりを境にしている．しばしば全国統一の努力が試みられてきたが，膨大な費用と時間を要するために実現していない．東西で電力を融通するために，周波数変換装置が3カ所設置されている．その容量は合計で120万 kWで，緊急時の融通のみならず，経済融通や系統安定のためにも使われている．

d. 配電設備

最終的に需要家に電力を送り届ける設備を配電設備という．変電所から6600ボルトで送られた電気は，電柱にある「柱上変圧器」で200ボルト/100ボルトに減圧されて，各家庭に届けられる．電柱は関東地方に580万本もあり，そのほとんどはコンクリート柱であるが，鉄塔，鉄柱，木柱も2％程度存在する．

配電設備で良く話題になるのが地中化である．電線の地中化は「無電柱化推進検討会議（国土交通省，警察庁，経済産業省，総務省），電気事業者，電気通信事業者などで構成」により策定される地中化計画に則り進められている．昭和61年にスタートした地中化計画は着実に進められ，23年間で7700 kmが地中化されているが，配電線は膨大な設備であり，都市部を多くもつ関東地方でも，その比率は9.6％程度である．ただ，例えば東京の都心3区（千代田区，中央区，港区）では86.7％であり，都市美観の向上に貢献している．

〔前川哲也〕

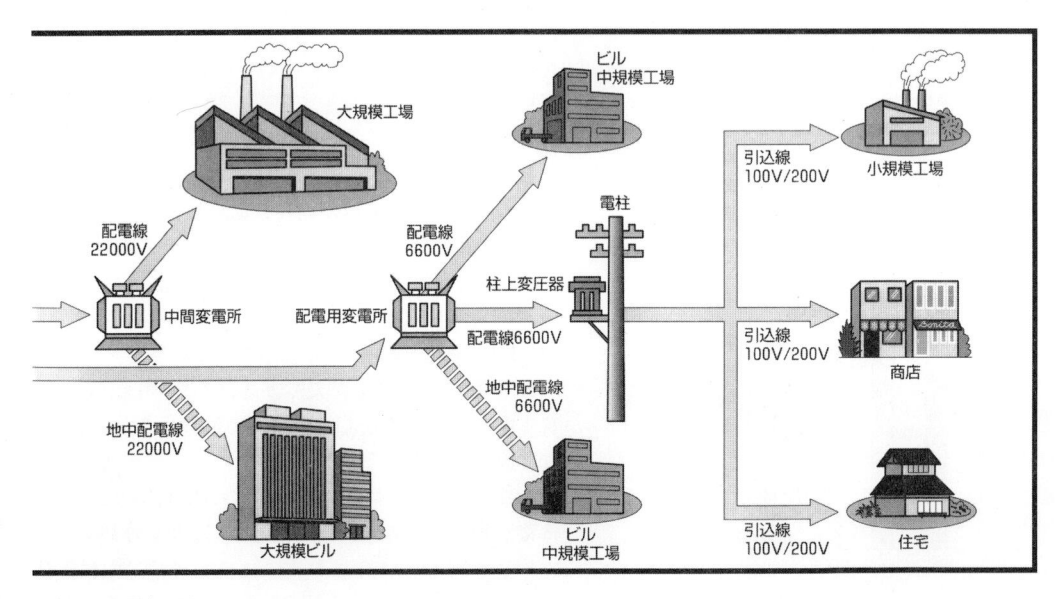

要家までの電力の流れ

1.4 都市ガス供給設備

1.4.1 都市ガス原料の変遷

都市ガスがわが国に導入された明治初期から1950年代までその大半は石炭から製造されていた．その後石油が主流を占める時代を経て，1969年に最初にLNG（液化天然ガス）が導入されて以来，徐々に天然ガスの比率が高まり，今では約90%が天然ガスであり，そのほとんどがLNGとして海外から輸入されたものである．都市ガス原料内訳の推移を図1.27に示す．

1.4.2 天然ガス資源

世界的にみても天然ガスが本格的に利用されはじめたのはそう古くはない．これは天然ガスが気体で長距離輸送や貯蔵が困難で，古くは産地周辺での利用に限定されていたためである．1950年代頃から長距離パイプライン技術の進展に伴って欧米，ロシアで利用が拡大した．LNG（液化天然ガス）は1959年に「メタン・パイオニア号」が米国ルイジアナ州から英国キャンベイ島に海上輸送されたのが最初である．わが国には1969年に初めてLNGが導入された．

天然ガスは生物起源ガスと無機起源ガス（深層天然ガス）に分けられるが，現在利用されているのは，石油と同様の生物起源ガスである．天然ガスは石油に匹敵する埋蔵量を有しており，本格的な利用が石油より遅れたため，可採年数は石油よりも長い．また，石油資源が中東に偏在しているのに対して天然ガス資源はアジア，オセアニア，ロシア，南北アメリカ，北極海などまんべんなく地球上に広がっている．今後は無機起源天然ガスや海中のメタンハイドレートなど新たな資源探査も進んでいくものと思われる．図1.28に化石燃料の地域別賦存状況を，表1.8に世界のエネルギー資源の埋蔵量および可採年数を示す．

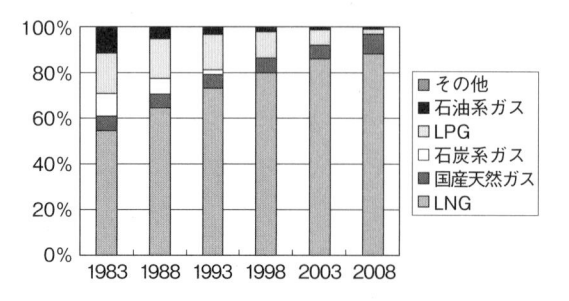

図1.27 都市ガス原料内訳の推移（日本ガス協会）

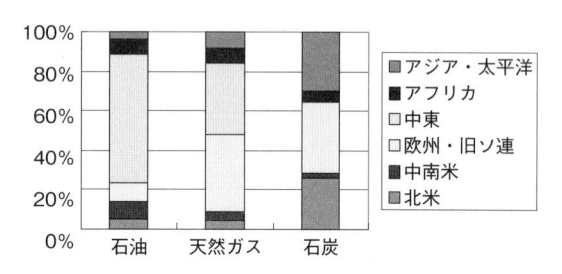

図1.28 化石燃料の地域別賦存状況

表1.8 世界のエネルギー資源の埋蔵量と可採年数

	石油	天然ガス	石炭
確認可採埋蔵量	1兆477億バレル	155兆7800億 m^3	9845億
可採年数	40.6年	60.7年	204年

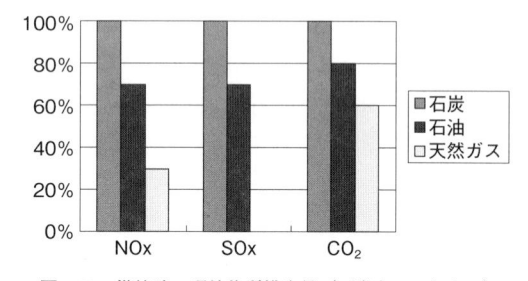

図1.29 燃焼時の環境物質排出量（石炭を100とする）

1.4.3 天然ガスの特性

天然ガスはその主成分がメタン（CH_4）であり，他の化石燃料に比べて炭素比率が小さく，結果として燃焼時に排出する二酸化炭素が少ない．またLNGは出荷基地で液化する際に不純物を取り除くので硫黄分を含まず，窒素も少ないので，燃焼時に発生する硫黄酸化物や窒素酸化物も少ない．図1.29に化石燃料別の環境負荷物質発生量を示す．

天然ガスを主成分とする都市ガスは，空気より軽く（対空気比重0.64）万が一漏洩した場合でも上方に拡散する．また発火温度が高いこと，および燃焼可能な空気中の濃度の下限界が他の燃料に比べて高いことなどから安全性が高い燃料であると言える．

1.4.4 液化と輸送

ガス田から産出した天然ガスは不純物（水分，硫黄，塵など）を除去した大気圧で液化する約-160℃まで冷却される．冷却の際にプロパンなどの重質分は消費地の要望などに応じて分離される．液化によって体積が約600分の1になったLNGは専用のタンカーで輸送される．LNGタンカーは長距離輸送中に液体のLNGが外部からの入熱で気化することを最小限に

留めるための断熱構造をもつ魔法瓶船である．

1.4.5 都市ガス製造所

専用タンカーで運ばれたLNGは受け入れ基地のタンクに一たん貯蔵される．国内の受け入れ基地は都市ガス事業用と電力事業用がある．発電用は隣接する火力発電所での利用がほとんどのため低い圧力で気化してボイラに送る単純な設備である．最近では高効率コンバインド発電のために圧力を高くしている設備も多い．都市ガス事業用は導管による長距離輸送のため高圧に昇圧したのち気化する．気化のための熱源は常温の海水が用いられるのが一般的である．さらにLPGを付加して発熱量と燃焼速度を調整し，最後に微量の付臭剤を添加したのち市中に送出する．

1.4.6 輸送導管

都市ガス製造所からは段階的に圧力を下げて輸送している．消費地近傍までは輸送効率を高めるために高圧や中圧で送出し，末端では低圧まで減圧されて家庭などに届けられる．圧力は整圧器（ガバナ）で調整され，供給区域内の供給状況は遠隔監視・制御されている．都市ガスの用途に応じて高い圧力のまま受け入れることも可能である．図1.30に輸送導管の概略構成を示す．

中圧以上の導管は大規模な地震発生時でも供給継続の可能性が高いため，消防法上の常用防災兼用ガス専焼発電機の燃料供給源として利用できる場合が多い．具体的にはそれぞれの地域のガス事業者に問い合わせのうえ消防法上の申請を行うこととなる．

1.4.7 都市ガスの分類

a. 都市ガスの分類

わが国の都市ガスは，その熱量，燃焼速度，比重によって5C, 6C, 13Aなどのように種類が分けられている．電気の周波数や電圧と同様，異なるガス種では一部の例外を除いてガス器具はそのまま使えないので注意が必要である．わが国の都市ガス需要家の87％以上が12A, 13Aの高カロリーガスが使われている．今後は中堅事業者のLNG受け入れ基地建設などの供給基盤の整備や，中小事業者へ大手事業者から卸供給などを推進することなどにより可能な限りの天然ガス化を推進中である．

b. 13A

13Aのなかでも，海外から輸入したLNGに液化基

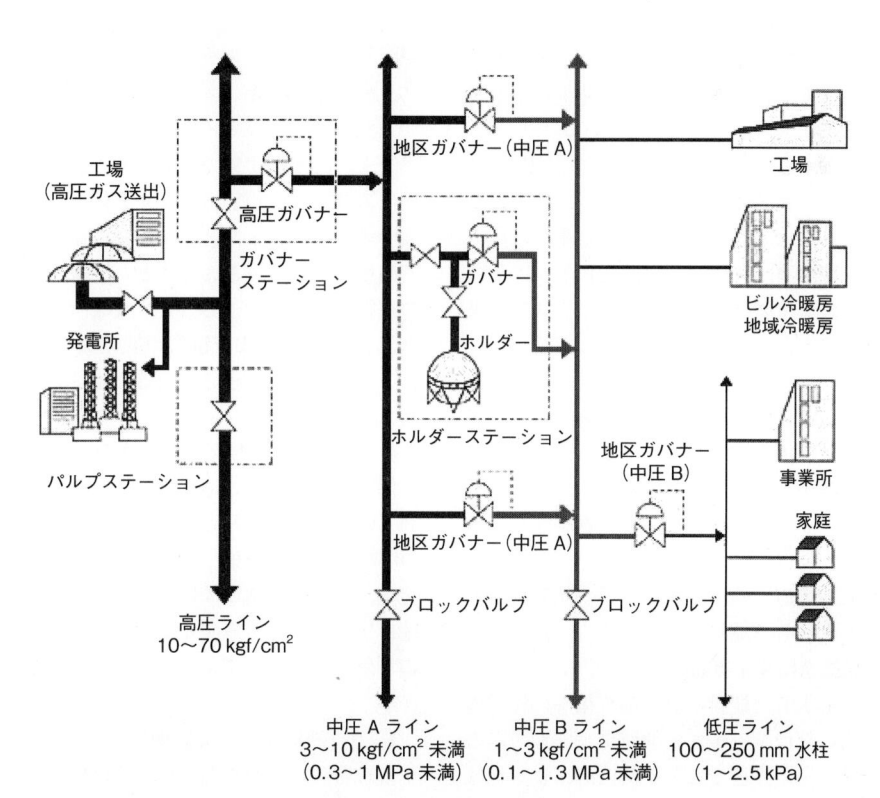

図1.30 輸送導管の概略構成

地でLPGを混合して発熱量を調整している事業者の場合，標準熱量は46 MJ/m^{3}前後であり多くの事業者が採用している．ちなみに大手2社（東京，大阪）では45 MJ/m^{3}である．またLPGを主原料とする13Aでは63 MJ/m^{3}前後，国産天然ガスを供給する事業者では42 MJ/m^{3}前後であることが多い．このように主原料の違いにより標準熱量は異なるが，総称して13Aと呼ばれている．

ガス種別の詳細については本編第2章に詳しく記述されているので参考にされたい．　　　　〔荒木和路〕

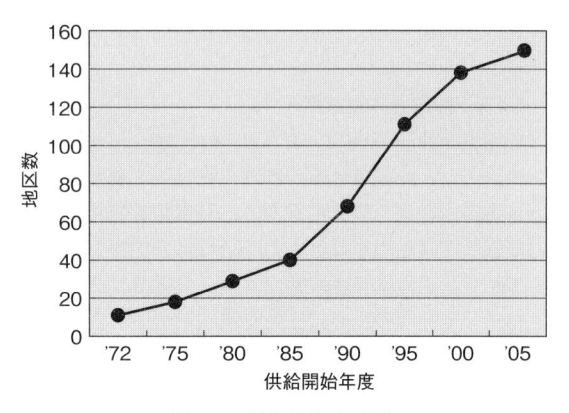

図1.31　地域冷暖房の普及

1.5　地域冷暖房施設

1.5.1　地域冷暖房施設の歴史と意義

地域冷暖房とは，一定の地域内で冷房，暖房，給湯などの熱需要を満たすため1ヶ所または複数の熱供給設備で集中的に製造された冷水，温水，蒸気などの熱媒を地域導管を用いて複数の需要家建物へ供給するシステムと広義では定義される．法律では1979年9月10日付の建設省都市局通達により「都市計画法第11条(都市施設)」の「第3項その他の供給施設」の中に「地域冷暖房施設」が挙げられ，都市計画法上では電気，ガス，水道施設と同等の都市インフラとして重要な位置づけにあるとされている．地域冷暖房は熱需要家が複数になるため電力，ガス事業と同様な熱供給事業として行われることが多い．このため都市インフラとしての信頼性を確保するため1973年に「熱供給事業法」が制定されている．すなわち，「地域内の一般の需要に応じ，加熱され，もしくは冷却された水または蒸気を導管を通じて熱供給を行う事業で，21GJ/h以上の加熱能力を持つ地域冷暖房」は同法に基づく熱供給事業として経済産業大臣の許可を受けなければならないとされている．また，熱供給事業法と熱供給施設の技術基準が公示されるに伴って地域冷暖房施設の建設がこの法律にしたがって建設されることとなり，現在我が国では地域冷暖房とは熱供給事業を行う地域冷暖房とする場合が多い．図1.31に熱供給事業の普及状況を示す．

地域冷暖房施設の導入効果は建物ごとに熱源を設置する個別方式と比較して論じられる．

a. 都市基盤整備に与える効果

地域冷暖房を導入した建物に対する容積率の緩和措置や需要家建物の熱源スペースの削減により地域内の建物がより有効に活用できることや共同溝による地域導管敷設で地区全体のインフラを集中管理できインフラ集中による経済効果が期待できる．地域冷暖房は年間を通じて24時間安定的に熱が供給されるので熱需要家の利便性・アメニティが向上する．

b. 省エネルギー・省資源に与える効果

地域冷暖房は地域の熱源を集中化して機器の運転効率を向上させたり，個別では経済的に容易ではない河川水や海水などの自然エネルギーの利用，ごみ焼却熱，下水排熱などの未利用エネルギー利用や大規模コージェネレーションや蓄熱などのシステムを組み合わせることによって地域に特色のある省エネルギー，省資源のエネルギーシステムを組むことができる．

c. 経済的効果

上記各種エネルギーの採用や機器の集中化による効率向上のほかに複数の熱需要家の熱需要のパターンが異なる場合には個別方式より全体としての設備容量が減少すること．また運転員も集約化され減員できるので熱単価が低く押さえることができ，結果的に需要家の運転費が削減できること．地域冷暖房設備を設置した建物に対しては容積率の緩和策があり，需要家にとっては機械室が小さくなるため建物の有効利用が図れる．

d. 地球環境に与える効果

個別方式に比べて地域冷暖房設備は事業採算にかかわるので熱源はより多様・厳密な検討がなされる．この中で現在地球規模で深刻な問題になっている地球温暖化・オゾン層破壊問題に対しても事業の公共性を明確にアピールする意味で，より高度の観点から検討し，適したシステムを採用することができる．

1.5.2　地域冷暖房の範囲

地域冷暖房は熱供給設備，受入設備とこの間を結ぶ地域導管からなる（図1.32）．個別熱源と異なるのは

1.5 地域冷暖房施設

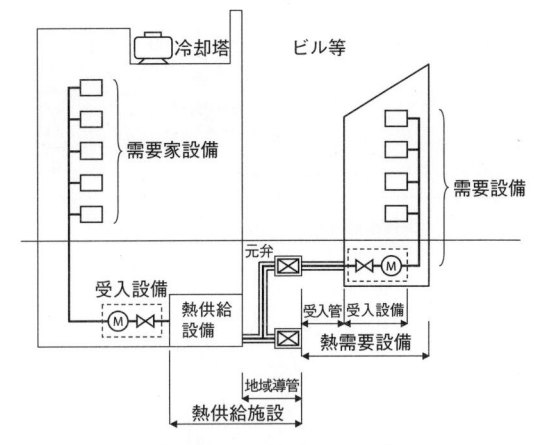

図 1.32 地域冷暖房の概念[1]

地域導管がある点で，この敷設については道路管理者の占用許可が必要である．また，共同溝に収容する場合には共同溝特別措置法に基づく手続きが必要になる．通常，熱供給事業者の施設区分は地域導管の元弁までなので需要家は以降の受入設備を個別熱源に置き換わるものとして設備すればよい．

1.5.3 地域冷暖房の計画

地域冷暖房の計画は図 1.33 に示すように対象地域の都市計画や地域開発計画に合わせて計画が進められる．2001 年時点で地域冷暖房の普及のために指導要綱を制定している自治体は東京都，大阪府，名古屋市，横浜市，浜松市の 5 自治体である．企画・構想段階から計画・設計段階を経て建設工事が行われて試運転を経て熱が供給されるまでには都市計画の進展に沿い長時間がかかることが多い．

a. 計画段階の要点

予定されている熱需要建物の熱負荷算出が重要であるが，初期の段階では建物の計画や設計が行われていないことが多く，そのため，対象建物の用途や規模などから熱負荷原単位を用いて最大熱負荷や年間の熱需要を算出することになる．この数値を基本にして事業計画を立て，建設費や熱料金を決め熱供給が事業として成立する条件を求めることが最重要である．

b. 基本設計の要点

熱負荷には熱需要建物の建設時期に応じた時系列的な，より精度の高い数値が求められ，これに沿って事業計画が立てられる．また，熱供給事業の許可申請を含む諸官庁との折衝に必要なデータの集積が必要である．熱供給設備の図面化，建築構造に与える影響，電力，ガス，排水などの関連設備との接点も明らかにし

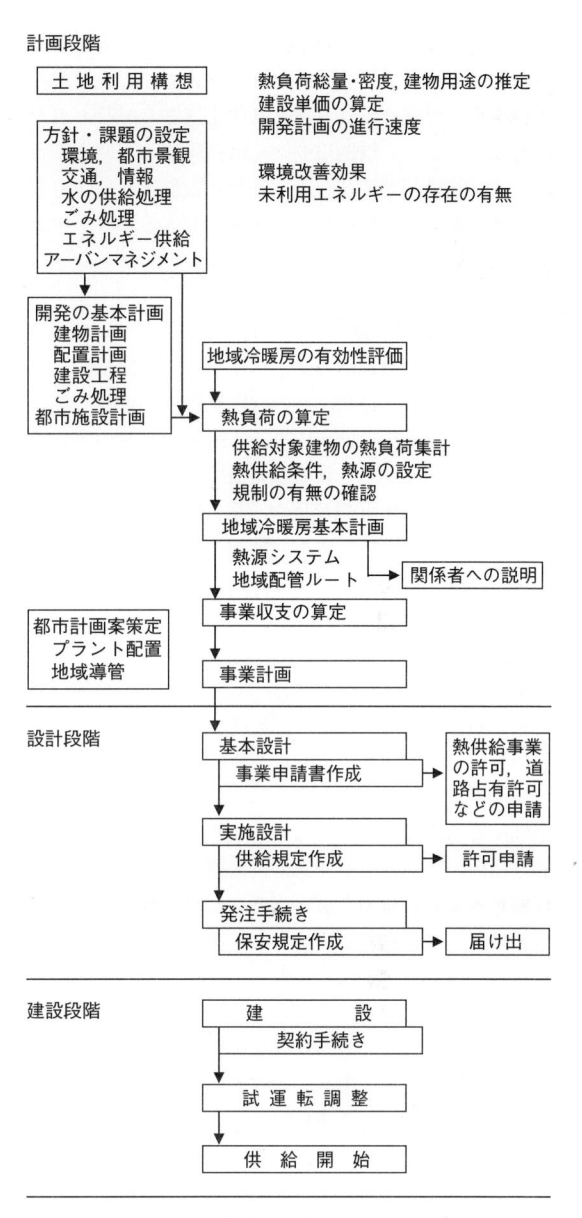

図 1.33 地域冷暖房基本計画のフロー[1]

ておく必要がある．総合的な予算や位置的な情報は実施設計にできるだけ近似したものが望まれる．

c. 実施設計の要点

建設にかかわる情報を一切確定する段階である．しかし，場合によっては多くの対象建物が当初の段階から少しも煮詰まらず用途しか想定できないような場合がある．設計者の情報収集と適切な状況判断が求められる．

d. 建設段階の要点

地域冷暖房設備は単に大規模な熱源ではない．10

年，20年と稼動する熱製造設備であり，周年熱供給が義務づけられる社会インフラであるので，建設は熱供給事業法で定められた技術基準を遵守して行われなければならない．機器については長時間の連続運転性能，保守経費が重要となる．また，設置スペースも日常点検，緊急時の対応がスムーズにできるよう，機器更新時の搬出・搬入なども考慮する．

1.5.4 熱源設備

熱供給設備の構成機器は，ボイラー，冷凍機等の熱源機器，ポンプ，槽類などの付属機器，および空調換気給排水等の付帯設備からなる．熱供給事業の安定供給の確保の観点から熱供給事業法で，熱媒温度・圧力等の計測・監視・警報装置の設置，主要機材の材料・構造や配管工事の溶接方法，試験方法について技術上の規定がある．

1.5.5 地域導管

地域導管は建物内配管に比べて一般には大口径でありその敷設方式によっては温度変化による影響とともに内圧・土圧による荷重や活荷重による影響，地盤の不等沈下や腐食対策を考慮する．地域導管の建設費は地域冷暖房設備全体のうちでも大きな比重を占めるため経済性の検討が必要である．地域導管の事故は安定供給をただちに損なうことになるので，長期にわたる信頼性と維持保全が必要である（図1.34）．

1.5.6 受入設備

受入設備は供給された熱媒を需要家の使用条件に適合するように圧力と温度を調整し，需要家設備が正常に機能するようにする設備であり，熱料金を算定する熱量計を備えている．熱供給者と需要家の責任区分は熱供給事業者によって示される熱供給規定によるが通常，受入設備は需要家の負担で設置される．熱供給規定のうち，受入に関する項目は以下である．

(1) 熱媒の種類，供給期間および時間，水質
(2) 接続方式
(3) 熱媒の送り温度および圧力，還り温度および圧力
(4) 流量制限，熱量制限，還り温度制御
(5) 熱量計の方法
(6) 受渡し場所
(7) 熱媒の静水頭
(8) その他の事項

受入設備の接続方式には直接接続方式と間接接続方式および両方式の併用方式がある．直接接続方式は供給された熱媒を直接受け入れる方法で圧力調整と温度

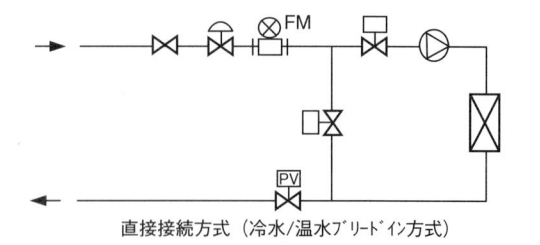

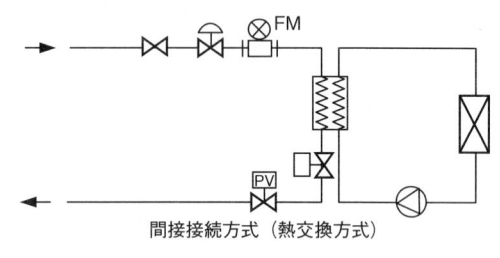

図1.34 受入設備方式

	地上導管方式	地下埋設導管方式			
		共同洞道方式	専用トレンチ方式	直埋設方式	
種類	架橋下 オープンコリドール下	電気・通信・上下水ガスなどとともに配管保守用通路兼用	コンクリートトレンチ プレキャストトレンチ	二重管方式 鋼管製 鋼鈑ジャケット製	埋戻し方式 山砂充てん アスファルト充てん
図例					

図1.35 地域導管の埋設方式

調整をする必要がある．間接接続方式は熱交換器を設けて供給側と需要側との縁を切るようにした方式である．設備費はかかるが需要家だけの圧力と温度条件が容易に得られること，他需要家との熱媒の共有が無いため配管の腐食対策が取りやすいなどの利点がある（図1.35）．
〔小池孜郎〕

文　献

1) (社) 日本地域冷暖房協会：地域冷暖房技術手引書（改訂版），2002.
2) (社) 日本熱供給事業協会：熱供給事業法令集，1997.
3) (社) 日本熱供給事業協会：熱供給事業法令と熱供給施設の技術基準の解釈，1998.

1.6　廃棄物処理設備

1.6.1　地球温暖化防止・廃棄物処理・リサイクル法制度と対応技術[1]

1992（平成4）年に開催された「環境と開発に関する国連会議（地球サミット）」で，持続可能な開発を実施する枠組みとして，大量生産・大量消費型社会から省資源・省エネルギー型社会構造への変換，南北経済格差是正のための経済・技術援助などが国際的に認知された．日本でも循環型社会形成推進基本法，環境影響評価法，各種リサイクル法などの法整備が推進され，廃棄物処理設備もこの流れに沿い開発・製造されている．平成10年から施行された法令に基づく新技術と対応状況を，表1.8に示す．特筆項目は，ダイオキシン類（DXN）特措法による新技術として，ガス化溶融技術と新型ストーカ技術の商用化，大型廃棄物発電プラントへの集約である．また，PCB特措法による化学処理による高濃度PCB処理設備が運転を開始し，放射性廃棄物処理施設並みの環境管理が導入された．一方，製品のライフサイクルの環境負荷軽減を重視した3R (Reduce, Reuse, Recycle) 技術として，解体・リサイクルしやすい製品設計，省エネを販売指標とした製品群が市場投入された．政府の補助金・交付金の誘導策により，単純な廃棄物処理設備から廃棄物発電や各種製品リサイクル設備，廃棄物の燃料化設備，建築廃棄物を発生現場で処理する移動式処理機械，全国展開する家電・自動車リサイクルプラントなどが盛んに建設・実施された．

1.6.2　各種処理設備（廃棄物リサイクル技術）[1) 7)]

各種リサイクル法の制定により，拡大生産者責任に基づく製造・流通・処理・資源回収再利用の社会システムの整備がなされた．技術的には既存の解体・選別・分級技術の組み合わせ，および鉱石の分級・精製技術の応用が主となった．特に家電・自動車リサイクル施設では，製品・部品の経年使用実態の技術情報が多量に得られ，壮大な製品検証の場となっている．特に，家電・OA機器類や廃自動車のプラスチック類のコークス炉や高炉の還元剤としての利用，廃棄物の焼却灰溶融スラグの土木材利用・JIS制定，PET樹脂などの中国への原料としての輸出，EUによるRoHS指令の発効・REACH指令の制定など，リサイクルの新潮流に対応するため，各種リサイクル法の大幅改定検討がなされた．

1.6.3　廃棄物焼却・ガス化発電，溶融技術[2]

「廃棄物の処理及び清掃に関する法律」（廃棄物処理法）における廃棄物の区分を図1.36に示す．大きく一般廃棄物と産業廃棄物に区分されるが，産業廃棄物は事業活動に伴って生じた廃棄物のうち，法で定められた20種類ものをいい，それ以外のものを一般廃棄物とされている．一般廃棄物には家庭系ごみとオフィスや飲食店から発生する事業系ごみからなる．また，し尿も法律上一般廃棄物として扱われているが，本節の対象範囲外とする．

一般廃棄物（ごみ）と産業廃棄物の処理状況の推移を図1.37，図1.38に示す．現在，年間約5000万トンの一般廃棄物と約4億トンの産業廃棄物が排出され処理されている．産業廃棄物は，汚泥，がれき類等の不燃性の廃棄物が大半を占めており，ごみ焼却施設は一般廃棄物を中心として発展してきた．経済成長とともにごみ量が増加し，昭和30年代後半から大型のごみ焼却施設が国内大都市で導入され始めた．また現在，各種リサイクルが進められているが，一般廃棄物の約8割は焼却処理されており，都市ごみ焼却施設は都市インフラとしては重要な基盤施設である．

一般廃棄物（ごみ）焼却施設の型式別，処理方式別の施設数・処理能力を表1.10，表1.11に示す．各種分類の概要を表1.9に示すが，中小規模の施設では準連続式，バッチ式と呼ばれる間欠運転炉が多くなっている．間欠運転ではボイラの採用が難しく排ガスの冷却は水噴霧によって行われる．

炉の立ち上げ，立ち下げに発生するDXN量を削減するために，2000（平成12）年のDXN特措法施行により多数の小規模な施設が休廃止され，大規模施設への集約が進んだ．またガス化溶融炉（流動床式，間接・加熱キルン式，シャフト炉式，など）と改良型ストー

表 1.8 地球温暖化防止・廃棄物処理・リサイクル法令と対応技術[1) 7)]

法令・規制	規制・対策項目	対策新技術	対応組織・資格・状況など
1. ダイオキシン類対策特別措置法	1. ダイオキシン類排出量削減	1. 燃焼管理（燃焼温度，CO濃度） 2. 集塵器（集塵温度，バグフィルタ） 3. ガス化溶融炉：間接加熱キルン炉，流動ガス化炉，シャフト炉，他 4. 新型ストーカ炉：低ダイオキシン・低排ガス量，長期安定・低コスト運転	H2：厚生省旧ガイドライン H9：厚生省新ガイドライン H11：特措法公布 H12：特措法施行 H18：ごみ処理施設整備の計画・設計要領改訂版（(社)全国都市清掃会議）
	2. ダイオキシン類測定	公定法：高分解能 GC/MS 簡易測定法：生物検定法，機器分析法	H13：特定計量事業者認定制度（MLAP） H17：生物検定法一部採用
	3. 焼却炉解体手法	高圧水洗浄，防塵マスク，防護作業服，エアシャワー，など	H13：焼却施設解体作業マニュアル，労働安全衛生規則改正
2. PCB 特別措置法	1. 高濃度 PCB 処理	脱塩素化分解処理（金属 Na 分散体法，触媒水素化脱塩化法など），水熱酸化分解，溶融分解，など	H13：特措法公布，施行 H16：日本環境安全事業(株) JESCO 設立（全国5事業所）
	2. 微量 PCB 混入廃電気機器等	既存施設での高温焼却処理	H17～：実証試験
3. 廃棄物処理法改正：アスベスト処理	1. 飛散性アスベスト	梱包または固型化埋立，溶融	H18：施行令，施行規則改正 H18：無害化処理認定制度
4. エコタウン事業	1. 資源循環型経済社会構築を推進する環境調和型まちづくり	家電・容器包装・廃タイヤ・廃木材・自動車・高純度メタル等リサイクル，RDF 発電他	H9：環境省・経産省共同創設 全国 26 地域（H21.03 現在）
5. リサイクル法		排出者責任・拡大生産者責任，3R 推進，5種リサイクル法，グリーン調達法	H13：循環型社会形成推進基本法施行 H13：資源有効利用促進法改正施行
1) 包装容器	1. PET ボトル	再商品化：ボトル，繊維，シート他	H9：本格施行（PET，ガラス）
	2. プラスチック容器包装	高炉還元剤・コークス炉原料，単独油化，固形燃料他	H12：完全施行（紙，プラスチック追加） H19：プラスチックの燃料利用追加
2) 家電	1. 家電4品目：TV・冷蔵庫・洗濯機・エアコン	リサイクルプラント：Aグループ 30 施設（既存インフラ利用），Bグループ 16 施設（家電企業自前），AB 共通2施設	H13：本格施行 H15：EU 廃電気電子機器指令 H16：冷凍庫追加 H21：液晶・プラズマ TV, 衣類乾燥機追加
3) 自動車	1. 破砕ダスト処理	熱利用，鉄・非鉄金属回収：金属精錬，ガス化溶融他	H12：EU 廃自動車 ELV 指令 H17：本格施行
	2. 廃タイヤ	原料・加工利用：更生タイヤ，再生ゴム・ゴム粉 熱利用：製錬，セメント焼成，発電	
4) 食品	1. 製造・加工・販売における食品残さ	食原料の有効・高度利用，肥料化，飼料化，メタン化，油脂・油脂製品化他	H13：施行
5) 建設廃棄物	1. コンクリート塊，アスファルト・コンクリート塊，木材	移動式装置による現場処理，大都市近郊工場での集中処理	H14：本格施行
6. RPS 法（新エネルギー電気利用法）：バイオマス発電	1. 有機汚泥の燃料化発電	下水・パルプ・食品・化成品排水汚泥：乾燥造粒，炭化，油温減圧乾燥	H15：施行 H17：下水道ロータスプロジェクト CDM・JI の CO_2 削減対象
	2. バイオガス発電	有機汚泥の嫌気性発酵ガス，特に畜産糞尿・農業・食品残さ発酵ガス利用．汚泥減容化	
	3. バイオディーゼル（BDF）・バイオエタノール	原料：食料油絞り粕（菜種油他），パーム油・油ヤシ・キャッサバ，廃木材他	

1.6 廃棄物処理設備

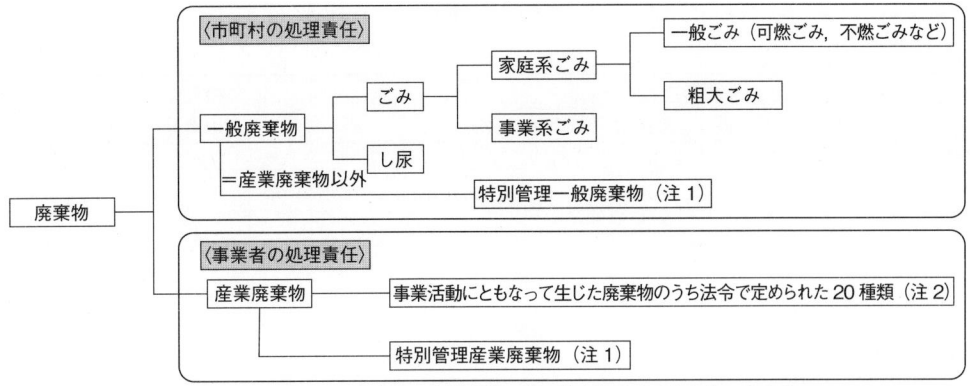

注1：爆発性，毒性，感染性その他の人の健康又は生活環境に係る被害を生ずるおそれのあるもの
注2：燃えがら，汚泥，廃油，廃アルカリ，廃プラスチック類，紙くず，木くず，繊維くず，動植物性残さ，動物系固形不要物，ゴムくず，金属くず，ガラスくず，コンクリートくず及び陶磁器くず，鉱さい，がれき類，動物のふん尿，動物の死体，ばいじん，上記19種類の産業廃棄物を処分するために処理したもの，他に輸入された廃棄物

図1.36 廃棄物処理法における廃棄物の区分[1]

図1.37 一般廃棄物（ごみ）の処理状況の推移[2]

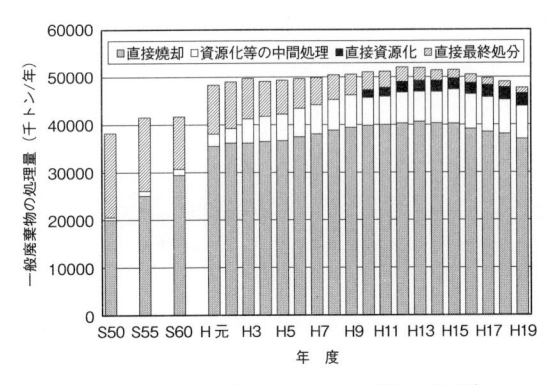

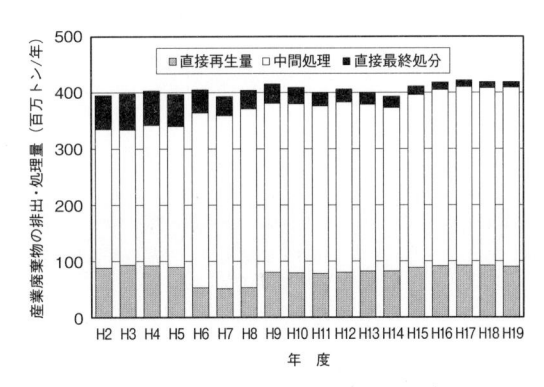

図1.38 産業廃棄物の処理状況の推移[3]

注）「直接資源化」の項目は，平成10年度調査より設けられた．

表1.9 一般廃棄物（ごみ）焼却施設の概要（施設・炉の各種分類）

運転時間による分類：行政事務上の分類 　全連続炉　（24時間/日運転） 　准連続炉　（16時間/日運転） 　機械化バッチ炉（8時間/日運転） 　固定バッチ炉（8時間/日運転） 処理方式による分類 　焼　　却：約900℃で燃焼 　ガス化溶融：低酸素状態で熱分解し，発生したガスを後段で約1300℃の高温で燃焼させ灰の溶融を行う． 　ガス化改質：熱分解ガスを燃焼させずに別途燃料，原料として利用する． 　直接溶融：竪型のシャフト炉にコークスとともにごみを投入し，ガス化と灰の溶融を行う． 　炭　　化：ごみ中の炭素分を燃焼させることなく炭化物として取り出す．	排ガス冷却方式による分類 　ボイラ式：全連続炉に採用 　水噴射式：高温排ガス中に水を噴射し冷却，全連，准連，機バ炉に採用 炉形式による分類 　ストーカ式：ごみを火格子（ストーカ）上で移動させ燃焼 　流動床式：空気を吹き込み流動化した砂の層にごみを投入し燃焼 　ロータリーキルン式：回転する円筒横型の炉 　シャフト炉：高炉形式の竪型炉 灰溶融炉 　電気式：アーク式，プラズマ式，電気抵抗式 　燃料式：表面溶融式，テルミット式

表 1.10 一般廃棄物（ごみ）焼却施設の型式別施設数と処理能力（平成19年度）[2]

型 式	施設数	処理能力（トン/日）		
		全体合計	割合	施設平均
全連続式	642	162733	86.0%	253
准連続式	245	17931	9.5%	73
機械化バッチ式	353	8151	4.3%	23
固定バッチ式	45	329	0.2%	7
合計	1285	189144	100.0%	147

注）市区町村・一部事務組合が設置したもので民間の一般廃棄物焼却施設は含まない．

表 1.11 一般廃棄物（ごみ）焼却施設の処理方式別施設数と処理能力（平成19年度）[2]

処理方式	施設数	処理能力（トン/日）		備 考
		全体合計	割合	
焼却	1185	174631	92.3%	
ガス化溶融・改質	87	13828	7.3%	直接溶融含む
炭化	3	104	0.1%	
その他	10	582	0.3%	単独灰溶融など
合計	1285	189144	100.0%	

注）市区町村・一部事務組合が設置したもので民間の一般廃棄物焼却施設は含まない．

表 1.12 一般廃棄物（ごみ）焼却施設の余熱利用の状況（平成19年度）[2]

余熱利用状況			施設数	備 考
余熱利用あり			856	
発電	場内消費のみ		298	総発電能力　1604 MW 平均発電効率 11.14%（計画値） 総発電電力量 7132 GWh/年
	売電あり		188	
熱利用	温水	場内	792	数量としては水噴射炉が大半
		場外	258	
	蒸気	場内	244	
		場外	103	
	その他		51	
余熱利用なし			429	
総施設数			1285	

注）市区町村・一部事務組合が設置したもので民間の一般廃棄物焼却施設は含まない．
　　施設数は各項目で重複するため施設数合計とは一致しない．

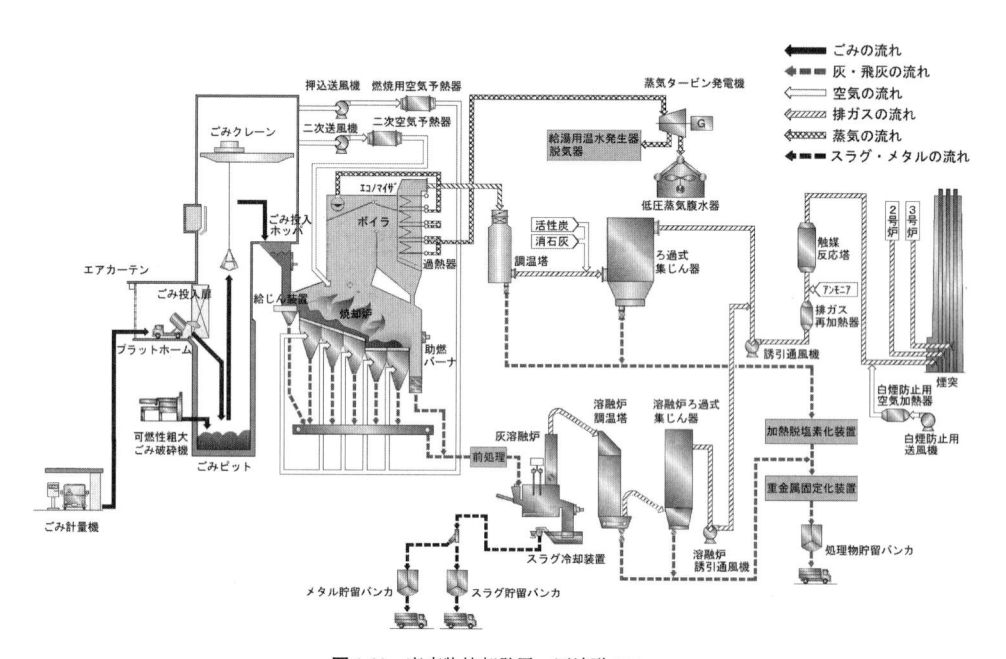

図 1.39　廃棄物焼却発電・灰溶融フロー

表1.13　一般廃棄物最終処分場の施設数と残余年数の推移[2]

年度	最終処分場数					埋立面積	全体容量	残余容量	残余年数
	山間	海面	水面	平地	計	(1000 m^2)	(1000 m^3)	(1000 m^3)	(年)
H10	1546	32	21	529	2128	51987	493501	178393	12.8
H15	1491	27	17	504	2039	48695	471943	144816	14.0
H19	1333	23	14	462	1832	44961	449507	122015	15.7

注）市区町村・一部事務組合が設置したもので民間施設は含まない．県営処分場，大阪湾広域臨海環境整備センター等は民間に含まれる．

カ炉および灰溶融炉，排ガス・焼却飛灰・廃水など付帯設備を含むDXN低減技術開発が促進され，商用化がなされた．

図1.39に最近の廃棄物焼却発電・灰溶融フローを示す．排ガス処理として以前は電気集じん器が用いられていたが，近年DXN対策のためにろ過式集じん器（バグフィルタ）となっている．さらに集じん器温度を200℃以下にするためボイラからの排ガスを水噴霧にて冷却するため調温塔が集じん器前に設置される．

焼却施設の余熱利用・発電設備の状況を表1.12に示す．1995（昭和40）年に国内ごみ発電の一番機である大阪市西淀工場が稼動を開始したが，その後は発電容量として場内消費をまかなう程度のものが続いた．電力需要の増加により昭和60年代になると発生蒸気量の全量でもって発電し余剰電力を売電する施設が増加してきた．さらにより高効率な発電をするために高温高圧ボイラ（3～4MPa×300～400℃），復水タービンが採用される施設が増えてきている．

1.6.4　最終処分・埋立処分[1) 5) 6)]

1976（昭和51）年に最終処分場が廃棄物処理施設に追加され，構造基準・届出規制が開始された．1998（平成10）年に旧厚生省が，一廃最終処分場1901施設中538施設が不適切と発表し，技術基準の留意事項が通達された．これにより遮水構造・漏水検知・塩を含む浸出水処理，クローズドシステム処分場の開発，埋立跡地の安定化モニタリングなどの開発が進んだ．2003（平成15）年の循環型社会形成推進基本計画で最終処分量の削減目標が示され，埋立地や最終処分場は再生可能な資源とみなされた．遮水壁・掘削・分級・焼却溶融・副生物再利用・土壌地下水汚染修復といった再生修復・延命化工事や，PFIによる民間運営が実施されつつある．海外の生ごみ埋立地では，発生メタンガスを用いた発電事業をCDM案件として実施しつつある．

一方，大都市圏での最終処分場の新規造成不足が深刻化，自都道府県外への一般廃棄物の広域移動（平成19年度実績で関東圏排出量の13.6%の216千トン，中部圏で6.4%の68千トン）が続いている．表1.13に一般廃棄物最終処分場の施設数と残余年数の推移を示す．

大規模な産廃不法投棄の修復が，2003（平成15）年に香川県の豊島・直島で，掘削・分別・分級・溶融処理方式により開始された．岩手・青森県境や福井県敦賀市の大型不法投棄修復などの先行事例として期待される．

1.6.5　廃棄物処理物・副生物・副産物の製品化[7)]

各種リサイクル法の実施に伴い，廃棄物処理物・副生物・副産物の製品化が増大している．汚泥・飛灰やタイヤの原料・燃料化は，セメントや紙・パルプ製造で，廃プラスチック類はコークス炉や高炉の化学原料として使用されている．下水汚泥などの有機系汚泥を乾燥や炭化して，火力発電燃料として使用するのも開始されている．廃棄物焼却残渣を高温溶融してスラグ化してコンクリート骨材・路盤材に利用する事業として，2006（平成18）年にはJIS A 5031（一般廃棄物，下水汚泥またはそれらの焼却灰を溶融固化したコンクリート用溶融スラグ骨材），JIS A 5032（同道路用溶融スラグ）が制定された．廃棄携帯電話やプラズマ・液晶TV等からの金属回収も始まった．

〔掛田健二・梅村省三〕

文　献

1) 環境省：平成21年版環境・循環型社会・生物多様性白書，2009．
2) 環境省大臣官房廃棄物対策課：平成16年度一般廃棄物の排出及び処理状況等，2006．
3) 廃棄物資源：日本エネルギー学会誌 85(8)：673, 2006．
4) Hitz 日立造船（株）パンフレット．
5) （株）政策総合研究所：埋立処分場の総合的な管理：「新政策」特集号，2003．
6) 廃棄物埋立地再生技術研究会・（財）日本環境衛生センター編著：廃棄物埋立地再生技術ハンドブック，2005．
7) 経済産業省環境政策課環境調和産業推進室編：循環ビジネス戦略，2004．

1.7 通信設備

経済活動における情報通信技術の役割が急速に拡大した．かつて電話が導入され，FAX が導入されることによりビジネスは大きく変革したが，1990 年代になり情報通信技術はさらに急激に変革し，その姿はより多様に，能力はかつての時代では考えられないものとなった．

一つが携帯電話に代表される移動通信設備の普及であり，一つが電子メール・WWW に代表されるインターネットの普及である．

ここでは，最初に情報通信設備の基本である固定通信設備について再整理を行い，次に移動通信設備の現状と今後の展望，さらにインターネット関連設備の現状と今後について展望したい．

1.7.1 固定通信設備

a. 電話網構成，電話のつながる仕組み

A から B に電話をつなぐために，電話網においては複数の交換機を使っている．利用者に接続した回線を収容している電話交換機を「加入者交換機」と呼ぶが，全国の利用者はすべて近辺にある加入者交換機に収容されている．

電話機のハンドセットを上げることによって加入者交換機との間で信号のやり取りが行われ，電話をかけようとしていることが認識される．その後ダイヤルすることで，かけようとする相手の加入者交換機が特定され，全国に配置された複数の中継交換機を介して B が収容されている加入者交換機と接続される．現実にはこのレベルに数多くの中継交換機が設置されており，全国各地，時には海外にまで信号が運ばれる．そして最後に，B が収容されている加入者交換機が B を特定し，その電話機のベルを鳴らす．B が電話機のハンドセットを上げることで，A から B までの回線が確定し会話が開始される．

利用者と加入者交換機を接続する回線を「加入者回線（アクセス網）」と呼び，加入者交換機から中継交換機を介して別の加入者交換機まで接続する回線を「中継回線」と呼ぶ．

加入者回線（アクセス網）を構成する設備は，地下ケーブルと架空ケーブル等の種類がある．加入者交換機を収容するビルから出た直後は，複数のケーブルを束ねた太いケーブルが使われ，地下の管路に敷設される．そして利用者からある程度の距離に達した地点で，地下管路から地上へと立ち上がり，地下ケーブルに比べてより細い架空ケーブルに分け，利用者まで配線されている．

中継回線を収容する伝送路は，大別して光ファイバーケーブル，同軸ケーブルなどの有線方式と，マイクロウエーブで代表される無線方式があるが，その他に衛星通信方式を利用する場合もある．有線方式の場合はほとんどが地中化されており，一部都市部を中心にケーブル量が多い地域においては，「とう道」あるいは「共同溝」と呼ばれる地下トンネルのような施設に敷設されている．

またケーブルの材料に関しては，かつてはすべてが銅線により構成されていた．しかし 1 本で電話約 2 千回線分（銅線の 2 千倍）を運ぶことができる等，多くの利点をもつことから，近年光ファイバーへの置き換えが進められている．すでに中継回線においては，ほぼ 100％ が光ファイバー化されており，加入者回線（アクセス網）においても，首都圏および県庁所在都市等では置き換えが進んでいる．

b. アナログ網，デジタル網

固定通信設備は，アナログ網（アナログ交換機とアナログ回線で構成される）とデジタル網（デジタル交換機とデジタル回線で構成される）を相互に連結して，一つのネットワークを構成してきた．その後順次デジタル網に更改し，1997 年 12 月末に，加入者回線（アクセス網）を除いたすべての中継回線がデジタル網となった．しかし，利用者につながる加入者回線（アクセス網）がデジタル化されていないため，通常はアナログ網により接続されている．

デジタル網は静止画や動画，音声，コンピュータ間の通信といった，さまざまなデジタルサービスを提供することができる．さらに，一般のアナログ網では，物理的に 1 本の配線があればそこには 1 本の回線しかないが，デジタル網では，物理的に 1 本に見える配線でも，データをやり取りする複数の経路を割り当てることができる．この経路はチャネルと呼ばれ，いわば通信上の仮想の回線である．チャネルは，信号を数値化（符号化）するデジタル回線だからこそ可能な技術で，一つの回線で複数の通信機器を使うことができるほか，複数のサービスを同時に利用することができる．

また単に回線を増やすだけでなく，チャネルの種類によって使用するデータの種類や用途を決めておき，それらを組み合わせた高度な通信サービスを実現することもできる．

1.7 通信設備

c. 専用サービス（プライベートネットワーク）

これまで主に，一般家庭等で利用される電話網について整理してきたが，ここでは大規模の法人等で利用されている「専用サービス」について整理したい．

これは，本社・支店などの特定区間を直通回線で結ぶサービスで，一般に通信の品質が高いとされている．通話はもちろん，パソコン，コンピュータ等と結んで使用するデータ伝送やテレビ会議など，あらゆるビジネス通信をサポートする豊富なメニューがあるため，各法人等に最適なネットワークが構築できる．

d. NTT通信設備の開放

これまで，基本的な電話網の構成について整理してきたが，ここでは各通信事業者による通信サービス提供の，基本的な仕組みについて整理したい．

わが国の電話網は，電電公社・NTTという独占企業体によって構築されてきた．しかし1985年4月「電気通信市場における公正競争を促進し，電気通信全体の均衡ある発展を図る」との観点にたって，電気通信事業の開放が法制化され，1996年12月，電気通信審議会が「公正競争条件を確保するための事業者間の共通ルール」を答申した．

これに基づき，1997年3月に電気通信事業法が改正され11月に施行された．具体的には，すべての第一種電気通信事業者に他事業者との接続を義務づけるとともに，不可欠な設備である指定電気通信設備を設置する事業者に，接続条件等の約款化などを義務づけた．

さらに，このルールは2000年度に見直しが行なわれ，総務省での省令改正を行った後，接続約款・協定が変更された．

以上により，新たに電気通信事業に参入する事業者は，これまで長い時間をかけて構築されてきた電話網を，共通のルールに従って借り受けることができ，各事業者独自の電話網を短期間で構築することができる．

1.7.2 移動通信設備

移動通信設備は，象徴的なサービスとして1979年に自動車電話サービスが開始されている．しかしこれはVIPのステイタスとでも言うべきサービスで，ごく限られたユーザを対象として実施されていた．

その後1987年に携帯電話サービスが開始されたが，当時の端末は携帯といっても肩から提げなければいけないような大きなもので，バッテリーの寿命も短く，普及度は非常に低かった．唯一移動通信サービスとして一般に普及していたものは，1968年にサービスが開始されたページング（ポケットベルサービス（2007年3月31日でサービスを終了した））であろう．

その後，1994年の携帯電話端末販売の一般開放以降，端末の劇的な小型化やサービスの多様化が進み，携帯電話サービスは急激に普及した．

a. 携帯電話

移動通信設備の大きな特徴は，固定通信設備で説明した加入者回線（アクセス網）が無線化されていることである．中継回線の構成は，固定通信設備と大きな違いはないが，携帯電話用独自の中継網が構築されている．

加入者回線（アクセス網）にあたる部分は，都市部においては建物の屋上部等，地方においては独立したタワー上に設置された，長さ数メートルの棒状アンテナとの間で行う無線通信である．また，携帯電話は高速での移動中も通信を行うことが可能であり，ビルの中や地下においては，特殊なアンテナを設置することで通信が可能となる．

加入者回線（アクセス網）が無線化されたことで，携帯電話はこれまでの固定通信設備とはまったく異なる通信設備となった．さらに，電話端末の小型・軽量化，電池寿命の長寿命化，また端末の低価格化が進むことで，若年層も含めた個人がもつ通信設備（パーソナル通信端末）へとイメージを変えた．固定電話が，法人や家庭単位で設置されていることとの大きな違いである．

携帯電話も，サービス開始当初はアナログ網で提供されたが，短時間でデジタル化され現在にいたっている．

b. 移動通信におけるインターネット関連サービス

携帯電話は，デジタル回線を利用するようになって以降，インターネットを利用可能とするためのプロバイダ機能が付加されることで，パーソナルな電子メール端末として爆発的に普及した．さらに，ホームページ閲覧も可能となり，さまざまなアプリケーションも提供されている．

1.7.3 インターネット関連設備

a. インターネットの仕組み

インターネットとは，例えば一つのビルの中にあるコンピュータ等を接続したネットワーク（LAN）を，他のビルのネットワーク（LAN）と互いに接続していくことで構成されたもので，その接続の結果として世界中に広がったネットワークである．

コンピュータ接続においては，情報交換上のルールが決められており，「インターネットプロトコル（IP）」と呼ばれている．したがって，インターネットに接続しようとするコンピュータ等の情報機器は，すべてインターネットプロトコル（IP）にのっとった手順で情報を発信しなければならない．

また一群のコンピュータを接続したネットワークの出入口には，ルータと呼ばれる接続用の通信機器が設置される．情報を発信する場合，このルータがインターネットプロトコル（IP）で規定されたルールにのっとって「あて先」をつけた情報を送り出す．情報を受け取る場合は，インターネット上を流通している情報の中から，そのルータ自身に決められた「あて先」をつけた情報を選び出し，そのルータにつながっているネットワークの中に取り込む．このインターネット上の住所ともいえるものが「IPアドレス」で，世界中に無数につながっているコンピュータの中から，ただ一つのコンピュータを特定できるような仕組みになっている．

またインターネット利用においては，その利便性においてネットワークのスピードが大きな影響をもつ．扱う情報がテキストである限りはスピードが遅くても問題ないが，写真やイラストなどのグラフィックデータの利用，あるいは音楽データの入手，さらにテレビやビデオのような映像（動画）を扱う場合，ネットワークのスピードが小さくては快適に利用できない．

さらにインターネットを利用するためには，インターネット上の住所とでも言う「IPアドレス」を取得するほか，さまざまな準備が必要となる．これらのサービスはこれまでの電話サービスとは異なっており「プロバイダ」と呼ばれる事業者によって提供される．

b．回線高速化の動き（ADSL接続，光アクセス，CATV）

パソコン等をインターネットに接続するためには，パソコン等が扱うデジタル情報を，一般の電話用加入者回線（アクセス網）で使われているアナログ回線にのせるためにモデムが必要である．インターネットが一般に紹介された当時，このモデムのスピードは2400～9600 bpsと非常に遅いもので，主にテキストデータの利用しかできなかった．その後パソコン能力の改善とモデムそのものの改良により，アナログの加入者回線（アクセス網）を利用したものでも最高56 kbps（56000 bps）と，当初の20倍以上のスピードが利用できるようになった．

一方2000年に，ADSL（Asymmetric Digital Subscriber Line）という従来の加入者回線（アクセス網）を使ったままで利用できる高速デジタル伝送方式が提供されるようになった．これは，上り方向（利用者からインターネットに向けて）の速度よりも，下り方向（インターネットから利用者に向けて）の伝送速度が大きい上下非対称（asymmetric）なサービスで，電話で使用されている周波数帯に比べて，より高い周波数帯を利用する事により，高速なデータ伝送を可能としている．上り最大5 Mbps（5000000 bps），下り最大47 Mbps（47000000 bps）という非常に高速なサービスが提案されている．

さらに2001年には，加入者回線（アクセス網）に光ファイバーを利用した高速サービスが開始された．加入者回線（アクセス網）の光ファイバー化は，都心等を中心とする地域でしか実現していないため，商用サービスも限定エリアで提供されているが，200 Mbps（200000000 bps）というスピードが提供されている．

このように高速なネットワークを使うことにより，利用できるサービスの品質も大きく変化してきた．同じ所要時間で当初の10000倍から100000倍のデータ量をもつ情報を入手することができるわけで，音楽データあるいは映像等を自由に利用できる．これらは一般にブロードバンド（広帯域）サービスと呼ばれている．

またブロードバンド（広帯域）サービスとしては，利用者と直接接続する部分に，これまで述べたような電話用の加入者回線（アクセス網）を利用しないサービスも提供されている．CATV用や有線放送用の同軸ケーブルを利用するもので，同様に非常に高速なサービスが提供されている．

c．データセンタ

インターネットサービスにおいては，特にWWWにより世界中のネットワークに接続したコンピュータに保存された情報を利用することができる．したがって，インターネットに向かってサービスを提供しようとする場合，データを特定のコンピュータ（サーバ）に保管することが必要になる．このコンピュータ（サーバ）を多数設置して，インターネット用の情報を保管する施設をデータセンタと呼ぶ．

このデータセンタあるいはデータの保管に関しては，いくつかの技術的な課題が挙げられている．ネットワークの構成に関して言えば，

① 同時に多数の利用者がアクセスしてきても，快適に利用できるような環境を確保する

② 利用者を限定する場合には，必要なセキュリティをかけることができる
③ 保存されたデータが，破壊されたり書き換えられたりしないように，セキュリティをかけることができる

等の問題がある．

またデータの保管に関しては，多数のコンピュータ（サーバ）を必要とするので，コンピュータ（サーバ）そのものを健全に保管しなければいけない．そのため具体的には，
① 地震や洪水等の自然の脅威から守る
② 停電時にも，コンピュータが稼働できるようにする
③ 不審者の入室を拒む
④ 非常に高い発熱や，電源の大きな需要に十分に対応する

等の課題が考えられる．

データセンタに関しては，インターネット上でサービスを提供しようとする事業者が，自ら所有する場合もあるが，アウトソースに対応する専門の事業者も現れている．

情報通信技術の特色は，何といってもその開発スピードの速さである．したがって先述の各種の問題に対して，事業者がすべてを自らの資産として取得し対応していくのは，技術者の確保あるいは新技術の取得という意味でも，非常にリスクが大きい．そこで，ハードウエアに関わる技術分野，あるいはソフトウエアに関わる分野においても，この分野に特化した事業者にアウトソースするというニーズが発生しているのである．

〔野原孝之〕

2 ガス設備（都市ガス）

2.1 都市ガスの種類

ガス器具はどんなガスでも完全燃焼できるのではなく，ある範囲の性質のガスしか燃焼させることができない．このようなガスの性質を燃焼性と呼ぶ．

一般に「ガス」と呼ばれている都市ガスは，これを供給している都市ガス会社ごとにガスの種類が異なっており，ガス事業法では，これらの都市ガスをそれぞれの比重，熱量，燃焼速度の違い（燃焼性の違い）により表2.1のように区分している．全国で211のガス事業者（平成20年8月現在）があり，ガスの種類は7種類となっている．

主な都市ガス事業者の供給するガス種を表2.2に例示する．

ガス設備の設計やガス消費機器の選定にあっては，ガス種が何であるかを確認することが必要である．

2.2 都市ガスの圧力

都市ガスの圧力は，その最高使用圧力により表2.3のように分類される．

住宅用など一般の需要家に供給されるガスは，低圧のなかでもさらに低い圧力（2.5 kPa以下，あるいは2.0 kPa以下といった程度．ガス事業者の供給約款に記載されている）で供給されている．この圧力を越える範囲の低圧を特に中間圧と呼ぶ．近年では，道路に敷設される導管内の圧力を中間圧とし，ガスメータの入口付近などに設置されるハウスレギュレータ（HR）と呼ばれる整圧器により一般の低圧まで減圧して供給する方式（中間圧供給方式，あるいはHR供給方式などと呼ばれる）も一部の地域で導入されている．

中圧は，一般に低圧と比べて粗い密度で導管が敷設されており，地区ガバナと呼ばれる整圧器により減圧して，低圧導管網にガスを供給する．産業用需要家や，中～大規模ビルの冷暖房設備などにおいては，中圧を減圧せずにそのまま供給する方式がとられることもある．中圧Aと中圧Bは，ガス事業者の運用における便宜上，区別していることが多い．

高圧は主に，工場からの送出および幹線導管などに

表2.1 都市ガスの種類

ガスグループ	WI	MCP
13A	52.7～57.8	35.0～47.0
12A	49.2～53.8	34.0～47.0
6A	24.5～28.2	34.0～45.0
L_1 (6B, 6C, 7C)	23.7～28.9	42.5～78.0
5C	21.4～24.7	42.0～68.0
L_2 (5A, 5B, 5AN)	19.0～22.6	29.0～54.0
L_3 (4A, 4B, 4C)	16.2～18.6	35.0～64.0

＊ WI：ガスのウォッベ指数
　MCP：燃焼速度の範囲

表2.2 主な都市ガス事業者のガス種
（ガス事業便覧平成12年度版による）

ガス事業者		ガス種
北海道ガス	札幌	6B
		13A
	小樽	4C
	函館	6C
	千歳	4B
東京ガス		13A
	長野，群馬，熊谷	12A
京葉ガス		13A
東邦ガス		13A
大阪ガス		13A
西部ガス	福岡，熊本，長崎	5C
	福岡，佐世保，北九州	13A
	島原	6A

表2.3 都市ガスの圧力区分

圧力区分		最高使用圧力の範囲
高圧		1 MPa 以上
中圧	中圧A	0.3 MPa 以上 1 MPa 未満
	中圧B	0.1 MPa 以上 0.3 MPa 未満
低圧		0.1 MPa 未満

おいて使用される圧力で，発電所などごく一部の例外を除いて需要家に高圧で都市ガスが供給されることはない．

なお，表に記した圧力は最高使用圧力の範囲を示したものであり，時間帯などによっては実際の圧力がこれを下まわる（例えば，中圧の導管内の圧力が 0.06 MPa となる）こともありうる．

2.3 内　　管

2.3.1 内管の概要

ガス導管のうち，ガスの使用のために道路に敷設された導管から分岐して敷地へ引き込むものの，敷地境界からガス栓までの部分を内管と呼ぶ（分岐以降敷地境界までの管は供給管と呼ばれる）．内管は使用者の費用負担により敷設され，所有区分も使用者の所有となる．

内管のうち，メータガス栓（ガスメータの入り側に設置されるバルブ，コックなど）より上流側を灯外内管，下流側を灯内内管と呼ぶ．灯外内管と灯内内管では，配管の仕様が若干異なることがある．

なお，ガス工作物（内管はガス工作物の一部）の設置にあたっては，「ガス事業法」，「ガス工作物の技術上の基準を定める省令」その他の法令にしたがわなければならない．

2.3.2 内管に使用する管種

内管に使用される主な管の種類を，表2.4に示す．
表に示したものは，一般的と思われる例示であり，管種の選定基準はガス事業者により若干異なる．

フレキ管とPE管は，80年代末頃から急激に普及が進み，住宅の灯内内管ではフレキ管が，低圧の土中埋設部ではPE管がほぼ全国的に標準工法となっている．

2.3.3 内管の設置場所

a. 設置場所の概要

内管は，他の設備と同様，道路からの引き込み以降，建物への飛び込み部までを土中埋設，それ以降は，戸建住宅などにおいては床下や壁内，集合住宅などにおいてはピット内やパイプシャフトに配管するのが一般的である．土間下の埋設や点検口のないピット内など，維持管理の困難な場所は避けることが望ましい．

設置場所と管種のマッチングは表2.4を参照．

なお，自治体によっては，火災予防条例によってガス管の設置場所に制限が加えられていることがある．例えば，外気に面した換気口を有しないパイプシャフト，ピット内などであって，防爆仕様でない電気設備が内部に設置されているものにあっては，ガス設備の設置が認められないケースがある．

戸建住宅における配管例を図2.1に，集合住宅にお

表2.4　内管に使用する主な管種例

管種	概要	規格	圧力	口径	主な接合方法	主な使用箇所
ガス用ステンレス鋼フレキシブル管（フレキ管）	薄肉のステンレスコルゲート管に軟質塩化ビニルの被覆を施したもの．	日本ガス協会標準仕様	低圧	8A～32A	フレキ管用継手	主に住宅用の灯内内管．土中埋設，コンクリート埋設の場合はさや管に入れる．
ガス用ポリエチレン管（PE管）	ポリエチレン製の管，色は黄色が一般的	JIS K 6774	低圧	25A～200A	EF継手による融着	土中埋設部
鋼管（白管，黒管，塗装鋼管など）	白管が最も一般的，黒管や塗装鋼管は溶接接合の場合に使うことが多い	JIS G 3452	低圧	15A～80A	ねじ接合	一般の露出部
				100A～	溶接	
			中圧	50A～	溶接	
塩化ビニル被覆鋼管	黒管に塩化ビニルの被覆を施こしたもの，被覆の色はアイボリー色が一般的	(JIS G 3452)	低圧	15A～80A	ねじ接合	多湿場所，腐食性雰囲気場所，コンクリート埋設部など
ポリエチレン被覆鋼管	黒管にポリエチレンの被覆を施したもの，被覆の色は緑色が一般的	JIS G 3469	低圧	15A～80A	ねじ接合 機械的接合	土中埋設部
				100A～	溶接	土中埋設部，多湿場所，腐食性雰囲気場所，コンクリート埋設部等
			中圧	50A～	溶接	
鋳鉄管	ダクタイル鋳鉄製，新規配管での使用は少ない．	JIS G 5526	低圧 中圧B	100A～	機械的接合	土中埋設部

2. ガス設備

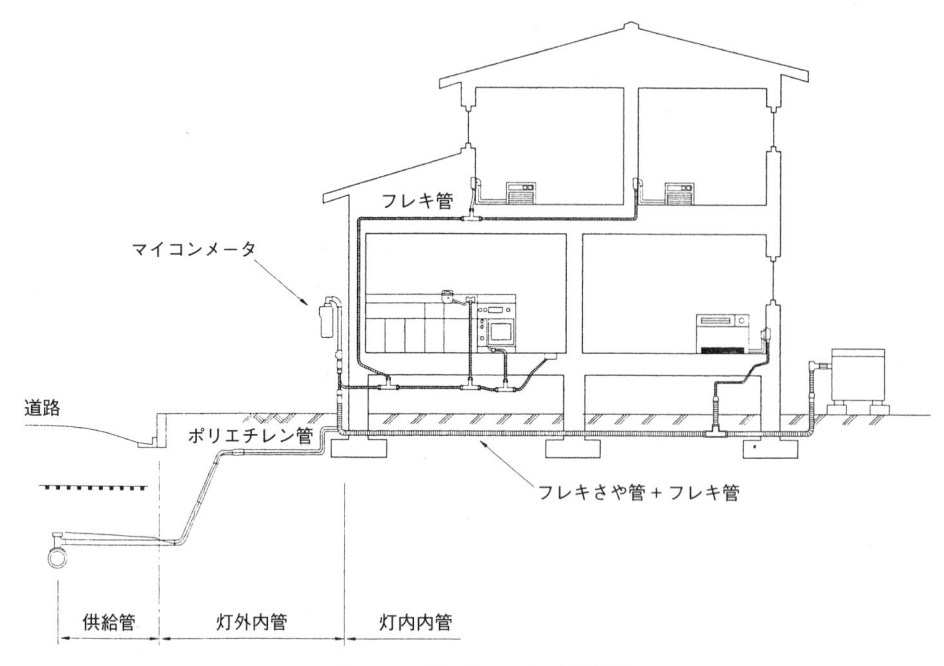

図2.1 戸建住宅における配管例

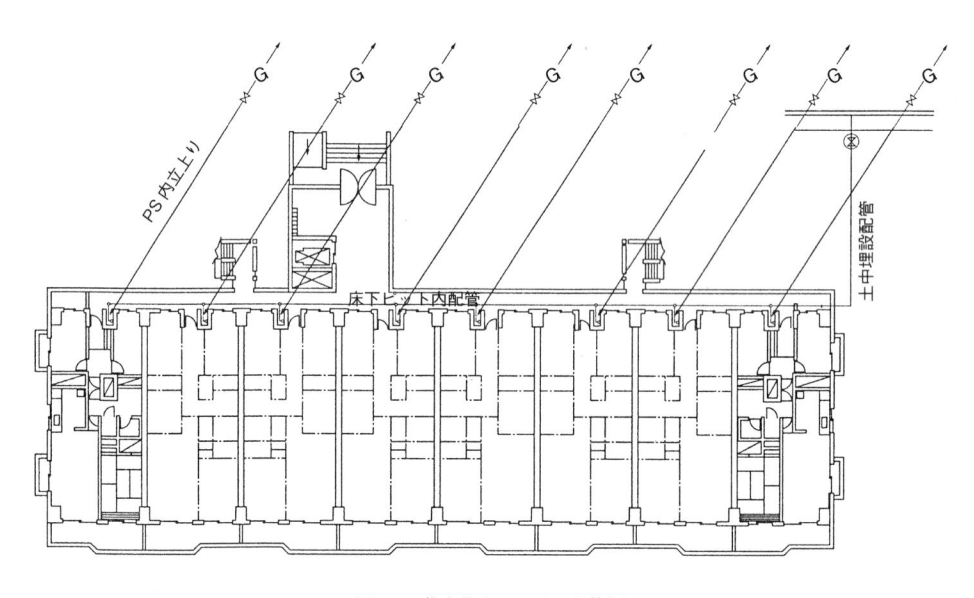

図2.2 集合住宅における配管例

ける配管例（外構および1階）を図2.2に示す．集合住宅の専用部は基本的に戸建住宅の灯内内管と同様，フレキ管を使用するのが一般的で，二重床内部や壁内，天井内などに配管する．シンダ埋設となる場合は，フレキ管をさや管（プラスチック製コルゲート管）に入れるのが一般的である．

b. 土切り部の絶縁

土中埋設部から鉄筋コンクリート造または鉄骨造の建物に管が引き込まれる際には，土切り部付近の露出部に，絶縁継手を設置することが必要である．これは，建物内と土中埋設部の電位差により，土中埋設配管が電気的に腐食するのを防ぐためである．土中埋設部の管（土切り部に至るまで）がPE管である場合はこの

限りでないが，PE管の露出部での使用には一定の制限があるため，実際には土切り部直前の土中で鋼管となることが多い．

なお，鉄筋コンクリート造および鉄骨造以外であっても，絶縁措置を講ずることを標準としているガス事業者もある．

図2.3，図2.4に絶縁継手の設置例を示す．

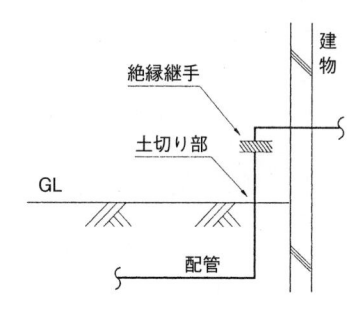

図2.3 絶縁継手設置例（1）

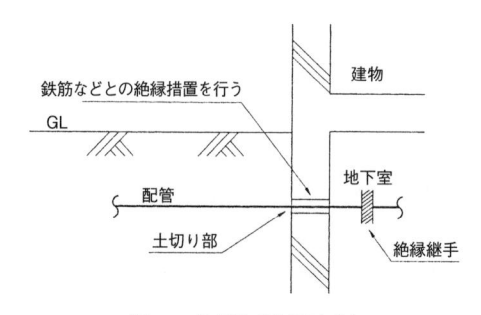

図2.4 絶縁継手設置例（2）

2.3.4 配管口径の決定

配管口径は，ガスの流量および配管延長により圧力損失を計算し，ガス消費機器に所定の圧力以上でガスが供給されるよう，決定する．

a. 設計流量

ガスの流量は，設置される（または設置されると想定される）ガス消費機器の消費量をたし合わせたものに同時使用率を乗じて算出する．同時使用率は想定される使用状況に応じて決められるが，住宅の場合は0.7程度の一律の数値を用いることが一般的である．なお，同時使用率を乗じた数値が単一機器の消費量を下まわった場合は，単一機器で最大のものの消費量を設計流量とする．

また，集合住宅の共用部の配管のように，その下流側に複数の使用者（≒ガスメータ）がある場合は，各使用者の設計流量をたし合わせて，その戸数などに応じた同時使用率を乗じる．

表2.5 αの値

管理	呼び径（A）	α値
鋼管（SGP）	15	4.80
	20	0.812
	25	0.219
	32	0.0490
	40	0.0270
	50	0.00724
	80	0.000616
	100	0.000225
	150	0.0000364
ポリエチレン管（PE管）	25	0.219
	30	0.0490
	50	0.0115
	75	0.00111
	100	0.000359
	150	0.0000526

b. 圧力損失

低圧における各配管部の圧力損失は，一般に以下の式により求められる（鋼管，PE管の場合）．

$$\Delta P = \alpha \cdot Q^2 \cdot l$$

ただし，ΔPは圧力損失〔Pa〕，Qは流量〔m³/h〕，lは延長〔m〕．

αは，鋼管の場合，管内径のマイナス5乗およびガスの比重の平方根に比例する定数となる．また，実設計における計算を単純化するために，α値に平均的な継手率なども勘案した数値を用い，lは継手の直管相当延長などを考慮しない単純な延長としていることが多い．

比重0.64のガスの鋼管におけるα値（ディメンジョン：Pa/{(m³/h)²·m}）の例を，表2.5に示す．ただし，継手率の算定の仕方や継手仕様などにより，この値は若干異なる．

フレキ管の場合は，流量と圧力損失の関係がリニアでないため，所定の流量における単位延長当たりの圧力損失値を表やグラフから読み取り，計算する．

c. 昇 圧

立て管においては，比重（対空気）が1より小さいガスの場合，浮力による圧力上昇（昇圧）が発生する（比重が1より大きい場合は逆に圧力降下となる）．その値は，次の式で表される．

$$\Delta P = 1.293 \cdot (1-\rho) \cdot H \cdot g$$

ここで，ΔPは昇圧〔Pa〕，1.293は空気の密度〔kg/m³〕，ρはガスの対空気比重（無次元），Hは高低差〔m〕，gは重力加速度$= 9.8 \text{m/s}^2$．

d. 口径決定

低圧においては，上記により各配管部（分岐から次の分岐まで，または末端まで，など）ごとに圧力損失を計算し，供給管の取出し部からガス栓までの累積圧力損失が所定の数値以下になるように，口径を決定する．所定の値とは，ガス事業者やガス種などにより異なるが，150～200 Pa 程度（ガスメータやガス栓による圧力損失を含まない値）としているのが一般的である．

集合住宅共用部の立て管などは，昇圧と圧力損失が相殺して0に近くなるように口径を決定するのが一般的である．

e. 中圧における口径決定

中圧においては，ガスの比重が一定値でない（圧力損失により圧力が降下すると比重が小さくなる）ため，圧力損失は低圧より若干繁雑な式を用いて計算することとなる．ただし，最大流速を20～30 m/s 程度以下におさえることが一般的であり，広い敷地をもつ工場などの場合（配管延長が非常に長くなる場合）を除いて，圧力損失より流速がボトルネックとなって口径が決定されることが多い．

2.3.5 ガスメータ
a. 型式・号数

一般的に使用されるガスメータは，計量方式により，表 2.6 に示すような形式に分類される．このなかで，住宅用や低圧で流量のあまり大きくない業務用などでは一般に膜式メータが用いられる．

メータの種類は，型式と号数で表される（N-10 号，など）．号数は，そのメータの最大流量〔m³/h〕を表す（10号であれば，最大流量 10 m³/h）．

表 2.6 ガスメータの型式

型 式	計量形態	主な用途
膜式メータ	膜式	低圧 120 m³/h 以下
ルーツメータ	回転子式	低・中圧 2000 m³/h 以下
デルタメータ	渦流式	中圧 7500 m³/h 以下
タービンメータ	羽根車式	中圧 4000 m³/h 以下

表 2.7 N 型メータの号数配列

号数	1・1.6・2.5・4・6・10・16・25・40・65・100

N 型メータの号数配列を，表 2.7 に示す．

号数の選定は，圧力損失計算に用いたのと同様の方法によりガスメータを通過するガスの設計流量を求め，その値（m³/h）の直近上位の数値の号数とする．

b. マイコンメータ

16号以下のメータは原則として，各種安全機能をもつマイコンメータを使用する．ガス事業者によっては，これ以上の号数の膜式メータにもマイコンメータを使用している．ただし，装備される安全機能は16号以下と若干異なる部分がある．

マイコンメータ（16号以下）の機能の概要を，表 2.8 に示す．

c. ガスメータの設置場所

ガスメータの検針は，メータ本体のカウンタを目視することにより行うのが基本であるため，検針が容易な場所に設置する．

具体的には，戸建住宅などの場合には，道路に面した庭先や，検針者が立ち入って検針することが容易な住戸の外壁などに設置する．ただし，積雪の多い地域

表 2.8 マイコンメータの機能の概要（16号以下）

機 能	項 目	内 容
遮断機能	合計流量オーバ	ガス栓の誤開放，ゴム管外れなどメータ下流側に異常な大流量が流れた場合に遮断.
	個別最大流量オーバ	メータ号数別に数値を設定.
	安全継続使用時間オーバ	ガス機器の消し忘れなどによる異常長時間使用の場合遮断.
	感震	250 ガルを超える地震を検知した場合遮断.
	圧力低下	マイコンメータの上流側ガス供給圧力が 0.2 kPa 以下になった場合遮断.
	外部信号入力	ガス漏れ警報器，CO 警報器などとの連動遮断.
	電池電圧低下	電池の電圧が所定の電圧以下になった場合遮断.
復帰機能	復帰操作	復帰ボタンを指で押す.
	安全確認機構	遮断弁復帰操作時にガス栓の閉め忘れなどにより，復帰後一定時間以内にガスが流れた場合に遮断.
警報機能	内管漏えい検知	内管での少量漏れや口火を連続使用した場合など，一定期間連続してガスが流れた場合，ガス漏れ警報を表示.

では軒下の高い位置などに設置するか，雪囲いを設けるなどの措置を講じ，寒冷地域でガス中に水分を含む場合（高熱量ガスは一般にほとんど水分を含まない）は凍結を避けるため屋内にガスメータを設置するなどの措置を講ずる．

集合住宅の場合では共用通路に面したパイプシャフト内に設置するのが最も一般的であるが，小規模なアパートなどでは各住戸の玄関脇などに露出設置することがある．共用通路などにガスメータを露出設置する場合は，必要な通路などの幅員が確保できることが条件となる．また，1カ所に複数個のメータを集中設置することもあるが，住戸からの距離が大きいと，配管の総延長が長くなり配管コスト上不利になることがあり，また，マイコンメータの作動により使用者が復帰操作を行う際などに不便を生じることなどを考慮する必要がある．

業務用建物の場合にあっても上記とほぼ同様であるが，テナントビルなどでは営業時間にかかわらず検針ができることを考慮する必要がある．

なお，熱，震動，水気などの影響の著しい場所は，ガスメータの設置場所として適切でない．

2.3.6 ガス栓

ガス栓とは，広義にはガス管に設置されるバルブ・コック類の総称として用いられる（メータガス栓など）が，狭義には，内管の末端に設置され，消費機器に接続されるものを指す．この項では狭義のガス栓について記述する．

ガス栓は，原則として消費機器一つに対して一つ（2口ガス栓の場合は各口を一つのガス栓と考える），消費機器の近傍で，操作の容易な位置に設置する．ただし，近年では消費機器や接続具の信頼性向上，マイコンメータの普及などにより，ガス栓を日常的に開閉することが少なくなったため，日常の開閉を前提としない設置位置（ビスで固定された配管カバーの内側など）に設置されたり，開閉のためのハンドルを有しないガス栓（ガスコンセント）を用いることもある．

なお，大型の消費機器に対して設置され鋼管にて消費機器に接続される，比較的口径の大きいガス栓を，区分バルブと呼ぶことがある．これは，内管（ガス事業法に規定されるガス工作物の一部）と機器接続配管（消費機器の一部）とを区分するバルブという意味である．

a. ヒューズガス栓

ヒューズガス栓は，ヒューズと呼ばれる過流出安全機構（図2.5参照）を内蔵したガス栓で，接続ホースの損傷，外れなどにより異常に多量のガスが流れた際に，内蔵弁によりガスの流れを遮断するものである．

消費機器に接続する口の形状は，主に迅速継手型（図2.7）であり，いずれも使用者が接続用ホースを着脱することを前提としたものとなっている．

ヒューズガス栓は，主に比較的消費量の小さい消費機器および非固定型の消費機器などに用いられる．

ヒューズガス栓の種類は，以下のように分類され，数多くの種類が存在する．なお，分類のすべての組み合わせが存在するわけではない（例：口径13mmのものは，開閉ハンドルありでゴム管口型のもののみ）．

(1) 口数による分類：1口，2口．
(2) 開閉機構による分類：開閉ハンドル式（旧来型），

内蔵スライド弁式（開閉ハンドルなし＝ガスコンセント）．

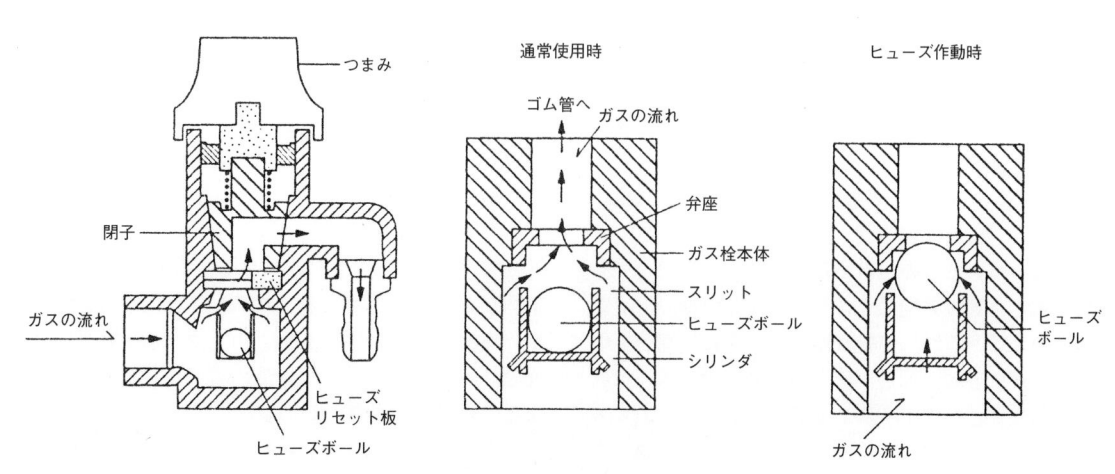

図2.5 過流出安全機構の例

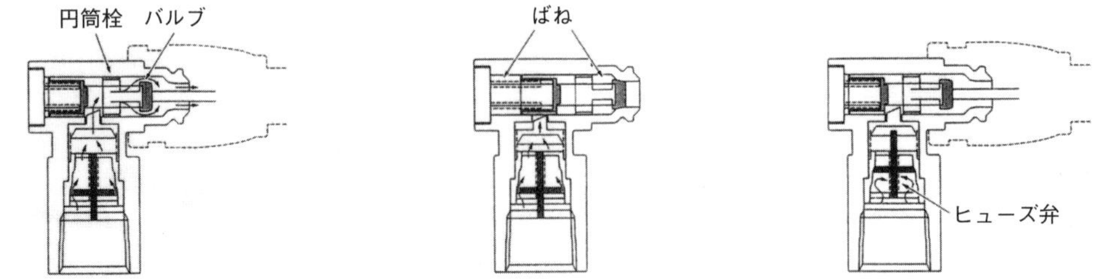

図 2.6

コンセント継手を接続すると，中のバルブが押され，それと連動して円筒栓が奥へスライドし，ガスが流れます．	コンセント継手を外すと，ばねの力で円筒栓とバルブが手前に押し戻され，ガスの通路をふさぎます．	万が一，過大な流量のガスが流れると，ヒューズ弁が押し上げられ，ガスの通路をふさぐことにより，ガスを遮断します．
使用時	不使用時	ヒューズ作動時

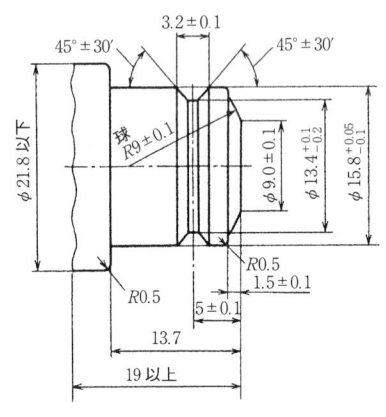

図 2.7　9.5 mm 迅速継手

(3) 設置形態による分類：露出型，埋込み型．

b. ねじガス栓

ねじガス栓は，広義には消費機器に接続する側がねじ（管用テーパねじ）であるガス栓をいい，（狭義の）ねじガス栓，可とう管ガス栓，機器接続ガス栓などの種類がある．

1) ねじガス栓　狭義のねじガス栓は，上下流側ともめねじであり，上流側（内管側），下流側（消費機器への接続側）ともに，鋼管を用いることが可能なもの（可とう管も使用可）である．

口径は，15 A から 80 A までが広く使用されており，このうち 15 A から 25 A までは開閉ハンドルがつまみ状になっているものが用いられる．

2) 可とう管ガス栓　ねじガス栓と同様，上下流ともめねじであるが，消費機器との接続には鋼管を用いることができず，可とう管（強化ガスホース，金属可とう管など）を使用するものである．これは，ガス栓の物理的強度などのためであるが，一般に，ねじガス栓よりスリムで表面仕上げなども美観を考慮されている．

形状はL型（入口と出口の角度が 90 度）とI型（ストレート型）があるが，I型はねじガス栓と用途が似通っているため，L型のみを使用しているガス事業者もある．

3) 機器接続ガス栓　機器接続ガス栓は，上流側がフレキ管により配管される場合に使用するもので，下流側は自在回転式のめねじになっており，消費機器のガス接続口に接続管やユニオンなどを用いずに直接接続できる仕様となっている．

形状はL型とI型がある．

口径は，機器接続側は 15 A と 20 A の 2 種類で，上流側のフレキ管は 15 A から 25 A まで使用可能である．

フレキ管を用いて配管する住宅用の給湯機やレンジなどで用いられるため，新規に設置されるものとしては最も多く使用される種類のガス栓であるといえる．

c. フランジ型バルブ

100 A 以上の口径や，中圧および中間圧のガス栓には，フランジ型バルブが多く用いられる．バルブの形状は，ボールバルブが使用されることが多い．

2.3.7　バルブ・コック類

狭義のガス栓以外に，いくつかの種類のバルブ・コック類が使用される．

a. メータガス栓

ガスメータの入り側に設置するもので，ガス使用の申込がされるまでは，メータガス栓を閉止封印するのが一般的である．このほかに，メータ取替え作業時や，既設灯内内管の変更工事，危急の際にガスを遮断する，などの用途で使用される．

なお，10 号以上のガスメータには出側にもバルブ，コックを設置するのが一般的である．

2.3 内管

表 2.9 建物区分の概要

No.	区分	概要
1	特定地下街など	大規模な地下街および準地下街など（地下部分のみ）
2	特定地下室など	大規模な地下室など（地下部分のみ）
3	超高層建物	高さ60 mを超える建物（超高層住宅を含む）
4	高層建物	高さ31 mを超える建物（高層住宅を含む）
5	特定大規模建物	特定業務用途に供されるガスメータの換算延べ号数が180号以上の建物
6	特定中規模建物	特定業務用途に供されるガスメータの換算延べ号数が30号以上の建物
7	特定公共用建物	特定公共用途（社会的弱者にかかわる用途）に供されるガスメータの換算延べ号数が30号以上の建物
8	工業用建物	工業用途に供されるガスメータの換算延べ号数が90号以上の建物
9	一般業務用建物	業務用途に供されるガスメータがある建物
10	一般集合住宅	住居用途のみでガスの使用者が2以上の建物
11	一般住宅	住居用途のみでガスの使用者が1の建物

〔注〕ガスメータの延べ号数は，$46 \mathrm{MJ/m^3}$（$11000 \mathrm{kcal/m^3}$）での換算号数をいう．なお，メータが2個以上の場合にはそれらの号数の和を換算する．

b. 引込み管ガス遮断装置

引込み管ガス遮断装置は，建物に引き込まれるガスを危急の際に屋外から速やかに遮断するためのバルブである．

一般に，道路から敷地に引き込む道路敷地境界付近に，地上から開閉操作可能となるようにボックスとともに地中に設置するが，地上に露出設置されたり，メータガス栓を引込み管ガス遮断装置兼用とすることもある．

法令により以下の①から④の建物には引込み管ガス遮断装置が必要となるほか，各ガス事業者らではこれに加えて引込み管ガス遮断装置を設置すべきケースを規定していることがある．

① 地下であってガスが充満するおそれのある場所にガスを供給するもの．

② 建物区分（表2.9参照）が，超高層建物，高層建物，または特定大規模建物であるもの．

③ 中圧で建物にガスを供給するもの．

④ 管の内径70 mm以上で建物に引き込むもの．

c. 分岐ガス栓・中間ガス栓

一般に，内管の分岐直後に設置されるバルブ・コック類を分岐ガス栓，それ以外で内管の引込みから末端のガス栓までの間に設置されるものを中間ガス栓と呼ぶ．

設置箇所についての明確な規定はないが，維持管理上の利便性などを考慮して，必要に応じて設置する．設置箇所の例としては，集合住宅の共用立て管立上り部，テナントビルにおける共用系統からテナント専用系統への分岐部などがある．

天井内やパイプシャフト内などに設置する場合は，開閉操作のための点検口が必要となる．また，集合住宅やテナントビルなどで，不特定の人間が触れるおそれのある箇所に設置する場合は，封印付きカバーなどを設置することが望ましい．

d. 緊急ガス遮断装置

緊急ガス遮断装置は，危急の際に建物内のガス漏れなどの状況を監視できる場所から，遠隔操作によりただちにガスを遮断するためのバルブである．

バルブ本体は，建物への引込み箇所より上流側に設置されるのが理想的であるが，建物への引込み直後に設置することも可とされている．

また，定期的な動作確認などを行う際にガスを停止することが困難な建物にあっては，バルブ本体の前後を結ぶバイパス管を設置し，バイパス弁は常時閉としておく．

操作盤は防災管理室などに設置され，操作盤の遮断ボタンを押すと，信号ケーブルにより遮断弁本体に遮断信号が送られ，遮断する．遮断弁の駆動方式は，CO_2ボンベ式，ばね式などがある．

法令により設置が必要とされるものは以下の①および②であるが，条例や自治体消防の指導，ガス事業者の規定などにより，これ以外のものを設置対象としていることもある．

① 建物区分（表2.9）が，特定地下街など，特定地下室など，超高層建物，または特定大規模建物であるもの．

② 中圧で建物（工場などを除く）にガスを供給するもの．

2.3.8 特殊なガス配管・装置など

a. エキスパンションジョイント部の配管

内管は建物のエキスパンションジョイント部を通過しないように経路を選定することが望ましいが，やむをえず通過する場合には，相対変位を吸収させるための措置を講ずる．

可とう性のあるコルゲート状のステンレス管をL

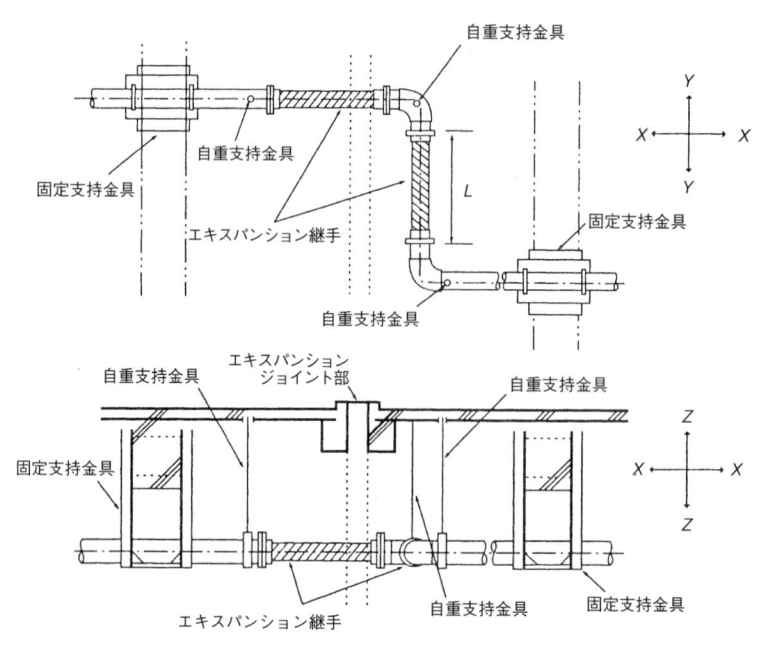

図 2.8　エキスパンション継手設置例

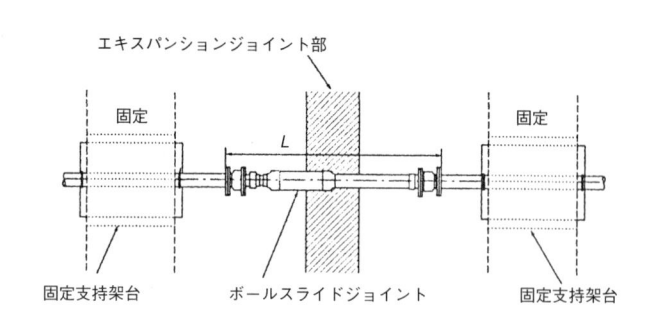

（平面図）

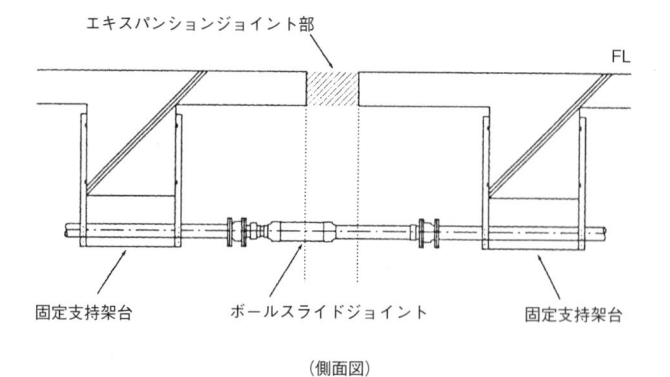

（側面図）

図 2.9　ボールスライドジョイント設置例

字形に 2 本設置する方法（図 2.8）と，ボールスライドジョイント（両端がボール式自在継手で中間部は軸方向にスライドする管継手）を使用する方法（図 2.9）である[1]．

後者は直線的に設置することができることから，L 字形に設置する前者の方法に比べて設置スペース上有利になることが多く，一般的に使用されている．

25A 以下の小口径では，住宅用の灯内内管などで用いられるフレキ管を，L 字形や U 字形など変位を吸収できる形状にして設置する場合もある．

また，口径にかかわらず，溶接接合による鋼管を，可とう性を有する形状に配管し，その弾性変形により変位を吸収する方法もとられることがある．

b. 免震構造建物における配管

免震構造建物の，基礎部から可動部への配管は，相対変位を吸収する措置が必要である．

手法としては，エキスパンションジョイント通過部とほぼ同様であるが，一般に想定最大変位量が大きいことから，ボールスライドジョイントやコルゲート状ステンレス管は，変位量に応じた仕様を選定する必要がある．

溶接鋼管による方法は変位量に対応できないことが多く，一般には用いられない．

c. 超高層建物の立て管

超高層建物（高さ 60 m 以上）の立て管は，圧力や口径にかかわらず，原則として溶接接合（50 A 以上は突合せ溶接，50 A 未満は差込み溶接）とする．

またその設計は，地震時の層間変位および共振，温度伸縮などにより過大な応力を生じないよう，解析に基づいて行う．ただし，標準的なモデル（高さ 250 m 以下，最大水平応答加速度 1.0 G 以下，相間変形角 1/100 以下，など）において解析した結果をもとに作成された標準設計仕様が示されており，多くの物件は個別の解析作業を行うことなく，これによって設計される．

この標準設計仕様によれば，120 m 以下の場合は中間部に 1 カ所，120 m 超の場合は 2 カ所，完全固定箇所を設け，2 カ所を完全固定とする場合はその間に伸縮吸収部を設ける．また，各階における取出し部は第 1 固定点までを溶接接合とし，所定の長さおよび形状の変位吸収部を設ける．

d. 昇圧防止装置

高さによる昇圧（本節 2.3.4c）は，設計流量のガスが流れたときに圧力損失と相殺されるよう設計するが，ガスの流量が設計流量より非常に小さいとき（夜間など）は，圧力損失が生じないため，昇圧が供給圧力にそのまま付加される．一定高さ以上になるとこれにより所定の最高使用圧力を超えるおそれがあるため，昇圧防止装置（圧力安定器などと呼ぶこともある）を設置する．

昇圧防止装置は，ダイヤフラムなどにより開度を制御する弁で，下流側の圧力が所定の値を上まわると開度をしぼり，この状態で流量がゼロになると全閉になる．

地区ガバナの出口圧力は最高使用圧力より 200 Pa 程度低めに設定されていることが一般的であるが，例えば比重が 0.45 のガスの場合，高さ約 41 m 以上になると，最高使用圧力を超えるおそれがある．そこで，この例の場合においては 41 m 以上の階へガスを供給する内管に，昇圧防止装置を設置する．

設置場所は，立て管の高さ 41 m よりやや下のあたりや，立て管から 41 m 以上の階への分岐部などが一般的である．ガスメータの直前に設置することもある．

〔豊岡　直〕

文　献

1) 日本ガス協会：ガス事業便覧（平成 21 年度版）．
2) 日本ガス協会：供内管設計指針．
3) 東京ガス：ガス設備とその設計 2008 年版，2008．
4) 東京ガス：都市ガスの知識．

3 コージェネレーション設備

コージェネレーションシステムは，熱をカスケード利用するシステムである．カスケードとは階段状の滝を意味し[1]，「熱のカスケード利用」とは図3.1のように燃料の燃焼によって得られる高いエクセルギーの熱エネルギーを，まず電力や動力に変換し，変換後に排出される低質化した排熱をビルの冷暖房・給湯など需要温度の低い用途に，温度レベルの高い方から順に何段階にも利用することをいう．

ビルにおける実際のコージェネレーションシステムは，ガスや重油などを燃料とし，ガスエンジン，ガスタービン，ディーゼルエンジンのような熱機関によって発電機や圧縮機を駆動し，発生する電気エネルギー，力学的エネルギーをビル内で使用するとともに，熱機関から蒸気や温水で回収される排熱を熱需要先に利用している．したがって，排熱を利用するエンジン駆動のヒートポンプもコージェネレーションの範疇に入るが，ここでは，図3.2に示すような機器で構成される発電と排熱利用のコージェネレーションシステム（熱電併給システム）のみを対象とする．

3.1 システム構成機器

3.1.1 原動機

現在，ビルのコージェネレーションに用いられている主な原動機の仕様と特徴を表3.1に示す．また，最近普及が進みつつある燃料電池の種類と特徴を表3.2に示す．このうちりん酸形と固体高分子形は実用化段階にある．

a. ディーゼルエンジン

ディーゼルエンジンは，吸気弁から空気のみを吸入し，ピストンで圧縮された高温・高圧の空気に，燃料を噴射して燃焼させる往復動機関である．噴射された燃料は，高温・高圧の空気と混合し蒸発して自己着火するため，特別な点火装置を必要としない．

ディーゼルエンジンは，ガスエンジンに比べて圧縮比（吸気弁から吸入した混合気をどれだけ燃焼室内に圧縮しているかを表す指数，圧縮比が高いほど出力が大きくなる[3]）を高くできるため，熱効率が高く，また，低速回転におけるトルクが比較的大きい．燃料には重油や軽油が用いられる．

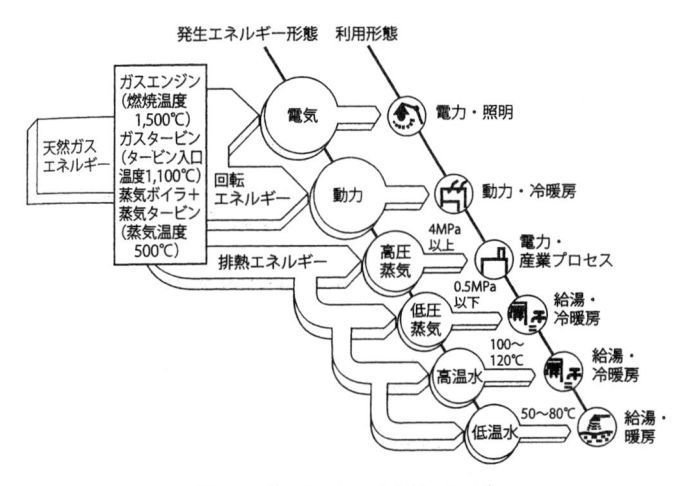

図3.1 熱のカスケード利用の概念[2]
（日本ガス協会資料より改変）

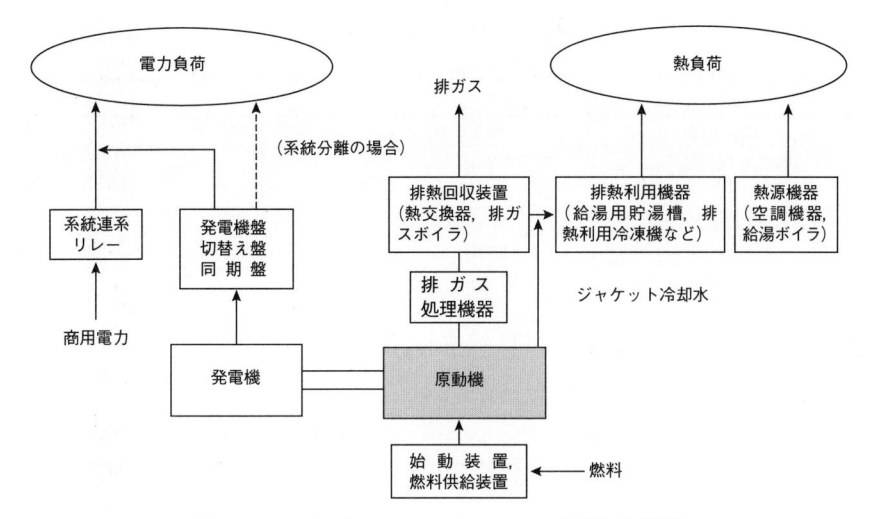

図 3.2 コージェネレーションシステムの一般的構成機器[4]

表 3.1 コージェネレーション用原動機の主な仕様と特徴[4]

		ディーゼルエンジン	ガスエンジン	ガスタービン
単 機 容 量		15～10000 kW	1～5000 kW	28～100000 kW
発 電 効 率		30～45%	21～42%	20～35%
総 合 効 率		60～75%	65～80%	70～80%
燃 料		A重油・軽油・灯油	都市ガス・LPG・消化ガス	灯油・軽油・A重油・都市ガス・LPG
排 熱 温 度		排ガス 450℃前後 冷却水 70～75℃	排ガス 500～600℃ 冷却水 85℃前後	排ガス 450～550℃
NO_x 対策	燃焼改善	噴射時期遅延	希薄燃焼	水噴射・蒸気噴射 予混合希薄燃焼
	排ガス処理	選択還元脱硝	三元触媒	選択還元脱硝
技 術 の 現 状		商用機	商用機	商用機
特 徴		・発電効率が高い ・導入実績が豊富 ・排ガス温度が比較的低い	・排ガスがクリーンで熱回収が容易 ・排熱が高温で利用効率が高い	・コンパクト・軽量 ・排ガス温度が高温で蒸気回収が容易 ・冷却水不要

ディーゼルエンジンはガスエンジンに比べて排ガス中に含まれる窒素酸化物の量が多いため，環境規制の厳しい大都市などでの使用が困難であったが，燃料に水を混合して窒素酸化物の排出量を低減した新しいエンジンも出現している．

b. ガスエンジン

ガスエンジンはオットーサイクル機関と呼ばれるもので，自動車のガソリンエンジンと同じ構造を有し，燃料の吸気，圧縮，膨張（爆発），排気の4つの行程を連続して繰り返す往復動機関である．

ガスエンジンの燃料には天然ガスやLPガス，消化ガスなどが用いられる．最近では発電出力数千kWに及ぶような大型のガスエンジンや，油着火方式によるリーンバーン（希薄燃焼）方式を採用して高い熱効率を発揮できるガスエンジンなどが出現している．

c. ガスタービン

ガスタービンは，ディーゼルエンジンやガスエンジンと同じ内燃機関であり，吸気，圧縮，膨張（爆発），排気の行程からなる．

まず，吸い込んだ空気を圧縮機で圧縮し，燃焼器で燃料を燃焼して圧縮空気を加熱する．これによって高温・高圧となった燃焼ガスはタービンで膨張仕事をし，熱エネルギーが機械エネルギー（力学的エネルギー）に変換され，一部は自身の圧縮機の駆動用に使われ，残りが外部に出力として取り出される．小型軽量で大出力が得られ，騒音や振動が往復動機関に比べて少ないなどの長所がある．なお，「ガスタービン」という名称は，タービンの作動流体が高温・高圧の燃焼ガス

表3.2 燃料電池の種類と特徴[2]

燃料電池の種類	固体高分子形（PEFC）	りん酸形（PAFC）	溶融炭酸塩形（MCFC）	固体酸化物形（SOFC）
電解質	高分子膜	りん酸水溶液	アルカリ金属炭酸塩	ジルコニア系セラミックス
伝導イオン	水素イオン（H^+）	水素イオン（H^+）	炭酸イオン（CO_3^{2-}）	酸素イオン（O^{2-}）
燃料（反応）	H_2	H_2	H_2, CO	H_2, CO
出力規模	1〜250 kW	50〜1万 kW	数百〜数万 kW	700 W〜数万 kW
作動温度	70〜90℃	200℃	650〜700℃	900〜1000℃
発電効率（LHV）	30〜40%（改質ガスを用いた場合）	35〜45%（改質ガスを用いた場合）	45〜55%	45〜55%
排熱温度	60〜75℃温水	167℃蒸気　90℃温水　60℃温水	高温蒸気	高温蒸気
燃料	純水素　メタノール（改質）　天然ガス（改質）	天然ガス（改質）　LPG（改質）　メタノール（改質）　バイオマス	天然ガス　石炭ガス化ガス　バイオマス	天然ガス　石炭ガス化ガス
特徴	低温で作動　高エネルギー密度	商品化段階	高発電効率　内部改質が可能	高発電効率　内部改質が可能
適用分野	家庭用コージェネレーション　小型コージェネレーション　大規模発電プラント	民生用コージェネレーション　産業用コージェネレーション	民生用コージェネレーション　産業用コージェネレーション　大規模発電プラント	家庭用コージェネレーション　小型コージェネレーション　大規模発電プラント

であることから由来している．

ガスタービンは，前述のように圧縮機の駆動のために熱エネルギーの多くが使われるため，外部に取り出せる機械エネルギーが少なくなり，ディーゼルエンジンやガスエンジンに比べて熱効率が低い．小型のガスタービンは大型のものに比べてさらに熱効率が低くなるが，最近では熱効率が改善された発電出力300 kW未満の再生式マイクロガスタービンが出現している．また，最近では排ガスから回収された蒸気をタービンに噴射する量を制御することにより，電気と蒸気の外部出力を変えられるガスタービンも使われている．

なお，燃料には重油のような液体燃料と，天然ガス・LPガスのような気体燃料の両方が使用可能である．したがって，コージェネレーション設備を，防災用の非常用発電設備に兼用することが多い．

d．燃料電池

燃料電池は，水素と酸素を反応させることにより，化学エネルギーを電気エネルギーに変換する発電装置である．電子の伝導体であるアノード（酸化反応，燃料電池としては負極），カソード（還元反応，燃料電池としては正極）の2種類の電極とイオン伝導体である電解質から構成される．

歴史的にみれば，アメリカの宇宙船の電源として実用化されたのが始まりであるが，現在では固体高分子型燃料電池が住宅用や次世代の自動車用エネルギー源として注目を集めている．燃料のうち水素は天然ガスやLPG，メタノール，ガソリンなどを改質し，酸素は空気中から得る．ディーゼルエンジンやガスエンジン，ガスタービンなどと比べると，窒素酸化物の排出量が非常に少ないことが最も大きな特徴で，これ以外にも高い理論効率，低騒音などの利点もある．なお，燃料電池から得られる電気は直流であるため，一般の交流機器に供給するときはインバータによって交流に変換しなければならない．

3.1.2 発電機

発電機には同期発電機と誘導発電機がある．一般には同期発電機が使われることが多いが，系統連系方式（後述）の場合は誘導発電機を使うこともできる．なお，コージェネレーション用の発電機が，法で定められた非常用発電機を兼用する場合は同期発電機を使わなければならない．

3.1.3 排ガス処理機器

コージェネレーションシステムの設置場所の環境規制（主として窒素酸化物）を満足させるための機器で，原動機の種類によって各種のものがある．原動機の機種と環境規制値によっては不要な場合もある．

3.1.4 排熱回収装置と排熱利用機器

原動機の排熱は，熱交換器や排ガスボイラ（蒸気），排ガス熱交換器（温水）などによって回収される．そ

して，回収された排熱は，貯湯槽や吸収冷凍機などの排熱利用機器を介して給湯・冷暖房に利用される．

3.2 電力供給システム

コージェネレーションシステムによって発電された電気エネルギーを負荷に供給する方法には，一般電気事業者（全国の10電力会社）の電力系統（商用電力系統）と接続して供給する系統連系方式と，常時はコージェネレーションシステムからのみ供給する系統分離方式（非連系方式）がある．また，前者の方式には，ビルの電力負荷が少ないときに，コージェネレーションシステムから一般電気事業者の電力系統へ潮流が発生するか否かにより，逆潮流ありの方式となしの方式の2方式に分類される．表3.3に系統連系方式と系統分離方式の比較を示す[4]．

系統連系方式の場合は，商用電力系統の事故時や，作業停電時におけるコージェネレーションシステムの単独運転防止，同じ商用電力系統に接続されている他需要家への電気的な悪影響防止などのため，1986年に国によって「系統連系技術要件ガイドライン」が定められた．当該ガイドラインは，その後表3.4に示すように整備されていったが，2004年にこのガイドラインを「保安に関する事項」と「品質に関する事項」に整理し，前者については「電気設備の技術基準の解釈」，品質に関しては「電力品質確保に係る系統連系技術要件ガイドライン」として公表され，「系統連系技術要件ガイドライン」は廃止された．またこれに伴い，民間の自主規格として策定されていた「分散型電源系統連系技術指針（JEAG9701）」（日本電気協会）は，2006年に「系統連系規程（JEAC9701-2006）」として改訂，刊行された．

表3.3 系統連系方式と系統分離方式の比較[4]

	系統連系方式	系統分離方式
回路構成	（受電・CGS・負荷の回路図）	（受電・CGS・負荷A,B,Cの回路図）
運転費	発電の供給対象が建物全体なので，ビル全体で電力負荷のあるうちは，ほぼ定格出力で発電できる．そのため経済性が向上しやすく，また，設備の有効利用にもつながる．	ビル全体の電力負荷があっても，選択した負荷B，Cなどが小さい季節や時刻には，部分負荷運転となり，経済性が向上しないことがある．
電力の質	電圧・周波数の変動は連系されている商用電力に依存する．	切替え時に瞬時停電がおきる．また，負荷投入時に電圧などが変動することがある．
運転	定格出力付近で運転できる．	発電量は発電対象負荷の変動に直接左右され，同時に排熱量も変化する．
設備	分離方式に比べ，切替え装置や母線の二重化などを必要としないため，電源設備を簡略化できる．しかし，保護継電器や制御装置が必要となる．	連系用保護継電器などが不要なため設備費は比較的少なく，100kWクラス以下の小規模なCGSに適している．

表3.4 系統連系技術要件ガイドラインの整備の推移

商用系統種の類		逆潮流の有無	
		なし	あり
特別高圧電線路	回転機	昭和61年8月策定	
	直流発電設備	平成2年6月策定	
スポットネットワーク配電線	回転機	平成3年10月策定	ネットワークの特性上逆潮流はしない
	直流発電設備		
高圧専用線	回転機	昭和61年8月策定	
	直流発電設備	平成2年6月策定	
高圧一般配電線	回転機	昭和61年8月策定	平成5年3月策定
	直流発電設備	平成2年6月策定	
低圧配電線	回転機	平成10年3月策定（ただし，単独運転の保護技術などを考慮し，原則として逆潮流なしとする）	
	直流発電設備	平成3年3月策定	平成5年3月策定

〔注〕 回転機：回転機を用いたCGS，風力発電設備などの自家用発電設備．
　　　直流発電設備：太陽光発電設備などで逆変換装置を用いたもの．
　　　（「OHM」1998年4月号，オーム社）

3.3 排熱回収・利用システム

コージェネレーションシステムの排熱回収方式には，温水のみで回収する方式，蒸気のみで回収する方式，温水と蒸気の両方で回収する方式があり，どれを選択するかは原動機の機種と排熱の利用用途によって決まる．

3.3.1 排熱回収システム

a. ディーゼルエンジン

ディーゼルエンジンの排ガス中にはすすと硫黄分が含まれるため，排ガスから熱回収するときの排ガス出口温度は，200℃を下まわらないように注意しなければならない．なお，排ガス以外にもジャケット冷却水（エンジン本体の冷却水）からも熱回収することができる．排熱の回収は，ジャケット冷却水と排ガスから温水のみで回収する方式と，ジャケット冷却水からは温水で，排ガスからは蒸気で回収する方式がある．また，潤滑油や過給機の冷却水から低温の温水で熱回収することもある．

b. ガスエンジン

ガスエンジンから排熱回収可能箇所はディーゼルエンジンと同じである．排熱の回収方式もディーゼルエンジンと同じであるが，ジャケットから低圧の蒸気で熱回収する沸騰冷却方式のエンジンもある．

c. ガスタービン

ビルで一般に用いられる中規模以下のコージェネレーション用ガスタービンは，冷却水が不用のため，排熱の回収はすべて排ガスのみから蒸気で行われる．

d. 燃料電池

燃料電池の単セルは出力が小さいため，単セルを数十枚から数百枚積層して一つの発電ユニットとするが，その化学反応は発熱反応であるため，複数のセルごとに冷却器を設け，冷却水によってセルを冷却しなければならない．したがって，熱交換器などを介して外部に導かれる冷却水から回収する排熱を，回転機型のコージェネレーションシステムと同様に給湯や空調に利用することができる．なお，機種によっては水素を発生させる燃料改質装置も含め，温水だけでなく蒸気で回収できるものもある．

3.3.2 排熱利用システム

原動機から回収された排熱は，回収媒体・温度・圧力などに応じて表3.5のような利用形態がある[4]．できるだけ温熱負荷（給湯や暖房など）に利用するのが効果的であるが，年間にわたり冷房需要があるビルなどでは冷房に利用することも多い．図3.3に排熱回収方式と冷房用の冷水を生成する排熱利用冷凍機との関係を示す．

3.4 コージェネレーションの効率と省エネルギー性

図3.4はガスエンジンを利用したコージェネレーションシステムの有無による，一次エネルギーの収支を相対値で簡易に評価した例である．コージェネレーションシステムがないときの電気エネルギーは，需要端における高発熱量基準の発電効率が36.9％と評価した一般電気事業者の火力発電所から供給を受け，熱

表3.5 排熱利用形態[4]

排熱回収形態			排熱利用目的					
			空調				衛生	
			冷房用	暖房用	蒸気の直接利用		給湯	蒸気の直接利用
					暖房用	加湿用		
	温水	中温水 (80～85℃)	・一重効用形吸収冷凍機 ・吸着式冷凍機	・熱交換器（プレート型，スパイラル型） ・直接利用			・貯湯槽加熱または給水予熱	
	蒸気	低圧 (98 kPa程度)	・一重効用形吸収冷凍機	・熱交換器（シェル&チューブ） ・直接利用	・可能	・可能	・貯湯槽加熱または給水予熱	・可能
		高圧 (780 kPa程度)	・二重効用形吸収冷凍機	・熱交換器（シェル&チューブ） ・直接利用	・可能（190 kPa以下に減圧して利用）	・可能（190 kPa以下に減圧して利用）	・貯湯槽加熱または給水予熱	・可能 ・蒸気コンバータ

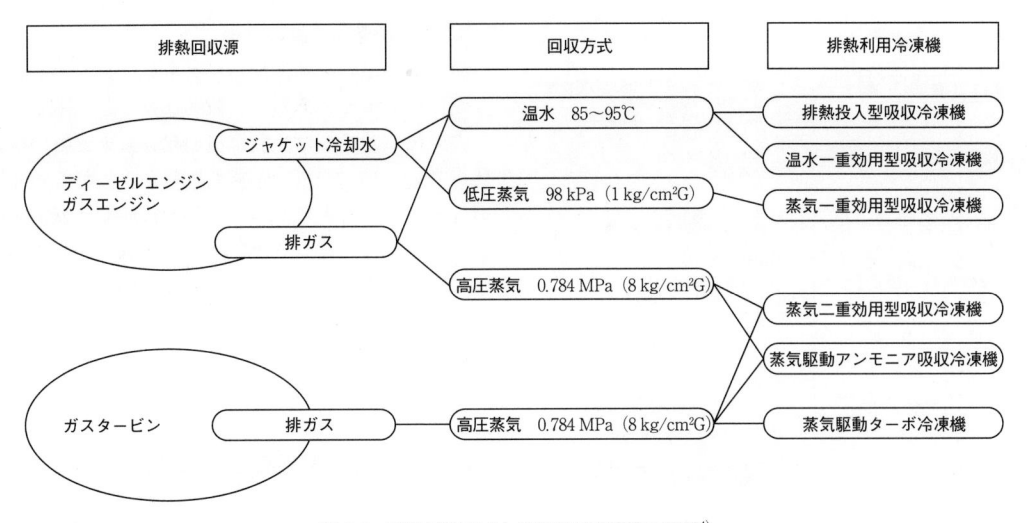

図3.3 排熱回収方式と排熱利用冷凍機の関係[4]

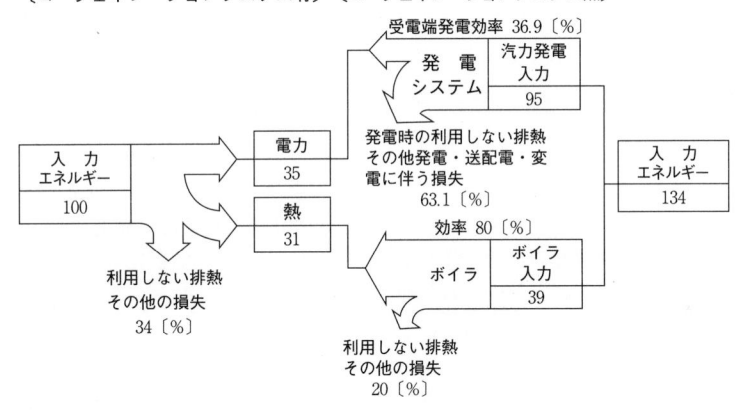

〔注〕コージェネレーションシステムは発電出力635〔kW〕のガスエンジンで電力需要と熱需要が適切に組み合わされ,両方を使いつくした場合

図3.4 コージェネレーションシステムの有無によるエネルギー収支の例[6]

エネルギーは同じく高発熱量基準における効率80%のボイラによって供給を受けるとしている.

回収された排熱がすべて有効に利用されたときは,コージェネレーションシステムの一次エネルギー100に対し,コージェネレーションシステムがないときの一次エネルギーは134となり,コージェネレーションシステムの省エネルギー性(効果)がわかる.しかし,これはあくまで発電された電気と回収された排熱がすべて有効に利用できたとしたときの評価であることに留意しなければならない.実際のビルにおいては電力負荷も,排熱の利用先である給湯・冷暖房負荷も季節・天候・曜日・時刻などによって変動するため,年間の発電効率と排熱の有効利用率によって正確な省エネルギー性を評価しなければならない.

3.5 コージェネレーションの計画と設計

コージェネレーションは,一般に図3.5のような手順にしたがって計画する[6].このうち重要な項目は,総発電機容量の決定,原動機・排熱利用用途の選定である.これらに関連する計画・設計段階における主要な項目は以下のとおりである.

3.5.1 負荷パターンの予測と発電負荷の選定

一般的な設備システムの装置容量の設計には,年間の最大負荷だけを把握すればよいが,コージェネレー

```
電力・熱負荷パターンの把握
    ↓
総発電機容量の予測 ← ① 高圧・特別高圧受電回避の可能性
                  ② 電力会社の電力供給能力
                  ③ 電気主任技術者の選任要件
                  ④ 特定供給の条件
    ↓
発電機の運転方式の選択 ← ① 発電負荷の特性
                      ② 発電電圧
    ↓
発電方式の選定 ← ① 発電機の運転方式
              ② 非常用発電機兼用の有無
              ③ 発電負荷
              ④ 幹線回路方式
    ↓
使用発電機機種の選定 ← ① 発電機の運転方式
                    ② 非常用発電機兼用の有無
                    ③ 発電方式
    ↓
原動機の選定 ← ① 立地・燃料供給条件
            ② 使用可能な単機最大容量
            ③ 非常用発電機兼用の有無
            ④ 原動機の熱電比
            ⑤ 必要な排熱回収媒体
    ↓
発電機台数の決定 ← ① 使用可能な単機最大容量
                ② 非常用発電機兼用の有無
                ③ 予備機・保守の考え方
                ④ 自家発補給電力の契約電力
                ⑤ 原動機の部分負荷特性
    ↓
受変電設備の回路構成計画 ← ① 発電機の運転方式
                        ② 商用電力受電方式
                        ③ 非常用発電機兼用の有無
    ↓
保護装置・制御装置の計画 ← ① 発電機の運転方式
    ↓
排熱利用用途の選定
```

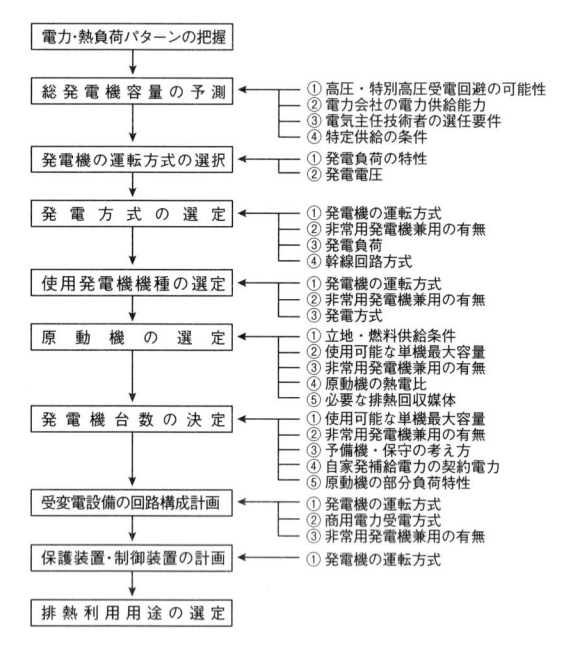

図 3.5 コージェネレーションの一般的な計画手順とこれに影響を及ぼす要素[6]
（建築環境・省エネルギー機構：建築環境・省エネルギー講習会テキスト，平成 13 年）

ションの計画・設計にあたっては，年間の時刻別電力・熱負荷をできるだけ正確に予測する必要がある．なぜなら，これが不正確であると，適切な発電機容量とすることができず，低負荷運転，発電効率や排熱有効利用率の低下，エネルギー費低減効果の不達成などにつながるからである．

系統連系方式におけるコージェネレーションの場合は，ビル全体の電力負荷が供給対象となる．したがってこの場合は，実際の各種ビル用途における過去の実績データや，公表されている原単位などを参考にして年間の時刻別電力負荷を予測する．

系統分離方式の場合は，設計時にコージェネレーションの供給対象として選定した負荷の運転条件から予測する．なお，系統分離方式の場合は，発電負荷の中に動力負荷が多いと，始動時の突入電流が大きいため発電機の定格出力まで負荷を投入できない．このため，負荷変動の少ない照明負荷（HID ランプは除くのが望ましい）をできるだけ多くするとともに，発電負荷に切り替えられる予備回路を複数設けておくことが望ましい．最近では，高速の切替えスイッチを使い，負荷の投入制御を行うことにより，系統分離方式でありながら定格出力近くで運転できるよう設計された事例もある．

3.5.2 発電機容量の計画

発電機容量の計画はコージェネレーションの計画のなかで最も重要である．一般的なコージェネレーションの計画においては，発電機の総容量を建物の最大需要電力の 30 ％から 50 ％程度とすることが多い．発電機の総容量が過大になると，部分負荷で運転する時間が長くなって発電効率が低下し，回収される排熱も過剰になり，有効に利用されず放熱される量が多くなるため，省エネルギー効果も年間の運転費低減額も少なくなる可能性が高くなる．

発電機の総容量の計画に影響を及ぼす主な項目は以下のとおりである．

a． 高圧受電や特別高圧受電の回避

コージェネレーションの採用によって高圧受電や特別高圧受電を回避しようとする場合は，回避上必要なコージェネレーションの分担電力によって，総発電機容量が決まる．

b． 電気主任技術者の選任

常時運転する発電機の総容量によって電気主任技術者の選任要件が異なる．このため，電気主任技術者を電気保安協会や電気管理技術者協会の会員に委託したい場合は，発電機の総容量を 1000 kW 未満とする．

c． 非常用発電機の兼用

最近ではコージェネレーションの発電機を非常用発電機として兼用するケースが多い．兼用できるための条件は以下のようなものである．

① 停電時など非常時には防災設備へ優先的に電力供給する回路方式であること．

② 設置台数は複数台とし 1 台で防災負荷へ電力供給できること（複数台の兼用機で防災負荷を分担する方式は所轄消防署の許可があれば可能）．

③ 排ガス熱交換器などは非常時にバイパスダクトなどによって切り離せること．

④ 非常用発電機の技術基準に適合し停止中でも 40 秒以内に起動できること．

以上のうち，② の条件が発電機容量の計画に影響を及ぼす．

3.5.3 排熱回収系の計画と利用用途の選定

ディーゼルエンジンの場合は，前述のように排ガス中に硫黄分が含まれるため，排ガス熱回収装置の出口温度をあまり低くできないことと，すすによって熱回収装置の熱交換効率の低下が早いことなどから，排ガスからは熱回収しないことも検討する．また，潤滑油や過給機のクーラ系からの熱回収は，その回収温度が

一般に40℃前後と低温であるため利用用途が限定される．このため計画にあたっては，費用対効果比をよく検討する．

排熱の利用用途は，費用対効果，熱効率の面からみても給湯，暖房のような温熱負荷が適切である．冷房への利用は，機器の効率，コスト，スペースからみて，経済性を悪くしがちである．しかし，オフィスや店舗のように給湯負荷が少ない建物においては，空調，特に冷房に排熱を利用しないと，コージェネレーションのエネルギー利用効率が悪くなるため，冷房への効率的な排熱利用システムや機器，制御システムの組み合わせが必要である．　　　　　　　　　〔**斎藤　満**〕

文　献

1) 空気調和・衛生工学会編：図解　空調・給排水の大百科，オーム社，1998．
2) 日本エネルギー学会編：天然ガスコージェネレーション計画・設計マニュアル，2008．
3) 門田和雄：図解　もの創りのためのやさしい機械工学，技術評論社，2001．
4) 日本コージェネレーションセンター編：新版コージェネレーション総合マニュアル，産業調査会，2003．
5) 省エネルギーセンター：エネルギー管理講習「新規講習」テキスト，2009．
6) 建築環境・省エネルギー機構：建築環境・省エネルギー講習会テキスト，2001．

4
太陽熱利用設備

4.1 建築における太陽エネルギー利用

太陽からの放射は日射と呼ばれるが，日射を給湯，暖房さらに冷房に使用するための設備が太陽熱利用設備である．太陽熱利用設備を用いなくても日射は，建築の温熱源として作用している．太陽光は，照明の光源として自然に用いられるが，窓から室内に入射する日射は暖房効果をもたらし，冬季の日中には暖房設備を用いなくても快適な室温となることも多い．建築自体の工夫により太陽熱の暖房効果を積極的に利用する方式はパッシブソーラーシステムと呼ばれている．これに対して，集熱器や蓄熱槽など太陽熱を利用するための設備機器を使用する方式はアクティブソーラーシステムと呼ばれている．パッシブシステムもアクティブシステムも建築における太陽熱利用方式であるが，ここでは設備機器を用いるアクティブソーラーシステムについて述べる．

また，太陽電池を用いて発電を行う太陽光発電システムも建築における太陽エネルギー利用システムとして普及しつつあるが，ここでは太陽熱利用について述べる．

日射をエネルギー資源としてみる場合，無限のエネルギー源であり，1年間に地球に入射する日射量のおよそ0.007％で全地球の年間エネルギー需要がまかなえる試算もある半面，晴天日でも1 m² 当たりに入射する日射量は最大でも1 kW 程度であり，エネルギー源としての密度は低い．また，日射が得られるのは昼間だけであり，雨天や曇天日には日射量は大幅に減少するように変動の大きいエネルギー源である．このような太陽エネルギーの性質は，「偉大なる貧鉱」と呼ばれている．

このような特徴をもつ太陽熱をエネルギー資源として利用するには，日射の集熱装置とともに，熱供給の平準化を図るための蓄熱装置も必要である．また，負荷のすべてを太陽エネルギーでまかなうのは膨大な集熱面積が必要となるので，補助熱源も必要となる．したがって，太陽エネルギー利用設備では，このような日射の特性と太陽エネルギーでまかなおうとする負荷との関係を十分吟味し，適切な利用を図る必要がある．

4.2 太陽熱集熱器

太陽熱集熱器は日射を吸収し水，空気などの熱媒を加熱する機器である．集熱器は，平板型，真空ガラス管型，集光型に大別される．図 4.1 にこれら集熱器の構造を示した．

4.2.1 平板型集熱器

図 4.1 (a) は平板型集熱器である．平版型集熱器

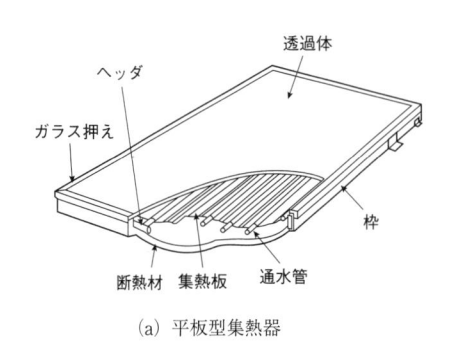

(a) 平板型集熱器

(b) 真空ガラス管型集熱器

図 4.1 太陽熱型集熱器（文献 7），p.49)

では水または空気を熱媒とする場合があり，日射を吸収し熱媒を加熱する吸収体である集熱板の構造が少し異なるが集熱方法は同じである．集熱板表面をガラスなどの日射透過体でカバーし，裏面は断熱材により放熱を防止する．表面の集熱板と透過体の間の中空層は空気の断熱性を利用し表面からの熱損失を抑える．集熱板表面は日射吸収率が1に近くなるように黒色塗装するのが基本であるが，今日ではプール加熱専用などの低温用集熱器でない限り選択吸収面の処理がなされている．選択吸収面は，日射のような短波長放射に対しては吸収率が1に近いが，集熱板からの放射による放熱のような長波長放射に対しては放射率が0.1前後と小さい性質をもつ．一般の黒色塗料では日射吸収率，長波長放射率ともに0.95程度あるので，50℃以上での集熱には適さないが，選択吸収面を用いれば100℃近くまでの高温での集熱が可能である．

集熱板は，銅，ステンレスなど金属を用いることが多いが，低温集熱ではプラスチック製とすることもできる．透過体としては，普通の透明ガラスよりも5%ほど日射透過性の高い低鉄分ガラス（白板ガラス）を強化ガラス化したものが広く用いられている．また，ポリカーボネートのようなガラスと光学的特性が類似したプラスチックも用いられる．温水プール加熱用のような低温集熱専用集熱器では透過板のカバーがないものも用いられる．

空気式集熱器は暖房・給湯太陽熱利用システムやデシカント除湿システム，産業用乾燥プロセスシステムなどに用いられる．空気式集熱器は水式と似た構造であるが，熱媒としての空気は水に比べて熱伝達性能が劣るので，加熱空気側の伝熱面積を大きくする．

4.2.2 真空ガラス管型集熱器

図4.1（b）に真空ガラス管型集熱器を示した．平板型の中空層の部分を真空にして集熱板からの空気層を通じての対流・伝導による放熱を完全に防止したものである．平板集熱器と同様に吸収体に直接入射する日射により熱媒を加熱する方式であるが，反射板を付け集光型としたものもある．真空保持のため，直径5〜10cmのガラス管に集熱体を封入する構造としている．吸収体からの放熱は放射のみであるが，吸収体表面には選択吸収面処理を施すので放射による放熱も小さくなる．平板型集熱器で中空層を真空断熱とした効果があるので高温での集熱に有利となる．

4.2.3 集光型集熱器

反射板やレンズなどにより日射の吸収体への入射密度を上げることにより高温集熱を期待するものである．集光倍率を大きくすれば，太陽熱発電システム用集熱器のように400℃もの高温集熱も可能となるが，集光型では集光倍率をかなり小さくしない限り太陽追尾装置が不可欠である．建築設備での利用では，高温集熱を期待する場合でも集熱温度は，太陽熱冷房システムでの80〜90℃であり，選択吸収面付き平板集熱器や真空ガラス管型集熱器で集熱可能である．高温集熱可能な集熱器は低温集熱時に効率が低下する特性もあるため100℃以上での集熱を常時期待する場合以外には，建築設備としては集光型集熱器は実用的ではない．

4.2.4 集熱器の効率と特性

集熱器による集熱量 Q_c〔W〕は，集熱器を通過する熱媒の加熱量で，式(4.1)で定義される．式(4.2)に示す集熱効率 η〔—〕は，集熱面に入射する全日射量 I〔W〕に対する集熱量の比率である．

$$Q_c = cG(t_{\text{out}} - t_{\text{in}}) \tag{4.1}$$

$$\eta = \frac{Q_c}{A_c I} \tag{4.2}$$

ここで，c は熱媒比熱〔J/kgK〕，G は熱媒流量〔kg/s〕，t_{in} は集熱器入口熱媒温度〔℃〕，t_{out} は集熱器出口熱媒温度〔℃〕，A_c は集熱面積〔m²〕．

式(1)は集熱量の定義であり，熱媒温度が測定されている場合には集熱量の計算に用いられる．しかしながら，集熱システムの設計などで集熱器性能を算定するには，次に述べるように集熱器の特性や日射量，外気温など気象条件および集熱媒体の流量，温度の関係が必要である．

$$t_{\text{out}} = t_e - (t_e - t_{\text{in}}) \exp\left(-\frac{K_c A_c}{cG}\right) \tag{4.3}$$

ただし，

$$t_e = \frac{\tau a I}{K_o} + t_a \tag{4.4}$$

τ は透過体日射透過率〔—〕，a は集熱体日射吸収率〔—〕，t_a は外気温〔℃〕．

集熱器相当外気温度 t_e〔℃〕は空だき温度と考えられ熱媒を流さないときの集熱体温度である．集熱器相当外気温度は，また，集熱可能限界温度を示すものであり，与えられた集熱器特性で集熱が可能か否かを判定することにも用いることができる．集熱器熱損失係数 K_o〔W/m²K〕は集熱器の外気への熱損失を表す

表 4.1 集熱器特性値の例

	K_o 〔W/m²K〕	a_s	τ	b_0 〔—〕	b_1 〔W/m²K〕
平板型集熱器（ガラス 1 枚選択吸収面付）	5～6	0.9～0.95	0.9	0.83	5.3
真空ガラス管型集熱器	2～3	0.9～0.95	0.9	0.92	2.5

係数であり小さいほど吸収体からの放熱が小さく高温での集熱が可能となることがわかる．集熱器熱通過率 K_c〔W/m²K〕は，集熱器熱損失係数と熱媒が流れる集熱管内から集熱板までの熱抵抗とから計算される値であり，集熱量や集熱器出口熱媒温度の計算に必要である．概算値としては，$K_c \cong 0.9 K_o$ である．表 4.1 に集熱器の特性値の例を示した．

式(4.3)を用いると，集熱量は式(4.5)で計算することができる．

$$Qc = cG\left\{1 - \exp\left(-\frac{K_c A_c}{cG}\right)\right\}(t_e - t_{in}) \quad (4.5)$$

集熱器入口温度はシステム全体の運転状態によって決まるので正確にはシステムシミュレーションによるが，集熱量の概算では暖房 30～40℃，冷房 75～85℃，給湯 10～30℃ などと仮定する．熱媒流量は水式の場合，集熱器 1 m² 当たり 20～40 l/m²h（0.0055～0.014 kg/m²s）である．

集熱器の効率は，集熱器の構造，運転条件，気象条件に依存するが，集熱器の性能試験で得られたデータを用いた式（4.6）に示す表示方法が広く用いられている．

$$\eta = b_0 - b_1 \frac{t_m - t_a}{I} \quad (4.6)$$

表 4.1 に示した効率を表す特性式のパラメータである b_0, b_1 を用いて，式(4.7)を用いて t_e を計算し，式(5)で集熱量を計算することもできる．ただし，$b_1 = K_c$ である．

$$t_e = \frac{b_0}{b_1} I + t_a \quad (4.7)$$

4.3 太陽熱給湯

太陽熱給湯システムは，水道水を太陽熱集熱器で加熱することにより，給湯負荷の一部をまかない給湯用エネルギーを節減する．住宅のように給湯負荷が年間を通じて発生する建物での利用に適しており，住宅の太陽熱給湯システムは太陽熱利用の代表的実用例である．太陽熱給湯システムでは給水温度からの集熱による温度上昇が太陽熱による加熱効果であり，太陽熱のみで給湯負荷のすべてをまかなうものではない．太陽熱集熱器の効率は加熱する熱媒の温度が低いほど効率がよいので，毎日，給水温度から集熱が開始される太陽熱給湯システムは集熱性能の上でも有利な太陽熱利用システムである．給湯負荷は給水温度の高い夏季は，冬季よりも小さくなる傾向があるが，年間を通じて負荷があるので太陽熱利用設備も年間を通じて利用できる利点がある．

4.3.1 太陽熱温水器

太陽熱温水器は集熱器と蓄熱槽が一体になったもので，主に戸建て住宅の屋根に設置される．これまでに，わが国では累計で 600 万台以上が設置されており，住宅用太陽熱給湯機器の代表的なものである．プラスチックバッグの簡易型，塩ビ管を集熱蓄熱器とする汲み置き式などを経て，今日では，図 4.2 に示す自然循環式は集熱性能にも優れ，凍結防止対策なども講じられており耐久性にも優れていることから広く普及している．また，このほか真空ガラス管型汲み置き式や太陽電池で動く小型循環ポンプを集熱器と貯湯槽の循環に用いる太陽熱温水器もある．

貯湯槽の湯は，浴槽に落として利用し，湯温が低い場合には追いだきする浴槽給湯専用で利用する場合と図 4.2 に示すようにセントラル給湯システムへ接続し太陽熱を給湯熱源の一つとして扱う方式とがある．

4.3.2 太陽熱給湯システム

集熱器と蓄熱槽が分離して配管で接続し，循環ポンプで集熱媒体を循環させる方式であり，太陽熱温水器

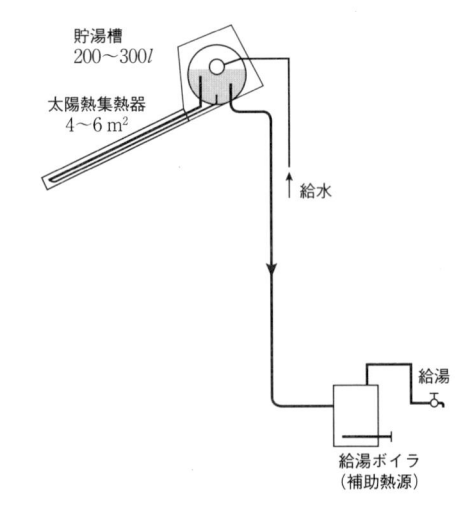

図 4.2 自然循環型太陽熱温水器を用いる給湯システム

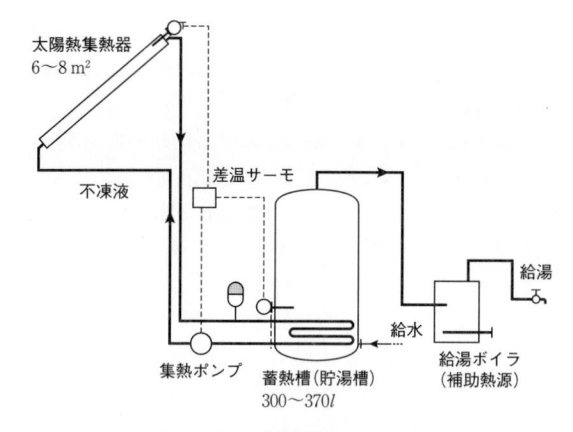

図 4.3 住宅用太陽熱給湯システム

に対して太陽熱給湯システムあるいは強制循環方式と呼ばれている．規模は，住宅用の集熱面積 $6m^2$，貯湯用蓄熱槽 $300l$ のものから業務用の大型のものまである．図 4.3 に住宅用太陽熱給湯システムを示した．集熱器は屋根や屋上に設置し，蓄熱槽は機械室か屋外に設置することが多い．集熱ポンプとともにポンプの自動発停を行うための差温サーモが必要である．差温サーモは集熱板温度と蓄熱槽水温の温度差によって，集熱が可能なときのみポンプを運転し，夜間や曇天時にポンプを停止させるための制御装置である．集熱媒体は水をそのまま用いることもあるが，冬季夜間に集熱器系統で残留水の凍結防止の点から不凍液を集熱媒体に用いることが多い．不凍液を使用する場合には，給湯される蓄熱槽内水の加熱のため熱交換器が必要である．不凍液は衛生上の観点からポリプレングリコールが使用される．熱交換器は，戸建て住宅用のような小型システムでは槽内蔵型，大型システムではプレート型熱交換器のような外部設置型が用いられる．外部設置型とした場合には，集熱側系統の集熱ポンプに加え，蓄熱槽側の非加熱側系統にもポンプが必要となる．なお，熱交換器を用いる場合を間接加熱方式，水を直接集熱媒体とする場合を直接加熱方式と呼ぶ．

集熱器の設置角度は，年間積算日射量が最大となるとされている緯度に等しく，日本ではおおむね 30～40°とするのがよいが，集熱面積に余裕があり，夏季に過熱が予想されるときには冬季の集熱量が多くなるように 50～60°とした方がよい．

給湯システムとしては，太陽熱の補助熱源として給湯ボイラのような通常の給湯熱源も必要である．

4.4 太陽熱暖房

4.4.1 暖房給湯システム

集熱器と蓄熱装置を暖房熱源システムと考えるが，太陽熱で負荷のすべてをまかなうのではなく補助熱源としてボイラ，ヒートポンプなども併用するのが一般的である．集熱システムの年間稼働を考えて暖房・給湯システムとすることが多いので，住宅や宿泊施設，福祉施設などに適している．太陽熱暖房を行う場合でも，まず建物の断熱性能を高め暖房負荷の削減を図るのが大前提である．

太陽熱暖房システムでは集熱の熱媒の種類により水式と空気式がある．水式は給湯との組み合わせに適しており，暖房方式としては床暖房やファンコイルユニットなどの温水暖房システムと組み合わせる．図 4.4 に太陽熱暖房システムの例を示した．水式では蓄熱方法として，蓄熱槽を用いることができる．蓄熱槽は給

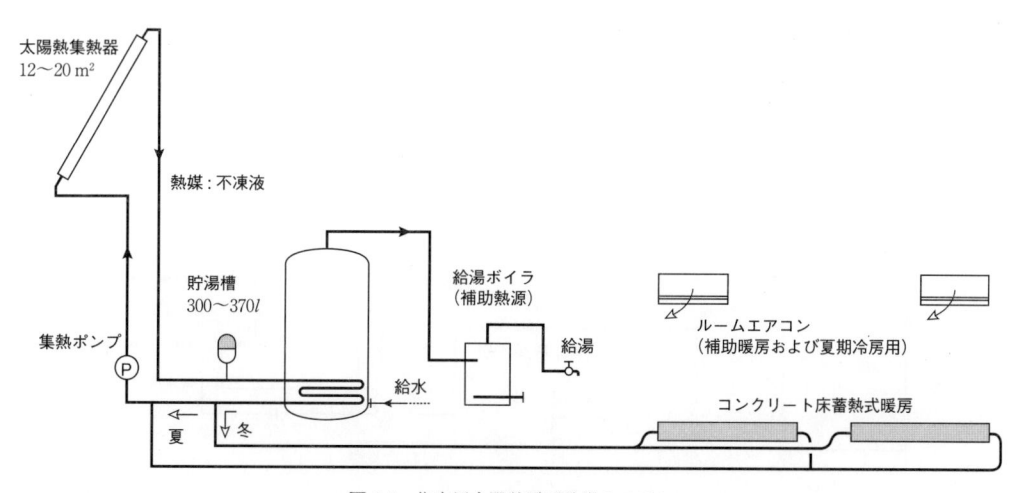

図 4.4 住宅用太陽熱暖房給湯システム

湯専用としてコンクリート造建物の熱容量を利用し躯体蓄熱を行ったり，木造でもコンクリート床として蓄熱式床暖房と組み合わせる方式もある．太陽熱は低温集熱での利用が効率がよいので低温暖房との組み合わせるのがよいので，床暖房はこの点でも太陽熱暖房に適している．

空気式では空気式集熱器を用い暖房は温風暖房とする．空気集熱システムの場合，蓄熱媒体は砕石や潜熱蓄熱材が用いられている．給湯の加熱は空気-水の熱交換器である温水コイルを用い，給湯用の蓄熱槽を設置する．

暖房用の補助熱源はセントラル方式として組み込む方法とともにヒートポンプエアコンのような個別式を併用する方式もあり，夏季に冷房が必要な場合に適する．

暖房負荷が大きくないと太陽熱利用設備は有効でないので，暖房需要の大きい寒冷地で日射の多い地域に有利である．夏季，中間期における集熱器の活用を図るため期間蓄熱が可能な大容量の蓄熱装置と組み合わせる大規模設備もみられ，ドイツやスウェーデンでは地域暖房に熱源として太陽熱利用も試みられている．

4.4.2 外気予熱システム

太陽熱の換気用外気予熱は，集熱温度が低く，換気確保のために有効であるが，熱交換換気とも競合する．集熱器に導入した外気を加熱して室内に吹き出すのみであり単純な構成である利点があり，日中にパッシブ暖房効果が期待できず，外気負荷が大きい工場の暖房・換気システムとして開発されたものもある．

4.5 太陽熱冷房・除湿システム

太陽熱冷房システムは，冷房負荷と集熱量の変動が一致する夏季に相応しいシステムと期待されてきた．太陽熱冷房用の冷凍機としては，吸収冷凍機，ランキンサイクル冷凍機の利用が研究されたが，実用的には吸収冷凍機が用いられてきた．

冷房では，冷凍機を運転可能にするための加熱温度，加熱量を確保するため，給湯，暖房システムよりも高温で集熱を行う必要があり，選択吸収面付き平板集熱機や真空ガラス管型集熱器の利用が不可欠である．太陽熱冷房システムは，集熱設備は大型となるが，暖房，給湯と組み合わせれば，集熱装置の年間利用が期待できる．しかしながら，太陽エネルギー利用冷房の方法として，太陽光発電と電動冷凍機とによる方法も考えられるので，太陽熱冷房の適用性は十分検討する必要がある．

4.5.1 吸収冷凍機

図4.5に温水加熱式の吸収冷凍機を用いる太陽熱冷房システムであり，真空ガラス管型集熱器や選択吸収膜付きの平板集熱器でも集熱が可能な80～90℃の温水で吸収冷凍機を運転する．日射量の条件にもよるが，1冷凍t当たり25 m^2 ぐらいの集熱面積が必要である．太陽熱用吸収冷凍機でも集熱が不十分なときにガスや灯油で加熱し冷房運転する機能が含まれているが，もともと小型の吸収冷凍機では，COPが1以下であるため，吸収冷凍機とは独立した電動式の冷凍機やパッケージ空調機を用いるのが有利である．また吸収冷凍機では空冷式は難しいことから，小容量のものでも冷却塔が必要でありポンプファンなど補機動力が必要である．このため，パッケージエアコンに比べて不利になるので，あまり小規模な建物には向かない．

4.5.2 デシカント除湿システム

デシカント利用システムはシリカゲルのような吸着材の水蒸気吸着による除湿効果を利用する冷房・除湿

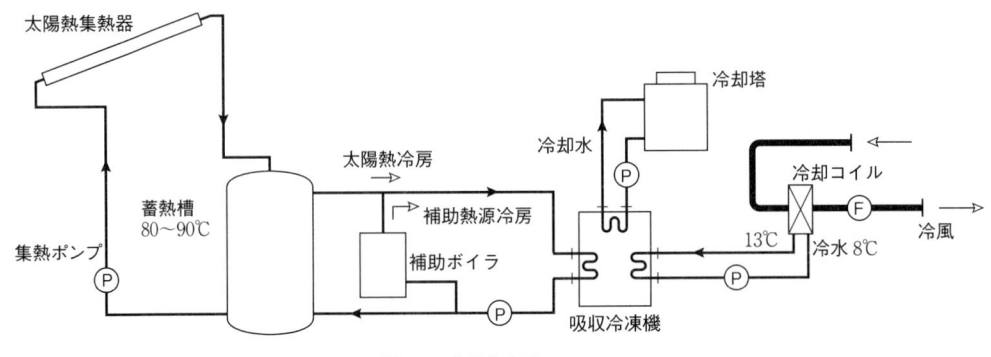

図4.5 太陽熱冷房システム

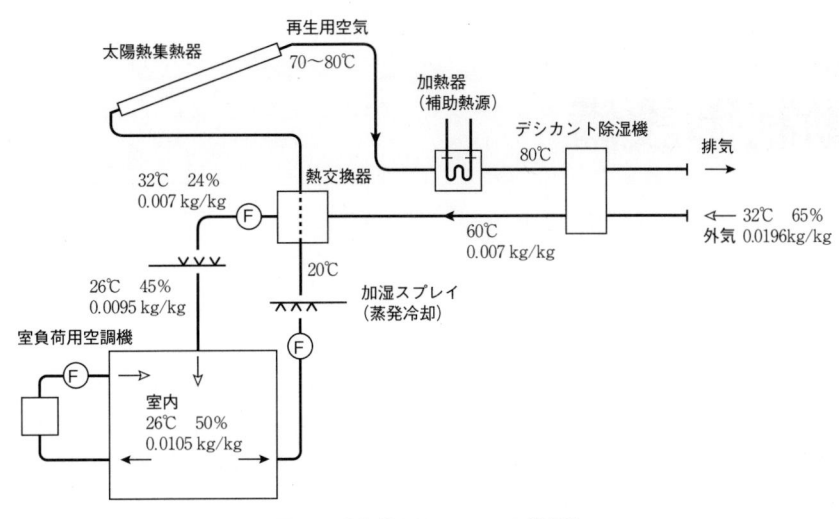

図 4.6　太陽熱利用デシカント外調機

システムであり，冷房負荷で潜熱負荷の多い建物に利用されている．太陽熱は吸着材の再生に使用し，70〜80℃以上で加熱，再生する．図 4.6 は回転式のロータ中の吸着材で吸着・再生を行う外調機の例である．換気用導入外気は吸着材ロータ通過する際，除湿されるが同時に吸着熱で温度は上昇する．このため再生用空気として使用する冷房室からの排気と熱交換し冷却するが，水スプレイによる蒸発冷却も行い冷却効果を高める．太陽熱の集熱は，図 4.6 のように空気式とすれば吸着材再生用の空気を直接加熱できるが，水集熱とし加熱コイルで再生用空気を加熱する方式もある．水集熱とした場合には加熱用に蓄熱することも可能である．吸着材ロータを用いる連続式のほか吸着材を潜熱蓄熱装置交互に吸着，脱着を行う方式もある．

冷房システム構成としては，冷却コイルによる冷房方式と組み合わせることを前提に，外調機のように潜熱負荷の比率の多い場合にデシカント方式を用いることが考えられる．　　　　　　　　　　〔宇田川光弘〕

文　　献

1) 日本太陽エネルギー学会編：新太陽エネルギー利用ハンドブック，2000．
2) 日本太陽エネルギー学会編：太陽エネルギー利用ハンドブック，日本太陽エネルギー学会，1985．
3) 空気調和・衛生工学会編：空気調和・衛生工学便覧第 13 版（第 3 編第 9 章太陽熱利用設備），空気調和・衛生工学会，2001．
4) 田中俊六：太陽熱冷暖房システム，オーム社，1977．
5) 田中俊六，浅野祐一郎：ソーラーハウスの設計と施工，オーム社，1981．
6) 宇田川光弘：15 章太陽熱利用システム，建築環境学 2，［木村建一編］，丸善，1993．
7) 田中俊六監修，宇田川光弘，武田 仁，斎藤忠義，大塚雅之，松本敏男，田尻睦夫：最新建築設備工学，井上書院，2002．
8) 児玉昭雄，広瀬 勉：デシカント空調プロセス，太陽エネルギー，**27**-2：2-9，2001．
9) 広瀬 勉，児玉昭雄，川崎春夫，岡野浩志：太陽熱利用デシカント空調，太陽エネルギー，**27**-2：19-26，2001．
10) 小泉尚夫：固体デシカント直熱式冷房システム，太陽エネルギー，**27**-2：27-33，2001．

5 自動制御設備

5.1 自動制御の概要

5.1.1 自動制御の目的

自動制御の目的は，快適性，安全性，省エネルギー性，省資源，省力化を実現することである．自動制御の制御対象は空調設備，熱源設備，電気設備，および照明設備まで多岐にわたっている．自動制御は，これらの建築設備の目的とする性能，すなわち設備出力を負荷側要求に対して過不足なくかつ安定して供給する性能（設備の制御性能）を実現させる大きな役割を果たしている．さらに，設備入力についてはより少ないエネルギーで要求される出力を満足させる性能（設備の省エネルギー性能）の実現にさらなる役割を果たしている．最近では，設備と室内環境を連携したシステム制御で，さらなる快適性，安全性，省エネルギー性，省資源，省力化を実現させ，さらにこれらを両立させる（最適制御）ため，自動制御の役割はいっそう重要となっている．

5.1.2 制御系の構成

制御系は，空調機による室温制御を例にとれば，図5.1に示すように，制御対象（空調機，ダクトおよび室）と制御システムから構成される．また，設備の制御，運用を最適な状態に維持しておくために，評価・調整システムが必要となる．

制御システムは，制御対象の状態（制御量：室温）を常に検出し（検出部），目標値（設定部）と制御量の偏差に基づいて操作量を決定して（調節部），空調機の冷水調節弁や温水調節弁，加湿調節弁へ操作信号（操作量）を出力する（操作部）機能から成り立っている．

評価・調整システムは，制御量，操作量，目標値などの制御データの収集，制御データの分析判断，制御パラメータの調整などのためのシステムである．現在では，各種ツールが開発され，利用されている．この機能の一部である制御パラメータの調整については，5.3調整に具体例を示した．

5.1.3 制御方法

制御システムによく使われる制御方法は，フィードバック制御，シーケンス制御がある．まれにフィードフォワード制御が使われることがある．

a. フィードバック制御

図5.1は室温制御の一例を示したものである．室に

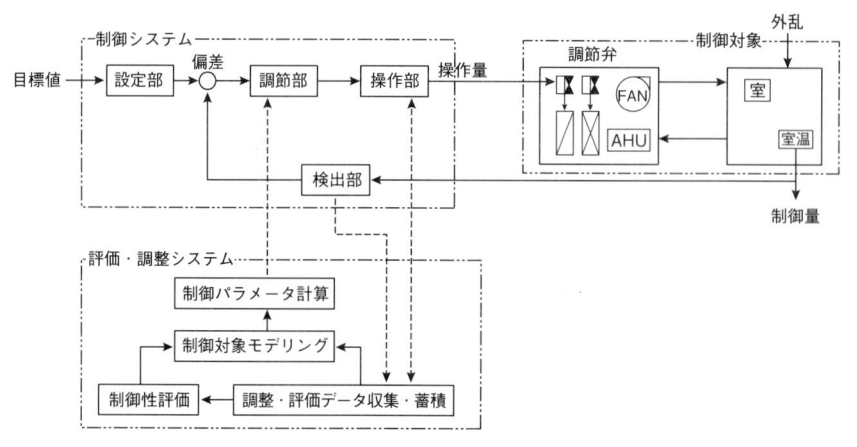

図 5.1 制御系の構成

設置された室温センサで室温を計測し，空調機（AHU）内の調節弁により冷水量を制御するが，計測した室温と目標値とを調節部にて比較して，目標値と制御量が一致するまで（偏差を減少させるように）反復して制御を繰り返す閉ループ系を構成している．

b. シーケンス制御

冷凍機やポンプの台数制御は，負荷熱量や流量の大小によって冷凍機やポンプの運転台数を決めている．また，冷凍機の運転の際には，まずポンプが運転してその後冷凍機が運転するという連係動作（インターロック）がとられている．このように"あらかじめ定められた順序にしたがって，制御の各段階を逐次進めていく制御"をシーケンス制御という．シーケンス制御は単独で用いられることが多いが，冷凍機の台数制御では，冷凍機の性能悪化により能力が十分出ない場合を想定して，冷凍機の冷水出口温度が上昇してしまったときには，冷凍機の運転を1台増やすフィードバック制御を組み合わせて効果を上げている．

c. フィードフォワード制御

制御系の多くはフィードバック制御であるが，時としてフィードフォワード制御が使われる場合がある．フィードフォワード制御は"制御系に外乱が入った場合に，それが制御系の出力（制御量）に影響を及ぼす前に先まわりして，その影響を打ち消すために，外乱を検出して必要な訂正動作をとる制御"をいう．寒冷地などで外気温度が下がると，外気温度センサが外気温度を検出し，空調機の外気予熱コイルの調節弁を制御することは，フィードフォワード制御の簡単な例である．このフィードフォワード制御の場合は，制御した結果を目標値と比較していないので，開ループ系である．

新しい制御である最適制御は，フィードフォワード制御をベースにフィードバック制御を組み合わせた例が多い．最適制御については，5.2.3, 5.2.4項にその例を示した．

5.1.4 調節部の制御動作

建築設備の自動制御に用いられている基本的な制御動作は，図5.2のように分類できる．ここで述べる制御動作とは，偏差を入力とし，操作量を出力とする信号の伝達特性である．制御系において制御動作の特性が適切でないとよい制御を期待できない．

a. 2位置動作（オン・オフ動作）

操作部が2つの位置（ON（全開）およびOFF（全閉））以外の途中の位置をとらない動作である．2位置制御

```
            ┌ 非線形  ┌ 2位置動作
            │ (不連続)├ 多位置動作
            │        └ 時間比例動作
制御動作 ───┤
            │        ┌ 比例動作（P動作）
            │ 線形    ├ 比例積分動作（PI動作）
            └ (連続)  ├ 比例積分微分動作（PID動作）
                     └ 補償動作
```

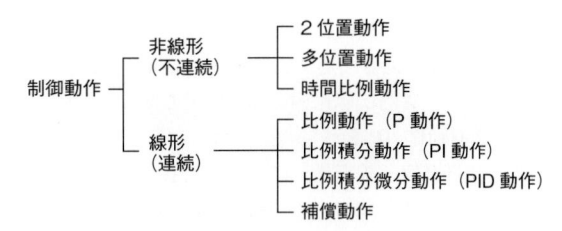

図5.2　制御動作による分類

の例として，暖房時にパッケージ空調機を室内型温度調節器（2位置式）で制御する場合を図5.3(a)に示す．操作部（コンプレッサ）は設定された2位置を往復するため，一定のディファレンシャル（動作すきま）をもっている．オン・オフ動作の繰り返しによってサイクリング（制御量が振動する状態）が生じるので，微細な制御を要求する設備には不適切である．

b. 多位置動作

2位置動作では，操作量は0かまたは100％のいずれかの値しかとれないが，さらに0, 50％, 100％の3段階，またはそれ以上の段階に操作量を分割する方法である（図5.3(b)）．適切な段階に操作量を出力することによって，操作量の変化を緩和する制御動作で

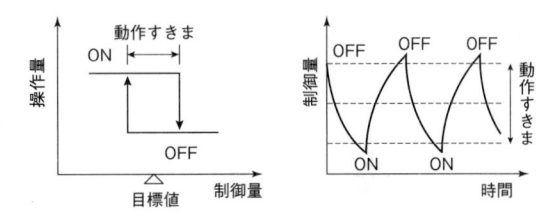

(a) 2位置動作

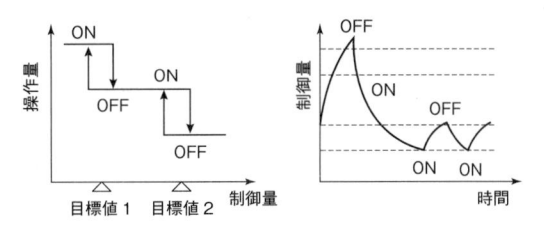

(b) 多位置動作

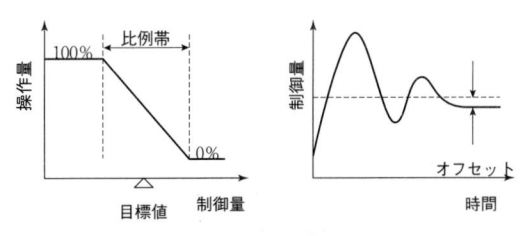

(c) 比例動作

図5.3　制御動作[1]

ある.例えば,室内温度の制御などで,室温の急激な変動を避けることができる.操作量をさらに多段に分割すると,実質的には比例動作に近くなる.

c. 比例動作（P動作）

偏差（目標値－制御量）に比例した操作信号の出力によって操作部が動作する制御動作であり,図5.3(c)に示すように操作部が全開から全閉まで動くのに必要な偏差の範囲を比例帯といい,その傾きがP動作（比例動作）のゲインとなる.このP動作による制御の結果,目標値とずれた点で制御量が平衡を保つときの偏差をオフセット（残留偏差）という.この方式は負荷の変動があっても安定した制御が達成できる反面,負荷により平衡点が変化する.つまり,オフセットが生じる欠点がある.

d. 比例積分動作（PI動作）

P動作に積分（I）動作を組み合わせたもので,積分動作により,P動作で生じるオフセットを取り除くことが可能になる.しかし時間遅れの大きいシステムに使用すると,発信しやすくなる（制御量が振動する）性質があるので,PI動作は時間遅れの小さな流量や圧力制御などに適している.

e. 比例積分微分動作（PID動作）

P動作にI動作と微分（D）動作を組み合わせたもので,D動作は出力を先行して出すことにより,応答を速く安定させる効果がある.つまりP動作にI動作とD動作を加えることにより,オフセットをなくし,行過ぎ量を少なく,応答の速い制御を可能にするため,PID動作はむだ時間や大きな時定数をもつ室内温度の制御に適した制御動作である.しかし,計測ノイズによってD動作が過剰反応しやすいので注意が必要である.図5.4にP, PI, PID各動作の応答曲線として,温度の目標値に対する追従特性を示す.

f. 補償動作

大型の空調設備の制御では,室温を検出して直接空調機の冷水調節弁や温水調節弁を制御することは少な

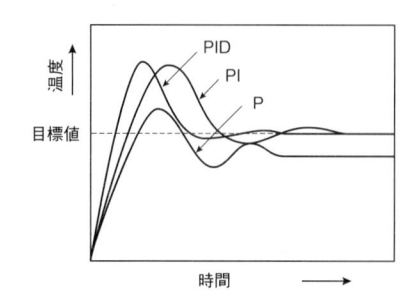

図5.4 P, PI, PID 各動作による応答[1]

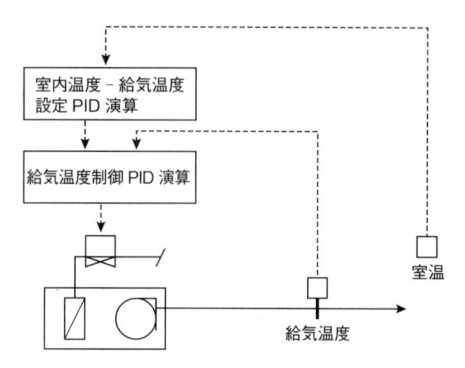

図5.5 給気温度カスケード制御

い.まず,空調機の給気温度を一定にするように空調機の冷水調節弁や温水調節弁を制御する.次に室温を一定にするように給気温度制御の設定値を変化させるカスケード制御や給気温度の変化範囲を制限するリミット制御と呼ばれる補償動作を行う場合が多い.カスケード制御は空調機側で加わった外乱（加湿器の運転,冷水温度の変動,給気風量の変動など）を室温制御に影響を与えない効果がある.リミット制御は,蓄熱槽温度と連係して給気温度の下限を決め無意味な冷水の供給をなくす,あるいは冷風吹出し口の結露を防止するために給気温度の下限温度も制御して,給気温度が下限温度以下に下がらないようにする,暖房時には給気温度の上限温度も制御して,給気温度の過熱防止や室内の温度成層を防止させる目的等に使われる.図5.5に給気温度カスケード制御のフロー図を示す.

5.1.5 自動制御機器

自動制御機器である検出部,調節部,操作部の選定にあたっては,計測性がよい,および制御性がよいといわれる制御システムの構築を可能とする機器の選定が必要である.計測性がよい,制御性がよいとは次のように定義される.

(1) 制御性の定義：目的に適合する制御量を明確に規定でき,それを変化させる操作量が存在し,制御量と操作量の関係が明らかで,操作量は外乱の影響を十分に補償できるとき,"制御性がよい"という.

(2) 計測性の定義：目的とする計測すべき量が確実に計測でき,その結果が科学的に意味をもち,計測の目的に適合しているとき,"計測性がよい"という.

a. 検出部

検出部は制御量を計測して,電気信号などに変換して調節部へ計測値を出力する機能である.空調設備で

は室温，湿度，放射温度，二酸化炭素，風速などのセンサが使われている．熱源設備では，温度，流量，圧力，水位などのセンサが使われている．最近では気象情報などを計測して，室内制御，熱源制御に反映させることも行われている．計測器の選定，設置にあたっては，計測性はどうか，制御性はどうかを確認して，機種，性能を選定する必要がある．

b. 調節部

調節部は，検出部から出力される制御対象の計測値を設定値と比較して，その偏差が0になるまで反復して操作信号を操作部に出力する機能である．最近では，演算回路にマイクロプロセッサを使っている．DDC (Direct Digital Controller) が使われている例が大半である．また，DDCについては，各建築設備を集中監視・制御するための通信機能を備えている．この通信機能については，通信のオープン化が進んでおり，各社のDDCが接続された集中監視・制御システムが設置されるようになってきた．調節器の選定，調整にあたっては，制御性に影響を与えるサンプリング周期，パラメータの調整方法を確認する必要がある．

c. 操作部

操作部は，調節部からの制御出力（操作信号）により冷温水流量や給気風量を調節する機能である．建築設備では冷温水調節弁，ダンパ，インバータポンプ・インバータファンなどが操作部である．操作部の選定，設置にあたっては，制御性に影響を与える調節弁・ダンパの有効特性，レンジアビリティの確認が必要である．

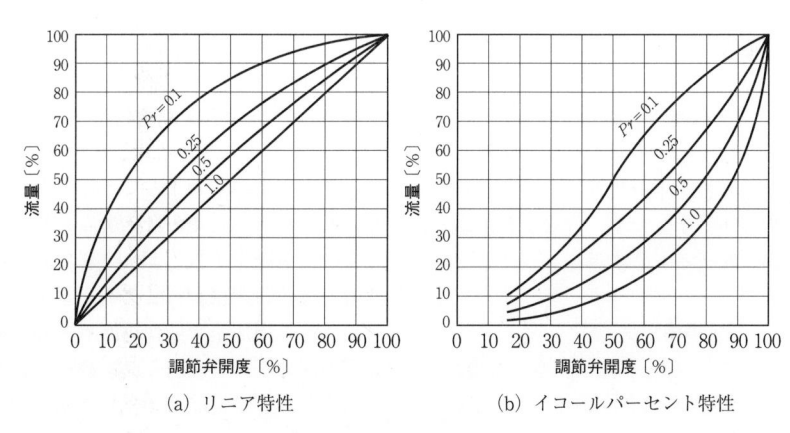

1) 調節弁の有効流量特性　　調節弁の有効流量特性は，設備実運転時の操作信号（弁開度）と操作量（流量あるいは熱量）の関係である．この関係が線形であるほど，制御性をよくする条件となるので，調節弁の選定にあたっては有効流量特性を確認する必要がある．図5.6に調節弁の有効流量特性を示す．図中のPrは調節弁オーソリティ（$Pr=$定格流量時の調節弁全開差圧/(定格流量時の調節弁全開差圧＋定格流量時の冷温水コイル差圧の合計)）を表す．ただし，有効流量特性は調節弁差圧と冷水・温水コイル差圧の合計が一定に保たれている端末の空調機配管系を想定している．しかし，インバータポンプ制御で末端圧を低負荷時にさらに下げる制御を採用している系，あるいはインバータポンプの圧力変化の影響を大きく受ける系では，低負荷時に調節弁差圧と冷水・温水コイル差圧の合計が減少し，調節弁の流量特性が変化するので注意が必要である．

2) 調節弁のレンジアビリティ　　調節弁の選定流量に対して制御可能な最小流量の比をレンジアビリティという．例えば，定格流量に対して1/50まで調節弁の流量特性を維持しつつ制御できる場合，この調節弁のレンジアビリティを50:1という．レンジアビリティはその比が大きいほど制御流量範囲が大きく，制御性がよい．レンジアビリティが不足すると制御性が悪くなりハンティングを起こしやすくなる．この場合，調節弁を大小2台設置して，負荷に応じて切り替え，制御流量範囲を広げる対策が必要である．

3) ダンパの有効風量特性　　ダンパの有効風量特性は，設備実運転時の操作信号（ダンパ開度）と操作量（風量）の関係である．この関係が線形であるほど，制御性をよくする条件となるので，ダンパの選定にあたっては有効風量特性を確認する必要がある．図5.7にダンパの有効流量特性を示す．図5.7(a)の平行翼ダンパは，$\alpha=2$（$\alpha=$ダンパ全開時のダンパを除いた系のシステム抵抗/ダンパ全開時のダンパ抵抗）が線形に近い風量特性になっている．これは，システム抵

(a) リニア特性　　(b) イコールパーセント特性

図5.6　調節弁の有効流量特性[3]

(a) 平行翼ダンパ (b) 対向翼ダンパ

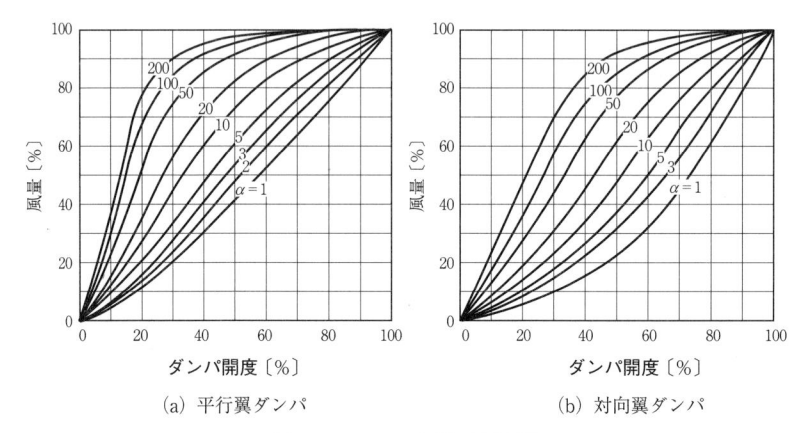

図 5.7　ダンパの有効風量特性[4]

抗の少ない外気ダンパには平行翼ダンパを使った方が，制御性を向上させる可能性のあることを示している．図 5.7(b) の対向翼ダンパは，$\alpha = 10$ が線形に近い風量特性になっている．システム抵抗が大きい空調機給気風量制御は対向翼ダンパの方が制御性を向上させる可能性があることを示している．有効風量特性はダンパ抵抗と装置抵抗の合計が一定に保たれている送風運転を想定している．給気風量をインバータ制御している系では，ファンの給気圧変化によりダンパ抵抗と装置抵抗の合計は大きく変化し，ダンパの風量特性が変化するので注意が必要である．

4）インバータポンプ・インバータファン　インバータポンプ・インバータファンは，流量の 3 乗に動力が比例し大きな省エネルギーを期待できるので，数多く使われている．ただし，圧力は流量の 2 乗に比例するので，回転数を下げすぎない注意が必要である．特に，インバータポンプと調節弁，インバータファンとダンパの組み合わせ制御の場合は前述した注意が必要である．

5.2　自動制御システム

5.2.1　建築設備のシステム特性と制御

建築設備の自動制御システムを構築するにあたって，制御対象のシステム特性を十分把握する必要がある．システム特性の把握が不十分だと，制御システムの機能が発揮されない，かえって悪影響を与えてしまうことがある．

（1）人間を対象とした目標値である．

人体の温熱感に影響を与える因子には，空気温度，湿度，気流，放射温度，代謝量，着衣量がある．しかし，これらの因子をすべて制御に組み入れることは，経済的，技術的に困難である．前もって制御すべき制御量は何か，制御に必要な操作量を何にすべきか，目標値をどのように与えるべきかを検討して，自動制御システムを構築することがたいせつである．

（2）室内分布を考慮したセンサの設置位置の検討が必要．

制御量を検出する室温センサの設置位置には制限があるので，室内に温度分布があったり，OA 機器の近くにセンサが設置されてしまっていると，室温センサは居住域の温度を代表しないことがある．この場合は制御不能の事態になることもあるので，センサを適切な場所に移設するか，室温センサ信号と居住域温度との比較評価を行い，制御の目標値の変更などの対策が必要である．

（3）動作点の変化が大きく外乱に対応しにくい．

生産工程のプロセス制御では，生産のための環境条件を整えることを目的とし，外乱を防止するという立場で制御を考える．一方，建築設備の制御では常に外気を取り入れて換気をする必要があり，外乱の影響を直接受けるので，外乱である熱負荷を十分補償するという立場で制御を考える．このため，補償するために十分な操作器をもっていなければ制御不能となる．

空調された室内温度に変動がなく，"空調負荷" と "空調機が除去する熱量（操作量）" が静的にバランスしている定常状態を考える．これを通常運転時における操作器の動作点（または平衡点）という．空調制御では目標値を固定することはできるが，動作点が外気条件や空調熱負荷によって変動するので，その動作点ごとに異なる操作量の操作範囲や応答の制約すなわち空調機の能力制御の制約，および操作器の非線形特性などにより，制御性能が悪化しやすい．

（4）アクチュエータのゲインが非線形で制御しに

5.2 自動制御システム

くい．

空調機の冷水コイル，温水コイル，蒸気コイルのゲイン（入出力比）は大きく異なるので，冷却と加熱を1台のコントローラで行う場合は注意が必要である．特に蒸気コイルでは蒸気流量に対する給気温度のゲインは，他に比べて数倍の違いがあるので専用のコントローラを設置する必要がある．

さらに，冷水流量（または温水流量）が増加すると，ゲインが下がり，コイルの能力上限付近ではゲインが0になってしまうので，制御性能が悪化することが予想される．

(5) システムの特性変動が大きくロバスト性の検討が必要である．

生産工程のプロセス制御では，プラントの特性モデルを（1次遅れ）+（むだ時間系）で近似したとき，ゲインで25%，時定数，むだ時間で20%程度の変動があるという報告がある．しかしながら，空調制御では，冷水流量を増やしているときと減らしているときでは，時定数が2倍，ゲインが数倍変化する．さらに，これらの特性は熱負荷によって常に変動している．

このようなシステム特性変動に対して，良好な制御性能が保てるロバスト性をもった制御系の検討，調整法の検討が必要である．5.3.1b項にロバスト調整の具体例を示す．

(6) 温度，湿度制御は，加熱，冷却，加湿，除湿のベクトル操作量により行われる．

空調制御の操作器には冷水コイル，温水コイル，加湿器があり，一般に除湿器といった装置は備えていない．除湿は冷水コイルで給気温度を露点温度以下に下げて水分を除去することにより行われる．冷水コイル，温水コイル，加湿器による温度，湿度の制御作用を空気線図に示すと，図5.8に示すようにベクトル量として制御量の変化が表される．このため，温度と湿度を同時に制御する必要のある恒温恒湿室，美術館，博物館などの空調制御では，適切な操作量の組み合わせ出力により，制御性の改善と省エネルギーを図ることができる．この具体例を5.2.4.a項に示す．

(7) 熱負荷の変動が大きい．

建物試運転調整時と建物本格稼働時，冷房時と中間期および暖房時，空調立上げ時と定常運転時には大きな熱負荷変動があり，設備機器能力選定とその制御範囲が制御性に大きく影響するので，過不足のない設備機器能力選定，かつ制御範囲の広い設備機器の選定および制御システムの構築が必要である．また熱負荷変動によりシステム特性が変動するため，コントローラパラメータの再調整も必要となる．

5.2.2 建築設備の制御システム

建築設備の制御システムは，アナログシステムからコンピュータを利用したデジタルシステムに置き換わり，快適環境，省エネルギー，省力を可能にしている．さらに，最適制御の要求，すなわち快適環境のいっそうの要求，快適環境を維持しつつエネルギーを効率利用する要求，そしてビル利用の多様化・複雑化への対応の要求が出されている．制御システムは，コンピュータ技術（ハードウェア，ソフトウェア），通信技術，制御技術をシステム化して，これに対応している．具体的には，制御システムのハードウェアの分散化（中央監視制御システム，分散DDC（direct digital control），個別空調DDC），制御機能の階層化（中央監視制御システム機能，分散DDC機能，個別DDC機能）で膨大なソフトウェア処理を中央とローカルに分散，実行させ，機能の高度化，システムの信頼性の向上を図っている．

5.2.3 分散型制御システム

建築設備の制御性の向上，室内快適性，省エネルギーを実現するためには，分散型制御システムの特徴を生かした制御システムづくりが重要である．以下に，そのポイントを示す．

(1) 建築設備の制御性の向上，室内快適性，省エネルギーを図る．

分散型制御システムは，制御機能の高度化・多機能化が容易に実現できる特徴をもっている．表5.1に，事務所用空調系（インテリア：単一ダクト空調機，ペリメータ：2管式FCU）の分散型制御システムの制御機能の例を示す．

制御性の向上については，空調機ごとに分散DDCを設置して，複雑な制御ロジックも短い周期で実行させ，室温などの目標値と制御量の追従性，外乱に対す

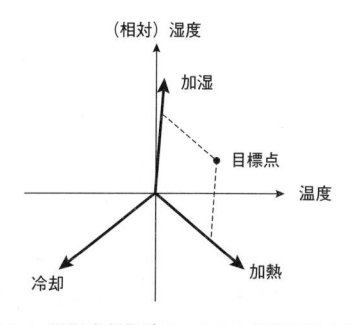

図 5.8 温湿度制御系のベクトル操作量概念図[5]

表5.1 分散型制御システムの制御機能例[2]

	制御機能	内　容
中央監視制御システム機能	最適起動停止制御	① 空調機の最適起動制御 ② 熱源機器の最適起動停止制御
	室温設定値管理	① PMV基準による室温設定値管理
分散DDC機能	主温度制御（インテリア）	① 室内温度制御（PID動作） ② 立上り時オーバシュート防止制御 ③ 給気温度上下限リミット制御
	主湿度制御	① 室内湿度制御（PID動作） ② 加湿・除湿インターロック制御
	その他の温湿度制御	① ゼロエナジーバンド制御 ② 外気冷房制御：エンタルピーによる外気取入れ判断 ③ 室内温度によるダンパ制御（PID動作）
	その他の制御	① CO_2 による外気取入れ制御 ② 冷温水コイル流量上限リミット制御
個別空調DDC機能	ペリメータの温度制御	① 窓放射熱補償のペリメータ温度制御 ② インテリア空調機との混合損失防止制御

る安定性などの制御の質を上げる工夫が必要である．

室内快適性については，その要求が従来にまして大きいものとなってきた．この要求に対応した機能的で快適な事務環境をつくるため，事務所の間仕切り，個室化が進んでいる．これらの事務所の室内環境制御のため，VAV（変風量ユニット）やFCU（ファンコイルユニット）などの個別空調ユニットが設備され，これに対応する制御システムづくりが必要となっている．図5.9に，個別空調の制御システムを含んだ分散型制御システム例を示す．分散DDCでは，空調機の温度，湿度，風量，CO_2濃度などの制御を行う．分散DDCと個別空調DDCの連携制御は，各VAVの開度や熱量の情報から空調機の給気温度を変更して，負荷の異なる各VAVゾーンの必要とする換気量や外気量を確保するとともに，温度制御ゲインの変化によりVAVの室温制御を可能とするものである．この連携制御により，温熱環境および空気質環境の快適性と換気量変更による省エネルギーの両立が可能となる．

省エネルギーについては，前述した分散DDCと個別空調DDCの連携制御で，換気量変更による空調搬送動力の低減，分散DDCでは除湿再熱で発生する冷熱・温熱のエネルギーを相殺する使用方法の制限，冷却中の加湿の制限，空気の過冷却・過熱の防止などきめ細かい制御機能づくりが重要である．また，中央監視制御システムでは，室内利用スケジュールと連動して室内環境を立ち上げる最適起動制御，および居住者の活動状態なども考慮したPMV（predicted mean vote：予想平均申告）にもとづく室温設定値管理などが，快適性と省エネルギーを両立させる．

(2) 制御機能を階層化する．

現在は，分散DDCによる制御が中心であるが，実用化が進んでいる空調設備や空調熱源設備の最適制御，空調と熱源を連携させたVWV（変流量）やVWT（変送水温度）などの省エネルギー制御，性能評価や故障診断，制御パラメータのチューニングなどの高度な機能を実現するため，分散型制御システムの特徴を生かした制御機能の階層化が重要である．例えば，中央では計算量やデータ量の多い最適制御や負荷予測などを分担する．ローカルの分散DDCでは，制

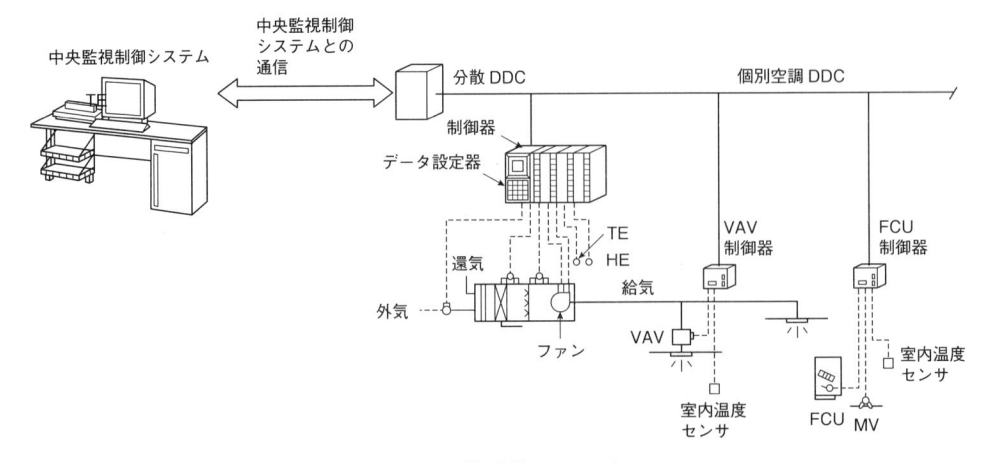

図5.9 分散型制御システム[2]

御スピードやソフトウェアの変更・追加などの柔軟性が要求されるシーケンス制御，フィードバック制御を分担する．個別空調DDCでは，制御機能が固定化したVAVなどのフィードバック制御を分担する．この制御機能の階層化が，エンジニアリングコストを抑え，中央とローカルの相互バックアップも可能な，信頼性の高い制御システムの構築の近道である．

5.2.4 空調設備の最適制御

分散制御システムの主制御である温度，湿度制御は，従来のアナログ制御と同じPID制御が使われている．最近では，PID制御に代替して，多変数制御，制御性と省エネルギー性を両立する制御の評価関数をもった最適制御が実用化されてきた．ここでは，省エネルギー型温度湿度制御方法を紹介する．

a. 省エネルギー型温度湿度制御方法[5]

温湿度制御を目的とする空調系は，制御量が温度，湿度の2要素，操作量が冷却，加熱，加湿アクチュエータの3要素ときわめて小規模な多変数制御系である．図5.8はこの系の動作概念図であり，3本の矢印は各アクチュエータの作用の方向性を，座標原点は空調を実施しない場合の温湿度を示す．図から明らかなように，・印で示す目標点（目標温湿度）には，この点を挟む2本の矢印（操作量）を用いて到達することが可能で，残った1本の矢印は本来不要である．よって，3本の矢印を同時に用いたとしたら，それは互いの作用を打ち消し合いエネルギーの浪費である．

省エネルギー型温度湿度制御方法では，毎制御サイクルでフィードバック信号を取り込みながら，状態空間モデル（式(1)）を用いて，未来へ向かうN制御サイクルの予測区間の制御結果$y(k+1), \cdots, y(k+N)$を予測し，それを用いて作成した式(2)の目的関数Jを最小化するという2次計画問題を作成し，これを解いて操作量$m(k), \cdots, m(k+N-1)$をリアルタイムに決定する．

$$\begin{cases} x(k+1) = \Phi x(k) + \Gamma m(k) \\ y(k) = Cx(k) \end{cases} \quad (1)$$

$$J = (y(k+1) - y_{sp})^2 + (y(k+2) - y_{sp})^2 + \cdots \\ + (m(k) + m_0)^2 + (m(k+1) + m_0)^2 + \cdots \quad (2)$$

こうすると，操作量エネルギーに相当する．式(2)の操作量の初期値ベクトルm_0を含む項が操作量絶対値ベクトルの二次形式となっており，このJを最小化するとアクチュエータがすべて同時稼働することを嫌って，各アクチュエータの稼働％がともに減少方向に向かい，互いの作用を打ち消すことによる操作エネルギーの浪費を抑制する結果となる．

5.2.5 熱源設備の最適制御

分散制御システムの上位機能であるシステム全体の最適化の実施例は少ない．ここでは，熱源システム全体の運用費を制御の評価関数とした熱源運転支援システムが実用化されてきた．最適運用計画法に基づいた熱源運転支援として紹介する．

a. 最適運用計画法に基づいた熱源運転支援[6]

熱源プラントは，入力エネルギーを電力，都市ガス，水，出力を電力，冷水，温水，蒸気とする多入力，多出力のシステムである．このシステムは，経済性，省エネルギー性，環境保全性の観点から総合的に評価，設計され，コージェネレーションシステム，水・氷蓄熱システム，蒸気吸収冷凍機などを設置した複合熱源システムとし建設されている．また，運用に関しては，エネルギー供給の安定性に加えて省エネルギー性や経済性に優れた運転が求められている．熱源運転支援システムは，エネルギー供給プラントの最適運用計画法に基づいた運転方法を，オペレータに運転支援する，あるいはその運転方法に基づいた自動制御を行うシステムである．

図5.10に熱源機器を直接起動・停止する最適制御の手順を示す．まず，24時間先までの負荷予測を行い，次に予測された負荷すなわち電気，冷水，温水，給湯，蒸気などのエネルギー需要量に基づいて熱源機器の運用方策を決定する．ただし，運用方策には多くの代替案が存在するので，混合整数線形計画問題として定式化し，熱源のCO_2排出量あるいは運転コストを最小化するよう最適運転演算を行い運用方策を決定する．その最適運転演算結果は，冷熱源機器・温熱源機器・蓄熱機器を制御するDDCへ各機器の運転優先順序，

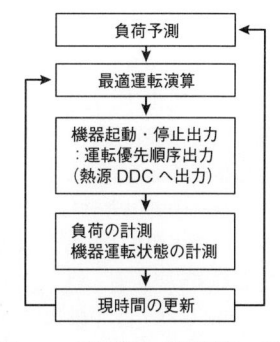

図5.10 熱源機器の最適制御の手順

蓄熱槽からの放熱負荷として出力される．DDCでは入力した最適運転演算結果と熱源設備の各種計測値から熱源機器を起動・停止制御する．

5.3 制御パラメータの調整

コントローラの調整は，制御系の性能を改善するためのものである．ここでは，空調制御系に広く使われているPIDコントローラの調整を中心に述べる．

まず，調整に先だって，次の事項を手動制御状態で確認することが必要である．

① 制御系にノイズが乗っているか（制御量はふらついているか）
② 操作器にかなりのヒステリシスがあるか
③ 設定を変えることおよび保つことは容易か難しいか
④ どの運転ポイントが最も制御感度が高いか

もし制御系が手動状態で制御できない状態であれば，その原因を，コントローラの調整前に，確認，修理しておくことが必要である．

次にコントローラを以下の状態になるよう調整する．
① 設定値と制御量の偏差が小さい．
② 外乱に素早く反応する．
③ すべての運転状態で安定状態を維持する．

5.3.1 PIDコントローラの調整

PIDコントローラのパラメータの調整は，限界感度法やステップ応答法で行われることが多い．ここでは最近使われることが多くなったステップ応答法と制御対象の特性変化を考慮したロバスト調整法について述べる．

a. ステップ応答法（開ループ法）

開ループの状態で，制御対象に単位ステップの入力（操作信号）を加えて，制御対象の応答を求める．このときの応答であるむだ時間 L と時定数 T，定常ゲイン K（図5.11）からPIDの各パラメータを求める．この手順を以下に示す．図5.11は開ループの状態で，操作量をステップ状に変化させたときの室温の応答を示す．斜線は室温の変化が最も大きい（勾配が最も急），すなわち変曲点の接線である．

① コントローラを手動出力動作にし，手動出力（操作量）は出力レンジの中間出力になるよう設定する．
② 制御量を記録する．
③ 制御量が安定したら，手動出力（操作量）を20％ステップ状に一気に増やす．

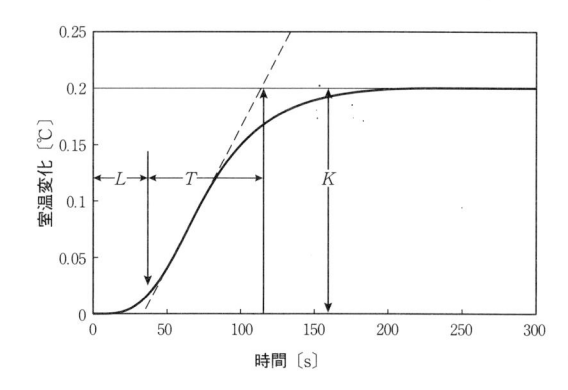

図5.11 室温のステップ応答

表5.2 Ziegler and Nichols のステップ応答法による調整則

制御動作	比例ゲイン K_p （比例帯PB：%）	積分時間 T_i 〔min〕	微分時間 T_d 〔min〕
P	T/KL $(100\,KL/T)$		
PI	$0.9\,T/KL$ $(100\,KL/0.9\,T)$	$0.33\,L$	
PID	$1.2\,T/KL$ $(100\,KL/1.2\,T)$	$2L$	$0.5L$

④ 制御量が新しい定常状態になるまで記録する．
⑤ 制御量の変化の最も大きいところに接線を引き，むだ時間 L と時定数 T を決める．
⑥ 定常ゲイン K を計算する．定常ゲイン K は下式で無次元化しておく．

$$K = \frac{制御量の変化（入力レンジ\%）}{操作量変化（出力レンジ\%）}$$

〔例〕 ここで，制御量変化＝3℃，制御量計測温度センサの入力レンジ＝50℃，操作量変化＝20％の場合は，K は次のように求められる．

$$K = \frac{(3 \div 50) \times 100}{20} = \frac{6}{20} = 0.3$$

⑦ 求めたむだ時間 L と時定数 T，定常ゲイン K を表5.2に当てはめてコントローラのパラメータを計算する．

b. ロバスト調整[7]

空調制御系は非線形特性であり，かつ季節で特性が大きく変化する．このため，一つの運転状態で限界感度法やステップ応答法で調整されたPIDコントローラは不安定な状態になることがある．この問題を解決するため，限界感度法やステップ応答法で調整されたPIDコントローラのパラメータを，制御対象の特性変動があっても良好な制御性能が保てるように，前もってパラメータを修正しておくロバスト調整法がある．ここでは，その調整手順の例を示す．

表 5.3 ロバスト PID パラメータの算出[7]

	比例帯	積分時間	微分時間
計算式	$PB' = \dfrac{PB}{1+\delta_P}$	$T_i' = \dfrac{1+\delta_P}{1+\delta_I} T_i$	$T_d' = \dfrac{1+\delta_D}{1+\delta_P} T_d$
変動率 0%	$\delta_P = 0$	$\delta_I = 0$	$\delta_D = 0$
変動率 20%	$\delta_P = -0.282 - 0.057\ (L/T)$	$\delta_I = -0.704 - 0.838\ (L/T)$	$\delta_D = -0.365 - 0.091\ (L/T)$
変動率 50%	$\delta_P = -0.805 - 0.266\ (L/T)$	$\delta_I = -1.013 - 0.731\ (L/T)$	$\delta_D = -0.511 - 0.065\ (L/T)$

〔注〕 PB, T_i, T_d は限界感度法あるいはステップ応答法で求めた PID コントローラパラメータ, PB', T_i', T_d' はロバスト PID コントローラパラメータ, T は制御対象の時定数, L は制御対象のむだ時間.

(1) 限界感度法あるいはステップ応答法の手順にしたがって PID コントローラのパラメータを計算する.

(2) 限界感度法あるいはステップ応答法で求めた PID コントローラのパラメータをコントローラに設定して制御を実施し,その制御結果からロバスト調整を行う.

① 制御量または操作量が振動する場合は,パラメータ計算時の制御対象モデル(基準モデルと呼ぶ)に対して変動率が大きくなってきたと考える.現在より大きい変動率のロバスト PID パラメータを設定する.

② 制御量あるいは操作量の動きが遅い場合は,現在の制御対象モデルが基準モデルに近くなってきたので,ロバスト PID パラメータを使っている場合は動き(応答)が遅くなる.現在より小さい変動率のロバスト PID パラメータを設定する.あるいはステップ応答法で計算した PID パラメータを設定する.

(3) ロバスト PID パラメータを表 5.3 の計算式,制御対象モデルのむだ時間 L, 時定数 T から計算する.
〔注〕 20(50)%特性変化した制御対象モデルとは,基準モデルに対して時定数 T が 20(50)%減少,むだ時間 L が 20(50)%減少,定常ゲイン K が 20(50)%増加したモデルをいう.

5.3.2 デジタルコントローラの調整

アナログ制御では連続量であるから無限個の情報量を含んでいるのに対して,デジタル制御では不連続量であるから有限個の情報量しか含んでいない.したがって,同じ PID のパラメータを使ったのでは良い制御性が得られない.デジタル制御系ではサンプリング周期 T_s と安定性は密接に関係している.空調制御系のコントローラでは,コントローラの作業量が多く,高速なサンプリングを実行できないことが多い.このため制御対象の特性を考慮して,必要十分なサンプリング周期のコントローラを選定することが重要である.

① むだ時間 L が支配的なプロセスでは, $L > T_s$ でなければならない.制御性能および実務的な配慮から

$$T_s = \dfrac{L}{(2 \sim 10)}$$

を選ぶ.

② 時定数 T が支配的なプロセスでは,制御性能および実務的な配慮から

$$T_s = \dfrac{T}{(2 \sim 10)}$$

を選ぶ.

③ 総合して空調制御系では以下のサンプリング周期が適切と考えられる.

　流量制御　　　　　　　$T_s = 1\ \text{sec}$ 以下
　給気温度制御　　　　　$T_s = 5 \sim 20\ \text{sec}$
　室内温度・湿度制御　　$T_s = 10 \sim 60\ \text{sec}$

④ ただし,制御系に測定ノイズなどの高周波成分を含んでいる場合は,コントローラの前にフィルタを設置して高周波成分を除去することが必要である.

〔神村一幸〕

文　献

1) 空気調和・衛生工学会編:空気調和・衛生工学便覧 1 基礎編, pp. 356-364, 2002.
2) 空気調和・衛生工学会編:空気調和・衛生工学便覧 2 汎用機器・空調機器編, p. 209, 2002.
3) AHRAE:ASHRAE HANDBOOK HVAC Systems and Equipment, 42-49, 2002.
4) AHRAE:ASHRAE HANDBOOK FUNDAMENTALS, 15-17, 2001.
5) 平卯太郎,他:空調系の 2 自由度化モデル予測制御,計測自動制御学会講演会論文集, 729-730, 1998.7
6) K. Kamimura, et al.:Optimal Scheduling for Computer-Aided Operation of District Heating and Cooling Plants, Asia Pacific Conference on the Built Environment, 11, ASHRAE Singapore, 2001.
7) 笠原雅人他:特性変動をともなう空調システムへの PID 制御の適用,計測自動制御学会論文集, **36**-5(2000), 431-437.

6 搬送設備

6.1 エレベータ

6.1.1 エレベータの種類
a. 構造の違いによる分類
1) ロープ式エレベータ　ロープ式エレベータは，一般には，かごと釣合おもりを数本のロープでつり，つるべ式に巻上げ機の綱車にかけ，綱車を駆動させ，ロープとの間の摩擦力でかごを昇降させる方式のエレベータである．駆動装置である巻上げ機が設置される場所によりその構造が大きく異なる．大きく分けて次の2つに分かれる．

ⅰ) 機械室直上ロープ式エレベータ　通常，機械室は昇降路の直上に設置される．この方式は高速エレベータなどを中心としたシステムの主流である．特別な場合として，建物の高さ制限などにより，昇降路の横に隣接した機械室とする場合や，釣合おもりを使わない巻胴式の駆動機による方式がある．

ⅱ) 機械室レスエレベータ　近年，低速エレベータを中心として設置されているエレベータで，従来は機械室に設置されていた巻上げ機などの機器を昇降路に設置する方式である．モータの小型化などにより可能になったものであり，建物の省スペース・ローコストに有利である．

2) 油圧式エレベータ　油圧式エレベータはパワーユニットと呼ばれる駆動機により圧縮された作動油により油圧ジャッキの押上げ力によりかごを上昇させ，自重によって下降させる方式のエレベータである．従来は機械室が建物上部に設置できないときに多く用いられた方式であるが近年は機械室レスエレベータにとって代わられつつあり，大積載量で昇降行程が短いときなどに限られつつある．

それぞれの構造を図 6.1 に示す．

b. 用途上の種類
1) 乗用エレベータ　人の輸送を目的としたエレベータで，原則的に他のエレベータと比べて積載荷重を厳しい条件で設計することが要求されている．住戸内のみを昇降するエレベータでかごの床面積が $1.1\,\mathrm{m}^2$ 以下のエレベータ（ホームエレベータ）では床面積が $1\,\mathrm{m}^2$ 以下のものもあるが，もっぱら人を運ぶものであり，また天井の高さが $1.2\,\mathrm{m}$ を超えているため乗用エレベータと区分される．

2) 人荷共用エレベータ　人と荷物の輸送を共用するエレベータで，法規上の取扱いは乗用エレベータと同じであるが積載する荷物を想定し，必要に応じ最小積載荷重より大きくした積載荷重に設定する場合がある．

3) 荷物用エレベータ　荷物の搬送を専門とするエレベータで荷扱者または運転者以外の人の利用は前提としていない．そのため，かごの積載荷重が緩和されている．

4) 寝台用エレベータ　寝台用エレベータは病院，養護施設などにおいて，寝台やストレッチャに乗せた患者を輸送することを主目的とするものである．かごの積載荷重が緩和されていることから待ち客が寝台用エレベータに殺到し一時的に過負荷になるおそれが想定される用途の建物には別途乗用エレベータを設置すべきである．

5) 自動車用エレベータ　自動車運搬用エレベータは駐車場に設置され自動車を輸送することを目的とするもので，自動車の運転者またはエレベータの運転者以外の利用は前提としていない．したがって貨物を搭載した貨物自動車やフォークリフトなどを運搬する

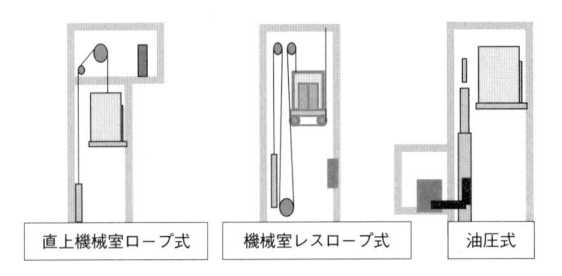

図 6.1 エレベータの種類：構造の違いによる分類
（直上機械室ロープ式／機械室レスロープ式／油圧式）

場合は，荷物用エレベータとして計画すべきである．

6) **非常用エレベータ**　非常用エレベータは火災時に消防隊の消火活動，救出作業に使用する目的で設置されるエレベータである．平常時は乗用または人荷用エレベータとして通常の用途で使用される．建物の高さや床面積から所要台数が定められている．

7) **小荷物専用昇降機**　かごの水平投影面積が$1 m^2$以下で，かつ天井の高さが$1.2 m$以下の小型で人が乗り込まない荷物専用の昇降機で旧法では電動ダムウェータと呼ばれていた．

c. **速度制御方式上の種類**　ロープ式エレベータは使われる巻上げ機のモータとそれを制御するシステムが発展を遂げ，乗り心地とエネルギー効率を高めてきた．その変遷を図6.2に示す．

d. **操作方式上の種類**

1) **乗合全自動方式**　事務所，共同住宅，ホテルなどで1台だけ設置されるエレベータに用いられている最も一般的な方式である．エレベータは乗場またはかごに設置されたボタンが押されるとこれに呼応して運転を行い，例えば上り運転中は乗場の昇りボタンが押されている階とかごの中の階床ボタンが押されている階に順次停止し，ボタンが押されている最上階で運転方向を反転して降り運転を行う．

2) **群乗合全自動方式**　2～3台の乗合全自動方式のエレベータを一つのグループとして連動させて運転する方式で，乗場のボタンはそのグループのエレベータで共通になる．一つの呼び（押されたボタンにより登録されたことをいう）に複数のエレベータが応ずることはなく，押されたボタンの方向に運転しているかごでその階に最も近いかごがその呼びに応える．

3) **全自動群管理方式**　大規模ビルなどで3～8台のエレベータを一つのグループとして運転させる高度な操作方式である．群管理をコントロールする回路に設定されたルールにしたがって，全体の効率的な運行に配慮しながら適切なエレベータが割り当てられる．状況により，混雑時に対応した運転パターンや学習機能といった交通変動への適応機能や，乗場ボタンを押した瞬間に到着号機を予報する機能がついているものが一般的である．

4) **単式自動方式**　荷物用または自動車用エレベータに用いられる操作方式であり，かごは乗場呼びまたはかご呼びのいずれか一つに応じて運行し，途中の乗場呼びに応えることはなく目的の階まで直行する．

6.1.2　エレベータの設備計画

a. **計画の手順**

エレベータ設備の計画は図6.3の手順にしたがって行うのがふつうである．エレベータの台数・定員・速度を決定する要素は輸送能力とサービス水準であって，仮りにいくつかの計画案をつくり，それについて

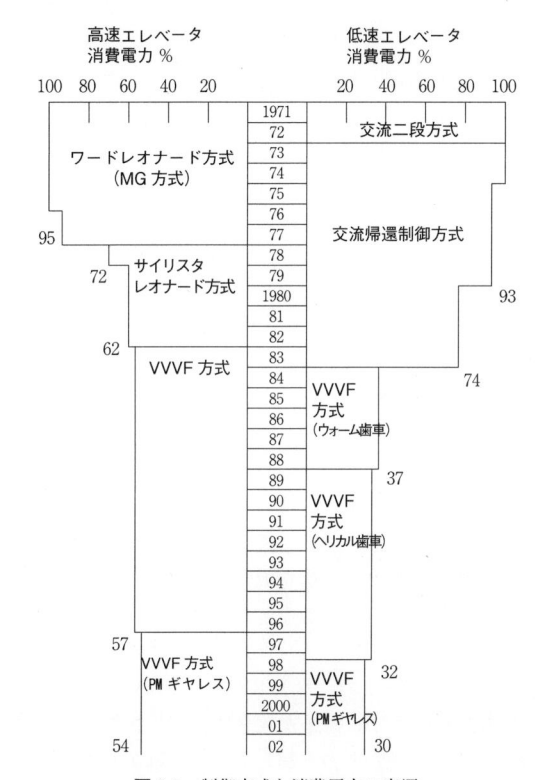

図6.2　制御方式と消費電力の変遷

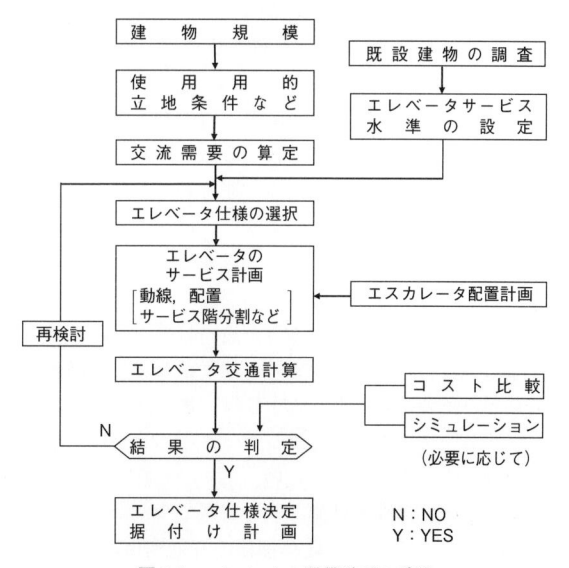

図6.3　エレベータの設備計画の手順

表 6.1 交通量の算定（エレベータ交通量 = $A \times B$）

建物の種類		エレベータ交通がピークになる時間帯と主な交通	居住人口，宿泊客数などの算出 A	集中率 B (UP+DN)	交通量の方向比率 UP:DN	備　　考
事務所ビル	1社専用ビル	出勤時 出勤者の出発階から各階への交通	有効貸室面積 5〜12 m² 当たり1人 平均8 m² 当たり1人	20〜25%/5分	1:0	ふつうは下限に近い値を，地下鉄，鉄道駅に近い場合は上限に近い値をとる
	準専用ビル			16〜20%/5分		
	官庁ビル			14〜18%/5分		
	貸ビル			11〜15%/5分		フロア貸のときは上限，ルーム貸のときは下限に近い値をとる
共同住宅		夕方 主婦，子供の外出，帰宅の交通	2DK 住戸 3.5人/戸 3DK 住戸 4.0 4DK 住戸 4.5 4LDK 住戸 5.0	4%/5分	2:1	
ホテル		夕方 宿泊客のチェックインの交通	ベッド数×0.9	ロビー⇔客室 10%/5分	1:1	宴会場の位置によっては宴会客の交通量も考慮する
				ロビー，客室⇔食堂 6%/5分		

c項で詳述する交通計算を行い，建築上の納り，設備費などとともに比較検討して最終案を選択する．縦交通のピーク時における待ち客の発生状況や待ち時間あるいは目的階への到着時間などエレベータサービス上の詳細データが必要な場合には，コンピュータによるトラフィックシミュレーションを行う．

すぐれたエレベータ設備とするためには，その計画時において，交通計算はもとより次の点を十分考慮することがきわめて重要である．

1) エレベータの配置　複数台数のエレベータの配置は乗込みの容易さをさまたげないように，直線配置では4台以下とし，対面配置では8台以下とする．望ましいのは直線配置では3台まで，アルコブまたは対面配置では6台までである．

2) サービス階の統一と地下サービス　同一グループ内のエレベータのサービス階は上下端ともそろっていることが望ましい．地下階のある建物で，一部のエレベータを1階止りにすることがあるが，地下階のサービスが悪くなり全体の運行効率が低下して好ましくない．大規模ビルのように，数台よりなるエレベータグループが数グループ設置される場合には，主力のエレベータは1階からとし，地下階には別の専用エレベータでサービスする方が良い結果が得られる．

また，建物の出入口が1階と地下鉄などの連絡のために地下階の2層になる場合には，地下階と1階とをエスカレータで連絡し，エレベータの出発階は1階のみに限定する方法が望ましい．

3) サービス階の分割　超高層ビルではエレベータの輸送効率の向上と建築面積の有効利用の点から，サービス階を低層階行，高層階行などのように分割することが広く行われている．50階，60階といった超高層ビルでは5〜7ゾーンに分割することが必要になってくる．このゾーニングは建物の利用計画を十分考慮して総合的かつ慎重に決定しなければならない．逆にゾーニングが先に決まっていれば，ゾーン間の交通量が極力少なくなるように建物の利用計画を定めなければならない．ゾーンの数を多くするほど輸送効率は高くなるが，あまり細分すると利用上の不便さが増大してくるので，1グループのサービス階数は7〜12階程度にするのが適当とされている．

b. 交通需要

エレベータの設備計画を行うにあたっては，建物内の交通量をできるだけ正確に予測することが重要である．そのためには同種のビルの交通量を実測したうえ，将来の交通量の変動も推定して慎重に設定する必要がある．建物の種類別の交通量の概算には一般的に表6.1の値が目安として用いられている．

c. 交通計算

交通計算は交通のピーク時を対象に次の順序で行われる．

① 需要を設定する．

② 建物の種類や規模を勘案して適当と思われるエレベータの基本的な仕様を仮定する．

③ 各階の用途・階数などからエレベータのサービス案（全階サービスかゾーニングかなど）を仮定する．

④ エレベータの仕様とサービス案から1周時間，1台当たりの5分間輸送人数を計算し，所要台数を求める．所要台数が8台を超える場合にはエレベータ群

表 6.2 望ましい平均運転間隔

建物の種類	平均運転間隔
事務所ビル	30 秒以下
貸事務所ビル	40 秒以下
共同住宅	1 台：90 秒以下 2 台以上：60 秒以下
ホテル	40 秒以下
病院	40 秒以下

を 2 つ以上に分けて（サービス階も分割する），再計算する．

⑤ 平均運転間隔を計算する．平均運転間隔はエレベータのサービス水準を示す指標となっており，表 6.2 に示す値以下であれば，サービスは良好であると判断されている．平均運転間隔が長すぎれば，速度を上げるかサービス案を変更するか台数を増すなどの方法で再検討する必要がある．

6.1.3 エレベータと建物の関係

a. エレベータの積載荷重，積載量

エレベータの積載荷重，積載量は表 6.3 によりかごの床面積から算出し，最大定員は定格積載量より求める．ただし，人荷共用，荷物用エレベータにおいては，積載量は運搬すべき荷物の重量も考慮して決定しなければならない．

b. ロープ式エレベータの昇降路・機械室

1) 昇降路

① 昇降路は外部の人または荷物が，かご，釣合おもりに触れることができない構造とする．昇降路の壁または囲いおよび出入口の戸は，構造上軽微な部分を除き難燃材料とする必要がある．

② エレベータのかごの出入口は 2 つまで認められている．なお，急行ゾーン内には昇降路救出口や非常着床出入口などを適切な間隔で設ける必要がある．

③ 昇降路の大きさはかごと釣合おもりの周囲にガイドレール，移動ケーブル，着床装置などのためのスペースが必要である．

④ 昇降路が鉄筋コンクリート造の場合は壁厚 150 mm 以上とし，アンカーボルトでレールブラケットや乗場の戸の機構を堅固に固定する．柔構造，鉄骨構造の昇降路では鉄骨梁に前もって溶接した取付け金物にレールブラケット，乗場の戸の機構を固定する．

⑤ 昇降路内は地震対策上やむをえないものを除き突出物を設けない．レールブラケットなどには地震時にロープ，移動ケーブルが引っかからないように，その先端に垂直に保護線を張るなどの対策が必要である．

⑥ 昇降路の頂部すきまならびにピットの深さは，表 6.4 の規定寸法をとらなければならない．また，ピット底面は平らに仕上げ，かつ地中に面する部分は完全に防水を行わなければならない．

⑦ 平成 10 年の建築基準法改正に伴い改正前の建設省告示第 1111 号「エレベータの戸等については建築基準法施工令第 110 条第 4 項および第 112 条第 14

表 6.4 昇降路の頂部すきま，ピットの深さおよび機械室高さ

定格速度〔m/min〕	頂部すきま〔m〕	ピット深さ〔m〕	機械室高さ〔m〕
45 以下	1.2	1.2	2.0
45 を超え 60 以下	1.4	1.5	2.0
60 を超え 90 以下	1.6	1.8	2.2
90 を超え 120 以下	1.8	2.1	2.2
120 を超え 150 以下	2.0	2.4	2.2
150 を超え 180 以下	2.3	2.7	2.5
180 を超え 210 以下	2.7	3.2	2.5
210 を超え 240 以下	3.3	3.8	2.8
240 を超える場合	4.0	4.0	2.8

表 6.3 積載量，最大定員の算出

用途	積載荷重 W〔N〕 (法定積載荷重)	積載量〔kg〕 (法定積載量)	定格積載量〔kg〕	定員 P〔人〕
乗用 人荷共用	$W=3600S$ 　　　　$S \leq 1.5$ $W=4900(S-1.5)+5400$ 　　　　$1.5<S\leq 3.0$ $W=5900(S-3.0)+13000$ 　　　　$S>3.0$	左記 ÷ 9.8	(乗用エレベータ) 法定積載量の ± 50 kg の範囲で 50 kg 単位の概数 (人荷共用エレベータ) 同上または法定積載量を上まわるまたは下まわる概数	(乗用エレベータ) 定格積載量 ÷ 65 kg 端数は切捨て (人荷共用エレベータ) 定格積載量 ÷ 65 kg または乗用として計算した小さい方
寝台用	$W=2500S$	左記 ÷ 9.8	法定積載量を上まわるまたは下まわる概数	定格積載量 ÷ 65 kg 端数は切捨て
荷物用	$W=2500S$	左記 ÷ 9.8	同上	—
自動車用	$W=1500S$	左記 ÷ 9.8	同上	—

〔注〕 1. S はかご床面積〔m²〕．
　　　2. 構造計算には法定積載荷重または定格積載量 × 9.8 の大きい方を使用する．
　　　3. JIS 規格（JIS A 4301）のかごサイズは JIS 指定の積載量・定員とする．
　　　4. ホームエレベータ，中低層共同住宅用エレベータを除く．

項の規定によるものと同等以上の効力があると認める件」が削除され，昇降路の防火区画の考え方が変わっている．

2) 機械室 機械室は昇降路直上部に設け，巻上げ機，制御盤などをおさめる，巻上げ機にはロープで吊ったかごと釣合おもりの重量もかかるので，巻上げ機を載せた機械台を支える建築梁は強固な構造にする必要がある．

① 機械室面積は昇降路面積の2倍以上で，巻上げ機・制御盤などの点検手入れあるいは修理にさしつかえない広さが必要である．ただし，機械の配置および管理に支障がない場合においてはこの限りではない．

② 機械室の出入口は施錠できる鋼製戸（幅70 cm，高さ180 cm以上）とし，階段を経て機械室に入る場合，その階段はけあげ23 cm以下，踏み面15 cm以上とし，側壁がない場合は手すり付きとしなければならない．

③ 機械室には採光および換気のため十分な大きさの窓，ガラリあるいは換気設備を有効な位置に設ける．機械室の温度は機器の性能保持・寿命ならびに保守作業の面より最高40℃を超えないように計画する．

④ 機械室床は点検保守作業の安全と防じんの点から，配管埋込みのシンダコンクリートを打ち，その上を平滑にモルタル仕上げする．さらに防じん塗料を塗って仕上げることが望ましい．

3) 非常用エレベータの昇降路，機械室

① 非常用エレベータの昇降路および機械室は，専用の耐火構造とし，他のエレベータと共用してはならない．その台数・仕様を表6.5に示す．

② 乗降ロビーは避難階を除くすべての階で屋内と連絡でき，屋内とロビーは特定防火設備で区画されていなければならない．ロビーの広さは10 m²以上で耐火構造とする．また，外気に通ずる窓または排煙設備・消火設備・予備電源付き照明設備を要する．

6.1.4 エレベータの電気設備

a. 電源設備容量

エレベータの定格速度時の電流に対して熱的に耐える条件から次式によって算出する．

$$\text{電源設備容量}[\text{kVA}] \geq \sqrt{3} \times V \times I_r \times N \times Y \times 10^{-3} + (P_c \times N)$$

ここで，Vは電源電圧〔V〕，I_rは定格電流〔A〕，Nはエレベータ台数〔台〕，Yは不等率，P_cは制御用電力〔kVA〕．

また，エレベータの加速電流に対して変圧器の電圧降下が5%以下になることを確認する．

b. エレベータの電気系統

エレベータに電力を供給する電気設備は，停電がなく電圧変動の少ない良質なものでなければならない．

エレベータの電気系統はエレベータ専用配線とし，電源変圧器の一次側電圧変動が一般に+5～-10%の範囲内にあることを前提に，電源変圧器・電源線などを選ぶことが必要である．

c. 漏電遮断器または漏電警報器

インバータ制御エレベータでは，インバータの出力電圧が高周波で急激に変化するため，電動機や電線の小さな浮遊容量を通じて，高周波の電流が大地に流れる．

漏電遮断器または漏電警報器の作動電流は，商用周波数とそれよりも高い周波数との区別をしていないものが多いため，高周波電流に感応して，エレベータが走行すると漏電遮断器または漏電警報器が不要動作する場合がある．

したがって，インバータ制御エレベータに漏電遮断器または漏電警報器を設置する場合は不要動作を避けるため，インバータ用または高周波に対し不要動作し

表6.5 非常用エレベータの設置台数・仕様

項　目	内　容
所　要　台　数	高さ31 mを超える部分の床面積が最大の階の床面積 1. 1500 m²以下の場合……1台 2. 1500 m²を超える場合……3000 m²以内を増やすごとに前記1の台数に1を加えた台数
エレベータ仕様	積　載　量　　1150 kg，定員17名以上 かご室内法　間口1800 mm×奥行1500 mm×天井高さ2300 mm以上 出　入　口　　中央開き戸幅1000 mm×高さ2100 mm以上 速　　　度　　60 m/min以上
付加機能・ほか	1. 予備電源を用意する 2. かごを避難階またはその直上階または直下階に強制的に呼び戻す装置を設ける 3. かごの戸を開いたまま運転できる装置を設ける 4. 乗降ロビー標識（積載量，最大定員，用途，避難経路），非常運転中を示す表示灯を設ける 5. 中央管理室と連絡できる電話装置を設ける

d. 電源側の過電流保護装置の選択

巻上げ電動機の過負荷保護には電動機の特性に合わせた過電流継電器と遮断器が設備されている．この遮断器はホットスタートの状態で巻上げ機の全負荷上昇時電流や高頻度の起動時突入電流でトリップしない電流定格のものが選ばれており，汎用電動機用より大きな定格となっている．したがって電源側に設備する遮断器は保護協調上エレベータ側より一段大きい定格のものにすべきであり，遮断器の特性によってはさらに上位のものを選択しなければならない．回生電力は同じ配電系統に他の負荷があればそこで消費され，省電力の役割を果たすが，逆電力流入防止装置を備えたスポットネットワーク受電方式の場合で，深夜や休日などでビルの電力負荷が著しく少ないときにはプロテクタ遮断器を動作させるおそれがある．電気設備の設計にあたって，これらの点も考慮して，負荷配分やプロテクタ遮断器の選定に注意する必要がある．

e. 不 等 率

一群のエレベータに対して共通配電線で電力を供給する場合は，台数に応じた不等率を乗じて変圧器容量，電源線の太さ，遮断器の容量などを選定する．

f. 照 明 電 源

かご室内の照明用，換気扇あるいは保守用電動工具の電源として交流単相 100 V 電源が必要である．この電源は他の機器の影響を受けないように独立した系統とし，エレベータ機械室内の受電盤または制御盤に引き込む．容量は1台当り1kW以上とする．

エレベータでは，停電にそなえてかご室内に停電灯を設備する（乗用および寝台用では法令で義務づけられている）．一般には，自動充電式蓄電池を電源とした停電灯が設備されている．

g. 予備電源設備

建物に予備電源設備（自家発電設備）が設けられる場合には，これらによって停電時に階間に停止したエレベータを最寄階まで運転するよう計画すべきである．また，非常用エレベータを設備する建物では，火災による常用電源の停電にそなえて予備電源設備が義務づけられている．予備電源の容量は非常用エレベータの全台数が運転でき，そのうえ一般用エレベータも各グループで1つずつは同時に運転できる大きさとすることが望ましい．

h. 非常用エレベータの電源系統，配線方法

非常用エレベータは火災時に支障なく運転することを要するので，その電源配線は特に信頼度の高い方法で設計施工する必要がある．電源系統は一般エレベータ用とは区別して，変圧器の二次側または予備電源の母線から直接専用配線とする．配線は昇降路機械室外は火熱を受けても支障ないよう耐火配線とする．電源設備容量・電線太さ・遮断器容量などは一般エレベータと同様でよい．

6.1.5 エレベータの管理設備，防災設備

a. 監視盤設備

一般に，大形ビルではエレベータの運行状態を監視するための表示装置，および異常時に対処するための操作装置からなる監視盤が建物の中央管理室または防災センターに設けられる．

非常用エレベータの非常呼び戻しスイッチおよび運転表示灯には耐火配線が必要であるが，他の操作スイッチや表示灯の配線には一般の配線用ケーブルが用いられている．

b. 非常用連絡設備

エレベータではかご内から建物の管理室へ非常時に連絡がとれるよう通信装置を設けることが義務づけられており，一般には無停電電源による同時通話式インターホンが用いられている．エレベータ用インターホンではかご室内の操作盤上部にマイク・スピーカ型子器を設け，管理室には個々のエレベータを呼び出す選局ボタン付きの相受話型親器を設ける．

インターホンによる非常連絡は管理者が不在となることもある小規模ビルでは確実を期しにくいので，遠隔監視システム（管理者が一定時間呼び出しに応じないときは，一般加入電話回線を通じてエレベータの保守会社に直接通報する）が利用されている．

c. 停電時管制運転装置

停電時の閉じ込め救出が目的で，建物に自家発電設備がある場合にはエレベータを1台ずつ最寄階または指定された階まで自動的に運転し乗客を救出し，全エレベータの救出が完了すれば一部のエレベータを自家発電源で運転継続し，最低限の交通機能を確保するよう計画されるのがふつうである．

自家発電設備が設けられていない場合には，専用の蓄電池電源で巻上げ機を駆動し，最寄階まで自動的に運転する停電時自動着床装置によって閉じ込められるのを防ぐことができる．

また，省エネ対策としてエレベータの運転中に発生する回生電力を蓄電し，この電力を再利用することにより停電時に数分間継続して低速運転ができる省エネ形停電時自動運転装置が開発されている．

d. 地震時管制運転装置

エレベータの地震対策の一つであって，地震感震器と最寄階停止回路を組み合わせたものである．エレベータの運転中に地震が発生した場合，地震を感知してただちに最寄階に停止させ，乗客の安全を図り，かつ機器の損傷を防止しエレベータの早期復旧させることが目的の装置である．地震感震器は，機械室または昇降路内に設置（主要機械装置の構造に合わせ選択）し，設置場所，建物高さやフロアーレスポンスにより，適切な地震加速度を検出できる設定値を選択している．地震感知器のリセットは，感知レベルに応じて自動および手動リセットがあり，手動リセットは専門技術者が行うこととなっている．近年では，緊急地震速報を用いて，より早期にエレベータを最寄階に停止させる管制運転も採用されることがある．

なお，地震管制運転は平成20年の建築基準法施行令の改正により義務付けされている（一部適用除外要件あり）．

e. 火災時管制運転

火災時に全エレベータを避難階に帰着させ乗客を救出する運転である．

f. 防犯対策

エレベータのかごが密室であることを悪用した犯罪がときどきある．これに対し非常用連絡装置や防犯ボタン，ITVカメラなどの活用が有効である．最近では指紋照合装置や非接触カード，非接触キーなどで照合を行い．許可された者だけが呼びを登録できるものも開発されている．また，昇降路およびかご室をガラス張りとしたり，カゴ室の映像を乗場モニタに表示したりすることにより，外部から確認できる構造として防犯効果を向上させている．これら外部から確認できる構造のエレベータ（展望用エレベータなど）は，駅や歩道橋などの公共施設向けにも設置されるケースが多くなっている．

さらに，防犯カメラの画像解析技術により，カゴ内の異常状態を判別し警告アナウンスや，各階停止運転を自動で行うものが開発されている．

6.1.6 平成20年建築基準法改正の概要

平成20年9月19日に公布された建築基準法施行令の一部を改正する政令により，主に下記事項について新たに規定されたので計画時には十分に配慮する必要がある．

1) 戸開走行保護装置の設置義務付け

　　ブレーキの二重化や制御回路，各種センサ類の追加などにより戸開走行を検出し，かごを制止させる装置で，国土交通大臣の認定が必要となっている．

2) 地震時管制運転装置の設置義務付け

　　前述の装置及び，停電時でも乗客が閉じ込められないように，最寄階まで運転できる予備電源の確保が必要となっている．

3) 安全に係る技術基準の明確化

　　かご，昇降路の構造や，地震時のロープ類の引っ掛かり防止，ロープ外れ止め構造，駆動装置・制御器の構造及び施錠装置等に関して政令，告示にて詳細が定められた．　〔大谷　隆・菅　秀俊〕

6.2 エスカレータ設備

6.2.1 エスカレータの構造

エスカレータはエンドレスに連結した踏段を駆動装置によって昇りまたは降り方向に連続的に循環移動させ，踏段上の乗客を運ぶ装置である．エスカレータは法令によって構造上，次の規制を受けている．

① 通常の使用状態において，人または物がはさまれたり，障害物に衝突することがないこと．

② 勾配は30度以下とすること（35度の場合は揚程6m以下，踏面奥行き35cm以上，乗降口の水平踏段は2段以上）．

③ 踏段の両側に手すりを設け，手すりは踏段と同一方向に同一の速度で移動すること．

④ 踏段の幅は1.1m以下とし，踏段の端から当該階段の端の側にある手すりの上端部の中心までの水平距離は，25cm以下とすること．

⑤ 踏段の定格速度は45m/min以下とすること（勾配8度以下の動く歩道は50m/min以下，30度を超えるエスカレータは30m/min以下）．

⑥ 非常の場合に運転を停止させる非常停止ボタン，人または物が踏段部，手すり入込み口部にはさまれた場合や，踏段鎖が切れたときなどに運転を停止させる安全装置を設けること．

6.2.2 エスカレータの種類

a. 輸送能力上の種類

エスカレータの輸送能力はその踏段幅によって決まり，現在多く使用されているのは表6.7の2種類である．

b. 欄干の意匠による種類

① パネル型　　ステンレス板または鋼板塗装
② 透明型（照明付）　　透明強化ガラス（欄干照

表6.6 エスカレータの勾配と定格速度

勾　　配		定格速度	備　考
8度以下		50 m/min 以下	動く歩道
8度を超え30度以下	15度以下で踏段が水平でないもの	45 m/min 以下	
	踏段が水平なもの		エスカレータ
30度を超え35度以下		30 m/min 以下	

表6.7 エスカレータの種類別公称輸送能力

型　式	公称輸送能力	備　　考
S1000型	9000人/h	大人2人併列乗車可能
S600型	4500人/h	大人1人乗車可能

〔注〕踏段の速度は30 m/min.

明付)

③ 全透明型　透明強化ガラス（欄干柱ありとなしの2種類ある）

①は主として駅などの交通機関向き，②，③は百貨店などの一般ビル用である．

6.2.3 エスカレータの配列

エスカレータの据付け位置は建物の入口から自から定まる交通動線上に置き，上方階では乗継ぎが便利で乗客の連続した流れを乱さないように配慮する．百貨店，スーパーマーケットなどにおけるエスカレータの代表的な配列を図6.4に示す．

1) 重ね配置型　乗客を各階ごとに店内に誘導する方式で，据付け面積も小さく，店内の見通しもよいが，乗継ぎが不便である．

2) 連続配置型　最も多く用いられている配列で連続的に乗継ぎができ据付け面積も比較的小さい．

3) 交差配置型　エスカレータを昇り降り復列に設置する場合は，ほとんどこの配列が採用されている．

据付け面積も小さく，昇りと降りの乗降口が離れているので，乗客の混雑が軽減できる．

4) 並列配置型　連続配置型を昇り用・降り用2系統に併設したもので，外観は豪華になり展望もよいが，据付け面積を多く要する．

6.2.4 エスカレータの防火区画と安全対策
a. エスカレータの区画

エスカレータが据え付けられている場所は乗降口部分も含めて法令の昇降路部分に相当するので，他の部分と次に示すように区画しなければならない．

① 各階のエスカレータ部分の区画の大きさには制限は設けられていないが，区画内を他の用途に使用することは認められていない．エスカレータは吹抜け部分や各階脇に設置されることが多いが，これらの部分とは区画されていなければならない．なお，復列交差型の配列で左右のエスカレータ間が大きく離れていると，その部分は吹抜けとみなされる場合がある．

② エスカレータの区画は随時閉鎖でき，火災時には煙または熱感知器連動で自動閉鎖できなければならない．この区画は垂直シャッタで行うのがふつうで，水平シャッタは認められていない．

③ 垂直シャッタは規定の遮煙性能を有するものでは幅5 mまで，通常のシャッタでは網入りガラスの仕切りと併用することにより幅8 mまで適用することができる．なお，垂直シャッタ閉鎖時に残留者があることを考慮して，エスカレータまわりの区画には避難戸が必要である．

④ エスカレータが床を貫通する部分は，床と同等性能の耐火材で覆わなければならない．

⑤ エスカレータ乗降口に対面するシャッタが，ハンドレール折り返し部の先端から2 m以内にあるものにあっては，当該エスカレータはそのシャッタの閉鎖開始に連動して運転を停止しなければならない．

b. エスカレータ周辺の安全対策例

エスカレータは床を貫通して設置され，また，移動する乗客の安全のために，エスカレータ周辺に図6.5に示す安全施設が必要である．

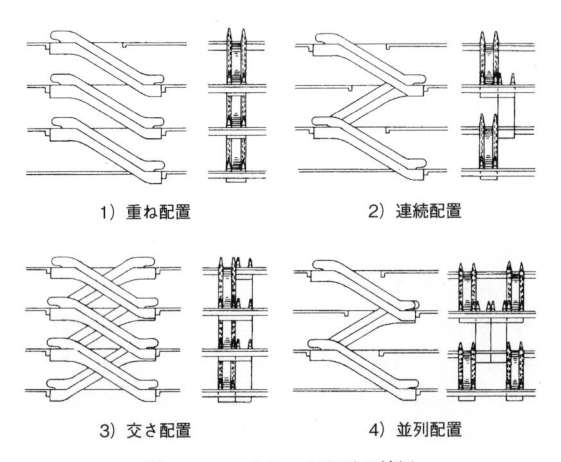

図6.4　エスカレータ配列の種類

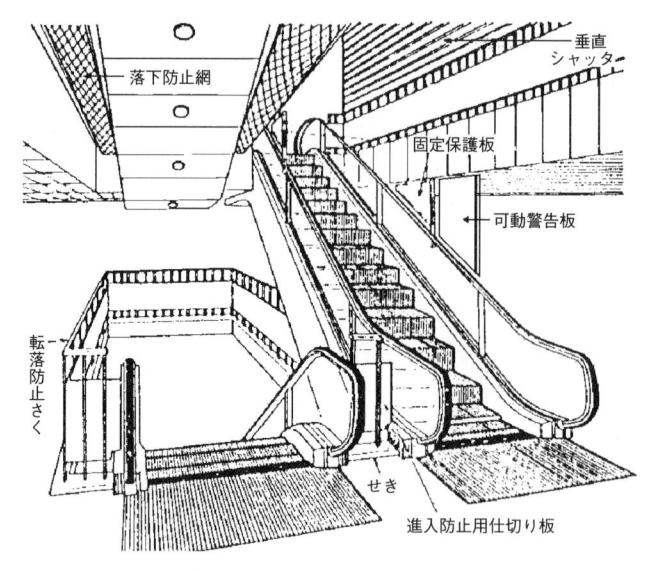

図6.5 エスカレータ安全対策例

1) **固定保護板・可動警告板** エスカレータと交差する天井の下端部が移動手すりと接近する場合に固定保護板・可動警告板を設けて,手すりより乗り出して頭などがはさまれることを防ぐものである.

2) **転落防止さく** エスカレータの開口部周囲に高さ110 cm以上のさくを設けて転落,ものの落下を防ぐものである.

3) **落下防止網** エスカレータ相互間または建物床との間に20 cm以上の間隙のある場合は落下物による危害を防止するために,網などを隔階に設ける.

〔大谷 隆・菅 秀俊〕

文 献

1) 日本建築設備昇降機センター日本エレベータ協会:昇降機技術基準の解説,2009年版.
2) 日本エレベータ協会:建築設計施工のための昇降機計画指針,1992.
3) 日本エレベータ協会:日本エレベータ協会標準集.
4) 日本建築学会編:建築設計資料集成設備計画編,丸善,1977.
5) 寺園成宏・松倉欣孝編:エレベータハイテク技術世界最高速への挑戦,オーム社,1994.

6.3 物品搬送設備

搬送設備が日本で導入されてから約半世紀が経過し,多くの業種で利用されている.導入当初は2点間搬送が主流であったが,近年ではトータルシステムを構築する一つのサブシステムとして位置づけられている.代表的な情報系搬送設備と物品系搬送設備を本節では説明する.

6.3.1 搬送設備計画

搬送設備の計画で検討されるべき基本事項には次の要素がある.
① 物品の形状,重量,特性の把握
② 物品別運営,管理方法の把握
③ 部門別間物流量,搬送単位の把握
④ 搬送時間対と人員体制の把握
⑤ 定時・臨時搬送の物品別運用区別
⑥ OA機器による現物搬送の有無
⑦ 人手と機械搬送の区分
⑧ 各部門間と部門内搬送導線の単純化と合理化

以上の要素が総合的に整理・検討され,ソフトの構築がなされる.そしてハードの選択・計画・設計が決定される.

6.3.2 業種別適応機種

a. 情報系搬送設備

近年,情報はコンピュータ通信が広い範囲で行われている.しかし,すべての情報をカバーすることは不可能であり現物搬送は当分の間残存すると考えられる.情報系搬送設備の代表的な搬送設備には気送管設備,回転駆動式自走台車設備などがある.気送管設備は専用の搬送容器(気送子)に書類を収納し,各ステーションより気送管路を通じ,空気の吸引・圧送により目的ステーションへ相互搬送する設備である.近年は搬送容量,搬送重量も大型化し書類搬送以外の物品搬

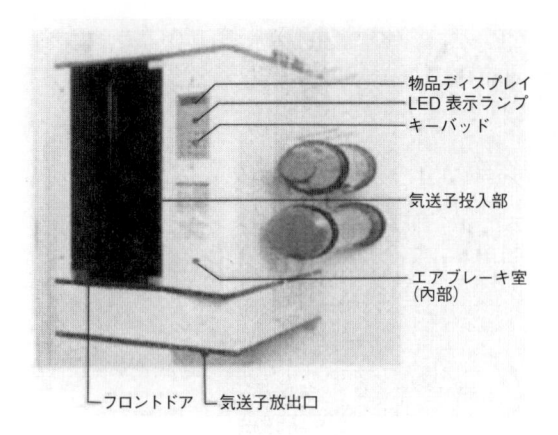

図6.6 ステーション（気送管）

図6.7 気送子

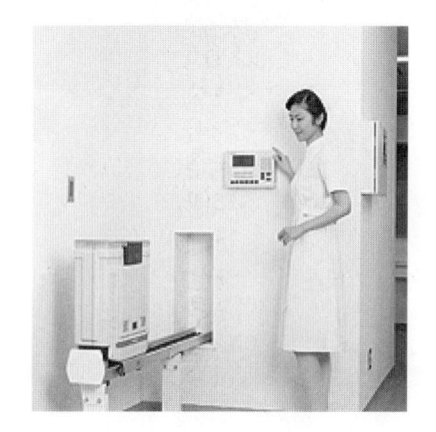

図6.8 ステーション（回転駆動式自走台車）

図6.9 搬送台車

送に病院で検体搬送に導入されている．設備配管サイズは $\phi57\,mm \sim \phi150\,mm$ である．気送子最大容積は $\phi110\,mm \times L370\,mm$ である．搬送重量は最大 $5\,kg$ である．図6.6, 図6.7でステーション・気送子を示す．

回転駆動式自走台車設備は各ステーション間にアルミ製の軌条を敷設し，回転駆動モータを搭載した搬送台車が軌条より給電し自走する設備である．搬送台車にはコンテナが取り付けられている．近年はオフィスビル内のメール搬送や病院でのカルテ・X線フィルム・検体などの搬送に導入されている．標準的なコンテナサイズは立て型 $L470\,mm \times D140\,mm \times H400\,mm$, 平型 $L460\,mm \times D350\,mm \times H230\,mm$ である．搬送重量は最大 $10\,kg$ である．図6.8, 図6.9でステーション・搬送台車を示す．

b. 物品系搬送設備

物品搬送は業種により対象物品・形態・管理が多種多様であり，要求される性質や容量も変化する．建築基本設計の段階より検討，構築が必用である．代表的な搬送設備としてリニア駆動式自走台車・中型搬送設備，大型ワゴン搬送設備，ごみ搬送設備などがある．

リニア駆動式自走台車は水平搬送路にアルミ製の軌条を敷設し，リニアモータを搭載した搬送台車が軌条より給電し自走する設備である．垂直搬送は専用のリフトにより垂直移動する．搬送台車にはコンテナが取り付けられている．近年では薬品・医療材料などの小物物品の搬送に病院で導入されている．標準的なコンテナサイズ立て型 $L480\,mm \times D230\,mm \times H410\,mm$, 平型 $L480\,mm \times D410\,mm \times H210\,mm$ である．搬送重量は最大 $20\,kg$ である．図6.10, 図6.11でステーション・搬送台車を示す．

中型搬送設備の垂直搬送設備は循環式とリフト方式がある．循環式は最上部に駆動装置をもち，2本のチェーンを対角に設け一定間隔に取り付けられたフレームカー（搬送ボックスを搭載する枠）と搬送ボックスの搬入, 搬出を行う送受信装置により構成される．フレームカーの上昇時に各ステーションおよび水平搬

184   6. 搬 送 設 備

図6.10 ステーション（リニア駆動式自走台車）

図6.11 搬送台車

図6.12 ステーション（中型搬送設備）

図6.13 搬送ボックス

送機器より搬送ボックスを搬入させ，下降時に搬出させる．ステーションは送信・受信が並列に配置される．リフト式設備はダムウェータ機構の昇降かご内に搬送ボックスの搬出入装置を設け循環式と同様に搬送ボックスの搬入，搬出を行う．ステーションは送信・受信が上下に配置されて，送受信位置は上下どちらでも選択が可能である．水平搬送は垂直搬送設備間の連絡に使用されベルト式と駆動ローラ式がある．ベルト式は搬送頻度や停止精度が要求される箇所に設置する．駆動ローラ式は貯蔵ライン・ステーション部横移動に利用される．近年では病院内の薬品・医療材料などの小物物品の搬送，庁舎関係，図書館関係，オフィスビルのメール・書籍の搬送に導入されている．標準的なボックスサイズは L480 mm×D230 mm×H410 mm である．搬送重量は最大50 kgである．図6.12，図6.13でステーション・搬送ボックスを示す．

大型ワゴン搬送設備は水平搬送路にベルトコンベヤまたは駆動ローラにより垂直搬送間を結び，垂直搬送は専用のリフトにより垂直移動しステーション間を専用の大型ワゴンが相互搬送する設備である．垂直搬送設備はリフト式設備が採用されている．水平搬送路はベルトコンベヤまたは無人台車（AGV）があり，垂直搬送設備間の連絡に使用される．近年では病院内の食事・薬品・滅菌器材・医療材料の搬送に導入されている．標準的なワゴンサイズは L760 mm×D585 mm×H700 mm である．搬送重量は最大100 kgである．

ごみ搬送設備は水平搬送路にローラコンベヤまたは無人台車（AGV）により垂直搬送間を結び，垂直搬送は専用のリフトにより垂直移動しステーション間を搬送カートを相互搬送する設備である．近年では高層型の庁舎で可燃ごみ・不燃ごみ・新聞・雑誌・びん・かん・プラスチック・ペットボトルなどの分別収集に導入されている．標準的なワゴンサイズは L570 mm×D670 mm×H950 mm である．

c. 業種別搬送設備導入表

表6.8に業種搬送設備導入表を示す．

搬送設備計画は供給部門・使用部門との協議による対象物品の絞り込み・供給方法・管理・運営がたいせ

表6.8 業種搬送設備導入表

	気送管設備	回転式駆動自走台車設備	リニア式駆動自走台車設備	中型搬送設備	大型ワゴン搬送設備	ごみ搬送設備
金融関係	◎			◎		
病院関係	◎	◎	◎	◎	◎	
図書館関係				◎		
庁舎関係				◎		
オフィスビル			◎	◎		◎
高層マンション						◎
工 場 関 係	○					
空港施設関係	○					

◎ 複数機種が導入される.
○ 単一機種が導入される.

つである.使用後の物量・運用を見込んだ余裕のある計画が必要である.また,使用後の管理・運営体制を確立しておくことは計画と運用に食違いが発生したときに迅速な対応が可能となる. 〔鈴木信二〕

6.4 機械駐車設備

6.4.1 駐車場計画の基本事項
a. 駐車場関連法規
近年の都市開発や住環境整備にとって駐車場は無くてはならない存在であり,その位置づけはきわめて重要になっている.現在,駐車場の整備推進や安全性の向上,違法駐車の撲滅などを主な目的として駐車場法,都市計画法,建築基準法,バリアフリー関連法,消防法,道路法,道路交通法ほか地方条例など多岐多様にわたる関連法規が存在している.したがって駐車場の計画においては,これら多様な法規において十分な検討が必要である.

b. 機械駐車設備の取扱い
機械駐車設備は,それらの設備方式にかかわらず建物内部に設置するもしくは,屋根および柱・壁を設けた場合には建築物の扱いになる.建築物である駐車設備は建築基準法において耐火(または準耐火)建築物としなければならない特殊建築物であり,建築基準法に規定する各種法規制の対象となる.当然のことながら,設備面でも消防法や各地方条例などの規制を受けるため十分な設計計画が求められる.

また,集合住宅系建築物に急速に普及している屋外設置の駐車設備については3層4段以下でかつ全高が8m未満であれば工作物として扱われる場合が多い.しかしまれに特定行政庁の判断で建築物扱いとされる方式・機種もあるため事前確認を行うことが肝要と考える.

c. 特殊駐車装置認定
駐車設備は従来,安全かつ円滑な運営を期する目的で大臣認定制度を設けその設置上あるいは構造上の技術基準を基に審査されている(駐車場法施行令第15条,建築基準法第38条).平成13年4月1日より大臣認定の取扱いが変更になり大臣認定と立体駐車場工業会認定の二本立てとなったが,駐車場の計画においては安全性と円滑性の審査を継続する工業会認定製品の採用が望ましいと思われる.

6.4.2 機械駐車設備の分類と計画時の留意点
a. タワー式の駐車設備
1) **エレベータ方式** 収容車両1台をエレベータ搬機によって昇降させ,昇降路左右の駐車棚に格納する方式である.その搬送速度の速さや低騒音・低振動性,省エネルギー性に優れ,また,ミドルルーフ車やハイルーフ車の混載の容易性,バリアフリー対応や高層建築物への計画性などさまざまな特徴から近年は駐車設備の主流になっている.エレベータ方式は一般的なパレット方式と高円滑タイプのくし歯方式(パレットレス)とに大別される.くし歯方式は連続した入庫・出庫に優位性を発揮するもののコスト面ではパレット方式に大きな有利性があり,計画用途に応じた費用対効果の検討が必要である.

2) **垂直循環方式** 従来からある駐車方式であり,連続したチェーンにケージ(車両を収容するパレットとフレーム)が懸垂した構造で,観覧車のように循環させることによって入出庫を行う方式である.エレベータ式に比べ省スペース性と一時に集中した場合の連続入庫性に優れ,百貨店や物販店などの駐車場に適している.

3) **タワー式駐車設備計画時の留意点**
① どちらの方式であっても機械騒音の発生は避けられず,騒音・振動への配慮は必要である.付属建屋に対しては隔壁の面密度や隣接空間のレイアウトにおける検討を行う.さらに隣地側の建物に対して騒音問題が予想される場合は駐車装置の外壁材選定に十分検討を加える.

② 特に垂直循環式においては不可聴域の低周波騒音が発生する場合があり,近隣に対する配慮や対策方

法の事前検討が必要である．

上記のような騒音・振動問題に対してはエレベータ方式の選定が賢明と考える．

b. 地下式の駐車設備

1) 水平循環方式 装置端部に設けたリフトを使って建築物の地下空間に駐車する方式で，車両を収容するパレットを2列に配置し，その平面内でパズルのようにコマ送りで循環させ入出庫を行う．パレットを配置する層数は1～3層が一般的で収容台数も40台程度までが実用的といえる．水平循環式は比較的浅くて広い地下スペースを活用する計画に適している．

2) 箱型循環方式 地下空間のパレット配置は1列で，その列を2～4層に重ねて上下の層間でコマ送り循環させることによって入出庫を行う方式である．収容台数は38台程度までが実用的である．リフトは端部でも中間部でも設置可能で，リフトを用いない直接乗入れ方式もある．箱型循環式は比較的狭い地下スペースを深く活用する計画に適している．

3) 平面往復方式 リフトと高速搬送台車によって収容車を地下の棚に格納する方式で，本来，道路下などの直線的な地下スペース活用を目的に，100台規模の台数を高速に処理する設備として開発され，ビル向けにも採用されるようになった．現在では建物や駐車場用途によって中規模用（60台程度）と大規模用（100台程度）とに分かれてきている．平面往復式は50～60台規模以上の台数を地下の直線的な長いスペースに収容する計画に適している．

4) パズル方式 リフトとパズルのように個々のパレットを移動させる機構によって収容車を地下に格納する方式で，建物側の柱や壁の影響を受けにくく比較的自由にレイアウトすることが可能である．パレットの空きスペースやリフトの配置などによって円滑性が左右されるため事前の検討が重要になるが，長方形以外の地下スペースを活用する60～80台規模の計画に適している．

5) 地下式駐車設備計画時の留意点

① 地下式のいずれの方式も駐車装置内の騒音値が大きく，また，機械振動による固体伝搬音の発生も予想される．したがって駐車設備スペースやリフト室，シャフトの壁や天井の厚みを十分に確保し，設備を設置する床面においても防振に配慮した浮き床構造として計画するとともに，直上階やリフト室まわりのレイアウトにも配慮することが肝要である．

② 地下設置方式の駐車設備はその方式や出入口のレイアウト，ターンテーブルの内蔵などによって円滑性（入出庫の能力）が低下し，入出庫時間が非常に長く実用面で問題になる場合がある．事前に計画収容台数と入出庫時間ならびに処理能力に対する検討が必要である．

c. 2段式・多段式駐車設備

1) 2段方式，3段方式（昇降・ピット式） ピットを設け2枚あるいは3枚のパレットが昇降することで入出庫を行う駐車設備である．定常時は最上段のパレットが乗入れ床レベルにあり，上部に柱の出ない平面駐車場に近い景観を有する点に特徴があり，集合住宅系建築物に多く採用されており，近年，特に低騒音型の油圧駆動式が脚光を浴びている．

2) 3段方式（昇降・横行・ピット式） ピット内に1段，地上に2段のパレットを配置し，乗入れ階のパレットは横行，ピット内と上段のパレットが昇降動作を行い入出庫する駐車装置である．1段分の浅いピットと2段分の上部高さによって建物内の設置が比較的容易で，屋内・外を問わず計画しやすい機種である．

3) 多段方式 ピット内に1～2段，地上部に3～4段のパレットを配置し，ピット内は昇降動作，乗入れ階は横行動作，上部階は昇降横行動作を行い入出庫する駐車装置である．スペース効率は高いものの設置には高さが必要であるため主に屋外設置に向いている．1ブロックあたりの台数計画によっては入出庫の輻輳が予想され，また，外観上の配慮も必要になる．

4) 2段式・多段式駐車設備計画時の留意点

① 特に住居系建築物や静寂性を要求される建築物に設置を計画する場合には，騒音・振動への配慮が必要である．屋外設置に関しては油圧駆動方式が優れており，近隣問題などにも威力を発揮している．屋内設置においては天井や周囲の壁厚を十分に確保し，防振浮き床などの計画が有効である．まれに泡消火配管を通じて騒音・振動が発生する場合もあり，配管結束においても留意が必要である．

② 屋外設置時には，ピット内の排水計画を十分考慮し，さらに水勾配においてもピット内への雨水流入を極力避けるよう計画する．また，排水ますや配管立ち上げ位置などが駐車装置に制約を受ける場合が多いため十分な打ち合わせを要す．

③ 駐車装置の側面ならびに背面に侵入防止用のフェンス工事を計画する．また，品質確保のうえでもベースプレート部のコンクリート充てんも確実に行う必要がある．

6.4.3 駐車設備の付帯設備

a. 消火設備

機械駐車設備を計画する場合，収容台数が10台以上で消火設備が必要になる（消防法施行令第13条）．消火方式に関しては駐車方式ごとで異なっている．

1) タワー式ならびに地下式駐車設備 基本的には二酸化炭素消火設備に代表されるガス系の消火設備となる．近年，所轄消防より安全性と環境重視の新ガス消火設備採用の指導が出ることもあり，事前の確認を要す．いずれの場合でも換気設備の設置もあわせて設ける必要がある．

2) 2段，多段方式駐車設備 屋外設置の場合や周囲の開口部が十分に確保できる場合には移動式粉末消火設備での計画，屋内設置の場合においては泡式消火設備での計画が一般的である．

b. 出庫警報装置，その他

(1) 歩行者に対する注意喚起や交通安全上の配慮を目的に，駐車場の出入口部分に出庫警報装置や停止線，カーブミラーなどの設置を義務づけている条例もある．設計計画上考慮を求められる事項でもあり留意されたい．

(2) 機械式駐車設備は，今後拡大が予想されるプラグインハイブリッド車や電気自動車の充電インフラとしても注目されており，これからの駐車場計画においては必ず検討すべき事項となっている．

(3) 近年，特に住宅系建物では空きパレット対策がクローズアップされている．自動車用から大型バイク用パレットへの改造についても大臣認定取得機種が出始めており，将来を見据えた計画も重要である．

〔広嶋和彦〕

7 ビル管理設備

7.1 基本事項

本格的な高度情報化社会に，政治・経済社会のグローバル化が加わって，資産としての建築物は効率的な運営を求められる．建築物の効率的運営はIT（Information Technologies）の適切な活用という言葉で表現できる．

建築物の運営は日常の運転管理の側面とこれを包含する経営管理の側面がある．

日常の運転管理とは建築物が稼働状態にあるときに行う管理をいう．従来は項目ごとに監視・制御装置を利用してきた．IT技術の実用化時代である現代では，情報通信技術とコンピュータに代表される情報処理技術を駆使して統括的に監視・制御を可能とする装置を利用するようになった．これがBA（Building Automation）として新たな建築設備に組み込まれ，今日ではかなり小規模の建築物でも採用されることが多くなってきている．

建築物の経営管理とは，資産の所有目的に即して，短期・長期両視点で総合的な最適資産運用を行うための管理をいう．経営管理上の最重要事項は，事業収支に基づいた長期管理計画であり，これは更新・大規模改修などの再投資計画，短期的な改修計画，日常的な修繕や手入れなどの定期的保守計画ならびに建築物の所期の機能・性能を確保する運転計画などから構成される．

上記各計画は，施設の基本データに保守等の履歴データを加えたものをデータベースとして構築し，それぞれの計画単位で検討するべきテーマごとにプログラムを作成し，必要なデータを活用して実行する．現在BMS（Building Management System）として試用され，部分的には標準化も進められている．これは全体を単一システムして見なせば，建築設備の範疇外と考えられるが，部分的には標準化が進めば建築設備として準備される．

今後有力な建築設備として期待されるシステムが性能劣化診断システムである．施設の性能劣化を的確に把握することは困難である．この性能劣化を定量的に把握することができれば，各管理計画作成上非常に有力な情報であり，最適管理計画の実現も可能になる．しかし現状ではシステム構成の基本的端末であるセンサーは高価なものが多く，さらにセンサーから得られたデータの解析ノウハウが十分ではないために，実用段階に達しているものは少ない．とはいえ現在はセンサーの時代といわれるほどに新たなセンサーの開発が見込まれるので，性能劣化診断システムも徐々に実用化されていくものと予測される．

7.1.1 ビル管理設備概要
a. 管理対象

管理対象は，ビルが利用者に提供する環境・機能・安全の内容によって決定される．

1) 環　境

(1) 空間構成とは，建築空間が求める空間そのものと，構成する部位・部材の状態である．

(2) 空気環境とは，温度・湿度・じんあい・希ガスなど空気の状態が醸成する環境である．

(3) 光環境とは，建築空間を演出する光と，人間の視環境を醸成する光から構成される．

(4) 音環境とは，建築空間が求める音響状態をいい，具体的には遮音・吸音性能と残響性能で評価される．

2) 機　能　機能は，環境・安全を実現するために必要なビルが有すべき機能をいう．

(1) エネルギー源としての電気の調達と必要な負荷への供給設備の監視・制御．

(2) 建築空間の空気環境を実現するエネルギー源の調達と空気調和設備の監視・制御．

(3) 情報通信・情報処理設備の設置環境と情報通信授受のための利便施設の監視・制御．

(4) 生活環境のための利便施設（給排水衛生設備など）の監視・制御．

(5) 防火上の安全設備の監視・制御.
(6) 防災 (防火以外) 上の安全設備の監視・制御.
(7) ビル内行動上の利便設備 (搬送設備など) の監視・制御.
(8) ビル稼働経過および結果の記録とその活用.

3）安　全
(1) 防火施設の機能維持 (防火構造・火災・ガス漏れ警報・避難誘導・消火・消火活動等).
(2) 防犯施設の機能維持 (防犯構造・侵入警戒・監視記録・非常通報・救助補助など).
(3) 自然災害対策施設の機能維持 (耐震と地震の検知警報・水害対策と情報の検知警報・避難誘導・非常通報・救助補助など).
(4) 電気事故の防止と対策施設の機能維持 (電力施設の安全グレード・事故故障検知警報・事故故障の区分開放・誘導障害の防止など).
(5) 電磁環境両立性の維持 (情報通信の施設環境と障害防止の両立性の確保など).
(6) 危険物安全対策施設の機能維持 (消防法の危険物対応・防犯上の危険物対応など).
(7) 機械類 (圧力容器・水槽など) の事故防止と対策施設の機能維持.

b. 管理方針
ビルの管理方式は，管理段階別の組み合わせや所有目的によってその方式が選定され，管理方針が組み立てられる．

1）管理段階
 i）経営計画　　ビルを取得するにあたって事業計画を立案し，その計画内容を経営の視点で検証し，経営計画を策定する．
 ii）取得段階　　経営計画に則りビルを取得する段階であり，取得方法の検討・事業方式の決定・営業活動・管理運用計画や管理実務体制の立案などを行う．
 iii）稼働段階　　ビルの取得を完了し，稼働するにあたって運用管理と管理実務を実施に移す段階である．ここでの主な業務は，運用管理計画に則った単年度管理計画の策定と管理実務への反映，管理実務結果の情報収集と次年度管理計画へのフィードバックなどである．
 iv）見直し段階　　ビルを取得してある時間が経過したときに，資産としての価値を見直す必要がある．資産価値を改めて評価し，その結果売却・改築・大改修・部分改修などの選択肢がある．

2）ビルの所有目的
 i）投資対象として所有する場合　　投資用資産としてビルを所有する場合，投資用資産としての経営管理のみを所有者の業務とし，営業・管理のすべての業務をビル営業・管理事業者に委託することが一般的である．
 ii）賃貸事業用として所有する場合　　この所有形態では，経営計画の位置づけでの営業・管理計画および初期営業は所有者自らが行い，営業・管理の実務の計画と実務は，関係会社に委託することが多い．
 iii）自社事業用として所有する場合　　自社事業用として所有する場合は，まずその所有形態を確認する必要がある．現在は連結決算の適用により，さまざまな会社のグループ構成が容易になり，資産保有会社や事業部単位の分社化など多様な選択肢がある．
 iv）公共施設として所有する場合　　公共施設の場合近年の構造改革の波は，公共施設の管理に民間を活用することが指向され，資産運用コストの低減化が図られる方向でその管理形態が見直される．

3）管理体制　　管理体制とは，管理の各段階で業務を実行するために構成する組織的体制のことである．
 i）施設所有者の体制　　施設所有者が必ず行う業務は，経営計画段階の業務である．取得段階の業務は，必ずしも施設所有者の業務ではない．
　施設を単なる投資対象とする所有者の場合は，取得・見直し段階の全業務を専門の事業者に委託することが多い．また見直し段階の業務についてもその評価および事業提案は専門の事業者に委託することも多い．また稼働段階の業務は自ら行うことはない．
　事業用施設として所有する場合は，取得段階と見直し段階は自ら行い，稼働段階の業務については，管理計画の策定とその結果の検証は自ら行う場合が多く，管理実務は専門の事業者に委託する場合が多い．
 ii）専門事業者の体制　　業務を委託する専門事業者の資本形態には，連結決算対象の会社を設立する場合と，資本関係の希薄な専門事業者を選択する場合がある．
　上記の選定は，業務委託者にビル経営管理情報をどの程度公開するかによって決定する．

c. システム構成
1) ビル運転管理設備　　ビル運転管理設備 (BA：Building Automation) は，文字通りビルが利用者に所期の環境・機能・安全を提供するための建築設備として施設されるツールで，現在ではかなり小規模のビルにも導入されている．
　BA は，1970 年代に試作され，試導入され始めた．

技術的な背景としては，コンピュータに代表される情報処理技術とデジタル技術や光ファイバに代表される情報通信技術の急激な発展に支えられた情報処理装置・システムの実用化であり，OS（Operating System），日本語処理・表計算・データベースなどのパッケージソフトウェアの開発により，経済的にも使いやすさの面でもその利用が身近になったことである．

その後ますますの技術的発展と経済的な手軽さが進捗し，1980年代に入るともはや試導入の段階を脱却し，新たな建築設備として加えられるようになった．

BAは，管理対象用端末装置，情報伝送装置（LAN：Local Area Network），情報処理装置，人間との情報授受装置（マンマシンインターフェース）から構成される．

以下に主要構成機器を示すが詳細は7.2を参照されたい．

ⅰ）管理対象端末装置（マシンマシン装置）　管理対象機器・装置との信号の授受を行う端末装置で，主に経済的理由で適切な対象点数ごとにまとめて設置される．

ⅱ）情報伝送装置　情報伝送装置（LAN）は，マシンマシン・情報処理・マンマシンの各装置間の情報伝送を司る装置で，さまざまな信号伝送制御方式がある．

LANの標準化は各装置との信号授受手順（プロトコル）が重要で，BAC-net, やLON-worksが提案され導入される傾向にある．

ⅲ）情報処理装置　情報処理装置は，制御用・監視用・表示用・演算用・保管用・出力用・統括制御用などがあり，最近はほとんどマイクロプロセッサが使用される．最近のマイクロプロセッサはその用途に応じて高度な機能を付加したものも実用化され，従来重要部分に使用されてきたミニコンピュータやEWS（Engineering Work Station）にとって代わるようになってきている．

またソフトウェアの面でも，優れたオペレーティングシステム・日本語システム・データベースシステム・表計算システム・描画システムなどが標準化されて提供されるようになり，比較的経済的な価格で入手できるようになってきている．

ⅳ）情報授受装置（マンマシン装置）　マンマシン装置は，文字通り人間とシステムの情報授受装置である．具体的には表示装置と印刷装置と入力装置である．

表示装置は固定表示装置と切替え表示装置があり，前者は非常に重要な表示対象を1対1で表示するものであり，後者はすべての表示対象を必要なものだけ選択して表示できるようにした画像装置が使用される．

印刷装置は，運転履歴のうちから必要な管理対象の情報を必要なときに印刷するものと，日報や月報などの運転記録を印刷するものと，画像に表示したものをそのままコピーするものがある．

2）ビル経営管理システム　ビル経営管理システム（BMS：Building Management System）は，広義には経理・人事システムなども範ちゅうに含まれるが，ここでは資産としてのビルを経営管理するにあたって，直接的な情報を取り扱うシステムに限定する．

ⅰ）経営管理業務　経営管理業務は以下に分類できる．

（1）投資としてのビルの取得（買収，建設など）
（2）所有ビルの活用（自家使用，賃貸，売却など）
（3）効率的運営管理（運営管理の委託，管理計画・保全計画の立案など）
（4）管理・保全実務の実行（管理実務体制の構成と実行，保全実務体制の構成と実行など）

ⅱ）経営管理情報

（1）経営指標（事業内容，経営指針，採算基準，判断基準など）
（2）資産データ（資産としての施設データを常にup-to-dateしたもの）
（3）運転データ（エネルギー，運転時間・動作回数，事故・故障履歴，小修繕履歴など）
（4）保全情報（工事計画，営繕設計・工事など）
（5）性能診断データ（機械的強度，振動，音，色，絶縁抵抗，漏えい電流，摩耗など）

ⅲ）ハードウェア構成　ハードウェアの構成の種類は，それぞれ自由な組み合わせが可能であり，次の考え方に分類できる．

（1）業務別のシステム構成：ビルの取得，管理・保全計画，管理実務，保全実務，資産データベースのためのシステムなどに分けて検討し，必要な機能（情報の秘匿性，データの安全性，処理の高速性，多様な加工性など）に着目してシステム構成をし，基本的にはそれぞれが独立した分散処理とする．多くの場合これをLANで統合し，大きな分散処理システムとして構築する場合．

（2）経営の基本業務用システム中心に構成：経理・人事などきわめてセキュリティレベルの高いシステムに組み込み，その他のシステムはPC系でLAN統合するシステムを構築する場合．

（3）資産データベースシステム中心の構成：資産

データベースシステムを中心に，PCとLANで構成し，データの重要性（システムや外部記憶装置に二重化など）や秘匿性の高い部分（外部からのアクセス防護措置の充実など）だけに必要な対策をする場合．

なお，いずれの場合もBAから運転情報を入手する方法をとる．

3) 建築設備性能劣化診断システム　建築設備の性能劣化情報を取得することは，予防保全を行うときにはたいへん重要である．

ⅰ）性能劣化調査　性能劣化調査とは，建築設備を構成する装置・機器・材料が，個々に設定されている所期の性能を維持できずに劣化している状態を，定量的に把握することであり，その目的は管理行為を行うための基礎データの収集である．

ⅱ）性能劣化調査対象　建築設備を構成する装置・機器・材料の性能は，設備全体の機能を維持するために必要と思われるものがその対象になる．

(1) 性能劣化要因：機械的劣化は，機械的強度の低下，可動部分の円滑な作動阻害，機械的能力の低下，摩耗などである．

電気的劣化は，接続部の接触抵抗の増加，絶縁耐力の低下，電気的能力の低下，電気的性質の機能低下などである．

化学的劣化とは，装置・機器・材料の構成部分の材質が所期の性能を損なうような化学的変化を起こす場合，化学変化を利用してある性能を期待するときにその変化が所期の性能を下まわる場合などである．

(2) 劣化性能の尺度：性能劣化は，センサにより検出された信号を検出対象ごとに適切な情報に変換し，これを診断処理装置であらかじめ設定された性能判定尺度と比較して劣化度を診断する．

性能判定尺度の設定と比較検討判定がこのシステムの重要なノウハウであり，その開発がセンサの低価格化の遅れと相俟ってシステムの普及を遅らせている．

ⅲ）性能劣化診断システム　性能劣化診断とは，劣化要因と対象ごとに収集された情報を性能尺度に照らして継続利用に関する性能を診断することをいう．

性能劣化診断システムは，劣化監視対象からセンサを経由して信号を収集し，これを一次処理して情報化し，診断情報処理装置で性能診断結果を出力しようとするシステムである．

7.1.2　計画・設計の手順

ビル管理設備の計画・設計の手順は，まずビルの計画段階（企画設計段階）においてBA，BMS，診断システムのなかから必要なシステムをそれぞれに必要な概略システム構成・機能・性能仕様を付与して選定し，基本設計段階から，実施設計段階においては，仕様内容を設計段階ごとに深めていくことで進められるが，ここでは計画段階（企画設計段階）に絞ってその手順を仕様内容項目別に説明する．

a.　BAの導入計画

BAは多くのビルで必要な設備と位置づけられる．

1) システム構成　BAのシステム選定にあたっては，建物規模，用途，監視制御対象，建物の動作責務，管理体制，防災上・防犯上必要な対策などを総合的に判断し，BAの要否を決め，また主要な仕様（方式など）を決定するが，以下にその主要なシステム構成上の項目を示す．

ⅰ）制御方式　ここでいう制御は，ある制御対象機器などがある制御目標値（温度・湿度・力率または無効電力・最需要電力など）を実現するための制御動作をいい，以下の方式がある．

(1) ローカル直接制御（DDC）方式：制御対象の近傍に多くのセンサが設置され，同様な制御対象が近傍に設置されるような場合（例えばエアハンドリングユニットなど）に高度な演算や判断機能以外はローカルに設置した専用のコントローラ（多くはプログラマブル）で制御する方式で，ある規模以上のビルではこの方式が採用される．

(2) 統合制御方式：比較的小規模のビルで（3000 ㎡以下程度）高度の演算や判断機能を要求しない場合には，中央演算処理装置ですべての制御を行わせる方式である．

(3) 複合方式：上記の2つの方式を最適組み合わせ構成する方式で中規模の建物で採用される．

ⅱ）管理拠点とマンマシン装置　管理方式によっては，管理拠点が複数化したり，あるいは常時は管理要員が常駐しない方式であったりするので，管理拠点の役割を把握し，そこに設置するマンマシン装置の基本的機能を選定する必要がある．

(1) 統括管理拠点と複数の管理拠点が設置される場合．

統括管理拠点が実質的にすべての統括管理責任を有する場合と，単なる情報統合拠点である場合がある．

複数設置された管理拠点の位置づけは，用途別（例えばホテルなど），建物構造上（例えば棟別・高層部分と低層部分別など），セキュリティレベル上（例えばコンピュータセンターと物品販売店舗など）などでその機能と重要性が決定される．

(2) 設備と警備を分割管理する場合.

従来から最も多く採用されている方式で, 設備管理要員と警備管理要員がそれぞれ別の管理要員として位置づけられ配置される方式である.

(3) 設備と警備を統合管理する場合.

設備と警備を同一の拠点に統合管理する方式で, 設備・警備の兼務化が望まれるが, 必ずしも全員が兼務能力者である必要はない. この場合中央管理室と防災センターは統合され明快な管理方式といえる.

(4) 管理要員が常駐せず, 遠隔管理する場合.

この方式は基本的には分散して存在する複数のビルを1カ所で統合管理する方式で, 少なくとも設備運転要員は個々のビルには駐在せず, 警備要員だけは受付など他の業務と兼務で駐在させることがあるが, 営業時間外は誰も駐在しない管理方式である.

この方式は, トラブル対応にある時間が必要なことから大規模ビルや重要なビルには採用されない.

iii) 主要機能　　主要機能については, 下記項目から必要に応じて選定する.

(1) 監視・制御機能
(2) 運転記録機能
(3) 運転報告作成機能
(4) 故障・事故記録機能
(5) 省エネルギー運転機能
(6) 省力機能
(7) 最適運転機能
(8) 使用者特別要請運転機能
(9) 課金情報出力機能
(10) 各種シミュレーション機能

iv) 安全対策　　安全対策としては下記項目から必要に応じて選定する.

(1) 情報処理装置の安全性向上対策
(2) 情報通信システムとしてのネットワークの安全性向上対策
(3) マンマシン装置の安全性向上対策
(4) 情報セキュリティ上の安全性 (重要部分への外部通信ゲートウェイ機能の設置など)

2) 制御監視対象の選定　　BAの設置目的は, ビルが提供する環境・機能・安全を所期の目的通りに効率的に実現することである. ビルの環境・機能・安全の所期の目的は, ビル個々によって相違し, 場合によっては時間的経過で変化する.

個々のビルでBAの導入を検討する際に, 監視制御対象の選定はまず環境・機能・安全を設定し, これに準拠して選定作業を進めることが肝要である. 以下これにあたっての留意点を記述する.

i) 建築空間構成に関する事項

(1) 共用の建築空間で, その状態を視覚的に確認し, 場合によっては入出扉の閉鎖を行う場合は, この空間が監視制御対象になる.

(2) 閉館時の出入口は, 扉は閉鎖され入退出者が発生したときは, これを確認記録する必要があるので, 視覚による確認装置と扉開閉または解錠・施錠の遠隔装置などが監視制御対象になる.

(3) 高いセキュリティを求められるビルでは, 日常の人の入退出管理, 物流の入搬出管理, 内部のセキュリティグレードによる入室制限などが実施されるので, 通常のビルとはまったく異なった基準で監視制御対象を選定するべきである.

ii) 空気調和設備に関する事項　　空気調和設備は, ビルが要求する空気環境によってさまざまな方式があり, また多様に採用されている. 空気調和設備に関する具体的内容は, 第IV編で詳細に記述されているので参照されたい.

(1) 空調設備の温湿度制御は, 必ずしもBAが関与するとは限らず, 例えばパッケージ型熱源内蔵エアハンドリングユニット (AH) は, 温湿度自動調整は付属の制御ユニットで行い, BAが関与するのは運転時間管理である. このように空調システムの構成によっては, BAから見た監視制御対象は大きく相違することになるので注意が肝要である.

(2) 空気調和設備の制御精度グレードは, 制御対象建築空間の要求によって決定される. 例えば同一空間内の許容温度差が少ない場合は, 温度センサの数が増加し, また当該空間の空調を担当するAHのユニット数が増加し, 結果として監視制御対象は増大することになる.

iii) 給排水衛生設備に関する事項　　給排水衛生設備は, 最もたいせつなビルのインフラ設備といえる. ビルの利用者が要求する水に関する要求水準によっては, 通常は測定しない貯水量や使用水量の計測なども必要になり, 監視制御対象が増加することがある.

(1) 中水道設備や雨水利用設備を設けた場合.
(2) 非常用発電設備の冷却水を循環冷却塔方式で準備する場合.

iv) 電気設備に関する事項　　電気供給の系統構成は, ビルが要求する電気供給安定度を勘案して構築される. 電気供給は, その電気供給安定度ごとに無瞬断電源・非常用電源・一般電源に分けてそれぞれ別系統で供給される. 電気供給安定度の高い電気を多く要求

されれば，系統構成が大規模複雑化し，結果的に監視制御対象が増加することがある．

(1) 大規模複雑化した電力系統構成は，一般的には冗長設計が行われ多重化・他ルート化が図られることが多い．これは開閉器類・変圧器（個々の開閉器や変圧器には計器や継電器が付属している）を増加させるので，結果的には監視制御対象を増加させる．

(2) 大規模化した電力系統構成は，その配電供給計画（配電用二次変電所個々が供給する範囲の面積設定）によって開閉器類・変圧器が増大することになる（この方式の効果はゾーニングによるシステムの明快さと事故・故障時の停電範囲の縮小化である）．

v) 防災設備に関する事項　防災設備には防火設備と自然災害対応設備がある．

(1) 防火設備では検定済みの消防設備に特に評価制度を活用して新たな設備を加えて防火システムを構築した場合は監視制御対象が増加する．

(2) 地震対策設備を施設した場合は，とうぜん監視制御対象が増加する．

(3) 洪水・高潮・凍結・融雪対策の場合は，ほとんどの場合情報収集が重要で，監視制御対象はそれほど増加しないが，漏水検知などを加えた場合は監視対象が増加する．

vi) 防犯設備に関する事項　従来防犯に関しては，一般のビルでは特別な侵入者や乱入者などを想定する程度であった．しかし従来想定しなかった航空機による大規模テロは，化学兵器をも加えて，今後の防犯のあり方に大きな影響を与えることが予測される．この事態をただちに建築構造・設備に反映させる段階には至ってないと考えるが，重大な関心をもつ必要がある．

vii) 搬送設備に関する事項　搬送設備に関しては，停電時・非常時の搬送設備の運行を管制するために，監視制御対象と位置づけられている．

b. BMS の導入計画

BMS は文字通りビル経営管理システムである．したがってビル経営に関するあらゆる情報をハンドリングする情報処理システムといえる．

1) システム構成　ビル経営管理システムは，ビル経営に関するあらゆる情報を処理するため，秘匿性の高い情報を取り扱うシステムと秘匿性が低い情報を取り扱うシステムとは別に構築し，これをゲートウェイ機能付き接続装置で接続する必要がある．

標準化されたソフトウェアが豊富に存在するわけではないので，比較的容易に入手できるシステムについてはこれを独立にシステム構成し，それぞれを完結したシステムとして設置し，システム間の情報の共有化を工夫することで（システム間に翻訳機能をもたせる）全体のシステム構築を図ることが一般的である．

2) システム対象の選定　ビル経営管理システムが取り扱う情報は，以下に分類して整理し，必要なシステム対象を選定する．

i) 事業企画　ビルの取得，大改修，改築，売却など，ビルの所有に関して事業の立場で検討し，事業化する際に，管理計画や保全計画を具体的の設定し，採算性を中心とした事業可能性検証（FS：Feasibility Study）を行うことが必要である．事業企画に際しては，ツールとして LCC，LCM など運営管理費用を含めた総費用から，初期投資額（ビル初期仕様）を決定しようとする手法も使用される．

ii) 営業計画　ビルを管理運営するための基本条件の多くが営業計画である．ビルを賃貸用施設として利用する場合は，貸付条件がその基本になるが，そのほかにいわゆる営業サービスといわれる共用部分のサービス施設の内容とその利用に関する利便性である．

iii) 管理計画　管理基本方針の策定，管理体制の構築，管理ツールの導入，長期・短期管理計画の策定結果検証と見直しなどが主要業務であり，保全計画の基本方針は管理基本方針に含まれる．

iv) 保全計画　管理基本方針に基づいて行われる業務であるが，ここで最も重要な事項は，保全計画の手法の選択である．

基本方針に則って長期・短期保全計画の策定，実行体制の編成，工事計画の策定，予算措置などが主要業務である．

v) 管理実務計画　管理実務体制の組織化，管理実業務の明文化とマニュアルの作成，管理実業務のツールの選定と導入，運転管理業務計画（定期点検作業計画，日常点検・整備作業計画を含む）などが主要業務である．

vi) 保全実施計画　保全実業務実施体制の組織化，保全実業務の明文化とマニュアルの作成，保全実業務のツールの選定と導入，保全実業務の年度実施計画の策定と営繕工事実施指示などが主要業務である．

vii) 運転管理実務　運転管理拠点と要員の配置，運転管理ツール，記録・報告の内容・項目，事故・故障時対応方法，営繕工事の工事計画と実施状況の確認，点検・整備作業の担当・責任範囲などを決定し具体的な運転監理実務を行う．

viii）営繕工事実務　　保全年度計画に基づき，営繕工事の計画・設計・工事監理・完成検査を実施する．

ix）施設データベース　　上記事業企画から営繕工事実務に至る全業務に共通する施設データベースのことで，通常の建築・設備竣工図面付きの施設台帳データベースが理想である．

c. 性能劣化診断システムの導入計画

性能劣化診断システムの選定にあたっては，システム構成と劣化診断対象選定が重要である．

1）システム構成　性能劣化診断システムの理想的な姿は，BAと同様に対象ごとにセンサを設置しこの情報を共通LANで収集し，診断専用の情報処理システムで判断させるシステムと考えられる．

現在診断対象種別ごとに専用のシステムが提案され，統合化システムの入手は困難である．

2）劣化診断対象の選定　性能劣化診断システムの目的は，予防保全のための診断対象の的確な情報の入手である．しかし，予防保全のための診断情報の入手は簡単ではない．その主な理由はセンサの性能に問題があるかまたは高価なことと，診断ノウハウが未熟であるか未開発であることである．以下に建築設備の性能劣化診断対象劣化要因として想定できるものを紹介する．

ⅰ）機械的劣化　　機械的強度，振動，摩耗，機械的機能低下

ⅱ）電磁気的劣化　　絶縁耐力，接続部電気伝導度，接触部電気伝導度，電気的機能低下，磁気的機能低下

ⅲ）化学的劣化　　化学的機能低下（物質の構成比率・比重・容積減少・発生ガス量など）

7.1.3　関連法規と規格

a. 関連法規

関連法規としては，消防設備などに関して防災センタと操作盤に関する法規として消防法があり，換気設備としての中央管理方式の空気調和設備を管理する中央管理室に関する法規として建築基準法がある．

ⅰ）防災センターの機能に関する事項——消防法施行規則第3条第5項

b. 規　　格

ビル管理設備を導入するに際しては，製作者における設計・製作・システムアップの各段階で，工業標準化法に基づくJISや関連学会や協会の規格などに準拠して実施されるが，計画設計の段階では必ずしもこれらを意識する必要はないと考えられる．

ただし，最近BAにおけるネットワークへのインターフェースプロトコル（接続手順）がBAS標準インターフェース仕様書として電気設備学会から提案され，マルチベンダー対応がやさしくなったので，これを紹介する．

これは米国ASHRAEのBACnet規格を基本に，最近の統合型BAとしては利用例が多い自立分散型システムに適用するべく拡張したもの．

この方式の最大の利点は計画・設計の時点でこれの採用を明記することによって，マルチベンダー対応内容が明確になることであり，現にほとんどのメーカーがこれに対応可能な状況にある．

7.1.4　積　　算

計画・設計の段階では，ビル管理設備のうち，どの設備を，どのような仕様であれば，どれくらいの予算になるかを，把握する必要がある．

ここでは，仕様と予算の関係で，特に重要と思われる項目を以下に示す．

a. BA

1）リモートステーションの配置　RSの配置はシステム構成の根幹を成し，コストに大きく影響するので十分な検討が必要．

2）冗長設計の必要性の検討とその方式の選定
各種の情報処理装置のうち二重化などが必要な装置の選定，統合ネットワークの二重化の必要性とその方式，マンマシン装置の多重化の必要性とその方式などがその検討対象であり，とうぜん予算構成が大きく変化することになる．

3）マンマシン装置の表示部の表示画面の作成方法の選定　表示画面を標準仕様の作成と，まったくオーダーメードの作成とでは，その製作コストに大差．

4）情報処理装置のソフトウェアツールの選定
多くのものが標準品をカスタマイズすることで調達できる．しかし，いまだ標準化されてないものもあるので，その予算に占める割合を考慮して選定するべきである．

b. BMS

（1）施設データベースの導入とその基本仕様の選定
竣工時に施設データベースを導入するか否かは，その後のBMS導入の難易度を決める．したがって，施設データベースの導入は，その後の運営管理方針を決めることになるので，予算措置を含め建設時に（できれば計画・設計時に）十分なる検討をすることが肝要である．

（2）BMSのシステム構成とデータセキュリティ上必

要な対応策

BMSは，経営管理システムであり，多くの経営上の機密情報を含んでいる．最終的なシステム構成は，統合化ネットワークで連係する必要があるが，経営上の機密情報を取り扱う情報処理装置は，機密漏えいとハッカーの侵入を防ぐ対応策が必要になり，この対応策には予算上無視できないコストが必要になる．

c. 性能劣化診断システム

性能劣化診断システムは，現時点ではほとんどすべてが特別注文品であり，標準品があっても，それは適用対象が限定されているものが多い．現時点では，その必要性とその効果が明確であり，コスト上も合理的な水準にあるものを除き，導入には慎重な検討が必要である．

しかしながら，性能劣化診断システムが的確な診断結果を出力するようになれば，予防保全に大きく道を開くことになり，予防保全方式を採用したい施設にとっては，BMSはまさに待望のシステムであるので開発動向を注視しておく必要がある． 〔伊藤 仁〕

7.2 運転管理設備

コンピュータ技術の進歩発展により，空調設備や電気設備をはじめ建築設備機器の高付加価値化に伴い，制御機能の分散化が進んでいる．また，監視制御システムに対する通信手順の標準化の動きも活発であり，マルチベンダー化や機種・機能の多様化も進み，システム構成上の自由度も拡大している．インターネットなどを利用した外部通信やネットワーク化も容易である．

一方，運転管理設備の対象となるビル管理業務も時代とともに変化し，プロジェクトの遂行段階でのコンストラクションマネジメント（CM：Construction Management），施設運営段階でのプロパティマネジメント（PM：Property Management），さらに，資産運用にかかわるアセットマネジメント（AM：Asset Management）などFM（Facility Management）にかかわるライフサイクルでのトータルマネジメントの必要性が叫ばれている．

ここでは，運転管理設備における業務概要と動向，システム計画設計のあり方と留意点，運転管理システム構成上の要点，機能と仕様，システム構成要素である装置・機器の概要および事故・故障対策などシステム信頼性にかかわる要点について記す．

7.2.1 運転管理設備概要

監視制御システムの導入目的は，安全で衛生的で快適な環境を提供し，合理的なエネルギー利用や適切な維持保全が行え，同時に，経済性に見合ったビル経営を可能とすることにある．ここでは，ビル管理業務とビル管理システム（その総称をBEMS：building energy & enviroment management systemと言う）の概要について述べる．

a. ビル管理業務

ビル管理業務は時代とともに変化し，その組織形態・規模・業務範囲・処理方法などでさまざまな業務が存在し，同じ業種としてとらえることが困難な場合が多い．

ここでは，ビル管理業務のうち，建築設備のメンテナンスにかかわる業務とマネジメントにかかわる業務をBEMSに関わる管理業務として，以下の6項目に分類し，その概要について示す（図7.1）．

1） 建築設備管理 設備運転業務や設備保全管理業務等の日常的管理・定期点検・法定点検などをいう．設備機器の発停操作，運転状態把握，警報や故障の監視，異常発生時の対応，操作内容や計器類の記録および各種点検・保全管理などである．

具体的には，スケジュール制御，個別発停，設定値変更などの操作業務があり，各種データの記録，保存および編集などの管理業務も含まれる．

2） 防災設備管理 防災管理は，法的に設置義務のある防災設備（防火戸，避難設備，消火設備，水防設備など）の監視・操作・保守などの管理業務をいう．

具体的には，火災感知，警報，避難誘導，消火および関連機器の連動停止などを主とする．また，地震などの自然災害や事故発生時への対応なども含まれる．

なお，本設備は一般に防災センターで管理される．防災センターの役割は建物の防災設備を総合的に監視し，火災予防（防災活動）のほか，災害や事故発生などの非常時にその機能を効果的に発揮させることにある．

また，防災設備は中央監視制御盤と同室内に設けられることが多いが，法的制約のため一般設備の監視制御システムとは機能的に区分される．

3） 保安警備 ビルを安全に利用できる環境に保つための警備業務を主に，防火・防災安全業務，さらに，駐車場管理業務などをいう．

防犯管理は，犯罪行為の未然防止を目的としたもので，侵入警戒，室の警戒監視，異常時通報，避難誘導および鍵管理などである．

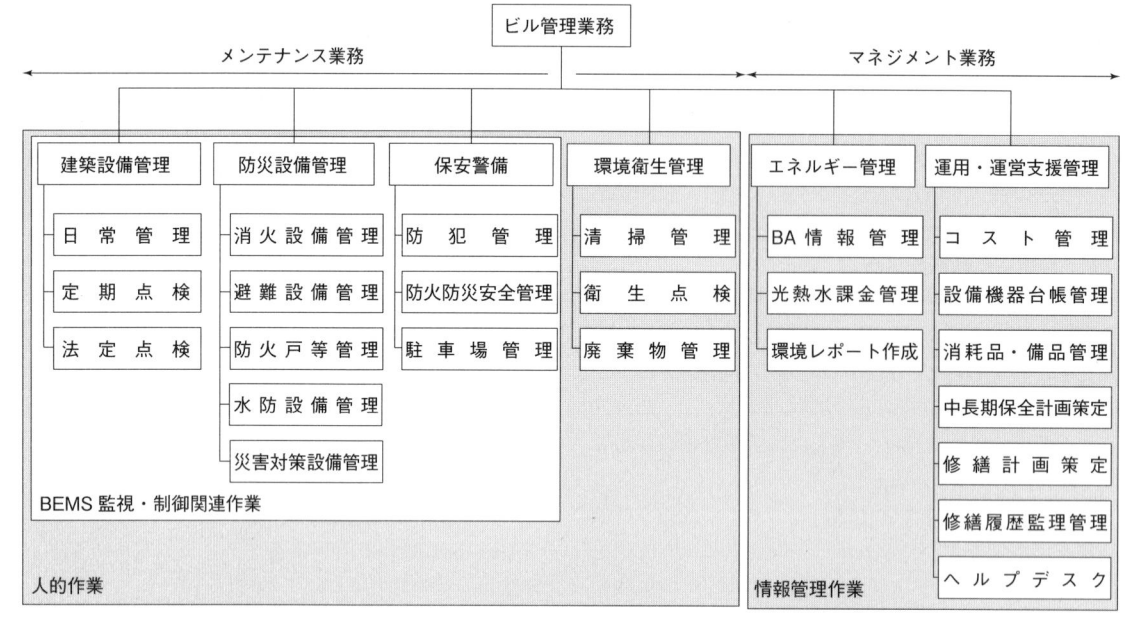

図7.1 ビル管理業務分類

具体的には，電気錠の施錠状態の監視や一時解錠などの操作業務，警戒・非警戒などのスケジュール設定制御，さらに，利用者情報登録やセキュリティレベル登録のほか，入退出履歴管理等管理業務などである．

4) 環境衛生管理　清掃管理業務，衛生管理業務，および，廃棄物処理業務などをいう．BAに直接かかわる業務としては，空調換気設備における温湿度や清浄度などが対象となり，ビルの各部分において快適で適正な状態に維持するための管理である．

具体的には，ビル管法等に基づく，温湿度，粉じん，CO_2濃度などのほか，空気質にかかわる物理量の計測・記録であり，同時に，空調機の制御管理（制御内容や設定値などの検討，変更，システム改善）などを行う．

なお，廃棄物処理（分別・特殊ごみ処理・排出量管理など）も省資源化とともに管理の重要性が増している．

5) エネルギー管理　BAで得られる運転・運用情報の管理，光熱水費にかかわる使用量管理，環境会計などにかかわる環境レポート作成等の管理業務をいう．テナント請求業務などを除けば，ここでの主業務は，地球温暖化防止やランニングコストの低減を目的とした省エネルギー・省資源化にかかわる実効性向上のための管理である．

具体的には，空調設備の場合，設計時に意図された各種省エネルギー制御システム（台数制御，流量制御，外気取入れ制御，最適運転制御，デマンド制御など）の適正運用とその動作確認，効果検証，エネルギー消費分析（目標値の設定との実績対比）および診断（不具合の検知と改善のための方策立案）などである．

6) ビル運用・運営支援管理　人件費，光熱費，機器保全費，清掃費，消耗品およびその他外注費などにかかわるコスト管理業務などをいう．

具体的には，作業スケジュール管理，日誌（受電・作業日誌など）や帳票類（日報・月報，請求書など）の作成，設備機器台帳履歴や保全計画書の策定などの情報分析・計画策定などの管理業務である．

なお，テナント管理，ヘルプデスク（各種苦情処理）機能，その他サービス業務なども含まれる．

b. ビル管理システムの分類

ビル管理システム（BEMS）は，コンピュータ技術の進歩や社会環境の変化とともにその形態・機能・性能などを変化させている．この変化は，ビル管理体制や管理システムの活用形態にもさまざまな影響を与えている．ここではその変化を，基本，拡張，高級，統合の視点で分類した事例について紹介する．

1) BEMSの構成概念　図7.2にBEMSの構成概念図を示す．最下層にマンマシンインターフェースにおける各種情報処理機能を，上部に関連機能項目や高度化項目を示している．

図の水平方向は機能分類を示し，左から，監視・制御・データ分析管理および情報伝送の4つに大別された機能が表示されている．

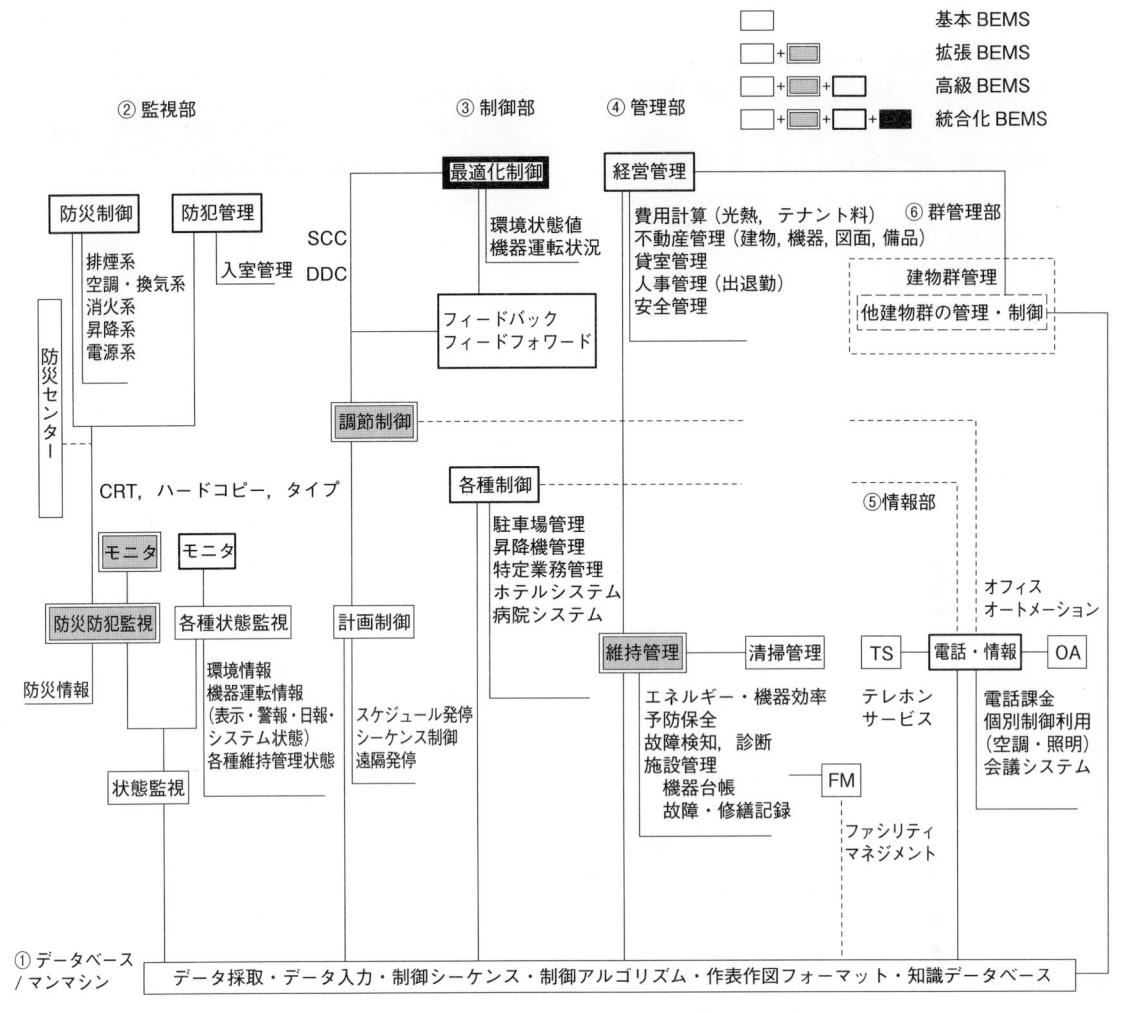

図 7.2 BEMS の構成概念図（機能的構成と発展の階層）[4]

一方，図の垂直方向は各機能ブロックの高度化レベルを示す．例えば，制御機能において，タイマー等でのスケジュール発停など（計画制御）レベルから，ユーザー要求などの情報を加味した調整制御，さらに，フィードバック・フィードフォワードなどの機能をもつ高級制御や最適化制御などへの発展経過を示している．

なお，凡例に，BEMS の機能の変遷や処理レベルの変化を4段階（基本・拡張・高級・統合化）に分類表示している．

2) BEMS の分類と概要

i) 基本 BEMS　　BEMS の最も基本的な機能を示し，電気設備・空調設備等の警報状態監視や運転制御（個別発停・スケジュール制御など）などから成る．

ii) 拡張 BEMS　　基本機能を発展させて，制御管理対象の拡大や制御内容の充実（調整制御，DDC などの利用）を図ったものであり，防災・防犯システム等との連携や維持管理システム（エネルギー管理，機器台帳など）の導入などをいう．

iii) 高級 BEMS　　拡張 BEMS よりさらに高度な制御や管理概念を導入したものであり，防災・防犯システムなどとの連携，経営管理システム（テナントや会議室管理システムなど）との結合，さらに，PBX などとの接合による課金管理や空調の個別制御等の導入などがある．

iv) 統合 BEMS　　ビル管理にかかわる建物内すべての管理要素を統合化し，BEMS の最上位概念をもつシステムであり，建築設備要素に加え OA-LAN とを結び各種のコミュニケーションサービスを可能とするものを指す．

c. その他

管理システム機能は，上記分類項目を含め，日々進展している．以下に今後予想される主な要求要素を示す．

1) 適用技術の開発項目　上記各項目以外に，BOFD（Building Optimization, Fault detection and Diagnosis）（異常検知・診断・最適化），オペレータガイダンス（運用方法支援・教育など），コミッショニング（システム検収），シミュレーション（予防・予知保全教育用など），負荷予測（システム最適化など），運用評価（運用技術の向上，インセンティブ付与ほか）などの各適用技術が研究開発段階から実用化段階以上にある．

2) 運用管理形態の変化　一方，システム構成上の変化も見られる．例えば，運用管理体制上の変化として，ビル別単独管理から群管理・エリア管理が要求され，また，特定システム（EV，ボイラ，冷凍機，コージェネ等の熱源機器など）に対する監視形態が，メンテ契約上の高付加価値化の一形態として，メーカーの遠隔専用管理が盛んになりつつある．

3) 運用・活用範囲の拡大　さらに，標準通信プロトコルを利用したオープンネットワーク化（BACnet, LonWorks® など）やIT/インターネット，イントラネットなどとの情報処理技術の進展で，BEMSの適用範囲の拡大（建築や什器など）やBEMSの構成概念（無線通信方式によるシームレス化など），さらに利用者構成の変化（ユーザー直接参加ほか）などが生じつつある．

7.2.2 計画設計

社会の変化やテナント・オーナー・ユーザーのニーズによって，ビル管理モデルが常に生まれ，これに対応する計画設計が要求される．

ビル管理システムの計画設計は，一般に，与条件の確認と設計目標の明確化であり，システム規模・管理対象・内容の設定，システム構成要素の検討，機能と方式の選定，詳細機能性能の検討などである．

ビル管理システム（BEMS）の計画から設計における概念フローと主な検討項目を図7.3に示す．

なお．BEMSは，システム構成上．監視・制御を主とする部分（BAS：Building Automation System）とマネジメントを主とする部分（BMS：Building Management System）に大別される．

a. 与条件の確認と設計目標の明確化
計画設計上の基本条件としての与条件（建物の運用管理方針や方法，体制，BEMSの役割など）を確認し，社会的動向や経済的環境などを考慮し，ビル管理システムの設計目標を定める．

設計目標の設定とは，一般に以下の項目などがある．
(1) 快適性，安全性，利便性の向上
(2) 省エネ化による光熱費の軽減
(3) 省力化による人件費の低減
(4) 省資源化による資源の適性利用
(5) 複合化するシステム対応と信頼性向上
(6) 管理技術の向上支援など

これらの設計目標を達成するための具体策として，システム構成にかかわる各要素のグレード設定が必要とされる．

b. グレード設定
与条件に基づき，目標に沿った要求機能を各管理項目別に整理し，システム規模や必要なソフト・ハード仕様（BASの基本機能や制御や管理にかかわる応用機能，BMSの各種機能など）のレベルを検討する．

具体的な検討項目は，建物用途などによっても異なるが，BEMSのグレード設定では，以下の項目を一般に検討する．
(1) システム規模（管理点数）
(2) ビルの管理体制に沿ったシステム構成
(3) 基本機能・応用機能の要求レベル
(4) 信頼性／冗長性／拡張性
(5) 利便性（OA情報との共存）
(6) マンマシン装置機能と周辺機能

表7.1に，システム規模を示す主な指標である管理点数をもとに，管理システムのグレード分類した例を示す．参考までに，一般事務所ビルでの延べ床面積とシステム構成上の特徴を付記した．

なお，グレード設定に際して，システム導入効果の推定，ローカル機器仕様や計測計画レベルとの整合などを併せて考慮する必要がある．

c. 管理対象と内容の設定
管理対象や内容の設定は，一般に，設備用途別の機器・用途分類整理作業などから行われる．また，計測計画やシステム構成方法（ネットワーク方式・通信プロトコルなど）などにより影響されることがある．

1) 管理対象の設定　管理対象を決定するには，設備用途ごとにシステム・系統・機器などに項目分類し，あるいは，建物用途（ゾーン，居室ほか）に対象分類した後，これら項目に対し管理要否と管理内容（機能など）を，ビル全体の対象要素に対し定める必要がある．

7.2 運転管理設備

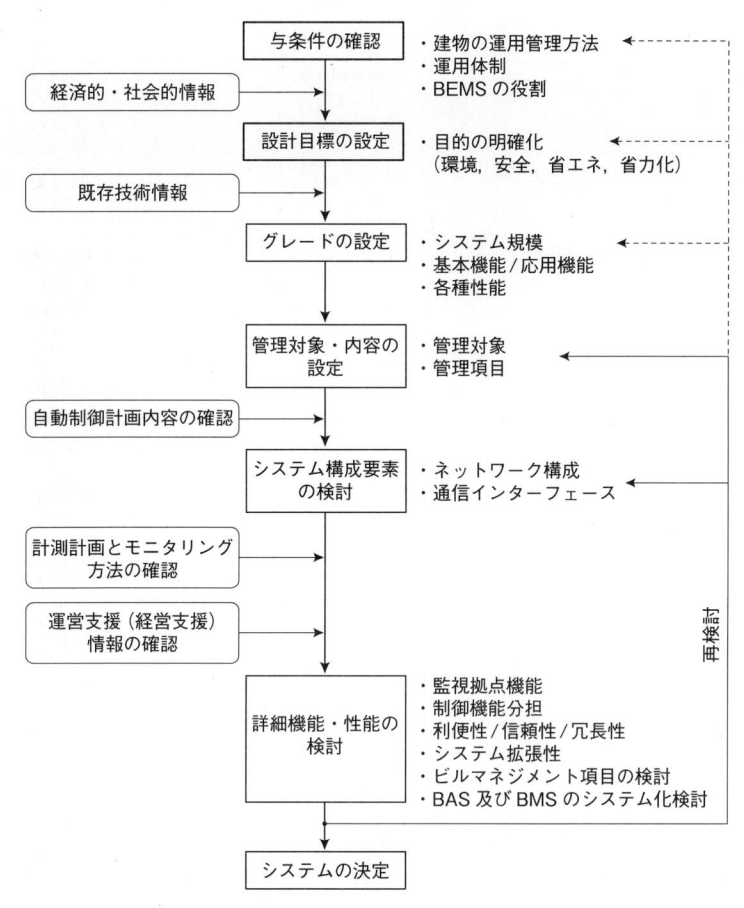

```
与条件の確認 ── ・建物の運用管理方法
               ・運用体制
経済的・社会的情報 →     ・BEMS の役割
     ↓
設計目標の設定 ── ・目的の明確化
               （環境，安全，省エネ，省力化）
既存技術情報 →
     ↓
グレードの設定 ── ・システム規模
               ・基本機能／応用機能
               ・各種性能
     ↓
管理対象・内容の設定 ── ・管理対象
                    ・管理項目
自動制御計画内容の確認 →
     ↓
システム構成要素の検討 ── ・ネットワーク構成
                      ・通信インターフェース
計測計画とモニタリング方法の確認 →
運営支援（経営支援）情報の確認 →                    再検討
     ↓
詳細機能・性能の検討 ── ・監視拠点機能
                   ・制御機能分担
                   ・利便性／信頼性／冗長性
                   ・システム拡張性
                   ・ビルマネジメント項目の検討
                   ・BAS 及び BMS のシステム化検討
     ↓
システムの決定
```

図 7.3 BEMS 計画設計概略フローと検討項目

具体的には，設備用途（空調・衛生・電気等）や系統および各室の管理対象に対し，要求機能項目を記し，整理表などを作成する（なお，第IV編空気調和設備，2.7 の表 2 に上記サンプルを示した）．

2) 計測計画上の検討 各システムや機器の監視・評価要素（指標）をデフェクト表（不具合発生時などに対する因果関係を示した表）などで明確化することで，計側内容や監視点が定められる．また，特定システム（蓄熱システムなど）に対する評価指標設定が計測計画上の管理ポイントを明確化する．

3) システム構成上の検討・留意点 一方，オープンネットワーク通信手順を用いたフラット型システム構成の場合，管理ポイント（情報収集）対象が制御パラメータなどにまで自由に設定でき，監視や分析対象幅が拡大される．このため，常時管理と必要時管理のポイントを区別するなど，従来の固定的管理概念と異なる認識が必要とされる場合がある．

d. システム構成要素と方式の検討

システム構成要素と方式の検討にあたり，前項までの管理対象と管理項目のほかに，BAS のローカルシステムを構築する自動制御計画内容（通信手順やシステム構成方法など）の確認が必要である．

ここでは，管理対象とネットワークの構成概要，通信インターフェース選定上の要点，および，ネットワーク構築上の留意点について記す．

1) 管理対象とネットワーク構成 システム構成は，一般に，表 7.1 に示すように，システム規模でほぼ決定される．その構成概要を示す．

ⅰ) 小規模（グレード 1）の場合 監視機能が主体で，中央からの制御はタイムスケジュールが主となる．また，記録保存機能はあるが，データ処理などは行わない．このため，周辺装置は設けず，接点情報授受を主体とし，セントラル方式に準じたシンプルなシステム構成となることが多い．

ⅱ) 中規模（グレード 2）の場合 監視制御機能の

表7.1 規模別グレード分類例[4]

	基本処理装置グレード			
	採用なし	グレード1	グレード2	グレード3
管理点数	数十点の警報監視レベル	壁掛けタイプ 500点以下	卓上設置タイプ 500〜3000点	卓上設置タイプ 3000点以上
延べ床面積	3000 m² 以下	5000 m² 以下	5000〜50000 m²	50000 m² 以上
システム構成上の一般的な特徴	・警報監視機能のみ. ・記録/保存機能はない.	・監視機能が主で，制御はタイムスケジュールなどの基本操作が主. ・記録/保存機能はあるが，データ処理機能は基本的には提供されない.	・監視制御機能など標準装備される. ・データ処理機能は基本的ソフト（トレンドグラフ，日報など）が提供されている.	・センターにおける大画面表示装置などの設置がある. ・サブセンターシステム構成となるケースが多い.
	・警報発報時の群管理移報以外，外部ネットワーク接続はない.	・BAS以外とのネットワーク接続は必要に応じて行う.	・ビル用途によってはOA-LANとの接続が要求される.	・一般的にOA-LANとの接続や他設備との情報統合が要求される.

ほか，データ処理機能も標準装備され，システム構成上周辺装置も一通り準備される．また，OA-LAN接続も要求されることもあり，与条件などに合わせシステム構成方法を検討する必要がある．

iii) 大規模（グレード3）の場合 センター装置以外にサブセンターなどが設置される可能性も高く，システム統合型の構成となるケースも多い．また，周辺装置としては，大画面表示装置なども設けられ，イントラネットやインターネット接続も考慮する必要がある．

2) 通信インターフェースの選定 建物規模にもよるが，一般に，管理対象は設備用途別あるいはエリア別（ゾーンや階別など）に分類されることが多い．したがって，通信インターフェースは，各用途に対応した受け持つべき通信量と上位側・下位側で求められる機能・性能を考慮し，明記・選定する必要がある．

なお，システム構成が異メーカーや異業種間に及ぶ場合，データ伝送仕様（通信プロトコル）と通信ルールの確認，インターフェースなどの要否，工事区分などを明確化することも必要である．

3) ネットワークシステム構築上の留意点 システム構成は，システム規模に限らず，与条件に示されるビル管理体制（昼夜を含めた有人・無人のあり方など）や建築計画によっても，その構成方法や基本装置の要求機能が異なることがある．

例えば，無人管理をベースとするのであれば，自動移報装置や管理ポイントの統合化などの準備が必要になる．また，スペースプランニング上からの制約により壁掛けタイプのような基本処理装置を選択せざるをえないケースも発生する．

一方，ビル管理設備の普及拡大に対応し供給するベンダー（メーカー）数が比較的限定されていたものの，各社のシステムがもつ機能・構成・通信規約が不統一であるため，効率よくシステム構成することが困難であった．しかし，汎用通信プロトコル（BACnet，LonWorksなど）の出現で，いわゆるマルチベンダー環境での構成が可能となり，ニーズに最も合致した構成要素を各専業メーカーから調達し，比較的自由にシステム構築できる時代となりつつある．

以下に，ネットワーク構築上の主な検討項目を示す．
(1) システム構造（階層構造など）
(2) 通信プロトコルとインターフェース
(3) システム信頼性（バックアップ機能など）
(4) 構成要素別の要求機能・性能の確認
(5) 各メーカー対応機種比較

e. 詳細機能と性能の検討

基本処理装置のもつべき機能（監視機能，制御/操作機能，記録/保存機能，データ処理機能など）について，その詳細内容や性能レベルなどを検討する．

1) 監視拠点とその機能の設定 目的に合った要求機能を実現するため，管理体制と管理対象を考慮した監視拠点の位置づけとその機能の設定が重要となる．

一般に，管理拠点のあり方は，規模や建物用途によって異なる．小規模な場合，1カ所であるのに対し，大規模の場合，システム信頼性向上を考慮し複数箇所を拠点とし，管理システムが複数配置される．

また，群管理システムとの併用や無人化対応などによって，拠点の位置づけが，時間帯（夜間と終業時など）によって異なることもある．すなわち，建物使用方法や管理体制などに応じ，監視拠点のあり方を考慮する必要がある．

一方，監視拠点での機能設定に関して，監視目的や監視体制などの運用条件を考慮し，選定する必要がある．

2) 制御機能の分担方式の選定　制御機能は，一般にローカルに分散設置されることが多いが，中央から行うべき機能（電力デマンド監視制御，停電・復電制御，自家発起動時制御など）もある．

なお，制御機能の分担と同時に，各装置間でのデータ伝送内容の整合をとるため，計測機器を含めたローカル設備機器類，動力盤，自動制御盤および分散DDCなどと関連図面の表記内容を十分確認する必要がある．

3) マンマシン装置の基本機能向上と利便性　制御機能の大半がローカル部分にあるのに対して，CPU性能などの向上に伴い，マンマシン装置の機能や性能が格段に向上し，利便性も増している．

具体的には，画面の操作性，データ分析，グラフ化機能などである．画面の複合同時表示や日報/月報などの管理データの分析機能や外部展開（テキスト出力など）機能であり，市販ソフト活用など，ユーザーのデータ加工をより扱いやすくする場合が多い．

また，機器運転記録や雑印字記録のデジタル保存機能の充実で，従来のメッセージプリンタやロギングプリンタの共用化や高級化（カラープリンタの採用など）も行われている．

また，BASやBMSのモニタ情報を大画面で表示するケースや特定設備向け専用グラフィックパネルの設置もその例の一つである．

一方，従来，基本処理装置の内部データメンテナンスはメーカーのみによって行うことができたが，表示画面の文字変更などの簡易レベルでのメンテナンスは，ユーザーサイドで行うことができることが多い．

4) 末端ユーザーの利便性　従来クローズな世界であった制御・管理系の通信ネットワークのオープン化に伴い，テナントなどの末端ユーザーに対する利便性対応が比較的安価に実現できるようになっている．

例えば，一般ユーザーがOA用端末（パソコンなど）から，マンマシン装置で管理する情報を直接利用できるケースが増えている．例えば，残業時空調延長や温度設定変更などのユーザーサービスや，省エネ啓蒙等のためのエネルギー消費実態の表示や光熱水費表示などである．

5) システム信頼性・冗長性の設定　信頼性/冗長性のグレードは，建物用途，管理対象機器の仕様などにより設定される．例えば，24時間ノンダウンを

要求されるような電算センターでは基本処理装置のCPU，HD，通信線などの二重化や運用方法の検討といった人的運用をも考慮した信頼性・冗長性の確保が要求される．

一方，故障や停電に備え，機能の分散化，冗長性の確保，停電・復電対策などシステムバックアップや再立ち上げの方法および無停電電源供給の範囲など信頼性向上策を検討する必要がある．

6) 拡張性　一般に，大半のビルにおいて，利用者の入れ替えや利用方法の変更などにより，間仕切り変更や設備システムの増設撤去などが発生する．また，いずれ基本処理装置自体の更新も発生する．このような状況のなか，どこまでシステムとしての拡張性を確保するかなどグレード設定とともに判定条件などを考慮すべきである．

7) BMS仕様の検討　BMSは，経営管理設備へ送信するマネジメント関連データ内容の選定とビル管理者が行うエネルギー管理やメンテナンス関連データ内容の選定などの両面から行う．

建物・施設・備品などの施設を総合的かつ経済的に管理することが求められる今日，施設にかかわる経営管理業務は，不動産戦略・企画管理・プロジェクト管理・ビル運営サービス・建物維持管理・模様替え・改良・更新など幅広い．また，建築設備の維持管理（メンテナンス）はFMのなかでも重要な業務として位置づけられている．与条件や目的に合った要求機能を各管理項目別に整理し，所要データの設定と，経済性を考慮したBMSやCAFMなどの必要なソフト・ハード仕様を検討する．

8) その他の検討　システム構成時の留意点と同様，詳細仕様検討時点においても，システム構成が異メーカーや異業種間に及ぶ場合が多く，データ収集・保存・展開機能仕様の確認と各要素間での機能区分や工事区分などを明確化することが必要とされる．

7.2.3 システム構成

コンピュータ関連技術の進歩やネットワークプロトコルの標準化が進み，システム構成上の自由度が増し，さまざまな形態を構成できる．

ビル管理システムは，一般的に，中央処理装置（マンマシンインターフェース），伝送装置（伝送ネットワーク），端末装置に機能的に大別され，これらを構成要素に分類すると図7.4となる．

ここでは，システムの基本構造ともいえる各伝送ネットワーク方式を示し，続いて，各設備用途別のシ

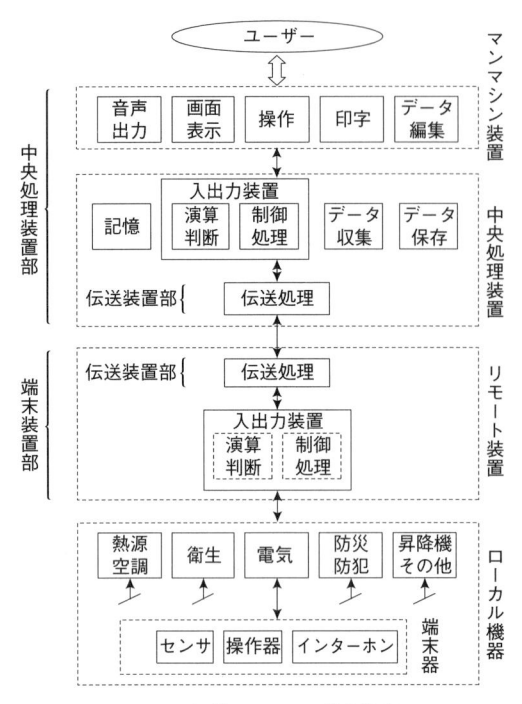

図7.4 ビル管理システム基本構成図

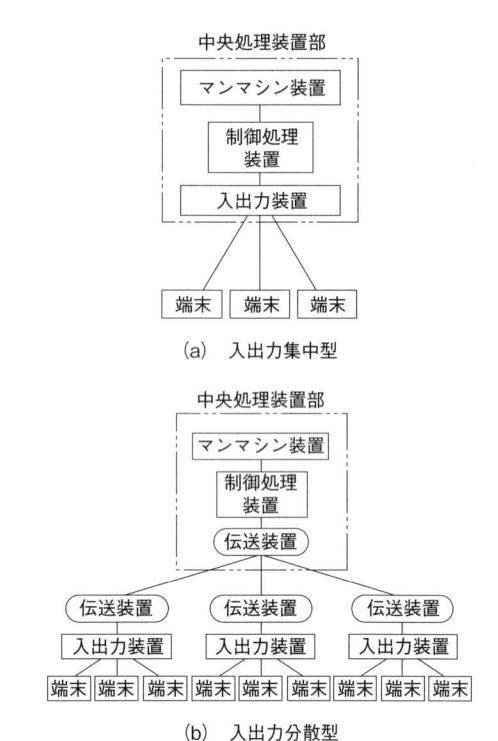

図7.5 機能集中型の構成
(a) 入出力集中型
(b) 入出力分散型

図7.6 機能分散型の構成（階層型）

ステム構成と全体システム構成にていて概要説明する．

a. 伝送ネットワーク方式

BAで用いられる情報伝送ネットワーク方式を以下の4方式に分け示す．なお，実用上構成されるネットワークは以下に示す単独方式の場合もあるが，一般的には，その組み合わせで構成されることが多い．

1) 機能集中型入出力集中方式　中央処理部に，端末装置機能以外の機能すべてを集中させ，マンマシン操作・入出力処理・制御処理などの機能を中央で行う方式である（図7.5(a)）．

本システムは，端末側と中央とは個別の通信線で結ばれるため配線数が増大する．一般に，入出力点数の少ないケースや端末が特定箇所に集中するケースに適し，小規模システムや特定用途に限って利用される．

2) 機能集中型入出力分散方式　ゾーンごとや用途ごとに複数の端末装置を管理するもので，各ゾーンや同一用途の各端末装置を入出力装置と結び，各入出力装置（リモート装置）と中央とを伝送装置で結び，中央で一括して，制御処理機能やデータ保存機能などをもつ方式である（図7.5(b)）．

規模が比較的大きく，対象となる設備機器類がゾーン単位に分散配置されている場合や用途単位に分散管理する場合に，中央との通信処理時間の短縮と配線工事の軽減のために用いられる方式である．

3) 階層型機能分散方式　中央側とリモート側の中間に，制御処理やデータ保存機能などをもつサブセントラル的な装置を設け，中央に機能不全が生じた場合でも，リモート装置以降の機能を生かすことのできる分散配置方式であり，必要に応じて，マンマシン機能を付加することができる方式である（図7.6）．

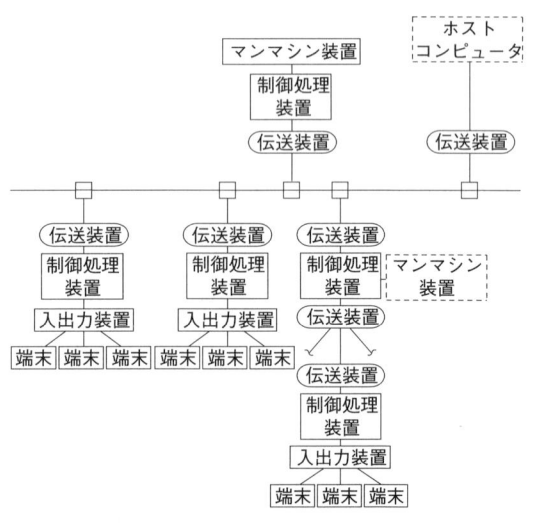

7.2 運転管理設備

中央で管理すべき対象が多く，ゾーン分けの必要がある場合，あるいは，対象となる設備用途が制御管理上独立的に機能配置する場合(防災・防犯・エレベータ・受変電設備・個別分散空調システムなど)に対し，これらをサブシステムとして分散管理する方式である．システム全体の信頼性確保や工事の効率化，さらに，配線工事軽減などが図られる．

なお，BEMS 情報を階層的に分散管理することから階層分散型と呼ばれることもある．

また，BAS に対する BMS 設置なども機能分散方式の一形態といえる．特に，ビル運営・運用管理面の情報を分散管理する場合もある．

4) 機能分散型自律方式 (フラット型) 機能分散方式をサブシステム単位でなく，さらに，下部の端末装置単位まで拡張した方式(各端末が，操作・入出力処理・制御処理などの機能を含む)をいう．各装置の優位性をほぼなくした，フラット型管理方式ともいえるものであり，パソコンなどを用いて，マンマシン操作をネットワーク上の任意の位置でできうる方式でもある．

配線方式としては，バス型(図7.7(a))，スター型(図7.7(b))，およびループ型(図7.7(c))などの任意の組み合わせが可能である．

この方式には，世界的にほぼ標準化された通信手順(IP, BACnet, LonWorks など)が用いられる．また，BAS に外部通信(イントラネット/OA-LAN や遠隔監視装置との接続など)機能を容易に実現できる方式でもある．

b. 各設備システムの構成概要

以下に，電気・空調・衛生・防災・防犯・EV などのシステム概要(概略構成図，主機能および設置場所など)を示す．

1) 一般監視設備 ここでいう一般とは，電気・空調・衛生などの監視設備をいう．図7.8にその典型的構成例を示す．

2) 防災監視設備 防災監視設備は，センター装置とサブシステムおよびサブシステム以降に結合された自動火災報知機器や各種防災機器から構成される．防災サブシステムは，センター装置と他の用途のサブシステムと結合され，センター装置での監視や管理，他設備との連動制御を行う．図7.9は，その典型的構成例(R型受信機の場合)である．

センター装置との関連機能としては，火災時空調停止制御や火災箇所の発生などを含めた監視機能としてオペレータ通報などがある．

3) 防犯設備 出入口の管理を主に，鍵管理装置やカードリーダ(接触型や非接触型)などを設け，そこから発信される開閉情報の管理を基本とする．鍵管理方式の場合，専用ユニットの貸し出し状態から使用/非使用を判断し，警戒/非警戒の操作信号が出される．同様に，カードリーダ方式の場合，出入口付近にユニットを設け，利用者のカードで部屋の施錠・解

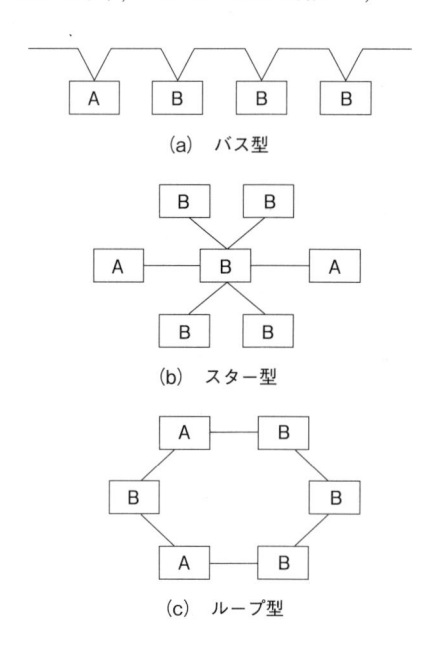

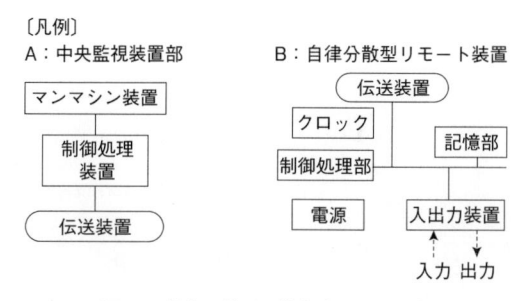

図 7.7 機能分散型の構成(フラット型)

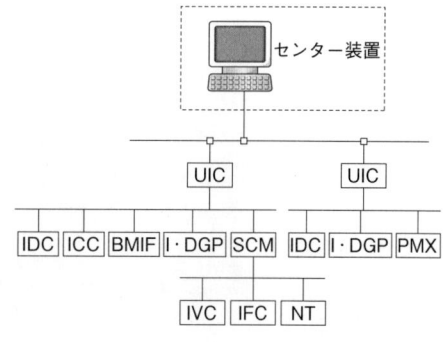

図 7.8 サブシステム構成例(電気・空調・衛生など)

錠を行い，その情報から使用中か否かを判断し，警戒/非警戒の操作信号が出される．監視機能には，電気錠の施錠状態・警戒設定状態・侵入警報階・各機器の異常警報・システム異常警報などがある．図7.10は，その典型的構成例である．

4) その他監視設備 その他の監視設備としては，エレベータや照明・ブラインドなどがあり，独立したシステム構成にする場合専用監視設備が設けられる．前述の監視設備と同様，センター装置，サブシステムおよび端末機器などから構成される．

5) 監視設備の全体構成 図7.11にBEMS（中央監視制御システム）の典型的なハード構成例（自律分散型オープンシステム）を示す．比較的大規模な事務所ビルの中央管制システム構成例である．中央管理室に設けた中央処理装置，防災センターにある副監視盤

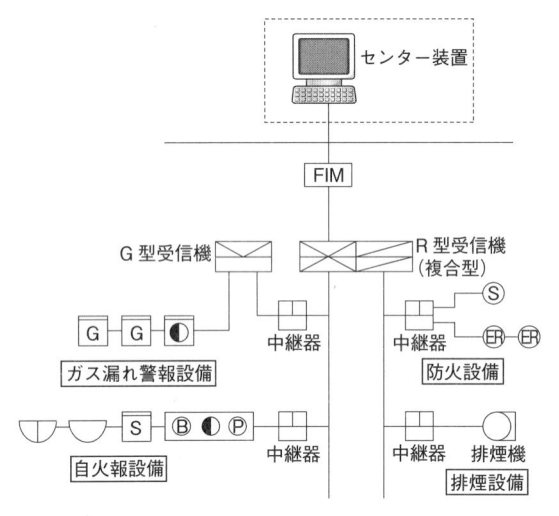

図7.9 サブシステム構成例（防災，R型受信機の場合）

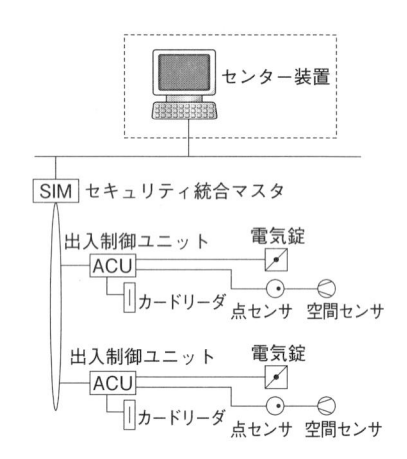

図7.10 サブシステム構成例（防犯，カードリーダ方式の場合）

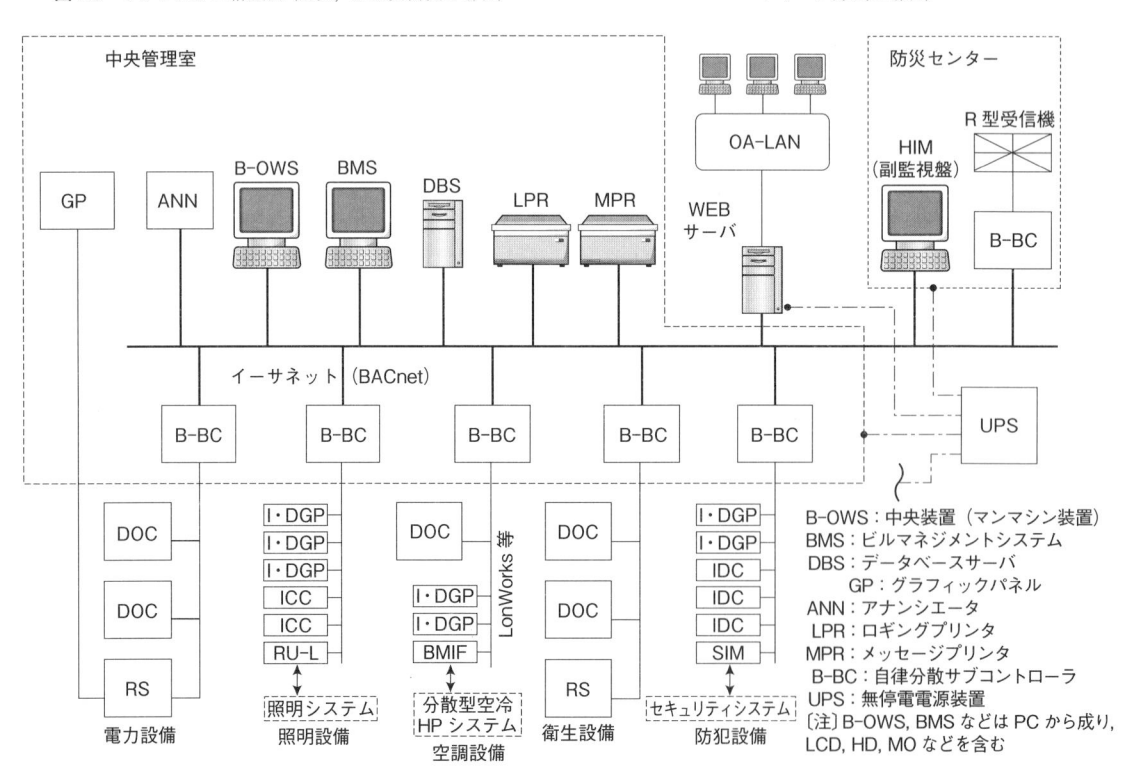

図7.11 BEMS（中央監視制御システム）構成例

B-OWS：中央装置（マンマシン装置）
BMS：ビルマネジメントシステム
DBS：データベースサーバ
GP：グラフィックパネル
ANN：アナンシエータ
LPR：ロギングプリンタ
MPR：メッセージプリンタ
B-BC：自律分散サブコントローラ
UPS：無停電電源装置
〔注〕B-OWS，BMSなどはPCから成り，LCD，HD，MOなどを含む

（サブセンター装置），BMS，通信制御装置（B-BC など），DDC，RS などから構成される．なお，防災システムなどは IF（通信制御装置）を介して接合される．

この例では，機能分散化と同時に，ハード面の信頼性向上のため HIM・BMS・サーバ類のハードディスクの二重化などを図り，また，停電対策用に UPS を所要箇所に設けている．さらに，オープンネットワーク化を考慮し，主伝送ラインはイーサネット上に BACnet を採用し，ローカル制御装置以降には，空調設備などにおいて LonWorks を採用している．

一方，WEB サーバを設け，ビル内の OA-LAN や外部通信（インターネットなど）接続に対応している．

7.2.4 機能仕様

運転管理の機能仕様は，BEMS の中央装置で担当する表示・監視・操作・記録および統括制御などに分類できる．

ここでは，分散配置されるローカル装置における制御機能などを含め，代表的な所要機能の概要と計画設計上の要点を概説する．

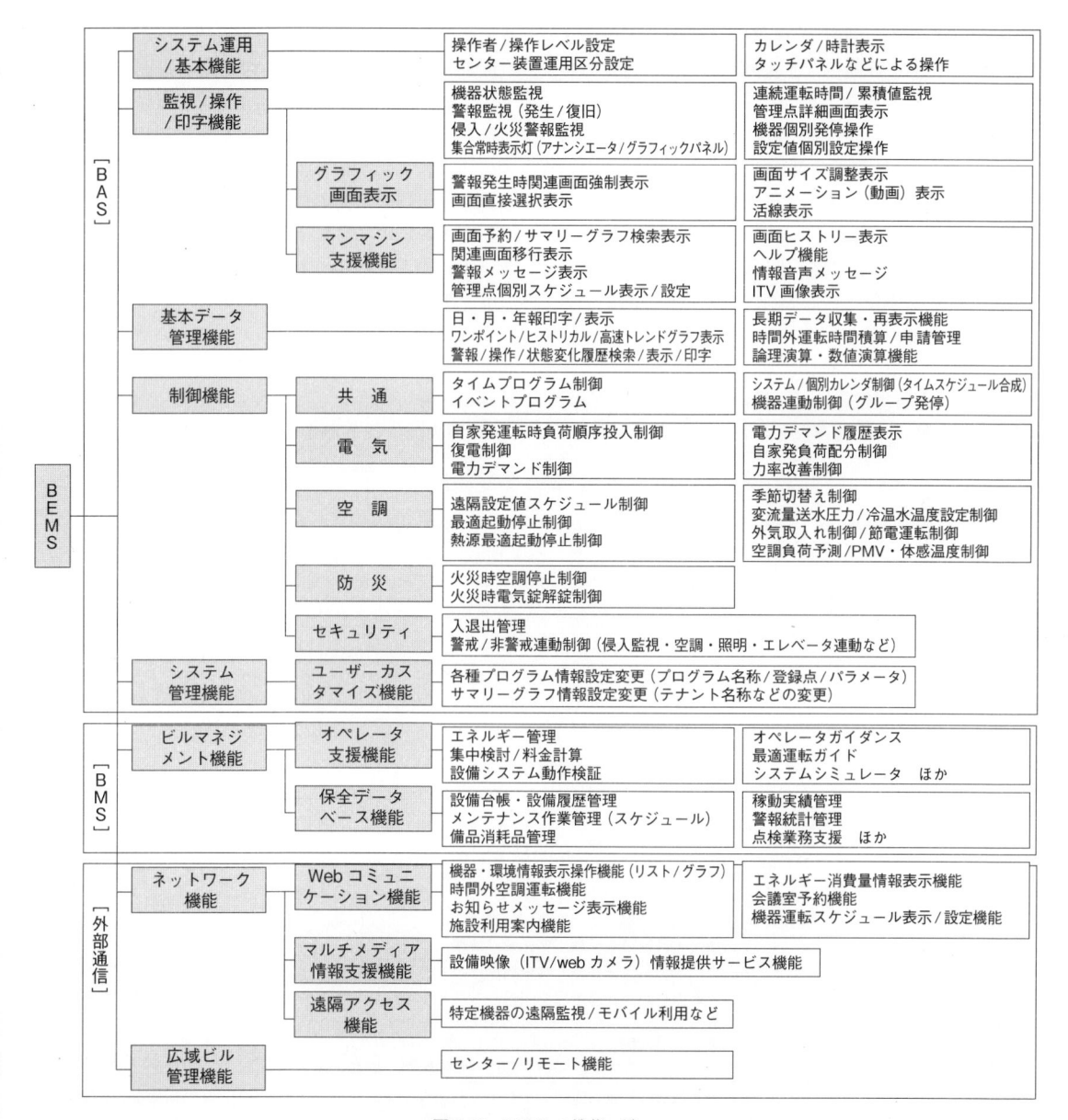

[BEMS]	[BAS]	システム運用/基本機能	操作者/操作レベル設定 センター装置運用区分設定	カレンダ/時計表示 タッチパネルなどによる操作
		監視/操作/印字機能	機器状態監視 警報監視（発生/復旧） 侵入/火災警報監視 集合常時表示灯（アナンシエータ/グラフィックパネル）	連続運転時間/累積値監視 管理点詳細画面表示 機器個別発停操作 設定値個別設定操作
		グラフィック画面表示	警報発生時関連画面強制表示 画面直接選択表示	画面サイズ調整表示 アニメーション（動画）表示 活線表示
		マンマシン支援機能	画面予約/サマリーグラフ検索表示 関連画面移行表示 警報メッセージ表示 管理点個別スケジュール表示/設定	画面ヒストリー表示 ヘルプ機能 情報音声メッセージ ITV 画像表示
		基本データ管理機能	日・月・年報印字/表示 ワンポイント/ヒストリカル/高速トレンドグラフ表示 警報/操作/状態変化履歴検索/表示/印字	長期データ収集・再表示機能 時間外運転時間積算/申請管理 論理演算・数値演算機能
		制御機能 共通	タイムプログラム制御 イベントプログラム	システム/個別カレンダ制御（タイムスケジュール合成） 機器連動制御（グループ発停）
		電気	自家発運転時負荷順序投入制御 復電制御 電力デマンド制御	電力デマンド履歴表示 自家発負荷配分制御 力率改善制御
		空調	遠隔設定値スケジュール制御 最適起動停止制御 熱源最適起動停止制御	季節切替え制御 変流量送水圧力/冷温水温度設定制御 外気取入れ制御/節電運転制御 空調負荷予測/PMV・体感温度制御
		防災	火災時空調停止制御 火災時電気錠解錠制御	
		セキュリティ	入退出管理 警戒/非警戒連動制御（侵入監視・空調・照明・エレベータ連動など）	
		システム管理機能 ユーザーカスタマイズ機能	各種プログラム情報設定変更（プログラム名称/登録点/パラメータ） サマリーグラフ情報設定変更（テナント名称などの変更）	
	[BMS]	ビルマネジメント機能 オペレータ支援機能	エネルギー管理 集中検討/料金計算 設備システム動作検証	オペレータガイダンス 最適運転ガイド システムシミュレータ ほか
		保全データベース機能	設備台帳・設備履歴管理 メンテナンス作業管理（スケジュール） 備品消耗品管理	稼動実績管理 警報統計管理 点検業務支援 ほか
	[外部通信]	ネットワーク機能 Web コミュニケーション機能	機器・環境情報表示操作機能（リスト/グラフ） 時間外空調運転機能 お知らせメッセージ表示機能 施設利用案内機能	エネルギー消費量情報表示機能 会議室予約機能 機器運転スケジュール表示/設定機能
		マルチメディア情報支援機能	設備映像（ITV/web カメラ）情報提供サービス機能	
		遠隔アクセス機能	特定機器の遠隔監視/モバイル利用など	
		広域ビル管理機能	センター/リモート機能	

図 7.12 BEMS の機能一覧

a. 中央装置の機能概要

ここでは，監視や制御を主とした基本機能（BAS）の中央装置を中央監視（制御）装置といい，ビルの運用情報を分析評価するためのビルマネジメント機能（BMS）の中央装置をビルマネジメント装置とする．

図7.12に典型的なBASのもつ基本機能や各種制御機能などの応用機能項目の概要を示した機能仕様一覧表を例示する．ここに表示する技術情報を参考に，所要機能を考慮し，実施設計段階でのシステム設計の円滑化を図る．

1) BAS基本機能概要 中央装置の機能は，監視（操作・表示を含む）・制御・記録・データ処理（印字・データ管理とも）および通信（他装置との連携など）の各機能に大別される．

監視機能の基本は機器やシステムの動作確認である．具体的対象は，機器状態，各種警報（発生・復旧），アナログ計測，パルス積算，運転時間，および発停回数などである．

制御機能には，個別発停，スケジュール発停，グループ発停，連動およびイベント制御などの基本制御があり，空調，熱源，電力，照明などの多くのアプリケーション制御がある．

記録・データ管理機能には，操作や表示内容の記録，帳票出力，各種データ保存などがある．具体的対象は，操作，メッセージ，警報リスト，ポイント一覧，日報・月報，各種帳票および各画面などである．

一方，BASの通信機能には，イントラネット接続やweb化によるユーザーオペレーション機能（例，残業時空調運転延長操作や会議室予約など）があり，また，外部通信やインターネットを利用した特定機器の遠隔管理や群管理機能なども含まれる．

2) BMS機能概要 データ処理機能の大半は，一般にBMSに要求され，トレンドグラフの表示分析，エネルギー管理，システム診断および保全データ管理などがある．表7.2にBMSの代表的な機能の一覧表を示す．

BMSの基本的機能としての保全データ管理機能のうち，最も代表的な設備台帳・保全履歴管理機能の活用例を図7.13に示す．これは，設備機器の台帳をベースに，点検記録や故障記録などをデータベース化し，機器の故障履歴や保全費用の分析を通じて，予防保全や保全予算管理に活用するものである．オペレータやオーナーの支援機能の一つとして使われる．

b. 電気設備関連ローカル制御

ここでは，分散配置されるローカル装置における各制御（電力デマンド制御・力率改善制御・自家発電台数制御・照明制御など）の機能概要を示す．

1) 電力デマンド制御 電力使用量が契約電力量

表7.2 BMS機能概要

利用	機能名	業務・機能概要
オペレータ	課金関連業務支援	オーナー支援業務として，課金に関連するエネルギー情報（電力などの使用量や空調機の運転時間など）を収集（BASで自動収集，またはオペレータによるオフライン入力）し，請求資料を作成する． ＜活用システム例＞ 集中検針集計，空調時間集計
	エネルギー管理	エネルギー消費に関連する各種データ（計量，計測，運転状況など）を収集し，エネルギー消費量を把握するとともに，その消費量の背景にある各種運用データ（外気温度，機器の稼動状況など）の分析支援を行う． ＜活用システム例＞ エネルギー管理，稼動実績管理
	日常業務支援	日々の業務のうち，効率化やペーパレス化が図れる部分についての支援を行う． ＜活用システム例＞ メンテナンス作業管理，BMS収集データ管理
	保全データ管理	点検や故障・修繕に関する保全情報を収集し，保全頻度や保全コストを分析し，修繕計画立案などを支援する． ＜活用システム例＞ 設備台帳・設備履歴管理，警報統計管理
	システム検証	設備システムの運転状況を効率的に把握するために，関連情報の複合表示を行う．また，設備システムの目的や管理手順を明示することでオペレータの管理技能に依存しない管理業務を支援する． ＜活用システム例＞ オペレーションガイド，設備システム動作検証，最適運転ガイド
オーナーテナント	ユーザー支援サービス	上記の各種機能により作成，出力された，課金やエネルギー関連情報，保全情報などを閲覧する．閲覧には，webコミュニケーション機能などの利用を行う．

強制起動する．一方，復電時には，停電前の状態や復旧時点であるべき状態となるよう，起動出力制御（復旧制御）を行うものである．

5) 照明制御など 窓まわりにおける昼光利用システムやタスクアンビエント照明などに対する照度センサ設置や在室感知センサとの組み合わせなどにより，適性照度やむだな点灯を防止するための制御をいう．

c. 空調設備関連ローカル制御

ここでは，分散配置される空調ローカル装置における各制御（熱源台数制御・外気冷房制御・節電間欠運転制御・VAV制御・火災時連動制御など）についてその機能概要を示す．

1) 熱源台数制御 複数の冷凍機やボイラなどに対し，所要供給熱量に応じた適切な台数を，あらかじめ決められた設定値と手順で段階的に発停させ，熱源特性に合った省エネルギー化を図る制御をいう．

2) 外気冷房制御 中間期などで，外気による冷房が可能である場合（エンタルピーや乾球温度において，外気が室温状態/設定値より低い場合），外気を使って冷房し省エネルギー化を図る制御をいう．

3) 節電間欠運転制御 換気ファンや空調機などを，使用時間帯に連続運転せずに，室内温度条件を維持しつつ，間欠運転を行い省エネルギー化を図る制御をいう．

4) VAV制御 空調システムにおける変風量制御のことであり，室内に設けた温度センサに基づき，適性風量を供給し所要室温を確保する制御をいう．一般に，複数のVAVユニットが室内に設けられ，PID制御などに基づき風量制御が行われる．

5) 火災時連動制御など 火災発生時，ブザーの鳴動や火災表示・印字のほか，火災入力信号によって指定された空調機器の停止などを，他の制御指令に優先し行う連動制御をいう．

7.2.5 装置・機器

ビル管理システムの構成要素である装置機器は，一般に，中央監視装置（中央演算処理装置機器・マンマシンインターフェース装置など）・ネットワーク装置（伝送制御装置・伝送バス機器など）・ローカル制御装置（DDC，RS，入出力信号変換機器など）およびその他付属装置機器に分類できる．これらの選定に関する留意点を計画設計上の要点として概説する．

a. 中央監視装置

中央監視装置は，BEMSを構成するBASの中央装

図7.13 BMSの活用事例（設備台帳・保全履歴管理）

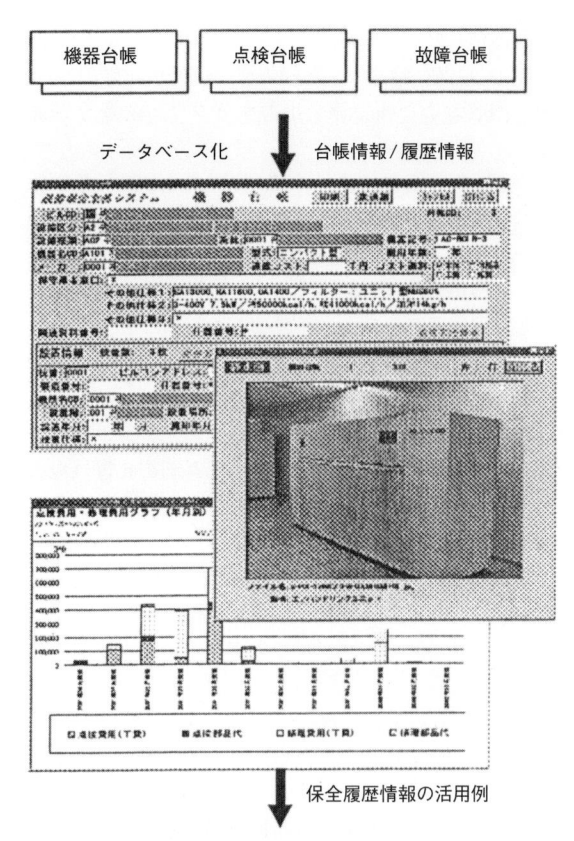

1. 機器の故障履歴による次回保全時期の検討
   ・初期LC関連情報比較
   ・関連情報分析（アラーム発生頻度，使用累積時間など）ほか
2. 費用実績に基づく保全予算管理計画の立案
   ・初期イニシャルコスト情報比較
   ・保全費内容分析と査定作業ほか

を上まわらないように，30分単位で電力使用量を予測し，目標値の超過が予測される場合には，あらかじめ指定された機器の停止やインバータ出力値の低減を図り，契約電力量以下を維持できるように制御するものである．

2) 力率改善制御 空調設備や衛生設備などの動力負荷によって生ずる受電力率低下を改善するために，進相コンデンサの投入と遮断を行い，力率を目標値以内になるよう制御するもの．

3) 自家発電負荷配分制御 停電中に，自家発電機の容量を越えない範囲での負荷をあらかじめ優先順位を設けて設定し，その順位にしたがって起動や停止を行う制御である．

4) 停復電制御 停電発生時に不要な警報通知を抑制するとともに，あらかじめ設定された機器のみを

置であり，BMSなどで用いられる装置と同様，パソコンを主体とした構成が大半である．

1) 中央演算処理装置　中央演算処理装置は，ハード的にはマイクロチップを組み込んだ制御・演算・記憶機能をもち，データ処理，各種基本制御，入出力インターフェースなどとして使われる中央監視装置の中心装置である．表示や操作や記録・データ保存などの機能をもつマンマシン装置である．今日では，大規模なものを含め，一般にパソコンが用いられる．

2) マンマシンインターフェース装置　中央演算処理装置にパソコンが用いられるため，一般に，マンマシン装置もパソコン周辺装置が用いられる．ここでは，その代表的装置について記す．

ⅰ) 表示装置　カラーグラフィック表示が可能なLCD（liquid crystal display：液晶ディスプレイ）やCRT（cathode ray tube：ブラウン管ディスプレイ）などが一般的である．また，大規模ビルの場合，他用途との複合表示や運転状態・警報・異常有無などを適時監視するための大型スクリーンも用いられる．なお，画像分解能，表示速度およびマルチウインド化対応などの性能向上が図られ，表示内容の自由度が拡大している．

一方，警報・異常発生有無や重要機器の運転状態を常時監視するためのグラフィックパネルやアナンシエータ（集合表示板）などが用いられる．図7.14にグラフィックパネルをもつ中央監視装置の設置例を示す．

ⅱ) 操作装置　操作は一般に，キーボード，マウス，タッチパネルなどが用いられる．

操作機能はパソコン操作と同程度で，一般的に容易である．なお，監視・制御の対象である機器やシステムの情報量の増大や専門性の高まりに対し，十分に活用するためには，オペレータの学習環境の向上や支援機能（インターネット等を利用した遠隔ガイドなど）

の充実が必要とされる．

ⅲ) 記録保存装置　記録装置には操作記録やLCD表示内容および帳票等を出力するプリンタなどがある．

データ保存装置にはハードディスクや補助記憶媒体の携帯型HDやMO（光磁気ディスク）などがあり，データサーバと呼ばれる専用装置も使われる．なお，データ活用の重要性が高まる今日，機器故障時の対策として，機器の二重化や予備機能の設置など，冗長性の確保など十分考慮する必要がある．

b. ネットワーク装置

ネットワークは各種信号の伝送や変換を行う装置などから構成される．具体的には，伝送制御装置（ルータ，ゲートウェイ）・伝送バス機器（イーサネット配線）などから成る．

なお，イントラネットやインターネット（ビル内OA-LANや外部との通信）接続装置（ルータ，webサーバ，ドメインサーバ・ファイアウォールなど）が設けられることも多い．

c. ローカル制御装置

本装置は制御機能を支えるコントロール装置である．DDCと呼ばれる代表的コントロール装置やRSの主装置である入出力信号変換機器などから成る．

1) DDCなどのコントロール装置　ハード的にはマイクロチップを組み込んだ制御・演算・記憶・通信機能をもち，データ処理，各種基本制御，入出力インターフェースなどとしても使われる装置である．

なお，機能分散型システムでは，サブコントロール装置やDDCユニットも同様な機能をもつため，制御内容・記録容量・通信機能・停復電時仕様などの確認が必要とされる．

分散DDCと呼ばれる自律分散制御システム（BACnet，LonWorksなど）もその一つである．これらは通信プロトコル（手順）の標準化が図られ，異用途間（空調・衛生・照明・防災など）や異機種間（異メーカ間や新旧機器間など）接続が容易となり，また，情報伝達機能（情報量や種類など）の向上が図れる．なお，DDC本体は設備機器に内蔵されることも多い．

2) RS（リモートステーション）　制御対象機器の管理ポイントごとに入出力ボードを有し，入出力信号変換や発停などの制御・設定機能をもつ信号変換装置（センサ，変換器，動力盤などの各端末器と入出力装置間との情報通信）である．

ローカル機器の入出力信号仕様（制御内容・信号線

図7.14　中央監視装置例[6]

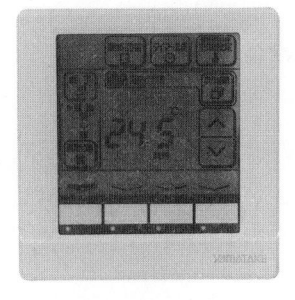

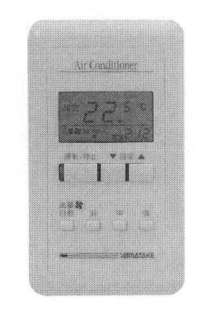

図 7.15 ユーザー端末装置例[6]

電圧など）の確認が必要とされる．

d．その他装置

1）ユーザー端末装置 専用操作器として各室内などに設置され，居住者が，温度の設定・空調機器の発停や運転時間の延長，照明機器操作などを直接行いうる装置である（図 7.15）．

2）ローカル調整装置 ローカル制御装置に対し，設定値などの調整（入出力信号・コントロール内容・各装置間通信内容の確認など）ができるものであり，専用装置のほかノート型パソコンなども使われる．

3）無停電電源装置 安定電源供給や停電時対応，UPS：uninterruptible power supply）などがある．

7.2.6 事故・故障対策

故障対策としては，システム構造，ハードウェア，ソフトウェアのおのおのの信頼性向上を図る必要がある．

なお，ここでの信頼性とは，監視制御システムのもつべき機能を連続的に使用可能な状態に保つという観点で示す．

a．システム構造上の対策

アーキテクチャ（システム構造）の故障対策としては，ネットワークや中央監視の二重化，ローカル制御装置の独立運転機能付与，無停電電源の設置と独立供給，および，通信トラブル防止（ウイルス，ハッカー対策など）などがある．

1）冗長性

ⅰ）中央監視装置の二重化　大規模な場合，2台の中央監視装置を設け，相互バックアップを図り，1台故障時すべての機能を1台で補う．なお，通常時は便宜的に電気設備と空調設備などに用途を分け使用する．

ⅱ）通信線等ネットワークの二重化　中央監視装置と分散制御装置との間の配線（イーサネットなど）に関し，異ルート配線化とイーサネットスイッチなどを用い，断線時に自動的に切り替え可能とする．また，電算センターなどの場合，幹線などを複数系統化（A系統，B系統）し，断線対策を図ることが多い．

ⅲ）ローカル制御装置の二重化　オンラインアクティブ/スタンバイ切替え方式などにより制御装置の二重化を行う．なおこの場合，一方を生かしながらメンテナンスが可能である．

2）階層性・機能分散化 制御機能や管理機能の信頼性向上のためには，階層化などにより，機能の分散化システム構築を図ることが必要とされる．オープンネットワークシステムと呼ばれる自律分散制御化（BACnet, LonWorks などの利用）もその一つである．ローカル制御装置の独立運転機能を付与した DDC などに対し，1 つの DDC 故障が全体に影響しないよう分散配置するものである．

3）その他 制御盤内に複数の DDC などが設置される場合，ブレーカや幹線バイパス機能を設け，独立してメンテナンスを可能とする配慮が必要である．

b．構成要素（ハードウェア）における対策

1）電源供給機能 安定電源供給や停電時対応のため，UPS などが用いられる．各ユニットでの電源要否は，各ユニットが管理対象とする監視制御ポイントの管理特性から必要性を判断する．なお，瞬停対策や独立電源供給にも考慮する．

また，UPS などの電源供給がない場合，ハード構成や規模にもよるが，全体システムの立ち上げに 10 分〜1 時間程度要することを考慮する必要がある．さらに，この間，無監視状態で，復電処理などができないことに留意する必要がある．

2）データ保存機能 中央監視のデータ保存装置（ハードディスク）には，RAID（redundant arrays of inexpensive disks：ミラーリング方式もその一つである）と呼ばれる冗長機能があり，ディスク故障への対応が施されていることが多い．

また，各ローカル機器においても，必要最小限のデータを保存するためのメモリが設置され，バッテリーの併用もなされていることが多い．

3）通信トラブル対策

ⅰ）データの多重管理　中央監視装置の故障などに対し，サブコントローラやローカル制御装置などにおいて，入出履歴データ・ポイントデータ，タイムスケジュールデータなどの履歴・設定デー情報を一時的あるいは限定的に保存格納できる機能を有し，信頼性の向上を図る．

ⅱ）自己診断機能　システムの各構成要素に，リ

セット時や定周期で，オンライン動作状況診断などを行い，異常時には中央監視装置に通信する機能などである．

ⅲ）ウイルスやハッカー対策　webサーバなどを設け，インターネットやイントラネットと接続する場合には，パスワードや信号暗号化を図ると同時に，ファイアウォールなどを設ける．また，運用管理上，ウイルス汚染された補助記憶媒体（CD, MO, 携帯型HD等）を管理システムに持ち込まないことや自動的／定期的なウイルスチェックなどを行う必要がある．

c．その他の対策

その他の対策として，雷対策などがある．

雷対策としては，建物内の屋外電送幹線に対し，外壁に最も近いところでサージアブゾーバを設ける．また，屋外キュービクルや雷多発地区などにおいては，リモート機器への進入経路，AC電源，伝送幹線，信号線（デジタル，アナログ，積算など）などすべての入出力線が対象となり，遮蔽ケース（盤内など）にサージアブゾーバを設ける．　　〔宮崎友昭〕

文　献

1) 中原信生他：ビル・インフォーメーション・マインド17，コンピュータ管理，オーム社，1989．
2) 空気調和・衛生工学会編：空気調和設備の計画設計の実務と知識，pp.65-68, pp.333-346, オーム社，1995．
3) 井上宇市他編：三訂新版建築設備ハンドブック，朝倉書店，1981．
4) 中原信生：BEMSの概要，図-1BEMSの機能的構成と発展の階層，p.5, BELCA NEWS, 建築・設備維持保全推進協会，2000．
5) 空気調和・衛生工学会編：環境・エネルギー性能最適化のためのBEMS，ビル管理システム，丸善，2001．
6) Y社カタログ，技術資料（2001, 2008）他．
7) YJ社カタログ，技術資料（2001）他．

7.3　維持管理

7.3.1　維持管理全般

維持管理とは，建築物およびその外部環境を竣工時の性能検証の結果通り維持し続けるために，管理技術者らによる運転管理，監視制御を行うことが目的であり，その監視，制御性能の持続支援を行うのに，設備システムおよび設備機器を常に最良の状態に整備，調整しておくことが必要となる．その連携性から対象設備機器の保守点検，整備を，定期的または必要発生の都度実施し，的確な運転操作と制御機能の維持，性能向上を図るのが目標である．

さらにその結果，日報，警報履歴などから予知判明した不良，不具合事項の再調整，整備，修理，オーバホール，修繕工事などの維持保全業務を効果的に行うことの連続性を繰り返し，竣工後の建築物の生涯（LC：life cycle）計画のなかでの的確な維持管理を実行して，長い建築プロジェクトの継続の途上で，改善，リニューアル，大規模改修を行い，竣工時の建物性能を社会的劣化（新機能への時代遅れ）も取り戻しながら，長期にわたって健全に持続し続けることが，運用を伴った維持管理の重要な生涯業務である．

建築プロジェクトの最終目標は，ともすればその上流である建築物の竣工，引き渡しがゴールであるかのように思われがちであるが，設計者および施工者による竣工引き渡しまでは，あくまでプロジェクト途上での準備段階，つまり通過点であって，性能検証（commissioning）を行った後竣工式，引き渡しを経て，建物への入居が始まることから建築物としての生命を得て生き生きとした居住活動が始まるのである．下流となる建物オーナーへの竣工引き渡し後は，優れた維持管理者へ引き継がれ，その介在によって長い建築物のLCが始まり，適切な維持，運用管理業務の実行と

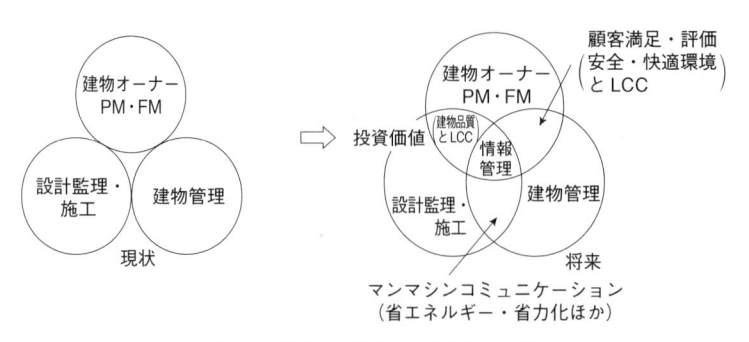

図7.16　望ましい建築物の情報管理の輪

修正を繰り返し，時には事故に巻き込まれて緊急処理，改善対策を講じながら，プロジェクトは生き物としての本格的な居住活動を続け，正確な維持管理と情報により建物の長い生涯を働き続けることになる．

十数年ごとの物理的（経年）劣化の修復や，社会的劣化の先取りを加味したリニューアルを2～3回の大規模改修を経て，数十年後に長い実績での「優れたLC的評価」を受けて建築プロジェクトはようやく終わることができる．これが長いプロジェクトの真の目標である．

さらに望まれるのは，これら維持管理の実績での情報と評価を，次の建築プロジェクトの企画，設計および施工段階へ，もしくは続く大規模改修工事へ反映すべき維持管理からの建物「情報」として共有化し，結果を当初の企画にフィードバックさせ，サイクリックに更新，改善されてまた維持管理につながってくることが重要であり，「望ましい建築物の情報管理の輪」（図7.16）が将来の課題でもある．

7.3.2 維持管理の要望と新しい課題と実施体制

このように「第4の建築行為」ともいわれ，建築プロジェクトの下流での過半期を占める維持管理の情報として，プロジェクトへフィードバックされ，今求められている新しい社会的要請は建物管理が代表的な労働集約型サービス産業であり，人件費比率の高い業務であることから運転管理の効率化や維持保全の合理化，機械化への取り組みが課題とされており，これと管理品質とのバランスのとれた新しい顧客サービスへの対応能力が求められている．

これには業務仕様の見直しはもちろん，整備コスト，

維持管理
├─ ・建築物管理（建築・外部），建築設備管理（空調・給排水・電気・昇降機・防災防犯・駐車場）
├─ ・清掃管理（屋内・外壁・ガラス・じん芥），環境衛生管理（空気・水・照明・消音）
├─ 運転管理・監視制御（日常運転・監視）
│   ├─ 運転管理（日常操作・調整，巡回点検）
│   ├─ 監視制御（異常・温度・電流・圧力・騒音・振動・計測・計量）
│   ├─ データ収集（BEMS，トレンド・最適・予測制御支援・環境測定）
│   ├─ 報告書（日報・月報・異常，復旧記録・メンテナンスメッセージ）
│   ├─ 資格者（電気・冷凍機・ボイラ・ビル環法・防火管理者）
│   └─ 集中監視センター（建物群管理・省員・省力・無人・宿直管理）
├─ 維持保全（法定点検）（自主点検）
│   ├─ 保守・経年劣化 — 信頼性（電源 熱源 環境 防災）・運転時間
│   ├─ 点検・巡回・定期 — 異常・故障予知・欠陥の検出
│   └─ 整備（外注）
│   ├─ 予防保全
│   │   ├─ 定期保全 ─ 法定（電気・冷凍機・ボイラ・昇降機・消防・ビル環法）
│   │   ├─ 経時保全 ─ 自主（電気・冷温水・空調機・フィルタ・冷却塔・自動制御）
│   │   └─ 状態監視 ・計測記録
│   ├─ 事後保全
│   │   ├─ 緊急保全 ・故障・事故対応・緊急体制
│   │   ├─ 通常保全 ・診断・異常予知
│   │   └─ 予知保全 ・MTTR（平均修復時間）の事前検討
│   └─ 官公庁報告 ─ 法的届け一覧表（資格者による運転含）・定期報告書
├─ 調整・修繕・修理・検査
│   ├─ 物理的劣化対応・摩耗腐食・MTBF（平均故障間隔）
│   ├─ 故障・損傷・亀裂・欠損・不具合の予知
│   └─ 定期・不定期・オーバホール
├─ 大規模改修・更新・リニューアル
│   ├─ 耐震改修・空調環境改善，改修・防災改修
│   ├─ 省エネルギー改修・OA対応・電源改修
│   └─ 省力化・BEMS改修・アメニティ改善
└─ 技術管理（BEMS）
    ├─ 維持管理情報
    │   ├─ 顧客満足度（CS）分析・居住サービス
    │   ├─ 品質分析－機器劣化・品質保証・耐用年数
    │   ├─ 状態分析－改善分析・効率悪化
    │   ├─ 環境分析－室内環境品質・ビル環法・POE・公害
    │   └─ 運用コスト分析（LCC手法・光熱水・共益・外注費）
    ├─ 省エネルギー診断
    │   ├─ エネルギー分析（省エネルギー法・熱源・電気・水）
    │   └─ 省力化（資格・能力・経験・員数・教育・訓練）
    └─ 故障診断・劣化診断
        ├─ 多点トレンド・メンテナンス記録・運転時間
        ├─ 故障記録・故障率・故障履歴，傾向・アナログ異常
        └─ （温度・電流・圧力・流量・異音・振動・臭気）

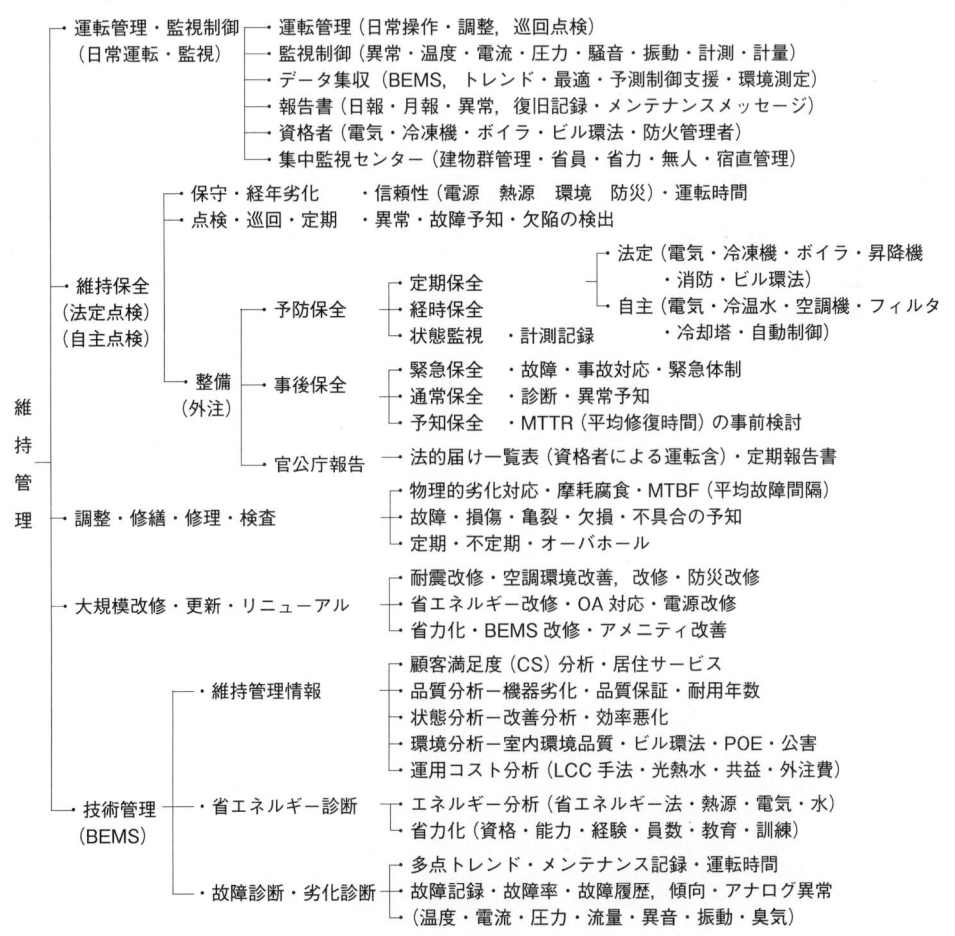

図 7.17 維持管理の実施体制

表7.3 建物設備維持管理業務および法的届出一覧

設備区分	維持管理業務	法的維持管理業務			資格者の選任などの届出および関連届出			
		届出先	法令	資格者	適用対象物など	届出の名称	届出先	法令	資格者	適用対象物など

設備区分	維持管理業務	届出先	法令	資格者	適用対象物など	届出の名称	届出先	法令	資格者	適用対象物など
建築設備	非常用照明装置、機械換気設備、排煙設備、外観および性能検査(1回/年)、給排水設備	地域法人を経由して特定行政庁	建築基準法第12条(都条例など)	1級建築士、2級建築士、建築設備検査資格者	用途、規模または法律により対象物が異なる					
	敷地、構造、防火避難、維持保全計画書関係、外観検査(1回/年〜1回/3年)	地域法人を経由して特定行政庁	建築基準法第18条、第12条	1級建築士、2級建築士、特殊建築物調査資格者	用途、規模または法律により対象物および検査期間が異なる					
昇降機設備	定期検査(1回/年)	地域法人を経由して特定行政庁	建築基準法第12条	1級建築士、2級建築士、昇降機検査資格者	エスカレータ、エレベータ、電動ダムエレベータ					
	性能検査(1回/年)	労働基準監督署	労働安全衛生法第41条	労働基準監督署検査を行う機関	積載荷重が1t以上のエレベータ(生産工場など)					
	定期自主検査(1回/月)		クレーン等安全規則第155号	事業者	積載荷重が0.25t以上のエレベータ(生産工場など)					
自家用電気工作物	定期点検(測定・試験)		保安規程	電気主任技術者(保安監督者)	空気調和、保護装置	主任技術者選任届出		電気事業法第43条	電気主任技術者	すべての自家用電気工作物
	電気工事			第1種電気工事士	500kW未満の電気工作物	選任許可申請	通商産業局電技課	電気事業法第43条2項	電気主任技術者1種、2種、3種	契約電力500kW未満
	簡易電気工事			認定電気工事従事者		不選任承認申請	通商産業局電技課	電気事業法施行規則第52条2項	保安協会管理技術者	契約電力500kW未満
	特殊電気工事			特殊電気工事従事者		保安規程(変更)届出書		電気事業法第42条2項、第48条1項、2項		委託契約
ボイラ	性能検査(1回/年)	労働基準監督署	労働安全衛生法第41条	労働基準監督署検査を行う機関	蒸気ボイラ:使用圧力1kgf/cm²を超え、伝熱面積0.5m²を超える、温水ボイラ:出力10mkを超える、熱媒ボイラで圧力10kgf/cm²を超える、伝熱面積5m²を超える	ボイラ取扱作業主任者、圧力容器取扱作業主任者報告		ボイラおよび圧力容器安全規則第24条	特級ボイラ技士、1級ボイラ技士、2級ボイラ技士、特別教育を受けた者	常置ボイラ技士の代務者を定めておく、伝熱面積500m²以上、伝熱面積25m²以上500m²未満、小規模ボイラ、伝熱面積25m²未満、小規模ボイラ
圧力容器	性能検査(1回/年)	労働基準監督署	労働安全衛生法第41条、ボイラおよび圧力容器安全規則第73条	労働基準監督署検査を行う機関	圧力1kgf/cm²を超え、容量0.04m³を超える			ボイラおよび圧力容器安全規則第62条	特別教育修了者	
冷凍機	高圧ガス保安検査(1回/年)、高圧ガス保安検査受検(1回/3年)	東京都の場合、環境保全局助成指導部高圧ガス課	高圧ガス保安法第33条	高圧ガス工事資格者	第1種製造者のうちで令で定めた施設(R-12, R-13, R-22)使用、その他	冷凍保安責任者届	東京都の場合、環境保全局助成指導部高圧ガス課	高圧ガス保安法第27条〜29条	第1種冷凍機責任者	1日の法定冷凍能力300t以上
						冷凍保安責任者代理者届		高圧ガス保安法第27条〜29条	第2種冷凍機責任者	1日の法定冷凍能力100t以上300t未満
								高圧ガス保安法第19条冷規第26条	第3種冷凍機責任者	1日の法定冷凍能力50t以上100t未満
								高圧ガス保安法第27条冷規第20条	常置冷凍責任者の代務者を第1種、第2種にあてる(有資格)
危険物						危険物取扱責任者届、危険物保安監督者選任届出、危険物施設代理者届、危険予防規程申請、保安教育計画届	所轄消防署予防課危険係	消防法第13条	甲種、乙種4類危険物取扱者	次の指定数量の30倍以上の製造所など: ガソリン200ℓ、灯油・軽油1000ℓ、重油2000ℓ
環境衛生管理	室内空気環境の測定(1回/2月)、ねずみ、昆虫などの防除(1回/6月)		建築物における衛生的環境の確保に関する法律施行令第4条の1および2		特定建築物(3000m²以上の事務所など)	特定建築物届	所轄保健所環境衛生課	建築物における衛生的環境の確保に関する法律第5条	建築物環境衛生管理技術者	延べ床面積3000m²以上の事務所、旅館、飲食店舗、百貨店、集会所、興行場などと延べ床面積8000m²以上の学校(小学校、中学校、高等学校、大学、高等専門学校など)
	建築物清掃点検(1回/週)、貯水槽の清掃(1回/6月)		建築物における衛生的環境の確保に関する法律施行規則第4条の1		特定建築物(3000m²以上の事務所など)、東京都の指導要綱では排水槽の清掃は1回/月、貯水槽の汚泥は産業廃棄物として処理					
給排水設備	貯水槽の清掃(1回/年)、水質検査(異常を認めたとき)	所轄保健所	水道法第34条	地方公共団体の機関または厚生大臣の指定する者	簡易専用水道施設、貯水槽、受水槽の有効貯水量が10m³を超えるもの					
浄化槽設備	点検および清掃(法定処理方式による異なる)、水質検査(1回/年)	浄化槽法予防課	浄化槽法第8条〜11条、同施行規則第6、7、9条	水質検査は指定の検査機関		設置届	都道府県知事	浄化槽法第10条	浄化槽管理士	
消防設備	作動点検、外観点検、機能点検(1回/6月)、総合点検(1回/年)	所轄消防署予防課予防係	消防法第17条	消防設備士、消防設備点検資格者	消防設備、警報設備、避難設備、非常電源、特定防火対象物では1回/年、その他は3年に1回点検結果報告書を所轄消防署に届け出る(いずれも延べ面積1000m²以上の建物)	防火管理者選任届出	所轄消防署予防課予防係	消防法第8条	防火管理者	特定防火対象物30人以上、上記以外のもの50人以上
						消防計画届出	所轄消防署予防課予防係		防火管理者	特定防火対象物30人以上、上記以外のもの50人以上
									収容人員	50人以上

人件費の削減も含め，維持管理の採算性を重視した合理化と環境品質の強化，居住サービスを伴う経営面からの基本課題として下記4項目への取り組みと，その利用ツールとしてBEMS（後述）の活用範囲の拡大及び制御操作の熟達による人的代行サービスへの機械機能の活用があげられる．

(1) エネルギー消費量の削減や省力化などの高効率化．
(2) 環境改善，快適環境，居住サービスによる顧客満足度（CS：Customer Satisfaction）の向上強化．
(3) 的確な予防保全や事後保全による高品質化と信頼性の強化．
(4) 建築設備の長寿命化への取り組み．

実際面での維持管理の実施体制は図7.17に示すとおりであり，各種建築物用途別，および建築設備の機能を全うするため安全，快適環境，経済，省エネルギー，省力性の達成を目標として維持管理を下記のとおり総合的に実施する．

維持管理は建築物および設備機能を物理的に高い制御性能に維持し続けること，法的にも各法規制の範囲で法的資格者による良質な運転管理にて信頼性を高めつつ，環境衛生，居住性の維持にはマニュアルに従って良心的な整備点検を併せて行い，設備機能を最良の状態に保ち，入居者に安全で快適な居住環境を提供し続けることを主目標としている．表7.3に法的維持管理業務および法的届出一覧を示す．

これには運転管理，制御と保守，点検，整備および修繕の各業務間の互助連携がスムーズにまた着実に行われることがキーであり，正しい維持管理の介入により各システムの正常な連携機能をすべて発揮させることにより，上記基本課題の円滑な運用管理が可能となる．

これに建物の規模に応じて導入，設置されたBEMS（Building Energy & Environment Management System）の果たす役割は大きく，維持管理への支援ツールとして建物の運転管理，各種監視制御および管理情報の収集を広範囲に行うことが可能になり，合理的な運用管理が行われる．

操作性能（マンマシンコミュニケーション）の優れたBEMSの採用は，これに高度に訓練された管理技術者の熟達した操作能力とのマンマシンコミュニケーション性の良さとが相応ってBEMSの状態監視，制御，故障予知機能を駆使して，さらに省エネルギー制御も含めて，建築物の隅々までの管理情報を素早く，確実にその傾向も含めて管理者に伝えることができる

ことになる．あるデータによれば，マンマシン性に優れたBEMSを使いこなしうる能力があれば，運転，監視，記録の技術業務を含めて全体の65%の業務は機械化，つまりBEMSの機能にまかせることが可能とされ，また得られた記録や異常履歴のデータを判読し再査，判定する能力があれば故障予知が行えるとしている．さらに最近ではコアタイム（建物営業，空調時間）外の夜間や日祭日の省員，無人時間帯の省力化時にもBEMSは建物情報のバックアップ機能を果たしている．また集中監視センター（デポ：depot）から複数の建物群への監視支援を行うリモートメンテナンス（Remote Maintenance）は無人時にも群管理サービスの都度の技術支援を得て，信頼性を保ちつつ「合理的な維持管理システム」に近づけることも可能となってきている．しかし現実にはマンマシンコミュニケーション性の良いBEMSが採用されている例は少なく，「信頼性を伴った合理化」へのネックとなっている．もちろん管理技術者の操作習得，能力アップも含めて合理化への矛盾の改善が叫ばれている．

7.3.3 予防保全による信頼性の向上と故障率の低下

建築物および，設備の長期間使用を前提とした安全と信頼性の確保を目指して，予防保全による故障，不具合，事故の削減と，その予知能力と併せて「建物の信頼性の度合と予防保全費との釣り合い」をあらかじめ検討し方針を定めておくことが重要である．保全面では運転時間とMTBF（平均故障発生時間間隔）との関係を故障発生率や故障履歴データから判断しておくこと，さらに事後保全（緊急保全）での突然の事故，故障に対しても緊急修理費と機能回復までの被害補償費に加えて，信頼性の失墜を含めた損失額との対比を行っておくことが必要である．

建築物，設備は数十年の長期にわたって運転し稼動し続けなければならない使命を背負って建設され竣工し，維持管理者に委ねられてきたのだが，予防保全費と緊急保全費との相関関係は複雑で避けては通れないのが事後保全への対応である．経年に沿って点検の頻度を増やしながら，運転時間当たりの費用を最小にする最適な保全サイクルで信頼性の確保を行っておくことが基本事項である．その最適な交点を見つけ，断定するための予防保全周期の決定が重要である．

$$予防保全費 < 事後保全費 + 補償費 + 信頼性$$

日常の日報記録の密度や定期保守点検の頻度の多少や精度によっては事故の予兆を予知し，その欠陥の予

7. ビル管理設備

( ) は実施回数

維持管理
├─ 法的対応
│   ├─ 設備
│   │   ├─ 空調
│   │   │   - 防排煙設備保守点検　建(年1回)　　○ターボ冷凍機保守点検　高(年2回)
│   │   │   - 環境測定　ビ(年12回)　　○チラーユニット冷凍機保守点検　高(年2回)
│   │   │   - ばいじん窒素化合物測定　ビ(月1回)　　○省エネルギー管理人　省
│   │   │   - ボイラ性能検査　労(年1回)
│   │   │   - 貯湯槽・熱交換器性能検査　労(年1回)　　建設設備検査　建(年1回)
│   │   │   - ボイラバーナ点検整備　労(年1回)
│   │   ├─ 給排水衛生・消火
│   │   │   - 消火器設備保守点検　消〔年2回〕　　○ガス漏れ警報設備保守点検　消〔年2回〕
│   │   │   - 屋内消火栓設備点検　消〔年2回〕　　○消防用水設備点検　消〔年2回〕
│   │   │   - スプリンクラ設備点検　消〔年2回〕　　○連結散水設備点検　消〔年2回〕
│   │   │   - 水噴霧消火設備点検　消〔年2回〕　　○連結送水設備点検　消〔年2回〕
│   │   │   - 泡消化設備点検　消〔年2回〕　　○受水，貯水，高架水槽清掃　水・ビ〔年1回〕
│   │   │   - 二酸化炭素消化設備点検　消〔年2回〕　　○汚水雑排水槽清掃　ビ〔年1回〕
│   │   │   - ハロゲン化合物消化設備点検　消〔年2回〕　　○浄化槽維持管理　浄〔年1回〕
│   │   │   - 粉末消化設備点検　消〔年2回〕　　○簡易専用水検査　水〔月1回〕
│   │   ├─ 電気
│   │   │   - エレベータ保守点検　建〔年1回〕　　○無線通信補助設備保守点検　消〔年2回〕
│   │   │   - 非常通報設備点検　消〔年2回〕　　○非常用専用受電設備点検　消〔年2回〕
│   │   │   - 自動火災報知設備点検　消〔年2回〕　　○非常用自家発電設備点検　消〔年2回〕
│   │   │   - 漏電火災報知設備点検　消〔年2回〕　　○非常用蓄電池設備点検　消〔年2回〕
│   │   │   - 非常放送設備点検　消〔年2回〕　　○非常用エンジン設備点検　消〔年2回〕
│   │   │   - 誘導灯および標識点検　消〔年2回〕　　○受変電設備精密点検　電〔年1回〕
│   │   │   - 非常コンセント設備点検　消〔年2回〕　　○非常照明設備保守点検　建〔年1回〕
│   │   └─ 建築
│   │   - ゴンドラ設備保守点検　労〔年1回〕　　○特殊建築物調査　建（2年〜3年1回）
│   │   - 避難器具設備点検　消〔年2回〕
│   │   - 防火シャッタ（含防火ドア）　建〔年1回〕
│   └─ 自主的対応
│   ├─ 設備
│   │   ├─ 空調
│   │   │   - ターボ冷凍機保守点検　（年1回）　　○電気集じん器洗浄整備　（年2回）
│   │   │   - 吸収式冷凍機保守点検　（年2回）　　○ロールフィルタ取り替え　（年1回）
│   │   │   - 冷温水発生機　（年2回）　　○各種フィルタ取り替え　（随時）
│   │   │   - チラーユニット冷凍機　（年2回）　　○パッケージ型空調機点検整備　（年3回）
│   │   │   - フィルタ洗浄　（年1回〜年2回）　　○防錆・防蝕剤補充　（随時）
│   │   │   - 冷却塔水槽清掃　（年2回）　　○厨房ダクト清掃　（月1回）
│   │   │   - 排気ガラリ清掃整備　（年1回）　　○オイルタンク内部清掃　（5年1回）
│   │   │   　　　　　　　　　　　　　　　　　　　○自動制御器具保守点検　（年2回〜年1回）
│   │   │   　　　　　　　　　　　　　　　　　　　○ポンプファン整備点検　（年1回）
│   │   ├─ 給排水衛生消
│   │   │   - 水処理装置保守（薬品投入）　（随時）
│   │   │   - 湧水槽清掃　（ビ）（随時）
│   │   │   - 消火水槽清掃　（2〜3年に1回）
│   │   ├─ 電気
│   │   │   - 機械式駐車場保守点検　（年1回）　　○システム100通信拠点　（年2回）
│   │   │   　　　　　　　　　　　　　　　　　　　ビルUPS装置保守
│   │   │   - ロードヒーティング設備点検　（年1回）　　（システム100交流無停電電源装置）
│   │   │   - 受変電設備清掃増締　（年1回）　　○エレベータ保守点検　（年12回〜4回）
│   │   │   　　　　　　　　　　　　　　　　　　　○発電冷却水水槽清掃　（2〜3年1回）
│   │   │   　　　　　　　　　　　　　　　　　　　○非常通報設備保守点検　（年2回）
│   │   └─ 建築
│   │   - シャッタ設備保守点検　（年2回）　　○防潮板（壁）保守点検　（年2回）
│   │   - 自動ドア設備保守点検　（年6回）　　○植栽
│   │   - ゴンドラ設備保守点検　（年12回）

適用法規

記号	法規	記号	法規	記号	法規	記号	法規
ビ	ビル管理法	危	危険物の規制に関する制令	電	電気事業法	騒	騒音規制法
建	建築基準法	水	水道法	浄	浄化槽法		
労	労働基準法	下	下水道法	高	高圧ガス取締法		
消	消防法	保	保健所法	省	省エネルギー法		

図 7.18　定期保全点検業務一覧表

防処置を講じて事故への拡大を防ぎ，設備の信頼度を高めることができるのだが，これには日常の運転監理，監視制御の点検精度の度合への取り組み姿勢と信頼性向上効果との相関関係を明らかにすることが必要である．これにより入居者に対する安全性・信頼性の度合をはかり知ることができる．しかしこれら予防保全頻度や精度の度合が最適であった場合でも平常のままであるために，その最適さを気づかれることはほとんどなく，最適なのだが結果が表面に現れないことに予防保全の効果を見落とされ勝ちとなり，その成果に気づかれないことが難題なのである．図7.18に定期保全点検業務（法的・自主的）一覧を示す．

7.3.4 事後保全と故障時対応との問題点

事後保全の場合は予防保全は行われず，故障または事故を起こしてから緊急手配をすることになり機能が戻るまでの時間または日数，入居者に迷惑をかけることになる．

事故後にその診断を行い，故障場所，原因，修理方法を調査し，修理の依頼を業者やメーカーに行い，取替え修理部品の調達や機材の手配など準備が整って，ようやく修理作業にかかることができる．単純な故障原因で修理が早く終了することもあるが，一般的には，特に複雑な事故の場合ほど，回復のための修理作業よりも原因の究明や修理の準備，段取りに長い時間を要することになり，その対応は多様でばらばらなのである．もし事前の予防保全による設備の保守契約によって点検があらかじめ行われていて問題点がおおむねつかめている場合は，故障のまま応急処理を行い，とりあえず営業時間外まで入居者に迷惑をかけないで，緊急運転を続け夜間の回復工事につなぐこともできる．これを予知保全といい，故障を想定してメーカーなど調査のうえ，あらかじめ故障時の回復時間の予想と手配ルートの検討，確認を行っておくことも必要である．上記から個々の場合々々により判断すべきで，例えば，バックアップのない単体機器などで条件の整わない事後保全では不安定であり，予防保全に頼らざるをえないのである．さもなければこれは「合理化のためであること」で「システムの信頼性の低下による入居者への迷惑はやむをえない」とのはっきりとした経営面での割り切りが必要となる．

7.3.5 故障診断と劣化診断の要点

過去の維持管理の観察記録，つまり日報などによる日常の点検記録や維持保全，保守品質条件の良否，その報告書の充実度などの建物情報として克明なデータ蓄積が適正な診断を可能とする．特にアナログ値の測定記録は重宝であり，多くの複合運転情報を包括して伝えてくれる重要な媒体である．運転管理，監視制御，維持保全による運転，点検および維持保全の各記録と併せ，不具合発生前後の異常規定値と実測値との差より観察され故障予知，劣化診断の調査記録，エネルギー性能低下動向の分析などについても引渡し初期値との変化要因の調査，解析を行うことから諸記録，報告書の充実が建物の過去を診断するための重要なポイントとなる．できればBEMSによる日報記録やアナログ上下限監視制御による異常の自動検知システムの採用が望ましく，結果によっては設計，施工時の専門技術者にて，設計の不備，施工の不行き届き，機器不良，維持保全のヒヤリングによる妥当性などについて解明分析を行い，2次，3次と診断の度合を進めていくこととなる．「調整，修繕，交換，オーバホールによる対応」との診断に止まる場合，または耐用年数やMTBF（前出）から診断した物理的劣化の度合や診断結果から改善，改修関連工事の規模や工事費の多寡によってはさらに耐震性能，環境基準，省エネルギー性能などの社会的劣化の改修も加えて大規模改修，リニューアル工事に進めることとなる場合もある．

不具合の調査診断の精度を上げるのに現状の数値的情報を得る計測調査が解体検査の前の予備調査として必要であり，これには非破壊検査による計測を取り入れている．計測点の位置や数の決定が難しく以前からの経験に頼ることが多いが非破壊検査の開発は進んでおり，精度，解析方法，結果判定スピードなど性能は向上し下記診断のツールとして活躍している．

(1) 音響，振動の利用：打撃，運転騒音，振動を計測し異常を検知する．

(2) X線，γ線の利用：放射線によりフィルムやイメージングプレートの画像処理解析する．

(3) 超音波の利用：超音波の通過時間で溶接部の欠陥や鉄部の残存厚みなどを計測する．

(4) ファイバースコープの利用：ダクトや配管内の堆積物やさび，腐食を内視観察する．

(5) サーモレコーダとパソコンソフト利用：複数のセンサをトレンド化し解析する．

表7.4にH7～H11年度建築物の事故報告件数一覧，図7.19にH7～H11年度事故別件数，経年推移，図7.20にH9年度事故分類，分析を建築，設備について示すが，立体駐車場の事故が多く，次いで電気設備，エレベータ，空調設備と熱源機器事故が経年とともに

表 7.4　H7〜11年度建築物の事故報告件数一覧

H7年度

事故分類1		事故分類2	
建築	129	外壁・屋上	22
		ガラス	23
		内装・建具	5
		エレベータ	14
		駐車場	49
		シャッタ	3
		ゴンドラ	1
		外溝	12
		その他	0
設備	40	熱源	2
		空調	10
		電気	21
		衛生	4
		中央監視	2
		管理外	1
防災	24	警備	0
		盗難	18
		木火災	4
		誤報	2
		悪戯	0
		設備	0
その他	22	負傷	5
		悪戯	7
		変質者	3
		その他	7
工事過失	9	建築	2
		設備	7
		その他	0
管理過失	10	設備	6
		保安	1
		清掃	3
合計			234

H8年度

事故分類1		事故分類2	
建築	132	外壁・屋上	11
		ガラス	17
		内装・建具	16
		エレベータ	30
		駐車場	46
		シャッタ	3
		ゴンドラ	1
		外溝	7
		その他	1
設備	68	熱源	10
		空調	15
		電気	28
		衛生	11
		中央監視	0
		管理外	4
防災	24	警備	3
		盗難	10
		木火災	3
		誤報	7
		悪戯	0
		設備	1
その他	21	負傷	3
		悪戯	4
		変質者	3
		その他	11
工事過失	6	建築	4
		設備	1
		その他	1
管理過失	7	設備	5
		保安	0
		清掃	2
合計			258

H9年度

事故分類1		事故分類2	
建築	155	外壁・屋上	12
		ガラス	37
		内装・建具	9
		エレベータ	26
		駐車場	50
		シャッタ	7
		ゴンドラ	2
		外溝・外周	7
		その他	5
設備	72	熱源	14
		空調	15
		電気	23
		衛生	11
		中央監視	1
		管理外	8
		その他	0
防災	34	警備	7
		盗難	9
		木火災	6
		誤報	7
		悪戯	4
		設備	1
		その他	0
その他	17	負傷	5
		悪戯	3
		変質者	3
		その他	6
工事	9	建築	3
		設備	5
		その他	1
管理	8	設備	3
		保安	3
		清掃	2
合計			295

H10年度

事故分類1		事故分類2	
建築	203	外壁・屋上	30
		ガラス	26
		内装・建具	16
		エレベータ	24
		駐車場	75
		シャッタ	8
		ゴンドラ	0
		外溝・外周	21
		その他	3
設備	98	熱源	18
		空調	20
		電気	35
		衛生	25
		中央監視	0
		管理外	0
		その他	0
防災	35	警備	1
		盗難	16
		木火災	2
		誤報	2
		悪戯	6
		設備	8
		その他	0
その他	18	負傷	6
		悪戯	3
		変質者	2
		その他	7
工事	22	建築	3
		設備	18
		その他	1
管理	16	設備	14
		保安	1
		清掃	1
合計			392

H11年度

事故分類1		事故分類2	
建築	179	外壁・屋上	22
		ガラス	30
		内装・建具	16
		エレベータ	20
		駐車場	59
		シャッタ	6
		ゴンドラ	0
		外溝・外周	25
		その他	1
設備	122	熱源	20
		空調	20
		電気	41
		衛生	37
		中央監視	1
		管理外	1
		その他	2
防災	45	警備	2
		盗難	15
		木火災	6
		誤報	10
		悪戯	1
		設備	10
		その他	1
その他	13	負傷	5
		悪戯	1
		変質者	5
		その他	2
工事	1	建築	0
		設備	1
		その他	0
管理	20	設備	18
		保安	0
		清掃	2
合計			380

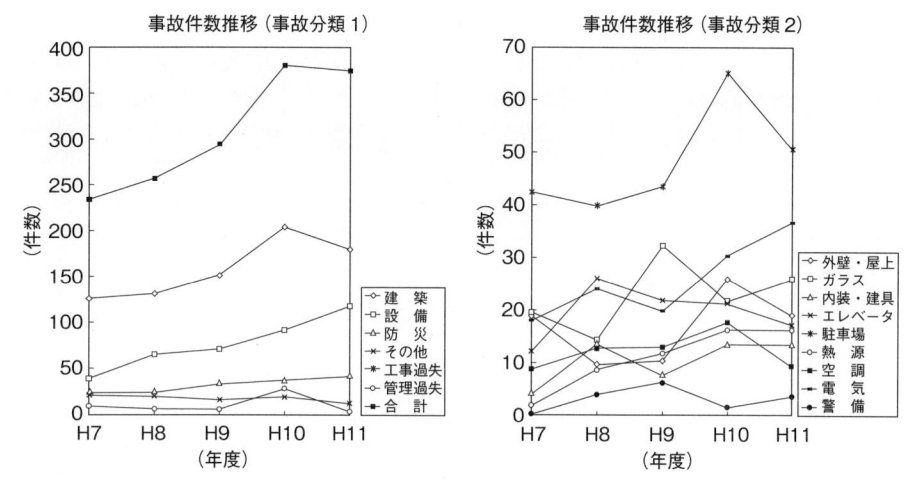

図7.19 H7〜H11年度事故件数推移

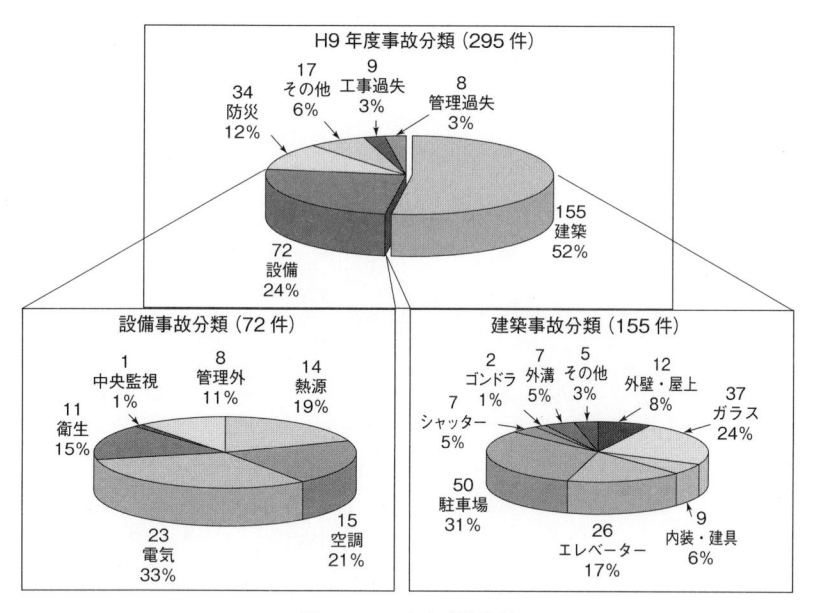

図7.20 H9年度事故分析

増加しつつある，特に全館の空調，給排水衛生および電気設備へ熱源，電源部からの諸機能を伝えている「各種搬送機能の劣化または不具合」は全館に欠陥を波及させていくことが予想され，建築設備にとって重症であり大規模改修につながる最重要項目である．これらの多寡や増加傾向は不具合，劣化診断，故障予知判断のための重要なアドバイスとなる．

7.3.6 大規模改修・更新・リニューアル対応

不動産を取り巻く環境の変化は建築物のスクラップアンドビルドの時代から建築物の長期利用を目指すストックアンドリノベーションの時代に急速に転換しつつあり，建築プロジェクトの経年による，大規模改修計画とリニューアルの実行が重要となり，維持管理の重要性とともにクローズアップされている．

建築基準法には建築物の維持保全計画を建築物の所有者，管理者が作成し，これに基づいて維持保全を実施することが定められている．またこの計画には修繕計画およびその資金計画も含まれている．

大規模改修，修繕計画は建物のLCのうち，15〜20年ごとに設備機器の連続運転による物理的劣化の耐用限度に対して行うことが設定されている場合が多く，このための設備機器の更新，取り替えに加えて，最近では耐震診断による建築設備の耐震補強工事も含めて

入居者への安全性を高める改修工事が加わり，その資金調達の面では費用が増大して改修資金の確保が難しくなる場合があり空調や電気設備の建物環境機能の維持や信頼性の確保に対して重大な影響を与えることになる．

耐用年数は法的に税制上から定められている法定耐用年数があり，そのなかで設備機器の法定耐用年数は空調設備機器を中心にほとんどの設備機器項目で15

表7.5 設備機器の機器の耐用年数比較表

	①	②[1]	③[2]	④[3]	⑤[4]	⑥[5]
	法定耐用年数	建設業協会推定使用年数（標準偏差）	久保井の調査予防保全/事後保全	ASHRAE Handbook 1980(median)	ASHRAE Journal 1978(median)	VDI 2067
ボイラ　　水管			18/10	24 (30)	蒸26, 温23	20
煙管	15	18.9 (6.2)	15/ 7	25 (25)	〃25, 〃24	20
鋳鉄	15	21.1 (5.6)	20/15	35 (30)	〃30, 〃30	25
電気				15	15	25
バーナ				21	20	20
ファーネス				19	20	15
冷凍機　　往復		15.0 (6.5)	15/10	20	20	20
遠心	13〜15	21.1 (5.7)	20/10	23	23	15
吸収		17.5 (5.4)	(15/ 5)	23	23	
ヒートポンプ						
住宅用　　空—空				10	10	15
商業用　　空—空				15	15	15
〃　　　　水—空				19	13（商工業用）	
パッケージ空調機	13〜15	13.4 (5.6)	15/10（半密閉）	15	15	15
ルームエアコン	13		13/10			
（ウインド型）	(<22 kW)		（密閉）	10	10	10
（スプリット型）				15	15	
ユニット空調機		17.5 (5.8)	18/10			15
エアワッシャ				17	17	15
ファンコイルユニット		15.8 (6.4)	15/10	20	20	15〜20
ラジエータ	15　鋳鉄	20.8 (6.7)		25	25	20〜25　鋼板
コイル（直膨，蒸気，水）	15			20	20	20
熱交換器						
（シェルチューブ）			15/10	24	24	15〜20
冷却塔	15	14.4 (5.3)	15/ 7	20 鉄板 / 4 セラミック	20 鉄板 / 34 セラミック	10〜15
エバコン				20	20	15
送風機	15	18.6 (6.2) 多翼	15/10	25 遠心 / 20 軸流 / 15 プロペラ	25 遠心 / 20 軸流 / 15 プロペラ	20 低圧 / 15 高圧 / 20 一般
ポンプ	15 揚水/汚水/冷温水	17.0 冷温水 / 17.0 揚水 / 12.9	15/10 揚水 / 15/10 汚水 排水 水中	20 温水，ベース / 10 温水，ライン / 10 揚水井戸 / 15 凝縮水	20 温水，ベース / 10 温水，ライン / 10 揚水井戸 / 15 凝縮水	18 渦巻 / 10 ライン / 10 凝縮水
弁類	15		10/ 5	15 水力式 / 20 空力式 / 10 自力式	15 水力式 / 20 空力式 / 10 自力式 / 14 電気式	15〜20
制御機器	15		10/ 5	10 空気式 / 16 電気式 / 10 電子式	10 空気式 / 16 電気式 / 10 電子式	10〜12
電動機	15			18	18	15

〔注〕1) 建築業協会：設備機器別耐用年数の実体調査，1980-9．
　　　2) 久保井敬二：設備機器の耐用年数調査，建築保全 1, 2, 1980-9．
　　　3) ASHRAE：ASHRAE Handbook, chapter 45, 1980.
　　　4) M. Akalin：Equipment Life and Maintenance Cost Survey, ASHRAE Jornal (1980-10).

年として表示されている，法定耐用年数を含む設備機器の耐用年数比較表を表7.5に示す．

一方，企業の経済的評価も含めて客観的な判定によって判断を行う実用的な耐用年数表があり，建設業協会などが使用している設備機器の耐用年数比較表があるが，経年による物理的性能，機器の劣化や公害，省エネルギー性の性能ダウンを含めた社会的劣化をもとにLCC的に診断，評価，判断される年数である．まず法定耐用年数を参考に，実用的耐用年数と比較，調整採用し判断していく必要がある．

機器の原価償却の算定や課税評定の目安ともいえる適切な大規模改修計画は，前述のとおり日常の点検記録や維持保全の実施量やその質の良否，その結果の報告書の内容によって更新時期や間隔などの延長等のコスト削減が可能となる経済的判断に連なる資金計画にフィードバックされることになる，同時に大規模改修の主柱である建物情報として充実したデータの蓄積となる．

LC評価による事務所建築の法定耐用年数は65年とされているが，設備機器はこの期間を2～3回の周期での大規模改修工事を行いながら対応してゆくことが標準とされている．

7.3.7　維持管理が資産価値の評価に与える影響

このように建物，設備の長期使用後の経年劣化と信頼性の低下が懸念されるのだが，さらに資産の売買や不動産の証券化に見られる建築物の所有形態が安定型を目的とする時代から，優良な資産として有利に運用する有益な不動産投資対象の商品として取り扱われることにかわり，市場からはその収益性を厳しく評価され始めていると同時に，その「優れた建築プロジェクトとして評価の高さ」が収益につながる，という新しいニーズにもなっている．

つまり大規模改修やリフォームを含めて竣工後の維持管理の在り方や長期的な取り組みによって建築物の資産価値の良し悪しが評価され，安定した収益につながることになり，運転管理や維持保全の合理化のなかでも快適環境や高い信頼性での品質確保，居住者サービスなど顧客満足度（CS）向上への努力義務が強く求められてきており，これには今までの誠意実直型管理から短期効果対応型の維持管理方式への転換や，維持管理仕様（表7.6年間維持管理作業計画書―1）の簡略化への見直しや信頼性の一部の割り切りも加えた技術対応力の多様化，過重性や余裕〔BEMSの一般的なシステムであるノーマルブラインド方式（正常時は監視を行わず異常事項のみ追究し修正，正常化して行く方式）の異常時対応への人的余裕は微妙であるが認められなければならない，しかし判断の異なりによっては余裕はむだとして除去されてしまう場合がある〕の検討も含めて管理体制の立体化・遠隔化など，いずれも長期的観点に立って根本から考え直さなければならないことも含まれている．

7.3.8　維持管理を取り巻く環境の変化により求められる技術対応力の多様化と人材

同様にすでに建築された多くの資産ストックに対してもLCC（life cycle cost）的に採算のとれる維持管理コストの範囲でリニューアルや整備への投資が，いかに効果的にコスト配分ができるのか，さらに建物の経営的戦略から投資への意思を決定するべき，どのような魅力的な条件に対して投資し，建物への投資価値を向上・維持してゆくのかを把握し信頼性のアップはもちろん，省エネルギーや省力化，運用管理マネジメントへの判断条件の提示などリニューアル計画へのアドバイスをも含めて建築物の新しい経営指針に対する管理システムの在り方へも多角的対応が求められている．以下PM, FM, DD, ESCO, PFIおよびCX（Commissioning）などの新しいコンサルタント業務の出現に伴って維持管理技術者に対する課題が拡大し高度な技術対応力が要望されている．人材は収益性を高める源泉である反面利益を費やすコストでもあることから，新しいビジネスへ展開または対応できるノウハウと管理能力を備えた人材を擁する企業に変換させていかねばならない．

(1) PMの出現と対応：建物オーナーからの依頼により，代って資産の運用を所有と分離し，専門に運用を担当し，不動産を投資対象の流動資産として扱い管理仕様の見直しや，管理コストの削減など妥当性の検討により収益性を厳しく評価するとともにその資産の運用を常に有利に進めるためのコンサルタントを行うPM（Property Management）業務の発生とこれへの正しい対応能力が必要．

(2) FM・FM'r業務の充実とその対応：建築物，設備など施設の運用を総合的に優位に進めるために維持管理を事業として，それぞれの経営方針に沿って幅広く事業を支えるFM（Facility Management）業務と，その収益性をより高め資産の運営業態として施設の在り方を見直すFM'r（Facility Manager）資格者の出現，これによりインハウスでも不動産戦略に沿った合理的，効率的な運用管理が行われることとなった．

7. ビル管理設備

表 7.6 年間維持管理作業計画書 — (1)

種別	作業項目	作業区分 日常	作業区分 外注	( ) 内 500 kW 工 数	頻度	4月	5月	6月	7月	8月	9月	10月	11月	12月	1月	2月	3月
A 電気関係	1. 受変電設備総合点検	○	○	$4^A \times 7^H (3^A \times 7^H)$	1											○	
	2. 受変電設備清掃点検	○		$1^A \times 0.5^H$	4		○		○		○		○				
	3. 監視室清掃 (ESPを含む)	○		$1^A \times 2^H$	4		○		○		○		○				
	4. 分電盤および配電盤負荷電流測定	○		$2^A \times 2^H$	2		○				○						
	5. 電話分岐盤室清掃	○		$1^A \times 0.5^H$	4		○		○		○		○				
	6. 電飾看板タイマ設定	○		$1^A \times 0.5^H$	4		○		○		○		○				
	7. コンセント使用状況点検	○		$2^A \times 2^H$	3	○							○		○		
	8. 発電機本体室内清掃	○		$1^A \times 1^H$	2					○			○				
	9. 蓄電器均一充電	○		$1^A \times 0.5^H$	2					○			○				
	10. 発 冷却水槽清掃		○	$1^A \times 1^H$	1								○				
	11. 蓄電器実負荷テスト	○		$2^A \times 1^H$	1											○	
B 熱源関係	1. 冷温水機チューブ清掃	○	○	$1^A \times$前0.5^H中0.5^H後0.5^H	2	○						○					
	2. 冷温水機切替運転中間点検	○		$1^A \times 0.5^H$	4			○		○			○			○	
	3. 冷却塔清掃		○	$2^A \times 2^H$	6		○	○	○	○	○	○					
	4. ポンプパッキン潤滑油交換	○		$2^A \times 1^H$	1						○						
	5. 膨張タンク清掃	○		$1^A \times 0.5^H$	1		○										
	6. 配管バルブ切替え	○		$2^A \times 2^H$	2		○					○					
	7. 冷却水張替えエア板	○		$1^A \times$前0.5^H後0.5^H	1							○					
	8. 冷却水用ストレーナ点検清掃	○		$2^A \times 1.5^H$	1							○					
	9. 熱源室清掃	○		$1^A \times 0.5^H$	4		○		○			○			○		
	10. 冷却塔Vベルト交換	○		$2^A \times 2^H$	1/2年												
C 空調関係	1. 空調機整備点検 (9台)	○		$2^A \times 4^H$	2			○				○					
	2. グリス補給 (6台)	○		$1^A \times 3^H$	2			○				○					
	3. 各階機械室清掃	○		$1^A \times 4^H$	4			○				○		○			○
	4. レターングリルチャンバ側清掃			$1^A \times 0.5^H$	1							○					
	5. FD点検	○		$1^A \times 2^H$	1				○								
	6. 電気集じん機洗浄		○	$1^A \times$前0.5^H後0.5^H	2		○					○					
	7. ロールフィルタ交換		○	$1^A \times$前0.5^H後0.5^H	1									○			
	8. FCUフィルタ洗浄およびC/L (100台)		○	$2^A \times 5^H$	8		○		○		○		○		○		○
	9. FCUドレンパン清掃およびC/L (100台)		○	$2^A \times 5^H$	1												
	10. 送排風機清掃 (6台)	○		$1^A \times 3^H$	1							○					
	11. 機械室給排気口清掃	○		$1^A \times 1^H$	1											○	
	12. 環境測定	○		$1^A \times 1^H$	6	○		○		○		○		○		○	
	13. ばいじん測定	○		$1^A \times$前0.5^H後0.5^H	2			○						○			
	14. 空調制御機器点検				1/3年												
D 衛生関係	1. 受水槽清掃	○	○	$1^A \times$前0.5^H後0.5^H	1						○						
	2. 高架水槽清掃	○	○	$1^A \times$前0.5^H後0.5^H	1						○						
	3. 水質検査	○		$1^A \times 1^H$	2		○					○					
	4. 排水マス点検	○		$1^A \times 1^H$	2		○					○					
	5. 湯沸機内部清掃 (8台)	○		$2^A \times 4^H$	1								○				
	6. 害虫駆除	○		$1^A \times 3^H$	2			○					○				
	7. 汚水, 雑排水槽清掃	○	○	$1^A \times$前0.5^H後0.5^H	3		○				○			○			
	8. 汚水, 雑排水希釈	○		$1^A \times 0.5^H$	3							○					
	9. 湧水槽清掃	○	○	$1^A \times$前0.5^H後0.5^H	1/2年					○							
	10. 湯沸器ボールタップ	○		$1^A \times 1^H$	4	○			○			○		○			
E 消防関係	1. 消防総合点検	○	○	$1^A \times 3日 \times 7^H$	1							○					
	2. (地下) 消火水槽清掃	○	○	$1^A \times$前0.5^H後0.5^H	1						○						
	3. (屋上) 消火水張水槽清掃	○		$1^A \times 1^H$	1						○						
	4. 呼水水槽清掃	○		$1^A \times 0.5^H$	2		○					○					
	5. 消防訓練	○		$1^A \times 3^H$	2			○			○						
	6. 炭酸ガスボンベ室清掃	○		$1^A \times 0.5^H$	2		○					○					
F 建物	1. ELV法定点検立ち会い (3台)	○		$1^A \times 3^H$	1							○					
	2. ゴンドラ点検立ち会い	○		$1^A \times 1^H$	1							○					
	3. シャッタ点検立ち会い	○		$1^A \times$前0.5^H後0.5^H	2		○					○					
	4. 自動ドア点検立ち会い	○		$1^A \times$前0.5^H後0.5^H	6	○		○		○		○		○		○	
	5. チェックリスト実施	○		$1^A \times 3^H$	2			○				○					
G その他	1. 植栽管理工事		○	$1^A \times$前0.5^H後0.5^H	2			○			○						
	2. 備品庫清掃	○		$1^A \times 5^H$	4	○			○			○			○		
H 事務関係	1. 自己申告書 (副診書)	○		$1^A \times 1^H$	1			○									
	2. 育成観察票	○		$1^{A人} \times 1^H$	2			○					○				
	3. 人事考課表	○		$1^{A人} \times 2^H$	1								○				
	4. 修理予算申請書	○		7^H	1												○
	5. 冷却塔清掃完了届け	○		0.5^H	1												○
	6. FCU清掃完了届け	○		0.5^H	1												○
	7. ばい塵発生施設調査	○		2^H	1					○							
	8. 年間高熱水使用調査	○		2^H	1					○							
	9. 什器備品調査	○		1^H	1										○		
	10. 電力使用量調査	○		7^H	1				○								
	11. ビル管法関係書類	○		1^H	1												
	12. テナント会	○		2^H	6	○		○		○		○		○		○	

7.3 維持管理

(3) デューディリジェンス（DD）業務への情報提供と対応：建築物の売買や証券化の取引による不動産の流動化が始まり，資産管理の観点で既存施設の現況を調査し価値や価格の判断を行うため現場に出かけ正しく査定評価し，不動産投資のリスクとリターンの妥当性を確定づけるため，事前調査を担当するデューディリジェンス（DD：Due・Diligence）業務への情報の提供および対応が重要となった．

(4) ESCO事業への参画または協力：建築物の省エネルギー診断を行うESCO（Energy Service Company）事業者やビル管理会社へ，維持管理を通じて多くを占める光熱水費のエネルギー消費量の多寡が建物運営に

表7.7 スペース単価（円/m²・月）による委託料査定の例（建築施工単位 2006年冬号）

設備管理業務標準作業表

勤務別	業務別	設備名	作 業 項 目
昼間勤務	運転制御監視業務	電気設備	受変電設備操作・監視，受変電盤操作・記録・監視，発電設備の運転操作，蓄電池設備監視
		空調設備（冷暖房設備）	中央監視盤操作・記録・監視，ボイラ運転操作・監視（年間平均），冷凍機運転操作・監視（年間平均），空調機運転操作・監視，換気設備運転操作・監視，各室温湿度記録・監視
		給排水衛生設備	給水設備の運転操作・監視，排水設備の運転操作・監視，給湯設備の運転操作・監視
	日常点検巡視業務	電気設備	受変電設備の巡視点検，各階電気設備巡視点検，発電設備の巡視点検，蓄電池設備巡視点検，電気時計設備巡視点検，弱電設備巡視点検
		空調設備（冷暖房設備）	ボイラ設備巡視点検（年間平均），冷凍機巡視点検（年間平均），空調機巡視点検，各階空調状態巡視点検，換気設備巡視点検
		給排水衛生設備	給水設備の巡視点検，排水設備の巡視点検，ガス設備の巡視点検，給湯設備の巡視点検，衛生設備の巡視点検
	一般管理業務		各設備の管理計画の作成，関係官公庁その他に対する諸手続きおよび事務，管理業務状況報告書の作成，その他
平日夜間勤務	運転監視制御業務		必要設備の運転監視作業（ただし23時～6時仮眠とする）

設備管理業務（電気・空調・給排水衛生）（建築施工単位 2006年冬号）

- 年間契約を前提としたm²当たり月間料金である（諸経費含む）．
- 業務の内容は常駐要員によるビルの電気設備・空調・冷暖房設備，給排水衛生設備の運転監視制御および日常巡視点検からなり，精密点検，測定，整備，法定検査および補修・修理を除く（詳細は上記，設備管理業務標準作業表参照のこと）．
- 常駐人員の人工数は8時間勤務を前提とした場合のものである．

諸経費込み　夜間勤務要員のいないビル

対象ビルの延床面積		単位	札幌	仙台	東京	新潟	金沢	名古屋	大阪	広島	高松	福岡	参考
延床面積	2000 m² 以下	m²月	154	153	187	…	…	162	163	152	157	167	常駐人員 1.0人
〃	3000 m² 程度	〃	141	136	169	…	…	148	152	135	147	133	〃 1.4人
〃	4000 〃	〃	126	125	157	…	…	133	136	117	134	126	〃 1.7人
〃	5000 〃	〃	112	111	140	…	…	124	117	112	121	112	〃 1.9人
〃	6000 〃	〃	108	108	131	…	…	111	113	104	116	109	〃 2.2人
〃	7000 〃	〃	104	101	129	…	…	105	111	97	111	104	〃 2.4人
〃	8000 〃	〃	89	95	124	…	…	99	104	92	102	99	〃 2.6人
〃	9000 〃	〃	80	91	118	…	…	95	100	89	98	93	〃 2.8人
〃	10000 〃	〃	76	89	112	…	…	89	96	86	92	88	〃 3.0人
〃	20000 〃	〃	…	…	106	…	…	94					〃 4.6人

諸経費込み　夜間勤務要員のいるビル

対象ビルの延床面積		単位	札幌	仙台	東京	新潟	金沢	名古屋	大阪	広島	高松	福岡	参考
延床面積	2000 m² 以下	m²月	480	521	541	…	…	549	496	530	543	479	常駐人員 3.4人
〃	3000 m² 程度	〃	410	413	394	…	…	435	377	418	428	387	〃 4.0人
〃	4000 〃	〃	340	352	333	…	…	381	323	350	342	349	〃 4.3人
〃	5000 〃	〃	298	311	307	…	…	327	290	308	299	319	〃 4.5人
〃	6000 〃	〃	269	282	265	…	…	299	258	274	274	284	〃 4.6人
〃	7000 〃	〃	245	258	252	…	…	272	243	250	257	258	〃 4.7人
〃	8000 〃	〃	238	240	250	…	…	256	226	228	248	237	〃 5.0人
〃	9000 〃	〃	218	223	248	…	…	239	221	209	231	220	〃 5.7人
〃	10000 〃	〃	207	211	236	…	…	223	205	205	218	207	〃 6.4人
〃	20000 〃	〃	…	…	231	…	…	201					〃 7.0人

〈月間料金計算例〉
- 夜間勤務要員のいないビルで延床面積5000 m²程度のオフィスビル（東京）
  140円/m²・月×5000 m²（延床面積）＝700,000円/月

さらに年間の料金を算定する場合には
700,000×12カ月＝8,400,000円/年

及ぼす影響の過大さに気づいた建物オーナーは省エネルギー診断の委託やその改善検討と提案を求めている.

(5) PFI 事業への参画または協力

PFI (Private Finance Initiative) 事業における新築, 改修工事に維持管理業務を加え, 建築, 設備計画の設計上の留意点および運用管理手法の提案を行う事業.

(6) commissioning および R-commissioning 業務を取り込んだ維持管理のニュービジネス.

建築物の竣工, 引き渡し時の性能検証 (CX : Commissioning) による確認業務と, その受け渡し完了後の四季別の運転性能検証による環境・エネルギー性能などの経済性能の維持継続と, 設計の不備, 機器の劣化, 制御の調整不備, などの修正を加えながら再性能検証 (R-CX : Re-commissioning) を行う LCC 的対応の継続業務としてニュービジネスへの参入.

以上のような建築物運用における, 新しいコンサルタント業務の維持管理への介入やニュービジネスへの参画は, 今まで建物オーナーとの間で相互信頼関係のなかで穏やかに運用されてきたが現状の維持管理業務の在り方に, PM の参入などで厳しさ, とともに大きな変革をもたらしつつある. 表 7.7 に設備管理業務委託料を常駐人員の査定も含め,「スペース単価で査定された委託料」の場合を一般事務所ビルの厳しい地域別維持管理価格の例で示す.

7.3.9 建物経営に携わる管理技術者の確保と育成

合理化のなかであっても維持管理に発生した新しいニーズや業務の変化を吸収しながら管理品質についても正しく対応してゆくことができる優れた維持管理技術者が求められている. 運転管理の未熟さやミスはもちろん, 入居サービスへの対応の悪さは投資評価を下げることから認められず, さらには設計者の意図の理解はもちろん, 維持管理実績からの情報を常にフィードバックさせて多くの経験から得た高度で広範囲な専門知識を身に着け, 建物運用マネジメント力など広い関連知識をもち, さらに管理情報収集の支援ツールとしての BEMS の操作や制御機能の取扱いにも熟達し関連設備機器の正確な取り扱い, 経験の豊かさも重要視されることから,「新しい維持管理時代の運用および管理技術力で高い評価を受けうる人材」の育成とその確保が求められている.

企業にとって人材は収益を高める源泉であり, これに豊富なノウハウと合理化された維持管理力が加わり, 今後の新しいまた高度な維持管理を支えるニュービジネスへ進展して行くための企業にとって重要な課題なのである. 〔市橋迪訓〕

文　献

1) 空気調和・衛生工学会編：空気調和・衛生工学便覧 (13 版).
2) 建築設備綜合協会：BE 建築設備, 2001. 3.
3) 建築設備維持保全推進協会：建築, 設備総合技術者, 講習テキスト.

7.4　経営管理設備

ビル経営管理設備は通常 BMS (Building Management System；以下 BMS と略称) と呼ばれる. 現在は建築設備と位置づけられる段階にはないが, すでに部分的には導入が試みられており, ビル運転管理設備 (BA) や診断システムの支援を受けて, 総合的なシステムが経営管理の有力な武器として採用される時期も近いと考えられる.

7.4.1　経営管理設備概要

BMS はビルを経営管理するための総合的な情報処理設備であり, 経営管理システムと施設管理システムに大別できる.

経営管理システムの業務は, 基本的な企業経営管理情報である経理・人事情報の処理と, 投資段階のビルの取得に関する経営計画・所有ビルの活用に関する経営計画 (市場調査・比較検討・事業性の検証など) などである. これらはいずれも事務システムであり, 施設管理システムより必要なデータを取得する. システム構築は汎用の OS など標準のソフトウェアが利用されるので比較的容易であるが, 企業機密情報を取り扱うので, ネットワークアクセスに関する情報セキュリティ上の配慮が重要である. 本システムは, その内容から将来とも建築設備には組み込まれることはないと考えられるので, 本書の記述範囲外とする.

施設管理システムはビル運転管理システムから運転管理情報を取得して, これを経営管理の基礎情報として活用する. システムとしては, 基本データとして建築・設備の台帳データベースが必要であり, これを利用して維持保全情報や点検整備情報などに合成し, さらに維持保全計画や工事計画などを策定し, 長期・短期の管理計画 (コスト付き) の策定などを行う.

この管理計画の策定により, 建物・設備の資産管理を担当する経営者・管理担当者に, タイムリーにビルの"運営管理コスト"を効率的に管理するための情報が提供可能となる. 運営管理コストは, ビルの生涯費用 (Life Cycle Cost：以下 LCC と呼称) の大半を占

めることになるため，これを管理することは非常に重要である．

7.4.2 計画・設計

BMS は本来運営主体が利用するシステムであり，運営主体の基本方針に則った基本仕様に基づいて構築される．しかしながら，BMS の計画・設計を実施する段階には必ずしも運営主体が決定していない場合があり，この場合運営主体の組織や管理基本方針などを想定してシステム検討を行うことになる．

上記のことを勘案すれば，システムに求められる内容として，運営主体の具体的な管理計画によって決定される機能・性能・利便性に関し，追加・変更に柔軟に対応できるシステム構成としておくことが有効な場合が多い．

システムの設計に際しては，システム運用上，建築・設備のデータベースが必要であることから，建築・設備の計画時から台帳の整理方式を念頭においた建築・設備全般にわたる設計を行うことが重要である．

7.4.3 システム構成

ハードウェア構成は，BA とは異なり制御対象がないので，事務処理システムと同様と考えられる．

ハードウェア上の構成は，管理対象のビルの内容によりさまざまな選択肢がある．ビルを一括管理する場合は，多くの場合施設管理用 BMS は 1 組の処理システムで構成する．この場合でも施設台帳システムは，ファイルサーバとして独立したシステムとすることが有効な場合があるので，十分な検討が必要である．大規模多目的ビルでは，用途別に運営主体があり，管理主体が分かれていれば，用途別などの独立管理単位ごとに BMS を分散設置し，これらを LAN を介して統合運営管理する BMS を設置する構成とすることが多い．

システムの構成方法としては，まず必要な建築・設備の台帳データベースシステムを構築し，これに必要な機能のシステムを徐々に付加する方法が現実的な方法であり，計画当初に最終のシステム構成を想定しなくても，途中の追加・変更に柔軟に対応できるシステム構成が望ましい．

BMS は経営管理システムへ情報を提供することが必要であり，経営管理システムでは多くの機密情報が取り扱われることが多い．この経営管理システムとは情報通信設備で情報のやり取りを行うので，授受ポイントには情報漏えいとハッカーの侵入を防ぐための機能（例えばゲートウェイ装置）を介して接続する必要がある．

ソフトウェアは，OS ほかできるだけ汎用のものを採用し，バージョンアップ時の時間と費用の軽減に努めることが肝要である．必要なソフトウェアとしては，ビルの平面図，系統図などを基本とした画面から，簡単な操作で各種情報の表示，照会，帳票出力などの機能を提供できるものを準備する．

7.4.4 機能仕様

施設管理システムは，施設の運営管理に必要な情報

表7.8 保全管理 BMS 機能項目例

業務処理システム	保全計画	修繕費年度予算
		中長期修繕計画
	工事管理	作業届管理
	保守作業管理	作業計画
		作業スケジュール
		外注管理
		勤務計画
	点検整備記録	点検
	テナント課金管理	使用量把握
		メータ管理
		仕訳集計
		個別仕訳集計
		スケジュール管理
		履歴管理
	運転管理	BAS データ集計
		エネルギー管理
		設備稼働状況調査
	保全事務処理	作業日報出力
		エネルギー使用内訳書
		業務報告書
		報告書用グラフ作成
	通信施設管理	業務用 PBX 管理
	消耗品備品管理	在庫管理
		購入依頼書作成
		使用量把握
	図面図書管理	図書管理
	清掃運用管理	清掃運用管理
	テナント設備管理	テナント設備
共通処理システム	台帳処理	参照処理
		編集処理
		関連図面検索
	図面処理	作図処理
		出図処理

を求められる．管理対象は施設台帳にデータベースとしてシステム化されて収容されている必要があり，管理担当者はこれに運転記録や保守記録を勘案してその都度必要な情報を取得しようとする．

この作業を実現するためには，BMSはさまざまな機能を必要とする．しかしこの必要機能は，システム全体の管理対象の規模，出力の内容，出力表示形態などの品揃えによって大きく相違する．システムの機能仕様の構築は，最小限のデータベース機能とこのデータを利用して経営上の情報を作成するための機能ソフトを設定し，これをベースに全体構成を想定して構築する方法を採用することが多い．

表7.8に施設管理システムの機能項目例を記す．

7.4.5 機器・装置

施設管理システムの機器・装置の構成は，各部署に配置されるコンピュータとコンピュータ室に配置される1台のデータベース格納用のコンピュータを相互にネットワーク接続した分散処理構成となる．データベース格納用のコンピュータは，大容量データ処理，図形処理を考慮し，演算処理やグラフィックス処理性能に優れた機器とする．またある規模以上の建築物では，その建築設備の台帳データは非常に重要なので，少なくとも記録装置は二重化する．

ソフトウェア構成は，汎用処理ツールを採用する．共通処理部には，汎用性の高いパッケージを採用することにより，各種業務処理で発生する画面，帳票，データ処理への量的，質的な対応力を確保する．

7.4.6 経営管理情報の範囲と内容

経営管理情報の範囲は，基本的には建築・設備の台帳データベースから導き出しうる範囲であるが，営業上の視点や財務上の視点が入ってくると，この範囲をはるかに超えて幅広いことになり，施設所有者の総合的な経営管理手法であるPM（Property Management）システム，施設利用者の総合的な経営管理手法であるFM（Facility Management）システムの視点に変わると考えられる．

7.4.7 BEMSについて

BEMS（Building and Energy Management System）という言葉が近年利用されるようになってきたが，これは1988年にビルエネルギー管理システムと呼称されて提案された．

このときBEMSは現在でいうところのBAを包含する内容をもっていた．この視点は，建築設備の中央監視設備の延長線上ではなく，ビルを運営する立場に立って管理するシステムとして提案されたもので，当時エネルギー危機が叫ばれていたことを意識してエネルギー管理を積極的に取り上げたビルエネルギー管理システムであった．

現在BEMSという言葉は，ビルの運営管理に着目し，地球環境問題が顕在化した今日を意識してエネルギーの管理を取り上げ，BAの上位の運営管理統括管理システムと位置づけられ，建築空間の快適性，建築・設備の保全，省エネルギーを最重要課題として，運営管理上必要な個々の機能および統括管理機能を中心にシステム構成されている． 〔伊藤　仁〕

7.5　性能劣化診断設備

性能劣化診断設備は，建築設備の性能劣化をセンサとその解析システムで診断しようとする設備である．いまだ建築設備としての完成された位置づけはされていないが，これからの設備システムとして重要になる設備である．現在は一般建築物への採用は，費用対効果の面で導入に至るものは少ないが，プラントや製造施設などの重要設備の装置機器には導入されることがある．

7.5.1 診断設備一般

建築設備の材料・機器・設備システムは，経年とともに性能や機能が低下する物理的劣化と，社会環境の変化による社会的劣化に伴う障害が顕在化してくることは避けられない．

この物理的劣化や社会的劣化とは，以下のような状態のときである．

(1) 物理的劣化
① 性能低下で要求機能の維持が困難になったとき
② 故障頻度が高くなり機能障害が多くなったとき
③ 劣化による維持費の増大傾向が著しくなったとき
④ 交換部品の入手が困難になったとき
⑤ 修理が技術的に不可能になったとき
⑥ 使用上の安全性が保持できなくなったとき
(2) 社会的劣化
① 進歩や変化で新機能要求（OA化，省エネルギー，安全性向上など）が生じたとき
② 新システムの出現で現システムが陳腐化したとき

③ 法規改正による遡及や行政指導などによって不格が生じたとき
④ 建築物の使用目的を変更するとき
⑤ 建築物の付加価値を高め建物運営の効率化を図ろうとするとき

劣化診断は，材料・機器・設備システムの物理的劣化や社会的劣化の程度を調査し，測定データをもとに現状を正しく把握して，総合的な評価のもとに改善を必要とする範囲やその時期を明確にすることで，劣化による機能停止や事故を事前に防ぐとともに，残存寿命の予測を行い，更新計画に結びつけることを目的として実施するものである．

材料や機器についての物理的劣化は，各種の方法による測定データや性能劣化診断設備で容易に把握することが可能であるが，設備システムの機能劣化の把握は，システム単位で考える必要があり，材料や機器を単体で診断しても設備システムとして評価することは困難である．また，社会的劣化は時代とともに変化する価値観や業務処理形態の変化に対する多様化・複雑化した設備機能への要求が，当初の設備機能とずれを生じてくることである．したがって，定量的あるいは定性的に把握できた物理的劣化と把握しにくい社会的劣化を，診断判定として総合的に評価しなければならない難しさがあるので，評価にあたっては次の事項に留意して，妥当性を示す必要がある．

(1) 診断目的および目的の優先度を事前に明確にする
(2) 診断方法の妥当性および限界を説明し確認をする
(3) 測定データは定量化や定性化を行って判定の根拠とする
(4) 評価の客観性を示して十分な協議と説明をする

なお，物理的劣化による性能低下を把握する性能劣化診断設備は，建築設備の機械的強度・摩耗・腐食などや電気的絶縁耐力・摩耗・過熱などによる化学的変質などをセンサで検出し，この情報を解析システムで分析して，機器装置あるいは部材の所期の性能保持状況を診断する設備である．

現在実用化されている性能劣化診断設備の代表的なものとしては，設備保全管理システム，設備点検システム，データ集積管理システム，遠隔監視システム，工事管理システム，生産管理システム，工程監視システムなどがある．

7.5.2 診断対象設備

建築設備の物理的劣化の診断対象は，材料主材としては電線類，配管類，支持金物類などがあり，回転機械器具類ではポンプ，送排風機，空調機，圧縮機，冷凍機や電動機，原動機，発電機など，電気機械器具類では変圧器，コンデンサ類，遮断・開閉器類，蓄電池，動力・分電盤類，照明・配線器具類，放送・情報・防災機器類など，設備機器具類ではボイラ，水槽類，便器・陶器類などがある．以下に主な診断対象である材料や機器類の診断の要点を記す．

(1) 亜鉛めっき鋼管：孔食深さを測定して，配管系の腐食状況を統計処理的な目安として推定をすることが可能である．

(2) 硬質塩化ビニルライニング鋼管：昭和47年ごろに採用され始めた硬質塩化ビニルライニング鋼管は，管端の腐食が顕在化して継手部分やバルブ部分から腐食が進行している配管が多い．その後昭和57年ごろに管端コアが開発され，平成元年以降には管端防食継手の採用が一般化して防食対策が改善された．したがって，配管の施工時期を考慮して診断を行う．

(3) 銅 管：耐食性の高い管材であるが，水温が高い場合や流速が速いと潰食，流速が遅いと孔食が発生しやすいので，水質の検査とともに温度と流速に留意をして診断を行う．

(4) ステンレス鋼鋼管：耐食性の高い管材であるが，不具合は接合部に多く発生している．メカニカル継手にゴム製の止水リングやパッキンを使用している場合は，温度圧縮力や水中の残留塩素濃度などによって耐久力が影響される．溶接継手の場合は，溶接時の酸化皮膜の除去が不十分であると，水中の塩素イオンにより孔食が発生しやすくなる．また，フランジ継手に石綿パッキンや天然ゴムパッキンを使用している場合は，パッキンに微量に含まれる塩素イオンや硫酸イオンによりフランジ面ですきま腐食を発生することがある．

(5) 弁 類：昭和50年代以前の弁類は青銅弁と弁棒に黄銅製を用いた製品が多いが，その時代の銅配管やステンレス配管に用いた弁の弁棒は，脱亜鉛腐食を起こして破損し，弁が機能しなくなるおそれがあるので脱亜鉛腐食の状況を調査する必要がある．

(6) ケーブル：過負荷による発熱，部分放電による電気的破壊，紫外線，じんあい，浸水や外的衝撃などによる物理的なストレスなどの影響で劣化が進行する．

診断方法は，外観目視診断，絶縁抵抗測定，誘電正

接測定，耐電圧試験，部分放電試験，漏れ電流測定，導通抵抗測定および温度分布測定などにより劣化を推定する．また，活線診断技術の進歩により，使用状態でケーブルの絶縁状態を簡易的に調べることが可能になり，従来の停電診断方法との併用により効率的で信頼性の高い診断ができるようになった．

(7) 遮断器・開閉器：繰返し動作による摩耗，損傷などの物理的原因および絶縁の経年劣化が主な原因である．

診断方法は，外観目視診断，絶縁抵抗測定，耐電圧試験，漏れ電流測定，導通抵抗測定，温度分布測定および動作特性試験などにより劣化を推定する．また，OCBの場合には絶縁油の分析を，VCBの場合には真空バルブの真空度測定を必要に応じて行う．

(8) 変圧器：過負荷による熱的劣化が主な要因であり，負荷率と負荷配分状態把握に注意をはらう．

診断方法は，外観目視診断，絶縁抵抗測定，誘電正接測定，耐電圧試験，部分放電試験，導通抵抗測定，温度分布測定および振動・異音監視診断などにより劣化を推定する．また，油入変圧器の場合は絶縁油の分析を，ガス変圧器の場合にはガス分析を必要に応じて行う．

(9) 進相コンデンサ・リアクトル：誘電体の絶縁劣化が主な要因であり，部分放電や過電圧・高調波電流による電気的作用の発熱が，誘電体の温度を上昇させて化学的作用による劣化を進行させるため，定格範囲内の電圧と電流で使用して温度上昇に注意をする．また，系統の高調波成分を測定し，8％リアクトルまたは13％リアクトルに取り替えるなどの対応が必要となる．

診断方法は，外観目視診断，絶縁抵抗測定，誘電正接測定，部分放電試験，静電容量測定，温度分布測定および高調波測定などにより劣化を推定する．

(10) 計器用変成器：計器用変成器は変圧器と比べると温度上昇が小さく熱の要因による劣化は少ないが，経年による絶縁耐力の低下が進行すると部分放電が発生してさらに絶縁耐力を低下させる．

診断方法は，外観目視診断，絶縁抵抗測定，誘電正接測定，耐電圧試験，部分放電試験および温度分布測定などにより劣化を推定する．

(11) 非常用発電機：通常時は装置が停止しているので機械的劣化は少ないが，電気的劣化は据え付け状態とその環境により大きく左右され，回転機コイルの絶縁耐力は経年的に低下する．

診断方法は，運転履歴から寿命推定する方法，交流電流試験，誘電正接試験，部分放電試験および振動・異音監視診断などにより劣化を推定する．

(12) 蓄電池：周囲温度が大きく影響し温度が高くなると，鉛蓄電池では陽極格子の腐食が生じ，アルカリ電池では電極の不活性化が促進され寿命が短くなる．診断方法は，総電池電圧測定，単電池電圧測定，電解液の比重測定，電解液中の不純物量測定および目視による電極板の変色・亀裂監視などにより劣化を推定する．

(13) 動力制御設備：動力制御盤は電気部品の集合体で，設置環境，使用状態，保守の状況に左右され，劣化の要因としては動作部の動作頻度や周囲温度，湿度やじんあいなどがある．

診断方法は，目視と五感による発熱，振動，騒音，変色，異臭の有無などにより劣化を推定する．

(14) 自動制御設備：自動制御設備は，検出部・調節部・操作部から成る制御装置と，監視制御部・周辺機器部・伝送端末部で構成される監視装置に分けられる．制御装置が十分機能している場合でも，システム全体として制御応答の鈍化がみられる場合もあり，正確な現状把握が重要である．また，監視装置については監視制御部分のハードウェアの診断だけではなくソフトウェアを含めた総合動作機能の確認が必要である．

7.5.3　システム構成

性能劣化診断設備のシステム構成は，基本的にはセンサと信号伝送線路と情報処理装置で構成されるが，共通の信号伝送線路は材料や方式に多岐の分野から最新技術の提案が続き，いまだ方式と構成が確定されているとはいえないので，当面は互いに独立したシステムとして構成されているものが多い状況である．また，最近のIT技術の急速な発展によってインターネットや携帯電話などの利用方法が大きく改善され，あらゆる種類の情報が物理的な距離や構成の隔たりを越えて多様化されて利用されることになり，リアルタイムで監視制御が必要な建築設備機器の測定した音声や画像を含むマルチメディア情報などをネットワークで接続して，多数の建築設備を遠隔管理場所からの集中管理することにより，合理的運転，消耗品補給管理，迅速な故障復旧などの機能や管理対象が拡張付加されて，総合的な管理サービスレベルと質の向上につながることが期待されている．

7.5.4 機能仕様

診断の目的は，診断対象に対する物理的劣化や社会的劣化の程度を把握評価して，改善を必要とする範囲とその時期を判定することである．

しかし，対応策や処置の時期の判断は，機器の負荷率状態や保守管理状況などの環境により劣化の進行速度は個々にばらつきがあるため，各学術団体やメーカーなどから報告されている標準的な判定基準をもとに，測定データから把握された物理的劣化の現状を考慮した評価に，建物用途の重要性や将来予想される機能要求レベルなどの社会的劣化評価を加味して，総合的な適用範囲と判断や予知保全機能を経験に頼って行っているのが現状である．

したがって，性能劣化診断設備は，診断対象の劣化に関する知識や経験によるさまざまなノウハウを効率よく活用するアプリケーションプログラムを，情報処理の基本ソフトウェアに組み立て，より正確な判定機能を有するプログラムシステムであることが要求される機能仕様である．

7.5.5 装置・機器

設備診断は，材料・機器・設備システムの物理的劣化状況を診断装置や機器で把握することが中心となっている．測定技術の進歩により多くのセンサやコンピュータを使用して自動記録からデータ処理まで行い，数値的に物理的劣化状態を知ることは可能になりつつある．この装置機器は，センサの開発が先行し，劣化ノウハウと判定アプリケーションプログラムの開発が遅れており，ハードウェアとしては現状の装置機器で十分であり目的に対応した各種診断装置機器がある．以下に代表的なものを記す．

(1) 回転機械診断：回転機械診断装置，振動監視装置，振動監視計，振動解析装置，振動計，潤滑油診断器，その他．

(2) 静止機械診断：超音波肉厚測定器，X線透過装置，渦流探傷装置，超音波探傷装置，磁粉探傷装置，赤外線温度色映像装置，超音波漏えい探知装置，工業用内視鏡装置，その他．

(3) 電気設備診断：絶縁診断装置，放電測定装置，ケーブル事故点探知装置，誘電正接測定器，静電容量測定器，高調波測定器，漏電検査器，油中ガス分析器，オシロスコープ，電圧電流回路計，絶縁抵抗計，電位差計，土壌比抵抗計，その他．

(4) 測定・分析機器：キャリパゲージ，シリンダゲージ，マイクロメータ，ノギス，デプスゲージ，すきまゲージ，硬さ試験器，温度計，湿度計，風速計，粉じん計，流速計，圧力計，容存酸素計，pH計，光度計，分光計，イオン濃度計，超音波流量測定器，水質検査装置，遊離残留塩素測定器，室内環境測定器，温熱環境測定器，臭気測定器，その他．

また，診断機器を使用して測定し，その結果から劣化度を評価する主な診断方法を記す．

(1) 超音波肉厚測定器：本体と接触子（スキャナ）で構成され，管材に接触子を当て超音波の反射時間から管材厚さを計測し，本体に表示する．

対象となる管種は亜鉛めっき鋼管で，配管外面から測定するので管内流水を止めることなく診断ができるが，測定する部位の被覆材や塗装を取り除く必要がある．また，自走スキャナとコンピュータを利用した精度の高い測定ができるようになったが，孔食や応力腐食割れなどの精密判定は困難である．

(2) X線透過装置：可搬式工業用X線装置を使用して，調査配管にX線を照射してX線撮影画像を写真やテレビ画面に表示して観察するもので，画像分析にコンピュータを利用すると腐食量の定量化判定が可能である．

すべての管種に適用できる非破壊検査装置で，観察部位は断水などの機能停止をすることも被覆材を解体する必要もない．しかし，放射線の法的規制を受けて作業管理と作業届出や，放射線防護処置や撮影時の立入禁止区域の設定などが必要となる場合もある．最近は硬質塩化ビニルライニング鋼管の使用が増えてきたため，この検査装置として使用頻度が増えている．

(3) 渦流探傷装置：電磁誘導現象により配管表面に渦電流を発生させ，傷などの欠陥があると渦電流が乱れることを利用して非磁性金属管のピンホール腐食，割れ，孔食の検出などができる．

対象となる管種は鋼管，銅管，ステンレス鋼鋼管などの非磁性金属管で，管内への挿入するシステムと配管内の水を抜くことなく配管外部から自動測定できるシステムがある．

(4) 工業用内視鏡装置：光源装置・接眼部・操作部・挿入部（ファイバスコープ）・先端部から構成され，配管内に先端部・挿入部を挿入して内部状態を接眼部で視覚観察するもので，接眼部にカメラやビデオ装置を装着して写真撮影・記録ができる．

すべての管種に適用できるが，観察部位は断水などの機能停止を必要とする．ファイバスコープは取り外しができる水栓口や機器と接続部，排水口などから挿入するが，観察部の口径や長さによってさまざまな装

置の種類がある．また，最近の装置で先端に超小型カラーTVカメラ（CCD）を内蔵し，大口径管内を自走して内面を調査記録する装置もある．

(5) 抜き管：検査する配管部位を切断し抜き取る破壊検査であり，抜き取り管の腐食状況の観察と，腐食物を酸洗いやブラッシングにより除去して残存肉厚を測定・観察して耐用年数などを推測する．

対象となる管種は亜鉛めっき鋼管や合成樹脂ライニング鋼管が主で，各種の排水管も対象となるが，銅管やステンレス鋼管では抜き取り管からその系統全体を推測することは難しい．また，抜き管をするので復旧に長時間の機能停止を伴うので適用に注意を要する．

Ⅳ. 空気調和設備

1. 換気設備計画
2. 空調設備計画
3. 空調設備と省エネルギー・環境負荷削減
4. 維持管理段階に対する空調設備計画上の留意点

1 換気設備計画

1.1 換気の基本

　換気設備の基本は，室内各場所での空気中の汚染物質や熱の量が目標値以下となるよう清浄な空気を室内に導入し，汚染物質や過剰な熱を保持している空気を室外に排出することである．これは単に空気の導入もしくは排出量だけで決まるものではなく，汚染質や熱などの発生位置と排出位置も大きく関係する．換気設備の基本は，この空気の導入もしくは排出量を確保し，汚染質や熱などの発生位置を考慮して，室内空気中の汚染物質や熱の量を目標値以下にすること，また必要に応じて清浄な空気が要求される特定の場所が汚染されないようにすることである．

　換気の目的には，以下のようなものがある．

（1）室内空気の浄化：

　目的：室内の人体を含む汚染源から発生する汚染質を室外に排出し，室外から清浄な空気を供給して室内の空気環境を良好な状態に維持する．汚染質としては二酸化炭素，粉じん・有害ガス・臭気・石綿（アスベスト）・ホルムアルデヒド・ラドン・VOC（揮発性有機化合物）などがある．

　対象：居室・便所・浴室・給湯室・台所・納戸・小倉庫など．

（2）熱の排除：

　目的：厨房などのレンジや工場の電動機類などから発生する熱を室外に排除する．

　対象：厨房・機械室・屋根裏など．

（3）酸素の供給：

　目的：室内の居住者や燃焼機器の燃焼のために必要とする酸素を室外から供給する．

　対象：居室・厨房・ボイラ室など．

（4）水蒸気の排除：

　目的：室内で発生する水蒸気あるいは多湿の空気を室外に排出して結露を防ぐ．

　対象：浴室・厨房・床下・屋根裏など．

　一般に換気の目的は一つに限らない．たとえば居室では室内で発生する汚染物質の排除，熱の排除，酸素の供給などである．一般に換気の動力を機械による場合は，換気によりエネルギーを消費する上，空調により室内を外気とは異なる温湿度に調整している場合には，その調整にもエネルギーを必要とするため，換気設備の設計に際しては省エネルギーも考慮して必要最小限の外気取入れ量で，換気の目的が過不足なく達成されるような効率の高いシステムを目指すことが必要となる．

　換気は換気を生じさせる駆動力の違いにより，「自然換気」と「機械換気」の2種類および両者を組み合わせた「ハイブリッド換気」に大別される．自然換気は屋外の風により生じる建物に作用する圧力差および建物内外の温度差による空気密度の差，すなわち浮力を利用する．当然のことであるが，自然換気は屋外の気象現象である風や室内外に生じる温度差を利用するため，気象変動などに呼応して駆動力が変動し必要な換気量の確保に関して確実性を欠く．一方，機械換気は送風機や排風機などの機械力を利用して室内の空気の入替えを行うため，適切に設計することによって確実に換気の目的を果たすことができる．しかし換気のためエネルギーを供給する必要がある．ハイブリッド換気は，自然換気・機械換気の両者の長所を合わせて省エネルギー的にかつ確実に換気の目的を達成することを目指した換気システムである．

　換気のもう一つの分類として「全般換気」と「局所換気」がある．全般換気は室内全体の空気を入れ替えることにより室内の汚染質濃度を希釈するもので，汚染源が固定していない場合の計画に適用される．これに対して局所換気は，室全体でなく室内の一部に固定的に汚染質が発生する場合に，その部分の発生汚染質を局部的に排出・換気する方法である．全般換気は，室内で発生する汚染質を室内に拡散させて希釈し，排出させるものなので，汚染質の発生が室内の一部に偏ると汚染質濃度にも偏りができて濃度の高い部分が生

じ，非常に大量の換気が必要となる可能性がある．一方，局所換気は汚染質を汚染源の近くで捕捉処理するため，周辺の室内環境を衛生的かつ安全に保つうえで有効であり，換気量も比較的少なくてすむ．しかし，室内における汚染質の発生位置が換気設計時に，あらかじめ特定されていることが前提となる．

以下，まず換気の基本原理となる理論を説明し，次に室内での汚染質濃度のガイドラインなど，室内基準，換気設備に関する基準，シックハウス，シックビルなどで注目を浴びている低濃度長期暴露による室内汚染物質による健康影響，室内汚染源，換気計算例，室内における換気の上流，下流を意識した換気設計法を説明する．

1.1.1 室内の物質収支

室内には，さまざまな事由により気体，液体もしくは固体の物質が屋外からもち込まれる，あるいは発生している．物質ではないが，熱も同様に屋外からもち込まれる，あるいは室内で発生する．これらの物質や熱は一時的に「室内」に蓄積され，何らかの方法で室外に排出されている．室内におけるこれら物質や熱の総量は，屋外からもち込まれる量と室内で発生する量に対して，室外に排出される量および室内で消滅する量の差により定まっている．

例をあげて考えてみる．室内に設けられた蛇口から吐出された水は，吐出量に比べ排水量が小さければその差が室内にたまる．吐出量と排水量が等しければ室内のたまる量は変化しない．ここで排水口の位置が床面にある場合と天井面近くにある2つの場合を考える．床面に排水口があり蛇口から吐出量に比べ十分な排水容量があれば，吐出量と排水量は等しくなり室内に水はたまらない．室内のたまる水の量はほとんどゼロである．しかし排水口が天井面近くにあると話は別である．室内に排水口高さまでの水がたまり，その時点で初めて吐出量と排水量が釣り合う．この2つのケースでともに室内への吐出量と排水量は同じでも，排水口が床面にあれば室内にたまる水の量はほとんどゼロであり，排水口が天井面近くにあれば，室内にたまる水の量は莫大なものとなる．

室内空気中に放散されるさまざまな汚染物質や熱に関しても同じ比喩が当てはまる．室内にもち込まれる，あるいは室内で発生する汚染質の量と，室内から排出あるいは室内で消滅する量が同じでも，室内の汚染質の総量は大きく違いうる．すなわち，室内の汚染質や熱量の総量もしくは空間平均値は大きく違いうる．上述の蛇口から吐出する水と排水口の位置の問題は，室内での汚染質の放散位置と排気口の位置の問題に類似する．

1.1.2 室内物質収支の側面から見た空気の出入り

空気は気体のみならずその粘性により直径数μm以下の微粒子状態の液体や固体を保持することができる．これら，空気とともに室内にもち込まれるか，あるいは室内で発生し空気中に混入する物資や熱の「室内空気中」の総量は，上述の吐出水の例と同じく，室内と屋外の間で生じる空気の流通すなわち換気に伴う室内へのもち込みもしくは排出と室内における室内空気中への発生混入および室内空気中からの除去によって定まる．

室内空気は呼吸によりたえず人体の内部に取り入れられており，その一部は人体内に摂取される．人体は，室内に充満している空気に取り囲まれて生活している．これらの物質や熱が人体の健康や安全，もしくは室内で発揮されている機能に影響のある量に達しないように室内空気は調整される必要がある．これは主として室内にこれら物質や熱量の少ない空気を導入し，室外にこれらの物質や熱量の多く含まれる空気を排出する換気により達成されている．

1.1.3 濃度と発生量の単位

換気は，室内にもち込まれ，あるいは室内で発生して室内空気中に混入するさまざまな物質や熱の室内空気中の総量を，人体の健康や安全もしくは室内で発揮されている機能に影響がないように調整する方法である．空気中に混入する物質（以後汚染物質）の量の多寡は，単位の質量もしくは体積の空気中（厳密には空気と汚染物質の混合物中）に混入した汚染物質の質量もしくは体積（気体の場合）で定義される濃度を室内全体で積分することにより測られる．空気中に混入する汚染物質の濃度は，さまざまな定義がありうるので，空気中の汚染物質濃度に言及する際には，どのような定義による濃度であるかに注意を払う必要がある．換気に関する濃度は，単位の体積中の汚染質の質量を表す［μg/m^3］や，単位の体積中のガス体である汚染質の体積を表す［m^3/m^3］すなわち無次元となる［－］がよく用いられる．ただし，空気はボイル・シャルルの法則に従い，温度や気圧によりその体積（密度）が変化するため，これらの濃度を用いる際は，空気の温度と気圧に関して一定の値（たとえば温度に関しては300Kもしくは23℃，気圧に関しては一気圧，

101.3 kPa など）が仮定されていることに注意が必要である．

濃度に対応して，室内にもち込まれるか室内で発生する汚染物質の発生量に関しても，単位時間あたりの発生もしくはもち込まれる質量を示す $[\mu g/s]$ や $[\mu g/h]$ もしくは体積（ガス体の場合）を示す $[m^3/s]$ や $[m^3/h]$ が，それぞれ濃度の単位である $[\mu g/m^3]$ もしくは $[-]$ に対応して用いられる．1 時間あたりの発生量は，1 秒あたりの発生量の 3600 倍になることに説明の要はないであろう．なお，室内の換気量は，一般に単位時間あたりの体積もしくは質量で定義されることが一般的であるが，慣習的に 1 時間あたりの換気体積である $[m^3/h]$ が用いられることが多い．しかし 1 分間あたりの換気量である $[m^3/min]$ もしくは，1 秒あたりの換気量である $[m^3/s]$ や体積をリットルの単位で表す $[l/s]$ が用いられることもある．これら異なる時間単位，体積単位が用いられる場合は，換気量計算の際に単位変換に十分な注意を払うことが必要である．換気量が体積で定義される場合には，汚染物質の発生量の単位と同様に，換気空気の温度と気圧に関して一定の値が仮定されることに注意が必要である．

1.1.4 室内の平均濃度と排気口の濃度

室内の汚染質の総量は，一般に室内の平均濃度に室容積を乗じて求める．これは室内の平均濃度が，室内濃度の室容積内での積分値を室内容積で除して求めることの裏返しである．換気の計算においては，この室内の汚染質の平均濃度を求めることが重要である．一方，室内から屋外に排出される濃度は，必ずしも室内の平均濃度と一致するわけではない．図 1.1 に示すように汚染質の発生が，室内の排気口の直前で生じる場合を考えてみる．この場合，室内の大部分の領域の汚染質濃度は，給気口から室内に供給される濃度と等しく，室内の平均濃度は，この給気口における濃度とほぼ等しくなることが予想される．しかし，排気口での濃度は，汚染質の排出量が排気濃度に換気量を乗じた値になることから知れるように，室内の平均濃度すなわち給気口の濃度とは大きく異なる．このように一般に室内の平均濃度と排気の濃度は一致しないことが多い．

図 1.1 に示したように室内の平均濃度が排気口での濃度に比べて低い場合，汚染質の室内濃度が低く保たれるという観点から，室内の換気の効率が良いとみなせる．しかし逆に室内の平均濃度が排気の濃度より

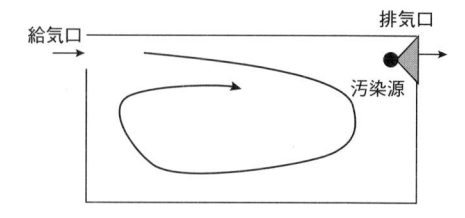

図 1.1 汚染発生源が室内排気口の直前にある室内換気

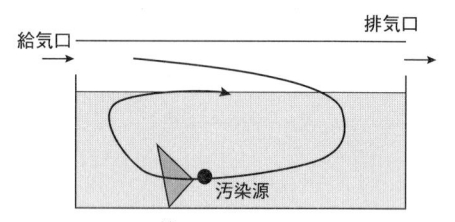

図 1.2 室内の澱み域で汚染が生じる室内換気

高くなる場合もある．図 1.2 は，給気口の空気が室内に良く回らず排気口からただちに排出されてしまうショートカットが生じている場合を示している．この場合，汚染質が図 1.2 に示すようにショートカット領域から離れた澱み域で生じると，発生汚染質が排出されるまで室内に長く止まるため，室内の汚染質の総量が増えて室内の平均濃度は排気濃度より高くなる．この状況は，発生源で発生した個々の汚染質に着目して考えるとよくわかる．個々の汚染質は，発生の後，何れかの時間を経て排出されるが，この室内に留まる時間が長くなると，汚染質の総量はそれに比例して多くなる．しかし室内全体としては定常状態であり，発生した量と同等の量が常に排出されているわけである．排気口から排出される空気は，澱み域の濃い濃度の室内空気が排気口近くに流れて来た後，給気口から排気口にショートカットして流れる比較的濃度の低い空気に稀釈されて排気口から排出される．

定常的に発生する汚染質に対して，排出される汚染質量が定常的に一致すれば，室内の汚染質の総量は時間的に変わらず，汚染に対する定常状態が出現する．汚染に関して定常状態での排気口における汚染質の濃度は，排気口から流出する室内の換気量と室内で発生する汚染質発生量より算出される濃度と室内平均濃度の値にかかわらず必ず一致する．汚染に対して定常状態であれば，排気口の汚染質濃度は換気量と室内で発生する汚染質量で決まり，室内での空気の流れ方や汚染質の発生位置などによらない．排気口の汚染質濃度に対する室内平均濃度の比は，室内の換気の効率を示

すもので，室内での空気の流れ方と汚染質の発生位置の関係などにより大きく変わりうる．この比が 1 より大きければ室内の換気にショートカットや澱み域があり，室内の換気の効率が悪いことを意味する．一方，この比が 1 より小さい場合は，排気口が汚染質の室内拡散を防ぐ位置にあり，効率よく汚染質を排出して室内の換気の効率が良いことを示す．

排気口の汚染質濃度に対する室内平均濃度の比は，居室全体の換気の効率を表すものである．一般的な排気口濃度に対する室内平均濃度の比は，0.8 程度から 1.6 程度に分布し，室内に循環流が生じるような通常の換気方式では，1 より高くなることが多い．また，台所のレンジフード排気のように，汚染質を室内に拡散させることなく発生位置の直上で排気すれば，排気口濃度に対する室内平均濃度の比は，ゼロ近くに抑えることができる．

1.1.5 室内における汚染質増減の収支

室内における汚染質の収支に着目し，室内の総汚染質量の増減を，発生量，換気量，給気の汚染質濃度，初期状態などから予測する数学式を導くことができる．

まず，関係するパラメーターをその単位とともに定義する．

室内の空間平均汚染質濃度：Cave $[\mu g/m^3]$
給気口での汚染質濃度：Cin $[\mu g/m^3]$
排気口での汚染質濃度：Cout $[\mu g/m^3]$
排気口濃度に対する空間平均汚染質濃度の比（ただし給気濃度を差し引く）：

$E = (Cave - Cin)/(Cout - Cin)\ [-]$
$Cave = E \cdot (Cout - Cin) + Cin$
$Cout = Cave/E + Cin \cdot (1 - 1/E)$

換気量：$Q\ [m^3/s]$
汚染質発生量（発生速度）：$q\ [\mu g/s]$
室容積：$V\ [m^3]$
換気回数（1秒を単位）：ns $= Q/V\ [l/s]$
換気回数（1時間を単位）：nh $=$ ns $\cdot 3600\ [l/h]$
名目換気時間：$Tv = l/$ns $[s]$

室内での汚染物質の出入りは，微小時間 $\Delta T\ [s]$ の間を考える．どの程度が微小かは，換気回数の逆数である名目換気時間 Tv による．名目換気時間 Tv の 1/100 程度以下であれば，実質的に十分微小時間と考えられよう．この微小時間 ΔT の間に室内の空間平均汚染質濃度は，汚染の発生と室内外の流出入により微小量，Δ Cave 増減する．これを式で書き下せば以下のようになる．

$$\Delta Cave \cdot V = \Delta T \cdot \{(Cin - Cout) \cdot Q + q\} \quad (1.1)$$

ここで排気口濃度に対する空間平均汚染質濃度の比 E を定数と仮定し (1.1) 式を整理すると，独立変数 T と T の従属変数である Cave の関係式が導かれる．

$$\Delta Cave/\Delta T = Q/V \cdot \{(Cin - Cave)/E + q/Q\} \quad (1.2)$$

Cave, T 以外の V, Q, Cin, E, q は定数である．(1.2) 式で ΔT がゼロに近づく極限を考えると (1.2) 式は，いわゆる Cave に関する 1 階の微分方程式となる．(1.2) 式は，E が定数であることを仮定した以外は，その成立に関して，室内が均一濃度であるなどといった他の仮定を導入していない．

$$\partial Cave/\partial T + Q/VE \cdot Cave - Q/VE \cdot (Cin + E \cdot q/Q) = 0 \quad (1.3)$$

(1.3) 式は，定常状態では時間微分項がゼロとなり，室内空間平均濃度は，流入濃度と発生量を換気量で除した値に E を乗じた値の和となる（(1.4) 式）．

$$Cave = (Cin + E \cdot q/Q) \quad (1.4)$$

また，(1.4) 式，E の定義から排気濃度は，流入濃度と発生量を換気量で除した値の和，そのものとなる．

$$Cout = (Cin + q/Q) \quad (1.5)$$

室内空気の汚染状況に対応する室内空気質は，室内換気の排気口における濃度に関心があるわけではなく，室内空気中の汚染を表す空間平均濃度が問題となる．(1.5) 式で表される流入濃度と汚染発生量を換気量で除した値の和は，単に排気口における濃度を評価するだけのもので，室内濃度を代表するわけではないことに注意が必要である．換気に関する技術者，研究者は，室内の空間平均濃度を現す (1.4) 式を評価すことが重要である．しかしながら E の評価は，それほど簡単なことではない．

1.1.6 室内空間平均濃度の時間変動

微分方程式 (1.3) を，$T = 0$ における室内空間平均濃度の初期値 Cave0 を仮定して解くと次式となる．

$$Cave = Cave0 \cdot \exp\{-(Q/VE) \cdot T\}$$
$$+ Cin \cdot [1 - \exp\{-(Q/VE) \cdot T\}]$$
$$+ E \cdot (q/Q) \cdot [1 - \exp\{-(Q/VE) \cdot T\}] \quad (1.6)$$

(1.6) 式は，$T = 0$ における初期値 Cave0 から任意の時間 T における室内の空間平均濃度 Cave を与える．T が十分大きくなると exp 部分の値はゼロに漸近するので，室内空間平均濃度 Cave は，(1.4) 式に一致する．(1.6) 式右辺第一項は，室の初期値 Cave0 が換気により減衰する効果を示す．時間 T には係数 $(Q/VE) = ($ns$/E)$ が乗じられている．すなわちこれは

時定数を表しており，減衰はこの換気回数 ns を E で除した値に比例して速くなる．換気回数 ns が大きければ，時定数が小さく急速に減衰するが，E が小さくても同じく急速に減衰することを示す．逆に，換気回数 ns が小さい場合，もしくは E が大きければ減衰は遅くなる．この E は，$(Q/VE) = (\text{ns}/E)$ 自体を換気回数と考えれば，室容積 V に対する実質的な換気量が (Q/E) しかないこと，もしくは換気量 Q に対する実質的な室容積が (VE) あることを示す．実際の室内の換気量を求める際には，トレーサガス（炭酸ガスなど）の減衰法などがよく用いられる．室内に一様にトレーサガスを充満させ，その初期濃度の減衰を計測するトレーサガス減衰法は，まさにこの (Q/VE) を測定するものである．トレーサガス濃度減衰法による換気量測定法は，室内の実際の (Q/V) を求めるものではなく，室内で実現されている (Q/VE) を求めるものになっていることに注意されたい．

(1.6) 式右辺第二項は，室内で汚染発生がなければ室内空間平均濃度が換気により流入する濃度に漸近する効果を示す．(1.6) 式右辺第三項は，流入空気の濃度がゼロであれば室内濃度が汚染発生量を換気量で除した値に E を乗じた値に漸近する効果を示す．

以上，室内の換気性状は，換気量 Q，室容積 V，汚染質発生量 q，および排気口濃度に対する空間平均汚染質濃度の比 E によって特徴づけられることは明らかであろう．従来の換気設計では，前3者のパラメータ，Q, V, q にのみ注目し，4番目のパラメータである E をないがしろにしてきた嫌いがある．米国の換気規準である ASHRAE Standard 62 や日本の空気調和衛生工学会の換気規準である SHASE-S 102（文1）は，この4番目のパラメータである E に着目し，これを考慮した換気計算が不可欠であることを認め，これを考慮した換気計算法を規定している．なお，E は，本章で定義したように「排気口濃度に対する空間平均汚染質濃度の比」であるが，上述の (1.6) 式で解説したように，実質的な換気回数を示すものであり，換気量が定まっていれば実質的な部屋の容積を定めるパラメータでもある．

1.1.7 室内空間平均濃度と排気濃度の比

「排気口濃度に対する空間平均汚染質濃度の比」E は，実際に建設され，使用される室内での換気性状を数多く測定し，その結果を要約することにより，設計に役立つ大まかな値と，その性質が明らかになる．しかし一般に建物や室内は個別性が強く，同一条件の換気システムが大量に設置されることは少ない．集合住宅の室内のように，同一条件の室内および室内換気設備があることは，まれではないが，設計にあたって室内の換気性状が十分に明らかで，E が十分な精度で予測されることはなかなかに難しい．実用的な E の予測法が求められるところである．E の値は，室内の気流，および汚染質の発生位置，移流，拡散により支配される．その意味では，室内の空気の流れ場をコンピュータなどにより予測し，さらに汚染質の濃度拡散に関するシミュレーションを行えれば，予測精度は相応に許容の範囲で，詳細なデータが得られるようになっている．コンピュータを利用した流体シミュレーションによる室内気流の予測とその流れ場における汚染物質の拡散シミュレーションにより容易に E の値は評価できる．

汚染質の室内拡散は，以下に示す偏微分方程式で記述される．これは室内気流の性状が与えられ，汚染質の発生位置，強度などの情報が与えられれば，汚染質濃度の時間的変化も含めた空間分布を与えるものである．しかしこの偏微分方程式を，実際の室内のような複雑な流れ場で，初等関数で解くことはできない．室内気流のコンピュータシミュレーションと同様，実用的には，この偏微分方程式はコンピュータシミュレーションにより，解かざるを得ない．

$$\begin{aligned}\partial C/\partial T = &-\partial U \cdot C/\partial X + \partial/\partial X \cdot (\nu_E \cdot (\partial C/\partial X)) \\ &-\partial V \cdot C/\partial Y + \partial/\partial Y \cdot (\nu_E \cdot (\partial C/\partial Y)) \\ &-\partial W \cdot C/\partial Z + \partial/\partial Z \cdot (\nu_E \cdot (\partial C/\partial Z)) \\ &+C_0 \end{aligned} \quad (1.7)$$

C：汚染質濃度 [μg/m^3]
U, V, W：X, Y, Z 方向の気流速度 [m/S]
ν_E：汚染物質の渦拡散係数 [m^2/S]
C_0：汚染物質の発生量 [μg/m^{3}S]

(1.7) 式の左辺は，室内空間の各場所での汚染質濃度の時間変化を示す．(1.7) 式右辺第一項と二項は，X 方向への平均気流による汚染質の移流と，乱れによる拡散を表す．右辺第三項と四項は，Y 方向への平均気流による汚染質の移流と，乱れによる拡散を表す．同じく右辺第五項と六項は，Z 方向への平均気流による汚染質の移流と，乱れによる拡散を表す．右辺最後の項である C_0 は，室内空間の各場所における汚染物質の発生量（速度）を表す．単位から知られるように汚染物質の発生量は，単位体積あたりの発生量を表している．

1.1.8 換気量の算定

換気量は，室内の汚染質の空間平均濃度がガイドライン値より低くなるようその値が定められる．したがって換気量の算定にあっては，室内で発生する汚染物質の発生量とその濃度のガイドライン値を知っておくことが必要になる．また，室内の空間平均濃度と排気濃度（発生量と換気量で定まる濃度）の比を評価しておくことも必要になる．室内での汚染質濃度のガイドライン値は，さまざまな物質に関して，世界保健機構 WHO や，政府，学会などが定めている．これらの値に関しては，次節で述べる．また汚染質の発生量がどの程度になるかに関して，あるいは室内の空間平均濃度と排気濃度（発生量と換気量で定まる濃度）の比に関しても，換気規格（たとえば空気調和・衛生工学会規格 SHASE-S 102（文献1）など）などに示されているが，次節にて示す．　　　　〔加藤信介〕

文　献

1) 空気調和衛生工学会規格 SHASE-S 102-2002 換気規準・同解説，2002.

1.2 換気にかかわる室内基準（建築基準法他）

換気の目的となる因子は，対人，対物によって異なる．室内環境の対人許容値を決める換気上の主たる因子として次のものがある．ただしこれら因子は屋外ではなく室内で生じる室内因子のものであることが前提とされる．すなわち換気を考える場合には，これら因子は換気によって室内環境基準を満足することが可能であることが前提となる．

1. 酸素
2. 臭気（たばこ・体臭など）
3. 熱
4. 湿気
5. 浮遊粉じん
6. 細菌，真菌など
7. 有害無機ガス（二酸化炭素・一酸化炭素・二酸化窒素・二酸化硫黄など）
8. 有害有機ガス（VOC 特にホルムアルデヒド，トルエン，キシレンなど）
9. ラドン
10. アスベスト

上記において，すべての因子に関して室内基準を期待することはできない．世界保健機構 WHO や，政府，学会などが定めた明確な室内基準は，人の健康や安全が脅かされる優先度に応じて定められており，かつその基準に記載されている量的な値は必ずしも良好な環境を担保するに十分なものではなく，人々の健康や安全を公で担保すべきリスクを考慮して最低限の基準として定められている．多くの場合，これら公の定めた室内基準は最低限の基準であり，設計に用いる室内環境の設計目標値とは別物である．換気設備はこれら公の定めた因子に関しては室内値を満足した上で，必要に応じてより高い室内目標値を満たすことも求められよう．また室内基準の定めのない室内因子に関しては，これを無条件で無視して良いことを意味するものではない．これら因子の実現される室内での性状の予測，検討は常に必要とされよう．過去，室内基準の無い因子に関して，人の健康に重大な影響が生じて社会的な問題に発展した例は，シックビルシンドローム，シックハウスシンドロームの例を見るまでもなく，数多く存在している．

酸素や臭気などに関しては，明確な室内基準はない．換気の本来の趣旨から考えれば，酸素や臭気に関しても室内基準に基づく設計目標値を設けて，これが室内で阻害される因子を考慮し，その基準を達成する換気設備を設置すべきと考えられる．しかし酸素に関してはこれが室内で過剰となる場合はきわめて特殊なこと，室内で過小となる場合も一般に二酸化炭素や一酸化炭素などの無機ガスの発生を伴っており，これらの濃度の基準を満たすよう換気設備を用いれば酸素に関して，とくに一般的な室内基準を設けなくとも問題がないものと考えられている．逆に室内の酸素が大きく変動する可能性があるような特殊な場合には，一般的な基準に基づく換気設計ではなく，その個別の問題に応じて酸素に対する室内目標値を定め，これを満たすよう換気設備などを設けることとなる．なお，建築基準法は，室内に設置された燃焼を伴う機器の不完全な燃焼を生じさせない基準として室内の酸素濃度 20.5% 以上に保つことを求めている．

臭気に関しては，その種類や発生強度などがきわめて多様なことから，一般的に室内で発生する臭気に関して臭気の種類を特定しその量的な室内基準を設けることはなされていない．これは，一般的な室内での臭気発生が人々の健康や安全を脅かすものではなく，高度に快適性にかかわるものであり，公で担保すべき重要な因子とは見なされていないことの裏返しであろう．しかし室内環境の目標からは，外部から室内に入室した際に異臭を感じないことは，換気に対する必要条件として一般的であると考えられる．現状は，人体

表1.1 室の用途と換気を必要とする因子（空調便覧より引用）

室　名	換気必要上の諸因子	備　考	室　名	換気必要上の諸因子	備　考
居　　　室	粉じん・有害ガス・臭気・アスベスト・ホルムアルデヒド・ラドン・VOC		ボイラ室	熱・燃焼ガス	
			ポンプ室	熱	
			空調機室	熱	
厨　　　房	臭気・熱・湿気・燃焼ガス		電　気　室	熱	監視室・制御盤室・変電室・エレベータ室などを含む
配膳室（パントリー）	臭気・熱・湿気	電気湯沸し器のときは熱のみ			
湯沸し室	燃焼ガス		自家発電機室	熱・燃焼ガス	
浴　　　室	湿気		油タンク室	危険ガス	
便　　　所	臭気		焼却炉室	熱・燃焼ガス・臭気	
手洗所	臭気・湿気		洗濯室	熱・湿気・臭気	
映写室	熱		リネン室	熱・湿気・粉じん	
蓄電池室	有毒ガス		倉　　庫	熱・湿気・臭気・細菌	
車　　　庫	有毒ガス		病　　院	熱・臭気・細菌	
暗　　　室	臭気・熱				

発生起源の臭気に関しては，人体から発生する二酸化炭素と発生量が相似することを仮定し，二酸化炭素に対する室内環境基準が，併せて臭気に関する室内環境基準を暗黙に含むものと解釈されている．また便所など格別の臭気の発生のある場合には，過去の知見の蓄積により入室した際に特に違和感のある異臭を感じさせず，かつ容易に実現できる程度の換気を，臭気に関する室内環境基準の作成，参照をバイパスして，直接換気設備に対する仕様として換気量を定めている．このことは，将来，便所の臭気に対する室内規準が作成され，それに基づく換気設計がなされる可能性を否定するものではない．

室の用途と換気を必要とする因子を表1.1に示す．

1.2.1 空気調和・衛生工学会による室内基準

住宅や事務所などの居室において想定される汚染質とその設計基準濃度を表1.2に示す．なお，ここに示す以外の汚染質がある場合には，設計時にそれらの発生量と外気濃度を調べ，対象汚染質の濃度が日本産業衛生学会の許容濃度の勧告に定める労働環境における基準値の1/10以下となるように換気量を決定する．

1.2.2 建築基準法による室内基準

建築基準法は，建築基準法施行令において，換気設備を設けた建築物の室内基準に関して以下のように定めている．建築物に設ける中央管理方式の空気調和設備は，表1.3に掲げる基準に適合するように空気を浄化し，その温度，湿度または流量を調節して供給する性能を有する．

表1.2 室内空気汚染の設計基準濃度

(a) 総合的指標としての汚染質と設計基準濃度

汚染質	設計基準濃度	備　考
二酸化炭素[*1]	1000 ppm	ビル管理法[*2]の基準を参考とした．

(b) 単独指標としての汚染質と設計基準濃度

汚染質	設計基準濃度[*3]	備　考
二酸化炭素	3500 ppm	カナダの基準を参考とした．
一酸化炭素	10 ppm	ビル管理法の基準を参考とした．
浮遊粉じん	0.15 mg/m^3	（同上）
二酸化窒素	210 ppb	WHO[*2]の1時間基準値を参考とした．
二酸化硫黄	130 ppb	WHOの1時間基準値を参考とした．
ホルムアルデヒド	80 ppb	WHOの30分基準値を参考とした．
ラドン	150 Bq/m^3	EPA[*2]の基準値を参考とした．
アスベスト	10本/l	環境庁大気汚染防止法の基準を参考とした．
総揮発性有機化合物（TVOC）	400 μg/m^3	WHOの基準値を参考とした．

[*1] ここに示した二酸化炭素の基準濃度1000 ppmは，室内の空気汚染の総合的指標としての値であって，二酸化炭素そのものの健康影響に基づくものではない．すなわち，室内にある各種汚染質の個別の発生量が定量できない場合に二酸化炭素の濃度がこの程度になれば，それに比例して他の汚染質のレベルも上昇するであろうと推定する場合に用いる．室内にあるすべての汚染質発生量が既知であり，しかも，その汚染質の設計基準濃度が設定されている場合には，総合的指標である二酸化炭素の基準値1000 ppmを用いる必要はない．その場合は，二酸化炭素自体の健康影響に基づく値，3500 ppmを用いることができる．

[*2] 建築物環境衛生管理基準をビル管理法，世界保健機構をWHO，米国環境保護庁をEPAと記した．

[*3] 設計基準濃度のうち [ppm]，[ppb] で記したものは，質量濃度を25℃，1気圧おいて体積濃度に換算したものである．

表 1.3 中央管理式空調設備の室内環境適合基準（建築基準法施行令第 129 条 2 の 6 の 3）.

（一）	浮遊粉じんの量	空気一立方メートルにつき〇・一五ミリグラム以下
（二）	一酸化炭素の含有率	百万分の十以下
（三）	炭酸ガスの含有率	百万分の千以下
（四）	温度	一　十七度以上二十八度以下 二　居室における温度を外気の温度より低くする場合は，その差を著しくしないこと．
（五）	相対湿度	四十パーセント以上七十パーセント以下
（六）	気流	一秒間につき〇・五メートル以下

この表の各項の下欄に掲げる基準を適用する場合における当該各項の上欄に掲げる事項についての測定方法は，国土交通省令で定める．

1.2.3 建築物における衛生的環境の確保に関する法律（ビル管法）による室内基準

建築物における衛生的環境の確保に関する法律で定める特定の建築物に対して室内基準を設けている．適用を受ける特定建物は以下の用途に供される部分の延べ面積が 3000 平方メートル以上の建築物，および学校の用途に供される建築物で延べ面積が 8000 平方メートル以上のものである．

1. 興行場，百貨店，集会場，図書館，博物館，美術館または遊技場
2. 店舗または事務所
3. 学校教育法に規定する学校以外の学校（研修所を含む．）
4. 旅館

病院は適用除外となっている．

建物内の室内環境基準は，建築基準法で規定する基準に準じており，空気調和設備を設けている場合は，表 1.4 に示す基準に適合することを求めている．

1.2.4 厚生労働省の報告書による室内の揮発性有機化合物に対する室内基準

厚生労働省（厚生労働省医薬局審査管理課化学物質安全対策室）は，平成 14 年 2 月 8 日にシックハウス（室内空気汚染）問題に関する検討会中間報告書と題してシックハウス（室内空気汚染）問題に関する検討会の中間報告書を公表している．中間報告書では個別の揮発性有機化合物（VOC）について室内濃度に関する指針値を示している（次節 1.5.3 項で詳しく述べる．p.263，表 1.8 参照）．日本では，事実上，この公表された指針値が室内基準として扱われている．なお，

表 1.4 建築物における衛生的環境の確保に関する法律による室内基準（建築物における衛生的環境の確保に関する法律施行令　第 2 条）

1.	浮遊粉じんの量	空気 1 立方メートルにつき 0.15 ミリグラム以下
2.	一酸化炭素の含有率	1000000 分の 10（厚生労働省令で定める特別の事情がある建築物にあつては，厚生労働省令で定める数値）以下
3.	二酸化炭素の含有率	1000000 分の 1000 以下
4.	温度	1. 17 度以上 28 度以下 2. 居室における温度を外気の温度より低くする場合は，その差を著しくしないこと．
5.	相対湿度	40 パーセント以上 70 パーセント以下
6.	気流	0.5 メートル毎秒以下
7.	ホルムアルデヒドの量	空気 1 立方メートルにつき 0.1 ミリグラム以下

これには含まれていないが「ノナナール」に関しても今後検討されるとしている．　　　　〔加藤信介〕

1.3 換気設備技術基準（建築基準法・SHASE-S 他）

換気設備は，前節 1.2. 室内基準を満たすよう設置される．室内基準を性能規定としてこれが満たされることを合理的に説明できればさまざまな方式の設備を自由に設置することも可能と考えられ，換気設備技術基準は不要とも考えられる．しかし現状では換気設備は建物内の衛生確保のための重要な設備であるため，特に特殊な場合は例外として，室内基準を十分に担保する換気設備の性能要件が仕様規定的に定められた換気設備技術基準が設けられている．

1.3.1 法令による換気設備技術基準

建築基準法では，その第 28 条 1 項で，住宅，学校，病院，診療所，寄宿舎，下宿その他これらに類する建築物の居室には，換気のための窓その他の開口部を設け，その換気に有効な部分の面積は，その居室の床面積に対して，20 分の 1 以上としなければならないとしている．これは機械によらない自然換気に関する一つの基準である．建築基準法施行令で定める技術的基準にしたがった機械換気設備を設けた場合には，この自然換気に必要な開口部の基準は適用されない．また特殊建築物の居室または建築物の調理室，浴室その他の室でかまど，こんろその他火を使用する設備もしくは器具を設けたものには，換気設備を設けなければならないとしている．さらに石綿（アスベスト）その他

の物質の飛散または発散に対する衛生上の措置としてその第28条2項で建築材料に石綿その他の著しく衛生上有害なものとして建築基準法施行令で定める物質を添加しないことおよび石綿等以外の物質でその居室内において衛生上の支障を生ずるおそれがあるものとして，建築材料および換気設備について建築基準法施行令で定める技術的基準に適合することを求めている．現状では著しく衛生上有害なものとしては，石綿（アスベスト）のみが指定されている．また居室内において衛生上の支障を生ずるおそれがある物質として，クロロピリフォスとホルムアルデヒドが指定されており，ホルムアルデヒドに関しては，建築基準法施行令の第二十条の八で換気設備の技術的基準を設けており，居室には大臣認定を受ける必要のある居室の空気のホルムアルデヒドを浄化して供給する換気システムか，一般の機械換気設備を設けることとしている．後者の機械換気システムは有効換気量（立方メートル毎時で表した量）が，次式（1.8）の必要有効換気量以上であることが求められている．

$$Vr = nAh \qquad (1.8)$$

Vr：必要有効換気量（単位　1時間につき立方メートル）

n　：住宅等の居室にあつては〇・五，その他の居室にあつては〇・三

A　：居室の床面積（単位　平方メートル）

h　：居室の天井の高さ（単位　メートル）

現状，機械換気システムが大臣認定を受ける必要のある居室の空気のホルムアルデヒドを浄化して供給する換気システムに比べて行政手続き，技術的，コスト的に有利なため，事実上，建物の居室には換気のための窓その他の開口部の換気に有効な部分の面積がその居室の床面積に対して，20分の1以上ある場合に関しても，上記技術基準を満たす機械換気設備を設置することを求める規定となっている．

なお，前節1.2.における室内基準でも記載しているが，法令で定められた換気設備に関する技術基準は，建物内の衛生を確保し，人の健康や安全を最低限担保することを目的として定められている．したがって，換気設備の設置に際しては，これら法令で定められた技術基準を満たすことは無論であるが，たとえば工業用のクリーンルームの例を考えるまでもなく，建物の用途，グレードに応じて換気設備の技術基準は大きく変化する．ここでは紙面の制限から法令に基づく技術基準の紹介に留まることを断っておく．

建築基準法および施行令で定める換気設備の基準に関して表1.5に示す．

建築基準法施行令では，第20条の2で機械換気設備の技術基準として具体的な換気量に関して，有効換気量として基準を設けており，機械換気設備の有効換気量は，次式（1.9）の計算値以上とすることを求めている．

$$V = 20A_f \div N \qquad (1.9)$$

V　有効換気量（単位　1時間につき立方メートル）

A_f　居室の床面積（特殊建築物の居室以外の居室が換気上有効な窓その他の開口部を有する場合において，当該開口部の換気上有効な面積に二十を乗じて得た面積を当該居室の床面積から減じた面積）（単位　平方メートル）

N　実況に応じた一人あたりの占有面積（特殊建築物の居室にあつては，三を超えるときは三と，その他の居室にあつては，十を超えるときは十とする．）（単位　平方メートル）

また火気を使用する室の換気として，有効換気量は

$$V = K \cdot Q \qquad (1.10)$$

V　有効換気量（単位　1時間につき立方メートル）

K　換気量［$m^3/(kW \cdot h)$］　法規上の理論廃ガス量に排気条件を乗じた数

Q　燃焼器具の燃料消費量［kW］

換気量は，換気設備基準の最も基本的なものであり，建築基準法以外にも，換気量に関する法的規制がある．表1.6に換気量に関する建築基準法以外の主な法規制を示す

1.3.2　空気調和・衛生工学会による換気設備技術基準

社団法人空気調和衛生工学会は，換気設備の技術基準として空気調和衛生工学会規格 SHASE-S 102-2002 換気規準・同解説を刊行している．同基準では換気設備の技術基準として最も重要になる換気量の算出法に関して，室内の汚染質の不均一な分布を考慮して以下のようにまとめている．

1）室内の汚染質発生量およびその混合状態を考慮し，居住域の汚染質濃度をその設計基準濃度以下に保持するに必要な換気量を確保しなければならない．この換気量を設計必要換気量という．

2）汚染質の混合状態は，

・定常完全混合状態と考えられる場合と，

・その他の混合状態

に区別する．

3）基本必要換気量は定常完全混合として（1.11）

1.3 換気設備技術基準

表 1.5 換気設備の基準一覧

技術基準が適用される室の種類		適用される規定（準用される規定を含む）	
設置義務のある場合	居室全般	居室内において衛生上の支障が生ずるおそれがある物質としてのホルムアルデヒドの場合	令第20条の8 令第129条の2の6第2項 （最終改正，平18，政令第350号）
	居室（床面積の1/20以上の有効開口面積を有する窓等を有しないもの）（法第28条第2項）	自然換気設備の場合	令第20条の2 令第129条の2の6第1項 昭45，告示第1826号1 （最終改正　平12，告示第1403号）
		機械換気設備の場合	令第20条の2 令第129条の2の6第2項 昭45，告示第1826号2 （最終改正　平12，告示第1403号）
		中央管理方式の空調設備の場合	令第20条の2 令第129条の2の6第3項 昭45，告示第1832号 （最終改正　平12，告示第1391号）
		性能基準に適合するとして建設大臣の認定を受けたもの	令第20条の2
	劇場，映画館，演芸場，観覧場，公会堂及び集会場の用途に供する居室（法第28条第3項）	機械換気設備の場合	令第20条の2 令第129条の2の3第2項 昭45，告示第1826号2 （最終改正　平12，告示第1403号）
		中央管理方式の空調設備の場合	令第20条の2 令第129条の2の6第3項 昭45，告示第1832号 （最終改正　平12，告示第1391号）
		性能基準に適合するとして建設大臣の認定を受けたもの	令第20条の2
	火を使用する設備又は器具を設けた室（法第28条第3項）		令第20条の3 昭45，告示第1826号3 （最終改正　平12，告示第1403号）
		性能基準に適合するとして建設大臣の認定を受けたもの	令第20条の3第2項
任意に設置した場合	右欄の換気設備を設置したすべての室（法第36条）	自然換気設備の場合	令第129条の2の6第1項
		機械換気設備の場合	令第129条の2の6第2項
		中央管理方式の空調設備の場合	令第129条の2の6第3項 昭45，告示第1826号 （最終改正　平12，告示第1391号）

式により算出する．

$$Q_p = M/(C_i - C_0) \quad (1.11)$$

ここに，
 Q_p：基本必要換気量 [m³/h]
 M：室内における汚染質発生量 [m³/h]
 C_o：取り入れ外気の汚染質濃度 [m³/m³]
 C_i：室内の汚染質設計基準濃度 [m³/m³]

4) 室内に複数の汚染質の発生がある場合は，それぞれの発生源ごとに汚染質の種類および発生量を十分調査し，汚染質ごとに (1.1) 式を用いて換気量を算出し，これらの換気量のうちの最大値を基本換気量とする．

5) 設計必要換気量は2)で示した混合の状況により

室内が完全混合状態と考えられる場合には基本必要換気量を設計必要換気量とする．

その他の混合状態の場合は，廃気捕集率などの換気効率指標を考慮して完全混合と考えて算出した基本必要換気量を増減する．ただし，その際用いられる換気効率指標は信頼性の高いものとするとしている．

空気調和・衛生工学会の換気設備規準は，換気設備の技術基準として性能規定的要素を繰り入れている．このため室内の汚染質濃度をその設計基準濃度以下に保持するための必要換気量を2段階で求めている．すなわち，室内での汚染質の混合状態を定常完全混合と仮定し，必要な換気量（基本必要換気量）を求める．

表 1.6 換気量に関する法規制（建築基準法以外）

室条件	換気条件	法規
作業室	・気積は，天井高 4 m 以下のとき労働者 1 人につき 10 m³ 以上 ・窓その他の開口部は床面積の 1/20 以上（除外換気設備あり） ・気温 10℃ 以下のとき室内の換気風速 1 m/s 以下	労働安全規則
無窓工場	1 人あたりの必要換気量 35 m³/h または 15 m³/(h・m²) 床面積	無窓工場に関する取り扱い（通達）
駐車場	・床面積 1 m³ ごとに 25 m³/h 以上（除外開口部面積が床面積の 1/10 以上） ・換気回数 10 回/h 以上（除外開口部面積が床面積の 1/10 以上）	東京都建築安全条例（駐車場面積 500 m³ 以上） 東京都駐車場条例
劇場，映画館，演芸場，興行場，公会堂，集会場	・床面積 1 m² ごとに 75 m³/h 以上の新鮮な外気空気調和のあるときは，全風量 75 m³/(h・m²) 以上で外気量 25 m³/h 以上 ・客室面積 400 m² 以上または地下興行　第 1 種換気 ・地上で 150〜400 m²　第 1 種または第 2 種換気 ・地上で 150 m² 以下　第 1, 2, 3 種換気のいずれか	東京都建築安全条例
地下建築物	・床面積 1 m² ごとに 30 m³/h 以上の新鮮な外気空気調和のあるときは，10 m³/h 以上 ・第 1 種換気の場合，常に給気量は排気量より大 ・各地下の構えには給気口または排気口を設ける ・調理室および蓄電地室には専用の排気設備 ・床面積 1000 m³ を超える階　第 1 種換気 ・床面積 1000 m³ 以下の階　第 1 種または第 2 種換気	東京都建築安全条例

次に，実際の汚染質の混合状態を考慮して必要となる換気量（設計必要換気量）を求める．"設計必要換気量" は換気設計時に空間に対して要求される換気量である．ただし，空気調和・衛生工学会の技術基準に沿って換気設計を行う場合でも，法令に基づく技術基準が満たされる必要があることは無論である．

換気設備の技術基準では，このほか下記に示す室については，独立した換気設備を設け，排気が他の室を汚染すること等を防止することを求めている．

1) 食堂（一般住宅の食堂を除く）
2) 厨房（一般住宅の台所を除く）
3) 駐車場
4) 便所，浴室，湯沸し室
5) 喫煙所
6) 有害ガス，引火性ガスが発生するおそれのある室
7) 粉じん，湿気，臭気等が大量に発生するおそれのある室

また，換気設備構成要素の技術基準として，機械換気設備は所要の空気を確実に供給または排出することができる機能を有し，かつ，騒音，振動等の影響が少ない構造とし，各構成要素は次の技術基準に従うものとしている．

1) 外気取り入れ口：外気取り入れ口は汚染された空気を取入れることがないように，周辺の状況を考慮して，適切な位置に設置し，定常的に清浄な外気を取入れることができるようにする．

2) 屋外排気口：屋外排気口は，外部風による影響が少なく，かつ，取り入れ外気への室内汚染空気の流入が生じないように，その位置，形状を定め，さらに，近隣に対して汚染，騒音，気流等の問題が生じないように配慮する．

3) 給気口（吹き出し口）：給気口は，室内で良好な気流分布が得られるような吹出性能のものを適切な位置に設ける．

4) 排気口（吸い込み口）：排気口は，室内汚染空気を効率的に排出できるような吸い込み性能のものを適切な位置に設ける．

5) 送風機：送風機は，ダクトその他の抵抗および外風圧に対して，安定した所要の風量が得られる能力を有するよう設ける．

6) ダクト：ダクトは漏れの少ない気密な構造とし，消音などに配慮する．

7) 空気浄化装置：取入れ外気がとくに汚染されている場合や，還気に含まれる汚染質（粉じん等）を除去する場合は，適切な空気浄化装置を設ける．

8) 構成要素の材質：構成要素の材質は，容易に劣化したり，給気を汚染するおそれがないものとする．

9) 点検・整備：送風機，給排気口，ダクト，空気浄化装置等の換気設備の重要な部分は，容易に定期的な点検・整備が可能な構造とし，常に所要の性能および適切な衛生状態を維持できるようにする．

〔加藤信介〕

1.4 換気の種類

1.4.1 換気駆動力による分類

すでに述べてきたことであるが，換気は自然換気と機械換気に大別される．自然換気は自然の風による圧力差や建物内外の温度差による空気密度の差，すなわち浮力を換気の駆動力として利用する．一方，機械換気は送風機や排風機などの機械力を利用して室内の空気の入替えを行うもので，適切に設計することによって確実に換気の目的を果たすことができる．このほか，自然換気と機械換気を組み合わせたハイブリッド換気もある．これは，自然換気を主に考え，機械換気を従に考える方式と，機械換気を主として考え自然換気を従として考えるものの2通り考えられる．前者のハイブリッド換気は，換気駆動力はもっぱら自然の風力や密度差に期待し，自然換気の駆動力が不足するときに機械換気を補助的に用いて，省エネルギーと機械換気の確実性を求めるものである．後者のハイブリッド換気は，常に機械換気をメインの換気設備として運転するもの，自然換気を補助的に用いて自然換気の能力が十分にあるときには機械換気の換気駆動力を減じて省エネルギーを達成するものである．

1.4.2 全般換気と局所換気

換気に関する駆動力から自然換気と機械換気およびハイブリッド換気を区分したが，換気方式のもう一つの分類として，全般換気と局所換気とがある．全般換気は全体の空気を入れ替えることにより室内の汚染質濃度を希釈するために行うもので，汚染源が固定していない場合の計画に適用される．具体的には居室・工場・作業場・倉庫・集会所などで採用される．これに対して局所換気は，室全体でなく汚染質が発生する場所を局部的に換気する方法で，汚染源が固定している場合の計画に適用される．具体的には厨房・工場・実験室などで採用される．全般換気は室内で発生する汚染質を完全に希釈・拡散したうえで排気することが原則であり，汚染質の種類やその発生量によっては非常に大量の換気を必要とすることがある．しかし，空気調和・衛生工学会の換気規準では全般換気でも，汚染質の室内での完全な混合を前提とせず，室内に濃度分布のある場合を考慮した換気の設計を可能にしていることは前節1.3. 換気技術基準で述べたとおりである．全般換気に対して局所換気は，汚染質を汚染源の近くで捕捉処理するため，室内への汚染質の拡散を防止して室内環境を衛生的かつ安全に保つものであり，換気量も比較的少なくて済むものとなっている．

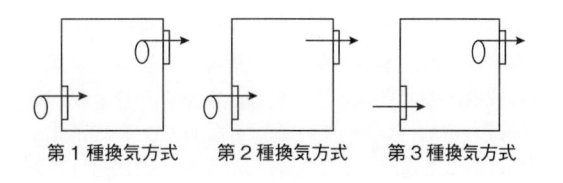

1.4.3 機械換気設備の分類

機械換気設備は，給気と排気の方法により図1.3に示すように以下の3種類の方法がある．

1) 第1種換気方式：給気用送風機と排気用送風機による換気方式
2) 第2種換気方式：給気用送風機と自然排気口による換気方式
3) 第3種換気方式：排気用送風機と自然給気口による換気方式

第一種換気は，給気用送風機により十分な圧力差を確保できるため一般的には外気を浄化するエアフィルタが給気側に設置される．第2種換気も，同じく外気を浄化するため給気側にエアフィルタが設置される．第2種換気は，室内が屋外や隣接する室内に比べ圧力が高くなるため建物の隙間を介した屋外や隣室からの汚染された空気の流入を防ぐことができる．第3種換気では，給気は換気口を介して直接室内に供給さる．給気口にエアフィルタなどを設置するとその圧力損失により，室内圧が大きく低下するため難しく，一般に外気を浄化して室内に供給するためには用いられない．室内が屋外や隣接する室内に比べ圧力が低くなるため建物の隙間を介して室内の汚染が隣室などに流入するのを防ぐことができる．　〔加藤信介〕

図1.3 換気方式の種類

1.5 シックハウス

1.5.1 シックハウス問題の背景

シックハウスの定義に関しては，さまざまなものがあるが，厚生労働省の参考定義によると以下のようになっている[1]．「住宅の高気密化や化学物質を放散する建材・内装材の使用等により，新築・改築後の住宅やビルにおいて，化学物質による室内空気汚染等により，居住者のさまざまな体調不良が生じている状態が，

数多く報告されている．症状が多様で，症状発生の仕組みをはじめ，未解明な部分が多く，またさまざまな複合要因が考えられることから，シックハウス症候群と呼ばれる．」とされている．すなわち，高気密化が背景にあると述べている．省エネルギーや快適性の観点から，高気密化は悪ではないのは周知の事実であるが，適切な換気が行われていなかったり，汚染化学物質の放散の少ない建材・施工材を用いなかったりすれば，悲惨なものとなる．シックハウスは，住宅だけの問題ではなく，オフィスビル，学校などにも問題が広がっている．現代のライフスタイルにも通じる問題である[2]．

図1.5に人体の全物質摂取量を示す．現代人は，その90％以上の時間を室内で過ごしている．そのため，物質量という点でみると最も体の中に取り入れているのは空気である．3度の食事や飲み物と比較すると非常に大きな量である．食物や飲料には安全性に気を付けるようになったが，空気に関しても同様の注意を払う必要があるのは明らかだ．対策の基礎となるのは発生源の削減と適切な換気である．

1.5.2 揮発性有機化合物

室内を汚染している化学物質には実にさまざまなものがある．住宅で通常測定される揮発性有機化合物は100種類以上に及び，さまざまな化学物質が室内を汚染している．

揮発性有機化合物は，表1.7に示すように分類される．室内空気中には非常に多くの有機性室内汚染化学物質がある．そのため，WHOのワーキンググループは，沸点に応じて分類した．したがって，VOCという名前の物質が存在するわけではない．沸点が，0℃以下〜50-100℃の物質を高揮発性有機化合物（VVOC），50-100℃〜240-260℃を揮発性有機化合物（VOC），240-260℃〜380-400℃を準揮発性有機化合物（SVOC），380℃以上を粒子状物質（POM）と呼んでいる．VOCがさまざまな物質の総称であることからVOCsと複数形にして呼ぶこともある．個々の物質には，毒性がある物質，ほとんどない物質などさまざまなものがある．カビが発生するにおいや木の香りなどもVOCの仲間である．高揮発性有機化合物（VVOC）に属する代表的な物質としてはホルムアルデヒドがある．また，揮発性有機化合物（VOC）に属する物質としては，トルエン，キシレン，ベンゼン，スチレンなどがある．準揮発性有機化合物（SVOC）に関しては，可塑剤であるフタル酸ジオキシル（DOP），リン酸トリブチル（TBP）や有機リン系農薬の一部が含まれる．粒子状物質（POM）としては，リン酸トリクレシル（TCP），殺虫剤，防蟻剤に用いられるクロルピリホス，ホキシム，ピリダフェンチオンなどがある．

「沸点が50-100℃〜240-260℃の有機化合物」のVOCであるが，用途は多岐に渡り，ペイント，ニス，ラッカー等の溶剤，壁紙等の接着剤溶剤，ワックス等さまざまなものに利用されている．人工的な化学薬品・

図1.4 シックハウスのさまざまな症状

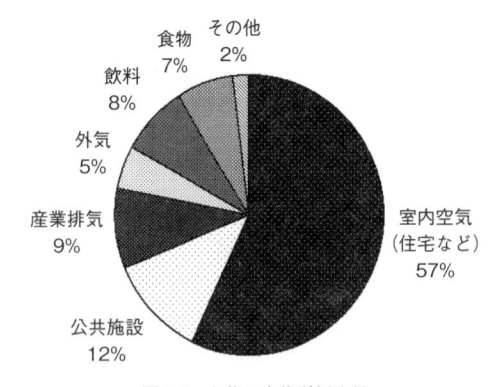

図1.5 人体の全物質摂取量

表1.7 有機性室内空気汚染物質の分類（WHO）

名　称	略称	沸点範囲 [℃]
高揮発性有機化合物	VVOC	<0　50-100
揮発性有機化合物	VOC	50-100　240-260
準揮発性有機化合物	SVOC	240-260 380-400
粒子状物質	POM	>380

表1.8 厚生労働省ガイドライン値[5]

揮発性有機化合物	室内濃度指針値	設定日
ホルムアルデヒド	100 $\mu g/m^3$	1997.6.13
アセトアルデヒド	48 $\mu g/m^3$	2002.1.22
トルエン	260 $\mu g/m^3$	2000.6.26
キシレン	870 $\mu g/m^3$	2000.6.26
パラジクロロベンゼン	240 $\mu g/m^3$	2000.6.26
エチルベンゼン	3800 $\mu g/m^3$	2000.12.15
スチレン	220 $\mu g/m^3$	2000.12.15
クロルピリホス	1 $\mu g/m^3$ ただし小児の場合は 0.1 $\mu g/m^3$	2000.12.15
フタル酸ジ-n-ブチル	220 $\mu g/m^3$	2000.12.15
テトラデカン	330 $\mu g/m^3$	2001.7.5
フタル酸ジ-2-エチルヘキシル	120 $\mu g/m^3$	2001.7.5
ダイアジノン	0.29 $\mu g/m^3$	2001.7.5
フェノブカルブ	33 $\mu g/m^3$	2002.1.22
総揮発性有機化合物量 (TVOC)	暫定目標値 400 $\mu g/m^3$	2000.12.15

樹脂類からの放散のみではなく，天然木材からはα-ピネン，β-ピネン，リモネンなどのテルペン系炭化水素が多く放散されている．人体もまた放散源の一つであり，新陳代謝の過程における老廃物として呼気・発汗等からの放散が確認されている．

1.5.3 厚生労働省ガイドライン

1996年から開始された建設省，厚生省，通産省，林野庁（当時）を中心として組織された健康住宅研究会では，1998年にホルムアルデヒド，トルエン，キシレン，木材保存剤（現場施工用），防蟻剤，可塑剤の3物質，3薬剤を優先取組物質とした．

厚生労働省はホルムアルデヒドの人体への影響に関して，1997年にガイドラインを定めた．シックハウス（室内空気汚染）問題が重要視されることになり厚生労働省が揮発性有機化合物（VOC）に関するガイドライン化を進めた．厚生労働省のシックハウス問題に関する検討会は，ホルムアルデヒド以外の建材・施工材および防虫剤に含まれるトルエン，キシレン及びパラジクロロベンゼンの室内濃度指針値を提案した．さらに，2000年12月には，スチレン，エチルベンゼン，フタル酸ジ-n-ブチル，クロルピリホスの濃度ガイドラインが定められた．TVOC（総揮発性有機化合物）の暫定目標値も400 $\mu g/m^3$ とされた．2002年1月までに表1.8に示す13の化学物質の指針値が示されている[3]．しかし，通常の室内で測定される揮発性有機化合物は簡単に100種類を越える．

厚生労働省の指針値は，一般住宅用のみと考えられているが，実はそうではない．指針値の適用範囲に関して，以下のように述べている．『本検討会で策定される指針値は，生産的な生活に必須な特殊な発生源がない限り，あらゆる室内空間（下記）に適用されるべきである．とくに弱者（小児，高齢者，妊婦，病人など）が暴露される可能性の高い空間においては，積極的な空気質管理が求められ，当事者による継続的なモニタリングによってその効果を高めていくべきである．具体的には住居（戸建，集合住宅），オフィスビル（事務所，販売店など），病院・医療機関，学校・教育機関，幼稚園・保育園，養護施設，高齢者ケア施設，宿泊・保養施設，体育施設，図書館，飲食店，劇場・映画館，公衆浴場，役所，地下街，車両，その他』（厚生労働省シックハウス検討会）がある．

一方，米国の環境保護庁（US-EPA）では，室内の化学物質のリスクをランキング化している[4]．このリストの中には，ホルムアルデヒド，アセトアルデヒド，ベンゼンなど112種類の化学物質が示されている．厚生労働省指針値に示されないからといって，決してその他の化学物質が安全であるというわけではない．

1.5.4 国土交通省の実態調査

2000年6月に,学識経験者,関係省庁,関係団体の参加により発足した.「室内空気対策研究会」では,2000年度,住宅室内の空気環境に関する全国レベルの実態調査を実施した.室内空気対策研究会ホームページでも調査結果が公開されている.2000年度実態調査の結果について,2000年9月から,全国で約4600戸(有効データ約4500戸)の住宅において,空気環境の実態調査を行った.蒸気拡散式分析法による簡易測定機器(測定バッジ)を用い,室内空気中の約24時間平均濃度の測定を行った.調査の主な集計結果は次のとおりである.ここで,23℃においてホルムアルデヒド濃度は 0.08 ppm が, 100 $\mu g/m^3$ になる.以下はその結果である.

・ホルムアルデヒドの平均濃度は 0.071 ppm であり,厚生労働省の濃度指針値 0.08 ppm を下回り,同指針を超える住宅は約 27.3% あった.
・トルエンの平均濃度は 0.038 ppm であり,厚生労働省の濃度指針値 0.07 ppm を下回り,同指針を超える住宅は約 12.3% あった.
・キシレンの平均濃度は 0.005 ppm であり,厚生労働省の濃度指針値 0.20 ppm を下回り,同指針を超える住宅は約 0.13% あった.
・エチルベンゼンの平均濃度は 0.008 ppm であり,すべての住宅において厚生労働省の濃度指針値 0.88 ppm を下回り,同指針を超える住宅はなかった.

以上から,調査を行った4物質の中で優先的に対策に取り組むべきであるのは,濃度の高い住宅が多かったホルムアルデヒドであり,ついでトルエンであるとしている.

その後,新築住宅に関しては,毎年調査が行われている.表1.9にその結果を示す.シックハウス問題が指摘されてから,急速に平均濃度が低下していることがわかる.

表 1.9 国土交通省実態調査の経年変化(新築)

	ホルムアルデヒド	トルエン	アセトアルデヒド
2000 年	28.7%	13.6%	未測定
2001 年	13.3%	6.4%	未測定
2002 年	7.1%	4.8%	9.2%
2003 年	5.6%	2.2%	9.5%
2004 年	1.6%	0.6%	9.7%
2005 年	1.3%	0.3%	11.6%

1.5.5 建築基準法の改正

2002年7月5日に建築基準法の改正が国会を通過した.第28条2は,以下のようになった.『居室内における化学物質の発散に対する衛生上の措置:居室を有する建築物は,その居室内において政令で定める化学物質の発散による衛生上の支障がないよう,建築材料及び換気設備について政令で定める技術的基準に適合するものとしなければならない.』2003年7月から施行された.建築基準法改正の主なポイントは以下通りである[5].

1. 規制対象とする化学物質
クロルピリホスおよびホルムアルデヒドとする.
2. クロルピリホスに関する規制
居室を有する建築物には,クロルピリホスを添加した建材の使用を禁止する.
3. ホルムアルデヒドに関する規制

○内装の仕上げの制限:居室の種類及び換気回数に応じて,内装仕上げに使用するホルムアルデヒドを発散する建材の面積制限を行う.

○換気設備の義務付け:ホルムアルデヒドを発散する建材を使用しない場合でも,家具からの発散があるため,原則としてすべての建築物に機械換気設備の設置を義務付ける.

○天井裏等の制限:天井裏等については,下地材をホルムアルデヒドの発散の少ない建材とするか,機械換気設備を天井裏等も換気できる構造とする.

学校建築も建築基準法の適用を受ける.厚生労働省研究班の調査では,2002年4月26日,「児童や学生の都会に住む小中学生の1.7%が,シックハウス症候群の疑いがあることがわかっている.

文部科学省は,学校における化学物質の室内濃度について実態調査を実施し,2001年12月に4物質(ホルムアルデヒド,トルエン,キシレン,パラジクロロベンゼン)について結果を公表している.この全国50の学校に関する化学物質汚染調査では,おおむね厚生労働省の定める指針値は守られていたものの,夏季のコンピュータ室に限ってみると20%がホルムアルデヒドのガイドラインを超えていた.文部科学省は,学校環境衛生の基準を2002年2月に改正し,2002年4月1日より適用した.また,その後2004年に再改訂を行っている.

1.5.6 化学物質の測定方法

化学物質室内汚染の状態を把握するためには,化学物質の測定が必要となる.しかし,微量の化学物質を

表1.10 室内化学物質測定に関するJIS規格

JIS A 1960	2005	室内空気のサンプリング方法通則
JIS A 1961	2005	室内空気中のホルムアルデヒドのサンプリング方法
JIS A 1962	2005	室内空気中のホルムアルデヒドおよび他のカルボニル化合物の定量-ポンプサンプリング
JIS A 1963	2005	室内空気中のホルムアルデヒドの定量-パッシブサンプリング
JIS A 1964	2005	室内空気中の揮発性有機化合物（VOC）の測定方法通則
JIS A 1965	2007	室内及び放散試験チャンバー内空気中揮発性有機化合物のTENAX TA® 吸着剤を用いたポンプサンプリング，加熱脱着およびMS/FIDを用いたガスクロマトグラフィーによる
JIS A 1966	2005	室内空気中の揮発性有機化合物（VOC）の吸着捕集/加熱脱離/キャピラリーガスクロマトグラフ法によるサンプリングおよび分析-ポンプサンプリング
JIS A 1967	2005	室内空気中の揮発性有機化合物（VOC）の吸着捕集/加熱脱離/キャピラリーガスクロマトグラフ法によるサンプリングおよび分析-パッシブサンプリング
JIS A 1968	2005	室内空気中の揮発性有機化合物（VOC）の吸着捕集/溶媒抽出/キャピラリーガスクロマトグラフ法によるサンプリングおよび分析-ポンプサンプリング
JIS A 1969	2005	室内空気中の揮発性有機化合物（VOC）の吸着捕集/溶媒抽出/キャピラリーガスクロマトグラフ法によるサンプリングおよび分析-パッシブサンプリング

精度良く測定するのは容易ではない．また，かなり高額の費用を必要とする．これらの測定法に関してISO規格などをもとにしてJIS化が進められた．測定に関して制定されているJISを表1.10に示す．

a. 測定のための手順

室内化学物質濃度を測定しようとするとその手順が問題となる．国内では厚生労働省シックハウス検討会が測定手順を示している．また，JISで手順が定められている．基本的には，新築引き渡し前の建物においては最大濃度法が基本となっている．まず，30分間程度窓などの開口部を開ける，その後5時間以上（できれば8時間以上）閉鎖する．家具の扉などは開けておく．経過時間後，午後2時から3時に測定することが望ましいとしている．居室に常時換気システムがある場合は運転して測定してもよいとしている．

b. 気中濃度の測定法

気中濃度を測定するためには，アクティブ法というポンプで室内の空気を捕集管に通し，化学物質を捕集する方法が通常とられる．ホルムアルデヒドやアセトアルデヒドなどのアルデヒド類に関しては，DNPHと呼ばれる薬剤を用いたカートリッジが用いられる．

一方，VOCに関しては，TenaxTAや活性炭などの捕集剤が用いられる．これらの捕集管に適度な室内空気をポンプで用いて吸引して捕集する．アクティブ法は精度が高い方法であるが，測定中の騒音，ポンプなどを必要とすることなどからパッシブ法もJIS化されている．パッシブ法は，ポンプで捕集するのではなく拡散原理を用いた測定である．国土交通省の大規模実態調査は，バッジ型のサンプラーで測定された．また，他の精度の高いパッシブサンプラーも開発されている．検知管や電気化学的な方法はあくまでも目安と考えていた方がよい．

c. 化学物質の分析

捕集した化学物質は分析が必要である．ホルムアルデヒド，アセトアルデヒドなどは，DNPHカートリッジで捕集しで高速液体クロマトグラフィー（HPLC）で定量，定性することが一般的である．

一方，VOCに関してはTenaxTAなどの吸着剤を用い化学物質を捕集し，加熱脱着を用いる方法が一般的に使用されている．また，簡便な方法として溶媒油出法もJIS化されている．精度の良い測定には熟練が必要である．簡便で精度が高くコストも安いというすべてを満足することは非常に難しく，今後の技術開発などが必要と思われる．

1.5.7 建材からのVOCの評価

建材，施工材のJIS規格の整備が行われている．材料，製品に関する規格の改定は多岐にわたるが，JISハンドブック「シックハウス」などを参照すると良い[6]．

小型チャンバー法は（JIS A 1901），シックハウス対策のために建材・施工材からのトルエンやキシレンなどのVOC（揮発性有機化合物）の放散量を測定する方法に関する規格である．建材からの放散量測定は，室内化学汚染の低減に大きな意味をもつ．しかし，実物大での放散試験はコストや時間を必要とするため，小型チャンバーを用いて放散量を測定する方法が採用されている．そのような背景で，小型チャンバー法がJIS化され，JISA1901として2003年1月20日に制定された．

大形チャンバー法，吸着建材の性能評価法，SVOC放散量の測定法，パッシブ法などの規格も制定されている．

〔田辺新一〕

文　献

1) シックハウス（室内空気汚染）問題に関する検討会中間報

表 1.11 放散量測定に関する JIS 規格（制定予定を含む）

JIS No.		
JIS A 1460	2001	建築用ボード類のホルムアルデヒド放散量の試験方法 ーデシケーター法
JIS A 1901	2003	建築材料の揮発性有機化合物（VOC），ホルムアルデヒドおよび他のカルボニル化合物放散測定方法ー小形チャンバー法
JIS X 6936	2005	事務機器ーオゾン，揮発性有機化合物及び粉じんの放散測定方法
JIS A 1902-1	2006	建築材料の揮発性有機化合物（VOC）ホルムアルデヒドおよび他のカルボニル化合物放散量測定におけるサンプル採取，試験片作製および試験条件ー第1部：ボード類，壁紙及び床材
JIS A 1902-2	2006	建築材料の揮発性有機化合物（VOC）ホルムアルデヒドおよび他のカルボニル化合物放散量測定におけるサンプル採取，試験片作製および試験条件ー第2部：接着剤
JIS A 1902-3	2006	建築材料の揮発性有機化合物（VOC）ホルムアルデヒドおよび他のカルボニル化合物放散量測定におけるサンプル採取，試験片作製および試験条件ー第3部：塗料
JIS A 1902-4	2006	建築材料の揮発性有機化合物（VOC）ホルムアルデヒドおよび他のカルボニル化合物放散量測定におけるサンプル採取，試験片作製および試験条件ー第4部：断熱材
JIS A 1911	2006	建築材料などからのホルムアルデヒド放散量測定方法ー大形チャンバー法
JIS A 1912	2008	建築材料などからの揮発性有機化合物（VOC）及びホルムアルデヒドを除く他のカルボニル化合物放散量測定方法ー大形チャンバー法
JIS A 1903	2008	建築材料の揮発性有機化合物（VOC）のフラックス発生量測定方法ーパッシブ法
JIS A 1904	2008	建築材料の準揮発性有機化合物（SVOC）の放散測定方法ーマイクロチャンバー法
JIS A 1905-1	2007	小形チャンバー法による室内空気汚染濃度低減材の低減性能試験法ー第1部：ホルムアルデヒド濃度供給法による吸着速度測定試験
JIS A 1905-2	2007	小形チャンバー法による室内空気汚染濃度低減材の低減性能試験法ー第2部：ホルムアルデヒド放散建材を用いた吸着速度測定
JIS A 1906	2008	小形チャンバー法による室内空気汚染濃度低減材の低減性能試験法ー一定揮発性有機化合物（VOC）及びホルムアルデヒドを除く他のカルボニル化合物濃度供給法による吸着速度測定

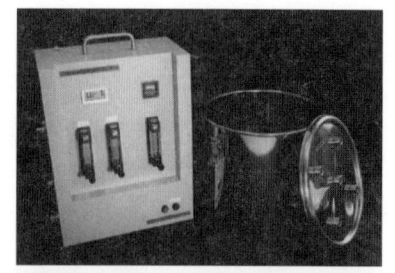

図 1.6　20 L チャンバーと 1 m³ チャンバーの例

告書ー第1回～第3回のまとめ，2000年6月26日．
2) 田辺新一：室内化学汚染，講談社現代新書，1998．
3) 厚生労働省：シックハウス（室内空気汚染）問題に関する検討会，中間報告書ー第8回～第9回のまとめ，2002．
4) US-EPA, Pauline Johnston, Ranking Air Toxics Indoors, 2000.
5) 国土交通省：建築基準法の改正，2003．
http://www.mlit.go.jp/jutakukentiku/build/sick.html 参照．
6) 日本規格協会：JIS ハンドブック，JIS HB シックハウス 2008．

1.6　換気負荷計算法と計算例

ここでは，空気調和・衛生工学会による換気基準・同解説 SHASE-S 102-2002 の方法に準じて解説する．

1.6.1　人間に対する基本必要換気量

人間は種々の汚染質を発生する汚染源であり居室には必ず存在する．また発生する汚染質の種類・量のすべては明確に分からない汚染源であると考え，(1.11)式により，基本必要換気量（室内の汚染分布を考慮しない基本的な必要換気量，設計換気量はこの求められた基本換気量に室内の換気効率（室内からの排気の汚染濃度に対する室内居住域の汚染濃度の比の逆数，後述）を乗じて算出）を算定する．

$$Q_p = M/(C_i - C_o) \qquad (1.11 再掲)$$

ここに，
　Q_p：基本必要換気量　[m³/h]
　M：室内における汚染質発生量　[m³/h]
　C_o：取り入れ外気の汚染質濃度　[m³/m³]

C_i：室内の汚染質設計基準濃度 [m^3/m^3]

人間からの二酸化炭素発生量，取り入れ外気の二酸化炭素濃度および表 1.2 (a) にある総合的指標である二酸化炭素の基準（1000 ppm）に基づいて算出した換気量を基本必要換気量とする．ただし，人間の活動状態や取り入れ外気の二酸化炭素濃度が以下に示す標準的な状態に近いと判断される場合は参考値（30 m^3/(h・人)）*を用いて基本必要換気量を算定する．

* 参考値（30 m^3/(h・人)）は，人間が事務作業程度の活動状態（二酸化炭素の発生量が 0.02 m^3/(h・人)）で取り入れ外気の二酸化炭素濃度が 350 [ppm] の状態で算定される必要換気量である．

居室には，必ず人間がその中に存在する．また，人間から汚染質が発生するので，人間を汚染源と考えなければならない．人間の活動に伴う種々の汚染質発生に対する基本必要換気量は，総合的指標である二酸化炭素の基準濃度（1000 ppm）と人間の呼吸に伴う二酸化炭素の発生量から算出する．この換気量を確保することで，人からの臭気や粉じんについても許容できる空気質が得られるものと考えられる．また，従来から一般に使用されている床・壁・天井など安全と考えられている建築材料や一般的な家具などから発生する汚染質についても，この換気量を確保することで対応できるものと考えることができる．ただし，特殊な建材・什器については発生する汚染質の種類・量に対応する基本必要換気量を確保する必要がある．

人間からの二酸化炭素発生量は表 1.12 のように人間の活動状態により異なる．したがって居室内での作業状況を適切に想定し，人間からの二酸化炭素発生量を設定する必要がある．また，取り入れ外気の二酸化炭素濃度は地域によって異なるので当該地域での値を調べた上で基本必要換気量を求める必要がある．

表 1.12　人間からの二酸化炭素発生量

エネルギー代謝率 (RMR)	作業程度	二酸化炭素発生量 [m^3/(h・人)]
0	安静時	0.0132
0～1	極軽作業	0.0132～0.0242
1～2	軽作業	0.0242～0.0352
2～4	中等作業	0.0352～0.0572
4～7	重作業	0.0572～0.0902

1.6.2　燃焼器具に対する基本必要換気量

居室に開放式燃焼器具がある場合は，これを汚染源として基本必要換気量を算定する．その際には，発生する汚染質の種類・量のすべてが明確な場合と，発生する汚染質の種類・量のすべては明確でない場合に区別して基本必要換気量を算定する．発生する汚染質の種類・量のすべてが明確な開放式燃焼器具については，燃焼ガス中の各汚染質を対象として基本必要換気量を算出する．すなわち，表 1.2 (b) に示した 9 種類の汚染質について，器具からの発生量と単独指標としての設計基準濃度から換気量を個々に算出し，これらのうちの最大値を基本必要換気量とする．発生する汚染質の種類・量のすべては明確でない開放式燃焼器具については，総合的指標である表 1.2 (a) の二酸化炭素の設計基準濃度（1000 ppm）と二酸化炭素の発生量から換気量を算出する．さらに発生量のわかっている汚染質について単独指標としての設計基準濃度から換気量を算出する．これらのうちの最大値を基本必要換気量とする．ただし，一般的な開放式燃焼器具で発生する汚染質の種類・量のすべては明確でない場合に対して下記の参考値*を用いて基本必要換気量を算定することができる．参考値からもわかるとおり開放式燃焼器具を室内で使用すると多量の換気が必要になる．また下記の参考値は開放式燃焼器具のみに対する値であり，通常は人間など他の汚染源が同時に存在するので，(1.6.3) で示す 2 種類以上の汚染質発生のある場合の方法で基本必要換気量を算定しなければならない．

* 一般的な開放式燃焼器具で発生する汚染質の種類・量のすべては明確でない場合の基本必要換気量の参考値

なお，排気筒，フードなどの燃焼ガス排気装置が設置されている場合は，それらの廃気捕集率などの性能に応じて設計必要換気量を決めることができる．

ここでいう燃焼器具とは，居室で使用される暖房器具，食堂で使われる卓上型一口コンロ，カセットコンロなどで，都市ガス，液化石油ガスあるいは灯油などの燃料を用い，その燃焼ガスが室内に排出される開放式器具である．台所・業務用厨房などの付室・施設室については建築基準法施行令で定める式 (1.10) により算出する．

開放式燃焼器具から排出される燃焼ガス中には人体の健康に影響がある二酸化炭素，一酸化炭素，二酸化窒素，二酸化硫黄などの汚染質が含まれる．これらに対して表 1.2 (b) に示す単独指標としての設計基準濃度から算定される換気量を確保しなければならない．また，汚染質の発生は確認されているが，その発生量がわかっていない場合がある．このような場合は，表 1.2 (a) に示される総合的指標である二酸化炭素の設計基準濃度（1000 ppm）に基づいた換気量を確保し

なければならない．
- 都市ガス：1 kW あたり 145 m³/h（1000 kcal/h あたり 169 m³/h）
- 液化石油ガス：1 kW あたり 167 m³/h（1000 kcal/h あたり 194 m³/h）
- 灯油：1 kW あたり 185 m³/h（1000 kcal/h あたり 215 m³/h）

1.6.3 2種類以上の汚染源が存在する場合の基本必要換気量

居室内に2種類以上の汚染源が存在する場合，たとえば人間と煙草が存在する場合や，人間と開放式燃焼器具が存在する場合は以下の方法で基本必要換気量を算出する．

1) 発生する汚染質の種類・量のすべては明確にわからない汚染源（たとえば人間，たばこ，開放式燃焼器具の一部など）については，二酸化炭素の発生量を集計し，表1.2(a)で示す総合的指標である二酸化炭素の設計基準濃度（1000 ppm）に基づいて換気量を算出する．

2) 居室内に存在するすべての汚染源を対象にに示した汚染質のそれぞれを単独指標として換気量を算出する．すなわち各汚染源からの発生量を汚染質ごとに集計し，それぞれの単独指標としての設計基準濃度に基づいて換気量を算出する．単独指標としての二酸化炭素の設計基準濃度は 3500 ppm である．

3) 上記の1）と2）で求めた換気量のうち最大値を基本必要換気量とする．

居室内では人間，たばこ，開放式燃焼器具などの汚染源が同時に存在する場合がある．このような場合について基本必要換気量の算出例を以下に示す．

○ 人間とたばこと，汚染質の種類・量のすべてはわからない開放式燃焼器具が汚染源となる場合の基本必要換気量の算出例

前述の通り人間とたばこは発生する汚染質の種類・量のすべてはわからない汚染源であるが，開放式燃焼器具は発生する汚染質の種類・量のすべてはわからない場合とすべてがわかる場合があり，それぞれについて基本必要換気量の算出方法が異なる．ここでは汚染質の種類・量のすべてはわからない開放式燃焼器具の例について説明する．

汚染質の種類・量のすべてはわからない開放式燃焼器具についても人間，たばこと同様，表1.2(a)の総合的指標（二酸化炭素 1000 ppm）による換気量を求める．

まず人間，たばこ，開放式燃焼器具から発生する二酸化炭素の量を集計する．

$$\Sigma M<CO_2'> = M<CO_2'>(人間) + M<CO_2'>(煙草) + M<CO_2'>(燃焼器具) \quad (1.12)$$

次に（1.11）式を適用して総合的指標に対する換気量を算出する．

$$Q_p<CO_2'> = \Sigma M<CO_2'>/(C_i<CO_2'> - C_o<CO_2'>)$$
$$= \Sigma M<CO_2'>[m^3/h]/((1000-350)\times 10^{-6}[m^3/m^3]) \quad (1.13)$$

さらに表1.2(b)の単独指標として二酸化炭素からTVOCまでの9種類の汚染質について換気量を算出する．この9種類の汚染質について人間，たばこ，開放式燃焼器具から発生する量を集計する．

$$\Sigma M<CO_2> = M<CO_2>(人間) + M<CO_2>(煙草) + M<CO_2>(燃焼器具)$$

$$\Sigma M<CO> = M<CO>(人間) + M<CO>(煙草) + M<CO>(燃焼器具)$$

$$\Sigma M<du> = M<du>(人間) + M<du>(煙草) + M<du>(燃焼器具) \quad (1.14)$$

$$\Sigma M<TVOC> = M<TVOC>(人間) + M<TVOC>(煙草) + M<TVOC>(燃焼器具)$$

（1.11）式を適用して9種類の単独指標に対する換気量を算出する．

$$Q_p<CO_2> = \Sigma M<CO_2>/(C_i<CO_2> - C_0<CO_2>) = \Sigma M<CO_2>[m^3/h]/((1000-350)\times 10^{-6}[m^3/m^3])$$

$$Q_p<CO> = \Sigma M<CO>/(C_i<CO> - C_0<CO>)$$

$$Q_p<du> = \Sigma M<du>/(C_i<du> - C_o<du>) \quad (1.15)$$

$$Q_p<TVOC> = \Sigma M<TVOC>/(C_i<TVOC> - C_0<TVOC>)$$

（1.13）式，（1.15）式に示す10種類の換気量のうちの最大値を基本必要換気量とする．

居室内に人間が1人，喫煙が1本/h，汚染質の種類・量のすべてはわからない開放式燃焼器具1 kW（都市ガスを使用）がある場合について基本必要換気量の算出例を表1.13に示す．

1.6.4 汚染質の室内混合性状に基づく設計必要換気量

a. 完全混合状態の場合の設計必要換気量

室内の汚染質の混合状態が定常完全混合の場合は，基本必要換気量を設計必要換気量とする．この場合，信頼性の高い実験やCFD（計算流体力学）などによっ

て定常完全混合状態であることを確認する必要がある．ただし，以下の (a), (b) の場合，室内を定常完全混合状態と見なすことができる．

(1) 汚染質発生源が主に人間であり，気積に対する室内給気量が多く（1時間あたりの給気量が気積の 6 倍以上），給気に占める還気の割合が大きい（再循環率が 70％以上）換気・空調方式を採用した居室．

(2) 汚染質発生源が主に人間であり，気積に対する室内給気量が多く（1時間あたりの給気量が気積の 6 倍以上），吹出し気流が室内で十分拡散し，大きな温度分布が生じない換気・空調方式を採用した居室．

還気と取り入れ外気との混合空気を給気する室内空気循環型の換気・空調方式では，気積に対して室内給気量が多く，主な汚染発生源が人間であり，また，室内給気量に対する取り入れ外気量の割合が小さい場合，完全混合状態と見なせる．

室内給気の汚染質濃度は還気と取り入れ外気の汚染質濃度の流量重み付き平均である．還気量（再循環空気量）が多ければ，給気濃度は排気濃度に近づき，汚染質発生が室内でとくに偏在していなければ，室内の汚染質濃度は給気濃度と排気濃度の間の値となり，室内の汚染質濃度の分布はほぼ均一となる．一般に，汚染質発生源が主に人間であり，気積に対する室内給気量が多く（1時間あたりの給気量が気積の 6 倍以上），かつ給気に占める還気の割合が 70％以上（再循環率が 70％以上）であれば，室内は定常完全混合状態と見なして設計必要換気量を算出してよい．また一般に空調されている室内では，汚染質濃度分布の偏りの程度は温度分布のそれから類推できる．室内に過大な温度分布が生じなければ，汚染質濃度分布もほぼ均一となる．これは過大な温度分布が生じないように，吹出し気流と室内空気の混合やショートサーキットの防止などが図られた室内では，熱だけでなく発生汚染質もよく混合するためである．

表 1.13 人間（1人），喫煙（1本/h），汚染質の種類・量のすべてはわからない開放式燃焼器具（1 kW：都市ガスを使用）のある居室の基本必要換気量の算出例

		汚染質の発生量 [m³/h]			汚染質発生量 ΣM	設計基準濃度 C_i	取入れ外気の濃度（仮定） C_o	換気量 [m³/h]
		人間+a*1 （1人）	たばこ [1本/h]	開放式燃焼器具 [1 kW]				
総合的指標 （二酸化炭素）		0.02 m³/(h·人)×1 人= 0.02 m³/h	0.0022 m³/本 ×1 本/h= 0.0022 m³/h	0.094 m³/(h·kW)×1 kW= 0.094 m³/h	0.1162 m³/h	1000 ppm	350 ppm	① 179 m³/h
単独指標	二酸化炭素	0.02 m³/h	0.0022 m³/h 60×10⁻⁶m³/ 本×1 本/h= 60×10⁻⁶m³/h	0.094 m³/h 308×10⁻⁶m³/ (h·kW)×1 kW= 308×10⁻⁶m³/h	0.1162 m³/h 368×10⁻⁶ m³/h	3500 ppm 10 ppm	350 ppm 0 ppm	② 37 m³/h ③ 36.8 m³/h
	一酸化炭素	—						
	浮遊粉じん	▲*2	19.5 mg/本 ×1 本/h= 19.5 mg/h	—	19.5 mg/h	0.15 mg/m³	0 mg/m³	④ 130 m³/h
	二酸化窒素	—	▲	15.4×10⁻⁶m³/ (h·kW)×1 kW= 15.4×10⁻⁶m³/h	15.4×10⁻⁶ m³/h	210 ppb	60 ppb	⑤ 103 m³/h
	二酸化硫黄	—	▲	—	▲	126 ppb	0 ppb	⑥ …
	ホルムアルデヒド	▲	▲	▲	▲	0.08 ppm	0 ppm	⑦ …
	ラドン	▲	—	▲	▲	150 Bq/m³	0 Bq/m³	⑧ …
	アスベスト	▲	—	—	▲	10 本/l	0 本/l	⑨ …
	TVOC	▲	▲	▲	▲	300 μg/m³	0 μg/m³	⑩ …
				基本必要換気量（①〜⑩の最大値）→				179 m³/h

注）*1) 本規準では，人間の二酸化炭素発生量と総合的指標（二酸化炭素 1000 ppm）で算定される換気量を確保することで従来から一般的に使用され，安全と考えられている建築材料や一般的な家具などから発生する汚染質についても対応できるものと考える．

*2) 人間の活動に伴い浮遊粉じんが発生するが，現状では発生量のデータが十分整備されているわけでなく，またたばこに比べて相対的に発生量が小さいものと考えられるのでここでは無視している．しかし，データが整備され次第，人間からの浮遊粉じん発生も考慮すべきであると考えられる．

*3) 表中の▲は"発生していると考えられるが，発生量が特定できない汚染質である"ことを示している．表中の—は"全く発生していないか，あるいは発生したとしても極めて微量で検討の必要がないと考えられる汚染質である"ことを示している．また，換気量の欄内の…は"①の換気量よりも小さいと想定できる数値である"ことを示している．

b. 完全混合状態でない場合の設計必要換気量

室内の汚染質の混合状態が定常完全混合でない場合には,汚染質濃度の空間分布や時間的変動を考慮して,以下に示す手順で設計必要換気量を求める.

1) 居住域の設定 人が居住し活動するための領域である居住域を設定する.また居住域の汚染質濃度は,ここで求める設計必要換気量を確保することによって設計基準濃度以下であることが保証される.

2) 室形状,換気方式,汚染質発生位置などの設定 居住域の汚染質濃度を求めるために,室形状や換気方式などを設定する.また全般換気を行う場合は,汚染質発生は室内あるいは居住域で一様に発生するものと想定する.局所換気を行う場合は汚染質発生位置および局所換気方式を設定する.

3) 規準化居住域濃度の算定 規準化居住域濃度 C_n は,定常完全混合状態を仮定した場合の室内汚染質濃度上昇 $(C_p - C_o)$ に対する居住域平均濃度上昇 $(C_a - C_o)$ の比であり,次式により定義される.

$$C_n = (C_a - C_o)/(C_p - C_o) \quad (1.16)$$

ただし,

C_o:取り入れ外気の汚染質濃度 $[m^3/m^3]$

M:汚染質発生量 $[m^3/h]$

C_n:規準化居住域濃度 $[-]$

C_p:定常完全混合状態を仮定した汚染質濃度 $(= M/Q_b + C_o)$ $[m^3/m^3]$

Q_b:基本必要換気量 $[m^3/h]$

C_a:実際の汚染質混合状態での居住域平均汚染質濃度 $[m^3/m^3]$

汚染質の居住域平均濃度 C_a は,実験やCFD(計算流体力学)により求めることができる.また居住域平均空気齢や廃気捕集率などの換気効率指標から算定することも可能である.全般換気の場合,吹出し温度や給排気口性状と室形状などで定まる居住域平均空気齢から規準化居住域濃度の概略値が算定できる.局所換気の場合には,局所排気装置の廃気捕集率などから規準化居住域濃度の概略値が算定できる.ただし,その際に使用する換気効率指標は信頼性の高いものでなければならない.

○ 汚染質が室内で一様に発生する場合の規準化居住域濃度の算出例

汚染質が室内空間で一様発生すると見なす場合の規準化居住域濃度 C_n は空気齢などの換気効率指標を用いて,次式で評価することができる.

$$C_n = T_V/T_n \quad (1.17)$$

ここに,T_V:居住域平均空気齢 $[h]$,T_n:名目換気時間 $[h]$

ここで,空気齢は取り入れ外気(新鮮外気)の室内給気口からの平均到達時間によって測られ,居住域平均空気齢 T_V はその居住域空間での平均となる.名目換気時間 T_n は,換気回数の逆数である.

室内で汚染質が一様発生する場合,室内の汚染質濃

混合換気		混合換気		置換換気	
供給空気と居住域空気の温度差:$t_s - t_i$ [℃]	規準化居住域濃度 C_n	供給空気と居住域空気の温度差:$t_s - t_i$ [℃]	規準化居住域濃度 C_n	供給空気と居住域空気の温度差:$t_s - t_i$ [℃]	規準化居住域濃度 C_n
<0	1.0~1.1	<-5	1.1	<0	0.7~0.8
0~2	1.1	-5~0	1.0~1.1	0~2	1.1~1.4
2~5	1.25	>0	1.0	>2	1.4~5.0
>5	1.4~2.5				

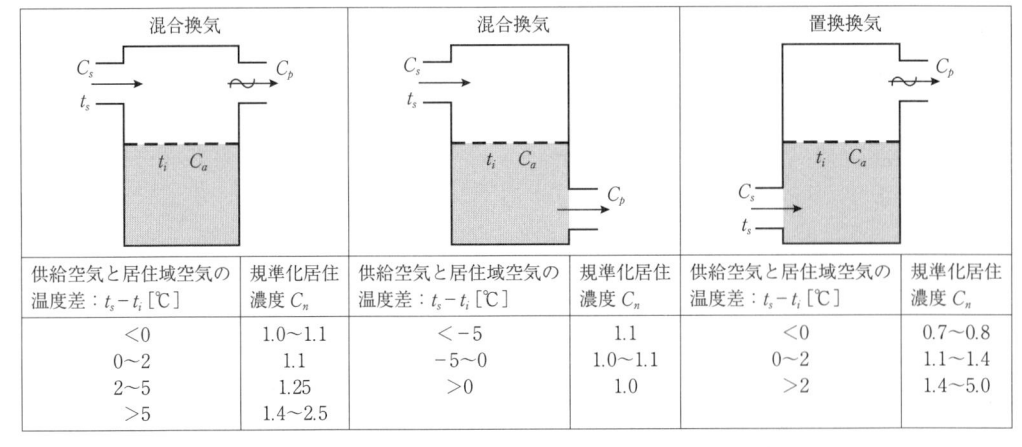

図1.7 換気方式および吹き出し温度差による規準化居住域濃度の参考値

t_s:供給空気温度,t_i:居住域空気温度,C_s:供給空気の汚染質濃度,C_p:排出空気の汚染質濃度,C_a:居住域の汚染質濃度,C_n:規準化居住域濃度

欧州換気規格案による給排気口の相対的な位置と吹き出し空気温度と室温の差による規準化居住域濃度の違いの概略値.混合換気で最も条件が悪い場合には規準化居住域濃度は2.0を超える場合がある.すなわち,居住域での平均濃度が完全混合濃度の2倍以上になることもある.また,置換換気で換気効率のよい場合には規準化居住域濃度は0.7程度の値を示す.

度分布は給気口からの取り入れ空気の平均到達時間（取り入れ外気の空気齢）の室内分布に対応することが知られている．すなわち室内に汚染質が空間で一様に発生する場合，室内の平均汚染質濃度は室内空間平均空気齢，居住域の平均汚染質濃度は居住域平均空気齢によって表される．米国ASHRAEは，この観点から居住域平均空気齢を室の換気効率を表す代表的な指標としている．各種室内における居住域の平均空気齢や規準化居住域濃度の具体的な値は，トレーサーガス法による実測例に基づく図1.7などが参考になる．

○ **局所排気装置を用いた場合の規準化居住域濃度の算出例**

局所排気装置により汚染質の多くが直接排気される場合，室内に拡散する汚染質量が低減されるので，居住域の汚染質濃度は，完全混合状態に比べて低い値となる．このような場合，規準化居住域濃度 C_n は，次式で定義される局所排気装置の廃気捕集率 η により推定できる．

$$\eta = (C_e \times V_e)/M \tag{1.18}$$

ここに，
- η：廃気捕集率 [−]
- C_e：排気中の汚染質濃度 [m³/m³]
- V_e：局所排気装置の排気風量 [m³/h]
- M：汚染質発生量 [m³/h]

局所排気装置により捕集されず，室内へ拡散する汚染質量は，廃気捕集率 η を用いると $(1-\eta) \times M$ で表され，これを実質的な汚染質発生量と見なすことができる．したがって，$(1-\eta) \times M$ を汚染質発生量として，本文 (1.16) 式中の居住域平均汚染質濃度 (C_a) や完全混合状態を想定した場合の濃度 (C_p) を求め，これらを (1.16) 式に代入することにより，規準化居住域濃度 C_n が求められる．ただし，ここでは，局所排気装置で捕集されず室内へ拡散する汚染質のみについて考えているが，室内の他の場所で発生する汚染質についても当然考慮する必要がある．

なお，廃気補集率 η は排気風量（すなわち換気量）の関数であるので排気風量（換気量）が変われば η も変化する．また，汚染質発生点，局所排気装置近傍に外乱の影響がある場合には，廃気捕集率が実験により求めた値から極端に低下する場合があるので廃気補集率 η の選定には十分な注意が必要である．図1.8にレンジフードにおける排気風量に対する廃気捕集率を示す．

4) 設計必要換気量の算定 設計必要換気量 Q は居住域の平均汚染質濃度 C_a を設計基準濃度 C_i 以下に保持するための換気量であり，次式を用いて算出する．

$$Q = Q_p \times C_n \tag{1.19}$$

1.6.5 付室・施設室の設計必要換気量

付室および施設室においても居室と同様に，汚染質濃度が設計基準濃度以下になるように換気量を算定することが原則となる．しかし，付室・施設室は汚染質の種類が多様であり，汚染質発生量を定めにくい場合がある．このような場合には，表1.14に示す付室および施設室では換気の必要な要因と汚染質の発生状況を考慮し，設計必要換気量としてその概略値（換気回数で表示）が用いられる．

湯沸し室，台所や厨房のように開放式の燃焼器具を使用する室の換気量は，建築基準法施行令によれば理論燃焼ガス量の40倍（40 kQ）と定められている．ただし，排気フードの使用と型式により，Ⅰ型では30 kQ，Ⅱ型では20 kQまで減じることができる．一般に台所ではⅠ型のフードが，業務用厨房ではⅡ型のフードが用いられる．排気フードの型式は表1.15に示すとおりである．
〔加藤信介〕

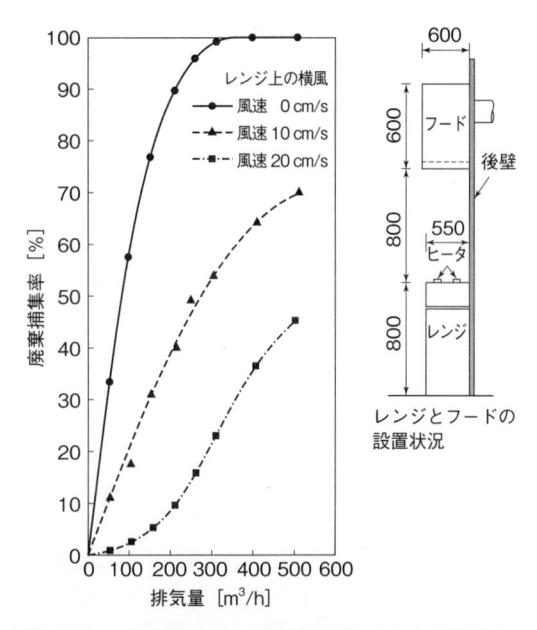

図1.8 レンジフードにおける排気風量に対する廃気捕集率
電気レンジ（発熱量3.5 kW）を対象としてレンジフードの廃気捕集率を実測した例．廃気捕集率は排気風量により異なる．また，レンジ上に横風がある場合（図中の▲，■印）には極端に廃気捕集率が低下するので注意が必要である．

表 1.14 付室・施設室の換気方式など

室 名	換気の必要な要因					換気方式[*4]			換気回数 [回/h]
	臭気	熱	湿気	有害ガス	酸素供給	第1種	第2種	第3種	
便所・洗面所	●						×		5～15
更衣室	●						×		5
湯沸し室		●	●		●		×		40～20 kQ[*1]
書庫・倉庫	●			●			×		5
暗室	●			●			×		10
コピー室	●	●		●			×		10
浴室・シャワー室		●	●				×		3～7
台所	●	●	●	●	●		×		40～30 kQ[*1]
業務用厨房	●	●	●	●	●		×		40～20 kQ[*1]
ボイラ室		●						×	(10～)
冷凍機室		●		●					(5～)
電気室		●					×		(10～15)
発電機室		●		●			×		(30～50)[*2]
エレベータ機械室		●					×		(10～15)
駐車場				●			×		(10)[*3]

注 ●：特に考慮すべき要因　×：一般的には採用されない方式
[*1] 排気フードの使用とその型式により，I型では $30 kQ$，II型では $20 kQ$ まで減じることができる．
　　一般に台所ではI型フードが，業務用厨房ではII型フードが用いられることが多い．
[*2] 非運転時5回/h程度．
[*3] 法規制による．
[*4] 7.の7.1を参照．
（　）内の換気回数は概略設計時に使用し，実施設計時は発熱量，許容温度上昇や法規制などを必ず確認のうえ，給排気量を決定する．

表 1.15 排気フードの型式

			法規制値			実用値
			II型フード	I型フード	I型フードと同等とみなせるフード	
高さ		h H	1.0 m 以下 —	1.0 m 以下 —	1.2 m 以下 —	1.0 m 以下 1.8～2.0 m
大きさ（火源の周囲）		B	$h/2$ 以上	火源などを覆うことができるもの	$h/6$ 以上	—
集気部分		a θ	5 cm 以上 10°以上	廃ガスが一様に捕集できる形状	廃ガスが一様に捕集できる形状	10～15 cm 30°～40°
材　質			不燃材料	不燃材料	不燃材料	ステンレス
面風速		V	—			0.3～0.5 m/s[注]

1.7　空気性状空間形成計画の基本

室内空気の清浄度管理の要は，(1) まず汚染を発生させないこと，外で発生した汚染は清浄度を管理する領域に入れないこと，(2) 清浄度管理を行う領域で発生した汚染の領域内の滞在時間を可能な限り小さくすること，(3) 清浄度管理を行う領域で発生した汚染は大量の清浄な媒質すなわち空気などで希釈し濃度低減を図ることの3点にある．換気は空気の流れであり，上流と下流の区別が存在する．上流と下流のある流れの場合の清浄度管理の要は，流れの上流側に汚染質の発生を許さず，汚染質の発生がある場合にはその地点を流れの最も下流側にすることである．室内の空気が上流から下流に流れる一方向の流れしかないような場合は，最高級の清浄度管理が実現されるクリーンルームに部分的に実現されるくらいしか例はなく，多くの室内には上流と下流の区別がつかない循環流が存在す

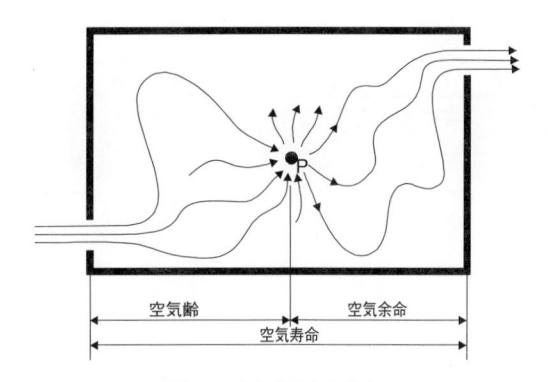

図1.9 空気齢と空気余命
(空気齢は，その点がどれほど上流に近いかを表し，空気余命はその点がどれほど下流に近いかを表す)

る．さらにそれだけではなく，建物近傍の屋外気流が完全なる一方向性流れではないため，室内から排出された空気は得てして屋外から再び室内に再循環する道がある．それどころか，室内から排出された後，屋外に排出される前に，室内に導入される空気に混合されて，室内に再循環する道も少なくない．室内空気の清浄度管理を厳格に行うには，建物に空気が入る以前から室内に導入される空気の道筋を把握し，室内をどのように流れ，建物内，建物近傍を再循環して，最後に建物には二度と導入されることのない所まで，その道筋を把握する必要がある．

循環流のある室内空気において任意の地点の上流，下流は，空気齢や空気余命と称される室内の換気効率指標を用いて分析することが可能である．図1.9は循環流のある室内のある点で，流れが汚染質や空気を輸送する経路を模式的に示している．すなわち給気口からの空気(新鮮空気)は，室内のさまざまな経路を経て，今換気の性状を評価する点Pに到達し，さらにその点Pからまたさまざまな経路を経て排気口に排出されている．この特定の点Pを経由するすべての空気塊の移動時間を，給気口で室内に空気が誕生し，排気口から排出されて一生を終わる空気塊の年齢にたとえて，給気口から特定の地点に到達する時間を「空気の年齢」，その点から排気口に至る時間を「空気の余命」，吹出し口から特定の地点を経由して吸込み口に至る時間を「空気の寿命」と称している．室内の空気は乱れており特定の点を経由する空気塊の経路にはさまざまなものがあると考えられるので，一般にはさまざまな空気塊の「空気の年齢」，「空気の余命」の平均を考え，「空気の平均年齢」，「空気の平均余命」，「空気の平均寿命」が定義されている．なお，室内空気が乱れていて「空気の年齢」，「空気の余命」を考える際に，さま

ざまな経路を経る空気塊の平均を考えることは，自明であることも多い．この点，「平均」という言葉が省略されて誤解を生じさせる可能性はあるが，自明である「平均」を省略し，「空気の平均年齢」，「空気の平均余命」を単に，「空気の年齢」，「空気の余命」と称することも多い．ここでも「平均」は自明のこととして，「平均」を省略して使用する．空気の年齢は，その点がどの程度，給気口から下流であるかを示す．空気の平均余命はその点が，排気口からどの程度上流であるかを示す．空気の寿命は，その点を通る室内空気の給気から排気口に至る経路がどの程度長いかを示す．

室内空気の清浄度管理には，この室内の流れ場により形成される空気齢と空気余命の空間分布を意識することが有効となる．空気齢や空気余命の空間分布は室内気流のCFD解析(計算機による流れ場解析)により比較的容易に解析ができる．厳しい室内空気の清浄度管理が必要とされる場合にはこの空気齢と空気余命の解析が大きな役割を果たす．具体的なCFD解析と空気齢と空気余命の解析は，文献(1)を参照されたい．

〔加藤信介〕

文　　献

1) 村上周三，加藤信介：新たな換気効率指標と3次元乱流シミュレーションによる算出法，換気効率の評価モデルに関する研究，空気調和・衛生工学会論文集，**32**，pp.91-102，1986．

1.8　換　気　計　画

1.8.1　業務用建築における換気設備計画
a.　換気の目的

業務用建築における換気の目的は大きく「汚染物質の室内からの除去」と「室内空気と新鮮外気の入れ替え」である．すなわち，建物内で発生する発熱・臭気・粉塵・有害ガス・水蒸気等室内環境を悪化させるさまざまな要因に対して，これを除去し，新鮮な外気と入れ替えることにより，室内に酸素を供給し，かつ快適な状況に保つことを目的としている．

換気の目的と対象室例に以下のものがあげられる．

1)　熱の除去　厨房機器・設備機器・生産機器等から発生する熱や日射等による熱を室外に排出する．

対象室例：厨房，機械室，電気室，屋根裏など

2)　室内空気の浄化　室内で発生する臭気，粉塵，有害ガスなどの汚染物質を室外に排出し，新鮮外気を導入する．

対象室例：居室，喫煙室，便所，厨房，病室など

1. 換気設備計画

表 1.16 室別換気回数のめやすと換気の目的，換気種別

室　名	換気回数のめやす (回/h)	換気の目的						換気種別		
		熱	臭気	粉塵	有害ガス	水蒸気	燃焼ガス	1種換気	2種換気	3種換気
湯沸し室	10〜15	○				○	○			○
倉　庫	5〜10	○	○			○				○
ロッカー室，更衣室	4〜6		○	○（喫煙）		○				○
便所（使用頻度大）	10〜15		○							○
便所（使用頻度小）	5〜10		○							○
業務用厨房（大）	40〜60	○	○			○	○	○		○
業務用厨房（小）	30〜40	○	○			○	○	○		○
配　膳　室	6〜8	○	○							○
浴　室	3〜5					○				○
洗濯室，ランドリー	20〜40	○			○	○		(○)		○
リ　ネ　ン　室	4〜6	○	○	○		○				○
消　毒　室	20〜40	○			○	○				○
屋内駐車場	10以上	○	○		○					○
受水槽，ポンプ室	3〜5		○			○				○
ボ イ ラ 室	10〜15	○					○	(○)	○	
ボイラ室(夏季運転)	20〜40	○					○	(○)	○	
冷凍機，高圧ガス室	4〜6	○			○			(○)		○
変　電　室	10〜15	○						(○)		○
蓄　電　池　室	10〜15	○	○		○			(○)		○
発　電　機　室	30〜40	○					○	(○)		○
オイルタンク室	4〜6		○		○			(○)		○

＊換気種別（○）は場合により採用する
＊燃料消費量，発熱量等がわかっている場合は燃料消費量，発熱量等より設定する

3) 水蒸気の排除 室内で発生する水蒸気あるいは多湿空気を室外に排出して快適環境を保つとともに結露発生を防止する．

対象室例：浴室，厨房，湯沸し室，受水槽室など

4) 酸素の供給 居住者の呼吸や燃焼機器の燃焼のために必要な酸素を室外から供給する．

対象室例：居室，湯沸し室，熱源・ボイラー室など業務用建築における室別推奨換気量及び換気目的について表1.16に記す．換気設備については法規や地方条例等で細かく規定されているので，十分に確認のうえ計画する．

b. 換気の方法

1) 自然換気と機械換気 換気の方法は，換気原動力の面より，自然風の圧力や室内外・室の上下部の温度差による浮力を利用する自然換気と送風機などの機械力を利用する機械換気に分類できる．自然換気は変動する自然力を利用するため一定の換気量を維持することが困難であるが，給排気口の配置や開口面積の工夫により夜間の外気を取り入れたり（ナイトパージ：後述），中間期（春・秋）の外気を取り入れることにより機械力に頼らない省エネルギーに配慮した換気が期待できる．一方機械換気は，必要な量が確実にほぼ一定して確保できる利点がある．

2) 全般（希釈）換気と局所（集中）換気 汚染物質の発生源が室内に広く分布し固定していない場合には全般換気が適用される．汚染物質を希釈・拡散したうえでの排気が原則となるため，汚染物質の種類や発生量によっては大量の換気を必要とする場合がある．

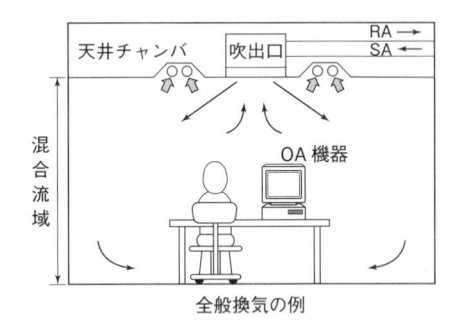

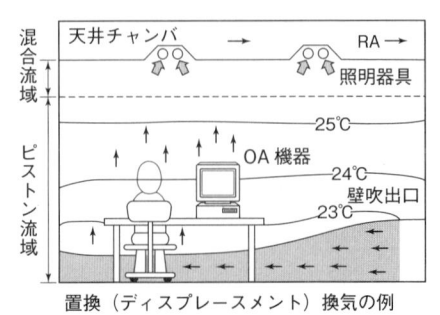

図 1.10 全般換気と置換換気

対象室は居室，工場，作業場，倉庫，集会所などである．

最近の動向として，全般換気方式の換気効率をあげるため，空気の流れによる室内換気の置き換え（置換換気・ディスプレースメント換気）方式を採用する場合もみられる．図1.10にその例を示す．

発生源が固定されている場合には局所（集中）換気を採用する．汚染物質を発生源の近傍で捕捉・除去するため，周辺の室内環境を比較的少ない換気量で効率よく衛生的かつ安全に保てる．

対象室として，厨房，喫煙スペース，実験室，工場等があげられる．またペリメータ部分の窓廻りに局所的に排気をとり，室内負荷の軽減を図っている例もある（後述図1.17～1.18参照）．

c. 換気種別と室用途

機械を用いて換気を行う場合，送風機の設置により以下の3種類に分類できる（図1.11参照）．各換気方式の特徴と対象室例を以下に示す．

ⅰ）第1種換気方式　給気・排気とも送風機を利用する方法．確実に給気量，排気量が確保できるとともに，室内の正圧・負圧の制御がしやすい．

対象室例：居室，機械室，電気室，駐車場など

ⅱ）第2種換気方式　給気のみ送風機を利用し，排気口などから成行きで排気する方法．排気口面積によっては室内を正圧とできるため，周囲から汚染物質を流入させたくない場合や燃焼空気を供給する場合に用いる．

対象室例：清浄室，ボイラー室など

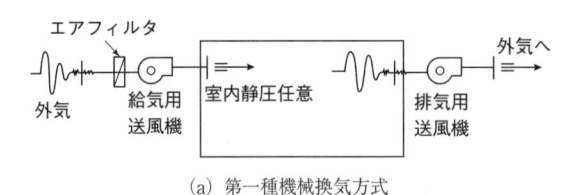

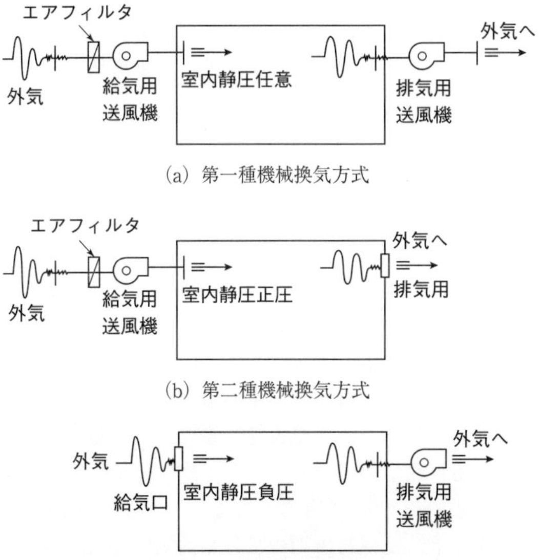

ⅲ）第3種換気方式　排気のみ送風機を利用し，給気口などの開口部から給気する方法．室内が負圧となるため室内の汚染物質を室外へ流出させない空間に用いる．

対象室例：厨房，便所，ごみ処理室，浴室など

d. 換気計画の注意点

1）全体計画上の留意点

ⅰ）外気取り入れ口の位置は，排気ガス・粉塵等を考慮して道路等より十分高い位置とする．

ⅱ）外気取り入れ口の位置は，排気口との位置関係に留意し，排気が廻り込まないよう注意する．隣接建物の排気口位置にも注意する．

ⅲ）排気口は，隣接建物や歩行者等に気流や汚染物質騒音の影響を及ぼさないような位置とする．

ⅳ）特に高層建物の場合，風圧力を受ける風上側に排気口を設けると風圧による排気障害を招くため敷地における主風向に配慮した給排気口レイアウトや遮風板などの設置が必要である．逆に，給排気口による配置によっては，自然換気等の換気力を高めることも可能である．図1.12に風向と風圧係数の例を示す．

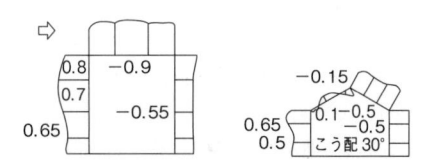

(a) 断面分布（Brit, St, Code, Baturin）

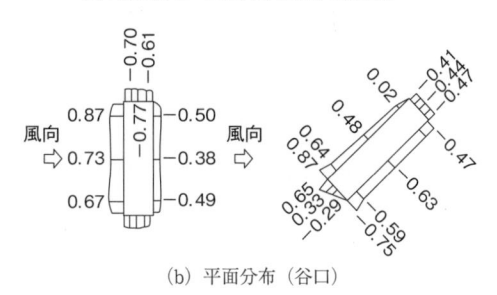

(b) 平面分布（谷口）

図1.12 風向と風圧係数の例
日本建築学会設計計画パンフレット換気設計（1980）

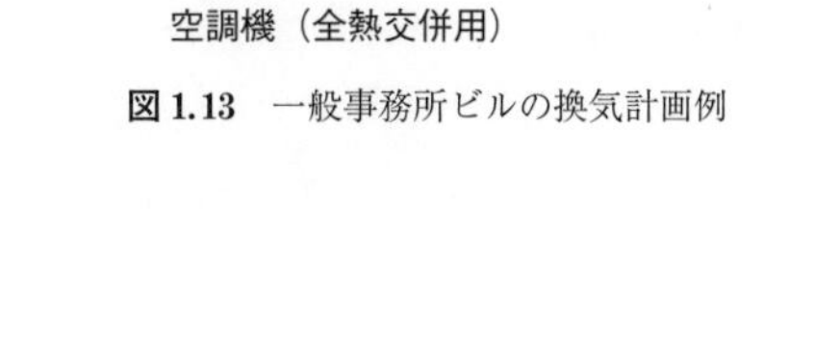

(a) 第一種機械換気方式

(b) 第二種機械換気方式

(c) 第三種機械換気方式

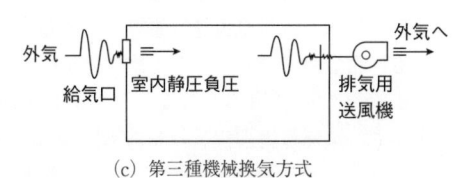

図1.11 換気種別

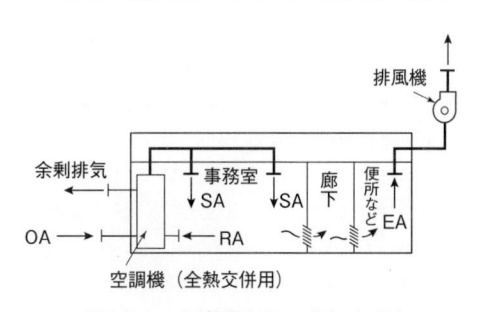

図1.13 一般事務所ビルの換気計画例

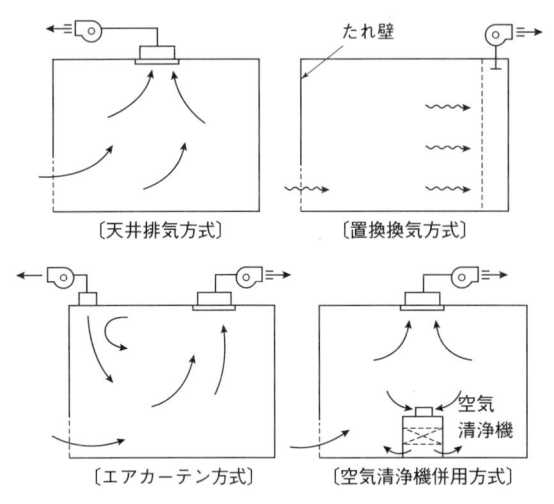

図 1.14 喫煙スペースの換気計画例

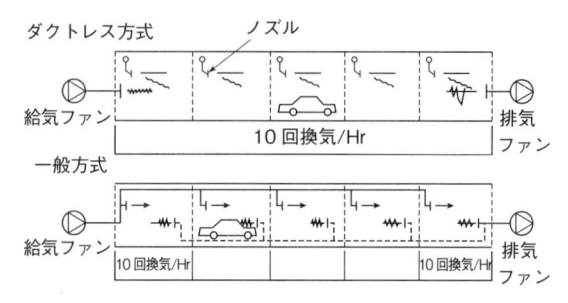

図 1.15 駐車場換気方式の例

2) 建物, 室用途別の計画上の留意点

i) 一般事務所ビル　一般事務所ビルにおける必要換気量は対象部分の在室人員で決定される.人員に応じた外気を空調機あるいは外気処理機経由で導入し,一部を便所,湯沸し室等から排気する.図 1.13 にその一例を示す.導入外気量と便所や余剰排気などの排気量が同一となるよう全体の風量バランスに注意して計画を行う.事務室部分の余剰排気量によっては,外気と排気の熱交換を行い外気負荷を低減する計画とする.

ii) 喫煙スペース　分煙化により,喫煙ペースが個別に設けられる場合が多くみられる.この場合,排気口の位置や開口部の風速,スペース内を負圧とするエアバランス上の考慮により煙を効率よく捕捉・排出し,スペース外に流出させない計画とする.開口部等からの煙の流出に対して,先の置換換気方式やエアカーテンによる煙の拡散防止も有効な手段である.エアカーテン方式の場合,吹出し気流が床面ではね返り,かえって煙を拡散させる場合があるため,吹出し風速と到達距離の設定に注意する.換気量を低減させるため,空気清浄機を併用する場合もある.図 1.14 に喫煙スペースの換気例を示す.いずれの場合も建築的にたれ壁を設置できれば,天井面での廻り込みによる煙の拡散を有効に防止できる.

喫煙スペースの必要換気量については喫煙程度を考慮した推奨値が示されている文献 3)があるため,そちらを参照されたい.

iii) ホテル(客室)　ホテル客室においては,通常,在室人員からの必要外気量よりも浴室や便所など水廻りの排気量(換気回数)が多くなる.この点を考慮して外気導入量を決定する.

iv) 病院　病院では多くの保菌者が集まり,医療用としての有毒ガスや RI など汚染物質や臭気の発生源が多岐にわたるため,換気設備計画が重要となる.

・十分な換気量を確保する.
・院内感染防止上,病原菌が拡散しないよう適切なゾーニングを行うとともに,空調換気運転停止時のダクト系の遮断を考慮する.
・病室内の病原菌,臭気が廊下を通じて拡散しないよう,また清浄空間(手術室など)へ流入しないようエアバランスに留意する.

v) 業務用厨房　厨房の換気量は,厨房容積に対して 1 時間あたり 40〜60 回の換気回数をとることが目安である.さらに厨房機器の法的必要換気量(燃料消費量と理論ガス量および排気フード形状から算出),フードや吸込口の必要面風速を考慮したうちの最大風量で設定する.

さらに厨房の臭気が隣接する食堂や宴会場等へ流れ出さないよう給気風量<排気風量とし厨房側をやや負圧にする.

vi) 駐車場　駐車場法では,換気のための有効開口面積が床面積の 1/10 以上ある部分以外は 10 回以上の換気回数をとることとされている.給排気ダクトを設けて換気を行う例が一般的である.車の排気管からの粉塵・ガスを排出するうえでは排気管近傍での排気が有効であるが,一般化炭素は空気より軽く,上部で排気した方が良いため,排気口の配置に留意する.大規模な駐車場では,ノズルあるいは軸流ファンより高速空気を導入し,排気ガラリまで誘導するダクトレス方式も採用されている.この方式は外気給気ダクトが不要となるため経済的である.図 1.15 に駐車場換気例を示す.計画にあたっては給排気口や送風機のレイアウトなど最適な方法を検討しダクト量や搬送動力の低減を図る.

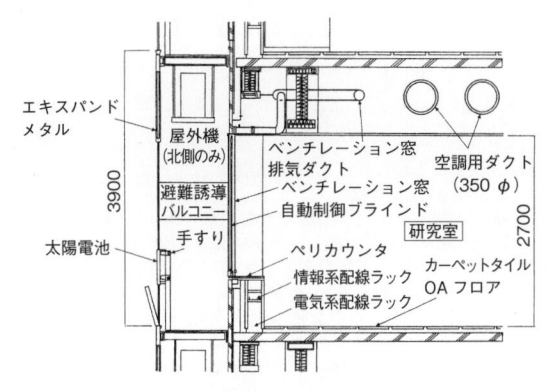

図 1.16 窓廻りの局所換気例 (1)

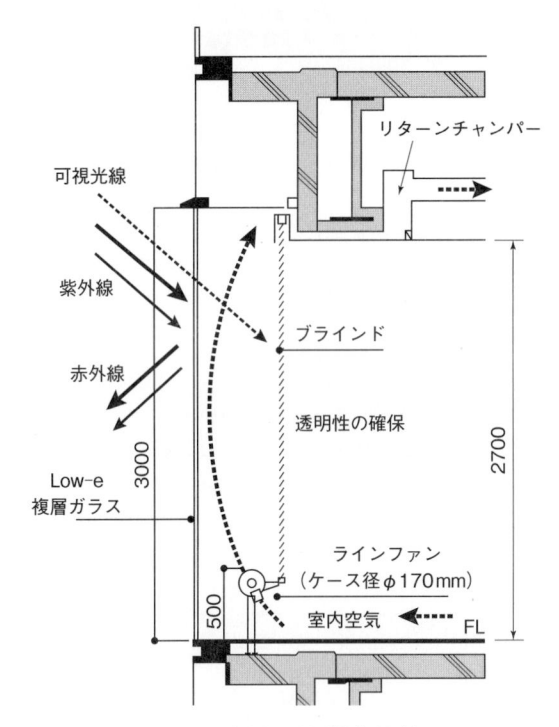

図 1.17 窓廻りの局所換気例 (2)

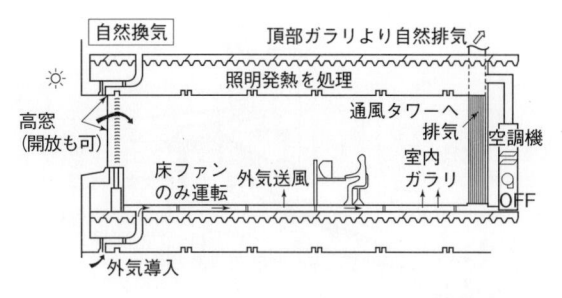

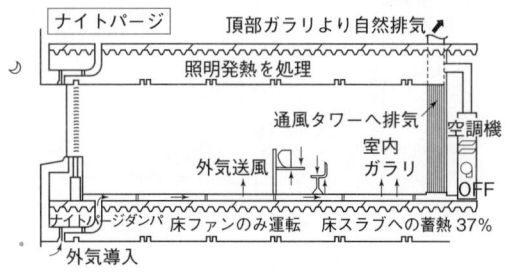

図 1.18 自然換気,ナイトパージの概念

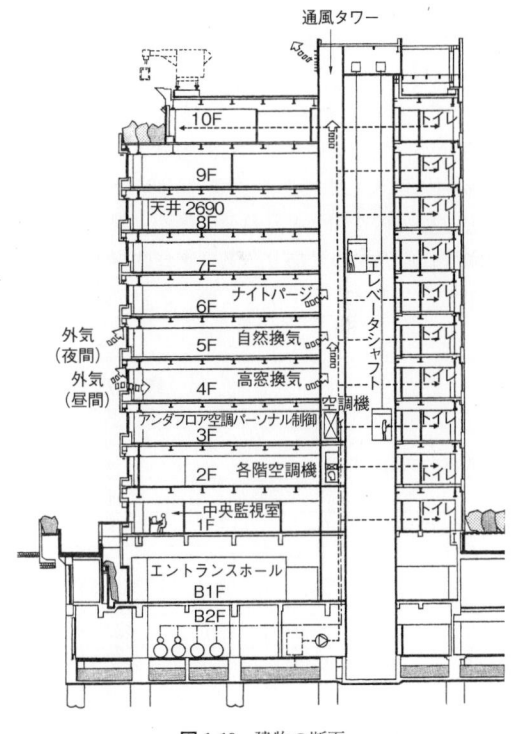

図 1.19 建物の断面

e. 換気計画の実例

近年の動向として,従来型の機械換気に加え,窓廻りの局所換気による熱負荷低減事例や自然換気,ナイトパージを付加した事務所ビルの例を紹介する.

1) 窓廻りの局所換気による熱負荷低減事例　ガラスやブラインドに吸収された日射熱を局所的に排出し,日射熱取得率や窓面窓合熱貫流率の低減を図った例である.図 1.16 に二重窓間のガラス中空層にブラインドを内蔵し室内空気を吸引・通過させて負荷軽減を図った例[7],図 1.17 にガラスと屋内ブラインド間に室内空気をラインファンにより導入し,上部で吸引排気した例[8] を示す.いずれも日射熱の低減に加え,ペリメータレス化による空調システムおよび制御の容易化,ペリメータ・インテリア間の混合損失の防止を図っている.

2) 自然換気,ナイトパージを考慮した事例　自然換気やナイトパージにより省エネルギー,環境負

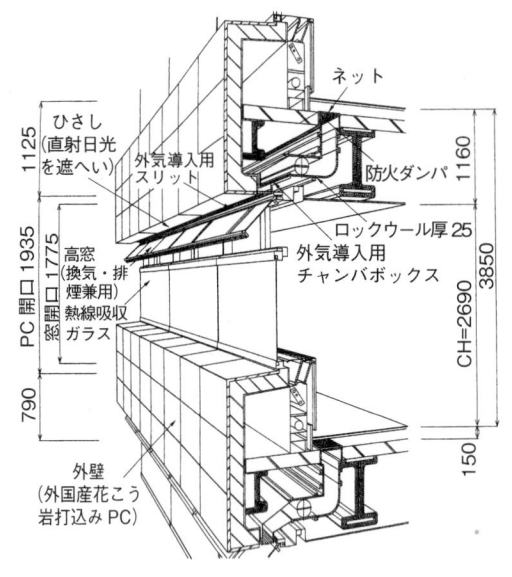

図1.20 基準階窓廻りの詳細図

荷削減を実現させた事務所ビルの例[9]である．図1.18に自然換気・ナイトパージの概念，図1.19に建物の断面，図1.20に基準階窓廻りの詳細を示す．本事例では昼間の自然換気に加え，夜間の外気を自然の駆動力で屋内に導入して（ナイトパージ），躯体・室内に蓄冷し，朝方の空調立上り負荷の解消と昼間の室内負荷低減を図ったものであり，アンダーフロア空調と組み合わせたシステムを実現している．コア部分に通風タワーを設け各階排気ガラリより通風タワーのドラフト力により建物頂部より排気している．〔有吉 淳〕

文献

1) 井上宇市他編：三訂新版建築設備ハンドブック，pp.279-281，朝倉書店，1981.
2) 空気調和・衛生工学会編：空気調和・衛生工学便覧，第3巻 空気調和設備設計編，pp.238-251，丸善，1995.
3) 空気調和・衛生工学会編：空気調和・衛生工学便覧，第3巻 空気調和設備設計編，第5章，pp.246，丸善，1995.
4) 空気調和・衛生工学会編：空気調和設備の実務の知識，pp.59-62，オーム社，2000.
5) 井上宇市編：空気調和ハンドブック改訂4版，pp.379-384，丸善，1996.
6) 石福昭他編：デザイナーのための建築設備チェックリスト，建築文化10月号 臨時増刊，彰国社，pp.53-55，1992.
7) 柳原隆司，鈴木孝佳他：東京電力技術開発センターの空気調和設備，空気調和衛生工学会誌，**71**(11)，961-972，1997.
8) 杉鉄也：東京サンケイビル（I期）．空気調和衛生工学会誌，**75**(10)，pp.903.
9) 高井啓明，迫博司他：大日本印刷C&Iビルの環境・設備計画と実施，空気調和衛生工学会誌，**74**(11)，979-993，2000.

1.8.2 高度清浄空間における換気・空調設備計画

高度清浄空間（クリーンルーム）は現在，半導体を中心とする精密機械工業を始めとした情報・IT産業や医薬・食品工業等に不可欠な基礎技術の一つとなっており，空調技術が近代産業の成立・発展に果たしている役割は非常に大きなものがある．

クリーンルームは，汚染制御が行われている限られた空間であり，空気中における浮遊微粒子，微生物を限定された清浄度以下に管理する．また供給される材

表1.17 Fed Std 209E における清浄度クラス

清浄度クラス		清浄度クラスの上限								
		0.1 μm		0.2 μm		0.3 μm		0.5 μm		5 μm	
		単位体積		単位体積		単位体積		単位体積		単位体積	
SI単位	英国単位	[m³]	[ft³]	[m³]	[ft³]	[m³]	[ft³]	[m³]	[ft³]	[m³]	[ft³]
M1		350	9.91	75.7	2.14	30.9	0.875	10.0	0.283	—	—
M1.5	1	1240	35	265	7.5	106	3	35.3	1.00	—	—
M2		3500	99.1	757	21.4	309	8.75	100	2.83	—	—
M2.5	10	12400	350	2650	75	1060	30	353	10.0	—	—
M3		35000	991	7570	214	3090	87.5	1000	28.3	—	—
M3.5	100	—	—	26500	750	10600	300	3530	100	—	—
M4		—	—	75700	21400	30900	875	10000	283	—	—
M4.5	1000	—	—	—	—	—	—	35300	1000	247	7.00
M5		—	—	—	—	—	—	100000	2830	618	17.5
M5.5	10000	—	—	—	—	—	—	353000	10000	2470	70.0
M6		—	—	—	—	—	—	1000000	28300	6180	175
M6.5	100000	—	—	—	—	—	—	3530000	100000	24700	700
M7		—	—	—	—	—	—	10000000	283000	61800	1750

1.8 換気計画

表1.18 ISOによるクリーンルームの清浄度クラス (ISO/TC209)

ISO清浄度クラス (N)	上限濃度〔個/m³〕は，以下に示す対象粒径以上の粒子濃度を表している					
	0.1	0.2	0.3	0.5	1	5
ISOクラス1	10	2				
ISOクラス2	100	24	10	4		
ISOクラス3	1000	237	102	35	8	
ISOクラス4	10000	2370	1020	352	83	
ISOクラス5	100000	23700	10200	3520	832	29
ISOクラス6	1000000	237000	102000	35200	8320	293
ISOクラス7				352000	83200	2930
ISOクラス8				3520000	832000	29300
ISOクラス9				35200000	8320000	293000

料・薬品・水等についても要求される清浄度が保たれ，必要に応じて温度・湿度・差圧などの環境条件についても管理が行われる．

さらに，近年では各種産業の要求レベルが一層厳しくなり，制御対象として，従来からの微粒子に加えて，ガス分子，静電気，振動なども考慮に入れる必要性がでてきた．

a. 技術基準

クリーンルームにおける浮遊微粒子に関する空気清浄度は，清浄度クラスによって表される．清浄度の基準は米国連邦規格（Fed.Std.209E），国際標準化機構（ISO14644-1），日本工業規格（JIS B 9920）などがある．従来は米国連邦規格209を準用してきたが，現在はISOの基準作成により清浄度の基準が統一された．JISはISOに準じている．

1) 国際標準化機構 (ISO) ISO/TC209の "Classification of air cleanliness" で清浄度クラスの分類方法が述べられている．これは，1 m³ の空気中に含まれる粒径 0.1 μm 以上の微粒子を，10のべき乗で示した時のべき指数をクラス数として表しており，クラス1〜9と表記される．清浄度はクラス数 N について粒子のそれぞれの粒径 D に関する許容上限濃度 C_n により表される．

表1.17，表1.18および図1.21に清浄度クラスと考慮する粒径以上の粒子に関する許容上限濃度を示す．各種産業における必要な空気清浄度についてはある程度決まっているが，用途によってはさらに厳しい清浄度を要求するだけでなくガス状物質についても制御が必要となっている．また，化学汚染物質（AMCs：Airborne Molecular Contaminants）に関する規格化も始まり，日本空気清浄協会（JACA）では指針も出されており，今後，注目する必要がある．

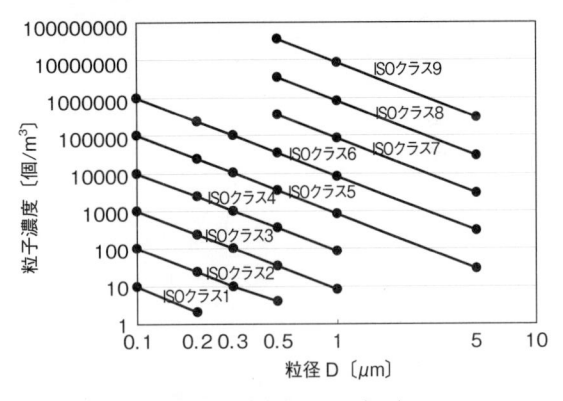

図1.21 清浄度クラス（ISO）

上記規格に記載されている内容の従来との比較を表1.19に示す．

b. インダストリアルクリーンルーム (ICR)

最近の電子精密工業の発展要因として，超精密化，高品質化および高信頼性が要求されるようになってきた．これらの目標を達成させるためには，製造上問題となる空気中の粉塵，塵埃，微粒子を少なくしなければならない．したがってこのような工場では，工場全体あるいはその最も重要な作業や製造をする部分を必要に応じて清浄な状態にする必要がある．このような部屋をインダストリアルクリーンルーム（ICR：Industrial Cleanroom）という．

汚染制御に関しては，これまでは主にフィルタ方式による微粒子の除去を中心にクリーンルームを造り出してきたが，最近では粒子状物質に加えてガス状物質に関しても製品への影響が注目されてきている．それぞれのガス状汚染物質は種類によって製品に与える影響が異なっていることから，製造目的に合わせて，ガス種類および濃度レベルまで考慮した制御が今後重要になってくる．

表1.19　清浄度クラスの規格内容比較

規格名称		ISO14644-1 Cleanrooms and associated controlled Environments Part 1 : Classification of Air	Fed. Std. 209 E Airborne Particulate Cleanliness in Cleanrooms and Clean Zones
対象空間		クリーンルームおよびこれに準ずる清浄環境	クリーンルームただし付属装置類を除く
クリーンルーム状態		as-built, at-rest, operational のうち一つまたは複数の状態	as-built, at-rest, operational のいずれか
清浄度クラス	清浄度クラス分類	ISOクラス1～9 (U-descriptor：粒径0.1 μm未満) (M-descriptor：粒径5 μmを超える粒子)	クラスM1～M7（SI単位） クラス1～100000（従来表記：ヤード，ポンド単位） (U-descriptor：粒径0.1 μm未満)
	定義	1 m^3の空気中に含まれる粒径0.1 μm以上の粒子数を10のべき乗で表した指数N	1 m^3の空気中に含まれる粒径0.5 μm以上の粒子数を10のべき乗で表した指数M または1 ft^3の空気中に含まれる粒径0.5 μm以上の粒子数を示す計数Ne
	表示方法	ISOクラスN；状態；対象粒径；粒子個数濃度	
	上限濃度の式 C_m : 1 m^3中の粒子数 C_{ft} : 1 ft^3中の粒子数 D : 測定対象粒径	$C_m = 10^N \times (0.1/D)^{2.08}$	$C_m = 10^M \times (0.5/D)^{2.2}$：SI単位 $C_{ft} = Ne \times (0.5/D)^{2.2}$：ヤード・ポンド単位
評価方法	単純サンプリング法	平均値および95％UCLで評価（測定点数2～9）平均値（測定点数1または10以上の場合）	平均値および95％UCLで評価（測定点数2～9）平均値（測定点数1または10以上の場合）
	逐次検定法	ISOクラス4より清浄な場合に適用可	クラスM2.5（クラス1000）より清浄な場合に適用可
測定・サンプリング方法の詳細	測定対象粒径	0.1～5 μmのうち1粒径，または複数の粒径	0.1～5 μmのうち1粒径，または複数の粒径
	測定点数 N_L：測定点数 A：対象領域面積（m^2） M：クラス数（Fed.Std.）	床面積または気流通過面積から計算 $N_L = (A)^{0.5}$ 最小1点	コンベンショナル形クリーンルーム $N_L = A \times 64/(10^M)^{0.5}$：最小2点 整流式クリーンルーム $\min[N_L = A/2.32, N_L = A \times 64/(10^M)^{0.5}]$：最小2点
	測定点高さ	原則として作業面高さ	
	最小サンプリング空気量	2リットルまたは粒子カウント数20以上となる空気量最小サンプリング時間1分	2リットルまたは粒子カウント数20以上となる空気量
	サンプリング回数	測定点数1の場合，最低3回	対象領域の合計サンプリング数：5回以上
	測定器	パーティクルカウンタ U-descriptor, M-descriptorは測定法を明記	パーティクルカウンタ CNCカウンタ
	空気サンプリング方法	同軸吸引 気流方向不明な場合はプローブ端垂直上向き	等速，同軸吸引（粒径5 μm以上の場合） 非等速吸引の場合は補正可（粒径0.1～5 μm）

1）建築計画　ICRは基本的に，床下ピット，クリーンルーム内，天井裏の3層構造から構成される．ただし床下ピットは清浄度レベルや経済的観点から設けない場合もある．また敷地の有効活用をするために多層階クリーンルームにする場合も最近では増えてきている（表1.20）．

ⅰ）床下　床下は，①循環空気の経路，②生産装置の補機設置，③各種ユーティリティ，ダクト，配管敷設などに使用される．

一般的に清浄度が高くなるほど循環空気量が増大し，生産装置の補機も大型化するため必要高さが大きくなる．またクリーンルームで使用される薬品類が漏れたりこぼれたりする可能性があるため，床下仕上は耐薬品性材料としたり，場合によっては床勾配，防液堤の設置，または漏水，漏液の検知，排出の考慮などが必要となる．当然のことながら床下高さによっては上下搬送設備，階段の設置が必要である．

また床下をさらに2層として上部を①の用途に，下部を②③の用途に利用する場合もみられる．

ⅱ）クリーンルーム内　最も清浄度が必要な部分で生産装置や補機類が設置される．室内高さは主に生産装置の高さや搬送システムによって決定され，半導体製造では3.5 m以上，ウェハ引上げでは5 m以上にもなる．

天井はクリーンルーム用システム天井が多く採用されている．材質に関しては，シーリング材も含め耐酸，耐アルカリ性や脱ガス量，導電性等を考慮して選択する必要がある．

表1.20 クリーンルームの断面計画

クラス (ISO)		クラス3〜5	クラス5〜6	クラス6〜7	クラス7〜
〔個/cf(0.5 μm)〕		1〜100	100〜1000	1000〜10000	10000〜
天井内	高さ〔m〕	2〜3	2〜3	1.5〜2.5	1.5〜2
	用途	・天井チャンバ ・システム天井 ・FFU ・空調ダクト	・天井チャンバ ・システム天井 ・FFU ・空調ダクト	・天井チャンバ, FU設置 ・システム天井 ・FFU, FU設置 ・空調, 排気ダクト ・ユーティリティ配管	・FU設置 ・空調, 排気ダクト ・ユーティリティ配管
	留意点	・メンテナンス性 ・梁下有効 ・チャンバ内風速, 圧力	・メンテナンス性 ・梁下有効 ・チャンバ内風速, 圧力	・メンテナンス性 ・梁下有効 ・チャンバ内風速, 圧力	・メンテナンス性 ・梁下有効
室内	高さ〔m〕	3〜3.5	3〜3.5	2.5〜3	2.5〜3
	用途	・生産ライン ・自動搬送ライン	・生産ライン ・自動搬送ライン	・生産ライン (自動搬送ライン)	・生産ライン (自動搬送ライン)
	留意点	・耐薬品材料の必要性 ・グレーチング開口率 ・生産装置搬入高さ ・間仕切り設置位置	・耐薬品材料の必要性 ・グレーチング開口率 ・生産装置搬入高さ ・間仕切り設置位置	・耐薬品材料の必要性 ・グレーチング開口率 ・生産装置搬入高さ ・間仕切り設置位置	・耐薬品材料の必要性 ・グレーチング開口率 ・生産装置搬入高さ ・間仕切り設置位置
床下	高さ〔m〕	2〜4.5	1〜4	0〜2	0〜1
	用途	・空気搬送経路 ・生産装置補機設置 ・ユーティリティダクト, 配管 ・電気ケーブル類	・空気搬送経路 ・生産装置補機設置 ・ユーティリティダクト, 配管 ・電気ケーブル類	・空気搬送経路 ・ユーティリティダクト, 配管 ・電気ケーブル類	・空気搬送経路 ・ユーティリティダクト, 配管 ・電気ケーブル類
	留意点	・耐薬品材料の必要性 ・床勾配の有無 ・梁下有効, 架台下有効	・耐薬品材料の必要性 ・床勾配の有無 ・梁下有効, 架台下有効	・耐薬品材料の必要性 ・床勾配の有無 ・架台下有効	・耐薬品材料の必要性 ・床勾配の有無 ・架台下有効

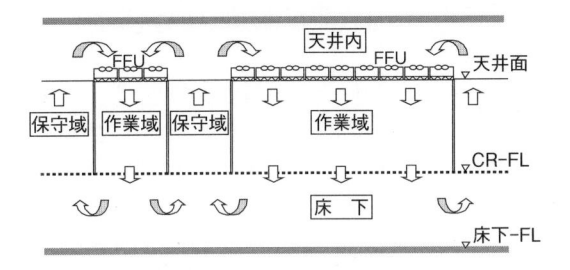

図1.22 クリーンルーム断面構成

壁材はクリーンルーム用パーテーションが用いられることが多く,材質の選定に対しては天井材と同様の注意が必要である.クリーン度の低い場合は,天井も含めクリーンクロスが使用される場合も多い.

床材はアルミダイキャスト,スチールなどがあり耐薬品性,耐久性,静電気対策等を考慮して選択する.また多孔板やグレーチングは室内気流分布などを考慮して開口率を決定し配置する.床材にシャッター等をつけて容易に開口率設定ができるようにする場合もある.

iii) 天井内 天井内は①循環空気の経路,②空調,ユーティリティ,ダクト,配管敷設などに利用される.①の場合は天井面にファンフィルタユニット(FFU)やフィルタユニット(FU)を設置し,天井裏をクリーンチャンバとして使用する.クリーン度の高くない場合はダクト+FUとなる場合が多い.

iv) 平面計画 クリーンルーム内は生産工程,作業域,保守域,通路などに合わせていくつかに分けられ,エリアごとに間仕切りなどで区画される.エリアごとにクリーン度,温度,湿度条件の確認は必要であるが,温度や湿度の設定値は同じ場合が多い.

クリーン度が違うエリアの出入に関しては①エアシャワー②エアロック等の設置が必要である.またクリーン度を維持するために室内圧力を周囲の一般室より正圧に保つ必要がある.そのためにクリーン度の高いエリアから低いエリアに対して圧力差を設ける.圧力差の保持とクロスコンタミネーション防止のために,建具はもちろんダクトや配管貫通部の気密性が必要である.そのため,詳細ディテールを十分に検討する必要がある.

平面計画に際しては部品・製品および人の動線を十分考慮し,さらに機械室,電気室,水処理室,各種ユーティリティエリアの配置は,クロスコンタミネーショ

ンやユースポイントへの距離・振動を検討の上適正配置することが重要である.

2) 清浄化計画

i) 汚染物質　半導体や液晶工場では，製品の歩留りや品質，信頼性を確保するために，クリーンルーム内の空気や製品表面の厳密な汚染制御が重要になってきた．またその汚染物質も製品や製造プロセスの変遷とともに変わってきている．

従来はクリーンルーム内のクリーン化は粒子状物質を中心に行われてきたが，半導体の高集積化が進むにつれて，表面汚染を起こす物質として粒子以外に，ガス状汚染物質，重金属，水などが対象となってきた．

① 微粒子　半導体工場のクリーンルームで対象となる微粒子は，ウェハ上の線幅の1/2程度の粒径である（256 Mbit メモリの場合，最小線幅 $0.18\,\mu m$）．

不良の多くは微粒子付着による外観不良で，最近では装置，オペレータからの発塵を避けるためにミニエンバイロメントのような局所清浄化を行い，クリーン化をより確実なものにする考えがある．

クリーンルーム内での清浄度に影響する発塵元は下記のものがある．

・大気中粒子　大気中の粒子濃度は場所や時間により大きく異なるがおよそ表 1.21 に示す程度である．大気中の粒子はガス状汚染物質の反応生成物の凝縮から粒子化したり凝集した小さなものから土壌や海塩粒子などの大きな粒子まである．これらは外気として導入されたり，作業者の着衣や履物，クリーンルーム内にもち込む材料，部品などに付着してもち込まれる．

・作業者　作業者の皮膚や着衣には大量の粒子が付着している．クリーンルーム用の衣類でどこまで遮断できるか，また行動を抑制できるか？で発塵量は大きく異なる．

・生産装置　生産装置からクリーンルーム側への発塵は真空ポンプ，ファンなどの回転部の磨耗によるものが多いので，ケースで囲み内部を局所排気する例もある．また保守メンテ時に装置内壁等についた反応生成物が落下したり，放出したりする場合もあり，発塵量は生産装置ごとにばらつきが大きい．

・床　床面自体からの発塵が多いわけではないが，クリーンルームで発生した粒子が堆積しやすい場所である．特に非開口床は顕著である．大きな粒子ほど堆積しやすく，種類としては作業者からの繊維系，もち込まれた土類，装置反応生成物等があるので，再汚染等のないよう床面の清掃は重要である．

② ガス状物質

・酸性ガス　SOx, NOx, HCl, Cl$_2$, HF などがクリーンルーム中に存在する．SOx は空気中のアンモニアとガス粒子変換をして粒子を生成したり，熱酸化膜形成工程において基板内に積層欠陥を引き起こす．HF はウェハの洗浄工程で使用されたものが揮発し，HEPA フィルタの濾材と接触してボロンが発生するために影響を及ぼす．

・塩基性ガス　NH$_3$, アミン類などがある．NH$_3$ は外気，人の皮膚や呼吸からも発生し，露光時の解像度悪化やウェハやレンズ表面のくもりの原因となる．

・有機物質　クリーンルームの構成材料から多く発生し，発生源はシリコンシール材，塗料，パーティション材，ULPA フィルタ構成材などがある．

クリーンルーム内の有機物質の影響としては，シロキサンが酸化膜の信頼性に影響を与えたり，粒子生成を起こしている．DOP についても同様に酸化膜の耐圧特性が低下する．

・ドーパント　ホウ素やリンがあり，発生源は製造装置やクリーンルーム構成材料が考えられる．これらの物質はウェハに吸着し製品の電気特性を変化させてしまう．

③ 重金属　クリーンルームで多く使用されるステンレス鋼から重金属である鉄やクロムが各種の薬液などに微量に溶出する．これらがウェハ上の表面積層欠陥を生じさせる．

④ 水　微量の水分でもウェハ表面に自然酸化膜の成長や腐食性の特殊ガスによる金属腐食などの影響を起こす．また空気中の水分が有機物汚染に関与している事も報告されている．

水が最も除去しにくい残留不純物とも言われている．

ii) 粒子汚染対策　粒子汚染対策は以下の4点に要約される

① 発生させない

・作業者（適切なクリーンルームスーツ着用，行動の制限）

・無人化

・装置発塵対策

② もち込まない

・クリーンルームの陽圧維持（リークのない構造）

表 1.21 大気中粒子濃度 [個/m^3, $0.5\,\mu m$ 径以上]

市街地	100000000～500000000
農村部	10000000～50000000
一般室内	100000000～1000000000

1.8 換気計画

表1.22 フィルタの分類およびクリーンルームでの一般的な用途

性能別分類	型式	用途	対象粒子径	捕集効率 重量法	捕集効率 比色法	捕集効率 計数法	圧力損失〔Pa〕
粗塵用フィルタ	自動巻取型ロールフィルタ	外気処理用 循環空気のプレフィルタ	5 μm 以上	～85%			30～200
粗塵用フィルタ	濾材交換型ユニットフィルタ	外気処理用 循環空気のプレフィルタ	5 μm 以上	～85%			30～200
粗塵用フィルタ	自動濾材再生型フィルタ	外気処理用 循環空気のプレフィルタ	5 μm 以上	～80%			120～200
中・高性能フィルタ	濾材折込型フィルタ	中間フィルタ	1 μm 以上		60～95%		30～400
中・高性能フィルタ	吹流しフィルタ	中間フィルタ	1 μm 以上		30～95%		90～250
中・高性能フィルタ	静電空気清浄装置	中間フィルタ	1 μm 以上		85～90%		80～150
超高性能フィルタ	準HEPAフィルタ	最終フィルタ	1 μm 以下			0.3 μm 95%以上	100～250
超高性能フィルタ	HEPAフィルタ	最終フィルタ	1 μm 以下			0.3 μm 99.97%以上	100～500
超高性能フィルタ	ULPAフィルタ	最終フィルタ	1 μm 以下			0.1 μm 99.999%以上	100～500

＊本表は一例で，メーカーにより諸数値・種類は異なる．

・入室時の粒子持込排除（エアシャワー，更衣室）
・材料，部品搬入時の清掃
③ 除去
・フィルタによる除塵
④ 堆積させない
・清掃の徹底
・停滞流をつくらない
・開口床の採用

iii) フィルタ　クリーンルームにおいて最も重要な役割をもっているものはエアフィルタである．エアフィルタを空調機や給気ダクト，吹出口に取り付けることで，清浄な空気を供給しクリーンルームとしての清浄度を保つことができる．

フィルタの分類およびクリーンルームでの一般的な用途を表1.22に示す．

① HEPAフィルタ　HEPA (High Efficiency Particulate Air) フィルタの起源は，軍需用毒ガスフィルタである．現在使用されているペーパー状フィルタは原子爆弾開発時に放射性粒子による人的害を防止するため，第一次大戦末に米国で開発された．当時は濾材としてセルロースファイバーが使用されていたが，耐火性，吸湿性に問題があり，ロックウールに変更され，その後ロックウールに発癌性があることがわかり，現在ではグラスウールが主材として使用されている．

フィルタの構造はセパレータ型とノンセパレータ型がある．前者は堅牢であり風速分布が良いのが特長で，後者は薄型となるが強度が若干弱く風速分布が悪い．

表1.23 HEPAフィルタの分類

項目		内容
性能による分類	A形	総合効率が0.3 μmで99.97%以上
性能による分類	B形	定格風量及びその20%風量時の効率が0.3 μmで99.97%以上（ピンホール検査）
性能による分類	C形	表面全体に対しスキャニングテストを行う
性能による分類	D形	リークテスト後の効率が0.3 μmで99.999%以上（ULPAフィルター）
性能による分類	E形	MIL規格合格品（有毒物質，発癌物質，放射性同位元素，有害菌，化学物質等に使用される特殊品）
素材による分類	1級	耐火性
素材による分類	2級	準耐火性
強度		差圧10インチ水柱に15分耐えること
補修		スポット補修は1箇所につき13 cm²以下とし表面の1%以下とする
振動		プリーツ方向に振幅19.1 mmの振動を200 cycles/minで15分与え異常がないこと
表示		規格，形（A～E），素材（1～2），風量，形式，透過率，圧力抵抗，製造番号，気流方向
保存		セパレーター垂直方向に保存し，2 m異常に積み上げてはならない

しかし近年は薄型が優先されて，後者が多用される傾向にある．HEPAフィルタはIES規格により表1.23に分類される．

② ULPAフィルタ　ICRでは，0.1 μm程度の微粒子まで除去する必要があり，HEPAフィルタに対し，ULPA (Ultra Low Penetration Air) フィルタが開発された．

捕集効率を良くするために，濾材密度をより密とし，空気抵抗を低下させるため濾材をより薄くしたわけである．よってULPAフィルタはHEPAフィルタより強度が弱い欠点をもっている．

清浄度の高いISOクラス4等のICRを設計する時に空気循環量が多い場合にはHEPAフィルタの使用も可能である．しかし内部発塵量が多い場合には信頼性が欠ける．ISOクラス5以上のICRにはすべてULPAフィルタが望ましい．

③ PTFEフィルタ　最近濾材としてPTFE (polytetrafluoroerhylene) を使用したフィルタが出ている．これは高機能のフッ素樹脂濾材を用いたフィルタで高捕集効率，低圧力損失，耐フッ酸性を兼ね備えている．

ICRに使用されるHEPA, ULPAフィルタの寿命は非常に長く，十分に検討された空調システムでは半永久的である．これは濾材面の風速が0.01 m/secと非常に低速であり，塵埃が濾材に付着してもその粒子間を空気が流れても抵抗が大きくならないためである．

④ ケミカルエアフィルタ　ガス状汚染物質対策は，その発生源や拡散の過程に応じていろいろな方法がある．対策の目的は環境改善を図る場合もあるが，一般的には製品の歩留まり向上である．対象ガス状汚染物質成分に応じ，製品のガス状汚染を防止するのに，最も適した方法が単独あるいは組合せて採用される．具体的な対策方法は

・間仕切りや空調系統の単独化
・水ワッシャによる除去
・ケミカルエアフィルタによる除去

ケミカルエアフィルタは，対象ガス状物質に応じて種類が分かれ，単独あるいは組合せて採用される．使用条件，特に高湿度での使用には制約があり対象ガス状物質以外の汚染物質を発生させる場合もあるため注意が必要である．表1.24に代表例を示す．

ケミカルエアフィルタは目的に応じ，外調機，空調機に取り付けたり，FFUのHEPAまたはULPAとファンユニット間に挟んで設置される．

iv) 外気浄化システム　半導体製造，ウェハ製造，ディスク製造関連のクリーンルームでは空気質の管理項目が粒子だけからガス状汚染物質にまで拡大してきた．そのためクリーンルームに取り込む外気は，各種ガス状物質を除去する必要がある．

① 外調機での除去設備　一般的に外調機では，塵埃をプレフィルタ，中性能フィルタ，高性能フィルタ，HEPA (ULPA) フィルタの順に設置して除去する．ガス状汚染物質を除去する対策としてはケミカルフィルタが用いられ大気中のSO_2, NH_3, NO, NO_2などを除去する．

最近ではケミカルフィルタの前段にエアワッシャを設置してフィルタの長寿命化を図ったり，ケミカルフィルタを省いたりしている．

② エアワッシャ　最近のICRでは外気中に含まれている製造上問題となるガス状汚染物質を低減することを目的としたエアワッシャが外調機に多く取り入れられるようになってきた．外気中のガス汚染物質の一部はワッシャ水中に取り込まれることにより除去される．

エアワッシャは吸収されたガス状物質の濃度が高くなると気中濃度も高くなり，除去率が低下する性質があるので，安定した除去性能を得るためには，補給水量と水質を管理する事が非常に重要である．また微生物の繁殖等も考えられるため水質管理に注意が必要である．

図1.23にエアワッシャを組み込んだ外調機の一例，

表1.24　ケミカルエアフィルタの代表例

対象ガス	酸	アルカリ	有機
寸法〔mm〕	610×610×610	610×610×610	610×610×610
ケーシング	鋼板メラミン焼付塗装	鋼板メラミン焼付塗装	鋼板メラミン焼付塗装
濾材	薬品添着活性炭	薬品添着活性炭	活性炭
処理風量〔m^2/min〕	21〜42	21〜42	21〜42
圧力損失〔Pa〕	29〜100	29〜100	29〜100
除去率	90％以上	90％以上	90％以上

＊本表は一例で，メーカーにより諸数値・種類は異なる．

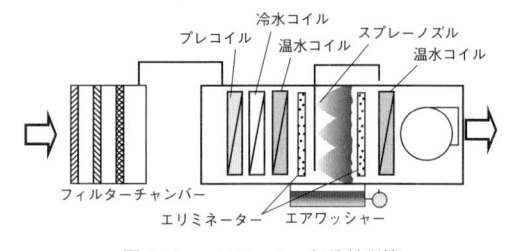

図1.23　エアワッシャ組込外調機

表1.25　エアワッシャの汚染物質除去効率

ガス状汚染物質	除去効率〔％〕	入口濃度〔ppb〕
アンモニア（NH_3）	90〜99％	50〜100
硫黄酸化物（SOx）	85〜95％	50〜100
窒素酸化物（NOx）	35〜45％	50〜100

表 1.25 に外気中の代表的な汚染物質の除去効率を示す.

3) 空調設備計画

i) 室内条件　ICR は年間を通して恒温恒湿とするケースが多く,温度条件は国内では 23℃ 程度,海外ではそれよりも若干低めで設定されることが多い.湿度は 40～45% 設定が多く,これは 30% 前後では静電気の影響が大きく,60% 以上だと結露や材料表面の酸化などの障害が目立ってくるためである.

ICR では局所排気量が多く,さらに室内を陽圧に保つために外気量が一般的に多い.温湿度制御は,これら外気と室内発熱量をよく考慮して決定する必要がある.また装置などからの発熱量が多いため年間を通して冷房モードで運転される場合が多い.

一般的には外調機または空調機で室内湿度を制御し,室内循環系の冷却コイルで温度制御するシステムの採用例が多い.

ii) 熱負荷

① 外気負荷　外気量は,局所排気量+陽圧維持分で決定される.日本では,夏期は冷却負荷,冬期は加熱負荷となり,夏期は除湿,冬期は加湿が必要となる.

② 装置負荷　生産装置からの熱負荷で,年間を通して冷却負荷となる.各装置の発熱量は製造者側から諸元表を提出してもらい稼働率や冷却水の除去分,局所排気からの排熱分等を考慮し決定する必要がある.

③ 搬送負荷　ファン,ポンプ,FFU などシステム搬送系からの発熱負荷.クリーン度が高いと循環風量等が大きいため搬送負荷割合も大きくなる.

④ その他　建屋負荷,照明負荷,人体負荷等があるが一般的に負荷割合が小さい.

負荷割合は,装置負荷と外気負荷がほとんどを占める.

iii) 熱源計画　ICR は冷却負荷が非常に大きい.冷熱源としては規模順に並べると,遠心式冷凍機,吸収式冷凍機,チリングユニット,パッケージエアコンとなる.機器の選定,システム決定に当たっては,夏期最大ピークはもちろん中間期,冬期の負荷特性を考慮する必要がある.さらに 24 時間稼働の工場が多いため,バックアップも含め信頼性の高いシステムを構築する必要がある.

また最近では,冬期のフリークーリングや蓄熱システム,コージェネレーションシステム等により,省エネルギー,環境,ライフサイクルを考慮したシステムが多く採用されている.

iv) 空調方式　概ね下記の3方式に大別される.(表 1.26)

① 空調機方式:すべての負荷を空調機で処理
② 外調機+内調機方式:外気を専用空調機で処理し,室内発熱処理を内調機で行う方式
③ 外調機+ドライコイル方式:外気を専用空調機で処理し,室内発熱処理を循環系につけたドライコイルで行う方式

クリーン度が低い場合には①が多く,高くなるに従い②,③の方式が多くなる.

とくに温湿度の制御条件が厳しい場合や生産装置の排気量が大きく外気取入量が膨大となる場合には省エネルギーや温湿度の制御性向上のために外調機を採用する場合が多い.特に外調機の段階で温湿度制御を

表 1.26　空調方式比較

	空調機方式	外調機+内調機方式	外調機+顕熱処理コイル方式
基本フロー図			ドライコイル
特徴	外気処理,室内発熱処理をすべて空調機で行う.	外気処理,室内発熱処理を分けてそれぞれの空調機で行う.制御性に優れている.	外気処理,室内発熱処理を分けて行う.室内発熱はドライコイルで行う.ダクト量少.
制御性	○	◎	◎
設置スペース	◎	△	◎
設備費	○	△	◎
運転維持費	○	○	◎

行っておくとクリーンルーム内の制御をより高精度で行うことができる．外調機の加湿は蒸気加湿が多いが，前述のエアワッシャで行う例も増えてきている．

v) 室圧制御　ICRは外部からの塵あい，ガス等が侵入してくるのを防ぐために室内を陽圧に保つ必要があり，また清浄度の違う室間も差圧を保つ必要がある．室圧の設定は一般室から準クリーンルーム，低クリーン度，高クリーン度と順に各室間が5～10Pa程度高くなるように計画する．ただし有害ガスや粉塵発生等が多い部屋はクリーン度に関係なく周囲の部屋より負圧とする．差圧を確保するためには適切な制御が必要である．

① 外気量制御　差圧センサーで圧力差を検知し，排気量に合わせて外気量を自動制御して室内を陽圧にする．外気量の制御方法はVAVやMD制御等がある．

② 手動制御　各VDと圧力調整ダンパを手動で調整し室内を陽圧に保つ．ただし生産装置仕様変更の都度調整が必要である．

vi) 気流制御方式　気流方式により分類すると図1.24～図1.25に示すように，一方向流方式と非一方向流方式あるいはこれらを混合した混合（mixed airflow）方式に分けることができる．方式の選定は要求される清浄度，運転管理，設備費などの検討を行い，上記の方式を適宜組み合せて用いる場合が多い．

一方向流方式はピストン流により汚染分子粒子を排出する方式であり，図1.24に示すように水平流と垂直流があるがほとんどが垂直流である．気流は天井のHEPAまたはULPAフィルタより吹出し，側壁や床の吸込み口より戻される．

非一方向流方式は図1.25に示すように乱流方式と置換方式がある．非一方向流方式ではフィルタはいくつかの場所に，等間隔あるいは重要な作業領域に重点的に配置され，向かいの場所に吸込口を配置する．フィルタと吸込口の配置により気流は乱流となる．置換方式はフィルタを下方に設置し，吸込みを上方に配置し空気の置換を考慮したものであるが，高い清浄度を維持する事は困難である．

これらを組合せたものが図1.26に示すような混合方式となる．

それぞれの方式の気流制御は，設置されるFFUを個別やゾーン毎制御にて行う場合や，クリーンルーム床の開口率や床面設置のダンパー調整等も合わせて行う場合がある．さらに最近では図1.27に示すようにCFDによるシミュレーションを行い事前に気流分布等を確認し，開口率やダンパー調整の指標にする場合も増えている．

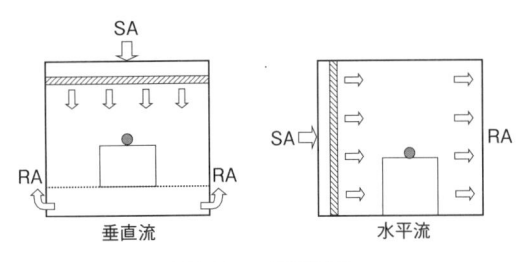

図1.24　一方向流方法

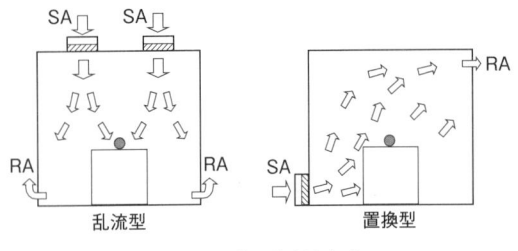

図1.25　非一方向流方式

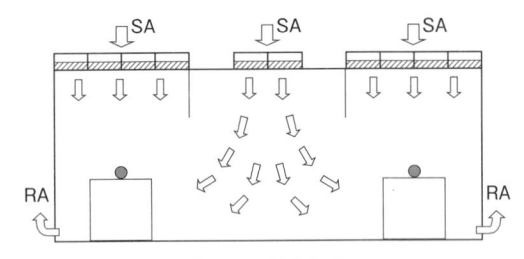

図1.26　混合方式

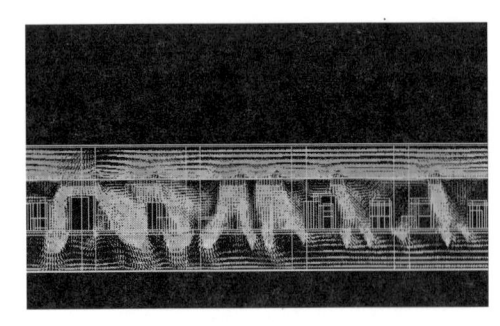

図1.27　CFDシミュレーション例

表1.27　換気回数

クリーンクラス	換気回数
ISO	回/h
ISOクラス8	15～30
ISOクラス7	20～50
ISOクラス6	40～100
ISOクラス5	100～1方向流
ISOクラス4～1	1方向流

1.8 換気計画

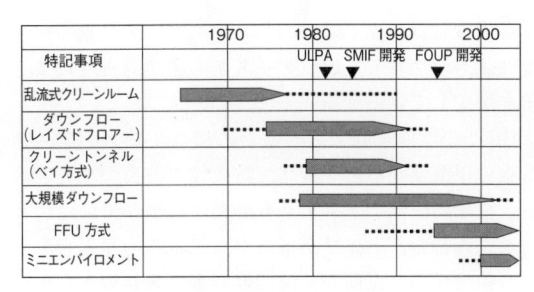

図1.28 半導体CRの変遷

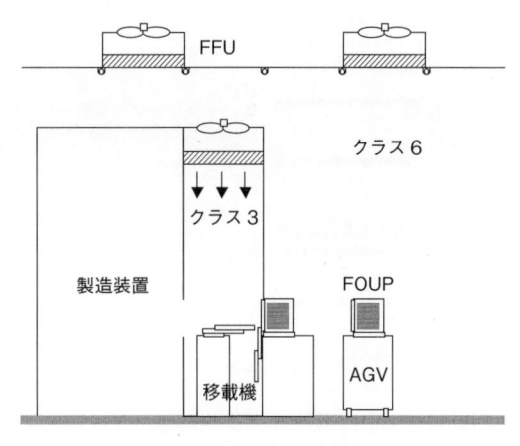

図1.29 FOUP方式

vii) **換気回数（循環回数）** クリーンルームを設計する場合，清浄度，発塵量，排気量，発熱量などで風量を決定するが，非一方向流の場合は換気回数が清浄度に大きな影響をおよぼす．作業上多くの発塵等がない場合には表1.27のような目安で換気回数を設定する事が多い．

4) 主なクリーンルーム施設

i) **半導体製造工場** 半導体クリーンルームの方式は図1.28のような変遷をたどってきた．ここでは最近のクリーンルーム方式の主流であるFFU方式とミニエンバイロメント方式について述べる．

① **FFU（Fan Filter Unit）方式** FFUが開発され，大規模クリーンルームにも適用されるようになった．FFU方式のメリットはフレキシビリティに優れていることである．これは天井チャンバ内がクリーンルームより負圧となるため，クリーンルーム内レイアウトの変更に伴うFFUの移設や増減が容易となる．

FFUと天井フレームとの間に，もしわずかな隙間があったとしても，クリーンルーム内の空気が天井内プレナムチャンバーに向かって流れるためクリーンルームが汚染されることが少ないためである．

またFFUは各機器ごとに風量や発停を制御できることもフレキシビリティ性を高めている．さらに小型ファンの効率も最近は飛躍的に向上し省エネルギー化も図られ，現在クリーンルーム方式の主流になっている．

② **ミニエンバイロメント方式** ミニエンバイロメント方式は清浄空間を局所化した方式である．これは自動搬送方式と大きな関連がある．近年のウエハ大口径化により，作業者が容器等をもち運ぶことは困難なためウエハの自動搬送が不可欠となった．そのためSMIFやFOUP（図1.29）が開発され，ウエハは容器内に密閉されて清浄度があまり高くない室内でも搬送可能となった．ミニエンバイロメント方式はウエハが露出する限られた局所空間のみを高清浄の空間としたもので，建設コスト，ランニングコストの低減を図り，全自動化への適合やケミカル汚染の防止対策も含め，今後の半導体クリーンルームの主流になるものと考えられる．

ii) **液晶工場** 液晶ディスプレイは本格的な量産が1990年代に始まり，その後高い成長率で伸びてきている．液晶ディスプレイは搭載される機器によって画面サイズが異なるため，携帯電話用の1～2型から大型TV用の数十型まで広い範囲を生産している．

液晶製造において生産性を向上させる手段としてガラス基板の大型化がある．そして，この基板の大型化に合わせて製造装置やクリーンルーム内基板搬送，工程削減による投資生産性向上やクリーン化，コンタミネーション防止による歩留り向上が行われてきた．

これに伴いクリーンルーム面積も増大し，第5世代のラインでは，100 m×120 m×3層の広さのクリーンルームが必要とされている．またガラス基板サイズは，第6世代は1500 mm×1800 mm＋α，第7世代は1800 mm×2000 mm＋αのサイズといわれ，第6世代の量産が始まろうとしている．

今後の液晶製造を考える場合に，クリーン化技術の果たす役割は大きく，コンタミネーション対策は工程すべての装置および基板を搬送するシステム全体，すなわちクリーンルーム全体に及ぶ管理が必要である．

コンタミネーションの影響は，パーティクル汚染による表示欠陥および可動イオン汚染による表示の長期的劣化に分けられる（図1.30，表1.26）．またパネルが大画面・高精細になっても歩留りが低下しない様にするためには，清浄度レベルを従来の数分の一に保たなければならない．

大型基板の製造ライン実現のためには製造装置や製

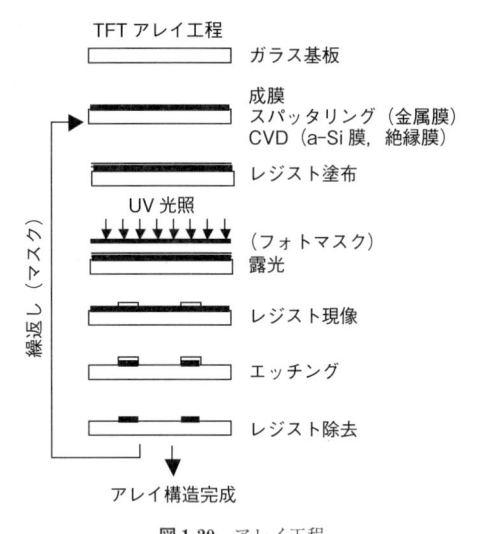

図1.30 アレイ工程

表1.28 汚染原因と影響(アレイ工程)

製造装置	粒子汚染	可動イオン汚染
洗浄	乾燥時のミスト再付着	洗浄物質の再付着
スパッタ	基板保持部・メカしゅう動部からの発塵,シールド等からの剥離	基板加熱中の拡散
CVD	基板保持部・メカしゅう動部からの発塵,シールド等からの剥離	基板加熱中の拡散
コーター	レジストカップ内からの発塵	
露光	ステージやレジスト上ダストによる部分的な露光異常	
現像	異物付着による現像不良	
ウェットエッチング	異物付着によるエッチング不良	
ドライエッチング	異物付着によるエッチング不良	
基板搬送	カセット,AGV,ストッカー等での汚染	

造プロセスの改善,さらにクリーン化技術が果たしてきた役割は大きく,多様化する製品に対して,今後はカセット搬送ベイ方式から基板の枚葉搬送やミニファブラインへと転換されると考えられる.

 iii) ハードディスク製造工場 ハードディスク装置(HDD)は磁気ディスク基板に磁性膜を塗布した磁気ディスクを所定の回転数で回転させ磁気ヘッドを数十nm浮上させて記録・再生を行う装置である.近年では磁気ヘッドの微小化と磁気ディスク表面の平滑性改善が進んで,磁気ディスクの面記録密度はますます増大している.

 HDDの性能を向上させるためには,磁気ディスク基板の平滑性向上,小型化,耐久性の改良が求められる.従来の磁気ディスク基板は量産に優れていたアルミニウム合金が主流であったが,アルミニウム合金よりも強度があり表面が平滑で軽いガラス基板が実用化されてきた.

 HDDの製造上,特に考慮すべきコンタミネーションは次のようなものがある.
 ① 微粒子/磁性微粒子
 ② 金属汚染物質
 ③ イオン物質(カチオン,アニオン)
 ④ 有機物質(DOP,シロキサン等)
 ⑤ 表面吸着分子
 ⑥ その他(振動,表面粗度,ESD,EMI等)

 ハードディスクの高性能化は個々のディスク基板の変更と平滑性の向上が要求される.ディスク基板の平滑度を上げるために研磨工程で使用した研磨剤が洗浄工程で完全に除去できないと,磁性材料を塗布した磁気ディスク基板表面に凹凸が生じ正常な記録再生動作ができなかったり,磁気ヘッドが損傷する事が考えられる.磁気ヘッドの浮上高さを小さくするために$0.1\mu m$以下の粒子除去が求められている.

 このためには,①人②材料③機器④建物の4つの汚染源からすべての汚染物を取り除かなければならない.HDD製造における究極の目的は,「ディスク表面の加工処理中にどこまでクリーンに保てるか?」である.

c. バイオロジカルクリーンルーム

 1) バイオロジカルクリーンルームの種類 バイオロジカルクリーンルームは医薬品製造,医療機器製造,医療施設,食品工業等に利用されるクリーンルームである.精密部品工業に利用されるインダストリアルクリーンルームの制御対象が塵あいやガスであるのに対して,微生物や有機物が制御対象であるが,これらはほとんどが空気中の粉塵に付着している.そこで,インダストリアルクリーンルームに用いられるフィルタによる除塵計算と同様の方法で評価し,計画されている.

 バイオロジカルクリーンルームの規格は,米国連邦規格あるいは表1.29に示すNASAのバイオロジカルクリーンルームの規格が使用される場合が多い.しかし,NASA規格の微生物濃度の基準は医薬品製造や

1.8 換気計画

表 1.29 NASA 規格

クラス	0.5 μm 以上の粒子 [個/ft³][個/l]	5 μm 以上の粒子 [個/ft³][個/l]	浮遊菌数 [個/ft³][個/l]	落下菌数/週 [個/ft²][個/m²]
100	100(3.5) 以下		0.1(0.0035)	1200(12900)
10000	10000(350) 以下	65(2.3) 以下	0.5(0.0176)	6000(64600)
100000	100000(3500) 以下	700(25) 以下	2.5(0.0884)	30000(323000)

表 1.30 USP の提案および WHO・GMP の基準

USP 提案の微生物数				WHO・GMP		
クラス	空気中 (m³ 当たり)	表面付着菌 (30 cm²)	保護具 (30 cm²)		グレード	最大粒子数 (m³ 当たり)	最大生育可能粒子数(m² 当り)
			手袋	着衣ほか			
MCB-1	<1	3	3	5	A（層流ベンチ）	[≥0.5 μm] 3500 [≥5 μm] 0	<1
MCB-2	<18	5（床10）	5	10	B	同上	5
MCB-3	<88	—	—	—	C	[≥0.5 μm] 35000 [≥5 μm] 2000	100
					D	[≥0.5 μm] 350000 [≥5 μm] 20000	500

医療施設，食品製造施設を対象として設定されたものではないため，通常用いられていない．医薬品製造施設では，表 1.30 に示す米国薬局方（USP）や WHO-GMP の基準が準用されている．

次に医薬品製造施設を例に，計画の要点を示す．

2） 医薬品製造施設

ⅰ) 建築計画　医薬品製造施設は，その医薬品が販売される国の GMP に準拠することが求められる．この GMP は国ごとに違いがあるが，日本，米国，EU の GMP の整合化を図る試みが WHO によってなされつつある．しかしながら建築計画上共通して留意する点は，異物混入の防止，塵埃や微生物による汚染の防止，および異なる医薬品との交叉汚染の防止である．

異物混入防止の観点から，立地は周辺に汚染源のない場所を選定し，建築構造は十分な気密性が確保される構造とする．開口部は昆虫やねずみなどの生物が侵入しないよう自動シャッターやエアカーテン，防虫網などを設ける．また照明も誘虫性の低いものとする．

交叉汚染防止の観点から，平面，断面計画は，まず製造する品目により大きな区画をし，その上で製造工程や清浄度，温湿度を考慮して決定する．この際，作業員と資材，原料および製品の動線が不必要にクロスしないよう決定する．

また，見学者通路を設定する場合は，見学窓の気密性と断熱性能を確保する．

ⅱ) 空調計画

① 設計基準：空調設備の推奨最低設計値を表 1.31 に示す．

表中の防護レベルとは次の内容をいう．

・防護レベルⅠ

一般区域：密閉操作区域

外部環境に暴露しないような原料の仕込み，移送，サンプリング等を行う区域．

・防護レベルⅡ

保護区域：短時間の開放を伴う区域

周囲環境に暴露されるのがごく短時間であり何らかの汚染防止，交叉汚染防止対策がとられている区域．

・防護レベルⅢ

統制区域：開放操作を行う区域

特定の環境条件が決められていてコントロールされ監視されている区域

レベルⅢa：非無菌区域

レベルⅢb：無菌区域

温度については，血漿分画製剤など特殊なものを除いて作業者を対象として温度設定すればよく，23℃程度とする場合が多い．清浄度の高い室ほど作業服の密

表1.31 空調設備の推奨最低設計値[3]

管理項目	防護レベルI	防護レベルII	防護レベルIIIa	防護レベルIIIb
温度	10～40℃	製品による	製品による	製品による
相対湿度	推奨範囲20～60%	製品による	製品による	製品による
室清浄度クラス	なし	なし	なし	暴露部クラス100 室クラス10000
給気フィルタ	30% ASHRAE[*1]（比色法30％相当）	30% ASHRAE[*1]（比色法30％相当）	85% ASHRAE[*1]（比色法65％相当）	HEPA99.97%
室内換気回数	法規及びNFPA[*2]	法規及びNFPA[*2]	法規及びNFPA[*1]	製品上で単一方向流れ（室20回/h以上）
差圧	不要	必要に応じ気流が確認できる陽圧又は陰圧	必要に応じ気流が確認できる陽圧又は陰圧	125または15パスカルの陽圧
差圧（強い感作性を有する物質製造室）	不要	陰圧	前室に対し陽圧又は陰圧	125または15パスカルのサンドイッチ差圧
ダクト在質	亜鉛引鋼，アルミ	亜鉛引鋼，アルミ	亜鉛引鋼，アルミ	ステンレス鋼，プラスチック，室内露出部は洗浄可能な同等材料
バリデーション	不要	製品による（需要な工程パラメータの感知検出，表示，警報，記録，計器必要）	製品による（需要な工程パラメータの感知検出，表示，警報，記録，計器必要）	製品による（需要な工程パラメータの感知検出，表示，警報，記録，計器必要）+換気回数及びHEPA効率試験

*1：ASHRAE（American Society of Heating Refrigeraning and Air-Conditioning Engineers,Inc：アメリカ暖房冷凍空調学会）
*2：NFPA（National Fire Protection Association：全米防火協会）

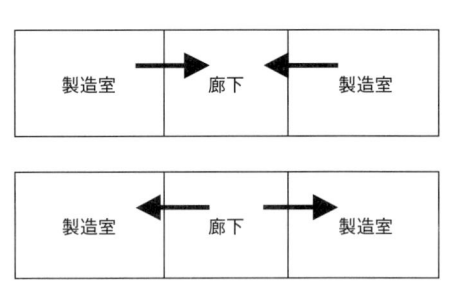

図1.31 差圧の考え方例

閉性が高くなるので，低めの温度が好まれる．

造粒機など製造装置に直接送風する場合は，室空調とは別系統として所要の温度で供給する．

湿度は，製品品質維持と作業性の点から設定する．一般的に40～60％程度とする場合が多いが，固形製剤など粉体を取り扱う場合は，吸湿性と静電気に対する配慮が必要である．

清浄度は防護レベルIIIb以外は指定されていないが，GMPには，'清潔な環境であること'が要求されている．これを定量的に証明するため，非作業時クラス100000とする場合が多い．

差圧や気流方向の決定は，まず取り扱う物質の危険度に応じて，外部からの汚染防止と室外への飛散防止のいずれを優先するかを検討する．すなわち，細胞毒性をもつ抗がん剤，感作性や生理活性の高いホルモン剤，ペニシリン系やセフェム系抗生剤などでは室外への漏洩がないよう陰圧とし，その他の場合は外部からの汚染防止を優先して陽圧を基本とする．また，廊下と製造室の関係は，多品目を生産する施設にあっては異品目間の交叉汚染防止を考慮して廊下から製造室へのエアフローとし，一方単一品目を製造する施設では異物混入防止のために製造室から廊下へのエアフローとする場合がある．

② 空調システム
・空調ゾーニング

空調ゾーニングはクロスコンタミネーション防止を前提に，品目，温湿度条件，清浄度，滅菌エリアの別を総合的に勘案して決定する．特に無菌製剤や抗生剤は一般製剤とは別系統とする．

・空調方式

空調ゾーン内の差圧やエアフローを維持する必要から，単一ダクト+再熱ヒーター方式の空調とすることが多い．清浄度達成や熱負荷処理のための空調風量は必要な新鮮外気量より大きいことが多く，循環式空調方式が採用できれば省エネルギー上も有利である．

循環式空調の採用の可否は，主に作業者の薬じん障害防止の観点から，取り扱う物質の人体への危険度と，それが循環系のフィルタリングで十分安全なレベルに低減できるかで決定する．一般的には，ペニシリン系，セフェム系抗生物質や高活性物質，細胞毒性をもつ物質では循環方式を採用することは少ない．

製剤工場では夜間等の非使用時も，清浄度や室圧維持のために空調運転を継続することが多い．このため風量をインバータにより低減する方法や，循環式空調

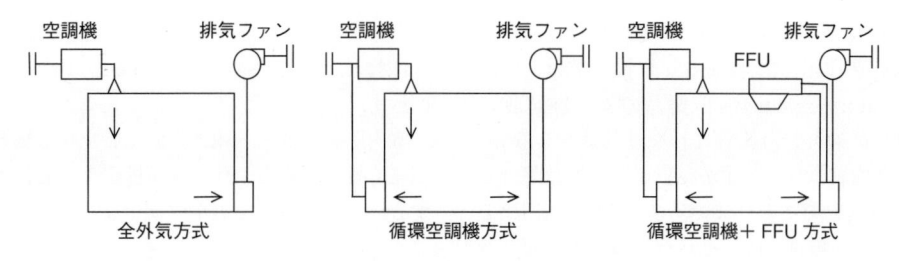

図1.32 空調フローの例

表1.32 実験動物の種類

種類	定義	微生物の状態	作出方法	維持方法
無菌動物	封鎖方式, 無菌処置を用いて得られた, 検出しうるすべての微生物・寄生虫のいない動物.	検出可能な微生物なし.	帝王切開・子宮切断(人工飼育無菌動物に哺育させる).	アイソレータ(外部から操作)
ノトバイオート	もっている微生物相(動植物)のすべてが明確に知られている, 特殊に飼育された動物.	もっている微生物が明らか.	無菌動物に明確に固定された微生物を定着.	アイソレータ(外部から操作)
SPF	特に指定された微生物・寄生虫のいない動物. 指定以外の微生物は必ずしもフリーでない.	もっていない微生物が明らか. (指定微生物名明記)	無菌動物ノトバイオート↓微生物自然定義	封鎖環境の程度はいろいろ(内部に入って操作)
コンベンショナル	普通の動物.	微生物相不明瞭.		開放環境(内部に入って操作)

注 SPF : Specific Pathogen Free

が採用可能な場合は外気処理を含む空調機系統と再循環空調機系統を分割して, 再循環系統を停止できるようにする方法も多く用いられている. この点で, ファンフィルタユニットを用いた方法は運転管理が比較的容易である. これらの空調フロー例を図1.32に示す.
・フィルタ 給排気系へのフィルタの設置も, 室内清浄度確保, クロスコンタミネーション防止, 薬じん障害防止および外部汚染の防止を念頭において判断する.

粉体を取り扱う室では, ダクト内への粉塵堆積防止のために吸い込み口にフィルタを取り付ける.

また, 循環の空調を採用しないような物質を取り扱う場合は, 外部への汚染防止のため, 排気はHEPAフィルタによって終末処理する必要がある.

③ 海外承認への対応

海外で販売される医薬品は当該国での承認が必要でありその国のGMPに合致している必要がある.

現在医薬品の主要な市場は日本, 米国, 欧州でありそれぞれのGMP間には相違点が存在する. 昨今, その相違を明らかにし, 整合させようとの活動がなされているが, 海外で販売されることを前提とした医薬品製造工場の計画に当たっては当該国におけるGMPの詳細に注意することが肝要である.

3) 研究施設

i) 研究施設の種類 バイオロジカルクリーンルームに該当する研究施設には, 医薬品, 医療機器, 食品などの施設が該当しこれらに共通する最大の関心は微生物の統御である. ここでは医薬品関連研究施設として代表的な, 実験動物施設とバイオハザード防止施設について概説する.

ii) 建築計画 本施設に関する建築計画上の注意点は, 医薬品製造施設の計画上のそれと類似している. すなわち, 異物や微生物の混入防止と異なる室間のクロスコンタミネーションの防止, 有害物質の漏洩防止が主眼となる.

そこで両者に共通して実験室内外で意図しない空気の流通を防止する必要があり, これが建築構造や内装仕上げを規定する. また, 実験研究の運用方法は実験者と器材の動線と密接なつながりがあり, 平面計画上十分な整合をはからねばならない.

実験動物施設の目的は, 主に医学・生物学および薬学に関する試験・研究である. その施設の使用目的によって用いられる動物の種類は多岐にわたるが, 常在菌による分類は表1.32のようになる. これらいずれの種類の動物施設にあっても, 人・搬入動物・搬出動物・廃棄物・清浄器材・汚染器材などの動線を明確にし目

的とする実験機能上支障ないように計画する．特に，医薬品の前臨床段階で行われる安全性試験は，GLP (Good Laboratory Practice＝医薬品の安全性試験に関する基準) に適合した施設としなければならない．このためには施設のハード面が実験運営方法と整合していることが重要である．また，感染動物や，RI を使用する動物実験施設では，それぞれバイオハザード対策や放射線障害対策が必要となる．

バイオハザード防止施設では，わが国には主に次の指針や規定がある．
① 組み替え DNA 実験指針（文部科学省）
② 大学等における組み替え DNA 実験指針（同上）
③ 国立予防衛生研究所病原体等安全管理規定

これらは取り扱う微生物の危険度分類に応じて，封じ込めのレベルを規定している（表 1.33）．組み替え DNA 実験における封じ込めには，生物的封じ込めならびに物理的封じ込めがあるが，建築計画上留意すべきは物理的封じ込めの点である．この要点を表 1.34 に示す．

室内圧をサポート域より低く設定する場合，気密性が高く維持できるよう，建築構造や内装仕上げを決定する．また，室内をホルマリンなどで滅菌する場合は

表 1.33 各指針などの危険度分類と封じ込めレベルの関係

	文部科学省	国立予防衛生研究所	米国 NIH
対象	組換え遺伝子	病原体	組換え遺伝子
レベル	P1	危険度　1 危険度　2a	BL1
	P2	危険度　2b 危険度　3a	BL2
	P3	危険度　3b	BL3
	P4	危険度　4	BL4

表 1.34 物質的封じ込めの要点[4]

レベル	物理的隔離の要点	設備・管理基準
P1	1) 整備された通常の微生物実験室に準ずる． 2) 実験中，窓および扉は閉じておく． 3) 実験台は毎日実験終了後消毒する． 4) 機械的ピペットの使用が望ましい． 5) 組み換えを取り扱った後および退室時は手洗をする．	
P2	1) エアロゾルの発生する実験は安全キャビネット内で行う． 2) 建物内に高圧滅菌器を備える． 3) 機械的ピペットを使用する． 4) 実験用被服を着用し，退室時には脱衣する． 5) P2 レベル実験中の表示と入室者の制限をする． 6) 安全キャビネットの HEPA フィルタは交換直前および検査時にホルムアルデヒドくん蒸を行う．	
P3	1) 安全キャビネットを設置する． 2) 安全キャビネットは設置直後および定期的に検査を行う． 3) 実験区域を設け，両方が同時に開かない扉と更衣室を備えた前室を設ける． 4) 実験区域に高圧滅菌器を置く． 5) 実験区域の内装は容易に洗浄・くん蒸可能な構造とする． 6) 真空吸引装置は専用とし，フィルタまたはトラップを通す． 7) 空気の流れは前室から実験区域に向かい，換気はろ過その他の処理をした後排出する． 8) 実験者は長袖で前の開かないものか，ボタンなしで上からかぶるものなどとし，洗濯前に消毒する．	
P4	1) クラス Ⅲ の安全キャビネットを設置する． 2) 他と明確に区画された一画を実験区域とし，実験従事者以外の者が近づくことを制限する． 3) 前室は同時に開かない扉を前後にもち，更衣室およびシャワーを備える． 4) 物品の出入りのための紫外線が照射され同時に開かない扉を両側にもつパスボックスを備える． 5) 実験区域から搬出する物品を滅菌するため両方が同時に開かない扉を前後にもつ高圧滅菌器を備える． 6) 実験区域専用の給排気装置を備え気流方向を確保する． 7) 実験区域からの排気は HEPA フィルタでろ過する． 8) 安全キャビネットおよび実験室流しからの廃液は加熱滅菌する．シャワーおよび手洗い装置からの排水は滅菌または化学処理により消毒する．	

耐薬品性の検討が必要であり，殺菌灯を設置する場合は紫外線による劣化に十分注意する．このほか，実験動物施設やバイオハザード防止施設は相対的に小面積の部屋に多系統のユーティリティや空調制御装置が付随するので，機械室やメンテナンススペースの計画は綿密を要する．またこれらのメンテナンススペース動線は，実験データの信頼性確保の観点からも，管理された実験スペースを経由しないよう計画すべきである．

iii) 空調計画

① 設計基準

・実験動物施設　表 1.35 に国内で発表されている実験動物施設の環境基準値を示す．温湿度条件については表 1.36，1.37 のように海外でも各種の基準値が存在するが，必ずしも一致していない．しかしながら温湿度条件が異なると，被験物質の毒性試験の結果が異なることが確認された例もある．このことから設定に際しては注意を要する．

清浄度については，飼育される動物に常在あるいは被験以外の微生物が外界から侵入しないことを主眼とし，飼育動物や飼料などの発塵源がない状態で設定する．表 1.31 に挙げた無菌動物やノトバイオート動物，危険度の高い感染動物などのアイソレータ内での飼育の場合，アイソレータ内でクラス 100～10000 に維持される．一方，オープンラックでの飼育の場合は，建

表 1.35　実験動物施設の環境基準値[5]

環境要因＼動物種	マウス，ラット，ハムスター，モルモット	ウサギ，サル，ネコ，イヌ
温度	20～26℃	18～28℃
湿度	40～60%（30%以下 70%以上になってはならない）	
換気回数	10～15 回/h	
気流速度	13～18 cm/s	
気圧	50 Pa 高くする（SPF バリア区域）	
塵あい	150 Pa 高くする（アイソレータ）	
落下細菌	クラス 10000[*1]（動物を飼育していないバリア区域）	
臭気	3 個以下[*2]（動物を飼育していないバリア区域） 30 個以下（動物を飼育していない通常の区域）	
照明	アンモニア濃度で 20 ppm を超えない	
騒音	60 dB を超えない	

注　[*1]：米国航空宇宙局の分類によるクラス分け
　　[*2]：9 cm 径シャーレ 30 分開放（血液寒天 48 時間培養）

表 1.36　温　度　条　件　　　　　　　　　　　［℃］

動物種別	日本の基準[6]	ASHRAE[7]	GV-SOLAS[8]	OECD[9]	MRC[10]
マウス	20～26	18～26	20～24	19～25	17～21
ラット	20～26	18～26	20～24	19～25	17～21
ハムスター	20～26	18～26	20～24	19～25	17～21
モルモット	20～26	18～26	16～20	19～25	17～21
ウサギ	18～28	16～21	16～20	17～23	17～21
ネコ	18～28	18～29	28～24	－	17～21
イヌ	18～28	18～29	16～20	－	17～21
サル	18～28	18～29	20～24	－	17～21

表 1.37　湿　度　条　件　　　　　　　　　　　［℃］

動物種別	日本の基準[6]	ASHRAE[7]	GV-SOLAS[8]	OECD[9]	MRC[10]
マウス	40～60	40～70	50～60	30～70	40～70
ラット	40～60	40～70	50～60	30～70	40～70
ハムスター	40～60	40～70	50～60	30～70	40～70
モルモット	40～60	40～70	50～60	30～70	40～70
ウサギ	40～60	40～60	50～60	30～70	40～70
ネコ	40～60	30～70	50～60	－	40～70
イヌ	40～60	30～70	50～60	－	40～70
サル	40～60	30～70	50～60	－	40～70

築設備側で必要とされる清浄度を確保する必要があり，SPFでクラス10000～100000，コンベンショナルで100000以上とする例が多い．

換気回数は室内負荷のほか，清浄度，気流速度，臭気濃度および室内温度分布の均一性と関係する．一般的に10～15回/hを採用する例が多いが，省エネルギーの観点からこれを削減する種々の工夫が提案されている．

室圧は外界からの微生物の侵入を防ぐことか，室内で取り扱う危険な微生物を外界に漏洩させないことのいずれを主眼とするかで室を外界より正圧あるいは負圧とするかを決定する．この際，人や物の動線に沿ってサポート域を含めて室圧を決定する．臭気については，入室する管理者や研究者の作業環の観点で決定する．動物飼育室内での臭気は主にアンモニアに起因しているため，一般的にアンモニア濃度で規定されている．

・バイオハザード防止施設　バイオハザード防止施設では，表1.34に規定する物理的封じ込めの要件を満たすことがまず必要である．P/2以上のレベルでは安全キャビネット内で微生物を取り扱うため，安全キャビネット内の環境に影響を与える因子について検討する必要がある．

清浄度については，安全キャビネット内へは実験室内空気も吸引されるため，内容により実験室内もクラス100～10000とする場合が多い．

温湿度は主として実験者の快適のための設定となるが，これも安全キャビネット内の温湿度に影響を与えるため，取り扱い微生物によっては恒温恒湿が求められる．

② 空調システム

・実験動物施設　システム選定に際してはクロスコンタミネーション防止の観点が重要であり，循環式空調を採用する場合は再循環空気内の微生物管理が必要である．このことと循環による臭気濃度上昇を避けるため，全外気空調が多く用いられている．しかしながら，室内を恒温恒湿に保つためには一たん露点温度まで冷却したあと，室内負荷に応じて再熱する方式となることが多いため，エネルギー消費が多くなりがちである．そこで，排気を脱臭処理した上で再循環あるいは全熱交換器で熱回収したり，より少ない風量で良好な飼育環境が得られるよう，個別給排気方式や一方向気流方式（図1.33）などを採用する例もある．

室圧はダクト系に変風量装置を取り付けることなどによって制御する．積極的な空気の流通が許容される

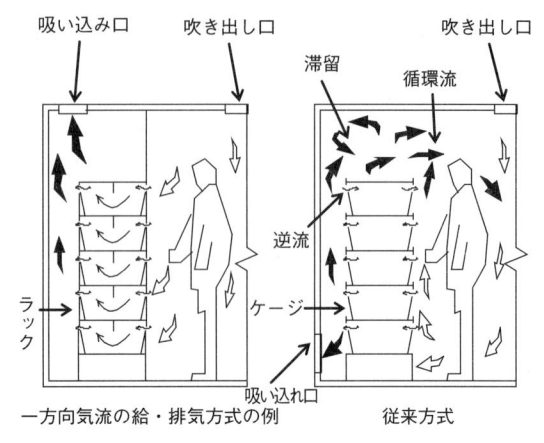

図1.33　室内気流の方式

場合は差圧ダンパーを使用すると簡便に差圧を設定できる．これら室圧設定を行う場合は空調風量が一定であることが重要であり，フィルターの経時変化による風量変化がおきないよう，送排風機をインバータ制御するなどの対応が必要になる．また施設からの排気は臭気を含むため，周囲の状況に応じて脱臭などの処理を行う．

実験動物施設は24時間稼働が基本であり，不慮の停止は実験の支障となる．このため機器類は複数台に分割してメンテナンスに備え，また電力やガスなどの供給停止時の対応についても検討が必要である．このほか，施設の滅菌単位を室ごと，一括などどのように設定するかによって，高気密ダンパーなどによるダクト系統の区分が必要になる．

・バイオハザード防止施設　封じ込めレベルと温湿度条件によってさまざまな空調システムの可能性があるが，天井カセット型機器などの気密性が必ずしも十分でないシステムは，P2レベル以上では採用に際し十分な検討が必要である．また，安全キャビネット内での微生物取り扱いが規定されている場合でも実験室内からの排気はHEPAフィルタ処理をする等，施設外への安全対策は十分検討する必要がある．

d. 性能試験と測定技術

クリーンルーム性能として評価すべき項目は，「清浄度に関するもの」「清浄度を維持するために必要な基本的要素」と「各種環境に関するもの」に分類できる．

① 空間清浄度に関する試験

・清浄度試験（空気中の浮遊微粒子濃度）

・表面付着粒子の計数

・清浄度の立上り，回復特性試験

- 空中細菌の測定（バイオロジカルクリーンルームの場合）
- 空気中微量ガス成分の捕集，分析

② 清浄度を維持するために必要な基本的要素の試験
- 風量確認試験
- 差圧設定確認試験
- 設置フィルタのリーク試験
- 気流状態（よどみ，気流の平行性など）の可視化，測定試験

③ 各種環境条件に関する試験
- 温度，湿度の測定
- 静電気状態の測定
- 微振動，騒音状態の測定試験

　一般には上にあげたすべての試験が必要となるわけではない．クリーンルームはさまざまな用途に用いられるのでその用途に合わせて評価対象とする項目を整理・分類して試験を行うべきである．

　試験を行う時期によっても各試験の重要性は違ってくる．クリーンルームの性能試験は一般的に次のように分類される．

- as-built：クリーンルーム竣工直後．生産装置，部材が搬入されていない．作業者が入室していない状態．
- at-rest：生産に必要な装置設置済み，配線，配管完了．生産装置は停止状態，作業員も入室していない．
- operational：所定人数の作業者が入室し，装置を稼働して生産を行っている状態．

　以下にクリーンルーム竣工時（as-built）に実施している測定項目とその手法の一例を以下に示す．

1) 室内清浄度測定

i) 目　的　　各室の清浄度が規定の値を確保していることを確認する．

ii) 測定機器
- パーティクルカウンタ
- 測定用台車（排気 HEPA フィルタ付）
- 測定用プローブ，スタンド
- クリーンチューブなど

iii) 測定条件
- 内装クリーンアップが完了していること
- フィルターリーク検査が完了していること
- FFU，空調機，外調機が運転状態
- 風量調整済みで規定の風量が出ていること

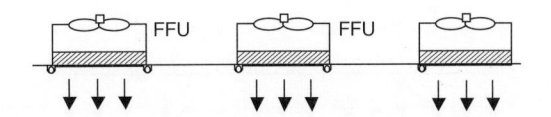

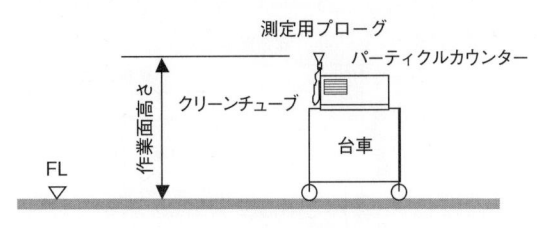

図 1.34 室内清浄度の測定

iv) 測定点
- 各室ごとに測定．

v) 測定方法
- 作業面高さ（FL＋900～1100 H 程度製造者側の確認必要）の位置にプローブを固定し，パーティクルカウンタで塵埃を測定する．
- 測定は1回につき1 cf/min の吸引量で1分間とし，各測定点で3～5回程度行い平均値を求める．

vi) 判定基準
- 各室とも測定値が各室条件の清浄度を満たしていること．

2) 気流速度および気流速度一様性の測定

i) 目　的
- 気流速度が規定の値を確保していることおよび気流速度の一様性を確認する．気流速度一様性とは気流の平均風速の空間的ばらつきの大きさ．
- 測定方法は一方向流と非一方向流の場合とではやや異なっている．

ii) 測定機器
- Tr 式微風速計
- 台車，プローブスタンドなど

iii) 測定条件
- FFU，外調機が運転状態にあること．

iv) 測定点

一方向流（層流，整流）の場合
- クリーンルーム内ダウンフローエリアの設定した測定点について計測
- 測定点1箇所当り3～5回測定し平均を集める．

非一方向流（乱流）の場合
- クリーンルーム FFU 全数について計測
- フィルター一枚当り3～5回測定し平均を集める

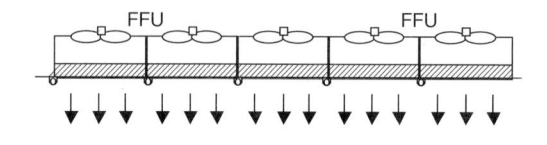

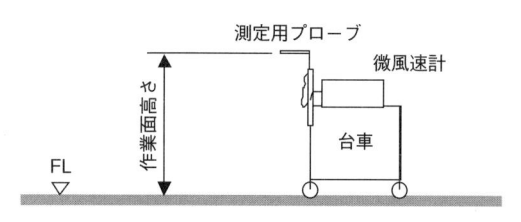

図1.35 気流速度の測定（1方向流）

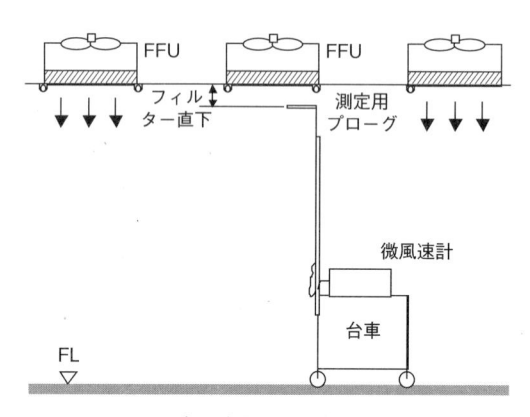

図1.36 気流速度の測定（非1方向流）

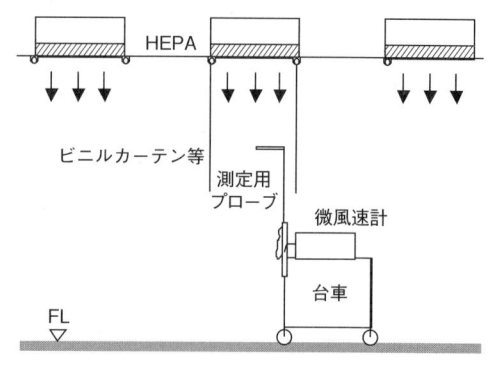

図1.37 風量測定（非1方向流）

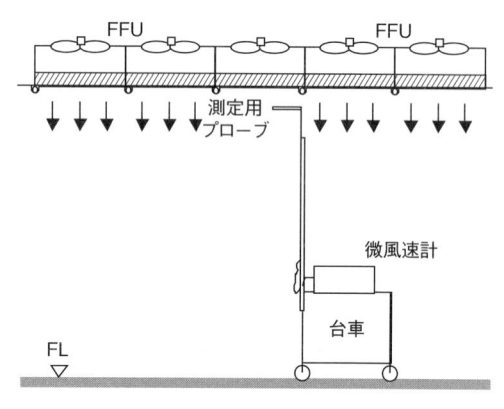

図1.38 風量測定（1方向流）

v) 測定方法　　一方向流（層流，整流）の場合
・対象測定エリアを3ヶ所より多い同一面積のグリッドセルに分割する．
・測定点は各グリッドセルの中央
・測定点（作業面高さFL＋900～1100 mm程度，フィルタ吹出し面より1000 mm以下の高さ）に微風速計を設置し，30秒放置して風速計読みを安定させる．
・各測定点で10秒以上の測定を3～5回行い，平均して風速を求める．
非一方向流（乱流）の場合
・FFU，HEPA，ULPAフィルタの吹出口の直下（フィルタ下200 mm程度）に微風速計を設置し，30秒放置して風速計読みを安定させる．
・各測定点で10秒以上の測定を3～5回行い，平均して風速を求める．
vi) 判定基準　　各室とも測定値の平均が各室条件の平均降下風速の許容値（±15～25％程度）以内であること

3) 風量測定
i) 目　的
・クリーンルームエリアの風量が規定の値を確保していることを確認する．
・測定方法は一方向流と非一方向流の場合とではやや異なっている．
ii) 測定機器
・Tr式微風速計
・台車，プローブスタンドなど
iii) 測定条件
・FFU，空調機，外調機が運転状態にあること．
iv) 測定点
・前項に同じ．
v) 測定方法　　一方向流（層流，整流）の場合
・前項「気流速度および気流速度一様性の測定結果」を用いて算出する．
・降下風速値とセル面積との積の合計値が風量
非一方向流（乱流）の場合
・FFU，HEPA，ULPAフィルタの吹出口の外側にビニルカーテンもしくは整流用ホッパを設置する．

・周囲空気と測定エリアを遮断して測定点の中央で風速を測定する．
・測定点（フィルタ吹出し面より1000 mm以下の高さ）に微風速計を設置し，30秒放置して風速計読みを安定させる．
・各測定点で10秒以上の測定を3〜5回行い，平均して風速を求め，フィルタ面積より風量を算出する．

vi) 判定基準　測定値より集計した各室の循環風量が各室条件の設計風量値の±15〜25％以内であること

4) **室間差圧測定**

i) 目的
・各対象室間の室間差圧が設計値を確保していることを確認する．

ii) 測定機器
・差圧計（マノメータ）などを使用する．

iii) 測定条件
・FFU，空調機，外調機が定格運転状態にあること．
・室内間仕切りなどの内装工事が全て完了しており，不要の開口などが無いこと．
・全てのドアが閉まっており，かつその他の開口部も閉じていること．
・生産装置搬入前，無人状態であること．

iv) 測定点
・あらかじめ室間差圧測定配置点を定め測定する．

v) 測定方法
・すべての扉を閉めた状態でクリーンルームと隣室間差圧，あるいはクリーンルームと大気間差圧を測定する．

vi) 判定基準
・各室とも基準値を満たしていること．
・低清浄度室に対しては陽圧であること．
・室圧が異なる部屋間に設置した扉などの開閉時に圧力の反転が無いこと．

5) **フィルタリーク測定**

i) 目的
・設置されたHEPA，ULPAフィルタの破損の有無を検査する．
・測定方法は一方向流の場合と非一方向流の場合ではやや異なっている．

ii) 測定機器
・パーティクルカウンタ
・測定用台車（排気HEPAフィルタ付）
・測定用プローブ，スタンド

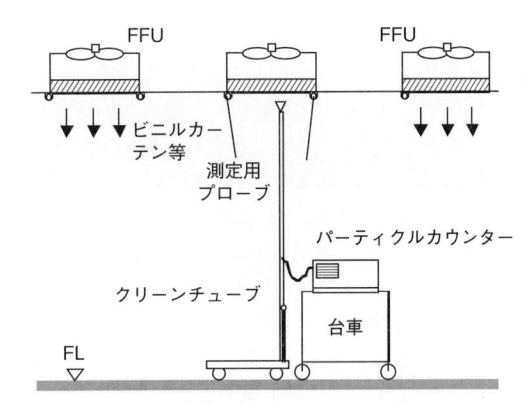

図1.39 フィルタリーク測定（非1方向流）

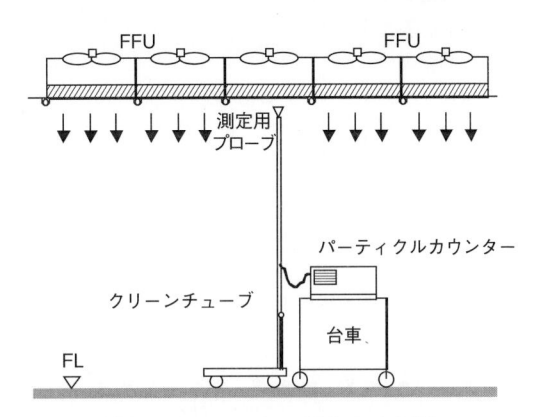

図1.40 フィルタリーク測定（1方向流）

・クリーンチューブ
・誘引防止用ビニルカーテン

iii) 測定条件
・内装，天井セル部のクリーンアップが完了していること．
・FFU，空調機，外調機が運転状態．
・風量調整済みで規定の風量が出ていること．
・生産装置搬入前，無人状態であること．

iv) 測定点
・クリーンルーム内設置フィルタ（HEPA．ULPA）全数について測定．

v) 測定方法　一方向流（層流，整流）の場合
・フィルタ直下（フィルタ表面より25〜100 mm程度）で測定用プローブを走査させながらパーティクルカウンタで塵あいを測定する．

非一方向流（乱流）の場合
・フィルタ周囲にビニルカーテンまたは整流用ホッパを取り付け，周囲の空気と測定空気を遮断した状態で塵あいを測定する．

vi) 判定基準
- 測定中パーティクルがカウントされた場合，その位置で10秒間以上静止して測定を行い，連続してパーティクルがカウントされる箇所をリークと判定する．（再現性の無い一時的なカウントは，測定器自体の電気ノイズあるいはサンプリングチューブや走査表面に付着していた塵あいによるもので，リークではないものと考える）．

6) 気流平行性測定

i) 目的
- 生産，作業エリアの垂直気流の流れ方を確認する．

ii) 測定機器
- 超音波3次元風速計

iii) 測定条件
- FFU，空調機，外調機が運転状態にあり，所定の風量がでていること．
- アクセスフロアのシャッター調整後であること．
- 生産装置搬入前，無人状態であること．

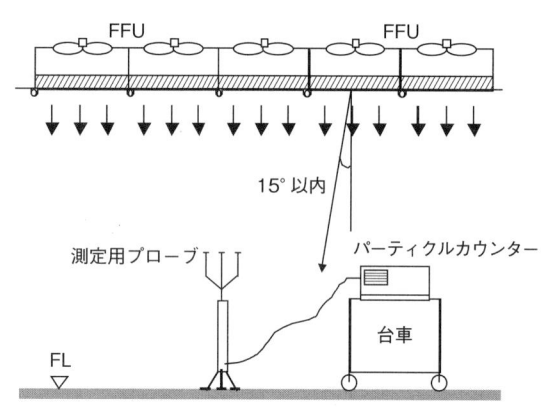

図1.41 気流平行性測定

iv) 測定点
- 各作業室，生産エリア，搬送エリアとし，奥行方向・幅方向の気流が確認できる位置で測定する．

v) 測定方法
- 3次元風速計のプローブを対象室内の測定ポイントに設置し，気流方向（斜流）の確認を行う．
- 測定高さ FL＋1100 H 程度
- 測定時間は1点30秒程度とする．

vi) 判定基準
- 垂直方向気流から15°以内を目標値とする．

7) 化学汚染物質の測定

化学汚染物質が問題となり，その対策を行った部屋，ゾーンごとに対象とする化学物質の測定を行う．

i) 目的
- 作業室，生産エリアの竣工直後における空気中化学汚染物質の成分分析を行う．
- 同時に外調機廻りの化学汚染物質についても測定する．

ii) 測定機器
- 分析装置　誘導結合プラズマ質量分析計
　　　　　　ガスクロマトグラフ質量分析計
　　　　　　イオンクロマトグラフ分析計など
- 捕集装置　インピンジャ（石英，ホウケイ酸ガラス，テフロン製など）による液体捕集
　　　　　　固体吸着剤（TENAX GR，活性炭など）による捕集
　　　　　　吸引ポンプ，積算流量計

iii) 測定点／分析項目例
- 外調機：出口，入口
　　　　　エアワッシャ，ケミカルフィルタ出口
- クリーンルーム内

表1.38 化学汚染物質の測定方法

分類	分析項目	サンプリング方法	分析装置
元素	ホウ素	インピンジャによる液体捕集	誘導結合プラズマ質量分析計
無機成分	リン酸イオン（PO_4）	インピンジャによる液体捕集	イオンクロマトグラフ
	硫黄酸化物（SOx）		
	窒素酸化物（NOx）		
	アンモニア（NH_3）		
	フッ酸イオン（F）		
	塩素イオン（Cl）		
有機成分	DOP	活性炭による固体捕集	ガスクロマトグラフ質量分析計
	DBP		
	環状シロキサン		
	揮発性有機化合物	TENAX GRによる固体捕集	ガスクロマトグラフ質量分析計

iv) 測定方法
・表1.38 参照　　　〔馬渕順三・田中昭司〕

文　献

1) 社団法人日本空気清浄協会編：クリーンルーム環境の計画と設計，オーム社，2001.
2) 社団法人日本空気清浄協会編：クリーンルーム環境の施工と維持管理，オーム社，2001.
3) ISPE：Baseline Pharmaceutical Engineering Guides for New and Renovated Facilities volume 1 Bulk Pharmaceutical Chemicals, 1996.
　12 研究・実験施設，オーム社，1991.
4) 空気調和・衛生工学会編：建築設備集成，12 研究・実験施設，オーム社，1991.
5) 日本建築学会編：ガイドライン実験動物施設の建築および設備，アドスリー，1996.
6) 実験動物施設基準委員会：ガイドライン-実験動物施設の建築および設備，清至書院，1983.
　12 研究・実験施設，オーム社，1991.
7) ASHRAE：ASHRAE Handbook, Applications, Chapter 7, 1995.
8) GV-SOLAS：Planning Structures and Construction of Animal Facilities for Institutes Performing Animal Experiments, 1980.
9) OECD：Guideline for Testing of Chemicals, 1980.
10) G. Clough and M. R. Gamble：Laboratory Animal Houses, A Guide to the Design and Planning of Animal Facilities, MRC, 1979.
11) クリーンテクノロジー，日本工業出版，2003年6月号.

1.8.3　自然換気計画事例
a.　自然換気計画の実際
1)　現代建築における自然換気の意義　　自然換気計画では，機械力を使わず風力や室内外の温度差で，部屋の空気が外気と入れ換わるように建築を計画する．そしてその目的は，室内の温湿度や空気環境全般を健全な状態に保つことである．

一方，オフィスをはじめとする今日の建物は，空調を設備することが一般的になったため，自然換気はほとんど計画されなくなった．空調が自然換気にとってかわるようになったとも言える．駅舎やコンコースなどの交通施設，学校や体育館などの教育施設，あるいは住宅など，従来は自然換気が中心であった施設にも空調が普及し，今や人が利用するほとんどすべての建築空間は，空調設備によって室内環境を維持しているといっても過言でない．

しかし 1990 年代に入り，地球環境問題を背景に省エネルギー建築の推進が時代の要請になると，自然採光と並んで自然換気が再び注目されるようになった．これは 20 世紀後半，空調によって室内空間を人工環境化してきた建築のあり方を見直し，21 世紀に向けた省エネルギー建築を模索する動きともいえる．

したがって空調設備を備えた建築の自然換気は，「自然エネルギーによる室内環境の維持」というより，そのことによる「省エネルギー」とこの結果得られる「光熱費の削減」が主たる役割である．例えば季節の良い春・秋は空調を止め窓や換気口を開ける，あるいは夏でも少人数が夜間に残業するときは自然換気で暑さをしのぐなどである．また，地震などの災害で空調設備が機能不全に陥ったときに建物の換気機能を確保する，あるいは一日中一定の空調環境に置かれた執務者が，リフレッシュのため外気に直接触れる，といったような付加価値も役割の一部といえる．

2)　自然換気の課題と技術要素　　空調がある建物の自然換気計画は，空調との併用において「省エネルギー」と「光熱費の削減」を達成することが目的であるから，空調と自然換気の具体的な使い分けに焦点を当てた検討が最も重要ある．空調は安定した人工環境を提供するが，自然換気は温湿度も気流も変化しやすい．利用者は空調環境に慣れているので，快適性にある程度配慮した計画をしないと，自然換気が十分利用されない．また，風雨や防犯など日常管理の観点から，窓や換気口の構造・制御を考えることも重要である．省エネルギー効果に加え，快適性や管理性に代表される運用条件を十分検討した上で，できるだけ長い期間，自然換気を利用できる建築・設備システムを構築することが大切である．

他方，空調があっても官庁や一部の民間建築のように，空調時間や期間が決められている場合は，換気口の構造や制御も比較的簡素な計画で済む．しかし多くの業務用施設は，実質的に一年中いつでも空調できるため，自然換気を積極的に運用するにはさまざまな工夫が必要になる．以下に主要な技術要素を示す．

(1)　基本コンセプト
　　（導入目的と内容・利用方法・換気駆動力）
(2)　換気ルートの構成要素
　　（外気取入口・室内への経路・室内吹出口・室内排気口・外部への経路・排気口）
(3)　管理・運用への配慮
　　（操作性・安全性・風雨対策・室内気流への配慮・主要な保守部分・意匠面の配慮・外部騒音の配慮）
(4)　制御方法
　　（遠隔制御・空調切換・夜間換気制御・換気量制御）
(5)　予測・実測データ
　　（予測シミュレーション・実測データ）

各項目の具体策は，建築設計や運用方法に深く関連していて，考え方は同じでもプロジェクトによってさ

まざまな解決がありうる．また成功している事例は，設計から現場製作に至るプロセスで，解析・試作を含む検討や施設管理者とのコミュニケーションを入念に行っているものが多い．そこで本節では，主としてこうしたプロセスが学会などの発表で明らかな6事例について計画の特徴を中心に紹介し，概要を表1.39にまとめた．なお空調設備のある業務用多層建築の自然換気を主題としたため，体育館・スポーツ施設などの大空間や住宅の自然換気については省いている．

b. 事例紹介

1) 中庭を利用した自然換気・新潟県庁（1985・新潟県）　従来，空調が普及していなかった時代の大規模建築は，中庭を設けて自然採光と自然換気のしやすい建築計画とすることが一般的であった．しかし空調の普及に伴って奥行きが深く窓の小さい建築が増加すると，大規模なオフィスを中心に通年空調の傾向が強まった．これは庁舎建築でも同様である．庁舎は冷房を夏の昼に限り，春・秋は自然換気で運用するため，中間期や執務時間外の快適性は自然換気性能に大きく依存する．

新潟県庁は，冷房期間の短い地域の特色を生かすため，庁舎中央に巨大な光庭を設け自然換気・自然採光が容易な建物とした（図1.42）．地上18階，最高高さ87mの行政庁舎の中央に平面16m×16m，高さ42mの光庭を設け，さまざまな予測シミュレーションと換気流路の計画を入念に行い，実測によって計画の有効性を評価している．

換気ルートは，外壁に面した事務室の窓から流入した外気が欄間を通って廊下に抜け，光庭に排気される設定であるがその逆もある．光庭を設けた建物は，外部風の風向，風速にあまり左右されず一定量以上の換気量が得られるメリットがあるが，これを換気回路網シミュレーションで確認している．また事務室窓の形状は風の強弱に細かく対応できるよう横軸2段の内倒し窓となっている（図1.43）．これは執務域の風速を小さく抑えながらも，天井近くの風速を比較的大きくして換気量を確保し，照明などの熱負荷を有効に取り除くことを意図した工夫である．室内と光庭内部の数値気流計算と実測を実施して，その効果を確かめている（図1.44）．空調エネルギー上の自然換気による省エネルギー効果は17%と予測されているが，実績上は一年のうち，約6ヶ月が自然換気利用でまかなわれており，優れた計画ということができる．

2) アトリウムを利用した自然換気・松下電器産業情報通信システムセンター（1992・東京都）　光庭（中庭）は，周囲を建物に囲まれ風や日射の影響がおよびにくい外部空間であるが，この空間にガラス屋根をかけて屋内化したのがアトリウムの原型である．建物内部を垂直に結ぶアトリウム空間は，単調で無機的な事務所ビルにアメニティーをもたらす効果があるため，

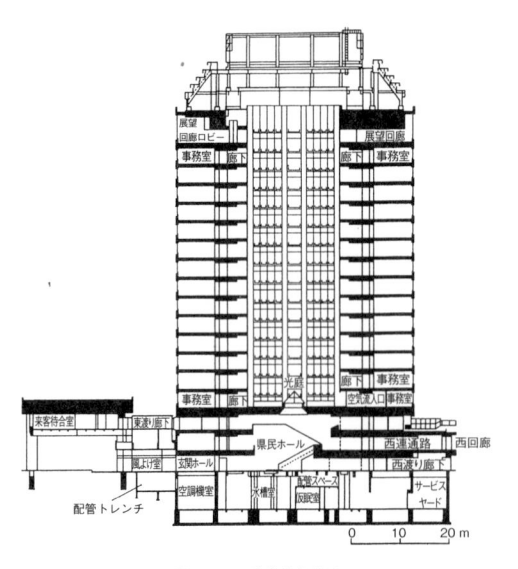

図1.42　建物断面図

図1.43　事務室の上下2段横軸回転窓

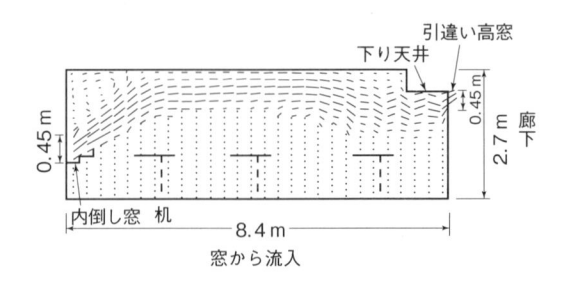

図1.44　自然換気時の室内気流分布シミュレーション

1.8 換気計画

表1.39 自然換気が計画された多層建築の事例

主要な技術要素	項目	新潟県庁行政庁舎	松下電器産業情報通信システムセンター	東京ガス港北NTビル	明治大学リバティタワー	大日本印刷C&Iビル	神戸関電ビルディング
建物概要	建物用途	県庁舎	情報通信研究所	事務所	大学施設	事務所	事務所
	竣工年・建設地	1985年・新潟県	1992年・東京都	1996年・神奈川県	2000年・東京都	1998年・東京都	2000年・兵庫県
	建物規模	延床面積 45499 m² 地下1階・地上18階	延床面積 43926 m² 地下1階・地上9階	延床面積 5645 m² 地上4階	延床面積 75422 m² 地下3階・地上23階	延床面積 16567 m² 地下2階・地上10階	延床面積 33295 m² 地下2階・地上19階
①基本コンセプト	導入目的	空調停止時の室内環境緩和・省エネルギー・災害時の安全性・信頼性確保	省エネルギー・建物内への自然感の創造(アメニティー)	省エネルギー	省エネルギー	省エネルギー	省エネルギー・震災時の安全性/信頼性確保
	導入内容	空調停止時(中間期・休日・早朝・夜間など)の窓開閉による自然換気	ナイトパージと内部負荷の小さいゾーンの自然換気	換気窓の自動開閉・空調機の連動停止による年間自然換気	ナイトパージと自然換気状態で空調機を運転する自然換気併用空調	ナイトパージと自然換気・外気冷房・通常空調の自動切換による自然利用空調	ナイトパージと自然換気・外気冷房・通常空調の自動切換による自然利用空調
	利用方法	利用者が窓を開閉	中央監視盤からの手動遠隔操作	許可操作とセンサーによる自動運転	許可操作とセンサーによる自動運転	許可操作とセンサーによる自動運転	許可操作とセンサーによる自動運転
	換気駆動力	光庭頂部の負圧発生による建物外周窓と光庭窓との差圧/風力及び温度差換気	アトリウム頂部熱溜まり空間の温度上昇を含む内外温度差による差圧/温度差換気	南側換気窓とアトリウム頂部排気口との差圧/風力及び温度差換気	外壁換気窓口と風穴階排気口との差圧/風力及び温度差換気	外壁換気口と通風タワー頂部の排気ガラリ/主として温度差換気	外壁換気口と無線鉄塔頂部の排気口/主として温度差換気
②換気ルートの構成要素	外気取入口	建物外周部の横軸回転・内倒し2段窓	外壁面・各階窓下部の専用換気口	南側換気窓(排煙・自然採光兼用)と北側アトリウム下部の換気口	外壁面・各階窓下部の専用換気口	外壁面・各階窓軒下の専用換気スリット	外壁面・各階4隅の専用換気口
	室内への経路	窓からの直接流入	窓台カバー内部のダンパを経て,フリーアクセスフロア内へ導入	事務所へは南側・内倒し高窓から直接流入	ペリメータカバー内を経て,室内へ導入	専用ダクト・ダンパを経てフリーアクセスフロア内へ導入	各階の外気導入用トレンチを経てフリーアクセスフロア内へ導入
	室内吹出口	窓からの直接流入	ファン付き床吹き出し口	同上	ペリメータカバー下部のスリット開口	ファン付き床吹き出し口	自然換気専用の床吹き出し口(ファンなし)
	室内排気口	事務室/廊下間の欄間引き違い窓	直接アトリウムへ流出(各階事務室とアトリウムとが一体空間)	事務室とアトリウム間の間仕切り欄間開口(各階事務室とアトリウムとが一体空間)	天井面の空調リタン開口→天井チャンバ内→パスダクト→廊下	事務室に面した排気ガラリ	天井面の空調リタン開口
	外部への経路	光庭周囲の廊下	アトリウム	アトリウム	1階から17階はエスカレータ縦穴開口,19階以上は自然換気用縦穴シャフト	設備シャフトの各階床スラブを開口とした通風タワー	天井チャンバ内→縦シャフト→無線鉄塔
	排気口	光庭に面する外倒し窓	アトリウム頂部排気口	階段室頂部及びアトリウム頂部の排気口	18階風穴階の排気口,23階屋上排気口	通風タワー頂部の排気ガラリ	無線鉄塔頂部の排気口
③管理・運用への配慮	操作性	通常の窓と同様	遠隔操作でフロア毎一括.現地操作はできない.開閉判断はセンサーによる自動	遠隔操作でフロア毎一括.現地操作あり.開閉判断はセンサーによる自動	遠隔操作でフロア毎一括.現地操作はできない.開閉判断はセンサーによる自動	遠隔操作でフロア毎一括.現地操作はできない.開閉判断はセンサーによる自動	遠隔操作でフロア毎一括.現地操作はできない.開閉判断はセンサーによる自動
	安全性	通常の窓と同様	開閉状態は目視できない.	通常の高窓と同じ.開閉状態を目視できる.	開閉状態を目視できない.	排煙・換気兼用の高窓は目視できる.	開閉状態を目視できない.
	風雨対策	通常の窓と同様	センサーで自動閉鎖	センサーで自動閉鎖	センサーで自動閉鎖	センサーで自動閉鎖	センサーで自動閉鎖
	室内気流への配慮	建物外周・事務室側窓は横軸回転・内倒し2段構成.風の強弱と気流分布に配慮	通常の空調吹出しと同じ	室内気流に配慮して高窓・内倒しとした	窓台カバーパネルの床近くのスリット開口から流入	通常の空調吹出しと同じ	自然換気専用の床吹出し口
	主要な保守部分	通常の窓と同様	窓台カバー内部のダンパ	高窓開閉用のチェーン式電動オペレータ	窓台カバー内部のダンパ	外壁スリット専用ダクトのダンパ・排気シャフト接続部ダンパ	外壁面・各階4隅の専用換気口ダンパ・フィルター・排気シャフト接続部ダンパ
	意匠面の配慮	通常の窓と同様	外壁窓下部の換気口ガラリ部分	電動オペレータを窓上部ボックスに収納	外壁窓下部の換気口・窓台カバー	外壁面・各階窓軒下の専用換気スリット	無線塔の通風シャフト化
	外部騒音への配慮	通常の窓と同様	窓台カバー・床下フリーアクセス空間の消音効果	通常の窓と同様	窓台カバーの消音効果	専用ダクト・フリーアクセス空間の消音効果	床下フリーアクセス空間の消音効果
④制御方法	遠隔制御	手動	中央監視盤の手動(ナイトパージ判断は自動)	自動および現地手動	自動	自動(各階排煙・換気用高窓は手動)	自動
	空調との切換	中央監視盤の手動	中央監視盤の手動(ナイトパージ判断は自動)	自動	自動(ナイトパージ・自然換気・外気冷房切り替え)	自動(ナイトパージ・自然換気・外気冷房切り替え)	自動(ナイトパージ・自然換気・外気冷房切り替え)
	夜間換気制御	なし	主要機能.フロア毎に自動制御	あり	あり	あり	あり
	換気量制御	2段窓の使い分けおよび開度を手動調整	なし	なし	なし	なし	外気取り入れ部のダンパを室内温度で比例制御
⑤予測・実測データ	予測シミュレーション	換気回路網解析・光庭内気流分布解析・室内気流分布解析	換気回路網解析	室内外気流分布解析	風穴階気流分布解析・換気回路網解析・年間空調エネルギー解析	室内外気流分布解析	室内外気流分布解析
	主要実測データ	詳細実測あり.年間6ヶ月の自然換気でまかなう.	詳細実測あり.自然換気量0.5〜3.5回/時	詳細実測あり.自然換気中の室内温度は外気温+2〜3℃.	詳細実測あり.換気口開閉時間年間1000〜1200時間	詳細実測あり.ナイトパージ2.3〜3回/時・昼間自然換気2.8〜3.3回/時	詳細実測あり.昼間自然換気5回/時(温度差12℃)

1980年頃から大規模オフィスを中心にさかんに用いられるようになった．

松下電器産業情報通信システムセンターは，アトリウムと各階オフィスを一体空間とし，アトリウムを自然換気ルートに利用する計画とした（図1.45）．オフィスとアトリウム大空間を間仕切り無しでつなぐため，防災・空調計画両面からさまざまな技術的検討が行われた．

換気計画の特徴は，昼間の利用だけでなくナイトパージと呼ぶ夜間の自然換気によって，建物躯体を冷却することが意図されたことである．これはOA機器発熱が $100\,VA/m^2$ と非常に大きく，空調停止後も建築躯体の蓄熱で室温が30℃以上に上昇するため，夏の28℃程度の外気でも換気で室内を冷却する効果があることから採用された．

各階の窓下の自然換気口から取り入れた外気は，フリーアクセス床下空間からファン付吹出し口を介して室内に入り，その後アトリウム頂部から屋外に排気される（図1.46）．窓下の換気口には遠隔開閉ダンパーを取り付け，アトリウム頂部の自然換気窓と連動して開閉する．外気は窓台カバーから床下を経て室内に入るため，外部騒音に対して一定の消音効果もつ．

ナイトパージ実測日の自然換気量は0.5〜3.5回/h，最大冷房負荷1時間分に相当する躯体冷却を一晩で行われた実測結果が報告されている（図1.47）．床吹出し空調がまだ少ない時期の建物でもあり，自然換気は竣工後約1年をかけ，効果を確認しながら運用が進められた．自然換気単独の効果は明確でないが，竣工2年目には前年より15〜20％のエネルギー消費量削減を達成している．

3) 自動開閉制御を用いた自然換気・東京ガス港北NTビル（1996：神奈川県）　ふつう一般建築の窓は人の手で開閉するもので，機械力を用いて自動開閉するということはあまり考えない．しかし自然換気の最大活用を考えていくと，たとえば空調しながら窓を開けてしまう無駄を防ぐ，あるいは自然換気が有効な時間に空調してしまう見落としを無くす，といったきめ細かな運用が重要になる．

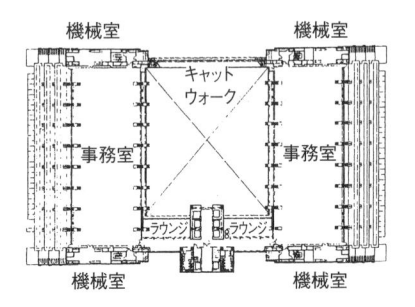

図1.45　建物断面図・平面図

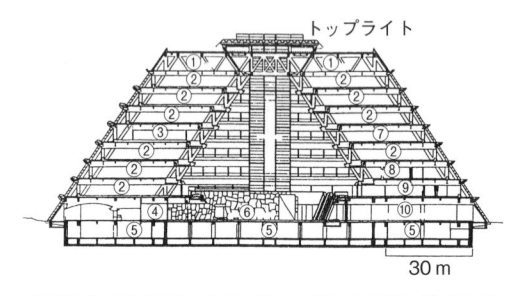

①機械室　②事務室　③コンピュータ室　④厨房　⑤駐車場
⑥エントランスホール　⑦システム工房　⑧スタッフルーム
⑨大会議室　⑩AVCCシステムズスクエア

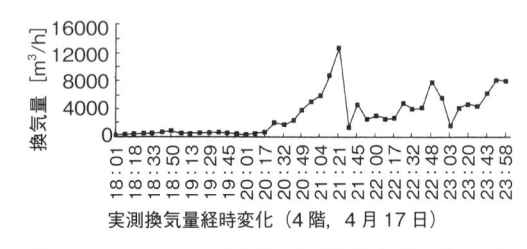

図1.47　ナイトパージ換気量の実測結果（4階4月17日）

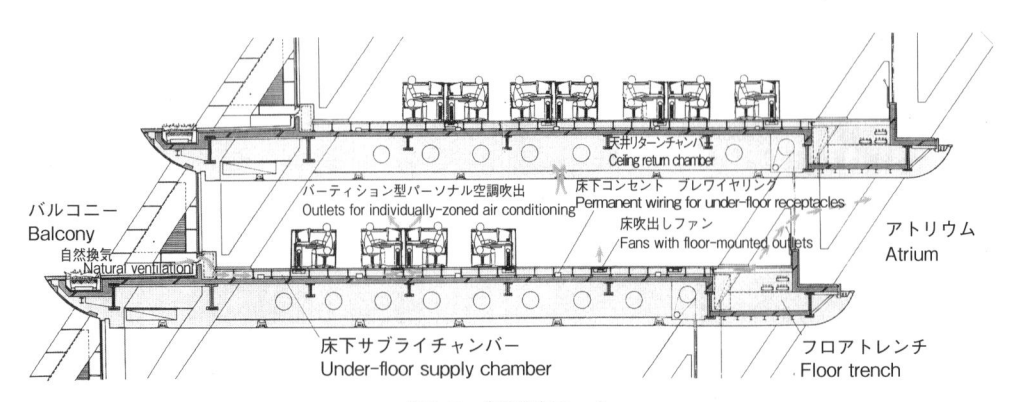

図1.46　自然換気ルート

図 1.48　自動開閉する換気窓

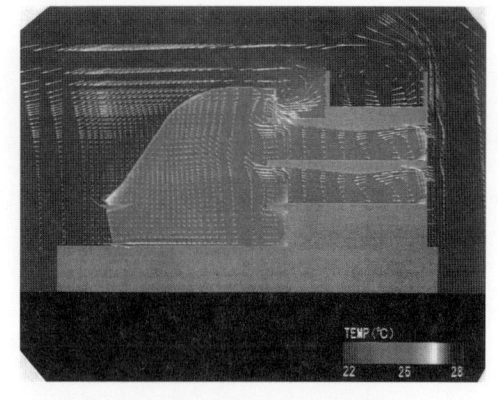

図 1.50　気流シミュレーション

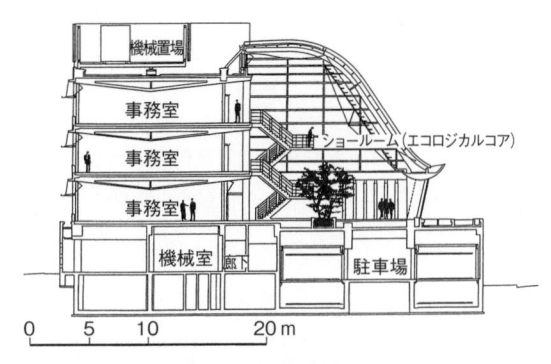

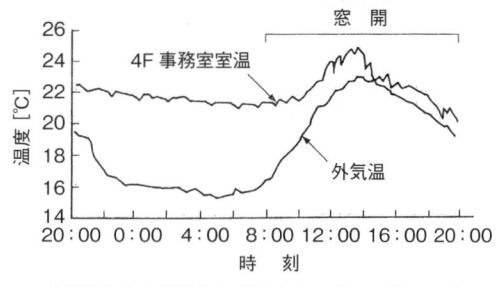

図 1.49　建物断面図

自然換気中の事務室室温（1996 年 10 月 13 日）
図 1.51　自然換気中の事務室室温（1996 年 10 月 13 日）

東京ガス港北 NT ビルでは，こうした目的から外気と室内温湿度の状態を常に監視し，空調発停と窓開閉の連動・降雨や強風時に窓を閉じる非常回避動作などを組み込んだ「窓と空調の自動制御」を行った（図 1.48）．

建物の北側はアトリウムで，基本的な換気ルートは，各階南側のライトシェルフ上部窓から流入した外気が，オフィスを通りアトリウム上部から排気する（図 1.49）．換気効果を高めるため，階段をすべてグレーチング床として頂部に自動開閉の換気口を設け，階段室を縦の通風経路とした．効果確認に気流数値計算を用い（図 1.50），実測結果による自然換気効果は 10 月 1 ヶ月で約 38 MJ/m^2 年（9 Mcal/m^2 年）となった．自然換気期間中の事務室の温度変化は，おおむね外気温＋2〜3℃程度となっている（図 1.51）．

4) 風穴を用いた自然換気・明治大学リバティータワー（1998・東京都）　これまで紹介した 3 例はいずれも中庭やアトリウムが建物の中央にあり，この空間が上下方向の自然換気ルートとなっていた．しかし細長い超高層建築ではかならずしもこうした空間をも

つことはできない．

明治大学リバティータワーは，学生の移動のため 1 階から 17 階まで設置されたエスカレータを自然換気の縦穴ルートに利用し，18 階に「風穴」と呼ぶビル中央を貫く開口部から排気する計画とした．19 階以上は，換気シャフトをワンフロアに 2 カ所設け上下の換気ルートとした（図 1.52）．計画に当たって① CFD 解析による風穴階の流れ② 換気回路網モデル解析による換気量③ 空調・熱源消費エネルギーの自然換気による削減効果などが検討された．

各階換気口は窓の下にあり，外気は窓台カバーの中を通り床近くの開口から室内に流入する．その後天井内のパスダクトから廊下に排出され，エスカレータの縦穴を経て 18 階風穴から排気される（図 1.53）．換気口は室内・外気温湿度センサ，降雨センサ，外部風速センサの情報に基づき自動開閉制御される．自然換気は昼間だけでなくナイトパージ運転もされる．

制御上の特徴は，空調と自然換気を「切り替え」て使うのではなく，自然換気をしながら不足分を空調機で補う方式（ハイブリッド空調）としている．したがって空調機は全外気運転も可能なシステムである．

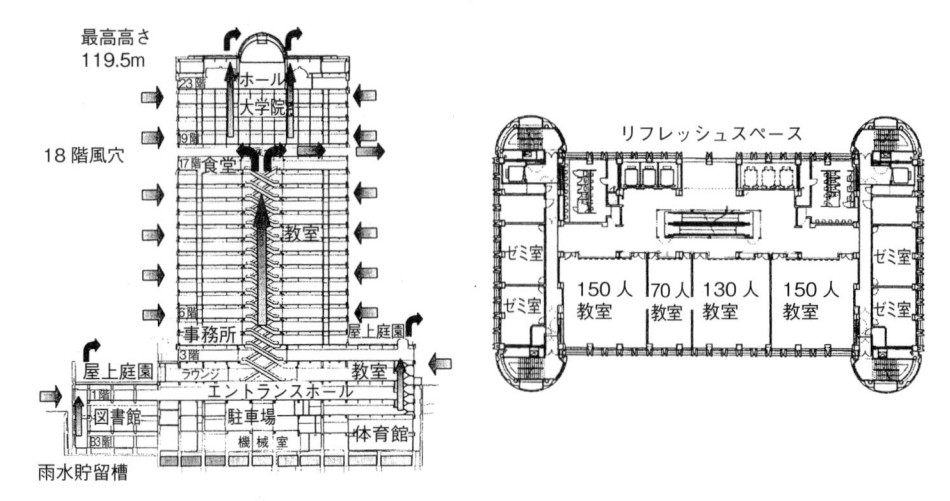

図 1.52 建物断面図・平面図

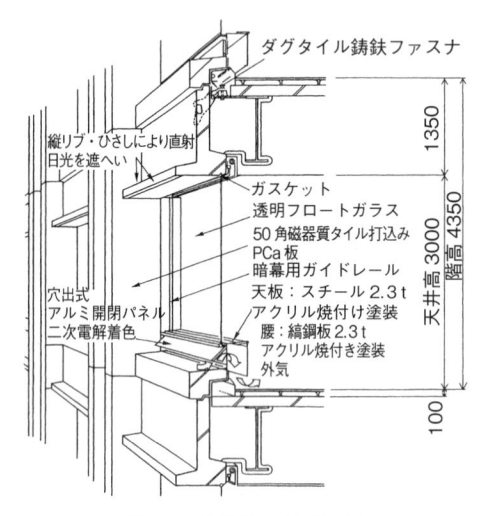

図 1.53 基準階窓周り詳細図

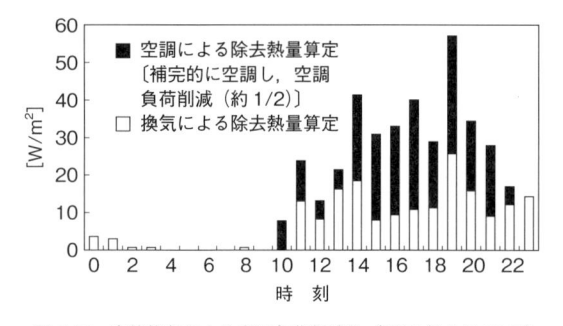

図 1.54 自然換気による空調負荷削減量（1999年5月18日）

自然換気口の年間利用時間は17階以下の教室で年間1000～1200時間，19階以上の大学院で800時間あり，負荷密度の高い17階以下の教室で換気口の開く時間が多い．中間期の代表的な運転状況（外気温15～22℃）で，自然換気と空調機を併用した運用が行われている（図1.54）．

5） 通風シャフトを利用した自然換気・大日本印刷C&Iビル（1998・東京都） この建物は地上10階・最高高さ40mの中規模オフィスであるが，前例と同じくアトリウムのような上下方向の換気ルートがない．そこで縦穴区画した設備シャフトの床をなくして通風タワーをつくり，煙突効果による自然換気を計画した（図1.55）．予測は①CFD数値解析②多数室非定常伝熱換気解析が用いられた．

外気は各窓の軒下にあるスリット開口部から上部階のフリーアクセス空間に入り，床吹出し口を経て室内に流れる．排気は室内に面したガラリから通風タワー（設備シャフト）を経て屋上から排気される（図1.56, 1.57）．ファン付床吹出し口は，自然換気やナイトパージの時は，風量を絞って運転する．前例と同じ床吹出し空調のため，ナイトパージの時に床スラブへの蓄冷効果を期待できる．夜間床スラブが冷却されると翌日の空調立ち上がり負荷が軽減する．

制御方法は空調と切り替えで，自然換気＞空調機外気冷房＞冷水冷房，の順で運転モードが移行する．ナイトパージも外気と室内の比較で自動制御される．

実測換気量はナイトパージで2.3～3.0回/h（内外温度差7.1～8.3℃），昼間の自然換気で2.8～3.3回/h（内外温度差4.4～7.9℃）であり，また中間期代表日の熱源に対する外気利用によるエネルギー削減効果は79％と報告されている（図1.58）．同日のナイトパージによるスラブの蓄冷量は6点の計測スラブ温度から算出されており，一晩で259.1 kJ/m²，オフィスフロアの内部発熱95 kJ/m²の2.7時間分に相当するとし

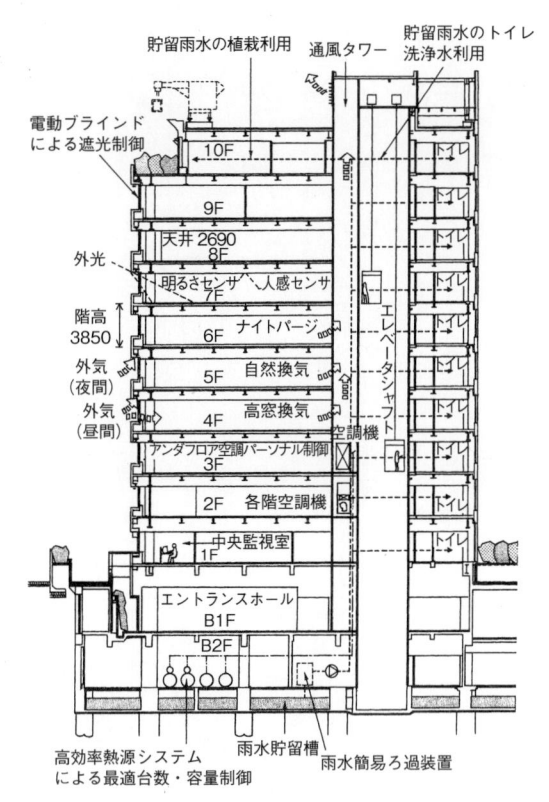

図1.55 建物断面図

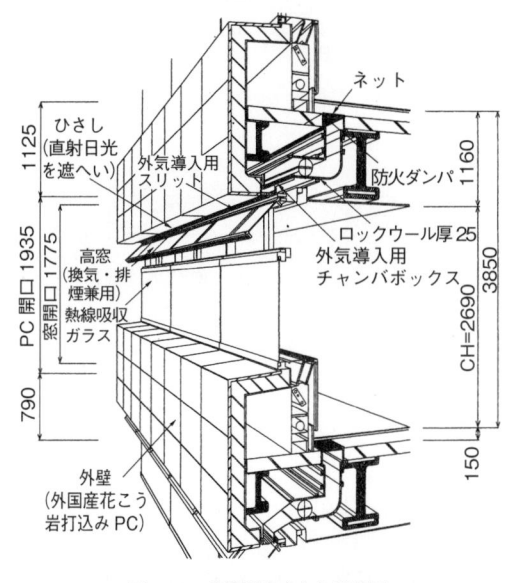

図1.56 基準階窓まわり詳細図

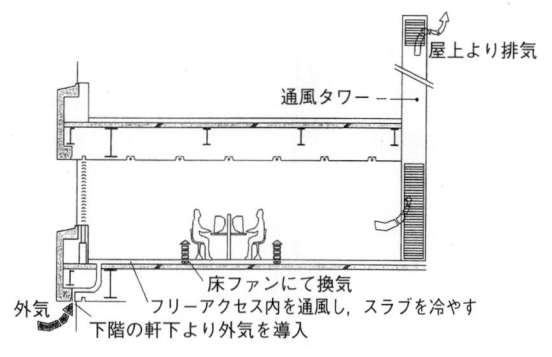

図1.57 自然換気ルート

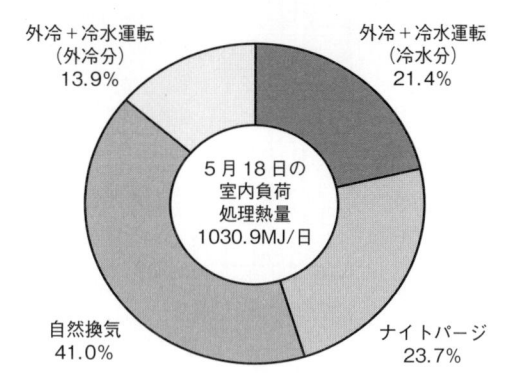

図1.58 外気利用による処理熱量の内訳（1999年5月18日）

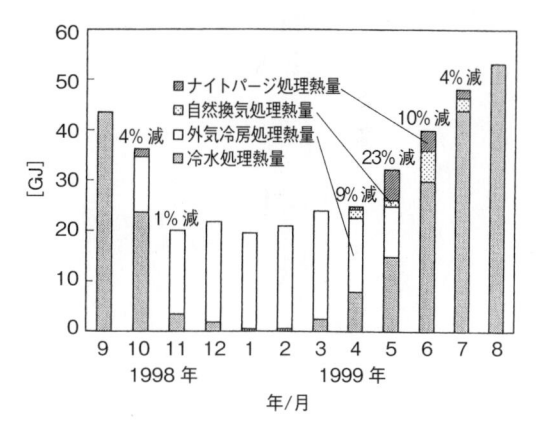

図1.59 ナイトパージ・自然換気の年間効果

ている．こうした運転実績から，自然換気とナイトパージの年間省エネルギー効果は，年間空調エネルギーの10%程度，またこれに中間期・冬期の外気冷房効果を含めると年間で42%となることが推定されている（図1.59）．

6）通風鉄塔を利用した自然換気・神戸関電ビル
（2000：兵庫県）　建築に必要な機能を自然エネルギー利用にうまく兼用することは，省エネルギー建築の基本である．神戸関電ビルは六甲山系の摩耶山と交信するパラボラアンテナが必要なため，地上95mの建物頂部に建物とほぼ同じ高さの無線鉄塔が建つ．無線鉄塔を景観対策を兼ねた外装で覆うことによって，

1. 換気設備計画

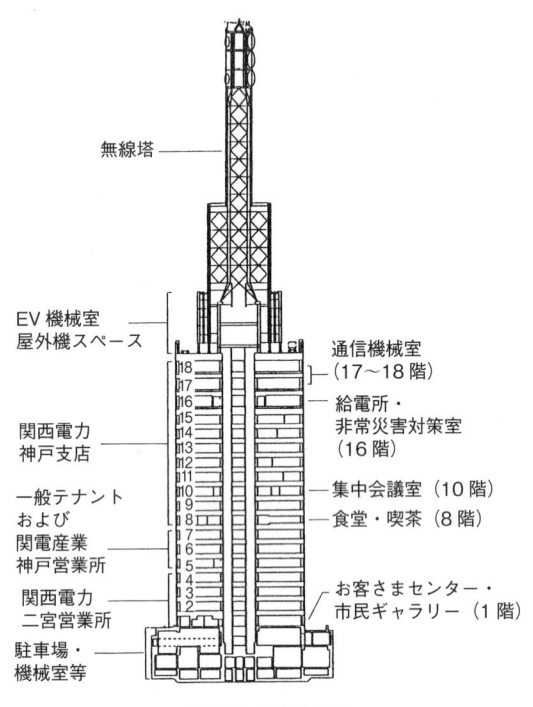

図1.60 建物断面図

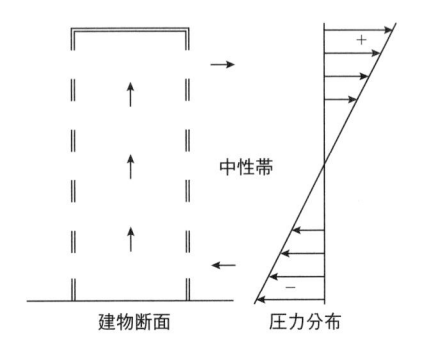

建物断面図ラベル:
- 無線塔
- EV機械室 屋外機スペース
- 関西電力神戸支店
- 一般テナントおよび関電産業神戸営業所
- 関西電力二宮営業所
- 駐車場・機械室等
- 通信機械室（17～18階）
- 給電所・非常災害対策室（16階）
- 集中会議室（10階）
- 食堂・喫茶（8階）
- お客さまセンター・市民ギャラリー（1階）

図1.61a 無線鉄塔がない場合の圧力分布

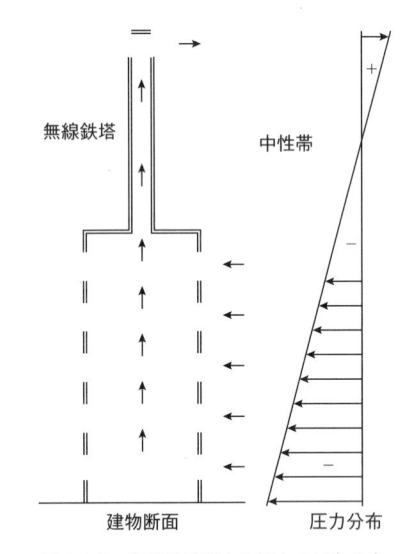

図1.61b 無線鉄塔がある場合の圧力分布

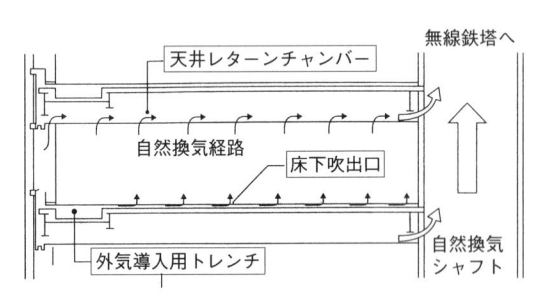

図1.62 自然換気ルート
- 天井レターンチャンバー
- 自然換気経路
- 床下吹出口
- 外気導入用トレンチ
- 自然換気シャフト
- 無線鉄塔へ

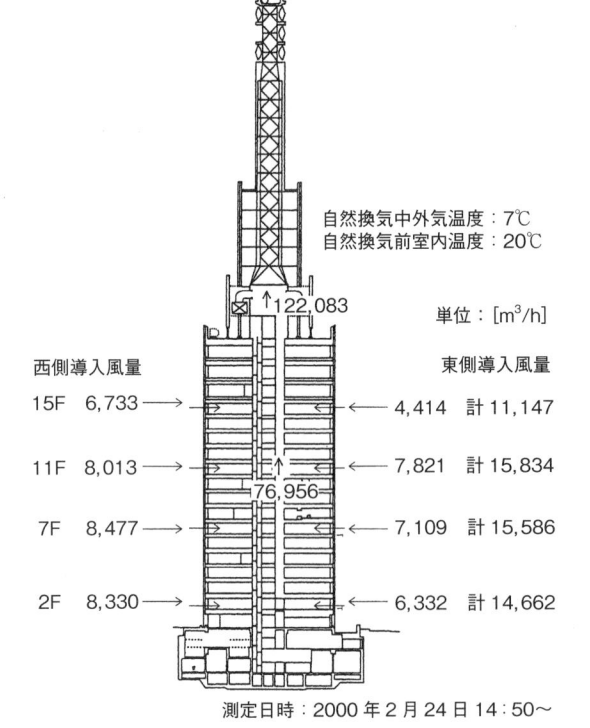

図1.63 実側による自然換気量

自然換気中外気温度：7℃
自然換気前室内温度：20℃
単位：[m³/h]

↑122,083
76,956

階	西側導入風量	東側導入風量	計
15F	6,733 →	← 4,414	計 11,147
11F	8,013 →	← 7,821	計 15,834
7F	8,477 →	← 7,109	計 15,586
2F	8,330 →	← 6,332	計 14,662

測定日時：2000年2月24日 14：50～

煙突状の換気シャフトをつくり自然換気装置としている（図1.60）.

多層建築の頂部に煙突状の換気シャフトがあると，理想的な換気ルートが構成できる．通常，高層建築に自然換気を計画すると，開口部に圧力差の無い中性帯が建物中央部に生じ，これより上の階は室内から外に風が流れる力が働くため自然換気ができない（図1.61a）．ところが無線鉄塔ができると中性帯が上へ移

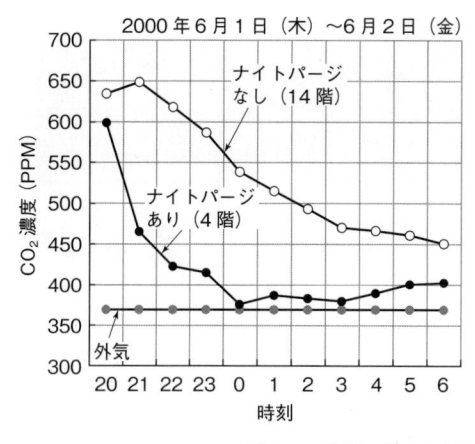

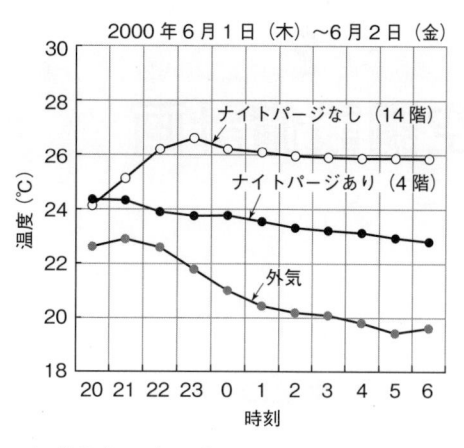

図 1.64 実測によるナイトパージの効果（2000 年 6 月）

動し，建物はすべて外部から空気が流入する圧力が働くようになる（図1.61b）．これによって建物全体の自然換気が可能になる．

建物の4隅に外気導入口（各階合計約 $4m^2$）から入った外気は，床下トレンチから床吹出し口を経て室内に至り，その後天井内を通って建物コアの換気シャフト（3箇所）に流入，最上階のチャンバーで合流後，無線鉄塔頂部から流出する（図1.62）．

計算換気量は内外温度差12℃において5回/hであり，竣工後の測定でもほぼ同様の結果が得られている（図1.63）．炭酸ガス濃度の計測でナイトパージ効果を確認している（図1.64）．特筆すべき点は，各階の自然換気量の制御対策にある．自然換気量は排気口からの距離Hが大きいほど大きくなるから（図1.61b），外気温が低い時期は低層階ほど室温が下がりすぎる恐れがある．そこで外気温湿度による判断に加えて室温によりダンパー制御を行い，換気量を制御している．これによって自然換気の運用期間を長くすることができる．その他，風雨時の強制閉鎖，冬期に無線鉄塔への空気流路をシャッターで遮断する対策，各階の外気導入部のダンパーを高気密型とするなどが行われている．

〔大高一博〕

文　献

1) 牧村　功・近藤靖史：新潟県庁舎の空気調和設備，空気調和・衛生工学，**61**(12)，1987.
2) 松縄　堅・飯塚　宏・田辺新一・近藤靖史・青木新吾・北原勇美・村上俊博：松下電器産業株式会社情報通信システムセンターの空気調和設備，空気調和・衛生工学，**69**(12)，1995.
3) 中村昌行・柴田　理・野原文男・高辻　量・斉藤英弥：東京ガス港北NTビル（アースポート）空気調和・衛生工学，**72**(11)，1998.
4) 伊香賀俊治・中村准二・近本智行・目黒弘幸・三坂育正・江崎晃：明治大学リバティタワーの空気調和・衛生設備，空気調和・衛生工学，**75**(11)，2001.
5) 高井啓明・迫博司・半沢久・三坂育成：大日本印刷C&Iビルの環境・設備計画と実施　空気調和・衛生工学，**74**(11)，2000.
6) 丹羽英治・栗山知広・土山勝禎・天川章史：神戸関電ビルディング　建築設備士，2000.

2 空調設備計画

2.1 空調計画の基本

2.1.1 空調設備の設置目的

空調設備は20世紀はじめに開発されたが，当初は産業用としてのニーズが大きく，一般空調としては，劇場，ホテル，デパートなどに限られていた．その後，徐々にオフィスビルなどにも普及してきて，現在では人の居住する空間のほとんどに空調設備が設置されるようになっている．空調設備の生みの親といわれるキャリアー（W. H. Career）は，空気調和を「空気中に含まれる水分を増減させることにより空気の湿度を制御すること，空気の加熱冷却により空気の温度を制御すること，空気の洗浄や浄化により空気の清浄度を保つこと，そのほか空気の動きと換気を制御すること」と定義したが，空調設備の設置目的は，気温・湿度・風速・清浄度の4つの要素を，工場や一般建築の内部空間が要求する状態にコントロールすることといえる．さらに最近ではこれらの4つの要素に加えて放射熱による熱環境を含めた5つの要素をコントロールすることが空調設備の設置目的とされる場合もある．このような目的を果たすために，室内の温度を調整するための冷熱源・温熱源設備，湿度を調整する除湿・加湿装置，空気に含まれる塵埃・細菌・有害ガスなどを除去する空気清浄装置，冷風・温風および冷水・温水を搬送するダクト・配管設備，送風設備，給排気口，放熱器などを，施設の用途および室内の使用条件に応じて設置し運転するが，これらの機器・装置，ダクト，配管等，およびこれらの設備を監視したり一定の状況に維持するための制御設備を含めて空調設備あるいは空気調和設備と呼ぶ．

また，設置の対象という視点から見る場合には，主に人を対象として快適で健康的な空気環境を維持することを目的とする一般用空調設備と，工場などで製品や機器・部品の品質維持や生産性向上を目的とする産業用空調設備に分けて考えることができる．

以下，一般用空調設備と産業用空調設備について簡単に述べた後，気温，温度，風速，清浄要素，放射について基本的事項を述べる．

a. 一般用空調設備

在室者にとって快適で健康的な空気環境を維持することを目的とした空調設備であり，温度，湿度を一定の範囲に保つことの他に空気清浄度や気流も一定値以下に維持するようにコントロールする．床暖房のように放射熱のコントロールも含めて快適性を確保することも行われるが，暖房だけや冷房だけの設備は空調設備とはいえない．快適用空調設備とも呼ばれることがあるが，人が快適と感じるのは必ずしも一定の状態を保持すれば良いと言うわけではない．たとえば気流が変動することにより心地よく感じることがあるように時間あるいは季節により目的とする状態を変えたほうが良い場合もある．また，最近は人と装置が共存することも多くなったため，人だけではなく装置の運用にも適した環境を同時に維持することが求められる場合も出てきたり，建物の断熱性が向上すると共にOA化による内部発熱量が増えたため，年間を通して冷房を行う建物もあるなど一般用空調といっても建物による違いが大きくなってきている．

b. 産業用空調設備

先に述べたように，空調設備は工場において製品の品質を均一に保つことを目的として開発され，20世紀初頭アメリカでブルックリンの印刷工場に設置されたのが本格的な空調の始まりとされている．一般用空調設備が主として人間にとって快適な生活空間をつくり出すことを目的にするのに対して，産業用空調設備は工場，研究所，倉庫などにおいて，そこで扱う製品や部品に必要な室内環境を維持することが目的となる．低温から高温にわたる温度条件，低湿度から高湿度の空気環境，非常に高い清浄度，小さい温度変動幅など，扱う製品や用途に応じて要求される条件は千差万別である．また空調設備自体に対して高い信頼性を要求される場合もある．

c. 気温のコントロール

空気の温度を要求される温度に維持する．空気の温度を変えるには空気調和機内のコイル内部に熱媒を通し，外側を流れる空気を冷やしたり温めたりする．そのままほうっておいたら暑くなってしまう室には温度の低い空気を，寒くなってしまう室には温度の高い空気を送って室温を目標値に保つ．

d. 湿度のコントロール

空気の湿度を要求される湿度に維持する．湿度が目標値を上回る場合は乾いた空気を，下回る場合は湿分の多い空気を送風する．空気中の湿分を減少させるには，空気をその露点温度以下に冷却すると空気中に含まれる水分が結露して追い出され空気の絶対湿度が下がって乾くことを利用する場合が多いが，シリカゲルのような吸着剤を使うこともある．逆に空気に湿分を加えるには，別につくった水蒸気を空気の流れの中に噴出させたり，水を直接霧状にして吹き込んだり，湿らせた通気性材料に空気を流すなどの方法がある．

e. 風速のコントロール

通常は，特定の空間内の空気速度が一定値以下になるように考慮する．ただし，空気の速度を落としすぎて空気の滞留が起きないように配慮する．吹き出し口からの吹き出し空気の速度を調節したり，温度差による空気の対流・循環を小型送風機を設置して調節するなどの方法がある．

f. 清浄度のコントロール

空気の清浄度を一定値以下に維持する．塵埃やガスの濃度が許容値を超えるときには濃度の低い（清浄な）空気を送り希釈すればよい．炭酸ガスや一酸化炭素に対しては換気を行うことによりこの目的が達せられる．塵埃は空気ろ過器（エアフィルター）により取り除くことができる．臭気やガスは吸着や化学反応を利用して取り除く．細菌やウイルスなどで危険度の高いものは排気し空気循環は行わない．最近は外気も汚れていることがあるので導入外気に対してもエアフィルターを設ける場合がある．

g. 放射熱のコントロール

床，あるいは天井や壁の室内側表面温度を一定範囲に維持する．人の温熱感は空気の温度だけでなく床，壁，天井からの放射熱によって大きく変化する．住宅において床暖房が普及しているのは空気温度が低くても床暖房によって快適な温熱環境が得られるからであるが，大きなビルにおいてもエントランス部分などで床暖房を行っている場合がある．最近では天井材の裏に細いプラスチックチューブを組み込み冷水や温水を流して天井から冷放射や温熱放射を行う事例もでている．

2.1.2 空調にかかわる室内環境基準

「建築基準法施行令第129条の2の6第3項」および「建築物における衛生的環境の確保に関する法律（以下通称：建築物衛生法）」において，中央管理方式の空調設備を設ける場合の室内環境を，下記の条件に維持できる構造とするよう定めている．

温度範囲	17～28℃の範囲内に制御し，冷房時外気との温度差は7℃以下
相対湿度範囲	40～70％範囲内
浮遊粉塵の量	$0.15 mg/m^3$ 以下
CO含有率	10 ppm 以下
CO_2含有率	1000 ppm 以下
気流	0.5 m/s 以下
ホルムアルデヒドの量	$0.1 mg/m^3$ 以下

しかし室内で人が健康で快適に過ごすためには，上記の基準を守るだけでは不十分な場合がある．そこで温度・湿度・気流などの温感に関する環境を温熱環境，これらを除いた空気の質（清浄度）・臭気などに関連した環境を空気環境として，それぞれの室内環境基準についてさらに詳しく述べることとする．

a. 温熱環境基準

1) 安全衛生面からみた温熱環境基準　前述の「建築基準法施行令第129条の2の6第3項」および「建築物衛生法」に示した基準は安全衛生を確保するための必要条件であり，これらの値を満足したとしても，必ずしも在室者が快適であるとは限らないことに留意すべきである．

2) 快適性からみた温熱環境基準

ⅰ）快適温熱範囲　米国暖房冷凍空調技術者協会（ASHRAE）では，許容できる温熱環境とは，在室者の少なくとも80％以上が許容できるような環境と定義されている．建物内では，年齢・活動・衣服・その他の条件が異なったさまざまな居住者がいる．したがって，快適性も人それぞれ微妙に異なってくることが考えられる．しかし温熱環境要素のうちのいくつかを固定すれば作用温度によって快適範囲を表現することができる．図2.1にその事例として，1997年に発表されたASHRAEの快適温度範囲を示す．ここでは通常の事務作業，夏・冬の事務作業に適した服装，静穏気流が仮定されていて，斜線部分の範囲が一般事務作業の快適範囲とされている．

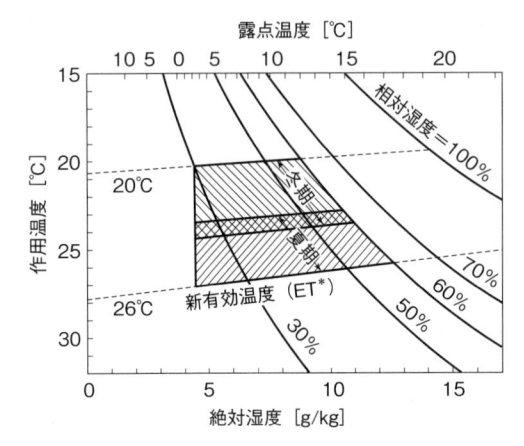

図2.1 ASHRAE 夏期冬期快適範囲
（出典：1997 ASHRAE HANDBOOK FUNDAMENTALS）

ii) 局所不快感　全身温冷感が，これらの快適範囲に入ったとしても局所的に不快を感じる場合がある．その原因として，放射の不均一性，ドラフト，上下温度分布，床温度といった要因がある．

・放射の不均一性　ASHRAE55-92，ISO-7730において，暖かい天井に対する不均一限界は5℃以内に，冷たい窓，壁面に対する不均一限界は10℃以内と設定されている．

・ドラフト　局所的な気流の乱れが不快なドラフトを発生させる．不快を感じさせない気流の許容限界値は，おおよそ冬期0.15 m/s，夏期0.25 m/s以下となる．

・室内上下温度分布　上下温度分布は，ISO-7730ではくるぶし（床上0.1 m）と頭（床上1.1 m）との温度差3℃以内，ASHRAE55-92では床上0.1 mと1.7 mとの差を3℃以内が推奨されている．

・床温度　通常の室内の床温度は，ISO-7730では19～26℃が推奨され，床暖房時の最高温度は29℃以下が勧められている．また，ASHRAE55-92では同様に18～29℃の範囲が推奨されている．

b. 空気環境基準

空気の質（清浄度）・臭気などに関連した環境基準値を，その環境を構成する主要な物質や要素ごとに示す．

1) **酸素**　低濃度に対する規制は，労働安全衛生法および同法施行令の規定に基づく酸素欠乏症防止規則により1気圧以下の酸素濃度は18％以上と定められている．高濃度の酸素に対する規制値は特に設定されていないが，一般的には常圧下においては60％以下であれば異常はきたさないと言われている．

2) **二酸化炭素**　表2.1に執務環境でのCO_2に関する基準を示す．

3) **一酸化炭素**　表2.2にCOに関する各種基準を示す．

4) **浮遊粉じん**　表2.3に粉塵に関する一般執務環境基準を示す．

5) **臭気**　一般の室内環境においては，臭気に関する基準は現在までのところ，特に規定されていない．ただし，大気汚染に関しては悪臭防止により悪臭を発生する事業所に対して，敷地境界・煙突排出口・排出水において各種規制が定められている．

6) **ホルムアルデヒドおよび揮発性有機化合物**（VOC）　ホルムアルデヒドは建築物衛生法によって$0.1 mg/m^3$以下と定められているが，一般的に$0.08 mg/m^3$から臭いを感じ，$0.4 mg/m^3$程度で目がチカチカするといわれる．建築基準法では発散量に基づいて建材を分類し使用面積の制限を行うとともに，常時換気を義務付けている．

ホルムアルデヒドのほかに室内空気中に含まれる揮

表2.1 二酸化炭素に関する各種の基準（小竿真一郎，1991）

	法律など	基準値 [ppm]	備考
一般環境	建築基準法, ビル衛生管理法	1000	中央管理方式の空調設備
	学校環境衛生基準	1500	
	興行場条例，公衆浴場並びに旅館業衛生管理	1500	
	屋内プール（都条例細則）	1500	
	WHO Indoor Air Quality	920	
	ASHRAE	1000	
労働環境	事業所衛生基準規則（労働安全衛生法）	1000	中央管理方式の空調設備（吹き出し口）
		5000	空調設備なし
	日本産業衛生学会許容濃度	5000	

表2.2 COに関する各種の基準（小竽真一郎，1991）

法律など	基準値 [ppm]	備考
建築基準法，建築物衛生法	10	中央管理方式の空調設備
学校環境衛生基準	20	
興行場条例，公衆浴場並びに旅館業衛生管理	10	
WHO Indoor Air Quality	9	8時間平均値
	26	1時間平均値
EPA	9	8時間平均値（年に一度も超えてはならない）
	35	
ASHRAE	11	1時間平均値（年に一度も超えてはならない）
大気汚染に係わる環境基準（公害対策基本法）	10	24時間平均値
	20	8時間平均値

表2.3 粉じんに関する一般執務環境基準（小竽真一郎，1991）

	法律など	基準値 [mg/m³]	備考
一般環境	建築基準法，建築物衛生管理法 学校環境衛生基準 興行場条例	0.15 吸光度0.1 0.2	中央管理方式の空調設備（≒0.3 mg/m³）
	WHO	0.1〜0.12 0.1	8時間平均値 30分平均値
	EPA	0.05 0.15	年平均値 24時間平均値
	大気汚染に係わる環境基準	0.1 0.2	1時間1日平均値 1時間値

発性の有機物質（VOC）については，厚生労働省が設定したガイドラインがある．

その他，作業現場の環境管理基準値については，各種有害物質に関する管理濃度として，「労働省安全衛生部環境改善室編：新訂労働衛生管理とデザイン・サンプリングの実務」に示されている．

2.1.3 空調設備技術基準
a. 空調設備の定義

中央管理方式の空気調和設備の法的定義は，基準法令第20条の2第一号ロに「空気を浄化し，その温度，湿度および流量を調節して供給（排出を含む）することができる」とされている．つまり，冷凍機・ボイラー等の熱源機器，冷却水ポンプ・冷温水ポンプ等の搬送機器，空気調和機，空気浄化装置，給気および排気用の送風機ならびに制御機器等，空気調和を行うために必要な設備すべてを含むシステム全体を示している．

また令第20条の2第二号には，空気調和設備の制御および作動状態の監視を実効あるものとするために，それらを中央管理室で一元的に行うものと定義している．この場合の「制御」とは，冷凍機・ボイラー等の熱源機器，冷却水ポンプ・冷温水ポンプ等の搬送機器，空気調和機，給気および排気用の送風機等々の各種機器類の起動・停止を指し，「作動状態」の監視とは，これら機器類の運転状態の監視や防火ダンパーの閉鎖確認等が含まれる．

b. 外気導入に係わる有効換気量の基準について

換気設備として居室の有効換気量として規定したものとしては，昭和45年建告第1832号の一があるが，これは先に述べた令第20条の2第一号ロ (1) の機械設備に係わる有効換気量の算定方法を一部強化し，準用することを示している．

$$V = 20A_f/N$$

ここに
V：有効換気量 m³/h
N：実況に応じた1人当たりの占有面積（10を超えるときは10とする）m²
A_f：居室の床面積 m²

この式において居室の床面積 A_f にかかわる部分を実床面積として読みかえ計算するのがこの規定の有効換気量の算出法である．つまり開口部等による有効換

気量の割引が認められないということである．これは空気調和を行う部分にあっては，たとえ窓があったとしても，まず締め切ったままであろうから窓等による自然換気は期待できないとの考えからである．

以上は建築基準法による有効換気量の基準であるが，ASHRAE Standard 61-1981（Ventilation for Acceptable Indoor Air Quality）の改訂によると，一般の最小外気量を1人当たり25.5 m³/h，事務室で34 m³/hと変更されているが，これは室内CO_2濃度1000 ppmあるいはそれ以下とすることに基づいたものである．

その他労働安全衛生規則，東京都建築安全条例等により各室の規制が定められている．なお，居室部分以外の有効換気量の算出については，換気設備の場合と同様に，各種文献資料等によって適切な値を採用する必要がある．

c. 給気用または排気用送風機について

中央管理方式の空気調和設備の給気用送風機または排気用送風機の所要の性能については，換気経路の圧力損失（直管部損失・局部損失・諸機器その他における圧力損失の合計）を考慮して計算により確かめられた必要な給気または排気能力を有するものと，昭和45年建告第1832号の二に規定されている．

d. ダクト材質について

令第129条の2の5第1項第六号には，地階を除く階数が3以上の建築物，地階に居室を有する建築物，延べ面積が3,000 m²を超える建築物に設ける換気，冷房または暖房の設備のダクト等は原則，不燃材料で造るべきことと規定されている．ただし平成12年建告第1412号においてダクトを不燃材料で造らなくても防火上支障が無い場合についての規定があり，その内容はダクトの接合部におけるガスケットおよびたわみ継手等その他構造上軽微な部分と，住宅の居室等に設けられる小規模な換気設備（火気使用室の換気設備を除く）で各専有部のみを経由して外気に開放されるものとされている．

その他防火区画貫通部に関する規定も各種基準法施行令や建告が定めれており，ダクトの区画貫通部分またはその近傍に防火ダンパー等を設けたり，配管においては防火上必要な措置を講ずることとされている．これらの内容は令第112条第16項ならびに令第129条の2の5第七号を参照されたい．なお放火ダンパーの種別・機構・連動等の仕様については，令第112条第16項，平成12年建告第1369号，昭和48年建告第2563号，昭和48年建告第2656号，平成12年建告第1376号・1377号，昭和49年建告第1579号に規定されている．

また中央管理方式の空気調和設備のダクト材質にかかわる規定は，昭和45年建告第1832号の三にある．乾燥した冬季において，相対湿度の値が前項で示した室内環境基準値を満足するためには，ダクト内を通過する空気はきわめて高湿となる．また夏季においてはダクト外部における結露も考慮しなければならない．したがって，長期にわたって安定して必要な空気を供給するためには，内部に結露が発生しないように断熱材を用いる場合等を除いて，容易に湿分を含むような材質を用いることが禁止されることとなる．

e. 空気浄化装置の構造基準について

空気の浄化に必要な装置が，長期的に健全な状態での使用が可能なように，装置自体の構造以外に配置についても十分考慮し，濾過材・フィルタその他これらに類するものは容易に取り替えられる構造とするよう昭和45年建告第1832号の四に規定を定めている．

f. ダクトのクロスコネクションについて

空気調和設備のダクトと火気使用室の換気ダクトとのクロスコネクションを禁止する規定が昭和45年建告第1832号の五に示されている．この規定にある「火を使用する設備又は器具を設けた室の換気設備の風道その他これに類するもの」としては，令第20条の3第2項および関連告示において規定されている排気筒，煙突等がこれらに該当する．

g. 居室温度と外気温度の差について

前項における室内環境基準において，室内外の温度差についてその差を著しくならないよう制御できる構造とすることと，昭和45年建告第1832号の六に規定されている．これは人間の温度調節機能の限界から，急激な温度変化が不快感につながるだけではなく，この状態が継続されることで身体的に異常をきたす場合も考えられるからである．またこの状態を保持できる構造であるためには，適切な自動制御装置の装備も構造要件上考慮されなければならない．

h. 空気調和負荷について

空気調和負荷を計算するに当たって考慮の対象とすべき要素について規定したものとして昭和45年建告第1832号の七がある．ここには，次のイからホまでに掲げる空気調和負荷に基づいた構造とするとされている．

　イ　壁，床または天井（天井のない場合においては，屋根）よりの負荷
　ロ　開口部よりの負荷

ハ　換気およびすき間風による負荷
ニ　室内で発生する負荷
ホ　その他建築物の状況に応じて生じる負荷

その具体的な計算手法については，現今においてすでに明らかにされている空気調和負荷計算手法によることになる．

i. 冷却塔に関する規定について

冷却塔については，地階を除く11階以上である建築物の屋上に設ける冷房のための冷却塔設備の設置および構造に関する政令及び告示として，令第129条の2の7さらには昭和40年建告第3411号に規定されている．これを整理すると基本的には主要な部分を不燃材料で造るか，または次の3つのいずれかに適合することを要求している．

① 冷却塔の材料に関する規定（冷却塔の容量が3400キロワット以下の場合，難燃性の材料，難燃材料，準不燃材料で造ることができる部位を指定）

② 冷却塔と建築物の他の部分との離隔距離（充填材が難燃性の材料以外，ケーシングを難燃材料に準じる材料，その他の主要な部分を準不燃材料で造った容量が3400キロワット以下の冷却塔の場合，他の冷却塔との距離が2m，建築物のその他の部分との距離が3m以上）を満足すること．

③ 冷却塔設備の内部が燃焼した場合においても建築物の他の部分の温度を建設大臣が定める温度（昭和40年建告第3411号第3により260℃）以上に上昇させないものとして建設大臣の認定を受けたものとすること．

〔川瀬貴晴・福本啓二〕

2.1.4 室内温熱環境指標（熱的快適性）

人間は，温熱環境要素を個々に区別して暑い寒いを感じているのではなく，それらが複合した結果を感じている．従来，温熱環境要素の複合影響を単一の指標で表現するための数々の提案がなされてきた．

a. 快適方程式

快適方程式およびPMV (Predicted Mean Vote) は，Fangerによって提案された[1]．快適方程式は人体の熱的中立温度を予測するもので，PMVは熱的中立に近い状態の人体の温冷感を予測するための指標である．熱的中立になるためには，熱平衡とともに，平均皮膚温と皮膚からの蒸発熱損失量がある適当な範囲になければならない．快適方程式では，熱的中立時の平均皮膚温と皮膚からの蒸発熱損失量が代謝量の関数と考えている．これにより熱平衡式は6要素のみで表現される．

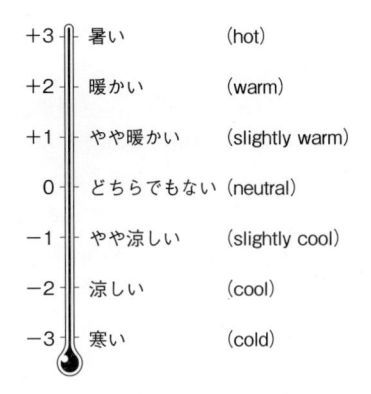

図2.2　温冷感スケール[2]

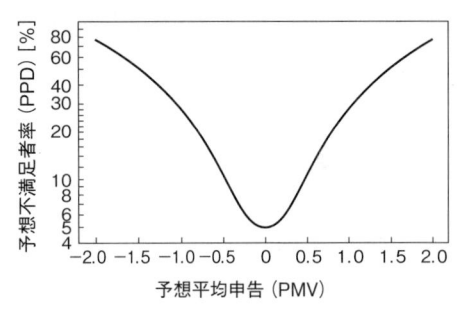

図2.3　PMVとPPD[3]

b. PMV

中立からはずれた場合の温冷感を予測する方法としてFangerがPMV理論を発表している．これは，1984年にISO-7730[4]として国際規格化された．PMV理論は，温熱環境の6要素を代入するとその条件で暖かいと感じるか寒いと感じるかを数値として表現してくれる．人体に関する熱平衡式と1300人におよぶ被験者実験結果に基づいて提案された．図2.2にそのスケールを示す．この尺度はASHRAEが温冷感申告を調べるために用いているものと同じで，ASHRAE7段階温冷感申告尺度と呼ばれる[5]．

また，FangerはPMVとPPDの関係を提案している．PPD (Predicted Percentage of Dissatisfied) とは，不満足者率を意味する．ISO-7730では快適域としてPMV，PPDの値として $-0.5 < \text{PMV} < +0.5$，$\text{PPD} < 10\%$ を推奨している．図2.3にPMVとPPDの関係を示す．

c. 新有効温度 (ET^*)，標準新有効温度 (SET^*)

イェール大学・ピアス研究所のGaggeらにより発表された理論に基づく体感温度である[6]．旧有効温度[7]と区別するため新有効温度あるいは ET^* と呼ばれている．温熱環境の主要素である代謝量，着衣量，空気温度，放射温度，気流，湿度を変数として含む．人体

のぬれ率と平均皮膚温に基礎を置いている．ぬれ率，皮膚温は簡単には推定できないのでこれらを算出するため人体のコアとシェルに分割し，生理学的制御モデル（2ノードモデル）を使用して計算を行う．ET^*は任意の代謝量，着衣量に対して定義され，同一着衣量，代謝量でなければET^*の値の大小で温冷感，快適感を直接比較できない．そこで，椅座静位，着衣量0.6 clo，ある Woodcock の im 定数，静穏気流，平均放射温度＝空気温度という標準状態において定義された新有効温度を標準新有効温度（SET^*）と称する．標準新有効温度（SET^*）では，着衣量を代謝量によって修正し，各々の代謝量において標準着衣量を設定している．これより，異なる代謝量における温冷感，快適感評価を可能にしている[8]．

新有効温度（ET^*）では，発汗による蒸発熱損失を考慮しているので快適範囲を含んだ暑熱環境，寒冷環境の評価にも適用できる．快適に近い範囲において新有効温度とPMVの評価値の間に大きな差異はないが[9]，発汗を伴う暑熱環境評価にはET^*の方が優れている．

d. 快適域

PMVなどの温熱環境指標で熱的快適性を表現するのは一般的であるが，それらの値そのものではわかりにくい．温熱環境6要素のいくつかを固定すれば，作用温度によって快適範囲を表現することができる．図2.4に夏季と冬季を想定した作用温度とPPD（不満足者率）の関係を示す．気流速度は0.1 m/s，平均放射温度は空気温度に等しいと仮定した．

夏季を想定した0.5 clo, 1.2 met, 60% RH の場合，快適温度は24.5℃で$-0.5<PMV<+0.5$（PPD<10%）の範囲は作用温度で23～26℃である．また，冬季を想定した1.0 clo, 1.2 met, 40% RH の場合，快適温度は22℃で$-0.5<PMV<+0.5$（PPD<10%）の範囲は作用温度で20～24℃である．冬と夏の快適温度が異なるのは着衣量が異なるからである．また，着衣量が夏季に低いため，夏季の快適温度幅は冬季より狭い．

図2.5にASHRAE基準55-2004による快適温度範囲を示す[10]．ここでは，通常のオフィス事務作業，夏，冬の事務作業に適した服装，静穏気流が仮定されている．ASHRAEによる熱環境基準は，PMVが±0.5の範囲とほぼ一致している．

e. 局所不快感

全身温冷感が中立状態にあっても，局部温冷感による不快が存在すれば快適な状態とはならない．局部温冷感による不快の主要因は不均一放射，ドラフト，上

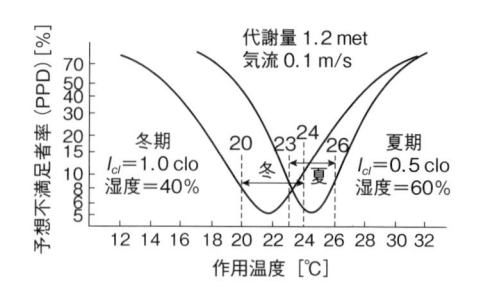

図 2.4 作用温度と PPD[11]

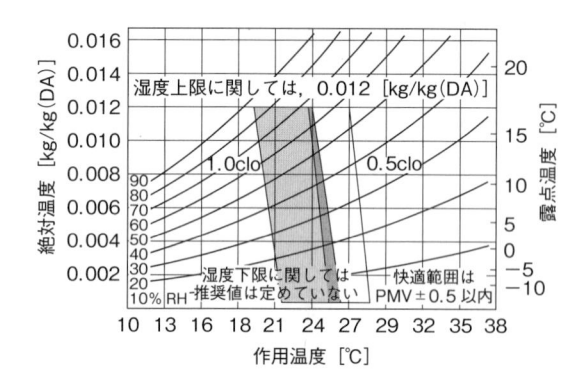

図 2.5 ASHRAE の快適域[2,10]

図 2.6 局部不快要因[3]

下温度分布，床温度の4つである．図2.6に局部不快要因を示す．なお，これらの不快感は全身温冷感が中立に近いという前提条件で定義されている．

1) 不均一放射 放射の不均一性は，微小面放射温度のベクトル差を用いて表される．暖かい壁面，冷たい天井に関しての不快感は少ない．ASHRAE基準55-2004[10]，ISO-7730[4]では，暖かい天井に対する不均一限界は5℃以内である．冷たい窓，壁面に対する不均一性の限界は10℃としている．不均一放射による不快感を防ぐには特に開口部の断熱計画が重要である．

2) 室内上下温度分布 ISO-7730[4]では上下温度分布の限界に関してはくるぶし（床上0.1 m）と頭

(床上 1.1 m) との温度差が 3℃ 以内を推奨している. ASHRAE 基準 55-2004[10] では床上 0.1 m と 1.7 m の差としている. この推奨値のもととなった実験では, 被験者は静穏気流下に曝露されていた. 実際の環境下では上下温度分布が生じる際に足元の気流速度が増加していることが多く, この許容範囲を満たしていても不快感を生じることがあるので注意が必要である.

3) 床温度 ISO-7730[4] では通常の室内では床温度は 19℃ から 26℃ が推奨され, 床暖房装置があるときは最大暖房負荷時のための最高温度は 29℃ 以下とすることが薦められている. また, ASHRAE 基準 55-2004[8] では 18℃~29℃ の範囲としている. これらの推奨値は靴を履き, 椅座状態におけるものである.

4) ドラフト 夏季には気流を増すことによって涼感を得ることができるが, 暖房・空調・換気空間では気流を増加させすぎるとドラフトを生じる. 暖房・空調時に最も対応が難しい問題である. ドラフトとは望まれない局部気流と定義される. 室内のドラフト評価にはこれまで ADPI が用いられてきた[13]. ADPI とは空気拡散性能指数 (Air Diffusion Performance Index) である. 室温と気流速の関数である有効ドラフト温度 EDT (Effective Draft Temperature) によって算出する. ADPI の許容値は吹出し方式により異なる. 有効ドラフト温度 θ は次のように定義される.

$$\theta = (t_x - t_c) - 7.66(V_x - 0.15) \quad (2.1)$$

ここで,
t_c: 室内の平均気温 [℃]
t_x: 室内のある場所の気温 [℃]
V_x: 室内のある場所の風速 [m/s]

一方, ドラフトは気流, 気流の乱れの強さ, 室温により夏季には気流を増すことによって涼感を得ることができるが, 暖房・空調・換気空間では気流を増加させ過ぎるとドラフトを生じる. 近年, 空気温, 平均風速のみでなく, 気流乱れがドラフトによる不快感に影響を与えていることが指摘されている. 図 2.7 に室温, 平均風速, 乱れの強さを関数とした場合の, ドラフトによる不満足者率を示す. 図は不満足者率 15% を示したものである. みだれの強さが大きければ, 低い平均風速で不快を感じる. 暑い場合, 気流は涼を呼び, あまりドラフトを感じさせない. 住宅や半屋外空間などではエネルギー有効利用を兼ねて気流を有効利用することが考えられる. ISO-7730, ASHRAE55-2004 では, この不満足者率がドラフト評価に用いられている.

2.1.5 室内温熱環境形成計画の基本

a. 温熱環境の階層

すべての空間を人工気候室のように恒温で一定にすることには疑問がある. 建築的な空間では, 積極的に屋外の自然環境を取り入れたり, 利用することは地球環境保全のためにも重要なことである. 人体周りの温熱環境は, 制御を受ける度合いによっていくつかの階層に区分することができる. 温熱環境の階層を図 2.8 に示す. 人工的な制御がなされない屋外環境は最も外側の層である. 人々は快適を得るために環境適応することが必要となる. 一方, 設備技術者がこれまで主に扱ってきた室内環境は, より高い環境制御効率を実現するため, さらに居住領域と執務領域の 2 層に分けて扱われる.

P. O. Fanger は著書 "Thermal Comfort"[1] の中で "The enclosures where artificial climates are created today comprise various types of rooms. …… In the not distant future we may perhaps add the completely covered cities which already today are a subject of feasibility studies." と述べ, 屋外環境と思われた都市でさえ, 屋内空間と成り得る可能性があり空調制御が行われるかも知れないと述べている. 1960 年代においては, 都市がドームで覆われ, そのドーム

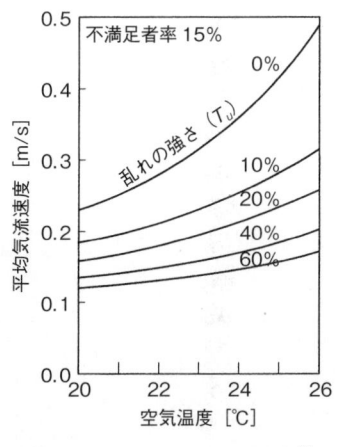

図 2.7 ドラフトによる不満足者[14]

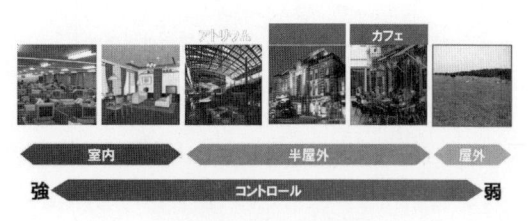

図 2.8 温熱環境の階層

内そのものが空調されるという考えもあった.しかし,1970年代以降の2度のオイルショックや地球温暖化など大規模な環境・エネルギー問題が叫ばれるようになり,完全に屋外環境制御を行うことは社会的に実現が難しいものとなった.

b. アダプティブモデル

そのような中,人間を温熱環境に対して積極的に適応しようとする動的な存在として扱うAdaptive Modelという概念がde Dearらによって提唱された[15].行動の自由が大幅に制限される被験者実験に対して,着衣・代謝量の調整,窓の開閉,滞在環境の選択といったadaptation(環境適応)の自由度が高いほど快適環境範囲が広く,熱的中立条件も温熱環境指標の予測結果と異なることが自然換気ビルでの実測調査結果から示されている.図2.9に自然換気ビルに関する温熱環境の許容範囲を示す.

c. 半屋外環境

和辻哲郎は,自然環境を風土と呼ぶのではなく,人間との関係で風土を捉えた.その意味では半屋外環境は認識のためのスクリーンや緩衝帯として考えることができる.人間は半屋外を通じて自然を感じるのである.

2001年夏から2002年春にかけて,東京都内の4箇所の半屋外空間において,利用状況・心理量・物理環境の実測調査が行われている[16].3000名に近いアンケートとその地点での物理計測が行われた.

1) 着衣量の季節変化 個々の回答に対して滞在環境の空気温度と着衣量を集計した.年間を通じての外気温度と着衣量の日平均値の関係を図2.10に示す.空調・非空調半屋外空間ともに,若干の季節差はあるものの,年間を通して見ると非常に相関が高かった.回帰直線の傾きより,5℃の日平均外気温度の低下が,約0.2 cloの日平均着衣量の増加に相当する.外気温度が同等であれば,空調の有無に関わらず,半屋外空間の滞在者の日平均着衣量は同程度になっている.

2) 半屋外空間の熱的快適性 ASHRAE 55-2004では,不満足者率を測定するのに受容度(acceptability)申告が慣例的に用いられている.ここでは熱的状態に限らない全般的な快適性について聞いた快適感申告結果を使用し,「不快側」申告を用いて不満足者率の算出した結果を図2.11に示す.従来の温熱環境指標の予測値と比較するため,SET*の標準条件($ta=tr$, $v=0.1$ m/s, $rh=50\%$, 0.6 clo, 1.0 met)をもとに計算したPPDもあわせて記載した.不快曲線の勾配はPPD,空調空間,非空調空間の順に急になっていた.熱的快適性基準の指針となっている10%および20%不満足者率に相当する環境範囲を表2.4に示す.非空調空間の20%不満足者率範囲はおよそ18℃で,PMV-PPDの約3倍であった.空調半屋

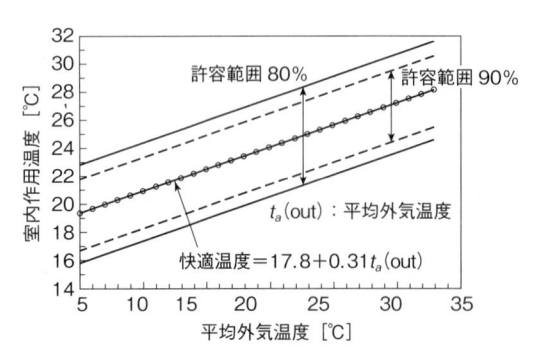

図2.9 環境適応モデル,自然換気建物における平均外気温と室内快適作用温度との関係(Brager, deDear)[17]

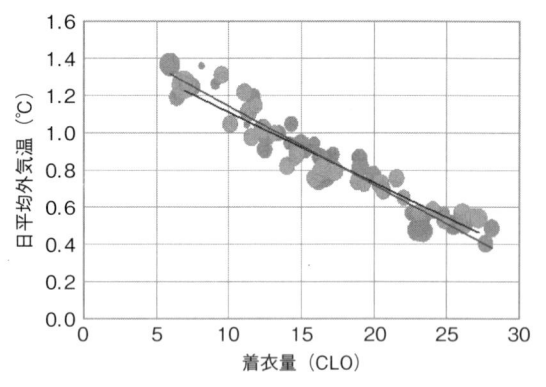

図2.10 日平均外気温と着衣量の関係

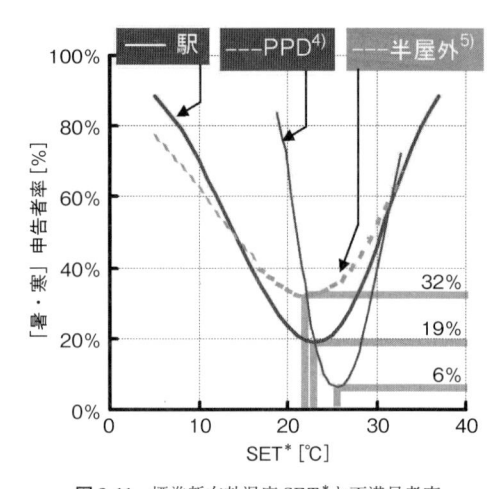

図2.11 標準新有効温度SET*と不満足者率
FangerのPMV-PPD,空調半屋外空間,非空調半屋外空間で不満足者率が異なる.

外空間でも PPD より倍近く広い範囲で温熱環境が許容されている．

d. 室内環境と知的生産性

オフィスや学校等の計画や設計においては，在室者の快適性・健康性を求めるだけでなく，知的生産性の向上を求める要求が高まってきている．Parsons[18]は生産性を「活動により得られる，ある組織の目標に対する作業効率」であると定義している．米国ではASHRAE（米国暖房冷凍空調学会）を中心として，FiskとRosenfeld[19]（表2.4），欧州ではREHVA（欧州空調学会）[20]，Wyon[21]らにより，生産性と室内環境との関連について，経済的なコストを試算し評価する研究が行われている．これらの研究により，作業者に対する人件費が空調設備等を含む建物に対するコストよりも高いことが示され，室内環境を改善することで作業者の知的生産性が上がれば，経済的にも効率的であることが報告されている．

これらを評価するための被験者実験結果を紹介する．コンピュータを用いた複数の作業を被験者に課し，作業成績による評価を行うとともに，心理量，生理量および作業時の疲労状態を測定し総合的に評価した[22),23)]．

人工気候室の作用温度を25.5℃，28℃，33℃に設定した3条件とした．3条件以外に作業の学習効果を除くため，実験の第1回目に練習条件を設けた．練習条件における作用温度は26.8℃であった．男女各20名，計40名を用いて実験を行った．被験者は，明らかにPMVやSET*で予測される温冷感申告を行っていたが，作業成績に関しては，作業成績による評価ではほとんどの作業に対し温熱環境による有意な差が認められなかった．

一方，中程度の高温環境下における精神作業時の脳内酸素代謝を測定することを目的とし，近赤外線酸素モニタを用いた被験者実験が行われている．作用温度26℃および33.5℃の各環境に50分間被験者を順応させた後，計算作業を課した．メンタルワークロードの客観的指標として脳内血流量を測定し比較を行った．図2.12に示すように総ヘモグロビン濃度変化量は，3桁加算作業および3桁乗算作業ともに，33.5℃条件が26℃条件よりも有意に増加量が大きい結果となった．被験者が同じ作業成績を残しながらも疲労を感じていることがわかる．長期間作業を行う日常業務では疲労により生産性が低下することが予想される．省エネルギーのために単純に我慢をするだけでは，在室者は疲れてしまうことが考えられる．

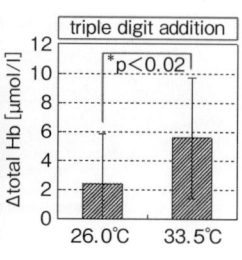

図2.12 総ヘモグロビン濃度変化

e. タスク・アンビエント空調

最近のオフィスビルは事務機器のOA化によって室内の発熱密度が増加し，その使用条件によって発熱量は極端的に変化する．タスク・アンビエント空調システムは，空間を長時間滞在するタスク域と比較的短時間滞在するアンビエント域に分割して，空調を行うシステムである[24)]．また，省エネルギーの観点においてアンビエント域は緩和した設定で空調を行い，タスク域においては在室者の快適性を考慮した空調を行う．タスク空調システムは室内で発生する負荷の原因である在室者やOA機器などに対して直接的に対応することが可能であり，室内環境の変化にすばやく対応できる．タスク・アンビエント空調システムは快適性に対する個人差を解消できるシステムとして注目されている．図2.13に，タスク・アンビエント空調システム，従来の空調システムの概念を示す．オフィス在室者の個人差にあった空調が，環境負荷削減のためにも使用されるようになるであろう．〔田辺新一〕

表2.4 室内環境改善による生産性向上の経済試算

生産性向上に寄与する要因	室内環境質との関連に関する証拠の強度	米国における年間の潜在的利益または節約額（1993年$U.S.を日本円換算）
呼吸器系疾患の減少	強い	6000 – 19000（億円）
アレルギーや喘息の減少	中程度	1000 – 4000（億円）
シックビルディング症候群の減少	中程度～強い	10000 – 20000（億円）
執務者のパフォーマンスの改善 　-温熱環境の改善 　-光環境の改善	 強い 中程度	12000 – 125000（億円）

(Fisk, W. J. and Rosenfeld, A. H.：Estimates of improved productivity and health from better indoor environments, *Indoor Air*, 7, 158-172, 1997 より邦訳)

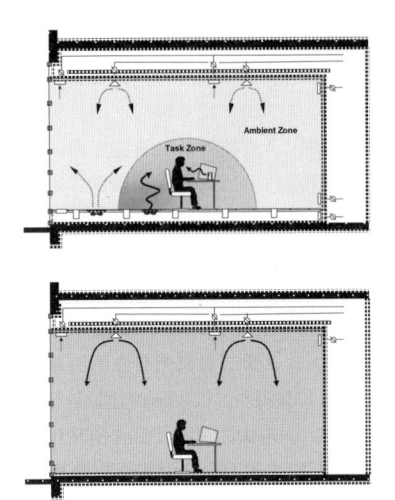

図 2.13 タスク・アンビエント空調と従来の空調システム

文　献

1) Fanger, P. O.: Thermal Comfort, Danish Technical Press, 1970.
2) 空気調和・衛生工学会：空気調和・衛生工学便覧第14版, 1基礎編, p.333, 2010.
3) 同上.
4) ISO-7730: Moderate Thermal Environments-Determination of the PMV and PPD indices and specification of the conditions for thermal comfort, 1984.
5) ASHRAE: ASHRAE Fundamentals Handbook-2005, ASHRAE, Chapter8 Thermal Comfort, pp. 8.1-8.29, 2001.
6) Gagge, A. P. et al.: Standard Effective Temperature-A single temperature index of temperature sensation and thermal discomfort, Proc. Of the CIB Commission W45 (Human Requirements), Symposium, Thermal Comfort and Moderate Heat Stress, Building Research Station, pp. 229-250, 1973.
7) Yaglou, C. P. and Miller, W. E.: Effective Temperature with Clothing, ASHVE Trans., Vol. 31, pp. 89-99, 1925.
8) Gagge, A. P. et al.: A Standard Predictive Index of Human Response to the Thermal Environment, ASHRAE Trans. Vol. 93, pp. 709-731, 1987.
9) 木村建一他：夏期における人体の熱的快適感に関する基礎的研究（その1 PMV, ET*の特性比較）, 日本建築学会学術講演梗概集, pp. 545-546, 1985.
10) ASHRAE: ANSI/ASHRAE Standard 55-2004, Thermal Environmental Comfort Human Occupancy, ASHRAE, 1992.
11) 同上, p.336.
12) 空気調和・衛生工学会：低温送風空調システムの計画と設計, 丸善, p.114, 2003.
13) Houghten, F. C.: Draft temperatures and velocities in relation to skin temperature and feeling of warmth, ASHVE Tarns. Vol. 44, 298, 1938.
14) 文献12), p.115.
15) deDear, R. J. et al.: Developing an adaptive model of thermal comfort and preference, ASHRAE Transactions, Vol. 104(1), pp. 27-48, 1998.
16) Junta Nakano, Shin-ichi Tanabe: Thermal Comfort and Adaptation in Semi-Outdoor Environments, ASHRAE Trans., Vol. 110, Part2, pp. 2-11, 2004.
17) 文献2), p.337.
18) Parsons, K.: Human Thermal Environment, London, UK: Taylor & Francis, pp. 199-217, 1993.
19) Fisk, W., Rosenfeld, A.: Estimates of improved productivity health from better indoor environments, Indoor Air, 7, pp. 158-172, 1997.
20) REHVA: REHVA Guidebook on Indoor climate and produc-tivity in offices, 2006.
21) Wyon, D. P., Fisk, W., Rautio, S.: Research needs and approaches pertaining to the indoor climate and productivity, Healthy Buildings 2000, pp. 1-8, 2000.
22) 西原直枝, 田辺新一：中程度の高温環境下における知的生産性に関する被験者実験, 日本建築学会環境系論文集, No. 568, pp. 33-39, 2003.
23) S. Tanabe, N. Nishihara, Productivity and fatigue, Indoor Air 2004, No. 14, pp. 126-133, 2004.
24) 田辺新一, 野部達夫, 秋元孝之他, タスク・アンビエント空調に関する研究（その1-31）, 日本建築学会大会学術講演梗概集, 2002〜2006.

2.1.6　空調熱負荷計算法

ここでは主として手作業による最大空調熱負荷計算法の基本的な考え方を説明し, コンピュータの利用を前提とした計算法についても一部紹介する. すなわち, 特定の空調熱負荷計算法について詳細に述べるのではなく, 各種文献に記載されている空調熱負荷計算法を利用する際に念頭におくことを中心に記述する.

a.　空調熱負荷の定義

建物の外壁・屋根・窓などの部分においては熱や湿気の出入りがあり, 室内では人体・照明・機器などの発熱がある. さらに在室者の活動や呼吸などによる室内空気の汚染が発生する. これに対して, 室内空気の温湿度や清浄度を適切な状態に維持させるために, 空調装置が冷却・除湿により除去しなければならない熱量が冷房熱負荷で, 加熱・加湿により供給しなければならない熱量が暖房熱負荷である. さらに空調装置の

表2.5　空調熱負荷の構成要素

記号	構成要素の内容	顕熱	潜熱
a	ガラス窓からの日射熱負荷	○	
b	屋根, 外壁, ガラス窓, 内壁, 地下壁のような壁体からの貫流熱負荷	○	
c	侵入隙間風の熱負荷	○	○
d	照明, 人体, 室内機器などが発生する室内発熱負荷	○	○
e	空調停止時間帯における室温変動による蓄熱負荷	○	
f	導入外気熱負荷	○	○
g	システムロス（空調装置の熱取得・熱損失）	○	

（文献1, p.229.を一部変更）

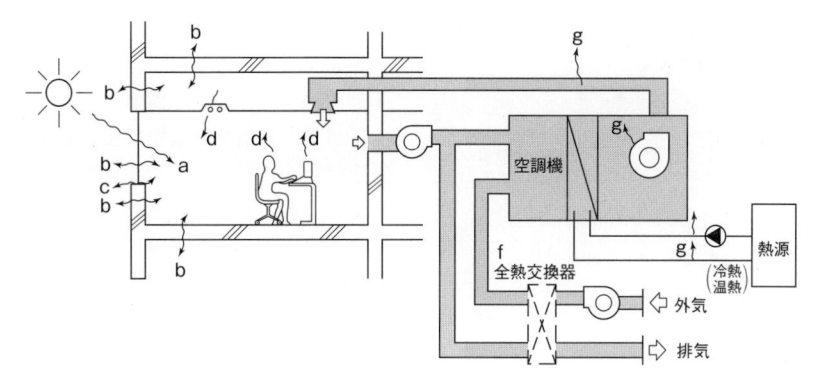

図 2.14 空調熱負荷の発生部位
（文献 1），p.229）

運転に伴って発生する熱負荷などがあり，総称して「空調熱負荷」または「空調負荷」と呼ぶ．見方を変えると，冷却と加熱が顕熱負荷で，除湿と加湿が潜熱負荷である．顕熱と潜熱では熱量は同じであっても熱の性質が違うので計算においては両者を区別して扱う．

空調熱負荷の主な構成要素を，2.1.8項で記述する計算区分（熱負荷発生形態による区分）に従って分類すると表 2.5 のようになり，これらの熱負荷が発生する部位を模式的に表すと図 2.14 のようになる．表 2.5 のうち，a〜e を特に室内空調熱負荷と呼ぶ．なお，表 2.5 に示した熱負荷のほかに，プール，浴槽などの水面の熱負荷，外壁などを通過する湿気の透湿熱負荷，室内湿度変動による潜熱の蓄熱負荷などがあるが，本書では扱わない．

b. 空調熱負荷計算の位置付け

空調設備の計画・設計をするにあたっては，検討作業の第一段階として種々の条件を設定して空調熱負荷を計算する．このとき，建設時点のみならず，建物の将来の使われ方やライフスタイルの変化にも配慮した条件設定をしての計算が必要になることもある．

一般に，空調熱負荷計算といえば空調装置や空調システムの設備容量を決めるために，真夏や真冬のような特定の季節の 1 時刻または 1 日を対象として，冷房時と暖房時の最大空調熱負荷を求める計算を指しており，日常の設計業務では，この計算のみを実施することが多い．しかし，特定の空調システムの検討には，最大負荷だけでなく，少なくとも冷房・暖房の最大負荷が発生する日の時刻別負荷の計算が必要となる．

さらに，建築デザインや設備計画の省エネルギー性の評価や，より適切な空調計画を進めるために，年間の各時刻の熱負荷を求めることもある．このような計算を，一般の空調熱負荷計算と区別して「空調熱負荷シミュレーション」と呼ぶ．

建物における熱の動きを実態に即して解析し空調熱負荷を厳密に求めることは，超高速のコンピュータを利用しても容易ではない．しかし，空調設計の実務面からはできるだけ簡単に，かつ的確に空調熱負荷を求めたいという要望がある．そのため，複雑な計算過程を簡略化する研究が積み重ねられ，空調設計に利用される空調熱負荷計算法と外界条件（気象データ）の提案が数多く公表されている．文献[2]には主たる計算法が歴史的に整理して紹介されており，文献[3]には空調熱負荷計算に使う各種の外界条件が紹介されている．

いずれの空調熱負荷計算法と外界条件にも前提条件や制約条件があり絶対的なものではないから，適用に当っては設計者の経験と判断により条件設定を工夫し，計算結果を補正して空調計画が進められる．

c. 空調熱負荷計算法の基礎

1) 定常計算法と周期定常計算法 定常計算法は壁体の両側の温度が一定であるとして熱負荷を求める基本的な計算方法である．これは，室温が一定で，外界条件の変動の影響が短時間で室内に伝わる熱容量が小さい壁体の計算に適している．

コンクリート外壁のように熱容量がある壁体の場合は，外界条件の変動より時間的に遅れて熱負荷が発生し，かつ変動の振幅が小さくなる．この現象を考慮できる周期定常計算法は室温が一定の状態で外界条件が周期的（一般に 1 日周期）に変動するものとして熱負荷を計算する方法である．これを厳密に計算するのは非常に厄介であるが，実務に支障ないような簡略化手法が提案されている．図 2.15 は，コンクリート外壁の定常計算と周期定常計算による貫流熱負荷の相違を示した例である．

一般に，外気温変動の影響が大きい最大暖房熱負荷

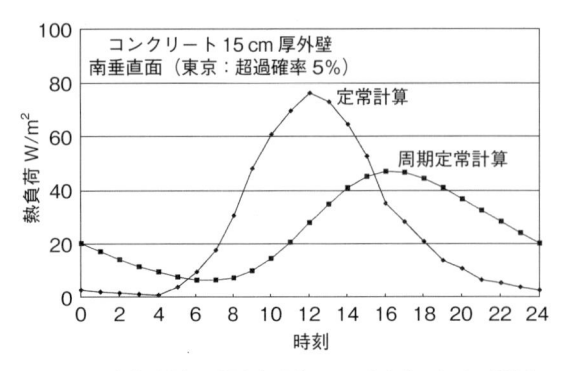

図 2.15 定常計算と周期定常計算による熱負荷の相違（瀧澤）

計算には定常計算法が使われることが多く，日射変動の影響が大きい最大冷房熱負荷計算には周期定常計算法が使われることが多い．

これらの計算法は手作業を前提とした実務的な計算法で，空調設計資料には計算作業を容易にするために多くの図や表が用意されており，国内の例としては文献 4～6) などがあり，海外の例としては文献 7, 8) などがある．

ここで室温が一定ということは連続空調が前提であるが，実際には夜間などに空調を停止する間欠空調とすることが多い．間欠空調では空調停止時間帯に室温が変動しその影響が空調熱負荷として空調運転時間帯に現れる．したがって定常計算法の計算過程または計算結果に，実測や理論に基づく何らかの補正を加えるか，次に述べる非定常計算をする必要がある．

2) 周期非定常計算法と非定常計算法　周期非定常計算法は周期的（一般に 1 日周期）な間欠空調の熱負荷を補正ではなく計算で求める手法である．たとえば，「室温変動理論」（文献 9, 10) 参照）の場合は室温の変化も同時に計算し，文献 11) の手法は室温の変化を計算しないで熱負荷だけを求めるものである．いずれの計算法も非常に面倒で，手作業で実施するのは困難であり，実務で周期非定常計算をする場合は，たとえば MICRO-PEAK[11] のようなコンピュータソフトを用いる．

非定常計算法は，空調熱負荷シミュレーションのように毎日・毎時刻不規則に変動する外界条件や室内条件を扱い，休日などの空調運転停止も考慮するものである．この計算には，次の 3) で述べる「レスポンスファクタ法」によるアルゴリズム（文献 13)）に，前述の室温変動理論の考え方を組み合わせて間欠空調にも対応可能とした空気調和・衛生工学会のプログラム HASP/ACLD（文献 14)）のような数値解析手法が用いられる．HASP/ACLD が開発された 1970 年代は大型コンピュータ（ただし，現代のパソコンより低性能）でなければ計算できなかったため，大規模ビルの設計や研究目的など特殊な場合にしか利用されなかった．最近は，HASP/ACLD をパソコン用に変換した MICRO-HASP[15] のようなプログラムで手軽に計算できるので，日常の設計にも多く使われている．

なお，前記の MICRO-PEAK は MICRO-HASP をアレンジして 1 日周期の設計計算用に開発されたもので，両者の基本アルゴリズムは同じである．また，MICRO-PEAK には月 1 日の代表日計算による簡易な年間熱負荷計算機能も付加されている．

3) レスポンスファクタ法（応答係数法）　これは壁体の非定常熱伝導をコンピュータを用いた数値解析により汎用的に解く手法として考えられたものである．ここでは，基本的な考え方の説明にとどめるので，計算方法の詳細は文献 16, 17) などを参照されたい．

はじめに壁体および両側の空気温度がすべて 0 であるとする．まず，壁体の外側で単位温度変動（励振）が起きたとき，その結果として持続的に発生する室内側への熱流応答の時系列（レスポンスファクタ：応答係数）を求めこれを「貫流応答」と呼ぶ（図 2.16）．一方，壁体の室内側で単位温度変動が起きたとき，その結果として持続的に発生する室内から壁側への熱流応答の時系列を求めこれを「吸熱応答」と呼ぶ（図

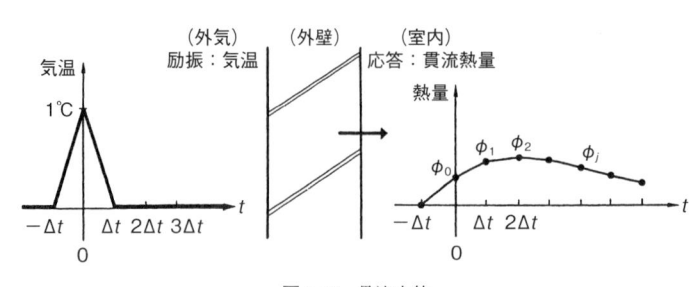

図 2.16　貫流応答
（文献 4)，p.74）

2.17).このとき,単位の温度変動の波形としては,たとえば1℃というような高さをもち,図2.16,図2.17のような底辺が単位時間の2倍の二等辺三角形波,または底辺が単位時間の直角三角形波,あるいは長方形波が使われる.

つぎに,壁体の外側(または内側)で発生する温度変動を,上記と同じ単位温度変動の波形を使って図2.18のように複数の温度励振を組み合わせることにより近似する.ある時刻の熱流量は,その時刻以前の全時刻の温度励振と貫流応答(または吸熱応答)の時系列の積を集計することにより計算できる.この計算操作は「たたみ込み」と呼ばれる.

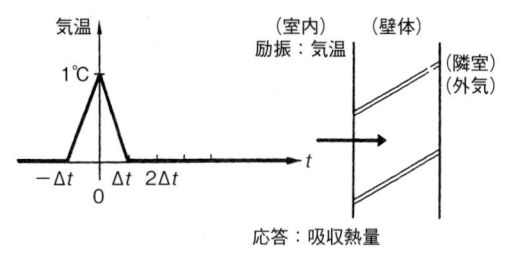

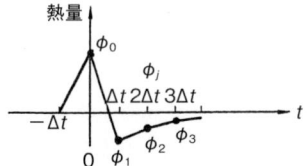

図2.17 吸熱応答
(文献4), p.80)

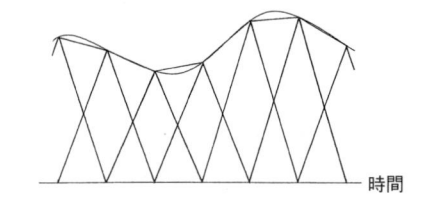

図2.18 二等辺三角形励振による変動曲線の近似(瀧澤)

4) 実効温度差 図2.15に示したような熱容量がある壁体における周期定常計算による単位面積当たりの貫流熱負荷を壁体の熱貫流率で割ったものが実効温度差である.空調設計資料として代表的な外壁・屋根の断面について,壁体別・方位別・時刻別の実効温度差を用意しておけば設計実務で容易に周期定常計算ができることになる.

実効温度差の考え方を提案したマッキィ(C.O. Mackey)らは,壁体の熱的特性で決まる熱流の時間遅れと振幅減衰率をもとに手計算で実効温度差を求める手法(文献18, 19):和文要約は文献10))を発表している.最近は,マッキィらが提案した手計算法ではなく,3)で説明した貫流応答を利用した手法で実効温度差を求めることが多い.

5) 放射熱の蓄熱効果 日射熱や照明発熱は放射成分が多い.放射熱は室内に入った後,床・内壁・家具などに一度蓄えられて,時間的に遅れて室内に放熱されて初めて熱負荷となる.図2.19は24時間周期で点滅する照明の放射成分の蓄熱効果を,3)で説明した2種類の応答を利用して計算した例であり,放射熱取得がどの程度遅れて冷房熱負荷となるかがわかる.このような放射熱の蓄熱効果の計算は面倒であり,また,この効果を見込みすぎると最大冷房熱負荷が小さくなり危険サイドの計算となることを考えて,熱取得=熱負荷とすることも多い.この蓄熱効果を簡易に計算する手法の一つとして,室の熱特性を床重量によって代表させ,放射熱取得に乗ずる係数の数列である蓄熱負荷係数を用いる計算法[8]がある.図2.19の冷房負荷比率がこの蓄熱負荷係数に相当する.

2.1.7 空調熱負荷計算における設計条件
a. 設計室内条件
空調計画では,空調の対象となる室の用途および空

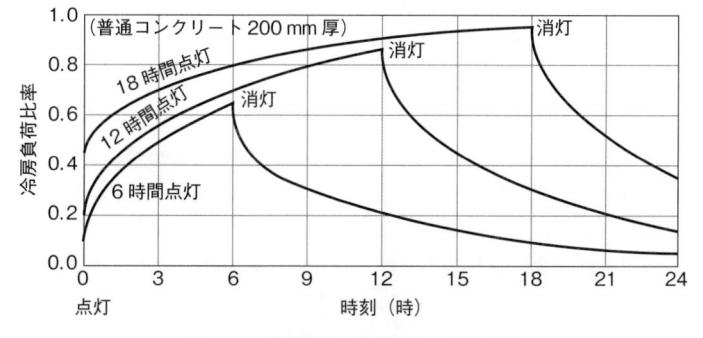

図2.19 照明発熱の放射成分の蓄熱効果
(文献1), p.240)

調の目的に応じて，室内空気の温湿度と清浄度の物理的指標を，建築や保健衛生の関連法規の室内温熱空気環境基準を考慮して設計室内条件として設定する（本節 2.1.2, 2.1.4 参照）．

1) 保健空調の設計室内条件 一般建築における保健空調（快適空調）の空調熱負荷計算では比較的多くの人が快適と感じる温湿度を設計室内条件として設定し，その他の温熱環境要因や個人的な要望に対しては空調方法や運転制御方法などで対処する．周壁からの放射熱，室内気流，着衣状態などを考慮した快適指標の提案もあるが，これを取り入れた空調熱負荷計算方法は一般化されていない．

このような状況から，保健空調では室内温湿度条件を，夏期（冷房設定条件）は26℃，50％程度，冬期（暖房設定条件）は22℃，40％程度とすることが多い．また，中間期の条件が必要なときは両者の中間の温湿度を設定する．

空気の清浄度については関連法規の基準を満たすように設定する．この清浄度と室内の空気汚染物質の発生量および空調方式などから導入外気量が決まる．たとえば，事務作業程度の軽い活動をする室については導入外気量を1人当たり20～30 m³/h とする．

2) 産業空調の設計室内条件 生産工場や倉庫などの産業空調では材料や製品の品質を確保するための温湿度条件とその制御性が作業者の快適性より優先される．

また，生産工程などから発生する有害物質に対する作業者の健康管理と，生産環境としての空気質の確保を考慮して空気清浄度を設定し，導入外気量や空調循環風量などを決定する．

産業空調では生産品や保管品の種類ごとに一般的な室内条件があるが，作業工程や企業によって要求条件が異なるので計画の初期段階での確認が不可欠である．

一般建築でも産業空調と同様な考え方が要求されることがある．たとえば，コンピュータ室では機器を正常に作動させるための温湿度条件とその制御幅がコンピュータ設置条件の一つとして指定される．

b. 設計外界条件

1) 設計外界条件の気象要素 空調熱負荷計算に使われる外界条件の気象要素としては下記のものがある．このうち i)～iii) はいずれの計算法でも必要である．

i) 乾球温度：気象観測値と同じ．

ii) 絶対湿度：湿度の気象観測値は，湿球温度，露点温度，相対湿度などであるが，熱負荷計算では絶対湿度に換算しておくと都合がよい（2.1.11.a 参照）．

iii) 日射量：気象観測値は水平面全天日射量であるが，熱負荷計算では，方位と傾きが任意の外壁面の全天日射量を計算できるように，法線面直達日射量と水平面天空日射量に分離しておく（2.1.7.b の 6) 参照）．

iv) 夜間放射量：地球から宇宙空間に向かう放射量と，大気から地表面へ向かう放射量の差であり，これは一般に観測されていないので，温湿度と雲量をもとに計算で求める．

v) 風速，風向：隙間風量の計算に隙間長さ法（クラック法）を用いるときに必要となる．気象台の風速計の設置高さは一律ではないので計算法にあわせて観測値の補正が必要である．

vi) 地中温度：地中深度や地下水の流れの有無により大きく変わることに注意して選定・想定する．

2) 設計外界条件の選定方法 最大空調熱負荷を求めるためには冷・暖房別の設計外界条件が必要である．空調設計資料には空調熱負荷計算法とともにそれに必要な設計外界条件が用意されている．一般に，最大空調熱負荷計算では，極端に暑い日や寒い日には計算結果の最大空調熱負荷を超える熱負荷が発生しうることを前提としているので，特に厳しく設定室内状態を確保することが必要な場合は特別な設計外界条件を使用することになる．

設計外界条件は，建設予定地における過去の気象観測値をもとに決定される．観測値の統計処理方法とその具体的数値は多くの研究者により提案されており，その中でも ASHRAE（アメリカの暖房冷凍空調学会）の技術諮問委員会（Technical Advisory Committee）により提案された，一定期間の観測値の超過確率を用いる統計処理手法（委員会名称の頭文字をとって TAC 手法と呼ばれることが多い）が著名である．ASHRAE の 1985 年版ハンドブック[7]には，夏季4か月，冬季3か月を対象として，乾球温度と湿球温度を関係付けて，複数の超過確率による世界各地の夏・冬の設計用外界温湿度条件が掲載されている．超過確率はそのデータより危険側（冷房のときは高い側，暖房のときは低い側）となる確率で，たとえば，観測値が1000個あるときは最大値または最小値から数えて10番目の観測値を超過確率1％のデータとする．超過確率は危険率とも呼ばれ，手法の名称をとって「TAC」と呼ぶこともある．

日本では気象要素ごとの時刻別データ処理に TAC

の手法を応用した提案（たとえば文献20)～22)の温湿度データ）が多数の空調設計資料に引用されている．さらに，日射量データも含む例としては文献11)，23)がある．これらのデータは，各気象要素の同時出現性を無視した組み合わせで，かつ連続性を無視した時刻変動のデータであり，超過確率水準の選定によっては過剰な空調熱負荷を計上する恐れもある．

これに対し，湿度が高い日は日射量が少ないことなどに着目し，各気象要素の同時出現性を考慮し，TAC手法に準じて時刻別データを作成する方法があり，たとえば文献24)では乾球温度基準・湿球温度基準・日射量基準の3種類のデータが示され，そのうち湿球温度基準が適しているとしている．

また，気象データではなく空調熱負荷の超過確率をもとにする方法なども提案されている．

3) 設計外界条件の選定例 設計用空調熱負荷計算プログラムMICRO-PEAK/1987には全国28都市の超過確率5%，10%，20%の24時間の設計外界条件が付随していて，計算目的に応じて超過確率の水準を使い分けるようになっている．このうち東京の超過確率5%のデータを表2.6に示す．超過確率の水準による最大空調熱負荷の相違などについては，2.1.9，2.1.10で紹介する．

この設計外界条件は，気象要素別に以下の手順で統計処理されたものである（詳細は文献3)または12)参照）．

i) 原データ：各都市の「平均年標準気象データ」（次の4)参照）のうち，冷房用は夏期2か月（7, 8月：62日），暖房用は冬期2か月（1, 2月：59日）の各時刻の乾球温度・絶対湿度・法線面直達日射量・水平面天空日射量・雲量データを使用する．

ii) 乾球温度・絶対湿度・水平面天空日射量：気象要素別・時刻別に，冷房は62個，暖房は59個のデータを大きさ順に並べて，冷房用は大きいほうから，暖房用は小さいほうから3, 6, 12番目のデータを，超過確率5, 10, 20%の値として採用する．

iii) 法線面直達日射量：原データをii)と同様に処理した場合，直達日射量と天空日射量を加えた全天日

表2.6 MICRO-PEAK/1987付随の設計外界条件（東京：超過確率5%）[12]

時刻	冷房設計条件					暖房設計条件				
	乾球温度 [℃]	絶対湿度 [g/kg]	法線面直達日射量 [W/m²]	水平面天空日射量 [W/m²]	水平面夜間放射量 [W/m²]	乾球温度 [℃]	絶対湿度 [g/kg]	法線面直達日射量 [W/m²]	水平面天空日射量 [W/m²]	水平面夜間放射量 [W/m²]
1	26.5	17.8	0	0	26	0.4	1.4	0	0	128
2	26.4	17.4	0	0	26	0.2	1.4	0	0	128
3	26.3	17.5	0	0	24	−0.2	1.4	0	0	126
4	26.2	17.8	0	0	26	−0.6	1.5	0	0	127
5	26.4	17.7	0	35	24	−0.6	1.5	0	0	126
6	26.7	17.6	235	106	24	−0.7	1.4	0	0	128
7	27.6	17.5	452	177	24	0.0	1.4	0	6	128
8	29.0	17.6	553	240	24	0.2	1.4	0	12	126
9	30.3	17.9	612	290	24	0.6	1.4	0	29	129
10	31.3	17.9	623	323	24	0.7	1.4	0	47	130
11	32.0	17.8	627	353	24	1.5	1.5	0	58	135
12	33.0	17.9	663	360	26	2.1	1.5	0	52	135
13	33.3	17.6	700	309	26	2.4	1.4	0	52	136
14	33.2	17.6	660	292	26	2.6	1.2	0	47	135
15	32.7	17.6	601	276	26	3.0	1.2	0	47	137
16	31.5	17.5	530	215	26	3.5	1.4	0	23	134
17	30.9	17.6	353	145	26	3.3	1.4	0	0	133
18	30.4	17.9	93	64	24	3.2	1.5	0	0	130
19	29.6	17.9	0	12	24	2.7	1.5	0	0	129
20	28.8	17.9	0	0	24	2.0	1.5	0	0	129
21	27.7	17.9	0	0	26	1.6	1.4	0	0	130
22	27.4	17.9	0	0	26	1.0	1.5	0	0	129
23	27.0	18.1	0	0	26	0.7	1.5	0	0	128
24	26.7	17.9	0	0	26	0.5	1.5	0	0	129

注) 日射量と放射量は原典の単位（kcal/m²h）をSI単位系に換算した

射量が異常に大きな値となることがある．そこで，まず対象全時刻の水平面および8方位の垂直面の全天日射量を計算した後，ii) と同様にして冷暖房別・方位別・超過確率別・時刻別全天日射量を求める．これからii) の天空日射成分を減じたものをもとに，統計処理対象期間の中央の7月31日と1月30日の太陽位置を使って，各面共通の冷暖房別・超過確率別・時刻別の法線面直達日射量を求める．

 iv) 水平面夜間放射量：原データの乾球温度，絶対湿度，雲量を用いてブルントの実験式により全時刻の水平面夜間放射量を求めた後，ii) と同様な処理手順で求める．ただし，冷房用は小さいほうから，暖房用は大きいほうから採用する．

以上のようなデータ処理方法をとったために，表2.7のデータは他の文献より水平面天空日射量が大きく，暖房設計条件でも日射量が0ではない．

この例では冷房用条件は夏期のみを対象としている．しかし，沖縄のように緯度が低い地域，あるいは大きなガラス窓や水平庇のような外部日除けがある建物では，南を中心とした方位に面する部屋で，南中太陽高度が低い夏期以外の季節に最大冷房熱負荷が発生する可能性があり，その季節の冷房用条件を用意している空調設計資料（たとえば，文献4, 6, 11)）もある．

また，東南アジアなどの赤道に近い地域では，季節により温湿度の変動は少ないが，太陽の動きが全く異なり，各室や建物の最大冷房熱負荷の発生時期を特定できないので，複数の季節の外界条件による計算が必要となる．

4) **年間計算用外界条件** 年間空調熱負荷計算に使われる外界条件についてはその計算目的に沿って多数の提案がある．

それらのうち，空気調和・衛生工学会により選定・作成方法が提案された平均年標準気象データ[25]が著名である．これは，HASP/ACLD に適用して平均的な年間空調熱負荷を求めるために，約10年間の気象観測値をもとに，月別に実在の気象データをつなぎ合わせてつくられた仮想の1年間8760時間の毎時刻データである．これまでに全国28都市の平均年標準気象データが多数の機関によりほぼ同じ手法で整備・公開されていて，空調計画だけでなく，省エネルギー法のPAL（年間熱負荷係数）[25,26]の計算など多方面に活用されている．

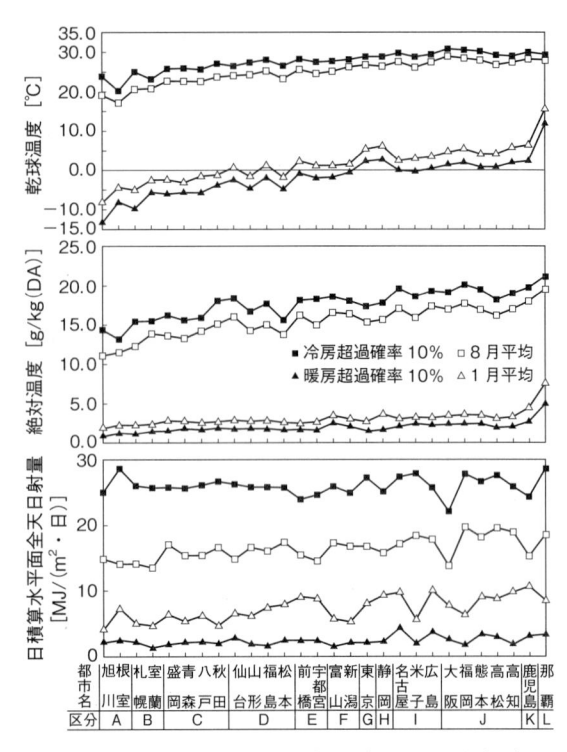

5) **外界条件の地域比較** 図2.20は，MICRO-PEAK/1987 に付随している超過確率10%の設計外界条件および年間計算用外界条件（平均年標準気象デー

タの月別・時刻別平均値）をもとに計算した，日平均温湿度，日積算水平面全天日射量を比較したものである．都市名の並び順は，PAL計算の12の地域区分に従っている．この図から，気象要素により地域差が非常に大きいものと比較的小さいものがあることや，設計外界条件と月平均外界条件の差の程度がわかる．なお，外界条件の相違によって起こる，空調熱負荷の地域差については 2.1.9 および 2.1.10 を参照されたい．

6) **太陽位置と外壁面日射量** 外壁・屋根・ガラス窓などの外壁面日射量の計算は以下に示すようにかなり面倒なので，空調設計資料には外壁面日射量が図や表で用意されていることが多い．

任意の外壁面日射量の計算ではまず太陽位置を求める．太陽位置の計算には，おおよそ図2.21のように毎日変動する，日赤緯 $\delta[°]$ および均時差 $e[\mathrm{h}]$ が必要で，HASP/ACLD ではこれらを日付をパラメータとして多項式で表して任意日の値を計算するようにしている．

太陽時による時角は次式で得られる．

$$t = 15(t_S - 12 + e) + L - L_0 \tag{2.1}$$

ここに，t：太陽時による時角 [°]（南中時が0）
　　　t_S：計算地の中央標準時による時刻
　　　L：計算地の経度 [°]

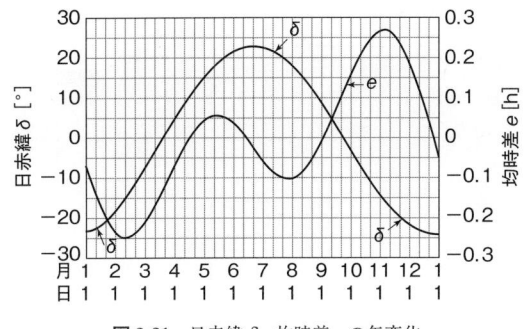

図 2.21 日赤緯 δ・均時差 e の年変化
(文献1), p.236)

(東経が正で，西経が負)
L_0：t_S の基準となる土地の経度 [°]
(東経が正で，日本では135)

次に，太陽位置を表す太陽高度と太陽方位角は，次の3式を解いて得られる．

$$\sin h = \sin\phi\cdot\sin\delta + \cos\phi\cdot\cos\delta\cdot\cos t \quad (2.2)$$
$$\sin A = \sin t\cdot\cos\delta\cdot\sec h \quad (2.3)$$
$$\cos A = (\sin h\cdot\sin\phi - \sin\delta)\cdot\sec h\cdot\sec\phi \quad (2.4)$$

ここに，h：太陽高度 [°]（太陽と水平面のなす角度で，水平面が0°，天頂が90°）
A：太陽方位角 [°]
(真南が0°で，西回りが正)
ϕ：計算地の緯度 [°]
(北緯が正で，南緯が負)

ただし，式 (2.2) で $\sin h < 0$ のときは日没から日の出の間であるから，式 (2.3)，(2.4) は $\sin h \geqq 0$ のときに意味をもつ．

次に，$\sin h \geqq 0$ のときに任意の壁面に対する太陽光の入射角は次式で得られる．

$$\cos i = \sin h\cdot\cos\theta + \cos h\cdot\sin\theta\cdot\cos(A-\alpha) \quad (2.5)$$

ここに，i：太陽光の入射角 [°]
θ：壁面の水平面からの傾斜角 [°]
α：壁面の方位角 [°]
(真南が0°で，西回りが正)

ただし，$\cos i < 0$ のとき，この壁面は日影面である．この壁面への日射量は次式で求まる．

$$I_d = I_{dn}\cdot\cos i \quad (\cos i \geqq 0 \text{ のとき})$$
$$= 0 \quad (\cos i < 0 \text{ のとき}) \quad (2.6)$$

$$I_s = \frac{1+\cos\theta}{2} I_{sh} \quad (2.7)$$

ここに，I_d：直達日射量 (W/m²)
I_s：天空日射量 (W/m²)
I_{dn}：法線面直達日射量 (W/m²)
I_{sh}：水平面天空日射量 (W/m²)

なお，外部に庇などの遮へい物がある場合，直達日射については太陽位置（太陽高度，太陽方位角）をもとに計算できる外壁面への影を考慮し，天空日射については外壁面の天空率による補正が必要である．

また，建物周辺の地物（地面，水面，建物など）で反射する日射を考慮する計算法もある．

2.1.8 最大空調熱負荷計算

a. 空調熱負荷計算における室単位

空調熱負荷計算は室単位で行うことが一般的であるが，たとえば，熱源方式，空調方式，空調ゾーニング，運転制御方法などの検討目的を考慮して，1つの室を複数に分割して計算することも多い．

空調空間においては，熱負荷の発生源に分布があることや空調の気流の影響などにより，室内の温湿度は水平・上下いずれの方向にもばらついているが，空調熱負荷計算では一様に分布していると想定して取り扱うことが一般的であり，実務上はほとんど支障がない．しかし，ドームや劇場のような大空間やアトリウムなどの吹抜け空間では，非居住域である高所に熱がたまりやすい．このようなときに一様分布とみなすと過大な空調熱負荷を計上することになりかねないので，上下方向の温度分布を考慮した計算をする．ただし，手作業の計算では温度分布がある大空間を1つの空間として扱うのは困難であり，仮に複数の空間に分割し空間ごとに室内温度を設定して熱負荷を求める方法をとる．最近は，複数空間相互の熱や空気の移動現象を扱うプログラムも開発・利用されている．

b. 計算対象日時

1) 冷房熱負荷計算の場合 日本では建物全体の最大冷房熱負荷が7月下旬から8月中旬頃に発生することが多いので，その頃を対象とした設計外界条件や太陽位置を用いて計算する．

外壁面に当たる日射量は1日のうちでも方位と時刻で大幅に異なるので，部屋の外壁・窓が面している方位によって最大冷房熱負荷が発生する時刻が異なる．たとえば，東向きでは8～10時頃，南向きでは12～14時頃，西や北向きでは16～17時頃に最大冷房熱負荷となることが多い．また，建物全体では午後に最大となる．したがって，これらを考慮して計算対象時刻を選ぶ．

しかし，南を中心とする方位に面する室では，ガラス窓から入る日射熱が夏より多くなる秋や冬に最大冷房熱負荷が発生することがある．とくに，南面に水平

の庇やバルコニーが設けられている場合は，夏期には日射がかなりカットされるのでその可能性が大きい．

2) 暖房熱負荷計算の場合　最大暖房熱負荷計算においては，室内発熱を少なく見込み，表2.7に示したように設計用日射量は少ない．実務では室内発熱，日射量ともに0とすることも多い．また，間欠空調では非空調時の空温変動による蓄熱負荷（2.1.8 g参照）が大きく運転開始時に最大暖房熱負荷が発生することが多い．したがって，運転開始時についてのみ計算することが多い．

c. ガラス窓からの日射熱負荷

1) 基本式　ガラス窓からの日射熱負荷は冷房熱負荷に占める割合が大きく，また変動が大きい．一方，暖房熱負荷計算では設計外界条件の日射量が少ないことと，マイナスの暖房負荷となることから，ほとんどの計算体系では安全をみて無視されている．

ガラス窓からの日射熱負荷の計算は非常に複雑であるが，実務では以下のような簡易化の工夫をした手法とすることが多い（文献11）参照）．

ガラス窓からの日射熱取得はガラスを透過して直接室内に入る成分と，ガラスに吸収されてから室内に入る成分を加えたものであり，日射熱取得の外部日射量に対する比率が日射取得率である．図2.22は3 mm厚普通ガラスの日射取得率の入射角による変化を表したもので，この変化の傾向は普通ガラスや熱線吸収ガラスではガラスの種類と厚さにかかわらず類似している．そこで，3 mm厚普通ガラスを標準ガラスとして方位別に基準となる日射熱取得データを用意しておき，他のガラスの場合はそれに補正係数を乗じて計算する．この補正係数のことを一般に「遮へい係数」（次の2)参照）と呼んでおり，さらにこれを放射成分と対流成分に分けて扱う計算法もある．HASP/ACLDでは図2.22の曲線を入射角に関する多項式で表して任意の入射角の計算をするようにしている．

なお，熱線反射ガラスやlow-eガラスなどの場合は入射角による日射取得率の変化傾向が標準ガラスと異なるのでそれに配慮した計算法とすべきであるが，便宜上標準ガラスの特性式を準用している計算法が多い．

通常，ガラスは見付け面積がガラス窓の10～20%を占めるサッシにはめ込まれており，しかもサッシ部分の日射熱取得や伝熱の性状はガラスとはまったく異なるものである．それにもかかわらず，ガラス面積としてサッシを含めた面積を使用する計算法が多い．これは，冷房熱負荷計算ではサッシ部分をガラスとして

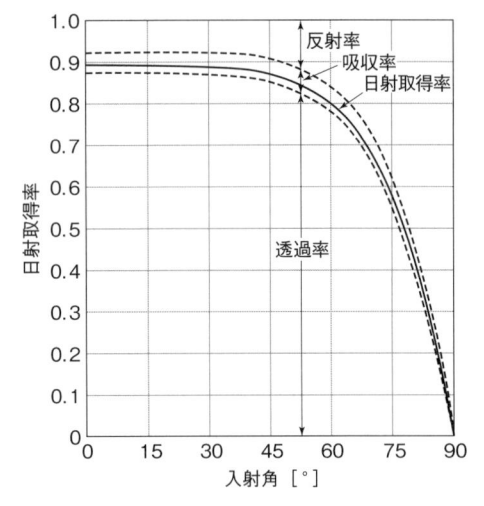

図2.22　3 mm厚普通ガラスの入射角特性
（文献4）p. 72の図2.28を一部変更）

扱えば日射熱取得が大きくなるので安全サイドの解が得られるからである．なお，内外温度差による伝熱も考慮してサッシの補正係数を乗ずる計算法もある．

以上より，ガラス窓からの日射熱取得は，次式を基本式として計算される．

$$q_G = I_G \cdot A_G \cdot k_s \cdot Sc \qquad (2.8)$$

ここに，q_G：ガラス窓からの日射熱取得［W］
　　　　I_G：標準ガラスの日射熱取得［W/m^2］
　　　　A_G：ガラス面積［m^2］
　　　　k_s：サッシ補正係数［−］
　　　　Sc：遮へい係数［−］

なお，外部遮へい物による影ができるときは，日当たり部分と日影部分に分け，日影部分は天空日射のみで計算する．

一般には日射熱取得＝日射熱負荷とすることが多い．しかし，日射熱取得の放射成分の蓄熱効果（2.1.6c.5)参照）を見込む場合は，式（2.8）で遮へい係数Scを放射成分（S_{CR}）と対流成分（S_{CC}）に分けて計算し，放射成分については蓄熱効果の補正をして日射熱負荷を求める必要がある．

2) 内部遮へい　ガラス窓部分にブラインドやカーテンのような内部遮へい物があるときは，その影響をガラスの日射熱取得特性に加えた遮へい係数を使う．内部遮へい部分の熱移動のメカニズムは複雑で，その遮へい効果を把握するには，日射の入射角やブラインドのスラット角度など種々の仮定をした計算による方法（たとえば，文献11)）や，実験・実測による方法などがある．多くの計算法では特定の前提条件下

で得られた遮へい係数を常数として用いている．ただし，ガラス窓からの日射熱取得の大小や室使用状態により，ブラインドやカーテンの開閉状態を変える計算体系（たとえば，文献 12, 15)）では，時刻ごとに内部遮へい物が閉の遮へい係数と，開の遮へい係数を使い分けて計算する．

なお，ガラスの内側に熱容量が小さい耐火材をバックアップさせたガラスカーテンウォールの日射熱負荷の計算は，一般の外壁ではなく不透明な内部遮へいがあるガラス窓として計算するのが適切である（文献 4 参照)．

d. 壁体からの貫流熱負荷

1) 基本式　外壁，屋根，ガラス窓，内壁（間仕切，床，天井），地中壁のような壁体の両側で温度差があるときは次の基本式で壁体貫流熱負荷を計算する．ただし，地中壁の暖房熱負荷計算では異なる計算式が使われることがある．

$$q_W = U_W \cdot A_W \cdot \Delta t \tag{2.9}$$

ここに，q_W：壁体貫流熱負荷 [W]
　　　　U_W：壁体の熱貫流率 [W/(m²·K)]
　　　　A_W：壁体面積 [m²]
　　　　Δt：内外温度差 [K]

この基本式は，断面が一様の平面壁体における 1 次元熱流の式であり，柱や梁がある部分や，隅角部については本来 2 次元または 3 次元の熱流の式を使用しなければならない．しかし，通常の空調熱負荷計算では 1 次元熱流のこの基本式だけが用いられ，必要ならば補正を加える．

ここで，壁の内表面熱伝達率の半分が放射成分であることから，この熱負荷の半分は放射熱と考えられるが，その蓄熱効果は無視されることが多い．

2) 熱貫流率　熱通過率と呼ぶこともある熱貫流率は壁体の両側の温度差が 1 K のときに表面積 1 m² 当たり単位時間に通過する熱量を表すもので，壁体が複数の層で構成されるときは次式で得られる．

$$U_W = \cfrac{1}{\cfrac{1}{\alpha_o} + \sum \cfrac{d_n}{\lambda_n} + \cfrac{1}{\alpha_i}} \tag{2.10}$$

ここに，U_W：熱貫流率 [W/(m²·K)]
　　　　α_o：外側表面熱伝達率 [W/(m²·K)]
　　　　α_i：内側表面熱伝達率 [W/(m²·K)]
　　　　d_n：n 層の材料の厚さ [m]
　　　　λ_n：n 層の材料の熱伝導率 [W/(m·K)]
　　　　（ただし，n 層が空気層のときは，d_n/λ_n でなく n 層の熱抵抗を用いる）

空調設計資料には材料の熱伝導率とともに，よく使われる断面構造の熱貫流率の表が用意されている．

ガラス窓についてはガラス板単体だけでなく，サッシの影響や内部遮へい物の熱抵抗も考慮した熱貫流率を用いる．さらに，日射熱取得の大小などにより内部遮へい物を開閉するように計算する場合は開閉にあわせて熱貫流率を変えて計算する．

3) 内外温度差　内外温度差は，冷房熱負荷計算では計算対象室の外側の温度から室温を引いたものであり，暖房熱負荷計算ではその逆である．

外壁や屋根の場合は，室外側の温度として，外気温に外表面の日射と夜間放射の影響を加えた相当外気温を用いる．すなわち，外表面に当る日射により

$$\frac{外表面日射吸収率 \times 外表面日射量}{外表面熱伝達率}$$

で計算される温度上昇があり，外表面からの夜間放射により

$$\frac{外表面放射率 \times 外表面夜間放射量}{外表面熱伝達率}$$

で計算される温度降下があるものとして扱う．

冷房熱負荷計算では，夜間放射分を，絶対値が大きくない（表 2.7 参照）ことと，マイナスの冷房熱負荷であることから安全をみて無視することが多い．

暖房熱負荷計算では，日射分を無視することが多く，日射分と夜間放射分が相殺するものとして両者を無視することもある．ただし，表 2.7 のように，暖房設計外界条件では夜間放射量のほうが日射量よりかなり多いことに注意すべきである．

ここで，ガラスや鋼板ドアのように壁体の熱容量が比較的小さい場合には，内外温度差として計算対象時刻の相当外気温と室温の差を用いて差し支えない．しかし，図 2.15 に例示したコンクリート壁体のように熱容量が大きい場合には，外側の変動の影響が内部に伝わる過程で，時間の遅れがあり振幅が減衰する．この現象に簡単に対応するために冷房熱負荷計算では内外温度差として実効温度差（2.1.6 c.4 参照）を用いることが多い．

内壁や地中壁の場合は一般に外側の温度変動幅が小さいので単純な内外温度差を用いるが，熱容量が大きい壁で温度変動幅が大きい場合は実効温度差と同様な扱いをする．

なお，手計算による暖房熱負荷計算では，すべての壁体について，日射や夜間放射および壁体の熱容量を考慮せず，計算対象時刻の内外温度差をそのまま用いる定常計算とすることも多い．

e. 隙間風の熱負荷

隙間風は建物内外に圧力差があるとき，サッシや外壁の隙間，および扉や窓の開閉などによって生ずる．

その圧力差は壁面の風圧によるものと内外の温度差（空気密度の差）によるものがある．隙間風量の計算方法としては，換気回数法，隙間長さ法（クラック法），外壁面積法などがある．

換気回数法は，建物構造や規模および季節の条件と，気密度，内外温度差を勘案して室内積の何倍の隙間風が侵入するかを想定して計算するものである．計算が容易なことから実務では多く使われ，空調設計資料には換気回数の目安が示されている．

隙間長さ法は，図面から隙間の長さと通気特性を拾い，風速・風向，建物形態，地上高さから風圧を求め，さらに内外温度差による圧力差を求めて計算する．

外壁面積法は建物の隙間風の実態調査をもとに提案された手法で冬期の計算に使われる．

一般に，気密度が高い建物では外部との出入口の扉部分以外の隙間風はほとんど無視できる．ただし，冬期は内外温度差による圧力差が大きく，エレベータシャフトや階段などの煙突効果により隙間風量が多くなる傾向にある．

隙間風が流入するときは，その熱負荷を次式で計算し，流出するときは計算しない．

$$q_{IS} = c_P \cdot \rho \cdot \Delta t \cdot Q_I \tag{2.11}$$
$$q_{IL} = \gamma \cdot \rho \cdot \Delta x \cdot Q_I \tag{2.12}$$

ここに，q_{IS}：隙間風の顕熱負荷 [W]
　　　　q_{IL}：隙間風の潜熱負荷 [W]
　　　　c_P：空気の定圧比熱 [J/(kg(DA)・K)]
　　　　γ：水の蒸発潜熱 [J/g]
　　　　ρ：空気の密度 [kg(DA)/m^3]
　　　　Δt：室内外乾球温度差 [K]
　　　　Δx：室内外絶対湿度差 [g/kg (DA)]
　　　　Q_I：隙間風量 [m^3/s]

この2式における内外の温湿度の差は，冷房計算では外から内を引き，暖房計算ではその逆とする．

f. 室内発熱負荷

室内では，照明，人体および各種の機器などから発熱（顕熱，潜熱）があり，いずれも冷房熱負荷である．

室内顕熱発熱に含まれる放射熱成分の蓄熱効果の扱い方は，ガラスの日射熱負荷と同様に考えることが多いが，人体発熱については無視することもある．

最大暖房熱負荷計算では内部発熱はマイナスの暖房熱負荷となるので，全日連続運転または確実に発熱が予想される場合に限って計算する．すなわち，最大暖房熱負荷が発生するのは運転開始時で，通常その時間には部屋を使用しておらず室内発熱がないと考える．

1) 照明発熱負荷　照明の発熱負荷は，設置される照明器具の形式と台数をもとに計算する．

一般に，電気器具で消費される電力は最終的にはすべて熱に変わる．すなわち，白熱灯では電球1W当たり1Wの発熱があり，蛍光灯では安定器での電力消費を含めて電球1W当たり1.1～1.2W程度の発熱となる．

全般照明のほかに個別照明が採用される場合は，照明の点灯率（使用率）を考慮する．また，昼光利用を計画して照明の照度補正をする場合には，使用率と同様な扱いが必要である．

照明発熱で高温となった器具周辺の空気を直接室外に排出するシステムの場合，排熱分は室内の冷房熱負荷とはならない．ただし，排熱をレタン空気で空調機に戻すときは空調機の冷房熱負荷となる．

以上から照明発熱負荷は次式で計算する．

$$q_L = W \cdot h \cdot \alpha \cdot \beta \tag{2.13}$$

ここに，q_L：照明発熱負荷 [W]
　　　　W：照明器具ワット数 [W]
　　　　h：発熱単位 [W/W]
　　　　α：照明使用率 [－]
　　　　β：冷房熱負荷となる比率 [－]

なお，室内に複数の形式の照明器具や使用時間が異なる器具が混在するときは別々に計算する．さらに放射熱の蓄熱効果を見込むときは，器具形式や電球種類により放射熱成分の比率が異なることを考慮して計算する．

2) 人体発熱負荷　人間の呼気は高温であると同時に水蒸気を含んでいる．また，皮膚は周囲空気を対流で暖め，放射熱を出すとともに，水分（汗）を蒸発させている．

このように，人体発熱には顕熱と潜熱があり，発熱量は静座しているようなときは少なく，重労働や運動をしているときは多い．同一作業ならば全発熱量は同じであるが，室温が低いと顕熱の比率が大きく，室温が高いと潜熱の比率が大きくなる．また，同一作業でも体格の違いから個人差がある．空調設計資料には平均的な人の作業強度別発熱量が示されている．計算に際しては，室の使用目的から作業強度別の定員を設定し，人員の時間変動（在室率）を考慮する．

以上から人体発熱負荷は次式で計算する作業強度別の負荷を集計して得られる．

$$q_{HS} = N \cdot h_S \cdot \alpha \tag{2.14}$$

$$q_{HL} = N \cdot h_L \cdot \alpha \tag{2.15}$$

ここに，q_{HS}：人体発熱顕熱負荷［W］
q_{HL}：人体発熱潜熱負荷［W］
N：作業強度別在室者定員［人］
h_S：作業強度別顕熱発生量［W/人］
h_L：作業強度別潜熱発生量［W/人］
α：在室率［－］

3) 機器発熱負荷 室内では各種の機器からの発熱がある．たとえば，事務室では複写機，パソコンなどの事務機器があり，ホテルの客室ではテレビ，冷蔵庫などがあり，生産施設ではプロセス機器，搬送機器などがある．

これらの機器が消費した電力やガスなどのエネルギーは顕熱・潜熱として室内に放出される．ただし，燃焼ガスをフードなどにより直接排気するときや，冷却水で熱を除去するときは発熱すべてが室内発熱負荷になるとは限らない．

また，各機器の稼働率を考慮すること，場合によっては将来の使われ方にも配慮することが必要である．

以上より，機器発熱負荷は各機器の室内への放熱量と稼働率を考慮し，顕熱と潜熱に分けて計算する．なお，高温機器で多く発生する放射熱成分の蓄熱効果を見込む計算法もある．

g. 室温変動による蓄熱負荷

c.～f. の記述は連続空調を前提とした空調熱負荷計算である．しかし，実際には夜間や休日には空調運転を停止する間欠空調とすることが多く，連続空調では考慮しなくてよい間欠空調特有の熱負荷が発生する．

一般に，空調運転停止時間帯にも室内への熱の出入りがあり，その結果室温が変動する．すなわち，夏期は停止時間帯に室温が上昇して壁体や家具などに熱が蓄えられ，その熱は運転再開後に室内へ放出される．冬期は逆に停止時間帯に室温が下降して壁体などが冷え，運転再開後には室内から壁体などへ熱が流れる．したがって，間欠空調では夏期も冬期も連続運転の場合より空調熱負荷が増えることになる．この増える熱負荷のことを「室温変動による蓄熱負荷」という．この負荷は運転開始時には多いが，運転時間が経過すれば壁体温度が設定室温に近づき徐々に少なくなる．

このような室温変動と熱負荷を，時刻を追って求める方法（たとえば，文献9，10））はあるが手計算による処理はほとんど不可能である．室温変動を求めずに，室の熱特性を考慮して蓄熱負荷のみを手計算で求める方法（たとえば，文献11））もあるが，設計実務で使うにはかなり面倒である．したがって，コンピュータを利用しない場合は次のように扱われることが多い．

冷房計算では，蓄熱負荷が全冷房熱負荷に比べて少ないこと，建物全体として最大冷房熱負荷が発生する午後まで残る蓄熱が少ないことから，蓄熱負荷を無視することが多い．ただし，東に面する室では最大冷房熱負荷が発生する午前中に蓄熱負荷が多いので，東面だけ割増を考慮する計算手法（たとえば，文献5））もある．

一方，暖房計算では，全暖房負荷に占める蓄熱負荷の比率が大きいことと，最大暖房熱負荷が発生する運転開始時に蓄熱負荷が最大であることから蓄熱負荷を無視できない．そこで，たとえば，

a) 連続空調を前提とした暖房熱負荷に割増をする
b) 北を中心とする方位の壁体貫流熱負荷に方位係数による上乗せ補正をする
c) 運転停止時間帯における，設定室温基準の累積熱損失をもとに蓄熱負荷を求める
d) 実測値や熱負荷シミュレーションをもとに予測された蓄熱負荷を加える

などの方法で対処する．

レスポンスファクタを用いてコンピュータで室温変動による蓄熱負荷をより正しく求める手法については文献14～17）などを参照されたい．このとき注意すべきは，連続空調では考慮しなくてよい内外温度差がない壁体（たとえば，隣室と同じ空調条件の床・天井・内壁）や柱・室内家具についてもその熱容量などの熱特性データが必要となることである．

蓄熱負荷の実務的な計算手法の多くは1日周期の間欠空調を前提としていることが多いが，週末に1～2日の運転休止がある場合は2.1.9の計算例で説明するように休日の影響が翌週の中程まで残ることに留意すべきである．

h. 導入外気熱負荷

導入すべき外気量は，法規制値，室内空気に要求される清浄度，排気量とのバランスなどで決定される（2.1.7 a参照）が，省エネルギー対策として外気導入量を制御することもある．また，外気の給排気経路に全熱交換器を用いる場合は，給排気の風量比で決まる熱回収割合を考慮する．

以上より，導入外気熱負荷は次式で計算される．

$$q_{FS} = c_P \cdot \rho \cdot \Delta t \cdot Q_F \cdot (1 - \eta_S) \tag{2.16}$$

$$q_{FL} = \gamma \cdot \rho \cdot \Delta x \cdot Q_F \cdot (1 - \eta_L) \tag{2.17}$$

ここに，q_{FS}：導入外気の顕熱負荷［W］
q_{FL}：導入外気の潜熱負荷［W］
Q_F：導入外気量［m³/s］

η_S：全熱交換器の顕熱回収割合 [-]
η_L：全熱交換器の潜熱回収割合 [-]
$c_P, \gamma, \rho, \Delta t, \Delta x$：式 (2.11), (2.12) に同じ

i. システムロス

c.～h. で述べた空調熱負荷は空調方式とほぼ無関係に計算できる．熱負荷計算上の室単位で得られた熱負荷を空調システムの装置別（たとえば，空調機，室内ユニット，ポンプ，熱源など）に集計し，これに空調装置の運転に伴う空調熱負荷（これをここではシステムロスと呼ぶ）を加えて空調装置負荷が得られる．システムロスは空調方式により異なるもので，たとえば下記のようなものがある．

① 空気・熱媒を搬送する送風機やポンプの動力により，運転時間帯に空調系に与えられる熱
② 空調機やダクト・配管内の温度と周囲空気温度の差により運転時間帯に空調系に流入出する熱負荷
③ ダクトからの空気の漏れによる熱負荷
④ 湿度制御のための再熱負荷（2.1.11.c 参照）
⑤ 温度制御プロセスにおける混合熱損失
⑥ 蓄熱槽の吸放熱負荷・混合熱損失
⑦ 運転停止時間帯における空調装置自体の吸放熱による蓄熱負荷

j. 新しい空調熱負荷計算法

文献 27) には，新しい空調熱負荷計算法と気象データ処理法が紹介されている．これらは「建築物総合エネルギーシミュレーションツール」として 2008 年に初版が公開され改善開発が継続している「The BEST Program」（文献 28) 参照）に空調熱負荷計算モジュールとして組み込まれており，実務での早期活用が期待されている．これは既存の計算法やプログラムとは異なる下記のような特徴を有している．

① AMeDAS の最近の観測値を処理した年間データと設計用データなど多様な気象データの利用が可能
② 設計計算と年間シミュレーションの建物情報データが共通
③ 各種スケジュールの季節変動の設定が可能
④ 1 日に複数回発停する空調運転の設定が可能
⑤ PMV，作用温度による温熱環境評価が可能
⑥ 多数室相互の熱的影響を考慮
⑦ 熱負荷計算の時間間隔が可変で，最短 1 分間隔
⑧ 空調運転状態により 2 種の計算方法を切り換え
⑨ 遮へい係数を用いない計算法による多種類のガラス窓と昼光利用制御，ブラインド操作に対応可能
⑩ 空調・衛生・電気などの設備システムのシミュレーションプログラムと連成した計算が可能

2.1.9 最大空調熱負荷の特性

ここでは，2.1.6～2.1.8 で述べた空調熱負荷計算法や外界条件などの選択，あるいは条件設定により，最大空調熱負荷がどのように異なるかを示す．

a. 最大空調熱負荷の実態

表 2.6 の各負荷構成要素が最大空調熱負荷に占める割合は，建設地，建物用途，建築デザインおよび建物使用条件などによりかなり異なる．たとえば，一般的な事務所建築の場合，最大冷房熱負荷では表 2.6 の a（ガラス窓の日射），d（内部発熱），f（導入外気）の要素の割合が大きくそれぞれ約 30%であり，最大暖房熱負荷では b（壁体の貫流熱），e（室温変動による蓄熱），f（導入外気）の要素の割合が大きくそれぞれ約 30%である．データセンター，商業店舗，一部の生産工場のように室内の機器発熱が極端に多い建物では，冷房熱負荷のほとんどが d（内部発熱）の要素で占められ，年間を通じて暖房熱負荷が発生しない．クリーンルームでは送風機動力による熱取得が多く冷房熱負荷に占める g（システムロス）の割合が大きくなる．

空調設計資料には，参考データとして，建物用途別の単位面積当たりの最大空調熱負荷が掲示されていることがある．図 2.23, 2.24 は，空気調和・衛生工学会の会誌に掲載された実績データをもとに日本の建物における冷房負荷と暖房負荷を，建物用途別に延べ床面積と対比させてプロットしたものである．これらの図を見ると，同じ建物用途で同じ延べ床面積の熱負荷(熱源容量)が，平均と比べて 10 倍あるいは 10 分の 1 の例もあるほどばらついていることがわかる．

このような差異が生じる要因としては，対象建物の建築計画内容が異なることのほかに，以下の試算例のように空調熱負荷計算上の要素もある．

b. 計算手法による最大熱負荷の比較例

文献 30) には，同じ事務所モデルを対象として，国内で実務に使用されている複数の計算手法とそれに付随している設計外界条件を用いた最大空調熱負荷計算結果の比較が示されている．

これによれば，9 種類の手計算手法の比較では，最大冷房熱負荷は平均±15%に含まれているが，最大暖房熱負荷は最大と最小には 3 倍の相違があり広範囲にばらついている．一方，コンピュータを利用する 5 種類の手法の比較では，最大最小の比率は，最大冷房熱負荷が約 1.5 倍，最大暖房熱負荷が約 2.4 倍である．

このように，同じ建物条件であっても利用する計算

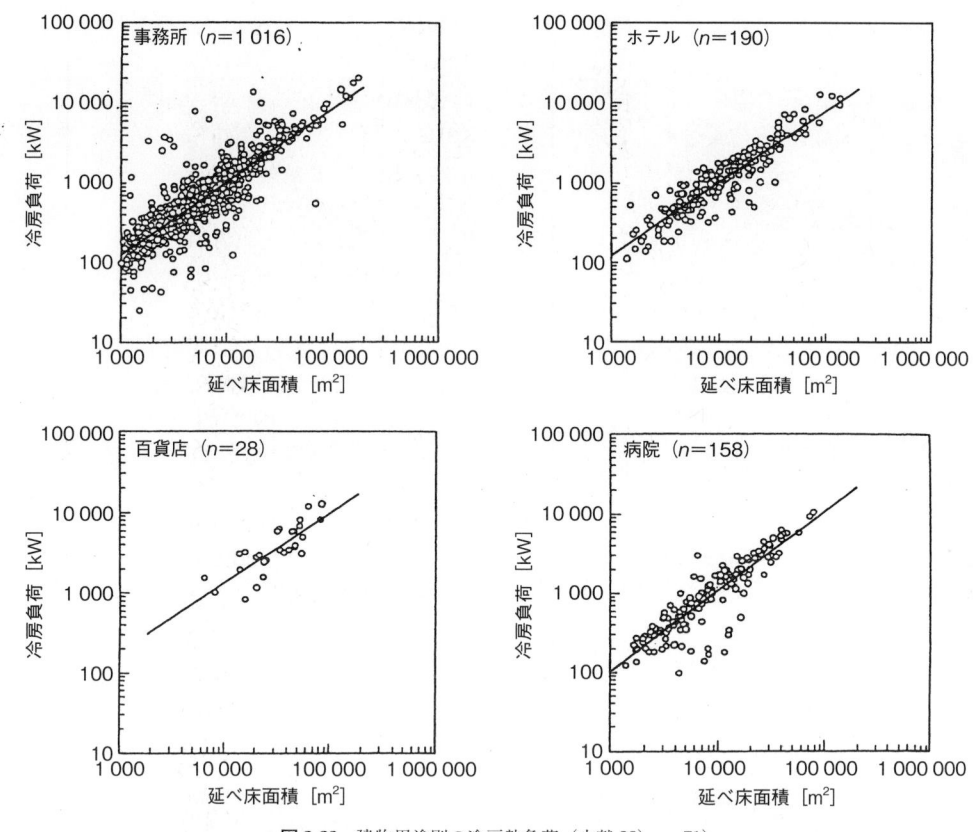

図 2.23 建物用途別の冷房熱負荷（文献 32），p.71）

手法により最大熱負荷がかなり異なることに注意しなければならない．

c. 条件設定による最大熱負荷の比較例

ここでは，前述の周期非定常計算のパソコンソフト MICRO-PEAK を用いて計算条件を変えたときの最大熱負荷の比較を示す．この比較計算に用いた建物モデルは多くの文献・研究に引用されている「日本建築学会のオフィス標準問題」（詳細は文献 31））の中間階であり，空調面積が $605\,\mathrm{m}^2$ で，外壁は4つの正方位に均等に面し，窓面積率は30％である．

1) 設計外界条件の超過確率水準による相違 ソフトに付随している東京の設計外界条件の超過確率の水準を5, 10, 20％（超過しない確率の比率＝95：90：80）と変えて，最大室内顕熱負荷を比較すると，冷房では 95：90：83，暖房では 95：89：81 であり，外界条件の超過しない確率の比率と似た傾向にある（詳細は文献2）参照）．

2) 予冷・予熱時間による相違 運転開始時が同じで，予熱時間（設定室温に達するまでの時間）を1, 2, 3時間と想定した場合の室内暖房顕熱負荷と室内温度の相違を図 2.25 に示す．予熱時間帯に発生する最大負荷の比率は，100：87：82 である．

ただし，予熱 2, 3 時間の場合でも運転開始後1時間で設定室温－1℃程度まで室温は上昇するので，3時間予熱と想定した最大室内暖房顕熱負荷を用いても実務的には支障ないと考えられる．

なお，最大室内冷房顕熱負荷は午後に発生するので，予冷時間を変えても最大負荷の相違はほとんどない．

3) 暖房計算に見込む内部発熱による相違 暖房計算に見込む照明・人体発熱を冷房計算条件の，0％，25％，50％としたときの最大室内顕熱暖房負荷の比率は，100：93：85 となる．

間欠空調による室温変動の蓄熱負荷を考慮しない暖房計算法では，暖房負荷を小さくさせる内部発熱，日射などを無視して蓄熱負荷分と相殺させていることが多い．しかし，確実に内部発熱があるならば，暖房計算においても適切な想定による内部発熱を見込んでよい．

4) 運転休止日の影響 1日周期計算用のソフトを一部変更して，日曜日のみ空調を全日停止しかつ内

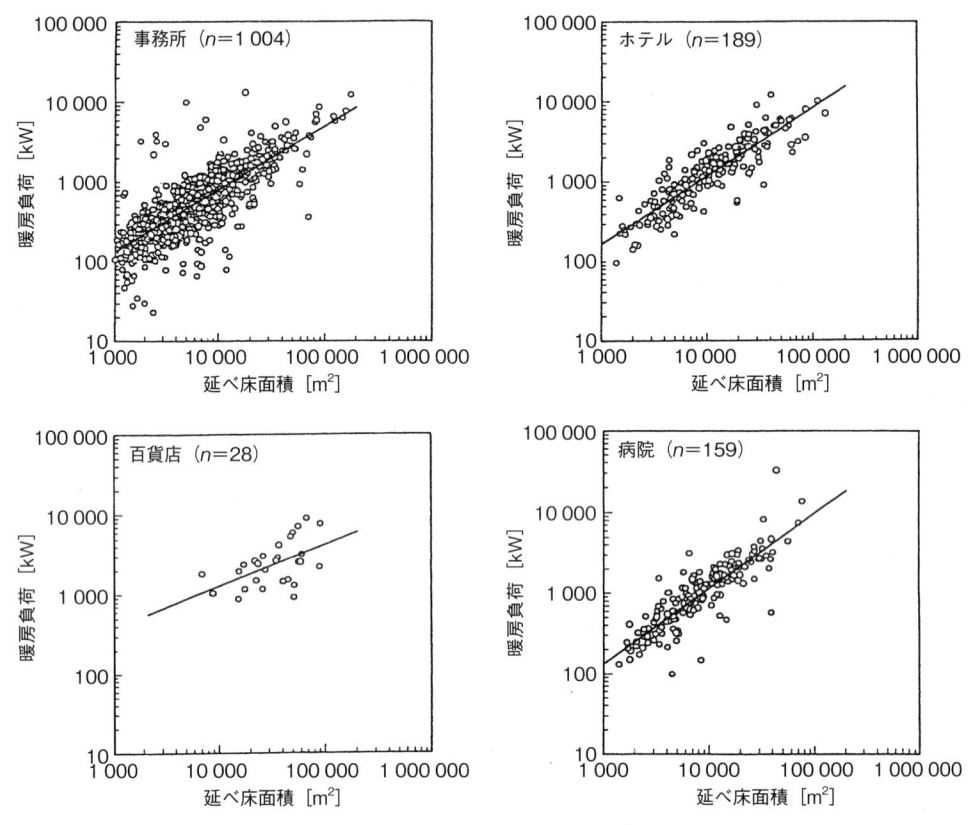

図 2.24 建物用途別の暖房熱負荷[31]

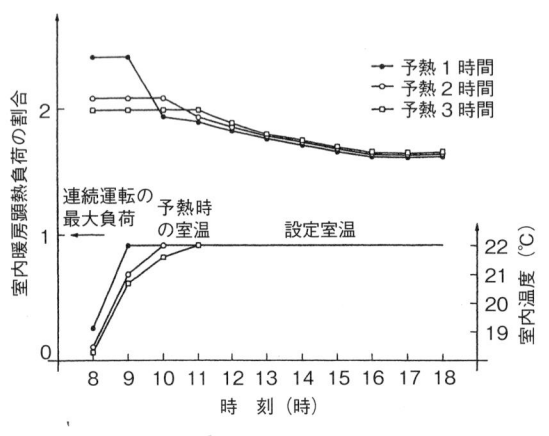

図 2.25 予熱時間による室内暖房顕熱負荷と室温変動の相違
（文献1)，p.247）

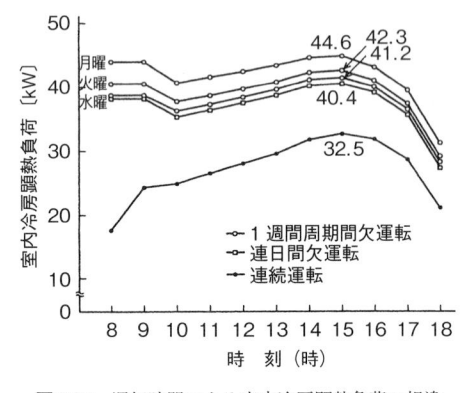

図 2.26 運転時間による室内冷房顕熱負荷の相違
（文献1)，p.241）

部発熱が無く，1日周期の設計外界条件が毎日繰り返されると想定して，1週間周期の室内顕熱負荷計算をした結果が図2.26，図2.27である．

冷房計算では，月曜日のピーク値は木曜日以降のピーク値の約1.1倍で休日の影響はあまり大きくない．また，全日連続運転のピーク値は間欠運転の0.8倍程度である．

一方，暖房計算では，月曜日のピーク値は金・土曜日の約1.4倍で，全日連続運転の場合の3.4倍である．すなわち，内部発熱がない運転休止日の影響は暖房計算において顕著に現れることがわかる．また，近年の多くの事務所のように土曜日の運転も休止される場合はさらに1割程度大きなピーク負荷となる．したがっ

2.1 空調計画の基本

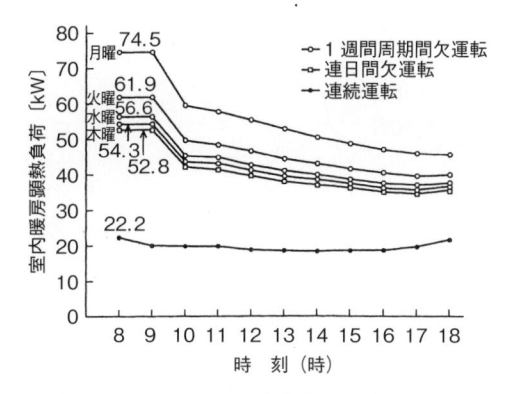

図 2.27 運転時間による室内暖房顕熱負荷の相違
（文献 1），p.241）

て，1日周期計算で最大暖房熱負荷を求めた場合は，冬期の休日明けの室温を早期に立ち上げるためには運転上の配慮が必要である．

d. 最大空調熱負荷の地域比較

図 2.28 は，同じ建物モデルについてソフトに付随する全国 28 都市の設計外界条件を用いて，最大空調熱負荷を計算した結果である．

これによれば，最大冷房顕熱負荷は北海道と東北地方の一部を除いて全国的にほとんど差がない．しかし，最大暖房顕熱負荷は外壁の断熱仕様を一律としたため寒冷地と温暖地の差が大きい．

潜熱負荷は人体と外気の潜熱負荷の単純合計であり，除湿プロセスによる増減（2.1.11.c 参照）は考慮されていない．したがって，潜熱負荷の差は，導入外気潜熱負荷によるものであり，冷房での差が大きい．

2.1.10 年間空調熱負荷の特性

ここでは，空調熱負荷シミュレーションにより得られる種々の年間空調熱負荷の特性について示す．

a. 容量不足の発生状況

2.1.9.c.1) に示した3水準の超過確率の設計外界条件による最大室内顕熱負荷を設備容量として与えて，HASP/ACLD を用いて空調熱負荷シミュレーションを行った．用いた外界条件は東京の1970年代の平均年標準気象データと，1973～1979年の実データであり，年間の容量不足の発生状況を図 2.29 に示す．ここでは，容量不足による室温の変動は設定室温を基準とした．

冷房シミュレーションは，冷房設計条件の内部発熱を 100% 見込んでいるが，超過確率 20% の場合を除いて，容量不足を起こす頻度は少なく，容量不足による室温上昇も大きくない．一般に建物運用段階では冷房設計条件通りの内部発熱となることは稀であり，この例の冷房容量には余裕があると考えられる．

暖房シミュレーションは，冷房条件設計の内部発熱の 50% を見込んだ予測にもかかわらず，暖房容量不足を起こす頻度が多く，容量不足による室温変動も大きい．この例では，容量不足が休日明けに多く発生しているので，休日に配慮して設計計算の結果に補正を加えるか，運転方法を変える必要があると言える．

冷暖房ともに，設計外界条件の超過確率の水準による容量不足の発生状況の差は比較的小さい．しかし，年により容量不足の発生状況が大きく異なるので，平均年標準気象データのみのチェックでは最大負荷の計

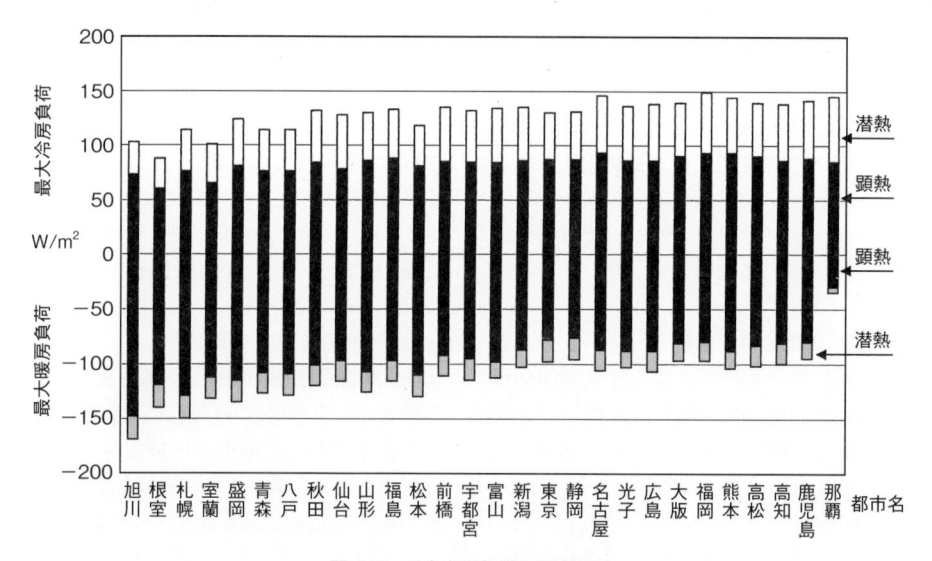

図 2.28 最大空調負荷の地域比較
（文献 3），図 -5 を一部変更）．

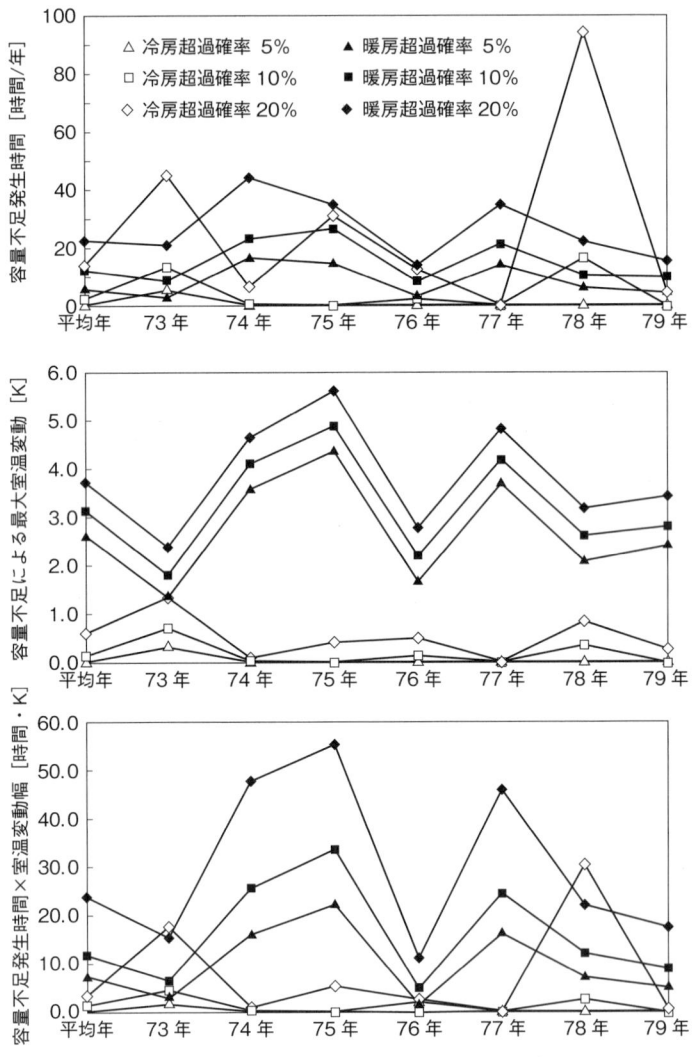

図 2.29 容量不足発生状況の年度比較（文献 2）図 3 を一部変更）

算結果の妥当性を判断しがたいことがわかる．

この比較例は 1 フロアを 1 室とした計算結果であるが，方位別にゾーニングして計算すると，暖房期は午前中に直達日射がはいらない西，北ゾーンでは夜間の室温降下による蓄熱負荷のために，東，南ゾーンに比べて容量不足が多くなる[2]．

b. 年積算空調熱負荷の地域比較

図 2.28 に示した，モデル計算による最大空調熱負荷をもとに，MICRO-PEAK に組み込まれている簡易年間空調負荷計算の機能を用いて求めた，週休 1 日とした場合の各都市の年積算空調熱負荷を図 2.30 に示す．

図 2.28 の最大空調熱負荷と異なり，年積算空調熱負荷は地域による差が大きく，断熱などの建物仕様や室内温湿度の設定条件を地域によって変える必要があることを示唆している．たとえば，寒冷地では年積算暖房負荷を小さくするために断熱を強化すべきである．また，那覇の年積算冷房負荷が異常に大きいのは，温暖な中間期・冬期に他の地域と同じ設定室内温湿度としたために冷房が必要となったからである．

c. 空調熱負荷の年間変動

1）時刻別空調熱負荷の年間変動 図 2.31 は，事務所ビルの年間 8760 時間の熱負荷シミュレーションによる室内熱負荷を冷房負荷が多い順に並べ替えた例である．冷暖房ともに最大熱負荷（図中の MAX と MIN）に近い負荷が発生する時間はわずかである．したがって，圧倒的に多い低負荷時の適切な空調運転・制御が重要であることがわかる．

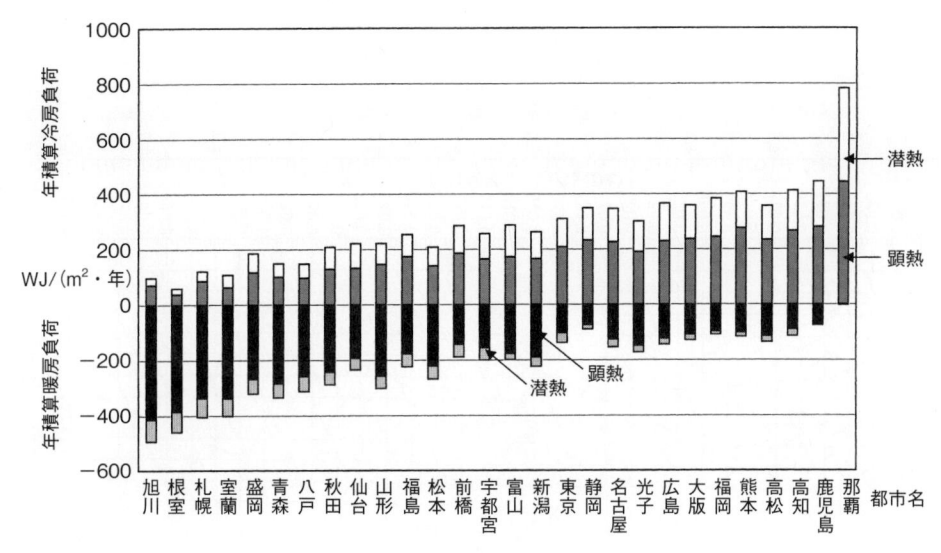

図 2.30 年積算空調負荷の地域比較
（文献 2），図 -6 を一部変更）．

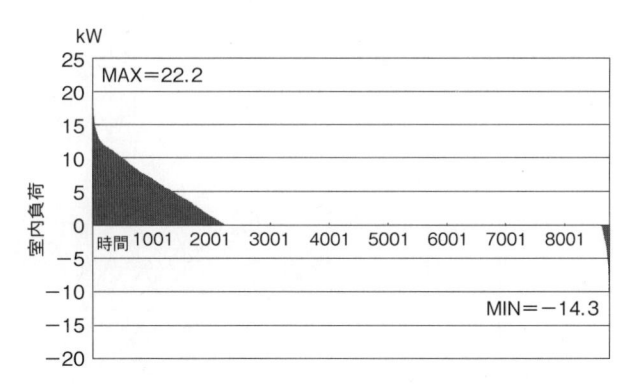

図 2.31 時刻別室内負荷の降順グラフ（瀧澤）

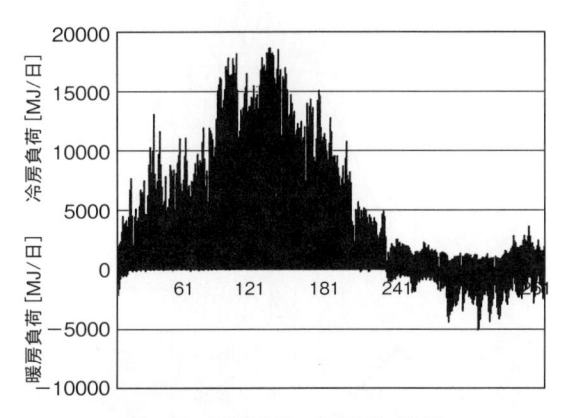

図 2.32 日積算負荷の年間変動（瀧澤）

2) 日積算空調熱負荷の年間変動　図 2.32 は，全日空調運転をする用途を含む複合用途ビルの年間熱負荷シミュレーションによる日積算負荷の年間変動の例で横軸が日付（4 月 1 日が 1 で 3 月 31 日が 365）である．これは，冷温熱源の同時稼動の必要性や，蓄熱槽の冷暖房運転切り替え時期の判断に利用できる．

2.1.11　空 気 線 図
a.　湿 り 空 気

通常，空調設備で扱う空気は水蒸気が混合している「湿り空気」であり，湿り空気から水蒸気を除いたものを「乾き空気」と呼ぶ．また，ある温度・圧力における限度まで水蒸気が含まれた湿り空気を「飽和空気」と呼ぶ．湿り空気の状態を表すには以下のような指標が使われる．

ⅰ）　乾球温度 t [℃]

ⅱ）　絶対湿度 x [kg/kg(DA)]（または [g/kg(DA)]）：湿り空気中の水蒸気と乾き空気の質量比で表す湿度

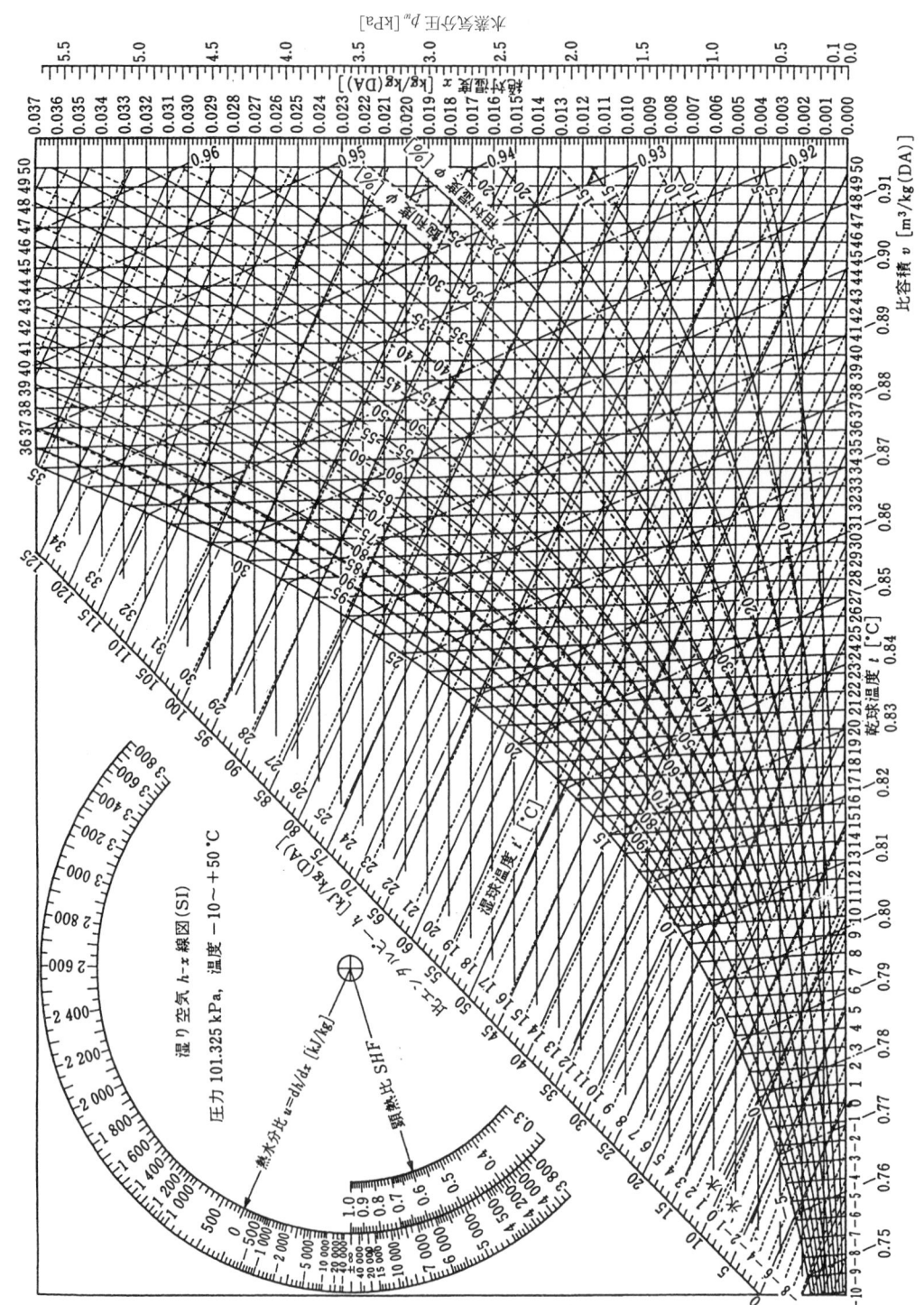

図 2.33 湿り空気 h-x 線図（文献 33），p. 85)

iii) 水蒸気分圧 p_w [kPa]：湿り空気中に含まれる水蒸気の分圧で表す湿度

iv) 相対湿度 ϕ [％]：湿り空気の水蒸気圧と，その温度における飽和空気の水蒸気圧の比を百分率で表す湿度

v) 比較湿度（または，飽和度）ψ [％]：湿り空気の絶対湿度と，その温度における飽和空気の絶対湿度の比を百分率で表す湿度

vi) 露点温度 t'' [℃]：湿り空気と同じ絶対湿度（または水蒸気分圧）をもつ飽和空気の温度

vii) 湿球温度 t' [℃]：乾湿球温度計の湿球の感熱部では表面からの蒸発で潜熱が奪われ，周囲空気とつりあった状態の温度となる．この温度を湿球温度という

viii) 比エンタルピー h [kJ/kg(DA)]：空調分野では，温度 0℃の乾き空気，および温度 0℃の飽和水を基準点（ゼロ点）とした，「乾き空気の顕熱」と「水蒸気の潜熱」と「水蒸気の顕熱」の合計とすることが多い

ix) 比容積 v [m³/kg(DA)]：乾き空気 1 kg を含む湿り空気の容積

b. 湿り空気線図

湿り空気は，全圧力 P が一定のとき，乾球温度，絶対湿度（または水蒸気分圧, 露点温度），相対湿度（または比較湿度），湿球温度，比エンタルピー，比容積の状態値のうち 2 つがわかれば，他の状態値はおのずから決まる（ただし，湿球温度と比エンタルピーの組み合わせの場合は困難）．したがって，いずれか 2 つを座標軸に選べば，各状態の等値線を線図として表すことができる．これを「湿り空気線図」または単に「空気線図」という．

図 2.33 は，全圧力を 101.325 kPa（標準気圧）とし，比エンタルピー h と絶対湿度 x を斜交軸に選んだ h-x 線図で，空調分野で最もよく用いられる空気線図である．この図には i)～ix) の湿り空気の状態値とともに，顕熱比 SHF（Sensible Heat Factor）と熱水分比（enthalpy-humidity difference ratio）u が示されている（図 2.34 の説明図参照）．

顕熱比 SHF は，全熱量変化に対する顕熱量変化の比率であり，空気の状態変化の方向を定めるときに用いられる．たとえば，顕熱負荷が q_S で潜熱負荷が q_L のとき，SHF = $q_S/(q_S+q_L)$ の勾配に沿って空気状態が変化する．

熱水分比 u は，比エンタルピーの変化と水分の変化の比率であり，蒸気加湿時のように温度と湿度の変化が同時におこる場合の状態変化の方向を定めるときに用いられる．

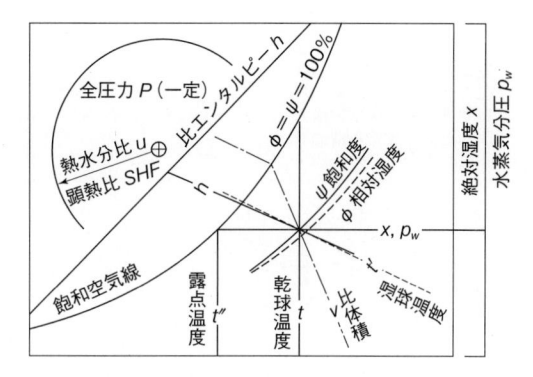

図 2.34 湿り空気 h-x 線図の構成（文献 33），p. 87）

c. 湿り空気線図の使用例

2.1.8 の e. および h. の隙間風と導入外気の熱負荷計算では室内湿度の扱い方を明確に述べていないが，一般には室内設定湿度条件を用いて計算する．

しかし，室温だけを制御し湿度は成り行きとする冷房方式の場合は，空気線図上で図 2.35 の実線のような変化をして室内空気状態は設定条件の R 点ではなく R' 点のようになる．したがって，実際の潜熱負荷は，設定条件をもとに計算された潜熱負荷とは R 点と R' 点の絶対湿度差による負荷分だけ異なることになる．

一方，室内温湿度制御のために，冷却・除湿後に加熱する再熱方式の場合は，図 2.35 の破線のように一旦 C 点まで過剰に冷却した後に H 点まで再熱することにより室内空気状態を設定条件の R 点に保つ．この場合は設定条件で計算された潜熱負荷の修正をしなくてよいが，図中の CH に相当する，冷却と加熱の顕熱負荷が増えることになる．

図 2.35 において，H（または C'）点と D（または D'）点の差が送風機動力による送風空気温度の上昇でありシステムロスの負荷になる．また，D（または D'）点と R（または R'）点を結ぶ線の勾配は顕熱比 SHF である．

なお，M（または M'）点から C（または C'）点への動きは空調機の冷却コイル部分での空気の状態変化を示している．ここでは説明を簡単にするために 2 点を直線で結んでいるが，実際には空調機内では空気は M（または M'）点からまず顕熱変化（空気線図では水平移動）がおき，その後，顕熱と潜熱が同時に変化（空気線図では斜めの移動）して C（または C'）点になる．

［瀧澤　博］

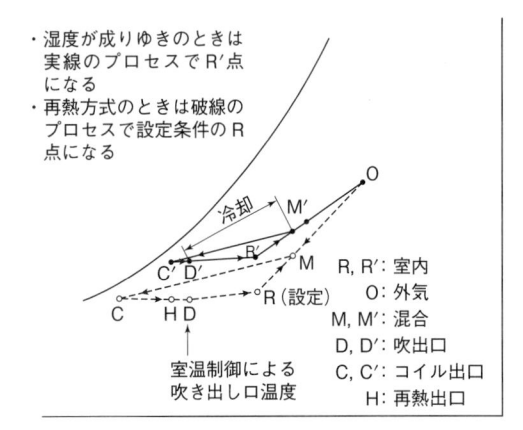

・湿度が成りゆきのときは実線のプロセスでR'点になる
・再熱方式のときは破線のプロセスで設定条件のR点になる

R, R'：室内
O：外気
M, M'：混合
D, D'：吹出口
C, C'：コイル出口
H：再熱出口

室温制御による吹き出し口温度

図2.35　温湿度制御プロセス（文献1），p.245）

文　献（2.1.6-2.1.11）

1) 滝沢　博：空調・給排水の大百科（空気調和・衛生工学会編），オーム社，1998.
2) 高田倶之：空調負荷計算の歴史(1)～(4)，空気調和・衛生工学，62(1～4)，1988.
3) 滝沢　博：空調負荷計算における気象データ，空気調和・衛生工学，65(9)，1991.
4) 空気調和・衛生工学便覧，第11版，第6編第2章，空気調和・衛生工学会，1987.
5) 建設大臣官房官庁営繕部監修：建築設備設計要領，昭和57年版，1986.
6) 井上宇市：改訂3版空気調和ハンドブック，丸善，1982.
7) ASHRAE: Handbook, Fundamentals, 1985.
8) Carrier Air Conditioning Co.: Handbook of Air Conditioning System Design, McGraw-Hill, 1965.
9) 前田敏男：建築学大系8巻　伝熱学，pp. 345-355，彰国社，1955.
10) 長谷川房雄：建築計画原論II　不定常伝熱，丸善，1965.
11) 空調設備基準委員会第二小委員会：手計算による最大負荷計算法，空気調和・衛生工学，46(3)（1972-3）
12) 日本コージェネレーション研究会・日本空調衛生設備士協会：MICRO-PEAK/1987, COGEN-DE1 利用者マニュアル，1988.
13) ASHRAE Task Group on Energy Requirements for Heating and Cooling: Proposed Procedures for Determining Heating and Cooling Loads for Energy Calculations, 1968.
14) 空調設備基準委員会第二小委員会：電算機による動的空調負荷計算法，空気調和・衛生工学，46(3)，1972.
15) 日本建築設備士協会：MICRO-HASP/1982利用者マニュアル，1982.
16) 松尾　陽，武田　仁：レスポンス・ファクター法による熱負荷計算法と計算例(1)(2)，空気調和・衛生工学，44(4) 1970, 44(7), 1970.
17) 松尾　陽：動的熱負荷計算法(1)～(6)，空気調和・衛生工学，51(10)～52(3)，1977～1978.
18) C.O. Mackey, L.T. Wright: Periodic Heat Flow-Homogeneous Walls or Roofs, ASHVE Transactions, 50, 1944.
19) C.O. Mackey, L.T. Wright: Periodic Heat Flow-Composite Walls or Roofs, ASHVE Transactions, 52, 1946.
20) 篠原隆政：乾球温度および露点温度の日変化（冬季外気条件），空気調和・衛生工学，40(2)，1966.
21) 篠原隆政：乾球温度および露点温度の日変化（夏季外気条件），空気調和・衛生工学，40(7)，1966.
22) 岡崎俊春，水谷国男：冷暖房負荷計算用設計外気条件，建築設備と配管工事，22-11，22-12，1984.
23) 武田　仁：空気調和のための東京気象データに関する研究，第1報－TAC法による設計用外界条件，空気調和・衛生工学会論文集，41，1989.
24) 千葉孝男：空気調和の設計外気条件，空気調和・衛生工学，40(6)，1966.
25) 空調設備基準委員会第二小委員会：標準気象データに関する研究，空気調和・衛生工学，48(7)，1974.
26) 松尾　陽：期間熱負荷予測のためのデグリーデー法の拡張について，日本建築学会学術講演梗概集（昭54），No. 4253, p. 505, 1979.
27) 建築環境・省エネルギー機構：建築物の省エネルギー基準と計算の手引（1993～2001）．
28) 石野久彌：多様化した熱負荷計算法の価値(1)～(7)，空気調和・衛生工学，83(2～8)，2009.
29) 村上周三ほか：特集/The BEST Program，空気調和・衛生工学，82(11)，2008.
30) 橋本　洋・石野久彌・郡　公子：各種最大負荷計算法の比較研究，空気調和・衛生工学会学術講演会講演論文集（昭59），1984.
31) 滝沢　博：標準問題の提案（オフィス用標準問題），日本建築学会環境工学委員会熱分科会第15回熱シンポジウム 1985.
32) 滝沢　博：空気調和・衛生工学便覧，第12版（空気調和衛生工学会編），第II編，p. 71，1995.
33) 滝沢　博：空気調和・衛生工学便覧，第12版（空気調和衛生工学会編），第I編，p. 85，1995.

2.2　空調機器

2.2.1　冷凍機・ヒートポンプ

熱は高温部から低温部に移動し，全体として同温度になろうとする（熱力学第2法則）．この温度差ポテンシャルに逆らって，熱を低温部から高温部に運ぶ装置がヒートポンプで，低温部での冷却を目的とする装置を「冷凍機」，高温部での加熱を目的とする装置を「ヒートポンプ」，両方を同時に行う装置を「熱回収ヒートポンプ」という．

現在商品化されている冷凍機を駆動エネルギーで大別すると，次のようになる．空調設備に広く利用されているものは，圧縮式と吸収式である．

① 機械エネルギーを利用する装置：液体が蒸発気化する時の冷却作用を利用する．冷媒を繰返し使用するため，蒸発気化したガスを圧縮し（圧縮機），常温で放熱・凝縮液化させ（凝縮器），これを再び低圧部（膨張弁）に送って吸熱・蒸発気化させ（蒸発器），連続的に冷凍作用を行わせる装置である．このガスを圧縮機により機械的に圧縮する方式を蒸気圧縮式冷凍機と呼んでいる．

圧縮機には，ロータリー式，スクロール式，

往復動式，スクリュー式，遠心式等があり，駆動源としては，電動機，ガスエンジン，ディーゼルエンジン，ガスタービン，蒸気タービン等がある．

② 熱エネルギーを直接利用する装置：熱利用式といわれ，蒸気噴射式，吸収式，吸着式，吸蔵式などがあり，熱源としては，直焚，蒸気，温水，排ガスなどがある．ただし，蒸気噴射式と吸蔵式は空調設備にはあまり用いられていない．吸収冷凍機は，吸収剤（リチウムブロマイド）によって蒸発器中の冷媒蒸気を吸収し，冷媒（水）を蒸発気化させ，吸熱冷却を行う装置で，冷媒蒸気を吸収して薄くなった吸収剤（吸収器）を加熱（熱エネルギーの投入）によって再生（再生器）し，放熱濃縮（凝縮器）を行い，連続的に冷凍作用を行わせる装置である．

加熱源としては，都市ガス，LPG，灯油，蒸気，高温水，排ガス，排温水，併用型などがある．

a. 概　　要

空調分野で使われている冷凍機・ヒートポンプは，小は住宅用の0.2RTクラスから，大は地域冷暖房に使われる10000RTクラスまで，機種・使用冷媒・容量とも多岐にわたっている．表2.7に空調用各種冷凍機・ヒートポンプの分類を示す．

b. 圧縮式冷凍機

圧縮式冷凍機の動向は，小型がスクロール圧縮機，中型がスクリュー圧縮機，大型がターボ圧縮機に系列化されつつある．冷水出入り口温度条件も5～10℃から大温度差の5～15℃または7～15℃となりつつある．

1) 往復動冷凍機　往復動（レシプロ）冷凍機は，その容量・使用用途も多種多様であり，広く用いられている．それだけ信頼性も高く，使い方も比較的容易である．たとえば，① 内部支持のため振動が小さく，配管設計が容易である．② ケース内が低圧であるため，油への冷媒の溶け込みが少ないなどである．

しかしながら構造は，① 内部が比較的複雑で部品点数が多い．② 大きくて重い．③ 性能ではCOPの

表2.7　空調用各種冷凍機・ヒートポンプ

冷凍サイクル	型式			種類	冷媒	空調用としての容量 kW (RT)
蒸気圧縮冷凍サイクル	容積圧縮式	往復動式		全密閉型冷凍機	HFC-134a, HFC-404A	0.35～70 (0.1～20)
				半密閉型冷凍機	HFC-134a	0.75～140 (1～20)
		回転式	ロータリ	回転ピストン型冷凍機	HFC-134a, HFC-404A, HFC-410A	0.35～18 (0.1～5)
				可動羽根型冷凍機	HFC-134a	0.75～25 (1～7)
				スクロール冷凍機	HFC-404A, HFC-410A, HFC-407C	2～50 (0.6～14)
			スクリュー	ツインロータ型スクリュー冷凍機	HFC-134a, NH$_3$ (R-717)	60～7000 (17～2000)
				シングルロータ型スクリュー冷凍機	HFC-134a, HFC-407C, NH$_3$ (R-717)	50～4400 (14～1250)
	速度圧縮式	遠心式		標準ターボ冷凍機	HFC-134a,	176～7033 (50～2000)
				省エネターボ冷凍機	HCFC-123, HFC245fa	2637～4395 (750～1250)
				超大型ターボ冷凍機	HFC-134a	10549～35163 (3000～10000)
吸収冷凍サイクル	吸収式			単効用吸収冷凍機	H$_2$O (吸収剤：LiBr)	35～7000 (10～2000)
				二重効用吸収冷凍機	H$_2$O (吸収剤：LiBr)	25～17600 (7.5～5000)
				直焚二重効用吸収冷温水機	H$_2$O (吸収剤：LiBr)	350～3500 (100～1000)
				直焚三重効用吸収冷温水機	H$_2$O (吸収剤：LiBr)	563～1196 (160～340)
				排熱温水回収直焚吸収冷温水機	H$_2$O (吸収剤：LiBr)	1406～2461 (400～700)
				排熱温水回収直焚三重効用吸収冷温水機	H$_2$O (吸収剤：LiBr)	510～1090 (145～310)
				排ガス投入型吸収冷温水機	H$_2$O (吸収剤：LiBr)	600～6300 (175～1800)
吸着冷凍サイクル	吸着式			吸着冷凍機	H$_2$O (吸着剤：シリカゲル, ゼオライト, 活性炭)	70～350 (20～100)

限界に近づいてきた．④容量制御がやり難いなどの欠点がある．このため，1馬力以下はほとんどロータリー化されてきた．さらに今後の趨勢として数馬力までのロータリー化，数馬力から数十馬力のスクロール化の動きがある．

2）ロータリー冷凍機 ロータリー圧縮機が往復動圧縮機と異なる点は，電動機の回転運動を往復運動に変換せず，そのまま使用していることと吸込弁が無いことである．

ロータリー圧縮機には次のような利点がある．①圧縮は連続的に行われるため，圧縮作用が円滑で，かつ往復質量が小さいので，振動が小さい．②部品点数が少なく，また回転軸を中心にした円形部品で構成されているので，加工性も良く，小形・軽量化できる．③構造上などの理由により，COPが良い．④圧縮過程で液インジェクションやガスインジェクション，アンロード機構を設けやすい．

反面，次のような欠点がある．①高度の加工精度と使用材質の選定に工夫を要する．②ケース内を高圧にするため圧縮機が過熱されやすい．③ケース内が高圧のため，オイル中に冷媒が溶け込みやすく，圧縮機の冷えすぎにも注意が必要である．

このような欠点にもかかわらず，加工技術の進歩と小型・軽量・高性能などの利点のため，1馬力前後の圧縮機はほとんどロータリー圧縮機が採用されている．ピストンロータリー圧縮機において従来のベーンとピストンを一体にしたスイングロータリー方式によってベーン廻りの冷媒漏れの低減を図って効率改善をしたのも見られる．

CO_2冷媒採用の給湯用シングルロータリー圧縮機を採用したヒートポンプ式電気給湯機が高効率モータ，高性能熱交換器（ツイスト＆スパイラルガスクーラ），ダブル膨張弁，新断熱材などの採用で製品化されている．

3）スクロール冷凍機 スクロール圧縮機には次のような利点がある．①吐出室と吸入室との間に中間圧の圧縮室があるため，隣接する圧縮室の差圧が小さく漏れが少ない．またトップクリアランスが無いため，体積効率が高い．②吸入・圧縮・吐出の行程が同時に行われ，また吸入から吐出まで約2.5回転で圧縮されるため，トルク変動が非常に小さく，低振動・低騒音である．③吸入室と吐出室が直結しないため弁が不要で，高信頼性・高効率である．

スクロール圧縮機は，非常に高度な加工技術が要求されること，旋回スクロールの支持機構の開発が容易

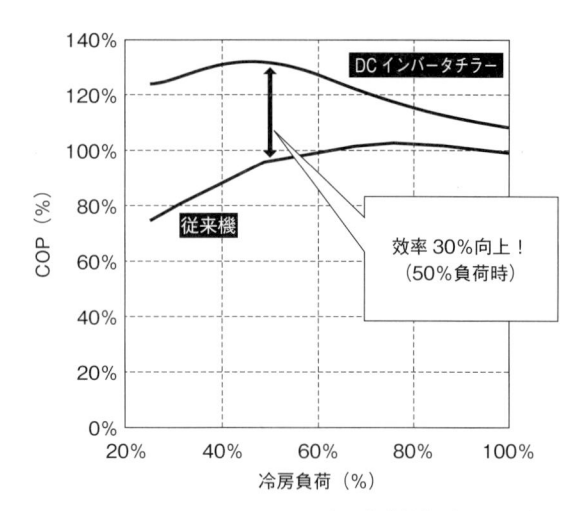

図2.36 DCインバータチラーの部分負荷特性（ダイキン）

になされなかったなどのため，なかなか実用化には至らなかった．近年，全密閉スクロール圧縮機の空冷インバータチラーが製品化され，中容量クラスの回転圧縮機として注目されてきている．図2.27に冷媒R410A採用のDCインバータチラーの部分負荷特性を示す．

モジュール連結式空冷チラーは，1ユニットに複数台の全密閉スクロール圧縮機と1台の冷温水ポンプを内蔵し，定速でもモジュールを3台から12台まで連結して，負荷変動に追随できる製品が開発されている．

4）スクリュー冷凍機 スクリュー圧縮機は，互いにかみ合う2本の平行軸をもつ雄・雌ローターと，それを包むケーシングとで構成されている．通常，スクリュー冷凍機は，その圧縮圧力範囲から，雄ローターが駆動軸として4枚の歯を持ち，雌ローターは6枚の歯を持ち，雄ローターの従動車となる．普通2極モーターの直結で，3000または3600 rpmの回転で駆動される．

スクリュー圧縮機は，吸込み・吐出しプレート弁をもたない．ピストンリングやクランク機構をもたず，回転型と圧縮型の特徴をあわせもち，ガス圧縮は概ね連続的である．さらに，ケーシングの一部を軸方向にスライドさせる能力制御を行うスライド弁機構をもち，0～100％のアンロード制御を連続的に行うことができる．

スクリュー圧縮機は，主に中・大型の冷凍機として用いられているが，最近は小型化が進められるともに，その応用分野も多岐にわたってきている．

モジュール連結式水冷チラーは，1ユニットに1台の非共沸混合冷媒HFC407E採用ローレンツサイクル

の半密閉ツインスクリュー圧縮機を内蔵し，インバータ制御でモジュールを2台から4台まで連結して，負荷変動に追随できる省エネ化を実現している．

モジュール連結式空冷チラーは，1ユニットに1台の冷媒HFC407C採用の半密閉スクリュー圧縮機を内蔵し，定速でもモジュールを2台から10台まで連結して，負荷変動に追随できる省エネ化を実現している．

5) 遠心冷凍機　遠心（ターボ）冷凍機は，すでに完成の域に達した機械であると評価されており，信頼性も向上し，省力化がなされている．蒸発器や凝縮器は一つの胴内に納められ，その丈夫に密閉化された圧縮機ユニットが搭載され，操作に必要な制御盤も本体と一緒に設置されコンパクト化されている．

さらに，省エネルギーの点でも次のような改良が加えられている．

① 圧縮機，電動機の効率改善
② 最高効率点での選定
③ 高性能伝熱管の採用による蒸発温度の上昇，凝縮温度の低下
④ 高効率冷媒の採用
⑤ インバータを採用し，回転数の制御
オプションとしては，
⑥ 冷却水チューブ全自動洗浄装置

がある．

以上のような改良により，冷水出口温度7℃，冷却水入口温度32℃の条件で，COP＝6程度と相当な省エネルギー化がなされている．

ターボ冷凍機の安定運転には，一定レベルの差圧確保が重要で，従来機では冷却水入口温度約20℃以上が不可欠であった．そのため，冷却塔ファンのon/off制御やインバータ制御および冷却水系のバイパス制御による冷却水温度制御装置を必要とした．

最近では，駆動力の安定した油圧駆動エゼクタや，低温冷却水でも十分に冷媒分離回収能力のある油回収装置を採用し，冷媒液の流動機構にも工夫を施し，低温冷却水運転においても安定運転可能な流量制御機構を採用した．これにより冷却水入口温度が12℃までの運転を可能とした．

ターボ冷凍機は，冷却水温度が低い程理論的圧縮仕事量が小さく，省エネ運転を可能とした．部分負荷特性例を図2.37（定速運転）と図2.38（可変速運転）に示す．

ターボ冷凍機の可変速運転は蒸気タービン駆動，ガスエンジン駆動等により古くから実施されてきたが，近年半導体技術の進歩により，電動ターボ冷凍機へのインバータ制御適用例が増加している．従来は低圧（400V）のみであったが，最近では，高圧（6000V）インバータの採用例も出てきている．

図2.39に示す制御とすることで全運転領域にわたり性能低下を最小限とし，高効率の運転が可能となった．

6) 圧縮式冷凍機の成績係数　表2.8にピーク条件における最近の圧縮式冷凍機メーカーによる冷房時の成績係数（COP）を示す．

一般に年間の冷凍機の運転状態は，部分負荷（40〜70％）で容量制御している時間が多いため，その部分での高効率運転が実際の省エネルギーにつながる．定格運転時のCOPが高い製品でも，部分負荷時のCOPが低い場合，実際に冷房期間を通じて運転すると，年間消費エネルギーが低減できず，省エネルギー性の低い製品となってしまう．この部分負荷特性を一つの数字で表現する方法として，米国冷凍空調工業会

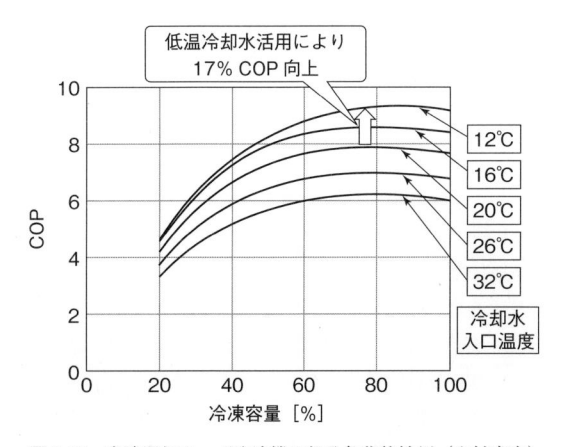

図2.37 定速運転ターボ冷凍機の部分負荷特性例（中村康志）

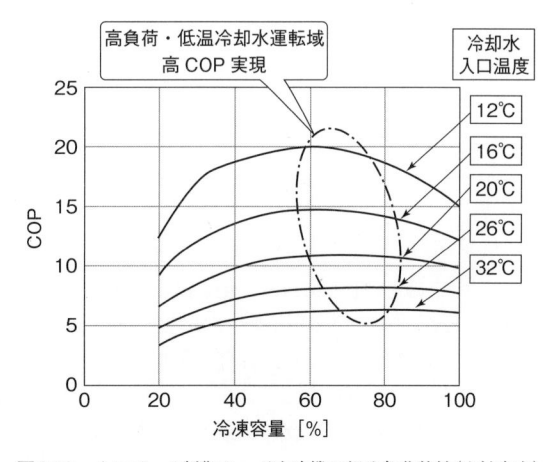

図2.38 インバータ制御ターボ冷凍機の部分負荷特性（中村康志）

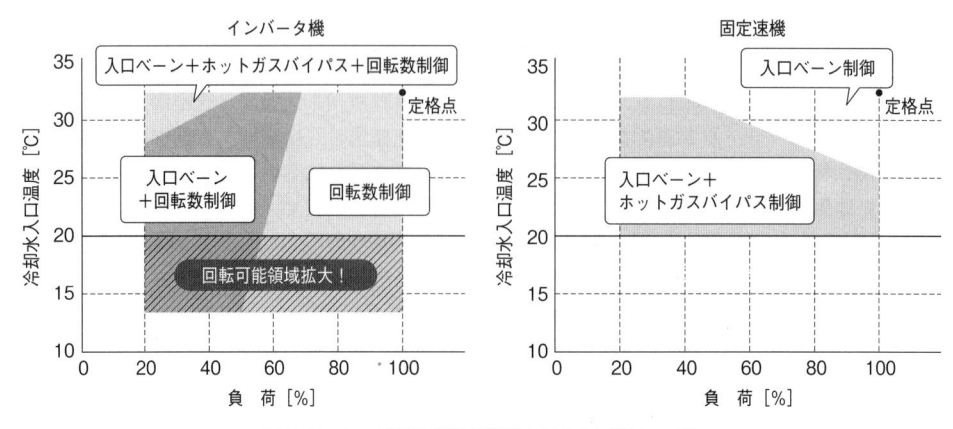

図2.39 ターボ冷凍機運転範囲の拡大例（川上　孝）

表2.8 ピーク条件における圧縮式冷凍機メーカーによる冷房時の成績係数（COP$_{CA}$）

種類		名称	容量（RT）	動力 (kW/RT)	COP$_{CA}$ 二次エネルギー	COP$_{CA}$ 一次エネルギー
圧縮式	冷房用	空冷DCインバータ・スクロール式ユニット型（HFC410A）	2.1〜21.3	0.77	4.6	1.60
		空冷スクロール式モジュール型（HFC410A）	29〜307	0.73	4.8	1.68
		水冷スクロール式ユニット型（HFC407C）	2.2〜22.7	1.0	4.0	1.4
		往復動式（HFC407C）	33〜100	0.9	3.9	1.37
		空冷スクリュー式ユニット型（HFC407C）	33.5〜90	0.67	5.2	1.82
		水冷インバータ・スクリュー式ユニット型（HFC407C）	30〜200	0.66	5.3	1.86
		水冷スクリュー式（HFC134a）	30〜600	0.63	5.6	1.96
		空冷スクリュー式（HFC407C）インバータ機	33.5〜500	0.61〜0.67	5.2〜5.8	1.82〜2.03
		標準型ターボ冷凍機（HFC134a）	50〜1250	0.55〜0.61	5.8〜6.4	2.03〜2.24
		高効率型ターボ冷凍機（HCFC123）	200〜2800	0.61	5.8	2.03
		高効率型ターボ冷凍機（HFC134a）	200〜2000	0.51	7.0	2.45
		高効率型ターボ冷凍機（HFC245fa）	800〜1250	0.53	6.6	2.31
		熱回収ターボヒートポンプ（HCFC123）	110〜680	0.72	4.9	1.72
	ヒートポンプ	空気熱源スクロール式（HFC407C）	2〜290	0.73〜1.18	3.2〜4.8	1.12〜1.68
		空冷標準型往復動式（HFC407C）	4.8〜270	0.75〜0.88	4.0〜4.7	1.41〜1.65
		空冷標準型往復動式（アンモニア）	27〜270	0.69	5.1	1.78
		空冷省エネ型往復動式（HFC407C）	30〜124	0.72	4.9	1.72
		空気熱源スクリュー式（HFC407C）	30〜135	0.82	4.3	1.51
		空気熱源スクリュー式（HFC134a）	25〜650	1.05	3.6	1.26
		空冷ターボ（HFC134a）	50	0.66	5.3	1.86
		標準熱ターボ（HFC134a）	120〜980	0.82	4.3	1.51
		高性能熱回収ターボ（HCFC123）	120〜680	0.72	4.9	1.72
		ヒーティングタワーターボ	200〜1500	0.72	4.9	1.72

注1：冷水温度条件 7/12℃
　2：冷却水入口温度条件 32℃，外気温度条件 35℃
　3：電力の一次エネルギー換算効率 35％

（ARI）で定めた"Integrated Part Load Value（ARI Standard 550/590-1998）"（期間成績係数，IPLV）を使用し，冷房運転における部分負荷特性を一つの数字で表すことにしている．

7）圧縮式ヒートポンプ　最近の製品開発，技術開発成果の代表的なものを整理すると次のような製品群が挙げられる．

① 氷蓄熱ヒートポンプチリングユニット
② 給湯用ヒートポンプチリングユニット
③ 熱回収型ヒートポンプチリングユニット
④ 大温度差対応ヒートポンプチリングユニット
⑤ 未利用エネルギー利用ヒートポンプチリングユ

表2.9 吸収式冷凍機の熱源の種類

エネルギーの種類		利用可能範囲	適用サイクル	
			単効用	二重・三重効用
蒸気	低圧蒸気	0.03〜0.15MPaG	○	
	中圧蒸気	0.2〜0.8MPaG	○	○
温水	低温水	75〜90℃	○	
	中温水	100〜150℃	○	
	高温水	140〜200℃		○
気体燃料	都市ガス	天然ガス，都市ガス，プロパンガス，ブタンガス	○小型	○
	バイオガス	消化ガス，その他		○
液体燃料		灯油，A重油，B重油	○小型	
排熱	排温水	80℃以上	○	
	排ガス	400℃未満	○	
		400℃以上		○

ニット
⑥ 融雪用ヒートポンプチリングユニット

メーカーは，大型空調用として100RTから3000RTの密閉型遠心ヒートポンプ，遠心冷凍機をシリーズ化し製作している．

c. 吸収式冷凍機

1) 吸収式冷凍機の種類と熱源　吸収式冷凍機の名称は，① 単効用吸収冷凍機，② 二重効用吸収冷凍機，③ 吸収冷温水機の基本的な3機種の総称として用いられる．吸収冷温水機には冷温切替え型と冷温水同時取出し型とがある．

吸収式冷凍機の熱源は，表2.9に示すように，都市ガスに代表される気体燃料，灯油などの液体燃料，蒸気，高温水，中温水，排ガスなどと使用できる熱源が多い．

表2.14から明らかなように，単効用吸収冷凍機は比較的低温の熱源で使用され，二重効用吸収冷凍機は比較的高温の熱源が使用されていることがわかる．そして高温の熱源を使用し二重効用とするため，効率は良くなる．COPで比較すれば単効用の0.65に対し，二重効用は1.2，三重効用は1.6と非常に良くなる．

吸収式冷凍機の省エネルギー化は非常に進んでいる．この省エネルギーの達成は，
① 吸収冷凍サイクルの改善（溶液リバースサイクル）
② 溶液熱交換器の高性能化
③ 蒸発器，吸収器の高性能化
④ 高温再生器の熱効率向上
⑤ 溶液ポンプのインバータ制御
⑥ 排ガスからの熱回収

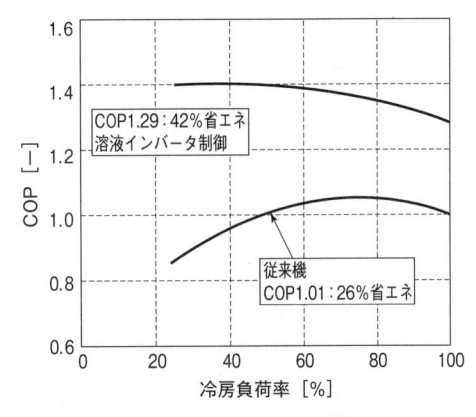

図2.40　溶液ポンプのインバータ制御による部分負荷効率の向上（野副哲司）

など各種の技術開発努力によっている．ただし，三重効用は，二重効用と比べて高温・高圧サイクルとなるため，高温再生器の耐食性を高め，ボイラー構造規格へ適合する必要がある．

ガス焚き吸収冷温水機のオプション項目は，
① 冷房・暖房自動切替え型
② 低冷水温度の取出し型
③ 全自動抽気ポンプ装置
④ 冷却水入口温度10℃対応型
⑤ 冷却水チューブ全自動洗浄装置
⑥ 吸収液ポンプインバータ制御型（図2.40参照）
⑦ 遠隔操作監視盤（台数制御付）
⑧ 超低NO_x機（$NO_x = 40$ ppm以下）
⑨ 超省エネルギー機（COP = 1.6）
等が挙げられる．

蒸気二重効用吸収冷凍機の省エネルギー化は，現在

表 2.10 ピーク条件における吸収式冷凍機メーカーによる冷房時の成績係数（COP_{CA}）

種類	名称	容量（RT）	動力	COP_{CA} 二次エネルギー	COP_{CA} 一次エネルギー
吸収式	単効用（蒸気：0.1 MPaG）	60〜1,500	7.8 kg/hRT	0.71	0.60
	単効用（温水：88〜83℃）	30〜500	COP=0.70	0.70	0.60
	単効用（温水：90〜85℃）	300〜700	COP=0.71	0.71	0.60
	高効率単効用（温水）	45〜360	COP=0.75	0.75	0.63
	標準型二重効用（蒸気）	100〜1,500	4.4 kg/hRT	1.22	1.04
	同上一重二重効用型	100〜1,500	4.4 kg/hRT	1.22	1.04
	特別省エネ型二重効用（蒸気）	100〜2,500	3.9 kg/hRT	1.38	1.17
	DHC仕様二重効用（蒸気）	120〜5,000	3.5 kg/hRT	1.48	1.26
	標準型ガス焚冷温水発生機	30〜1,000	0.26 Nm³/hRT	1.06	1.06
	高効率型ガス焚冷温水発生機	30〜1,000	0.25 Nm³/hRT	1.10	1.10
	高効率ガス焚一重二重効用型冷温水発生機	100〜1,000	0.25 Nm³/hRT	1.10	1.10
	超高効率型ガス焚冷温水発生機	90〜720	0.21 Nm³/hRT	1.31	1.31
	超高効率ガス焚ジェネリンク型冷温水発生機	90〜720	0.19 Nm³/hRT	1.45	1.45
	三重効用高効率ガス焚冷温水発生機	160〜320	0.176 Nm³/hRT	1.56	1.56
	空冷ガス焚冷温水発生機	8〜40	0.32 Nm³/hRT	0.86	0.86

注1：冷水温度条件 7/12℃
2：冷却水入口温度条件 32℃，外気温度条件 35℃
3：単効用蒸気出入口条件 0.1 MPaG，100℃，温水入口温度条件 88℃，一次エネルギー換算用ボイラー効率 85%
4：二重効用効用蒸気出入口条件 0.8 MPaG，100℃，一次エネルギー換算用ボイラー効率 85%
5：特別省エネ型二重効用蒸気出入口条件 0.8 MPaG，90℃，一次エネルギー換算用ボイラー効率 85%
6：DHC仕様二重効用蒸気出入口条件 0.8 MPaG，80℃，一次エネルギー換算用ボイラー効率 85%
7：一次エネルギー換算用都市ガス発熱量 45 MJ/Nm³
8：高位発熱量基準 COP＝（冷凍能力）/（ガス高位発熱量基準消費熱量）

は 3.5 kg/h・RT が達成されている．また，吸収式冷凍機は，冷媒に水を使用しているため低温の冷水取出しでは凍結の問題が生じるが，制御性を向上させることにより，4℃取出しの冷凍機が開発されている．さらに，冷水温度条件は，従来の 12〜7℃ から大温度差 15〜7℃ の採用が増えつつある．

一方，単効用吸収冷凍機はその歴史も古く，効率改善も行き着く所まで来ているという状態であったが，最近では 7.8 kg/h・RT となっている．

2）吸収式冷凍機の成績係数　表 2.10 にピーク条件における最近の吸収式冷凍機メーカーによる冷房時の成績係数（COP_{CA}）を示す．

3）吸収式ヒートポンプ　現在実用化されている吸収式ヒートポンプは，増熱型の第一種（ヒートポンプ）と昇温型の第二種（ヒートトランスフォーマー）に大別される．

第一種吸収式ヒートポンプは，駆動用の高温の熱源を必要とし，利用し得る温水の温度は低温熱源の温度と高温熱源の温度の中間になる．しかし利用できる熱量は，駆動熱源の熱量と低温熱源から回収した熱量の合計となる．これが，増熱型と呼ばれるゆえんである．また，冷却水を必要としない特徴をもつ．

第二種吸収式ヒートポンプ（ヒートトランスフォーマー）が第一種ヒートポンプと異なる点は蒸発・吸収プロセスの圧力が，再生・凝縮プロセスの圧力よりも高いことである．したがって溶液の作動温度は吸収器が最も高く，凝縮器が最も低い．吸熱反応である再生・蒸発プロセスはこれらの中間温度で起こる．工場排熱を回収し，再生器，蒸発器の熱源として用い，より高温の有効な熱として吸収器より取り出すことができるため，省エネルギー機器として注目されるゆえんである．

4）排熱投入型吸収式冷凍機　コージェネレーションの設置増加に伴い，温水焚吸収式冷凍機・吸着式冷凍機や，新たに開発された排ガス投入型吸収式冷温水機と排温水投入型吸収式冷温水機の設置事例が増えている．本機は，ガスタービンやガスエンジンの排ガスを利用するものおよびガスエンジン・燃料電池等から発生する 100℃ 以下の温排熱を有効に利用し，冷房を行うガス吸収式冷温水機である．

d．吸着式冷凍機

吸着式冷凍機は，吸着剤と冷媒（水）による吸着・脱着の可逆反応に伴う発吸熱現象を利用し，温排熱と空気とを熱源として冷熱を発生する機関である．水，アルコール，アンモニアなどの自然冷媒とシリカゲル，ゼオライト，活性炭などの吸着剤との系を用い，工場

排熱，コージェネレーション排熱などの低温排熱を冷凍に変換する熱回収機器で，各種業界でこれまで利用されてきた．表2.11に吸着式冷凍機の特長を示す．また，表2.12に各吸着剤/冷媒系の操作温度と成績係数を示す．通常の吸着式冷凍機では冷水7〜9℃を得るには，熱源温度として75℃以上必要である．

[山岸勝己]

文　献

1) ダイキン「DCインバーターチラー」カタログ．
2) 中村康志：冷却水温度の四季変化活用型ターボ冷凍機〈冷却塔能力なり低温冷却水の有効活用で年間省エネ〉，建築設備と配管工事 pp.36-37, 2005.
3) 川上　孝：特集　ヒートポンプを開拓せよ！　温暖化対策技術者の戦い　・COP20への挑戦－高効率インバータターボ冷凍機の開発, OHM, 2006.
4) 野副哲司：最近の高効率化吸収冷温水機の紹介＜定格運転および部分負荷運転での効率向上策について＞，建築設備と配管工事 p.44, 2005.

2.2.2　冷　却　塔
a.　概　　要

温水と周囲の空気とを直接接触させて，温水を冷却する装置を冷却塔という．その主な冷却効果は，温水の空気中への1%の蒸発で温水温度を約6℃低くすることができる．

冷却塔には，大気式，自然通風式や強制通風式などがあり，そのなかで最も熱特性が良く，立地面積が少ない（順に8:5:1程度）のが強制通風式である．強制通風式冷却塔は，送風機で空気を強制通風しているので，性能も安定し，小・中容量の空調用，大容量の工業用を問わず用いられている．一般的に冷却塔といえばこの形式と考えてよい．以下，強制通風式冷却塔について記述する．

塔出口に送風機を設置し，塔内で熱交換を行ったのちの空気を吸い込んで排出する誘因型と，冷却塔に対し空気を押し込んで送風する押込み型や，塔内に流れる水と空気の方向により，直交形，対向流形，並行流形に分類される．最も熱特性が良いのは対向流形で，良くないのが並行流形である．直交流形は対向流型より熱特性は劣るが，最も効率よく配置できる．

b.　開放式冷却塔

開放式冷却塔の構造を図2.41および図2.42に示す．
開放式冷却塔は冷却水と空気を直接接触させ熱交換させる形式のものである．

冷却水は，冷却塔の上部の散水器によって充填物上（小型のものでは充填物がないものもある．）に散布され，充填物に沿って流下しながら気流と接触して冷却され，塔下部水槽を経て外部に取り出される．塔内には空気とともに排水される微少な水滴の捕獲のためのエリミネータや空気の流れをよくするなどのために空気入り口側にルーバを設けている．

c.　密閉式冷却塔

密閉式冷却塔の構造を図2.43に示す．

表2.11　吸着式冷凍機の特長

NO	特長
1	低温排熱（低温水）を駆動熱源とすることができる．
2	吸着式冷凍機の真空計内に存在する物質は，活性炭/メタノール，シリカゲル/水のみであり，環境に悪影響を与える物質を用いることの無い冷熱発生装置である．
3	クリーンな真空下で吸・脱着が行われるため，吸着剤（シリカゲル，ゼオライト，活性炭/水系）の劣化が少なく，吸着剤は半永久的に使用可能であり，交換の必要性はない．
4	真空下の圧力で作動するため，有資格の作業主任者が不要である．
5	駆動部がほとんど無い熱駆動型冷熱発生装置であるため，日常管理やメンテナンスが容易であり，振動・騒音も無い．
6	熱駆動型冷熱発生装置であるため，排熱があれば，電力はほとんど必要としない．
7	吸着剤の加熱・冷却を数分間で行えるため，運転開始から数分後より，安定した冷凍能力を出力できる．

表2.12　各吸着剤/冷媒系の操作温度と成績係数

吸着剤/冷媒	シリカゲル	ゼオライト	活性炭	活性炭
	水	水	メタノール	アンモニア
T_G：再生温度（℃）	70	275	120	255
T_A：吸着温度（℃）	34	70	20	47
T_C：凝縮温度（℃）	34	65	20	47
T_E：蒸発温度（℃）	7	2	-10	5
冷媒駆動量 Δq (g/kg)	50	135	225	－
COP_C（－）	0.6	0.45	0.49	0.75
吸着反応器	2基 バッチ式	2基 バッチ式	1基	2基

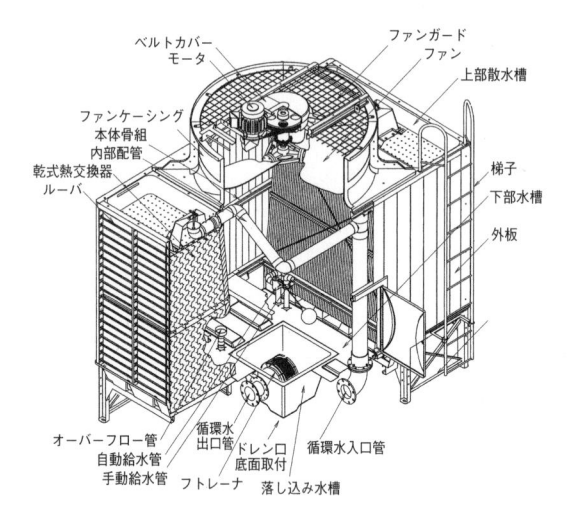

図 2.41 開放式角型冷却塔

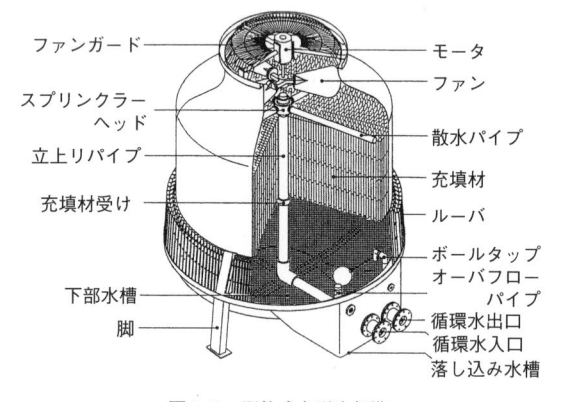

図 2.42 開放式丸型冷却塔

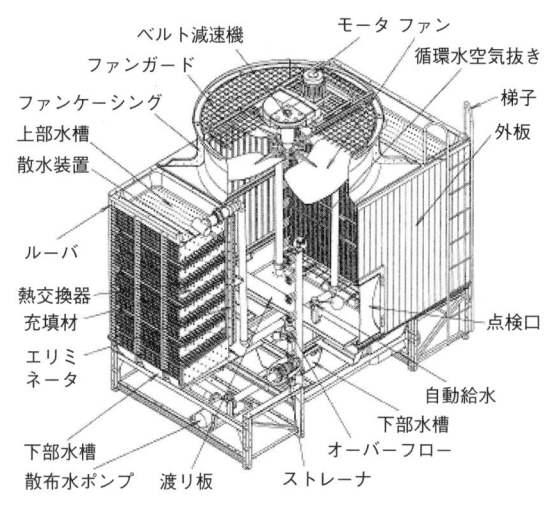

図 2.43 密閉式冷却塔

密閉式冷却塔は，開放式冷却塔の充填層の部分に多管式・フィン付き管式またはプレート式などの熱交換器を設置して，熱交換器の外面に散布した水の蒸発潜熱を利用して管内の冷却水を冷却するものである．密閉式冷却塔では開放式に比べ構造上所要静圧が増加するため，送風機動力が大きくなるうえ，コストも増加するが，冷却水が汚れないため，水質に対し高い信頼度を要求される電算室やクリーンルーム用，ガスエンジン用の冷却塔として使用される．ただし，塔内の散水用水の保有水量が少ないため，蒸発による不純物の濃縮が激しいので厳格な水質管理が必要である．また，厳寒期に外気温度が0℃以下となると，熱交換器内が凍結すると破損することがあるので，冷却水に不凍液などを投入するなどの凍結防止対策が必要である．

d. 水　質

もともと，水の中には，腐食傾向の成分とスケール傾向の成分が含まれており，冷却塔の場合には，蒸発によって循環水が濃縮されるためスケールや腐食が発生しやすくなる．このため通常は，電気伝導度の計測に基づく排水量制御による濃縮度管理，補給水の水質に見合った薬剤投入による水処理の二本立ての水質管理が行われている．

比較的温度が高い水を循環使用する冷却塔の冷却水は，空気中の塵あいが混入するなど藻や細菌が繁殖しやすい環境を整えており，排気から飛散した冷却塔の冷却水がレジオネラ症の感染源となることがある．対策としては冷却塔の点検・清掃および水質管理を徹底させて，冷却塔内にレジオネラ菌の栄養源となる藻や細菌などを発生させないようにすると同時に，殺菌剤の投入などがある．

e. 白煙対策

冷却塔の排気は周囲の空気より高温で，ほとんど飽和状態の空気であるので，気温の低い冬季や湿度の高い梅雨時には外気と混入して急冷されると，排気中の水蒸気の一部が凝縮して白煙を発生する．白煙自体は有害なものではないが，発生が多量となると周囲へ視界不良や火災の誤認等を引き起こす恐れがある．冷却水の顕熱のみを熱交換させた空気を排気前に混合させ排気の状態をかえることで，飽和空気線と交わらないようにする方式の製品が製造されている．図2.44に白煙対策の一例を示す．

f. 設置上の留意事項

冷却塔は屋上に設置されることが多く，設置するにあたり以下の点に留意する必要がある．

① 煙突や建物の排気口からできるだけ離れた空気の流通の良い場所に設置する．

② 冷却塔を2台以上設置する場合や，冷却塔の周

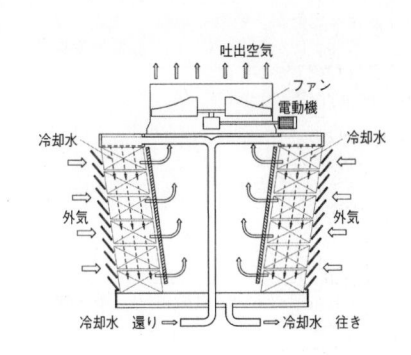

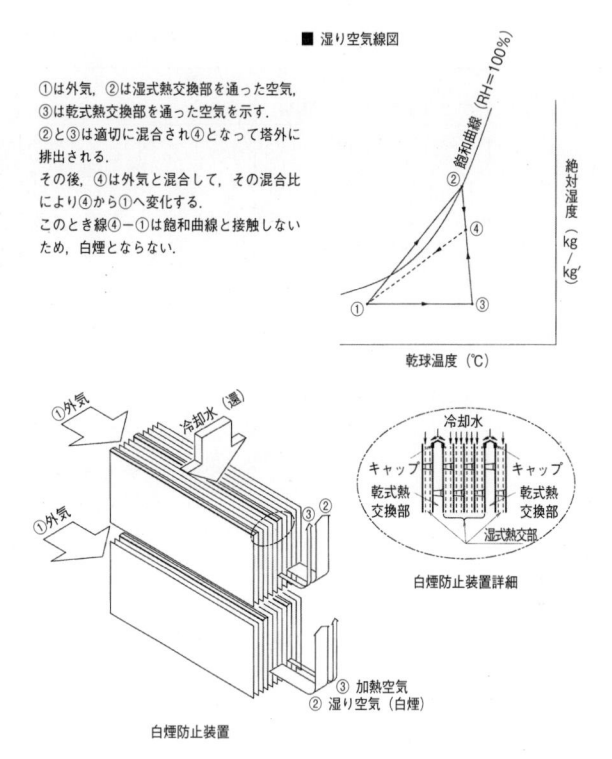

図 2.44　白煙対策の例

囲に化粧用の壁，騒音対策用の遮音壁等を設ける場合は周囲空間を確保し，冷却塔から排出される高温・多湿の空気が再循環しないように配慮する．
③ 冷却塔の騒音が敷地境界線上で規制値を超えないような位置に配置する．適切な配置ができない場合は，遮音壁や消音器等の対策を考慮する．
④ 工事およびメンテナンススペースを確保するとともに，将来の更新を考慮して搬出入ルートや部材吊り上げ用重機等を検討しておく．

［渡邊隆生］

2.2.3　ボイラ
a. 概　要
ボイラは発生熱媒により蒸気ボイラ，温水ボイラに分けられる．

蒸気ボイラは，炉筒煙管ボイラ，水管ボイラ，貫流ボイラ，鋳鉄ボイラに分類される．空調に用いられる蒸気の圧力は，一般に低圧蒸気が用いられ，高圧蒸気を使用するのは二重効用吸収冷凍機，蒸気タービン駆動冷凍機および地域冷暖房などである．一般ビルの暖房・給湯用のボイラとしては，0.1〜0.2 MPa 以下のものが多く用いられるが，病院やホテルなどでは厨房やランドリに蒸気を使用するので，0.7 MPa 程度のボイラが用いられる．

温水ボイラでは，一般に100℃以下の温水が用いられるが，吸収冷凍機用や地域冷暖房用に高温水も使用されている．100℃以下の温水を供給するボイラでは，真空式温水ボイラや無圧式温水ボイラが使用されている．これらは，暖房，給湯，循環と用途により熱交換器で回路を分けることもできる．

表 2.13 はボイラを分類し比較したものである．

ボイラは，労働安全衛生法上，ボイラと小型ボイラに分けられる．表 2.14 に示すように圧力および伝熱面積によって区分される．

b. ボイラ容量と性能の表示
蒸気ボイラと温水ボイラとでは，出力表示が異なる．

蒸気ボイラの出力は定格換算蒸発量と実際蒸発量（kg/h もしくは t/h）で表す．定格換算蒸発量は100℃の飽和水を100℃の乾き飽和蒸気に蒸発させるに要する熱量を基準とする．実際蒸発量は給水温度が変化すると同じボイラでも出力表示が変わるため，慣例的に定格換算蒸発量が用いられている．定格換算蒸発量と実際蒸発量には次の関係がある．

$$G_e = G_s (h_2 - h_1) / 2256.47$$

　　G_e：換算蒸発量　[kg/h]

表2.13 ボイラの分類と比較

種類	容量〔t/h〕	圧力 MPa	効率 %	長所	短所	用途
炉筒煙管	0.75〜30	〜1.7	88〜96	・ボイラ保有水量が多く，負荷変動に対し追従性が良い ・長寿命で水処理が比較的簡単 ・一体搬入のため現場工事が少ない	・保有水量が多いため起動時間がかかる ・分割搬入が不可能 ・据付面積が大きい	大規模建物 地域冷暖房
水管	〜40	〜4.0	88〜96	・負荷変動に対し追従性が良い ・起動時間が炉筒煙管に比較して短い ・予熱が容易で，熱効率が良い ・長寿命	・水処理は複雑 ・据付面積が大きい ・高価	大規模建物 地域冷暖房
貫流	0.1〜6	〜1.7	88〜96	・保有水量が少なく，起動時間が短い ・炉筒煙管に比較して安価かつ軽量で，据付面積が小さい ・伝熱面積30 m²以下は運転資格が不要	・保有水量が少ないため負荷変動に弱い ・水処理は難しい ・寿命が短い	一般建物
鋳鉄セクショナル	0.1〜5	〜0.01	〜88	・分割搬入が可能 ・長寿命で，取扱いが容易 ・水処理が比較的容易	・低圧力で小容量のため，使用に限界がある ・起動時間がかかり，材質が鋳鉄でもろい ・内部清掃が困難	一般建物
真空式温水	110〜1860 kW	−	〜88	・水側が真空であり腐食の発生が少ない ・温水・給湯・循環と回路が分けられる	・真空装置が必要で複雑	一般建物
無圧式温水	110〜930 kW	−	〜88〜103	・温水・給湯・循環と回路が分けられる ・排ガスの潜熱回収により，高位発熱量基準で103％の機種もある	・水側・ガス側とも腐食が発生する	一般建物

表2.14 法規によるボイラ区分

ボイラ区分		蒸気	温水	貫流	ボイラ技士	官庁届
ボイラ	①	伝熱面積>3 m²	伝熱面積>14 m²	伝熱面積>30 m²	要	ボイラ設置届
	②	圧力>0.1 MPa かつ 伝熱面積≦3 m² 又は 圧力≦0.1 MPa かつ 1 m²<伝熱面積≦3 m²	水頭圧>0.1 MPa かつ 伝熱面積≦14 m² 又は 水頭圧≦0.1 MPa かつ 8 m²<伝熱面積≦14 m²	圧力>0.1 MPa かつ 伝熱面積≦30 m² 又は 圧力≦0.1 MPa かつ 10 m²<伝熱面積≦30 m²	不要 (講習要)	ボイラ設置届
小型ボイラ	③	圧力≦0.1 MPa かつ 0.5 m²<伝熱面積≦1 m²	水頭圧≦0.1 MPa かつ 4 m²<伝熱面積≦8 m² または 0.1 Mpa<水頭圧≦0.2 MPa かつ 伝熱面積≦2 m²	圧力≦1 MPa かつ 5 m²<伝熱面積≦10 m²	不要	・小型ボイラ設置報告書 ・火を使用する設備等の設置届（都）
適用除外ボイラ	④	圧力≦0.1 MPa かつ 伝熱面積≦0.5 m²	水頭圧≦0.1 MPa かつ 伝熱面積≦4 m²	圧力≦1 MPa かつ 伝熱面積≦5 m²	不要	火を使用する設備等の設置届（都）
	⑤	④のいずれかに該当し，かつ最大消費熱量<70 kW				不要

G_s：実際蒸発量 [kg/h]
h_2：発生蒸気のエンタルピー [kJ/kg]
h_1：発生蒸気のエンタルピー [kJ/kg]

温水ボイラの場合は熱出力 [kW] で表すのが通常である．

ボイラ効率は燃料の保有する低発熱量を基準として供給された熱量のうち，ボイラで吸収された熱量の割合を示すものである．ボイラにおいて生ずる熱損失は，燃焼の際発生する未燃焼損失，排ガスに含まれる熱損失，ボイラ本体表面からの放射・対流などによる損失がある．最も大きい損失は排ガスに含まれる熱損失であり，これを低減するには，排ガス温度を下げること，過剰空気を減らすことが有効である．省エネルギーの面から，空気予熱器やエコノマイザなどの排熱回収装置を取り付けて，ボイラ効率アップを図っている．

c. ボイラの構造と特徴

1) 炉筒煙管ボイラ 横型のドラムを水室とし，その内部に波形炉筒の燃焼室と多数の直管の煙管群とから構成される．胴，鏡板および炉筒は鋼板製の溶接構造であり，煙管は鋼管を管板に拡管して取り付けられている．ドラムの大きさの制限から，伝熱面積および圧力に限界があり，容量は換算蒸発量 30 t/h 程度まで，圧力は 1.6 MPa 以下で用いられる．圧力，容量ともにビルの空調用，地域冷暖房用としてよく使用される．

炉筒の構造には，炉筒がボイラの端末まで貫通して，燃焼ガス反転部分をボイラ本体外に設けた乾熱式構造のものと，炉筒後部がボイラ水中に浸漬された湿燃室構造の2種類がある．煙管は，普通の平滑管を使ったものと，平滑管にらせん状の絞り加工を施して伝熱性能を向上させた特殊管を使ったものがあるが，最近ではらせん煙管を用いたものが多い．

燃焼ガスは，燃焼室後部の湿燃室から煙管を通って前部煙室に入り，流れを反転して別の煙管を通って後部煙室に流れ，これから煙道に排出される順流燃焼式が主流である．また，燃焼ガスを炉筒内で反転させ，前部煙室に流す反転燃焼式のものもある．

図2.45 に炉筒煙管ボイラの1例を示す．

2) 水管ボイラ 水管ボイラは多数の水管とこれに囲まれた燃焼室などから構成される．高圧，大容量のボイラに適するもので，地域冷暖房や工場で採用されることがある．

水管(蒸発管)内で加熱された水は蒸気を含んだ熱水となり，上部の気水ドラム(蒸気ドラム)内で蒸気と水に分離し，水は降水管を通って下降し，下部の主管寄せから各蒸発管に分配されて循環する．気水ドラムだけをもつ単胴形と，気水ドラムのほかに下部に水ドラムをもつ二胴形のものがある．

ボイラへの給水は気水ドラム内の給水脱気内管にあ

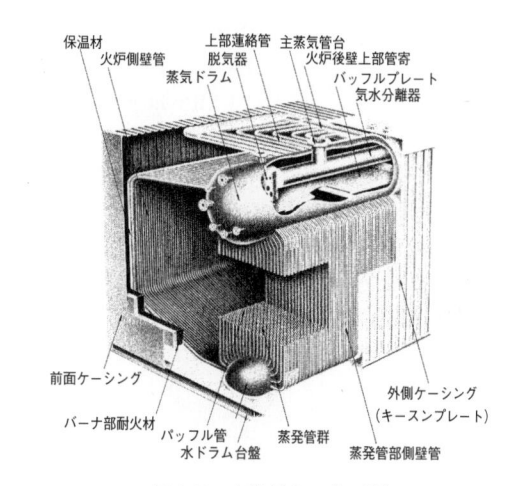

図2.46 水管ボイラ (IH社)

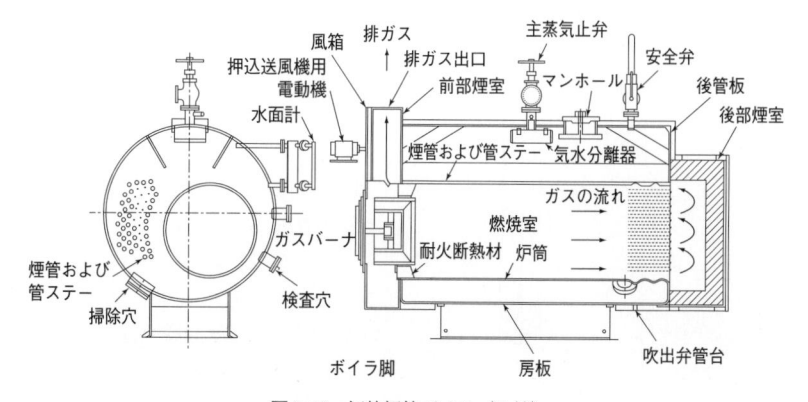

図2.45 炉筒煙管ボイラ (K社)

る多数の穴からドラム内に均一に分配され，蒸気は多数の穴をもつ蒸気内管から集められ，水滴が蒸気とともに取り出されないようにしている．

水管ボイラでは細い水管内で多量の蒸発が行われるため，特に水処理が必要である．また燃焼ガスは燃焼室から対流蒸発管の水管群の間を通って煙道に排出されるが，水管外面に付着するすすを蒸気噴霧によって除去するためにすす吹き器が設けられている．

図2.37に水管ボイラの1例を示す．

3) **貫流ボイラ**　ボイラ本体は，水管壁に囲まれた燃焼室と水管群からなる対流伝熱面で構成され，大きなドラムのないのが特徴である．水はボイラ入口より給水ポンプによって押し込まれ，順次加熱されながら流動し，他端から所要の蒸気または温水となって取り出され，ボイラ内での循環現象はない．

1本ないし数本の水管をコイル状に巻いた構造のものと，短い水管を多数並列配置した構造のものに大別される．前者は，換算蒸発量100 kg/hのものから，15 t/h程度，圧力3 MPaまでがある．後者は，多管式貫流ボイラといわれ，換算蒸発量100～2,000 kg/hの小型のものが多く，圧力は1 MPa以下が主流である．

貫流ボイラは，他のボイラと比べて，法的に取扱い資格などが緩和されている（表2.14参照）ため，多管式小型貫流ボイラを，複数缶設置して大容量に対応することが，最近多くの建物で取り入れられている．

図2.47に多管式貫流ボイラを示す．

4) **鋳鉄ボイラ**　鋳鉄ボイラは，鋳鉄製のセクションを前後に組み合わせ，各セクションをニップルおよび締付けボルトで連結して組み合わせたものである．セクションは内部が水室となっており，セクション間の水や蒸気の流通はニップルを通して行われる．蒸気ボイラとして使われるものでは，各セクションで蒸発した蒸気が上部ニップルの狭い空間を通って流れるため，セクション3～4枚おきに蒸気取出し口を設けている．また組み立てられた各セクションで作られた空間は，下部が燃焼室，上部が煙道部になる．燃焼ガスは燃焼室からセクション間の隙間を通って煙道部に入り，後部から排出される．

鋳鉄ボイラはセクションを5～20枚組み合わせることにより，種々の容量のものをつくることができ，またボイラ出力はセクション枚数にほぼ比例する．

鋳鉄という材料の制約上，高温・高圧・大容量のものは製作不可能である．ボイラ構造規格により，温度は最高120℃，圧力は蒸気ボイラの場合0.098 MPa，温水ボイラは0.29 MPa以下に制限され，容量は換算蒸発量4 t/h程度が限界である．また，構造上，セクションの内部掃除が難しいので，スケール防止のため，装置系を密閉サイクルで設計・使用するのが原則であり，蒸気ボイラとして用いるときは間水の濃縮が起こるので，1日1回程度缶水の一部をブローコックからブローする必要がある．さらに，鋳鉄は熱の不同膨張によって，割れやすいので，運転中に冷たい水を直接給水することは避けなければならない．

図2.48に鋳鉄ボイラの1例を示す．

5) **真空式温水ボイラ**　空気を抽気して，器内を33 kPa程度の真空に保持しながら水を沸騰させて，ボイラ内に内蔵した暖房用熱交換器および給湯用熱交換器に伝熱する構造のものである．運転中の内部の圧力は大気圧より低いので，ボイラとしての適用を受けず，取扱い資格も不要である．

暖房用と給湯用に熱交換器を分ける場合は，熱量分配が重要となる．1熱交換器で定格出力を満足するボイラもあり，2熱交換器のボイラを選択した場合，熱交換器の合計が定格出力を超えないよう注意する必要がある．

真空式温水ボイラは，炉筒煙管ボイラ，貫流ボイラや鋳鉄製ボイラを基本としている．

このほか，大気圧下で熱交換させる無圧式温水ボイラもあり，こちらもボイラとしての法適用を受けない．排ガスの潜熱回収を推し進めて，高位発熱量基準で103％の機種もある．

図2.49に真空式ボイラの例を，図2.50に無圧式ボ

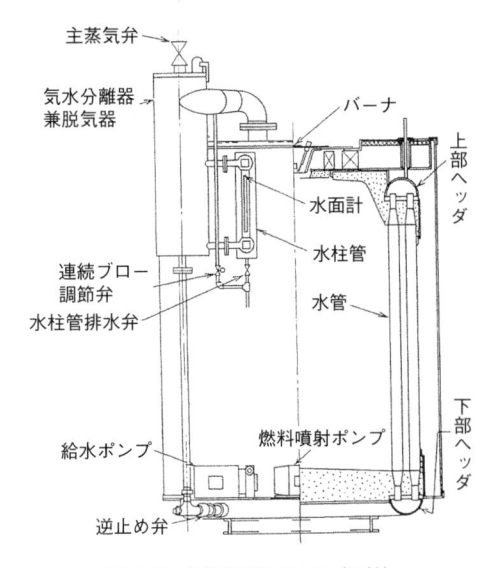

図2.47　多管式貫流ボイラ（K社）

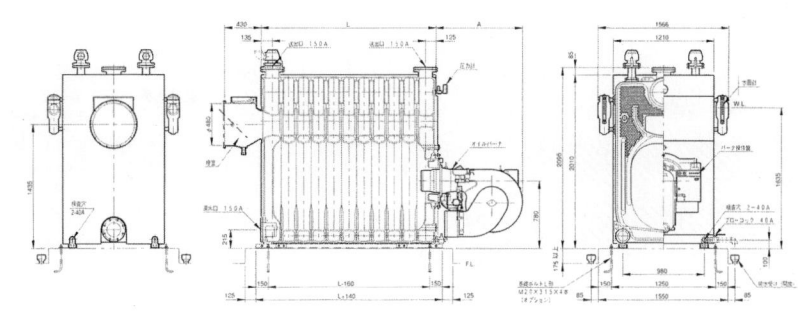

図 2.48 鋳鉄ボイラ（M 社）

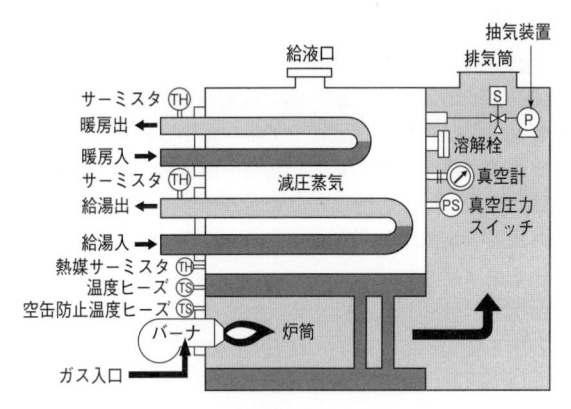

図 2.49 真空式ボイラ（H 社）

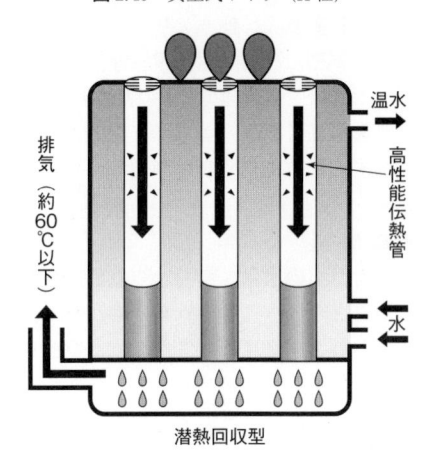

図 2.50 無圧ボイラ（H 社）

5) ㈱ヒラカワガイダム「VEC HEATER 真空式温水ヒータ」カタログ.
6) ㈱ヒラカワガイダム.

2.2.4 蓄熱装置
a. 概　要

空調用として用いられる蓄熱装置は，図 2.51 に示すような熱源機器，蓄熱ポンプ，放熱ポンプ，蓄熱槽，熱交換器等で構成される．

この蓄熱装置を空調システムに導入する大きな目的は，システム全体の電力負荷平準化を図ることにあるが，その他にも以下のようなメリットが期待できる．

① ピークシフト運転（図 2.52）によって，熱源機器容量の削減が可能となる．これに伴い設備費の低減および契約電力の低減が期待できる．
② 年間を通して熱源機器の高効率運転が可能となり，運転費の軽減が期待できる．
③ 夜間蓄熱時には単価の安い夜間電力（蓄熱調整契約）を利用することで，運転費の軽減が期待できる．

イラの例を示す．　　　　　　　　　　　［木部博志］

文　献

1) 川重冷熱工業㈱「ガス専焼 KS ボイラ」カタログ, 2003.
2) 石川島播磨重工業㈱「IHI 水管式 SCM ボイラ」カタログ, 0010.2000.
3) 空気調和・衛生工学会編：空気調和・衛生工学便覧（第 13 版），II 汎用機器・空調機器編, p.223.
4) ㈱前田鉄工所，鋳鉄製前田ボイラ RK-N-H・MF-N-H シリーズカタログ.

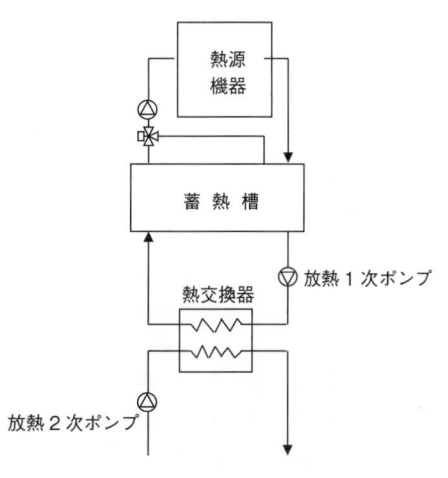

図 2.51 蓄熱装置の基本構成図

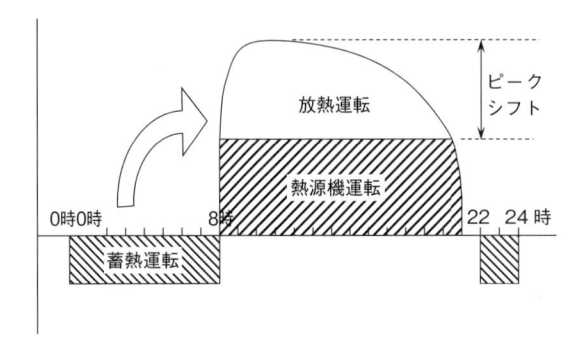

図 2.52 ピークシフト運転

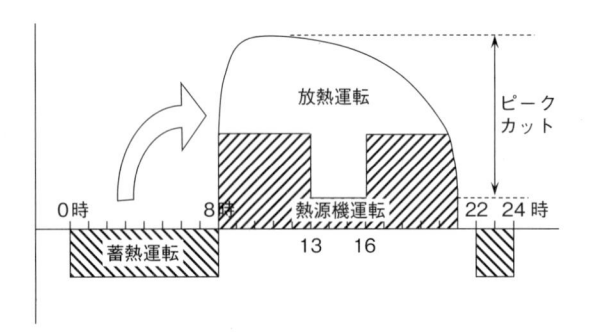

図 2.53 ピークカット運転

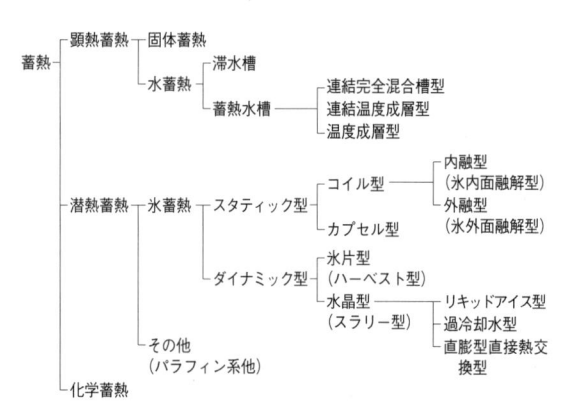

図 2.54 蓄熱方式の分類

④ ピークカット運転（図 2.53）によって，ピーク時間調整契約と呼ばれる基本料金の割引が受けられ，さらなる運転費軽減が期待できる．ただし，この運転は負荷パターンを予測して蓄熱を使い切るための制御が必要となる．また，ピークシフト運転と比べて熱源機器容量が増加し，放熱容量も大幅に増加することから設備費的には不利となる．そのためピークカット運転をするか否かは，費用対効果を十分に検討する必要がある．
⑤ 夜間蓄熱時の外気温度は設計条件よりも低いため，熱源機器は高効率運転が可能となる．また，CO_2 発生量の少ない夜間電力を利用するため環境性にも優れている．
⑥ 万一，熱源機器が故障した場合でも，残蓄分を利用して最低限の空調を行うことができるため，空調システムとしての信頼性が向上する．
⑦ 地震などの災害時や市水系統のトラブル等で給水が断水した場合でも，蓄熱槽の保有水量分を生活水や消防水槽として緊急活用できる．

一方，以下のようなデメリットがあることも忘れてはならない．
① 蓄熱装置および蓄熱配管系の設備費用が割高となる．また，建物最下階の地下ピットを利用した場合であっても断熱費・防水費などの建築コスト増は避けられない．
② 断熱しても蓄熱槽からの熱損失は避けられない．
③ 蓄熱・放熱系統の搬送動力が必要となる．
④ 開放式の蓄熱槽では大気中の酸素が槽内に溶け込み，配管系を腐食させる怖れがあるので防食対策が必要となる．

以上，蓄熱装置導入に伴うメリット・デメリットを列記したが，実際には省エネルギー性，環境性，ライフサイクルコスト（以下 LCC）の観点から総合的に判断して導入の採否を決定することが望ましい．

空調システムに導入される事例が多い蓄熱方式を図 2.54 に示す．

b．水蓄熱槽

蓄熱媒体としての水は，容易かつ安価にしかも大量に入手することができ，そのうえ毒性がなく化学的にも安定しており，空調用として扱うには望ましい特長を持っている．

水蓄熱槽は，高温側と低温側の水が混合しにくい構造であることが最も重要な点であるが，構造型式と混合特性から連結完全混合構型，連結温度成層型，温度成層型の 3 つに大きく分類できる．

1) 連結完全混合型蓄熱槽 連結完全混合型蓄熱槽（図 2.55(a)）は，通称"連通管方式"とも言われ，建物の地下ピットを蓄熱槽として利用し，互いの槽は連通管で直列に連結されるのが一般的である．この蓄熱槽の特徴は連結される槽が増えるに従い，蓄熱槽全体では高温側と低温側との混合が抑制され，蓄熱槽効率が上昇するところである．表 2.15 に蓄熱槽数と蓄熱槽効率との関係を示す．

2.2 空調機器

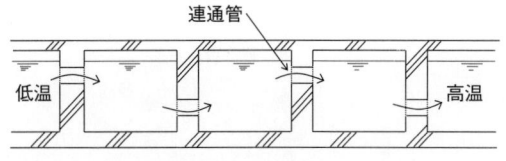

(a) 連結完全混合型蓄熱槽の断面略図

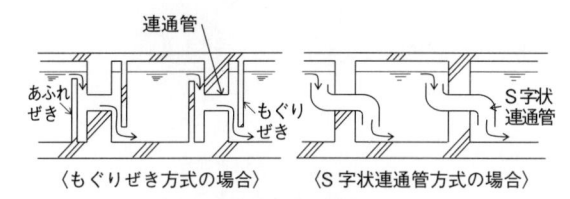

〈もぐりぜき方式の場合〉　〈S字状連通管方式の場合〉

(b) 連結温度成層型蓄熱槽の断面略図

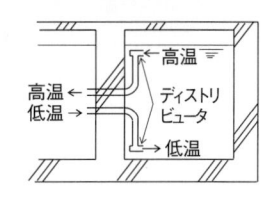

(c) 温度成層型蓄熱槽の断面略図

図 2.55 連結完全混合型蓄熱槽

表 2.15 連結完全混合型蓄熱槽の蓄熱槽効率

槽タイプ	槽数	蓄熱槽効率（目安）
連結完全混合型蓄熱槽	10槽未満	0.7以下
	10〜14槽	0.75
	15槽以上	0.8

【注】空気調和・衛生工学会編：蓄熱式空調システム計画と設計 p.93 より抜粋

2) 連結温度成層型蓄熱槽　連結温度成層型蓄熱槽（図2.55(b)）の代表的なものは，"もぐりぜき方式"と呼ばれている．建物の地下ピットを蓄熱槽として利用するのは，前述の連結完全混合型蓄熱槽と同じであるが，連結される槽数が少ない場合に採用される場合が多い．構造は，隣接する蓄熱槽の隔壁に堰（もぐりぜき，あふれぜき）を設けて可能な限り高温側と低温側との混合を抑制し，蓄熱槽を温度成層型とするものである．この方式は防水層との納まりや水抜き時の強度の問題があり，最近ではもぐりぜきに代わるものとしてS字状のパイプを連通管として設けることも多い．

3) 温度成層型蓄熱槽　温度成層型蓄熱槽（図2.55(c)）は温度の違いによる異なる水の密度を利用するもので，構内上部に温度の高い水塊が，構内下部に温度の低い水塊が滞留するような安定な境界層を形成して混合を抑えるものである．そのため，地下ピットを利用するような水深が浅い蓄熱槽の場合は不向きである．仮に，温度成層が形成されやすい形状・水深が確保できて，しかも構内の死水域が少なくなるように流入口・流出口の設置場所と形状を選択するならば，蓄熱槽効率は0.8〜0.9に達し，最も効率の良い水蓄熱槽となる．

c. 氷蓄熱槽

氷蓄熱は，水の液相⇔固相（氷）の状態変化に伴う潜熱を高密度に蓄熱するものである．水蓄熱と比べて以下のようなメリットがある．

① 氷充填率（IPF：Ice Packing Factor，蓄熱槽内の氷の重量/氷と水の重量）が大きくなればなるほど，蓄熱槽容量を大幅に圧縮できる．
② 蓄熱槽容量の圧縮に伴う槽表面積の縮小で，蓄熱槽からの熱損失が減少される．
③ 氷蓄熱槽の熱挙動が安定しているため，蓄熱槽から取り出すことのできる熱量の信頼性を格段に向上できる．
④ 大温度差空調システムなどの低温冷水を利用した二次側空調システムの採用が可能となる．

その一方で，氷蓄熱時では冷媒蒸発温度が低下し，冷凍機の成績係数COPが低下するというデメリットが発生する．そのため，氷蓄熱を導入するか否かは，省エネルギー性，環境性，LCCの観点から総合的に判断することが求められる．

氷蓄熱の製氷方式には，多くの種類があり，またそれぞれが特長をもっているので，一概に評価することは難しいが，大きく分類するとスタティック型とダイナミック型に整理できる．

1) スタティック型　蓄熱槽内の製氷用熱交換器表面に接した水を冷却し，氷として成長させる方式である．熱交換器の形状からコイル型とカプセル型に大きく分類でき，さらに解氷方法から外融式と内融式に分けられる．代表的なスタティック型氷蓄熱の製氷・解氷の過程を図2.56に示す．

スタティック型は二次側空調システムの負荷変動に追従できる融解特性を有しているが，夏期における3時間ピーク時間調整契約に対応する場合，冷水取り出し温度に留意する必要がある．

2) ダイナミック型　製氷用熱交換器表面に生成した氷を間欠的にはく離させる氷片型（ハーベスト型），あるいは連続的に製氷させる氷晶型（スラリー型）がある．代表的なダイナミック型氷蓄熱の製氷過程を図2.57に示す．

334   2. 空調設備計画

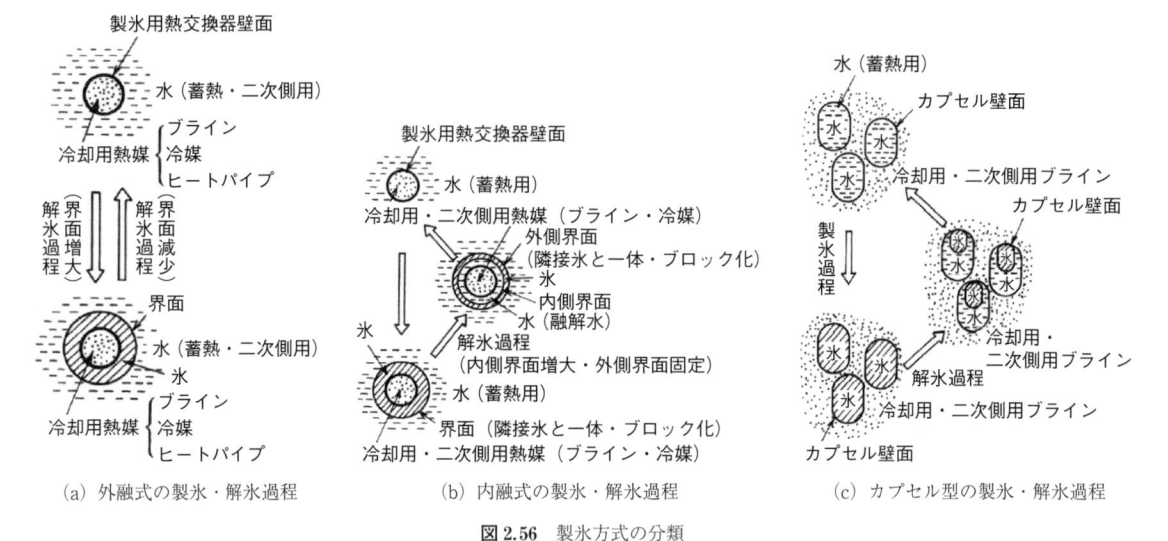

(a) 外融式の製氷・解氷過程　　(b) 内融式の製氷・解氷過程　　(c) カプセル型の製氷・解氷過程

図 2.56　製氷方式の分類
(空気調和・衛生工学会編：空気調和・衛生工学便覧, 第13版, II巻, p.502 より抜粋)

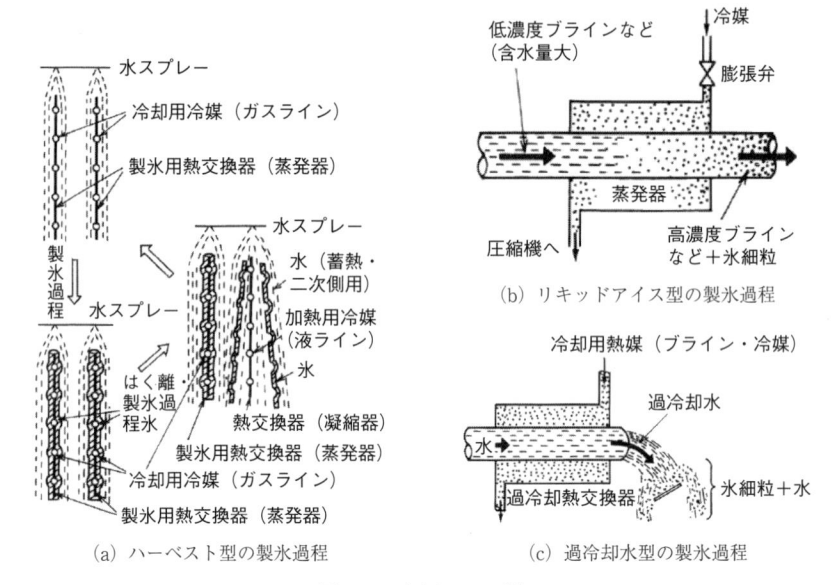

(a) ハーベスト型の製氷過程　　(b) リキッドアイス型の製氷過程　　(c) 過冷却水型の製氷過程

図 2.57　ダイナミック型
(空気調和・衛生工学会編：空気調和・衛生工学便覧, 第13版, II巻, p.503 より抜粋)

ダイナミック型はスタティック型に比べて，比較的良好な短時間解氷特性を有しているが，採用にあたっては方式ごとにその特性を十分理解しておくことが必要である．　　　　　　　　　　　　　　［渡辺悦朗］

2.2.5　空気調和機

a.　エアハンドリングユニット

エアハンドリングユニットとは，冷却・加熱の熱源装置をもたず，熱源より供給される冷水・温水・蒸気・水などを用いて，所要空気に対し冷却・加熱・減湿・加湿・混合・除塵などの処理を行い，各室または対象ゾーンに送風する空気調和機のことを言う．

使用目的にあわせて構成機器の容量や種別を変更することができ，主として大規模空調用に使用される．ただし，機械室に設置し，空気搬送を主とする中央式のエアハンドリングユニットに対し，居住空間の近傍に分散設置して水搬送を主とする個別空調が可能なターミナル式のエアハンドリングユニットもある．その中で，特に省スペースに特化した少風量型規格品の空気調和機をコンパクト型と称し，センサ・動力盤の

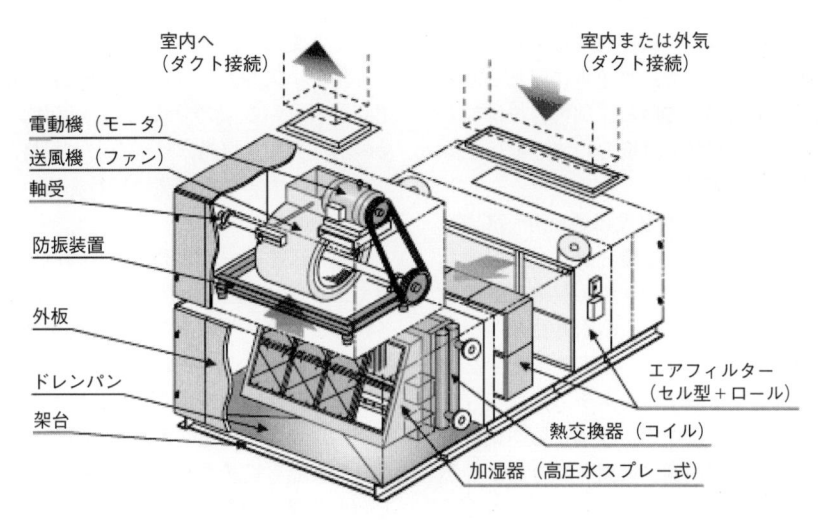

図2.58 空気調和機構成例（S社）

みならず，制御システムも搭載したものをシステム型エアハンと一般的に称している．図2.58に一般的な空気調和機の構成例を示す．

空気調和機は，複数のセクションに分かれており，各セクションの組み合わせによって構成されている．組み立て方法によって，大きく立型と水平型（横型）に分かれるが，構成されているセクションは同じである．

フレームを構成する外板は，かつては亜鉛メッキ鋼板が主流であったが，近年はガルバリウム鋼板製のサンドイッチパネルが採用されている場合が一般的である．以下に各セクションの概要と特徴を示す．

1） 送風機セクション 空気調和機に組み込まれる送風機には，多翼送風機（シロッコファン）が用いられることが多いが，効率の良い翼型送風機（プラグファン）が組み込まれる場合もある．室内側で変風量制御（VAV）などを行う場合は，ファンモーターにインバータを搭載し，送風機の回転数を変化させることによって，送風量を動的に制御する場合が多い．インバータを用いない風量制御方法としては，スクロールダンパ，インレットベーンなどがある．

回転機器のため，防振を設けることが一般的だが，ファンセクションに防振を組み込むファン防振と，空気調和機全体を防振装置に設置する防振架台の二通りの防振方法がある．

2） フィルタセクション 吸込み空気はフィルタセクションをまず通過する．通常はセル型の除塵フィルタをユニット化したフィルタユニットが用いられることが多いが，設置される環境で求められる要求によって，フィルタの種別を選択したり，組み合わせたりする必要がある．大風量を処理する空気調和機では粗塵除去のためにロールフィルタを設置したり，海に近い沿岸部などでは除塩フィルタの設置が必要になる場合がある．（2.2.8項「空気清浄機」参照）

3） 空気熱交換器セクション 外気負荷低減のために，空気調和機に空気熱交換ユニットを組み込む場合がある．通常は全熱交換器が用いられるが，特殊な場合は顕熱交換器や潜熱交換器を用いる場合もある．全熱交換器を組み込んだ大型の空気調和機では，中間期などは熱交換を行わないように空気調和機内にバイパス回路を設けているものもある．（2.2.6-c「空気対空気熱交換器」参照）

4） 熱交換器（コイル）および加湿器セクション

コイルセクションでは，空気に対し冷却・加熱・減湿・加湿などの処理を行う．熱交換器は主に銅製のコイルに冷水または温水・蒸気などを通し，コイルに直交して設けられているアルミフィンを介して空気との熱交換を行う．

一般空調では，冷却と加熱を季節ごと切り換えて利用する冷温水コイルが用いられることが多く，年間冷房が必要な場合には，冷水コイル＋温水コイルが用いられる．また，温水コイルではなく，加熱用に蒸気コイルが使用される場合もある．

外気処理に用いる空気調和機のコイル配列は，凍結防止を考慮して外気側から加熱コイル＋冷却コイルの順に配置し，再熱を考慮する空気調和機では，還気側から（予熱コイル＋）冷却コイル＋再熱コイルの順でコイルを配置する．

コイルセクションは，コイルに接続する配管に設けられている流量制御弁によって，コイルに流れる流量を制御し，空気温度を調整している．制御弁には二方弁装置が用いられることが多く，場合によっては三方弁装置が用いられることもある．

冷水コイルに供給される冷水温度は通常5〜7℃で，往還温度差として5℃で設定する場合が多い．温水コイルは通常40〜60℃の温水が供給され，往還温度差は5〜10℃で設定される．しかし，冷水も往還温度差を10℃程度見込むことによって，必要流量を少なくし，ポンプの搬送動力を低減するシステムが採用される場合がある．また，水ではなく，通過する空気側の吹出し温度を低下させ，室内側に低温で吹き出すことにより，必要風量を少なくし，ファンの搬送動力を低減させる大温度差低温空調も省エネルギーに有効だとされている．

空調機に組み込まれる熱交換コイルは，通常，断面は円環状だが，空気抵抗を少なくした楕円形のコイルを組み込んだ空調機も一部でつくられている．

コイルの後には加湿器が設けられる．（2.2.7-a「加湿器」参照）

空気調和機に組み込まれる加湿器は，気化式加湿器が一般的で，精密な制御を必要とする場合は，蒸気式が用いられることが多い．

特殊用途では，クリーンルーム外気処理系統の空気調和機などで，除塵およびケミカル成分の除去のためにエアワッシャ装置を設け，加湿ではなく空気浄化に用いる場合などがある．（2.2.8-e「空気清浄機・洗浄式」参照）

b. ファンコイルユニット

ファンコイルユニットとは，送風機・冷温水コイル・フィルタなどをケーシングに組み込んだ小型空気調和機のことを言い，設置する場所にあわせて，床置き型・天井吊型・天井カセット型など，様々な形態のものが用意されている．エアハンドリングユニットと異なり，冷暖房能力や送風量，外形などが規格品として用意されており，大きな仕様変更は行えないようになっている．

用途は広く，一般事務所ビルのペリメータ負荷処理用や個室・小部屋空調用に用いたり，ホテル客室・病院・各種厚生施設・学校など，比較的室数が多い建物に広く採用されている．これはファンコイルユニットの冷暖房能力が比較的小さく，大空間の空調よりは小部屋の空調に適しているためだが，近年は大能力のファンコイル製品も供給されており，スーパーやデパートなどの大空間の空調にも利用されるようになっている．

また，騒音を抑えたホテル客室用ファンコイルユニットや，高性能なフィルタを組み込んだ病院用ファンコイルユニットなど，特定用途向けの製品も多い．

図2.59にファンコイルユニットの構成例を示す．ファンコイルユニットは各社共通のユニットサイズがあり，能力・仕様でユニットサイズが決定される．しかし後述するパッケージ型空調機と異なり，同一サイズでも供給する冷温水の温度や水量，あるいは風量によって能力が増減するため，詳細な選定はメーカー資料を参照する必要がある．

表2.16にファンコイルユニットの仕様の一例を示す．

組み込むコイルによってファンコイルユニットは大きく2管式と4管式に分けられる．2管式は冷却と加熱を季節ごと切り換えて利用する冷温水コイルか，年間冷水コイルなどに使用され，季節に限らず，負荷側の要求に応じて冷水・温水を使用する用途には4管式が使用される．

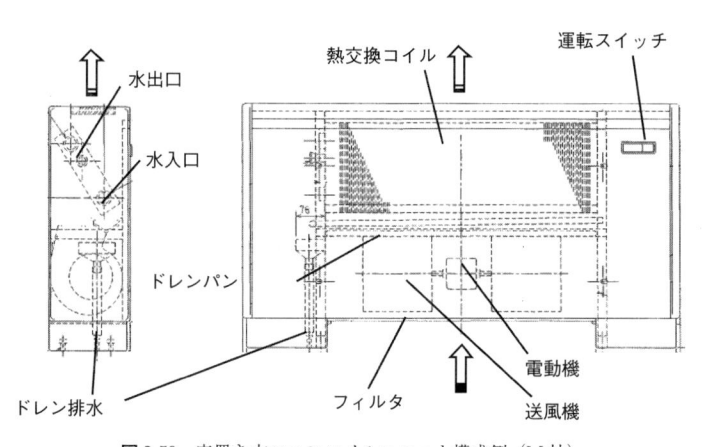

図2.59 床置き方ファンコイルユニット構成例（M社）

2.2 空調機器

表2.16 ファンコイルユニット仕様例（M社 天井カセット形）

性能	冷房能力	顕熱量[kW]	1.63	2.16	2.92	4.23	6.34	8.23
		全熱量[kW]	2.04	2.81	3.67	5.39	7.69	10.15
	暖房能力 [kW]		3.52	4.82	6.72	9.06	13.52	17.91
	水量 [L/min]		5.9	8.1	10.6	15.5	22.2	29.0
	ヘッド損失 [kPa]		1.4	2.9	5.3	14.4	11.3	23.9
	風量 [m³/h]		370	510	680	1,020	1,360	1,870
	運転騒音 [dB(A)]		34	36	36	38	39	42
	電源		単相 100V 50/60Hz					
送風機	型式		翼状多翼形（シロッコファン）					
	定格出力 [W]		10	15	20	30	45	60
	電流 [A]		0.43/0.55	0.54/0.67	0.68/0.87	0.88/1.09	1.35/1.60	1.70/2.10

供給される冷水および温水温度は，通常 5～9℃ および 35～60℃ で供給され，往還温度差は 5℃ で設定される．しかし近年は往還温度差を 10℃ で設定した大温度差小水量のタイプも販売されている．

容量制御方法としては，空気側制御と水側制御の 2 方式がある．空気側制御はファンコイルユニットの吹出し風量を変化させるもので，電動機の巻線を切り換えて回転数を変化させ，強・中・弱の 3 段階に制御するのが一般的である．水側制御はコイルへの供給水量を調整することによって容量を制御するもので，サーモスタットと電動弁により，1 台または空調ゾーニングされた数台をまとめて制御する方式が取られる．1 台ごとに制御する場合は，流量制御用の電動弁をあらかじめ組み込んでおく場合が多い．

ファンコイルユニットにはハニカムネットなどの水洗再生式の粗塵フィルタが装着されており，室内の求める清浄度によっては中性能フィルタに替えて使用することもある．どちらの場合も定期的なメンテナンスが必要となるため，設置場所に配慮が必要である．

加湿器は組み込まれていないのが一般的だが，オプションとして組み込み可能な場合が多い．また外気取入は本体にノックアウト穴を開けることによって，送風量の 1 割程度の外気を取り入れられる機構を用意している機種もある．

c. パッケージ型空調機

パッケージ型空調機は，エアハンドリングユニットやファンコイルユニットと異なり，本体に冷凍機の一部である冷媒蒸発器や圧縮機を組み込んで，単独で冷却が行えるものをいう．排熱の冷却方式によって，大きく空冷式と水冷式に分類でき，ヒートポンプ機能を搭載している場合，冷却だけでなく加熱も可能となる．通常，パッケージエアコンと呼ばれることが多い．

基本的に規格品として工場で量産されており，品質が安定し，取扱いも容易なため，事務所ビル・店舗などの業務用建物の空調に多用されている．

近年では機種が多様化し，一般ビルだけでなく，工場の特殊空調や病院・ホテル・学校など様々な用途向けの機種が用意されている．

特徴としては，まず施工が簡単で設備保守が容易であること，設備の更新が行いやすく，設備機械室などの設備スペースが小さいか不要であることなどがあげられる．

機器は，送風機・空気熱交換器・圧縮機・凝縮器・エアフィルタ・自動制御用電装機器・保護装置およびケーシングなどで構成されている．水冷式の場合，これら構成機器をすべて一つのケーシングに納め，排熱のため，本体から冷却塔まで冷却水配管で接続して放熱を行う．一方，空冷式の場合は，排熱の方式上，一体型とリモートコンデンサ型およびセパレート型に大きく分類することができる．一体型は水冷式と同様，構成機器をすべて一つのケーシングに納めているため，放熱を行うため屋外に放熱部を開放して設置する必要があり，機器を屋外に置き，室内にはダクトなどで送風して空調を行う．リモートコンデンサ型とセパレート型は，本体を室内ユニットと室外ユニットに分けて冷媒配管で接続し，屋外に設置した室外ユニットで放熱を行う点は共通しているが，圧縮機と熱源側熱交換器をリモートコンデンサ型は室内ユニット内に，セパレート型は室外ユニット内に納めている点が大きく異なる（図2.60参照）．

使用されている圧縮機の種類は，密閉型のロータリー型・スクロール型・往復動（レシプロ）型・スクリュー型および半密閉型の往復動型である．小型機種ではロータリー型・スクロール型・往復動型が多く使

図2.60 パッケージ型空調機設置例

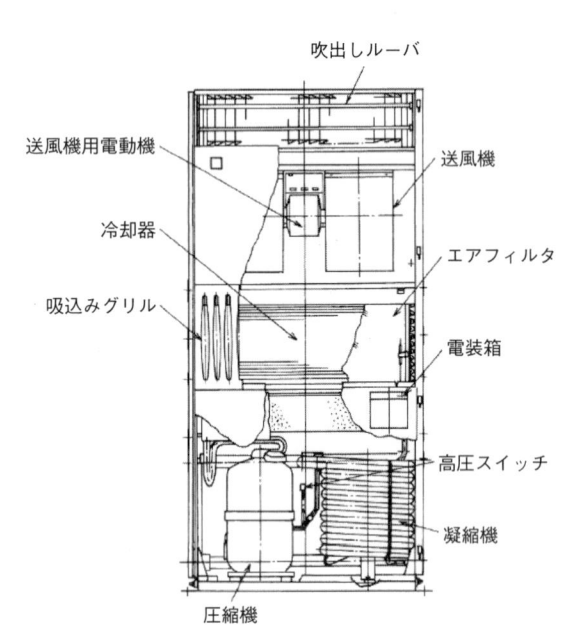

図2.61 水冷パッケージエアコン構成例

われ，大型機種では，スクリュー型および半密閉型の往復動型が用いられる．また圧縮機の能力制御はインバータ制御・台数制御・シリンダ数制御・バイパス制御などによって行われ，組込みの自動制御装置によって，自動で制御される．

電源は通常三相200Vであるが，小型機種では単相200V，特殊仕様として400Vのものもある．また，圧縮機を搭載しているユニットに電源を接続し，もう片方のユニットへは冷媒配管・信号線と一緒に電線を接続して電力を送るのが一般的だが，マルチパッケージ型など，室内外ユニット別々に電源を接続する場合もある．

パッケージ型空調機は種類も多く，用途によって設置する機器の特徴や構成が異なるため，以下に代表的な機種について概要と特徴を述べる．

1) 水冷式パッケージエアコン 前述した通り，構成機器を一体化しているが，放熱のために冷却塔・冷却水ポンプおよび冷却水配管を必要とする．また，基本的には冷房専用型だが，本体内に電気ヒータや蒸気コイルまたは温水コイルを組み込むことによって，暖房も可能になる．

一体型であるため，床置直吹き型あるいは機械室に設置して中央式の空気調和機として利用されることが多かったが，保守を必要とする機器が多いことや，水配管を使用することなどから，近年は特殊な場合を除き，あまり使用されていない．

機器能力としては，14～56kW程度が主流である．

特殊な例としては，水熱源ヒートポンプユニットなどがある．これは小型の水冷式パッケージに対し，接続した水配管を放熱源とするシステムである．ヒートポンプ機構を搭載しているため，熱回収も可能だが，冷却水温度は15～40℃の範囲を保つ必要があり，水配管には冷却塔および温水源を接続する必要がある．

これは，2.8～5.6kW程度の小型室内ユニットに直接水冷式パッケージを使用するタイプと，小型の室内ユニット何台かを冷媒配管で28～56kW程度の熱源ユニットに接続し，その熱源ユニットを水冷式パッケージとして使用するタイプに大別できる．

2) 一体型パッケージエアコン 水冷式と異なり，空気と熱交換をする空冷式パッケージエアコンの1種であり，ヒートポンプ機能を搭載している場合，冷暖房が可能である．一体型の製品は，小型の家庭用としてはウォールスルー型（壁掛け）エアコン，大型ではルーフトップ型，一体型直膨エアハンなどがある．

ルーフトップ型は主に大型店舗や工場空調に使用され，屋上に設置した機器からダクトで送風を行う．屋外からダクトで送風が行えるため，外気処理が可能な

ものも多く，全熱交換器を組み込んだものや，外気処理専用の機種もある．また，機器をすべて屋外に設置できるため，機械室スペースが取れない場合なども適している．機器能力としては，28～56 kW 程度が主流である．

特殊な例としては，一体型直膨エアハンなどがある．一般的なパッケージ型空調機は，大風量の処理や精密制御，加湿制御などはエアハンドリングユニット並みには対応ができない．エアハンドリングユニットに組み込むコイルに冷温水ではなく冷媒配管を使用した直膨エアハンは，中央熱源をもたない建物などで使用されることがある．

また，一体型はまとまった機器設置スペースが必要になるが，設置場所の制約がある場合，放熱ユニットと本体を分離して設置できるものもある．この場合，それぞれのユニットを冷媒配管で接続する必要がある．

3) リモートコンデンサ型パッケージエアコン
室内ユニットに圧縮機を設けるリモートコンデンサ型は，中～大型のものが多く，床置直吹き型あるいは機械室に設置して中央式の空気調和機として利用されることが多い．室内側でメンテナンスができるため，工場や大型店舗で主に使用される．機器能力としては，14～140 kW までさまざまなものが用意されている．また，各種特殊仕様の機器も多い．

恒温恒湿型パッケージエアコンは，年間冷房を可能とするため高圧制御器を内蔵し，再熱ヒータ・加湿器などを組み込むことによって，年間を通して空調環境を一定に保つことができるようになっている．精密工場や研究室・病院などに使用される．また，超高性能フィルタを組み込むことでクリーンルームなどにも対応できる．

電算室用パッケージエアコンは年間冷房のほか，高顕熱比に対応しており，冷媒レヒート制御とインバータ制御に大別できる．

通常のパッケージエアコンは，送風量の1～3割程度の外気量しか処理できないが，オールフレッシュパッケージエアコンならば全外気処理が可能である．また，中温用パッケージや低温用パッケージは，年間を通して通常より低い吹出し温度を必要とする用途に使用される．

これら特殊用途のパッケージエアコンは基本的に冷房専用だが，電気ヒータや温水・蒸気コイルを組み込むことによって暖房も可能となるものが多い．

4) セパレート型パッケージエアコン セパレート型は用途に応じて，ルームエアコン・一般パッケージエアコン・マルチパッケージエアコンなどの機種がある．

主に家庭用に用いられるルームエアコンは，壁掛けタイプが主流だが，天井カセット形や天井隠蔽形などの室内ユニットや，1対1ではなく複数台の室内ユニットを1台の室外ユニットに接続できるハウジングエアコンなどもある．

通常，パッケージエアコンと呼ばれているのは，一般ビルや店舗などに使用される1対1のセパレート型パッケージエアコンを指す．セパレート型は圧縮機を室内ユニットにもたないため，室内ユニットには天井埋め込みカセット形・壁掛け形・床置き形・天井吊形・天井隠蔽ダクト形などさまざまな形態のものがある．室内ユニットには加湿器や空気清浄器などのオプション品を組み込むこともでき，最初から高性能フィルタを組み込んだ病院向けユニットや，運転音を抑えたホテル向けユニット，ステンレスを外板に用いた厨房用などさまざまな用途に特化したユニットも提供されている．

1対1ではなく，2～4台の室内ユニットを接続するタイプのパッケージエアコンもあるが，これは後述するマルチパッケージエアコンとは異なり，接続された室内ユニットはすべて同時運転となる．機器能力としては，3.6～14 kW 程度が主流であり，同時運転型ならば25 kW 程度まである．

パッケージエアコンの更新期間は15年程度であるため，既存建物に対する機器更新需要は大きくなっている．しかし，新設用の機器は機器だけでなく，冷媒配管や制御配線も更新する必要があるため，更新の際の大きな問題点になっていた．近年は更新専用のパッケージエアコンが発売されており，使用冷媒が変わっても配管洗浄無しで機器を更新できるものもある．圧縮機にインバータを搭載している機種も多くなっており，ヒートポンプ機能と合わせて，高いエネルギー効率を達成している．

5) マルチパッケージエアコン セパレート型の一種であるマルチパッケージエアコンは，1台の室外ユニットに対し複数の室内ユニットを接続でき，かつ室内ユニットごとに個別運転が可能なものをいう．室内ユニットの形状は通常のパッケージエアコンと同じくさまざまな形態のものがある．

室内ユニットの機器能力は，2.2～16 kW，床置き形に限れば56 kW 程度まで幅広く用意されている．また，室外ユニットは，通常14～40 kW 程度の能力

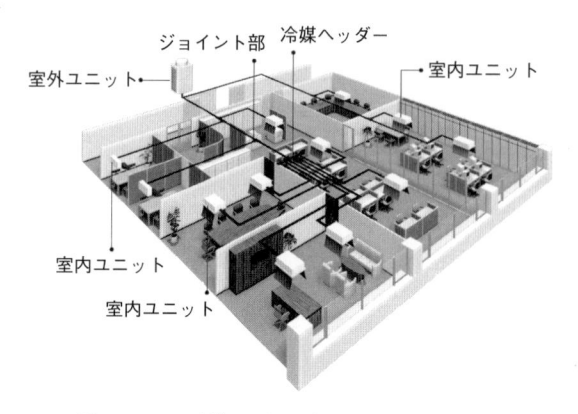

図2.62 マルチ型パッケージエアコンレイアウト例

をもつ定速機とインバータ機を組み合わせて構成されており，大きいものでは140kWを超えるものもある．室内ユニットの運転状況に応じて自動的に運転を切替え，効率的な能力制御を行っている．かつては複数ユニットで構成される場合，複数の冷媒配管をユニットごとに接続していたが，近年は大型の室外ユニットでも接続する冷媒配管は1系統で済む場合が多い．

室外ユニットは冷暖切替形と冷暖フリー形があり，冷暖フリー形ならば，同一室外ユニットに接続されている室内ユニットそれぞれが個別に冷暖房を選択できる．ただし，特に冷暖フリー形についてはメーカーによって冷媒配管の接続方法などに制限があるため，個別に検討が必要になる．

6） その他特殊仕様　パッケージエアコンは冷凍サイクルをもつために，通常は電気を動力として圧縮機を稼動させている．しかし電気容量が足りない場合など，電気モーターではなく，ガスエンジンや灯油エンジンで圧縮機を稼動させるガスヒートポンプエアコン（GHP）や灯油ヒートポンプエアコン（KHP）を導入する事例がある．冷房時の仕組みは電気式の場合と変わらないが，暖房時はエンジンの排熱回収を行って暖房を補助するため，暖房運転の立ち上がりが早く，寒冷地などでも暖房運転が可能となる．ただし，エンジン駆動のため，定期的なメンテナンスが欠かせない．小型からマルチ型まで，一般用途ならば電気式と遜色ない程度のラインナップがある．

電力負荷平準化を目的に，昼間の冷房電力需要を夜間に移行するのが氷蓄熱エアコンである．室外ユニットに氷蓄熱ユニットを併設し，夜間製氷運転を行い，昼間は蓄熱を利用して冷房を行うシステムとなっている．大がかりな設備が不要で保守管理も比較的容易なため，中小規模の建物でも導入が可能である．室外機能力で14～56kW程度の機種があり，シングルでもマルチでも用意されている．しかし，小型ユニットとは言え蓄熱システムなので，設置場所の耐荷重や夜間運転に対する近隣対策などの検討が必要になる

7） 自動制御装置　パッケージエアコンの空気温度制御は一般に設定温度と吸込み温度の差により圧縮機を運転・停止させる．複数の圧縮機をもつ場合には台数制御を行ったり，インバータで回転数制御を行う場合もある．セパレート式の場合，温度設定は通常，リモコンによって行われ，マイコン制御でタイマ運転や風量・風向自動調整が行えるものが多い．

これらを集中制御する場合は，集中制御盤やビル管理システムに制御線を接続する必要がある．制御システムは，パッケージメーカーが提供するものを使用する場合と，中央監視盤など自動制御システムに組み込む場合がある．制御システムのグレードによるが，これによって，機器の運転状況の管理・スケジュールタイマー・故障履歴の管理・空調料金の計算などさまざまなことが可能になる．

8） 環境問題への対応　オゾン層保護の面から，以前からパッケージ型空調機に使用されていた冷媒 HCFC22（R22）は，規制対象に加えられており，2030年に全廃が決定している．そのため，新冷媒として R407C が利用されてきたが，高効率な冷媒として R410A 冷媒を使用した機器に切替えが進んでいる．

また，地球温暖化防止に向けて，省エネルギーを進める上で，エアコンの省エネ基準値が定められ，いままでの COP（エネルギー消費効率：Coefficient of Performance）に併記して APF（通年エネルギー消費効率：Annual Performance Factor）を記載するように JIS 改正がなされた．

定められた条件下での運転効率を評価する COP だけでなく，建物用途や使用期間を設定し，年間を5つのポイントで評価するなど，実際の使用状況に近い条件で算出した年間の省エネ指数である APF で評価することによって，実際の使用条件下でより省エネに寄与する機器への転換が進むと考えられる．

［松本ちあき］

2.2.6 熱交換器

a．冷水・温水熱交換器

冷水や温水を取り出すために使用されるのは，主に多管式（シェルアンドチューブ式）や貯湯式，プレート式熱交換器であり，熱媒には冷水・温水・冷媒・蒸気などが用いられる．

2.2 空調機器

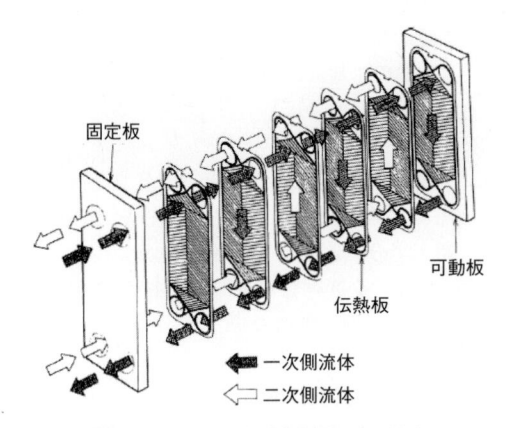

図 2.63 プレート式熱交換器の流れ様式

プレート式熱交換器は図 2.63 の様に薄い金属シート（通常 0.4～0.8 mm）を凹凸にプレス成形し，その周辺にシール用ラバーガスケットを貼り付けた伝熱板を一枚のエレメントとし，必要枚数張り合わせたものであり，各伝熱板間に形成される流路を一枚おきに高温流体と低温流体が交互に流れて熱交換する仕組みになっている．この伝熱板（プレートパック）を固定板と可動板で挟みこみ，長いボルトで止めている．プレート材質としては SUS304, SUS316, チタンが一般的に使用される．

液一液熱交換器としてはプレート式熱交換器が最も一般的に使用されており，特徴としては，熱通過率が高いため設置面積をとらず，伝熱板の増減により容易に伝熱面積を増減できる．また，一次二次側の温度差を小さくすることができ，制御応答性が良い．ボルトを緩めて可動板をずらすことにより，分解洗浄が容易にできることなどがあげられる．

使用用途は広く，一般空調の冷暖房や衛生分野の加熱用途，工場の熱回収，冷却水のセントラルクーリングなどに使用される．また，プレート式熱交換器のうち，ガスケットを使用しないタイプとしては，銅やニッケルでろう付けされたブレージングプレート式や，全周をレーザー溶接した全溶接型プレート式があり，これらは，流体温度が高温・低温または高圧といった，厳しい条件下でも耐久性，気密性が求められる場合に使用される．ブレージングプレート式は一般空調のほか，冷凍機内に組み込まれる熱交換器としても利用される．全溶接プレート式は地域冷暖房や排熱利用の高温水の熱交換器として主に利用される．どちらも分解洗浄ができないため，汚れやすい流体に使用する場合は注意が必要である．

その他ペアプレートを使用したダブル・ウォールプレート式は，万一液漏れが生じた場合でも，2液は混合せずに外部に流れ出す構造となっている．このため，飲用や食品工場など，衛生面を重視した用途に使用されることが多い．

一方，多管式熱交換器は主として，熱媒に蒸気や高温水を使用する場合に適用される．大別すると，U字管式・全固定式・遊動頭式に分けられるが，空調・衛生分野で最も多用されているのはU字管式である．

多管式の構造は太い丸胴管に多数の細管を納めたもので，U字管式は細管にあたる伝熱管を太管内でU字型に曲げ，管板に固定しているものを言う．構造が比較的簡単で，伝熱管の一端が開放されているため，液温度差による伸びにも順応が可能である．また，伝熱管を引き出して清掃ができるため，状態の確認もしやすい．ただし，プレート式と比較すると伝熱効率が悪く，同等熱量を処理しようとすると，3～5 倍の伝熱面積が必要になる．そのため，水−水熱交換器にはあまり使用されず，蒸気—水熱交換器にもっぱら使用される．

この他，貯湯槽に蛇管型コイルやU字管式管群を取り付けて蒸気や温水の熱媒を流し貯湯する貯湯式熱交換器は，構造が簡単で修理が容易なため，他方式に比べ性能は劣るが，貯湯槽に設けられることが多い．

b. 空気冷却器・空気加熱器

空気冷却器および空気加熱器は通常，冷却コイル・

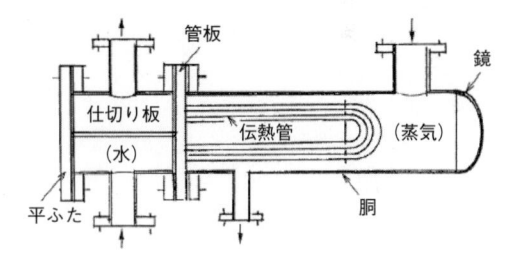

図 2.64 多管式熱交換器（U字管式）の型式例

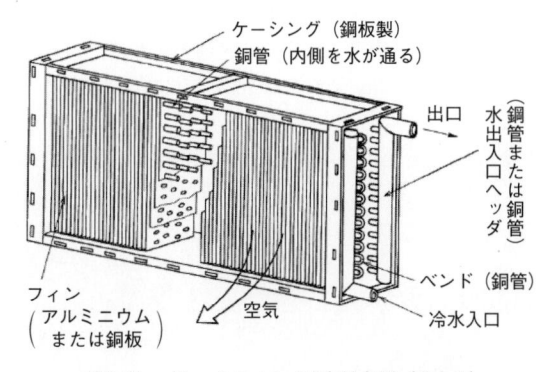

図 2.65 プレートフィン式空気冷却器（冷水用）

加熱コイルと呼ばれ，空調用にはフィン付管型熱交換器，中でもプレートフィン式が多用される．

構造としては，アルミニウムまたは銅の薄板でできたフィンに，冷却管である銅チューブを通したものを銅板製枠の中に納め，端部に水の出入り口ヘッダおよび銅チューブのU字型ベンドを設けている．銅チューブは9～16φ程度の継ぎ目無し銅管が使用され，最近は空気抵抗の少ない楕円管を用いることもある．

空気冷却器は冷水を熱媒とした冷水コイルと冷媒を用いる直膨コイルがある．構造としてはほぼ一緒だが，直膨コイルは冷媒入口に分流器（ディストリビュータ）を設け，冷媒を均等に流すようにしている．また，冷水コイルに準じるものとして，ブラインコイルがある．構造は同じだが，ブラインは水に比べて粘度が著しく高いため，熱通過率や抵抗を補正しながらコイルを選定する必要がある．

空気加熱器は，加熱源によって，温水用・蒸気用・冷媒用などに分類できる．いずれも構造は冷却コイルとほぼ同じだが，蒸気や高温水を用いる場合，熱膨張に対する対応が必要になる．

冷却コイルの必要列数は一般的に次の実用計算式で求められる．

$$N = \frac{q}{KC_{WS}FA\,\Delta t_m}$$

N ：必要列数
Q ：全冷却熱量 [W]
K ：熱通過率 [W/{m^2(FA)・K・列}]
C_{WS}：ぬれ面補正係数
FA ：正面面積 [m^2]
Δt_m：空気の乾球温度と冷水温度の対数平均温度差 [K]

ぬれ面補正係数 C_{WS} は空気中の水蒸気が凝縮する場合の熱通過率Kの補正で，本来はKに含める性質だが，繁雑さを避けるためにこのような方法が取られている．また，熱通過率は空気側・水側・フィンの熱抵抗を考慮して決定される．いずれの係数も，コイルを選定するメーカーのカタログにグラフが掲載されている．

全冷却熱量 q は冷却コイルで熱交換する熱量であり，

空気側　　　$q_a = \dfrac{1.2Q(h_i - h_f)}{3.6}[W]$

冷却コイル側　$q_w = \dfrac{60G(t_{wf} - t_{wi}) \times 4.187}{3.6}[W]$

Q ：風量 [m^3/h]
h ：湿り空気のエンタルピー [kJ/kg(DA)]
G ：冷水の水量 [L/min]
t_w：冷水の温度 [℃]

で求められる．

水の比熱を 4.187 kJ/kg(DA)，密度を1 kg/L，大気圧20℃の乾燥空気の密度を1.2kg(DA)/m^3 とする．また，添え字の i は入口，f は出口を表す．

加熱コイルの必要列数も冷却コイルと同様の式で求められるが，減湿を伴わないため，$C_{WS}=1$として算出する．

c. 空気対空気熱交換器

空調の排気の熱を有効利用する省エネルギー用熱交換器として室内の排熱と外気とを熱交換することで外気導入負荷を軽減する目的として利用される．大きく分けて全熱交換器と顕熱交換器がある．

全熱交換器は顕熱だけでなく潜熱の交換も行うもので，回転型と静止型がある．回転型は図2.66のように吸湿性のあるエレメントをロータに装着し，夏期運転では外気で加熱・吸湿されたロータを回転させて排気により冷却・減湿させる．これを連続して行うことによって，取入外気を冷却・減湿する．冬期は逆に作用して取入外気は加熱・加湿される．

静止型は図2.67に示すように外気流路と排気流路が特殊仕切板をはさんで流れており，伝熱および湿度透過により熱交換が行われる．一般的に回転型は大風量を処理する場合，静止型は小風量の処理に用いられることが多いが，静止型のエレメントをユニット化することで，大風量にも対応できる機種が出てきている．

どちらの方式でも，給気風量と排気風量の風量比が1の場合，エンタルピ交換効率で70％以上を回収できるが，排気風量が小さくなるほど熱回収のメリットが低下する．

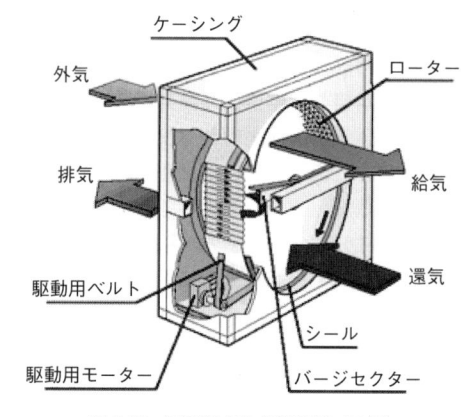

図2.66 回転型全熱交換器例（N社）

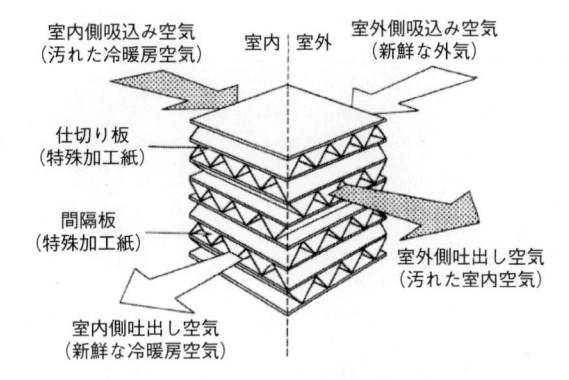

図2.67 静止型（直交流）全熱交換器（M社）

顕熱交換器は顕熱のみを排熱から回収するもので，寒冷地方の外気加熱用や排気中に水分やダスト・ミストを含む工場排気，潜熱を回収しないでいいプール暖房などで行われる．分類としては，2流体を完全に分離する隔壁型，蓄熱固体に熱を伝えて伝達させる蓄熱型，ヒートパイプの原理により熱交換を行うヒートパイプ型に分けられる．

隔壁型は熱交換素子としてアルミニウムやステンレス，プラスチック材を使用することが多く，熱交換効率は50〜70％程度であるが2流体間の漏洩が基本的に無いことから，臭気や有害ガスを含む排気などにも使用できる．

蓄熱型には回転式と静止式があり，機構は全熱交換器とほとんど同じだが，吸湿性のない材料を使用している．

ヒートパイプは構造・原理が簡単なこと，熱輸送能力が高いこと，熱の移動が1方向であること，温度が均一であること，材料の選定がある程度自由にできることなどから，種々の産業に応用されてきた．

ヒートパイプ式熱交換器は以下のような特徴をもっている．

・高性能でコンパクトである．
・熱回収のために動力源を必要としないため，省エネルギーである．
・動力駆動部が無いため機械的故障がなく，耐久性に優れる．また，耐食材料を選べば腐食性ガスにも対応できる．
・蒸発部と凝縮部の仕切りを工夫することにより，給排気の混合を防げる．汚れた排ガスに対してもクリーンな熱回収が可能．
・搬送熱量に対して自由なサイズにでき，材料を選ぶことによって−40〜430℃まで幅広い温度に対応でき，応用範囲が広い．

これらの特徴から主に，動物飼育室などのダーティー排気の熱交換，燃焼排ガスからの熱回収などに利用されている．

[松本ちあき]

2.2.7 加湿器・減湿装置

a. 加湿器

1) 概要 加湿装置を機構で分類すると，次の3つに大別できる．

・蒸気を吹出し，空気に吸収させる蒸気式
・水を霧状に吹出し，空気中に気化させる水噴霧式
・水と空気の接触面を多くして，水を接触面で気化させる気化式

いずれの場合も空調装置に組み込むものと，室内に直接吹き出す方式に分けられる．

各方式の分類と特徴を表2.17にまとめる．

2) 蒸気式 別途に蒸気発生源が無くても使用できるのは，電熱式・電極式・赤外線式などであり，熱源から供給された蒸気を使用するのが，蒸気スプレー式および間接蒸気スプレー式である．適用用途としては以下のものがあげられる．

・水が蒸発する際不純物が除去され，かつ加湿量制御が，水式に比べて細かく行えるため，クリーンで高精度な湿度制御を必要とする精密機械工場や研究所，恒温恒湿室，動物飼育室や手術室など
・低温空気でも加湿できるため，低温加湿を必要とする食品工場など

ただし，水式に比べると総じて高価であり，保守管理も多く必要になる場合が多いため，一般空調にはあまり採用されない．

蒸気式を用いて加湿を行う場合，湿り空気線図上の変化は，蒸気の比エンタルピーに等しい線上で起こり，空気の乾球温度はわずかに上昇するが，実用上は一定であるとしてよい．

3) 水噴霧式 主なものに，超音波式や高圧スプレー式，遠心式や2流体噴霧式などがある．設備は安価であり，ランニングコストもあまりかからないため，家庭用あるいは食品倉庫・繊維工場などに利用される．ただし，水を直接噴霧するため，給水有効利用効率が低く水中の不純物も空気中に放出される．

水加湿の場合，湿り空気線図上の変化は，加湿に使用する水の比エンタルピーに等しい熱水分比上の変化となり，加湿で低下する温度分を加味して空気の加熱出口温度を決定する必要がある．

加湿制御性には欠け，基本的にON-OFF制御となる．

表 2.17 加湿器の種類と特徴

方式		種別	基本構造	容量	給水有効利用率	特徴	適用機器				保守方法
							空調機	床置PAC	エアコン	室内単独	全熱交換器
蒸気	電気式	蒸気発生器 電熱式		1.5〜50	75	・パン型あるいはシリンダ型の水槽の水を,ヒータにより沸騰させて蒸気を発生させノズルで噴霧する. ・比例制御可・電気容量大 ・パン型は安価であるためパッケージエアコンに組み込まれることが多い.	○	○		○		・3000時間ごとに蒸発水槽内のスケール排出 ・シーズヒータ掃除
		電極式		1〜64	75	・水槽内の水を電極によりジュール熱で加熱して蒸気に変え,ノズルで噴霧する. ・比例制御可・電気容量大 ・純水は使用不可 ・機器電源には漏電ブレーカを取り付ける	○	○		○		・3000時間ごとに蒸発槽交換
		赤外線式		2〜9	75	・近赤外線ヒータと反射板により,水槽内の水を表面から加熱して蒸気を発生させる. ・比例制御可・電気容量大 ・ドライスチームが得られる.	○	○				・約5000時間ごとに赤外線ランプ交換 ・1000時間ごとにランプ,スケールの洗浄
	蒸気式	蒸気スプレー式		10〜160	100	・供給蒸気をそのままスプレー管から噴霧する. ・ドライスチームにするためには,一般的に二重管式が使用される. ・比例制御可	○	○				・年に一度ノズル,トラップ内を洗浄
		間接蒸気式		10〜200	100	・加熱タンク内に蒸気コイルを組込み間接的に蒸気を発生させる. ・比例制御可能	○	○				・8000時間ごとに加熱コイルを交換
水	水噴霧式	超音波式		0.4〜18	80	・水槽内の振動子に超音波振動を与え,水を霧化させる. ・ON-OFF制御のみ ・スケールである白い粉 (Ca, Mg) が発生するので,純水器の併用が必要.	○	○		○		・5000時間ごとに振動子交換 ・月に一度水槽内洗浄
		高圧水スプレー式		6〜250	30	・高圧の水をノズルより直接噴出して霧化させる. ・給水の利用効率が非常に低い. ・ON-OFF制御のみ ・純水,軟水器の併用が必要.	○	○				・月に一度ノズル,エリミネータ,空調機内洗浄
	気化式	透湿膜式		0.2〜4.8	100	・水を通さず水蒸気のみを通す透湿膜チューブの内部に水を入れ,外部に通風して気化させる. ・ON-OFF制御のみ ・使用停止時に加湿材にカビが発生しやすい.				○	○	・5年程度で透湿膜交換
		滴下式		0.4〜	30	・上部から加湿材に水を滴下して濡らし,通風気化させる. ・ON-OFF制御のみ ・給水の利用効率が比較的低い. ・使用停止時に加湿材にカビが発生しやすい.	○		○	○	○	・年に一度加湿モジュールを洗浄

4) 気化式 加湿材を水で濡らし,この加湿材に空気を接触させて,空気の顕熱により水を蒸発させる方式である.加湿水中の不純物などを空気中に飛散させることが無いため,クリーンな加湿が行える.加湿制御は ON-OFF であるが,気化式であるため自己制御性があり,過加湿によるダクト内結露の心配はない.近年の一般空調に使用する空気調和機,パッケージ型空調機などに組み込まれる加湿器は気化式のものが主流である.

湿り空気線図上の変化は水噴霧式とほぼ同じで,ほ

ぼ被加湿空気の等エンタルピー一定の線上を動く．

蒸気式の加湿と水式の加湿を行う際の空気状態の変化を，図2.68に示す．

b. 減湿装置

1) 概要 減湿装置に使用される減湿原理は次の4つに大別できる．

- ・冷却減湿
- ・吸収減湿
- ・吸着減湿
- ・圧縮減湿

このうち吸収減湿と吸着減湿をあわせて化学的減湿方法と呼ぶ場合もある．冷却・吸収・吸着の各減湿方法の湿り空気線図上での変化を図2.69に示す．

2) 冷却減湿装置 冷却減湿方式は，処理空気を露点以下に冷却して空気中の水分を凝縮させて減湿する方法である．処理空気の露点温度以下の冷熱源を用いて空気を冷却すれば同時に減湿もされることから，一般空調では，特別に減湿が必要とされる場合を除いて別途減湿装置を設置することはない．

冷却減湿には，冷却コイルを使用する場合と，エアワッシャを使用する場合がある．エアワッシャでの冷却減湿は，大量の井水または冷水を空気に噴霧することによって行い，かつてはよく使用されていたが，装置全体が大きくなり，水処理も困難であることから，冷却減湿ではなく，空気中の塵あいを取り除くためにクリーンルームなど特殊用途でのみ使用されるようになっている．

冷却減湿装置は冷却温度が低下するにつれて空気の冷却に使用する冷凍機の成績係数が低下する．経済的な使用範囲は処理後の空気露点温度が10℃以上の場合である．

冷却コイルを使用する場合は，冷媒を用いる直膨コイル方式と，冷水やブラインを用いる冷水コイル方式に分けることができる．

冷却減湿方式は，処理空気温度を低下させて除湿を行うため，顕熱比が低い場合，処理空気温度が低下しすぎる場合がある．これが問題になる場合は，冷却減湿後の空気を加熱（再熱）する必要がある．

冷水コイル方式の場合は，冷水（ブライン）での冷却除湿後，温水（蒸気）コイルを通過させて再熱を行うが，直膨コイル方式の場合は，蒸発器で冷却減湿された後，凝縮器の凝縮熱で再熱される．湿り空気線図上でのこの変化を図2.70に示す．低圧・低温で蒸発器に入る冷媒液は，処理空気を冷却減湿して高温・低圧の冷媒ガスとなる（図中①-②）．この冷媒ガスは圧縮機で高温・高圧の冷媒ガスとなって凝縮器に入り，処理空気温度を上昇させて低温・高圧の冷媒液に戻る（図②-③）．

処理空気の再熱後の温度は，室内温度以下とすることが一般的なので，必要再熱量以上は空冷または水冷の放熱ユニットで排熱する．

冷却減湿装置は，機構が簡単で設備費も安いため，比較的露点温度が高く，大風量の空気の減湿用として使用される．電力のみで減湿でき，設置が容易であることから，多様な用途に利用されている．

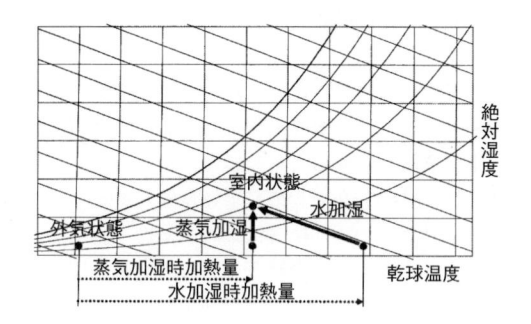

図 2.68 加湿方式と湿り空気線図上での状態変化

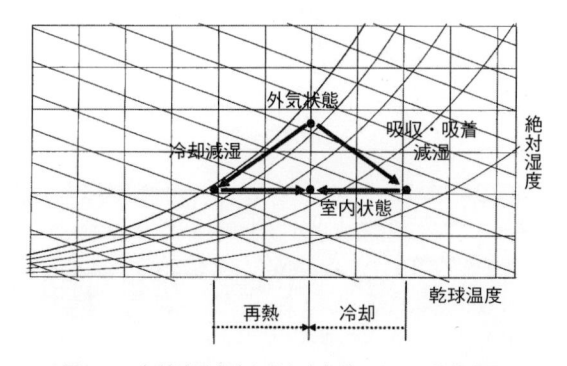

図 2.69 各種減湿方法と湿り空気線図上での状態変化

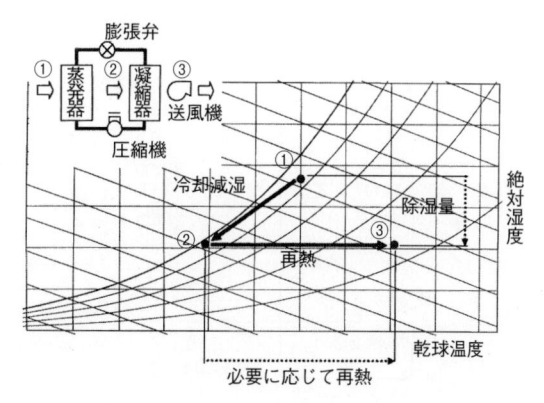

図 2.70 除湿時の湿り空気線図上での状態変化

3) **吸収減湿装置**　吸収減湿装置は，水分を吸収する性質をもつ塩化リチウム・塩化カルシウムなどの吸収剤水溶液を処理空気に噴霧し，処理空気中の水分を吸収剤水溶液に吸収させて減湿する．湿式減湿装置とも呼ばれる．多孔質材に吸収液を含浸させた吸湿体に処理空気を通過させる乾式の吸収減湿装置もある（5）回転式除湿機　参照）．

吸収剤としては，塩化リチウム水溶液や，トリエチレングリコール水溶液が主に使用される．図 2.72 に吸収式減湿装置系統例を示す．

4) **吸着減湿装置**　吸着減湿装置は水分を吸着する性質をもつシリカゲル・活性アルミナ・合成ゼオライト・活性炭などの吸着剤を使用し，処理空気を直接，吸着剤に接触・通過させて処理空気中の水分を吸着剤に吸着させて減湿する．

吸着剤は微細な孔をもつ多孔質でできており，この微細孔の中に水蒸気を捕獲するが，吸着剤の温度が上がればこの水分を放出する性質をもっている．吸着剤の交換はほとんど不要である．

この方式は露点温度−40℃程度までのきわめて低い露点温度を得ることができるが，一定の減湿を行うたびに再生が必要で，再生には多量の熱を必要とする．このため，連続的な減湿を行うためには2系統以上の減湿装置を切り換えて使用する必要がある．

処理空気の露点温度は−20〜−40℃程度で使用されるが，処理空気の圧力損失が大きく，大風量を連続減湿するには装置が大掛かりになることなどから，100 m^3/min 以下の風量の減湿に利用されることが多い．

5) **回転式除湿機**　回転式除湿機は，吸湿材を含浸するか，吸着剤を固着した多孔質のシート材を巻いて成形したロータを使用し，ロータを回転させることで吸湿・再生を交互に繰り返し，連続的に処理が行えるようにした減湿装置である．吸湿材の種類によって，吸収（乾式）減湿方式と吸着減湿方式がある．

装置の構造としては，除湿ロータを吸湿部分と再生部分に区切り，吸湿部分に処理空気，再生部分に再生空気を通し，ロータを回転させて連続的に減湿する．ロータ材としてはセラミックスや活性炭を素材としたペーパーに塩化リチウム溶液を含浸したものや，セラミックペーパーにシリカゲルを固着したものなどがある．

処理空気が低温低湿であるほど減湿効率が高くなり，再生空気量は減湿処理風量の1/2〜1/3程度で60〜140℃程度に加熱されたものを使用するが，減湿能力は再生熱量に比例する．このため，減湿能力の湿度制御は再生熱量の調整によって可能となる．

処理空気の露点温度−20℃程度まで減湿できるため，冷却減湿装置よりも低湿度の空気の減湿用に広く使用されている．

6) **圧縮減湿装置**　空気を圧縮することで空気中の水分を減らすことができる．処理空気を圧縮して圧力をあげ，その圧力を保ったまま温度を下げて水分を凝縮させ，その後に使用圧力まで減圧すると減湿された空気が得られる．

所要動力が大きいため，圧縮空気を必要とする場合以外はほとんど使用されていない．　　［松本ちあき］

2.2.8　空気清浄機
a. 概　要

空気清浄機（エアフィルタ）は一般に空気調和装置の構成部品として，取り入れ外気あるいは循環空気中の汚染物質を除去するため，または排気系統の有害物質を外部に放出しないために用いられる．

取入れ外気中の汚染物質は地域・季節・時刻などによって大きく変動し，循環空気中の汚染物質は施設の種類や在室者の活動によって変動する．また，求められる清浄度もさまざまな用途やレベルがある．このため，汚染物質の種類や濃度に適合する空気清浄装置を選定することが重要になる．

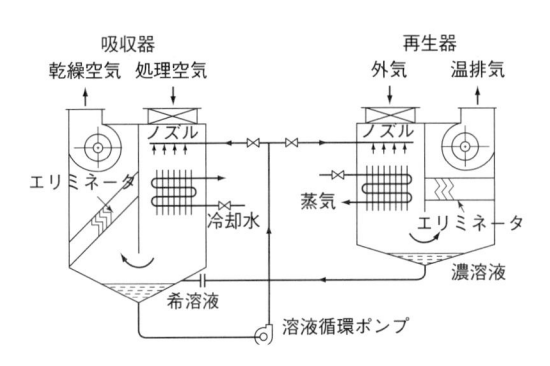

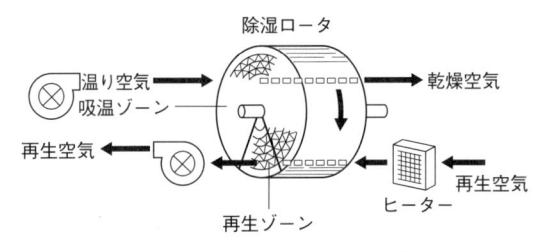

図 2.71　吸収（湿式）減湿装置の系統図

図 2.72　回転式除湿機の構造例

空気清浄機の種類は数多くあり，分類方法もさまざまだが，性能による方法や，浄化原理による方法，保守方法による方法などが一般的に使用される．性能による方法としては，捕集性能によって，粗じん用・中性能・高性能・超高性能などに分類できる．また，浄化原理による方法としては，ろ過式・静電式・吸着式・衝突粘着式・吸収式などに分類できる．

b. ろ過式

繊維でできた多孔質空間の中を粉じんが通過するとき，慣性（衝突）・遮り・拡散・静電気といった効果で捕集され，処理空気を浄化する．空調用として最も一般的に使用されている．

材質としては，天然繊維・ガラス・セラミックス・金属などの無機質ならびに高分子化合物など各種が使用され，ろ材の形状もろ紙・不織布・金網や多孔質のスポンジ状など各種形状がある．このように多種多様であるため，捕集効率も粗じん用・中性能・高性能・超高性能など多岐にわたる．

1) 粗じん用　粗じん用には，大別して自動更新型と自動洗浄型，定期洗浄型・ろ材交換型などがある．

自動更新型は一般空調の大風量を処理する空気調和機などに組み込まれることが多く，オートロールフィルタとも呼ばれる．ガラス繊維または合成繊維でできたロール状のろ材を，タイマまたはろ材前後の差圧変化によって，ろ材を巻き取りながら使用する．巻き終ったら新しいろ材に交換する場合と洗浄して使用する場合がある．

自動洗浄型は網目状の基布に繊維を植毛したものがよく使用され，タイマまたは差圧スイッチでろ材の上を吸引ノズルが通過して吸引し，粉じんを除去する．粉じん濃度の高い地下街やデパートなどで使用されるが，除去できる粉じん粒径は比較的大きいものだけとなる．また，定期洗浄型は，室内空調用のファンコイルやパッケージエアコンに組み込まれていることが多い．合成繊維製不織布が使用され，定期的に取外して洗浄する必要がある．

ろ材交換型はユニット型やパネル型と呼ばれ，金属製や木製の枠にガラス繊維製ろ材または合成繊維製不織布ろ材を組み込み，定期的にろ材のみ交換するものである．空気調和機のプレフィルタなどに主に使用される．

2) 中性能・高性能フィルタ　中性能・高性能フィルタはユニット型で，外観・構造は同じだが，使用されるろ材が異なる．構造には折込型・ミニプリーツ型・袋型・ろ材交換型などがある．

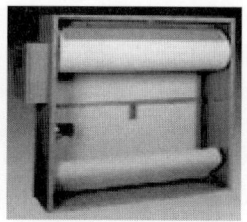

パネル型プレフィルタ　　　ロールフィルタ

図2.73　粗じん用フィルタ一例

折込型はガラス繊維や合成不織布などでできたろ材を，ひだ状に折りたたんだり，くさび状に折り曲げ，そのろ材の間に金属やプラスチックでできたスペーサを挟んだ形状になっている．中性能・高性能ともにろ材の厚さや繊維の太さを変える事で対応できる．折り畳むことでろ過面積を大きくすることができ，捕集率を上げるとともに，ろ材通過速度が小さくなることにより，圧力損失を小さくすることができる．

また，セパレータを用いず，折りたたむ奥行きを短くして，ろ材の山を樹脂で接着したり，リボン状のろ紙や樹脂製の紐をろ材の間に挟んで固定しているものをミニプリーツ型と呼ぶ．

袋型はガラス繊維でできた合成ろ材を，袋状に一袋ずつ縫製加工して枠内縦横列に連結し，組上げたものである．特徴は折込型とほぼ同様で，前面面積に対してろ過面積を大きくとることができ，捕集効率を上げて圧力損失を小さくしている．また，中性能・高性能ともに対応が可能である．

また，ろ材交換型ではユニット枠とフィルタとの隙間ができやすいなどの問題があったが，改善が進んでおり，省資源・省コストの観点からも多く採用されるようになっている．

中高性能フィルタのうち，特に塩害を防ぐために用いられるものを塩害除去フィルタと呼ぶ．海岸部などの建物では，取入れ外気に含まれる海塩粒子によって，空調設備の腐食や，OA機器，生産設備にトラブルを

折込型フィルタ　　　　　　袋型フィルタ

図2.74　中高性能フィルタ一例

起こすことがあり，海塩粒子を除去する必要がある．形状は折込型であることが多く，捕集効率は比色法で65〜95％程度のものが多い．

3) 超高性能フィルタ　サブミクロン粒子を高い効率で捕集できるフィルタを超高性能フィルタと呼び，捕集効率によって，HEPAフィルタとULPAフィルタに分かれている．半導体製造や精密機械製造などの工業用クリーンルーム，医学・製薬・食品などのバイオクリーンルーム，RI設備の排気浄化設備のような高度な空気清浄を必要とする各種用途に使用される．

HEPAおよびULPAはJISに次のように定義されている．

- HEPAフィルタ：定格風量で0.3 μm の粒子に対して99.97％以上の捕集効率をもち，かつ初期圧力損失が245 Pa以下．
- ULPAフィルタ：定格風量で0.15 μm の粒子に対して99.9995％以上の捕集効率を持ち，かつ初期圧力損失が245 Pa以下．さらに99.9999％以上のものを超ULPAフィルタと呼ぶ場合もある．

基本的なフィルタ形状は折込型で，セパレータ素材はアルミニウムや無機質繊維紙，樹脂などであり，難燃性のものと可燃性の素材を使用したものとあるので，使用用途に応じて選定する必要がある．

HEPAフィルタのうち，RI（ラジオアイソトープ）設備の排気用フィルタを特にRIフィルタと呼ぶ．RI設備は病院・実験施設・大学などに設けられることが多く，排気設備の排気は，RIフィルタ通過後の含まれる放射能が法律で定める限度以下であることをモニターで確認してはじめて屋外へ排気することができる．

また，HEPAまたはULPAフィルタをユニット化し，ファンを組み込んだクリーンルーム天井用ユニットをファンフィルタユニット（FFU）と呼ぶ．

c. 静電式　処理空気に高圧電界をかけると，放電コロナによって粉じんが荷電し，集じん部の極板に吸引付着される．この原理を用いて集じん極板に粉じんを凝集，または凝集した粉じんをろ材に捕集するものを静電式という．対象粒径は1 μm以下と比較的小さく，粉じんの捕集率は比色法基準で70〜90％程度である．

静電式には二段荷電型と一段荷電型があり，構造的には，洗浄型とろ材併用型，ろ材誘導型に分けることができる．いずれの方式も定期的なメンテナンスが欠かせず，保守を怠ると性能が格段に低下するばかりでなく，危険でもあるので注意が必要である．

d. 吸着式　吸着式は主に空気中の有害ガスを除去するのに用いられる．

吸着剤フィルタはシリカゲル，アルミナゲル，活性炭などの吸着剤に直接処理空気を通過させて有害物質を吸着除去する．特に活性炭は多種多様のガスに対して物理吸着，あるいは化学吸着による幅広い吸着能力をもち，低濃度の有害ガスにも有効であるため，空気調和で最も多く使用されている．ただし，物理吸着によって捕集したガスは飽和後，再放出現象が生じるため注意が必要である．

活性炭は通常，4〜6メッシュまたは4〜8メッシュの粒状活性炭として2枚の多孔板あるいは金網の間に充填されたフィルタとして使用される．大風量かつ高濃度の有害ガスに対して使用する場合は，処理空気が通過するケーシングの中に，平板状（トレイ）に活性炭を敷き詰めたものを積み重ね，ガスと活性炭の接触時間と面積を大きくすることにより所定の除去能力を得る．

吸着式にはイオン交換繊維による方法もある．これは，合成繊維などの基材の表面に酸またはイオン交換基をもつものである．イオン交換繊維は繊維表面で有害ガスを化学吸着によって変化させて吸着するため，再放出現象が起こりにくいという特徴がある．

クリーンルームでは，化学物質によるケミカル汚染が問題になることがあり，この化学物質を除去するためのフィルタを特にケミカルフィルタと呼ぶ．ただし，汚染物質は様々であり，制御したい対象物質も違うため，詳細な打合せによって対象物質を決定し，それに対応したフィルタを選定することが重要になる．ケミカルフィルタとしては，活性炭タイプとイオン交換タイプの両方がある．

除去したい有害物質の種類によって，吸着剤の種類や量が変化するため，組合せによっては効果が無い場合もあり，注意が必要である．

e. 洗浄式　有害ガスを吸収液に接触させることで吸収液に吸収させ，対象空気を浄化する方法を洗浄式と呼び，代表的なものにスクラバ（排ガス洗浄装置）がある．（図2.67参照）

スクラバはガスの洗浄を行う洗浄塔，循環ポンプ，排風機，制御盤などが一体になっている構造が多く，処理対象の有害ガスの種類によって仕様が変化する．洗浄塔内部には気液接触を効率よく行うために充填材

があり，その上から吸収液が散布される．吸収液は充填材の中を均一に流れ，有害成分を吸収しながら，下部の循環タンクに戻る．吸収液には水が足され，pH調整を行ったのち，循環ポンプで再度充填材に散布される．

スクラバはガス中の粉じんや有害物質を吸収除去する能力に優れているため，半導体生産施設の排気や実験施設のドラフトチャンバー排気処理に主として使用されている．また，アンモニアなどの脱臭装置として下水処理場や動物飼育室にも使用される．有害物質を吸収液に吸収させて除去するため，吸収液の廃液処理が必要かどうかの検討が重要である．また，一定期間ごとにメンテナンスを行い，処理能力の低下を防ぐ必要がある．

近年，半導体製造クリーンルームなどでは，取入れ外気に含まれる有害成分を除去する目的で，空気調和機に純水エアワッシャを設置することが多い．これは純水の高溶解特性を利用したもので，アンモニア・SO_x・NO_x・HCl・Cl_2・炭化水素，また海塩粒子の除去に用いられる．

f. 試験方法

フィルタの種別および用途によって，各種の試験方法が規定されている．

粗塵用フィルタの性能評価方法としては，主として質量法が使用される．質量法とは，エアフィルタに供給された粉塵の質量とフィルタ通過後の粉塵の質量から，粉塵捕集効率を求める方法である．

中高性能フィルタの性能評価方法としては，主として比色法が使用される．試験方法は，エアフィルタの上流側と下流側の空気を粉塵捕集率測定用ろ紙に通して吸引し，ろ紙上に捕集された粉塵による光透過率の変化によって捕集率を求める．比色法60％程度を中性能，90％程度を高性能と呼ぶのが一般的だが，60-95％すべてを中性能，後述するHEPAフィルタを高性能と呼ぶ場合もある．また，対象粒子によっては，計数法（DOP法）で性能を評価する場合もある．

超高性能フィルタの性能評価方法としては，計数法（DOP法）で性能を評価する．計数法は，試験用エアロゾルとしてDOPを流し，エアフィルタの上流側と下流側でエアロゾルの粒径と個数を計測する方法である．しかし，DOPには健康上の問題や半導体製品への悪影響が確認されているため，クリーンルームでの試験には，代替として無水シリカやPAL粒子が使用されている．

従来，捕集率の高いろ材は0.3 μm が最も捕集しにくいと考えられていたため，HEPAフィルタの試験粒子としては0.3 μm で評価が行われていた．しかし，0.1～0.2 μm の粒子が最も捕集しにくいということが分かってきたため，JISで定めるクリーンルーム用エアフィルタ試験方法では0.3 μm と 0.15 μm，あるいは0.15 μm で試験を行うよう求めている．また，HEPAフィルタの試験方法として，他には走査漏れ試験方法がある．これはいわゆる層流型クリーンルームやクリーンベンチに使用するHEPAフィルタに対して行うもので，ろ材自身及びろ材と枠との接合部分に割れ目またはピンホールが無いか確認する．

RIフィルタについてはJISの放射性エアロゾル用高性能エアフィルタの試験方法によって評価される．性能評価は計数法による．

有害ガスを除去するためのガスフィルタについては，JISにガス除去フィルタ性能試験方法があり，13種類の試験用ガスが定められている．　[**松本ちあき**]

2.2.9　ポンプ・送風機
a. ポンプ

1) ポンプの種類　ポンプは流体輸送用として図2.76に示すように，多くの種類が使用されている．空調設備では主に水の循環に用いられるため，締切揚程は比較的低いが水量の広範囲にわたり効率のよい遠心ポンプが多く採用されている．片吸込み形が一般的に用いられるが，インライン形が用いられることもある．送油用には歯車ポンプなどが用いられる．

2) 作動原理　渦巻きポンプでは図2.68に示すように，羽根車によって水に回転速度が与えられ，そ

図2.75　排ガス洗浄装置

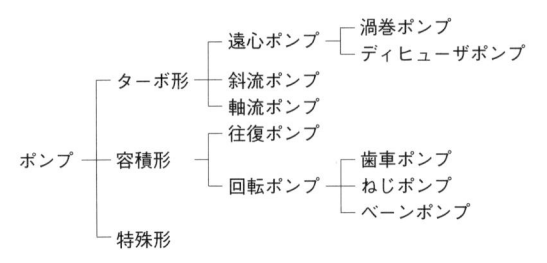

図 2.76 ポンプの種類

の遠心力によって圧力が上昇する．羽根車中心部から外周部への流れにより，羽根車入口部に低圧を生じる．したがって，羽根車入口部に吸込み配管などによって新たな水を補給できるようにすれば，吸込み水面に加わっている大気圧の作用でポンプの吸込み口に水が流れこみ，ポンプの吸上げ作用が発生する．

3) ポンプの性能

ⅰ) 揚程： ポンプが発生する送水圧力を全揚程という．全揚程 H [m] は，実揚程 h_a [m]，配管や機器の損失水頭 h_f [m]，吐出し口の速度水頭 h_v [m] を合計したものである．

$$H = h_a + h_f + h_v$$

吐出し口の速度水頭 h_v は，流速 v [m/s]，重力加速度 g [m/s²] から求められる．

$$h_v = v^2/2g$$

揚程は慣用的に水頭で表示されるため圧力 p [Pa] の場合は，水の密度を ρ [kg/m³] とすれば，次式を用い換算する．

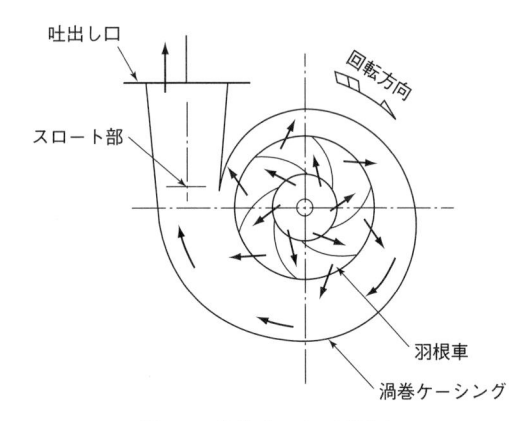

$$H = p/\rho g$$

全揚程と各揚程の関係を図 2.69 に示す．運転中のポンプの全揚程は，吐出し側の圧力計の読みと吸込み側の真空計（連成計）の読みから求めることができる．

ⅱ) 軸動力： ポンプを運転するのに必要な動力は，吐出し量 Q [m³/s]，全揚程 H [m]，液体の密度 ρ [kg/m³] により求められる．ポンプから実際に流体に与えられる動力を水動力 P_w [W]，ポンプを動かすのに必要な動力を軸動力 P [W] という．

水動力 P_w は重力加速度を g [m/s²] とすれば次式となる．

$$P_w = \rho g Q H$$

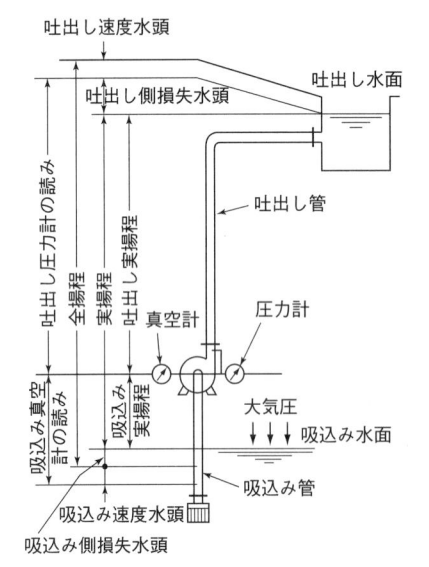

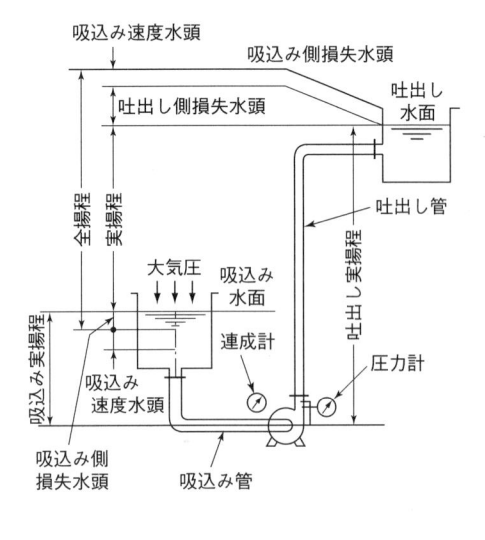

図 2.77 渦巻ポンプの内部流れ

(a) 吸上げの場合　　　(b) 押込みの場合

図 2.78 ポンプの全揚程

軸動力 P はポンプの効率を η_p とすれば，次式となる．

$$P = P_w / \eta_p$$

iii) ポンプの吸込み性能：水面より高い位置に設置したポンプが水を吸い上げることができるのは，水面に大気圧が作用しているからであり，吸い上げられる高さに限界がある．この限度以上に水を吸い上げようとするとキャビテーションを発生して運転に障害が発生する．

① キャビテーション　流体中でその静圧が蒸気圧以下になると，局部的な蒸発を起こし気泡を発生する．この現象をキャビテーションと呼び，ポンプの吸込み側で発生しやすい．キャビテーションが発生すると，ポンプは異常な振動や騒音を発生し，そのまま長時間運転すると羽根車やケーシングの表面に潰食を起こす．

② 有効吸込みヘッド　ポンプの吸込み圧力がキャビテーションに対して安全かを判断するのに，有効吸込みヘッド（NPSH）が用いられる．NPSH には配管系より定まる有効 NPSH とポンプより決まる必要 NPSH がある．

有効 NPSH H_{sv} [m] は，ポンプの吸込み側における全圧が，その水圧に相当する蒸気圧よりどれだけ高いかを示すものである．

$$H_{sv} = H_a + h_s + v^2/2g - H_{vp}$$
$$= H_a + H_s - H_{fs} - H_{vp}$$

ここに，H_a：水面にかかる圧力に相当する揚程 [m]
　　　　　　（大気圧では 10.33 m）

H_{vp}：流体のその温度における飽和蒸気圧に相当する揚程 [m]

h_s：ポンプの吸込み口における吸込み揚程 [m]

$$h_s = H_s - H_{fs} - v^2/2g$$

$v^2/2g$：ポンプ吸込み口における速度水頭 [m]

H_s：吸込み実揚程 [m]（吸上げの場合マイナス）

H_{fs}：吸込み側配管損失水頭 [m]

必要 NPSH は，ある運転状態でキャビテーションを起こさないためにポンプとして必要な有効吸込みヘッドのことで，ポンプの特性曲線上に表示される．

キャビテーション防止のためには，常に有効 NPSH ＞必要 NPSH であることが必要である．必要 NPSH が一定の場合，図 2.79 に示すように，水温が高くなるとポンプの吸込み全揚程は小さくなる．高温水においては，吸込み側を押込み状態にしてキャビテーション発生を防止する必要がある．

4) ポンプの特性

i) ポンプの特性曲線：ポンプの特性は，特性曲線で表される．特性曲線は，使用回転数におけるポンプの特性を表すもので，図 2.80 に示すように横軸に吐出し量をとり，縦軸に揚程・軸動力・効率を表現している．

ii) ポンプの運転点：通常の配管系では，損失水頭は流量の 2 乗に比例すると考えてよいので，管路の抵抗曲線をポンプの特性曲線上に表現すると二次曲線で表示される．図 2.81 に示すように，揚程曲線と抵抗曲線の交点がポンプの運転点となる．

iii) ポンプの特性変化

① 回転速度による特性変化　回転速度を変えると，吐出し量は回転速度の変化に比例し，揚程は回転速度の変化の 2 乗に比例して性能が変化する．したがって軸動力は，回転速度の変化の 3 乗に比例して変化する．

② 羽根直径の変化による特性変化　遠心ポンプ

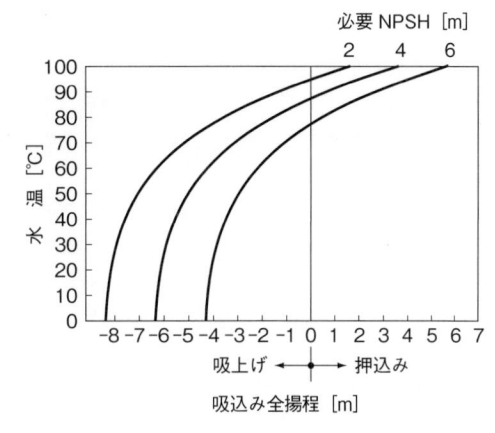

図 2.79　水温と吸込み全揚程

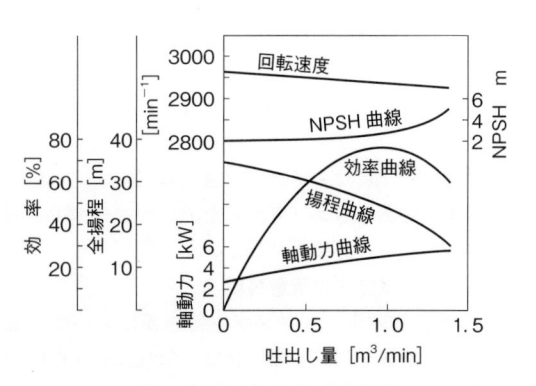

図 2.80　遠心ポンプの特性曲線

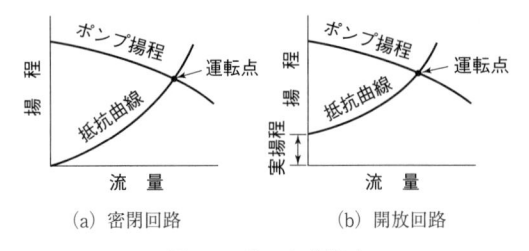

図 2.81 ポンプの運転点
(a) 密閉回路
(b) 開放回路

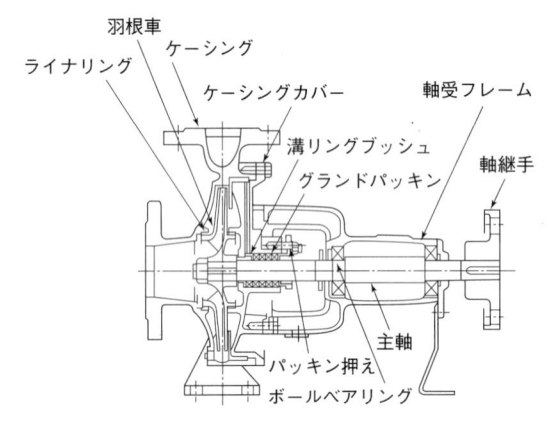

図 2.82 片吸込み渦巻きポンプの構造

で，羽根車直径を変化させても羽根車の出口幅が変わらない場合は，吐出し量，揚程とも羽根車の変化の2乗に比例する．したがって軸動力は羽根車直径の変化の4乗に比例する．

5) ポンプの構造　片吸込み渦巻きポンプの基本的な構造を図 2.82 に示す．ケーシング・羽根車・ベアリング・ケーシングカバー・軸受けフレームなどによって構成される．接液部となる羽根車とケーシングの材質には鋳鉄またはステンレス鋳鋼が一般に使用される．羽根車とケーシングとのしゅう動部にはライナリングが設けられ，軸封部には連続滴下程度の水が外部に漏れるグランドパッキンまたは内部流体の漏洩を防止できる構造のメカニカルシールが用いられている．

主軸の向きにより横形と立形に分類され，ポンプと電動機のケーシングを一体に接続した立て形渦巻ポンプのインライン形は，ポンプの吸込み口と吐出し口が同一直線上にあるポンプであるため，配管の途中に取付けが可能で据付面積をとらない．

6) ポンプ選定上の留意事項

ⅰ) **過負荷防止**：　ポンプ並列運転において台数制御により水量を制御する場合は，単独運転時に配管抵抗などの減少により電動機に過負荷が生じることがある．単独運転時の軸動力に合う容量を持った電動機を設置する必要がある．

ⅱ) **押込み圧力**：　高層ビルの下層階に設置された冷温水循環ポンプ，冷却水ポンプでは，ポンプ停止中もポンプにかかる水圧が大きいため，許容押込み圧力をチェックする．一般的にグランドパッキン軸封では 0.4 MPa を超える場合は高押込み形を採用する．

ⅲ) **液体の性状**：　温水循環ポンプやボイラ給水ポンプなど，一般に水温が 80〜100℃ を限界に，これを超えると軸受や軸封部を水冷却構造とする．また，ブラインのように比重が 1 より大きい場合は比重に比例して駆動機出力を大きくする必要がある．

b. 送　風　機

1) 送風機の種類　送風機とはファンとブロヤの総称であり，送風圧 10 kPa 未満をファン，10 kPa 以上をブロワとして分類している．空調用の送風機はすべてファンに属し，約 1.5 kPa 以下のものが多い．送風機は羽根車とケーシングを主要部分として構成されており，その羽根車を通過する空気流の方向や羽根の形状によって表 2.23 のような種類に分類され，用途や場所によって適切な種類のものを選定することが必要である．

送風機の大きさを表すには呼び径（番手）が用いられる．遠心送風機では，羽根車外径が 150 mm のものを 1 番手とし，外径が 150 mm 増すごとに番手を一つずつ増やす．斜流送風機，軸流送風機では，ケーシングのフランジ内径が 100 mm を 1 番手としている．

2) 送風機の性能　送風機の静圧，動圧，全圧の関係を図 2.83 に示す．

送風機の羽根車が回転すると，送風機の吸込み側と吐出し側の間で圧力変化が起こり全圧差（送風機全圧）P_T [Pa] が生ずる．この P_T から送風機吐出し口の動圧 $P_d (= \rho v^2/2)$ を差し引いた圧力が，送風機静圧 P_s [Pa] となる．

これを式で表すと以下のようになる．

$$P_s = P_T - \frac{\rho v^2}{2}$$

ここに，
　v：送風機吐出し口の平均速度 [m/s]
　ρ：気体の密度 [kg/m^3]

全圧差 P_T [Pa] に対して，風量 Q [m^3/s] を送風するのに必要な動力を空気動力 L_T [W] という．

圧力比が 1.03 以下の場合には，次式のようになる．

$$L_T = P_T Q$$

送風機の主軸を回転するのに必要な軸動力を L_S

表2.18 各種送風機の分類

種類	遠心送風機				軸流送風機			その他		
	多翼送風機	後向き送風機	翼形送風機	チューブラ遠心送風機	プロペラ	チューブラ	ベーン	斜流送風機	横流送風機	プラグファン
羽根車とケーシング										
特性										
要目 風量 [m³/min]	10〜2,000	30〜2,500	30〜2,500	20〜50	20〜500	500〜5,000	40〜2,000	10〜300	3〜20	10〜1400
要目 静圧 [Pa]	100〜1,230	1,230〜2,450	1,230〜2,450	100〜490	0〜100	50〜150	100〜790	100〜590	0〜80	100〜2,000
効率 [%]	35〜70	65〜80	70〜85	40〜50	10〜50	55〜65	75〜85	65〜80	40〜50	50〜70
比騒音 [dB]	40	40	35	45	40	45	45	35	30	35
特性上の特徴	風圧の変化による風量と動力の変化は比較的大きい.風量の増加とともに軸動力が増加する.	風圧の変化による風量の変化は比較的大きい.動力の変化も大きい.軸動力はリミットロード特性がある.	風圧の変化による風量の変化は比較的大きい.動力の変化も大きい.軸動力はリミットロード特性がある.	圧力上昇が大きい.圧力の変化のない右下がり,流れの損失が大きく効率は悪い.	最高効率点は自由吐出し近辺にある.圧力変化に谷はない.	吐出し空気は環状で回転成分を有する.	圧力に谷があり,その左側での運転は不可.吐出し空気の回転成分は少ない.	軸流送風機と類似しているが,圧力曲線の谷は浅い.動力曲線は全体に平たん.	羽根車の径が小さくても,効率の低下は少ない.	軸動力はリミットロード特性.ファンケーシングが不用.吹出方向は自由度がある.
用途	低速ダクト空調用 各種空調用 給排気用	高速ダクト空調用	高速ダクト空調用	屋上換気扇	換気扇 小形冷却塔 ユニットヒータ 低圧・大風量	局所通風 大形冷却塔	局所通風 トンネル換気 一般空調(特例) 高圧・低風量	局所通風	ファンコイルユニット エアカーテン	各種空調用

注1) この一覧表は片吸込み型を基準にしている.
2) それぞれの値は目安である.
3) 比騒音とは,風圧9.807 Paで1 m³/sを送風する送風機の騒音値に換算したものである.

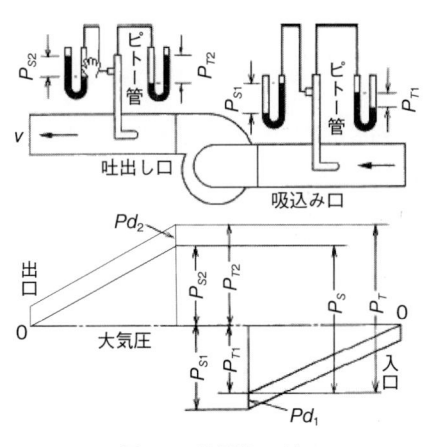

図2.83 送風機の圧力

[W]とすると,送風機全圧効率 η_T は次式で表される.

$$\eta_T = \frac{L_T}{L_S}$$

また,羽根車の回転数を N_1 から N_2 に変化させた場合の各性能は次式で表され,これを送風機の比例法則と呼ぶ.すなわち,回転数を大きくすると風量・圧力・軸動力・騒音値が増え,回転数を小さくすると風量・圧力・軸動力・騒音値が減る.

送風機の比例法則

風量　　$Q_2 = (N_2/N_1) Q_1$

全圧　　$P_2 = (N_2/N_1)^2 P_1$

軸動力　$L_2 = (N_2/N_1)^3 L_1$

騒音値　$dB_2 = dB_1 + 50 \log(N_2/N_1)$

3) 送風機の特性

ⅰ) 特性曲線: 送風機の特性を表すため,横軸に風量をとり,縦軸に各風量における圧力・効率・軸動力・騒音値をとった曲線が用いられる.図2.84は多翼送風機の特性の一例である.また,表2.18に示すように特性曲線は機種によって異なった形をとる.

ⅱ) 送風抵抗と運転点　図2.85の曲線は送風系の抵抗曲線(送風抵抗)と呼ばれるもので,ダクトの形状やダンパ開度などが変わらなければ,そのダクト系に対しては不変である.送風抵抗は送風量の2乗に

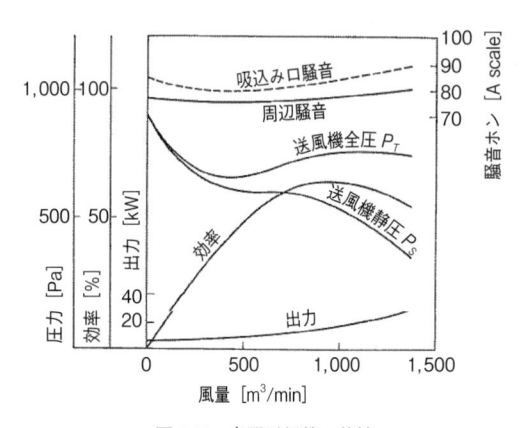

図 2.84　多翼送風機の特性

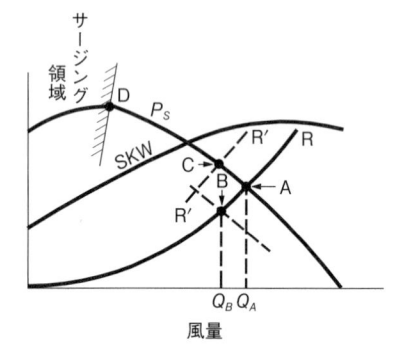

図 2.85　抵抗と性能の関係

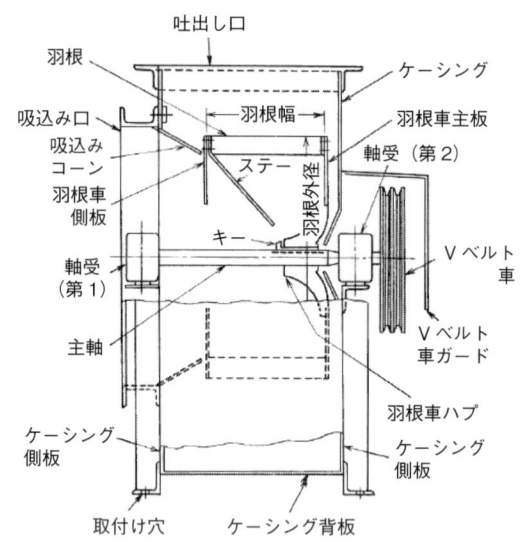

図 2.86　片吸込み両持ち形多翼送風機

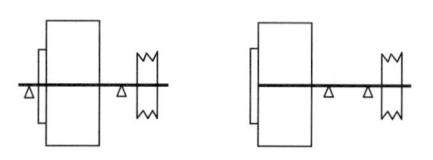

(a) 片吸込み両持ち形（S1）　(b) 片吸込み片持ち形（S2）

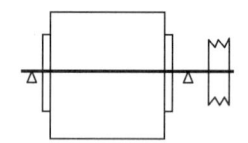

(c) 両吸込み両持ち形（D1）

図 2.87　送風機の型式

比例するので，この曲線は一般に原点を通る二次曲線となる．この系に圧力 P_S のような特性をもった送風機を付けると，P_S と R との交点 A が運転点となり，送風量は Q_A となる．送風機吐出側のダンパなどを絞って抵抗を大きくすると（曲線 R'），送風機の圧力曲線との交点は C となり，送風量は Q_B に減少する．さらに絞って送風機特性曲線上の右上がり特性域の風量まで減少すると，ダクト系に空気の脈動と振動・騒音を発生し，不安定な運転状態となる．この現象をサージングといい，D 点より小風量側がサージング領域である．空調用の低圧の送風機の場合は，激しいサージング現象は起こりにくいが，風量の変動，騒音・振動の増大，疲労破損などの弊害を生ずるので，この領域での運転を避けるようにすべきである．

4）送風機の構造　送風機の構造の代表例として，遠心送風機（片吸込み両持ち形多翼送風機）の構造を図 2.86 に示す．主な構成材は，羽根車・ケーシング・吸込コーン・主軸・軸受・V ベルト車である．軸受は，一般にピロー形軸受ユニットが多用されている．潤滑はあらかじめ内部に密封されたグリースによるが，定期的にグリース補給を行う給油式と補給を行わない無給油式がある．また，軸受の配置や吸込み方式によって図 2.87 のように分類される．このほか，送風機の軸端に電動機を直接取付けた直動式がある．

5）送風機選定上の留意点　建築設備で使用される送風機の選定においては，単に効率の良さだけでなく，納まりや保守管理性，送風機の用途，取扱気体の性状，騒音に対する配慮などを考慮し，性能および機能の両面から検討を行う必要がある．以下に送風機選定上の留意点を記す．

ⅰ）**構　造**：設置する場所の周囲状況や納まり，保守・点検スペースの確保を考慮し，送風機の構造を決定する必要がある．また，伝動方法，羽根車の支持方法，回転方向，吐出方向等について最も都合よく構成されたものを選定する．

たとえば，軸受に悪影響を及ぼす腐食性ガスや厨房

排気などの高温ガスを扱う場合などにおいては，軸受部が流体に触れない片吸込片持形ベルト駆動式を選定する．

ⅱ）材　質：　ケーシングおよび羽根車の材質は，標準仕様としては鋼板が用いられるが，湿気および腐食性ガスを含んだ空気に用いる場合は，腐食防止対策として，ケーシングおよび羽根車など搬送空気に触れる部分に，樹脂製，ステンレス製等の材料を用いた送風機を選定する．また，送風機の内面を樹脂塗装する方法も用いられている．

ⅲ）電動機：　送風機の駆動に要する電動機の出力や使用場所の周囲状況によって，その形式を考慮する必要がある．粉塵の多い場所で使用する場合は全閉外扇形，爆発の危険のある雰囲気の中で使用する場合であれば防爆形電動機，湿度の高い場所（相対湿度90％以上）や季節，天候によっては水滴を結ぶ可能性のある場所（浴室，ポンプ室等）であれば防湿形等を選定する．また電源の状況によっても使用できる電動機が制限される．

ⅳ）騒　音：　送風機の騒音は風量が多いほど，また圧力が高いほど，騒音も大きくなる傾向がある．設置場所，用途等を考慮し機種を選定する．周辺騒音を下げたい場合は，消音ボックス付送風機等を選定する．また，番手を上げて選定することで回転数を小さくして騒音値を低減することも対策の１つとなる．

［井手克則］

2.2.10　制気口・ターミナルユニット

a.　制気口

吹出し口はその特性が室内気流に大きく影響を及ぼす．一方，吸込み口の特性が室内気流に影響を及ぼすことはない．

1）制気口の種類と特徴　制気口の主な種類と特徴を表 2.19 に示す．

劇場・ホール等の座席の下に設置するマッシュルーム型の吸込み口もある．

2）吹出口選定上の留意事項　吹出口の気流特性は風量，温度差によって大きく変わるので，冷房・暖房の最大負荷時のみでなく，部分負荷時の条件も考慮して選定しなければならない．

発生騒音についても注意が必要である．吹出口に種類によって発生騒音は異なるが，風量が多くなれば発生騒音も大きくなる．また，吹出口内部の機構が複雑なほど，発生騒音が大きい傾向がある．

粉塵の発生が多い部屋に天井ディフューザを用いる場合に，吹出口周辺が汚れるのを防止するために，汚染防止対策を施したディフューザもある．

また，吹出口の結露を防止する構造になったものもある．

なお，吹出口に対するダクトの接続が適切でない場合には，カタログどおりの特性が得られなかったり，発生騒音が大きくなるので，注意が必要である．

b.　端末風量制御ユニット，ダンパ

1）端末風量制御ユニット　一般的に用いられているのは，定風量（CAV）ユニットと変風量（VAV）ユニットである．

ⅰ）定風量ユニット：　ダクト内の圧力変動にかかわらず，常に一定の送風量を保つための装置で，ダクト内の圧力により自力で作動する「機械式」と，センサでユニットの通過風量を検出し，内蔵するダンパの開度を調整する「センサ式」とがある．センサ式の動力源には電気が用いられることが多い．

ⅱ）変風量ユニット：　サーモスタット等の制御信号に応じて送風量を変える装置であり，ユニットは定風量特性のあるものとないものとに分けられる．

変風量ユニット ─┬─ 絞り式 ─ 定風量性あり ─┬─ 機械式
　　　　　　　　│　　　　　　　　　　　　　└─ センサ式
　　　　　　　　└─ バイパス式

いずれのユニットもユニット前後の必要最小静圧が規定されており，必要最小静圧以上の静圧差を確保する必要がある．

2）ダンパ　ダンパは，ダクト内を通過する風量を調節したり，空気の通過を遮断したりするためのものであり，多くの種類があるが，主なものを表 2.20 に示す．材質は鋼板製が一般的であるが，特に湿気の多い気体や腐食性のあるガスを含む気体用に，ステンレス鋼製または樹脂コーティングされたものもある．

［橋本　健］

2.3　空調ゾーニング計画

2.3.1　空調ゾーニングとは

一つの建物内でも一般的には室（部分）により熱負荷特性が異なる．これは室の用途・使用時間などが異なることや，外壁面の方位によって日射熱取得の変動があるためである．このような場合，空調方式を選定するにあたって，建物内をいくつかの区域に分け，その区域ごとに空調方式を選定することを空調ゾーニングといい，分割したそれぞれの区域をゾーンという．

空調ゾーニングが不適切であると，室内温熱環境を

表 2.19 制気口の種類と特徴

種　類	特　徴
アネモスタット型	・放射状に吹出し，誘引・混合拡散性が良い．比較的大風量を処理できる． ・中コーンを上下に動かすことで，吹出しパターンを変えることができる． ・丸形と角形がある． ・天井用吹出口として最も一般的である．
パン型	・吹出し空気が板に当たって水平に吹き出す． ・アネモ型に比べて誘引効果が小さい． ・拡散半径が大きく，天井が低い場所やドラフトを起こしてはならない場所に適している． ・丸形と角形がある．
ノズル型	・到達距離が大きいので，大空間に適する． ・圧力損失，発生騒音が極めて小さい． ・吹出し気流の方向を変えられるものもある．
パンカルーバ	・吹出し気流の方向や風量を容易に変更できる． ・吹出し気流の性状はノズル型と同様． ・空気抵抗が大きく，発生騒音も大きい．
スロット型	・縦横比が大きく，気流の形状は線状である．拡散性は大きい． ・吹出し方向が調節できるものと，できないものがある．
ライン型	・スロット形式であるが，内部の風向調整用ベーンにより吹出し気流の方向を調整できる． ・天井，壁，窓台に設置される． ・システム天井との組合せなどもある．
ユニバーサルレジスタ	・羽根角度を変えることにより，気流の方向や到達距離，広がりを調整できる． ・壁用吹出口として適している．

2.3 空調ゾーニング計画

表 2.19 つづき

種類	特徴
グリル	・羽根が固定されており，気流の調整はできない． ・圧力損失，発生騒音は小さい． ・一般に吸込み口に用いられる．
多孔板	・自由面積比が小さいので，大きな面積が必要になる． ・圧力損失，発生騒音が大きい． ・吸込み口に用いられる．
クリンプ金網	・自由面積比が大きい． ・意匠的な制約がない場所で，吸込み口として用いられる．

表 2.20 ダンパの種類と特徴

種類	記号	特徴	主な設置位置
風量調整ダンパ	VD	・手動操作により羽根を動かし，ダクト系の風量調整，閉鎖に用いる． ・風量調整には対向翼型が適している．	・風量，静圧調整用として送風機，空調機の吐出側または吸込み側 ・風量調整が必要な分岐ダクトの根元 ・ダクト系を切り換えて使用する個所
モータダンパ	MD	・電動モータ等による自動操作式の風量調整ダンパ	・外気量制御を行う空調機等，風量を自動調節する個所 ・ダクト系の切り換えを自動的に行う個所 ・逆流を防止する必要がある個所
逆流防止ダンパ （チャッキダンパ）	CD	・ダクト内気流の圧力を利用して，気流の逆流防止を行う（自力式）．	・共通シャフトまたは共用ダクト，共用チャンバへの接続部分等，逆流を防止する必要のある個所 ・複数の送風機を並列運転するときの送風機の吐出側または吸込み側
防火ダンパ	FD	・ダクト内の気流温度が上昇すると温度ヒューズが溶断して自動的に閉鎖する． ・火災発生時にダクトを介しての他の室への延焼を防ぐ． ・作動温度 　一般系統　　　　　72℃ 　厨房排気用　　　　120℃ 　排煙用（HFD）280℃	・防火区画を貫通する個所 ・延焼の恐れのある部分にある外壁開口部 ・厨房用排気ダクトで火を使用するもののフード近辺 ・排煙ダクトで竪穴区画を貫通する個所
煙感知器連動ダンパ	SD	・防煙区画内で火災が発生した場合，ダクトを通じて，他区画や上層階への火災の延焼を防ぐとともに煙が回るのを防ぐ． ・室内の煙感知器により火災初期時に発生した煙を探知し，その信号を受けて区画の給	・水平区画，異種用途区画，避難用途区画を跨いでダクトを設置するとき，両方の区画に開口がある場合に区画の間の個所

表 2.20 つづき

種類	記号	特徴	主な設置位置
		排気系ダクトのダンパを閉鎖する. ・復帰方式は手動復帰式と自動復帰式がある.	
煙感知器連動防火ダンパ	SFD	・上記の防火ダンパを兼用したもの.	・上記で防火区画の壁または床を貫通する個所
ガス圧作動ダンパ	PD	・不活性ガス消火を行う部屋において火災が発生した場合,火災の延焼を防ぐとともに,ダクトを通じて消火用ガスが漏れて消火作用が低下することを防ぐ. ・不活性ガスの放出圧力で動作するピストンシリンダ機構により,ダンパを作動させる. ・復帰方式は手動復帰式と遠隔復帰式がある.	・不活性ガス消火を行う部屋のダクトが区画を貫通する個所 ・電気室,電算機室,駐車場,書庫,ゴム類貯蔵所等で不活性ガス消火を行う部屋
ガス圧作動防火ダンパ	PFD	・上記の防火ダンパを兼用したもの.	・上記で防火区画の壁または床を貫通する個所

適切に保てない,空調用エネルギー消費の増大(運転費の増大)などの問題が生じる.空調ゾーニングは,空気調和設備計画の基本となる重要事項である.

2.3.2 空調ゾーニング計画の基本

空調ゾーニングは以下に示す項目を参考に,使用条件,空調条件,熱負荷特性などを十分に検討したうえで,総合的に計画する必要がある.

① 計量区分によるゾーニング
② 使用目的によるゾーニング
③ 室内環境条件設定レベルによるゾーニング
④ 熱負荷特性によるゾーニング
⑤ 重要度(信頼性)によるゾーニング
⑥ 防災上の区分によるゾーニング
⑦ その他

上記の①~⑦は相互に関連しており,これらすべてに合わせて空調方式を分けることは実際的ではなく,ある程度統合して適正な空調ゾーニングを行う.

さらに,単に空調機能だけでなく,以下の項目などを含めて総合的に検討し決定することが重要である.

① 安全性
② 省エネルギー性(低炭素化性)
③ 保守管理性
④ 経済性
⑤ フレキシビリティ
⑥ 建築計画と設備配置計画との整合性

2.3.3 空調ゾーニングにおける検討項目[1]

空調ゾーニングにおける検討項目について,主として事務所ビルを対象に,以下に概説する.

a. 計量区分によるゾーニング

計量区分による区分は,所有区分によるゾーニング,最小貸室区分によるゾーニングなどがあり,事務所ビルを例にとると以下となる.

1) 所有関係によるゾーニング
① 貸ビルの場合(または貸室を含む場合):建築主側(ビル側)部分とテナント部分から構成され,テナント部分はテナント専用部分と共用部分に区分される.別ゾーニングとし,個別計量が可能とする
② 区分所有の場合:区分所有による区分別に独立したゾーニングとする

2) 最小貸室区分によるゾーニング　空調ゾーニングを検討する場合には,一つのテナントが占める最小スペースを考慮することが必要となることが多い.各種設備システムの機能区分をするための最小単位を設定する基本となる.空調システムの最小発停区分や計量区分にかかわってくる.

b. 使用目的によるゾーニング

部屋の用途,使用時間や人員密度が異なる場合は,熱負荷特性も異なる.用途,使用時間,人員密度を考慮して,別ゾーンとする必要がある.たとえば,事務所ビルにおける以下の室などは一般空調系統と分けて,それぞれの目的に応じて空調ゾーニングを行う.

① 使用時間帯が異なる室(警備員室・中央管理室など24時間使用する室など)
② 間欠的に使用する室(会議室・食堂など)
③ 喫煙量の多い室(会議室など)
④ 特殊な室内条件を要求される室(空調の対象が主として特殊な装置である電算機室(サーバー室・HAB室)・電話交換機室など)

また,大部屋事務室などで時間外(残業)運転が必要な場合には,適切な空調ゾーニングと空調方式の選定を行う必要がある.OA機器密度の偏りに対処できるようにするため,一つの室であっても複数のゾーンに分割して以下に示す対応などを行う場合がある.

① 変風量方式を採用して,変風量ユニットを各

ゾーンに設置する（ファンは床吹出し空調方式を含む）

② それぞれ別系統の小型空調機で処理する

c. 室内環境条件設定レベルによるゾーニング

以下に示すような室内環境条件（主に温湿度）が一般的な値と異なる室は，単独の空調ゾーニングとする．

① 温湿度条件が緩和できる室（アトリウムなど）

② 空調の対象が主として特殊な装置である電算機室（サーバー室）・電話交換機室など

③ 空調の対象が主として特殊な物である収蔵庫など

d. 熱負荷特性によるゾーニング

建物の平面計画（外壁面の方位）による空調ゾーニングを行った上で，以下の1)～3)に留意して，空調ゾーニングを決定する．

1) ペリメータゾーンとインテリアゾーンに分ける場合 奥行きが深く，また外部からの熱的影響を遮断できない室では，放射の大きい窓際と内部ゾーンとを同一の空調系統で処理すると温熱環境上の不都合が生じるため，原則として以下の2つのゾーンに区分する．

① ペリメータゾーン：外界条件の変化の影響を直接受けやすい外周部ゾーン

② インテリアゾーン：外界条件の変化の影響を直接受けにくい建物の内部ゾーン

各ゾーンの熱負荷特性を表2.21[2]および以下に示す．これらを十分に考慮したうえで，適切な平面ゾーンの決定を行う必要がある．

① 最大負荷の傾向：ペリメータゾーンは，外部の影響を受けやすく，最大負荷が大きい．インテリアゾーンは，外部の影響が少ない分だけ最大負荷が小さい

② 負荷変動の傾向：①と同じ理由でペリメータゾーンは負荷変動が大きい．冷房から暖房まで広い範囲に変動し，期間変動・日変動・時刻変動の幅が大きい．特に日射変動による影響が大きい．インテリアゾーンは，負荷がほとんど内部発熱負荷であるため，年間を通じて変動幅は小さい

③ 年間負荷の傾向：インテリアゾーンは年間を通して冷房負荷となる場合がある

2) ペリメータゾーンとインテリアゾーンに分けない場合 窓面積が小さい場合や，高性能ガラスやエアフローウィンドなどに代表される建築的手法を採用し窓部の日射遮蔽性・断熱性を高めた場合には，ペリメータゾーンの熱負荷が小さく（変動が穏やかに）なるので，ペリメータゾーンとインテリアゾーンに区分しないことがある．これをペリメータレス化という．また，部屋の奥行きが10m程度以内の場合は，インテリアゾーンを設けない場合がある．ペリメータゾーンは方位によって2～4ゾーンに分割し，この場合の空調対応としては以下があげられる．

① 空調機を方位ごとに単独設置する方式

② 再熱器を設けた集中方式

③ ファンコイルユニットなどの小型空調機を方位ごとに設置して送水・送風温度を調節する個別方式

3) ペリメータゾーンの範囲[3] 図2.79[3]に示すように，ペリメータゾーン奥行きの取り方には以下がある．

① 外壁そのものとする場合（この場合のペリメータゾーン負荷をスキン負荷ともいう）

② 事務室のモジュール（おおむね3m前後）に合わせる場合

③ 日射や夜間蓄熱の及ぶ範囲を考慮して5m程度とする場合

④ 5～7m程度の奥行きの室で，両ゾーンを分割すると中途半端であり，コスト上の問題などからも一括してペリメータゾーンとして扱う場合

これらは空調システムと設計者によって相違するが，一般的にどのように決められるか，あるいは決めるべきかを以下に示す．

① 省エネルギー法による計算は，実際のシステムの考えとは別に，5mに統一されている

② 外壁の断熱が良く窓面積が小さい場合には，ペリメータゾーン負荷はインテリアゾーンに到達し難くなる．ペリメータゾーンの奥行きは短くなり（スキン～1.5m），その極限としてはペリメータゾーンが消滅することになる

③ 外壁の断熱が悪く窓面積が大きい場合には，ペリメータゾーン負荷が奥行き深く侵入するので，ペリ

表2.21 方位別ゾーンの熱負荷特性[2]

ペリメータゾーン	東側	8時の冷房負荷が最大で，午後は小さくなる
	西側	朝の冷房負荷は小さいが，おおむね16時の負荷が最大となる．冬の北西風のあるときは，暖房負荷は北側に次いで大きい
	南側	夏の冷房負荷は大きくないが，中間期（4月・10月）の12時の冷房負荷は夏の東西面と同程度になる
	北側	冷房負荷は小さいが，日射がなく冬の風当たりが強いので暖房負荷は，他のゾーンに比べて大きくなる
インテリアゾーン		暖房負荷は小さく，冬でも午前中の予熱負荷を除けば，内部発熱のための冷房負荷のみとなる．ただし，最上階の内部ゾーンは終日，暖房負荷を生ずる可能性がある

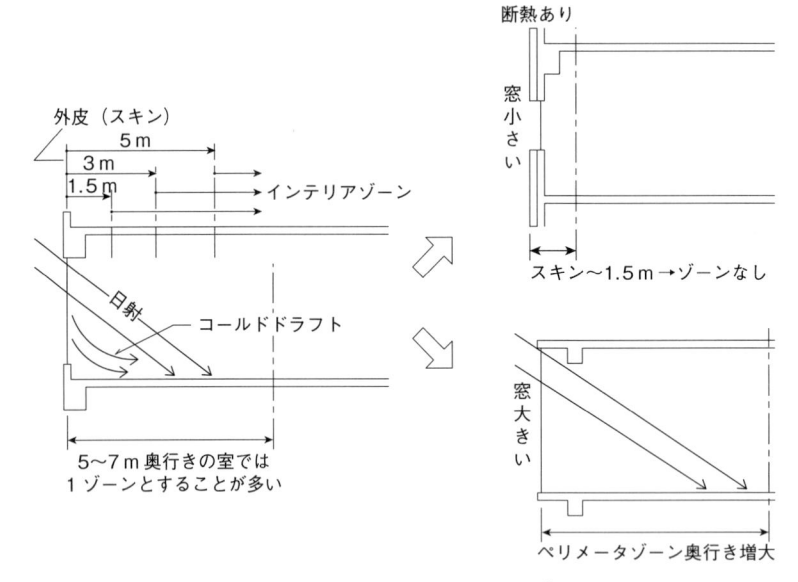

図 2.88 ペリメータゾーンの範囲[3]

メータゾーンの奥行きは拡がり（3m→5m），その極限としては②とは逆の意味で1ゾーン化されることになる．1ゾーンの場合にはそれがペリメータゾーン型かインテリアゾーン型かを見極め，それに適した負荷制御を行う必要がある

④　標準的な外壁性能を有する建物では，一つの目安として，環境を重視する場合は3m前後，省エネルギーを重視する場合は5m前後の奥行きが妥当である

図 2.89[4] に，熱負荷特性による空調ゾーニングの例を示す．

e. 重要度（信頼性）によるゾーニング

c項と関連するが，トラブルによる空調停止を避ける必要がある室（電算機室，収蔵庫など）は，単独の空調ゾーニングとする．

f. 防災上の区分によるゾーニング

建物内における各種の防火区画と空調ゾーニングは必ずしも一致せず，空調ダクトが防火区画を貫通する場合が多い．貫通部には防火ダンパを設置するが，防火ダンパの経年的な機能の低下は避けられず，火災時の防火区画の形成に対する信頼性を低下させる懸念が残る．そのため，防火区画と空調ゾーニングは可能な限り一致させることが望ましい．

g. その他

1) 多層建築における垂直ゾーニング　高層・超高層事務所ビルなどの大規模多層建築では，基準階の空調ゾーニングが複数階にわたって共通になることが

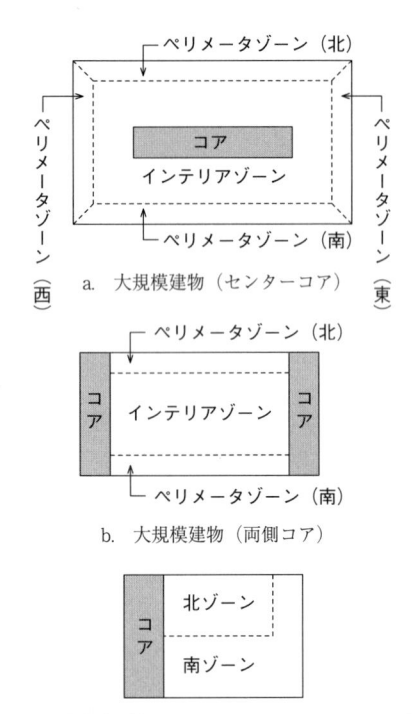

図 2.89 平面ゾーニングの例[4]

あり，垂直方向に同一ゾーンが形成される．中央空調方式の場合（各階空調方式でない場合），垂直ゾーンの上下方向の規模は，以下により決定される．

①　一つの機械室で分担できる階数
②　防排煙的見地による縦ダクトの貫通階数の規制

(各行政体・地方公共団体により規制内容が異なるため注意が必要)

この場合，同一ゾーンの使用目的や熱負荷特性が基本的に同じになることが前提である．

2) アトリウム・吹き抜け空間のゾーニング 大規模なアトリウムや吹き抜け空間は，外部と室内を結ぶ移動空間・打ち合せ空間・居室など各種の目的に利用され，空間の形状，仕上げ，要求される温熱条件が建物ごとに大きく異なっている．空調ゾーニングにあたっては，これらの特性に留意して行う．多くの場合，アトリウム（吹き抜け）内は，利用目的や熱負荷特性に応じて以下のような3ゾーンに区分することが行われている．

① 非空調ゾーン

② 空調ゾーン：空間下部の居住域および空間上部の通路は，その空間の質に応じて空調しなければならない．直接居室につながっている場合には，居室のアトリウム（吹き抜け）側にアトリウム（吹き抜け）から侵入する熱負荷を処理するための空調ゾーンを設ける必要がある．

③ 換気ゾーン：日射による昇温対策として最上部に熱だまり空間を設置する場合には，その空間を自然換気または強制換気により換気する．

2.3.3 各種施設における空調ゾーニング計画上の留意点

建物用途により空調ゾーニング計画上の要点は異なる．すべての施設についての説明は紙面の関係上できないため，ここでは医療施設，宿泊施設，集会施設について概説する．

a. 医療施設[5]

医療施設は，使用目的・用途の異なる多くの室から構成され，各室ごとに空気清浄度，温湿度，汚染物質の発生程度，熱負荷特性，安全性に対する重要度などが異なる．病院の機構を建築計画的な観点からみた場合，病棟部門，外来部門，中央診療部門，供給部門，管理部門などに大別される．空調ゾーニングも大きくはほぼ同様に区分する必要がある．さらに，これらの部門内に存在する放射線診断部，検査部，薬剤部，手術部，中央材料部などの各部を，単独の空調ゾーニングとすることが一般的である．

医療施設の空調ゾーニングにあたっては，以下の項目に対する配慮・検討が重要である．

① 用途と使用時間帯

② 温湿度の確保

③ 空気清浄度・室内空気圧の確保

④ 必要外気量の確保

以下に，医療施設における空調ゾーニング計画上の要点を示す．

1) 用途と使用時間帯 使用時間帯による区分は大別して，病棟部門などの24時間系統，外来部・検査部などの定時系統，手術部・救急部などの随時系統に区分される．使用時間帯の異なる用途の室は，むだな空調運転の防止および空気交流の点からも同一ゾーニングとすることは避けなければならない．病棟部門では一般病室とナースステーション・重症病室・感染病室などを別ゾーニングとする．表2.22に，用途別ゾーニングの概略を示す．

2) 温湿度の確保 温湿度条件の確保は，患者に対して最適な診察，検査，診断，治療を行うため，また，医療機器の性能維持のためにも重要である．さらに，放射線診断部や検査部などのように冷暖房の要求の異なる室が混在するため，年間を通して各室ごとに冷房と暖房が切り替え可能な4管式ファンコイルユニット方式や水熱源ヒートポンプ方式などの検討が必要である．

3) 空気清浄度・室内空気圧の確保 表2.23[6]に，主な室で要求される空気清浄度を示す．空気清浄度を確保するためには，各室の室内空気圧を維持し，常に空気清浄度の高い区域から低い区域への空気の流れ（エアバランス）をつくる必要がある．このことは，臭気，熱，粉じん，有害ガスなどの汚染物資の拡散を防止する観点からもきわめて重要であり，逆流現象は

表 2.22 医療施設における用途別ゾーニング

ゾーン	対象室
病棟部門	・ナースステーション，重症病室，感染症病室，その他24時間運転を必要とする室 ・一般病室
外来診療部門	・一般診療室 ・救急部分
手術部門	・手術室 ・その付属室など随時使用室
緊急部門	・ICU，CCU，新生児室，未熟児室など ・分娩室，陣痛室など
単独ゾーンとする部門	・検査室（生体，細菌，臨床，一般，機能など），X線室，RI治療室 ・赤外線分光器室，ガスクロマトグラフ室，解剖室 ・屍室，霊安室 ・動物飼育室 ・食堂，厨房など
管理部門	・事務室など

表 2.23　清浄度によるゾーニングと換気の条件[6]

清浄度	ゾーン名	室　名
I	高度清潔区域	層流式バイオクリーン手術室，層流式バイオクリーン病室
II	清潔区域 A	手術室，配盤室，緊急手術室，清潔廊下，手洗い場，準備室，開創照射室，NICU，無菌製剤室，中央材料部の既滅菌部
III	清潔区域 B	未熟児室，特殊病室，手術部一般区域（回復室，更衣室など），ICU，外来手術室，分娩室，特殊検査室，中央材料室の一般区域，透析室
IV	準清潔区域	病室，診察室，処置室，調剤室，検査部の一般区域，CCU，通常新生児室，物療室（水治室），物療室（水治室以外），放射線部の一般区域，待合室
V	一般区域	事務室，会議室，厨房，一般食堂，医局，研究室（実験設備なし），洗濯室，ディスポ倉庫
VI	汚染拡散防止区域	微生物検査室，RI検査室，感染症病室，中央材料部の汚染区域，解剖室，汚物処理室
VII	汚染区域	一般便所，洗濯仕分け室，塵あい処理室

絶対的にあってはならない．エアバランスを維持するためには，以下に示すような検討を行う．

① 他系統の空調機が停止・故障しても影響を受けにくいように，空調ゾーンごとに完結したシステムとする．

② 手術部門など特に空気清浄度が重視される部門，RI（ラジオアイソトープ）検査などのように特に陰圧管理が重要視される部門には，バックアップ用の空調・換気機器・定風量装置を設置する．

③ フィルタの目詰まりによる風量変動を避けるため，目詰まり状況を確認できるシステムとする．

④ 階段室での煙突効果，すきま風の防止，出入口からの強風などの影響を建築計画的に防止する．

4) 必要外気量の確保　必要外気量の確保は，エアバランス維持のほか，汚染物資をより適正に排気するために重要である．

b. 宿泊施設[7]

ホテルなどの宿泊施設は，一般に宿泊，飲食，宴会場，付帯営業部分などの部門からなる利用者対象ゾーンと，事務・管理，厨房（調理），リネン，用度，従業員厚生施設などからなる後方ゾーンとに分けることができる．空調ゾーニングも原則として，これらの部門ごとにゾーニングする必要がある．これらのゾーンごとに計量が可能な計画とし，省エネルギー・省資源に対する意識を高めることも重要である．

空調ゾーニングの決定にあたっては，図 2.90[8]のような部門別の使用時間帯をホテル側と十分に打ち合せることが必要である．営業ゾーン，従業員ゾーンの空調ゾーニングは，営業時間，負荷特性によって細分化し，きめの細かい運転管理が可能なようにする．リゾートホテルなどでは，客室稼働率の低いオフシーズンには客室の使用を特定部分に集約できるように，客

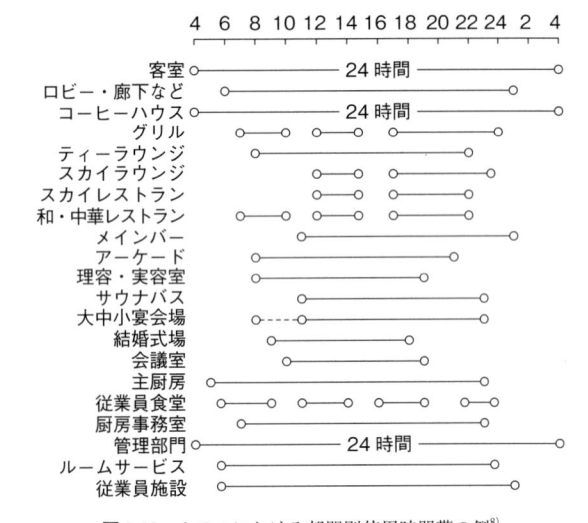

図 2.90　ホテルにおける部門別使用時間帯の例[8]

表 2.24　宿泊施設における空調ゾーニング計画上の留意点

ゾーン	留　意　点
宴会場系統	・大中小宴会場はそれぞれ個別のゾーニングとする ・大宴会場を可動間仕切り壁によって区分利用する場合には，区分に応じたゾーニングを考慮する
厨房系統	・大中小宴会場，各種レストラン，飲料部門の使用状況に対応可能なように，各厨房はそれぞれ別系統とする ・洗浄コーナーは使用時間が異なり，室内湿度が高くなるため，単独系統にすることが望ましい
管理系統	・従業員施設の空調は，24時間運転や早朝・深夜運転が行われるため，営業部門の諸室とは別系統とした上で，ゾーニングを細分化する

表2.25 集会施設における空調ゾーニング計画上の留意点

ゾーン	留意点
客席系統	・客席における空調計画上の露点として，室内温湿度の均一化，ドラフト・騒音防止があげられる ・客席は1階席，2階席（場合によっては3階席）と断面的に構成されるため，空調吹き出し空気の到達距離，ドラフト防止を考慮して，空調ゾーニングは図2.3.4[10]に示すように区分することが望ましい
練習室系統	・開演前のリハーサルなどに加えて，施設使用日以外にも単独使用されるため，単独の空調ゾーンとする
レストラン系統	・他のゾーンが未使用の場合にも使用されるため，空調ゾーニングは単独が望ましい ・テナントが入居する場合には，区分や運用面について十分に打ち合わせを行うことが重要である
管理事務室系統	・他ゾーンが未使用の場合にも管理事務室などは使用されるため，空調ゾーニングは単独が望ましい ・各室の使用に応じた制御（変風量制御，ファンコイルユニット併用方式など）を採用する

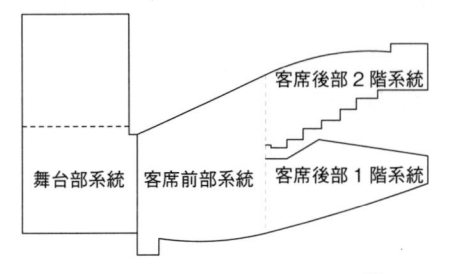

図2.91 ホールの空調ゾーニング例[10]

室への冷温水供給や外気供給を各階ごとに可能なようにゾーニングする場合もある．表2.24に，宿泊室における空調ゾーニング計画上の留意点を示す．

c. 集会施設[9]

劇場・ホールなどの集会施設は，管理諸室，ホワイエ，客席，舞台，練習室，会議室・集会室，レストランなどで構成される．空調ゾーニングも大きくは同様の分類で行われる．表2.25に，集会施設における空調ゾーニング計画上の要点を示す．

〔田村富士雄〕

文献

1) （社）空気調和・衛生工学会編：第12版空気調和・衛生工学便覧3 空気調和設備設計篇，pp.71〜72,（社）空気調和・衛生工学会，1995.
2) 井上宇市：空気調和ハンドブック改訂3版，p.113，丸善，1982.
3) 中原信生：新版ビル・建築設備の省エネルギー，p.68,（財）省エネルギーセンター，2001.
4) （社）空気調和・衛生工学会編：第12版空気調和・衛生工学便覧3 空気調和設備設計篇，p.72,（社）空気調和・衛生工学会，1995.
5) （社）空気調和・衛生工学会編：建築設備集成7医療・福祉施設，pp.39〜41，オーム社，1990.
6) 日本医療福祉設備協会規格：病院設備の設計・管理指針（HEAS-02-199），p.7，1998.
7) （社）空気調和・衛生工学会編：建築設備集成4宿泊・宴会施設，pp.56〜59，オーム社，1989.
8) （社）空気調和・衛生工学会編：建築設備集成4宿泊・宴会施設，p.57，オーム社，1989.
9) （社）空気調和・衛生工学会編：建築設備集成8娯楽・集会施設，pp.46〜47，オーム社，1988.
10) （社）空気調和・衛生工学会編：建築設備集成8娯楽・集会施設，p.46，オーム社，1988.

2.4 熱源システム計画

はじめに

わが国は，2009年9月に国連気候変動首脳級会合で，2020年までに炭酸ガス排出量を1990年比で25%削減することを公約した．これを受けて国内では，建築・都市の分野で「低炭素社会」に向けた活動がより一層活発になってきている．わが国の最終エネルギー消費の部門別推移[1]（図2.92）を見ると，民生部門において特にエネルギー消費量の増加が著しく，業務用建築物のエネルギー消費量の削減が必須となっている．

なかでも業務用建築物の，熱源設備の年間エネルギー消費は，おおむね建物全体の25〜35%を占める[2]と言われ，その比率が高い．したがって，熱源システムの適切な計画・設計および施工，最適な運転や保守管理を行うことにより，建築物のよりいっそうの省エネルギーを実現して，エネルギー起源の炭酸ガス発生量を削減し，環境に与える影響を極力少なくすることが可能となる．

対象とする建物や施設に最も適した熱源システム計画を行うことは設計者の責務であり，建物オーナーに大きなメリットを与えるとともに，地域や都市の環境問題への対策として貢献できる．

このような社会的背景の中で，本項では熱源システ

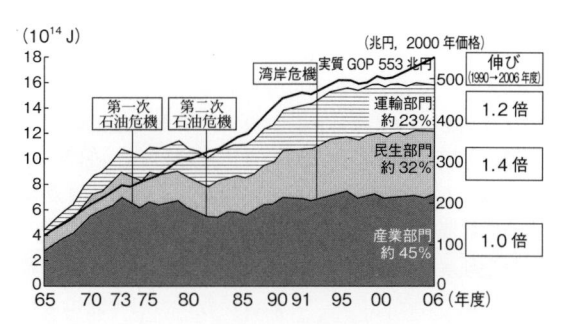

図2.92 民生部門における業務用建築物のエネルギー消費量

ムを計画するにあたり，考慮しなければならない要点を示す．熱源システムの計画にあたり，熱源システムおよびその駆動エネルギー源（燃料）の選定は，対象とする建築物の規模・用途や建設される地域特性などの制約条件，機械室の位置・スペースや荷重条件および建物使用条件などの建築計画との整合，空調システム計画との関連，また，保守管理，信頼性，安全性・耐用年数など考慮すべき項目は多岐にわたる．中でも，熱源システムの経済性と環境性については，計画時点での十分な比較検討が重要である．建物のライフサイクルにわたる環境負荷の発生とエネルギー消費量の多寡は，計画・設計段階で決定するといっても過言でなく，精度の高い適切な計画が必要となる．

以上の多種にわたる考慮すべき項目を総合的に判断し，熱源システムの選定はできる限り定量的に評価し決定する必要がある．

なお，熱源システムを計画する上で，供給熱媒（使用条件，温度，圧力，搬送方式など）に関しては，建物の空調方式や熱（温度）使用条件などにより選定される．すなわち，熱源システム計画に対しては条件として与えられる場合が多い．

熱源システム計画の参考となるシステムの分類や事例に関しては2.4.1項に，具体的な考慮点などに関する計画法については2.4.3項に詳細を記す．

2.4.1　熱源システムの種類と特長

熱源システム計画は，「どのようなエネルギー源をどのような機種と組み合わせるか」の比較検討が中心となり，経済性・省エネルギー性および対象建物や周辺地域に対する環境負荷削減などを考慮した判断基準に基づき，熱源システム全体を多種の評価項目に対して，総合的に評価して決定することが必要となる．判断基準や総合評価の方法などについては後述の2.4.3項以降で詳細に記述することとし，ここでは熱源システムの種類と特長を記す．

a.　熱源機器の分類

対象建物や施設に最適な熱源システムを計画するために，熱源機器を種類別に分類することはそれほど重要な意味をもつとは考えられない．また，最近の熱源機器の進展は多種多様にわたり，単純に熱源機器の分類を行うことには無理がある．しかし，さまざまな視点から熱源機器を分類し整理することも，熱源機器の特徴を理解する一助として必要と考え，ここでは参考として以下に熱源システムおよび各種の熱源機による分類方法の例を記す．

1）　設置場所による分類　熱源機器の設置場所により，中央方式（セントラル方式），中央個別併用方式，個別分散方式（分散型個別熱源方式）の3種類に大別して分類する最も一般的な分類の一つである．

ただし，地域冷暖房システムの熱源と建物ごとに設置される熱源方式とを比較する時には，地域冷暖房の熱源を集中熱源，各建物に設置する建物での中央方式（セントラル方式）による集中熱源方式を個別熱源方式と称することがあり，注意を要する．

2）　駆動エネルギー源（燃料）による分類　熱源で使用するエネルギー源（燃料）として，電気，ガス（LNG, LPG等），石油（灯油，LSA重油，A重油等）が一般的である．これらの燃料の種類によりガス（石油）方式〔吸収・ボイラ方式〕，電気方式〔電動主体方式，蓄熱ヒートポンプ方式〕，併用方式〔吸収・電動方式〕などに分類される例も多い．

また，熱源機のエネルギー源として冷熱源機では蒸気や温水（他の熱源機で発生する場合や排熱の供給を受ける場合などがある）を利用して冷水を発生する機種もあり，蒸気・温水もエネルギー源として扱われる場合もある．

エネルギー源をより広義にとらえると，ヒートシンク・ヒートソース（熱源水・空気など），および，比較的低温の未利用エネルギー（下水・海水・河川水など）や高温である都市排熱（清掃工場排熱・火力発電所排熱・工場排熱など）などもエネルギー源として扱われる場合もあり，これらを対象とする分類も考えられる．

3）　熱源機の供給規模による分類　熱源機により熱を供給する対象となる規模（範囲・空間）による分類を図2.93[3)]に示す．この分類は，その熱源システムが熱を供給する対象とするゾーンや建物の規模など対象面積の大きさ等によって分類する方法である．

4）　出力（発生熱種類）による分類　冷熱のみを出力する機器，温熱のみを出力する機器，冷熱と温熱

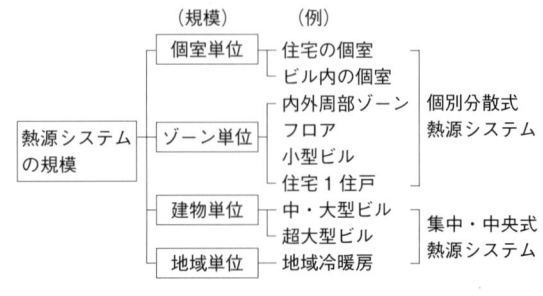

（規模）	（例）	
個室単位	住宅の個室 ビル内の個室	個別分散式 熱源システム
ゾーン単位	内外周部ゾーン フロア 小型ビル 住宅1住戸	
建物単位	中・大型ビル 超大型ビル	集中・中央式 熱源システム
地域単位	地域冷暖房	

図2.93　熱を供給する対象となる規模による分類

を出力する機器とに大別される.

　冷熱と温熱を出力する機器はさらに，冷熱と温熱を切り替えにより出力（同時に出力できない）する機器と，冷熱・温熱を同時に出力できる機種がある.

　出力される冷温熱媒は，空調における冷房用は通常5～7℃の冷水で供給される．利用温度差は一般建物で5～7℃差程度であるが，大温度差空調方式を採用して10℃差以上とする例も出現している．温度差を大きくすることにより，搬送動力と供給配管をサイズダウンできる利点がある反面，空調機などの熱交換コイルは大きくなる傾向がある．暖房用の温熱は温水または蒸気で供給される．供給される温水温度は50℃以下の場合が多い．建物の用途・要求（給湯用・寒冷地など）により50～100℃の温水温度や，地域冷暖房の受け入れ等では100℃を超える高温水の場合もある．利用温度差は，5～10℃差が一般的で，高温水の場合には10℃差以上の大温度差で使用されている．冷水や温水の使用熱量（冷・温熱源機器の発生熱量：出力）は，利用温度差に流量を乗じて算出できる．

　蒸気は温度では表示せずに，圧力で表示するのが一般的である．建物の空調設備には0.2～0.5 MPa以下が多く使用されるが，冷水発生のエネルギー源（燃料）等として使用する場合には0.8 MPa程度の蒸気が使用される．蒸気の使用熱量（熱源機器出力）はエンタルピー差に流量を乗じて算出される．蒸気の流量は体積ではなく重量で表示されている．

　建築設備で使用される熱源機および冷温熱媒を搬送する配管の圧力は，機器および配管の汎用の耐圧範囲である1.0 MPa以下で計画される例が多い．超高層ビルなどで，圧力が1.0 MPaを超えるような場合には，水-水熱交換器などで圧力の縁を切り，1.0 MPa以下の圧力で使用することが一般的である．

5）熱源機器の構造による分類　機械エネルギーにより圧縮機を運転し，断熱圧縮と断熱膨張により冷熱や温熱を発生させる「機械圧縮式」，化学的な反応を利用した「化学式」，ボイラなどのように燃料を燃焼し直接温熱を取り出す「直接式」に大きく分類される．冷（冷温）熱源機と温熱源機の分類の一例を図2.94[4]，2.95[5]に示す．

　機械圧縮式には，圧縮機の種類により遠心（ターボ

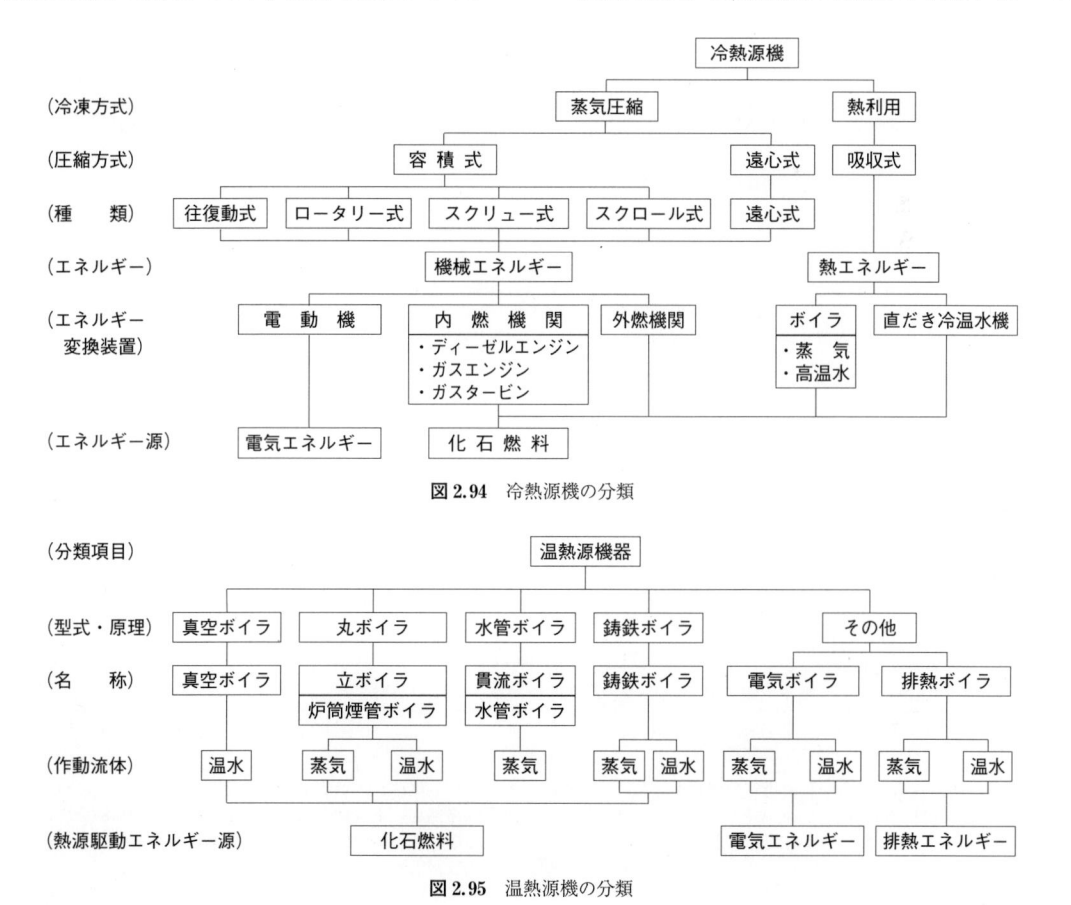

図2.94　冷熱源機の分類

図2.95　温熱源機の分類

表 2.26 汎用的な熱源システム分類

区分	種別	冷温熱源機器の組合せ	(駆動)エネルギー			ヒートシンク ヒートソース		熱回収方式への適用 未利用エネルギーの活用
			電力	燃料	その他	空気	水	
中央方式	電気・燃料併用	電動冷凍機(往復動・遠心・スクリュー)+蒸気ボイラ	○	○		○(CT) —	(○) —	△低温未利用(温度差)エネルギー利用可(下水・井水・河川水・海水)
		電動冷凍機(往復動・遠心・スクリュー)+温水ボイラ	○	○		○(CT) —	(○) —	△低温未利用(温度差)エネルギー利用可(下水・井水・河川水・海水)
	電気主体	電動ヒートポンプ(往復動・スクリュー)〔空気熱源〕	○ ○			○ ○		△建物排気熱利用可
		電動ヒートポンプ(往復動・遠心・スクリュー)〔水熱源〕	○ ○			○(CT) ○(HT)	○ ○	△低温未利用(温度差)エネルギー利用(下水・井水・河川水・海水)
		ダブルバンドルヒートポンプ(往復動・スクリュー)〔空気熱源〕	○ ○			○ ○		◎建物内熱回収 ◎建物排気熱利用可
		ダブルバンドルヒートポンプ(往復動・遠心・スクリュー)〔水熱源〕	○ ○			○(CT) ○(HT)	○ ○	◎建物内熱回収 △低温未利用(温度差)エネルギー利用可
	燃料主体	二重効用吸収冷凍機+蒸気(または高温水)ボイラ		○ ○		○(CT) —	(○) —	△高温排熱(発電所,清掃工場等)の利用可
		単効用吸収冷凍機+温水ボイラ		○ ○	(太陽熱)	○(CT) —	○ —	○中温水(85℃程度)排熱の利用可
		直だき吸収冷温水機		○ ○		○(CT) —	(○) —	
		背圧タービン駆動遠心冷凍機+単効用吸収冷凍機+蒸気ボイラ		○ ○		○(CT) —	(○) —	△高温排熱(CGS,清掃工場等)利用可 △中温水排熱の利用可
		復水タービン駆動遠心冷凍機+蒸気ボイラ		○ ○		○(CT) —	(○) —	△高温排熱(CGS,清掃工場等)の利用可能
	コージェネレーションシステム(CGS)	タービン駆動発電機+二重効用吸収冷凍機+熱交換器		○ ○	排ガス	○ —	(CT) —	◎CGSによる熱回収システム
		エンジン駆動発電機+二重効用・単効用または排熱投入型吸収冷凍機+熱交換器		○ ○	排ガス ジャケット排熱	○ —	(CT) —	◎CGSによる熱回収システム
		燃料電池+二重効用吸収冷凍機+熱交換器		○ ○	排熱	○ —	(CT) —	◎CGSによる熱回収システム
中央・個別方式	電気・燃料併用	水冷パッケージ型空気調和機+冷却塔+蒸気(または温水)ボイラ	○ ○	○ ○		○(CT) —	—	
		水熱源小型ヒートポンプパッケージ型空気調和機+(密閉型)冷却塔(+補助ボイラ)	○ ○	(○)		○(CT) —	○(B) —	◎建物内熱回収システム
個別分散方式 冷媒方式	電気主体	マルチタイプ空気熱源電動ヒートポンプ式パッケージ型空気調和機(EHP)	○ ○			○ ○		△建物排気熱利用可
	燃料主体	マルチタイプガスエンジン駆動ヒートポンプ式パッケージ型空気調和機(GHP)		○(ガス) ○(ガス)	エンジン排熱	○ ○		○暖房時にエンジン排熱を利用
		マルチタイプ油エンジン駆動ヒートポンプ式パッケージ型空気調和機(KHP)		○(油) ○(油)	エンジン排熱	○ ○		○暖房時にエンジン排熱を利用

注) ① 本表は現時点における一般的用途の建物を対象に,汎用的と考えられる熱源システム(熱電併給システム含む)について分類している. ② (駆動)エネルギー,ヒートシンク,ヒートソース欄の上段は冷熱用,下段は温熱用を示す. ③ 水冷の冷凍機で冷却塔を用いる場合には,ヒートシンクは大気と考えて示した.ただし,CGSの項目のみコージェネレーション本体が空冷の場合もあり,冷凍機の冷却水はヒートシンク欄の水に(CT)で示している. ④ ◎印は熱回収が前提となっているシステムを意味する.

式,スクリュー式,往復動式(レシプロ式),ロータリー式などがある.

化学式には冷媒を液体に吸収させる吸収式と,冷媒を固体に吸着させる吸着式がある.一般的な吸収式の冷媒は水で,吸収剤にはリチウムブロマイドなどが使用される.冷媒に蒸発温度の低いアンモニアを用い,吸収剤に水を使用してより低温の冷水を取り出す機種もある.吸着式の冷媒は水で吸着剤にはシリカゲルなどが使われている.

温熱を製造するボイラでは,近年,小型の貫流ボイラの性能向上が著しく,炉筒煙管ボイラに変わって採用が増えている.

b. 熱源システムの種類と特徴

1) 熱源システムとエネルギー源の推移　わが国における熱源システムの変遷を概括すると以下のようになる.

建築物の冷房が普及し始めた当初の熱源システムは,冷熱源は電動ターボ冷凍機,温熱源はB重油を使用するボイラの組み合わせ方式が主流であった.その後,高度経済成長期には,建物の大型化,軽質化(鉄骨造・SRC造)が図られ,熱源機では蒸気熱源の吸収冷凍機の開発が進み,冷熱源機として吸収冷凍機が普及し,エネルギー源として石油(B重油)のみを燃料とするボイラと吸収冷凍機を組み合わせた熱源システムが増加した.1970年代になり,経済成長の一方で大気汚染や水質汚染が社会問題となり,熱源の燃料とする油も低硫黄である特A重油や灯油に切り替えられ,この時期に都市ガスがエネルギー源として使用され始めた.大気汚染防止を目的に本格的な地域冷暖房が出現したのもこの時期である.また,新しい熱源機として油・ガスを燃料とする直焚きの吸収冷温水機が開発され,温熱・冷熱を1台の機器で発生させることから,低コストで省スペースな熱源機として普及した.同時に,電動の熱源機でも温熱・冷熱を発生できる空気熱源のヒートポンプチラーが普及し,熱源方式が多様化し始めてきた.原子力発電の普及と共に電力の昼夜間格差が問題となり,電力負荷を平準化する目的の本格的な蓄熱システムの採用もこの時期から始まっている.

1973,1979年にはオイルショックの洗礼を受け,1979年に省エネルギー法が施行された.その後,再び経済が発展(バブル期)する中で,建築のインテリジェント化,大空間化などが進む一方,エネルギー価格の高騰もあり,熱源システムの組合せも,初期設備費や年間運転費に関する経済性を重視して,より多様化し発展した.同時に,熱源の個別分散システムである小型ヒートポンプ式パッケージ型空調機(通称ビル用マルチエアコン)が出現し,メーカーの開発努力による性能の向上は著しく,現在では小・中型ビルばかりでなく大型ビルへの採用も増えつつある.また,病院・ホテルなどの熱電比の高い建物ではコージェネレーションシステム(CGS)の導入が進展した.

フロンガスによるオゾン層破壊や,炭酸ガスの排出による地球温暖化などの地球環境の保全,電力自由化に代表されるエネルギーの規制緩和と多様化したエネルギー料金,建物のプロパティマネージメントで要求される不動産としての高価値への対応など,熱源システム計画はますます複雑化し課題も多い.そのような中で適切な熱源システムの選定に向けて,その要望に応えられる新しい視点での熱源システム計画手法に対する期待が高まり,現在,各方面で研究や開発[6),7),8)]が進められている状況と言える.

2) 熱源システムの種類と比較　現状で建築の熱源設備として採用されている,汎用的な熱源システムについて,代表例を表2.26[9)]に示す.

表2.26では,現在実用化されている代表的な熱源システムを①中央方式②中央個別併用方式③個別分散方式に大別し,さらに,駆動エネルギー源(燃料)別に①電気主体方式②燃料(ガス・油)主体方式③電気・燃料併用方式の種別に分類している.また,表2.31では各システムにおける冷熱・温熱の発生に必要とする駆動エネルギー源,および,ヒートソース・ヒートシンクを方式別に示している.

2.4.2 使用冷媒の種類と特長

冷凍機・ヒートポンプで熱を移動するためには,低温部で熱を吸収し,高温部で排出するための媒体が必要であり,これを冷媒という.通常は冷媒が熱を吸収するには蒸発の,排出するには凝縮の潜熱が使われ,冷媒の単位重量当たりの吸収熱量が大きいほど有利となる.

冷媒の種類は「フロン系冷媒」と「自然(系)冷媒」とに大別される.

a. フロン系冷媒

CFC(クロロフルオロカーボン)は,1920年代に開発された科学的に安定で,毒性もなく,不燃性の人工物質である.その優れた特性から冷媒(R-11,R-12などが代表的),噴射剤,発泡剤,洗浄剤などに広く利用されていた.

1) オゾン層破壊のメカニズム[10),11)]　成層圏の下

層である地上 10～50 km 付近に，O₃ 濃度の高い大気の層があり，オゾン層と呼ばれる．オゾン層では，日射のうち生物にとって有害 B 領域紫外線（UV-B）の大部分が吸収される．このオゾン層が存在しなければ地球上の生物は生存することができないと言われている．

1970 年代後半から，南極上空の成層圏でオゾン濃度が季節的に低くなるオゾンホールが観測されるようになってきた．また，北極上空の成層圏でも 1990 年代初期からオゾンホールが観測されている．近年では，極地以外でも O₃ 量の低下が観測されている．オゾン層は成層圏に到達した CFC から紫外線の作用によって生成された Cl（塩素）によって破壊される．

CFC は 1920 年代末に開発され，科学的に安定で毒性も低く，不燃性の人口物質である．CFC はその優れた特性から冷媒，噴射剤，発泡剤，洗浄剤などに広く利用されていた．

極域で巨大なオゾンホールが発生するプロセスを以下に簡単に説明する．地球上ではオゾンの生成は紫外線日射が強い赤道上空で最も効率的に行なわれている．生成されたオゾンは，大気の大循環によって，より高緯度に輸送され，この結果，オゾンの全量は生成領域である赤道で最小，中高緯度ほど大きくなる．南極および北極の冬から春にかけて最も気温が低下する時期に，－80℃と低温の極域成層圏雲（PSC$_S$）が発生する．オゾン消滅反応である NO$_X$ サイクル，ClO$_X$ サイクルが同居すると，それぞれの反応を妨害しあうが，PSC$_S$ の存在は NO$_2$ を HNO$_3$ に変えて PSC$_S$ 内部に封じ込めて成層圏から隔離してしまうと同時に，気体の Cl$_2$ を生成する．この Cl$_2$ は春の太陽光により活性 Cl に分解され，極渦という内外の空気の混合を許さない領域で，ClO$_X$ の破壊サイクルを繰り返し，急速にオゾンを破壊する．この後，気温の上昇により PSC$_X$ が消滅し，NO$_X$ サイクルとの同居によりオゾンの高速破壊は減速する．オゾンホールには周辺オゾンが流入しホールは消失するが，地球全体のオゾンの全量は減少してオゾン層の厚みは薄くなり，紫外線の遮蔽能力も低下していく．以上が近年科学的に明らかにされた人為的なオゾン層破壊のメカニズムである．

2）フロン規制　1974 年にアメリカのローランド（カリフォルニア大学：1995 年ノーベル化学賞を受賞）らによって，CFC などのフルオロカーボン類が成層圏オゾン層を破壊することが指摘された．オゾン層保護の問題は，国連環境計画（UNEP）で地球規模の環境問題として対応策が議論され，1985 年 3 月に「オゾン層保護のためのウィーン条約」が締結された．この条約に基づいて 1987 年 9 月に「オゾン層を破壊する物質に関するモントリオール議定書」が締結され，CFC や HCFC（ハイドロクロロフルオロカーボン）に関する生産規制が実施されてきた．

フルオロカーボンの種類と地球環境に与える影響を表 2.32 に参考として示す．フルオロカーボンにはオゾン層を破壊するものとしないものがある．しかし，すべてのフルオロカーボンが地球温暖化に影響を与える．

（1）特定フロンの規制：オゾン層の破壊力の強いフロン 5 種類（CFC：R11, 12, 113, 114, 115）を特定フロンと呼び，1995 年（平成 7 年）末にすでに生産が中止されている．

オゾン層破壊の指標にはオゾン層破壊係数（ODP：Ozone Depletion Potential）が用いられる．これは CFC-11（R11）が破壊するオゾン量を基準（ODP＝1）として，ある物質が成層圏でオゾン層を破壊する能力を示す指標である．表 2.28 に代表的な冷媒の ODP 値を示す．

（2）代替フロンの規制：代替フロンである HCFC（R-22, 123 など 34 種類）に対しても規制の対象となり，モントリオール議定書・ウィーン改正（1995 年）で，2004 年から段階的に生産削減が開始され，10 年前倒しで 2020 年に原則として生産廃止が議決された．

（3）代替フロン冷媒の動向：オゾン層を破壊する CFC 類や HCFC 類は，オゾン層破壊係数がゼロの HFC（ハイドロフルオロカーボン）類に代替されつつある．代表的な HFC として R32 や R134a がある．

図 2.96 に以前の代表的な冷媒（左欄に示す）が，今後どのような冷媒に代替されていくか傾向を示す．規制後は中央の欄に示す HCFC-123, HFC-134a, HCFC-22 などの冷媒が主に使用されていたが，現状では右欄に示す HFC-245ca, HFC-134a, 混合冷媒の R-407C, R-410A などの冷媒に代替されつつある．

フロンは毒性が少なく安定であるため，冷媒を始め

表 2.27　フルオロカーボンの種類と地球環境への影響

温室効果ガス	ハイドロ H（水素）	クロロ Cl（塩素）	フルオロ F（フッ素）	カーボン C（炭素）	
		C	F	C	オゾン層破壊に影響がある塩素が入っているフルオロカーボン
	H	C	F	C	
	H		F	C	塩素が入っていないフルオロカーボン

出典：冷媒回収推進・技術センター

表2.28 代表的な冷媒のオゾン層破壊係数(ODP)と地球温暖化係数(GWP)

種類		冷媒	組成(化学式)	ODP	GWP
CFC	単独	R11	CCl3F	1.00	4750
		R12	CCl2F2	1.00	10900
		R115	CClF2CF3	0.44	7370
	混合	R500	R12/152a	0.74	8100
		R502	R22/115	0.25	4660
HCFC	単独	R22	CHClF2	0.055	1810
		R123	CHCl2CF3	0.020	77
		R124	CHClFCF3	0.022	609
	混合	R401A	R22/152a/124	0.033	1200
		R402A	R22/290/125	0.019	2800
HFC	単独	R23	CHF3	0.00	14800
		R32	CH2F2	0.00	675
		R125	CHF2CF3	0.00	3500
		R134a	CH2FCF3	0.00	1430
		R143a	CH3CF3	0.00	4470
	混合	R404A	R143a/125/134a	0.00	3920
		R407C	R32/125/134a	0.00	1770
		R410A	R32/125	0.00	2090
		R507A	R143a/125	0.00	3990
アンモニア		R717	NH3	0.00	<1
二酸化炭素		R744	CO2	0.00	1

出典：ICPP 4次レポート(2007年)

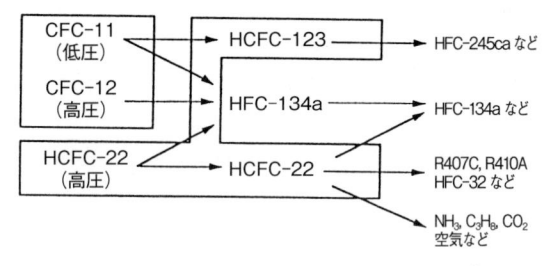

図2.96 代表的な冷媒と今後の代替冷媒の動向[10]

として工業各分野で幅広く用いられた．しかも低価格であったことから回収されることもなかった．このためにいわゆるフロン問題を引き起こしてしまった．

今後開発すべき冷媒は，環境性と同時に，安全性・高効率性などすべての面で要件を満たし，かつ，充填量の削減や漏洩防止の対策，燃焼性や毒性に対する対策，経済性などを含めた総合的な判断に基づく選択を行う必要がある．

3) 次世代の代替冷媒の方向 オゾン層保護の観点から各種のフロン規制が行われてきた経緯を前述した．しかし，オゾン破壊係数がゼロである HFC 類も，京都議定書(COP3)において地球温暖化に影響する温室効果ガスとして排出規制の対象に指定された．したがって，オゾン層の破壊や地球温暖化などに対応できる環境性の高い次世代の代替冷媒が要求されている．前掲の表2.28に各種フロンのオゾン層破壊係数(ODP)と地球温暖化係数(GWP：Global Warming Potential)の関係を参考として示す．GWPは炭酸ガスのもつ温室効果を1として，他のガスが大気中における寿命の間に発揮する温室効果を数値で表している．たとえば，R134aはODPに関しては0であるがGWPはR123の値の77に対し1430と大きい．

地球温暖化防止の観点からは，地球温暖化係数(GWP)が低く，かつ，高効率運転が可能な冷媒の選択が重要であり，これらを評価・検討する手法にTEWI(総合等価温暖化影響)[12]がある．

TEWI：Total Equivalent Warming Impact とは，運用時のエネルギー消費による CO_2 の排出量と冷媒放出に伴う温暖化の影響を合算したもので，冷媒のGWPよりも熱源機器のCOP(成績係数)の影響が大きく，COPの高い機器の採用が有利となる．冷凍・空調の分野で地球温暖化の指標として重視されてきている．

$$TEWI = (GWP \times L \times n) + \{GWP \times m(1-\alpha)\} + (n \times E \times \beta)$$

GWP：地球温暖化係数 (kg：CO_2 換算量)
 L：冷媒の年間リーク量 (kg)
 n：冷凍機の運転年数(寿命) (年)
 m：冷媒充填量 (kg)
 α：冷媒回収率
 E：冷凍機の年間消費電力 (kW)
 β：発電量 (kW) 当たりの CO_2 発生量 (kg)

b. 自 然 冷 媒

オゾン層を破壊するCFC類やHCFC類は，ODPがゼロのHFC類に代替されつつあるが，HFC類も地球温暖化に影響を与える．このような背景の中で，自然界に存在する物質を冷媒とする自然冷媒が見直されている．

吸収冷凍機で使用されている冷媒は水であり，吸収剤として臭化リチウム系と組み合わせる作動媒体が代表的である．また，冷媒にアンモニア，吸収剤に水系の組み合わせによる作動媒体も多い．

その他の自然冷媒として，アルコール系，炭化水素系，二酸化炭素(CO_2)，空気冷媒などがあり，これらを利用する冷却システムの開発・研究が進められ，一部では実用化されている．

自然冷媒は，成層圏のオゾン層を破壊することがなく，地球温暖化に影響を与えることもないなど期待される一方，以下に記す課題も指摘されている．

(1) 水は蒸発潜熱が大きく安全であり，冷媒とし

ては最適と言われているが，0℃以下で凍結するためヒートポンプや低温用冷凍機に使用できない．

(2) 水の吸収剤である臭化リチウムは，結晶化や腐食性の欠点があり，改善が課題である．

(3) アンモニア系の冷媒は，実績はあるものの可燃性・毒性を有する欠点がある．冷媒量の少量化や漏出防止，漏洩の際の安全対策が必要となる．

(4) 炭化水素系では，イソブタンなどを冷媒とした小型機器は実用化されているが，炭化水素は可燃性が高く大量な冷媒を必要とする大型システムへの展開に現状では難点がある．

(5) CO_2を冷媒サイクルに適用する場合，従来の3〜5倍の動作圧力を必要とする．

(6) 空気冷媒の断熱圧縮と膨張を利用した冷凍サイクルは，おもに低温域での効率が高く，冷凍倉庫などですでに実用化されているが，一般用途には開発途上といえる．

2.4.3 熱源システム選定の視点・評価項目

わが国の部門別エネルギー消費量の推移を平成20年度のエネルギー白書で見ると，民生部門の比率は年々漸増の傾向にあり，1975年度の20％に対し1990年度では27％を占め，2006年度では約32％に達している[13]．民生部門の中でも業務用のエネルギー消費の伸びは最大であり，1990年度を基準とした指数で表すと，2010年度には約1.4倍に達し，産業部門の約1.0倍に比してエネルギー消費量の増加傾向は著しい．

前述したように，業務用（事務所）ビルのエネルギー消費の内訳を調べると，熱源設備は25〜35％[2]を占めており，したがって，高効率な熱源システムを計画することで省エネルギーを図り，環境負荷を低減することはきわめて重要な使命である．繰り返して述べるが，建物のライフサイクルにおけるエネルギー消費量および環境負荷の発生量の多寡は，計画・設計段階でほとんど決定されることを強く認識し，適正な計画を実行することが肝要である．ここでいう適正な計画とは，経済性評価も含め総合的に優れたシステムであることはいうまでもない．

現状における熱源システム選定は，熱源システムを計画する時点で，数種類のシステムを選択し，比較検討すべき評価項目を並べ，各評価項目に対する定量的評価または定性的評価を実施し，総合的判断の基にシステムを決定する作業が通常行われている．しかし，現状においては熱源システムに関する計画法は確立されているとはいえず，研究開発の途上であり改良がな

されつつある分野と思われる．

本項では，最新の動向を取り入れながら，熱源システムを選定する評価項目を網羅し，作業のフローを概説する．

a. 熱源方式選定の要素と評価項目

熱源方式の選定・決定のためには，前述のようにさまざまな要因に関して，その重要度に応じたグレードを設定し，判断・評価を行う必要がある．

ここでは，2.4.1項で述べた「エネルギー源」および「熱源システム」に大別し，各種の検討すべき要素をまとめ，その要素ごとの評価項目を列挙して必要に応じて概説を加えた．熱源方式選定の要素と評価項目の一覧表[14]を表2.29に示す．

熱源方式の評価は，次項に示す「熱源システム計画フロー」に従って作業を行い，重要度の優先順位を考慮して評価項目を抽出し，可能な限り定量的な数値を求めて評価することが望ましい．しかし，一部には定量的評価が困難な評価項目もあり，一般的にそのような項目に対しては，○△×やABCなどのランク付けを行うことにより定性評価を行う例が多い．

また，最適な熱源システムを選定する上で，年間のエネルギー消費量・環境負荷排出量を正確に予測することが肝要であり，そのためには精度の高いシステムシミュレーションプログラムを用いて計算することが必要となる．

b. 熱源システム計画フロー

最適な熱源システムを選択するための計画フローの大要を図2.97に示し，概要を以下に述べる．

① 熱源容量決定のための熱負荷計算　熱負荷計

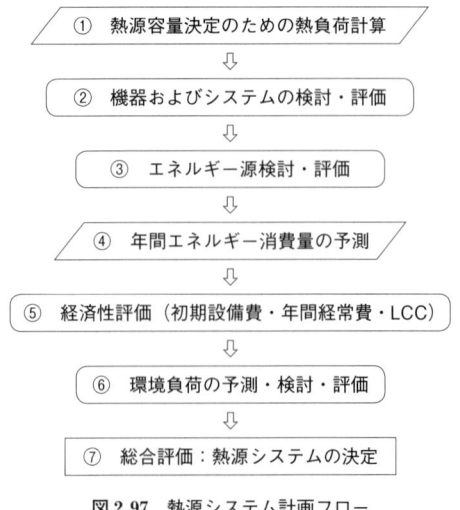

① 熱源容量決定のための熱負荷計算
↓
② 機器およびシステムの検討・評価
↓
③ エネルギー源検討・評価
↓
④ 年間エネルギー消費量の予測
↓
⑤ 経済性評価（初期設備費・年間経常費・LCC）
↓
⑥ 環境負荷の予測・検討・評価
↓
⑦ 総合評価：熱源システムの決定

図2.97　熱源システム計画フロー

表 2.29 熱源システム決定の要素と評価項目

決定事項	要素	評価項目	概説・備考
エネルギー源（燃料）	安定性	供給安定性 価格安定性 災害時対応	・エネルギー供給の安定化，供給網の有無，燃料の輸送・貯蔵 ・将来にわたる価格の安定性，規制緩和の動向 ・災害時のライフラインの復旧，非常用電源の確保
	経済性	エネルギーコスト 引込・貯蔵費 受入設備費（*）	・年間エネルギー料金 ・各種エネルギーの引込費用（負担金），貯蔵設備の費用 ・地域冷暖房導入の受入設備，特別高圧電力受変電設備・ガスホルダー等
	環境対応	炭酸ガス（CO_2）発生量（*） 窒素酸化物（NO_x）発生量（*） 法的規制 地域特性	・年間 CO_2 発生量，LCCO$_2$ による評価・地球温暖化・CO_2 排出原単位 ・年間 NO_x 発生量（必要に応じて硫黄酸化物（SO_x）に関しても評価） ・大気汚染・水質汚濁・環境アセスメント ・上乗せ規定・環境アセスメント条例の有無
熱源システム	省エネルギー性	エネルギー消費量 排熱回収・未利用エネルギー活用 制御特性	・年間エネルギー消費量（一次エネルギー評価）・エネルギー料金体系 ・高効率機器の運用・定格効率，部分負荷特性・機器台数分割，容量分割・補機動力 ・変流量システム，計測システム・運転（支援）方法，年間熱源システム COP ・熱回収システム，都市排熱・未利用エネルギーの活用，熱のカスケード利用 ・熱負荷追従性，容量制御範囲，起動時間
	経済性	イニシャルコスト（初期設備費） ・熱源機器・補機・関連建築工事 ランニングコスト（運転費） ・エネルギー料金 ・管理人件費 ・維持修理費 ・設備更新費 ・設備関連建築費用	・原価償却費，金利，諸保険料，租税公課など・ライフサイクル（LCC）評価 ・電力料金，ガス料金，燃料費，上下水道料金・各種料金体系の把握 ・有資格者の有無，管理人員数 ・定期点検費用，修繕費・管理時間帯 ・搬出入計画，工事期間（熱供給の停止の有無，夜間・休日工事など） ・占有空間固定費，設備関連建築費（遮音壁，加重，耐震補強など）
	信頼性	機器能力の余裕 故障時対応 実績 耐用年数 保守・運転・管理	・将来の熱負荷増加対応・機器のバックアップ・補機等の能力劣化対応 ・機器の台数分割，非常時のバックアップ・補機類や供給配管への考慮 ・性能，安全性，実績年数，故障率 ・法的耐用年数，実績年数 ・保守・管理の容易さ，運転操作性，故障時の対応など
	環境対応	フロンガス対応 白煙防止 騒音・振動	・使用冷媒の種類と対策，冷媒の将来動向・オゾン層の破壊 ・冷却塔の白煙防止の必要性 ・条例などの法規制を確認
	建築対応	設置スペース 耐荷重条件 設備関連建築計画	・将来の負荷増に対応する機器設置スペースや保守管理用スペースを考慮した必要最低限のスペースおよび階高 ・床，梁，基礎などの構造補強の必要性 ・騒音・振動対策，マシンハッチ，搬出入ルート，スペース，煙突，冷却塔およびルーバー，機械室内への水漏れ対策

注記：図中の評価項目の（*）印はエネルギー源および熱源システムに共通する項目を意味する．
(1) 表中の熱源の太字は一般に高いグレードで評価される項目を示す．
(2) 熱源システム検討は，比較する熱源システムに対する評価項目を抽出し，グレードを設定して比較を行う．

算は，熱源システム選定のための基本であり根拠となることから，慎重に熱負荷を求める必要がある．熱負荷計算は，熱源機器容量を決定する目的の最大熱負荷計算とエネルギー消費量を求める年間熱負荷計算とをけて行う必要がある．

熱源システムにおける熱源機の容量決定のための最大熱負荷計算法には現状で次の課題がある．通常熱負荷計算は最小単位となる室・部位を対象に計算した熱負荷の積み上げとなるため，積み上げた計算結果を用いて熱源容量を算定すると熱源容量は過大となる．過大な容量の熱源機器の選定は，設備費の増加となるばかりでなく，部分負荷運転が増えることによるシステム効率の低下[15]（図2.98参照）を生じ，エネルギー消費量の増加と共に環境負荷の排出を大きくする．空調設備計画用の熱負荷計算と熱源機器選定用の熱負荷計算は，意識して設計予条件を変えるなど，区別して行うべきと考えられる．一例として，人体負荷や照明・コンセント負荷などは，各空調対象室の最大値ではなく，建物全体としての同時使用率（ダイバシティファクタ）を考慮した数値を入力して計算する必要がある．また，熱源機器の決定に際し，機器の性能劣化や将来の熱負荷増の対応など，機器能力に余裕を見込むことは必要となるが，できる限り過大とならないように慎重に決定する必要がある．一般の建物では，ピーク負荷の出現頻度は年間できわめて少ない時間であることから，ピーク時には定格能力を超える過容量運転域での対応なども今後の検討課題と思われる．

一方，年間のエネルギー消費量を算出するための熱負荷計算は，年間熱負荷計算を行うことを原則とする．ただし，年間熱負荷計算の結果は，各月の代表日で計算した場合と，年間365日の計算結果との比較で，実用上ほとんど差のないことが報告されているため，各月の代表日で計算する場合もある．また，建物用途によっては，土・日曜，祝日の熱負荷が平日と大きく異なることもあり，最近では代表日と土曜・日曜，祝日を分けて計算している例も多い．ただし，年間熱負荷計算はおもに年間のエネルギー消費量算出を目的としているため，機器容量等の決定には，前述したように最大熱負荷となる日の計算も別に行う必要がある．また，年間熱負荷計算の設計条件の入力に関しても，前述した最大熱負荷計算と同様に，建物全体の熱負荷を計算するための配慮が必要となる．

計算で求めた年間熱負荷（エネルギー消費量）は，熱源システムの稼動後，実測による実年間熱負荷（実エネルギー消費量）との比較を行い，シミュレーショ

ンなどの予測の精度を確認することが重要である．そのためには，熱負荷計算の設計条件を整理し明確にしておく必要がある．明確にすることにより，実際の建物使用条件に合わせて計画時の予測値を修正することが可能となる．これにより，シミュレーション精度が確認され向上するとともに，設計者へのフィードバックがなされ，熱源システムのエネルギー消費量に対する蓄積が増加し，計画技術が向上する利点も期待される．また，検証を行うためには必要最低限の計測システムの設置が必要となる．計測システムは，適切な運転管

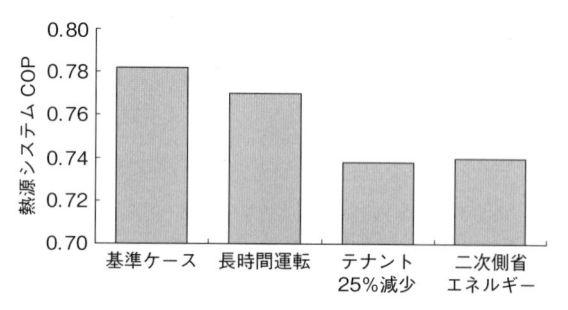

図2.98 部分負荷運転による熱源効率の変化[15]

注記：①基準ケースの熱源システムは吸収冷温水機（定格COP：冷熱1.0，温熱0.9）を3台に等分割．他の比較ケースも基準ケースと同じ熱源システムで計算．②各ケースの熱負荷はモデルビルを用いて計算．③基準ケース，テナント25％削減，二次側省エネルギーケースの熱源運転時間は平日8時～18時，土曜日は8時～13時．④長時間運転ケースは基準ケースの空調運転時間を人体・照明の変動率を考慮して23時まで延長．⑤テナント25％減少ケースは基準ケースの対象空調面積を25％削減．⑥二次側省エネルギーシステムは熱源容量を変えずに，基準ケースの定風量方式をVAV変風量方式に変更．同時に外気冷房と全熱交換機を導入して空調負荷を削減．建物全体では大きな省エネルギー効果が得られているが，熱源システムの効率は発生熱量が減少することにより基準ケースに比べ低下している．

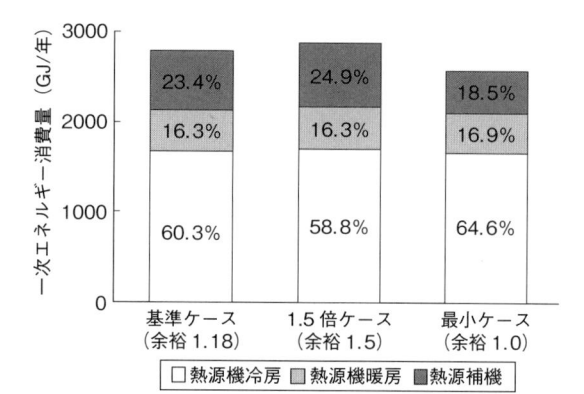

図2.99 吸収冷温水機の余裕別エネルギー消費量と構成[15]

注記：図2.89にて示した基準ケースの吸収冷温水機は，最大熱負荷の18％の余裕を見た設計となっている．これに対し，本図では余裕を1.5倍および余裕を見ない熱源容量（最小）のケースを計算し比較している．

理を行う上でも欠かすことができないことは認識されているものの，現状で実際に導入されている例が多いとは言えない．

地域冷暖房より熱供給を受けている建物は，熱の取り引きのための計量が行われているため，建物の熱負荷特性の時刻変動を調査することが可能であり，その結果を最大熱負荷・年間熱負荷として統計処理し，原単位としてまとめた資料も公表[16),17)]され，シミュレーションの計算結果のチェックなどに役立っている．

② **機器およびシステムの検討・評価**　熱源システムから供給される熱媒は，建物の空調方式や熱（温度）使用条件などにより選定される．すなわち，熱源システム計画に対しては条件として与えられる場合が多い．したがって，ここでは空調方式から要求される熱媒の温度・圧力条件を満足する熱源システムを計画することを前提とし，熱媒に関する説明は省略して，熱源機器およびシステム計画に関する概要を述べる．

求められた最大熱負荷および年間熱負荷変動を根拠として，熱源システムは計画される．従来，熱源機器の容量は，最大熱負荷を満足させる能力を有することを第一義に選定されていた傾向が強い．しかし近年では，一部の建物オーナーや建築設備の技術者から，主に省エネルギー（エネルギー高効率利用であり，ひいてはエネルギー料金の低減となる）や地球規模の環境問題などの観点から，「部分負荷（低負荷）時の機器運転に配慮した熱源システムの構築」への関心が高まり求められている．

建物の熱負荷は年間にわたり大きく変動し，年間累積負荷曲線や年間負荷頻度分布によると，冷熱負荷の年間平均負荷率は20％を下回る例が多い（図2.100，2.101参照）．したがって，最大負荷対応ばかりでなく，年間でのエネルギー消費量が最小となる熱源システムを念頭において計画すべきである．

すなわち，熱源機器の台数分割や容量分割，および，部分負荷時の熱源機器の容量制御性などを考慮する必要がある．機器単体の定格時の成績係数・効率も重要な評価項目ではあるが，部分負荷特性を勘案し，システム全体としての年間にわたるシステム効率の向上を図ることが重要な検討事項となる．図2.93に吸収冷温水機の図2.103にターボ冷凍機の性能の推移を参考に示す．

また，従来の固定速電動ターボ冷凍機と，現在の固定速およびインバータターボ冷凍機の部分負荷特性を参考として図2.95に示す．

その他に，表2.34に示すような以下の項目などを

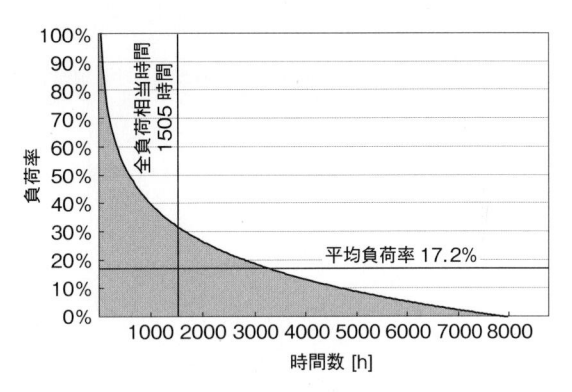

図2.100　累積負荷曲線（冷熱）

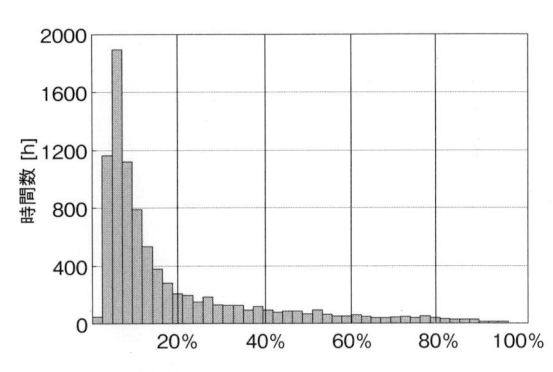

図2.101　年間負荷頻度分布（冷熱）

図2.91および図2.92のデータは共に地域冷暖房の供給を受ける東京都内のSビルにおける2009年度冷熱使用量の実績値を示す．

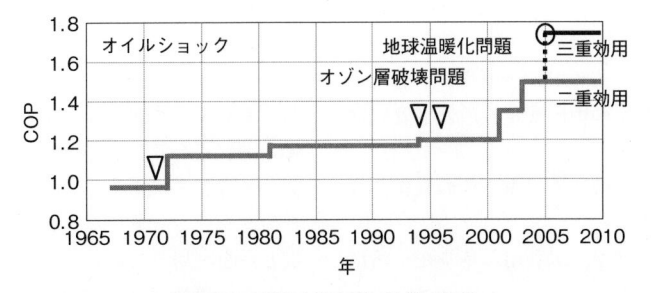

図2.102　吸収冷温水機の性能の推移
注記：定格性能（COP）はJIS基準による．　出典：三菱重工業・川重冷熱工業資料

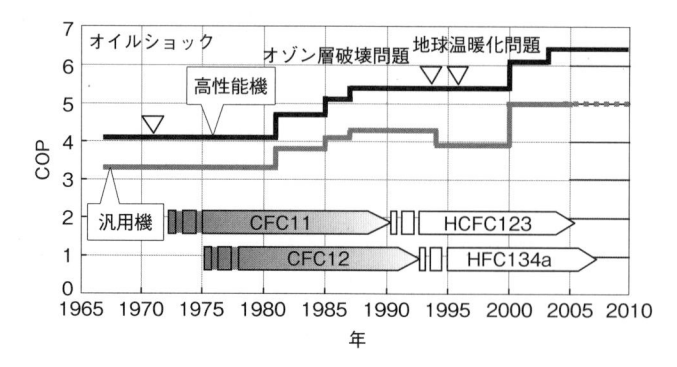

図 2.103 電動ターボ冷凍機の性能の推移
注記：定格性能（COP）は JIS 基準による．出典：三菱重工業資料

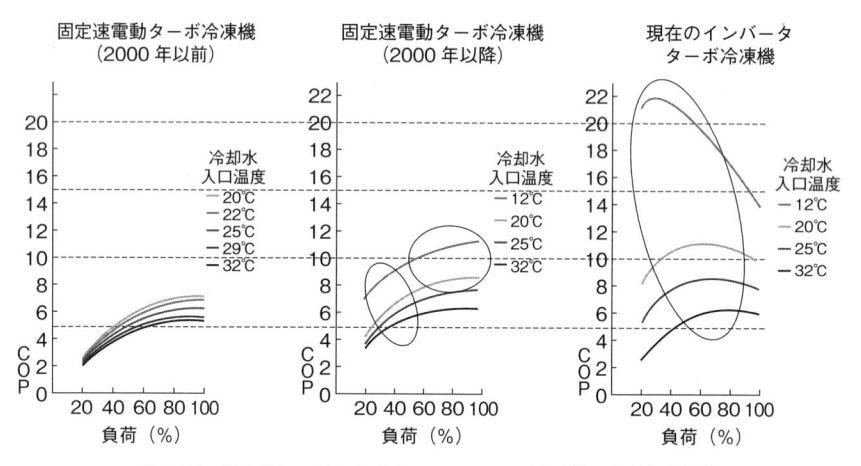

図 2.104 固定速ターボおよびインバータターボ冷凍機の部分負荷特性
（出典：三菱重工業資料）

勘案して機器を選定しシステムを計画する．

(1) 実績，寿命（耐用年数），運転・保守の難易，運転に対する有資格者の有無，メンテナンス体制などの信頼性の検討．

(2) 設置スペース，荷重条件，階高，騒音・振動，搬出入ルート，煙突の位置，冷却塔の位置，地下機械室の場合の換気用外気流出入経路の確保，現場修理・保全の容易性，納期などの建築関連事項の検討．

(3) 法規制や環境対応

③ エネルギー源検討・評価　エネルギー源の検討・評価には，前述したシステム評価項目に示した

(1) エネルギー源としての供給安定性，価格安定性などの検討．

(2) ライフラインとしてのエネルギー網の整備，災害時の復旧などの信頼性．

(3) 熱回収，都市排熱利用，未利用エネルギー活用を積極的に検討．

などを勘案し，使用するエネルギー源の検討・評価を行う．

熱源システムの省エネルギーの観点から，対象建物で使用可能な都市排熱や未利用エネルギーが存在する場合には採用の可能性を検討することが必要と思われる．また，建物内部での熱回収はできる限り採用する方向で検討することが望ましい．

しかし，現実的にはエネルギー源の決定は，経済性評価および環境影響評価と密接な関わりがあり，総合的な判断の中で決定される場合が多い．

④ 年間エネルギー消費量の予測　年間エネルギー消費量の予測は，①で述べた精度の高い年間熱負荷計算結果を根拠に，できる限り正確な年間エネルギー消費量を算出し，一次エネルギー消費量で比較する．熱源システムのエネルギーの消費量は，システムシミュレーションプログラム（HASP/ACSS や LCEM など）を利用して計算することが推奨される．

しかし現状では，一次エネルギー消費量の計算は手計算レベルで行い，熱源システムの相対比較を行う例

が多く，定量的な精度の面ではなり粗い結果となっていると想定され，空調設備の設計手法の中で遅れている分野の一つと思われる．遅れてしまった理由の一つは，年間エネルギー消費量をシビアに求める要望が少なかったことが最大の原因と考えられる．現状では熱源システムの相対比較の一項目としてのエネルギー料金の算出か，あるいは，共益費のような光熱水費の目安としての要求程度で，それ以上の精度が求められていなかったことに起因している．特に熱源の容量は最大負荷を満足することが第一義で，クレームのでない容量決定にのみ神経を使っていた．

今日のように，環境問題に対する国民的関心が高まり，社会的に環境負荷を低減することが求められている時に，手計算レベルによるエネルギー消費量の算出ではなかなか要求に応えられない．とはいえ，すべてのプロジェクトに対し，システムシミュレーションを実施する必要性には疑問もある．精度の高いシミュレーションを数多く実施した後，そこで得られた結果をフィードバックすることにより，現状から進歩した手計算レベルによる「新しい年間エネルギー消費量推定手法」を作成する必要性が感じられる．これは，最大熱負荷計算の歴史に似て，コンピュータの発展により非定常熱負荷計算手法が普及し，従来の手計算による定常熱負荷計算法の精度が高く修正され，現在でも手計算による新しい熱負荷計算手法が多用されている経緯と同様になると推測される．現在，簡便であるために多く用いられている，全負荷相当運転時間に熱源システム構成機器容量を乗じて，年間の一次エネルギー消費量を想定する手法は，少なくともここで述べている最適熱源システム選定には，精度の面から採用することのできない算出法であり，使い方に注意を要する．

精度の高いシステムシミュレーションプログラムを用い，熱源システムの年間エネルギー消費量を算出する場合でも，解決すべき課題が多く残されている．

たとえば，熱源機器の部分負荷効率の入力に関してデータが十分に整備されているとはいえない．定格時のみのCOPを入力する計算は正確ではないことは容易に想像される．一般には年平均の効率を入力して簡便に年間エネルギー消費量を計算する例が多いが，エネルギー消費量の絶対値を正確に求めるためには適正とは思われない．簡便な計算法としては，期間成績係数（IPLV）などの概念を取り入れる研究が現在進行している．また，外気温度の変化による冷却水温度変動や，冷凍機出口水温の設定値の変更などによる，冷凍機のCOPの補正や，冷水・冷却水・温水の変流量方式への対応など，改善しなければならないソフト上の課題も残されている．現在，大学や学協会，民間などでの研究開発が進行し，要求に答える成果があがるものと期待されている．

また，選定した熱源システムでも，熱源機器の運転順位を変えて，熱負荷に対応する数種の運転パターンにおける年間エネルギー消費量を，シミュレーションプログラムにより求めると，それぞれ異なる結果が得られる．エネルギー消費量を最小とする最適な熱源システムの運転支援に関しても，これらの開発中のシステムシミュレーションプログラムは有効に活用できることが期待される．

なお，熱源システムのエネルギー利用効率の評価指標として，年間の熱源システムにおける成績係数である「熱源システムCOP」が用いられている．「熱源システムCOP」に関しては後述の2.4.4項にて解説する．

⑤ **経済性評価（初期設備費・年間経常費・LCCなど）** 設計者が熱源システム発注者に対して，適正な熱源システムを提案するときに，経済性評価の重要度はきわめて高い．

経済性評価は単なる初期設備費（イニシャルコスト）の優劣だけではなく，年間の経常費を求めた総合的な評価を行うか，LCC（ライフサイクルコスト）による建物の生涯にわたる経済性を求めて，厳正な判断と評価に基づき決定すべきである．

年間経常費は固定費と変動費にわかれる．年間経常費の構成の概略を図2.105に示す．

固定費は図2.105に示す構成要素で算出されるが，基本となるのは，選定しようとする熱源システムの初期設備投資額である．初期投資には，熱源設備本体のコストの他に，補機設備・付帯設備などのコストも積算する．これらの総コスト（初期設備投資額）をイニシャルコストという場合が多い．

変動費は図2.96に示す構成要素から算出される．

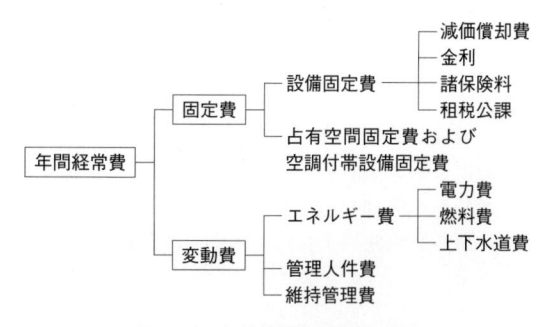

```
                              ┌─ 減価償却費
                              ├─ 金利
                   ┌─ 設備固定費 ├─ 諸保険料
           ┌─ 固定費 ┤              └─ 租税公課
           │        └─ 占有空間固定費および
年間経常費 ─┤          空調付帯設備固定費
           │                  ┌─ 電力費
           │        ┌─ エネルギー費 ├─ 燃料費
           └─ 変動費 ┤              └─ 上下水道費
                    ├─ 管理人件費
                    └─ 維持管理費
```

図2.105 年間経常費の構成の概略

変動費の中で大きな比率を占めるのは，年間のエネルギー消費に対するエネルギー会社への支払料金である．近年では，エネルギー市場の自由化の影響などで，エネルギー料金および料金体系が大きく変動している．採用するシステムの運転方法，エネルギー使用の年間・期間・時間における変動量などにより，エネルギー会社への支払い料金に差が生ずるため，十分な調査・検討を行い対応することが必要となる．年間のエネルギー料金を，狭義のランニングコストと呼ぶことが多い．広義では図2.96に示すすべての内容の変動費をランニングコストといい，混同して使われている場合が多い．

環境負荷の排出量を低減することができる省エネルギーとなる熱源システムは，エネルギー消費量を削減できることから，エネルギー（源）料金（電気・ガス・石油・上下水道など）を確実に低減するが，一般的には，初期投資額（イニシャルコスト）が増加することになり，採用が断念される場合が多々ある．年間経常費やLCCの概念を導入して，初期のコストのみでなく，長い期間での経済性評価の有効性を今以上に定着させることが肝要である．

また，熱源システム計画で比較検討する複数の熱源システムの，基本となるシステムに対する設置費（I_c）の増加（減少）と変動費（R_c）の削減（増加）を同時に評価する簡便な方法として，単純償却年数（N_s）が実務でよく使われている．単純償却年数は次の式で求められ，一般的に5年程度が目安となる場合が多い．

$$単純償却年数\ (N_s) = \frac{設置費増加分\ (\Delta I_c)}{変動費減少分\ (\Delta R_c)}$$

また，熱源システムの評価法として，熱単価[円/MJ]が判断の指標となる場合もある．熱単価は以下の式で求められる．

$$熱単価\ [円/MJ] = \frac{年間経常費\ [円/年]}{年間発生熱量\ [MJ/年]}$$

熱単価は，地域冷暖房の熱源システム評価の一つの指標として使われている．全負荷相当運転時間の大きな建物では熱単価が小さくなる傾向にあり，用途の異なる建物に対して絶対値を単純に比較することには注意を要する．

⑥ **環境負荷の予測・検討・評価**　熱源システムの運転によるエネルギー消費が起源となり，排出される環境負荷の評価を行うには，「法規制（大気汚染防止法，騒音防止法，水質汚濁防止法など）」と「地球環境保全」に示される基準値や指針などが熱源システムの評価の指標として用いられる．

最近の熱源システムで使用されるエネルギー源は，特殊な場合を除き電気・都市ガス・灯油・(特) A重油などに限られ，したがって，熱源システム計画時点で評価の対象となる環境に影響を与える排出物として，炭酸ガス（CO_2）・窒素酸化物（NO_x）・硫黄酸化物（SO_x）に特定される場合が多い．ただし，オゾン層破壊物質の排出量に対しても検討する必要がある．オゾン層破壊物質は2.4.2項で述べたように，オゾン層破壊係数のみの評価ではなく，地球温暖化対策も含む地球環境全体に与える影響として総合的に判断し，対策を講じるべき問題と現在はとらえられている．

環境に影響を与える排出物に関して，自治体によっては熱源システムの規模により，条例によって「環境アセスメント」の対象となる場合もあるので注意を要する．また，もう一つの温暖化といわれるヒートアイランド防止の対策として，熱源システムから夏期の冷房時に大気へ排出する熱量を極力少なくする対策が必要となる．熱源システムのヒートアイランド対策として，熱の捨場となるヒートシンクに河川水や海水を利用して大気への排熱を減じること，大気への排熱の大部分を冷却塔から潜熱として排出すること，熱源システムの効率を高め排出量を減ずることなどがあげられる．

わが国は世界第5位のCO_2排出国（2006年）であり，排出量の約1/3が建築関連[18]で占められている．地球温暖化防止の観点から，CO_2 25%削減の公約を達成するためにも，炭酸ガスの排出量削減は必須であり，建物のライフサイクルにわたるCO_2の排出量を減少する熱源システムの設置が要望される．CO_2排出量の評価指標であるLCCO$_2$は，その計算手法も定着しつつあり，熱源システム選定上の重要な評価項目の一つとして，今後ますます重要度を増すものと考えられる．

しかし課題も残されている．以上の各種の環境負荷に対して排出量は計算できるものの，その値が妥当であるかを判断する手法が現在ではまだ十分に示されていない．複数の絶対値として熱源システムの相対評価は可能となるが，定量的に熱源システムの総合評価に組み入れることは現状ではまだ困難な状況にあり，今後の課題と思われる．

⑦ **総合評価：熱源システムの決定**　上述した①から⑥の検討作業から，「熱源システムの仕様」および「使用エネルギー源」が決まり，「経済性評価」，「環境評価」により定量的な熱源システムの評価が可能となる．

熱源システム選定の実際の作業としては，複数の採用を検討する熱源システムに対し，上述した作業を行い，上記の4項目に対する検討結果をまとめ，それぞれの比較検討を行い，最適システムを決定するプロセスが一般的である．

しかし，熱源システムの決定には現状でいくつかの課題が残されている．

その代表は，総合的判断で最適熱源システムを選定する時に，多くの評価項目に対し，経済性評価と等価に置き換える定量的評価の手法が，現状では確立していないことである．代表的な例として，表2.34に示した熱源システムの評価項目の中で，「安定性」，「信頼性」，「安全性」，「運転管理の容易性」などの項目があり，前述の通り〇×方式などによる相対的な定性評価による比較が一般的に行われている．しかし，重み付けなど設計者の主観に頼らざるを得ない状況にあり客観性を欠く場合も生じる．現状では，経済性比較の重要度が高いこともあり，これらの項目は，一定基準を満たすことを確認することで，評価される場合が多い．

もう一つの定量評価できない代表的な項目が，前述したシステム選定上大きな影響力をもつ［環境評価］である．現状では，環境負荷の排出量を熱源システム別に相対評価して，環境性の優劣を数字で示すことは可能であるものの，厳密な意味での総合評価には至っていない．今後，環境税や炭素税，あるいは炭酸ガスの排出権取引などが進展する場合に，初めて経済性評価と等価の水準で比較検討が可能になると考えられる．

2.4.4 高効率・省エネルギー熱源システム

以上，熱源システムの計画に関して，種類と特徴・熱源機器の分類・選定上の注意点や基礎的知識，選定する上での体系的フローなど，説明してきた．

ここでは，高効率な熱源システムを構築する意義や構築するための課題・留意点などについて記す．ただし，これらの点に関して本節の中で各所にすでに記述されている事項が多いため，多少繰り返しになる部分があることは承知の上で要点を整理し以下に示す．

a. 高効率熱源システム構築の課題と留意点

1) エネルギー消費量の少ない建築計画　空調・熱源設備計画を実施する以前に，まず第一に実行すべき重要なことは，熱負荷の少ない建築計画である．建物の生涯において少しでもエネルギー使用量を節約し，環境に排出する負荷を減ずる建物の計画が最も大切な基本である．

2) エネルギーの有効利用　熱源システム計画の最初に，建物内の熱回収の可能性，建物内外の排熱利用，自然エネルギーの利用，未利用エネルギー活用など，化石燃料以外のエネルギー源の導入に関する調査・検討を必須とし，導入の可能性があればシステム比較を行い総合評価の上で採用の可否を決定する．

3) 熱源システム計画の重要性の認識　計画建物のライフサイクルにおけるエネルギー消費量および環境負荷排出量の多寡は，計画時点で決まることを認識し肝に銘ずる．

また，熱源容量の決定は最大熱負荷に対応するばかりでなく，年間を通して圧倒的に多い低負荷に対し，いかに効率よく運転できるかを考慮して計画することが大切である．

4) 年間熱負荷計算の意義の確認　熱源システム計画には，精度の高い年間にわたる時刻ごとの熱負荷計算結果が必須である．実際と異なる粗い熱負荷予測でシステムを決めた場合，実負荷運転において，最適な熱源システムとならないばかりか，エネルギーの無駄となるシステムとなりかねない．

5) 正確なエネルギー消費量予測の実施と課題
精度の高い年間熱負荷を基にし，システムシミュレーションプログラムを用いて，正確な年間エネルギー消費量が予測できる．エネルギー消費量予測は，熱源システム計画時に，最適システム選定に重要な役割を果たすことは何度も述べている．ただし，課題として熱源機器の部分負荷特性も含めた成績係数などの正確な入力値が求められ，現在その対応が進められている．

6) エネルギー管理指標の提示　正確なエネルギー消費量予測は，システム選定とは別にもう一つの重要な役割がある．本来，建物のエネルギーマネジメントの指標は，設計段階で定めることが当然と思われるが，現状ではなされていない．設計者は熱源システム選定時に求めた年間エネルギー消費量を，建物の竣工時あるいは竣工後に，採用機器の仕様や建物の使用実態に合わせた修正を行うことにより，建物オーナーあるいは熱源設備運転管理者に，建物の年間エネルギー消費量を「エネルギー管理指標」として提示すべきである．これにより，初めて運転管理者は管理目標を定めることができ，省エネルギーとなる運転管理が可能となる．また，エネルギー消費量の実績値と予測値とを照合することにより，プログラム精度の向上を図ることができる．同時に設計者のエネルギー消費量に対する認識がより向上されることの効果については

7) エネルギー計測システムの設置 熱源システムの運転管理者は，提示された「エネルギー管理指標」に基づき，運転管理を実施するが，必要とする熱負荷に対し熱源システムで使用されているエネルギー消費量を計量できることがエネルギー管理の前提となる．また，年間熱負荷予測およびエネルギー消費量予測の精度を実際のエネルギー消費量の実測値により確認するためにも，発生熱量（熱負荷）およびエネルギー消費量を計量することが不可欠である．熱源システム計画時には，これらの要求に応えることのできる，必要最低限の計測システムを導入することを忘れてはならない．

8) エネルギー管理基準および熱源システム性能評価 既存ビルの建物オーナーや熱源運転管理者は，建物全体のエネルギー消費量は把握しているものの，その値が適切であるかどうか判断する基準をもっていないのが現状である．本項の6）で述べた管理指標を提示することにより，目標値を定めることはできても，所有する，あるいは運転管理する建物のエネルギー消費量の水準が適切であるかの判断は不明であり，管理基準や判断基準が必要となる．

熱源システムの性能を表すことは，これらの課題に対する一つの解決策である．すなわち，熱負荷を処理するためにどれだけのエネルギーを消費したかを示すことにより熱源システムの効率が求められる．この値を「熱源システムCOP」と呼び，年間の性能を示すには「年間熱源システムCOP」が用いられる．熱源システムCOP[15]は，入力と出力の関係であり，これを用いることにより，建物規模・用途および異なる使用状況によらず，熱源システムの効率を比較することが可能であり，省エネルギーシステムであるか否かの共通の指標となる．

9) 高度な運転管理技術 ここまで，熱源システムの効率化・省エネルギー化に対する計画・設計技術に関して述べてきた．しかし，熱源システムが計画通りの性能を発揮するためには，高度な運転管理技術が必要であることを忘れてはならない．総合試運転調整，コミッショニング，チューニングなどは建物所有者，設計・施工者と運転管理者とが一体となって行われるべきであり，計画通りの，あるいは計画以上の省エネルギーを達成するには，運転管理技術が非常に重要となる．運転管理要員の技術力およびモチベーションの向上が期待される．

b. 熱源システムのエネルギー効率向上の要因

熱源システムにおけるエネルギー利用効率の向上を図るために留意すべき項目がある．エネルギー利用効率の指標である「熱源システムCOP」が高い水準となる熱源システムを構築するために考慮すべき要因を整理して以下に示す．

(1) 熱源機自体の定格性能の向上（定格COPなど）
(2) 熱源機の高負荷率での運転
(3) 熱源機の適切な容量選定（過大な容量としない）
(4) 補機動力の削減（変流量方式などの採用）
(5) 自動制御・運転方法などの適切な対応
(6) 熱源機の合理的な台数分割
(7) 熱源機の性能劣化対策と自動制御設定・運転方法の改善

c. 熱源・エネルギーシステムの省エネルギー指針

空気調和・衛生工学会の省エネルギー委員会は，「建築・設備の省エネルギー技術指針－非住宅編[19]」を2010年に出版している．省エネルギーとなる熱源機器および熱源システムの構築に関して，貴重な指針が示されている．空調熱源全般については熱源・エネルギーシステムの指針として"エネルギーシステムは，省エネルギーと地球温暖化物質排出抑制の視点から，建設立地の地勢も考慮し，電力・化石燃料・各種廃熱と自然エネルギーを含む未利用エネルギー活用も考慮して最適な選定をすべきである"と示されている．以下に熱源システムに関する主な項目およびコージェネレーションシステムと蓄熱システムに関して報告する．

1) 熱源システム一般に関する指針

(1) 熱源機器は建物の総エネルギー消費量の中でも占める割合が多いから，可能な限り高効率な機種を採用すべきである．

(2) 熱源機器の能力を選定する際は，適正な安全率と同時正起率（ダイバシティファクタ）を適用して適切な容量の機器を選定する．

(3) 部分負荷特性の良い熱源機器を採用すると共に，IPLV（期間成績係数）による評価を併用すべきである．

(4) 信頼性向上と部分負荷対応（年間運転効率の向上）のために，台数分割を行い，適正な台数制御を適用することが望ましい．

(5) 熱源機器の運転状態（温度・圧力など）は二次側など関連設備が過大にならない範囲で，なるべく高効率になるように冷水温度，温水温度（パッケージ型空調機の場合は冷風温度，温風温度）を計画・制御する．

(6) 環境に配慮した冷媒を用いた熱源機器を選定する.

(7) 一次ポンプも変流量制御を採用すべきである.

2) 空調熱源機器に関する指針

(1) 熱源システムの性能評価は異なるシステムを公平に比較できるような評価指標を用いる.

(2) 冷凍機・ヒートポンプは定格成績係数だけでなく,期間(季節)成績係数を考慮して年間性能を確認して選定しなければならない.

3) コージェネレーションシステムに関する指針

(1) コージェネレーションシステム(CGS)の導入に適した電力・熱負荷特性を持つ建物には,省エネルギーのための有効なツールとして,コージェネレーションシステムの採用を検討すべきである.

(2) コージェネレーションシステムは建物の特徴や用途,運用方法に応じて,総合効率が最も高くなるように機器やシステム選定を行い,ライフサイクルにわたり最適に運用できるように設計する必要がある.

(3) エネルギーを有効に利用するためにカスケード利用することが重要である.

(4) コージェネレーションシステムの運転方式は,経済性に大きく関係するため,事前に十分な検討が必要である.

(5) コージェネレーションシステムを高効率で長く運用するためには,コージェネレーションシステムを構成する機器の接続や設置,補機や関連設備,他の設備との連携に関し,温度,圧力や流量,運転順位,保守管理スペースに十分留意することが重要である.

(6) コージェネレーションシステムは,その性能について適切な評価指標により定量的な評価を行うべきである.

4) 蓄熱システムに関する指針

(1) 蓄熱システム採用の目的を明確にし,それに合致した蓄熱媒体とシステムを選択する.

(2) 蓄熱システムは,建物用途や条件によって適不適があるため,種々の条件に留意して採用を検討する.

(3) 蓄熱槽の容積効率(蓄熱槽効率)の向上を図る.

(4) 空調機(二次側)の利用温度差はできるだけ大きくする.

(5) 熱源の蓄熱運転では,出口温度による容量制御が働かないようにする.

(6) 熱源の蓄熱運転では,蓄熱温度(熱源出口温度)を一定に制御すべきである.

(7) 空調機の負荷制御方式は二方弁を用いた変流量システムとする.

(8) ファンコイルユニットなどの低温度差系統に対しては送水温度制御を行うべきである.

(9) 必要以上に蓄熱することによる熱損失を最小限とすべきである.

(10) スラブ面などでの結露を防止し,槽からの熱損失を極力減らすために蓄熱槽の断熱性能の向上を図る.

(11) 蓄熱システムの最適設計・施工・運用と故障検知・診断,性能検証には,ヒートポンプ・蓄熱センターにて体系化したマニュアルを活用する.

〔渡辺健一郎〕

文　　献

1) 経済産業省資源エネルギー庁:平成20年度エネルギーに関する年次報告,資源エネルギー庁ホームページ,2008.
2) 財団法人省エネルギーセンター:地球環境保全とビル経営合理化に貢献するビルの省エネルギーガイドブック,省エネルギーセンター,pp.4〜5, 2006年版, 2006.
3) 社団法人空気調和・衛生工学会:平成11年度中堅技術者のための研修会,2.熱源システムの計画法,空気調和・衛生工学会,p.3, 1999.
4) 社団法人空気調和・衛生工学会:平成11年度中堅技術者のための研修会,2.熱源システムの計画法,空気調和・衛生工学会,p.4, 1999.
5) 社団法人空気調和・衛生工学会:平成11年度中堅技術者のための研修会,2.熱源システムの計画法,空気調和・衛生工学会,p.6, 1999.
6) 社団法人空気調和・衛生工学会:空調システムの最適化を目的とした統合的設計と運転手法に関する調査,平成20年度報告書,空調システムの統合的設計と運転に関する研究委員会, 2009.
7) 社団法人日本冷凍空調学会:冷凍空調設備のサービスメンテナンス,サービス・メンテナンス推進分科会, 2009.
8) 社団法人空気調和・衛生工学会:機器性能要求に関わるシミュレーション,データ分析および評価手法の提案と普及拡大に関する調査研究報告書,機器に係わる性能要求のあり方の調査研究委員会,空気調和・衛生工学会(東京ガス委託研究), 2006.
9) 社団法人空気調和・衛生工学会:空気調和衛生工学便覧(第13版),空気調和・衛生工学会,第5編空気調和設備設計第4章熱源方式,pp.186-187, 2002.
10) (社)建築設備技術者協会編:建築・環境キーワード事典,建築設備技術者協会,pp.10, 82-83, 158-159, 2002.
11) 東京電力(株)社内資料, 2000.
12) 三菱重工業(株)社内資料:フロン規制の状況, 2007.
13) 経済産業省資源エネルギー庁:平成20年度エネルギーに関する年次報告, 2009.
14) 社団法人空気調和・衛生工学会:平成11年度中堅技術者のための研修会.2熱源システムの計画法,空気調和・衛生工学会, 1999.
15) 渡辺健一郎:熱源性能評価に用いるシステムCOPに関する研究.東京の事務所ビルを対象としたシミュレーションプログラムによるケーススタディ,日本建築学会環境系論文集,pp.53-60, 2006.
16) 社団法人都市環境エネルギー協会(旧日本地域冷暖房協会):地域冷暖房技術手引書(改訂新版),pp.26-27, 2002.
17) 社団法人空気調和・衛生工学会:業務用建築物の冷温熱負荷時系列データベース(首都圏版),CD-R, 2007.
18) 社団法人空気調和・衛生工学会:空気調和・衛生設備の環

境負荷削減対策マニュアル，p.3，2001.
19) 空気調和・衛生工学会：建築・設備の省エネルギー技術指針非住宅編（SHASE-G0012-2008），空気調和・衛生工学会，2010.

2.5 空調システムの計画

2.5.1 空調システムの分類
a. システム分類の基本的概念整理

空調システムは表2.30に示すとおり，一般的に中央熱源方式と個別熱源方式に分類される．中央熱源方式は，熱搬送媒体の種別と組み合わせにより全空気方式，空気-水方式，水方式などに分類している．

また個別熱源方式はパッケージ方式と呼ばれ，冷媒を熱媒体として熱源機能を分散化する方式であり，セントラル方式と個別分散方式に分類されるが，近年は機器効率が向上するとともにシステムが多様化し，さまざまなシステムが市場に提供されている．ビル用マルチシステムは，一台の室外機に設置された圧縮機の容量制御により，多数の室内機の接続が可能である．また冷媒を液とガスの比重差で自然循環させる冷媒自然循環システム，熱源水を直接室内機に接続し冷暖房を行う水熱源ヒートポンプユニット方式，さらには，中央熱源方式の空調機に熱回収ユニットを組み込み，小型ヒートポンプユニットを分散設置するハイブリッド型の空調システムなども登場してきた．

（社）空気調和・衛生工学会「空気調和・衛生工学便覧（第13版）」[1]では空調方式を「インテリア空調（外気処理・室内処理）」と「ペリメータ空調」に分類し，それぞれ目的，方法，方式を示している．

また（社）空気調和・衛生工学会「空気調和システムの分類・評価手法に関する提案H8.3」[2]では，空調システムを熱源システムと二次側空調システムの2つのサブシステムに区分し，二次側システムを空調対象空間に最も近い熱交換装置までと定義している．

表2.31は二次側システム分類を示したものであるが，インテリア空調は，外気処理機能と室内処理機能に分類し，室内処理機能は空調空気により室内環境を如何に良好な状態に保つかの観点から，「温湿度」と「空気環境」の2つの要素に整理している．またペリメータ空調の機能は「負荷処理」と「ペリメータレス」に分類している．

空調システムを構成する要素は，多機能・広範囲にわたりその分類方法も前述した通り，きわめて複雑多様である．従来から用いられている分類方式は，機器やハードの構成から分類するもので，直感的でわかりやすい利点がある．また空気調和・衛生工学会の分類・評価手法に関する提案[2]は，システムの持つ目的や機能から分類する手法であり，近年多様化している各種冷媒システムや従来にない新しいシステムを整理分析するには優れた方式であり，基本的な分類手法として認識しておく必要がある．

表2.30 一般的な空調システムの分類

大分類	熱搬送媒体	システム分類	小分類
中央熱源方式	全空気方式	単一ダクト方式	セントラルダクト式 各階ユニット式 ユニット分散式 マルチゾーン式
		二重ダクト方式	シングルファン式 ダブルファン式
	空気-水方式	ファンコイルユニットダクト併用方式	2管式 3管式 4管式
		インダクションユニット方式	チェンジオーバ式 ノンチェンジオーバ式
		空気放射冷暖房方式	
	水方式	ファンコイルユニット方式	2管式 3管式 4管式
		放射冷暖房方式	床・パネル直接（冷）暖房式
個別熱源方式	冷媒方式	セントラル方式	セントラルダクト式 ユニット分散式
		個別分散方式	空気熱源式 水熱源式

表2.31 二次側空調システムの分類[1]

インテリア		ペリメータ	
機能	分類	機能	分類
外気処理	配管方式 熱交換方式 熱交換位置 温・湿度制御 付加価値 ダクト接続位置	負荷処理	配管方式 熱交換方式 熱交換位置 温度制御方式 温度制御方法 供給単位 供給原理 供給方法
室内処理 （温湿度）	配管方式 熱交換方式 熱交換位置 温度制御方式 温度制御方法 湿度制御方式 湿度制御方法		
室内処理 （空気環境）	供給単位 供給方法 供給位置 吹き出し口 清浄方法	ペリメータレス	環境要素 建築的処理方法 設備的処理方法

2.5 空調システムの計画

空調システムの決定に当たっては，建築の用途と規模および空間構成や建築材料および建設コストなどを総合的に検討した上で計画を策定する．そのためにはまず空調システムの構成とそれぞれのシステムの特徴と課題などを理解することが必要であり，以下に各空調システムの特徴と計画上のポイントについて解説す

表 2.32 中央熱源空調システムの装置構成例

システム要素	システムの計画例
(1) 熱源装置	ターボ冷凍機＋ボイラ 冷温水発生器＋チラーユニット 空気熱源ヒートポンプ＋蓄熱槽 ヒーティングタワーヒートポンプ＋蓄熱槽 ボイラ＋吸収式冷凍機 コージェネレーション＋吸収式冷凍機
(2) 熱媒搬送	冷温水 蒸気＋冷水 温水＋冷水
(3) 室内装置	空調機（ユニット形，コンパクト形，床吹き出し形など） ファンコイルユニット（床置，隠蔽，天吊など）
(4) 室内搬送	空調ダクト
(5) 室内器具	吹き出し口

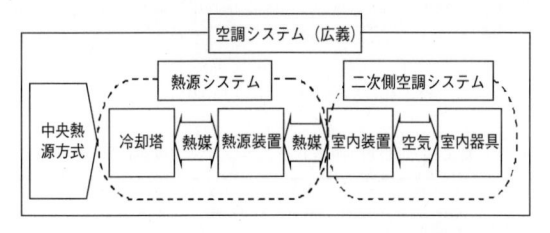

図 2.106 中央熱源方式空調システムの基本構成

表 2.33 中央熱源方式の空調システム構成例

分類	中央熱源型空調システム概念図	システムの構成内容
(1) 空気熱源ヒートポンプ＋氷蓄熱槽＋空調機方式 ■空調システムの機能の凡例 V：外気導入 H&C：冷却加熱 W：加湿 F：除塵	（概念図）	a. 熱源装置：空気熱源ヒートポンプと氷蓄熱槽を組み合せ，屋上に設備した事例である． b. 熱媒搬送：冷温水 c. 室内装置：空調機，ファンコイルなど d. 室内搬送：空調ダクト e. 室内器具：吹き出し口，VAVなど
(2) 冷温水発生器＋チラーユニット＋各階空調機方式	（概念図）	(1) との違いは，熱源装置の違いのみである．二次側空調システムは同じである． a. 熱源装置：冷温水発生器または他の電動系冷凍機と組み合わせて計画する場合が多い．小型ビルの場合は，冷温水発生器を屋上に設置する事例もある．
(3) 外調機＋ファンコイルユニット方式	（概念図）	(1), (2) との違いは，二次側空調システムが外調機とファンコイルの組合せになっている部分である．ファンコイルの代わりにターミナルエアハンや顕熱クーラーを設置する場合がある．

b. 中央熱源方式における二次側空調システム

中央熱源方式における二次側空調システムは，中央熱源から供給される熱媒（蒸気・温水・冷水）を利用して空調機やファンコイルなどにより室内の空調を行うものであり，比較的大規模の建築に適用される空調システムである．基本的なシステム構成は，図2.106に示す通り熱源システムと二次側空調システムの組み合わせとなる．またそれぞれの装置構成の例を表2.32に示した．

中央熱源空調システム構成の事例として，(1) 空気熱源ヒートポンプ＋氷蓄熱槽方式，(2) 冷温水発生器＋チラーユニット方式，また二次側空調システムのバリエーションとして，(3) 外調機＋ファンコイルユニット方式の例を表2.33に示す．

本項で扱う二次側空調システムは，主として室内装置以降，空気搬送，室内器具までを対象とするものとする．(1)(2) 例共熱源システムに違いがあるが，二次側空調システムに相違は無い．システムバリエーションについては，次項「インテリア空調システム」で解説するものとする．

c. 個別熱源方式の空調システム

冷媒を使用する個別熱源方式の空調システムは，空気熱源ヒートポンプマルチシステムや水熱源ヒートポンプパッケージ型空調機システムなどを系統別に設置するシステムである．これらのシステムは，中央熱源方式の冷温水システムに比較し，1単位でコントロールできる冷媒量に制限があるため，住宅や店舗など比較的小規模の建築で採用されるケースが多いが，最近では10000 m^{2}を超える大規模建築に適用される事例も増えている．2004年以降のパッケージエアコンの出荷台数は759千台/年に達しており．2008年には790千台/年に増加している．また家庭用のルームエアコンは2005年から7000千台/年を越えており．大きな市場を占めている．一方中央熱源方式に用いられる空調機は2000年以降20千台/年を維持してきたが．2008年には18千台/年に落ち込んでいる．またファンコイルユニットは毎年減少しており．2008年には100千台/年となっており．出荷台数からみると，パッケージ市場の拡大傾向が読み取れる．

個別熱源方式の基本的なシステム構成は，図2.107の通りであるが，熱源装置の組み合わせによりいくつかのシステム構成が考えられその分類方法を表2.34に示す．また個別熱源方式の空調システム構成の事例を表2.35に挙げるが，近年の個別熱源方式の計画に

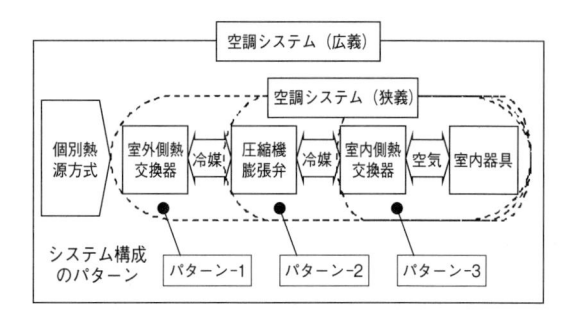

図2.107 個別熱源方式の空調システム

表2.34 個別熱源方式空調システムの装置構成例

システム分類	システムの計画例
(1) パターン-1 室外側熱交換器・ 圧縮機/膨張弁・ 室内側熱交換器	a. ユニットとして一体化する場合 ① ウインドエアコン ② ウォールスルーエアコン
(2) パターン-2 室外側熱交換器 ＋ 圧縮機/膨張弁・ 室内側熱交換器	a. 室外側熱交換器が空冷の場合 空気熱源ヒートポンプパッケージ型空調機システム b. 室外側熱交換器が水冷の場合 水熱源ヒートポンプパッケージ型空調機システム（温水源を別途組み合わせ） c. 室外側熱交換器が水冷で冷媒-水熱交換器を設置する場合 水-冷媒熱交ヒートポンプパッケージ型空調機システム
(3) パターン-3 室外側熱交換器・ 圧縮機/膨張弁 ＋ 室内側熱交換器	a. 室外側熱交換器が空冷の場合 ① 空気熱源ヒートポンプ（セパレート）システム ② 空気熱源ヒートポンプマルチシステム
(4) 冷房用凝縮機＋暖房用蒸発器	冷媒自然循環ヒートポンプシステム 冷媒強制循環ヒートポンプシステム

あたっては，電力コストが安い蓄熱システムを採用するケースが増えている．

以下に各空調システムの特徴と計画上のポイントについてペリメータ空調，インテリア空調の順に解説するものとする．

2.5.2 ペリメータ空調システムの種類と特徴

a. ペリメータゾーンの設定

外壁や窓近傍の居室ゾーンは，日射や気温変動など外部気象の影響を受けやすく，負荷特性は季節や時間，方位により著しく変化する．空調システムを計画する場合，このように外乱の影響を受ける建物外周部をペリメータゾーンと呼び，負荷変動に追従しやすい制御性の良い空調システムを計画することが望ましい．

2.5 空調システムの計画

表 2.35 個別熱源方式の空調システム構成例

分類	分散型空調システム概念図	システムの適用対象
(1) ウインドエアコン・ウオールスルーエアコン方式)		外気と室内の境界領域に設置する一体型エアコンである．冷媒配管工事などが不要のため，住宅の個室用エアコンとして利用される．換気は窓を利用した自然通風又は全熱交換器などを設置する．
(2) ヒートポンプエアコン（マルチ）＋全熱交換器方式 《小規模の場合》		屋上に屋外機を設置し冷媒管により室内機を接続して系統別に運転するシステムである．1台の屋外機に複数台の室内機を設置するものをマルチタイプという．
(3) ヒートポンプエアコン（マルチ）＋全熱交換器方式 《中・大規模の場合》		小規模の建築から10000 m^2 を超える大規模建築まで広範囲に使用されている．冷媒管3WAYシステムは，室内機ごとに冷暖房の選択が可能である．外気導入システムは，全熱交換器ユニットを個別に設置する場合と直膨空調機を外調機として設置する場合がある．
(4) 冷媒自然循環システム方式		冷媒の蒸発（液体→気体）と凝縮（気体→液体）の相変化に伴う潜熱の移動を利用して冷暖房を行う空調システムである．熱搬送を気体と液体の比重量差による自然循環によって行うため，循環ポンプや冷媒の圧縮機などの搬送動力が不要である．ランニングコストは圧縮できるが，イニシャルコストが高いため，比較的大規模建築で採用事例が多い．
(5) 水熱源ヒートポンプパッケージ型空調機システム方式		圧縮機，膨張弁を室内ユニット側にもち，熱源水を各ユニットに供給するシステムである．各ユニット単位で冷暖房が選択できると共に，熱源水を介して熱回収が可能である．熱源水の水質管理と配管更新対策上，冷却塔を密閉式にするなどの配慮が必要である．
(6) 水-冷媒熱交ヒートポンプパッケージ型空調機システム方式		(5)の水熱源ヒーポンプパッケージ方式は，室内ユニットまで熱源水配管を配管することになるため，天井部に配管が敷設される場合が多い．これを避けるため，機械室などに水-冷媒熱交換器を設置し，室内側は冷媒配管にて対応するシステムである．空冷ヒートポンプの屋外機置場が取れない場合やリニューアル対応として計画される場合がある．

383

ペリメータゾーンは，方位や外壁・窓の断熱・日射遮蔽性能により熱影響を受ける範囲が変化するが，通常建物モジュールとの関係から3m前後の範囲を設定している場合が多い．「省エネルギー法」に基づく年間熱負荷係数（PAL）の計算においては，外壁の中心線から5m以内の屋内部分をペリメータゾーンとして，建物外皮を通じて流出入する年間熱負荷をこのゾーンの面積で割った指標により建物外壁の熱性能を判断するものとしている．また外壁の断熱性能を上げ，窓は日射遮蔽性能の高い低放射ペアガラスやエアフローウインドなどを用いて外乱の影響を抑制した場合は，小さな外皮負荷のみを処理する簡易なシステムを導入することにより，特にペリメータゾーンの設定をせず，外壁近くまでインテリア系統にて処理する方式もある．

b. ペリメータ空調方式の変遷

1963年に建築基準法の高さ制限が撤廃されてから霞が関ビルを始めとして数多くの超高層ビルが建設された．その後「オイルショック」「省エネルギー」「インテリジェントビル」「バブル崩壊」を経て，今日の「地球環境時代」は改めて資源やエネルギーの効率的な活用が求められる時代になっている．このような時代変化の中で，オフィス環境や機能に対するニーズが多様化し，これに伴い空調方式もさまざまな形で変遷してきた．

図2.108，図2.109は，大規模事務所ビル（おおむね30000㎡を越える規模で雑誌等に掲載されたものを対象とした）の約230例（一部官庁・銀行・本社ビルを含む）の調査から，ペリメータ空調方式がどのように変遷してきたかを示したものである．

1970年代初期に44％を占めたインダクションユニット方式は，防災上，運転制御上の理由から1980年以降は採用されていない．

ファンコイルユニット方式は，第一次オイルショックの前後から普及し85年前後までは，70〜80％を占めている．当初は冷暖房季節切り替え2パイプ方式が主流であったが，インテリジェントビルが出現する前後から，4パイプ方式を採用する事例が増えている．これは建物の外壁の断熱性能が向上したこととオフィスのOA化が進展したことにより，空調が年間冷房傾向になったことに起因している．ファンコイルユニット方式は，現在でも多くのビルに採用されており，ペリメータシステムの主役的存在である．しかし，調査対象とした30000㎡を越える大型ビルにおいては，2000年以降の採用事例は減少傾向にある．

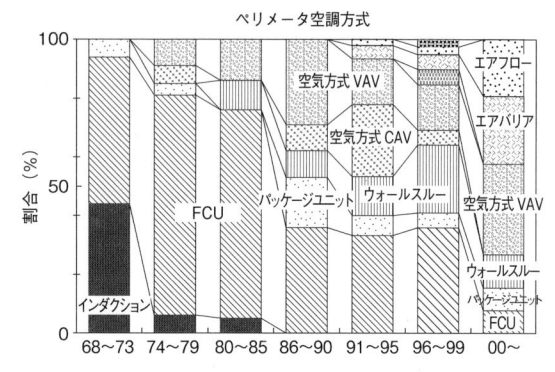

図2.108　ペリメータ空調方式の採用調査

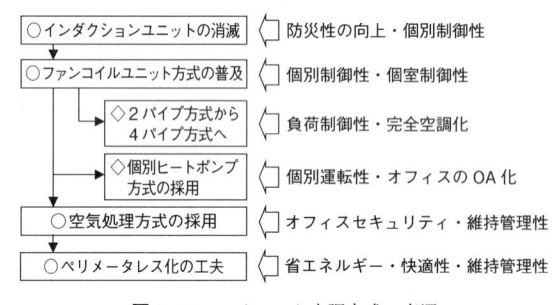

図2.109　ペリメータ空調方式の変遷

ペリメータゾーンを空気方式で処理する試みは，新宿三井ビルをはじめとして超高層ビルのいくつかで用いられてきたが，インテリジェントビル（1982年〜）の前後から急速に増え始め，1990年代末には，20〜30％程度のビルに採用されている．

1990年代からは，個別ヒートポンプ方式の採用も含めペリメータシステムは多様化してくる．1996年から1999年にかけては，エアバリア，エアフローウインド，ダブルスキンなどのペリメータレス化された計画事例が多く見られるようになった．特に2000年以降の事例では，エアバリア，エアフローが42％を占め，空気方式VAVを加えると70％を越える割合となっている．

このように最近では，比較的大規模なビルの事例に限られるが，空気方式など水配管を用いないシステムが70％以上を占めるようになっている．その計画上の視点は，建築的手法によりできるだけパッシブに負荷低減を図り，空調システムは補助的手段として計画して，省エネルギーと快適性を両立させることにある．

c. ペリメータシステムマップ（図2.110）

計画事例を基にペリメータシステムマップを作成した．全体構成は，大きく「設備的対応を主としたペリメータシステム」と「建築的対応と設備的対応を組み

2.5 空調システムの計画

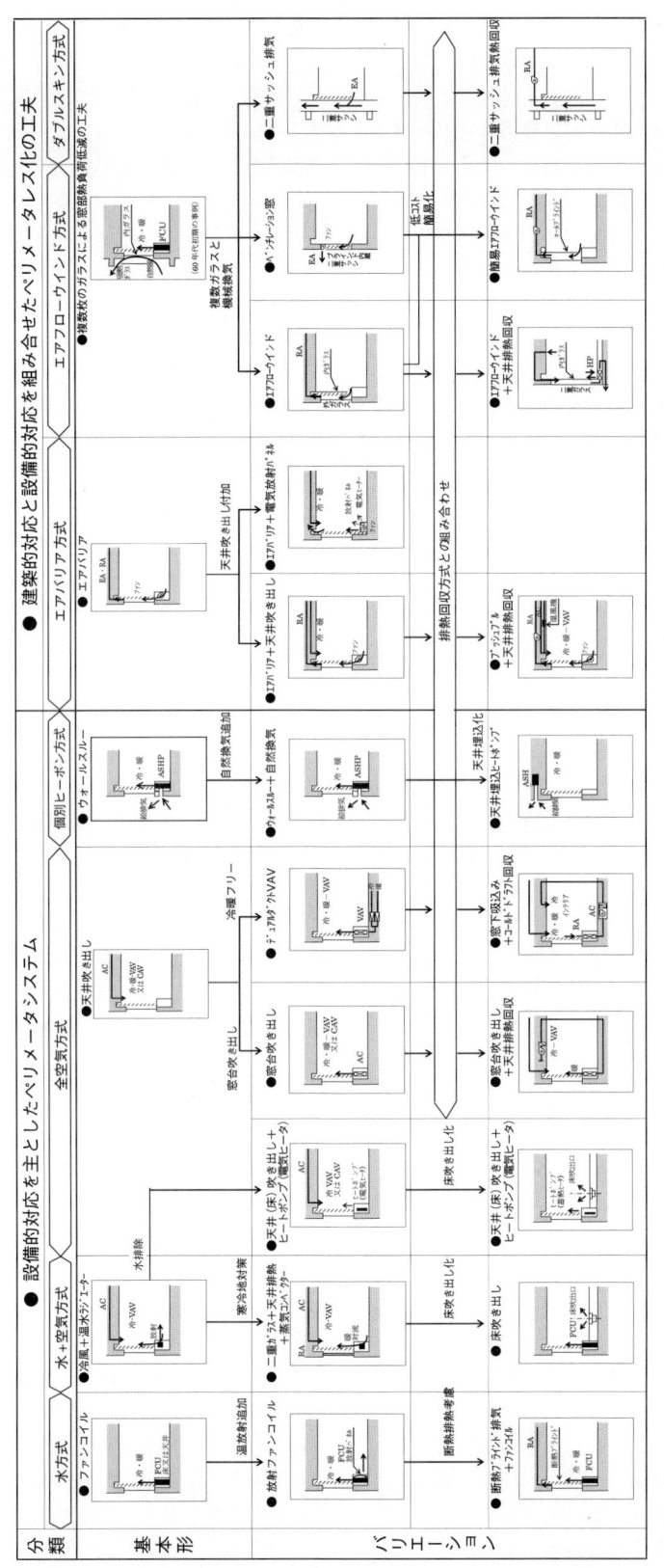

図 2.110 ペリメータシステムマップ

合わせたペリメータレス化の工夫」に分類した．

それぞれのシステムの特徴を記すと以下の通りである．

1) 水方式　ペリメータゾーン専用にファンコイルユニットを設置するシステムである．ファンコイルユニットは，窓廻りに分散設置され，外部負荷を処理するだけでなく，ペリメータゾーンの負荷状態や使用状況に合わせた個別制御が可能であることから，対応性が高く使いやすいシステムとして現在まで広く採用されている．

また最近の計画例では，対流による冷暖房だけでなく，窓面の冷温放射を緩和する目的からファンコイルカバーの表面パネルを放射面として利用する放射ファンコイルなどの方式も見られるようになっている．また窓面から室内への放射・対流熱を抑制するため断熱ブラインドを組み合わせる方式もある．

しかし一方で居室内に水配管をもち込むため漏水の危険性があることと，特に大規模ビルにおいては設置台数が多くなるため，維持管理・更新の面から敬遠される場合もある．

2) 水-空気方式　インテリア系統の冷房とペリメータ用暖房方式を組み合わせるシステムである．

OA化の進展に伴う年間冷房の必要性から，冷房はインテリア空調を兼用利用して天井吹出または床吹出とし，暖房を温水ラジエターあるいは蒸気コンベクター方式とする方式である．この場合，インテリア系統空調機から分岐したペリメータ用の空調給気はVAVなどにより温度制御を行う必要がある．特に暖房時は混合損失が起こらないよう給気を停止するなどの対応が必要である．インテリアが床吹出方式の場合も同様の対策が必要である．

3) 全空気方式　近年の高層オフィス建築では，外壁やガラスの断熱性能の向上に伴い，ペリメータゾーンの熱負荷が減少し，納まり上給気ダクトによる全空気方式の採用が可能になったことと，窓際に設置された分散設置機器（ファンコイルユニットなど）の保守管理の煩雑さや，OA化によるオフィスセキュリティの確保（水損防止・保守管理）も本方式の採用理由になっている．

全空気方式は，専用空調機による天井吹出し方式による冷暖房が基本型である．インテリア系統がペアダクトシステムや顕熱クーラーなどの冷房専用空調システムの場合，居室内の水配管を排除するため，電気ヒータやヒートポンプで計画するケースがあるが，この場合は，外壁からの熱損失を極力抑制してエネルギー消費を小さくすることが必要である．

空気処理方式には天井吹出方式の他に窓台吹出方式の計画事例がある．窓台吹出方式は，空調空気を吹上げて外部負荷を処理するシステムであるが，外皮負荷はできるだけ窓近傍で処理し，室内への熱影響を極力緩和しようとするものである．

またその他のバリエーションとして冷房は天井から吹き下ろし，暖房は窓台から吹き上げるという理にかなった形態も見られる．また給・還気位置の工夫により，窓下吸い込みによりコールドドラフトを回収したり，天井排熱を熱回収するなどの計画例も見られる．

全空気方式はファンコイル方式などに比べ，空調機を集約化するため，維持管理の効率化・更新の容易性が図られる．またどのケースにおいても制御システムは，定風量方式，変風量方式ともに計画事例があるが，省エネの面から変風量方式が主流である．

4) 個別ヒートポンプ方式　ペリメータゾーンにヒートポンプなどの個別熱源機を設置するシステムである．一部インテリアゾーンまで含めた冷暖房を行う方式であり，外気取入れ等の工夫も含め個別対応性が高いシステムである．

屋外機と屋内機の納まり形態により一体型とスプリット型（分離型）に分かれるが，一体型では主にウオールスルーシステムが用いられる．ウオールスルーは外壁貫通による空気熱源ヒートポンプで，窓台に設置するケースと天井埋め込みの事例がある．外気導入・排気や全熱交換器組み込み，外気冷房機能，加湿機能などの空調機能を有しているタイプがある．またスプリット型で屋外機設置スペースの確保が難しい場合，マルチタイプや水-冷媒熱交換システムを採用するケースがある．

個別ヒートポンプ方式の最大の特徴は，完全個別冷暖房が可能な点であるが，一方でコンプレッサー等の更新・維持管理に配慮した納まりを計画する必要がある．

5) エアバリア方式　建築物外周部において建築的手法と設備的手法を組み合わせて外乱の影響を可能な限り減少させ，インテリアに近い温熱環境とすることをペリメータレス化という．

エアバリア方式は，窓面に空気流によるエアバリアを形成することにより，窓近傍での熱影響を低減し，ペリメータレス化を図るシステムである．

エアバリアシステムのみでは負荷対応が不十分な場合，天井吹出しなどの空気方式による冷暖房を組み合わせることもある．特に暖房時にはインテリア側の内

部熱取得を前提としたシステムであることから，ペリメータゾーンに小部屋をつくる場合は，電気放射パネルなどの簡易な暖房対応を行う場合がある．

一般にエアバリア形成に必要な風量は必要排気量を上回るため，排気エアの再循環や排熱回収などの考慮が必要である．

6) エアフローウインド方式　窓部のガラスを二重化し，2枚のガラスの間に室内排気を貫流させることにより，エアバリアよりもさらに確実な室内熱負荷の低減とペリメータゾーンの快適性を目指すのがエアフローウインド方式である．エアフロー風量は，通常50 CMH/m 程度に設定し，インテリア系統への外気導入量に相当する風量を貫流させて排気するのが一般的である．

特に暖房期に関しては，エアバリア方式と同様にインテリア側大部屋の内部熱取得を前提にしたシステムであるので，小部屋仕様に対しては，簡単な暖房装置を設置するなどの工夫が必要である．

エアフローウインドの機能をサッシとして一体化したものがベンチレーション窓である．また内側ガラスの代わりにロールスクリーンを利用したものを簡易エアフローウインド方式という．

7) ダブルスキン方式　外壁をガラスにより完全に覆って二重化し，熱的緩衝帯を設けたものがダブルスキン方式である．夏期はダブルスキン内のルーバー等により日射熱を遮り，通風により排熱する．また冬期は通風口を閉止して断熱層として室内からの熱損失を防ぐ仕組みである．

室内空気をダブルスキン内を経由して排気したり，日射熱により上昇したダブルスキン内の空気を暖房に活用するバリエーションがある．

本システムは建物外周部の眺望や開放性を確保するため，開口部を大きく計画した場合の外部負荷を抑制する手段として採用される場合が多い．また研究施設などでは，各種の供給排出系機能を納めるメカニカルゾーンをガラスで被い，機能空間と熱緩衝空間をダブルスキンという形で実現しているケースもある．

ダブルスキン方式を採用した場合は，基本的にはペリメータレスの空調システムで足りるが，熱負荷の大きさと室内側の発熱条件を考慮して空調設備を計画する必要がある．

2.5.3　インテリア空調システムの種類と特徴
a.　インテリア空調システムの分類事例

建物外周部のペリメータゾーンを除いた内周部をインテリアゾーンという．インテリアゾーンの内部負荷は，照明や人体発熱，OA機器などからの発熱に起因する冷房負荷が主体であり，ペリメータ負荷とは異なり，比較的変動の少ない安定的な負荷である．(表2.36)は，空気調和衛生工学会と建築設備情報年間で用いられている空調システムの分類事例である．これらは空調システムの主たる装置構成を示した，分かりやすい表記である．

空調システムを空調対象空間に最も近い熱交換装

表2.36　インテリア空調システムの分類事例

空気調和衛生工学会分類	建築設備情報年間分類
① 定風量単一ダクト方式	① AHU＋単一ダクト（定風量）
② 変風量単一ダクト方式	② AHU＋単一ダクト（変風量）
③ 二重ダクト（デュアルダクト）方式	③ AHU＋単一ダクト（レヒーター付）
④ マルチ型パッケージユニット方式	④ AHU直吹き方式
⑤ マルチゾーンユニット方式	⑤ 空冷ヒートポンプ式パッケージ（ダクト定風量）
⑥ ファンコイルユニット方式	⑥ 空冷ヒートポンプ式パッケージ（ダクト変風量）
⑦ ダクト併用ファンコイルユニット方式	⑦ 空冷ヒートポンプ式パッケージ（直吹き）
⑧ パッケージユニット直吹き方式（ルームエアコン，ウォールスルー含む）	⑧ 水冷ヒートポンプ式パッケージ（ダクト定風量）
⑨ パッケージユニットダクト方式	⑨ 水冷ヒートポンプ式パッケージ（ダクト変風量）
⑩ パネルエア方式	⑩ 水冷ヒートポンプ式パッケージ（直吹き）
⑪ 放射暖房	⑪ 小型空気熱源ヒートポンプユニット方式（ビルマル等）
⑫ 放射冷房	⑫ 小型空気熱源ヒートポンプユニット方式（ピーマック等）
⑬ その他	⑬ ファンコイルユニット（4管式）
	⑭ ファンコイルユニット（2管式）
	⑮ ファンコイルユニット（ゾーン管式）
	⑯ 放射暖房方式（壁）
	⑰ 放射暖房方式（床）
	⑱ 放射冷房方式
	⑲ 個別換気方式（熱回収）
	⑳ 個別換気方式（熱回収なし）
	㉑ 床吹き出し方式
	㉒ その他

表2.37　インテリア空調システムの構成

A. 室内装置の種類	B. 室内装置の配置	C. 搬送系（ダクト）
① 空調機		① 単ダクト（定風量/変風量）
② ファンコイル	① 集中	② 複数ダクト（ペアダクト，マルチゾーン）
③ パッケージ形空調機	② 各階	
④ ヒートポンプマルチ	③ 個別分散	③ 直吹き出し
⑤ 放射冷暖房装置		④ 床吹き出し

置までと定義すると，インテリア空調システムの構成は，表2.37に示す通り，A. 室内装置の種類とB. 室内装置の配置 C. 搬送系によって整理できる．これらA/B/Cの組み合わせによりにより，インテリア空調システムが構成される．

b. インテリア空調方式の変遷

図2.111, 図2.112は大規模事務所ビル（おおむね30000 m^2 を越える規模で雑誌等に掲載されたものを対象とした）の約230例（一部官庁・銀行・本社ビルを含む）の調査から，インテリア空調方式がどのように変遷してきたかを示したものである．

1970年代初期に71％を占めたセントラル空調定風量方式は1980年代にはほぼ消滅し，変風量方式あるいは各階空調方式に代わられた．1968年に竣工した霞が関ビルをはじめ，その後の超高層ビルの多くはセントラル空調方式が採用されたが，25年から30年後のリニューアルにおいては，各階空調方式や個別熱源方式に変更されている．

1980年から各階ユニット方式が主流となり，1990年代には，外調機と分散型空調機を組み合わせたターミナル空調方式を合わせると約85％を占める．またこの時代には，床吹き出し空調方式，ペアユニット空調方式また大型ビルにおいてもヒートポンプパッケージ方式などの採用事例も見られるようになる．また対流型空調方式以外にも放射冷暖房方式を採用するケースもあり，空調方式はオフィスニーズの変化とともに多様化する傾向にある．

c. 各種インテリア空調システムの特徴

インテリア空調システムは前述したような装置構成の違いによる分類の他に，計画論的には，空調機のゾーニングの大きさから区別する場合もある．セントラル方式や各階ユニット方式，分散ユニット方式などはすべて単一ダクトシステムであるが，設計上の意味合いには大きな相違点がある．ここでは一般的に用いられる代表的な空調システムの特徴を示すものとする（表2.38）．

1) 集中空調方式 集中空調方式とは，空調機1台当たりの受けもち空調面積をできるだけ大きく設定し，イニシャルコストの低減と維持管理の容易性を確保することに重点を置いたシステムである．個別の制御性を同時に確保するために変風量方式を採用するケースが多い．1970年代の超高層オフィス建築においては1台の空調機で3000 m^2 程度の多層のオフィスを空調するケースもあるが，一般的には1000 m^2 程度に1台の空調機を設置する．各階に1台の空調機を設置するものを各階ユニット方式，2層に1ゾーン程度に垂直ゾーニングし，平面的には方位別にゾーニングした方式を準セントラル方式という．オフィスを対象とした空調の場合は，間仕切り変更や多様な用途への対応性，また空調運転時間の違いなどへの考慮が必要であることから，VAV方式を組み合わせて対応する場合が多い．またその他用途では，展示室や劇場，図書閲覧室など，室用途が固定的で運転時間が同一の大空間への適用例が多い．

2) 分散空調方式 集中空調方式に比べ空調機1台当たりの受けもち面積を150 m^2 から500 m^2 程度に細分化し，個別対応性を高めた方式を分散空調方式という．各階を数ゾーンに細分化し複数台の空調機を分散配置した方式を各階分散ユニット方式，外気処理用空調機と複数台の室内負荷処理用ターミナル空調機を分散配置したものを外調機＋分散ターミナル方式という．これらの分散空調方式は空調機台数が増えることにより，制御性は向上するがイニシャルコストがアップし維持管理コストも上昇する傾向にある．また居室近くに空調機室を設けるため騒音対策をしっかり施すとともに，空調機の更新・維持管理スペースへの考慮が必要である．

3) 機能分散空調方式 本システムは，外気処理

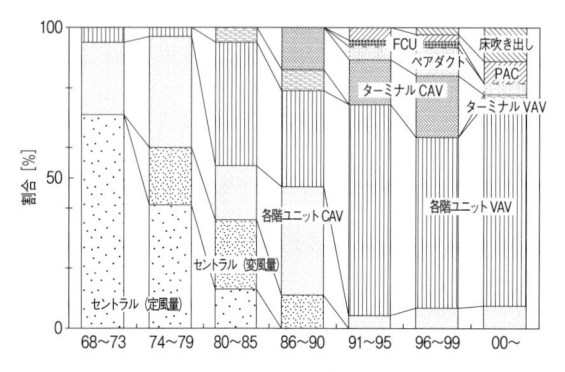

図2.111 インテリア空調方式の採用調査

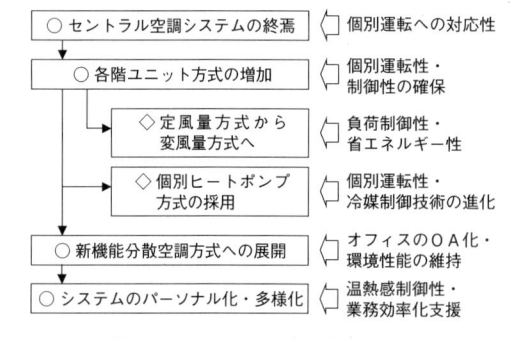

図2.112 インテリア空調方式の変遷

2.5 空調システムの計画

表 2.38 インテリア空調方式の概要

	空調方式	フロー	システム概要	採用に当たっての留意点
集中空調	各階ユニット方式		各階1空調機，または方位別ゾーニングにより複数台とした方式	・空調機のゾーニングと用途・運転時間等の整合を図る ・500 m^2 から 1000 m^2 が最大ゾーニングの目安
	準セントラル方式		2層に1ゾーン程度に垂直ゾーニングし，平面的には方位別にゾーニングした方式	・空調機のゾーニングと用途・運転時間等の整合を図る．特に2層以上をゾーニングする場合は運転時間に注意 ・1000 m^2〜2000 m^2 が最大ゾーニングの目安
分散空調	各階分散ユニット方式		各階を数ゾーンに細分化し複数台の空調機を分散配置した方式	・空調機と対象ゾーンの位置関係の整合を図る ・外気導入ダクトのルート確保 ・空調機の騒音対策と更新・維持管理への配慮
	外調機＋分散ターミナル方式		外気処理用空調機と複数台の室内負荷処理用ターミナル空調機を分散配置した方式 処理外気は空調機毎に導入する	・外調機と対象ゾーンの運転時間の整合を図る ・外気導入ダクトのルート確保 ・空調機の騒音対策と更新・維持管理への配慮
機能分散空調	外調機ペアダクト方式		外調機による最小外気量の確保（CAV），室内負荷処理用空調機による発熱対応（VAV）用給気をペアダクトによりミキシング空調する方式	・空調機の配置と対象ゾーンの整合を図る． ・ミキシングユニットの制御単位の設定．（40 m^2〜100 m^{2}を目処） ・天井内ダクトの納まり検討
	ペアユニットミキシング方式		主に外気処理と換気を目的にした一次ベース空調（CAV）と室内発熱対応の二次空調（VAV）をミキシングユニットで混合して吹き出す方式	・空調機の配置と対象ゾーンの整合を図る ・ミキシングユニットの制御単位の設定（40 m^2〜100 m^{2}を目処）． ・天井内ダクトの納まり検討
パーソナル空調	床吹き出し空調方式		空調のパーソナル化を狙い，空調空気を床から旋回流で吹き出し居住域空調を行う方式	・空調機の配置計画（100 m^2〜250 m^{2}単位が目処） ・吹き出し口移設・増設の容易性確保 ・床加圧方式の場合の密閉性確保 ・吹き出し口気流特性の確認（到達距離と拡散性）．
大温度差空調	低温送風空調方式		冷房時の吹き出し温度差を従来の空調方式より大きくとり，風量縮小をはかる方式	・大温度差に関する機器仕様確認（断熱性能，コイル列数） ・吹出口の気流特性確認（低風量時の拡散性）
放射冷暖房空調	天井放射方式		天井面に放射パネルを設置し冷暖房を行う方式．天井面の形状により対流と放射成分の配分を調整する	・冷温水配管の施工制度の確保 ・冷房時の結露防止のための露点温度制御の併用
	床放射方式		床面に放射パネルを設置する方式．フリーアクセスにパイプを組み入れ，床吹き出し方式を併用するタイプがある	・冷温水配管の施工制度の確保 ・冷房時の結露防止のための露点温度制御の併用 ・床下配線のフレキシビリティ確保

用の一次空調機からの定風量給気により，人員や照明発熱などのベースとなる熱負荷を処理するアンビエント空調と冷房専用の二次空調機からの変風量給気により，OA機器などの高発熱を処理するタスク空調の2つの機能をもつ分散空調機より構成される．

外調機による最小外気量の確保（CAV），室内負荷処理用空調機による発熱対応（VAV）用給気をペアダクトによりミキシング空調する方式を外調機ペアダクト方式という．また主に外気処理と換気を目的にした一次ベース空調（CAV）と室内発熱対応の二次空調（VAV）をミキシングユニットで混合して吹き出す方式をペアユニットミキシング方式という．

従来の単一ダクト変風量方式は，送風温度を一定にし，室内顕熱発熱の状態に応じて給気量を可変するしくみである．したがって高度にOA化されたオフィスでは，負荷密度の違いが顕在化し，低負荷密度の居室などでは，換気量不足となる場合がある．この場合，ペアダクト方式では，一次空調機により環境形成に必要な換気量が確保されるためこのような問題は生じない．また夏期においては，外気はすべて冷却除湿後，室内還気と混合されるため除湿制御性も優れている．

本方式を採用した場合のペリメータシステムに関しては，発熱対応の二次空調が冷房専用機であることから，ペリメータ冷房用にも活用できるため，エアフローウインドなどのペリメータレス化を図るか，簡易な暖房対応で処理が可能である．

4） パーソナル空調方式　近年のオフィスは，OA機器の導入により高発熱への対応と24時間個別空調対応がテーマであるとともにワーカーの業務環境の快適性への配慮も欠かせない課題となっている．そのために空調システムにおいては，タスク&アンビエント空調あるいはパーソナル空調と呼ばれる方式が採用されてきている．床吹出し空調方式は，機器発熱やワーカーの都合により吹出口の位置を変えたり，吹出口を増設したりすることが可能であり，タスク空調やパーソナル化の一つである．詳細は，「2.5.6床吹出し空調，大温度差空調」に記すのでここでは割愛する．

またペアダクト空調方式の一次空調給気は定風量にて送風することによりアンビエント環境を形成し，二次空調給気は内部発熱の状況に応じて変風量で制御するタスク空調の組み合わせシステムである．

パーソナル空調方式といえば，オフィスワーカー個人の快適性を満足させるような個別調整が可能な空調システムをいう．ファンコイルユニットパーティション内蔵型や床吹出方式と組み合わせた風量調整機構付パーティション，熱電素子取付け型放射パネルなどをその代表としてあげることができる．

5） 大温度差空調方式　冷房時の吹出温度差を従来の空調方式より大きくとり，風量縮減をはかる方式を低温送風空調方式という．空調用搬送動力の削減と共にOA化に伴う熱負荷増大への対応として，大容量の空調能力を確保しつつ，有効率や建設費圧縮といったニーズに応えていく手法としても有効である．特にリニューアルなどで，建築・構造的条件に制約がある場合に大温度差空調システムを導入することで解決を図るケースも見受けられる．詳細は「2.5.6床吹き出し空調，大温度差空調」に記すのでここでは割愛する．

6） 放射冷暖房空調方式　人体の熱バランスは，（図2.113）に示すように，対流，放射，蒸汗・呼吸により周囲環境との熱授受が行われる．従来の空調システムは，室内空気温度を制御することにより，主として対流要素をコントロールする方式であるが，放射冷暖房方式は，室内壁面の温度を制御することにより放射要素をコントロールし快適感を得る方式である．（図2.114）は，快適感（PMV）が同一となる室温と平均放射温度（MRT）の関係を示したものである．たとえば夏期の室内設定温度を26℃から27℃まで1℃上げても平均放射温度を約2℃下げることにより同等の温熱感を得ることができる．

このように放射冷暖房方式は，室内壁面温度を直接

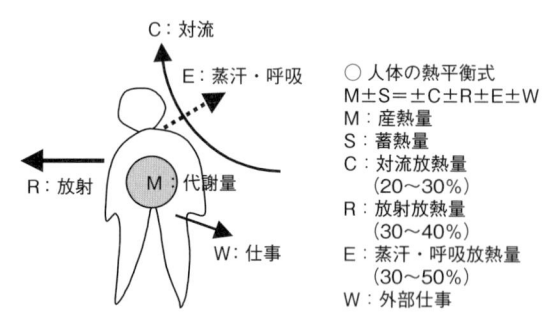

C：対流
E：蒸汗・呼吸
R：放射
M：代謝量
W：仕事

○ 人体の熱平衡式
$M \pm S = \pm C \pm R \pm E \pm W$
M：産熱量
S：蓄熱量
C：対流放熱量（20～30％）
R：放射放熱量（30～40％）
E：蒸汗・呼吸放熱量（30～50％）
W：外部仕事

図2.113　人体の熱バランス

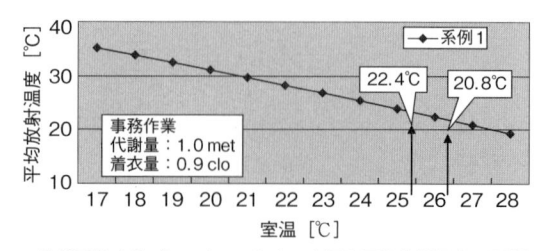

予想平均申告（PMV）＝0とする室温と平均放射温度の関係

図2.114　室温と平均放射温度の関係

表2.39 ペリメータ空調計算条件

		窓台吹き出し	天井吹き出し	エアフローウインド	備考
	概要	窓台より吹き出し，上部より吸い込む方式	天井面からライン状の吹き出しより窓面へ吹き付ける方式.	ガラスを二重化し室内空気を通して排気する方式.	
構造体	窓熱貫流率	5.6 W/(m²·K)	5.6 W/(m²·K)	1.6 W/(m²·K)	
	窓遮蔽係数	SC = 0.62	SC = 0.62	SC = 0.24	
	壁熱貫流率	1.0 W/(m²·K)	1.0 W/(m²·K)	1.0 W/(m²·K)	
冷房	外気温	32.4℃	32.4℃	32.4℃	東京，夏期
	日射	16時の西面を想定，（太陽高度30°）			
	吹き出し温度	16.0℃	16.0℃	–	
	吹き出し風量	172 m³/h/m	172 m³/h/m	–	
	吸い込む風量	–	–	50 m³/h/m	
暖房	外気温	0.8℃	0.8℃	0.8℃	東京，冬期
	吹き出し温度	27.8℃	27.8℃	–	
	吹き出し風量	172 m³/h/m	172 m³/h/m	–	
	吸い込む風量	–	–	50 m³/h/m	

加熱または冷却することにより人体との間で熱交換を行う方式であり，対流方式の冷暖房に比べ，室内の上下温度差が少ないため，快適性に優れる特徴がある．

天井面のパネルにパイプを密着させ冷温水を通水するタイプを天井放射方式という．また床面に直接パイプを埋設する方式やフリーアクセスパネルにパイピングし，床下通風を併用するタイプを床放射方式という．これらの放射冷暖房を空調システムの主方式として採用する場合は，天井・床など全面に放射面を要するため，設備費がアップする傾向にある．また放射冷房方式の場合は，放射面での結露を防止するため露点温度制御を併用する必要がある．

2.5.4 気流分布計画
a. ペリメータ空調

人体の熱的快適性は，温度，湿度，放射温度，気流速，着衣量，活動状態の6つの要素に依存する．建築計画および空調計画においては主に前四者が大きな要素となり，各種空調方式の計画を行うにあたり，快適な環境が形成される様，配慮しなければならない．

ペリメータについては，夏期の日射による放射温の上昇，冬期におけるコールドドラフト等の快適感への影響が大きく，気流分布および温度分布の計画は注意が必要である．表2.39, 図2.115～2.116に窓台吹出し方式，天井吹き出し方式，エアフローウインド方式の3方式について，窓近傍の温度分布，気流分布のシミュレーション計算事例を示す．

1) **窓台，天井吹き出し方式** ペリメータ空調システムの計画において，気流分布，温度分布へ与える

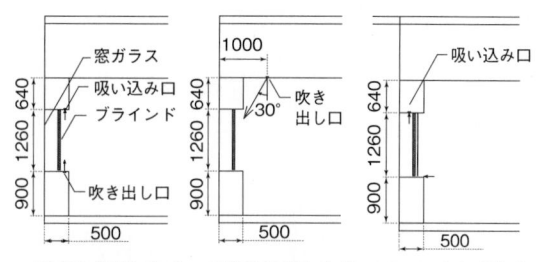

図2.115 ペリメータ空調方式の計算モデル

影響は吹き出し口および吸い込み口の位置によるところが大きい．吹き出し口の位置は大きく天井吹き出し方式と窓台吹き出し方式に分類される．天井吹き出し方式，窓台吹き出し方式はそれぞれ，暖房時，冷房時に吹き出し方向と窓面の負荷による気流の方向が対向流となり，気流分布，温度分布が不均一となる傾向があるが，気流感については吹出領域が外壁面に限定されるため居住域で顕著となることはない．2方式を比較すると，天井吹き出し方式における暖房時の温度分布において，吹き出し風速の不足が原因で天井面に暖気が滞留し居住域に達していない状況が見られ，実例においては夏期と冬期で吹き出し位置を切り替えている事例もある．（図2.116）

2) **エアフローウインド，エアバリア方式** エアフローウインド，エアバリアに代表されるペリメータレス化の空調方式は，建築計画的に熱負荷を小さく抑えていることから，処理風量が少なくなり居住域への気流影響は他方式に比べ少ない．図2.116のエアフローウインド方式の分布図では居住域への気流影響は

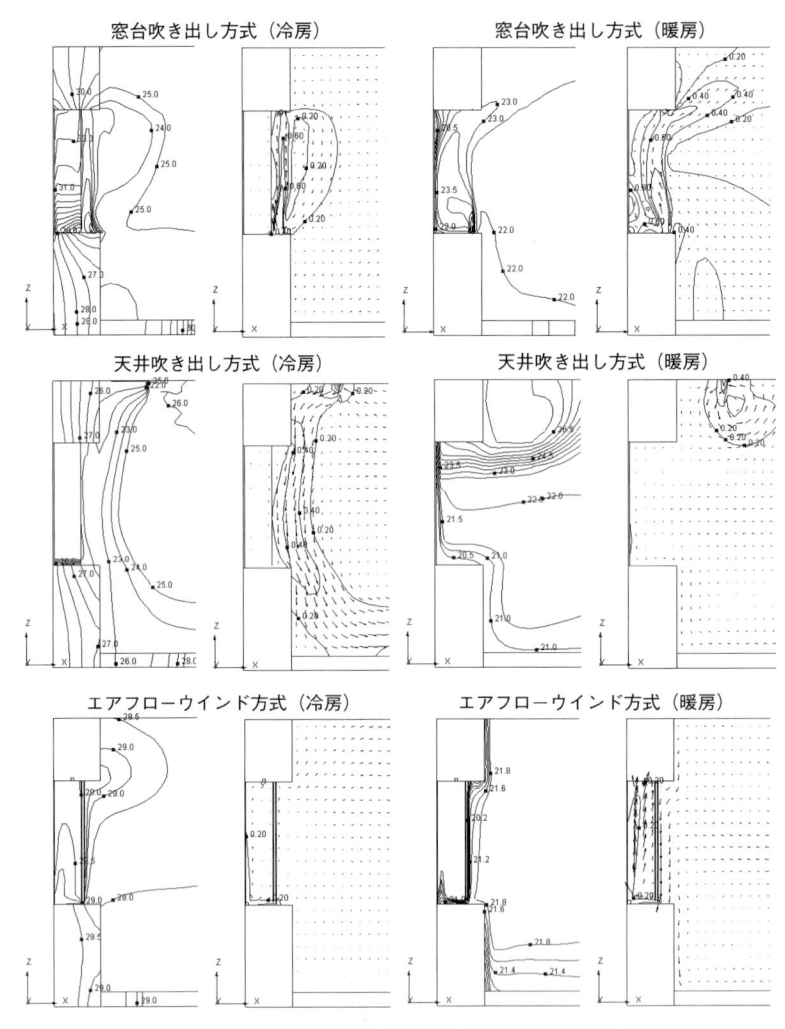

図 2.116 ペリメータ空調の数値計算例　温度分布（左），気流分布（右）

表 2.40　インテリア空調計算条件

		VAV 方式	低温送風 VAV 方式	床吹き出し方式
内部発熱 （天井照明除く）	低負荷時	22 W/m^2	22 W/m^2	22 W/m^2
	高負荷時	51 W/m^2	51 W/m^2	51 W/m^2
天井照明		18 W/m^2	18 W/m^2	18 W/m^2
吹き出し口個数		1 個/10 m^2	1 個/10 m^2	1 個/5 m^2
吹き出し温度		16.0℃	12.0℃	18.0℃
吹き出し風量	低負荷時	123 m^3/h/個	88 m^3/h/個	62 m^3/h/個
	高負荷時	214 m^3/h/個	153 m^3/h/個	107 m^3/h/個

・低負荷時
　0.15 人/m^2
　ノートパソコン：1 台/人
　タスクライト　：1 台/人

・高負荷時
　0.15 人/m^2
　ノートパソコン：1 台/人
　タスクライト　：1 台/人
　パソコン（DTP）：1 台/人

2.5 空調システムの計画

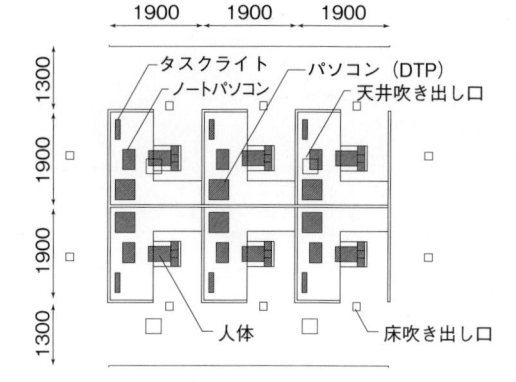

図2.117 インテリア空調方式の計算モデル

まったく見られない結果となっている.

b. インテリア空調

ペリメータが日射や外気温等の外界条件に影響を受けるのに対し，インテリアは近年のOA化の影響により，冷房を主体に進めることが重要である．その場合，気流分布および温度分布の性状は室内の発熱状況と空調方式による所が大きい．図2.109にインテリアの空調方式別の気流分布および温度分布の数値計算例を示す．VAV方式による冷房は天井面に配置された吹き出し口より放射状に空調空気を吹き出し，室内気温を設定温度とする方式となる．そのため居住域にOA機器などの高発熱機器が多数導入されたオフィスの場合，吹き出し風量が増え，気流分布は不均一となりやすい．低温送風空調方式については，吹き出し風量が通常VAV方式よりも少なくなるが，温度差によるドラフトのため，気流分布ならびに温度分布は不均一となりやすい傾向にある（参考計算例，表2.40，図2.117～2.118）．また天井吹き出しVAV方式を採用した場合，冬期のウォームアップ運転時は吹き出し風速を高めて，天井面吸い込み口とのショートサーキットを防止する工夫が必要である．

床吹き出し方式による冷房については発熱機器の熱が浮力で上昇し，かつ床面からの冷風供給により，居住域全体で上向き流となり，効率的な冷房が可能である．しかし原理的に上下温度差がつきやすく足元が低温になる危惧もあり，吹き出し口の拡散性確保と床面の漏気防止に配慮が必要である．旋回流型の吹出口と適切な吹出し風速の設定により居住域においてはできるだけ温度勾配のない空気温度環境の形成が望まれる．またローパーティション，家具等の気流の妨げとなるものが配置されている場合，空調空気の滞留が起こらない様注意が必要である．

2.5.5 空調システム選定の視点・評価項目

a. 評価システムの条件設定

最近のオフィスにおいては，急速なOA化によりパソコンの普及は1人1台以上が現実のものとなってきている．またオフィス空間の形態においても大空間オフィスや，個室主体のオフィス，またローパーティションによりワークエリアを設定するオフィスなどワークスタイルに応じた多様な形態が生まれている．合わせて地球規模の環境問題に端を発するエネルギーや資源の使用抑制，また建築物の長寿命化にかかわる命題など，社会的なニーズもますます多様化している．そのような背景の中で空調システムを計画するには，単に経済性や快適性だけでなく，多様な評価軸から総合的な判断が求められるようになっている．ここでは，空調システムの中から代表的なシステムとして，単一ダクトVAV（通常送風），単一ダクトVAV（低温送風），床吹出し（表2.41）を取り上げ，図2.119に示したモデルプランに適用させた場合の空調システムの評価に関するケーススタディを行った．

b. 空調システムの評価（表2.41）

1) スペース

・梁貫通スリーブは，送風量を低減できる「低温送風」が，常に「通常送風」より有利となる．

・端部機械室レイアウトの場合，空調ゾーン面積が大きくなると，梁貫通必要個数が増えるため機械室の位置計画が重要となる．

・機械室面積は，コイルバイパスやダウンブローなどの特殊条件により「床吹き出し」が最も大きくなる．

・天井吹き方式では，500 m^2 での「低温空調」の省スペースメリットが大きい．

2) イニシャルコスト

・各方式とも機器設備・自動制御設備の占める割合が大きい．建築工事費を除いた設備工事費の比較では「床吹き出し」が最も低く，次いでダクトや機器のコストダウン効果により「低温送風」となる．「通常送風」が最もコストアップとなる．

・「床吹き出し」は，フリーアクセスおよび床下断熱や区画形成にかかわる建築工事の増額分を見込むと最も高価となり，他のメリット（ワイアリングなど）も評価しなければ有利な評価とはならない．

・「床吹き出し」は空調機1台の受けもち面積が300 m^2 程度が，等圧分布を維持するには限界と見られており，他の方式のように受けもち面積を大きくしてコストダウンを図ることはできない．

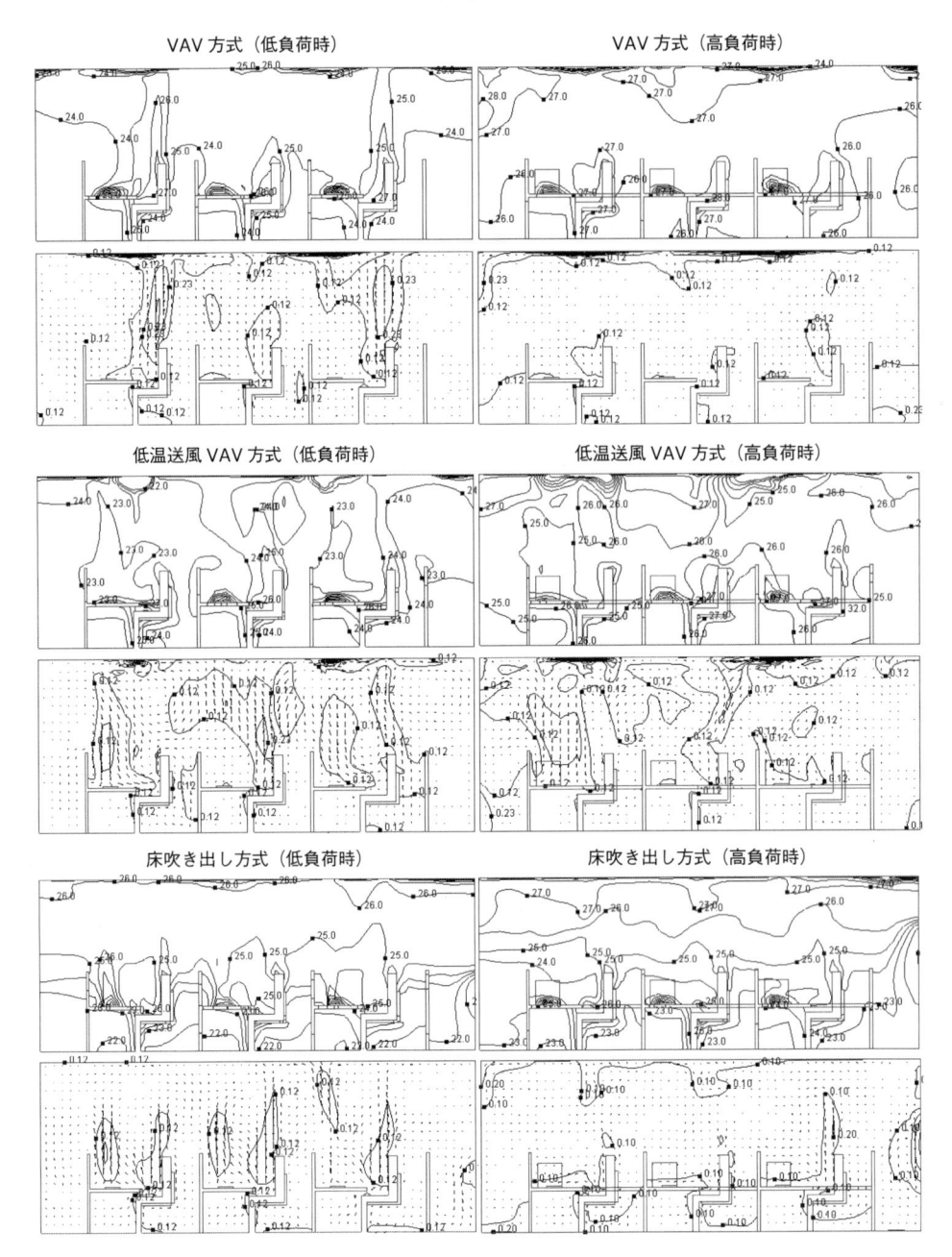

図2.118 インテリア空調の数値計算例　温度分布（上），気流分布（下）

3) ランニングコスト

・「通常送風」，「低温送風」では給気温度設定の差により冷水消費に差が生じる．「低温送風」は給気温度が通常の露点温度よりも低く，潜熱分で不利となる．「床吹き出し」は，冷水消費にはあまり差がない（これはコイルバイパスのためで，還り空気と外気の混合空気は15℃まで下げてからバイパス空気と混合させて18℃にするため除湿分は「通常送風」とほぼ同じになる）が，搬送動力は低減される．スペースコストを入れると不利になる．

・「低温送風」は，大温度差給気により搬送動力を低減化できる反面，冷水需要が多くなるため，運用上の注意が必要である（たとえば，低湿空間に対し，室温設定を上げるなど）．

・テナントビルを想定した場合の機械スペースは賃貸床スペースとの見合いとなるため，空調ゾーン面積

2.5 空調システムの計画

表2.41 空調システムの評価

空調方式		単一ダクトVAV(通常送風)				単一ダクトVAV(低温送風)				床吹き出し			
インテリア空調システム概略図		(図：コンパクトAHU、VAV、FL)				(図：低温用吹き出し口、VAV、コンパクトAHU、FL)				(図：コンパクトAHU、フリーアクセスフロア、FL)			
特徴		各ゾーンごとのVAVにより制御する．最小外気量を確保する．吹き出し温度差は $\Delta T=11℃$ とする．				吹き出し温度差を $\Delta T=14℃$ とする．風量は通常送風より小さい．吹き出し口は大温度差専用のものを使用．				吹き出し温度差は $\Delta T=11℃$ とする．送風温度は18℃とする．天井内のダクトが省略できる．1台当たり空調面積は300 m² 程度．			
条件項目		全熱交有		全熱交無		全熱交有		全熱交無		全熱交有		全熱交無	
		外冷有	外冷無	外冷有	外冷無	外冷有	外冷無	外冷有	外冷無	外冷有	外冷無	外冷有	外冷無
1. スペース評価	機械室面積は空調機外形寸法，配管スペース，メンテナンススペースより算定．ダクトはすべて梁貫通するものとして算定．床吹き出しはコイルバイパススペースを考慮．												
① 梁貫通（ヶ）	307 m²	100	100	100	100	70	70	70	70	0	0	0	0
	512 m²	100	100	100	100	80	80	80	80	-	-	-	-
	717 m²	100	100	100	100	85	85	85	85	-	-	-	-
② 専用部外設置面積（機械室 m²/空調面積 m²）	307 m²	100	100	63	63	100	100	63	63	117	117	85	85
	512 m²	83	83	59	59	70	70	54	54	-	-	-	-
	717 m²	63	63	50	50	59	59	43	43	-	-	-	-
2. 経済性評価	床吹き出し方式のフリーアクセスフロアはその他方式からの増分を見込む．（床吹き出し：H=250, 一般：H=130）空調運転時間：2580 h（4〜10月及び11〜3月の冬季立ち上げ運転期間を除く）ランニングコスト：45円/Mcal（冷熱源），29円/Mcal（温熱源），18円/kWH（電力フラットレート）スペースコスト：24000円/坪（40000円/坪×60%）×空調機械室専有面積												
① イニシャルコスト（円/m²）	307 m²	100	100	82	82	99	99	81	81	106	106	86	86
	512 m²	79	79	68	68	75	75	66	66	-	-	-	-
	717 m²	68	68	61	61	65	65	57	57	-	-	-	-
② ランニングコスト（円/年・m²）	307 m²	100	105	88	94	102	108	92	98	106	112	96	102
	512 m²	93	98	87	93	89	95	88	94	-	-	-	-
	717 m²	84	88	81	87	82	88	80	86	-	-	-	-
③ LCC評価（千円/60年・m²）	307 m²	100	103	86	90	101	106	88	92	105	109	92	96
	512 m²	88	92	81	85	85	89	81	85	-	-	-	-
	717 m²	78	82	74	79	76	81	72	77	-	-	-	-
3. 環境評価	$LCCO_2$ の算定条件　建築工事費：0.88 kg/千円，設備工事費：0.52 kg/千円　廃棄処分費：2.674 kg/千円，冷熱源：0.283 kg/Mcal，温熱源：0.26 kg/Mcal　動力：0.143 kg/Kwh，メンテナンス：0.218 kg/千円												
① 1次エネルギー（Mcal/年・m²）	307 m²	100	108	102	110	95	104	102	110	93	101	98	106
	512 m²	100	108	102	110	97	105	102	111	-	-	-	-
	717 m²	100	108	102	110	97	105	102	111	-	-	-	-
② $LCCO_2$（kg/m²・60年）	307 m²	100	112	110	122	104	118	118	131	97	109	110	122
	512 m²	98	110	109	121	104	117	117	130	-	-	-	-
	717 m²	97	109	108	120	103	115	116	129	-	-	-	-
4. 総合評価		・梁貫通スリーブ→他方式と比較し最も多く必要とする． ・機械室面積→床吹き出し方式と比較し約15%程度減．対象面積拡大で，約20〜40%減． ・イニシャルコスト→床吹き出し方式とほぼ同じ．対象面積拡大で，約20〜30%減． ・ランニングコスト→全熱交設置で5〜10%程度増加（スペースコスト影響）．対象面積拡大で，約5〜15%減．外気冷房で，約5%減．				・梁貫通スリーブ→通常送風方式より減． ・機械室面積→通常送風方式より約10%減．対象面積拡大で，約20〜40%減． ・イニシャルコスト→通常送風方式とほぼ同じ．（吹出口格考慮）対象面積拡大で，約20〜30%減． ・ランニングコスト→全熱交設置で10%程度増加（スペースコスト影響）．対象面積拡大で，約5〜15%減．外気冷房で，約5%減．				・梁貫通スリーブ→必要ない． ・機械室面積→通常送風方式より約20〜30%増． ・イニシャルコスト→通常送風方式より約5%増．（建築工事費影響） ・ランニングコスト→通常方式より約5%増．（スペースコスト影響）全熱交設置で10%程度増（スペースコスト影響）．外気冷房で，約5%減．			

※ 前提条件の設定によっては，評価が逆転するケースもあるので注意を要する．本評価の一つはケーススタディである．

図 2.119 モデルプラン

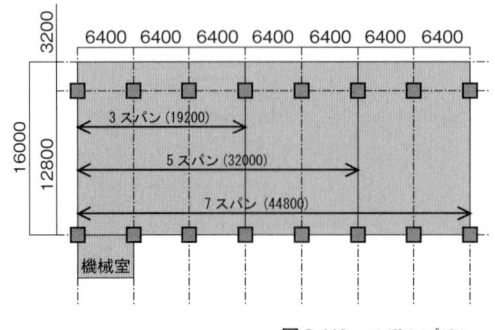

```
地上15階
6.4 m/スパン
奥行：16.0 m
階高：4100 H
天井高：2700 H
```

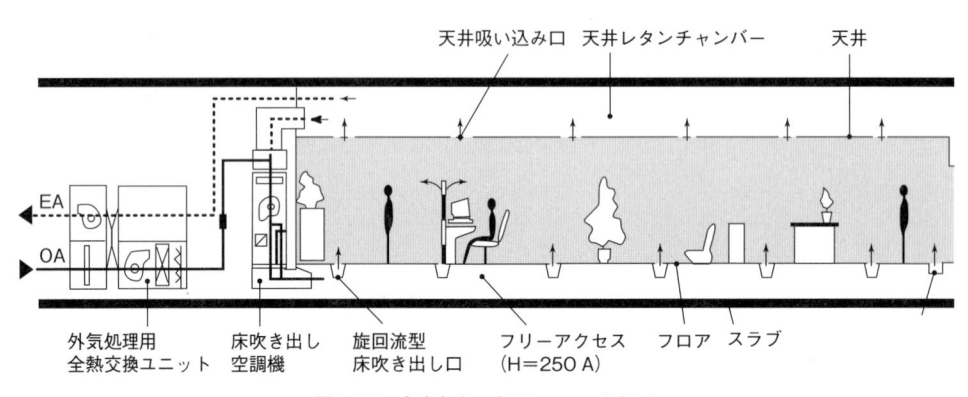

図 2.120 床吹き出し空調システムの概要

を大きくし，機械スペースを削減することがランニングコストの低減につながる．

・スペース評価を含んだ場合，全熱交換器による省エネルギー分が相殺され，逆転した評価となる．

4) LCC

・スペースコストを除くと，各方式ともほぼ同等の評価となる．

・全熱交換器の省エネルギー効果は高いが，機器更新コストおよびこれらに伴うメンテナンスコストの見方によっては，LCC が不利になる．

5) 一次エネルギー

・「低温送風」は，潜熱ロス（12℃の送風である夏期のみ）があるが，搬送動力の低減化により総合的にはあまり差がでない．

・「床吹き出し」は，冷水消費はあまり変わらないが，搬送動力は低減するので，良い評価となる．

6) $LCCO_2$ 冷熱コストの比率が高く，「通常送風」「床吹き出し」がほぼ同等の評価となり，「低温送風」が不利になる．

7) 全熱交換器 全熱交換器の導入は，一次エネルギー消費量と $LCCO_2$ の低減効果をもたらすが，経済効果は逆に低下する結果となった．

8) 外気冷房 外気冷房の効果に関しては，すべてのケースにおいて経済性，環境性共に優れた結果となった．

2.5.6 床吹き出し空調，大温度差空調

a. 床吹き出し空調システム

1) 背景 床吹き出し空調システムは，もともとは，電算室におけるコンピュータ機器の冷却を目的として普及してきた空調方式のひとつである．しかし近年は，対人用空調システムとして，OA 化が進む事務室空間における採用例が増えている．また，床面に吹き出し口を有することから，アトリウムなどの大空間での居住域空調としての採用例も見受けられる．

ここでは，主に前者の事務室空間で採用されている床吹き出し空調方式について解説する．

2) 概要 床吹き出し空調システムは，図 2.120 に示すとおり，天井吹き出し空調方式で必要となる給気ダクトに代わり，パソコンなどの端末機器のワイヤリングスペースとして用意されたフリーアクセス内を給気チャンバーとして用い，目的室に給気を行うダクトレス方式が主流となっている．

通常の床下給気チャンバー方式では，フリーアクセ

スの高さを，250～300 mm 程度に設定し，かつフリーアクセス内での静圧分布が均一となるよう，空調機の床下吹き出し口近傍に整流板などを設置する．しかし，経済性の視点からは，フリーアクセス高さに余裕をもつことは，階高のアップとなり，全体の工事費アップにつながる．このような観点から，通常のワイアリングで必要となるフリーアクセス高さ100 mm 程度で設計する低床式床吹き出し空調の試みもなされている．

床吹き出し口からの気流は，旋回流を伴いきわめて誘引性の高い特徴を有し，短時間に周囲の空気と混ざり，なるべく気流感を感じないよう工夫がなされているが，レイアウトに際しては，家具との取り合いの中で通路部分など，常時，人がいない部分に配置する工夫が必要といえる．この様な家具との取り合いや吹き出し口設置位置の調整を不要とする全面床吹き出し方式がある．本方式は通気性のタイルカーペットを孔あきの二重床の上に敷き込み，床全面から給気を室内に非常に低い速度で均一に供給する方式で，ディスプレイスメントといわれる換気方式の1種である．

3) 特徴

表2.47に床吹き出し空調システムと天井吹き出し空調システムの特徴比較を示す．

(1) 居住域空調：天井吹き出し方式が，目的室全体を完全拡散で空調を行うことに対し，図2.121に示す様に床吹き出し方式は，床からほぼ1700 mm 程度の高さまでの，いわゆる居住域に対象を絞って空調を行う方式である．特に，冷房主体の事務室では，居住域～天井部分に温度成層を上手に形成させることが，計画上のポイントであり，これらの特性は，床面に設置する床吹き出し口の性能やレイアウトに大きく左右される．また，パソコンの排熱や人体からの熱を伴う発塵などは，浮力で上昇し天井裏へと排出されるため，

表 2.42 床吹き出し空調方式と天井吹き出し空調方式の特徴比較

	項目	床吹き出し空調		天井吹き出し方式	
1.	空調範囲	床面から約1700 m/m までの居住域	◎	床から天井までの全体	○
2.	吹き出し口位置	原則として床	-	原則として天井	-
3.	吸い込み口位置	天井	-	天井	-
4.	室内熱負荷	居住域での負荷（熱処理効率が高い）	◎	室内負荷全部	○
5.	負荷変動への対応	吹き出し温度制御（空調機毎の対応となる）吹き出し給気量制御（個別手動設定が原則，床吹き出し口ごとに調整が可能，一部に自動方式の採用は可能）	○	吹き出し給気温度・風量制御（VAV方式）	○
6.	室内熱負荷の影響	高温空気は自然対流によって非居住域に上昇するので居住域での熱負荷影響は少ない．	◎	天井からの混合空調方式であるので，居住域で熱負荷の影響を受ける	○
7.	換気効率（タバコの煙）	床面から天井まで上向き空気流であるので効率が良い	◎	パーティションなどが混合気流の障害となり，空気溜りが生じることがある	○
8.	粉塵濃度	居住域濃度分布は一定で比較的低い．長期的には，吹き出し口に塵埃が溜まるので清掃に配慮する必要がある	○	部分的に高濃度の状態が発生する	○
9.	OA機器発熱対応	吹き出し口の増設が比較的簡単であるので対応が容易．送風量の水平分布を容易に変更できる	◎	設計風量以上の集中負荷についてはファンコイル等の増設が必要になる．送風量の水平分布は一定となる	○
10.	パーティション対応	吹き出し口の移設増設で対応可能	◎	制御ゾーンの変更増設により対応可能（工事を伴う）	○
11.	家具のレイアウト変更	吹き出し口のレイアウト変更を同時に行う必要がある	△	吹き出し口等に影響はない	◎
12.	機械室レイアウト	目的室側近での空調機械室が理想	○	空調機械室の配置計画の自由度は高い	◎
13.	階高	フリーアクセス差分の階高設定が必要となる（+100程度）	△	一般的な設定	○
14.	用途対応	食堂・厨房などは天井吹き出し方式とする	-		-
15.	入居者理解	特殊な手法であるので，風量調整やレイアウト変更などテナントの理解が必要	-		-
16.	省エネルギー	給気ダクトを用いないため，空調機の搬送動力が小さくなる（機外：10 mmAq 程度）	◎	給気ダクトによる高静圧処理が必要（機外：40 mmAq 程度）	○

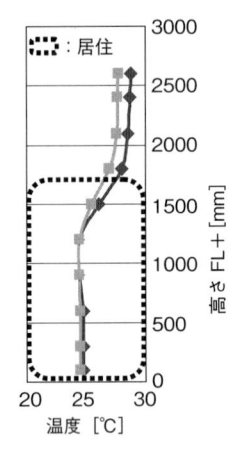

図 2.121　垂直温度分布

これらの熱・汚染物の拡散が低減できる特徴を有する．

(2) 省エネルギー：床吹き出し空調システムの省エネルギー面の特徴は，一つは，ダクトレス給気とすることで，通常，必要となる空調機の給気ファンの機外静圧を低減化することが可能であり，搬送動力面でのエネルギー消費削減が期待できる．

2つ目は，給気温度自体が，18～20℃と天井吹き出し方式での設計仕様に比べて高いことより，外気冷房が可能な温度範囲が広く設定できること，さらにフリーアクセス内を介しての外気冷房，ナイトパージなどのシステムとの連携も可能であり，冷水消費の削減効果が期待できる．

(3) フレキシビリティ：天井内のダクト工事を伴う天井吹き出し方式に比べ，床吹出し空調システムは，床吹出口を自由に増移設することが可能であり，FMなどの内装改修やリニューアルなどには，対応しやすい特徴を有する．

また，パソコンなどの内部負荷の増減に対しても，床面に吹出口を増設することにより対応でき，オフィスレイアウトの変更に追従可能な，フレキシビリティの高い空調方式といえる．

(4) パーソナル：床吹き出し口は，一つひとつでの風量・風向調整が可能であり，かつ居住域である床面に設置してあることより，簡易な操作で，個人個人のニーズに合わせたパーソナル空調が可能である．さらに，家具と一体化した吹出しシステムの開発など，床吹出し空調システムの特徴を活かした展開が可能である．

4)　給気方式の比較評価

図 2.123 に示すとおり，給気方式として，フリーアクセス内を正圧化して吹き出す加圧方式と床吹出口に小型ファンを内蔵し，フリーアクセス内を等圧とする等圧方式とに大きく分類できる．

(1) 加圧方式：加圧方式は，床下と室内（または，天井内）の差圧を 8～16 Pa 程度，確保して室内に給気を行う．床吹き出し口本体は，シャッターやブレード（羽根）による，風量調整や風向調整が可能であり，家具などのレイアウトに合わせて配置・調整を行う（図 2.122）．

加圧方式では，原則として床吹き出し口は動力などを有しないため，事務室専用部内でのメンテナンスが不要となり，維持管理が容易となる．その反面，個室などの部分的な空調の ON/OFF や，ペリメータのように，常に熱負荷が大きく変動する空間での制御には不向きであり，どちらかといえば，ローパーティショ

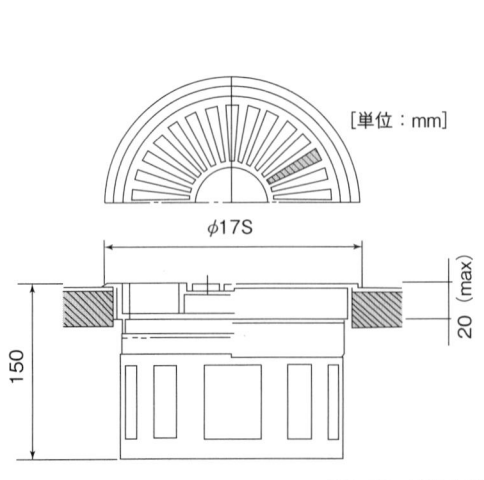

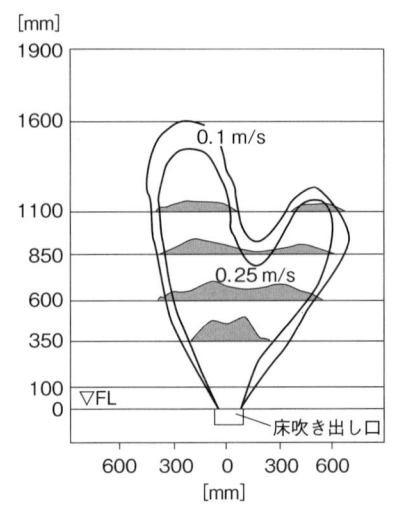

図 2.122　床吹き出し口の事例

ンを多用する大空間オフィスに向いている．

また，建築計画の側面からは，フリーアクセス内が加圧されることで，フリーアクセス表面から室内へのリーク防止や床下の区画からのリーク防止対策を，徹底して行う必要が生じる．前者に関しては，気密性能を有するフリーアクセスを用いたり，特にケーブルやワイアリングの取り出し部分でのリークを抑える工夫が必要となる．

床下区画に関しては，特にワイアリングの貫通個所の気密処理が必要であり，たとえば防火区画の貫通処理と同様の対応が必要となる．

(2) 等圧方式：等圧方式は，空調機から供給される風量と床吹き出し口から給気される風量をバランスさせることが必要で，空調機と各床吹き出し口で，風量切り替えが可能な小型ファンとの組み合わせによりシステムが構築される．

加圧方式に比べ，個々の床吹出口を能動的にコントロールできるため，負荷の偏在化や個室ごとの空調のON/OFFなどの個別対応性に優れている．

反面，床吹き出し口の増移設に関しては，動力や制御配線の盛り変えや，床吹出口の小型ファンや制御ユニットの対応が必要となり，加圧方式に比べると維持管理面で，やや負担を有するシステムと言える．

床吹き出し空調方式は，吹出口が，空間的にも人に近づき，運用面でも居住者が簡易にアクセスできることにより，より密接に人間との接点を有するシステムであることに注意を払う必要がある．特に，ユーザー側での本システムに対する理解が重要である．

b. 大温度差空調システム
1) 背景・概要　大温度差空調システムは，図2.123に示すように，通常設計で用いる給気温度が15～16℃に対し，10～13℃と低めに設定することで，Δtを大きく確保して，同じ風量でより多くの冷房負荷を，同じ冷房負荷であれば，より少ない風量で，処理するシステムである．

こうしたシステムが実用化される背景の，一つは，地球温暖化防止対策としての省エネルギーである．周知のように，事務所建築で言えば，全消費エネルギーの約25％が空調搬送動力で占められており，これらのエネルギー消費の削減を目標として，大温度差空調システムを導入する事例は少なくない．

もう一つの視点は，近年のOA化やIT化に伴う，内部発熱の増大が引き起こす，大容量空調ニーズへの対策としての点である．テナントビルでは，風量減に伴う空調機やダクトのダウンサイジングにより，機械室面積の縮小や階高の圧縮など，有効率や建設費圧縮といった事業性を大きく左右するニーズに応えていく手法の一つとして採用例が増えている．特に，リニューアルなどでは，建築・構造的制約の中で空調容量の増加や高機能化を図る場合が多く，大温度差空調システムを導入することで解決を図るケースも見受けられる．

2) 特徴
(1) システム計画：大温度差空調システムを構築するためには，空調機に供給される冷水の温度が大きな規定条件となる．

一つは，ガス系の熱源機器や地域冷暖房などから冷水の供給を受けるケースで，通常の温度帯であるおおむね7～8℃程度で空調機のコイル設計を行う場合である．もう一つは電動系の冷凍機で，特に氷蓄熱システムを熱源として冷水の供給を想定し，おおむね4℃程度で空調機のコイル設計を行う場合である．一般的には，給気温度の下限は，冷水温度+5℃程度となっており，前者の場合は12～13℃，後者の場合は，約10℃での計画が可能である．特に後者のケースは，低温送風空調システムとも呼ばれており，熱源側からの冷水供給に代わり，空調機コイルでの潜熱交換を目的としたスラリー状の氷搬送を伴うシステムも一部実用化されている．通常の冷水温度帯で空気側を低温化すれば，コイル列数の増大に伴うファン動力の上昇，もしくは冷水温度差が縮小し，ポンプ動力の上昇を招くケースもある．より低温の冷水を必要とすれば，熱源COPが下がる事など，システム全体を視野にいれたバランスのとれた計画・検討が必要とされる．表2.48に低温冷風空調システムと従来システムの特徴比較を示す．

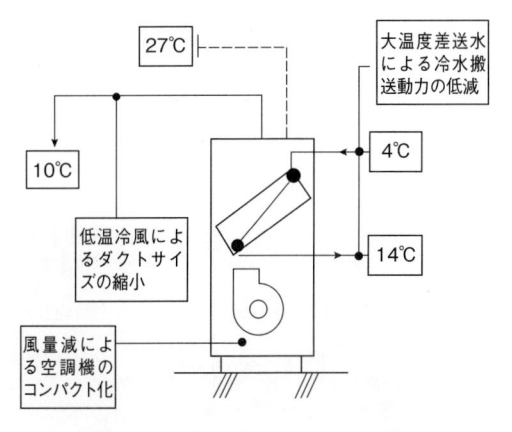

図2.123　低温冷風空調システムの概要

表 2.43 従来システムと低温冷風空調システムの機能比較

		A：従来システム	B：低温冷風空調システム
設備計画	熱源システム	冷水供給7℃，温度差7℃程度を基準とする	氷蓄熱方式を前提として，冷水供給4℃，温度差10℃程度で送水流量を低減化し，搬送動力を抑える 大温度差送水により，コイル圧損増となるが水量減となり，搬送ポンプおよび配管の縮減が可能
	空調システム	送風温度16℃，温度差10℃程度を基準とする	低温冷水を用いて，給気温度10℃，温度差を16℃程度とし，送風量を低減化して，搬送動力を抑える 結露防止を意図した低温仕様の吹き出し口や空調機の断熱強化などが必要． 空調機は，コイル列数増により圧損大となるが，風量減となり，結果的には動力は減となり，省エネが可能
建築計画	主機械室	地下に熱源機械室に汎用機器にて熱源システムの構築が可能	ブラインターボ冷凍機と氷蓄熱槽による熱源システムの構築が必要
	基準階	各階に分散して空調機械室が必要 梁貫通ダクトルートに制約あり	風量減による空調機のダウンサイジングにより各階空調機械室の縮減が可能 ダクトサイズの低減化により納まりが有利
室内環境	温湿度	夏期26℃/50％RH程度	低温給気による除湿効果で，27℃/40％も可能．感覚的には，夏期の除湿により，爽やかな空調が可能
	空気質	NBS-65％程度の中性能フィルターが必要	最小外気量を確保できれば，従来システムと同等のフィルター仕様で対応可
エネルギー性		高効率の熱源COP機器を利用できる	氷蓄熱システムによるCOP低下を冷水及び空調搬送動力の削減で補う
経済性			氷蓄熱システムによる熱源コスト増をポンプ容量減，配管＋ダクトサイズ減および各階空調機減で補う

(2) 室内環境：室内環境の側面からは，給気温度が，低温側にシフトされることで，通常の冷房以上に，除湿が進み，室内湿度が下がる方向にある．ビル管法で規定する相対湿度40％以上を守る意味でも，給気温度の下限は10～12℃程度といわれている．また，体感温度的には，湿度が低ければ，空気温度が高くても，同様の体感が得られることより，通常設計値として用いられる夏季の室内条件である26℃，50％を27℃，40％として，過除湿分の冷水消費を顕熱分で補うことも試みられている．気流分布に関しては，通常空調より低温かつ少風量の吹き出し気流を扱うことより，専用の低温送風用の制気口が各種開発されている．(図2.124) ドラフトを抑えるとともに，拡散性を高め，誘引効果を抑制することで，結露防止にも配慮した製品が開発されている．

こうした室内の気流分布を改善する，手法としては，室内ダクト末端部分に，ファンパワードユニットと呼ばれる，小型循環ファンを内蔵したユニットを設置して，空調機からの低温給気と室内空気を混合・調整して吹き出す方式も開発されている．

大温度差空調システムは，単に二次側空調システムの1パターンとして捉えるのでなく，熱源システムから吹出口にいたるまで，トータルなシステムとして構築されるべきものであると同時に，建築や構造計画との取り合いも，大きく関係する点に注意を払う必要が

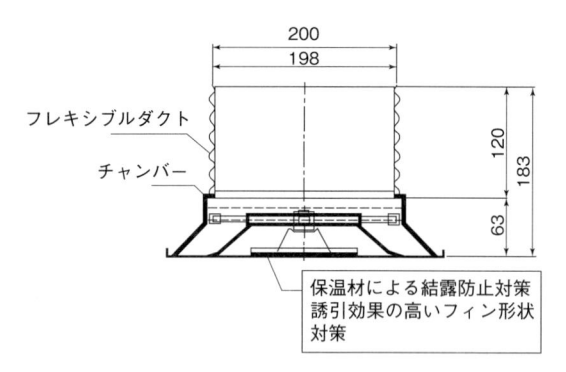

図 2.124 低温送風用吹き出し口の事例

ある．今後，ますますニーズが生じるであろう既存ビルでのIT化・OA化対応の分野を含め，発展が期待される空調システムである．　〔佐藤信孝〕

文　献

1) (社) 空気調和・衛生工学会編：空気調和・衛生工学便覧，第13版，2001．
2) (社) 空気調和・衛生工学会，空調システムの評価手法検討小委員会：空気調和システムの分類・評価手法に関する提案，1996．
3) 井上宇市他：三訂新版建築設備ハンドブック，(株) 朝倉書店，1982．
4) アンダーフロア空調システム研究会編：アンダーフロア空調システムの計画と実施，(株) 技術書院，1993．
5) 佐藤信孝：建築設備と配管工事，'95. 12号，pp. 51-59，1995．

2.6 搬送システム計画

2.6.1 搬送システムの概要

セントラル空調設備における搬送システムは図2.125のように大きく2つに分類される．一つは熱源機器(冷凍機，冷温水発生機等)と二次側の空調機器(空調機，FCU等)とを結ぶ熱媒搬送系であり，もう一つは空調機器と居住空間とを結ぶ空気搬送系である．

熱媒搬送はポンプと配管による水搬送が一般的であり冷水配管，温水配管，冷温水配管，冷却水配管などの種類がある．また，中小規模建物を中心に多く用いられるビル用マルチエアコンなどの冷媒配管も気体と液体が混在する熱媒搬送の一種である．

空気搬送にはダクトが用いられ，給気(サプライ)ダクト，還気(レタン)ダクト，外気取り入れ(OA)ダクトなどの種類がある．

搬送システムはよく人体の血管にもたとえられる．それぞれの役割をもった機器相互を連携させ，空調設備全体としての機能を発揮させるうえで非常に重要な役割を担っている．

2.6.2 熱媒水搬送システムの計画
a. 冷温水温度

熱媒水の温度は熱源機器の種類にもよるが，冷房用冷水の往き温度として5～7℃，暖房用温水の往き温度としては40～50℃程度が一般的である．往き還りの温度差は従来は5～7℃程度であったが，最近では熱搬送効率向上のために，より大きな温度差で計画されることも多い．

冷水往き温度は低いほど還りとの温度差をとりやすく，また除湿能力が高まり空間の快適性の向上にもつながるが，冷凍機のCOP(効率)は低下する傾向があり，また機器の種類によって低温化できる範囲が異なるので注意が必要である．

b. 配管方式

水配管の方式には，冷房用と暖房用の配管を兼用した冷温水配管による2管式と，それぞれを独立した配管系統とする4管式とがある(図2.126, 2.127)．

2管式の場合は季節によって冷暖房を切り替えて空調を行うが，4管式では年間を通じて冷房と暖房を自由に選択可能となり，中間期の気候の移り変わり，方位や時刻による外乱条件の変化や建物の内部負荷条件(部屋の用途)の違いにも柔軟に対応することができる．また室内の温度だけでなく，冷却除湿再熱により，湿度をコントロールすることも可能となる．

このように4管式には機能的に優れた点が多いものの，建設費やスペースの制約があるため，実際には2管式が採用される場合も多い．建物の使用方法や空調

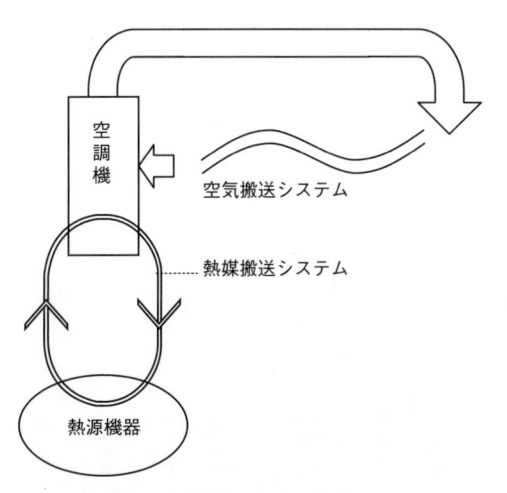

図2.125 空調設備における搬送システム

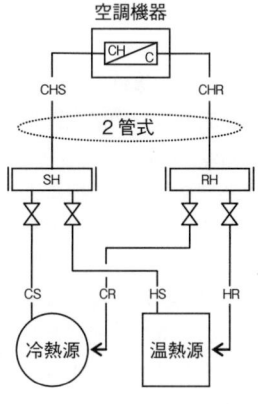

図2.126 2管式配管

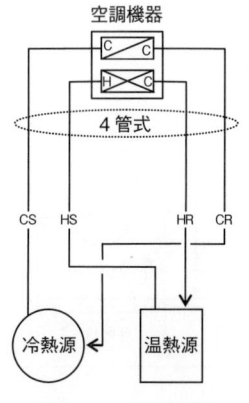

図2.127 4管式配管

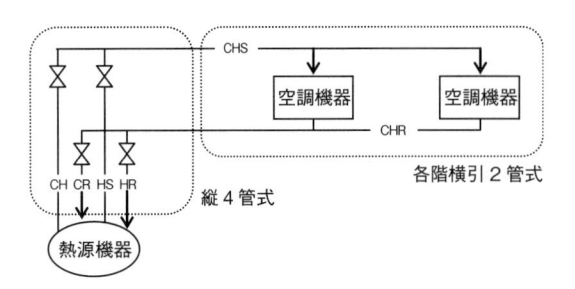

図 2.128　配管方式の組み合せ例

負荷条件，予算などを考慮しながらグレード設定することが必要である．

また設計者の検討によっては，縦管のみを4管式として各階の横引き配管は2管式としたり，建物の方位・部位によって使い分けるなど，両者を組み合わせたバリエーションがある（図 2.128）．

一方，大気に開放されているか否かによって配管系は密閉式と開放式に分類される．一般的には密閉式の方が

(1) 大気中の酸素に触れることが少ないため，配管の腐食が起こりにくく，耐久性に優れる．
(2) 大気による静水頭（重力）が配管系にかからないため，ポンプ動力が少なく，省エネルギー性が高い．

などの利点があり，採用事例も多い．配管内の水の温度変化に伴う体積膨張は，密閉式膨張タンクを用いて吸収する．

冷却塔や水蓄熱槽などとの接続により，配管系が大気に開放されてしまう場合には，腐食対策を別途検討することが望ましい．

対策例として図 2.129 に水蓄熱槽廻りの配管計画を示す．蓄熱槽からのくみ上げ配管と2次側配管との間に水-水熱交換器を設けて絶縁することにより，建物全体をめぐる冷水配管（図中の破線部分）を密閉化し，腐食防止と省エネルギー化を図ることができる．

c.　ゾーニング

水搬送システムのゾーニング（配管系統分け）は熱源の効率的運転，空調運転の独立性や保守性，信頼性向上などを図るための有効な方法であり，次のような諸条件を考慮して決定する．

(1) 室の用途，空調時間帯の違い
(2) 方位，空調負荷の特性
(3) 重要機能室の有無（サーバールームなど）
(4) バックアップの必要性（故障や保守時の運転継続など）
(5) 配管内の圧力（高層部と低層部など）

たとえば，低層部分に店舗を抱えた高層事務所ビルの場合では空調運転時間・ピーク負荷発生時刻や平日と休日の稼動状況の違い，配管内圧力の差異などの理由により，それぞれを独立した配管系統とすることが望ましい．

d.　流量，配管サイズと圧力損失

冷温水搬送用のポンプは，必要な流量と揚程から機器の仕様がめられる．

流量はポンプが受けもつ系統の空調機，ファンコイルユニットなどの空調機器に必要な水量の合計から求められ，また，ポンプの揚程は次のように決定される．

ポンプ全揚程

$$Ht = hf + hd + hm + hs \quad (\text{Pa})$$

hf：配管直管部の摩擦抵抗
hd：配管継手，バルブなどの局部抵抗
hm：系統内につながる機器類の抵抗
hs：高さ（重力）による静水頭

hf は配管 1 m 当たりの単位摩擦損失を 300 Pa/m 程度として配管長を乗じて算出することもできるが，詳細には流量と流速から配管の部位と径ごとに図 2.129 の流量線図を用いて求められる．

配管サイズは単位摩擦損失を 300 Pa/m 程度に設定し，流量に応じての流量線図（図 2.130）から求めている．

配管内の流速は表 2.44 のような値が推奨される．流速が早すぎると騒音や配管侵食の問題を生じ，遅すぎ

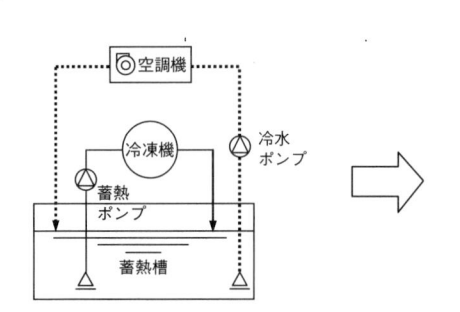

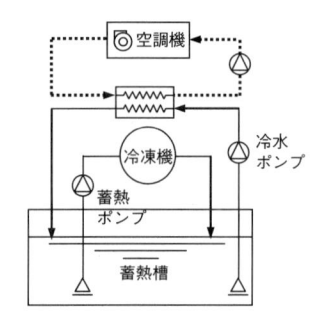

図 2.129　蓄熱槽まわりの配管計画例

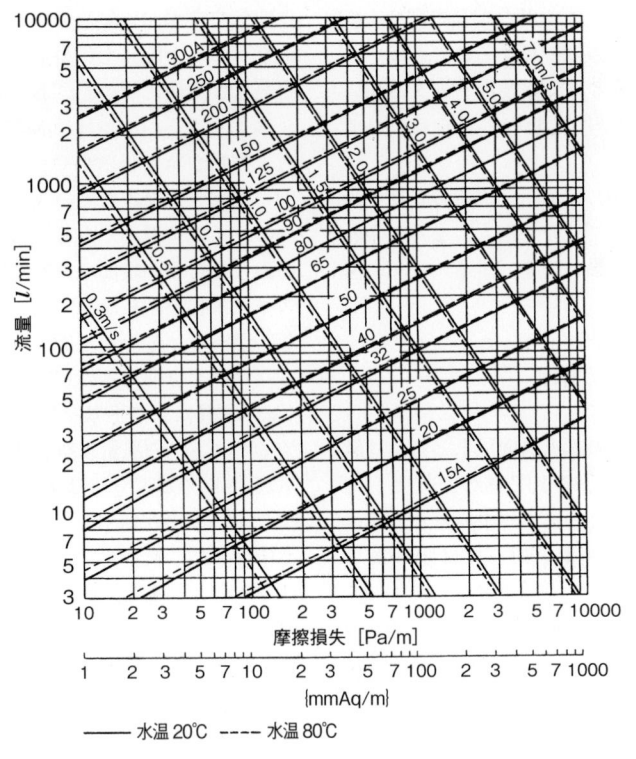

図2.130 水配管の流量線図

表2.44 管内推奨水速

管径〔A〕	水速〔m/s〕
25 程度	0.5～1
50～100	1～2
125 以上	2～3.6

表2.45 エルボ継手（90°）の直管相当長（ASHRAE, 1989）[18] 〔m〕

管径 (A)	流速 [m/s]		
	1.00	2.00	3.00
15	0.5	0.5	0.5
20	0.6	0.7	0.7
25	0.8	0.9	0.9
32	1.1	1.2	1.3
40	1.3	1.4	1.5
50	1.6	1.8	1.9
65	1.9	2.2	2.3
80	2.5	2.7	2.9
100	3.1	3.5	3.7
125	3.8	4.3	4.5
150	4.5	5.0	5.3
200	5.6	6.2	6.7
250	6.8	7.6	8.1
300	8.0	9.0	9.6

表2.46 バルブ等のエルボ相当数（ASHRAE, 1989）[18]

品　名	エルボ相当数 鋼　管
90° エルボ	1.0
45° エルボ	0.7
90° ベンド管	0.5
90° 溶接管	0.5
縮小管	0.4
放熱器用アングル弁	2.0
ラジエータ・コンベクタ	3.0
ボイラ・ヒータ	3.0
仕切り弁（開放時）	0.5
玉形弁（開放時）	12.0

ると搬送効率が悪くなるため，一般的には50～100Aの中口径では1.5 m/s 程度としている．

また，ポンプの理論動力 Pw と水量，揚程は

$$Pw = 1.63\,QH\ [\mathrm{kw}]$$

Q：水量 [m³/分]

H：揚程 [kPa]

の関係にあるが，流速を早くしすぎると流量の増加，あるいは配管径が同じであれば揚程（抵抗）の増加につながるため，エネルギーのロスが多くなる．

hd は局部抵抗係数を用いた式から求めることもで

きるが，表 2.45, 2.46 に示すエルボの直管相当長や相当数を用いて同径の直管長さに換算することが多い．

hm には空調機器の製造者による技術データを用いる．また，hs については密閉式配管の場合には 0 であり，考慮しなくてよい．

空調用ポンプの選定に際しては，全揚程の余裕は最小限とすべきである．ポンプ圧力が過大になるとつねに絞り運転を強いられる結果となり，エネルギーの無駄が大きくなる．

2.6.3 空気搬送システムの計画

a. 送風温度

冷房時の送風温度は室内の露点温度以上とし，一般的には 26℃ の室温設定に対して 10℃ 差の 16℃ としている．暖房時の給気温度は冷房により決められた風量から逆算して求め，22℃ の室温に対しては 27～30℃ 程度となることが多い．

ただし，空気搬送の場合も熱媒搬送同様，冷房時の送風温度を低くして温度差を大きくとり，省エネルギー化を図ることが可能である．

b. ダクト方式

分類上は二重ダクトその他の方式もあげられるが，現在，一般建物の空調設備に用いられるのはほとんどが，低速の単一ダクト方式である（図 2.131）．低速ダクトの最大風速の値を表 2.47 に示す．

また，事務室などではレタンダクトを省略して天井チャンバー方式とすることも多い（図 2.132）．この場合は天井面や照明器具のスリットを通じて空気を天井裏へ導き，空調機近くの主レタンダクトから空調機に空気を戻すが，気流分布が均一になるよう，梁下と天井ボードの隙間や梁貫通孔の配置などを建築，構造担当者と適切に調整しておく必要がある．

高速ダクト（ダクト内風速 20～25 m/s 程度）は騒音・振動が発生しやすく，ダクトの必要強度や送風機動力が大きくなるなどの欠点があるが，ダクトそのもののサイズを縮小できるため，工場など騒音があまり問題とならない空間や，超高層ビルや船舶など特に省スペース化を図らなくてはならない場合に用いられることがある．しかし，省エネルギーの観点からはできるだけ風速を抑えるのが望ましい．

c. 風量，ダクトサイズと圧力損失

主ダクト内の風量は空調機器の送風量そのものであるが，内部の風速分布はダクト内面の摩擦抵抗により，図 2.133 に示すように一様ではなく，ダクトの必要断面積は単純に風量をダクトの中心の風速で除した値とはならない．また，縦横のアスペクト比によっても必要な断面積は変化し，円形または正方形のダクトの場合で最も小さくなる．

ダクトサイズの算定には

(1) 等摩擦法
(2) 静圧再取得法
(3) 等速法
(4) 速度減速法

などいくつかの方法があるが，実務的にはダクト長さ 1 m あたりの圧力損失を 0.8～1.5 Pa/m とする等摩擦法が広く用いられている．

たとえば，図 2.134 のように D, E 2 つの吹き出し口

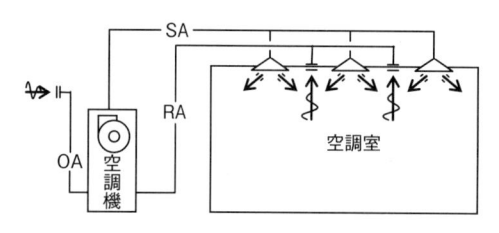

図 2.131　単一ダクト方式

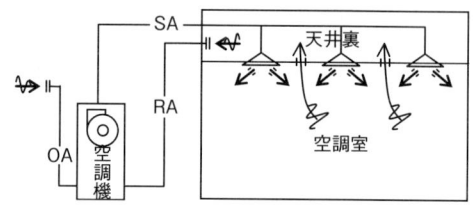

図 2.132　天井チャンバー方式

表 2.47　低速ダクトの最大風速

	住宅 [m/s]	事務所ビル [m/s]	工場 [m/s]
主ダクト	6～8*	8～11	8～15
分岐ダクト	4～5	4～8	5～10
空気加熱器	2.5	3.0	3.5
空気冷却器	2.25	2.5	2.5

*集合住宅の機械室やコンクリートシャフト内ダクトでは事務所ビル程度の値とすることがある．

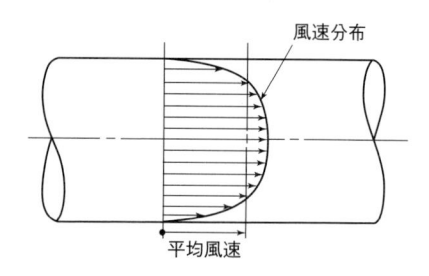

図 2.133　円形ダクト断面速度分布

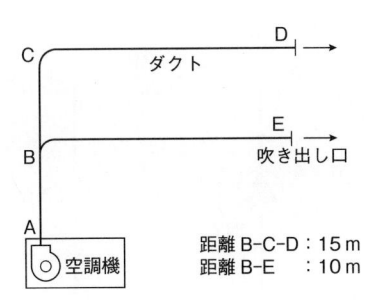

図 2.134 ダクト系統図（例）

をもつ空調機の系統の場合，まず A-D 間のダクトサイズを単位圧力損失 1 Pa/m を与えて決定する．次に B-E 間のダクトサイズを単位圧力損失 $R = 1\,\text{Pa/m} \times (15/10)\,\text{m} = 1.5\,\text{Pa/m}$ として決定すれば，空調機から D，E 各吹き出し口までの圧力損失が等しくなり，均等に空気を送ることができる．

送風機圧力 Pt はポンプの場合と同様に

$$Pt = pf + pd + pm \;(\text{Pa})$$

pf：直線ダクト部の圧力損失
pd：ダクトの局部抵抗
pm：ダクト系内の機器類による圧力損失

により，求められる．空気搬送の場合，高低差（重力）による圧力変化は，実務上は無視してよい．

ダクトの局部抵抗にはダクトの曲がりのほか，分岐，合流，断面変化等の要が挙げられる．機器類の圧力損失はダクト系内のダンパ，VAV・CAV，消音装置，制気口，空調機（コイル，フィルタ，断面変化）などを合計して求める．

実際に送風機を選定する場合には風量，圧力ともに計算値の5～10%をダクトからの空気の漏れや，施工時の変更に対する余裕として見込んでいる．

2.6.4 水搬送システムの制御と省エネルギー

空調用エネルギーに占める搬送システムの割合は大きく，その制御の良し悪しは運転費にも深くかかわってくる．図2.135は実際の事務所ビルの空調設備の動力を熱源，水搬送，空気搬送，換気に分けて示したものであるが，搬送動力の合計は空調動力全体の約60%を占めている．

a. 定流量方式（CWV）（図 2.136）

つねに最大負荷に見合った一定の水量を循環させる方式で，空調機への入口で空調機に入る水量と還り管にバイパスする水量の割合を3方弁でコントロールする．熱源側のポンプは発停のみで運転中の制御は不要である．

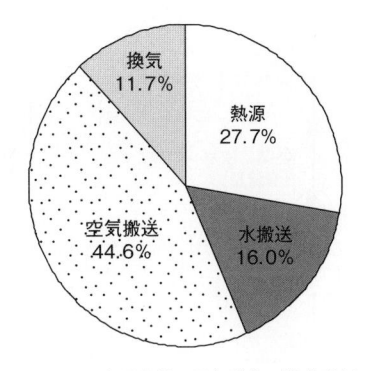

図 2.135 空調設備の運転動力の構成事例

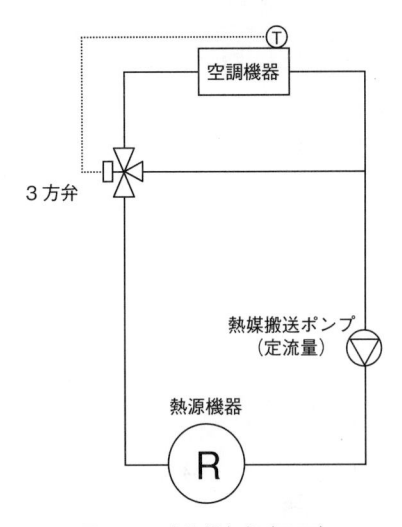

図 2.136 定流量方式（CWV）

また，熱源機器も還り水の温度が変化するだけで定流量運転できるため，最もシンプルで安定性が高く，設備費も抑えられる長所がある．しかし，空調負荷の多少にかかわらず，つねに最大負荷相当分の水量が循環しつづけるため，熱媒の搬送エネルギーが大きくなるのが難点である．

b. 変流量方式（VWV）

空調負荷の変化に応じて必要なだけの水量を送る省エネルギー性の高い方式である．熱媒水の温度差を一定に保ったうえで，空調機入口の2方弁で空調機に入る水量を制御する．冷水の往き還り温度差を一定に保つために，空調機器のコイル列数を増やすなどの対策を合せて講じる場合もある．

熱源機器は通常，定流量運転となるため，図2.137に示すように変流量の二次ポンプと定流量の熱源用一次ポンプをそれぞれ設置する．二次ポンプで絞られた水量の残りを還り管側へバイパスさせるために，一次

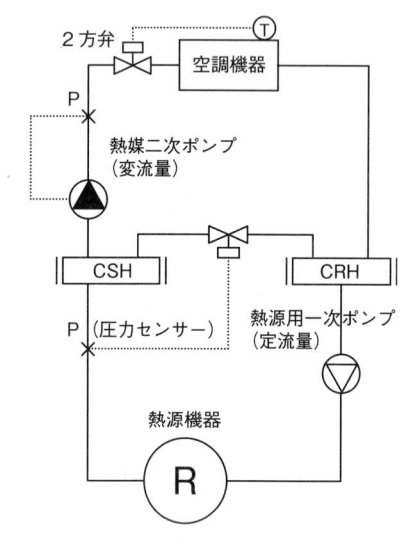

図 2.137 変流量方式（VWV）

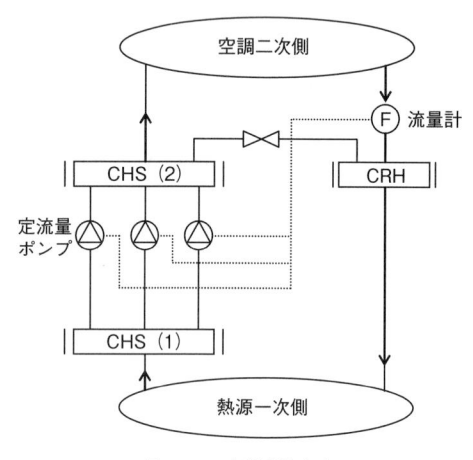

図 2.138 台数制御方式

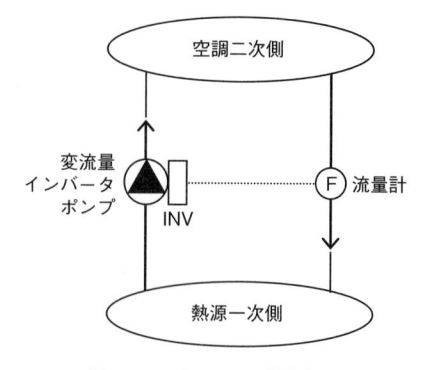

図 2.139 インバータ制御方式

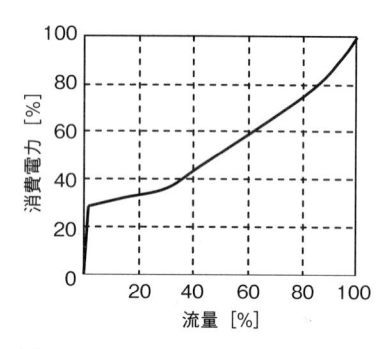

図 2.140 インバータポンプの運転特性

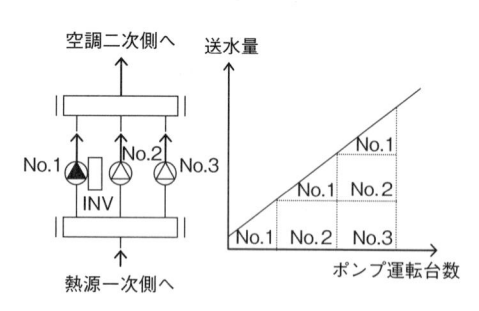

図 2.141 インバータ・定流量ポンプ併用方式

配管内の圧力による制御を組み合わせている．

二次側の変流量制御には次のようにいくつかの方法がある．

1） 定流量ポンプ台数制御方式　複数台のポンプを設置し，必要に応じて運転台数を変化させる方式で（図2.138），制御信号には還り管の流量等が用いられる．送水量の変化は段階的になるため，要求水量がポンプ1台の水量の整数倍とならない場合には還り管側へのバイパスも必要となる．

また各ポンプの寿命に偏りが生じないよう，起動順序をローテーションさせるのが望ましい．

2） インバータ制御方式　必要水量に応じてポンプの回転数を変えることによって連続的に水量を変化させる方式である（図2.139）．理論的にはポンプの回転数は水量に比例して減少し，軸動力は回転数の3乗に比例するので，水量が1/2になれば軸動力は $(1/2)^3 = 1/8$ となり，省エネルギー効果が大きい．

3） インバータ・定流量ポンプ併用方式　変流量のインバータポンプと定流量ポンプを組み合わせて使用する．図2.140に特性を示すように，実際にインバータを用いて制御できる水量は20％程度までとなるため，1台の大容量インバータポンプよりもきめ細かな水量制御が可能となり，運転費も抑えられる．

各ポンプの運転パターンは図2.141のようにまずNo.1のインバータポンプから起動し，水量が増えるごとにNo.2，No.3の定流量ポンプがベースとして運転に加わることで全体としてリニアな制御を可能とす

る.

c. 大温度差搬送方式

冷水の往き還り温度差を大きく設定し,省エネルギー化を図る方法である.一定の熱量を搬送する際に,温度差が2倍になれば水量は半分ですむ.したがって定流量方式の場合でも軸動力が大幅に減少すると同時に,配管サイズも小さく抑えることができる.

一般的に冷水の往き還りの温度差は5℃程度が多く用いられてきたが,10℃差程度までは比較的容易に実施可能である.空調機コイルの設計と整合性をとり,熱交換が確実に行われるようにする.

2.6.5 空気搬送システムの制御と省エネルギー

a. 定風量方式(CAV)

一定風量を室内に供給し続けて空調する方式で,室内負荷の状況に応じて空調機の2方弁または3方弁の開度を変えて送風温度を変化させる.

つねに室内を一定量の空気が循環し,外気導入量の確保や除じん効果に優れた面があるもの,搬送エネルギーの節減は期待できない.

b. 変風量方式(VAV)

送風温度を一定とし,室内の負荷に応じて送風量を変化させるため,水搬送のVWV同様,省エネルギー性の高い方式である.送風機でもポンプ同様,インバータで回転数を変化させた場合の軸動力は理論上,風量の3乗に比例して減少する.

また,1台の空調機で複数の部屋を冷暖房する場合には,部屋ごとにVAVユニットを設置することにより,個別に温度制御を行うことができる.

図2.142に3室を対象としたVAV制御の例を示す.A~C各室への給気ダクトにはVAVユニット(変風量装置)Va~Vcが設けられ,室内負荷に応じて通過風量を変化させる.空調機ではVa~Vcの風量を合計して全体風量とし,インバータの回転数を決定する.さらに圧力損失を最小とするため,最も負荷の大きい室cのVAVユニットVcの開度を100%としてVa,Vbの開度調整を行う.

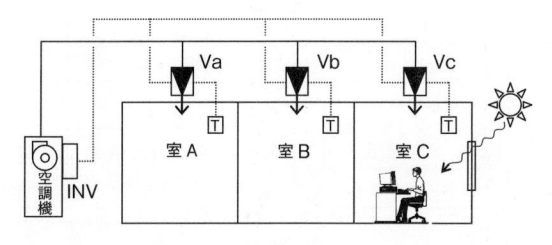

図2.142 変風量方式(VAV)

VAVユニットの開度は原則として空調負荷の大小により決められるが,中間期などの小負荷時に風量を絞り切ると必要外気量(換気量)を確保できない恐れがある.このため最小開度の設定により,最低限の風量を確保しているが,この際に熱処理に必要な量以上に給気される場合に対して,ロードリセット制御(送風温度の変更)を合わせて行う必要がある.

c. 低温送風方式

冷房時の給気温度をより低くして,室温との温度差を大きくとる方式で,空調機からの送風量を減らして送風機動力とダクトサイズを小さくすることができる.

これは,OA発熱量の増加などにより,冷房能力が不足している既存ビルの問題解決にも有効な手段となり,建物の階高,天井高,ダクト梁貫通孔などの制約条件の中で,ダクトサイズを変えずに冷房能力を増やすことが可能である.

低温化による問題としては吹き出し口の結露や小風量化による気流分布の悪化などが挙げられるが,室内空気を誘引しながら給気する吹き出し口の採用等により,解決が図られている.また低温化による副次効果として,室内の相対湿度が下がることによる快適性の向上が期待できる.

〔白鳥泰宏〕

文　献

1) 井上宇市他編:三訂新版建築設備ハンドブック,朝倉書店,1993.
2) 空気調和・衛生工学会編:第12版空気調和・衛生工学便覧 3 空気調和設備設計篇,1995.

2.7 監視制御システム計画

監視制御システムはBEMS(ビル・エネルギー/環境・マネジメント・システム)とも呼ばれ,自動制御システムと監視システム(BAS)およびビル・マネジメントシステム(BMS)に分け計画されることが多い.ここでは,監視制御システムを自動制御システムと中央監視設備システム(BMSを含む)の2つに分け,目的,基本概念,項目,方式などについて示す.

空気調和設備におけるBEMSは,安全で衛生的で快適な環境を提供し,合理的なエネルギー利用や適切な維持保全が行え,同時に,省人化など経済性に見合ったビル経営を可能とすることにある.そして,地球温暖化防止を目的とした最も効果的な手法として省エネ・省資源化があり,この実効性向上のために本システムの役割は重要である.

なお，BEMS は分散化されたコンピュータ群（BAS，DDC など）とネットワークで構成される．（図 2.143）一般に，BEMS は上位の中央監視装置と下位の自動制御装置に分けられるものの，これらは互いに独立したものではなく，機能上相互にかかわり合うシステムである．また，図 2.144 に BEMS 全体の設計・計画フローを示す．図からもその計画は自動制御と中央監視設備に大別できるものの，設計プロセス上でも深くかかわり，互いの与条件や計画内容に左右される．

2.7.1 自動制御システムの基本

ここでは，自動制御の基本用語を含め，制御目的と対象，主な制御の基本概念，ソフト的な仕組みを示す制御動作およびハード的方式を示す制御機構について概要を示す．

a. 制御目的と主な制御項目

空調設備における主な目的は，適切な室内環境の維持と，省エネルギー・省資源化で代表される地球環境保全であり，省力化・ランニングコスト軽減などによるライフサイクルコストミニマムである．さらに，快適性・利便性の向上などファシリティ管理にかかわる内容も制御目的の一部に含まれる．

表 2.48 は，典型的なセントラル空調システムを便宜的に，熱源・搬送・空調機まわりに分け，その主な制御項目と目的などを整理したものである．

b. 自動制御の基本概念

空気調和設備に使われる自動制御方式はさまざまであるが，基本的な制御概念として，シーケンス制御，フィードバック制御およびフィードフォワード制御の3種類がある．以下にその特徴と概要を示す．

1) シーケンス制御 リレーやタイマーなどを用い，あらかじめ定められた順序にしたがって，制御の各段階を逐次進めていく制御動作をシーケンス制御といい，開ループ制御を構成する．

たとえば，空調熱源システム機器である冷凍機の起動は，冷凍機の機能や性能維持のため，冷水ポンプ・冷却水ポンプなどの起動から一定時間経過後に実行される．また，ボイラの燃焼装置始動は，安全始動のために各種センサー（燃料，空気など）からの検出信号確認後に実行される．このように，各機器の起動や停止操作には，あらかじめ定められた運転順序が存在し，その順序に沿って制御されることが多い．

2) フィードバック制御 本制御は，制御量を目標値と比較しながら，目標値に近づける制御動作と定義される．また，図 2.145 の例に示すように閉ループ

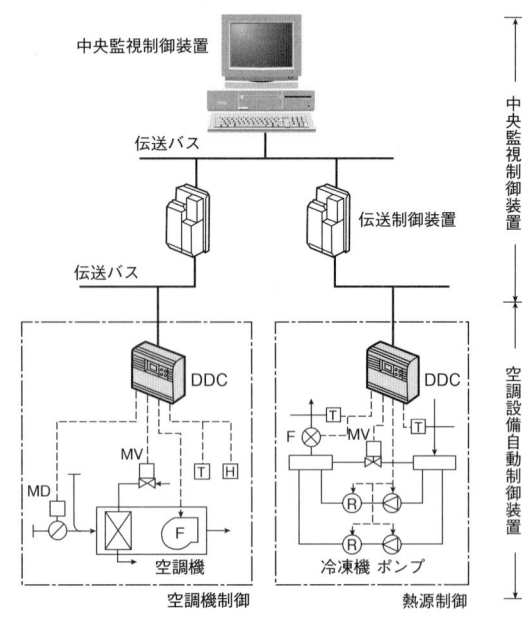

図 2.143 監視制御システム概念図[7]

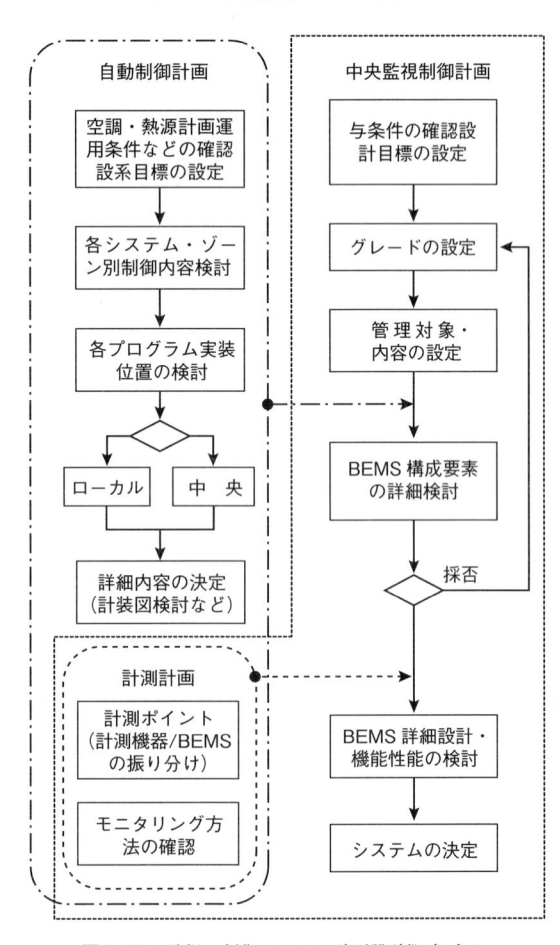

図 2.144 監視・制御システム計画設計概略フロー

表 2.48 空調システムにおける主な自動制御[2)]

熱源要素	制御項目	主な目的	備考（制御項目，評価指標他）
熱源	熱源機器台数制御	供給熱量の適正化	所要動力，所要台数の適正化
	熱源温度設定制御	送水温度の確保	COP
	蓄熱運転制御	深夜電力の有効利用	電力ピークカット，電力夜間移行率など
	熱回収制御	排熱の有効利用	回収熱量とシステム効率
	冷却水制御	冷却水送水温度の確保	ファン発停，二方弁/三方弁制御他
	水位制御	水位/補給水の確保	蓄熱槽/膨張水槽等
搬送	ポンプの台数制御	所要流量の適正化	所要電力の適正化
	ポンプの容量制御	同上	同上
	送風機の風量制御	同上	同上
空調機	室内温湿度制御	快適性などの確保	VAV，給気温湿度制御ほか
	外気冷房	自然エネルギーの有効利用	有効利用率
	ナイトパージ	同上	夜間の外気導入による蓄冷効果，システム効率空気質（CO_2 など）
	予冷熱時外気取入れ停止	外気導入時間の適正化	CO_2 濃度基準などの制御など
	最小外気取入れ制御	供給外気量の適正化	全熱交換器まわり制御など
	熱回収	排熱の有効利用	最小風量設定・空気質環境に注意
	変風量制御	所要熱量と動力の適正化	空気質環境に注意
	最適起動停止制御	同上	空気質環境と温度許容幅に注意
	節電間欠運転制御	同上	混合損失の防止など
	送水温度設定制御	最適化のための所要温度確保	所要電力，室温，空気質
	送風温度制御	所要動力の適正化	

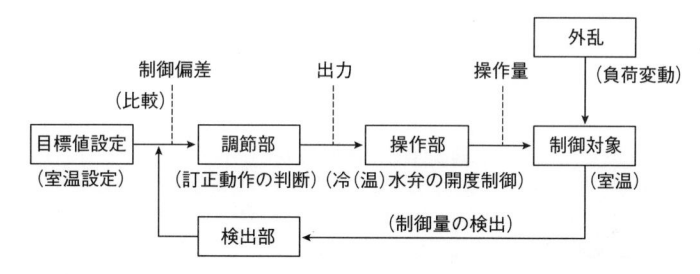

図 2.136 フィードバック制御のブロック線図（空調による室温制御の例）

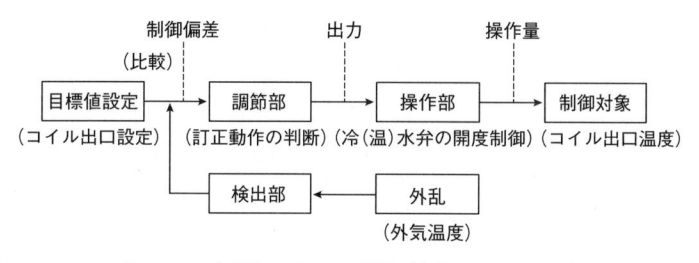

図 2.146 フィードフォワード制御のブロック線図（空調によるコイル出口温度制御の例）

制御を構成する．

図 2.145 は，空調機器まわりにおける典型的なフィードバック制御ブロック図を示す．制御対象室に設けた温度センサー（検出部）で室温を検知（制御量の検出）し，その値を目標設定値（設定室温）と比較（制御偏差の確認）し訂正動作の判断を行い，目標値と一致するよう，制御ユニットなど（調節部）から二方弁やモータダンパなど（操作部）に対し，操作情報（操作量）を出力し，そこで弁の開度などを操作させ室温を目標値に近づける（制御偏差を 0 に）制御を行う．この動作がフィードバック制御動作であり，連続的に繰り返される．

3） フィードフォワード制御　制御系に外乱が入った場合，それが系の出力に影響をおよぼすことを想定し，先回りしてその影響を打ち消すために外乱を検出し，必要な訂正動作をとる制御動作をいう．この制御の場合，制御結果を目標値と比較せず，いわゆる開ループを構成する（図 2.146）．

たとえば，図2.137に示す空調機出口温度制御（寒冷地における空調機予熱コイル制御）の例などに多く見られる．外気取入れ部付近に設けられたサーモスタットが導入外気を検出し，あらかじめ定められた動作手順（コイル出口設定温度と外気温度との偏差に対する操作量の決定など）に基づき，予熱コイルの電動弁を制御する．

c. 制御動作による分類

空調で使われる主な制御動作を以下に示す．

1) 二位置制御 オンオフ制御とも呼ばれ，偏差（目標値と計測値の絶対差）の正負によって操作部（弁やダンパ等）を全開か全閉の二位置のどちらかにする方式である．

具体的には，目標値の＋側と－側に動作隙間を設け，各設定点でオン（操作量100%）あるいはオフ（操作量0%）動作させ，目標値付近を保持する（図2.147a）．この制御は比較的簡単であるが操作量の変動が大きく，制御量（空調での室温等）が周期的に大きく変動する特徴がある．一般に，簡易な温度制御などに適する．

2) 多位置制御 対象システムを複数機器構成とし，各機器に対する二位置制御を多段階に組み合わせ

図2.147 制御動作説明図[2]

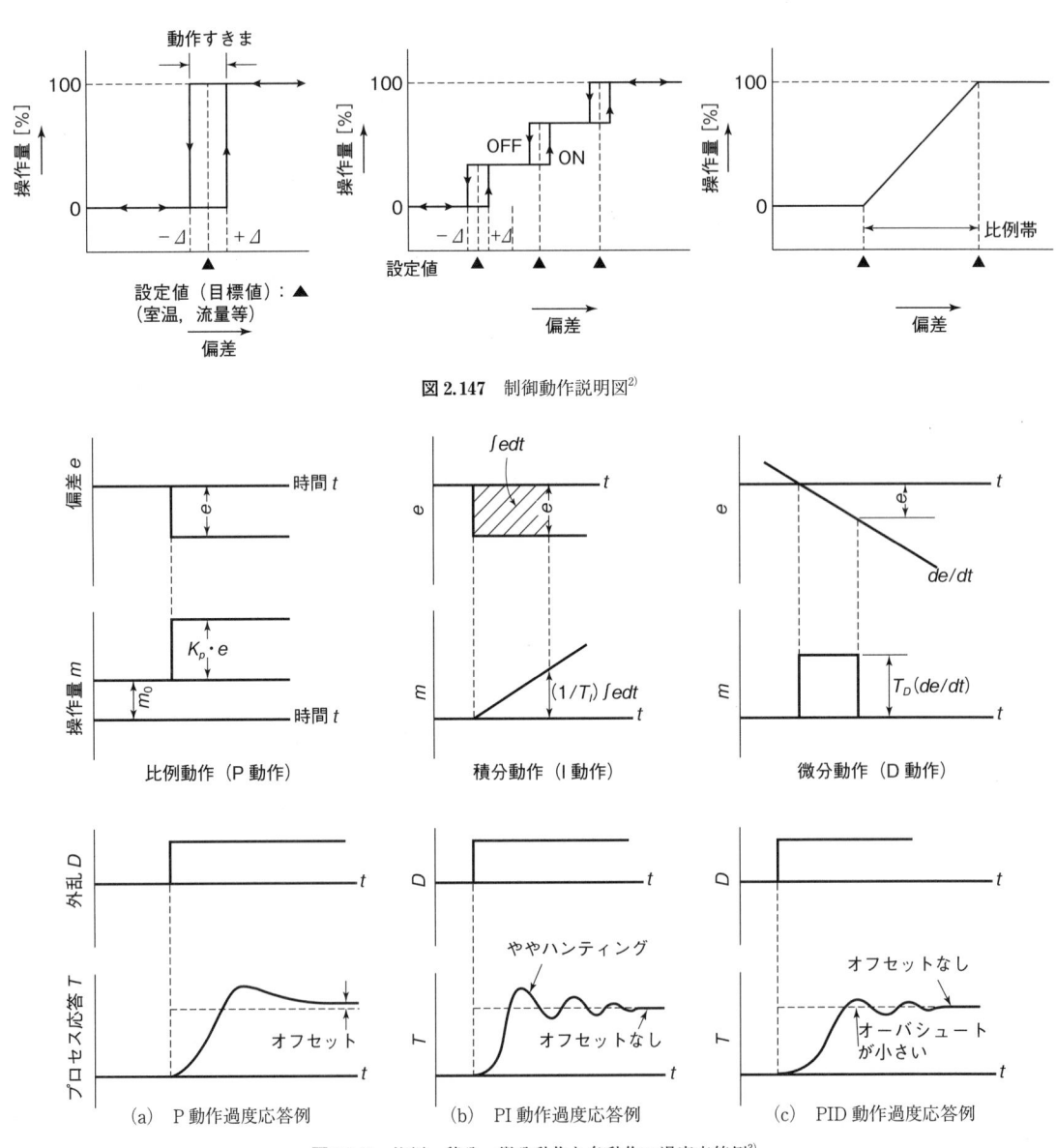

図2.148 比例・積分・微分動作と各動作の過度応答例[3]

ることによって，目標値と制御量の差（制御偏差）を少なくし，制御量変動を極力抑制する方式である（図2.147b))．典型的な例として台数制御などがある．

3) 比例制御（P） 時々刻々室温など（制御量）を計測し，目標値との差（制御偏差）に比例して弁などの操作量を変化させる方式である．なお，操作量0%から100%までの制御巾を比例帯という（図2.147c）．また，システム構成や空調負荷特性によっては偏差を残したまま安定状態になる欠点があり，この偏差をオフセット（残留偏差）と呼ぶ．図2.148a）に比例動作（P動作）概念と過渡応答例を示す．

4) 比例＋積分制御（PI） 積分動作（I動作）は過去の制御偏差の修正（リセット：偏差を0まで追いつめること）を自動的に行う機能である．本制御は，比例動作に積分動作を加え，比例動作のみでは生じやすいオフセットを取り除くための複合動作方式をいう．一般に，圧力制御など時間遅れの小さい制御に適する．なお，時間遅れの大きいシステムに利用すると発振しやすい欠点もある．図2.148b）にPI動作概念と過渡応答例を示す．

5) 比例＋積分＋微分制御（PID） 微分動作（D動作）は制御の応答を速くするための機能である．本制御は，比例＋積分動作に微分動作を加えた高度な複合動作方式をいう．オフセットをなくし，行き過ぎが少なく，しかも応答が速い制御動作である．当初，高い精度が必要な用途に用いられたが，DDCの普及で一般システムによく使われる．図2.148c）にPID動作概念と過渡応答例を示す．

6) その他制御 マイクロプロセッサーなどの普及により，より複合的で，より複雑な実用的制御も開発されている．

たとえば，従来の室温や冷水供給熱量などの制御量に関わる要因のほかに，新たな制御要因（気象予報値，日射状況，内部発熱要因，居住人員ほか）を加え，予測機能や学習機能など（ファジー制御やAI制御など含む）を用い，制御の最適化などが図られている．

d．制御機構による分類

自動制御機器は，検出部や操作部に必要な動力の種類あるいは調節部の信号処理形態から，電気式，電子式，DDC（Direct Digital Control）方式，空気式，および電子・空気式等の各方式に分類されている．

以下に，その特徴を記す．なお，表2.49に各方式の構成概要，特徴，用途などを分類した一覧表を示す．

1) 電気式制御方式 検出部（センサ）と調節部（調節器，コントローラ）が一体構造であり，制御対象の変化を機械機構で調節し，接点の状態や電気抵抗

表2.49 制御方式の比較[2]

	電気式	空気式	電子式	電空式	DDC
概念図（温度）	検出部 調節部 ↓ 操作部	検出部 調節部 ↓ 操作部	検出部 遠隔設定 調節部 （電子回路） 操作部	検出部 遠隔設定 調節部 変換部 操作部	検出部 中央監視とコミュニケーション 調節部 中央入出力部 （マイクロプロセッサ） 操作部
動作源	商用電源	空気源	商用電源	商用電源／空気源	商用電源
制御性	二位置 比例	比例 補償 連続	二位置　連続 比例　　指示 PID　　中央監視計測 カスケード　中央監視設定 補償	同左	同左
制御対象	温度 湿度 圧力	同左	低温　圧力 湿度　流量 露点温度　その他	同左	同左
経済性	簡単な計装では安価	同左	電気式より割高	複雑な計装で割安	中央監視と併用すると電子式より割安
運用	一般空調用 簡易計装	防爆用 大型バルブ使用時 （比較的安価）	恒温恒湿用 遠隔設定指示	恒温恒湿用 遠隔設定指示 外乱変化の遠い対象 大型バルブ使用時	インテリジェントビル 省エネルギー計装複雑な計装

〔注〕 上記のほかに，補助動力を必要としない自力式がある．

値の変化を直に操作信号に利用する方式である．

構造が簡単で取り扱いやすく，制御精度があまり要求されない簡易な空調システムによく用いられる．

2) 電子式制御方式　センサと調節器が独立した構成である．センサは制御量の変化を電気信号（抵抗や電圧）に変換し出力する．調節器はセンサからの信号とあらかじめ与えられた設定値とを比較・演算し，制御信号を操作機器に出力信号に利用する方式である．

なお，操作器は調節器の出力信号に応じた入力機能をもち，制御弁やダンパなどを操作し，配管やダクト内を流れる流体を制御する．

複数の制御量取り込みができ，高感度・高精度の制御が可能である．また，遠隔からの設定も可能である．

中規模以上の事務所ビルの空調や産業用空調，さらに恒温恒湿など高精度を要するシステムや複雑な制御などに適する．

3) DDC式制御方式　調節器はマイクロプロセッサをもち，ソフトウェアで複数の制御ループを処理できる．制御量はデジタルデータに変換され処理される．複数の制御ループの連携や複雑な制御も対応可能であり，変更などにも比較的容易に対応できる．中央監視システムとも，直接データ通信ができる．他の方式に比べ，精度や応答性の点で優れる．

4) 空気式制御方式　圧縮空気を操作器の動力源や信号伝送（空気管が伝送要素）として用いる方式である．機器の構成は，センサと調節器が一体型（一般空気システム）と分離型（トランスミッションシステム）がある．

比例制御を行うのに適し，豊富な補器を用いることで複雑な制御を可能とする．操作力が大きく，優れた応答性もあり，主に，防爆性や大きな操作力を要する用途に使われる．

5) 電子・空気式制御方式　電子式と空気式を併用した方式である．一般に，センサ部と調節部に電子式，操作部に空気式を用いる．

電子式がもつ応答性・高精度・機能性，空気式がもつ大きな操作力・応答速度などを兼ね備えている．一般に，大きな操作力を要する大型空調装置などに利用される．

6) 自力式制御方式　電源・空気源などの補助エネルギーを必要としないため，システムが単純である．自力式制御弁の場合は，比例帯・ヒステリシス・締切圧などにより，実際値が目標値よりすれる場合があるので定期的保守が必要である（特に，操作推力が小さいために，弁が完全締切していない可能性がある）．

2.7.2　自動制御システム計画と留意点

空調用の自動制御装置は建物内のさまざまな機器やシステムに実装されている．ここでは，実務上必要とされる計画・設計手順とその留意事項，および機器選定に際し運用保全にかかわる留意事項の一端について示す．

なお，図2.149の監視制御システム計画設計フローにも示されるように，自動制御計画は中央監視制御計画と密接にかかわり，その関連性を含め記述する．

a. 計画・設計手順と留意点

1) 制御目的の明確化　建物用途や規模，およびビル管理方針に基づき設計主旨を文書化などで明確化する．設計主旨や目的に沿った要求機能（システム検証含む）を各管理項目別に整理し，併せて経済性を考慮し，必要なソフト・ハード仕様・システムグレードなどを検討する．

2) 制御対象と負荷特性などの理解　制御対象は用途やシステム別に具体的に分類し，制御動作と適用範囲を検討する．同時に，負荷特性を考慮し制御計画を立てることが，利用者の満足度を高め，省エネ実効性向上を図るうえで重要である．

これは，図2.149に例示するように，一般事務所などでの年間の時間当たり所要熱量頻度が，軽負荷時の値（例，負荷率：20～60％）が支配的であることが多く，ピーク時よりも軽負荷時のシステム運用方法や制御方法が快適性保持やエネルギー使用量に大きくかかわるためである．すなわち，ピーク時ばかりでなく軽負荷時の制御機能の確認が重要となる．その際，対象機器の仕様や能力特性（例，ピーク時と軽負荷時のコイル特性の違いなど）を十分考慮する必要がある．

3) 制御理論と適用方式の検討　制御対象となる各システムに対し，室内環境目標値，省エネ目標値，

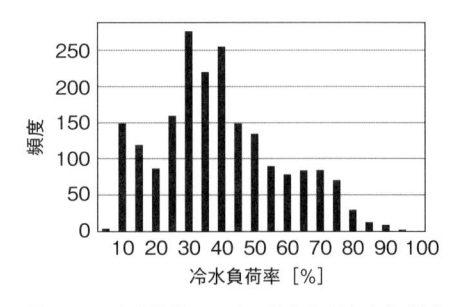

図2.149　冷水供給における負荷率頻度分布事例（某事務所ビルでの夏期(2002年6～9月)における時間別平均負荷率度数分布）

運用方法などの設計与条件と同時に，採用する空調システムやゾーン・空間特性（内部発熱分布，外乱条件，気流分布，蓄熱要素ほか）などの諸特性に対し，必要な制御項目を整理する．

そして，各制御項目に対し，所要制御理論（フィードバック要否や P・I・D の制御動作要否ほか），機能（要求制御精度，処理速度，信頼性ほか）・システム特性（空調機器仕様，運用条件ほか）などを明確化し，適用方式を選定する．

4) 動作説明の検討と作成　　動作説明とは，制御内容をロジックを含め説明することであり，設計者が施工者（建設時）や運用者（竣工後）らに制御内容や運用方法を伝えるための重要な情報である．

表記方法は，各空調システムに対し，計装図を作成し，制御項目別に詳細な動作説明文を明記する．特に，シーズン別設定内容などを含めた詳細な動作内容を記すことが詳細設計上，発注契約上，施工管理上および運用管理上不可欠である．なお，計装図とは制御概要とハード構成を示したシステムブロック図を示し，主な制御項目別に内容（動作説明）が記され，自動制御装置と中央監視装置との通信項目も付記される．

また，制御計画に際し，同一名称の制御項目でも制御アルゴリズムは多種あるので，必ずその考え方を詳細フローチャート（制御ロジック概念図など）や文章（動作説明文）で明示することが重要である．具体的な表記方法として，空調機の最適制御システムに対する概念図表記例を図 2.150 に，論理的制御手順をフロー図表現した例を図 2.151 に示す．

5) 制御機器とシステム構成の選定　　前項での動作内容と設計与条件などに基づき，制御システム機器（各メーカー対応機種）を選定する．なお，機種の選定がハードや基本ソフトの仕様決定につながることが多い点に留意する．

次に，中央監視装置との関連を考慮し，システム構成を図る．システムの選定と構築に際し，故障や停電に備え，機能の分散化，冗長性確保および無停電電源供給の適応範囲などを検討する．

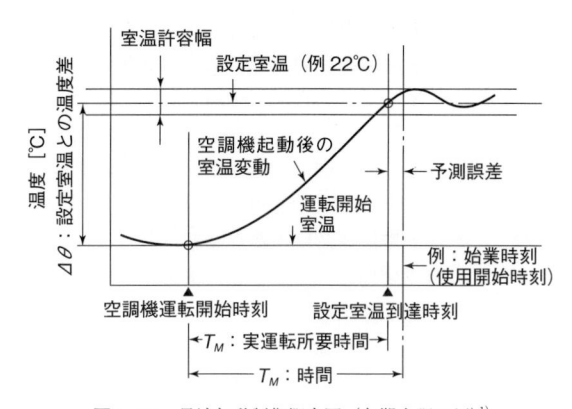

図 2.150 最適起動制御概念図（冬期空調の例）[1]
〈記号説明〉
　$T_M = A \times \Delta\theta + B$（設定室温への到達に要する予測所要時間）
　A は比例定数（毎日の実データに基づき，変更されるパラメータ）
　B は定数（固定パラメータ）
・変動パラメータ A は，A（翌日の値）$= a_1 \times A_{k1} + a_2 \times A_{k2}$
ただし，A は翌日の予測値，$A_{k1}(=(T_M-B)/\Delta\theta)$ は本日の実績からの算定値，A_{k2} は本日の予測値，$a_1 \cdot a_2$ は固定パラメータ（$a_1 + a_2 = 1$，例，$a_2 = 0.5$，$a_2 = 0.5$）．
なお，変動パラメータ A の初期値および固定パラメータ B は，各シーズン別の実績データ（最低外気温，空調機器起動時刻，設定温度到達時刻他）などに基づきあらかじめ算定する．また，パラメータ $A \cdot B$ は実務上，平日・休日・休日明けに3分類し運用する．

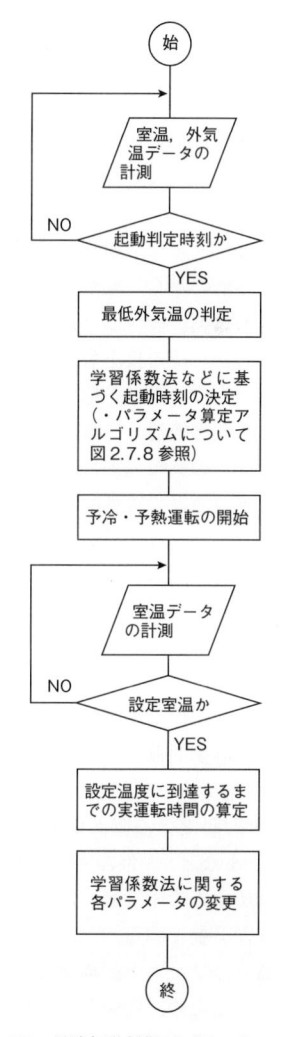

図 2.151 最適起動制御のフローチャート[1]

6) 中央とのコミュニケーション内容の明記　これは自動制御装置と中央監視装置との通信項目を明記することであり，一般に動作説明と併記する．この表記内容によって，BEMS 全体としての制御機能分担や監視機能・監視対象が明確化され，該当システムの制御性や監視・検収機能の向上が図ることかできる．

特に，システム動作確認（動作の良否判断，検収など）のための計測ポイント（評価指標を含む）の確保が重要である．また，制御パラメータなどの通信項目の選定に際し，あらかじめ，システム異常の発生を想定し，症状や原因を整理しておくことも必要とされる．

7) 中央監視装置との機能区分の明確化　IT 関連技術の急速な発展に伴い，BEMS 全体のオープンネットワーク化が進み，システム構成が異メーカーや異業種間におよぶことが多く，自動制御の動作内容や伝送内容にかかわる仕様を確認し，併せて工事区分などを明確化する必要性が増している．これは，総合調整を円滑化し，将来の増設工事や更新工事に不可欠な情報である．

b. 自動制御機器の選定・運用上の留意点

自動制御機器は設計された制御方式に対応し選定されるが，その保全作業はメーカーにほぼ完全に依存し，オーナーや管理者にとって不明な点が多い．ここでは，自動制御計画・設計に際し，保全計画上留意すべき事項として，前述の自動制御機器（電気式・電子式・デジタル式・空気式における検出器，調節器，操作器など）における運用上の特徴の一端を示す．

1) 電気式自動制御機器　電気式調節器は，機械的変位（温湿度などの制御偏差）を電気信号に変換する機構のため，変換機構の機械的可動部を適切に管理する必要がある．

検出部のうち，感温部のダイヤフラムやベローズは経年変化が少ないが，機械的可動部（スナップスイッチなどやポテンショメータ機構など）や感湿部（ナイロンリボンや毛髪など）に対し，精度保持のためにじんあい除去などの定期作業や調整点検を必要とする．

2) 電子式自動制御機器　一般に検出部は摩耗がなく，温度用は使用環境の影響を受けにくい．しかし，検出部が筒内挿入型でなく塵あい除去が必要なもの（室内型エレメントなど）や性能劣化が激しいもの（湿度検出用塩化リチウム素子など）に対し，設置場所の検討や定期保守が必要である．

電子式調節器は，プリント配線回路や各種の電子部品が使用されているため，周囲温度・電源など使用条件に注意する必要がある．

3) デジタル式自動制御機器　検出部は，電子式の場合とほぼ同様である．なお，精度・特性上から電子式自動制御機器の検出エレメントと異なるエレメントを使用する場合もある．

デジタル式調節器はマイクロプロセッサを使用し，電子式調節器と同様に各種電子部品から構成される．設置条件（粉じん量，高温高湿・振動などの有無など）を考慮し，定期点検周期などの配慮が必要である．

4) 空気式自動制御機器　空気式調節器には，その構造上，細い絞りやノズルフラッパ機構が使用されているため，供給空気（質と圧力）に注意が必要である．

空気式操作器は構造的ダイヤフラムとスプリングで構成され，比較的問題は少ない．

なお，空気供給装置の点検は特に重要である．システム構成にもよるが，圧縮機，ドレントラップ・フィルタ類および充てん物などの点検・清掃・交換を定期的に行う必要がある．

2.7.3 自動制御システムの具体例

ここでは，自動制御計画・設計の具体例として，セントラル空調方式を主に，熱源システム・二次側ポンプ搬送システム・空調システムの各サブシステムに分け，計画・設計上の特徴と留意点について計装図を含め示す．また，分散型空調方式（空冷パッケージ方式など）についても事例と特徴の一端を記す．

a. 熱源システム

熱源機器まわりの制御は，適正な温度の冷水あるいは温水を必要量効率よく生産することを目的とする．一般に，ビルの空調負荷は季節や時刻，さらに使い方によって大きく変動し，この変動に適切に対応できうる熱源制御方式が要求される．

熱源装置まわりの制御は，一般に配管系がクローズ方式かオープン方式かで大きく異なる．ここでは，前者の例として，図 2.152 の計装図例に沿って，冷凍機台数制御，送水温度制御，および冷却水出口温度制御（図 2.153）を，後者の例として，図 2.145 の計装図例に沿って，蓄熱システム運転制御（負荷予測，蓄熱量目標値演算，蓄放熱運転制御（運転スケジュール）など），冷凍機入口三方弁制御，落水防止弁制御について，おのおのその概要と留意点を記す．

1) 冷凍機台数制御　本制御は，冷凍機の軽負荷での運転が効率低下を招くため，負荷に応じた台数を自動選定し，目的に見合う熱量を供給し，かつ高効率運転を行うためにある．

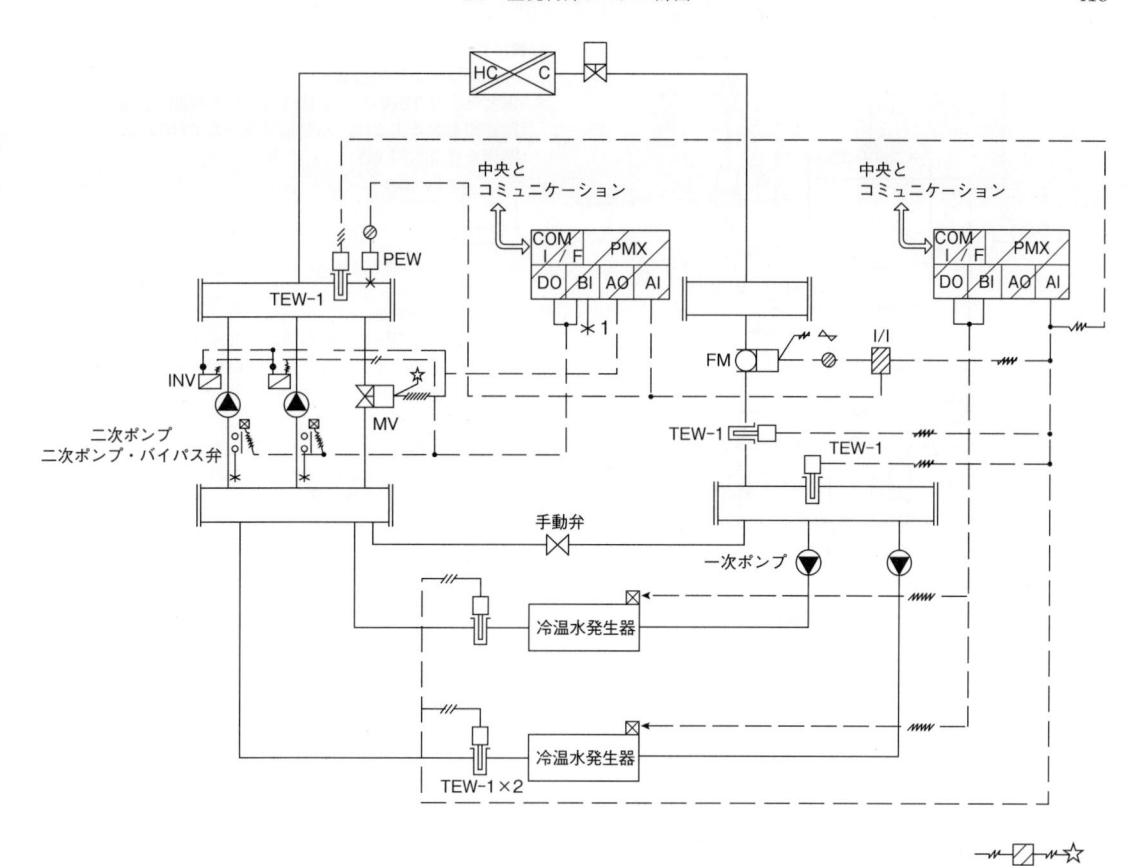

2.7 監視制御システム計画

・制御項目
① 熱源機台数制御
　・熱量による台数制御
還り側に設置された流量計FM，往ヘッダ（冷水：HCS-2，温水：HHS-2）に設置された温度センサTEWと，還り側に設置された温度センサTEWにより，建物の負荷熱量を演算し，その熱量に適した台数分の熱源機RH-1, 2の自動運転を行う．RH-1, 2は冷水/温水を同時に取り出しできる．
また，熱源機は自動ローテーションを行う．故障機については台数制御対象から除外する．

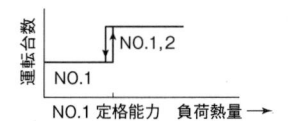

なお，熱源機の能力の変動などの補正のため，往ヘッダ温度により増段，還ヘッダ温度により減段の補正を行う．

② 2次ポンプ台数制御
還り側に設置された流量計FMにより検出される流量に適した台数分の2次ポンプを自動運転する．
また，ポンプは自動ローテーションを行う．故障機については台数制御対象から除外する．

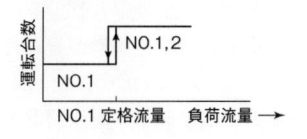

③ 送水圧力制御
往ヘッダ（冷水：HCS-2，温水：HHS-2）により検出されるポンプ吐出し圧が設定値となるように，ポンプインバータおよび，ポンプバイパス弁の比例制御を行う．
―：インバータ出力（％）　---：バイパス弁開度（％）

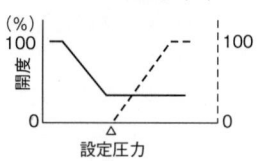

④ 中央監視装置との通信
　・冷熱源群発停
　・温熱原群発停
　・熱源機　状態/故障
　・熱源機出入口温度
　・冷水往還温度
　・冷水流量
　・温水往還温度
　・温水流量
　・ポンプ　状態/故障
　・ポンプ　インバータ出力
　・負荷熱量（冷水・温水）

図 2.152 熱源システム制御計装図例（クローズ方式）[6]

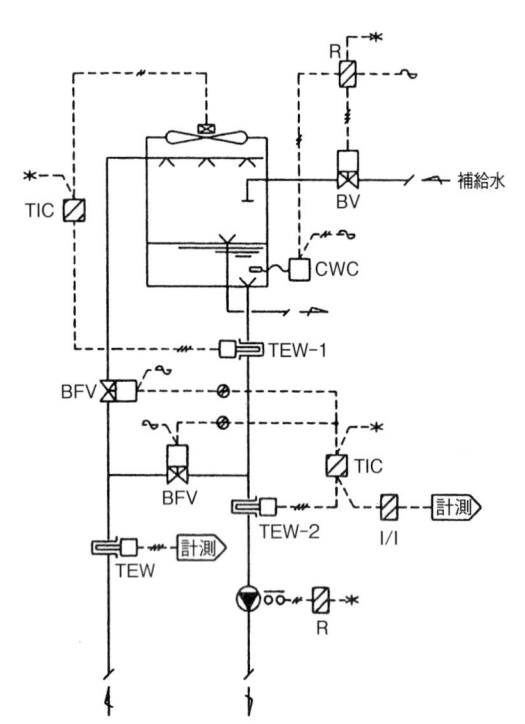

制御項目

① 冷却塔ファン発停制御
温度センサ TEW-1 により検出される冷却水温度が設定値となるように，冷却塔ファンのON/OFF制御を行う．(1段)

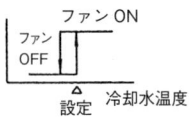

② 冷却水二方弁制御
温度センサ TEW-2 により検出される冷却水温度が設定値となるように，二方弁の比例制御を行う．

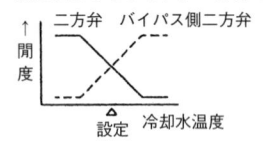

③ 冷却水水質制御
導電率センサ (CWC) により検出される冷却水の導電率により，補給水バルブのON/OFF制御を行い，冷却水の強制ブローを行う．

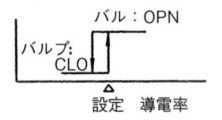

図2.153 冷却塔まわり制御計装図例[6]

制御計画を立てる際に，負荷側の特性である冷水送水温度条件，機器まわりの特性である冷却水温度や流量条件などを確認する．

次に必要な機能と制御方式を検討する．一般的機能としては，所要熱量に応じた熱源台数選定，システム全体の起動停止，ベース機器の設定，運転順序切替制御，故障時のスキップ制御，メンテナンス時の除外制御およびインターロック制御などがある．また，立上り時間の考慮，不感帯やインターバル時間の設定および手動操作機能なども必要とされる．なお，これら制御動作はフィードバック制御とシーケンス制御（あらかじめ定められた順序や条件に基づき逐次進めていく方式）などの組み合せから構成される．

図2.143は冷凍機（冷温水発生器）2台を制御対象とする計装図例である．

冷凍機の起動停止は中央からの群指令信号で行われる．オン信号でベース機器が起動し，オフ信号で全熱源機器が停止する．

冷凍機の台数制御は，冷水所要熱量（負荷熱量）と各設定値に基づく多位置制御方式で行われる．なお，所要熱量算定に際し，温度による増減段補正が行われる．一方，熱源機器本体の容量制御もローカルで並行し行われる．なお，制御機能を満足させるため熱量演算方法，中央管制との通信項目（機器の発停，設定操作，計測値など）の確認も必要である．

また，熱量に代え流量に基づく台数制御とすることもある．これは，空調機（FCU含）の負荷特性や流量制御特性などにより，負荷側の往き還り温度差が十分つかず，熱源能力範囲内でありながら供給能力不足を招くため，所要流量を制御因子とし増段方向をベースに熱量不足に対応する方法の一つである．しかし，省エネのためには，改善方法の検討と流量バランスなどの再考が必要とされる．

2) 冷凍機送水温度制御 一般に，空調機側で必要とされる冷水温度確保を前提に，出口温度の上昇による冷凍機のCOP（Coefficient of Performance：成績係数）向上を目的とする．

一方，出口温度を下げ，二次側大温度差による所要流量の減少で搬送動力軽減を図り，システム全体のCOPを高める制御を目的とする場合もある．

図2.152の例では，冷水入口温度と外気エンタルピーによってDDCで冷水出口温度が設定され，その設定送水温度に基づき冷凍機本体の容量制御が行われる（図中表記省略）．

なお，本制御は空調機まわり温度制御（室内温湿度制御）や流量制御などと相互に関連するものであり，

2.7 監視制御システム計画

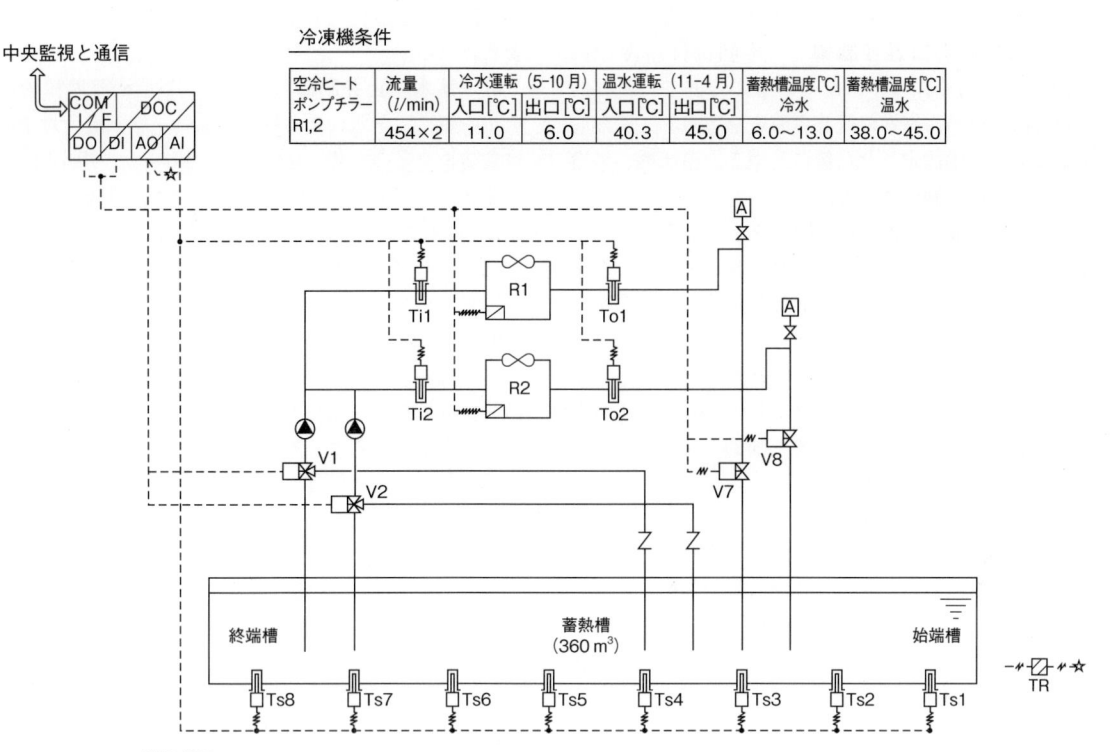

冷凍機条件

空冷ヒート ポンプチラー R1,2	流量 (l/min)	冷水運転 (5-10月)		温水運転 (11-4月)		蓄熱槽温度[℃] 冷水	蓄熱槽温度[℃] 温水
		入口[℃]	出口[℃]	入口[℃]	出口[℃]		
	454×2	11.0	6.0	40.3	45.0	6.0~13.0	38.0~45.0

制御項目

① 蓄熱槽制御

蓄熱槽温度（Ts1~Ts8）により蓄熱量演算を行い，時刻ごとに定められた蓄熱目標となるように空冷ヒートポンプチラーの ON/OFF 制御を行う．
装置保護のためチラー出口温度（To1）が設定値（冷房時 5.0℃以下，暖房時 46.0℃以上）となった場合または終端槽温度（Ts8）が設定値（冷房時 10.0℃以下，暖房時 41.0℃以上）となった場合，空冷ヒートポンプチラー強制全台停止とする．
送水温度を確保するため，始端槽温度（Ts1）が設定値（冷房時 9.0℃以上，暖房時 42.0℃以下）空冷ヒートポンプチラー強制運転とする．

・T1 モード：蓄熱運転（22:00~8:00）
電気料金の割安な夜間電力時間帯に蓄熱運転を行う．蓄熱運転は，前詰めに蓄熱するため，夜間モード開始時より満蓄となるまで，熱源機 2 台とする．
夜間時の放熱に対応するため，満蓄となった後も蓄熱量がある一定値減少した場合，熱源機の強制運転を行う．

・T2 モード：放熱運転（8:00~22:00）
22:00 の時点で残蓄熱量が 0 となるように，各時間の目標値よりも残蓄熱量が小さくなったとき，熱源機の追い掛け運転を行う．

・T0 モード（13:00~16:00）
熱源機運転停止とし，負荷への熱量供給は，放熱のみでまかなう．

② 冷凍機入口 3 方弁制御

空冷ヒートポンプチラー起動時は，3 方弁は始端槽側全開から制御開始とし，徐々に制御状態へと移行する．また，起動後一定時間は空冷ヒートポンプチラー出口温度が設定値（冷水運転時 6.0℃，温水運転時 45.0℃）となるよう 3 方弁比例制御とする．
空冷ヒートポンプチラーが起動し一定時間経過後は，制御方法を空冷ヒートポンプチラー入口温度による制御に切り替え，入口温度が設定値（冷房時 11.0℃，暖房時 40.3℃）となるよう三方弁の比例制御を行う．また，空冷ヒートポンプチラー出口温度が設定温度（冷房時 6.0℃，暖房時 45.0℃）に対して，偏差があるとき，入口温度設定値の補正を行う（カスケード制御）．

③ 落水防止弁制御

冷温水ポンプ起動時は，ポンプを起動した後，圧力保持弁を開とし，冷温水ポンプ停止時，落水防止弁を開としてから，冷温水ポンプを停止とする．

図 2.154　蓄熱式熱源制御システム計装図事例（オープン方式）[6]

許容設定範囲などをあらかじめ検討する必要がある．

3) **冷却水出口温度制御**　本制御は冷凍機のCOPをより高く保持するためのものである．具体的には，冷凍機の冷却水最低許容温度を考慮し，遠隔設定あるいは手動設定された値に基づき，冷凍機への冷却水供給温度が制御される．

図2.153は冷却塔まわりの制御を示す計装図の一例である．具体的制御項目は，冷却塔からの出口水温を制御するための冷却塔ファン発停制御，冷凍機に冷却水を設定温度で送るためのバイパス制御（互いに逆動作する2個の二方弁方式，1個の三方弁方式など）である．なお，補給水の供給を制御し，冷却水の水質を保持するための冷却水水質制御も制御項目として一般的である．

4) **蓄熱システム運転制御**　蓄熱制御の主目的は，一般に，夜間（22：00～8：00）の安価な電力を活用し，ピーク時間帯を含め，昼間の電力使用量を極力減少させることである．その概要は，夜間などの蓄熱目標を決めるために負荷予測を行い，負荷予測値と蓄熱槽容量から各制御時間帯の蓄熱量目標値演算を行い，さらに，おのおのの蓄熱目標を満足するよう蓄放熱運転制御を行うものである．

負荷予測には，オペレータによる予測負荷率等の設定方式，前日までの負荷実績値・残蓄熱量・負荷パターン分類などに基づく時間帯別制御方式，前日までの実績値や気象予報値入力などによる数理統計モデル利用による時刻別自動推定方式などさまざまな方法がある．

図2.145は水蓄熱システム制御を示す計装図例である．夜間などの蓄熱目標を決めるために負荷予測を行い，蓄熱量目標値演算，蓄放熱運転制御（運転スケジュール）などを行うものである．負荷予測は，オペレータによる運転モード別の予測負荷率の設定方式である．

なお，熱源運転制御上の要点は，容量制御をせず，蓄熱目標値になるまで高効率のフルロード運転を基本とすべき点である．この場合，オーバーロード運転防止のため，電流値制御（上限抑制制御）を行う．

5) **冷凍機入口三方弁制御**　蓄熱システムにおける冷凍機（空冷チラー）の出口温度を一定に保つための制御である．図2.154に示すように，起動時は低温側を全開とし，徐々に高温側を開け，設定温度となるよう三方弁を制御する．

留意点としては，起動時と同様，チラーのデフロスト時でも安定した出口温度を確保する対策として，チラー出入口温度を制御補正値として加味することが必要とされる．

6) **落水防止弁制御**　オープン型の蓄熱槽の場合，一般に，落水による騒音・振動・空気混入対策や腐食防止などのため，熱源停止制御時，まず落水防止弁を閉としてから熱源ポンプを停止する制御とする．図2.154もこのシーケンス制御が使われている．なお，上記はオープン型蓄熱槽と直接結ばれる二次側ポンプの制御にも共通の留意点である．

b．二次側ポンプ搬送システム

本制御の目的は，負荷変動に応じた冷水や温水などの所要流量を空調機やファンコイルユニットなどに効率よく供給することである．

搬送動力の低減は省エネルギー効果が高く，台数制御やインバータによる送水圧力制御（変流量制御）がよく使われる．また，熱源系・冷却水系が定流量の場合が多く，一般に二次側送水ポンプが主な対象となる．

一般に，二次側の還水流量を基にポンプの台数制御が行われ，同時に，ヘッダー部分の吐出し圧や空調機まわりの末端圧に基づきインバータによる送水圧力制御（変流量制御）と二方弁によるバイパス制御などの複合制御が行われる．

1) **ポンプ台数制御**　図2.152の例は，二次側所要流量（還水流量）に基づくポンプ発停制御例である．制御方法は，二次側所要水量に応じ多位置制御される．熱源制御との違いは，配管抵抗を考慮し，ほぼ放物線上に発停流量値を設定考慮する点である．

なお，故障時のスキップ制御や順次切替え運転制御も基本制御として行われる．

2) **送水圧力制御**　前項と同様，二次側所要流量を確保し，かつ省エネ化するための制御である．

流量・末端圧・空調機二方弁開度などから必要運転台数とポンプの回転数制御を直接的に求め行う方法もあるが，図2.152の例は，吐き出し圧に基づきインバータを比例制御する方式である．動作説明に示すように，低負荷時には，末端圧に基づく所要水量補正（圧力補正）制御も付加させている．

3) **バイパス弁逃がし制御**　インバータの設定下限値以下の領域での過剰な圧力上昇を防ぐため，送水圧力によるバイパス弁制御が併用される（図2.143）．

4) **流量制御上の留意点**　十分な制御機能を得るには，内容の明確化とともに弁類の仕様選定等が重要である．特に，制御弁選定での Cv 値（弁固有の流量特性）やクローズオフレイティング（最大許容圧力差）などである．

Cv 値は弁前後の差圧を一定にしたとき，プラグ形状と弁座との関係で決まる開度と流量の関係を示すもので，次式によって得られ，調整弁が流し得る流量を示すもので，弁の Cv 値が分かれば弁を通過する流体の量が計算できる．

$$Cv = 0.693 \cdot Q \cdot (G/\varDelta P)^{1/2}$$

ただし，Q：流量 [l/min]，G：流体の比重，$\varDelta P$：弁前後の差圧 [Pa]

調整弁の選定に際し，一般に，最大流量時と最小流量時においておのおのの調整弁にかかる差圧を算定し，その条件における値が，選定する調整弁の許容範囲（10～90％）にあることの確認が必要とされる．

一方，クローズオフレイティングは制御弁前後にかかる最大許容圧力差を指す．制御弁を全閉に保持しうるための圧力特性であり，リーク防止のために不可欠なチェック項目である．

一方，台数制御や流量制御上などの動作内容記述で留意すべき事項として，二次側流量制御でピーク負荷時に対する説明以外に，一般に年間頻度の最も多い軽負荷時での設定事項など（初期のパラメータ，シーズン切り替え時パラメータ，経年劣化に伴うパラメータなど）の制御情報を付記することも必要である．

c．セントラル空調システム

空調制御の目的は，室内温湿度センサーなどを基に，適正な温湿度と空気質をもつ空気を必要量効率的に供給し，快適な環境を確保することである．

空調システムの制御内容は，目的や用途，さらに使用制御機器のハード構成条件などで異なる．制御機構上は DDC 方式（自律分散型を含）が一般的であり，それに中央からの発停制御機能などが併用し運用される．

図 2.155 は，単一ダクト＋VAV（Variable Air Volume：変風量）空調方式における典型的な空調システム計装図例である．空調機まわりの自動制御内容と中央管制装置との通信内容が示されている．これをもとに主な制御の概要と留意点を示す．

1）空調機まわりの制御 セントラル空調システムの制御項目としては，主に，以下の制御項目がある．

i）発停にかかわる制御 空調機の発停制御は，一般に，タイムスケジュール制御が用いられる．図 2.155 の例では中央管制装置のタイムスケジュールによって管理され，中央からの空調機発停指令に基づき，給気ファン，還気ファン，熱交換器などの機器類がオン・オフされる．

これらの他に，連動・インターロック・タイマーなどによるシーケンス制御が用いられる．たとえば，ファン発停指令に基づき，各モータダンパーや弁類（冷水，温水，加湿用電磁弁）が開閉され，また，停止指令によって，ある一定時間経過後ファンが停止される．

ii）室内温度制御（VAV 装置まわり） 本制御は要求室温を確保するとともに，所要風量に見合った省エネルギー化を図ることを目的とする．

各室に設けた温度センサが設定値になるよう，VAV 装置により風量が制御される方式である．なお，ダンパ開度の制御はが PID 動作が一般的である．

iii）給気温度制御/ロードリセット制御 VAV システムにおける要求室温などの維持，搬送エネルギーの軽減，混合損失（インテリアとペリメータなど）の軽減などを図るための基本機能の一つである．

図 2.155 の例は，VAV ユニットの開度と室温から空調機給気温度を逐次最適化するための送風温度設定変更（ロードリセット）制御である．各 VAV の開度が一つでも最大あるいは最小であるか否かに基づき，送風温度を段階的に設定変更する．その設定値に対し，冷水弁，温水弁を操作し，給気温度を一定とする制御動作が行われる．

iv）湿度を制御するための給気露点温度制御 本例では，室内湿度計測値をもとに，給気露点温度が設定され，その値に対し加湿あるいは除湿を行う．

加湿は，加湿用電磁弁の開閉に基づくオンオフ制御が行われる．なお，加湿器の仕様によっては比例制御が行われる場合も多い．

除湿は，まず，設定露点温度になるよう冷水弁が比例制御され，次に，設定給気温となるように温水弁（再熱用コイル）の比例制御などを行う複合制御である．

v）給気風量制御 各 VAV など末端部の所要風量を確保し，同時に，ファン動力の軽減を目的とするものである．

図 2.155 の例では，全 VAV ユニットからの要求風量からファンの送風風量が決定され，その値に基づき，給排気ファンの所要回転数の設定とインバータによるファン回転数制御が行われる．

なお，省エネルギー効果を高めるため，風量に対する各制御値はファンの周波数別静圧特性と VAV 装置などの静圧特性を考慮し定める．また，圧力センサをダクト末端に設け制御する方式もあるが，実際には VAV が各所に配置され適正位置への設置が難しいことが多い点を留意する．

一方，負荷特性の異なるゾーンに VAV 方式を用いる場合，風量制御だけでは条件を満足できない場合も

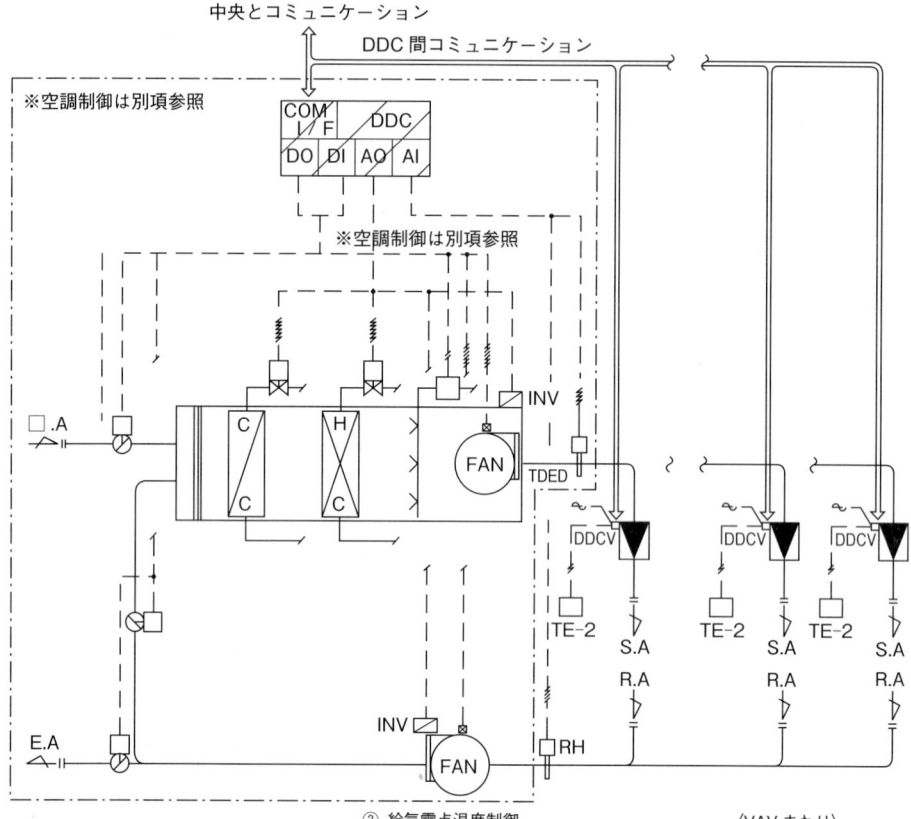

制御項目
〈空調機まわり〉

① 給気温度制御

給気露点温度でセンサ TDED により検出される給気温度が設定値となるように，冷水弁，温水弁の比例制御を行う．

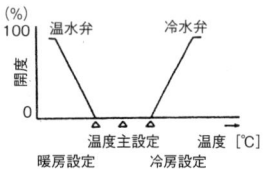

② 給気温度ロードリセット機能

各 VAV の制御状態（風量設定値，室内温度）と空調機の制御状態から給気温度を自動的に変更する．

			変更内容	数ステップ前
冷房時	冷房能力不足	・最低1台以上の VAV が最大風量でも室内温度が冷房設定値まで下がらないとき	給気温度 DOWN	−1.0℃
	冷房適正	・全台の VAV が最小風量でなく，冷房設定値で制御されているとき	現状維持	0.0℃
	冷房能力過剰	・複数台の VAV が最小風量になっているとき	給気温度 UP	+0.5℃
	冷え過ぎ	・最低1台以上の VAV が最小風量で室内温度が暖房設定値を下回ったとき	給気温度 UP	+1.0℃
暖房時	暖房能力不足	・最低1台以上の VAV が最大風量でも室内温度が暖房設定値まで上がらないとき	給気温度 UP	+1.0℃
	暖房適正	・全台の VAV が最小風量でなく，冷房設定値で制御されているとき	現状維持	0.0℃
	暖房能力過剰	・複数台の VAV が最小風量になっているとき	給気温度 DOWN	−0.5℃
	温め過ぎ	・最低1台以上の VAV が最小風量で室内温度が冷房設置値を下回ったとき	給気温度 DOWN	−1.0℃

③ 給気露点温度制御

（加湿）給気露点温度センサ TDED により検出される給気露点温度が設定値となるように，加湿器の ON/OFF 制御を行う．

（除湿）給気露点温度センサ TDED により検出される給気露点温度が設定値となるように，冷水井の比例制御および，給気温度による再熱制御を行う．

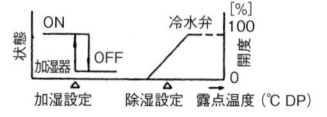

④ 給気風量制御

空調機制御用コントローラ（DDC）と VAV コントローラ（DDCV）間通信により，各 VAV の要求風量により給気風量を決定し，給気ファン回転数の信号を与える．

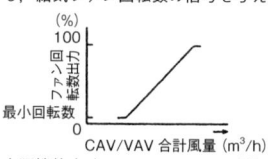

⑤ 空調機停止時のインターロック制御
（対象：外気ダンパ，冷水弁，温水弁，加湿器弁）

⑥ 中央監視システムの通信

空調機　発停・状態・故障
　　　　給気温度設定・計測
　　　　給気露点温度設定・計測
　　　　フィルタ目詰まり
　　　　給気ファンインバータ出力

〈VAV まわり〉

① 室内温度制御

室内温度センサ TE により検出される室内温度が設定値となるように，VAV 開度の比例制御を行う．

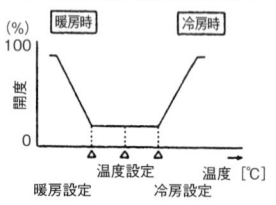

② 中央監視システムの通信

VAV　発停・状態
　　　室内温度設定・計測
　　　室内静圧設定・計測

図 2.155　空調システム計装図例[6]

ある．また，必要外気量確保のため，制御上あるいはシステム構成上の工夫（外気供給系統の分離など）が必要とされる．

vi) CO_2 濃度制御　　一般ビルでは，所要外気量はビル管理法などのもとで在室者1人当り25～30 m³/h 程度必要である．一方，設計外気量は，一般に最大在室者数を想定し決めるため，通常運用時，CO_2 濃度が基準値（1000 ppm）を大きく下回ることがある．室内 CO_2 濃度をもとに取入れ外気量を制御することで，外気負荷の軽減が図れる．特に在室人員が大きく変動する用途に対し有効である．

なお本制御は，一般的に還気ダクトに CO_2 濃度センサを設け，設定濃度となるよう外気ダンパ開度やファン回転数を制御する方式が用いられる．

vii) 最適起動制御　　室内温湿度は，一般に就業開始時点で満足している必要がある．空調機を始業時刻より一定時間前に運転開始するため，始業時以前に設定室温になるむだが生じやすい．このため，予冷熱運転を必要最小限とし，空調ファン動力などを軽減する制御が必要とされる．

本制御は，一般に学習制御と呼ばれる方式が用いられる（図2.150参照）．運転開始時刻の室温，設定室温になるまでの所要時間および外気温などを因子とする評価式に基づき，最適起動時刻が決定され，起動指令が出される．

viii) 予冷予熱時外気取入れ停止制御　　外気導入の目的は，室内で発生される汚染物質や悪臭などを許容濃度まで希釈し，室内の清浄度を良好な状態に保つことにある．本制御の目的は，エネルギー的にみて，予冷熱時の外気導入が不利な場合には，導入を停止（OAカット）し省エネをすることにある．

在室者のいない予冷熱時には汚染物質等の発生は一般に少なく，外気取入れを停止し，外気負荷や暖房ピーク負荷を軽減できる．ただし，外気冷房時や除臭運転時には予冷熱時でも外気を取り入れる必要がある．

制御は，外気ダンパを全閉とし，還気ダンパを全開とする．さらに，立上り時間を短縮するためVAVユニットを全開とする．

ix) 外気冷房制御　　主に中間期や冬期，冷房用熱源として外気を直接利用する制御方式をいう．

図2.156は，エンタルピーを制御因子とした例であり，空気線図上に外気冷房条件（外気冷房可能域：斜線部）を示す．具体的には，ある時間間隔で，外気と室内のエンタルピーを算定し，外気冷房可能域にある場合，外気冷房指令が出され，全熱交換器が停止され

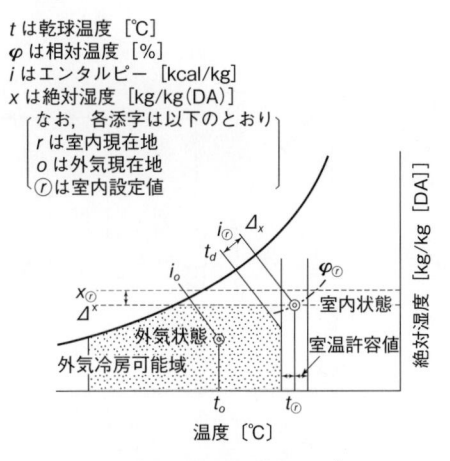

t は乾球温度 [℃]
φ は相対湿度 [%]
i はエンタルピー [kcal/kg]
x は絶対湿度 [kg/kg(DA)]
なお，各添字は以下のとおり
r は室内現在地
o は外気現在地
$\circledr$ は室内設定値

図2.156　外気冷房制御条件[2]

バイパスダクトが開となり，給気温度設定に基づく外気ダンパ開度操作などの制御が行われる．

留意点としては，①外気冷房中は室内湿度制御ができない，②湿度を重視する場合，外気冷房条件に許容絶対湿度条件（破線表示）の付加が必要，③全熱交換機を設ける方式で外気バイパスダクトがない場合，熱交換効率を最低に保つ制御が必要，④制御因子を乾球温度とする場合，外気が室温より低くても省エネにならないことがある点などである．

x) 排気熱回収制御　　室内排熱を，取入れ外気（給気）で回収し，外気負荷を軽減するための制御である．

熱回収には，顕熱交換と全熱交換の2方式がある．全熱交換器には，回転型と静止型があり，制御システムに違いがある．回転型は，回転数変化（間欠運転など）で熱交換効率を制御することができる．一方，静止型は，バイパスダクトを設け外気冷房などに対処する．

図2.157の例は回転型にバイパスダクトを設けた方式である．外気冷房などを除く冷暖房期，熱交換を用い外気負荷を軽減する．外気冷房じや中間期には，外気をバイパスさせ省エネを図る制御方式である．

xi) その他の制御　　空調制御には，上記のほか，PMV制御や設定値スケジュール制御などがある．これらは複合指標（温湿度，放射，風速，着衣量，作業量など）や外気変動に基づき室内設定温湿度を変更し，快適性の確保と省エネルギー化を図る最適化制御方式である．たとえば，ペリメータ部の空調システムにPMV制御や外気スケジュールを適用した場合，冬期，外気温の低下に伴い設定温度を上げる．この結果，窓面などの冷放射やコールドドラフトの影響を軽減し，体感温度補償を行うことができ，快適性を保持するこ

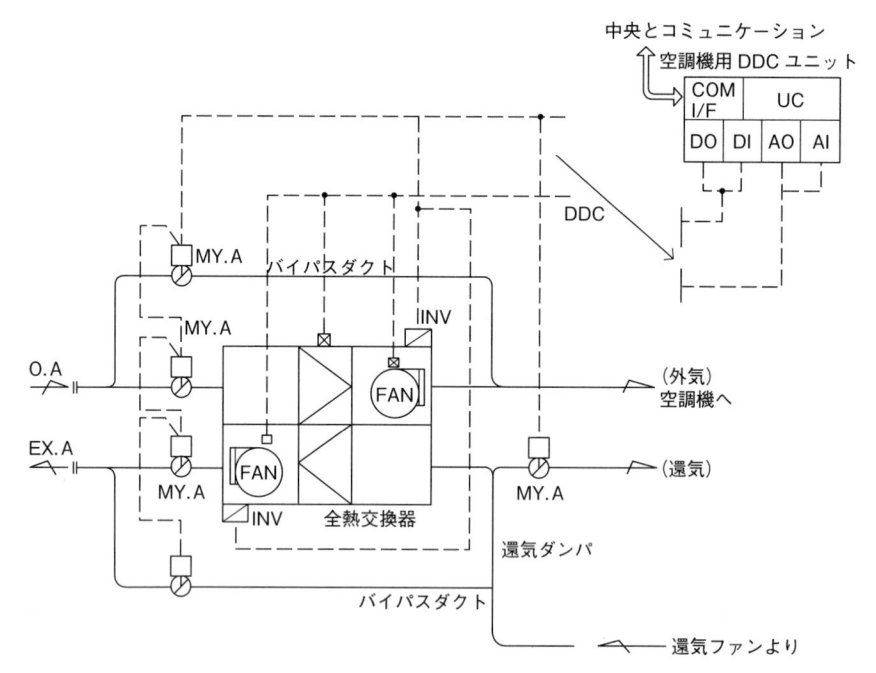

図 2.157 全熱交換期まわり計装図例[6]

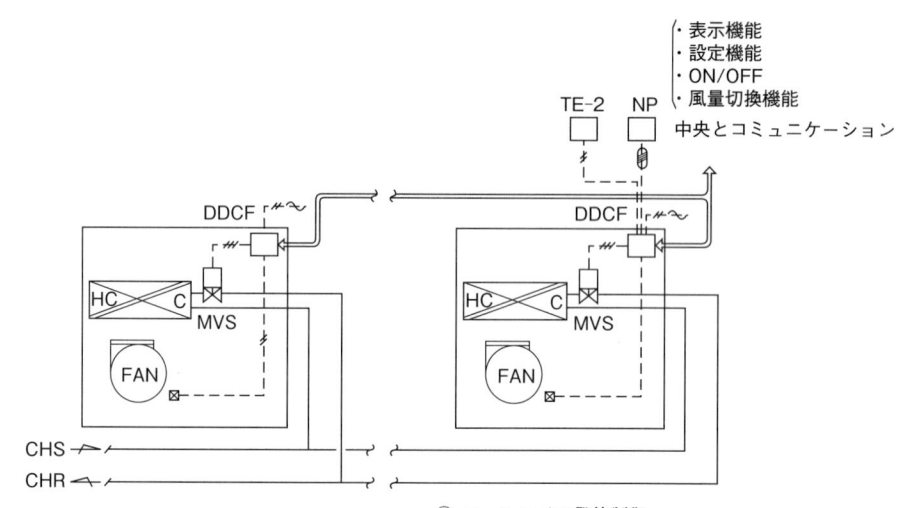

図 2.158 FCU まわり制御計装図例[6]

制御項目

① 室内温度制御
　室内温度センサ TE により検出される室内温度が設定値となるように，冷水弁，温水弁の比例制御を行う．

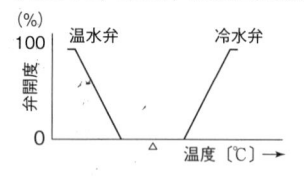

② ファンコイル発停制御
　室内設定器 (NP) によりファンコイルユニットの発停を行う．

③ ファンコイルユニット停止時のインターロック制御
　ファン停止時にバルブを全閉とする．

④ 中央監視システムとの通信
　ファンコイルユニット　発停・状態・故障
　　　　　　　　　　　室内温度設定
　　　　　　　　　　　室内温度計測

〔注記〕ファン発停および，風量切替え (LMH) 機能は室内設定器 (NP) がもつものとする．

ととなる．

2) FCU まわり制御　図 2.158 は FCU まわり制御を示す計装図である．制御項目としては，室内温度制御（室温設定値に基づく二方弁による比例制御），

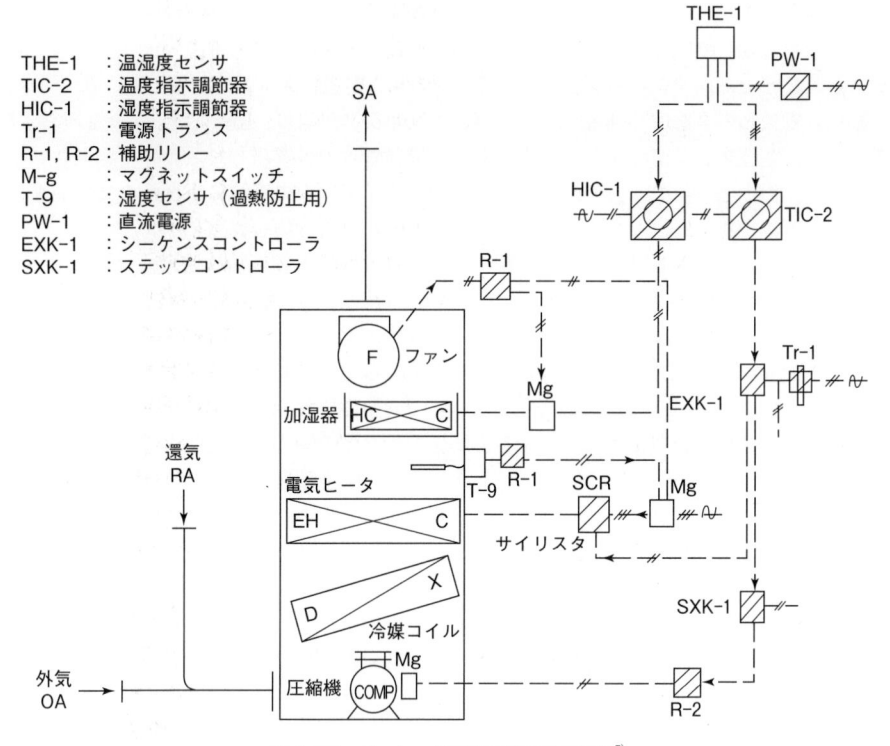

THE-1 ：温湿度センサ
TIC-2 ：温度指示調節器
HIC-1 ：湿度指示調節器
Tr-1 ：電源トランス
R-1, R-2 ：補助リレー
M-g ：マグネットスイッチ
T-9 ：湿度センサ（過熱防止用）
PW-1 ：直流電源
EXK-1 ：シーケンスコントローラ
SXK-1 ：ステップコントローラ

図 2.159 パッケージ型空調機の計装図例[7]

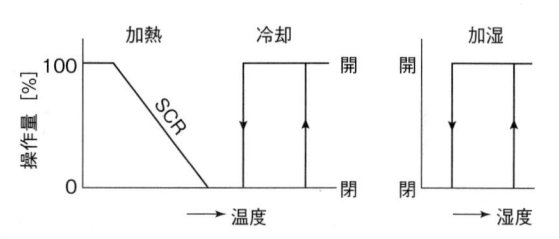

図 2.160 パッケージ型空調機における温度制御

ファン発停制御，および FCU 停止時の二方弁全閉インターロック制御などである．

なお，風量設定は，一般に利用者が直接行う方式が多い．また，計装図は空調機の場合と同様に，動作説明を制御項目に沿って記し，ローカル操作器や中央監視装置との通信項目も明記する．

3） パッケージ型空調機まわり制御 空冷式のパッケージ型空調機は一般事務所のほか，店舗や電算室などに用いられる．事務所などで使用される典型的な計装図例を図 2.159 に示す．

主なハード構成は，温湿度センサ，温湿度用電子式調節器および各種操作機器（ファン，冷凍機（圧縮機ほか），電気ヒータ，加湿器など）である．以下に，その制御項目と概要を示す．

 i） 発停制御　中央からの起動あるいは停止指令で，ファンや圧縮機などがオン・オフされる．

 ii） 温度制御　温度調節器によって，中央からの遠隔設定値に基づき，図 2.160 のように室温が制御される．具体的には冷房時圧縮機がオンオフ制御され，暖房時サイリスタ（SCR）で電気ヒータが比例制御される．

 iii） 湿度制御　冬期，湿度調節器の設定値に基づき，加湿器がオンオフ制御される．冷房期は冷却コイルによる成り行きの制御となる．ただし，電算室などでより厳密な湿度制御を必要とする場合，冷却コイルで除湿された空気を電気ヒータなどで再熱し，さらに加湿器にて所定湿度を確保する方式もある．

 iv） その他の制御　上記以外に，連動・インターロック・加熱防止制御等が行われる．たとえば，ファン停止時，電気ヒータが停止され，加湿用ヒータや弁がオフあるいは閉となり，ある一定時間経過後，ファンが停止される．また，電気ヒータ出口に設けたサーモスタットにより，温度が一定以上上昇した場合，マグネットを切る過熱防止制御などが行われる．

4） その他の空調制御　前述以外にも，空冷パッケージ型空調機の制御内容はそのハード構成によって

異なり，多くの方式がある．

たとえば，今日最も普及しているビル用分散型空冷パッケージシステムなどでは，インバータなどによる熱源容量（圧縮機，電気ヒータなど）制御やファン風量・風向制御のほか，各種スケジュール制御（機器発停，温度設定など），冷暖同時取り出し制御などの省エネ制御が一般的に可能である．

なお，これらの制御は，あらかじめメーカーの製造段階において組み込まれた固定化された制御動作であるため，前項までに記した一般空調システムの様な制御内容の決定や変更は原則的にできない．このため，中央監視装置とネットワーク化し，外部制御信号として各種設定内容の変更や発停制御などを可能とする方法が試行されている．

2.7.4 中央監視設備の基本

IT活用をはじめ，コンピュータ関連技術の発展に伴い，中央監視設備や空調システムにおいてもその変化は目覚しい．たとえば，空調機器に搭載されたマイクロチップによって，機器の高付加価値化が促進され，制御機能の自律分散化も進んでいる．

これは管理対象数の増大や管理内容の変化を生じさせ，同時に，小規模ビルにおける遠隔全点監視や中央からの監視制御システム構築を容易にしている．

一方，監視制御システムでの通信手順の標準化（オープン化）も進展し，システム構成要素のマルチベンダー化が進み，数多くの機種が生まれシステム構成上の自由度も増し，インターネット・イントラネット・モバイルなども容易に活用できる状況となっている．

計画・設計において，ニーズの的確な把握，中央監視設備の目的の明確化，適切グレードの検討と合わせ，システムの最新機能などを知ると同時に，ユーザーの必要とする各種マネジメントへの対応が重要とされる．

ここでは，自動制御要素の一部であり，同時に自動制御機能全体を把握すべき重要な役割をもつ中央監視設備について，主な目的，監視制御対象（ビル監理業務含），基本機能の概要を記す．

a. 監視システムの目的

監視システムの目的は，以下に示すビル利用者ニーズの把握と分析が基本となる．

具体的には，設備機器などの確実な運転・監視サービスなどを通じて，① 快適性，安全性，利便性の向上，② 省エネ化による光熱費の軽減，③ 省力化による人件費の低減，④ 省資源化による資源の適性利用，⑤ 複合化するシステム対応と信頼性向上，⑥ 管理技術の向上支援などである．

b. 監視システムの対象

本システムは，運転管理，保全管理およびビル運用・運営管理の各業務を対象として導入される．

ここでは中央管制にかかわる具体的業務対象を以下の5項目に分類し要点を示す．

1) 機器の運転操作管理　設備機器の発停操作，運転状態把握，警報や故障の監視，異常発生時の対応，操作内容や計器類の記録および保全管理である．具体的には，スケジュール制御，個別発停，設定値変更などの操作業務であり，各種データの記録，保存および編集などの管理業務をいう．

2) 安全管理　ビルを安全に利用できる環境に保つための管理であり，主に防災，防犯管理をいう．

防災管理は，法的に設置義務のある防災設備での火災感知，警報，避難誘導，消火および空調機など関連機器の連動停止などを主とする．なお，地震など自然災害発生時への対応も含まれる．

防犯管理は，犯罪行為の未然防止を目的としたもので，侵入警戒，室の警戒監視，異常時通報，避難誘導および鍵管理などである．

3) 環境管理　ビルの各居室における温湿度や空気の清浄度などを快適で適正な状態に保つための管理である．具体的には，ビル管法などに基づく，温湿度，粉じん，CO_2濃度などの物理量の計測，記録，制御管理（制御内容や設定値などの検討，変更，システム改善）などを行う．

4) エネルギー管理　ビルのエネルギー消費状況などを管理し，同時に，むだの発見と改善によるCO_2排出量の削減・光熱水費の軽減などが本管理の目的であり，運用面を含めた建物全体の省エネ化が中央管制の重要な役割の一つである．

具体的には，設計時に意図された各種省エネ制御システム（台数制御，流量制御，外気取入れ制御，最適運転制御，デマンド制御など）の動作確認，効果検証，エネルギー消費分析・診断・改善支援などである．

5) ビル運用・運営管理　人件費，光熱費，機器保全費，清掃費，消耗品およびその他外注費などの費用発生にかかわる管理業務である．

具体的には，作業スケジュール管理，日誌（受電・作業日誌など）や帳票類（日報・月報，請求書など）の作成のほか，施設台帳管理（設備機器履歴や保全計画の入力など）に基づく各種情報の分析管理業務などである．

c. 基本機能

中央監視機能は，監視・制御・記録・データ処理および通信の5つに大別される．

1) 監視機能 監視の基本は機器やシステムの動作確認である．具体的対象は，状態，状変，警報，アナログ計測，パルス積算，運転時間，回数および発停不成功などである．

2) 制御機能 制御機能には，個別発停，スケジュール発停，グループ発停，連動およびイベント制御などの基本制御があり，空調，熱源，電力，照明等の多くのアプリケーション制御がある．

3) 記録機能 記録機能としては，操作や表示内容の記録，帳票出力，各種データ保存などがある．具体的対象は，操作，メッセージ，警報リスト，ポイント一覧，日報・月報，各種帳票および各画面などである．

4) データ処理機能 本機能には，上記以外の管理機能が含まれ，トレンドグラフの表示分析，エネルギー管理およびシステム診断などがある．

今日では，監視や制御を主とした基本機能のほか，機器・システムの運転状況の把握ばかりでなく，ビルの運用情報を分析評価するためのビル・マネジメント機能が必要とされる．

5) 通信機能 通信機能には，イントラネットやインターネットを経由したユーザーオペレーション機能（例，残業時空調運転延長操作や会議室予約など）があり，また，群管理機能なども含まれる．

表2.50に典型的な基本機能と各種制御やBMS機能を含むアプリケーションソフト項目例を示す．

2.7.5 中央監視システム計画とシステム選定

中央監視システムの計画・設計において，空調設計者と電気設備設計者ではおのおので役割の違いがある．おのおのの立場で，監視システムの計画設計手順，基本機能・目的・ニーズを確認し，システムグレード分類と設定を行い，互いに調整統合することが重要である．

a. 計画設計手順

中央監視システムは空調システムの監視・制御のうえで不可欠なものである．ここでは，空調設備計画からみた主な手順と留意点を示す．

1) 中央監視の目的の明確化 ビル管理方針に基づき設計主旨を明確化（文書化など）する．次に，目的に合った要求機能（システム検収機能含む）を各管理項目別に整理し，経済性を考慮し，必要なソフトとハード仕様を検討する．

2) 中央監視の特性の理解と対象の検討 中央監視の基本機能を理解し，同時に，ローカル装置機能を含めた操作・動作内容を確認し，所要機能と適用範囲を検討する．各適用対象や機能別に監視対象の範囲や内容の大枠を定める．なお，監視対象をできるだけ具体的に分類し，管理対象を定める．

3) 中央監視のグレード検討 グレード設定は，管理点数，監視機能，制御・操作機能などの規模や機能によるものと，応答性，信頼性，拡張性などの性能によるものに分けて検討できる．これらは，ローカルシステムの制御内容や機能・特性などと，それに対応すべき監視機能を明確化し選定する．

また，計測計画内容との整合を図る必要もある．

表2.50 中央監視装置の基本機能とアプリケーションソフト[2]

機能		主な項目
基本機能	監視	① 状態監視 ② 警報監視 ③ アナログ上下限監視 ④ 制御異常監視 ⑤ 機器動作監視（保守インフォメーション） ⑥ 計量上下限監視（パルス入力）
	制御	① 個別発停 ② 個別設定 ③ グループ発停 ④ タイムスケジュール ⑤ イベント制御 ⑥ 火災連動停止 ⑦ 保守登録，解除，運用情報の変更
	記録	① 操作履歴，警報履歴 ② ログ出力 ③ 日報・月報出力 ④ 画面コピー
	データ処理	① 傾向測定（トレンドデータ表示） ② エネルギー管理 ③ 動作検証（トラブルリサーチ）
	通信	① 遠隔表示・操作，群管理 ② 情報通信・伝送・PBX接続
アプリケーションソフト	電力関連	① 発電機負荷制御 ② 停電/復電処理 ③ 電力デマンド監視 ④ 電力ピークカット制御 ⑤ 力率改善制御
	空調関連	① 熱源機器台数制御 ② 外気冷房制御 ③ 空調機最適起動制御 ④ 予冷熱外気カット制御 ⑤ CO_2制御
	事務的管理（ビル・マネジメント）	① 検針データリスト作成 ② テナント請求書作成 ③ メンテナンス作業管理 ④ 設備台帳・履歴管理 ⑤ エネルギー使用量・分析管理

4) **中央監視システム構成と選定** 顧客ニーズや設計条件を満足するシステム（各メーカー対応機種）を選定する．なお，機種選定がハードや基本ソフトの仕様決定につながることが多い．

また，自動制御装置と同様，故障や停電に備え，機能分散化・冗長性確保・停電対策・各種データのバックアップ方法，および無停電電源供給の適応範囲などを検討する．

5) **ローカル装置を含めた機能区分の明確化** システム構成が異メーカーや異業種間におよぶ場合，インターフェイス要否，データ伝送仕様（通信プロトコル），工事区分などを明確化する．また，システムは機能分散化されているため，制御・操作・表示機能，各種データの保存・活用機能などを明確化し，冗長機能を含めた確認が必要である．

b. 機能設定

中央監視機能は，監視・制御・記録・データ処理および通信の5つに大別される．目的と管理対象とその特性から各所要機能を定める．なお，各機能項目リストを表2.51に示す．

また，表2.51には，空調・衛生・電気・系統および各室の管理対象に対し，管理すべき機能項目を示した要求仕様一覧表を示す．この種の整理表によって，管理対象選定の基準や管理機能・内容が明確化される．

c. グレード設定

BEMSのグレードは基本計画において重要な業務である．規模や機能によるもの（管理点数，監視機能，制御・操作機能など）と性能によるもの（応答性，信頼性，拡張性など）に便宜的に分けて検討できる．

1) **規模や機能によるもの** 与条件の明確化作業でもあるが，一般に，建物用途・規模・設備内容および管理方法などを確認し，管理コスト・運用体制によって自動化のレベルが決まり，インターネットやイントラネット（OA-LANなど）との接続要否で通信機能レベルが決まる．

2) **性能によるもの** 設計目標の確認でもある．地球環境保全（省エネルギー・省資源・リサイクル化と実効性向上など）や経済性向上（省エネ，省力化，イニシャルコスト軽減，オープン化システム採用によるLCCミニマム，投資効果明示など），および質の向上/性能の確保（ISO/PL法，快適性，利便性，信頼性，耐久性，検収技術などの向上）などとの関連性から内容を選定する．

なお，既存技術情報（過去の採用・運用実績，BEMSに関わる技術資料およびカタログなど）が決定要因とされることも多い．

d. システム構成要素

1) **ハードウエア構成と留意点** 中央管制は，表示や操作や記録などの機能をもつマンマシン装置，制御機能を支えるコントロール装置および各種信号の伝送や変換を行う装置などから構成される．

ここでは空調設備操作に直接かかわるマンマシン装置（コントロール装置含む）を主に記す．

(1) 表示装置：液晶画面表示などのディスプレイ装置が一般的である．大規模ビルの場合，運転状態と警報や異常の有無を適時監視するための大型スクリーン，常時監視のためのアナンシエータ（集合表示板）なども用いられる．

表示装置における画像分解能，表示速度およびマルチウインド化などの技術が日々向上し，表示内容の自由度が拡大している．ここでのポイントは，空調システム等の監視画面表示内容を目的に応じた監視機能や操作機能に十分対応させることである．

(2) 操作装置：キーボード，マウス，タッチパネルなどがあり，操作自体は容易にできる方向にある．

なお，表示技術の高度化に対応した操作を実行するためには，オペレータの学習環境向上やインターネットなどによる遠隔支援機能の充実を図る必要もある．

(3) 記録保存装置：記録装置には，警報データ・操作記録・各種帳票などを出力するプリンタ等が用いられる．

なお，上記データを含め，表示機能の向上と管理データのペーパーレス化が進展し，必要なときにのみCRTや紙出力する運用傾向にある．

一方，データ保存装置は大容量化し，データサーバと呼ばれる専用装置も使われる．また，収集データの有効活用を考慮し，データベースソフトなどが用いられることも多い．

なお，バックアップなどのため，補助記憶媒体（光磁気ディスクなど）で保存することも重要である．

(4) コントロール装置：中央管制の中心装置であるがB-OWS・BMSとも，今日では一般にパソコンが用いられる．

BEMS全体は，システム構成上，機能分散化（ローカル制御・演算・記憶機能など）の傾向にあり，その重要性は，各種基本制御操作（監視・設定など），マンマシンインターフェイスおよびデータ処理機能などに移っている．なお，機能分散型システムでは，サブコントロール装置（B-BCなど）やDDCユニットも同様な機能をもつ．

2.7 監視制御システム計画

表 2.51 監視制御対象別の要求仕様表示例[8]

設備・機器を対象に機能を表記(原則,用途ごとにまとめて表記する) / 機器ではなく系統を対象とした機能を表記 / 室を対象とした機能を記入(用途ごと)

機能項目	機能対象	空調設備							衛生設備			電気設備		系統				室			備考
		ガス焚冷温水発生器	冷温水ポンプ	冷却水ポンプ	冷却塔	事務室系統空調機(AHU)	会議室系統空調機(AHU)	食堂系統空調機(AHU)	トイレ系統排気FAN	消火ポンプ	水槽類	消火水槽類	受電設備	発電機	冷温水系統	冷却水系統	上水	ガス	事務室	会議室	食堂	
発停・操作機能 発停	遠隔操作(注1)	○				○	○	○														
	連動制御		○	○	○																	
	手元操作(ユーザー端末)(注2)																		○	○		←後押し優先で手元発停を行う場合にも記入
	DDC制御					○	○	○														
	*ローカル制御(注3)							○														
	手動																					
初期起動	最適起動制御	○				○	○	○														
	スケジュール制御					○	○	○														
定常動作時	外気取り入れ制御					○	○	○														省エネ機能など必要に応じて項目を追加する
	季節切替え制御					○	○	○														
	熱源台数制御	○																				
	節電運転制御					○	○	○														
	電力デマンド制御					○	○	○														
	DDC制御																					
防犯システムとの連動	連動起動																					
	連動停止					○	○	○														
火災時	強制停止																					
	強制起動																					
	手動操作					○	○	○														
	定常時動作継続																					
停電時	自家発:起動時強制起動																					
	自家発:負荷配分制御																					
	定常時動作継続																					
警報時	Hi/Lo警報による連動停止																					
表示・設定・計測・積算機能 表示	状態表示	○	○	○	○								○	○								
	COS・トリップ表示	○	○	○	○								○	○								
	冷暖モード	○																				
	上・下限警報(温度,湿度)																					
	上・下限警報(水位)										○	○										
設定	温度					○	○	○											○	○	○	
	湿度					○	○	○											○	○	○	
	圧力																					
計測監視	温度					○	○	○							○	○			○	○	○	更新周期などを記載する
	湿度					○	○	○											○	○	○	
	圧力																					
	電流												○	○								
	電圧												○	○								
積算監視	熱量																					
	流量														○		○					
	ガス																	○				
	電力量												○									
	運転時間	○	○	○	○	○	○	○														

必要に応じて項目を追加する

[注] 1) 台数制御を行うものは,群発停指令とする.
[注] 2) 保守などで必要な操作盤でのり替によるものは除く.
[注] 3) 自動制御で発停を行うもの.

(ビル管理システム委員会 BEMS 仕様書・性能表記小委員会成果報告書,空気調和衛生工学会,2000)

(5) その他の装置：上記のほか，信号変換装置（センサ，変換器，動力盤などの各端末器と入出力装置間との情報通信），伝送装置（入出力装置とコントロール装置間通信），WEBサーバー（ビル内OALANやインターネットなど外部との通信），無停電電源装置（安定電源供給や停電時対応）などがある．

2) オープンネットワーク化と留意点　自動制御を含む中央官制システムは信頼性向上などのため階層構造とすることが多い．オープンネットワークシステムと呼ばれる自律分散制御システム（BACnet, LONWOKSなど）もその一つである．

これらは通信プロトコル（手順）の標準化が行われ，異用途間（空調・衛生・照明・防災など）や異機種間（異メーカ間や新旧機器間など）接続が容易となり，情報伝達機能（情報量や種類など）の向上が図れる．さらに，これらはマイクロチップ化され，高付加価値化のために設備機器本体に内蔵される傾向にある．

このため，システム構築に際し，従来以上に，機能区分・工事区分・情報の流れおよび保全方法や区分などを十分考慮する必要がある．

また，通信手順の標準化は，外部との通信を容易にし，ビル外からの遠隔監視・操作などを容易にする．このため，システム設計に際し，ビル管理業務の内容把握とともに管理体制を十分考慮することが重要である．

2.7.6 中央監視システムの具体例

ここでは，大規模な事務所ビルにおける典型的な中央監視システム事例（自律分散型システム：BACnet, LONWORKSなど利用）について記す（図2.161参照）．

a. BEMSの構成

BEMSは，BACnetを採用する主伝送ライン上に，マンマシンインターフェースとしてのパソコン（B-OWS, BMS），伝送装置（B-BC, DDC, RSほか），プリンター・サーバなどの周辺装置のほか，アナンシエータ，グラフィックパネルなどが接続し，さらに，インターホンや無停電電源装置が設けられる構成である．なお，WEBサーバは，ビル内のOA-LANやインターネット接続などに対応している．

システム配置は，中央管理室に基本処理装置であるB-OWSやデータ処理装置であるBMS，防災セン

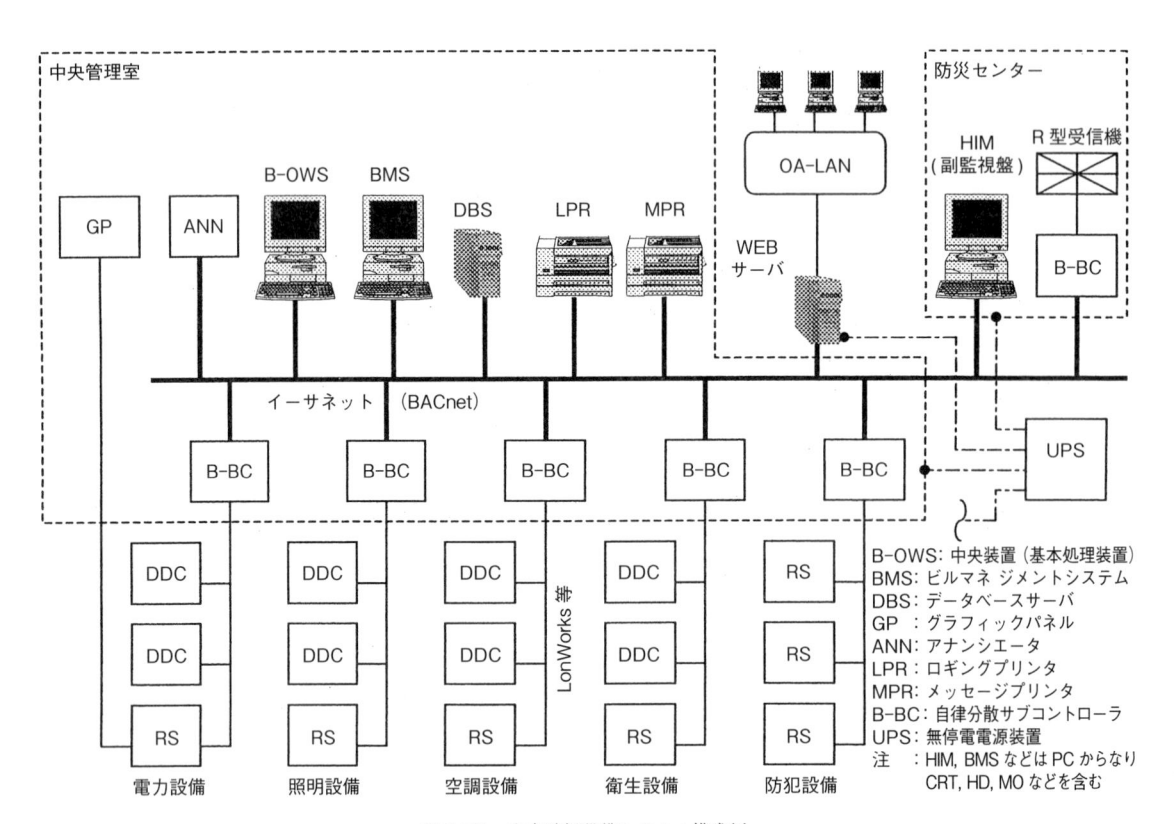

図2.161　中央監視設備システム構成例

ターにある副監視盤（B-OWS），および通信制御装置（B-BC など），各ゾーンごとに分散は位置されるDDC, RS 等から構成される．なお，防災システムはB-BC を介して異機種間接合される．

一方，分散化と同時に，ハード面の信頼性向上のためB-OWS・BMS・サーバー類のハードディスクの二重化等が図られている．

b. B-OWS・BMS の機能区分

各機器やシステムの監視・操作・設定機能などを主とする B-OWS に対し，一般に，ビル管理の高度化要求に対応するため BMS を設置する．

具体的には，エネルギー管理機能の強化，機器台帳管理を含めた保全データ収集分析管理，システム不具合を検知・分析・評価のための動作検証機能強化，さらに，テナント別光熱水費算定計算など，B-OWS 機能を補う目的で設けられる．

c. BMS の特徴

BMS を使った機能強化は，その目的に応じてさまざまな事例がある．ここでは，空調設備にかかわる機能強化の典型的事例を以下に示す．

1) システム動作検証（監視機能の強化）

図 2.162 に，空調熱源システム（冷温水発生機）の動作検証画面例を示す．これは入出力要素（ガス・電力消費量，生産熱量），評価指標（COP），機器運転状況（冷凍機・各ポンプ発停状況，各部温度など）を複合表示し，オペレータが熱源システムの動作検証をする際の支援画面として使われる．一般に，システム良否判定や分析には，評価指標や関連因子が時系列的に表示したこの種のグラフ化が必要である．

なお，B-OWS での監視画面は，一般に，発停状態や異常の有無，温度などの現在値を示すのみである．

2) エネルギー管理（最適省エネルギー運用）

エネルギー管理は，一般に，棒グラフを使用した目標値管理が行われる．

図 2.163 a)～d) に示す図は，上記棒グラフ等の表示管理から，無駄なエネルギー等の不具合要因の発見，因果関係分析，改善策の検討・評価などを明確化にするためのグラフ例を示している．この種の機能がBMS で容易に実現できる．

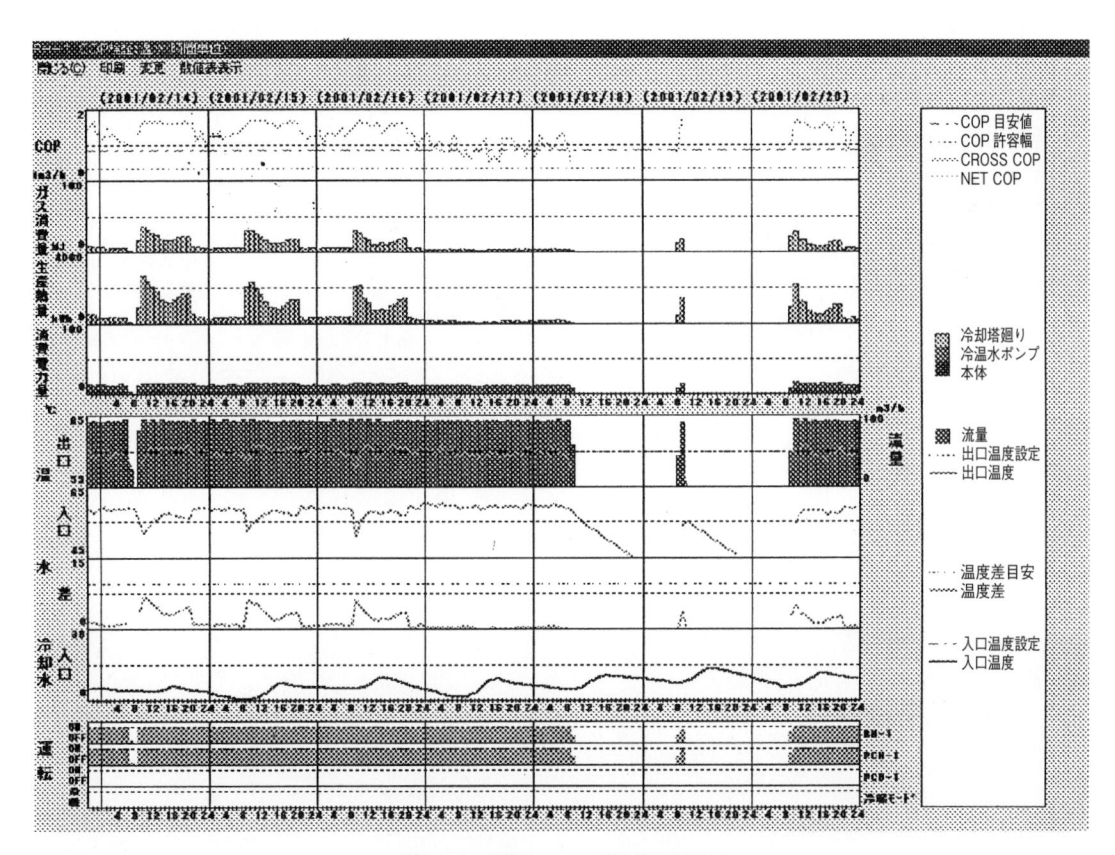

図 2.162 熱源システム動作検証画面例

a. 用途別エネルギー消費量表示　　　　　b. 発生頻度分析表示

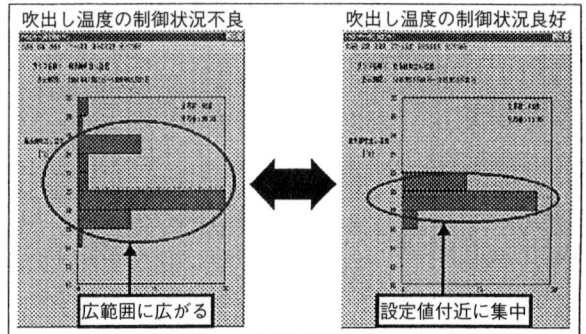

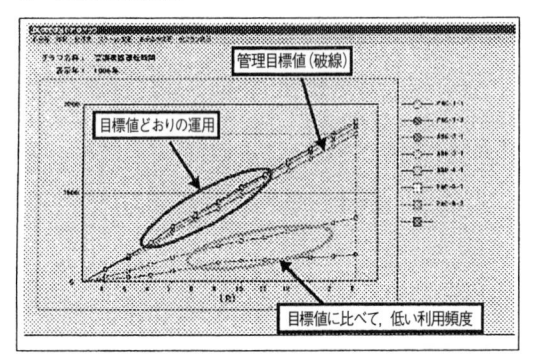

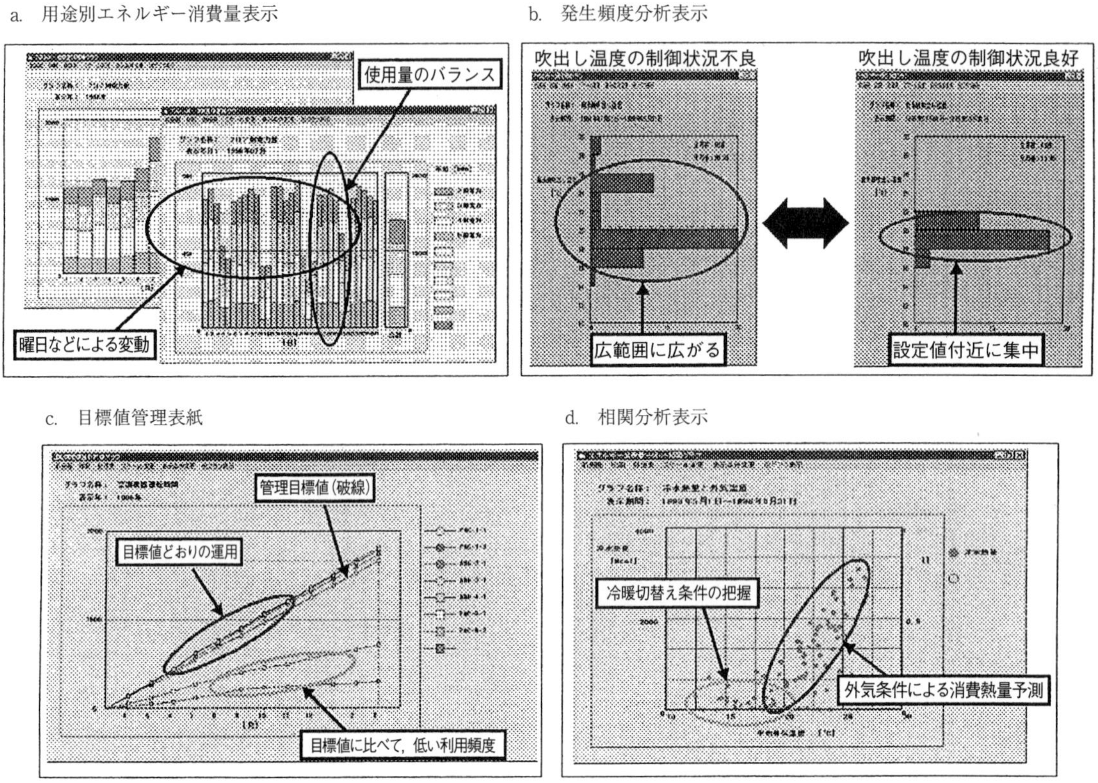

c. 目標値管理表紙　　　　　　　　　　　d. 相関分析表示

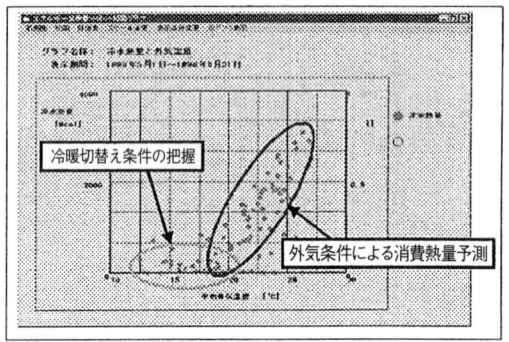

図 2.163　BMS でのエネルギー管理

3) データ収集解析強化（保全データ分析）

各熱源機器の効率の時系列推移分析，相関図分析，オーバーホールの効果分析評価などである．

なお，これら機能の一部は，従来の BAS（基本処理装置）機能（現状値監視，操作，設定等）とは別に，BAS の新たな機能として，付設するメーカーも現れている．　　　　　　　　　　　　〔宮崎友昭〕

文　献

1) 中原信生他：ビル・インフォーメーション・マインド 17，コンピュータ管理，オーム社，1989.
2) 空気調和・衛生工学会編：空気調和設備の計画設計の実務と知識，pp.65〜68，pp.333〜346，オーム社，1995.
3) 井上宇市・森村武雄・小笠原祥五・中村守保編：建築設備ハンドブック，p.226，朝倉書店，1981.
4) 中原信生：BEMS の概要，図-1，BEMS の機能的構成と発展の階層 p.5，BELCA NEWS，(社) 建築・設備維持保全推進協会，2000.
5) 空気調和・衛生工学会編：環境・エネルギー性能最適化のための BEMS　ビル管理システム，丸善，2001.
6) Y 社カタログ，技術資料（2008, 2001）他．
7) YJ 社カタログ，技術資料（2001）他．
8) ビル管理システム委員会 BEMS 仕様書・性能表記小委員会成果報告書，空気調和・衛生工学会，2000.

3
空調設備と省エネルギー・環境負荷削減

3.1 空調設備のエネルギー消費量

空調設備に対する省エネルギーや環境負荷削減（以降，単に省エネルギーと呼ぶ）の方策を考える際，空調設備が消費するエネルギー量やそれに伴う環境負荷の排出量は，そもそもどの程度なのか，また，用途別のエネルギー消費内訳はどうなっているのか，あるいは，社会全体からみた場合に，これらの数値がどのくらいの重みのあるものなのか，などを知ることはたいへん重要なことである．何故なら，これらに関する知識をもつことで，省エネルギーの意義や責務の大きさ，取り組むべき優先課題などがみえてくるからである．そこで，ここでは空調設備が消費するエネルギー量や環境負荷排出量に関するいくつかの有用なデータを紹介する．

ところで，その前に，現在の逼迫した環境問題と空調設備の歴史的な関係について触れておきたい．空調設備の歴史を知ることで，環境問題緩和のための方策を見いだす糸口になるかもしれない．

3.1.1 空調設備の歴史

空調設備の歴史は，給排水や照明などの建築設備と比べると比較的浅く，W. H. キャリアによってはじめて冷却除湿装置が考案された1910年ごろとされている．そもそも，この冷却除湿装置は，ある出版印刷会社における印刷精度の向上（湿度変化による紙の伸縮防止）を目的としたものであったと聞く．その後，紡績工場などにおける水噴霧による除じんや加湿冷却装置（エアワッシャ）が考案されるなど，工場などの施設における生産性向上のために欠かすことのできない設備として急速に普及するとともに，さまざまな技術開発がなされ現在に至っている．

特に建築とのかかわりにおいて見逃すことのできない事実として，空調設備の普及とともに，建築の"かたち"に大きな影響を及ぼした（W. H. キャリアによる空調の定義とほぼ同じ時期（1938年）に蛍光灯が発明された．このことも建築の"かたち"に大きな影響を及ぼしたとみるべきである）．すなわち，空調設備のない時代は，自然通風のために中庭を設けたり，暑さを凌ぐために天井の高い建築が当然であった．しかしながら，空調設備の普及によって中庭や天井の高い建築は不要になり，面積効率のよい収益性に優れた建築が可能になった．言い換えると，自然通風は不要だが，そのかわりに化石エネルギーに依存した建築ができてしまった．

ところで，わが国における空調設備の歴史は，昭和初期にさかのぼる．このころ，空調設備の技術が初めて海外より輸入され，高温多湿な環境において必要不可欠な設備として経済の進展とともに普及し，現在に至っている．これまでのわが国における空調設備の歴史において，特に注目すべき事項は，1973年と1979年の2度にわたる石油危機を経験したことであろう．この貴重な経験をもとに，建築や建築設備の分野（以降，単に建築環境システムと呼ぶ）において，省エネルギーに関する研究開発や技術開発が進み，エネルギー効率の高い建築環境システムを完成させてきたと自負できる．しかしながら，効率向上を上まわる速度の空調設備の普及が，エネルギー消費量を押し上げる結果となってしまった．住宅をはじめとするほとんどすべての建築において，空調設備は不可欠な存在となっていることが，この事実を証明している．

このように空調設備が建築から切り離せない存在となった現在では，建物の資産価値や性能を評価するうえで，空調設備が大きなポイントを占めるようになってきているが，このことは空調設備分野に携わるわれわれが，大きな転換期を迎えていることを示唆しているものと考えられる．すなわち，空調設備の存在が不可欠となったこれからは，少し大袈裟にいえば社会的な財産としての空調設備のあり方を問われているように筆者には思える．

3.1.2 空調設備のエネルギー消費量

18世紀初頭の産業革命以後，地球の再生能力を上まわる速度の，石油をはじめとする化石エネルギー消費量の増大が，地球温暖化に代表される環境問題の要因であることに疑う余地はない．そこで，わが国における最終エネルギー消費の内訳をみることで，空調設備の果たすべき責務の大きさを調べてみる．

この図3.1を見ると，わが国の民生部門（住宅および業務用ビル）のエネルギー消費は，1973年の第一次オイルショックにおいて，およそ41百万 kl であったものが，2000年には84百万 kl となり倍増している．運輸部門も民生部門と同様な延びをみせている．一方，産業分野にいては，最終エネルギー消費量はほぼ横ばいである．GDP（国内総生産）はこの間も順調に伸びていることから，産業分野においてはエネルギー効率の向上に相当な努力が払われてきたといえる．これらのことから，わが国全体でみると，オイルショック後の経済の順調な回復とともに，快適性や利便性を追い求めた結果，民生部門や運輸部門においては，このようなエネルギー消費量の増大に至ったといえる．言葉を替えれば，民生部門や運輸部門の順調なエネルギー消費量の伸びが，経済の伸びを端的に示しているともいえる．

一方，図3.2は業務用ビルにおける一次エネルギー消費量の内訳を示したものである．どの建物も過半が空調設備（ここでは換気設備も含む）で消費されていることがわかる．すなわち，先ほどの最終エネルギー消費における民生部門の過半は空調設備で消費されていることになる．原油換算量でいえば，84百万 kl の

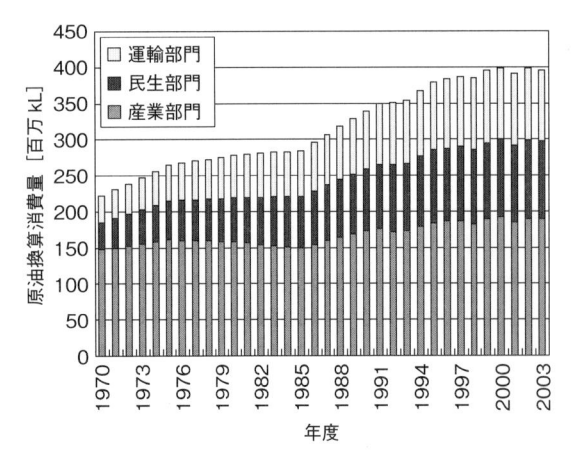

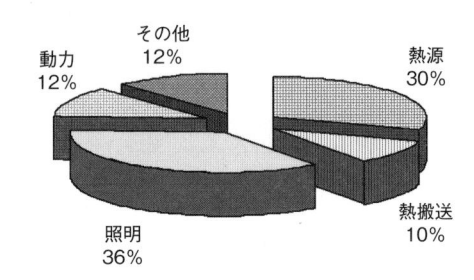

図3.2 業務用ビルにおける一次エネルギー消費内訳

過半であるから42百万 kl 以上ということになる．

〔野原文男〕

3.2 空調設備の省エネルギーと環境負荷削減方策

具体的な方策に関する解説に入る前に，最初に，省エネルギーに対する考え方について述べる．

空調設備の省エネルギー方策を考える場合，その順序を間違えてはならない．すなわち，まず，何よりも「負荷の抑制」を最優先させるべきであり，次いで，自然エネルギー利用を優先し，最後に，エネルギーの高効率利用を考える．この順番を間違えると，大きな落とし穴に落ちる危険性があるので注意を要する．何故，この順番がたいせつかといえば，負荷のないところにエネルギーの投入および消費は不要であるし，化石エネルギーよりも利用し難い自然エネルギーを優先的に利用すべきだからである．

3.2.1 負荷の抑制の具体策と留意点

負荷の抑制のたいせつさを説明したのが図3.3である．図は，空調設備の温湿度制御において，冷房・暖房あるいは加湿・除湿制御に許容幅（ゼロエナジーバンド）をもたせる（負荷をなくす）ことで無用なエネルギー消費を削減できることを説明したものである．最近では，DDC制御が主流となり，冷暖房それぞれ

図3.1 わが国における最終エネルギー消費の内訳

出展：NEDOホームページ．1970年から1995年のデータは5年ごとのデータのため，線形補間によって近似した．

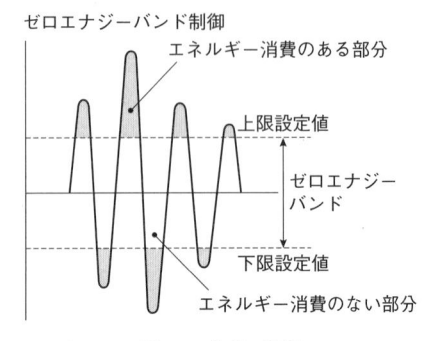

図3.3 負荷の抑制

3.2 空調設備の省エネルギーと環境負荷削減方策

表3.1 負荷の抑制効果を試算した各ケースの相違点

	外部負荷	内部負荷	外気負荷
ケース1（負荷の抑制が不十分の場合）	単層透明ガラス＋中等色ブラインド $SC=0.66$〔—〕 $U=4.8$〔W/m²·K〕	一般型蛍光灯 20 W/m² 人員密度 0.1 人/m² OA機器発熱 120 W/人	外気導入量 5 m³/m²·h 全熱交換器なし
ケース2（負荷の抑制が十分な場合）	高性能遮熱断熱複層ガラス＋中等色ブラインド $SC=0.39$〔—〕 $U=2.2$〔W/m²·K〕	インバータ型蛍光灯 15 W/m² 人員密度 0.1 人/m² OA機器発熱 120 W/人	外気導入量 5 m³/m²·h 全熱交換器あり（熱回収効率60%）

SC：遮蔽係数〔—〕で3mm透明単層ガラスの日射熱取得を1.0としている．
U：熱貫流率〔W/m²·K〕．

表3.2 負荷の試算結果

	外部負荷	内部負荷	外気負荷	合計
ケース1（負荷の抑制が不十分の場合）	20.4〔W/m²〕 (100%)	32.0〔W/m²〕 (100%)	47.4〔W/m²〕 (100%)	99.8〔W/m²〕 (100%)
ケース2（負荷の抑制が十分な場合）	11.4〔W/m²〕 (56%)	27.0〔W/m²〕 (84%)	19.0〔W/m²〕 (40%)	57.4〔W/m²〕 (58%)

独立した温度設定値をもち，ゼロエナジーバンド制御が当然の時代ではあるが，チューニングを間違えると，この図のような大きなエネルギー消費を招くことになりかねないので注意が必要である．

ところで，空調設備が主に対象とする熱負荷は，外部負荷，内部負荷，外気負荷の3種類がある．外部負荷とは，外壁や窓からの貫流熱や透過日射によるものであり，断熱や日射遮蔽によって抑制することができる．ただし，温暖な気候区分においては，冷房時に透過日射は冷房負荷であるが，暖房時には逆に暖房負荷を減らす効果もあることから，常に熱負荷になるとは限らないことに注意を要する．すなわち，気候条件や室内温湿度条件などによって適切な断熱や日射遮蔽性能が決まる．

また，ここで注意しておきたいことは，年間の熱負荷計算をすると，外壁や窓の断熱性能を上げすぎると，暖房負荷の減少よりも冷房負荷の増大の方が勝り，結果的に年間の熱負荷が増えるといった結果を招くことがある．これは，内部発熱が大きい建物でしばしば経験する現象であるが，ただちにこの結果をもって，外壁や窓の断熱性能を決めないことである．何故なら，この結果は，室内温湿度条件に許容幅を設けていないことや，ナイトパージ（外気温度が下がる夜間に内部発熱を自然通風などにより処理する手法）などの省エネルギー方策を採用していない場合であることが多く，これらの対策を施すことでまったく違う結果になるからである．

内部負荷とは，照明発熱や人体発熱，機器発熱などに起因するものであり，これらは常に冷房負荷とな

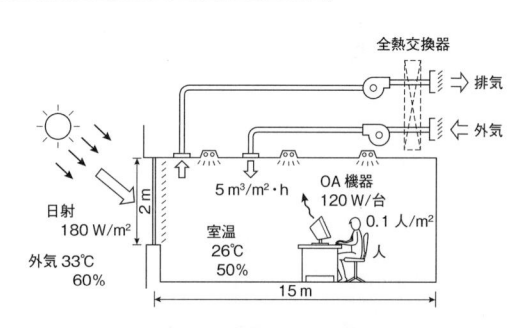

図3.4 事務所ビルの断面

る．人体発熱を減らすことはできないが，照明発熱は，高効率照明や初期照度補正制御，昼光連動制御などによって抑制可能であるし，機器発熱は，消費電力の少ないOA機器を使用することで抑制することができる．

外気負荷とは，外気導入に伴う負荷であり，これは全熱交換器による排熱回収やCO_2制御のような外気導入量制御などによって減らすことができる．

ここで，負荷の抑制効果を，事務所ビルを例にした簡単な冷房熱負荷計算を通して確認してみる．表3.1は，比較した各ケースの違いを示している．

また，図3.4は試算した事務所ビルの断面を示している．室の奥行きは15mで，窓の高さは2mである．図中には外気条件と室内温湿度条件を示している．これらの条件で外部負荷，内部負荷，外気負荷をそれぞれ求めると表のようになる．なお，外部負荷は定常熱負荷計算によって求め，外壁からの熱負荷は無視し，蓄熱負荷などは考慮しないものとしている．

表3.2の結果から明らかなように，ケース2の熱負

荷はケース1と比較して，40%以上の削減が図れている．

3.2.2 自然エネルギー利用の具体策と留意点

負荷の抑制の次に優先すべき省エネルギー方策は，"自然エネルギー利用"である．自然エネルギー利用の代表的な手法として，自然採光や自然通風などのパッシブ手法のほかに，太陽熱利用，太陽電池，外気冷房などのアクティブ手法をあげることができる．自然エネルギーは，その不安定さから敬遠されることが多いが，化石エネルギー利用よりも優先させるべきである．

空調設備における自然エネルギー利用の手法のなかで最もポピュラーなものは外気冷房である．外気冷房とは文字通り外気の保有する冷却能力を利用して冷房するものである．外気冷房効果を簡単に検討できる線図も開発されており，図3.5は，その一例を示している．最少外気導入量，最大導入可能量，内部発熱密度をパラメータにして，年間冷暖房熱負荷が簡単に求められるように工夫されている．

また，外気冷房の省エネルギー効果を最大限に引き出すように工夫した空調システムもある．外気冷房効果を最大限に拡大するためには，空調機に戻る空気温度を高くすればよい．何故なら，空調機に戻る空気温度が高くなった分だけ外気冷房可能な外気温度条件が拡大される（時間が長くなる）からである．図3.6は高内部発熱空間に対して床吹出し空調を適用して，室内にできる温度成層を利用し，空調機に戻る温度を高くすることを意図したものである．

図3.7はアンビエント空間に対しては自然通風を適用し，これとパーソナル空調とを組み合わせることで外気冷房ではないが，機械力を使わない自然通風の可能性を広げることを狙いとしたものである．パッシブ

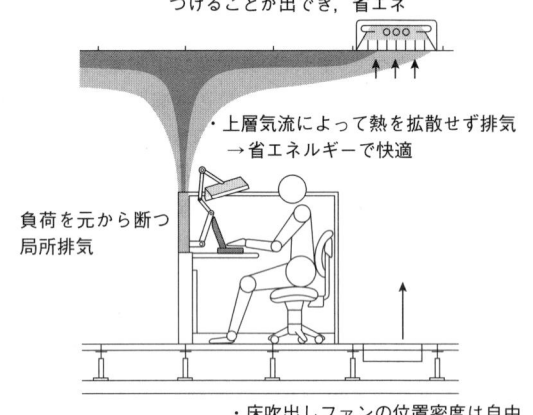

図3.5 外気冷房効果の線図

図3.6 床吹出し空調

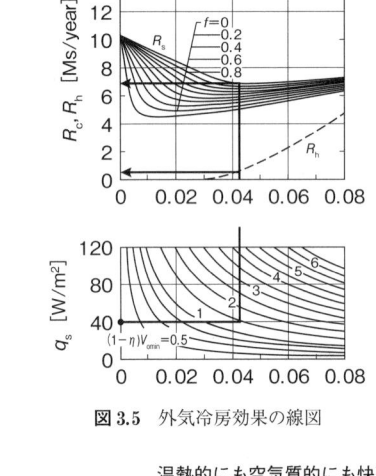

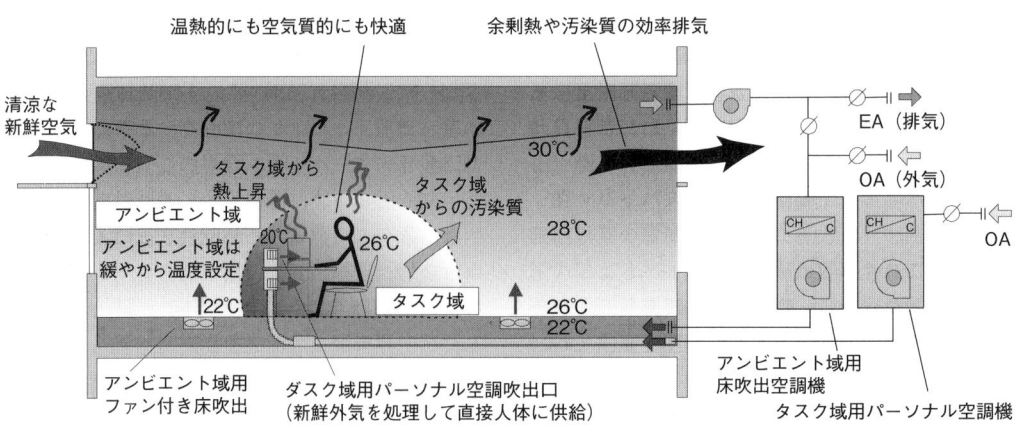

図3.7 パッシブ空調とアクティブ空調の組み合わせ（アジア経済研究所の事例）

空調とアクティブ空調の組み合わせによって，省エネルギーを図ろうとしたものであり，今後の発展が期待されている．

3.2.3 エネルギーの高効率利用の具体策と留意点

最後にたいせつなことが，"エネルギーの高効率利用"である．負荷を抑制し，自然エネルギーを活用したうえで，どうしても必要な部分にのみ貴重なエネルギー資源を効率よく使う．このような考え方がたいせつである．エネルギーの高効率利用技術には，冷凍機やボイラなどの機器単体の高効率化はもちろん，熱回収技術や排熱利用技術，蓄熱技術などのシステムとしての高効率化も含まれる．

ところでこうして考えてみると，"負荷の抑制"や"自然エネルギー利用"は，空調設備技術だけではなく，建築などの空調設備とは専門性の異なる分野に大きな比重があることに気づく．すなわち，空調設備技術者は，エネルギーの高効率利用に関する高度な知識と経験が必要であることは当然のことであるが，建築家をはじめとして構造技術者や電気設備技術者とのコラボレーション（協働）がたいせつであるといわれる由縁である．

最近，エイモリー・B・ロビンスらが「ファクタ4：豊かさを2倍，資源消費を半分に」というタイトルの著書を著したことで，"ファクタ（一部の研究者が「倍数」という意味で使っていた）"という言葉が環境問題を考えるキーワードとして使われるようになってきた．負荷の抑制とエネルギーの高効率利用の関係は，まさにこの"ファクタ"という言葉を使用するのに相応しいといえる．3.2.1項の試算で示した負荷の抑制の効果に，エネルギーの高効率利用を組み合わせることで，エネルギー消費量を飛躍的に削減することが可能であることを簡単に示す．たとえば，負荷の抑制に加えて，高効率冷凍機（COP＝6.0）で冷房した場合と，負荷の抑制もしないと同時に，従来どおりの効率の冷凍機（COP＝4.0）で冷房した場合を比較する．その結果，前者の冷凍機で消費される電力は $25.0\,W/m^2$ であるのに対して，後者は $9.6\,W/m^2$ となり，実にその格差は2.6倍になる．

省エネルギーを考えるにあたって，高効率利用の側面のみ，あるいは負荷の抑制の側面のみを考えていたのでは限界があるが，両者を組み合わせることで「倍数」のようにエネルギー消費量を減らす可能性がある．

また，高効率のエネルギー利用を考えるとき，避けて通ることのできない問題がある．それは部分負荷問

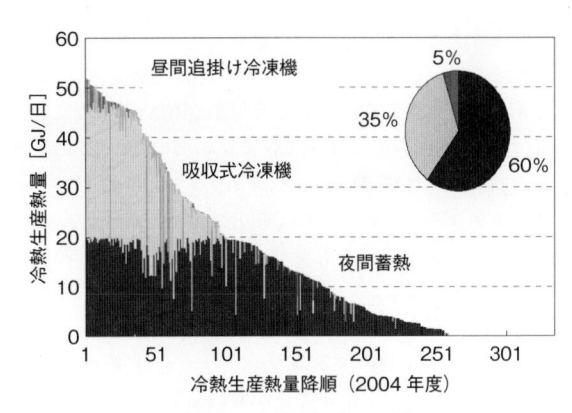

図3.8 冷温熱負荷の頻度分布

題である．テンモードとは，自動車の燃料消費効率を測る尺度であるが，空調設備においても，その効率はテンモードで図る必要がある．何故なら，空調設備の熱負荷は，そのほとんどが部分負荷であるからである．図3.8は，ある建物の冷温熱負荷の頻度分布をみたものである．このように，空調の熱負荷は，その大部分が部分負荷であり，部分負荷時における高効率化が，空調の省エネルギーを考えるときの最大の問題であるともいえる．変風量制御や変水量制御などの代表的な搬送システムに関する省エネルギーシステムは，いずれもこの部分負荷における高効率化のためのものである．また，熱源システムに関しては，台数制御や蓄熱システムなどが，代表的な対策手法である．個別分散型空調システムも，この部分負荷問題に対する対応策として有効とみなすこともできる．このように空調技術開発のほとんどが，この部分負荷問題解決のためといっても過言ではない．

3.2.4 省エネルギー・環境負荷削減のためのキーワード

ここでは，省エネルギーや環境負荷削減のために必要なキーワードを中心に，読者のヒントとなるようなことについて触れたい．

a. リコミッショニング，BEMS，BOFD

どんなに優れた建築環境システムも使い方を誤ったのでは何の意味もない．また，建物の使われ方は経年とともに変化するものであるし，建築環境システムも劣化などを避けて通ることはできない．したがって，建物のエネルギー消費量などを監視することで，最適な状態を維持する目的で BEMS（Building Energy Management System）が開発されて普及されはじめている．また，BEMS に，FD（Fault Detection）機

能を搭載するなどの国際的な研究も進められているところである．最近では，これらの動きに加えて，コミッショニング（性能検証）という言葉が使われ始めている．コミッショニングはさまざまな場面で使われるが，ここでは，既存建物におけるコミッショニング（＝リコミッショニング）について紹介する．リコミッショニングでは，環境やエネルギー消費を実測し，建物の現状の運用実態において省エネルギーなどの観点から改善箇所を探す行為である．このため，BAデータや実測を通して建物のエネルギーデータを収集分析し，改善提案を行う．エネルギー診断は，リコミッショニングの一部と定義づけできる．

実測することで自動制御のディフォルト値や竣工当初に設定された値が，現状の使い勝手から勘案して相応しくないなどの不具合を検出し，現状における最適な状態を確保することができる．

b．エクセルギー

エクセルギーとは，少し聴きなれない言葉かもしれないが，エネルギーの質を意味する言葉である．ひとくちにエネルギーといっても，電気エネルギー，運動エネルギー，熱エネルギーなど実にさまざまな形態のエネルギーがあるが，どのエネルギーもその価値が低下する方向にのみ消費され，価値を低めていく．エネルギー保存の法則があるが，量としては不変であっても質が低下する．そのことを定量的に示してくれるのがエクセルギーである．空調は，化石エネルギーなどを熱エネルギーに変換し，これを空間へ投入することで，快適な室内環境を創造しているが，熱エネルギーは，エクセルギーで評価すると，最も低品位なエネルギーである．先ほど，省エネルギーの基本的な考え方のところで，負荷の抑制が最も優先すべき省エネルギー方策であり，その次に自然エネルギー利用が重要であることを述べたが，このことをエクセルギーは証明してくれる．図3.9は，暖房システムをエクセルギー評価したものである．

また，エクセルギーという概念に基づいて，エネルギーの質を考えることの重要性を述べたが，空間にも質があると筆者は考える．すなわち，居住者のための快適空調では，パーソナルな空間と，パブリックの空間（ここでは以後アンビエント空間と呼ぶ）がある．また，アンビエント空間のまわりには通路や玄関ホールなどの経路空間が取り囲み，さらに，建物の周囲の環境，都市環境，地球環境へと広がりをみせている．このような空間構造を入れ子構造と呼ぶが，この空間の質に適した空調を考えることで，省エネルギーや環

各部温度

熱エネルギー収支

エクセルギー消費

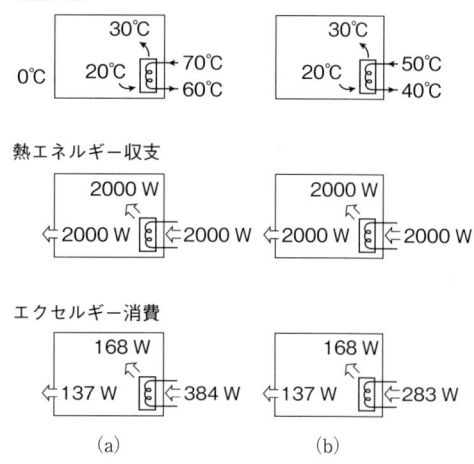

(a)　　　　　(b)

図3.9 暖房システムのエクセルギー評価

境負荷削減につながる可能性を秘めていると筆者は考える．すなわち，パーソナルな空間にはパーソナルな空調設備を設け，個人の好みと生理に必要な新鮮空気を潤沢に供給することで，快適性にいっそう優れた空調を提供し，アンビエント空間に対しては，やや基準を省エネルギー方向にシフトさせて，自然エネルギー利用の拡大を可能にするなどで，大きな省エネルギーの可能性を秘めている．その鍵を握っているのがパーソナル空調であり，アンダーフロア空調あるいは家具空調などである．先述した，床吹出し空調による自然エネルギー利用の拡大手法や，パーソナル空調の考え方は，このような概念に基づいたものである．空調の省エネルギーを発想するとき，このような概念がきわめて重要である．

〔野原文男〕

3.2.5　エネルギー管理

これまでに示したような建築環境システムは，適正に運用・管理されてはじめて効果が発揮される．"計画したシステムが当初の思惑通り省エネルギーにつながっているか"，"エネルギー使用量が他の建物と比較して多くないか"などを確認することは，省エネルギーシステムの計画と同じくらい重要と筆者は考える．そのための手段としてエネルギー管理が必要になる．エネルギー管理とは，後述するように，日々のエネルギーの使用状況を監視，記録することであり，これらのデータをもとに，制御や運用の不具合や経年的な劣化を早い段階で検知することが可能になる．さらに蓄積したデータを他ビルと比較することにより採用したシステムの効果を定量的に確認することも可能になる．

省エネルギーシステムを計画する際には，エネルギー管理と併せて室内環境についても計測，管理することに留意すべきと考える．室内環境は，エネルギーを消費して達成する空調の目的かつ結果であり，"エネルギー多消費の原因は過剰な室内環境だった"，"省エネルギーのために，室内環境を悪化させていないか"などの事象についても，常に把握できるようにすべきだからである．

一方，CO_2排出量削減に向けた世界レベルでの省エネルギー機運が高まるなか，省エネルギー法の改正に伴うエネルギー管理指定工場の対象拡大など，法，規制面でのエネルギー管理に対する要請も高まってきている．

a. 計量計測計画

計量計測する項目には，電力量やガス消費量などのエネルギー使用量のほかに熱量，流量，温度，圧力，運転時間などがある．エネルギー使用量については，これまでも料金徴収の目的から建物全体では計量されてきたが，より正確なエネルギー使用実態の把握のためにはさらに詳細な計量が必要になってくる．空調設備，衛生設備，照明・コンセント設備などのように設備用途別で集計したり，熱源，ポンプ，空調機，換気ファンなど，より詳細な用途別で集計するなど目的をもった計量計画を行うことが求められる．一方，エネルギー使用量と併せて熱量（あるいは，往還温度と流量）を計量することで，機器効率などの違った視点でのエネルギー管理が可能になる．

エネルギーの使用実態把握の目的からすれば，計量計測する項目数は多ければ多いほど詳細かつ正確さを増す．しかしながら，計量計測機器の設置には相応の費用が発生するため，経済性を考慮し，あらかじめ必要かつ有効な計量計測項目について十分検討することが重要になる．また，建物ごとのエネルギー管理の目的に応じて，システムに最初から計測機器を設置し自動計測すべき項目と，必要に応じて臨時的に計測する項目を分けることも経済的な視点から有効である．この場合，"配管に流量や温度計測用の分岐管を設ける"，"ダクトに風量測定口を設置する"など，後から計量計測がしやすいように，あらかじめ設備的な配慮をすることも重要な留意点としてあげられる．

b. BEMS

一般的な中央監視設備は，空調設備などを適正な状態で制御・運転することを目的として計量計測を行っているため，ある一定期間を経過すると収集したデータは更新されてしまう．エネルギー管理の目的からすると，これらのデータを蓄積して，必要な形に加工することが求められる．こうした機能を専用に受けもつシステム（中央監視設備と一体になったシステムもある）として BEMS（Building Energy Management System）が開発された．前述したように，省エネルギー法の改正や国の補助政策などの影響もあり，BEMS は今後ますます普及することが予測される．BEMS の主たる機能は，データの収集，蓄積，加工，出力で構成される．制御で必要となる計量計測とエネルギー管理で必要となる計量計測では，同じ項目でも収集周期や分解能に違いがある（例えば，電力量については制御上は1分周期，0.01 kWh 単位のデータを必要とするが，エネルギー管理上は，1日周期，1 kWh 単位

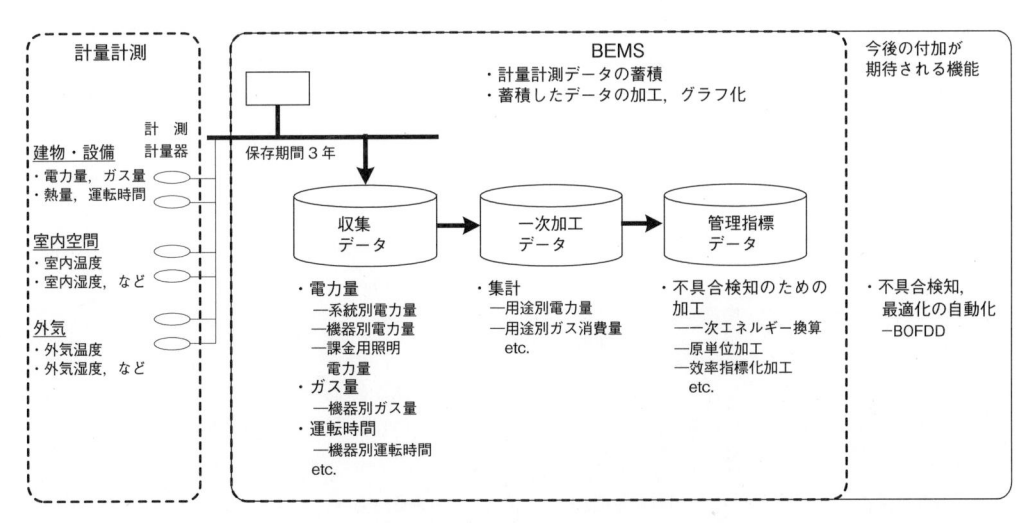

図3.10 計量計測とBEMSの概要

のデータが必要など).また,導入するシステムを実際に運用,管理する人の技術レベルによって,求められる加工,出力内容が異なる.エネルギー管理を詳細に行いたいがためにあまり多くの機能をBEMSにもたせても実際に使用する人の技術レベルが達していなければ,すべてが無用化してしまう可能性がある.このように計画段階から想定するエネルギー管理計画に併せて各機能の内容を検討する必要がある.これまでに示した一般的な機能のほかに,BOFDD (Building Optimization Fault Detection and Diagnosis:ビル最適化,不具合検知診断) などの支援機能についても研究が進められており,今後発展していくことも予想される.図3.10に計量計測とBEMSの概要を示す.

〔佐藤孝輔〕

3.3 環境負荷抑制上の留意点

空調設備に関する環境負荷抑制を検討するためには,空調設備がどういう段階でどのような形で環境負荷となるのかを知っておく必要がある.機器や材料の製造,建設,運用,廃棄の各段階において,エネルギーを消費しそれに伴いCO_2,NO_xなどが排出される.フロンを含む有害物質も通常のフローのなかでは,環境負荷として漏えいあるいは排出されてしまう.また,ほとんどの機器や材料は,リサイクル,リユースされない場合には産業廃棄物となり最終処理場問題についても考慮する必要がある.

これら各段階における環境負荷を抑制するためには,これまでに解説したように,省エネルギーに配慮した計画と運用を行うのと同時に,以下の点に留意することが有効である.

① 長寿命:長く使える機器・材料を選定し,長く使用していくうえで維持管理性の高い計画とし,運用段階での使用変更にも柔軟に対応できるスペースを確保する.

② エコマテリアル:リサイクルが可能かつ容易な材料,工法を採用する.

③ 廃棄物への配慮:有害物質を含まない材料の選定や廃棄物最小化を徹底する.

3.3.1 長寿命化への留意点

a. 耐久性の高い機器・材料の選定

耐久性の高い機器や材料を選定することで,機器の更新や改修に伴う環境負荷を抑制することが可能になる.例えば,空調配管に炭素鋼鋼管ではなく,塩ビライニング鋼管やステンレス管を採用することで一般的な使用においては耐用年数が長くなる.また,ねじ配管の接合を一般的な切削加工ではなく転造加工を採用することで接続部の耐久性を向上させることが可能になる.機器については,使用状況や設置環境に応じて,ヘビーロード対応や耐候性の高い仕様を選択するなどの方法がある.

一方,塩ビライニング鋼管やステンレスのように耐久性は高くても,逆にリサイクルが困難な材料もあるため,計画時には,使用状況を十分検討したうえで総合的に判断することが求められる.

b. 維持管理性の優れたシステム計画

空調設備の長寿命化は,省エネルギーと同様に運用段階でどれだけ適切に管理されるかで左右される.つまり,計画段階における維持管理性向上への配慮が求められる.機器類の保守スペースを十分に確保することは,最も基本的かつ有効な手段といえる.また,システム自体の維持管理性向上手法としては,配管系に脱気装置を設置したり,腐食抑制剤を投入することで水質を安定に保つなどの方法がある.ただし,維持管理性向上の視点からは優れる腐食抑制剤も廃棄する際には有害物質になる場合もあり,前述と同様に計画時にはこれらの矛盾を考慮した総合的な判断を要する.

c. 拡張更新性に優れたスペース計画

空調設備の耐用年数は一般的に建物の寿命と比較し

表3.3 空調設備の製造から廃棄の各段階における主な環境負荷要素

空調設備のフェーズ	主 な 環 境 負 荷 要 因
製造段階	・機器などの製造過程におけるエネルギー消費とそれに伴うCO_2などの排出ガス ・接着,塗装時に使用される有害物質 ・端材などの産業廃棄物
工事段階(改修含む)	・搬送時に使用される梱包材や端材などの産業廃棄物
運用段階	・熱製造,熱搬送に使用されるエネルギー消費とそれに伴うCO_2などの排出ガス ・通常使用時の冷媒(フロン)漏えい ・腐食防止剤などに含まれる有害物質
廃棄段階	・再利用,再資源化されない機器などの産業廃棄物 ・上記産廃に含まれる有害物質(PRTR対象物質— 鉛,フロン,ブラインなど)

3.3 環境負荷抑制上の留意点

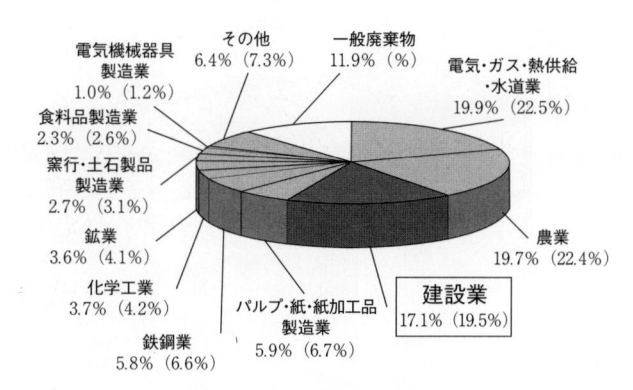

図3.11 日本の廃棄物構成比率
（環境省：廃棄物の排出及び処理状況，平成12年度）
※比率は，全体に対する比率（産業廃棄物全体に対する割合）を示す．

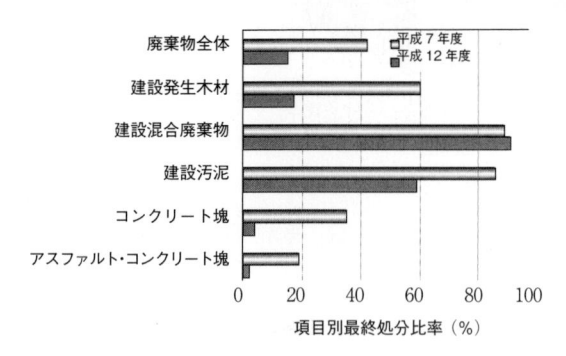

図3.12 建設廃棄物の最終処分比率の推移
（建設省：建設副産物実態調査結果，平成7，12年度）

て短く，したがって建物の寿命中にいくたびかの設備更新工事を行う必要性が出てくる．また，建物の寿命中には使用状況が大きく変わることもあり，空調設備についても，これらに応じた要求性能の変更が求められる．階高や設備シャフトを当初から十分に確保することにより，更新や要求性能の変更に柔軟に対応することが可能となり，結果として建物の価値を維持し建物としての長寿命化につながる．一方で，これらの将来用スペースを当初から専用の空間として確保しておくと面積の有効性が低くなる．当初は，バルコニーやボイドなどの建築的空間として使用し，必要になった段階で設備スペースとして転用するなどの配慮も有効である．

3.3.2 エコマテリアルへの留意点

日本における年間の総廃棄物排出量は約4億6千万tで，そのうちの約9割の4億tを産業廃棄物が占めている．建設関連の廃棄物は，全廃棄物の17％，産業廃棄物の19％と廃棄物問題の大きな一因となっている．昨今のリサイクルへの関心の高まりによって建設関連の廃棄物発生量に対する最終処分比率は減少の傾向にあるが，空調設備を含む建築混合廃棄物については分別の困難さから横ばい状態が続いている．リサイクル比率を高め最終処分量をいかに減らすかが今後の環境負荷削減の主要な課題の一つといえる．

a. リサイクルが容易な材料の選定

空調設備計画におけるリサイクルへの留意点として，まずリサイクルが容易な材料を選定するというアプローチが考えられる．ここで，リサイクルが"可能"と表現せずに"容易"と表現したのは，たとえ材料や部品そのものはリサイクル可能であっても，システムとして複数の材料で構築されたときには，これらの分別や分解が容易につくられていないと，現実的にはリサイクルの循環にまわることなく産業廃棄物になってしまうからである．例えば，エアハンドリングユニットのコイルは，コイル部分は銅，フィン部分はアルミでつくられているのが一般的であり，銅もアルミも素材そのものはリサイクル可能だが，分解，分別は非常に困難である．また，耐久性の高い材料として解説した塩ビライニング鋼管については，塩ビと鋼管部分の分離技術は開発途上にあり，採用については総合的な判断が求められる．リサイクルの難易はこのような技術的な問題のほかに廃棄後のリサイクルルートの有無によっても大きく左右される．近年の地球環境問題への関心の高まりによって国や自治体あるいは各種業界の連携によってリサイクルルートが拡充されてきている．計画段階においてこれらの最新情報について確認することも重要なポイントと思われる．

b. リサイクル材料の選定

リサイクルへのもう一つのアプローチとしてリサイクルされた材料の採用が考えられる．つまり，いくら廃棄物の再資源化を徹底しても，その使い先が確保で

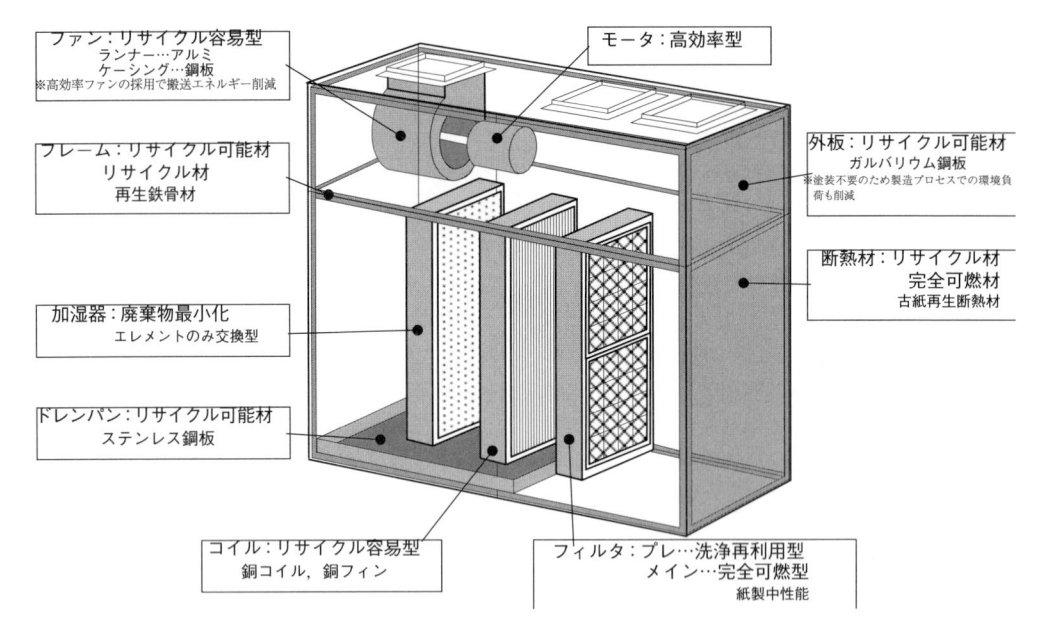

図 3.13 環境配慮型空気調和機の事例

きなければ，リサイクルフローは成立せず使われない資源がたまっていくだけだからである．空調設備におけるリサイクル材料としては，再生鉄骨材（空調機のフレーム，配管支持架台など）や古紙再生断熱材（空調機断熱材），排水用リサイクル硬質塩化ビニル管（REP）などの採用が考えられる．

図3.13にリサイクルを徹底して採用した環境配慮型空気調和機の事例を示す．

3.3.3 廃棄物への配慮
a. 有害物質を含まない材料の選定

リサイクルを徹底しても，すべての構成材料を再利用，再資源化することは困難であり，また，いずれは廃棄物となることを考慮すると最終的に処分される際に環境に害を与えないものを選定することにも留意する必要がある．また，運用段階においても燃焼排気や冷媒の漏えいなどによる有害物質の排出をできる限り抑制することが求められる．人や生態系に有害な物質は政令でPRTR対象物質として具体的に指定されており，空調設備に関するものの一例としては表3.4に示すものがある（PRTR：特定の化学物質の環境への排出量等の把握に関する措置）．

表 3.4 空調設備にかかわる PRTR 対象物質の一例

分類	物質名
金属化合物	鉛およびその化合物など
オゾン層破壊物質	CFC，HCFC など
揮発性炭化水素	ベンゼン，トルエン，キシレンなど
有機塩素系化合物	ダイオキシン類，トリクロロエチレンなど
その他	石綿など

b. 廃棄物抑制に対する留意

リサイクルの留意点の一つとして，再資源化された材料などの使用先の確保について前述したが，もしも，一度その役割を終えた機器などをその形のままに再利用（リユース）できれば，より直接的に廃棄物抑制につながることが容易に想像できる．例えば，空調用のフィルタを洗浄可能なものにすれば，産廃として廃棄されるごみの量を1/3～1/4程度に減らすことが可能になる．

また，大規模建物などの計画においては，ユニット化が可能な配管計画を行うことにより，これまで現場で行われてきた配管などの工事を工場で行い，廃棄物の抑制や，生産，搬送の効率化による環境負荷削減につなげることが可能になる．3.3.1c項で示したように将来用の拡張更新スペースを十分に確保することも，更新時などに必要以上の改修工事（道連れ工事）を最小化することにつながる．

〔佐藤孝輔〕

4 維持管理段階に対する空調設備計画上の留意点

4.1 日常メンテナンスへの配慮

建物を計画する場合，居住者の使いやすさはもちろんのこと，建物を維持管理する人の立場で，メンテナンス性を考慮した設計が必要である．特に空調設備は機器類が常時運転されているため，日常点検，定期点検が必要となる．また，消耗部品の交換が頻繁にあり，運転時間を考慮したオーバーホールも数年に一回行われる．これらの作業を行いやすくするには，各機器の周囲に作業スペースが必要である．必要スペースが無いため，作業をする際に天井や壁を解体する等のことがあってはならない．

さらには，新築時に，将来の改修・更新時への配慮もあわせて行うことが，ライフサイクルコスト，工期の短縮，事故防止の観点からきわめて重要である（4.2 改修・更新時への配慮，参照）．

メンテナンスの目的と建設時に注意すべき点をまとめると次の通りである．

（1）メンテナンスの目的
・メンテナンスの実施により空調設備の突然の運転停止や温湿度コントロールができなくなる等のトラブルを防ぐ．
・メンテナンスから得られる情報をもとに，省エネルギー運転や省コスト運転を検討する資料にする．
・メンテナンス（予防保全）をすることにより，機器単体や空調システム全体の長寿命化を図る．

（2）メンテナンスのための建設時の配慮
・メンテナンスする必要のある機器類の設置は点検しやすい場所にする．高い天井内の設置やその場所まで到達するのに困難な場所は避ける．
・空調機器類はできるだけ標準品を採用し，部品の供給や機器の更新時に柔軟な対応ができることが必要である．
・日常的なメンテナンスや定期的な修理・修繕を行うために作業スペースを確保する．

・スケルトン（構造体）・インフィル（内装や設備）分離の思想を基本に設備計画を行う．すなわち，内装や躯体の解体等を伴わずに改修やメンテナンスの作業ができること．たとえば，配管類の躯体埋設は絶対に避ける．
・天井，壁，床に必要な点検口や点検扉を必ず設置する．その正確な位置と大きさも慎重に決定すべきである．
・改修・更新時に居住者への影響ができるだけ少なくてすむよう，機械室やパイプスペース等の配置と広さを確保する．

4.1.1 メンテナンスポイント

維持保全を行う方法は大別して予防保全と事後保全に区分される．予防保全は，日常点検や定期点検によって建築設備の状態を把握し，劣化や異常を予測し，計画的に適切な処置を行う保全方法である．一方，事後保全は，実際に異常や故障が発生した時，または確認された段階で，初めて修繕等を行う保全方法である．（図4.1）

建築設備の機能停止（停電・空調停止等）が発生すると，建物内の企業活動の停止や利用の制限が発生し，発見が遅れると大きな災害を招き利用者の安全が脅かされる場合もある．また復旧に莫大な費用と時間もかかるので，計画的な予防保全がメリットが多い方法といえる．しかし，無計画や無制限な方法はマイナスであるので，維持保全の対象業務ごとに，法規制，対

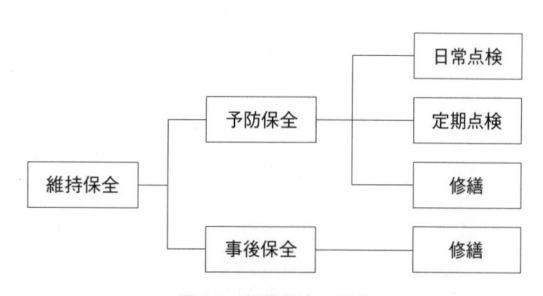

図4.1 維持保全の区分

表 4.1 メンテナンスポイント[1]

機器名	日常点検	定期点検	修繕
冷凍機	外観状況確認 異常振動・騒音確認 潤滑油の不足，汚れ確認 温度・圧力計器損傷，狂い確認	法定点検 電流・電圧・絶縁測定 端子緩み・盤内清掃 圧力計，安全弁作動確認 保安装置の作動確認	定期的オーバーホール チューブ清掃 塗装
ボイラ	外観状況確認 水質管理 温度・圧力計器損傷，狂い確認 煤煙濃度	法定点検 燃焼装置調整 安全弁，逃し弁作動確認 自動制御装置電流・電圧・絶縁測定 端子緩み・盤内清掃	定期的オーバーホール
冷却塔	外観状況確認 異常振動・騒音 温度・圧力計器損傷，狂い確認 水位確認	電流・電圧・絶縁測定 端子緩み・盤内清掃 水槽清掃 Vベルト・プーリ調整 ボールタップ調整	定期的オーバーホール Vベルト・プーリ交換 軸受交換
ポンプ	外観状況確認 異常振動・騒音 軸受けパッキン，メカニカルシール滴下水量調整 温度・圧力計器損傷，狂い確認	電流・電圧・絶縁測定 芯出し，調整 グランド調整	グランドパッキン交換 軸受交換
送風機	外観状況確認 異常振動・騒音	電流・電圧・絶縁測定 芯出し，調整 Vベルト・プーリ調整	Vベルト・プーリ交換 軸受交換 ファン清掃
空調機	外観状況確認 異常振動・騒音 フィルタ目詰	電流・電圧・絶縁測定 芯出し，調整 Vベルト・プーリ調整 コイル・ドレンパン点検 フィルタ交換 加湿装置点検	Vベルト・プーリ交換 軸受交換 コイル・ドレンパン清掃 ファン清掃
パッケージ	外観状況確認 異常振動・騒音 フィルタ目詰	電流・電圧・絶縁測定 コンプレッサー点検 Vベルト・プーリ調整 コイル・ドレンパン点検 フィルタ交換 加湿装置点検	定期的オーバーホール Vベルト・プーリ交換 軸受交換 コイル・ドレンパン清掃
タンク類	外観状況確認 水位確認 漏水確認	清掃 給水・排水装置点検	定期的オーバーホール
盤類	外観状況確認 異常振動・騒音 ランプ表示確認	法定点検 電流・電圧・絶縁測定 端子緩み確認 接地抵抗測定 シーケンス作動試験 盤内清掃	定期的オーバーホール
自動制御機器	外観状況確認	機能点検 電流・電圧・絶縁測定 端子緩み確認 シーケンス作動試験 盤内清掃	定期的オーバーホール
配管	外観状況確認	清掃 塗装・保温材の部分補修	塗装・保温材の補修 配管・バルブ等の交換
ダクト	外観状況確認	清掃 塗装・保温材の部分補修 排煙口・SFDの動作確認	塗装・保温材の補修 ダクト内清掃

点検周期　日常点検　1回/日，1回/週
　　　　　定期点検　1回/月，2回/年

4.1 日常メンテナンスへの配慮

表 4.2 法的維持管理業務と資格者の選任等(社団法人建築・設備維持保全推進協会の「建築・設備維持管理のしおり」及び関連届出を参考に作成)[2]

設備区分	維持管理業務	法的維持管理業務				資格者の選任等届出及び関連届出				
		届出先	法令	資格者	適用対象物等	届出の名称	届出先	法令	資格	適用対象物等	適用対象物等外
ボイラー	性能検査 (1回/年)	労働基準監督署	労働安全衛生法 第41条 ボイラー及び圧力容器安全規則 第38条	労働基準監督署検査代行機関	蒸気ボイラー: 使用圧力1 kgf/cm²を超える 伝熱面積0.5 m²を超える 温水ボイラー: 水頭圧10 mを超える 伝熱面積0.5 m²を超える 貫流ボイラー: 使用圧力10 kgf/cm²を超える 伝熱面積5 m²を超える	ボイラー取扱作業主任者選任報告	労働基準監督署	ボイラー及び圧力容器安全規則 第24条	特級ボイラー技士	伝熱面積500 m²以上	無圧温水ボイラー
									1級ボイラー技士	伝熱面積25 m²以上〜500 m²未満	
									2級ボイラー技士	小規模ボイラーをこえ25 m²未満	
									技能講習修了者	小規模ボイラー	
									特別教育を受けた者	小規模ボイラー	
圧力容器	性能検査 (1回/年)	労働基準監督署	労働安全衛生法 第41条 ボイラー及び圧力容器安全規則 第73条	労働基準監督署検査代行機関	圧力1 kgf/cm²を超える 容量0.04 m³を超える			ボイラー及び圧力容器安全規則 第62条	ボイラー技士又は第1種圧力容器取扱作業主任者技能講習修了者		
冷凍機	高圧ガス保安検査 高圧ガス保安検査受験 (1回/3年)	東京都の場合 環境保安局助成指導部高圧ガス課	高圧ガス保安法 第5条 冷凍規則 第33条	高圧ガス保安協会	第1種製造者のうちで令で定めた認定者 (R-12, R-13, R-22使用、その他)	冷凍保安責任者届	東京都の場合 環境保安局助成指導高圧ガス課	高圧ガス保安法 第27条−29条	第1種 冷凍機械責任者	1日の法定冷凍能力 300トン以上	ビル用マルチエアコン
									第2種 冷凍機械責任者	1日の法定冷凍能力 100トン以上300トン未満	冷temps水発生機
									第3種 冷凍機械責任者	1日の法定冷凍能力 50トン以上100トン未満	
					冷凍保安責任者、代理者届	東京都の場合環境保安局助成指導高圧ガス課	高圧ガス保安法 第27条−29条	※責任者の他に代理者1名必要(有資格者)		
					危害予防規定認可申請		高圧ガス保安法 第27条−19条			
					保安教育計画届出		高圧ガス保安法 第27条−20条			
危険物						危険物取扱者					
						危険物保安監督者選任届出	所轄消防署予防課危険物係	消防法 第13条	甲種危険物取扱者 乙種4類	次の指定数量の30倍以上の製造所等 ガソリン 200 L 灯油・軽油 1000 L 重油 2000 L	左記未満
環境衛生基準	室内空気環境測定 (1回/2月) ねずみ、昆虫等の防除 (1回/6月)		建築物における衛生的環境の確保に関する法律施行規則第4条の1及び2		特定建築物 (3000 m²以上の事務所等)	特定建築物届	所轄保健所環境衛生課	建築物における衛生的環境の確保に関する法律 第5条 (通称ビル管法)	建築物環境衛生管理技術者	延べ面積3000 m²以上の事務所、旅館、百貨店、集会所、興業場等延べ面積8000 m²以上の法律(小学校、中学校、大学、高等専門学校等)	左記以外

象機器の内容に応じたメンテナンスポイントが必要となる（表4.1）.

4.1.2 資格者

空調設備を維持管理するためには，その内容を十分に理解していなければならない．使用される機器の種類により有資格者が必要な場合がある．維持管理費を抑えるためには，できるだけ無資格で運転ができ，維持管理要員も少なくてすむ空調システムを選定することが望ましい．

空調設備を維持管理するにあたって必要となる資格者等は表4.2のようになる.

日常的な維持管理以外で建物の規模や用途により資格者が必要になる場合がある．空調設備に関連する資格としては次のようなものがある.

① 公的資格

エネルギー管理士（対象建物：事業者全体のエネルギー使用量（原油換算値）が1500 kl/年以上の事業者のすべての建物）

建築設備検査資格者（対象建物：集会場，ホテル，病院，福祉施設，学校，遊技場，店舗等の特殊建築物で特定行政庁が指定するもの）

建築物環境衛生管理技術者（対象建物：特定用途に利用される部分の面積が3000 m^{2}以上の特定建築物）

② その他の資格（公的資格ではないが，取得している方が良い資格）

ファシリテイーマネージャー
建築・設備総合管理技術者
建築設備診断技術者

4.1.3 メンテナンス契約

建物の維持管理にかかわる契約は次のように分類される.

(1) 日常点検（常駐管理）
・設備運転管理
・清掃
・警備

(2) 定期点検
・空調設備
・給排水設備
・電気設備
・消火, 防災設備
・昇降機設備
・建築関連（シャッター, 駐車場等）

空調設備の運転管理は，自社（建物所有会社の社員）で実施する場合もあるが，一般的には外注することが多い．外注先には大きく分け，ビルメンテナンス会社，工事施工会社，メーカーの3つがある．大規模でシステムが複雑な空調設備の場合は専門の運転管理者を必要とする．また，日常の運転管理以外に冷暖房の季節切り替えや，保全を目的とした定期点検も必要となる．一般的にこれらの作業は専門業者と契約を交わし，維持管理に当たる.

メンテナンス契約の方法は3種類あり，日常運転管理契約と定期点検契約，それにこの2つを合体した設備総合管理業務契約がある.

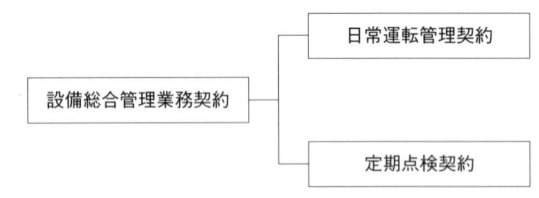

```
設備総合管理業務契約 ─┬─ 日常運転管理契約
                      └─ 定期点検契約
```

日常運転管理は空調設備だけを対象に契約することは少なく，電気設備や給・排水設備，消火設備，昇降機設備等の設備全体を含むのが一般的である．しかし，これらの設備全体を含んだとしても，空調設備だけの場合と比較して基本的に契約内容が変わることはない.

表4.3 契約項目とその内容[3]

項　目	内　容
契約の目的	建物名称，所在地，契約の目的
契約期間	一般的には契約期間は1年
契約の内容	業務の範囲を定める
契約金額	契約期間中の金額．月単位の場合もある
再委託	第三者への再委託禁止
労働法上の責任	労働関係各法令を遵守すること
契約業務の履行	完全な仕事の履行と管理者の義務
現場責任者	責任者のすべき任務を定める
業務の履行責任	契約業務履行の瑕疵の規定
計画, 報告	計画書, 報告書の提出
従業員控え室等の提供	控え室，宿直室，什器，光熱費等の規定
計測機器, 工具類等	業務上必要な機器類の負担
損害賠償の責任	業務上与えた損害に対する賠償責任
社会紛争及び天災	被る損害に対する責を負わない規定
規律維持	管理責任と服務規律
守秘義務	業務を通じて知り得たことの守秘義務
契約の解除	契約を解除する場合の通知等の規定
合意管轄裁判所	紛争発生の場合の管轄裁判所
協議事項	疑義が生じた場合の協議

また，日常運転管理契約と定期点検契約の内容についても大筋において変わることはない．両方を合体した形の，全国ビルメンテナンス協会発行の「標準設備総合管理業務委託請負契約書」の契約内容項目は表4.3の通りである．

〔髙津戸昭夫・正田良次〕

文　献

1) (財)経済調査会．建築保全業務共通仕様書，1999.
2) (社)建築・設備維持保全推進協会：建築・設備維持管理のしおり，p.42, 43, 2001.
3) (社)全国ビルメンテナンス協会：標準設備総合管理業務委託請負契約書，第2版，1999.

4.1.4　メンテナンスポイントへのアクセス

本項目は，建築設備の性能検証（コミッショニング）にかかわるメンテナンスに関する検証項目をメンテナビリティの立場から述べたものである．メンテナビリティからの検証項目という提案は，空気調和・衛生工学会BEMS委員会コミッショニング分科会により報告されたものである．

次に検証項目を説明し，具体的な項目を表4.4に示す．

① 点検・保守・調整：メンテナンス作業における安全性，作業性，効率性，接近性を維持できるか否かを検証する．

② 運転・監視・制御：設備の機器・システムの運用において操作性，効率性，対応性の点で支障や弱点がないかを検証する．

③ 改修・更新：設備の改修・更新における作業性，融通性，可変性，施工性についてあらかじめ配慮され，それが実行されているか検証する．

④ 保全体制：メンテナンス方式とそれに適応する組織体制がとられているか，またビルオープン後の種々の変更に対応できるかを検証する．

⑤ 保全支援システム：メンテナンスを支援するための機器，装備，管理用図書，メンテナンス要員の教育訓練などは多岐にわたっている．その整備，充実はメンテナビリティの保持，向上に欠かせない要素である．

〔田中良彦〕

表4.4　メンテナビリティの検証項目

保全業務	検証項目		保全業務	検証項目	
点検保守調整	危険・災害の防止	安全な作業用通路，防護さく 作業床，キャットウォーク 高所作業用機械器具 安全標識，危険など表示	改修更新	作業の容易さ	分解，組み立てのしやすさ 取り替え，更新のしやすさ
	作業の容易さ	操作部，掲示部の見やすさ，動作しやすさ 警報，表示装置 取り付け，取り外し，交換のしやすさ		作業用スペース，設備	機器・配管の周囲空間 搬入・搬出・作業経路 開口部，マシンハッチ 機器，資料の仮置きスペース 機器搬送設備（貨物エレベータなど）
	作業用スペース	機械室，電気室などの配置 パイプシャフトの位置，構造 作業空間，作業用通路 機器・配管の周囲スペース 点検口，検査口，掃除口		工事の容易さ	工事による他部分への影響 他の設備と複合化していない 建築部材・地中に埋設されていない
	作業用設備	作業用電源，照明，給排水，換気など 大型・重量機器の移動設備 （ホイスト，クレーンなど）	保全体制	保全組織	運営管理の方式（直営，外注） 資格者の有無 チーム構成，専門技術者
	耐久性	材質，構造，形状（劣化，損傷，汚れ）		保全方式	予防保全などの方式 保全計画，LCC計画 計測，データ収集方法
運転監視制御	運転・監視の容易さ	運転操作のしやすさ シンプルなシステム，構成 稼働状態の把握 故障・異常の検知・警報		将来対応	機器などの増設スペース 機能の増加・変更，陳腐化，用途変化などへの対応
	制御・対応性	予防・予知保全機能 故障・異常時の対応 緊急時（地震など）の対応 環境保全制御 省エネルギー制御 中央監視センターとの位置，機能 ビル内，外部との情報通信ネットワーク	保全支援システム	保全支援設備・機材	保全用機械，装備，工具類
				保全支援スペースと装備	保全用機械，交換部品などのスペース 保全要員の作業・執務室 保全要員室の環境・設備
				管理用図書	設計図書，設計計算書 機器などの性能試験表，材料試験表 機器などの保証書 機器などの運転説明書，保守説明書 各種届出書（許認可書） 保全に関するマニュアル類

4.2 改修・更新時への配慮

改修・更新工事は，老朽化した設備機器や劣化した配管の単なる更新ばかりでなく，"建物価値"を向上させるリニューアルであることが求められる．

改修・更新工事の計画を進めるにあたり，このような観点から対象建物を調査すると，その新築時において，将来の改修・更新に備えて十分な配慮がなされていたか疑問を感じるケースに出会うことがある．

その実例として，事務所ビルの改修・更新工事における設計上，施工上およびメンテナンス上の問題点を表4.5に示す．

例えば，多額の工事費用をかけて機能・性能の優れた設備に改修・更新をしても，スペースに余裕がないために，メンテナンス上のリスクを残し，建物所有者からの"投資をして何がよくなったのか？"という問いに対して，全面的に胸を張って答えられないケースがある．

また，設備の一般的な耐用年数が15～30年，躯体の耐用年数を約60年とすると，建物の一生の間には2～3回の大規模改修・更新が必要であり，ライフサイクルコストを抑えるためには，新築時の企画・設計段階において，将来の改修・更新方法に配慮した計画をすることがきわめて重要である．

4.2.1 改修工事に特有な制約条件

改修工事の進め方は，工事中の建物使用の有無によって3つに分類できる（表4.6）．このうち，全フロア入居のまま，または，一部空室の工事方法が採用されることが多い．このため，図4.2に示すように新築工事にはない制約を受けることになる．したがって，新築の計画時にはこれらの制約条件をできる限り少なくする配慮が必要である．

第1の制約条件は，建物自体の固有条件（スペース・階高・躯体強度など）である．この条件の特徴は，新築時の企画・設計段階で対応しておかないと，後から不都合を取り除くことはきわめて困難だという点である．

第2の制約条件は，改修・更新工事につきものの"道連れ（付帯）工事"である．道連れ工事とは，改修対象の工事に伴って付随的に発生する改修目的以外の諸工事のことをいう．

道連れ工事も新築設計時における将来の改修工事への配慮不足から生じていることが多い．そのために，

表4.5 改修・更新工事設計・施工・メンテ作業上の問題

作業区分	No.	設計・施工上・メンテナンス上の問題点
設計	①	階高が低く室の用途変更や設備システムの変更（新しい設備機器の天井内設置，床吹出し空調への変更など）が困難
搬入作業	①	ELVが小さく機器を分割搬入（コストの増大）
	②	ELVが非常に狭く，外壁に足場を組み立て機器を窓から搬入（危険性・コストの増大）
	③	大型機器の搬入経路がなく2フロアの床に搬入口を新設（コストの増大）
	④	地下の熱源機械室への大型機器（全熱交換器など）搬入経路がなく分割搬入し組み立て（コストの増大）
	⑤	熱源機械室天井に搬入口がなく，大型冷温水発生機を階段を使って分割搬入（危険性・コストの増大）
	⑥	屋上階にエレベータがなく，階段にて空調機を搬入（作業性の低下・危険性の増大）
	⑦	空調機室内および出入口が狭く，空調機の搬入が手間どる（作業性の低下・コストの増大）
配管ダクト作業	①	天井内ふところがなく作業員の疲労が激しく，作業能率が急低下（安全性・作業性の低下）
	②	天井内のスペースが狭く，パッケージのドレン管勾配の確保が困難（漏水リスクの増大）
	③	ダクトシャフトが狭く内フランジ工法で施工を行ったが，ダクト内面で安定した足場の確保が難しく作業の危険性が増大
	④	配管シャフトが狭いため，急きょ屋外に足場を組み立て，外壁沿いに配管を立ち上げ（危険性・コストの増大）
メンテナンス作業	①	天井ふところがなく，しかも予備の梁貫通がないので，天井内納まりが非常にきつく，メンテナンススペースの確保が困難（メンテナンスリスクの増大）
	②	配管シャフトスペースが狭く冷媒管の点検スペースの確保が困難（メンテナンスリスクの増大）
	③	冷却塔の変更（ターボから冷温水発生機用）により，塔屋屋上の納まりがきつくなりメンテスペースの確保が困難（メンテナンスリスク・危険性の増大）

リニューアル計画の自由度，コストの低減，また工期の短縮を大きく阻害する不都合が発生してくる．

第3の制約条件は居ながら工事に伴うさまざまな条件である．これは表4.6に示す改修・更新工事の進め方のうちの，全フロアまたは一部に入居したまま行う工事方法にあたる．

この方法は全体工期，総コストに与える影響が大きいばかりでなく表4.7に示す居ながら工事特有のトラブルと背中あわせにあり，工事の安全に与える影響がきわめて大きい．

特に，全フロア居ながら工事の場合は，作業時間帯が夜間・休日に限定されること，居住者の安全確保，物品の保護，営業損失防止のための仮設養生などに多大な手間と時間がかかることから，工事の長期化・コストの増大などの問題がある．

その一方で全フロア空室工事も，莫大な移転費用，各テナントの同意の必要性，改修・更新後にテナント

4.2 改修・更新時への配慮

表 4.6 改修・更新工事の進め方の比較

	全フロア入居のままの工事	一部に入居したままの工事	全フロア空室にしての工事
概 念 図	（図：養生を伴う工事場所）	（図：工事場所）	（図：工事場所）
工　　期	工事が長期化する	作業条件で大きく変化する	短期間で工事が完了する
設 備 費 (イニシャルコスト)	養生などの費用がかかる	作業条件で大きく変化する	集中工事となり，安価になる
騒　　音	夜間，土，日工事のため，騒音の発生による問題は少なくなる	平日昼間の工事の場合には，居住者の事前の了解が必要	騒音の発生があまり気にならない（ただし，近隣対策必要）
施 工 性 (安全性)	養生に多大な手間と時間がとられ，工事の実質時間が制約される	居住者と作業員の移動経路，および搬入経路の事前検討が必要となる	どこからでも，工事を行うことができるので自由度が高い
注 目 点	他建物に仮移転する必要はない．また，施工スペースはカーバなどで覆うので，室内を汚すことは少ない．ただし，居住者の理解が必要となる	1フロアのみの移動なので，特に騒音に対しての居住者の理解が必要となる	全館を空けるため，他に仮移転しなければならず，移転（引越）コストの考慮が必要となるし，移転テナントが再入居しないおそれがある

建物を使用しながらの設備改修・更新工事

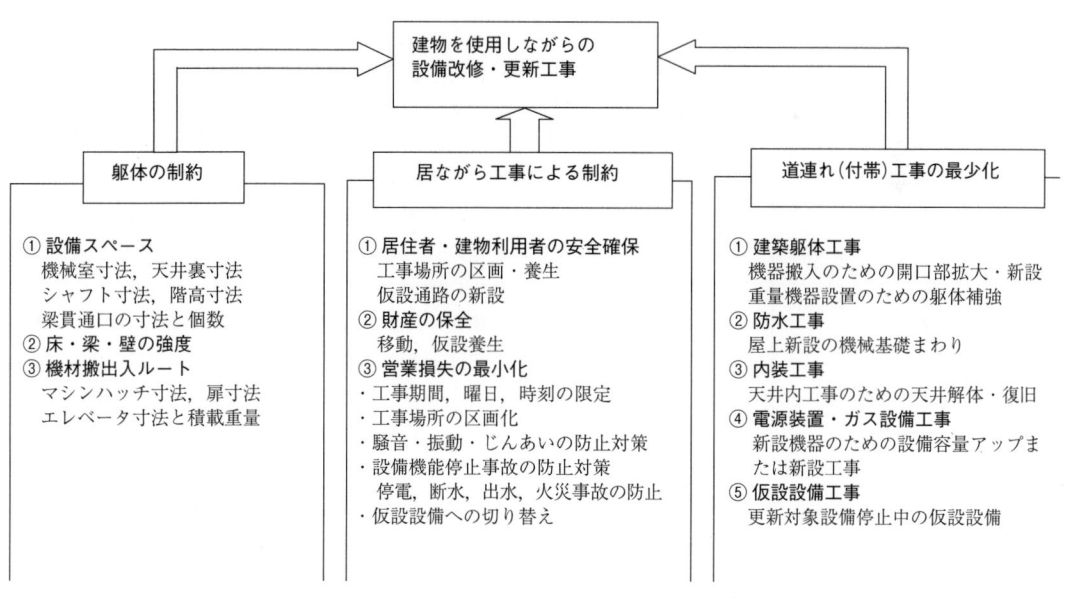

躯体の制約
① 設備スペース
　機械室寸法，天井裏寸法
　シャフト寸法，階高寸法
　梁貫通口の寸法と個数
② 床・梁・壁の強度
③ 機材搬出入ルート
　マシンハッチ寸法，扉寸法
　エレベータ寸法と積載重量

居ながら工事による制約
① 居住者・建物利用者の安全確保
　工事場所の区画・養生
　仮設通路の新設
② 財産の保全
　移動，仮設養生
③ 営業損失の最小化
・工事期間，曜日，時刻の限定
・工事場所の区画化
・騒音・振動・じんあいの防止対策
・設備機能停止事故の防止対策
　停電，断水，出水，火災事故の防止
・仮設設備への切り替え

道連れ（付帯）工事の最少化
① 建築躯体工事
　機器搬入のための開口部拡大・新設
　重量機器設置のための躯体補強
② 防水工事
　屋上新設の機械基礎まわり
③ 内装工事
　天井内工事のための天井解体・復旧
④ 電源装置・ガス設備工事
　新設機器のための設備容量アップまたは新設
⑤ 仮設設備工事
　更新対象設備停止中の仮設設備

図 4.2 設備改修・更新工事の各種制約条件

が移転先から戻ってこなくなる可能性などの問題がある．

以上のことから，工事の進め方にそれぞれ一長一短はあっても，建物所有者（特にテナントビル）の"居ながら改修"に対する要求はいぜんとして強いのが現実である．

4.2.2 改修・更新のための新築時の配慮事項

前述の表 4.5～4.7 および図 4.2 などに基づいて，将来の改修・更新のために，新築時の企画・設計段階で

表4.7 居ながら工事特有のトラブル

予想トラブル	対象作業
漏水	水抜き・水張り作業
	取外し・撤去作業
	試運転作業
火災	切断・解体作業
	溶接作業
停電	穴明け・アンカー打ち作業
	ねじ切り・溶接作業
電源復帰忘れ	電源入り切り作業
誤報	発じん・発煙作業
落下	重量物搬入作業
ダスト・煙拡散	発じん・発煙作業
復旧ミス	移動作業
破損	養生作業

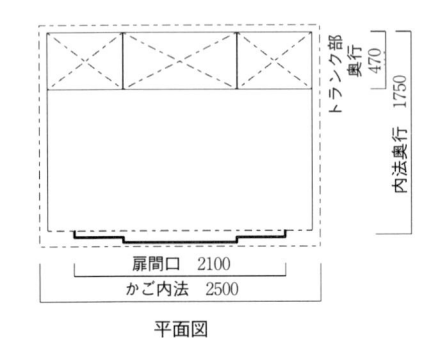

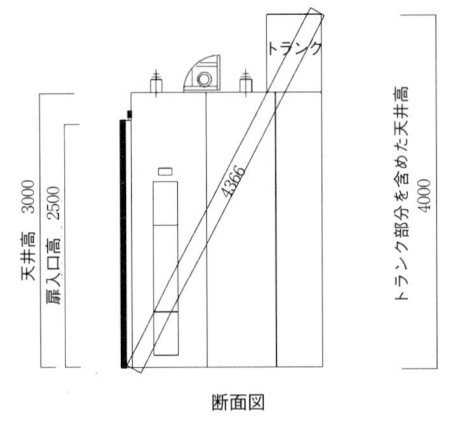

図4.3 大型人荷用エレベータ（事例-1）

配慮しておかなければならない基本的事項をまとめたのが表4.5である.

特に，表中の躯体に関する事項は新築時に対応するのがベストであり，ぜひとも配慮すべき項目である.

また，躯体以外の設備側で対応できる項目は，新築時に限らず建物竣工後の第1回目の大規模改修・更新時での配慮事項でもあるが，できる限り前倒しで対応することが望ましい.

4.2.3 配慮事項の実施例

次に，表4.8のなかから，新築時・第1回目の改修時に将来の改修・更新に備えて配慮がなされた事例について紹介する.

事例-1は1997年に竣工した超高層オフィスビルの例で，基本設計時から"長寿命建築"を基本テーマの一つに掲げて，将来の改修・更新に対しても十分に配慮がなされている.

基準階事務室は階高が4.5m，天井高が2.8mとなっており，将来の改修・更新への対応を可能にするための空間的ゆとりが，十分に確保されている.

また，コンクリート床上に300mmのフリーアクセスを敷き，フリーアクセスの床下には分電盤を設置しプレワイヤリングを行うとともに，将来の床吹出し空調，配管スペースとしての使用も想定されている.

さらに，改修・更新工事への具体的配慮として図4.3に示すような，大型エレベータが採用されている.

この人荷（非常用）エレベータは，設備更新時の機器荷重，配管長さなどを考慮して，積載荷重2.5t，天井最高高さ4.0m，かごの間口2.1mの大型のものとなっており，天井最高高さ4.0mは，かご奥の天井の一部を折り上げ式とすることで確保されている.

事例-2は1996年に竣工した省エネルギー事務所ビルで，図4.4に示すように，新築時から改修・更新に備えて，屋上に将来設置機器用スペースを含めた十分な面積の浮き床（鉄骨架台）を設置して，浮き床の下を設備配管・配線用のスペースとし，さらに屋上床面の防水層を軽量の断熱ブロックで覆い，屋上の改修・更新時における防水層損傷リスクの解消と道連れ工事発生の防止を図っている.

事例-3は築後20年以上を経過して熱源の第1回目の大規模改修・更新が行われた電算センターで，建物の性質上熱源機器は，年間24時間運転で停止できないという制約条件があった．この条件をクリアするために，本館屋上にあらかじめ冷却塔を新設しておいて，塔屋2階屋上の既設冷却塔と切り替える工事が行われた．その際，既設冷却塔用のコンクリート基礎および"はと小屋"の側面貫通部（盲止処理）は，将来設備用の予備基礎・予備スリーブとしてそのまま残された.

最後に，ここに列挙した配慮事項は，そのすべてを採用しなければならないというものではないが，新築および大規模改修の企画・設計時に，その採用の要・否を積極的かつ十分に検討しておくべき項目である.

新築時にイニシャルコストが多少高くなっても，改

4.2 改修・更新時への配慮

表 4.8 改修・更新のために新築時に配慮すべき事項（＊印：居ながら工事を可能にするための配慮事項）

区 分		新築時の配慮事項	改修・更新時のメリット
1) スペース	建築	①階高を大きくし天井内スペースに十分余裕をもたせる（事例－1：超高層オフィスビル）	・建物用途，設備システム変更対応への柔軟性強化 ・作業性，安全性の確保 ・盛替え，メンテスペースの確保 ・工期の短縮（切替え作業の迅速化など） ・コストの低減（道連れ工事の最少化など）
	建築・設備	＊②コア側本設パイプシャフトの隣に配管更新時用予備パイプシャフトスペースを設ける（当初は倉庫として利用し，逆に配管更新後本設パイプシャフトは倉庫に転用） ＊③大型機器・24時間稼働機器の予備スペースを設ける	
2) 建築・設備の分離	建築・設備	①構造躯体と設備の一体化を避け分離する（スケルトン・インフィル方式の採用）	・更新容易性の向上 ・コストの低減（道連れ工事の最少化など）
3) 屋上のスラブ強度	建築	①屋上のスラブ荷重を大きくとり床・梁の強度に余裕をもたせる	・設備システム・機器変更対応への柔軟性強化
4) 搬出入ルート	建築	①大型機器搬入ルートを確保（大廊下・ドライエリア・床搬入口・大扉の常設など）する ②人荷用ELVの高さと容積を最大限確保する（事例－1：超高層オフィスビル） ③同上ELVの移動範囲を最下階～屋上階まで確保する	・大型機器，長尺物搬出入の迅速化 ・重量物階段移動の回避 ・工期の短縮 ・コストの低減 ・安全性の確保
	設備	④機械室の上部スラブに重量物搬入用吊フックを常設する	
5) 予備設備	建築・設備	①屋上に屋上設置機器用の予備基礎（防水処理済）と鉄骨架台を設置する（事例－2：省エネルギー事務所ビル）	・負荷増強への対応迅速化 ・用途，間仕切り設備システム変更対応への柔軟性強化 ・工期の短縮（切替え作業の迅速化など） ・コストの低減（道連れ工事の最少化など）
	設備	＊②予備冷水管または冷却水管を設置する ＊③局所排気用予備排気ダクトを設置する	
	建築・設備	④梁貫通用予備スリーブを設置する ⑤更新時に屋上設置機器撤去後のコンクリート基礎を将来用予備基礎に転用（事例－3：電算センター）	
6) システム	建築・設備	＊①エアフローウインドなどを採用しペリメータレス空調方式（ファンコイルを使用しない方式）とする	・コストの低減 ・工事中の全停リスクの回避 ・工事中のトラブル影響範囲の最小化
	設備	＊②フロア完結型（2フロアにまたがらない）システムを検討する ＊③居室内に水配管を通さない空調方式を検討する ④自律型制御システム（DDCなど）を検討する	
7) トランス容量	設備	①将来の負荷増を見込んで容量決定する	・コストの低減（道連れ工事の最少化など）
8) 設備診断	設備	①機器，配管の埋設，隠蔽設置を避ける ②診断用の検査口（タッピングなど）を設ける ③配管腐食診断用モニタ管を設ける	・診断時リスク（診断が不可能など）の回避 ・診断コストの低減

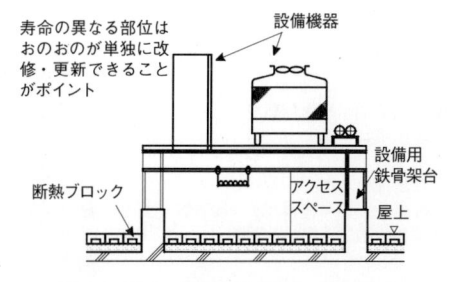

寿命の異なる部位はおのおのが単独に改修・更新できることがポイント

図 4.4 屋上の設備用鉄骨架台（事例－2）

修・更新のコストが安ければ，トータルとしてのライフサイクルコスト（LCC）が下がり，建物所有者，ひいては建物利用者にとっても大きなメリットとなる．

このことを常に念頭において建物・設備を計画すべきである．

〔井上一正・正田良次〕

文 献

1) 川瀬貴晴他：長寿命化に配慮した超高層ビル，建築設備士，(2001年3月号)，64-65，2001.

2) 中村昌行, 野原文男ほか：第36回学会賞技術賞受賞物件（建築設備部門），東京ガス港北NTビル（アースポート），空気調和・衛生工学，**72**(11), 23, 1998.

4.3 FM視点の導入

4.3.1 建築設備とファシリティマネジメント

ファシリティマネジメント（以下FMと記す）という概念は，1970年代後半に米国よりもたらされたといわれており，わが国では1980年代半ばから研究が盛んに行われるようになった．

FMの定義は，いわゆる建築設備の管理という狭義のとらえ方と，次のとらえ方がある．"建築物のライフサイクルにわたる建築内の快適性と生産性の向上を図り，建築物の企画，設計段階から室内空間構成，内装，什器，OA機器などの配置や更新を視野に入れ，建築設備の運転・保全ならびに防災・防犯などに至るまで総合的に管理すること"である．

本節では，空気調和設備を主とした建築設備全般にわたる維持管理段階におけるFMの必要性と考え方について述べることとする．建築設備のFM導入は，次の4段階に分けて考えることができる．

第1段階　企画・設計
第2段階　建設
第3段階　維持・管理
第4段階　更新・再構築

建築設備（facility）を最小のコストで最大の効果を発揮させるという経営戦略的視点から第1段階における企画・設計が行われる必要があり，当然のこととして将来への拡張性や更新についての検討が必要となる．

次の建設段階では，施工図レベルにおけるメンテナビリティと更新を見通した検討と施工は，第3，第4段階の実効を高める重要なポイントになる．

第3段階の維持・管理では，エネルギー費用も含めるとライフサイクルコスト（LCC）のうち40〜60％を占めるという試算がある．このコストやエネルギー使用量を正確に把握して，最適にコントロールすることがLCCを最小に管理する最大のポイントになる．ここで重要なことは，コストやエネルギー使用量を解析し，活用する手法を第1段階で経営戦略的に企画・設計することと，建設段階でコスト削減のために計測・計量システムの中止などを許可しないことである．

最後に建築設備にライフサイクルは15〜30年であり，建築のライフサイクルのなかで建築設備は2〜3回更新されることが前提となっており，100年建築ではさらに，その回数が増加することになる．建築設備の改築手法には更新と再構築があると考えられる．更新は，従来の建築設備システムを踏襲して，設備機器の入れ替えを主体とした，いわゆるリニューアル工事である．建物の使用実態の変化をデータとして，計測・計量したうえで解析を行い，その時代におけるエネルギー料金体系やその供給事情，環境性に対する時代の要求をも踏まえて，室内の環境性の向上やLCC, $LCCO_2$を最適化する新しい建築設備システムの構築が考えられる．ここでは，この手法を建築設備の再構築（リコンストラクション）と呼ぶことを提案する．このリコンストラクションを行うためにも，BEMS (Building Energy and Management System) による計測・計量ならびに解析が適切に行われていることが必要条件となる．

4.3.2 BEMSを用いた施設管理

ビル管理システム（BEMS）は，建築設備の目的である快適かつ機能的環境を実現するために，ビルのライフサイクルにおいて必要不可欠な設備である．ここでいうBEMSとは，ビル設備の運転管理だけではなく施設管理（FM）の要素を付加したシステムである．

従来は，設備システムの設計において動作を主体とする設備装置の計画に主眼が置かれていた．地球環境保全の観点から，建物のライフサイクルにわたる性能を確保するための計装・制御システムと，竣工後の劣化・故障などを発見・診断できるシステムの構築を目指す必要がある．

一方では，コンピュータならびに情報通信システムの高度化に伴い，ビル内には各種用途のコンピュータシステムが混在している．そのシステムの統合化や通信プロトコルの統一化（例：BACnet）が進められている．ビル管理システムは設備システムのみならずビルの最適利用すなわち施設管理（FM）の要素を取り込むことが求められている（BEMSについてはⅢ編7.2節に詳述）．

〔田中良彦〕

文　献

1) 柳瀬正敏著：建物情報管理とファシリティマネジメント，鹿島出版会，2000.
2) 建築FM研究会編著：建築のファシリティマネジメント，鹿島出版会，2000.
3) 中原信生，田中良彦ほか：BEMS委員会一連の報告書，空気調和・衛生工学会，2000.

4.4 計量・計測への配慮（リコミッショニング対応）

建築や建築設備が常に望ましい状態で運転・管理されているかを的確にデータとして把握していることが必要である．建築設備システムは最大負荷の状態で設計されることが多いが，1年間を通した運転データをみると最大負荷（ピーク）が発生するのは，夏期・冬期の数日である．春や秋，夜間の負荷は部分負荷状態で，1年間の8760時間にわたってみれば，特に空調用冷房負荷では，負荷率50％以下の部分負荷時間が年間の80％を超えることもある．

まず設計段階で，部分負荷や負荷変動に対してスムーズに追従できる建築設備システムを構築することが基本となり，ここが正しく設計されていなければ，日常の運転・管理をBEMSにより実行しようとしても無理が生じる．

次に，竣工引渡し段階の試運転調整で必要とされる事項について述べることとする．これまで通常行われてきた試運転調整は竣工時点における一時点の調整が多い．たとえば，8月に竣工した建物は冷房運転を主体とした試運転調整が行われ，暖房運転や部分負荷運転に対する調整はほとんど行われていない．この問題を解消するためには，通年にわたって負荷変動を見きわめた試運転調整が必要となる．

また，建物の使われ方は常に一定とは限らず，たとえばテナントの業態がOA機器を多用して24時間業務を行うような移動を生じた場合は，当然建築設備に対する負荷や運転に変化が出てくる．このような建物内部の負荷変動要因と建物外部の気象要因には変動があることを前提に，建築設備システムを最も効率的に運転し，室内環境を最適に保つ必要がある．

これらの変動をデータとして，常に正しく計量・計測するエネルギー計測システムが必要となる．すなわち，建築および建築設備の運転支援・運営管理支援・メンテナンス支援・課金支援を行うためにBEMSの情報収集・分析機能としてのエネルギー計測システムである．ここでは，稼働している建築設備システムのリコミッショニングに必要とされる計測・計量ポイントの種類と内容について説明するとともに，その計量・計測機器の精度について述べることとする．

4.4.1 リコミッショニングに必要なBEMSの計量・計測ポイント

建築設備システムの省エネルギー・省コスト運転を行うために，建築をライフサイクルで管理するために必要とされる計測システムを解説する．ただし，実務面からみた場合に，常に計測システムに十分な設備投資が行われるわけではなく，その建設予算のなかで可能な限りの計画を行う必要がある．

計測システムに十分なる設備投資が行えない場合は，ライフサイクル管理面での制約が生じる．そこで，エネルギー計測システムのグレードを理想的なものから最低限必要とされるものまで，そのなかを3つのレベルに分けて説明する．

その3つのグレードのシステムは，グレードA（高度かつ細分化されたグレードの計測システム），グレードB（望ましいグレードの計測システム），グレード

表4.9 BEMSの機能と計測システム

計測グレード	A	B	C
計量単位	個別	系統	全体
①運転支援 ・設計条件チェック ・運転条件チェック（竣工時，引き渡し後）	・運転支援ツールが最適な運転状態やパラメータ，設定値を自動計算して，その結果でオペレータを支援する．	・オペレータが運転データを分析して，運転状態の判断やパラメータ，設定値を決める．	・試運転時にメーカーや設備業者が設定したパラメータや設定値で運転をする．
②運営管理支援 ・環境分析 ・エネルギー分析 ・経済性分析 ・共益費分析（竣工時，引き渡し後）	・BOFDツールが運営状態をチェック，不具合箇所を診断して，その結果で運転管理者を支援する．	・運営管理者が運営データを分析して，運営状態の確認および改善をはかる．	・エネルギー使用量の確認のみ行う．
③メンテナンス支援 ・機器の点検 ・機器の劣化診断 ・機器の交換	・BOFDツールが機器の最適メンテナンス周期，予算を作成して，その結果で運転管理者を支援する．	・運転管理者がメンテナンスデータを分析して，機器のメンテナンス周期，予算を作成する．	・メーカーのメンテナンス基準に依存する．
④課金支援 ・使用エネルギー課金	・個別集中計量課金，分析結果，計量器の管理	・個別集中計量課金	・個別読み取り計量

C（一般的なグレードの計測システム）である.

a. BEMSの機能と各グレードの計測システム

計測の各グレードによりBEMSの機能にも差異が生じる（表4.9）.

グレードAの計測システムを備えたBEMS機能は，運転支援ツールやBOFDツールで運転の最適化と自動化を指向したものである．グレードBは，BEMSの運転・分析データとオペレータの知識・経験によって運転の最適化を指向したものであり，グレードCは，オペレートするための最低限必要とされるエネルギー使用量の確認，室内環境を確認するデータの提供に絞ったものである．

b. エネルギーデータの計測ポイント

計測ポイントには，空調・照明・衛生のエネルギー使用量の計測と空調制御用DDCの制御量・設定値・操作量の計測がある．ここでは，積算値を計量ポイント，瞬時値を計測ポイントと呼ぶこととする．エネルギー使用量の計測は，エネルギー使用量の確認，エネルギー使用量の削減検討・評価に用いる．そのエネルギーデータの計測ポイントを表4.10に示す．

c. 計測のインターバル

エネルギーに関する計測ポイントにかかわる計測インターバルは，データの使用目的により異なるが，1分，5分，10分，1時間の場合が多い．計測インターバルが短いほど情報密度が高くなるが，データ蓄積メモリが増える．計測インターバルの例としては，短時間の制御動作分析に1分データを使用し，BOFD対象設備の不具合検知・診断に5分あるいは10分データを使用する．冷凍機の性能評価には，冷水，冷却水温度データの計測は5分～10分ごとに行い，COPについては5分または10分程度ではデータが定まらないため，5分ないし10分計測データの1時間平均値や1時間積算値を用いる．その他の注意事項として，流量計の最小流量カットがある．これはポンプの停止にもかかわらず配管の振動や水の微少脈動や計器の誤差により流量を出力してしまう不具合である．このデータを機器やシステムの性能評価に使用すると異常に高い機器性能が計算されることがあり，これを見つけて修正するには多くの手間がかかる．この対応として，最小流量の計測カットを行う方法があり，計測範囲の1～5％を最小流量カットとする場合がある．

4.4.2 エネルギー管理と計測精度

エネルギー計測は，エネルギー管理の各段階においてその目的や計測データの扱い方が異なるため，計測器の選定，設置方法，データ記録の方法について十分な検討が必要である．精度の向上や計測ポイントの増加は，設備投資を伴うため，エネルギー管理の目的や重要度に応じて，バランスのとれた計測システムを計画することが重要である．

a. 計測システムの誤差

温度や流量を測定する場合，そのエネルギー管理における目的に応じた精度の管理が必要となる．計測したデータは，なんらかの伝送・演算装置を経由してエネルギー管理データに加工されるわけで，加工処理する過程における誤差を含んでいる．したがって，計測システム全体にわたる精度管理が必要であり，次に各ステップにおける誤差の概念を示す（図4.5）.

b. 温度計と流量計の種類と誤差

エネルギー管理に重要な熱量を計測するための温度

表4.10 エネルギーデータ計測ポイント

計測グレード	A	B	C
計量単位	個別	統計	全体
(1) 計量ポイント（積算値） ①エネルギー源	・受電電力量 ・ガス使用量 ・上水道使用量	・受電電力量 ・ガス使用量 ・上水道使用量	・受電電力量 ・ガス使用量 ・上水道使用量
②個別／系統別エネルギー	個別エネルギー計測 ・系統別照明コンセント ・系統別一般動力 ・個別熱源電力 ・個別空調熱量	系統別エネルギー計測 ・照明コンセント ・一般動力 ・熱源動力 ・系統別空調熱量	なし
(2) 計測ポイント（瞬時値）	個別エネルギー計測 ・個別空調熱量 ・個別熱源電力	系統別エネルギー計測 ・系統別空調熱量 ・熱源電力	なし
(3) データの用途	エネルギー使用量の確認 エネルギー使用量削減検討	エネルギー使用量の確認 エネルギー使用量削減検討	エネルギー使用量の確認

4.4 計量・計測への配慮

検出部誤差	伝送誤差	アナログ変換誤差	AD変換誤差	デジタル演算誤差
センサ誤差 出力誤差 電圧変動 雑音 温度ドリフト	配線抵抗 雑音	増幅誤差 直線性 電圧変動 温度ドリフト	直線性 サンプリング誤差 フォールディング誤差	数値計測誤差（桁落ち） 四捨五入（丸め誤差）

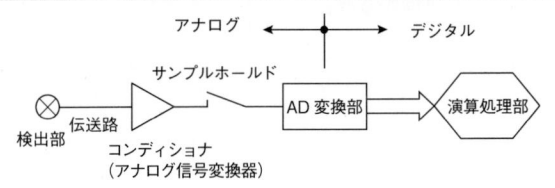

検出部 → 伝送路 → コンディショナ（アナログ信号変換器） → サンプルホールド → AD変換部 → 演算処理部

アナログ ←→ デジタル

図4.5 計測システムの誤差要因

表4.11 温度センサの測定原理と精度

温度センサ	測定原理	センサ精度（0～50℃）	備 考
測温抵抗体	金属の導電率が温度特性をもつことから電気抵抗値を温度に変換する． (1) 白金測温抵抗体 (2) ニッケル測温抵抗体 (3) 銅測温抵抗体 が建築設備用に利用される．配線抵抗との関係により，2線式・3線式・4線式の配線方法がある．	±0.35～±0.5℃	センサの精度よりも伝送誤差や変換器のアナログ変換誤差の方が大きく，計測システムの最終的な読み値での校正が望ましい．
サーミスタ	半導体の電気抵抗が負の温度特性をもつことから，金属酸化物を焼結させて大きな抵抗変化を得ている．小型で高感度である．	±0.4～±1.0℃	測定温度範囲が広い場合は直線性の補正が必要．
熱電対	異種の金属線を両端で接続すると，両端に温度次があれば起電力を生じる（ゼーベック効果）．建築設備では銅－コンスタンタン（記号T）が利用される．	±0.5～±1.0℃ 同一の熱電対素線から製作したものは相対精度が±1.0℃以下となる．	計器側（冷接点側）の接点温度測定と補正の精度に大きく影響を受ける．

表4.12 流量計の測定原理と精度

流量計測	測定原理	測定精度	備 考
電磁流量計	ファラデーの法則により，磁界中の流体が速度に比例した起電力を発生する．流路中に突起物がない．	読み値の0.5%	必要直管部：上流5D下流2D 建築設備の流量測定に用いられている．
渦流量計	流路中に設置した渦発生体の下流側に流速に比例した周波数のカルマン渦が発生する．	読み値の1%	必要直管部：上流10D下流5D 200℃程度の高温ガスへ適用できるので蒸気流量測定に利用される．
タービン流量計	流路に配置した羽根車が流量に比例した回転数で回転する．	羽根車の精度により，測定レンジの1%～3%	必要直管部：上流10D下流5D 回転軸の摩耗により定期的な交換と校正が必要．
超音波流量計	配管の外部に設置した超音波発信器により，流速に比例した超音波の伝搬時間の差を検出する．	測定レンジの2%程度	公称直管部は上流10D下流5D程度であるが，実際にはその2倍以上が望ましい．配管の外部から測定できるので臨時的な流量測定に利用される．
オリフィス流量計	ベルヌーイの定理により，オリフィスの前後の圧力差が速度の2乗に比例する．	差圧検出計器との組み合わせによるが，一般に2～5%の精度が得られる．	可変オリフィスやコーン型オリフィスなど，測定可能範囲が広くなるよう工夫した形式がある．

計と流量計の種類と精度について次に示す（表 4.11, 表 4.12）.

熱量の演算は，温度差×流量であることから，熱量演算結果には 10% を超える誤差を含む可能性があることに留意すべきである．　　　　〔田中良彦〕

文　献

中原信生, 中村政治, 神村一幸, 田中良彦他：BEMS 委員会一連の報告書, 空気調和・衛生工学会, 2000.

V. 給排水衛生設備

1. 概　論
2. 給排水衛生設備の全体計画
3. 給水設備計画
4. 給湯設備計画
5. 排水通気設備計画
6. 衛生器具設備計画
7. 排水再利用・雨水利用設備計画
8. 浄化槽・排水処理設備計画
9. 特殊設備計画

1 概論

1.1 給排水衛生設備の目的と範囲

給排水衛生設備は、人の健康と生命の維持に直結した最も基本的な居住するための設備であり、飲食、洗面、手洗い、入浴、洗濯、排泄、清掃、散水などを支障なく、快適かつ衛生的に行うために必要な設備である。

これらの生活行為を行うために、給水、給湯、衛生器具、排水通気設備が必要であり、一般には給排水設備と称している。給水設備は、さらに飲料用の上水給水設備と雑用水道や排水再利用・雨水利用などの雑用水給水設備に分かれる場合がある。上水給水設備は、水道を水源として供給する場合が一般的であるが、井水を水源として飲料水の水質基準に適合するように処理して供給する場合もある。

給湯設備は、給茶や入浴に必須の設備であるが、最近では生活水準の向上と給湯機器の技術の発展により、洗面、厨房、湯沸し流しなどにも広く普及している。また、熱源も多様化しており、ガス、電気、油による直接加熱のほか、地域熱源の利用、さらに自然熱源としての太陽熱の利用、コージェネレーションなど廃熱利用も行われている。

排水通気設備は、排水を衛生的に、かつ速やかに下水道に排出することが目的であるが、終末処理場を有しない下水道では浄化槽を設けて排出する。また、下水道に放流する排水水質の汚濁負荷が多い場合などには、除害施設の設置を要求される場合がある。

給水・給湯を使用するとき、衛生器具に代表される水使用機器が介在し、そこから排水される。近年の衛生器具は、技術開発の進展が著しく機能、使用材料、デザインなどが多様化している。

事業系の建物では、厨房器具、ごみ処理、真空掃除、プール、事業系排水処理、浴場・温泉などの特殊設備がある。特殊設備や上記の排水再利用・浄化槽などを含んで、狭義には給排水衛生設備といい、広義には、このほかに、ガス設備、消火設備、熱媒設備（蒸気、高温水などの一部）も含んで指す場合がある。給排水衛生設備の概念図を図1.1に示す。

1.2 関連法規と基準など

1.2.1 給排水衛生設備規準

給排水設備の規準は、欧米では早くから国家規格または地方自治体のコードとして制定されているが、わが国では、戦前にも規準は作成されていたが普及するに至っていない。戦後、1967年に空気調和・衛生工学会の規格として新しくSHASE-S（旧HASS）206「給排水設備規準」が作成された。その後もSHASE-S 206は定期的に改定・整備され、わが国の給排水衛生設備の設計・施工・維持管理の規範として活用され、1975年建設省告示第1597号給排水設備の技術基準として制定されたときも、その内容の多くが引用されている。1976, 1982, 1991, 2009と改訂され、2000年の改定時に名称もSHASE-S 206「給排水衛生設備規準・同解説」と変更されている。

SHASE-S 206には、本論は基本原則、用語の分類と定義、設備計画、施工、維持管理、上水給水設備、雑用水給水設備、給湯設備、排水通気設備、衛生器具設備、排水再利用・雨水利用設備、特殊設備および性能評価から構成されており、技術要項として給水、排水通気の管径計算、衛生器具数の算定法及びオーバフロー管径の算定法を示している。当初は施工に伴う管類などの仕様についても規定していたが、仕様はSHASE-S 010「空気調和・衛生設備工事標準仕様書」に移行している。

1.2.2 関係法規など

給排水衛生設備は、多くの法令に規定されており、主な法規を表1.1に示す。

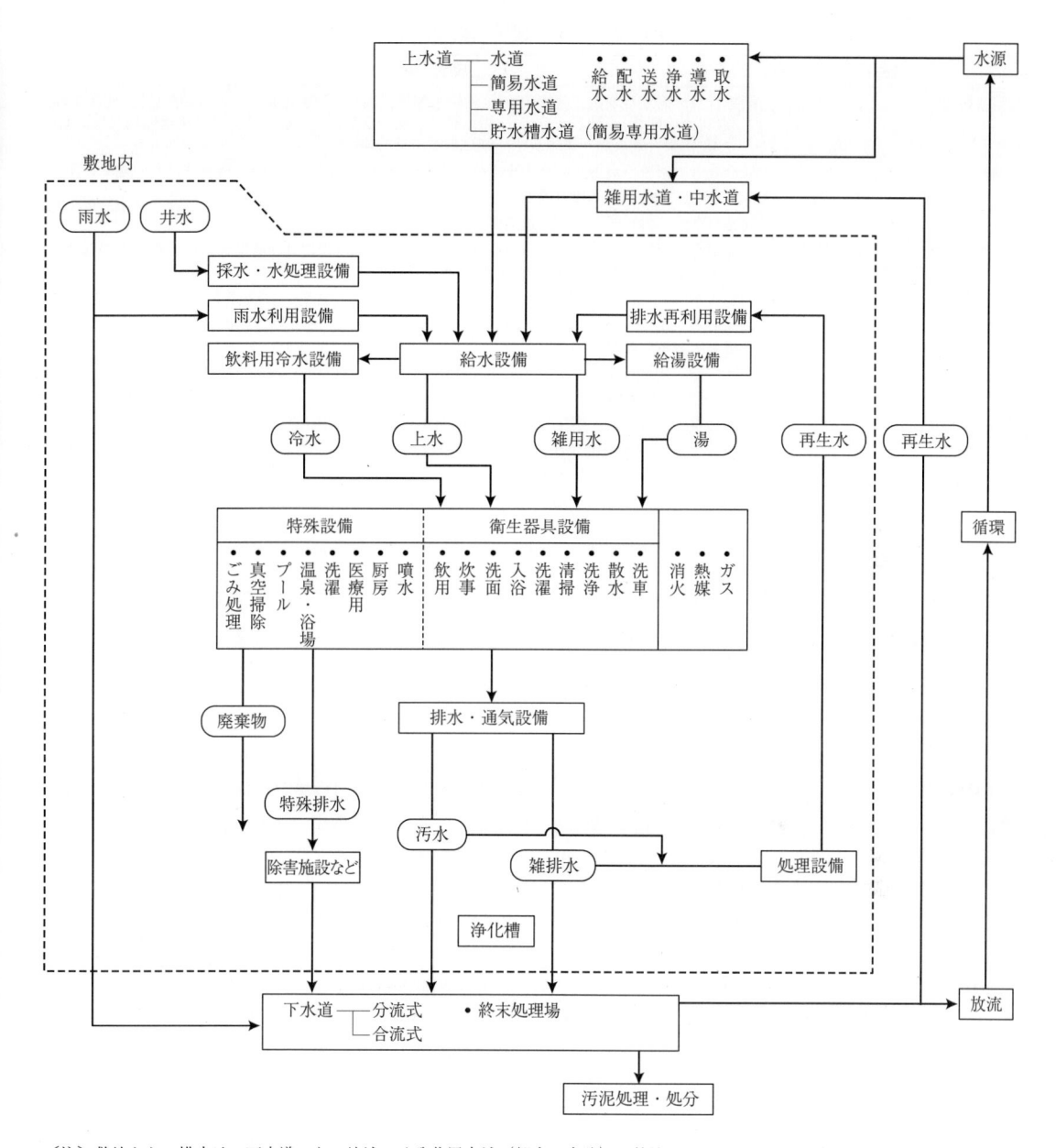

〔注〕敷地からの排水は，下水道のない地域では公共用水域（都市下水路）へ放流される．

図 1.1 給排水衛生設備の概要（紀谷文樹）

1. 概論

表 1.1 給排水衛生設備の主な関係法規

法律名称	政令，省令，告示
建築基準法	同施行令，同施行規則，建告 1597（給排水配管設備），建告 1900（区画貫通配管），建告 1390（飲料水の配管），建告 1388, 1389（設備の安全な構造），建告 3184（浄化槽処理対象人員）など 建築安全条例・建築基準法施行細則（自治体）
水道法	同施行令，同施行規則，省令 101（水質基準），省令 1（給水装置の構造及び材質の基準に関する省令）給水条例（水道事業者）
下水道法	同施行令，同施行規則，下水道条例（下水道管理者）
建築物の衛生的環境の確保に関する法律（建築物衛生法）	同施行令，同施行規則，告示 119（空気調和設備等の維持管理及び清掃等に係る技術上の基準），健発 0125001（建築物の衛生的環境の維持管理について）
水質汚濁防止法	同施行令，同施行規則，総府令 35（排水基準を定める総理府令），公害防止条例（自治体）
浄化槽法	同施行令，環境省関係浄化槽法施行規則，厚・建省令 1（浄化槽工事の技術上の基準及び浄化槽の設置等の届出に関する省令）
消防法	同施行令，同施行規則，危険物の規制に関する政令，同規則，消告（配管の摩擦損失計算の基準），火災予防条例（自治体）
労働安全衛生法	同施行規則，労働安全衛生規則，事務所衛生基準規則，ボイラー及び圧力容器安全規則
ガス事業法	同施行令，同施行規則，通産令 111（ガス工作物の技術上の基準を定める省令），ガス工作物の技術上の基準の細目を定める告示，ガス供給規定（ガス会社）
液化石油ガスの保安の確保及び取引の適正化に関する法律	同施行令，同施行規則，通告 123（供給設備，消費設備及び特定供給設備に関する技術基準等の細目）
廃棄物の処理及び清掃に関する法律（廃棄物処理清掃法）	同施行令，同施行規則，廃棄物の処理及び再利用に関する条例（自治体）
建設工事に係る資材の再資源化等に関する法律	同施行令，施行規則，国土交通省令 17（特定建設資材に係る分別解体等に関する省令）
エネルギーの使用の合理化に関する法律（省エネ法）	通告・建告 1（建築物に係るエネルギー使用の合理化に関する建築主等及び特定建築物の所有者の判断の基準）
高齢者，障害者等の移動等の円滑化の促進に関する法律	同施行令，同施行規則，国土交通省令 114（高齢者，障害者等が円滑に利用できるようにするために誘導すべき建築物特定施設の構造及び配置に関する基準を定める省令）

a. 建築基準法

給排水設備については，建築基準法施行令第 129 条の 2 の 5 に若干の記述があり，それをうけて昭和 50 年建設省告示第 1597 号（最新改正平成 12 年建設省告示第 1406 号）に給排水設備の技術基準が示されている．

b. 水道法

水道直結部分の配管等は，「給水装置」として水道法の適用を受け，構造・材質が規制される．また，受水槽を有する給水設備は，貯水槽水道として，$10 \mathrm{~m}^3$ を超える貯水槽がある場合は簡易専用水道として維持管理などの規定がある．

c. 下水道法

宅地排水設備については，下水道法の適用を受ける．また，放流水についても悪質排水について規制している．

d. 建築物衛生法

特定建築物について，給水（雑用水含む）・排水・給湯設備等の維持管理等を規定している．

〔山田賢次〕

2
給排水衛生設備の全体計画

2.1 全体計画

　給排水衛生設備の計画は，給水，給湯，排水通気，衛生器具，浄化槽，消火，ガス，厨房器具，ごみ処理，プール，浴場，洗濯，医療用配管などの各設備について，基本構想（企画段階）・基本計画・基本設計・実施設計の順序で，与条件をもとに進められる．与条件としては，建設される地域・環境による条件，建物の種別・用途・規模による条件，事業採算，建設費，建築主の意向により決まる条件などがある．

　建築及び関連する他の設備計画と調整を図りながら，周辺環境との調和，低炭素社会及び循環型社会への対応など地球環境保全に配慮し，安全で良好な衛生的生活環境が維持できる設備計画を進めていく必要がある．

2.1.1 計画の手順

　建物の種別・用途・規模による条件を把握したうえで，敷地及び自然条件の調査・資料収集を行い，敷地周辺の上下水道・都市ガスなどの有無，利用上の条件などを調べて，法規上及び建物の機能上必要な設備の種類，並びに設計範囲・設計区分を決定する．

　次に，事業採算，建設費，建築主の意向などを考慮して，設備のグレード・システム・ゾーニング・省エネルギー施策などの決定，設備機械室・シャフトの配置・大きさの決定，再生資源の有効利用を踏まえた使用材料の仕様決定，関連工事との調整などを行い，工事予算書を作成する．

　計画を進めていく各段階で行う作業内容を表2.1に示す．基本構想から実施設計に至る各段階での作業内容は，必ずしも明確な区切りがあるわけでなく，しだいに精度を増し詳細なものとなる．

2.1.2 計画の要点

　給排水衛生設備の計画は，計画建物の種別，規模，グレード・予算などの条件と，自然条件及び基本計画の段階で明確にされた外部からの与条件を踏まえ，次に示す基本条件に留意して行うことが肝要である．

　(1) 各設備は，空気調和・衛生工学会規格SHASE-S206を遵守するなど，人の健康保持及び生命維持にかかわる衛生的環境の実現と，安全を確保し，使用者の利便を図ることを基本として計画する．

　(2) 省エネルギー・環境保全対策，耐震対策，洪水などによる浸水防止対策，不同沈下対策，寒冷地・積雪地対策，塩害対策など建築計画と調和のとれたものとする．

　(3) 使用状態において予想される各種の事故（漏水，消火設備設置に伴う水損など）及び災害（火災・爆発・容器破裂などの人工災害及び地震・洪水などの自然災害）に対して万全の予防処置を講じ，万一発生した場合でも被害を最小限にとどめ，かつ速やかに復旧できるように配慮する．なお，各設備は点検・保守・清掃作業などの際の安全を確保するため危険防止策を講じる．

　(4) 点検・保守・取り替えなどが容易にできるよう適切なスペースを確保して設置するほか，将来，増築・模様替えなどが予想される場合には，効果的に対応できるよう配慮する．

　(5) 便所・洗面所などの設備ユニットの採用，配管のプレハブ化など施工及び維持管理性の合理化・省力化を推進できるように配慮し，必要な信頼性を確保する．主要な機器及び配管材料は，適切な耐久性・耐食性並びに耐震性を有し，目標とする耐用年数を満足させるものを使用する．

　(6) 使用形態などに配慮した適正な設備とし，性能に見合う建設費及び運転管理費となるよう配慮する．

　(7) 保守性に優れ分解の容易な材料の採用，リサイクル性の高い材料などの採用，汎用機器の使用など，容易に維持管理できるよう配慮する．

2.1.3 設備の種類

　建物に必要な給排水衛生設備の種類は，建物利用者

表 2.1 給排水衛生設備の計画・設計の各段階における作業内容[1]

	予条件の調査	計画・設計	他部門との調整	予算	成果品
基本構想	① 事前調査 ・施主要求事項の把握 ・地形・敷地の現状・気候（降雨量，外気温度）などの把握 ・水質汚濁，地球温暖化，オゾン層の破壊など公害防止上の法的規制の調査並びに消防法など関係法令・条例など適用法規制の検討 ・建設の可能性を左右する規制など問題点の調査・解決のための費用 ② 現地調査 ・地形・周辺状況・道路状態など ・上水道の有無・供給能力，又は，その他の水源（確保の可能性・水質など） ・下水道の有無・排水受け入れ能力，又は，その他の排水放流先（放流先の状態・排出規制・利害関係者など） ・都市ガスの有無・供給能力 ・関係法令・条例など法規制内容の確認・上乗せ基準などの有無	① 概略水使用量の算出及び給水設備システムの概要 ② 概略排水量の算出及び排水内容に伴う放流先・水質の概要 ③ 熱源機器への都市ガスなど燃料供給の概要 ④ 関係法令・条例などにかかわる各種消火設備・排水再利用設備・雨水利用設備・ごみ処理設備などシステムの概要 ⑤ その他機能上必要な設備の種類の概要 ⑥ 地球環境保護や将来計画への対応	・概略必要スペース ・コアまわりの位置 ・機器類の概略電気容量	負担金・保証金などの費用を含めた単位面積当たりの概略予算書を作成	基本構想説明書 ・各種調査内容 ・計画推進上の問題点と解決方法 ・概略予算書 ・計画・設計・工事を含む工程など
基本計画	① 敷地状況と計画案との調整 ② 気象条件などの資料収集 ③ 上水道・下水道・都市ガスなどの利用について詳細調査・打ち合わせ ④ 関係法令・条例など法規制・上乗せ基準などについて，所轄官公庁などとの詳細打ち合わせ ⑤ 建設の可能性を左右する規制など問題点解決の具体的交渉	① 設計条件・設計方針の設定 ② 設備項目の再検討及びグレードの設定 ③ 省エネルギー，低炭素化など地球環境保護，将来計画への対応などに配慮して給水設備などシステムの検討・決定 ④ 排水の系統分け及び放流先の決定 ⑤ 熱源の決定（都市ガス・LPG・油など） ⑥ 機器・材料の概略仕様決定 ⑦ 設備ユニットの採用や各種対策の検討 ⑧ 主要機器の概略配置	・設計区分・工事区分 ・敷地利用計画・建築計画に対する所要スペース・位置・階高 ・設備ユニットや配管トレンチなど ・所要スペースに関する他設備との取り合い ・電気容量・給湯用熱量・空調補給水量など	決定したグレード及び各設備システムにより設備項目ごとの概算予算書を作成し，上記予算との調整	基本計画概要書 ・設計条件・設計方針 ・各設備システム及びその他の検討資料 ・現地調査報告書及び官公庁などの打ち合わせ記録 ・所要スペース関係資料 ・概算予算書
基本設計	① 気象条件などについて必要に応じて調査・資料の収集 ② 所轄官公庁や利害関係者と打ち合わせを行い，最終の了承を得る	① 各設備の負荷算定 ② 設備システムの細部検討 ③ 機器（数量を含む）・材料の仕様決定 ④ 機器配置・配管経路の決定 ⑤ 建築意匠上並びに構造上の検討・調整 ⑥ 工法計画，各種対策，特殊部分の検討・決定 ⑦ 防災計画書，開発行為などの申請書作成	・所要スペース・天井ふところ・階高の決定 ・機器重量（基礎を含む）・梁貫通箇所・給排気などの壁開口箇所 ・設備ユニット及び排水槽，配管ピット・トレンチなどの決定 ・機器搬入計画 ・設計区分・工事区分の決定	基本設計図書をもとに，設備項目ごとの工事概算書を作成し，全体予算との調整を図る	基本設計図書 ・各設備設計説明書 ・基本設計図 ・系統図 ・機器配置図 ・特殊部詳細図 ・各設備設計計算書 ・設計・工事区分表 ・防災計画書，開発行為などの申請書 ・工事概算書
実施設計	① 計画に上記の予条件がもれなく反映されているかを検討し，必要に応じて再確認する	① 各設備の詳細計画 ② 細部の納まり検討及び所要スペースの確認 ③ 各設備の設計図・系統図・詳細図などの作成 ④ 各設備の設計計算書の作成 ⑤ 設計図・系統図・詳細図などへの配管サイズ記入 ⑥ 案内図・屋外配置図・機器表・特記仕様書などの作成 ⑦ 確認申請図書などの作成 ⑧ 数量調書・積算内訳書の作成	・スペース及び荷重・梁貫通箇所の再調整 ・ガラリ・PS立上がり部・点検口などの決定 ・電気容量・給湯用熱量・空調補給水量などの再調整	工事入札の入札金額を査定できる積算内訳書を作成	設計図書 ・案内図・屋外配置図 ・特記仕様書 ・機器表 ・実施設計図 ・系統図・詳細図など ・設計計算書 ・数量調書・積算内訳書 ・確認申請図書など

の利便性から必要な設備，法規上必要な設備，業務支援を行うために必要な設備，及び工場などの生産に必要な設備に分類される．

a. 利便性から必要な設備

利便性から必要な設備には，給水，給湯，排水・通気，衛生器具，ガスの各設備がある．その他の設備については，施主の要望，経済性，運営・保守・管理上の観点などから設置の要否を決める．

b. 法規上必要な設備

法規上必要な設備としては消防法・水道法・下水道法・水質汚濁防止法・大気汚染防止法・エネルギー使用の合理化に関する法律・地球温暖化対策の推進に関する法律などで規制されるものがある．建物から生活排水を直接公共下水道に接続できない場合には，浄化槽を設置しなければならない．

ごみ処理設備は，廃棄物の処理及び清掃に関する法律及びリサイクル法（再生資源の利用の促進に関する法律）に基づき，ごみの減量，再生資源の利用促進が義務づけられ，ごみの分別収集の徹底と保管場所や保管設備が必要となる．

2.1.4 設備方式の選定

設備方式の選定にあたっては，予条件について多角的に検討して，その建物に最も適した方式を選定のうえ，施主・建築及び他設備設計者と十分調整したうえで最終的に決定する．なお，必要により運転・維持管理や解体の全生涯に発生するすべての費用を含めたライフサイクルコスト（LCC）評価を行い，設備方式決定の重要な資料とする．

基本計画の段階では，延べ床面積より機器の容量を決定することがある．

2.1.5 コスト計画

基本構想から基本設計までの各段階でコストを把握するために概算コストを算定する．

概算コストの算出にあたっては，経済性の追求も十分配慮しなければならない．給排水衛生設備の工事費指標としては，建物種別・規模別に，表 2.2 に示すような総工事費や総設備工事費に対する給排水衛生設備工事費割合や総工事費に対する給排水衛生設備工事費割合の資料を作成しておくのがよい．さらに建物のグレード，工事の難易度，工期などによる修正係数を用意し，適宜修正することも精度を上げるうえでは重要である．なお，算出したコストが予算を超えた場合は，建築や他設備と調整を行い，必要に応じて設備シ

表 2.2 給排水設備工費の構成比[2]

建物種別	総工事費に対する給排水設備工事費の構成比〔%〕	全設備工事費に対する給排水設備工事費の構成比〔%〕
事務所	2.78～6.15	11.64～24.34
集合住宅	6.32～8.10	40.13～46.98
医療・福祉施設	6.95～13.29	24.70～39.63
小中学校・高校	2.46～15.48	11.99～48.97
店舗・量販店	4.95～6.30	19.03～24.61

〔注〕1. 法定延べ床面積が 30,000 m^2 未満の建物を対象とした．
2. 上記構成比は，厨房設備，汚水処理設備を除く．なお，医療・福祉施設については，厨房設備，汚水処理設備のほか特殊設備も除く．

ステムや設備のグレードの変更など，設備計画を修正する必要も生じるので，計画時におけるコスト管理を慎重に行う必要がある．

2.2 目的別計画の要点

2.2.1 環境負荷の低減

環境問題は身のまわりの生活環境から地球環境問題まで数多い要素により広範囲に及んでいる．給排水衛生設備における環境負荷の削減策には，下記に示すような項目があり，資源及び消費エネルギーの節減，資源の再利用などが考えられる．環境問題としては，水質汚濁，悪臭，大気汚染，廃棄物，温室効果ガスなどがあげられるなか，特に昨今は「京都議定書」により地球温暖化防止のため各国が守るべき削減指標として合意された温室効果ガス排出量の低減策に注目されている．

計画における環境負荷低減の要点は，図 2.1 に見られるように環境問題に配慮した機材の使用を共通の検討事項とし，節水を中心として，熱・電気エネルギーの節減，及び排水・廃棄物の減量化に要約される．

a. 機材の評価

環境負荷を少なくする機材とは，素材の成り立ちから，機材としての活用，廃棄に至るまでの二酸化炭素発生量（$LCCO_2$）の少ないものとされる．

従来は設備システムに要求される性能への適合，耐久性，施工性，量産性などを指標として機材を選んでいたが，環境負荷に配慮して計画をするには，これらの要素に二酸化炭素排出量原単位〔$LCCO_2$〕を評価して選ぶことが求められる．この指標は，各機材を構成する素材の重量など多くのデータに基づき算出され，システムごとに算定するとかなり膨大な計算とはなるが，表 2.3 にそれを例示する．

b. 節　水

使用水量・使用湯量の削減は，直接的には建築設備

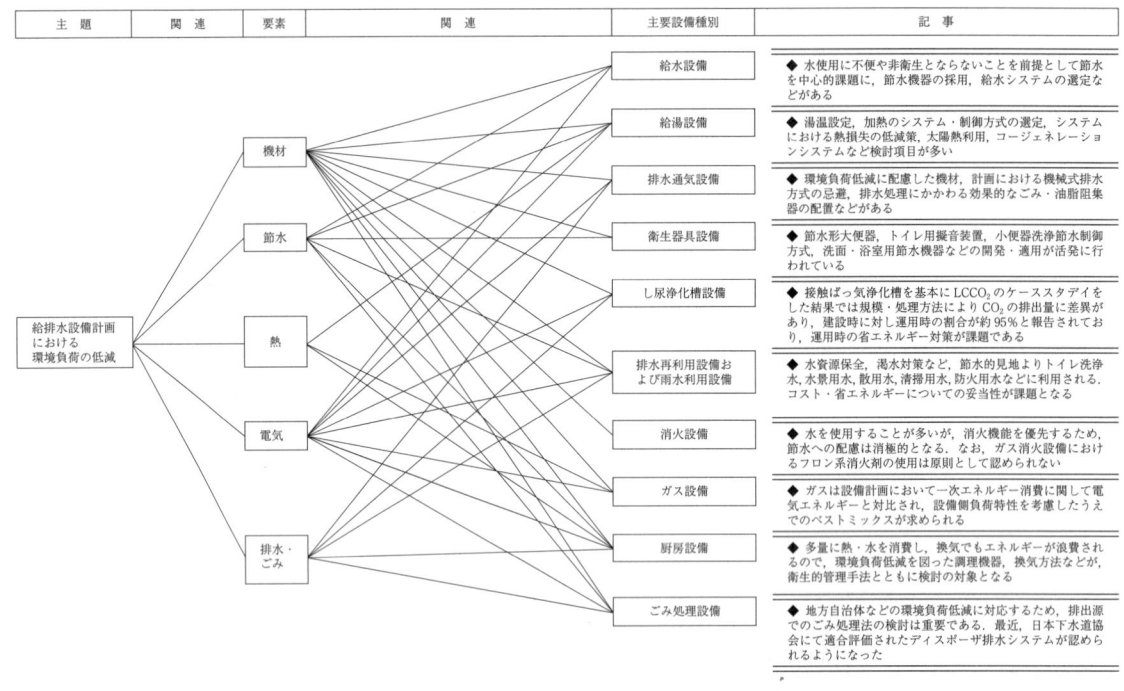

図 2.1 給排水設備における環境負荷低減の関連図[2]

主題	関連	要素	関連	主要設備種別	記事
給排水設備計画における環境負荷の低減		機材		給水設備	◆ 水使用に不便や非衛生とならないことを前提として節水を中心的課題に，節水機器の採用，給水システムの選定などがある
		節水		給湯設備	◆ 湯温設定，加熱のシステム・制御方式の選定，システムにおける熱損失の低減策，太陽熱利用，コージェネレーションシステムなど検討項目が多い
		熱		排水通気設備	◆ 環境負荷低減に配慮した機材，計画における機械式排水方式の忌避，排水処理にかかわる効果的なごみ・油脂阻集器の配置などがある
		電気		衛生器具設備	◆ 節水形大便器，トイレ用擬音装置，小便器洗浄節水制御方式，洗面・浴室用節水機器などの開発・適用が活発に行われている
		排水・ごみ		し尿浄化槽設備	◆ 接触ばっ気浄化槽を基本にLCCO₂のケーススタデイをした結果では規模・処理方法によりCO₂の排出量に差異があり，建設時に対し運用時の割合が約95%と報告されており，運用時の省エネルギー対策が課題である
				排水再利用設備および雨水利用設備	◆ 水資源保全，渇水対策など，節水の見地よりトイレ洗浄水，冷却用水，散布水，清掃用水，防火用水などに利用される．コスト・省エネルギーについての妥当性が課題となる
				消火設備	◆ 水を使用することが多いが，消火機能を優先するため，節水への配慮は消極的となる．なお，ガス消火設備におけるフロン系消火剤の使用は原則として認められない
				ガス設備	◆ ガスは設備計画において一次エネルギー消費に関して電気エネルギーと対比され，設備側負荷特性を考慮したうえでのベストミックスが求められる
				厨房設備	◆ 多量に熱・水を消費し，換気でもエネルギーが浪費されるので，環境負荷低減を図った調理機器，換気方法などが，衛生的管理手法とともに検討の対象となる
				ごみ処理設備	◆ 地方自治体などの環境負荷低減に対応するため，排出源でのごみ処理法の検討は重要である．最近，日本下水道協会にて適合評価されたディスポーザ排水システムが認められるようになった

運営上の運転エネルギーのみならず，表2.4に見られるように上下水道による環境負荷の低減にもつながる．

近年，自閉構造で節水が図れる自動水栓の普及や，節水形衛生器具の開発は目覚ましい．例えば大便器について見ると，従来1回の洗浄水量が13lであったものが最近の節水形では1回につき約8lとなり，洗浄水量が概ね6l程度の超節水形も登場している．同様に小便器では従来1回の洗浄水量が13lであったものが最近では，1回約4lになっている．これら節水機器の利用について，徹底した配慮が望まれる．またシステム計画においても，直結給水方式の採用，給湯系統の流量制御，給湯配管の捨て水防止，汚物など搬送水の少水量化を図るなど，多岐にわたり検討が必要である．なお，雨水利用，排水・冷却塔ブロー水の再利用は水資源対策としてはきわめて有効的ではあるが，運用エネルギー消費を含む環境負荷に関しての削減効果については，十分に検証する必要がある．

c. 熱エネルギーの低減

熱を利用対象とする給湯設備は，一般家庭，病院，ホテルなどにおいて一次エネルギー消費の30〜40%を占めるといわれ，法的にも建築主の判断基準としての指標，給湯エネルギー消費係数（CEC/HW）の計算を行う必要があり，まさに給排水設備計画においては環境負荷に対する主要な検討対象項目となる．

給湯設備に関する対策は，局所式・中央式の給湯方式の選択検討から，給湯負荷の低減，高効率の機器・システムの採用，制御方式の検討に分けることができる．給湯負荷の低減では，給湯使用量の節減・適正湯

表 2.3 受水槽のCO₂排出量原単位の試算例[3]

仕様種別	仕様の単位	CO₂排出量原単位〔kg-CO₂/m³〕		CO₂排出量の試算例〔kg-CO₂〕	
		係数	定数	水槽容量5m³の場合	水槽容量10m³の場合
FRP単板製受水槽＋架台＋基礎	m³	296.203	754.2	296.203×5＋754.2 ≒2100	296.203×10＋754.2 ≒3716
FRP複板製受水槽＋架台＋基礎	m³	305.076	857.5	305.076×5＋857.5 ≒2382	305.076×10＋857.5 ≒3908
鉄単板製受水槽＋架台＋基礎	m³	283.507	492.3	283.507×5＋492.3 ≒1909	283.507×10＋492.3 ≒3327
SUS単板製受水槽＋架台＋基礎	m³	284.905	430.3	284.905×5＋430.3 ≒1854	284.905×10＋430.3 ≒3279

表2.4 給水・排水のCO_2排出量[3]

区分		建設時 [$kg-CO_2/m^3$]	運用時 [$kg-CO_2/m^3$]
給水	上水道	0.1	0.279
	給水設備	0.05	0.11
排水	下水道	0.066	1.21
	排水設備	0.038	0.047

温の設定などにかかわる節水器具の使用・給湯必要箇所の確認，捨て湯削減などがあり，給湯システム全体からの熱損失防止策も重要な課題である．

高効率の機器・システムの採用については，燃焼排気ガス廃熱回収の高効率ボイラ，多機能ヒートポンプ冷暖・給湯システム，コージェネレーション排熱利用の給湯システム，太陽熱利用などがあげられる．また，制御方式では，循環湯量制御，貯湯槽台数制御，給湯温度制御などが検討の対象となる．

d. 電気エネルギーの低減

電気エネルギーと関係しない設備はないといっても過言ではない．電気エネルギーとしての利用形態を次に示す．

(1) 電動機により回転動力に変換しての利用
(2) 電気温水器や電磁調理器など熱エネルギーに直接変換しての利用
(3) 情報伝達エネルギーとしての利用

(1),(2)の場合，節電性の追求が重要である．特に給水ポンプ・排水ポンプ・給湯ポンプの適正能力算定，適正運転方式の選定などが重要な低減項目で，ポンプ負荷を低減するためには適切なポンプ設置場所を決めることも必要となる．浄化槽，排水再利用システムなど連続運転が求められる電動機の低容量化は，運用エネルギーの低減を図るうえで重要な課題である．

熱源としての利用は，深夜電力利用温水器，電磁誘導式など高効率の調理機器が出現し，しばしば都市ガスと対比される．

e. 排水・廃棄物処理の問題

排水・ごみ処理は地方自治体における深刻な問題であり，身のまわりの生活環境から地球環境に及び日常生活から切り離せない問題となっている．廃棄物処理と資源再利用を考えた場合，廃棄物は分別処理が第一義とされる．排水についてはシステム系の排出点に可能な限り近い場所での油脂・固形物などの除去が負荷低減に大きく寄与する．

最近，生ごみの処理・処分対策として排水処理施設を付設したディスポーザ排水処理システムの普及が図られている．

建築設備における機材は，極力廃棄物として出さずに再使用・再生利用し，循環していくことが必要である．再使用・再生利用材の採用率を上げるとともに，取り外し，分解，解体がしやすく再使用・再生利用の資源として容易に活用できる機材の選定も重要な検討要素である．

2.2.2 防食

a. 腐食の要因と対策

機器・配管材料などを選定する場合，耐食性を最大限に発揮し，材料固有の弱点を出さないようにするためには，適切な計画を行い腐食要因が生じないようにする必要がある．腐食の主な要因を次に示す．

(1) 異種金属の接続
(2) 高流速などの流動水による機械的作用
(3) 給湯系における水中溶存酸素の濃度
(4) マクロセルによる電食

異種金属の接続による腐食は，電位差のある2種類の金属が電気的に導通し，導電性のある水が介在し成り立つ電池作用による腐食のことで，電位差の少ない金属材料を接続するか，絶縁継手の使用及び機器や配管の塗装・被覆などの対策が必要である．また，配管支持用のバンド及び固定部は，ゴムなどにより絶縁する必要がある．

流動水による機械的作用に対しては，金属表面が水に接して形成された局部電池に対し，局部電池内の腐食電流を抑制する適切な流速による配管設計，施工方法が必要である．

給湯系における水中溶存酸素に対しては，酸素の濃度差をなくして均一皮膜を生成させるか，溶存酸素が分離しやすいシステムにして効率よく除去する必要がある．また，給湯温度はレジオネラ属菌の繁殖にも配慮する必要があるが，60℃以下にすることが望ましい．

マクロセルによる電食は，土中埋設配管側土中部の

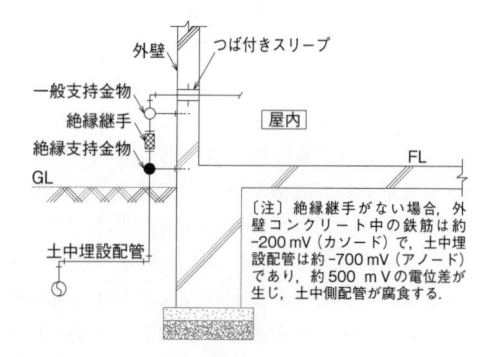

図2.2 マクロセル電食に対応した屋外土中配管

電位と建物におけるコンクリート中の鉄筋の電位が異なるために，腐食電流が配管側より流出して起こる腐食，及び土中埋設配管まわり土質差のマクロセルによる酸素濃淡電池腐食のことで，通気性の良い部分がカソードとなって腐食電池を形成し，通気性の悪いアノード側の部分が腐食する．いずれの場合も，埋設配管表面の被覆，絶縁継手などにより電食を防止する．

外壁を貫通して屋外土中に埋設する配管の例を図2.2に示す．

b. 防食設計の留意点

防食設計の留意点を次に列記する．
(1) 機器の外形形状は極力シンプルにする．
(2) 系統の末端細部に至るまで極力同種類の材料を使用する．
(3) 異種金属の接続・接触がなるべく起こらないようにする．
(4) 構造的なすきまが生じないようにする．
(5) 過度の応力，温度，流速とならないようにする．
(6) 水分が不必要に停滞しない構造とする．
(7) 腐食性のある環境に極力設置しないようにする．
(8) 防食施工及び防食管理がしやすいよう配慮する．

c. 腐食環境からの遮断

給排水設備において，土中，コンクリート中などの腐食環境に設置する配管は多い．これら配管の耐食性を確保するためには，腐食環境から遮断する必要がある．その方法としては，有機物・無機物によるライニング・コーティング，被覆・防食テープ巻き，塗装などがあり，現場段階においては被覆・防食テープ巻きか塗装による方法が採用されている．

また，土中埋設管の場合は，外面ライニング鋼管や硬質ポリ塩化ビニル管の採用，またはトレンチ内配管とするなどの対策が必要である．

d. 電気防食法による腐食環境の処理

電気防食法は，陰極防食法及び陽極防食法があり，現在広く採用されている方法は，陰極防食法である．腐食環境の処理（制御）方法としては，防食電源を供給する手段により流電陽極方式，外部電源方式及び選択排流方法がある．流電陽極方式は，土中埋設配管などを対象として採用され，外部電源方式は，ボイラ・貯湯槽などを対象として採用されている．なお，選択排流方法は，直接排流法などの方式があり，電車軌道からの迷走電流を選択排流器により電気鉄道・軌道に帰流させ電食を防止するもので，方式の決定にあたっては電気鉄道会社と十分打ち合わせを行う必要がある．なお，土中埋設配管で鋼管に電気防食をする場合には，配管外面の被覆または防食テープ巻きと併用するなどの対策が必要である．

2.2.3 防　　凍

a. 凍結・凍上防止対策

給排水設備の機器や配管を凍結から守る方法は，建物の内部に設置し周囲の温度環境を氷点下以下にしないよう建築で対応する方法，あるいは凍らせないように設備で対応する方法がある．

寒冷地の凍結防止策は，建物の断熱・高気密化など建築による対応を主体とし，設備での対応は建築で対応しきれない部分を補うよう計画する．なお，屋外に設置する給排水設備機器類の基礎の深さは，凍上から守るため凍結深度以下とし，屋外給水管は凍結深度以下に埋設する．寒冷地各主要都市の凍結深度を表2.5に示す．

1) 給水・給湯設備の機器や配管を凍結から守るための設備的な対応策

(1) 機器や配管内の水を抜く．
(2) 機器や配管を断熱材で保温する．
(3) 機器や配管内の水を流動させる．
(4) 機器や配管を断熱材で保温するとともに，凍結防止ヒータで加熱する．

どの対応策を選択するかは，通常時の使用状態・気象条件・地域性・建物の重要性などを考慮して，条件にあった方法を選ぶことになる．

建物の重要性を考えた場合の凍結防止策は，機器や配管内の水を抜くことを原則とする．

戸建て住宅などに使用される代表的な水抜き栓（散水栓用，給湯機用・浴室台所用）を図2.3に示す．

なお，水抜き栓は出口側からの逆流により，給水系統が汚染されない構造のものとする．

機器や配管を断熱材で保温する方法は，水使用の休止時間が短い場合に有効であるが，長時間にわたり水を使用しない場合は，機器や配管を断熱材で保温するとともに，凍結防止ヒータで加熱する方法が一般的に

表2.5　寒冷地主要都市の凍結深度[6]〔cm〕

稚内	101	室蘭	62	福島	33
旭川	120	函館	76	山形	53
札幌	88	青森	57	新潟	18
北見	131	盛岡	73	長野	52
釧路	103	秋田	49		
帯広	119	仙台	18		

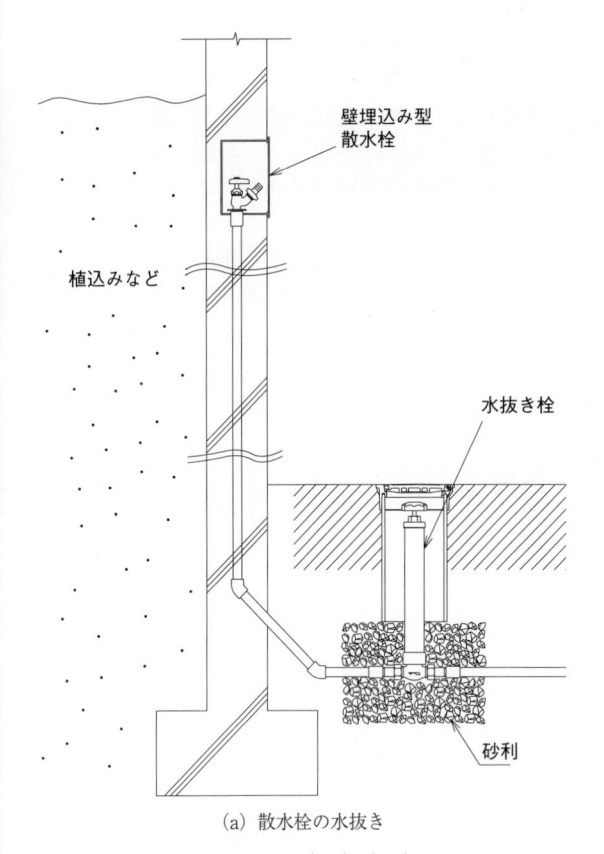

場合最大 120 m まで，選ぶことができる．

2) 排水通気設備の機能を凍結から守るための設備的な対応策

(1) 格子ぶた使用の集水ますは，排水主管ルートの中継ますとせず，排水主管ルートにトラップますを設け集水ますからの排水管を接続する．

(2) 排水が常時滞留している排水槽及びトラップますなどは，水面を凍結深度以下にするか盛り土をする．

(3) 浴室など温排水が流れる排水用通気管は，冷却され結露して氷結するおそれがあるほか，通気金物につららが発生する場合もあるので，通気管の勾配を通気金物に向かって先上がりとする．

3) 消火設備の機器・配管の対応策

凍結のおそれのない屋内設置を原則とし，凍結のおそれのある配管などについての対応策を次に示す．

(1) 屋内消火栓設備及びスプリンクラ設備においては，凍結のおそれのある倉庫などの配管は凍結防止ヒータにより保護するか，屋内消火栓設備の場合は乾式配管方式を検討し，スプリンクラ設備の場合一斉開放弁による乾式配管方式または予作動方式を検討する．

(2) 泡消火設備については，外気に面した駐車場を対象とする場合，一斉開放弁の設置位置を十分検討する．または粉末消火設備を採用する．

(3) 連結送水管については，屋内消火栓設備配管との兼用配管は避け乾式配管とする．

(4) 屋外消火栓設備については，乾式配管方式を検討する．

2.2.4 防潮・漏水対策

a. 防潮対策

集中豪雨で発生する局地的な溢水や，河川の氾濫・高潮などによる水害の危険のある場所に，やむをえず建物を建設する場合，屋外に出る給排水衛生設備の各種配管は，次のような処置を施す．

(1) 外壁を水防壁と兼ねる場合，各種配管は防潮水位以上で外壁を貫通させる．

(2) 外壁の内側に水防壁を設ける場合，各種配管は防潮水位以上で水防壁を越えさせる．

(3) 建物外に水防壁を設ける場合，各種配管は防潮水位以上に立ち上げて処理する．

(4) 各種配管を防潮水位以下で貫通させる場合は，貫通本数の集約化を図り，貫通部の防水を完全に実施し，若干の浸水が生じても建物内の機能が損なわれないように余裕を見込んだ排水設備を設置する．ただ

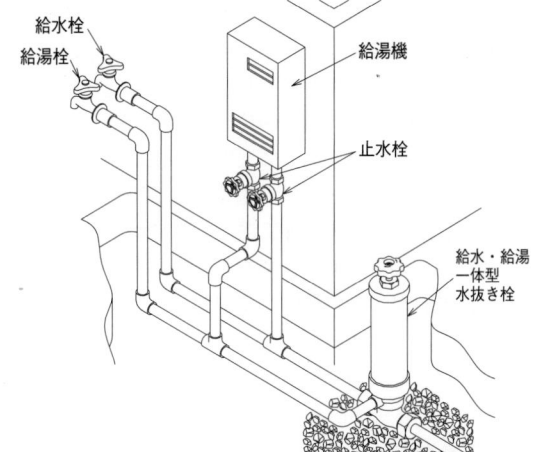

(a) 散水栓の水抜き

(b) 給湯機・浴室台所用（一体型）の水抜き

図 2.3 代表的な水抜き栓

採用されている．凍結防止ヒータは，機器や配管に直接巻き付けるサーモ付きの電熱ヒータで，周囲温度によって熱出力を自動的に調整する自己温度調整型があり，電源が 100 V の場合最大で 60 m まで，200 V の

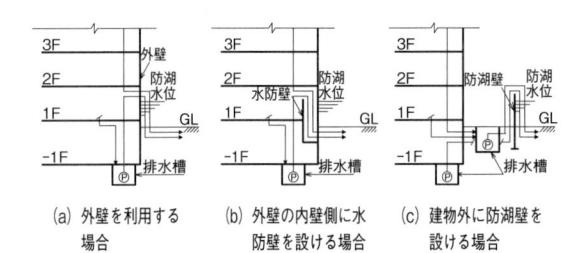

(a) 外壁を利用する場合
(b) 外壁の内壁側に水防壁を設ける場合
(c) 建物外に防潮壁を設ける場合

図 2.4　防潮対策の方法

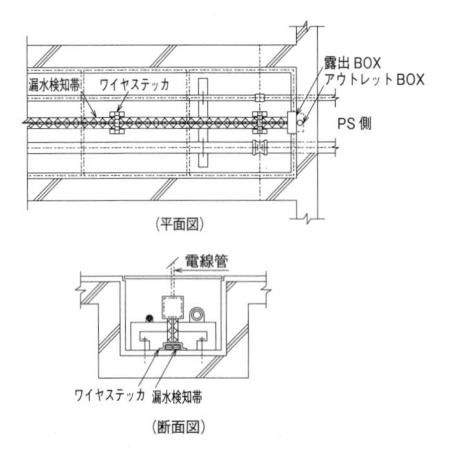

図 2.5　トレンチ内漏水検知帯取付け図

し，1階系統など防潮水位以下に設置される器具からの排水管には，逆流防止弁を設置する．

以上の方法を図2.4に示す．また，建物内に設けられる電力関係諸室や設備機械室は，建物の最下階に配置されることが多い．短時間の集中豪雨で発生する局地的な溢水などにより，ドライエリアなどから若干の浸水が生じても，設備機器を水没から守るためには，十分な能力を備えた排水ポンプを設置するとともに，基礎のかさ上げをしておくことが重要である．

b. 漏水対策

情報施設の入る建物では，電力関係諸室やエレベータ機械室・エレベータシャフトなどと同様に，ごく少量の漏水でも大きな被害を招くことがある．

漏水の可能性が考えられる給排水及び水消火系配管については，情報施設の入る部分には原則として配管しない．なお，直下階に情報施設があるような場合にも，床スラブのクラックによる水損事故を考慮し当該階の配管は避けるべきである．

やむをえず給排水などの配管を情報施設の入る部分に通す場合は，ピット内配管又はトレンチ内配管とし，漏水した場所の特定が迅速にできるよう漏水検知帯を布設する．トレンチ内漏水検知帯の取り付け方法を図2.5に示す．

2.2.5　施工・維持管理への配慮

a.　施工への配慮

給排水衛生設備の計画にあたっては，施工性に配慮して，さや管ヘッダ式配管工法，配管のプレハブ・ユニット化，配管・器具を含む設備ユニット化などの採用を検討する．

配管のプレハブ・ユニット化や配管・器具を含む設備ユニット化については，どの範囲まで導入するかを関係者間で十分検討し，導入部分のパターンや取り合わせ及び躯体の施工精度の確保などについても綿密に打ち合わせを行い，施工段階で問題が生じないよう配慮する．

設備関連諸室及びパイプシャフト・天井ふところなどのスペースは，機器配置や配管経路などに基づいて概略の大きさと位置を計画し，荷重のかかる場所や構造体を貫通する場所，大きさを確認し，構造設計担当者とも十分な調整を行う．基本設計時には必要スペースの詳細な検討を行い，実施設計や施工段階に入ってから建築の平面計画などに影響を与えることのないようにする．

さや管ヘッダ式配管工法，配管のプレハブ・ユニット化，配管・器具を含む設備ユニット化などの採用により，工期の短縮，現場作業工数の平均化，現場内の資材置場，加工作業スペースの縮小，現場内作業の安全性向上などのほか，工場での品質管理による品質の向上，並びに産業廃棄物の減量化，端材などの再生利用により資源の有効利用を図ることができる．また，建築の揚重計画に合わせることなど施工計画を工夫することによりコストダウンを図ることが可能となる．

1) さや管ヘッダ式配管工法　従来から用いられてきた現場での先分岐工法に対し，施工性・更新性のほか配管材料などの耐久性や機能性の向上を追求し開発された方式で，集合住宅のパイプシャフト内分岐配管や給湯機ユニット以降の給水・給湯系統に多く導入されている．

2) 配管のユニット化　配管をユニット化するにあたっては，運搬・搬入・揚重の制約，コストの低減を図る目的などからその範囲におのずから制約が出てくる．一般的に対象となる部分は，繰返し配管の多い部分や，配管の密度の高い部分，例えば便所・洗面所・湯沸し室まわりの配管を対象とした床用配管ユニット，壁配管ユニット，パイプシャフト内配管を対象とした立て管用配管ユニット，スプリンクラ設備・泡消火設備の対象室内配管などがあげられる．これらのユニット化を進めるには，次の点に留意する．

(1) 給排水の必要箇所を集中させ，かつ各階とも極力同一の配管パターンにすること．
(2) 同一器具を連結して設置するなど室内での設備の集約化を図ることができるレイアウトとすること．
(3) 納まりをなるべく単純化し，配管の材料・管径は極力種類を少なくすること．
(4) 現場施工の配管を容易に，かつ確実に接続できること．
(5) 運搬・搬入・揚重に支障のない範囲で，できるだけ広範囲にユニット化すること．

3) **設備のユニット化**　住宅用に関しては，JIS A 0012（住宅用サニタリーユニットのモジュール呼び寸法），JIS A 4413（住宅用配管ユニット）などのJISがある．事務所ビル・ホテルなどに設ける設備ユニットには，一般にバスルームユニット（ホテル），便所・洗面所ユニット，湯沸しユニット，パネル式配管ユニットなどの種類がある．

ユニットの構成材は不燃材料，準不燃材料または難燃材料などを用い，また，地震その他の衝撃に対し十分な強度を有することや，構成する配管の材料・管径・接合法・配管方法及び器具などが給排水衛生設備の基本原則に合致していることが必要である．これらのユニットを計画するにあたっては2)項に記したことのほか，次の点にも留意する．
(1) 軽量であり，運搬に便利な形状のこと．
(2) 量産性が高く，現場での作業も最小限であること．
(3) 現場での据付け，組立てが容易であること．
(4) ユニットの配管が立て管に床上で容易に接続できること．
(5) ユニット内部の配管の保守・点検が容易にできること．

b．維持管理への配慮

建築設備の機器や材料は，長期にわたり使用していると劣化して設備機能が低下し，使用に支障をきたすようになる．これに対処するため，保守・点検・交換・増設・改修などが容易に行えるよう，設備関連諸室及びパイプシャフト・天井ふところなどのスペースについて，構造，電気設備，空調設備の設計時に十分打ち合わせを行い，必要なスペースを確保することが肝要である．なお，給水ポンプ・給湯循環ポンプ・排水ポンプなどの機器は，いずれもその系統ごとに2台（1台を予備）設置し，自動交互運転を行い，片方のみの劣化防止と，故障時のバックアップ対応及び保守・点検時にも機能停止することのないようにする．

設備関係諸室やパイプシャフトの計画にあたっては次の点に留意する．
(1) 給排水衛生関係機械室は，機器その他の屋外からの搬入または搬出に支障のない場所で，電気室・コンピュータ室など電気関係諸室の直上にならないところとする．
(2) 機器配置にあたっては，各機器の運転・保守・点検や修理作業上必要な機器周囲空間を適正な寸法で見込む．機器の高さを考慮した配置の検討も行う．この際，法規で定められている寸法には特に注意する．貯湯槽のようにコイルを内蔵している機器は，定期点検のために引抜きスペースを確保する．
(3) シャフトの大きさは，配管施工・点検・修理・配管取り替えなどの作業が安全・容易にできる大きさとし，途中で位置・形状・寸法が変わることのないように配慮するほか，廊下など共用部から直接アクセスできる位置に設ける．また，設備の維持管理は，その機能を生かしながら継続的かつ効率的に設備を維持させることが必要であり，機器類の運転，制御，監視，災害時の制御方法，設備保全方式などビル管理のしやすさについて，他設備との綿密な打ち合わせが必要である．

設備保全の取り組み方としては，事後保全及び予防保全とがある．事後保全は故障が発生した後に修理・改修する方式であり，予防保全は点検・整備・検査あるいは運転状態を監視することにより，故障などの発生を事前に検出し，劣化部品を修理・交換する方式である．最近の保全業務は，予防保全方式が採用されるようになり，それを支援するビルディングオートメーションシステム，ビルマネジメントシステムなどコンピュータによる維持管理システムが積極的に導入されている．
〔小倉　正〕

文　献

1) 空気調和・衛生工学会編：給排水衛生設備計画設計の実務の知識（改訂2版），p.19，オーム社，1977 一部加筆．
2) 建設工業経営研究会編：経研：09建築工事原価分析情報第1版，pp.4-17，大成出版社，1999．
3) 空気調和・衛生工学会編：空気調和・衛生設備の環境負荷削減対策マニュアル，p.47，p.142，p.245，空気調和・衛生工学会，2001．
4) 空気調和・衛生工学会編：空気調和・衛生工学便覧（13版），5 材料・施工・維持管理篇，pp.213-226，及び pp.479-480，空気調和・衛生工学会，2001．
5) 空気調和・衛生工学会編：空気調和・衛生工学便覧（第13版），6 応用篇，pp.563-567，空気調和・衛生工学会，2001．
6) 空気調和・衛生工学会編：建築設備の凍結防止計画と実務，p.9，1996．
7) 空気調和・衛生工学会編：給排水衛生設備計画設計の実務の知識（改訂2版），pp.239-249，オーム社，2001．

3 給水設備計画

3.1 基本事項

給水設備は，建物の給水器具に，適正な水質の水を，適正な水量と水圧で安定的に供給することが必要である．

3.1.1 水質基準

建物で使用する給水は，使用目的ごとに安全な水質でなければならず，また給水器具・給水配管を維持するために適正な水質でなければならない．したがって，その使用目的ごとに，その水質も異なる．

給水の使用目的としては上水と雑用水に分けられる．上水は飲料水，調理，入浴，給湯など身体に取り込まれる，あるいはその可能性のある用途と定義し，雑用水はそれ以外の用途と定義する．

上水は体内に取り込まれても安全でなければならず，厚生労働省令第101号（2010年一部改正）に50項目の基準が飲料水の水質基準として定められている（表3.1）．井水などを飲料水として使用する場合も，この基準値を守るようにする．さらに，この水質基準とは別に，水質管理目標設定項目及び要検討項目が厚生労働省より水質基準に補完する自主管理項目として（表3.2, 表3.3）示されている．

上水にはさらに，残留塩素を有しなければならず，給水栓における残留塩素として水道法及び建築物における衛生的環境の確保に関する法律（略称「建築物衛生法」）に定められている（表3.4）．雑用水の水質基

表3.1 水質基準に関する省令（50項目）[1]

NO	水質項目	濃度　等	NO	水質項目	濃度　等
1	一般細菌	集落数 100/ml 以下	26	総トリハロメタン（＊1）	0.1 mg/l 以下
2	大腸菌	検出されない	27	トリクロロ酢酸	0.2 mg/l 以下
3	カドミウム（＊）およびその化合物	0.003 mg/l 以下　（＊の量に関して）	28	ブロモジクロロメタン	0.03 mg/l 以下
4	水銀（＊）およびその化合物	0.0005 mg/l 以下　（＊の量に関して）	29	ブロモホルム	0.09 mg/l 以下
5	セレン（＊）およびその化合物	0.01 mg/l 以下　（＊の量に関して）	30	ホルムアルデヒド	0.08 mg/l 以下
6	鉛（＊）およびその化合物	0.01 mg/l 以下　（＊の量に関して）	31	亜鉛（＊）およびその化合物	1.0 mg/l 以下　（＊の量に関して）
7	ひ素（＊）およびその化合物	0.01 mg/l 以下　（＊の量に関して）	32	アルミニウム（＊）およびその化合物	0.2 mg/l 以下　（＊の量に関して）
8	六価クロム（＊）化合物	0.05 mg/l 以下　（＊の量に関して）	33	鉄（＊）およびその化合物	0.3 mg/l 以下　（＊の量に関して）
9	シアン化合物（＊）および塩化シアン	0.01 mg/l 以下　（＊の量に関して）	34	銅（＊）およびその化合物	1.0 mg/l 以下　（＊の量に関して）
10	硝酸態窒素および亜硝酸態窒素	10 mg/l 以下	35	ナトリウム（＊）およびその化合物	200 mg/l 以下　（＊の量に関して）
11	ふっ素（＊）およびその化合物	0.8 mg/l 以下　（＊の量に関して）	36	マンガン（＊）およびその化合物	0.05 mg/l 以下　（＊の量に関して）
12	ほう素（＊）およびその化合物	1.0 mg/l 以下　（＊の量に関して）	37	塩化物イオン	200 mg/l 以下
13	四塩化炭素	0.002 mg/l 以下	38	カルシウム・マグネシウム等（硬度）	300 mg/l 以下
14	1,4-ジオキサン	0.05 mg/l 以下	39	蒸発残留物	500 mg/l 以下
15	シス-1,2-ジクロロエチレン及びトランス-1,2-ジクロロエチレン	0.04 mg/l 以下	40	陰イオン界面活性剤	0.2 mg/l 以下
			41	ジェオスミン（＊2）	0.00001 mg/l 以下
16	ジクロロメタン	0.02 mg/l 以下	42	2-メチルイソボルネオール（＊3）	0.00001 mg/l 以下
17	テトラクロロエチレン	0.01 mg/l 以下	43	非イオン界面活性剤	0.02 mg/l 以下
18	トリクロロエチレン	0.03 mg/l 以下	44	フェノール（＊）類	0.005 mg/l 以下（＊の量に換算して）
19	ベンゼン	0.01 mg/l 以下	45	有機物（全有機炭素 TOC の量）	3 mg/l 以下
20	塩素酸	0.6 mg/l 以下	46	pH 値	5.8 以上 8.6 以下
21	クロロ酢酸	0.02 mg/l 以下	47	味	異常でないこと
22	クロロホルム	0.06 mg/l 以下	48	臭気	異常でないこと
23	ジクロロ酢酸	0.04 mg/l 以下	49	色度	5 度以下
24	ジブロモクロロメタン	0.1 mg/l 以下	50	濁度	2 度以下
25	臭素酸	0.01 mg/l 以下			

〔注〕　＊1　クロロホルム，ジブロモクロロメタン，ブロモジクロロメタン，ブロモホルムのそれぞれの濃度の総和．
　　　　＊2　(4S, 4aS, 8aR)-オクタヒドロ-4, 8a-ジメチルナフタレン-4a(2H)-オール．
　　　　＊3　1, 2, 7, 7-テトラメチルビシクロ［2, 2, 1］ヘプタン-2-オール．

3.1 基本事項

表3.2 水質管理目標設定項目

	項 目	目標値
1	アンチモン及びその化合物	0.015 mg/l 以下
2	ウラン及びその化合物	0.002 mg/l 以下（暫定）
3	ニッケル及びその化合物	0.01 mg/l 以下（暫定）
4	亜硝酸態窒素	0.05 mg/l 以下（暫定）
5	1,2-ジクロロエタン	0.004 mg/l 以下
8	トルエン	0.2 mg/l 以下
9	フタル酸ジ（2-エチルヘキシル）	0.1 mg/l 以下
10	亜塩素酸	0.6 mg/l 以下
12	二酸化塩素	0.6 mg/l 以下
13	ジクロロアセトニトリル	0.01 mg/l 以下（暫定）
14	抱水クロラール	0.02 mg/l 以下（暫定）
15	農薬類	1 以下
16	残留塩素	1 mg/l 以下
17	カルシウム，マグネシウム等（硬度）	10 mg/l 以上, 100 mg/l 以下
18	マンガン及びその化合物	0.01 mg/l 以下
19	遊離炭酸	20 mg/l 以下
20	1,1,1-トリクロロエタン	0.3 mg/l 以下
21	メチル-t-ブチルエーテル（MTBE）	0.02 mg/l 以下
22	有機物等（過マンガン酸カリウム消費量）	3 mg/l 以下
23	臭気強度（TON）	3 以下
24	蒸発残留物	30 mg/l 以上, 200 mg/l 以下
25	濁度	1 度以下
26	pH 値	7.5 程度
27	腐食性（ランゲリア指数）	−1 程度以上とし, 極力0に近づける
28	従属栄養細菌	集落数 2000 mg/l 以下
29	1,1-ジクロロエチレン	0.1 mg/l 以下
30	アルミニウム及びその化合物	0.1 mg/l 以下

表3.3 要検討項目

	項 目		項 目
1	銀	25	フタル酸ブチルベンジル
2	バリウム	26	ミクロキスチン-LR
3	ビスマス	27	有機すず化合物
4	モリブデン	28	ブロモクロロ酢酸
5	アクリルアミド	29	ブロモジクロロ酢酸
6	アクリル酸	30	ジブロモクロロ酢酸
7	17-β-エストラジオール	31	ブロモ酢酸
8	エチニル-エストラジオール	32	ジブロモ酢酸
9	エチレンジアミン四酢酸(EDTA)	33	トリブロモ酢酸
10	エピクロロヒドリン	34	トリクロロアセトニトリル
11	塩化ビニル	35	ブロモクロロアセトニトリル
12	酢酸ビニル	36	ジブロモアセトニトリル
13	2,4-ジアミノトルエン	37	アセトアルデヒド
14	2,6-ジアミノトルエン	38	MX
15	N,N-ジメチルアニリン	39	クロロピクリン
16	スチレン	40	キシレン
17	ダイオキシン類	41	過塩素酸
18	トリエチレンチトラミン	42	パーフルオロオクタンスルホン酸（PFOS）
19	ノニルフェノール		
20	ビスフェノールA	43	パーフルオロオクタン酸（PFOA）
21	ヒドラジン		
22	1,2-ブタジエン	44	N-ニトロソジメチルアミン（NDMA）
23	1,3-ブタジエン		
24	フタル酸ジ（n-ブチル）		

表3.4 水道水の給水栓における残留塩素

	給水栓における残留塩素 （ ）内は結合残留塩素 [mg/l]
平時	0.1(0.4)
供給する水が病原生物に著しく汚染されるおそれがある場合または病原生物に汚染されたことを疑わせるような生物もしくは物質を大量に含むおそれのある場合	0.2(1.5)

準としては，建築物衛生法に規定されており，散水用水などと便器洗浄水の水質基準が定められている（表3.5）．これには，雑用水の残留塩素を水道水と同じ濃度（表3.4）と定めている．

上質水とはおいしい水と同じと考えてよいが，その基準としては厚生省おいしい水研究会より表3.6のような数字が示されている．おいしい水には個人差があるが，臭気が少なく，カルシウム・マグネシウムなどの硬度が適当にあり，水温の低いことが必要といわれている．

表3.5 雑用水水質基準

	散水，修景または清掃の用に供する水	便器洗浄水
pH 値	5.8～8.6	〃
臭気	異常でないこと	〃
外観	ほとんど無色透明	〃
大腸菌群	検出されないこと	〃
濁度	2 度以下	−

建築物における衛生的環境の確保に関する法律施行規則第4条の2．

表3.6 おいしい水の水質（厚生省おいしい水研究会）

項　目	目標値
残留塩素	0.4 mg/l 以下
臭気度	3 以下
遊離炭酸	3～30 mg/l
過マンガン酸カリウム消費量	3 mg/l 以下
硬度	10 mg/l～100 mg/l
蒸発残留物	30 mg/l～200 mg/l
水温	20℃以下

3.1.2 給水量と使用圧力

a. 給水量について

給水設備の機器容量や配管設計のためには，変動する給水量のピークに対応する必要があり，そのために予想給水量（給水負荷），すなわち1日予想給水量，瞬時最大給水量などを求め，これから給水機器や配管管径を算定する．予想給水量を求めるために，建物種別ごとの単位給水量・使用時間・人数などのデータがある（表3.7）．

給水量の予想は，給水設備の機器容量や配管設計でも必要であるが，経常費の予想のためにも必要である．経常費の計算には，表3.8のような水使用量の実績を使用しており上記の1日使用水量より小さい．

雨水利用や排水再利用を行い，これを便器の洗浄水として使用することがある．便器洗浄水以外にも，散水，修景，消火，洗車などへの利用も考えられ，給水用途ごとの配管管径や，ポンプ，水槽などの機器容量

表3.7 建物種類別単位給水量・使用時間・人員[2)]

建物種類	単位給水量（1日当たり）	使用時間〔h/日〕	注　記	有効面積当たりの人員など	備　考
戸建て住宅	200～400 l/人	10	居住者1人当たり	0.16 人/m²	
集合住宅	200～350 l/人	15	居住者1人当たり	0.16 人/m²	
独身寮	400～600 l/人	10	居住者1人当たり		
官公庁・事務所	60～100 l/人	9	在勤者1人当たり	0.2 人/m²	男子50 l/人，女子100 l/人．社員食堂・テナントなどは別途加算
工場	60～100 l/人	操業時間+1	在勤者1人当たり	座作業0.3 人/m² 立作業0.1 人/m²	男子50 l/人，女子100 l/人．社員食堂・シャワーなどは別途加算
総合病院	1500～3500 l/床 30～60 l/m²	16	延べ面積1 m² 当たり		設備内容などにより詳細に検討する
ホテル全体	500～6000 l/床	12			同上
ホテル客室部	350～450 l/床	12			客室部のみ
保養所	500～800 l/人	10			
喫茶店	20～35 l/客 5～130 l/店舗 m²	10		店舗面積には厨房面積を含む	厨房で使用される水量のみ 便所洗浄水などは別途加算
飲食店	55～130 l/客 110～530 l/店舗 m²	10		同上	同上 定性的には，軽食・そば・和食・洋食・中華の順に多い
社員食堂	25～50 l/食 80～140 l/食堂 m²	10		同上	同上
給食センター	20～30 l/食	10			同上
デパート・スーパーマーケット	15～30 l/m²	10	延べ面積1 m² 当たり		従業員分・空調用水を含む
小・中・普通高等学校	70～100 l/人	9	（生徒＋職員）1人当たり		教師・従業員分を含む．プール用水（40～100 l/人）は別途加算
大学講義棟	2～4 l/m²	9	延べ面積1 m² 当たり		実験・研究用水は別途加算
劇場・映画館	25～40 l/m² 0.2～0.3 l/人	14	延べ面積1 m² 当たり 入場者1人当たり		従業員分・空調用水を含む
ターミナル駅	10 l/1000人	16	乗降客1000人当たり		列車給水・洗車用水は別途加算
普通駅	3 l/1000人	16	乗降客1000人当たり		従業員分・多少のテナント分を含む
寺院・教会	10 l/人	2	参会者1人当たり		常住者・常勤者分は別途加算
図書館	25 l/人	6	閲覧者1人当たり	0.4 人/m²	常勤者分は別途加算

〔注〕1. 単位給水量は設計対象給水量であり，年間1日平均給水量ではない．
　　　2. 備考欄に特記のないかぎり，空調用水，冷凍機冷却水，実験・研究用水，プロセス用水，プール・サウナ用水などは別途加算する．
　　　3. 数多くの文献を参考にして表作成者の判断により作成．

3.1 基本事項

表 3.8 建物種類別の水使用量の実績[3]

建物種別	年平均1日使用量*		サンプル数	備 考
一般家庭	平均 10.8 $l/(m^2・日)$ 平均 187 $l/(人・日)$	(標準偏差 10.6 $l/(m^2・日)$) (標準偏差 89.2 $l/(人・日)$)	6059	集合住宅も含む 1人世帯平均 263 $l/(人・日)$～ 7人世帯平均 149 $l/(人・日)$
中央式暖房のある独立住宅	平均 6.98 $l/(m^2・日)$ 平均 243 $l/(人・日)$	(標準偏差 1.70 $l/(m^2・日)$) (標準偏差 57.8 $l/(人・日)$)	7 7	
集合住宅	平均 599 $l/(戸・日)$	(411～762 $l/(戸・日)$)	7団地	計 7418 戸
庁舎・事務所	平均 8.05 $l/(m^2・日)$ 平均 127 $l/(人・日)$	(標準偏差 3.89 $l/(m^2・日)$) (標準偏差 65.0 $l/(人・日)$)	102 96	多少のテナントは含む
ホテル	平均 24.2 $l/(m^2・日)$ 平均 2002 $l/(床・日)$	(標準偏差 10.8 $l/(m^2・日)$) (標準偏差 3141 $l/(床・日)$)	32 25	
病院	平均 22.4 $l/(m^2・日)$ 平均 1290 $l/(床・日)$	(標準偏差 8.35 $l/(m^2・日)$) (標準偏差 572 $l/(床・日)$)	46 45	
喫茶店	平均 57.3 $l/(m^2・日)$ 平均 11.0 $l/(客・日)$	(標準偏差 16.3 $l/(m^2・日)$) (標準偏差 5.65 $l/(客・日)$)	5 5	年平均1日使用量ではなく，実測日の24時間使用水量
飲食店	平均 205 $l/(m^2・日)$ 平均 57.8 $l/(客・日)$	(標準偏差 166 $l/(m^2・日)$) (標準偏差 26.1 $l/(客・日)$)	31 14	年平均1日使用量ではなく，実測日の24時間使用水量
社員食堂	平均 80.2 $l/(m^2・日)$ 平均 27.2 $l/(食・日)$	(標準偏差 45.9 $l/(m^2・日)$) (標準偏差 6.63 $l/(食・日)$)	4 3	年平均1日使用量ではなく，実測日の24時間使用水量
デパート	平均 21.8 $l/(m^2・日)$	(標準偏差 7.91 $l/(m^2・日)$)	46	
スーパーマーケット	平均 12.4 $l/(m^2・日)$	(標準偏差 6.85 $l/(m^2・日)$)	15	
地下街	平均 25.0 $l/(m^2・日)$	(標準偏差 9.94 $l/(m^2・日)$)	5	
小・中・高等学校（プール用水除く）	平均 8.31 $l/(m^2・日)$ 平均 40.0 $l/(人・日)$	(標準偏差 4.20 $l/(m^2・日)$) (標準偏差 20.3 $l/(人・日)$)	53 53	職員＋生徒当たり
小・中・高等学校（プール用水含む）	平均 11.1 $l/(m^2・日)$ 平均 72.5 $l/(人・日)$	(標準偏差 8.71 $l/(m^2・日)$) (標準偏差 52.7 $l/(人・日)$)	31 32	職員＋生徒当たり
劇場・映画館	平均 13.1 $l/(m^2・日)$ 平均 37.0 $l/(席・日)$	(標準偏差 11.8 $l/(m^2・日)$) (標準偏差 18.7 $l/(席・日)$)	33 23	
公会堂	平均 14.3 $l/(m^2・日)$ 平均 42.5 $l/(席・日)$	(標準偏差 28.0 $l/(m^2・日)$) (標準偏差 40.9 $l/(席・日)$)	10 10	
美術館・博物館	平均 3.57 $l/(m^2・日)$	(標準偏差 2.00 $l/(m^2・日)$)	23	
ターミナル駅	平均 111 $l/(m^2・日)$ 平均 4.48 $l/$乗降客1000人	(標準偏差 73.3 $l/(m^2・日)$) (標準偏差 5.13 $l/$乗降客1000人)	5 5	多少のテナントは含む
普通駅	平均 12.4 $l/(m^2・日)$ 平均 1.49 $l/$乗降客1000人	(標準偏差 67.3 $l/(m^2・日)$) (標準偏差 0.67 $l/$乗降客1000人)	20 20	多少のテナントは含む

〔注〕主として，以下の文献を参考にして，過大・過小と思われるものは対象から除外して作成した．
1. 石川義夫ほか：水道協会雑誌，**525**(1978.6)．
2. 井上宇市，尾島俊雄：空気調和・衛生工学，**42**-7 (1968.7)；**42**-8 (1968.8)；**43**-3 (1969.3)；**44**-6 (1970.6)；**46**-9 (1972.9)；**50**-7 (1976.7)；**51**-12 (1977.12) の空調設備の経営費（調査結果の統計）第3～9報．
3. 東京都水道局計画部：都市活動用水の使用実態調査報告書，昭和48年度 (1974)．
4. 近畿地方建設局企画部：住宅団地に関する水高度利用調査 (1972)．
5. 黒崎幸夫，長谷川功：空気調和・衛生工学会学術講演会論文集 (1984.10)．
6. 村川三郎，芳村恵司：空気調和・衛生工学，**48**-4 (1974.4)．
7. 橋口 敬，安斉明良：空気調和・衛生工学会学術講演会論文集 (1976.10)．

* 空調用水をも含む．また，備考欄に特記のないかぎり年間使用量を365で除した値であるから，休業日でない日などにおける平均使用量は，この欄の数値よりも多い．

を決めるためには，それぞれの用途ごとの給水負荷を算定する必要がある．用途別使用量を表3.9に示す．

b. 給水圧力について

器具における給水圧力は，適正でなければならない．器具が作動するための最低必要圧力を表3.10に示す．この最低必要圧力をもとにポンプの圧力や，高置水槽の設置高さを決める．また最高使用圧力も定められており，これについてはゾーニングの項で説明する．

給水器具は，圧力変動によって流量や水温が変動し，使用に支障をきたす場合がある．これは，ポンプ直送方式，圧力水槽方式，直結増圧方式のようにポンプの圧力が直接，器具にかかる場合に起こりやすい．ポンプの運転を圧力で制御しているため，ある程度避けられないが，その設定値によって解決できる場合も

表3.9 用途別使用水量の単位
(国土庁長官官房水資源部, 昭61)

用 途	平均±標準偏差	単 位	備 考
飲用	1.94±0.61	l/(人・日)	
炊事	51.9±12.6 217.1±49.6	l/(人・日) l/(戸・日)	±3σ は除く
手洗い・洗面	15.3±6.4 70.1±19.7	l/(人・日) l/(戸・日)	
入浴	51.1±13.5 187.3±18.4	l/(人・日) l/(戸・日)	
洗濯	53.6±17.9 220.2±28.7	l/(人・日) l/(戸・日)	±3σ は除く
便所	38.6±8.2 136.4±17.6	l/(人・日) l/(戸・日)	
掃除	7.9±1.2	l/(人・日)	±3σ は除く
洗車	13.7±0.3	l/(人・日)	±3σ は除く

表3.10 器具の最低必要圧力[4]

器 具	必要圧力〔kPa〕
一般水栓	30
大便器洗浄弁	70
小便器水栓	30
小便器洗浄弁	70
シャワー	70
ガス瞬間式湯沸器	
4〜5号	40
7〜16号	50
22〜30号	80

ある.

圧力変動が大きいと,二バルブ式の湯水混合水栓では,水温の変動が大きくなり,トラブルになる.この場合,サーモスタット式湯水混合水栓にするか,給水と給湯の圧力変動の差を小さくするような圧力調整弁を設けることにより,解決できる.

3.1.3 ウォータハンマの発生現象,原因,対策と防止

管路内の水流が,弁などの閉鎖あるいはポンプの停止などによって局部的に圧力(静圧)が変動すると,管内の水は弾性体のため圧力波となって管路を往復する.この現象をウォータハンマ(水撃)といい,水流が止まった状態の静圧との変動値を水撃圧と呼ぶ(図3.1).

ウォータハンマを引き起こす静圧変動原因には次の2種類が考えられる.一つは弁・水栓の急閉により水流が停止し,水流の運動エネルギー(動圧)が圧力エネルギー(静圧)に変換され,静圧が上昇することからウォータハンマが始まる.ポンプの停止後に管内の水が逆流し逆止め弁が急閉し,静圧上昇してウォー

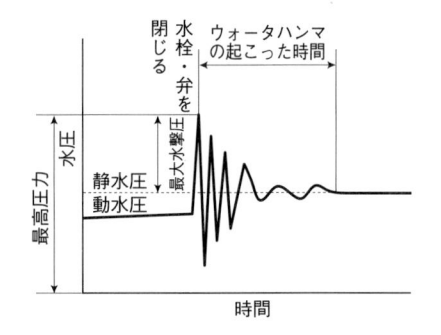

図3.1 ウォータハンマの図解[5]

タハンマが始まる場合もある.以上は弁の開閉によって起こる不可避な現象であるが,これにより設備の損傷・振動や騒音による居住性を低下させるに至った場合に大きな問題となる.

いま一つは水柱分離を原因とするウォータハンマである.ポンプの運転停止によって管内の水は慣性運動を続け管内圧力が飽和蒸気圧以下となり気化した場合(水柱分離)に,激しい水撃圧となる.ウォータハンマを防ぐ設計法としては,次のようなものがある.

(1) 急閉鎖型水栓・弁(シングルレバー水栓・電磁弁など)を使用しない.
(2) 配管内の流速を2.0 m/s 以下とする.
(3) 水撃防止型逆止め弁を使用する.
(4) 高い位置(水頭圧の小さい位置)での揚水配管の横引きを避ける.

3.2 水源設備の計画

日本の上水道の普及率は97.3%であり(2008年3月),水源として上水道を引き込むことは,経済性,安全性からみて一般的には妥当な選択である.一方で上水道の普及地域であっても建物の水使用量が上水道の量的供給能力を超える場合には,他の水源を確保する必要がでてくる.また給水用途ごとの水質は前述のとおりであり,上水道が飲料用の水質基準で供給されているため,便器洗浄水をはじめとする雑用水の用途に使用する水には井水・雨水処理水・排水処理水などを水源とする選択もでてくる.雨水処理水・排水処理水については第7章に記述されているので,ここでは井水採取と処理について述べる.

3.2.1 水道の引き込み

給水設備の水源は,一般的には水道事業者の上水道設備を水源として引き込まれる.

水道事業者の上水道設備は，取水・導水・浄水施設，送配水施設，給水装置で構成される．河川・湖などから取水した後，浄水場にて水道法に規制する水質まで浄化し，それを送配水施設により各家庭，事業所などに給水する．送配水施設は給水所までの送水施設と，給水所以降の配水施設に分けられ，給水所は配水池と送水ポンプにより需要の変動に対応している．

配水管の水圧については，最大静水圧は 0.736 MPa，最小動水圧は地域の特性に応じて必要な水圧（最小動水圧 0.15 MPa）としている．

水道の引き込みとは，道路内に敷設された配水管から使用者の敷地内に配管を分岐し水道水を供給することをいう．配水管から分岐した以降の給水配管，給水器具，量水器など，配水管の水圧が直接かかっている装置部分を，水道法では給水装置と呼ぶ．したがって，給水装置とは，受水槽方式では配水管の分岐部分から受水槽の吐水口までを指し，直結方式では配水管の分岐部分から水栓までのすべてを指す．

給水装置は，使用者の工事で行い，メータを除き使用者の所有物になるが，水道法の規制を受け，また水道事業者の規定に従う必要があり，水道装置の材料も定められている．水道法には給水装置についてが定められており，その主なものは次のとおりである．

(1) 配水管の水圧に影響を及ぼすおそれのあるポンプに直接連結されていないこと．

(2) 給水装置以外の水配管にクロスコネクションされていないこと．

(3) タンク・プール・流しなどの器具・施設に接続している場合は逆流防止の措置をしていること．

なお，メータは計量法の規制の対象であり，認定品を使用し，8年に1回は交換する．

3.2.2 井水採取・処理設備

上水道設備を利用できない地域や上水設備に量的な制約がある場合においては，地下水を水源とする場合が多い．日本においては，生活用水使用量全体で 142 億 m^3 であり，そのうちの30%弱の年間 36.4 億 m^3 を地下水から採取している．上水道が断水した場合の非常時対応として井水採取設備を設ける場合もある．

地下水は年間を通じて安定した水質と水温を得ることができる．地下水を水源とする場合は，処理設備によって目的とする水質を得る．

a. 井 水 採 取

地下水の採取は，浅井戸による場合と深井戸による場合とがある．地下水は，地下水位以上の圧力をもった被圧地下水と圧力が低い不圧地下水（自由地下水）とがあり，前者の採取は深井戸で採取し，後者は浅井戸で採取する．浅井戸は深さ 30 m 以下，深井戸は深さ 30 m から 400 m 程度である．取水量は，浅井戸では平面的なエリアに影響され，深い井戸ではスクリーンの長さに影響される．地中における水収支はバランスしており，雨水・河川水などからの流入に比べて井水としての流出が多くなると，地盤沈下や地下水位の低下，あるいは地下水の水質劣化や汚染などの弊害を引き起こす．

そのため地下水採取の規制として，工業用水法（昭和31年法律第146号）・建築物用地下水の採取の規制に関する法律（ビル用水法）・地方自治体の条例で地下水の取水量を制限している．

工業用水法では，工業用水道が敷設されている地域においてスクリーンの位置やポンプ吐出し口の断面積を制限し，都道府県知事の許可が必要になる．

ビル用水法も工業用水法に準じており井戸の設置にあたっては都道府県知事の許可が必要になる．水質は一般的には良好で安定しているが，浅井戸の場合は地表の排水による汚染の影響を受けやすい．採取にあたり水質測定を行う．上水系統においては水道法に50項目の水質基準が定められている（表 3.1）．水質基準に満たない部分については，処理設備による処理を行う．井水採取のためには，調査・設計・工事・保守の各段階で最良の方法を選択する必要があり，これを表 3.11 に示す．

地下水の状況を把握する方法に電気探査法があるが，これにはウェンナー法・シェランベルジャー法などの比抵抗測定法が一般的である．これは地表に電極を接地し，地層の比抵抗を測定することで地質構造の確認を行うもので，軟弱地盤の調査に適し，条件が良い場合には深度 300 m まで測定可能といわれている．

さく井工法には地盤の軟弱なわが国ではオープンホール工法が一般的で，これは泥水を孔内に満たしつつ掘削し，掘削完了後，孔内にケーシングとスクリーンを降下させる．孔内の崩壊を阻止しつつ掘削する方法である．このオープンホール工法にはロータリー式とパーカッション式がある．ロータリー式はビットを回転しながら掘削する．パーカッション式はビットを上下動して破砕掘削するものでロータリー式に比べ機構が単純でスペースが少なくて施工ができる．パーカッション式のなかでも車載式は振動・騒音が少なく，市街地のさく井に適する．

井戸の採水部分にはスクリーンと呼ばれる穴あき管

表3.11 井水採取のためのフローとチェックポイント

調査	予備調査	地下水関連の資料収集	地下水面図 さく井柱状図 地形地質分類図など
	地質調査	調査目的	地質構造 地層の界面 透水性
		調査内容	地表地質調査 電気探査 地盤調査 ボーリングデータなど
設計	右記決定	井戸1本当たりの取水量 井戸の位置間隔深さ スクリーンの種類と長さ ケーシングの口径 さく井工法 種類と口径	
工事	帯水層チェック	サンプルの採取	粒子から地層の透水性判断
		泥水の観察	地層の透水性と水量判断
		電気検層	地層ごとの比抵抗調査
揚水試験	段階揚水試験		
	帯水層試験	一定量汲み上げ試験 水位回復試験 採水層別湧水量測定試験	
保守	計測(適時)	地下水位,揚程,取水量	

を設ける(図3.2). スクリーンは採水層の砂分の流入を防ぎつつ地下水を流入させるのが目的であり,その構造は穴あき管の外側に線巻きスクリーンを設置する. スクリーンの開口率は15〜30%, 流入速度は15 mm/s 以下で設計する. 効率的な採水を行うためには, スクリーンを透水性が良好で水質が良く, 水量が安定している帯水層に設置することである. そのために, 掘削中に帯水層のチェックを行う.

揚水試験は, 工事完了後井戸中に試験用の揚水ポンプにより, 井戸の能力を試験することである. 日常的には, 適正な揚水量を守ることにより, 安定した水量と水質を継続して得ることができる. そのためにも地下水位, 揚程, 取水量を適時計測することが必要である.

b. 井水の水処理

井水の水質試験結果に対し最適な単位操作の組み合わせにより水処理を行う. 処理の単位操作としては, 凝集・沈殿分離・ろ過・限外ろ過・逆浸透・オゾン酸化・活性炭吸着・イオン交換・アニオン交換・カチオン交換・脱気・電気透析・接触酸化ろ過などがあり, 不純物の処理により選択, 組み合わせにより処理する.

c. 震災用水源と水処理

1995年の阪神・淡路大震災には給水の応急復旧に約4週間を要し, 特に便器洗浄水の供給に支障を来した. 必要水量の震災用水源の確保と, 飲料水のための緊急用浄水器の用意が重要と考えられる. 震災用水源として次の点に配慮する.

飲料系統の受水槽や高置水槽, 地下水・雨水・排水, 空調用蓄熱槽の貯留水などを検討する.

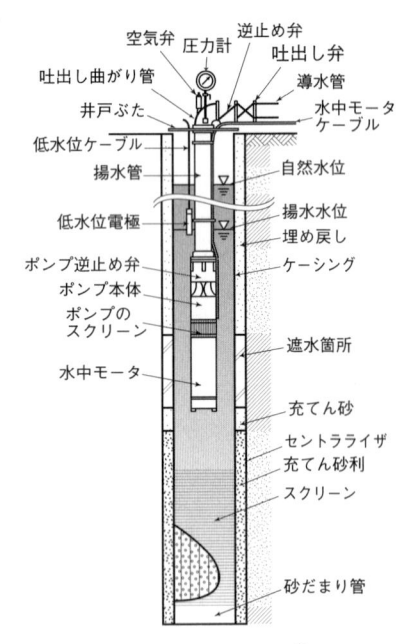

図3.2 深井戸の構造[6]

動力ポンプに使用する場合は自家発電装置またはエンジン駆動とする．定期的に維持管理が必要である．

水源の水質により適切な水処理設備を設置する．非常用の浄水器には，家庭用災害浄水器と大型の災害用浄水器があり，活性炭，膜，塩素消毒による浄化を行う．活性炭により有害物質と異臭味の除去を行い，膜により細菌・ウイルスなどの除去を行う．さらに次亜塩素酸ナトリウムにて消毒する．浄水器の設置にあたっては予備用に交換部品を用意する．

3.3 上水設備

上水設備は，ポンプ・貯水槽・配管などで構成され，水源から得られた上水を建物の給水器具に供給する設備である．

3.3.1 計画の要点

上水設備は飲料に適する水質を適正な水量と水圧で安定供給できる装置であることが求められる．

3.3.2 給水方式

給水方式には，受水槽の有無により水道直結方式と受水槽方式とがある．さらに，水道直結方式には，直結直圧方式，直結増圧方式があり，受水槽方式は，ポンプ直送方式，圧力水槽方式，高置水槽方式がある（表3.12）．

直結直圧方式は，水道本管から末端器具まで直接，配管で結ぶ方式である．直結増圧方式は，水道本管から末端器具までの配管中に増圧用ポンプを設け，給水圧力を補うものである．ポンプ直送方式は，直送用ポンプで受水槽から直接給水器具に給水する方法である．圧力水槽方式はポンプと圧力水槽により，受水槽から直接給水器具に給水する方法である．高置水槽方式は，高所に高置水槽を設置して，給水する方法である．

水道本管の給水圧力，給水流量を調査し，建物の必要とする給水圧力と瞬時最大流量を比較して給水方式を決定する．一般的には水道本管の流量が不足であれば受水槽方式，不足がなければ水道直結方式を選定し，さらに水道本管の給水圧力が不足であれば，直結増圧方式を選定する．

方式ごとの特徴を表3.13に示す．

なお，水道直結方式の採用条件は，自治体により異なる．上水道の水圧は，従来は150～200 kPa程度が主流で2階以下の小規模建物の場合は直結直圧方式とし，それ以外では受水槽方式としていた．昭和62年の建築基準法の一部改正により準防火地域内での木造3階建て建築が認められたことにより，3階建て建物直結給水のための整備がなされた．次に，3階建て以上の建物で受水槽の管理が不十分な場合には，衛生上の問題があることから，平成3年厚生省は直結給水の範囲を3階建てないし5階建てに拡大することを企て，これを各都道府県に通知した．これらを受けて，水道事業者は，直結直圧給水による給水範囲を拡大するために，高圧給水化に移行した．さらに，使用者側の給水管に直結増圧用ポンプを設ける"直結増圧方式"は，政令指定都市をはじめとする多くの自治体で1992年以降導入が進められている．また，それと前後して日本水道協会より必要とされる技術基準が策定された．水道用逆流防止弁（JWWA-B-129），水道用直結加圧型ポンプユニット（JWWA-B-130），水道用減圧式逆流防止器（JWWA-B-134）などがそれである．導入可能なメータは，当初50Aまでであったが．1994年以降75Aまでの自治体が増えてきている．

直結直圧方式は4～5階までで採用し直結増圧方式は，それ以上，10～15階までで採用する場合が多い．選定にあたっては，水道事業体の規定や打合せが必要である．

このように，直結給水方式は新築建物で普及してきているが．既存の建物については，受水槽以降の既設給水管が配水管に直結する"給水装置"に該当するため．その耐圧性能・浸出性能が基準を満足することが困難な場合が多かった．これについては，2005年厚生労働省通知"受水槽給水設備の給水装置への切換えに関する留意事項"により緩和され，既存給水方式についても直結給水化が普及されつつある．貯水槽とポンプの装置としての特徴は次のとおりである．

(1) 給水量と給水圧の変換装置：貯水槽とポンプは，給水量と水圧の変換装置と考えられる．したがって，水源の給水量および給水圧の不足は受水槽方式でカバーでき，また，給水圧の不足のみであれば直結増圧方式でカバーできる．

(2) 非常時の給水対応：貯水槽は断水時においては一時的に用水を確保でき，高置水槽方式は停電時の場合の給水が可能である．

ポンプの電源をエンジン系統からとれば，停電時の給水も可能になる．

(3) 吐水口空間：貯水槽は，吐水口空間によって貯水槽の上流側の汚染拡大をくい止めることができる．受水槽方式による上水道の汚染防止だけでなく，建物

表3.12 給水方式一覧

給水方式	直結直圧方式	直結増圧方式	受水槽方式+高置水槽方式	受水槽方式+圧力水槽方式	受水槽方式+ポンプ直送方式	直結増圧方式+高置水槽方式
図	水道メータ	減圧弁 増圧給水ポンプ	高置水槽／揚水ポンプ 受水槽	減圧弁 圧力水槽 受水槽	減圧弁 ポンプ 受水槽	高置水槽／増圧給水ポンプ
説明	水道本管の給水圧力によって器具に給水する方式	水道直結方式の引き込み部分に増圧給水ポンプを設置する方式	高置水槽から器具に給水する方式	圧力水槽の圧力によって器具に給水する方式	ポンプによって直接器具に給水する方式	高置水槽から器具に給水する方式
対象建物	低層・小規模	中層以下，中規模以下	制約なし	制約なし	制約なし	中層以下
衛生	水槽がなく衛生的	水槽がなく衛生的	水槽が多く，劣化しやすい．水質の管理が必要	受水槽で劣化する．水質の管理が必要	受水槽で劣化する．水質の管理が必要	高置水槽で劣化する．水質の管理が必要
信頼性 水道本管の断水時	断水	断水	受水槽と高置水槽の貯留分は給水可能	受水槽の貯留分は給水可能	受水槽の貯留分は給水可能	高置水槽の貯留分は給水可能
信頼性 停電時	給水可能	低層階は給水可能 ポンプを発電機回路にしておけば高層階まで給水可能	断水 ポンプを発電機回路にしておけば給水可能	断水 ポンプを発電機回路にしておけば給水可能	断水 ポンプを発電機回路にしておけば給水可能	断水 ポンプを発電機回路にしておけば給水可能
信頼性 水道本管の圧力低下時	断水	負圧にならない範囲で給水可能	給水可能	給水可能	給水可能	給水可能
給水圧力の変動	水道本管による	ポンプの選定上の注意または減圧弁の設置により小	小	減圧弁の設置により小	ポンプの選定上の注意または減圧弁の設置により小	小
その他	給水配管すべてにわたり，水道事業体の指針・指導に従う（配管材料など）	給水配管すべてにわたり，水道事業体の指針・指導に従う（配管材料など）	受水槽までと量水器まわりで，水道事業体の指針・指導に従う（配管材料など）	受水槽までと量水器まわりで，水道事業体の指針・指導に従う（配管材料など）	受水槽までと量水器まわりで，水道事業体の指針・指導に従う（配管材料など）	高置水槽までと量水器まわりで，水道事業体の指針・指導に従う（配管材料など）

内部の水質ごとのゾーニングが簡単かつ確実に可能になる．雑用水設備・給湯設備・空調設備などがある場合に応用される．

(4) 圧力の安定化：高置水槽や給水ポンプを設置することにより，高置水槽や給水ポンプの下流側の管路を所定の圧力にすることができる．

(5) 建設費・運転費：貯水槽・ポンプは，建設費・電気料金などの運転費・維持管理費などのコストアップ要因になることに留意する．また貯水槽は水質を劣化させる部分でもあり，特に維持管理が重要である．水道法では，水道水の供給を受ける貯水槽は貯水槽水道となり，$10\,\mathrm{m}^3$を超える貯水槽は簡易専用水道となり，設置者責任が求められ，自治体が，検査結果に基づく改善指示，給水停止命令，報告徴収，立入検査が実施可能となっている．$10\,\mathrm{m}^3$以下の貯水槽水道については，小規模貯水槽水道として，水道事業体の供給規定で維持管理等を明確化できるようになった．また，建築物衛生法に基づく特定建築物の貯水槽は清掃と水質検査が義務づけられている．清掃と水質検査は1年に1回は必要とされる．また直結増圧方式の減圧逆流防止器も年1回の保守が必要になる．

このように，ポンプと貯水槽は長所短所をもっているから，建物の特性を考慮した方式を選定することが肝要である．

1) ポンプの運転方法について

i) 高置水槽方式　揚水ポンプの運転停止は，高置水槽の水位によって制御する．受水槽の渇水信号で停止する．ポンプは，故障と修理を考慮して，2台交互運転とすることが好ましい．

ii) ポンプ直送方式・直結増圧方式　ポンプの二次側圧力を圧力センサまたは圧力スイッチによって感知し，ポンプの起動，停止を行う．受水槽の渇水信号で停止する．制御盤付きのユニットで製造されている．負荷流量の変化時に送水圧力を一定に保つ制御が必要になり，減圧弁方式（減圧弁によるポンプの吐出し圧力一定制御），ポンプの圧力-流量特性による方式（流量変化時に吐出し圧力変動の少ないポンプ使用），台数制御+流量減圧弁方式，ポンプの台数制御+減圧弁方式，インバータ方式（インバータの回転数制御），末端推定圧力制御方式（インバータ方式，末端器具圧

力が一定になるよう，回転数制御．配管抵抗の推定値を現場設定）などの方法がある．

iii）**圧力水槽方式**　圧力水槽の圧力を圧力センサまたは圧力スイッチによって感知し，ポンプの起動，停止を行う．受水槽の渇水信号で停止する．制御盤付きのユニットでも製造されている．

2) 貯水槽容量について　受水槽の容量には，水道事業者に算出基準があり，1日予想給水量の半分程度と定めている水道事業者が多い．容量としては過大といわれているが，圧力低下などを考慮した容量と考えられる．

なお，受水槽容量は引込み給水量と給水負荷の時間変動に関係する．引込み給水量が大きければ，受水槽は小さくなり，引込み給水量が小さければ，受水槽は大きくなる．

高置水槽の容量と揚水ポンプの揚水量は，図3.3のように相互に関連性をもっている．一般的には，高置水槽の容量は1日使用水量の10%程度とし，また，揚水ポンプは，運転時間を約15分として揚水量を決める．

3.3.3 配管方式とゾーニング
a. 配管方式

配管方式には，その形態により，樹枝（ツリー）方式とヘッダ方式および管路網（ループ）方式に分けられる（図3.4）．

多くは樹枝（ツリー）方式で計画されるが，これは配管距離と配管スペースを最小化でき経済的であるためである．

ヘッダ方式はヘッダ部分で配管を系統分けするもので，ヘッダに系統ごとのバルブを設け系統ごとの管理を1カ所に集中できるが，一方で配管の延長距離は長くなり一般的には不経済である．

集合住宅の住戸内でヘッダ方式の採用が多いが，これはヘッダ以降をポリエチレン管のような可撓性のある樹脂管を使用することと1系統1器具とすることにより，継手をなくしたものである．水漏れの心配が少なく，また工数が少なく，熟練工も用いないことにより経済性を達成できる．機能的にも，給水圧力や給水流動の変動が少ないというメリットがある．さらに，ヘッダ方式には給水・給湯配管をさや管に通す，さや管ヘッダ方式もあり，これは配管からの漏水の被害が少なく，また配管の取り替えが建築工事の改修を最小限にしてできるメリットがある（図3.5）．さや管としては，ポリエチレン製のCD管を使用する．

管路網（ループ）方式は，給水ルートを二重化するため，給水の信頼性を高めるとともに，水の停滞部分もなくなり水質上もメリットがある．将来の改修工事の計画もたてやすいが，そのためには分岐部にバルブを設置することが不可欠である．

配管の形態は，水中の空気がたまらないようにする．これは，配管中の空気は騒音や振動の原因となり，また流れの障害になるためである．空気が移動しやすいよう配管には勾配を設け，最上部で空気が抜けるようにする．高置水槽，自動空気抜き弁，手動の空気抜きの弁あるいは末端の水栓などから空気が抜けるように計画する．自動空気抜き弁には故障を考慮し仕切り弁も設ける．

b. ゾーニング

給水設備または給水配管の系統分けのことをゾーニングといい，圧力・水質・管理区分などによりゾーニングを行う．

1) 圧力によるゾーニング　給水配管が同一である系統では，給水圧力は低いレベルほど高くなる．高層建物では，ゾーニングにより給水圧力が必要以上に高くならないようにする．これは最高使用圧力が高くなると，騒音・ウォータハンマ・器具の故障，水のはね返りなどが発生するためである．最高使用圧力は，住宅・ホテルなどで300〜400 kPa，事務所・工場などで400〜500 kPaとする．

ゾーニングの方法としては，系統ごとに高置水槽を

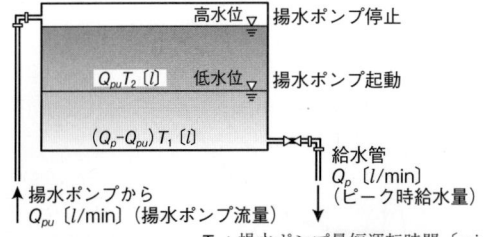

$Ve \geq (Q_p - Q_{pu})T_1 + Q_{pu}T_2$

Q_p〔l/min〕（ピーク時給水量）
Q_{pu}〔l/min〕（揚水ポンプ流量）
T_2：揚水ポンプ最短運転時間〔min〕
T_1：ピーク給水量継続時間〔min〕
Ve：高置水槽の有効容量〔l〕

図3.3 高置水槽と揚水ポンプの容量[7]

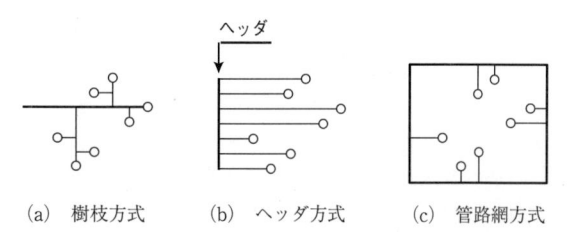

(a) 樹枝方式　　(b) ヘッダ方式　　(c) 管路網方式

図3.4 配管方式のイメージ図

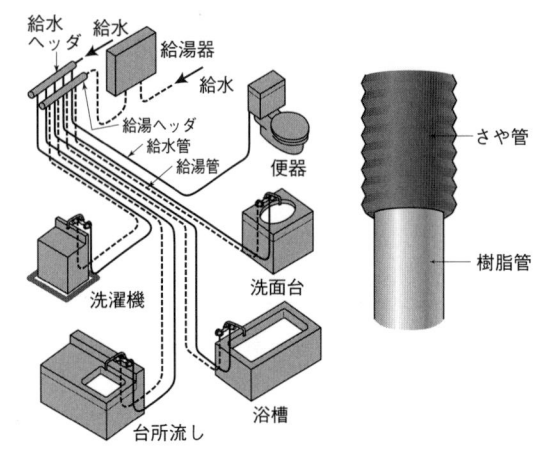

図3.5 さや管ヘッダ方式
架橋ポリエチレン管工業会ホームページより．

(a) ポンプによるゾーニング　(b) 水槽によるゾーニング　(c) 減圧弁によるゾーニング

図3.6 圧力によるゾーニング

設ける方法，系統ごとに給水ポンプを設ける方法，系統ごとに減圧弁を設定する方法がある（図3.6）．適切なゾーニングにより給水ポンプの動力費を抑え，運転費を低減することができる．

2）水質によるゾーニング　供給水質，水質汚染の可能性を考慮したゾーニングを行う場合がある．雨水利用・排水再利用による雑用水系統と上水系統を分けるゾーニングが一般的である．また実験機器・空調用加湿機器など逆流による汚染の可能性のある機器が多数ある場合は，ゾーニングにより汚染対策をとる方が安全である．

3）管理区分によるゾーニング　一つの給水設備が複数の管理区分に分かれる場合に資産管理や水量の計測のためにゾーニングする．

例えば集合住宅（分譲）では，住戸内部の専用部分と共用部分に分かれ，給水設備は住戸ごとと共用部に明確にゾーニングし，それぞれにメータを設置する．これは，資産管理と計測のためである．また，テナントビルの給水設備はテナントごとに給水使用量計測のためのゾーニングを行い，メータを設置する．

c. 管径設計

給水配管は配管内部を満流で流れ，このような管路流れはベルヌーイの式により求める．

$$p + \frac{\rho v^2}{2} + \rho g h = \text{const} \quad (3.1)$$

p は圧力〔Pa〕，ρ は密度〔kg/m³〕，v は速度〔m/s〕，g は重力加速度9.8 m/s²，h は高さ〔m〕．

このベルヌーイの式は，流体におけるエネルギー保存の法則でもある．実際の管路では配管の摩擦損失があるため，図3.7のa, bでは次式になる．

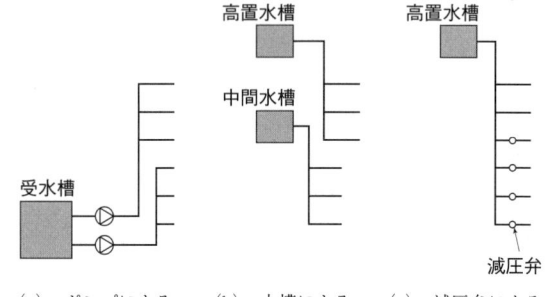

$$p_1 + \frac{\rho v_1^2}{2} + \rho g h_1 = p_2 + \frac{\rho v_2^2}{2} + \rho g h_2 = i \quad (3.2)$$

i：配管の摩擦損失〔Pa〕

直管の管内面の摩擦は，一般的にはヘーゼン－ウィリアムスの式から求められる．

$$Q = 4.87 C d^{2.63} I^{0.54} \times 10^3 \quad (3.3)$$

Q は流量〔l/min〕，d は管内径〔m〕，I は単位長さあたりの管摩擦損失〔kPa/m〕．

流量（速）係数 C の値は，ステンレス鋼管は140，他の管は130を用いる．

配管の継手・弁の摩擦損失を局部摩擦損失と呼び，直管の相当する長さ（相当管長）に換算して求める．

$$h = \lambda \times \left(\frac{l}{d}\right) \times \left(\frac{v^2}{2}\right) \quad (3.4)$$

h は局部摩擦損失〔kPa〕，λ は管摩擦係数，l は相当管長〔m〕

なお，50 mm以下ではウェストンの式がよく当てはまり，直結方式の給水装置の設計に使用される．

$$\Delta p = \left(0.0126 + \frac{(0.01739 - 0.1087 d)}{\sqrt{v}}\right)$$
$$\times \left(\frac{l}{d}\right)\left(\frac{v^2}{2}\right) \text{〔kPa〕} \quad (3.5)$$

Δp は摩擦抵抗〔Pa〕，l は管長〔m〕．

配管管径の算定は，水流の許容摩擦損失以下かつ

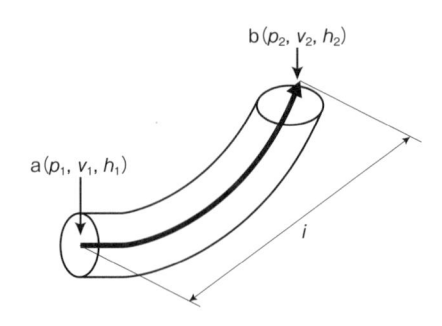

図3.7 ベルヌーイの式（式(3.2)）の説明

流速が原則として 2 m/s 以下（銅管の返湯管では 1.5 m/s 以下，ポリブテン管及が架橋ポリエチレン管は 3.0 m/s 以下）になるように管径を求める．流速の制限はウォータハンマを防止するためである．

3.3.4 汚染の防止

給水は上水・雑用水など用途ごとに水質が規定されており，その所定の水質を保持する必要がある．水質の汚染の原因には，給水設備の材料の腐食と溶出（浸出），給水設備における汚水などの逆流，クロスコネクション，その他の系統からの逆流，停滞水，衛生害虫の侵入，温度上昇と日光による藻類と菌類の発生などがあり，それらから給水設備を防護する必要がある．

a. 給水設備の材料の腐食と溶出

貯水槽（受水槽・高置水槽）やポンプ，配管材料など水に接する上水設備は，その構成材料が水に溶出したり腐食してはならない．機器材料からの有害物質の浸出試験には JIS 3200-7（水道用器具 - 浸出試験方法）があり，配管，器具，機器の接水部にはこの試験の適合品を使用する．また，水道法の性能基準を満足した第三者認証制度登録製品（（社）日本水道協会の認定登録製品はその一つ）を使用することは浸出性能を満足することにもなる．

b. 給水設備の汚水などの浸漬防止

給水設備の位置は，汚水などの浸漬されない位置とする．配管・吐水口・バキュームブレーカなどは汚水などに浸漬されないようにする．給水設備は，断水・流速による静圧低下などにより負圧になり，周囲の汚水などを吸引するおそれがあるためである．従来から埋込みボックス型散水栓が多用されているが，これが雨水などに浸漬されるため水栓柱のタイプに改めるべきである．また屋外散水用スプリンクラもバキュームブレーカを設置しなければならない（図 3.8）．

c. クロスコネクションの防止

クロスコネクションとは上水の給水・給湯系統とその他の系統が，配管・装置により直接接続されることである．特に，上水を補給水として使用している雑用水系統などで起こりやすい．上水と雑用水の 2 系統給水している建物においては，改修工事において，クロスコネクションにならないように，2 系統の配管材料を分けるなど識別を容易にする．

d. 逆流防止

逆流とは水が流出側から給水本管側に流れることである（SHASE-S 206-2009）．

逆サイホン作用は水受け容器中に吐き出された水，

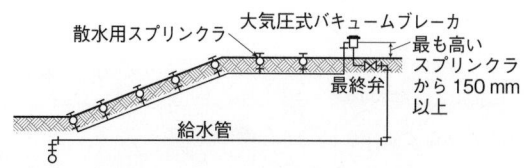

〔注〕圧力式バキュームブレーカを用いる場合は，その取り付け位置は大気圧式と同じ位置であるが，弁をバキュームブレーカの二次側に設置してもよい．

図 3.8 バキュームブレーカの取り付け方法[8]

またはその他の液体が給水管内に生じた負圧による吸引作用のため，給水管内に逆流することをいう．

吐水口空間は給水栓または給水管の吐水口端とあふれ縁との鉛直距離のことをいうが，吐水口空間を設けることは，逆サイホン作用を防止するための最も単純かつ確実な方法である．必要な吐水口空間を示す（図 3.9，表 3.13）．またバキュームブレーカは水使用機器において，吐水した水が逆サイホン作用により上水給水系統へ逆流するのを防止するため，給水管内に負圧が発生したとき自動的に空気を吸引するような構造をもつ器具をいい，逆サイホン作用の危険がある機器（屋外散水栓・全自動洗濯機など）まわりには，バキュームブレーカを設置する．また，断水時や給水ポンプが止まったとき，上流側の水使用によって下流側が負圧になり逆流する現象や，上流側に設計で設定した以上の給水があり管内が負圧になり，汚染水が給水配管に入る現象も考えられ，後者に対しては配管設計時に流量配分がとれるよう減圧弁や仕切り弁を設け流量調整を行う．

給水水質を維持するために，法的には水道法，建築物衛生法および建築基準法によって規制をしている．給水装置については，水道法と平成 9 年厚生省令第 14 号（給水装置の構造及び材質に関する省令）により，給水装置以降の給水設備は建築基準法施行令の基準により，さらに特定建築物の給水設備は，上記厚生労働省令によって規制される（表 3.14）．

3.3.5 機器配管材料

給水設備は，貯水槽，ポンプ，配管類，弁類，保温材，上質水処理装置などから構成される．

a. 貯水槽（受水槽・高置水槽）

給水設備に設ける貯水槽には，受水槽，高置水槽がある．

飲料用水槽の場合は給排水設備技術基準（昭和 50 年建設省告示第 1597 号，最終改正平成 12 年建設省告示第 1406 号）や建築基準法に基づく建築設備耐震設

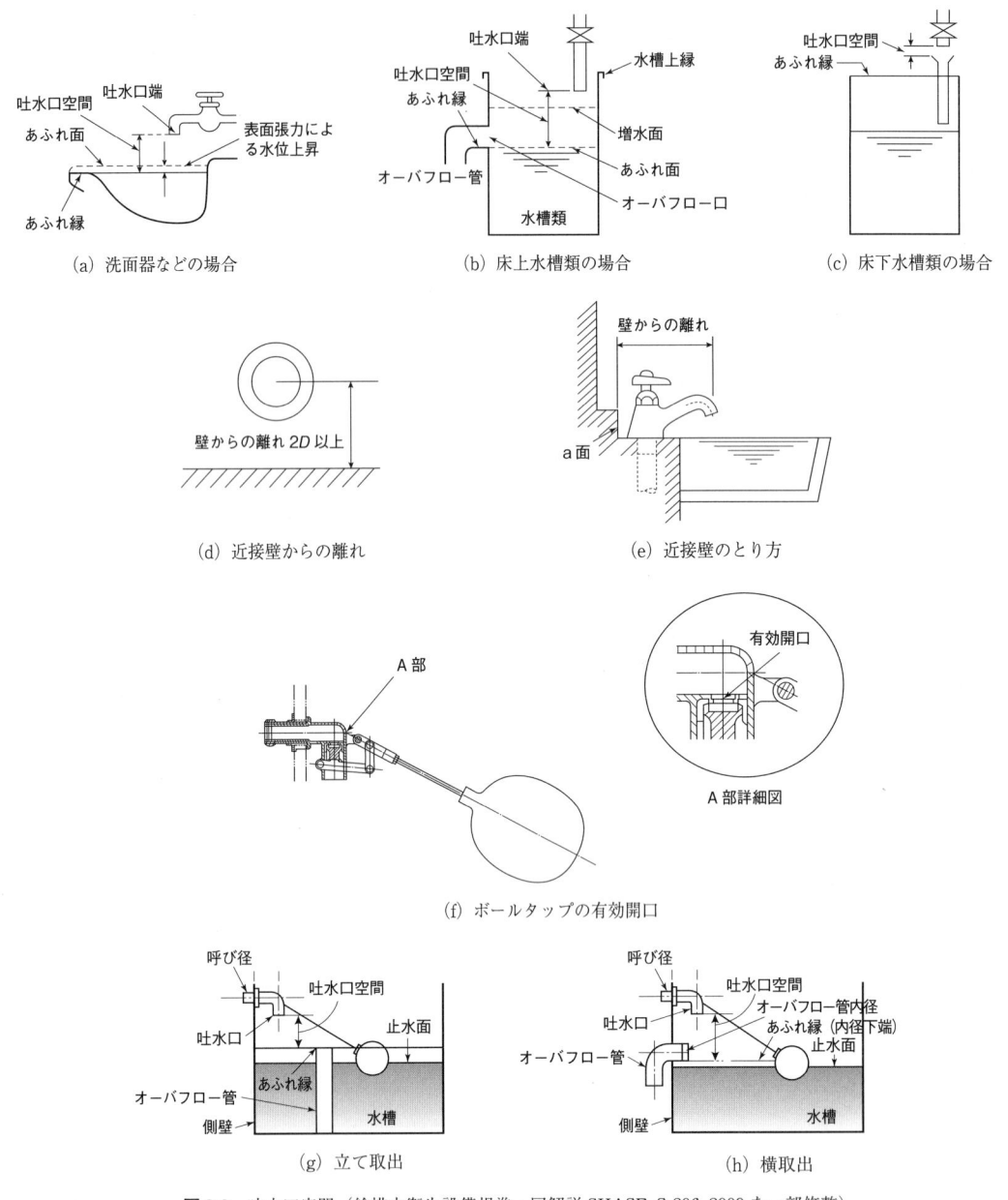

(a) 洗面器などの場合
(b) 床上水槽類の場合
(c) 床下水槽類の場合
(d) 近接壁からの離れ
(e) 近接壁のとり方
(f) ボールタップの有効開口
(g) 立て取出
(h) 横取出

図 3.9 吐水口空間（給排水衛生設備規準・同解説 SHASE-S 206-2009 を一部修整）

計施工指針に適合した設計・製作・施工が求められる（図 3.10, 図 3.11）.

貯水槽の清掃は水質を維持するために, 定期的に行われなければならない. 特に, 貯水槽水道（簡易専用水道）や建築物衛生法の該当建物では, その清掃と水質検査が義務づけられている. また, 季節によって給水量が減少する建物（学校やリゾートマンションなど）では, 減少する時期に1槽にして使用するなど, 容量を可変にして使用する. この意味で貯水槽は分割設置または間仕切りを設け, 清掃時に断水がないようにする必要がある. マンホールふたは600φ以上とし, 鍵つきとする.

また清掃しやすいよう, 内外部のはしごの設置, 内部に補強材が少ないこと, 排水時の勾配がとれていること, 害虫の侵入防止のため, 通気やオーバフローに防虫網を設置すること, などの配慮が必要である.

材料としては, 鉄・ステンレス・FRP・木が使用される. 鉄・ステンレス・FRP は, 一体型・現場組立

3.3 上水設備

表 3.13 吐水口空間（給排水衛生設備規準・同解説 SHASE-S 206-2009）

呼び径 D	13	20	25	32	40	50	65	80	100	125	150
吐水口空間（mm 以上）	25	40	50	60	70	75	90	100	115	135	150

注[a] 近接壁から吐水口中心までの離れを $2D$ 以上とる．
注[b] 吐水口端面があふれ面に対し平行でない場合は，吐水口端の中心と衛生器具・水受け容器のあふれ縁との空間を吐水口空間とする．
注[c] あふれ縁は，横取出しのオーバフロー管の場合はその下端とし，立て取出しの場合はその上端とする．
注[d] 表 3.14 に記載されていない呼び径の場合は，補間して吐水口空間を求める．

ただし，ボールタップ，浴槽，プールなどの場合は，次による．
(a) 25mm を超えるボールタップにおいて呼び径と有効開口が大きく異なる場合は，有効開口の内径（最小開口部）で吐水口空間及び近接壁からの離れを求めることができる．ただし，吐水口空間は 50 mm 以上とする．
(b) 浴槽に給水する場合には，あふれ縁から吐水口の中心までの鉛直距離は，50 mm 未満であってはならない．
(c) プールなど水面が波立ちやすい水槽並びに事業活動に伴い洗剤又は薬品を使う水槽及び容器に給水する場合には，あふれ縁から吐水口の中心までの鉛直距離は，200 mm 未満であってはならない．

表 3.14 水質に関する法体系

範囲	給水装置（水道法）		給水装置以降（建築基準法）	特定建築物
法規	水道法施行令第 5 条	給水装置の構造及び材質の基準に関する省令 平成 9 年厚生省令第 14 号 最終：平成 21 年厚生労働省令第 27 号	建築基準法施行令第 129 条 2 の 5	建築物衛生法
	汚染・漏えいの禁止	浸出性能基準 末端部の行き止まり配管の禁止，シアン・六価クロムその他の汚染物質からの離隔 鉱油類・有機溶剤その他の油類の浸透からの防護 酸・アルカリによる侵食防止	配管設備が漏水しないこと，かつ溶出する物質によって汚染されないこと 給水タンクおよび貯水タンクの衛生上の防護構造，さび止め塗装の衛生上の措置 建設省告示第 1390 号に配管設備の材質は，不浸透質の耐水材料その他水が汚染されないものとすること	厚生労働省令による
	凍結，破壊，侵食などの防止	防食に関する基準	防凍のための措置	厚生労働省令による
	給水装置のクロスコネクションの禁止		クロスコネクションの禁止	厚生労働省令による
	逆流防止	逆流防止器（減圧式逆流防止器・逆止め弁など）・バキュームブレーカ・負圧破壊装置を内部に備えた給水用具・水受け部と吐水口の一体の構造かつ水受け部の越流面と吐水口の間が分離構造の給水用具・吐水口を有する給水装置のオーバフローなどの基準	吐水口空間	厚生労働省令による

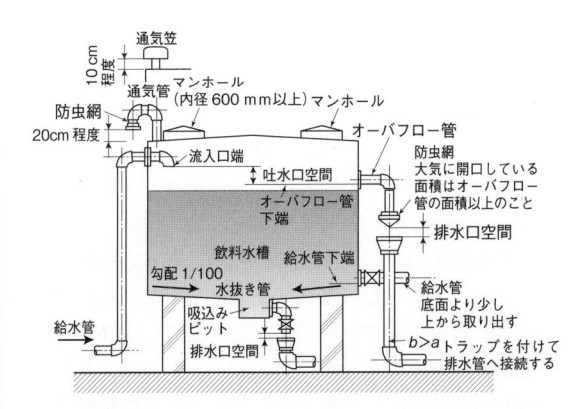

図 3.10 飲料用水槽の内部構造及び接続配管の留意点[9]

て型があり，一般に小容量水槽は一体型，大容量は現場組立て型を使用する．現場組立て型には，ボルトナットによる組み立てが可能なパネル型がよく使用される．木は北米では一般ビル設備においても長年実績のある材料であり，また耐薬品性があるため化学プラントでの採用にも実績のある材料である．

鉄は現場製作一体型とパネル型とがある．材料としては加工しやすいが，腐食しやすいため，防せい加工を施す．パネル型は近年製作が中止されている．

鉄製現場製作一体型の防せい加工方法としては，貯水槽内面はエポキシ塗装が一般的であり，貯水槽外面は，さび止め塗装のうえエポキシ塗装などの塗装を施す．溶融亜鉛めっきを行えばさらに効果的である．

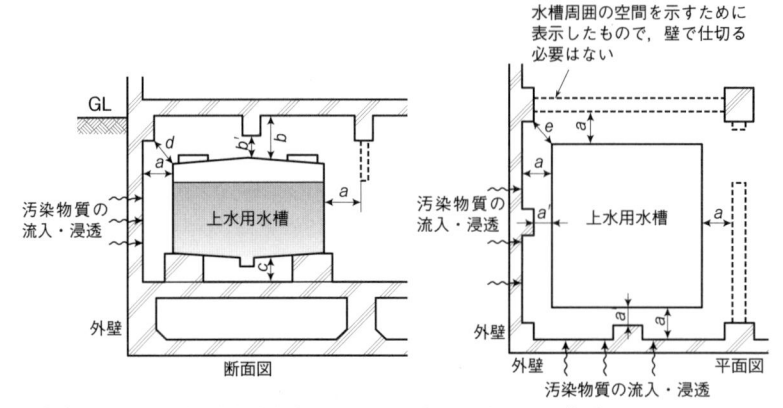

図 3.11 上水用水槽の設置位置の例[10]

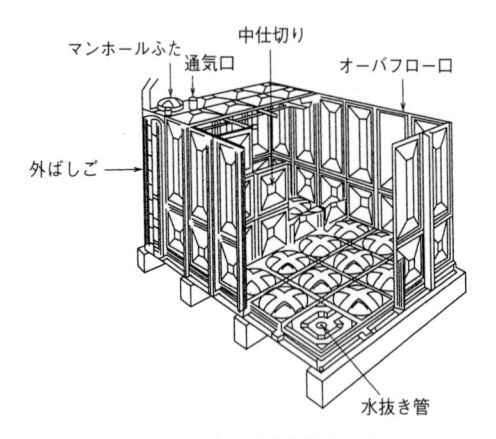

〔注〕 a, b, c のいずれも保守点検を容易に行いうる距離とする（標準的には $a, c≧60\,cm$, $b≧100\,cm$）．また，梁・柱などは，マンホールの出入りに支障となる位置としてはならず a, b, c, d, e は保守点検に支障のない距離とする．

図 3.12 パネル式貯水槽（FRP）

ステンレス製は鉄に比べて，耐腐食性に優れるが，これはステンレス表面の不動態皮膜によるものである．ところが，この不動態皮膜は水道水中の塩素ガスや溶接・加工時の残留応力により破壊されやすい．このため，塩素ガス対策としては，水槽内面の空気層（気相部）については空気抜きにより換気するとともに最近では気相部に耐塩素性の高い SUS329J4L が使用される場合が多い．また塩素系のパッキンや断熱材は使用しない．現場製作一体型とパネル型とがあり，パネル型は合成ゴム・プラスチックで被覆したボルトナットまたはステンレス製のボルトナットを使用して現場で組み立てる．

FRP 製は現場製作一体型とパネル型とがある．ガラス繊維を母材とし，ポリエステル樹脂を積層したもので，耐食性は高い．FRP 単板構造のものと，FRP を表面材に合成樹脂発泡体を心材に使用し保温・保冷・結露防止効果をもたせたものとがある．以前は日光の透過による藻の発生が起こったが強化プラスチック協会の指針により設計用水槽内照度を 0.1% 以下にして，藻の増殖防止を図っている．

施工上は，コンクリート基礎と鉄骨製平架台の上に水槽を乗せる（図 3.12）．

貯水槽を屋外設置する場合は，ポンプ室を，貯水槽と同じ材料で，一体に製作することも多い．

官庁施設の総合耐震計画基準（平成 8 年）では，官庁建物を対象として貯水槽の保水のため，緊急遮断弁の設置が義務づけられた．感震器で動作する遮断弁で，手動でも可能である．

b．ポンプ

給水設備で使用されるポンプは，渦巻ポンプの使用がほとんどである．

単段渦巻ポンプと多段渦巻ポンプとがあり，揚程が低い場合は前者，揚程が高い場合は後者を使用する．また，片吸込み渦巻ポンプと両吸込み渦巻ポンプとがあり，流量が小さい場合は前者，流量が大きい場合は後者を使用する．

渦巻ポンプは床置き型が一般的だが，その変形として，水中モータポンプがある．これはポンプと電動機を水中に沈める構造をもち，水位が低い場合，ポンプの騒音を低くする必要のある場合，ポンプの設置スペースを小さくしたい場合，などに使用される．特に井戸用の水中ポンプとして深井戸ポンプ・浅井戸ポンプが使用される．

ポンプユニット　給水ポンプは，動力制御盤・配線・制御用センサが必要になるが，給水方式によりこ

表 3.15

給水方式	ポンプの関連機器または付属機器
直結増圧方式	動力制御盤（インバータ付き）・圧力センサ・減圧逆流防止装置
ポンプ直送方式	動力制御盤，他に減圧弁・インバータなど
圧力水槽方式	動力制御盤・圧力センサ・圧力タンク
高置水槽方式	動力制御盤

れらをユニット化したものがポンプメーカーにより製品化されており，使用されることも多い．給水方式と給水ポンプユニットとの対応を（表3.15）に示す．ユニット型の場合は床置き型渦巻ポンプを使用するが高置水槽方式では水中ポンプも使用する．

給水ポンプに要求される性能としては，流量，揚程，背圧，防せいがある．流量・揚程は流量-揚程曲線でメーカーカタログより選定する．防せい仕様は給水ポンプでは必ず考慮すべき仕様であり，接液部がステンレス製または樹脂ライニング製のものを選定する．

c. 水道メータ

水道メータには流速式（推測式）と容積式（実測式）とがある．給水設備には流速式が使用され，容積式は給水メータの検定用など特殊な場合に使用する．

流速式はメータ内部の回転子の回転数が流体の流速に比例することから，回転数から流量を推定するものである．一方，容積式は，実際の流体の容積をはかり送り出す方法で，精度が高い．

流速式には，現場指示型と遠隔指示型がある．遠隔指示型は，給水量を遠方の受信部で計測するもので，集中検針による省力化と自動計測による維持管理用データの集積に役立つ．

遠隔指示型には，発電型，遠隔指示型，電子型がある．発電型は，メータ内の回転子の回転によりメータ内部のゼンマイを作動し，これによる発電パルス電圧により流量を遠方の受信部で計測するものである．発電量の限界から受信部の距離にも制約がある．

水道メータは計量法の検定品でなければならず，8年ごとに更改する．設置にあたっては，取り替えできるスペースを設ける．水道メータは，水平に，また底部の水流の方向の矢印マークになるように取り付ける．斜めに取り付けると，軸受部の偏摩耗によりメータの精度が落ちる．

d. 制御弁類

水槽の水位制御にはボールタップ・定水位弁・電磁弁・緊急遮断弁などが使用される．圧力の制御には減圧弁，バキュームブレーカ・水撃防止器，流量の制御には定流量弁が使用される．

1）ボールタップ・定水位弁 ボールタップは浮子とそれと連動する弁より構成される．水面の浮子の上下により弁が開閉する．弁が1個の単式と2個の複式があるが，25A以下では単式，32A以上は複式である．

水量が大きくなると水面のボールの振動により

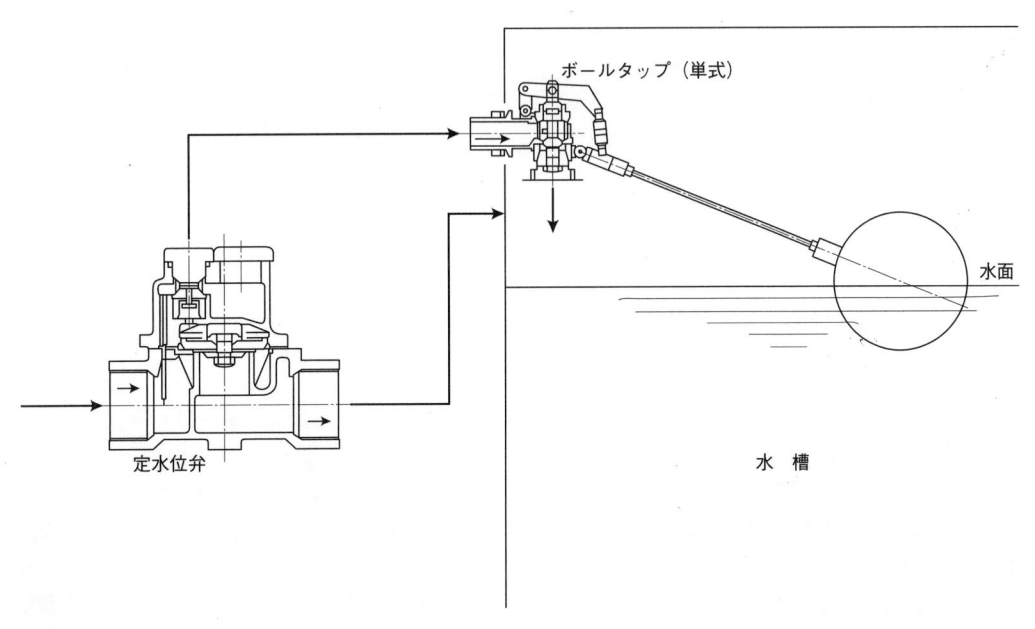

図 3.13 ボールタップ・定水位弁

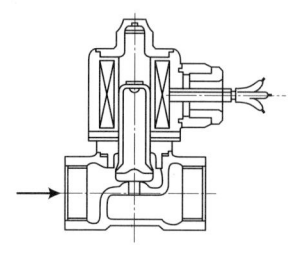

図 3.14 電磁弁

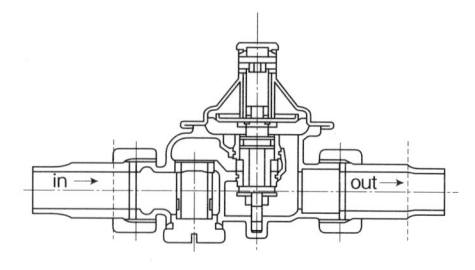

図 3.15 減圧弁

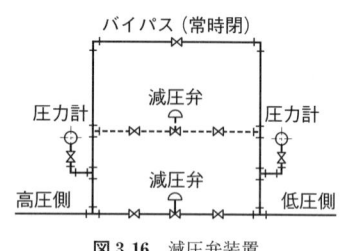

図 3.16 減圧弁装置

ウォータハンマが起きる．これを防ぐために定水位弁を用いる．定水位弁はパイロット配管部分にボールタップまたは電磁弁（またはその両方）を設置し，主配管に急閉鎖が起こらないようにしたものである（図3.13）．

2) 電磁弁 調整弁の一種で，電圧により開閉する弁（図3.14）．水用電磁弁（JIS B 8471）として規定される．操作部はソレノイドを使用して弁プラグの開閉を行う．ソレノイドの推力を直接利用する直動式と，間接的に利用し大きな推力を得るパイロット式とがあり，パイロット式の使用が多い．給水設備では定水位弁まわり，小便器の自動感知弁などに使用する．定水位弁では水位信号で電磁弁が開閉し，定水位弁のパイロットの圧力が増減し定水位弁が開閉する．

電磁弁は，流体のごみにより開閉できない状態が続くとソレノイドが加熱し，故障する．その防止として，電磁弁の流入側にストレーナを設け，定期的にストレーナを清掃する．

3) 減圧弁 圧力が高いところ，圧力の変動が大きいところは，減圧弁をつける（図3.15）．

減圧弁は，図のような減圧弁装置として使用することもある（図3.16）．これは，ダイヤフラムの劣化などによる故障対策として，交換時のバイパスやバルブを設けたものである．減圧弁は調整可能流量が定格流量の5%程度のものを選択する．小流量時の対応として主減圧弁より小容量のバイパス減圧弁（図の点線）を設けることもある．この場合はバイパス減圧弁の作動圧力を主減圧弁より高く設定し，バイパス減圧弁→主減圧弁の順番で作動させる．減圧の圧力差が大きい場合は，減圧弁装置を直列に2段設置し，キャビテーションを防止する．減圧弁は騒音の発生源となるため，使用箇所に注意する．

4) バキュームブレーカ・逆流防止器・減圧式逆流防止器 バキュームブレーカは逆サイホン作用を防止するもので，大便器の給水，屋外散水栓など吐水口空間がとれないところなどに用いる．大気圧式と圧力式とがあり，大気圧式は二次側が常時は水圧がかからない箇所で使用し，圧力式は二次側が常時圧力はかかるが背圧（負圧）はかからない箇所で使用する．規格は大気圧式がSHASE-S211，圧力式がSHASE-S215に定められている（図3.17）．

逆流には逆サイホンに起因するものと，逆圧に起因するものとがあるが，バキュームブレーカは逆圧に起因する逆流を防ぐことはできないため逆流防止器や減圧式逆流防止器を使用する（図3.18）．逆流防止器には，各種のものがあるが，スプリング・ダイヤフラムなどの故障による事故を防ぐためには定期的な検査の義務づけが不可欠である．直結増圧方式においては水道事業者より減圧式逆流防止器の設置と，1年に1回のその検査が義務づけられている．

5) 水撃防止器 小型水槽内に圧縮性気体（空気・窒素）などを封入したエアチャンバを設けウォータハンマを防止する機器である．ウォータハンマの起きやすい器具（シングルレバー混合水栓・シャワー切替え混合水栓，全自動洗濯機などの近くの配管に設置する（図3.19）．また，揚水ポンプの吐出側などに取付ける場合もある．

6) 定流量弁 圧力変動に対して流量を一定として流量の適正配分を図るものである．ただし，騒音の発生源となるため使用箇所には注意する（図3.20）．

7) 緊急遮断弁 電気信号を受けて弁の開閉を行う（図3.21）．高置水槽の給水側，受水槽の給水側に設け，地震時に感震器の信号で閉まるような使い方をする．

3.3 上水設備

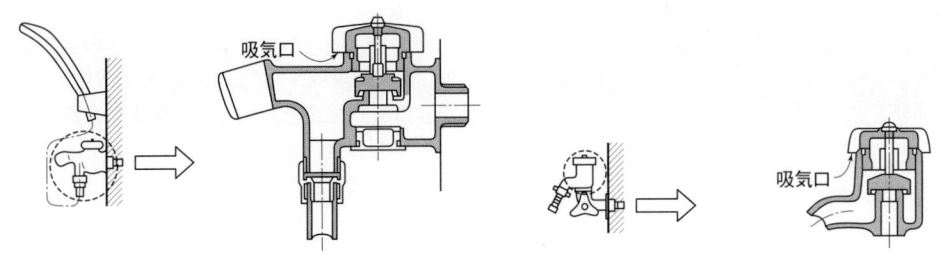

(1) ハンドシャワー

(2) ホース接続用横水栓

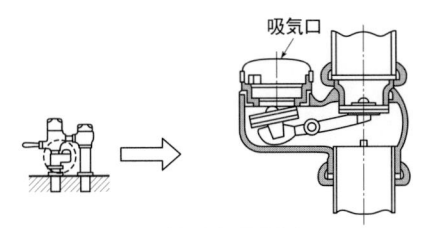

(3) 大便器洗浄弁

〔注〕器具付属の大気圧式には，上図に示すもののほか，ホース接続用立て水栓・ハンドシャワー付き混合栓・底給水のロータンク用ボールタップなどに付属したものがある．

(a) 器具付属の大気圧式バキュームブレーカ（T社）

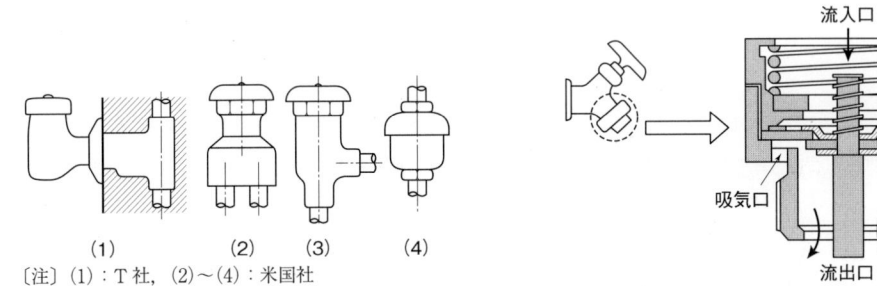

(1)　(2)　(3)　(4)

〔注〕(1)：T社，(2)〜(4)：米国社

(b) 配管取り付け用の大気圧式バキュームブレーカ

(c) ホース接続水栓用バキュームブレーカ（米国W社）

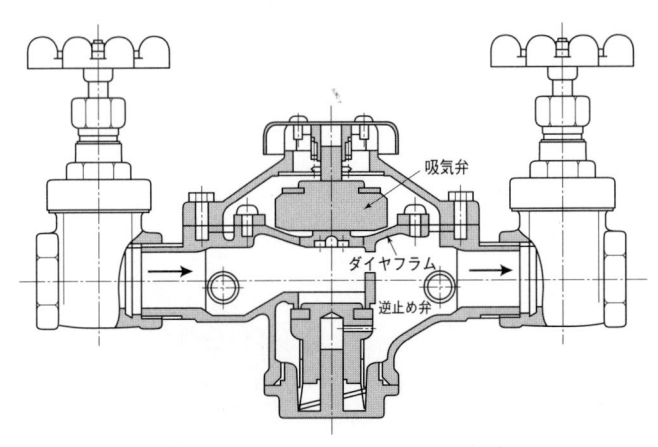

(d) 圧力式バキュームブレーカ（F社）

図 3.17　バキュームブレーカ

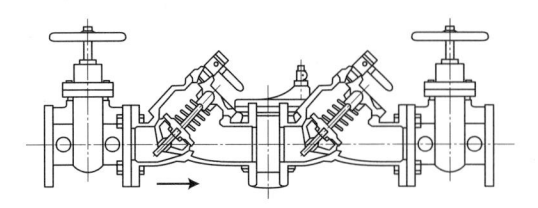

図 3.18 減圧式逆流防止

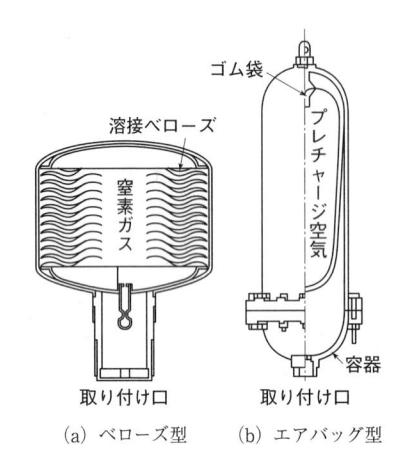

(a) ベローズ型　(b) エアバッグ型
図 3.19 水撃防止器

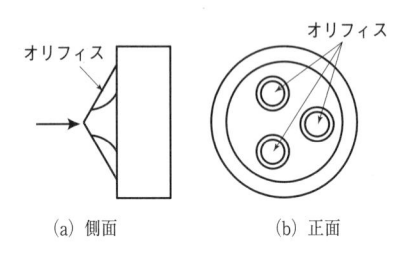

(a) 側面　(b) 正面
図 3.20 定流量弁

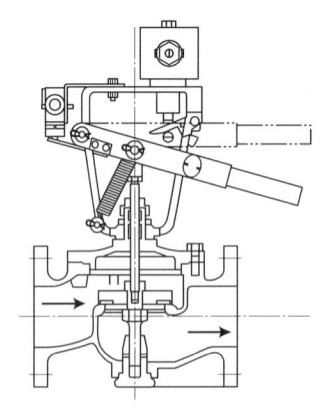

図 3.21 緊急遮断弁

3.3.6 上質水供給設備

水道の水質は厚生労働省令により50項目にわたる基準値が定められているが，水道水の水質に対する不安，貯水槽の管理不足による水質劣化に対する不安，より安全・健康・快適性を目指す要求などから，さらにおいしい水（上質水）を供給する目的で浄水器や上質水供給装置を設置する場合がある．

a. 浄水器

浄水器は，給水設備の水栓側に設置するものと配管組込型がある．水栓側に設置するものには，水栓直付け型，水栓兼用型，シンク下に取り付ける配管組込み型がある（図3.22）．残留塩素の除去を主な目的としており，膜処理および活性炭処理によるものが多い．日本水道協会で審査しているが，これは厚生労働省の定める給水器具としての性能を認定している．水道直結方式にて配管組込み型を使用する場合は，この審査の認定品を使用しなければならない．なお，活性炭に吸着した不純物は温水で溶出するため，給湯を浄水器に流入させてはならない．

b. 上質水供給装置

上質水製造装置（冷却装置・処理装置を含む）・給水設備・制御システムで構成される．上質水製造装置を設ける場合は，平成12年5月29日建設省告示第1390号の規準に適合したシステムとしなければならない．上質水製造のフローとしては次のとおりである．

不純物除去→異臭味・有害物質の除去→硬度調整→細菌とウイルスの除去→残留塩素制御→温度制御

その単位処理装置は，プレフィルタ（不純物除去）・活性炭吸着処理（異臭味・有害物質の除去）・オゾン処理（異臭味・有害物質の除去）・イオン交換（硬度調整）・ミネラル添加装置（硬度調整）・膜処理（細菌とウイルスの除去）・塩素添加残留（塩素制御）・冷却処理（温度制御）などを組み合わせたものである．

なお，製造装置は，給水中の塩素も処理してしまう

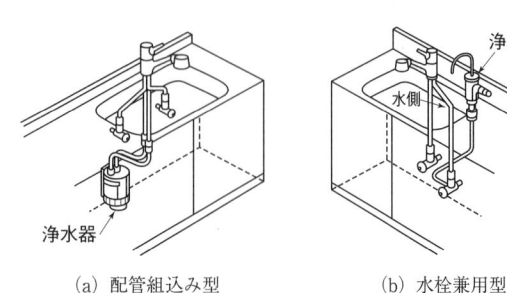

(a) 配管組込み型　(b) 水栓兼用型
図 3.22 洗浄器（T社カタログより）

から，残留塩素の添加を行い，配管末端で遊離残留塩素が 0.1 mg/l 以上となるよう維持する．

3.4 雑用水設備

建物の給水設備において，飲料に使用しない系統を雑用水設備と呼ぶ．飲料水のような高度な水質を要求されないため，水処理に要するコスト・資源・エネルギーを軽減することができ，経済性・環境保護の面から有用である．また行政面では，上水道能力の不足をきたしている自治体は雨水，排水の再利用水などを使用した雑用水設備を奨励している場合も多い．

3.4.1 水源と用途
a．雑用水設備の水源

雑用水設備は，排水再利用水や，自然水（雨水・地下水・河川水など），また地域が供給する工業用水を雑用水系用途に利用する方式である．排水再生水については，その利用形態や規模により個別循環方式，地区循環方式，広域循環方式がある．すなわち単一の建物またはその敷地内で行うものが個別循環方式，複数の建物であるが比較的小規模の地区（例えば大規模集合住宅や市街地再開発など）で行うのが地区循環方式，複数の建物であるが比較的大規模かつ広域的なもの（一般的には下水道の終末処理場，工業用水など）を広域循環方式と呼ぶ．

b．雑用水設備の用途

雑用水の用途としては，便器洗浄水が主体であるが，散水，水景用水なども利用される．
飛まつが吸引されるなどの衛生上の問題のある次の用途に使用してはならない．
① 手洗付洗浄用タンク
② 温水洗浄弁座
③ 冷却塔補給水
④ 加温装置

また，水景用水，散水などの雑用水は，吸引や誤飲の防止のため，し尿を含む排水を原水として用いてはならない．

3.4.2 給水方式

雑用水設備の給水方式は，地域循環の排水再生水，工業用水などを使用する場合はその供給事業体の指導に従うが，基本的には上水道設備のそれと同じである．

雑用水設備の水質は劣化の危険性があるため，雑用水槽には検査用水栓を設ける．

雑用水設備の配管材料や衛生器具は，上水設備のそれと同一のものを使用する場合が多く，配管の誤接合・誤飲・誤使用の恐れがあるため，容易に識別できるよう，次の措置を講じる．

（1）配管・継手を，上水配管と配管材料を変えて識別できるようにする．

（2）保温などで仕上げされた部分または裸管上には，テーピングまたは塗装などで識別する．

（3）雑用水系統であることを札などで明示する．

施工における注意としては，着色水による通水試験を行う．

また，地下水・雨水・排水再利用水など不安定な水源を用いる場合には，雑用水用受水槽に上水を補給するシステムとし，吐水口空間を設けるなど逆流の防止に考慮する．
〔小原直人〕

文　　献

1) 平成 15 年厚生労働省令第 101 号，最終改正平成 22 年厚生労働省令第 18 号．
2) 空気調和・衛生工学会編：空気調和・衛生工学便覧（第 13 版），4 巻，2001 より．
3) 同上
4) 同上
5) 同上
6) 同上
7) 空気調和・衛生工学会編：給排水衛生設備計画設計の実務の知識（改訂 2 版），p. 45，オーム社，2001.
8) 空気調和・衛生工学会編：空気調和衛生工学便覧（第 13 版），4, p. 86, 2001.
9) 空気調和・衛生工学会編：給排水衛生設備計画設計の実務の知識（改訂 2 版），p. 84，オーム社，2001.
10) 給排水設備技術基準・同解説(2006 年版)，日本建築センター．

4 給湯設備計画

4.1 基本事項

4.1.1 湯の性質と使用温度

水の密度は，温度とともに変化する．水温が，3.98℃のときに密度ρは最大となり，$\rho=1000$ kg/m³$=1$ kg/lとなる．水の密度は温度が上昇するにつれて小さくなる．

表4.1に標準気圧（101.325 kPa）の各温度における水の密度および飽和蒸気圧を示す．物質の温度別の水に対する溶解度を表4.2に示す．使用用途に対する使用温度を表4.3に示す．使用温度は，季節により変化し，一般に夏より冬の方が多少高めとなる．中央式給湯方式では60℃程度で湯を供給する．給湯温度は高い方が同じ熱量を送る場合，給湯量は少なくてすみ，配管径も細くなるが，機器・配管などの腐食はより多くなり，やけどの危険性も増える．また，給湯温度を上げると熱損失も大きくなるため省エネルギー的とはいえない．

なお，レジオネラ属菌などの細菌の増殖を防ぐため，給湯温度は55℃以下にしないようにする．

表4.1 水の性質[1]

温度〔℃〕	密度〔kg/m³〕	温度〔℃〕	密度〔kg/m³〕
0	999.4	70	977.76
5	999.64	80	971.79
10	999.70	90	965.31
15	999.10	100	958.36
20	998.20	110	950.68
25	997.04	120	942.83
30	995.65	130	934.56
35	994.03	140	925.87
40	992.21	150	916.78
50	988.03	160	907.25
60	983.19	170	897.30

表4.3 用途別使用温度[3]

使用用途	使用温度〔℃〕	説　明
飲用	85〜96	実際に飲む温度は50〜55℃
入浴	40.1〜40.5	標準 40.5℃
手持ちシャワー	40.5±1.5	給湯量 8.5±1.5 l/min
壁掛けシャワー	42.0±1.5	〃　13±1.5 l/min
洗髪	40	〃　8.5 l/min
洗顔	37.5	〃　8.5 l/min
厨房	45	皿洗い機は60℃，皿洗い機すすぎは80℃
洗濯	39	手洗洗濯
	33〜37	絹および毛織物（機械洗いの場合は38〜49℃）
	49〜52	リンネルおよび綿織物（機械洗いの場合は60℃）
屋内プール	25〜28	冬期は30℃前後（競技に使用する場合は25℃前後）

表4.2 物価の水に対する溶解度[2]

	物　質	化学式	0℃	20℃	40℃	60℃	80℃	100℃
固体[1]	塩化ナトリウム	NaCl	26.28	26.38	26.65	27.05	27.54	28.2
	しょ糖	$C_{12}H_{22}O_{11}$	179.2	203.9	238.1	287.3	362.1	485.2
気体[2]	塩　素	Cl_2	4.61	2.30	1.44	1.02	0.68	0.00
	空　気	−	0.029	0.019	0.014	0.012	0.011	0.011
	酸　素	O_2	0.049	0.031	0.023	0.019	0.018	0.017
	二酸化炭素	CO_2	1.71	0.88	0.53	0.36	−	−
	窒　素	N_2	0.024	0.016	0.012	0.010	0.0096	0.0095

〔注〕1) 100 gの飽和溶液中に溶存する各物質の量をグラム〔g〕で表したものである．
　　　2) 各温度において 1 atm$=101325$ Paの気体が水の 1 cm³中に溶解するときの容積を0℃，1気圧のときの容積に換算した値（単位は cm³）である．

4.1.2 レジオネラ対策

レジオネラ症は，給湯設備に起因して発生する例が多く，特に中央式の給湯設備においては，同じ湯が何回も配管内を循環し，給水中にあった残留塩素も消滅するので特に配慮が必要である．対策の方針としては，温度制御（50℃以上に維持する），機器・配管内のスケール，スラッジ，藻の発生を抑える，死水域をなくす，残留塩素の確保，エアロゾルを発生しない器具を使用する，エアロゾルが発生する機器を使用する場合人をエアロゾルから隔離するなどである．以下に要点を述べる．

(1) 給湯設備は，中央式よりも局所式の採用を心がける．
(2) 貯湯槽の最低部には，清掃がしやすいような大きな排水弁を設ける．
(3) 加熱装置の加熱能力は，給湯栓から50℃以上の湯が出るように，ピーク使用時においても貯湯温度を55℃以上に保つ能力を有するものとする．
(4) 加熱装置の貯湯容量と加熱能力は負荷に見合ったものとし，加熱装置は，弁を締めて配管と隔離して消毒できるように，また，70℃まで加熱できるようにしておく．
(5) 循環式の中央式給湯設備においては，必要に応じて各系統の温度が等しくなるように弁の開度を調節する．
(6) 給湯設備の行き止まりの長さは最小にとどめ，できるだけ器具の近くまで返湯管を設ける．
(7) 湯の停滞を避けるために，流速はできるだけ速くする．
(8) ワールプールバス・ワールプールスパの浴槽は，32～40℃で運転されている．水しぶきが上がり，気泡が水面ではじけるときに細かいエアロゾルが発生し，利用者がそれを吸い込みがちである．そのため，連続的な滅菌装置が必要である．循環配管内の水は，完全に排水することができるようにする．

4.1.3 安全対策（水の膨張を含む）

a. 加熱装置に対する法的規制

給湯設備で使用する加熱装置は，労働安全衛生法により直接加熱装置にはボイラとして，間接加熱装置・密閉式膨張タンク・温水ヘッダなどには圧力容器として，設置・取り扱いについて規定がある．

b. 安全対策

給湯設備の安全装置は，過熱装置本体の安全装置とその他の安全装置に分けられる．加熱装置本体の安全装置は，水の膨張による圧力上昇から容器を守るための逃がし弁，膨張管，過昇温防止のためのサーモスタットなどによる熱源供給遮断装置や溶解栓がある．表4.4，表4.5に給湯用過熱装置に必要な安全装置を示す．また，その他の安全装置としては，地震感知器やガス漏れ検知器による熱源供給停止装置がある．

c. 逃がし（膨張）管および逃がし弁

密閉容器内で水を加熱すると，水の膨張により容器内の圧力は異常に上昇し，ついには容器を破壊する．

表4.4 給湯用加熱装置に必要な安全装置など
（ボイラー構造規格，圧力容器構造規格，小型ボイラー及び小型圧力容器構造規格および簡易ボイラー等構造規格）

加熱装置の種類	安全装置	その他の付属品
水温が120℃以下の鋼製温水ボイラ	逃がし弁または逃がし管[1]	水高計または圧力計，温度計
水温が120℃を超える鋼製温水ボイラ	安全弁	水高計または圧力計，温度計
給湯用鋳鉄製温水ボイラ[2]	逃がし弁または逃がし管[1]	水高計または圧力計，温度計
小型温水ボイラ	逃がし弁または25 mm以上の逃がし管	水高計または圧力計，温度計
簡易ボイラのうちの貫流ボイラ以外の温水ボイラ	逃がし弁または逃がし管	
簡易ボイラのうちの貫流温水ボイラ	逃がし弁およびボイラ水が不足した際に自動的に燃料の供給を遮断する装置	
第一種圧力容器	安全弁，自動的に圧力上昇の作用を停止させる装置，二次側に安全弁を取り付けた減圧弁，安全弁を併用した警報装置，15 mm以上の逃がし弁または逃がし管	圧力計，温度計
小型圧力容器	安全弁，自動的に圧力上昇の作用を停止させる装置，逃がし管，破壊板	
令[3] 第13条第37号および第38号に定められた容器	安全弁	

〔注〕 1）逃がし管の管径は，表4.6による．
 2）水頭圧50 mを超える温水ボイラおよび温水温度が120℃を超える温水ボイラは鋳鉄製．
 3）労働安全衛生法施行令．

表 4.5 給湯用加熱装置の適用区分と取り扱いなどの規定

(a) 給湯ボイラに対する規定[4]

仕　　様	適用の区分	認置届など	据付け工事作業主任者	取扱い作業責任者	定期自主検査	性能検査
$P≦0.1$ で $A≦4$ のもの $P≦1$ で $A≦5$ 以下の貫流ボイラ* $V≦0.004$ で $P·A≦0.02$ 以下のもの	簡易ボイラ	−	−	−	−	−
$P≦0.1$ で $4<A≦8$ のもの $P≦0.2$ で $A≦2$ のもの $P≦1$ で $5<A≦10$ 以下の貫流ボイラ*	ボイラのうちの小型ボイラ	設置報告**	−	−	1年以内**ごとに1回	−
上記の範囲を超えるもの	ボイラのうちの小型ボイラ以外のボイラ	設置届落成検査	$A>14$ のものおよび $A>30$ 以上の貫流ボイラ*には必要	必要	1カ月以内ごとに1回	1年以内ごとに1回

〔注〕1) P は使用ゲージ圧力〔MPa〕, A は伝熱面積〔m^2〕(燃焼ガスと触れる面積, 電気ボイラの場合は 20 kW を 1 m^2 とみなす), V はボイラの内容積〔m^3〕.
2) *例外あり.
3) 真空式および無圧式温水発生機はボイラに該当しない.
4) ** $P≦0.2$, $A≦2$ のもので, 事業者以外の者が設置する場合には不要.

(b) 圧力容器に対する規定

	仕　　様	適用の区分	設置届など	取扱い作業責任者	定期自主検査	性能検査
蒸気などの熱媒により液体を加熱する容器で, 容器の圧力が大気圧を超えるもの	$P≦0.1$ で $0.01<V≦0.04$ のもの $0.001<P·V≦0.001$ のもの	令*1 第13条第37号に定められた容器*2	−	−	−	−
	$P≦0.1$ で $0.04<V≦0.2$ のもの $P≦0.1$ で $200<D≦500$ かつ $L≦1000$ のもの $0.004<P·V≦0.02$ のもの	第一種圧力容器のうちの小型圧力容器	−	−	1年以内ごとに1回	−
	上記の規模を超えるもの	第一種圧力容器	設置届落成検査	$V>0.5$ の加熱装置および $V>1$ 以上の大気圧における沸点を超える温度の液体を保有する容器	1月以内ごとに1回	−
第一種圧力容器以外の圧力容器	$P≧0.2$ で $V≧0.04$ のもの $P≧0.2$ で $D≧200$ かつ $L≧1000$ のもの	第二種圧力容器	−	−	1年以内ごとに1回	−
	第二種圧力容器以外で, $V>0.1$ のもの	令*1 第13条第38号に定められた容器*2	−	−	−	−

〔注〕1) P は使用ゲージ圧力〔MPa〕, V はボイラの内容積〔m^3〕, D は容器の内径〔mm〕, L は容器の長さ〔mm〕.
2) *1: 労働安全法衛生施行令
3) *2: 労働大臣が定める規格または安全装置を具備しなければ, 譲渡し, 貸与し, または設置してはならない.

この膨張量を逃がすために, 120℃以下の加熱装置においては膨張管や逃がし弁が必要であり, 120℃以上の加熱装置には安全弁が必要である. なお, 逃がし管は一般に膨張管とも呼ばれている.

1) 逃がし(膨張)管 逃がし(膨張)管は, 加熱装置から単独に配管を立ち上げ膨張タンクまたは雑用水タンクへ開放する. 飲料用高置タンクへの開放は衛生上の理由から好ましくなく, それを禁止している地方自治体もある.

管の内径は「ボイラー構造規格」で伝熱面積により表 4.6 のように定められている.

また, 図 4.1 に示すように, 膨張管から加熱時に湯

表 4.6 鋼製温水ボイラに設ける逃がし管の内径
(ボイラー構造規格)

伝熱面積〔m^2〕	逃がし管の内径〔mm〕
10 未満	25
10 以上 15 未満	32
15 以上 20 未満	40
20 以上	50

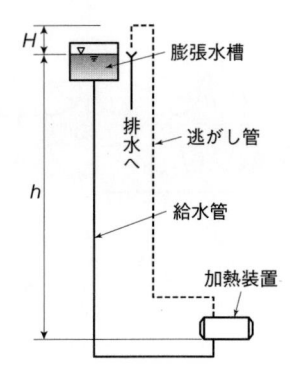

図 4.1 逃がし管の立上げ高さ

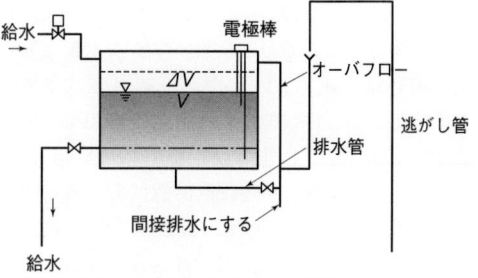

図 4.2 開放式膨張水槽
V：時間最大給湯量の 20 間分～1 時間分
ΔV：給湯設備内の水の膨張量

が噴き出さないため，膨張管はタンク水面より高く立ち上げる必要がある．この立上げ高さは，式 (4.1) から求める．

$$H \geqq \left(\frac{\rho}{\rho'}-1\right)\cdot h \tag{4.1}$$

ここに，Hはタンク水面からの膨張管の立上げ高さ〔m〕，hはタンク水面から加熱装置最低位までの高さ〔m〕，ρは水の密度〔kg/l〕，ρ'は湯の密度〔kg/l〕．

膨張管には，その機能上からも途中に弁を取り付けてはならない．

2) 逃がし弁　高置タンク方式以外の給水方式などで，膨張管を設けることができない場合には逃がし弁を設ける．加熱装置に設ける逃がし弁は，加熱装置の圧力が最高使用圧力の10%を超えないように膨張水を逃がすもので，圧力が減ずると復帰するばね式のものが使用されている．取り付け位置は，加熱装置の給水側の逆止め弁と装置の間に設け，吐出し温度を低く抑えるとともに，スケールが弁座に付着して，作動を防げないようなものを使用する．

d. 膨張水槽

加熱装置と配管系内の膨張水量を吸収する膨張水槽には，開放式と密閉式がある．

1) 開放式　開放式膨張水槽は，膨張水量を給湯配管系の最高所に設置し，大気に開放した水槽であり，膨張管や膨張水槽内の死水の発生を防ぐということからも補給水槽を兼ねた膨張水槽が望ましい．図4.2に補給水槽兼用膨張水槽を示す．

なお，有効容量Vは補給水装置の補給水能力によるが，毎時平均給湯量の20分間から1時間分程度とする．

2) 密閉式　密閉式膨張水槽は，開放式膨張水槽を設けることができない場合に採用される．一般には図4.3に示すように，空気が湯中に溶け込まないよ

図 4.3 密閉式膨張タンク
(a) 隔膜式　(b) ブラダ式
〔注〕圧力 0.2 Mpa〔2 kgf/cm²〕以上で，内容積 40l以上のものは第二種圧力容器となる．

うに，ダイヤフラム式やブラダ式の隔膜式膨張水槽が用いられる．膨張量と密閉式膨張槽の容量は，それぞれ，式 (4.2)，式 (4.3) により求められる．

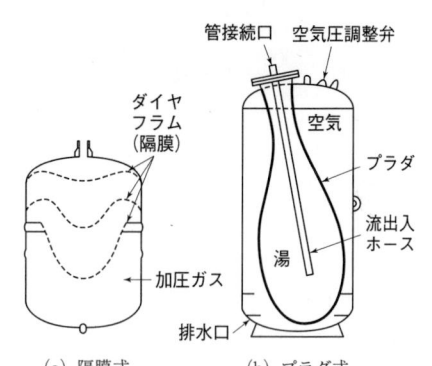

$$\Delta V = \left(\frac{\rho}{\rho'}-1\right)\cdot V_0 \tag{4.2}$$

ここに，ΔVは膨張量〔l〕，V_0は系統内の全水量〔l〕，ρは水の密度〔kg/l〕，ρ'は湯の密度〔kg/l〕．

$$V = \left(\frac{P_1 \cdot P_2}{(P_2-P_1)\cdot P_0}\right)\cdot \Delta V \tag{4.3}$$

ここに，Vは密閉式膨張槽の容量〔l〕，P_1は膨張槽位置での加熱前の絶対圧力〔kPa〕，P_2は装置の許容最大絶対圧力〔kPa〕，P_0は密閉式膨張水槽の封入空気絶対圧力〔kPa〕．

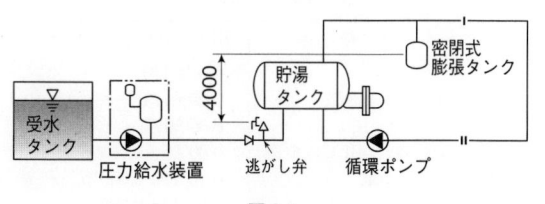

図 4.4

[例] 図4.4に示す貯湯タンク容量が1000 l，配管系全体の保有水量が800 l の場合の膨張水量と密閉式膨張水槽容量を求めよ．ただし，給水方式は圧力水槽方式とし，圧力水槽の起動圧力196 kPa，停止圧力は294 kPa，逃がし弁の設定圧力は490 kPa（すべてゲージ圧），逃がし弁の設置位置における最大圧力を逃がし弁設定圧力の90%，膨張水槽の初期圧力を156.9 kPaとし，給水温度5℃，給湯温度60℃とする．

[解] 膨張量は，表4.1より $\rho=1000$ kg/m³， $\rho'=983.1$ kg/m³ を式(4.2)に代入すれば，

$$\Delta V = \left(\frac{\rho}{\rho'} - 1\right) \cdot V_0$$
$$= \left(\frac{1000}{983.1} - 1\right) \cdot (1000 + 800) = 30.9$$

膨張水槽の容量は，

$P_0 = 156.9 + 101.3 = 258.2$ kPa
$P_1 = 294 - 39.2 + 101.3 = 356.1$ kPa
$P_2 = 490 \times 0.9 - 39.2 + 101.3 = 503.1$ kPa
$\Delta V = 30.9$

を式(4.3)に代入すれば，

$$V = \left(\frac{P_1 \cdot P_2}{(P_2 - P_1) \cdot P_0}\right) \cdot \Delta V$$
$$= \left(\frac{356.1 \times 503.1}{(503.1 - 356.1) \times 258.2}\right) \cdot 30.9 = 145$$

e. 配管の伸縮に対する安全対策

給湯配管は，管内の水温の変化に伴い，管径および長さ方向が伸縮する．管径の伸縮はごくわずかで無視できるが，軸方向の伸縮は配管長が長いほど大きくなり，継手・弁類・支持金物などに多大な応力をかけ，破損を起こし水損事故につながることがある．管の伸縮量は式(4.4)により求める．

$$\Delta l = 1000 \cdot \alpha \cdot l \cdot \Delta t \quad (4.4)$$

ここに，Δl は管の軸方向の伸縮量〔mm〕，α は管の線膨張係数〔1/℃〕（表4.7参照），l は温度変化前の管の長さ〔m〕，Δt は温度変化〔℃〕．

配管の伸縮を吸収するために，直管部においては，図4.5に示すような伸縮曲管や伸縮継手を使用する方法や，横主管から分岐部などには図4.6に示すように

表4.7 各種管の線膨張係数

管　種	線膨張係数〔1/℃〕
鋼管	0.0000110
ステンレス鋼鋼管	0.0000173
銅管	0.0000177
耐熱性硬質塩化ビニル管	0.00006～0.00008
ポリブテン管	0.00012～0.00015
架橋ポリエチレン管	0.00014～0.0002

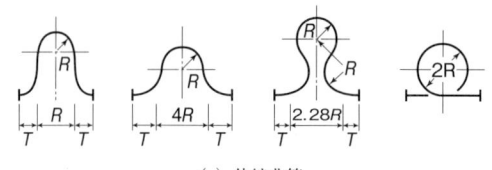

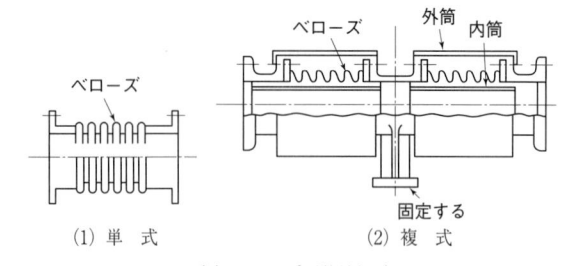

図4.5 各種の伸縮継手
(a) 伸縮曲管
(b) ベローズ型伸縮継手 (1)単式 (2)複式
(c) スリーブ型伸縮継手

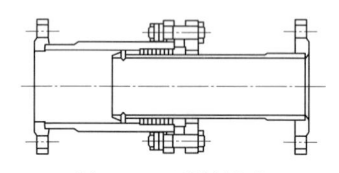

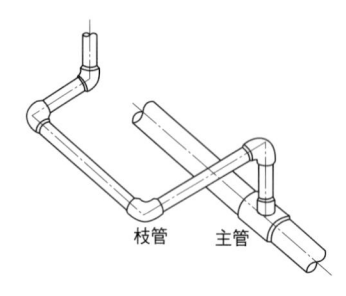

図4.6 スイベルジョイント

3個以上のエルボを使用したスイベルジョイントを形成して配管に可とう性をもたせて伸縮を吸収させる方法がある．

4.2 中央式設備

4.2.1 計画の要点

給湯の計画においては，最初に建物の用途や特性，給湯設備の使用人員，給湯箇所や使用温度を整理する．次に給湯方式を決める．給湯方式の決定については，給湯箇所が多い場合には機械室などに加熱装置を設置して配管で湯を必要箇所に供給する中央式とし，給湯箇所が少ない場合には湯の使用箇所ごとに加熱装置を設置する局所式とするが，財産区分，管理形態な

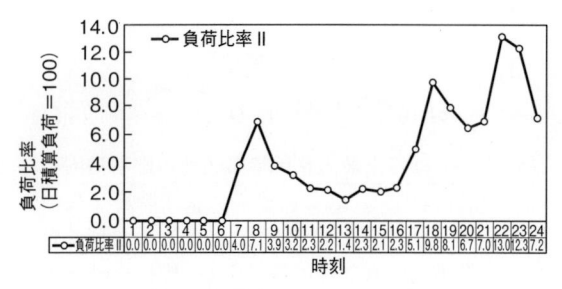

(a) モデル給湯パターン（ホテル）

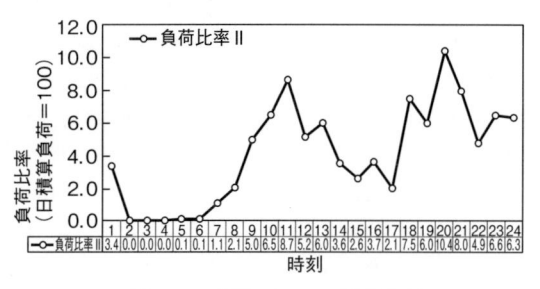

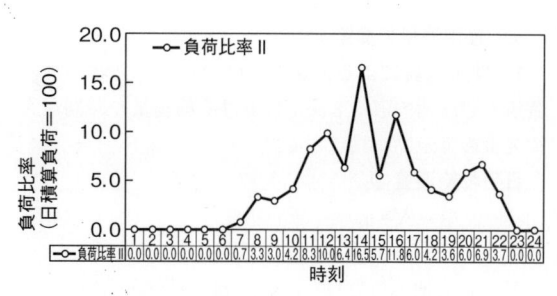

(b) モデル給湯パターン（総合病院）

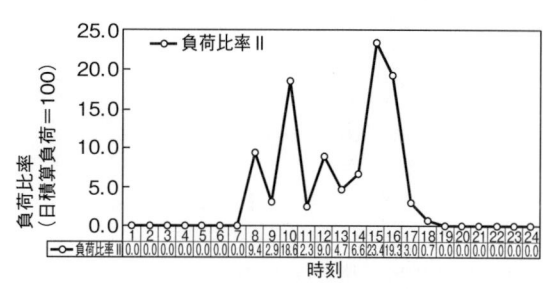

(c) モデル給湯パターン（集合住宅）

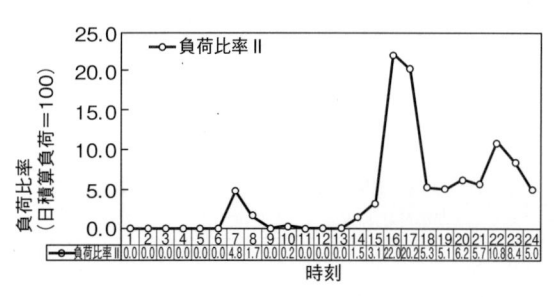

(d) モデル給湯パターン（事務所）

(e) モデル給湯パターン（独身寮）

図4.7　給湯消費パターンの例

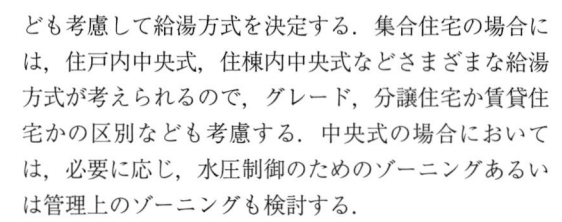

ども考慮して給湯方式を決定する．集合住宅の場合には，住戸内中央式，住棟内中央式などさまざまな給湯方式が考えられるので，グレード，分譲住宅か賃貸住宅かの区別なども考慮する．中央式の場合においては，必要に応じ，水圧制御のためのゾーニングあるいは管理上のゾーニングも検討する．

給湯方式を決定した後，使用湯量の算定を行う．使用湯量の算定においては原単位の確認，毎時最大給湯量，毎時最大給湯量負荷の継続時間を推定する．新築の場合は，類似施設の給湯負荷データの収集や比較，既存の改修の場合には過去の給湯負荷データを確認する．給湯消費パターンの例を図4.7(a)〜(e)に示す．器具の適流量と建物種類別使用湯量の原単位を表4.8と表4.9に示す．

使用湯量の算定の後，加熱装置の決定，配管方式の決定，配管材料の選定，配管の設計を行い，最後に給湯循環ポンプを決定する．加熱装置の決定においては，使用可能エネルギー，加熱熱源のイニシャルコストとランニングコストを整理し適切なシステムとする．

表4.8　用途別適流量[5]

用途		適流量〔l/min〕
浴用	洗髪	8.0〜9.0
	シャワー*)	8.5〜12.0
洗面・手洗い用		8.0〜9.0
厨房	食器洗浄（普通型）	7.5〜8.5
	（シャワー型）	5.0〜6.0
洗濯	手洗い	8.5〜9.5
	すすぎ	10.0〜11.0

〔注〕＊）ヘッドの形態により異なる．

a. 使用湯量の算定

1) 使用人員による方法　中央式給湯方式の加熱装置や貯湯槽の容量を決定における給湯量や時間最大給湯量の算定は次式による.

日平均給湯量 Q_d

$$Q_d = N \times q_d \quad (4.5)'$$

Q_d：日平均給湯量 $[l/日]$
N：給湯使用戸数 [戸], 人数 [人], 対象床面積 $[m^2]$, 病床数 [床] または席数 [席]
q_d：年間平均1日給湯量（表4.9参照）

時間最大給湯量 Q_{hm}

$$Q_{hm} = N \times q_{hm} \quad (4.5)''$$

Q_{hm}：時間最大給湯量 $[l/h]$
N：給湯使用戸数 [戸], 人数 [人], 対象床面積 $[m^2]$, 病床数 [床] または席数 [席]
q_{hm}：ピーク時給湯量（表4.9参照）

加熱装置と貯湯槽には次式に示す関係式が成り立つ.

$$1.163(t_{h1} - t_{h2}) \cdot V + H \cdot T$$
$$\geq 1.163 \left(\frac{t_{h1} + t_{h2}}{2} \right) - t_c \cdot Q \cdot T \quad (4.5)$$

ここに, t_{h1} は給湯最大使用時開始前の貯湯槽内の温度（一般に60℃）, t_{h2} は給湯最大使用時終了後の貯湯槽内の湯温（一般に55℃）, t_c は給水温度〔℃〕, V は貯湯槽内の有効貯湯量〔l〕（一般に貯湯槽容量の70％）, Q は時間最大給湯量〔l/h〕, H は加熱能力〔W〕, T は時間最大給湯量の継続時間〔h〕.

2) 器具利用率の予測による方法　小規模な中央給湯方式や局所給湯方式の加熱器や貯湯槽の容量を算定するのに用いられ, 次式 (4.6) ～式 (4.8) によって算出する.

$$Q_h = U \cdot (\sum n \cdot H_q) \quad (4.6)$$
$$V = Q_h \cdot v_t \quad (4.7)$$
$$H = 1.163 \cdot Q_h \cdot (t_h - t_c) \quad (4.8)$$

表 4.9　設計用給湯量[6]

建物の種類	年平均1日給湯量 q_d	ピーク時給湯量 q_{hm}	ピーク継続時間	備考
住宅	150〜200$l/$(戸・日)	100〜200$l/$(戸・h)	2h	住宅のグレードを考慮して検討する必要がある
集合住宅	150〜250$l/$(戸・日)	50〜100$l/$(戸・h)	2h	ピーク時給湯量は, 住戸数が少ない場合ほど多くする
事務所	7〜10$l/$(人・日)	1.5〜2.5$l/$(人・h)	2h	女性の使用量は, 男性の使用量よりも多い
ホテル客室	150〜250$l/$(人・日)	20〜40$l/$(人・h)	2h	ホテルの性格と使用のされ方を考慮する必要がある
総合病院	2〜4$l/$(m^2・日)	0.4〜0.8$l/$(m^2・日)	1h	病院の性格と設備内容を把握することが必要である
	100〜200$l/$(床・日)	20〜40$l/$(床・日)	1h	ピークは1日2回あり, ピーク時以外でも, 湯は平均的に使用される
飲食施設	40〜80$l/$(m^2・日)	10〜20$l/$(m^2・h)	2h	面積は, 食堂面積＋ちゅう房面積
	60〜120$l/$(席・日)	15〜30$l/$(席・h)	2h	軽食・喫茶は, 少ないほうの値でよい

〔注〕 給水温度5℃, 給湯温度60℃基準

表 4.10　建物別・器具別の給湯量 (ASHRAE)
（器具の1時間当たり給湯量 $[l]$, 最終温度60℃で算定されたもの）

建物種別＼器具種別	アパート	クラブ	体育館	病院	ホテル	工場	事務所	個人住宅	学校	YMCA
洗面器（個人用）	7.5	7.5	7.5	7.5	7.5	7.5	7.5	7.5	7.5	7.5
洗面器（公衆用）	15	22	30	22	30	45	22		57	30
洋風バス	75	75	100	75	75			75		110
皿洗い機[1]	57	190〜570		150〜570	190〜750	75〜375		57	75〜375	75〜375
足洗い	11.5	11.5	45	11.5	11.5	45		11.5	11.5	45
台所流し	38	75		75	110		75	38	75	75
洗濯流し	75	106		106	106			75		106
配ぜん室流し	19	38		38	38		38	19	38	38
シャワー	110	570	850	280	280	850	110	110	850	850
掃除用流し	75	75		75	110	75	57	57	75	75
使用率	0.3	0.3	0.4	0.25	0.25	0.4	0.3	0.3	0.4	0.4
貯湯容量係数[2]	1.25	0.9	1.0	0.6	0.8	1.0	2.0	0.7	1.0	1.0

〔注〕1) 皿洗い機の所要量は採用する形式がわかれば, その形式のメーカーのデータから選ぶ.
　　 2) 1時間当たり最大予想給湯量に対する貯湯タンク容量の割合.
　　　　貯湯タンクは, 大容量のボイラプラントからいくらでも蒸気の供給が得られるところでは, その容量を減じてもよい.

4.2 中央式設備

表4.11 各種建物における器具別給湯単位（ASHRAE, 1991）　（給湯温度60℃基準）

器具種類＼建物種類	集合住宅	事務所	ホテル寄宿舎	病院	工場	学校	YMCA	体育館
個人洗面器	0.75	0.75	0.75	0.75	0.75	0.75	0.75	0.75
一般洗面器	−	1.0	1.0	1.0	1.0	1.0	1.0	1.0
洋風浴槽	1.5	−	1.5	1.5	−	−	−	−
シャワー[1]	1.5	−	1.5	1.5	1.5	1.5	1.5	1.5
台所流し	0.75	−	1.5	3.0	3.0	0.75	3.0	−
配ぜん流し	−	−	2.5	2.5	−	−	2.5	−
皿洗い機	1.5	−	席数250に対して5給湯単位					
掃除流し	1.5	2.5	2.5	2.5	2.5	2.5	2.5	−
水治療浴槽	−	−	−	5.0	−	−	−	−

〔注〕1）給湯設備の主たる目的が体育館や工場の交替時に使用するシャワーである場合には，設計流量は，この給湯単位によらず，同時使用率を100%として求める．

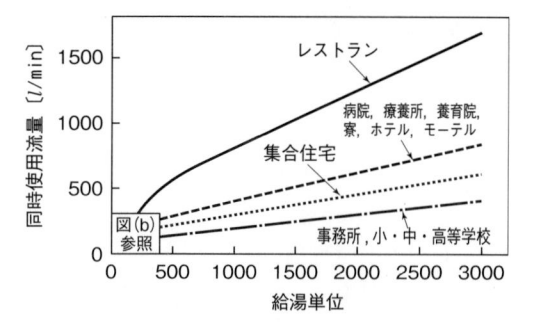

(a) 同時使用流量 (1)

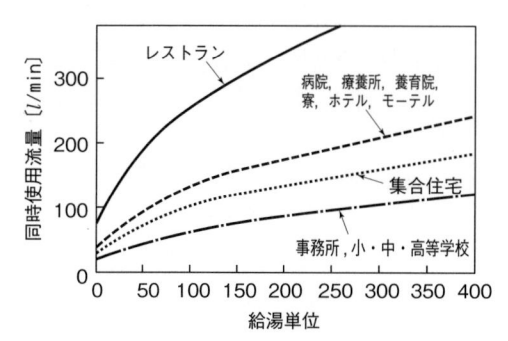

(b) 同時使用流量 (2)

図4.8　給湯単位による同時使用流量（ASHRAE, 1991）

ここに，Uは器具の使用率，Q_hは1時間当たりの給湯量〔l/h〕，H_qは器具の1時間当たりの給湯量〔l/h〕（表4.10参照），Hは加熱能力〔W〕，Vは貯蔵容量〔l〕，nは使用器具数，v_tは貯蔵容量係数．

3）**給湯単位による方法**　給湯単位から同時使用流量を求めるときは表4.11および図4.8を使用する．これらは米国のデータであるので日本の給湯使用状態を考慮にいれて使用する．

4）**器具の使用温度と適流量による方法**　器具の使用温度表4.3と適流量表4.8から加熱器の能力を算定する方法で，ガス瞬間式給湯機などを使用する局所給湯方式の設計に用いられる．

5）**飲料用給湯量**　飲料用給湯は，給茶用に湯沸し室や食堂に設置されるもので，一般にガスや電気を熱源とする貯蔵式給湯機を使用する場合が多い．貯湯容量は次式 (4.9) で算定する．

$$Q = \frac{q_n \cdot N}{K} \quad (4.9)$$

ここに，Qは貯湯容量〔l〕，q_nは1人1回当たりの使用量〔l/人〕（一般に0.25 l/人），Nは使用人員〔人〕，Kは有効出湯量率（一般に70%）．

b. 省エネルギー基準

「建築物に係るエネルギー使用の合理化に関する法律」により，300 m² 以上の建築物（第一種特定建築物：2000 m² 以上，第二種特定建築物：300 m² 以上2000 m² 未満）（平成22年4月1日改正）の新築，増築，大規模修繕等の省エネルギーに係る措置として給湯設備についても省エネルギーが一定の基準を満たしていることと維持保全状況に関する定期報告を定めている．給湯設備では，定量評価基準として式 (4.10) に示すエネルギー消費係数（CEC/HW）が定められている．

CEC/HW＝年間給湯消費エネルギー量（MJ/年）/
　　　　　年間仮想給湯負荷（MJ/年）　　(4.10)

なお，5000 m² 以下の場合は，定量評価に加えてより簡便な仕様基準（ポイント法）による定性評価の法が整備されている．給湯では, 配管の保温・仕様，位置，

表4.12　CEC/HW の値

CEC/HW	0＜Ix≦ 7 の場合	CEC/HW 1.5 以下
	7＜Ix≦12 の場合	CEC/HW 1.6 以下
	12＜Ix≦17 の場合	CEC/HW 1.7 以下
	17＜Ix≦22 の場合	CEC/HW 1.8 以下
	22＜Ix　　の場合	CEC/HW 1.9 以下
Ix ＝配管長 (m)/給湯量 (m³/日)		

ポンプの制御，熱源の効率，太陽利用および給水予熱の有無など13項目について一定の点数を与え，その合計（評価点）に70を加えた数値が100以上のものは基準を達成しているものとされる．

4.2.2 供給・配管方式

供給方式としては，局所式給湯方式と中央式給湯方式がある．

a. 中央式給湯方式

システムは，加熱装置，循環ポンプ，貯湯タンク，給湯管，返湯管および膨張水槽などの安全装置と自動制御で構成される．中央式における湯の供給方式には，図4.9に示すように，上向き供給方式と下向き供給方式がある．一般には，加熱装置が最下階に設置される場合は上向き供給方式が，加熱装置が最上階に設置される場合は，下向き供給方式が採用されている．

b. 高層建築における給湯方式

給湯器具に供給する水圧は給水器具と同様に適切な水圧の範囲に保つ必要があり，給水との混合時に支障がないように給湯圧は給水圧とできるだけ同じにする．

水圧を一定圧以下に保つ方法には，給水設備と同じく，ゾーニングを行う方法と，減圧弁を設ける方法がある．ゾーニングによる場合には，給水の水圧とのバランスを考慮して，給湯のゾーニングは給水のゾーニングと同じゾーニングとする．減圧弁による場合には，減圧弁以降の配管に返湯管を設けると返湯管から一次側の圧力が減圧弁の二次側にかかるので減圧弁の設置位置に注意する．図4.10にゾーニングの例を示す．

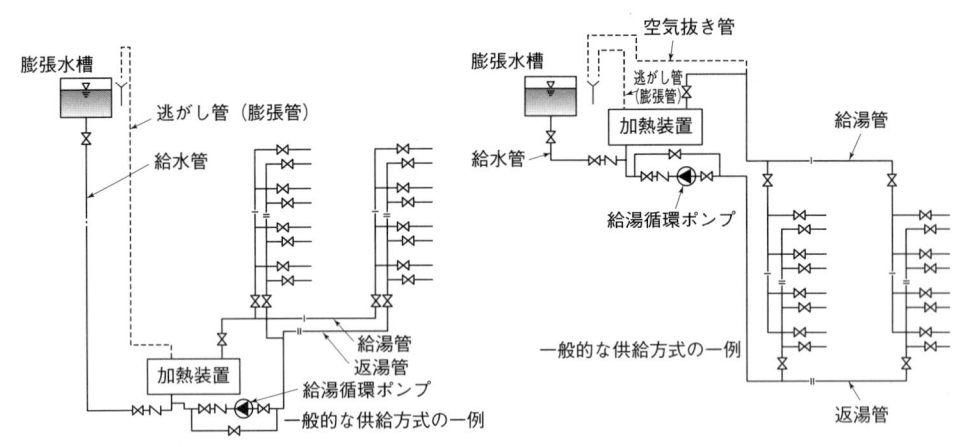

(a) 密閉式上向き供給方式

(b) 密閉式下向き供給方式（その1）

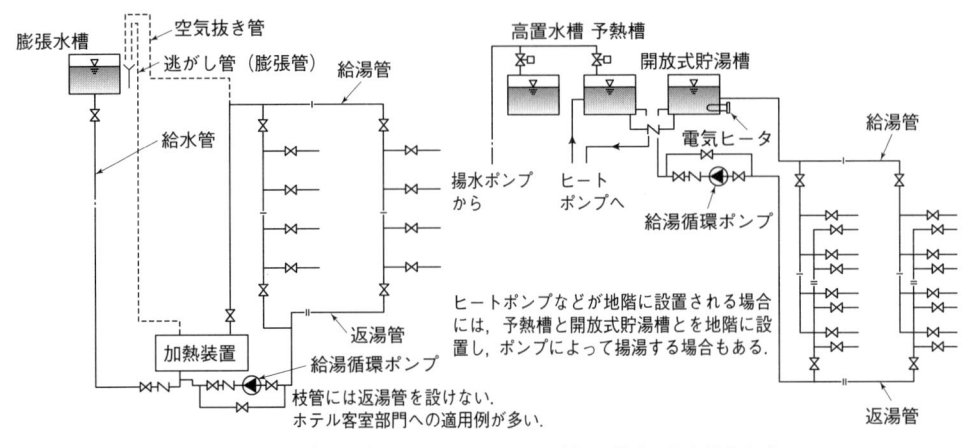

(c) 密閉式下向き供給方式（その2）

(d) 開放式下向き供給方式

図4.9 給湯配管方式[7]

4.2 中央式設備

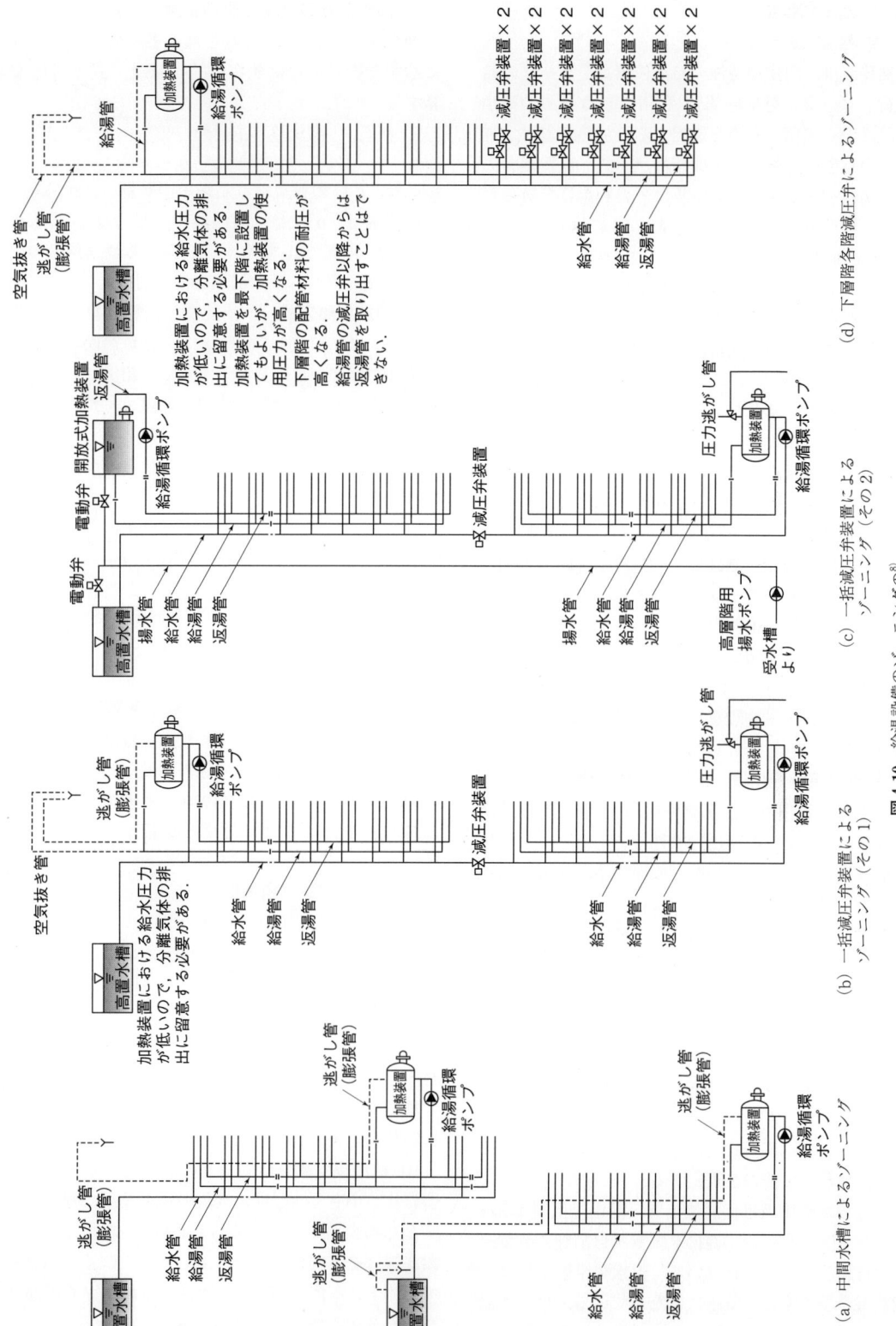

(a) 中間水槽によるゾーニング

(b) 一括減圧弁装置によるゾーニング（その1）

(c) 一括減圧弁装置によるゾーニング（その2）

(d) 下層階各階減圧弁によるゾーニング

図 4.10 給湯設備のゾーニング[8]

4.2.3 給湯機類
a. 加熱装置

加熱装置は，用途や特性（給湯使用量，ピークの給湯負荷，ピークの継続時間），利用できる熱源の種類や経済性から適切なものを選択する．加熱装置は，加熱方式から直接加熱方式・間接加熱方式・直接混合方式・太陽熱利用と未利用エネルギーの利用に分けられる．主な加熱方式と加熱装置を表4.13に示す．

1) 給湯ボイラ 給湯ボイラの能力は，定格出力で表示される．定格出力は，連続運転時の毎時給湯量に給湯温度と給水温度の差を乗じた毎時加熱能力をいう．給湯ボイラは瞬間式給湯ボイラと貯湯式ボイラがある．

瞬間式給湯ボイラとしては，一般的に貫流ボイラが使用されている．貫流ボイラは水管で構成され，耐圧性に優れ，缶水量も少ないので，法規上の区分や取り扱い資格は貯湯式給湯ボイラよりも大幅に緩和されている．給湯量が大きく変化する場合は，貯湯槽と併用する．瞬間式ボイラではピーク時給湯量の1.2〜1.5倍の定格能力をもつボイラを選定するのが望ましい．

貯湯式ボイラは，缶体内に多量の缶水を保有し，ボイラの定格給湯量を補助するため，短時間に多量の給湯ができるので，ホテルや寮・病院・養護施設・学校・工場・レジャー施設などの，給湯・浴場・厨房に利用される．

2) 真空式温水発生機・無圧温水発生機 真空式温水発生機および無圧温水発生機は，「ボイラー及び圧力容器安全規則」の適用対象外であるため，缶体材質・構造・設置・取り扱いなどの面で法的規制を受けず，検査・運転資格を必要としない．

真空式温水発生機は，燃焼装置・減圧蒸気室・熱交換器・抽気装置・自動制御装置・溶解栓・圧力スイッチその他の付属品で構成されている．装置の本体である減圧蒸気室は抽気装置により常に大気圧以下に保たれている．減圧蒸気室の熱媒水を加熱して減圧蒸気に組み込まれた熱交換器（蒸気対水）により温水を作り給湯に利用する．さらに暖房用熱交換器を組み込んだ多回路式もある．真空式温水発生機は，一般には貯湯槽と組み合わせて能力を選定する．

無圧式温水発生機は，燃焼装置・温水発生器本体・熱源ポンプ・熱交換器・補給水装置・自動制御装置その他の付属品で構成されている．温水発生器本体は大気開放型容器で常に大気圧に保たれている．真空式温水機と同様に多回路のものがある．さらに無圧缶水量を大きくした蓄熱貯湯型無圧式温水発生機もある．

3) 加熱装置の効率と燃料消費 給湯用加熱装置の効率を表4.14に，使用される燃料の諸元を表4.15に示す．燃料または熱媒の消費量は，式(4.11)で計算する．

$$F = \frac{4186 \cdot Q \cdot (t_h - t_c)}{H_s \cdot E} \quad (4.11)$$

ここに，Fは燃料または熱媒の消費量〔Nm^3, kg〕，Qは給湯量〔l/h〕，t_hは給湯温度〔℃〕，t_cは給水温度〔℃〕，H_sは表4.15に示す．燃料あるいは熱媒の発熱量〔J/kg, m^3, l〕，Eは加熱装置の効率．

4) 間接加熱方式 病院や宿泊施設などの大規模な施設，コージェネレーション，地域冷暖房施設，ごみ焼却場などからの蒸気・温水で，給湯に利用可能な熱量がある場合には貯湯槽内に加熱コイルを組み込む間接加熱が採用される．

蒸気や温水などの熱媒による加熱装置の加熱コイルは次式(4.12)によって求める．

$$L = S \cdot l \cdot (1+\alpha) = \frac{H \cdot l \cdot (1+\alpha)}{K \cdot \{(\Delta t_1 - \Delta t_2)/\ln(\Delta t_1 - \Delta t_2)\}}$$
(4.12)

ここに，Lは加熱コイルの長さ〔m〕，Sは伝熱面積〔m^2〕，Hは加熱能力〔W〕，Kは加熱コイルの熱通過率〔W/m^2℃〕，（蒸気の場合：銅管で$K=1280$，ステンレス管で$K=1050$，温水の場合80℃：銅管で$K=870$，ステンレス管で$K=560$），Δt_1は熱媒供給温度－給水温度〔℃〕，Δt_2は熱媒返り温度－給湯温度〔℃〕，lは伝熱面積1m^2当たりのコイル長さ〔m/m^2〕，αはスケール付着などに対する余裕率（一般に0.3程度）．

5) ヒートポンプ給湯機 HP（ヒートポンプ）給湯機の冷媒には，CO_2やプロパンなどの「自然冷媒」もしくはオゾン層破壊係数がゼロで従来よりも地球温暖化係数の小さい「HFC（ハイドロフルオロカーボン）冷媒」が使用されており，特に自然冷媒であるCO_2を使ったHP給湯機は「エコキュート；（電力会社・給湯機メーカーが自然冷媒HP給湯機を総称する愛称）」の愛称で呼ばれている．冷媒によるHP給湯機の特長を表4.16に示す．

HP給湯機は単位時間当りの加熱能力が燃焼式給湯器に比べ小さく，昼間の大量の給湯使用に備えて，あらかじめ夜間に貯湯しておく必要があることからHP給湯機は基本的に，水を昇温して湯をつくる加熱装置であるHP本体と，つくった湯を貯めておく貯湯タンクでシステムが構成されている．

HP本体は，一般的には加熱能力で小型(26 kW未満)

表 4.13 主な加熱装置の種類

	加熱装置の名称	熱源	機能・特徴	参考
直接加熱方式	瞬間湯沸器などの給湯機	ガス 灯油 電気	ガス瞬間式のものは，給湯のほかに，ふろ用の追い炊き機能を備えたものや，セントラルヒーティング用の回路を内蔵したものがある．また，給湯量が大きく変動する用途では，小型の瞬間湯沸器を複数組み合わせて台数運転を行うマルチタイプが採用されている．	主として住宅用
	貯蔵式湯沸し器	ガス 電気 蒸気	貯蔵式は，貯蔵部が大気に開放されていて，本体に給湯栓が取り付けられている．90℃以上の高温湯が得られ飲用として利用される．貯蔵量は，10～150 l 程度．	主として事務所，学校，官庁，飲食店において飲用として利用される．
	電気温水器	電気	電気温水器の貯湯量は，60～480 l 程度で，電気料金の安い深夜電力を利用する通電制御のものがある．洗面器用の小型の電気温水器もある．	住宅用および業務用
	貯湯式給湯ボイラ	ガス 灯油 電気	缶体内部に多量の缶水を保有し，貯湯して給湯する．必要設置面積も比較的少なく，据付も容易．短時間に多量の給湯ができる．貯湯量に制限があるので，主に，小・中規模の設備に適する．	最近はあまり使用されない．貯湯量が不足する場合には加熱コイルなしの貯湯槽を設ける．
	真空式温水発生機・無圧式温水発生機＋加熱コイル無し貯湯槽	ガス 灯油	真空式温水発生機は，缶体内を大気圧以下に減圧し，熱媒を蒸発させ内部の熱交換器により蒸気・水の熱交換をし湯を供給する．熱交換器の数により，湯だけの1回路，給湯・暖房などの2回路などがある． 無圧式温水発生機の缶体は開放容器構造で，缶体内の圧力が大気圧以上にならないようにしたもの．熱交換器の数により1回路，2回路などがある．	資格不要．蒸気，地域熱源などのない場合に一般的に使用されている．
	貫流ボイラ	ガス 灯油	給湯用貫流ボイラは，水管群で構成され，耐圧性に優れ，缶水量も少ない．法規上の区分や取扱い資格は，貯湯式給湯ボイラに比べて大幅に緩和されている．出湯量の変化により出湯温度も変化するので，シャワー設備のある給湯設備，温度条件の厳しい給湯設備には適さない．	給湯負荷流量が比較的一定である場合に使用される． 貫流ボイラは，伝熱面積に比較して保有水が少ないことからスケール対策・腐食対策が必要となる． おもな対策としては，薬品によるPH調整・溶存酸素調整や機器装置として脱気装置が用いられる．
間接加熱方式	加熱コイル付き貯湯槽	蒸気 温水	貯湯槽に加熱用の熱交換器を組み込んだもので熱交換器に加熱用の蒸気や温水を通すことにより温水をつくる．	蒸気などの熱媒が得られる場合に一般的に使用されている．
	熱交換器	蒸気，温水	蒸気や温水を1次側に通し，熱交換により二次側の水を加温する装置で，プレート型，シェルチューブ型がある．熱交換器の材料としては，ステンレスやチタン，銅が使用される．	給湯負荷流量が比較的一定である場合に使用される．
	熱交換器＋加熱コイル無し貯湯槽	排熱	熱交換により加熱された温水を貯湯槽に貯湯し，給湯する．負荷変動が大きい場合に採用される．	
太陽熱利用	太陽熱利用温水器	太陽熱	一体型の集熱器と貯湯槽で構成され，その間を自然循環にて循環させるもの，平板形集熱器と太陽電池を動力源とする集熱ポンプと貯湯槽で構成し強制循環で集熱するもの，二重構造のガラス管で外側を真空とし内側の汲み置きした水に集熱して温水とする方式がある．	主として住宅用．バックアップ加熱装置が必要
	太陽熱利用集熱器＋貯湯槽	太陽熱	集熱器と貯湯槽が別々に構成され強制循環で集熱し，貯湯槽に貯湯する．	集熱に不凍液を使用する場合には熱交換器を介するバックアップ加熱装置が必要
未利用熱利用	ヒートポンプ＋加熱コイルなし貯湯槽	大気 排熱 自然エネルギー	河川排水の熱を利用したもの，大気の熱を利用したものがある．いずれの場合も，ヒートポンプを利用し昇温させている．深夜電力を利用して運転することでランニングコストの低減が図れる．冷媒としては CO_2 冷媒とフロン冷媒が使用される．CO_2 冷媒のヒートポンプでは，90℃で貯湯される．なお，CO_2 冷媒を用いヒートポンプと貯湯槽が一体で構成されているものはエコキュートと呼ばれる．	CO_2 冷媒でCOP*（≈3.0）の高い製品がある．
ハイブリッド方式	ヒートポンプ＋燃焼式給湯機＋貯湯槽	大気＋ガス，灯油	大気の利用するヒートポンプと燃焼式給湯機を組合せ，ベースでヒートポンプ給湯機を運転し，加熱能力の高い燃焼式給湯機でピーク負荷を処理する．	ヒートポンプ給湯機と燃焼式給湯器のそれぞれの長所を生かせる
直接混合方式	汽水混合装置	蒸気 温水	タンク内に，汽水混合装置を挿入し，蒸気を直接，水に吹き込み加温するものでサイレンサーと呼ばれている．	最近は，あまり使用されていない．

* COP : Coefficient of Performance の略．
冷凍機やヒートポンプの性能を表す指標で，成績係数とも呼ばれて，出力（冷却熱量や加熱熱量）をこれに要した圧縮仕事の熱当量で除した値．

表4.14　給湯用加熱装置の効率[9]

加熱装置	低位発熱量基準効率〔%〕	備考
鋳鉄セクショナル真空式・無圧式温水発生機	85～92	平均90%程度
その他の真空式・無圧式温水発生機	82～91	平均87%程度
一般給湯ボイラ（貫流型含む）	80～90	平均85%程度
潜熱回収型給湯ボイラ	100～108	平均105%程度
ガス瞬間湯沸器	83～90	平均86%程度
ガス給湯器・石油給湯器	83～89	低い値は小流量時浴槽強制循環は83%程度
飲料用貯湯式湯沸器	71～87	平均84%程度

〔注〕1. ガスだき加熱装置の効率は高位発熱量基準で表される場合が多いが，ここでは比較の意味で，低位発熱量基準に統一した．
　　2. 加熱装置の効率は，メーカー，型式，型番などによって異なる．
　　3. 電気式加熱装置の効率は90～95%である．

表4.15　熱源の発熱量

熱源		発熱量	
		低位発熱量	高位発熱量
都市ガス	13A	41470 kJ/Nm³	46050 kJ/Nm³
	12A	37670 kJ/Nm³	41860 kJ/Nm³
	6A	27100 kJ/Nm³	29300 kJ/Nm³
	6B	18840 kJ/Nm³	20930 kJ/Nm³
	6C	16950 kJ/Nm³	18840 kJ/Nm³
液化石油ガス		47970 kJ/kg	52030 kJ/kg
灯油		43530 kJ/kg	46050 kJ/kg
A重油		42700 kJ/kg	45210 kJ/kg
電気		3600 kJ/kWh	
蒸気（コイル）		蒸気の凝縮潜熱量	
蒸気（直接）		蒸気の全熱量－湯の熱量〔kJ/kg〕	

〔注〕1. 1 kJ = 0.238889 kcal.
　　2. 燃料の発熱量は概算値であり，正確な値は実際に使用する燃料によって異なる．

表4.17　密閉型と開放型の特徴[10]

密閉型	・タンク内部に常に給水圧力がかかっている ・貯湯容量を増やす場合は一定容量のタンクを連結することで対応 ・水道直結が可能であるため，給水圧による給湯が可能 ・出湯量は給水圧力と配管口径で制限される ・負圧がかかると破損する可能性があるため，階下給湯に制限がある
開放型	・通気管により圧力が開放されるため，タンク内部の圧力が大気圧 ・パネル組立方式のため，貯湯容量を自由に選べる ・設置場所と給湯使用条件に合わせた配管口径・ポンプを選定すれば，大量の瞬時給湯や配管距離の長い階下給湯に対応可能

と大型（26 kW以上）に大別され，冷媒の種別により出湯温度の上限や水の昇温方式が異なる．また，小型のHP本体は密閉型貯湯タンクを，大型は開放型貯湯タンクを組み合わせる場合が多い．（HP本体に小容量の貯湯タンクを内蔵した瞬間式と呼ばれるタイプもある）．最新の機種では，小型のHP本体を複数台連結し，開放型貯湯タンクと組み合わせることで大量給湯を可能にした製品もある．

HP給湯機の貯湯タンクには，密閉型もしくは開放型が採用されている．密閉型のものは，電気温水器などでも使用されているSUS製タンクで，貯湯容量を増やす場合はタンクを連結して対応する．また，開放型はSUS製もしくはFRP製の現場築造型のパネルタンクが多く用いられている．

6）未利用エネルギーの利用　立地条件として海水，河川水，廃水処理場処理水，工場や大浴場の温排水などの未利用エネルギーを利用できる場合は，ヒートポンプにより昇温して給湯に利用することができる．図4.11に利用例を示す．

b．貯湯槽

貯湯槽には，密閉式と開放式があり，さらに加熱コイルを組み込んだ間接加熱式と加熱コイルを組み込まない直接加熱式がある．給湯を中断することができないホテルや病院などにおいては，貯湯槽の労働安全衛

表4.16　HP本体の出湯温度と昇温方式[10]

CO_2冷媒	・最高90℃の出湯温度が可能 　※ 厨房の食品洗浄器など高温給湯が必要な用途に対応可 ・給水温度から給湯温度まで一気に昇温する一過式昇温方式の機種が多い 　※ 近年CO_2冷媒で循環式昇温が可能なものが開発されている
HFC冷媒	・最高出湯温度は70℃程度 ・一定の温度差（約5℃）で水を循環しながら昇温してゆく循環式昇温方式と，一過式昇温方式の両方の機種がある． 　※ HFC冷媒でも90℃の高温出湯を行うことは可能であるが，現状では70℃出湯時に比べて効率が低下するため，一般的には冷媒の特性を生かし高効率運転ができる70℃を最高としている機種が多い．

4.2 中央式設備

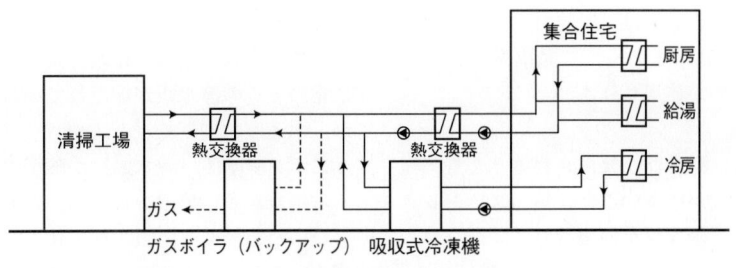

(a) 清掃工場の排熱利用の例

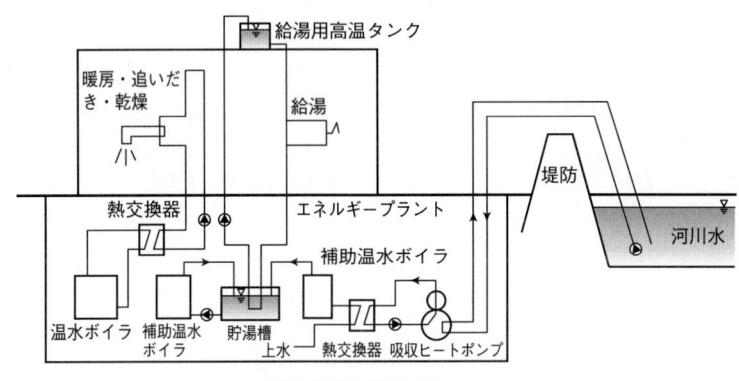

(b) 河川水利用の例

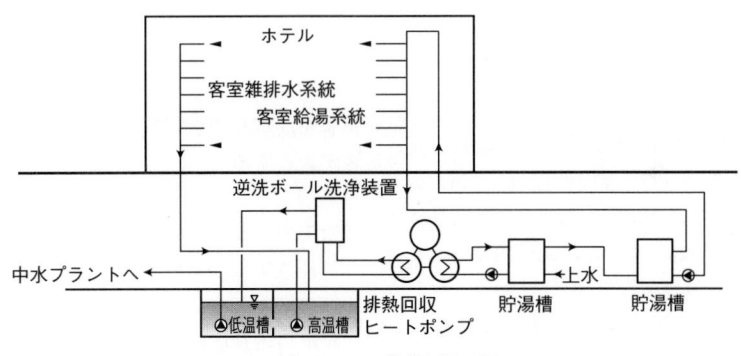

(c) ホテルの排熱利用の例

図4.11 未利用エネルギーの利用例

生法による圧力容器に該当する場合が多くその定期検査や補修のため複数台の設置が必要である．

密閉式貯湯槽に使用される材質としては，軟鋼板，ステンレス鋼板，ステンレスクラッド鋼板が使用される．軟鋼板の場合は，腐食防止のためタンク内面にエポキシ樹脂コーティング，特殊添加物入り酸化カルシウムセメントライニング，グラスライニング，プラスチックライニングなどの防せい処理を施す．ステンレス鋼には，オーステナイト系の SUS 304 L, SUS 316 L や高純度フェライト系 SUS 444 が使用される．ステンレスクラッド鋼は，鋼板に SUS 304 や SUS 316 ステンレス鋼板を張り合わせたもので鋼板とステンレス鋼板の両者の特徴をもっている．

軟鋼板，オーステナイト系のステンレス鋼やステンレスクラッド鋼の場合には，腐食の予防として流電陽極や外部電源を利用した電気防食が併用されている．

開放式貯湯槽は密閉式に比べて大きな容量のものをつくることができる．加熱による爆発などがなく安全である．湯中の溶存酸素が開放水槽内で脱気されるため，機器や配管の腐食を抑えることができるなど密閉式にない利点があるが，外部からの汚染を受ける可能性は多い．開放式水槽を特に冷却塔の近くに設置する場合は，レジオネラ属菌が繁殖しやすくなるため給湯温度は 55℃ 以下にしないようにする．

開放式貯湯槽の材料としては，断熱材を入れた耐熱性FRP複合板パネル式のものや，二重構造のステンレス鋼パネル製のものが使用される．

c. 循環ポンプ

給湯循環ポンプは，耐食性が要求されるとともに循環水量が少なく，揚程が小さいことから，ステンレス鋼製や砲金製のラインポンプが使用される．ポンプの選定にあたっては，ポンプの耐圧（背圧）も確認する．背圧が高い場合には，キャンドモータポンプなどの漏えい防止構造のポンプを使用する．

循環ポンプの循環水量 W〔l/min〕は，給湯管と返湯管の配管からの熱損失と許容温度降下から式 (4.13) より求める．

$$W = \frac{3600 \times \sum H_L}{4186 \times 60 \cdot \Delta t} = \frac{0.86 \sum H_L}{60 \cdot \Delta t} \quad (4.13)$$

ここに，W は循環水量〔l/min〕，$\sum H_L$ は配管・弁・ポンプなどの循環配管からの熱損失合計〔W〕，Δt は給湯温度と返湯温度との許容温度差降下（一般に5℃）．

循環配管からの熱損失は式 (4.14) より求める．

$$HLu = \frac{2\pi(\theta_i - \theta_r)}{\left(\dfrac{1}{\alpha_0 \cdot \alpha_i} + \dfrac{1}{\lambda}\mathrm{Ln}\dfrac{d_1}{d_0} + \dfrac{1}{\lambda_i}\mathrm{Ln}\dfrac{d_2}{d_1} + \dfrac{1}{d_2 \cdot \alpha_0}\right)} \quad (4.14)$$

ここに，Hlu は単位長さ当たりの熱損失〔W/m〕，θ_i は配管内の温度〔℃〕，θ_r は配管周囲温度〔℃〕，α_i は配管内面の表面熱伝達率〔W/m²・K〕，α_0 は保温材外面の表面熱伝達率〔W/m²・K〕，d_0 は配管内径〔m〕，d_1 は配管外径〔m〕，d_2 は保温の外径〔m〕．

配管からの熱損失は，循環配管の配管口径ごとの合計配管長に，表4.18に示す配管からの単位放熱量を乗じて放熱量を算出し，循環配管の放熱量を求め，弁・ポンプなどからの放熱量を加算して求める．弁・ポンプなどからの放熱量は概算値として配管系の放熱量の20～30％とする．

d. 膨張タンク

開放式膨張水槽は，給水方式が高置水槽方式のように常に一定の静水頭が保たれている場合に適しているが，水道直結増圧給水方式やポンプ直送給水方式のようにポンプ水圧（静水頭）が膨張水槽の設置高さを超える場合が多い給水方式では，開放膨張水槽が使用できないため密閉式膨張水槽を使用する．また，高置水槽方式であっても寒冷地などで膨張水槽が凍結するおそれがある場合には密閉式膨張水槽を使用する．開放式膨張水槽の材料は，4.2.3bで述べた貯湯槽の開放式貯湯槽と同じものが使用される．各膨張水槽の容量については4.1.3cの1)，2)を参照のこと．

4.2.4 配管材料

a. 配　　管

給湯設備の計画・設計のなかで，配管の材質の選定は設備全体の耐久性の向上に大きく影響する．各種配管の特性と使用上の注意を考慮に入れて使用配管材料を選定する．

1) 配管材料　銅管は，給湯配管としては最も多く使用されているが，管内流速が速すぎると潰食が，遅すぎると孔食が発生するので流速は 0.5～1.5 m/s の範囲とする．また，水中に溶存ガス・気泡が多いと腐食が起こりやすいので，脱気が行われやすい配管システムとする．

ステンレス鋼鋼管は軽量で耐食性に富んでいるが，残留応力の残らない加工を行い，すきまが生じないように注意する．また，ガスケットや保温材には塩素イオンの発生しないものを使用する．

給湯用硬質塩化ビニルライニング鋼管を使用する場合は，給湯温度を80℃以下にし，配管の切断・ねじ切りは適切な方法で行い，ねじ接続の継手・弁類に管端コア内蔵あるいはコア組み込み型のものを使用するなどの注意をする．

2) 給湯管の決定　給湯管の管径は各系統あるい

表4.18 配管からの熱損失[11]

種別＼呼び径A	15	20	25	30	32	40	50	60	65	75	80	100	125	150
保温を施した銅管	0.20	0.24	0.29	−	0.33	0.37	0.44	−	0.45	−	0.52	0.64	0.77	0.78
保温を施したステンレス鋼鋼管	0.20	0.24	0.29	0.32	−	0.37	0.41	0.42	−	0.50	0.56	0.69	0.82	0.82
裸の銅管	0.58	0.81	1.04	−	1.27	1.51	1.97	−	0.43	−	2.90	3.82	4.75	5.67
裸のステンレス鋼鋼管	0.58	0.81	1.04	1.24	−	1.56	1.77	2.20	−	2.78	3.25	4.16	5.09	6.01

〔注〕1. 1 W = 0.860 kcal/h．
2. 外表面熱伝達率は 11.63 W/m²・℃，内表面熱伝達率は 7000 W/m²・℃，銅管の熱伝導率は 338 W/m・℃，ステンレス鋼鋼管の熱伝導率は 16 W/m・℃，保温材の熱伝導率は 0.045 W/m・℃，配管の保温材の厚さは 15～50A は 20 mm，60～125A は 25 mm，150A は 30 mm とした．

表4.19 返湯管径の目安

給湯管 A	20～25	32	40	50	65～80
返湯管 A	20	20	25	32	40

は各区間における瞬時最大給湯量を算出して許容摩擦損失および管内流速によって決定する．

3) 返湯管の決定　返湯管の管径は，表4.19により仮決定を行い配管・機器などからの放熱量から必要な循環量を算出して，仮決定した返湯管内の流速が許容流速を超えてないことを確認して決定する．特に銅管を使用する場合には，流速が大きいと返湯管に腐食が発生する事故につながるので注意すること．

b. 逃がし弁，安全弁

温水ボイラに設ける逃がし弁の大きさについては，ボイラー構造規格第149条第1号で，安全弁については同規格149条第2号でそれぞれ規定されている．逃がし弁として図4.12に示すものがある．

c. メータ

給湯メータには，用途により温水メータと積算熱量計の2種類がある．温水メータは給湯量の計量に用い温水の体積を計量し積算するもので，小口径（13～25 mm）には接線流羽根車式，大口径（20～200 mm）には軸流羽根車式や電磁式が使用される．積算熱量計は熱量管理用に使用し，管内を流れる温水の体積と往き返りの温度を計測し演算部で算出して積算指示をするもので，小口径（13 mm）には接線流羽根車式と大口径（20～200 mm）には軸流羽根車式が使用される．積算熱量計は，熱交換器などのように往きと返り温度が計測できる場合に有効である．中央式給湯設備を設ける場合で，湯の使用量を徴収料金対照とする場合には，給湯管と返湯管に温水用メータを設けてその差を湯の使用量とすると，メータの誤差により正確な湯の使用量を計測できない．図4.13に示すように各住戸における給湯量を計測するには，給湯用メータの二次側には返湯管を設けないで，各住戸に給湯メータを設置する．各住戸内の給湯管が長い場合には，給湯管内の温度を維持するために，給湯管に電気ヒータを設置するなどの方法を考える．

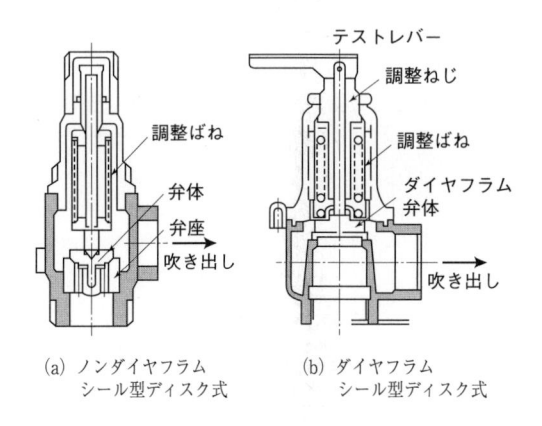

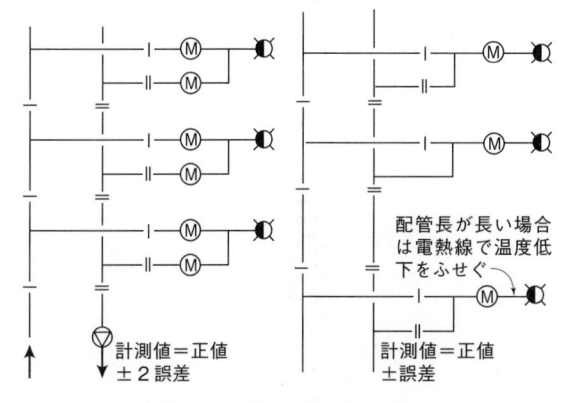

4.3 局所式および住戸セントラル方式

4.3.1 局所式

1) 瞬間式　この方式は，洗面所・浴槽・シャワー・流しなど，独立した箇所に加熱機器を設置し，即座に必要量の湯を供給できる．

2) 貯湯式　この方式は，最大負荷時の給湯量を賄う湯を貯湯できる加熱器を設置し，配管により必要箇所へ供給する．また，循環回路を設けることができるため，瞬間式に比べて広い範囲への給湯が可能である．

3) 貯蔵式　湯沸し室・食堂などに給茶用として90℃以上の湯を給湯するガスまたは電気式の貯蔵式湯沸器を設置する．飲料用の貯蔵式湯沸器には，設置方法により置台式と壁掛け式，貯湯槽の形式で開放式と密閉式がある．

4.3.2 住戸セントラル方式

近年集合住宅の住戸内などを中心に，住戸セントラル方式としてヘッダ方式や，さや管ヘッダ方式と呼ばれる配管方法が採用されている．この方式は，継手を使用しないため腐食・漏水の防止，配管の更新性の向上，施工性の向上などを図ることができる．

水栓を開けてから湯が出るまでの時間を湯待ち時間という．湯待ち時間は配管内の滞留時間（配管内保有

水量/流水量，15秒以下を目安）に給湯機の着火時間（3秒程度）と給湯機や配管の蓄熱に要する時間（5～10秒程度）の合計で30秒以下にすることが望ましい．湯待ち時間が多い場合は循環型の給湯機か小型の貯湯部があり再加熱できる即湯ブースタを取り付ける．

a. 給湯機

給湯機は，燃料別でガス・石油・電気・太陽熱の4種類に，構造的には瞬間式・貯湯式の2種類に分けることができる．

1) ガス給湯機・石油給湯機 ガス給湯機の場合は瞬間式と貯湯式があるが業務用以外ではほとんど瞬間式が採用されている．石油給湯機の場合は直圧式（ガス給湯機の瞬間式に相当する）と貯湯式があるが直圧式の採用が増えている．能力においては瞬間式で16号（約28 kW）～32号（約56 kW），貯湯式で約46 kWである．制御も燃焼をON/OFFだけでなく，燃焼の大きさや空気量・水量まで制御している．燃焼量に応じて空気量も制御し，高効率を維持し省エネルギーを図っている．また，給湯機は設置方法（壁掛け，床置，扉内），場所（屋外，パイプシャフト，屋内，壁埋め込み）や排気方法（開放式，半密閉式：CF自然排気式とFE送風機による強制排気式，密閉式：BF自然給排気とFF送風機による強制給排気）に応じた機種が用意されている．付帯機能として，自然循環式と強制循環式により冷めた浴槽内を沸かす追いだき機能，一定の水位で停止する自動お湯はり機能と温度が低い場合は自動的に追いだきする全自動ふろがま，給湯箇所が離れている場合や水洗からお湯が早く出せるようにする給湯循環システムと設定より高い湯と水のように冷たい湯が一時的に給湯機から出てくるのを防止する冷水サンドイッチ防止がある．

給湯器の能力表示には号を用い，1号は流量 $1\,l/\mathrm{min}$ の水の温度を25℃上昇させる能力をいう．（1号 $= 1\,l/\mathrm{min} \times 25℃ \times 4.186\,\mathrm{J} = 104.65\,\mathrm{kJ/min} = 1.74\,\mathrm{kW}$）

号数＝必要湯量×（湯温－水温）÷25

湯量＝号数×25÷（湯温－水温）

シャワー専用の給湯機で $10\,l/\mathrm{min}$ の5℃の水を42℃でとすると $10 \times (42-5) \div 25 = 14.8$ となり16号が選定される．シャワーと台所を同時に使用する場合は24号以上が使用されている．

2) 電気温水器 電力単価の安い深夜電力を利用して貯湯（$250\,l$ 程度）するものと少水量（$20\,l$ 程度）の貯湯量で流し台や洗面化粧台下に設置できるものがある．

3) 太陽熱温水器 太陽熱温水器には，屋根に設置できる集熱器と貯湯タンクが一体となった自然循環

(a) 自然循環型太陽熱温水器

(b) 強制循環式太陽熱給湯システム（直接集熱方式）

(c) 強制循環式太陽熱給湯システム（不凍液による間接集熱方式）

(d) ヒートポンプ式太陽熱給湯システム

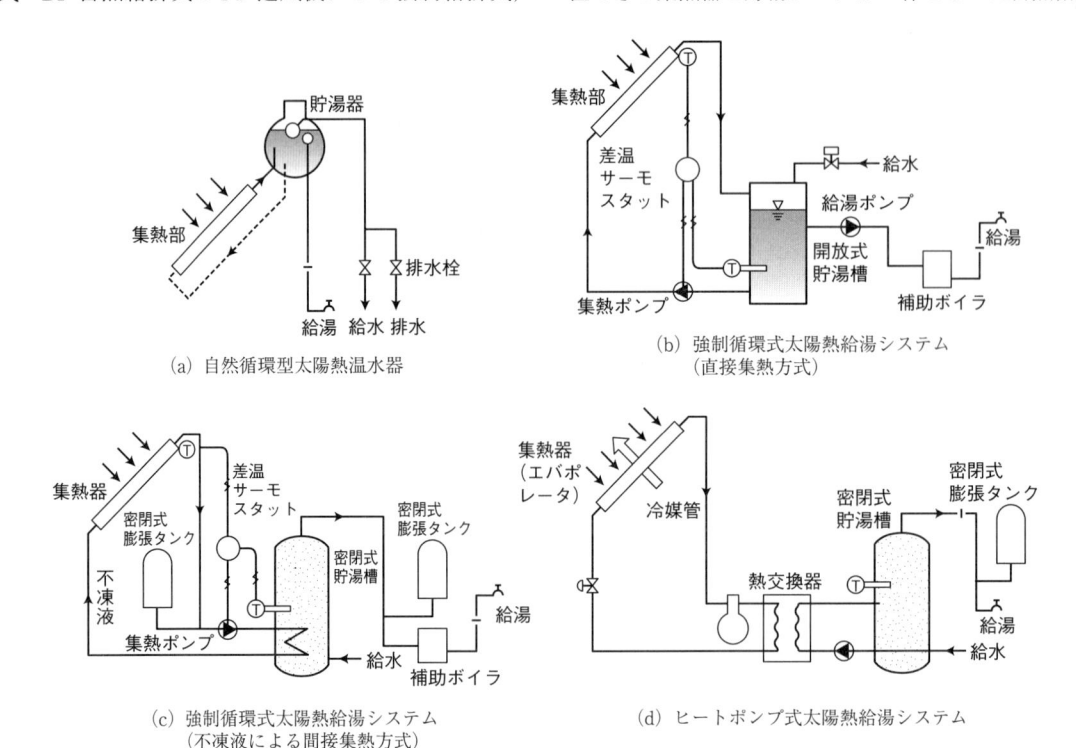

図 4.14 太陽熱給湯方式の例[12]

式と，屋根に集熱器を設置し貯湯タンクを離れた場所に設置する強制循環式がある．さらに強制循環式は湯を直接集熱器に循環させる直接循環式と熱媒を循環させタンク内を加熱する間接循環式の2種類がある．集熱器は受熱面が受ける日射量が最大になるように傾斜角と方位角を合わせて設置する．給湯の場合は傾斜＝緯度－5°，方位角は正南－10°で年間最大集熱量が得られる．図4.14に太陽熱給湯システムの例を示す．

b. 配管および付属品

配管材料としては，銅管や住宅用でガス瞬間式給湯器や電気温水器以外の60℃以下給湯には耐熱硬質塩化ビニル管が使用されているが，近年集合住宅では，さや管ヘッダ方式やヘッダ方式が使用される傾向がある．さや管ヘッダ方式は，図4.15に示すように，あらかじめガイドとなるさや管（樹脂製CD管）を敷設し，その中に架橋ポリエチレン管（使用範囲100℃以下），ポリブデン管（使用範囲100℃以下），軟質銅管（使用範囲100℃以下）などの配管材を通す工法である．さや管を使用しないヘッダ方式は，薄肉ステンレス鋼鋼管や波形ステンレス鋼鋼管が使用される．

〔村田博道〕

文　献

1) 国立天文台編：理科年表2005年版，p.369，丸善，2004より抜粋．
2) 同上，p.496, 498, 499.
3) （財）ビル管理教育センター：建築物の衛生管理（下），p.78，2005.
4) 空気調和・衛生工学会編：空気調和衛生工学便覧第13版，p.139，2001.
5) 空気調和・衛生工学会編：給排水・衛生設備計画設計の実務の知識 改訂2版，p.82，オーム社，2001.
6) 文献4，p.163.
7) 文献4，p.137.
8) 文献5，p.84.
9) 文献4，p.167.
10) ハイブリッド給湯研究会：ハイブリッド給湯システム，設計マニュアル解説編，2008.
11) 文献4，p.169.
12) 文献5，p.98.

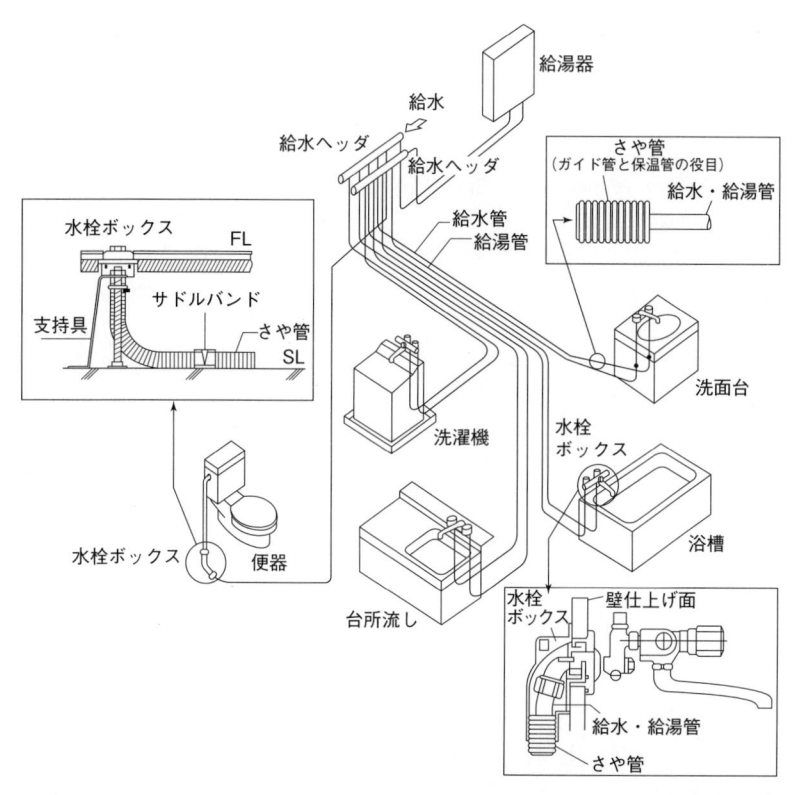

図4.15　さや管ヘッダ方式

5 排水通気設備計画

5.1 排水通気設備の基本事項

5.1.1 排水の種類

排水はさまざまな種類があるが，大きく汚水・雑排水・雨水・特殊排水・湧水に大別される．

1) 汚水 汚水は大小便器およびこれと類似の用途の器具から排出される排水である．

なお，建築基準法や下水道法でいう汚水とは，雨水以外の排水全体を示している．

2) 雑排水 汚水以外のいわゆる一般の排水で，次のようなものがある．

(1) 生活系雑排水：洗面・入浴・洗濯・流しなどの排水で，一般に水質は良好である．

(2) 厨房排水：業務用厨房からの排水で，油脂分を多く含む．

(3) 機械室排水：設備機器（ポンプなど）の運転時に発生するドレンなどの排水である．

(4) 駐車場排水：駐車場の清掃・洗車や浸入雨水などの排水である．

3) 雨水 建物屋上やバルコニーなどの降雨水と敷地内の雨水である．

4) 特殊排水 病院・工場・研究所などから排出される化学排水・放射性排水・伝染病棟排水などで，そのまま直接放流できない排水で，処理装置で処理してから排水する．

5) 湧水 地下の外壁から浸入してくる湧水で，地下水位によって湧水量が変わる．

5.1.2 排水方式

排水方式としては，排水の種類の系統分けとしての合流式と分流式，排水方法から重力式排水と機械式排水に分けられる．

a. 合流式と分流式

合流式と分流式の分類は，建物内と公共下水道とでは異なっている．

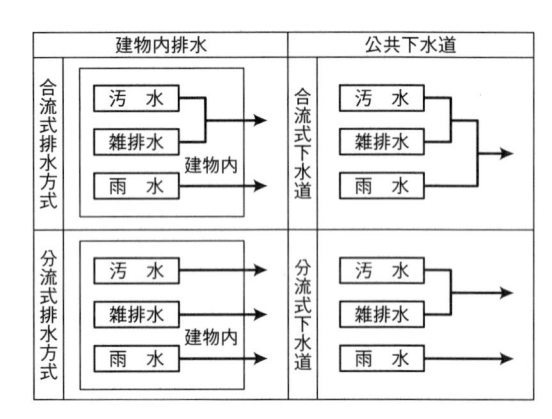

図5.1 合流式と分流式

図5.1に示すように，建物内では，雨水は基本的に別系統であり，合流式排水は汚水と雑排水を同一配管に流し，分流式排水はそれぞれ別配管系統とする．最近では，排水管の清掃のしやすさや排水再利用の目的で水質の比較的良好な雑排水を原水とするために，分流式とする場合が多い．

公共下水道では，これらの排水と雨水を同一管きょに流す場合を合流式下水道といい，雨水を別管きょに流す場合を分流式下水道という．分流式下水道の場合には，雨水配管は敷地内でも一般排水と合流とせずに雨水管きょに接続させる．

b. 重力式排水と機械式排水

図5.2は重力式排水と機械式排水の模式図である．

重力式排水は一般的な排水方法で，重力によって高いところから低いところに流れる自然流下式で排水を流す．公共下水道の下水本管などの放流先よりも高い位置の排水はこの方法で排水できる．排水は衛生器具から器具排水管，排水横枝管，排水立て管，排水横主管，敷地排水管，公設ます，下水道本管へと流れる．自然流下のため，適切な横引き管の勾配の選定や継手の使用法など，排水が流れやすい構造とする必要がある．

これに対して，下水本管などよりも低い位置にある

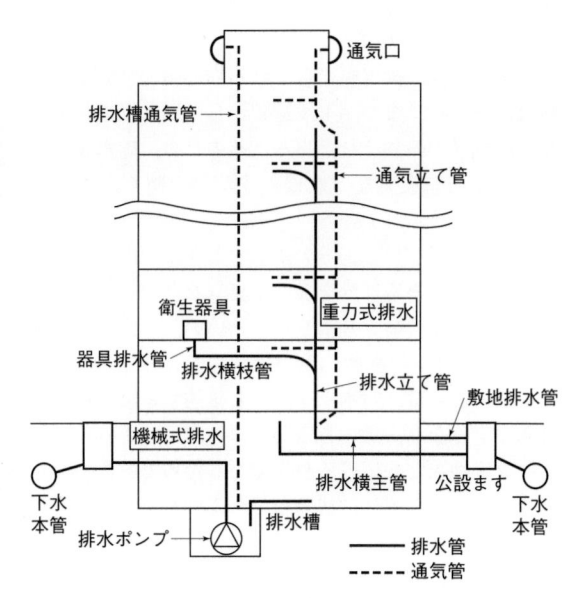

図 5.2 重力式排水と機械式排水の模式図

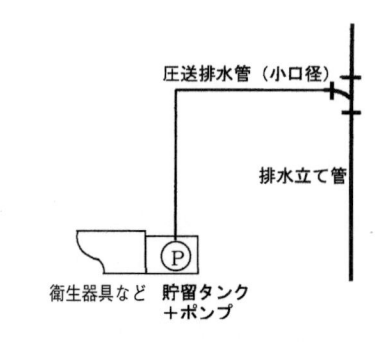

図 5.3 圧送排水方式例

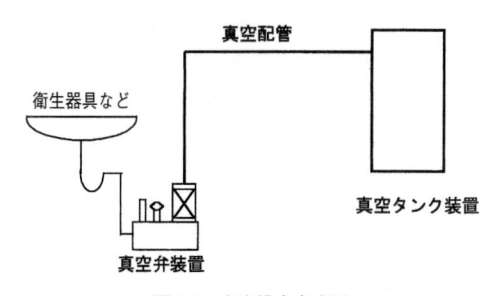

図 5.4 真空排水方式例

排水,または下水本管の収容能力や有害物質を含んでいる排水などの,なんらかの制限があって直接下水本管に流せない排水は,いったん排水槽に貯留してから,時間をずらしたり処理をしたりしてから,排水ポンプで排水しなければならない.これを機械式排水という.

このほかに建築設備として利用されている特殊な排水方法として,圧送排水と真空排水がある.

圧送排水は,機械排水方式の小型版ともいうべきもので,図 5.3 に示すように,衛生器具などのまぢかに小型の排水貯留タンクと排水ポンプを設け,排水立て管などまで圧送する方法である.

真空排水は,図 5.4 のように真空弁装置・真空配管・真空タンク装置から構成される.衛生器具のまぢかに設置された真空弁装置に設定排水量が溜まると,真空弁装置が作動して真空配管中に排水が吸引されて,真空タンク装置まで運ばれ,気液分離される.

いずれも,配管管径を小さくすることができ,また,配管勾配もさほど気にする必要がない.

5.1.3 排水の流れ

排水の流れ方は,排水管の部位によって異なってくる.重力式排水系統の器具排水管・排水横枝管・排水立て管・排水横主管ではそれぞれ特徴ある流れ方をしている.

a. 器具排水管の流れ

器具排水管は比較的短いので,器具の排水特性と同様の流れとみることができる.

図 5.5 は各種衛生器具の排水特性である.洗面器などのため洗いの場合は,器具排水管内を満流で流れる状態になる.大便器は使用水量のわりにピーク流量が大である.

b. 排水横枝管の流れ

排水横枝管への器具排水の流入パターンは,排水特性が若干変化した形であるが,排水横枝管を流下していくにしたがってピークが平準化していく.実際には,複数の器具からの合流排水があり,複雑な流れと

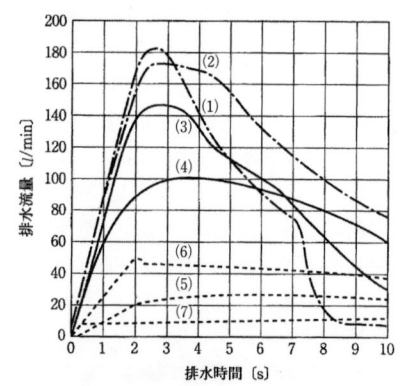

(1) 洋風サイホンゼット便器(洗浄弁)
(2) 洋風タンク密結サイホンゼット(15 l)
(3) 洋風洗い落し便器(洗浄弁)
(4) 洋風タンク密結洗い落し便器(タンク,12 l)
(5) 壁掛けストール小便器(大,洗浄弁)
(6) そでなし洗面器(大,容量 8 l,ため洗い)
(7) そでなし洗面器(大,流し洗い)

図 5.5 各種衛生器具の排水特性例(T 社資料)[3]

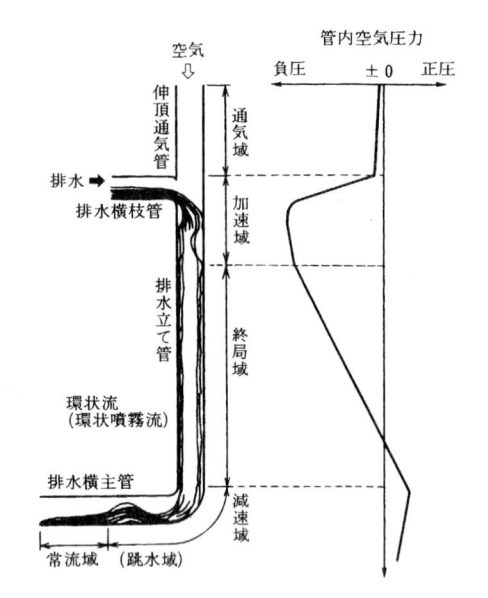

図 5.6 排水立て管内の流れ[4]

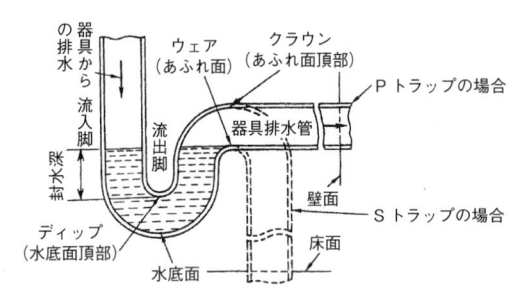

図 5.7 トラップおよび各部の名称[5]

c. 排水立て管の流れ

排水横枝管からの排水が排水立て管に流入すると，管壁に衝突して乱れながら流下するが，ある距離を過ぎると重力と管壁の摩擦力のバランスによって流下速度が一定になる．この一定流速を終局速度といい，終局速度に達する距離を終局長さという（図 5.6 参照）．このときの流れの状態は，排水量が比較的少ないときは立て管内壁に沿った水輪状で流れ（環状流），中心部には空気の核ができる．排水量が多くなるにつれて，管中心部にも排水と気泡が一体となった状態での流れ（スラグ流）となる．

d. 排水横主管の流れ（跳水現象）

排水立て管から速い速度で流下した排水が排水横主管に流入すると，急激に減速するため水深が増大して部分的に満流に近い状態となる．これを跳水現象という（図 5.6）．この現象は，一般的には，排水立て管基部から立て管径の数倍程度の距離で発生する．

5.1.4 トラップ

排水管には，排水中に含まれる夾雑物の付着による腐敗臭があり，また，下水道管からの下水ガス・臭気や害虫の侵入のおそれがある．そのため，排水設備には居住空間に臭気などが侵入するのを防ぐためのトラップが設けられている．

このトラップは，図 5.7 に示すように，排水管路の一部に水が溜まる部分を設けて臭気などを遮断するものである．この溜まり水を封水といい，一般のトラップの封水深さ（封水深）は 50 mm 以上（100 mm 以下）とする．これは，封水深が浅いと後述する破封現象が起きやすくなり，深すぎると自浄作用が弱まって水底面に夾雑物などが堆積しやすくなるためである．また，構造としては，容易に掃除ができる構造とする必要がある．

a. トラップの種類

現在わが国で使用されているトラップを形状分類すると図 5.8 のようになる．

P・S・U トラップは形状が英語のアルファベットに似ていることから名づけられているもので，管を曲げて水封部を形成していることから管トラップといわれる．P・S トラップは洗面器・手洗器などに用いられる．U トラップは，排水配管の途中に設けられるもので，ランニングトラップとも呼ばれる．

わん・逆わん・ボトルトラップは，水封部が隔板や隔壁で構成されているので，隔壁トラップとも呼ばれる．わんトラップは台所流し・浴室床排水などに，逆わんトラップは洗濯機排水パンなどに，ボトルトラップは洗髪器などに用いられる．

ドラムトラップは，夾雑物をトラップ底部に堆積させ，後に回収できるような構造になっており，実験用流しなどに用いられる．これに類する装置として，夾雑物の阻集・回収機能をより重視したものが阻集器で

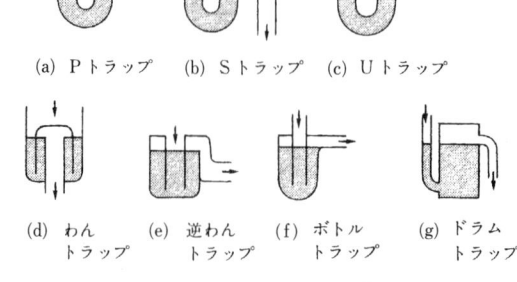

図 5.8 トラップの種類[5]

5.1 排水通気設備の基本事項

区分	(a) 自己サイホン作用	(b) 誘導サイホン作用	(c) はね出し作用	(d) 毛管作用	(e) 蒸発作用
破封の原因	排水がトラップ内を満水状態で流れて，サイホン作用によって，封水が排水管側に吸引される	他の器具の排水の流下によって，器具排水管内の空気が誘引され，封水も同時に吸い出される	誘導サイホン作用の逆で，排水管内の流水と流水の間に挟まれた部分の器具排水管内の空気が圧縮され，封水がはね出す	トラップのあふれ縁に糸くずなどが引っ掛かって，毛管現象で徐々に封水が吸い出される	器具を長時間使用しない場合には封水部の水面から水分が蒸発していく
対策	(1) 器具に各個通気管を設ける (2) 器具排水管をトラップ口径より大きくする (3) 器具の底面の勾配が緩やかなものを使用する	(1) 器具にループ各個通気管を設ける (2) 各所に結合通気管や逃し通気管を設ける	誘導サイホン作用と同じ	(1) トラップへの自動補給水装置を設ける (2) 定期的に水を補給する	毛管作用に同じ

図5.9 トラップの破封とその対策[6]

ある．

なお，大便器・小便器などのように器具と一体成形されたトラップを造付けトラップという．また，雨水排水系統に用いられるトラップますもある．

b. 破封と対策

破封とは，トラップの封水が失われることで，図5.9に示すような各種の破封現象がある．なかでも(a)，(b)，(c)は排水管内を排水が流れるときの気圧の変動によるもので，この破封を防ぐためには，排水管内の気圧の変動を抑制し大気圧の状態に保つ必要が

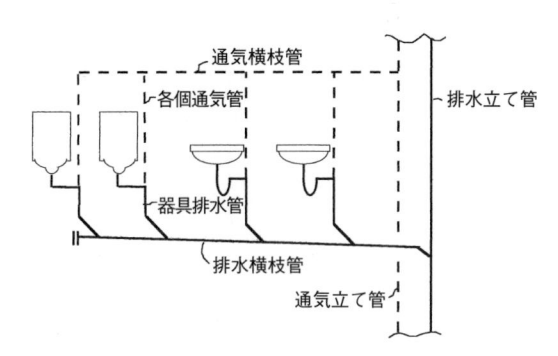

図5.10 各個通気方式

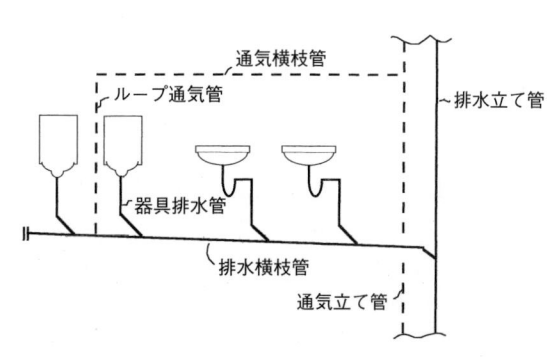

図5.11 ループ通気方式

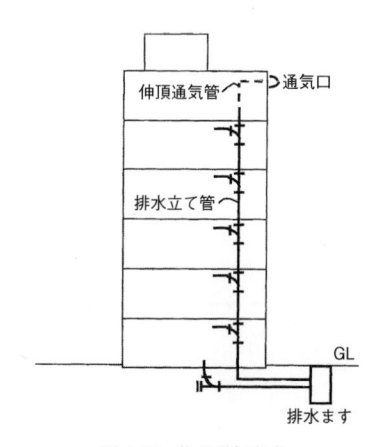

図5.12 伸頂通気方式

メーカー名	KU社	KO社	SE社	SH社
商品名	集合管NF	コア排水システムHPシリーズ	ラセンDVLPシステム	エクセルジョイント
形状(100mm用)	(図)	(図)	(図)	(図)
継手材質	鋳鉄製	鋳鉄製	鋳鉄製（中高用に同じ）	鋳鉄製
排水方式	旋回方式	旋回方式	旋回方式	旋回方式
脚部継手その他継手など	大曲り専用ベンド	大曲り専用ベンド	卵形状専用ベンド	専用大曲りベンド 横主管オフセット専用ベンド
横枝管接続レベル	管底合せおよび上下2段方式	管底合せ	管心および管底合せ	管底合せ
接続方法 上部立て管	ワンタッチ方式	ワンタッチ方式	ワンタッチ方式、フランジ方式	ワンタッチ方式
接続方法 下部立て管	フランジ方式、メカニカル方式	フランジ方式、メカニカル方式	フランジ方式、メカニカル方式	フランジ方式
接続方法 横枝管	ワンタッチ方式	袋ナット方式	ワンタッチ方式、フランジ方式	ワンタッチ方式
適応管種	全管種適応	全管種適応	立て管：らせんDVLP専用管 横枝管：全管種適応	全管種適応

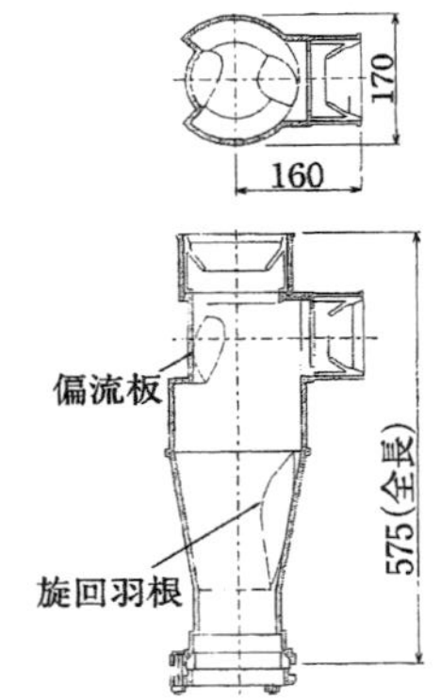

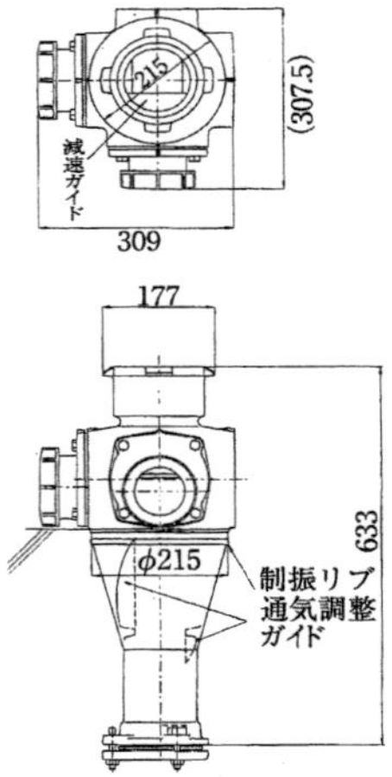

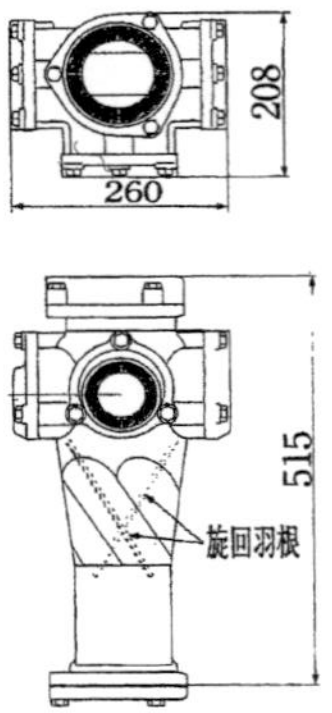

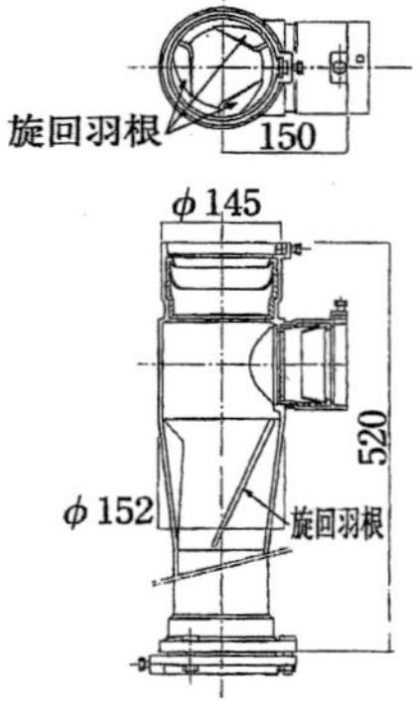

図5.13 主な特殊継手排水方式[7]

あり，その役目をするのが通気設備である．

5.1.5 通気設備の役割と通気方式

衛生的観点から排水設備にはトラップはなくてはならないもので，そのトラップの封水を保護するための通気設備もまた不可欠のものであり，排水通気設備と呼ばれるゆえんである．通気設備は，排水管内の気圧変動を抑制してトラップを保護するばかりではなく，排水の流れを円滑にし，また，排水管内の換気の役割も果たしている．

主な通気方式には，通気立て管を設ける各個通気方式・ループ通気方式（排水立て管と通気立て管を設けるので二管式といわれる），通気立て管のない伸頂通気方式（一管式または単管式といわれる）がある．

各個通気方式は，図5.10のように各器具ごと個別に通気管を設けて通気横枝管を経て通気立て管に接続する方法で，通気管の目的であるトラップの封水保護の面からは最良の方法といえる．アメリカではこの各個通気方式が一般的である．

ループ通気方式は，図5.11のように複数の器具に対する通気管で，排水横枝管の最上流の器具排水管のすぐ下流から立ち上げて，通気横枝管を経て通気立て管に接続する方法で，回路通気ともいい，わが国では中高層建築物で一般的に採用されている．

伸頂通気方式は図5.12に示すように，通気立て管を設けずに排水立て管の頂部を伸頂通気管とした方式であり，通気立て管を設ける方式に比べて排水許容流量が小さいため，原則としてオフセット（立て管位置の平行移動部分）を設けない，排水横主管が満流となるような場合は採用できない，排水立て管と排水横主管の接続には大曲りベンドを使用する，などの制限がある．

特殊継手排水方式は伸頂通気方式の一種で，横枝管接続継手を特殊な形状にして，排水立て管に横枝管からの排水が合流する際に，立て管内の流れと横枝管からの流れがスムーズになるようにしたもので，さらに，立て管から横主管に変わる部分にも特殊な継手を使用して，単純な伸頂通気方式よりも性能の向上を図ったものが多い（図5.13）．

現在では，器具排水管・排水横枝管が比較的短い集合住宅やホテルに，積極的に採用されるようになってきている．このシステムの性能に関しては，SHASE-S 218「集合住宅の排水立て管システムの排水能力試験法」によって，試験方法・能力の判定法・表示方法などが定められているので，採用にあたっては技術資料などで確認する必要がある．

5.2 排 水 設 備

5.2.1 排 水 配 管

a. 排水配管の最小管径

排水配管の最小管径に関しては，経年使用によるスライムなどによる詰まりと清掃の困難さを考慮して，30 mm としている．なお，改修が困難な埋設部分は50 mm 以上が望ましいとされている．

b. 排水横管の勾配

重力式排水横管は適切な勾配を必要とする．勾配が緩すぎると流速が遅くなって，固形物などの搬送力が弱くなり，逆に，勾配が急すぎると流速が速くなって，水だけが流れて固形物が残されることになる．流速が0.6～1.5m/sとなるような勾配とする．配管管径ごとの最小勾配を表5.1に示す．

c. 排水立て管の管径

排水立て管は，最下部から最上部まで同じ管径とする．排水立て管は上層階ほど排水流量が少ないが，排水管内は排水だけではなく，管内の圧力変動を緩和するための空気も流通する必要があることから，立て管全体を，最下部における全負荷に対する管径とすることにしている．

また，排水立て管の頂部は管径を縮小せずに延長し，伸頂通気管として大気に開放する．

d. 排水立て管のオフセット

オフセットとは，図5.14に示すように，立て管位置を移動させるためのベンド継手などで構成される部分で，管内の排水の流れが乱れ圧力変動も大きくなる．したがって，45°を超えるオフセットの場合は，その部分の上下600 mm 以内に排水横枝管を接続してはならない，管径は横主管として算定する，などの制限があり，また，通気管のとり方も条件がある．

表5.1 排水横管の勾配[9]

管径〔mm〕	勾配（最小）
65 以下	1/50
75	1/100
100	1/100
125	1/150
150	1/200
200	1/200
250	1/200
300	1/200

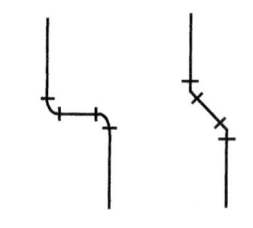

図 5.14 オフセットの例

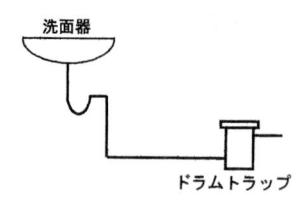

図 5.15 二重トラップの例

なお，45°以下のオフセットの場合の管径は，垂直な立て管とみなして決める．

e. 最下階の排水横枝管

最下階の排水横枝管は，原則として，直接その立て管に接続せずに単独で排水ますまで配管するか，立て管から十分な距離をとって排水横主管に接続し，最下階付近での大きな正圧の影響を受けないようにする．

f. 二重トラップの禁止

図 5.15 に示すような排水配管経路に 2 個以上のトラップを直接連結するいわゆる二重トラップは，トラップ間の配管部分の空気が閉塞状態となり，排水の流れに悪影響をもたらすので，行ってはならない．

5.2.2 間 接 排 水

飲食物を取り扱う器具・装置や医療関連の機器・装置からの排水は，一般の排水管に直接接続すると，その排水管が詰まった場合に排水が器具・機器・装置に逆流したり，トラップが破封した場合に下水ガス・臭気や害虫が侵入し，汚染されることになる．

これを防止するために，器具の排水口を直接排水管に接続せずに，排水口をいったん開口して間接的に排水する間接排水が採用される．間接排水を必要とする機器・装置などの代表的なものを表5.2に示す．

a. 排水口空間と排水口開放

間接排水には，図 5.16 に示すように排水口空間をとって，一般排水管のトラップ付きのホッパなどの水受け容器に開口する方法と，図 5.17 に示すような排水口開放とする方法がある．なお，配管・装置からの比較的清浄な排水に関しては，屋上や機械室などの排水溝に間接排水してもよい．排水口空間の距離は表5.3による．

表5.2の方法欄のAの機器・装置は，排水口空間による間接排水とするが，Bはどちらの方法を採用してもよい．

b. 間接排水管

間接排水管は，配管長が長くなれば，掃除や洗浄がしにくくなり腐敗物質が付着して悪臭を発生するおそれがあるので，できるだけ短くする．間接排水管の長さが 1500 mm を超える場合は，器具・機器・装置の

表 5.2 間接排水を必要とする機器・装置など[8]

区 分	方法		機器・装置名称
サービス用機器	A A A B	飲料用 冷蔵用 厨房用 洗濯用	水飲み器，飲料用冷水器，給茶器，浄水器 冷蔵庫，冷凍庫，その他食品冷蔵・冷凍機器 皮むき機，洗米機，製氷機，食器洗浄機，消毒器，調理用流し，その他水を使用する機器 洗濯機，脱水機，洗濯機パン
医療・研究用機器	A		蒸留水装置，滅菌水装置，滅菌器，滅菌装置，消毒器，洗浄器など
水泳プール設備	A B		プール自体の排水，オーバフロー排水，ろ過装置逆洗水 周辺歩道の床排水
浴場設備	A		浴槽自体の排水，オーバフロー排水，ろ過装置逆洗水
水景設備	B		噴水池自体の排水，オーバフロー排水，ろ過装置逆洗水
配管装置の排水	A B B A A B B B B		貯水槽・膨張水槽のオーバフローおよび排水 露受け皿の排水 上水・給湯・飲料用冷水ポンプの排水 上水・給湯・飲料用冷水系統の水抜き 上水・給湯用逃し弁の排水 消火栓系統およびスプリンクラ系統の水抜き 空気調和機器の排水 冷凍機，冷却塔，冷媒・熱媒として水を使用する装置，水ジャケットの排水 上水用水処理装置の排水
温水系統などの排水	A B		貯湯槽および電気温水器からの排水 ボイラ，熱交換器および蒸気管のドリップなどの排水

〔注〕方法 A：排水口空間による間接排水，方法 B：排水口空間または排水口開放による間接排水．

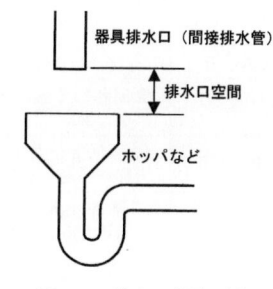

図 5.16 排水口空間の例

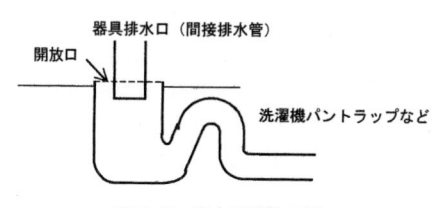

図 5.17 排水口開放の例

表 5.3 排水口空間[10]

間接排水管の管径〔mm〕	排水口空間〔mm〕
25 以下	最小 50
30～50	最小 100
65 以上	最小 150

〔注〕各種の飲料用貯水槽などの間接排水管の排水口空間は，上表にかかわらず最小 150 mm とする．

まぢかにトラップを設ける．

5.2.3 排 水 槽
a. 排水槽の種類

排水槽は下水本管などよりも低い位置にある排水や，なんらかの処理が必要な排水，または排水の放流制限がある場合，それらの排水をいったん貯留するためのものである．

排水槽の種類は，その貯留する排水の種類によって，汚水槽，雑排水槽，湧水槽，雨水槽，化学排水・放射性排水・伝染病棟排水などの特殊排水槽などに区分される．また，雑排水槽は，（一般）雑排水槽，厨房排水槽，機械室排水槽，駐車場排水槽などに細分化される場合がある．

湧水槽には，ドライエリアの雨水や機械室系統の排水などの比較的清浄な排水を流入させてもよい．これは，湧水が少なく湧水排水ポンプがあまり運転されない場合の，湧水排水ポンプのさび付き防止にも有効である．

b. 排水槽の構造

排水槽の構造に関しては，以下のように建設省告示で示されている．

(1) 臭気の漏れない構造とする．
汚水や・臭気が漏れないように水密・防臭構造とする．

(2) 内部の保守点検のため，直径 60 cm 以上の円が内接することができる大きさのマンホールを設ける．
定期的に清掃・点検の必要があり，槽内部に入るためのマンホールを設けなければならない．清掃時の換気のために 2 個以上設けることが望ましい．また，マンホールふたは，防臭構造とする．

(3) 排水槽の底には吸込みピットを設ける．
堆積する汚泥などをポンプによって排出するためのピットを設ける．ピットの大きさは，ピットに設置する排水ポンプの周囲に 200 mm 以上の間隔がとれる大きさとする．

(4) 排水槽の底の勾配はピットに向かって，1/15 以上 1/10 以下とする．また，一部階段状にするなど，安全に保守点検ができるようにする．
汚泥がピットに集積するようにピットに向かって勾配を設けるが，清掃時の滑り止めとして，一部を階段状にする．

(5) 通気管を設け，直接外気に開放する．
排水槽の通気管は，排水の流入時，排水ポンプによる排出時に空気を排出・流入させるためのもので，同時に槽内の臭気を排気する目的もある．通気管の管径は，排水流入量かポンプ排出量の大きい方から選定するが，この管径選定を誤ると（小さすぎると），排水流入時に槽内が正圧になり，この槽に流入している他の排水系統のトラップ封水を吹き上げさせるようなこともある．

以上を例図化したものが図 5.18 である．

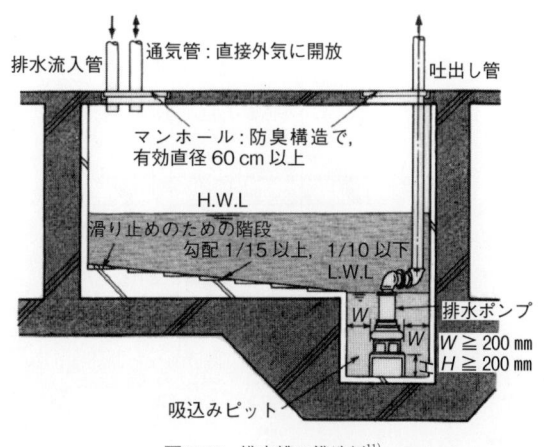

図 5.18 排水槽の構造例[11]

表 5.4 排水ポンプの種類[12]

		対象排水	最小口径〔mm〕	通過異物の大きさ	備　考
汚水ポンプ		浄化槽排水, 湧水, 雨水	40	口径の10%以下	原則として固形物を含まない排水とする
雑排水ポンプ		厨房以外の雑排水, 雨水	50	口径の30〜40%以下	口径50mmで20mmの球形異物が通過すること
汚物ポンプ	ノンクロッグ型	汚水, 厨房排水, 産業排水	80[1]	口径の50〜60%以下	口径80mmで53mmの木球が通過すること
	ボルテックス型			口径の100%	

〔注〕汚物の通過に支障がないように破砕機構がついている場合，53mmの木球を通過できる場合，または特定のものが使用して管理できる場合には，ボルテックス型とした場合に限り，最小口径を50mmとしてもよい．

なお，排水槽は「建築物における衛生的環境の確保に関する法律通称建築物衛生法」によって，半年に1回の定期清掃を実施しなければならないので，マンホール近傍に給水栓などを設けるようにする．

c. 排水槽の悪臭防止対策

排水槽の排水が長時間滞留すると，排水中に含まれる有機物などが腐敗して悪臭を発生させる．排水が腐敗しないようにするためには，

(1) 汚水槽と厨房系排水槽を分離して別々に設ける．

(2) 排水槽容量と排水ポンプの能力を適切に選定して，排水の滞留時間を短くする．

(3) 必要に応じては，ばっ気装置・攪拌装置を設ける．

などの措置を施す．

5.2.4　排水ポンプ

排水ポンプは，排出する排水や固形物の大きさなどから，表5.4のように分けられる．

排水ポンプの形式としては，立て型・横型・水中型があるが，現在ではほとんど水中型が採用されている．

水中型は，床上に設置スペースを必要としないが，点検・修理などのための引き上げ作業スペースは必要である（図5.19）．また，ポンプ銘板を床上の排水揚水管に取り付けておくと，メーカーへの連絡時に便利である．着脱式と呼ばれるものは，ポンプ本体を排水揚水管から簡単に着脱できるものであり，槽外への引き上げが容易である．

排水ポンプは一般的には，過大な排水流入や故障時の対策として，2台設置し自動交互追従運転とする．

5.2.5　阻　集　器

阻集器は，排水管を閉塞したり，排水施設に損傷を与えるような排水中の有害・危険な物質を，分離・収集して排水管内への流下を阻止するもので，そのような物質が排出される直近の排水管路に設置される．

a. グリース阻集器

グリース阻集器は，営業用調理場などからの排水中に含まれている油脂分（グリース）を阻集器の中で冷却・凝固させて除去し，油脂分が排水管に流入して管を詰まらせるのを防止するために設けるものである．阻集器内には隔板を設け，流入してくる排水の流速を

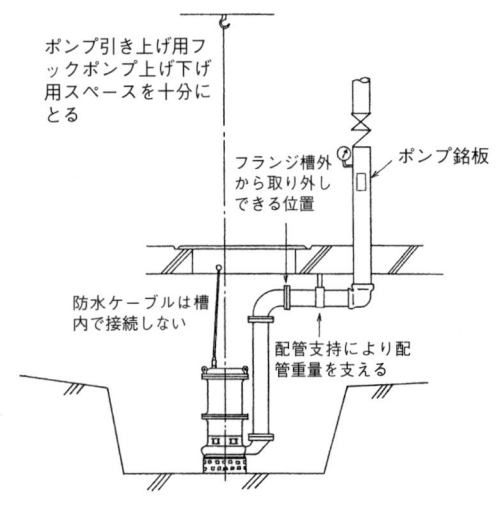

図 5.19　水中型排水ポンプの設置例

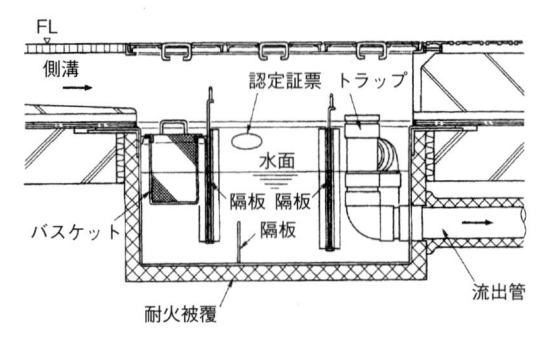

図 5.20　グリース阻集器の構造例[13]

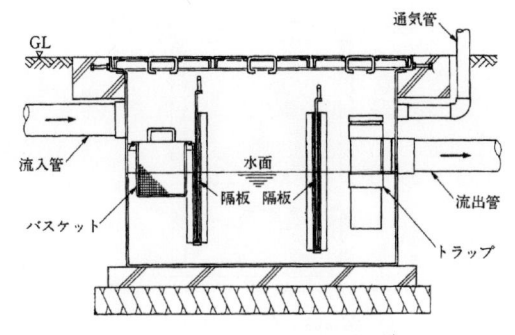

図 5.21 オイル阻集器の構造例[13]

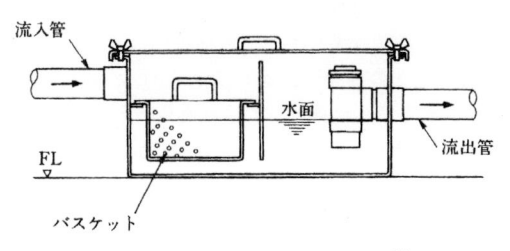

図 5.22 プラスタ阻集器の構造例[14]

落とし，流れを乱さないようにしてグリースを分離・浮上させる．図5.20はグリース阻集器の例である．

なお，工場で製造されるグリース阻集器に関しては，日本阻集器工業会が性能などについての認定を行っており，認定品には内部に認定証票が貼付されている．選定にあたっては，認定品を指定することが望ましい．

b. オイル阻集器

オイル阻集器は，駐車場・洗車場・給油所・修理工場などからの排水中のガソリン・油類（オイル）が排水管中に流入して，爆発事故を起こすことを防止するために設けるもので，ガソリン・油類を比重差により阻集器の水面に浮上させて回収する構造である．図5.21に構造例を示す．

なお，オイル阻集器に設けられる通気管は，他の通気管と兼用してはならない．

c. プラスタ阻集器

プラスタ阻集器は，外科ギプス室や歯科技工室などからの排水中に含まれているプラスタ（せっこう）・貴金属，美容院から出る美容用粘土などの不溶性物質を有効に分離し，それらが排水管に流入するのを防止するために設けるものである．図5.22に構造例を示す．

d. 毛髪阻集器

毛髪阻集器は，理髪店，美容院などの洗面・洗髪器からの排水中に含まれる毛髪が排水管に流入するのを防止するために設けるものである．毛髪はスクリーンによって分離・収集される．図5.23に構造例を示す．

e. 繊維くず阻集器

繊維くず阻集器は，営業用洗濯場からの排水中に含まれている糸くず，布くず，ボタンなどを分離し，それらが排水管に流入するのを防止するために設けるものである．

阻集器の中には，取り外し可能な金網バスケットを設ける．図5.24に構造例を示す．

f. 砂阻集器

砂阻集器は，排水中に含まれている土砂・セメント類を阻集器の中で沈殿させて除去し，土砂・セメント類が排水管に流入するのを防止するために設けるものである．図5.25に構造例を示す．

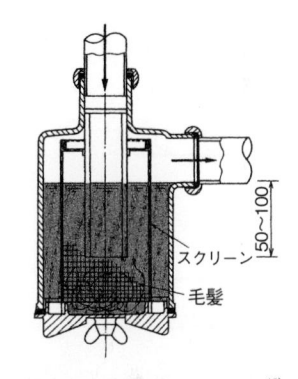

図 5.23 毛髪阻集器の構造例[15]

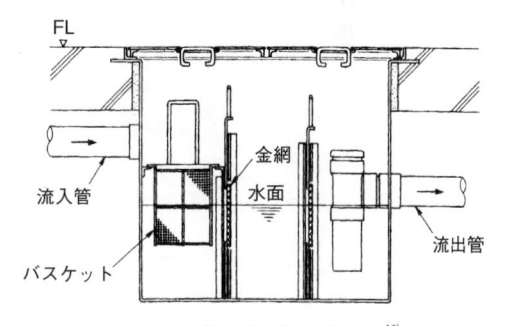

図 5.24 繊維くず阻集器の構造例[16]

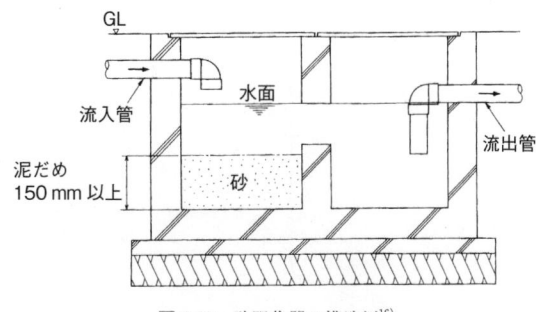

図 5.25 砂阻集器の構造例[16]

砂阻集器の底部に設ける泥だめの深さは，15 cm以上とする．

5.2.6 掃除口と排水ます
a. 掃　除　口
掃除口は，排水管内の点検や清掃を行うためのもので，排水横主管や排水横枝管の起点，距離が長い排水横管の途中，方向変換箇所，排水立て管の最下部またはその近傍などに設置する．掃除口は排水の流れと反対方向または直角方向に開口するように設ける．掃除口の大きさは，排水管径が 100 mm 以下の場合は管径と同一の口径とし，排水管径が 100 mm を超える場合は最小 100 mm とする．

排水横管に設置する掃除口は，図 5.26 のように，床上掃除口と床下掃除口があるが，床下掃除口の場合は，詰まった場合に清掃するために掃除口を開口する

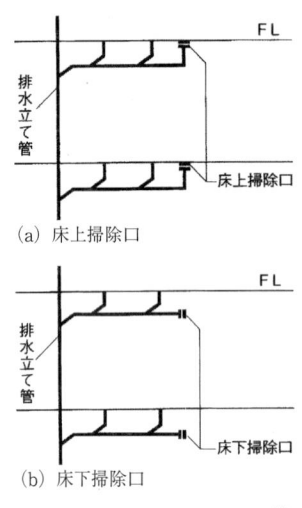

図 5.26 排水横管の掃除口の例[17]

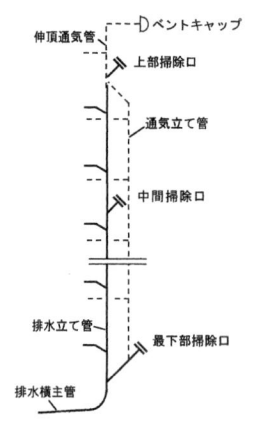

(a) 床上掃除口
(b) 床下掃除口

図 5.27 排水立て管の掃除口

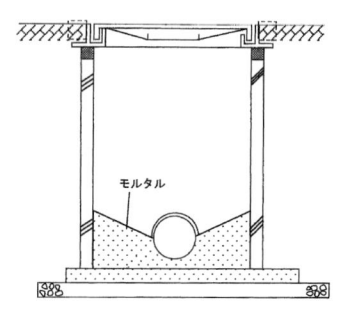

図 5.28 インバートます

と，排水が流れ出してくるおそれがある．横管の掃除口は，床上に設置するようにする．

排水立て管の場合は，図 5.27 に示すように，最下部は通気管基部も清掃できるような位置とし，最上階の伸頂通気管基部や途中階（3～5 階おき程度）にも設置する．

いずれの掃除口も，設置箇所が適切で，容易に接近でき，周囲に作業スペースが確保されていることが必要である．

b. 排　水　ま　す
排水ますは，掃除口と同様の目的で，敷地排水管・敷地雨水管などの起点や合流箇所，方向変換箇所，配管距離が長い場合の途中などに設けられる．

排水ますには，汚水ますと雨水ますがある．汚水ますは汚水・雑排水用のますでインバートますとも呼ばれ，図 5.28 に示すように，固形物を含む排水が円滑に流下するように，底部に半円状の溝（インバート）を設ける．

雨水ますについては後述する．

5.2.7 ディスポーザ排水システム
ディスポーザは生ごみ（厨かい）を粉砕して排水とともに排出する装置で，以前は，下水処理場の負荷の

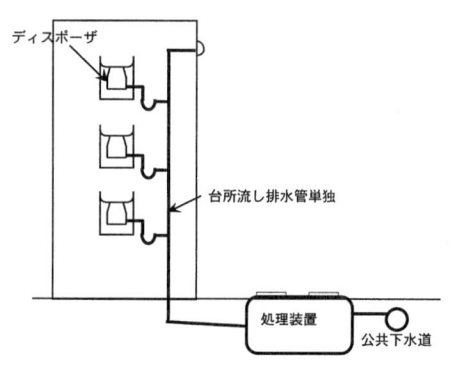

図 5.29 ディスポーザ排水システム概要図

増大，下水管路への悪影響などから大概の下水道事業体で規制や自粛指導が行われていた．

近年，この装置の利便性・衛生性などの観点から，図5.29のようにディスポーザ装置・専用排水配管・排水処理装置を組み合わせて，下水道の排水基準内の水質まで処理して排水するシステムが認定されて，採用されるようになってきた．これはディスポーザ装置・排水配管・排水処理装置をあわせたシステムとしての認定で，特に処理装置の維持管理などの条件を必要とするものである．

5.2.8 配管材料
a. 排水（通気）用管材

排水（通気）配管に使用される管材とその特徴などを表5.5に示す．

1) 排水用鋳鉄管 古くから汚水配管に多用されている．最近はメカニカル型接合で，耐食性・可とう性・振動に対する水密性・流水音に対する遮音性に優れている．配管支持間隔・支持部位に留意する必要がある．

2) 配管用炭素鋼管 いわゆる白ガス管と呼ばれる管材で，施工性・汎用性・コストなどから現在でも雑排水管に多用されている．接合はドレネージ継手によるねじ接合または可とう継手によるメカニカル接合である．

3) 排水用硬質塩化ビニルライニング鋼管 最近の排水管の主流である．薄肉鋼管に塩化ビニルをライニングしたもので，軽量で耐食性があるが高温排水には使用できない．可とう継手によるメカニカル接合である．

4) 排水用ノンタールエポキシ塗装鋼管 配管用炭素鋼管の内面にノンタールエポキシを塗装して耐食性をもたせたもので，接合はドレネージ継手によるねじ接合または可とう継手によるメカニカル接合である．

5) 排水通気用鉛管 加工性に優れた管材で，曲げ加工が可能である．現在は，主として床下排水の大便器の接続に使用されている．他の管材とは鉛管接続用媒介継手で接続する．

6) 硬質ポリ塩化ビニル管 耐食性があり，低コストであることから小口径配管で多用されている．大口径の場合は防火区画貫通処理が必要となる．また，温度変化による伸縮対策も必要となる．接合は差し込み接着接合である．
敷地の埋設排水管での採用は多い．

7) 排水用耐火二層管 硬質ポリ塩化ビニル管の外面を繊維補強モルタルで被覆したもので，防火区画貫通での使用が可能である．硬質ポリ塩化ビニル管と

表5.5 主な排水配管用管材と特徴[18]

管種	規格	管径〔mm〕	特徴および留意事項	備考
排水用鋳鉄管	JIS G 5525	メカニカル型 1種 50〜200 2種 75〜125	耐食性は大であるが，重い． 主に，汚水，厨房排水用に使用される．	メカニカル型一，二種管と差し込み型（R-J）がある．
配管用炭素鋼管 （SGP）	JIS G 3452	6〜350	黒管と白管があり，白管を使用する． 主に厨房排水を除く雑排水管，通気管に使用される．	30 mm 以上の管を使用する．
排水用硬質塩化ビニルライニング鋼管	WSP 042	40〜200	排水鋼管用可とう継手と組み合わせて使用し，ねじ切りは不可である．鋳鉄管に比べ軽く取り扱い容易である．	軽量鋼管の黒管を使用し，外面は一次防せい塗装がしてある．
排水用ノンタールエポキシ塗装鋼管	WSP 032	30〜350	汚水，雑排水用に使用する． ねじ切りは可能であるが，原則は排水鋼管用可とう継手を使用する．	SGPの黒管に内面を塗装したもので，外面は一次防せい塗装がしてある．
排水通気用鉛管	SHASE-S 203	30〜100	曲げ加工で円形断面が損なわれないように，工場加工を原則とする． 主に大便器の接続に使用される．	肉厚 65 mm まで 3 mm，75 mm 以上 4.5 mm
硬質ポリ塩化ビニル管	JIS K 6741	VP 13〜300 VU 40〜800	一般にはVPを使用する． 建物配管では伸縮対策を行う． 埋設管に広く使用される．	水圧試験 VP：2.5 MPa VU：1.5 MPa
排水用耐火二層管	FDPS-1	40〜150	伸縮対策を行う． 建物の排水通気用に使用する．	繊維モルタルによる外管と硬質ポリ塩化ビニル管からなる内管の組み合わせである．
遠心力鉄筋コンクリート管	JIS A 5303	150〜1350	一般には下水道で使用され，敷地内では埋設で外圧が大きい場合などに使用する．	継手形状によりA型，B型，C型，NC型がある．

〔注〕WSP：日本水道鋼管協会規格，FDPS：耐火二層管協会規格．

同様伸縮対策が必要である．接合は差し込み接着接合であるが，外側のモルタル部の目地施工も必要となる．

8) 遠心力鉄筋コンクリート管　ヒューム管とも呼ばれるコンクリート製の管で，埋設配管に多用されてきていた．

b. 排水管用継手

排水管用継手は，固形物を含んだ排水が流れやすいような構造となっている．

形状は図5.30に示すように，方向性があり，流れの方向に合流しやすいようになっている．また，曲がり部の曲率半径が大きい．

ねじ込み式排水管継手には，図5.31に示すように，管内面と継手の内面に段差ができないようにリセスという部分を設けてある．また，ねじ込むと自然に立て管から分岐する横管に勾配がつくようになっている（図5.32参照）．

可とう継手のメカニカル型，硬質ポリ塩化ビニル管の接着継手も内面の段差に関しては，同様の構造で，継手部でも平坦になるようになっている．

5.3　通気設備

5.3.1　補助的通気管および通気主管

5.1.5で記述した通気管以外にも，1)～3)に示す補助的な通気管および4)に示す通気主管がある．

1) 結合通気管　結合通気管は，図5.33に示すように排水立て管から分岐して通気立て管に接続する通気管で，排水立て管内の圧力変化を緩和する目的で設けられる．高層・超高層建物において10階程度の間隔で設ける．

2) 逃がし通気管　逃がし通気管は，排水管と通気管の間の空気の流通を円滑にするために設けられるもので，図5.34に示すループ通気方式における逃がし通気管が代表的なものである．結合通気管も逃がし通気の一種といえる．

3) 返し通気管　返し通気管は，図5.35のように器具の通気管を一度あふれ縁より高い位置に立ち上げ，それから折り返して立ち下げて排水横枝管か通気立て管に接続するものである．

4) 通気主管（通気ヘッダ）　通気主管は，図5.36に示すように，複数の伸頂通気管または通気立て管の

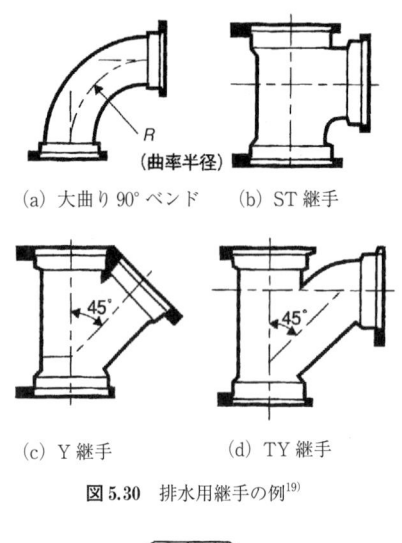

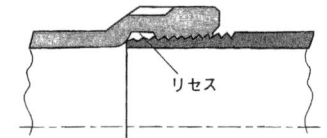

図5.30　排水用継手の例[19]

(a) 大曲り90°ベンド　(b) ST継手
(c) Y継手　(d) TY継手

図5.31　ねじ込み式排水管継手のリセス[19]

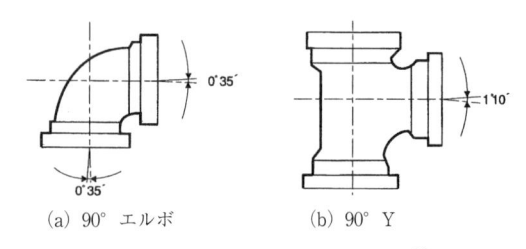

(a) 90°エルボ　(b) 90°Y

図5.32　ねじ込み式排水管継手の角度[20]

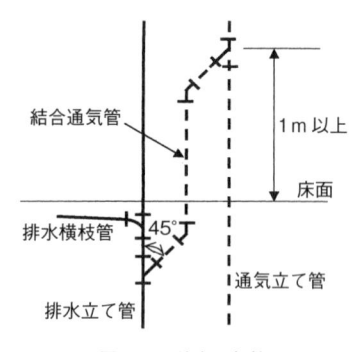

図5.33　結合通気管

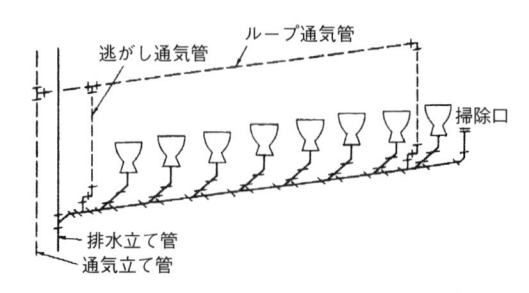

図5.34　ループ通気方式の逃がし通気管の例[21]

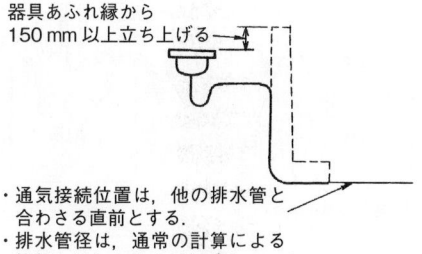

5.3 通気設備

図5.35 返し通気管の例[22]

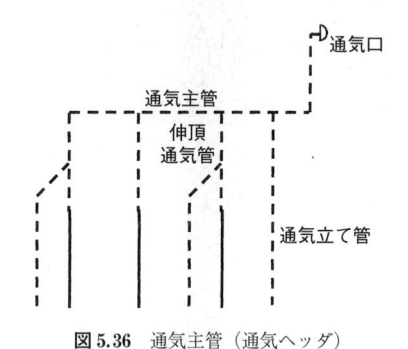

図5.36 通気主管（通気ヘッダ）

頂部を連結して，まとめて大気に開口するものであり，通気横主管とも呼ばれることがある．

5.3.2 通気配管

1) 通気管の取り出し　排水横管からの通気管の取り出しは，通気管に排水が浸入して通気機能を阻害するのを防止するため，図5.37のように横管の頂部または頂部から45°以内で取り出す．

2) 通気管の勾配　通気管は管内の水滴が滞留するような配管としてはならず，自然流下によって排水管に流れるようにする．

3) 通気立て管の下部・上部（図5.38）　通気立て管の下部は，最低位の排水横枝管より低い位置で排水立て管に接続するか，排水横主管に接続する．

通気立て管の上部は，管径を縮小せずに伸頂通気管に接続するか，単独で大気に開放するが，伸頂通気管

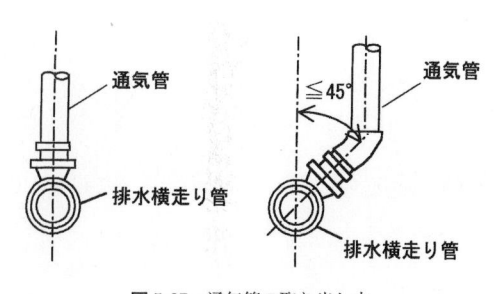

図5.37 通気管の取り出し方

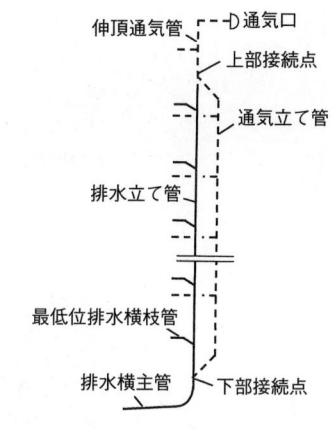

図5.38 通気立て管の下部・上部の接続方法

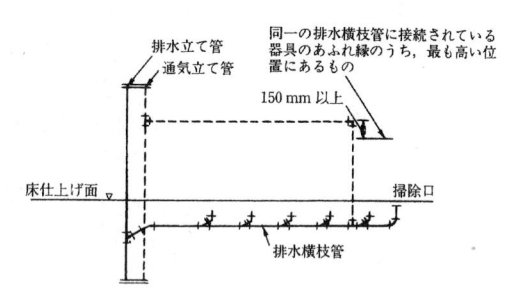

図5.39 通気横走り管の配管[23]

に接続する方が，排水管との回路ができて気圧変動に対する対応の効果があるので，望ましい．

4) 通気横走り管の位置　通気横走り管は，図5.39に示すように，原則としてその階の器具の最高位のあふれ縁より150mm以上上方で横走りさせる．やむをえず低い位置で横走りさせる場合でも，図5.40のように，通気立て管に接続する高さは上記の高さとする．

5) 禁止すべき通気配管　禁止すべき通気配管は図5.41(a)のように床下で通気管どうしを接続したり，図(b)のように床下で通気立て管に接続したり

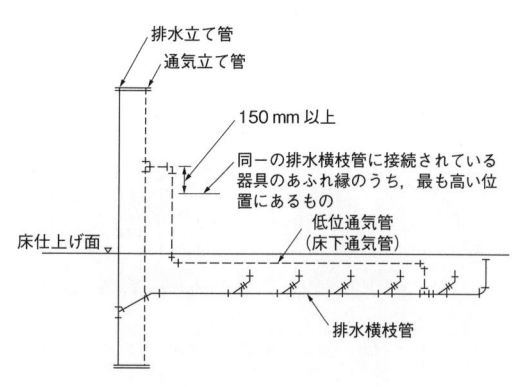

図5.40 通気立て管への接続位置[23]

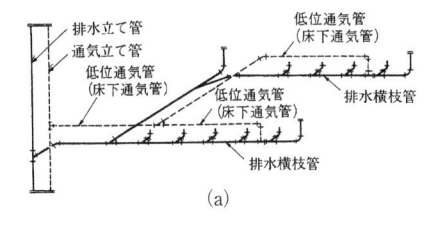

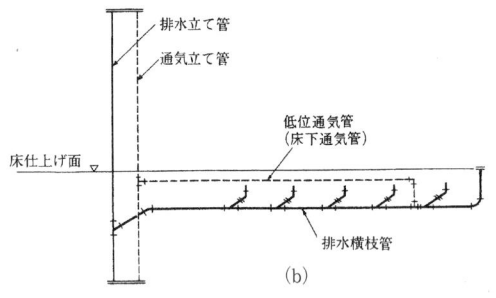

図 5.41 禁止すべき低位通気管[23]

する低位通気管である．これは，排水管が詰まった場合に排水が通気管内を流れて，詰まりの発見を遅らせたり，通気管を詰まらせたりするおそれがあるからである．

5.3.3 通気口

通気管の末端は大気開放が原則であり，空気の流通に支障がないように，末端に取り付ける通気口は，開口断面積が接続通気管の断面積以上の開口部を有する必要がある．また，鳥や害虫などが侵入や営巣しないように防虫網などで保護する必要もある．

1) 通気口 通気口は，排水時には空気を吸引するが，排水がない間は排水管内の臭気などが排出される．そのため，人体に影響を及ぼさないように，また，窓や空気取入れ口などから建物内に臭気が入らないようにするために，通気口の設置位置は図5.42に示すような位置とする．

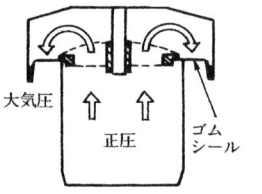

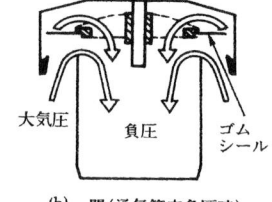

図 5.43 通気弁の一例[25]

2) 通気弁 通気弁は，管内の負圧に対して空気の流入のみを行うもので，伸頂通気管を直接大気に開放しなくてすむように工夫された通気装置である．屋根や外壁を貫通することなく屋内に設けることができることから，近年採用されてきている．

一例を図5.43に示すが，排水管内が負圧の場合は可動板が開口して周囲から空気を流入し，排水管内が正圧の場合は可動板が閉止して管内空気の外部流出を阻止する構造を有している．現在では各種の通気弁が開発され，伸頂通気ばかりでなく，空気の流入必要箇所にも採用されているが，これらの通気弁を設置した場合は，可動部の点検や交換のための点検口を考慮する必要がある．

5.4 雨水排水設備

5.4.1 雨水の排除

建物の屋上やバルコニーなどの降雨水は，ルーフドレンで集水し雨水排水管から屋外の雨水ますや側溝を経由して速やかに排水する．ドライエリアなどの低位雨水は，いったん雨水排水槽に流入させて雨水排水ポンプで排出する．公共下水道の流下能力が小さい場合

(a)	(b)	(c)	(d)
隣接建物の窓・換気口・外気取入れ口に近接する場合	その建物の出入口・窓・換気口・外気取入れ口に近接する場合	屋上が庭園・運動場・もの干し場などに利用される場合	(a), (b), (c) の条件がない場合
$D≧3\,m$ または $H≧600\,mm$	$D≧3\,m$ または $H≧600\,mm$	$H≧2\,m$	$H≧200\,mm$

図 5.42 通気口の設置位置[24]

は，雨水の流出量を抑制するために，いったん雨水調整槽に貯留して晴天時に排出する方法を指導される場合がある．

敷地内の降雨水も，敷地内に滞留させないように，また，隣地や周辺道路に流出させないように，建物周囲や敷地境界などにL形側溝，グレーチング付きのU形側溝，格子ふた付きの雨水ますなどを設置して集水し，敷地雨水管を経由して公共下水道に排出する．分流式下水道の場合は，専用の雨水管に接続し，合流式の下水道の場合は一般排水管の敷地排水管にトラップますを経由して接続して排水する．

5.4.2 雨水排水管の分離

建物内の雨水排水管は，公共下水道が合流式の場合でも，一般の排水系統とは別系統とし，屋外の排水ますで合流させる．雨水排水管と他の排水管とを兼用させると，排水管が詰まった場合に雨水が衛生器具などから室内に浸入してくることになる．また，多量の降雨時には器具のトラップ封水が破られるおそれもある．このようなことから，雨水排水管は排水管や通気管と兼用しない．

5.4.3 ルーフドレン

ルーフドレンは屋根面やバルコニーの雨水を集水して雨水排水管に導くためのもので，ストレーナや排水口の形状，防水層との収まりなどによってたくさんの種類がある．

図5.44は立て型ルーフドレン，図5.45はコーナー型（横型）ルーフドレン，図5.46はバルコニー用の中継型ルーフドレンである．

なお，ルーフドレンの材質・構造についてはJIS A 5522（ルーフドレン（ろく屋根用））に定められており，材質はねずみ鋳鉄品2種（FC 150）または同等品となっているが，最近はステンレス鋼製のものも多い．

ルーフドレンは同一屋根面に少なくても2個以上は設置し，それぞれ単独で配管することにより，詰まった場合の対策とする．

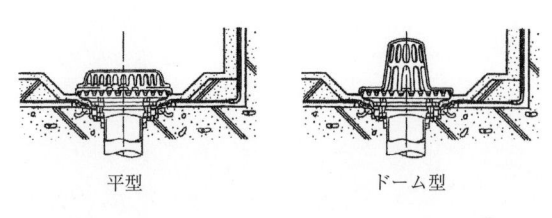

図5.44 立て型ルーフドレン（H社カタログより）[26]

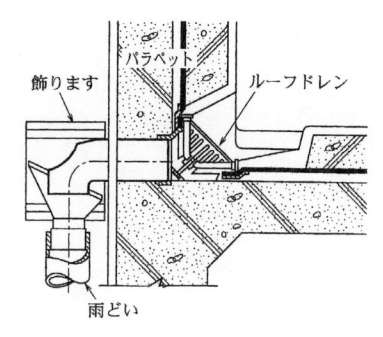

図5.45 コーナー型（横型）ルーフドレン（H社カタログより）[26]

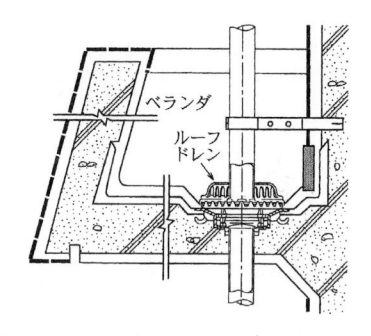

図5.46 中継型（バルコニー型）ルーフドレン[27]

5.4.4 雨水ます

雨水ますは前述した排水ますの一種で，設置場所も排水ますと同様の箇所である．雨水ますには，雨水中に混在する泥などが配管に流れ込まないように，図5.47に示すような泥だまりを設ける．

5.4.5 トラップます

ルーフドレンにはトラップ機能がないので，下水道などからの臭気が雨水管に侵入するのを防止するために，雨水管を一般排水系統の敷地排水管に合流させる場合は，トラップを介して接続する．雨水用トラップとしては，図5.48のようなトラップますが一般的に採用される．

〔山崎和生〕

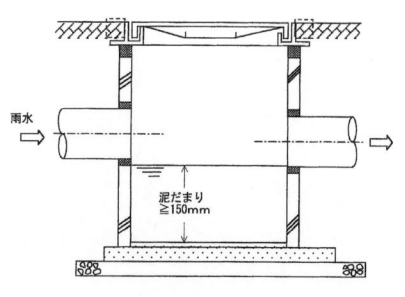

図5.47 雨水ます

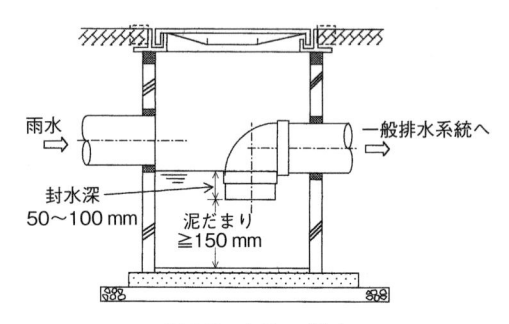

図 5.48 トラップます

文　献

1) 空気調和・衛生工学会編：給排水衛生設備計画設計の実務の知識（改訂2版），オーム社，2001.
2) 空気調和・衛生工学会規格：給排水衛生設備規準・同解説 SHASE-S 206-2009，空気調和・衛生工学会，2000年9月.
3) 空気調和・衛生工学会編：給排水衛生設備計画設計の実務の知識（改訂2版），p.83，オーム社，2001.
4) 空気調和・衛生工学会編：給排水衛生設備計画設計の実務の知識，p.106，オーム社，2000.
5) 空気調和・衛生工学会規格：給排水衛生設備規準・同解説 SHASE-S 206-2009，p.28, 99，空気調和・衛生工学会，2009年6月.
6) ビル管理データブック編集委員会編：ビル管理データブック，p.705，オーム社，1989.
7) 空気調和・衛生工学会編：空気調和・衛生工学便覧（第13版），4巻，p.211-212より抜粋，空気調和・衛生工学会，2001.
8) 空気調和・衛生工学会規格：給排水衛生設備規準・同解説 SHASE-S 206-2009，p.136より抜粋，空気調和・衛生工学会，2009年6月.
9) 空気調和・衛生工学会規格：給排水衛生設備規準・同解説 SHASE-S 206-2009，p.104，空気調和・衛生工学会，2009年6月.
10) 空気調和・衛生工学会規格：給排水衛生設備規準・同解説 SHASE-S 206-2009，p.139，空気調和・衛生工学会，2009年6月.
11) ビル管理データブック編集委員会編：ビル管理データブック，p.698，オーム社，1989.
12) 空気調和・衛生工学会編：給排水衛生設備計画設計の実務の知識（改訂2版），p.102，オーム社，2001.
13) 空気調和・衛生工学会規格：給排水衛生設備規準・同解説 SHASE-S 206-2009，p.115-116，空気調和・衛生工学会，2009年6月.
14) 空気調和・衛生工学会規格：給排水衛生設備規準・同解説 SHASE-S 206-2009，p.117，空気調和・衛生工学会，2009年6月.
15) 空気調和・衛生工学会編：給排水・衛生設備の実務の知識（改訂第3版），p.86，オーム社，1996.
16) 空気調和・衛生工学会規格：給排水衛生設備規準・同解説 SHASE-S 206-2009，p.118，空気調和・衛生工学会，2009年6月.
17) 新版 建築物の環境衛生管理編集委員会編：新版 建築物の環境衛生管理，下巻，p.123，ビル管理教育センター，2009.
18) 空気調和・衛生工学会編：給排水衛生設備計画設計の実務の知識（改訂2版），p.104，オーム社，2001.
19) 新版 建築物の環境衛生管理編集委員会編：新版 建築物の環境衛生管理，下巻，p.130，ビル管理教育センター，2009.
20) 新版 建築物の環境衛生管理編集委員会編：新版 建築物の環境衛生管理，下巻，p.130，ビル管理教育センター，2009.
21) 空気調和・衛生工学会規格：給排水衛生設備規準・同解説 SHASE-S 206-2009，p.126，空気調和・衛生工学会，2009年6月.
22) 空気調和・衛生工学会規格：給排水衛生設備規準・同解説 SHASE-S 206-2009，p.15，空気調和・衛生工学会，2009年6月.
23) 空気調和・衛生工学会規格：給排水衛生設備規準・同解説 SHASE-S 206-2009，p.124，空気調和・衛生工学会，2009年6月.
24) ビル管理データブック編集委員会編：ビル管理データブック，p.699，オーム社，1988.
25) 空気調和・衛生工学会規格：給排水衛生設備規準・同解説 SHASE-S 206-2009，p.125，空気調和・衛生工学会，2009年6月.
26) 空気調和・衛生工学会編：給排水衛生設備計画設計の実務の知識（改訂2版），p.121，オーム社，2001.
27) 空気調和・衛生工学会編：給排水衛生設備計画設計の実務の知識（改訂2版），p.122，オーム社，2001.

6 衛生器具設備計画

6.1 基本事項

6.1.1 分　類

衛生器具は，簡単にいえば，生活空間で身のまわりにある水を使う器具である．学術的には，(社)空気調和・衛生工学会の給排水衛生設備規準において，「衛生器具は，水を供給するために，液体もしくは洗浄されるべき汚物を受け入れるために，またはそれを排出するために設けられた給水器具，水受け容器，排水器具及び付属品を指し，これらが複合して用いられる場合を，衛生器具設備」[1)]と定義されている．

具体的には，表6.1に示す器具類である．

衛生器具は，あまりにも当たり前の存在であり，意識することが少ないところではあるが，人が近代的な生活をしていくうえでは，必要不可欠な設備である．特に「衛生」という文字がついていることは，それらを使用する人々にとって衛生上安全であることが求められる．重要であるがゆえに，当然，法規などでその性能や構造について定めている事項もある．また，空気調和・衛生工学会では，給排水衛生設備規準(SHASE-S206)の中で衛生器具の重要事項についてはあるべき姿，すなわち規準を示している．

したがって，衛生器具設備を考えることは，人々が水を使う生活していくうえでの衛生上の安全を担う，たいへん重要な作業であると認識すべきである．

6.1.2 具備すべき条件

衛生器具の具備すべき条件は，「衛生上の性能と環境的な性能とである」[2)]とされており，表6.2に示す．前記表6.1にあるような器具において必要不可欠な事項であることがわかる．衛生・安全性を維持できることを基本に，快適性，利便性も求められている．最近では節水性も重要となっている．

さらに，これら条件を具備した衛生器具類は必要空間に設置されてはじめて，その機能を果たすため，器具の組合せ，器具の設置数や空間への配置が，たいへん重要である．したがって，建築設計者は，建築設備技術者とともに，使用者の動線や使い勝手，配管計画も考えながら，器具選択，設置数，配置について，器具のもつ性能を損なうことがないように，計画しなければならない．

6.1.3 材　質

衛生器具の材質は，前記具備すべき条件からもわかるが，「滑らかで，かつ不浸透性の表面を有し，常に清潔に保つことができるもの」[3)]でなければならない．衛生器具は，人の肌に直接接触する機会が多く，生活に必要な水の供給接点であり，また雑排水，汚水を扱うので，それらが接する表面の衛生性には注意が必要である．表6.3に衛生器具に相応しい材質特性を示す．

表面が滑らかであることは，雑物の付着が少なく，速やかな給水，排水性能につながり，また清掃のしや

表6.1 衛生器具

衛生器具	給水器具	給水栓，洗浄弁，ボールタップなど
	水受け容器	便器，洗面器，手洗器，流し，浴槽など
	排水器具	排水金具，トラップ，床排水口など
	付属品	鏡，化粧棚，せっけん受け，ペーパホルダなど
衛生器具設備		上記衛生器具を組み合わせて設置した場合の設備

表6.2 衛生器具の具備すべき条件

	衛生器具の具備すべき条件
衛生上の性能	清浄度を維持できること 必要かつ十分な水や湯を供給できること 使用した水や汚水を速やかに排出できること 安全で使用しやすいこと
環境的な性能	外観，形状，大きさが適切であること 色彩，明るさが適切であること 発生騒音が小さいか適切に措置されていること 維持管理が容易であること 快適性・利便性・安全性が保持されていること

表6.3 衛生器具に相応しい材質特性

衛生器具に相応しい材質特性	衛生器具として使われている主な材質
・表面が滑らかであること ・表面の吸水性が小さいこと（不浸透性表面） ・耐食性があること ・対摩耗性があること	鉄，鋳鉄，ステンレス，銅合金，セラミックス（衛生陶器含む），ほうろう，プラスチックなど

すさや汚れ残りが少なく，衛生性がよいことになる．吸水性が少ないことは，清掃性，一般汚れ防止や微生物・細菌系の汚染拡大防止につながり，衛生性確保のためには必要不可欠な特性である．耐食性，耐摩耗性は，耐久，性能維持にかかわる特性である．

衛生器具の具体的な材質としては，給水器具では銅合金・ステンレス・プラスチック・セラミックなど，水受け容器では，衛生陶器・ほうろう・ステンレス・プラスチックなど，排水器具では銅合金・プラスチック・鋳鉄などがある．銅合金やプラスチックは多種多様であり，これらの材質は，目的によって基本の材質特性を考慮しながら，衛生器具の材料として，それぞれ適材適所に使用されている．

6.2 適正器具数

6.2.1 法規などによる算定

衛生器具，特に大便器，小便器については，最低設置器具数が建築種別によっては法規などで定められている（表6.4）．あくまで最少個数であるため，その建物用途と利用特性を考慮して，適正器具数を設置しなければならない．

また，米国の UNIFRM PLUMBING CORD（UPC）でも，建築用途別に必要最低限設置数量が決められている．参考にUPCの基準数量を一部掲載しておく（表6.5）．UPC の最少設置数量は，器具の使用人数を基に算定している．

6.2.2 利用形態とサービスレベルによる算定
（SHASE-S206 技術要項）

器具数決定にあたって基本となるのは，利用者数，利用形態の予測である．利用者数は，同時刻における実在人員数が理想である．そして男女別利用人員も予測する．利用形態は，建物用途により，任意利用形態と集中利用形態とそれらの複合形態のいずれかに分類される．任意利用形態とは，便所をいつでも自由に使用する場合であり，集中利用形態とは休憩時間など限られた時間で便所を集中的に使用する場合をいう．算定にあたって，待ち時間を評価尺度とした3段階のサービスレベルを設定する．理論モデルとして任意利用形態の場合は待ち時間とその発生確率を評価する待ち行列理論で，また集中利用形態の場合は設定した待ち時間となる器具数をシミュレーションすることによって，器具数を算定する．算定にあたっての詳細な条件設定については，SHASE-S206 技術要項「衛生器具の設置個数の決定」を参照されたい．その技術要項による器具数決定の手順例を図6.1に示す．

モデル条件設定によって計算した適正器具数算定図がSHASE-S206技術要項に提供されているので，利用形態を考え類似用途を判断し，使う算定図を決めて予想利用人数から器具数を求める．その数値を参考に諸条件（特性，経済性，施工性など）と法令・条例による数値を総合的に検討して決定する．諸条件の一例としては，公共的な性格が強いものやサービスが重視される場合などの要素がある．なお近年女子の社会進出が著しく，女子側器具数の決定には十分配慮する必要がある．

利用できる適正器具数算定図は，任意利用形態の

表6.4 日本の法規，条例に定められた衛生器具数例[4]

区分	法規・条例名称	対象建物	分類	大便器最小器具数	小便器最小器具数
法令	労働安全衛生規則	作業場	男子 女子	同時就業男子労働者数/60 同時就業女子労働者数/60	同時就業男子労働者数/30 －
法令	事務所衛生基準規則	事務所	男子 女子	同時就業男子労働者数/60 同時就業女子労働者数/20	同時就業男子労働者数/30 －
法令	事業付属寄宿舎規定	事業付属寄宿舎	100 以下 101～500 501 以上	寄宿者/15 7 +（寄宿者数－100）/20 27 +（寄宿者数－500）/25	
条例	東京都建築安全条例	劇場・映画館・公会堂・集会場など	300 m² 以下 300 超～600 m² 600 超～900 m² 900 m² 超	客席床面積/15（男子大＋小≒女子，男子大1/小5） 20 +（客席床面積－300）/20　（　〃　） 35 +（客席床面積－600）/30　（　〃　） 45 +（客席床面積－900）/60　（　〃　）	

表 6.5 UPCの最少衛生器具数抜粋[5]（UPC器具数表参考訳）

建物		大便器	小便器	その他
工場など （従業員用）	男	従業員数1～10→1個 11～25→2個 +25人ごとに1個加算 100人を超える部分は30人ごとに1個加算	—	洗面器：10人に1個， 　　　　100人超の部分は15人に1個 浴槽・シャワー：15人に1個
	女	同上		
事務所 （従業員用）	男	従業員数1～15→1個 16～35→2個 36～55→3個 +40人ごとに1個加算	男従業員数 1～9→0個 10～50→1個 男+50人ごとに1個加算	洗面器：40人に1個
	女	同上		
寮 （学校，労働者）	男	10人に1個 +25人ごとに1個追加	25人に1個 150人超の部分は +50人ごとに1個追加	洗面器：12人に1個， 　　　　以上は20人ごとに1個追加 浴槽・シャワー：8人ごとに1個
	女	8人に1個 +20人ごとに1個追加		洗面器：12人に1個， 　　　　以上は15人ごとに1個追加
幼稚園	男	園児1～20→1個 21～50→2個 +50ごとに1個追加		洗面器：25人ごとに1個， 　　　　50人以降は50人ごとに1個追加 水飲器：150人に1個
	女	同上		
集会場 （劇場，公会堂， 会議場）	男	1～100人→1個 101～200→2個 201～400→3個 +500人ごとに1個追加	1～100人→1個 101～200→2個 201～400→3個 401～600→4個 +300人ごとに1個追加	洗面器：1～200→1個， 　　　　201～400→2個， 　　　　401～750→3個， 　　　　+500人ごとに1個追加 水飲器：1～150→1個， 　　　　151～400→2個， 　　　　401～750→3個， 　　　　+500人ごとに1個追加
	女	1～50人→3個 51～100→4個 101～200→8 201～400→11個 +125人ごとに1個追加		

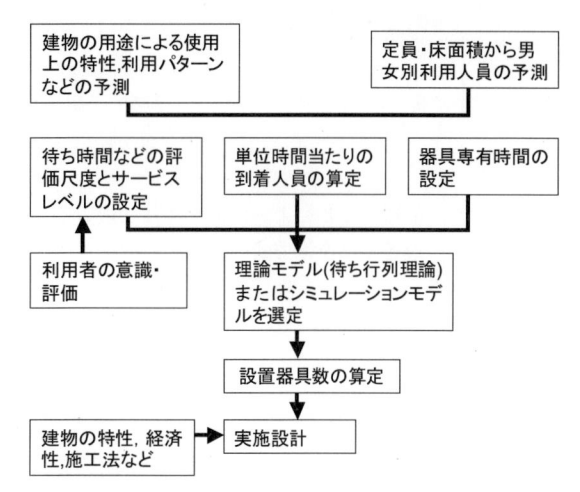

図 6.1 器具数決定の手順（SHASE-S206技術要項による）

例として，事務所，百貨店・量販店，寄宿舎，病院（病棟）があり，集中利用形態の適正器具数算定図の例として劇場と学校が提供されている．

任意利用形態の適正器具数算定図の例として図6.2に事務所の場合を示す．詳細は，SHASE-S206技術要項を参照されたい．

6.3 衛生器具

6.3.1 大便器

大便器の種類は，JIS A 5207衛生陶器では一般形大便器と節水Ⅰ形，Ⅱ形大便器に区分されている．その中でそれぞれ和風便器，洋風便器の洗浄方式，形態別に記号がつけられている（表6.6）．一般に国土交通省記号といわれる国土交通省大臣官房官庁営繕部監修公共建築工事標準仕様書機械設備工事編の衛生陶器及び付属品表に記載されている記号は，JIS記号とほぼ同一となっている．

a. 洗浄方式

洗浄方式は，洗出し（和風便器），洗落とし，サイホンがJISに区分されているが，それ以外にサイホンボルテックス，サイホンゼット，セミサイホン，ネオボルテックス，ブローアウト，シーケンシャルバルブ，ダイレクトバルブなど製造業者独自の方式もある．代表的な洗浄方式と特徴を図6.3にまとめる．なお，製造業者独自の洗浄方式名称は今後も増えることが考えられることから，洗浄方式による便器呼称は，2010

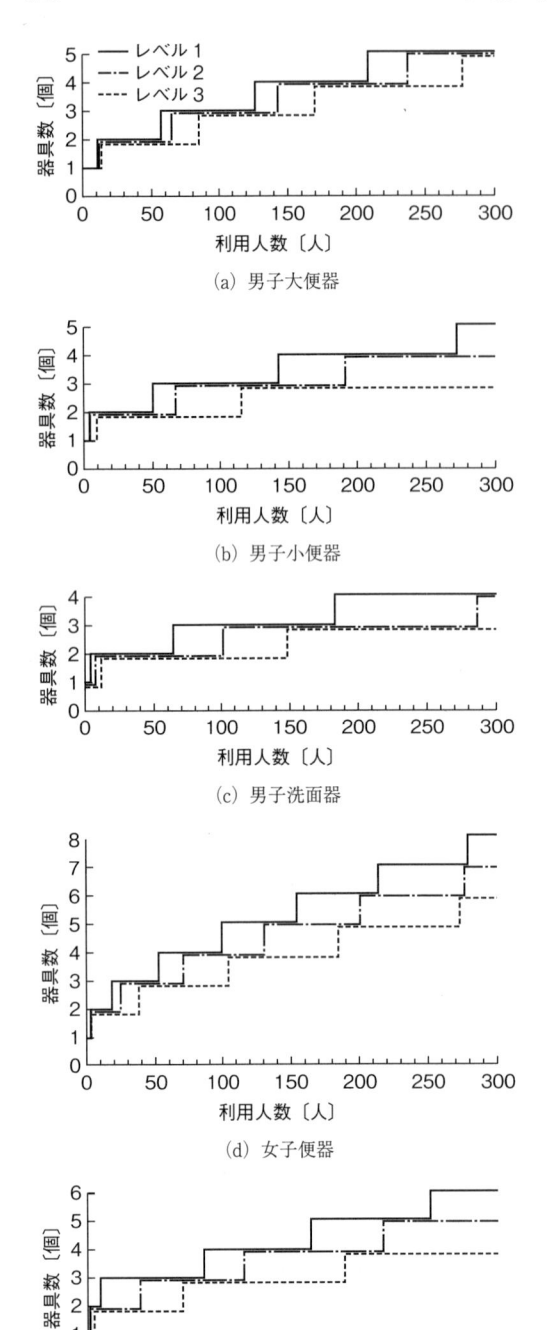

図 6.2 事務所の適性器具数（SHASE-S206 技術要項）[6]

(a) 男子大便器
(b) 男子小便器
(c) 男子洗面器
(d) 女子便器
(e) 女子洗面器

表 6.6 JIS による便器区分

種類	名　　称	記　号
一般大便器	和風洗出し大便器	C310
	和風洗出し床上給水大便器	C311
	和風洗出し床上給水両用大便器	C411
	幼児用和風洗出し大便器	C360
	洋風洗落とし便器	C710
	洋風床上排水洗落とし便器	C730
	幼児用洋風洗落とし便器	C760
	洋風サイホン便器	C910
	身体障害者用洋風サイホンゼット便器（主として手動車いす使用者用）	C1111
	洋風タンク密結洗落とし便器	C1200
	洋風タンク密結サイホン便器	C1210
	洋風壁掛洗落とし便器	C1610
	洋風壁掛サイホン便器	C1810
節水Ⅰ形大便器	和風洗出し節水Ⅰ形大便器	C310R
	和風洗出し床上給水節水Ⅰ形大便器	C311R
	和風洗出し床上給水両用節水Ⅰ形大便器	C411R
	幼児用和風洗出し節水Ⅰ形大便器	C360R
	洋風洗落とし節水Ⅰ形便器	C710R
	洋風床上排水洗落とし節水Ⅰ形便器	C730R
	幼児用洋風洗落とし節水Ⅰ形便器	C760R
	洋風サイホン節水Ⅰ形便器	C910R
	洋風タンク密結洗落とし便器	C1200R
	洋風タンク密結床上排水洗落とし節水Ⅰ形便器	C1201R
	洋風タンク密結サイホン節水Ⅰ形便器	C1210R
節水Ⅱ形大便器	洋風タンク密結洗落とし節水Ⅱ形便器	C1200S
	洋風タンク密結床上排水洗落とし節水Ⅱ形便器	C1201S
	洋風タンク密結サイホン節水Ⅱ形便器	C1210S
	洋風タンク密結床上排水サイホン節水Ⅱ形便器	C1211S

年 JIS 改正にてサイホン便器，洗落とし便器，洗出し便器の3つに集約された．

洗浄方式は，使用者にとってあまり意識がない部分であるので，便器の種類によって溜水面積に違いがあることから，最近では洗浄方式の技術的説明よりも溜水面の大きさを表示して，便器選びの情報として提供されている．溜水面が広い方が，汚れが付きにくく，臭気発生も抑えやすいといえる．

b.　節水大便器

節水形について，JIS ではタンク式の大便器で，節水Ⅰ形は洗浄水量 8.5 l/回以下，節水Ⅱ形は 6.5 l/回以下で使用できるものと定義されている．洗浄弁タイプ（フラッシュバルブ）は，節水Ⅰ形のみで洗浄水量 8.5 l/回以下で使用できる便器である．なお，タンク式便器の試験は給水接続せずに行うため，試験水量は，タンク有効容量であるが，洗浄水量は，給水接続状態のため洗浄中の給水やトラップへの補給水があるので試験水量より多くなる．現在市販便器の洗浄水量（大小切り替えのあるものは大側）は，ロータンク式で約

6.3 衛生器具

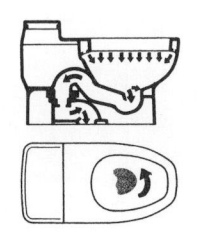

サイホンボルテックス式	サイホンゼット式	サイホン式	洗い落し式
洗浄水を短時間に吐き出させて水位差をつくり出し，鉢洗浄水の渦作用とともにサイホン作用を発生させるタイプ．洗浄時に空気の混入が少なく，洗浄音の静かな便器である	ゼット孔（噴出穴）から勢いよく水を噴出させ，強制的にサイホン作用を起こさせるタイプ．溜水面が広くにおいの発散や汚物の付着を防ぎやすい便器	排水路を屈曲させることにより排水路を満水にさせ，サイホン作用を起こさせて汚物を排出するタイプ．洗い落し式に比べ溜水面が広くとれるのが特徴である	洗浄水の水勢だけで流すタイプ．汚物は水面下に落ちるので，洗い出し式に比べにおいは少なくなる．しかし溜水面が狭く，汚物が付着しやすいのが欠点である

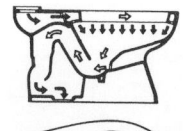

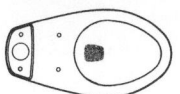

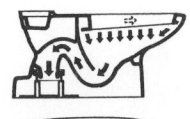

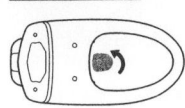

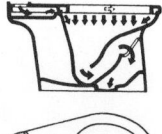

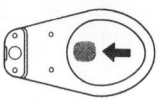

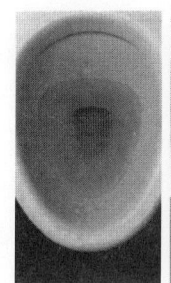

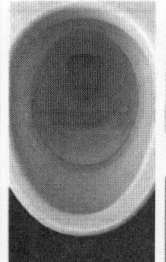

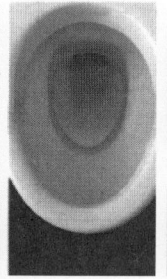

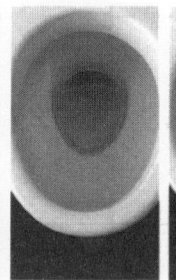

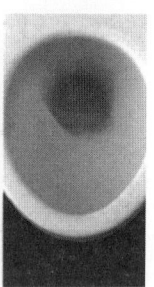

ダイレクトバルブ洗浄	サイホンゼット式	サイホン式	ネオボルテックス式	洗い落し式
水圧だけで便器が洗浄できる新方式．タンクへの給水がなく，連続使用が可能	溜水面が最も広く，においの発散や，汚物の付着がほとんどない	溜水面が広く，においの発散や汚物の付着が防ぎやすい方式である	洗い落しに比べて溜水面が広く，洗浄音が静かな方式である	溜水面は狭い方式．和風便器に比べにおいは少なくなる

図6.3　大便器の代表的な洗浄方式構造と溜水面の差異例[7]

8〜12 l/回，タンク密結式で約6〜8 l/回，フラッシュバルブ式で約8〜13 l/回程度となっている．すでに住宅用普及品で大洗浄6 l，小洗浄5 lの節水便器が主流となっており，今後，非住宅便器も含めてさらに節水化が進む方向である．

また，かつて，サイホン，サイホンゼット便器において，少量洗浄ではサイホンが起こらないため大小切り替えがなかったが，現在では，サイホンを起こす技術開発により大小切り替えができるようになり，タンク密結便器のほとんどが，大小切り替え付きとなった．

c. 洗浄弁タイプの節水

パブリックユースでは，節水フラッシュバルブを使うことが多い．一般形はハンドルを押し続ける間は流れ続けるが，節水形は，ハンドルを押し続けても1回分の水量しか流れないものである．一般的なフラッシュバルブに変わって電気式の新しい洗浄方式もあり，洗浄水量が約8 l/回のパブリック節水形や約6 l/回のものも登場している．そのようなことから節水性や操作性からタッチスイッチやセンサー式の電気式洗浄方式を採用する場合も増えている．また，流水音の擬音装置を設置してフラッシュバルブ複数流しを防止して節水効果を上げている場合もある．ただし，音のマスキングの強制につながるとの意見もあり，その是非の議論は残る．なお，洗浄弁の性能については，JIS B2061給水栓に規定されている．

d. 節水便器の歩み

節水技術については，35年ぐらい前に欧州の節水便器技術を導入した5 l便器が，施工・設置の条件つきで市販されてはいたが，近年，地球環境配慮の必要性から便器の節水化が再浮上し，平成13年頃都市基盤整備公団（現 都市再生機構）指導で大洗浄6 l小洗浄4 lの洗落とし便器が登場した．それを(財)ベターリビングが優良住宅部品超節水便器として認定基準を制定し，超節水便器性能を明確にした．現在では，一般住宅で使える大洗浄6 l/回，小洗浄5 l/回のサイホン便器が市販されるに至った．便器の節水化は社会のニーズでもあり，今後さらに技術的進化により，よりよい節水便器が普及していくと考える．なお，超節水

図 6.4 排水位置の概略図[7]

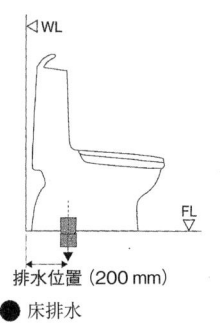

・排水位置（200 mm）
● 床排水
1階用，戸建て住宅には，便器下から床下への排水

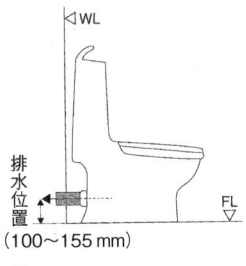

・排水位置（100〜155 mm）
● 床上排水
階上用や集合住宅に適する，便器後方から壁への排水

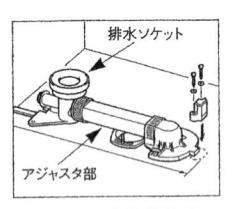

・排水ソケット，アジャスタ部
● 既存便器の排水管位置をそのまま利用するためにアジャスタ部の長さを調節できる排水芯可変式の例．

図 6.5 給水位置と給水フレキ管[9]

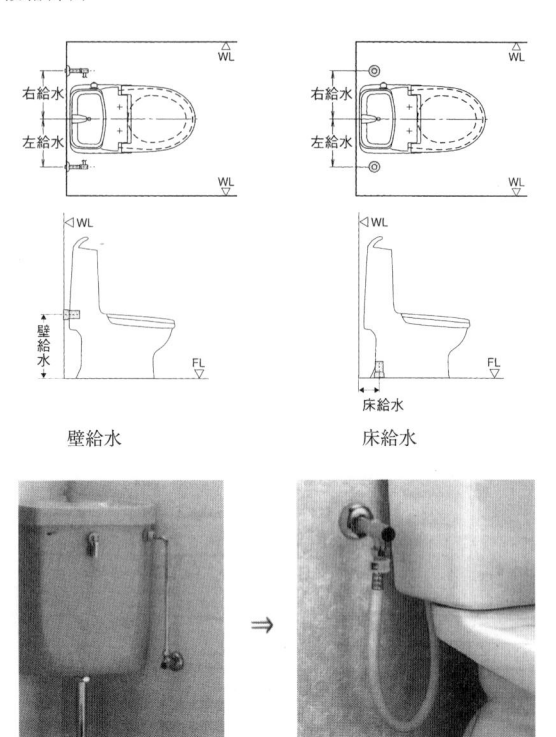

壁給水／床給水
フレキシブル化により給水位置に自由対応[10]

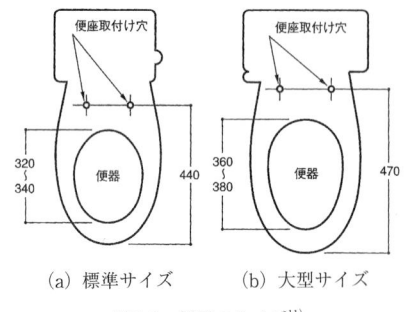

図 6.6 便器のサイズ[11]
(a) 標準サイズ　便座取付け穴　320〜340／440
(b) 大型サイズ　便座取付け穴　360〜380／470

便器化は，節水だけの面でみれば好ましいことではあるが，汚水管の勾配等，確実な施工が要求されることになる．

e. 排水芯と給水管

寸法については，洗落とし便器本体の床上排水芯は，床から約 170 mm（汚水管側は 155 mm）であるが，サイホン・サイホンゼット便器の排水芯は，それよりも低いので，取り替え時には排水芯の確認が必要である．床下排水は，便器の洗浄方式などによってまちまちであったが，最近では便器後ろの壁から 200 mm を排水芯として統一されてきた．その過渡期として，また，近年リフォームが注目されるなか，旧型便器の取り替え時に便利な，既存床排水管をそのまま利用できる排水芯可変式の便器が登場している（図 6.4）．

また，給水方向については，壁給水と床給水がある．かつては給水管は銅管など金属管を用いていたが，近年タンク密結便器では，水道の給水管に樹脂管が採用されているのと同様に，樹脂管ホースを採用するものになっている．それによって給水管の取り回しがフレキシブルになり，壁，床給水共用部品化や給水管の寸法合わせ不要など施工が容易になっている（図 6.5）．

f. 大きさ等

洋風大便器の大きさは，標準サイズと大型サイズがある．標準サイズは，便座の取付けボルト孔芯から便器先端までの距離が約 440 mm，大型サイズは約 470 mm となっている．便座，暖房便座や温水洗浄便座を取り付ける場合はチェックが必要である．また，洗落とし式は一部例外を除いて標準サイズ，その他の方式は大型サイズという目安もある．

便器種類の選定にあたっては，図 6.3 にまとめた洗浄方式などよりも，溜水面の大きさや洗浄時の音など利用者の利便性，快適性を考える必要があるほか，便所空間の広さによっては，前後の長さも使い勝手があり，検討を要するところである．

近年の高気密・高断熱住宅の中では，便器の結露対

6.3.2 小便器

小便器は，JIS A 5207衛生陶器では表6.7のように区分され記号がつけられている．記号は，国土交通省記号と同じである．以前は，一般小便器と節水型小便器の区分が存在し，一般型は6ℓ，節水型は4ℓで機能することになっていたが，現在は節水型（4ℓ以下）のみになり，特に「節水型」との表現が削除された．記号における末尾の"R"は，一般小便器と節水型小便器の区分があったときの名残である．したがって，現在のJISマーク表示の小便器は，4ℓ以下の洗浄水量で所定の性能を発揮するものである．

a. 小便器のトラップ

トラップは，現場にて配管でトラップ形成するものと，製品の一部として器具に付属するものがある．器具に付属するものには，器具と一体になったものと着脱できるものとがある．小便器の使用頻度が高く，尿石が溜まりやすい場所に設置する場合は，配管清掃・管理がしやすいことからトラップ着脱形を設置することが多い（図6.7）．

b. 洗浄方式

洗浄方式には，複数の小便器を一斉に洗浄するタンク式と個別洗浄弁式があり，タンク式にはタンクに水が一定量たまると自動的にサイホンを起し，タンク貯留水を放出し数個の小便器を一斉に洗浄する自動サイホン式，タイマ制御式，センサ感知式などがある（図6.8）．一斉洗浄方式は，最近では設置されることは少ない．個別洗浄式は，小便器ごとに洗浄装置が取り付けられる．その洗浄装置には使用者が使用後にハンドルを回して洗浄する小便水栓，押しボタン式のフラッシュバルブ，センサ感知による自動洗浄装置などがあるが，個別自動洗浄式が使われることが多い．

c. 小便器の節水

個別の自動洗浄装置には，マイクロコンピュータが内蔵され，使用継続時間，使用頻度や連続使用などをデータとして取り込み，洗浄水量をコントロールし節水を図るものや，イオン水をつくって流し，節水と設備保全を行うものや，洗浄水の吐水残圧を利用して発電し，個別自動洗浄装置の駆動電力を蓄え，別途外部からの電源供給を不要にした自己発電式のものなどもある．また，従来，小便器の上部や脇などに多数の孔をあけ，洗浄水をすだれ状に分散して洗浄するタイプから，ノズルの形状で洗浄水を拡散することにより，

表6.7 JISによる小便器区分

名称	形(大きさ)	記号
壁掛け小便器	―	U220
壁掛ストール小便器	大 小	U410R U420R
トラップ着脱式壁掛ストール小便器	大 小	U412R U422R
ストール小便器	大 小	U320R U330R
トラップ付ストール小便器	大 小	U321R U331R
トラップ着脱式ストール小便器	大 小	U322R U332R

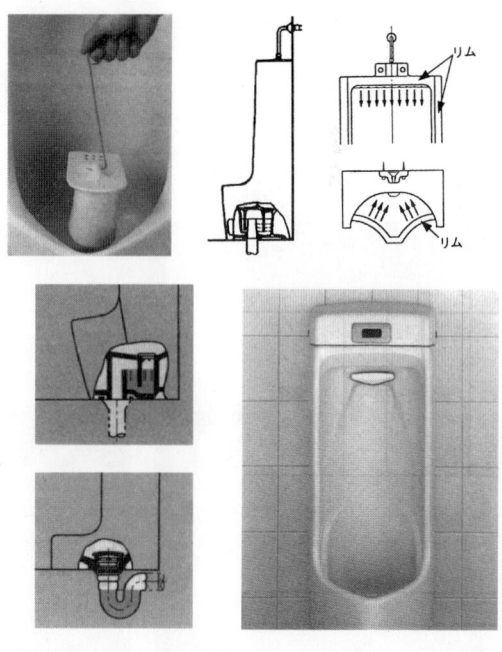

図6.7 トラップ着脱式[12]，リム洗浄とスプレッダ洗浄[13]

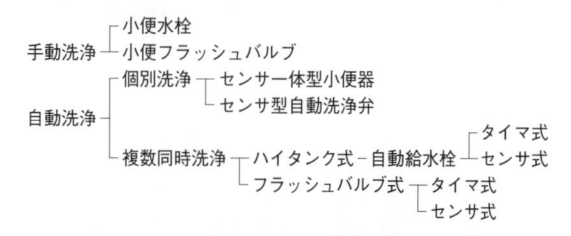

図6.8 小便器洗浄方法

少量の洗浄水でも効率よく洗浄できるように工夫したスプレッダ洗浄タイプが主流となっている．小便器の形状がシンプルになり，汚れがつきやすかったリム裏がなくなり，清掃がしやすくなっている（図6.7右）．

近年，節水のため小便器を水で洗浄しない無水小便

器が登場した．トラップ内に水より軽い液体を入れ，トラップ内滞溜の小便の臭気を防止するものであるが，設置に当っては日常のトイレメンテナンスが十分できる建物，場所に限定される．

6.3.3 洗面器・手洗器

洗面器としては，JIS A 5207衛生陶器では，平付き洗面器（大・小），身体障害者用平付き洗面器（主として車椅子使用者用）と隅付き洗面器に区分され，記号がつけられている（表6.8）．

a. 分 類

手洗器としては，平付き手洗器（大・小）と隅付き手洗器（大・小）がJIS A 5207衛生陶器に区分され，記号がつけられている．平付き手洗器と洗面器は，幅で大小が決り，手洗器小350 mm未満，大350 mm

表6.8 JISによる洗面器，手洗器区分

種類	名称	形（大きさ）	記号
洗面器	平付き洗面器	大 小	L410 L420
	身体障害者用平付洗面器 （主として車いす使用者用）	－	L511
	隅付洗面器	－	L910
手洗器	平付手洗器	大 小	L710 L730
	隅付手洗器	大 小	L810 L820

平付大形手洗器（JIS L410） 　　はめ込洗面器（フレーム式） 　　洗面化粧ユニット

はめ込洗面器（オーバカウンタ式） 　　はめ込洗面器（アンダカウンタ式）

平付大形手洗器（JIS L710） 　隅付小形手洗器（JIS L820） 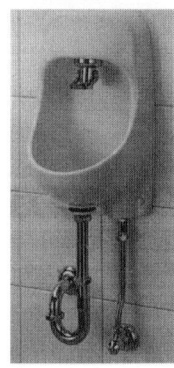　壁付手洗器 　　壁付手洗器 　　キャビネット付手洗器

図6.9　洗面器，手洗器，カウンタ洗面器・手洗器，洗面化粧台など[14]

以上450mm未満，洗面器小450mm以上545mm未満，大545mm以上となっている．また，洗面器には原則としてオーバフロー口があり，鉢に湯水を溜めることができるが，手洗器の小形のものには，オーバフロー口がない場合が多い．

b. 設置

前記区分以外に，洗面化粧台としてキャビネットの上に洗面器を取り付けたもの（部材ユニット）や，手洗器下部にキャビネットを組み合わせた手洗キャビネット，手洗器水栓一体で壁付け，壁埋め込みなどのものもある．また，カウンタに洗面器や手洗器を取り付けるカウンタ型のものもある（図6.9）．

JIS型の洗面器は，公共施設などに設置される場合が多く，最近のオフィスビルなどではカウンタ型，住宅では化粧台型が設置されることが多い．また，住宅において，手洗器が便所内に設置されることが多くなっている．これは，便器のタンク手洗いが，節水の観点からいえばたいへん有効ではあるが，その位置と大きさから，使いにくいとの理由によるものである．

6.3.4 浴 槽（気泡浴槽含む）

浴槽には，現場施工のタイルや石貼りの浴槽と大量生産の工業製品としての浴槽があり，JIS A 5532 浴槽には，材質による区分と設置方法による区分がある（表6.9）．材質では，鋳鉄ほうろう，鋼板ほうろう，ステンレス鋼板，熱硬化性プラスチック（ガラス繊維強化ポリエステル製含む）などがあり，JIS以外では木製の浴槽もある．性能的には機械的強度，耐熱性，耐薬品性，汚染性，保温性などが試験される．入浴時には浴槽表面が直接肌に触れることから表面仕上げの肌触りも考える必要がある．設置方法としては，据置き型と埋込み型があり，最近は少ないが，落し込みという設置方法もある（図6.11）．

a. 分 類

浴槽の一般的な分類としては，和風，和洋折衷，洋風などと呼ぶこともあり，厳密に区分されていないが，主に深さ，長さや浴槽入浴のスタイルで区分している．和風は，深さが600mm程度でしゃがんで浴槽に入るタイプ，和洋折衷は深さ550mm程度，長さ1200mm程度で腰を下ろして膝をゆったり曲

(a) 和風
コンパクトながら深さはたっぷり．肩までしっかりつかれる

(b) 和洋折衷
肩までつかれて足も適度に伸ばせる，ゆったり型の浴槽

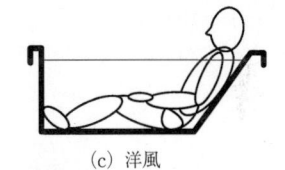

(c) 洋風
足を伸ばしてリラックス．背もたれは理想のくつろぎ角度となる

図 6.10 浴槽形状による分類[15]

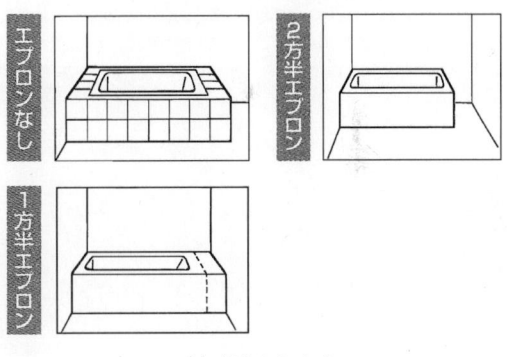

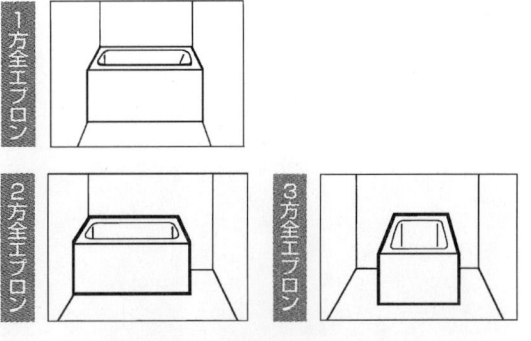

(a) 埋込みタイプ
エプロンなし／2方半エプロン／1方半エプロン

(b) 据置きタイプ
1方全エプロン／2方全エプロン／3方全エプロン

図 6.11 設置形態とエプロン[16]

表 6.9 JIS A 5532 浴槽による区分

材質による区分
・鋳鉄ほうろう
・鋼板ほうろう
・ステンレス鋼板
・熱硬化性プラスチック（ガラス繊維強化ポリエステル製含む）
設置方法による区分
・据置き型：自由に設置できるもの
・埋込み型：埋め込まれて位置が指定されるもの

げて入るタイプ，洋風は深さ 400～450 mm，長さが 1500 mm 程度で足を投げ出して入浴するタイプである（図 6.10）．特に洋風浴槽は，洗い場を設けない場合もあり，浴槽にオーバフロー口を設ける．

b. 気泡浴槽等

浴室は，近年の健康ブームもあり，入浴の効用，リラクゼーションなど注目を浴びている．そのような社会現象のなか，より快適な入浴のために，気泡浴槽などがあるが，浴槽内の湯をポンプにて吸い込み，循環し，空気を混入させ，ノズルで浴槽側面や底面から気泡とともに噴出するものである．ただし，入浴者の体力に負担をかける場合もあり，長時間の入浴を避けるように説明しているものもある．これらは外気を吸気して浴槽に開放するため，湯温が低下することがある．

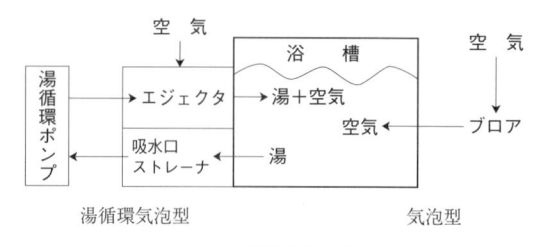

図 6.12 気泡浴槽概念図

ワントップ付実験用流し　　角形実験流しとドラムトラップ　　バック付大形流し

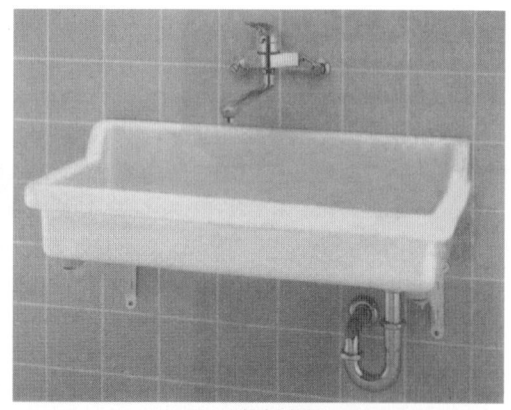

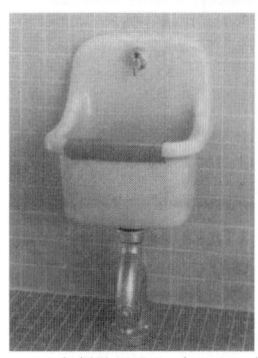

バック付掃除用流し（JIS S210）　　洗髪器　　洗濯流し

洗落とし式壁掛汚物流し　　サイホンゼット式汚物流し

図 6.13 流し類の例[17]

また，ストレーナのこまめな清掃や，さらに循環用の浄化装置が付属している場合は，そのメンテナンスも衛生上重要である．湯の循環をさせずに，ブロアポンプによって空気のみを浴槽底面から放出するタイプもある（図6.12）．なお，ブロアポンプのみならず，浴槽本体も振動発生源になるため，設置にあたっては防振，騒音伝播防止の措置を構じる必要がある．

　一般住宅用の湯循環型機種は，消費生活用製品安全法の特別特定製品に指定されており，循環吸込み口の形状や吸込み力について第三者認証機関の適合確認が必要となっている．

　同様に特別特定製品となる24時間ふろは，ろ過器，消毒装置を設置して浴槽内の湯を長期使用するための循環加温装置で，いつでも入浴できる状態に保つことができる．節水だけのことから考えると循環使用による捨て水がないことから評価されるが，家庭用での浄化装置の能力，機器の維持管理などに十分な注意が必要である．また，適正な頻度でのろ過材，本体および管路の衛生上のチェックが必要である．さらに浴槽の材質によっては，浴槽表面に不具合が発生する場合もあるので，事前に浴槽の材質を十分確認する必要がある．

6.3.5 流し類

　流し類には，掃除流し，洗濯流し，調理場流し，実験流し，多目的流しなどがある（図6.13）．これらはその目的から，衛生器具材質として表面が硬く，平滑で水はけが良く，耐薬品性が高いことが条件となるため，陶器製の既製品が使われることが多い．

a. 附属金具

　掃除流し，洗濯流し，調理場流しの排水金具には，ごみ詰りを防ぐため，ストレーナまたは栓付きとすることになっている．実験用流しについては，化学薬品を流すこともあるので，トラップも含めて排水金具類，排水管には耐薬品性の材質のものを使う．トラップは，流しに組み込まれた陶器製のワントラップや別体の陶器製ドラムトラップが用意されている．いずれにしても，ごみなど異物の詰まりに対して，トラップ清掃がしやすいなどの工夫が必要である．また，公衆用連合流しもあるが，連合流しの構造や設置条件については，SHASE-S206に詳細が記述されている．また，前記洗面器・手洗器・掃除流しのトラップについては，JIS A5207衛生陶器の附属A（参考）衛生陶器附属金具として形状寸法が示されている．

b. 排水管接続

　本来，流しと分類できない特殊衛生器具であろうが，汚物流しや洗髪器という器具もある（図6.13左下）．汚物流しは，病院などで尿びんやベットパンの汚物を流し，洗浄する器具である．ここで取り上げた他の流しとはまったく違う存在で，この器具は，汚水管へ接続しなければならず，汚水管接続口径はϕ75～100 mmであり，ほとんど便器と同じ器具である．また，洗髪器は，業務用の洗髪専用の流しで，トラップにはヘアキャッチャが内蔵され，清掃しやすい構造となっているものである．

　このように，流しは用途が多目的に使われる可能性もあり，器具選定や排水管の材質選定，排水管径には注意を要する．特に接続管径は，SHASE-S 206によれば，掃除流しϕ65 mm，洗濯流しϕ40 mm，調理場流しϕ40 mm，実験流しϕ40 mm，連合流しϕ40 mm，洗髪器ϕ30 mmと，それぞれ数値以上の口径の排水管に接続すべきであるとしている．

表6.10　JISによる給水栓区分

区　分	種　　類
単水栓	横水栓 立水栓 横形衛生水栓 立形衛生水栓 壁付化学水栓 台付化学水栓 横形水飲水栓 立形水飲水栓 元止め式専用水栓
湯水混合水栓	壁付，台付サーモスタット湯水混合水栓 壁付，台付ミキシング湯水混合水栓 壁付，台付シングルレバー湯水混合水栓 壁付，台付2ハンドル湯水混合水栓 元止め式壁付ミキシング湯水混合水栓 元止め式台付ミキシング湯水混合水栓 元止め式壁付シングル湯水混合水栓 元止め式台付シングル湯水混合水栓 元止め式壁付2ハンドル湯水混合水栓 元止め式台付2ハンドル湯水混合水栓
止水栓	アングル形止水栓 ストレート形止水栓 腰高止水栓 Y形止水栓 分岐止水栓
ボールタップ	横形ロータンク用ボールタップ 立形ロータンク用ボールタップ 横形ボールタップ
洗浄弁	小便器洗浄弁 大便器洗浄弁 小便器洗浄水栓

＊各補助区分は省略

6.3.6 水栓・シャワー水栓

給水栓の日本工業規格は，JIS B 2061 給水栓で，その分類によれば，単水栓，湯水混合水栓，止水栓，ボールタップ，洗浄弁・洗浄水栓に区分される（表6.10）．補助区分としては，単水栓には，吐水口回転形，自在形，横自在形，グースネック形，ホース接続形などがある．また，湯水混合水栓には，シャワー形，シャワーバス形，埋込み形，ホース接続形などがある．市場には，さまざまな水栓があり，今後対象とする給水栓の種類は増える方向である（図6.14）．

a. 性能基準と認証

性能は，給水装置の構造および材質の基準に関する省令（平成9年厚生省省令第14号）によって規定されている．性能項目としては，耐圧性能，水撃限界性能，

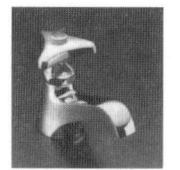

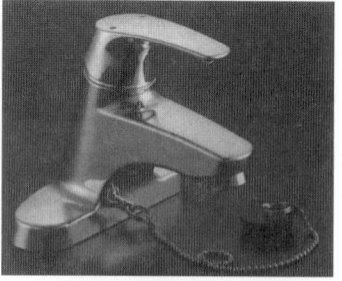

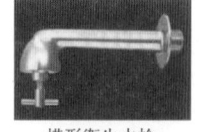

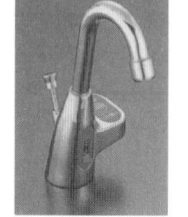

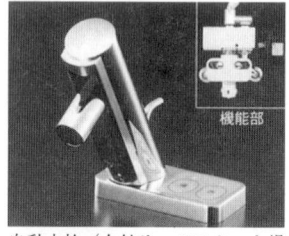

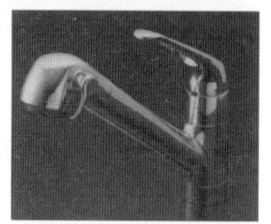

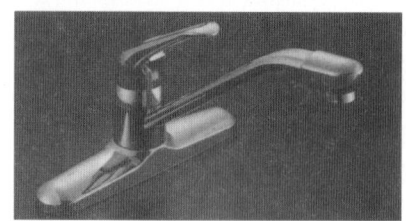

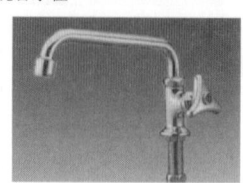

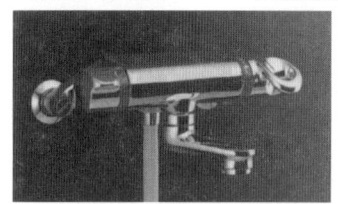

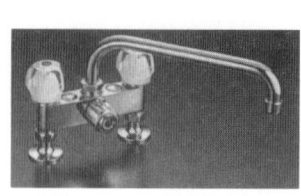

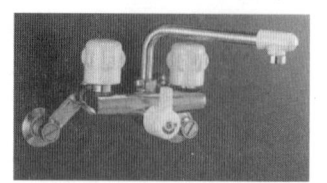

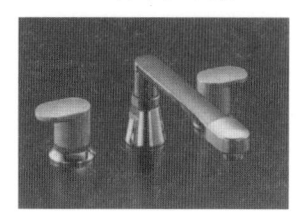

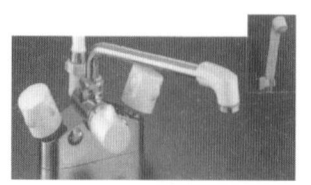

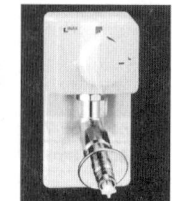

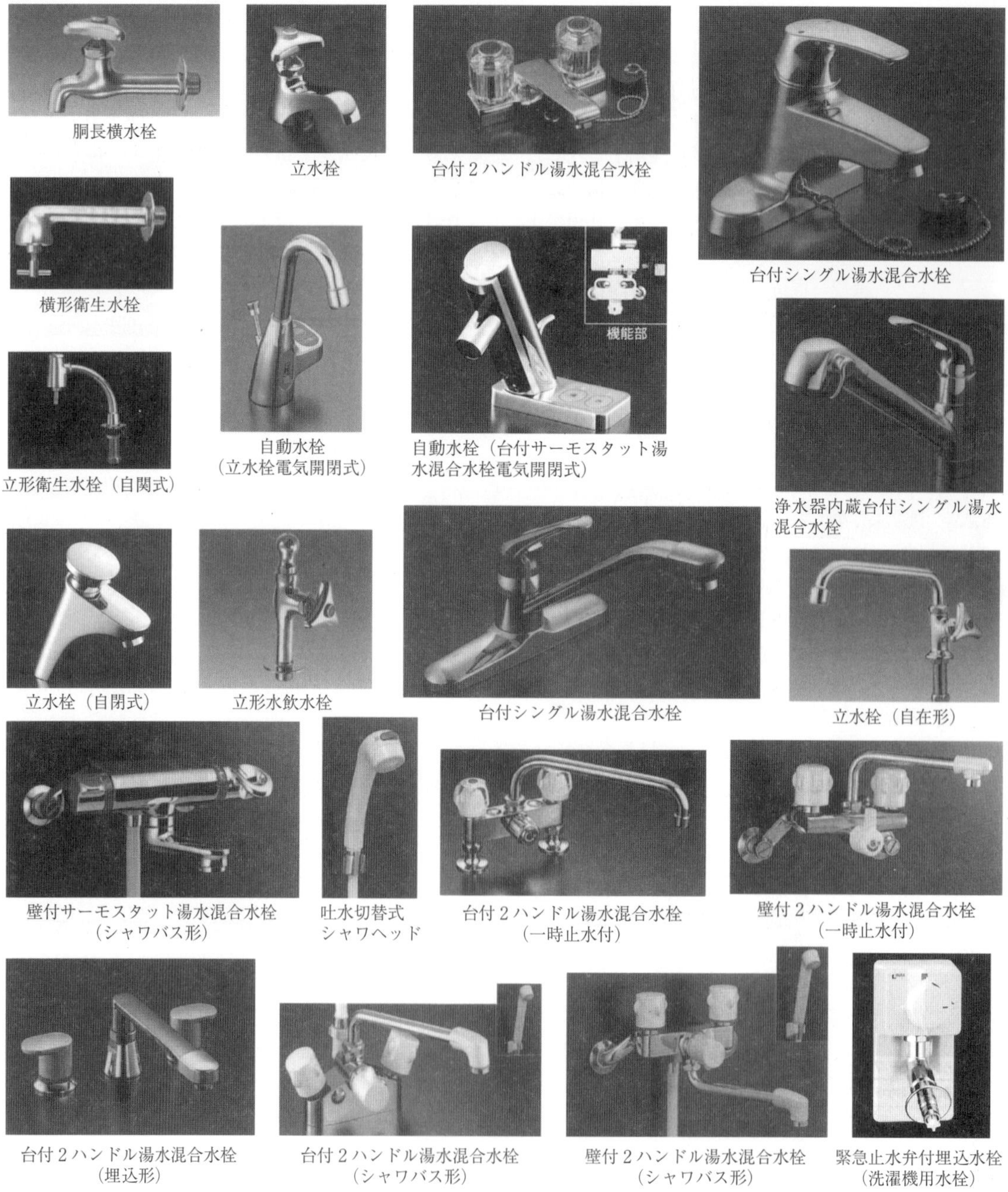

図6.14 水栓各種例[18]

逆流防止性能（負圧破壊性能含む），耐寒性能，浸出性能，耐久性能がある．浸出性能については，給水装置としての止水栓，ボールタップに適用され，さらに通常の使用状態で主として飲用を目的とする用途（台所，洗面所）に用いられる単水栓，湯水混合水栓が対象であり，水道水質基準の1/10以下の基準となっている．また，逆流防止性能は，すべての水栓がその性能をもっているわけではなく，その性能を具備している場合は，逆流防止付きの表示があり，吐水口空間がとれない場合は，逆流防止付きと表示のある水栓を設置するか，配管に，別途逆流防止装置やバキュームブレーカを設置しなければならない．なお，JIS B 2061の性能基準は，省令第14号と同等の規定になっており，さらに操作性能，吐水性能，止水性能，自動温度調整性能，耐久性能などが追加されている．また水栓用途によって必要な性能基準を満たすように製造されており，これら性能基準に合致していることは，JIS，自己認証，第三者認証，の各マークによって確認され，水道管に直接接続してもよい器具を示すものである．第三者認証品情報は，厚生労働省ホームページの給水装置データベースで公開されており，機種選定時の確認に役立つ．

b. 逆流防止

汚染水の逆流だけではなく，湯・水の逆流が起こらないようにしなければならない．特に，ふつうの二バルブ混合栓の吐水口部に先止め式の浄水器などを後から取り付けた場合などには，水栓開で先止め栓閉の状況で湯水の逆流が起こる可能性がある．水栓自体で先止め状態になる一時止水付きの湯水混合水栓などは，湯・水の逆流防止用の逆流防止弁が内蔵されている．また，シャワー水栓のようにシャワーヘッドが移動可能な場合，吐水口空間がなくなる危険があり，ハンドシャワー付きの給水栓も逆流防止弁が内蔵されている．逆流防止弁の代わりにバキュームブレーカを設置してもよい．なお，その場合，バキュームブレーカの設置位置は，接することのできる水受け容器のあふれ縁より150 mm上方に設置しなければならない．

c. 節水

地球環境配慮としての節水効果を給水栓に求められることがあるが，基本的には，適正な水量で吐水するように各水栓の元に設置する止水栓（調整弁）によって水量調整し，無駄水を削減する効果が大きい．節水水栓としては，セルフストップ機能をもった，使用後の閉め忘れによる垂流し防止用水栓や自動水栓などがある．自動水栓は，センサによって，使用状態を感知

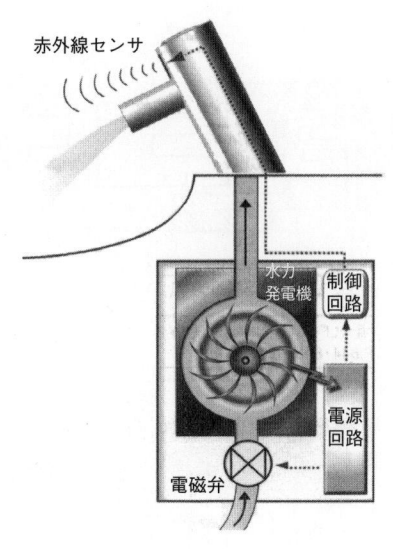

図6.15 自己発電型自動水栓の概念図[19]

して吐水し，使用後自動閉止する機構となっている．その駆動電力として，吐水時の給水残圧を利用して水車を回し，発電して使用電力とする省エネ型もある（図6.15）．また，サーモスタット付きの湯水混合水栓は，ツーバルブの混合水栓の適温調整中の無駄水を防ぐことによる節水効果もある．シングルレバーについても，開閉しやすいことや適温調整時間が短いことによる節水効果も考えられる．なお，節水水栓の基準としては，（社）日本バルブ工業会の節湯基準がある．節湯A（手元等で容易に開閉できるもの．例えば手元スイッチ付シャワーヘッド等），節湯B（吐水量5 l/分以下で普通に使える台所水栓，吐水量8.5 l/分以下で普通に使えるシャワーヘッド），節湯AB（A, B両方に合致するもの）という内容である．これらに該当するものには，製造者が，その節水区分をカタログ等で表示している．ただし，使用者の節水意識に依存するところも大きく，節水に繋がる使い方を情報発信することも重要である．

d. 設置と調整

水栓類の高機能化に伴い，何気なく便利なものとの見方がなされるが，設置にあたっては，機能を理解し，条件を確認することが重要である．例えば，湯温・湯圧の変動があっても設定湯温を自動的に維持できるサーモスタット混合栓は，希望湯温より約10℃高温の湯の供給が前提であるし，使用可能範囲内の圧力で，給湯・給水同圧もしくは給水側がやや高めが望ましい．また，設置後試運転では，吐水湯温とハンドル表示位置の確認，ハンドル位置差換えが必要であるなどがあ

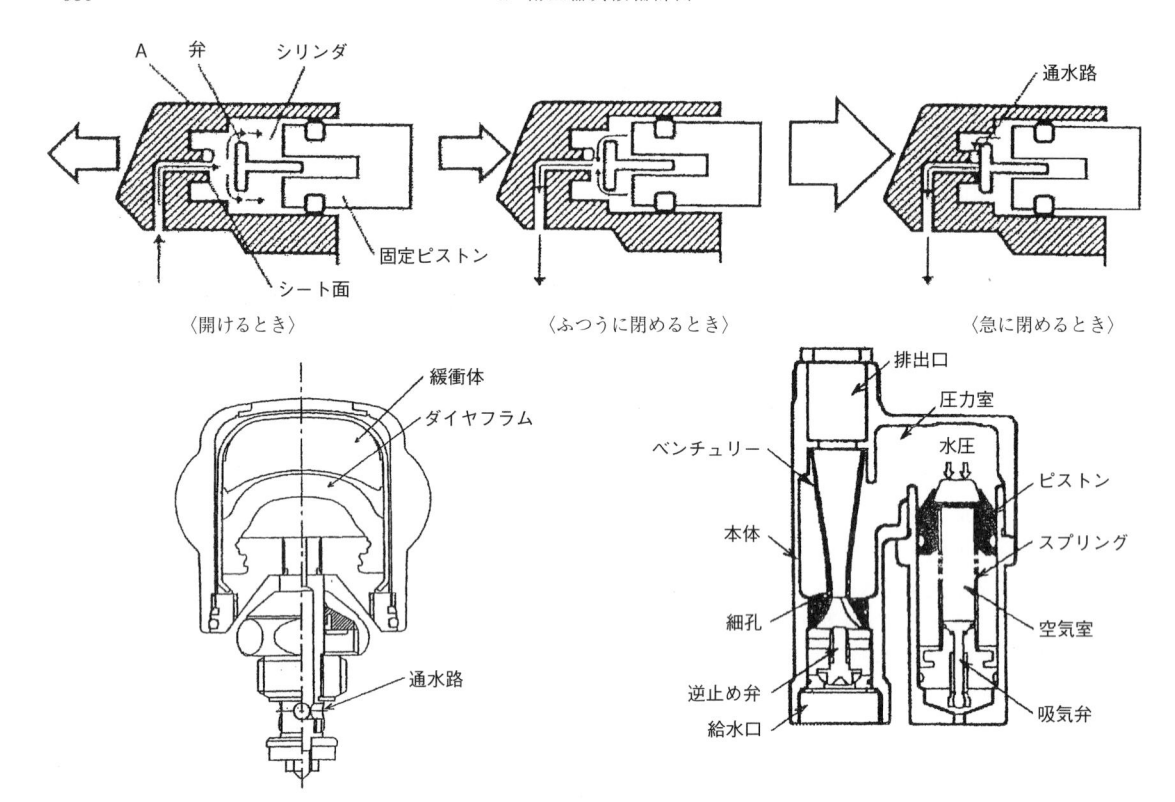

図 6.16 シングルレバー混合栓のウォータハンマ低減機構例（急閉止の防止機構）と水栓に組み込まれるショックアブソーバ例[20]

る．また，シングルレバー混合水栓では，ウォータハンマ（以下WH）低減機構が水栓に組み込まれているが，この機構は，WHを吸収するショックアブソーバではなく，シングルレバー操作においてWHの原因となる急閉止を防止する機構である（図6.16）．本格的な防止機能ではないことを認識することにより，根本的な防止策として給水圧を下げること，流速を緩やかにすることや管路にショックアブソーバを設けるなど給水システム側でも対策を考えることにつながる．

6.3.7 温水洗浄便座

近年，急速に普及しているのが，温水洗浄便座である．

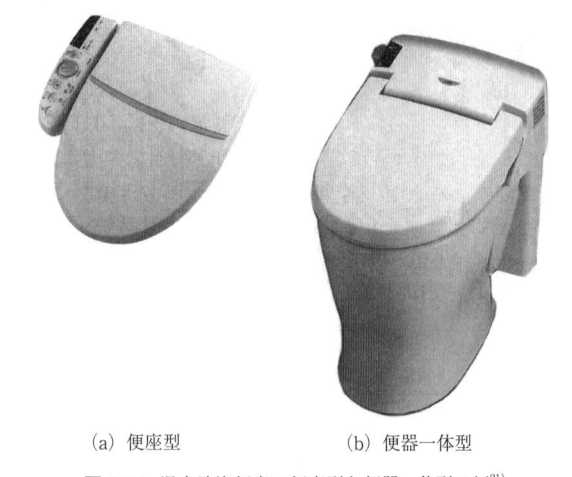

図 6.17 温水洗浄便座の便座型と便器一体型の例[21]

a. 分 類

温水洗浄便座には，便座型と便器一体型がある（図6.17）．また，温水を貯蔵するか否かで区分できる．いわゆる，貯湯タイプと瞬間湯沸タイプ（または連続出湯型という）とである．貯湯タイプは，40℃程度の温水を1ℓ程度貯湯するタンクを有するもので，洗浄時の噴出湯量を多くできる反面，湯切れや貯湯保温のための電力を必要とする．瞬間タイプは，使用時に瞬間的に沸かすため，保温のための電力を必要とせず，湯切れもないが，瞬間式であるがゆえに洗浄吐水水量に限界があり，また，使用時に大きな瞬間電力を必要とする．そのため，電力の供給を他の家電品と独立した単独専用配線にする必要がある．これらとは別の区分として本体に加熱ヒータを内蔵せず，建物内循環給湯を利用するホテル用のものもある．

b. 設置

当機器への給水は，上水としなければならない．再利用水などを便器の洗浄水として使用する場合には，別に上水給水配管を用意する必要がある．特に，後付けで温水洗浄便座を設置する予定のある場合は，あらかじめ上水給水管を準備しておく．洗浄水の噴出は，給水圧力を利用するタイプが多く，給水圧にも注意が必要である．上水管との直結式であるものは，上水汚染を防止するため，逆流防止装置が内蔵され，水道法の性能基準（給水装置の構造及び材質の基準に関する省令）を満足しているものが市販されている．また，アースを取らなければならないため，電力供給とともにアース線の設置もが必要である．

節水については，洗浄時間にもよるが，通常0.4～1 l/min 程度の噴射で10～20秒程度の使用であるため，水の消費量が多いわけではないが，噴出水にエアを混入させて，水量を多く感じさせるものもある．また，設置にあたっては，標準サイズ，大型サイズ，兼用サイズがあるので，便器のサイズの確認も必要である（図6.6）．

6.4 高齢者・障がい者用衛生器具

6.4.1 バリアフリーと器具の配置

高齢者社会の到来により，障がい者のみならず高齢者をも意識した衛生器具および使い勝手を考慮した空間を考えることが重要である．身体障がいには，肢体不自由，視覚障がい，聴覚障がい，音声・言語障がい，内部機能障がいがあり，全体の半分以上が肢体不自由である．肢体不自由のなかでも左・右片麻痺，両下肢麻痺，両上肢麻痺，四肢麻痺があり，その程度も軽度なものから重度なもの，それらが複合したさまざまな障がいがある．

a. 法律，条例

障がいをもつ方々，妊婦やけが人などが，バリアフリーで社会活動できることを配慮した，高齢者・身体障がい者らが円滑に利用できる特定建築物の建築の促進に関する法律（通称ハートビル法）や高齢者・身体障がい者らの公共交通機関を利用した移動の円滑化の促進に関する法律（通称交通バリアフリー法）が施行されたが，その後，これらを統合，拡大した形で，"高齢者・障害者等の移動等の円滑化の促進に関する法律"

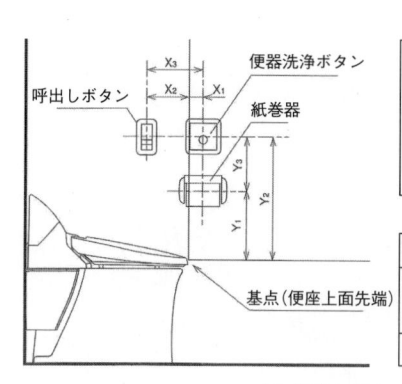

■基本事項
・3設備の設置寸法の基点は，便座上面先端とする．
・操作部及び紙巻器は，腰掛便器の左右どちらかの壁にまとめて設置する．
・便器洗浄ボタンは，紙巻器の上方に設置する．
・呼出しボタンは便器洗浄ボタンと同じ高さで腰掛便器後方に設置する．
・呼出しボタンは，利用者が転倒した姿勢で容易に操作できる位置にも設置することが望ましい．

器具の種類	基点からの水平距離	基点からの垂直距離	二つの器具間距離
紙巻器	X_1：約0～100	Y_1：約150～400	—
便器洗浄ボタン		Y_2：約400～550	Y_3：約100～200
呼出しボタン	X_2：約100～200		X_3：約200～300

(a) 呼出しボタン，便器洗浄ボタン，紙巻器3設備設置基本寸法

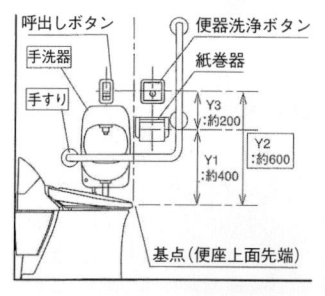

(i) 同一壁面上に，手すり，手洗器を設置する場合

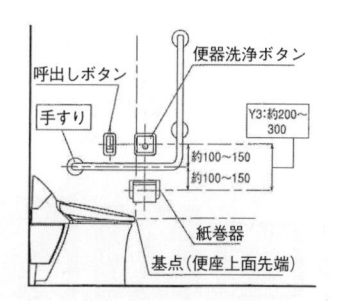

(ii) 手すりを設置する場合

(b) 操作部及び紙巻器が，この規格に示す設置寸法以外となる場合の配列

図 6.18 公共トイレ操作部及び紙巻器の配置及び設置寸法（JIS S 0026）概略

(新バリアフリー法) が施行された．それを反映したかたちで国土交通省編集「人にやさしい建築・住宅推進協議会」発行の「高齢者・障害者等の円滑な移動に配慮した建築設計標準」などに設計のポイントが示されている．また，東京都など多くの地方自治体においても福祉のまちづくり条例などにより整備基準などが定められている．

b. 配　置

便房内に利便性を高めるさまざまな設備が設置されているが，利用者の操作を分りやすくするため，'JIS S 0026 高齢者・障がい者配慮設計指針── 公共トイレにおける便房内操作部の形状，色，配置及び器具の配置'が制定されている（図6.18参照）．

これら高齢者・障がい者らの方々への配慮は，すべての障がいに対応しきれるものではなく，また，すべてに対応できる衛生器具，施設はどのようなものであるかが完全に確立されていないのが現状である．そのような状況のなか，徐々にではあるが，各所で，配慮する範囲を拡大する努力が始まっている．新バリアフリー法で建物規模，用途を指定して設置が義務付けられたこともあり，最近では，人工肛門，人工膀胱の方々への配慮として，パウチの処理，身体を清浄にするための温水の供給，洗浄台，汚物流し，フック類の充実，傾斜鏡でない大型鏡等設備する場合なども増えている．このように，配慮すべき事項を拡大することにより，より多くの方々がバリアフリーで活動できる

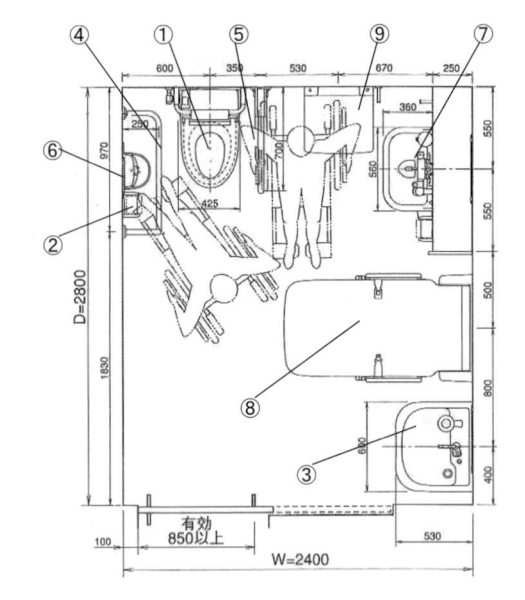

① 車椅子対応大便器
② 紙巻器
③ 車椅子対応洗面器
④ 手すり多目的用L型
⑤ 手すりはね上げ式
⑥ 手洗器
⑦ オストメイト用洗浄設備
⑧ ユニバーサルシート折りたたみ式
⑨ 着替え用ボード折りたたみ式

図 6.19　多機能便房の例

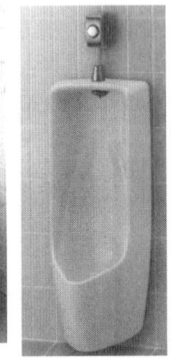

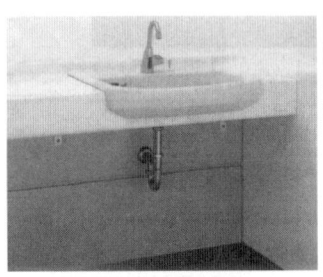

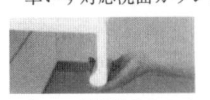

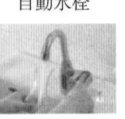

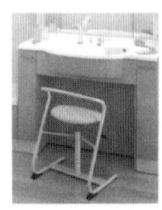

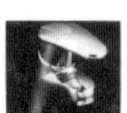

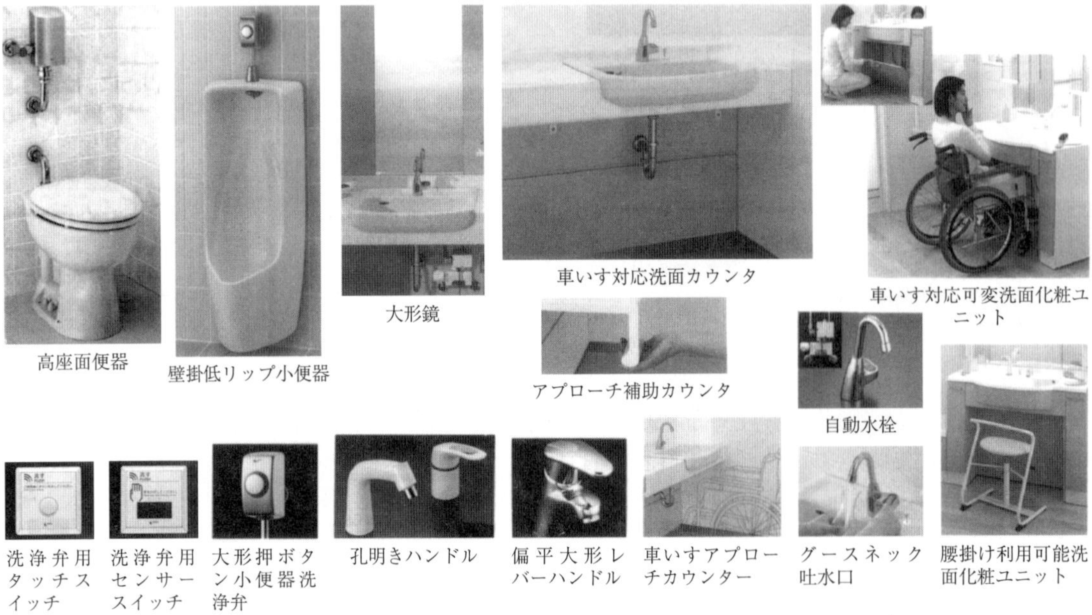

図 6.20　高齢者・身体障害者らが利用しやすいと考えられる器具例[25]

社会が実現していくものと思われる．多機能便房の一例を図6.19に示す．

6.4.2 障がい者用衛生器具

障がい者らに利用しやすい衛生器具として車いす座面高さに合わせた座面高めの大便器，一般便器より座面の低い便器，前向き・後ろ向き両用便器，便器脇に取り付ける可動式水栓，親子便座，レバー式リモコンフラッシュ弁，タッチまたは無接触のフラッシュ弁スイッチ，車いすのままアプローチしやすい洗面器，レバー水栓，自動水栓，大型鏡，それらに付随する固定手すり，可動式手すりなどがある．

それら以外にも，一般衛生器具のなかには，設置の仕方によって使い勝手がよくなる衛生器具もあり，工夫次第で使いやすい空間がつくれる場合もある．ハンドルの孔に指をかけて使えるシングルレバー水栓や温度コントロールしやすいサーモスタット式水栓なども使い勝手がよいと思われる（図6.20）．

他に高齢者配慮浴室ユニット，電動便器立ち座り補助具，棚手すり，ひざが入る洗面化粧ユニット，システムキッチンなどもある．

6.5 寒冷地用衛生器具

6.5.1 凍結防止対策
a. 凍 結 防 止

水は，凍結により約9％体積膨張し，このときの圧力は25 MPaに達し，器具の破損を起こす．そのため寒冷地などで器具の凍結が考えられる場合は，建物の用途や使われ方を考慮して，凍結防止措置を講ずる必要がある．

日本列島は南北に長く，気象条件もさまざまであり，社団法人日本水道協会では，1月の日平均気温を月平均したものが0℃以下の地域を寒冷地と分類している．それらの地域では，衛生器具は水を使う関係から，水の凍結による器具の破壊を防ぐため，凍結防止対策を講じなければならない．寒冷地域以外でも山岳地帯や高地，盆地などで氷点下以下になる地域や，温暖地域においても年に1，2度寒波による屋外設置の水栓の凍結も考えられる地域では，寒冷地と同様な措置を施した方がよい場合もある．

b. 結 露 対 策

寒冷地では凍結とは別に，建物の高断熱，高気密性が高いことと水温が低いことなどから，結露が発生しやすいため，結露対策も必要である（図6.22）．器具側では，器具表面に断熱材を使用したり，ヒータを内蔵したものもあり，なかには，室温と給水温の温度差を感知して給水温度上昇を行うタンク投入ヒータもある．タンク給水管や止水栓に断熱材やヒータの巻き付けなど施工面での配慮が必要である．また，室内の換気や除湿，給水温度の調節も有効な措置である．

寒冷地などの建築は，建築的な対策が進んでおり，水まわり空間も含めて，建物内が快適な温度に維持される場合が多くなってきている．夜間でも室内での凍結までいかない場合は，寒冷地仕様でない衛生器具も使うことができるが，衛生器具設備全体として，現地行政などで指導する仕様を確認する必要がある．

なお，結露については，寒冷地でなくても室内環境によって発生するため，同様な結露対策が必要な場合もある．

6.5.2 凍結防止衛生器具

器具の凍結防止対策は，器具によって異なるが，基本的には水が溜まらない構造（トラップなし），内部の水が抜ける構造（水抜き式），内部の水を絶えず流動させる構造（流動式），加温するヒータを内蔵する構造（ヒータ式）がある．

a. 便 器

寒冷地用大便器，小便器については，トラップ別体のトラップなし便器，鉢を洗う洗浄通水路に水が残らないオープンリム型，トラップ部外側に加温ヒータを組み込んだものなどがある．トラップなし便器は，トラップを不凍帯に設置するものであるが，便器からトラップまでの接続管からの臭気上がりなどの問題がある．構造ではないが運用として，通常の便器トラップに自動車用不凍液を満たしておく方法や大便器の場合，衛生的に問題ではあるがトラップ内の水を抜き臭気対策としてタオルなどでふたをしておく方法もある．大便器の凍結防止の方法をその特徴とともに図6.21に示す．

（a）の水抜き方式室内暖房併用方式，（b）流動方式室内暖房併用方式はトイレ室内を暖房により0℃以上に保つことが条件であり，（c）の水抜き方式トラップヒータ加熱式，（e）の水抜き方式トラップ不凍帯設置併用方式は使用限界室温−15℃まで，（d）流動方式は60 l/hで使用限界室温−10℃までが目安となっている．ただしこれら方式については，地域で方式指定されている場合もあるので確認する必要がある．なお，小便器についても同様である．

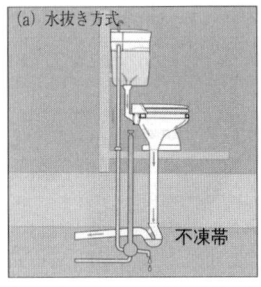

6. 衛生器具設備計画

(a) 水抜き方式

方　式：ロータンク内の水は，水抜きハンドルで，配管内の水は水抜き栓で抜き，トラップの溜水は地中の不凍帯に埋設して凍結を防ぐ方式

使用場面：室内が0℃以下になる厳寒冷地で使用

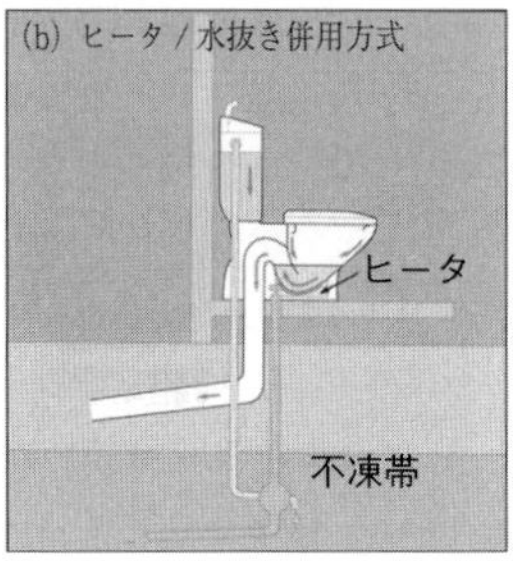

(b) ヒータ／水抜き併用方式

方　式：ロータンク内の水は水抜きハンドルで，配管内の水は水抜き栓で抜き，トラップの溜水は内蔵ヒータの熱で凍結を防ぐ方式．(a)の水抜き方式に比べ便器内に水が溜まっているので鉢や排水管が汚れにくくにおいが発散しにくい利点がある．

使用場面：室内が0℃以下になる厳寒冷地で使用する．排水勾配を確保する際に不凍帯にトラップが埋設できないところでも使用できる

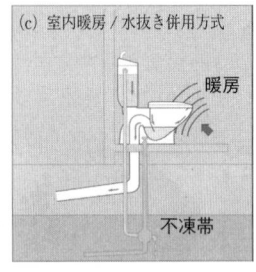

(c) 室内暖房／水抜き併用方式

方　式：ロータンク内の水は水抜きハンドルで，配管内の水は水抜き栓で抜き，トラップの溜水は室内暖房で凍結を防ぐ方式

使用場面：一般住宅などで室内を暖房し，室内が0℃以下にならない寒冷地で使用

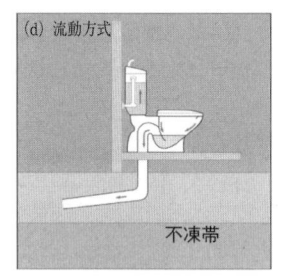

(d) 流動方式

方　式：給水管から便器内へ常に一定量の水を流し，水を動かすことでロータンク，配管，トラップの水の凍結を防ぐ方式

使用場面：室内が0℃以下になる寒冷地で使用する

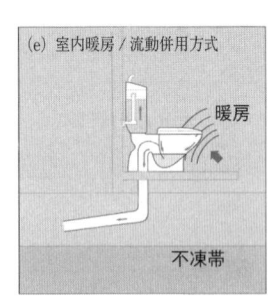

(e) 室内暖房／流動併用方式

方　式：給水管から便器内へ常に一定量の水を流し，水を動かすことでロータンク，配管，トラップの水の凍結を防ぐ方式．室内暖房で，シャワートイレが使用できる

使用場面：一般住宅など，室内を暖房する寒冷地で使用する．（便器の使用限界温度は−10℃）

図 6.21 寒冷地における便器と給水装置の組み合わせ[26]

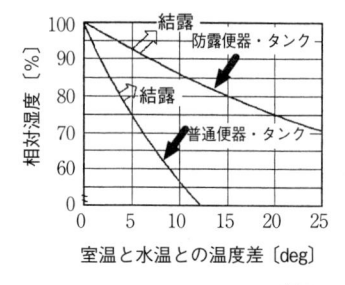

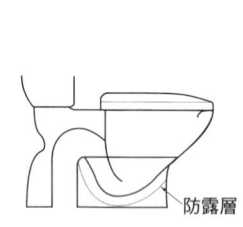

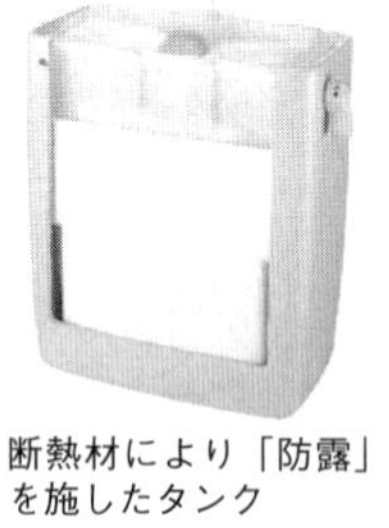

図 6.22 大便器・防露タンクの結露限界図と防露タンクと防露便器[27]

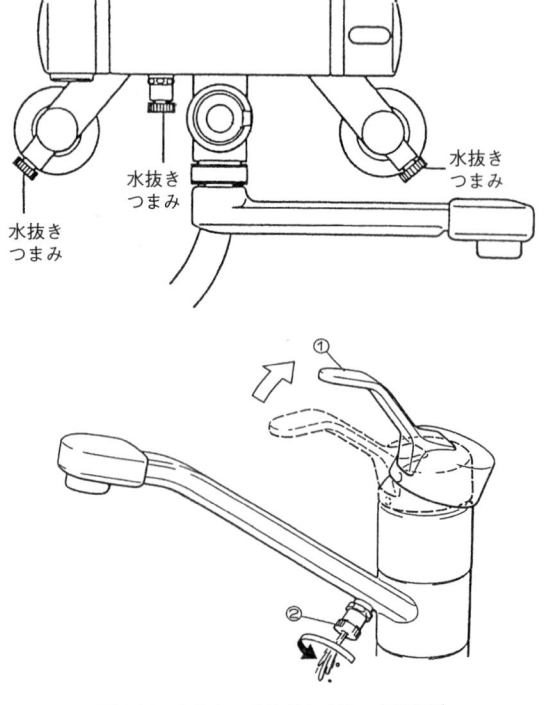

図 6.23 水抜きつまみ付き水栓の外観例[28]

b. 給水栓

水栓，ボールタップ，洗浄弁の耐寒性能については，所定の給水配管をした状態で，通水後水を抜き，$-20±2℃$で1時間保持後，解凍し，通水により，吐水すること，凍結破損，変形がないこと，その他操作，洗浄，耐圧，止水，水撃限界，逆流防止，負圧破壊，自動温度調節の各性能を満足することがJIS B 2061で規定されている．また，凍結防止法として，水抜きや内蔵加熱器などが示され，水抜き操作は手動で容易にできるものとしている（図6.23）．なお，それらの寒冷地対応品には寒冷地型または共用型との表示がなされている．

なお，大便器，小便器洗浄装置の洗浄弁は，構造上水抜きがしにくく，ピストンバルブに対するバイパスを設け，ハンドル操作で便器に流動させる構造が主である．また，小便器用の洗浄水栓は，固定こま方式などで水抜きができる構造のものがある．これは，ハンドルを少し開けておくことにより，流動式にも使える．

洗面器については，水を溜める部分がなく，トラップだけの問題となる．トラップが凍結しそうな場合は，ストレート管や雷管を使い，不凍帯にトラップを設ける．

水栓は，水抜き式構造で，こまパッキンを使う単水栓型は，固定こま仕様である．また，水が溜まる部分については，水抜きできるように水抜き栓がついており，手で操作して水を抜く（図6.23）．寒冷地用の逆止め弁内蔵の水栓は，逆止め弁が手動で開放される構造になっていて，操作により水が抜ける．特に注意を要するのは，給水器具への給水配管の方法で，滞溜水ができないようU字の配管をしてはならない．

浴室ユニットなどでは，排水トラップや防水パンを断熱材で囲い，貼り付けるなどの措置をすることもある（図6.24）．

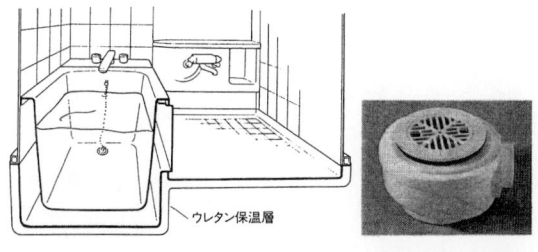

(a) 防水パン下に保温層を設ける例　(b) トラップを断熱材で覆う例

図6.24 浴室ユニットの寒冷地対策例[29]

6.6 その他特殊用途衛生器具

6.6.1 車両用器具

車両用のトイレシステムは，洗浄水の確保，汚水の貯留，配管および器具洗浄，それらに伴う臭気の対策など，移動する車両という限られた空間，トンネルによる気圧変動，振動などの制約のなかで，使用者に快適な利用を提供しなければならない．地上に固定された建築物への設置ではなく，また，上水道，下水道など社会的なインフラを常時利用できる空間ではないため，建築設備とはまったく違う解決方法を要求されるものである．

a. 大便器

列車用便器には，大別すると粉砕式，貯留式，循環式，浄化排水式，噴射式・真空式などがある．

粉砕式は汚物に消毒剤を加えて粉砕し車外に排出する．この方式は公害問題もあり，現在は使われていない．

貯留式は清水で便器を洗浄し，汚物を流しタンクに溜める方式である．公害問題はないが，貯留タンクの抜き取りは車両基地にて行うため，タンク容量により車両運用効率が左右される問題があった．

循環式は貯留タンクで汚水を固液分離，消毒し，分離水を再度洗浄水として使用する方式である．貯留タンク内に容量の半分の清水と消毒剤とを入れておき運転する．タンク容量は在来車両で300 l，新幹線で1000 l 程度である．

浄化排水式は汚水をろ布にて固形分離し，薬液処理し貯留し，分離液もろ過剤にて脱臭脱色，さらに塩素剤にて殺菌消毒し，貯留され中和する．電車が駅に停車すると希釈水とともに車外へ排出される．また，固形分を貯留したタンクはカセット式で一定周期ごとに取り外し焼却処分される．主に大都市圏の中距離電車向けに使われている．

噴射式は180 mlの清水で便器を洗浄できるようにノズル洗浄方法を採用し，またタンクからの臭気を遮断するシャッタを設備したシステムである（図6.25）．同様に真空式は，便器排水口に接続した予備汚物タンクを減圧して便器内の汚物を洗浄用の180 mlの清水とともに吸引し，その後，加圧して貯留タンクへ圧送し，汚水をタンクに貯留する方式である．こちらも便器には弁が設置され臭気が遮断されている．

b. 小便器

列車の小便器は，真空式でも噴射式でも小便器に対

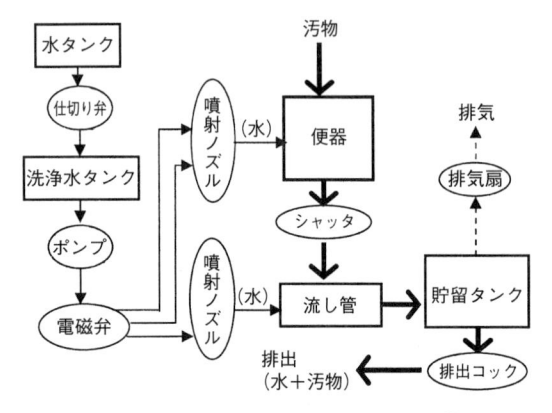

図 6.25 列車用便器噴射式システム概要図[30]

しては500 ml/回程度の清水を使用する．そのため汚物タンクの容量に影響が出るため，節水の必要があり，小便器に同方式を適用する場合，循環使用のシステムも組み込んでいる．清水のみの洗浄水量では便器の洗浄が不十分となり，悪臭の発生につながることもあり，洗浄量を多くしている．尿は汚物タンクへ流下し，使用者が立ち去ると洗浄タンクからの洗浄水で汚水を汚水タンクへ洗い流し，次にもう一度便器を洗浄するため洗浄タンクから洗浄水を便器に送り，その洗浄水は洗浄水タンクへ流下させる．小便器使用ごとに繰り返し，50回程度繰り返すと洗浄タンクの水は自動的に清水に入れ替えるように制御されている．

6.6.2 宇宙用器具

宇宙船内（スペースシャトル）のトイレは，無重力のため地上とはまったく違うシステムとなっている．し尿は，重力がないため，配管勾配で自然流下しないため，吸引により収集しなければならない．大小便は，それぞれ別に用をたす．尿は，便座に腰掛け，体が浮かないように脚を固定後，吸引ホースを手で所定の位置に保持しながら排尿して吸引させる．吸引された尿はフィルタでろ過し，液体状態でタンクに貯蔵し，満杯になった時点で宇宙空間に排出する．大便は，吸込み口に肛門がくるように便座に腰掛け，排便し，空気で吸引させる．大便は遠心器で砕き，容器内壁に密着させ，水分が蒸発した状態で貯蔵し，地球に持ち帰ることになっている．

6.6.3 簡易水洗便器

簡易水栓便器は，多少の洗浄水を使うものでも非水洗便器であり，下水道への接続はできない．し尿は貯蔵し，満杯になった状態で搬出し，し尿処理場で処理しなければならない．したがって，下水道が整備されている地域には設置できない．構造は，便器の流下部に，フラッパやハーフボール弁，スライド弁などが設置され，便鉢のし尿の排出時にそれら弁が開き，貯留槽へし尿を流し出した後，再び閉止し，臭気や害虫の室内への侵入を防ぐようになっている．使用時に便鉢に少量の水を使用するものや薬剤などを使用するものもある．また，昨今の登山ブームから，水の確保が難しい山小屋などの便所について，汚物汚水排出による自然破壊をしない条件で多くの登山者のし尿を処理する方法について研究されている．一部では，便器と汚物処理装置をセットにして外部に排出しない自己完結型のトイレシステムが開発され，現在稼動しているものもある．

6.7 設備ユニットなど

6.7.1 設備ユニットの分類

設備ユニットは，従来，現場施工していたものを工場で製造し，現場でセットまたは簡易に組み立てできるようにユニット化した衛生器具設備である．空気調和・衛生用語辞典（空気調和・衛生工学会）によれば，設備を工場で一つのユニットとして作成し，現場での作業を大幅に簡略化したものの総称であるとしている．設備ユニットの具体的な名称と分類を図6.26に示す．設備ユニットは，工期短縮，現場管理作業の軽減，施工精度の向上，性能品質の安定を図るものである．

```
設備ユニット ─┬─ サニタリーユニット ─┬─ 浴室ユニット
              │                      ├─ 便所ユニット
              │                      ├─ 洗面所ユニット
              │                      ├─ 複合ユニット
              │                      └─ シャワーユニット
              ├─ キッチンユニット ───┬─ システムキッチン
              │                      └─ 流し台・調理台・こんろ台
              ├─ 配管ユニット ───────┬─ 床用配管ユニット
              │                      ├─ 壁用配管ユニット
              │                      ├─ 天井用配管ユニット
              │                      ├─ 立て管用配管ユニット
              │                      └─ システムトイレ
              ├─ 部材 ───────────────┬─ 洗面化粧ユニット類
              │                      ├─ 浴室用防水パン
              │                      └─ 洗い場付き浴槽
              └─ 冷暖房ユニット ─────┬─ パッケージユニット
                                     └─ 室型ユニット
```

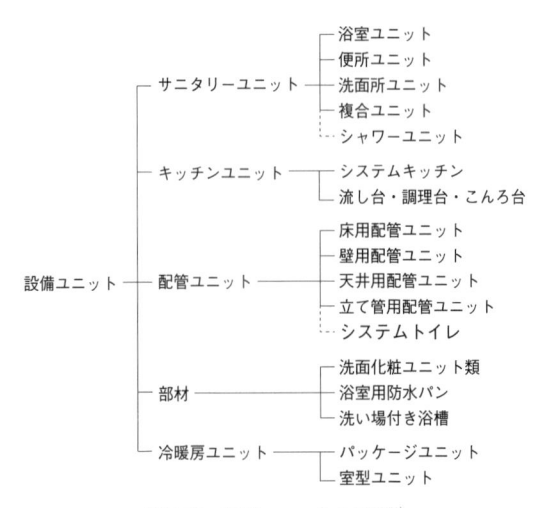

図 6.26 設備ユニットの分類[31]

表 6.11 住宅用サニタリーユニットの種類
（JIS A 0012 による区分）

種類	記号	摘要
浴室ユニット	B	入浴用の室型ユニット
便所ユニット	T	用便用の室型ユニット
洗面ユニット	L	洗面または洗面・洗濯用の室型ユニット
複合サニタリーユニット	BTLC	入浴，用便，洗面の機能を1室に複合した室型ユニット

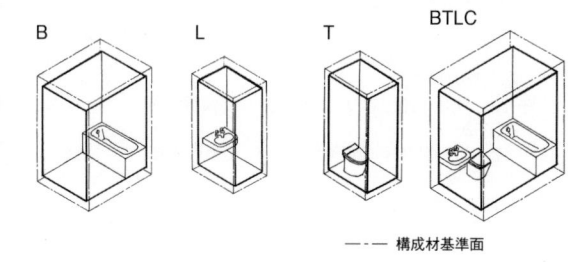

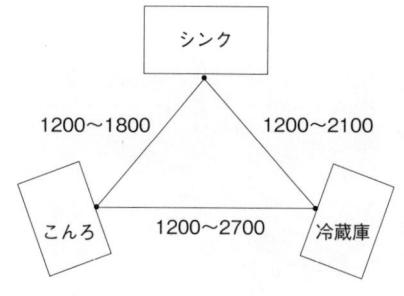

図 6.27 ワークトライアングル（mm）[32]

6.7.2 サニタリーユニット

サニタリーユニットは，表 6.11 のとおり，空間を構成するユニットで浴室，便所，シャワー室，洗面所の各ユニット，それらを複合したユニットがある．複合ユニットは，いわゆる3点ユニットで主にビジネスホテル，ワンルームマンションや宿泊施設で使われることが多く，洗面所ユニットについては，最近では，見かけることはない．浴室ユニットは，入口段差がなく，要所に手すりが付属し，浴槽またぎ高さなど工夫した高齢者対応型や，老朽化した古い浴室ユニットを新しいユニットに取り替えるため，建築躯体を壊すことなく内側から組み立てができるリフォーム対応型のものもある．

呼び寸法は，ユニットの内寸法を表すので建築躯体は，水平方向で壁厚や施工上の必要寸法として呼び寸法より1辺で約 200 mm，垂直寸法は，防水パン下の排水管，天井上換気ダクト，施工上必要な空間として合計約 500 mm 以上は必要と考えるのか一般的である．しかし，必要躯体寸法は，機種によって違うため，詳細は，選定機種ごとに確認が必要である．

6.7.3 キッチンユニット・システムキッチン

システムキッチンは，部屋の大きさやニーズによって自由に複数のキャビネットを組み合わせたものを天板で一体化し，シンクや調理用加熱器を組み込んだものである．キッチンユニットは，流し台，調理台，こんろ台，吊り戸棚，レンジフードなどをバックパネルやサイドパネルで一体化したものである．また，セクショナルキッチンは流し台，調理台，こんろ台など単品を並べて配置するものをいう．

システムキッチンは，天板の材質，キャビネット扉の面材，調理器具など選択肢が多く，また，平面レイアウトも自由度が大きく，意匠性もあり，近年設置事例が多い．天板高さも，自由度があり，使用者の体格を考え，できれば実物での高さの確認をすることが望ましい．

レイアウトには，I型，II型，L型，U型，ペニンシュラ型，アイランド型などのパターンがあるが，シンク，加熱調理器，冷蔵庫への動線を考えてレイアウトする必要がある．この各要素を結ぶ3辺で構成する三角形をワークトライアングルといい，3辺の総和が 3600〜6600 mm 程度が適当とされている（図 6.27）．この考え方からいってもレイアウトとしてはII型とU型が使いやすいことになる．

またシンク下に膝が入り，いすに腰掛けて水仕事ができるタイプやシンク高さが可変できるものなど高齢者，車いす対応のものもある．

6.7.4 部材ユニット・配管ユニット

部材ユニットには，図 6.26 のとおり，洗面化粧ユニット（洗面化粧台），浴室用防水パン，洗い場付き浴槽がある．浴室用防水パンや洗い場付き浴槽は，現場での防水工事の工期短縮などに役立つものである．

配管ユニットは，JIS A 4413 住宅用配管ユニットにおいては，床，壁，天井用配管ユニット，立て管用配管ユニットの種類がある．これとは別に，便器まわりの配管をフレームに組み付け，仕上げカバー，衛生器具を取り付けるものも配管ユニットと呼んでいる．この便器形配管ユニットとユニット化した便所ブース，内装壁，天井までを含んでトイレ空間全体をユニット化したものもある（図 6.28）．

〔倉田丈司〕

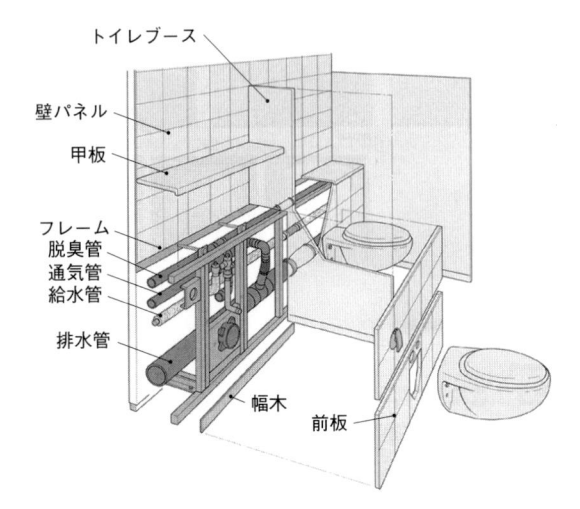

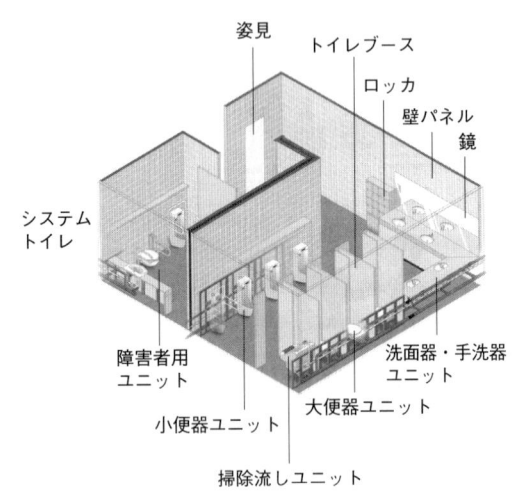

図 6.28 大便器配管ユニットとそれらを組み合わせた乾式施工の大型便所ユニット概略図[33]

文　献

1) 空気調和・衛生工学会：給排水衛生設備規準・同解説 SHASE S206-2009, p.13, 2009.
2) 空気調和・衛生工学会：空気調和・衛生工学便覧Ⅲ, 給排水設備編, p.254, 2001.
3) 空気調和・衛生工学会：給排水衛生設備規準・同解説 SHASE S206-2009, p.8, 2009.
4) 空気調和・衛生工学会：給排水衛生設備規準・同解説 SHASE S206-2009, p.162. 解説表7-4 法規による所要器具数引用, 2009.
5) UPC 掲載器具数表の参考和訳.
6) 空気調和・衛生工学会：給排水衛生設備規準・同解説 SHASE S206-2009, p.211, 2009. 技術要項 事務所の適正器具数引用
7)～10), 13)～29), 33) INAX 住宅設備機器総合カタログ, 2006-2007.
11), 12) TOTO（株）総合カタログ, 2003-2004.
30) 日本トイレ協会編：トイレの研究, p.215. 鉄道車両のトイレ概説, 地域交流センター発行およびテシカカタログ.
31) 空気調和・衛生工学会：空気調和・衛生工学便覧Ⅲ, 給排水設備編：p.275, 2001.
32) キッチンバス工業会住宅設備プロフェッショナルマニュアル.

7 排水再利用・雨水利用設備計画

7.1 基本事項

7.1.1 一般事項

a. 必要性と助成措置

近年の日本では，都市化の進展，生活様式の変化につれて，都市部における水需要が増加し，最近の少雨傾向による水不足もあって，都市用水の需給の逼迫が恒常化している．このため，水資源の確保と節水型社会システムの構築が必要となってはいるが，新たな水資源の開発は難しく，建築物における水の循環利用に対する認識と，災害などの非常時の防災用水の確保の難しさと重要性が再認識されたことも相まって，排水再利用や雨水利用が安定した水供給を可能にするものとしてその必要性が高まっているといえる．また，雨水利用には都市型洪水防止という役割，逆に都市の地下水の枯渇による地盤沈下を防ぐ役割も担っており，重要であろう．

前段の内容と関連して，地方公共団体や第三セクターなどが，地域・地区レベルの水再利用施設のシステム設計を行う際の費用を補助する「都市環境基盤整備モデル事業（エコシテイー整備推進事業）」，地方公共団体の下水道事業を補助対象とした「水循環・再生下水道モデル事業」および「再生水利用下水道事業」，民間事業者らが，環境保全にかかわる一定の条件を満たす，おおむね50戸以上の住宅団地を施工する場合の雨水および中水道などの水有効利用システムの施設設備費を補助する「環境共生住宅市街地モデル事業」などの水循環利用に対する助成制度がある．

b. 経済計算

排水再利用システムおよび雨水利用システムの設置に関して，選択できるいくつかのシステムの経済性の差異をライフサイクルコスト（LCC）の算出により比較評価，および検討する．ライフサイクルコストとは，システムを設置する場合，その計画設計，土地取得，施工設置，運転管理，撤去廃棄処分など，システムの誕生から終焉までに要する全費用をいう．これらの費用の算出には利子および価格変動の考えを含めた計算が不可欠で，この利子などの概念を考慮してLCCを算出する方法には現在価値法と年等価額法がある．現在価値法とは将来発生するすべての費用を現時点で支払うと仮定したときの，現時点での将来費用の一括払いを，年等価額法は将来発生するすべての費用をその設備の検討期間において毎年同額ずつ支払い続けると仮定したときの，その各年度における支払額を意味する．

以上の方法によりシステムを経済性の比較により検討することに加えてシステム特有の優位性（スペースの有効利用など）を考慮することも重要であり，各処理システムの特徴を把握したうえで評価をして選択をしなければならない．

c. 配管計画

再利用水は建築物で使用される場合，人間の生活と密着した場所で使用されることから，その安全性・衛生上の確保はきわめて重要なことであり，そのためには基本的事項を十分に踏まえ，その計画を行わなければならない．配管計画はまず，再利用水の使用範囲とその水質を明確に把握することがたいせつであり，それに準拠して配管計画を行う．

配管方式には広域的・地域的方式と個別方式とがあり，前者は下水処理場の処理水や特定地区内の雑排水を再処理施設によって再生された再利用水を特定地区内に供給する方式，後者は事務所ビルなどの個別建築物内での排水の一部または全部をその建築物個々に設置した再処理施設によって処理された再利用水を供給する方式である．地域的方式の場合，需給量が確保されない場合や量的変化が予想される場合には上水系からの補給水が必要となり，個別方式においては建築物の種類・用途によっては排水量と再利用水のバランスに差異が生じることもあり，またどの器具からの排水を再利用水の原水とすべきかによっても再利用水の供給量とのバランスが保たれないことが生じる．し

がって再利用水の供給量が再利用水の原水としての排出量を上まわる場合には上水系の補給水が必要となる．また再利用装置の故障などをも考慮すれば，それに見合う管径を有する補給水を再利用貯水タンクに配管する必要がある．

その他，留意すべき点としては配管施工時における上水系と再利用水系統との誤接合，誤配管の防止，また，洗車・散水などに再利用する場合の誤飲・誤使用防止の予防手段を講じなければならない．さらに，再利用水用タンクに上水系給水管を接続する場合の逆流防止，配管スペース・シャフトの位置・大きさ，地中埋設する場合における土質による腐食の防止，管材などのスケール・スライム・詰まりおよび腐食防止，ウォータハンマ（配管・機器類の振動，騒音の発生原因）の防止，建築物内に再利用処理装置や再利用水原水タンクなどを設ける場合における臭気への考慮，通気管の経路やその管材，以上の点に関して十分に考慮した配管計画を立てる必要がある．

7.1.2 使用用途と水質
a. 排水再利用用途とその水質

一般に，排水再利用水使用に際しては，誤飲や人体接触による保健衛生上の問題から，便所洗浄水以外の使用用途に関しては原水の選定や使用形態を熟慮したうえでの選択が必要である．それらを考慮に入れると，実際に利用可能性があるのは，洗車用水，散水用水（路上，草花，樹林），消火用水，融雪用水，修景用水（人工的に造られた池・噴水・小川などに利用する水），清掃用水，親水用水（肌に触れあるいはその中に入るなど水に親しみ楽しむことを目的とした諸施設に使用する水）などが考えられる．

福岡市では使用用途を水洗便所洗浄水に限っており，各自治体の指導要綱に多少の違いがみられるのも留意すべき点である．

また，建築物における衛生的環境の確保に関する法律（建築物衛生法）関連政省令の一部が改正され平成15年4月1日から施行されることになった．再利用に関する主な改正の内容を次に示す．

1）空気調和設備の病原体による空気汚染を防止するための措置が規定され，冷却塔および加湿装置に供給する水は水道法の水質基準に適合している水を使用することになった．

2）人の健康に係わる被害が生ずることを防止するため，雑用水を供給する場合の規定が設けられた．
(1) 給水栓の遊離残留塩素を0.1 ppm以上に保持す

表7.1 建築物環境衛生管理基準（法第4条の2）（平成15年4月1日）（厚生労働省）

(1) pH値	5.8以上8.6以下であること．
(2) 臭気	異常でないこと．
(3) 外観	ほとんど無色透明であること．
(4) 大腸菌	検出されないこと．
(5) 濁度	2度以下であること．
(6) 遊離残留塩素	給水栓の水で0.1 mg/l以上

ること．
(2) 雑用水槽の点検など水が汚染されることを防止するための措置を講ずること．
(3) 散水，修景，清掃に使用する場合は，原水にし尿を含む水は使用しないこと．pH値，臭気，外観，大腸菌等は，建築物環境衛生管理基準に適合すること．
(4) 水洗便所に使用する場合は，濁度を除いて上記の管理基準に適合すること．
(5) 遊離残留塩素，pH値，臭気，外観は7日以内に1回，大腸菌，濁度については2ケ月に1回定期的な検査を行うこと．
(6) 雑用水が人の健康を害するおそれがあると知ったときは，ただちに供給を停止し関係者に危険である旨を周知すること．

再利用水の水質基準として建築物環境衛生管理基準があり，表7.1にそれぞれを示す．

b. 雨水利用用途とその水質

雨水利用水の用途は，便所洗浄水を主体をするが，良質な水質が得られる場合は散水用水，修景用水，消火用水としても利用できるとされており，一般的に排水再利用水よりもその水質は良好である．実際の水質調査からも地震などで給水がストップしたとき，消毒さえすれば飲料水としても利用できるほどの良好な水質が結果として出ている例もある．

7.2 排水再利用設備

7.2.1 原水と水質

建築物排水はその用途により排水量やその水質が異なる．一方，再生利用のための再生コストは汚濁負荷の少ない排水を回収した方が安価となり，さらに汚泥の発生，臭気の発生も少ない．このため排水の再利用計画にあたっては，再利用水量と排水量との水量バランスを考慮し，さらに排水の分別回収に要する給排水設備コスト，および再利用コストとの兼ね合いから，回収すべき排水の種別を選択する必要がある．

表7.2 用途別水量（平日）[3]

用途		単位	使用水量〔（ ）内は参考値〕	排水量	流出係数	備考（算定の条件など）
定常的水量	汚水系 男子小便器	〔l/(日・人)(男子)〕	12.0±1.0	12.0±1.0	1.0	10 h/日，洗浄弁5 l/回，操作1.0回/回（占有1回当たりの操作回数）
	男子大便器	〔l/(日・人)(男子)〕	9.0±4.5	9.0±4.5	1.0	10 h/日，洗浄弁15 l/回，操作1.5回/回（占有1回当たりの操作回数）
	女子便器	〔l/(日・人)(女子)〕	70.7±5.5	70.7±5.5	1.0	10 h/日，洗浄弁16 l/回，操作1.7回/回（占有1回当たりの操作回数）
	雑排水 男子洗面・手洗	〔l/(日・人)(男子)〕	4.5±0.3	4.5±0.3	1.0	10 h/日
	女子洗面・手洗	〔l/(日・人)(女子)〕	6.5±0.7	6.5±0.7	1.0	10 h/日
	湯沸し	〔l/(日・人)(男女)〕	7.5±3.8	7.5±3.8	1.0	2.5 l/回・人（飲用・茶器洗いなど），サービス3回/日
	掃除	〔l/(日・人)(男女)〕	1.2±0.6	1.2±0.6	1.0	
	社員食堂・厨房	〔l/(日・人)(供食)〕	30.0±12	24.0±9.6	0.8	昼10 hの水量は25 l/(日・食)前後，夏期1.23倍，冬期0.73倍
	有無・規模の影響大 一般食堂	〔l/(日・食)(供食)〕	(68)	(54)	0.8	
	そば店	〔l/(日・食)(供食)〕	(58)	(46)	0.8	
	喫茶店	〔l/(日・客)(利用者)〕	(13)	(11)	0.9	
	理髪店	〔l/(日・客)(利用者)〕	(31)	(31)	1.0	
	美容室	〔l/(日・客)(利用者)〕	(85)	(85)	1.0	
	診療所	〔l/(日・客)(利用者)〕	(50)	(50)	1.0	
夏期のみ	冷却塔補給水〔在籍者当たり〕	〔l/(日・kW)(冷凍機)〕〔l/(日・人)(在籍)〕	59±13〔27±6〕	23.4±5.2〔11±2〕	ブローのみ	9±2 h/日，循環水量の0.35％のブロー量を含む（蒸発1.14 l/(h・kW)）吸収式2.0～1.5倍，コンピュータその他の冷却水に注意
不定期水量（天候などの影響大）	玄関まわり散水	〔l/(日・箇所)〕	(1200±300)	960±210	0.7	散水面積300 m^2，散水量4±1 mm/m^2（散水日約2.5 l/(日・人)）
	駐車場	〔l/(日・台)(洗車)〕	260±100	208±80	0.8	平日の平均的使用量は2.0±0.9 l/(日・人)（在籍人員）
	庭園散水		不定			植栽・噴水・融雪
	設備清掃など		不定			ボイラ補給水・フィルタ洗浄・上水タンク清掃など

〔注〕1. 在勤時間として10 hをみているが，在室時間に変動がある場合には，1人1時間につき表の値の1/10を増減する.
2. 便器の1回当たりの洗浄水量が異なる場合は，水量比で補正する.
3. 紙コップによるセルフサービスを行う場合は，かなり水量が減ずる．飲用のみでは0.2±0.05 l/(回・人)である.
4. 給食センターなどからの半製品による場合には，水量が減ずる.

再生利用の原水という観点からの建物別の用途別水量としては，空気調和・衛生工学会（給排水衛生設備委員会）の中間報告「事務所・庁舎ビルの用途別使用水量について」（空気調和・衛生工学, vol. 54, No. 8）がある．またこれを基に得た用途別排水量および原水種別の排水量を，表7.2に示す.

排水をそれぞれ系統別に分類すると以下のようになる.

a. 手洗・洗面排水（低汚濁雑排水）

手洗・洗面排水は，一般のビルでは全体排水量の10％程度を占め，水質的にも汚濁負荷量が少なく良質であるため，再生利用の際には優先的に利用すべき排水である.

手洗・洗面排水の水質を表7.3ほかの排水を含めた調査水質は表7.4による.

b. 給湯室排水（低汚濁雑排水）

ビルの給湯室流しの排水で，湯のみ，灰皿などの洗い水が主であり，若干の厨かい類の混入はあるが良質な排水であり，優先的に利用すべき排水である.

c. 浴室排水（低汚濁雑排水）

ホテル・旅館などの宿泊施設を有するビルで，浴室から排出される排水であり，汚濁負荷は表7.5に示すように比較的少なく，再生利用の原水として適している.

宿泊施設を有するビルでの再生利用設備については，手洗・洗面排水，給湯室排水，浴室排水の低汚濁雑排水で，必要再生利用原水の全量をまかなうことが

表7.3 洗面・手洗排水調査結果
（大阪府庁舎別館における調査）

調査時間		S 49.8.5～8.9（夏期）			S 50.1.27～1.31（冬期）		
調査項目		最小	最大	平均	最小	最大	平均
水質	温度〔℃〕	28	32	30	11	18	13
	COD cr〔ppm〕	45	380	106	40	500	155
	BOD〔ppm〕	7	131	49	21	197	80
	SS〔ppm〕	12	110	41	12	565	101
	全固形分〔ppm〕	100	300	176	103	726	226
	NH_4-N〔ppm〕	−	−	−	−	−	−
	全硬度〔ppm〕	31	61	39	32	44	41
	ABS〔ppm〕	0	17.8	2.8	0.2	5.5	2.0
	導電率〔$\mu\mho$/cm〕	169	318	201	165	390	224
	n-ヘキサン抽出物質〔ppm〕	0	10	2.5	0	25	7
	塩素イオン〔ppm〕	0	26	14	18	35	23
	pH	6.8	8.1	7.6	3.5	7.7	6.5
	透視度	48	23	13	2	11	6.5
	色度	0	18	8.2	30	80	50

〔出典〕日本住宅設備システム協会：建築物における排水再利用実務便覧．p.175,

表7.4 排水再利用設備の利用原水と水質
（日本住宅システム協会，昭60）[6]

原水の種類	調査数 例数	〔%〕	計画原水値〔mg/l〕	実用原水の水質〔mg/l〕
洗面・手洗 厨房排水 便器洗浄排水	22	36	SS 50～500 BOD 200～320 COD 120～200	SS 33～660 BOD 61～660 COD 42～430
洗面・手洗 厨房排水	13	22	SS 50～400 BOD 90～400 COD 47～200	SS 20～200 BOD 13～220 COD 19～200
洗面・手洗	11	18	SS 20～100 BOD 40～100 COD 20～880	SS 17～77 BOD 11～126 COD 11～77
洗面・手洗 冷却排水	5	8	SS 30～150 BOD 30～150 COD 50	SS 15～80 BOD 18～114 COD 18～97
洗面・手洗 厨房排水 冷却排水	4	7	SS 100～300 BOD 150～200 COD 50～170	SS 24～250 BOD 210～350 COD 150
雨　水	2	3	SS − BOD − COD −	SS 1～16 BOD 2～4 COD 3～7
洗面・手洗 便器洗浄排水	1	2	SS 80 BOD 180 COD 210	SS 155～412 BOD 183～637 COD 76～162

できるので積極的に利用すべきである．

d. 冷却塔ブロー水（良質雑排水）

夏期の冷房期間，空調用冷却水の水質をコントロールするため，冷却水循環系統より強制的にブローされる排水であり，水質的には表7.6に示すように導電率が高いだけで良質であるため，ろ過・滅菌だけで再利用できる．

特殊な建物，地域冷暖房施設（DHC施設）をもつ大型ビル，大型電算センターなどでは，まとまった冷却塔ブロー水が得られるため，このような建物では冷却塔ブロー水を分別回収して再利用すべきである．

しかしながら，一般事務所ビル（中・小規模）の場合は全体の排水量に占める冷却塔ブロー水の割合が少なく，かつ，排水の発生が冷房期間に限られるため年間を通じての再利用が困難であることから，他の良質の雑排水とともに再生利用されるか，雨水処理と併用でろ過・滅菌して使用される．

e. 厨房排水（高汚濁雑排水）

建物内の社員食堂や飲食店舗より排出される排水で，有機物による汚濁負荷が高く，BOD，油分（n-ヘキサン抽出物質量），界面活性剤などが多く含まれ

表7.5 ホテルの浴室排水汚濁負荷

試料名	全体水使用量〔l〕	COD(Mn)〔g〕	BOD溶解性〔g〕	BOD〔g〕	SS〔g〕	浴槽 ABS〔g〕	LAS〔g〕	硬度〔g〕	全蒸発残留物〔g〕	溶解性残留物〔g〕	全窒素〔g〕
浴洗-1	25	0.45	1.03	0.55	0.18	66.3×10^{-2}	4.5×10^{-2}	1.85	5.55	5.38	10.1×10^{-2}
浴洗-2	50	0.50	0.35	1.60	0.20	59.00×10^{-2}	13.50×10^{-2}	3.70	8.70	8.50	16.5×10^{-2}
浴-1	230	1.38	4.83	7.13	1.84	4.6×10^{-2}	1.15×10^{-2} 以下	17.71	46.92	45.08	88.1×10^{-2}
浴-2	115	1.84	5.41	5.64	2.76	2.4×10^{-2}	0.58×10^{-2} 以下	8.05	28.06	25.30	62.2×10^{-2}
浴-3	135	2.16	4.59	5.40	2.84	3.51×10^{-2}	0.68×10^{-2} 以下	9.32	37.53	34.70	50.9×10^{-2}
浴-4	180	2.70	9.72	15.12	1.80	3.60×10^{-2}	0.90×10^{-2} 以下	12.42	39.24	37.44	63.4×10^{-2}
浴-5	150	2.70	1.65	6.30	3.30	3.30×10^{-2}	0.65×10^{-2} 以下	10.80	26.40	23.10	56.1×10^{-2}
合計	810	10.78	26.20	39.59	12.54	17.41×10^{-2}	3.96×10^{-2} 以下	58.30	178.15	165.62	320.7×10^{-2}
平均/人	162	2.2	5.2	7.9	2.5	3.5×10^{-2}	0.8×10^{-2} 以下	11.7	35.6	33.1	64.1×10^{-2}
濃度〔ppm〕	−	13.6	32.1	48.8	15.4	0.2	0.1 以下	72.2	220	204	4.0

〔出典〕日本住宅設備システム協会：建築物における排水再利用実務便覧，p.176,

表7.6 冷却塔ブロー水水質調査結果
(建設省近畿地方建設局,昭51)[5]

調査時期	昭 49.8.5〜8.9 (夏期)			昭 50.1.27〜1.31 (冬期)		
水質調査項目	最小	最大	平均	最小	最大	平均
温度 〔℃〕	28	30	29	9	10	10
COD cr 〔mg/l〕	99	120	106	260	280	273
BOD 〔mg/l〕	2	6	4	2	6	3
SS 〔mg/l〕	5	10	6	2	4	3
全固形分 〔mg/l〕	1070	1500	1254	1050	1200	1140
NH_4-N 〔mg/l〕	−	−	−	−	−	−
全硬度 〔mg/l〕	−	−	−	130	150	138
ABS 〔mg/l〕	0.3	0.3	0.3	0.1	0.3	0.2
導電率 〔μS/cm〕	1340	1640	1473	1100	1200	1125
n-ヘキサン抽出物質 〔mg/l〕	−	−	−	−	−	−
塩素イオン〔mg/l〕	180	250	213	54	75	64
pH	7.3	7.8	7.5	5.4	6.1	5.9
透視度	−	−	−	19	28	25
色度	60	76	60	240	300	275

表7.7 厨房排水水質調査結果(大阪府庁舎別館食堂)

調査時期	S 49.8.5〜8.9			S 50.1.27〜1.31		
調査項目	最小	最大	平均	最小	最大	平均
温度 〔℃〕	28	32	30	10	15	12
COD cr 〔ppm〕	180	2100	732	300	1800	844
BOD 〔ppm〕	15	1300	480	108	980	418
SS 〔ppm〕	49	770	218	68	501	296
全固形分 〔ppm〕	260	1700	574	223	1540	640
NH_4-N 〔ppm〕	−	−	−	−	−	−
全硬度 〔ppm〕	35	74	52	33	75	43
ABS 〔ppm〕	6.5	214	54.4	5.3	95	21.7
導電率 〔μʊ/cm〕	212	625	355	190	990	393
n-ヘキサン抽出物質 〔ppm〕	0	343	44	0	107	32
塩素イオン〔ppm〕	21	135	62	20	240	75
pH	4.7	5.9	5.4	4.6	8.6	6.0
透視度	1.4	7.0	4.1	1	7.5	2.8
色度	4	40	−	20	90	51

〔出典〕日本住宅設備システム協会:建築物における排水再利用実務便覧, p.177,

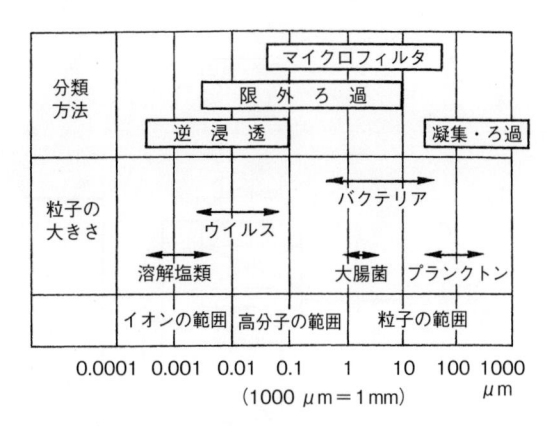

図7.1 分離方法と粒子の大きさ

る特徴がある.表7.7に厨房排水の水質を示す.

　一般の事務所ビル(中・小規模)での手洗・洗面排水,給湯室排水,冷却塔ブロー水などの低汚濁雑排水は全体排水量の30%程度であり,全体の50〜60%を占める便所洗浄水のすべてをまかなうことが水バランス上困難であること,また,昭和60年10月に水質汚濁防止法施行令の一部改正が行われ大規模飲食店などの厨房施設が特定施設に指定されたことにより,厨房排水を下水道へ直接排出する場合に制約を受けることになり,厨房排水または,厨房排水除害設備の処理水を再生利用原水として加える事例が最近は多い.

f. 汚 水(便所洗浄排水)

　便器の洗浄により排出される排水で,人体の排せつ物が混入するため,有機汚濁負荷が高く,アンモニア性窒素,胆汁色素などを含む.汚水を再生利用原水として使用する場合,日曜・祭日などの再生水製造停止時に,生物反応槽でアンモニアの硝化反応が過度に進行するため,生物反応槽のpHの低下,再生利用水のpH低下が起こる.

　このために再生利用水の中和処理,および生物反応槽の耐酸対策を考慮する必要がある.また,生物処理では胆汁色素から生成されるステルコビリン・ウロビリンが分解されず残存するため,再生利用水が淡黄色を呈するので,白色便器で使用する際に不快感を伴う.したがって再生利用水を青色に着色したり,活性炭・オゾンなどにより脱色する等の配慮が必要となる.さらに,汚水を原水として使用する場合には,大腸菌,ウイルスなどの細菌の除去も考慮しなければならず,塩素滅菌,オゾン処理等の化学的な処理法ではウイルスを完全に不活性化できないことから,処理工程に分画分子量が数万程の限外ろ過膜を使用する限外ろ過処理と塩素滅菌処理を組み入れ,再生利用水の安全性を高める必要があると考えられる.

　図7.1に分離方法と粒子の大きさの関係を示す.上述のような理由から,最近の排水再利用設備では,汚水を積極的に利用する事例は少ない.

7.2.2 排水処理方法(原水の種類による)

a. 冷却塔ブロー水

1) 処理方式　処理は冷却塔ブロー水に混入する懸濁物質(非溶解性の無機性・有機性物質)の除去が中心となり,処理方式としてはろ過・滅菌処理が一般的である.

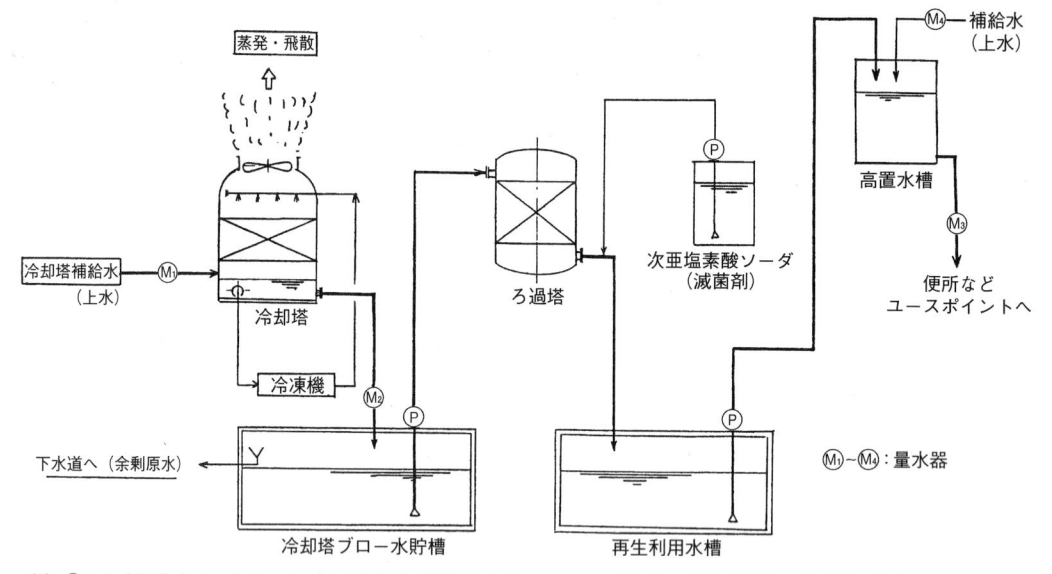

図 7.2 冷却塔ブロー水の標準処理フロー

(1) Ⓜ₁：上水補給水メータで，上・下水道料金が算出される
(2) Ⓜ₂：冷却塔ブロー水メータで，ブロー水量が算出される
(3) 下水道料金の免除の対象：Ⓜ₁－Ⓜ₂＝冷却塔での蒸発・飛散量（免除）
(4) Ⓜ₃：再生利用水の使用量が算出される
(5) Ⓜ₄：再生利用水系統への上水補給水量が算出される

ろ過装置は，砂・アンスラサイトなどのろ材を用いて，冷却塔ブロー水に混入する懸濁物質を除去するためのもので，冷却塔ブロー水貯槽の後に設置し，再生利用水の水質向上を図るものである．

2) 設計上の留意点
(1) ろ過装置の設置場所は建物の地下などで，設置面積の制約を受けるので重力式ろ過ではなく圧力式ろ過とする．
(2) ろ過対象物が微細な懸濁物質であるのでろ過速度は 6 m 程度までとする．
(3) 滅菌剤としての次亜塩素酸ソーダ（有効塩素 12％以上）の注入設備は，給水管の末端で常時遊離塩素を 0.1 mg/l 以上保持させなければならず，経験的には有効塩素濃度 5 mg/l 程度の注入が可能であるものとする．
(4) 冷却塔における補給水の蒸発飛散分の下水道料金は免除されるので蒸発飛散量を計測できるように，量水器を設置する．

3) 標準フロー 設計上の留意点を考慮し，図 7.2 に冷却塔ブロー水を用いた標準処理フローを示す．

b. 低汚濁雑排水処理
1) 処理方式 ホテル・旅館などの宿泊施設を有するビルでは，手洗・洗面排水，給湯室排水，浴室排水の低汚濁雑排水だけで，必要再生原水量を確保できるため，処理は原水中の低濃度の懸濁性・溶解性有機物の除去が中心となり，生物処理＋ろ過・活性炭吸着＋滅菌処理が一般的である．

生物処理には，活性汚泥法，回転円盤法，接触ばっ気法，生物膜ろ過法，超深層ばっ気法，回分式ばっ気法などが考えられる．

2) 設計上の留意点
(1) 再利用設備の設置場所は建物の地下等で水槽は二重スラブ下の湧水槽を利用することになり，水槽の有効水深を確保することが困難な場合が多い（有効水深が 1～2 m 程度であることが多い）．
(2) 設置面積の制約を受けるため，コンパクトな再生利用設備が望まれる．
(3) 原水の汚濁負荷が，一般的に BOD 100 ppm 以下と低く，低負荷向きの処理システムとすること，また，再利用設備という設置目的から間欠運転に対しても処理水質が十分安定して保証できるものでなくてはならない．
(4) 原水が低汚濁雑排水であるので，再利用設備機械室の臭気強度は低いが，衛生上，水槽，機器類は開放とせず，密閉構造とする．

3) 標準処理フロー
設計上の留意点を考慮し，図 7.3 に低汚濁雑排水を用いた再生利用設備の標準フローを示す．

c. 中汚濁～高汚濁雑排水処理
1) 処理方式 一般の事務所ビル・テナントビル

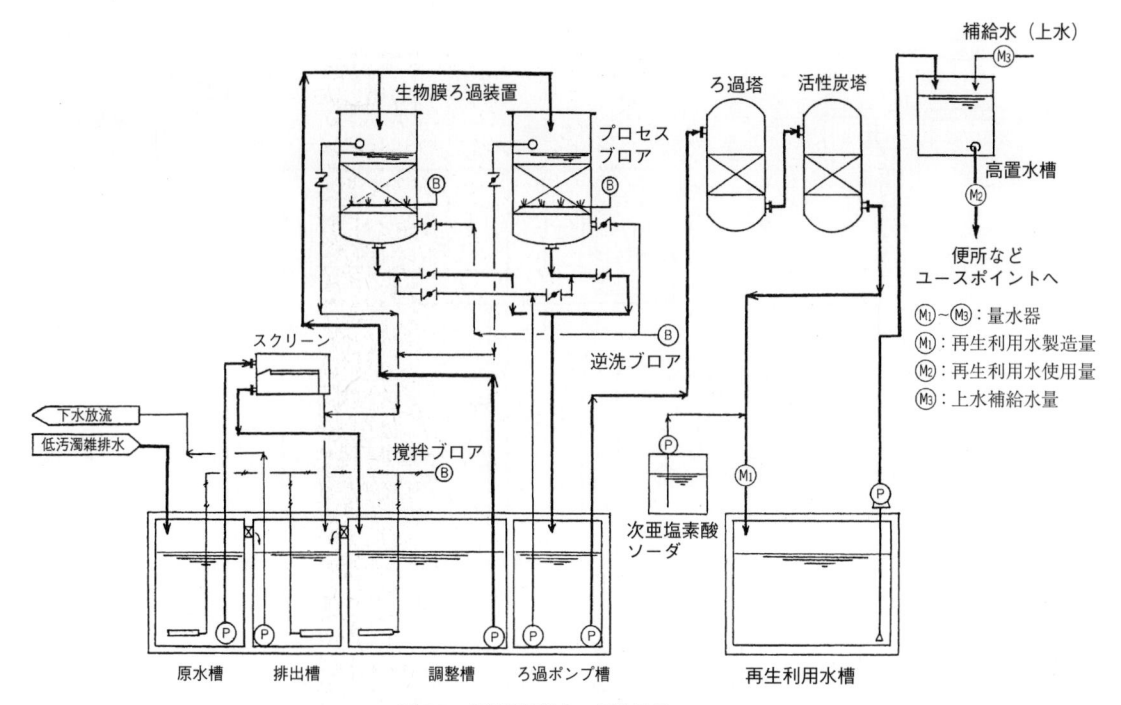

図 7.3 低汚濁雑排水の標準処理フロー

などでは，手洗・洗面排水，給湯室排水，冷却塔ブロー水などの低汚濁雑排水だけでは，必要再生原水量をまかなうことが困難であり，不足分を厨房排水または厨房排水除害設備の処理水で補うことになる．厨房排水の利用率，排水濃度によって，再生利用原水の濃度は異なるが，BOD 200〜500 ppm，SS 150〜300 ppm，n-Hex 抽出物質量 20〜80 ppm 程度となる．このため，処理は原水の中濃度〜高濃度の懸濁性・溶解性有機物およびエマルジョン化した油分の除去が中心となり，〔生物処理＋限外ろ過処理＋滅菌処理〕，または，〔生物処理＋三次処理（高度生物処理＋ろ過・活性炭吸着）＋滅菌処理〕が一般的である．ただし，原水に含まれる油分の量によっては，前処理装置として油脂分離槽，加圧浮上装置などの油分除去装置が，生物処理の保護として必要となるので考慮すべきである．最近では，特殊な菌体を用いて油脂を分解低分子化する方法も多数見受けられる．

2) 設計上の留意点

(1) 処理水槽は湧水槽を利用する場合が多く，一般的な有効水深の確保が難しい．

(2) 設置面積の制約を受けるため，コンパクトな再生利用設備が望まれる．

(3) 原水の BOD 負荷が 200〜500 ppm と比較的高く，中〜高負荷向きの処理システムとすること，また，再生利用設備という設置目的から間欠運転に対しても，処理水質が十分安定して保証できるものでなくてはならない．

(4) 原水に厨房排水を用いることから，処理水槽，処理装置からはかなりの臭気が発生する．このため，以下の臭気対策を考慮する．

① 水槽類はできる限り密閉構造とし，マンホールなども密閉防臭型とする．

② 臭気を発生する装置（スクリーン，脱水機など）は密閉型とし，防臭カバーを設ける．

③ 水槽，臭気を発生する装置から，槽内排気，局所排気をそれぞれとり発生源を負圧に保ち，臭気ガスは脱臭装置を経由させた後に，屋上など臭気の問題のない場所で排気する．

(5) 厨房排水は腐食性のガスである硫化水素（臭気の成分でもある）を発生する．この硫化水素は水槽内で壁の結露水に溶解し，さらに硫黄酸化細菌の働きによって硫酸にまで酸化される．このため水槽のコンクリートは硫酸によって侵されることになるので，水槽内は耐酸仕上げにしなければならない．

また，水槽内の配管および支持金物類についても耐酸性を考慮した材質・仕様とする．

3) 標準フロー 設計上の留意点を考慮し，図 7.4 に中汚濁〜高汚濁雑排水を用いた再生利用設備の標準

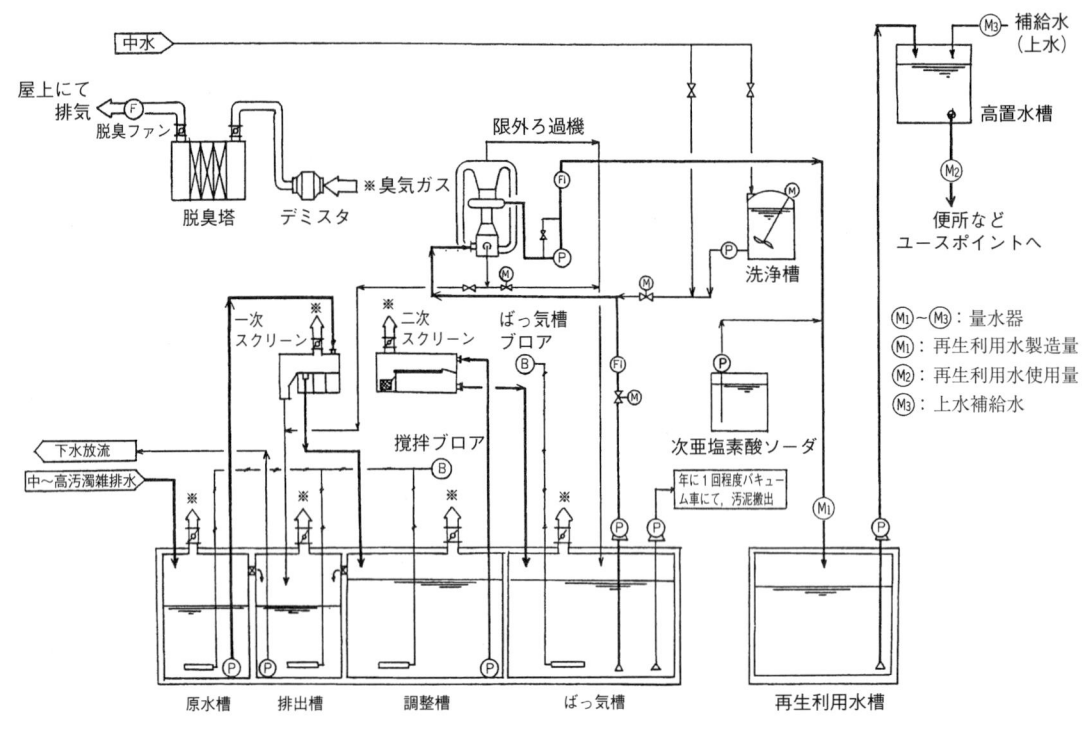

図 7.4　中～高汚濁雑排水の標準処理フロー

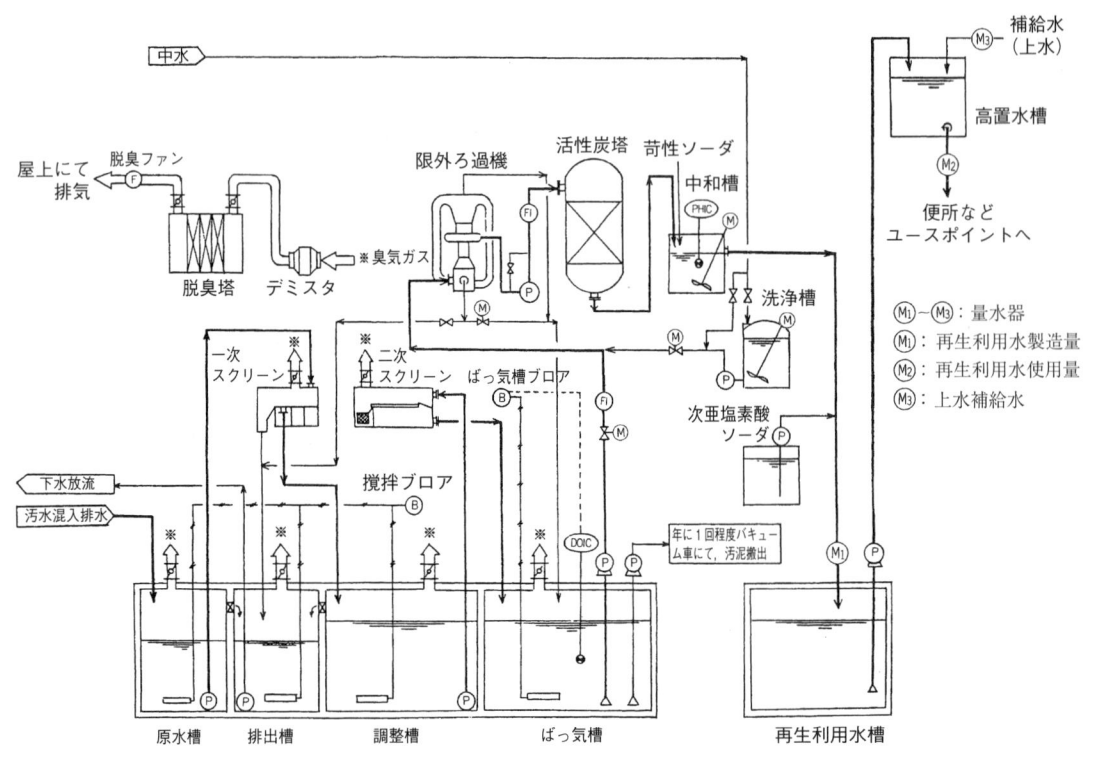

図 7.5　汚水混入排水の標準処理フロー

フローを示す．

d. 汚水混入排水の処理

1) 処理方式　一般の事務所ビルでは，手洗・洗面排水，給湯室排水，冷却塔ブロー水，厨房排水といった雑排水をすべて回収しても，必要再生原水量に満たない場合がある（飲食店舗・社員食堂などが少なく，厨房排水の割合が少ないビル）．このような場合は，原水の不足分を汚水で補うことになる．

処理は原水の懸濁性・溶解性有機物の除去が中心となること，また汚水の混入による大腸菌，ウイルスなどの細菌の除去も保健衛生上から考慮しなければならないことから，〔生物処理＋限外ろ過処理＋滅菌処理〕が一般的である．

2) 設計上の留意点

(1) 生物処理で過度に硝化が進行しないように，ばっ気槽に溶存酸素計を設置し，溶存酸素濃度でばっ気風量をコントロールするとよい．

(2) 硝化反応によって再生利用水のpHが低下することがあるので，限外ろ過処理の後に中和処理装置を設置する．

(3) ばっ気槽などの生物反応槽は，耐酸対策を考慮する．

(4) 限外ろ過膜による汚水の色度除去は困難であるため，限外ろ過処理の後に活性炭吸着などの色度除去装置を設置する．

3) 標準フロー　設計上の留意点を考慮し，図7.5に汚水混入排水を用いた再生利用設備の標準フローを示す．

7.3 雨水利用設備

7.3.1 原水と雨水利用

a. 降雨量

年間降水量は，利用可能な集水量を算定する基本データとなるので，建築計画場所または可能な限り近接地域の信頼性の高い降水量データを使用して決定する．

b. 採取場所による原水の水質

雨水の集水場所は原則として屋根面とする．集水を屋根面のみとする理由は，できるだけ汚染が少ない雨水を集水し，雨水の処理コストを低く抑えるためである．例えば，汚染度が高い道路面から集水した場合は，処理設備が複雑になり処理コストが上昇することから，雨水利用のメリットが生じないことが多い．また，屋根面の汚染を極力避ける対策とは，土砂などの汚れが屋根面に持ち込まれないように立ち入りを禁止するなど，主に人為的なものを除くことである．屋根以外で集水に利用できる場所としては，外壁，ドライエリア，屋外プール関連などがある．

また，降水の水質は，地域，季節，大気汚染状況などにより異なり，pHが酸性（酸性雨）を示すものの，一般的に清浄である．コンクリート製のタンクの場合，雨水を長期間貯留すると，コンクリートのアクが溶出してpHが10ちかくになることがある．しかし，日常的に雨水を活用すると，水の滞留時間が短くなり，pHを良好に保つことができる．タンクの材質がポリエチレンなどのプラスチックの場合は，pHが高くなることはない．都会では酸性雨の影響が懸念され，東京ではpH4前後の比較的強い酸性の雨が降るときもあるが，トータルとして貯留した雨水の水質でみた場合，5〜10前後の値が実測値としても出ている．もう一つ留意すべきものとして初期降雨がある．初期降雨は，降水の一般的な水質に比較して成分濃度が高く，また，屋根面の塵などを排除するので汚染されやすい．しかし，一般に屋根面などの比較的汚染度の低い場所からの集水であれば，初期降雨を取り入れた場合でも，その水質は比較的良好である．ただし，集水場所により降水の汚染が懸念されるか，特殊な利用用途の場合は，初期降雨を排除する装置を検討する必要がある．

c. 利用方式

雨水利用用途は，7.1.2 bに記載されている．最近では，異常気象などでは夏場の渇水を考慮し雨水貯留槽の滞留時間を長くとり渇水時に利用する例もある．しかしながら，雨水は天候に左右されるため確実な原水量として見込むのは困難である．

7.3.2 雨水の処理と制御

a. 処理方法

雨水処理の主たる除去対象物質はその流入雨水水質からみると，懸濁質としての非溶解性の無機物と有機物であり，これらの除去を行うにあたってはスクリーンやストレーナを用いるのが一般的ではあるが，雨水利用用途によっては後述する標準処理フローNo.4に見られる，ろ過装置の使用も必要となる．処理区分は表7.8による．

b. 標準フロー

雨水処理システムの標準処理フローは，雨水集水量，利用用途および建築物の用途・特性を総合的に考慮して決定する．原則として標準処理フローを図7.6

表7.8 処理区分

区分	主たる処理			貯留	後処理	
定義	懸濁質としての非溶解性の無機物と有機物を除去する			効率よく処理,使用するため貯留する	短時間の自然沈殿で除去できない物質を除去し,かつ衛生上安全な水質とする	
除去物質名	ごみ,落葉,紙屑,れき	砂			シルト粘土コロイド	太陽菌
		粗砂	細砂			
除去粒子径〔mm〕	>2 mm	2〜0.42	0.42〜0.074		<0.074	
処理法	スクリーン	沈砂槽ストレーナ	沈殿槽ストレーナ	貯留槽	沈殿槽ろ過	塩素消毒

→ スクリーン → 沈砂槽 → 貯留槽 → 消毒装置 → 処理水槽

(a) 標準処理フロー No.1

→ スクリーン → 沈砂槽 → 沈殿槽 → 貯留槽 → 消毒装置 → 処理水槽

(b) 標準処理フロー No.2

→ スクリーン → 沈砂槽 → ストレーナ → 貯留槽 → 消毒装置 → 処理水槽

(c) 標準処理フロー No.3

→ スクリーン → 沈砂槽 → 沈殿槽 → 貯留槽 → ろ過装置 → 消毒装置 → 処理水槽

(d) 標準処理フロー No.4

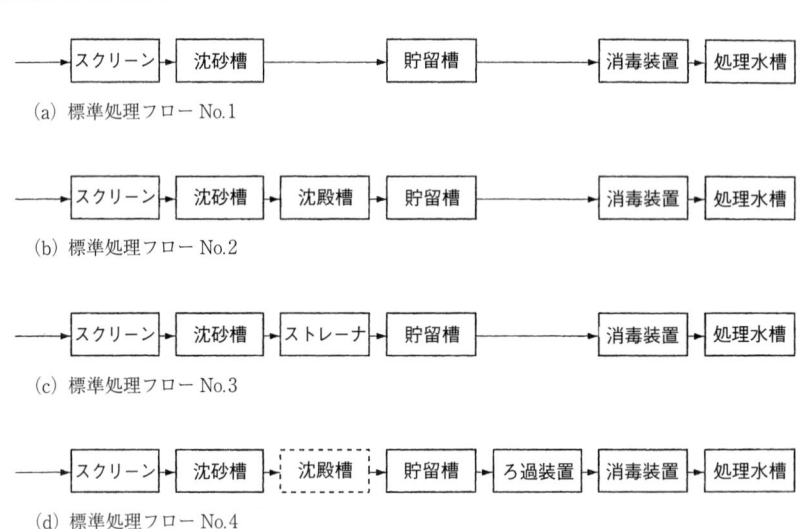

図7.6 雨水利用システムの標準処理フロー

に示す.

・適用性

No.1の処理フローは,雑用水の使用状況と雨水貯留槽容量の関係で,細かい砂や微細な有機性浮遊物が自然沈降できるだけの滞留時間が確保される場合に適用ができる.

No.2の処理フローは,適用事例が多く,最も基本的な処理フローといえるが,沈殿槽の流入部に砕石ろ過槽を備えたものもある.

No.3の処理フローは,処理設備の設置面積や水位の制約から沈殿槽を省略したい場合に適用できる.

No.4の処理フローは,便所洗浄用途以外,例えば空調用冷却水,非常時の飲料水にまで用途拡大する場合で,確実な処理効果を必要とする場合に適用できる.ただし,雨水の集水場所は汚染度の少ない屋根面を原則としており,酸性雨に対する特別な配慮はなされていないので,これらの条件から外れる場合には,適切な措置が必要となる.

c. 安全対策

豪雨時における雨水貯留槽からのいっ水事故は,避けなければならないことであり,その対策の基本は貯留槽の満水時には雨水を流入させないようにするか,流入した雨水を確実に屋外へ排水することである.

雨水流入を停止する方法である図7.7(a)は液面水位計により満水状態を検知し,それと連動し開閉する自動弁を雨水集水立て管に設け,分岐管により屋外の雨水系統ますへ排水する方法,図7.7(b)のように貯留槽内にボールタップを設け,雨水の流入を停止させる方法もある.このほかには雨水貯留槽への雨水流入を停止させる図7.7(c)の方法がある.これは雨水中継槽を排水先である下水道管より上部に設け,雨水貯留槽の満水時には中継槽のオーバフロー管により雨水系統ますを介し下水道へ自然排水する方法である.

雨水貯留槽に流入させた雨水を屋外へ排水しようと

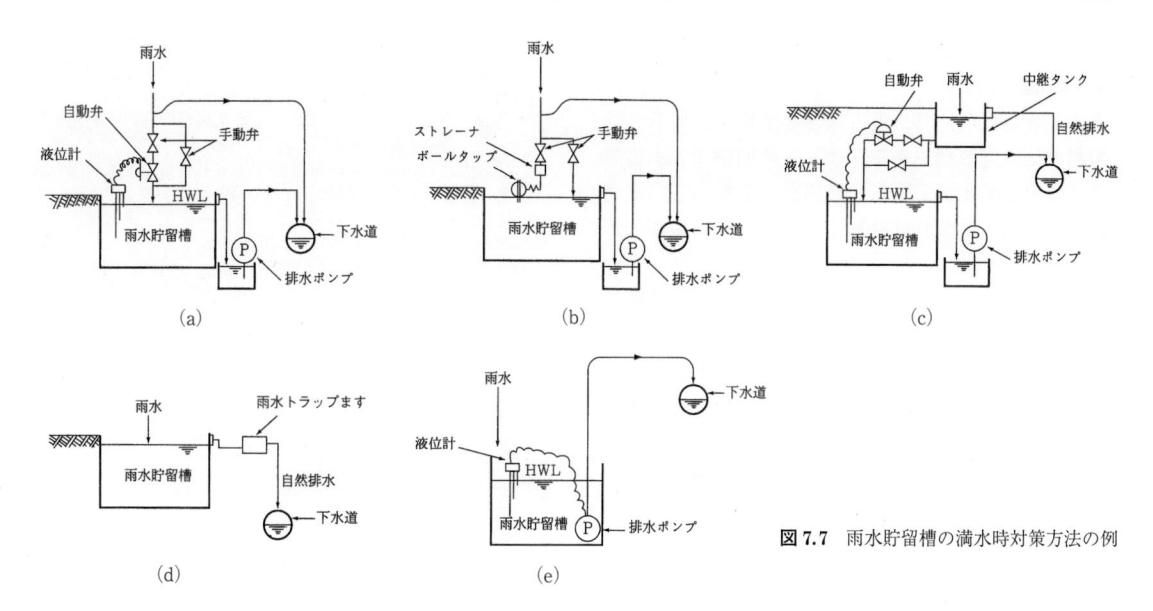

図7.7 雨水貯留槽の満水時対策方法の例

する対策法には，雨水貯留槽の設置位置と下水道管の上下位置関係により2通りの方法がある．図7.7(d)は雨水貯留槽が下水道管より上部にある場合であり，満水以上の流入水を沈砂槽に設けたオーバフロー管よりいったん雨水トラップますへ排水し，以後下水道管へ排水する．下水道管からの臭気を導かないためにも，必ず雨水トラップますを経由し排水する．雨水貯留槽が下水道管より下部にあり自然排水できない場合には，図7.7(e)に示すように，雨水貯留槽に設置した液面水位計により雨水貯留槽の満水位をを検知し，それに連動して雨水排水ポンプを起動させ，下水道管へ直接強制排水する．

7.3.3 計画上の留意点
a. 排水再利用との併用

排水再利用と雨水利用を併用することは水資源有効利用につながり，雨水利用はその利用用途を便所洗浄水以外にも拡大することができる．今後は併用する方式が増大するものと見込まれるが，併用には利用用途が同一の場合と異なる場合がある．同一の場合には，排水系の処理水槽と雨水系の処理水槽を共通とすることができる．しかし，利用用途が異なる場合には，処理水槽を独立させて混入，混合を生じないように配慮する必要がある．

個別循環方式だけでなく，地区循環方式や排水再利用と雨水利用の併用など，利用者や用途が多様化すると，衛生面を中心とする適正な水質管理が求められ，臭気・外観などの利用者の苦情あるいは供給水量の不足も予想される．施設の構造や機器類，建設といったハード面だけでなく，雑用水利用の安全管理，エネルギーの適正化，維持管理手法などのソフト面の重要度が増大している．

雨水の利用は，天候，季節の影響を受けるが，得られる水は比較的良好な水質であるので，可能な限り併用した方が望ましい．その際には，雨水処理水利用時には再利用系原水をどの程度処理するのか，また，再利用系処理設備の運転方法および余剰水の処理・放流

表7.9 処理フローの比較

処理フローNo.	集水場所の汚染度に対する適合性	設置面積 雨水貯留槽を除く	設置面積 雨水貯留槽を含む	維持管理
1	土砂や煤じんなどの集積がほとんどない，きれいな屋根面	15	80	◎
2	土砂や煤じんなどの集積があまりない，比較的きれいな屋根面	100	100	◎
3	同上	30	85	○
4	土砂や煤じんなどが集積しやすい，汚れの多い屋根面	120	105	○

〔注〕1. 集水場所の汚染とは，溶解性物質によるものではなく，非溶解性物質による汚れの程度をいう．
2. 設置面積は，処理フローNo.2を基準(100)として作成した．施設の規模は使用水量30 m³/日とした．
3. 沈砂槽と雨水貯留槽上部は機械室や倉庫などに利用するのが一般的であるが，今回は他用途に利用しないものとした．また，ろ過器も上記水槽の上部以外に設置するものとした．
4. 維持管理の欄の◎○は，維持管理のしやすさを示し，◎が最も維持管理しやすい．

方法を検討しておかなければならない.

b. 設置面積

雨水処理施設のうち，最も大きな面積を占めるのは沈殿槽と雨水貯留槽である．これらの面積は各水槽の必要水量を有効水深で除して必要面積を算出し，水槽を設置する場所に割り付けることにより求めることができる．

雨水処理設備は，屋内に設置される場合と屋外に設置される場合があるが，一般的には屋内の地下ピットを利用して設置されることが多い．雨水処理設備のうちの沈殿槽や雨水貯留槽は，屋内設置の場合は上部を機械室や倉庫に，屋外設置の場合は駐車場や広場に利用することができる．ただし，これらの水槽にはマンホールが設置されるので，上部を利用する場合はレイアウト上の調整が必要となる．スクリーン，沈砂槽も通常地下設置となるが，メンテナンスの必要性から上部を他用途に利用することはできない．図7.6のNo.2を基本とし面積から相互比較すると表7.9となる．

〔石井和則〕

文　献

1) 建設大臣官房官庁営繕部監修：排水再利用・雨水利用システム，計画基準・同解説，p.54，1998.
2) 建設大臣官房官庁営繕部監修：排水再利用・雨水利用システム，計画基準・同解説，p.55，1998.
3) 建設大臣官房官庁営繕部監修：排水再利用・雨水利用システム，計画基準・同解説，p.57，1998.
4) 建設大臣官房官庁営繕部監修：排水再利用・雨水利用システム，計画基準・同解説，p.56，1998.
5) 建設大臣官房官庁営繕部監修：排水再利用・雨水利用システム，計画基準・同解説，p.57，1998.
6) 空気調和・衛生工学会：空調調和・衛生工学便覧（第12版），4. 給排水衛生設備設計編，p.309，1995.
7) 造水促進センター：造水技術ハンドブック，p.391，1993.
8) 空気調和・衛生工学会：空調調和・衛生工学便覧（第12版），4. 給排水衛生設備設計編，p.311，1995.
9) 造水促進センター：造水技術ハンドブック，p.392，1993.
10) 空気調和・衛生工学会：空調調和・衛生工学便覧（第12版），4. 給排水衛生設備設計編，p.311，1995.
11) 造水促進センター：造水技術ハンドブック，p.393，1993.
12) 造水促進センター：造水技術ハンドブック，p.395，1993.
13) 造水促進センター：造水技術ハンドブック，p.397，1993.
14) 造水促進センター：造水技術ハンドブック，p.399，1993.
15) 造水促進センター：造水技術ハンドブック，p.401，1993.
16) 造水促進センター：造水技術ハンドブック，p.402，1993.
17) 建設大臣官房官庁営繕部監修：排水再利用・雨水利用システム，計画基準・同解説，p.73，1998.
18) 建設大臣官房官庁営繕部監修：排水再利用・雨水利用システム，計画基準・同解説，訂正，p.74，1998.
19) 建設大臣官房官庁営繕部監修：排水再利用・雨水利用システム，計画基準・同解説，p.73，1998.
20) 建設大臣官房官庁営繕部監修：排水再利用・雨水利用システム，計画基準・同解説，p.98，1998.

8 浄化槽・排水処理設備計画

8.1 浄化槽設備

8.1.1 浄化槽の概要
a. 浄化槽の定義
建築物から排出する汚水（水洗トイレし尿・生活雑排水）は下水道に放流するか，下水道が普及していない地域では，衛生上支障のない水質まで処理したうえで，河川などの公共水域に放流することが義務づけられている．

下水道が普及していない地域で，汚水を処理する設備を浄化槽という．

b. 浄化槽の普及と種類
わが国では，明治以降，トイレの急速な水洗化によって，水洗トイレし尿のみを処理する「単独処理浄化槽」と呼ばれる浄化槽が普及した．

この浄化槽は，生活雑排水を河川などの公共水域に無処理のままで放流することになるため，放流先での水質汚濁の一因となっている．

この「単独処理浄化槽」に対して，水洗トイレし尿と生活雑排水を併せて処理する方式は，昭和25年ごろから宅地団地，ニュータウンなどの集合汚水処理施設として普及し始めた．

現在では公共水域への汚濁負荷が削減できることから，水洗トイレし尿・生活雑排水を併せて処理する設備を「合併処理浄化槽」と呼び，平成13年の一連の法改正によって，下水道に接続する場合を除きこの「合併処理浄化槽」を設置することが義務づけられた．

さらに，水環境改善の必要性の高まりから，従来の処理水質規定項目であったBOD（生物化学的酸素要求量）以外のCOD（化学的酸素要求量）や窒素・りんを除去できる「高度処理浄化槽」が普及している．

8.1.2 関係法令と浄化槽の構造
a. 関係法令
浄化槽は，構造・規模・性能の決定から設置の申請・届出，さらに製造・施工・保守点検および清掃までの全般にわたって法的規制を受けることになるため，計画段階から関連法令について十分理解しておくことが必要である．表8.1に関連法令の一覧と規制内容を示す．

表8.2に，建築基準法施行令第32条で規定している設置区域および処理対象人員に対応した性能を示す．

浄化槽は同表に示す設置地域と処理対象人員の対応の規定以外に，放流先によって水質汚濁防止法などの適用を受けるため，同法の規定にも準拠しなければならない．

b. 浄化槽の構造
浄化槽の構造は，昭和55年建設省告示第1292号（最終改正平成18年国土交通省告示第154号）「し尿浄化槽および合併処理浄化槽の構造方法を定める件」で処理性能，処理方式，構造および適用処理対象人員を規定している．

同告示の処理性能，処理方式および適用処理対象人員の一覧表を表8.3に示す．

告示以外の処理方式でも，告示構造と同等以上の性能があるとして国土交通大臣の認定を受けることによって採用することができる．

浄化槽の構造として流入汚水をどのような工程で処理するかの処理工程上の分類と躯体をどのような材質で製造するかの製造上の分類に大別できる．

計画にあたっては，汚水の性状，必要処理性能，設置条件および維持管理上の特徴を理解したうえで選択する必要がある．

1) **処理工程の種類**　浄化槽の処理工程は前処理，一次処理，二次処理，さらに高度処理方式の場合には三次処理，消毒設備および汚泥処理設備で構成されている．告示に規定されている各処理方式と，国土交通大臣に認定された代表的な処理方式の処理工程を表8.4に示す．

2) **躯体構造の種類**　浄化槽で使用される躯体と

表 8.1 浄化槽関連法規[1]

項　目		概　　要	法　規	関 連 規 定
申請・届出	確認申請	浄化槽を新設する場合，確認申請を行い，建築主事の確認を受ける	建築基準法第6条	保健所長への通知及び意見 建築基準法第93条
	設置届	浄化槽を設ける場合，または構造・規模の変更を行う場合であって，かつ，確認申請を必要としない場合は，都道府県知事（保健所長をおく市では市長）およびこれを経由して特定行政庁に届け出る 確認の申請を要する建築物に設ける場合を除く	浄化槽法第5条	
	特定施設設備届	501人以上の規模に適用される．	水質汚濁防止法第5条 同法規則第3条	
設置	設置義務	浄化槽の設置の義務づけ	建築基準法第31条第2項 浄化槽法第3条第1項	
構造	性　能	設置区域および処理対象人員に対応した性能	建築基準法施行令 第32条第1項，第2項	水質汚濁防止法 都道府県条例 環境省令第29号 （平成17年9月） JIS A 3302-2000 （表8.6参照）
		水質汚濁防止法に基づいて定められた排水基準への対応	同上第3項	
		浄化槽の放流水の水質はBOD〔mg/l〕20以下とする．	浄化槽法第4条第1項	
	処理対象人員	建築物の用途別処理対象人員算定基準	昭和44年建設省告示 第3184号	
	構　造	建築基準法施行令第32条の規定に基づく構造方法 （建築基準法施行令と構造方法の対応関係は表参照）	昭和55年建設省告示 第1292号 最終改正平成13年国土交通省告示第353号	
管理	維持保全 保守点検 清　掃 浄化槽管理者	建設設備の維持保全 保守点検技術上の基準 清掃技術上の基準 保守点検，清掃を厚生省令に定める回数を行わなければならない．	建築基準法第8条 浄化槽法第4条第5項 浄化槽法第4条第6項 浄化槽法第8，9条， 第10条第1項	厚生省令第17号第2条 厚生省令第17号第3条 厚生省令第17号第6条
	技術管理者	501人以上は資格を有する技術管理者をおかなければならない．	浄化槽法第10条第2項	
	排水基準	水質汚濁防止法に基づく排水基準が適用される 濃度規制 　一律基準 　上乗せ基準　　　　501人以上 総量規制 　総量規制基準　　　501人以上 　指定地域特定施設　201～500人 　指導など　　　　　500人以下	水質汚濁防止法 同法第3条第1項 同法第3条第3項 同法第4条の5 同法第13条の2	昭和46年総理府令 第35号第1条 都道府県条例 水質汚濁防止法施行規則第1条の4
	改善命令 使用停止命令		浄化槽法第12条	

〔注〕特定行政庁：建築主事をおく市町村については当該市町村の長をいい，その他の市町村については都道府県知事をいう．

して通常は土中に埋設されることと，汚水を貯留し漏水が生じない構造とする必要があることから，十分な強度と水密性が要求される．

一般的に採用されている躯体構造の分類一覧表を表8.5に示す．

設置現場での工期の短縮を必要とする場合や，施工作業スペースが限定される場合には工場生産型の浄化槽が適している．

さらに，小規模な浄化槽では各処理工程での容積が少ないうえ，多くの機械設備を槽内に収める必要があることから，工場生産型が主体となっている．

工場生産型の場合は，工場から設置場所への輸送上の制約から大規模浄化槽では，現場施工型が採用されている．

工場生産型の浄化槽は浄化槽法第13条で，製造する型式ごとに国土交通省地方整備局長（北海道は開発局長，沖縄は総合事務局長）の認定を受けなければならないことが定められている．

c. 告示構造の具体例

1) 告示第1：嫌気ろ床接触ばっ気方式

図8.1に，告示区分の第一に規定されている嫌気ろ床接触ばっ気方式の構造概要を示す．

この処理方式は，処理対象人員が5～50人に適用するものであり，戸建住宅，共同住宅または小規模な事業所に採用される．

小規模施設用の浄化槽は一般的に工場で躯体および

8.1 浄化槽設備

表 8.2 建築基準法で定めている浄化槽の性能[2]

建築基準法施行令 第 32 条	し尿浄化槽または合併処理浄化槽を設ける区域	処理対象人員〔人〕	性　　能	
			BOD 除去率〔%〕	放流水の BOD〔mg/l〕
第1項	特定行政庁が衛生上特に支障があると認めて規則で指定する区域	50 以下	65 以上	90 以下
		51 以上 500 以下	70 以上	60 以下
		501 以上	85 以上	30 以下
	特定行政庁が衛生上特に支障がないと認めて規則で指定する区域	—	55 以上	120 以下
	その他の区域	500 以下	65 以上	90 以下
		501 以上 2000 以下	70 以上	60 以下
		2001 以上	85 以上	30 以下
第2項	特定行政庁が地下浸透方式により汚物を処理することとしても、衛生上支障がないと認めて規則で指定する区域	—	一次処理装置による SS 除去率〔%〕55 以上 一次処理装置からの流出水の SS〔mg/l〕250 以下 一次処理装置からの流出水が滞留しない程度の地下浸透能力を有する	
第3項	水質汚濁防止法または浄化槽法などの規定により、第1項より厳しい BOD が定められ、または BOD 以外の項目についての排水基準が定められているときは、その規定に準拠する。			

第1項の2：排出水に含まれる大腸菌群数が、1 cm^3 につき 3000 個以下とする性能を有するものであること．

〔注〕1. BOD：生物化学的酸素要求量（biochemical oxygen demand）のことで、汚水中の分解可能な有機物が溶存酸素の存在のもとで微生物によって酸化分解されて安定な物質（ガスおよび無機物）に変わっていく際に消費する酸素量を表したものである．腐敗性物質の量と考えてよい．
2. SS：浮遊物質（suspended solid）のことで、汚水中に懸濁している物質をいう．スクリーンで除去されるような大型のものは含まない．処理により生成する汚泥量は浮遊物の多少により大きく左右される．

内部設備が組み込まれる、工場生産型の製造方式が採用されている．

二次処理工程は槽内にろ材を充てんし、微生物をろ材表面に付着させることで有機物除去を行うもので、生物膜処理方式と呼んでいる．

槽内の微生物量を高度に保持することができるろ材を採用することによって、槽容量を削減できる特徴がある．

2) 告示第 6：長時間ばっ気方式

図 8.2 に長時間ばっ気方式の構造概要を示す．

公共下水道の終末処理場で一般的に採用されている活性汚泥方式と同様な処理方式であり、微生物を槽内のろ材に付着させる生物膜処理方式に対して、微生物は槽内で浮遊していることが特徴である．

この処理方式は比較的大規模な浄化槽に採用されており、現場施工型の躯体構造を採用するのが一般的である．

8.1.3 浄化槽の計画

浄化槽の計画にあたっては、計画建物の施設内容に見合う規模を算出することと、表 8.1 に示す関連法規の規定内容を確認し処理水質・性能の決定を行う．

さらに、表 8.3 に示す構造のなかから敷地条件、維持管理性および施工性などの諸条件を満足する処理方式を選択する．

a. 浄化槽の規模の算出

浄化槽の規模は表 8.6 に示す JIS A 3302-2000（建築物の用途別による屎尿浄化槽の処理対象人員算定基準）によって算出する．

わが国における 1 人 1 日当たりの平均的な汚水排出状況は水量で 200 l、BOD 濃度で 200 mg/l とされている．

汚水量に BOD 量を乗じたものが汚濁負荷量でありこの場合 40 g となる．

表 8.7 に住宅排水の各排出源での汚濁負荷量を示す．

処理対象人員算出の基本は各建物用途の一般的な使用状況から判断して、汚濁負荷量が、前述の 1 人当たり汚濁負荷量の何人に相当するか表すものである．

したがって、事務所のように居住時間が半日程度の建物用途であれば実際の居住人員とは合致しないことになる．

表8.3 告示による対応表[3]

告示区分		処理性能					処理方式	処理対象人員
		BOD除去率〔%〕以上	BOD濃度〔mg/l〕以下	COD濃度〔mg/l〕以下	T-N濃度〔mg/l〕以下	T-P濃度〔mg/l〕以下		5　50 100 200　500　2000 5000以上
第1	合併	90	20	–	– 20	–	分離接触ばっ気 嫌気ろ床接触ばっ気 脱窒ろ床接触ばっ気	
				第2, 第3削除				
第4	し尿	55	120	–	–	–	腐敗槽	
第5	し尿	SS除去率55%以上	SS濃度250〔mg/l〕以下	–	–	–	地下浸透	
第6	合併	90	20	30	–	–	回転板接触 接触ばっ気 散水ろ床 長時間ばっ気 標準活性汚泥	
第7	合併	–	10	15	–	–	接触ばっ気・砂ろ過 凝集分離	
第8	合併	–	10	10	–	–	接触ばっ気・活性炭吸着 凝集分離・活性炭吸着	
第9*	合併	–	10	15	20	1	硝化液循環活性汚泥 三次処理脱窒・脱りん	
第10*	合併	–	10	15	15	1	硝化液循環活性汚泥 三次処理脱窒・脱りん	
第11*	合併	–	10	15	10	1	硝化液循環活性汚泥 三次処理脱窒・脱りん	
第12	合併	水質汚濁防止法第3条第1項または第3項の規定により,同法第2条第1項に規定する公共用水域に放流水を排水する合併処理浄化槽に関して,COD, SS, n-Hex, pHまたは大腸菌群数について定められている排水基準					告示区分第6, 第7, 第8, 第9, 第10または第11のうち,排水基準に対応して定められた方式	〔水質汚濁防止法の特定施設(指定地域特定施設を含む)に該当する施設〕

〔注〕* 第9, 10, 11の硝化液循環活性汚泥方式においては,日平均水量が10 m³以上の場合に限る.

表8.4 浄化槽の処理工程

処理工程	前処理	一次処理	二次処理		三次処理	消毒	汚泥処理
	異物・砂の除去	固形物の貯留流量調整	生物処理によるBOD・窒素の除去		COD・りん除去	殺菌	濃縮・貯留
告示方式	ばっ気型スクリーン 荒目スクリーン 微細目スクリーン 破砕装置	沈殿分離槽 嫌気ろ床槽 流量調整槽	接触ばっ気槽 回転板接触槽 散水ろ床槽 ばっ気槽 硝化・脱窒槽	沈殿槽	凝集沈殿槽 凝集槽 活性炭吸着装置 砂ろ過装置	消毒槽	汚泥濃縮設備 汚泥貯留設備 汚泥濃縮貯留設備
大臣認定方式(告示以外の処理工程例)	夾雑物貯留槽	ピークカット槽	間欠ばっ気槽 担体流動槽 生物ろ過槽	担体流動槽 回分処理槽 膜分離槽	鉄電解脱りん		

また,処理対象人員に1人1日当たりの平均的な汚水排出水量である200 lを乗じても,計画建物の使用状況によっては,実際の汚水量に合わないことが考えられる.

計画建物の汚水量,BOD量の決定には,表8.7などの排水原別汚濁負荷量のデータを参考に実情に合った数値を採用する必要がある.

b. 処理水質・性能の決定

浄化槽の処理水質・性能の決定では表8.1の性能項目で示しているように,建築基準法施行令の設置区域および処理対象人員に対応することと,浄化槽法や水質汚濁防止法・湖沼水質保全特別措置法などで定めら

8.2 厨房排水除害施設

表8.5 浄化槽躯体構造の分類

工場生産型	FRP	fiberglass reinforced plastics ガラス繊維強化プラスチック樹脂：戸建て住宅，小規模な共同住宅などの小規模（5〜50人程度）に使用される．メーカーによっては数千人程度まで商品化している．
	DCPD	dicyclopentadiene 熱硬化性プラスチック樹脂（ジシクロペンタジエン）：戸建て住宅（5〜10人）程度の小規模に使用される．FRPと比較して比重が小さく，対衝撃性に優れている．
	PC	precast concrete プレキャストコンクリート：数百人程度の中規模浄化槽の躯体として採用され，あらかじめ工場でコンクリート製の躯体部材を製造し，現地に搬入して組み立てる．
現場施工型	RC	reinforced concrete 鉄筋コンクリート：500人槽以上の大規模浄化槽に採用され，鉄筋コンクリート構造物と同様に現地で製造する．

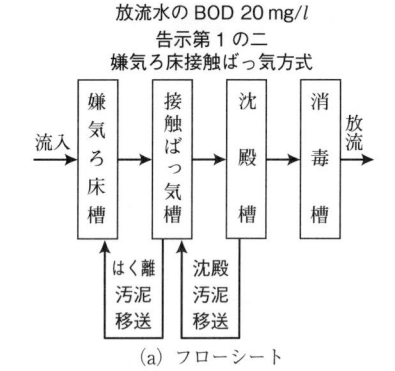

放流水のBOD 20 mg/l
告示第1の二
嫌気ろ床接触ばっ気方式

流入 → 嫌気ろ床槽 → 接触ばっ気槽 → 沈殿槽 → 消毒槽 → 放流

はく離汚泥移送／沈殿汚泥移送

(a) フローシート

嫌気ろ床槽

処理対象人員 n〔人〕	有効容量 V〔m³〕
$5 \leq n \leq 10$	$V = 1.5 + 0.4(n-5)$
$11 \leq n \leq 50$	$V = 3.5 + 0.2(n-10)$

接融ばっ気槽

処理対象人員 n〔人〕	有効容量 V〔m³〕
$5 \leq n \leq 10$	$V = 1 + 0.2(n-5)$
$11 \leq n \leq 50$	$V = 2 + 0.16(n-10)$

沈殿槽

処理対象人員 n〔人〕	有効容量 V〔m³〕
$5 \leq 10$	$V = 0.3 + 0.08(n-5)$
$11 \leq n \leq 50$	$V = 0.7 + 0.04(n-10)$

(b) 槽容量

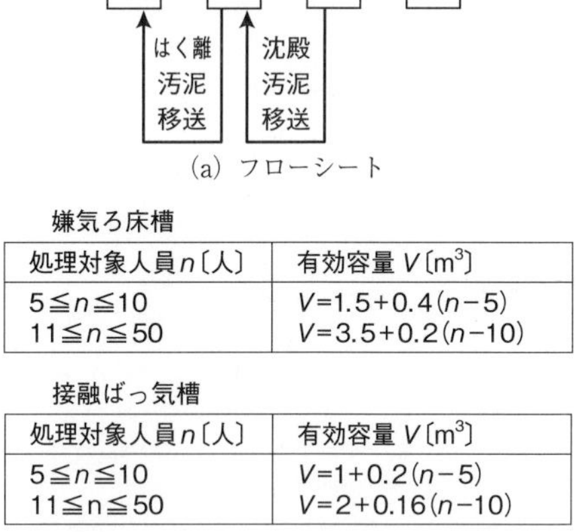

(c) 概略形状（例）

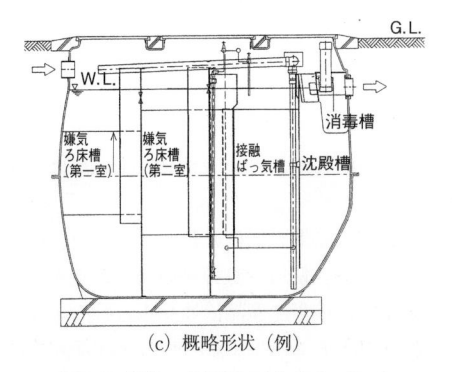

図8.1 嫌気ろ床接触ばっ気方式の概要

れた排水基準に合致させることが必要である．
さらに，放流先での上記以外の水質規制の有無を確認する必要がある．

c. 処理方式の決定

表8.3に示した処理性能と処理方式の対応表より処理方式を選定する．
同表では同一性能でも数種類の処理方式があげられており，計画建物の実情や排水特性さらに，設置場所の条件に合った処理方式を選択する．
表8.3以外の国土交通大臣の認定を受けた処理方式についても比較検討対象とする．

d. 申請・届出

表8.1に示すように，申請・届出は建築物と同時に設置する場合と，戸建住宅の汲み取り便所を浄化槽の設置により水洗化する場合では手続きが異なるほか，浄化槽そのものが水質汚濁防止法などの特定施設に該当する場合には工事着工の60日前に届出が必要となる．

8.2 厨房排水除害施設

8.2.1 関 係 法 令

水質汚濁防止法第2条第2項で定められた特定施設を設置する工場又は事業場からの下水（生活若しくは耕作を除く事業に起因し，若しくは付随する廃水又は雨水）で下水道法第12条の2の規定により，公共下水道へ排除することが禁止されている下水以外の下水道排除基準に適合しない下水を除害施設対象下水と呼ぶ．
除害施設対象下水による下水道施設への障害を除去するための施設を「除害施設」という．
下水道法関連法規は水質汚濁防止法，公害防止条例などが加わり，複雑な体系となっている．

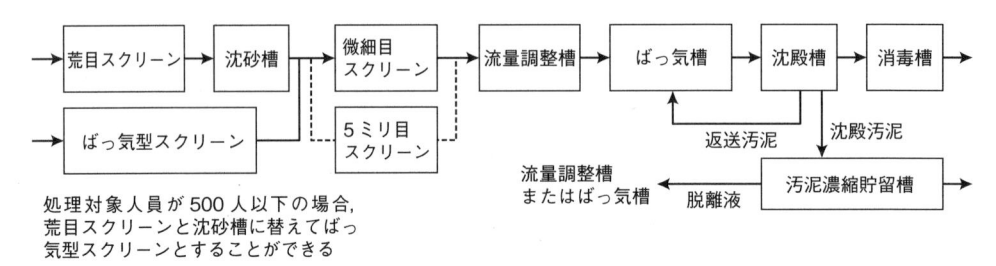

処理対象人員が500人以下の場合，荒目スクリーンと沈砂槽に替えてばっ気型スクリーンとすることができる

放流水のBOD 20 mg/l 以下

(a) フローシート

流量調整槽
・ばっ気槽への1時間当たりの移送水量を日平均汚水量の 1/24 の 1 以下とする．

ばっ気槽
・BOD容積負荷を 0.2 kg/m³・日以下とする．
（501人を超える部分は 0.3 kg/m³・日以下）
・日平均汚水量の 2/3 以上とする．

沈殿槽
・日平均汚水量の 1/6 以上とする．
・水面積負荷を日平均汚水量の 8 m³/m²・日以下とする．
（501人を超える部分は 15 m³/m²・日以下）
・越流負荷を日平均汚水量の 30 m³/m・日以下とする．
（501人を超える部分は 50 m³/m・日以下）

消毒槽
・消毒作用を有効に継続してできる容量とする．
（日平均汚水量の 15 分以上）

汚泥濃縮貯留設備（汚泥濃縮設備＋汚泥貯留設備）
・発生汚泥の搬出計画に見合う容量とする．

(b) 槽容量

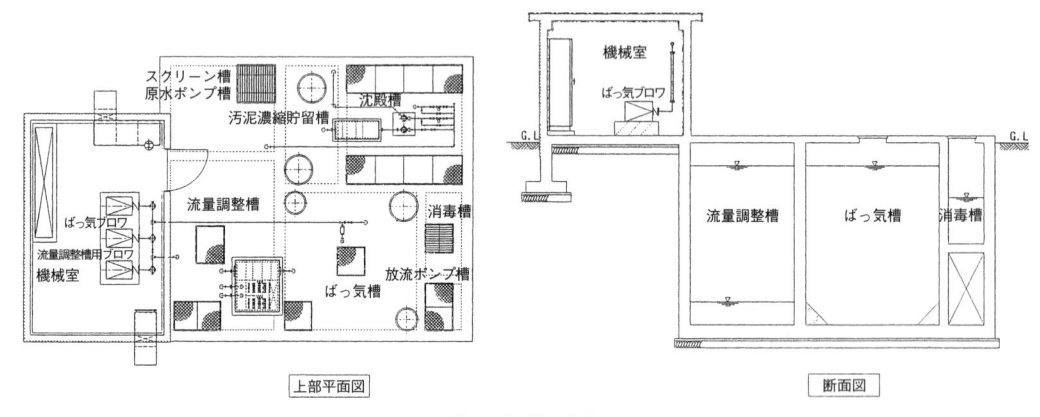

(c) 概略形状（例）

図 8.2 長時間ばっ気方式の概要

図 8.3 に東京都における下水道関連法規の体系の概要を図式化して示す．

表 8.8 に東京都での下水排除基準を示す．

a. 厨房排水と下水排除基準

一般的に，厨房排水が下水排除基準に該当する水質項目は表 8.8 の，BOD（生物化学的酸素要求量），SS（浮遊物質），n-Hex（ノルマルヘキサン抽出物質：動植物油），pH（水素イオン濃度），温度およびよう素消費量である．

東京都の排水基準を例にとると，終末処理場を設置している下水道の使用者が厨房排水を処理する必要性があるのは次に該当する施設となる．

(1) 特定施設の設置があり 50 m³/日以上の排水を行う者．

8.2 厨房排水除害施設

表 8.6 建築物の用途別による屎尿浄化槽の処理対象人員算定基準（JIS A 3302-2000）

類似用途別番号	建築用途			処理対象人員 算定式	処理対象人員 算定単位
1	集会場施設関係	イ 公会堂・集会場・劇場・映画館・演芸場		$n=0.08A$	n：人員〔人〕，A：延べ面積〔m^2〕
		ロ 競輪場・競馬場・競艇場		$n=16C$	n：人員〔人〕，C^{*1}：総便器数〔個〕
		ハ 観覧場・体育館		$n=0.065A$	n：人員〔人〕，A：延べ面積〔m^2〕
2	住宅施設関係	イ 住宅	$A \leq 130^{*2}$ の場合 $n=5$		n：人員〔人〕，A：延べ面積〔m^2〕
			$130^{*2} < A$ の場合 $n=7$		
		ロ 共同住宅		$n=0.05A$	n：人員〔人〕 ただし，1戸当たりのnが3.5人以下の場合は，1戸当たりのnを3.5人または2人（1戸が1居室^{*3}だけで構成されている場合に限る）とし，1戸当たりのnが6人以上の場合は1戸当たりのnを6人とする A：延べ面積〔m^2〕
		ハ 下宿・寄宿舎		$n=0.07A$	n：人員〔人〕，A：延べ面積〔m^2〕
		ニ 学校寄宿舎・自衛隊キャンプ宿舎・老人ホーム・養護施設		$n=P$	n：人員〔人〕，P：定員〔人〕
3	宿泊施設関係	イ ホテル・旅館	結婚式場または宴会場をもつ場合 結婚式場または宴会場をもたない場合	$n=0.15A$ $n=0.075A$	n：人員〔人〕，A：延べ面積〔m^2〕
		ロ モーテル		$n=5R$	n：人員〔人〕，R：客室数〔室〕
		ハ 簡易宿泊所・合宿所・ユースホステル・青年の家		$n=P$	n：人員〔人〕，P：定員〔人〕
4	医療施設関係	イ 病院・伝染病院・療養所	業務用厨房設備または洗濯設備を設ける場合　300床未満の場合 300床以上の場合	$n=8B$ $n=11.43(B-300)+2400$	n：人員〔人〕，B：ベッド数〔床〕
			業務用厨房設備または洗濯設備を設けない場合　300床未満の場合 300床以上の場合	$n=5B$ $n=7.14(B-300)+1500$	
		ロ 診療所・医院		$n=0.19A$	n：人員〔人〕，A：延べ面積〔m^2〕
5	店舗関係	イ 店舗・マーケット		$n=0.075A$	n：人員〔人〕，A：延べ面積〔m^2〕
		ロ 百貨店		$n=0.15A$	
		ハ 飲食店	一般の場合	$n=0.72A$	
			汚濁負荷の高い場合	$n=2.94A$	
			汚濁負荷の低い場合	$n=0.55A$	
		ニ 喫茶店		$n=0.80A$	
6	娯楽施設関係	イ 玉突き場・卓球場		$n=0.075A$	n：人員〔人〕，A：延べ面積〔m^2〕
		ロ パチンコ店		$n=0.11A$	
		ハ 囲碁クラブ・マージャンクラブ		$n=0.15A$	
		ニ ディスコ		$n=0.50A$	
		ホ ゴルフ練習場		$n=0.25S$	n：人員〔人〕，S：打席数〔席〕
		ヘ ボーリング場		$n=2.50L$	n：人員〔人〕，L：レーン数〔レーン〕
		ト バッティング場		$n=0.20S$	n：人員〔人〕，S：打席数〔席〕

表 8.6 つづき

類似用途別番号	建築用途			処理対象人員	
				算定式	算定単位
6	娯楽施設関係	チ	テニス場 ナイター設備を設ける場合	$n = 3S$	n：人員〔人〕，S：コート面数〔面〕
			テニス場 ナイター設備を設けない場合	$n = 2S$	n：人員〔人〕，S：コート面数〔面〕
		リ	遊園地・海水浴場	$n = 16C$	n：人員〔人〕，C^{*1}：総便器数〔個〕
		ヌ	プール・スケート場	$n = \dfrac{20C + 120U}{8} t$	n：人員〔人〕，C：大便器数〔個〕 U^{*4}：小便器数〔個〕 t：単位便器当たり1日平均使用時間〔h〕 $(= 1.0 \sim 2.0)$
		ル	キャンプ場	$n = 0.56P$	n：人員〔人〕，P：収容人員〔人〕
		ヲ	ゴルフ場	$n = 21H$	n：人員〔人〕，H：ホール数〔ホール〕
7	駐車場関係	イ	サービスエリア 便所 一般部	$n = 3.60P$	n：人員〔人〕，P：駐車ます数〔ます〕
			サービスエリア 便所 観光部	$n = 3.83P$	
			サービスエリア 便所 売店なしPA	$n = 2.55P$	
			サービスエリア 売店 一般部	$n = 2.66P$	
			サービスエリア 売店 観光部	$n = 2.81P$	
		ロ	駐車場・自動車車庫	$n = \dfrac{20C + 120U}{8} t$	n：人員〔人〕，C：大便器数〔個〕 U^{*1}：小便器数〔個〕 t：単位便器当たり1日平均使用時間〔h〕 $(= 0.42 \sim 2.0)$
		ハ	ガソリンスタンド	$n = 20$	n：人員〔人〕，（1営業所当たり）
8	学校施設関係	イ	保育所・幼稚園・小学校・中学校	$n = 0.20P$	n：人員〔人〕，P：定員〔人〕
		ロ	高等学校・大学・各種学校	$n = 0.25P$	
		ハ	図書館	$n = 0.08A$	n：人員〔人〕，A：延べ面積〔m²〕
9	事務所関係	イ	事務所 事務用厨房設備を設ける場合	$n = 0.075A$	n：人員〔人〕，A：延べ面積〔m²〕
			事務所 事務用厨房設備を設けない場合	$n = 0.06A$	
10	作業場関係	イ	工場・作業所・研究所・試験所 業務用厨房設備を設ける場合	$n = 0.75P$	n：人員〔人〕，P：定員〔人〕
			工場・作業所・研究所・試験所 業務用厨房設備を設けない場合	$n = 0.30P$	
11	1〜10の用途に属さない施設	イ	市場	$n = 0.02A$	n：人員〔人〕，A：延べ面積〔m²〕
		ロ	公衆浴場	$n = 0.17A$	
		ハ	公衆便所	$n = 16C$	n：人員〔人〕，C^{*1}：総便器数〔個〕
		ニ	駅・バスターミナル $P < 100000$ の場合	$n = 0.008P$	n：人員〔人〕，P：乗降客数〔人/日〕
			$100000 \leq P < 200000$ の場合	$n = 0.010P$	
			$200000 \leq P$ の場合	$n = 0.013P$	

〔注〕 *1 大便器数・小便器数および両用便器数を合計した便器数．
*2 この値は，当該地域における住宅の1戸当たりの平均的な延べ面積に応じて，増減できるものとする．
*3 居室とは，建築基準法による用語の定義でいう居室であって，居住，執務，作業，集会，娯楽その他これらに類する目的のために継続的に使用する室をいう．ただし，共同住宅における台所および食事室を除く．
*4 女子専用便所にあっては，便器数のおおむね1/2を小便器とみなす．

表 8.7 住宅排水の排水源別汚濁負荷量[4]

排出源			汚水量 [l/(人·日)]	BOD 負荷量 [g/(人·日)]	BOD 平均濃度 [mg/l]
便水	① 便所	し尿	15	9	600
			35	4	114
	小 計		50	13	260
雑排水	② 台所		30	21	700
	③ 洗濯		40	4	100
	④ 浴槽		50	0.5	10
	洗い水		20	1	50
	⑤ その他		10	0.5	50
	小 計		150	27	180
①+②+③+④+⑤			200	40	200
①+②			80	34	425
②+③+④			140	26.5	190
③+④+⑤			120	6	50
④			70	1.5	21

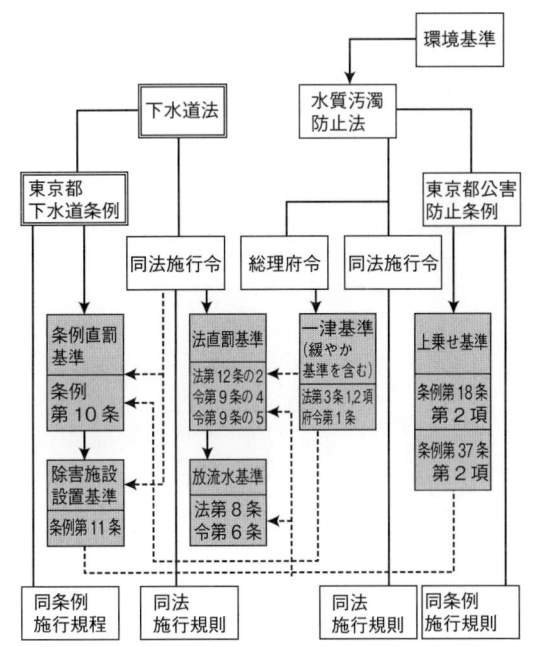

図 8.3 東京都における下水道関連法規の体系[5]

BOD, SS, n-Hex, pH が規制項目となり，この規制値を超えた下水を排除することによって直罰の対象となる．

条例によって温度およびよう素消費量を規制値以下とする除害施設が必要となる．

(2) 特定施設の設置がない場合であっても $50\,\mathrm{m^3/}$日以上の排水を行う者．

条例によって BOD, SS, n-Hex, pH, 温度およびよう素消費量が規制項目となり，規制値以下とする除害施設が必要となる．

(3) 特定施設の有無，排水の量にかかわらず，下水を排除する者．

条例によって pH，温度およびよう素消費量が規制対象項目となり，規制値以下とする除害施設が必要となる．

8.2.2 厨房除害施設の計画

除害設備の計画にあたっては，原水中の BOD, n-Hex 濃度が高いことから排水性状に見合った処理方式の選択が必要である．

特に厨房排水は，排水温度と腐敗性が高い排水であるため，設置場所の選定や臭気対策を考慮する必要がある．

さらに建設コストだけでなく，処理施設から発生する余剰汚泥が少なく維持管理性に優れた処理方式の採用を検討することが重要である．

一般的に採用されている処理方式の概要と比較表を表 8.9 に示す．

処理方式としては，酵母・微生物を利用した生物学的処理と凝集剤の注入によって物理化学的に規制水質以下に処理する方式に分類できる．

物理化学的処理に比べ生物学的処理方式では機械的要素が少ないため維持管理に手間がかからないことと，凝集剤やアルカリ剤などの薬剤注入が不要であることから，運転コストは少なくなるが，反応槽の容量が大きく，設置面積・建設コストでは不利となる．

このような特性を検討したうえで，諸条件に合った処理方式の選定が必要である．

図 8.4 に酵母処理方式の構造例を示す．

8.3 放射性排水処理設備

8.3.1 放射性排水の発生源と関連法規

放射性排水の発生源は研究所・工場における放射性同位元素と原子力発電所関連施設で使用される核原

表 8.8 東京都における下水排除基準[6]

	対象者	終末処理場を設置している公共下水道の使用者				現に終末処理場を設置していない公共下水道の使用者	
		特定施設の設置者		特定施設を設置していない者			
対象物質または項目		50 m³/日以上	50 m³/日未満	50 m³/日以上	50 m³/日未満	50 m³/日以上	50 m³/日未満
有害物質	カドミウム	0.1	0.1	0.1	0.1	——	——
	シアン	1	1	1	1	——	——
	有機りん	1	1	1	1	——	——
	鉛	1	1	1	1	——	——
	六価クロム	0.5	0.5	0.5	0.5	——	——
	ひ素	0.5	0.5	0.5	0.5	——	——
	総水銀	0.005	0.005	0.005	0.005	——	——
	アルキル水銀	検出されないこと	検出されないこと	検出されないこと	検出されないこと	——	——
	PCB	0.003	0.003	0.003	0.003	——	——
	トリクロロエチレン	0.3	0.3	0.3	0.3	——	——
	テトラクロロエチレン	0.1	0.1	0.1		——	——
環境項目など	総クロム	2	2	2	2	——	——
	銅	3	3	3	3	——	——
	亜鉛	5	5	5	5	——	——
	フェノール	5	5	—	5	——	——
	鉄	10	10	—	10	——	——
	マンガン	10	10	—	10	——	——
	ふっ素	15	15	—	15	——	——
	生物化学的酸素要求量 (BOD)	600 (300)	——	600 (300)	——	——	——
	浮遊物質量 (SS)	600 (300)	——	600 (300)	——	——	——
	ヘキサンノルマル 鉱油	5		5		5	
	ヘキサンノルマル 動植物油	30		30		30	
	水素イオン濃度 (pH)	5〜9 (5.7〜8.7)	5〜9 (5.7〜8.7)	5〜9 (5.7〜8.7)	5〜9 (5.7〜8.7)	5〜9	5〜9
	温度	45℃ (40℃)	45℃ (40℃)	45℃ (40℃)	45℃ (40℃)	45℃	45℃
	よう素消費量	220	220	220	220	220	220

〔備考〕
1. 単位は pH を除きすべて mg/l である。
2. BOD, SS, pH, 温度にかかわる ( ) 内の数値は製造業またはガス供給業に適用する。
3. ▢ 内は直罰などによる規制にかかわる排除基準である。このうち ▢ 内は条例により定められている基準である。なお，この基準のうち 50 m³/日未満の特定施設の設置者にかかわる銅・亜鉛・フェノール・鉄・マンガン・ふっ素の基準は，昭和47年4月2日以降工場（東京都公害防止条例第1条第2項第1号）を設置した者に適用する基準である。50 m³/日未満の総クロムは，工場に適用する基準である。
4. ▢ 内は除害施設の設置などの義務にかかわる排除基準である。
5. 下水排除基準を超える（BOD, SS, 温度, よう素消費量についてはこの基準以上，pH についてはこの基準以下または以上の）水質の下水が悪質下水となる。

料・核燃料物質および医療関連施設で使用される医療用放射性同位元素に大別され，おのおの関連法規によって取り扱いが規定されている。

各施設からの放射性物質を含む排水の発生源の一覧を表 8.10 に示す。

表 8.11 に関連法規を示す。

8.3.2 放射性排水の排水基準

「放射性同位元素による放射線障害の防止に関する法律」に基づく科学技術庁告示第7号（平7）によって，放射性物質の排水中の許容限度が規定されている。

表 8.12 に濃度限度の基準を示す。

2種類以上の核種が混在している場合には，それぞれの濃度と濃度限度の比が1以下でなければならな

8.4 酸・アルカリ排水処理施設

表 8.9 厨房除害施設の処理方式例

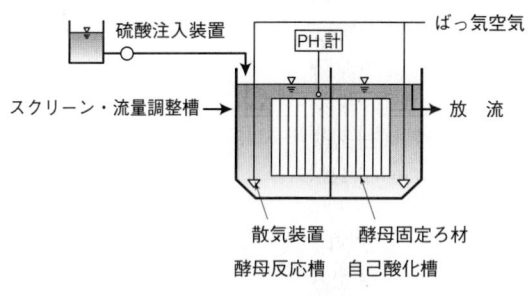

処理方式	酵母処理方式	活性汚泥方式	加圧浮上方式
1. 処理の概要	・酵母を利用した処理を採用 ・反応槽容量（設置面積）が少ない ・酵母投入は運転初期に1回のみ ・余剰汚泥の搬出処分が不要 ・生物処理のため臭気少ない ・シンプルな構造，運転容易	・下水処理，浄化槽に採用される処理方式 ・あらかじめ油分除去が必要 ・反応槽容量（設置面積）が最も大きい ・微生物，汚泥管理に高度な技術が必要 ・余剰汚泥（油分）搬出量が多い	・物理，科学的処理のため有害臭気発生 ・反応槽は最も少ないが，機械装置設置面積が大きい ・使用薬品が多く高額 ・余剰汚泥（油分）搬出量が多い ・機械要素が多く点検修理費が大きい
2. フローシート	流入→スクリーン→調整槽→酵母反応槽（H_2SO_4→）→自己酸化槽→放流ポンプ槽→放流	流入→スクリーン→油脂分離槽→搬出処分／調整槽→ばっ気槽→沈殿槽→搬出処分／放流ポンプ槽→放流	流入→スクリーン→調整槽→凝集槽（凝集剤・アルカリ剤）→加圧浮上槽→搬出処分／放流ポンプ槽→放流

図 8.4 酵母処理方式の例

い．

8.3.3 排水処理の方法

放射性排水の処理方法は排水中の濃度に応じて，減衰するまでの期間中を保管する方法および希釈水によって濃度限度以下に希釈する方法などの組み合わせた方式が採用されている．

図 8.5 に病院・医療施設における排水処理例を示す．

8.4 酸・アルカリ排水処理施設

8.4.1 排出建築物と関連法規

酸・アルカリ排水は化学物質を取り扱う製造業，学校，大学・研究機関および医療施設などの多種の施設から排水される．

酸性やアルカリ性の強い排水は金属材料やコンクリートなどを腐食し，生物に対しても有害である．

放流先が河川・海域などの公共水域であれば水質汚濁防止法などの関連法規によって規定され，公共下水に放流される場合には，8.2 の表 8.8 に示すように下水道法の関連法規によって規制されるため，規制値を超える排水には中和処理設備を設ける必要がある．

8.4.2 処理方法と処理計画

中和処理は反応槽内に中和剤を注入して，所定のpH 値に制御する方式が一般的である．

排水源によるが酸・アルカリ排水には水質汚濁防止法などで排水規制の対象となる有害物質を含んでいる可能性があるため，単なる中和処理では混入している有害物質の除去ができない場合もある．

このため，排水成分の想定・分析によって有害物質の除去方式との組み合わせを考慮する必要がある．

図 8.6 に中和処理装置の例を示す．

単槽制御方式は最も基本的な制御方式で，中和槽の流入点に中和剤を注入し，流出口で pH を検出制御する．

直列多段制御方式は単槽方式を直列に配置することで pH 変動の大きな排水に適している．

カスケード制御方式は中和に時間を要する排水に適し，pH 調節器を2台使用し，2段階で目標 pH 値まで制御する方式である．

中和剤の選定に当たっては価格，入手の難易性，反応速度および生成スラッジ量などを考慮して選択する必要がある．

〔田中勝好〕

表 8.10 放射性排水の発生源[7]

発生源		国内発生量 [m³/年]	排水の特徴
原子炉	発電炉冷却水	$\sim 10^5$	原子炉冷却水中の微量不純物が炉心で中性子照射され,放射化されて生ずる.比較的半減期は短いが大量
	発電炉使用済み燃料プール水	$\sim 10^3$	使用済み燃料が1年前後原子炉プールで冷却貯蔵され,一部バイパス浄化される.燃料破損時には高レベルになる
	研究炉排水	$\sim 10^3$	各種研究が行われ,低〜中レベルの排水が出される
核燃料	ウラン採鉱製錬排水	$\sim 10^0$	わが国では現在は行われていない.ウラン生産国では,10^6 m³/年以上発生.極低レベル
	ウラン濃縮・加工排水	$\sim 10^2$	濃縮工場・加工工場からは,低レベルのウランを含む排水が出される
	プルトニウム燃料加工排水	$\sim 10^0$	プルトニウム燃料加工施設(核燃料サイクル開発機構)から,極低レベルのプルトニウムを含む排水が少量出される
	再処理高レベル廃液	$\sim 10^1$	使用済み燃料の再処理工場から比較的少量であるが,発生放射能の99.9%以上を含む高レベル廃液が出される
放射性同位元素	RI製造排水	$\sim 10^1$	使用済み燃料を処理して,RIを分離製造する工場から出される.わが国のRI工場は,小規模で発生量は少ない
	RI研究排水	$\sim 10^3$	多数の研究所において,RIを利用して研究が行われ,低レベル排水が出される
	RI工場測定排水	$\sim 10^2$	各種工場において,RIを利用して測定などが行われ,低レベル排水が少量出される
	RI医療排水	$\sim 10^3$	短寿命のRIが,病院・診療所において診断・治療用に利用され,比較的大量の排水が出される
	RIし尿排水	$\sim 10^3$	短寿命のRIが,治療のため患者に比較的大量に投与され,その大部分がし尿として出される
放射能洗濯排水		$\sim 10^2$	原子力発電所・原子力研究所などの作業員の衣類の洗濯から,極低レベルの排水が出される

〔注〕放射性排水を処理した後の固化体の発生量と違って,排水の一次発生量の統計値はなく,表の数字は目安値である.

表 8.11 放射性排水の関連法規

排水源	放射性物質	関連法規
研究所工場	放射性同位元素	放射性同位元素による放射線障害の防止に関する法律
原子力発電所 核燃料工場	核原料 核燃料	核原料物質,核燃料物質及び原子炉の規制に関する法律
病院 医療機関	医療用放射性同位元素	医療法 薬事法

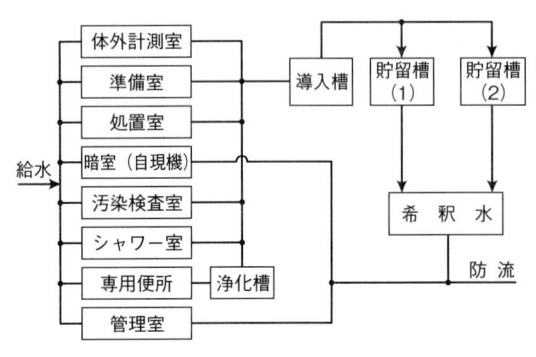

図 8.5 病院・医療施設における処理施設の例

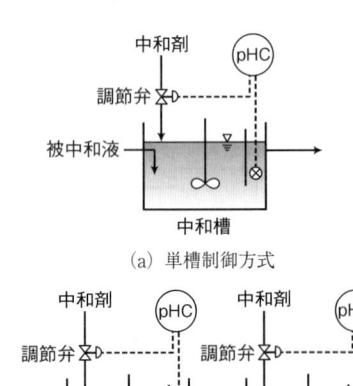

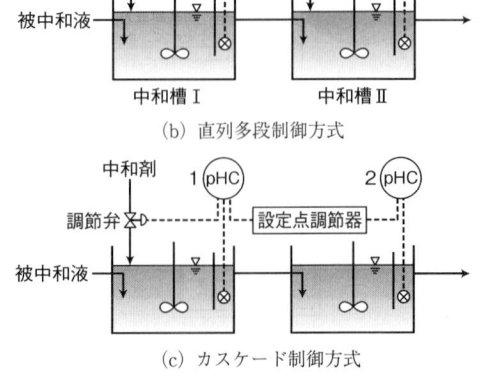

図 8.6 中和装置の構造例[9]

8.4 酸・アルカリ排水処理施設

表 8.12 放射性物質の排水中の濃度限度[8]

(a) 放射性物質の種類が明らかな場合（一部）

核 種	化学形	排水中の濃度限度 $[Bq/cm^3]$
^3H	トリチウム水	6×10^1
^{14}C	標識有機化合物	2×10^0
^{24}Na	すべての化合物	2×10^0
^{32}P	Mg^{2+}, Zn^{2+}, Sn^{4+}, Bi^{3+} およびランタノイド（ただし La と Gd を除く）のりん酸塩以外のもの	5×10^{-1}
^{35}S	硫化物および硫酸塩（ただし Ca, Cu, Zn, As の硫化物および Ca, Zn, As の硫酸塩を除く）	9×10^0
^{35}S	元素状硫黄（経口摂取）	6×10^0
^{51}Cr	六価のクロム化合物（経口摂取）	3×10^1
^{59}Fe	酸化物，水酸化物およびハロゲン化物以外のもの	6×10^{-1}
^{67}Ga	酸化物，水酸化物，炭化物，ハロゲン化物および硝酸塩以外のもの	5×10^0
^{75}Se	元素状セレンおよびセレン化合物以外のすべての化合物（経口摂取）	4×10^{-1}
^{75}Se	元素状セレンおよびセレン化合物（経口摂取）	2×10^0
^{99m}Tc	酸化物，水酸化物，ハロゲン化物および硝酸塩以外のもの	6×10^1
^{111}In	酸化物，水酸化物，ハロゲン化物および硝酸塩以外のもの	3×10^0
^{123}I	すべての化合物	8×10^0
^{125}I	すべての化合物	1×10^{-1}
^{131}I	すべての化合物	7×10^{-2}
^{198}Au	ハロゲン化物，硝酸塩，酸化物および水酸化物以外のもの	1×10^0
^{201}Tl	すべての化合物	1×10^1
^{238}U	六価ウランの水溶性の無機化合物（経口摂取）	2×10^{-2}
^{238}U	四フッ化ウラン，二酸化ウランおよび八酸化三ウランなど，比較的不溶性の四価ウランの化合物（経口摂取）	2×10^{-1}

〔注〕放射線障害防止法に係る科学技術庁告示第 7 号別表第 1（平 7）[1]

(b) 放射性物質の種類が別表（(a) 参照）に掲げられていない場合

区 分		排水中の濃度限度 $[Bq/cm^3]$
放射性物質の種類が明らかで，かつ別表に掲げられていない場合	アルファ線を放出する放射性物質	1×10^{-4}
	アルファ線を放出しない放射性物質	5×10^{-4}
放射性物質の種類が明らかでない場合		5×10^{-5}

〔注〕放射性障害防止法に係る科学技術庁告示第 7 号別表第 2 ほか（平 7）[1]

文 献

1) 空気調和・衛生工学会編：空気調和・衛生工学便覧（第 13 版 4 巻），p. 282, 2001.
2) 日本建築センター：屎尿浄化槽の構造基準・同解説, 2006 年版, p. 11, 2006.
3) 日本建築センター：屎尿浄化槽の構造基準・同解説, 2006 年版, p. 121, 2006.
4) 空気調和・衛生工学会編：空気調和・衛生工学便覧（第 13 版 4 巻），p. 287, 2001.
5) 東京都下水道局業務部監修：除害施設の実務，p. 30, 日本水道新聞社, 1989.
6) 東京都下水道局業務部監修：除害施設の実務，p. 37, 日本水道新聞社, 1989.
7) 空気調和・衛生工学会編：空気調和・衛生工学便覧（第 13 版 4 巻），p. 597, 2001.
8) 空気調和・衛生工学会編：空気調和・衛生工学便覧（第 13 版 4 巻），p. 597, 2001.
9) 公害防止設備機材事典編集委員会編：公害防止設備機材事典, p. 105, 産業調査会, 1978.

9 特殊設備計画

9.1 医療器具および医療用特殊配管

9.1.1 医療器具設備
a. 滅菌・消毒設備

病院では微生物を除去することに関し，消毒，殺菌，滅菌などの語句が使用され，その定義は必ずしも明確ではない．日本薬局方では滅菌とは物質の中のすべての微生物を殺滅，または除去することと定義し，滅菌法を加熱法，ろ過法，照射法，ガス法および薬液法の5つに分類している．

殺菌とは，微生物を死滅させること，消毒とは人畜に対して有害な微生物または目的とする対象微生物の数を減らすために用いられる処理法のことであるが，病院内では通常同意語的に用いられることが多い．

これらの滅菌法から目的の殺菌条件に適合したものを選定し，それに適合した機器を良い条件で使用する必要がある．最も多く使われるのは加熱法であるが，これは簡便性にもよるが，微生物の殺滅に対しては化学的方法に比べ物理的方法がより確実であることにもよる．

ガス法は，水分および高温に弱く，使用するガスによって変質しない材料などの滅菌に用いられる．酸化エチレンガスとホルムアルデヒドなどの殺菌性のガスを用いて微生物を殺滅する化学的滅菌法の一つである．

また，最近では，酸化エチレンガス，ホルムアルデヒドの毒性の問題や，災害時に電気エネルギーのみで簡単に滅菌ができるということで，過酸化水素低温プラズマ滅菌法が導入されはじめている．

1) 加熱滅菌設備

ⅰ) 乾熱滅菌器　乾燥高温状態で一定時間保持することによって微生物を殺滅する方法である．熱により変質，変形しないものならどんなものにも適用できる．日本薬局方による条件は以下のとおりである．

135〜145℃，3〜5時間
160〜170℃，2〜4時間
180〜200℃，0.5〜1時間

熱源は電気またはガスで，熱の均一化の方法には自然対流式と強制送風循環式がある．

ⅱ) 高圧蒸気滅菌装置（オートクレーブ）　高温高圧の飽和蒸気の熱エネルギーを利用して菌体のたんぱく質を変性させ，菌を不活化（生育不能）し，滅菌を行うものである．通常の蒸気加圧（100℃）では，死滅しない芽胞を殺すために，加圧して沸騰温度を上げなければならない．滅菌は120〜121℃で30分，もしくは135℃で8分間行う．内筒内の空気を完全に排除していないと，所定の圧力に達しても所定の温度が得られないので注意を要する．大型装置では，排気・給蒸気・滅菌・排蒸気・乾燥の全行程を自動で行えるようになっている．

最近のものは真空排気装置がついているものがほとんどで，ハイスピード滅菌機能をもったものもある．内筒内の空気を排気する能力によって滅菌時間の差ができる．

数台を設置する場合は，中央滅菌室の一部を区画して滅菌専用の室にする．また，缶体の両面に扉を有し，滅菌前と滅菌後の取り扱いを別々の室から行えるようにしたもの（パススルー方式）がある．これらは加熱による滅菌法であるため，装置周辺が熱くなるので年間を通じての室内の換気・冷房装置の配慮を必要とする．

装置本体は，ボイラおよび圧力容器安全規則の第一種圧力容器に該当するため，定期自主検査による記録の保持，年1回の性能検査が必要である．

2) ガス滅菌設備

ガス滅菌設備は熱に弱いものの滅菌用に利用され，細菌の芽胞やウイルスにも有効である．使用するガスは，酸化エチレンガス（EOガス）とホルムアルデヒド（ホルマリン）ガスの2種類がある．

ホルマリンガスは深部到達力が弱く，臭気が強いなどの欠点があるので，最近は酸化エチレンガスと二酸

化炭素混合ガスを用いる方法が普及している．

しかしながら，1997年の大気汚染防止法の改正により，酸化エチレンとホルムアルデヒドは，その毒性から，ベンゼン，ダイオキシンなどと同列に，健康被害をもたらすおそれのある「有害大気汚染物質」のなかの「優先取組み物質」に指定され，規制対象となっており，今後，これらの2つの滅菌法は使用しにくくなってくるであろう．

 i) 酸化エチレンガス滅菌装置　酸化エチレンガス（EOガス）は，環状エーテルの一種で，芳香性のある中性の液体であるが，ふつうのエーテルと異なり，水と作用してただちにエチレングリコールを生ずる．沸点は12.5℃，密度は0.89であり，可燃性である．爆発の危険性もあるので，滅菌用として使用する場合は，二酸化炭素を80％以上混合して用いる．また，毒性は強く，吸入の場合，8時間労働下で怒限度は50 ppm以下とされている．また，EOガスの接触によって，皮膚や粘膜に発疹，水疱形成など化学的火傷を起こす．

滅菌行程は，滅菌槽内の真空→加温→加湿→ガス供給加圧→滅菌→ガス排出（真空）→空気による洗浄（残留ガス除去）→滅菌終了である．

使用温度は55℃程度で，滅菌効果を高めるために40～50％ RHの湿度を加える．滅菌所要時間は，大気圧超過圧力0.202 MPa以下，ガス濃度500 mg/lで全工程4～6時間である．設置場所は換気を十分に行い，火気厳禁とする．

 ii) ホルマリンガス殺菌装置　ホルマリンガスは，高温・常温で強い殺菌力を示す．しかし，ガスの拡散が非常に遅いという欠点がある．消毒をするものが小型のときは，比較的小型の殺菌器内で行えるが，布団やマットレス類は，1300 mm×1300 mm×2040 mm以上の殺菌槽をつくり，その中に入れて消毒する．装置としては，鋼製殺菌器中でホルマリン液またはパラホルムアルデヒドを気化させ，温度と湿度を上げるために蒸気を加えて殺菌し，次いで中和を行うシステムが一般的である．設置場所は，換気を十分に行うことはもちろんであるが，排気ダクトに耐腐食性の材質のものを使用しなければならない．

 3) 過酸化水素低温プラズマ滅菌設備　過酸化水素低温プラズマ滅菌法においては，高真空下で過酸化水素分子に高周波エネルギーを与えることにより，過酸化水素のプラズマ状態をつくる．過酸化水素プラズマの中には殺菌効果の高い活性種（フリーラジカル）が多く含まれ，それらが微生物の細胞膜，核，酵素などに作用してその生命機能を絶つと考えられている．

滅菌工程は，減圧→過酸化水素注入→過酸化水素拡散→プラズマ滅菌（高周波エネルギー）→空気置換の5工程を経て滅菌を完了する．また，全工程を通じ，低温（約45℃），低湿（約10％ RH）で処理される．滅菌所要時間は約75分で，エアレーションの必要もなく，被滅菌物はすぐに使用できる．

 4) その他の滅菌・消毒設備　医療機関において実施されている滅菌法は上述の加熱法，ガス法であるが，使い捨て医療用具の製造産業においては照射法に分類される放射線（電子線）滅菌法も導入されている．

便器消毒器は，各病棟の汚染処理室に，汚物流しとセットにして設置する．便器消毒器は蒸気の熱と圧力で，洗浄と消毒を一度に行うものである．最近ではベッドパンウォッシャー（全自動汚物容器洗浄消毒装置）といわれる洗浄，消毒，乾燥までの工程を全自動で行う装置を設置する例が多い．また，熱源についても維持管理の容易さから電気式とする場合がほとんどである．

b. 純水・滅菌水設備

病院内では，飲料用・調理用・手洗い用などの生活用水，便所洗浄用・冷却塔補給水用などの雑用水のほかに，手術時の手洗いや透析治療などの医療行為に関連した病院特有のクリーンな水が必要となる．古くは蒸留水や煮沸水・紫外線殺菌水などが使用されていたが，今日の高性能膜技術の急速な進歩により，最近ではほとんどのケースで逆浸透法や限外ろ過法などの製造方法による医療用水が使用されている．

また，病院機能の高度化に伴って院内で純水，滅菌水を使用する部門が増加し，かつ要求する水質，水量

表9.1　純水・滅菌水の使用場所

使用場所	純水	滅菌水	主な用途
手術部		○*	手術手洗い
手術部洗浄室	○		手術器具の洗浄仕上げ水
中央材料室	○		器具の洗浄仕上げ水
人工透析室	○		透析液調整用水
薬局	○	○	調剤用水，器具洗浄水
検査部	○		検査，分析用水
集中治療室		○	入退室および処置前手洗い
救急処置室		○	救急処置時の手術手洗い
血管造影室		○	処置前後の手術手洗い
分娩室		○	分娩手術手洗い
新生児室		○	入退室および処置前手洗い
未熟児室		○	入退室および処置前手洗い
無菌病室		○	入退室時の手洗い

＊：平成17年2月旧付けの医療法施行規則改正により，滅菌水の義務化はなくなり水道水でも支障がなくなった．

などが多岐にわたるため，水処理設備は，各使用部門または各使用箇所ごとに設置できる個別ユニットの適用が増加している．

病院内で純水，滅菌水を使用する主な場所を表9.1に示す．純水は明確な定義はないが，水中にイオンの形態で溶解している化学的不純物を除去した水（化学的な純水）や水中の微生物類（細菌類）を除去した水（微生物的な純水）のことをいう．また，滅菌水は主に水中の微生物類を除去した水をいう．平成17年2月1日付けの医療法施行規則改正により，手術部手洗い水については「滅菌手洗い」という文言が「清潔な手洗い」という文言に変更され，滅菌水の義務化はなくなり水道水でも支障はなくなったが，これまで以上に給水設備の塩素濃度管理などを確実にしなければならない．また，手術用手洗い以外の無菌病室等への手洗い装置の設置は，医療保険点数が関係しており，病院関係者との打合せが必要である．

1) 純水・滅菌水製造装置　病院内で使用される純水・滅菌水を大別すると，手術部，集中治療室などでの滅菌手洗水系統と，中央材料室，薬局，人工透析室などの純水系統に分けられる．

ⅰ) 滅菌手洗水系統　これらの部門では，使用点に逆汚染防止水栓を組み込んだ滅菌手洗ユニットが設置される．手術室，分娩室，血管造影室などの手術手洗いでは，ブラシ，消毒ソープを使って上腕部まで手洗いを行うため，大型シンクを組み込んだシンク一体ユニットが有効となる．これに対して集中治療室や新生児室，無菌病室などの手洗いは手指消毒が主であり，コスト，スペース面などにより，壁掛け型ユニットの採用例が多い．いずれの場合でも手洗い効果を向上させるため，給水・給湯を混合して38～40℃の温水を使用する．

大規模病院の手術部の場合，手術手洗水栓が多数となり，これらをすべて個別処理型ユニットとすると，メンテナンスが煩雑になるとともにランニングコストの増大となる場合がある．この場合，手術部全体で使用する手洗水量を逆浸透処理法（RO）や超ろ過法（RO+UF）にて一括製造し，使用点へ循環供給を行うことも有効な手段となる．ただし，供給系統で38～40℃に昇温するヒータなどが必要であるとともに，定期消毒機構や耐熱対策を施す必要がある．

ⅱ) 純水系統　病院内の主な使用部門は表9.1のとおりであり，使用用途は器具洗浄仕上げ水（手術部洗浄室，中央材料室，薬局など），検査分析用水（検査部），透析液調整水（人工透析室），調剤用水（薬局）

などとなる．

処理法は基本的に逆浸透処理法が適用され，器具洗浄水には逆浸透処理水をそのまま適用し，検査分析用水ではさらにイオン交換にてイオン類を除去して使用する．薬局の調剤用水では，逆浸透処理後さらに蒸留処理を施す．透析液調整水では，透析患者に合併症を引き起こすおそれのある硬度成分や塩素成分を先に硬水軟化装置と活性炭フィルタで除去した後に，残留するアルミニウムやナトリウム，カリウムなどを逆浸透処理にて除去する．

人工透析室は，透析ベッド数や患者数，病院の運営方針などにより使用水量の変動が大きく，使用時間帯も他部門と一致しない．さらに，処理水水質などが直接透析患者に影響を及ぼすため，水質管理や運転管理に注意が必要となり，単独の処理装置設備が望まれる．

c. 水治療法設備

医学的リハビリテーションは，理学療法，作業療法，日常生活動作訓練，言語療法，心理療法などからなる．

理学療法としては運動療法，水治療法，温熱電気光線療法などの療法があり，特にこの水治療法設備は，温水を大量に使用すること，温水の汚れからの感染を防止すること，この2点を特に注意して設置しなければならない．

1) ハバードタンク　重症患者，片麻痺患者，脊損患者など身体不自由者らの運動療法および温熱療法に使用される．タンクは建物に固定し，ひょうたん形ステンレス鋼製で，容量は約1200 l である．患者は仰向きに寝たままでの運動が可能であり，ひょうたん形の凹の位置で，理学療法士は楽に患者に接して治療ができる．この装置は，運動機能障害のある患者に使用するため，昇降リフトを設けて，スイッチ操作により入浴・退浴の動作を補助する．付属機器として，マッサージ効果や水中運動負荷を高めるための水中噴流装置，気泡発生装置，タンク内の温水を清潔に保つための循環ろ過殺菌装置などがある．

2) 多目的浴槽　一般浴槽，運動浴槽，部分浴，渦流浴，気泡浴，浴中圧注として多目的に利用する．気泡発生装置，噴流（圧注）浴装置，昇降装置（リフト）などの付属装置がある．

3) パラフィン浴装置　上下肢用，下肢用，上肢用がある．融解したパラフィンの中に，患部を5秒間隔で8～10回入れたり出したりすると，パラフィンの薄膜層で患部が覆われ，パラフィンの放出熱と，患部

からの熱の放散遮断のため，加温される．

4) 乳児バス　新生児用として使われ，母子医療センター，産科病棟の沐浴室などに設置される．陶器製の一槽式（容量30 l）と二槽式（大槽30 l，小槽13 l）のものがある．サーモスタット付きの水栓が付属している．オーバフロー管からの汚染に十分配慮しなければならない．

d. 特殊医療機器・その他

1) 洗浄装置

ⅰ) 超音波洗浄装置　金属製の医療用具，機器，ガラス器具などに付着した汚染物を，超音波の洗浄作用によりほぐし，さらに純水によるすすぎ洗いを行う装置である．小型単槽のものから，多槽を並べて工程を自由にプログラムできる全自動大型のものまで種類は多い．中央材料部，手術部，検査部などには大型のものが，外来診察室などには小型のものが設置される．

ⅱ) その他の洗浄装置　ウォッシャディスインフェクタは，洗浄用のスプレイノズルから水を噴射，必要に応じて洗剤，消毒剤，中和剤が添加され，器具の汚れを機械的に除去する．洗浄消毒工程終了後，適当な温度の熱風を循環させて洗浄物を乾燥させる．純水によるすすぎ洗浄を加える場合もある．ジェット噴流による洗浄のため，超音波洗浄のような騒音がなく，静かである．

洗浄物の種類により，手術器具，麻酔用具，スリッパなどの専用ラックが準備されており，プログラムカードで洗浄，消毒，乾燥を自動的に実行する．手術部，ICU，中央材料部に設置される．

ウォッシャステリライザは，洗剤を含んだ60℃の温水が満たされ，水中に蒸気ジェットを噴射し，付着物を機械的に除去する．洗浄終了後，蒸気により温水を排出し，高圧蒸気滅菌が行われる．滅菌時間はものによって3〜10分で，汚染された器具をただちに再使用することができる．高圧蒸気滅菌装置と同様の構造であるが，洗浄のための注水と蒸気ジェットの噴射装置が付加されている．感染性患者の手術を行う手術部には必須の設備である．

チューブ洗浄・乾燥器は，医用器材であるチューブ，カテーテルなどの管状器材の内・外側を水あるいは温水により洗浄させた後に，温風で乾燥をさせる装置である．装置の多くは，庫内にある多岐管の先端に取り付けられたニードルに，被洗浄物であるチューブ類を接続し，水をチューブ内に連続的に流下させることにより，洗浄する方式である．

2) X線フィルム自動現象装置　X線関係のフィルム現象装置で，現象・定着液はタンクから補充され，水洗いには，フィルタを通した常水が利用される．

写真定着廃液，現象廃液は，産業廃棄物のなかの廃酸，廃アルカリに該当し，公共下水道へ直接放流することができない．そのため，病院の規模にもよるが，樹脂製タンクで容量1000〜2000 l のものを2基設けて，単独配管にてタンクまで導き，貯留した後，専門処理業者が回収できるようにしておかなければなれない．

最近は，これまでのアナログ装置に代わりCR (Computed Radiography)というフィルムを使わないデジタルシステムが多く使われている．

デジタルX線装置にはIP (Imaging Plate)方式とCCD (Charged Coupled Device)方式の二つの方式がある．

IP方式とCCD方式はどちらも一長一短があり，使用目的により使い分けられている．IP方式は胸部の撮影や腹部の単純撮影に使われ，その他の一般撮影にはCCD方式が使われることが多いようである．

IP方式：再使用が可能なIPと呼ばれる特殊なプレートを用いてX線撮影を行い，その後でこの撮影済みプレートをスキャナーで読むことによってデジタル化してコンピュータに画像を出力する．ただし，次のCCD方式のようにX線撮影の段階でデジタル化するのではなく，一たんIPにX線情報をアナログ画像として保存し，それをスキャナーで読み込んでデジタル化をするため，CCD方式に比べ時間がかかる．

CCD方式：従来のX線撮影でフィルムを置く位置にCCDセンサーを組み込んだ受光部を置き，X線撮影で受光したX線情報をCCDセンサーでデジタル画像化し，これをオンライン接続しているコンピュータに取り込む方式．

この方式では画像は撮影とほとんど同時にコンピュータ画面に表示される長所がある．しかし，CCDセンサーがシステムごとに必要で，一つのセンサーは1サイズのX線画像の撮影にしか使用できず，センサーが非常に高価なこと，受光部が大きく厚くなり，患者が不快感を持ちやすいなどの欠点もある．

3) 解剖・霊安室設備

解剖室には解剖台があり，台の上に給水・給湯ができるようにする．排水は，毛髪や固形物の流出を防ぐために，ステンレス製のスクリーンを取り付けるようにする．また，最近ではバイオハザード対応の解剖台（清浄空気のエアカーテンによる空気の遮断，排水を

回収処理）の設置が多くなっている．解剖室からの排気・排水はともにホルマリンが含まれているため，十分な換気対応と感染を考慮した排水処理が必要である．

9.1.2 医療用特殊配管設備
a. 医療ガスの種類と用途

医療用特殊配管設備は，薬事法で定める医薬品である酸素と亜酸化窒素（以下笑気という）をはじめとして，医療で必要とする圧縮空気，窒素，二酸化炭素および吸引などの各種の医療ガスを，病院の各部屋でいつでも手軽に使用できるようにしたものである．常に高い安全性と信頼性が要求され，病院内で不可欠な設備の一つになっている．その医療ガスの種類と用途を表9.2に示す．

b. 医療用特殊配管設備の構成

医療用特殊配管設備は，以下の設備により構成される．

1）供給源設備

ⅰ）可搬式容器による供給装置[1]　　酸素，笑気，窒素などのボンベまたはLGC（可搬式超低温液化ガス容器）による供給装置は，容器を左右2つのバンクに分けて設置し，その中央に圧力調整器と切換え器を設け，左右交互に供給する方式をとっている．いずれのバンクから供給するかは，切換え器で選択する．選択されたバンクを第一供給装置，もう一方を第二供給装置という．第一供給装置を消費すると自動的に第二供給装置から流れる．同時にボンベ交換の必要性を関係者に通報する．ボンベ交換後切換え器のハンドルを動かし，第一供給側と第二供給側を入れ替える．このようにして，連続して供給ができるようにしており，自動切換え式マニフォールドと称している．

ⅱ）定置式超低温液化ガス貯槽（以下CEという）による供給装置[1]　　CEは，－183℃の液化酸素をその低温の状態で貯蔵し，蒸発器で気化させて常温の医療ガスにする．圧力調整器で送気配管圧力に調整し供給する．

ⅲ）圧縮空気供給装置　　圧縮空気供給装置は，空気圧縮機，アフタクーラ，リザーバタンク，ドライヤ，フィルタ，圧力調整器などで構成される．

ⅳ）吸引供給装置　　吸引供給装置は吸引ポンプ，リザーバタンク，バクテリアフィルタなどで構成される．

ⅴ）混合ガス供給装置　　液体酸素と液体窒素を用い，酸素21％，窒素79％の混合ガスを製造し，清浄な圧縮空気として供給する．

2）配管および遮断弁　　供給源設備とガス取出し口をつなぐ配管で，銅管を使用する．供給源ならびに一定の区域ごとに遮断弁を設け，火災などの非常時に供給を遮断する．ただし不用意に閉止すると，そのガスを吸入している患者さんの生命にかかわることがあるので，注意が必要である．

3）ガス取出し口　　壁に取り付けた取出し口のほかに，天井吊り下げ式，シーリングアーム型，ハンガ型，コンソール型などのユニットに取り付けたものが多い．おのおのにガス別特定化を図ったソケットアッセンブリーが取り付けられている．

c. ガスの供給失調対策

供給失調を起こさないために必要な設備として，JIS T 7101-1997「医療ガス配管設備」（以下JIS T 7101と称す）において以下のように規定されている．

1）容量の十分な確保

（1）可搬式容器による供給装置では第一供給装置と第二供給装置でそれぞれが予想される使用量の7日分以上．

（2）CEでは満量の2/3が10日分以上（つまり満量が予想使用量の15日分以上）．

表9.2 医療ガスの種類と用途

ガス名	用途	使用機器
酸素	吸入療法	酸素吸入器
		酸素テント
	麻酔	麻酔器
		人工呼吸器
	未熟児の保育治療	保育器
	高圧酸素療法	高圧酸素治療室
	合成空気の材料	
笑気	麻酔	麻酔器
酸素＋笑気	麻酔	麻酔器
空気	吸入療法（酸素と混合）	人工呼吸器
		酸素テント
		酸素・空気ミキサベンチレータ
	医療機器駆動	手術用エアドリル
	麻酔ガス排除	麻酔ガス排除装置
窒素	手術機器駆動	手術用エアドリル
	合成空気の材料	
二酸化炭素	腹こう(腔)鏡手術の気腹	気腹装置
	吸入療法（呼吸刺激）	
吸引	手術部位の浄化	各種吸引器
	気道確保	
	体内液吸引	低圧持続吸引器
	麻酔ガス排除	麻酔ガス排除装置
ヘリウム	呼吸気道狭小患者の呼吸ガス（酸素と混合）	
酸化エチレン	滅菌	ガス滅菌器

表9.3 ボンベと配管の識別色

規格	酸素	笑気	駆動空気	空気	窒素	炭酸ガス	吸引
医療ガス配管設備（JIS T 7101）	緑	青	褐	黄	灰色	橙	黒
麻酔器（JIS T 7201）	緑	青	―	黄	―	―	―
高圧ガス保安法のボンベの色	黒	ねずみ	―	ねずみ	ねずみ	緑	―

(3) 空気圧縮機，吸引ポンプの場合，2機以上で構成し，1機が停止中においても標準最大流量を確保できること．

2) 警報設備の完備

ⅰ）供給源警報　可搬式容器による供給装置では第一供給装置を使用しつくすか，第二供給装置からの供給が始まったとき，CEでは定格最大充てん容量の30％まで低下したとき，さらに自動切換え式の予備供給設備のガス量が50％以下になったときに警報を発する．

ⅱ）送気配管警報　ガスの供給圧力が異常であることを知らせる緊急警報を設ける．なお警報の表示盤は，常時人が監視できる場所に設けなければならない．

3) 予備供給設備　供給源設備に恒久的に接続し連続供給が可能なもので，b.1）でいう第二供給装置とは別のものである．主供給源のガス切れにあたって応急的に使用されるもので，ガス供給業者が緊急配送する所要時間に見合う量は確保したい．JIS T 7101の規定では予想される使用量の1日分以上とある．

4) 緊急供給システム　特別医療部門（麻酔を行う区域やICUなど）には局所的な緊急用医療ガスの導入口とガス供給設備をその区域別遮断弁の下流に設置する．ガス源として可搬型の高圧ガス容器に充てんされたガスを使い，圧力調整器を介して供給する．

d. 災害対策

1) 停　電　停電時機能が停止するものは空気圧縮機，ドライヤと吸引ポンプ，そして各警報設備である．可搬式容器による供給装置やCEによる供給装置は，表示や警報は失われても，ガスの供給は続けられる．ただ，長時間にわたると，ガスが消費されてしまっても警報が出ないので監視が必要である．圧縮空気供給装置，吸引供給装置および緊急警報表示盤の作動用電源についてJIS T z7101では，商用電源と非常電源（一般非常電源：電圧確立時間40秒以内）の両方が常に使用できる状態になっていなければならないとしている．また，日頃からの対策として用手蘇生器などをベッドサイドに常備する必要がある．同時に脚踏み式吸引器も有効である．

2) 断　水

ⅰ）吸引ポンプ　吸引ポンプは従来よりほとんど水封式が使用されている．医療用には高真空を必要としないこと，構造が簡単で故障しにくく保守もやりやすいためであるが，一定時間断水すると使用できなくなる．この対策は次のとおり．

(1) 一定期間運転を続けるために必要な量の補給水槽を設ける．

(2) 一定期間水を補給する必要のない吸引ポンプの採用．

(3) 油回転式吸引ポンプの採用．

ⅱ）圧縮空気供給装置　圧縮空気供給装置においては断水しても他の設備に比べ，比較的影響は少ないが，空気圧縮機，アフタクーラなどで，一部水冷式のものがあり，この場合注意する必要がある．空冷式への変更が望まれる．

3) 地震などの災害（停電/断水に関するものは除く）[2]

ⅰ）マニフォールド室のボンベ，LGCの転倒防止　ボンベは，高圧ガス保安法やJIS T 7101でも定められているが，従来から転倒防止として支持具に鎖がけしている．過去の地震では多くのボンベが，鎖のフックが伸びてはずれ転倒している．鎖のたるみのため衝撃的な力が加わったと考えられる．鎖は2段がけとし，しっかりと巻きつけて固定する必要がある．また，LGCは従来はただ置いているだけであったが，ボンベ同様しっかりと固定する必要がある．

ⅱ）配　管　建物間の不等沈下や建物の振動変形などに対応した伸縮性（柔軟性）と固定方法を採用することが望まれる．また，配管をループ化して必ず2方向から供給が受けられるようにしておくことにより，万一，一部の配管に損傷が生じてもバルブの操作で，供給源が生きている限り供給を受けることができる．

ⅲ）供給源設備の複合化　供給源設備については，主供給装置，予備供給装置と，すでにJIS T 7101では複合化が図られている．地震対策だけでなく故障やメンテナンスのときに有効である．すべての設備が早期に複合化されることが望まれる．ただし災害時に

は停電,断水が考えられるので,複合化にあたっては,電気,水を必要としない設備を含めた組み合わせを選択すべきである.

e. 感染対策

吸引配管設備においては,患者の汚物や血液を吸引する.汚物などは配管へ吸い込まずボトルに集めてはいるが,当然吸い込まれる空気の中には微粉末などが含まれていると考えられ,患者が感染性の病気の場合危険が生じる.したがって,吸引用ボトルと吸込み口の間,もしくは配管途中などにフィルタを設けることが望ましい.平成11年4月に施行されたいわゆる感染症新法においても,感染症対応病室の吸引配管は,特定区域単独かポータブルとして一般系と分離する,排気には高性能フィルタを設置する,吸引タンク内は清掃・消毒できる構造とするなどが規定されている.

〔鈴村明文〕

文献

1) 医療機器センター:改訂版医療ガス保安管理ハンドブック,p.73, p.81, 1999.
2) 日本医療ガス協会:医療ガス保安講習会テキスト, 1996.

9.2 水泳プール設備

9.2.1 計画の基本事項

a. 概要

日本に現存する最古のプールは,山口県萩市「明倫館」の水練池(長さ39 m,幅16 m,深さ2 m)である.

循環ろ過設備を保有した水泳プールが日本に初めて建設されたのは,昭和4年東京神田のYMCAビルに設置されたものといわれている.

昭和39年文部省が体育施設整備5カ年計画で学校プールを国庫補助の対象としたこと,昭和40年ごろにウォータスライド,流水プール,造波プールが開発され親水および遊泳施設として全国に数多く建設されたことにより水泳プール施設が発展した.

b. プールの分類

1) 運営・経営上の分類

i) 学校プール 生徒,学生の体育課程と練習を目的とする.小中学校では25 mの競泳用が一般的で小学校では渡渉プールを併設することもある.高校,大学では50 mの競泳用が多い.

ii) 公営プール(競技を対象とした施設) 国・県・市町村が建設し管理する施設で,競泳,水球,シンクロナイズドスイミング,飛込みなど競技を目的としたもので観覧席を併設する.

iii) 公営プール(水遊び,レクリエーションを対象とした施設) 県民,市町村民プール・国営公園,都市公園内プールなどで地域住民のレクリエーションを目的とした施設,ウォータパークとも称する.流水・造波・ウォータスライド・水遊び・噴水・滝などの特殊設備を保有する.ごみ焼却余熱を利用した屋内施設もある.

iv) 公営プール(地域住民の健康増進を目的とした施設) 小規模プールを中心とし,浴場,ジャグジーなどの温浴施設,トレーニング器具,テニスコートなどを併設した健康増進施設でコミュニティプールとも称する.

v) 民営プール(ホテルの付属施設) 宿泊客が主に利用するための施設,庭園や建築物の形態に合わせた変形型のプールが多い.

vi) 民営プール(スイミングスクール,スポーツクラブ用施設) 水泳教室,選手育成を目的とした施設と,体力増強,健康増進を目的とした施設で25 mの競泳用が多い.

vii) 民営プール(レクリエーション用施設) 形態は,公営プールの水遊び,レクリエーションを対象とした施設とほぼ同じであるが,公営の施設に比べウォータスライドの種類などが多く設置されている.また,ほとんどの施設は遊園地に併設されている.

viii) 個人用プール(企業所有の施設) 会社,健康保険組合が社員と家族の健康増進を目的とした福利厚生施設.

ix) 個人用プール(住宅用施設) 個人住宅に付属する小規模施設,庭園や建築物の形態に合わせた変形型が多い.

2) 利用目的上の分類と種類

i) 競技用プール(公認プール) 水泳競技を目的とした施設で,(財)日本水泳連盟が定めるプール公認規則に基づき建設された,国内基準公認プールと国際基準公認プールがあり公認プールの記録が公式記録となる.競泳プール(50 m・25 m),飛込みプール,水球プール,シンクロナイズドスイミング競技プールがある.

ii) 競技用プール(練習,トレーニング用プール) 学校プール,スイミングスクール,スポーツクラブなどの施設で50 m・25 mプールが多い.練習する人の年齢,泳力に合わせ水深を変えられる可動床設備や流速がコントロールできる流水設備による小スペース

設置のトレーニングプールがある.

iii）水遊び，レクリエーション用プール　親水，水遊びを目的とした娯楽性の高い設備を保有する施設で，複数のプールで構成された施設をウォータパークという.

① 流水プール：環状水路平面を基本とするプールで側壁よりポンプで吸水，吐出し流れを起こす．規模に応じてポンプの能力と台数が決まる．

② 造波プール：遊泳用では，プランジャ，ニューマチック方式が一般的で，サーフィン用としてダムブレーク方式がある．

③ ウォータスライド：鉄骨構造の架台や傾斜地に，断面が溝形，半円形，円形などの滑走路を設置し上部のスタート台より水を流し人が直接または浮き輪などの補助用具に乗り，下部の着水プールまで滑走を楽しむ施設で，平面形状が直線と蛇行曲線のものがある．高低差4 mを超える施設は工作物確認を必要とする．

④ 渡渉プール（徒渉プール）：水深0.3～0.6 m程度の子供を対象とした，親水，水遊び用プール．噴水，シーソー，水鉄砲，滝，滑り台なども設置する．

⑤ 遊泳プール：多目的に水浴を楽しむプールで板飛び込みや水中バレーボールなどを設置することもある．

⑥ 幼児プール：設置目的は渡渉プールと同じ．水深が0.3 m以下で5～6歳までが対象年齢の専用施設．

⑦ 潜水用プール：救助訓練，スキューバダイビング練習などの潜水練習を目的にスポーツクラブやダイビングショップに設置され水深は3 m以上の施設が多い．

⑧ 特殊プール：5 m/sほどの流速で水をソフトマット貼りのわん曲したコートに流しボディボートで波乗りを楽しむなど，特殊設備を保有する施設．

iv）医療用プール　治療後に歩行訓練などリハビリ用のプールで，入水や歩行の補助に必要に応じ手すりを設置する．

3）屋内と屋外の分類

i）屋内プール　通年使用を目的とした施設で，室内暖房，床暖房，空調設備とプール水の加温を必要とする．地域コミュニティセンター，スイミングスクール，スポーツクラブ，ホテルなどに設置されている．ごみ焼却の余熱を熱源に利用した施設もある．

① 専用施設：夏以外の季節も通年で利用し，水泳の目的だけに供する施設．

② 兼用施設：夏期はプールとして利用するが，冬季はアイススケートリンクなどに転換して利用する施設．

③ 屋根開放型施設：プール室のほとんどの屋根や，屋根と壁を一体とした構造物を可動させ．日射のあるときは開放し，雨天や寒いときに閉じることが可能な施設で熱エネルギーが節約できるが，建築基準法上の取り扱いに注意を要する．

ii）屋外プール　学校プールのほとんどが夏期のみ使用する目的で屋外に設置されている．加温設備を保有しないため大型のレクリエーション用施設に多い．

c. プールの構造

プール施設の基本構成は，水を貯め人が直接遊泳するプール本体と，水の水質を維持するための循環浄化設備とそれらを結ぶ循環配管および休憩，移動のためのプールサイド，更衣，シャワーなどのサービス施設から構成される．

厚生労働省健康局長通知でプール設備の施設基準として(1)プール本体，(2)プールサイド通路など，(3)給水設備，(4)排水設備，(5)消毒設備，(6)浄化設備，(7)オーバフロー水再利用設備，(8)プールサイドなどの区分区画，(9)適用除外，が定められているので遵守しなければならない．

1）プール躯体の材質　鉄筋コンクリート製，鋼製，ステンレス鋼製，FRP製などがある．各種材質の長所・短所を把握し地盤条件やプールの利用目的，意匠を十分に検討して決めることがたいせつである．

i）鉄筋コンクリート製プール　比較的自由な形状をつくることができる．底板コンクリートが基礎構造体として兼用するため安価であり打ち継ぎ部分やセパレータ，木コン処理をていねいに行い水密コンクリートとして施工することにより大型プールにも適している．

ii）鋼製および金属製プール　鋼製，ステンレス鋼板，アルミニウム合金をプール底，側壁として全溶接し組み立てる．25 m競泳プールなどは規格化が容易でありビルやホテルの屋内上階，校舎の屋上設置に適している．地上設置の場合，地下水位の高い場所や不等沈下の起こりやすい地盤では堅固な鉄筋コンクリートの基礎を要する．また全溶接のためひずみを起こしやすいため水面積が広く0.3 m以下の水深の浅いプールには不適である．

iii）FRP製プール　FRP（ガラス繊維強化プラスチック）は軽く，引張強度，耐食性，保温性に優れている．工場で部材を成形し現場でFRPパネル間にパッキンを挟みボルトを締めて組み立てる．規格化が容易

であるが複雑な形状のプールは割高となる．屋内上階，屋上設置に適しているが地下水位の高い場所，不等沈下の起こりやすい地盤では堅固な鉄筋コンクリートの基礎を必要とする．

2) プールの断面形状　プール断面形状を図9.1に示す．(a)〜(g)の基本型がある．プール断面形状を組み合わせ兼用プールとして使用する場合．極端な水深の変化は避ける．スロープが基本型でプールの利用目的に応じた形状とする．兼用プールとして使用する場合，組み合わせ断面とすることもあるが極端に水深が変化することを避けなければならない．水深の変化が遊泳者にわかりやすく水深表示を設ける，プール底の色を変えるなど工夫し事故発生のない施設とする．

　a) フラット　　水深が一定のため危険がない．底面には水はけを考慮し勾配をつけ，大水面積の施設では300〜400 m² ごとに排水ますを設置する．渡渉プール，流水プールなどに多い．

　b) レギュラ　　学校プール，遊泳プールに多く一般的な形状である．外周からプール中央に排水勾配を設けるため，大水面積の施設では水深の差が20〜30 cm以上になり，還水ますも大きくなる．

　c) 片寄せ　　50 m競泳プールや飛び込み専用のプールに多く，スタート側を深くする．大水面積の施設では，還水ます，排水ますを別々に設置する必要がある．

　d, e) スロープ　　プールの出入りに理想的な形状で，片スロープ型は造波プール，ウォータスライド着水プールに多く，全周スロープ型は幼児，子供プールに多い．水深の浅い部分への循環給水とオーバフローの設置に注意を要する．

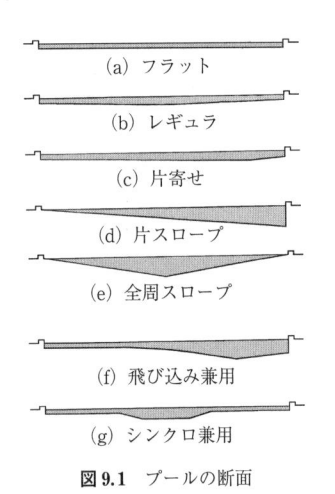

　f) 飛び込み兼用　　極端な片寄せ型にしたプール．遊泳プールなどに板飛び込みを設置した場合，飛び込みの部分を高さに合わせて深くする．夜間使用の場合水中照明が有効である．

　g) シンクロ兼用　　競泳プールなどをシンクロに使用できるように必要スペースを深くする．

3) プールの寸法と水深　公式，公認競技会に使用されるプールは，日本水泳連盟プール公認規則の適用を受け，プールの寸法と水深に規定がある．

競泳，競技用プール以外では，ウォータスライドの着水プールが平成12年建設省告示第1426号に寸法，水深の規準が定められた．その他一般のプールに特別寸法の規定はないが，公認プール水深の規定と学校プール，一般プール水深の参考を表9.4に示す．

競泳プールを水球や，シンクロナイズドスイミングにも使用することや，トレーニングレベルや練習内容，年齢に応じた水深に対応させるため，プール床をチェーン，シリンダや，空気による浮力を利用して上下に移動し水深を調整する可動床設備がある．

4) オーバフロー溝の形状　プール本体の外周に沿って設けられる溝で，プールの種類，機能，意匠に応じて図9.2に示す種類の特徴を考慮して選定する．

表9.4　プールの水深

プールの種類		水深 [m]
学校プール	渡　渉	0.3〜0.7
	小学校	0.8〜1.2
	中学校	0.9〜1.4
	高校・大学	1.2〜1.7
一般プール	競泳用（25 m・50 m）	0.8〜1.5
	造　波	0.0〜(1.2-2.0)
	流　水	1.0〜1.2（最深部）
	ウォータスライド着水プール	0.6〜1.0

〔注〕1. 公認プールの水深は日本水泳連盟：プール公認規則（平成8年）を参照．

(a) フラット
(b) レギュラ
(c) 片寄せ
(d) 片スロープ
(e) 全周スロープ
(f) 飛び込み兼用
(g) シンクロ兼用

図9.1　プールの断面

(a) オープン型
(b) リセス型
(c) デッキレベル型（消波型）

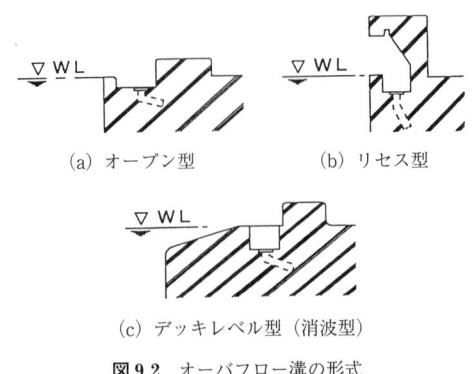

図9.2　オーバフロー溝の形式

オーバフローは，(1) 一定水位を保つ，(2) 一定水位以上の水を排水する，(3) 遊泳者の吐くたん，つばを捨てる，(4) プール水面のごみを流しとる，(5) プール水面に発生した波を消す，(6) 循環浄化水の還水口とする，(7) 遊泳者にプールへの出入り時，手がかり，足がかりとする，などの役割がある．

オーバフロー回収循環浄化方式の場合や既存プールのオーバフロー水を回収再利用する場合には，プールサイドの洗い水などが溝に流入しない勾配を設けるが，水返しを設けるなどの対応を行う．

a) オープン型　形状が簡単で清掃も容易であり建設コストも安価であるが，溝が浅いため排水勾配がとれない，オーバフロー溝からの返し水がプール内に戻りやすいので注意を要する．

b) リセス型　競泳プールのスタート，ターン壁設置に適する．リセス型を下段に設置し上段に他の方式を組み合わせ，水位を変えて多目的に利用することも可能．開口部が狭く清掃と施工に難がある．

c) デッキレベル型（消波型）　エッジの傾斜と越波により消波効果が高く端のコース泳者への影響を緩和できる．

オーバフロー溝にグレーチングでふたをし溝ふたの上端レベルをプールサイドレベルと合わせることにより，凹凸のないスッキリとした意匠に仕上がる．プールサイドの排水が入らない構造とする．溝の断面形状で(1) フィンランド式，(2) チューリッヒ式，(3) ビースバーデン式がある．

5) 還水口・排水口の形状　還水口を，底面に設ける場合，通常排水口と兼用する．還水量に対し十分な開口面積をもつこと，ますぶたはねじまたはボルトにより固定し還水管の口には格子状の金物を固定し遊泳者に引き込み事故のない構造とする．格子ぶたの開口有効面積は，還水の流速が $0.1 \sim 0.2$ m/s 以下に設計する．図 9.3 にます型還水口を示す．

清掃，修理のためプール水を完全に排水できるようにし，還水ますには砂だまりを設ける．自然排水が望ましいが，敷地のレベルが低く不可能な場合には，排水管の延長上に排水ポンプピットを設けてポンプ排水するが，プールに汚水が逆流しないよう排水側水位より上に排水口をとり間接排水とする．

d. プールの衛生基準・法令など

一般の遊泳プールは「遊泳用プールの衛生基準」，学校プールは，「学校環境衛生の基準」が定められている．また，平成19年3月プール還水口などの吸込み死亡事故対策として文部科学省・国土交通省で「プールの安全標準指針」が示された．これらの基準に従い，プールの計画，設計，維持管理を行い，常に安全で快適かつ衛生的な環境を遊泳者に提供することを目的としている．

1) 遊泳用プールの衛生基準　平成19年5月28日厚生労働省健康局長通知「健発第0528003号遊泳用プールの衛生基準」が改訂され，(1) 水質基準，(2) 施設基準，(3) 維持管理基準が定められている．その概要および水質基準を表 9.5 に示す．

2) 学校プールの衛生基準　平成19年7月10日

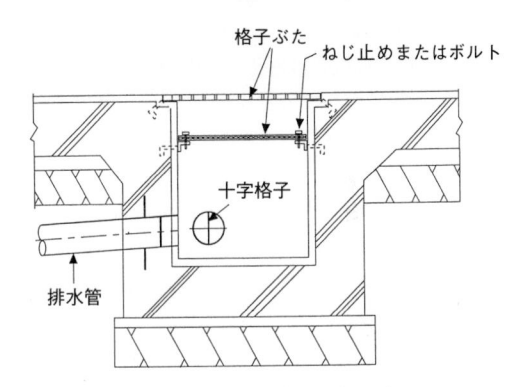

図 9.3　ます型還水口（排水口）

表 9.5　遊泳用プールの水質基準（平成19年健発第0528003号）

項　目	水　質　基　準
(1) 水素イオン濃度	pH 値 5.8 以上 8.6 以下であること
(2) 濁度	2度以下であること
(3) 過マンガン酸カリウム消費量	12 mg/l 以下であること
(4) ① 遊離残留塩素濃度	0.4 mg/l 以上であること　また 1.0 mg/l 以下であることが望ましい
② 二酸化塩素濃度（塩素消毒に代えて二酸化塩素による消毒を行う場合）	0.1 mg/l 以上，0.4 mg/l 以下であること　また亜塩素酸濃度は 1.2 mg/l 以下であること
(5) 大腸菌	検出されないこと
(6) 一般細菌	200 CFU/l 以下であること
(7) 総トリハロメタン	0.2 mg/l 以下が望ましいこと（暫定目標値）

〔注〕海水または温泉水を原料として利用するプールについて，常時清浄な用水が流入し清浄度が保てる場合には，(4) に定める基準については適用しなくてもよい．
また，原水である海水または温泉水の性状によっては，(5) 以外に定める基準の一部については適用しなくてもよい．ただし，原水に温泉水を利用する場合，原水は少なくとも温泉法に規定する飲用可の水質基準を達成していること．
オゾン処理または紫外線処理を塩素消毒に併用する場合にも (1)～(3)，(5)～(7) に定める基準を適用する．

文部科学省スポーツ・青少年局長通知「19文科ス第155号学校環境衛生の基準」の一部改訂が厚生労働省の基準改訂に伴い施行された.

3) **ウォータスライド**（遊戯施設としての工作物）
関係告示 建築基準法施行令第138条工作物の指定に基づき，平成12年5月31日建設省告示第1419号，第1426号に規定されている．高低差4mを超える施設の建設には工作物確認申請を必要とし，施設の適切な維持管理を所有者などに義務づけられていることにより資格者による定期検査を行い，その結果を特定行政庁に報告しなければならない．

e. 利用人員の算定

プールの施設規模を計画決定するため，利用者数を想定する必要がある．公営の競技を目的とする施設は，競技会の開催規模や，選手の育成計画などにより決定する．

屋内のコミュニティ施設は，後背地人口と，その利用率により決定するが，施設のアトラクションアイテムにより利用率に大きな差があり，また，季節変動も考慮して決定する．

屋外施設は，夏期の約60日前後が利用可能日数で，施設のアトラクションアイテムと天候に大きく影響される．ピークは，地域により多少異なるが，8月中旬の土日曜日に集中する，週間変動も考慮して決定する．

1) 地域人口からの算定 施設の後背地人口から利用者数を想定するために用いる方法で，施設の内容により集客範囲を決定する．健康増進型の施設であれば15〜20kmの圏内が対象で，レクリエーション型の施設であれば35〜45kmの圏内が対象となる．利用率は，類似の施設を調査し決定するが，周囲の道路や駐車場環境などによって増減する．

2) プール水面積からの算定 建設予定地のスペースが決定されていて，各施設必要面積の配分からプール水面積を決定し，計画するプールの種類により同時遊泳者数を想定し，各設備の能力を決定する．遊泳者1人当りの必要プール水面積は，競泳用やホテルのプールでは，1人当たり/$10m^2$（遊泳人員/水面積）人程度で，レクリエーション用プールでは1人当たり$2〜4m^2$程度で算出する．

3) 屋内プールの月別変動 屋内の施設は，通年利用できるが，スイミングスクールやフィットネスクラブプールを除き月ごとに利用変動がある．ピーク月の利用人員予測で施設計画をすると過剰設備投資となり，経営に大きな負担をかけるので入念に計画する必要がある．屋内プール利用の月別変動を図9.4に示す．

4) 屋外プールの週間変動 学校プールを除き，屋外設置施設のほとんどがレクリエーション用施設であり夏休み期間の土日曜日に集中する．ピークで管理サービス能力に対応でき，経済的施設の計画が必要となる．屋外レクリエーション用プール利用の週間変動を図9.5に示す．

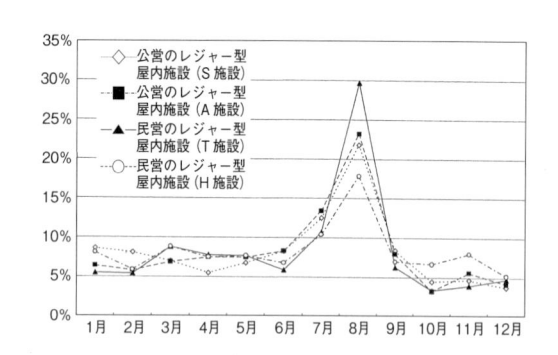

図9.4 屋内プール利用の月別変動
〔注〕年間総入場者数を100％とした各月の入場者数の割合

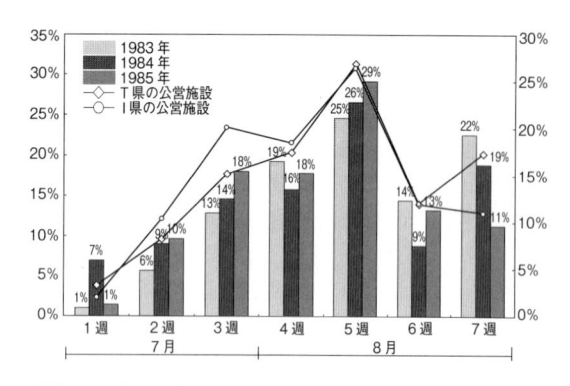

夏期シーズン総入場者数を100％とした各週の入場者数の割合

図9.5 レクリエーション型屋外プールの週間変動

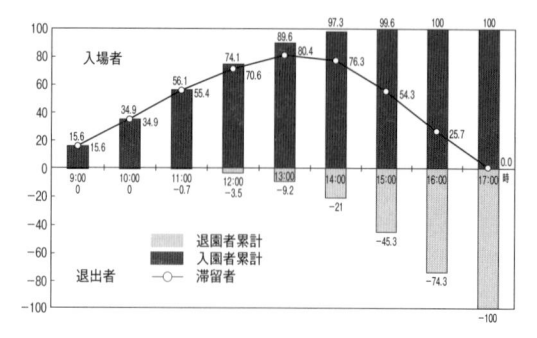

夏期シーズン中に総入場者200000人程度の施設で，1日の総入場者数（10000人以上）率を100％とした1時間ごとの入退場者数の累計による滞留者の割合

図9.6 屋外レクリエーション型プール利用の入退場と滞留者変動

5) 屋外レクリエーションプールの滞在時間

プール施設を利用する目的は，主に泳ぐ，水に親しむ，水辺でくつろぐなどであり，利用施設のアイテムにより利用者の入退出のサイクルや滞在時間が異なる．スイミングスクールやフィットネスクラブなどはトレーニングメニューとタイムスケジュールによりサイクルが決められる．計画には，シャワー，便器数など内容を時間最大で決定する必要がある．屋外レクリエーション型プール利用者の入退場と滞在時間を図9.6に示す．

9.2.2 プール循環浄化設備

a. 循環ろ過装置

通常プール水は，上水，井水を使用する．まれに，温泉水や海水を使用することもあるが，上水以外を使用する場合，水質を調査し飲料水として支障のないことを確認する必要がある．

基本的なろ過装置は，ろ過器，集毛器（ストレーナまたは，ヘアキャッチャ），循環ポンプ，凝集剤注入装置，消毒剤注入装置，濁度計，圧力計，弁類，配管により構成され，図9.7に示す．

プールには，遊泳者から発生する汗や，体に付着した汚れ，化粧品，日焼け止めクリームなどが汚濁物として浮遊する．また，だ液，たん汁や，体に付着した細菌類などが浮遊する．さらに，屋外の施設では，降雨や，風により大気中の汚濁物質をプール内にもち込む．循環ろ過装置はこれらの汚濁物質が蓄積しないようろ過器で除去し，消毒設備により細菌類を殺菌し，水質を良好に保つ役割をする．

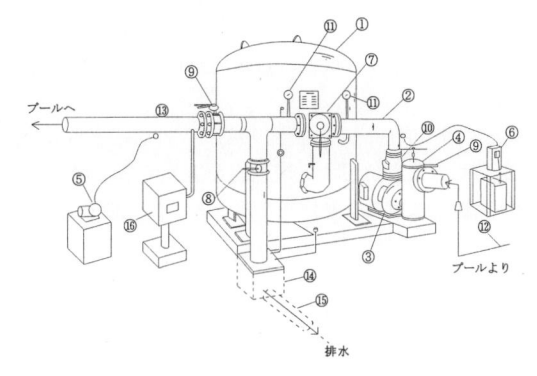

① 砂式ろ過器　⑨ バタフライ弁
② 装置まわり配管　⑩ 逆止弁
③ 循環ポンプ　⑪ 圧力計
④ 集毛器　⑫ 還水配管
⑤ 消毒剤注入装置　⑬ 給水配管
⑥ 凝集剤注入装置　⑭ 排水ます
⑦ 主操作弁（四方弁）　⑮ 逆洗排水管
⑧ 逆洗弁　⑯ 濁度計

図9.7　プールの循環浄化設備（砂式手動型）

1) 水の循環方法
プール内全体の水質を良好に保つため，還水口と給水口をバランスよく配置しなければならない．給水方式の代表例を図9.8に示す．

a) 外周給水方式　プール中央底部還水口に向かって，プール外周側壁の給水口よりろ過水を吐出する方法で学校プールに多いが，水面積の大きなプールにおいては，複数の還水口を設ける必要がある．

b) 底部給水方式　プール外周壁に沿った還水溝

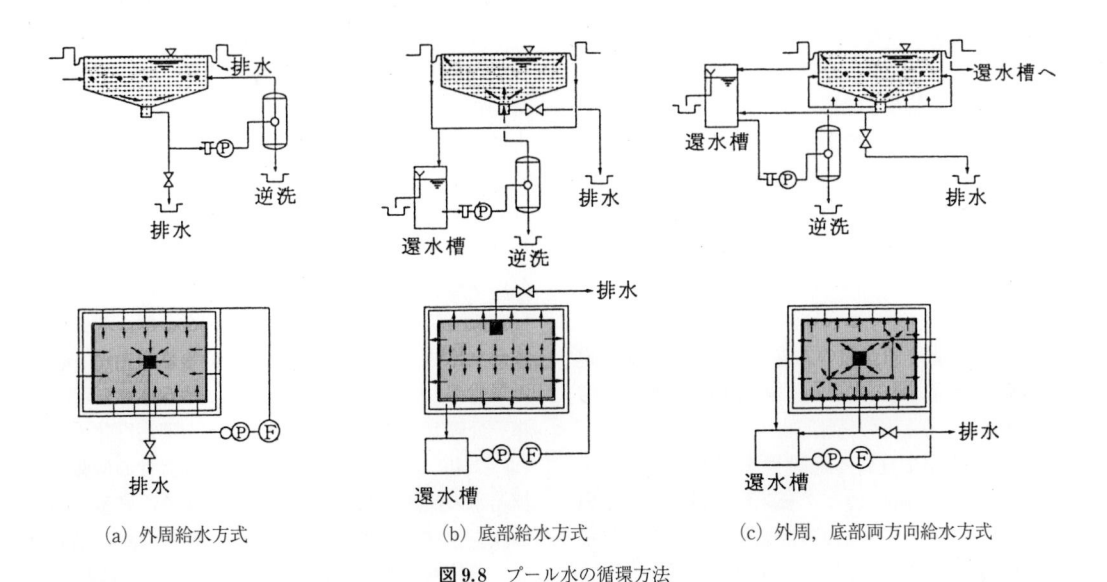

(a) 外周給水方式　(b) 底部給水方式　(c) 外周，底部両方向給水方式

図9.8　プール水の循環方法

から還水槽（バランシングタンク）に回収したプール水をろ過し，プール底部の給水口からろ過水を吐出する方法．

　c）外周，底部両方向給水方式　　外周給水方式と，底部給水方式を併用する理想的な方式であるが，1台のろ過器では複雑な操作になることと，建設費が高くなる．

2）ろ過器　　一般には砂式，けいそう土式，カートリッジ式が用いられている．1990年前半から，ろ布式のろ過装置が開発された．

プール用ろ過方式の選択にあたっては，水質，遊泳者数，プール規模，使用目的，管理条件などを検討し，その特色を活かし条件に沿った選定をすること．

　i）砂式　　天然砂，人工ろ材（アンスラサイト，シャモットサンド，セラミックスなど）をろ過層として使用する．積層の方法，小粒径のろ材，凝集剤の使用により，ろ過能力の向上が図られ，濁質を砂層表面と，ろ層の上部で捕捉する．ろ過速度は25～45 m/hの高速型を使用するが，徐濁性能を考慮すると30 m/h以下が望ましい．補捉した汚濁物質は逆洗し排出する．

　ii）けいそう土式　　ろ布，合成樹脂膜などの支持材表面に，けいそう土の粉末粒子で薄いろ過膜（2～6 mm）をつくり，その膜の表面でろ過濁質を補捉する．ろ過速度は，4～10 m/hであるが8 m/h以下が望ましい．補捉した汚濁物質は，けいそう土ろ過膜とともに逆洗し排出する．

　iii）カートリッジ式　　合成樹脂の支持材に，繊維状のフィルタ素子を巻いたものか，プリーツ型のポリエステル不織布をろ材とし，その表面で濁質を補捉する．ろ過速度は，4～6 m/hで補捉した汚濁物質で目詰まりしたら消耗品として取り替える．

　iv）ろ布式　　表面を加工したポリエステル繊維を回転ドラムに張り付け，その繊維布表面でろ過汚濁物質を補捉する．ろ過速度は，50 m/h以下が望ましい．補捉した汚濁物質は逆洗し排出する．

3）循環水量の算出

　i）循環水量　　プール内に汚濁物質が蓄積しないよう，汚濁物質を除去するため適正な循環水量を決定し，循環量を確保できる能力のろ過設備を常時運転しなければならない．

プール内の水が1日にろ過設備を循環する回数をターンオーバ（turn over），ターン数，循環回数といい，Nで表す．時間当たりのろ過設備循環能力をプール施設の保有水量で割り，1日の運転時間を掛ける．

表9.6　標準的なターンオーバ

種別	ターンオーバN[1]	
	屋外施設	屋内施設
学校プール	4～6	5～7
遊泳プール	4～8	6～10
レクリエーション用プール[2]	6～10	8～12
子供プール	8～12	10～14
幼児プール	16～24	20～28

〔注〕1）ターンオーバNは，24時間連続運転の場合の値である．
　　2）流水，造波プール，スライダプール
　　3）厚生労働省「遊泳用プールの衛生基準」，文部科学省「学校環境衛生の基準」により最小のターンオーバは4と定められている．

これを式（9.1）で示す．

$$N = T\frac{Q}{V} \qquad (9.1)$$

ここに，Nはターンオーバ〔回/日〕，Tは循環時間・ろ過設備の運転時間〔h〕，Qは循環水量〔m³/h〕，Vはプールの保有水量〔m³〕．

Vは，プール内オーバフロー水位までの容量，配管内水量，バランシングタンク内水量をすべて加えた水量とする．プールの汚れは，総遊泳人員数，設置環境，水温，気温，補給水量などに関係する．

Tは，水質の安定と建設費低減のため，通常24時間連続運転することが望ましい．

循環水量の算定は，遊泳者のもち込み汚濁量とろ過器の汚濁物除却量による理論式や，入場者数による経験式もあるが，標準的ターンオーバを表9.6に示す．

4）高度処理装置・消毒装置

　i）高度処理装置　　遊泳者の汗，尿の分泌物や化粧品などによる溶解性の有機物は一般のろ過器では除去されず，プール水中に蓄積される．これらの有機物は，過マンガン酸カリウム消費量として測定され，また，汗の成分であるアンモニア，尿素，クレアチニンなどの窒素化合物が，消毒のため注入した塩素と反応してクロラミンを生成し，塩素臭や遊泳者の眼や粘膜に刺激を与える．これらの有機物を分解，除去し水質を向上させるため，高度処理装置を設置する．

　①オゾン処理装置：オゾンは酸化力が強く，有機物を分解し，細菌やウイルスなどを不活性化する．それにより，過マンガン酸カリウム消費量の低減による補給水の節減，結合塩素の低減による眼刺激，刺激臭の減少，プール水透明度の向上，殺菌などに効果がある．一般的なオゾン処理のフローを図9.9に示す．

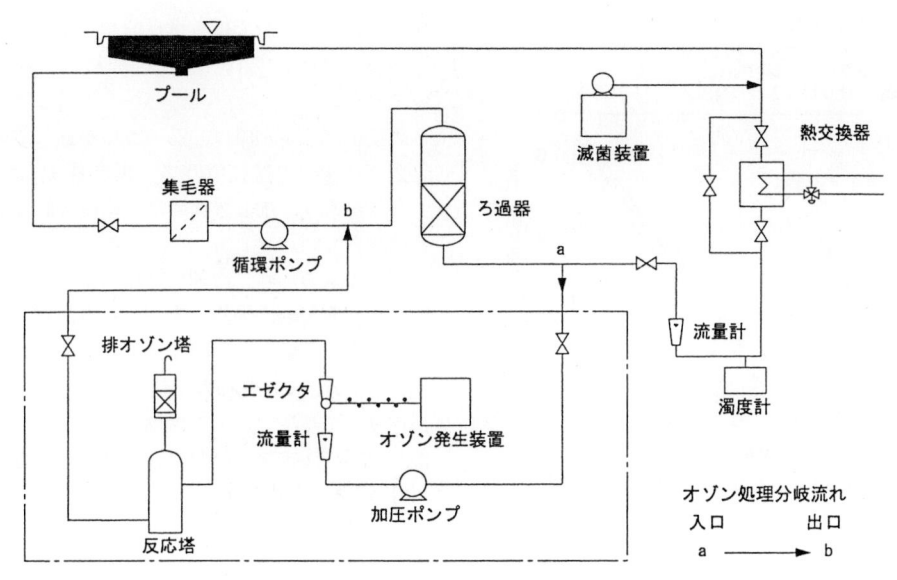

図 9.9 オゾン処理装置の処理フロー

残存オゾンがプール内に入り込まないよう，排オゾン塔で活性炭やオゾン分解触媒と接触させ分解する．

オゾン発生装置には，空気または酸素を原料とする無声放電式と純水を原料とする電解式がある．酸化力の強いオゾン処理水と接触する機器，装置，配管など耐オゾン，耐食性材質のものを使用する．

オゾン処理は，循環水量の 5～10% を分岐し汚染負荷量により 15～35 g O_3/h 注入する．

② 紫外線処理装置：紫外線処理は，光酸化反応と紫外線の殺菌力を利用したもので，過マンガン酸カリウム消費量と結合塩素の低減をはかり，循環水の殺菌にも効果がある．ろ過器の出口でろ過水全量に紫外線を照射する．

紫外線処理装置には，内部照射式と外部照射式があり，処理水量 1 m^3/h 当たり消費電力 13～20 W に相当する低圧か中圧の水銀灯を用いる．

③ 活性炭処理装置：活性炭は，溶解性の有機物を吸着除去し，過マンガン酸カリウム消費量の低減による補給水の節減に効果があるが，活性炭は，残留塩素も同時に分解除去するので消毒のための塩素投入量が増加する欠点がある．

ろ過水の全量または分岐した一部を，ろ過器の出口側粒状活性炭を充てんした塔を設置し，一般的に線速度（LV）10～25 m/h，空間速度（SV）10～30 h^{-1} で通水する．

ⅱ) 消毒装置　プールの消毒には，次亜塩素酸ナトリウム，塩素化イソシアヌル酸，次亜塩素酸カルシウム，二酸化塩素などの塩素剤を使用するが，プールの規模，取り扱い方法，供給などの諸使用条件を検討し決定する．

塩素剤をプール水に投入すると，次亜塩素酸 HOCl が生じ，プール水中の次亜塩素酸は一部解離し次亜塩素酸イオン OCl^- になり，解離の割合は pH と水温で異なる．HOCl と OCl^- は同じ遊離有効塩素であるが，殺菌力は HOCl の方が強力である．プールの殺菌に塩素剤を使用するためプール水の pH 値が高くなったり低くなることがある．水がアルカリ側になると殺菌力が弱まるので pH を 7 付近の中性に管理することが望ましく，使用塩素剤により中和剤を使用する．

投入塩素量と残留塩素量の関係を図 9.10 に示す曲線 ABCD のように，投入塩素量が少ないと，HOCl はアンモニア性窒素と化合して結合塩素となり存在する．図の B 点以上に投入量を増やすとアンモニア性窒素と結合塩素も減少し，C 点で最低となる．この点をブレークポイントという．C 点を超えて投入量を増すと，比例して遊離塩素が増加する．

プール水の残留塩素濃度を一定に保持管理するため，残留塩素計を使用し，注入ポンプと連動し注入量を自動的にコントロールすることが望ましい．

① 次亜塩素酸溶液による消毒：液体塩素剤のため定量注入ポンプを用いて投入する．最も多く普及しており大型の施設では次亜塩素酸ナトリウム（NaOCl）をタンクローリーで運搬し，貯槽に保管して使用する．

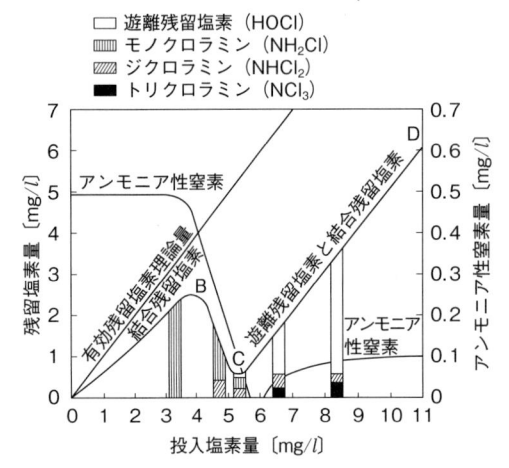

□ 遊離残留塩素（HOCl）
▦ モノクロラミン（NH₂Cl）
▨ ジクロラミン（NHCl₂）
■ トリクロラミン（NCl₃）

〔注〕条件はpH=7, 温度10℃, 接触時間2時間, アンモニア性窒素0.5mg/l

図9.10 投入塩素量と残留塩素量（日本体育施設協会，昭和45年）

②固形塩素剤による消毒：塩素化イソシアヌル酸，次亜塩素酸カルシウムの固形塩素剤は，循環ポンプの吐出し管から分岐して溶解水を取り出し，専用の溶解注入装置で固形塩素剤を溶解して塩素水にし，ろ過器出口の給水配管に注入する．pHの低下に注意する．

③二酸化塩素による消毒：二酸化塩素は不安定なので，使用現場で発生装置により製造して投入する．亜塩素酸ナトリウム，塩酸または硫酸を貯槽より定量ポンプにより反応塔に送り，二酸化塩素を発生させる．二酸化塩素は，プール水中で分解し亜塩素酸イオンを生成するため，その濃度管理とpHの低下に注意する．各消毒剤の特徴を表9.7に示す．

b．プールの水温と加熱装置

1）プールの水温　日本国内ほとんどの地域での夏期晴天時は，日射と外気温が高いことでプール水温が26～30℃に保たれるため加熱の必要はない．通年使用の屋内プールでは利用目的や，季節によってプール水温を26～32℃に保つため加熱しなければならない．

競技用プール水温は，25～27℃が適している．国際公認プールでの競技中のプール水温は，26±1℃に保つ必要があり，加温設備のほかに冷却設備も設けなければならない．

プール水の加熱，冷却は，温水または冷水を熱交換器により間接的に加熱，冷却する方法が一般的で，熱源は温水，蒸気などのボイラ，太陽熱を利用したソーラシステム，ごみ焼却の予熱，発電機などの冷却廃熱，都市ガスを利用した水中燃焼式加熱装置などを用いるが，室内の暖冷房の熱源に合わせて方式を決定する．

2）加熱・冷却負荷

ⅰ）プールからの熱損失　プールは，水面，側壁面，床面および配管，ろ過装置表面から熱損失するが，そのほとんどの80～90％が開放された水面からで，競泳プールなど平面が長方形のものには，夜間断熱材でできたプールカバーで覆い省エネルギー化をすることもたいせつである．プール1m²当たりの損失熱量の概算値を表9.8に示す．

ⅱ）補給水の加熱量　ろ過器により捕捉した汚濁物質をプール水での逆洗や，オーバフロー水，遊泳者によるもち出し，水面からの蒸発水など減水量を1日にプール保有水量の約5～20％補給する．

また，清掃，補修後など，プール水を全量給水する

表9.8 プール1m²当たりの損失熱量の概算値〔単位：W〕

気温〔℃〕	5	10	15	20	25	27	30
屋内プール	640	605	558	512	419	384	327
屋外プール	1260	1160	1070	954	814	756	640

〔注〕水温：27℃，空気の相対湿度：50％，風速：屋内0.5m/s，屋外2m/s．

表9.7 消毒剤の比較

種類	次亜塩素酸ナトリウム	塩素化イソシアヌル酸	次亜塩素酸カルシウム	二酸化塩素
製品の形状	溶液	固形（顆粒・錠剤）	固形（顆粒・錠剤）	溶液（使用時に調整）
注入方法	薬注ポンプより定量注入	溶解注入装置より注入	溶解注入装置より注入	発生装置より注入
注入量の調整および濃度管理	ストローク長さにより注入量調整　ポンプの運転・停止	通水量により調整　薬剤補充後は溶解濃度が高い	通水量により調整　薬剤補充後は溶解濃度が高い	ストローク長さにより注入量調節　ポンプの運転・停止
濃度制御	残留塩素計で制御可	残留塩素計で制御可（自動溶解注入装置が必要）	制御不可	二酸化塩素計で制御可
維持管理	薬液の補充1～2回/週　ポンプの空気抜き実施	薬剤の補充1回/日	薬剤の補充1回/日	薬剤停止時の薬剤の排出　プール水のpH調整が必要	薬液の補充1～2回/週　ポンプの空気抜き実施
適用プール	すべてのプール	学校プールなどの小規模なプール	学校プールなどの小規模なプール	温水プール

場合，適温 t まで上げる必要があり，水過熱器の容量から所要加熱時間を検算し，運営に支障がないかを確認する．

iii）冷却負荷　プール水温の冷却は，熱損失と温度が逆の関係にあり，冷却負荷は，使用目的水温まで冷却させる交換熱量として求める．

冷却の場合，加熱負荷で求めた熱交換器の熱源を冷水に切り替えて使用するので，冷却負荷が加熱負荷より小さくなるように冷却時間を設定する．

3）水加熱器・水冷却器　熱交換器や配管はプール水の残留塩素により腐食しない材質を選定する．熱交換器はろ過器出口の給水配管の途中に設け，塩素の注入点は熱交換器の後ろに設け注入塩素の影響を受けない構造とする．

プール循環水量が多いため，熱交換器による圧力損失が大きくなる例が多い．循環ポンプの圧力を高めるより，バイパス管に50％以上通水し熱交換器の水量を減らすように運転する．バイパス管の管径は，循環水量の100％以上とし温度制御は合流点以降の温度にて行う．

9.2.3　関連設備

a.　造波装置（造波プール）

遊泳に適する波は，0.2～0.6 m の波高で14～20 m の波長がよく，造波方式（プランジャ式，フラップ式，ニューマチック式，ダムブレーク式など）と，能力により波高，波長，波形に違いがある．

プールは，造波機械から波の出口側において最大の水深をとり，底部の勾配は波打ち際まで緩やかにとる．遠浅の海岸で波が砕けるのは，波が水深の影響を受け浅海波が砕波に変化する現象で，波高と水深とは密接な関係にあるため演出効果や遊泳効果を考慮して水深を決定する．プールの平面形状に応じて造波装置の台数を決定し，水深が浅くなる波打ち際が扇状に広がる形状が望ましい．

b.　起流装置（流水プール）

平面を環状にしたプールの側壁に吸込み口と吐出し口を設け，起流ポンプで貫流を発生させて，川のような流れを楽しむプールで，水路幅3～12 m，水深0.8～1.2 m，延長50～600 m，流速0.4～1.0 m/s で比較的自由な形状で計画する．一般的に流速は0.6 m/s 程度で，水深はほぼ一定にして設計する．

起流装置の台数は，プールの保有水量で決定するが，プールの平面形状や，流れの演出効果により台数を付加する．

吸込み口の流速は0.4 m/s 以下にし，多孔板などにより吸い込み防止を考慮し，遊泳者の安全を図る．吐出し部の流速は3 m/s 以上必要とするので，プールの進入階段，タラップの上流付近には取り付けない．

c.　ウォータスライド

ほとんどのウォータスライドの平面形状が直線，曲線で，勾配，滑走路材質，滑走路断面，専用補助具（浮輪，マットなど）の有無により分類され，滑走路に流す水量が異なる．

平均勾配は，スタート部床面と着水プール水位の高低差と，滑走路延長の傾斜角度で示す．着水プール水深は，0.85 m 以上必要とし，着水前方長さ，滑走路間隔，側壁までの長さなど，安全に必要な寸法を確保しなければならない．

複数の滑走路を，一つの着水プールに着水させる施設も多く，揚水ポンプの運転時着水プール水位低下のない構造とし，取水部での遊泳者吸込み事故，極端な渦，偏流が発生しないよう注意して設計する．

d.　給水設備

プールへの給水は，図9.11に示す，直接給水と間接給水がある．プールの施設規模，設置環境，目的により給水条件，方法が異なり，それらに対応できる給

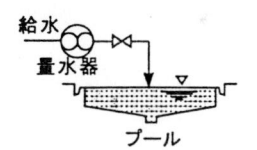

(a) プールに直接給水する方法

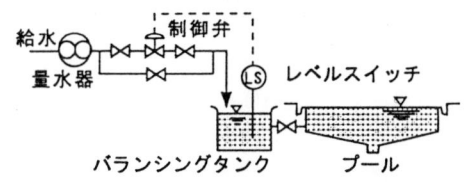

(b) バランシングタンクに給水する方法

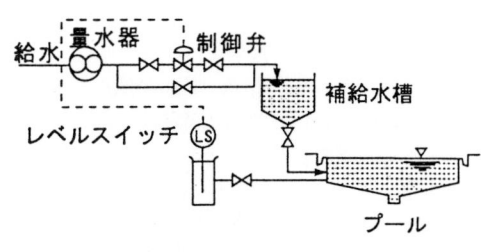

(c) 補給水槽に給水する方法

図 9.11　プールへの給水方法

水方法を選定し設計する．

間接給水は，プールに配管などで直結した還水槽および補給水槽より自動定水位給水する方法で，電動弁または空気作動弁をレベルスイッチで制御して給水する．補給水量を把握するため専用の量水器を設置し，プール水が給水管に逆流しないよう規程の吐水口空間を設ける．

給水配管口径は，日平均使用量と時間最大使用量から決定する．望ましい初期水張り時間は10～24時間であるが，大型プールの場合3～5日で満水にする例が多い．主な補給水は，オーバフロー，プール水面からの蒸発，ろ過器の逆洗などの消費量であるが，循環ろ過装置で除去できない過マンガン酸カリウム消費量などの水質基準値を維持するために必要となる．

e. 排水設備

プールの排水には，プール水，オーバフロー水，ろ過器の逆洗，プールサイドなどの洗浄・雨水などの排水があるが，それぞれの排水量を算定し，合流の可能性も考慮し，プール，機械室などに逆流しないように排水経路，配管口径を決定する．

逆洗排水は汚濁物質濃度が高いので，放流先の排水基準値を調査し，必要な処置を行い排水する．

プール排水の総汚濁物質量は比較的少ないので，凝集沈殿やろ過設備などで汚濁物質を除去し便所，プールサイド洗浄水，植栽の灌水など雑用水として利用できる．

オーバフロー水をプール水として再利用する場合，他の排水やプールサイドの床洗浄水などの汚水が混入しない構造とする．また液やたんを処理するオーバフロー溝の排水を再利用する場合，専用の浄化装置で処理し消毒後使用する．

f. 放送・通信設備

屋内プールでの放送設備には，施設規模により一般屋内放送と，非常用放送を設置する．非常用放送は防災用放送設備として火災報知設備および消防用設備と連動して設計する．

一般屋内放送設備の用途は，競技用施設とレクリエーション用施設により異なる．競技用施設においては，競技プログラム進行案内，記録の発表などに使用されるため自動計測設備や電光表示板との連動が必要となり，電子機器設備が主体となる．また，シンクロナイズドスイミング競技には，音楽放送が必要であり，常設または仮設で水中スピーカを設置する．プール室内では湿度が高く結露しやすい．そのため耐水性の仕上げ材を使用することから発生音の反響が大きく，吸音性材料を選定するとともに残響音の発生しないスピーカ配置とする．

大規模なプール施設では，事故発生時などに迅速な対応をするため，各プール，売店，機械室ごとにインターホンなどの通信設備を設け，中央監視センターや医務室，事務所に現場の状況を的確に伝達し，消防署や救急医療機関などに連絡をとる設備を必要とする．

9.2.4 プールの付属設備

プールの付属設備についての基準は，厚生労働省健康局長通知「遊泳プールの衛生基準」で，

(1) 更衣室，(2) シャワー・足洗い設備，(3) 便所，(4) うがい・洗面・洗眼設備および上がり用シャワー，(5) くずかご，(6) 照明設備，(7) 換気設備，(8) 消毒剤など資材保管管理設備，(9) 監視所，(10) 採暖室および採暖槽，(11) 遊技等設備，(12) 観覧席，(13) 掲示設備が定められているので，遵守しなければならない．

〔三海正春〕

文　献

1) 空気調和・衛生工学会：空気調和・衛生工学便覧（第13版），2001．
2) 厚生労働省健康局長通知：遊泳用プールの衛生基準について，2007．
3) 文部科学省スポーツ・青少年局長通知：学校環境衛生の基準，2007．
4) 日本水泳連盟：プール公認規則，1996．

9.3　浴場設備および温泉設備

9.3.1　浴場設備

a.　浴場の分類と方式

温泉を利用する浴場には，次のようなものがある．

最も一般的なものには，温泉を利用した大浴場（公衆浴場）があり，これには温泉法の利用許可に関連して公衆浴場法が適用され，種別は通常一般公衆浴場になる．温泉を利用した特殊浴槽としては，次の各種の浴槽を用いたものが温泉施設として設置されている，すなわち，全身浴用浴槽，部分浴用浴槽，圧注浴用浴槽，気泡浴用浴槽，渦流浴用浴槽，寝湯用浴槽，かぶり湯用浴槽，低温浴用浴槽，蒸気浴用浴槽，うたせ湯用浴槽，歩行用浴槽，運動用浴槽など多種にわたっている．

1) 温泉大浴場の構造設備　温泉大浴場の構造設備については「旅館業における衛生等管理要領」によると，浴槽に関して次のように記している．以下にその関係する部分の概要を抜粋して記す．

(1) 浴槽および洗い場に適切な排水口を設けること．

(2) 浴槽の上縁が洗い場の床面より5cm以上（15cm以上が望ましい）の高さを有すること．

(3) 浴槽内面積は収容定員に応じた広さを有すること．

(4) 浴槽には入浴者が見える位置に，浴槽ごとに1個以上の隔測温度計を備え，常に清浄な湯および水を供給できる設備を有すること．

(5) 浴槽は熱湯が入浴者に直接接触しない構造とする．

(6) 洗い場の面積は収容定員に応じた広さにすること．

(7) 洗い場には収容定員に応じた，上がり用湯および上がり用水設備を設けること．

(8) 洗い場の適当な箇所に，1カ所以上飲料水を供給する設備を設けること．

(9) ろ過器などにより浴槽水を循環させるものは，浴槽の水面より下の適当な位置（15cm以下が望ましい）で循環水が補給される構造が望ましい．

厚生労働省の「旅館業における衛生等管理要領」の2003年2月の改正では，浴室の管理について「浴槽水は満ぱい状態に保ち，充分に循環ろ過水または源湯を供給することにより溢水させ，清浄に保つこと」となり，溢水による浴槽水の管理保全が明確になった．

2) 大浴場の給湯方式 大浴場における給湯方法について図9.12に3方式の給湯方式を示す．

この方式の選択には泉温，使用可能湯量，入浴，浴槽面積・容積，浴槽・上がり湯の熱負荷，システムの熱収支，浴槽内汚濁度の計算などを考慮して，設備計画を立案する．

方式Aは給湯温度が48℃以上の場合に多く，加熱装置は不要である．方式Bはピークロード時の槽内汚濁防止と温泉の有効熱量の余剰状況により採用する．方式Cは温泉から得られる有効熱量が，浴槽必要熱量，上がり湯必要熱量，設備からの損失熱量より下まわっている場合に用いる．

3) 温泉を利用する特殊浴槽 以下に主な特殊浴槽の特徴と注意すべき点を述べる．

i) 全身浴用浴槽　一般的にいう中・小の普通温泉浴槽のことで，平均の深さは56cm前後で，同時入浴者数が15～30人の浴槽が多く，槽内汚濁のため，循環ろ過装置がついている場合もある．

ii) 部分浴用浴槽　身体の一部分のみ入浴させるのが目的の浴槽で，足首部分のみ入浴させる浅いものもある．

iii) 圧注浴用浴槽　圧注ノズルを用いて，身体の背中とか脚の部分に水流を当てるもので，浴槽の中に部分的に取り付けたものや，腰掛け型で円形浴槽として他人数が同時に入浴できるものもある．

iv) 気泡浴用浴槽　送風機により空気を送り，気泡発生板気泡孔より気泡を浴槽内に送り込むものである．

v) 渦流浴用浴槽　水流を渦流状に起こさせ，浴槽内に渦流を生じさせる方式のものである．

vi) 寝湯用浴槽　身体を仰向けに寝た形で入浴できるようにした浴槽で，長時間入浴できるようにするのが特徴で，寝湯への温泉は生温泉を使用するのが原則とされている．

vii) かぶり湯用浴槽　浴槽より桶で温泉をくみ出し，身体にかぶるために，かぶりやすくつくった浴槽である．

viii) うたせ湯用浴槽　温泉水を3mの高さから落下させ直接身体に当てるもので，下部に深さ10cm程度の浴槽を設ける．この方式では直接身体に温泉水が当たるため，温泉水の厳重な衛生管理が必要とされる．

4) 浴槽での注意点 一般浴槽および多目的浴槽で注意すべき，共通項目として下記があげられる．

(1) 清浄であること：浴槽利用者は，曜日，時間帯により大きく変化するので，ピーク時の変動に対応するように，温泉供給量（補給量）・循環ろ過装置を選定する．

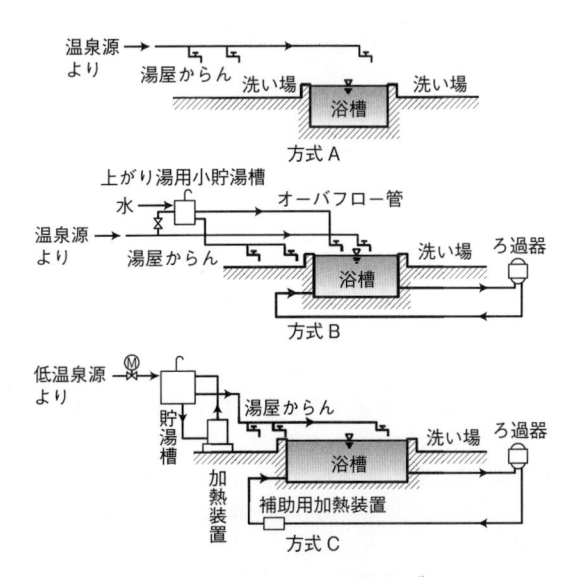

図9.12 温泉大浴場の給湯方式[4]

(2) 定められた温度であること：浴槽内の温度を常に，定められた温度に保つために，温度測定器，自動制御機器の積極利用を図ること．

(3) 循環吸込み口の配置について配慮すること：浴槽内の温湯が淀みなく循環するように配置し，入浴者の身体を吸い込むことのないように配慮すること．

(4) オーバブローの配置：浴槽上部全面からのいっ水は問題ないが，いっ水口が1カ所ないし2カ所からのときは，源湯注入口から最遠の場所か，対角線上に配置するようにする．

(5) 排水口および排水共栓の配置：排水口および排水共栓は，管理者が使いやすい位置に配置すること．

b. 湯の使用量（大浴場の熱管理）

温泉の使用量は，利用施設の温泉の使用目的により異なるが，浴用なら浴用面積，入浴人員から算出する．

1) 浴槽内面積の算定 浴槽水面積は収容定員に応じて，適当な広さを有すること，この場合その広さは，次式により得られる面積以上であることが望ましい．

$$浴槽内面積 = 収容人員^{*1} \times 0.5^{*2} \times 0.5^{*3} \times 0.5\,m^{2*4}$$
$$\times 宿泊者男女比^{*5} \qquad (9.2)^{5)}$$

〔注〕*1：入浴設備を有しない客室定員の合計に，専用の入浴設備を有する客室定員の合計の50%を加えた人数を収容定員とする．

*2：入浴者の最も多い時間帯（20～21時）の入浴者数を収容定員の50%とした．

*3：入浴者のうち浴槽使用および，洗い場の使用者の比率を50%とした．

*4：入浴者1人当たりの浴槽使用面積．

*5：宿泊男女比は各施設の特性により設定する．

2) 温泉の有効熱量 温泉の保有する熱エネルギーの特質は，温泉を利用する目的により異なることであり，一般に利用目的の基準使用温度と泉温との差を有効温度と呼び，有効温度と湧出量との積を有効熱量と称している．

3) 最大必要熱量と熱収支 最大必要熱量はその施設が必要とする浴槽用熱量，上がり湯用熱量，特殊浴槽用熱量と供給装置からの熱損失の合計となる．温泉の有効熱量と最大必要熱量が算出できれば，これを基に温泉供給の熱収支が計算でき，必要湯量も算出できる．源泉の有効熱量と最大必要熱量との熱収支が成り立つ関係は，次式のとおりである．

$$Q_E \geq Q_m = Q_1 + Q_2 + Q_3 \qquad (9.3)$$

ここに，Q_m は最大必要熱量〔kW〕，Q_1 は全施設の浴槽必要熱量〔kW〕，Q_2 は上がり湯必要熱量〔kW〕，Q_3 は供給施設の損失熱量〔kW〕．

c. 循環ろ過装置

1) 処理能力の選定 温泉浴槽の中には，人体からはく離した組織片・脂質などが溶出し，ろ過装置のろ層表面に粘着し，ろ過能力を小さくさせることがあるので，ろ過器の選定は余裕のあるものを選ぶ．

ろ過量 β は，$\beta = $ 浴槽容積〔m^3〕/ 単位時間の入浴者数〔人/h〕を目安とする．これが1時間に1ターン以上であれば槽内の清浄は保てるとされているので，1時間当たりのろ過水量の合計は浴槽容量以上となるように，ろ過器を選定する．

2) 循環ろ過器の種類 浴槽用に使用されるろ過器には，けいそう土式ろ過器，砂式ろ過器，カートリッジ式ろ過器の3種類がある．

i) けいそう土ろ過器 中容量のろ過に適し，砂式より小型で軽く，けいそう土を助剤として使用するので，けいそう土をプリコートする操作が必要である．

ii) 砂式ろ過器 大容量のものに適している．砂を主材とし補助材として凝縮剤を使用する．逆洗しても，しだいに砂の間に汚物が堆積していくので，定期的にろ過器内の砂を取り出して洗浄および補完する必要がある．

iii) カートリッジ式ろ過器 小・中容量のろ過に適し，小型で最も軽い，繊維式カートリッジを使用する場合はろ過器内のエレメントを取り出し洗浄し何回も再使用できる．ろ過装置の配管の注意事項として，ろ過循環配管の浴槽への取り付け位置がある．ろ過循環系の吸込み口，吐出し口は槽内の湯を効率よく循環させる位置に配置し，吐出し口は原則として，湯面下に設ける．

ろ過循環は固形懸濁物を除去するものであるが，汚染によって発生する可溶性成分は，ろ過のみでは除去できず累積するので，十分な新湯を供給する必要がある．

3) 換　水 厚生労働省の「公衆浴場における衛生等管理要領」および「旅館業における衛生等管理要領」が2000年12月に全面改正，2000年に一部改正により浴槽水の換水について，新しい要領では，24時間以上完全換水しないで循環している「連日使用型循環式浴槽」と，循環ろ過装置を使用しているが，毎日完全換水している「毎日完全換水型循環式浴槽」に分けられた．

そして一般の浴槽に関して，循環ろ過装置を使用し

ない浴槽水および毎日完全換水型循環式浴槽は，毎日換水すること．また，連日使用型循環式浴槽は，1週間に1回以上定期的に完全換水し，浴槽を消毒，清掃することとなった．このように実態に合わせて2つの類型に分離されたが，また連日使用型循環式浴槽は気泡発生装置，ジェット噴射装置，シャワー，うたせ湯などエアロゾルを発生させる設備には使用しないこととなっている．

4） 水質基準　一般浴槽水の水質基準は，

(1) 濁度は，5度以下であること，

(2) 過マンガン酸カリウム消費量は，25 mg/l 以下であること，

(3) 大腸菌群は，1個/ml 以下であること，

(4) レジオネラ属菌は，10CFU/100 ml 未満，

となっているが，ただし，温泉水を浴用に利用する場合，衛生上危害を生じるおそれがないと認められるときは，(1) および (2) の基準の一部または全部の適用を除外することができることとなっている．

5） その他　循環ろ過装置を使用している設備には，ヘアキャッチャを設けることや浴槽水に塩素系薬剤を注入する場合は，浴槽水が循環ろ過装置内に入る直前に注入口を設けることが望ましいとなっている．

また，循環ろ過装置を使用する場合は，ろ材の種類を問わず，ろ過装置自体がレジオネラ属菌の供給源とならないよう，消毒を1週間に1回以上実施することとなった．

d. 加熱装置

ボイラを使用した直接加熱装置（昇温装置）と熱交換器を組み合わせた間接的加熱（昇温）方式が主体であったが，最近では電気ボイラによる，直接加熱方式も可能になり使用されている．

さらに現在ではボイラ取扱い資格不要の昇温装置である真空式や無圧開放型の温水器も使用されている．

加熱装置としてボイラ，ヒータのほかに加熱量の少ない場合は，電気加熱器を使用する例も見受けられる．

低温泉で温泉量に余裕のある場合は，温泉の一部を熱源とするヒートポンプ加熱方式が取り入れられることもある．特異な加熱装置としては，低温泉で温泉沈殿物が多い泉質の場合，加熱コイルを人体に接触しないように浴槽内に設置し，これに温水を当てて加熱する仕組みとすることもある．

9.3.2 温泉設備

a. 温泉の分類

温泉法第2条によると温泉とは，地中から湧出する温水，鉱水および水蒸気その他ガスで，25℃以上の温度があるか，または25℃以下でも表9.9の19種類の物質のうちいずれか一つの条件を満たせば温泉となる．

温泉の泉質は掲示用の泉質名により，次のように大別される．

(1) 塩化物泉：溶存物質量（ガス性のものを除く）を1 kg 中 1000 mg 以上含むもので，陰イオンの主成分が塩素イオン（Cl^-）であるものをいう．

(2) 炭酸水素塩泉：溶存物質量（ガス性のものを除く）を1 kg 中 1000 mg 以上含むもので，陰イオンの主成分が炭酸水素イオン（HCO_3^-）であるものをいう．

(3) 硫酸塩泉：溶存物質量（ガス性のものを除く）を1 kg 中 1000 mg 以上含むもので，陰イオンの主成分が硫酸イオン（SO_4^{2-}）であるものをいう．

(4) 単純温泉：単純温泉とは，溶存物質量（ガス性のものを除く）が1 kg 中 1000 mg に満たないもので，泉温が25℃以上のものをいう．

(5) 単純二酸化炭素温泉：単純二酸化炭素温泉とは，単純温泉のうち，二酸化炭素が1 kg 中に 1000 mg 以上含まれるものをいう．

(6) 単純鉄温泉：単純鉄温泉とは，単純温泉のう

表 9.9　温泉の定義（温泉法別表）

物質名	含有量 [mg/kg]
溶存物質（ガス性のものを除く）	総量 1000 以上
遊離炭酸（CO_2）	250 以上
リチウムイオン（Li^+）	1 以上
ストロンチウムイオン（Sr^{2+}）	10 以上
バリウムイオン（Ba^{2+}）	5 以上
フェロまたはフェリイオン（Fe^{2+}, Fe^{3+}）	10 以上
第一マンガンイオン（Mn^{2+}）	10 以上
水素イオン（H^+）	1 以上
臭素イオン（Br^+）	5 以上
よう素イオン（I^+）	1 以上
ふっ素イオン（F^+）	2 以上
ヒドロひ酸イオン（$HAsO_4^{2+}$）	1.3 以上
メタ亜ひ酸（$HAsO_2$）	1 以上
総硫黄（S）（$HS^-+S_2O_2^{2+}+H_2S$ に対応するもの）	1 以上
メタほう酸（HBO_2）	5 以上
メタけい酸（H_2SiO_3）	50 以上
重炭酸ソーダ（$NaHCO_3$）	340 以上
ラドン（Rn）（百億分の1キュリー単位）	20 以上
ラジウム塩（Ra として）	1億分の1以上

環境省自然保護局（1978）

表 9.10 療養泉（環境省自然保護局，1978）

温　度	
温泉源から採取されるときの温度	25℃以上（摂氏）
物質（以下のうち，いずれか一つ）	含有量（1 kg 中）
溶存物質（ガス性のものを除く）	総量 1000 mg 以上
遊離二酸化炭素（CO_2）	1000 mg 以上
銅イオン（CU^{2+}）	1 mg 以上
総鉄イオン（$Fe^{2+}+Fe^{3+}$）	20 mg 以上
アルミニウムイオン（Al^{3+}）	100 mg 以上
水素イオン（H^+）	1 mg 以上
総硫黄（S）	2 mg 以上
［$HS^- + S_2O_3^{2-} + H_2S$ に対応するもの］	
ラドン（RN）	30×10^{-10} キュリー単位以上

表 9.11 療養泉の一般的適応症（浴用）

神経痛，筋肉痛，関節痛，五十肩，運動麻痺，関節のこわばり，うちみ，くじき，慢性消化器病，痔疾，冷え性，病後回復期，疲労回復，健康増進

ち，鉄（II）イオンおよび鉄（III）イオン総量が 1 kg 中に 20 mg 以上含まれるものをいう．

（7）単純酸性温泉：単純酸性温泉とは，単純温泉のうち，水素イオンが 1 kg 中に 1 mg 以上含まれるものをいう．

（8）単純硫黄温泉とは，単純温泉のうち，総硫黄が 1 kg 中に 2 mg 以上含まれるものをいう．

（9）単純放射能温泉：単純放射能温泉とは，単純温泉のうち，ラドンが 1 kg 中に 30×10^{-10} キュリー以上（8.25 マッヘ以上）含まれるものをいう．

温泉の利用は，入浴によるものと，飲泉による療養とがあるが，場合によっては害になる疾患もあるので，利用場所に化学分析表，適応症，禁忌症，入浴・飲用の注意書きを掲示することになっている．

温泉のうち温泉療養の目的に役立つものを療養泉といい，表 9.10 の成分を含むものとしている．

療養泉の適応症としては表 9.11 のものがある．

b. 供給計画

温泉の供給計画は，温泉資源の状況を十分考慮して，その資源保護と安定供給を目指して計画されなければならない．供給計画に先立って，現地調査を行い，源泉の位置・利用施設・供給地域の地勢を把握する．

1）現地調査

ⅰ）源泉と地勢

（1）新たに源泉を掘削する場合には，温泉法による都道府県知事の許可を必要とする．

（2）既存の源泉を使用する場合には，泉質・泉温・湧出量を，また複数の源泉を集めて使用する場合は，分布の状況を調査する．

（3）源泉からの温泉採取量は，揚湯試験で得られた適正揚湯量内とする．

（4）源泉から利用施設までの地勢を調査し供給管路敷設の資料とする．

ⅱ）利用施設と利用計画

（1）温泉を利用する施設の種類・規模・利用する人員とその利用目的・方法を調査する．

（2）各施設を営業施設と非営業施設に分類する．

（3）各施設が所有する浴槽の規模，浴室構造などを調査する．

2）温泉の使用量　温泉の有効熱量を算出し，次いで最大必要熱量を計算する．

最大必要熱量はその施設が必要とする浴槽用熱量，上がり湯用熱量，特殊浴槽用熱量と供給装置からの熱損失の合計となる．

温泉の有効熱量と最大必要熱量が算出できれば，これを基に温泉供給の熱収支が検討できる．

熱収支が成り立たない場合は，補助的な加熱装置を設けなければならない．

3）温泉供給方法　温泉の供給方法は，源泉からの揚湯，貯湯槽への貯湯，配湯管にての利用施設への供給についてであるが，その方式により大きく 3 方式に分かれる．

ⅰ）方式 A　常時定流量の分湯をする場合に用いる方式で，権利者ごとに専用配湯管で給湯され，分湯槽で権利・持分の割合にて分湯される．持分権を優先

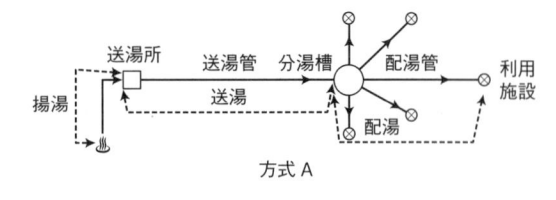

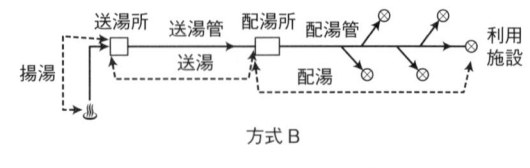

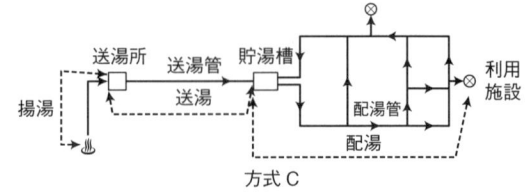

図 9.13 温泉の供給方式[2]（細谷　昇）

するために無効放流が多くなり，システム全体からの熱損失は大きくなる．

ⅱ）方式B　メインになる配湯の本管を経由して，利用施設ごとに供給用の配湯枝管を取り出す方式であり，魚の骨のような形になるので，魚骨方式とも呼ばれている．この方式は供給給湯温度の均一化ができず，供給量の配分にも難点がある．

ⅲ）方式C　供給先が多岐にわたり，配湯契約が随時契約制の場合に採用される方式で，貯湯槽を設け，循環管路網を形成して，配湯地域内を強制循環させて利用施設に供給する方式であり，需要のピーク時には貯湯槽で対応するよう計画するので，温泉採取量が少なくてすみ，供給温度も均一化することができる．

この方式の進歩したものに，集中管理方式がある．この方式は限りある温泉資源を有効に使用しつつ，温泉資源の保護と利用施設への安定供給を図る手段とした方式で，利用施設への効率的な配湯，貯湯槽での有効湯量の貯湯，源泉での適正汲み上げ，配湯ポンプの台数制御など供給設備全体を配湯所などで中央監視制御するもので，大温泉地で取り入れられている．

4）供給管路

ⅰ）スケール対策　温泉配管で最大の注意事項は温泉によるスケール（温泉水による沈殿物）対策である．温泉配管はスケール付着の少なくなる流速を選び，流量，管サイズ，管種を決定し，配管施工にあたっては急激な曲がり，凹凸のある配管を避けるようにする．場合によっては，人体に影響のないスケール付着抑制剤の使用も考慮する．

ⅱ）管の伸縮対策　管の収縮に対しては，適当な間隔に伸縮継手を設置するか，合成樹脂系の配管にはゴム輪継手のような伸縮を吸収できる継手を用いる．埋設配管の場合，温度変化による熱応力が，使用管材の許容応力内に収まる範囲内の距離ごとに，管路をコンクリートで堅固に固定して伸縮に対応する方法もある．

c. 供給設備

1）源　泉　源泉を利用するにあたっては，ボーリングデータ（掘削時の資料・記録），井戸の構造（口径・深度），揚湯試験の結果表，動水位（連続揚湯時），泉質などを源泉井戸の基本データとして記録し保存する．

2）揚湯ポンプ　揚湯ポンプとしては，渦巻ポンプ，ボアホールポンプ，水中モータポンプ，エアリフトがあるが，揚湯の深さ，揚湯量，井戸径，泉温，泉質などを考慮してポンプの種類・仕様材質を選定する．

3）送・配湯ポンプ　一般に，渦巻ポンプ，タービンポンプが用いられるが，使用するポンプの材質の選択は，温泉の分析表を参考に検討して決定する．ポンプに使用する温泉の泉質ごとの材質の目安はおおよそ表9.12のものとなる．

4）槽　類

ⅰ）受湯槽　源泉から汲み上げた温泉をいったん受湯し，気液，沈殿物，土砂などを分離するために設けるもので，多くはFRP製のものを使用する．

ⅱ）貯湯槽　温泉をこの槽に貯湯しておき，配湯ポンプで配湯管路に送り出すために一時的に貯湯する中継的な役割と，温泉需要のピーク時に対処するために貯湯しておく目的で設置する．

ⅲ）分湯槽　分湯権利がついた常時定流量制の場合に設ける．

5）配管材料

ⅰ）管　材　温泉供給に用いられるパイプには，熱可塑性合成樹脂管・熱硬化性合成樹脂管・熱硬化性強化合成樹脂管・熱硬化性樹脂ライニング鋼管・耐熱性塩化ビニルライニング鋼管・配管用ステンレス鋼管・チタン管などがある．

ⅱ）弁　類　温泉で使用する弁には，断湯弁・排泥弁・排気弁・圧力制御弁・分湯栓などがあり，その材質は熱可塑性合成樹脂を使用した塩化ビニル・耐熱性塩化ビニル・ポリプロピレンなどと，金属製のステンレス鋼・青銅・鋳鉄などが使用される．

温泉に使用する管材は，泉質に応じたもので，耐食性・強度・温度特性・施工性・経済性を考慮して決める．

6）保温材　温泉供給管に対する保温材は，供給する温泉の温度（36〜80℃）と輸送する距離，地中埋設の長さと状況などを考慮し，断熱材として熱伝導率が小さく，吸水・吸湿性の少ない耐久性の高いものを

表9.12　ポンプ材質の目安（細谷　昇）

泉質分類	泉質名	ポンプ材質
塩類泉	塩化物泉	青銅，チタン，SUS 316，けい素鋳鉄
	炭酸水素塩泉	鋳鉄，SUS 316，チタン
	硫酸塩泉	青銅，SUS 316，チタン
療養泉	二酸化炭素泉	SUS 316，チタン，けい素鋳鉄
	含鉄泉	SUS 316，チタン，けい素鋳鉄
	含銅－鉄泉	SUS 316，チタン，けい素鋳鉄
	硫黄泉	けい素鋳鉄，チタン，青銅
	酸性泉	ステンレス鋼（SUS 316，SUS 316L），全青銅

選ぶ．

また，この保温材を保護する外装施工にも注意しないと，断熱材が吸湿・吸水して保温効率が落ちてその目的を果たさなくなる．

7）計器類

温泉資源の適正利用と資源枯渇防止のために，温泉の集中管理方式を採用した温泉供給事業が増えるとともに，温泉供給設備の運転管理が必要になってきている．運転管理には少なくとも，流量計・温度計・圧力計が必要である．流量計は構造が簡単でスケールのつきにくい面積流量計がよく用いられる．温度計はサーミスタ温度計が用いられることが多い．

この温泉供給設備の運転状況を管理するために，供給設備の要所に計器を配置し，配湯所で温度・流量・圧力を集中的に監視する方式も採用されている．

〔清水五郎〕

文　献

1) 空気調和・衛生工学会編：空気調和・衛生工学便覧（第12版），Ⅲ巻，pp.502-516, 1995．
2) 日本温泉協会編：温泉必携，pp.3-25, 1995．
3) 環境省自然保護局編：温泉のしおり（1998）
4) 細谷　昇：空気調和・衛生工学便覧（第13版），（空気調和・衛生工学会編），p.512, 2001．
5) 厚生労働省：旅館業における衛生管理要領（2000）
6) 細谷　昇：空気調和・衛生工学便覧（第13版）（空気調和・衛生工学会編），p.506, 2001．

9.4　水景設備

9.4.1　計画の基本事項

a．概　　要

水を主体とした景観を水景といい，自然が創り出す水景として「渓・河川・湖・池・沼・海・滝・波」などがある．これらの水景を人工的に創り出す設備を水景設備といい，代表的な施設として「噴水・滝・落水・流れ・池」などがある．

西洋における水景設備は，紀元前のギリシャ・ローマ時代に，宗教上の目的・政治上の目的・一般市民の生活目的などの施設として，街角や広場の「泉・噴水・壁泉」などとして発達した．

日本における水景設備の歴史は，飛鳥時代からと考えられる．明治36年（1903）奈良県明日香村において石人像が発掘され，平成13年（2001）までに発掘が進み，その全容から古代水景施設の可能性があることがわかるまでになった．

以降，平安から江戸期まで貴族・武家社会における日本庭園のなかで池，滝，流れ，泉，筧などが配置され，鏡，せせらぎ，淀みなど水の形態をつくり出した．日本庭園には，水を逆流噴出する表現になじみがなくほとんど手法として用いられなかったが，唯一石川県金沢の兼六園・時雨亭跡地に動力を用いることなく3本の水を噴き上げている噴水が，現存する日本最古の噴水施設である．

明治の時代に入ると急速に西洋文化が取り入れられ，水景の世界でもその影響を受けた．明治10年（1877）上野において第1回内国博覧会が開催され，美術館（現，東京国立博物館）正面会場の中庭中央に日本で初めて動力を用いた噴水が設置された．東京国立博物館百年史に「直径六十尺の池を造り中央に噴水を設けた．場内の装飾にするとともに消防用の貯水の目的もあり，不忍池を水源として，東照宮の裏に十四馬力の蒸気機関を設けドンキーポンプを用いて鉄管（埋樋）で噴水池に導水した」とある．

現代の噴水は，昭和30年代の高度成長期以後に都市公園，街路広場，公共建築物付帯施設などとして多く設置され発展した．特に昭和45年（1970）に大阪で開催された日本万国博に数多くの噴水が施設展示や演出展示として出展され，演出家，芸術家，音楽家そして噴水技術者が協力し，競い，芸術的，技術的に大きく進化し今日に至った．

b．施設計画の基本事項

ほとんどの水景施設は屋外に設置されている．設置場所の条件を把握し，それを十分満たした施設計画とするための要件を示す．

(1) 設置場所の環境に適応した，最良の意匠形態で水の演出があること．

(2) 設置場所の自然条件の把握．風による水の飛散，噴水池の凍結，噴水池まわり舗道の凍結，積雪などから利用者の安全を確保できること．

(3) 水景用水は，その目的に応じた水質を保つこと．循環形の親水施設には，遊泳プール水質基準に準ずることが望ましく，井水や雨水などを利用する場合は，その水質を調査し必要に応じた処理設備を備えること．

(4) 点検，修理，日常の維持管理や保守が，安全，容易で，かつ経済的に行える効率的なシステムとし，省エネルギーが考慮されていること．

(5) 幼児，子供，老人，ハンディキャップ者に十分安全の確保できる施設であること．

(6) 修景池，観察池などで生物を飼育する場合，その生物に適応する生育環境を確保すること．

(7) 室内の施設を計画する場合，空調設備への影響，排水先の確保，池本体の防水構造，設備機器騒音の伝播などを考慮すること．

c. 水景施設の分類

水景施設を設置する場所はさまざまであり，それぞれの目的をもって企画，計画されている．公園の中心施設として広場に設置されるもの，シンボルとして入口に設置されるもの，建築物の外部空間の施設として設置され，地上部からは立体的水の造形として，高層階からは平面の幾何学模様として観賞されるものなど，さまざまである．これらの水の演出を考えるときに重要なことは，その空間のもつ目的を十分に考慮したコンセプトとデザイン（芸術性）であり，多くの人の眼に触れ，永続的に供される施設であることを考慮し計画，設計を進める．

1) 利用目的による分類　水景施設の設置される目的は，外部環境空間，都市空間，建築周辺空間などの生活空間に存在し，人々の内面に「安らぎ」，「憩い」，「彩り」，「驚き」，「楽しみ」，「潤い」などのよい影響を与えることである．水景施設は，それらの空間領域において，水の動き，形態，目的とが複雑に重なり合ったものを，デザインして具現化する．

　i）親水施設　積極的に人々が直接水に触れたり，入ったりすることを目的に設計され，水のもつ特性を体感できる施設．ジャブジャブ池，ペープ噴水など．

　ii）観賞施設　噴水の動きと変化，水の流れや滝，落水による動きと表情などを観賞する施設．公園や商業施設，公共建築物内外の付属施設など．

　iii）貯水施設　ダム，かんがい用貯水池や非常用水池などの生活目的で設置されたもの．

2) 設置場所による分類

　i）公園，広場の施設　ポケットパーク，都市公園や駅前広場，街路のロータリーなどに設置される施設で，公園のシンボル的役割をもつこともある．噴水，カナール，流れ，滝などの設備や，ジャブジャブ池に水遊び設備を併設することもあり，水鳥の池，水生生物，植物など観察施設もある．

　ii）遊園地の施設　遊園地の入口や広場などに，雰囲気づくりとしての演出に設置する．アトラクションの演出に設置される施設もあり，効果音や音楽と同調するなど複雑な制御を必要とするものが多い．

　iii）建築物の外構，付帯施設　建築物の意匠，存在を引き立てることを，主目的として設置される施設で比較的静かな雰囲気をかもし出す施設が多い．

　iv）建築物内部インテリア施設　ホテルのロビーや中庭，ショッピングモールなどに設置される施設で，比較的小型の施設が多い．

　v）博覧会などでの展示施設　博覧会やイベントで展示施設のディスプレイなどとして設置される．遊園地の施設と類似しているが，短期設置のため仮設的設備となる．

　vi）河川・貯水池の施設　河川，湖沼，ダムなどに設ける施設で，高射噴水などの大型施設が多い．杭構造などによる固定型とフロート型のものがある．固定型は，取水口の水位変動に対応した設計が必要であり，フロート型は，水面の波によるロッキングに対応した設計が必要である．

9.4.2 水の演出形態と設備構成

a. 水の演出形態

水には，自然と人為的からなる挙動がある．そしてその挙動により状態がつくられる．それらの挙動と状態から人々にそれぞれの感覚を与え，それにより感動，感激，感傷等々の感情をつくり出すことが演出である．複数の挙動を組み合わせた演出が多く用いられるが，単一の挙動で静けさや，雄大さを表現することもある．表9.13に水のもつイメージを示す．

　i）流れ　勾配または，低い段差のある水路に水を流し水面にできる流紋，波紋や流れの変化を演出する．水路幅，水深，勾配，床・側壁の仕上げ材などを変えることにより水の表情も変化する．

　ii）落水　高所より水を落とし流す．落とし口の形状，壁の形状・材質，水量により，水膜状，糸状，水瀑状になる．

　iii）噴水　水面上・水面下または，床下に設置

表9.13　水のもつイメージ

挙動の性質	・浮かぶ，沈む ・波立つ，流れる，うねる，水煙，泡立つ，落ちる，溜まる，湯気 ・しみ込む，ぬれる，こぼれる，蒸発，溶かす ・水音，光る，映す，透す
状　　態	・泉，湧水，池，滝，川，せせらぎ，水たまり，湖，海 ・水路，運河，堀，水道，水車，プール，噴水，水門ダム ・霧，雨，水滴，しずく ・打ち水，貯める ・水辺，浜辺，川岸
感　　覚	・やわらか，涼感，快適，冷やす，躍動，動かす，リズム ・うるおい，澄む，濁る，深，浅 ・飲む，触れる

されたノズル噴水より水を噴出させて，水で線状，塊状，線状の集合体をつくり，ポンプ，弁などの制御により水量や水の動きを変化させ噴水姿をつくる．

 iv）微粒子霧　　噴出口径が1 mm以下で，高圧ポンプにより微粒子で数秒間気中に滞留・蒸発する霧．無風状態であれば，少量の水で視界を遮る靄，霧を演出できる．

 v）溜　水　　水盤，池に水を溜め，静かな水面を創り出し，水面に映る風景を楽しんだり，風によるさざ波と光の乱反射を楽しんだりする．池の平面やエッジ形状，池底床の仕上げ材，水面と周囲の高低差によりイメージに変化がでる．

b．水の演出設備の構成

　水の挙動を，人為的につくり出すための設備を水景設備といい，主としてポンプ，ノズル，配管，制御機器，水質保持設備などで構成される．施設規模や演出により異なるが，流れ，落水の基本的構成を図9.14に，噴水の基本的構成を図9.15に，微粒子霧の基本的構成を図9.16に，溜水の基本的構成を図9.17に示

す．

c．噴水姿態の基本形

　噴水，滝，流れを構成するうえで，各種ノズルのもつ特色を活かして水の姿態がつくられる．1本のノズルでつくる姿態，複数のノズルの集合でつくる姿態，それらをいく通りも組み合わせて変化ある演出を行い噴水を完成させる．噴水姿態の基本形を図9.18に示す．

d．水景設備計画の要点

　水景施設の目的が決定され，コンセプト，デザイン，演出が決定された後，水景設備としてのフローシートを作成する．演出とフローシートに基づき，各ラインの水量を決定し，ポンプ能力，各機器仕様の決定から配管口径の決定，照明，制御など順次細部の設計を行う．重要なことは，水景設備のほとんどが水中に設置されるか，湿気の多い環境に設置されるので，その条件に耐えられる仕様にするとともに，漏水，漏電を起こさない構造として安全な施設にする．

e．池，水路，滝の本体構造

　池，水路，滝，壁泉などの本体は，水を貯める，流すための器としての役割だけではなく，水による演出に重要な役割をもつ．平面形状はもとより，側壁の形状，仕上げ材料の材質，石の積み方，貼り方などにより水の表情が変わるため材料の特徴を把握して選定す

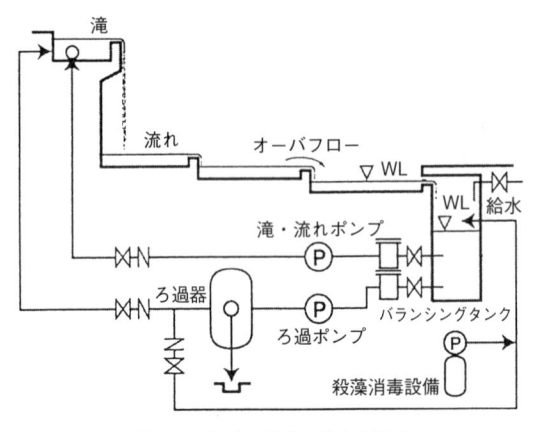

図9.14　流水，落水の基本的構成

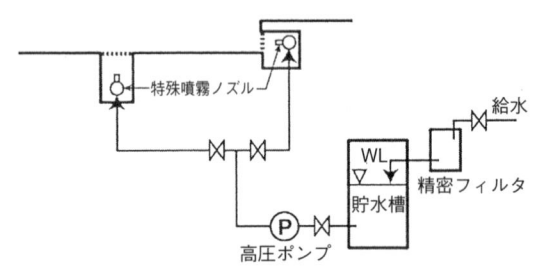

図9.16　微粒子霧の基本的構成

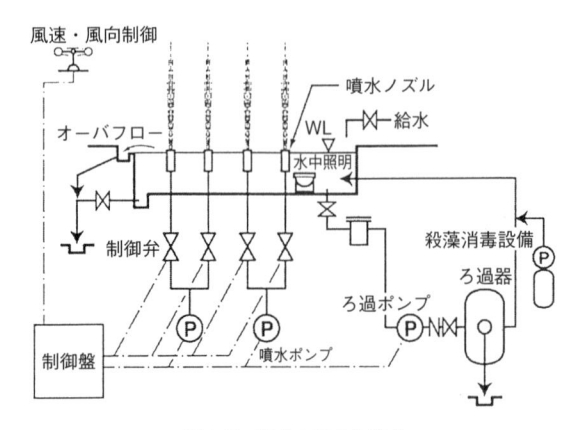

図9.15　噴水の基本的構成

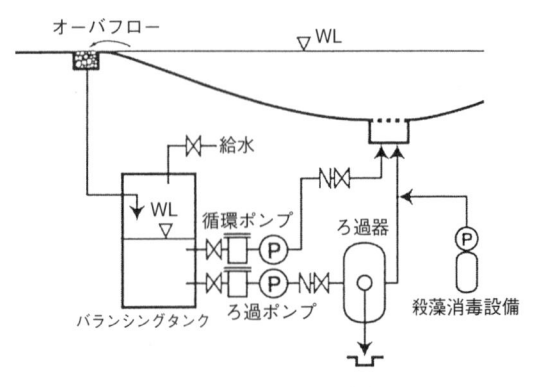

図9.17　溜水の基本的構成

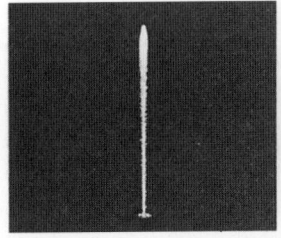

9.4 水景設備

(a) 直上形
エアジェットノズル, シャープノズル, シリンダノズルなどのノズルで垂直に噴き上げる. 噴水高さは数十 cm のものから百数十 m の大噴水まである

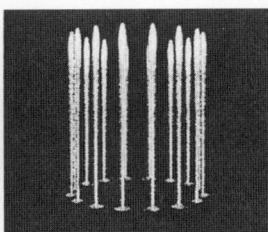

(b) 円柱形
エアジェットノズル, シャープノズルなどを円形に配したもので, 数十 cm から十数 m まで噴水する

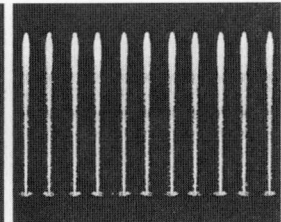

(c) 並列形
エアジェットノズル, シャープノズルなどを直線上に配し, 平面的なスクリーンを形成する

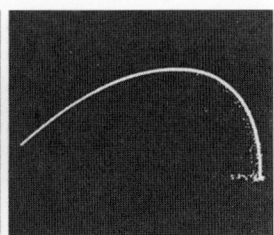

(d) 放射形
水平とある角度で噴射される噴水で, 一般的にシャープノズルを使用し大形のものはシリンダノズルを使用する

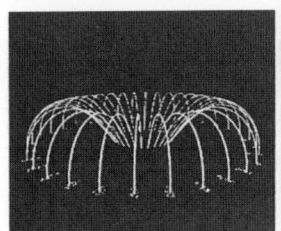

(e) 冠形
放射形を複数本円形に組み合わせたもので, ノズルはエアジェットノズルやシャープノズルを使用し, 内側から外側に噴水する

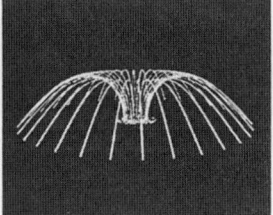

(f) ゲージ形
鳥かごを思わせる噴水姿態で, エアジェットノズル, シャープノズルなどを使い, ノズルを中心に配し, 外側から内側へ噴水する

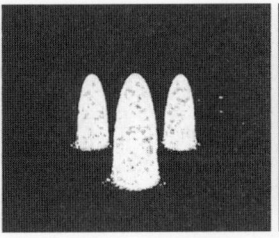

(g) キャンドル形
ノズルが水中に沈められているのが特徴で, 小さな池にでもフィットし, ダイナミックな強さを演出する

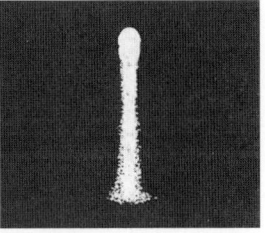

(h) 樹氷形
ノズル形状はキャンドル形と同じで, 流量, 圧力を増すことで数 m の高さに噴水できる

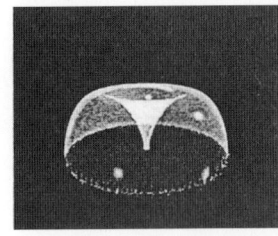

(i) フラワー形
あさがおやゆりの花のような深溝のある姿あるいはマッシュルームのようなきのこ形の水膜を噴水を総称していう

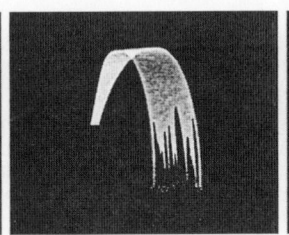

(j) 扇形
扇状の形をした噴水

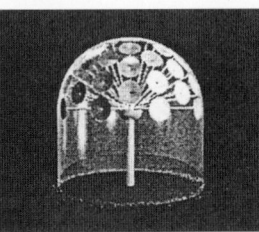

(k) ピーコック形
配管を兼ねた枝に特殊なノズルを配したもので, ピーコック(孔雀)を思わせる美しさがある

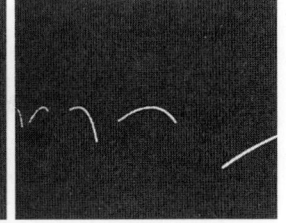

(l) ラミナー形
透明度の高い層流による噴水. 特殊な操作で噴出を制御すると水が飛んでいるような演出ができる

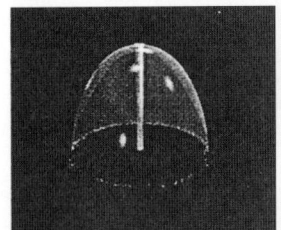

(m) バックフロー形
フラワーノズルの先端ガイドを噴水形にして大口径の水膜をつくる噴水

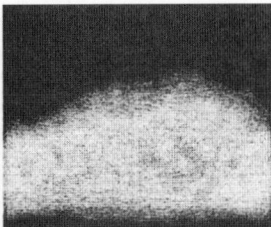

(n) 噴霧形
霧が幻想的な雰囲気をかもし出す

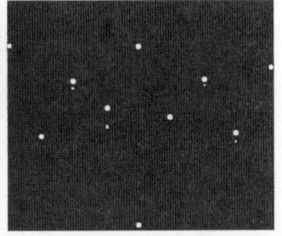

(o) 水玉形
ラミナー形の噴水口径を小さくし, 噴出を瞬時にすることで水玉をつくる噴水

〔注〕 1. 水系施設の演出形態は大きく分類して, (1) 流れ, (2) 噴水, (3) 溜水の 3 種類に分類できる.
2. 一般にはこれらのものが単独で用いられることは少なく, いくつかのものが組み合わされて演出効果を高める. ここで定義した噴水姿態はその基本となるもので, 自由な発想で水の動きが創作できる.

図 9.18 噴水姿態の基本形

る．一般には，鉄筋コンクリート構造が多く，建物の屋上や階上に設置する場合，金属製水槽に仕上げを施す場合もある．参考の断面を図 9.19, 9.20 に示す．

9.4.3 水量・水理公式と機器・制御

a. 噴水ノズル

整った噴水の姿態をつくるために，安定した水量と水圧を保って吐出し口に水を供給する．また，吐出し口の形状によりさまざまな水の形状がつくり出される．この水の吐出し口が噴水ノズルである．表 9.14 に示すように，ノズルの形状と水量・吐出し圧力により，さまざまな噴水姿を提供することができる．

噴水の姿態基本形（図 9.18）に示されるとおり，水が垂直に噴き上がるものと，放物線を描くものがある．放物線の到達高さは，垂直時到達高さとノズルの傾斜角度により推定するか，実験により測定する．また，ノズルの種類，吐出し口が水上，水中と条件の異なることで到達高さが変わり，それぞれの算定式で求めることができる．

b. 水理公式と流量計算

水路は，頂点から下池や貯水槽（バランシングタンク）に自然流下で水を流し，滝，落水は，滝頂部の溜水槽から越流した水を落下させる．流れの演出によっ

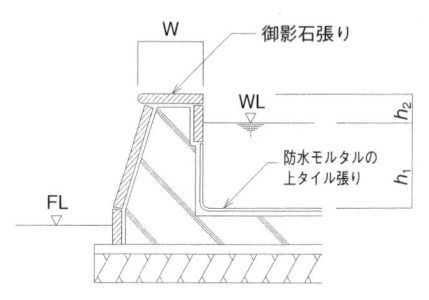

図 9.19 噴水池本体構造の例

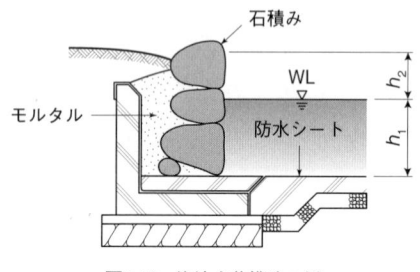

図 9.20 溜池本体構造の例

表 9.14 基本型噴水ノズルの表現と印象

名　称	ジェットノズル	シリンダノズル	エゼクタジェットノズル	キャンドルノズル	噴霧ノズル	扇形ノズル	フラワーノズル	コーン形ノズル	水膜
噴水の状況	水だけの線条噴出 0.3～30 m，低揚程時透明	水だけのリング状噴出 20 m 以上線条に見える	水・空気混合線状噴出 1～15 m，白く太く見える	ジェット水中よりの噴出不整形 0.3～1.5 m	フォグ形式不定型 1 m ぐらいまで虹もできる	扇状噴射 1～3 m 開き角度各種	朝顔状噴射（水膜）0.3～1 m	傘形噴射 1～3 m	各種寸法各種
噴出形状									
印象 細 低	冷微可憐				淡さ可憐→（雲）		可憐		静寂
印象 細 高	繊細神経質								
印象 中 低	実直（一般的）緊張		温和（一般的）典雅	不安定な動き努力喜悦（樹氷）	静寂→沈黙夢	絢爛	流麗（朝顔）	まとまり豊麗	静高尚
印象 中 高									
印象 太 低	純重，慎重，→老人		艶麗女性的	乱雑怒	神秘思慮		集合平和	楽壮溜々	
印象 太 高	豪壮→男性的 雄大→荘厳，孤高								
応用系ノズル	アップダウンノズル					マッシュノズル シクラメンノズル		造形オーバフロー（例）	

ては分流，せき，滝などの組み合わせや途中の勾配の変化があり，水バランスも複雑になるが各部位の計算を行い，水量調整を繰り返し設計するが，必要に応じて水路模型により確認する．

流れの計算には開水路の平均流速公式を用いる．公式には，シェジーの式と指数公式（マニングの式）があり，小規模な水路は一般的に指数公式によって計算する．流れの流速には，勾配と水路壁の材料と潤辺の状態に影響される．

滝，落水は，せきの越流水量を修正レーボックの公式により求め設計する．透明な水幕をつくる場合，越流水深が落下高さに影響し，水量が少ないと途中で水幕が切れるため必要に応じ実験により確認する．

c. 揚水設備

流れ，滝，噴水設備の演出において，水に動きをつくるうえで最も重要な役割を担うのが揚水設備である．空気圧により水を噴き上げる施設も開発されてはいるが，ほとんどの施設は電動ポンプの揚水力，水圧により水を循環し，流れや滝，噴水を演出している．

水景設備において使用するポンプには，水中設置と陸上設置があり，それぞれの使用条件を把握したうえで設置方法を決定する．表9.15に設置方式の特徴を示す．

d. 水景施設の水浄化

水景施設で使用される原水には，上水，中水，井水，雨水，河川水などがあり，目的や設置場所の条件により使用水を決定する．

ほとんどの施設は原水を循環し使用する．屋外の施設で循環使用する場合，さまざまな物質が水景池に入り込み，濁り，臭気，藻の発生などの汚濁の原因となる．水景施設の目的，用途により保持する水質は異なるが，積極的に水に触れるよう設計された親水施設では，厚生労働省の遊泳用プールの衛生基準（前出，水泳プール設備参照）に準ずることが望ましい．主な汚濁の原因を示し，用途別目標水質を表9.16に示す．

(1) 降雨による大気中のばいじん，排気ガス，浮遊じんの持ち込み．
(2) 風により土，砂じん，植物の葉・種子，紙くずなどの落下物．
(3) 親水池での人体から汗などの分泌物．
(4) 食べ物，たばこの吸い殻の投げ入れ．
(5) 鳥，犬など動物からの汚物．
(6) 芝生，緑地に散布した肥料の雨水による流入．
(7) 下水道の整備されていない地域の生活排水，浄化槽排水の流入．
(8) 放牧地，養豚・養鶏場などの汚水流入．
(9) 水鳥，魚の餌およびふん，水生生物の死骸の腐敗．
(10) 水生植物の繁殖による枯れ草腐敗．

1) 浄化装置の種類 水景施設に使用する原水の水質を維持するため，浄化装置が設置される．生物が生息する水景施設と生息しない施設，小規模施設と大規模施設の違いなど，施設の条件により浄化方式も異なる．生物浄化方式の比較を表9.17に示す．急速ろ過設備の概要はプール設備による．

2) 消毒設備と殺藻設備 親水施設で幼児，子供が水遊びを行い，水景水を飲んだり眼に入ることがある．また，噴水，霧などが風で遠方まで飛散するため，細菌類の発生する可能性があるものには，消毒設備を設置することが望ましい．消毒装置の概要はプール設備による．

殺藻は，消毒設備があれば同様の効果が得られるが銅イオンを用いることもある．殺藻，消毒方法の特性を表9.18に示す．

e. 照明設備

水と光は互いに干渉してさまざまな表現をする．光の量，配色，水の動きと光の動きによりさまざまに変化し，人々を楽しませてくれる．美しい白色照明の水

表9.16 用途別目標水質

項　目	親水用水	景観用水	自然観察用水
pH	5.8〜8.6	5.8〜8.6	5.8〜8.6
BOD〔mg/l〕	3以下	5以下	5以下
SS〔mg/l〕	5以下	15以下	15以下
臭　気	不快でないこと	不快でないこと	不快でないこと
大腸菌群数（MPN/100 mm$l$）	1000以下[1]	−	−

〔注〕[1] 水遊びの施設では検出しないこと．

表9.15 ポンプによる循環方法

	水中設置方式	陸上設置方式
システムの概略図		
利　点	噴水設備がコンパクトに収まる．設備費が安い．	点検が比較的簡単である．保守，補修時，池泉の水を抜く必要がない．
注意点	点検時は水を抜く必要がある．ポンプなどが見え，景観的に処理が必要となる．	ポンプ室などの場所を必要とする．ポンプ室からの噴水池間の配管が必要となり，設備が割高になる．

表 9.17 生物浄化方式の比較

項　目	下向流式	上向流式	接触酸化法	有用細菌固定生物膜法
原　理	ろ材に好気性微生物を繁殖させ水中の有機物を分解するとともに，SSの除去も同時に行う	ろ材に，好気性部生物を繁殖させ，水中の有機物の分解，SSの除去を行う	樹脂フィルムの表面に微生物を繁殖させ，生物膜を着生させる．表面は，好対性菌による酸化分解，下層にて嫌気性分解を行う	比較的容量の大きい池水浄化を目的とする．消毒・殺菌は行わない．水質の富栄養化は水圏生態系の自浄機能を喪失させる．生物膜方式と有用細菌の活性を用いることで窒素・りんの除去固定を種とした浄化である
構　成	ろ過槽，ろ材，ろ過ポンプ	ろ過槽，ろ材，ろ過ポンプ	充てん層，ろ材，ろ過ポンプ	かご式生物膜槽，循環ポンプ
ろ　材	セラミックろ材　$\phi 2\sim 6$ mm 多孔質ろ材	多孔質ろ材 球状セラミックろ材　$\phi 8\sim 12$ mm	樹　脂	$\phi 100\sim \phi 125$，球形充てん物，微生物吸着不織布
洗浄頻度・排泥頻度および水量	1〜3回/月 水量：日ろ過量5%	1〜3回/月 水量：日ろ過量5%	〜2回/月	1〜2回/年 （ブロアによるはく離）
ろ過面積	1〜70 m²	1〜50 m²	100〜300 m²/m³	1000〜5000 m²
適応性	魚の生息など，有機物の不可がある閉鎖性水域に適する	魚の生息する池，有機物の多い水源に適する	生物生息を伴う池など有機物の負荷がある池に適する	処理水の流入する池，閉鎖系水域水景地，散水用貯水池など中容量の池
運転維持費	ろ材充填：年間3〜5%，ろ材洗浄費	ろ材洗浄費，ろ材充てん費	汚泥の引き取り	有用細菌の定期補充（5回/年程度）および汚泥の抜き取り
ろ層高さ・生物膜層の容量	200〜1500 mm	200〜1000 mm	500〜1500 mm	池容量　1000〜500 m³ 生物膜槽サイズ池　容量に対し1〜3%
ろ過速度	0.5〜6 m/時間	3〜6 m/時間	約10 m/時間	4〜10 m/時間
圧　損	0.5〜5 m	1〜5 m	なし	なし
循環回数	1〜10回/日	1〜5回/日	8〜24回/日	池容量に対して0.5〜2回/日
目標水質	親水用水，修景用水	親水用水，修景用水	親水用水，景観用水	透明度30〜50 cm　T-N 0.6 mg/l　T-P 0.05 mg/l （中栄養程度）
付帯設備	1. 除じん設備：スクリーン 2. 減菌・殺藻設備：UV	1. ストレーナ 2. 洗浄用散気設備	除じん，汚濁設備，中和設備，ドラフトチューブ	場合によっては，陸上ポンプピット

表 9.18 殺藻・消毒方法の特性

	次亜塩素酸ソーダ (NaOCl)	紫外線 (UV)	オゾン (O_3)	銅イオン
効果・機能	殺菌・殺藻・酸化・脱臭・脱色・消毒	殺菌・殺藻 （酸化）	殺菌・殺藻・酸化・脱臭・脱色・消毒	殺菌・殺藻
残留特性	残留持続性がある	残留持続性がない	残留持続性が短い	残留持続性が長い
水道水基準	遊離残留塩素 0.1 mg/l 以上			1 mg/l 以下
人体への毒性		直接照射は有害	大気 0.1 ppm 水　0.05 ppm	
生物への毒性	魚類致死量 0.2 mg/l （遊離残留塩素）		魚類致死量 0.005 mg/l	魚類致死量 0.1 mg/l
生物処理との併用	不可	可能	可能	不可
方式・機構	薬剤注入法	紫外線ランプ	無声放電法 電解法	電解法
維持管理	定期的に薬剤補充	ランプ交換	専門家による点検	専門家による点検

表 9.19 照明の光色による電力比

光 色	電力比
CL（透明）	1.0
YE（黄色）	1.0
RE（赤色）	2.0
GN（緑色）	3.0
BL（青色）	10.0

〔注〕透明（CL）を基本とする．

柱は夜間の修景に上品な演出効果がある．またカラーフィルタによる鮮やかな色彩を水に反映することで，噴水をより豪華に演出することもできる．光源として使用される照明器具には，白熱電球，水銀ランプ，ローボルトハロゲン電球，ハロゲン電球，メタルハライドランプなどが一般的で，ストロボライト，発光ダイオード，レーザー光，光ファイバ，LEDなど特殊照明を用いることもある．噴水の高さに光が到達する照度の照明器具を選定するが，水中照明の反射型白熱電球で10 m，水銀ランプ，ハロゲンランプで20 mの高さを目安とする．高射噴水，大規模な滝などは陸上よりの照明と併用することもある．

i）水中照明の特色　光量が多く，反射板により光の広がりを狭角から広角まで選択できるが，防水が十分でないと漏電するおそれがあることやランプ切れの取り替えが水中作業となる．

ii）光ファイバ　光源を水中に置く必要がなく漏電事故のおそれがない．光源部のカラーフィルタを可動式とすることでカラー変化が簡単にできるが，水中照明に比べ光量が少なく設備費も高い．

水中照明などにカラーフィルタを取り付け使用する場合，色により光の透過量が減少する．光色による電力比を表9.19に示す．

f．制御方法と制御機器

噴水の動きと光の変化を同調させたり，時間ごとに決められた水の動きをさせるため，ポンプの発停，バルブの開閉，ランプの点滅などをプログラムに沿って指示するシステムが演出制御で，噴水池の水位低下などの運転異常警報や機器の故障警報などの制御と併せて制御方法を決定する．

1）制御方法

i）起動・停止制御　日常の運転時間がプログラムされていて，運転開始と停止を指示する制御と，公園の広場や高層ビルの谷間に設置され，風の影響を受けやすい施設に，風速と風向を感知し噴水の高さや停止，再起動を指示する制御がある．

ii）噴水姿制御　噴水の演出プログラムにしたがい，ノズルの1本ごと，またはノズル集合体の水の出し，止めや高さの変化を制御する．

iii）音楽同調制御　噴水姿の変化を音楽に合わせてプログラムし音楽と同期させる制御．

2）制御機器

i）ポンプ・インバータによる制御　ポンプの回転をインバータ制御して揚水量，水圧の変化により噴水姿を変化させる．1本ごとのヘッダ管に複数のノズルを設置したユニットを配置することにより，優雅な動きの変化が楽しめる．

ii）電動弁による制御　大口径の開度調整式バルブがあり，水量の調整が比較的自由に制御できるが，開閉の速度が遅くリズミカルな演出には適さない．また，完全水中型がなく水中ポンプ方式には適さない．

iii）電磁弁による制御　開閉時間が1秒以下と短く，噴水の変化が鮮やかでリズミカルな演出ができ音楽同調噴水に対応できる．また，ノズルの根本にバイパスの逃しバルブを設けることで歯切れのよい演出が可能となる．

iv）流量比例制御弁による制御　一つのバルブでノズルの吐出し部と，逃し部の流量変化を1/10秒単位の速度でコントロールする．バルブの開度調整をサーボモータで行うので，瞬時の停止や高さの変化も可能であるが，水中での使用は不可．　〔三海正春〕

文　　　献

1) 空気調和・衛生工学会：空気調和・衛生工学便覧（第13版），2001．
2) 厚生労働省健康局長通知：遊泳用プールの衛生基準について，健発第774号，2001．
3) 日本水景協会：水景技術標準（案）解説．
4) 給排水設備研究会：給排水設備研究1，**11**，1994．
5) 公害対策技術同友会：緑の読本，シリーズ31，1994；シリーズ55，2000．

9.5　ごみ処理設備

9.5.1　計画の基本事項

a．関連法規

廃棄物処理の今後のあり方としては，廃棄物を単に焼却し埋め立てるのではなく，廃棄物の排出抑制およびその再利用・再生利用を進めるとともに，廃棄物を安全かつ適正に処理する体制の整備を進めることが重要となる．平成11（1999）年9月，ダイオキシン対策関係閣僚会議において「廃棄物の減量化の目標」を策定し，新たな法制度の構築も含めて一体となって対策を講ずることになり，平成12（2000）年の第147

```
                環境基本法          H6.8  完全施行

                環境基本計画    H18.4  全面改正公表

                        ┌── 自然循環
                (循環 ──┤
                        └── 社会の物質循環
```

H13.1 完全施行
循環型社会形成推進基本法（基本的枠組み法） ── 社会の物質循環の確保／天然資源の消費の抑制／環境負荷の低減

○基本原則，○国，地方公共団体，事業，国民の責務，○国の施策

循環型社会形成推進基本計画〔国の他の計画の基本〕 H20.3 公表

廃棄物処理法

〈廃棄物の適正処理〉　H18.2 一部改正

① 廃棄物の排出抑制
② 廃棄物の適正処理（リサイクルを含む）
③ 廃棄物処理施設の設置規制
④ 廃棄物処理業者に対する規制
⑤ 廃棄物処理基準の設定　等

資源有効利用促進法

〈リサイクル推進〉　H13.4 全面改正施行

① 再生資源のリサイクル
② リサイクル容易な構造・材質等の工夫
③ 分別回収のための表示
④ 副産物の有効利用の促進

（1R→3R）

環境大臣が定める基本方針　H17.1 改正　　廃棄物処理施設整備計画　H20.3 公表
（H20～H25の5か年計画　計画内容：事業量→達成される成果　（事業費）（アウトカム目））

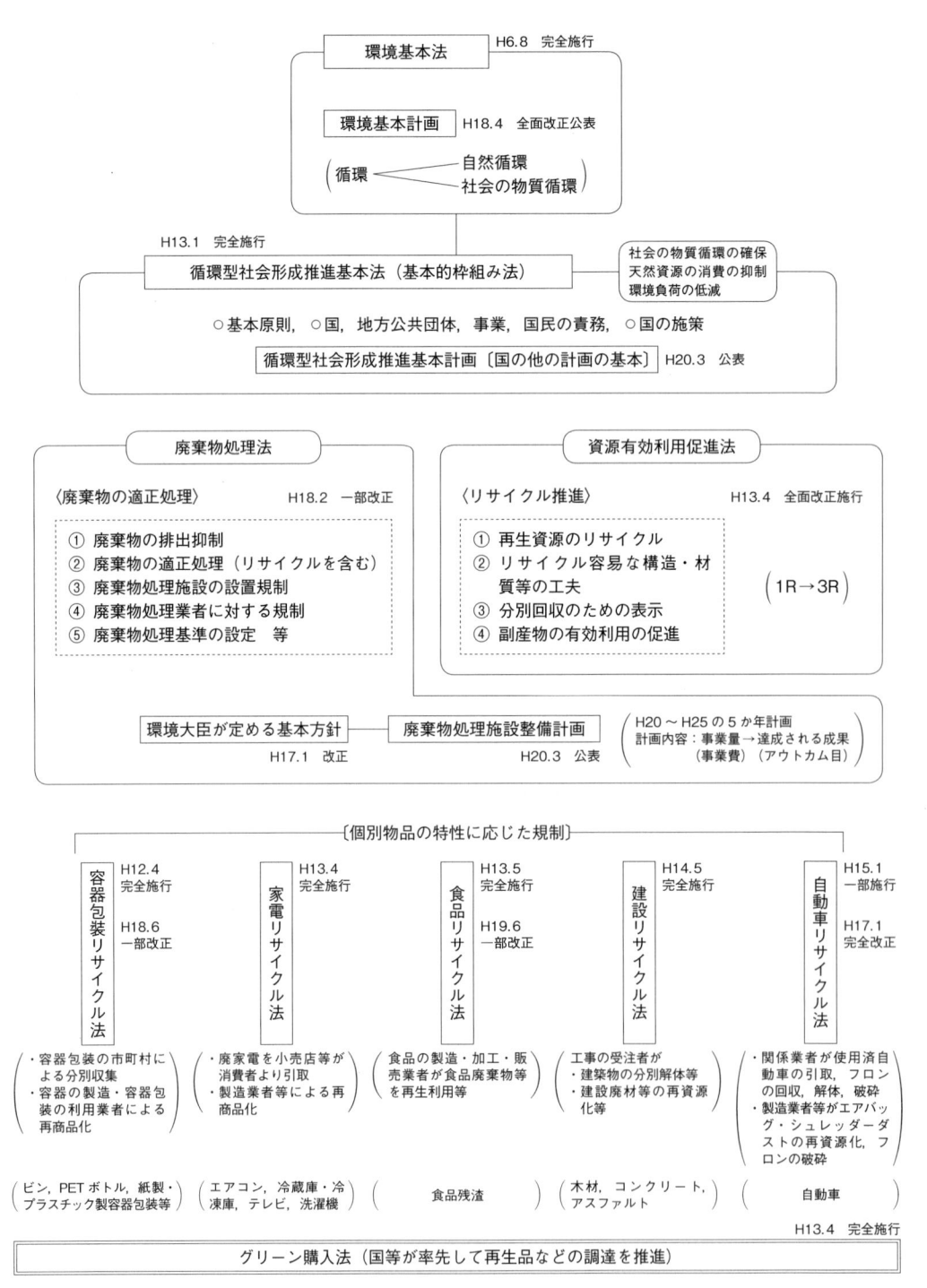

〔個別物品の特性に応じた規制〕

容器包装リサイクル法	家電リサイクル法	食品リサイクル法	建設リサイクル法	自動車リサイクル法
H12.4 完全施行／H18.6 一部改正	H13.4 完全施行	H13.5 完全施行／H19.6 一部改正	H14.5 完全施行	H15.1 一部施行／H17.1 完全改正
・容器包装の市町村による分別収集 ・容器の製造・容器包装の利用業者による再商品化	・廃家電を小売店等が消費者より引取 ・製造業者等による再商品化	食品の製造・加工・販売業者が食品廃棄物等を再生利用等	工事の受注者が ・建築物の分別解体等 ・建設廃材等の再資源化等	・関係業者が使用済自動車の引取，フロンの回収，解体，破砕 ・製造業者等がエアバッグ・シュレッダーダストの再資源化，フロンの破砕
ビン，PETボトル，紙製・プラスチック製容器包装等	エアコン，冷蔵庫・冷凍庫，テレビ，洗濯機	食品残渣	木材，コンクリート，アスファルト	自動車

H13.4 完全施行

グリーン購入法（国等が率先して再生品などの調達を推進）

図 9.21 循環社会の形成の推進のための施策体系[1]

回通常国会においてこれまで制定されている法も含めて，図9.21[1]に示すように廃棄物・リサイクル関連法が体系的に整備された．

1) 循環型社会形成推進基本法 この法律は，循環型社会の形成に関する基本原則を規定する法律であり，平成12年6月2日に公布された．「循環型社会」を明確な形で提示して，有価・無価を問わず，有効な廃棄物を循環資源と位置づけ，廃棄物処理法の「優先順位」（(1) 発生抑制，(2) 再使用，(3) 再生利用，(4) 熱回収，(5) 適正処分）を法定化している．また，国，地方公共団体，事業者および国民の役割分担を明確化しており，特に，生産者が自ら生産する製品などについて使用され廃棄物となった後まで責任を負う「拡大生産者責任」の一般原則を確立した．

2) 廃棄物処理法（廃棄物の処理および清掃に関する法律） この法律は，廃棄物の適正処理と生活環境の清潔の保持を定めたもので，産業廃棄物とそれ以外の一般廃棄物に分けて処理方法・施設などの規制を定めている．廃棄物の排出の抑制と分別・再生を明確化し，特別管理廃棄物の区分と規制強化，マニフェスト（積み荷管理票）システムの導入，廃棄物処理センター構想，廃棄物の適正な処理の確保，廃棄物の減量化・再生などを定めている．また，廃棄物の輸出入の規制，シュレッダダストの管理型最終処分の義務づけ，廃棄物の減量化・リサイクルを推進し，廃棄物焼却に伴うダイオキシンの排出を削減するために，小規模施設に対する規制，野焼き防止のために処理基準の明確化などが盛り込まれている．

3) 資源有効利用促進法（再生資源の利用の促進に関する法律） この法律は，廃棄物の発生量の増大や処理・処分場の不足の顕著化などの諸問題に対して，家庭や工場から排出される廃棄物の再生資源の利用と減量化を事業者に促すことをねらいとして制定された．そのなかで，再利用を義務づける業種・品目などを指定し，それぞれに対してガイドラインを設けている．第一種指定製品は材料・材質を工夫させ，第二種指定製品は識別マークをつけ，指定副産物のリサイクル率を向上させようとするものである．

4) 容器包装リサイクル法（容器包装に係わる分別収集及び再商品化の促進等に関する法律） この法律は，市町村による分別収集と再商品化を促進するシステムの構築を目指し，事業者が廃棄物の段階まで責任を負うもので，容器包装廃棄物の分別収集およびこれにより得られた分別基準適合物の再商品化を促進するための措置を講ずるものである．平成12年4月からは，小規模事業者を除くすべての事業者を対象として，ガラスびん（無色，茶色，その他），PETボトル，紙製容器・プラスチック製容器および紙製包装・プラスチック製包装が適用されている．

5) 家電リサイクル法（特定家庭用機器再商品化法） この法律は，使用済特定家庭用機器（テレビ，冷蔵庫，エアコン，洗濯機）について，製造・輸入業者にはリサイクルの義務，小売業者は消費者から引き取り，製造・輸入業者に引き渡す義務を明記し，リサイクルにかかる費用は，原則として特定家庭用機器を排出する消費者が負担するものとされている．

6) 食品リサイクル法（食品循環資源の再生利用等の促進に関する法律） この法律は，食品の売れ残りや食べ残しにより，または食品の製造過程において発生している食品廃棄物について，発生抑制と減量化により最終的に処分される量を減少させるとともに，飼料や肥料などの原材料として再利用するため，食品関連事業者（製造，流通，外食など）による食品循環資源の再利用などを促進し，食品関連事業者による再利用などの実施，肥飼料化などを行う業者の登録制度を定めている．

7) 建設リサイクル法（建設工事に係わる資材の再資源化等に関する法律） この法律は，特定の建設資材（コンクリート，アスファルト・コンクリートおよび木材）について，その分別解体などおよび再資源化などを促進するための措置を講ずるとともに，解体工事業者について登録制度を実施することなどにより，再生資源の十分な利用および廃棄物の減量などを通じて，資源の有効な利用の確保および廃棄物の適正な処理を図り，もって生活環境の保全および国民経済の健全な発展に寄与することを目的としている．

8) 自動車リサイクル法（使用済自動車の再資源化等に関する法律） この法律は使用済自動車の処理料金をユーザに負担させることにより，シュレッダダストなどの自動車等破砕物の不法投棄を抑制し，適正な処理を担保するもので，自動車のリサイクルを促進するために，使用済自動車（廃車）から出る有用資源をリサイクルして，環境問題への対応を図ることを目的とする．自動車を廃車にする場合は，必ず登録された業者に引き渡さなければなない．

9) PRTR法（特定化学物質の環境への排出量の把握等及び管理の改善の促進に関する法律） この法律は，環境の保全にかかわる化学物質の管理に関する国際的強調の動向に配慮しつつ，化学物質に関する科学的知見および化学物質の製造などに関する状況を踏

	種類と具体例
あらゆる事業活動に伴うもの	1. 燃え殻（石炭火力発電所から発生する石炭殻など） 2. 汚泥（工場排水処理や製造工程で排出される泥状のもの） 3. 廃油（動植物性油、潤滑油などの不要になったもの） 4. 廃酸（酸性の廃液） 5. 廃アルカリ（アルカリ性の廃液） 6. 廃プラスチック類（除去物あり） 7. ゴムくず 8. 金属くず（除外物あり） 9. ガラスくず、コンクリートくず及び陶磁器くず（除外物あり） 10. 鉱さい（製造所の炉の残さいなど） 11. がれき類（工作物の新設、改築または除去して得られるコンクリート破片など） 12. ばいじん類（工場の排ガス処理して得られるはいじん）
特定の事業活動に伴うもの	13. 紙くず（建設業、紙製造業、製本業などからの排出物） 14. 木くず（建設業、木材製造業、物品賃貸業などからの排出物） 15. 繊維くず（建設業、繊維工業などからの排出物） 16. 動植物性残さ（原料として使用した動植物の不要物） 17. 動物系固形不要物（と畜場食鳥処理場からの排出物） 18. 動物のふん尿（畜産農業からの排出物） 19. 動物の死体（畜産農業からの排出物）
	20. 上記の19種類の産業廃棄物を処分するために処理したもので上記に該当しないもの（コンクリート固化物など）を政令で指定したものである。

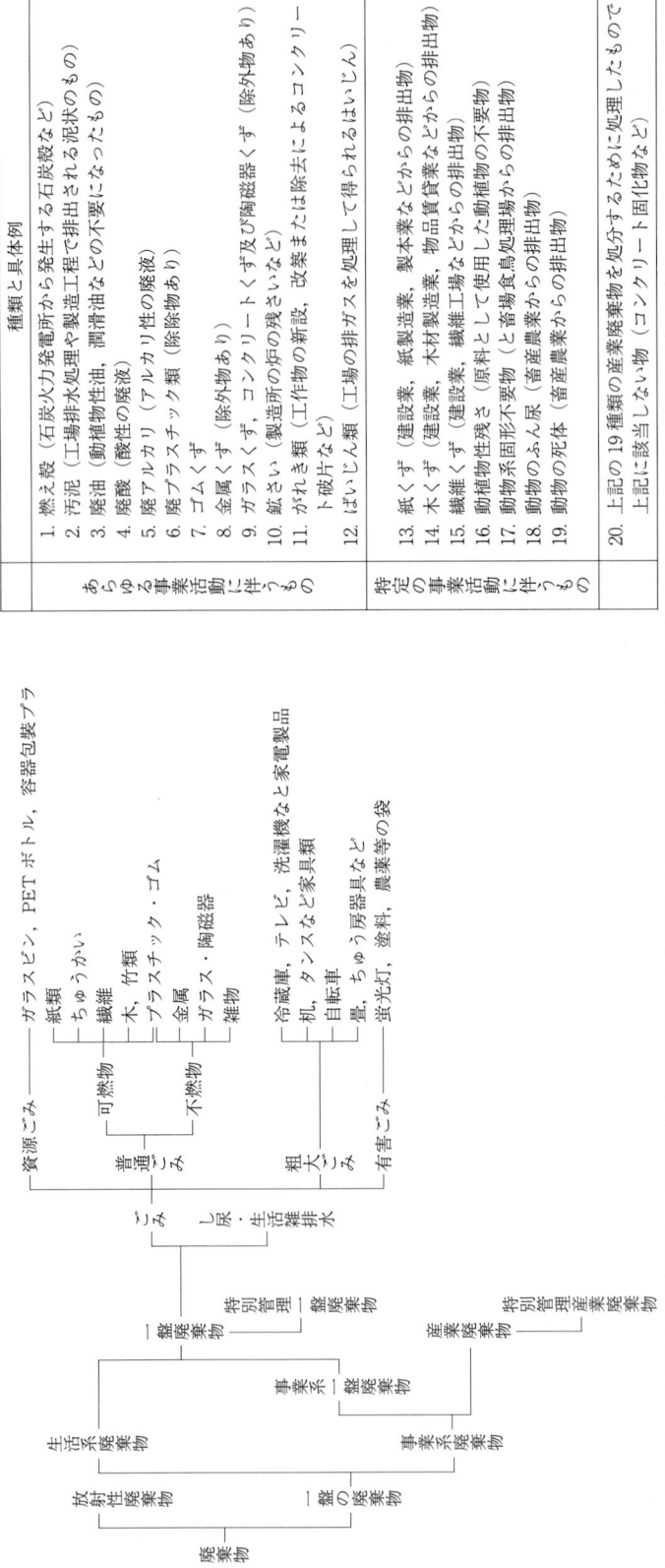

廃棄物
├─ 放射性廃棄物
└─ 一般の廃棄物
   ├─ 生活系廃棄物
   │ ├─ 特別管理一般廃棄物
   │ └─ 一般廃棄物
   │   ├─ ごみ
   │   │ ├─ 資源ごみ ── ガラスびん、PETボトル、容器包装プラ
   │   │ ├─ 普通ごみ
   │   │ │ ├─ 可燃物
   │   │ │ │ ├─ 紙類
   │   │ │ │ ├─ ちゅうかい
   │   │ │ │ ├─ 繊維
   │   │ │ │ ├─ 木、竹類
   │   │ │ │ └─ プラスチック・ゴム
   │   │ │ └─ 不燃物
   │   │ │   ├─ 金属
   │   │ │   ├─ ガラス・陶磁器
   │   │ │   └─ 雑物
   │   │ ├─ 粗大ごみ ── 冷蔵庫、テレビ、洗濯機など家電製品、机、タンスなど家具類、自転車、ちゅう房器具など
   │   │ └─ 有害ごみ ── 蛍光灯、塗料、農薬等の袋
   │   └─ し尿・生活雑排水
   └─ 事業系廃棄物
      ├─ 特別管理産業廃棄物
      └─ 産業廃棄物

〔注〕 1. 特別管理一般（産業）廃棄物とは、一般（産業）廃棄物のうち、人の健康または生活環境に被害を生じるおそれのあるものとして政令で指定したものである。

図9.22 廃棄物の分類[2]

まえ，事業者および国民の理解の下に，特定の化学物質の環境への排出などの把握に関する措置ならびに事業者による特定の化学物質の性状および取り扱いに関する情報の提供に関する措置を講ずることにより，事業者による化学物質の自立的な管理の改善を促進し，環境の保全上の支障を未然に防止することを目的としている．

10) 大気汚染防止法　「大気汚染防止法」における廃棄物焼却炉については，火格子面積 $2\,m^2$ 以上であるか，または焼却能力が1時間当たりは $200\,kg$ 以上のものがばい煙発生施設として規制されている．平成10年7月には，廃棄物焼却炉をめぐるダイオキシン類問題や大気汚染問題への対応を図るため，大幅な改定強化が行われた．

11) 建築物衛生法　「建築物における衛生的環境の確保に関する法律」（以下「建築物衛生法」という）は，特定建築物（事務所ビル・百貨店・店舗・旅館など）において，適切な方法によって掃除を行い，ねずみや害虫などの発生および侵入の防止を図らなければならないことを義務づけている．

12) その他　廃棄物に関する問題は，国際的にもクローズアップされて，「有害廃棄物の国境を越える移動及びその処分の規制に関するバーゼル条約」（「バーゼル条約」）が締結（1989年3月）され，「廃棄物その他の物の投棄による海洋汚染の防止条約」（「ロンドン条約」）のなかで「産業廃棄物海洋投棄禁止決議」が採択された（1993）．それらに伴い，廃棄物処理法の見直しが行われた．

b. ごみの種類と排出量

1) ごみの種類　「廃棄物処理法」でいう「廃棄物」とは，ごみ・粗大ごみ・燃え殻・汚泥・廃油・廃アルカリ・廃プラスチック・動物の死体その他の汚物または，不要物であって，図9.22[2]に示すような固形物や液状のものをいう．

「産業廃棄物」とは，事業活動に伴って生じた廃棄物のうち，燃え殻・汚泥・廃油・廃酸・廃アルカリ・廃プラスチック類その他政令で定める廃棄物をいい，産業廃棄物以外の廃棄物は「一般廃棄物」という．

産業廃棄物および一般廃棄物のうち，爆発性・毒性・感染性など，人の健康または生活環境に被害を及ぼすおそれのある廃棄物は，特別管理廃棄物として区別して，規制を強化している．このうち，特別管理一般廃棄物には，ごみ焼却炉の集じん灰・血液などが付着した医療廃棄物などがある．特別管理産業廃棄物には，水銀・カドミウムなどを含有する有害廃棄物・アスベスト廃棄物・医療系感染性廃棄物・LPガスボンベなどがある．また，大型冷蔵庫，大型テレビ，タイヤ，スプリング入りマットの4品目は適正処理困難物として指定されている．

表9.20[3]のデータは建物用用途別のごみの種類とその割合を示すもので，平成20年に八都県市廃棄物問題検討委員会において調査報告されたもので，事業系一般廃棄物の計画に用いられる．

2) ごみの排出量　建物のごみ排出量は，その実態を正しく把握することは困難であるが，ごみ処理計画の基本になるために，できる限り正確に把握する必要がある．類似の施設用途や規模を参考にし，過去の実績値・測定値などを利用してごみの種類とその量を

表9.20 建物用途別のごみ種類と割合[3]

種類＼用途	店舗	飲食店	事務所等	工場等	輸送センター	その他
可燃ごみ	18.79	12.46	13.24	24.78	10.49	11.75
厨かい	24.89	55.35	9.70	11.42	2.47	13.91
不燃ごみ	4.27	4.16	10.35	11.40	1.47	1.31
廃棄プラ	6.27	3.09	8.59	13.33	18.71	3.86
粗大ごみ	0.00	0.00	0.00	0.00	0.00	0.00
小計	54.22	75.06	41.88	60.93	33.14	30.83
再生紙	24.53	8.85	36.78	24.39	57.24	38.92
ダンボール	9.23	3.17	9.05	6.72	1.43	6.87
ビン	2.20	4.33	1.27	1.23	0.43	5.20
缶	2.24	2.55	2.34	1.58	3.28	4.06
容器プラ	7.58	6.04	8.68	5.15	4.48	14.12
小計	45.78	29.94	58.12	39.07	66.86	69.17
合計	100.00	100.00	100.00	100.00	100.00	100.00

算出する．代表的な自治体における建物用途別の床面積とごみ排出量の関係を表9.21[4)~6)]に示す．

ごみの再利用・再資源化計画をするためには，現場を把握したうえで目標値を設定する．再利用を実施している東京都内23区内の事業用大規模建築物の実態調査では，紙ごみの再利用率（ごみ発生量に対する再資源化の割合）は，オフィスビル67.2%，店舗ビル74.0%，ホテルなど48.2%，医療機関36.2%であった．

表9.21　施設用途別廃棄物排出基準（1日当たり）

施設の用途	東京都中央区[4)]	大阪市[5)]	名古屋市[6)]	
住　宅	1 kg/人日	20.3 l/戸日		
事務所ビル	0.04 kg/m²日	0.579 l/m²日		0.71 m³/1000 m²日
文化・娯楽	0.03 kg/m²日	—		0.57 m³/1000 m²日
理容美容関係施設				
店舗（飲食）	0.2 kg/m²日	—		1.17 m³/1000 m²日
店舗（物品販売）	0.8 kg/m²日	0.6944 l/m²日		
デパート，スーパー				
ホテル	0.06 kg/m²日	0.3356 l/m²日		0.29 m³/1000 m²日
学　校	0.03 kg/m²日			0.25 m³/1000 m²日
病院，診療所	0.08 kg/m²日	0.3216 l/m²日	病院 診療所	0.5 m³/1000 m²日 1 m³/1000 m²日
駐車場	0.005 kg/m²日	—	共用施設	0.07 m³/1000 m²日
鉄道駅舎	0.005 kg/乗降客	—		0.3 m³/1000 m²日
備　考	ほかに再利用対象物の保管場所必要面積などについて定めている．	排出量は毎年の伸びを見込んでいる．このほか再利用対象物の排出量についても定めている．		小売店舗に関しては，大規模小売店舗立地法に準ずる基準を定めている．業種別再利用対象物発生量算出基準がある．

表9.22　ごみ処理計画の手順（西塚）

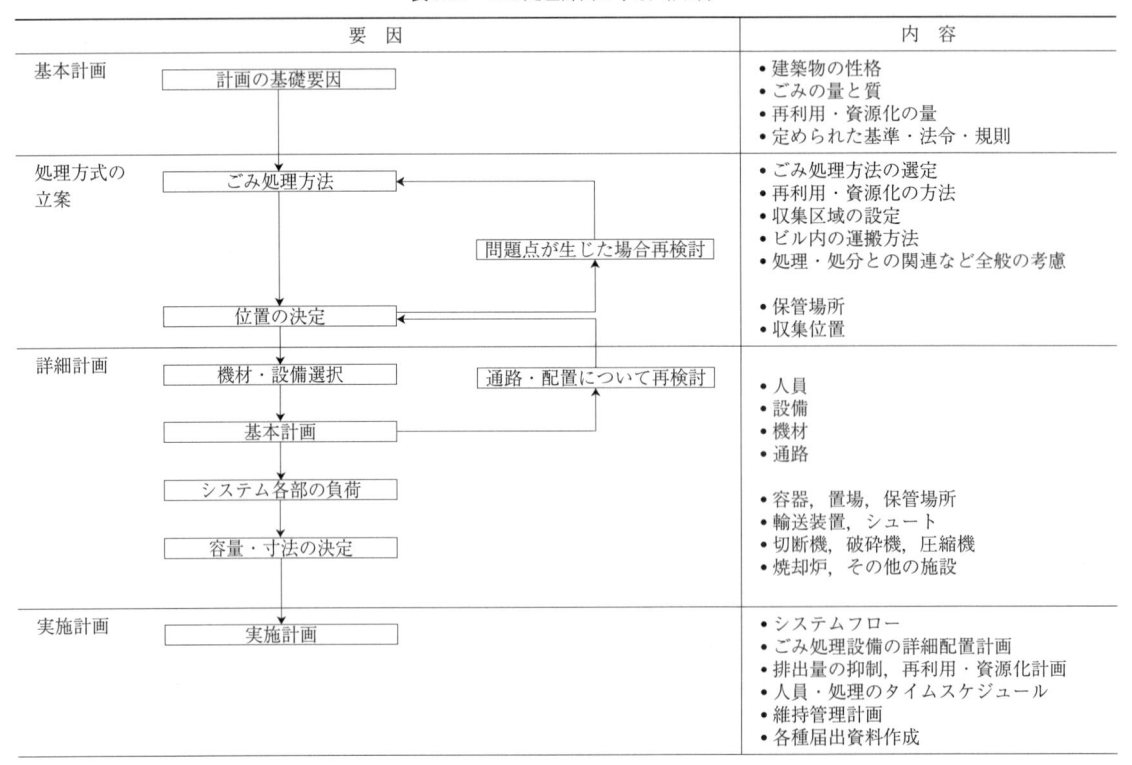

	要　因	内　容
基本計画	計画の基礎要因	・建築物の性格 ・ごみの量と質 ・再利用・資源化の量 ・定められた基準・法令・規則
処理方式の立案	ごみ処理方法 ↓（問題点が生じた場合再検討） 位置の決定	・ごみ処理方法の選定 ・再利用・資源化の方法 ・収集区域の設定 ・ビル内の運搬方法 ・処理・処分との関連など全般の考慮 ・保管場所 ・収集位置
詳細計画	機材・設備選択 （通路・配置について再検討） 基本計画 システム各部の負荷 容量・寸法の決定	・人員 ・設備 ・機材 ・通路 ・容器，置場，保管場所 ・輸送装置，シュート ・切断機，破砕機，圧縮機 ・焼却炉，その他の施設
実施計画	実施計画	・システムフロー ・ごみ処理設備の詳細配置計画 ・排出量の抑制，再利用・資源化計画 ・人員・処理のタイムスケジュール ・維持管理計画 ・各種届出資料作成

これを厨かいの再利用率でみると，オフィスビル1.2%，店舗ビル4.7%，ホテルなど1.8%，医療機関11.7%で，再資源化はまだまだ不十分であるといえる[7]．

c．ごみ処理計画

建物内のごみ処理設備計画は，表9.22の手順にしたがって建築基本計画の段階から盛り込むことがたいせつである．

1）基本調査 建物の建築計画を行う場合は，敷地の立地条件・周辺環境などにより，計画諸条件についても監督官公庁などと事前協議を行うことが必要になる．ごみ処理についても，行政指導に基づいた計画や運用をそのなかに含めて行う必要がある．地方自治体によっては，地域開発の基本指針や再利用・資源化促進のための指導要綱などにより指導を行う場合もあり，建物の内部計画に影響するため，計画時に十分な打ち合わせを行う．

2）処理方式の立案 基礎調査により得たデータを基に，計画している建物に適した何種類かの評価項目を設定し，中間処理設備の必要性をも考慮した評価項目の設定比較検討を行い，建築基本計画の段階で方向を定める．全体の処理システムを決定後，建物内の人およびごみの動線に関する調査，中間処理の必要性などを検討する．建物内の企業やテナントは，廃棄物の資源化・再利用の管理内容が徹底した結果，廃棄物の内容や取り組み姿勢などから，経営内容が露見されることもあるため，廃棄文書やOA紙の使用・処分に関する規定を徹底して，企業の機密漏えいを防止する必要がある．

3）基本計画 収集・運搬は，ごみ発生場所からコレクタあるいはその他の方法で集め，ごみ処理設備室（集積・分別・貯留・中間処理などを行う場所）に運ぶための計画である．

保管（集積・分別・貯留・中間処理）は，収集したごみや資源を建物外に搬出するまでの間，ごみを集積・分別・貯留・中間処理などを行う場所（以下「ごみ処理設備室」という）に保管する．

搬出は，ごみ処理設備室に保管されたごみを建物外に搬出する方法には，貯留された清掃ダンプ車・機械式収集車（パッカ車）などに積み替えてもち出す方法や，密閉コンテナ内に詰め込まれたごみをコンテナごと脱着装置付きトラックに積み込んでもち出す方法などがある．

ごみの処理方法は，焼却か埋め立てが主流であったが，現在，限りある地球資源の有効活用のための分別収集・再利用・資源化などの各種方策が促進されている．

4）実施計画 処理方式の基本計画時に，建築計画との調整や自治体との事前協議がなされたならば，システム各部の詳細計画に移る．その際には，建物の利用形態（単独の事業者が利用するか複数の事業者が利用するかにより異なる）も考慮して，維持管理計画に関する人員・機材・処理の実施タイムスケジュール計画を行う．また，運用面（建物における廃棄物管理計画）において，ごみの排出抑制・適正処理・減容計画を推進し，廃棄物管理者の選任と再利用・資源化計画の提出も必要となる．

9.5.2 ごみ処理設備

a．ごみ処理室の位置と設置面積

1）各階のごみ保管室 ごみの発生源には，紙くずかご・灰皿・厨かい容器・茶がら入れ・古紙分別回収容器（リサイクル箱）などの一時貯留容器を配置する．各階のごみ保管室は，一時貯留容器が満杯になったり，一時的に大量のごみが発生した場合に収容するもので，清掃用具の格納場所としての機能も果たす．

各階のごみ保管は，各階の洗面所わきや階段付近などの目立たない場所をごみ保管場所として，大形の取り扱い容易なコレクタなどを数個配置するケースと，ごみ保管と用具保管のための専用室を設けるケースがある．

保管に必要な面積は，保管するごみの量と容器の数により決定されるが，一般に5〜20 m^2 程度である．しかし，ごみの再利用・資源化のために排出源で分別を徹底すれば，ごみの種類ごとの回収専用ボックスの設置や有価物の分別ができるスペースも必要になる．

ごみの保管室は，衛生的に管理できるように床を防水構造とし，壁や床を洗浄できる給水設備，床の水勾配や排水口などの排水設備と換気設備を設けなければならない．

2）ごみ処理設備室 収集されたごみは，建物外に搬出するために一時ごみ処理設備室に貯留され，ごみの分別・圧縮・梱包などの中間処理が行われる．

ごみ処理設備室は，各階のごみ保管室や発生場所からの収集と搬出の中間にあって重要な役割を果たし，ごみの資源化および処理の中心拠点である．分別・保管場所としてのごみ処理設備室は，適切な位置・構造・設備を有し，収集車両・車載設備の導線や機能に合わせ，積替え時の作業性や衛生面を考慮したものでなければならない．

ごみ処理設備室は，将来の建物入口の増加などを見

通して十分な広さを確保する．所要スペースは，ごみの分別方法，保管方法，中間処理方法によって異なるが，一般的にごみ減容化を目的とした設備がある場合は，設備のない場合に比べて少なくてすむ．

ごみ処理設備室における位置・構造上に保留し，再利用・資源化のためのスペースを十分確保しなければならない．

b. 収集・運搬設備
1) 収集・運搬・貯留容器

ごみ容器やコレクタなどを水平・垂直移動するときは，建物の用途や業種によって適切な移動方法を設定し，ごみの種類に対応した容器と移動用機材が用いられている．

建物内の水平移動は同一階での平面的な移動で，コレクタ（キャスタ付き容器）や運搬台車などの不連続移動方式の水平移動機材が用いられている．ごみ容器をコンテナとして水平方向に移動させ，縦方向には人荷用コレクタを利用する方法が多く用いられている．ビル内環境との調和や作業性の面から，専用コレクタをごみ容器として用いることも多く，一般に0.1～1 m^3 のものが使用されている．

2) 建物内運搬設備
ごみを縦方向に移動するシステムとしては，表9.23に示すような方式がある．

i) 自動縦搬送システム（表9.23の(c)）　この方式は，大規模建物や高層ビルの縦搬送システムとして開発されたもので，ごみの搬送にバケット（ごみ容器）を用いることを特徴としており，投入装置，搬送装置および貯留排出装置で構成されている．この方式は，完全自動化が可能で，設備費は比較的高いが，人件費の削減効果は大きく，衛生的で騒音・振動も少なく，各階で分別収集された故紙・びん・缶などの資源物がそのまま容器ごと運搬できる．

ii) 空気輸送設備（表9.23の(d)）　空気輸送設備は，定置式空気輸送方式（大口径方式および小口径

表9.23　建物内のごみ縦搬送方式の比較（西塚）[2]

方式	(a) エレベータ方式	(b) ダストシュート方式	(c) 自動縦搬送方式		(d) 小口径管空気方式
			エアシュート方式	ごみ専用エレベータ方式	
概念図					
概要	各階でコレクタに収集されたごみは，人手によりエレベータを使用して垂直運搬を行うシステムである．空になったコレクタは，再びエレベータを使用して人力で各階まで戻す作業がある．	各階でコレクタに収集されたごみは，シュート内を経由して自由落下により垂直降下するシステムである．なお，ダストシュートへの投入方法は，人手によりコレクタからごみを移し替える作業がある．	各階でコレクタに収集されたごみは，各階に設置された投入装置に人手により，コレクタごとにセットされた後は，自動的にシュート内のゴンドラに収納され，垂直シュート内部を空気力により排気降下する．空になったコレクタは，空気力によって自動的に投入階に戻る一連の動作を繰り返すシステムである．	各階でコレクタに収集されたごみは，各階に設置された投入装置に人手により，コレクタごとにセットされた後は，自動的に投入装置により昇降かごへ収納され，シャフト内をエレベータ方式により垂直運搬される．空になったコレクタは，自動的に投入階に戻る一連の動作を繰り返すシステムである．	各階でコレクタに収集されたごみは，シュート内を経由して自由落下し，破砕機により小さく破砕され，小口径（φ150～200）の配管内部を真空輸送方式により運搬され，分離装置で分離して回収する一連のシステムである．
評価項目　初期コスト	◎	○	△	△	×
ランニングコスト	△	◎	○	○	△
所要人員	×	△	○	○	◎
衛生性	△	×	○	○	○
防災性	△	△	○	○	○
作業性	×	△	○	○	○
適用ごみ	◎	△	○	○	△
設置スペース	◎	○	△	△	×
適用ビル規模	低層～高層	低層～中層	中層～超高層	中層～超高層	大規模建築物

〔注〕　◎優，○良，△可，×不可．

方式）と移動式空気輸送方式に分類される．

定置式真空輸送設備におけるごみの流れは，各ごみ投入口から収集センターまでを輸送管で接続して，輸送管内に空気の流れを起こし，その流れによってごみを分離器まで運んだ後，空気とごみを分離する．輸送空気は，集じん器・ブロア・消音機・脱臭装置を経て外気に放出され，ごみは排出装置により圧縮されてコンテナに詰め込まれる．コンテナは，ごみが満杯になれば排出装置から切り離され，コンテナ運搬車によってごみ焼却場や埋め立て地に運搬して処分される．この設備は，団地・病院・デパート・ホテルや大規模の地域開発などにおいて，ごみやリネンなどの収集輸送装置および中央真空掃除設備を併用して実用化されている．

移動式真空輸送設備は，ダストシュート下部あるいは地上設置の投入ポストの下部に設置した複数の貯留槽から，真空式ごみ収集車により順次ごみを吸引する方式で，貯留槽（容量 $1\sim2\,m^3$）・輸送管（口径約 250 mm）中心としたプラントと真空式ごみ収集車から構成される．真空式ごみ収集車は，ごみの収集と輸送の機能を備え，吸引の動力源となるブロア・分離器・ごみ貯留部・消音器・脱臭装置・集じん装置などを搭載している．

c. 中間処理設備

建物内におけるごみの中間処理は，規模は小さいが，圧縮・切断・梱包・破砕・粉砕・脱水・溶融・固化などが行われる．ごみの中間処理方法は，建物外への搬出方法や貯留方法によって異なり，図9.23にごみの種類別中間処理方法を示す．

1）ごみ圧縮機（コンパクタ） この装置は，圧縮することによりごみの単位容積質量値を高め，減容化することを目的としている．

ごみの圧縮現象は，圧縮応力（単位面積当たりの内部作用力）の増加とともに物質間すきまが減少し，かつ物質自身の容積減少も加わることによって，混合かいのような含水率の高いごみの脱水作用が行われ，物質自身の真比重（または含水比重）に近づく現象である．

コンパクタは，圧縮方法によりプレス（圧縮板）式とスクリュー式に分類できる．コンパクタとコンテナの組み合わせおよびコンパクタへの投入方法は，ごみ量・建物の態様・ごみ処理設備室の配置によって変わり，人力で投入する方式，ダストシュートで直接投入する方式，コンベヤ投入方式・コンテナ反転投入装置方式などがある．

2）貯留排出機 この装置は，それ自体がごみを圧縮・貯留する機能を有するもので，貯留したごみを搬出車両に自動的に積み替えることができるものである．比較的小型で設置面積が小さく，衛生的なごみの取り扱いや貯留が可能であり，近代的な建物にふさわしい設備である．貯留排出機は，スクリュー式とドラム式に分類できる．

3）シュレッダ この装置は，機密保持という特殊な目的のために，重要書類を裁断するのに用いられるもので，再生資源化には幅 15 mm 以上の断片に破砕するか，または，幅 6 mm 以上の帯状に破砕する．これは，裁断くずの排出口を袋に装着して紙を保管するもので，ある程度の量をまとめて売却することもできる．また，事務所ビルなどにおいて，紙の資源化によって量が多くなる場合は，裁断くずを保管するとかさばるため，ダストシュートまたは配管で収集して，端末で自動的に圧縮し一定量になると梱包できる装置が使用されている．

4）梱包機 この装置は，紙製品・段ボール箱・繊維製品などのかさばるごみを圧縮・梱包する装置で，資源の回収による再利用に有効であり，事務所・デパートなどで多く使用されている．

5）破砕機 一般に固形物の破砕は，圧縮・衝撃・せん断・摩擦などのメカニズムを単独または組み合わせて行うものである．建物内で使用される破砕機は，都市ごみの粗大ごみ処理施設・資源化施設・中継基地

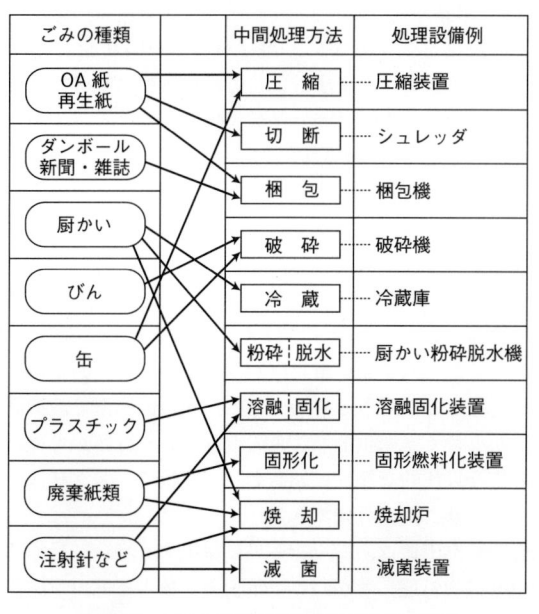

ごみの種類	中間処理方法	処理設備例
OA紙・再生紙	圧縮	圧縮装置
ダンボール・新聞・雑誌	切断	シュレッダ
厨かい	梱包	梱包機
びん	破砕	破砕機
缶	冷蔵	冷蔵庫
プラスチック	粉砕／脱水	厨かい粉砕脱水機
廃棄紙類	溶融／固化	溶融固化装置
注射針など	固形化	固形燃料化装置
	焼却	焼却炉
	滅菌	滅菌装置

図 9.23　ごみの種類別中間処理方法（西塚）

などに設置される大型・大容量のものとは異なり，びん・缶・プラスチック類などを破砕処理する小型・小容量のものが一般的である．

6）ディスポーザ　ディスポーザは，厨かい類などを粉砕し，水とともにパイプ輸送するものである．ディスポーザの粉砕部は，回転刃（ハンマ）と固定刃で構成され，ハンマを電動機で回転することによって，固定刃の間で粉砕できるものである．ディスポーザは使用方法によってアンダーカウンタ型とシングル型とに分けられる．アンダーカウンタ型は，給湯室の流しや厨房の食器洗い流しの下部に取り付けて輸送管に直結するもので，ごみを運ぶ手間を省き，直接ディスポーザに投入できるので，ごみの取り扱いの作業性がよく，大規模の食堂や飲食店用として用いられる．シングル型は，厨かい専用処理室に設置するもので，同一建物内の小規模飲食店やテナントの厨かい類を投入するのに用いられる．

7）固形燃料化装置　ごみ固形燃料化（RDF：Refuse Derived Fuel）は，混合ごみを粉砕・選別し，紙・プラスチックなどの有機物を取り出して，これを圧縮・成形することによって固形燃料を得るものである．

RDFの形状は，破砕したままのもの（フラフRDF），成形したもの（成形RDF），粉末状にしたもの（粉状RDF）に分類できる．

8）プラスチック減容装置　ごみの中に混在するプラスチックのなかには，まったく異質な樹脂製品が存在している．もし，再生を実施しようとするならば，樹脂の分離を十分に行い，同一樹脂による溶融再生までする必要があり，異なる樹脂・異物の混入が避けられないのが実状である．そのため，都市ごみや産業廃棄物のなかでは，発泡スチロールなど特定の樹脂製品に限定し，溶融固化あるいは選別して業者に引き取らせている．

9）生ごみ処理機　事業系一般廃棄物における生ごみ（厨かい類）の重量構成比は，紙ごみについで多く，リサイクルへの取り組みが求められている．家庭ごみでの生ごみ重量構成比は最も多く，生ごみの減量化がごみの排出抑制に効果的であり，有機物の腐敗による臭気が大きな課題となっている．このような背景から，生ごみ処理機は，資源の有効活用の観点から，ごみにおける生ごみを排出源において減量・減容化することで注目されている．

10）建物内焼却炉　ごみを焼却する目的は，ごみを気体中で高温酸化させて，ごみの大部分を安定したガスと少量の安定した無機質の物質に変えることによって，ごみ量を減らすとともに，腐敗を防止して安定化・無害化させることである．

焼却技術は，各種の中間処理方法のなかで最大の減容化を図る処理方法であるが，ごみを可能な限り排出しない業態の転換やごみの資源化・再利用の検討を行い，最終的なごみ処理として位置づけることが必要である．

ごみの焼却炉については，ダイオキシンの発生を抑制するため，燃焼過程の条件として燃焼温度，滞留時間，燃焼空気との混合条件などに留意した完全燃焼状態を確保する検討改良が進められている．

d．貯留・搬出設備

ごみ処理室（ごみ保管室，ごみ集積室，ごみ貯留室）は，ごみが集積あるいは処理設備などが設置される場所であり，建築物内のごみ管理の重要な拠点である．ビル内のごみ処理室必要面積は，ごみの排出量（延べ面積や在館人員など）に応じて設定されるもので，中間処理設備の有無や収集・貯留容器の保管状況に応じて異なる．「東京都大規模建築物の廃棄物保管場所の設置に係わる基準」による50000 m² 程度の事務所ビルにおいては，コンパクタ・コンテナ方式が望ましく，設備の必要面積は200 m² 程度となり，そのうち再利用ごみ置場面積は16 m²，不燃・再利用ごみ置場面積は16 m²，粗大ごみ置場の面積は12 m² となる．

建物内のごみ貯留搬出（中間処理も含む）方式は，表9.24に示すような方式がある．

1）容器方式（表9.24（c））　この方式は，専用の貯留設備を設置せずに，ポリバケツや図9.22に示すようなコレクタのまま貯留してパッカ車に直接投入するもので，小規模ビルで多数実施されている．この方式は，専用の設備を設置していないが，多様な分別ごみを種類別に保管するスペースを十分確保すれば，将来の分別ごみの細分化やリサイクルにも対応できるフレキシビリティの高い方法といえる．

2）貯留排出機（表9.24（b））　この装置は，それ自体がごみを圧縮・貯留する機能を有するもので，貯留したごみを搬出車両（パッカ車）に自動的に積み替えることができるものである．比較的小型で設置面積が小さく，衛生的なごみの取り扱いや貯留が可能である，近代的な建物にふさわしい設備で，スクリュー式とドラム式に分類できる．

貯留排出機は，ごみを系外に搬出する場合，自治体や廃棄物処理業者がパッカ車を多く使用している関係から，既設・新設の建物で多数設置されている．

表 9.24 建物内のごみ貯留搬出方式の比較（西塚）[2]

方式		(a) 容器方式	(b) 貯留排出機方式	(c) コンパクタコンテナ方式	(d) 真空輸送方式
処理フロー			スクリューの回転により、ごみを機械式収集車に積み替える		輸送管／吸気弁／大容量型貯蔵槽／集じんステーション／車両またはパイプ輸送／ごみ圧縮機／コンテナ車
概要		ごみをポリバケツ・小型コンテナなどの容器に貯留し、機械式収集車に人力で積み替えて搬出する	スクリューまたはドラムの回転によって、ごみを圧縮貯留し、機械式収集車に自動的に積み替えて搬出する	ごみ圧縮機によりコンテナ内にごみを圧縮貯留し、コンテナごと脱着装置付きトラックによって搬出する	建物内の貯留機にごみを貯留し、集じんステーションに接続された輸送管によって自動的に搬出する
評価項目	初期コスト	◎	○	△	×
	ランニングコスト	△	○	◎	△
	所要人員	×	○	○	◎
	衛生性	△	○	○	◎
	防災性	△	◎	◎	△
	作業性	×	○	○	◎
	設置スペース	◎	○	○	○
適用ビル規模		小規模建築物	中規模建築物	大規模建築物	広域大規模開発地域

〔注〕◎優、○良、△可、×不可.

3) コンパクタ・コンテナ方式（表9.24（c））

ごみ圧縮機（コンパクタ）は、ごみを圧縮し減容化することを目的として、ごみを収納するコンテナ（容積は4～16 m³程度）と組み合わせて使用される．コンパクタは圧縮方式によりプレス式とスクリュー式に分類され、コンテナとの組み合わせたシステムやコンテナと一体化した装置（圧縮装置付きコンテナ）として使用される．

コンパクタ・コンテナ方式（コンパクタとコンテナの組み合わせおよびコンパクタへの投入方法）は、ごみ量・建物の態様・ごみ処理設備室の配置によって変わり、人力で投入する方式、ダストシュートで直接投入する方式、コンベア投入方式・コンテナ反転投入装置方式などがある．

4) 搬出車両

ⅰ）機械式収集車（パッカ車） この種の車両は、自治体で最も多く保有されているものである．建物内では、通路幅・高さによって使用車両が限定されるため、2～4 t積み車両が用いられ、ポリ容器に保管されたごみやビニル袋でばら積みされたごみの収集に適している．コンテナで貯留されている場合は、容器自動反転装置付きのパッカ車によって積み込むことができ、ごみの積み込み時間が大幅に短縮できる．

ⅱ）脱着装置付きトラック この車両は、大型コンテナ（容量4～10 m³）に対して用いるもので、ごみを貯留する部分と路上を走行する車両（シャシ）との切り離しが可能である．これらの車両は、ごみ積み込み作業と輸送を分離することができるため、ごみを荷台（コンテナ）に積み込む作業をしている間に、車両は他のコンテナを運搬することができる．建物内のごみ処理は、1日あるいは数日分のごみを貯留した後、建物外に搬出するケースが多いため、コンテナと脱着装置付きトラックの組み合わせは効率のよい運用ができる．

9.5.3 用途別計画の要点

a. 事務所

大規模事務所から排出されるごみは、50～60％が紙で、10～20％が厨かいである．これらのごみを排出された状態のまま収集・貯留・搬出することは不経済であり、地球環境保全の面で課題を残す．そのため、OA紙や新聞紙などは分別収集し、紙ごみは圧縮処理し、厨かいは粉砕・脱水処理などにより減量化して、ごみ排出量の抑制・再利用・資源化・保管スペースの節約および運搬の効率化を図る必要がある．

事務所ビルにおいては、産業構造の変化・情報化・OA化によって紙ごみが増大しているため、できるだけ排出源において再利用を考慮した分別収集を実施し、再利用率を高めなければならない．

事務所・デパート・スーパーマーケットなどでは、

紙くずを対象に規模に応じた能力のコンパクタが導入され，段ボールなどの保管・搬出のために梱包機が付属している．

b. ホテル

ホテルのごみは，客室からの紙，食堂・宴会場・厨房などからの厨かい・雑かい類が主である．

建物の延べ面積に対して飲食部分が占める割合は，他用途の建物に比べて最も大きく，厨かいの発生割合も多い．そのため，厨かいの減容・減量化処理，腐敗進行の緩和，環境衛生面の配慮から脱水機および冷蔵設備などが多く用いられる．厨房からの排水は，BOD・COD・油分などが高濃度で含まれるため，除害施設が設けられる．そこで発生する汚泥類は，産業廃棄物として廃棄物処理法にしたがって，貯留・保管・処理・処分しなければならない．

c. 病　　院

病院のごみの排出量は，他用途の建物に比べて多量であり，特殊なものが多い．ただし，RI（放射性同位元素）汚染物質は別途に集められ，保管廃棄を目安にした管理処分が行われる．感染性廃棄物は，感染症（伝染性のある病原性微生物が体内に侵入し，増殖することによって起きる病気）を生ずるおそれのある特別管理廃棄物に指定され，「廃棄物処理法に基づく感染性廃棄物処理マニュアル」（平成4年衛環第234号）に沿った処理が法的に義務づけられている．また，平成元年11月の「医療廃棄物処理ガイドライン」では，処理業者らが行う感染性廃棄物の処分について提言している．

感染性廃棄物のうち病理廃棄物や血液などが付着したものは，施設内に設置した焼却炉によって滅菌処理できるが，その他の廃棄物は丈夫な漏えいしない二重の密閉容器を用いて，バイオハザードマークを表示して持ち出す必要がある．

d. 集 合 住 宅

集合住宅からの廃棄物は，家庭ごみであり，住宅のタイプによりごみの内容は異なる．集合住宅での家庭ごみの組成は，質量比で厨かいが30〜40％と最も多く，その他容器・包装材，紙，プラスチック類などである．

一定規模以上の集合住宅における廃棄物保管場所や再利用対象物保管場所（資源保管場所）については，各自治体において独自の基準を定めて，保管場所の面積や構造，分別収集に対応した作業性などを指導している．

国土交通省では，ごみに関する問題を解決するために平成6（1994）年から平成8（1996）年まで総合技術開発プロジェクト「ディスポーザによる生ごみリサイクルシステムの開発」を推進し，大都市の集合住宅において普及してきている．このシステムは，集合住宅などの台所から発生する生ごみの再利用を図るとともに，汚泥などの排出量を抑制し，生ごみの搬送・収集・処理にかかわる労力や負担を軽減できるものである．下水道整備地域においては，ディスポーザ排水を台所排水とともに処理することにより，下水道に与える負荷を下水道の排水基準に適合させるものである．

〔西塚　栄〕

文　　献

1) 環境省：平成20年版環境循環型社会白書，p.213, 2008.
2) 空気調和，衛生工学便覧，第13版，4給排水衛生設備設計編，p.620, p.624, p.625, 2001.
3) 事業系一般廃棄物の減量化・再資源化の先進的な取り組みに関する調査報告書，p.11,（八都県市廃棄物問題検討委員会：平成20年2月）資料より算出．
4) 廃棄物保管場所等の設置要領 p.15（中央区環境部中央清掃事務所：平成20年3月）より抜粋．
5) 一般廃棄物及び再生利用対象物保管施設の設置に関する要綱（大阪市環境事業局）：平成15年7月1日より抜粋．
6) 廃棄物保管場所設置のあらまし（名古屋市環境局：平成17年10月）より抜粋．
7) 東京都清掃局：事業系大規模建築物データファイル，1999.

VI. 電気設備

1. 電気設備の概要
2. 電力設備
3. 情報・通信設備

1 電気設備の概要

1.1 電気設備と本編の構成

1.1.1 電気設備概論

電気設備とは電気現象を利用してある目的の機能を果たすべく，電気理論に依拠し工学的手法を活用して建設された設備の総称である．電気現象に着目すれば，エネルギーの一形態としての電気エネルギーの移送・変換技術と，信号の一形態である電気信号の搬送・処理技術に大別できる．

電気エネルギーの供給事業並びに情報通信事業は，わが国では19世紀末に開始された．約100年余りの歴史にすぎないが，社会ニーズと提供技術シーズが相まって建築電気設備の役割は増加の一途をたどってきた．

1) 電気エネルギー需給電気設備 建物へのエネルギーの供給形態は，電気エネルギーと化石燃料である石油とガスである．その取り扱いの容易さと他のエネルギーとの変換機器の豊富さを主要因として，電気が主役を務めるに至っている．近年，建物での電気の調達方法が多様になってきた．従来電気事業者は，地域独占事業であったが，平成7年（1995）の電気事業法の改正で電気事業が自由化された．またわが国の発電電源は，立地条件と効率の良さに着目し大規模電源方式（水力・火力・原子力）が主流であったが，需要変化への対応が困難で，小規模分散電源が見直されている．

そして地球環境問題の顕在化以降，未利用エネルギーの利用や電力ピークカット技術の開発が進展し，いわゆる小規模分散電源（コージェネレーション，太陽光発電，燃料電池，風力発電，深夜電力活用システムなど）が考案され，試導入から本格導入の時代を迎えようとしている．

2) 電気信号伝送・処理電気設備 情報通信技術の発達は，ICT（情報通信技術，Information and Communication Technologies）の活用という言葉に代表されるように，もはやこの技術活用なくしては通常の事業活動に後れをとるおそれあり，といわれるほどに情報通信技術は普及している．

建物にはICT活用のための環境が建築的にも設備的にも整っている必要がある．情報通信設備，情報処理設備，放送設備などの一部はすでに基本建築設備に含まれているが，建物ではICTを自由に活用するための建築環境，設備環境が整えられていることがより重要である．

情報通信設備は日進月歩である．インターネット・携帯電話の普及や放送のデジタル化は情報通信を変革させており，放送と通信の融合や次世代ネットワーク（NGN：Next Generation Network）の出現を促している．放送と通信の融合では放送事業者（CATV）がその伝送線路を利用して，通信事業者がFTTH回線を利用してすでに実現している．またNGNに関してはNTTが大都市圏の一部で運用を開始している．大容量の加入者（利用者）接続回線はNGNに先行してxDSL, FTTHなど先行して運用されているので本文に採録してある．

NGNに関しては，いまだハンドブックに記述する完成度にはないため今回は本文には記載できなかったので，本章末にその経緯と機能概要と文献を囲み記事として掲載するので調査のきっかけとして活用されたい．

1.1.2 本書各編の電気設備の特記事項

① 第Ⅰ，Ⅱ編では共通の基礎知識が述べられているが，電気理論については触れられていない．

② 第Ⅲ編ではビル管理設備が述べられている．

③ 第Ⅵ編では，いわゆる電気設備である電力設備と情報通信設備（通信と放送）が述べられているが，電力設備の構成として，先に述べた電気事業者からの受電電源以外に多様な分散電源の導入が試みられているので，電力設備を電力供給ネットワーク設備と電源設備と負荷設備に分けて述べることを計画した．

④ 第Ⅶ編では防災・防犯対応設備をまとめて述べているが，自動火災報知設備・非常放送設備・非常照明設備などおなじみの消防設備と，地震対策，避雷設備，防犯設備が述べられている．ただし非常用予備電源設備の技術的細目についてはここでは記述せず，第Ⅵ編で記述されている．

⑤ 第Ⅷ編では共通の機器・材料と施工について述べており，材料としては電線に，機器としては電動機と原動機程度であり，それ以外の電気関係機器材料については第Ⅵ編で記述している．

1.2 一般事項

第Ⅱ編設備計画の基礎で触れられていない電気設備に関係する一般事項は以下のとおりであり，以下に項目紹介する．

1.2.1 法規と規格
1) 法令規則
① 電気事業法および関連法規および告示ならびに技術基準の解釈
② 電気通信事業法および関連法規および告示
③ 建築基準法および関連法規および告示
④ 消防法および関連法規および告示
⑤ そのほかの法令規則および告示

2) 規格
① 日本電気技術規格委員会 規格（JESC）
② 日本電気協会 電気技術規程（JEAC）
③ 日本規格協会 日本工業規格（JIS）
④ 国際電気標準会議 規格（IEC）
⑤ 国際標準化機構（ISO）
⑥ 国際電気通信連合（ITU）
⑦ 電気学会 電気規格調査会 標準規格（JEC）
⑧ 電気設備学会 規格（IEIE）
⑨ 日本電機工業会 標準規格（JEM）
⑩ その他の規格（JCS, SBA, JIL, JEL, JWDSなど）

1.2.2 記号と単位
1) 記号
① 量記号－－－日本工業規格（JIS Z 8201, 8202, 8203）に準拠
② 図記号－－－日本工業規格（JIS C 0303, 0617）に準拠

2) 単位
単位は原則として国際単位系（JIS Z 8203）に準拠

1.2.3 電気関係基礎理論
電気関係基礎理論は，本編では直接記述せず，該当文献をやや詳細に紹介することで読者の便宜を図る．

〔田中清治〕

2 電力設備

2.1 基本事項

2.1.1 電力設備概要

電力設備とは，電気をエネルギーの形態ととらえて，これを調達し，建築設備の電気エネルギーを要求する機器・装置・システムなどのエネルギー変換装置を含んだ負荷装置に供給する電気設備の総称である．必要な電力を，必要な電圧，周波数で負荷設備へ供給することを目的とし，それが可能なように各機器を選定する．また電力設備における重要な事項として，安全の確保がある．電路内および電路から外部へ設定値を超えた電流，電圧が発生した場合は，事故とみなし事故回路を切り離す．漏電，機器破損，あるいは火災などの災害に進展しないように十分配慮する必要がある．電力設備とはこれらのことを満足してはじめて機能する設備といえる．

電力設備は発電設備を含めた供給設備，電源設備，負荷設備，制御設備，電力配線設備，接地設備に分類される．以下にこれらの設備について記載する．

1) 供給設備　供給設備とは電源設備と負荷設備間を結ぶ電気供給ネットワークのことである．電力設備概要で述べた負荷設備，制御設備，接地設備は供給設備には含まないが，電源設備，電力配線設備は，供給設備の一部と考える．供給設備を構成する主要な機器・材料は，電源設備，発変電設備と電力配線設備である高圧・低圧幹線設備である．負荷設備から電源に対する多くの要求事項を，適切に整理して停電，事故，保守管理など日常ではない運用状況に対して，それらに見合った対応ができるように，供給設備を構成する

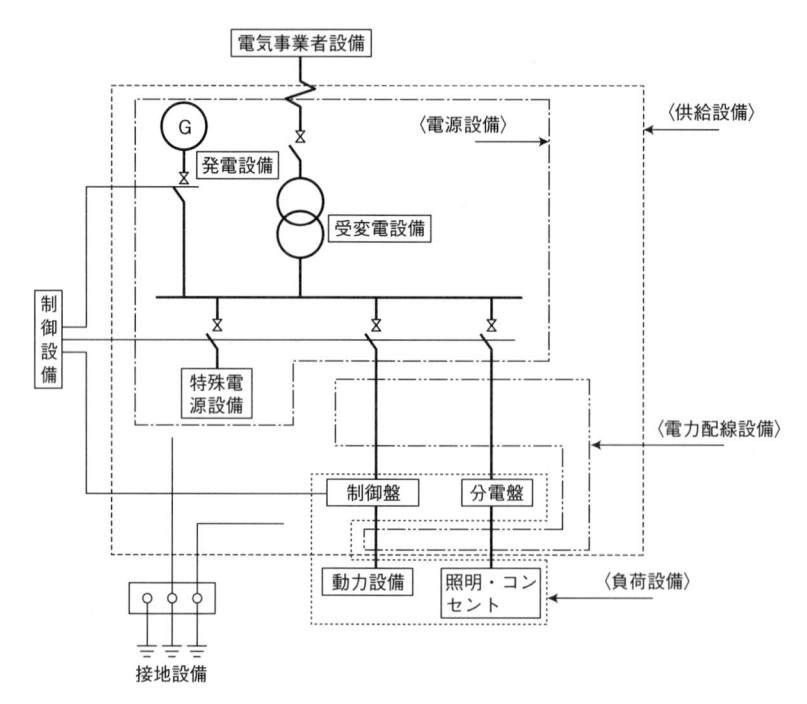

図 2.1　電力設備区分図

必要がある．

2) 電源設備　受変電設備，発電設備と称される部分である．受変電設備は，電気事業者から特別高圧あるいは高圧，低圧で受電し，その電源を使用電圧へ変圧して負荷へ供給する設備である．発電設備は，常用発電設備，非常用発電設備に分類され，常用発電設備は電気事業者から調達する電力以外に，自家用で電気を発生させ，主として自家消費する．電気事業者側へ電力を売電することも行われており，それら一連の設備を発電設備とする．発電設備としては内燃機関による常用発電機や，燃料電池，太陽電池，風力発電装置などが一般的に使われている．また非常用発電設備は予備電源設備として扱われ，非常用発電機，直流電源装置，無停電電源装置などがここに含まれる．

3) 負荷設備　供給設備の二次側電源系統上に設置される配線を除いた設備を総称して負荷設備と呼ぶ．負荷設備として，われわれが日常生活のなかで頻繁に使用するOA事務機器，家電製品などコンセントに接続する移動機器類，照明設備，昇降機，空調機，電動シャッタ，電動扉など固定的に設置されている機器類，また電話，放送設備など情報通信系の機器類などがあげられる．またこれらの機器に電気を供給するためには，多くの場合は分岐回路が負荷設備の近傍に設けられる．この分岐回路を集合して納めたものは電灯分電盤，動力制御盤などと呼ばれる．これらの盤は，負荷設備のゾーニングと密接にかかわりながら配置される．電源系統上，供給設備と負荷設備の境界に設置されるものである．

4) 制御設備　制御設備は，電源制御と負荷制御に分類される．

電源設備の制御は，その電源が要求されるときにその供給能力の範囲で電気を供給するために必要な運転上の制御である．例えば常用電源が停電して，予備電源設備に切り替わる場合は，予備電源起動・定常運転・同期運転・主回路切り替えなどの制御が必要になる．停電を検知する（電圧低下を検知）継電器や，その信号を受けて主回路の切り替えや予備電源の起動信号を出力する継電器，電圧制御装置（AVR），電圧確立を出力する継電器，など電源の状態を制御，検知，切り替える機器類を総称して制御設備と呼ぶ．

負荷設備の制御として代表的なものとして照明設備制御，動力設備制御があげられる．照明設備の制御は，一般には廊下，エントランス，屋外などのパブリックスペースの照明器具を夜間に点灯したり，あるいは建物内の在館者が少数になる深夜には消灯するなどの制御である．また最近の傾向では，照明の点滅制御だけではなく，照明器具の光束を制御することで，照度制御を行うことも省エネルギーの観点から増加傾向にある．点滅制御は，分電盤内にリモコンスイッチを設けて，照明制御盤から，タイムスケジュールなどで遠隔操作する．調光の場合は，照度センサからの照度信号をもとに，調光ユニットの出力を変更する．最近の事例では調光ユニットは，照明器具に設置し，システムを簡略にしたものも多い．動力設備の制御は，動力制御盤内の電磁接触器の手動操作および，遠隔監視制御装置からの遠隔操作により行われる．

5) 電力配線設備　電力配線設備は，電力設備の各機器間に敷設される配線設備全般のことを示す．少し詳細に述べると，電気事業者から，特別高圧（66 kVや22 kV）で需要家内に引き込む部分の配線や，受変電設備以降，高圧6.6 kVで配線される部分，使用電圧（400 V，200 V，100 Vなど）に変圧し，負荷へ低圧幹線や分電盤，動力制御盤二次側として配線する部分が，電力配線設備に該当する．

電源設備から負荷設備の間を結ぶ電気供給ネットワークの一部でもあるので，概念的には供給設備に含めて考えてもよいが，配線材や施工方法など供給設備とは違う視点で詳細記述することから，ここでは，別の設備として定義づける．

6) 接地設備　接地設備の目的は，大きく分類すると電力設備の安全性を確保するための保安用接地と，コンピュータ機器などの動作性能を確保するための機能接地がある．保安用接地の一つに，異常電圧から電力設備を保護する目的の接地がある．電源系統や機器などに設けられる避雷器は，あるレベルを超過するサージ電圧に対して速やかに電源系統から接地系統へ放電するものである．ここで記述する避雷器は，建築基準法やJIS A 4201で定められている避雷針に関する設備ではなく，電源系統に異常電圧が発生した場合，速やかにサージ電圧を系統から除去する設備を示す．

異常電圧は，雷現象によるもの，真空遮断器の開閉サージによるもの，地絡事故によるものが主として考えられる．

2つ目の保安接地として，電気設備技術基準による機械，器具の接地が考えられる．

機械，器具の接地は，いわゆる漏電に対して人体保護の観点から，安全な経路で放電することを目的としている．

3つ目の保安接地として系統接地があげられる．電

力系統の電路そのものを接地することで，地絡電流の検出を考慮してさまざまな接地方法が実施されている．高圧配電網などは，電路の接地をしなくても十分地絡電流を検出できることも多く，系統規模によって方法は選択されている．

機能接地は，コンピュータ，電子・通信機器の安定的な稼動を保証するためのものであり，保安接地とは目的が異なる．

2.1.2 計画・設計の手順

電気設備に限ったことではないが，「建物を計画する目的は何か，用途は何なのか」を認識することが計画の出発点である．例えば同じ事務所ビルを建設するにしても，それを賃貸して報酬を得る，いわゆる貸しビルと，企画者自らが使用する自社ビルとではその計画内容に多くの相違点が見出される．

貸しビルであれば，どのような単位で室を貸すかによって，設備計画の単位も決まるであろうし，計量については自社ビルではあまり考慮しないが，貸しビルでは必要になる．ほんの一例であるが，同じような用途でも目的が違うことにより計画も相違する．次に設計グレードの設定が必要と考えられる．つまり自動車でいえば，ごくふつうの大衆車を選択するのか，ちょっとした高級車を選択するのでは，走行性能，乗り心地，内装など多くの点で相違がある．個々の設備では，多少グレードの上下はあるだろうが，ベースとしてどのあたりを狙って計画するかは重要な部分である．

このような条件を念頭におき，建物内の負荷を想定してみる．仮に研究施設での例をとると，照明設備，空調設備などのほか，コンセント設備には研究用の実験機器や，測定装置など多くの機器類が負荷の対象になる．また実験機器からの発生ガス除去用の排気設備なども考えられる．通常の便所や給湯などの衛生設備，実験排水処理設備，研究機関を結ぶネットワーク用の情報通信設備や，データベース用情報設備など多くの負荷が想定される．電力設備はこれらの負荷へ電気を供給することが目的であるが，供給するための条件を設定して，条件に見合った電力を供給する．この供給するための条件を電気供給安定度と呼べば，安定度により，以下のように分類することができる．電気事業者から電力が供給されている場合の対象負荷（仮に一般負荷），電気事業者から電力の供給が途絶えた場合にも需要家内の自家発電設備を運転して電力を供給する負荷（仮に非常負荷），電気事業者からの電力は供給されているが，その電源周波数，電圧が変動したような電気の質が低下した場合においても，一定の品質の電力を供給する負荷（仮に無瞬断負荷）の3つに大分類される．そしてこれらの負荷は電圧種別ごとにさらに分類でき，おのおのの負荷の使用方法なども考慮して運用単位ごとに分類される．負荷分類から電源設備に要求される条件が明確になるので，自家発電設備，無停電電源設備（UPS）といった電源設備の必要性が明確になる．

次に一般負荷を含めた負荷容量を想定する．基本設計段階で負荷容量が特定されることは，特殊な場合を除いて考えにくいため，一般電灯，一般動力，非常電灯，非常動力，無瞬断電灯，無瞬断動力に分類して，各負荷の基準データを利用して負荷容量を算出する．ここでそれぞれ想定された容量にさらに将来的な要素を見込んでおく必要がある．将来的要素は，例えば，建物の部分増設や，用途変更など計画に盛り込まれているものや，まったく予定されていない内容や，社会の発展により増加する要素など不確定なものに分けられる．将来計画の時期，内容の確定度，初期コストなどを考え合わせ，初めから電源設備容量に含めるか，または将来計画を実施する段階で電源設備を追加するか，などを整理する．このためのスペースの見込み方も，この段階での重要な作業である．また予測できないものについては，予備容量として本設備に対して，N〔％〕などと，割合で見込むことが通例である．これらの諸条件の設定後，配電計画を検討する．負荷の要求する電気供給安定度により，一般系，非常系，無停電系，の分類にしたがい，おのおのの系統を分けて電源設備，配線設備を計画する．その際事故対応と，保守対応については，十分配慮しておく必要がある．事故は，変圧器や遮断器の機器故障や，幹線の短絡・地絡事故など，いろいろなものが想定される．その事故が建物全体の電源を停止させてしまうようなことのないように計画する．例えば特高変圧器は，できれば複数台にして変圧器事故に対して全停電は回避できるようにすることなどはその一つである．また非常系や無停電電源系も注意を要する．これらの系統は，停電などの非常事態のときに使用する系統のため，事故だから電源を供給しないということが許されない場合が多い．

また保守・点検は，電気事業法により義務づけられているが，全停電が許されない建物の場合は，停電できない系統を確認し，その系統の点検方法を検討する必要がある．場合によっては，停電できない負荷に対し

2.1 基本事項

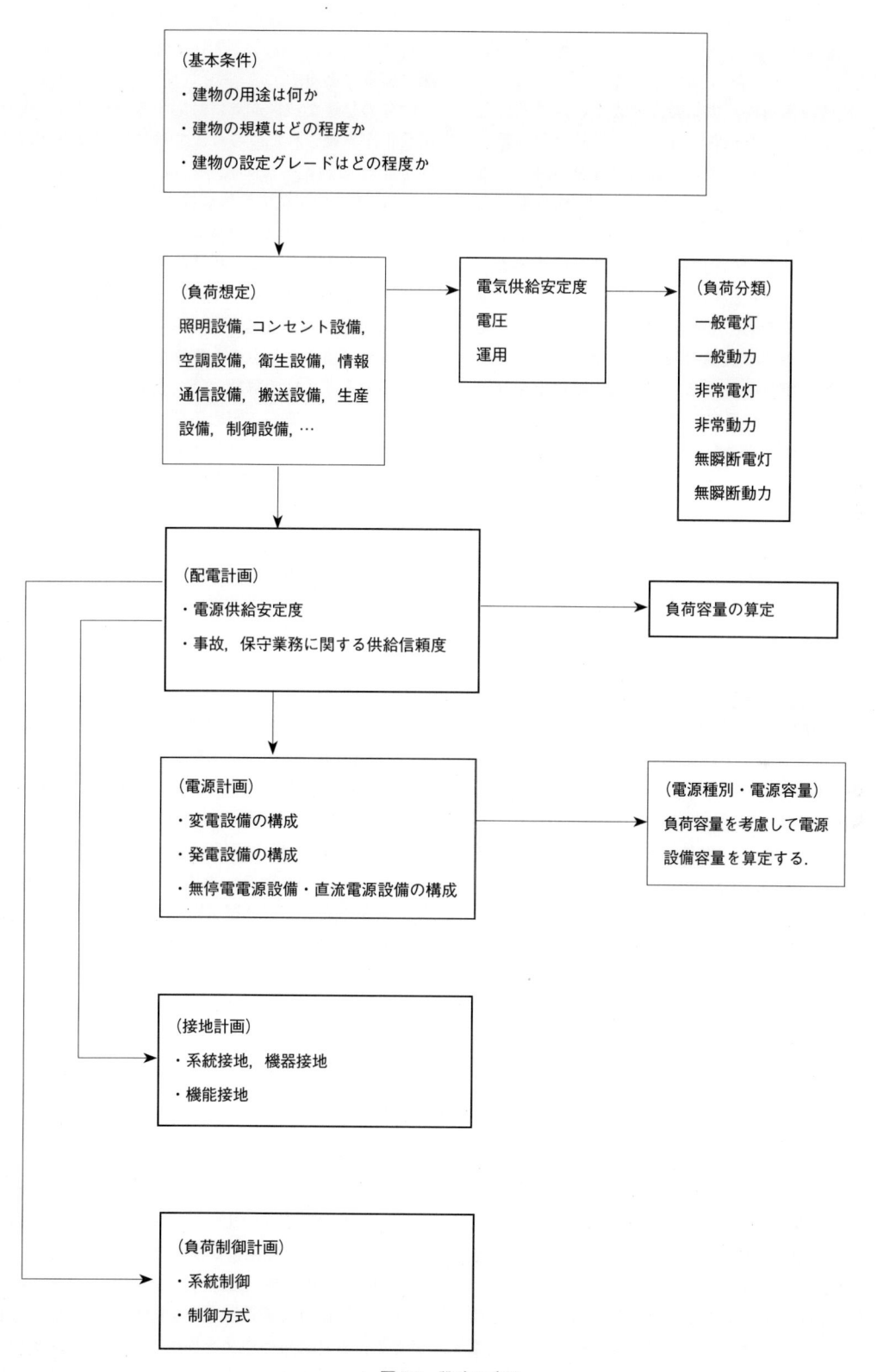

```
(基本条件)
・建物の用途は何か
・建物の規模はどの程度か
・建物の設定グレードはどの程度か
   ↓
(負荷想定)                → 電気供給安定度       → (負荷分類)
照明設備, コンセント設備,       電圧                  一般電灯
空調設備, 衛生設備, 情報       運用                  一般動力
通信設備, 搬送設備, 生産                             非常電灯
設備, 制御設備, …                                   非常動力
                                                 無瞬断電灯
                                                 無瞬断動力
   ↓
(配電計画)                → 負荷容量の算定
・電源供給安定度
・事故, 保守業務に関する供給信頼度
   ↓
(電源計画)                → (電源種別・電源容量)
・変電設備の構成              負荷容量を考慮して電源
・発電設備の構成              設備容量を算定する.
・無停電電源設備・直流電源設備の構成
   ↓
(接地計画)
・系統接地, 機器接地
・機能接地
   ↓
(負荷制御計画)
・系統制御
・制御方式
```

図 2.2 設計の手順

ては，系統の二重化を行うことや，自家発電設備から電源を供給できる系統を別に設けるなどの配慮が必要である．

そして電源設備構成，供給設備構成を設定できたところで運用を考慮しながら，具体的な系統の切り替えを整理して，それにしたがった制御設備を検討することになる．制御設備では，一般停電，瞬時停電，復電，自家発電設備運転，などの運転状況を念頭におき，それぞれの状態での制御シーケンスを確認する．

接地設備における系統接地は，供給設備や電源設備の構成に依存するため，それらの条件を十分配慮して計画する．変圧器の二次側の系統接地は，非接地，コンデンサ接地，抵抗接地など，地絡電流の検出を容易にするためそれぞれの系統に適合した接地方法が求められる．機能接地と機器接地は，負荷側の要望を主に検討をする．

2.1.3 関連法規と規格

電力設備に関連する法規・規格は数多くあるが，ここでは頻繁に取り扱う法規・規格を中心に述べるものとし，電気保安，機器の製作仕様，防災という視点で分類する．

a. 電気保安上にかかわる法規・規格

1) 電気事業法　電気事業法は，電気の基本法であると同時に電気の利用に伴う危険，障害，公害を防止する保安法でもある．すなわち，法第1条に「この法律は，電気事業の運営を適正かつ合理的ならしめることによって，電気の使用者の利益を保護し，及び電気事業の健全な発達を図るとともに，電気工作物の工事，維持及び運用を規制することによって，公共の安全を確保し，及び環境の保全を図ることを目的とする．」と示されている．この法は8章，123条から構成されるが，その主たる部分は電気事業の規制に関する規定と電気工作物の保安・環境に関する規定に分かれる．

2) 電気設備に関する技術基準を定める省令[1]（昭和40年通産省令第61号）（通称電技）　電気事業法における省令の一部として，電気工作物に関する技術基準を規定したものである．この省令に規定されている電気設備は発電所，送電線，変電所，配電線から屋内配線，電気使用器具に至るまですべてのものが包含されているが，火力設備や，風力設備，水力設備または原子力設備のいずれかに付随し特に必要とされる事項については，それぞれの技術基準において規定されている．

通称，電気設備技術基準（電技）と呼ばれており（以下電技と呼ぶ），電気設備の計画では非常になじみの深い省令である．

昨今の急速な技術進歩に対応するために，平成9年に改正が実施された．これまでは遵守すべき技術的要件を詳細に規定していたが，改正では達成すべき目的，目標のみを記載する機能性化された基準となった．そして電技の思想は，当該省令に定める技術的要件を満たすべき内容として「電技の解釈」を示したが，この解釈に限定されるものではなく，当該省令に照らして十分な保安水準を確保できる技術的根拠があれば，当該省令に適合するものと判断するものである．公表されている「電技の解釈」は，当該設備に関する技術的基準を定める省令に定める技術的要件を満たすべき技術的内容をできる限り具体的に示したものである．

3) 日本電気技術規格委員会規格（JESC）　委員会の主な目的は，

(1) 電気事業法の技術基準にかかわる「技術基準の解釈」に引用を希望する民間規格を制定

(2) 電気事業法の目的達成のため，民間自らが作成し，使用する民間規格を制定

(3) 承認した民間規格に統一番号を付与し，一般に公開

(4) 行政庁に対し，制定，承認した民間規格について「技術基準の解釈」に引用を要請

(5) 技術基準のあり方について，民間の要望を行政庁へ提案

(6) 規格に関する国際協力を実施

であり，これらの業務を通じて，電気工作物の保安確保，公衆の安全および電気関連事業のいっそうの効率化に資することである．われわれが身近に接している規格では，内線規程（JEAC 8001）が，JESC E0005として，配電規程（JEAC 7001）が，JESC E0004として民間自主規格として規格引用されている．技術基準の解釈への引用規格としては，電路の絶縁耐力の確認方法（JESC E7001）などがあり，これはJIS C 3606 高圧架橋ポリエチレンケーブル規格や，JEC-183 ブッシングの規格など多数の絶縁に関する記述のある規格を引用してそれらを総合してJESC規格として技術基準の解釈へ引用している．

b. 機器の製作仕様にかかわる法規・規格

1) 日本工業規格（JIS）　工業標準化法，第1条に「この法律は，適正かつ合理的な工業標準の制定及び普及により工業標準化を促進することによって，鉱工業品の品質の改善，生産能率の増進その他生産の合

2.1 基本事項

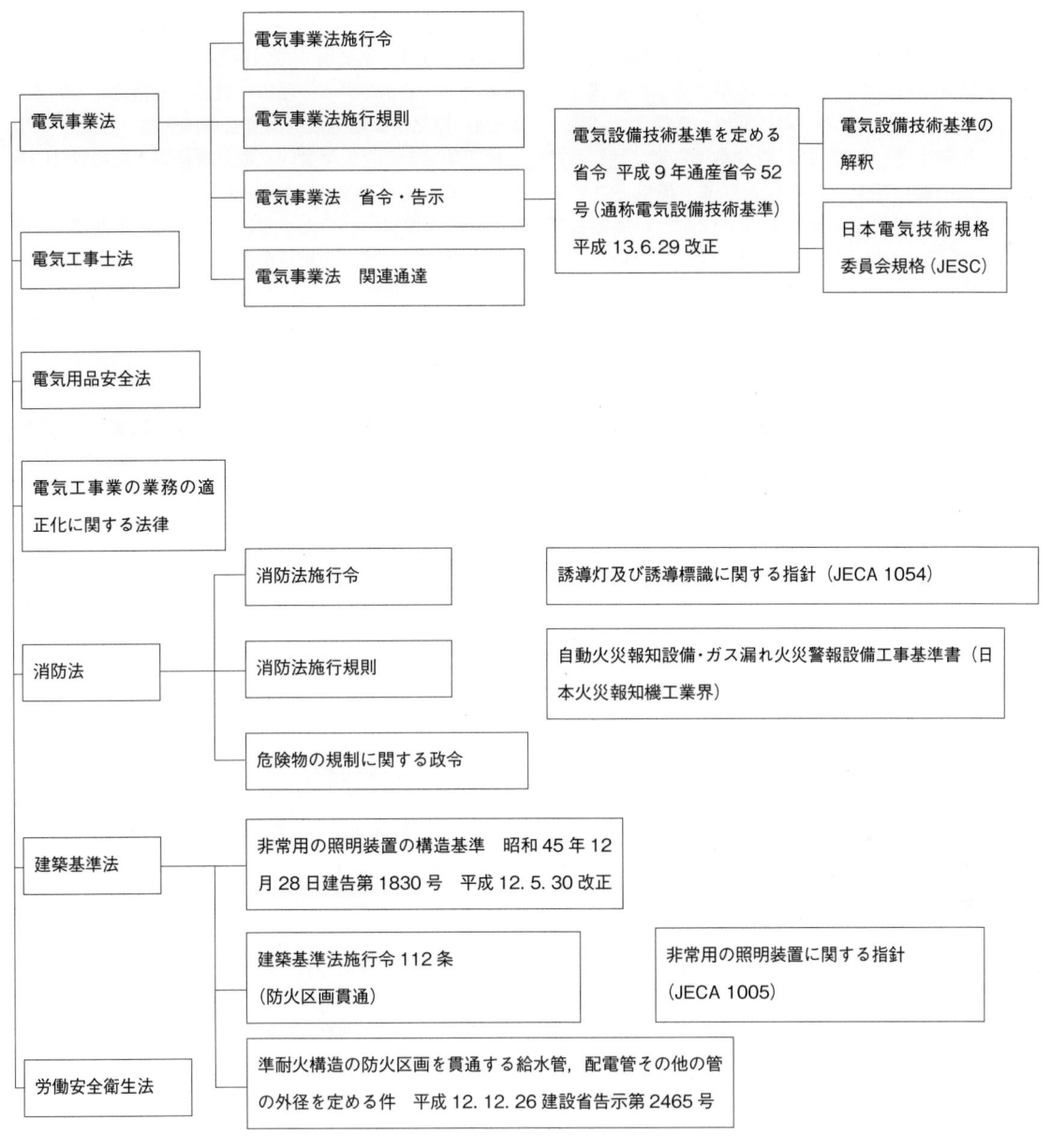

```
電気事業法 ─┬─ 電気事業法施行令
            ├─ 電気事業法施行規則
            ├─ 電気事業法 省令・告示 ─┬─ 電気設備技術基準を定める省令 平成9年通産省令52号（通称電気設備技術基準）平成13.6.29改正 ─┬─ 電気設備技術基準の解釈
            │                                                                                                                  └─ 日本電気技術規格委員会規格（JESC）
            └─ 電気事業法 関連通達

電気工事士法

電気用品安全法

電気工事業の業務の適正化に関する法律

消防法 ─┬─ 消防法施行令 ─── 誘導灯及び誘導標識に関する指針（JECA 1054）
        ├─ 消防法施行規則 ── 自動火災報知設備・ガス漏れ火災警報設備工事基準書（日本火災報知機工業界）
        └─ 危険物の規制に関する政令

建築基準法 ─┬─ 非常用の照明装置の構造基準 昭和45年12月28日建告第1830号 平成12.5.30改正
            ├─ 建築基準法施行令112条（防火区画貫通） ── 非常用の照明装置に関する指針（JECA 1005）
            └─ 準耐火構造の防火区画を貫通する給水管，配電管その他の管の外径を定める件 平成12.12.26建設省告示第2465号

労働安全衛生法
```

図2.3 電力設備にかかわる主要法規体系

理化，取引の単純公正化及び仕様又は消費の合理化を図り，あわせて公共の福祉の増進に寄与することを目的とする．」とある．この主旨に基づいて制定された工業標準を日本工業規格（以下 JIS と呼ぶ）と称している．改めて述べるまでもないが，電線・ケーブル類，電気機械器具，照明器具・照度基準，低圧遮断器・配線器具類，電線管類など広範囲にわたり規格化されている．例えば JIS C 4620 キュービクル式高圧受電設備では，日常的に使用する高圧キュービクル盤の仕様を規格化しており用語の定義，使用状態，設置機器類の仕様，構造，試験方法などが記載されており，製作から検査・据え付けまで含めた設備のあり方を示している．

2) IEC 規格[2] 　IEC は電気技術に関するすべての分野の国際標準・規格を作成するための世界の権威として ISO から機能を付託されて存在する国際規格である．技術，貿易通商，社会のグローバリゼーションが進んできているため，国際標準化はますます重要

になってきている．そのような環境下で，国際貿易の円滑化と，世界経済，技術，社会の発展，特に情報化社会の発展のために，すべての地域と各国の標準化システムに適用でき，世界中の工業界，商業会で活用できることを目的とする．IEC の会員は電気分野における標準化活動の国レベルの代表機関で構成されている．日本は日本工業標準調査会（JISC）が加盟している．JIS では，IEC 規格の内容を変更しないで翻訳した規格や，従来からの規格を残しつつ対応する IEC 規格に規定されている項目は，内容を変更しないで付属書として作成するなどの方法で JIS へ取り込まれ整合化が図られている．

3) 日本電機工業会標準規格[3]（JEM） 業界団体として発足し，電気機械器具，発電用原動機および原子力機器の製造ならびに関連事業の総合的な発展を図り，これらを通じてわが国の繁栄と国民生活の向上はもとより，世界経済のいっそうの発展に貢献することを目的としている．そして日本電機工業会標準規格（以下 JEM と呼ぶ）においては，発送配電用，公共施設用，産業設備用，家庭用の電気機器およびソフトウェア・エンジニアリングまで幅広い製品を規格化している．

4) 電気学会電気規格調査会標準規格（JEC） 学術団体である電気学会内に電気規格調査会を設け，電気機器・材料に関する団体規格を制定している．JIS が一般需要家向けであるのに対し，大口需要家や，電力会社向けとしての規格が多い．われわれが身近に接している設備では，JEC 2200 変圧器，JEC 2300 交流遮断器，JEC 2431 半導体交流無停電電源システムなどがあり，その他についても非常に多くの設備について規格化されている．

5) 日本電気協会電気技術規定・指針[4]（JEAC・JEAG） 日本電気協会においては電気設備の保安確保や設備投資のいっそうの効率化を進めるため，さまざまな調査研究を行っており，そのなかで電気技術規定（JEAC），電気技術指針（JEAG）を作成している．主に，発変電，配電，原子力に対する規定や指針

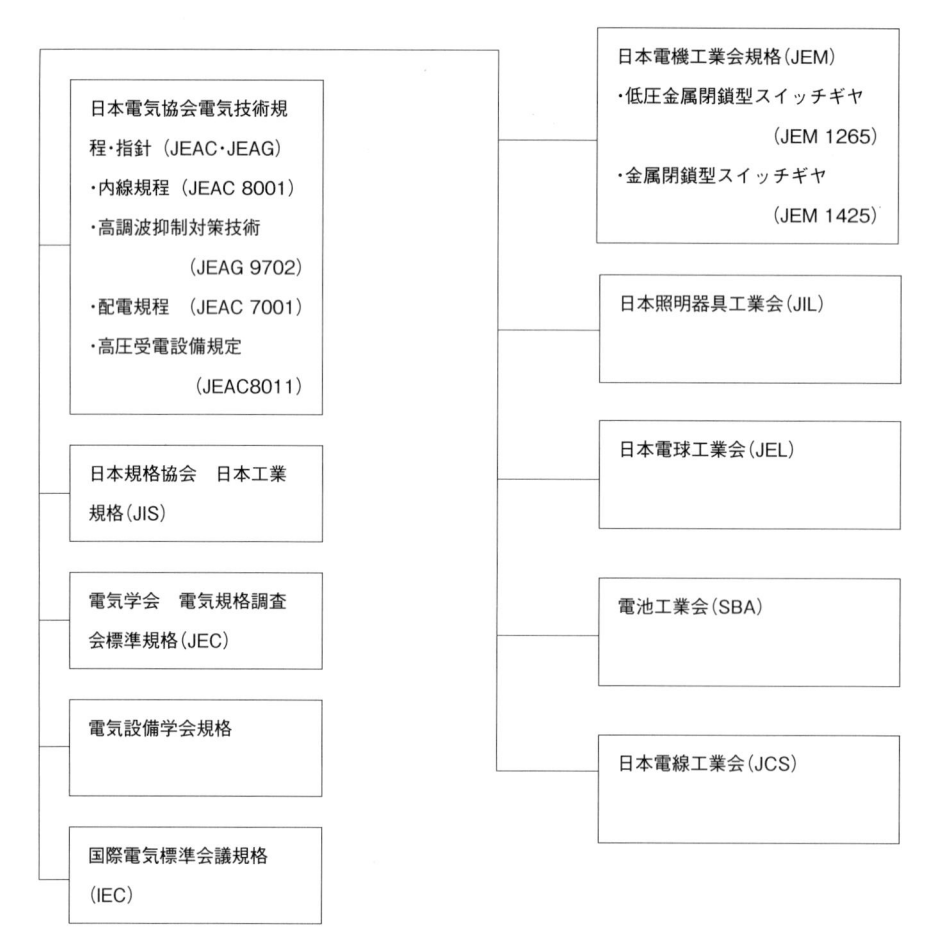

図 2.4　電力設備にかかわる主要規格体系

が多いが，JEAC 7001 配電規定，JEAC 8001 内線規定，JEAG 9702 高調波抑制対策技術指針は，日常的に使用する規格である．

6) 電気設備学会規格（JEIE）[5]　電気設備学会は，建築物，環境施設，生産施設などの大規模化，多様化に伴い，電気設備技術も高度化，複雑化され，調査研究，標準の立案などを役割として，1980 年に電気設備工学会が発足されたのがその前身である．BAS 標準化委員会などで標準インターフェース仕様書の発行などがなされている．

c. 防災にかかわる法規・規格

1) 建築基準法　建築基準法は，建築にかかわる基本的な法であるが，ここでは建築基準法における特に電源に関する記述についての内容を示す．非常照明設備，排煙設備，非常昇降機設備の電源に関する基準が示されている．予備電源については，非常照明の構造の基準（昭和 45 年 12 月 28 日建告第 1830 号：改正平成 12 年 5 月 30 日）ほかに示されており，「予備電源は，常用の電源が断たれた場合に自動的に切り替えられて接続され，かつ常用の電源が復旧した場合に自動的に切り替えられて復帰するものとしなければならない」．「予備電源は，自動充電装置または，時限充電装置を有する蓄電池で充電を行うことなく 30 分間継続して非常用の照明装置を点灯させることができるもの，その他これに類するものによる」という内容である．

また，防火区画を貫通する部分の処理方法についても，令 112 条に記載されており貫通部分は，防火区画の貫通のすきまにモルタルなどの不燃材料で埋めなければならないほか，貫通配管（平成 12 年 5 月 31 日建告第 1422 号：改正平成 12 年 12 月 26 日），ダクトに関しても規定されている．

2) 消防法　消防法における非常電源設備は，以下の 3 種類存在する．

(1) 非常電源専用受電設備：消防用設備など専用の変圧器によって受電するかまたは主変圧器の二次側から直接開閉器によって受電するもので，他の回路によって遮断されない設備をいう．キュービクル式にあっては，キュービクル式非常電源専用受電設備の基準（昭和 50 年消防告示 7 号）および低圧で受電するものにあっては，配電盤の基準（昭和 50 年消防告示 8 号）でその構造，機能が定められている．

(2) 自家発電設備：常用電源が停電した際に自動的に電圧確立および投入が行われ，40 秒以内に消防用設備などに電力を供給できるもので，一定量以上の容

表 2.1　非常電源設備の基準

設備の種類	非常電源専用受電設備	自家発電設備	蓄電池設備
屋内消火栓設備	※○	○	○
スプリンクラ設備	※○	○	○
水噴霧消火設備	※○	○	○
泡消火設備	※○	○	○
二酸化炭素消火設備	−	○	○
ハロゲン化物消火設備	−	○	○
粉末消火設備	−	○	○
自動火災報知設備	※○	−	○
ガス漏れ火災警報設備	−	−	○
非常警報設備	※○	−	○
誘導灯設備	−	−	○
排煙設備	※○	○	○
非常コンセント設備	※○	○	○
無線通信補助設備	−	−	○

〔注〕※は，特定防火対象物で延べ面積 1000 m² 以上は原則として認められない．

量を有するものをいい，その構造，機能などについては，自家発電設備の基準（昭和 48 年消防告示 1 号）で定められている．

(3) 蓄電池設備：常時充電されており，常用電源が停電した際，ただちに常用電源から蓄電池電源に切り替えられ，停電復旧時には自動的に蓄電池設備から常用電源に切り替えられるもので，一定量以上の容量を有するものをいい，その構造，機能については蓄電池設備の基準（昭和 48 年消防告示 2 号）で定められている．

2.1.4　計画内容と予算

a. 予算の構成

工事価格の構成は，図 2.5 が標準的なものである．そのうち直接工事費は，図 2.6 のように分類される．実施設計段階では，これらの項目を積んで予算を作成するが，基本設計以前では，以降に述べる方法を駆使して概算を求めることになる．

b. 建設工事における工事費割合について

計画内容と予算については，電力設備を含めた電気設備工事全般で計画されることが多く，ここでも電気設備工事全体に位置づけて，電力設備を示すものとする．建設工事において，工事種別は建物の用途や，内容により相違するが，一般的には建築，電気，空調，衛生，昇降機に分類して考えられる．概算予算を大枠で把握するために，全体工事費に対する割合から，工事費概算をチェックする方法がある．つまり建設工事費を 100％とした場合，建築工事で何％，電気工事で

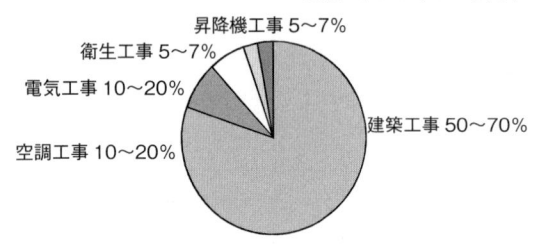

図2.5 工事費構成

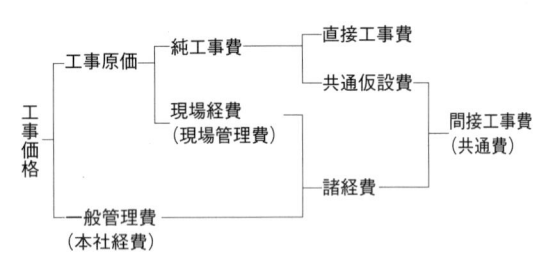

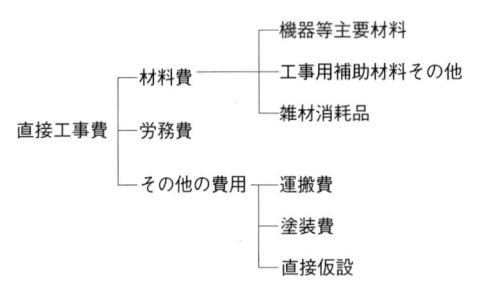

建設工事における工事比率
- 建築工事 50～70%
- 空調工事 10～20%
- 電気工事 10～20%
- 衛生工事 5～7%
- 昇降機工事 5～7%

図2.6 直接工事費の内訳

工事価格
- 工事原価
  - 純工事費
    - 直接工事費
    - 共通仮設費 → 間接工事費（共通費）
  - 現場経費（現場管理費）
    - 諸経費 → 間接工事費（共通費）
- 一般管理費（本社経費）

直接工事費
- 材料費
  - 機器等主要材料
  - 工事用補助材料その他
  - 雑材消耗品
- 労務費
- その他の費用
  - 運搬費
  - 塗装費
  - 直接仮設

何％…と一般的な事例をもとに確認する．個々のケースでいくぶんずれはあるが，全体工事費に占める割合は，用途により似通っているものである．対象建物が一般的な仕様からはずれている場合は，その部分の増減工事費を見込む必要はある．

表2.2に各用途の建物の工事費割合を示す．なおデータは，ある建物の一例ということで掲載する．やはり全体工事費に対しては建築工事が50％以上を占めるが，建物の用途が複雑になるにしたがい，設備の割合は高くなる傾向にある．研究施設，病院，電算セ

ンター，データセンターなどは設備の工事費割合が非常に高くなる傾向にある．

c. 概算予算の作成

1) 坪単価（m² 単価）から概算を算出（基本構想段階）　電気工事費は必ずしも面積に比例するものではないが，ある程度は相関関係がある．

実際には，変電設備や動力設備，幹線設備などは面積よりも容量に比例して増加する傾向にあることは確かであるが，容量はおおむね面積増大に比例して，大きくなるものと考えてしまえば，ある時期の概算の把握としては，面積相関で十分なものではないかと思われる．表2.3に最近の単価例を示すが，この単価も物価指数などの要因により毎年変動をしていることと，必ずしもすべての例がこの範囲に含まれないことに注意する[6]．

2) 設備項目ごとに概算を算出（基本設計段階）
計画段階でも基本設計が完了すると，設備工事項目が明らかになる．また各項目の内容，グレードもある程度わかるようになる．するとこれまでの概算よりも，本計画にあわせた概算をたてることが可能となる．これまでの概算が，一般的にこの程度という位置づけに対して，これからの概算は，建物の仕様，グレード，設備の仕様・グレードを考慮して実際に即した形での工事概算が望まれる．この段階で設計図書は，基本的な考え方を説明した図書や，簡単なシステム構成図であることが一般的である．これらの図書から最大限想定される情報を整理して概算を算出する．基本設計の精度や，不透明な部分などそのときの実情があると思われるので，最大限想定される情報をもとに，システム概算見積を徴収したり，また電気容量や，面積から，概算を算出する．以下に算出方法の一例を示す．

(1) 受変電設備：単位負荷容量を設定して，負荷の想定を行い変圧器容量，概略単線結線図を設定する．

表2.2 建物用途別の工事費割合（例）

建築用途	建築工事〔%〕	電気工事〔%〕	空調衛生工事〔%〕	その他工事〔%〕
体育施設	77	11	10	1
事務所	70	10	16	4
商　業	63	9	11	17
病　院	60	13	24	3
研究施設	57	18	25	0
電算センター	44	27	27	2

表2.3 用途ごとの電気工事単価

建築用途	単価(1000円/坪)	単価の概略内容
事務所	70～100	標準的建物付帯電気設備を含む
病　院	100～150	医療器具は含まない．仕様により差があり，左記の範囲外のものも多い
商　業	30～40	内装は含まない
ホテル	70～120	ホテル特有の備品類は，含まない．ホテルの用途により，工事費に差が生じる

〔注〕電設技術，平成12年1月号，平成13年1月号に掲載されている新築ビルディング電気設備データ一覧表を参考に単価を類推した．

(2) 非常用自家発電設備：防災専用か，保安兼用かを決める．それにより負荷の設定を行い概略の発電機容量，原動機方式を設定する．

(3) 直流電源設備：単位負荷容量を設定して，直流電源設備の蓄電池容量，整流装置の容量を設定する．

(4) 無停電電源設備：対象負荷および容量を明確にして，無停電電源装置のシステム構成，容量，補償時間を設定する．

(5) その他の電源装置：燃料電池，太陽電池，常用自家発電設備などの常用で使用する電源装置は，廃熱利用方法や，電源系統との連携方法などを決めて，基本構成，主要機器容量まで設定する．

(6) 動力設備：通常動力負荷容量は，空調熱源方式に依存する．電気熱源方式であれば動力負荷容量は大きくなり，ガス，油熱源であれば動力負荷容量は小さくなる．このあたりを考慮して単位負荷容量を設定して概算を算出する．

(7) 幹線設備：幹線サイズ，総延長をこの段階で整理することは困難なため，単位負荷容量から算出した，動力設備容量，電灯設備容量ほかから幹線設備の規模を想定し，概算を算出する．

(8) 電灯・コンセント設備：照明方式（器具形式，制御方式），照度，コンセント方式を設定して，概算を算出する．

(9) 通信・情報・防災設備：電話，放送，TV，インターホン，自動火災報知，表示，機械警備，駐車場管制，AV，情報，など多くの設備が考えられるが，電話，放送，TV，インターホン，自動火災報知は必需な設備であり，それ以外は，個々の建物の形態によると思われる．機械警備や，情報は，その内容によって工事費も大きく変わるため，できる限り具体的なシステムを想定することが望ましい．また電話についても従来は，配管対応が多かったが，先行配線工事などもあり，電気工事において配線対応や，機器対応を行

表2.4 工事種目単価例

設備項目	単 価	単価の内容
(6) 動力設備	2.5～3.5万円/kVA	動力盤以降二次側工事一式
(7) 幹線設備	1.5～2.5万円/kVA	幹線およびケーブルラック，配管一式
(8) 電灯・コンセント設備	0.5～1.5万円/m²	電灯分電盤以降二次側工事一式
(9) 通信・情報・防災設備	0.3～0.5万円/m²	電話配管，放送，テレビ共同受信，自火報を含み，LAN，セキュリティ，映像，設備監視などのシステムは含まない

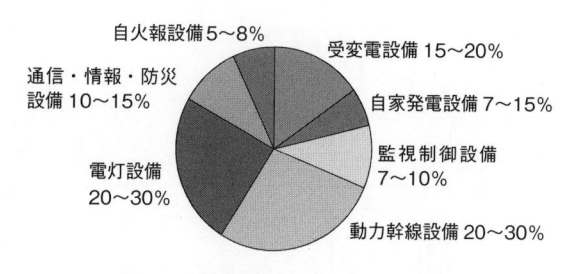

図2.7 電気工事における工事費率（例）

受変電設備 15～20%
自家発電設備 7～15%
監視制御設備 7～10%
動力幹線設備 20～30%
電灯設備 20～30%
通信・情報・防災設備 10～15%
自火報設備 5～8%

うこともあるため工事内容をつめておく必要がある．

このなかで，(1)～(5)の項目については，基本設計で想定するシステム，容量で機器概算見積を徴収することが望ましい．その他については，事務所建築を対象として表2.4に最近の単価例を示すが，この単価も物価指数などの要因により毎年変動をしていることと，必ずしもすべての例がこの範囲に含まれないことに注意する．

また概算を作成するうえでの参考として，各工事項目ごとの電気設備工事費に対する割合を図2.7に示す．
〔本多　敦・石川　昇〕

文　　献

1) オーム社：電気設備技術基準・解釈，p.1，オーム社，1999.
2) 日本規格協会：IEC規格の基礎知識（改訂版），p.7，日本規格協会，2000.
3) 日本電機工業会ホームページ．
4) 電気設備学会ホームページ．
5) 日本電気協会ホームページ．
6) 日本電設工業会：電設技術，12年1月号，13年1月号．

2.2　供 給 設 備

2.2.1　供給設備概要

供給設備とは，電気事業者（電力会社など）の配電設備と接続する点（受電点）から負荷設備までの電力供給ネットワーク全体を指すものである．この供給設備として構成する部位は，図2.8に示されるように電源設備と電力配電設備の2種類である．

a. 電源設備

電源設備に含まれる項目は，特別高圧受変電設備，高圧受変電設備，発電設備などがある．

電気事業者との責任分界点である受電部分の方式は，表2.5に示されるように建物の規模や受電電力量により決定される．通常は受電電力が2000 kWを境に特別高圧受電または高圧受電に区分される．これは電気事業者との調整により決められる．

特別高圧受電には，一回線受電，本線・予備線受

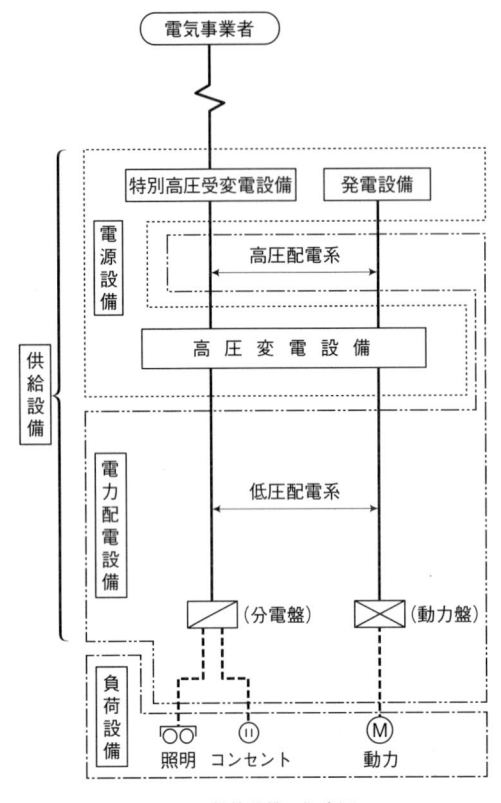

図 2.8 供給設備の概念図

電，ループ受電，スポットネットワーク受電などの方式がある．そのなかでもスポットネットワーク受電（22 kV または 33 kV）は，敷地条件により特定地域として推奨される場合がある．特別高圧受電方式のなかで受電電力が 10000 kW を超える場合は，66 kV または 77 kV であり，10000 kW 未満であれば 22 kV または 33 kV の受電電圧である．

高圧受電には，一回線受電，本線・予備線受電などの方式がある．高圧受電の電圧は，通常 6.6 kV である．

その他建物規模が小さく受電電力が 50 kW 未満の場合は低圧受電であり，一般的に一回線の受電方式である．

b. 電力配電設備

電力配電設備は，電源設備から負荷設備までに電気を供給する設備である．特別高圧受電した場合は，中間変電設備までの配電と中間変電設備から負荷までの配電との 2 段階の配電設備になることもある．配電設備を考える場合に検討すべきこととして，配電電圧，配電方式，保護の考え方，機器・材料の選定などがあげられる．

1) 配電電圧　通常，日本国内で使用される配電電圧は，6 kV，3 kV，400 V，200 V がある．最近の傾向として，3 kV による配電は少なくなっているため，ここでは 6 kV，400 V，200 V を記述対象とする．

2) 配電方式

ⅰ) 配電方式の種類　配電方式は，一回線方式，二回線方式，ループ回線方式などがある．これらは負荷設備の重要性などにより決定される．

ⅱ) 系統切り替えの方式　二回線方式のように複数系統による配電は，高圧部の遮断器や低圧部の分電盤や動力盤の入力側で切り替えを生じる．これは，手動切り替えと自動切り替えに大きく分けることができる．さらにいったん停電して切り替える場合と無瞬断にて切り替える場合がある．このようにいろいろな切り替え方式があるため電源供給系統に合わせた配電方式を計画する必要がある．

3) 保護の考え方　供給設備全体の配電系統における事故や異常現象に対する保護は，主に過電流保護，地絡保護，絶縁保護の 3 種類がある．それぞれの保護目的と対象範囲や保護協調の方法を検討したうえで計画する必要がある．

4) 機器・材料　電源設備の機器・材料については，次節の電源設備において述べるため，本節では配電設備の機器・材料を記述対象とする．

この節ではケーブルやバスダクトなどの配線類と主に保護協調に関係した機器類について述べる．

表 2.5 受電容量と受電方式の関係（一般的な事例を示す）

受電電力	方式	受電電圧	一回線	二回線		三回線	四回線
				本線・予備線	ループ	スポットネットワーク	
50 kW 未満	低圧受電	100/200 V	○	---	---	---	---
50～2000 kW 未満	高圧受電	6.6 kV	○	○	---	---	---
2000～10000 kW 未満	特別高圧受電	22/33 kV	○	○	○	○	○
10000 kW 以上		66/77 kV	○	○	○	---	---

2.2.2 計画・設計の要点

a. 電源分類

供給設備を計画・設計するうえでのポイントの一つは，末端側の負荷設備への電源供給に対する重要度である．負荷設備の重要度による電源供給は，次のように一般電源と非常用電源に大きく区分される．そのなかでも非常用電源は非常電源と無瞬断電源とに分けることができる．

これは電源供給側からみた区分である．

一般電源
非常用電源──┬──非常電源
　　　　　　└──無瞬断電源

b. 負荷分類

1) 負荷種別　次に負荷設備側からみた区分として，負荷設備の重要度により停止できる負荷と停止できない負荷の2種類に分けることができる．

(1) 停止できる負荷：電源供給の中断が可能な負荷．

(2) 停止できない負荷：電源供給の中断が許されない負荷．

(1)の停止できる負荷は，電源供給を中断できる時間によって表2.6のように長時間の中断が可能な負荷と短時間の中断が可能な負荷に区分することができる．

一方，(2)の停止できない負荷を考える場合に電源供給の中断（停電）が発生するため，あらかじめ想定事象について整理しておく必要がある．

表2.6　負荷設備の停電時間

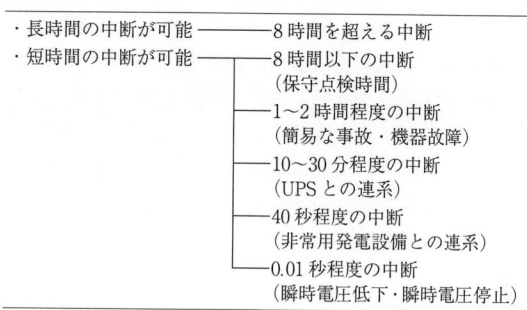

- 長時間の中断が可能 ── 8時間を超える中断
- 短時間の中断が可能 ┬ 8時間以下の中断（保守点検時間）
　　　　　　　　　　├ 1〜2時間程度の中断（簡易な事故・機器故障）
　　　　　　　　　　├ 10〜30分程度の中断（UPSとの連系）
　　　　　　　　　　├ 40秒程度の中断（非常用発電設備との連系）
　　　　　　　　　　└ 0.01秒程度の中断（瞬時電圧低下・瞬時電圧停止）

ここで電源分類と負荷種別の関係を整理したものが表2.7である．

2) 想定事象の整理　この事象のなかには次のようなものが想定される．

(1) 通常時：商用電源にて電源供給される状態．

(2) 瞬低時/瞬停時：商用電源にて瞬時電圧低下または瞬時電圧停止が発生した状態．

(3) 停電時：商用電源が供給を停止した状態．

(4) 保守時：需要家にて保守点検のために電源供給を停止した状態．

(5) 事故時：需要家内の電源供給系統にて事故や機器故障が生じ，電源供給が停止した状態．

(6) 火災時：需要家内で火災が発生した状態．

(7) 火災・停電時：需要家内で火災時に停電した状態または，停電時に火災が発生した状態．

一つの事例として，高機能な事務所ビルにおける事

表2.7　電源分類と負荷種別の関係

		通常時	瞬低・瞬停時	停電時	負荷設備	
一般電源		○	▲	×	停止できる負荷	照明・コンセント，空調機器，衛生動力
非常用電源	非常電源	○	▲	●	停止できない負荷	重要な照明・コンセント，防災負荷
	無瞬断電源	○	○	○		防災センター機能を有する主装置，重要なコンピュータなど

〔注〕×：電源供給しない．　○：連続的に電源供給する．
　　　▲：瞬低・瞬停するがその後電源供給する．　●：いったん停電後電源供給する．

表2.8　事象別の電源供給条件例

電源種別	負荷種別	通常時	瞬低時 瞬停時	停電時	保守時	火災時	火災・停電時	事故時
一般電源	一般負荷	○	▲	×	×	○	×	×
非常電源	保安負荷	○	▲	○	○	○	×	×
	防災負荷	───	───	───	───	○	○	───
無瞬断電源	重要負荷	◎	◎	◎	◎	◎	◎	◎/□

〔注〕×：電源供給しない．　○：電源供給する．　◎：無瞬断にて電源供給する．
　　　▲：瞬低・瞬停するがその後電源供給する．　□：事故点を切り離し後電源供給する．

象別の電源供給条件を整理したものが表2.8である．電源供給の信頼度を向上しなければならない重要負荷設備に対しては，供給設備においていろいろな工夫や配慮を行う必要がある．特に，中央監視室や防災センターなどに設置される各種設備の主装置類は，停電時，電源系統の保守時または事故時でも建物機能を維持しなければならない状況があるため，供給設備の多重化や複数系統化を行う必要がある．その結果として，電源を供給するうえでの信頼性と安全性が向上される．

c. 配電電圧

配電電圧の計画や設計手法については，次のように電圧の区分ごとに整理される．

1) 6 kV 配電 この高圧配電方式は，高圧負荷や建物内に複数の電気室を設置する場合に利用される．そのほか建物内において分散変圧器を設置する場合にも選択される．この方式が選択される場合は，建物規模が大きく，電源供給のこう長が長く，電圧降下が大きい建物に適用される．

2) 400 V 配電 この配電方式は，200 V 配電に比べ幹線サイズが小さく，電圧降下も小さくできるため，配電方式としては効率的である．しかし供給する負荷電圧が，400 V，240 V，180 V，100 V と限定される．三相200 V や単相200 V の機器における対応は，降圧変圧器を別に設置するなど計画上の配慮が必要である．また400 V 配電は，地絡保護において，地絡時に強制的に遮断を行う必要があるため，地絡保護協調を特に考慮しなければならない．

3) 200 V 配電 この配電方式は，負荷設備への電源供給としては一般的である．三相200 V と単相200-100 V により供給され，負荷設備側の機器も標準電圧となっている．ただし，電源供給のこう長が長い場合や負荷機器の容量が大きい場合は，電圧降下が大きく，制限を生じる．そのため計画を行ううえで幹線サイズや本数などの物理的なスペースに関し，考慮する必要がある．

d. 配電方式

配電方式の計画や設計手法については，次のように供給される負荷の重要性により方式を分けることができる．重要負荷のなかでも電源供給の信頼性や保守時，事故時の対応の仕方と電源停止が許容される時間により配電計画が異なる．これらは供給される負荷ごとに選択される場合もあるが，配電系統の明確化や簡素化を行うためにも負荷用途ごとにまとめて供給される場合が多い．

配電方式は一回線方式，二回線方式，ループ回線方式などがあげられる．

e. 系統切り替え

重要負荷へ電源供給される系統は，複数化された配電方式が採用される．その場合，高圧配電系統であれば電源設備の高圧遮断器にて行われる．また低圧配電系統では分電盤や動力盤などの一次側で，系統の切り替えが生じる．これらの配電系統の切り替え方式は，次のように手動切り替え方式と自動切り替え方式とに区分される．さらに配電系統を切り替え時，いったん停電した後に電源供給する場合と無瞬断にて電源供給する場合があげられる．

手動切り替え────いったん停電後電源供給
自動切り替え────┬─いったん停電後電源供給
　　　　　　　　　└─無瞬断にて電源供給

これらの方式の選択は，負荷設備への電源供給に対する重要性と保守時や停電時における建物機能の維持条件などの要因により決められる．

f. 保護の考え方

配電設備における保護は，電源設備の構成機器などに事故や異常現象が発生した場合に，被害を最小限にとどめることと，その他の健全な部分への波及防止を目的とする．配電設備における事故の基本的なものは，短絡や地絡である．また異常現象は，過負荷，過電圧，異常電圧などがあげられる．そのなかにおいて短絡や地絡には次のような種類がある．

短絡──二線短絡，三線短絡
地絡──一線地絡，二線地絡，三線地絡

これらの事故や異常現象時に対し，保護を行う手段として，次の三種類がある．

(1) 過電流保護協調：過電流や短絡に対して行う保護．
(2) 地絡保護協調：地絡に対して行う保護．
(3) 絶縁協調：過電圧や異常電圧に対して行う保護．

保護協調において過電流，短絡電流，地絡電流に対して，事故点や機器の故障点および異常点を電源供給系統から切り離し，事故波及の拡大防止と人的な安全性の確保を行う．そのほか過電圧や異常電圧に対しては，機器や配線などの耐電流や耐電圧に対して保護することを目的としている．これらの保護装置の種類として，過電流保護や地絡保護に対しては継電器類と組み合わせ遮断器や電力ヒューズなどが用いられる．また絶縁協調に対しては保護継電器や雷サージ保護用の避雷器などが用いられる．これらの機器は異常な状態が発生すると電源回路を遮断するようなはたらきを行

う．このような保護回路を全体的な供給設備の系統において，複数箇所設置する．そして事故点や機器の故障点および異常点をただちに電源供給系統より切り離し，他の健全な電源系統に波及しないように，おのおのの保護装置における動作特性を事前に調整する必要がある．

g. 機器・機材

1) 配線類 配電系統における電力配線には，一般的に利用されている CV ケーブルと防災負荷に使用されている耐火・耐熱ケーブルがある．また環境問題に配慮したエコケーブル（EM ケーブル）の利用も検討すべきである．

このほか，数千 A の大電流を流すことができるバスダクト方式も利用される場合がある．

2) 保護機器類 配電系統に関係する保護機器や機材は，電動機や電路に対し，次のような事象で整理される．

(1) 過電流や過負荷を保護する機器
(2) 地絡や漏えい電流に対して保護する機器
(3) 過電圧や異常電圧に対して保護する機器

過電流，過負荷，地絡，漏えい電流，過電圧に対しては保護継電器が利用されている．また低圧配電設備では，過電流や過負荷に対する機器としてサーマルリレーや保護機能を内蔵したモータブレーカなども利用されている．そのほか地絡電流や漏えい電流に対する機器として漏電警報装置や漏電遮断器などがあげられる．異常電圧や雷サージなどに対する機器として，避雷器やサージアブソーバなども利用されている．

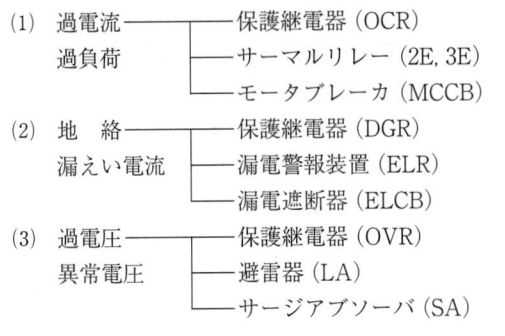

(1) 過電流 ── 保護継電器（OCR）
　　過負荷 ── サーマルリレー（2E, 3E）
　　　　　── モータブレーカ（MCCB）

(2) 地　絡 ── 保護継電器（DGR）
　　漏えい電流 ── 漏電警報装置（ELR）
　　　　　── 漏電遮断器（ELCB）

(3) 過電圧 ── 保護継電器（OVR）
　　異常電圧 ── 避雷器（LA）
　　　　　── サージアブソーバ（SA）

2.2.3 配電設備

a. 配電方式

配電方式には一回線方式から複数回線方式など多種多様な方式があるので，6 kV 系の高圧配電と 400 V，200 V 系の低圧配電に区分し整理する．

1) 高圧配電 高圧配電には，特別高圧変電設備と高圧変電設備間の配電や高圧変電設備から高圧負荷への配電が考えられる．

特別高圧変電設備と複数設置される高圧変電設備間の配電は，図 2.9 のような電源供給側の高圧母線の形態により深く関係している．高圧母線の構成には単一母線，二重母線，分割母線などがある．そのほかにもそれらの複合形態の構成など，さまざまな形態がとられる．これらは，特別高圧変電設備の構成とも大きく関係し，保守時や事故時などでも下位の高圧変電設備へ電源を部分供給することを目的に分割化される．また停電時や火災・停電時の自家発電設備からの電源供給の方式によっても分割化や二重母線化が行われる．

特別高圧変電設備が二回線受電の場合，特別高圧変電設備を一号線，二号線と系統ごとに保守点検できるように高圧母線も二分割化される構成が多い．また三回線や四回線のスポットネットワーク受電の場合，ネットワーク母線上を二分割や三分割またはループ化する構成を行い，バンクごとに保守点検を行える場合もある．

そのほか，停復電時の切り替え時は，一般的に停電が発生する．ただし，計画停電時や復電時に限り，商用電源と自家発電電源を無停電にて切り替える場合は，二重母線化の対応が行われ，バンクごとに瞬時並列電源供給を行い，無瞬断にて切り替えを行うこともある．

特別高圧変電設備から高圧変電設備に電源供給する

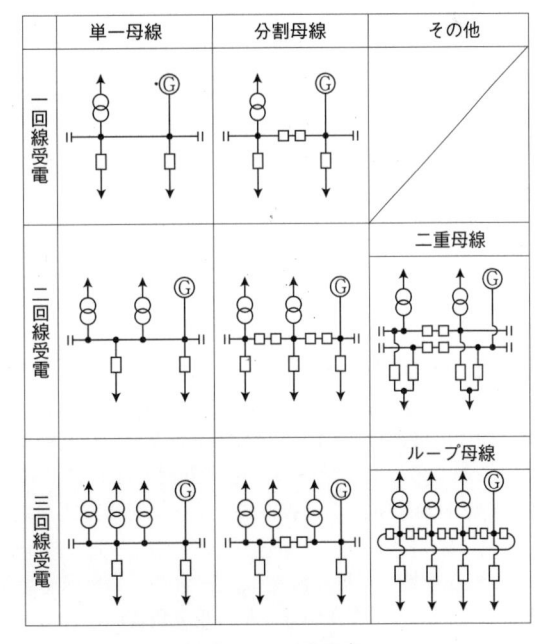

図 2.9 高圧母線の構成図

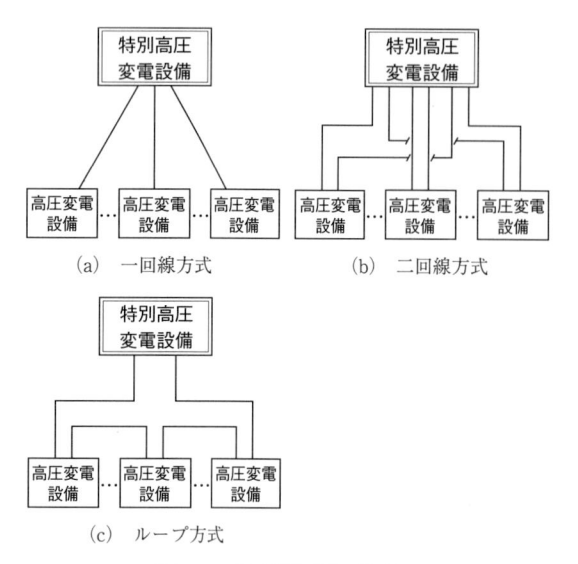

図 2.10 高圧配電系統の構成図

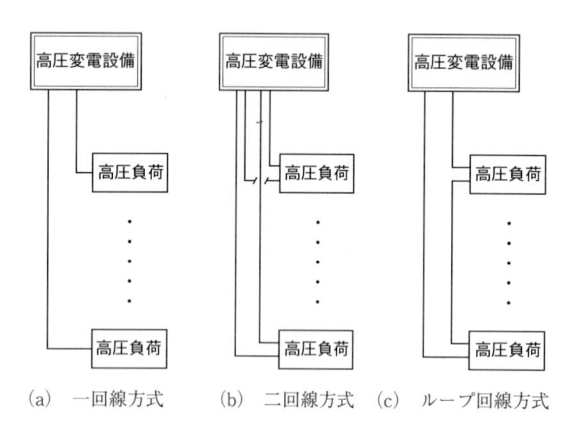

図 2.11 高圧負荷系統への配電系統図

図 2.12 低圧配電系統の構成図

までの高圧幹線は，図 2.10 のように一回線方式，二回線方式，ループ回線方式がある．これは高圧変電設備の形態により，保守点検時，停復電時，事故時などの対応の仕方により，電源停止時間が長時間か，または短時間で復旧しなければならないのかを考慮する必要がある．

高圧変電設備から高圧負荷への配電計画や設計手法も前述のように電源供給の信頼性や保守時，事故時の対応の仕方により，電源の停止時間が許容される程度により異なる．高圧負荷への配電計画も図 2.11 のように，一回線方式，二回線方式，ループ回線方式があげられる．

2) 低圧配電 低圧配電は，供給される負荷の重要性により大きく方式が分かれ，重要負荷のなかでも高圧配電と同様に電源供給の信頼性や保守時，事故時の対応の仕方により電源停止時間の許容される程度により配電計画が異なる．これらは供給される負荷ごとに選択される場合もあるが，配電系統を明確化し，簡素化するためにも負荷用途ごとにまとめて供給される場合が多い．

低圧配電の方式は，次のように一回線方式，二回線方式，ループ回線方式に区分され，さらに一回線方式のなかに一回線化と大容量化があげられる．

図 2.12 は，低圧配電方式の種類を示したものである．このほかにも複数回線化によるさまざまな形態が考えられる．

ⅰ) 一回線化　最も一般的な電源供給の方式であり，負荷設備に対し一系統の幹線で配電する．上位の電源設備や配電設備における保守時や事故時は，負荷設備の電源供給が停止される．

ⅱ) 大容量化　高圧変電設備から負荷設備までに電源供給する低圧幹線がバスダクトなどにより数百Aから数千Aの大電流を確保できる方式である．低圧幹線ケーブルの本数を低減化することができるなど，効率的な配電方式である．

ⅲ) 二回線方式　電源設備から負荷設備までに電源供給する低圧幹線が二系統化され，分電盤や動力盤の一次側入力部にて切り替えを行う．この方式は，保守時などの計画停電時や上位電源供給部の事故時などの場合に健全である幹線系統へ切り替えを行い，電源供給をいち早く復旧させる方式である．

ⅳ) ループ回線方式　電源設備から負荷設備までに電源供給する二系統の低圧幹線がループ回線化され，分電盤や動力盤の一次側入力部にて切り替えを行う．この方式は，保守時などの計画停電時に幹線系統を無停電にて切り替えを行い，電源供給を継続させる方式である．また事故時などは二回線方式と同様に健

全な幹線系統への切り替えを行い，電源供給をいち早く復旧させることが可能である．

二回線方式との相違は，二系統で配電されていることは同じであるが，高圧変圧器の二次側と低圧幹線の末端側に遮断器を設置し，二系統の異変圧器を同位相化して，無瞬断にて切り替えを行うことが可能である．

b. 系統切り替え

系統の切り替えは，配電方式と密接に関係しているので，配電方式と同じように高圧配電と低圧配電に区分し，整理する．

1) 高圧配電の切り替え 二回線方式やループ回線方式などの複数系統の切り替えは，一般的に電源設備の高圧遮断器にて行う．切り替え時は安全性を重視し，いったん2, 3秒の停電を伴ってから切り替える．そのため負荷設備からみると一度電源供給が途絶え，すぐに再給電されるような形態となる．

ループ回線方式や無瞬断切り替え方式は，停電を伴わない方式である．この場合，切り替え時に並列にて電源供給を行い，負荷側からみると電源が遮断されない状態で切り替え動作を行うことが可能となる．そのため負荷側の機器停止や誤動作を防止できる特徴がある．

2) 低圧配電の切り替え 低圧配電系統において複数系統化された配電方式が採用される場合，手動切り替えや自動切り替えの方式が分電盤や動力盤の入力側で発生する．これらを整理すると図2.13に示されるようになる．手動切り替え方式の場合は一般的にインターロック型である．また自動切り替え方式の場合は，モータブレーカ型，マグネットコンタクタ型，位相補正装置型，ラップ切り替え型，サイリスタ切り替え型などがあげられる．

i) **インターロック型** 二系統の低圧幹線を分電盤や動力盤の入力部にて遮断器を設置し，機械式にて切り替えを行う．手動操作方式のため負荷設備側はいったん5秒程度の停電をして切り替わる．

ii) **モータブレーカ型** 二系統の低圧幹線を分電盤や動力盤の入力部にて電動操作遮断器を設置し，自動的に切り替えを行う．自動操作方式のため負荷設備側はいったん2〜3秒程度の停電をして切り替わる．分電盤や動力盤などの盤面では手動切り替えも可能である．手動時の切り替えは，インターロック型と同様の操作となる．

iii) **マグネットコンタクタ型** 二系統の低圧幹線を分電盤や動力盤の入力部にて電磁接触器を設置し，自動的に切り替えを行う．負荷設備側はいったん瞬時的な停電をして切り替えられる．分電盤や動力盤の入力部が遮断機能をもっていないため，電磁接触器の二次側に保護用の遮断器を設置する場合もある．

iv) **位相補正装置型** 二系統の低圧幹線を分電盤や動力盤の入力部にて位相補正装置を設置し，無瞬断

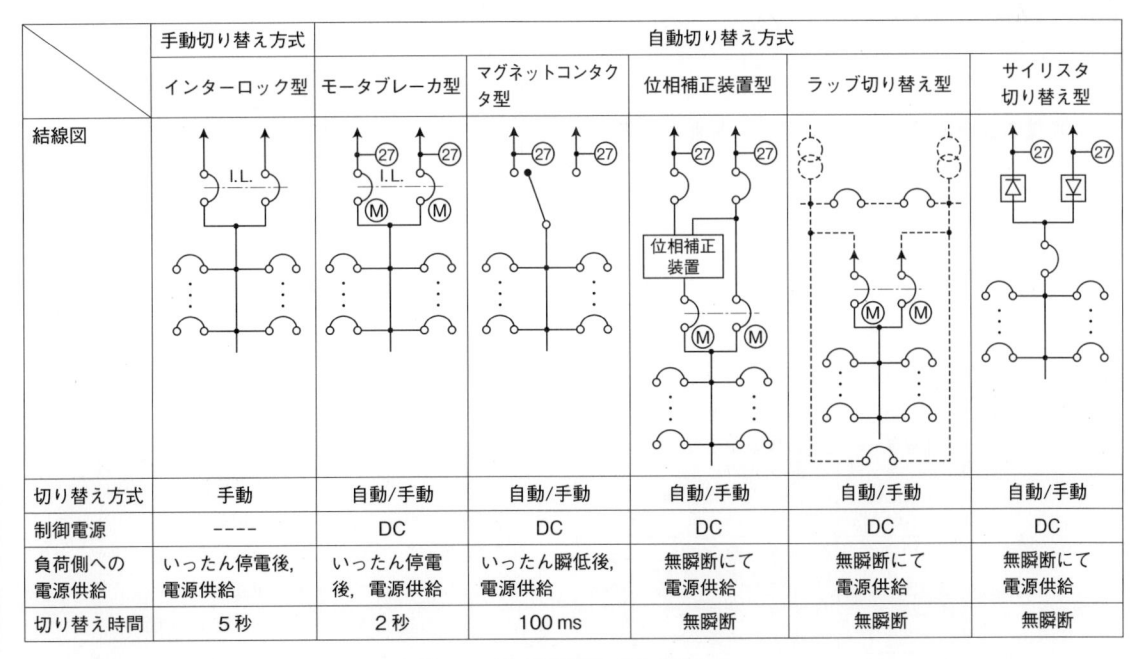

	手動切り替え方式	自動切り替え方式				
	インターロック型	モータブレーカ型	マグネットコンタクタ型	位相補正装置型	ラップ切り替え型	サイリスタ切り替え型
結線図						
切り替え方式	手動	自動/手動	自動/手動	自動/手動	自動/手動	自動/手動
制御電源	----	DC	DC	DC	DC	DC
負荷側への電源供給	いったん停電後，電源供給	いったん停電後，電源供給	いったん瞬低後，電源供給	無瞬断にて電源供給	無瞬断にて電源供給	無瞬断にて電源供給
切り替え時間	5秒	2秒	100 ms	無瞬断	無瞬断	無瞬断

図2.13 低圧配電系統の切り替え方式

にて自動的に切り替えを行う．負荷設備側は無停電にて切り替えられるため，切り替え時の瞬低や停電の影響を受けない特徴がある．また位相補正装置の故障時の対策として，バイパス回路を設け，電源供給上の信頼性の向上を図る場合もある．

v）ラップ切り替え型　二系統の低圧幹線にて電源供給を行い，保守時などの計画停電時に二系統の低圧幹線をループ状に接続し，分電盤や動力盤の入力部にて自動切り替えを行う方式である．ループ切り替え時は，上位の高圧変圧器二次側の連絡遮断器と二系統幹線の末端側の連絡遮断器を投入し，切り替え時のみループ状の配電を行う．この状態で異変圧器の二次側は，同位相の状態となり，分電盤や動力盤は順番に無瞬断にて切り替えを行う．

vi）サイリスタ切り替え型　二系統の低圧幹線を分電盤や動力盤の入力部にてサイリスタスイッチを設置し，無瞬断にて自動的に切り替えを行う．負荷設備側は無停電にて切り替えられるため，切り替え時の瞬低や停電の影響を受けない特徴がある．分電盤や動力盤の入力部が遮断機能をもっていないため，サイリスタスイッチの二次側に遮断器を設置する場合もある．

c.　保護の考え方

本節では，供給設備全体における保護協調を中心に述べる．

保護協調のなかで電力配電設備の系統にかかわる過電流保護と地絡保護の保護すべき対象と保護を行う部位について整理したものが表2.9である．この表を基に保護協調の留意点や配慮すべき事項について述べる．

1）過電流保護協調　電気事業者の配電系統側の上位遮断器と需要家側の受電点における遮断器は，他の需要家の影響を考慮し，最低限保護協調を行わなければならない．一般的に電気事業者側の配電系統の動作特性値は厳しいので，需要家内の保護協調を十分検討した結果により，電気事業者と協議する必要がある．過電流保護協調を計画するうえで，配慮しなければならない事項について述べる．

i）保護協調の段数　需要家内の過電流保護協調を行ううえで，受電点から末端の負荷設備まででの配電系統において，保護すべき箇所を決める必要があり，その箇所ごとに直列に上位と下位が協調を行う必要がある．図2.14の全体電源系統構成図において，保護

表2.9　保護協調の部位

項目		保護対象	部位	
電源設備	特別高圧変電設備	他需要家への波及防止	受電遮断器	①
		特高変圧器	特高変圧器二次側遮断器	②
		高圧母線	高圧フィーダ遮断器	③
	高圧変電設備	高圧幹線	入力部遮断器	④
		高圧母線	高圧変圧器一次側遮断器	⑤
		高圧変圧器	高圧変圧器二次側遮断器	⑥
低圧配電設備		低圧幹線	分電盤や動力盤の入力部遮断器	⑦
負荷設備		機器類	分電盤や動力盤の分岐部遮断器	⑧

〔注〕①～⑧は，図2.14の遮断器の番号を示す．

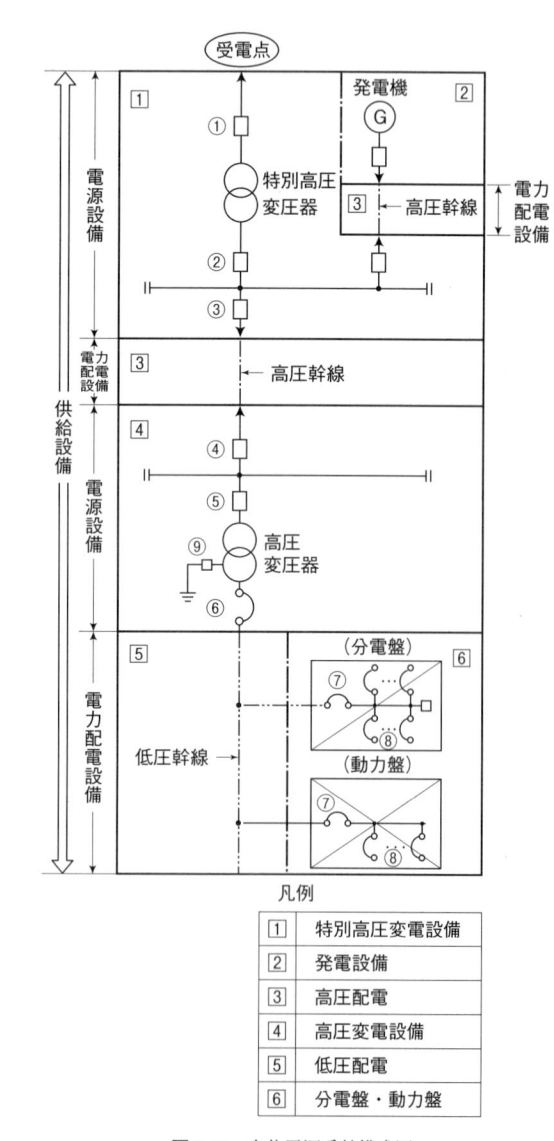

図2.14　全体電源系統構成図

凡例：
1　特別高圧変電設備
2　発電設備
3　高圧配電
4　高圧変電設備
5　低圧配電
6　分電盤・動力盤

すべき部位は①～⑧である．この保護すべきすべての部位で保護できれば理想的であるが，電気事業者との受電点における動作特性値の関係や保護装置の仕様により協調がとれない部位も存在する．

ⅱ）受電点の保護　需要家内における受電点の保護装置の整定は，下位遮断器からの段階的な協調により決められることと需要家内の短絡電流に対して，保護されることが重要である．これらを基に電気事業者における配電系統との保護協調の調整を行う．ただし電気事業者の配電系統には，複数の需要家が接続されているため，電気事業者側の安全率が考慮され，配電系統の整定値は需要家側からみると，かなり厳しい値である．このような場合は，電力会社側の動作電流（タップ）と動作時間（タイムレバー）の設定値や需要者側の保護協調の段数を減らしながら協議を行い，電気事業者との合意を行うこととなる．

ⅲ）特別高圧および高圧部の保護　特別高圧部および高圧部の保護装置は，過電流継電器にて保護される場合と高圧部では高圧限流ヒューズにより保護される場合がある．これは，受電遮断器①から高圧変圧器一次側遮断器⑤までの間であり，高圧変圧器二次側の低圧遮断器との協調も考慮する必要がある．

高圧限流ヒューズは，高圧変圧器の励磁突入電流の特性（定格電流×n倍，流れる時間）と下位の遮断器の特性から最小定格電流値が決められる．

過電流継電器は，瞬時要素と限時要素から成り立ち動作整定値は次のとおりである．

瞬時要素は，変圧器の励磁突入電流値や電動機の始動電流などによって動作しない値とする．限時要素は，動作電流（タップ）と動作時間（タイムレバー）により決められる．

これらの高圧限流ヒューズや過電流継電器を利用し，おのおのの整定値を調整することによって，段階的な保護協調を可能とする．

ⅳ）低圧配電部の保護　一般的に低圧配電系統の保護には，大きく二種類の保護方式がある．

低圧保護方式 ─┬─ 全容量遮断
　　　　　　　└─ カスケード遮断

全容量遮断方式は，図2.15のように各保護部位の遮断器の短絡強度が事故時に流れる最大短絡電流以上あり，さらに過電流時の遮断容量に適合したものである．この方式は，最大短絡電流値が大きい場合，同じ系統のすべての遮断器の短絡容量が大きくなりコスト的な問題が生じる場合がある．

カスケード遮断方式は，図2.16のように直列に配置された遮断器において上位の遮断器は下位の遮断器以上の短絡強度をもち，事故点に近い下位の遮断器の短絡強度以内の電流に対しては下位の遮断器で保護遮断し，それ以上の電流が流れた場合は上位遮断器にて保護遮断を行う方式である．この方式は，全容量遮断方式に比べて経済的である．

低圧配電の保護機器は，一般的に配線用遮断器としてMCCBやACBが採用され，高圧変圧器二次側遮断器⑥と負荷設備の入力部遮断器⑦の保護協調が計画される．MCCBの動作特性には，電流値と動作時間により決められ，時延引外し特性により動作時間を遅らせることができる．短限時引外し特性は，可調整型の機器もあるため，このような仕様の機器を採用すると保護協調がとりやすくなる．また短絡が発生してから遮断が完了するまでの最大全遮断時間（瞬時動作

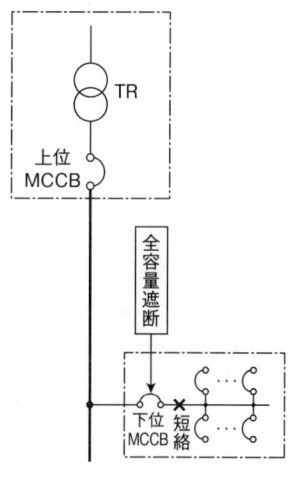

図2.15　全容量遮断

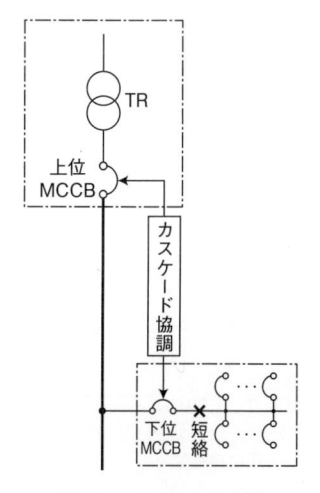

図2.16　カスケード遮断

時間)は，瞬時引外し特性により調整することが可能である．

次に図2.14の全体電源系統構成図において低圧配電部の分電盤や動力盤などの入力部遮断器⑦と分岐部遮断器⑧の間は，多くの場合は遮断器の容量が近接し，機器特性も類似していることより，保護協調をとることが難しい．

v) 保護協調曲線の評価　保護協調を確認する手段として，図2.17のような過電流保護協調図を作成する必要がある．一般的には，保護機器の平均値によるシングル曲線にて確認されている場合が多いが，これらの保護機器には製品誤差があるため，カタログ値の平均動作特性ライン以外に機器の動作最大値と最小値のラインも作図上記入すべきである．

図2.17の過電流保護協調図のように上位遮断器の最小値と下位遮断器の最大値のラインが交わらないような協調を確認すべきである．

2) 地絡保護協調　地絡保護は，機器における電気回路の絶縁劣化や電源回路と大地が接続するような異常時に流れる電流に対する電源回路の保護である．大きく特別高圧部や高圧部と低圧配電部の二系統に区分される．

i) 受電部の保護　特別高圧部または高圧部の需要家の受電点における遮断器は，他の需要家への波及事故防止のため，需要家内で発生した地絡に対して遮断を行う必要がある．また他の需要家からの影響によって需要家内の電源が遮断されないように方向性をもった地絡方向継電器が設置される．継電器の整定は，動作電流と動作時間により決められ，電気事業者との協議により設定される．

ii) 特別高圧および高圧部の保護　特別高圧部および高圧部の保護装置は，地絡継電器が利用される．この間は，図2.14において特別高圧部の受電遮断器①と高圧部の遮断器②から高圧変圧器一次側遮断器⑤までに区分して考えることが必要である．同一変電室内で構造的にキュービクル内に収納されている遮断器②または⑤は，保護協調上，上位の遮断器①あるいは④の部分にて行うため，保護継電器を設置しない場合が多い．また高圧幹線部における地絡保護として，高圧変電設備の送り出し遮断器③にて行う．地絡継電器の整定は動作電流と動作時間により決められ，上位保護装置と下位保護装置間で段階的な選択遮断協調がとられるように設定されることが重要である．

iii) 低圧配電部の保護　低圧配電部の保護機器

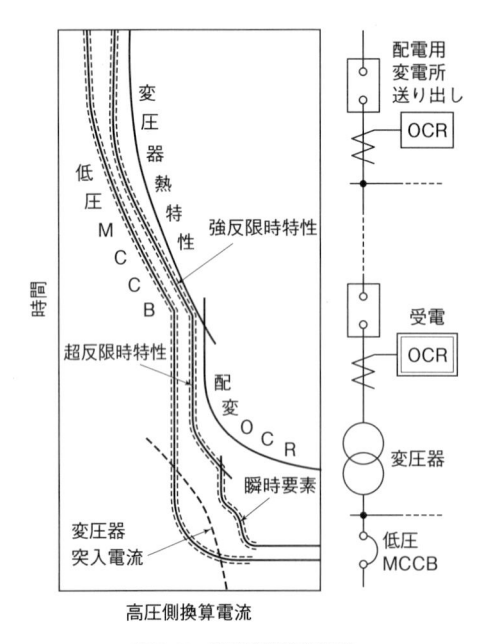

図2.17　過電流保護協調図

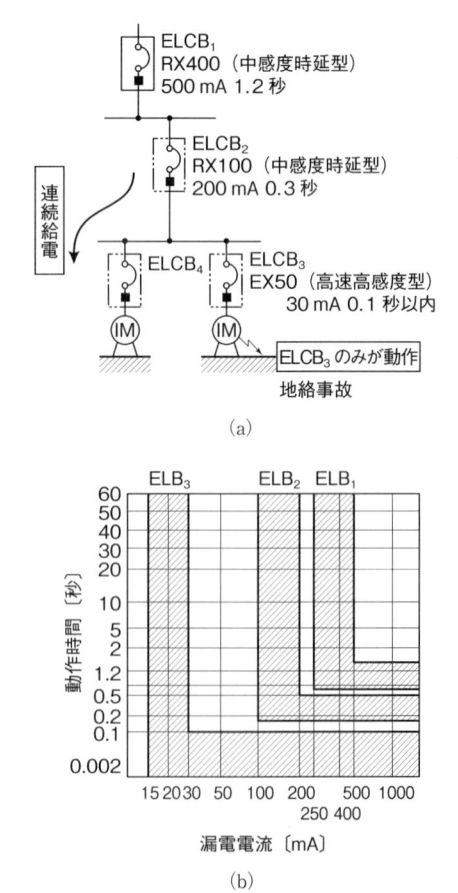

図2.18　地絡保護協調図

は，一般的に漏電遮断器や漏電警報装置などが採用され，高圧変圧器二次側の中性線には地絡継電器が設置されている．保護協調としては，図2.14の高圧変圧器二次側遮断器⑥から負荷設備の分岐部遮断器⑧までの間にて段階的な保護協調がとられるように計画される．漏電遮断器や漏電警報装置には，高速型と時延型の二種類がある．

高速型は，定格感度電流や動作時間により整定される．

時延型は，定格感度電流や動作時間以外に慣性不動作時間も整定される．定格感度電流は，定格値の50％以上であり，かつ動作時間も定格値の上下限に幅があるような特性であるため，地絡保護協調図は動作特性の上限値と下限値の幅のあるラインを作図し，下位保護装置と上位保護装置が重ならないような確認を行う必要がある．

例えば，図2.18のように上位保護装置の最小値と下位保護装置の最大値のラインが交わらないような感度電流と動作時間の設定を行い，選択遮断協調を確認すべきである．このような段階的な保護協調を行う場合に，上位の保護装置の設定値が大きくなる場合があるため，人的な保護の面からも考慮する必要がある．

2.2.4 機器・材料
a. 配線類
配電系統の配線類は，一般的にケーブルと大容量の電源供給を可能とするバスダクトの二種類に区分される．電力ケーブルは，次のように一般用と防災用である．

- 一般用─┬─CV ケーブル
- 　　　　└─EM-CV ケーブル（エコケーブル）
- 防災用───FP ケーブル

また大電流を流すことができるバスダクトも銅製とアルミ製の二種類がある．

b. 保護機器類
保護継電器は，動作機構の方式が違う電磁型と静止型の二種類に区分される．さらに電磁式のなかには，誘導型と可動鉄心型がある．

- 電磁型─┬─誘導型
- 　　　　└─可動鉄心型
- 静止型

1) 電磁型　電磁型は，電磁力を機械的駆動力で出力する方式や変位に変換して制御指令を出力する方式がある．

一般的な需要家では，誘導円盤型が多く利用されている．

2) 静止型　静止型は，マイクロプロセッサやICなどの半導体回路を用い，デジタル演算と理論判断にて制御指令を出力する方式である．受変電設備の大型化や高機能化に伴い，主流となりつつある．

次に低圧配電設備の保護機器としては，主に電動機の保護としてサーマルリレーまたは電動機などのサーマル特性をもたせた遮断器（モータブレーカ）が利用されている．また地絡や漏えい電流の保護として，漏電警報装置や地絡検出器と遮断機能をもち合わせた漏電遮断器が利用されている．

サーマルリレーは，過負荷，拘束，欠相の保護のために利用され，電磁接触器と組み合わされて利用される．電動機の始動電流や周囲温度環境により誤動作しないように設定を行う必要がある．

モータブレーカは，配線用遮断器の長限時領域と瞬時領域の特性をもったものが利用される．電路の過電流や電動機の過負荷と拘束および短絡の保護を行い，また感電防止にも利用されている．

漏電警報装置は，高感度や中感度の感度電流と高速型や時延型の時限の組み合わせにより，漏えい電流や地絡電流を感知し，警報を出力する．配線用遮断器と組み合わせ警報出力時に遮断することも可能である．

漏電遮断器は，地絡や漏えい電流の検出部，引外し装置，遮断機能を持ち合わせた機器であり，漏電警報装置と同様に感度電流と時限により検地し自動的に遮断する．

〔本多　敦・栄　千治〕

文　　献

1) 日本電気協会使用設備専門部会編：高圧受電設備規程，日本電気協会，2002．
2) 電気設備に関する基礎技術（電源系統システム），電気設備学会，（平成10年）．
3) 宮原　博，栄　千治：病院の高信頼性電源設備 (1)，日本電気技術者協会誌，2000．
4) 宮原　博，栄　千治：病院の高信頼性電源設備 (2)，日本電気技術者協会誌，2000．

2.3　電源設備

2.3.1　電源設備概要
負荷設備に電源供給を行う設備を総称して電源設備と呼び，受変電設備，発電設備，蓄電池設備，無停電電源設備などから構成される．その目的から常時供給される電源として常用電源，常用電源が停止した場合に供給される非常用電源・予備電源に区分される．これら電源設備は負荷の用途，電源の品質，保守性，コ

として，あるいは停電時の安全性や信頼性向上のためのバックアップ電源として導入される．

また，常用電源としてエネルギーの高効率利用を目的としたコージェネレーションシステムや，クリーンなエネルギー源として太陽光発電，風力発電，また燃料電池なども導入され始めている．

c. 蓄電池設備

直流電力・即時供給という蓄電池の特徴を活かして，停電時の予備電源として，主に非常照明用電源として設置される．また，受変電設備機器操作用電源，情報通信機器や防災設備機器などのバックアップ電源として幅広く用いられている．

d. 無停電電源設備

電源設備としての品質・信頼性向上のために，コンピュータ電源などにUPS(Uninterruptible Power Supply/Source/System，交流無停電電源装置)が用いられる．UPSはコンピュータを安定稼動させるため，定電圧定周波の電源を常時供給する設備であり，停電時には蓄電池から無瞬断で継続して電力供給を行うことが可能である．

2.3.2 計画・設計の要点

電源設備について，計画・設計時の基本的な留意事項について述べる．

a. 受変電設備

受変電設備は当該敷地の配電事情や受変電室の設置場所，スペースなど建築計画に与える影響が大きいため，プロジェクト全体の計画に大きくかかわってくる．

受変電設備計画は，建物用途・規模によって異なるが，基本的には次の手順で行う．

まず，最も適したシステムの構築のため，対象物に求められるもろもろの条件を整理・調査することから計画が始まる．その際に考慮すべき事項を示す．

(1) 建物の基本事項の調査：建物の用途・規模などにより施設される負荷設備が決定され，稼動状況などの条件が明らかとなり，これに応じて設備計画がなされるため，まず建物の基本条件について調査する．

(2) 負荷設備の調査：電力供給は，負荷設備の必要とする容量，重要度，運転条件などに応じて行わなければならないため，負荷内容を理解する．

(3) 電力事情の調査：受変電設備は，電気事業者の電力系統の末端設備であるので，電力系統上の制約，需給契約上の制約を調査する．

(4) 具備条件の整理：設備に求められる信頼度，安

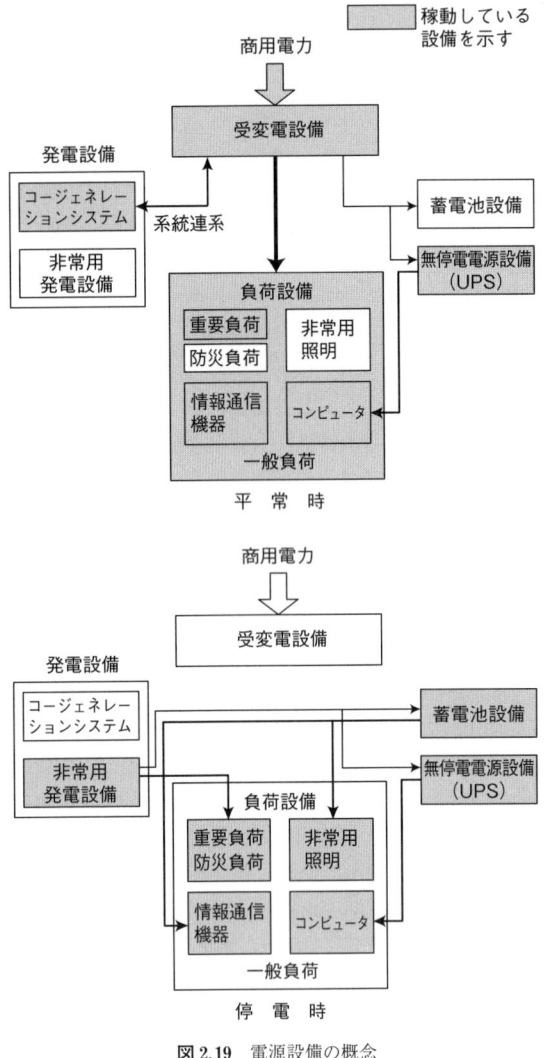

図 2.19 電源設備の概念

ストなどの諸条件により決定される．電源設備の概念を平常時と停電時に分けて図 2.19 に示す．

a. 受変電設備

建物所有者が電気事業者から受電し，所有する負荷設備に対して電力を供給するために設ける設備で，自家用受変電設備という．受電電圧は契約電力の大きさにより，電気事業者の定めた電気供給約款に基づき決定される．

需要家は施設の用途および目的に合致した受電方式を選定し，敷地内の屋外あるいは屋内に設置する．

b. 発電設備

建築物における発電設備は常用電源が停止した場合の電源供給を目的として設置されるのが一般的である．建築基準法や消防法に基づく予備電源・非常電源

全性，保守性，経済性，拡張性などの条件を整理する．

(5) 要求事項の整理：受変電設備を設置するためには，スペース，荷重に対する構造補強，換気，消火設備など建築・空調・消火設備との多くの調整事項が発生する．これら要求すべき事項を整理する．

(6) 計画の評価：計画したシステムが最適であるか評価を行い，選択・修正を行う．

計画の手順としては，まず負荷設備容量の設定から行う．計画の初期段階から負荷設備の詳細が決定されることは少ないので，一般的には建物用途・目的・グレードなどに応じた負荷密度などの方法により，負荷設備容量を算出しこれを基に計画を行う．これを基に，最大需要電力，受電設備容量，契約電力の設定を行う．次のステップとして，受電電圧，受電方式を決定する．受電電圧は契約電力の大きさにより，電気供給約款に基づいて決定される．ここで注意すべきことは，例えば当初契約電力が 1800 kW であるが，負荷増により将来 2000 kW を超過することが想定される場合は，供給約款上受電電圧は当面高圧 6 kV で，将来特別高圧への対応が必要となることである．また，建設地の近くに契約電力に見合った電圧系統がない場合や，電力の余裕がない場合には給電可能な電圧とせざるをえない場合もあるため，現地調査と電気事業者との事前協議が必要である．受電方式の決定は需要設備を左右する大きな要素であり，施設の重要度に基づく供給信頼性，保守性，経済性，スペースなど総合的な観点から選定する必要がある．

さらに配電電圧・配電方式，主回路方式・変圧器容量・バンク，設備形式および設置場所，機器仕様などについて計画を行う．これらは，負荷設備の容量，供給電圧，重要度，保守の行い方などに密接に関連しているため，建物の用途，使い方など総合的に検討することが重要になる．これらについては，2.3.4 変電・配電設備において述べる．

b. 発電設備

発電設備は受変電設備同様，設置スペース，荷重，騒音・振動，煙道，搬出入，給排気などの点で建築や設備計画に与える影響が大きく，初期段階での的確な計画が求められる．計画にあたっては，まず設置目的を明確にすることが必要である．設置目的は次のものが一般的である．

(1) 消防法や建築基準法に基づく非常用予備電源
(2) 法規上の義務設置ではないバックアップ電源
(3) 常用発電設備

(1) および (2) は平常時は停止しており，停電になった場合に起動し，あらかじめ定められた負荷に電源供給を行う．(3) は商用電力の供給が十分期待できない場所や，コージェネレーションシステムとして熱電併給によるエネルギーの高効率利用や電力負荷平準化などを目的とするものである．

これ以外に発電設備として，太陽光発電，風力発電，燃料電池などが導入されているが，これらは非常電源としては適さないため，一般電源の供給のために補助的に設置される．以下に発電設備計画の要点を示す．

1) 発電機出力　非常用予備電源の場合は，火災停電時に作動が義務づけられる設備が法規により決められている．その負荷に基づき発電機出力が算定される．この非常用予備発電機は，火災停電時以外の一般停電時には保安用の電源供給に利用することが可能である．ただし，兼用する場合には，設置環境，運転時間による燃料保有量，起動時間など法規上の要件を満足する必要がある．

常用発電設備について，コージェネレーションシステムの場合は，建物の熱需要および電力需要を基に決定される．電力負荷平準化やピークカット用では，建物電力需要を基に容量，運転時間が決定される．

2) 原動機の種類　原動機は一般的にディーゼル機関，あるいは油燃焼ガスタービンが採用される．それぞれ重量，騒音・振動，設置面積，燃料消費率，冷却方式などに差があるため，建築および設備計画との整合を考慮して選定する．例えば地下階に設置する場合は，大量の燃焼用および冷却用空気が必要なガスタービンは不適であり，水冷方式のディーゼル機関の方が望ましい．一方屋上に設置する場合は，燃焼用および冷却用空気の問題はなく，軽量で振動・騒音の少ないガスタービンが適しているといえる．常用発電設備は，非常用あるいはバックアップ用とは基本的に異なる．非常用自家発電設備の基準の適用対象でないため，燃料に都市ガスの採用が可能となり，ガスタービン，ガスエンジンなどの原動機を採用することができる．一方大気汚染防止法，騒音規制法などの法規制の対象となり，NO_x 排出濃度の規制からディーゼル機関は採用困難となる場合がある．また，故障時や定期点検時など常用発電機による電力供給停止を考慮して，予備機の設置や電力会社との自家発補給電力契約なども検討する必要がある．

3) 冷却方式　ディーゼル機関は水冷，ガスタービンは空冷というように，それぞれの機関に応じた冷

却方式が選定される．水冷の場合，放流式，循環式，クーリングタワー式，ラジエータ式などがあり設置条件に適した方式を選定する．

4) 給気・換気および排気 発電機設備には，機関が燃料を燃焼するための空気と，機関および発電機の放熱による室温上昇を抑える換気のための空気が必要である．ガスタービンの場合はさらに機関冷却用の空気が必要となるため，必要空気の供給や燃焼空気の排気を十分考慮した設置計画が重要となる．

5) 燃 料 燃料選定にあたっては，燃料の供給信頼性，公害規制，運転時間，経済性などの諸条件を考慮する．非常用予備発電機やバックアップ用発電機の場合，災害時の稼動が主目的であるので常時蓄え可能な油燃料とすることが一般的である．油燃料を使用する常用発電機の場合，燃料消費量の関係から保有量が大きくなることが多いが，その際保有量によっては，危険物規制の対象となることがあるので注意が必要である．

6) 電源切り替え方式 電源切り替え方式は発電機出力，受変電設備の母線方式や連系運転の有無などと密接な関係があり，信頼性，安全性，保守性，経済性などを勘案しながら選定する．

c. 蓄電池設備

非常用照明電源として適用する場合を中心に計画の要点を述べる．

1) 蓄電池容量の算定 負荷・目的に応じた放電電流，放電時間（負荷への電源供給時間）および許容最低電圧，最低蓄電池温度，保守率から，蓄電池の種類による容量算出式により算出する．負荷については，将来の増加分も考慮する必要があるかどうかについて明確にしておく必要がある．

2) 蓄電池種類の選定 鉛蓄電池とアルカリ蓄電池が主なもので，鉛蓄電池は経済性に優れ，アルカリ蓄電池は高率放電および耐用年数が長いという特徴があるので，目的に合った蓄電池を選定する．

3) 設 置 一般的に蓄電池容量が大きい場合は，専用の蓄電池室を設け，蓄電池セルを架台に収納しメンテナンスを考慮して配置する．非常照明用の場合は不燃専用室とする必要がある．比較的蓄電池容量が小さい場合は，不燃専用室に設置する必要のないキュービクル方式を採用することにより，電気室や機械室などに設置することができ，スペースを縮小することが可能である．

d. 無停電電源設備

コンピュータや情報通信関連設備，監視・制御設備，プラント，半導体生産施設などにおいて，施設を継続して安定的に稼働させるために，交流無停電電源装置（UPS）は必要不可欠な設備となっている．

1) バックアップ負荷および時間の設定 負荷の運用条件を考慮し，どの負荷を何分（時間）バックアップするのかを明確にする．

2) バックアップシステムの構築 瞬断を許容するか，無瞬断か，単機方式か複数台による冗長方式かなど，供給信頼度によりさまざまな組み合わせが考えられ，負荷に要求される重要度を前提にシステムを構築する．それぞれのシステムの故障発生率はMTBF（平均故障間隔）により評価することができる．

2.3.3 受電設備

a. 受電電圧

受電電圧は，契約電力により決定されるが，配電用の変電所からの距離，配電系統の裕度，配電路の敷設回路数など地域の諸条件により異なり，場合によっては希望電圧で受電できないこともあるので，電気事業者との協議が必要である．

契約電力と各電気事業者別供給電圧を表2.10に示す．

b. 受電方式

受電方式は，一回線受電方式，二回線（常用・予備，ループ）受電方式，スポットネットワーク受電方式などがあり，建物のグレードにより信頼性，保守性，経済性などを考慮し選定する．以下にそれぞれの受電方式について述べる．

1) 一回線受電方式 一回線受電方式は，配電線

表2.10 契約電力と各電気事業者別供給電圧（業務用電力）

契約最大電力 電力会社	50 kW 以上2000 kW 未満	2000 kW 以上10000 kW 未満	10000 kW 以上
北海道電力	6 kV	30 kV	60 kV
東北電力	6 kV	30 kV	60 kV
東京電力	6 kV	20 kV	60 kV
中部電力	6 kV	20 kV または30 kV	70 kV
北陸電力	6 kV	20 kV または30 kV	60 kV または70 kV
関西電力	6 kV	20 kV または30 kV	70 kV
中国電力	6 kV	20 kV	60 kV
四国電力	6 kV	20 kV	60 kV
九州電力	6 kV	20 kV	60 kV
沖縄電力	6 kV	13.8 kV または60 kV	

〔注〕1. kVは標準電圧，kWは契約電力を示す．
　　　2. 本表は，電気事業者の電気供給規程約款による．

が故障した場合，停電は避けられないが経済的であり，システムも簡素であるため多くの需要家に採用されている（図2.20）．

2) 常用・予備受電方式 常用・予備受電方式は，常用線停電時においても予備の配電線により供給を継続できるため供給信頼度が高いが，設備費及び契約電力料金が高価となる．しかし，2回線とも同一系統変電所の場合は，構内または一次側送電線の事故によって常用回線・予備回線とも供給できなくなるおそれがあるため，別々の変電所から送電される異系統受電は，より信頼性が高い．また，配電状況によっては2回線とも同容量受電ができない場合があり，切り替え時における制限が必要となる場合もある（図2.21）．

3) ループ受電方式 ループ受電方式は，配電線路が常時閉回路を形成する方式で，配電線事故時の切り離し作業により無停電または早期復旧が可能で，信頼度の高い方式である．しかし，需要家の受電設備内の受電線路が電気事業者の配電線の一部となるため，遮断容量，保護方式など電気事業者と協調をとる必要がある（図2.22）．

4) スポットネットワーク受電方式 スポットネットワーク受電方式は，三～四回線受電方式であり，1回線が停止しても停電することがなく非常に信頼性が高い．需要家側の特別高圧回路に遮断器および保護継電器を設けずネットワーク変圧器2次側に保護機能をもたせている（ただしネットワーク変圧器二次電圧が高圧の場合を除く）そのため低圧回路側にスポットネットワークリレーおよびネットワークプロテクタ遮断器などが必要となる（図2.23）．

c. 財産・責任分界点

電気事業者と需要家との境には，電気事業者と自家用電気工作物の保安上の責任分界点として，保守点検の際に回路を区分するための区分開閉器を設備しなければならない．区分開閉器は，負荷開閉器（気中開閉器，真空開閉器，不燃性絶縁物を用いた開閉器など）を使用するが，電気事業者が配電塔を設置し，自家用引込み線専用の分岐開閉器を施設する場合は，区分開閉器として断路器を使用できる．

一般的に責任分界点と財産分界点は一致することが望ましいが，引き込み形態により異なる場合があり，電気事業者との協議が必要となる．「高圧受電設備規程（（社）日本電気協会）」に基づく架空または地中引き込みの場合の区分開閉器設置例を図2.24に示す．

d. 主遮断装置の形式と設備容量

需要家の機器および配線を保護し，他の需要家への

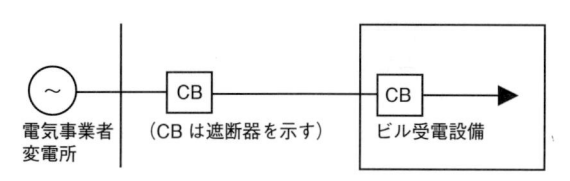

図2.20 一回線受電方式

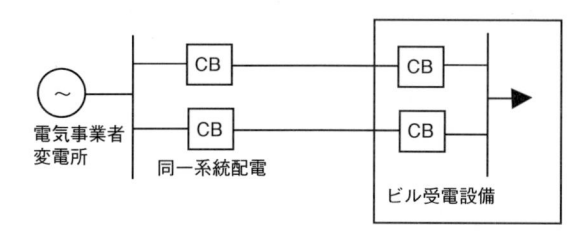

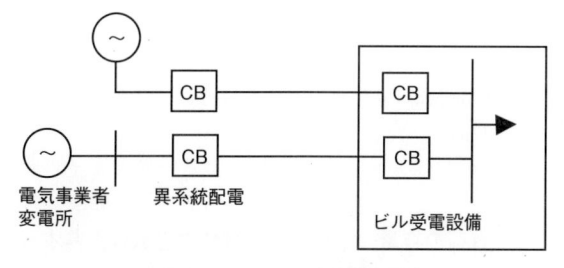

図2.21 常用・予備受電方式
（上：同系統受電，下：異系統受電）

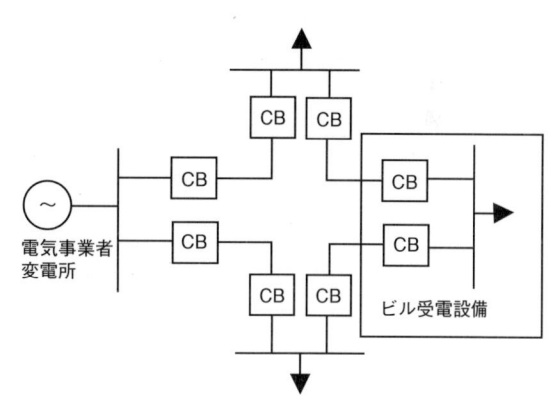

図2.22 ループ受電方式

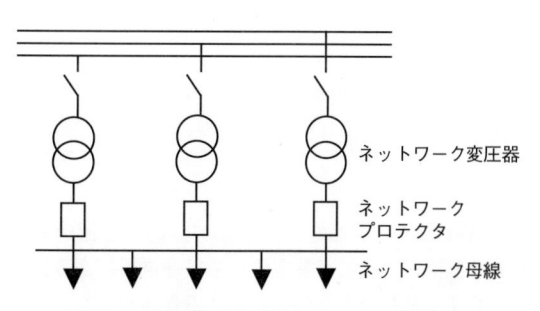

図2.23 三回線スポットネットワーク受電方式

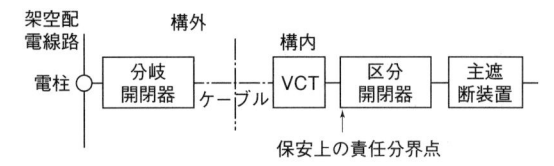

(a) 架空配電線路から地中ケーブル（架空ケーブルを含む）を用いて引き込む場合

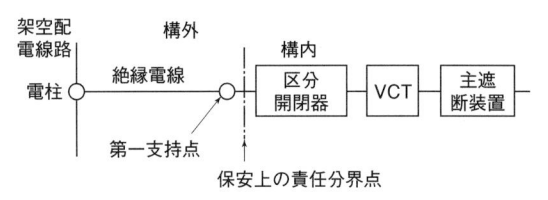

(b) 架空配電線路から絶縁電線（架空ケーブルを含む）を用いて引き込む場合

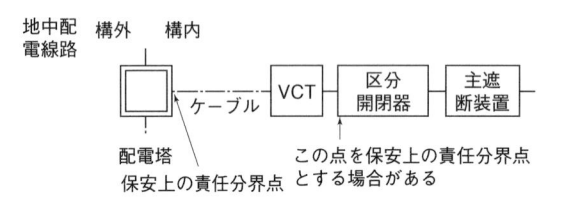

(c) 地中配電線路から地中ケーブルを用いて引き込む場合

図 2.24 区分開閉器の設置例

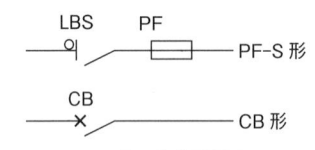

図 2.25 主遮断装置の形式

ただし，LBS：高圧負荷開閉器
　　　　PF：高圧限流ヒューズ
　　　　CB：高圧交流遮断器

表 2.11 主遮断装置の形式と受電設備方式ならびに設備容量

受電設備方式		主遮断装置の形式	CB 形 [kVA]	PF·S 形 [kVA]
箱に収めないもの	屋外式	屋上式	—	150
		柱上式		100
		地上式		150
	屋内式			300
箱に収めるもの	キュービクル (JIS C 4620 に適合するもの)		2000	300
	上記以外のもの (JIS C 4620 に準ずるものまたは JEM 1425 に適合するもの)			300

波及事故を防止するために主遮断装置を設ける．主遮断装置は，ヒューズ（PF-S形），遮断器（CB形）がある（図2.25）．

1) PF-S形　受電設備容量が300kVA（JIS C 4620に適合するキュービクル式高圧受電設備）以下の場合に採用でき，主遮断装置として高圧限流ヒューズ（PF）と高圧負荷開閉器（LBS）とを組み合わせて用いる形式で，最も経済的な方式である．

短絡保護はPFで行い，過電流および地絡保護を必要とする場合は引外し装置付きの負荷開閉器を使用する．

2) CB形　主遮断装置として，高圧交流遮断器（CB）を用い，過電流継電器や地絡継電器により過負荷，短絡，地絡などの故障に対する保護を行う．

表2.11に「高圧受電設備規程」（（社）日本電気協会）による主遮断装置の形式と受電設備方式ならびに設備容量を示す．

2.3.4 変電・配電設備

計画・設計の要点で述べた手順に沿って，変電・配電設備計画の具体的な方法について述べる．

a. 負荷設備容量の設定

受変電設備の計画にあたって，負荷設備容量の算出は，計画全体に関係する基本的な事項である．

1) 負荷の種類　電力負荷は，通常ビルがその機能を果たすために必要な建築設備の用途により分類される．

(1) 電灯負荷：主として照明器具
(2) コンセント負荷：コンセントに接続され使用される器具を主体とし，コピー，パソコンやプリンタなどの情報機器，掃除機など
(3) 一般動力負荷：エレベータ，エスカレータ，給排水ポンプ，シャッタなどの駆動用電動機
(4) 空調動力負荷：冷凍機，冷温水ポンプ，空調機などの駆動用電動機
(5) 生産動力負荷：工場などの生産に使用される駆動用電動機など
(6) 電熱負荷：電気温水器，電気ヒータなど
(7) その他：医療用電気機器，舞台用照明装置，研究設備用電源，立体駐車場電源，直流で利用される通信電源など

上記以外にビルでは電源種別による分類も考えられる．

2) 負荷の容量　通常負荷設備の容量は，基本計画段階では詳細が決定していないことが多い．したがって，負荷容量は一般に次の方法で算出する．

表 2.12 主な建物用途の電灯，動力，受電変圧器の電力密度

	電灯・コンセント (VA/m^2)	動力 (W/m^2)	全負荷 (W/m^2)	受電変圧器容量 (VA/m^2)
事務所	74.6 69.0	104.9 61.6	179.5 130.6	186.5 170.7
デパート	70.7 61.0	70.7 58.6	141.4 119.6	180.3 158.1
ホテル	90.0 81.8	58.6 47.5	148.6 129.3	170.0 156.6
学 校	70.2 52.9	53.8 41.9	124.0 94.8	130.8 107.4
病 院	73.1 67.1	101.4 93.8	174.5 160.9	205.0 185.3

新築ビルディング電気設備調査データファイル (D&D)（電気設備学会・日本電設工業協会）
2002～2006 の 5 年間のデータより
6 kV 受電の施設を対象とし，上段は平均値，下段は中央値を示す
全負荷は電灯・コンセント及び動力の値を合計したもの

ⅰ）負荷密度による方法　ビルの用途・規模を考慮して，過去の実績から電灯・動力など負荷の種別ごとに単位面積当たりの所要電力，すなわち負荷密度 (VA/m^2) を推定して，建物の延べ床面積を乗じて求める．表 2.12 に主な建物用途について負荷種別ごと，および受電変圧器の電力密度の参考値を示す．

ⅱ）負荷別容量の算出方法

（1）電灯負荷：電灯負荷の容量は必要照度，照明方式，光源の種類，照明面積などから負荷密度が算出できるため，用途ごとに積み上げることにより負荷容量を算出する．

（2）コンセント負荷：OA 機器は建物内の収容人員数，使われ方（パソコンが 1 人 1 台など）から負荷密度が想定できるため負荷容量を算出できる．近年事務所ビルにおいては一般に 40～60 VA/m^2 の負荷密度を採用することが多い．

（3）動力負荷：空調動力負荷については建物内の必要冷房負荷密度，熱源の種類（電気，ガスなど）から負荷容量が算出できる．生産動力負荷，その他の電力負荷については建物の目的，用途と密接な関係をもっているため，建築主と内部の使われ方の打ち合わせを行い，負荷容量を把握する必要がある．

b. 最大需要電力の設定

a 項で求めた負荷設備容量をもとに，建物の運用を考慮し負荷の需要率を想定し最大需要電力を求める．
最大需要電力は以下の式で表される．

$$最大需要電力 = 負荷設備容量 \times 需要率$$

需要率はその設定により最大需要電力が決定され，受電設備容量，契約電力の決定にも大きく影響するため，その算出は慎重に行う必要がある．またこの段階で夜間の蓄熱負荷など同時に移動しない負荷があれば機器間の不等率を考慮して最大需要電力の算出を行う必要がある．

c. 受電設備容量の設定

受電設備容量は，最大需要電力，効率，力率を考慮し算出したものに，余裕率を考慮に決定する．また必要に応じて将来の伸び率などを考慮する．

$$受電設備容量 = \frac{最大需要電力}{総合効率 \times 総合力率} \times 余裕率$$

d. 契約電力の設定

最大需要電力を基に契約電力の設定を行う．この際，建物の最大需要電力は将来とも一定であることは少なく，増加していくのが通例なので，将来の負荷増を見込んだ最終の契約電力の値を想定しておくことが重要である．

e. 受電電圧の決定

契約電力が設定されると，電気供給約款に基づき受電電圧が決定される．契約電力の大きさにより，低圧供給，高圧供給，特別高圧供給いずれかとなる．

特別高圧供給については，電力会社の配電事情により電圧種別，引き込み方式が異なり，引き込みに要する期間も長期間になる場合が多く，建物の計画に大きな影響を及ぼすため，計画初期段階での協議が必要となる．

f. 受電方式の決定

受電方式は 2.3.3.b に示すとおり，各方式の特徴を考慮して施設に最適な方式を選定する．

g. 配電電圧，配電方式の決定

配電電圧を計画するうえで下記の要素を検討する必要がある．

（1）負荷容量と遮断器の最大定格電流

遮断器の最大定格電流は，最大需要電力と系統遮断容量を勘案して決定する．

（2）配電距離および電圧降下

変電設備から負荷までの距離が長いと電圧降下により機器が正常に稼動しない場合がある．内線規程に許容電圧降下の範囲が規定されている．

一般に電圧が高ければ負荷電流が小さく，電圧降下の点で有利となるため，建物の規模に応じ適正な配電電圧を選定する必要がある．以下に配電電圧に関係する項目をあげる．

① 受電電圧：受電電圧により中間電圧を設ける場合もあるため，受電方式により，選択できる電圧が限

定される可能性がある．
② 経済性
③ 将来の負荷増加
④ 保守性と更新時の対応

負荷側で必要な電圧は一般に

　電灯・コンセント　　1相 100 V, 200 V
　動力　　　　　　　　3相 200 V
　大容量機器　　　　　3相 6600 V

であるが建物規模によっては400V級配電を採用したり，受電室以外にサブ電気室を設置する場合がある．
実際には負荷設備の種類に応じて，これら配電電圧を組み合わせて採用する場合が多い．

h. 受電変圧器容量の算出とバンク数の決定

受電変圧器容量は受電設備容量，配電方式，電力供給の信頼度，変圧器の標準容量，電動機始動時の電圧変動，将来の負荷増などを考慮し決定される．高圧受電の場合には，負荷設備の必要とする電圧種類に応じ変圧器を設置する．特別高圧受電の場合には一般的に直接負荷設備の必要とする電圧に応じた変圧器を設置するのではなく，一度高圧に降圧してさらに負荷設備の必要とする電圧に応じて変圧器を設置する例が多い．変圧器バンク数は建物の用途に応じ保守点検を考慮し，複数にすることもある．

i. 主回路方式の決定

主回路方式には，大きく分けて単一母線方式と二重母線方式がある．一般に単一母線方式が用いられている．しかし，負荷の重要度により保守・点検を考慮し二重母線方式を採用する場合もある．表2.13に主回路母線方式の特徴比較をあげる．選定にあたっては，設備の目的に応じて選択することが大切である．また，

表2.13　主回路母線方式の特徴比較

(a) 単一母線（母線連絡CBなし）
- 構成が簡単で設備費が安価．
- 発電機がある場合発電機容量に応じて負荷を選択投入する必要がある．
- 母線の一部に故障があれば全停電となる．
- 設備の保守・点検時は全停電となる．

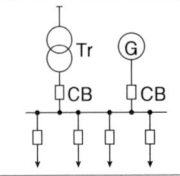

(b) 二重母線（母線連絡CBなし）
- 高信頼性を要する負荷多く，発電機出力が大きい場合に多い．
- 発電機を有効利用できて操作自由度が大きく電力の供給信頼度が高い．
- 主母線や分岐回路の遮断器が故障時対応可能．
- 構成が複雑で設備費が高価．
- 据付面積が大きい．

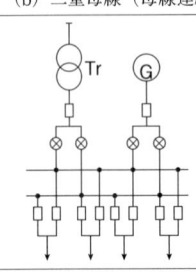

(c) 単一母線（母線連絡CBあり）
- 発電機がある高圧受変電方式の場合に実績が多い．
- 緊急時の操作が簡単．
- 発電機回路の負荷を限定する場合が多い．
- 負荷ピーク時に契約電力超過分を自家発から供給可能．

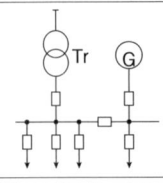

(d) 二重母線（母線連絡CBあり）
- 母線連絡CBなしの二重母線方式(b)とほぼ同じ特徴をもつ．
- 主母線の事故でも常用電源から供給可能．
- 遮断器点検時，無停電で供給が可能．

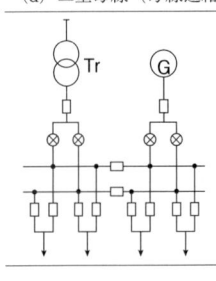

VCT（電力需給計器用変成器）交換に伴う停電回避のため2台設置することもあり，運用を考慮した選定が必要となる．

j. 変電設備の形式

設備の形式には，機器を盤内に収納した閉鎖型と，機器がパイプやアングルのフレームに露出した状態で取り付けられ配線を行う開放型がある．近年は以下に示す理由により閉鎖型が一般的になっている．閉鎖型の特徴は以下のとおりである．

(1) 充電部は接地を施した金属で覆われているので，感電や内部事故による危険のおそれが少ない．
(2) 外部からの損傷や小動物の侵入による事故を防止できる．
(3) 工場で組立試験を行い現地に搬入されるため信頼性の向上と，工期の短縮が図れる．
(4) 据え付け面積が小さくできる．

閉鎖型変電設備には遮断器部分を函体に入れたスイッチギヤと変圧器を分離した形態と，遮断器・変圧器とも同一の函体に入れたキュービクルの形態の2種類がある．前者は特高受電の場合によくみられる形態で，高圧受電の場合は一般的に後者の形態が多い．

k. 電気室の機器配置計画

1) 電気室の位置　電気室の位置を決定するときの主な条件を以下に示す．

(1) 敷地境界線から受電点までの距離ができるだけ短くできる場所
(2) 機器の搬出・搬入が容易な場所
(3) 機器の振動，騒音が居室などに影響を及ぼさない場所
(4) 大容量負荷が集中する機械室などに近いこと
(5) 二次側幹線シャフト（EPS）への配線が容易にできる場所
(6) 日常の保守点検がしやすい場所
(7) 河川の増水など水の被害を受けない場所

表 2.14　配電盤などの最小保有距離

部位別 機器別	前面または 操作面〔m〕	背面または 点検面〔m〕	列相互間（点検 を行う面）*〔m〕	その他の 面〔m〕
高圧配電盤	1.0	0.6	1.2	－
低圧配電盤	1.0	0.6	1.2	－
変圧器など	0.6	0.6	1.2	0.2

〔備考〕＊は，機器類を2列以上設ける場合をいう．

表 2.15　キュービクルの保有距離

保有距離を確保する部分	保有距離〔m〕
点検を行う面	0.6 以上
操作を行う面	1.0 + 保安上有効な距離以上
溶接などの構造で換気口がある面	0.2 以上
溶接などの構造で換気口がない面	－

〔備考1〕溶接などの構造とは，溶接またはねじ止めなどにより堅固に固定されている場合をいう．
〔備考2〕保安上有効な距離とは，開閉装置等の操作が容易に行え，かつ，扉を開いた状態（固定）で人の移動に支障をきたさないように1.0 mに加える距離をいう．

(8) 地震時の被害を受けにくい場所
(9) 上部に厨房，便所など水を使う施設がない場所

2) 電気室の面積　受変電機器の構成が不明確な段階で電気室の面積を算出する場合には，通常（社）日本電設工業協会の標準式が用いられる．

$$電気室必要面積 = 2.15 \times (設備容量〔kVA〕)^{0.52}$$

機器の配置で電気室の広さを決定する場合は，安全を考慮した機器の適正配置に必要な面積と，保守点検のために必要な通路等の面積を合計したものとする．「高圧受電設備規程」（（社）日本電気協会）に基づく保有距離について，表2.14に配電盤などの最小保有距離，表2.15にキュービクルの保有距離を示す．また，図2.26に電気室内に設置するキュービクルの保有距離を示す．

3) 電気室の構造

電気室の構造は次のとおりとする．

(1) 防火構造または耐火構造であって，不燃材料で

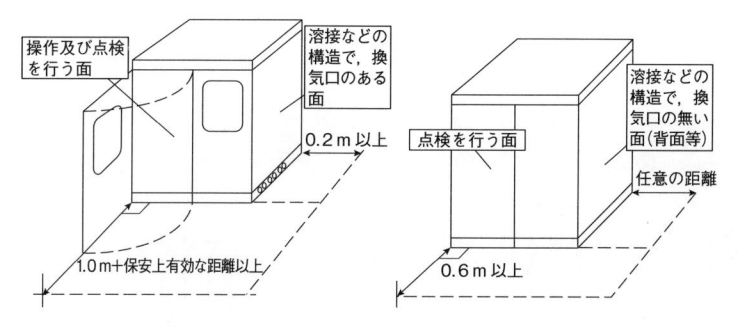

図 2.26　電気室内に設置するキュービクルの保有距離

区画され，かつ窓および出入口には甲種防火戸または乙種防火戸を設けたもの

(2) 外部からの水が入らない構造，また内部に水の配管がないこと

(3) 鳥，ねずみなどが侵入しない構造であること

(4) 取扱者以外の人間が立ち入らない構造であること

(5) 重量機器の荷重に耐えられる床構造であること

(6) 天井高さは，高圧受電の場合で梁下有効高さ3.0 m，特別高圧受電の場合で4～5 mとする

(7) 電気室の面積が200 m^{2}を超過する場合には固定式消火設備が，また内部の機器の容量と仕様により，大型消火器が必要となる．

1. 単線結線図

1) 単線結線図 単線結線図とは，受変電設備機器を簡単なシンボルで表し，それらを接続する主配線回路を1本の線で略図的に表した結線図である．主回路を表す結線図には，単線結線図のほかに，三線結線図があるが，図面を簡略化するためにあまり用いられなくなった．単線結線図の目的は，系統全般の構成や主要機器の定格および配電盤ごとの主要機器をわかりやすく表現するためである．電圧が変っても表現方法は同じで，シンボルはJISに規定されているものを用いる．高圧受電設備規程に示された6.6 kV受電の場合の単線結線図の例を図2.27に示す．

2) 機器の選定 機器の選定にあたっては，信頼性，安全性，経済性，適応性，保守性などの要素を考慮する必要がある．これらの要素は機器の選定上どれもたいせつな要素であり，建物の用途や規模に応じて優先させる重要度が異なってくる．機器の選定にあた

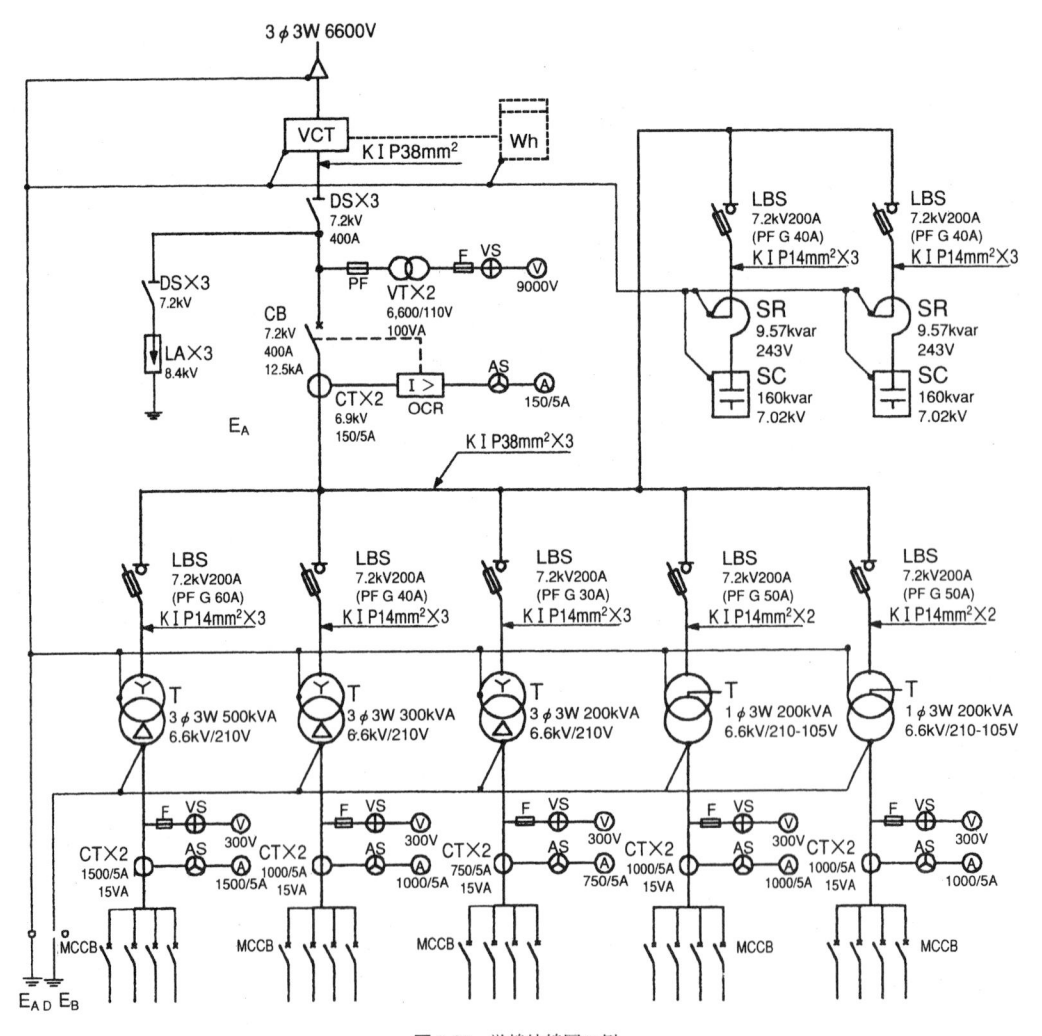

図2.27 単線結線図の例

り，経済比較を行う場合は，イニシャルコストだけでなく，ランニングコストも含めた費用で検討する．また建物の寿命に対して，受変電設備の寿命の方が短かいため，更新に必要な費用等を含めた，ライフサイクルコストで検討する場合もある．さらに個々の機器コストだけでなく，設備全般からみたメリットの考慮が必要で，そのうえで投資効果を考える．投資効果を生かすために考慮すべき事項について示す．

(1) 信頼性：機器の故障などによる停電は，生産性や安全性の低下をきたすので，信頼性の高い機器やシステムを選定する．

(2) 安全性：不燃機器，難燃機器などにより，災害を起こさないように安全性の向上を図ることが望ましい．

(3) 省エネルギー化：CO_2削減，エネルギーコストの低減のために不可欠である．

(4) 省スペース化：機器の小型化は専有面積，階高，重量の軽減などにより建築の有効面積，空間の増加，構造体への軽減等につながる．

(5) 省力化：メンテナンスフリー化により保守費を軽減する．

(6) 耐環境性：騒音や振動などの公害の発生源とならないような周囲環境と調和した設備とする．

3) 規　格　機器の仕様を示す場合には，その準拠する各規格を明示する必要がある．国内規格の主なものとして以下のようなものがある

(1) JIS（日本工業規格）
(2) JEC（電気学会電気規格調査会標準規格）
(3) JEM（日本電機工業会標準規格）
(4) JCS（日本電線工業会規格）
(5) JESC（日本電気技術委員会規格）
(6) JIL（日本照明器具工業会規格）

近年国際規格と国内規格の統一が進みつつあり，従来国内の製品に限定されていたものが，海外の製品を使用することも可能となってきている．そのため計画段階で機器選択の幅が広がっている．

4) 受電部の構成

(1) 主遮断装置：主遮断装置については，2.3.3.d 参照．

(2) 分岐遮断装置：分岐遮断装置は変圧器，コンデンサ，高圧電動機などの各機器の事故により主遮断装置が動作することを防止する目的で設置されるものである．分岐遮断装置の動作は主遮断装置と動作の協調がとれるようにする．遮断装置としては主遮断装置と同様に PF-S，CB を用いる．小容量受変電設備の場合には分岐遮断装置を省略する場合もある．

(3) 変圧器：受変電設備の主となる機器で，負荷が必要とする電圧に変換することを目的とする．計画にあたっては，信頼性に配慮し使用する変圧器の種類，容量，台数を決定する．長期にわたる使用に要する維持管理費，損失を含めたランニングコストに配慮する必要がある．近年はメンテナンスフリー化を目的としたオイルレス機器（モールド変圧器，ガス変圧器など）が普及している．また，6kV 変圧器については，エネルギー使用の合理化に関する法律により，エネルギー消費効率の基準値を満たす「トップランナー変圧器」の使用が義務付けられている．変圧器には負荷がない場合でも発生する損失（無負荷損）と，負荷に応じて発生する負荷損があり，効率の高い部分で運転することが重要である．そのため省エネルギー対策として1日の負荷の傾向を正しく把握し，適正な変圧器の容量を選択することが重要である．

(4) 進相コンデンサ：変圧器または個々の負荷に並列に接続し，力率を改善する目的で設置される．コンデンサを設置し力率改善することにより，電力基本料金の割引を受けられ，力率85％以上を対象に最大15％の割引が可能である．力率100％を実現するためには大容量のコンデンサが必要となるため通常95〜98％程度を目標にコンデンサ容量は決定される．力率改善による効果は設置点から電源側へ及ぶことから，それぞれの負荷に並列に設置することが理想であるが，小容量の分散設置となるため，設置スペースが大きくなるとともにコストアップにつながるので，費用対効果を考慮し，一般的には受変電設備に集中して設置することが多い．近年整流負荷（インバータ制御モータ，照明，パソコンなど）による高調波の増加に伴い，コンデンサの焼損につながる事故が多くなっている．これは需要家内で発生した高調波による場合と他の需要家の高調波が流入する場合が考えられる．コンデンサを高調波から守るため，リアクトルを設置し流入電流を抑制するなどの保護対策を検討する必要がある．ただし，高調波が非常に多い場合は，リアクトルの過熱，焼損に至ることがあるので，より高調波耐量の高いリアクトルを採用したり，コンデンサに対するリアクトルのパーセントを上げるなどの対策が必要となる．高調波による障害を防止するため需要家内から外部に流出する高調波を抑制するようガイドラインが設けられ，運用されている．

(5) 避雷器：避雷器は引込み口の近くに設置され，雷および電路開閉などによる異常電圧を大地に放電さ

せ，機器の絶縁を保護するものである．高圧受電の場合は架空配線で供給される500 kW以上の受電設備に設置するよう規定されているが，500 kW未満であっても，雷の多い地域では信頼度向上のため設置することが望ましい．

5) 保護継電器 保護継電器は，機器や電路の事故が発生したときに適切な保護を行い，被害を最小限に抑え，他の健全系統への事故波及を防止するために，電気設備の過電流，過電圧，不足電圧，地絡，欠相などの保護を行い，遮断器を開放させるための装置である．

m. 制御および保護協調

1) 制御方式 受変電設備の制御方式としては次のようなものがある．

(1) 機器操作に必要な駆動源による分類

① 手動直接制御方式：人力により直接機器を操作する方式．

② 間接制御方式：電磁機構，電動機構，ばね機構，圧縮空気など機器を人力以外の動力により操作する方式．

(2) 保守員の判断の有無による分類

① 手動制御方式：保守員の判断により行う制御方式．

② 自動制御方式：機器の制御の一部，またはすべてを自動化したものであり，シーケンス制御，プログラム制御などがある．

(3) 制御場所による分類

① 現場制御方式：現場に設置した機器を現場で制御する方式．

② 遠方制御方式：離れて設置されている機器を遠方から操作線などを用いて電気的に操作する方式．

制御方式の選定にあたっては，受変電設備の用途，重要度，規模などを考慮して最も適合したものを採用する．

2) 制御回路方式 制御回路方式については主回路方式と同様に建物の要求に合わせ選定する必要がある．

制御回路は，遮断器などの操作の回路，遮断器などの制御の回路，機器の状態・故障などを表示する回路に分類される．停電時でも機器の操作・制御・表示が可能なように，直流電源装置を設置する場合が多い．操作回路については手動で投入しばね動作で遮断できる遮断器もあり，小規模の受変電設備においては直流電源装置を設置しない場合もある．また制御・表示回路については，受電しているときだけ制御・表示ができるように，受変電設備より交流で電源供給を行う場合もある．また無停電保守を行う場合には，2組の直流電源装置の設置が不可欠である．このように制御回路の検討にあたっては建物の運用を考慮のうえ検討する必要がある．

3) 保護協調 電気回路の異常として主なものは，短絡，地絡，過負荷，異常電圧などである．これらの異常に対して，ヒューズ，遮断器などの保護装置を設置している．これら保護装置の使い方が適切でないと，その効果を望むことはできない．回路に異常が発生した場合，ただちに該当回路を健全回路から切り離し，その拡大を防止するのが遮断器，ヒューズの役目である．異常回路の遮断器やヒューズのみが動作し，健全回路の遮断器やヒューズが動作しないように動作協調をとり，健全回路は給電を継続し，また機器が損傷しないように保護装置の動作特性を調整することが保護協調である．保護協調には，過電流保護協調，地絡保護協調，絶縁協調がある．一般に電気事業者から供給を受ける場合には，一需要家だけではなく，多くの需要家が一系統に接続されている．そのため需要家の主遮断装置と配電用変電所の送り出し遮断装置との間に協調がとれていないと，需要家の主遮断装置が動作すると同時に，電気事業者の配電用変電所の送り出し遮断装置も動作してしまい，他の需要家も停電することになる．停電の波及事故は社会活動等に大きな影響を及ぼすので，電気事業者との保護協調には十分な打ち合わせが必要となる．

(1) 過電流保護協調：過負荷，短絡に対して行う保護協調であり，機器および電線を保護し，波及事故防止のために過電流遮断装置を設置する．過電流遮断装置の種類は負荷の種類，容量に応じて，また通過する電流に応じて選定する必要がある．主遮断装置は，電気事業者の変電所の過電流保護装置と感度，時限の動作協調がとれていると同時に需要家内の過電流遮断装置との動作協調が保たれていなければならない．

また事故時にはその回路に接続されているケーブル，変圧器などの機器に，遮断が完了するまでの間に大電流が流れるため，その電流に耐えられるものを選定しなければならない．各機器は，それぞれ瞬間的な大電流に耐えうる限界値（短時間耐量）が設定されており，破損に至らないように機器の選定を行う必要がある．

(2) 地絡保護協調：漏電に対して行う保護協調であり，人体に対する安全性を確保するために地絡遮断装置を設置する．需要家の事故による波及の大部分は地

絡事故である．需要家内の地絡事故が電気事業者に波及しないように，受電点には原則として地絡遮断装置を設置しなければならない．これは，受電点の負荷側の電路に生じた地絡を電気事業者側の地絡遮断装置より早く遮断し，電源側に影響を与えないためであり，保安上の責任区分を明らかにするためのものである．地絡の検出には，地絡電流そのものを検出する方式と，地絡によって生ずる電圧を検出する方式があり，ケーブルの長さ，設置される場所に応じて選定される．

(3) 絶縁協調：絶縁協調は異常電圧に対して電路や機器の保護を行うもので，電路開閉などの内部異常電圧や外部異常電圧（雷）に対して，電路の絶縁強度に見合った制限電圧の避雷器を設備することにより，絶縁破壊を防止するものである．

n. 防振・耐震対策

1) 防振対策　変圧器は磁気ひずみや磁気吸引力などのため鉄心に振動を生じさせる．また負荷が接続され電流が流れると，漏れ磁束と巻線電流との間に電磁力が作用し巻線が振動する．これらの振動が変圧器本体から基礎を介し，建物に伝播する．またこの振動が冷却フィンなどを振動させ騒音を発生する．この振動の建物への伝播防止対策としては，一般に変圧器の下部に防振ゴムなどの防振装置を設置したり，変圧器を設置する床を緩衝材で分離する浮床工法などの方法がある．また屋内において変圧器から発生する騒音の防止対策としては，専用の部屋を設け，吸音材を貼る方法がある．

建物の屋上にキュービクルなどの変電設備を設置する場合は，設計段階で下階，近隣への影響を十分配慮する必要がある．

2) 耐震対策　耐震設計の指針として「建築設備耐震設計・施工指針」が作成されている．この指針は1978年宮城県沖地震被害の経験をもとに1982年に発行され，1995年の兵庫県南部地震後，および2005年に見直しが行われ現在に至っている．基本的な考え方は地震時の機器の破損被害や機能喪失を避け，人命の安全を図り，財産を保護し，地震後にも必要な活動を可能とすることである．そのため，地震動によって設備の機器および配管などが移動，転倒，落下などしないよう，機器，配管などを建築物に堅固に据え付けるための設計を耐震設計としている．設計方法は，地震入力を設定して建築物各所の機器，配管などの支持固定部材に加わる力を計算し，その値が支持固定部材の許容応力度内にあるか，耐力判定することで支持固定設計を行う許容応力度法を用いている．建物の重要

表 2.16　設計用標準震度

機器の設置階	建築設備機器の耐震クラス			適用階の区分
	耐震クラスS	耐震クラスA	耐震クラスB	
上層階，屋上および塔屋	2.0	1.5	1.0	塔屋／上層階
中間階	1.5	1.0	0.6	中間階
地階および1階	1.0 (1.5)	0.6 (1.0)	0.4 (0.6)	1階／地階

〔注〕（　）内の値は，地階および1階（地表）に設置する水槽の場合に適用する．

- 上層階の定義
  - 2～6階建ての建築物では，最上階を上層階とする．
  - 7～9階建ての建築物では，上層の2層を上層階とする．
  - 10～12階建ての建築物では，上層の3層を上層階とする．
  - 13階建て以上の建築物では，上層の4層を上層階とする．
- 中間階の定義
  - 地階，1階を除く各階で上層階に該当しない階を中間階とする．

度，用途をもとに耐震クラスを選択し，そのクラスに応じた設計用標準震度を設定し，この震度による地震力が各機器に作用するという条件で設計を行う．表2.16に前記指針に基づく，局部震度法による設備機器の設計用標準震度を示す．具体的な設計は機器の据え付け方法として，アンカーボルト，基礎，頂部・背面支持材，ストッパ，架台の検討など，配管の据え付け方法として，横引配管の支持の検討，そのほかに機器と配管などの接続部の検討がある．

2.3.5 発電設備

a. 発電機設備と負荷

1) 常用発電設備　離島や山間部において電気事業者からの電力供給が受けにくい場所，需要家が希望する商用電源容量が得られない場合の補助用，契約電力低減用，電力平準化のためのピークカット用，コージェネレーション用など目的に応じて計画される．

これらは電気事業法上，発電所としての適用を受ける．

2) 非常用発電設備　事務所ビル・百貨店・ホテル・地下街などに防災用として設置されるもので，建築基準法や消防法により火災停電時に電源供給が義務づけられている電源の供給源として使用される．

法規による義務設置が定められているもののうち，建築基準法では「予備電源」，消防法では「非常電源」と呼ばれている．

建築基準法によるものは，表2.17（建築基準法による防災設備と適応予備電源の種類）に示す防災設備に適応した予備電源が必要となる．予備電源としては，

2. 電力設備

表 2.17 建築基準法による防災設備と適応予備電源の種類

防災設備			自家用発電装置		蓄電池設備	自家用発電装置と蓄電池設備[*2]	内燃機関[*3]	容量以上
			予備	常用[*1]				
非常用の照明装置	特殊建築物	居室			○	○		30分間
		避難施設等			○	○		
	一般建築物	居室			○	○		
		避難施設等			○	○		
	地下道（地下街）				○	○		
非常用の進入口（赤色灯）			○	○	○	○		
排煙設備	特別避難階段の付室 非常用エレベーターの乗降ロビー		○	○				
	上記以外		○	○			○	
非常用エレベーター			○	○				60分間
非常用の排水設備			○	○				
防火戸・防火シャッター等					○			30分間
防火ダンパー等・可動防煙壁					○			

[*1] 常用とは，自家用常用発電装置を示す．
[*2] 10分間容量の蓄電池設備と40秒以内に起動する自家用発電装置に限る．
[*3] 電動機付きのものに限る．

表 2.18 消防法による防災設備と適応非常電源の種類

設備の種類	容量	非常電源専用受電設備	自家発電設備	蓄電池設備		燃料電池設備	関係条文	備考
				直交変換装置を有しないもの	直交変換装置を有するもの			
屋内消火栓設備	30分	○[*1]	○	○	○	○	規12-1-4	表中記号 ／認めない ○印は適合 *1は 特定防火対象物で延面積1000 m² 以上は原則として認めない． *2は 1分間直交変換装置を有しない蓄電池設備または予備電源で補完できる場合に限る． *3は 大規模・高層の防火対象物（H.11消告2）の主要な避難経路に設けるものにあっては，60分（20分を超える時間における作動に係る容量にあっては，直交変換装置を有する蓄電池設備，自家発電設備又は燃料電池設備によるものを含む．）．
スプリンクラー設備	30分	○[*1]	○	○	○	○	規14-1-6の2	
水噴霧消火設備	30分	○[*1]	○	○	○	○	規16-3-2	
泡消火設備	30分	○[*1]	○	○	○	○	規18-4-13	
不活性ガス消火設備	1時間	／	○	○	○	○	規19-5-20	
ハロゲン化物消火設備	1時間	／	○	○	○	○	規20-4-15	
粉末消火設備	1時間	／	○	○	○	○	規21-4-17	
屋外消火栓設備	30分	○[*1]	○	○	○	○	規22-6	
自動火災報知設備	10分	○[*1]	／	○	○	○	規24-4	
ガス漏れ火災警報設備	10分		○[*2]	○	○[*2]	○[*2]	規24の2の3-1-7	
非常警報設備	10分	○[*1]	／	○	○	○	規25の2-2-5	
誘導灯	20分		○[*3]	○	○[*3]	○[*3]	規28の3-4-10	
排煙設備	30分	○[*1]	○	○	○	○	規30-8	
連結送水管	2時間	○[*1]	○				規31-7	
非常コンセント設備	30分	○[*1]	○	○	○	○	規31の2-8	
無線通信補助設備	30分	○[*1]	○				規31の2の2-7	

自家発電設備，蓄電池設備，自家発電設備と蓄電池設備の併用および原動機による直接駆動がある．

消防法によるものは，表2.18（消防法による防災設備に必要となる非常電源としては，非常電源専用受電設備，自家発電設備，蓄電池設備，燃料電池設備があり，このうち非常電源専用受電設備は，消防法認定

の受変電設備である．

また，常用発電機を非常用発電設備として兼用する場合には，発電機故障やメンテナンスによる休止等を考慮して複数台設置するなど，非常時に確実に電源供給が行われるために定められた条件を満足することが必要である．

3) 負荷の決定 負荷の決定にあたっては，次の条件を考慮する．

(1) 建物の種類，負荷の用途および性質と使い勝手（電算ビル，銀行，病院，冷凍冷蔵倉庫など）

(2) 使用頻度，同時使用率，実負荷を考慮（間欠運転機器，低負荷率運転機器など）

(3) 停電により受ける損失の程度と発電機から電源を供給する負荷（給排水ポンプ，コンピュータ，冷蔵庫，防犯設備など）

(4) 建築基準法，および消防法で要求される防災負荷

法に基づく非常用発電設備として使用する場合は，法に定められた計算法により原動機及び発電機容量を算出する．この場合は，火災を伴わない単なる停電の場合にも兼用するのが一般的であり，電算機用電源，医療用電源，厨房の冷蔵庫用電源，給排水ポンプ用電源，保安照明用電源，昇降機用電源などの負荷にも供給できるよう，保安上重要な負荷を決定し，火災停電時または一般停電時の容量のいずれか大きい方とする．

b. 発電機設備計画

1) 発電機容量の算定 自家用発電設備の出力算定は，常用発電装置の場合，日本内燃力発電設備協会規格 NEGA C201（自家用発電設備の出力算定法）を，非常用発電装置は，消防法（1988年8月1日付 消防庁予防救急課長通達第100号）に基づいて算定する．

基本的には，発電機出力と原動機出力の双方の整合を図ったうえで，発電機の出力を選定する．

発電機出力 $G = RG \cdot K \cdot Cp$

ただし，G は発電機出力〔kVA〕，RG は発電機出力係数〔kVA/kW〕で，定常負荷出力係数（RG_1）許容電圧降下出力係数（RG_2）短時間過電流耐力出力係数（RG_3），許容逆相電流出力係数（RG_4）のうちの最大のものとする．K は負荷出力合計〔kW〕．

原動機出力 $E = RE \cdot K \cdot Cp$

ただし，E は原動機出力〔kW〕，RE は原動機出力係数〔kW/kW〕で，定常負荷出力係数（RE_1）許容回転速度変動出力係数（RE_2）許容最大出力係数（RE_3），

のうち最大のものとする．K は負荷出力合計〔kW〕Cp は原動機出力補正係数．

発電機出力および原動機出力の整合

$$MR = E \cdot \frac{\eta_g}{(G \cdot \cos\theta_g)}$$

ただし，MR は整合率（$1.5 \geq MR \geq 1$），E は原動機出力〔kW〕，η_g は発電機効率（発電機出力による），G は発電機出力〔kVA〕，$\cos\theta_g$ は発電機定格力率（0.8）．

2) 運転時間の決定 非常用発電設備の一般停電時における運転時間は，過去における商用電源の停電最大時間により決定される．一般的に1～3日間程度の連続運転時間とすることが多い．その他の決定要素として，タンクローリーによる燃料油の輸送，備蓄可能スペースなどがある．火災停電時は，法に基づく防災負荷と非常用発電機の稼動を支える周辺設備に対し，表2.17および表2.18に示すように，設備ごとに運転継続時間が決められている．

なお，消防法で要求される運転時間は，定格負荷で1時間以上連続運転できることが必要で，燃料タンク許容量は定格負荷で2時間以上運転できるものとすることが定められている．

3) エンジンの決定 原動機は，図2.28のように区分される．

原動機は，発電機の性能に伴う電圧確立時間，始動時の過負荷耐量，燃料・冷却水の継続的な供給，騒音・振動の程度などにより決定される．

一般的に，非常用発電設備としての原動機は主に内燃機関のうち，ディーゼル機関と油燃焼ガスタービンが多く使用される．内燃機関は始動が早いこと，動作が確実で信頼性が高いこと，自動化が容易であること，取り扱いや保守が容易であり，効率がよいことなど多くの要求事項を満たす必要がある．

表2.19にディーゼル機関とガスタービン機関の比較，表2.20に非常用発電設備の法令による基準比較を示す．

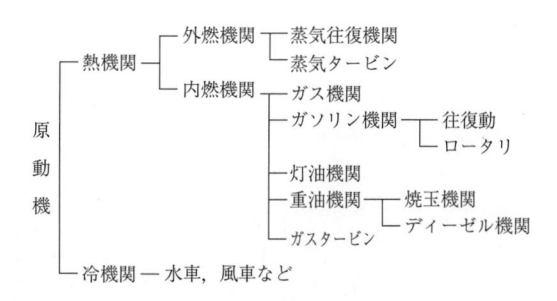

```
                    ┌─外燃機関─┬─蒸気往復機関
                    │          └─蒸気タービン
          ┌─熱機関─┤          ┌─ガス機関
          │        │          ├─ガソリン機関─┬─往復動
原動機    │        └─内燃機関─┤              └─ロータリ
          │                    ├─灯油機関
          │                    ├─重油機関─┬─焼玉機関
          │                    │          └─ディーゼル機関
          │                    └─ガスタービン
          └─冷機関─水車，風車など
```

図2.28 原動機の種類

表2.19 ディーゼル機関とガスタービン機関の比較

	ディーゼル機関	ガスタービン機関
燃料消費率	小さい	大きい
起動時の黒煙発生	特有の黒煙発生がある	なし
使用燃料	A重油，軽油，灯油	A重油，軽油，灯油，ガス
設置スペース	大きい	小さい
振動	往復運動のため大きい	回転機関のため少ない
廃熱温度	200～300℃	約500℃
機関冷却	水冷，ただし水の冷却に空冷（ラジエータ）と循環式がある	空冷
給排気	ガスタービンに比べ小量（ラジエータの場合外気に面する必要がある）	燃焼空気量が多いため多量となる
オーバホール	現地	工場
コスト	安価	やや高価

4) 冷却方式の決定

発電設備の冷却方式は，水冷方式とラジエータによる空冷方式がある．水冷方式は放流式，冷却水槽方式および冷却塔方式がある．

ラジエータ方式は，循環する冷却水の途中にラジエータを設け冷却する方式で，主に250 kVA程度以下の機関に採用される．ラジエータは大型のファンで構成されているため，排気風量が大きく，一般的に直接外壁のガラリから外部に放熱しているため，地下設置が難しく，騒音も大きい．放流式は水によりエンジンを冷却した後，放流排水する方式で，負荷の大小にかかわらず多くの水を放流しなければならず不経済であるが，小規模の非常用発電機には付属設備が最小限ですむため，多く採用されている．

冷却水槽方式は，冷却水の温度が一定温度以上になるまでは，冷却水槽に返し，高温度になった水は自動温度調節弁により放流し，不足した冷却水を補給するため，試運転や軽負荷時には冷却水の浪費を防ぐ経済的なシステムである．また，比較的大きな水槽が必要であるが，水道水が断水しても水温上昇限度まで運転が可能となる．冷却塔方式は，大容量エンジンで多量に冷却水を必要とし，長時間運転する場合，冷却水を強制的に冷却塔に循環し，常に水量の確保と最適な温度状態にするシステムだが，循環ポンプ，冷却塔ファンなどの周辺機器の信頼性向上と，それらの機器の駆動のための容量を発電機容量に付加する必要がある．

なお，非常用発電設備は，定格で1時間以上連続して有効に運転できる容量の専用の冷却水槽を設ける必要があるが，スペースや災害時の断水を考慮した場合，ラジエータ式が望ましい．

5) 燃料供給方式の決定

燃料の供給方式には，貯油タンクから燃料槽を経由して送油する貯油タンク方式と，貯油量を少量危険物に適合した燃料槽から直接機関に送油する燃料槽方式がある．貯油タンク方式には地下埋設タンク式，屋内据付けタンク式，屋外露出タンク式がある．非常用兼用の場合，タンクが1基だとタンクの清掃時に運転できないため，定格で2時間以上連続して有効に運転できる容量をもった燃料槽を併設するか，タンクを複数基設ける必要がある．また，底部にスラッジや水分がたまるため，使用できない容量を考慮して，タンクの容量を決定する．

燃料槽方式は，小型キュービクル式非常用発電設備のような搭載型や燃料槽別置型屋内発電設備に採用さ

表2.20 非常用発電設備の法令による基準比較

項目 \ 関係法令	建築基準法による専用機	消防法による専用機	建築基準法及び消防法に合った兼用機
運転時間	各設備を有効に30分以上運転	定格負荷で1時間以上連続して運転	定格負荷で1時間以上連続して運転できるもの
燃料油	30分以上	2時間以上	2時間以上
始動	自動始動	自動始動	自動始動
電圧確立時間	非常用照明：10秒以内 その他：40秒以内	40秒以内	非常照明：10秒以内 その他：40秒以内
負荷投入	自動投入	自動投入．ただし，設備の管理者が常駐し，ただちに操作可能な場合は手動でもよい	消防法の基準に従う
冷却水	規定なし	1時間以上運転できる専用水槽を設ける．ただし，ラジエータ，冷却塔などによる冷却方式の場合はこの限りでない	
計測装置	規定なし	電圧計・電流計・周波数計・回転計（周波数計・回転計はいずれか一つ）・潤滑油温度計・圧力計・冷却水温度計などを設ける．また，ガスタービンにあっては，ガス温度計・空気圧縮機の吐出し圧力計を設ける	

表 2.21 燃料の指定数量

種別	特徴	品名	指定数量
4類	引火性液体	引火性の蒸気を発生する液体.	特殊引火物	50 l
		第1石油類(アセトン・ガソリン・その他)*	200 l*
		アルコール類	400 l
		第2石油類(灯油・軽油・その他)*	1000 l*
		第3石油類(重油・クレオソート油・その他)*	2000 l*
		第4石油類	6000 l
		動植物油類	10000 l
		(注) *のうち水溶性のものについて→	上記*印の量の2倍

〔注〕少量危険物とは,指定数量の1/5以上,指定数量未満の場合をいい,数量は,燃料小出し槽の容量に機関までの配管および機関内の燃料も加算される.

れる.一般的に重力により燃料を機関に送油するため,機関に送油する燃料槽は,機関の燃料ポンプより高い位置に架台または壁ブラケット方式で固定する.

使用燃料には軽油,A重油,灯油などがあるが,消防法では第4類に類別され,引火点温度により貯油数量が指定されている.燃料油が指定数量以上となると,危険物施設として設置許可申請,完成検査など危険物の規制に適合しなければならない.指定数量未満の場合は,少量危険物の貯蔵・取り扱いとして市町村条例による規制を受ける.表2.21に燃料の指定数量を示す.

燃料槽下部には,漏油対策として同容量以上の容積をもった防油堤を設ける.

6) 排気方式 原動機の排気は,排気管,消音装置および煙突などから構成される.コージェネレーション設備の場合には,これらに排熱回収装置が接続される.

排気管のサイズは,排気量と原動機固有の排気速度により決定されるが,排気管の長さや曲がりの数など抵抗損失が少なくなるよう,据え付け場所,配管経路を選定する必要がある.

発電機設備の煙道はボイラ等に使用している煙道と兼用せず単独に設ける.やむをえず兼用する場合は,原動機の排気管接続をボイラの排気管接続部の下部とする.その理由は,常時運転しているボイラ排気ガスの流れやすさや煙突内排ガス気流(整流)を優先するためである.煙道における煙突差込部は煙突内の有効断面積を大きく欠損させる.常時運転するボイラの煙道の上部に他の煙道の差込口が存在すると,その部位

の局所的な圧力損失と排ガス気流の乱れが発生する.煙突内が常にそのような状態にあると,煙突内ライニング材(カポスタックやハイスタック)へのストレスが蓄積し,剥離事故などへと発展する可能性があるためである.

また,原動機の種類によって排気温度が異なるため,配管材料,支持金物材料などの注意が必要となる.

ガスエンジン,ガスタービン:400℃~550℃
ディーゼルエンジン:360℃~430℃

7) 換気方式 発電機室の給気量は,燃焼に必要な空気量,室温上昇を抑制するために必要な空気量および運転員に必要な空気量の合計となる.

発電機室内で原動機を運転すると,原動機,発電機および排気管からの放熱により室温が上昇する.室温は夏期でも40℃以下を維持するよう計画する.

運転員に必要な空気量は,建築基準法で定める換気量と労働基準法で定める機械室の換気量を考慮するが,室温上昇抑制に必要な空気量の方がはるかに大きいため,一般的には運転員(人数)×30 m^3/hを加算する.

発電機室の換気方式は,通常は第一種換気方式(給排気とも強制換気)で行われるが,換気量が非常に大きいため,換気装置の騒音対策に留意する.

8) 電源切り替え方式 商用電源系統と発電系統の接続には,系統連系方式と系統分離方式がある.系統連系方式は母線に商用電源系統と発電系統を接続し,低負荷時に商用電源系統に発電機電源が逆流しないよう系統連系リレーにより制御する.

系統分離方式は,商用電源系統に接続されていた負荷を発電系統に接続切り替えするために切替えスイッチを設ける.この切り替え方式には,一括切替え方式と個別切替え方式があり,その回路を図2.29に示す.一括切替え方式は,複数の負荷をまとめて切り替える方式で,システムが簡単なため多く採用されている.しかし,負荷の選択が困難であり,切り替え時の発電機に対する負担が大きいため,順次投入などの対策を施している.また,個別切替え方式は,各負荷に商用電源系統と発電系統の切替えスイッチを設け,負荷の選択が可能な構成となっている.しかし,配線が複雑であり,発電機の運転状態をみながら負荷を選択投入する必要があるが,状況に応じた細かな選択と,高稼動率が期待される.ただし,防災負荷は最優先で投入されるように設備する.

9) 消火設備 消防法により発電設備には消火設

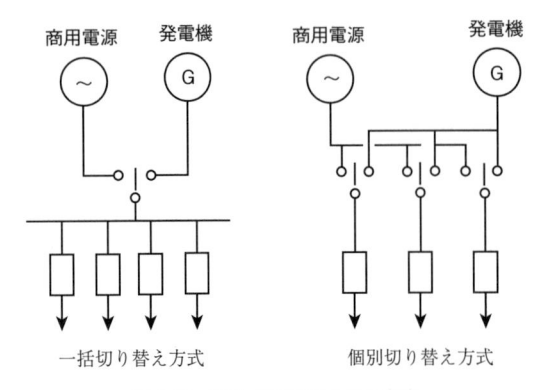

図2.29 商用-発電機切り替え方式

表2.22 発電設備と消火設備

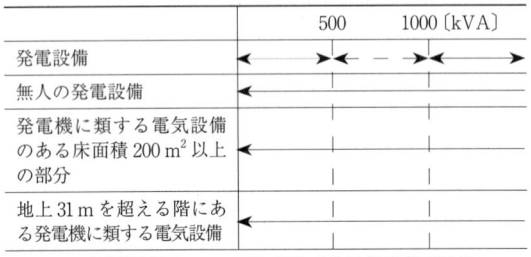

	500	1000 〔kVA〕
発電設備	←—→	←—·—·—→
無人の発電設備	←—————————→	
発電機に類する電気設備のある床面積200 m² 以上の部分	←—————————→	
地上31 mを超える階にある発電機に類する電気設備	←—————————→	

←—→ 不活性ガス，ハロゲン化物または粉末消火設備
←—→ 消火器　　　←—→ 大型消火器

備または消火器具を設けなければならない．表2.22に発電設備として必要な消火設備を示す．

c. 発電機室

1) 配置および構造　発電機室の配置および構造の主なポイントを下記に示す．

(1) 外部からの火災や水の浸入，漏水，火災時の内部浸水などの影響がない．
(2) 電気室に近く，幹線・制御線の敷設が容易．
(3) マシンハッチに近く，搬入が容易．
(4) 取扱者以外の者が立ち入りできない構造．
(5) 換気量に応じた有効な換気．
(6) 冷却水の取り入れや排水が容易．
(7) 煙道の距離が短く，給排気が有効に外部と連絡できる．
(8) 建物内または近隣に対して振動や騒音の影響がない．

なお，非常用発電設備の場合は，不燃材で作られた壁，柱，床，天井で区画され，かつ窓および出入口に甲種または乙種防火戸を設けた専用不燃室にする必要があるが，キュービクル式の非常電源専用受電設備とした場合は，発電設備室，機械室，ポンプ室などに併設が可能．

屋外または主要構造部を耐火構造とした建築物の屋上に設ける場合は，隣接する建築物もしくは工作物から3 m以上の距離を有するか，3 m以内の部分を不燃材料とする必要がある．

2) 発電機室の広さ　発電機室の広さは，発電装置，補機（始動用空気圧縮機，燃料移送ポンプ，蓄電池，充電器など），付属設備（燃料タンク，冷却水タンクなど），発電機盤，自動始動盤などの適正な距離と保守点検のための必要な通路などによって決まるが，機器の配置で発電機室の広さを決定する場合は，下記の距離を最小限確保する．

(1) 発電機と内燃機関の周囲：0.6 m以上
(2) 発電機と内燃機関の相互間：1.0 m以上
(3) 操作盤の操作面：1.0 m以上
(4) 操作盤の点検面：0.6 m以上
(5) 操作盤の換気面：0.2 m以上
(6) 燃料タンクと原動機
    予熱方式：2.0 m以上
    その他：0.6 m以上
(7) キュービクル式蓄電池の操作面：1.0 m以上
(8) キュービクル式蓄電池の点検面：0.6 m以上
    ただし，発電設備または建築物と相対する場合は，1.0 m以上

キュービクル式の場合は，下記の距離を最小限確保する．

(1) 函体前面および背面：1.2 m以上
(2) 点検を行う面：0.6 m以上
(3) 点検を行わない面：0.2 m以上

d. 騒音・振動対策

騒音に対する規制は，「騒音規制法」があり，各自治体ごとに区域と時間帯によって基準が定められている．例として東京都の場合を表2.23に示す．

ディーゼルエンジンまたはガスエンジンの騒音成分は，燃焼騒音と機械騒音で，騒音対策を行わない場合は，機側1 mにおいて約90～105 dBとなる．

ガスタービンの騒音成分は，高周波領域成分がほ

表2.23 騒音規制（東京都の例）

区域＼時刻	昼間 8～19	朝・夕 6～8, 19～23	夜間 23～6
第一種区域（低層住宅専用地域）	45	40	40
第二種区域（中高層住宅専用地域）	50	45	45
第三種区域（商業・準工業地域）	60	55（夕方は20～23時）	50
第四種区域（工業地域）	70	60（夕方は20～23時）	55

とんどとなり，騒音対策を行わない場合は，機側1mにおいて約90～115dBとなる．

騒音対策には，音源対策と発電機室対策があり，両方の対策を施すのが効果的である．

音源対策は，発電設備をエンクロージャーで囲い，消音器を1～2段接続するなどにより，騒音を低下させる．

発電機室対策は，床・壁・天井はコンクリートなど比重の大きい材料による遮音とし，内壁や天井面にはグラスウールなどの吸音材を内張りする．

回転機械である原動機から発生する振動は，躯体を通して伝播する．振動対策として発電機と共通台床間および共通台床と基礎の間に防振装置を設けること，基礎の重量を大きくして吸収させる方法がある．

防振装置にはゴムパット，防振ゴム，防振ゴムリング，金属スプリング，空気ばねなどがあるが，一般的には低速回転機器には防振ゴム，高速回転機器には金属スプリングが有効といわれている．

また，配管，排気管，ダクトなどを介して建築躯体に伝達する場合がある．これらは発電装置からフレキシブル接続による絶縁や躯体との絶縁が必要となる．

しかし，防振装置により絶縁された発電装置は，地震により，躯体から移動することがある．そこで共通台床にはストッパを設け，移動防止対策を行う．

e. 新電源設備
1) 太陽光発電

ⅰ) 概　要　太陽光発電は太陽の光エネルギーを直接電気に変換するもので，日射の得られる場所であれば簡単に電力を得ることができる．発電に伴い温室効果ガスを発生しないクリーンな発電方式である．

普及が推進されている新エネルギーのなかで，住宅を中心に公共施設，学校，業務施設などへの導入が進んでいる．新たな買取制度による普及と量産化によるコスト低減でより一層の普及拡大が期待される．

ⅱ) 太陽光発電の特徴　太陽光発電を導入する場合には，その特徴を十分理解しておくことが必要である．太陽光発電の主な特徴として以下のような項目があげられる．

(1) 長　所
① 太陽光のエネルギーは無尽蔵
② 窒素酸化物（NO_x），硫黄酸化物（SO_x）二酸化炭素（CO_2）を発生せず，騒音のないクリーンな発電システム
③ 規模に関係なく発電効率が一定
④ 太陽光発電パターンと最大需要電力パターンが

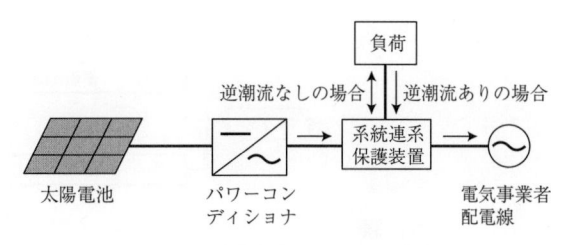

図2.30 太陽光発電システムの構成

近似

(2) 短　所
① 発電量が季節，気象条件，時間帯に大きく影響される．
② 太陽のエネルギー密度が小さいため，大きな電力を得るためには広いスペースが必要．

(3) 太陽光発電システムの構成：太陽光発電システムは図2.30に示すように，太陽電池，パワーコンディショナなどで構成される．

① 太陽電池．太陽電池の最小単位は「セル」であり，数十枚のセルをつなぎ合わせて，所定の電圧・出力を得られるようにユニット化したものがモジュールである．モジュールを組み合わせて，屋根などに設置した状態を太陽電池アレイと呼んでいる．

② パワーコンディショナ．パワーコンディショナは直流を交流に変換するインバータと，事故などの場合に保護する系統連系保護装置で構成される．インバータは太陽電池の温度変化や日射の変化に伴う出力電圧・出力電流の変化に対して，常に太陽電池の出力を最大限引き出す．また，電力会社の配電線に悪影響を及ぼさないように，高調波電流を抑制する機能をもっている．

(4) 太陽光発電システムの分類：太陽光発電システムは，系統連系の有無，蓄電池の有無などにより，図2.31に示すように分類される．

一般的には電力会社の配電線と接続して，電力を融通しながら運用する形が多いが，太陽光発電は消費する場所での発電が可能であるという特徴を活かして，離島やへき地，道路標識などへの利用方法がある．

(5) 太陽光発電システムの計画：太陽光発電システム計画の要点をその手順とともに示す．

① 設置場所の調査および選定．設置場所（地上，屋上），緯度，経度，標高，設置可能面積，方位，傾斜角度，周囲の日射障害物などの調査を行い，設置場所を選定する．

② システム容量の決定．負荷容量や運用方法などを考慮し，システムの容量を決定する．

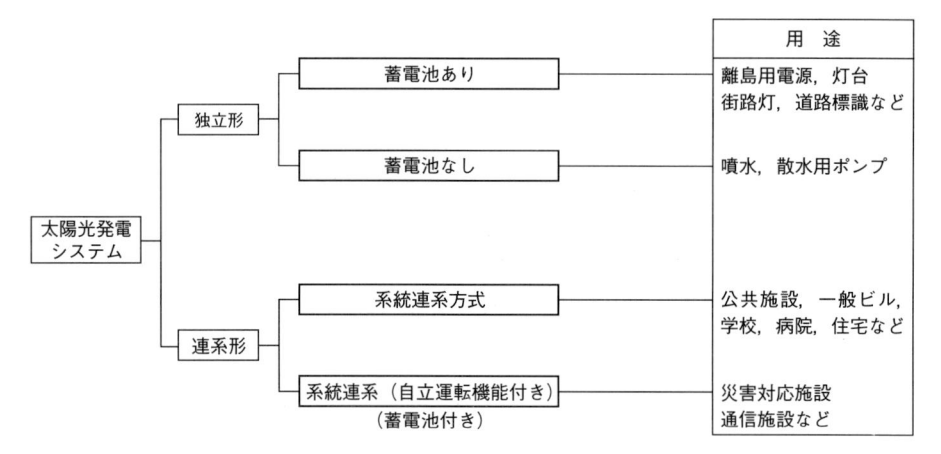

```
                              ┌─ 蓄電池あり ──── 離島用電源, 灯台
             ┌─ 独立形 ──┤                    街路灯, 道路標識など
             │            └─ 蓄電池なし ──── 噴水, 散水用ポンプ
太陽光発電 ──┤
システム     │            ┌─ 系統連系方式 ──── 公共施設, 一般ビル,
             └─ 連系形 ──┤                    学校, 病院, 住宅など
                          └─ 系統連系(自立運転機能付き) ──── 災害対応施設
                             (蓄電池付き)                    通信施設など
```

図2.31 太陽光発電の分類とその用途

③ 太陽電池モジュールの選定．設置場所の状況や外観などに応じて，最適なモジュールを選定する．建材一体型モジュールも各種供給されており，建築材料の一部として採用することも多くなっている．風圧，地震，積雪などの荷重を考慮し，架台や取り付け方法を決定する．

④ 系統連系の有無の決定．系統連系を行うか，独立運転かを決定する．連系を行う場合には，「系統連系技術要件ガイドライン」にしたがう．併せて蓄電池設置の要否，容量を決定する．

⑤ 機器の選定．パワーコンディショナ，集電箱，表示装置，計測装置など目的に合わせて選定する．

2) 風力発電

ⅰ) 概　要　風力発電は風のエネルギーで風車を回転させ発電機を駆動するもので，太陽光発電と同様に自然エネルギーを利用した，クリーンな発電方式である．1基2000 kW程度の大型機も製作され，大容量化・高効率化が進んでおり，さらなる普及拡大が期待されている．

ⅱ) 風力発電の特徴　風力発電の主な特徴は次のとおりである．

(1) 長　所
① 風のエネルギーは無尽蔵
② 窒素酸化物（NO_x），硫黄酸化物（SO_x）二酸化炭素（CO_2）を発生せず，騒音のないクリーンな発電システム
③ 比較的発電コストが低い

(2) 短　所
① エネルギー密度が小さく不規則性（間欠性）があり，安定した電力が得にくい．
② 年間平均風速が5 m/s以上（地上高さ10 m）が推奨され適地が限定される．
③ 風切り音の騒音を発生

ⅲ) 風力発電システムの構成　風力発電は大きく分けて3つの部分から構成される．構成図を図2.32に示す．

(1) ロータ系：風のエネルギーを風車で受け，回転力の機械エネルギーに変換する部分

(2) 伝達系：ロータで生み出した機械力を発電機に伝える部分．風車の回転速度を，交流発電機の回転数1500～1800 rpmに増大させる，増速歯車が設置される．

(3) 電気系　発電機および電力系統に連系するための，電力変換装置などからなっている．発電機には同期発電機，誘導発電機があるが，誘導発電機が多く採用されている．誘導発電機は同期発電機に比べ，構造が簡単であり経済性に優れること，瞬間的に大きく変動する風に対しきめ細かい回転数制御が不要であるなどの理由による．

ⅳ) 風力発電システムの計画　風力発電システム計画の要点をその手順とともに示す．

(1) 設置候補地域の選定：風況マップ，既存の風況データなどを活用し地域を絞り込み，地形条件，配電線布設，道路条件，環境関連条例などの諸条件を考慮し風車建設可能地域を選定

(2) 風況観測・データ解析評価：風車建設候補地域の風況データ収集を行う．観測は原則として1年間実施し評価する．

(3) 有望地点の絞り込み：風況観測結果に基づく風況特性から，有望地点の絞り込みを行う．風況シミュレーションにより当該地域一帯（約3 km四方）の年平均風速の分布を出し，この結果から地点を絞り込む

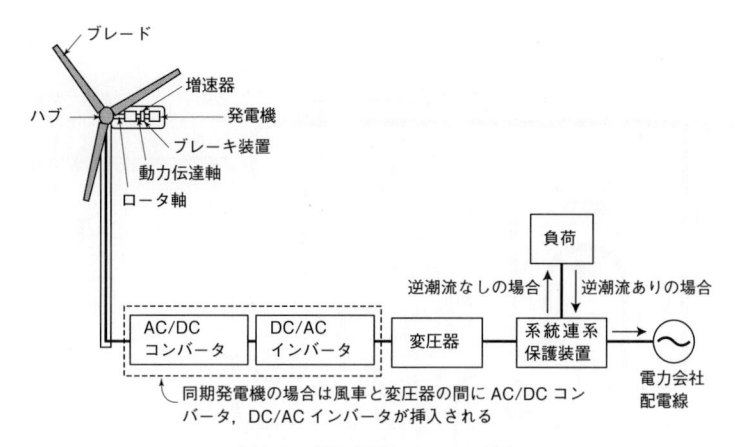

図 2.32 風力発電システムの構成

ことも可能である.

(4) 風力エネルギーと環境影響の評価：騒音障害, 電波障害, 景観対策など環境への影響評価を行う.

(5) システム設計：地質, 地耐力の調査を実施, 詳細発電システム設計（容量, 台数, 配置など）, 付帯設備などの設計を行う.

(6) 機器構成の決定：風車, 発電機, インバータなど機器構成について検討し決定する.

3) 燃料電池

ⅰ) 概　要　　燃料電池発電は天然ガス, 都市ガスなどの一次エネルギーを改質して得られた水素と大気中の酸素を電気化学的に反応させることで, 燃料のもつ化学エネルギーから直接電気エネルギーを得るものである.

燃料電池の適用としては, 火力発電の代替, 地域熱併給発電, オンサイト用コージェネレーション, 家庭用電源, 自動車駆動用電源, 可搬用電源など多様な分野への利用が考えられる. ここでは実用段階に入っており, 建築設備として導入可能なりん酸型燃料電池を主体に述べる.

ⅱ) 燃料電池の特徴　　燃料電池の特徴は次のとおりである.

(1) 長　所

① 硫黄酸化物（SO_x）, 窒素酸化物（NO_x）, 煤じんなどの発生がきわめて少ない.

② 都市ガス, 天然ガス, LPG（プロパンガス）など多様な燃料での運転が可能.

③ 生成水を回収して自立運転を行うため, 通常運転時の補給水や排水がない.

④ エネルギー変換効率が高く, 熱回収運転を行うことにより総合効率は 80～85％となる.

⑤ 回転部分がないので騒音, 振動が少ない.

(2) 短　所

① 設置スペースが大きい

② イニシャルコスト, メンテナンスコストが割高である

ⅲ) 燃料電池発電システムの構成　　図 2.33 にシステム構成図を示す.

(1) 電気系：燃料電池から発生した, 直流電力をインバータで交流電力に変換し, その出力規模によって高圧または低圧配電線と連系するための電圧変換や系統連系保護リレーなどで構成される.

(2) 燃料系：燃料ガスの改質器, 脱硫器, CO 変成器などから構成される.

(3) 熱利用系：燃料電池から発生する熱を利用するための熱交換器であり, 外部から補給水を供給し蒸気, 高温水, 温水の形で効率よく熱を回収する.

ⅳ) 燃料電池の分類　　燃料電池の種類と特徴を表 2.24 に示す.

ⅴ) 燃料電池発電システムの計画

(1) システム構成の検討：建物の立地条件, 規模, 用途, 使用する燃料の種類などから電力負荷と熱負荷を予測し, システムを検討する.

(2) 構成機器の検討：逆潮流の有無, 電力系統との連系などの検討を行う. 燃料ガス注入量制御により出力を制御することが可能であり, 次のような運転方式が考えられ, 負荷特性に基づき決定する.

① 商用電力一定運転方式

② 発電電力一定運転方式

③ ベースロード運転方式

(3) システムの総合評価：発生電力および熱量のエネルギー収支の評価を行い, 経済性, 省エネルギー

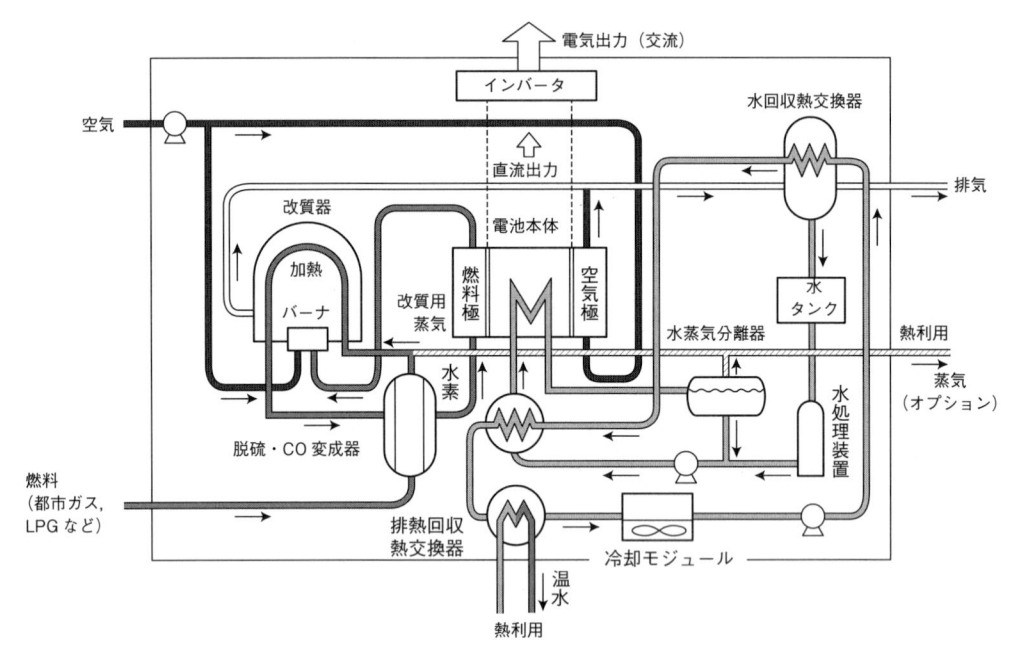

図 2.33 燃料電池発電システムの構成

表 2.24 燃料電池の種類と特徴

	りん酸型 (PAFC)	溶融炭酸塩型 (MCFC)	固体電解質型 (SOFC)	固体高分子型 (PEFC)
電解質	りん酸溶解液	リチウム−ナトリウム系炭酸塩 リチウム−カリウム系炭酸塩	ジルコニア系セラミックス	スルホン酸基高分子膜
作動温度	200℃	650〜700℃	900〜1000℃	70〜90℃
燃料	天然ガス メタノール LPG	天然ガス・石炭ガス メタノール・LPG	天然ガス・石炭ガス メタノール・LPG	水素 メタノール 天然ガス
発電効率	40%程度	50%程度	50%程度	改質ガスを用いた場合 40%程度
特徴 用途	・オンサイト用, 　分散電源用 ・商用化開始(100 　〜200 kW)	・ニューサンシャイン計画で開 　発中 ・分散電源用, 火力発電代替 ・高温材料が必要	・オンサイト用, 火力発電代替 ・ガスタービン, マイクロガス 　タービンとの組み合わせによ 　る高効率発電	・宇宙用, 自動車用, 移 　動用, 家庭用など

性，環境性などの総合評価を行う．

2.3.6 蓄電池設備

蓄電池設備とは，蓄電池，充電装置などで構成されたもので，用途として主なものに，受変電設備の操作用電源，非常用照明などの防災用電源，OA機器などの保安用電源がある．負荷の種類，重要度などを考慮して仕様を決定するが，防災用は，法規による規制があるので関連法規に適合した仕様と設置が必要となる．

a. 蓄電池の種類と特徴

2つの異種金属を電解質溶液中に浸したときの，化学変化により生ずる化学エネルギーを直接電気エネルギーに変換し，外部に取り出す装置が電池（化学電池）である．そのうち，蓄電池とは，二次電池ともいわれ，充・放電が可能な電池である．

種類は，電解液や極板および構造により分類される．

1) 電解液や極板の違いによる分類　極板に鉛，電解液に希硫酸を用いた鉛蓄電池と，極板にニッケル−カドミウム，電解液にアルカリ水溶液を用いたアルカリ蓄電池に分けられる．表2.25に比較を示す．

2) 構造による分類　シール型とベント型に分類される．

ⅰ) シール型　電解液飛まつ，発生ガスの放出，

表2.25 蓄電池の比較

種類		鉛蓄電池		アルカリ蓄電池				
極板の種類		クラッド式	ペースト式	ポケット式			焼結式	
形式		CS	HS	AM	AMH	AH	AH	AHH
用途		一般的な据え置き用	高率放電用	高率放電用			高率放電用	超高率放電用
容量〔Ah〕	定格放電率	10 h	10 h	5 h			5 h	1 h
	範囲	15~2000	30~2500	4~1000	8~700	20~80	10~800	10~600
電圧〔V/セル〕	公称	2	2	1.2			1.2	
	浮動充電	2.15	2.18	1.45		1.43	1.36	
	均等充電	2.30	2.30	1.65	1.60	1.55	1.50	
主構成	電槽	プラスチック						
	極板材料	主に鉛		ニッケル-カドミウム				
	電解液	希硫酸		水酸化カリ				
	比重	1.215	1.240	1.200~1.220				
セル数	100V	50~55		80~88				
	60V	30~31		50~52				
	48V	24~25		40~42				
	24V	12~13		20~21				
耐用年数〔年〕	事後保全	7	4	10				
	予防保全	14	7	15				
	法定	7						
蓄電池設置方式とその容量範囲〔Ah〕	架台	15~2000	30~2500	60~1000	50~700	40~80	100~800	80~600
	キャビネット	15~400	30~600	60~1000	50~700	40~80	100~800	80~600
	キュービクル	15~90	30~120	30~200	20~120	20~80	30~250	30~200
推奨負荷時間		30分以上	1時間以内	2時間以上	30分~2時間	30分~1時間	30分以内	

および補水の大幅軽減を可能にした構造のもので，従来の鉛蓄電池では全密閉型，アルカリ蓄電池では密閉型といわれている．

ⅱ) ベント型　排気弁（排気小孔）を有する液口栓を設けた構造のもので，減液時に補水を要する．従来の鉛蓄電池の密閉型，アルカリ蓄電池の開放型といわれている．

b. 蓄電池

1) 蓄電池容量の算定　容量算出は，電池工業会規格 SBA 6001（据置蓄電池の容量算出法）に基づいて行う．図2.34に示すように，負荷が時間によって変化する特性に対して次式によって計算する．

$$C = \frac{1}{L}\{K_1 I_1 + K_2(I_2 - I_1) + K_3(I_3 - I_2) + \cdots + K_n(I_n - I_{n-1})\}$$

ここに，Cは25℃における定格放電率換算容量〔Ah〕，Lは使用中の経年容量低下率（一般に0.8とする），Kは放電時間T，電池の最低温度および許容しうる最低電圧により決められる容量換算時間〔h〕，Iは放電流〔A〕．

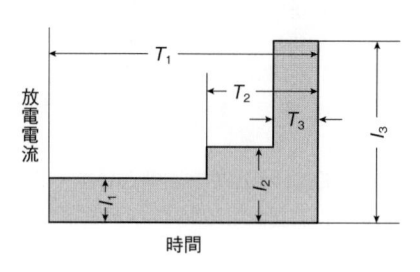

図2.34　負荷特性

また，蓄電池の容量を計算する場合は，蓄電池の設置場所の温度条件をあらかじめ推定し，電池温度の最低値を決める必要があり，一般には次の値が採用されている．

室内に設置される場合は，+5℃，特に寒冷地は-5℃とし，屋外キュービクルに収納される場合は，最低周囲温度に5~10℃を加えた温度とする．なお，空調などにより終日確実に室内温度が保証される場合は，その温度とする．防災電源用蓄電池については，「防災設備に関する指針」を参照する．

2) 蓄電池種類の選定　下記事項を検討して選定する．
(1) 負荷設備の電圧
(2) 負荷電流と停電補償時間
(3) 負荷タイムスケジュール
(4) 保守性，経済性

c. 充電装置

充電装置の回路構成は，変圧器付きのサイリスタ整流器であり，脈動電流を制限するためのリアクトル，およびコンデンサからなる，平滑フィルタ回路が付加されている．

充電器の必要機能は，常時蓄電池の自然放電を補うため，蓄電池の端子電圧をその種類ごとに定まった浮動充電電圧に一定に保つこと，および停電発生時に放電した蓄電池に対し，回復充電を行うため，その端子電圧を種類ごとに定まった均等充電電圧にまで引上げることである．なお，均等充電電圧にした場合の蓄電池への突入電流に対して，充電器の定格電流の120%程度以下に制限するために，電圧垂下特性も必要な機能となる．回復充電時に負荷によっては定格以上の電圧が印加されるのを防ぐため負荷電圧補償装置を付加する．蓄電池設備結線図を図2.35に示す．

1) 充電方式　使用中の充電方式として次のものがある．
(1) 普通充電：標準時間率の一定電流で行う充電．
(2) 急速充電：普通充電電流の2倍程度の電流で行う充電．
(3) 浮動充電：浮動充電電圧と呼ばれる一定電圧により充電を行う充電で，整流器，蓄電池は次の機能を有する．
① 常時負荷電流はすべて整流器が負担する．
② 蓄電池には自己放電を補うわずかの充電電流が流れる．
③ 遮断器の投入など短時間大電流は蓄電池がその一部を負担し，短時間通電が終った後は蓄電池の放電分は整流器から充電する．
④ 停電時は蓄電池が負荷電流を負担する．
(4) 均等充電：長期間浮動充電で使用するときに各単電池で起きる電圧のばらつきを補正するために，定期的に定電圧で行う充電．

2) 充電装置容量の算定　容量算出は，次式により計算する．

$$I_c \geq I_1 + I_2$$

ここに，I_c は充電装置の定格充電電流〔A〕，I_1 は常時負荷の最大電流〔A〕，I_2 は蓄電池の充電電流〔A〕．

I_2 は充電に要する時間により変わるが，一般的には10時間率充電電流が多く用いられる．

3) 負荷電圧補償装置　負荷電圧の変動を小さくする目的で蓄電池と負荷の間に設ける装置で，シリコンドロッパ式とトランジスタ式があり，通信用，計装用，信号用など電圧変動の許容幅が狭く，電圧急変を嫌う負荷にはトランジスタ式が適している．

d. 蓄電池室

従来，鉛蓄電池を対象としてきたので，酸霧による腐食を防止するために耐酸処理を施してきたが，現在，鉛蓄電池はシール型，ベント型など密閉化されて酸霧を発散せず，またアルカリ蓄電池は有毒なガスを発散しないので，専用の蓄電池室を必要としなくなった．したがって，キュービクル式が広く採用され，変電室や機械室などと同一の室内に他の機器といっしょに設置されているが，地域によって，消防法により規定容量以上の蓄電池設備を設置する場合には，蓄電池室が規定されている．消防法に基づく設置基準を表2.26に示す．

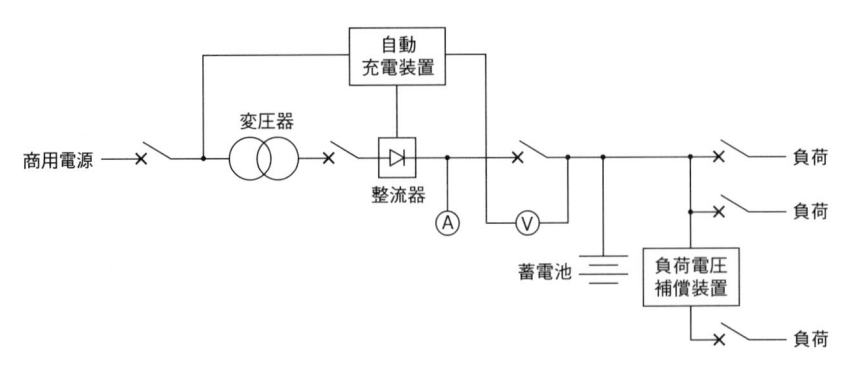

図2.35　蓄電池設備結線図

表 2.26 設置基準

構造	設置場所	保有距離を確保しなければならない部分	保有距離
キュービクル式	不燃専用室（機械室など）	操作面	1.0 m 以上
		点検面	0.6 m 以上．ただし，キュービクル式以外の変電設備，発電設備または建築物と相対する場合については 1.0 m 以上
		その他の面	換気口を有する面については 0.2 m 以上
	屋外または屋上	周囲	キュービクル式以外の変電設備，発電設備または建築物から 1.0 m 以上 キュービクル式蓄電池設備 ←1 m 以上→ キュービクル式以外の非常電源専用受電設備／自家発電設備／屋外にあっては建築物，工作物 前面に 1 m 以上の幅を有すること
架台式	不燃専用室（蓄電池室）	蓄電池 列の相互間	0.6 m 以上．ただし，架台などを設けることによりそれらの高さが 1.6 m を超える場合にあっては 1.0 m 以上
		点検面	0.6 m 以上
		その他の面	0.1 m 以上．ただし，電槽相互間は除く
			10 cm 以上／蓄電池設備／10 cm 以上　　　　10 cm 以上／蓄電池設備／10 cm 以上／60 cm(1 m) 以上／蓄電池設備／10 cm 以上

2.3.7 無停電電源設備

高度情報化社会において，コンピュータや通信・放送機器などには高い信頼性が求められており，それらへの電力供給の安定性，品質の確保が必要である．

電力供給の停止，または瞬時電圧低下などの異常が生産設備やコンピュータの停止，不良品の発生など致命的な影響を及ぼす場合がある．

静止型無停電電源設備は，安定化電源としてその出力が定電圧，定周波数であることから，定電圧定周波数装置（CVCF）と呼ばれるが，さらに無停電化のために蓄電池を付属させた無停電電源装置であることから，UPS と呼ばれる．

UPS とは，整流器，インバータおよび蓄電池などから構成されたものをいう．交流入力を整流器で直流に順変換し，この直流をインバータで交流に逆変換することにより，定電圧，定周波数の安定した高品質の正弦波交流を出力する．

a. 基本回路

基本回路を図 2.36 に示す．

この回路では，商用電源の瞬時電圧低下時にも蓄電池から直流電力が供給されるので出力の停止，または瞬時電圧低下は発生しない．インバータなどが何らかの原因で停止した場合には，半導体スイッチと電磁接触器の組み合わせにより無瞬断でバイパスに切り替

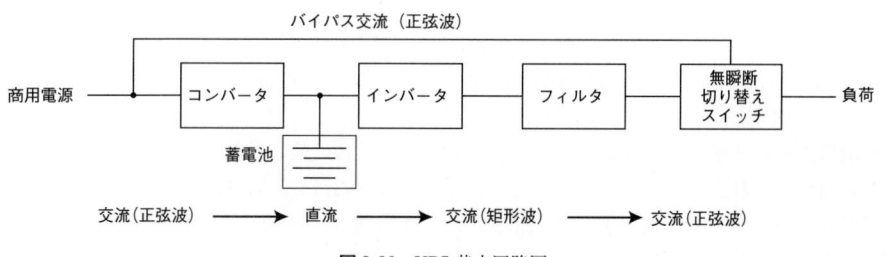

商用電源 → コンバータ → インバータ → フィルタ → 無瞬断切り替えスイッチ → 負荷
　　　　　　　　↓　　　　　　　　　　　　　　　　　　　　　↑
　　　　　　　蓄電池　　　　　　　　　バイパス交流（正弦波）

交流（正弦波）→ 直流 → 交流（矩形波）→ 交流（正弦波）

図 2.36　UPS 基本回路図

表 2.27 UPS 運転方式比較

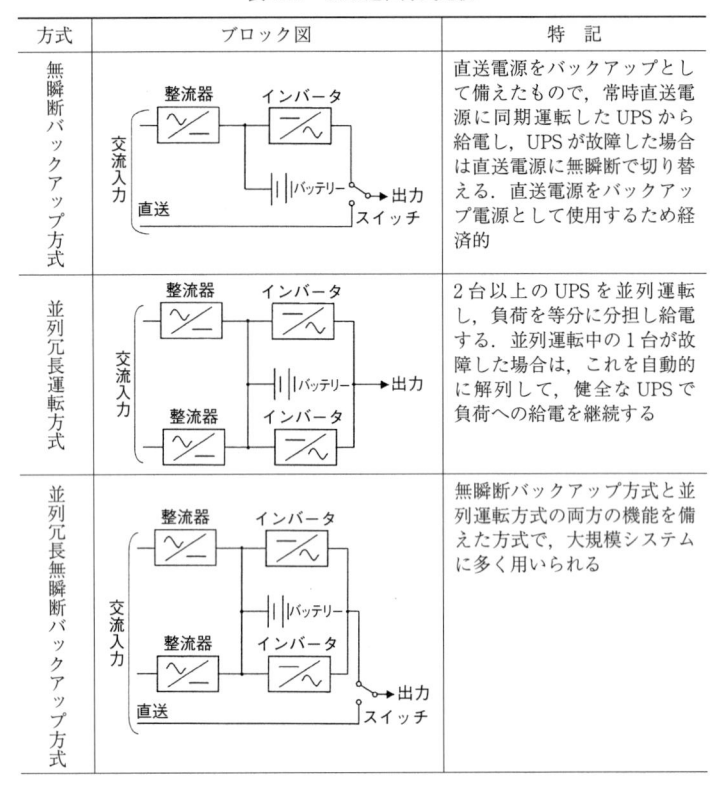

方式	ブロック図	特記
無瞬断バックアップ方式	(整流器―インバータ―バッテリー・直送・スイッチ→出力)	直送電源をバックアップとして備えたもので，常時直送電源に同期運転した UPS から給電し，UPS が故障した場合は直送電源に無瞬断で切り替える．直送電源をバックアップ電源として使用するため経済的
並列冗長運転方式	(整流器―インバータ／整流器―インバータ，バッテリー→出力)	2台以上の UPS を並列運転し，負荷を等分に分担し給電する．並列運転中の1台が故障した場合は，これを自動的に解列して，健全な UPS で負荷への給電を継続する
並列冗長無瞬断バックアップ方式	(整流器―インバータ／整流器―インバータ，バッテリー，直送→出力スイッチ)	無瞬断バックアップ方式と並列運転方式の両方の機能を備えた方式で，大規模システムに多く用いられる

え，出力を継続する．

b. システムの構成

電源の信頼性を向上するには，UPS のみでなく，商用電源，自家発電設備電源などを含めた電源システム全体としての信頼性を向上する必要がある．UPS は多くの部品から構成されており，単機の UPS での信頼性向上には限界があることから，バックアップ回路や並列冗長運転方式が採用されている．表 2.27 に代表例を示す．

2.3.8 機器・材料

a. 変圧器

変圧器の容量としては，表 2.28，表 2.29 に示す標準容量が定められているので，一般にはそのなかから選定することが望ましい（JEC 2200）．

配電用 6 kV 変圧器については，エネルギーの使用の合理化に関する法律により，JEM1482/1483「特定機器対応の高圧受配電用油入/モールド変圧器におけるエネルギー消費効率の基準値」に規定された値を満足することが義務付けられている．

この変圧器は「トップランナー変圧器」と呼ばれ，旧規格品に比べ損失を 30％以上低減し，エネルギー変換効率約 99％という世界最高水準レベルを目標としている．

変圧器は使用目的，設置場所，使用負荷の条件により構造的にも，特性上からも分類される．変圧器の絶縁種別は，絶縁材料の耐熱特性により表 2.30 のようになる．

表 2.28 単相変圧器の標準容量〔kVA〕

	1.5	15	150	1500	15000
	2	20	200	2000	20000
	3	30	300	3000	30000
	5	50	500	5000	50000
	7.5	75	750	7500	
1	10	100	1000	10000	

表 2.29 三相変圧器の標準容量〔kVA〕

15	150	1500	15000	150000
20	200	2000	20000	200000
				250000
30	300	3000	30000	300000
		4500	45000	400000
5	50	500	50000	450000
		6000	60000	
7.5	75	750	7500	
10	100	1000	10000	100000

一般的に使用されている絶縁方式による分類を以下に示す．

1) 油入変圧器　油入自冷式変圧器は最も一般的に使用される変圧器で，タンク本体の周囲に放熱器を取り付け，絶縁油によって鉄心および巻線に発生する熱を放散させる形式の変圧器である．変圧器本体の寸法および重量を小さくするため油入風冷式，送油風冷式，送油自冷式などがある．

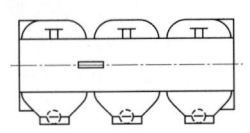

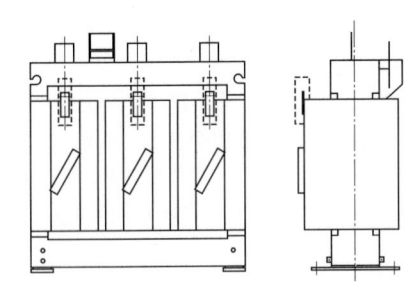

図 2.37　6.6 kV 級モールド変圧器姿図

表 2.30　各耐熱クラスの許容最高温度

耐熱クラス	許容最高温度（℃）
A	105
E	120
B	130
F	155
H	180
200	200
220	220
250	250

表 2.31　6.6 kV 級油入変圧器外形寸法（50 Hz）

容量	単相				三相			
	X（幅）	Y（奥行）	Z（高さ）	重量	X（幅）	Y（奥行）	Z（高さ）	重量
[kVA]	[mm]	[mm]	[mm]	[kg]	[mm]	[mm]	[mm]	[kg]
10	340	440	585	84	—	—	—	—
20	370	455	610	110	425	430	650	130
30	410	485	640	150	500	455	650	175
50	460	560	700	220	505	535	710	245
75	555	450	905	295	680	435	905	350
100	580	495	950	360	715	490	950	420
150	650	545	1010	465	825	525	1010	570
200	725	600	1060	595	885	580	1060	735
300	830	660	1190	815	1000	650	1135	1000
500	960	740	1430	1250	1150	755	1235	1490
750	—	—	—	—	1430	920	1630	2290
1000	—	—	—	—	1565	1055	1630	2720
1500	—	—	—	—	1860	1250	1690	3730
2000	—	—	—	—	2130	1320	1860	4540

M 社カタログより

表 2.32　6.6 kV 級モールド変圧器外形寸法（50 Hz）

容量	単相				三相			
	X（幅）	Y（奥行）	Z（高さ）	重量	X（幅）	Y（奥行）	Z（高さ）	重量
[kVA]	[mm]	[mm]	[mm]	[kg]	[mm]	[mm]	[mm]	[kg]
10	450	455	740	170	—	—	—	—
20	450	455	740	170	625	380	725	225
30	450	455	740	170	625	380	725	225
50	480	480	855	250	625	380	725	225
75	465	455	825	260	695	420	745	360
100	505	460	900	330	725	425	845	410
150	580	480	1055	440	820	430	1060	580
200	620	500	1110	560	850	455	1105	730
300	660	580	1175	810	955	495	1120	940
500	785	655	1390	1240	1105	565	1230	1390
750	—	—	—	—	1200	665	1400	1790
1000	—	—	—	—	1315	700	1405	2220
1500	—	—	—	—	1530	980	1905	3520
2000	—	—	—	—	1710	980	2075	4480

M 社カタログより

表 2.33　22 kV 級変圧器の外形寸法（50 Hz/60 Hz）

容量	油入変圧器（二次側 6.6 kV）				モールド形乾式変圧器（二次側 6.6 kV）			
	X（幅）	Y（奥行）	Z（高さ）	重量	X（幅）	Y（奥行）	Z（高さ）	重量
[kVA]	[mm]	[mm]	[mm]	[kg]	[mm]	[mm]	[mm]	[kg]
1000	—	—	—	—	1850	1000/950	1900	3100/2800
1500	—	—	—	—	1850	1050/1000	2000	3700/3400
2000	3000	2900/2700	2700	7500/7000	1950	1050/1000	2000	4600/4200
2500	—	—	—	—	2050	1100/1050	2000	5300/4800
3000	3100	3100	2700	9500/8500	2150	1100/1050	2050	6100/5500
3500	—	—	—	—	2150	1250/1200	2200	5900/5300
4000	3300	3100	3100	11500/10000	2200	1250/1200	2200	6300/5700
5000	3300	3100	3100	13000/11500	2300	1300/1250	2200	7500/6800
7500	3400	3100	3200	16500/15000	2850	1600/1550	2400	12000/11000
10000	3400	3400/3300	3300	20000/18500	2950	1650/1600	2600	15000/14000

T 社カタログより　50 Hz/60 Hz を示す

2) H種絶縁乾式変圧器

耐熱性の優れたシリコン系H種絶縁材料を用いた乾式の変圧器であり，その特徴は，次のとおりである．

(1) 不燃性である．
(2) 耐熱性が優れているため，周囲温度の高いところでも使用できる．
(3) 保守点検が容易である．

3) モールド型変圧器

電気的，機械的に優れた樹脂を注型することにより変圧器のモールド化が可能になった．難燃化を目的とする建物に採用される．

その特徴は，次のとおりである．

(1) 難燃性であり，自己消火性をもっているので，防災面で優れた性質を有する．
(2) 変形温度が高く，膨張係数もコイル導体に近いので長期にわたって化学的，電気的，機械的に安定している．
(3) 吸湿性はなく，モールド表面に温度変化により結露したり，じんあいが付着しても布などで容易に拭き取ることができる．

表 2.34 標準結線の種類

高圧側	低圧側	適用
星形(Y)	星形(Y)	比較的小容量のもの（50 kVA 以下）
星形(Y)	三角形(Δ)	中容量のもの（500 kVA 以下）
三角形(Δ)	三角形(Δ)	比較的大容量のもの（2000 kVA 以下）
三角形(Δ)	星形(Y)	低圧側の中性点を引き出すもの

(4) 油入変圧器に比較して寸法が小さい．
(5) 油入変圧器に比較して過負荷耐量が小さい．

4) SF_6 ガス絶縁変圧器

変圧器本体を収納するタンク内に不活性の SF_6 ガスを封入密封した変圧器で，大容量が可能で火災防止を重視する建物に採用される．

その特徴は，次のとおりである．

(1) 電気絶縁ガスのため難燃性が高く防災面で優れた性質を有する．
(2) 湿気，じんあいの多い屋外でも使用できる．
(3) 外部から監視，点検が容易である．
(4) SF_6 ガスは油に比べて比重が小さく，変電設備をコンパクトに配置することが可能である（注：SF

表 2.35 定格の標準値（JEC 2300）

定格電圧〔kV〕	定格遮断電流〔kA〕	定格遮断時間（サイクル）			定格電流〔A〕						定格投入電流〔A〕
		2	3	5	600	800	1200	2000	3000	4000	
3.6	16			○	○		○				40
	25			○	○		○				63
	40			○	○		○	○	○		100
7.2	12.5			○			○	○			31.5
	20			○	○		○	○			50
	31.5			○	○		○	○	○		80
	40			○			○	○	○		100
	63		○	○				○	○	○	
12	25			○	○		○				63
	40			○			○				100
	50			○			○				125
24	12.5			○	○		○				31.5
	20			○	○		○				50
	25			○	○		○	○			63
	40			○			○	○			100
	50			○			○		○		125
	63			○				○	○		160
36	12.5			○		○	○				31.5
	16			○		○	○				40
	25			○		○	○	○			63
	31.5			○			○	○	○		80
	40			○			○	○	○	○	100
72	20			○	○		○				50
	25		○	○			○	○	○		63
	31.5		○	○			○	○	○		80
	40		○	○			○	○	○		100
84	20			○	○		○				50
	25		○	○			○	○	○		63
	31.5		○	○			○	○			80

ガスはオゾン層破壊・温室効果への影響を及ぼす物質として規制の対象となっている）．

5）変圧器の結線の種類

三相変圧器の各相間の接続は一般に星形結線と三角形結線があり，高圧側と低圧側の組み合わせは表2.34に示す4種類がある．

b. 遮断器

遮断器は電力系統における発変電所から需要家の電気設備に至る設備機器の保護用として，それぞれの用途および場所に応じて各種遮断器が使われている．

遮断器を，その消弧原理により分類すると油入遮断器，磁気遮断器，真空遮断器，空気遮断器，ガス遮断器となる．最近の高圧機器としては真空遮断器が小型，軽量化，オイルレス化，メンテナンスフリーなどの理由により多く採用されている．

1）油入遮断器（OCB） 遮断時に発生するアークエネルギーを利用して油を熱分解し，油流やガスをアークに吹き付けて消弧する遮断器である．構造も簡単で安価，保守に高度な技術も不要なので数多く採用されたが可燃性の絶縁油を使用するため，油の劣化分析が必要，高速遮断できないなど最近は使われなくなっている．

2）磁気（MBB） 遮断時のアークをアークシュートの消イオン装置内で駆動させる磁気回路をもち，大気中で電路の遮断を行う．

消弧室に耐熱材料が使用され，遮断による劣化が少なく，長時間の使用に耐える．比較的大容量のものが容易に製作できるが高価であり，使用される範囲が限られている．

3）真空遮断器（VCB） 真空内で電路の遮断を行う遮断器で，遮断部が完全密閉構造であり，アーク電圧がきわめて低いため，電流遮断による接点の消耗が少なく，また可動部が軽量で，機械的にも長寿命で保守点検をほとんど要しない．また，小型軽量で，低騒音である．

4）空気遮断器（ABB） 圧縮空気を消弧媒体に使用し，これをアークに吹き付けて消弧する方式で，遮断性能に優れ，接触子の消耗が少なく，防災性能が高いが，騒音，振動，圧縮空気配管の保守に手間がかかるなど，最近はガス遮断器が多く使用されている．

5）ガス遮断器（GCB） 電路の遮断を六フッ化硫黄（SF_6）のような不活性ガスを媒質として行う遮断器である．

遮断性能が非常に優れている，接触子の消耗が少なく，保守点検をあまり要しない，電流容量の大きい

ものが容易に製作できる，低騒音など優れた特徴がある．コストが高いため主に特別高圧に採用されている．

c. コンデンサ・リアクトル

近年半導体応用製品の普及により，電力系統の電圧ひずみによる高調波障害の発生に対し，進相コンデンサ（直列リアクトル付き低圧コンデンサ設備）が，高調波を吸収する機能をもつことから高調波抑制機器としても位置づけられている．またコンデンサによる力率改善が省エネルギーにつながることから，省エネルギー機器として採用されている．

進相コンデンサには，油入，モールド，SF_6ガスの3種類がある．防災性能が要求される場合はオイルレス形が採用されている．

1）直列リアクトルの設置 高調波を含んだ回路にコンデンサを挿入すると，回路定数によって進み高調波電流を還流し，電源のひずみ拡大，コンデンサ自体の過負荷などの障害を起こすことがある．JIS C 4902の大幅見直しにより高圧進相コンデンサ関連設備（コンデンサ，直列リアクトル・放電コイル）の規格が一体化され高調波障害防止対策として標準的に$L=6\%$直列リアクトルを組み合わせて使用するが，必要に応じ13%の直列リアクトルを利用する場合コ

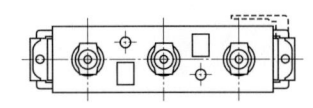

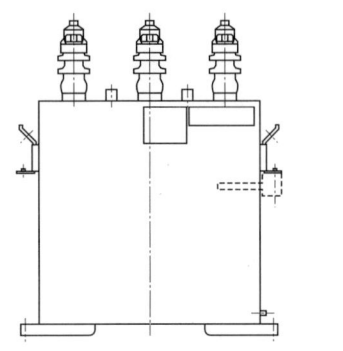

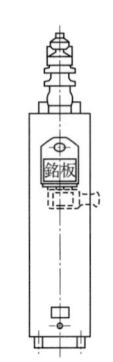

図2.38 高圧進相コンデンサ設備（油入自冷式）

〔注〕1. 本コンデンサを2台以上集合する場合は，コンデンサ相互間隔を設備容量150～200 kvarで80 mm以上，設備容量250～500 kvarで100 mm以上とる．
2. 使用中のケースふくれ許容限度（片側）は設備容量150～300 kvarで20 mm，設備容量400～500で25 mm．
3. 取り付け足の高さは設備容量200 kvar以下が20 mm，設備容量250 kvar以上は25 mm．

表2.36 6.6 kV 三相コンデンサ（油入・$L=6\%$対応品）の外形寸法（50 Hz/60 Hz）

設備容量〔kvar〕	定格容量〔kvar〕	寸法〔mm〕幅	奥行	高さ	総質量〔kg〕
10/12	10.6/12.8	470	115	350	15
15/18	16/19.1	470	115	350	15
20/24	21.3/31.9	470	115	350	15
25/30	26.6/31.9	470	115	350	15
30/36	31.9/38.3	470	115	370	16
50	53.2	470	115	420/400	19/18
75	79.8	470	115	510/475	25/23
100	106	470	115	575/535	30/27
150	160	620	150	590/550	49/44
200	213	620	150	660/620	57/53
250	266	620	150	760/695	69/61
300	319	620	150	830/760	77/69
400	426	820	180	810/710	120/100
500	532	820	180	990/810	146/120

M社カタログより．

表2.37 直列リアクトル最大許容電流

許容電流種別	最大許容電流（定価電流比）	第5調波含有率（基本波電流比）	主な適用
I	120%	35%	特高設備用
II	130%	55%	高圧配電系統

〔注〕電圧ひずみ率が上記の目標値を上まわる場合には，$L=6\%$，第5調波含有率$I_5=70\%$まで許容できる直列リアクトル，または$L=13\%$，第5調波含有率$I_5=35\%$まで許容できる直列リアクトルを検討する．

表2.38 直列リアクトル過電流特性

種別	通電電流（定格電流比）	判定基準
I	150%	定格リアクタンスの95%以上
II	170%	定格リアクタンスの95%以上

表2.39 6.6 kV 三相リアクトル（油入・$L=6\%$対応品）の外形寸法（50 Hz/60 Hz）

設備容量〔kvar〕	定格容量〔kvar〕	寸法〔mm〕幅	奥行	高さ	総質量〔kg〕
10/12	0.64/0.77	500	340	705	110
15/18	0.96/1.15	500	340	705	110
20/24	1.28/1.53	500	340	705	110
25/30	1.60/1.91	500	340	705	110
30/36	1.91/2.30	500	340	705	110
50	3.19	500	340	705	110
75	4.79	500	340	805	130
100	6.38	500	340	905	145
150	9.57	570	390	805	195
200	12.8	570	390	855	210
250	16	620	420	855	250
300	19.1	620	420	905	270
400	25.5	620	440	1005	320
500	31.9	680	500	1005	360

M社カタログより．

ンデンサの定格電圧を高くすることが必要である．

直列リアクトルにおける最大許容電流種別とガイドライン電圧ひずみ率目標値を表2.37に示す．

2) 放電装置の設置 コンデンサは回路から開放しても電荷が残留するので，残留電荷を安全に放電させる装置が必要である．

放電装置には放電コイルと放電抵抗の2種類がある．

d. 電力ヒューズ

電力ヒューズは，変圧器，電動機，コンデンサなどの故障およびこれらの機器の内部短絡時に，溶断することにより回路を遮断に機器を保護する装置である．

種類としては，代表的なものに限流型，放出型がある．

(1) 特徴

① 安価．
② 小型軽量で機構が簡単．
③ 保守が容易．
④ 大きな遮断容量を有する．
⑤ 高速遮断できる．
⑥ 限流ヒューズは，その短絡電流抑制効果が大である．

(2) 欠点

① 再投入ができない．
② 保護特性が一定で調整ができない．

表2.40 電力ヒューズの定格遮断電流値（JEC 2330）

定格電圧〔kV〕	定格遮断電流〔kA〕	三相遮断（参考値）〔MVA〕
3.6	16	100
	25	160
	40	250
7.2	12.5	160
	20	250
	31.5	390
	40	500
12	12.5	260
	25	520
	40	830
	50	1000
	80	1700
24	12.5	520
	20	830
	25	1000
	40	1700
	50	2000
36	8	500
	12.5	780
	16	1000
	25	1600

③ 過渡電流で損傷劣化したり，誤遮断するおそれがある．
④ 過電流値が小さい領域における遮断特性が，製品によってばらつきがある．
⑤ ヒューズ溶断時に，異常電圧を発生する．

e. 断路器

断路器は，公称電圧 3.3 kV 以上の電路に使用される機器の保守点検時あるいは回路の切り替えを行うために用いるが，通常の負荷電流の開閉は行わない．種類は使用回路の数，断路部の数，ベースの構造，断路方式，接続・取り付け方法により分けられる．

f. 負荷開閉器

負荷開閉器は，公称電圧 3.3 kV 以上の電路に使用し，負荷電流の開閉，回路の切り替え用に使用される．短絡などの異常電流の遮断には，負荷開閉器より先に動作する保護機器（電力ヒューズ，遮断器など）が必要である．
開閉器には，油負荷開閉器，真空負荷開閉器，気中負荷開閉器などがある．

g. 避雷器

雷または回路開閉などに起因する過電圧の波高値が一定の値を超えた場合，放電により過電圧を制限して，電気設備の絶縁を保護し，放電後は現状に復帰する機能をもつ装置である．
酸化亜鉛（ZnO）を主成分とする電圧・電流非直線性の優れた抵抗体を特性要素とする避雷器が多く使われている．

h. 保護継電器

電気設備の過電流，過電圧，地絡，欠相などの保護を行い，遮断器を開放させる装置である．

表 2.41 断路器の定格耐電圧標準値（JEC 2310）

定格電圧〔kV〕	定格耐電圧〔kV〕						
	対地				同相主回路端子間	
	雷インパルス	開閉インパルス	短時間商用周波（実効値）	長時間商用波（実効値）（V_1-V_2-V_3）	雷インパルス	短時間商用周波（実効値）
3.6	30	—	10	—	35	19
	45		16		52	
7.2	45	—	16	—	52	25
	60		22		70	
12	75	—	28	—	85	32
	90				105	
24	100	—	50	—	115	60
	125				145	
	150				175	
36	150	—	70	—	175	80
	170				195	
	200				230	
72	350	—	140	—	400	160
84	400	—	160	—	460	185
120	550	—	230	—	630	265
168	750	—	325	—	860	375
204	650	—	—	170-225-170	745	375
	750				860	
240	750	—	—	200-265-200	860	460
	900				1035	
300	950	—	—	250-330-250	1090	530
	1050				1210	
550	1425	1050 / 1175	—	475-635-475	JEC2310 表3による	
	1550					
	1800					

表 2.42 断路器の定格標準値

定格電圧 (kV)	定格短時間耐電流 (kA)	定格電流 (kA)							
		600	800	1200	2000	3000	4000	6000	8000
3.6	16	○		○					
	25	○		○					
	40			○	○	○			
7.2	12.5	○		○	○	○			
	20	○		○	○	○			
	31.5			○	○	○			
	40			○	○	○			
	63			○	○	○			
12	25	○		○	○				
	40			○	○	○			
	50			○	○	○			
24	12.5	○		○					
	20	○		○					
	25	○		○	○	○			
	40			○	○	○			
	50			○			○		
	63				○	○	○		
36	12.5	○		○					
	16	○		○	○				
	25	○		○	○	○			
	31.5			○	○	○			
	40			○	○	○			
72	20		○	○	○	○			
	25			○	○	○	○		
	31.5			○	○	○	○		
	40			○	○	○			
84	20		○	○	○				
	25			○	○	○	○		
	31.5			○	○	○			
120	25			○	○				
	31.5			○	○	○	○		
	40				○	○	○	○	
168	25			○	○	○	○	○	
	31.5			○	○	○	○	○	
	40				○	○	○	○	
204	25			○	○				
	31.5			○	○	○			
	40				○		○	○	
	50				○		○	○	
240	31.5				○	○	○		
	40				○	○	○	○	○
	50				○	○	○	○	○
	63				○		○	○	○
300	31.5			○	○		○		
	40				○		○	○	○
	50				○		○	○	○
	63				○		○	○	○
550	50				○		○	○	○
	63				○		○	○	○

2.3 電源設備

表 2.43 高圧負荷開閉器の定格耐電圧 (JIS C 4605)

〔単位:kV〕

定格電圧	主回路端子と大地間および異相主回路端子間の耐電圧値		同相主回路端子間の耐電圧値		制御装置の充電部と大地間の耐電圧値	
	雷インパルス (標準波形) 乾燥	商用周波 乾燥 (1分間) 注水 (10秒間)	雷インパルス (標準波形) 乾燥	商用周波 乾燥 (1分間) 注水 (10秒間)	雷インパルス (標準波形) 乾燥	商用周波 乾燥 (1分間)
3.6	30 45	10 16	35 52	22 25	7.0	2.0
7.2	45 60	16 22	52 70	25 35		

表 2.44 避雷器の適用標準 (JEC 203)

接地系統	公称電圧 〔kV〕	最高許容電圧 〔kV〕	適用 BIL 〔kV〕	避雷器定格電圧 〔kV〕	備考
非有効接地系統	3.3	3.6	45	4.2	保護特性の尤度はきわめて大きい。距離や接地抵抗などの設計上の自由度は標準より楽になる
	6.6	7.2	60	8.4	
	11	12	90	14	
	22	24	150	28	
	33	36	200	42	
	66	72	350	84	有効遮蔽設備を前提とする
	77	84	400	98	

表 2.45 過電流継電器の動作時間に関する分類

応動機構		動作値負担値	動作時間特性*	出力
電気機械型	可動鉄心型 可動コイル型	1VA 以上	高速度	—
		1VA 未満		
	誘導型	1VA 以上	高速度 反限時	—
		1VA 未満	強反時 超反限時	
静止型	—	—	高速度	接点出力
				無接点出力
			反限時	
			強反時	
			超反限時	
			定限時	2.5 級
				5 級
				10 級

* 動作時間特性が即時のものについては, 応動時間に対して特に考慮されていないので, 動作時間特性を規定しない.

継電器が入力を測定して設定された動作条件を満たすことを判断し, その結果を出力に出す機構としては下記がある.

(1) 電磁型:入力電気量を機械的駆動力に変換し接点を開閉する. 誘導型・電流力計型・可動コイル型・可動鉄心型.

(2) 静止型:入力電気回路によって判定し, 接点を開閉または電圧を出力するもの. アナログ型・ディジ

表 2.46 計器用変成器の確度階級

(a) 電力需給用 (JEC 1201)

確度階級	器 種	用 途
1P 級	変流器	一般保護継電器用
3P 級	計器用変圧器 コンデンサ型計器用変圧器	
5P 級	コンデンサ型計器用変圧器	
1PS 級	変流器	低電流領域で良い精度を必要とする保護継電器用
3PS 級		
1T 級	コンデンサ型計器用変圧器	高速度継電器用
3G 級	変流器	地絡継電器用
5G 級	計器用変圧器 コンデンサ型計器用変圧器	
10G 級	変流器	
H 級	零相変流器	
L 級		

(b) 標準・一般計器用 (JIS C 1731)

確度階級	器 種	用 途
0.1 級	標準用	変流器試験用の標準器, または特別精密測定用
0.2 級		
0.5 級	一般計測用	精密計測用
1.0 級		普通計測用, 配電盤用
3.0 級		普通計測用, 配電盤用

(c) 電力需給用 (JIS C 1736)

確度階級	主な用途
0.3 W 級	特別精密電力量計用, 無効電力量計用及び最大需要電力計用
0.5 W 級	精密電力量計用, 無効電力量計用及び最大需要電力計用
1.0 W 級	普通電力量計用, 無効電力量計用及び最大需要電力計用

表 2.47 変流器の定格電流および定格零相電流 JEC 1201〔単位 A〕

定格一次電流				定格零相一次	定格零相二次	定格零相三次
10	100	1000	10000			
		1200	12000			
15	150	1500	15000			
20	200	2000	20000			
30	300	3000		100	1	5
40	400	4000		200	5	
50	500	5000				
60	600	6000				
75	750	7500				
80	800	8000				

多重比変流器の定格一次電流は，表 2.45 から選ぶこととし二重比の場合は，2 倍比をとるものとする

表 2.48 高圧, 特高圧スイッチギヤの形 （JEM 1425）

記号		記号の説明
第1記号	M	メタルクラッド型スイッチギヤ
	P	コンパートメント型スイッチギヤ
	C	キュービクル型スイッチギヤ
第2記号	X	固定型機器
	Y	搬出型機器
	W	引出し型機器
第3記号	G	主回路の母線，接続導体および接続部に絶縁被覆を施したもの

〔例〕 1. メタルクラッド型スイッチギヤで，引出し機器を収容し，主回路に絶縁被覆を施したものは，MEG 型と呼称する．
2. キュービクル型スイッチギヤで，固定機器を収容し，主回路に絶縁被覆を施さないものは，CX 型と呼称する．

表 2.49 標準組み合わせ （JEM 1425）

		第2記号		
		X	Y	W
第1記号	M	—	—	MW, MWG
	P	—	—	PW, PWG
	C	CX	CY	CW

表 2.50 低圧スイッチギヤの形 （JEM 1265）

記号		具備すべき条件
第1記号	A	接地された金属閉鎖箱内に装置が一括して収納されていること
	C	さらに，装置の運転中，扉を開いて操作または補助回路の点検を必要とする場合，主回路充電部に誤って触れる危険がないように考慮されていること
	F	さらに，個々の遮断器は独立したコンパートメントに収納されていること
第2記号	X	固定型機器
	Y	搬出型機器
	S	差込み型機器
	W	引出し型機器
第3記号	G	主回路の母線，接続導体および接続部[1]に絶縁被覆を施したもの

〔注〕[1] 接続にも絶縁被覆を施すことにしたが，低圧スイッチギヤの特殊性，すなわち母線，接続導体，機器の端子などの形状を勘案し，使用者と製造業者との協議によって省略することができる．

表 2.51 標準組み合わせ （JEM 1265）

		第2記号			
		X	Y	S	W
第1記号	A	AX	AY	AS	—
	C	CX	CY	CS	CW
	F	—	—	—	FW, FWG

タル型．

継電器の構造は，配電盤取り付け方法から表面型，埋め込み型があり，さらに，内部要素と外部接続を取り外すことができる引出し型がある．

代表的な保護継電器について下記にあげる．

(1) 過電流継電器 (OCR)：変流器の二次電流によって，この変流器から負荷側に発生した短絡，過負荷事故の際に流れる過電流を検出し，遮断機器を動作させる装置．

(2) 過電圧および不足電圧継電器 (OVR および UVR)：母線の電圧の変動に対し保護を行う装置で，短時間の電圧変動では動作しないように反限時特性を

もったものが使用される．

(3) 地絡継電器 (GR)：機器内部または回路に地絡事故が起こった場合に，零相電流を検出して接点動作を起こし，遮断器を動作させる装置．

i. 計器用変成器

計測器や保護継電器などを，主回路から絶縁し，一定の電圧（通常 110 V），電流（通常 5 A）に変成して電圧・電流を計測装置や保護継電器に伝達するもので，計器用変圧器 (VT)，変流器 (CT)，零相変流器 (ZCT)，計器用変圧変流器 (VCT) などの総称である．

絶縁方式から分類すると，エポキシ，ポリエステルなどの合成樹脂を使用した乾式樹脂モールドと絶縁油を封入した油入型，SF_6 ガスを封入したガス式に大別される．

j. 配電盤

変電機器および回路の監視，制御など合理的に行うために，必要な計器，操作スイッチなどをまとめた集合体である．JEM 1115 では，「開閉器と操作・測定・保護・監視・調整の機器と組み合わせ，さらに，内部配線，付属物，指示物構造を備え，一般に，発電・送電・変電・電力変換のシステムを運転する装置の総称」

2.3 電源設備

表 2.52 発電機諸元

			タイプ1		タイプ2		タイプ3		タイプ4		タイプ5		タイプ6	
水道水	周波数	〔Hz〕	60	50	60	50	60	50	60	50	60	50	60	50
	定格	〔kVA〕	200		250		300		375		400		500	
	過負荷		100%, 1時間											
電圧	低圧	〔V〕	200/220 または 400/440											
	高圧	〔kV〕	6600 または 3300											
	回路方式		3相3線											
	力率		0.8 (遅れ)											
発電機	形式		CFC (円筒回転界磁型) 自己通風式											
	保護方式		開放保護型 (JP20)											
	励磁方式		ブラシレス励磁方式											
	極数		4極											
	回転速度		50 Hz - 1500 min^{-1} (rpm), 60 Hz - 1800 min^{-1} (rpm)											
	絶縁		F種											
発電機盤	構造	低圧	屋内閉鎖自立型 (JEM 1265CX級) 前面ドア, 裏面引掛け式カバー											
		高圧	屋内閉鎖自立型 (JEM 1425CW級) 前面ドア, 裏面引掛け式カバー											
	遮断器	低圧	ノーヒューズブレーカー (MCCB)											
		高圧	真空遮断器 (VCB)											
	制御電源		DC100V (外部より供給) ドロッパ2次側, 運転時5A, 瞬時10A (DC24Vも可)											
	回転速度		50 Hz - 1500 min^{-1} (rpm), 60 Hz - 1800 min^{-1} (rpm)											
	定格 〔kW/(PS)〕		180/(245)		221/(300)		265/(360)		331/(450)		353/(480)		441/(600)	
	(使用可能最高出力) 〔kW/(PS)〕		214/(290)	188/(255)	295/(400)	254/(345)	295/(400)	356/(483)	410/(557)	356/(483)	410/(557)	356/(483)	475/(646)	545/(741)
エンジン	形式		立て型・水冷・4サイクル・直接噴射式											
	シリンダ配列 - 個数		直列 - 6											
	シリンダ径×ストローク 〔mm〕		135×150						135×170				150×175	170×180
	総排水量 〔cm^3〕		12880						14600				18555	24514
	始動方式		電気始動または空気始動											
	燃料種類		JIS軽油2号またはA重油											
	潤滑油種類		APIサービス区分CD級, 粘度SAE#30											
消費量	燃料消費量 〔l/h〕		約50		約60		約72		約90		約95		約120	
	潤滑油消費量 〔(l/h)/(l)〕		0.45/50		0.59/50		0.50/0.50				0.59/80		0.78/100	
	冷却水量 (放水式) 〔m^3/min〕		約2.2		約2.7		約3.2		約4.0		約4.2		約5.3	
	給気量 〔m^3/min〕		約195		約235		約270		約330		約345		約420	
	換気量 〔m^3/min〕		約175		約210		約245		約295		約310		約375	
始動用直流電源	形式		屋内閉鎖自立盤, 蓄電池設備認定品											
	バッテリー容量		DC24V, HS-150Ah						DC24V, HS-200Ah					
質量	低圧 〔kg〕		2190		2230		2370		3010		3060		3010	3780	4410
	高圧 〔kg〕		2370		2420		2500		3180	3050	3180	3050	3180	3900	4470
別置ラジエータ出力	定格 〔kVA〕		200		250		300		375		400		500	
	定格 〔kW/(PS)〕		180/(245)		221/(300)		265/(360)		331/(450)		353/(480)		441/(600)	
	※(使用可能最高出力) 〔kW/(PS)〕		214/(290)	188/(255)	272/(370)	232/(315)	272/(370)	335/(455)	375/(510)	335/(455)	375/(510)	400/(544)	460/(625)	515/(700)
	過負荷		110%, 1時間											
直結ラジエータ出力	定格 〔kVA〕		200		250		300		375		400		500	
	定格 〔kW/(PS)〕		180/(245)		221/(300)		265/(360)		331/(450)		353/(480)		441/(600)	
	※(使用可能最高出力) 〔kW/(PS)〕		199/(270)	221/(300)	258/(350)	325/(442)	360/(489)	325/(442)	360/(489)	390/(530)	433/(598)	390/(530)	575/(782)	500/(680)
	ラジエータ風量 〔m^3/min〕		378	288	378	570	660	570	660	540	720	540	720	582
	過負荷		110%, 1時間											

M社カタログより.

表 2.53 HS，CS 型蓄電池別置 100V 系整流器

定格電流		外形寸法（mm）			質量
三相入力	単相入力	幅（W）	奥行（D）	高さ（H）	（約 kg）
10 A	10 A	600	600	1900	300
20 A	20 A	600	600		300
30 A	30 A	600	600		350
50 A	50 A	600	600		400
75 A	—	600	800		500
100 A	—	600	800		600
150 A	—	800	800	2300	700
200 A	—	800	800		750
300 A	—	1000	1000		850
400 A	—	1000	1200		1000
500 A	—	1000	1200		1200

G 社カタログによる

表 2.54 HS，CS 型蓄電池列盤キュービクル外形寸法

蓄電池		奥行 600 mm の場合	奥行 800 mm の場合	奥行 900 mm の場合
HS	CS	幅寸法（mm）	幅寸法（mm）	幅寸法（mm）
30, 40, 50	15, 30	900	700	700
60, 80	45, 60	600 + 700	1000	900
100, 120	90	900 × 2	700 + 800	600 + 700
150, 200, 250	130, 170	600 + 800 × 2	600 + 800	600 × 2
300, 400	210, 250, 290	800 + 900 × 2 + 700	800 + 700 × 2	800 + 900
500, 600	400	700 + 1000 × 4 + 800	900 + 1000 × 2	900 + 1000 × 2
700, 800, 900	500, 600	800 × 2 + 1000 × 4	800 × 2 + 1000 × 4	800 × 2 + 1000 × 4

G 社カタログによる

表 2.55 UPS（無停電電源装置）標準仕様

運転方式			商用同期常時インバータ給電（無瞬断切替方式）									
	モデル名		MELUPS 2033 N							MELUPS 2033 R			
定格出力容量		kVA	7.5	10	15	20	30	40	50	60	75	100	150	200
		kW	6	8	12	16	24	32	40	48	60	80	120	160
交流入力	相数・定格電圧		三相3線 200, 210 V　※ 220 V，400 V 系及び高圧は変圧器が必要．								三相3線 200, 210 V　※ 220 V はオプション．400 V 系及び高圧は変圧器が必要．			
	電圧変動範囲		+10％，−30％　　　　　　　※ −10〜−30％時は，負荷低減が必要											
	定格周波数		50 Hz または 60 Hz											
	周波数変動範囲		±5％											
蓄電池	形式		UPS 専用シール形鉛蓄電池　　　　　※ 他形式の蓄電池はオプション											
	停電補償時間		10 分（内蔵）　※ 25℃，定格負荷時					10 分（別置）			※ 25℃，定格負荷時			
交流出力	相数・定格電圧		三相3線 200, 210 V　　　　※ 220 V，400 V 系は変圧器が必要．								三相3線 200, 210 V　※ 220 V はオプション．400 V 系は変圧器が必要．			
	電圧精度		±1.0％以下（0〜100％負荷にて）											
	定格周波数		50 Hz または 60 Hz											
	周波数精度		±0.01％（バッテリ運転時）　　±5％以下（バイパス同期運転時）								±0.01％（バイパス非同期運転時）±1％以下（バイパス同期運転時）			
	定格負荷率		0.8（遅れ）								0.8（遅れ）　※ 0.9（遅れ）はオプション			
	負荷力率変動範囲		0.7〜1.0（遅れ）　　　　　　　※ 0.8〜1.0（遅れ）では定格 kW 以内											
	インバータ過電流耐量		125％　10 分，150％　1 分											
	バイパス過電流耐量		1000％　1 サイクル，125％　10 分											
その他	冷却方式		強制風冷式											
	周囲温度・相対温度		0〜40℃，30〜90％（ただし結露しないこと）											

M 社カタログよる．

と定義されている．変電設備の規模により簡単な壁掛け盤から大規模な中央監視盤に至るまで多種多様である．

配電盤の機種に関する規格には下記がある．

(1) 高圧・特別高圧
① JEM 1425　金属閉鎖型スイッチギヤおよびコントロールギヤ
② JEM 1225　高圧コンビネーション
③ JIS C 4620　キュービクル式受電設備

表 2.56 UPS 外形寸法

出力容量 (kVA)	蓄電池停電補償時間 (分)	UPS 外形寸法 (mm)			UPS 質量 (kg)	蓄電池盤 外形寸法 (mm)			蓄電池盤 質量 (kg)
		W^1	D	H		W^2	D	H	
7.5	10	800	916	1950	510	UPS 本体に蓄電池を内蔵			
10		800	916	1950	510				
15		800	916	1950	645				
20		800	916	1950	645				
30		800	916	1950	780				
40	10	800	916	1950	450	600	916	1950	650
50	10	800	916	1950	475	600	916	1950	760
60	10	800	916	1950	500	600	916	1950	870
75	10	800	766	1950	650	900	766	1950	1340
100	10	800	766	1950	800	1350	766	1950	2010
150	10	1200	916	1950	1200	1800	916	1950	2760
200	10	1200	916	1950	1400	2250	916	1950	3450

M 社カタログよる

(2) 低　圧
① JEM 1265　低圧金属閉鎖型スイッチギヤおよびコントロールギヤ

k.　自家発電設備

建築設備の非常用電源として多く使われる屋内定置式ディーゼル発電設備（200 kVA から 500 kVA）の諸元を表 2.52 に示す

l.　蓄電池設備

蓄電池は安定した直流電源として電気機器の操作用電源，停電時における非常照明用の電源などに広く使用される．表 2.53，表 2.54 にキュービクル式 100 V 系鉛蓄電池設備（15 Ah から 400 Ah）の寸法を示す．

m.　UPS（無停電電源装置）

UPS は，蓄電池，充電装置および逆変換装置（インバータ）で構成される．表 2.55，表 2.56 に 7.5 kVA から 200 kVA の商用同期常時インバータ給電 UPS の標準仕様および機器寸法を示す．　　　〔高山　博〕

2.4　負　荷　設　備

2.4.1　負荷設備概要

電気負荷設備とは電気エネルギーを消費することにより建築設備が要求される機能を果たす設備全般を指す．

また電気エネルギーの流れからいえば，発電設備により発生した電力が変換・送電され電気回路の末端において消費されるすべての機能的な電力消費設備を指す．

したがって，発電，変換あるいは送電ロスのような非機能的な電力消費は負荷設備とは呼ばない．

また，電力変換機のように一次エネルギーを使用可能な電気方式に変換して使用する電源設備も，一般的には電気負荷とは呼ばないものの，一次エネルギー供給側からみれば電気負荷設備として扱う必要がある．

負荷設備は時代の変遷を経て，単なる抵抗型負荷であった電灯や回転作用のみを応用した電動機から，信号装置から発展した高度通信技術に関する設備やさまざまな電気磁気作用を高度に発展させたコンピュータ技術に関する設備に至るまで，広範囲に及んでおり，われわれの毎日の生活に必要不可欠なものとなっている．

a.　負荷設備の分類

負荷設備の分類方法はさまざまだが，大きく分けて以下にまとめられる分類ができる．

(1)　固定設備と移動設備
(2)　強電流設備と弱電流設備
(3)　環境維持設備と機能維持設備
(4)　建築設備とユーティリティ設備
(5)　一般建築設備と非常用（防災）建築設備
(6)　高電圧機器設備と低電圧機器設備
(7)　抵抗性負荷と誘導性負荷および容量性負荷
(8)　定周波数負荷と可変周波数負荷

表 2.57 (a), (b), (c) 参照．

b.　負荷設備の電気的性質による電源供給上の配慮

負荷の性質からどのような電源供給上の問題点があるかを明確にする必要がある．

これは負荷のもつ電気特性から明確に電気回路上（建築的には電気配線上または電気設備上と読みかえる）に現れる現象で，その負荷を構成する電気回路要素またはシステムを理解する必要がある．

例えば，上記 a 項 (7) で負荷の電気的性質による分類で明らかなように，電気回路に流れる負荷電流（定常時電流），始動電流，充電電流（または突入電流），再生電流，停電時の逆起電力電流などであり，上記 a 項 (8) で明らかなように，サイリスタをはじめとする整流回路による高調波電流流出現象である．

これらは電気回路上に大小または直接間接的にさまざまな影響を与えているが，建築電気設備では実用上の悪影響を排除して健全な電気回路（設備）を構成する必要がある．これらは以下の節で詳述する．

c.　負荷設備の重要性からみた電源供給上の配慮

建築負荷設備には，日常清掃用のコンセントから病院の手術室用電源，官庁や銀行などの電算機システム

表 2.57

(a) 固定型設備と移動型設備の例

固定型設備	移動型設備
空調機・換気ファン設備	レントゲン車両
給水・排水ポンプ設備	クレーン設備
照明設備・OA機器設備	冷蔵・冷凍車両
電話・インターホン・放送などの弱電流設備	清掃機・電動工具
エレベータ・エスカレータ設備	環境管理用器具
建築シャッタ・自動扉	保守用溶接機
航空障害灯	移動用拡声装置
埋設型融雪ヒータ	携帯端末機

(b) 環境維持設備と機能維持設備の例

環境維持設備	機能維持設備
低騒音型屋外機器設備	一般空調・換気設備
環境配慮型屋外構照明設備	一般照明設備
集塵装置設備	防災消火設備
排水処理・中和設備	防災排煙設備
脱臭装置設備	自動火災報知設備
	浄化槽設備

(c) 負荷の電気的性質による分類の例

抵抗性負荷	誘導性負荷	容量性負荷
白熱灯	ファン・ポンプ	進相コンデンサ設備
ニクロム線型電熱器	IHヒータ	*溶接機
ロードヒータ	*蛍光灯照明器具	*X線設備
	*HID照明器具	*充電設備
	*パソコン・一般家電製品	*整流器設備
	リアクトル設備	
	エレベータ	

〔注〕*は実質上複合型負荷設備である.

(d) 設備重要度による分類の例

商用電源供給のみの設備	一般空調・換気設備, 給水ポンプ, 一般照明, エレベータ, 一般弱電流機器など
瞬時停電を保護する設備 (瞬時停電においても被害が生ずるもの, 瞬時電圧低下(瞬低)も同じ)	織機などの精密生産機器, 電気加熱設備, 清浄空調維持設備など
停電時も電源供給する設備 (一時的に停止してもよいが, 長くその機能がなくなることで重大な生命・財産的被害が生ずるもの)	防災消火ポンプ, 排煙ファン, 非常用照明, 雨水排水ポンプ, 非常用エレベータ, その他法の防災設備 冷凍・冷蔵設備
無瞬断で電源供給する設備 (無瞬断で供給しないと生命・財産的・公共の秩序・安全に重大な被害が生ずるもの)	病院生命維持設備, 手術室照明, 電算センター設備, 公共事業所用制御監視設備, 防犯設備など

用電源, 防災用消火設備電源などに至るまでさまざまな重要度をもった設備がある.

これらはおおむね以下の負荷に分類される.
(1) 商用電源のみ供給される負荷
(2) 瞬時停電に対し保護されるべき負荷
(3) 停電時も電源供給されるべき負荷
(4) 無瞬断電源供給負荷

おおむね上記の分類による電源が供給されるよう計画することが必要であるが, プロジェクトごとにその重要性の定義も変わるため注意が必要である(表 2.55(d))参照.

d. 電源側からみた二次負荷に対する電源供給上の配慮

一般に電源設備はその負荷の運転に必要な電源容量によって決定されるが, 負荷が最終負荷でない充電設備または蓄電池のような負荷に対しては, 必ずしも最終消費機器の消費電力がそのまま必要電源容量にはならない.

建築電気設備では特殊負荷であり, 実際には送電や変換ロスが大きく電源容量に作用しており注意が必要である.

上記はおおむね以下の設備があげられる.
(1) CVCF・UPS・蓄電池・フォークリフトなどの充電回路
(2) 弱電流設備用の電源アダプタ
(3) X線装置, 溶接機などの特殊電源装置
(4) 高周波加熱炉, IH加熱機器
などである.

e. 環境からみた電源供給上の配慮

ISO 14000 に代表される環境保護の観点から電源供給を考えると, 建築負荷設備(装置)自身の省エネルギー化が特に必要である.

メーカーによる省エネルギー化への取り組みはもちろんのこと, 建築設備の運転・運用方式についても以下に述べる考慮が必要である.
(1) 間欠式(待機時電源断)運転
(2) 建物・設備運用上のスケジュール自動運転
(3) 無人時消灯する人感センサ制御
(4) 諸量制御(CO_2 など)による DDC 制御
などである.

制御方式は 2.5 節で詳述する.

以上によって建築電気設備の負荷が分類され, 電源供給上の計画が可能となる.

メーカーの努力でさまざまな建築設備の分野で新しく有効有益な建築設備負荷が誕生するが, 高調波問題

のようにそれらの電気的特性が必ずしも建築電気設備にとって有効有益とは限らないものもある．

建築電気設備技術者はそれらの有効有益性にばかり目を向けるのではなく，健全な電気回路を確保して，安全で質の高い建築電気設備の発展に寄与する義務がある．

2.4.2　計画・設計の要点

負荷設備に供給される電源は主として，配線用遮断器を収納する電灯分電盤または動力分電盤，動力制御盤（制御を含む場合）から供給される．

負荷設備の性質や分布密度（集中度）により分電盤の設置位置および盤内の構成を考慮する必要がある．

例えば，コンピュータ室などの負荷の集中する場合とか，テナント専用分電盤などその負荷の特性使用目的，および保守面を配慮する必要がある．

詳細は後述するが，ここでは全体の流れを説明する．

```
建築プラン
    ↓
各種負荷の仕様・位置の確認
（電源の種類，電圧，容量など）
    ↓
負荷密度（将来負荷容量を含む）の検討
    ↓
下記条件を配慮して分電盤の位置を決定
```

a.　分電盤配置計画上の留意点

(1) 原則として各階に設置する．
(2) 対象負荷のできるだけ中心とする．
(3) 幹線の更新および保守が容易な共用部分に設置する．（故障時や保守の際，容易に確認できる．用途（テナントなど）によっては専有部分に設置した場合，共用部分の改修の場合や保守の際に専有部分の立ち入りが必要となり，入室管理などの問題が発生する．）
(4) 構造躯体壁の埋め込みは厳禁とし，EPS内または二重壁（ふかし壁など）内とする．
(5) 分電盤からの二次側配管が集中する場合は，躯体への配管打ち込みに伴う構造的強度の低減を考慮して，できるだけ配管が集中しない位置または構造補強（床コンクリートの増し打ちなど）を考慮する．
(6) 床面積の大きい建物の場合は，負荷密度および電圧降下を考慮して分電盤の設置面数を検討する．例えば，事務所などの場合は，対象負荷の床面積500～700 m^2 に1面の割合で設置する．（事務所の平均負荷密度は50～100 VA/m^2 で，仮に70 VA/m^2 とすると，対象床面積が500～700 m^2 では負荷計が35～49(kVA/

分電盤1面当たり）となる．この際，そのほかの分電盤との負荷バランスなどを考慮して，分電盤の設置面数を検討する．）
(7) 分電盤二次側配線の電圧降下（一般に2%以内）を考慮して，負荷端末までの距離を30 m程度とする．（これは複数の分電盤を設置する場合，分電盤二次側配線の電圧降下を考慮した場合，二次側配線の電線サイズが2.0程度の電線使用を前提としている．）
(8) 建築意匠を考慮すること．（エレベータホール周辺や，意匠的に配慮が必要なところは避ける．どうしても必要な場合は，EPS内設置とし，かつ，点検扉などの仕上げも意匠設計者と十分に調整をする．）

b.　分 岐 回 路

1) 分岐回路の種類　分岐回路の種類は，これを保護する分岐過電流遮断器の定格電流に応じ，表2.58のとおりとする．

c.　分電盤の構成

用途や使い勝手により分電盤の構成を考慮する．以下に一般例を示す．

(1) 一般の場合（図2.39）
主開閉器と二次側分岐開閉器とで構成されている．

(2) 非常照明設備を，バッテリー別置方式とした場合（図2.40）
主開閉器の二次側に，不足電圧継電器を設置して，停電を検出する．

(3) テナントなど個別に，電力量計を設置した場合（図2.41）
主開閉器の一次側に電力計を設置し，テナントごとの計量を可能とする．

(4) 防災電源を主幹一次側から分岐する場合（誘導灯回路など）（図2.42）
主開閉器の一次側に分岐開閉器を設置し，誘導灯などに電源を供給する場合．

他の分電盤二次側回路の影響を受けたくない場合に，一次側から電源の取り出しを行う．

(5) 幹線分岐を盤内で行う場合（図2.43）

表2.58　分岐回路の種類

分岐回路の種類	分岐過電流遮断器の定格電流
15 A 分岐回路	15 A 以下
20 A 配線用遮断器分岐回路	20 A（配線用遮断器に限る）
20 A 分岐回路	20 A（ヒューズに限る）
30 A 分岐回路	30 A
40 A 分岐回路	40 A
50 A 分岐回路	50 A
50 A を超える分岐回路	配線の許容電流以下

内線規程 JEAC 8001-2005．

図 2.39   図 2.40   図 2.41

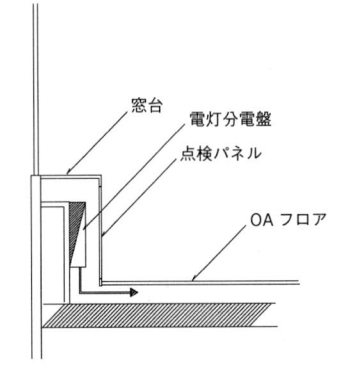

図 2.42   図 2.43   図 2.44

図 2.45 (断面度)

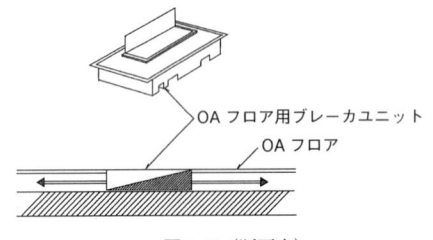

図 2.46 (断面度)

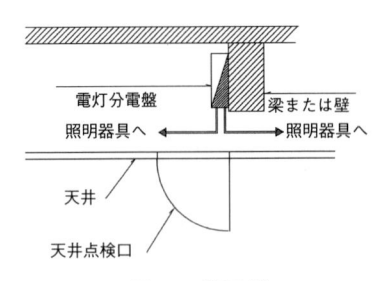

図 2.47 (断面度)

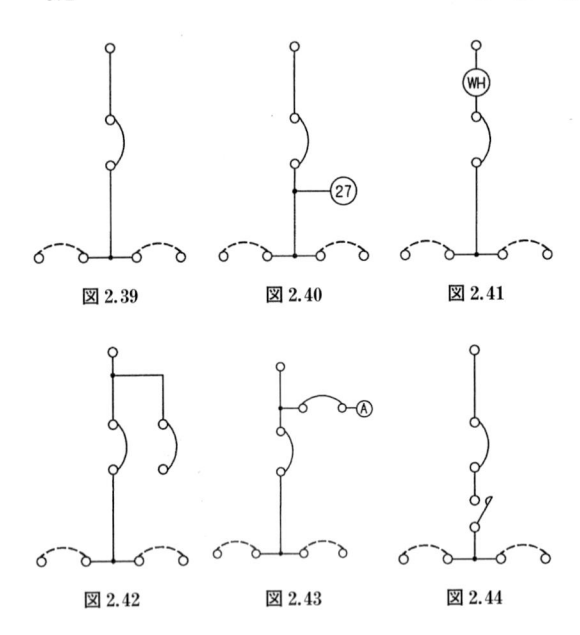

盤内で，幹線分岐を行い別の盤に電源を供給する場合，分岐開閉器を主開閉器の一次側に設置する．

(6) マグネットコンタクタ(電磁接触器)を組み込んで，遠隔入切制御する場合（図 2.44）

図示のものは，消し忘れなどの対策で一括信号により電源の ON/OFF を行う場合を示す．

伝送技術の発達により中央監視設備からの制御や省配線型のリモコン制御を導入する場合があるので，全体の規模および操作性・保守性を考慮して導入の検討をする．

例として，
(1) タイマによるスケジュール制御
(2) 施錠・防犯信号による消し忘れ制御
(3) 人感（赤外線）センサおよび昼光センサ・照度センサによる制御

d. その他の注意

将来の間仕切り変更（負荷設備の変更も含む）に伴う改修工事に対するフレキシビリティが要求される．

したがって，用途および運用形態など将来計画も含めて十分な検討をすることが望ましい．

例えば，事務所ビルなどのように専用部分の分電盤（専用分電盤）と共用部分の分電盤（共用分電盤）を分離して配置計画する場合がある．

一般的には前述したように，共用部分に電灯分電盤を設置するが，最近の事務所ビルの場合などを例とすると，以下の場所に設置する場合がある．

(1) テナント(専有部分)内に設置
(2) 窓台下を EPS 化して設置（図 2.45）
(3) OA フロア内に設置（図 2.46）
(4) 天井裏に設置（図 2.47）

上記図 2.45，図 2.46，図 2.47 の場合は，主に基準階の床面積が大きく，空間（間仕切り内）が大きい場合に検討される場合が多い．

テナントの数（間仕切り分割数）または専有面積の大きさ，負荷の種類および運用目的に応じて複数の分電盤に分けて，配置する必要がある．

これは前述したように大規模な空間で，かつフレキシビリティを考慮した場合，

(1) 基本とする分岐回路数が多い．
(2) 制御（照明の各種制御）関係が多いため，当然分電盤内に収納される制御機器など各種リレーなども多く，分電盤が大型化する．
(3) 分電盤を1カ所に設置するのでは，スペースの問題および二次側配線の集中の問題が発生する．

(4) それに伴い，分電盤の分散化の検討が必要となる．

(5) その際，負荷の電源の種類（電圧を含む）や制御方式，運用形態を考慮した負荷グループに分ける．

(6) 以上を考慮して，負荷に応じて分電盤の設置場所および設置方式を検討する．

(7) その際，改修時の分電盤までの距離は短い方がよいため，運用目的や将来間仕切りを配慮した位置とする．

e. 動力制御盤の配置計画上の留意点

(1) 負荷の中心に近いところか集中する機械室内．

(2) 点検および保守が容易な場所．

(3) できるだけ屋内とする．やむをえず屋外に設置の場合は，庇下となる場所のように雨および外光を考慮した配置とする．

上記 (2) については，建築プランの意匠性もあるが，機能・性能を維持していくためには点検および保守が必要なため十分配慮のこと．

例としては，各種機械室および屋上機械置き場があげられる．機械室の場合は，ポンプ類への床打込み配管配線やファンなどへの上部配管配線があり，それらの配管配線が盤に集中する．

したがって，分電盤同様に床の増し打ちや上部配線用のケーブルラック・配管スペースなどを考慮する必要がある．

上記 (3) については，最近建物の屋上に機器を載せる傾向があるため，当然として制御盤が屋上に設置されることとなる．

屋上などの空調屋外機器への電源供給などの二次側配線は，冷媒配管とのルートを共用し保守を考慮して決定する必要がある．

また，屋外に動力分電盤・制御盤を設置する場合は，直射日光の影響により，盤内温度上昇に伴いブレーカのトリップやサーマルリレーの誤作動などの各種弊害が出る場合がある．

したがって，特に直射日光による盤内温度上昇をも考慮し影響の少ないよう配置計画するか（建築的な庇や方位を考慮）または，温度上昇を前提に機器など（開閉器容量および配線サイズに対して温度補正を行うなどの配慮）の適正な選定を行う．

その他として，電灯分電盤および動力分電盤・動力制御盤の設置環境に応じて，塩害対策・暴風雨・防湿対策・温度対策（寒冷地対策など）にも配慮する．

2.4.3 照明設備

近年，市場の要求は経済規模の拡大とともに「量」が満たされ，「質」へと変化した．

照明分野でのニーズは，照明器具自体のデザインへのこだわりにとどまらず，グレア，演色性，光色・色温度などへのこだわり，ひいては空間デザインへの高い関心があげられるように「白く」，「明るい」空間から，「快適な」，「目的にあった空間」へ多様性を伴った質的変化をとげている．

人の情報収集能力は約8割視覚に頼っており，人が健全な日常生活を過ごすためには健全な視環境・照明環境が不可欠である．照明には，ものがよく見える・見えないなど，ものの見え方に影響を及ぼす明視照明と，空間を快適と感じるかどうかの雰囲気照明の2面についての配慮が必要であり，用途にもよることになるが単にエンジニアリング的な要素以外にもデザイン的要素であることを十分理解しておかなければならない．

a. ものの見え方

ものがよく見えるためには，「明るさ」，「色」，「対比」，「大きさ」，「時間（動き）」について検討を行い，それぞれに関する条件を満足する必要がある．ものを見るためには光が必要であることは自明の理であるが，上記は目の生理的要件を示すものでこれ以外にも輝度のバランスなどの生活環境による心理的要件ももののの見え方に影響することが明らかになってきた．

1) 明るさと見やすさ 明るさと視力の関係を図2.48に示す．照度が高くなるほど文字などが読みやすくなることがわかる．明るさと読みやすさの関係を図2.49に示す．輝度対比80%，2mm角の活字を30cm

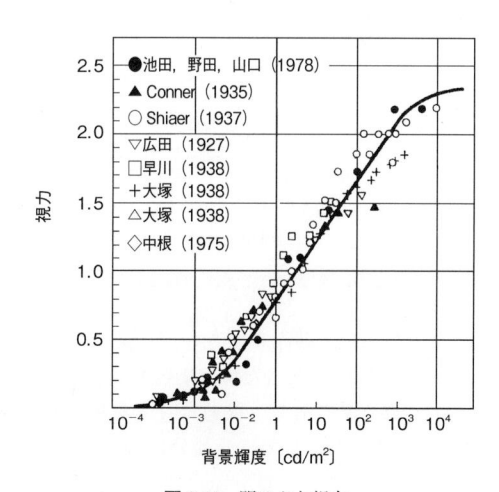

図 2.48 明るさと視力

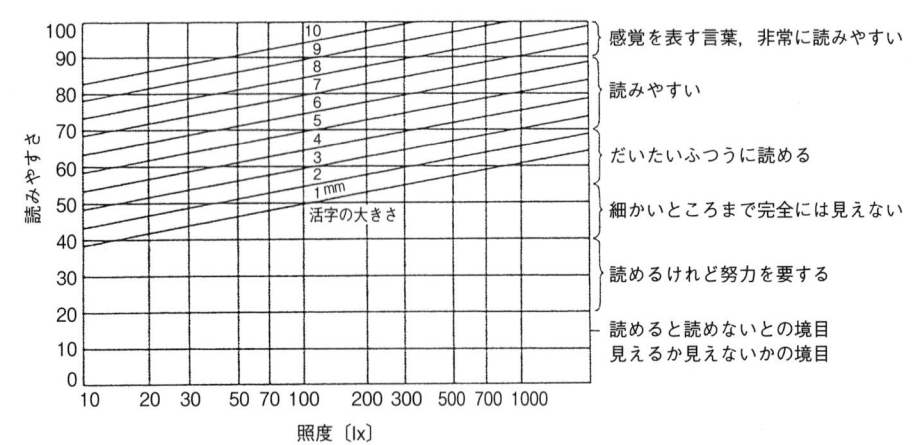

図 2.49 照度と読みやすさ（JIS Z 9110, 照度基準解説）

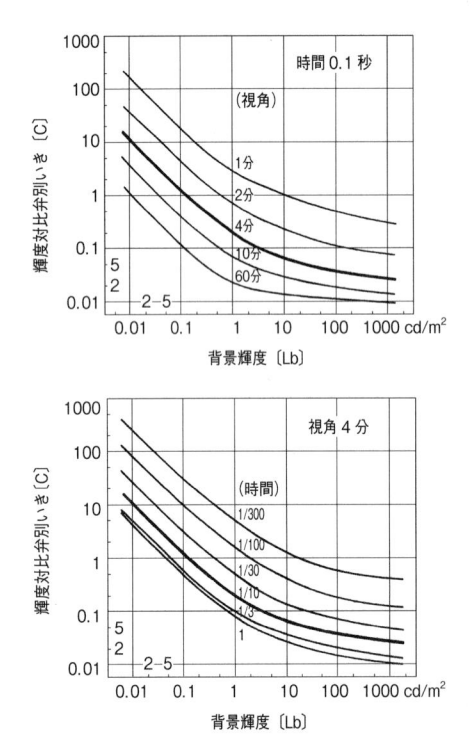

輝度対比約 80%，観察距離 30 cm の場合のものであるが，この根拠となった実験結果を一般式にすると次のようになる（印東　河合　昭 40）．

$$S = 1\log E + 0.5C + 9D(A-1) + 32$$

ただし，S：読みやすさ，E：照度 12.5〜1120 lx，C：輝度対比 9〜94%，D：観察距離 30〜200 cm，A：活字の大きさ 0.2〜1.0 cm．

図 2.50 知覚できる最小の輝度対比

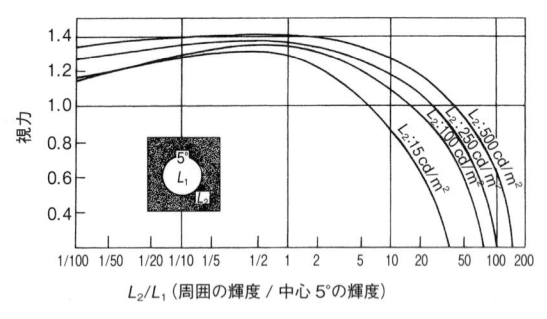

図 2.51 周辺の明るさと視力

図 2.50 は，識別できる最小輝度対比（$C=(L_b-L_o)/L_b$（L_b は背景輝度，L_o は視対象物の輝度））を示したもので，背景輝度が高ければ視対象が小さく，見る時間が短くても識別できることを示している．

しかし加齢が進むと視力が低下し，高齢者は 20 歳代に比べると 2〜3 倍の明るさを必要とする．図 2.51 に「周囲の明るさと視力」，図 2.52 に「明るさと年齢」の関係を示す．

視点と視対象物の位置的な関係から，検討の対象とする明るさ（照度，輝度）の向き（水平面，鉛直面）が違ってくる．例えば，机で書籍や資料を読むような場合は空間に対して水平な面（例えば机に照度計を置いた場合）の照度により評価が必要である．一方，舞台やスタジアムなどでは視対象である演じ手や選手がよく見えることが重要であり，位置関係として観客は空間に対して鉛直面（例えば演じ手の顔や体）の明るさによりものを見ることになる．すなわち，視点と注

の距離で読む場合，読みやすさが 70（ふつう）の場合には約 2000 lx，同 60（だいたい読める）の場合には約 300 lx が必要である．視力は背景輝度が高いほど向上するので，細かいものを見分ける場合には高い照度が必要であることがわかる．

図 2.52 明るさと年齢

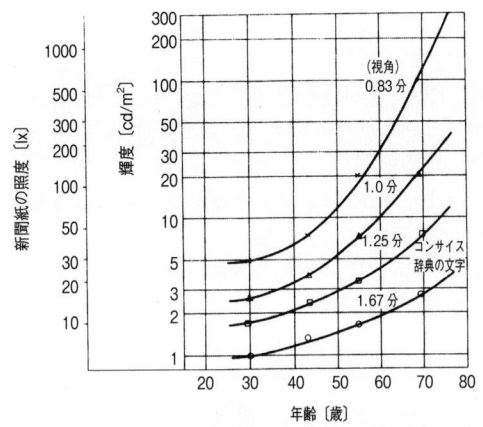

〔注〕新聞紙の照度は新聞紙の白色部の反射率を55%として，換算した数値を示す．

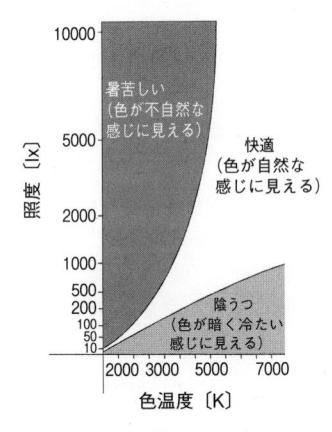

図 2.53 明るさと色温度

表 2.59 光源の演色区分

演色性の グループ	演色性の範囲	光色	用途例	
			推奨される	許容される
1A	$90 \leq Ra$	暖 中間 涼	色合わせ 診療用 検査	
1B	$80 \leq Ra < 90$	暖 中間 涼	オフィス・病院 印刷，ペンキ，織物工場，厳密な工業的作業	
2	$60 \leq Ra < 80$	暖 中間 涼	工業的作業	オフィス
3	$40 \leq Ra < 60$		ラフな工業的作業	工業的作業
4	$Ra < 40$			ラフな工業的作業

表 2.60 明るさと色の見え方

照度	色の見え方
0.1 lx	ものの所在がわかり始め，緑の葉や青い花が見え始める．
1.0 lx	ほとんどの色を認めることができるが，青や紫に比べ赤や黄赤がくすんで見える．
20 lx	鮮明な色や形が正常に見え，細かい色の変化が識別できるようになる．
500 lx	色彩感が豊かになる．色の見えが重要な場合はこれ以上の照度が必要になる．

視点の空間における位置関係により水平面の評価が必要なのか，鉛直面による評価が必要なのか，評価の対象が違ってくるのである．

2) 明るさと色 照明計画のなかで色（色彩）に関する要件として，光源から発せられる光の色（色温度）と，照明下で視対象物の色の見え方（演色性）がある．

図2.53は，色温度と照度の関係から雰囲気としての感じ方を分析分類したものである（A. A. Kruithof, 1941）．ただし，地域性あるいは文化圏によって一概に述べることができないことも経験的にわかっており，図は参考として示すものである．

ショーウインドで商品の色を鮮やかに見せるあるいは，工場などの生産工程で製品の色を適切に管理するなどには照明の演色性に十分な検討を要する．光源により照らされたものの色の見え方を表す光源の性質を演色性といい，一般に平均演色評価数R_aにより評価される．R_aは彩度が中間的な，赤から青の中間色8色を基準色として，それぞれの色の評価の平均を100を最大として表すものである．表2.59に演色性と光色による用途例を示す．

また，ものの色はその照度によっても影響を受ける．表2.60に「明るさと色の見え方」の関係を示す．

3) まぶしさとものの見やすさ 視野の中に輝度の高いもの（光源，窓，鏡など）があると，まぶしさ（グレア）の原因となる．グレアには，視力の低下を引き起こすもの（減能グレア）と，不快感を引き起こすもの（不快グレア）とがある．視線を中心とした約30度の範囲はグレアゾーンといわれグレアの制限が必要である．このとき，視線は固定されたものでないことに注意が必要である．減能グレアは，輝度の高い部分が視線より離れるにしたがって急激に低下するので光源などを視線から離すことで容易に制限することができる．一方，不快グレアは定量的に評価する方法（glare index）があり設計段階からの検討が必要である．また，照明計画におけるグレア制御の方法としては，照明器具の配置（位置や向き）およびルーバやグレアカット器具を使用することにより可能である．図

視力を低下させるグレア

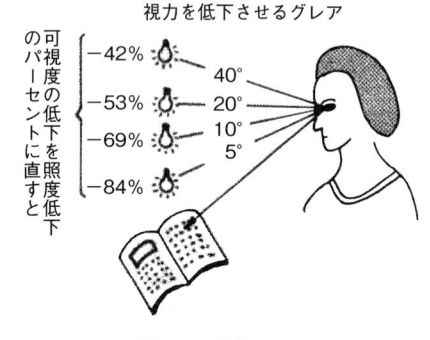

可視度の低下のパーセントを照度低下に直すと
−42%　40°
−53%　20°
−69%　10°
−84%　5°

図2.54　減能グレア

不快感を起すグレア

$G = 0.45 \sum \dfrac{B_s^{1.6} \omega^{0.8}}{B_b} \dfrac{1}{P^{1.6}}$

Glare Index $= 10 \log G$

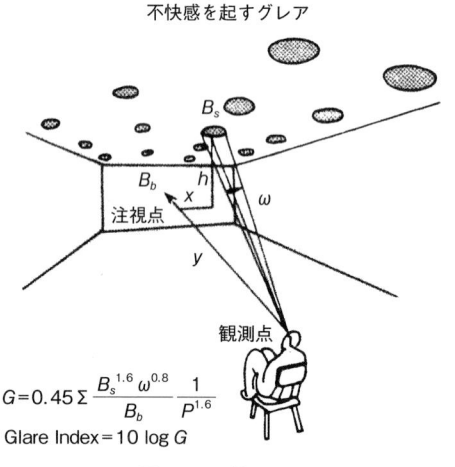

図2.55　不快グレア

2.54に減能グレア，図2.55に不快グレアについて示す．

b. 用途による照明計画の留意点

(1) 事務所

① 執務エリアは均質で適切な照度であること．

② 天井面に過度な光源グレアがなく作業者に不快を与えないものであること．

③ VDT（Visual Display Terminal）作業を行う空間では，作業者にストレスが生じないよう，CRTディスプレイ表面に，天井照明器具の映り込みがなく，鉛直面照度が適切であり，ディスプレイに表示される文字が見やすく疲れの少ないものであること．

④ 省エネルギーを考慮した照明方式，制御方法を検討すること．

(2) 学校照明

① 室内全般を均一な照度にすることが必要で，黒板面の均斉度は最小照度≧1/3平均照度とすることが望ましい．

② グレア軽減の見地から，照明器具を黒板と直角に配列するのが望ましい．

③ 周辺部は影ができやすいので，壁際近くまで照明器具を取り付ける．

④ 昼光の有効利用の見地から，点滅区分はインテリアゾーンとペリメータゾーンを分ける．

(3) 病院照明

① 玄関，通路はグレアを感じさせないような照明器具を選定する．

② 診察室では，患者の表情，顔色，皮膚の色など正確な診断を行うため，十分な明るさと演色性が必要である．

③ 眼科の暗室やX線の透視室では蛍光灯の場合，消灯後の残光が作業に支障をきたすおそれがあるため，白熱灯の使用が望ましい．

④ 患者が上向きになる場所では照明器具の位置およびグレアに十分注意する．

⑤ 診察室内ではスクリーン，カーテンなどで間仕切られることが多いので，照度分布に十分配慮する．

(4) 図書館照明

① 十分な明るさがあり拡散光を利用して机上に影をつくらない．

② 読書面と周囲との輝度比を小さく抑える（照明器具のグレアを低く抑える）．

(5) 店舗照明

① 店舗内が明るくさわやかな印象を受けるよう適切な照度レベルおよび光源を選定する．

② 商品の構成により，演色性を重視した照明方式とする．

③ 効率のよい光源を選定し，冷房負荷が過大にならないように配慮する．

(6) ホテル照明

① 玄関ホールは外来客に第一印象を与える場所であるから，メインロビーを華やかにし，しかも落ち着いた雰囲気の照明とする．

② カウンタは受付や事務処理をする場所であり玄関ホールやロビーから目立って見えるとともに，作業効率を高めるために明るくする．

③ 壁面を明るく，ロビーを広く華やかに見せる照明手法が望ましい．

④ 宴会場は，シャンデリア，建築化照明，ステージ演出照明などにより，豪華で華やかな雰囲気とする．

⑤ 客室は快適で落ち着いた雰囲気になるような家具などのインテリアと調和する照明方式とする．

⑥ 客室内の照明は，入口とベッドの両方から点滅できる三路スイッチとする．

⑦ ベッドの照明は，就寝や読書の際にまぶしさと手暗がりにならないように配慮し，手の届く範囲で点滅ができるようにする．

(7) 住宅照明

① 室内の建築仕上げ材料と調和のとれた照明器具を選定する．

② 天井面にも光が届き，室内全体を明るい雰囲気とする．

③ 家族の行動，動線を考えて照明器具およびスイッチの配置を決定する．

(8) 工場照明

① 使用場所により耐熱性，耐震性，耐食性などを考慮して照明器具を選定し，HID 器具の場合安定器の収納場所も考慮する．

② 照明器具の保守，点検が安全にできるように通路の確保および点検方法について検討する．

③ 低照度設定の場所で高出力器具を選定すると照度むらを生じやすくなるので，室の広さと器具数に注意する．

④ 塗装工場のように光色，演色性が重要な場合は，演色性のよい光源を選定する．

(9) 屋外スポーツ照明

① 競技内容に適した照明計画であること（規格の準拠や指針の参照）．

② 水平面，鉛直面照度は選手，観客にとって十分であること．

③ 照明器具によるグレアを照明器具の設置位置および器具の選定により抑制する．

④ 放電灯の場合，ちらつき（ストロボ効果）対策として三相電源による点灯を原則とする．

⑤ 競技方向を把握したうえで，選手に対して強い光を与えないように計画する．

⑥ 屋外に設置する照明器具は，地域性により耐風圧，耐塩，雷対策などに配慮する．

⑦ メンテナンス性や経済性を配慮しランプや器具の長寿命化を念頭に選定や点滅制御を計画する．

⑧ 野球やアメフトなどボールが高く飛ぶ競技では，上方空間の鉛直面照度にも配慮する．

⑨ テレビ中継対応の要否を確認して，必要な場合は照度，演色性などに配慮する．

(10) 建物の投光照明

① 対象物の特徴を生かしながら，光害を十分検討した上で周囲の環境と調和した計画を行う．

② 対象物の色や材質が浮き立つような光源を選定する．

③ 光色による演出効果を期待する場合には，ランプにカラーフィルタを組み合わせたり，異なった光色のランプを組み合わせる．

④ 対象物の照射面を均一に照明するか，あるいは陰影をつけながら立体的に照らし出すのかライトアップ手法を決定し，照明器具，台数，照明器具の配光を決定する．

⑤ 対象物周囲の光輝度とのバランスを考慮した適切な光量とすることで省エネルギにも配慮する．

⑥ 効果の確認方法として，コンピュータグラフィックスや模型，モックアップの活用を検討する．

⑦ 投光器は，昼間の美観を損ねないように配置するとともに，点灯に際して歩行者や車両に対してグレアを生じないように考慮する．

⑧ 演出方法として，時刻に配慮した点灯制御を心がけるとともに，むだな部分への漏れ光を抑制し周辺環境に配慮する（「光害対策ガイドライン」環境庁，平成 18 年 12 月改訂版）．

(11) 広場照明

① 人間どうしの動作がよく見えるよう十分な照度と，よい照度分布とする．

② 人間の顔色が好ましく見えるよう演色性のよい光源を利用する．

③ 広場が有効に活用できるよう背の高いポール照明が望ましい．

(12) 屋内大空間照明

① 使用目的にあった適切な照度，演色性，色温度を設定する．

② 天井の意匠デザインと調和のとれた照明器具配置とする．

③ グレアの抑制に留意する．

④ 照明の保守・管理に配慮し，保守動線やスペースの確保およびランプ交換を知らせる不点灯表示機能などの採用を検討する．

⑤ 多目的使用に対応して，きめこまやかな点滅設定をパターン化し簡便な操作で制御できるシステムを検討する．

(13) 舞台照明

① 十分な照度が得られる照明計画を行う．

② 多彩な演出手法に対応する照明配置および制御回路を検討する．

③ もち込み設備にも対応できる互換性のある制御システムの構築が望ましい．

④ 舞台の進行に合わせた簡便操作が可能な，シーンを記憶・再生できる制御卓の採用を検討する．

c. 照明の計画ツール

照明計画においては，建築意匠との共同作業であり，照明設計者と建築意匠設計者の意思疎通および問題意識の共有化を図る意味においても，照明を含めたデザインイメージをなんらかの方法で表現することが不可欠である．方法としては，計画の初期段階であればデザインスケッチ，ある程度計画が進んだ段階では，模型やコンピュータグラフィックスなどがある．ここでは，コンピュータグラフィックスを用いた検討例を示す．

(1) イメージ解析（図2.56），照度・輝度解析（図2.57）：三次元CADシステムで作成した建築モデルに，建築の仕上げ材の光学的物性値を与え，建築モデル内に配置した照明器具により光解析計算を行い描画したものである．

(2) グレア解析（図2.58）：建築モデル内に配置した照明器具による不快グレア評価（GR）を可視化したものである．

(3) ボールの見え方評価（図2.59）：初速，打ち出し角などを与えたボールの軌跡により，ボールの速度（角速度）と輝度対比により視認性評価を行い結果を可視化したものである．

(4) 照明器具の配置検討（図2.60）：照明器具配置の検討を目的として，建築モデル内に配置した照明器具データにより照明器具自体を擬似的に可視化したものである．

図2.58　グレア解析

図2.56　イメージ解析

図2.59　ボールの見え方評価

図2.57　照度（輝度）解析

図2.60　照明器具配置検討

d. 照明計算

照明計算方法としては，直接光照明計算としての逐点法と全般照明設計計算としての光束法が代表的な手法であるので，その概要を以下に記述する．

1) 逐点法 逐点法とは，照明器具の配光特性や配置によって，その照明器具から被照明面上に直接入射される光による照度の分布を予測するときに用いる計算法である．

以下は点光源による計算式である．

図 2.61 のように大きさが無視できる光原 L と被照明点 P があり，この光源 L から点 P 方向への光度 $I(\theta)$ 〔cd〕が与えられているとき，点 P における照度はそれぞれ以下で与えられる．

法線照度：

$$E_n = \frac{I(\theta)}{P^2} = \frac{I(\theta)}{h^2}\cos^2\theta$$

水平面照度：

$$E_h = E_n \cos\theta = \frac{I(\theta)}{h^2}\cos^3\theta$$

鉛直面照度（角度 o）：

$$E_{vo} = E_n \sin\theta = \frac{I(\theta)}{h^2}\sin\theta\cos^2\theta$$

鉛直面照度（角度 α）：

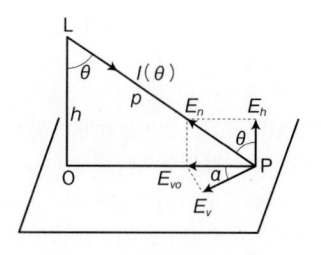

図 2.61 点光源計算式説明図

$$E_v = E_{no}\cos\alpha = \frac{I(\theta)}{h^2}\sin\theta\cos^2\theta\cos\alpha$$

上記の式は 1 個の照明器具によるそれぞれの照度を表しているが，照度は重ね合わせの原理が適用できるので，点 P に寄与する個々の照明器具による照度をそれぞれの成分照度ごとに合算すれば，当該地点のそれぞれの照度が計算できる．

この手法には，点光源の代わりに直線光源によるものと面光源によるものがあるが，具体的な計算式については文献を参照されたい．

2) 光束法 光束法は，オフィスのように，そこで作業する個人に平等に環境を提供する必要があるときに，全般照明で施設されるが，その平均照度を計算する方法である．

面積 A〔m^2〕の室に光束 Φ〔lm〕のランプを N 個

天井	80 %				70 %				50 %				30 %				0%
壁	70	50	30	10	70	50	30	10	70	50	30	10	70	50	30	10	0%
床		10 %				10 %				10 %				10 %			0%
室指数	照明率							(×0.01		)						ZCM	
0.6	43	34	28	24	42	33	28	24	40	32	27	24	38	32	27	24	22
0.8	50	42	36	32	49	42	36	32	47	41	36	32	45	40	35	32	30
1.0	55	48	42	38	54	47	42	38	52	46	41	38	50	45	41	38	36
1.25	60	53	48	44	59	52	48	44	56	51	47	43	54	50	46	43	41
1.5	63	57	52	48	62	56	51	48	59	55	51	47	57	53	50	47	45
2.0	67	62	58	54	66	61	57	54	64	60	56	53	62	58	55	53	51
2.5	69	65	61	58	68	64	61	58	66	63	60	57	64	61	59	57	55
3.0	71	67	64	61	70	67	64	61	68	65	62	60	66	63	61	59	57
4.0	73	70	68	65	72	69	67	65	70	68	66	64	68	66	65	63	61
5.0	75	72	70	68	74	71	69	67	72	70	68	66	70	68	67	65	63
7.0	76	74	73	71	75	73	72	70	73	72	70	69	71	70	69	68	66
10.0	77	76	75	74	76	74	74	72	75	73	72	72	73	72	71	70	68

室指数
 $= A/H(X+Y)$
A：室面積 m^2
H：光源作業面距離 m
X：室間口 m
Y：室奥行 m

● 32W Hf蛍光灯2灯
● 光束 4500 lm×2灯
反射板：鋼板（ホワイト）

配光曲線

光 原	
器具効率	74% F○
上方光束	0% F△
下方光束	74% F▽

保守率	良	0.74
	中	0.70
	否	0.62

図 2.62 蛍光ランプ Hf32W2 灯用照明器具の配光曲線と照明率表の例

つけたときの平均照度 E 〔lx〕は下式で与えられる.

$$E_n = \frac{N(\Phi) \cdot U \cdot M}{A}$$

ここで, U は照明率で, ランプから放射された光のうちで計算する面への有効な光の割合を示すもので, 照明器具と部屋指数で決められるもの, M は保守率で, ランプの光束の減退や照明設備や建物の汚れなどを考慮したもの（<1）で, 図 2.62 を参照されたい.

文　献

1) 照明学会編：あたらしい明視論, 照明学会, 1966.
2) JIS Z 9110 照度基準解説, 日本工業規格.
3) IES Lighting Handbook, 1987.
4) 建築電気設備編集委員会編：建築電気設備便覧, 産業調査会, 1996.
5) 照明学会誌.
6) ISO 8995（The Lighting of indoor work system）, 1989.
7) 照明の基礎, 松下電工営業研修センター.
8) 照明技術資料, 岩崎電気, 1998.
9) 光解析システム, 大成建設.

2.4.4　コンセント設備
a.　コンセントの種類

コンセントによる電源供給は, 器具の差し込みプラグの脱着（抜き差し）によって成り立つ. したがってどのような負荷設備が接続されるかわからないことから, 回路構成, コンセント定格の選定には注意が必要である.

コンセントの種類はおおむね図 2.63 である.

b.　コンセントの位置と数量

（1）コンセントの位置は, 出入口の扉, 家具, 什器などの陰にならないようにし, かつ人の動線も考慮すること.

（2）事務室など将来間仕切りをする可能性のある部屋のコンセントは, 間仕切りによってコンセントが使用不能にならないように注意する. 特に柱に取り付けるコンセントは, 柱の中心に後日間仕切りがつくことが多いので, 中心を避けて取り付けること.

（3）コンセントの取り付け高さは床仕上げ面より 300 mm（和室においては 150 mm）とするが, 駐車場や床面に水を流すおそれのある場所では 1000 mm 程度とする. また台所カウンタなどに設置の場合は, カウンタ上より 100～200 mm 程度高い位置に設ける.

（4）屋外コンセントの取り付け高さは, 周囲状況を考慮するが, おおむね仕上げ面もしくは地盤面より 500～600 mm 程度の高さに取り付ける.

（5）室内の出入口付近に清掃用などの目的で保守用コンセントを設置する.

（6）柱, 壁などの耐火性能を損うことのないよう取り付ける. どうしても設置の必要がある場合は, 柱・壁の仕上げ面をふかして設置するなど, 建築（意匠）計画との十分な打ち合わせが必要である.

（7）コンセントの一般的な設置個数は, 表 2.61 による.

c.　事務室のコンセント計画

（1）近年のオフィスにおいては, OA 機器の増加に伴い, 電源および, 電話・情報配線をフリーアクセスフロアまたは OA フロアを使用し配線するケースが増えている.

（2）大規模な事務所ビルでは, オフィス専有面積に対し 30～60 VA/m^2 程度のコンセント電源容量を見込むのが, 一般的になっている.

（3）フリーアクセスフロアに設置するコンセントには, アップコンセント, インナコンセント, OA タップコンセントなどがあるが, 使い勝手やフレキシブル性から, OA タップコンセントの採用が, 一般的になっている. 図 2.64 に OA タップコンセント概念図を示す.

d.　コンセントの標準選定（例）

表 2.62, 表 2.63 参照.

e.　コンセントの施設

内線規程において以下の各項について定めている. ここではその概要を紹介する. 詳細は, 内線規程を参

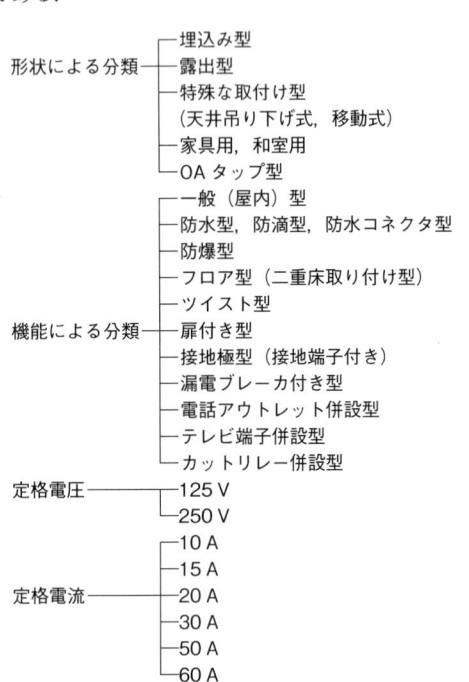

```
形状による分類 ─┬─ 埋込み型
                ├─ 露出型
                ├─ 特殊な取付け型
                │   （天井吊り下げ式, 移動式）
                ├─ 家具用, 和室用
                └─ OA タップ型

機能による分類 ─┬─ 一般（屋内）型
                ├─ 防水型, 防滴型, 防水コネクタ型
                ├─ 防爆型
                ├─ フロア型（二重床取り付け型）
                ├─ ツイスト型
                ├─ 扉付き型
                ├─ 接地極型（接地端子付き）
                ├─ 漏電ブレーカ付き型
                ├─ 電話アウトレット併設型
                ├─ テレビ端子併設型
                └─ カットリレー併設型

定格電圧 ─┬─ 125 V
          └─ 250 V

定格電流 ─┬─ 10 A
          ├─ 15 A
          ├─ 20 A
          ├─ 30 A
          ├─ 50 A
          └─ 60 A
```

図 2.63　コンセントの種類

2.4 負荷設備

表2.61 住宅におけるコンセント数

場所		コンセント施設数（個） 100 V	コンセント施設数（個） 200 V	想定される機器例
台所		6	1	冷蔵庫，ラジオ，コーヒーメーカー，電気ポット，ジューサー・ミキサー，トースター，レンジ台，オーブン電子レンジ，オーブントースター，食品洗い乾燥機，電気生ごみ処理機，電熱コンロ，ホットプレート，電気ジャー炊飯器，ホームベーカリー，電気鍋，卓上型電磁調理器
食事室		4	1	
居室など	5 m² (3～4.5畳)	2	-	電気スタンド，ステレオ，ビデオ，DVD/CDプレーヤー，ラジカセ，扇風機，電気毛布，電気あんか，加湿器，ふとん乾燥機，ワープロ，パソコン，蚊とり器，ズボンプレッサー，テレビ，セラミックヒーター，ファンヒーター，電気カーペット，電気こたつ，電気ストーブ，掃除機，アイロン，空気清浄機，BS/CSチューナー，テレビゲーム機，FAX付電話，多機能コードレス電話，パソコン関連機器（モニター，プリンター）
	7.5～10 m² (4.5～6畳)	3		
	10～13 m² (6～8畳)	4	1	
	13～17 m² (8～10畳)	5		
	17～20 m² (10～13畳)	6		
トイレ		2	-	温水洗浄暖房便座，空調，換気扇，電気ストーブ
玄関		1	-	熱帯魚水槽，掃除機
洗面・脱衣所		2	1	洗濯機，掃除機，電気髭そり，洗面台，電動歯ブラシ，ホットカーラー，ヘアードライヤー，洗濯乾燥機，衣類乾燥機
廊下		1	-	掃除機

〔備考〕1) コンセントは，1口でも，2口でも，さらに口数の多いものでも1個とみなす（コンセントは，2口以上のコンセントを施設するものが望ましい．）．
2) エアコン，据付型電磁調理器，大容量機器，換気扇（トイレ除く．），庭園灯，浄化槽，給湯器，ベランダ，車庫などのコンセントは，この表の設置数とは別に考慮する．
3) 住宅内のコンセントの選定に当たっては，3202-3（接地極付きコンセントなどの施設）を参照．

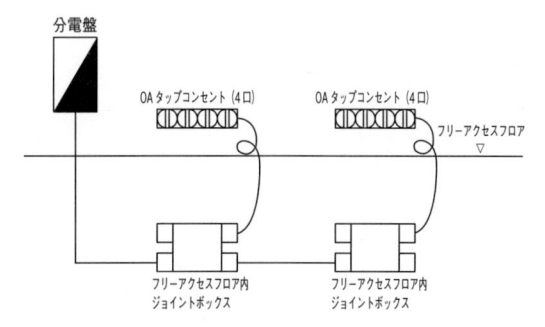

図2.64 OAタップコンセント概念図

照のこと．

1) コンセントの施設
(1) コンセントを造営材に埋め込む場合の条件について．
(2) コンセントを床に取り付ける場合の条件について．
(3) 露出型のコンセントは，(5)に規定する場合を除き，柱などの耐久性のある造営材に堅固に取り付けること．
(4) 合成樹脂線ぴ内に施設するコンセントの条件について．
(5) ペンダントスイッチ用コードと屋内配線とを接続するために使用するコンセントの条件について．
(6) コンセントを屋側の雨線外または屋外に施設する場合の条件について．
(7) 浴室内コンセントの設置条件について．

2) 接地極付きコンセントなどの施設
(1) 次の各項に掲げるコンセントは，接地極付きコンセントを使用すること．
① 電気洗濯機用コンセント
② 電気衣類乾燥機用コンセント
③ 電子レンジ用コンセント
④ 電気冷蔵庫用コンセント
⑤ 電気食器洗い器用コンセント
⑥ 電気冷房機用コンセント
⑦ 温水洗浄式便座コンセント
⑧ 電気温水器用コンセント
⑨ 自動販売機用コンセント
(2) 200 V用のコンセントには接地極付きのものを使用すること．（住宅以外に設備する場合も同じ）
(3) 屋側の雨線外または屋外に施設するコンセントには接地を施すこと．
(4) 病院，診療所などにおいて，医療用電気機械器具を使用する部屋に施設するコンセントは，接地極付きコンセントを使用すること．
(5) 厨房，台所，洗面所，および便所に施設するコンセントは接地極付きコンセントを使用すること．

3) 用途の異なるコンセント
同一構内において電気方式（交流，直流，電圧，相，

表 2.62 コンセントの標準選定例（内線規程）

用途	分岐回路	15 A	20 A 配線用遮断器 （[参考2] 参照）		30 A	備 考
単相 100 V	接地極付き	125 V 15 A	125 V 15 A	125 V 20 A		1. ⊖の差し込み穴は，2個同一寸法なので，接地側極を区別するときは，注意すること． 2. 表中，太い線で示した記号は，接地側極として使用するものを示す． 3. 表中，白抜きで示した記号は，接地極として使用するものを示す．
	接地極なし	125 V 15 A	125 V 15 A	125 V 20 A		
単相 200 V	接地極付き	250 V 15 A	250 V 15 A	250 V 20 A	250 V 30 A	
	接地極なし	250 V 15 A	250 V 15 A	250 V 20 A	250 V 30 A	
三相 200 V	接地極付き	250 V 15 A	250 V 15 A	250 V 20 A	250 V 30 A	
	接地極なし	250 V 15 A	250 V 15 A	250 V 20 A	250 V 30 A	

〔備考〕 1) 本表は標準的なコンセントの選定例を示したものである．
2) 20 A 配線用遮断器分岐回路に，電線太さ 1.6 mm の VV ケーブルなどを使用する場合には，原則として，定格電流が 20 A のコンセントを施設しないこと．
3) 単相については，250 V・30 A を除いて接地極付きコンセントを使用すれば，接地極付きおよび一般いずれのプラグも挿入可能である．
4) 空欄については，電気機械器具を配線に直接接続して使用するか，他のコンセントと誤用のないように使用すること．
5) 表に記載のないコンセントを使用する場合は，他のコンセントと誤用のないようにすること（電気用品取締法，JIS C 8303 または日本配線器具工業会規格などにより適切なものを選択する）．
6) 単相 100 V 用として，プラグの抜け防止のできる抜け止め式コンセント（◎，◎ 125 V・15 A）がある．

表 2.63 引掛形コンセントの標準選定例（内線規程）

用途	分岐回路	15 A	20 A 配線用遮断器 （[参考2] 参照）		30 A	備 考
単相 100 V	接地極付き	125 V 15 A	125 V 15 A			1. 表中，太い線で示した記号は，接地側極として使用するものを示す． 3. 表中，白抜きで示した記号は，接地極として使用するものを示す．
	接地極なし	125 V 15 A	125 V 15 A			
単相 200 V	接地極付き			250 V 20 A	250 V 30 A	
	接地極なし	250 V 15 A	250 V 15 A		250 V 30 A	
三相 200 V	接地極付き			250 V 20 A		
	接地極なし			250 V 20 A	250 V 20 A	

〔備考〕 1) 本表は標準的なコンセントの選定例を示したものである．
2) 20 A 配線用遮断器分岐回路に，電線太さ 1.6 mm の VV ケーブルなどを使用する場合には，原則として，定格電流が 20 A のコンセントを施設しないこと．
3) 空欄については，電気機械器具を配線に直接接続して使用するか，他のコンセントと誤用のないように使用すること．
4) 表に記載のないコンセントを使用する場合は，他のコンセントと誤用のないようにすること（電気用品取締法，JIS C 8303 または日本配線器具工業会規格などにより適切なものを選択する）．

2.4 負荷設備

周波数）が異なる回路がある場合には，異なった用途のプラグが差し込まれるおそれがない構造のものを使用すること．

f. その他の注意事項

(1) 10 Aを超える冷房機器，厨房機器などの大型電気機械器具や専用コンセントで保守管理上から必要と思われるコンセントは単独回路とする．

(2) 1分岐回路（20 A）当たりの容量は最大1600 VA（20 A×0.8）とし，各用途のコンセント最大接続個数は以下を目安とする．

　　一般コンセント：10個/回路
　　事務室コンセント：4〜5個/回路
　　（OAタップコンセント）（最大4 OAタップコンセント/回路）

(3) 清掃用コンセント回路の配置は，業務用清掃器具のコード長さを配慮しおおむね15〜20 m以下ごとに設置することが望ましい．また，テナントビルなどの専有部に施設する場合は，コンセント形状を変更するなど電力計量への配慮も必要となる．

(4) 分電盤からコンセントに至る配線は，電圧降下を加味しすべて2.0 mmとする．ただし，こう長が40 mを超える場合は，個々に電圧降下計算を行うこと．

(5) 下記のコンセント分岐回路には漏電遮断器を設置する．

　　厨房・浴室・脱衣室・洗濯室のコンセント回路
　　冷水器・温水器回路
　　自動販売機回路
　　便所の温水洗浄式便座コンセント回路
　　屋外に設置するコンセント回路
　　その他，上記に類する回路で漏電状態が発生した場合に，人畜への被害や漏電火災他の回路への影響がある場合

(6) コンセント配線を躯体打込み配管で計画する場合は，盤直下の打込み配管の集中を避ける必要がある．対応例を以下に記載する．

　① フリーアクセスフロアの採用
　② 分電盤の分散配置
　③ コンセント配線の立ち上りスペースを確保し天井内配線で分電盤へ至る

(7) 動力用コンセントは，主に生産施設で採用されるが設置位置やコンセント形状など利用者へ十分な確認を要す．また，運営・管理面から生産エリア内に動力盤組み込みで分散配置される例が多い．

2.4.5 動力設備

建築設備における動力設備とは，建築物の性能維持および機能保全のための空調設備の冷凍機，送風機，給排水設備のポンプ，運搬機械設備のエレベータ，エスカレータおよび防災にかかわる消火ポンプなどの動力負荷に電源を供給し監視制御する設備である．最近は特にビルコンと略称される中央監視装置により分散制御・集中監視され，各サブ設備システムをネットワーク化する傾向にある．

a. 電動機の種類

電動機の種類は，形状，構造，動作原理，動作特性などによって異なり，(1) 誘導電動機，(2) 同期電動機，(3) 直流電動機，などに大別されるが，建築設備における動力設備においては価格が安く，構造が簡単で堅ろう，保守点検が容易などの特徴をもつ誘導電動機が最も多く使用されている．電動機の建築設備項目別適用負荷分類を表2.64に示す．

b. 電動機の始動方法

誘導電動機は定格電圧を直接印加して始動することも可能であるが，最初から定格電圧を加えた場合，始動電流が定格電流の5〜7倍程度の大きさになり，これにより電圧降下を生じるため，電動機本体が正常に始動できなかったり，他の機器に悪影響を与えたり，大きな始動電流のため電動機の巻線自体が焼損するお

表2.64　電動機建築設備項目別適用負荷の分類

項　目	負荷名称
給排水動力	加圧給水ポンプ，揚水ポンプ，排水ポンプなど
空調動力	冷凍機，冷水ポンプ，冷却水ポンプ，空調機ファン，換気ファン，ビル用マルチエアコンなど
運搬機械動力	エレベータ，エスカレータ，小荷物専用昇降機など
建築付帯動力	シャッタなど
非常動力	屋内消火栓ポンプ，スプリンクラポンプ，排煙ファンなど
その他	工場用動力（生産機器用），医療用動力

表2.65　標準始動方式

電　圧	全電圧始動	始動装置による始動
200 V	11 kW 未満	11 kW 以上[1]
400 V	30 kW 未満	30 kW 以上
6 kV	—	全部[2]

〔注〕1) 低圧電動機に使用する始動装置は原則としてスターデルタ方式とする．変圧器容量，負荷の特性などにより（始動時に電源および電路に）支障がない場合はじか入れ始動としてもよい．
　2) 小容量の高圧電動機の場合，電源容量，負荷の特性などにより選択する．

表 2.66 始動方式の比較

	全電圧始動	スターデルタ始動	リアクトル始動	コンドルファ始動
概 要	始動器を設けずに直接全電圧で始動する方式	始動時のみスター結線で始動し，デルタ結線で運転する方式	電動機の一次側にリアクトルを挿入し，電動機の回転数が定格に近づくとリアクトルを切り離し運転する方式	始動補償器を用いて始動し，回転数が上昇するとリアクトル始動方式に変更する方式
長 所	始動時間が早い	始動電流による電圧降下を軽減できる	始動電流・トルクを調整できる	始動電流・トルクを調整できる
	最も安価	減圧始動のなかでは最も安価		
短 所	始動電流が大きく異常電圧降下の原因となる	始動，加速トルクが小さいので始動トルクの大きな負荷をつけて始動できない	価格が高い	価格が高い
		始動電流・トルクを調整できない		
始動電流	100%（基準）	33.3%	50−60−40−80−90%	25−42−64%
始動トルク	100%（基準）	33.3%	25−36−49−64−91%	25−42−64%
適用負荷	小容量の電動機（ポンプ，ファン）	一定容量以上の電動機（ポンプ，ファン）	二乗低減トルク負荷	大容量電動機

それのある場合がある．したがって，表 2.65 に示す標準始動方式（200 V）を用いて始動させている．表 2.66 に主な始動方式の比較を示す．

1) 全電圧始動方式 始動器を設けず，直接全電圧で始動する方式である．始動器を設けないため，最も経済的であるが電圧降下などの問題のため，小出力の電動機に限られる．

2) スターデルタ始動方式 電動機の回転子巻線を始動時のみスター結線とし，印加電圧を $1/\sqrt{3}$ に減じて始動電流を制限しながら始動し，始動後デルタ結線に切り替え全電圧運転に入る方式である．この方式は，始動電流と始動トルクをそれぞれ全電圧始動時の 33% にすることができる．

3) リアクトル始動方式 始動時は電動機に直列リアクトルを挿入し，電動機の回転数が定格に近づくとリアクトルを短絡（切り離し）して運転状態に入る方式である．この方式は，始動電流を 50～90% の間で調整することができ，始動時に大きなトルクを必要とする場合に利用される．

4) コンドルファ始動方式 電動機が回転を開始するときは，始動補償器を用いて始動し，回転数の上昇とともにリアクトル始動方式に変更する方式である．この方式は始動電流を 25% まで低減することが可能である．

c. 電動機の保護
電動機の保護は，過熱による焼損や湿気などによる絶縁不良に起因する電動機自体の損傷，短絡・漏電による火災など，電動機の故障による事故を未然に防止することを目的としている．

1) 過負荷保護 過負荷保護装置としては，電動機の過負荷（過電流）を検出する誘導型継電器，サーマルリレー，電動機巻線部の過熱を検出するサーミスタ型継電器と回路を開閉する電磁接触器および警報器を組み合わせたものが使用されている．

2) 短絡保護 電動機内で短絡事故が発生すると，定格電流の数百倍に達する短絡電流が流れる場合もあるため，配線用遮断器，漏電遮断器，モータブレーカ，ヒューズなどで事故回路を瞬時に遮断し，回路の電線，制御機器を保護する．

3) 欠相保護 欠相は配電系統の接触不良，端子のゆるみ，1 線の断線やヒューズを使用しているときの 1 相溶断などで発生する．三相電動機を欠相のまま始動すると単相状態となり，1 相当たり 4～7 倍の電流が流れ過電流状態をつくる．このような欠相状態を検出して回路を遮断するために，欠相保護機能付き熱動過電流継電器（2E サーマルリレー）や静止型過電流継電器（3E リレー）を用いて保護を行う．

4) 不足電圧保護 電動機で電圧が不足すると過電流現象から温度上昇が起こり焼損の原因となる．また，電磁接触器の許容電圧は −15%，+10% のため，始動時の電圧降下に注意する必要がある．これらを防止するために，瞬時特性の電磁型不足電圧継電器（UV）により回路の遮断を行う．

5) 漏電保護 絶縁不良による漏電は感電と火災の原因となるため，漏電遮断器などにより保護を行う．漏電保護の設置基準については，内線規程 1375 節（漏電遮断器など）で定められている．

6) 瞬時電圧低下（瞬低）保護 送電線に落雷し

た場合などに生ずる瞬間的な電圧降下を「瞬低」といい，瞬低が起こると制御盤内の電磁接触器が開放するため運転状態の機器は停止する．したがって，信頼性の高い電源を求められる工場などの生産機器電源や病院などの医療機器電源などは瞬低を防止するため遅延釈放型の電磁接触器などを採用し瞬低の保護を行う必要がある．

d. 動力設備の設計

電動機に至る配線などの設計は電気設備技術基準の解釈第169条（電動機の過負荷保護装置の施設）や解釈第171条（分岐回路の施設），内線規程3705節（配線設計）などに規定されている．ここでは，設計上の要点を述べる．

1) 制御盤の設計 分岐回路は，原則的に電動機1台ごとに構成する．その理由としては，

(1) 複数の電動機の負荷を1つの分岐回路につないだ場合，1台の電動機の過電流や短絡などの事故により，1台だけでなくすべての電動機が停電する．

(2) 電動機の運転操作は電磁接触器を押しボタンや遠方操作にて開閉制御することにより行うため，1台ごとに分岐回路が必要となる．

これらの必要機器を組み込んだ装置を制御盤と称している．

制御盤は主回路，制御回路，監視回路より構成されている．図2.65に制御盤の結線図を示す．主回路は配線用遮断器，電磁接触器，始動器，インバータほかなどにより構成され，電動機の容量や運転方式によって必要な主回路を決定する必要がある．制御回路は各電動機の発停・警報を制御するものであり，手元，遠方，自動（サーモスタットまたは他の機器と連動などを行う），液面制御などがある．監視回路は主に中央監視装置などより遠隔で状態監視，発停，計測するための回路である．

制御盤の設置場所としては，できるだけ負荷の中心に近く，温度や湿度の影響を受けにくく，メンテナンスの容易な場所に設置する必要がある．

制御盤の記入例を図2.66に示し，下記に簡単な説明をする．

(1) ビル用マルチエアコンなどのように機器自体に制御装置を内蔵しているものは主回路Aの電源送りとする．配線サイズ，漏電遮断器容量については内線規程ではなく製造業者の技術資料により選定する．

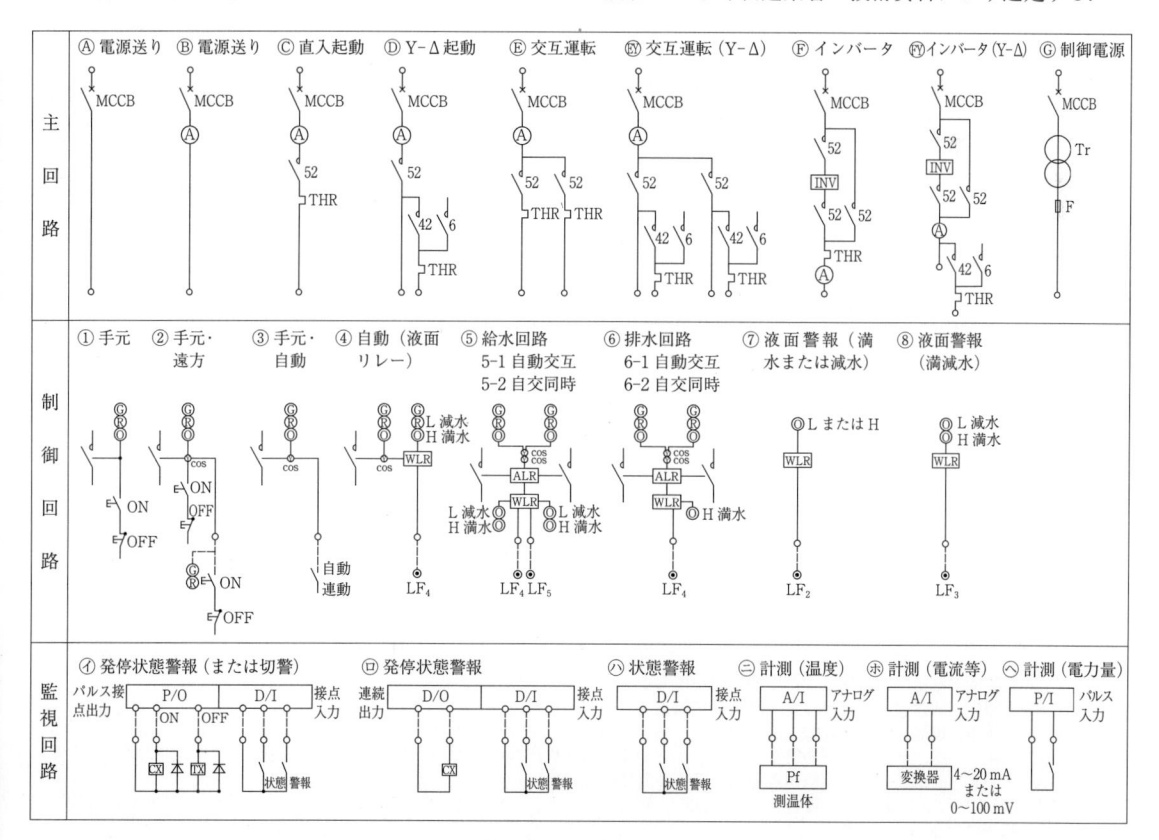

図2.65 制御盤結線図

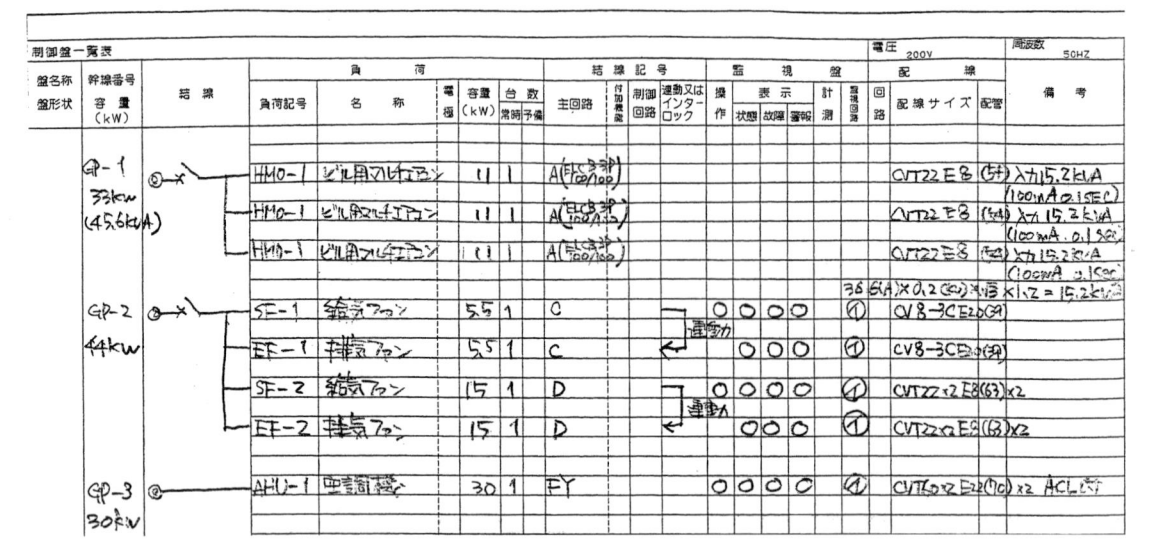

図 2.66 制御盤記入例

(手書きの制御盤一覧表)

電圧 200V　周波数 50HZ

盤名称盤形状	幹線番号容量(kW)	結線	負荷記号	名称	電極	容量(kW)	台数常時/予備	主回路	付属機器	制御回路	連動又はインターロック	操作	表示状態/故障/警報	計測	回路	配線サイズ	配管	備考
GP-1 33kW (45.6kVA)	①	×	HM0-1	ビル用エアコン		11	1	A(ELCB3料/100/100)								CVT22E8 (5中)		入力15.2kVA (100mA 0.15EC)
			HM0-1	ビル用エアコン		11	1	A(ELCB3料/100/100)								CVT22E8 (5中)		入力15.2kVA (100mA 0.15EC)
			HM0-1	ビル用エアコン		(11)	1	A(ELCB3料/100/100)								CVT22E8 (5中)		入力15.2kVA (100mA 0.15EC)
																36.6A×0.2(30)×J3×1.2=15.2kW
GP-2 44kW	②	×	SF-1	給気ファン		5.5	1	C			← 連動		○○○○	①		CV8-3CE20(G)		
			EF-1	排気ファン		5.5	1	C					○○○○	①		CV8-3CE20(G)		
			SF-2	給気ファン		15	1	D			← 連動		○○○○	①		CVT22×2E8(63)×2		
			EF-2	排気ファン		15	1	D					○○○	①		CVT22CE8(B)×2		
GP-3 30kW	③		AHU-1	空調機		30	1	FY					○○○○	①		CVT60×2E22(70)×2 ACL付		

表 2.67　200 V 三相誘導電動機 1 台の場合の分岐回路（配線用遮断器の場合）（銅線）

定格出力	全負荷電流(規約電流)	配線の種類による電線太さ						移動電線として使用する場合のコードまたはキャブタイヤケーブルの最小太さ	過電流遮断器(配線用遮断器)〔A〕		電動機用超過目盛電流計の定格電流〔A〕	接地線の最小太さ
		がいし引き配線		電線管，線ぴに3本以下の電線を収める場合およびVVケーブル配線など		CVケーブル配線			じか入れ始動	始動器使用(スターデルタ始動)		
		最小電線	最大こう長	最小電線	最大こう長	最小電線	最大こう長					
〔kW〕		〔mm〕	〔m〕	〔mm〕	〔m〕	〔mm²〕	〔m〕	〔mm²〕				〔mm〕
0.2	1.8	1.6	144	1.6	144	2	144	0.75	15	—	5	1.6
0.4	3.2	1.6	81	1.6	81	2	81	0.75	15	—	5	1.6
0.75	4.8	1.6	54	1.6	54	2	54	0.75	15	—	5	1.6
1.5	8	1.6	32	1.6	32	2	32	1.25	30	—	10	1.6
2.2	11.1	1.6	23	1.6	23	2	23	2	30	—	10, 15	1.6
3.7	17.4	1.6	15	2.0	23	2	15	3.5	50	—	15, 20	2.0
5.5	26	2.0	16	5.5 mm²	27	3.5	17	5.5	75	40	30	5.5 mm²
7.5	34	5.5 mm²	20	8	31	5.5	20	8	100	50	30, 40	5.5
11	48	8	22	14	37	14	37	14	125	75	60	8
15	65	14	28	22	43	14	28	22	125	100	60, 100	8
18.5	79	14	23	38	61	22	36	30	125	125	100	8
22	93	22	30	38	51	22	30	38	150	125	100	8
30	124	38	39	60	62	38	39	60	200	175	150	14
37	152	60	51	100	86	60	51	80	250	225	200	22

〔備考〕1. 最大こう長は，末端までの電圧降下を 2% とした．
　　　2. 「電線管，線ぴに 3 本以下の電線を収める場合および VV ケーブル配線など」とは，金属管（線ぴ）配線および合成樹脂管（線ぴ）配線において同一管内に 3 本以下の電線を収める場合，金属ダクト，フロアダクトまたはセルラーダクト配線の場合および VV ケーブル配線において心線数が 3 本以下のものを 1 条施設する場合（VV ケーブルを屈曲がはなはだしくなく，2 m 以下の電線管などに収める場合を含む）を示した．
　　　3. 電動機 2 台以上を同一回路とする場合は，幹線の表を適用のこと．
　　　4. この表は，一般用の配線用遮断器を使用する場合を示してあるが，電動機保護兼用配線用遮断器（モータブレーカ）は，電動機の定格出力に適合したものを使用すること．
　　　5. 配線用遮断器の定格電流は，当該条項に規定された範囲において実用上ほぼ最小の値を示す．
　　　6. 配線用遮断器を配・分電盤，制御盤などの内部に施設した場合には，当該盤内の温度上昇に注意すること．
　　　7. 交流エレベータ，ウォータチリングユニットおよび冷凍機については，内線規程資料 3-7-5, 3-7-6 を参照のこと．
　　　8. この表の算出根拠は，内線規程資料 3-7-4 を参照のこと．
　　　9. CV ケーブル配線は，資料 1-3-3　2. 600 V 架橋ポリエチレン絶縁ビニル外装ケーブルの許容電流（3 心）の許容電流を基底温度 30% として換算した値を示した．

（内線規程 JEAC 8001-2005）

2.4 負荷設備

表2.68 400V三相誘導電動機1台の場合の分岐回路（配線用遮断器の場合）（銅線）

定格出力	全負荷電流(参考値)	配線の種類による電線太さ						移動電線として使用する場合のコードまたはキャブタイヤケーブルの最小太さ	過電流遮断器(配線用遮断器)〔A〕		電動機用超過目盛電流計の定格電流〔A〕	接地線の最小太さ
		がいし引き配線		電線管，線ぴに3本以下の電線を収める場合およびVVケーブル配線など		CVケーブル配線			じか入れ始動	始動器使用(スターデルタ始動)		
		最小電線	最大こう長	最小電線	最大こう長	最小電線	最大こう長						
〔kW〕		〔mm〕	〔m〕	〔mm〕	〔m〕	〔mm²〕	〔m〕	〔mm²〕				〔mm〕
0.2	0.9	1.6	580	1.6	580	2	577	0.75	15	—	5	1.6
0.4	1.6	1.6	326	1.6	326	2	325	0.75	15	—	5	1.6
0.75	2.4	1.6	217	1.6	217	2	216	0.75	15	—	5	1.6
1.5	4.0	1.6	130	1.6	130	2	130	0.75	15	—	5	1.6
2.2	5.5	1.6	94	1.6	94	2	94	0.75	15	—	5	1.6
3.7	8.7	1.6	60	1.6	60	2	60	1.25	30	—	10	1.6
5.5	13	1.6	40	1.6	40	2	40	2.0	40	20	15	2.0
7.5	17	1.6	30	2.0	48	2	30	3.5	50	30	15, 20	2.0
11	24	2.0	34	5.5 mm²	57	3.5	38	5.5	75	40	30	5.5 mm²
15	32	5.5 mm²	43	8	65	5.5	43	8	100	50	30, 40	5.5
18.5	39	5.5	35	14	93	8	53	14	100	60	40	5.5
22	46	8	45	22	124	8	45	14	125	75	60	8
30	62	14	58	22	92	14	58	22	125	100	60, 100	8
37	76	14	48	38	126	14	48	30	125	125	100	8
45	95	22	60	38	101	22	60	38	150	150	100	8
55	115	38	83	60	134	38	83	60	200	175	150	14
75	155	60	100	100	169	60	100	80	250	225	200	22

〔備考〕
1. 最大こう長は，末端までの電圧降下を2%とした．
2. 「電線管，線ぴに3本以下の電線を収める場合およびVVケーブル配線など」とは，金属管（線ぴ）配線および合成樹脂管（線ぴ）配線において同一管内に3本以下の電線を収める場合，金属ダクト，フロアダクトまたはセルラーダクト配線の場合およびVVケーブル配線において心線数が3本以下のものを1条施設する場合（VVケーブルを屈曲がはなはだしくなく，2m以下の電線管などに収める場合を含む）を示した．
3. 電動機2台以上を同一回路とする場合は，幹線の表を適用のこと．
4. この表は，一般用の配線用遮断器を使用する場合を示してあるが，電動機保護兼用配線用遮断器（モータブレーカ）は，電動機の定格出力に適合したものを使用すること．
5. 配線用遮断器の定格電流は，当該条項に規定された範囲において実用上ほぼ最小の値を示す．
6. 配線用遮断器を配・分電盤，制御盤などの内部に施設した場合には，当該盤内の温度上昇に注意すること．
7. 交流エレベータ，ウォータチリングユニットおよび冷凍機については，内線規程資料3-7-5, 3-7-6を参照のこと．
8. この表の算出根拠は，内線規程資料3-7-4を参照のこと．
9. CVケーブル配線は，内線規程資料1-3-3 2. 600V架橋ポリエチレン絶縁ビニル外装ケーブルの許容電流（3心）の許容電流を基底温度30%として換算した値を示した．

（内線規程 JEAC 8001-2005）

(2) 換気ファンは主回路CまたはDで構成し，制御回路②と③で連動制御を行い，監視回路の発停状態警報を利用し，中央監視装置より遠隔スケジュール発停を行う．

(3) インバータ制御を行う外調機は主回路をFまたはFYで構成する必要がある．インバータは高調波を発生するためACLの設置が望ましい．

2) 配線設計 200Vまたは400V三相誘導電動機（エレベータ，空調機，冷凍機などの特殊な用途の電動機およびインバータを使用した電動機は除く）1台の配線サイズ，配線用遮断器容量，接地線サイズは内線規程（3705-1, 3表）に規定されている選定表（表2.67, 2.68）により選定を行うことができる．エレベータ，空調機，冷凍機などの特殊な用途の電動機負荷およびインバータを使用した電動機の配線設計は製造業者によりそれぞれ異なるため，製造業者の技術資料により行う必要がある．

防災用負荷の配線については，建築基準法や消防法に準拠し，耐火ケーブルなどによる耐熱配線にする必要がある．

2.4.6 電熱設備
a. 電熱設備概要

電気エネルギーを熱源として利用する電熱設備は，炎を伴わないことによる安全性・CO_xの排出がない点で環境に優しいといえる．建築的には，省スペース化，保守管理が容易，騒音の問題が少ないといったメリットがあげられる．主な電気加熱の発熱原理を以下

に示す.

1) 抵抗加熱 抵抗体に通電する電流により発生するジュール熱を利用するもので,被加熱物に直接通電させる直接式,抵抗体からの熱を被加熱物に伝える方式を間接式に分類される.近年のフロアヒーティングなどの赤外線放射による赤外線加熱も,間接式抵抗加熱といえる.特徴として,高力率であり商用周波数がそのまま利用できるが,昇温時間が遅く,抵抗線の最高温度(約800℃)以上の加熱はできない.

2) 誘電加熱 電子レンジなどに代表されるように,交番高周波電界において生じる誘電体の誘電体損により加熱する方式で,物体内部まで均一な急速加熱が可能となる.外装された内部にあるものを選択過熱ができる利点がある.

3) 誘導加熱 交番磁界において生じる導体内の表皮に現れる渦電流により発生するジュール熱を利用するもので,局部加熱・急速加熱・温度制御が容易といった利点がある.IH(Induction Heating)製品や焼入れ・焼戻し・溶解炉・溶接といった金属関係の大型設備に用いられる.インバータ素子から発生する高周波対策・ラジオ電波の影響を踏まえ,電気通信監理局の許可が必要となる場合もある.

b. 電熱設備の種類

電熱設備の代表的なものとして,暖房を目的としたフロアヒーティング設備,融雪・凍結防止を目的としたロードヒーティング設備・ルーフヒーティング設備があり,主に抵抗加熱による電気加熱方式である.以下では,これら電熱設備の設計上・施工上で留意すべき点を中心に述べる.

1) フロアヒーティング設備 床面を発熱体で加熱し,放熱面として利用するフロアヒーティング設備は,床暖房だけでなく飼育施設・発酵施設などの分野にも用いられている.

発熱体としては,

(1) 抵抗線を被覆したBVケーブル・MIケーブルなどの発熱線

(2) 金属箔・カーボン抵抗体をボード上に加工した発熱ボード

(3) カーボン材などを練り込んだ導電性樹脂などの可とう性に富む発熱シート

がある.床構造は図2.67に示すとおり,コンクリートスラブ−断熱材−発熱体−モルタル−仕上げ材という床構造であるため,工事ミスが生じると床面をはがす手間がかかり,確実な施工(発熱体の絶縁損傷による絶縁不良事故が多い)が求められる.施工後はメン

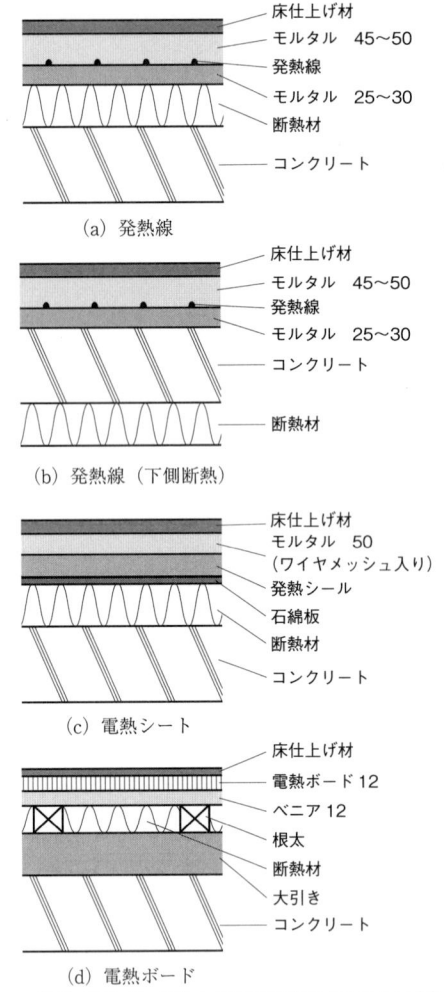

(a) 発熱線

(b) 発熱線(下側断熱)

(c) 電熱シート

(d) 電熱ボード

〔注〕電熱ボードを木造家屋に施設する場合は(d)の大引きから上の構造となる.

図 2.67 フロアヒーティングの代表的構造

テナンスフリーというメリットがあるが,反面,断線・漏電の発見が遅れるというデメリットもある.

発熱量は,床暖房をはじめとする主暖房用途の場合,おおよそ80〜300 W/m^2,浴室・トイレなどで30〜150 W/m^{2}であるが,床面からの放熱量は主としてモルタル・仕上げ材の熱抵抗に依存するため厳密な熱量計算が必要となってくる.一方,深夜電力などを利用した蓄熱式床暖房では蓄熱可能熱量・建物自身の断熱性能に関して十分な検討を行う必要がある.

電気設備技術基準の解釈第228条「フロアヒーティング等の電熱装置の施設」に以下のように定められている.

(1) 発熱線の対地電圧は300 V以下

(2) 電熱ボード・電熱シートは150 V以下

(3) 発熱線の温度設定は 80℃ 以下
(4) 発熱線の被覆に利用する金属体には使用電圧によりＤ種・Ｃ種接地工事
(5) 誘導電磁界・ノイズの影響により電気設備・ガス管などに障害を与えない
(6) 専用の開閉器および過電流遮断器の施設，漏電遮断器の設置

特に，遮断器・開閉器の選定において，自己温度制御機能をもつ発熱素子を含む電熱ボード・シートを用いた場合は，投入電流が定格電流に比べ数十％大きい傾向にあり，その電流値を見込んだ開閉器を選定する．漏電遮断器は，負荷の漏電電流が不感動電流値以下，負荷電流が遮断電流以下となる点に留意する．

フロアヒーティングに用いられる温度制御方法には，使用者の感覚による手動制御，床温度・室温度を感知し発熱体温度を制御する方式がある．また，蓄熱式暖房の場合，平均気温・前日の外気温に基づいた蓄熱量のコンピュータ制御方式もある．しかし，フロアヒーティングに共通するのは，発熱体を床下に埋め込む放射熱源であるため細かい温度制御が困難であり，反応時間が遅いというデメリットもある．

2）ロードヒーティング設備　道路面を加熱し融雪・凍結防止を目的として設置される．電気熱源の特徴は，温水熱源に比べ遠隔自動制御が可能となり，融雪材散布による環境への影響も少ない点があげられる．施設場所は，主に危険度・公共性の高い市街地歩道・横断歩道橋，坂道，急カーブなどである．

発熱体としては被覆された発熱線を外装したヒーティングケーブルが用いられ，アスファルト舗装には 180℃ 耐熱型が用いられる．また，施工が容易かつ確実に行われるため，すだれ状に加工されたケーブルユニット・面状発熱体ユニットが用いられる．代表的な施設構造を図 2.68 に示す．設計・施工上の留意点としては，フロアヒーティングと同様であるが，融雪排水が再凍結しないように排水処理系統を確保する必要がある．また，既存埋設物（水道管・ガス管・電線管など）の位置・寸法も考慮して設置する．

発熱量の計算は，最大融雪熱量（設計最大降雪量時に路面全体を融雪するのに必要な熱量）および凍結防止熱量（ぬれた路面の凍結防止のため 0℃ 以上に保つ熱量）をおのおの計算し，大きい方の値を設計発熱量とする．気象条件により異なるが，冬期最低気温 -10℃，設計最大降雪量 25 mm/h において発熱量は $250 \sim 300$ W/m^2 程度となる．

ロードヒーティングにおける温度制御システムは，外気温センサ・降雪センサ・路面センサ（路面温度・水分）により構成される．制御方式としては手動制御・自動制御・余熱制御が使われ，融雪モード・凍結防止モード・予熱モードのおのおの目的に応じた運転方式に制御される．

3）ルーフヒーティング設備　積雪荷重・凍害による建築物の保護，また氷柱・雪下ろしなどによる人的事故を防ぐため，屋根を加熱する設備である．電気熱源での特徴としては，省スペース化・既存建物に施設する際の施工が容易というメリットがある．積雪量・雪密度などの気象条件により，積雪荷重の軽減のための全面融雪，氷柱や雪庇防止のための部分融雪方式がある．また，フロア・ルーフヒーティングと同様の発熱線・面状発熱体ユニットを発熱体として屋根材の下に施設する方式と，通電式融雪がわらなどの屋根材自身が発熱する方式がある．

設計においては，通行部分・車庫での落雪障害を避けるような建築計画，落雪場所のロードヒーティングや除雪槽の処理系統の確保に留意しなければならない．また，発熱量の計算は，全面・部分融雪の用途・屋根材の熱貫流率・屋根勾配などの構造的な要因を踏まえて行う必要がある．

温度制御方式としては，発熱体自身の自己制御，外気温・路面温度・降雪量を感知した運転制御方式があるが，そのヒーティング目的に応じて大きく異なる．

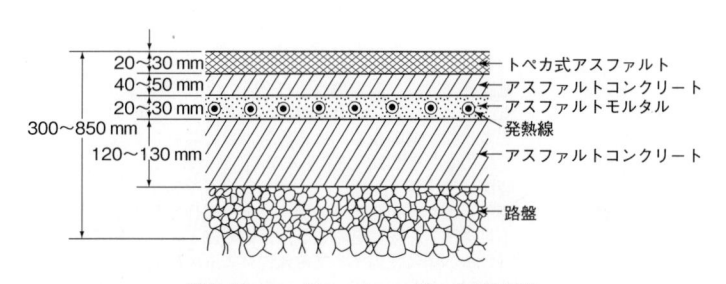

図 2.68 ロードヒーティングの代表的構造

文　献

1) 建築電気設備要覧編集委員会：建築電気設備便覧, 1996.
2) 内線規程（JEAC 8001-2005）.

2.4.7　機器・材料
a. 分　電　盤
1) 盤形式　　分電盤は，幹線から分岐回路を構成することを主目的とし，場合によっては防災機能やタイマ，リモコンリレーなどを組み込み，負荷の制御機能を併せもつものである．

分電盤の形状は，以下の形式に分類される．
(1) 埋込み型
(2) 半埋込み型
(3) 壁掛け型（屋内壁掛け型，屋外壁掛け型）
(4) 自立型（屋内自立型，屋外自立型）

分電盤を設置する場合に考慮すべき点は，十分な取付け強度が得られているかであり，次の点に注意を行う必要がある．

(1) 埋込み型，半埋込み型は二重フカシ壁による設置を考慮する．
(2) 軽量間仕切りなどへの盤取り付けの場合，補強を検討する．
(3) 大型の盤の場合は，自立型とする．

埋込み型，半埋込み型については，納まり上は見た目にもよいが，建築躯体に影響を与えずに二重フカシ壁を設けて設置を考えるべきであり，コンクリート壁に埋め込む場合は，配管の集中による構造的強度の低下対策などを含め，注意が必要である．

軽量間仕切りなどへの取り付けの場合は，壁の強度の問題から，必要に応じて補強する必要がある．

壁掛け型については，コンクリート壁へのアンカーボルト，後施工アンカーなどによる取り付けや，その他の壁の場合は適当な補強を行うことにより，十分な取付け強度を得られるように考慮する．

大型の盤の場合，取付け強度の問題から自立型にすることが必要であり，この場合は耐震を考慮して転倒防止の措置をとることが重要である．

2) 回路構成・内部構成機器　　分電盤の回路は，基本的に主幹開閉器と分岐開閉器によって構成される．

図2.69に代表的な回路結線の例を示す．

主幹開閉器は電路保護を目的とした配線用遮断器（MCCB）や，さらに漏電による災害を防止する保護器の漏電遮断器（ELCB）とし，分岐回路の実負荷合計と，予備回路に接続される将来負荷（想定値）の合計に対する幹線電流値の直近上位となる定格容量のものを使用する．

また，主幹開閉器は幹線保護の役割ももつ．

分岐開閉器は配線用遮断器（MCCB），必要に応じて漏電遮断器（ELCB）を用いる．

漏電遮断器の設置が必要となる条件は，内線規程（1375節）による．

分岐回路の負荷容量は，内線規程（3605節）により遮断器の定格電流の80％を超えてはならないこととなっている．

また，分岐回路については将来的な負荷の増加に対応するための予備回路を見込んでおく必要がある．

その他，分電盤に内蔵される構成機器の種類と用途

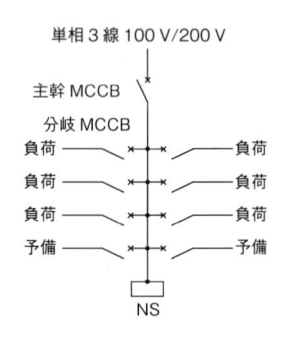

図 2.69　分電盤回路結線例

表 2.69　分電盤の内蔵構成機器種別と用途

内蔵構成機器	文字記号	用　途
配線用遮断器	MCCB	過負荷，短絡保護を目的とした機器
漏電遮断器	ELCB	電路保護および漏電事故防止を目的とした機器
計器		電流計，電圧計，電力量計などの各種メータ類
表示灯	SL	電源状態，運転状態，休止状態，故障の有無をランプで表示する機器
タイマ	TLR	定時になるとON, OFFを繰り返すもの
タイムスイッチ	TS	時間制御を行う
リモコンリレー	RRY	遠隔操作や多数箇所での操作，集中操作を目的とした照明点滅スイッチ
不足電圧リレー	UVR	不足電圧（停電）を感知し，停電の表示・防災回路への切り替えを行う
電磁接触器	MC	外灯の開閉に使用する電磁操作による開閉器
リモコントランス	RT	リモコンリレーへ電源供給のため，電圧の降圧（24Vなど）を行う

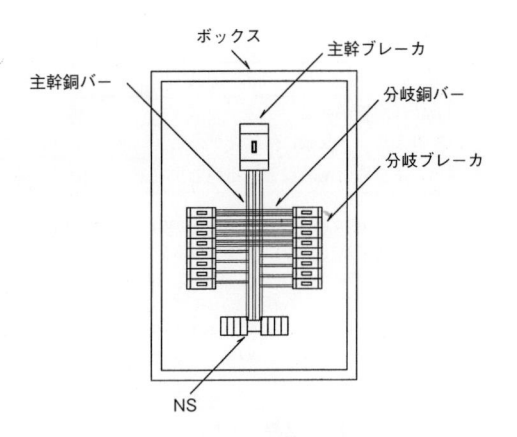

図 2.70　分電盤機器配置例

表 2.70　配線用遮断器・漏電遮断器の付属装置

遮断器種別	付属装置
配線用遮断器（MCCB）	警報スイッチ（AL） 補助スイッチ（AX） 電圧引外し装置（SHT） 不足電圧引外し装置（UVT） 過電流プレアラーム付き（PAL）
漏電遮断器（ELCB）	警報スイッチ（AL） 補助スイッチ（AX） 漏電警報遮断器（EAL） 漏電プレアラーム付き（PAL）

については表 2.69 に，分電盤の代表的な機器配置例を図 2.70 に示す．

遮断器については，表 2.70 に示すものが，モールドケース内に付属装置として取り付けることができるが，配線用遮断器と漏電リレー（ELR）を組み合わせて漏電保護を行う場合もある．

b. 制御盤

1) 盤形式　制御盤は一般的に，電動機やヒータなどの制御回路や保護回路などを組み込んだ盤である．

制御盤の形状は，分電盤と同様であるが，一般に分電盤よりも二次側の配線が太いため，盤上部に十分な配線スペースを見込むことが必要である．

また，取付け強度および転倒防止の問題についても，分電盤と同様に注意すべきである．

2) 回路構成・内部構成機器　制御盤の構成機器は保護装置，制御装置，監視装置，その他に分類されるが，これらの種類と用途を表 2.71 に示す．

保護装置のうち，漏電遮断器の設置が必要となる条件は，分電盤と同様内線規程（1375 節）による．

c. 配線材料

1) 電　線　盤より負荷設備に接続される電線は，主に絶縁電線やケーブルである．

絶縁電線は，導体をビニルやポリエチレンなどで絶縁したもので，主に絶縁保護用被覆（シース）のないものであり，敷設には電線管を要する．

ケーブルは，導体をビニルやポリエチレンなどで絶縁し，さらにその上から絶縁保護用被覆（シース）を施したものであり，ケーブルラックや隠蔽配線が可能である．

主な電線とその特徴を，表 2.72 に示す．

そのほかに，防災設備電源用として使用される耐火ケーブルや，地球環境を考慮したエコケーブルと呼ばれるものがある．

耐火ケーブルは日本電線工業会耐火・耐熱電線認定業務委員会の認定品となり，消火栓ポンプや非常照明などの消防法や建築基準法による防災負荷へ，電源供給用として使用することができる．

エコケーブルは，環境問題に対し，以下の点において特徴づけがなされている．

(1) 廃棄時の環境への配慮
(2) リサイクル性の向上
(3) 火災時の安全性の確保

表 2.71　制御盤の内蔵構成機器種別と用途

機能	内蔵構成機器	文字記号	用途
保護装置	配線用遮断器 漏電遮断器	MCCB ELCB	過負荷，短絡保護を目的とした機器 過負荷，短絡保護および漏電事故防止を目的とした機器
制御装置	電磁接触器 電磁開閉器 サーマルリレー タイマ 液面継電器 押ボタンスイッチ 切り替え開閉器 インバータ	MC MS THR TLR WLR BS COS	低圧回路の開閉に使用する電磁操作による開閉器 電磁接触器とサーマルリレーを組み合わせた機器 モータの焼損保護を目的とした熱（感知型）継電器 定時になると ON, OFF を繰り返すもの 液体の水位制御を行うための継電器 人為的な状態の入切を行う 例えば，自動・手動・切などの操作方式切り替えを行う 周波数を変化させて電動機の回転数制御を行う機器
監視装置	計器 表示灯	 SL	電流計，電圧計，電力量計などの各種メータ類 電源状態，運転状態，休止状態，故障の有無をランプで表示する機器

表 2.72 一般的に用いられる電線種別と特徴

	配線種別	特徴
絶縁電線	600 V ビニル絶縁電線（IV） 600 V 二種ビニル絶縁電線（HIV）	敷設には配管が必要 耐熱性をもつ・敷設には配管が必要
ケーブル	ビニル絶縁ビニルシースケーブル（VV）	露出および隠蔽配線などに用いる・丸形（VVR），平形（VVF）がある
	架橋ポリエチレン絶縁ビニルシースケーブル（CV）	導体に絶縁体被覆し，まとめて保護用被覆したもの・低圧から特別高圧までの仕様がある
	トリプレックス型架橋ポリエチレン絶縁ビニルシースケーブル（CVT）	導体に絶縁体被覆・保護用被覆し，単心3本をより線にしたもの・低圧から特別高圧までの仕様がある
	耐火ケーブル（FP）	耐火性能をもつ・防災設備の電源に使用・低圧から特別高圧までの仕様がある露出用・配管用がある
エコ電線	600 V 耐熱性ポリエチレン絶縁電線（EM-IE）	環境問題を考慮した電線（従来電線のIVに相当）
エコケーブル	600 V ポリエチレン絶縁耐熱性ポリエチレンシースケーブル（EM-EE）	環境問題を考慮した電線（従来ケーブルのVVに相当）
	600 V 架橋ポリエチレン絶縁耐熱性ポリエチレンシースケーブル（EM-CE）	環境問題を考慮した電線（従来ケーブルのCVに相当）
	600 V トリプレックス型架橋ポリエチレン絶縁耐熱性ポリエチレンシースケーブル（EM-CET）	環境問題を考慮した電線（従来ケーブルのCVTに相当）
	600 V 耐熱ケーブル（耐熱性ポリエチレンシース）（EM-STC）	環境問題を考慮した電線（従来ケーブルのFPに相当）

2）配線工事方法 ケーブル配線の場合は，天井隠蔽配線，ケーブルラックによる配線，配線ピット内などへの敷設が行われる．

配管配線の場合，露出配管によるものと埋設配管によるものがあるが，おのおのの特徴は以下のとおりである．

1）露出配管
① 施工後の変更などに対して，対応が行いやすい．
② 床面に配管が露出する場合はつまずきなど，事故の原因とならないよう，配管の位置に留意を行うこと．
③ 周囲の雰囲気などの諸条件により，配管材質を考慮する必要がある．

2）埋設配管
① コンクリート打設時に工程を先取りして施工を行える利点がある．
② コンクリート打設時に配管の埋設を行うため，躯体にからむ場合は構造強度への影響を考慮する必要がある．
③ 配管施工後の変更には対応しにくい面がある．

3）床コンセント配線方法：床コンセント用の配線方法としては次のとおりだが，広さのある事務室などのレイアウト変更が考えられる箇所については，OAフロアを取り入れた計画とすることが望ましい．

(1) 床スラブ打込み配管配線
① 施工が容易である．
② 配管施工後の変更には対応しにくい面がある．
③ 配線は主に絶縁電線を使用する．

(2) OAフロア
① 施工後のレイアウト変更への対応が容易である．
② OAフロア分の厚みに対し，床を上げるか，躯体を下げるかして対応する必要がある．
③ 配線は主に，VVFケーブルが用いられる．
④ OAフロア内にタップ取出し用ジョイントボックスを設置した先行配線システムを採用することにより，フロア内の配線が混雑することなく整理を行いやすくなる．

(3) アンダーカーペット配線
① 分岐回路には漏電遮断器を設置することが望ましい．
② 配線は電力用フラットケーブルを使用する．

4）天井コンセント配線方法：天井部分にコンセントを設置する場合は，次にあげる配線方式がある．

(1) ライティングダクト方式
① 比較的容量の小さい負荷に対し用いられる．
② 電気工事士の資格がない場合でも，コンセントプラグの着脱を行うことができる．
③ リーラーコンセントなどの接続も行うことができる．

(2) コンセントダクト方式
① 大きな容量の負荷に対しても対応が可能である．
② ダクトの容量によりコンセントプラグの着脱は，電気工事士の資格が必要な場合がある．
③ リーラーコンセントなどの接続も行うことができる．

(3) レースウェイ方式
① レースウェイ内を配線し，必要な場所で接続ボックスによる取り出しを行う．
② 施工後の取り出し位置の自由性はあまりない．

〔神田憲治〕

2.5 制御設備

2.5.1 制御設備概要

電気設備における制御とは，電源の制御，電力系統の制御，動力の制御および照明の制御などである．電源供給系統は，電力会社より供給を受ける商用電力と，需要家側設備である防災用発電機や直流電源などの非常用電源装置，コージェネレーション発電機（常用発電機），燃料電池，太陽光発電あるいは風力発電などの分散型電源装置のほか，電源品質確保のための無停電電源装置がある．その電源装置の制御は，電源の起動・同期制御，回線切替え制御，あるいは系統連系制御などであるが，商用電力の受電電圧や受電方式によって非常用電源装置や分散電源装置との間に各種制御パターンが構成される．

次に電力供給系統では，契約電力の超過防止機能であるデマンド制御，無効電力の低減機能である力率改善制御，あるいは建物内の電子応用機器などに悪影響を及ぼす高調波に対する抑制制御のほか，分散電源と商用電力との系統連系に伴う逆潮流制御などの電力の制御がある．

さらに負荷供給系統では熱源機器，空調機器，衛生設備機器などの運転・監視・制御を行う動力の制御と，照明器具の点灯点滅あるいは調光を行う照明の制御とがある．以下に制御目的を示す．

(1) 各負荷（動力機器，照明器具，コンセント接続機器など）に対して安定した電源供給および安全な電源供給確保を行う．
(2) 各負荷の高効率運転，省エネルギー運転を実現する．
(3) 各負荷の合理的運用管理を図る．

2.5.2 電源の制御

電力源供給の基幹設備の基本スケルトンを図 2.71 に示すが，需要家側設備である各種分散型電源装置は，商用電力と高圧側ないし低圧側で系統連系され，同期運転するため，次の「系統連系技術要件ガイドライン」により技術要件を満足する制御および保護をする．

(1) 供給信頼度（停電時），電力品質（電圧，周波数，力率など）の面で他の需要家に悪影響を及ぼさないこと．
(2) 公衆や作業者の安全確保と，電力供給設備または他の需要家設備の保全に悪影響を及ぼさないこと．

次に，各電源装置および電源装置間の制御の種類と内容について以下に示す．

(1) 商用電力と非常用電源や分散型電源との系統連系時の停復電制御：各種商用電力引込み電圧および方式のうちから，代表的である普通高圧二回線受電および特別高圧ループ受電の場合について，切替え運転制御例を図 2.72，図 2.73 に示す．その制御の計画・設計にあたっては，電源装置や回路が安全に切離しや連系ができるよう，商用電力回線切替え遮断器，分散型電源装置連系遮断器および高圧系統フィーダ遮断器の間の協調に留意した制御を検討する．

(2) 非常用電源装置の商用電力停止および停電火災時の切替え制御：非常用電源装置のうち，防災用発電機について図 2.74 に高圧と低圧の場合の切替え運転制御例を示すが，その計画・設計にあたっては，非常用発電機が停止状態より一般停電時の保安負荷への電源供給から停電火災時の防災負荷への電源供給に対し，安全かつ確実な切替え制御を検討する．

(3) 分散型電源装置の台数運転制御：分散型電源装置のうち，常用発電機の複数台運転制御について図 2.75 で示すが，その計画・設計にあたっては，運転が 1 台にかたよらずサイクリック運転ができ，急変な負荷変動に対してスムーズな台数制御が行え，さらに複数台運転中に 1 台以上の故障に際しても安全かつ敏速な制御ができるよう検討する．

(4) 商用電源停電などにおける無停電電源装置の切替え制御：商用電力停電時の場合と，システム異常時の場合のバックアップ側への切替え制御がある．

(5) 商用電源と分散型電源装置との系統連系制御：普通高圧商用電力と，太陽光発電，燃料電池，風力発電あるいはコージェネレーション発電機などの分散型電源装置との系統連系制御がある．ここでは主に自然エネルギーを利用した分散型電源装置との連系運転制御内容を図 2.76 に示す．系統連系運転では逆潮流の有無によって，逆潮流防止回路あるいは単独運転検出装置などの保護装置の設置が規定され，配電系統および電源系統の保護を行っている．表 2.73 に分散型電源装置（常用発電機）と電力系統との連系時における事故発生箇所，事故現象，およびそれらを検出し解列点を遮断させる保護継電器と種類を示すとともに，以下に制御の目的と内容を示す．

(6) 逆潮流防止制御：自家用常用発電機を系統連系運転すると，発電機容量より負荷が少ない状況が生じると逆潮流となり，逆電力継電器，不足電力継電器が動作して系統を解列するため，商用電力設定値を低くできない場合がある．すなわち最低買電電力設定が必要になる．逆潮流防止装置は，負荷急変時の余剰電力を遅れなく速やかに消費して同時に発電出力を下げる制御を行う装置である．これにより商用電力を少なく抑え，発電機の負荷率を高める運転を行う．その装置結線図と制御フローを図2.77に示す．

(7) 単独運転検出制御：商用電力と分散型電源が"逆潮流あり"の条件で系統連系運転されている場合，

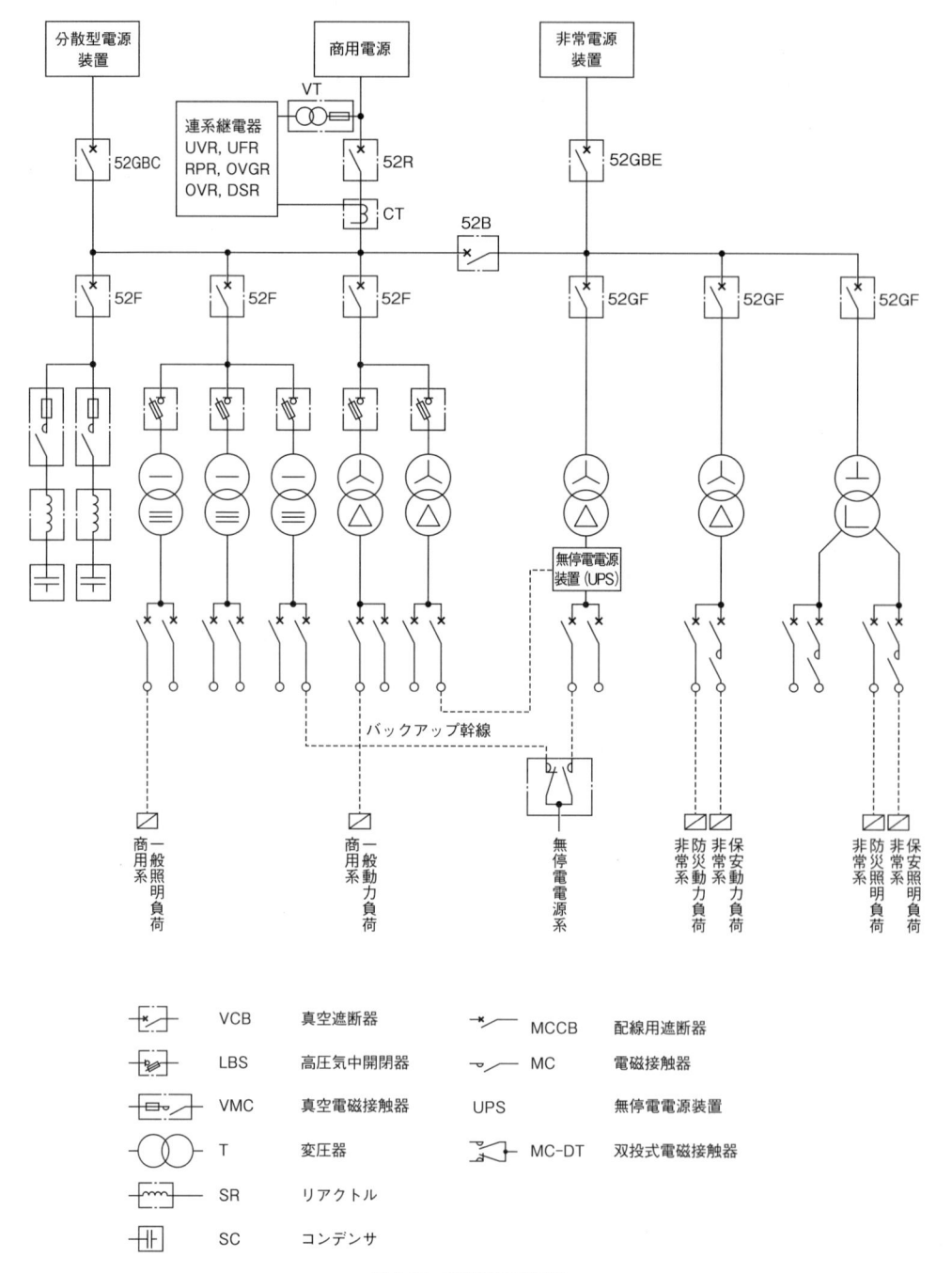

図 2.71　基幹設備系統図

配電系統の遮断器あるいは区分開閉器などが保守作業や事故などで解列されたにもかかわらず，系統連系されている分散型電源装置より配電側に電力を供給している状態が生じる．この結果，停止すべき配電電路が充電されるため再閉路時に非同期投入となり機器を損傷するおそれがある．このため連系された分散型電源装置は，配電系統が停止された場合に早急に配電系統から解列し単独運転を防止する必要がある．

また"逆潮流あり"の系統連系では，需要家側の受電用遮断器の電力潮流は配電系統側へ電力を供給する

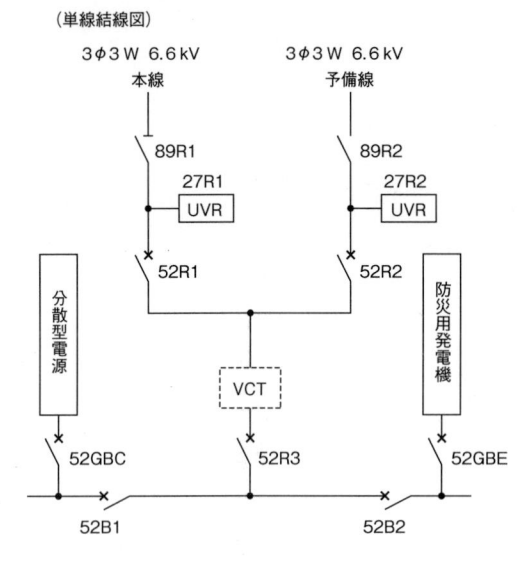

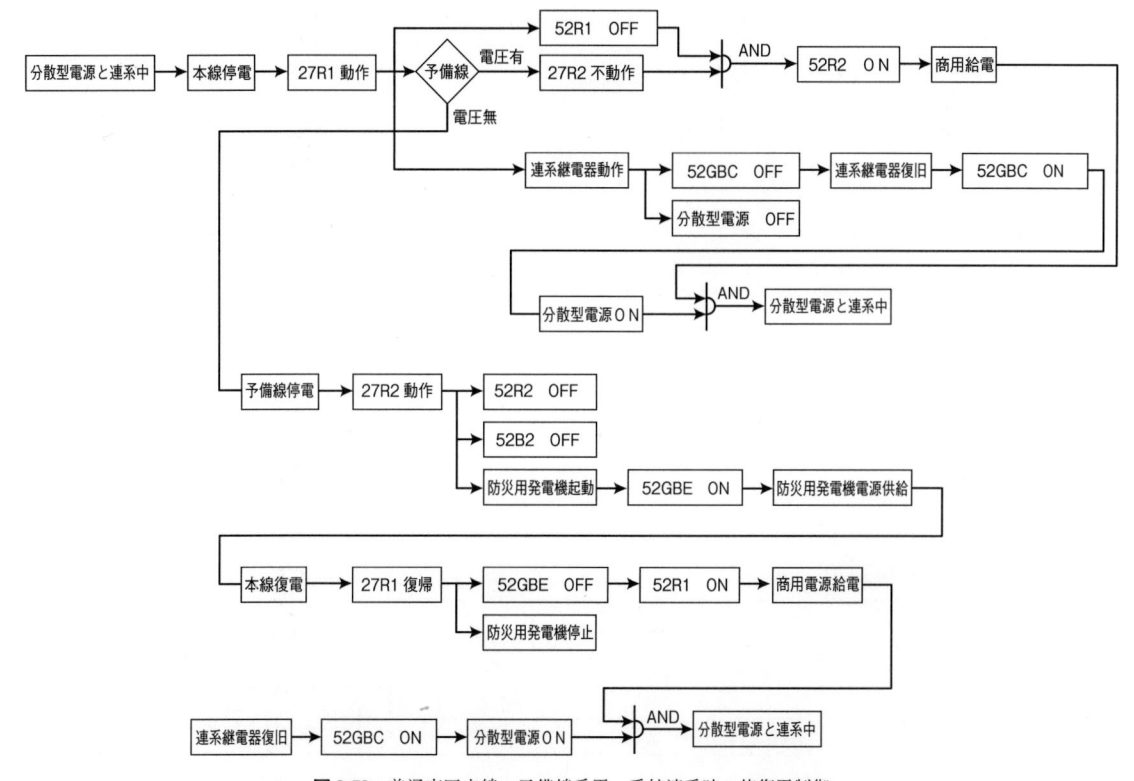

図 2.72 普通高圧本線・予備線受電　系統連系時の停復電制御

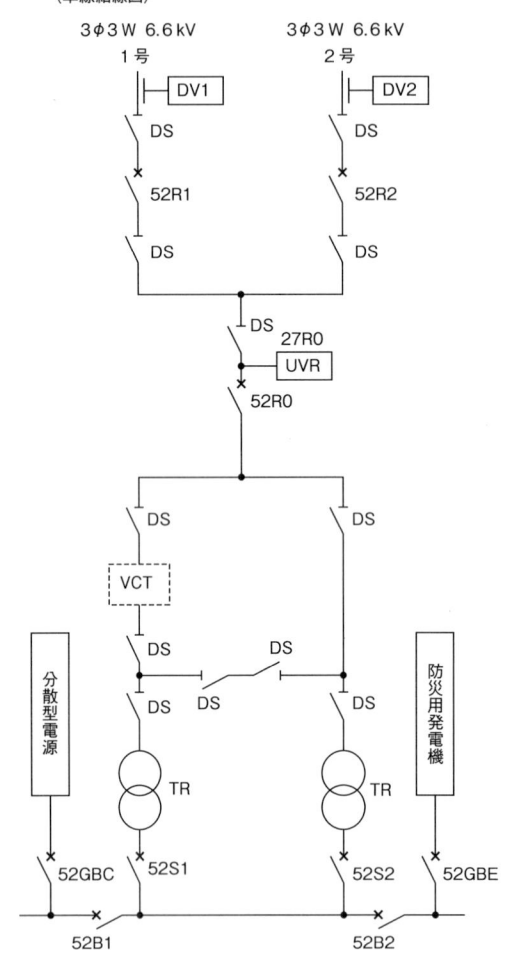

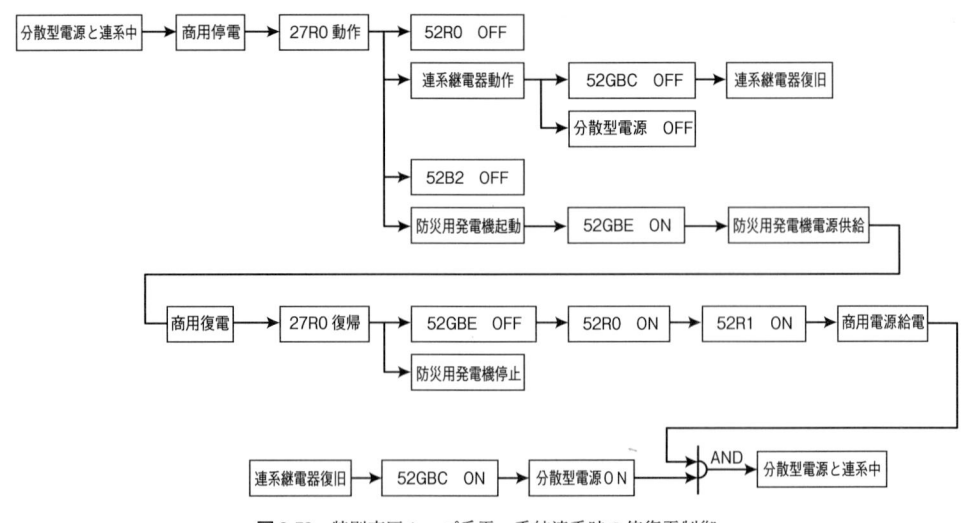

図 2.73　特別高圧ループ受電　系統連系時の停復電制御

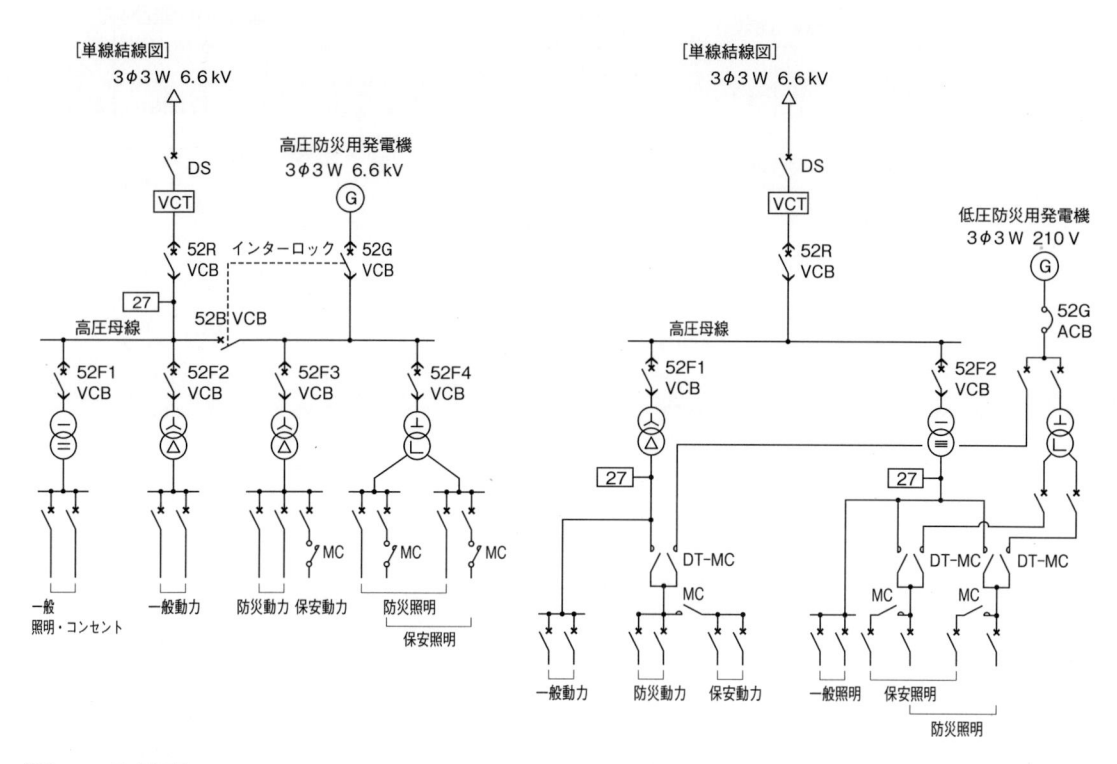

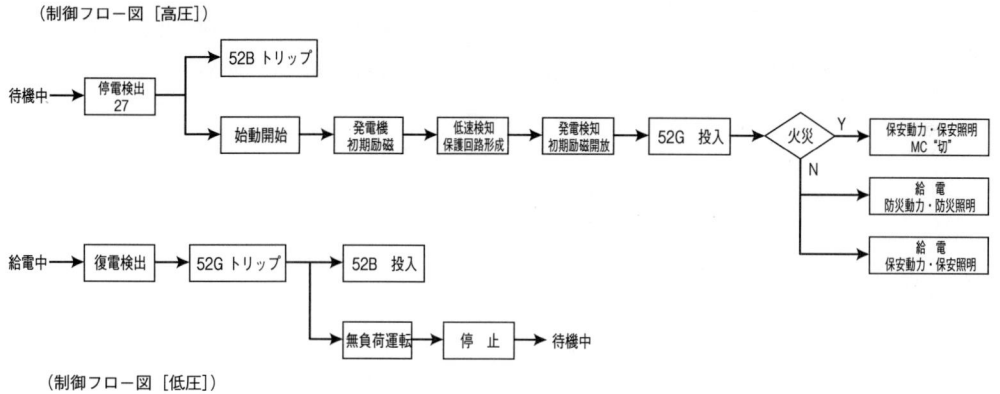

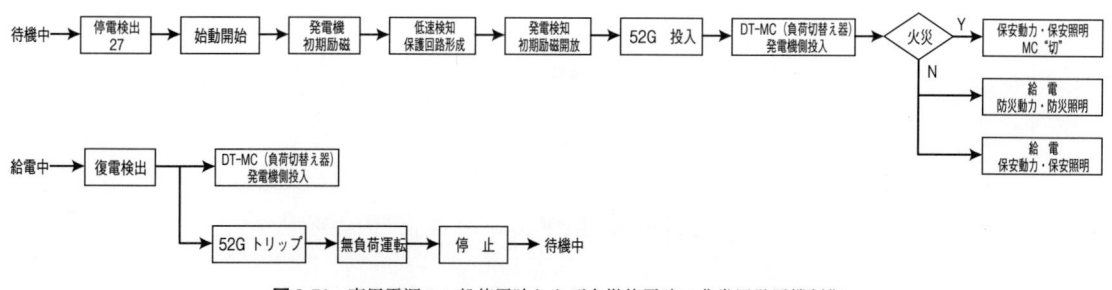

図 2.74　商用電源の一般停電時および火災停電時の非常用発電機制御

2. 電力設備

(単線結線図)

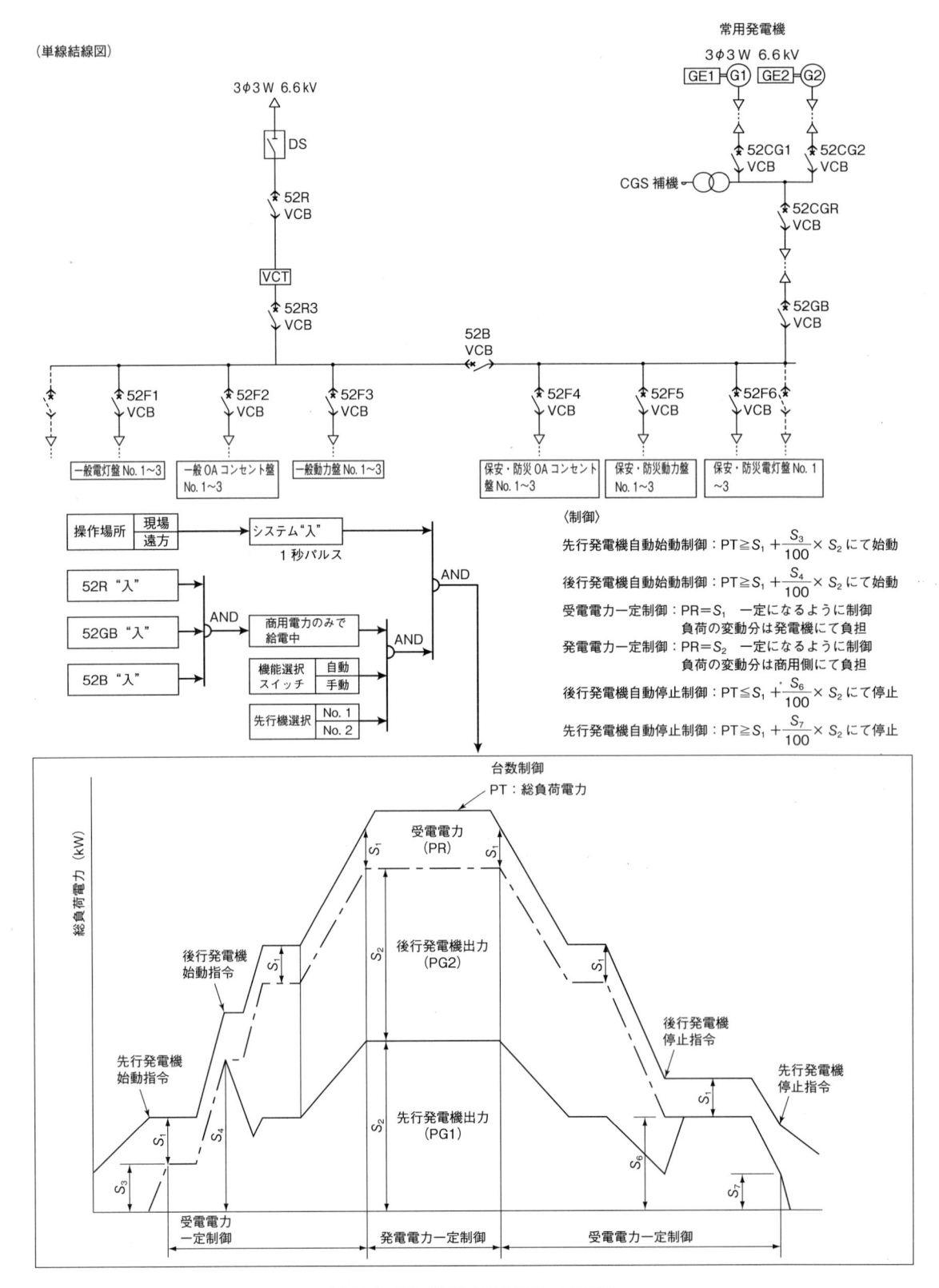

〈制御〉

先行発電機自動始動制御：$PT \geqq S_1 + \dfrac{S_3}{100} \times S_2$ にて始動

後行発電機自動始動制御：$PT \geqq S_1 + \dfrac{S_4}{100} \times S_2$ にて始動

受電電力一定制御：$PR = S_1$　一定になるように制御
　　　　　　　　　負荷の変動分は発電機にて負担

発電電力一定制御：$PR = S_2$　一定になるように制御
　　　　　　　　　負荷の変動分は商用側にて負担

後行発電機自動停止制御：$PT \leqq S_1 + \dfrac{S_6}{100} \times S_2$ にて停止

先行発電機自動停止制御：$PT \geqq S_1 + \dfrac{S_7}{100} \times S_2$ にて停止

台数制御
PT：総負荷電力

図 2.75　常用発電機系統連系時の台数制御

2.5 制御設備

(単線結線図)

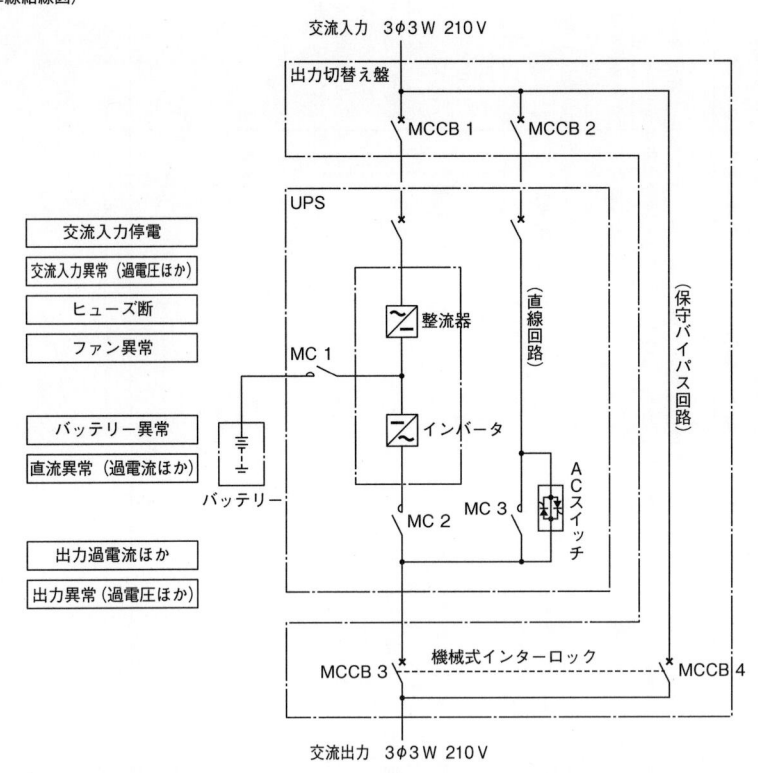

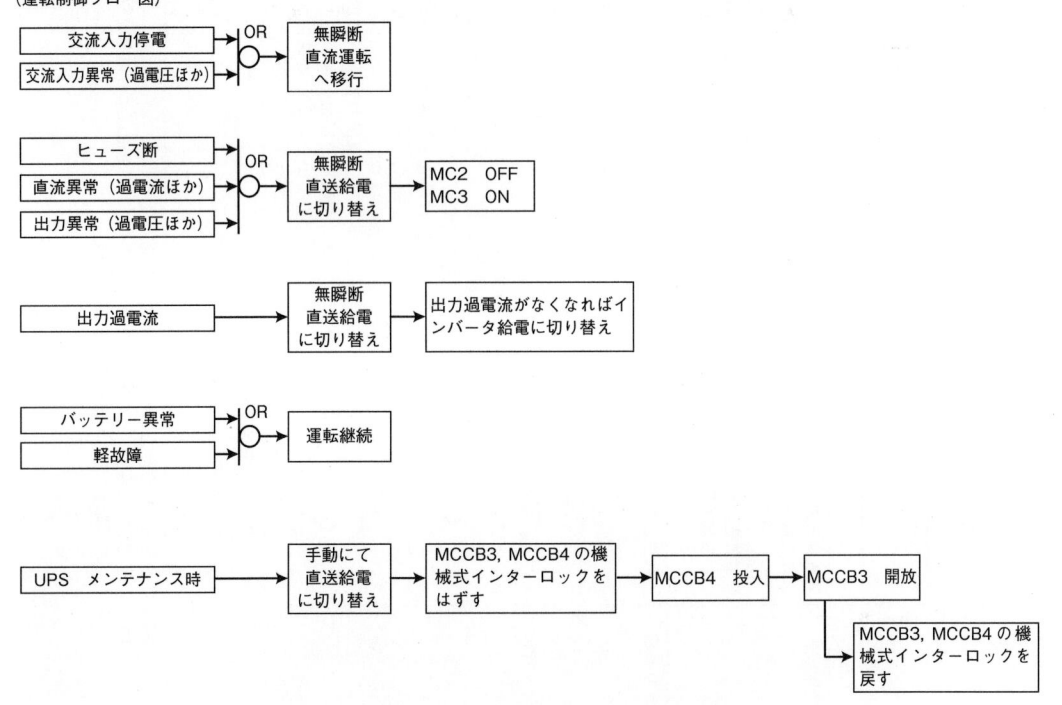

図 2.76 無停電電源装置の商用停電時などの切替え制御例

表 2.73 各電圧配電線と常用発電機との連系時の保護継電器

事故発生箇所	事故事象	低圧 700V 以下 逆潮流 有	低圧 700V 以下 逆潮流 無	高圧 6.6 kV 保護継電器 有	高圧 6.6 kV 保護継電器 無	スポットネット 22 kV 保護継電器 有	スポットネット 22 kV 保護継電器 無	特高 60 kV 保護継電器 有	特高 60 kV 保護継電器 無
発電設備	発電装置の制御系異常などによる電圧上昇		OVR		OVR（時限付き）発電設備自体の保護装置で検出・保護できる場合は省略可		OVR（時限付き）発電設備自体の保護装置で検出・保護できる場合は省略可		OVR（時限付き）発電設備自体の保護装置で検出・保護できる場合は省略可
発電設備	発電装置の制御系異常などによる電圧低下		UVR		UVR（時限付き）発電設備自体の保護装置で検出・保護できる場合は省略可		UVR（時限付き）発電設備自体の保護装置で検出・保護できる場合は省略可		UVR（時限付き）発電設備自体の保護装置で検出・保護できる場合は省略可
電力系統	連系された系統の短絡		UVR		UVR（誘導発電機，逆変換装置の場合）OVGR（発電機引出し口の地絡事故が検出できる場合は省略可）				UVR（誘導電動機，逆変換装置の場合）OVGR（発電機引出し口のOVGRで連系系統事故が検出できる場合は省略可）
電力系統	上位系統事故および作業停電などによる単独運転状態	OFR UFR 単独運転検出機能（受動，能動各1方式以上）	逆充電検出機能（UVR+UPR）または単独運転検出機能（受動，能動各1方式以上）発電設備出力容量が契約電力に比べてめて小さい場合は逆潮流ありの対策で可		RPR UFR 転送遮断装置または単独運転検出機能（能動1方式以上）専用線ではOFR省略可		UFR UVR RPR		RPR OFR UFR 転送遮断装置	RPR OFR UFR RPRにより高速に検出・保護できる場合はOFR，専用線で高速検出できる場合はUFR省略可
ネットワーク配電線の短絡						RPR*1)			
ネットワーク配電線の地絡						RPR		PWR*2) または電流差動継電器	
ネットワーク配電線の停止						RPR			

[注 1) RPR はネットワーク継電器の逆電力継電器機能で代用可．
OCR（過電流検出機能）との組み合わせなどにより，過電流による逆潮流を検出する．
2) ループ系統の場合に限る．この場合 DSR は不要．
]

2.5 制御設備

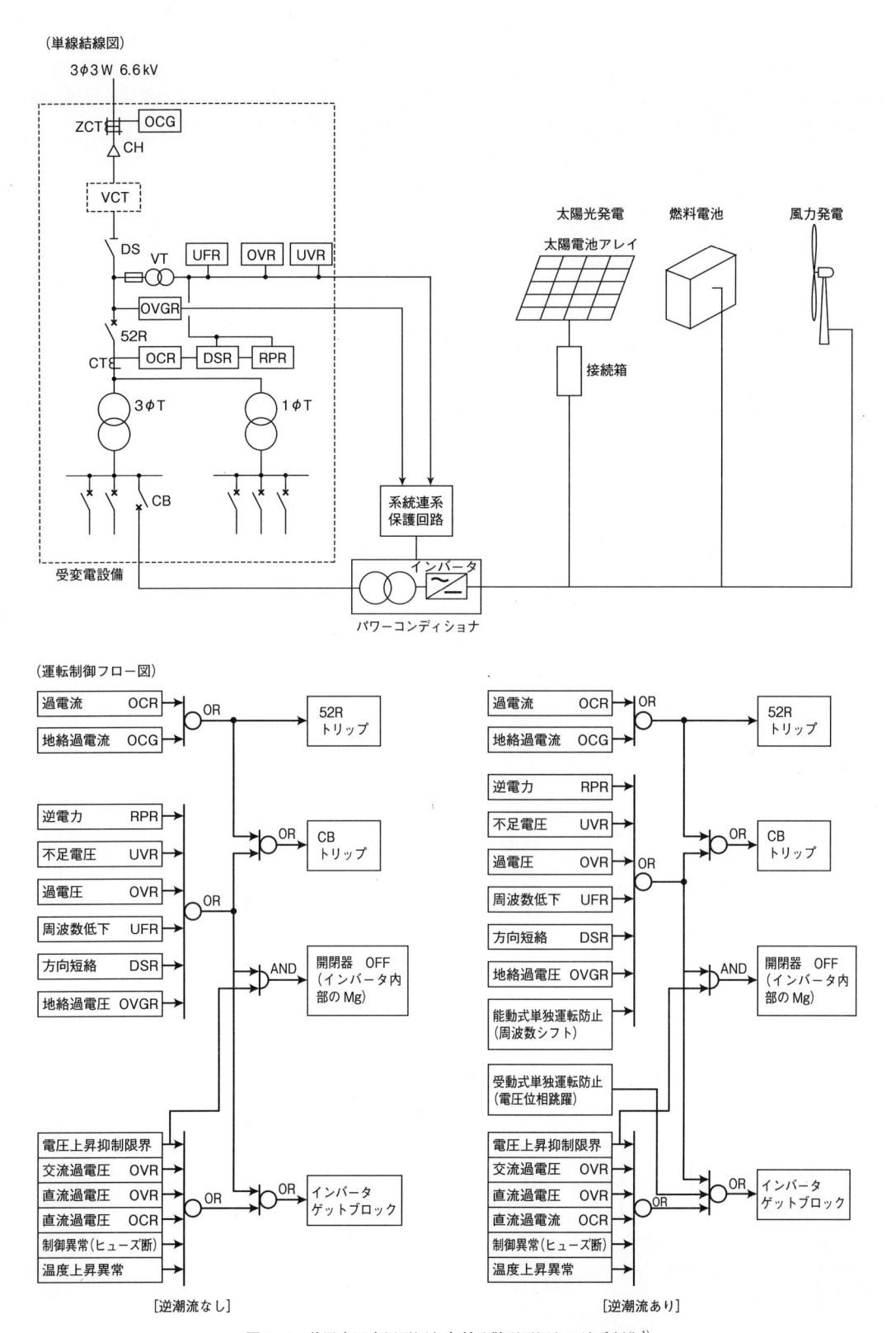

図 2.77 普通高圧商用電源と各種分散型電源との連系制御[1]

ため，逆電力継電器を設置すると常に動作させてしまう．そのため単独運転検出装置を設置して配電側の解列の際には単独運転を防止している．

その検出方法には受動方式と能動方式とがある．受動方式とは，単独運転時に生じる電気的な擾乱を検出する方法であり，能動方式では分散型電源装置側に常時微妙な外乱を系統に与え，単独運転移行後に増幅した外乱により単独運転を検出する．

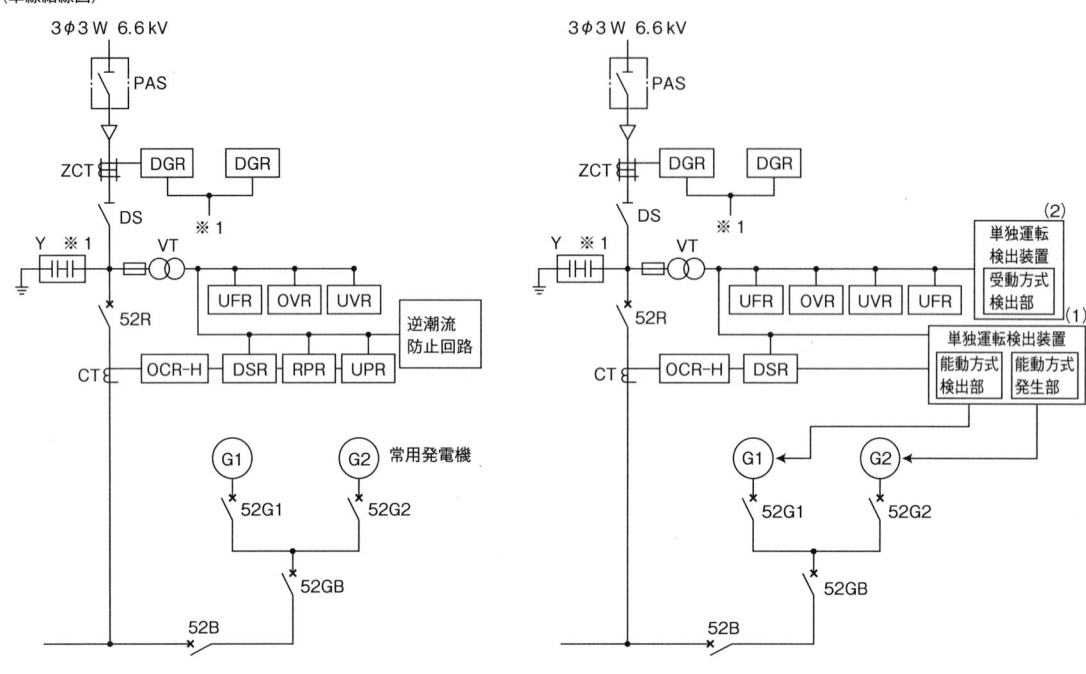

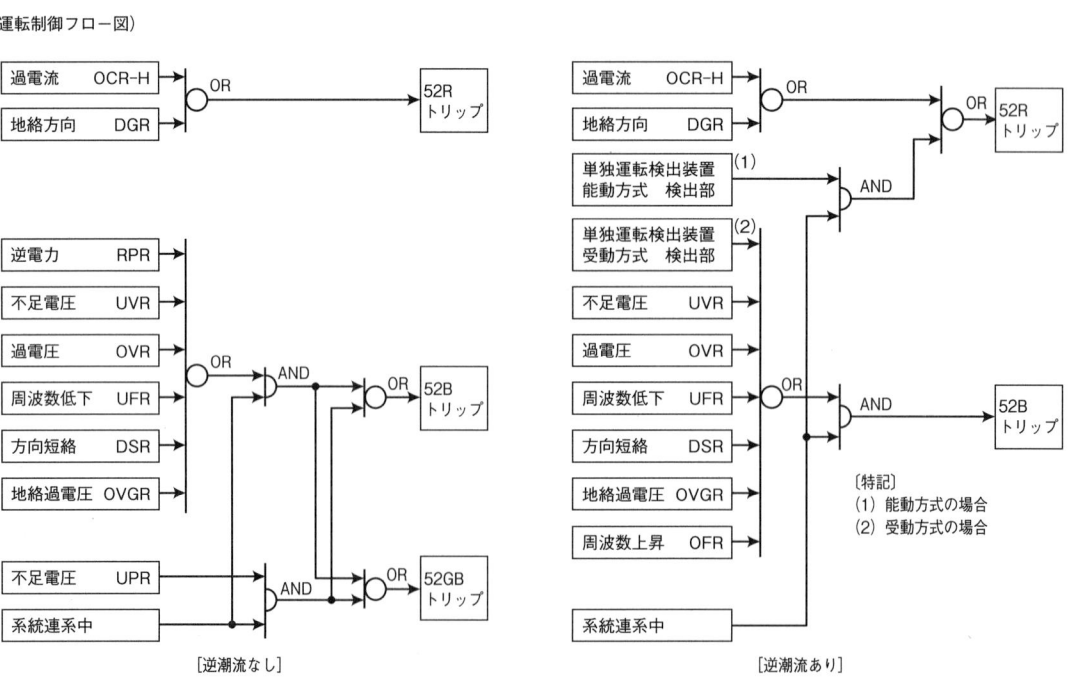

図 2.78 普通高圧商用電源と分散型電源との系統連系制御[1)]

特に能動方式には4方式があり，以下に常用発電機の場合の検出概要を示すとともに，検出方法を図2.78に示す．

① 無効電力変動方式で同期発電機のAVR回路に単独運転検出装置から常時微少な周波数変動を与え，単独運転移行時に生じる周期的な周波数変動を検出する方式である．

② 無効電力補償方式で無効電力補償装置により，常時微少な無効電力変動を与え，単独運転移行時に生じる周期的な周波数変動を検出する方式である．

③ QCモード周波数シフト方式で系統周波数変動の極性と大きさに応じて，その方向に周波数変化を拡大させるような同期発電機のAVR回路の揺動指令を与えることにより，単独運転移行時に生じる周期的な周波数変動が，正帰還ループにより増幅され単独運転を検出する方式である．

④ 常用発電機系統連系点に負荷抵抗を短時間・周期的に挿入し，負荷に対する配電系統からの電流と分散電源からの電流との比率の変化により単独運転を検出する方式である．

その選定にあたっては，配電側の条件，連系する分散型電源装置の種類，規模などにより決定される．

2.5.3 電力系統の制御
a. デマンド制御

デマンド制御とは，契約電力の超過を防止し，その適正化とそれを下げることを目的としている．受電点の取引き用計器（VCT他）の計量パルスを入力し，マイクロコンピュータを活用した演算・警報・制御・記録機能からなるデマンド監視制御装置（図2.79）により制御する．

またデマンド制御フローを図2.80に示すが，目標デマンド線（$0 \sim Q$）に対して，実際のデマンド線は上下に予測変動（$0 \sim R_1 \cdot R_2$）するが，デマンド時限時には目標値になるよう制御する．

b. 無効電力制御

無効電力を抑制する目的は，受電点の力率改善を行い，基本料金の割引制度により電力料金の軽減である．さらに力率改善による線路の無効電流の低減は，線路や変圧器の電力損失の軽減効果がある．また，電圧変動の抑制や高調波の抑制を目的に無効電力制御を行うこともある．

コンデンサの設置場所には，以下の3方式が考えられ，表2.74に各方式の特徴を示す．

(1) 高圧側コンデンサ設置

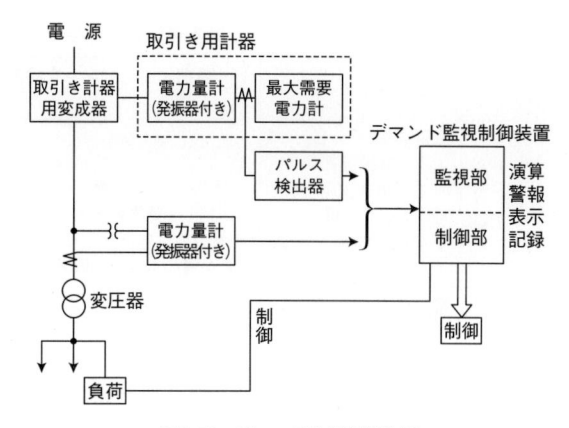

図2.79 デマンド監視制御装置

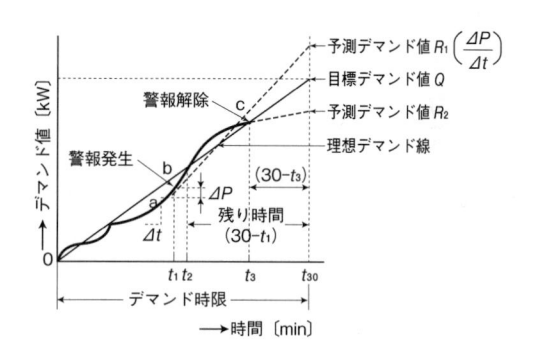

図2.80 デマンド制御図

(2) 各変圧器二次側設置
(3) 各負荷個別設置

その効果は負荷に近い位置に設置するほど大きいが反面，分散化に伴う保守性や経済性などのデメリットが生じるため，採用にあたってはコストパフォーマンスを比較検討のうえ決定するが，現状では高圧コンデンサ設置方式が多く採用されている．また，力率改善の自動制御方式には，力率制御と無効電力制御とがあり，その自動制御フローを図2.81に示す．力率制御は，設定された力率と比較してコンデンサの投入および遮断を行う方法で，軽負荷から重負荷まで設定された一定力率内で制御できるが，軽負荷時にコンデンサの容量によっては力率の進みすぎが発生する．無効電力制御は，設定された無効電力値と比較してコンデンサの投入および遮断を行う制御方法で，設定された無効電力範囲内で制御できるとともに軽負荷時のハンチングが防止できるが，軽負荷時の力率が悪い．

c. 変圧器台数制御

情報化ビルなどでは電源の無停止供給が求められ，そのため受変電設備の主要機器である変圧器の二重化

表2.74 進相用コンデンサの設置位置による総合比較

		(1) 負荷にコンデンサを設置した場合	(2) 変圧器二次側にコンデンサを設置した場合	(3) 高圧側にコンデンサを設置した場合
1	高調波対策			
	配電系統インピーダンスと共振現象	なし	ほとんどなし	可能性有り
	配電系統への高調波電流流出の低減	可能 効果最も大	可能 効果大	効果小
	配電系統電圧ひずみによる障害	受電用変圧器によりリアクタンスが増加するため低減される	(1)と同様	－
2	力率改善			
	電力会社の配電路および配電設備	あり	あり	あり
	需要家の受変電設備への効果	あり	あり (無効電力が変圧器を経由しない)	なし (無効電力が変圧器を経由する)
	幹線電圧降下の低減	可能	不可	不可
	変圧器損失の低減	可能	可能	不可
3	経済効果			
	設備費	負荷台数が少ない場合に有利	バンク数が少ない場合に有利	基準
4	保守性			
	コンデンサ故障に対する保護	容易	確実	不確実
	力率調整用開閉器の寿命	影響なし	長い(約100万個)	短い(10万個以下)
5	設備スペース	いちがいに比較は難しい	やや小さい	基準

※ 動力機器の負荷側にコンデンサを設置する場合は，負荷と共通に開閉されるため，自己励磁現象による異常電圧の発生の可能性があり，改善後力率は0.9に制限する．

図2.81 力率改善自動制御図

図2.82 変圧器の損失特性

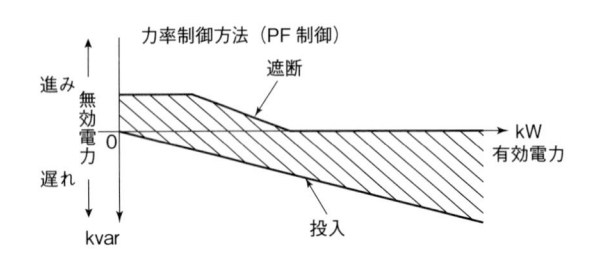

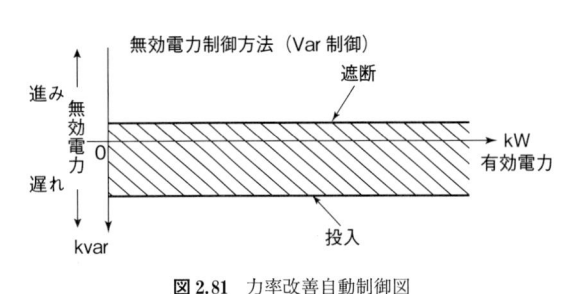

や冗長化構成による複数台並列運転が行われる．

その場合，軽負荷時には複数台の変圧器のうち休止可能な時間帯や期間ができ，その開放は無負荷電力損失の節約となる．

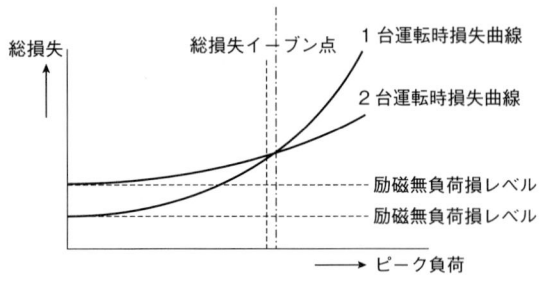

高圧配電用変圧器がトップランナーの規定になってから，エネルギー消費効率(損失)が一つの省エネ，低炭素化の指標になりつつあるが，変圧器が複数台ある場合，運転台数によってトータルの消費効率は変わってくる．この損失特性を図2.82に示すが，変圧器のもつ損失曲線により総消費効率がイーブンになる負荷量の点があるので，電力継電器により負荷量に対して台数制御を行うことが考えられる．ただし閉器等の開閉寿命を考慮しなければならないこと，また強制風冷の変圧器の場合はファンの運転容量も消費効率に含めておくべきである．

d. 高調波抑制制御

近年の著しい電子化・デジタル化の進展は，情報機器，設備機器あるいは医療機器などの高度化や高性能化を実現しているが，一方ではそれらの機器の多くは高調波発生源であり，建物内の電子応用機器のほか，電気設備の継電器類やコンデンサ回路などが高調波により障害を受けやすい環境となっている．電気設備では「高調波抑制対策技術指針」の技術要件にしたがって，高調波環境目標レベル（6.6 kV 配電系統電圧ひずみ 5％，特別高圧系統電圧ひずみ 3％）を維持できるよう各調波ごとに対策を行う．

その方策を以下に示すが，実際ではいくつかの方策を組み合わせて目標レベルをクリアすることになる．

1) 変圧器の Δ-Δ と Δ-Y 結線の組み合わせによる 12 パルス化（図 2.83）　その原理を図 2.84 に示すが同一ベクトルの高調波成分の 2 回路を，交流電圧の位相を 30 度ずらした 2 台の六パルス変換装置（巻線の異なる変圧器）により，第 5 次および第 7 次の高調波電流の位相が 180 度異なることを利用し相殺する．ただし，それぞれの変圧器に接続される負荷の大きさや位相の違う場合は，その効果は減少する．

2) フィルタの設置　高調波対策フィルタには，受動（パッシブフィルタ），能動（アクティブフィルタ）の両方があり，設置場所やコストを考慮し決定する．個別に対策する受動フィルタには，単一同調フィルタと高次フィルタとがあるが，建築電気設備では単一同調フィルタが一般的に使用されている．その等価回路を図 2.85 に示すが，電源系統への高調波の流出低減には高調波電圧の抑制を行えばよく，そのためには電源系統のインピーダンス Z_s に対して十分な低インピーダンス Z_c を並列接続し，対象とする高調波を Z_c 回路に分流させる．Z_c 回路はコンデンサとリアクトルの直列共振を利用する．

一方能動フィルタは，負荷から発生する高調波電流と逆位相の電流を供給し高調波成分を相殺させようとする方法である．その回路は，高周波インバータ回路，降圧変圧器，高調波検出器および制御部などで構成（図 2.86）されている．

3) 力率改善用コンデンサの設置　力率用コンデンサはフィルタと同様に高調波の吸収効果がある．コンデンサの設置場所は高圧側と低圧側があり，一定条件におけるそれぞれの場合の高調波吸収率を図 2.87 に示すが，低圧側設置の方が高圧側設置に比べ効果的

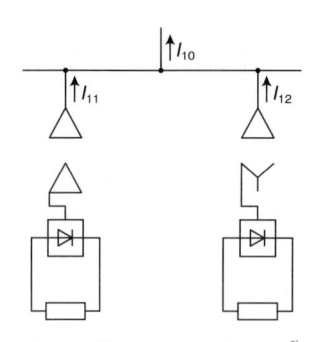

図 2.83　等価 12 パルス接続の例[2]

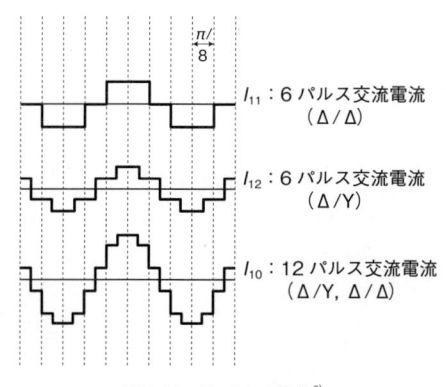

図 2.84　12 パルス接続[2]

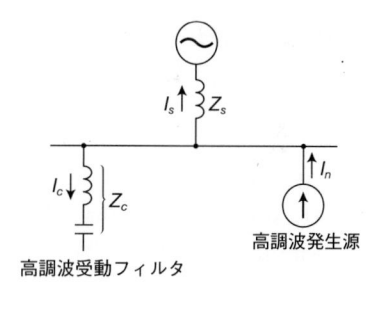

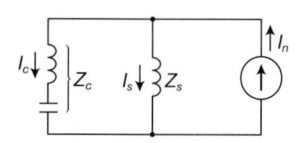

図 2.85　高調波の等価回路[2]

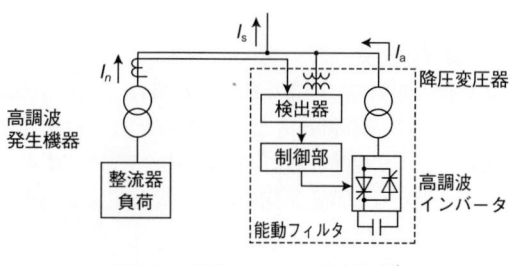

図 2.86　能動フィルタの基本構成[2]

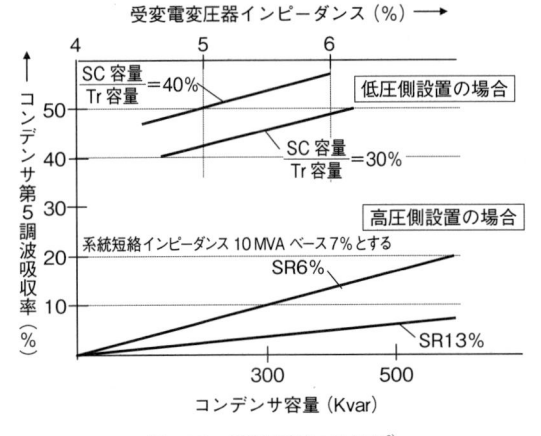

図 2.87 高調波電流の吸収率[2]

である.

フィルタの検出および制御原理，コンデンサ設置位置による高調波吸収率の計算方法については，「高調波抑制対策技術指針」を参考にされたい．

2.5.4 動力の制御

動力の制御の目的は，電動機の始動・停止，加速・制動および保護，あるいは起動時や容量・速度の運転制御である．

a. 制御位置による分類

制御は人により操作されるが，その位置は制御対象機器のある動力制御盤による手元操作と，中央集中監視室での遠隔制御とがある．

b. 制御方法による分類

制御方法には，手動制御，連動制御，自動制御に分類される．手動制御とは人の挙動操作により制御が伝達される方式である．連動制御とは空調設備における給気ファンと排気ファンとの連動，あるいは冷却水循環ポンプとクーリングタワーとの連動など，特定の機器が運転されて初めて運転可能となる制御方法である．また自動制御とは液面リレーによる複数給排水ポンプ制御のように，動力制御盤にシーケンス回路を組み込み自動制御する場合である．各制御方法による制御回路を図 2.88 に示す．

c. 始動方式

電動機の起動時に全電圧印加した場合，突入電流は定格電流の 8〜10 倍ともなる．そのため一般的には 11 kW 以上の電動機に対しては，表 2.75 に示す始動方式から適正な方式を選定のうえ，始動電流を制御して電源容量を抑えている．

d. 保護方式

保護の目的は，モータの巻線の焼損である．主としてサーマルリレーと静止型モータ保護リレーとがある．サーマルリレーはヒータとバイメタルを組み合わせた熱動部分と制御回路の開閉を行う接点とからなっている．ヒータにはモータ電流が流れ，過負荷状態になって電流が増大するとヒータの発熱量が増えるので，バイメタルが大きくわん曲してサーマル本体の接点を動作させ，電磁接触器のコイル回路を切りモータを保護する．

保護には以下の 3 つの機能がある．
(1) 過負荷保護（拘束保護含む）
(2) 過負荷・欠相保護（不平衡保護含む）
(3) 過負荷・欠相・反相保護（逆転防止）

各種始動起動方式および保護回路からなる制御回路を図 2.89 に示す．

e. 伝送制御方式

一般的に動力制御盤では，機器の発停制御や状態監視を遠隔監視しているため，監視伝送回路が組み込まれる．その伝送方式による制御回路は図 2.90 に示すように，共通線方式，直流電流による正負の極性変換による方法，およびコードやパルスによる多重伝送方式がある．

各制御内容や制御方法あるいは伝送方式は，制御する動力機器の目的，性格，省エネ対策あるいは建物規模やグレード設定などにより決定される．

2.5.5 照明の制御

照明設備の高効率運用やむだを省くための省エネルギー制御，あるいは良い雰囲気づくりや機能上のための視環境調整制御である．

a. 制御位置

制御は人により操作されるが，その位置は制御対象器具のある室の出入口近傍によるスイッチ操作と，中央監視室あるいは集中管理室での遠隔操作がある．

b. 制御方法

制御方法は，手動制御，自動制御に分類される．手動制御とは人の操作によるスイッチの入切制御や調光制御などの方式である．自動制御とは，中央監視室や管理室からのパターンやタイマによるスケジュール制御や，ローカルでの各種センサによる自動調光制御や自動点滅制御がある．

2.5 制御設備

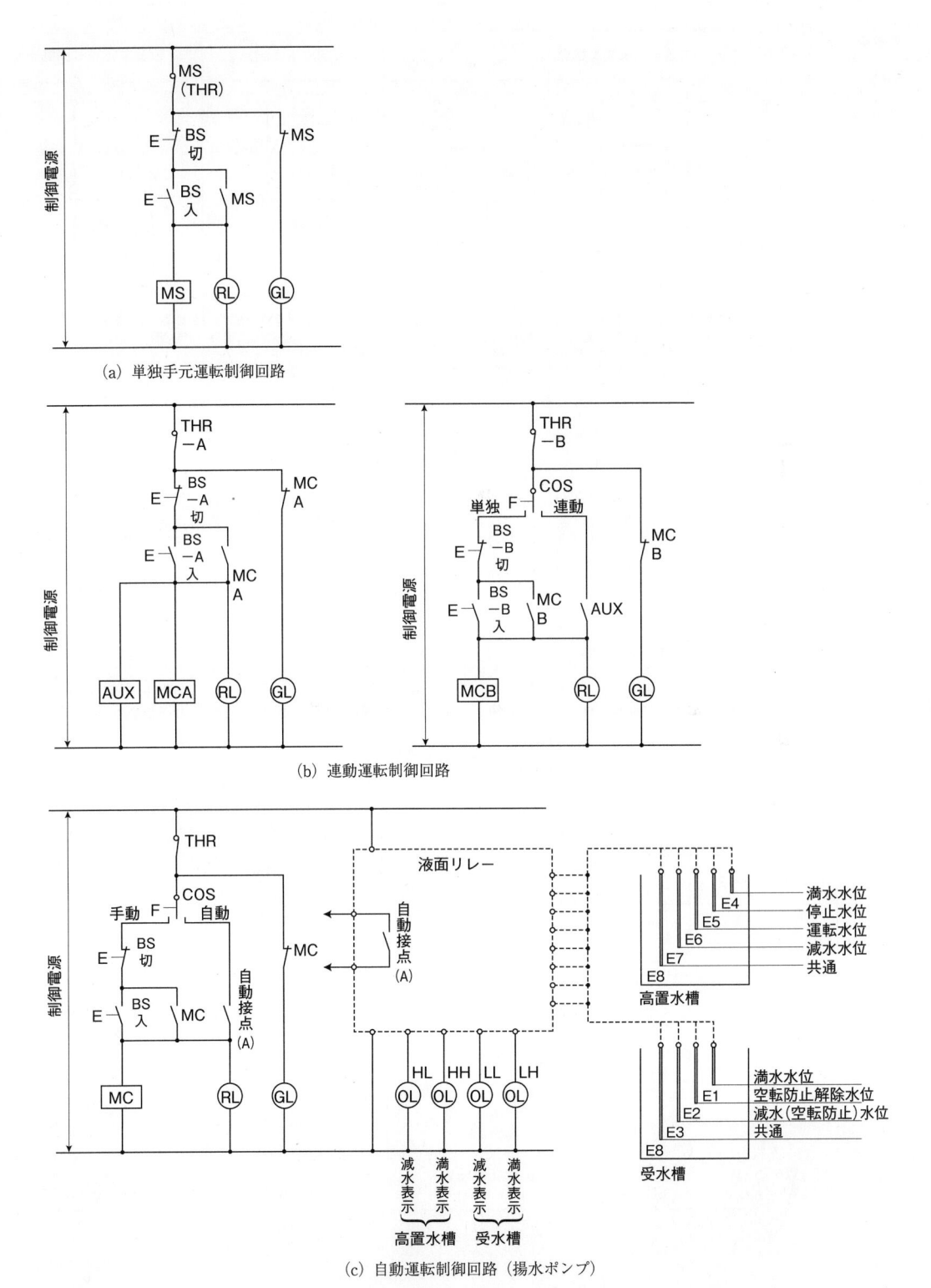

(a) 単独手元運転制御回路

(b) 連動運転制御回路

(c) 自動運転制御回路（揚水ポンプ）

図 2.88 制御方法による制御回路

表2.75 各種始動方式の比較

始動法	全電圧じか入れ始動（じか入れ始動）	減電圧始動			
		スターデルタ始動	クローズドスターデルタ始動	リアクトル始動	コンドルファ始動
回路構成例	(図)	(図)	(図)	(図)	(図)
	・電動機の巻線に全電圧を最初から印加して始動	・デルタ結線で運転する電動機を始動時のみスター結線して始動	・スターデルタ始動に始動抵抗器と電磁接触器を付加しスターデルタ切り替え時電動機の電源開放を防止したもの	・電動機の一次側にリアクトルを入れ始動時に電動機の印加電圧を，リアクトルの電圧降下分だけ下げて始動	・単巻変圧器を使用して電動機の印加電圧を下げて始動
特徴	・電動機本体の大きな加速トルクが得られ始動時間が短い ・負荷をかけたままの始動が可能 ・最も安価	・始動電流による電圧降下を軽減できる ・減圧始動のなかでは最も安値で手軽に採用できる	・同左 ・切り替え時の電源解放がなくショックが小さい	・タップ切り替えにより始動電流・トルクが調整できる ・電動機の回転が上がるにしたがい加速トルクの増加が甚大	・同左 ・始動から運転に入るとき電源を解放しないのでショックが小さい
欠点	・始動電流が大きく異常電圧降下の原因となる	・始動・加速トルクが小さいので負荷をつけて始動できない ・始動電流・トルクの制御不可	・同左 ・スターデルタよりやや高値 ・始動電流・トルクの制御不可	・コンドルファ始動の次に価格が高い ・始動電流のわりには始動トルクの減少が大きい	・価格が最も高い ・加速トルクがY-Δ始動と同様小さい
諸特性 始動電流	100%（基準）	33.3%	33.3%	50-65-80%（タップ50-65-80%）	25-42-64%（さらにトランスの励磁電流が加わる）（タップ50-65-80%）
始動トルク	100%（基準）	33.3%	33.3%	24-42-64%（タップ50-65-80%）	25-42-64%（タップ50-65-80%）
加速性	・加速トルク最大 ・始動時のショック大	・トルクの増加小 ・最大トルク小	・同左	・トルクの増加甚大 ・最大トルク最大 ・円滑な加速	・トルクの増加やや小 ・最大トルクやや小 ・円滑な加速
適用	・電源容量の許すかぎり最も一般的に使用	・5.5kW以上の電動機で無負荷または軽負荷始動できるもの．減圧始動では最も一般的	・同左 ・消火ポンプなどの防災設備	・二乗低減トルク負荷，ファン，ブロア，ポンプ	・始動電流を特におさえるもの．大容量電動機，ポンプ，ファン，ブロア
200 V 400 V	2.2 kW～75 kW 3.7 kW～150 kW	5.5 kW～160 kW 11 kW～300 kW	5.5 kW～90 kW 11 kW～110 kW	5.5 kW～75 kW 11 kW～150 kW	11 kW～75 kW 22 kW～150 kW

2.5 制御設備

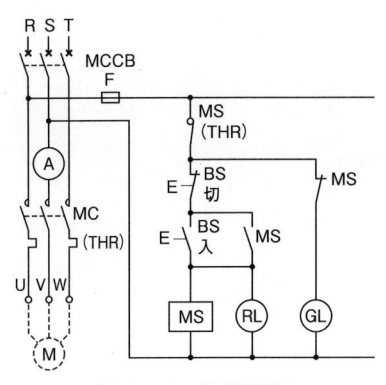

(a) じか入れ始動接続図

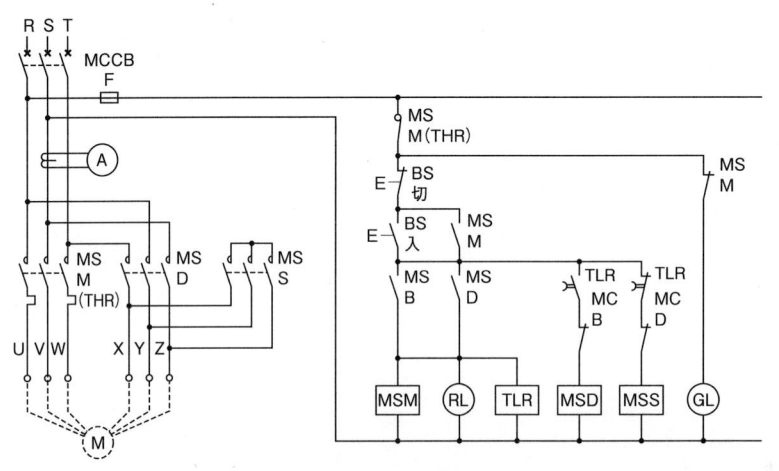

(b) スターデルタ始動接続図

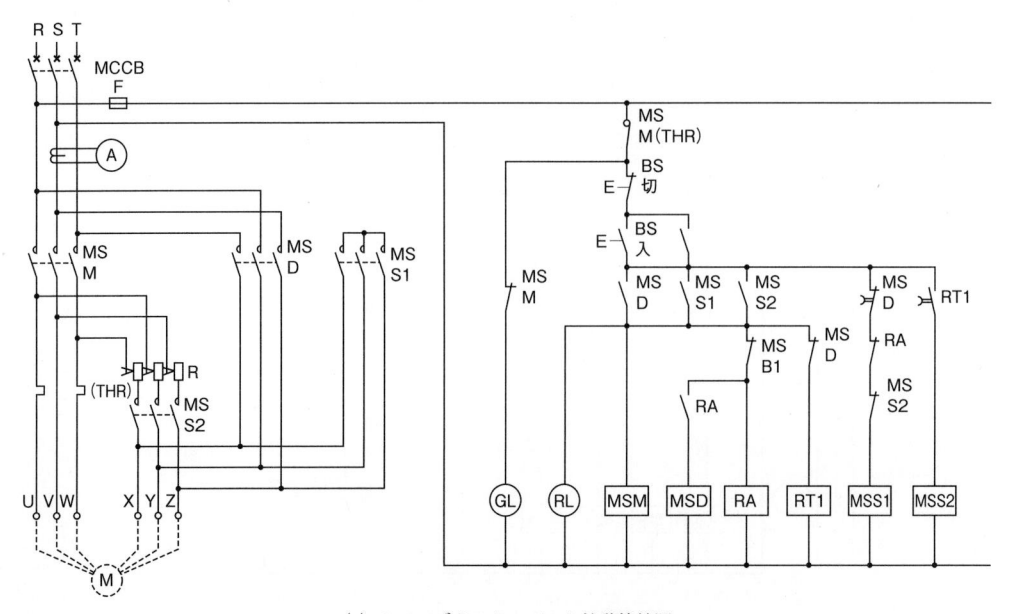

(c) クローズドスターデルタ始動接続図

図 2.89 （つづく）

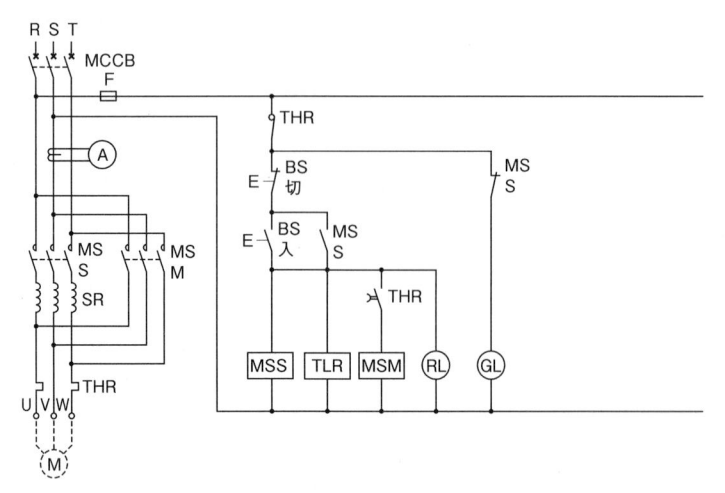

(d) リアクトル始動接続図

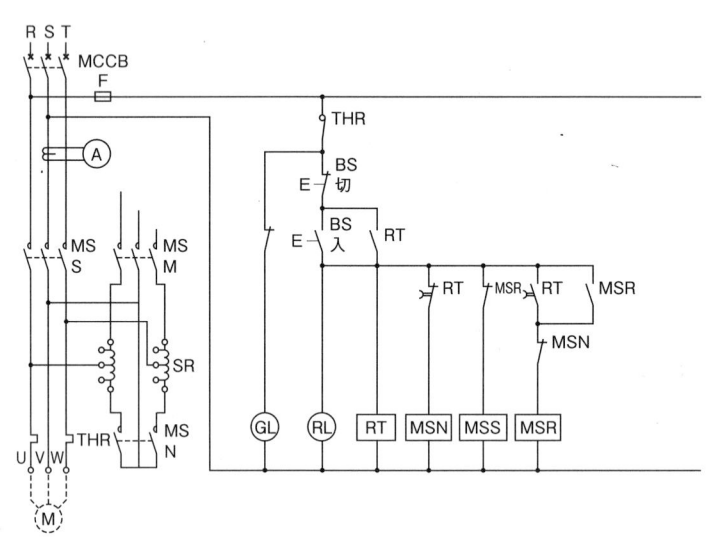

(e) コンドルファ始動接続図

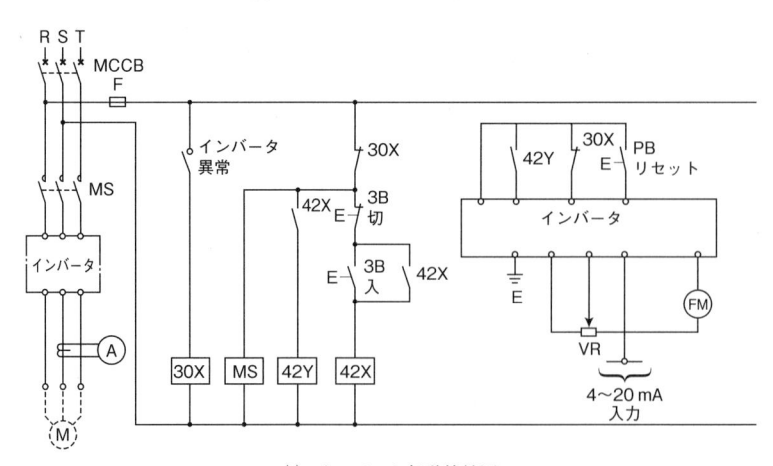

(f) インバータ起動接続図

図 2.89　始動・起動方式による制御回路

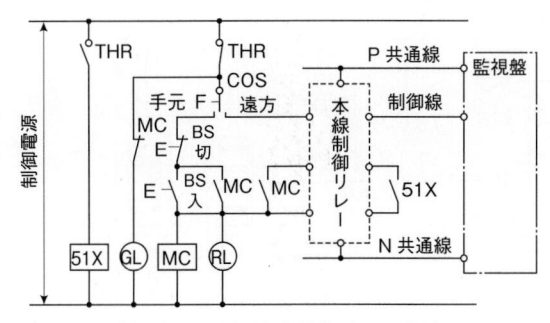

(a) 手元-遠方監視盤操作（$n+2$ 線式）

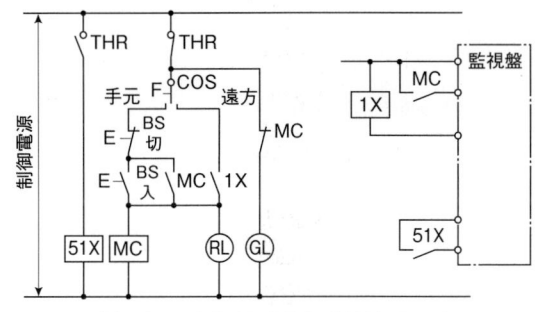

(b) 手元-遠方監視盤操作（連続信号/1X）

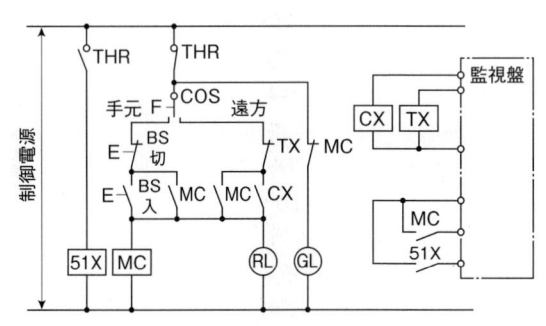

(c) 手元-遠方監視盤操作（ON/OFF パルス方式）

図 2.90 伝送方式による制御回路

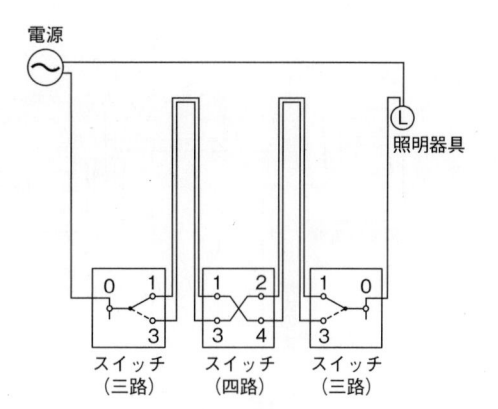

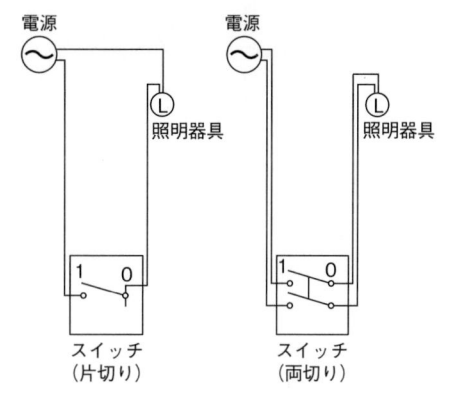

図 2.91 タンブラスイッチのシステム構成図

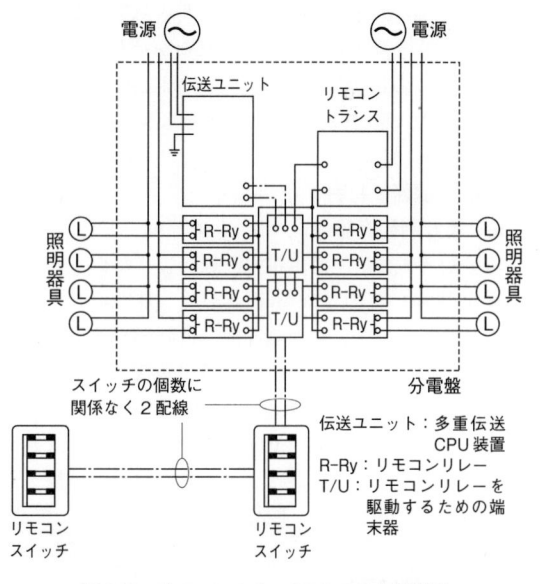

図 2.92 リモコンスイッチのシステム構成図

c. 制御方式

1) タンブラスイッチ　手元による手動操作の代表的な方式には，室や共用部の壁に設置するタンブラスイッチがある．点滅システム構成を図2.91に示すように，その種類は，ある範囲の点滅を行う片切りスイッチ（1P10A）と両切りスイッチ（2P10A）がある．さらにある範囲を2カ所から点滅を行う場合の三路スイッチ（3P10A）と，3カ所以上で点滅を行う場合の四路スイッチ（4P10A）がある．

2) リモコンスイッチ　リモコンスイッチは，タンブラスイッチに比べ，照明の点滅回路数が多い場合，1点滅容量が大きい場合の手元による手動操作方式として用いられる．また制御構成を図2.92に示すように，遠隔での手動や自動操作方式としてリモコン制御システムが活用されている．

3) 調光スイッチ　実験室での照度調整，あるいはホールの客席やAV（オーディオビジュアル）会議室での照度調整などを目的としている．調光器容量は

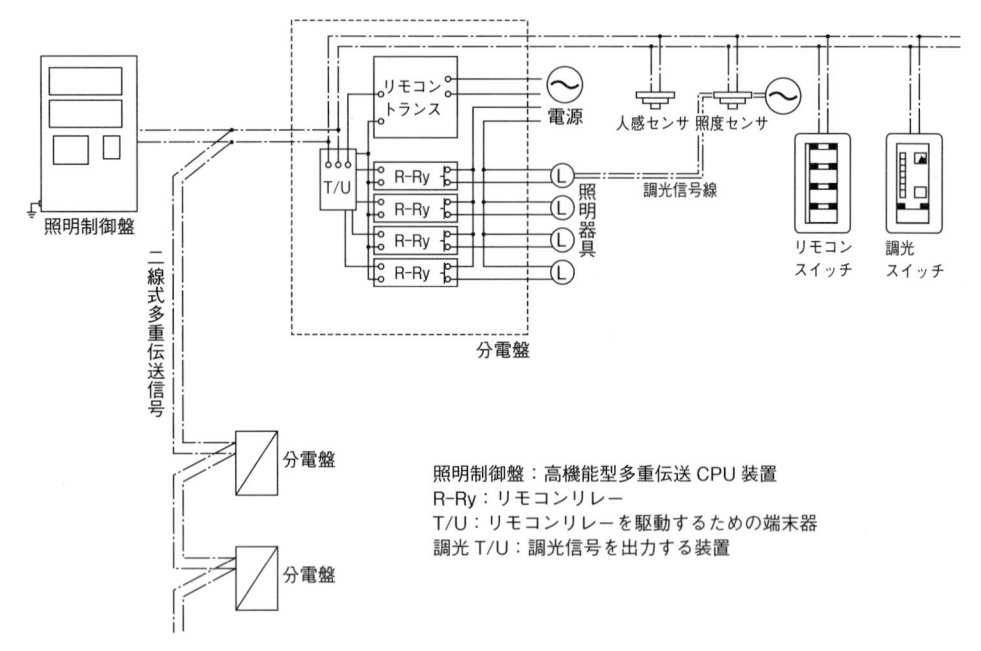

図2.93 照明制御システム構成図

数百 W～数 kW のものがある．

4) 自動点滅・自動調光スイッチ 自動点滅スイッチは外灯などの自動点滅器として使用されてきたが，蛍光灯インバータ点灯方式の開発により調光制御が容易となった．さらに照度センサや人感センサなどの各種センサの技術開発により，それらを活用した調光・減光・点滅の自動制御システム（図2.93）の構築が可能となり，照明の省エネ化が進展している．

2.5.6 機器・材料

a. 電源制御機器

電源制御機器は，商用電力回線切替え制御や商用系統連系制御などの単独盤（図2.94，図2.95）として設備されるものと，常用発電機台数制御や防災用発電機切替え制御などのシーケンス回路基板として配電盤に収納されるものとがある．その設計にあたっては，前述した制御単線結線図や制御フロー図に加え，外形図および遮断器・継電器類などの構成機器の定格・仕様（用途，規格，方式，形式，および能力，性能など）を決定する．

b. 電力制御機器

電力制御機器は，デマンド制御や無効電力制御などのように，配電盤に装置として収納されるものと，単線結線図を図2.96，図2.97に示すように受動フィルタや能動フィルタなど単独盤として設備するものがあ

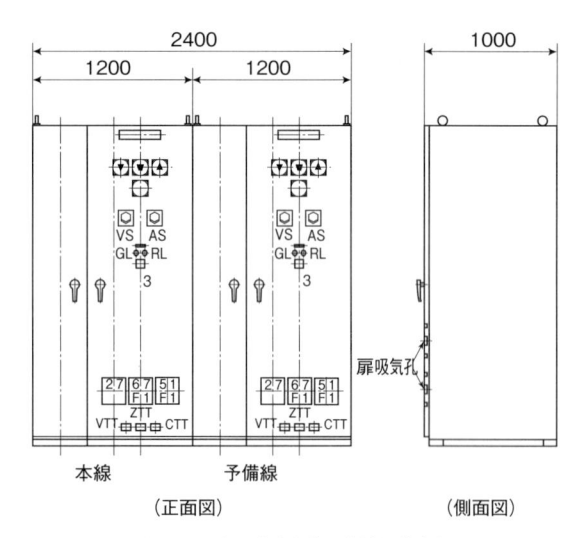

図2.94 高圧受電本線予備線切替え盤

る．その設計にあたっては，電源制御装置と同様に，制御単線結線図や制御フロー図に加え，外形図および以下に示す構成機器の定格・仕様を決定する．

デマンド制御装置は，デマンド時制，停電補償時間，負荷制御回路数，データ表示（内容，監視，設定）および，入力パルス定数などを決定し，また，無効電力制御装置では，出力制御方法（サイクリック制御，異容量制御など），軽負荷遮断制御機能（制御レベル，制御幅，制御誤差），出力制御数のほか，データ表示などを決定する．次に，受動フィルタでは，単一分路

2.6 電力配線設備

c. 動力制御機器

動力制御機器は制御盤に収納して監視・計測・制御機能を担うが，その盤仕様は，設置場所（屋外，屋内）や設置方法（壁掛け，自立）あるいは回路構造（一般，簡易ユニット，ユニット）などの盤形式と，制御方法や始動方式，保護回路方式，伝送方式，および構成機器の定格容量などで制御回路を決定する．

その選定にあたっては，負荷の用途や目的を果たすことを第一に考え，保守性・管理の容易性あるいは経済性に配慮し，定格・仕様を決定する．

d. 照明制御機器

照明制御機器には，各種手動個別スイッチと，センサと調光照明器具とを組み合わせて自動点滅制御や遠隔集中点滅・スケジュール点滅を行う照明制御盤と，幹線より各分岐回路配線を保護する電灯分電盤とがある．照明制御盤では，制御回路数，ターミナルユニット数，リモコンスイッチ数，グループ・パターン設定数あるいはスケジュール回路数などを決定する．また電灯分電盤では，設置場所（屋外・屋内，居室や共用部・シャフト内）や設置方法（壁掛け，自立）などの盤形式と，相数・電圧，回路数，回路容量，あるいはブレーカ形式などにより構成される制御回路を決定する．そのほか，手動個別スイッチでは回路容量，回路極数（片切り，両切り），操作方法（三路，四路）および設置場所などの決定を行う．

その選定にあたっては，照明・コンセント回路の安全確保と，合理的な運用管理および，省エネが図れるよう定格・仕様を決定し，むだのない点滅方式と照度の適正化を行う．　　　　　　　　　〔舟津四郎〕

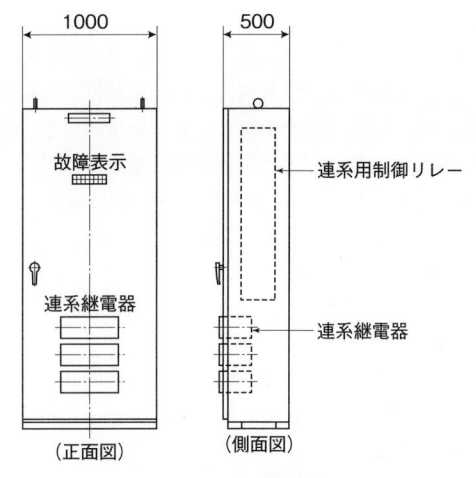

図2.95　系統連系継電器盤

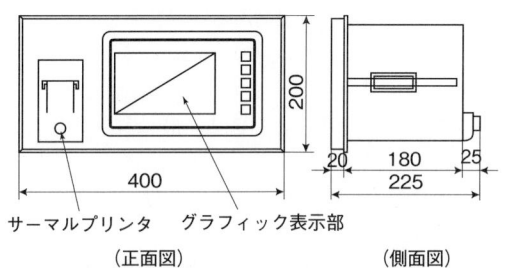

図2.96　デマンド制御装置外形参考図

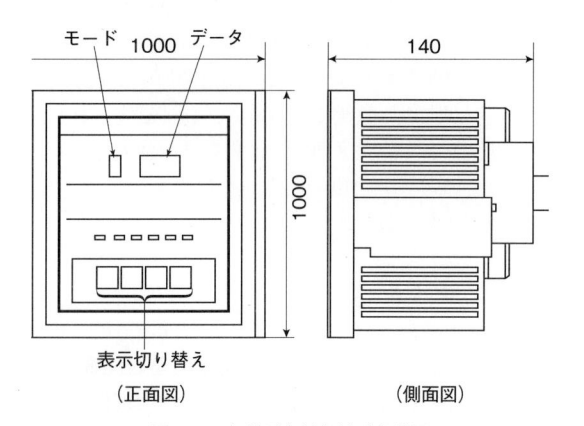

図2.97　無効電力制御外形参考図

（特定次数）あるいは高次分路（特定次数以上）の選定，補償定格容量，最大許容電圧，電流値，および設置場所を決定する．さらに能動フィルタでは，補償方式，補償高周波次数，補償定格容量（応答速度，過負荷耐量），定格電圧，周波数，相数，および設置場所の決定を行う．

文　　献

1) 岡田正言：最近の分散電源システム2，電気設備学会誌，18-19 (1998), 309-314.
2) 電気技術基準調査委員会，高調波抑制対策技術指針，JEA J 9702，日本電気協会，1995.

2.6　電力配線設備

2.6.1　電力配線設備概要

電力配線設備とは，建築物において電源から各種負荷までの配線設備のことであり，幹線配線設備と分岐配線設備とに分けられる．

幹線配線設備は，各種電源より受変電設備の高低圧配電盤，変圧器盤を介して動力制御盤や電灯分電盤などの負荷分岐盤まで電力を供給する配線設備であり，分岐配線設備は，負荷分岐盤より各種負荷へ電力を供

給する配線設備である．また幹線配線設備には高圧配線と低圧配線があり，分岐配線設備は低圧配線のみである．

さらにおのおのの電源には，容量・相・電圧・周波数などの違いによる電源の種類とともに，商用電源，非常用電源あるいは無停電電源などの電源の種別に分けられる．

電力配線では，これらの諸条件を考慮し，構成や系統分けを行い，「電気設備技術基準」や「内線規程」に準拠し，配線材料，電線保護材料を選び，適切な工事をする．

2.6.2 計画・設計の要点

電力配線設備の計画・設計にあたっては，電気的かつ機械的な信頼性や安全性の確保，保守の容易性や経済性などが重要である．

a. 信頼性

信頼性の確保とは，電気的な過負荷・短絡・地絡などの事故に対して，故障停電範囲が最小限となるような保護装置の設置と保護協調を図る必要がある．さらに長期停電や復旧の長期化が建物に重大な影響を及ぼす場合には，幹線系統の二重化や冗長化などのバックアップ対策が必要となる．

b. 安全性

安全性とは，電気的事故に対する配線材の熱的強度や機械的強度の確保とともに，防災や耐震あるいは水損防止などの対策であり，配線材や工法の選定に加え，配線シャフトの専用区画化などが有効な方法である．また，使用電圧や電力ケーブルの電流の大きさにより，通信ケーブルや電子応用機器に対して電磁波誘導障害や静電誘導障害の原因となるため，ケーブルのシールド対策は重要課題である．

c. 保守性

配線材料は，可動部分のない部位であるとともに，その分岐処理についてもユニット化やプレハブ化が進展しており，電気設備機材のなかでは経年劣化は少ない．しかし接続部の目視点検やボルト端子の増締め作業，あるいは増設時や更新時の作業など考慮し，保守スペースの確保が必要である．

d. 配線環境

配線を布設するにあたっては，使用場所の温度が，常温，低温，あるいは高温かによって耐寒性，耐熱性の程度を考慮する．また，その使用環境が耐薬品性，耐油性，耐圧性，耐ガス性，耐炎性あるいは防爆性などについても保安上や法規上，検討が必要である．

e. 経済性

幹線設備費は導体の銅量によるが，それを決定する要因は，配電方式，配電電圧，幹線系統数あるいは平面計画上での受変電室やシャフトの位置による．これらの要因は，敷地や建物用途や建物規模などによって安全性や信頼性などに対する配慮の程度が異なるため，総合的な判断が必要である．

f. 施工性

幹線配線材は材料量があるうえ，搬出入，敷設，曲げや分岐加工あるいは末端接続に作業スペースと労務が必要となる．そのため，配線材料の選定，分岐や接続部のプレハブ化とともに配線敷設ルートの選定に十分な検討が必要である．

g. 将来の負荷増対応

計画・設計時点で将来の負荷の増量を正確に見込むことは，建物の性格や用途あるいは社会や経済の状況により異なるため難しい．一つには幹線配線に余裕をもたせ計画する場合と，あらかじめ増設を考えてスペースを確保する場合とがある．特に後者の場合は，増設のための配電盤や配線ルート，配線スペースの対応とともに工事停電対策が必要である．

h. 防火区画

電線管の防火区画貫通部の処理は，建築基準法施行令第129条の2-5-7項による．その規定内容は，(1) 貫通する部分および当該貫通する部分からそれぞれ1m以内の部分を不燃材で造ること，(2) 準防火構造の防火区画などを貫通する配電管の外形が90mmとし，材質は難燃材料またはビニル，肉厚5.5mm以上など大臣が定める数値であること，(3) 設定された耐火性能検証法で防火区画などに亀裂その他の損傷が生じないものとして大臣の認定を受けたもの，であり，そのいずれかに適合させる．

2.6.3 幹線配線

高圧配線設備とは，高圧引込み区分開閉器盤と電気室内受電盤間，構内主電気室と副電気室の配電盤間，あるいは高圧自家用発電機盤と電気室内配電盤間などの配線設備である．その電圧は3φ6.6kV高圧配線，3φ22(33)kV，あるいは3φ66(77)kVの特別高圧配線がある．建築電気設備では，特別高圧配線を需要家側で敷設することはまれである．

低圧配線設備とは，電気室内低圧配電盤から動力制御盤や電灯分電盤までの配線設備であり，1φ100V，1φ200V，3φ200V，あるいは3φ400Vなどの電圧による低圧配線である．

2.6 電力配線設備

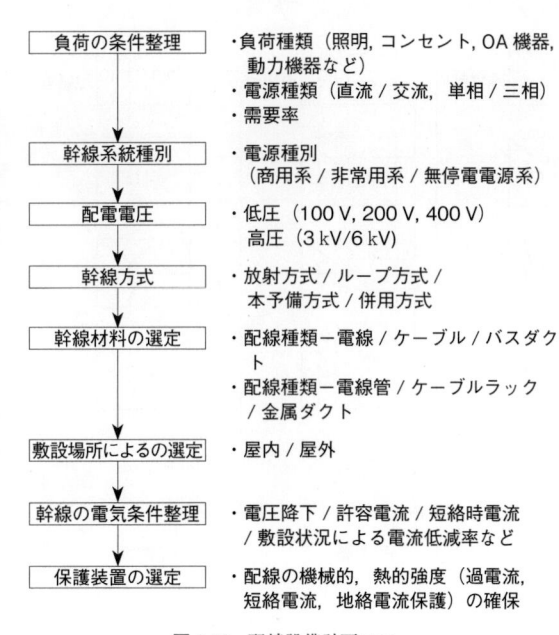

図2.98 配線設備計画フロー（フロー図）

フロー項目:
- 負荷の条件整理 — ・負荷種類（照明，コンセント，OA機器，動力機器など）・電源種類（直流／交流，単相／三相）・需要率
- 幹線系統種別 — ・電源種別（商用系／非常用系／無停電電源系）
- 配電電圧 — ・低圧（100 V，200 V，400 V）高圧（3 kV／6 kV）
- 幹線方式 — ・放射方式／ループ方式／本予備方式／併用方式
- 幹線材料の選定 — ・配線種類－電線／ケーブル／バスダクト ・配線種類－電線管／ケーブルラック／金属ダクト
- 敷設場所による選定 — ・屋内／屋外
- 幹線の電気条件整理 — ・電圧降下／許容電流／短絡時電流／敷設状況による電流低減率など
- 保護装置の選定 — ・配線の機械的，熱的強度（過電流，短絡電流，地絡電流保護）の確保

表2.77 一般的な配電電圧[1]

	配電電圧	用途
低圧幹線	1φ2W 100 V	照明，コンセント負荷，非常照明負荷
	1φ3W 100/200 V	照明，コンセント負荷
	3φ3W 200 V	動力負荷
	3φ4W 400/230 V	動力負荷（400 V），照明負荷（230 V）
高圧幹線	1φ3W 6.6 kV	大容量動力負荷，主変電設備と副変電設備間

表2.76 幹線の需要率[1]

建物の種類	需要率（％）
住宅，寮，下宿屋，ホテル，病院，倉庫	50
学校，事務所，銀行	70

電力配線の計画・設計のフローを図2.98に示すとともに，以下にその要点を述べる．

a. 負荷の与条件整理

負荷は次に示す与条件整理とともに，負荷分布あるいは需要率（表2.76）などを明確にし，変圧器容量の設定と，動力制御盤や電灯分電盤の回路構成を行った後，幹線の系統分けを行う．

b. 配線系統種別

幹線系統種別は，電源種別である商用電源系，非常用電源（自家用発電機，直流電源装置）系，分散型電源（コージェネレーション発電機，燃料電池，太陽光発電，風力発電）系および無停電電源（無瞬断電源装置）系に分けられる．

特に非常用電源系は，防災電源（火災停電時対象負荷）系と保安電源（商用停電時対象負荷）系に分かれる．またシステムや機器の保守や故障あるいは更新時に無停電が要求される場合には，バックアップ電源系が必要になる．そのシステム構成は「2.5制御設備の図2.70」による．

c. 配電電圧

配電電圧は表2.77に示す種類と特徴がある．その選定にあたっては，受変電設備との整合を図り，経済性や安全性および保守性などを考慮して選定する．

d. 幹線方式

幹線の供給系統方式の種類を図2.99に示すが，電灯分電盤や動力制御盤の負荷容量を基に，負荷種類，電源種類，電源種別および配電電圧などを考慮して分ける必要がある．各種幹線系統方式の特徴を以下に示す．

1) **放射状方式** 保守時や事故時あるいは増設時に，その影響範囲を最小限にすることができるとともに，末端の電圧をそろえやすい利点があるが，他の方式に比べ最も設備費高である．

2) **樹枝方式** 供給系統が共用となるため，放射状方式に比べ保守時や事故時あるいは増設時に系統への影響度が大であるとともに，末端で電圧の一定化が難しいが，放射状方式に比べ経済的である．

3) **本線予備方式** 電源の長時間の供給停止が許されない重要負荷に対する二回線方式であり，本線系の保守時や事故時あるいは増設時には予備線がバックアップする．無瞬断切り替えする場合は電圧および位相の同期化が必要となる．また経済的には高価である．

4) **ループ方式** 本線予備方式と同様に，重要負荷に対する二ルート方式である．各盤や幹線の保守時や事故時に相互バックアップする方式で無停電切替えができ，安定した電源供給が可能である．ただし本線予備線方式と同様に経済的には高価である．

5) **放射・樹枝併用方式** 最も多くの場合に採用されている方式であり，2つの方式の利点を採用したものである．経済的にも安価で施工性にも優れている．

e. 幹線材料の選定

電気設備で使用する幹線電圧は交流600 V以下（直流750 V以下）の低圧幹線と，交流600 V超過7000 V以下の高圧幹線が主である．表2.78に高圧幹線材料，表2.79に低圧幹線材料を示すが，使用される絶縁物の有無により絶縁導体と裸導体に分けられるとともに，導体の種類によりビニル絶縁電線，ケーブルおよび絶縁バスダクトに分けられる．さらにケー

図 2.99 幹線方式

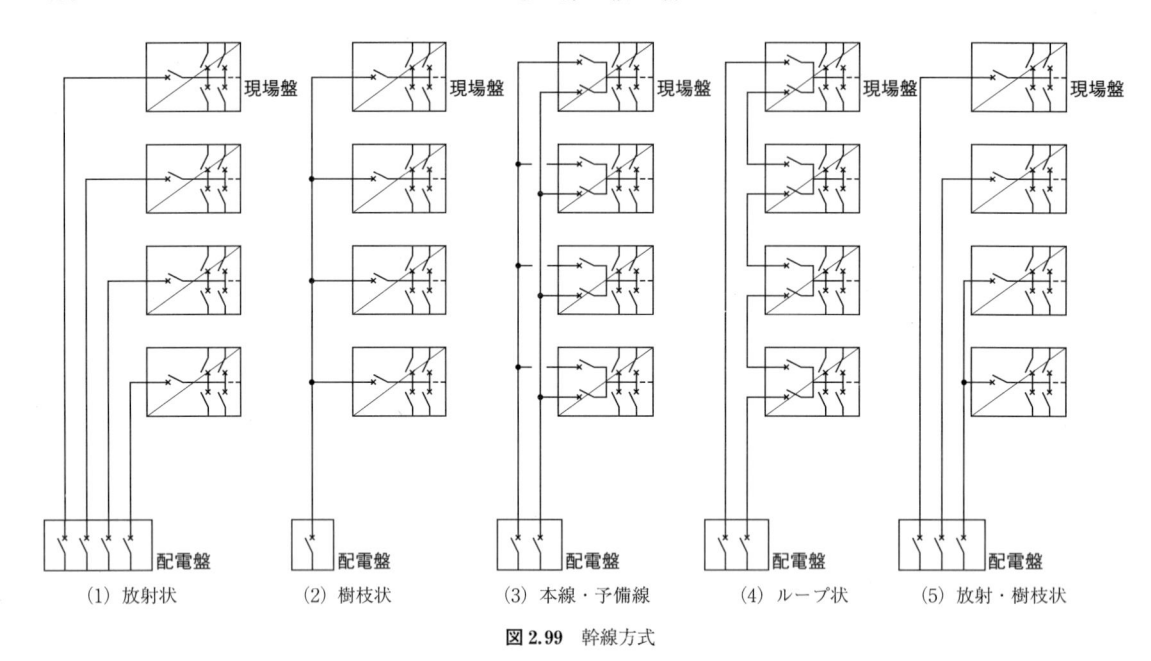

(1) 放射状　(2) 樹枝状　(3) 本線・予備線　(4) ループ状　(5) 放射・樹枝状

表 2.78 高圧ケーブル配線[2]

絶縁の有無	導体	種類	名称	絶縁体	シース	導体サイズ	許容電流 周囲温度 [℃]	許容電流 [A]	最高許容温度 [℃]	備考
絶縁導体	銅	電線	KIP	エチレンプロピレンゴム	-	$5.5 \sim 325 \, mm^2$	40	$54 \sim 680$	80	
絶縁導体	銅	ケーブル	CV	架橋ポリエチレン	ポリ塩化ビニル	$2 \sim 1000 \, mm^2$	40	$23 \sim 1500$	90	静電および電磁遮蔽付きケーブルあり
絶縁導体	銅	ケーブル	CE	架橋ポリエチレン	ポリエチレン	$2 \sim 1000 \, mm^2$	40	$23 \sim 1500$	90	静電および電磁遮蔽付きケーブルあり
絶縁導体	銅	ケーブル	EM-CE	架橋ポリエチレン	耐燃性ポリエチレン	$2 \sim 1000 \, mm^2$	40	$23 \sim 1500$	90	静電および電磁遮蔽付きケーブルあり
絶縁導体	銅	ケーブル	CVT	架橋ポリエチレン	ポリ塩化ビニル	$8 \sim 500 \, mm^2$	40	$62 \sim 880$	90	
絶縁導体	銅	ケーブル	CET	架橋ポリエチレン	ポリエチレン	$8 \sim 500 \, mm^2$	40	$62 \sim 880$	90	
絶縁導体	銅	ケーブル	EM-CET	架橋ポリエチレン	耐燃性ポリエチレン	$8 \sim 500 \, mm^2$	40	$62 \sim 880$	90	
絶縁体	アルミ	バスダクト	アルミ導体絶縁バスダクト Al-Fe	空気絶縁	鋼製ダクト	-	40	$400 \sim 3000$	95	
絶縁体	銅	バスダクト	銅導体絶縁バスダクト Cu-Fe	空気絶縁	鋼製ダクト	-	40	$400 \sim 3000$	95	

ルは絶縁導体種別や絶縁体シース材によっても分けられる．また，配線を保護する電路材料には，金属電線管，合成樹脂電線管，ケーブルラックあるいは金属ダクトなどがあり，その種類と特徴を表 2.80 に示す．

その選定にあたっては，幹線方式，幹線容量，幹線布設環境あるいは防災法規の制約条件および安全性・経済性などを考慮し，配線材料と配管材料を組み合わせ施工方法の選定を行う．

f. 配線の敷設場所による分類

1) 屋内配線　屋内高圧幹線は，ケーブルを使用し，電線管や金属ダクトあるいはラックに敷設工事するほか，乾燥した展開場所に絶縁電線を使用したがいし引き工事が認められている．

低圧幹線では，幹線の容量や系統数あるいは敷設方法などによって絶縁電線やケーブルを使用し，高圧幹線と同様に電線管や金属ダクト，あるいはケーブルラックによる工事を行うほか，大容量幹線にはバスダクトが採用されることがある．特にバスダクトは，可とう性がないため耐震対策が必要であるとともに，保守や更新に支障のない場所へ敷設しなければならない．

2) 屋外配線　高圧幹線はケーブル敷設のみ可能

表 2.79 低圧配線材[2]

絶縁の有無	導体	種類	名称	絶縁体	シース	導体サイズ	許容電流 周囲温度 [℃]	許容電流 [A]	最高許容温度 [℃]	備考
絶縁導体	銅	電線	IV	ポリ塩化ビニル	-	1.6 mm～500 mm²	30	19～590	60	
絶縁導体	銅	電線	HIV	耐燃ポリ塩化ビニル	-	1.6 mm～500 mm²	30	23～720	75	
絶縁導体	銅	電線	EM-IE	耐燃性ポリエチレン	-	1.6 mm～500 mm²	30	23～720	75	
絶縁導体	銅	ケーブル	EPC	架橋ポリエチレン	ポリエチレン	1.6 mm～600 mm²	40	21～860	75	
絶縁導体	銅	ケーブル	CV-F	架橋ポリエチレン	ポリ塩化ビニル	400～1500 mm²	40	740～1700	90	静電および電磁遮蔽付きケーブルあり
絶縁導体	銅	ケーブル	VV	ポリ塩化ビニル	ポリ塩化ビニル	2～500 mm²	40	15～590	60	静電および電磁遮蔽付きケーブルあり
絶縁導体	銅	ケーブル	VVF	ポリ塩化ビニル	ポリ塩化ビニル	1.6～3.2 mm	40	15～47	60	静電および電磁遮蔽付きケーブルあり
絶縁導体	銅	ケーブル	EM-EEF	ポリエチレン	耐燃性ポリエチレン	1.6～2.6 mm	40	20～43	75	
絶縁導体	銅	ケーブル	CV	架橋ポリエチレン	ポリ塩化ビニル	2～1000 mm²	40	23～1500	90	
絶縁導体	銅	ケーブル	CE	架橋ポリエチレン	ポリエチレン	2～1000 mm²	40	23～1500	90	
絶縁導体	銅	ケーブル	EM-CE	架橋ポリエチレン	耐燃性ポリエチレン	2～1000 mm²	40	23～1500	90	
絶縁導体	銅	ケーブル	CVT	架橋ポリエチレン	ポリ塩化ビニル	8～500 mm²	40	62～880	90	
絶縁導体	銅	ケーブル	CET	架橋ポリエチレン	ポリエチレン	8～500 mm²	40	62～880	90	
絶縁導体	銅	ケーブル	EM-CET	架橋ポリエチレン	耐燃性ポリエチレン	8～500 mm²	40	62～880	90	
絶縁導体	アルミ	バスダクト	アルミ導体絶縁バスダクト	ポリ塩化ビニル他	鋼製ダクト	-	40	600～6000	95	
絶縁導体	銅	バスダクト	銅導体絶縁バスダクト Cu-Fe	ポリ塩化ビニル他	鋼製ダクト	-	40	600～6000	95	
裸導体	銅	ブスバー	ブスバー	-	-	75～6000 mm²	40	260～4250	70	

表 2.80 各配管材の種類と特徴

種類 大項目	種類 小項目	特徴	主な用途
金属電線管 (JIS C 8305)	薄鋼電線管（C管） 厚鋼電線管（G管） ねじなし電線管（E管）	衝撃に強い 圧縮に強い 直線性が優れている 不燃性	屋内・屋外の露出配管
	ライニング電線管 (PE管)	衝撃, 圧縮に強い 直線性が優れている 不燃性, 耐食性	地中配管
硬質ビニル電線管 (合成樹脂管) (JIS C 8430)	VE管	長尺省施工 軽量でありもち運び楽 金属管に比べ圧縮強度が弱い 耐腐食性, 電気的絶縁性に優れる	屋内・屋外の隠蔽・露出配管 湿気のある場所
金属製可とう電線管 (JIS C 8309)	FEP管	圧縮強度が強い 可とう性があり, 振動のある箇所でも使用可能	屋内・屋外の露出配管
合成樹脂製可とう電線管 (JIS C 8411)	PF管 CD管	長尺省施工 軽量であり持ち運び楽 可とう性があり, 振動のある箇所でも使用可能	屋内・屋外の露出配管 湿気のある場所
線ぴ	金属製	直線性が優れている レイアウト変更容易	屋内の露出配管
	合成樹脂 (JIS C 8425)	金属線ぴに比べ圧縮強度が弱い 軽量でありもち運び楽	屋内の露出配管
金属ダクト		直線性が優れている	屋内の露出配管
ケーブルラック	鋼製 溶融亜鉛めっき製 ステンレス製 アルミ製	ケーブルの増設, 移設が容易 省施工	屋内の露出配管

であり，その安全は「電気設備技術基準」により確保する．その敷設方法は，屋上・屋側に対しては配管による工事を行い，地中に対しては配管や暗きょ内による工事を行う．低圧幹線の場合は，絶縁電線によるがいし引き工事，ケーブルの布設はメッセンジャワイヤ支持による架空工事や配管による工事のほか，地中配管内や暗きょ内により工事がされる．配線が屋外環境下では，水トリーなどの電気的劣化防止対策，あるいは自然災害や人的障害などに対する安全対策が求められる．

3) 特殊場所配線 特殊場所の配線とは，粉じんなどが電気工作物の点火源となり爆発するおそれのある場所である．すなわち爆発性粉じんまたは火薬類の粉末が存在する場所，可燃性粉じんが存在する場所，その他粉じんの多い場所であり，危険度区域区分に基づき電線やケーブルを金属管や合成樹脂管に収めて敷設する．

敷設場所における高圧および低圧の配管配線方法を

表 2.81 低圧・高圧配線配管方法[3]

配線方法			屋内						屋側，屋外	
			露出場所		隠蔽場所					
					点検可能		点検不可能			
			乾燥した場所	湿気の多い場所・水気のある場所	乾燥した場所	湿気の多い場所・水気のある場所	乾燥した場所	湿気の多い場所・水気のある場所	雨線内	雨線外
300V 以下	金属管配線		○	○	○	○	○	○	○	○
	合成樹脂管配線	CD 管以外の合成樹脂管	○	○	○	○	○	○	○	○
		CD 管	①	①	①	①	①	①	①	①
	可とう管配線	一種可とう管	○	×	○	×	×	×	×	×
		二種可とう管	○	○	○	○	○	○	○	○
	金属線ぴ配線		○	×	○	×	×	×	×	×
	合成樹脂線ぴ配線		○	×	○	×	×	×	×	×
	フロアダクト配線		×	×	×	×	②	×	×	×
	セルラダクト配線		×	×	○	×	②	×	×	×
	金属ダクト配線		○	×	○	×	×	×	×	×
	ライティングダクト配線		○	×	○	×	×	×	×	×
	バスダクト配線		○	③	○	×	×	×	③	③
	平形保護層配線		×	×	○	×	×	×	×	×
	キャブタイヤケーブル以外のケーブル配線		○	○	○	○	○	○	○	○
300V 超過 600V 以下	金属管配線		○	○	○	○	○	○	○	○
	合成樹脂管配線	CD 管以外の合成樹脂管	○	○	○	○	○	○	○	○
		CD 管	①	①	①	①	①	①	①	①
	可とう管配線	一種可とう管	④		④					
		二種可とう管	○	○	○	○	○	○	○	○
	金属ダクト配線		○	×	○	×	×	×	×	×
	バスダクト配線		○	×	○	×	×	×	③	③
	キャブタイヤケーブル以外のケーブル配線		○	○	○	○	○	○	○	○
7000V 以下	がいし引き配線		○	×	×	×	×	×	×	×
	ケーブル配線		○	○	○	○	○	○	⑤	⑤

〔注〕1) ○：施設できる．×：施設できない．①直接コンクリートに打ち込むか，不燃性の管などに収納する．②コンクリートなどの床内のみ．③屋外用のダクトのみ．④電動機への接続などの短小部分のみ．⑤展開した場所であること．
2) 300V 以下，300V 超過とも，がいし引き配線およびキャブタイヤケーブル配線は省略．

g. 幹線条件の選定

1) 許容電流 導体に発生したジュール熱は導体を保護する絶縁物や被覆物を通して周囲に放熱されるが，保護物がその性能を維持できる温度が最高許容温度で，そのときの定常電流値が電線の許容電流である．その値は絶縁物の種類や電線やケーブルなどの敷設状態および周囲温度により設定される．

また許容電流には連続時許容電流，短絡時許容電流のほか，短時間許容電流があるが，通常許容電流は連続時許容電流で表される．

i) 連続時許容電流 低圧絶縁電線の許容電流は内線規程に示されているが，絶縁電線の導体に流れる電流が絶縁物などを介して周囲に放熱されるジュール熱量は式 (2.2) で表されるとともに，許容電流は，周囲温度や導体最高許容温度，放熱路の熱抵抗により決定される．絶縁電線の金属管内敷設時の許容電流低減係数を考慮した許容電流を表 2.82 に示す．

$$I^2 \times r = Q - \frac{Q_0}{R} \quad (2.1)$$

$$I = \sqrt{Q - \frac{Q_0}{R}} \quad (2.2)$$

ここで，I は電線の電流〔A〕，Y は単位長当たりの導体実効抵抗〔Ω〕，Q は導体温度〔℃〕，Q_0 は周囲温度〔℃〕，R は単位長当たりの放熱路総抵抗〔℃/W〕．

また周囲温度は一般的には 30℃（架空 40℃，地中 25℃）を基準にしているが，30℃ を超えた場合の許容電流の低減係数は式 (2.3) によって表されるほか，表 2.83 に低減係数を示す．

$$\gamma = \sqrt{\frac{(Q-Q_1)}{Q_0}} \times 100 \quad \text{〔%〕} \quad (2.3)$$

ここで，Q は導体の許容温度〔℃〕，Q_0 は基準の周囲温度〔℃〕，Q_1 は実際の周囲温度〔℃〕．

次にケーブルの許容電流は式 (2.4) で表されるが，高圧ケーブルおよび低圧ケーブルの許容電流値は JCS 第 168E-96 に示されている．さらにケーブルには導体抵抗や全熱抵抗，および誘電体，日射および周囲の温度による電流補正係数（表 2.84）と，多条敷設による低減係数（表 2.85）を考慮した許容電流値を基に，幹線サイズを決定する．ただし，気中や暗きょ敷設の場合は日射による温度上昇を，じか埋設や管路敷設の場合は日射による温度上昇および多条敷設による低減係数を考慮しない．また架空敷設の場合は多条敷設による低減係数を考慮しない場合が多い．

$$I = \varepsilon \sqrt{\frac{(T_1 - T_2 - T_3 - T_4)}{n \cdot r \cdot R}} \quad \text{〔A〕} \quad (2.4)$$

ここで，T_1 は絶縁体の最高許容温度〔℃〕，T_2 は周囲温度〔℃〕，T_3 は誘電体による温度上昇〔℃〕，T_4 は日射による温度上昇〔℃〕，n はケーブル線心数，r は最高温度における導体抵抗〔Ω/cm〕，R はケーブルの全熱抵抗〔℃・cm/W〕，ε はケーブル多条敷設による低減係数．

ii) 短絡時許容電流 各種ケーブルの短絡許容電流計算式は内線規程に示されているが，短絡電流に対

表 2.82 絶縁電線のがいし引きにおける許容電流値[1]（周囲温度 30℃ 以下）

導体		許容電流 A	
		600 V ビニル絶縁体	600 V 耐熱ビニルおよびポリエチレン絶縁電線
		銅導体	銅導体
単線〔mm〕	1.6	27	33
	2.0	35	43
より線〔mm²〕	2.0	27	33
	3.5	37	45
	5.5	49	60
	8	61	74
	14	88	107
	22	115	140
	38	162	198
	60	217	265
	100	298	364
	150	395	482
	200	469	572
	250	556	678
	325	650	793
	400	745	909
	500	842	1027

表 2.83 絶縁電線の許容電流減少係数[1]

絶縁電線の種類	600V ビニル	600V 耐熱ビニル	600V EPゴム	600V 架橋ポリエチレン
許容電流低減計算式	$\sqrt{\frac{60-\theta}{30}}$	$\sqrt{\frac{75-\theta}{30}}$	$\sqrt{\frac{80-\theta}{30}}$	$\sqrt{\frac{90-\theta}{30}}$
導体許容温度〔℃〕以下	60	75	80	90
30	1.00	1.22	1.29	1.41
35	0.91	1.15	1.22	1.35
40	0.82	1.08	1.15	1.29
45	0.71	1.00	1.08	1.22
50	0.58	0.91	1.00	1.15
55	0.41	0.82	0.91	1.08
60	0	0.71	0.82	1.00
65		0.58	0.71	0.91
70		0.41	0.58	0.82
75		0	0.41	0.71
80			0	0.58
85				0.41
90				0

表 2.84 ケーブルの基底温度による電流補正係数[1]

ケーブルの種類		ビニル ケーブル	架橋ポリエチ レンケーブル
導体許容最高温度〔℃〕		60	90
基底 温度 〔℃〕	気中暗きょ布設	40	
	じか埋設および管路布設	25	
土壌および管路を平均した 固有熱抵抗〔℃・cm/W〕		$g=100$	
損失率		$Lf=1.0$	

基準基底 温度〔℃〕	25	40	25	40
20	1.14	1.41	1.04	1.18
25	1.00	1.32	1.00	1.14
30	0.93	1.22	0.96	1.10
35	0.85	1.12	0.92	1.05
40	0.76	1.00	0.88	1.00
45	0.65	0.87	0.83	0.95
50	0.53	0.71	0.78	0.89

〔備考〕基底温度とは,基準とした周囲温度をいう.

し電路を遮断するまでの2秒程度の間に,電線やケーブルの寿命に影響を及ぼす導体最大許容温度を超えないように遮断器やヒューズにより短絡保護協調を図り,電線サイズを決定する.

2) 電圧降下 幹線サイズは,基本的には負荷電流に応じた許容電流値以上の電線サイズでなければならないが,その決定にあたっては,負荷率も考慮した負荷電流値,配線こう長,配線のインピーダンスおよび電圧降下許容値などを条件に電圧降下計算も行う.特に,電圧降下許容値の設定値が配線のサイズに大きく左右するため重要である.電圧降下は「内線規程」により,幹線はそれぞれ標準電圧の2%以下(ただし電気使用場所内の変圧器により供給される場合は3%以下)であるが,配線のこう長が60 mを超える場合は表2.86のように電圧降下を規定している.次に電圧降下計算方法と特徴を示す.

(1) インピーダンス法
(2) 等価抵抗法
(3) %インピーダンス法

表 2.86 こう長が60 cmを超える場合の電圧降下[1]

供給変圧器の二次端子ま たは引き込み取り付け付 近から最遠端の負荷に至 る間の電線こう長	電圧降下	
	電気使用場所内に 設けた変圧器から 供給する場合	電気事業者から低 圧で電気の供給を 受けている場合
120 m 以下	5%以下	4%以下
200 m 以下	6%以下	5%以下
200 m 超過	7%以下	6%以下

(4) アンペアメータ法

(1),(2)は回路インピーダンスにオーム値を利用するため変圧器を含まない回路計算に便利であり,(3)は変圧器を含んだ回路計算に適する.また,(4)はこう長の長い配線の回路計算に適する.

定常的な交流回路1相分の電圧降下は,電源電圧と負荷電圧の差で表され,ベクトルで表すと図2.100になる.また,インピーダンス法による計算で表すと次式となる.特に建築電気設備の計画・設計では,それほど厳密な値は必要がないことから,式(2.5)および式(2.6)より式(2.7)の簡略式が導ける.

また建築電気設備では幹線こう長が比較的短いため,式(2.8)の2項目が無視でき,次の式(2.9)が成り立つ.さらに配電方式による定数K(表2.87)を加味した電圧降下の一般式は式(2.10)となる.

$$E_s = \sqrt{(E_r\cos\theta + IR)^2 + (E_r\sin\theta + IX)^2} \quad (2.5)$$
$$E_r = \sqrt{E_s^2 - (IX\cos\theta - IR\sin\theta)^2} - IR\cos\theta - IX\sin\theta \quad (2.6)$$

$$\Delta E_1 = E_s - E_r = \sqrt{E_s + IR\cos\theta + IX\sin\theta - E_s^2(IX\cos\theta - IR\sin\theta)^2} \quad (2.7)$$

$$\Delta E_1 \fallingdotseq \Delta E_2 = I(R\cos\theta + X\sin\theta) + \frac{I^2(IX\cos\theta - IR\sin\theta)^2}{2E_s} \quad (2.8)$$

$$\Delta E_2 \fallingdotseq \Delta E_3 = I(R\cos\theta + X\sin\theta) \quad (2.9)$$
$$\Delta E = e = K \times I(R\cos\theta + X\sin\theta) \quad (2.10)$$

ここで,eは電圧降下〔V〕,E_sは送電端電圧(相電圧)〔V〕,E_rは受電端電圧(相電圧)〔V〕,Qは負荷力率角,Iは負荷電流(線電流)〔A〕,Rは線路抵抗〔Ω/

表 2.85 ケーブルの配列による許容電流底減率[4]

ケーブル 間隔	段数	1					2						3				
	列数	1	2	3	6	7〜20	2	3	4	5	6	7	8〜20	3	4	5	6	20
外径と同じ		100	85	80	70	70	70	60	60	60	56	53	51	48	41	37	34	30
外径の2倍		100	95	95	90	80	90	90	85	73	72	71	70	80	80	68	66	60
外径の3倍		100	100	100	95	—	95	95	90	—	—	—	—	85	85	—	—	—

気中および暗きょで多数布設する場合.

2.6 電力配線設備

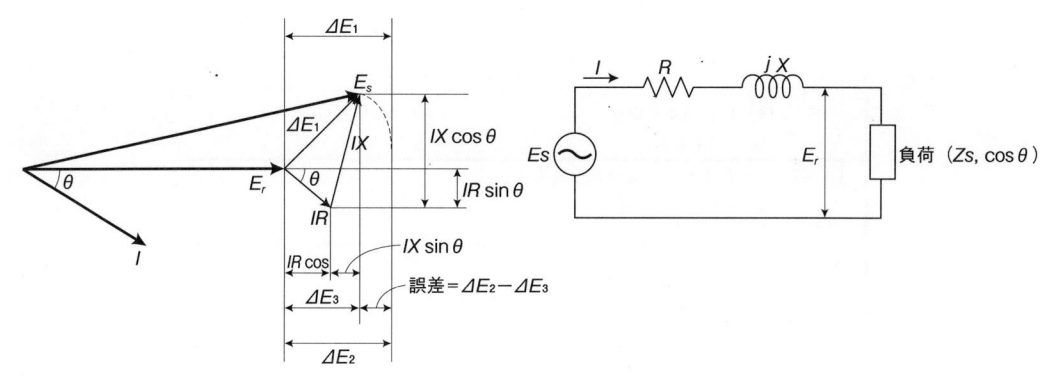

図 2.100 電圧降下関係図

表 2.87 K の値[1]

配線方式	K	備考
単相二線式	2	線間
単相三線式	1	大地間
三相三線式	$\sqrt{3}$	線間
三相四線式	1	大地間

表 2.88 電圧降下式[1]

配線方式	電圧降下	対象電圧降下
単相二線式	$e = 35.6 \times L \times 1/1000 \times A$	線間
三相三線式	$e = 30.8 \times L \times 1/1000 \times A$	線間
単相三線式 三相四線式	$e = 17.8 \times L \times 1/1000 \times A$	大地間

km〕,X は線路リアクタンス〔Ω/km〕,K は配電方式による定数.

式 (2.10) において等価インピーダンス ($R \cos \theta + X \sin \theta$) は配線サイズや負荷力率などにより決まるため,単位長さ当たりの等価インピーダンスを求めておけば,表 2.88 のように各配電方式による電圧降下が計算できる.

3) 幹線保護 幹線の保護対策には,過電流,短絡,地絡がある.過負荷や短絡事故時の過電流や短絡電流に対し,電気設備技術基準では,基本的な要求性能・機能が規定され,これの具体的な事項は同解釈して,配線の許容電流や短絡電流以下の定格電流の過電流遮断器を設置して配線保護の方法を例示している.低圧屋内幹線は次の規定により計画・設計する.

(1) 原則は $I_W > \Sigma I_B$ および $I_W \geqq \Sigma I_L$,または ΣI_M である.ただし電動機またはこれに類する起動電流の大きい電動機がある場合で,$I_M < \Sigma I_L$ のときは $I_W > \Sigma I_M + \Sigma I_L$ であり,$I_M \geqq \Sigma I_L$ の場合は $I_W > k \times \Sigma I_M + \Sigma I_L$ である.

(2) 電動機がある場合の共通として,I_B は,$I_B \leqq 3 \times I_M + I_L$ または $I_B \leqq 2.5 \times I_W$ のうち小さい値とすることができる.ただし $I_W > 100A$ で該当する定格過電流遮断器がない場合は,直近上位の定格でよい.

ここで,I_W は電線の許容電流,I_M は幹線に接続される電動機などの定格電流,I_L は幹線に接続される電動機などの定格電流以外の電気機械器具定格電流,I_B は過電流遮断器の定格電流,K は定数で $\Sigma I_M \leqq 50A$ の場合は 1.25,$\Sigma I_M > 50A$ の場合は 1.1.

また主幹線から分岐幹線に関する規定では,高圧または特別高圧で受電し,低圧に変成する場合は,幹線が引き出される電気室などから引き出し口付近に過電流遮断器が設置される.さらに幹線は,専用あるいは複数の電灯分電盤や動力制御盤に系統を分け配線されるが,幹線は端末にいくほど細い線を使用する場合が多いので,配線サイズの異なる部分のうち,過電流遮断器の定格電流では保護できない.その部分に対しては,それより負荷側の配線を保護できる過電流遮断器を設置することを原則としている.その場合の緩和設置基準を図 2.101 に示す.

4) 誘導対策 特に建物内での高圧幹線による高電圧や,低圧幹線による大電流は,情報通信回線と平行配線された場合,誘導障害の要因となる.誘導障害には静電誘導と電磁誘導がある.

i) **静電誘導対策** 静電誘導は電力ケーブルと信号ケーブル間の静電容量と情報・信号線の対地間の静電容量とが関係して情報・信号線に誘導電圧が誘起する.その原理を図 2.102 に示すとともに,その関係式は以下のようになる.

$$I = J\omega C(V - V_0) = \left(\frac{1}{R_0} + J\omega C_0\right)V_0$$

$$E_0 = \left\{\frac{J\omega C}{[(1/R_0) + J\omega(C + C_0)]}E\right\} \quad (2.11)$$

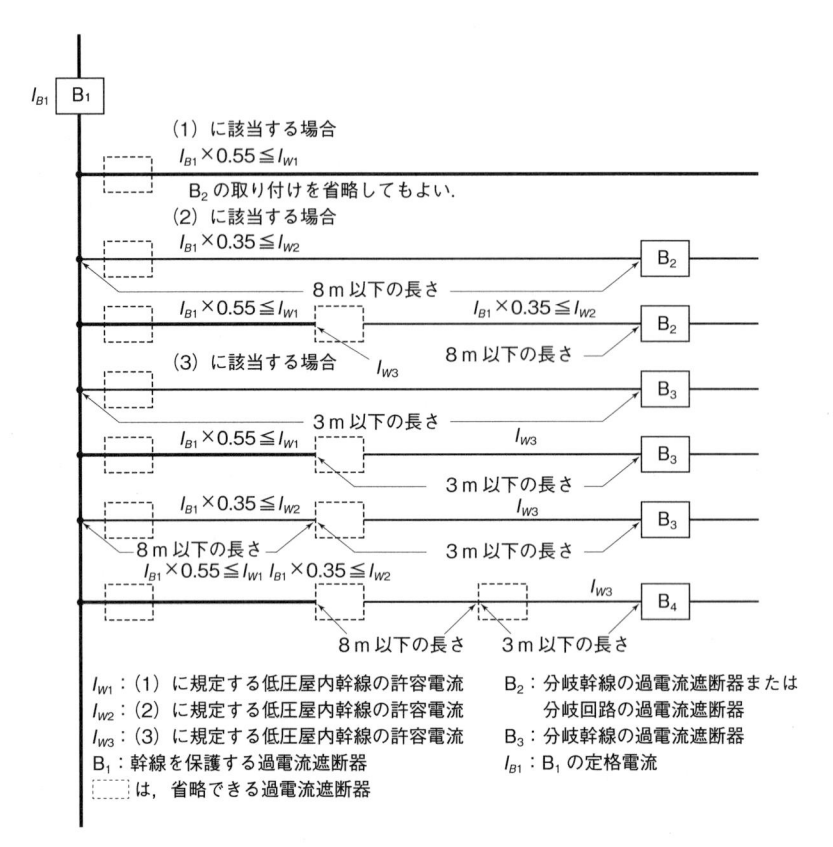

図2.101 低圧幹線分岐と過電流遮断器の設置基準[1]

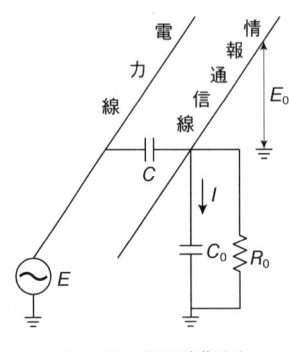

図2.102 静電誘導障害

ここで，C は電力線と情報信号線間の静電容量，C_0 は情報信号線間の対地間静電容量，R_0 は情報信号線間の対地絶縁抵抗，E は電力線の対地電圧，E_0 は情報信号線間の対地誘導起電力，I は静電容量を通じて流れる電流.

式（2.11）の R_0 が非常に大きく，R_0 からの漏えい電流が無視できるものとすると式（2.12）で表される.

$$E_0 = \left[\frac{C}{C+C_0}\right]E \text{[V]} \tag{2.12}$$

式（2.12）から静電誘導対策としては，電力ケーブルと情報・通信ケーブル間の離隔を十分とること．電力ケーブルまたは情報・通信ケーブルに静電シールドを施すとともに，電力ケーブルからの電気力線の外部発散や，情報・通信ケーブルへの電気力線の内部侵入を防ぐため，シールド層の片側接地を行う．

ii）電磁誘導対策　電磁誘導は，電力ケーブルと情報・通信ケーブルが平行配線されていると，両者の相互インダクタンスによって生じる．その関係を図2.103に示すとともに関係式は以下による.

$$\begin{aligned}E_0 &= j\omega M_1 I_p L_0 - j\omega M_2 I_p L_0 \\ &= j\omega M I_p L_0 \text{[V]} \\ &= 4\pi I_p f L_0 \left[\log\left(\frac{L_2}{L_1}\right)\right] 10^{-7} \text{[V]}\end{aligned} \tag{2.13}$$

ただし，$M = M_1 - M_2 = 2\mu \log(L_2/L_1) \, 10^{-7}$ [H/m] である．ここで，I_p は電力線の電流，E_0 は情報・通信線の誘起電圧，M_1, M_2 は電力線と情報通信線間の相互インダクタンス，L_1, L_2 は電力線と情報通信線の中心間距離，L_0 は電力線と情報通信線の平行暴露長，μ は比透磁率（空気中 $\simeq 1$）．

2.6 電力配線設備

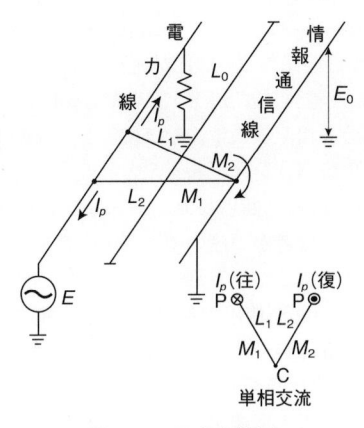

図 2.103 電磁誘導障害

式 (2.13) でわかるように，起誘導線である電力線に I_p が流れると磁束が生じ被誘導線である情報・通信線と交差し，情報・通信線の一端が接地されていると電磁誘導電圧が生じる．その対策には，電力線を往復線路として磁束を打ち消し合うように，より線を採用することが有効である．また被誘導側で対策する場合は，被誘導線を包むシースの両端を接地し，I_p と逆方向の電流を流して磁束を打ち消し合うようにするが，相互の電流の間には磁束の大きさが等しく，かつ位相が 180°異なるようにしなければ効果なく，一般にはシース側の外側に電磁対策用のケーブルを使用した対策をする．

2.6.4 分岐配線

分岐配線とは，幹線から電力供給を受けた動力制御盤や電灯分電盤などの負荷分岐盤より各負荷への電力供給配線設備である．

a. 電灯・コンセント分岐配線

電灯分電盤の分岐回路構成を図 2.104 に示すが，照明器具や一般コンセントあるいは OA コンセントなどの負荷への配線をいう．分電盤は主配線用遮断器と分岐配線用遮断器により構成され，その目的は分岐配線の過電流と短絡電流に対する保護である．

分岐配線の回路設計にあたっては，負荷および負荷容量の特定，分電盤の供給範囲の設定，および分岐回路の計画の手順によって行う．

1) 負荷および負荷容量の算定

負荷には，蛍光ランプや水銀ランプ，あるいは白熱電球などの照明器具がある．また一般コンセントにより電力供給される電気器具や，パソコン，プリンタ，コピー機などの OA 機器がある．蛍光ランプ照明器

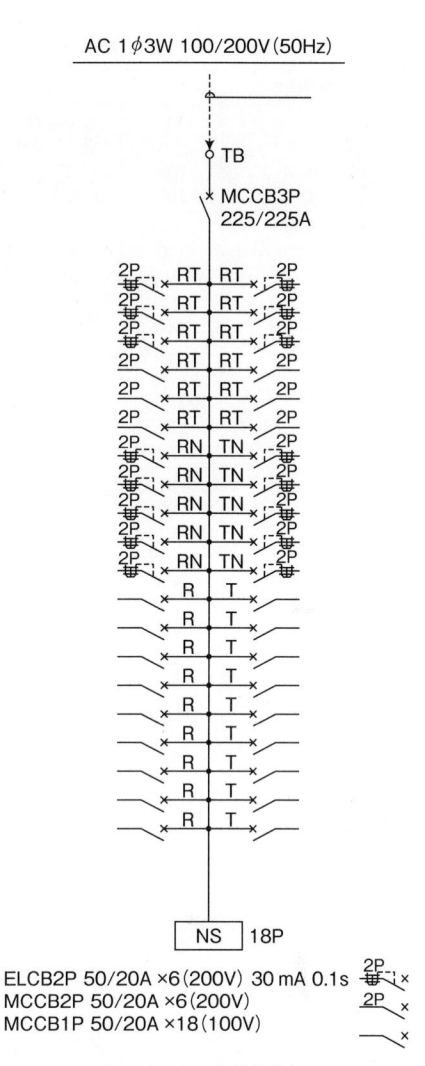

図 2.104 分電盤単結結線図

具の種類と定格容量は「内線規程」によるほか，各種コンセント負荷の種類と容量を表 2.89 に示す．

2) 分電盤の供給範囲

(1) できるだけ負荷の中心に設け，その範囲は 300〜600 m² が適当であり，その供給範囲も正方形に近くなるよう区分することが望ましい．

(2) 分電盤の設置スペースおよび分電盤の一次と二次の配線の立ち上げ・引き下げスペースに配慮する．その対応には，壁面と壁厚を確保する方法，あるいは大規模建物では配線シャフトを設け配線処理スペースとする方法や，シャフト室を設け分電盤と配線を収納する方法がとられている．

(3) なるべく各階ごとに分け，分岐回路数は 40 回路を目処とする．

表2.89 各種屋内コンセント機器容量[5]

	電機機器	容量〔W〕	仕　様
暖房器具	ホットカーペット	820	3畳分相当
	電気ヒータ	1240	3畳～7畳分相当
	電気こたつ	600	105*75 タイプ
	電気毛布	105	188*137 サイズ
厨房機器	食器洗浄機	1190	6人用
	クッキングヒータ	140	45*90 サイズ
	電気釜	1210	5.5合炊き
	電子レンジ	1450	1 kW インバータ
	電気湯沸器	1200	3.0 l
	電気温水器	100～1000	370 l
	電気トースタ	1300	
	瞬間湯沸器	100～700	14.0 l
	ミキサ	260	700 ml
	ディスポーザ	580	≒1.5 kg/回
生活機器	電気アイロン	1400	
	ズボンプレッサ	290	
	ヘアドライヤ	600～1200	
	電気ヘアアイロン	50～60	
	電気掃除機	600	排気カット掃除機
	電気冷蔵庫	340	465 l
	電気洗濯機	300	8.0 kg
	電気乾燥機	1400	5.0 kg
	扇風機	44	
	エアコン	635	10畳分相当
	蛍光灯スタンド	60	蛍光灯2灯分
	加湿器	500	12～19畳分相当
	換気扇	15	25 cm
	シュレッダ	190	A4サイズ
AV機器	オーディオコンポ	68	
	プロジェクタ	240	1600 lm
	テレビ（CRT）	179	29型
	テレビ（プラズマ）	582	50型
OA機器	デスクトップパソコン（CRT）	220	17インチ
	デスクトップパソコン（液晶）	89	15.7インチ
	ノートパソコン（液晶）	60	A4サイズ
	プリンタ	1200	ワーキオ
	コピー機	1450	QUARC
	ファクス	460	A4サイズ
	電話機	6	子機付き

3）分岐回路の計画

(1) 電源の種類は幹線系統と同様に，商用電源（1φ3W 200/100 V，3φ4W 400/230 V），防災用発電機電源（1φ3W 200/100 V，3φ4W 400/230 V），直流電源（1φ2W 100 V），分散型電源（1φ3W 200/100 V），および無停電電源（1φ3W 200/100 V，1φ2W 100 V）などがある．

(2) 分岐回路の決定

① 幹線の電気方式が1φ3W 200/100 Vの分岐回路は，これまで蛍光ランプFL40 W（Hf 32 W）以上の負荷は200 V回路とし，それ以外では100 V回路としてきたが，近年，電圧フリー（100～242 V）タイプの蛍光ランプ（直管形およびコンパクト形）が製品化されており，今後，蛍光灯回路の200 V化が進展するものと考える．

② 幹線の電気方式が1φ3Wや3φ4Wでは，中性点以外の各相配線の電流がほぼ等しくなるように分岐回路の負荷バランスを考える．

③ 分岐回路の遮断器はヒューズまたは配線用遮断器があるが，後者が一般的であるその容量は技術基準で定められているが，電灯・コンセント回路は標準では20A分岐回路が使用され，特に大きい電熱器専用回路ではその電源容量に応じて30A，50Aが使用される．

④ 分岐回路は負荷容量を基本に間仕切りや将来の増設や変更を考え構成する．

⑤ 構成は目的用途に配慮し，階段や共用部（廊下，便所など）あるいは誘導灯などはおのおの同一分岐回路とする．

(3) 分岐回路配線の決定

① 電線の種類：低圧屋内配線の使用電線は「電気設備技術基準」で決められているが，分岐回路について表2.90に示す．電灯・コンセントの配線には，屋内ではビニル絶縁（IV）電線による打ち込み配管や隠蔽配管，あるいは露出配管工事やビニル外装（VVF）ケーブルによる隠蔽ころがし工事が多く採用されている．また，屋外では架橋ポリエチレン絶縁（CV）ケーブルによる露出配管，あるいは地中埋設配管工事が採用される．

② 電線の機械的強度：屋内配線は屋外配線に比べてそれほど機械的強度を必要としないが，保安上，施工上ある程度の強度が必要となる．電気設備技術基準では特殊な場合を除いては，直径1.6 mmの軟銅線以上または同等以上のものを使用することになっている．電灯・コンセント分岐配線では，IV電線あるいはVVFケーブルの1.6 mm以上を使用しなければならない．

③ 電圧降下：受電点あるいは変圧器二次端子から最遠端の負荷までの電圧降下は表2.88に示しているが，そのうち，分岐配線の電圧降下は2%以内としている．なお，20A回路などの場合には個々の電圧降下の計算をせず，表2.91によって電線の太さが求められる．

b. 動力分岐配線

動力分岐配線の分岐回路構成を図2.105に示すように，動力制御盤から熱源機器，空調機器，衛生機器などのほか，防災機器，搬送機器，さらに建築動力機器などの負荷への電源供給配線をいう．動力制御盤は，主配線用遮断器と分岐配線用遮断器および開閉器など

表 2.90 分岐回路の電線の太さ[1]

分岐回路の種類	分岐回路一般			分岐点から1つの受け口（コンセントを除く）に至る部分（長さが3m以下の場合に限る）	
	銅線	アルミ線	ライティングダクト	銅線	アルミ線
15A，20A 配線用遮断器	直径 1.6 mm（断面積 1.0 mm^2）	直径 (2.0) 2.3 mm	15A または 20A のもの	—	—
20A（ヒューズに限る）	直径 2.0 mm（断面積 1.5 mm^2）	直径 2.6 mm	20A のもの	直径 1.6 mm（断面積 1.0 mm^2）	直径 (2.0) 2.3 mm
30A	直径 2.6 mm（断面積 2.5 mm^2）	直径 3.2 mm	30A のもの	直径 1.6 mm（断面積 1.0 mm^2）	直径 (2.0) 2.3 mm
50A	断面積 14 mm^2（断面積 10 mm^2）	断面積 22 mm^2		直径 2.0 mm（断面積 1.5 mm^2）	直径 2.6 mm
50A を超えるもの	当該過電流遮断器の定格電流以上の許容電流を有するもの			—	

〔備考〕1．銅線の（ ）および N 銅線の（ ）は MI ケーブルの場合を示し，アルミ線の（ ）は硬アルミの場合を示す．
2．電光サイン回路のように，一定した負荷の場合において，最大使用電流が 5A 以下のものは，全回路にわたり銅電線 1.6 mm，半硬アルミ電線 2.3 mm，硬アルミ電線 2.0 mm．ライティングダクトは，ダクト本体に表示された定格電流をいう．

表 2.91 15 A 分岐回路および 20 A 配線用遮断器分岐回路の電線の太さ[1]

分岐過電流遮断器から最終端受け口までの電線こう長	例 図	電線の太さ〔mm〕銅		備考
		a	b	
20 m 以下		1.6	—	—
20 m 超過 30 m 以下		1.6	2.0	b は，分岐電流遮断器から最初の受口の分岐点までを示す．
30 m 超過		1.6	2.0	a は，1個の受口にいたる部分を示す．

〔備考〕1．b は，分岐電流遮断器から最初の受け口の分岐点までを示す．
2．a は，1個の受け口に至る部分を示す．
① 非常灯または 100 V 級電気時計の専用部分は，全回路にわたり銅電線 1.6 mm，半硬アルミ電線 2.3 mm または硬アルミ電線 2.0 mm とすることができる．
② 200 V 単相二線式，200 V/400 V 単相三線式および 200 V/346 V，またはこれら以上の電圧で供給する三相三線式の場合は，全回路にわたり銅電線 1.6 mm，半硬アルミ電線 2.3 mm または硬質アルミ電線 2.0mm とする．
③ 分岐過電流遮断器から最終端受け口までの電線こう長が 40 m を超過する場合は個々に計算する．

で構成される．その目的は，分岐配線の過電流や短絡電流，および機器の欠相に対する保護のほか，遠隔制御回路で構成している．分岐配線の回路設計にあたっては，電灯・コンセント配線と同様に，負荷および負荷容量の特定，制御盤の供給範囲と位置の設定，および分岐回路の計画の手順により行う．

1) 負荷および負荷容量の算定　熱源システムは冷凍機，冷温水循環ポンプ，冷却水ポンプなどで構成され，空調機器は空調機や送排風機，給気・換気ファンなど，衛生機器は給水・排水ポンプ，雨水・汚水ポンプなどがある．また，防災機器には排煙機や消火ポンプ，搬送機器にはエレベータやエスカレータがあるほか，建築動力機器にはシャッタや自動ドア，駐車機械などさまざまな動力負荷が対象となる．

2) 制御盤の位置の設定と供給範囲　その範囲と位置については，以下のポイントに留意して決定する必要がある．

(1) 一般建物における動力機器は，熱源機器室や各

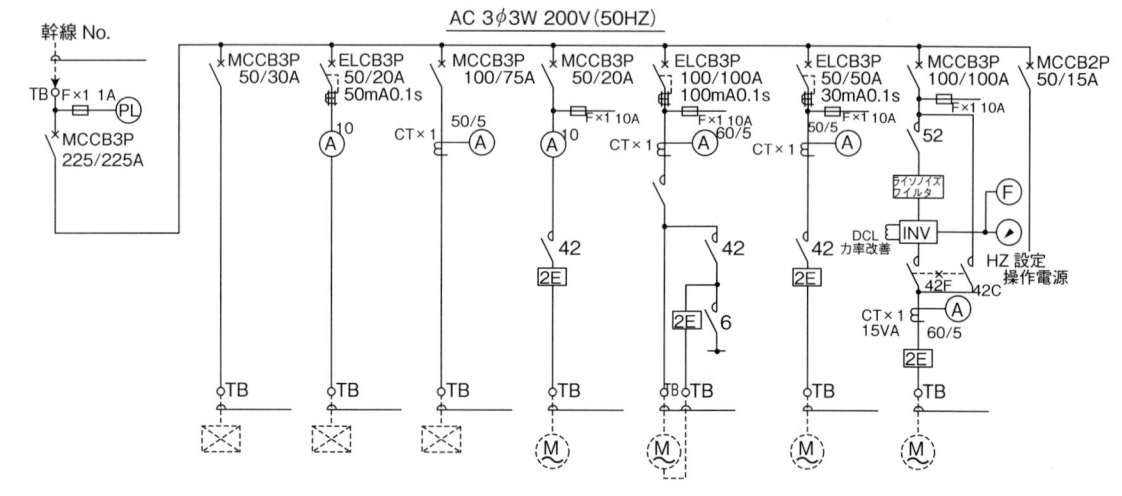

図 2.105 制御盤単結結線図

階機械室あるいは屋上に集中して配置されることが多く，管理上，配線処理上，制御盤はできるだけ負荷の集中場所に設ける．

(2) 制御盤は機械室に設置されることが多く，また複数面設置となる場合がある．そのため幹線引き込みや設置への配慮とともに，縦横の幹線ルートの確保が重要である．また幹線の増設・更新スペースや，盤面の保守点検スペースの確保が必要となる．

(3) 熱源機器や空調機器では，システムとして連動運転が行われる場合があるが，構成機器が同一エリアあるいは同一階に設置されているとは限らず，幹線や制御盤機器の事故や故障の際に運転停止とならないように，その分岐回路構成の適正化を図る必要がある．

3) 分岐回路の計画

(1) 電源の種類には，商用電源（1φ2W 200V，3φ3W 200V，3φ3W 400V），非常用電源（1φ2W 200V，3φ3W 200V，3φ3W 400V），あるいは分散型電源（3φ3W 200V）がある．

(2) 「電気設備技術基準」に示されているように，原則として1分岐回路に1台の電動機を接続させる．ただし，次のいずれかに該当する場合は，1分岐回路に1台以上の電動機を接続することができる．

① 15Aの分岐回路，または20A配線用遮器分岐回路において使用する場合（図2.106）．

② 2台以上の電動機でおのおのに過負荷保護装置が設けてある場合（図2.107）．

③ 工作機械，クレーンなどに2台以上の電動機を1組の装置として施設し，これを自動制御または取扱者が制御して運転する場合，または2台以上の電動機の出力軸が機械的に相互に接続されて単独運転ができない場合．

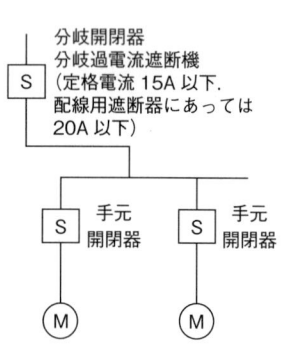

図 2.106 15A分岐回路または20A配線用遮断器分岐回路の例図[1]

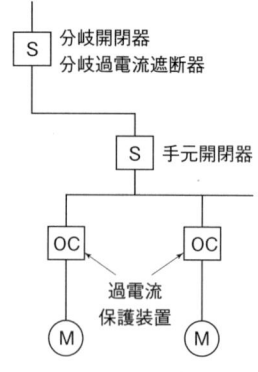

図 2.107 2台以上の電動機のおのおのに過電流保護装置を設けてある場合の例図[1]

表 2.92　200 V（400 V）三相誘導電動機 1 台の場合の分岐回路[1]

定格出力 [kW]	全負荷電流 (参考値) [A]	電線太さ 電線管, 線ぴ, フロアダクト, セルラダクト, ケーブル配線		移動電線として使用する場合のキャブタイヤケーブルの最小太さ	配線用遮断器 [A]		超過目盛電流計の定格電流 [A]	接地線の最小太さ
		最小電線	最大こう長 [m]		じか入れ始動	スターデルタ始動		
0.2	1.8 (0.9)	1.6 mm	144 (580)	0.75 mm² 〃	15 〃	－ －	5 (10)	1.6 mm 〃
0.4	3.2 (1.6)	〃	81 (326)	〃	〃	－	5 (10)	〃
0.75	4.8 (2.4)	〃	54 (217)	〃	〃	－	5 (10)	〃
1.5	8 (4.0)	〃	32 (130)	1.25 (0.75)	30 (15)	－	10 〃	〃
2.2	11.1 (5.5)	〃	23 (94)	2 (0.75)	30 (15)	－	〃	〃
3.7	17.4 (8.7)	2 (1.6)	23 (60)	3.5 (1.25)	50 (30)	－	15 〃	2 (1.6)
5.5	26 (13)	5.5 mm² (1.6 mm)	27 (40)	5.5 (2)	75 (40)	40 (20)	30 (20)	5.5 mm² (2 mm)
7.5	34 (17)	8 (2)	31 (48)	8 (3.5)	100 (50)	50 (30)	30 (30)	5.5 mm² (2 mm)
11	48 (24)	14 (5.5 mm²)	37 (57)	14 (5.5)	125 (75)	75 (40)	60 (40)	8 mm² (5.5 mm)
15	65 (32)	22 (8)	43 (65)	22 (8)	125 (100)	100 (50)	60 (60)	8 (5.5)
18.5	79 (39)	38 (14)	61 (93)	30 (14)	125 (100)	125 (60)	100 (60)	8 (5.5)
22	93 (46)	38 (22)	51 (124)	38 (14)	150 (125)	125 (75)	100 (100)	8 (8)
30	124 (62)	60 (22)	62 (92)	60 (22)	200 (125)	175 (100)	150 (100)	14 (8)
37	152 (76)	100 (38)	86 (126)	80 (30)	250 (125)	225 (125)	200 (100)	22 (8)
45	(95)	(38)	(101)	(38)	(150)	(150)	(100)	(8)
55	(115)	(60)	(134)	(60)	(200)	(175)	(200)	(14)
75	(155)	(100)	(169)	(80)	(250)	(225)	(200)	(22)

〔注〕1. 最大こう長は末端までの電圧降下を 2% とした.
　　　2. 電線管, 線ぴなどは同一管路内の電線数を 3 以下, ケーブル配線は 3 心以下 1 条施設.
　　　3. この表は配線用遮断器を使用する場合を示す.
　　　4. 電動機 2 台以上を同一回路とする場合は, 幹線の表を適用のこと.
　　　5. 交流エレベータ, エアコンディショナ, ウォータチリングユニットおよび冷凍機については省略.

(3) 分岐回路配線の決定

① 電線の種類：低圧屋内配線の分岐回路の使用電線は,「内線規程」で定められている. 動力の配線には, 屋内では絶縁電線による躯体打込み配管や隠蔽配管および露出配管工事のほか, ケーブルによるころがし配線やケーブルラック上敷設工事が多く採用されている. また屋外ではケーブルによる露出配管や地中埋設配管工事が一般的である.

② 電線の太さ：連続運転する電動機の分岐回路の電線は, 以下のいずれかに示す電線の太さ以上のものを使用する.

1 台の電動機などに供給する分岐回路の電線の太さは次によること.

　イ. 電動機などの定格電流が 50A 以下の場合は, その定格電流の 1.25 倍以上の許容電流をもつ電線とする.

　ロ. また定格電流が 50A を超える場合は, その定格電流の 1.1 倍以上の許容電流をもつ電線とする.

また, 2 台以上の電動機などに供給する分岐回路の

電線は，各機器定格電流合計以上の許容電流のあるものを使用する．ただし，これら電動機のうち最大容量の電動機などの定格電流が，他の機器の定格電流合計より大きい場合は，他の機器の定格電流合計に下記の値を加えた値以上の許容電流のある電線を使用する．

イ．最大容量の1台の電動機などの定格電流が50A以下の場合は，その定格電流の1.25倍とする．

ロ．最大容量の1台の電動機などの定格電流50A以上の場合は，その定格電流の1.1倍とする．

電動機の運転状態によっては定格電流によらず配線の温度上昇を許容値以下となる熱的に等価な電流をもって決める．

③ 電圧降下：受電点あるいは変圧器二次端子から最遠端の負荷までの電圧降下は，「内線規程」に示されているが，分岐配線の電圧降下は2%以下である．また分岐配線の電圧降下は，表2.88により計算できるが，電動機1台の分岐回路の電線太さは表2.92で求められる．

4) **高圧分岐回路の決定**　高圧電動機のへの電源供給は，CV 8 mm² 以上の高圧ケーブルとし，短絡許容電流と負荷電流を比べて上位数値のものを使用する．

2.6.5　機器・材料

a. 配線材料

高低圧幹線および分岐配線材料は，絶縁電線，ケーブル，およびバスダクトが主であり，それらの仕様は表2.78，表2.79に示している．

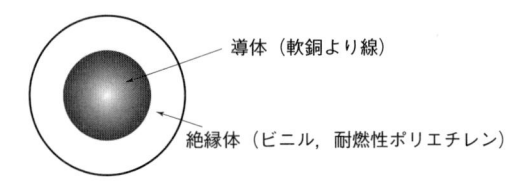

さらに絶縁電線の構造を図2.108に示すように絶縁被覆が一重の電線であり，電線管や金属ダクトの保護用電路材に収納して使用するほか，特殊なケースにがいし引きとして使用される場合がある．絶縁電線は，分岐配線材料として使用されるほか，幹線では小容量に使用される．

ケーブルは，小中容量の配線材料として使われ，目的・用途および系統容量により，太さ，形状，絶縁被覆材，およびシース材を選定する．ケーブルは可とう性があるため施工性がよいが，分岐や曲げ加工が困難である太物に対してはプレハブ分岐材が使用される．代表的な高圧ケーブルの構造を図2.109に，また低圧ケーブルの構造を図2.110に示す．

絶縁バスダクトは，負荷分岐位置の変更や負荷増設

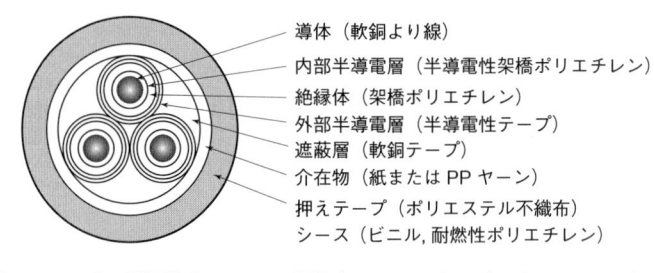

図2.108　絶縁電線の構造

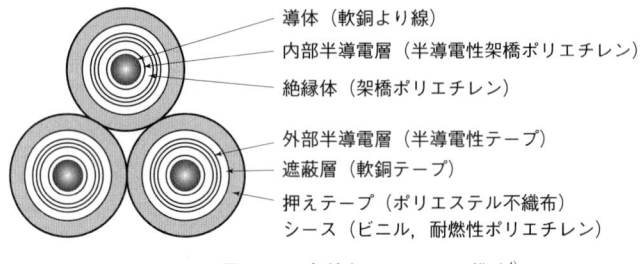

図2.109　各種高圧ケーブルの構造[4]

2.7 接地設備

ビニル絶縁ビニルシースケーブル（600V VVF）
ポリエチレン絶縁耐燃性ポリエチレンシースケーブル（600V EM-EEF）
- 導体（軟銅より線）
- 絶縁体（ビニルまたはポリエチレン）
- シース（ビニルまたは耐燃性ポリエチレン）

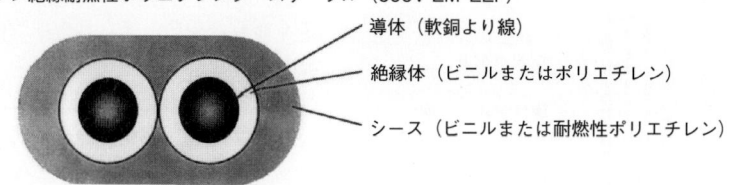

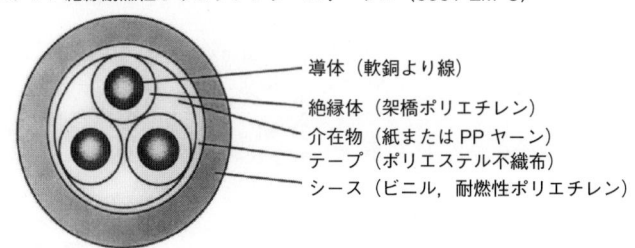

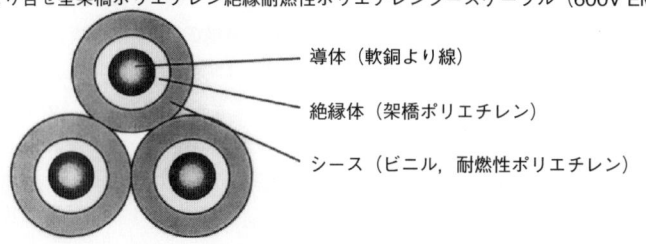

架橋ポリエチレン絶縁ビニルシースケーブル（600V CV）
架橋ポリエチレン絶縁耐燃性ポリエチレンシースケーブル（600V EM-C）
- 導体（軟銅より線）
- 絶縁体（架橋ポリエチレン）
- 介在物（紙またはPPヤーン）
- テープ（ポリエステル不織布）
- シース（ビニル，耐燃性ポリエチレン）

単心3コより合せ型架橋ポリエチレン絶縁ビニルシースケーブル（600V CVT）
単心3コより合せ型架橋ポリエチレン絶縁耐燃性ポリエチレンシースケーブル（600V EM）
- 導体（軟銅より線）
- 絶縁体（架橋ポリエチレン）
- シース（ビニル，耐燃性ポリエチレン）

架橋ポリエチレン絶縁ビニルシースフラットケーブル（600V CV-F）

タイプ1
- 導体（軟銅より線）
- 絶縁体（架橋ポリエチレン）
- シース（ビニル）

タイプ2
- 導体（軟銅より線）
- 絶縁体（架橋ポリエチレン）
- シース（ビニル）

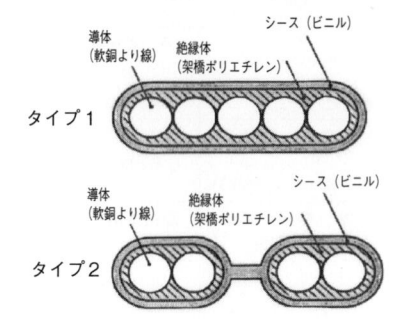

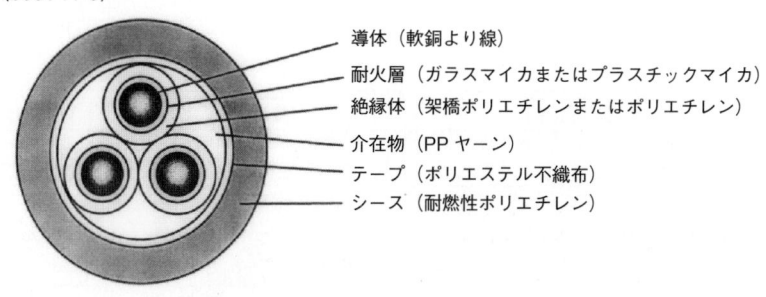

耐火電線（600V FPC）
- 導体（軟銅より線）
- 耐火層（ガラスマイカまたはプラスチックマイカ）
- 絶縁体（架橋ポリエチレンまたはポリエチレン）
- 介在物（PPヤーン）
- テープ（ポリエステル不織布）
- シース（耐燃性ポリエチレン）

図 2.110　各種低圧ケーブルの構造[4]

600Vアルミ（銅）導体絶縁バスダクト Al-Fe(Cu-Fe)

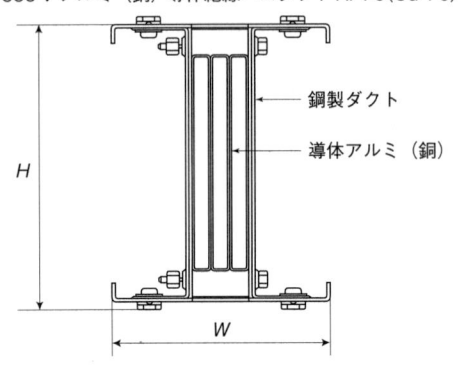

図2.111 絶縁バスダクトの構造

対応が容易な大容量幹線である．構造を図2.111に示すように導体保護に鋼鈑ダクトを使用しているため安全性が高いが，重量があり可とう性がないため施工性がわるい．

b. 配管材料

配管材料のうち，絶縁電線保護には金属配管や合成樹脂配管あるいは金属線ぴや金属ダクトが使用される．その材料選定には屋外か屋内か，あるいは躯体打ち込みか隠蔽か露出かによる．

ケーブル工事では，屋内の場合で点検できない隠蔽場所には電線管が採用されるが，それ以外の隠蔽・露出場所ではケーブルラック上あるいはころがし工事による．屋外では，布設場所の状況に応じて，電線管，ラックあるいは金属ダクトのいずれかあるいは併用による布設が多い．また地中埋設の場合は，腐食対策を施したライニング金属管や，エフレックスなどの可とう電線管の使用が一般的である．

各種電線管，金属線ぴ，金属ダクトおよびケーブルラックの種類と仕様などについては「JISハンドブック電気設備1」を参照されたい． 〔舟津四郎〕

文　献

1) 内線規程専門部会：内線規程（10版），日本電気協会，2000．
2) フジクラ技術資料．
3) 資源エネルギー庁公益事業部，解説電気設備技術基準．
4) JCS 第 168E-96（1980），日本電線工業協会．
5) 松下電器産業資料．

2.7 接地設備

2.7.1 一般事項

a. 接地の目的と分類

接地は大地に接するという意味であり，アース（earth）またはグランド（ground）と呼ばれている[1),2)]．

接地の基本は，種々の設備・機器類を大地と電気的に接続することであるが，大地との電気的接続を条件としない接地もある．接地の目的は人体保護，電気保

表2.93 接地の分類[1)（3),4) を加筆]

接地分類　　　　項　目	(A) 電気設備用接地〔E〕		(B) 雷保護用接地〔L〕
	A-1) 保安用接地〔Es〕 （強電用接地）	A-2) 機能用接地〔Ef〕 （通信弱電用接地）	（外部雷保護用接地）
接地の目的	人体保護，電気保安 （感電防止，電位上昇防止，保護継電器動作，電気火災防止）	回路機能維持，雑音防止，静電気防止 （情報・通信システムの安定動作）	雷による建築物と人体保護 （情報・通信システムの安定動作）
接地の種類	機器接地（ケースアース），系統接地，地絡検出用接地，ラインフィルタ用接地，避雷器用接地	基準電位接地，等電位接地，雑音防止用接地，静電気防止用接地	雷保護用接地（外部雷保護，内部雷保護）
関連規定	電気設備技術基準（電技），内線規定，高圧受電設備指針，JIS など	有線電気通信設備令，JIS など	建築基準法，JIS など
	IEC など	IEC, ITU など	IEC など

建築設備全体像

【建築設備】建築動力 ― 【電気設備】電力設備システム・通信設備システム ― 【機械設備】空調設備システム・衛生設備システム ― 【昇降機設備】エレベータ，エスカレータ ― 情報通信システム（OA，コンピュータ）

接地設備（接地システム）

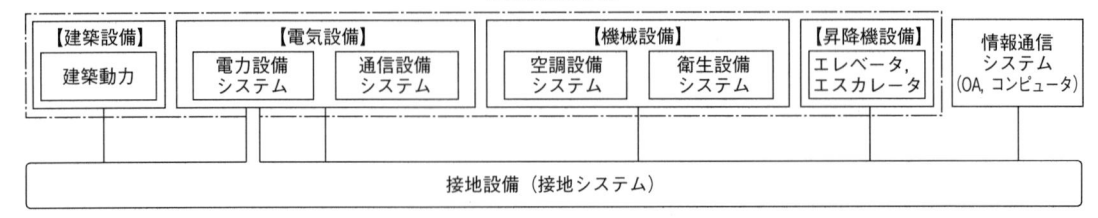

図2.112 建築設備と接地

安，回路機能維持，建築物保護などであり，表2.92のような複数の種類の接地がある．なお，専門分野によっては固有の接地があり，また同じ接地でも名称・呼称が異なる場合がある．接地は，図2.112のように各種の建築設備・機器を接続・連系する設備機能といえる．

b. 接地の規程

接地に関する規程類を表2.94にあげる．この範囲では保安用接地に関するものが多い．昨今，情報システム（ここではコンピュータ，通信機器，制御システムなどの電子システムをいう）の接地に言及することが多いが，これを規定するものは少ない．保安用接地の基本規程といえる電気設備技術基準および同解釈（以下，電技）に定める接地工事の種類を表2.95に示す．現在，国際標準化整合の流れのなかで規程類の改訂作業が進んでいる．

c. 接地の歴史と変遷

わが国における接地は，1911年電気工事規定（1919年電気工作物規定，昭和40年電気設備技術基準と改称—以下電技—）を制定する際に，低圧電路の接地が取り決められた．これが配電設備の接地の始まりである[6]．以降，今日まで保安用接地，低圧電路地絡保護，病院の接地，雷保護の接地などの規程づくりが行われてきた．この間，接地抵抗や接地電極に対する取り組みが主であったが，最近では接地システム全般をとらえるようになってきている．

d. 国際標準化動向と対応

電技，電気用品技術基準，日本工業規格（以下，JIS）などの国際標準化整合が進んでおり接地も深くかかわる．

1) 国際標準化の動向

電気設備・電気通信関連の国際標準化機関には，国際電気標準会議（IEC），国際標準化機構（ISO）なら

表2.95 接地工事の種類（電技より）

接地工事の種類	接地抵抗値
A種接地工事	10Ω
B種接地工事	変圧器の高圧側または特別高圧側の電路の一線地絡電流のアンペア数で150（変圧器の高圧側の電路または使用電圧が35000 V以下の特別高圧側の電路と低圧側の電路との混触により低圧電路の対地電圧が150 Vを超えた場合に，1秒を超え2秒以内に自動的に高圧電路または使用電圧が35000 V以下の特別高圧電路を遮断する装置を設けるときは300，1秒以内に自動的に高圧電路または使用電圧が35000 V以下の特別高圧電路を遮断する装置を設けるときは600）を除した値に等しいオーム数
C種接地工事	10Ω（低圧電路において，当該電路に地絡を生じた場合に0.5秒以内に自動的に電路を遮断する装置を施設するときは，500Ω）
D種接地工事	100Ω（低圧電路において，当該電路に地絡を生じた場合に0.5秒以内に自動的に電路を遮断する装置を施設するときは，500Ω）

表2.94 接地に関する規程類

分類	規程の名称	規程する組織
電気設備一般	電気設備に関する技術基準を定める省令（電気設備技術基準，同解釈）	通商産業省
	内線規程（JEAC 8001-2005）	日本電気協会
	高圧受電設備規程（JEAC 8011-2008）	日本電気協会
	低圧電路地絡保護指針（JEAG 8101-1971）	日本電気協会
	JIS C 60364 建築電気設備	日本電気協会
	JIS T 1022 病院電気設備の安全基準	日本電気協会
	労働安全衛生規則	労働省
消防設備，危険物設備	消防法	総務省
	危険物の規則に関する政令	総務省
	火薬類取締法	経済産業省
	火災予防条例	自治体
情報・通信システム関連	情報システム安全対策基準	経済産業省
	金融機関等コンピュータシステムの安全対策基準	金融情報システムセンター
	情報システム用接地に関するガイドライン（JEITA-ITR-1005）	電子情報技術産業協会
通信・電話設備	有線電気通信設備令施行規則	総務省
建築物などの避雷設備	建築基準法	国土交通省
	JIS A 4201 建築物等の雷保護	日本規格協会
	JIS C 0367-1 雷による電磁インパルスに対する保護	日本規格協会
	東京都建築設備行政に関する設計・施行上の指導指針	東京都

〔注〕1．文献3），4）を加筆訂正して作成．

表 2.96 接地に関する国際標準化動向（2）木島, p.110, 4）生産, p.16, 高橋, p.147〜, ほか）

機関	グループ	検討分野	接地に関する主な規格・動向
IEC	TC37	避雷器	SC37A「低圧用避雷器」DRAFT IEC 164 4-1「通信用避雷器」を策定中
			SC37B「サージ保護用部品」
	TC64	建築電気設備	IEC 3644-44 建築電気設備内の電磁障害に関する保護
	TC77	電磁的両立性	TC77A「低周波現象」9Hz 以下の EMC 規格 TC77B「低周波現象」9Hz 以上の高周波 TC77C「核爆発からの保護」
	TC81	雷保護	IEC 61024 建築物の雷保護（外部雷保護, 内部雷保護） IEC 61312 電磁インパルス（LEMP） IEC 61663 通信設備の雷保護 IEC 61662 雷害危険の評価
	CISPR	無線周波数妨害	CISPR Pub. 24 イミュニティ規定（策定中）
ITU-T	SG5	通信設備の電磁気防護（EMC）	K. 27 通信センタービルの接地 K. 31 ユーザービルの接地 K. 35 遠隔通信サイトの接地

〔注〕1. 接地は雷保護の主要素であり雷保護関連の一部を記載した.
2. TC：技術委員会（technical committee）
SC：分科会（sub committee）
WG：作業グループ（working group）
K：K シリーズ勧告

びに国際電気通信連合（ITU）などがある．表2.96 に接地に関する国際標準化動向を示す．このなかには，接地と関係の深い雷保護や電磁環境問題（EMI）に関するものも含まれている．

2）国内規定の改訂 規定類の国際標準化整合が進められている．電技については，新電技が1997年（平成9年）6月に施行された．改訂内容は，従前の省令・告示から省令・解釈への体系見直し，条項の整理・削減，基準の機能・性能化，外国規格・民間規格の導入などである．電技解釈の中にIEC規格が併記された．接地関連ではJIS C 60364「建築電気設備」，JIS A 4201（2003）「建築物等の雷保護」，JIS C 0367-1「雷電磁インパルス保護（LEMP）」JIS C 5381「SPD 関連」などがある．IEC規格を適用する場合は，適用条件や，適用設備の範囲規定，現行電技との混用禁止および接地方式の一致などに留意する必要がある[5]．

2.7.2 接地の種類と適用
接地の分類に沿って接地の種類を概説する[1),4)]．
a. 保安用接地
1）機器接地 機械器具の金属製外箱などに施す基本ともいうべき接地（図2.113）．保護接地，ケースアース，フレーム接地ともいう．機器の絶縁低下（漏電，地絡）により露出非充電部に過大な対地電圧が発生し感電するのを防止する．

2）系統接地 電力系統の電路に施す接地．電技では，電路は原則として大地と絶縁するとしているが，高低圧混触時の低圧側の電位上昇防止措置として高圧電路（特高電路）と低圧電路を結合する変圧器の低圧側の中性点（または一端）に接地を施すことを例外規定している．配電系統には図2.114の接地系統と図2.115の非接地系統がある[7]．また，接地系統には直接接地，抵抗接地，他の方式がある[8]．低圧機器に地絡事故が発生した場合の電源側接地と負荷側接地の関係を図2.116に示す．このとき地絡電流 I 〔A〕は

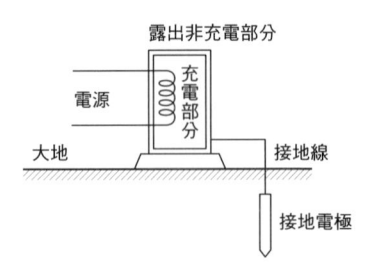

図 2.113 機器接地

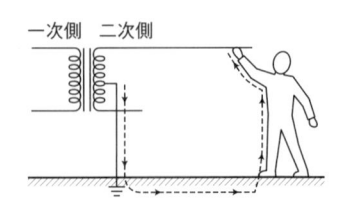

図 2.114 接地系統（一般の低圧配電系統）

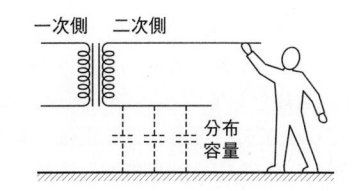

図 2.115 非接地系統

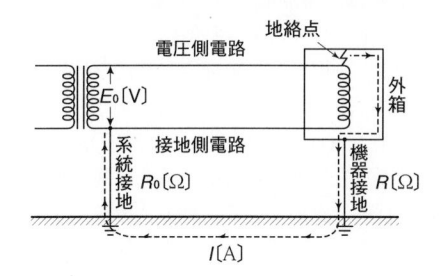

図 2.116 電源側接地と負荷側接地の関係

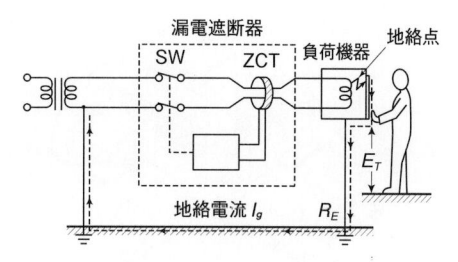

図 2.117 地絡事故の想定図

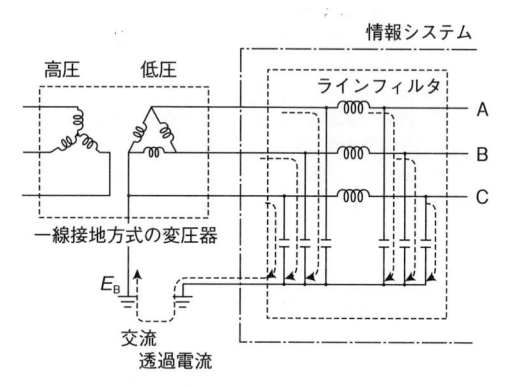

図 2.118 ラインフィルタの例と交流透過電流

次式で与えられる[7].

$$I = \frac{E_0}{R} + R_0 \text{ [A]}$$

ここで，E_0 は電源電圧〔V〕，R は機器接地の接地抵抗〔Ω〕，R_0 は系統接地の接地抵抗〔Ω〕．

地絡電流が流れると低圧機器の外箱に電圧が発生する．その電圧を E〔V〕とするとオームの法則により次式となる．

$$E = IR = \frac{E_0 \cdot R}{R} + R_0 \text{ [V]}$$

この状態で低圧機器の外箱に人間が接触すると，最悪の場合，人体に E〔V〕がかかる場合がある．これを接触電圧という．保安用接地を評価する基準値として接地抵抗，感電電流の安全限界，接触電圧などがある[8),9)]．接地方式は配電方式により異なり，国によっても個別的である[5)]．

3) **地絡検出用接地** 電路で地絡が生じた場合に漏電リレーや漏電遮断器を確実に動作させるため，地絡電流の帰還回路を形成する電源変圧器の二次側に施す接地．系統接地と重なる部分がある．地絡保護は感電防止と電気火災などの二次災害防止のためである．漏電遮断方式による地絡事故の想定図を図 2.117 に示す．地絡保護は感電のメカニズム，感電電流の限界値，人体の電気的特性などを踏まえて行う．

4) **ラインフィルタに施す接地** ラインフィルタは，インダクタンス L とコンデンサ C からなる低域ろ波器で，コンデンサを介して大地と接続される[10)]．ある条件でこの接地点に交流透過電流が流れる（図 2.118）．情報システムの電源設備は，ラインフィルタの交流透過電流が一定の値（システムごとに 15 mA）を超えない措置を講ずることとしている[10)]．この制限措置として絶縁変圧器，中性点接地，還流接地線の各方式がある[10),11)]．

5) **避雷器用接地** 電力・通信系統から侵入する雷サージに対し，絶縁協調や機器の耐電圧強化方策として，引き込み部ならびに被保護機器の近傍に取り付ける避雷器（アレスタ）用の接地．高圧遮断器の開閉サージ抑制のための避雷器・サージアブソーバなどの接地もこれに含めることができる．避雷器は従来から設置されているが，今後は，後述する内部雷保護のなかで取り扱うことになる．

b. **機能用接地**

1) **基準電位用接地**[2),3)] 情報システムの回路機能維持と正常動作のための基準電位を得る接地．ネットワーク接続される情報システムは，安定電位や等電位を必要とする．大地は電位の基準点であるが，建物内に分散設置される情報システムに対し電位の基準面として各所に設ける．米国では ZSRG あるいは単に SRG と称している（図 2.119）[5),8)]．情報システムは，機器接地（FG）と信号用接地（SG）を区分する場合があり留意が必要となる．JIS で規定する機能等電位ボンディングも基準電位確保の手段といえる．

2) **等電位接地** 被接地機器や金属体相互間の電

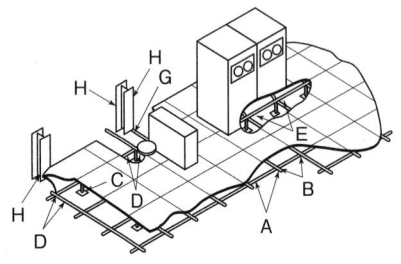

A：銅帯
B：銅帯相互の溶接
C：支持脚と銅帯の溶接
D：銅帯とボンディング銅帯との溶接
E：低インピーダンス機器用ボンディング銅帯
F：銅帯と機器用ボンディング銅帯との溶接
G：分電盤の接地線
H：鉄骨への溶接

図 2.119 ZSRG の具体例[6]

位差発生を防止する接地．これを必要とするものに情報システムや医用機器がある．等電位化の手段としてJIS T 1022「病院電気設備の安全基準」の医用接地センターに接続する接地，JIS C 60364「建築電気設備」の等電位ボンディングがある．共用接地，構造体接地，統合接地システムは等電位化の手法といえる．

3) 雑音防止用接地 外来雑音（ノイズ）の侵入による情報システムの誤動作や通信品質低下の防止，他方，情報システムから発生する高周波エネルギーが外部に漏れて他の機器に障害を与えるのを防止する接地．ノイズには伝導と伝播があり，接地はその対策手法の一つとされる．ノイズ発生のメカニズムを踏まえ効果的な接地とする．機器接地（FG）と信号用接地（SG）の条件を把握し，電源・接地系の分離や接地を浮かすことも視野に入れる．

4) 静電気防止用接地 摩擦などで人体に帯電し，その帯電した手で，装置などに触れると，静電気放電（ESD）によって装置が誤動作や故障したりする場合がある．人体の帯電圧は最大 10 kV 程度になるが，床面をある程度高抵抗で接地することにより 1 kV 以下に制御することができる．これが静電気防止用接地である．各種の障害を起こさないよう，静電気を速やかに大地に放流するための接地といえる．接地抵抗値 R は $10^6 \sim 10^9 \Omega$ の範囲がよいとされている[2]．

c．雷保護用接地

雷（直撃雷・誘導雷）から建築物，人体，ならびに情報システムを含む機器類を保護するための接地．旧 JIS（A 4201-1993「建築物等の避雷設備－避雷針－」）では外部雷保護を対象としているが，IEC 61024-1[12] 翻訳の改正 JIS（A 4201-2003「建築物等の雷保護」-LPS-）では，外部雷保護と内部雷保護の双方を含み接地システムを規定している．また，IEC 61312-1 翻訳の改正 JIS（C 0367-1「雷による電磁インパルスに対する保護」-LEMP-）[13] でも接地システムを規定している．

1) 外部雷保護用接地 直撃雷から建築物，人体，ならびに情報システムを含む機器に各種の障害発生を防止するための接地．受雷部で直撃雷を捕捉し接地極を通して雷電流を大地に放流する．旧 JIS では，接地極の位置・仕様（総合接地抵抗 10Ω 以下）などを定め，引下げ導線の主体構造利用や，構造体基礎の接地極利用を条件つきで認めている．他方，改正 JIS では，接地極の抵抗値より接地システムの形状および寸法が重要（一般には低い接地抵抗を推奨），構造体を使用した統合単一の接地システムが望ましい，接地電位傾度を極力小さくする，ならびに雷保護の接地極とその他の目的の接地極は相互接続（連接）するか共用する，としている．また，接地極は A 型接地極と B 型接地極に分け，構造体や金属製地下構造物は接地極に利用可能としている．建築基準法においては 2005 年の告示第 650 号により避雷設備の構造方法は JIS A 4201 (2003) に改定されているが告示の附則により旧 JIS A 4201 (1992) で対応してもよいことになっている．

2) 内部雷保護用接地 改正 JIS A 4201「建築物等の雷保護」）では，内部雷保護システムは，被保護範囲内において雷の電磁的影響を低減するため外部雷保護システムに追加するすべての措置で，等電位ボンディングおよび安全離隔距離の確保を含む，としている[12]．また，等電位化を重要な方法と位置づけ，雷保護システム，金属構造体，金属製工作物，系統外導

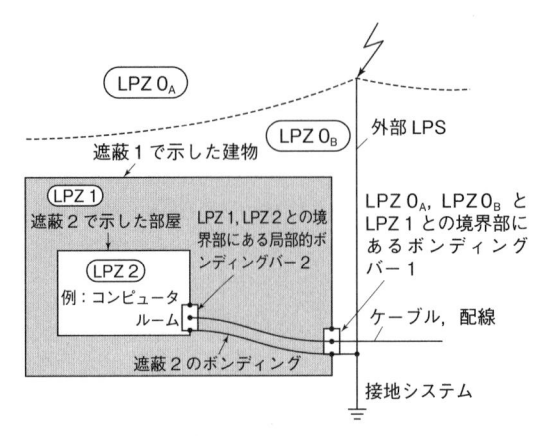

図 2.120 建物を LPZ に分類し，適切なボンディングを実施した例

電性部分ならびに被保護物内の電力および通信用設備をボンディング用導体またはサージ保護装置で接続することで等電位化を行うとしている．他方，IEC 61312-1（JIS C 0367-1「雷による電磁インパルスに対する保護」）では，共用接地システム，接地基準点（ERP），等電位ボンディング，雷保護領域（LPZ）（図2.120）[13),14)]，雷サージ保護装置（SPD）の取り付けなどを規定している．

2.7.3 機器・施設固有の接地

特定の機器や施設に求められる接地をあげる．

a. 情報システムの接地

一般に，情報システムは個別接地を求めることが多い．理由には，情報システムは過電圧耐性が小さくノイズの侵入を含む他からの電磁気的影響を避けることがあげられる[15)]．個別接地と共用接地の比較選択は従前からの論点である．そのなかで，IEC や JIS（C 60364）では等電位ボンディングを位置づけ，その内容を取り込んだ「情報処理システム用接地に関するガイドライン」（JEITA ITR-1005）[17)]では共用接地や等電位ボンディングを方向づけている（図2.121）．このように，国際標準化や規定改訂を受けた接地システム構築方針のシフトがうかがえる．なお，このような過渡期にある段階でもあり，個々のケースごとに検討が必要になろう．

b. 通信センタービルの接地

第一種通信事業者が運用する通信センタービル（電話局舎）では，従来の個別接地方式から，共用接地を基本とする新接地構成法（図2.122）への転換が図られている[2)]．内容は接地極の一点化，接地母線の敷設，接地母線と接地極との接続点の設定，建物の鉄骨・鉄筋との接続などである．また，ITU-T では通信システムの接地方式（通信センタービル，ユーザービルなど）の検討が進められている[2)]．一般の建物とは施設内容や運用が異なるとはいえ，多くの情報システムを収容する施設の接地システム構築の事例として方向性を示唆するものといえる．

c. 医用接地

医用接地方式は，医療施設における感電防止対策を目的に，一般の感電防止より厳しいミクロショックおよびマクロショック対策について方法を具体化したものである．JIS T 1022-2006「病院電気設備の安全基準」で，医用接地方式や非接地配線方式について定めている．規格制定は 1982 年 11 月である．医用接地方式は，電撃防止のために露出導電性部分に施す保護接

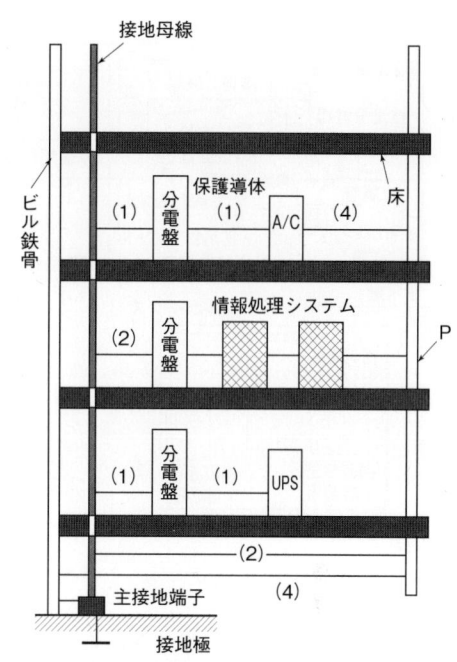

A/C：空調設備
UPS：無停電電源設備
P：鉄骨，金属ダクトなどの系統外導電性部分
金属製水道管など金属パイプ
(1)：保護導体
(2)：主等電位ボンディング導体
(3)：補助電位ボンディング導体

図 2.121 コンピュータ室関連設備の接地系統

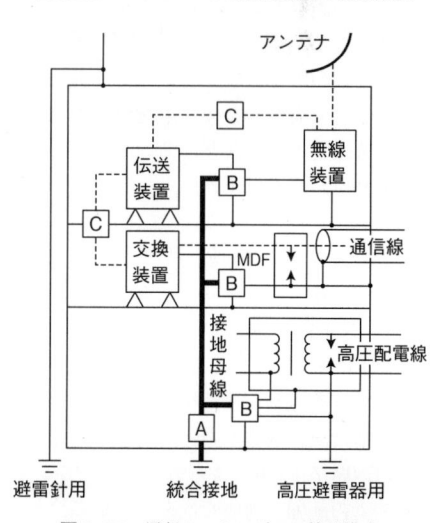

図 2.122 通信センタービルの接地構成

地と，露出導電性部分および系統外導電性部分を等電位とするために一点へ電気的に接続する等電位接地に分けることができる．図 2.123 に医用接地方式の概念図を示す[18)]．接地幹線・分岐線のサイズ規定があり，

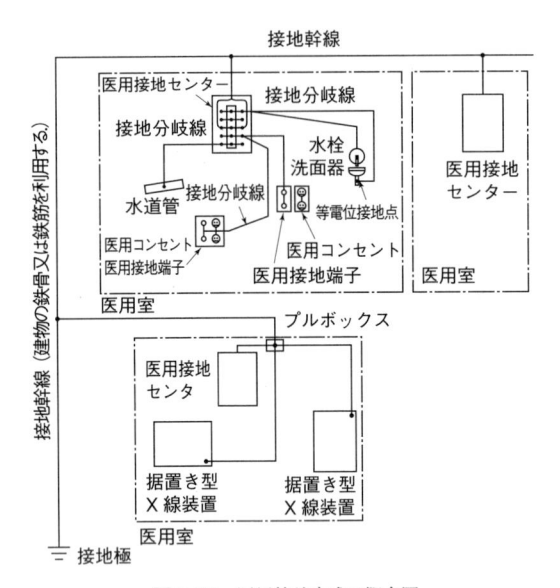

図 2.123 医用接地方式の概念図

S造・RC造・SRC造の場合は接地幹線として建築構造体を利用するとしている．また，建築構造体地下部分の接地極利用を可能としている．

d. その他用途の接地

上記以外で，固有の接地システム構築が行われている施設として電算センター（データセンター含む），放送局舎，鉄道駅舎，配変電所，原子力関連施設，電磁波シールドビルなどがある．このなかには，運用実績に基づく施設固有のシステム形成が行われている場合も想像される．今後は，個別の条件を踏まえながら，国際標準化の内容を取り込んだものとなっていくであろう．なお，大規模な複合用途建物の場合，ならびに免震構造建物の場合などにおいては固有の配慮が必要になると思われる．

2.7.4 接地システムの計画

a. 基本事項

1) 接地システムの構成 接地システムの基本構成を図 2.124 に示す[3),4)]．ここでは雷保護設備用接地の範囲を引下げ導線から接地極までとしている．電気設備用の接地母線に建築構造体を利用する事例もみられる．JIS C 0367-1「雷による電磁インパルス」では，接地システムの範囲・構成を次としている[14)]．

(1) 接地システム：（大地と接触している）接地極システム，および（大地と接触していない）ボンディングネットワークで構成される．

(2) 接地極システムの主な働き：接地極システム内に危険な電位差を発生させずに，できるだけ多くの雷撃電流を大地に導くこと．

(3) ボンディングネットワークの主な働き：建築物内あるいは建築物上のあらゆる機器間の危険な電位差を排除し，建築物内の磁界を減らすこと．

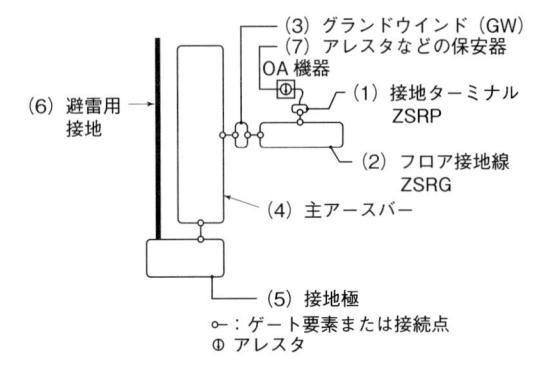

2) 接地に求められる機能 従来，接地は機器と大地を接続し所定の接地抵抗値を得ることに主眼がおかれてきた．しかし最近では，多様化する接地ニーズを統合する接地システムの構築が着目されてきている．特にネットワーク環境下におかれる情報システムの過電圧保護を主眼とする接地が重視される傾向にある．地絡電流経路の確保，等電位化，基準電位の確保，および低インピーダンス化を図りながら，必要な接地がいつでも・どこからでも・容易に取り出せる，といったサービス性能も大事な点といえる．

3) 接地の役割と特性 電気設備のなかで接地は，

区 分	構成要素
電気設備用接地	(1) 接地端子 (2) フロア接地線【ZSRG】 (3) フロア接地端子（グランドウインド-フロア：GW-F）【ZSRP】 (4) 接地母線（主アースバー） (5) 主接地端子（グランドウインド-主：GW-G） (6) 接地極線 (7) 接地極 (8) 連系接地線 (9) 通信区分装置
雷保護設備用接地	① 引下げ導線 ② 測定端子（グランドウインド-雷：GW-L） ③ 接地極線 ④ 接地極

ZSRG：zero signal reference grid 基準接地極
ZSRP：zero signal reference point 一点接地点
GW ：ground window 大地の窓

〔出典〕インテリジェントビルの電気設備調査専門委員会編：インテリジェントビルの電気設備における統合化問題の調査研究，電学技報，Ⅱ部，No.439(1992-10)．

図 2.124 接地システムの基本構成

次のような役割と特徴をもつ．まず，複数の接地種別を集合するものであり，接地種別個々の機能を得つつ時として相反する事柄への対応を必要とする．また，接地は建物内の設備機器や情報システムを接地線で連系することから，この連系によって相互の課題と影響をも媒介することがある．接地システムの構築は，これらを踏まえて骨格を定め，接地種別個々の機能を実現していく作業といえる．電気設備のなかに接地設備を明確に位置づけ，その機能を高めることも大事な点といえる．

b. 計画の観点

1) 計画用件の把握 接地設備の計画に際し確認する事項としては，建築用途・主機能，建築規模・形態，立地環境，設備内容，計画範囲，適用規程・指針，接地機器の条件などがあげられる．これらを把握・整理しながら構築システムを方向づける．建物完成後にもち込まれる機器や情報システムの条件把握も必要となる．また，国際標準化動向も視野に入れておく必要がある．

2) 接地システムの形態 接地システムの基本形態には表2.97に示す個別，連接，共用がある．従来，情報システムは個別（専用，独立，単独）接地を求めることが多かったが，最近は共用，統合接地，等電位ボンディングを求める状況もうかがえる[19]．JIS（IEC含む）に規定される医用接地や過電圧保護のための等電位ボンディングは，接地の共用化を促すものといえる．接地システム形態を方向づける基本用件をおさえながら，局部分的には機器のニーズに基づく方式選択が必要となる[18]〜[20]．

3) 配電系統と接地形態 保安用接地の形態は配電系統方式に対応する．IEC整合が図られたJIS C 60364に示され配電系統と接地方式の種類を表2.98に示す．この中の系統接地と機器接地を共用するTN-S系統を図2.125に，わが国の機器接地方式として一般に採用されているTT系統を図2.126に示す[21]．調査事例を見る限り各国の接地方式は多様である[5]．

4) 等電位ボンディング 等電位ボンディングは，等電位性の提供を目的とした電気的接続の保護手段の要素で，接地システムの主機能といえる[22]．わが国にはもともとは等電位ボンディングの概念はないが，JIS T 1022・JIS C 60364では等電位化について規定している．等電位ボンディングの種類には，(1) 保護等電位ボンディング（図2.127），(2) 機能等電位ボンディング，(3) 雷保護等電位ボンディングがある．保護等電位ボンディングには，主等電位ボンディング，補助等電位ボンディング（局部等電位ボンディング）および非接地等電位ボンディングがあり，機能等電位

表2.97 接地の形態分類（19）計画と設計，p.334を加筆訂正）

	個別接地方式	連接接地方式	共用接地方式
概要			
	・用途別に接地系を個別に設ける	・用途別に接地系を設け相互に連接	・用途の異なる接地系を共用
特徴	・わが国の従来の規程の考え方 ・接地系個々の独立性を得る場合に有効 ・接地の独立性は接地極形状，極間距離，大地抵抗率，流入電流，電位干渉係数などに依存する ・市街地など，限定された条件下では接地の独立性確保が困難な場合がある	・接地極は所定の抵抗値を得るように設ける ・低抵抗化，等位化を図る場合に有効 ・構造体接地は一種の共用接地・連接接地とみなすことができる	・国際標準化の方向に沿うもの ・等電位化を図る場合に有効 ・接地共用による接地系相互の影響確認が必要 ・構造体接地は一種の共用接地・連接接地とみなすことができる

表2.98 配電方式と接地

分類	種別（系統）
TN系統	TN-S系統，TN-C-S系統，TN-C系統，直流系統（TN-S直流，TN-C直流，TN-C-S）
TT系統	TT系統
IT系統	IT系統

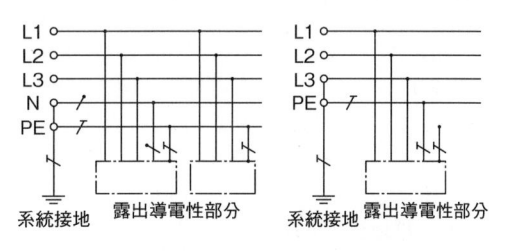

図2.125 TNシステム

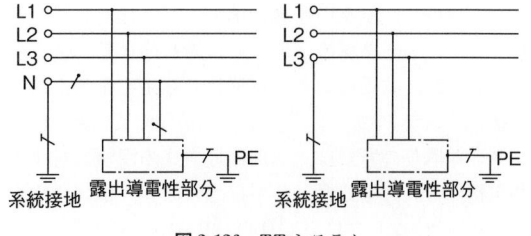

図2.126 TTシステム

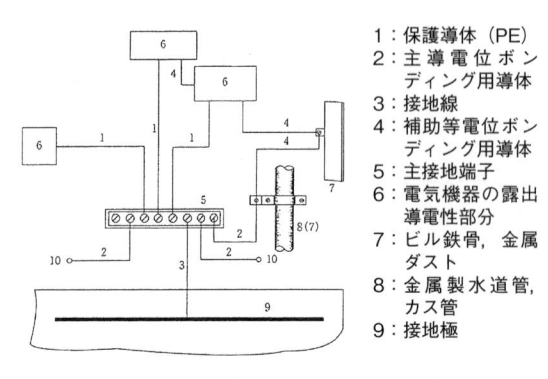

図2.127 保護等電位ボンディングの形態

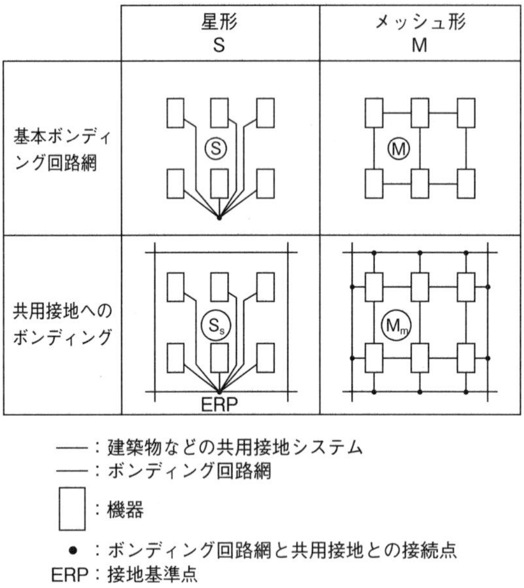

1：保護導体（PE）
2：主導電位ボンディング用導体
3：接地線
4：補助等電位ボンディング用導体
5：主接地端子
6：電気機器の露出導電性部分
7：ビル鉄骨，金属ダスト
8：金属製水道管，ガス管
9：接地極

図2.128 情報システムに対する基本的なボンディング方法

―：建築物などの共用接地システム
―：ボンディング回路網
□：機器
●：ボンディング回路網と共用接地との接続点
ERP：接地基準点

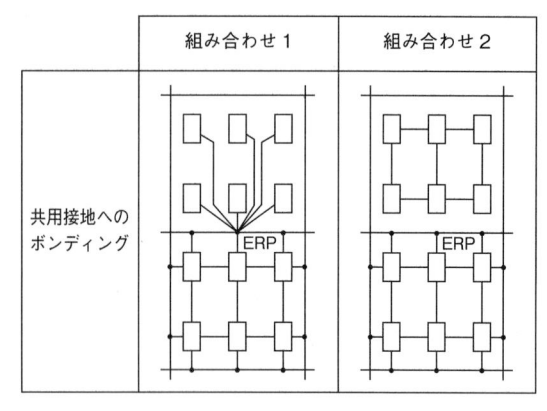

図2.129 情報システムに対するボンディング方法の組み合わせ

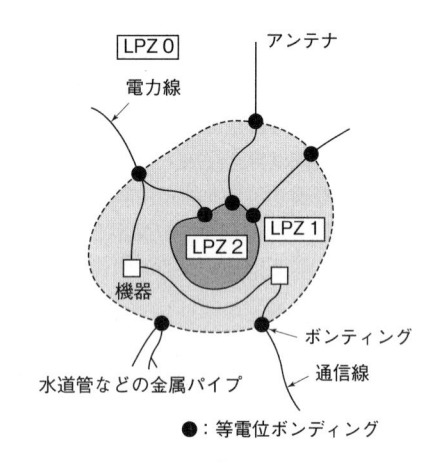

―：建築物などの共用接地システム
―：ボンディング回路網
□：機器
●：ボンディング回路網と共用接地との接続点
ERP：接地基準点

図2.130 外部雷保護の等電位ボンディングの概念

●：等電位ボンディング

ボンディングとしてボンディングネットワークシステムの基本形（図2.128）と各種形態（図2.129）がある．また，雷保護等電位ボンディングでは雷保護領域（LPZ）区分点での配線・配管のボンディングを示している（図2.130）[5),13)]．

c. 統合接地システム

1) 統合接地システムとは　統合接地システムは，「目的・用途の異なる接地種別を一つのシステムに統合して建築し，個々の接地に求められる機能を得ながら，ネットワーク環境下において総合的な効率性と優位性をもつ，共用接地と等電位化の考え方を基本とする接地システムの一形態」といえる[3),4),18)]．統合接地システム構築の背景は，個別接地方式の課題に対する共用接地方式の優位性，共用接地の研究，電気設備の統合化研究，ならびにIEC・ITU-Tにおける等電位化・等電位ボンディングの国際標準化などがあげられる．

2) システムの基本構成　統合接地システムの基本構成を図2.131，システムモデルを図2.132に示す．主な要素は，基盤（インフラ）化する接地母線，分散配置するフロア接地端子（GW-F），低インピーダンスの接地極などである．計画の観点としては，固有条件を踏まえた統合レベルの設定（表2.99），仮想大地の性能が得られる低インピーダンスの接地母線（主アースバー）の敷設と系統構成，基準電位点のフロア接地端子（GW-F）の配置，ならびに機器・装置の接地方式の選択（アイソレーテッド接地とインテグレーテッド接地）（表2.97）などがある．

3) 接地線サイズ　接地線には接地母線，フロア

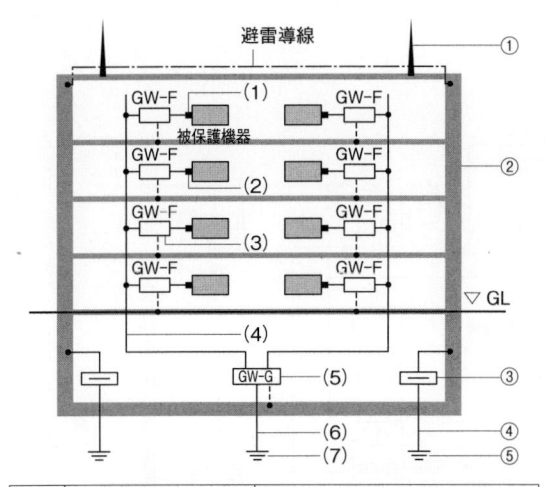

(抵抗)，機械的強度，耐食性，管理性などを勘案して定める．規程類でこれらのサイズを規定するものもあるが，統合する接地母線サイズを規定するものは見あたらない．等電位化の観点からは高周波領域を含めインピーダンスが限りなく「ゼロ」に近いことが望ましい．等電位化の性能を仮定し，条件を置きながら接地母線サイズを取り決める．

d. 接地抵抗と接地電極

1) 接地抵抗 接地は，金属電極と土の粒子と水・空気の混合物という性質の異なる2物体間の電気的な接続で，そこに存在するのが接地抵抗である．接地電極の接地抵抗 R は定量的には次のように定義される（図2.133[1],[7]）．

$$R = \frac{E}{I} \ [\Omega]$$

ここで，接地電極の電位上昇 E [V]，接地電流 I [A]．

この条件は，補助電極を置いて閉回路を作り補助電極は主接地極から無限遠方に打ち込む．接地抵抗は次の3つの要素で構成される[11],[23]．

(1) 接地線の抵抗および接地極の自身の抵抗
(2) 接地極の表面とこれに接する土壌との接触抵抗
(3) 電極周囲の土壌の示す抵抗

このなかでは (3) の土壌の示す抵抗（大地低効率）が重要である．接地抵抗は電極形状によって異なる[1]．

2) 接地電極 接地電極には複数の種類がある．一般的には棒状，板状電極，用途・状況により線状（埋設地線，カウンタポイズ），環状，帯状，網状（メッシュ）などの電極が使用される．建築の基礎杭，建設仮設用鋼材などを利用する場合もある．また，規定では，接地電極として条件つきで建築構造体の利用を可能としており採用例も多い．土壌の大地抵抗率が大きい山岳部などでは，接地抵抗の低減手法として連結式，深打工法や接地抵抗低減材を用いるケースもある．接地電極の使用材料は一般には銅（Cu）が多い．また，土壌の性質を含め，耐腐食性に対する配慮が必要な場合がある．

3) 接地抵抗の測定 接地抵抗の測定法として広く採用されているのが図2.134に示す電位降下法である．図中のEは測定対象の接地電極，Cは電流電極，Pは電位電極である[5]．測定の留意事項として，補助電極の接地抵抗・打ち込み位置・電位，電位分布曲線，電極の抵抗区域などがある．

4) 大地抵抗率 大地の抵抗率（固有抵抗）ρ [$\Omega \cdot$m] は，接地抵抗を左右する要素で，大地の温度と粒子の粗密，含水量や可溶性の含有塩量の質と量に

図2.131 統合接地システムの基本構成

区分	構成要素（名称）	概　要
電気設備用接地	(1) 接地端子	機器・装置をフロア接地線に接続する端末の接地ターミナル．3P コンセントなど
	(2) フロア接地線	フロア接地端子(GW-F)と装置・機器を接続する接地線
	(3) フロア接地端子（グランドウインド-フロア：GW-F）	フロア接地線を集約し接地母線に接続する接地ターミナル付き銅バー 接地母線とフロア接地線のインターフェース 分電盤，動力盤などに収容する
	(4) 接地母線（主アースバー）	各種用途の接地系を大地に接続する等電位化接地幹線 仮想大地とみなせるほどの低インピーダンス化を図ることの望ましい
	(5) 主接地端子（グランドウインド-主：GW-G）	接地母線を集約し接地極と接続する接地ターミナル付き銅バー 接地母線と接地極のインターフェース
	(6) 接地極線	主接地端子と接地極を接続する接地線
	(7) 接地極	大地と同電位を得る接地点
雷保護設備用接地	① 受雷部（避雷針など）	雷と直接捕捉する部分
	② 引下げ導線	受雷部と接地極を接続し雷を大地に導く垂直部の避雷導線
	③ 測定端子（グランドウインド-雷：GW-L）	引下げ導線と接地極を接続し接地抵抗管理を行うターミナル
	④ 接地極線	測定端子（GW-L）と接地極を接続する接地母線
	⑤ 接地極	雷を大地に放流する接地点

GW : ground window 大地の窓．

接地線，接地極線，および等電位ボンディング導体（主等電位ボンディング，補助等電位ボンディング）がある．これらのサイズは電流容量，インピーダンス

2. 電力設備

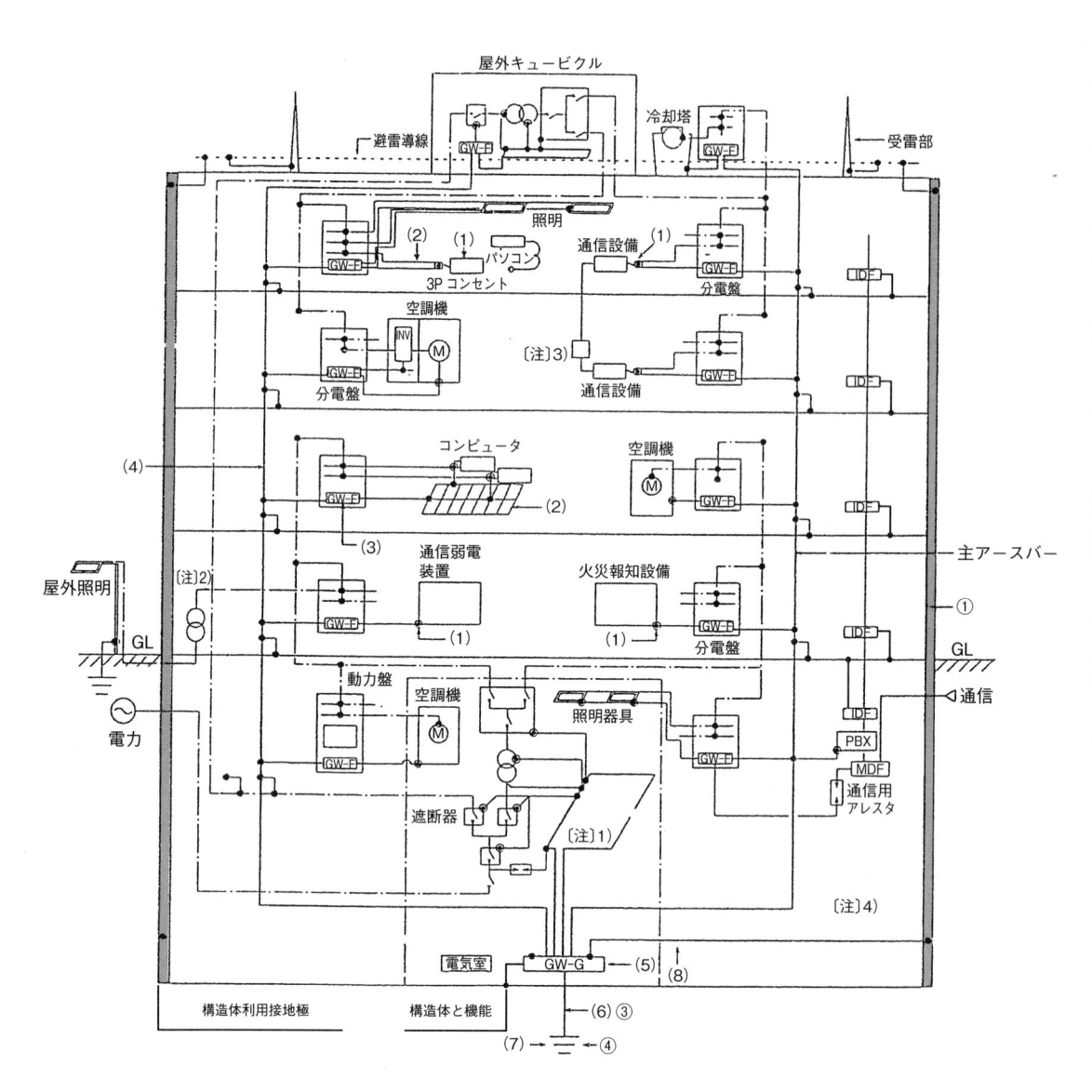

電気設備用接地
(1) 接地ターミナル
(2) フロア接地線
(3) フロア接地端子 (GW-F)
(4) 接地幹線
(5) 主接地端子 (GW-G)
(6) 接地極線
(7) 接地極
(8) 連接接地線

雷保護接地
① 避雷導線（引下げ導線）

⊙：接地ターミナル
MDF：主配線盤
IDF：中間配線盤
アレスタ (SPD)
絶縁トランス
被接地機器
INV：インバータ
GL：地上レベル

システムモデル考察条件
・建物用途：事務所ビル
・建物形状：高さ20m以上
・建築構造：RC造, S造, もしくはSRC造
・設備概要：普通高圧受電
〔注〕1) 環状接地母線
　　　2) 絶縁トランス
　　　3) 通信区分装置
　　　4) 接地幹線

図 2.132　総合接地システムモデル

表 2.99 接地システムの統合レベルの考え方

接地形態		用途	接地幹線			接地極		
			(A) 電気設備用接地		(B) 外部雷保護用引下げ導線（構造体利用）	(A) 電気設備用接地		(B) 外部雷保護用接地
			A-1) 強電用接地（保安用）	A-2) 通信弱電用接地（機能用）		A-1) 強電用接地（保安用）	A-2) 通信弱電用接地（機能用）	
個別接地			△	△	△	△	△	△
統合接地	(1) 電気設備接地極統合		△	△	△	●	●	▲
	(2) 電気設備接地統合		●	●	△	●	●	▲
	(3) 全統合		●	●	△	●	●	●

〔凡例〕△：個別　●：共用　▲：連接（電気設備用＋外部雷保護用）.

表 2.100 設備・装置の接地形態（建物と設備接続形態の分類）

	アイソレーテッド接地（一点接地）	インテグレーテッド接地（多点接地）
接地の接続方法	接地母線　鉄筋・鉄骨　装置	接地母線　鉄筋・鉄骨　装置
装置系の特徴	<装置の接続形態> 機器・装置は，接地（グランドウインド：GW）とは1点のみで接続し，建物の構造体（鉄骨，鉄筋）とは絶縁する ・機器・装置には過電圧が発生し難い ・外部からの侵入電流は装置内を通過・迷走し難い ・事故時や雑音などの電流経路が比較的明確で保守が容易 ・機器・装置と建物構造体（床，壁，天井）との絶縁が必要 ・異なる接地点（GW）に接続する機器・装置が通信ネットワークで相互接続される場合は，電位的に区分することが有効な場合がある	<装置の接続形態> 機器・装置は，接地（グランドウインド：GW）のほかに建物の構造体（鉄骨，鉄筋）と複数点で接続する ・機器・装置内での等電位化が図りやすい ・機器・装置と建物構造体（床，壁，天井）とが偶然接続しても影響が少ない ・機器・装置内への外部からの迷走電流や雑音が迷走しやすい ・事故・障害発生時の追跡調査が困難

〔注〕濃沼・元満・今川：特集センタビルの接地構成技術，センタビル用の新しい接地構成の概要，NTT ジャーナル，39-8, 1990. を基に加筆.

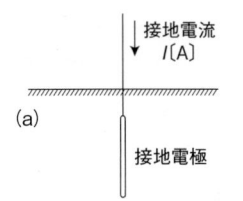

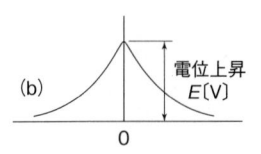

図 2.133 接地抵抗の定義

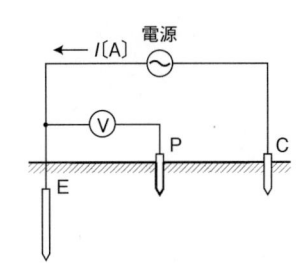

図 2.134 電位降下法

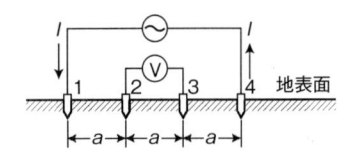

図 2.135 ウェンナーの四電極法

より決定される．この測定法としてウェンナーの四電極法がある（図 2.135）．

e. ノイズ障害と接地

ノイズ障害は，ノイズ発生源と被害機器・システム間の伝導・伝播で生じる．被接地機器を連系し情報システム機器の内部に入り込む接地は，ノイズ障害と密接にかかわる．誘導結合によるノイズにはノルマルモードノイズとコモンモードノイズがあり，おのおのに適した対策が求められる．伝導・伝播にかかわるノイズ障害防止策には離隔，シールド，効果的な接地，伝導防護装置（フィルタ，トランスなど）の設置があげられる．基準接地はその手法で，JIS で規定する機能用等電位ボンディングは電位差発生の抑制に効果的とされる．一方，接地共用はノイズ伝導経路を形成するとの見方もある[15]．過電圧保護とノイズ障害防止を評価しつつ個々のケースに適した措置を行う．等電位化を図りながら，ノイズ耐性の小さな被接地機器は，

専用化したクリーンな機能用接地線を敷設する措置も有効といえよう．ノイズ障害対策は，電磁的両立性（EMC）の検討・評価を含む措置が求められる．

f. 接地の管理[23]

接地の主旨に沿って所期の接地機能・性能を維持する必要がある．また，修繕・改修・更新への対応もたいせつである．管理事項としては系統・接続状況，抵抗値，腐食・劣化状況，大地抵抗率などがある．また，設備・仕様概要・性能・計画主旨の把握，短・中・長期修繕計画の立案，管理データの蓄積なども有効といえる．たいせつなことは，PLAN→DO→CHECK→ACTION サイクルに沿った効果的な維持管理の継続といえる． 〔横山正博・小林　護〕

文　献

1) 高橋健彦：図解接地技術入門，オーム社，1986．
2) 木島　均：接地と雷保護，電子情報通信学会，1998．
3) インテリジェントビルの電気設備調査専門委員会編：インテリジェントビルの電気設備における統合化問題に関する研究，電気学会技術報告（Ⅱ部），439号・電気学会，1992．
4) 生産システム接地技術調査委員会：生産系建築物における接地システム技術調査研究，電気学会技術報告724号，電気学会，1992．
5) 横山正博，建築と接地システム（最新接地技術ｂの動向，建築設備技術者協会講演会資料）．
6) 高橋健彦：図解接地システム入門，オーム社，2001．
7) 電気設備学会創立10周年記念電気設備技術史編集委員会編，電気設備技術史，電気設備学会，1991．
8) 川瀬太郎：地絡保護と設備技術，オーム社，1997．
9) 電気設備学会編：電気設備の電路に関する基礎技術，電気設備学会，1991．
10) 電気設備技術計算ハンドブック編集委員会：電気設備技術計算ハンドブック，電気書院，1993．
11) 情報システム安全対策基準（平成9年通常産業省告示第536号）．
12) 建築電気設備要覧編集委員会編：建築電気設備要覧，産業調査会事典出版センター，1996．
13) ICE 61024-1：Protection of structures against Lightninng．
14) ICE 61312-1：Protection against lightning electromagnetic Impulse（LEMP）Part 1：General Princuple．
15) 雷保護検討委員会：雷と高度情報化社会，電気設備学会，2001．
16) SICE 産業委員：デジタルシステム耐ノイズ設計ガイド，計測自動制御学会，1988．
17) 情報システム用接地に関するガイドライン（JEITA ITR 1005），2007．
18) JIS T 1022-2006 病院電気設備の安全基準，平成18年改正，2006．
19) 電気設備学会編：建築電気設備の計画と設計，電気設備学会，2001．
20) 川瀬太郎：図解インテリジェントビル配線工事入門，オーム社，1987．
21) ビル接地の工事と管理に関する研究会：ビル接地の工事と管理に関する研究報告，1978．
22) JIS C 0364-2-21 建築電気設備（第2部用語定義，第21章一般用語の指針），日本電設工業協会．
23) 高橋健彦：等電位ボンディング（関東学院大学建築設備工学研究所報），1991．
24) 新電気設備事典編集委員会編：新電気設備事典，産業調査会事典出版センター，1989．

3 情報・通信設備

3.1 基本事項

3.1.1 情報・通信設備概要

　情報処理・通信設備の発達はすさまじいという話が出るが，それを，顕著に示す例として，CPU の処理速度があげられる．パソコン用 CPU の処理速度の指標であるクロック周波数は，1971 年に 0.1 MHz であったものが，1979 年に 8 MHz 程度に上がり，1993 年に 166 MHz に，さらに 2001 年には 1 GHz へと指数級数的に進歩してきた．

　この技術を利用した，LAN などの通信速度においても，1990 年初頭に数十 Mbps であったものが，今はギガビットイーサのが導入されており，実験的にはサブテラビットからテラビットへと話が進んでいる．

　同様に，音声・映像表示系においてもアナログ系からデジタル化へ，圧縮技術と記憶密度向上技術を基に音声品質と映像の高精細度が進み，3D，バーチャルリアリティなどまったく新しい領域が開拓されている．

　これらを利用するソフトウェア技術も飛躍的に向上したことにより，新たな製品が提供され，それを利用するビル設備もインフラとして次にあげる項目の実現を目指して，新たな考え方をもって設計・計画を進めていく必要がある．

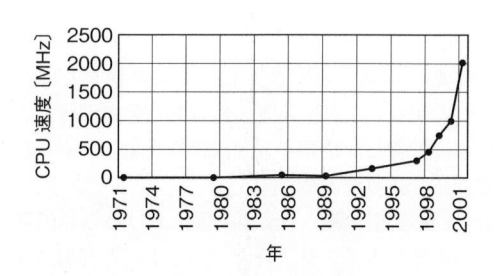

図 3.1　CPU 速度の発達

a.　マルチメディア化の実現

　電子技術の発展により，データ通信，音声通信，映像通信の核技術は融合したと考えるべきである．そこで，今後の通信技術は，データ通信，音声通信，映像通信などのシステムごとに検討することではなく統合した機能システムとして考慮する必要がある．

b.　高速通信の実現

　通信と記憶容量技術の進歩は目覚ましく，メタルの対線から同軸へそして光へと発展し今はそれぞれが階層的に機能分担をしている．また，ワイヤードからワイヤレスへの発展も目覚しく，今後は機能分担が立体的になると考える必要がある．

c.　モバイル化の実現

　集積技術の進歩は大型処理装置をデスクトップ，ラップトップ，ノート，そして PDA（携帯情報端末）へと進化してきた．小型軽量化はモバイル性の要求となり，携帯，PHS などの電話システムから，無線 LAN などの OA システムまでを考慮する必要がある．

d.　高解像度映像表示環境の実現

　パソコン技術の発達は表示技術の発達を促進し，パソコンと組み合わせた映像音声表示装置は PR 用のディスプレイ用途から遠距離の TV 会議，共通視線をもった講義・打ち合わせの補助システムとして発展してきている．

　建築設備計画における情報通信設備は，IT（情報技術）の急速な進展によりさまざまな目的のために多分野にわたって普及してきている．これまでの建築設備の情報通信設備といえば電話交換機を核とした，音声，データ，画像の通信が代表的であり，地上系の放送送受信システム，建物内の管理システム，表示システム，音声案内システムなどを指してきた．しかしインターネットや LAN の普及により，誰もが，大容量・高速情報を世界中とリアルタイムに自由に送受信することが可能となってきている．

　それらの考えをもち，情報・通信設備を建築物の運営管理上ならびに多くの用途で共通的に使用され

る基盤としての情報通信設備と，特定用途で使用されるやや特殊な情報・通信設備に分けて，それらの計画・設計方法について記述することとする．

3.1.2 計画・設計の手順
情報通信設備の計画・設計は次のような点に留意して行う必要がある．
(1) 施設用途の把握
(2) 利用者のニーズ・ウォンツの抽出
(3) 利用者規模，利用エリア，外部ネットワークの設定
(4) コスト計画
(5) 法規，基準などの確認
(6) 関連する建築計画との整合（建築スペース，天井高，床荷重，空調，電力，防災，セキュリティなど）
(7) 将来計画（拡張，更新）への対応

情報・通信設備のシステムは他の建築設備と比較して，非常に早いスピードで進化し，陳腐化するという性格をもっている．したがって，利用者のニーズとコストパフォーマンスを明確にしてシステム構築を行わなければならない．

a. 情報・通信設備の分類と計画上の手順
情報・通信設備を，建物の運営管理上あるいは利用者の業務上，通常の施設で装備されるものと，特殊用途部分に装備されるものとに分類・整理して計画・設計を進める必要がある．

1) 一般情報設備　一般情報設備は建物に基本的に設備されるものである．各種メディアからみると音声系メディア，映像・表示系メディアおよび管理運営系メディアとに大きく分けることができる．次にこれらのメディアを利用して構築する情報システムをあげる．

(1) 館内情報設備：建物の入居者，運営管理者，来訪者などのコミュニケーションツールとしての情報設備であり，計画にあたっては管理・運営・業務内容について綿密な打ち合わせを行いシステムを提供する必要がある．

(2) 放送受信設備：地上波放送，衛星放送，有線放送などを受信するシステムである．情報通信の伝送技術は，これまでのアナログ放送からデジタル放送の世界に急速に進みつつある．計画にあたっては放送事業者や通信事業者とのヒアリングや，その地域の受信状況などを調査することにより最適な受信設備を構築することが重要である．

(3) 表示設備：施設の利用状況や人の在籍状況などを外部に知らせる設備である．計画にあたっては入力や表示をパソコンや電話および映像表示端末による統合システムが構築されてきていることに配慮する必要がある．

(4) 管理運営設備：駐車場出入管理や課金などのように施設の運営支援や管理支援を行う情報システムである．施設管理者との綿密な打ち合わせにより構築する必要がある．

2) 特殊情報設備　文化施設や教育施設，運動施設などの特殊な用途に必要な情報・通信設備である．その施設の運用や利用目的などを詳細に検討することによりシステム規模やサービス内容を計画し，システムを構築する必要がある．

以下に，特殊情報設備の例をあげる．

(1) 視聴覚設備：各種会議，セミナー，プレゼンテーションなどを支援する情報設備として，音声機器・映像端末機器やパソコンなどを利用するトータル視聴覚システムを構築する．また，その施設内だけではなく外部との情報通信ネットワークを利用した計画が必要である．

(2) 同時通訳設備：視聴覚設備と同様に，国際レベルの催しにおいては同時通訳のニーズが高く，情報化・国際化の時代には不可欠な設備である．また，スペース計画においては建築計画との整合が重要である．

(3) 舞台AV設備：文化会館などの各種ホールには大規模な音響映像設備が計画される．施設規模やイベント内容などによりさまざまなシステムが必要であり施設運用者，建築設計者，専門コンサルタント，専門メーカーなどとの連携により計画を行うことが重要である．

(4) 体育競技施設用情報設備：体育館や各種競技場にはその競技に合わせた音声案内システム，映像システム，表示システム，計測システムなどが必要である．また，正式競技の場合には各競技連盟ごとに詳細の規定や世界標準があるため，それらの基準をクリアするシステムを計画しなければならない．

(5) その他情報設備：ここにあげた特殊情報設備のほかにあらゆる分野が情報化による進展をとげている．したがって，特殊用途の内容を十分に理解することによって新しい情報・通信設備を提案し計画・設計に盛り込む必要がある．

3) 情報通信設備　建築設備における情報通信設備は基盤となるインフラ計画（ハード）と利用者からみたアプリケーション計画（ソフト）とに分類される．

また，扱う情報からからみて，音声系，データ系，映像系などがあり，メディア（媒体）からみてさまざまなシステムが計画される．以下に情報通信設備の例を示す．

(1) 外部情報通信ネットワーク計画：建築設備での情報通信設備はまず外部とのネットワークアクセスや，内部でのコミュニケーションネットワーク（LAN）を基盤として構築する必要がある．

① 地上系アクセスネットワーク計画（敷地外部道路から建物への電話回線，放送回線への引込みシステム）

② 衛星系アクセスネットワーク（建物に設けたパラボラ設備により双方向の衛星通信を行うアンテナシステム）

③ 無線系アクセスネットワーク（マイクロウェーブによるビル間通信システム）

(2) 内部情報通信ネットワーク計画：施設内部における情報通信設備は外部よりアクセスしたネットワークを引き込み，音声系，データ系を中心とした電話交換設備とインターネットやイントラネットなどのデータ系，映像画像系を館内で受配信する基幹ネットワーク（LAN）によりユーザーとの情報コミュニケーション環境を構築する．館内情報システムの構築は大きく次のような計画に基づかなければならない．

① 業務内容とそれに適合した情報設備と運営管理計画，事業計画など

② 情報設備規模の設定（用途，面積，ユーザー規模，外部ネットワーク関連システムなど）

③ ネットワークシステム性能の設定（各種アプリケーションシステムの抽出データ量の算出など）

④ サーバー環境の設定（サーバー機器類の集中分散システムの検討）

⑤ 電話システム，LANシステム，モバイル環境の検討

⑥ システム計画・設計

(3) 情報化対応建築計画：施設において情報・通信設備を計画する場合，最初に考慮しなければならないことは，必要スペースを確保するということである．機器の据付け面積のみならず，各種インフラ（電力，空調，防災など）の供給と施工面・メンテナンス面などのスペースも配慮しなければならない．また，情報通信システムの特徴としては他のインフラに比較して非常に短期間に更新，増設を繰り返すことがあげられそれらに対応できる計画が重要である．

① 機器の搬出入や施工，メンテナンスに配慮

② 機器設置のための十分な床荷重と天井高の確保

③ 必要電力容量の供給と瞬時停電対策システムや無停電システムの導入

④ 機器発熱に対応した空調システムの導入

⑤ 地震，火災，浸水などへの防災対策システムの導入

⑥ 不特定の人の出入りやデータ進入などへのセキュリティ対策システムの導入

⑦ 電磁障害対策など

3.1.3 関連法規と規格

a. 関連法規

情報・通信設備において関連する法規には，電気通信事業法，電波法，有線電気通信法，放送法などがある．

これらの法規は，事業や施設用途に対して関係する事柄が多く，直接的に建物の情報・通信設備の設計にかかわってくるものは少ないが，特に電波法については高層建築物などを計画する場合は，確認し必要に応じて届出する必要がある．

1) 電気通信事業法　第1条に「電気通信事業の公共性にかんがみ，その運営を適正かつ合理的なものにすることにより，電気通信役務の円滑な提供を確保するとともにその利用者の利益を保護し，もって電気通信の健全な発達および国民の利便の確保を図り，公共の福祉を増進することを目的とする」とあり，通信事業者に対して利用者がより快適に，また安全に利用できる外部通信インフラの提供を求めるものである．

2) 電波法　第1条に「電波の公平且つ能率的な利用を確保することによつて，公共の福祉を増進することを目的とする」とあり，上記電気通信事業法と同様の目的のほか，周波数帯，電波出力などの技術的な事項を定めた無線通信の基本法である．

建築計画においては，31m以上の高層建築物などを建設する場合，計画地が電波伝搬障害防止区域に該当する場合おいては届出の提出や手続きなどが必要となるため，設計段階で確認する必要がある．

b. 規格

情報通信設備に関連する規格としては，工業製品の国際標準化を目的としたISO（国際標準化機構）があり，国内においては工業標準化法により定められた日本工業規格（JIS）がある．

また，コンピュータの標準インターフェースやLANの規格を制定しているIEEE（米国電気電子学会）や，同じく国際機関であり電気部門の標準化と規格化

について，各国間の調整を行うことを目的としたIEC（国際電気標準会議）などがある．

3.1.4 積　算

積算には，事業の企画段階で必要な，超概算や基本設計時の概算，実施設計時の予算書，発注時の契約内訳書，施工者側の実行予算書など段階的にさまざまな積算方法がある．

本項では，計画時の概算予算を中心に解説することにする．

積算において最も重要なことは適正価格の追求である．かつてインフレ，オイルショック，バブル，バブル崩壊後のデフレと激動する価格体系のなかで翻弄されているが入札時における過当競争や全く別の要素で確定した金額に一喜一憂して，正確な施工費や製品価格を見失うことのないように常に心がけるべきである．

a. 工事種目と発注区分の確認

特に，情報・通信設備の計画概算の着手にあたってたいせつなことは，工事区分または発注区分の確認を発注者側と十分話し合いリストを作成すべきである．

「坪いくらの盲点」建設業界のコスト指標として，m^2 単価が使われている．たとえ与条件が違うという認識があったとしても，事業費集計の場面では建築，空調，給排水衛生，ELV工事など他工事比率でマクロ的にバランスをとる傾向にある．そのため予算配分を見誤らない集計の方法を提言しなければならない．

表 3.1　工事種目と工事区分（例）

工事種目	本工事	付加工事	別途工事	備　考
放送設備	○			カウンタ呼出し放送は付加工事
同時通訳設備		○		レシーバ子機は10台を付加工事とし，そのほかはレンタルとする
舞台AV設備			○	舞台照明は本工事とする．調整卓はすべて別途工事に含む

〔注〕1. 表中の付加工事とはベース工事に対して付加価値機能となる設備を意味する．
2. 表中の別途発注工事とは施主直発注や備品，リース手配などを意味する．

b. 工事種目のなかにおける工事範囲の確認

一つの工事種目の発注内容に必ず他工事との取り合いがあり，正確な工事範囲を明示して，建築工事などの見積もりに計上させる必要がある．

表 3.2　工事種目のなかの工事範囲（例）

工事種目	工事区分						備　考
	建	電	空	衛	付加	別途	
駐車場管制設備	○	◎				○	基礎は建築工事ゲートサイン看板本体は別途工事ラック，配管は電気工事
館内LAN設備		○			◎		

c. 概算予算の組み立て方

事業計画の時点での超概算は一式 m^2 単価で実行することが多い．これは乱暴なようであるが基本設計の内容がないときには，かえってマクロ的にみているために正確な面がある．

中途半端な情報によって積み重ねた概算は根拠があるようで大きく間違える場合がある．

本来の基本設計時の概算は設備項目別に部位を分けて原単価を決め，集計する方法が最も正確である．情報・通信設備の場合，あまり m^2 単価に頼ると主装置の価格によるスケールメリットまたはデメリットにより誤差が生ずる．

表 3.3　概算書の算出根拠（例）

工事種目	主装置	伝送機器	伝送幹線	端末機末端伝送路
公共放送受信設備	アンプの W/円	端子盤，分配器ブースタ	幹線こう長・本数ラック・配管	m^2 単価
防犯設備	防犯点数点/円	端子盤中継器	同上	センサ個数単価
電気時計設備	親時計回線/円	－	同上	子時計個数単価

〔注〕主装置，伝送機器，伝送幹線，端末機器（末端伝送線路含む）．

d. 積算上の課題

この分野での機器やシステムの発達は年ごと，月ごとに急激に変化しており，他物件と比較する場合，機能内容の確認に注意を要する．同じシステムをコスト比較しているつもりが開発内容の違いによって同列にならないことがある．また，複合単価で計上する場合，標準的リストにないものが多く労務費の算入に苦労する．

メーカー見積もり作成にあたっては，一般の取り付け労務費と専門技術者による取り付け調整費およびシステム試験調整費や関連総合試運転費などの計上を正

確に提示するようにする必要がある．ソフト費用に対する見積もりが曖昧であると機器の見積もりの正確さが損なわれるおそれがある．　　　　　　〔大庭正俊〕

3.2　一般情報設備

3.2.1　一般情報設備概要

一般情報設備とは，もともとその施設の管理および運用を行ううえで最低限必要とされる機能を満足させるための設備であったが，より利便性を追求していくなかでさまざまな製品の登場やシステムの進歩・向上がなされている．また，近年の情報技術の進歩から一般情報設備においてもネットワークの構築や他設備との統合・連携を考慮する計画が不可欠となっている．

一般情報設備はその情報伝達手段により分類すると，音声系設備，映像系設備およびその他設備の3つに大別される．

a.　音声系設備

音声系設備は情報の伝達を双方向で行うものと片方向で行うものの2種類がある．

双方向の設備として管理用情報連絡設備，インターホン設備がある．管理用情報連絡設備は一般的には電話設備としてなじみが深く内部および外部の連絡手段として運用される設備であり，近年はPHSを利用した館内無線電話も多く利用されている．インターホン設備は1対1または小規模のグループ内で利用される連絡設備で，公衆回線に接続を必要としない部分に設置される．また，病院や劇場などの特殊用途の建物に，その用途に応じ専用設備が設置される．

片方向の設備としては，呼び出しや館内連絡，またBGMなどのサービスを提供する放送設備がある．放送設備は建物全体をカバーするものと，レストランや受付などその場所の機能によってある特定部分をカバーするものがある．

b.　映像系設備

映像系設備としては，公共の電波である地上波や衛星波をアンテナを介してまたはCATVを通じて受信し建物内に配信する公共放送受信設備や，建物内および外部のイベント情報などを提供する映像情報設備などがある．

上記設備は，以前は片方向の設備であったが，特に公共放送受信設備については1990年代半ば以降の都市型CATVサービスの向上，近年の衛星波のデジタル化や地上波デジタル化への移行の推進，また施設内情報サービスとして近年では双方向設備として設置されるケースが多い．

c.　そのほかの設備

そのほかの設備としては，その建物の用途や管理運営により必要となる設備が主であり，正確な時刻を提供する電気時計設備，在不在や使用状況を把握するための在席表示や室使用表示などの表示設備，駐車場運営を省力化するために必要な車路管制・料金徴収設備などがある．

在席表示設備などは在不在の2モードだけでなく会議出席による不在など運用で利用可能な4モードの表示可能なものが多く採用されている．

駐車場運営設備は規模に応じてLAN方式のシステムが採用されるケースが多く，車室や階別の満空車管理など運用ニーズやコストでさまざまな付帯設備の設置検討が必要となる．

3.2.2　計画・設計の要点

情報通信設備は，建築物の用途や規模によって必要とされる設備が大きく異なる．そのため，建築物の用途や規模を十分に考慮し必要な設備を決定する必要がある．決定にあたっては，発注者，建築設計者らとも十分な協議を行い，どのような機能がどこに必要かを確認し，必要な機能をどのようなシステムで実現するかをコストも含め検討し計画・設計を進めることになる．情報通信設備は，技術的な進歩が他の設備と比較して非常に速いため，計画段階では，最先端の技術であっても，実施設計や施工段階では計画したシステムが陳腐化していることがあるため，建設計画の進捗とともにシステムの見直しを行う必要がある．

a.　ゾーニング・スペース計画

情報通信設備においても，システムの選択と構築だけでなく，建築計画と利用者との間で整合性のとれたゾーニング計画は重要である．情報通信設備におけるゾーニング計画は，それぞれの情報通信設備が使用さ

表3.4　一般情報設備一覧表

音声系設備	管理用情報連絡設備（有線，無線） インターホン設備 放送設備
映像系設備	公共放送受信設備 映像情報設備
その他設備	電気時計設備 在席表示設備 部屋使用表示設備 駐車場運営設備 （車路管制設備，料金徴収設備）

3. 情報・通信設備

表3.5 用途別一般情報設備例

建物用途	館内情報						表示		駐車場運営	
	インターホン	管理用情報連絡	放送	映像情報	電気時計	公共放送受信	個人在席表示	部屋使用表示	車路管制	料金徴収
劇　　場	○	○	○	○	○				○	○
飲食店	○	○	○	○	○				○	○
デパート	○	○	○		○				○	○
スーパー	○	○	○		○				○	○
ホテル	○	○	○	○	○	○			○	○
マンション	○	○							○	○
病　　院	○	○	○	○	○			○	○	○
学　　校	○	○	○		○				○	○
事務所	○	○	○		○		○		○	○
駐車場	○	○	○						○	○

〔注〕計画により必要となる設備は異なる．

れるエリアを中心として考える必要がある．電力設備と同様，負荷（各設備の端末など）が集中している部分に対する端子盤の配置，階の上下や平面的な接続を考慮した配線ルートの構成などを検討して進めていく必要がある．また，ゾーンニング計画とともに，建築設備にかかわる主な調整事項としては，設置スペースの確保，電源種別，容量の確認，空調設備の要否などがある．以下に，一般情報設備における計画・設計の要点を述べる．

必要な一般情報設備は，建物用途とその場所を，主として利用する人が誰かにより異なってくる．まず，建物用途により必要な設備の洗い出しを行い，次に施設内の場所別に必要な設備の洗い出しを行う方が，効率はよいといえる．

施設は，大きく分けると建物内部と外部に分けられる．内部は，施設の利用形態により変わるが，目的室のある専用部と共用部に分けられる．さらに，共用部は，エントランス，廊下，トイレといった専用部を利用する人が利用する場所と，管理室，機械室といった施設管理者だけが利用する場所に分けられる．建物用途別に必要な一般情報設備を，表3.5に示す．

b．館内情報設備

特定の用途に対する連絡装置としては，インターホン設備が設置される．どんな人が，どんな場所で，連絡を取り合うかによって選択されるシステムが異なる．主なシステムには，機械室などに設置して保守時の連絡用として使用する保守用，マンションの集合玄関や各戸の玄関に設置される来館者用，エレベータやトイレ内に設置して使用する緊急時呼び出し用などがある．保守用の場合，設置する箇所数が多くなる場合は，内線電話を利用した方が，有利なこともあるので比較検討を行う必要がある．来館者用は，ホームオートメーションシステムや，電気錠との連動があるため，他設備との取合い工事区分に留意する必要がある．エレベータ用は，一般的に電気工事ではなくエレベータ工事であるので，工事区分を確認する．緊急呼び出し用は，システムを単独で構築するだけでなく，病院や福祉施設においては，ナースコール設備の一部として構築することがある．

特定多数の任意の人と連絡をとるためには，管理用情報連絡（構内交換機）設備が有効である．従来は固定電話機によることが多かったが，近年は，管理者が1台ずつ電話機を身につけてもち歩けるよう事業所コードレスホン（PHS）の導入事例が多くなっている．停電時においても，管理用情報連絡設備は有用であるため停電時にも使用できるようバッテリを内蔵することが必要となる．PHSのシステムを構築するにあたっては，不感地帯が発生しないアンテナの配置計画が必要となる．アンテナの配置にあたっては，平面的な距離だけでなく，アンテナとPHSとの間にある壁の材質も関係するため，壁の材質も確認したうえで，計画を行う必要がある．

建物内部，外部（敷地内）に一斉に同じ情報を伝達するためには，放送設備の導入が有効である．消防法では，建物用途と規模から非常放送設備の設置が必要となる．運用としては，呼び出しや案内放送，BGM放送が想定される．放送系統の分け方や，運用によっては，場所ごとに違う情報を伝達する必要があるため，多元放送のシステムも考慮する必要がある．例えば，ショッピングセンターにおいては，呼び出しや，売場の案内，エスカレータ乗降口のアナウンス，建物入口の風除室などでは，ハンディキャップ者への誘導案内など，同時に放送している内容が異なる．

建物内において，同一の時刻表示が必要な場合は電気時計設備が有効である．電気時計には，交流電源や電池により駆動する単独運針電気時計がある．単独運針のものは，安価で配線を必要とせず，取り付けも簡単であるが，電池交換，停電時の停止，誤差による時刻表示のずれなどが生じる．このため，建物に設備される時計は，公共的意味からも時刻管理がシステム化されていることが重要であり，1台の親時計で建物中の時計を一斉にコントロールできる親子式が一般的である．

c. 公共放送受信設備

テレビなどの一般放送を受信するためには，公共放送受信設備の導入が有効である．マンションなどの集合住宅などでは，受信料負担が不特定多数であるため，個別に契約できるよう衛星放送は，IF伝送で，CATVはそのまま伝送する方がよい．ホテル，学校，病院など受信料負担が1カ所に特定できる建物では，衛星放送を一般テレビで受信できるVHFまたはUHF帯に変換して伝送する方がよい．官庁などの建物で災害時の防災拠点になるような施設の場合で，CATVを導入している建物においても，CATVのシステムダウンを考慮して，アンテナの設置を考慮するべきである．

d. 各種表示設備

官庁などにおいて役職者の登庁状況や，会議室などの使用中表示を行うためには，個人在席表示設備や部屋使用表示設備の導入が有効である．個人在席表示設備は，表示盤を，エントランス入口や，エレベータホール，各執務室などに設置される．操作器は，それぞれ個人の机の上か，秘書がいる場合は秘書の机の上に置かれることが多い．表示する人数により，システムは，個別配線方式，多重伝送方式，LAN方式などに分けられる．部屋使用表示設備は，個人在席表示設備と一体で構築する場合と，分離して構築するか，予約システムと連動させる場合がある．

e. 駐車場運営設備

施設に駐車場がある場合は，車路管制設備や料金徴収設備が有効である．駐車場の使用形態により，必要となる設備は異なる．料金徴収を必要とせず，出庫時に歩行者の安全が確保できればよい場合には，出庫注意灯を設置するだけでよく，契約車以外，入出庫できない駐車場であれば，契約車以外が入出庫できないようカーゲートなどを設置する必要がある．ショッピングセンターなどの駐車場では，入庫時の駐車券の発行，出庫時の料金徴収，サービス券への対応，駐車場の満空表示，大規模駐車場では，空きスペースへの車両の誘導や，出庫時の料金清算がスムーズに行えるよう事前清算機などの導入を考慮する必要がある．

3.2.3 館内情報設備
a. インターホン[1)]

インターホンとは構内専用の連絡通信設備であり，意思の伝達を音声により行うものである．一般的には特定場所間や複数の場所での連絡に使用され，用途や設置台数および周囲の環境などを考慮した計画が必要

となる．インターホンには，いろいろな種類のものがあり，基本的なシステムでの機能や方式の分類では通話網や通話路の違いによるもの，親機や子機を個別に選択する選局数による分類などがある．

1) 通話網の方式　親子式・相互式・複合式の通話網がありその方式を図3.2に示す．

スイッチ操作により通話者間で交互に送話と受話を行う交互通話（プレストーク）方式や通話者間の送話と受話に切り替え操作がなく同時にできる同時通話方式および音声により送話者間を自動的に切り替えるオートプレストーク（ハンズフリー）方式などがありブロック図と機能を表3.6に示す．

用途と分類インターホンの用途には業務，住宅，病院，ケア用，非常用などがあり使用目的により名称が異なる．計画時のポイントと機能の概要を表3.7に示す．

2) 設計上の注意事項

(1) 住宅用インターホンにおいては，電話機能と一体型になったホームテレホンシステムなどがあるが，最近の電話回線はアナログからデジタルへと変化しており音声とともにデータ通信が行える環境を考慮する必要があることから電話設備から切り離してシステム構築を図るべきである．電話回線と絡んだシステム設計を行う場合は，ISDN，ADSLおよび住宅内のLANとのかかわり合いを考慮しなければならない．

(2) ハンズフリー（オートプレストーク）型のイン

(a) 親子式
親機と子機の間で構成される

(b) 相互式
親機間で通話構成される

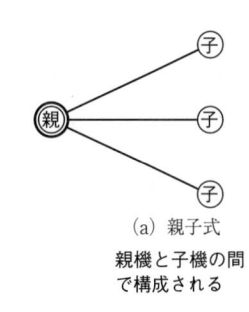

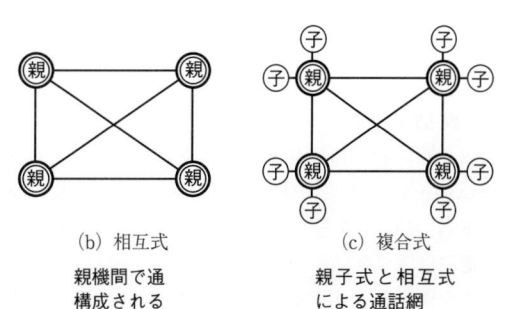

(c) 複合式
親子式と相互式による通話網

図3.2　通話

表 3.6 通話方式と機能

通話	機能
拡声形交互通話（プレストーク式）	親機（プレストークスイッチ（離）:受話、（押）:送話）、子機、スピーカ（マイク兼用）、拡声アンプ ・話すときにはスイッチを押しながら，聞くときはスイッチから手を離して通話する． ・スイッチは親機側にあり子機側での操作は不要
自動交互通話（オートプレストークハンズフリー）	親機（音圧比較、音圧スイッチ）、子機、スピーカ（マイク兼用）、拡声アンプ ・送受話の音圧を比較して自動的に音圧の高い側に切り替わる．
電話形同時通話	親機（ハイブリッド回路、レシーバ、マイク、マイクアンプ）、副親機（ハイブリッド回路、レシーバ、マイク、マイクアンプ） ・両者とも送受器を用いて通話する． ・電話と同じように通話可能．
子機拡声型同時通話（ドアホン）	親機（ハイブリッド回路、レシーバ、マイク、マイクアンプ）、子機（ドアホン子機）（ハイブリッド回路、スピーカ、マイク、マイクアンプ） ・親機は送受器を用い，子機はスピーカおよびマイクロホンで通話する． ・同時通話が可能．

表 3.7 インターホンの用途と分類

用途		名称
業務用	一般用途	オフィス用インターホン
	受付・サービス用	夜間受付用インターホン オフィス受付インターホン トイレ緊急呼出し用インターホン
	ビル管理用	保守用インターホン ダムウェータ用インターホン
	連絡用	連絡用インターホン
住宅用	戸建住宅	ドアホン 二世代用ドアホン テレビドアホン セキュリティ機能付きインターホン
	集合住宅	集合住宅用インターホン 総務省令第40号対応インターホン
病院用		ナースコール 手術室用インターホン レントゲン室インターホン 夜間受付インターホン
ケア用		緊急通報システム
非常用		非常電話 エレベータ用インターホン

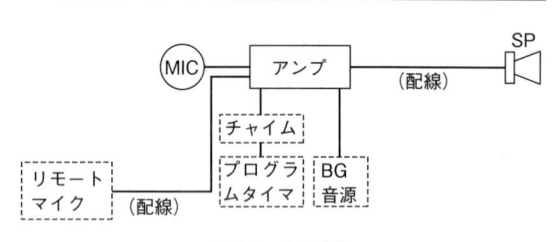

図 3.3 放送設備

ターホンは，音圧の強い方に反応するため，騒音の多い場所には不向きである．

(3) インターホンを設置する建物は，それぞれ目的や用途が異なるとともに将来用途変更をしたり，拡張したりすることを考慮しシステム設計をする必要がある．

b. 放送設備

放送設備は音声により多数の人々に対し，一方向の情報伝達を行うものであり，建物内・外において連絡，案内，BGM 放送などで利用される．設備の基本的な構成は図3.3に示す．

音声を電気信号へ変換するマイクロホン，その信号を拡大する増幅器（アンプ），拡大された信号を伝えるスピーカから構成されるが，建物の用途により，離れた場所から呼び出すためのリモートマイク，館内での運営に必要な情報（メッセージ）を自動放送するためのプログラムタイマやチャイムなどの音源，BGM 放送用の装置などを接続して構成する．

また建物内でも部分的に駐車場，食堂，会議室などでローカル放送設備を計画する場合がある．

これらの放送設備は建物全体が消防法の規定により，非常用放送設備を設置する場合は，その避難放送を的確に伝達するため非常時には，業務用の放送設備を遮断しなければならない．

放送設備には体育館音響設備，ホール音響設備や会議用拡声設備なども含まれるが今回は一般的なビルや学校などで呼び出し，案内用を主体としたものに限って述べる．

アンプの構成音声を拡声しスピーカで伝達するには，アンプの入力（マイクロホン，BGM 装置など）を切り替えて増幅し，放送すべきエリアを選択し，ス

表3.8 アンプ選定

項目	内容	備考
出力系統	放送エリア	5局, 10局, 20局等
増幅器の容量	スピーカの入力容量＋余裕（2〜3割程度）	30 W, 60 W, 120 W, 360 W等
入力系統	マイク入力やライン入力数等	リモートマイク, BGM, チャイム入力含む
その他	周辺機器の収納	卓上型, 壁掛け型, ラック型等の周辺機器の収納を考慮した選択

表3.9 機器の種類

機器		種類
増幅器（アンプ）		卓上型アンプ／壁掛け型アンプ／ラック型アンプ／ディスクアンプ
	非常業務兼用型	壁掛け型防災アンプ／ラック型防災アンプ
マイク	マイク	ハンド（接話）型／卓上型／スタンド型
	ワイヤレス	ハンド型・タイピン型・ペンシル型
	リモート	卓上型／壁掛け型
スピーカ	屋内用	天井埋込み型スピーカ／壁掛け型スピーカ／防滴スピーカ／天井露出型スピーカ
	屋外用	ホーン型コーンスピーカ／トランペットスピーカ／CD-BGM
	BGM用	CDプレーヤ／CD-BGM／ICVレコーダ／プレーヤ／CD/CFレコーダ／カセットテープレコーダ／有線チューナ
周辺機器	プログラムタイマ	週間プログラムタイマ／年間プログラムタイマ／チャイム
	電子式演奏装置	固体録音再生方式チャイム
	ラジオチューナ	
	ワイヤレス受信機	300 MHz帯ワイヤレス受信機／800 MHz帯ワイヤレス受信機／赤外線ワイヤレス受信機
	レピータ	

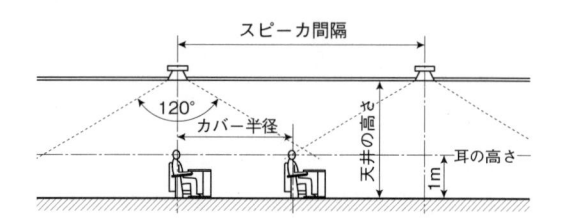

ピーカへ伝達しなければならない．アンプ選定時の項目と内容を表3.8に示す．

1) 機器の種類と選定のポイント　放送設備はアンプ，マイクロホン，スピーカの主要機器と周辺機器で構成される．

選定にあたっては建物の用途および消防法での非常放送設備の設置義務，また放送内容や局数およびアンプの容量，周辺機器の収納を配慮して決める．これらの機器の種類を表3.9に示す．

2) スピーカの配置とアンプの容量　連絡や案内などの伝達を主体とする時間の短い放送と，絶えず音が流れ続けるBGM放送では天井の高さでスピーカの設置間隔が異なる．図3.4に一般事務所ビルでの例を示す．

一般的には，スピーカの配置における音圧差は伝達（案内・呼び出し）放送においては周囲の騒音レベルより10 dB，BGM放送においては3 dB程度高い音圧が必要となり，それらを考慮したスピーカの選択と配置が必要となる．

アンプの容量はスピーカの入力容量の合計値に将来の余裕分（2〜3割程度）を加味したものとなる．

一般的に屋内用のスピーカは1 Wとし，それにホーン型スピーカなどがあれば，その入力容量を加算したものが合計値になる．

3) 計画上の注意事項

（1）スピーカへの接続（電力の供給）は，ハイインピーダンス方式とローインピーダンス方式があるが，設備用としてはスピーカまでの距離，接続台数などを考慮しハイインピーダンス方式を採用する場合が多い．

（2）アッテネータ（スピーカの音量調整器）にはトイレや廊下などのように，スピーカに内蔵し，設置時に周囲の騒音レベルにより，設定するものと，事務室や会議室などの入口近くの壁に取り付け，業務に支障の出るとき随時，音声を絞ったり，切ったりすること

用途	天井の高さ	スピーカの間隔	1個のスピーカがカバーする面積
BGM放送	2.5 m以下	5 m	約25 m²
	2.5〜4.5 m	6 m	約36 m²
伝達放送	—	9〜12 m	81〜144 m²

図3.4 一般的な事務所ビル

ができるものがある．計画の段階でスピーカの配置とともにその設置検討も必要となる．

(3) マイクロホンの種類にはダイナミック型やエレクトレット型マイクロホンがある．エレクトレット型の場合は電池が必要であり，不特定多数の人が使用するところでは電池交換のトラブルが発生しやすい．また，出力の方式に平衡型と不平衡型があり，不平衡型の場合はノイズを誘起しやすくシールド線を使用してもアンプから10m程度離れた場所までしか使用できない．それ以上の距離では平衡型のマイクロホンやレピータを使用して対応する．また，壁を透過しない赤外線で信号を伝送する赤外線ワイヤレスマイクは「無線を傍受されない」「混信しにくい」といった特徴をもち．情報セキュリティへの取組が重要な課題となっている官公庁や企業の会議室，大学施設等に採用されている．

(4) ワイヤレスマイクはコードを使わず自由に動きまわれる便利さから，広く利用されているが，一般用のB型では30波中のなかからユーザーが任意のチャンネルを使用するため混信することがある．現時点では多チャンネル使用時の根本的な解決策はないが，混信を少なくするため，運用上のチャンネルを変えたり，アンテナの感度を下げたりして対応する．

(5) 非常放送設備との関係：非常時に放送設備を遮断する方法には電源遮断ユニット（カットリレー）による遮断とスピーカ切替えユニットによる，スピーカの非常放送設備へ切り替えの2つの方法がある．非常放送設備が設置されている場合はどちらかの手段で対応する必要がある．

c. 電気時計

電気エネルギーで駆動される時計としては，

(1) 単独式：乾電池式，交流電源式があり，機構的にはクオーツ式，モータ式がある，

(2) 親子式：精密な親時計から送り出される電気パルスで子時計を一斉に運針させるもので，ビル・学校・病院その他の公共施設に多く用いられる，がある．親子式では親時計から子時計への配線が必要となるため，電気設備では後者の親子式時計を主として取り扱う．

また，時刻表示のみでなく目的に応じて各種関連機器（タイムレコーダ装置，タイムスタンプ装置，各種記録計）を接続する場合がある（図3.5）．

1) 親時計 精密な発振装置により正確な運針用パルスを発生するもので，一般的には30秒に1回，競技用などでは1秒に1回のパルスを発生する．

発振方式として従来は振り子式・テンプ式・水晶式が使われていたが，精度の高さから現在ではほとんど水晶式が用いられている．

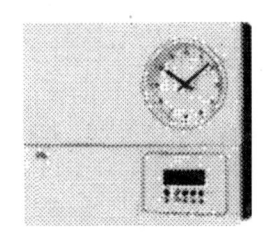

水晶式は，水晶片に電圧をかけたときに正確で安定した固有振動が取り出せること（ピエゾ効果）を利用したものである．

この水晶式においても月差数秒～数十秒の誤差は生じるため，一定期間ごとに較正する必要がある．この較正作業は手動で行われるが，現在ではFM放送などの時報を受けて自動的に較正（ラジオコントロール機能）するものや，長波標準電波を受けて自動的に較正（電波時計）するものがある．

また，電子時計や原子時計も開発されているが，電気設備にはまだ実用化されていない．

2) 子時計 親時計装置からの運針パルス信号を受けて分針（あるいは秒針）を運針し時刻を表示するものであり，機構としては運針装置・針・文字板およびケースからなり，下記の形式の組み合わせとなる．

(1) 表示形式：針式，デジタル式

(a) 親時計

(b) 子時計

図3.5

表3.10

分類	電源	長所	短所
単独時計	交流式（商用電源をコンセントより接続して使用 直流式（蓄電池・乾電池を電源とする）	取り付けが簡単	2台以上の場合，相互の誤差が生じる
親子式時計	直流式（蓄電池電源）交流より整流して直流に変換して使用	全時計が同時刻を指す 一括調整が可能	時計間の配線工事が必要となる

(2) 形　状：丸形，角形（片面，両面）意匠による形状

(3) 取り付け方法：壁掛け型，半埋込み型，吊下げ型，天井付け型，ブラケット型，ポール型

d. 映像情報

館内における映像情報装置は，表示内容，表示装置の大きさ，周囲環境などで機種が分類される．表示内容は文字情報，グラフィック，テレビ映像などで分類される．表示装置の大きさは，視認距離，設置スペース，視認対象者などで分類され，近年の傾向では画面の大型化が進み一度に多くの視聴者に情報提供できる大型映像の設置が増えている．周囲環境は，設置場所の明るさ，太陽光の入射などで表示方式が選択される．一般に表示装置としての設備には以下のようなものがある．液晶モニタ，プラズマディスプレイ，LEDディスプレイ，プロジェクタなどがあり，それぞれの用途でどの機種にするか選択される．

表示装置の大きさも，自由に大きさの組み合わされるLEDディスプレイ，プロジェクタのようなものや，規格で定まったモニタの大きさのなかで選択されるものとなる．数インチの小型液晶モニタから数百インチの大型映像装置など画面の大きさは近年バリエーションを増やしている．

周囲環境により表示装置の選択は重要で，明るい場所（特に太陽光の入射があるところ）では，画面の輝度（明るさ）が高いものでないと表示内容が十分見えなくなり機能を果たさなくなる．また，防水構造の必要性の有無も考慮し，一般にCRT，液晶モニタ類は防水構造がなされていない．

表示内容は，文字によるスクロール表示，コンピュータグラフィックス，テレビ映像，ハイビジョン高画質映像などと分けられる．インターネットの普及でコンピュータ画面の表示の機会も今後増えることであり，ネットワークのブロードバンド化で映像情報の館内配信システムの技術も進んでいる．

したがって，表示装置の高画質，高精細化，大画面化，マルチ画面化，3D化などは今後さらに技術進化が予想される．表3.11に表示装置と機能についてまとめる．

3.2.4 公共放送受信設備

a. テレビ共同受信システムの変貌

1) 放送のデジタル化とCATVの普及　　1997年にCSデジタル放送が開始され，2000年12月にBSデジタル放送，2002年に110度CSデジタル放送，2003年には地上デジタル放送が開始された．地上アナログ放送，BSアナログ放送は，ともに2011年に終了し，テレビ放送はすべてデジタル化され，地上アナログ放送終了後に空いた帯域は移動体向けのマルチメディア放送やITS，携帯電話等の電気通信に利用される予定になっている．

また，近年CATVの普及により特に都市部の建造物においては，従来のアンテナ（VHF・UHF）による受信方式ではなくCATV導入による受信システムの採用が増加しており，CATVインターネットの普及と相まって2300万世帯（2009年3月現在）まで普及している．

2) BS追加チャンネル　　BSアナログ放送の終了に伴い，2011年よりBSデジタル放送のチャンネルが追加される．また，地上デジタル放送の難視聴対策としても追加チャンネルの1chが利用されている．ただし，一部携帯電話基地局との干渉の問題があるため利用されていない．

3) 110度CSデジタル放送　　110度CSデジタル放送はBSと同じ東経110度に衛星（N-SAT-110）が打ち上げられており，BSと同一アンテナで受信することができる．伝送周波数も1同軸でBS放送と波長多重できるよう考慮されている．現在，ハイビジョン放送を含む約70チャンネルが放送されている．

表3.11

表示装置と表示内容

	文字情	グラフィック	テレビ信号
液晶モニタ	○	○	○
プラズマディスプレイ	○	○	○
プロジェクタ	○	○	○
三色LED	○	△	△
フルカラーLED	○	○	○

表示装置と画面の大きさ

	最大画面	画面サイズ
液晶モニタ	100インチ程度	規格有
プラズマディスプレイ	100インチ程度	規格有
プロジェクタ	600インチ程度	可変
三色LED	自由	可変
フルカラーLED	自由	可変

表示装置と環境条件

	太陽	防水
液晶モニタ	×	×
プラズマディスプレイ	×	×
プロジェクタ	×	×
三色LED	○	○
フルカラーLED	○	○

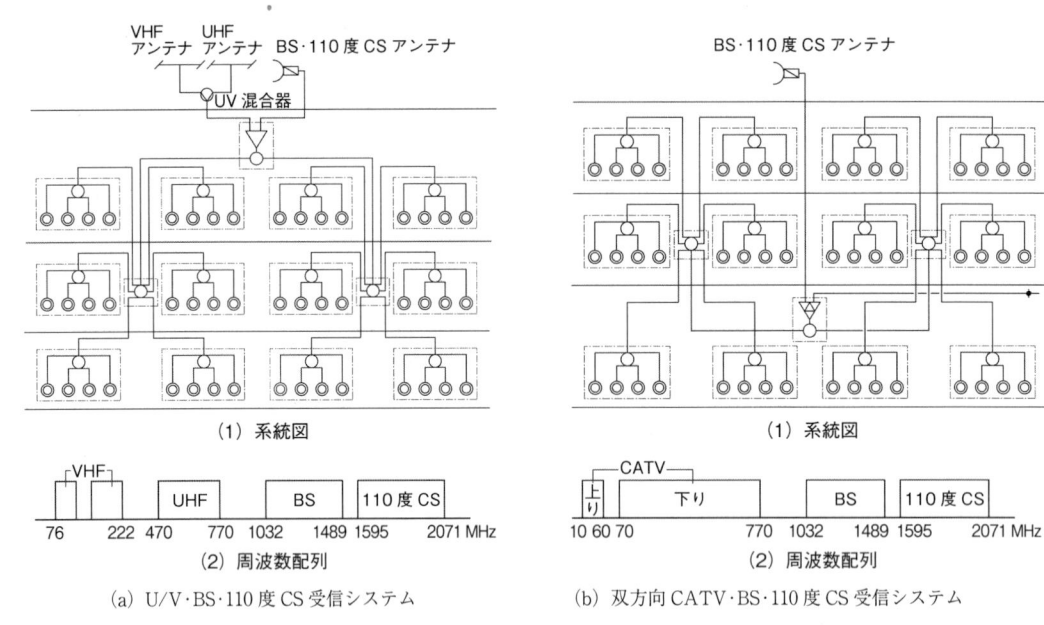

(a) U/V・BS・110度CS受信システム
(1) 系統図
(2) 周波数配列
VHF 76 222 UHF 470 BS 770 1032 110度CS 1489 1595 2071 MHz

(b) 双方向CATV・BS・110度CS受信システム
CATVより
(1) 系統図
(2) 周波数配列
上り 10 60 70 CATV下り 770 BS 1032 1489 110度CS 1595 2071 MHz

図3.6 110度CSデジタル放送対応共同受信システム

4) CSデジタル放送 2008年よりハイビジョン放送のサービスが開始され，ハイビジョンチャンネル（約70チャンネル）を含め約350チャンネル（デジタルラジオ含む）が放送されている．また今後は3D放送の開始なども予定されており，ハイビジョンチャンネルについては100チャンネル以上になる予定である．

このハイビジョン放送の開始に伴う視聴チャンネル数の増加に伴い，全チャンネルを視聴するためには以前より広帯域の伝送が必要となっている．

b. テレビ共同受信システムの設計のポイント

1) 概 要 テレビ共同受信システムは，すべての番組を伝送しておき視聴者のニーズに応じて番組を選択できることが理想である．しかし，地上波（VHF/UHFまたはCATV），BS，110度CSデジタル放送，CSデジタル放送の全チャンネルを視聴可能とするためには3系統のシステム構築が必要となるため，経済性を考慮し方式を選択していく必要がある．

システム設計のポイントは
(1) 地上波をアンテナで受信するのか，CATVを導入するのか
(2) どの衛星を受信し伝送するのか
(3) 何系統を敷設できるか
ということになるが，ここでは経済性を重視した「110度CSデジタル放送対応共同受信システム（1系統）」について述べる．

2) 110度CSデジタル放送対応共同受信システム
BS・110度CSアンテナでBSと110度CSを受信し，VHF・UHFまたはCATVを混合した伝送システムである．図3.6にこのシステムの系統図ならびに周波数配列を示す．

3.2.5 各種表示設備

a. 表示器とは

表示器とは伝達・案内・状態などの情報を知らせるための装置で，視覚に訴えることにより認識させる設備である．一般的に，情報を入力する入力装置，表示を行う表示器，それらをつなぐ伝送路から成り立っている．

・入力装置：表示させる内容を入力するもので，表示内容が定型のものであれば，押しボタンや検知器の自動選択などで表示内容を選択する．表示内容が不定形のものであればキーボードなどにより表示内容を入力する．

・表示器：次項に示すような素子を用い，入力・選択された内容を表示するものであり，情報の内容により表示器の形式・形状はさまざまなものとなる．また表示素子によっては，照明設備を併設する必要が生じるものもある．

・伝送路：入力した表示内容を表示器に伝送するもので，専用伝送路を用いるものも多いが，電話回線を使用したり，LANシステムを使用するものもある．

b. 表示器の種類

表示器には使用目的によって下記のような種類がある．

(1) 得点表示器（スコアボード）
(2) 出退表示器
(3) 投薬表示器
(4) 案内用表示器
(5) 各種警報装置

また表示形式には下記の方法がある．

(a) 点滅表示器－ランプを点滅させることにより表示するもの．色を変えることで状態の表示を行なうものもある．

(b) 回転表示器－あらかじめ回転ドラムに書き込まれた表示情報をドラムを回転することにより表示するもの

(c) 反転表示器－表示板が1枚ずつ軸のまわりに反転しながら表示するもの

(d) セグメント式表示器－「日」や「田」の字形に並べられたセグメントを組み合わせて文字を構成・表示するもの

(e) ドットマトリクス表示器－24×24などの縦・横に配置された表示素子のON/OFFにより文字を構成・表示するもの

2) 出退表示器　組織の構成員の在席・不在を表示させるもので，小規模な20窓程度のものから500窓以上の大規模なものまで存在する．一般的に個々人用の操作器と表示器からなり表示器では点滅状態や表示色を変えることにより状態の表示を行う．

一般的に制御盤と表示装置および操作器からなり，その間を伝送信号線で結ぶ．過去には窓1つにつき1

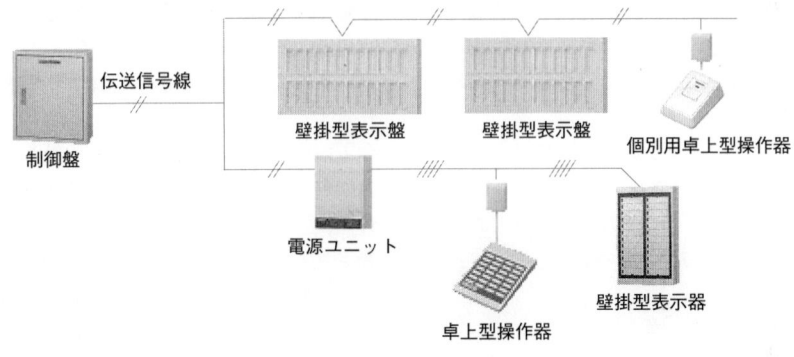

図3.7 システム構成図

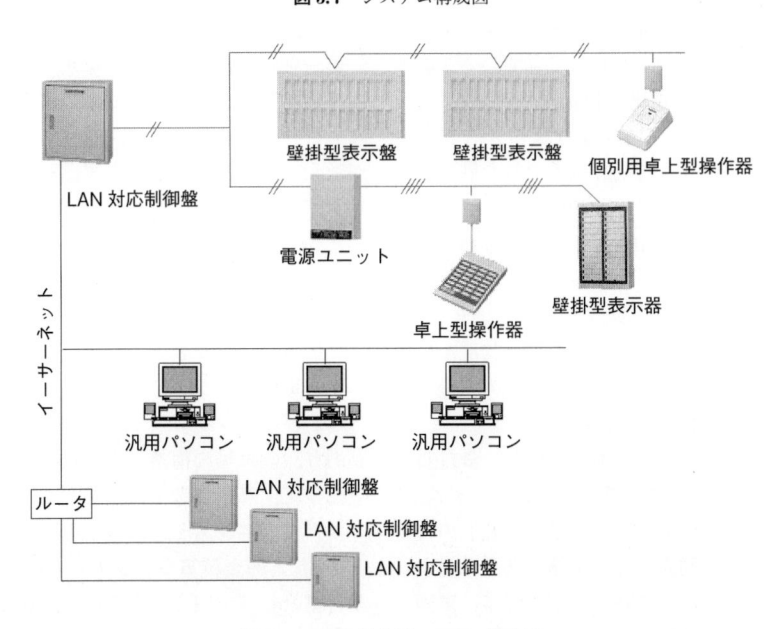

図3.8 LAN対応型システム構成図

本の線を使用していたが，窓の増減の対応に柔軟性がなく，現在ではごく限られた用途を除き，2～数本の電線を使用した伝送信号方式が主流となっている．

また，LAN回線を利用してPCと接続し，表示器での表示とともにPCの画面上に表示させるシステムも存在する．

3) 投薬表示器 病院で処方された薬が用意できたかどうかを表示するもので，番号表示が一般的である．このため，表示素子としてはセグメント式表示素子を用いることが多い．また注意を促すため，警告音とともに表示を行うことが多い．

従来は番号入力をテンキーなどで行っていたが，現在ではバーコードリーダを利用したり，LANによりデータの自動入力を行ったりしている．

4) 案内用表示器 各種メッセージを表示するもので，催し物案内とか行き先案内などがある．表示内容が不定形なものでは，表示の自由度から以前はドットマトリクス表示器が使用されていたが近年は液晶やプラズマディスプレイ等による表示が多く導入されている．

入力については定型文表示であれば選択スイッチを使用した専用入力器を用いることが多く，自由文を表示するものであれば専用の文字入力キーボードのものなどもあるが，PCによる入力が一般的になってきている．

3.2.6 駐車場運営設備

駐車場管理・管制設備は，社会的ニーズのますますの高まりにつれ多様化，かつ高度化してきている．特に駐車場の構造も，平面駐車場，自走式立体駐車場，機械式立体駐車場など大小さまざまな構造が存在する．したがって駐車場管理・管制設備もそれら駐車場構造にマッチした「利用者にとって利便性のよい」かつ，「安全で，効率のよい入出庫」ができるものでなければならない．駐車場管理・管制設備には，大きく分けて次の2つの分類がある．

一つは，車両の通過，存在を検知して駐車状況を把握し，入出場の管理や場内外の人と車両走行の安全確保のための「車路管制（警報）システム」．

もう一つは，車両の入出庫に対し，有人・全自動（無人）でのどちらかで行う「駐車料金徴収システム」である．「駐車料金システム」には，契約車対応の入出庫，ショッピングや訪問先あるいは施設利用に対する割引サービスなどの運用方法があるが，近年は車両のナンバープレートを認識し，自動的に入出庫させる，「車両番号認識システム」の導入事例か増えてきている．

以下，「車路管制システム」と「駐車料金徴収システム」について，最近の動向を踏まえ，その概要を紹介する．

a. 車路管制システム

一般的なシステムの構成を図3.9に示す．

車路管制システムを計画・設計するなかで，車両感知器（車両センサ）の選定は重要な要素となる．

車両感知器としては，ループコイル式，赤外線光電式，超音波式，画像処理式などがあるが，その用途目的によって，選定する必要がある．現在，感知性能，価格の面からループコイル式感知器が，最も数多く，多方面で採用されている．赤外線光電式感知器は，ループコイルを埋設できないときに使用されるケースが多く，超音波式感知器は，駐車スペースの車両在否の感知に主に使用される．画像処理式は，車両のナンバープレートをCCDカメラでモニタし画像処理にて車両番号を認識するものだが，最近駐車場でも採用されるようになった．

入口の満空表示灯，出口の出庫注意灯，場内の各種案内灯については，利用者の車両内からの見やすさを重点に，そのデザインおよび取り付け位置には十分注意を払う必要がある．

CCTV監視カメラは，場内の車両走行状況，防犯の監視を目的とし，前記と同様少ない数で，最適な監視ができるような設置を考慮すべきである．

b. 料金徴収システム

違法駐車を排除し，適正なサービス管理と車両の入出庫に対し，有人・無人でのいずれかで駐車料金の徴収を行うシステムである．システムとしては駐車台数が数台から数千台以上の大規模駐車場までの広範囲に対応できるバリエーションが完備されている．

その主なシステムとしては

(1) 有人料金精算システム
(2) 全自動精算システム
(3) 事前精算システム
(4) 車番認識システム
(5) パーキングロックシステム

があり，駐車場の構造，運用目的とその得失を十分考慮のうえ，導入システムを決定する必要がある．

以下に，各システムの概要を示す．

1) 有人料金精算システム 入口を無人の駐車券発行機とし，出口を有人の料金計算機で対応するものである．複雑な料金体系をもつ大規模有料駐車場に適

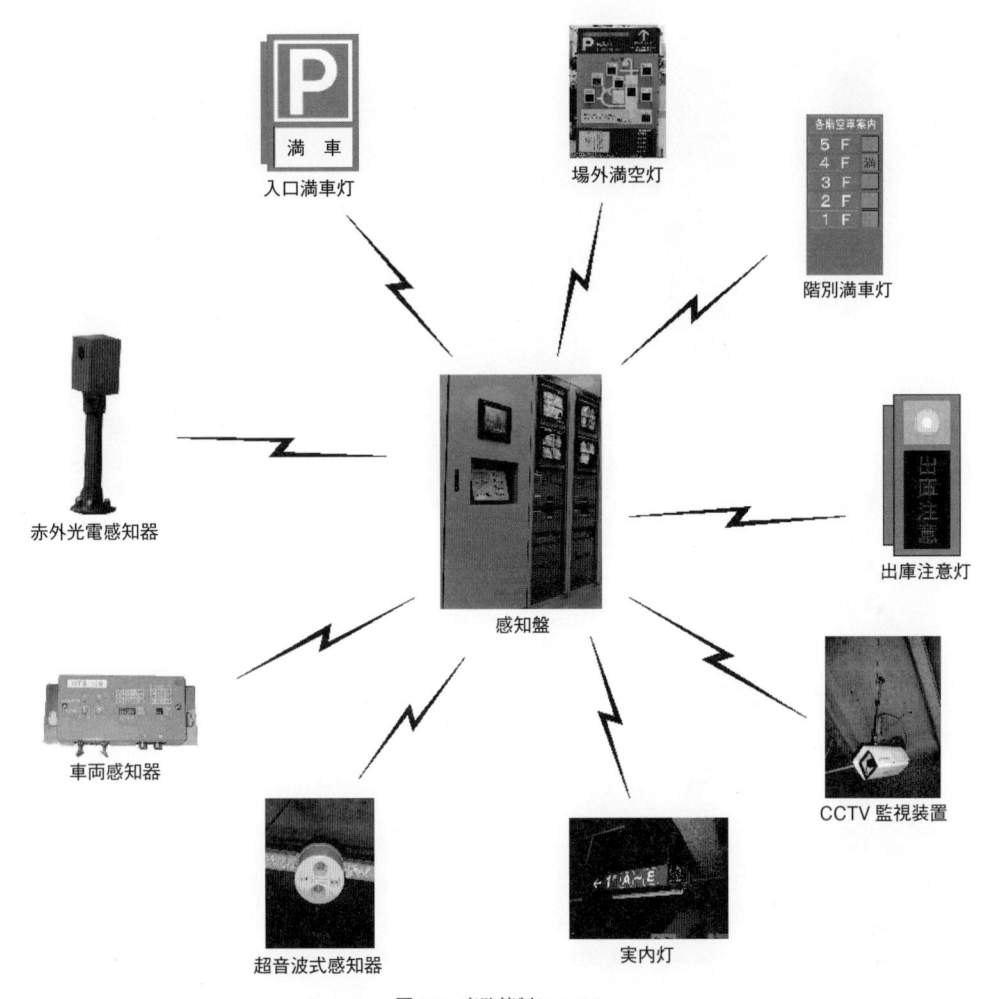

図3.9 車路管制システム

したシステムではあるが，全自動精算機の機能が大幅に向上した現在，人件費の削減要求と相まって，少なくなる傾向にある．ただし，利用者サービスとして，人的対応を要求される場合は，採用を検討する必要がある．特に，短時間に利用者が集中する場合は，全自動精算機と併用することによって，その効果を十分に発揮する．

2) 全自動精算システム 基本的なシステムを図3.10に示す．

このシステムは，駐車場を終日無人（全自動）で運営・管理するもので，最近は駐車料金徴収システムの主流となっている．駐車料金の割引サービスなどは必要に応じたサービス券，認証器（割引エンコーダ）により対応でき，プリペイドカードやクレジットカードによる料金精算も可能となっている．

また，管理計算機を配備することにより，1日の売上データ，駐車場利用状況データ，など各種管理データを自動集計することも可能で，日報・月報・年報などの管理帳票が容易に作成できるシステムとなっている．

難点とすれば，利用者自身が全自動精算機で精算するため，精算に時間がかかることであるが，それを解消する方式として，次項に示す事前精算システムを採用されるケースが多い．

3) 事前精算システム 本システムは，出口の料金精算の混雑緩和のため，利用者が所要をすませ，車両に乗る前にあらかじめ事前精算機で精算するシステムで，事前精算済みであれば，出口では全自動精算機に精算済みの駐車券を挿入するだけで，ゲートが開となり出庫が可能となり，出口の精算時間の短縮を図ることができる．

事前精算機の設置場所としては，エレベータホール

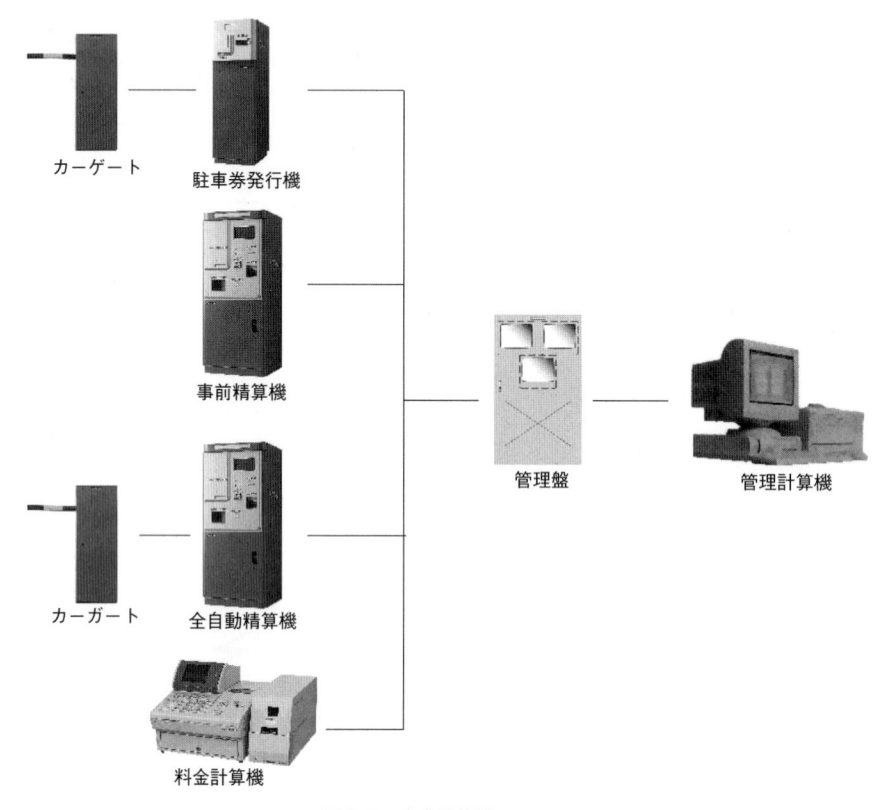

図 3.10 全自動精算システム

あるいは駐車場との連絡通路など利用者通行の多い場所とし，その台数は駐車場の規模に応じて設定する必要がある．事前精算機を配置したシステム構成例を，前項同様に図 3.10 に示す．

4) 車番認識システム　車番認識システムとは，車両のナンバープレート上の文字を読み取り，その読取りデータを基に各種の処理を行うもので，早くから駐車場の入出チェック機能として注目されていた．しかしながら，今までは「高価であること」，「認識精度が運用効果として満足できるものではなかった」の理由もあり，あまり大きな進展はみられなかった．しかし近年，低価格でかつ高性能な車番認識装置が開発され，料金精算システムと連動した駐車場の管理・運営面における汎用機として使用のケースが目立ってきた．そのシステム構成の例を図 3.11 に示す．

車番認識システムは，入出場の効率化のほか，駐車場のセキュリティの一部を担うものとして，その需要が高まりつつある．車番認識システムがもつ，主な機能を以下に列挙する．

(1) すべての入出庫車両の車両番号と時刻を記録する．

(2) 契約車として，登録された車両番号を検出すると自動的にゲートが開となり，自動入出庫が可能．

(3) 駐車券紛失した場合，車両番号から簡単に入庫時刻が検索できる．

(4) 出庫時に，事前精算済みであれば，自動でゲートを開ける．

(5) あらかじめ登録した車両番号を検出すると，警報を鳴らす．

(6) 普通車と大型車（荷捌車やバス）のナンバープレートを区別し，駐車料金を変える．

しかしながら，「ナンバープレートが変形したもの」，「汚れが激しいもの」，「外務省が交付するプレート」，など認識できないものもあり，運用に際しては，読み取り不可の場合の処理方法を十分考慮し対応する必要がある．

5) パーキングロックシステム　1 台からでも無人の駐車場運営が可能であり，カーゲートが設置できない場所や道路から直接乗り入れる駐車場に最適である．パーキングロックシステムは図 3.12 に示した，ホイールロック板と精算機により構成される．

精算機は 1 車室用，2 車室用，3 車室用，10 車室以

3.2 一般情報設備

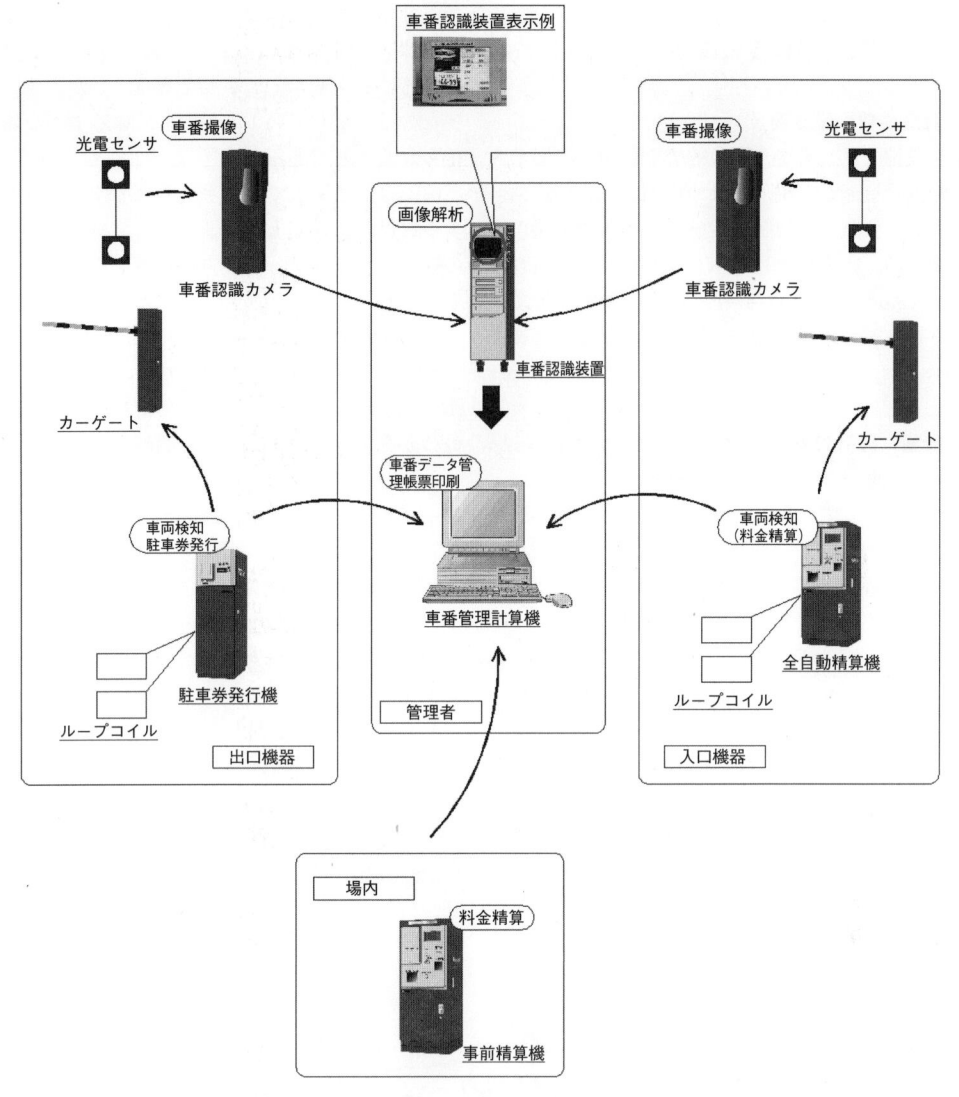

図 3.11 車番認識システム

図 3.12 パーキングロックシステム
(a) 集中精算機　　(b) ロック板

上用（集中精算機）など駐車規模に応じて，選択が可能となっている．

駐車場設備の計画・設計に際しては，その規模に対し，前記全自動システムとの費用比較を行う必要がある． 〔大庭正俊〕

文　献

1) インターホン工業会：インターホン及び関連する通信情報機器解説書，1996.
2) 藤岡繁夫編：改訂新版 PA 音響システム，工学図書，1996.

3.3 特殊情報設備

3.3.1 特殊情報設備概要

特殊情報設備とは，あまり一般的でない用途で要求される情報授受機能を実現するための情報設備の総称であり，教育・会議用の視聴覚設備，多種言語会議用の同時通訳設備，劇場や多目的ホールなどで使用される舞台AV（Audio Visual）設備，体育館や競技場で使用される競技運営用情報伝達・情報管理設備などについて述べる．

3.3.2 計画・設計の要点

a. 目　　的

人と人とが対面して肉声で話すとき，声や表情の変化に感情が表現されていると誰もが感じる．しかし，離れると声が小さくなるし，顔も見えにくくなる．そこで，声を大きくすること（拡声）や顔を大きく写すこと（画像投影）が必要になる．

その手段として「マイクロホンからスピーカまで」，「ビデオカメラからスクリーンまで」のさまざまな機器を用いる．時にはテレビ会議や中継放送のように通信システムが介在することもある．このようにAV設備は離れた場所でお互いの意思を伝えるための手段である．本来の目的からすれば，拡声は声が遠くで小さくなるのを補えばよい．画像は遠くの人が確認できればよい．したがってAV設備では，情報が正確に伝わることが基本的に重要である．しかし，さらに重要なのは，離れていても対面しているような臨場感が得られることである．

実際は伝送路上で情報が失われてゆく．これを軽減するには，伝送路上の機器，ケーブル，電源，アースの選定のみならず，実装方法や調整などに細心の注意を払う必要がある．

b. 運用計画と機能抽出

AV設備はどのように使われるのかを踏まえて設計する．どんな機能がどの程度のグレードでできればよいのかを十分に調査してから始めたい．

竣工後に想定される，館の年間スケジュールはスポーツイベントや式典，講演会，発表会，演劇といった各種のイベントから構成される．イベントはまた自主公演，館貸しイベントなどさまざまであるし，毎年イベント内容も変化するだろう．そうした状況でAV設備をうまくはたらかせるには，演出スタッフや技術スタッフの意向を実現しやすい仕掛けを整備しておくことである．また，技術スタッフの操作スキルを想定して，館保有の設備（常設）ともち込み設備（仮設）の分担を明確にしておく必要がある．

図3.14は自主公演として企画された仮想イベント（ABC演奏会）のスケジュールと各工程での作業概要

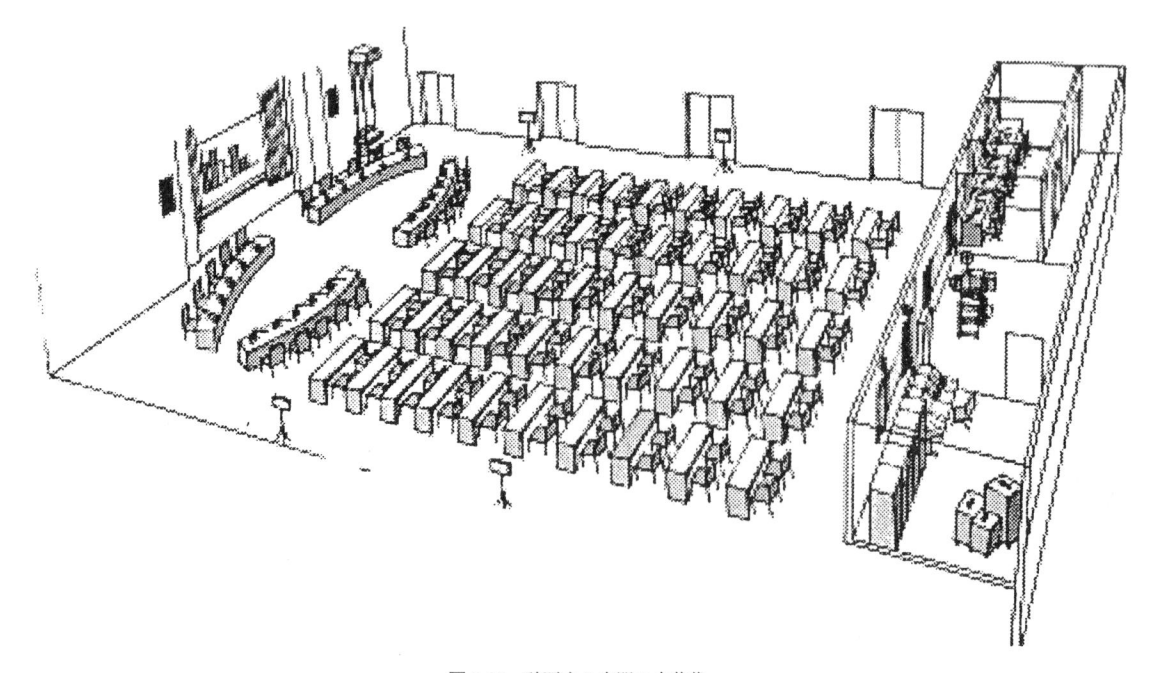

図3.13　計画する空間の全体像

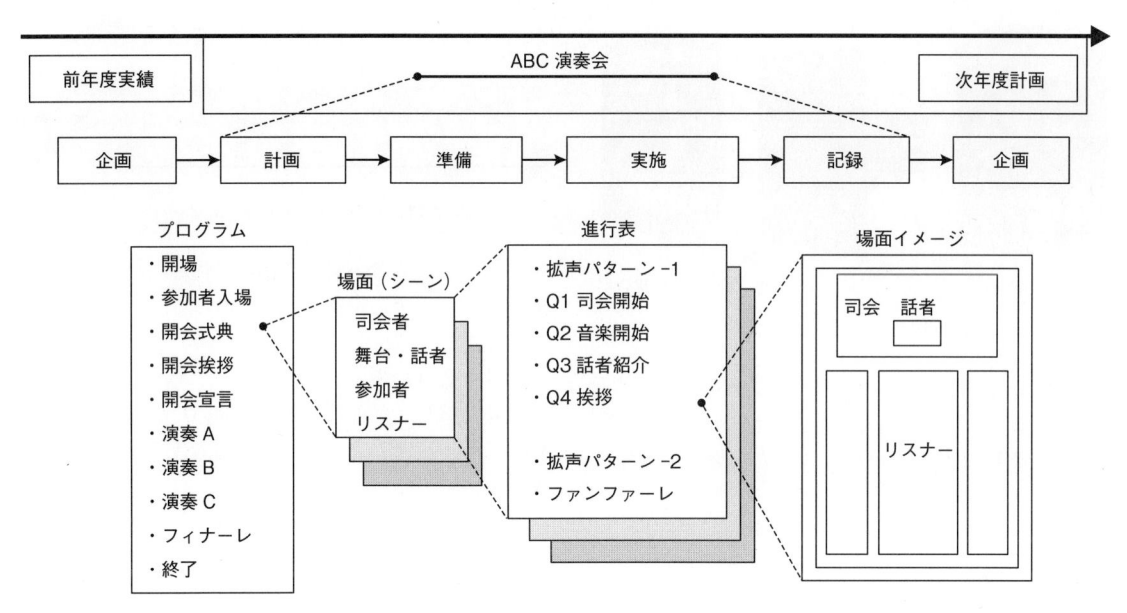

図 3.14 イベント計画と運用イメージ

を示している．一つのイベントは企画，準備，実施，記録などのプロセスでできている．

企画段階でイベントプログラムが作成されたら，セッションごとの内容を十分に把握する．例えば式典セッションでは話し手，聞き手，司会者，来賓の位置はどうなるかを図面にする．進行表（キューリスト）をつくって拡声のきっかけを決める．シーン切り替え，音量操作，映像操作などのタスクを想定する．

公演の各シーンの演出ではディレクタ，サブディレクタ，スタッフが役割分担をもっているので，AV設備インフラは彼らの仕事を助けるように整備されている必要がある．イベント解析を反映してAVシステムの具体的な実現方法を検討してゆくと，「使い勝手のいい」システムとなる．

イベントの大半がスピーチであれば日常は非専門スタッフでも運用できるシステムとし，そのうえで演劇，歌謡ショーのような機材もち込みイベントに対応できる電源，回線，連絡のインフラを整えておくべきであろう．

c．実現方法の検討

1）音響設備

ⅰ）拡声の必要性　騒音は聞き取りを妨害する．騒音があっても自然に感じるように拡声レベルを管理するにはどうしたらよいか．肉声のレベルは個人差があるし，騒音にもいろいろな状況が想定される．

図 3.15 は離れた場所での人の肉声レベル（目安）を示している．大きな声から小さな声まで幅は 25 dB

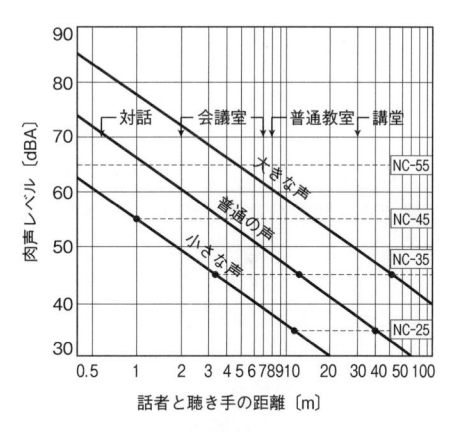

図 3.15 拡声の必要性を検討するためのチャート例

程度とみられる．NC（Noise Critria）値はその空間の騒音許容値である．視聴覚室では通常 NC-25 から NC-30 が望ましいとされている．話者から最後部のリスナーまでの距離を想定して，声のレベルが NC 値を 10 dB 程度上まわっていれば，肉声の聞き取りにはほぼ支障がない．ただ，聴力弱者には配慮すべきである．リスナーのざわめきも騒音であるが，これは変動する．通常は 45 dB から 65 dB 程度は想定されるから，10 m 以上離れた場所があれば拡声する方が無難であろう．

一方，楽音を含む映像音声はむしろ迫力のある大きな音で再生することが望まれる．生演奏をマイク集音して拡声することもよく見受けられる．音楽の内容によって違うが，通常は最大音圧レベルを 95 dB 程度と

(a) 直接放射型　　(b) ホーン型　　(a) 複合型

図3.16 主なスピーカの種類[1]

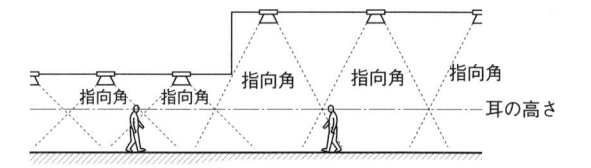

図3.17 天井高さにあわせたスピーカの選定

考えてよいだろう．それ以上はもち込み拡声設備で対応することが多い．

次に，拡声内容に向いたスピーカを適切に選定する．

ⅱ) スピーカ　設備用スピーカを大別すると，図3.16に示すように直接放射型，ホーン型，複合型の3種類がある．これらは，音の到達距離性能によって分類している．

直接放射型には高音用ドームツィータと低音用スピーカをもつ2ウェイスピーカが多いが，通常の天井スピーカのようにスピーカ1個で構成されるものもある．以上のものは2mから5mの近距離用スピーカと呼ばれる．ホーン型スピーカはスピーカの向いた方向に強い音が放射されるもので，30m以上の遠距離用スピーカである．複合型スピーカはこれらの中間の，5mから30m程度の中距離用として設計されている．5m以上の高い天井では直接放射型は避けるべきである．このようなケースではスピーカの取り付け面をホーン様にした変形バフル型スピーカかまたは小型ホーンを組み合わせた同軸スピーカを勧める．

図3.17には天井スピーカとその適用方法について示す．人が立った状態の耳の高さで音響指向特性 (4 kHz, −3 dB) が重なるようにスピーカを設置する．

ⅲ) 拡声方式　拡声方法は，空間の広さ，天井高さによって次の3方式から選択されることが多い．それらはスピーカの機能と配置によって，集中方式，半分散方式，分散方式と呼ばれており，概要は表3.12に示すとおりである．

集中方式は比較的吸音処理の効いた小規模の空間で用いるが，場所によって音の強弱（音圧分布偏差）ができる．

半分散方式は舞台位置が固定された，比較的大きい空間に適用される．ここで2つ以上のスピーカを使うときに注意すべきことは (1) 音速 (340 m/s)，(2) ハース効果，(3) 両耳受聴の3つである．ごく簡単に説明すると，音は伝播速度が常温で340 m/sであり，2つのスピーカは互いに干渉している．また，人の耳への到達時刻のずれが1 msから10 ms程度であると早く到達した方のスピーカに音像が定位する，これはハース効果と呼ばれている．これ以上ずれると干渉により音質が変化したり，音が2つに聴こえたりする．また人の耳は2つあることで，音の到来方向を識別できる．

このように人の聴覚特性を考慮して，半分散拡声方式では分散スピーカの発音時刻を遅らせたり，拡声レベルを調整する．ただ，空間の形状や吸音処理などを総合的に考慮して，スピーカ配置，スピーカ選択，動作条件の設定を行うことは少し難しい．

分散方式は低い天井で床面積が大きい空間にむいている．一般にはすべてのスピーカから同時に拡声する．これはコスト面では安い方式だが，音像定位が得

表3.12 主な拡声方式の利点・欠点

	集中方式	分散方式	半分散方式
利　点	・メインスピーカを一方向に向けてまとめて設置する． ・場所によっては自然な方向感覚が得られる． ・音の伝達に時間差がない．	・スピーカを多数，天井に分散して配置する． ・均一な音圧レベルが得られる． ・騒音の大きい場所に適す．	・メインスピーカと分散スピーカを配置する． ・自然な方向感覚が得られる． ・比較的均一な音圧レベルが得られる．
欠　点	・均一な音圧レベルが得にくい． ・残響時間が長い部屋ではエコー感を伴う席で明瞭度が悪くなる．	・方向感覚が不自然． ・多数のスピーカにより音が干渉しあって明瞭度が悪くなる． ・設備費が集中型に比べて高価	・音響遅延装置が必要 ・音響調整技術が必要 ・設備費が集中型に比べて高価
適した場所	学校の教室における画像音声の拡声，体育館，ホールなど	一般事務所など，低い天井で比較的面積のある会議室	舞台位置が固定されたホール，大空間，体育館など

られない．一方，舞台近くの分散スピーカから順に拡声する方法をとると，音像定位が得られる．また残響時間が比較的長い空間でも障害を感じにくい．これを行うには各スピーカを遅延制御する必要がある．

2）映像設備　映像ソースは，会場のビデオカメラ，アナログ映像ソース，デジタル映像ソースなどさまざまである．

現在はまだオフラインメディア，オンラインともアナログ方式が多いが，放送業界を中心にデジタル化の方向である．そこで設計にあたっては過去の映像資源の活用とデジタル技術の将来とを注視しておく必要がある．特に回線系のインフラは竣工後の増設は高くつくから，将来を想定して整備しておくことを勧める．

ⅰ）**映像処理**　映像処理では画像の選択，送出，収録，編集などを検討するが，まずシステムの総合グレードをどこにするかがたいせつである．NTSC, RGB, SDI, HDなど信号のうちどれを主に扱うか，スイッチングなどにおいてフレーム同期をとる必要があるかどうかによりコストが大幅に変わる．

ⅱ）**映像表示**　イベントにおける映像のプレゼンテーション条件を整理し，入力ソースの内容により表示装置を選択する．画面の色見を重要視するか，動画が多いか静止画が多いか，PC画像のような細かい文字情報を写すかなどが選択の基準になる．

図3.18に示した人の視覚特性を考慮してスクリーン位置を最適に設計する．また，客席床の勾配との関係でサイトラインが決まる．

舞台と座席配置からスクリーンの大きさ，配置を検討する．スクリーンには反射型と透過型とがあり，素材や加工方法によって表3.13に示す特徴がある．

プロジェクタは光量，分解能，ランプ種類などを決める．最近のプロジェクタは明るく，かつ各種信号に対応できる．注意することは，(1) ランプの減光, (2) ランプの負荷量, (3) レンズ, ミラー, ほこりによる光学系の汚れ, (4) 初期調整によりプロジェクタ光量がカタログの最大値から大きく減少することである．プロジェクタをLAN上の情報機器と位置づけて，画像配信やインターネット接続を可能とする機種も増えている．複数プロジェクタのメインテナンス管理が利用できるソフトウェアも見受けられる．

ⅲ）**視覚と聴覚**　人の脳では視聴覚情報が同時に処理されているわけで，スピーカを配置するときも視聴覚の相互関係を踏まえておくべきであろう．図3.19のように画面中央に話者が写っている場合，スピーカはできるだけ画面中央を通る軸上に配置するとよい．

表3.13　フロント式，リア式の投影方式

	反射式：フロント	透過式：リア
長所	・部屋に適した大型画面で映写可能 ・ワイド画面設定が容易 ・スクリーン材質の選択が幅広い ・鮮明な画質が得られる ・スクリーン設置方法が多種 ・収容人員を多くできる	・メモがとれる明るさが確保できる ・天井が低くても比較的大きな画面が確保できる ・映写光がじゃまにならず，機能的 ・スクリーン前面の説明者の影が出ない
短所	・室内を暗くする必要がある ・室内に映写光が漏れる	・リア映写設置スペース必要 ・大型スクリーンの選択が難しい
用途	視聴覚室， 講堂，シアタ， 大ホール， 多目的ホール etc	会議室，役員会議室， セミナー室，デシジョンルーム， 講義室，実習室， 多目的ホール etc

(a) 視野（水平方向）

(b) 視野（垂直方向）

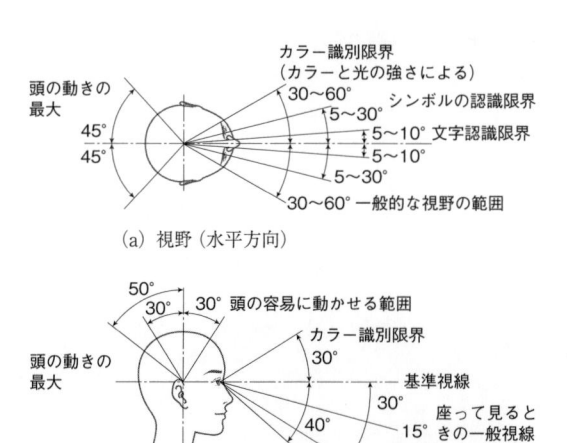

図3.18　人の視野と視覚特性[2]

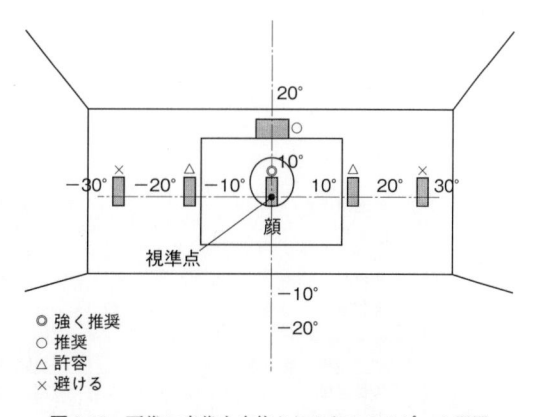

図3.19　画像に音像を定位されるためのスピーカ配置

画面の両サイドにスピーカを置くと，前述したハース効果により，近いスピーカに音像が定位するためである．人の耳は頭の両側に水平についているために，話者の視覚方向と聴覚方向が水平角度で10度以上違うと「不自然な聴こえ方」になることが報告されている．垂直方向に関しては経験的には45度程度まで許容される．映画館のように音響透過タイプのスクリーンを用い，裏側にスピーカを置くことを勧める．

iv) アナログ方式とデジタル方式　近年のIT技術革新により，音響映像機器はアナログ式からデジタル式に，システム制御もマニュアルからコンピュータに替わりつつある．

音響・映像処理には，アナログ方式とデジタル方式とがある．一般的にはまだアナログ方式が主流であろうが，部分的にあるいはすべてにデジタル処理を用いる場合もみられる．それぞれ一長一短があって，どちらの方式を選択するかは意見の分かれるところである．デジタル方式はアナログデジタル変換によって情報量を限定したことで無ひずみ伝送が可能となり，コンピュータによる各種制御が容易とされる．

一方，デジタル方式ではサンプリングレートや符号ルール，伝送ルールが異なるものを直接接続できない．デジタルミキサなどでは使い勝手がアナログ方式のようにしっくりこないと指摘する声もある．

アナログ方式は初期性能の維持・管理コスト，設定状態の再現性，操作の容易性などの問題を指摘する声がある．総合的にみれば操作がパターン化でき，非専門オペレータによる運用を考えるならデジタル方式，多様な操作が要求されるならアナログ方式が現在のところ適している．

3) **AV制御方式**　AV操作やシステム監視が容易な制御システムが利用されている．ただ，制御方法はさまざまである．制御の対象機器はRS-232C，RS-422，RS-485，IEEE 488規格のインターフェース（IF）をもっており，公開されたプロトコルにしたがって制御できる．図3.20に示すように一般にはPCに制御BOXを置き，ここにIFカードを挿して機器に接続する方法である．この方法は個別空間用の制御方式といえる．PCにはLAN（IEEE 802.3）への接続ポートがあるので，個別空間用のPCを制御することもできる．ただこの方法はPC配下の機器どうしを通信させるには不向きといえる．

一方，LANに直接接続可能な機器もあり，LAN上ですべての機器を制御・管理できるようになりつつある．直接LANに接続できない機器でもプロトコル変換（例えばIEEE 802.3とRS-232C）が市販されているので，実際の不便をあまり感じなくなっている．

こうなると，AVシステムはIT情報システムと明確な区別ができず，制御ソフト，監視ソフト，管理ソフトなど，ソフトウェアの設計に重点が置かれるようになる．

d. その他の検討項目

電源や接地など電気設備インフラや照明，室内騒音などに留意したい．AV設備設計は表3.14に示すよ

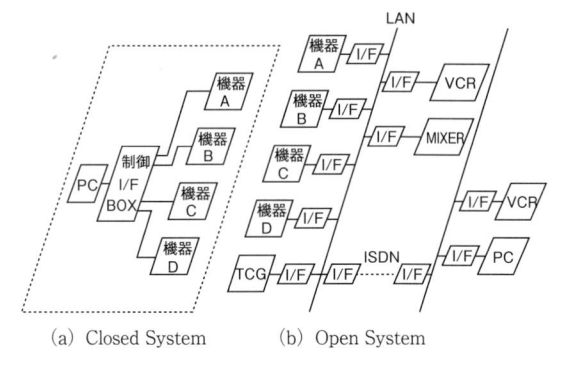

図3.20 制御システムの構成例
(a) Closed System　(b) Open System

表3.14 音響・映像計画と関連する検討項目

	音響計画 (音声，映像音声，モニタ)	映像計画 (映像，プロジェクション，モニタ)	その他 (AVソース，システム制御)
建築計画	・スピーカ配置（開口） ・機械室など配置（同一階，上下階） ・貫通部 ・室形状 ・吸音 ・遮音 ・調整室	・スクリーン配置 ・プロジェクタ室 ・座席段床カーブ ・スクリーン見えがかり ・暗転・遮光幕 ・スクリーン搬入ルート	・イベント機材搬入路 ・機材仮置きスペース ・アーティスト導線 ・トイレ，控室
設備計画	・電源/接地 ・空調設備（静かさ） ・各種機械 ・配管，配線	・スクリーン垂直照度 ・視聴者手元照度 ・遮光幕電動装置 ・プロジェクタ昇降装置	・音響映像ソース ・構内LAN ・AV用制御用LAN

うに建築音響設計，照明設計，騒音制御設計などのさまざまな設計と関連している．見やすい画面，聞き取りやすい静かな空間の実現も基本的な課題となっている．

一方，AV設備のトータル性能は最終的にはシステムの調整技術，操作技術に依存するから，計画から施工後の運用に至るまで総合的に検討する視点をもつべきであろう．

3.3.3 視聴覚設備

会議・教育用AV設備などの計画・設計上の要点を概説する．ここでは主に授業，発表会，講演会などで，リスナーにテキスト・パンフレットなどが配布され，話者がスライド，ビデオなどを提示しながらマイクを使ってスピーチするといった状況を想定する．

a. 映像設備

映像ソースはおおむね，PC，書画カメラなどのRGB信号とVHS, S-VHS, DVDなどNTSCコンポジット信号が主流であろう．またDV-CAMなどで撮影したIEEE 1394規格の映像入力再生用機器を装備するとよい．場内設置のビデオカメラ（RGB, Y/C, VBS）の映像配信や映像記録もよく行われる．

スクリーン投影の場合，視聴覚環境にできるだけ配慮して，照明条件（暗転可能，調光可能），ビデオカメラ用照明との取り合いなども検討する必要がある．

b. 音響設備

マイク音声は天井スピーカによる分散拡声が無難であろう．通常，全スピーカ同時拡声となりがちだが，コストが許されれば音像定位型を勧める．

ラインレベルの音声ソースとしては，CD, MD, DVD, カセットテープなどである．通常これらの機器は業務用を設備するが，ウォークマンやラジカセなど民生用機器を接続する要求もある．この場合にはRCAピン入力と入力トランス（不平衡・平衡変換）で対応する．

映像音声やBGMなどはスクリーン側に置かれた遠距離用スピーカから集中拡声方式で拡声する．空間が広い場合は天井分散スピーカと組み合わせた半分散拡声方式を用いる．

近年はDVDが急速に普及している．DVDで提供されるマルチサラウンド音響を再生したいという要求も増えている．スピーカに前方L, C, R, W（重低音）とRL, RRを用いる5.1方式が先行したが，後方スピーカを足す6.1方式も出ている．マルチサラウンドでは音声をCチャンネルに効果音をL, R, RL, RR,

図3.21 視聴覚設備をもつ大教室例

Wに記録している．これらの方式は1人用に擬似音場を再現するものである．視聴覚室のような広い空間で，かつ大勢に対応するには，劇場用に開発された同種のDTSシステムがある．図3.21はマルチサラウンドを設備した大教室の例である．DVDの再生映像はリア投影方式で写されている．視覚と聴覚の一致が得られるようにスピーカはスクリーンと天井の間の部分に設置している．スピーカの実装は建築取り合いを検討し，スピーカ防振，スピーカ背後吸音，共鳴防止を行う．

学校の視聴覚室，音楽室などではCDなどを用いた高品位な音楽ステレオ再生もある．

ステレオはL, Rチャンネルで再生するが5.1マルチサラウンドと同様に個人ユースである．ステレオでは2台のスピーカとリスナーが正三角形となる配置で再生する．ここでも，ハース効果によって両サイドに座ったときステレオ感は得られない．したがって，視聴覚室のように大勢のリスナーには対応できないのが実情である．

c. AV制御

操作場所は舞台上（袖）の操作卓と調整室で行う．小規模の設備では操作卓ですべて制御できるように考える．操作場所が分かれるときは指示連絡用モニタを置く．また，調整室では話者を目視でき，引き違い窓を開けて拡声音を確認できるようにする．操作卓は一般に素人が扱いやすくしておく．映像系では，プレビュー用と送出用モニタ画面を置く，別途タッチパネルを通して，映像ソース選択，機器操作，照明調光操作，スクリーンおよびカーテン幕開閉操作などを行える機能を設ける．操作はそれぞれ単独に行えるほか，一連のパターン制御操作をできるようにする．会議やスピーチ使用では基本的にAV回路の変更があまり

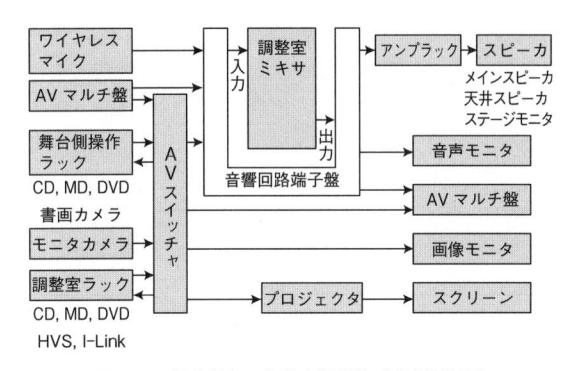

図 3.22 視聴覚室の音響映像設備（構成機能例）

ないので，あらかじめセットされた AV パターンを呼び出して使用することが望ましい．音響システムはできる限りデジタル処理を勧める．

AV 系統図の一例を図 3.22 に示す．

一方，演劇などでは事情がまったく反対で，複雑な回路変更にも対応しておく必要がある．

3.3.4 舞台 AV 設備

演劇では効果音や役者の声を自然に聞こえるようにすることがたいせつである．舞台 AV 設備は演出や技術スタッフの仕事を助けるように設計する．舞台専門のコンサルタントと話し合いながら設計することを勧める．ここでは，ごく一般的な設計上の検討事項について触れておく．

a. 映像設備

まず CCTV による館内テレビ放送設備が必要であるが，これは 3.2 一般情報設備の項を参照されたい．次に大型画面を使った演出に映像設備が必要だが，これは大会議室などの仕様を参考にすればよい．劇場を使って映画上映を行うケースでは，あらかじめ映画館としての要求と劇場としての要求の妥協点を見つけて設計しておくことになろう．

b. 連絡システム

演劇は舞台監督とリーダーとして各種専門スタッフがサポートしている．チームの連絡手段として舞台監督卓，キューライト，インターカム，コール，音響モニタなどのシステムが必要である．

c. 音響設備

音響調整室は客席後方に集中させることが基本で，オペレーション上の要求から客席内に調整基地を設けることがある．また調光室，映写室，通訳ブースなどの配置と導線計画に留意する．

劇場の音響システムは一般的には図 3.23 に示すよ

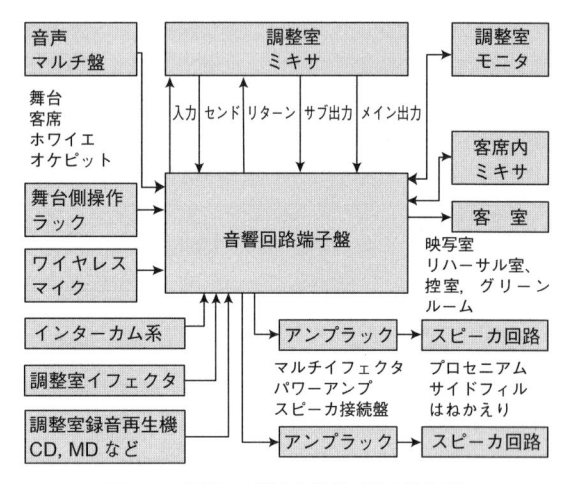

図 3.23 劇場の音響映像設備（構成機能例）

うなものである．以下，会議・講演目的の音響設備と大きく異なる点を中心に述べる．

1) パッチ盤　マイク，CD，MD などの音響ソース系，音響調整ミキサ（調整室，客席内調整場所），音響イフェクタ系，モニタ系，コミュニケーション系，音声出力系などすべての入出力がパッチに上がっている必要がある．これは，演劇にあわせてオペレータがどのような回路でも組むことができるという条件が不可欠だからである．コネクタは耐久性のある XLR タイプとする．

2) 音響回路端子盤　マイクコネクタ，映像回線，アンプ入出力回線，電源などをまとめた端子ボックスを劇場内の必要な場所に設置する．このボックスの配置計画は使い勝手上，非常にたいせつである．専門スタッフの作業で必要と予想される位置に端子盤を設け，端子盤どうしの間をトラック回線で結んでおく．音声マルチ回線を確保しておけば仮設回線の敷設量が少ない．アンプはなるべくスピーカの近くに置き，スピーカケーブルが長くても 20 m 以内になるように計画する．

3) メインスピーカ　プロセニアム上部にスピーカクラスタを組んで，客席へできるだけ均一に拡声できることが望ましい．

演劇においては役者の立ち位置の上方にスピーカがあってほしい．軽いスピーカはスピーカバトンなどを利用して舞台内の上方に設置する．仮設のもち込みスピーカはイントレを組んで舞台の両サイドに置くことになるので，常設のプロセニアムスピーカの役割は大きい．

3.3.5 同時通訳設備

ブース内の音響機器の仕様と性能についてはIEC 60914にしたがう．発言者のマイク音声を音響調整室から英語通訳者に送り，同時にその英語音声を各国語通訳に送る．各国語の音声を調整室に戻して，有線または赤外線方式トランスミッタから会議参加者のレシーバに送る．図3.24は有線方式の例である．

a. 固定型通訳ブース

同時通訳ブースについての標準仕様（ISO 2603, 1999）に述べられている．

1) 設置場所，寸法など　ブースはそこから議事の進行や映写スクリーン，また音響調整室などが見わたせるような位置（高さ）とする．通訳とオペレータとの意志の疎通が必要で，音声でのやりとりが難しい状況でも視覚的な合図や互いの往来を容易にする配置とする．

ブースの最低寸法は2名入室の場合，幅2.5 m，奥行き2.4 m，高さ2.3 m，3人入室の場合幅3.2 m以上とする．窓は正面と側方に設け，サッシの方立てはないようにする．ガラスは無反射光ガラスか，作業灯の写り込みを防ぐために若干傾ける．扉は防音性を考慮し，20×20 cmの覗き窓を設ける．内装材は基本的に吸音材とし，作業環境として適当な色彩でつや消しとする．作業机は窓幅いっぱいに設置し，机上マイクへの雑音防止用緩衝材を貼る．

2) 設備条件　換気回数は毎時7回，吸気は100％新鮮空気，CO_2濃度0.1％以下，室温は18～24℃，湿度45～65％を保つ．空調設備系統は単独系統，吹き出し風速は0.2 m/s以内とし，ダウンドラフトに注意する．照明は作業灯と一般照明が必要．作業灯には蛍光灯でない自由に動かせるテーブルランプを用いる．調光スイッチは通訳の手元に設け，100 lxから350 lxまでの調光可とするか，100～200 lxの照明と300～350 lxの照明の2通りを用意する．調光トランスなどの雑音や，会議場への光漏れに配慮する．

3) 音響条件　遮音性能はブース－会議間で$R'w$ = 48 dB，ブース相互間$R'w$ = 43 dB，ブース－通路間$R'w$ = 41 dBを標準とする．この$R'w$はISO 717-1に示された評価基準で，おおむね中音域の遮音性能とみればよい．ケーブルダクトの間仕切り貫通部には充てん材を詰める．残響時間については125 Hz～4 kHzのオクターブバンドで0.3～0.5 s（空室）を目安とする．

b. 移動型通訳ブース

ISO/FDIS 4043に標準仕様が示されている．固定型ブース仕様を定めたISO 2603をベースにブースの分解，組み立て，運搬と取り扱い上の条件を満たすもので，概要は以下のとおり．

1) 設置場所

寸法など：視界確保のためにブース床は会議室の床上から最低でも30 cm上げる．また，ブースは会議参加者から少なくとも2 m離す．ブース寸法は標準型で幅1.6 m（2人以下），2.4 m（3人），3.2 m（4人），奥行き1.6 m，高さ2.0 mである．しかし，この標準寸法が採用できない例外条件では，最小寸法1.5 m×1.5 m×1.9 mとする．入口扉は静かに作動するもので，外開き，鍵は不要である．ケーブルの引き込み口はブース側面または正面パネル面に，使用機器のケー

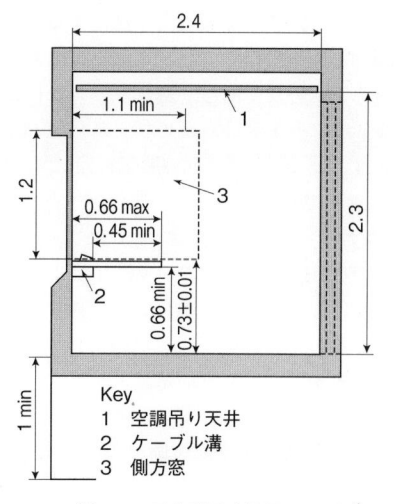

図3.25　固定型同時通訳ブース例[4]

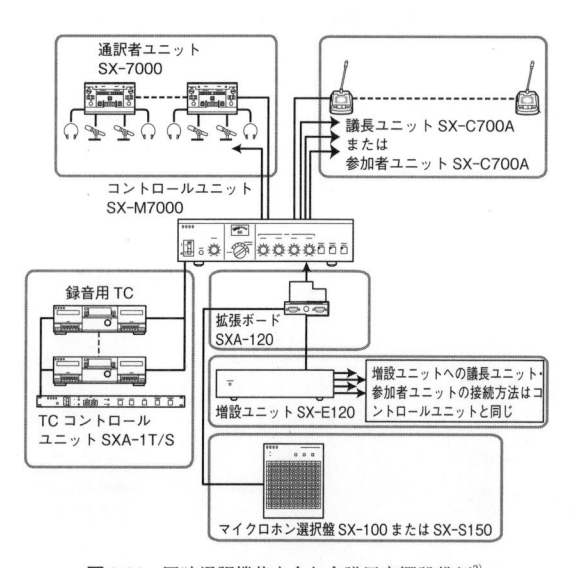

Key
1　空調吊り天井
2　ケーブル溝
3　側方窓

図3.24　同時通訳機能を含む会議用音響設備例[3]

ブル本数に対し十分に，かつ最小寸法とする．

2) 設備条件　換気用ファンは天井に設置し，換気回数は毎時7回必要である．空気取り入れ口は通訳者の足へのドラフトを避けるためブース後壁パネルの低い位置とすべきとしている．換気騒音については40 dB（A）以下である．

3) 音響条件　遮音性能についてはブース-ホール間 15 dB（500 Hz）以上，ブース相互間 21 dB（500 Hz）以上必要としている．残響時間の条件は固定ブースと同様であるが，吸音を高めるためにカーペット敷きの床上に設置すべきとしている．

3.3.6 体育・競技施設情報設備

a. スポーツ競技表示

スポーツ施設では，選手紹介・競技結果・得点表示（以下，競技表示）などの情報を表示する情報表示盤としての位置づけが大きく，計時装置や得点入力装置と大型映像装置をオンラインで接続し，催される競技運行に沿って観客，選手へわかりやすい情報提供が要求される．

施設の規模や目的により，催されるスポーツ競技が異なるため，その施設でどの競技表示が必要とされるのか検討が必要である．

b. 映像表示

施設で催される各種スポーツ競技，イベント開催時には，観客や来場者へのサービスとして映像表示を行い，演出効果を高めるために利用される．

映像サービスには，施設独自で制作した映像や情報表示だけでなく，中継映像や施設利用者のもち込み映像素材の表示など施設利用者のニーズに合った映像表示が行える設備を検討することが必要である．

主な映像表示内容は実況映像，VTRなどの再生映像，施設案内，中継映像などである．

大型映像装置は，表示された競技情報や映像の観客席からの視認性を考慮し，かつ表示させたい情報が表示できる大きさ，アスペクト比の映像装置を検討する必要がある．特に，陸上競技を行う施設や水泳場では競技表示に関する規定が設けられている．

また，施設の照明照度，屋外であれば外光照度下においても表示された情報内容がはっきりと認識できる画面輝度を有した大型映像装置を選定することも視認性を高めるために必要である．

【陸上競技における規定】
文字表示：横36文字以上，縦11行以上
【水泳における規定】
文字サイズ：横210 mm×縦300 mm以上

図 3.26　競技施設用大型映像装置例[5]

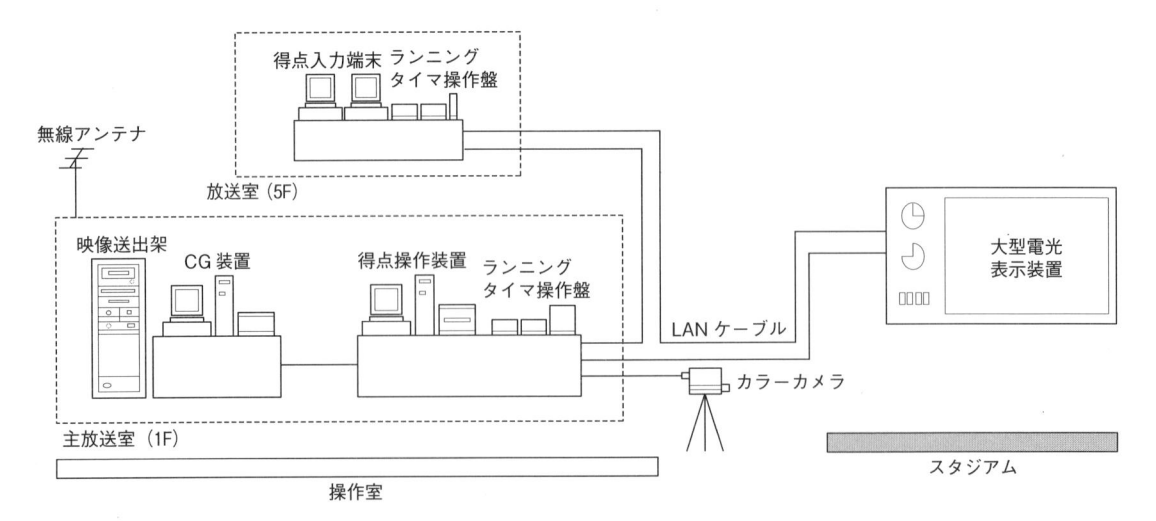

図 3.27　競技施設用大型映像設備の系統図例[5]

文字表示　：横37文字，縦12行

〔新井　博・是永慈音〕

文　　献

1) EVIオーディオ社スピーカ製品資料．
2) 田中茂良：放送技術，1999. 7-10.
3) SONY '03総合カタログ業務用/教育用機器．
4) ISO 2603, 1998. 11-15, p. 4.
5) 松下電器産業，競技施設用大型映像装置カタログ．

3.4　情報通信設備

3.4.1　情報通信設備概要

情報通信システムは，飛躍的な技術革新の進展や情報ニーズの高度化・多様化によって，時代の最先端をいくシステムを追求して進化し続けている．

近年，建設されるインテリジェントビルなどは，知的付加価値や情報の生産の場として，コミュニケーション機能やオフィスオートメーション（OA）機能などにかかわるビル設備がビルの基盤設備サービスの一つとして，建築設備の必須設備となってきている．

ビルに設置される情報通信設備は，大別して，LANやPBXに代表される私設情報通信ネットワーク設備と外部拠点との間のネットワークにかかわる通信事業者らが提供する通信ネットワークにかかわる設備（WAN）に分けられる．

さらに，通信ネットワーク設備は専用回線と交換回線に分けられ，それぞれデジタル・アナログの別，伝送データ量，回線品質，許容応答時間などの要求に合わせて，多様な通信ネットワークの構築が可能である．

また，私設情報通信設備としてのLANについても，アクセス制御方式，トポロジー，伝送媒体，配線方式などにより各種システムが選択可能であるが，年々高速化，高帯域化，高品質化が図られている．

従来，情報通信設備は，ビル内に設置する私設情報通信設備と情報通信事業者が提供する通信ネットワーク設備が，それぞれ別に扱われてきたが，その適用技術の高度化・統合化により，その設備はますます接近または重複化してきている．

これらの設備は情報通信ニーズに合わせて，多様な機器・通信回線・システムが開発されており，それぞれの技術の特徴を最大限に生かして最適なシステム設計を行うことが肝要である．

3.4.2　計画・設計の要点

a.　情報通信設備の計画・設計の作業ステップ

1) 計画・設計作業の流れ　　設備の計画・設計の基本的な手順を要約すると図3.28のようになる．

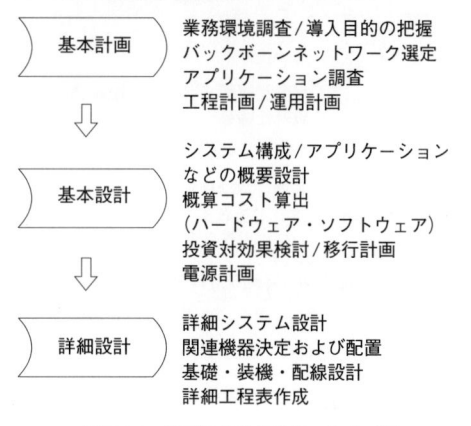

基本計画	業務環境調査/導入目的の把握 バックボーンネットワーク選定 アプリケーション調査 工程計画/運用計画
基本設計	システム構成/アプリケーションなどの概要設計 概算コスト算出 （ハードウェア・ソフトウェア） 投資対効果検討/移行計画 電源計画
詳細設計	詳細システム設計 関連機器決定および配置 基礎・装機・配線設計 詳細工程表作成

図3.28　情報通信設備構築の基本手順

2) 基本設計　　基本計画を具体化したものが基本設計である．基本設計書作成までのフローを図3.29に示す．

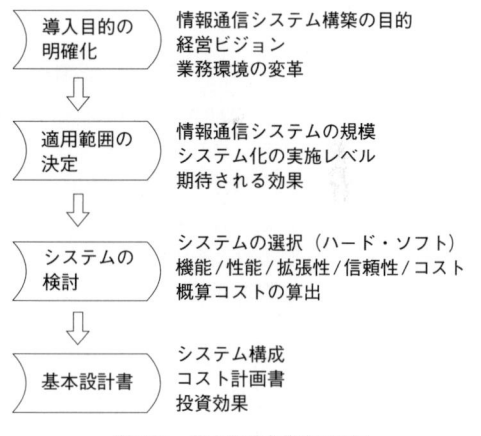

導入目的の明確化	情報通信システム構築の目的 経営ビジョン 業務環境の変革
適用範囲の決定	情報通信システムの規模 システム化の実施レベル 期待される効果
システムの検討	システムの選択（ハード・ソフト） 機能/性能/拡張性/信頼性/コスト 概算コストの算出
基本設計書	システム構成 コスト計画書 投資効果

図3.29　基本設計書作成のフロー

3) 詳細設計　　基本設計の結果に基づき，具体的に情報通信ネットワークが実現できるよう設計する段階が詳細設計である．詳細設計のフローを図3.30に示す．

ⅰ）条件の設定　　要求条件の詳細を決定する段階であり，エンドユーザーと十分討議して仕様をつめることが重要となる．この仕様の例を表3.15に示す．

ⅱ）システム設計　　システム処理能力，コスト，信頼性の評価を繰り返し実施して最適ネットワーク構成を決定する．システム設計と併せて，拠点設計とし

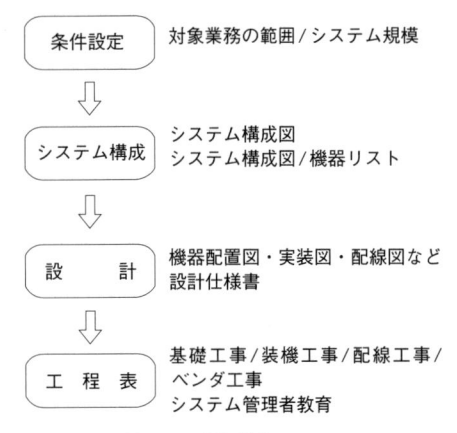

図 3.30 詳細設計のフロー

表 3.15 機能仕様一覧

条件種別	項目	備考
業務条件	システム化の範囲・規模	
	入力条件	対象業務別
	伝送・処理条件	同上
	出力条件	同上
	インターフェース条件	同上
	所要伝送・処理時間	機能別
運用条件	運用時間	
	信頼性	
導入条件	対象エリア	
	導入時期	端末設置場所

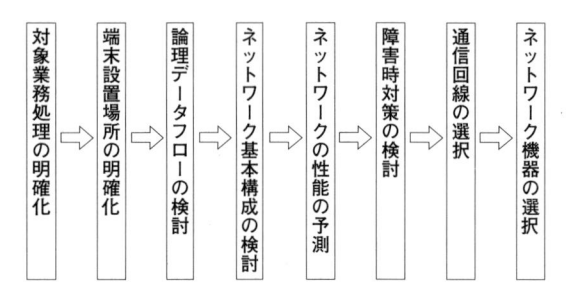

図 3.31 通信ネットワークシステムの設計手順

て各事業所ごとのネットワークへのアクセス方法について検討を加える，これを通して必要な通信機器，端末の仕様，台数などの決定が行われる．

ⅲ) 詳細工程表　詳細設計の進行とともに各細目が明らかとなる．この段階で詳細な実施スケジュールが作られる．

4) 導入設計　導入設計の段階では，メーカーに対する通信関係機器，端末機などの製造手配と準備，通信業者に対する回線利用申請のための諸準備が適切に機能するか否かのテスト計画などがある．

b. 通信ネットワーク（WAN）の設計

1) 通信ネットワークシステムの設計手順

ⅰ) 対象となる業務処理の明確化　新しいネットワークシステムを利用する業務処理を洗い出して，おのおのの業務ごとに代表的な処理内容や情報の流れなどを明確にする．

ⅱ) 端末機器の設置場所の明確化　対象となる業務処理が実行される情報通信機器およびそれを利用する端末機器（電話機，ファクシミリ，クライアントPCを含む）の種類や設置場所を洗い出す．

ⅲ) 論理データフローの検討　各種の情報やデータの論理的な流れを検討してまとめる．

ⅳ) ネットワーク基本構成の検討　ネットワークシステム内の各種機器間を接続するネットワークの基本構成を決める．

ⅴ) ネットワーク性能の予測　ネットワーク上を伝送されるデータの種類やデータ量を，業務ごとに分析し，ネットワークに要求される性能（パフォーマンス）を予測する．ネットワーク内の応答時間やスループットなど，ネットワーク性能の要求を満足するかどうかを判断する．

ⅵ) 障害時対策の検討　通信回線やネットワーク機器の障害時に実施される対策を検討する．バックアップ機器やバックアップ回線などが対象となる．

ⅶ) 通信回線の選択　通信回線サービスの種類の選定と，その通信回線の本数の見積もりを行う．そのためには，ネットワーク性能の予測結果や障害時の対応策をもとにする．

ⅷ) ネットワーク機器の選択　ネットワーク拠点およびユーザーのオフィスなどに設置するネットワーク機器を選択する．

2) 通信回線の選択　通信回線サービスの種類と通信速度適用領域の関係を図 3.26 に示す．

ⅰ) 伝送データ量　各設置点間をデータ量（トラフィック量）は，通信回線の伝送速度を決める大きな要因となる．一定時間当たりのバイト数として求める．

ⅱ) 許容応答時間　応答時間や伝送時間（スループット）に対して設定された目標値は，通信回線の伝送回線の伝送速度に密接に影響する．

ⅲ) 伝送密度　伝送されるデータが一定時間に集中するか，または散発的に発生するか，一定時間当たりのトランザクション件数は回線の種類の選択に関係する．

ⅳ) 通信費用　月ごとの通信回線の費用や通信機

3.4 情報通信設備

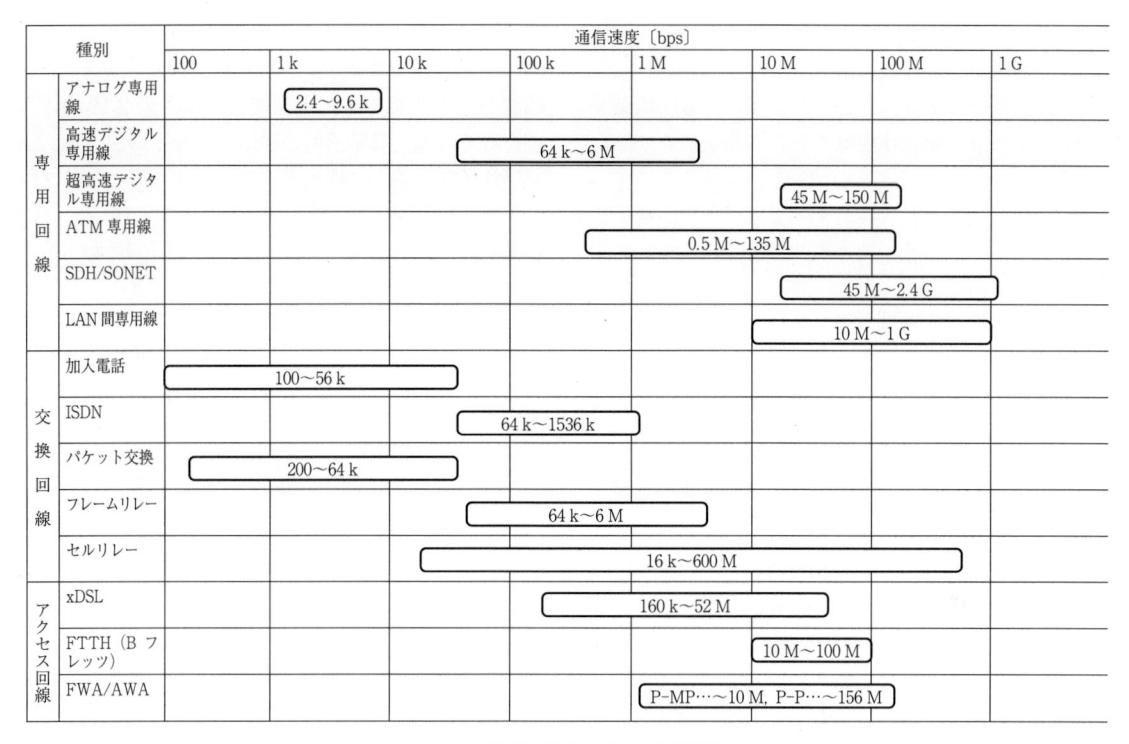

種別		通信速度〔bps〕 100 / 1k / 10k / 100k / 1M / 10M / 100M / 1G
専用回線	アナログ専用線	2.4～9.6k
	高速デジタル専用線	64k～6M
	超高速デジタル専用線	45M～150M
	ATM専用線	0.5M～135M
	SDH/SONET	45M～2.4G
	LAN間専用線	10M～1G
交換回線	加入電話	100～56k
	ISDN	64k～1536k
	パケット交換	200～64k
	フレームリレー	64k～6M
	セルリレー	16k～600M
アクセス回線	xDSL	160k～52M
	FTTH（Bフレッツ）	10M～100M
	FWA/AWA	P-MP…～10M, P-P…～156M

図 3.32 通信回線サービスの適用領域

器の費用である.

v）回線品質／信頼性　伝送されるデータに発生するビット誤り率や，通信回線サービスの中断や停止が少ないことも，通信回線の選択要因である.

vi）サポート機器　使用を予定している機器や端末装置などが接続することのできる通信回線サービスの種類を確認する.

3）専用回線の設計　主な専用回線サービスの種類とその特徴を表 3.16 に示す.

帯域品目の一般専用サービスはアナログ伝送を行う回線であり，データ伝送で利用する場合の伝送速度は，ユーザーが導入するモデムの種類により決定される．そのほかの専用回線サービスは，すべてデジタル伝送を行う回線サービスであり，帯域品目の専用回線より伝送品質が優れている.

高速デジタル回線は伝送速度が 64 kbps から 6 Mbps と大容量通信向きである．そのため基幹ネットワーク内の中継回線として多く使われるが，端末装置の高機能化により，端末アクセス回線としても使われるようになった.

また，伝送速度が 0.5 Mbps から 135 Mbps の超高速の専用回線サービスが ATM メガリンクサービスとして提供されている.

超高速デジタル回線は 45 Mkbps から 150 Mkbps と大容量通信向きである.

SDH（Synchronous Digital Hierarchy）/SONET（Synchronous Optical Network）は基幹伝送網で使用される 45 Mbps から 2.4 Gbps までの超高速専用回線であり，ITU-T で規定された 155.52 Mbps を基準速度とする同期デジタルハイアラーキである.

衛星通信サービスでは使用する周波数帯域を指定できるが，伝送遅延が単方向で 0.25 秒と大きいので考慮が必要である.

表 3.16 専用回線の種類と比較

サービス種別	伝送方式	伝送速度	伝送遅延	料金要素
一般専用（帯域品目）	アナログ	3.4 kHz	小	距離
一般専用（符号品目）	デジタル	9.6 kbps	小	距離, 回線速度
高速デジタル伝送サービス	デジタル	6 Mbps	小	距離, 回線速度
ATMメガリンク	デジタル	135 Mbps	小	距離, 回線速度
超高速デジタル伝送サービス	デジタル	150 Mbps	小	距離, 回線速度
SDH/SONET	デジタル	2.4 Gbps	小	距離, 回線速度
衛星通信サービス	アナログ	8 Mbps	大（0.25 s 程度）	利用時間, 回線速度

4) 交換回線の設計 主な交換回線サービスの種類とその特徴を，表 3.17 に示す．

加入電話サービスは，アナログ伝送による回線交換サービスであり，伝送速度はモデムの種類により決定される．

その他の交換サービスは，すべてデジタル伝送を行う回線サービスであり，加入電話サービスより伝送品質が優れている．

いずれも，呼設定時間は 0，または 1 秒から 2 秒と小さいため，照会応答型のアプリケーションでも，トランザクション発生のたびに回線を接続し直すような使い方が可能である．

ISDN サービスは，他の交換回線サービスと比べて比較的伝送速度が大きく，1 本の通信回線で複数の伝送ができるなど多くの特徴をもつ．

c. LAN ネットワーク設備の設計

代表的な LAN を表 2.4 に示すが，イーサネット LAN の高性能化・低価格化の進展で，これを選択されることが多くなってきている．

1) LAN の制御方式の選択 LAN 制御方式は，代表的なものとして CSMA/CD 方式，およびトークンパッシング方式がある．各方式の特徴を表 3.18 に示す．

この LAN 制御方式の選択は，LAN の伝送効率や応答時間に影響するだけでなく，選択できる機器の幅や使用できるアプリケーションなどに大きく影響する．

2) LAN の配線方式の選択 LAN 配線方式は，基本的な LAN 配線構成の幾何学的な形態（トポロジー）であり，スター型，バス型，およびリング型が代表的なものである．各配線方式は，表 3.19 のような特徴をもち，異常箇所の検出方法やその波及度，および接続端末数などの拡張性に影響する．

最近は，インターネット環境の普及に伴い，LAN の構成は，スター型イーサネット，TCP/IP が主流となっている．

3) LAN の伝送媒体の設計 より対線，同軸ケーブル，および光ファイバケーブルなどが使用される．

おのおのの伝送媒体は表 3.20 のような特徴をもつ．

表 3.19 LAN の配線方式

機能\種類	ネットワーク規模	変更工事	拡張工事	端末故障時の影響度
バス	中・小規模向け	◎	×	影響なし
リング	大規模向け	△	◎	ネットワークダウン
スター	大・中規模向け	◎	△	影響なし

表 3.20 LAN の伝送媒体

媒体の種類	伝送速度	通信距離	価格	特徴
より対線	10～100 Mbps 程度	100 m	安価	・施工性がよい ・伝送距離に限度 ・電磁気干渉に弱い
同軸ケーブル	10 Mbps 程度	185～200 m	やや安価	・電磁気干渉に強い
光ファイバケーブル	100 M～1000 Mbps 程度	10～100 km	やや高価	・高速伝送向き ・電磁気干渉がない

表 3.17 交換回線の種類と比較

サービス種別	伝送速度	伝送遅延	料金体系	料金要素
アナログ回線交換	9.6 kbps	小	従量制	接続時間，距離
ISDN 回線交換	1.5 Mbps	小	従量制	接続時間，距離，回線速度
パケット交換	64 kbps	変動あり	従量制	伝送データ量，距離，回線速度
フレームリレー	6 Mbps	変動あり	月額固定，従量制	回線速度，アクセスまでの距離，フレーム数，フレーム長
セルリレー	155 Mbps	変動あり	月額固定，従量制	回線速度，アクセスまでの距離，通信時間

表 3.18 代表的な LAN の仕様

LAN の種類	伝送速度〔Mbps〕	伝送媒体	論理的トポロジー	物理的トポロジー	制御方式	1 セグメント最大距離
10 BASE 2	10	細径同軸	バス	バス	CSMA/CD	185 m
10 BASE 5	10	標準同軸	バス	バス	CSMA/CD	500 m
10 BASE-T	10	より対線	バス	スター	CSMA/CD	100 m
10 BASE-F	10	光ファイバ	バス	スター	CSMA/CD	2 km
100 BASE-T	100	より対線	バス	スター	CSMA/CD	100 m
1000 BASE-T	1000	より対線（カテゴリ 5e, 6）	バス	スター	CSMA/CD	100 m
1000 BASE-X	1000	光ファイバ（MM, SM）	バス	スター	CSMA/CD	550 m, 5000 m
トークンリング	4/16	より対線，光ファイバ	リング	リング，スター	トークンリング	2 km
FDDI	100	光ファイバ	リング	リング	FDDI	200 km

伝送媒体は，LANの最大伝送速度，伝送距離，および配線の費用に大きく影響する．

最近では光ファイバとより対線がシステム構成に着目した最適選択して組み合わされて使用されている．

d. ネットワークの信頼性対策
1) ネットワークの障害対策

ⅰ) 内部構成要素の二重化　通信機器やコンピュータのなかには，それ自体の信頼性を高めるための手段として，機器内部の通信制御部・電源部などの構成要素や部品を二重化しているものがある．

さらに機器内の一部に障害が発生しても，瞬時に代替部に切り替わって処理を続行できるようにしたものもある．

ⅱ) バックアップ回線　中継回線や重要な端末回線の障害に備え，別の専用回線または各種の交換回線によるバックアップ回線を用意することがある．

交換回線の料金体系では，回線を使用しなかった場合は基本使用料のみを支払うだけでよいため，バックアップ用として適している．ただし，交換回線ネットワークが混み合っているときなど，回線が確保できないときもある．

ⅲ) バックアップ用通信機器　各種の中継ノードについても，重要な拠点においては，バックアップ機を備える必要がある．バックアップ用の機器への複数通信回線をまとめて切り替えるためには，回線切替え装置を用いる必要がある．

ⅳ) マルチリンク構成　中継ノードのなかには，ノード間を複数回線で接続してデータを同時に伝送する（マルチリンク）機能を提供するものがある．

通信回線の障害が発生したときでも，すべての回線が同時に使えなくならない限り，中断なしに伝送を継続させることができる．

ⅴ) 代替経路機能　障害の場合に別の回線や中継ノードにデータを迂回させる代替経路機能は，特に広範囲にわたる重要なネットワークでは，必須の障害対策である．

2) 災害対策

ⅰ) 専用回線の異経路接続　場合によっては，電気通信事業者の電話局との回線，または電話局自体の障害や事故に備えて，別の電話局経由で基幹ネットワークへ接続するような，回線2ルート化を検討する．

ⅱ) 通信衛星によるバックアップ　さらに広域の災害に備えて，通信衛星を利用する方法がある．衛星通信の回線を常に確保しておくためには，通信衛星の中継器（トランスポンダ）の設置が必要．

3.4.3 情報通信ネットワーク
a. 通信ネットワーク（WAN）
1) 通信ネットワークの分類　通信回線には多くの種類があり，いろいろな観点からの分類が可能だが，ここではいくつかの基本的な事項を整理する．

ⅰ) 国内通信回線と国際通信回線　一つの国の中だけで終始する通信回線が国内通信回線であるのに対して，複数の国内通信回線の間を結ぶ回線が国際通信回線である．

ⅱ) 公衆通信網と私設通信網　公衆通信網は，電気通信事業者によって設置されるもので，一般不特定者間の通信に使用される一般公衆通信網と，特定の契約者に専用的に使用される専用回線網を含んでいる．

私設通信網は，企業や団体などが自己の使用のために設置するもので，限定された区域内でのみ使用される構内通信網が多い．

ⅲ) 専用回線と交換回線　専用回線は，特定の利用者間で固定的に接続されている（固定接続）のに対して，交換回線は交換局の交換機によって，通信の開始時に，不特定の利用者間の接続を行う（交換接続）．したがって，専用回線では，回線を接続するためのダイヤル機能（または呼設定機能）は不要であり，交換機を経由しないので，伝送品質は一般に良好である．

ⅳ) アナログ回線とデジタル回線　アナログ信号を伝送するのがアナログ回線で，このうち一般専用サービスに使われる専用回線は，伝送周波数帯域により区分され，帯域品目と呼ばれる．アナログ回線は，データ伝送以外に音声やファクシミリの通信に利用される．一方，デジタル信号を伝送するのがデジタル回線で，このうち一般専用サービスに使われる専用回線は，伝送可能な符号通信速度により区分され，符号品目と呼ばれる．高速デジタル伝送サービスに使われる各種の高速デジタル回線は，企業の基幹ネットワークとして多く利用されている．

2) 変調方式

ⅰ) アナログ変調方式　アナログ回線の両端に設置されたモデム間では，搬送波（キャリヤ）と呼ばれる一定の振幅をもった正弦波を送受信する．変調とは，もとの信号により，正弦波の振幅や周波数や位相を変化させるもので，変調方式には次の基本型がある．

(1) 振幅変調（AM）：振幅変調（Amplitude Modulation）は，搬送波の振幅を変化させる方式である．伝送中の減衰などの影響を受けやすく，雑音に弱いという欠点がある．

(2) 周波数変調（FM）：周波数変調（Frequency

Modulation）は，搬送波の周波数を変化させる方式である．振幅が一定であるため，受信側では搬送波の検出が容易で雑音に強く，低速回線用に広く使われている．

（3）位相変調（PM）：位相変調（Phase Modulation）は，搬送波の位相を変化させる方式である．この方式の特徴は，位相の変化を180°単位にとるだけでなく，90°単位や45°単位に対応させることにより，一度に2ビット，または3ビットを変調できる特徴がある．

ⅱ）パルス符号変調（PCM）方式　PCM（Pulse Code Modulation）は，デジタル信号に変換する代表的な変換方式である．図3.33のように，標本化によって一定時間間隔（サンプリング頻度）で読み取られた振幅値を，量子化によって丸めを行い，符号化によってパルス列からなるデジタルの信号に置きかえる．

図3.33 スター型LAN

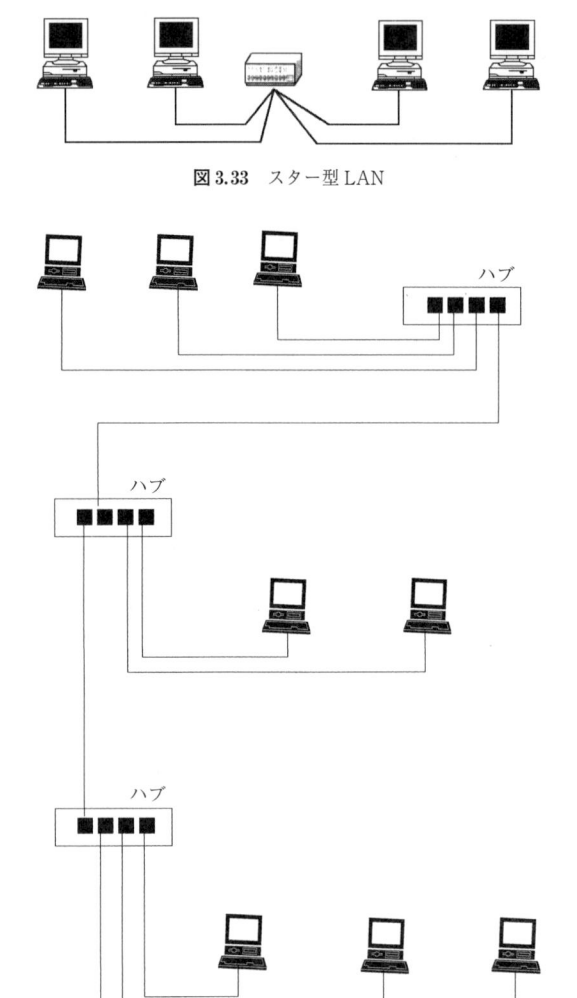

図3.34 スター型LAN拡大システム例

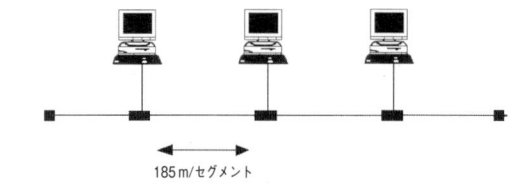

図3.35 バス型LAN

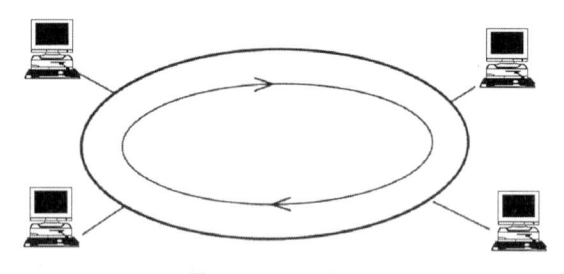

図3.36 リング型LAN

3）多重化方式

ⅰ）周波数分割多重化（FDM：Frequency Division Maltiple）方式　アナログ伝送路では，周波数分割多重化方式が使われる．使用可能な周波数帯域を複数の狭い帯域に分けて，分割された帯域ごとにデータの伝送を行う．これにより，1本の伝送路の中に複数の通信チャンネルをつくり出し，複数の利用者が分割した各チャンネルを同時に利用することができる．

ⅱ）時分割多重化（TDM：Time Division Maltiple）方式　デジタル伝送路では，時分割多重化方式が使われる．1本の高速伝送路を時間的に分割し，複数の通信チャンネルをつくり出し，複数の利用者が分割した各チャンネルを同時に利用することができる．

ⅲ）波長分割多重化（WDM：Wavelength Division Multiplexing）方式　波長の異なる複数の光回線を一本の光ファイバで伝送する多重化方式である．現在48波まで多重化する技術が開発されている．

b. LANネットワーク

1）ネットワークトポロジーの分類

ⅰ）スター型LAN　ネットワークを構築する各要素を，ネットワーク中央の制御装置に，個別の伝送路で接続した構造がスター型LANである．各装置から出力されるデータはすべて，制御装置によりいったん受信され，制御装置はデータの宛先を調べて，該当の装置にデータを送出する．

ケーブルは，10BASE-T（非シールドツイストペアケーブル）を使用する．配線最大長は100m/セグメント．

スター型LANではハブは1個とは限らず，ハブ同士を接続し階層構造でLANを拡大することができる．

ⅱ）バス型LAN　ネットワークを構成する各要素を，バスと呼ばれる1本の伝送路に接続した構造がバス型LANである．各装置から出力されるデータは，バスに接続されたすべての装置で受信されるが，各装置では受信したデータの宛先を調べて自局宛のデータのみ処理する方式である．

そのためリアルタイム性に優れている幹線を共有するため，幹線の障害は全体に影響する．

ⅲ）リング型LAN　ネットワークを構成する各装置を，順次，伝送路によって接続し，環状にした構造がリング型LANである．各種装置から出力されるデータは，リング状の伝送路を一方向のみ伝送されて，各装置では受信したデータの宛先を調べて自局宛のデータを処理し，他のデータは次の装置に送出する．

すなわち，ネットワークの制御機能は分散されるが，各装置が次の装置への信号を再生中継する機能をもった能動型ネットワークである．

2）アクセス制御方式

ⅰ）CSMA/CD方式　CSMA/CD（Carrier Sense Multiple Access/Collision Detection）方式は，バス型LANで使用され，オフィス用のLANとして比較的早くから普及した．各装置は，常に搬送波を監視してデータを受信し，伝送路に搬送波がないときのみデータを送信できる．送信したデータは，宛先を調べて自局宛のデータだけを処理する．データ送信中も，常に他装置からの搬送波を監視し検出した場合はデータ送信を停止する．この制御方式は，複数の装置が送出した信号どうしの衝突を許容するもので，装置は送信と同時に衝突の検出を行い，衝突の検出後ただちに送信を中止して，適当な待ち時間をおいて再送を試みることになる．

ⅱ）トークンパッシング方式　トークンパッシング方式は，主としてリング型LANで使用される．複数の装置が同時にデータを送信して衝突が発生しないように，トークンを保有する装置のみ送信する権利を得る．すなわち，トークンと呼ぶ送信権を付与する制御情報をネットワーク上の装置間に循環させ，データを送信しようとする装置がこのトークンを得ることにより，伝送路の使用を許される方式である．

3）高速LANの動向　高速化は一般的に次の2つの方式が採用され，一つは伝送媒体（伝送メディア）スピードを単純に高速化する方法であり，高速イーサネット（100 Mbps）の採用である．もう一つはLANスイッチなどを導入して共有型LANを占有型LANに変更する方法である．

ⅰ）高速イーサネット　イーサネットと同様のCSMA/CD方式に対応した100 BASE-Tとトークンリングに対応した100 VG-AnyLANなどがある．

また，さらに高速なギガビットイーサネットは，CSMA/CD方式が採用されるが，その高速性のために従来のイーサネットと同様のフレーム長やケーブル長が適用できないという考慮点がある．後述する

表3.23　ギガビットイーサネットの標準動向

規格	媒体	最大距離
1000 BASE-LX	SMX (single-mode fiber)	5 km
1000 BASE-SX	MMX (multi-mode fiber) 50 μm	550 m
1000 BASE-CX	STP（2ペア）	25 m
1000 BASE-T	UTP（カテゴリ-5）	100 m

表3.21　CSMA/CD方式のLAN

方式	伝送媒体	接続方式	セグメント最大長	伝送速度	耐電磁特性
10 BASE 5	同軸ケーブル	バス型	500 m	10 Mbps	○
10 BASE 2	簡易同軸ケーブル	バス型	185 m	10 Mbps	○
10 BASE-T	より対線	スター型	100 m	10 Mbps	△
10 BASE-F	光ファイバケーブル	スター型	500 m	10 Mbps	◎

表3.22　高速イーサネットの比較

		100 BASE-T	100 VG-AnyLAN
伝送速度		100 Mbps	10 Mbps
アクセス制御方式		CSMA/CD	ラウンドロビン方式とデマンドプライオリティ方式
適応可能なケーブル	UTP（カテゴリ-3）	○（100 BASE-T4）	○（4ペア8芯使用）
	UTP（カテゴリ-5）	○（100 BASE-TX/T4）	
	光ファイバ	○（100 BASE-FX）	○
標準化組織		IEEE 802.3	IEEE 802.12

ATM-LANと比較すると方式が単純であるため，企業内LANの幹線部分で採用され始めている．

ⅱ）LANスイッチ　LANスイッチ（スイッチングハブ）は，フレームの宛先アドレスを調べて特定ポート（宛先装置）にだけフレームを転送するため，特定ポートだけがビジー状態となり他のポートは影響を受けないいわゆる，占有型LANの構築が可能で，共有型LANで生ずるブロードキャストによるむだな衝突発生を抑制できる．最近ではルーティング機能を併せもった高機能スイッチ（レイヤ三スイッチ）も製品化されている．

ⅲ）ATM (Asynchronous Transfer Mode)-LAN
ATM（非同期転送モード）をLANに適応したものをATM-LANと呼ぶ．

ATMスイッチを中心としたスター型構成で，各端末は伝送路を占有できるので共有型LANのような伝送路争奪のための混乱が起きない．これは，加入電話と同様に通信を開始する前にあらかじめ伝送路を確保しておくコネクション型通信を行うためATMスイッチと端末の間の伝送速度は，25 Mbps，100 Mbps，155 Mbps，622 Mbpsと拡張性に富み，ATMのQoS (quality of service)を使用してマルチメディアなどの等時性を要求するアプリケーションにも対応可能である．

4) **無線LANの動向**　配線を必要としないLANは，LAN接続端末の増大とその増減に容易に対応できる有力なシステムとして，またノートパソコンやPDA (Personal Digital Assistant：携帯型情報端末)の移動使用への対応として1997年以降にIEEE 802委員会で標準化され，普及している．その規格内容を表3.24に示す．

ⅰ）IEEE 802.11系方式　この規格では，データリンク層の分散制御や集中制御などのプロトコルに関するMAC (Medium Access Control：媒体アクセス制御)レイヤとデータ伝送速度や無線周波数帯域などに関する物理レイヤが規定対象になっている．そしてMACレイヤは802.11ですべて規定されており，802.11b以下では物理レイヤが規定されている．

なおMACレイヤの技術としてはイーサネットと同様にCSMA/CDが主に，ポーリング方式がオプションで規定されている．

ⅱ）802.11b　本方式はDS-SS方式で1, 2 Mbpsの通信速度を，CCK方式で5.5, 11 Mbpsを実現している．（1999年標準化）

ⅲ）802.11g　この方式は，OFDM方式で6〜54 Mbpsを実現し後方互換性のため11bのDS-SS，CCK方式を内蔵したコストパフォーマンスの高い方式である．（2003年標準化）

ⅳ）802.11a　この方式は5.2G帯を使用した無線LANで，OFDM方式にサブキャリアの変調方式（BPSK, QPSK, QAM, QAM）を加えて6〜54 Mbpsの通信速度を実現している．（1999年標準化）

ⅴ）802.11n　次世代のさらなる高速化を目指して標準化が行われている方式で，5.2G帯で100 Mbpsの実行伝送速度を目標に開発されている．

その具体的特長（未確定）を以下に示す．
① 従来の802.11a/b/gとの互換性を実現する．
② 5.2 GHz帯ならびに2.4 GHz帯を使用する．
③ OFDMに加えてMIMO (Multiple Input Multiple Output：多入力，多出力)を使用する．
④ 従来1チャネルの幅を20 MHz幅から40 MHz幅に拡張し，MIMOの多重化により高速化を実現する．
⑤ アクセスポイントは802.11a/b/gなど20 MHzを運用しながら，40 MHz幅のシステムとも通信できるようにする．

5) **WiMAX（Worldwide interoperability for**

表3.24　無線LANの規格

規格番号	周波数	変調方式	通信速度	特　徴
IEEE 802.11	2.4 GHz帯 赤外線	DS-SS方式 FH-SS方式	2 Mbps	MACレイヤは本規格で規定，11b以下では物理レイヤを規定（1997）
IEEE 802.11b	2.4 GHz帯	DS-SS方式 + CCK方式	11 Mbps	端末価格が安く最も普及（1999）
IEEE 802.11g	2.4 GHz帯	OFDM方式 + BPSK他	54 Mbps	安さと速さと互換性を兼ね備える（2003）
IEEE 802.11a	5.2 GHz帯	OFDM方式 + BPSK他	54 Mbps	屋内での使用に限定される（1999）
IEEE 802.11n	5.2 GHz帯 2.4 GHz帯	OFDM方式 + MIMO方式	130 Mbps 以上	上記3方式との互換性と実効伝送速度100 Mbpsを確保し2008年に標準化

表3.25 WiMAXの規格

	802.15-2004	802.16e
対応WiMAX	固定WiMAX	モバイルWiMAX
標準化完了時間	2004年6月	2004年6月
周波数帯	11 GHz以下	6 GHz以下
見通し環境	見通し外通信	見通し外通信
伝送速度	最大約37 Mbps（10 MHz幅の時）	最大約75 Mbps（20 MHz幅のとき）
変調方式	・BPSK/QPSK/16QAM/64QAM ・OFDM ・AAS, STC	・QPSK/16QAM/64QAM ・OFDMA ・AAS, MIMO, STC
移動性	・固定 ・ノマディック	・固定 ・ノマディック ・ポータブル ・モバイル
チャネル帯域幅	1.75～10 MHz（可変）	1.25～20 MHz（可変）
セル半径	2～10 km	1～3 km

OFDMA (Orthogonal Frequency Division Multiple Access)：OFDMをベースとした多元接続方式
ASS (Adaptive Antenna System)：無線基地局側でアンテナと1本の受信アンテナの指向性制御することによって，リンク状況を改善する技術
STC (Space Time Coding)：2本の送信アンテナと1本の受信アンテナとで，空間ダイバーシチの効果を狙うもので，送信データを時間方向と空間（アンテナ）にわたって符号化して送信する方式

Microwave Access）都市型無線ブロードバンドアクセスとしてIEEEで制定された規格（IEEE802.16 2004，-.16e）に基づきすでに使用開始されているが，固定設備用（802.16 2004）とモバイル用（802.16e）がある．これはたとえて言えば無線版のxDSLと考えればよく，用途として固定設備とモバイル用に分類されている．

以下にWiMAXの規格一覧を示す．（文献1から引用）

3.4.4 通信ネットワークサービス
a. 通信ネットワークサービスの分類

通信事業者が提供する通信サービスは，それぞれの利用形態から，大きく次のように分類することができる．

1) 電話サービス 音声伝送を主とした通信サービスで，加入電話網がその代表である．アナログ式の伝送を行い，モデムなどの装置を使うことにより比較的低速なデータ通信が可能である．

2) 専用サービス 専用回線を提供する通信サービスで，利用可能な速度と伝送方式の違いで，一般専用，高速デジタル伝送，ATM専用サービスなどに細分される．

3) ISDN（Integrated Services Digital Network）**サービス** サービス総合デジタル網と呼ばれる通信サービスで，音声，データ，画像（テレビ会議など），などの異なる情報をデジタル通信回線によりまとめて伝送する．

4) パケット交換サービス 伝送データを一定の長さのパケットに分割し，宛先情報を書き込んだヘッダをつけて網内の交換機で蓄積交換することにより，ネットワーク内を伝送する通信サービスである．

5) フレームリレーサービス 通信網における処理をパケット交換サービスに比べて簡略化し，数Mbps程度のデータ伝送を可能にした通信サービスである．

6) セルリレーサービス 伝送データを53バイトの固定長セルに分割して伝送することにより通信網の処理を簡略化して，100 Mbps以上の超高速のデータ伝送を可能とする通信サービスである．

7) 移動体通信サービス 無線基地からポケットベルを呼び出したり，PHSや携帯電話サービスを実

表3.26 通信網の分類

有線	専用線（アナログ・デジタル・超高速・ATM）
	加入電話・ISDN・xDSL
	CATV
	FTTx
	パケット交換・フレームリレー・セルリレー
無線	携帯・自動車電話・PHS・MCA・衛星通信

現する通信サービスである．

8) インターネットサービス インターネットサービスプロバイダ（ISP）によるTCP/IPプロトコルを使ったインターネットへのアクセスを提供する通信サービスである．

b. 電話サービス

電話サービスは，電話による通話，つまり音声伝送を行う回線交換サービスである．

電話サービスの通信料金は，基本的に時間と距離に応じた従量制通話料金である．

電話サービスは，本来，音声伝送を行うための通信サービスであるが，ファクシミリを接続すればファクシミリ通信となる．また，モデムを接続すればデータ通信が可能となる．

RS-232Cの規格上では，伝送速度は30bpsから19.2kbpsまでであり，端末機とモデム間の距離は最大15mまでしか延ばせないことになっている．最近のモデムでは，データ圧縮機能やエラー訂正機能をもち，実効速度では，56kbpsまで使えるものもある．

インターネットの普及とりわけxDSLの普及は新たな電話サービスにIP電話というサービスを発生させた．これはVoIP（voice over IP）方式と呼ばれ，常時接続のインターネット回線を利用して電話の音声信号をデジタルパケット方式で伝送するもので，回線使用料が発生しないことを主要因として普及している．

c. 専用サービス

専用サービスは，特定区間を常時接続した通信回線で結ぶ通信サービスである．専用回線は，交換機などを経由しないため伝送品質がよく，音声やイメージを含めた大容量データ伝送が行える．

また，接続される相手が限定されていることから，機密保護性が高い．その通信料金は，使用時間に無関係で，一般に伝送速度と通信距離に応じた定額制である．

1) 一般専用線サービス

ⅰ）帯域品目 音声・データ伝送・ファクシミリなどに利用するアナログ専用サービスである．

ⅱ）符合品目 拠点間をデジタル信号でダイレクトに結び，情報量が少ない低速のデータ伝送に適した専用サービスである．

2) デジタル専用線サービス Ｉインターフェース対応のデジタル専用サービスである．

3) デジタルアクセスサービス デジタルアクセスは，LAN間接続用回線や，インターネットの専用線IP接続回線として，低価格化を実現したデジタル専用サービスである．伝送速度が，64kbit/s，128kbps，1500kbps，6000kbps（HSD）のサービスがある．

4) 超高速専用線サービス 超高速通信を高いクオリティで提供する超高速デジタル専用サービスである．

5) ATMメガリンクサービス ATM（非同期通信モード）を用いたサービスで，論理チャンネル（VC，バーチャルチャンネル）を複数設定することが可能で，音声・データを統合したマルチメディアネットワークの構築に最適である．

0.5Mbit/sから135Mbit/sまで豊富な品目により最適な容量が選択できる．

6) ATMシェアリングサービス ベストエフォート＆ギャランティ型のATMシェアリングサービスである．

mCR（保証速度）：200kbps～9Mbpsおよび PCR（最

表3.27 一般専用線サービス

区分	サービス名	内容	主な用途
帯域品目	3.4kHz	0.3kHzから3.4kHzまでの帯域伝送	電話，ファクシミリ，アナログデータ伝送，その他の帯域伝送など
	3.4kHz(S)	3.4kHzより高品質な伝送	
	音声伝送	音声伝送のみ	電話，社内放送など
符合品目	9600bps	9600bpsのデータ伝送	デジタルデータ伝送
	4800bps	4800bpsのデータ伝送	
	2400bps	2400bpsのデータ伝送	

表3.28 デジタル専用線サービス

速度クラス		端末区間伝送方式
キロビットクラス	64kbps	メタリックケーブル
	128kbps	
	192kbps	光ファイバケーブル
	256kbps	
	384kbps	
	512kbps	
	768kbps	
メガビットクラス	1Mbps	
	1.5Mbps	
	3Mbps	
	4.5Mbps	
	6Mbps	

表3.29 超高速専用線サービス

品目	内容
50Mbps	48.384Mbpsの伝送が可能
	44.736Mbpsの伝送が可能
150Mbps	149.760Mbpsの伝送が可能

高速度）：1 Mbps～10 Mbps のサービスがある．

7） 映像伝送サービス　鮮明な動画を伝送するプライベートな映像伝送通信メディアである．

用途別サービスは次のとおりである．

（1） 第三種映像伝送サービス：高品質なテレビ放送規格で伝送する．

（2） 第一種映像伝送サービス：鮮明な映像で全国への映像伝送で伝送する．

（3） 多チャンネル映像伝送サービス：複数チャンネルの映像を伝送する．

（4） HDTV映像伝送サービス：ハイビジョンの映像を伝送する．

8） SDH/SONET　基幹伝送網で使用される多重化技術 SDH/SONET（Synchronous Digital Hierarchy/Synchronous Optical Network）を使用した 45 Mbps～2.4 Gbps までの超高速伝送サービスである．SONET は ANSI が標準化した光同期伝送ネットワークで 51.8 Mbps を基本とし，SDH は SONET をベースに ITU-T で規定された 155.52 Mbps を基準速度とする同期デジタルハイアラーキである．

d. 交換網（総合網）サービス

1） ISDN　ISDN（サービス総合デジタル網）は，電話サービス，データ伝送サービス，およびパケット交換サービスなど，複数のネットワークサービスを総合して一つのインターフェースによって提供するサービスである．

ISDN の伝送路のチャンネル構造は次のとおりである．

ⅰ）基本インターフェース（BRI, Basic Rate Interface）基本インターフェースは，64 kbps の B チャンネルが 2 本と 16 kbps の D チャンネルが 1 本のチャンネルで構成され，2B+D ともいう．

チャンネル合計速度つまりデータ信号速度は 144 kbps であるが，回線のインターフェース（ベアラ）速度は 192 kbps である．

ⅱ）一次群速度インターフェース（PRI, Primary Rate Interface）　一次群速度インターフェースは，B チャンネルと D チャンネルの組み合わせによりさまざまなチャンネル構成がある．23 本の B チャンネルと組み合わせた 23 B+D などの構成がある．このインターフェースのインターフェース速度は，約 1.5 Mbps である．

2） パケット交換サービス　パケット交換サービスは，コンピュータが扱うデータを可変長のパケットに区切って伝送する蓄積交換サービスであり，主とし

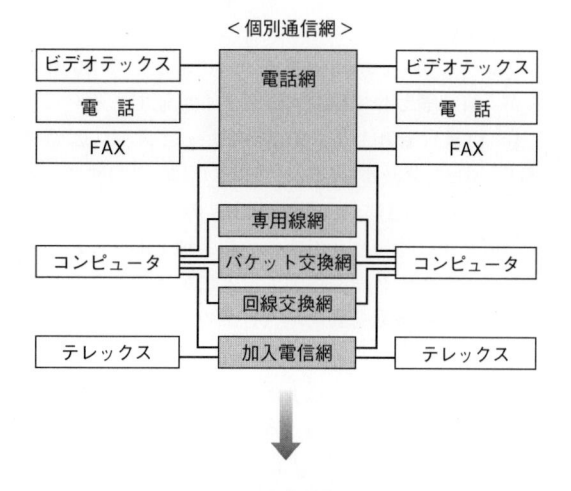

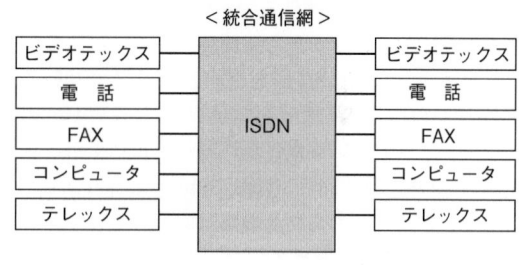

図 3.37　ISDN による通信網の統合

てデータ伝送に利用される．

パケットはすべて交換機に蓄積されるため，速度の異なる端末間でも通信できる．また，1 本のアクセス回線から複数の相手端末と同時に通信できるパケット多重化機能が提供されている．

ただし，パケット交換サービスは蓄積交換型であるため伝送遅延が比較的大きい．また，最大の伝送速度も 48 kbps または 64 kbps までであり，大量データの高速伝送を必要とするユーザは，徐々にフレームリレーなどの高速な伝送サービスに移りつつある．

3） フレームリレー交換サービス　デジタル通信技術の進歩により中継回線が高速化され信頼性が高まってくると，パケット伝送のための高度で複雑な処理をネットワーク内で行う必要性が小さくなってきた．そして，これらの処理の一部をエンド-エンドのユーザー間で行い，ネットワークの伝送率を上げるための方式としてフレームリレーが開発された．

フレームリレーは，高速のパケット交換サービス，あるいは低価格の専用線サービスとして広く普及しつつある．

LAN 間通信におけるバースト（一度に大量トラフィックが発生する現象）性のあるトラフィックにも

対応が可能である．

フレームリレーは，公衆網サービスとして提供されるが，自営網として構築することも可能である．

4) ATM（セルリレー）交換サービス　広帯域ISDN（Broadband ISDN, B-ISDN）は，ISDNサービスをさらに高速化し，数百Mbpsの伝送速度を提供する広帯域なサービスである．広帯域ISDNにおいては，音声やデータや静止画像などに加えて，さらに情報量の多い高精細な動画や大容量のファイルなども送れるようになる．

B-ISDNの中核となる伝送技術が非同期転送モード，つまりATMである．ATMネットワークに接続される端末機器は，データ，音声，画像などの情報をすべて「セル」と呼ばれる一定の形式で送受信する．そのため，ネットワークと接続インターフェースが等質・単純化される．ATMは特に，データが大量に流されるような基幹ネットワーク，および音声や画像などのマルチメディア情報とデータが混在して伝送されるようなサービス品質（QoS, quality of service）の制御が必要なネットワークの構築に適している．

e. 移動体通信サービス

移動通信の用途としては，携帯電話・PHSによる音声通信やポケットベルなどの無線呼び出しが大部分を占めるが，移動体を使用したデータ通信も急速に普及してきた．

1) 携帯電話サービス　移動しながら通信できるように半径が数kmの間隔で無線基地局を設置する．おのおのの基地局から電波が届く範囲はゾーンと呼ばれ，距離的に離れたゾーンで同じ周波数を繰り返して使う．通話中の呼を新しいゾーンの無線基地局に切り替えることにより，連続した通話を可能にする．

2) IMCS　IMCS（In building Mobile Communi-

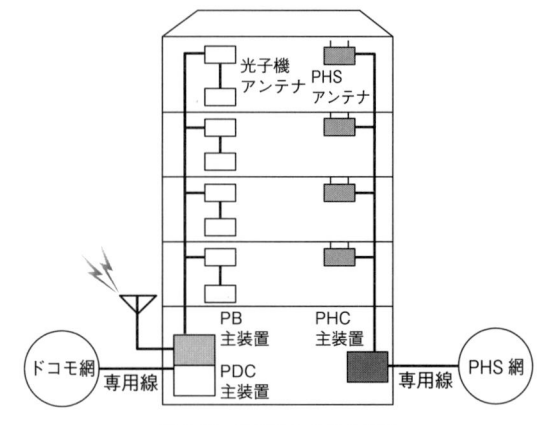

図3.38　IMCSシステム構成

cation System）は電波の届きにくい高層ビルや地下街などでの携帯電話やPHSのモバイル通信を可能とするシステムで，ビルサービスの高付加価値化を図るものである．

トータルプランとエリア限定プランがある．トータルプランは次の方式がある．

(1) ビルそのものに主装置を設置して，各フロアのアンテナを光ファイバケーブルで接続するPDC（デジタル・パケット通信）方式

(2) PHS主装置と各フロアのアンテナをメタルケーブルで接続するPHS方式

(3) 屋外のポケットベルの電波を主装置で増幅して各フロアに光ファイバケーブルで接続するPB方式

システム構成を図3.38に示す．

f. インターネットサービス

インターネットサービスはTCP/IP（Transmission Control Protocol/Internet Protocol，伝送制御プロトコル，インターネットプロトコル）によって異なるハードウェアアーキテクチャとオペレーティングシステムをもつコンピュータを相互に接続し，ネットワーク間通信を行うものである．

インターネット接続サービスを行う事業者を一般にプロバイダと呼ぶ．

1) 専用線IP接続　デジタルアクセス回線（64 kb/s，128 kb/s）やデジタル加入者回線（ADSL，1.5～9 Mb/s）などの専用線を使用してユーザーが常時インターネットに接続された状態を提供するサービスである．

図3.39のように，ユーザーサイトにアプリケーションサーバ（WWWサーバや，FTPサーバなど）を設置する場合や，ユーザー数が多い場合に利用され

表3.30　主な移動体通信サービス

分類		移動体通信システム
電気通信事業用	陸上移動通信用	携帯電話・自動車電話 ポケットベル（無線呼び出し） コードレス電話（小電力型） PHS 簡易陸上移動無線電話システム
	海上移動通信用	船舶電話（内航船舶電話） インマルサットシステム（海事衛星通信）
	航空移動通信用	航空機公衆電話
自営通信用	公共業務用	防災行政無線（消防，行政，など）
	業務用・個人用	タクシー無線 MCAシステム 簡易無線（パーソナル無線など）

3.4 情報通信設備

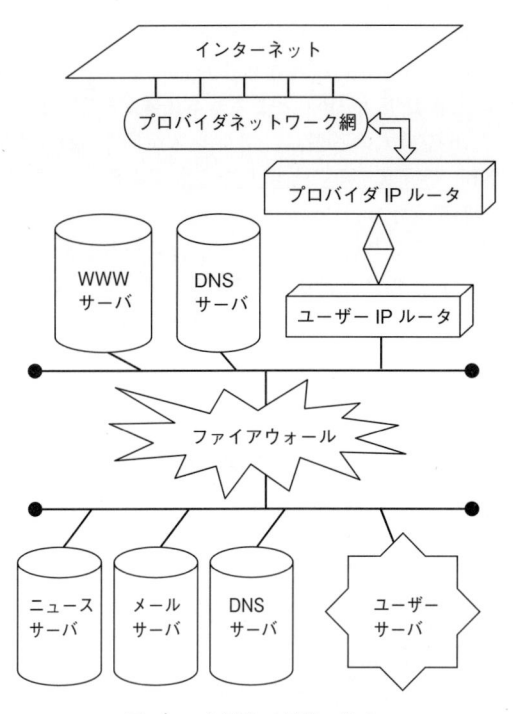

図3.39 専用線IP接続の構成

る．
　常時接続が可能な専用線IP接続の場合には，ユーザーネットワークがいわばインターネットの一部となる．そのため，インターネットの規約に準拠したネットワーク設計をしなければならない．また，外部からのセキュリティアタックに備えるための工夫をしなければならないこと，などを考慮をしてシステム構築をする必要がある．

2) ダイヤルアップIP接続　ユーザーが使用したいときに，その都度発呼してインターネットへIP接続するサービスである．このサービスは，安価ではあるが低速である．

電子メールやネットニュースなどについては，プロバイダ側がユーザー用にサーバを設置する．

3) VoIP方式　音声回線を介して通話する通常の電話端末とは違い，音声をパケットデータに変換し，インターネットプロトコルを使用してIPネットワーク上でデータ通信回線を介して送受信することにより通話する方式をVoIP（Voice over IP）という．

4) xDSL方式　デジタル加入者線伝送方式DSL（Digital Subscriber Line）またはxDSLは，電話の加入者回線として使われるメタリックケーブルによって高速のデータ伝送を可能にする通信技術である．
　表3.31のようにxDSLは，上り下りの伝送速度や電話交換局と加入者宅の距離によって，4種類に分類される．このなかでは，ADSLが代表的なものであり，名前が示すように上り下りの伝送速度が異なる．
　通常のアナログ電話信号は4 kHzまでの周波数帯を使う．これに対し，xDSLでは数十kHzから数百kHzの周波数対を使ってデータ伝送を行うため，同一の加入者回線を使ってアナログ電話信号を同時に送ることができる．

5) TCP-IP

　i）TCP-IPの概要　インターネットで採用されている通信プロトコルがTCP/IP（Transmission Control Protocol Internet Protocol）である．
　TCPは，データを分析し，それに誤り検出データパケット番号等のTCPパケット作成する規約である．
　IPは，TCPパケットにあて先のIPパケットをつくり，ネットワークに送り出す規格である．
　TCP-IPの特徴を以下に示す．
　① プロトコル標準が開放されている．
　② 特定の物理ネットワークに依存していない．

表3.31　各種xDSL技術の仕様

名称		伝送速度	伝送可能距離	メタリックケーブル
ADSL	asymmetric digital subscriber line	上り 16〜640 kbps 下り 1.5〜9 Mbps	5.5 km (1.5 Mbps) 2.7 km (9 Mbps)	1対
HDSL	high-bit-rate digital subscriber line	上り/下り対象速度 1.5または2 Mbps	3.6 km	2対または3対
SDSL	symmetric digital subscriber line	上り/下り対象速度 16 kbpsまたは2 Mbps	3.6 km	1対
VDSL	very high-bit-rate digital subscriber line	上り 1.5〜2 Mbps 下り 13〜52 Mbps	1.4 km (13 Mbps) 0.3 km (53 Mbps)	1対

③　アドレス方式が共通．
④　上位のプロトコルが標準化されている．
ⅱ）IPv6　　IPの新バージョンがIPv6である．

現在使用されているIPはIPv4であり，1980年代に設計されたものである．その特徴はそのアドレス空間を当時としては画期的な32 bitで構成したことであった．

しかし，その後インターネットの爆発的な普及は，関係者に1990年ごろ，IPv4の寿命に関する予測調査を実施させた．その結果その寿命は2008年±5年という結果になり，1994年に次世代型プロトコルの検討に入り1995年IPv6として基本仕様が決定された．

IPv6の最大の特徴は，アドレス空間を32 bitから128 bitで構成することにしたことであるが，以下にその特徴を示す．

①　アドレスのサイズを32 bit(v4)から128 bit(v6)に拡張しており，非常に多くの一意に識別可能なノードを接続することができる．

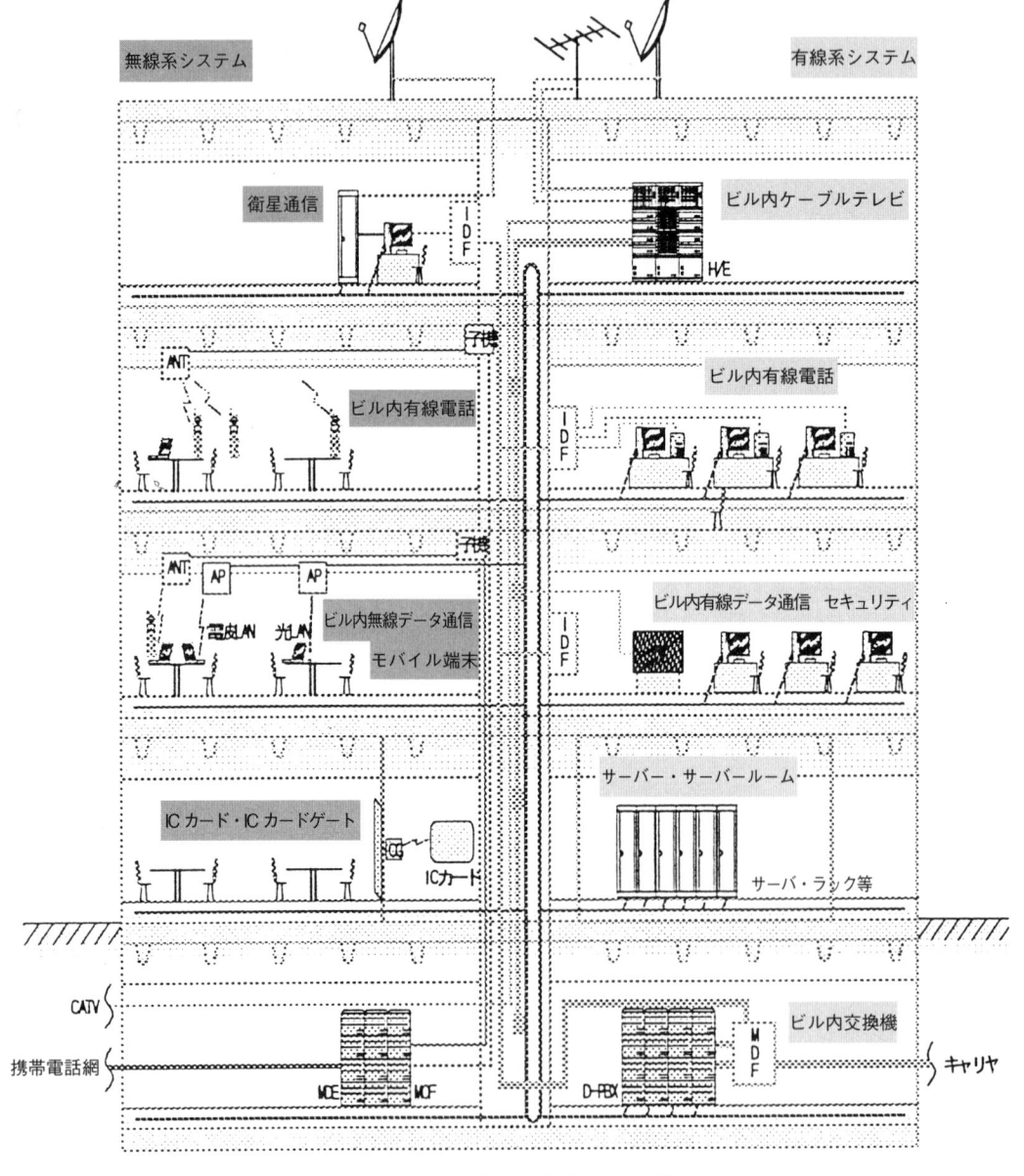

図3.40　ビル内情報通信イメージ

3.4 情報通信設備

② アドレス帳の拡張により，アドレスに多段の階層をもたせられる．
③ アドレス自動設定機能（プラグ&プレイ機能）を標準で取り込んでいる．
④ マルチキャストアドレスに"スコープ"領域を設け，スケーラブルなマルチキャストルーティングを可能にしている．

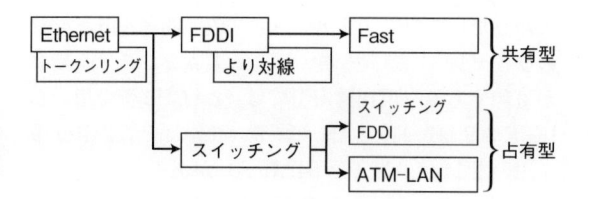

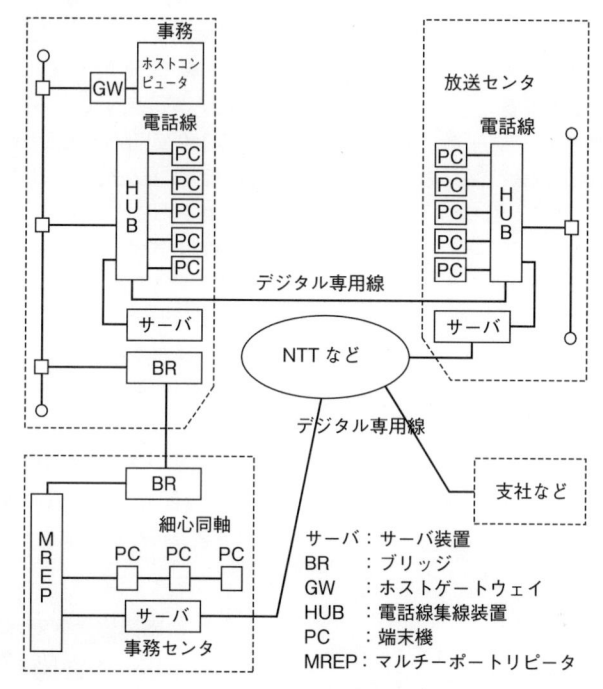

図 3.41 LAN 方式の変遷

(a) システム構成（事例 A）

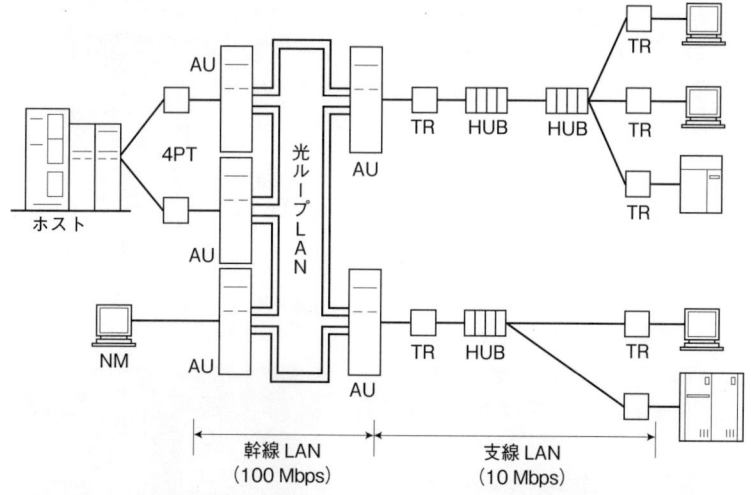

サーバ：サーバ装置
BR　：ブリッジ
GW　：ホストゲートウェイ
HUB　：電話線集線装置
PC　：端末機
MREP：マルチーポートリピータ

(b) LAN 構成（事例 B）

4PTR：4 ポートトランシーバ，AU：アクセスユニット，NM：管理装置，TR：トランシーバ

図 3.42

⑤ 新たなアドレスタイプ"エニキャストアドレス"を定義しており，特定のノードグループに1ノードにパケットを送信するために利用できる．

この新バージョンが普及すれば当面そのアドレス空間の枯渇の心配はなくなったことになる．

現在は，IPv6 と IPv4 が混在する遷移期で，v4/v6 の変換器などで対応している．

3.4.5 私設ネットワークサービス
a. LAN ネットワーク技術の概要

ビル内に設置される私設ネットワークシステムとして代表される LAN システムはオフィスのコミュニケーションシステム，OA システムとして，近年，ビルの必須設備となっている．

LAN システムを構成する設備の技術革新は目覚ましく，より高速化・マルチメディア化が進んでいる．情報通信イメージを図 3.40 に，また LAN 方式の変遷を図 3.41 に示す．

特に高速イーサネットは 100 BASE，1000 BASE の開発・普及がめざましく，伝送媒体をより対線や光ファイバを使用した物理的スター型が主流になってきている．

b. LAN システムの形態

1) CSMA/CD 方式　CSMA/CD 方式の LAN では，同軸ケーブル，電話線，光ケーブルの各種伝送媒体をサポートしており，設置環境に合わせて最適なものが選択できる．

本方式は開発当初は伝送速度 10 Mbps の 10 BASE が主に支線 LAN として採用されたが，最近では，非シールドより対線や光ファイバケーブルを用いた伝送速度 100 Mbps，1000 Mbps などのより高速な CSMA/CD LAN が導入され始め，幹線 LAN としては現在では 100 BASE-TX と 1000 BASE-T，-X が主流になってきている．

同軸ケーブルを用いたものは，バス型で最大伝送距離が 500 m まで可能な 10 BASE 5，および細心同軸ケーブルを用い，最大伝送距離が 185 m まで可能な 10 BASE 2 がある．10 BASE-T はスター型で，最大伝送距離が 100 m まで可能なツイストペアケーブルを使用するものである．

このシステムでは中央にハブ（HUB）を置き，2 対の電話線で配線された先に電話線トランシーバやパーソナルコンピュータが接続される．

2) 無線方式　端末のポータビリティを積極的に生かした新たなアプリケーションの展開と，既存配線のワイヤレスへの置き換えによる柔軟なシステム構築が可能である．現在構内型では，2.4 GHz 帯を用いた IEEE 802.11b, 11g LAN（1～54 Mbps）と 5.2 GHz 帯を用いた 11a LAN（6～54 Mbps）がある．

3) トークンパッシング方式　トークンパッシング方式は，トークンと呼ばれるデータをリング型の伝送路上に常に流しておき，それを受け取った端末にのみ送信権が与えられる方式である．

電話線を使用した伝送速度 4 Mbit/s または 16 Mbit/s の LAN である．光ファイバケーブルを使用する 100 Mbit/s の伝送速度の FDDI（Fiber Distributed Data Interface）はフロア LAN や幹線 LAN として適用さることが多い．

4) ATM 方式　ATM の技術を取り込んだシステムである．ATM-LAN は，ATM スイッチを中心としたスター型構成でコネクション型通信を行うため各端末は伝送路を占有できる．低速から高速までに対応し，音声，データ，画像などの情報が扱えるなど，柔軟に富んでいる．

c. LAN システムの構築事例

1) 統合配線システムの事例　ビルの情報（映像とデータと音声）をやりとりするマルチメディアビ

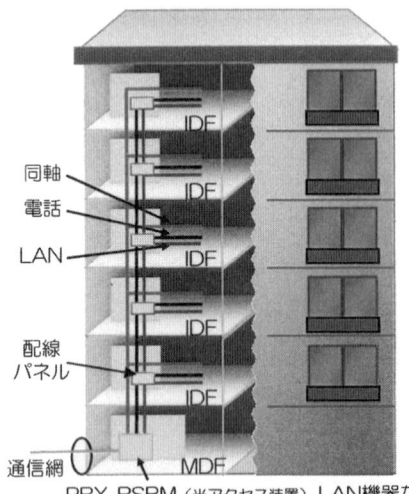

図 3.43　ビルの統合配線システム事例

ネス環境を実現するために，ユーザのニーズに柔軟に対応できる統合配線システムを図3.43に示す．

本システムの特徴は以下の通りである．
① 情報はMDF受け，PBX，RSBM（光アクセス装置），LAN機器などを経て映像（同軸など），データ（UTPなど），音声（UTPなど）などに分けられてケーブルシャフトで各階に配線される．
② 各階では分岐器・分配器（映像），IDF（データと音声）を経由して二重床の中を配線する．
③ 床下配線は適切に先行配線し，情報システムの移設・増設への対応をする．

3.4.6 情報・通信装置・機器・材料
a．WAN構成機器
ネットワークシステムを構成する通信装置の選定にあたってはそれぞれのネットワークシステムの目的，業務，規模などの要件により，また使用する通信回線の種類により，最適な機能を備えた機器や通信装置を選択することが必要である．

1）WAN伝送媒体　表3.32のように，大別して，より対線，同軸ケーブル，光ファイバなどの有線系媒体と，マイクロ波，衛星通信などの無線系媒体がある．

2）モデム　アナログ回線の場合に使われるモデム（変復調装置）は，コンピュータや端末装置などのDTEが送受信するデジタル信号と，伝送路を伝送されるアナログ信号との間で，信号の変換を行う．

3）DSU　デジタル回線の場合に使われるDSU（Digital Service Unit，デジタル回線終端装置）は，コンピュータや端末装置などのDTEが扱う形のデジタル信号と，ネットワーク内の伝送に適した形のデジタル信号との間で，信号の変換を行う．

4）網制御装置　網制御装置（NCU，Network Control Unit）は，アナログインターフェースの端末装置の場合に，電話交換網などの交換回線をデータ通信に使用するときに必要となる．

5）多重化装置　専用回線を使用する場合に，データ伝送のための伝送路を，経済的に有効利用するための技術として，回線の多重化がある．

ⅰ）周波数分割多重化装置　多重化方式として周波数分割多重方式を適用する装置は，周波数分割多重化装置（FDM）と呼ばれる．アナログ伝送路で使用され，使用可能な周波数帯域を複数の狭い帯域に分割し，1本の伝送路の中に利用者ごとの複数の通信チャンネルをつくり出す．

ⅱ）時分割多重化装置　多重化方式として時分割多重方式を適用する装置は，時分割多重化装置（TDM）と呼ばれる．デジタル伝送路で使用され，高速伝送路を時間的に分割し，1本の伝送路の中につくり出された複数の通信チャンネルを，複数の利用者がそれぞれ独立して使用できるようにする．

ⅲ）波長分割多重化装置　光ファイバの多重化方式で，一本の光ファイバに波長の異なる複数の光を伝送し多重化する装置は，波長分割多重化装置（WDM：Wave-length Division Multiplexer）と呼ばれる．

6）構内交換機（PBX）

ⅰ）デジタルPBX　構内の内線電話に対する交換機として使われてきたPBX（Private Branch Exchange，構内交換機）は，従来のアナログPBXに代わってデジタルPBXが主流になっている．デジタルPBXは，ソフトウェア制御によるデジタル交換技術を基本とする構内用のデジタル電子交換機で，企業におけるオフィスオートメーションの中枢である．

ⅱ）パケット交換機　構内のデータ交換機として，遠隔地にある構内パケット交換機との間をデジタル専用回線で接続することによって，経済的にプライベート（自営）パケット交換網を構築することができる．

ⅲ）フレームリレー交換機　フレームリレーは，フレームと呼ばれる単位に区切られたデータが，パケット交換と同じように，ネットワーク内の交換機を

表3.32　伝送媒体の種類

種類	記事
より対線	電話回線用として広く普及している
同軸ケーブル	より対線よりは高速，高帯域である
光ファイバ	ノイズや電磁気に影響されない光信号による．より高速でエラー率が低い
マイクロ波	大都市間の通信方法などに適用．極超短波を使用，比較的高速である
衛星通信	広大な地域に均質のサービスが可能，高速でエラー率が低い

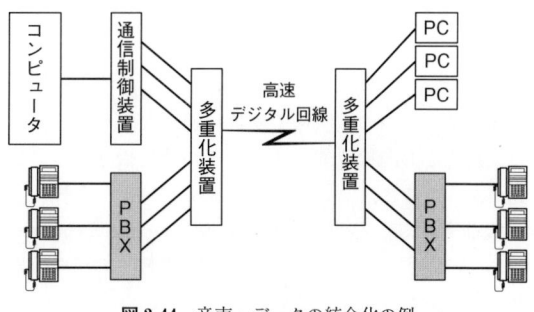

図3.44　音声・データの統合化の例

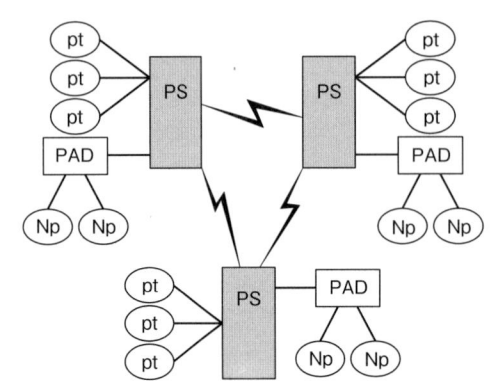

PS：構内パケット交換機，PAD：パケット組み立て・分解機能，PT：パケット形態端末，NP：非パケット形態端末

図 3.45 プライベートパケット交換網の構成例

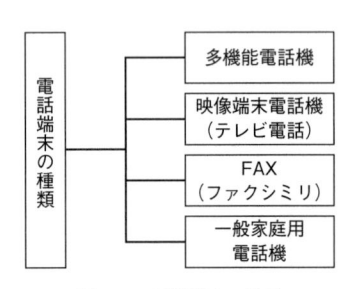

図 3.46 電話端末の種類

転送されて宛先の端末装置に届けられるが，伝送エラーに対する再送を行わないため，ネットワーク内の処理を高速化できる．

iv）セルリレー交換機　セルリレーは，100 Mbps以上という非常に高速な伝送速度で，データ，音声，画像などの情報を統合して伝送することを目的とした通信技術である．セルリレーでは，すべての情報がセルと呼ばれる固定長の伝送単位に分割されて，ハードウェアで交換処理されるため，さらに高速化が可能になる．

7）ビル内端末機　ビル内のオフィス環境における通信手段として電話端末があげられる．電話端末を大別すると，図 3.46のようになる．

i）多機能電話機（ビジネスホン）　多機能電話機の機能は，一つの電話機で複数の回線が使用可能，他の電話機との内線機能，音声メール受信機能などの機能がある．また，コンピュータテクノロジーを採用した機能として，CTI (Computer Telephony Integration) を電話機に取り込めるマルチメディア端末機器としても重要度を増している．

ii）映像電話端末（テレビ電話機）　映像電話端末は電話機内蔵のカメラまたは外部カメラで取得した画像データを，音声回線を通じて送信，音声回線から受信した画像をディスプレイ表示する電話機である．

iii）FAX（ファクシミリ）　FAXは音声回線を利用し，書類・写真などの紙上の画像データや文字データを送受信する端末である．現在，アナログ回線で利用できる Group 3 規格と，ISDN 回線で利用できる高品質 Group 4 規格がある．

企業向け FAX は，書類データ蓄積機能，同時送受信可能機能，ソート機能をもったコピー機能，ネットワークプリンタ機能などさまざまな機能をもつものがある．

b．LAN 構成機器

1）LAN 伝送媒体　LAN の伝送媒体の種類は，LAN の最大伝送速度，伝送距離，および配線費用に大きく影響する．

2）LAN 伝送機器

i）トランシーバ　10 BASE 5 や 10 BASE 2 では，端末機器は接続ケーブル（トランシーバケーブル）によって伝送路上に設置されたトランシーバと呼ばれる装置に接続される．

ii）HUB　支線系 LAN は，ハブ（コンセントレータ）を中心としたスター型の配置が主流となっている．10 BASE-T の配線形態は，論理的にはバス型配線であるが物理的配線はスター型である．ケーブルは，より対線（twisted pair）が使用される．

iii）LAN スイッチ　ハブを使用した LAN では，同時にアクセスする端末数やトラフィックが増加すると衝突が発生し，伝送効率率が劣化してしまう．このような衝突の回避やサーバへの占有帯域の割り振りを目的として，スイッチングハブを配線機器として使用するケースが増えている．

このスイッチ方式では，サーバ側に専用ポートを割り当て，クライアント側は通常のハブなどを接続して複数クライアントで1ポートを共有する形態が一般である．これにより，トラフィックが集中するサーバ側は伝送路を占有できるため使用可能な帯域を増やすことが可能になる．

3）LAN 中継装置

i）リピータ　リピータは，同種類の LAN の長さを規格値以上に延長したい場合に使用され，信号の再生・中継を行う．

ii）ブリッジ　ブリッジは，同種の LAN 間だけでなく異なる種類の LAN 間（例えばイーサネットとトー

表 3.33 LAN で使用されるケーブル

種類	分類	内容	適用 LAN	備考
同軸	簡易型		10 BASE 2,	185 m，バス型配線 Max925 m（185×5）
	通常型	（イエロケーブル）	10 BASE 5 100 BASE-CX, 1000 BASE-CX	500 m，バス型配線 Max2500 m（500×5）
より対線	STP		トークンリング	1000 m，リング型配線
	UTP	Cat. 3	10 BASE-T 100 BASE-T2, -T4	100 m，スター型配線
		Cat. 5	100 BASE-TX,	100 m，スター型配線
		Cat. 5e	100 BASE-TX 1000 BASE-T	100 m，スター型配線
		Cat. 6	1000 BASE-T	100 m，スター型配線
			トークンリング	100 m，スター型配線
光ファイバ	MM 型	波長 850 nm 1300 nm	10 BASE-FL（1300） 100 BASE-FX（1300） 1000 BASE-SX（850） 1000 BASE-LX（1300） FDDI	2 km，スター型配線 550 m, 275 m, リング型配線
	SM 型	波長 1300 nm	1000 BASE-LX	5 km，スター型配線

表 3.34 LAN 端末の OS と NOS の関係

サーバ機 OS	クライアント機 OS	ネットワーク OS の例
UNIX	MS-DOS, OS/2 Windows 95/98	VINES
OS/2	OS/2, MS-DOS	LAN Manager
MAC-OS	MS-DOS	MS Networks
専用 OS	OS/2, MS-DOS Windows 95/98	Net Ware
Windows NT	Windows NT, Windows 95/98	Windows NT

クンリング間）を接続する場合にも使用できる．データリンク層のフレームをベースに中継を行い，特定の LAN あてのフレームだけを選別して送信するフィルタリング機能をもつため，不要なトラフィックによる影響を抑えることができる．

iii）ゲートウェイ　異なる種類のプロトコルを用いているネットワークまたはホストコンピュータとの間で OSI 参照モデルの 7 層までのプロトコル変換を行い，相互接続を可能とする装置である．TCP/IP から SNA へといった上位プロトコルへの変換を伴う接続も可能である．

iv）ルータ　ルータは，ネットワーク層のプロトコル（例えば IP アドレス）をもとにパケットの中継・交換を行う．LAN 間を中継する装置のなかでは，最も LAN 間の独立性が高く，他の LAN で発生したブロードキャストなどの流入を防ぐことができる．ルータには，同一場所で使用するローカル接続と通信回線を使用して相互接続するリモート接続がある．

4）ネットワークオペレーティングシステム

LAN においては，複数の端末が協調してアプリケーション処理を実行したり，複数の端末で資源を共有することが多い．このようなクライアント/サーバシステムを管理するためのソフトウェアがネットワークオペレーティングシステム（NOS, Network Operating System）である．

3.4.7　情報・通信の漏えいと防止対策

a．電磁波の放射による情報漏えいの防止

コンピュータの動作クロックや CRT が動作する周波数は一定であるので，その周波数帯にチューニングしたアンテナやアンプを使用してパソコンなどが放射する電磁波を傍受し，情報（例えば CRT の表示画面）を再現することが可能である．

パソコンなどが放射する電磁波の強さは VCCI 基準により規定されているが，放射が許容されたレベルは情報漏えい防止には不十分であることが報告されてお

り，これを防止するためにはパソコンや配線にシールドカバーをかけたり，あるいは建物に遮蔽（吸収）対策を施し，漏えい電磁波のレベルを再現不可能なレベルまで下げる必要がある（図3.47）．

建物計画的には機密情報を処理する電子機器（あるいは部屋）は外部から離れた位置に配置するなどの配慮や，電磁遮蔽（吸収）材を建物へ組み込むことが必要となる．特に後者のように電磁波による情報漏えいを防止する対策をテンペスト（TEMPEST）対策と称し，「ミッションのセキュリティを危うくするような，意図的ではなく放出される電磁波を抑制すること」と定義されている．

b. 不正侵入による情報漏えいの対策

社内ネットワークなどがインターネットに接続されている場合，外部からの不正なアクセスを許してしまう可能性があり，情報の漏えいにつながる危険性がある．こうした不正アクセスを防ぐ目的でファイヤウォールが設置される（図3.48）．

ファイヤウォールの方式は大きく分けると，パケットフィルタリングタイプとアプリケーションレベルゲートウェイタイプがある．

パケットフィルタリングとは，インターネットなどで送受信されるパケットのプロトコルやIPアドレス，ポート番号などを監視して，安全なものはLAN環境へ，有害なパケットはブロックするものである．この技術によって，社内情報システムへの不正なアクセスを防止できる．セキュリティレベルはあまり高くないが，構造が単純なので高速に処理できる．

アプリケーションレベルゲートウェイとは，図3.46のようにファイヤウォールにおいて一度通信を終端し，利用するアプリケーションを限定する技術である．プロトコルごとのチェックプログラムが起動するのでセキュリティレベルは高いが，複雑なため処理は比較的低速である．

現状では，ファイヤウォールの外部利用者がなんらかの方法で正規利用者のIDとパスワードを盗み，本

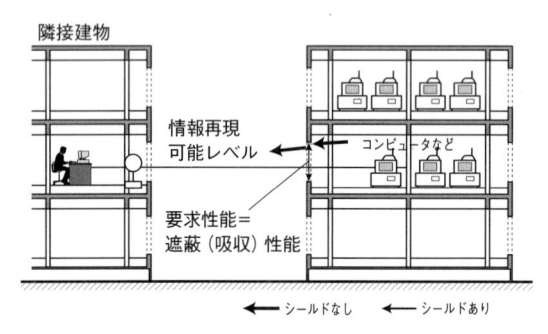

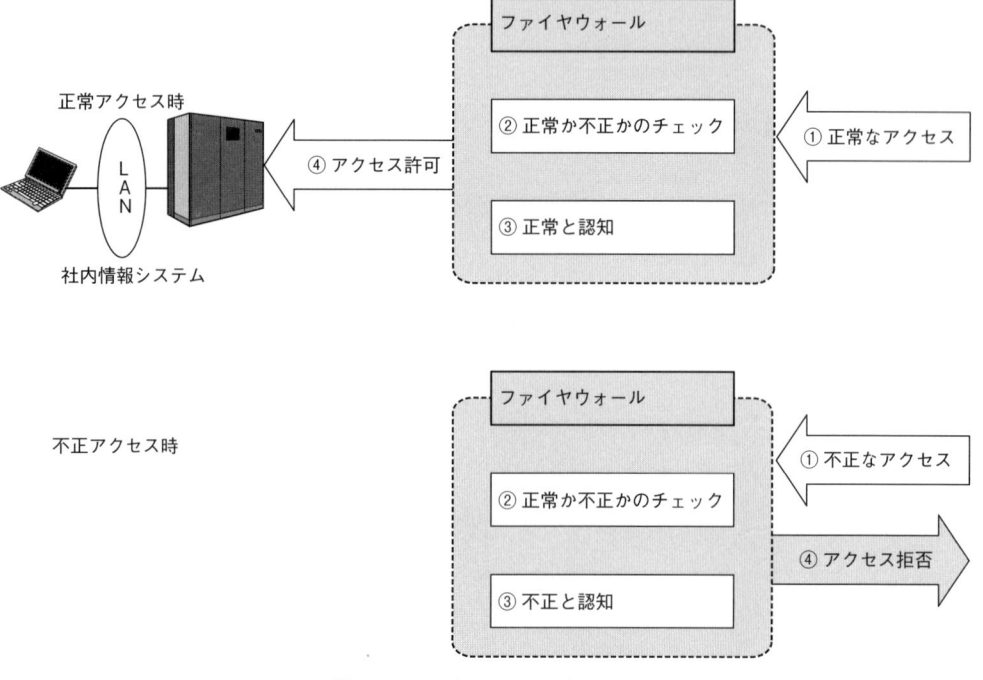

図3.47 建物レベルでの電磁波セキュリティ対策

図3.48 ファイヤウォールイメージ

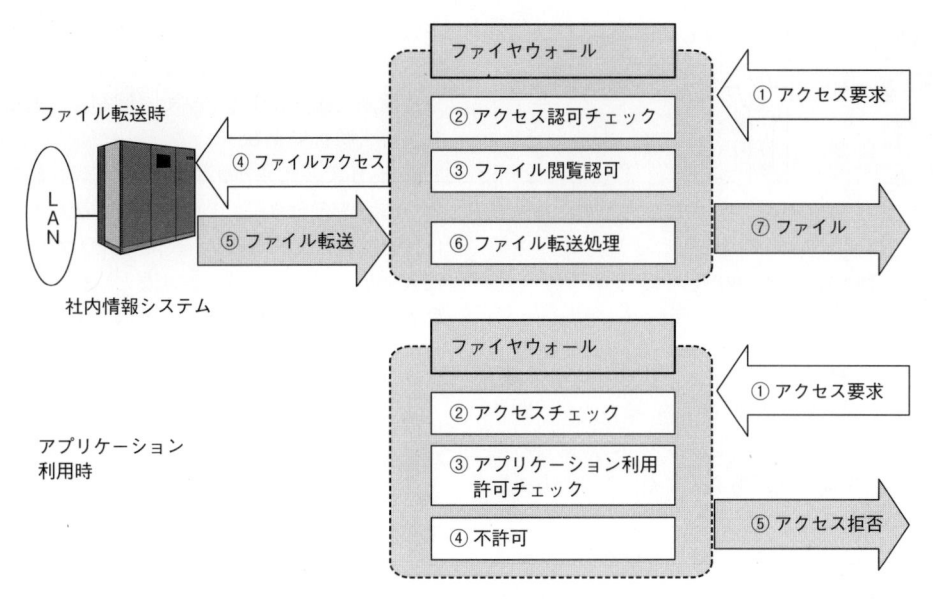

図3.49 アプリケーションレベルゲートウェイイメージ

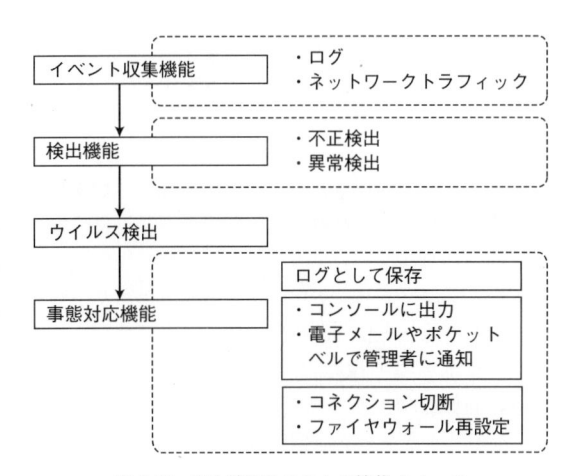

図3.50 侵入検知システムの機能イメージ

(1) イベント収集機能：設定されたルールに従い，ログデータやネットワークトラフィックなど，侵入検知に必要な情報を収集する．

(2) 侵入検出機能：入力情報を監視し，不正検出，異常検出と呼ばれるような手法を用いて侵入を検出する．

(3) 事態対応機能：検出結果をコンソール上に表示したり，電子メールなどで管理者に通知する．また，必要があれば，ファイヤウォールなどほかのネットワーク機器を適切に再設定することで侵入を未然に防いだり，疑いのあるコネクションを切断する．ログデータとして保存し，検出された結果をこの侵入検知システム技術により，ネットワーク管理者にとってファイヤウォールの管理・監視が容易になる．

c. インターネット上でのデータの漏えい防止対策

インターネットなどのネットワーク上で大量のデータ通信が行われているが，これらのデータは通信途中において，第三者に盗聴される危険性がある．その対策として，重要なデータを送信するときなどは，第三者に見られても理解できないようにデータを変換しておく方法がある．これを暗号化という．

暗号化を行うときは，元のデータを一定のルールで変換する．この変換のための条件を決めるのが「鍵」という暗号表である．

暗号化技術の基本は，図3.51のように送信側では平文と呼ばれる元のメッセージを暗号器で暗号文にして送り，受信側では暗号文を復号器で平文に戻す処理

人になりすまして侵入した場合や，内部利用者による他人のパスワード解析のようなファイヤウォールの内側で行われる不正利用を防ぐことは困難である．また，バッファオーバフローなどのセキュリティホールが日々報告されている．ネットワーク管理者はこのような情報をじん速に入手し，対応しなくてはならない．この作業を簡略化する技術として，侵入検知システム技術がある．

侵入検知システムとは，ログやネットワークトラフィックなどを監視することで，ファイヤウォールを通過してくるような攻撃や侵入などの不正行為を検出する技術を用いたシステムである．この技術には，図3.50に示すような機能がある．

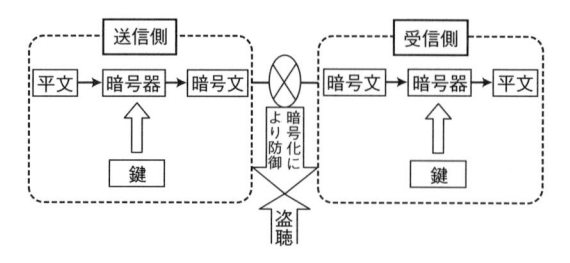

図 3.51 暗号化技術イメージ

を行う．

　暗号化には，暗号化する「鍵」と復号化する「鍵」に同一のものを使用する共通（秘密）鍵方式と，暗号化する「鍵」と復号化する「鍵」に2つの対になった鍵を使用する公開鍵方式がある．また，2つの方式を併せて使うこともある．

　共通（秘密）鍵方式には，暗号化と複号化にかかる時間が短く，暗号化されたデータの大きさも極端に大きくならないという利点がある．しかし，通信相手に共通鍵を送る必要があり，「鍵」を安全に相手に渡す方法や，相手の鍵管理方法が問題となる．また，通信する相手の数だけ「鍵」をもたなければいけないため，鍵の管理が煩雑になる．

　公開鍵方式の2つの鍵は，秘密鍵と公開鍵と呼ばれている．秘密鍵は厳重に管理される鍵であり，公開鍵は公開している鍵である．秘密鍵で暗号化されたデータは対応する公開鍵でしか復号できず，公開鍵で暗号化されたデータは対応する秘密鍵でしか復号できないのが特徴である．この方式では，暗号化と複号化にかかる時間は，共通鍵方式に比べ長く，暗号化されたデータも大きくなる．公開鍵は第三者に知られても問題がないので，鍵の管理が必要なのは自分でもつ秘密鍵だけとなり，鍵の管理が楽で安全性が高い．

d. 社内システムに対するセキュリティについて

　社内システムがもつ個人情報の漏えいを防止するためには，ハッキングなどネットワーク上の情報漏えいに対する対策は勿論システムへの接近を防ぐ物理的セキュリティも重要である．

　物理的セキュリティは，サーバルームやネットワーク機器などを収容する重要室（情報システム的に）への不審者の侵入を防止することが目的である．次の事項を考慮して具体的対策を立てる．

　① 重要度ゾーニング　　情報収容機器のグレードに従って，一般ゾーンからハイセキュアなゾーンまで数段階にレベル分けをする．

　② アクセスコントロール　　レベルの違うゾーンに入室するためのゲート装置や認証装置（電気錠，自動ドア，フラッパゲート，10キー，カード認証装置，生体認証装置）によるアクセス制御と入退出記録により，侵入防止をする．

　③ 不審者の発見と状態確認　　不審者の発見と状態を確認するために，レベルの違うゲート装置付近には，監視警報装置（ITV，映像分析ソフト，人的警備，侵入検出センサ，破壊センサなど）による監視と記録により侵入防止をより確実なものとする．

3.4.8　電磁的環境両立性（EMC）

　EMCのJISによる定義は「装置またはシステムの存在する環境において，許容できないような電磁妨害をいかなるものに対しても与えず，かつ，その電磁環境において満足に機能するための装置，またはシステムの能力」とされている．

a. 電子機器のぜい弱化とリスクの集中

　近年，電子技術の進展および地球環境保護施策の推進により，LSIの動作電圧が低くなってきている．動作電圧の低下は不要電波により誘導電圧が生じたときの安全マージンの減少を意味し，妨害排除能力の低下につながる．また，素子の動作クロックが高速化したこと，高密度で実装されるようになったことは電磁波の影響に対して電子機器がぜい弱になることにつながる．

　また，ブロードバンド化に伴う情報通信ネットワークの拡大，ネットワーク技術の発達および建物の高度化は，電磁環境の複雑化，電子機器のぜい弱化，電子情報価値の増大といった変化をもたらした．また，iDCなどネットワーク設備収容施設において負担するリスクは，ネットワークの高度化・ネットワークを流通する情報量の増加につれて年々増大している．高度に情報処理装置を集積したiDC（インターネットデー

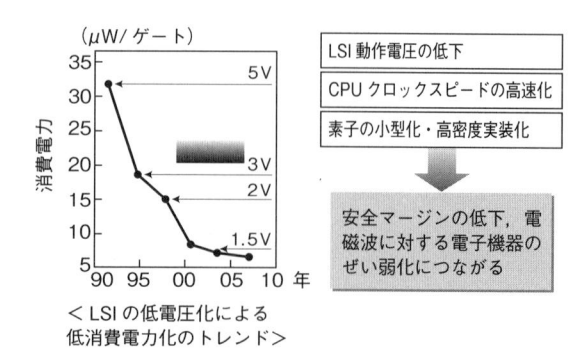

図 3.52　電子機器の高密度実装化・ぜい弱化

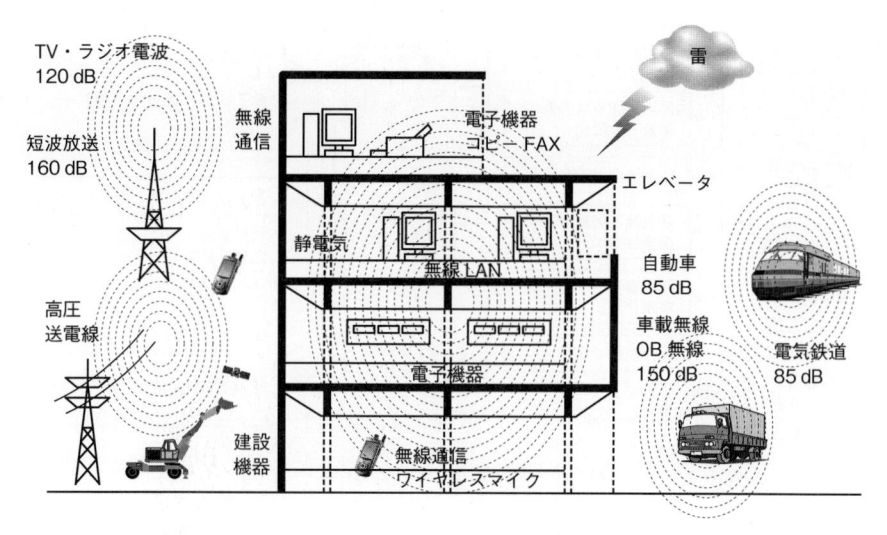

図 3.53 建物を取り巻く電磁環境の複雑化

タセンター)をはじめとしたネットワークインフラ設備を収容する建物(ネットワークセンター)は，情報通信ネットワークの結節点となり，災害，障害などが発生した際に生じるリスクを集中的に負担することになる．このため，これらネットワークセンターにおいては，情報通信ネットワークの健全な運営とリスク回避を図るために，電磁波被害に対する信頼性を向上するための対策が必要となる．

b. 不要電波の現状

違法 CB 無線，建設機械など建物周辺からの電磁ノイズに加え，さまざまな無線通信システムの建物内への導入，コンピュータ機器などの急激な普及により，不要電波の発生源は増え，建物を取り巻く電磁環境は複雑化している．

不要電波とは EMCC(不要電波問題対策協議会)の定義によると，「電子機器などから発生し，空間および接続ケーブルを伝わる不要な電磁波」であり，雑音電磁波のほかに，携帯電話などの電波を発することが目的の機器から出る電磁波も，障害を受ける機器からみて「不要電波」としている．

図 3.53 は建物を取り巻く不要電波の一例である．発生要因としては自然現象による雷のほか，建物の内部，および外部にさまざまな人工ノイズがあることがわかる．

c. 情報喪失による損害

電子商取引の拡大など情報価値の増大は，情報喪失時の被害の増大につながる．情報が喪失したときに企業が受ける損害は，直接的な復旧費用の発生はもちろんのこと，得られるべき利益の損失，お客様への補償

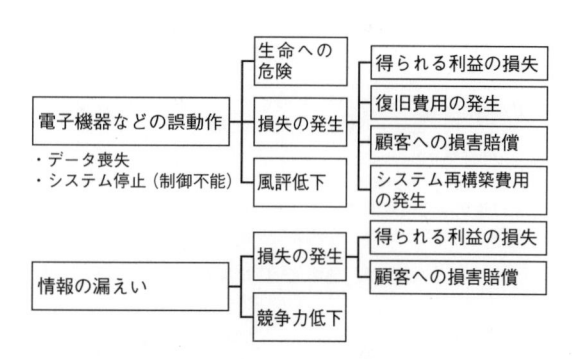

図 3.54 情報の喪失などにより想定される損害

責任の発生，そして最悪の場合，信用の失墜を招きかねない．また，医療機器や工場などの制御機器が誤動作すれば人命が危険にさらされる可能性もある．

有線・無線の情報通信ネットワークおよびコンピュータなどの電子機器が急速に普及し，至るところで使用されるようになったこと，そして，装置自体がぜい弱化したことが重なって電磁障害(EMI, Electromagnetic Interference)の発生が顕在化してきた．そして電磁障害が発生すると甚大な被害につながる可能性がある．

d. 建物 EMC 対策

これまで建物 EMC 対策が必要となる背景を述べてきたが，ここで建物 EMC 対策の目的を整理すると以下の 3 つに分類できる．

(1) 電子部品の EMC 対策と同様に，電子機器が共存するために「電子機器などの誤動作・相互干渉防止」のための建物 EMC．

(2) 無線通信システムの普及からその使用できる電

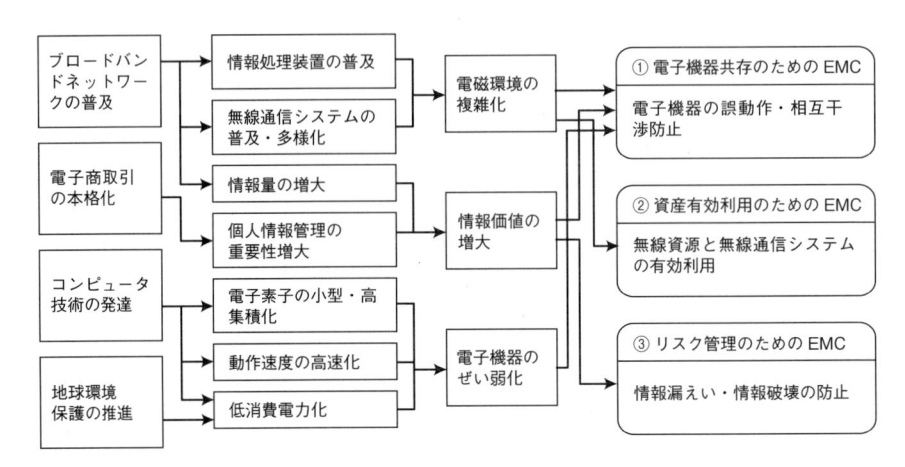

図 3.55 建物 EMC 対策の必要性と目的

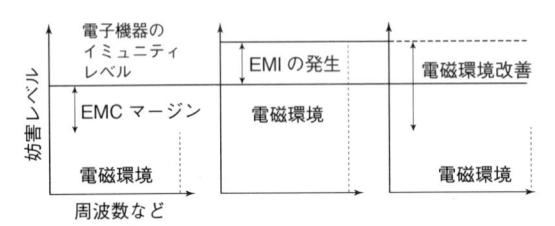

図 3.56 建物 EMC 対策の概念

＜建物 EMC 対策の概念＞
主に建築空間構成部位（床，壁，天井など）で電磁波や磁気をシールドする技術と電磁波を吸収すること

■遮蔽
入射波に対して透過波を小さくする
透過係数を小さくする
↓
材料表面の反射係数を大きくする

■吸収
入射波に対して反射波を小さくする
透過係数を小さくする
反射係数を小さくする
↓
反射係数を小さくし，材料内部で電波エネルギーを熱エネルギーに変える

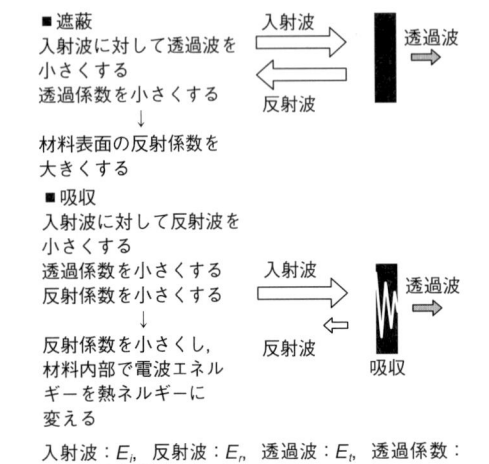

入射波：E_i，反射波：E_r，透過波：E_t，透過係数：E_t/E_i，反射係数：E_r/E_i

図 3.57 電磁波の吸収と遮蔽

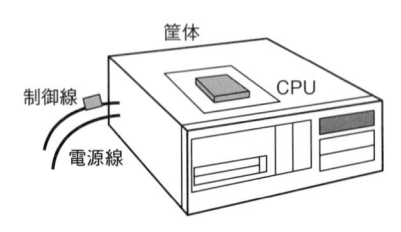

(a) 電子機器の EMC の対策

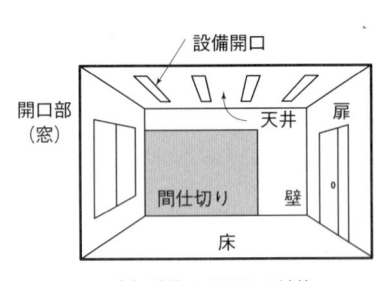

(a) 建物の EMC の対策

	規格・規制など	生産方法
電子機器の EMC 対策	あり	工場で大量生産
建物の EMC 対策	なし	個別に一品生産

図 3.58 建物における EMC の特徴

波の周波数帯が逼迫しつつあるが，電波を有限な資源ととらえて「無線資源と無線通信システムの有効利用」を図るための建物 EMC.

(3) コンピュータなどから意図せず放射される電磁波（＝不要電波）による「情報漏えいの防止」や，意図的に電磁波を発射し装置・情報を破壊しようとする「情報破壊の防止」のための，セキュリティ対策としての建物 EMC.

建築では建物 EMC の概念として，建築電磁環境制御技術を「主に建築空間構成部位（床，壁，天井など）で電磁波や磁気をシールドする技術と電磁波を吸収する技術」ととらえている．建物 EMC の必要性を電子機器の誤動作防止を例に説明したのが，図 3.54 である．電子機器は，電磁波により誤動作しないよう，あるレベルのイミュニティをもっている．しかし劣悪な

電磁環境では，機器のイミュニティレベルを越える電磁波が存在することがあり，EMIが発生する．通常，機器のイミュニティレベルを高くすることは困難なので，建物EMCにより電磁環境を改善しEMIを防止することが有効となる．この場合，電磁環境を機器のイミュニティレベルまで下げる性能値に，安全マージンを加えた値が建物EMCの必要性能値になる．

図3.55は，吸収と遮蔽の概念を図解したものである．遮蔽するには遮蔽材表面の反射係数を大きくして，入力波が透過することを防ぐことが必要となる．また，吸収は反射係数を小さくして材料表面での反射を抑え，かつ透過波を小さくすることが求められる．入射された電磁波エネルギーは吸収体内部で他のエネルギー（熱）に変化する．

建物EMC対策と電子機器のEMC対策を比較すると，建物EMC対策には，明確な規格や規制がないこと（高層ビルのTV受信障害を除いて），建物が一品生産であることがあげられるが，最も大きな特徴は居住性，すなわちオフィスなどの室としての利便性，快適性などの確保が求められる点である．〔寺門泰男〕

文　献

1) 渡辺和彦，坂田哲也，飯田秀樹，斎藤南哲：ネットワークシステム（改定版）リックテレコム，2000．
2) 浜野紘一：NTT技術ジャーナル，7-1 (1995), 16-22．

3.5　情報配線設備

3.5.1　情報配線設備概要

a．背　景

1) 1980年代　情報配線設備（いわゆる情報ネットワーク）が注目し始めたのはこの頃で，イーサネットやトークンリングと呼ばれるネットワークが主流であった．伝送特性がよいことから同軸ケーブルやシールドケーブルなどのケーブルが使用され，イーサネットはバス型配線（10 Mbit/s），トークンリングはリング型配線（4 Mbit/s）であった．

米国の広い床面積を前提に開発されたイーサネットは，バックボーンとして使うことを前提に500 mまでの長さを1本の線で対応できるよう，伝送劣化損失が小さい同軸ケーブルを使用した．

オフィス内に設置される機器が増え，1カ所で生じたトラブルが全体に影響を広げないことや，コンピュータの増設時に全体への影響を与えないことなどの目的から，イーサネットはHUB，トークンリングはMAUと呼ばれる集線装置により，そこからスター型で配線する方法が好まれるようになった．

2) 1980年代後半　1980年代後半は，同軸ケーブルを使ったトークンリングのスター型配線システムが主流となった．逆にイーサネットのバス型配線システムは，配線敷設の容易性から電話用のツイストペアケーブルを活用した．

3) 1990年前半　バックボーンを流れる情報量が増大するにつれ，光ファイバを用いたFDDIという方式が主流となっていく．今でも信頼性の高い方式として採用されているが，スイッチングHUBが登場してからは主流が変化していく．FDDIの場合は支線のイーサネットほかの方式をFDDIブリッジ（ゲートウェイ機能をもつ）で変換し，支線がイーサネットのシームレスなTCP/IPをスイッチングだけで処理する方が合理的である．シームレスという観点では，WANにおけるシームレスも一つの問題で，ルータからTDMを経て専用線やISDNに出ていくよりも，NTTが整備しているATM専用線網に合わせ，オフィス内の幹線もATMに統合しようという流れで，公的先端機関の施設にはATMバックボーンをもったところが多くある．

90年代に入って10 BASE-Tの規格（シールドなしツイストペアケーブルを使ったもの）が定められる．トークンリングもシールドなしツイストペアケーブルを導入するようになり，マッキントッシュ用にもツイストペアケーブル利用のスター型接続ができる集線装置が開発された．

オフィスの中にあるさまざまな通信方式の情報機器や電話を全部シールドなしツイストペア線で対応できるようになったことから，「先行統合配線」の考え方が生まれた．

「統合」には電話との統合と，各種の通信方式のコンピュータに対応できるという2つの意味があり，「情報配線＝先行統合配線」という構図が91〜2年頃から一般化してきた．

4) 1990年代後半以降　90年代中盤から，それまで独自（トークンリングやアップルトーク）の通信方式を採用してきたメーカーも徐々にイーサネットを標準とするようになる．よりスピードの速い通信方式も開発されるが，そのなかで優勢となったのはファストイーサネットの100 BASE-Tで，現在のところイーサネット系だけでネットワークが構築できているオフィスが多いのが状況である．

90年代前半のツイストペアケーブルの規格では

100 Mbit/s を保証できず，これを保証するカテゴリー 5 という規格ができた．最近では速いスピードの HUB の登場やオフィス内のパソコン台数の増加により，先行統合配線というインフラの考え方が必ずしも経済的かつ普遍的とはいえなくなってきている．現実に，電話は構内 PHS，ネットワークは分散 HUB にするということで，床下の配線量が非常に少ない方式を採用する企業もあり，さらに，無線 LAN の規格向上もあり，先行配線を利用しないケースが発生してきている．

5) 今後の動向 インターネット増大の背景を受けて IP 専用線網の整備が民間の通信事業者の手によって進みつつあり，情報系は WAN も含めてシームレスに TCP/IP で接続するという流れができつつある（電話も IP で統合しようという動き…VoIP）．さらに速い通信方式として，ATM の 156 Mbit/s やギガビット（1000 Mbit）イーサネットなどが出てきており，1990 年にカテゴリー 6 の規格も制定された．いずれフロア内配線もカテゴリー 6 に変わるというのが一つの見方である．

幹線については，その後 FDDI からスイッチング HUB に主役が交代し，幹線の信頼性確保や光ファイバ接続やコネクタ付けの施工技術が向上し，コスト的にも安くなってきたこともあり，幹線部分には光ファイバを使うケースがほとんどである．光ファイバコネクタのコスト低下や施工性向上は，米国の一部先端オフィスでの全面的光ファイバ配線の採用につながっており，今後日本でも普及する可能性は否定できない．現在のところは，コネクタ規格が統一されていない．

b. 概　要

ここでいう情報配線設備とは，第一種通信事業者からの有線・無線の情報受け入れ施設から，館内の幹線分岐線，情報端末への接続装置に至る配線設備ととらえる．

一般的に，情報配線設備は，音声系である電話設備とデータ系である LAN 設備，映像系である映像設備からなる．昨今の IT の進展により，従来の音声，データ，映像がそれぞれ別々に設計された時代からブロードバンドネットワーク時代へと変化し，現在においてはこれらを統合したネットワーク設備を情報配線設備と呼んでも過言ではない．その場合は，いわゆるデータ系をバックボーンとしたネットワークが中心になると見込まれている．

しかしながら，実際の情報配線設備においては，それぞれを別々に設計しているのも状況である．ここで

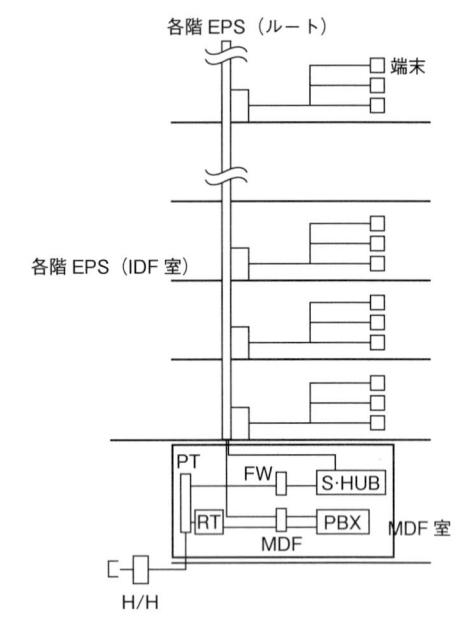

図 3.59　情報配線設備．全体構成図

は，このうち将来中心になるであろうデータ系である LAN 設備を情報配線設備と位置づける．

図 3.59 に情報配線設備の全体構成を示す．

図に示すように，

(1) 第一種通信事業者からの引き込み
(2) 引き込み用ハンドホール
(3) 建物内通信機械室（MDF 室）

までの通信引き込み関連設備

(1) MDF 室以降
(2) 各階 EPS（配線ルート）
(3) 各階 EPS（IDF 室）

までの幹線設備，

(1) 各階 EPS（IDF 室）以降
(2) OA フロア
(3) 配線取り出し口（ジャックなど）

までの端末配線設備により構成される．

このなかで，MDF 室内には，光配線パネル（PT），回線接続装置（RT），MDF，PBX，ファイヤウォール・ルータなどのサーバ類が設置される（ビルによっては，PBX やファイヤウォールは専用のコンピュータルームに設置する場合がある）．

電話回線ではなく，インターネットなどによる情報通信系の外部と内部を接続するためには，ルータと呼ばれる装置やファイヤウォールと呼ばれる装置が必要となる．IDF 室には，集線装置と呼ばれる HUB（スイッチング HUB など）を設置する．

各階EPS（ルート）は，ケーブルラックもしくは配管により配線ルートが確保される．特にテナントビルの場合は，そのテナントの専有部分まで第一種通信事業者により配線されるため，配管を用意し，竣工後でも配線引き込みができるように配慮しなければならない．

その場合，光ファイバが敷設されるケースが考えられる．したがって，配管の曲がり部分は，半径10Rの緩やかな曲線によって施工されなければならないので注意が必要である．

c. 衛星・無線系について

建物屋上には通信用のアンテナが設置される場合がある．これは，衛星通信回線により，情報の受発信を行う場合に必要となる．ただし，送信をする場合はアンテナ以外に送信装置が必要になり，また高価な設備のため，導入には十分な検討をすることが望ましい．

単純にLAN設備といっても，無線方式によるものもあれば，衛星回線による方式もある．特に無線方式は携帯電話や携帯端末に代表されるように，建物外部においての通信手段としては飛躍的な発展をとげている．今後さらに国際化が増すなかでは，世界共通方式などへと発展する可能性を秘めている．

しかし，建物に通信回線として取り入れられる場合は，有線系の通信回線により行われているのが現状である．

3.5.2 計画・設計の要点

情報配線設備は，通信回線の引き込み，館内通信幹線，通信端末配線の大きく3つに大別される．これら3つはおのおのにその建物の用途構成をにらみ計画する必要があるが（その内容については次項で紹介する），情報配線設備にかかわる基本的な事項として下記の3項目を知る必要がある．

(1) 通信方式（LANのトポロジー）
(2) 配線種別
(3) 配線接続機器など

a. 通信方式（LANのトポロジー）

通信方式，いわゆるLANのトポロジーには，スター型，リング型，バス型の3種類があり，それぞれに特徴をもっており，情報配線設備に大きく起因する要素である．したがって，その建物でどの通信方式を採用するかによって，計画・設計の方法が変わる．現在では，前節で述べたとおり，スター型のイーサネットが主流となっている．

〔注〕イーサネットについて：

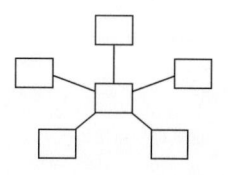

図 3.60 スター型 LAN 概念図

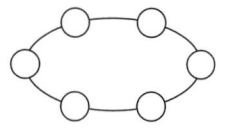

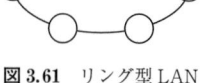

図 3.61 リング型 LAN 概念図 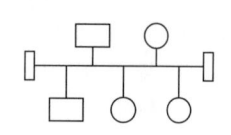　　図 3.62 バス型 LAN 概念図

イーサネットを開発したXeroxが自社開発のマシン（Star，J-Starなど）ではXNSという方式（一時期パソコンネットワークで勢力をもった方式はIPXという方式を使ったNetware）だったが，インターネットの発達とともにそこで使用されているTCP/IPの方式がこの2～3年で主流となっている．イーサネットはセグメント内で帯域を共有する（接続されているどのマシンからも情報が流れていないときだけ流せる方式の）LANのため，動画などのリアルタイム性を必要とする通信には向かない．VGAnyLANのようにリアルタイム性に対応した100 Mbit/sの方式も開発され，また，スイッチングHUBによる帯域占有化もできるようになり，100 BASE-TXが使われている．

1) スター型　中央のサーバがすべての通信を制御している．伝送媒体はツイストペアケーブルを使用するケースが多い．TDMA（時分割多元接続）回線方式を採用しており，理論的にはデータの衝突はありえない．

2) リング型　ノードとケーブルの接続がリング状のループを形成しており，信号はループ上を一方向に順次伝送される．伝送媒体には同軸ケーブル，光ファイバが使われ，伝送速度は10～100 Mbpsで，中規模システムに再送される．伝送方式はTDMAで，トークンパッシングパケット交換方式（トークンという送信権をもつノード間のみ通信ができる）によりデータの衝突を防いでいる．

3) バス型　複数の端末やノードがバスとしてのケーブル上に接続される．端末やノードよりの通信はバス上を両方向に伝送される．伝送媒体は同軸ケーブル，光ファイバが使われ伝送速度は10～30 Mbpsで，電装距離と端末数に制限があり，小規模システムに採用されている．伝送方式は，TDMAでCSMA/CDパ

図3.63 同軸ケーブル
- 同軸ケーブル　　10 BASE 5
- 同軸ケーブル　　10 BASE 2

図3.64 ツイストペアケーブル
- UTPケーブル　　カテゴリー3 (unshielded twisted pair)
- STPケーブル　　カテゴリー5 (shielded twisted pair)

図3.65 光ファイバケーブル
- マルチモードファイバ　MMF
- シングルモードファイバ　SMF

ケット交換方式（端末が送信するとき，通信路の空きを確認してデータを制御する）により衝突を防いでいる．いわゆるイーサネットである．

b. 配線種別

情報で利用されるケーブルにはさまざまな種類があるが，通信速度や通信方式によって異なる．図3.63〜3.65に代表的な配線について示す．

1) 同軸ケーブル　　中心に銅線を配し，周囲をシールド保護したケーブルである．イーサネットが開発されたときに10 mm径の同軸ケーブルを基本にした．（10 BASE 5と呼ぶ）その後，イーサネット用に5 mm径のもの（10 BASE 2）も開発され使われている．

　i）10 BASE 5　　イーサネット開発時に基準としたイエロー（10.3 mm径の同軸）ケーブルを10 BASE 5と呼ぶ．1本の同軸ケーブルにトランシーバと呼ぶユニットを取り付けてコンピュータとの間をAUI（attachment unit interface）ケーブルで結ぶ．MAUの機能はトランシーバの中に組み込まれており，1本のケーブルで500 mまで延ばすことができる．

　ii）10 BASE 2　　距離は185 mと短くなるが，施工性がよい細い同軸ケーブル（5 mm径）を用いる方式．MAUの機能はコンピュータ本体のスロットに取り付けるトランシーバボードに原則的にもたせている（ノートパソコン用の場合には接続ユニット上）．同軸ケーブルも1本のケーブルに接続ユニットをかませるのでなく，コネクタ付きの同軸ケーブルを接続ユニットで連結していく方式になる．

2) ツイストペアケーブル（より対線）　　2本の被服の薄い線が近接並行すると誘導起電力で相互に影響を受けてしまう．そこで対になる線をよることで通信特性を向上したものがツイストペアケーブルである．主に使われるのは，被覆保護のないUTPケーブルであるが，信頼性が必要な幹線部分には被覆付きのSTPが使われることもある．

　i）カテゴリー3（10 BASE-T）　　イーサネット（10 Mbit＝10 BASE-T：10 Mbitをtwisted pairで使う）に使う場合にはカテゴリー3で十分であるスター型配線にするための集線装置（HUB）とコンピュータとの間をより対線で結び，コンピュータ本体にあるスロットにMAUボードを取り付けておき，RJ 45のモジュラジャックでの接続を実現する．最近のパソコンは本体標準装備が標準となっているが，ノートパソコンではトランシーバカードが必要になる．HUBからの配線距離は100 mまでである．

　ii）カテゴリー5（100 Base-TX）　　イーサネットの高速版（100 Mbps）を使う場合はカテゴリー5を使用する．現在はカテゴリー5（CAT 5と略す）が主流になっている．イーサネットの伝送速度は10 Mbit/sであるが，現在では100 Mbit/sの伝送速度にも用いられるようになり，100 Mbit/sを保証できる特性をもった線がカテゴリー5である．

3) 光ファイバケーブル　　より高速で信頼性の高い伝送をする必要のある部分（幹線など）に使われる．NTTのINS 1500（1.5 MBit）以上は光ファイバ，INS 64はツイストペアケーブルで供給されている．最近ではLANの主要機器では光ファイバ接続のためのユニットをもったものが一般的になっており，幹線に光ファイバを使用することが一般化してきている（最近，末端まで光ファイバを敷設し将来の高速化に備えるケースが多い）．

　i）マルチモードファイバ　　マルチモードファイバは，コアが太いので光がいろいろな経路を通って伝播し，距離が長くなると通った経路によって光信号のずれが出てしまう．そのため，遅いパルスを送っても受信点では幅が広がってしまうので，高速伝送には適さない．数百Mbps以下の伝送に使われる．

　ii）シングルモードファイバ　　シングルモードファイバは，コアが細いので光の伝播経路は一つだけになり，10 Gbps以上の超高速伝送にも使うことができる．現在では，広域ネットワークにほとんどシングルモードファイバが使われている．

c. 配線接続機器など

1) IDF　　IDFはIntermediate Distribution Frameの頭文字をとったもので，中間配線装置というような直訳になる．配線（集線）架からフロア内に放射状（実

3.5 情報配線設備

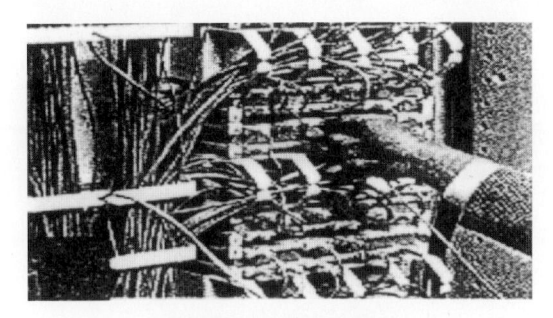

図 3.66 パッチパネル (110)

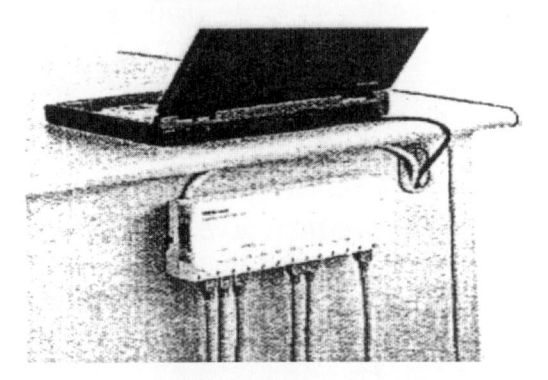

図 3.67 分散 HUB 写真

図 3.68

図 3.69 RJ 45 モジュラケーブル

際にはメインルートとサブルートからなる櫛状）にネットワーク機器と結ばれる．もともと，IDF という言葉は電話の集線架に対して使われてきた言葉で，現在主流の配線が電話と同じツイストペアケーブルであることや放射状（スター型）で配線されていること，さらに電話で使ってきた部材を応用して構成されていることなどから，IDF という呼び方をすることが多い．

2) MDF いちばん基になる集線架を MDF (Main Distribution Frame) と必ず呼ぶ．デジタル PBX（電話交換機）や，ネットワークサーバなどを設置するケースが多い．

一般的には，LAN を構成する機器なども置かれており，総称として「LAN にかかわる機器や機材の置かれた部屋」として LAN ルームと呼ぶ場合もある．

3) パッチパネル IDF に使われる集線のためのパーツである．図 3.66 は 110（ワンテン）パネルで，米国 AT & T が開発したもので，広くさまざまなベンダが製品化している．このほか RJ45 モジュラポートを直接差し込めるパネルもある．

4) HUB HUB というのは，モジュラジャックのポートをいくつかもつ装置で，これにつながれたパソコンどうしでネットワークができ，上位のネットワークにつなげば，オフィス全体のネットワークになる．

6～7 年前まではスター型配線といえば，IDF 室からネットワーク機器までを直接結び，大量の配線を敷設し，IDF 室に図 3.67 のものより大型の HUB を集中設置するのが常識であった．最近は HUB のコストが低下し，6～10 人程度の机の島に 1 台の分散 HUB を設置する方式を好む企業も増えている．現在のフロア内ネットワークは，HUB と呼ばれる集線装置を用いたスター型配線が主流となっている．

［RJ 45 モジュラケーブル］

パソコンをネットワークにつなぐケーブルとして RJ 45 を使用する．RJ 45 というのはモジュラジャックの型式のことで，8 芯の線（1 ペア 2 本で，8 芯は 4 ペア）である．電話では 2～4 芯の RJ 11 というひとまわり小さいモジュラジャックを使うが，規格品どうしであれば，RJ 45 のポートに RJ 11 のジャックを差して使うことができる．RJ 45, RJ 11 ともに線の並べ方が決まっているため，電話とネットワークの使い分けが可能で，「統合配線」として利用ができる．

3.5.3 通信回線の引込み配線

a. 第一種通信事業者について

日本における通信事業者は，第一種，特別第二種，

第二種に分かれており，通常いう通信回線を引き込む事業者は第一種通信事業者であり，全部で80社あまり存在する．一般的にビルに引き込む回線を所有しているのはNTTグループとTT-netなどの新地域系通信事業者である．インターネットサービスプロバイダや，アプリケーションサービスプロバイダは，一般的には第二種もしくは特別第二種通信事業者である．特別第二種は，国際接続などの専用線を有している事業者で，KDDIなどが含まれる．

b. 引込み回線について

情報配線の視点から約10年間前・後での変化も前項で述べてきたとおり，情報技術の変化が非常に激しく，その底流にはIT全般の進歩の速さがある．その結果，数メガバイトのファイルをネットワークで交信することも珍しくなくなり，IT技術に支えられて業務の仕方も変わり，企業を取り巻く環境に応じて組織も変わりつつある．

情報インフラも現状の業務・組織と需要量に合えばよいというわけでなく，可能な限り将来変化を見越して構築すべきである．その変化の対象はパソコン・EWSなどの機能変化，伝送方式自体の変化であり，企業内を流れる情報量増大の傾向のため，同時にまったく新しい方式に移行することもありうるという目で見ていく必要がある．

情報配線設備における通信回線を引き込む場合の考え方は，今までの電話回線のように局線数により選定するわけではなく，情報量と伝送速度によって決めなければならない．昔から専用線やINSサービスなどにより，電話回線とは別に情報専用線を引き込むことは多々あったが，今後はインターネットへのアクセス数や，企業側でもっているホームページ（サーバ自体を企業がもつ場合）への外部からのアクセス数で，必要な引込み回線が決まる．

単に光ファイバの伝送能力（速度）だけでいえば，10 Gbps（シングルモード）の能力があり，上り下りの2本があれば十分であるが，通信事業者側の中継方式や中継機器により伝送速度に限界がある．この部分は現在においても技術革新が進んでいるため，今後の進展が期待される．また，住宅においてもFTTHで称されるように，光ファイバを引き込む方向に進んでいる．その反面，ADSLといったように，現在のメタル系配線で8 Mbpsの伝送能力をもつ方式が登場している．したがって，引込み回線を決定するには，伝送速度，情報量などを検討したうえで決定する必要がある．

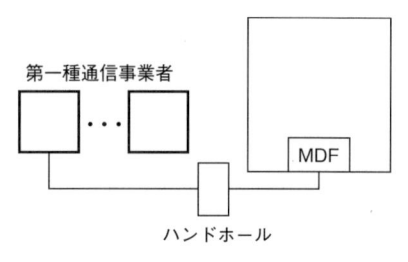

図3.70　通信引き込み概念図

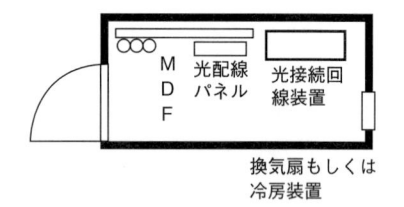

図3.71　MDF室イメージ図

c. 引き込み用設備対応について

一般的に，通信回線はビル内に計画されるMDF室に引き込む．その場合，MDF室にはメタルケーブルであれば木板などの端子盤が必要となり，光ケーブルであれば光用端子盤と通信事業者が設置する光アクセス装置を置くスペースが必要となる．この光アクセス装置は，光からメタルに変換する装置でもあり，光ファイバを引き込む場合，メタルケーブルは引き込まない．光アクセス装置は，電話を含めた局線数により大きさが違う．また，発熱するため，そのための冷房設備もしくは換気設備が必要となるので，通信事業者との事前協議を必ず行うことが必須である．

テナントビルなどの場合，テナントへ直接光ファイバを引き込まなければならないため，MDF室に設置された光用端子盤からテナント専有部に光ファイバを引き込むこととなる．その場合の対応として，各テナントまでEPSを通して配線できる配管が必要となる．光ファイバは曲げにくく，通常のメタルケーブル用の配管ではなく，曲げ径を10Rとった配管にしなければならない．

今後は，テナントによっては，情報通信設備として専用のPBXを置いたり，サーバを専用ルームに置く可能性があるので，通信事業者の光アクセス装置を同室内に置けるようにEPSなどの計画をしておく必要があろう．

3.5.4　館内通信幹線

a. 各階IDF方式

各階のIDF室内にHUBを置き，そこからパッチパ

3.5 情報配線設備

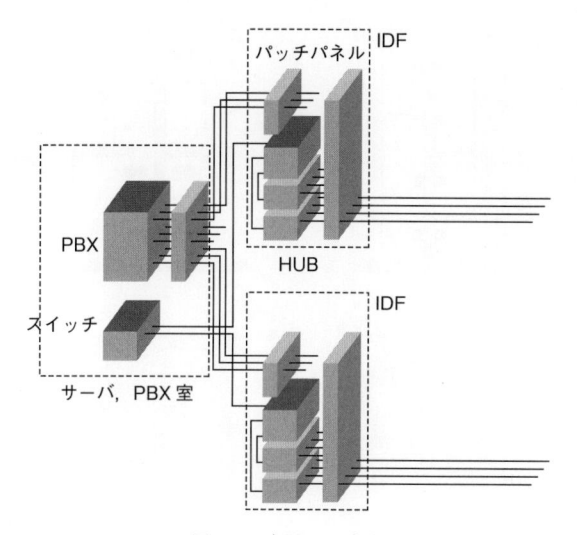

図 3.72 各階 IDF 方式

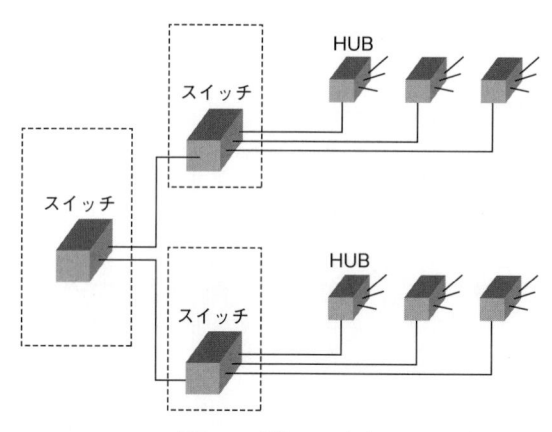

図 3.73 分散 HUB 方式

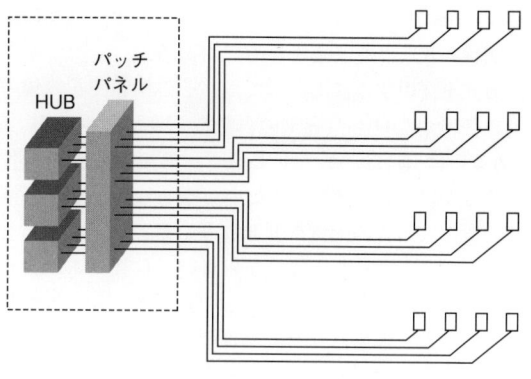

図 3.74 センター HUB 方式

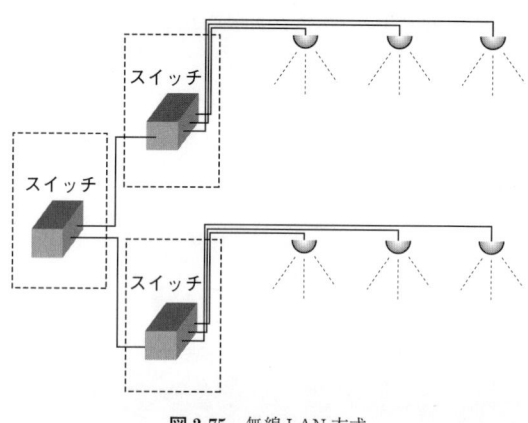

図 3.75 無線 LAN 方式

ネルを経てユーザーポートまでスター型に配線する方式である．電話も統合した場合は，PBX の内線ポートと 1 対 1 対応する PBX 側パッチパネルをユーザーポート側パッチパネルと組にして設置し，その間でパッチコードの掛け替えをする．HUB に対しては，ユーザー側パッチパネルと HUB ポートを直接接続する場合と，複数伝送方式に対応する場合に LAN 側パッチパネルを設ける場合とがある．

b. 分散 HUB 方式

オフィス内の机の島単位に分散 HUB を設置する方式で，扱う伝送方式はイーサネットなど 1 方式に限定される．この場合でも小さな IDF は存在し，そのなかにスイッチング HUB か 100 Mbps の HUB（LAN 用のパッチパネルを使わない場合もある）と電話用のパッチパネル（LAN と統合しないので 4 ペア単位にする必要がない）を置く．

c. センター HUB 方式

すべての HUB を 1 カ所に集中配置し，そこからオフィスのすべての場所に配線をする方式で，各階に IDF は存在しない（ただし，配線ルートは必要）．メリットは，HUB ポートを最も有効に活用できること，トラブルや管理を 1 カ所で集中して行えること，1 部署がフロア分割しても同一セグメント化が容易である．成立条件は，センター HUB のポートから末端のパソコンまでの総延長がどの場所でも 100 m を超えないことである．

d. 無線 LAN 方式

LAN の構成形態をみると，無線 LAN は分散 HUB 方式と限りなく似ている．各階の IDF に置くスイッチング HUB か 100 Mbps HUB から配線を天井に通し，分散 HUB と同じ機能を発揮する装置（アンテナなど）を天井などに設置する．

3.5.5 通信端末配線

情報配線を構築するためのルートとして，天井面にケーブルラックを敷設する方法，床に OA フロアを

敷き，配線ルートとする方法，フラットケーブルによる配線方式などさまざまな方式がある．

方式を採用するにあたっては，その情報配線設備の集線装置が受けもつ端末の台数や110パネル，RJ 45（あるいはRJ 11）ポートでのパッチをどのように使用するかにより，決定しなければならない．また，端末の置かれる机の配置や形態にも影響され，必ずしもOAフロアに限ることにはならない．自社ビルのように企業が特定できるのなら，その企業がどんな情報配線システムを採用し，どんな管理をするのか，同様に電話とフロアコンセントをどう考えるのかなどを検討でき，最適なOAフロアやフロアパネルなどの配線方式を構築できる．テナントビルの場合は入居テナント規模や企業群イメージを想定し，ビル全体をコーディネート型で決めなければならない．

小規模なテナントであれば，分散HUBを使用するケースが多く，その場合はOAフロアも低床配線トレンチ型を採用したりする．

図3.76は，400 m² 程度の事務室空間に対し，IDFから配線される事例である．

(a) サービスウォール　　(a) ユニバーサルワークステーション

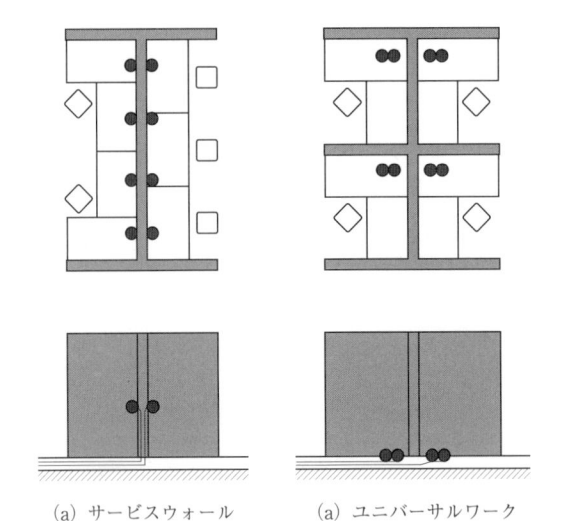

図3.77　ウォール内配線方式

図3.78　エリア配線方式　　図3.79　集合ポート方式

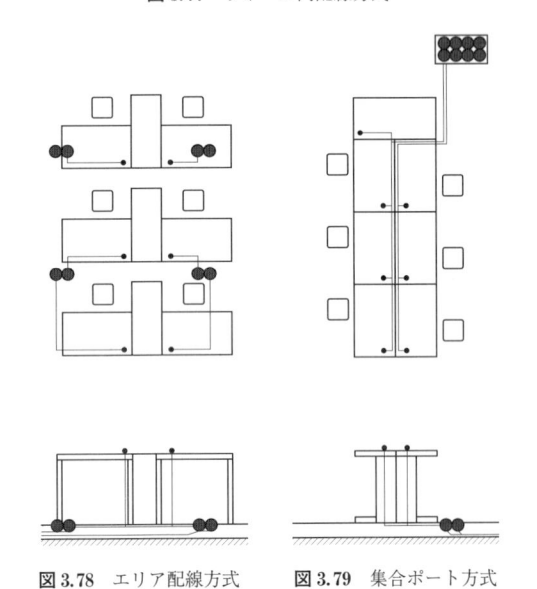

a. ウォール内配線方式

背骨部分のパネルを恒久的なものとして，配置する机の組み合わせや袖パネルの構成を変えたりする方式をサービスウォールと呼ぶ．情報配線やフロアコンセントをそのウォールから供給するからウォール内配線方式という．ユニバーサルワークステーションとこの形式の場合はパネル内配線ができるし，基本的にその部分は動かさないため，天井面からの配線なども利用することができ，OA床を前提とする必要が必ずしもない．

b. エリア配線方式

日本のオフィスでは，机の配置が島型であってもス

図3.76

クール型であっても組織や人数が変わるたびに机の位置や組み合わせを変えてしまう．そこでOA床内に均一に一定間隔で配線ポートを準備する方式が多く採用され，エリア配線方式と呼ばれる．3.2 mモジュールに2ポートずつ準備するという方式をテナントビルの基本インフラとして準備したビルもある（オフィス内の1人当たり面積が一般に10 m²程度なのでLAN 1ポート，電話1ポート分をモジュールに準備）．またエリア配線での末端ポートの設置方法としては，OA床下のコンクリート面にポートを固定する場合と，OA床パネルにインナコンセントユニットをはめ込んでおく場合とがある．

c. 集合ポート方式

什器とからまない位置にポートをまとめて用意しておき，机の配置が終わってから，必要箇所へ配線を敷設するという考え方を集合ポート方式と呼んでいる．エリア配線も同様であるが，オフィスでは二次配線の盛り替えを簡単にできるようにすることが必要なため，考えられた方式である．会議室などでは，テレビ共聴のBNSやプロジェクタ投影用のRGBやD-SUB 15ピンコネクタを併設する場合もあり，柱に露出で取り付けたり，ペリカウンタに隠したりしてこの方式をとっている．6ポートから12ポートぐらいを集合ポートとして用意し，机が移動した際はそこから机の島の端までモール配線したり，OA床下を通し，机の配線ルートを利用して極力床上工事範囲を多くしている例が多い．

d. OAフロア

フロア全体のOA床高さを決める最大のポイントは，原則としてフロア内配線のメインルート，特にIDF室からケーブルが出てきたところの配線量にある．

一般的に150 mm程度のOA床高さが採用される．しかし，150 mmではメンテナンスや配線の確認などの際，人間がのぞき込むことが難しいため，250 mmを採用するケースもある．また，配線の盛り替えが発生した場合，一度敷設した配線を撤去して新たに配線を敷設することはまれであり，将来対応まで考えた場合，少しでも多いスペースを見込むことが望ましい．

OA床の構造は，数年前は歩行感の問題からGRC（Glass-fiber Reinforced Cement）タイプがよく選択されていた．しかし，パネルに4本足がついた床置型のため，地震の鉛直振動に耐えられないことや，配線業者が繰り返し床をめくりパネルの位置や向きを変えてしまうために床の不陸が激しくなる問題があり，最

(a) 4本足GRC型
(b) 独立支柱アルミ充てん型
(c) 低床配線トレンチ型

図3.80

近は，充てんタイプのアルミパネルが選ばれることが多く，足は自立型で床に接着し，4枚のパネルの端を1本の足で支え，かつ，締め込むことができる構造のものが主流である．各メーカーの製品は一見似ているが，着目する相違点は，パネル四隅を足に止める方法に相違があることと，ポップアップやインナコンセントなどを取り付けられるオプションパネルの種類に相違がある点である．これらは一長一短があるため，オプションパネルの充実に焦点をおくかなど，企業とよく打ち合わせのうえ，選定することが望ましい．

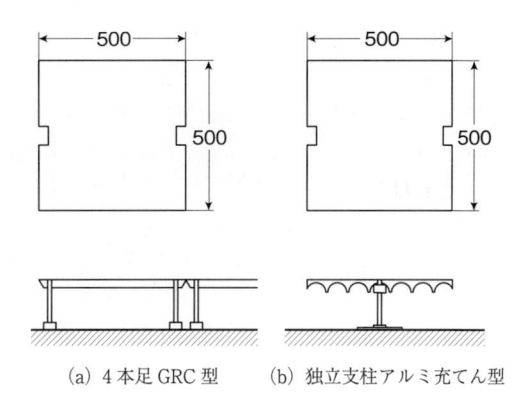

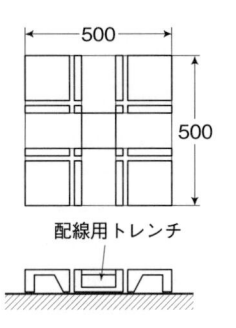

また，500 mm角のパネルをそのまま開け閉めするタイプでなく，500 mm幅のうち100～150 mm程度の部分だけが分割されたふたになっている低床型（50～60 mm）のOA床があり，この型式分散HUB方式を採用する企業や配線量の少ない企業には十分である．

3.5.6 配線における情報漏えい・障害対策

情報配線において，この配線は2本の銅線をより合わせた構造のケーブルを2対使用する場合が多い．その場合，1対のペア線の信号が他の1対のペア線に漏れてしまう「漏えい」が起きる．

これは，周波数が高いほど量が増えるため，あまり

高い周波数での伝送には向かない．

一般的にアナログ伝送の場合，100 kHz 程度まで，デジタル伝送の場合，10 Mbps 以下で使用する．

カテゴリー5は，100 Mbps までの対応が可能であるが，これはケーブル自体にシールドを施しているためである．情報配線（UTP, Unshielded Twisted Pair）は電源ケーブルとの併走を嫌うという点で，特に何本ものFケーブル（コンセントなど電源ケーブル）が束になって配線されるメインルート部分と情報配線が併走することは避けなくてはならない．支線では最低 300 mm，メインルート部分では 500 mm 以上を離すことが望ましい．

同軸ケーブルは，中心の銅線を外部の銅線（銅線で編んだ網）が遮蔽するので，漏えいが少ない．もちろん，外部からの雑音信号も入りにくい．

光ファイバケーブルは，光伝送により通信を行っているので，基本的に漏えいや雑音信号の影響をほとんど受けない．

同軸ケーブルや光ファイバは，雑音信号の影響よりも，ケーブル自身の減衰を考慮することが必要であるため，伝送距離を確認のうえ，計画する必要がある．

〔花畠　玲〕

NGN

［経緯］　情報通信設備はテレコム系とインターネット系で発達してきた．テレコム系は ISDN で統一されたが，インターネット系では ISDN の回線交換方式に飽き足らず，既存の加入者回線を利用した ADSL による常時接続（パケット交換方式）を実現させた．結果的にはこれが IP 電話を生み，さらに携帯電話の普及でテレコム系は打開策を求められるようになった．ITU-T（国際電気通信連合通信標準化部門）はこの状況に対処するべくワークショップ（2003）の開催を経て FGNGN（Focus Group on NGN）を立ち上げ，アーキテクチャ（2006.12）に引き続き商用サービス（2008.3）を開始した．

以下に「ネットワークの展開とアプリケーションの発展」（文献2から引用）を示す

［概要］　NGN の特徴はマルチメディア情報（音声・映像・データ・音楽など）を一つのネットワークで取り扱うことができることである．以下にネットワークに関する ITU-T 勧告の定義を紹介する．
① 電気通信のサービスが可能であること．
② 広帯域（ブロードバンド）で，なおかつ QoS

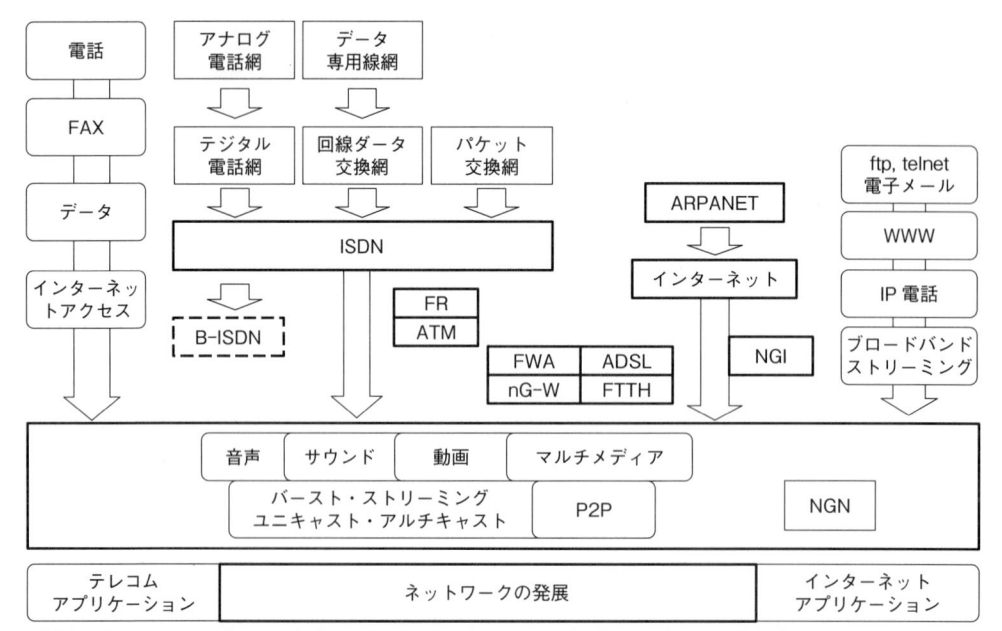

ARPANET : Advanced Research Projects Agency Network, FR : Frame Relay, ATM : Asynchronous Transfer Mode, FWA : Fixed Wireless Access, ADSL : Asymmetric Digital Subscriber Line, FTTH : Fiber to the Home, nG-W : n-th Generation Wireless, B-ISDN : Broadband Aspects of ISDN, NGI : Next Generation Internet, NGN : Next Generation Network.

図1　ネットワークの展開とアプリケーションの発展

が可能であり，さまざまなトランスポート技術を活用することが可能な，パケットベースのネットワークであること．
③ サービス関連機能が，トランスポート関連技術とは独立していること．
④ 利用者は，ネットワークに自由に接続でき，さらに競合するサービスプロバイダやサービスを自由に選択できること．
⑤ 普遍的なモビリティをサポートし，利用者に対して一貫した，かつユビキタスなサービスの提供を可能とすること．

以上を踏まえてシステム的な特徴を以下に示す．
① プロトコルはすべて IP（Internet Protocol）化している．
② 2階層アーキテクチャモデルを採用している．（サービス，トランスポート）
③ オープン化（端末インターフェース，他事業者，アプリケーション）
④ エンド・ツー・エンドの通信品質保証（QoS：Quality of Service）．
⑤ 固定・携帯の融合（FMC：Fixed Mobile Convergence）サービス

以下に「NGN のアーキテクチャ全体図」（文献1から引用）を示す． 〔田中清治〕

文　献

1) 池田博昌，山本幹著：情報通信ネットワーク工学：オーム社，2009.
2) （社）情報通信技術委員会 出版委員会編，浅谷耕一監修：情報通信と標準化（テレコム・インターネット・NGN）（財）電気通信振興会，2006.
註：NGN に関する書籍は多数あるが読者の知識レベルと興味で選択戴きたく，ここでは割愛した．

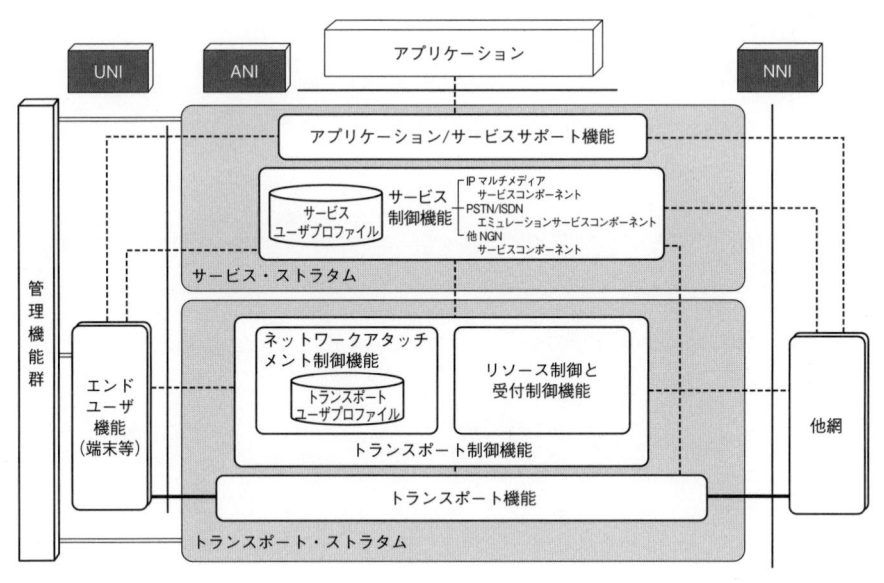

図2　NGN のアーキテクチャ全体図

Ⅶ. 防災・防犯設備

1. 火災対応設備
2. 地震対応設備
3. 雷対応設備
4. 防犯設備

1 火災対応設備

1.1 火災の基礎知識

1.1.1 建築防火に関連する技術・基準の変遷

昔から，日本人は木造建築の火災を数多く経験し，その恐ろしさを十分把握するとともに，火災から建物を守るさまざまな対策や，火災にあった場合の備えなど，代々受け継がれてきた知恵を建築技術に生かしてきた．例えば，城郭建築や蔵を漆喰で塗り固め木材表面を露出させないこと，軒がつながっている町屋などの戸界壁を張り出させて延焼を防止するうだつと呼ばれる界壁，屋根を不燃材であるかわらや銅板で葺くことや，開口部に鋳鉄製の鎧戸を付けることなどの防火工法をはじめ，道路の拡幅，オープンスペース，消火用水の確保などの都市防火対策や焼失後の速やかな復旧を意図した建築資材のストックなどがそれにあたる．

明治になって欧米の自然科学や建築工学の考え方が導入されると物理化学の立場から建築防火を唱える学者も現れてきた．また，れんが造などの欧米の耐火建築もしだいに建てられるようになってきた．このころの欧米では建築防火の研究が進み，れんが造や石造などの耐火建築物の火災室温度の時間変化が規格化され，建築材料や工法を決めるうえでの有用な知見となっていたが，日本ではいぜんとして木造建築が主流のため，このような規格をそのまま導入することができなかった．

大正12年に関東大震災が起こり，同時多発性の木造密集市街地火災により10万人ちかい死者が発生したことや，昭和に入って国防上の理由から防火（防空）建築の規格が必要になってきたことから，東京帝国大学建築学科で実施された木造建築の実大火災実験を皮切りに各地でさまざまな火災実験が行われ，木造建築における火事温度曲線や延焼しない離間距離の規格がつくられた．これらの規格はJIS A 1301の標準加熱温度曲線や建築基準法で定められている延焼のおそれのある部分として現在でも活用されている．

戦後は建築基準法をはじめとする各種法令の制定により大規模建築物はほとんど耐火建築物で建てられるようになり，個々の防火対策も市街地火災を未然に防ぐための延焼防止に重点をおいた対策から建築単体火災の被害を最小限に食い止めるための出火防止，防火区画，避難安全に主眼がおかれるようになってきた．昭和40年代に入ると多くの死傷者を伴う耐火建築の火災が多発し，昭和47年の大阪市千日デパート火災（死者118人），昭和48年の熊本市大洋デパート火災（死者100人）で大規模ビル火災の恐ろしさ，問題点が論議されるようになった．これらのビル火災を教訓にスプリンクラ設備の設置対象の拡大，防火戸の基準の追加，2方向直通階段の設置強化，内装制限の強化，防火ダンパの基準の創設など，主として煙対策を主体とした法規制の強化が図られた．

その後も昭和57年のホテルニュージャパン火災（死者32人）や昭和61年熱川温泉ホテル大東館火災（死者17人）などの大きな火災が発生したが，このような火災では防火管理の問題点がクローズアップされた．

また，情報化社会の根幹をなす，情報インフラ設備の火災や生産工場の火災など，人命よりも社会経済活動に大きく影響を及ぼす火災も発生している．さらに平成13年には新宿歌舞伎町ビル火災が発生し，これまで見過ごされていた小規模ビルの防火管理の問題や，放火やテロなどの犯罪に起因する火災対策の必要性が論じられるようになってきている．

建築技術の発展，社会構造の変化に対応して火災の様相も時代とともに変化してきた．建築防火対策や法規制もその都度新しい種類の火災に対応しなければならず規制強化の一途をたどってきた．しかし，地球環境問題に関連した建築資材としての木材の価値の再認識や木造防火に関する研究の蓄積の結果，大規模木造建築に関する設置基準，木造が可能な準耐火建築物の創設など，木造建築に関する規制緩和が近年建築基準

法において行われている．また，平成12年には性能規定が導入され，想定する火災条件に見合った，排煙，避難，防火区画，耐火構造計画を合理的に実施することが可能となり，防火設備，避難施設，耐火被覆などの省略化や新しい建築材料の導入の道筋が整備されてきている．

1.1.2 建築火災の現状

平成19（2007）年の統計によれば日本における建築火災の出火件数は31248件であり，平成11年の出火件数33330件と比較すると若干減少の傾向がみられる[1]．図1.1は平成19年中の建築火災の出火件数を用途別にグラフで表したものであるが，全出火件数の56.9%が住宅用途で発生しており，このうち一般住宅が37.4%を占めている．次に複合用途の3447件（11.0%），工場・作業場の2138件（6.8%）と続いている．

建物火災における死者数は平成19年中の統計では1502人であるが，この死者数のうち，90.3%が住宅用途の火災で亡くなっている（図1.2）．また，建物の階層別の死者数の内訳を見ると，1階での死者数が1009人（67.2%），2階での死者数が348人（23.2%）であり，全死者数の90.3%が1階および2階で亡くなっ

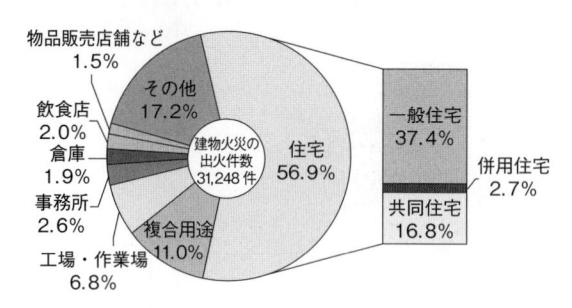

図1.1 建物火災における用途別出火件数（平成19年中：消防白書より）[1]

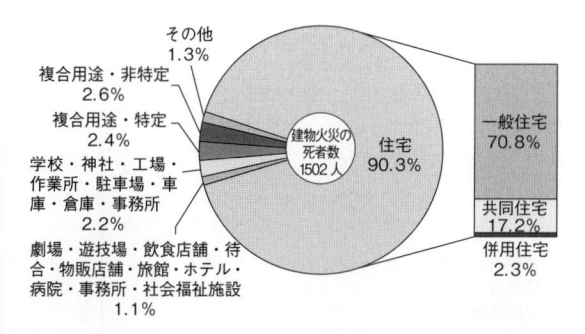

図1.2 建物火災における用途別死者数（平成19年中：消防白書より）[1]

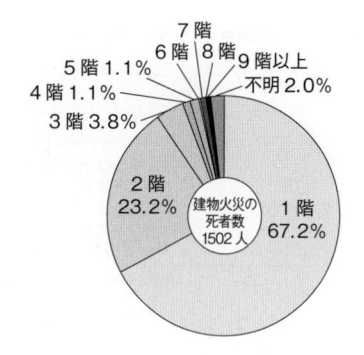

図1.3 階層別の死者発生状況（平成19年中：消防白書より）[1]

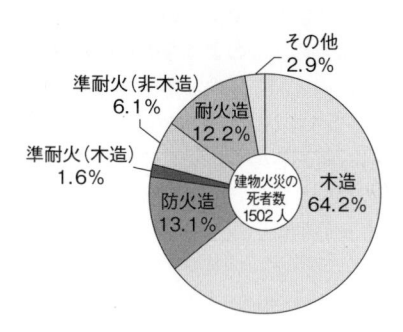

図1.4 建物構造別の死者発生状況（平成19年中：消防白書より）[1]

ていることがわかる（図1.3）．建物構造種別の死者数の内訳を見ると，木造建築での死者が964人（64.2%），防火造建築が197人（13.1%）となっている（図1.4）．住宅用途の火災での死者1357人のうち，放火自殺者，放火自殺の巻き添えおよび放火殺人209人を除く，失火などによる死者は1148人であるが，このうち65歳以上の高齢者は684人（59.6%）と半数を超えている．年齢階層別に見ると，最も高いのは81歳以上の階層であるが，これは最も低い21～25歳の階層の死者数の実に44.5倍となっている．

以上の統計から考えると現在の日本における火災による死者はその大多数が木造ならびに防火木造による低層の住宅火災において発生している．特に近年は高齢化社会が進み，独居老人や体の不自由な老人の比率が多くなっており，たとえ低層であっても，就寝時の場合や体の自由がきかないことによる逃げ遅れにより多くの尊い人命が奪われている．

1.1.3 火災安全設計の考え方

一般に耐火建築で，任意の居室から出火した場合，通常火災は図1.5に示すような経過をたどる．これは区画火災と呼ばれ，爆発や特異な例（ガソリンを撒い

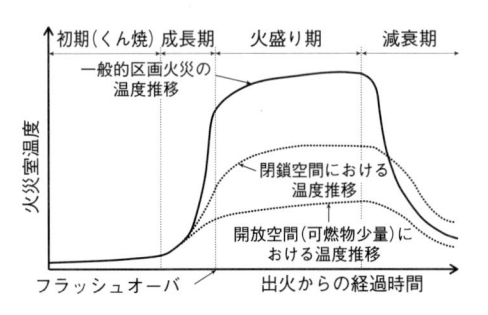

図 1.5 区画火災における火災室の温度推移

て火をつけるなど）を除いては耐火建築でなくとも，最近の枠組壁工法や在来工法の住宅では区画の性能が向上しているため，このような火災の進展をたどることが多い．区画火災では火災室温度の推移は可燃物量と空間の大きさ，および酸素の供給量などに依存する．例えば，可燃物の量に対して酸素の供給が少ない密閉空間の場合，熱はこもりやすいが燃焼のスピードは遅くなり比較的低い温度でだらだらと長時間燃焼する．また，空間の大きさに対して可燃物が少ない場合や窓が極端に大きくて開放的な空間の場合などは可燃物が燃焼するに必要な酸素量は十分であるが，燃焼により発生した熱量は室全体に拡散するか，外部へ放出されてしまうため火災室の温度上昇は少なくなる．通常の居室では開放性の高い空間はありうるが，採光の必要から密閉性の高い（無窓の）居室というものは少ないため，可燃物と開口（酸素の供給）のバランスがつり合ってフラッシュオーバに至る場合が多くなる．フラッシュオーバとは出火後，しばらくはゆっくりと火災が進展するが，ある段階に達した瞬間に一気に燃焼が区画全体に拡大する現象であり，このフラッシュオーバを境に区画火災は火盛り期に移行する．

このように火災は任意の居室で出火してから，初期，成長期，火盛り期を経て，出火室から他の居室，他の階，やがては建物全体へと煙の拡散，火災の拡大が進行し，やがては，建物の倒壊，隣接する建物への延焼という具合に進行する．そのためそれぞれの火災の局

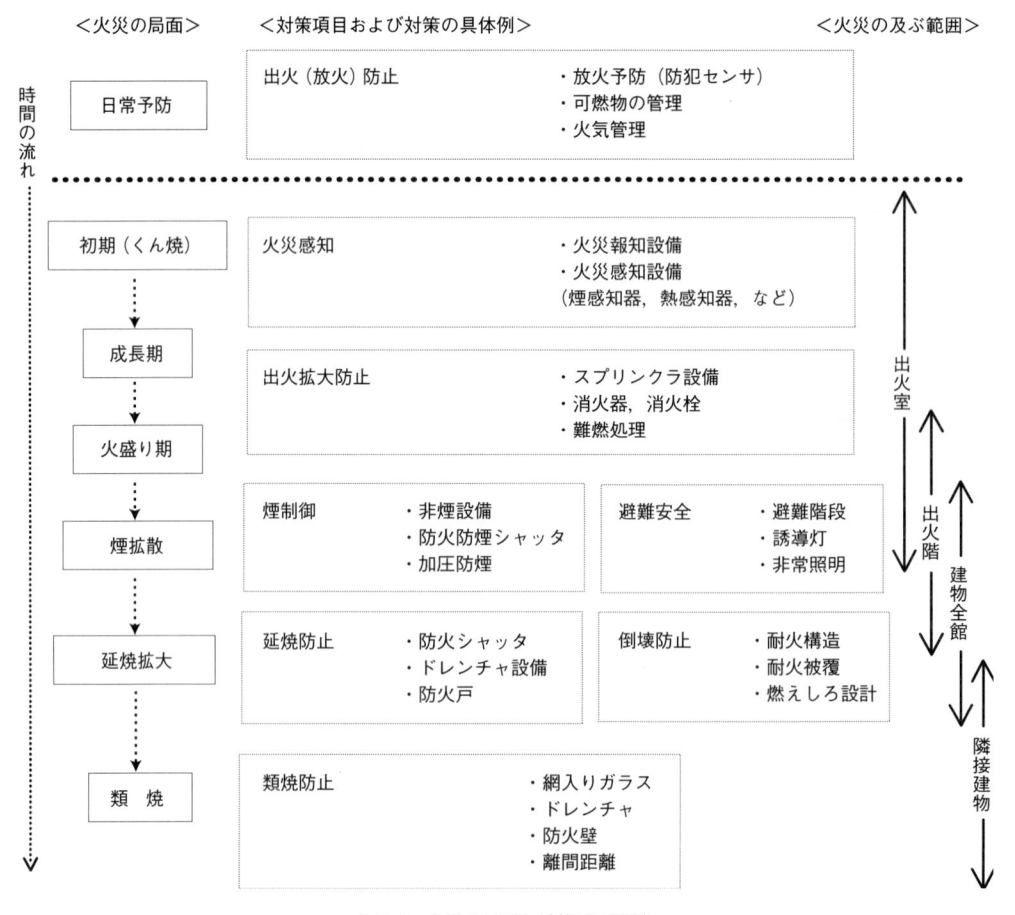

図 1.6 火災の局面と対策例の関係

1.1 火災の基礎知識

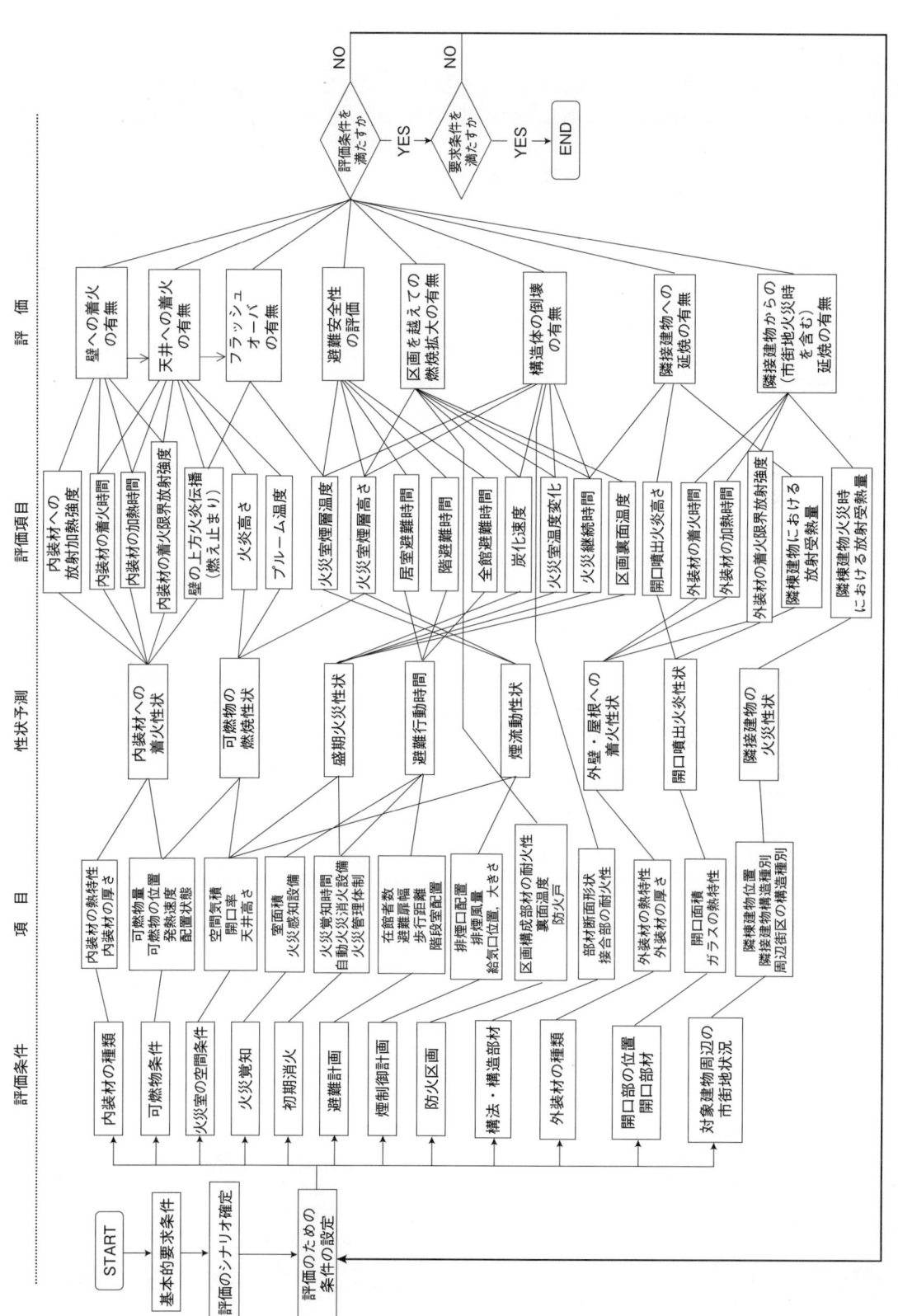

図 1.7 火災安全設計の流れ

面において適切な対応策がなされる必要がある．

図1.6は火災のそれぞれの局面（火災フェーズ）における対策項目とその具体例をまとめたものである．この図で上の方，つまり早い段階で火災を消し止めることができればできるほど，火災による人命，財産の損失は少なくなる．すなわち，日常から防火管理をしっかり行って出火を未然に防止することができれば，それが最も重要な防火対策であるといえる．

現在の建築基準法，消防法では火災の各局面で必要な設備をすべて設けることが義務づけられている．つまり建物全体でフェールセーフの思想が導入されており，火災初期の段階で消火に失敗しても，火災を拡大させない対策や，煙を制御する対策，倒壊防止のために必要な対策などがあり，二重，三重に安全な建築物となっている．しかし，違った見方をすれば火災初期の段階でスプリンクラ設備が確実に火災を消し止めてしまえば，その後の対策は不要となり，過剰な防災投資を強いられているともいえる．

近年，火災の性状予測手法や居室の用途ごとの可燃物量，人間行動，建築材料の燃焼特性に関するデータベースが整い，建物の火災安全性能の評価方法が確立されるようになってきた．基準法に関していえば旧建築基準法38条に基づく大臣認定により，個々の建物ごとに火災のシナリオを想定し，評価条件に見合う性能を建物側が満たしていれば，その建物が必ずしも法律に適合していなくても法と同等の性能を有していると認められるシステムである．これは性能防火設計と呼ばれ，新しい建築技術を用いた建築物（膜構造物など），高デザイン建築空間（大規模アトリウム），大規模複合建築物などこれまでの仕様書的建築基準では対応しきれない建物の建築要請に応えてその設計法，評価基準が1986年にまとめられ，以後，平成12年6月までに数多くの建築物がその設計手法を用いて大臣認定を取得している．図1.7は性能設計に基づく火災安全設計の流れを整理したものである．図に示されている評価項目は必ずしもすべて満足しなければならないものではなく，法に抵触する部分のみ検討すればよい．

また，平成12年6月には建築基準法が改正され，従来の仕様規定に加えて性能規定が新たに加えられた．この性能規定は避難安全検証法と耐火性能検証法の2つの検証法から成り，避難安全検証法では排煙関連と防火防煙区画関連の規定（設備）と避難関連の規定（設備）のトレードオフが実現可能となった．つまり，避難安全性能が満足されれば排煙設備あるいは防火防煙区画の緩和あるいは省略が可能となった．また耐火性能検証法を用いれば，従来階層ごとに適用されていた最大3時間までの耐火時間を区画ごとの可燃物量および開口率などから導かれる火災継続時間に見合うだけの耐火時間を構造体が保有すればよいことになり，耐火被覆の軽減が可能となっている．

1.1.4 出火現象

平成19年の総出火件数（建物火災，林野火災，車両火災，船舶火災，航空機火災，その他）の出火原因をみると，1位が放火および放火の疑いによるもので全体の20.4％を占め，2番目にたばこ，3番目にこんろと続いている．放火はライター，マッチなどを用いて既存の可燃物あるいはもち込んだ可燃物に意図的に着火させるものであり，他の出火原因に比べて全焼に至る割合が高い．放火を防止するためには可燃物（放火媒介物）をよく管理して，放火犯の目につく所に可燃物を放置しないことが重要である．例えば屋外の可燃物としては，建物軒下の可燃物，ごみ集積場所，バイク・自動車のボディカバーなどがあげられ，放火される時間帯としては23時から翌朝5時までの深夜が多いとされている[2]．したがって，これらの可燃物を日ごろから整理・整頓しておくことのほか，ごみ集積場所に照明を設置するなどの対策も効果がある．このほか，建物自体への放火対象としては空き家，一般住宅，共同住宅，寺院・神社などの伝統木造建築物があげられる．いずれの場合も建物外周に放火媒介物となる可燃物を放置しないこと，門扉の施錠，防犯センサ（人感センサ）の設置による敷地内侵入防止措置，外周部への照明の設置などの対策が重要となる．また放火犯が放火する場所として外部から犯行を発見されにくい場所を選ぶ傾向があるとされており，これを裏づけるデータとして敷地内への侵入が容易な神社よりも敷地が塀で囲まれていて侵入が困難であるがいったん侵入すれば外部から犯行を発見されにくい寺院の方が放火件数が多いという調査結果がある[3]．図1.8は昭和30年以降に起こった文化財建造物の放火事例の用途別内訳であるが，昭和63年の統計[4]では国宝・

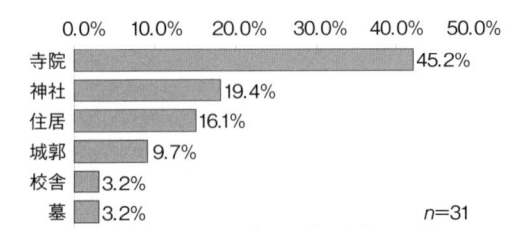

```
        0.0%  10.0%  20.0%  30.0%  40.0%  50.0%
寺院    ████████████████████████ 45.2%
神社    ██████████ 19.4%
住居    ████████ 16.1%
城郭    █████ 9.7%
校舎    ██ 3.2%
墓      ██ 3.2%                              n=31
```

図1.8 文化財建築における放火建物用途の内訳

重要文化財の全指定棟数3247棟のうち,神社建築は996棟,寺院建築は964棟とほぼ同数であるから,単純に推定すれば寺院の方が神社に比べて放火される確率は2倍以上であるといえる.

出火原因の2番目以降のたばこ,こんろなどはこれらの火源が熱源・口火となって家具,内装材料,衣類などに着火する現象といえる.このうち,たばこはくん焼(炎を出さずに煙だけ発生している燃焼状態)状態が長く続き,それ自体発熱量が小さいため,たばこから次の燃焼媒体物に着火するのに通常1~3時間を要するとされている.こんろの出火で代表的なものは,てんぷら油の過加熱により油が発火し,その炎が壁あるいは天井の内装材あるいは近傍の可燃物に着火して急激に火災が拡大していく場合である.このような場合は油に発火した時点で速やかに適切な手法で消火に成功すれば問題ないが,消火しようと試みてかえって油を飛散させ,火災の拡大を助長してしまう場合もみられる.

出火防止の対策としては熱源・口火となるものをできるだけ排除することが最も望ましいが,日常の生活活動を考えるとそれも不可能である.したがって,熱源・口火から出火(発炎現象)に至る媒体となる家具や内装材料,衣類などの着火物の着火防止性能,難燃性を向上させる方法が最も有効である.ある物質の着火は,その物質が熱せられて可燃性成分が分解・気化を始め,可燃性ガスが空気中の酸素と燃焼反応を起こすことによって起きる現象であり,物質の表面がある温度に達すると着火が起きると考えることができる.一般にこの温度は着火温度と呼ばれて物質によって異なる温度でなる.また,物質が加熱された場合にその物質の表面温度の上がりにくさは物質の熱伝導率 k,密度 ρ,比熱 c に比例する.したがって,着火しにくい物質とは着火温度が高いこと,および熱伝導率,密度,比熱の積,すなわち $k\rho c$ の値が大きいことである.建築材料でよく使われる材料を例にあげると,木材や発泡プラスチックなど,暖かみを感じたり,肌触りがよい材料ほど $k\rho c$ の値が小さく,着火しやすい傾向がある[5].

1.1.5 延焼拡大

火源近傍の燃焼媒体物に着火した後は酸素の供給が十分な場合,有炎燃焼(炎を上げながら燃焼すること)により火災は進行する.例えば床面付近で出火した火炎は,壁から天井へと燃焼が拡大し,やがては室全体が炎に包まれるフラッシュオーバを迎える.区画火災の場合,フラッシュオーバまで火災が発展するか,あるいは途中で自然に燃え止まるかは収納可燃物量および内装材料の種類によるが,最も影響を及ぼすのは天井の高さと天井の内装材料であるといえる.例えば,壁を木材で仕上げ,天井に不燃材料,あるいは準不燃材料などのほとんど燃焼しない材料を使用した場合は,急激な燃焼拡大の発生をかなり防止することができ,燃焼拡大の速さや燃焼による発熱量,煙の発生量については,壁・天井の両方を難燃材料とした場合と同等以上の安全性が実現可能となることがわかっている[6].また,天井が可燃材料で構成されていても,火源からの火炎の高さに比べて天井が十分に高ければ天井に着火することはなく,著しい火災拡大を起こるのを防止することができる.

火災の成長期における家具,什器,および燃焼媒体物の局所的な燃焼による火炎が延焼拡大をもたらすか否かを評価する際には,既往の実験研究により導かれた予測手法により火炎の大きさを求め,火源の上方の可燃物に火炎が届くかどうか,あるいは火炎から任意の位置に存在する可燃物が火炎からの放射により着火するかどうかにより判定する場合が多い.一般に,火災時に形成される火炎は乱流拡散火炎と呼ばれ,この場合の火炎高さ L_f〔m〕は燃焼物の種類によらず,ほぼ発熱速度と燃焼範囲の寸法だけに支配されることがわかっている.可燃性ガスを放出している領域の直径,あるいは1辺長を D〔m〕,発熱速度を Q_f〔kW/m^2〕とすると火炎高さは式(1.1)で表される.

$$\left. \begin{array}{l} L_f = \gamma D Q^{*n} \\ Q^* \equiv \dfrac{Q_f}{\rho_\infty C_p T_\infty g^{1/2} D^{5/2}} \end{array} \right\} \quad (1.1)$$

ここで,Q^* は無次元発熱速度,γ は火炎高さの定義によって決まる実験定数で火炎の中心軸上の温度が一定の領域では $\gamma = 1.2$,火炎が常に存在する領域では $\gamma = 1.8$,火炎の先端では $\gamma = 3.5$ とされている[7].ρ_∞,C_p,T_∞ はそれぞれ周囲空気の密度,比熱,温度であり,1気圧の標準大気ではSI単位系で $\rho_\infty C_p T_\infty g^{1/2} = 1116$ となる.また,n は Q^* の値によって決まる実験定数であり式(1.2)で表される.

$$\left. \begin{array}{l} n = \dfrac{2}{3} \ (Q^* < 1) \\ n = \dfrac{2}{5} \ (Q^* \geq 1) \end{array} \right\} \quad (1.2)$$

また,燃焼領域の形状が横長で線火源とみなされる場合は単位長さ当たりの発熱速度 Q_l〔kW/m〕および火源の幅 D(m は燃焼領域の短辺幅)を用いると火炎

高さは式 (1.3) となる. γ' は火炎高さの定義によって決まる実験定数で火炎が常に存在する領域では $\gamma=2.8$, 火炎の先端では $\gamma=6.0$ とされている[8),9)].

$$L_f = \gamma' D Q_l^{*2/3}$$
$$Q_l^* \equiv \frac{Q_l}{\rho_\infty C_p T_\infty g^{1/2} D^{3/2}} \quad (1.3)$$

区画火災においてフラッシュオーバ（盛期火災）に達すると火災は出火室から隣室，廊下などを経て，建築の竪穴部分（階段室，EVシャフト，エスカレータ，吹抜け，ダクトスペースなど）あるいは外壁の窓づたいに建物の上方に拡大する．このような建物の階全体，あるいは建物上方への火災の拡大を防ぐため防火区画あるいは防煙区画の設置が法的に義務づけられている．これらの区画は火災により発生した煙あるいは火炎の延焼拡大を防止するものであり，法的には面積区画，竪穴区画，層間区画，異種用途区画の4種類に分類される[10)].

面積区画は主要構造部を耐火構造とし，自動式スプリンクラを設置した場合には3000 m² 以内ごとに準耐火構造の床もしくは壁または特定防火設備（1時間の遮炎性を有するもの）で区画するように規定されている．また，11階以上の高層部分においては内装不燃で自動式スプリンクラを設置した場合には1000 m² 以内ごとに準耐火構造の床もしくは壁または特定防火設備で区画するように規定されている．

竪穴区画は建築物内の各階の床を貫通して垂直方向に連続した竪穴空間とその他の部分を準耐火構造の床もしくは壁または20分の遮炎性能を有する防火設備で区画されるように規定されている．また，竪穴区画には避難上および防火上支障のない遮煙性能を有することも要求されている．

層間区画は建築物内部において他階への延焼を防止するための準耐火構造の床と建築物外周部から他階への延焼を防止するための準耐火構造の外壁（スパンドレル），ひさし，バルコニーなどを指す．

異種用途区画は同一の建築物内に使われ方や管理形態の異なる2つ以上の用途が存在する場合に，その間に設置される区画のことであり，準耐火構造の床もしくは壁または特定防火設備で区画するように規定されている．またこの区画には避難上および防火上支障のない遮煙性能を有することも要求されている．

1.1.6 煙流動

耐火建築における火災，いわゆるビル火災において人命を最も脅かす要因は煙であるといえる．煙が人間に与える生理的な害は以下の4項目である[11)].

(1) 酸素濃度の減少，および CO_2 濃度の増加による窒息

(2) CO, HCN, NH_3, HCl, SO_2 などの有毒ガスによる中毒

(3) 熱気を吸入して気管，肺胞が火傷して呼吸困難になる熱害

(4) 煙粒子による目や肺への刺激

表1.1 は主な有害ガスの生理作用が現れる濃度をまとめたものであるが[12)]，酸素濃度では15〜16％以下で活動に影響を生じ，6％以下では急速に意識を失い死に至る．毒性を有するガスのうちでは一酸化炭素（CO）が最も危険であり，CO濃度1％以上では数分で死に至る．これに対して熱気を吸入することによる肺の火傷の影響は，有毒ガスの影響と比べて小さいといえる．

火災時には通常火炎を伴って燃焼するが，火炎の上方には熱上昇気流が生じている．燃焼の際に発生する煙はこの熱上昇気流（火災プルーム）とともに周囲の空気を巻き込みながら上昇し，天井面下に突き当たると天井面に沿って水平に流れ始める．そして，空間いっぱいに広がった煙は天井面下にしだいに蓄積していくが，この際，高温の煙層と常温の空気層が分離して2層の状態を保つことが多い．火災室に蓄積した煙層は開口部を介して隣室あるいは廊下へと流出し，階

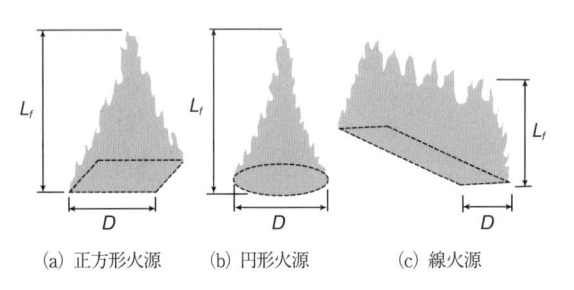

(a) 正方形火源 (b) 円形火源 (c) 線火源

図 1.9 火炎長算出のための諸寸法

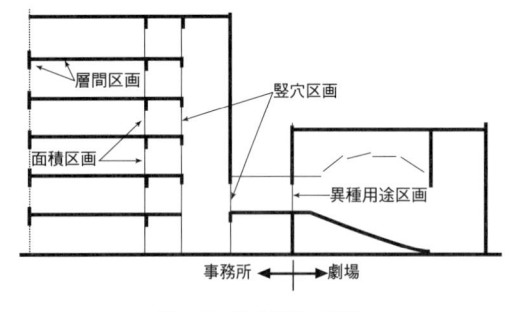

図 1.10 防火区画の種類

1.1 火災の基礎知識

表 1.1 主な有毒ガスの生理作用が現れる濃度〔ppm〕[12]

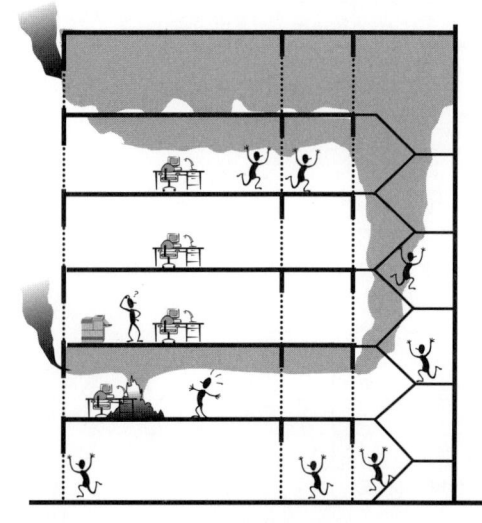

分類	単純窒息性		科学的窒息性			刺激性						
ガス	O_2(欠乏)	CO_2	CO	HCN	H_2S	HCl	NH_3	HF	SO_2	Cl_2	$COCl_2$	NO_2
作用	組織へのO_2供給量低下による精神・筋肉活動の低下,呼吸困難,窒息	呼気中O_2分圧を低下させO_2欠乏症を誘引,呼吸困難,弱い刺激,窒息	血液のO_2運搬能を阻害,頭痛,筋肉調節の障害,虚脱,意識不明	細胞呼吸を停止,めまい,虚脱,意識不明	高濃度では呼吸中枢を麻痺,低濃度では眼・上部気道の粘膜を刺激	眼・上部気道の粘膜を刺激,上部気道の破壊による機械的窒息	眼・上部気道の粘膜を刺激,肺水腫	眼・上部気道の粘膜を刺激,腐食作用	眼・上部気道・気管支粘膜を刺激,肺・声門の水腫,気道閉塞による機械的窒息	眼・上部気道,肺組織を刺激,流涙,くしゃみ,咳,肺水腫による呼吸困難・窒息	気管支・肺胞を刺激,肺水腫による呼吸困難・窒息	気管支・肺胞を刺激,肺水腫による呼吸困難・窒息
1日8時間,1週40時間の労働環境における許容		5000	50	10	10	5	50	3	5	1	0.1	5
臭気確認					10	35	53		3〜5	3.5	5.6	5
のどの刺激		4%			100	35	408		8〜12	15	3.1	62
眼の刺激		4%					698		20	30	4	
咳が出る					100		1620		20	30	4.8	
数時間暴露で安全		1.1〜1.7%	100	20	20	10	100	1.5〜3.0		0.35〜1.0	1	10〜40
1時間暴露で安全		3〜4%	400〜500	45〜54	170〜300	50〜100	300〜500	10		4		
30分〜1時間暴露で危険		5〜6.7%	1500〜2000	110〜135	400〜700	1000〜2000	2500〜4500	50〜250	50〜100	40〜60	25	117〜154
30分暴露で致死			4000	135								
短時間暴露で致死	6%	20%	13000	270	1000〜2000	1300〜2000	1500〜10000		400〜500	1000	50	240〜775

図 1.11 煙流動性状の概念

段やEVシャフトなどの竪穴に流入すると一気に最上部まで到達し,最上部が面している階の居室へと拡大する.建物の最上階部分に煙が行き渡ると,今度は逆に上階から下階へと煙が侵入する.しかし,煙は拡散する過程で冷やされてしだいに浮力が小さくなるため,大空間では煙が天井に達する前に下降したり,はっきりした2層を形成しない場合もある.また,冷房で建物内の温度が外気より低い夏期には竪穴空間に下降気流が生じて,煙が下階に流入してしまう場合もある.

煙が避難行動に支障を生じさせないためには,以下の2つの評価基準のうち,どちらか一つが満足されればよいとされている[13),14)].

(1) 煙層が避難者の位置まで降下しない

このための煙層高さの基準は式 (1.4) を満足する.

$$S > 1.6 + 0.1(H-h) \qquad (1.4)$$

S は煙層境界の避難経路床からの高さ〔m〕,H は火源位置から天井までの平均高さ〔m〕,h は火源位置からの避難経路床高さ〔m〕.

(2) 避難者がさらされる煙が薄い

このための煙の温度上昇の基準は式 (1.5) を満足する.

$$\int_0^{te} (\Delta T)^2 dt \leq 1.0 \times 10^4 \qquad (1.5)$$

ΔT は煙の温度上昇〔℃〕, t_e は避難者が煙にさらされる時間〔s〕.

2番目の基準は煙に含まれる有害ガスの濃度が人体に与える影響を考慮したうえで, 計算の便宜上温度評価に換算したものである.

1.1.7 避難安全計画

火災時には多量の煙が発生するとともに, 常時は開放されている防火シャッタや防火戸が一斉に閉鎖するため, 見通しの悪い, 非日常的な空間となる. このような場合に落ち着いて適切な避難行動をとるためには, 日ごろから火災時を想定したイメージトレーニングや避難経路を把握していることが大切である.

特に不特定多数利用の複合施設, 物販店舗, ホテルなどの用途では, 建物の複雑な構造や, 非常時の避難方法などを知らないために逃げ遅れ, 多くの尊い人命が犠牲となった火災事例がこれまで多く報告されている. したがって, 建築設計者は避難計画を立てる際に, 単純明快な避難動線, 二方向避難, 煙制御対策との連携を常に心掛ける必要がある.

避難階段の配置計画, 避難動線, 廊下や階段の幅, 二方向避難など, 避難計画に関する最低限の基準は建築基準法で定められているが, これらはすべて仕様規定であり, 火災（煙）に対する安全性について建物個々の性能を考慮したものではなかった. しかし, 近年多数の人間が一斉に避難を始めるような群集流動特性や煙流動に関する知見, データの整備により, 避難安全性を性能的に評価する手法が確立された.

建築基準法においても, 平成12年の改正により避難安全検証法が告示で示された. 避難安全検証法は全

表 1.2 歩行速度設定値（平成12年告示1441号）

建築物または居室の用途	建築物の部分	避難方向	歩行速度〔m/min〕
劇場その他これに類する用途	階段	上り	27
		下り	36
	客席部分	−	30
	階段および客席以外の部分	−	60
百貨店, 展示場その他これらに類する用途または共同住宅, ホテルその他これらに類する用途（病院, 診療所および児童福祉施設などを除く）	階段	上り	27
		下り	36
	階段以外の部分	−	60
学校, 事務所その他これらに類する用途	階段	上り	35
		下り	47
	階段以外の部分	−	78

表 1.3 在館者密度設定値（平成12年告示1441号）

居室の用途		在館者密度〔人/m²〕
住宅の居室		0.06
住宅以外の建築物における寝室	固定ベッド	ベッド数/床面積
	その他	0.16
事務室, 会議室その他これらに類するもの		0.125
教室		0.7
百貨店または物品販売業を営む店舗	売場	0.5
	売場に付属する通路	0.25
飲食室		0.7
劇場, 映画館, 演芸場, 観覧場, 公会堂, 集会場その他これらに類する用途に供する室	固定席	座席数/床面積
	その他	1.5
展示室その他これらに類するもの		0.5

在館者が想定されるあらゆる場所から当該階の直通階段,および地上に到達するまでの所要時間(階避難時間および全館避難時間)を求め,その時間と階煙降下時間(避難者が避難経路上で煙に曝されるまでの時間)を比較して煙降下時間よりも避難時間の方が小さいことを確認して避難安全性を検証する手法である.避難行動特性に関する入力データとしては歩行速度,在館者密度などがあり,表1.2,表1.3に示す値が設定されている.

1.1.8 消火・救助

火災は一定の時間を過ぎると急速に拡大するため,できるだけ初期の段階で適切な消火を行うことが重要である.公設の消防隊が駆けつける前に,火災となった建物(事業所)の在館者あるいはあらかじめ選任された防火要員が行う初期の消火活動,避難誘導,救助活動は自衛消防と呼ばれる.自衛消防で使われる消火設備は,水バケツ,消火器,消火栓,スプリンクラ設備,泡消火設備,不燃性ガス消火設備,粉末消火設備,屋外消火栓設備などである.このうち水バケツ,消火器を除く消火設備はある程度の知識と熟練が必要であり,特に二酸化炭素消火設備は誤った使い方で人命がおびやかされる場合もあるので注意が必要である.

これらの消火設備を使用した自衛消防活動も初期消火に失敗して火災が拡大した場合は速やかにあきらめて屋外に避難するべきであり,その後は公設消防隊による本格消火活動に委ねるべきである.本格消火で消防隊が使用する建物側の消火設備には連結送水管,連結散水設備,消防用水などがある.

救助活動は火災時に自力で脱出することが困難な障害者・高齢者・乳幼児,あるいは火災時に逃げ遅れて建物内に取り残された在館者を建物外などの安全な場所に救出し,救命するものである.救助活動を円滑に進めるためには要救助者の人数,位置などの情報が必要となる.不特定多数利用の建築用途ではこのような情報の入手がきわめて困難となる.しかし,住宅および特定利用用途の建築など,あらかじめ身障者等の災害弱者の存在がわかっている場合には,日ごろから消防当局と火災時の救助方法などについて打ち合わせを行うことで,いざというときに適切でスムーズな救助が可能となる.

また,建物側の対策としては,階段による垂直避難が困難な災害弱者が救助が行われるまでの一定時間,火災による熱・煙から守る一時的避難スペースの設置が考えられる.米国では1990年にADA法(障害をもつ米国人のための法,American with Disabilities Act)が成立し,高齢者・障害者の雇用,生活,情報入手のしやすさなどを社会の仕組みで保証することが義務づけられた.そして,1991年には制定されたADAガイドラインでは新築建物に対して車いすが2台待機できるスペース(1台分762×1219 mm:在館者の人数により1台分だけでよいと認められる場合もある)の設置が要求されている[15].

日本でも1993年に大阪府福祉のまちづくり条例が制定され,劇場の客席に車いす使用の観覧スペースの設置が義務づけられたが,救助用の一時避難スペースの設置までは義務づけられていない.ただし,高層建築などで設置が義務づけられている特別避難階段付室あるいは非常用エレベータ兼用付室は実質的に一時避難スペースとしての機能を有しているといえる.

1.1.9 防火関連設備の法的位置づけ

建築の火災安全性を達成するために必要な防火関連設備には大きく分けて建築基準法で規定されている設備と消防法で規定されている設備の2種類がある.表1.4は建築基準法および消防法それぞれにおいて規定されている防火関連設備を整理したものである.概し

表1.4 法規による防火関連設備の分類

建築基準法
・排煙設備(令第126条の2,3)
・防火戸その他の防火設備(令第109条)
・非常用照明(令第126条の4,5)
・非常用の進入口(令第126条の6,7)
・避難階段および特別避難階段(令第123条)
・非常用エレベータ(令第129条の13の3)
消防法
・スプリンクラ設備(令第12条)
・屋内消火栓設備(令第11条)
・消火器(令第10条)
・水噴霧消火設備(令第13条)
・泡消火設備(令第13条)
・二酸化炭素消火設備(令第13条)
・ハロゲン化物消火設備(令第13条)
・粉末消火設備(令第13条)
・屋外消火栓設備(令第19条)
・自動火災消火設備(令第21条)
・ガス漏れ火災警報設備(令第21条の2)
・漏電火災警報器(令第22条)
・誘導灯・誘導標識(令第26条,消防法施行規則第28条)
・消防用水(令第27条)
・排煙設備(令第28条)
・連結散水設備(令第28条の2)
・連結送水管設備(令第29条)
・非常コンセント設備(令第29条の2)
・無線通信補助設備(令29の3)

て，避難安全性に関係する設備が建築基準法，消火に関する設備が消防法で規定されているといえるが，建築基準法に規定されている非常用進入口，非常用エレベータなどは消防活動に関連するものである．

平成12年6月の建築基準法の改正では，性能規定が導入され，避難安全性能規定に関しては従来の仕様規定による安全性能の確認（ルートA）のほか，告示の避難安全検証法（階避難安全検証，全館避難安全検証）を用いた安全性能の確認（ルートB），および高度な検証法を用いて国土交通大臣の認定を受けることによる安全性能の確認（ルートC）の3つの確認方法を設計者が選べるシステムとなった．したがって，ルートBおよびCで避難安全性が確認できた場合は排煙設備，防火区画（防火戸その他の防火設備），避難階段の省略化が可能となった．しかし，性能規定の対象となる条文は限定されており，例えば，消防活動に関する非常用エレベータの構造などの規定については性能検証の対象とすることはできない．付室加圧防煙システムは旧建築基準法38条の大臣認定で多くの建物に適用されていたが，改正後の大臣認定（ルートC）では非常用エレベータ兼用付室を有する建物では当該付室の排煙設備を法的に取り外すことができなくなった．このため平成21年9月に特別避難階段付室，及び非常用エレベータ乗降ロビーの排煙方法として加圧防煙システムをルートAで適用するための告示（国土交通省告示第1007号，第1008号）が施行された．

消防法に規定されている消防用設備に関しても近年，性能に主眼をおいた規定に改める努力が行われてきており[16]，今後，建築基準法と連携した消防法の性能規定化の推進が期待されている．

1.2 警戒・警報設備

1.2.1 自動火災報知設備

自動火災報知設備（略して自火報）は火災報知設備とも呼ばれ，火災の初期の段階で発生した熱・煙・炎を感知器により感知し，自動的に在館者に警報を発するシステムである．このシステムは感知器，受信機，中継器，発信機，表示灯，音響装置などにより構成されている．基本的には火災により各種感知器が作動すること，あるいは発信機（火災報知器）のボタンを人間が押すことにより火災信号が中継器を介して受信機に送信される．受信機では受信機の音響装置（主音響装置）と火災表示灯が作動・点灯するとともにどの警戒区域で火災が発生したかを知らせる地区表示灯が点灯する．自火報は消防法17条に規定される特定対象物では延べ床面積300 m^{2}以上，非特定対象物では延べ床面積500 m^{2}以上の建築物，また11階以上であるすべての建築物で設置が義務づけられている．

1.2.2 警戒区域

警戒区域とは火災の発生した区域を他の区域と区別して識別することができる最小単位の区域のことをいう．警戒区域の設定方法は原則として以下のとおりである．

(1) 2以上の階にわたらないこと（ただし，小規模の建築物で，上下の階の床面積の合計が500 m^{2}以下で，なおかつ，階段・パイプシャフトなどの縦穴部分に煙感知器を設ける場合は2つの階にわたることが可能である．しかし，地階部分と地上階部分を同一の警戒区域とすることはできない）．

(2) 一つの警戒区域の面積は600 m^{2}以下としなければならない（ただし，主要な出入口から見通すことができる場合には，その面積を1000 m^{2}以下とすることができる）．

(3) 警戒区域の1辺の長さは50 m以下としなければならない（光電分離型感知器の場合は1辺の長さは100 m以下でよい）．

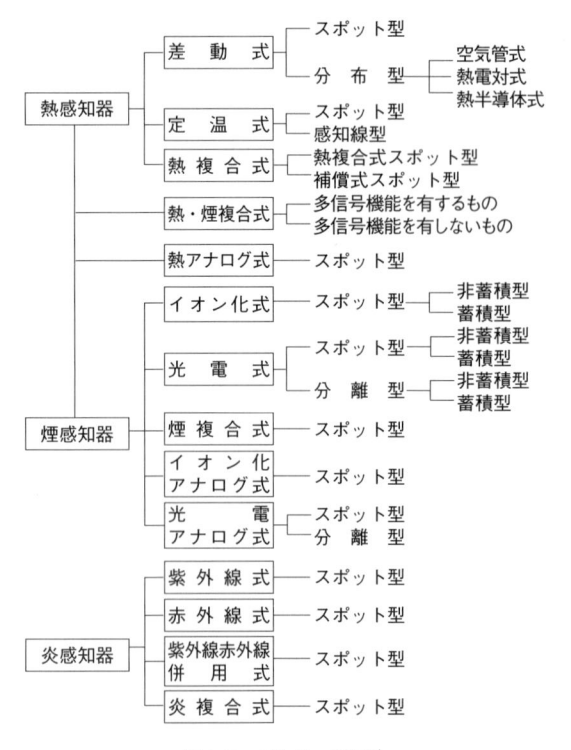

図1.12 感知器の種類[17]

それぞれの警戒区域はさらに感知区域と呼ばれる一つの感知器が火災の発生を有効に感知できる最大限の区域に細分される．この感知区域の面積は感知器の種類，感知器の取り付け面の高さ，間仕切り壁・梁の有無などにより細かく設定されている．

1.2.3 感知器の種類

火災により発生する煙・熱・炎からの放射などを検出して自動的に火災の発生を感知し，これを電気信号に変換して受信器に発信する機器を感知器と呼ぶ．

感知器は火災の熱を感知する熱感知器，火災の煙を感知する煙感知器，火災の炎からの放射（電磁波）を感知する炎感知器の3つに大別することができる．

これらの感知器は図1.12に示すように検出原理，性能によりさらに多くの種類に分類される．使用する室の用途，設置場所などによって最適な感知器を選定することが防災計画上重要となる．

1.2.4 熱感知器

a. 差動式スポット型感知器

差動式とは感知器の周囲温度が一定の温度上昇率になったときに火災信号を発する構造のものである．局所的な感知を行うスポット型と線状に配線して広範囲の温度変化を感知する分布型に分類される．

スポット型感知器は周囲の温度上昇に伴って感熱室と呼ばれる密閉空間内の空気が膨張し，その結果，ダイヤフラムを押し上げて接点が閉じることにより火災信号を発信する構造のものである．火災時以外の緩慢な温度上昇に対しては感熱室に設けられたリーク孔から徐々に空気が逃げるため作動することはない．感度に応じて1種・2種に区分されている．また，構造上防水性をもたせることが困難である．

b. 差動式分布型感知器

線状の感知部分の任意の部位の温度上昇率が一定以上になった場合に火災信号を発するものであり，空気

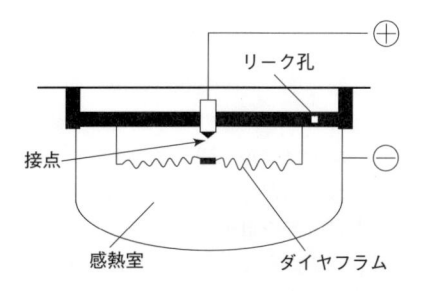

図1.13 差動式スポット型感知器の概念図[17]

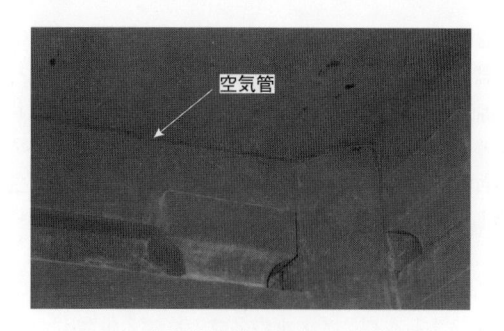

図1.14 伝統木造建築に設置された空気管

管式，熱電対式などがある．

空気管式の感熱部は細長い中空の銅パイプ（外形2mm程度）であり，検出部はダイヤフラム，リーク孔，および接点機構から成る．空気管は一つの検出部につき長さ100mまで設置可能であり，この管が一定長さ以上にわたり加熱されると，加熱された部分の空気が膨張し，ダイヤフラムを押し上げて，接点が閉じる．したがって，空気管のある一点をライターなどで加熱しても作動しない．

熱電対式は感熱部に熱電対（異なる2種類の金属の接点に温度差が生じると起電力が生じるゼーベック効果を利用した温度計）の原理を用いたもので，鉄とコンスタンの接合部から成る感熱部と検出部から構成される．

分布型感知器は一つの検出部で広範囲の感知エリアをカバーすることができる．また，感熱部が細い線状で目立ちにくいため，美観が要求される伝統木造建築などに多用されている（図1.14）．

c. 定温式感知器

感知器の周囲の温度が一定の温度以上になった場合に火災信号を発信するものでスポット型と感知線型に分類される．

スポット型はバイメタル（熱膨張率の異なる2枚の金属を張り合わせたもので，熱が加わるとわん曲する性質をもつ）を利用したもので，感知器の周囲の温度上昇に伴いバイメタルがわん曲して接点を閉じることにより火災信号を発信する．スポット型は比較的防水性があり，厨房や風呂場などの湿気の多い場所にも適する．

感知線型は可溶絶縁物で被覆された2本のピアノ線をより合わせたもので，熱により絶縁物が溶け，ピアノ線が接触することで接点が閉じ，信号を発信する．しかし，現在はあまり使われていない．

d. 熱複合式感知器

差動式スポット型感知器と定温式スポット型感知器

の2つの性能を併せもつもので，補償式スポット型感知器と熱複合式スポット型感知器の2種類がある．

補償式スポット型感知器は感知器周囲の温度が上昇すると，感熱室内の空気の熱膨張によるダイヤフラムの押し上げとバイメタルのわん曲の相乗効果で接点が閉じることにより一つの火災信号を発するものであり，差動式と定温式の長所を合わせたものである．

これに対して熱複合式スポット型感知器は同様にダイヤフラムとバイメタルの2つの機構を併せもつものであるが，それぞれの機構による温度上昇の感知により2つの火災信号を発信するものである．

1.2.5 煙感知器
a. イオン化式スポット型感知器

この感知器は，相対した2つの電極間にアメリシウムなどの放射線源を置き，α線を照射すると電極間の空気分子がα線によりイオン化され，電極間に電圧を加えるとイオン電流が流れるが，この電極間に煙の粒子（炭素微粒子）などが混入すると，これらの粒子にイオンが吸着されイオン電流が減少するという原理を利用したものである．実際には外部イオン室と内部イオン室の2つを直列に接続しておいて，外部イオン室に煙が入ると，外部イオン室のイオン電流が減少し，このイオン電流の減少量を電圧増加に変換して火災信号を発する仕組みとなっている．

この感知器には一定濃度の煙を感知するとすぐに作動する非蓄積型と一定濃度の煙が所定時間（20～30秒）継続して感知した後に作動する蓄積型がある．後者はたばこなどによる非火災報が少ない利点がある．

b. 光電式スポット型感知器

光電式感知器は煙を光学的に検知する感知方法であり，煙の粒子により散乱された光をとらえる方法と，煙により光の到達量の減少をとらえる方法の2種類がある．大部分の光電式スポット型感知器には前者の散乱光方式が用いられている．この感知器は光は遮断するが煙は流入することができる構造の暗箱の中で，発光ダイオードなどによる光を照射し，ふだんはこの光が直接入らないように光検出器（一般的にはフォトダイオードが使われ，光が当たると光電効果により電流が流れるもの）が設置されているが，煙が暗箱に流入すると光が散乱して光検出器が反応して火災信号を発するものである．イオン化式感知器と同様に蓄積型・非蓄積型があり，感度により1種，2種，3種と区分されている（1種が最も感度が良い）．

c. 光電式分離型感知器

この感知器は光を発する送光部とその光を受ける受光部がそれぞれ独立した構造となっており，受光部と送光部を任意の距離（5～100 m）離して対向して設置することで，光路上を遮ぎる煙により減少する光の到達量を受光部で感知して火災信号に変換するものである．アトリウム，展示場および体育館などの高い天井を有する大空間で発生した煙を感知する目的で使用される．

d. 煙複合式スポット型感知器

イオン化式スポット型感知器の性能，および光電式スポット型感知器の性能を併せもつもので，感度は良いが非火災報を出しやすい感知方法と感度は悪いが非火災報が少ない感知方法の2つの感知方法を一つの感知器に組み込み，それぞれの感知方法による感知で信号を2度発信するシステムとなっている．

1.2.6 炎感知器
a. 紫外線式スポット型炎感知器

炎から放射される紫外線の変化量が一定以上になったときに火災信号を発信する感知器である．検知可能な紫外線領域の波長は $0.18\sim0.26\,\mu m$ であり，受光素子には一般的に，外部放電効果を利用した放電管が用いられている．紫外線式炎感知器は設置する場所の環境により非火災報を発生することがあり，特にハロゲンランプ，殺菌灯，電撃殺虫灯が使用される場所，溶接作業の火花の影響を受ける場所などに設置する場合は注意を要する．当然ライターなどの小さな炎でも感知するため，喫煙を行う場所に設置することはできない．

基本的に，炎感知器は放射源（炎）と感知器との間に障害物があると有効に感知できないおそれがある．

b. 赤外線式スポット型炎感知器

炎から放射される赤外線の変化量が一定以上になったときに火災信号を発信する感知器である．火炎のスペクトルが赤外線領域の $4.4\,\mu m$ 付近に大きなピークが現れることを利用し，この波長領域の放射スペクトルを検知することで火災信号を発信するものである．また，非火災報対策として燃焼時の炎のゆらぎを判断回路に組み込んでいる．赤外線を利用するメリットとしては大気やエアロゾル，煙や霧の影響を受けにくいことや長距離の検出が可能なことがあげられる．ただし，太陽の直射日光や自動車のヘッドライトが直接感知器に照射されるような環境では非火災報を発するおそれがあり注意が必要である．

c. 紫外線・赤外線併用式スポット型炎感知器

紫外線および赤外線の変化量が一定以上に達したときに火災信号を発信するものであり，紫外線炎感知器，赤外線炎感知器の欠点を互いにカバーし，感知の確実性を向上したものである．

1.2.7 発信機

火災の発見者が手動で受信機に通報（発報）する装置を発信機と呼び，P型（1級および2級），T型の2種類がある．P型はボタンを押して火災を通報するタイプのものであり，1級は受信機が受信したかどうか確認できないもの，2級は受信機が受信したことを知らせる確認ランプと電話連絡用の差し込みジャックが付加されているものである．T型はボタンではなく，受話器をとることで，自動的に防災センターの要員と連絡がとれるもので，いわゆる非常電話のことである．

1.2.8 受信機

発信機や感知器からの火災信号を受け，火災の場所を表示するとともに音響装置いわゆるベルを鳴らす装置を受信機と呼び，大きくP型システムとR型システムに区分される．

P型とは proprietary（私設の意）の略で，昔存在した公共道路脇に設けられた消防通報用の火災報知設備の「公共型」に対して，建物の所有者が設置する「私設型」の意味で呼ばれるようになったものである．P型システムでは各警戒区域ごとに信号線を設けるとともに受信器には全回線分の窓表示が必要となる．したがって，回線数が膨大となる大規模建築には向いていない．P型受信器は接続できる回線数により1級，2級，3級に分けられ，それぞれにおいて火災信号を受けるとすぐに火災表示する非蓄積式と火災信号を一定時間内に2度以上受けた場合に火災を表示する蓄積式がある．

R型とは record（記録）の略であり，感知器および発信機からの信号を中継器を介して受信するものである．この場合，中継器と感知器および発信機間はP型と同じであるが，各中継器と受信器の間は多重伝送で信号を処理する方式となり，同一の幹線経路で処理することができる．したがって，配線数が少なくなるとともに，増築や間仕切り変更で警戒区域が増えた場合でも，幹線や受信器はそのままで端末側の中継器を増設するだけで対応することができ，拡張性に富んだシステムである．

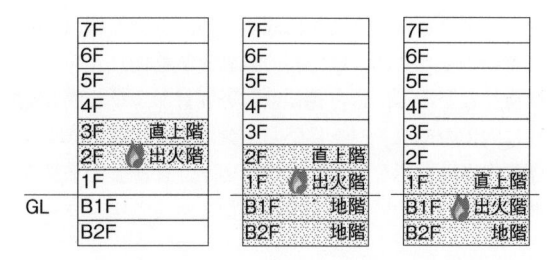

(a) 出火階が2階以上の場合　(b) 出火階が1階の場合　(c) 出火階が地階の場合

▒ 警報を発する部分

図 1.15　地区音響装置の鳴動範囲

また，防災情報量が多くてもP型受信器より小型であり，省スペース化が図れる．したがって，回線数が膨大となる大規模ビルやテナントビルに適している．

1.2.9 音響装置

音響装置とは感知器からの火災信号を受信機が受けた場合に受信機付近の防災要員ならびに火災発生場所付近の在館者に火災の発生を音で知らせる装置である．受信機本体に組み込まれる音響装置を主音響装置，建物各所に配置される音響装置を地区音響装置（地区ベル，非常ベル）と呼ぶ．地区音響装置の設置方法は消防法により規定されており，各階において，階の各部分からの水平距離が25 m以下となるように設置する必要がある．また，地階を除く階数が5以上で，延べ床面積が3000 m²以上の大規模建築では全館同時にベルを鳴らす一斉鳴動方式としてはならず，図1.15に示すように，出火階とその上階に限定して鳴らす区分鳴動方式とする必要がある．これは避難開始時間に差をつけることで効率のよいスムーズな全館避難を達成させるためである．

1.2.10 アナログ式自動火災報知設備

アナログ式自動火災報知設備（アナログシステム）とはアナログ式感知器が検出した煙濃度または温度などの物理量を連続的に受信機に送信し，受信機側で情報を処理して火災警報レベルを判断する方式であり，機器の構成はR型システムとほぼ同様である．つまり，火災の進展状況に応じて，予報，火災報（消防法上定められた，火災信号としての処理，例えば地区音響鳴動など），連動報（防排煙設備の自動制御など）などの多段階の警報を防災要員に与えることが可能である．

このシステムに付加できる機能としては，感知器の

感度設定（ブロックごとに設定可能，非火災報の防止に有効）をはじめ，感知器の自動試験機能，音声警報機能などがある．音声警報は防災要員および建物在館者に火災の進展レベルに応じて合成音声による異なる種類の火災警報を発するものであり，在館者の適切な避難行動のために有用な情報を与えることができる．

1.2.11 ガス漏れ火災警報設備

燃料用の各種ガス，あるいは自然発生した可燃性のガスが建物内（地下部分）に漏れ出た場合にいち早く検知して防災要員および建物在館者に警報を発するシステムであり，ガス漏れ検知器，受信機，中継器，警報装置などから構成される．昭和55年に起こった静岡駅前地下街ガス爆発事故を契機に，消防法が改正され特に地下空間を有する建物（防火対象物）に設置が義務づけられた．設置の対象となる防火対象物は以下のとおりである．

(1) 延べ床面積 1000 m² 以上の地下街
(2) 延べ床面積 1000 m² 以上の準地下街（特定用途建築物の地階で，複数連続して地下道に面して設けられたものと，当該地下道とを合わせたもの）で特定用途部分の床面積の合計が 500 m² 以上のもの．
(3) 特定用途建築物（百貨店など不特定多数の人が出入りする建築物をいう）の地階で，床面積が 1000 m² 以上のもの．
(4) 特定用途部分を有する複合用途建築物の地階のうち，床面積が 1000 m² 以上で，かつ，特定用途に供する部分の床面積の合計が 500 m² 以上のもの．

検知器には，半導体式，接触燃焼式，気体熱伝導度式がある．都市ガス用検知器の検知濃度は爆発下限界の 1/200〜1/4，LP ガス（液化石油ガス）用は爆発下限界の 1/5 以下で警報を発するように定められている．

1.2.12 漏電火災警報器

漏電火災警報器とはモルタル造の建築物のラス下地部分に漏電した場合，火災の原因となりやすいため，ラスなどから一定量の地絡電流（接触部などから大地に流れる電流）が流れた場合に自動的にこれを検知して防災要員および建物在館者に警報を発するシステムである．設置対象建物はラスモルタル造の壁，床，天井を有する防火対象物で延べ床面積が 300 m² 以上のもの，あるいは契約電流容量が 50 A を超えるものとされている．ただし，上記にあてはまる建築物でも，ラスの下地，または間柱，根太，野縁が不燃材料，または準不燃材料である場合は設置が免除される．

このシステムは変流器，受信機，音響装置で構成されており，警戒電路の定格電流が 60 A を超える 1 級漏電火災警報器，60 A 以下の 2 級漏電火災警報器に分類される．変流器は環状鉄心に検出用巻線を施したもので，中心部に警戒電路を貫通させ，その電路に電流が発生すると検出用巻線に起電力が生じて火災信号を発する仕組みとなっている．検出漏えい電流の設定値は一般的に 100〜400 mA（第 2 種接地線に設けるものにあっては 400〜800 mA）とされている．

1.3 消火設備

1.3.1 消火器具
a. 消火器具の種類

消火器具とは初期消火を行う際に，消火を行おうとする者が火災現場にもち運んで操作する器具のことであり，簡易消火器具と消火器の 2 つに大別される（表1.5）．消火器は火災の種類に応じて適切な種類を選定する必要がある．火災の種類は消防法令上，A 火災（木材，紙，布などふつうの可燃物の火災のことで普通火災とも呼ぶ），B 火災（石油類や動植物油など半固体油脂を含めた引火性物質，およびこれに準ずる物質の火災，一般に油火災と呼ぶ），C 火災（変圧器，配電盤，その他これに類する電気設備の火災で，一般に電気火災と呼ぶ）の 3 つに分けられる．

消火器具の消火能力を表す単位として能力単位があり，模擬火災での消火試験を行って定められる．A火災ではバケツ 3 杯の水が 1 単位，B 火災ではスコップ 2 杯の乾燥砂が 1 単位とすれば大まかな目安となる．法令上の設置基準は防火対象物の区分と床面積，建物構造区分に応じて，必要設置能力単位の合計数が定められている．また，建物の各部分から歩行距離 20 m 以内に設置する必要がある．例えば，劇場，映画館，地下街などの用途では主要構造部が耐火構造で壁・天井が不燃材料，準不燃材料，または難燃材料を用いたものでは，延べ床面積 100 m² 当たり 1 能力単位以上の消火器具を設置する必要がある．ただし，スプリンクラ設備やその他の自動消火設備の設置により必要能力単位は 1/3 まで減少してよいとされている．

b. 強化液消火器

消火薬剤は炭酸カリウム（K_2CO_3）の 35〜40 % の水溶液で pH12 程度の強アルカリ性のものと，無機塩類および界面活性剤の水溶液で pH が中性のものがある．強化液の凝固点は −25〜−35℃ で，長期間保存し

表1.5 消火器の種類と適用範囲[18]

対象物の区分		消火器										簡易消火器具		
		水消火器		強化液消火器		泡消火器	二酸化炭素消火器	ハロゲン化物消火器	粉末消火器			水バケツ・水槽	乾燥砂	膨張ひる石・膨張真珠岩
									リン酸塩類など[2]	炭酸水素塩類など[3]	その他			
		棒状	霧状	棒状	霧状									
建築物・その他の工作物		○	○	○	○	○	−	−	○	−	−	○	−	−
電気設備		−	○	−	○	−	○	○	○	○	−	−	−	−
危険物	第1類 アルカリ金属の過酸化物またはその含有物	−	−	−	−	−	−	−	−	○	−	−	○	○
	その他（酸化性固体）	○	○	○	○	○	−	−	○	−	−	○	○	○
	第2類 鉄粉・金属粉もしくはマグネシウムまたはその含有物	−	−	−	−	−	−	−	−	○	−	−	○	○
	引火性固体	○	○	○	○	○	○	○	○	○	−	○	○	○
	その他（可燃性固体）	○	○	○	○	○	−	−	○	−	−	○	○	○
	第3類 禁水性物品	−	−	−	−	−	−	−	−	○	−	−	○	○
	その他（自然発火性物質および禁水性物質）	○	○	○	○	○	−	−	−	−	−	○	○	○
	第4類 引火性液体	−	−	−	○	○	○	○	○	○	−	−	○	○
	第5類 自己反応性物質	○	○	○	○	○	−	−	−	−	−	○	○	○
	第6類 酸化性液体	○	○	○	○	○	−	−	○	−	−	○	○	○
指定可燃物	可燃性固体類または合成樹脂類[4]	○	○	○	○	○	−	−	○	−	−	○	○	○
	可燃性液体類	−	−	−	○	○	○	○	○	○	−	−	○	○
	その他	○	○	○	○	−	−	−	−	−	−	○	○	○

〔注〕
1) ○印は消火対象物に対して適用性のあることを示す．
2) りん酸塩類などとは，りん酸塩類，硫酸塩類その他防炎性を有する薬剤をいう．
3) 炭酸水素塩類などとは，炭酸水素塩類および炭酸水素塩類と尿素との反応生成物をいう．
4) 不燃性または難燃性でないゴム製品，ゴム半製品，原料ゴムおよびゴムくずを除く．

ても変質しない．消火器の構造として蓄圧式と加圧式がある．小型消火器としては蓄圧式が使われており，空気あるいは窒素の圧縮ガスが封入され，安全栓を抜いてレバー式開閉バルブを開放することでノズルより消火液が噴出する．放射距離は4～10 m で小型消火器の場合，放射時間は16～24秒である．

冷却作用と再燃防止作用により普通火災（A火災）に適するが，中性強化液は泡による窒息作用により油火災（B火災）にも適する．

c. 泡消火器

泡消火器は発泡のプロセスにより化学泡消火器と機械泡消火器に分けられる．化学泡消火器の消火薬剤はA剤と呼ばれる炭酸水素ナトリウムに安定剤，気泡剤，防腐剤を加えたものとB剤と呼ばれる硫酸アルミニウムであり，これらの薬剤を水溶液として使用する．消火器は本体を構成する外筒の中に内筒が入れ子になった二重構造となっており，使用時はこの本体をひっくり返すことにより，外筒内のA剤と内筒のB剤は混合し，化学反応によって発生した二酸化炭素ガス圧により泡が放射される仕組みである．

機械泡消火器は消火薬剤として界面活性剤，あるいは水成膜泡消火薬剤の水溶液が使用される．あらかじめ容器内には噴出用の高圧ガスを蓄圧して充てんしておき，使用時には安全栓を抜いてレバー式開閉バルブを開放することでノズルより泡が噴出する．

泡消火器は泡による冷却作用と酸素供給遮断作用の相乗効果により消火を行うため，A火災およびB火災のいずれにも適する．化学泡消火器の消火薬剤は変質，腐食しやすいので1年以内ごとに薬剤の詰め替えが必要である．粉末消火器の出現により生産数は激減しているが安価であるため現在でも生産されている．

d. 二酸化炭素消火器

二酸化炭素ガスを高圧ガス容器の消火器本体に圧縮液化して充てんし，ホースを火源に向けてレバー式開閉バルブを開放することでホース先端のノズルより CO_2 ガスを放射する．レバーを離すとガスの放射は停

止し，そのまま保管することで何回でも使用可能である．二酸化炭素により酸素濃度を希釈させ窒息消火を行うものであり，電気絶縁性が高いのでA火災，B火災のほか，C火災（電気火災）に適している．使用時には人間が直接CO_2ガスに暴露されないように注意する必要があり，地下街や$20 m^2$以下の室での使用（設置）は禁止されている．

e. 粉末消火器

粉末消火器は消火薬剤として直径$177 \mu m$以下に粉砕された粉末を用いており，これを消火器に封入し高圧ガスとともに燃焼物に放射し，薬剤の物理的，あるいは化学的窒息効果および抑制効果の相乗効果により消火を行うものである．噴射の仕組みとしては消火器本体内に粉末とともにガスを圧入する蓄圧式と本体内に別途加圧用のガス容器を組み込んだ加圧式に分類されるが，現在では加圧式のものが大部分を占めている．消火薬剤の種類としては次に示す4つの種類がある．

(1) りん酸アンモニウム（$NH_4H_2PO_2$）の乾燥粉末を主成分とし，防湿剤その他を添加したもので淡紅色に着色したもの．普通火災，油火災，電気火災すべてに効果があるのでABC粉末と呼ばれている．この薬剤を使用した消火器が最も多く製造されている．

(2) 炭酸水素ナトリウム（$NaHCO_3$）を主成分とする白色粉末であり，淡青色に着色したものもある．油火災，電気火災には適応するが普通火災には適応しないのでBC粉末と呼ばれている．

(3) 炭酸水素カリウム（$KHHCO_3$）を主成分としたもので紫色に着色してある．油火災，電気火災に適応する．主成分のカリウムからK粉末とも呼ばれる．

(4) 炭酸水素カリウムと尿素（urea）の反応物を主成分としたものでねずみ色に着色してある．油火災，電気火災に適応する．主成分からKU粉末とも呼ばれる．

粉末消火器は現在最も世の中に普及しており，全消火器の製造個数の95％を占めている．消火薬剤は腐食，変質，凍結のおそれがなく，詰め替えの必要はない．ただし，水分によって固化し目詰まりしやすいので湿気に注意することが必要である．

1.3.2 屋内消火栓設備

屋内消火栓設備とは，火災が初期火災からフラッシュオーバに移行するまでの間，公設消防隊の到着以前に防災要員あるいは自衛消防隊などの日ごろから消火訓練を行っている者が大量の水を放水して消火を行うための設備である．設備は水源水槽，消火栓ポンプ（加圧送水装置），配管，消火栓開閉弁・ホース・ノズ

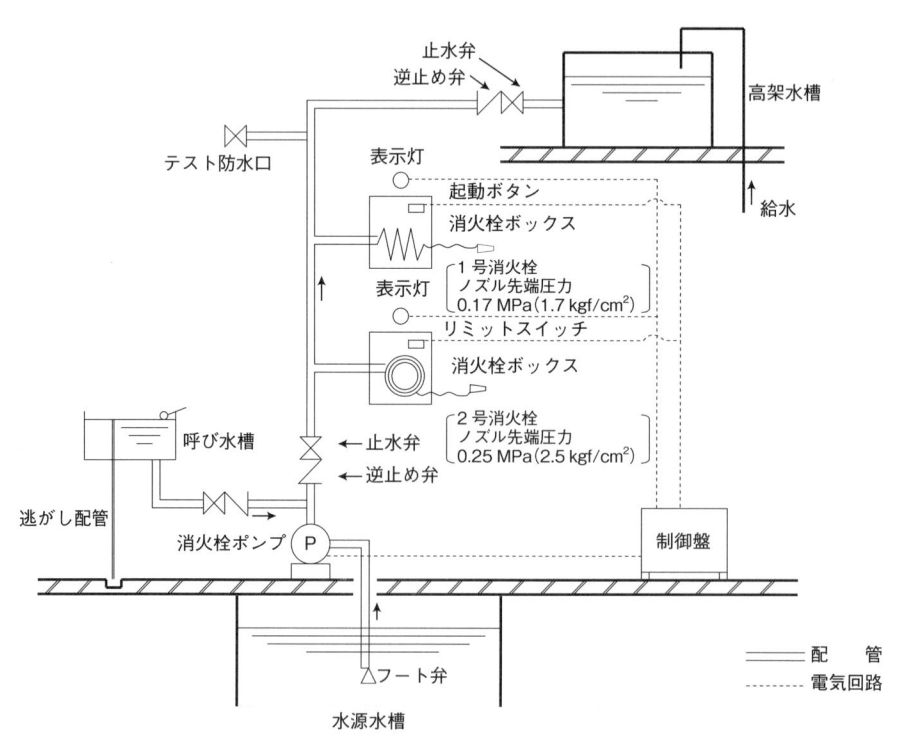

図 1.16 屋内消火栓設備の構成[17]

1.3 消火設備

ルを格納した消火栓箱，電源，制御盤，テスト用開閉弁，補助高架水槽などから構成される（図1.16）．

法令上の設置基準は建物用途，延べ床面積，階の種類（地階，無窓階，4階以上の階），内装不燃の程度などに応じて定められているが，スプリンクラなどの自動消火設備を設置することで設置が免除される．

屋内消火栓には在来型1号消火栓，2号消火栓，易操作性1号消火栓，および危険物用消火栓の4種類がある．

在来型1号消火栓は消火栓開閉弁，ホース，ノズルが消火栓箱に納められたものであり，建物の各部分からの水平距離が25m以下となるように設置する．ノズルは口径が13mmで，放水量は130 l/m以上とされている．この消火栓を操作するためには，開閉バルブが収納箱内にあるため，ノズルを火源に向かって保持する者と開閉バルブを開ける者の最低2人が必要であり，日ごろから操作に習熟していなければ扱いは困難である（図1.17）．

2号消火栓は1号消火栓の扱いにくさという欠点を改善し，1人でも消火作業が行えるように工夫されたものである．ノズルは口径8mmで放水量は60 l/m以上とされている．使い方は消火栓箱の扉を開け，収納箱内部の開閉弁を開放した後に，ノズルをもったまま火源に近づき，ノズル先端の開閉装置を操作することで放水を開始することができる．ホースの長さが20mであるため，建物の各部分からの水平距離が15m以下となるように設置する必要がある．

易操作性1号消火栓は1人で操作できるように1号消火栓を改良したもので，ノズルに開閉機構がついているとともに棒状放水および噴霧放水の切り替えが可能である．

1.3.3 スプリンクラ設備
a. スプリンクラ設備の概要

スプリンクラ設備とは天井面あるいは壁面に設置されたスプリンクラヘッドから水を散水して火災を消火するシステムであり，水源，加圧送水装置（スプリンクラポンプ），自動警報装置，配管，スプリンクラヘッド，末端試験弁，送水口，補助散水栓などから構成される．

法令上の設置基準は建物用途，延べ床面積，階の種類（地階，無窓階，4～10階，11階以上の階）などに応じて定められているが，水噴霧消火設備などのその他の消火設備で代替することも可能である．スプリンクラ設備は火災の初期消火に最も有効な消火設備であるとされており，建築基準法ではスプリンクラ設備を設置することで防火区画面積を緩和することが可能である（スプリンクラ設置による防火区画面積の倍読み）．

b. 閉鎖式スプリンクラ設備

閉鎖式スプリンクラ設備はスプリンクラヘッドが感熱機構により常時閉鎖されている閉鎖型スプリンクラヘッドを用いた機構であり，湿式と乾式に大別される．

湿式はスプリンクラヘッドまで配管内に加圧水が満たされたものであり，ヘッドが熱で解放されるとすぐに散水が開始されるものである．

これに対して乾式は主として凍結を防ぐ目的で寒冷地に多く用いられるものであり，ポンプからヘッドまでの間に乾式弁が設けられ，この乾式弁からヘッドまでの配管内には圧縮空気が充てんされている．火災時の熱でヘッドが開放されると，まず圧縮空気が放出され，その後，水が放出される．ヘッドが開放して散水が開始されるまでの時間は1分以内としなければならない．

閉鎖型スプリンクラのヘッドは放水方法，感度種別，形状などにより多くの種類に分類される．まず，放水方法は標準型と側壁型に分けられ，標準型には放水口を床面に向ける下向き型（ペンダントタイプ）と，放水口を天井面に向ける上向き型（アップライトタイプ）の2種類がある．また，側壁型は縦型と横型の2種類があり，いずれも壁に設置して片側方向のみに散水するものである．形状の分類ではフレーム型，マル

図1.17 1号消火栓

チ型，フラッシュ型などがある．このうち，マルチ型，フラッシュ型はデザイン性を重視したもので，現在はこれらの2つがよく採用されている．

ヘッドには周囲の温度が一定温度以上になると溶融する金属ヒューズ（半田）が取り付けられており，これが溶けると放水口が開放して散水される仕組みとなっている．また，ガラス球の内部に液体を封入したグラスバルブを用いたものもあり，火災の熱でグラスバルブ内の液体が膨張してバルブが破壊することで放水口が開放する仕組みとなっている．一般用途の金属ヒューズの溶融温度は72℃のものがほとんどであるが，厨房など，ヘッドが設置される雰囲気温度が高い場合は溶融温度が104℃，138℃のものもある．

閉鎖型スプリンクラの放水量は一般の用途では放水圧 0.1 Mpa で 80 l/min とされているが，共同住宅，ホテルを対象とした小区画用ヘッドや住宅用スプリンクラヘッドではそれぞれ 50 l/min，30 l/min の小水量のシステムが認可されている（住宅用では加圧送水源として水道を利用する）．

閉鎖型スプリンクラはヘッドのヒューズあるいはグラスバルブが脱落して開放する仕組みのため，熱ではなく物理的要因によっても開放するおそれがある．例えば，天井面ぎりぎりまで設置されたスチール製のキャビネットが地震時に転倒することや，大型の荷物を建物内で移動することで，ヘッドに物理的衝撃力が加わり，放水口が開放され重大な水損事故を引き起こしてしまうこともある．したがって，ヘッドの設置については日常の建物利用も考慮して十分検討すべきである．

c. 開放式スプリンクラ設備

このシステムは感熱機構のない開放型ヘッドを有しており，火災時には自動火災報知設備の感知器連動あるいは手動により一斉開放弁を開いて，設置されているすべてのヘッド，あるいは一つの放水区域内のすべてのヘッドから同時に散水を行うものである．劇場の舞台部や特定の倉庫など，比較的高い天井高さを有しているために，火災が発生しても通常の感熱方式では作動が遅れてしまうような場合に用いられる．

放水区域とは同時にヘッドが開放される区域を限定することで万一の水損事故でも被害を最小限に食い止めるためのものであり，法令上は一つの舞台部に設ける放水区域は4以下とされている．

1.3.4 水噴霧消火設備

水噴霧消火設備は水を直径 0.02～2.5 mm の微粒子から成る霧状に噴霧して消火するシステムである．霧状の水は表面積が大きいため冷却効果が大きいことや，火災時の熱により水蒸気に状態変化することで，可燃物周囲を覆い，窒息消火が期待できる利点がある．また，電気絶縁性や液体可燃物の表面に不燃性の乳化層（エマルジョン）を形成することにより電気火災および油火災にも適応することが可能である．したがって，水噴霧消火設備は駐車場，指定可燃物の貯蔵所，電気設備などの用途に設置されている．

水噴霧消火設備は水源，加圧送水装置（ポンプ），配管，水噴霧ヘッド，自動火災感知装置，流水検知装置などから成り，システムの構成は開放型スプリンクラ設備とほぼ同様である．

水噴霧ヘッドはいくつかの方式があるが，いずれも水を高圧にして霧状に放射するものであり，スプリンクラヘッドに比べて放水量が増大する．したがって，放水エリアとなっている部分には排水設備を設ける必要がある．

1.3.5 泡消火設備

泡消火設備は燃焼物全体を泡で覆うことで燃焼に必要な酸素を遮断する窒息効果，および泡による冷却作用により消火を行うシステムであり，移動式と固定式がある．一般に消火に利用される泡は，化学泡（ケミカルフォーム）と空気泡（エアフォーム）に大別され，化学泡は炭酸ナトリウム液と硫酸アルミニウム液を反応させて泡を発生させるもので，泡内部の気体は二酸化炭素である．化学泡は泡消火器に用いられるものがほとんどである．これに対して空気泡は界面活性剤の一種である泡消火薬剤の水溶液を泡放出口から放出する際に空気と機械的に混合することで生ずるもので，泡内部の気体は空気である．空気泡は安定性は弱いが，よく拡散して可燃物の表面を覆う効果が大きいため，泡消火設備にはこの空気泡が主に用いられる．

泡消火設備は引火性液体や油の火災に適しているため，飛行機の格納庫，自動車整備工場，駐車場，指定可燃物の貯蔵庫などの消火設備として設置される．

固定式泡消火設備は消火薬剤貯蔵槽，加圧液送装置（送液用ポンプ），泡消火薬剤混合装置，泡ヘッド，火災感知装置，加圧送水装置（送水用ポンプ），流水感知装置，手動起動装置などから構成される．このうち，混合装置には差圧混合装置（プレッシャプロポーショナ），ポンプ混合装置，圧入混合装置（プレッシャサイドプロポーショナ），管路混合装置（ラインプロポーショナ）などの種類がある．駐車場などに設

ける固定式のものは差圧混合装置が一般的である．

泡ヘッドはフォームウォータスプリンクラヘッドとフォームヘッドの2種類に大別される．前者は放出口に金属メッシュのスクリーンがかぶさったスプリンクラヘッドよりやや大きめのヘッドで自走式駐車場などでよく用いられている．床面積 9 m² につき 1 個以上の設置が義務づけられている．後者は飛行機の格納庫などで用いられるもので金属メッシュがついておらず，スプリンクラヘッドと同じような散水形状が得られる．いずれの泡ヘッドも泡水溶液を泡にするために必要な空気の取入れ口がついている．

移動式泡消火設備は泡ヘッドの代わりにホース接続口と接続口から 3 m 以内に泡消火用器格納箱を設けたもので，火災の際に人力でホースを接続口に取り付けて消火を行う．接続口から 15 m 以内の消火対象物に有効である．

1.3.6 ガス系消火設備
a. 二酸化炭素消火設備

二酸化炭素消火設備は空気より重い炭酸ガス（CO_2）を火源に放射して燃焼雰囲気の酸素濃度を低下させることにより窒息作用で消火を行うガス系消火設備の一種である．一般的な火災では酸素濃度を容量比で 14～15％以下にすれば燃焼不能にさせることができる．他のガス系消火設備と同様，効果的な消火のためにはある程度密閉された空間内で二酸化炭素を噴射することが必要である．

二酸化炭素は噴射しても火災室内が汚損されることはなく，また電気絶縁性が高い特性があり，油火災や電気火災に適している．このため，機械式駐車場，コンピュータ室，通信設備室などで用いられる．

二酸化炭素消火設備（ガス系消火設備）は固定式と移動式に分けられ，固定式はさらに全域放出方式と局所放出方式に分類される．

全域放出方式はある程度密閉された防護区画内の全域に二酸化炭素を放出するシステムであり，自動火災感知設備，起動装置，音声警報装置，噴射ヘッド，選択弁，二酸化炭素貯蔵容器，配管などから構成される．起動方法は常時人のいない防火対象物を除いて手動式としなければならない．火災を発見した場合は必ず防護区画内に人のいないのを確認したうえで起動ボタンを押す必要がある．起動とともに音声警報で在室者への退避が呼びかけられ，開口部が閉鎖され，空調ファンが停止する．起動からガスの噴射までは 20 秒以上確保されている．

局所放出方式は防護対象物（消火対象物）を有効に区画することができない大規模空間などに用いられるシステムであり，防護対象物近傍に局所的に二酸化炭素を噴射して消火を行うものである．したがって，防護対象物のすべての表面が噴射ヘッドの有効射程内にあるように設ける必要がある．

移動式設備は二酸化炭素貯蔵容器，ホールリール，ノズルが収納容器に格納されたもので，火災時に人間がノズルを消火対象物までのばして炭酸ガスを直接噴射して消火を行うものである．ホースの長さは 20 m 以上とされ，半径 15 m 以内の防火対象物に有効であるように配置する必要がある．

二酸化炭素による消火は酸素濃度を低下させる消火機構のため，人体に及ぼす影響が大きく，防護区画内に在室者がある場合に，誤って炭酸ガスが噴射された場合は生命に危険を及ぼす可能性が大きい．近年，機械式駐車場などで二酸化炭素消火設備の誤使用による死傷事故も数件起こっており，特に全域放出方式については十分な安全対策が必要である．

b. ハロゲン化物消火設備

ハロゲン化物消火設備は消火薬剤としてハロン 1211，ハロン 1301，ハロン 2402 の 3 種類のハロゲン化物を用いるものであり，ガスが火と接触するときに起こる化学作用による負の触媒効果（燃焼の連鎖反応を停止させる効果）および燃焼雰囲気の酸素濃度の低下による窒息効果が相乗的に作用して消火が行われる．二酸化炭素の半分以下（容量比）の噴射量で消火が可能であり，人体への影響も比較的少ない．設備の構成は二酸化炭素消火設備とほぼ同様である．

しかし，上記消火薬剤として用いられるハロンガスは，オゾン層を破壊するものとして 1994 年 1 月 1 日以降は生産が全廃されているため，今後は既設のシステムのみの運用となる．また，不必要なハロンガスの回収，リサイクル，およびハロン代替ガスへの移行が推進されている．

c. その他のガス系消火設備

ハロンガス全廃および炭酸ガスの人体への悪影響などを考慮して，これらのガスに代わる新しいガス系消化剤が開発されている．

ハロンと同じように負の触媒効果による化学連鎖反応の抑制原理で消火を行うガス（ハロゲン化物系ガス）として HFC-23，HFC-227ea などがある．これらのガスはオゾン層を破壊することもなく，人体に対しても安全であるとされている．

また，酸素濃度の低下による窒息消火の原理で消

火を行うガスとしてイナート系ガス（IG-541, IG-100, IG-55）がある．このガスは窒素，アルゴン，二酸化炭素の混合ガスで気体のまま貯蔵容器に貯えられる．窒息消火でありながら二酸化炭素消火設備に比べて人体に対して安全であるとされている．

これらの新しいガス系消火剤を導入する場合は消防法32条に基づく消防防災システム評価を受ける必要がある．

1.3.7 粉末消火設備

粉末消火設備は粉末状の消火薬剤が燃焼面を覆うことによる窒息効果，消火薬剤が加熱され分解して空気より比重の重い不燃性ガスを発生し，燃焼雰囲気の酸素濃度を低下させる効果，および負の触媒効果による燃焼抑制効果の3つが相乗的に作用することにより消火を行うものである．消火薬剤としては粉末消火器と同じ4種類の粉末（1.3.1項参照）が法令上認められている．消火薬剤は油火災および電気火災に適するため，駐車場，変圧器室，ボイラ室，薬品庫などに設置される．

粉末消火設備は固定式と移動式に分けられ，固定式はさらに全域放出方式と局所放出方式に分類される．

消火薬剤の放出はほとんどが加圧方式であり，移動式の一部で蓄圧式が用いられている．

加圧式の全域放出方式は消火剤貯蔵タンク，加圧装置，噴射ヘッド，起動装置，音響装置，配管，非常電源装置などから構成されている．起動方法は手動あるいは感知器連動による．二酸化炭素消火設備と同様，防護区画内からの退避を促す警報を音声で与えなければならない．また，起動装置の作動から消火剤の放出まで20秒以上遅延させなければならない．

粉末消火設備では消火粉末と放出用ガスが分離しないように，必ず配管の分岐はT字形とし，噴射ヘッドの放射圧力が均一になるように各噴射ヘッドから消火剤タンクまでの配管距離を同一にする必要がある．また，設備使用後の配管内に残留した消火薬剤を排出するためのクリーニング装置が設置されている．加圧用のガスは一般には窒素が用いられるが，使用する消火薬剤量が50 kg以下のものには二酸化炭素が用いられることもある．

1.3.8 ドレンチャ設備

ドレンチャ設備はドレンチャヘッドから水を放出して散水膜を形成し，火災による放射熱および火の粉による類焼を防止するために設置するものである．散水

図 1.18 ドレンチャ設備（吹上げ式）

膜の放射熱低減効果のほか，直接散水による冷却効果も期待できる．システムの構成は開放型スプリンクラ設備と同様であり，火災感知器連動あるいは手動により開放弁を開放して水を放出する．一般的には伝統木造建築などの類焼防止措置として建物全周をカバーするように設置されることが多いが，近年では建物内の延焼防止システムとして劇場の舞台と客席部の間の区画や事務所ビルの高層面積区画に使用されたり，ガラススクリーン（板ガラス壁）やガラスクロスの膜材に散水して耐火性を高める補助散水システムとして設置されている例もある．ドレンチャヘッドは散水形状，水量などのバリエーションに応じてさまざまな種類のものがあり，想定する火災の放射熱量，設置間隔，放水量を考慮して，所定の放射低減効果が達成されるように選定する必要がある．

1.3.9 屋外消火栓設備

屋外消火栓設備は建物の外部に消火栓開閉弁，ホース格納箱などが設置されているもので，システムの構成は屋内消火栓設備とほぼ同じである．しかし，屋内消火栓に比べて消火能力が高く，放水圧力0.25 Mpa以上，かつ放水量350 l/min以上としなければならない．屋外消火栓の設置が義務づけられる建物は1階の床面積または1階および2階の床面積の合計が耐火建築物で9000 m^{2}以上，準耐火建築物で6000 m^{2}以上，その他の建築物で3000 m^{2}以上とされている．ただし，スプリンクラその他の自動消火設備が設置されている場合には各消火設備の有効範囲内の部分は設置が免除される．屋外消火栓は建物の各部分からホース接続口までの水平距離が40 m以下となるように設置する必要がある．

1.3.10 動力消防ポンプ設備

動力消防ポンプ設備は建物内外の火災，および隣接建物との延焼防止に使用する設備であり，屋内・屋外消火栓設備の代替として用いることのできる設備である．設備は動力消防ポンプ，ホース，水源などにより構成される．動力消防ポンプは消防ポンプ自動車および可搬消防ポンプに分類され，原則として水源の間近に常置されなければならないが，消防ポンプ自動車，あるいは自動車により牽引されるものについては，水源からの歩行距離が1000 m以内の場所に常置することでもよい．これらのポンプの性能は規格放水量として定められており，屋内消火栓設備の代替とする場合は $0.2 m^3/min$ 以上，屋外消火栓設備の代替とする場合は $0.4 m^3/min$ 以上としなければならない．また，使用する水源の量はそれぞれの規格放水量で20分間以上放水できる有効水量を確保する必要がある．

1.3.11 連結散水設備

連結散水設備は建物の地下部分の火災に対して効果的に消火を行う目的で設置するもので，地下の天井部分に散水ヘッドを配置し，これらのヘッドと建物外に設けられた専用送水口とを配管で結んだシステムであり，水源および加圧送水装置をもたない点でスプリンクラ設備と異なる．火災時に消防隊の地下への突入が困難な場合に，公設消防のポンプ自動車のホースを送水口に連結して送水することで，建物外から消火を行う．散水ヘッドには開放型と閉鎖型があり，前者は送水区域内のヘッドから一斉に散水されるが，後者が火災の熱を受けた部分のヘッドのみ散水されるため，火災部分のみ有効に散水され，他の部分への水損が少ない利点がある．建物の地階，あるいは地下街の延べ床面積の合計が $700 m^2$ 以上の場合に設置が義務づけられる．

1.3.12 連結送水管設備

連結送水管設備とは公設消防隊が到着後速やかに消火活動を行えるようにあらかじめ建物内に送水立管および放水口を，建物外に送水口を設置したものである．消防隊は消防ポンプ車からのホースを外部の送水口に連結し，火災階の放水口からさらにホースを連結して火災室に放水を行う．ポンプ車から火災現場までホースを延伸しなくてもよいので短時間で放水を開始することが可能となる．

連結送水管の設置が義務づけられているのは地上階数が7階以上の建築物，地上階数が5階以上かつ延べ床面積6000 m^2 以上の建築物，延べ床面積1000 m^2 以上の地下街，延長50 m以上のアーケード，および道路の部分を有する防火対象物である．11階以上の建築物では放水口のほかにホース・ノズルの放水用器具を設置した格納箱を設ける必要がある．また，地上からの高さが70 mを超える建築物には動力消防ポンプ車から送水された水を中継して上方階に汲み上げるための加圧送水装置（ブースタポンプ），非常電源，起動装置などが必要となる．また，送水口は一つの系統について2台の消防ポンプ車から同時に送水できるように2つの接続口（双口型送水口）を設けることになっている．

1.3.13 消火用水

消火用水は消防水利（公設消防水利），指定消防水利，消防用水に大別される．消防水利とは市町村が設置し，維持管理を行うもので一般には道路に埋設されている水道の配水施設が利用される．一定の長さごとに地下式あるいは地上式の消火栓が設置される．

指定消防水利とは公設消防水利だけでは足りない地域などで，湖沼，池，泉水，井戸などの水利をその所有者，管理者の許可を得て，消防長，または消防署長が指定して使用するものである．消防水利の標識を設置し，日ごろから使用可能な状態に維持管理される．

消防用水とは大規模建築物の火災時に公設消防水利だけでは消火用水が足りないことが考えられるため，建築物の規模（敷地面積，高さ，1および2階の床面積の合計），構造種に応じて設置が義務づけられる，一定水量を貯えられる水槽のことである．1個の水槽の有効水量は $20 m^3$ 以上とされており，地盤面の高さから4.5 m以内に貯えられている必要がある．また，消防用水を中心とした半径100 m以内に建物の各部分が存在するように設置する必要がある．流水を使用する場合は $0.8 m^3/min$ の流量を $20 m^3$ の水量に換算する．

1.3.14 非常コンセント設備

非常コンセント設備とは消防隊が消火活動を行う際に現場にもち込んで使用する照明装置，電動工具（カッタ，ドリル），排煙ファンの電源を確保するためのものであり，11階以上の建築物および延べ床面積1000 m^3 以上の地下街に設置が義務づけられる．供給電力は単相交流100 Vで15 A以上とされ，コンセントに電力を供給する非常電源（非常用電源専用受電設備，自家発電，あるいは蓄電池設備）は30分以上使

用可能でなければならない．

1.3.15 無線通信補助設備

地下街では電波の搬送特性が悪いため，消防活動時に地上の消防隊と地下で消火活動に従事している消防隊との間で無線連絡が困難な場合がある．このため，地下街に同軸漏えいケーブル，あるいはアンテナなどを設置してこれを地上に設ける接続端子と配線し，消防隊がこの地上の接続端子に無線機を接続することで，地下の消防隊と容易に無線連絡がとれるようにした設備である．延べ床面積 1000 m^3 以上の地下街に設置が義務づけられている．

1.4 排煙設備

1.4.1 煙制御と排煙設備

煙制御の目的は火災により発生した多量の煙から建物在館者ならびに消防・救助活動を行う消防隊を守るために煙の濃度上昇，拡散，流動を制御することであり，目的を達成するためのさまざまな手法がある．

これらの手法は区画化，排煙，遮煙，蓄煙，希釈などに分類される．このうち，最も有効なものは区画化であり，間仕切り壁，および防火設備により建物の内部空間を区画して煙の流動を防ぐことである．特に煙は高温のため空気より比重が軽いため，建物の上方に流動する傾向があるが，建物内に竪穴空間が存在すると，そこを介して建物全体に煙が拡散してしまうおそれがある．この場合は竪穴周辺を区画することで煙の拡散を防止する手法が最も一般的である．

排煙は居室の天井付近に設けられた排煙口より煙を強制的あるいは煙の浮力を利用して排出することである．天井の高い空間で排煙を行えば煙の降下を遅らせることができる．また，区画された空間で強制的に排煙を行えば隣接する区画との間に圧力差が生じて煙の拡散を防止することができる．機械による排煙の場合，煙だけではなく煙と混合した空気あるいは周辺空気も一緒に排出することになり，いかに効率よく煙のみを排出できるかがポイントとなる．防煙区画として排煙口とセットで用いられる防煙たれ壁は煙の流動を阻害する目的だけでなく，天井にたまる煙の層を一定以上確保することで排煙効率を上げる目的もある．

遮煙はファンによる強制的な排煙あるいは給気により，建物内の2室（例えば居室と廊下）の間に圧力差を生じさせることで煙の流動を阻害することである．一方の室を強制的に排煙し，他方の室を加圧するという手法が最も圧力差が大きくなり効果的である．

蓄煙とは天井の高い空間などで火災により発生した煙が天井部に蓄積されることで，煙が居住域の避難者に影響を及ぼす時間を遅らせる煙制御手法である．居住域より上部の空間の気積を多く確保すればするほど効果があるといえるが，あまり天井高が高すぎると煙が熱上昇気流とともに上昇する過程で冷やされて浮力が小さくなり，ある高さ付近（煙温度と周辺空気の温度が等しくなる高さ付近）で停滞することもある．床面積の大きい空間（天井の表面積が大きい場合やトンネル状の空間を含む）では煙が天井に沿って横方向に流動する過程で天井に吸熱され，浮力を失って下降する場合もある．

希釈とは煙を空気で薄めることで濃度を低下させ，避難や消防活動に支障のないレベルに保つことである．加圧排煙では加圧により圧力差を生じさせて，煙を火災室に封じ込める効果のほか，安全区画に侵入した煙を新鮮空気で薄めて希釈する効果も期待されている．

排煙設備は避難行動時の安全性を高めることと，消防活動時の安全性を高めることの2つの目的があり，設置基準も建築基準法と消防法の両方で規定されている．建築基準法では一定規模以上（階数，延べ床面積など）の建物すべてにおいて設置が義務づけられているが，消防法では一定床面積以上を有する劇場，車庫，物販店舗，地下街などの特殊建築物において設置が義務づけられている．

1.4.2 自然排煙

自然排煙とは室と外部との間に設けられた排煙口（窓）を開放することで，煙を外部との温度差（浮力）により外部に排出するシステムである．排煙口の位置（高さ），面積，給気口の有無により排煙効率は大きく変わる．また，排煙口を設ける位置によっては外部風の影響を大きく受けることもある．

建築基準法では床面積の 1/50 以上，排煙口の位置は天井（屋根）または壁面とし，壁面に設ける場合は原則として天井面から 80 cm 以内（防煙垂れ壁が設置されている場合は天井から防煙垂れ壁の先端までの間）とされている．また排煙口は当該防煙区画の各部分から水平距離で 30 m 以内の場所に設置する必要がある．開閉の方式には手動あるいは感知器連動がある．手動開放装置は壁面に設ける場合，床面から 80 cm 以上 150 cm 以内の位置に設置しなければならない．

1.4.3 機械排煙

機械排煙は室の天井部分に設けられた排煙口から煙を排煙ファンにより強制的に排出するシステムであり，排煙口，排煙ダクト，手動開閉装置，防火ダンパ，排煙機などにより構成される．排煙設備の設置基準は建築基準法により定められており，排煙機の能力は$120 m^3/min$以上，かつ防煙区画部分の床面面積$1 m^2$につき$1 m^3/min$以上とされている．また一つの排煙機（排煙系統）が２つ以上の防煙区画にまたがって設置されている場合は，最も面積の大きい防煙区画$1 m^2$当たり$2 m^2/min$以上の排煙風量を確保する必要がある．

排煙口の設置基準は自然排煙口の場合と同様であり，排煙口，ダクトなどの煙に接触する部分は不燃材料で作る必要がある．

排煙機（排煙ファン）は原則として各排煙口よりも上部に設置する必要があり，一般的には建物の屋上に設置されることが多い．この場合，各階の排煙口までは排煙竪ダクトおよび横引きダクトで直結されるが，横引きダクトが防火区画を貫通する場合は，ダクト内に防火ダンパを設置する必要がある．横引きダクトはできるだけ短くし，各排煙口の吸込み圧力の差が小さくなるように設計することが望ましい．オフィスビルなどでは居室の天井に照明器具，空調用吹出し口などが一体となったシステム天井が多用されているが，システム天井では天井部にスリット状のすきまを設け，煙をいったん天井裏空間に吸引した後，防煙区画ごとに設けられた竪ダクト近傍の天井裏内の排煙口より煙を吸入する天井チャンバ方式が用いられる．天井チャンバ方式では排煙ファン作動時に天井部の各排煙スリットにおいて均一な吸込み風量が得られることが重要であり，天井裏内の小梁，空調設備機器，照明器具などによる圧力損失を考慮した十分な検討が必要である．

特別避難階段付室ならびに非常用エレベータの乗降ロビーは避難安全上，あるいは，消防活動上重要であるため，排煙設備の設置基準もその他の部分と異なっている．排煙機の能力は付室，乗降ロビーで$4 m^3/s$以上，付室兼用ロビーで$6 m^3/s$以上必要であり，排煙口とともに給気口を設置する必要がある．給気口は給気風道と外気取入れ口を介して外気と接している．給気風道の必要断面積は付室，乗降ロビーで$2 m^2$以上，付室兼用ロビーで$3 m^2$以上必要となる．

1.4.4 加圧防煙システム

加圧防煙システムとは避難ルート上の安全区画（付室，廊下など），あるいは煙の伝播経路となりうる竪穴空間（EVシャフト，階段室，アトリウムなど）へ新鮮空気を強制的に給気することで煙の流入・拡散を防止するシステムである．排煙設備では排煙ファンの熱的限界（280〜580℃），防火ダンパの作動（280℃）により，火災が進展して煙の温度が一定以上になると排煙不能となるが，加圧防煙システムでは排煙不能となった後も給気ファンにより長時間継続して加圧を行うことが可能であり，避難終了後の消防活動に対しても有効である．

加圧防煙システムは給気（加圧）を行う空間により付室加圧システム，階段室加圧システム，EVシャフト加圧システム，アトリウム加圧システムなどに分類される．

付室加圧システムは避難ルート上の安全区画である付室あるいは廊下を加圧することで煙の侵入を防ぎ，避難の安全性を高めたものであり，通常は機械排煙と組み合わせたいくつかの方式に分類される（図1.19）．

いずれの方式も居室＜廊下＜付室と段階的に圧力を高くすることで煙が安全次数の高い区画に流入することを防止している．この場合，避難ルート上に設けられた防火戸の開放方向と給気の流れが対向するため扉の開放に障害をきたすおそれがある．したがって，防火戸が閉鎖したときの圧力の上昇を検知して給気風量を低減させたり，2室間にバイパスダンパを設けた

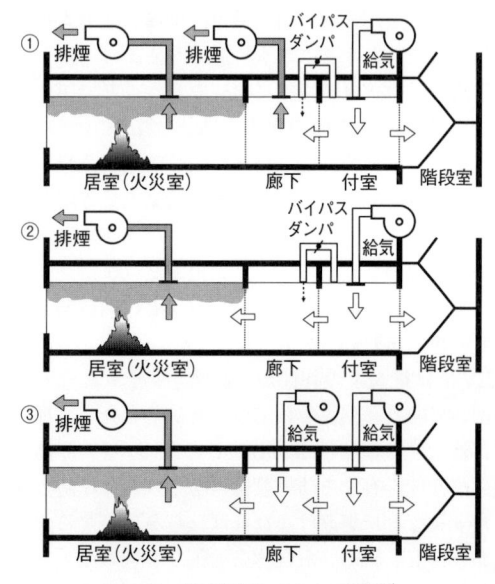

図 1.19 付室加圧システムの種類[19]

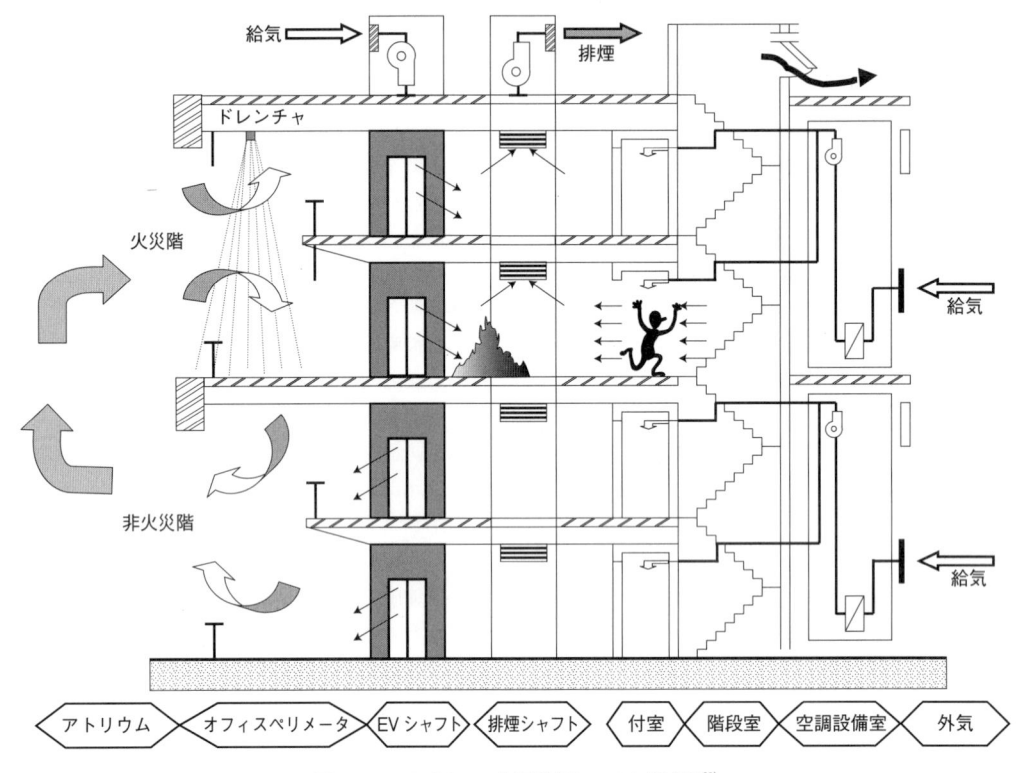

図 1.20　アトリウムの加圧排煙システム構成例[20]

りして圧力差を制御する必要がある（圧力差が50〜100 Paとなるように制御する）．

付室加圧方式では付室の排煙および給気風道を省略するとともに，排煙風量も法的に求められている風量の50〜30％に低減することが可能となる．また，日常の換気風量が大きい用途では，排煙システムを空調兼用システムとすることも可能である．

階段加圧方式は階段室に給気を行うことで圧力を高め，階段室内への煙の侵入を防止するシステムであり，空間上の制約により付室などの前室が設置できない場合に有効である．階段室への給気風量は階段室に面して設けられた防火戸の個数および同時に開放している箇所数の想定条件により設定する．また，階段の抵抗を考慮して給気口は一定階数ごとに複数個設置されるのが望ましい．

EV扉は構造上の特性から遮煙性能をもたせることが困難であり，火災時にEVシャフトを介して煙が各階に流入する危険性がある．このため，EV扉前に別途遮煙性能を有する防火設備（防火戸および防火防煙シャッタなど）を設けなければならないが，これらの代わりにEVシャフト自体を加圧して煙の流入を防止するシステムがEVシャフト加圧システムである．

EVシャフトを加圧する場合の給気量は各階EV扉からの漏気量，シャフトを構成する壁，機械室からの漏気量と火災圧，ドラフト圧，エレベータ運行に伴うピストン効果などを考慮に入れて算定する．また，給気口の位置はエレベータの運行を考慮してシャフトの上部および下部に分散して配置する方が望ましい．

EVシャフトを構成する壁はALC板などの乾式工法によるものが多いため，シャフトの加圧を行う場合は施工時に気密性を高める配慮が必要である．

アトリウムの加圧システムはアトリウムを介して煙が他の階に流入することを防止するシステムであり，居室の排煙と組み合わせて用いられる（図1.20）．火災室のみを排煙し，非火災室を給気することで火災室に向かう空気の流れを形成し，煙を火災室に封じ込めるシステムである．この場合，アトリウムと居室間には防煙のための補助的な区画が必要となる（防煙垂れ壁，防火シャッタなど）．

以上，加圧防煙システムは加圧を行う空間によりいくつかの種類に分けられるが，実際の建物に適用する場合は，ゾーンモデルなどを用いた煙流動シミュレーションを行ってシステムの安全性を検証する必要がある．また，適用に際しては建物ごとに大臣認定を取得

する方法（ルートC）による必要がある．ただし，特別避難階段付室及び非常用エレベータ乗降ロビーの加圧防煙システムについては平成21年9月に施行された告示（国土交通省告示第1007号，第1008号）により建築主事確認のみで適用することが可能となった．なお，加圧防煙システムは火災時に加圧を行うゾーンの選定を誤ると，逆に煙の拡大を助長するおそれがあるため，システム作動時のシークエンスを含めて運用面についても十分検討する必要がある．

1.5 防火設備

1.5.1 防火設備の種類

防火設備は建築基準法上では「通常の火災時における火炎を有効に遮る設備」と定義され，20分間の遮炎性能を有する防火設備と1時間の遮炎性能（加熱面以外の面に火炎を出さない性能）を有する特定防火設備に大きく分けられる．防火設備には防火戸，防火シャッタをはじめ，網入りガラス窓，ドレンチャ設備，防火ダンパなども含まれる．

防火区画に設けられる防火設備のうち，面積区画あるいは高層面積区画（建物の11階以上）に設けられるものは特定防火設備でなければならず，常時閉鎖でないものは煙の発生あるいは温度の上昇により自動的に閉鎖または作動する機能を要求される．

また，竪穴区画に設けられる防火設備は遮煙性能を有する必要があり，煙の発生により自動的に閉鎖する機能も要求される．

1.5.2 防火戸

防火戸には片開き戸，両開き戸をはじめ，引き戸，3枚折れ戸，スイングドアなどがある．材質としては仕様規定として定められている厚さ1.6mm以上の鋼板製のものが主流であるが，近年，耐熱ガラスを使用した耐火ガラス戸，木製防火戸なども開発されている．

防火戸は火炎・煙を有効に遮断する機能のほか，避難上支障のない開閉性能を有する必要がある．したがって，主要な避難経路に設置される防火戸は避難方向に向かって開くものが望ましい．開放機構としてはノブを回してラッチを開閉するタイプがほとんどであるが，扉についた棒や押し板を押すとラッチが解除されるパニックバー方式のものが避難安全上有効であるとされている．また，開放後自動閉鎖するドアクローザの設置が義務づけられている．法的には避難上有効な防火戸として有効開口高さ1800mm以上，有効開口幅750mm以上で50N以下の力で開放可能であることが要求されている．

1.5.3 防火シャッタ

防火シャッタは厚さ1.6mm以上の鋼製のスラット（シャッタ部分を構成する横長の金属製板）で構成されており，火災時に感知器連動（熱感知器あるいは煙感知器）あるいは手動閉鎖装置により降下して区画を構成する防火設備である．通常の面積区画に設けられる防火シャッタと遮煙性能が必要な区画に設けられる防火・防煙シャッタの2種類がある．防火シャッタは日常時は天井裏空間に収納されており，常時開放されている．したがって，火災時に確実に閉鎖するためには，日ごろから閉鎖障害となりうるような物品などが置かれないよう防火管理を徹底することが重要である．また，避難経路上に防火シャッタを設置する場合は併設の防火戸が必要である．

防火・防煙シャッタはスラット部，ガイドレール部，まぐさ部分に防煙性能を高める工夫がされた鋼製シャッタであり，システムの鋼製は防火シャッタと同様である．このような遮煙性能を有するシャッタ・防火戸は建築基準法により，圧力差20Paでの漏気量が$0.2\,m^3/m^2$以下であり，かつ圧力差30Paまでに著しい漏気量の変化がないことが定められている．

1.5.4 その他の防火設備

a. 耐火クロス製防火防煙スクリーン

防火シャッタの鋼製スラット部分に耐火クロスを用いたもので，鋼製シャッタと同様に日常時は天井裏空間に巻き取られて収納されており，火災時に感知器連動あるいは手動開放によりスクリーンが降下して区画を構成するシステムである．鋼製シャッタに比べて軽量で柔軟性があるため，はさまれ事故などの危険性が少ないことや，透光性や降下音の静かさにより避難行動時の恐怖感を軽減する効果もある．また，スクリーンとともに収納可能な避難口（スクリーンドア）を設けることが可能なため日常の空間の使い勝手やデザイン性が向上するなどの利点がある．オフィスビルや地下街の面積区画や竪穴区画として近年多く採用されている（図1.21）．

b. ドレンチャ設備

建築基準法の改正により防火戸・防火シャッタとともにドレンチャ設備も特定防火設備として認められるようになっている．適用に際しては，実大燃焼実験を

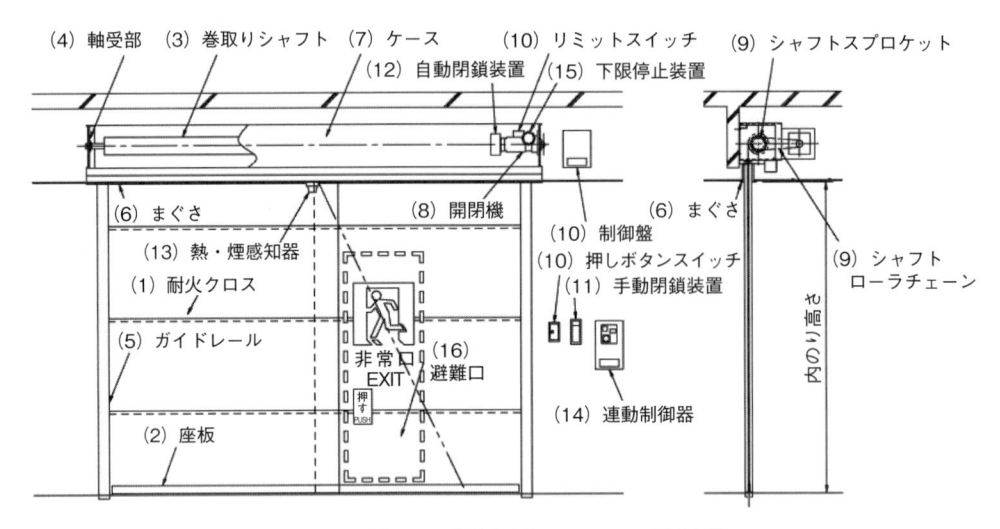

図 1.21 耐火クロス製防火防煙スクリーンの構造例[21]

行って，散水幕の放射熱透過率を測定し，所定の延焼防止性能を有することを確認する必要がある．

このような特殊な防火設備を実建物に適用するためには従来はルートCと呼ばれる建物個別の性能検証により大臣認定を取得する必要があったが，最近では製品ごとに構造方法の認定を取得することにより，建築主事確認による設置が可能になった．

1.6 避難誘導設備

1.6.1 非常用照明設備

火災時や地震時に常用電源が停止した場合でも居室および避難ルートにおける照度を避難上支障のないレベルに確保する目的で設置される照明設備であり，建築基準法でその仕様，設置基準が規定されている．

非常用照明は平常時は点灯することはなく，災害時などの停電時のみ自動的に点灯するシステムである．床面のすべての位置で水平面照度を 1 lx 以上確保する必要があり（地下街の地下道に設けるものにあっては 10 lx 以上），器具の主要部分は不燃材で構成しなければならない．

1.6.2 誘導灯・誘導標識

災害時に建物内の在館者を安全に屋外へ誘導する設備が誘導灯および誘導標識であり，誘導灯はそれ自体が光を発して停電時でも視認可能なものであるのに対して，誘導標識はそれ自体が光源を有していない単なる標識である．

誘導灯および誘導標識に関する基準は消防法で定められているが，平成11年に全面的に改正が行われ，従来は特殊な扱い（消防法施行令第32条の適用）であった高輝度誘導灯が一般的に使用可能となった（図1.22）．

誘導灯は，避難口の上部または間近に設置して避難口の位置を明示し，かつ避難口付近の照度を確保する避難口誘導灯，廊下・階段・通路などの避難経路に設置して避難方向を明示するとともに避難上有効な照度を確保する通路誘導灯，そして劇場などの客席の通路部分に設置して避難上必要な照度を確保する客席誘導灯の3つに大別される．

避難口誘導灯および通路誘導灯は表示面の寸法および表示面の明るさによりA級，B級，C級の3段階に細分される．このうちC級は最も表示面積が小さく（0.1 m 以上 0.2 m 未満），建築意匠上使いやすいため今後最も普及するタイプであると考えられる．ただし，使用する建物用途，床面積により設置しなけれ

図 1.22 高輝度誘導灯

図1.23 音声・点滅機能を有した誘導灯

ばならない誘導灯の区分が定められている．また，これらの誘導灯は建物内の各部分から任意の誘導灯までの歩行距離が建物用途，避難階か否かで定められた距離以内となるように設置する必要がある．

誘導灯は原則として常時点灯していなければならないが自動火災報知器の感知器と連動して点灯し，かつ利用形態に応じて点灯するように措置されている場合は消灯することができる．例えば，建物が無人である場合，自然光により十分識別できる場合，および演劇・映画などでの利用で暗さが特に必要である場合などがその例である．また，建物の用途上，聴力・視力の弱い者の利用が考えられる場合，不特定多数利用の用途で雑踏，照明，看板などにより誘導灯の視認性が低下するおそれのある場合などは点滅機能または音声誘導機能を有する誘導灯を設置することが望ましいとされている（図1.23）．

客席誘導灯は劇場・映画館などの客席部分において，通路の中心線上の床面において 0.2 lx 以上の照度を確保するもので，通常は通路側の客席の側面に設置されることが多い．

1.6.3 避難器具
a. 避難器具とは

避難器具とは火災時に階段・スロープなどの建築基準法で定められた避難施設がなんらかの理由で使用不可能になった場合に避難の補助手段として使用するものであり，消防法上は避難ロープ，すべり棒，すべり台，避難はしご，避難タラップ，救助袋，緩降機，避難橋の8種類が規定されており，防火対象物の用途，階数，階の収容人員に応じて必要個数，適用される避難器具の種類が定められている．これらの避難器具は避難に際して容易に接近することができ，階段・避難口その他の避難施設から適当な位置にあり，使用に際して構造上安全な開口部に設置される必要がある．避難器具には多くの種類があり，またメーカーにより取り付け部分の納まり，使用方法が異なる場合が多い．したがって，設計時には避難器具の操作性，建物用途をよく考慮したうえで最適な避難器具を選定する必要がある．

b. 避難はしご

最も基本的な器具として避難器具の設置対象となっている防火対象物のほとんどの階で用いることができる．固定はしご，立てかけはしご，吊り下げはしごに分類されるが，4階以上に設ける場合には金属製の固定はしごを各階ごとに設置位置を変えて設けなければならない．

c. 緩降機

緩降機とは降下速度が一定の範囲（160〜150 cm/s）になるように調整されたつるべ状の調速機に取り付けられたロープの一端のベルトを胸に固定して，1人ずつ避難者の自重により降下する避難器具である．常時取付け具に固定して使用する固定式と使用時のみ取付け具に固定して使用する可搬式の2種類がある．降下を行う空間はロープを中心とした半径 0.5 m の円筒形内とし，この空間内に障害物がないように設置される必要がある．

d. すべり台

建築物に固定された勾配のある直線状あるいはらせん状のすべり台を滑り降りるもので，鉄製（ステンレス製）あるいは鉄筋コンクリート製のものに限定される．建物の2階から10階までの各階に使用可能であり，安全性が高いため幼稚園・病院などにも使用可能である．

e. すべり棒

垂直に固定した棒をすべり降りるものであり，降下スピードが大きいので効率よく避難できるが危険も伴う．2階からの避難のみに使用可能である．病院・福祉施設・幼稚園などには使えない．

f. 避難ロープ

上部を固定して吊り下げられたロープを伝って降下するものであり，ロープの途中に急激な降下を防止する滑り止めが付けられている．2階からの避難に限って使用され，すべり棒と同様に病院・福祉施設・幼稚園などには使えない．

g. 避難用タラップ

踏み板，手すり，手すり子により構成された可動式の階段状の避難器具であり，使用時以外は下端部をもち上げて収納し，使用時に下端部を避難階に降ろして使用する半固定式避難タラップがよく用いられる．使用範囲は3階，2階および地階のみとされている．

h. 避難橋

避難橋とは橋桁，床板，手すりなどにより構成され，屋上または途中階において建築物相互を連絡する橋状のものである．常時両端が固定されて架橋された固定式避難橋と非常時のみ架橋する移動式避難橋の2つがある．避難橋を設置する場合は，建築物相互の所有者間の協力が必要であるほか，地理的，あるいは構造的条件が合致する必要がある．

i. 救助袋

救助袋は筒状に縫製された布製の袋の内部を滑り降りて避難する器具であり，垂直式救助袋と斜降式救助袋の2つに大別される．

垂直式救助袋は垂直に袋を垂れ下げるもので，袋の内部は降下スピードを調整するためのさまざまな工夫がなされている（降下速度は4 m/s以下とされており，らせん状に滑降面が形成されているものなどがある）．袋の内部は直径50 cm以上の球体が通過できる大きさが必要である．2階以上のすべての用途の建築物に使用可能である．

斜降式救助袋は3階以上の窓，ベランダなどから約45度の角度で地上に垂らして使用するものであり，降下速度は7 m/s以下とされている．着地の際の衝撃を受ける部分に緩衝装置（受布あるいは保護マット）を取り付ける必要がある．〔村岡　宏〕

文　　献

1) 消防庁編：平成20年版　消防白書，ぎょうせい，2008.
2) 日本火災学会編：火災便覧（第3版），共立出版，1997.
3) Muraoka, K., Sugahara, S.: Fire Problem and Fire Protection Management for Wooden Shrines and Temples in Japan, Proceedings of the Fourth Asia-Oceania Symposium on Fire Science and Technology, 2000.
4) 文化庁：我が国の文化と文化行政，1988.
5) 長谷見雄二：火事場のサイエンス，井上書院，1988.
6) 長谷見雄二，中林卓哉：木造内装居室における天井不燃化の防火安全効果，日本建築学会構造系論文報告集，第446号，1993.
7) Hasemi, Y., Tokunaga, T.: Deterministic modeling of unconfined turbulent diffusion flames, *Transactions of ASME, Journal of Heat Transfer*, **108**, 882-888, 1986.
8) 国土開発技術研究センター編：出火拡大防止設計法，建築物の総合防火設計法・第2巻，日本建築センター，1989.
9) 長谷見雄二：垂直面における上方火焔伝播の熱的モデル・I，日本建築学会構造系論文報告集，第359号，1986.
10) 日本建築センター編：新・建築防災計画指針，1995.
11) 日本建築センター編：新・排煙設備技術指針，1987.
12) 日本火災学会：新版　建築防火教材，1980.
13) 国土開発技術研究センター編：避難安全設計法，建築物の総合防火設計法・第3巻，日本建築センター，1989.
14) 日本建築学会：建築物の火災安全設計指針，2002.
15) 古瀬　敏：高齢者・障害者の火災時の安全をどう考えるべきか，火災，**42**-4, 25-29, 1992.
16) 鈴木和男：消防用設備等の規制と規制緩和について，火災，**49**-1, 1999.
17) 建築消防実務研究会編：建築消防 advice, 2001.
18) 中井多喜雄：イラストでわかる防災・消防設備の技術，学芸出版社，1994.
19) 田中哮義：火災，高層建築物の避難・煙制御設計と問題点（その3），**42**-3, 41, 1992.
20) イアン・ランボット，コリン・デイヴィス：フォスター・アソシエイツ，日本の仕事，ウォーターマーク・パブリケーションズ社，1992.
21) 社団法人日本シヤッター・ドア協会：耐火クロス製防火・防煙スクリーン技術標準及び関係基準等，2004.

2 地震対応設備

　地震後の避難生活や病院などの機能確保，事務所や工場などの事業継続計画（BCP），さらに建築基準法の改訂などから建物の耐震性は構造だけではなく非構造部材や設備，さらには什器を含めて考えられるようになり，必要に応じて建物全体での耐震性能を明示する要求もみられるようになってきた．このような社会的背景から，設備設計者は耐震設計の目標を地震時（損傷防止性能）と地震後（機能確保性能）とを区別してその要求性能を設計図書に明示することが求められている．

　建築設備の損傷防止を図る耐震対策の基本は耐震支持と変位吸収とであり，それらは「建築設備の耐震設計・施工指針 2005 年度版：日本建築センター」に示されている．耐震支持は機器や配管類を適切な強度と形状とを有する支持部材で建築躯体に緊結し，それらの損傷や転倒，移動などを防止して人的二次災害防止を図るものである．変位吸収は地震力が作用した時に振動特性の異なる物体相互を結ぶ配管類に自在性をもたせて損傷を防止するものである．振動特性の異なる部位としては建物引き込み部や建物エクスパンション部，層間変位，さらに機器と接続配管類，主管と分岐管，加えて非構造部材と取付け設備器具類などがある．

　建築設備の地震後の機能確保の必要性は当該建物用途の社会性や利用者から求められる．兵庫県南部地震や新潟県中越地震などで被災した人々の避難所や自宅での生活状況，そして病院や救急施設，市役所などの機能確保の必要性が大きく報道され，改めてその必要性が印象付けられた．機能確保を図る方法は従来から企業の中核施設や病院の手術室などでは行われていたもので，主に設備システム的対応でなされていた．機能確保の指針としては官庁施設を対象とした「官庁施設の総合耐震計画基準及び同解説平成 8 年版：公共建築協会」がある．

　設備機能の確保を図るには，耐震支持や配管類の自在性をいくら確保しても，多くの設備がライン系で構成されていることや，多様な組み合わせから生じる変位を吸収することが難しい．配管類の自在性の多くが施工誤差の吸収用に用いられてしまうこともあるなど，個々の変位吸収性能を確実に確保することには限界がある．そこで設備システム的に設備機能確保の信頼性を高めることが重要となる．

　このようなことから，建築設備の耐震対策目標には地震時と地震後とで異なった対策が必要となる．

　建築設備の耐震対策に関する資料はすでに多くのものが発刊されている．それらの代表的なものとしては，行政的な指針として「建築設備耐震設計・施工指針/日本建築センター」が，同じく主に学術的な解説書として「建築設備の耐震設計施工法/空気調和・衛生工学会」などがある．耐震支持と変位吸収とを主とする耐震設計の設計施工に際しての詳しい資料はそれらの既存資料を参照願いたい．

　ここでは，設備関係者の耐震対策の基礎知識として，地震の発生，作用する地震力と地震力を免じる方法，そして今後重要視される建築設備の機能確保を図るシステム的対策，最後に地震直後に最低限の生活を確保するために必要な災害対応設備について解説する．

　最初の地震と免震および地震動に関しては主に文献 7)，15)，13) など，耐震支持と変位吸収とを主とする設備耐震対策に関しては文献 4)，文献 5)，6) など，阪神淡路大震災の被害状況や復旧については文献 8)，14) など，災害対応設備については文献 1)，2)，3) などからそれぞれ引用ならびに参考とさせていただいた．

2.1 地震と免震

2.1.1 地震の基礎知識

　地震は地球内部に蓄積されたひずみエネルギーが開放される自然現象である．図 2.1 に震源，震央と地震の観測点との関係を示す．震源とは最初に破壊が発生した場所のことをいい，震央は震源の真上の地表点，震央から震源までの距離を震源深さという．

　震源で発生した地震波は地殻内を四方に伝わり，そ

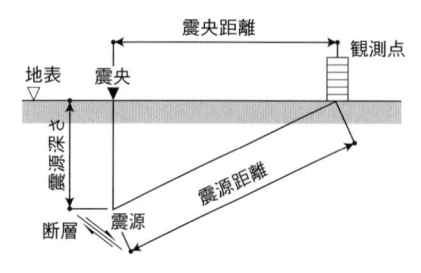

図 2.1 震源と震央など[7]

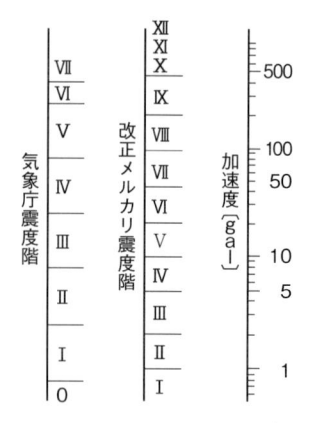

図 2.2 震度と加速度の目安[7]

の後種々の経路で伝わって建物が建っている地面をゆらす．このゆれが地震動である．伝わる波には実体波と表面波とがある．

実体波とは弾性体の中を伝わる波で，P 波（縦波）と S 波（横波）とがある．これに対して表面波は主に地表付近を伝わる波で，ラブ波とレイリー波とがある．それらの波は混在して伝わってくるが，波の伝わる速度には差があるため，震源からある程度離れた場所では，まず P 波が到達し，次に S 波，その後にラブ波やレイリー波がくる．ここで，レイリー波は実体波に比べると周期が長く，加速度は小さいが変位は大きい．最近「長周期地震動」として超高層建物や長大橋などの比較的長周期の構造物に及ぼす影響について注目を集めている．

また，地震波は地盤の種類によっても大きく異なり，一般に加速度の増幅は地盤が柔らかい方が，また厚くたい積している方が大きく，建築物に対して不利となる．

硬い地盤の卓越周期は 0.5〜0.8 s 程度，柔らかい地盤では 1.2〜1.6 s 程度になる．したがって，剛構造建築物の卓越周期は柔構造に比べて短いから，硬い地盤に建てられる場合に震害が大きくなり，柔構造では逆となる（概略の固有周期は 7 階建の RC 造で約 0.5 秒程度，同 S 造では 0.8 秒程度，14 階建 S 造では 1.5 秒程度）．

上下動成分の水平動成分に対する比は，震源付近ではあまり変わらないが，距離が離れるにしたがい約 0.4〜0.6 程度となる．

地震によって地盤に生じた加速度や変位は，やがて建物の支持地盤に到達し，基礎などを通じて建物に入り，構造体である床や梁，壁，柱などから機器や配管・ダクト類などに作用する．この間，地盤条件や建物固有の動的な特性の違い，建物部位などによって作用する地震力は異なる．加えて機器や配管類の剛性や防振装置の有無などによる応答倍率の違いなどにより，同一地震動でも設備機器や配管類に作用する地震力は異なってくる．

図 2.2 に気象庁震度階と諸外国で用いられている改正メルカリ震度階，参考に地震動の加速度との関係を示す．なお，加速度については目安である．

2.1.2 免　　震

地震入力は基礎などから建物に入り，床などから床応答加速度などとして設備機器や美術品などに作用する．その作用する地震力を低減して破損や転倒などを防止する方法に，建物免震や床免震，免震台などがある．

2.1.3 建物免震

免震建物は基礎頭や柱頭などに免震装置（積層ゴムなど）を挿入して，装置より上階の水平方向地震力を低減するものである．

一方，免震建物に対する社会的認識は，地震があっても損壊や二次的な被害もほとんど生じないことが期待されている．このようなことから，免震ビルを計画する場合には，耐震グレードの設定を構造，非構造部材，設備について，さらに室や設備項目などについて具体的に行うことが必要である．それらに基づいて各分野の耐震設計をバランスよく適切に行う必要がある．構造設計者から示される床応答加速度や層間変位などの値を基に，3 者間で十分に協議調整する必要がある．

国内の構造評定を受けた免震建物の数は，1983 年から 1999 年末までに約 810 棟ある．阪神淡路大震災で神戸市内の免震建物の被害がほとんどなかったことなどから，1996 年以降では年間約 100〜150 棟が建設されている．建物用途ではその約 45% が集合住宅，震災前になかった病院は約 7% となっている．

2000 年 10 月に免震建築物および免震材料に関する

告示が公布され，告示の適用範囲であるならば免震建築物の確認申請を直接受け付けられるようになり，免震建物は特別な建物構造ではなくなった．

設備の耐震対策に関する免震建物の構造特性としては床応答加速度と層間変形角とがある．建築条件によって異なるが，積層ゴムを用いた免震構造建物では，水平方向の床応答加速度は 200～500 gal 程度，層間変形角は 1/300～1/500 程度となることが多い．しかし，鉛直方向の免震効果はないので鉛直地震力は一般構造建物と同等である．したがって，柱スパンが長い建物（例えば柱スパン 15 m 以上など）での高層階では，鉛直方向の床応答加速度が非常に大きくなることがあり，設計建物ごとに構造設計者と協議することが必要である．

なお，動的計算を行った場合でも，例えば機器類の床応答加速度の最小値は水平方向で 400 gal，鉛直方向で 200 gal とされているので，構造設計者からの値がこれより小さい場合でもこの値を用いることになる[4),5)]．

2.1.4 床免震

床免震は二重床の束部分に免震装置（水平方向のみのものや水平方向と鉛直方向に効果のある特徴のある各種の装置がある）を組み込み，コンクリート床から二重床への床応答加速度を減じるもので，約 30 年前から主に電算室で用いられ始めた．

免震化された二重床は地震時に相対的に動かない柱や壁に対して約 25～30 cm 程度の相関変位が生じる．したがって，柱などの固定部分との間にその変位分の緩衝帯を設ける必要があり，それだけ有効面積が減じてしまうのが欠点である．

本構造による二重床の応答加速度は，水平方向で約 250 gal 程度，鉛直方向も建物特性の影響はあるが約 250 gal 程度である．二重床上に設けられている機器や什器類に接続される配管類には変位吸収性能が必要である．

2.1.5 免震台など

免震建物，免震床の次に位置するものとして美術品用など博物館などに設けられている免震台がある．最近ではサーバーなどの重要機器用を含めて採用例が非常に多くなっている．

2.2 耐震支持を主とする建築設備の耐震対策

地震時に建築設備の損壊や転倒・移動・落下による人災を防ぐためのもので，この耐震支持と配管類の変位吸収性とが耐震対策の基本である．

2.2.1 耐震支持を主とする耐震対策の概要

a. 機器本体の耐震強度

機器本体の耐震強度については，水槽類は要求耐震性能に応じられる製品があり，冷却塔はフレーム強度については応じられる状況にある．

特別に耐震強度を高めたい機器があれば，機器製造会社との協議が必要である．

b. 機器の耐震支持

要求耐震強度に応じた適切な形状と強度とを有する耐震支持部材でしっかりと構造体に緊結することであり，設備の耐震対策の基本である．

注意する項目には次の項目がある．

(1) 防振装置を用いる場合に用いるストッパと機器との間には緩衝材を挿入し，地震力時にストッパに大きな衝撃力が作用しないようにする．

(2) アンカーボルトでは，打込み深さの確認とコンクリート基礎の縁端からの離れ，重量機器ではアンカーボルトのピッチに注意が必要である．

(3) 重要設備用機器類にはあと施工アンカーは使用しない．

(4) 屋上など防水層上の押えコンクリートにコンクリート基礎を設ける場合には，床コンクリート面の目荒しと水洗いとを十分に行う．

c. 配管・ダクト類の耐震支持

横引き配管・ダクト類の水平方向地震力には耐震支持を通常の支持金物間隔の 3 倍以内に設ける．鉛直方向地震力については通常の支持金物強度が長期応力度で計算されているので短期応力度で計算する地震力には十分な強度を有するものと考える．

立て配管では，支持間隔ごとに作用する地震力と，層間変形角（1/100～1/500 など）により強制的に加わってしまう応力，さらに内圧を考慮して耐震支持部材強度を決め，構造体に緊結する．特に $\phi 200$ mm 以上の大口径管では強制変形による応力が大きくなるので注意が必要である．

2.2.2 設備に作用する地震力の計算

a. 局部震度法と動的設計法との適用

地震力の計算方法には，局部震度法と動的設計法とがある．

局部震度法は高さ 60 m 以下の一般建物の場合に適用する．

動的設計法は高さ60mを超える建物や免震ビルなど構造体の動的解析が行われる場合に適用するが，さらに支持部材強度を最小に設計する場合にも有効である．

b. 設計用地震力の計算方法

局部震度法も動的設計法も地震力の計算に関する考え方は同じであり，設計用（水平）震度に運転質量を掛けたものが設計用（水平）地震力となる．以下に計算方法を示す．

1) 設計用水平地震力 設計用水平地震力 F_H は次のように計算する．

$$F_H = k_H \times W \quad (2.1)$$

k_H は設計用水平震度，W は機器などの運転質量〔kN〕．

2) 設計用鉛直地震力 設計用鉛直地震力 F_V は，設計用鉛直震度 k_V を設計用水平震度 k_H の 1/2 として計算する．

$$F_V = \frac{1}{2} k_H \times W \quad (2.2)$$

3) 水平と鉛直の同時性

建築構造設計では水平地震力と鉛直地震力とは同時に作用しないとしているが，設備耐震設計では同時に作用するものとする．

2.2.3 局部震度法による地震力の計算

a. 設計用基準震度

設計用標準震度や設計用水平震度は，設計用基準震度を 0.4 とし，構造体で増幅された震度が機器や配管・ダクトに作用するとしている．

b. 機器へ作用する地震力の計算

1) 水平方向地震力 設備の重要度と設置階とから設計用標準震度 k_S を表 2.1 より求め，設計用水平震度 k_H を次式より求め，水平方向地震力 F_H を求める．

$$F_H = k_H \times W \quad (2.3)$$
$$k_H = Z \times k_S \quad (2.4)$$

Z は地域係数（原則として 1.0 とする），k_S は設計用標準震度，W は機器などの運転質量〔kN〕．

2) 鉛直方向地震力 設計用鉛直地震力 F_V は，次のように計算する．

$$F_V = \frac{1}{2} k_H \times W \quad (2.5)$$

c. 配管・ダクトなどに作用する地震力の計算

1) 横引き配管 設備の重要度から表 2.2 より配管質量の倍数を求める．

$$F_H = (1 \text{ or } 0.6) \times W \quad (2.6)$$

W は機器などの運転質量〔kN〕．

2) 立て配管 立て配管への地震力の考え方は，横引き配管の場合と同じである．

立て配管では軸方向に圧縮力が作用するが軸直角方向には層間変形角による強制的な応力も作用する．

2.2.4 動的設計法による地震力の計算

構造設計者からの各階床応答加速度 G_f を得て行う．

しかし，構造設計で鉛直方向の床応答加速度が計算されていない場合もある．通常の柱スパンの場合には表 2.1 の値の 1/2 とするが，長スパン構造の建物（例えば 15 m 以上など）では免震建物と同様に鉛直方向の床応答加速度は大きくなる傾向にある．特に高層建物の高層階では鉛直方向の床応答加速度が水平方向より大きくなり，1000 gal を超える値となることもあるので，構造設計者と協議して目安の値を用いることを検討する．

以降は通常の柱スパン構造を前提として述べる．

a. 機器類に作用する地震力

計算方法は，予備計算 k_H' の値を求め，換算表により設計用水平震度 k_H を求める．換算した値は局部震度法と同じく 0.4, 0.6, 1.0, 1.5, 2.0 の値とする．

〔注意〕 床応答加速度 G_f には，基準震度 k_0，建築

表 2.2 横引き配管類の耐震支持部材の強度

	耐震支持金物		
	S_A 種	A 種	B 種
強度*	1.0 倍	0.6 倍	0.6 倍

＊：耐震支持材間の配管質量に対する倍率

表 2.1 設計用標準震度 k_S [5)]

	建築設備機器の耐震クラス		
	耐震クラス S	耐震クラス A	耐震クラス B
上層階，屋上および塔屋	2.0	1.5	1.0
中間階	1.5	1.0	0.6
地階および 1 階	1.0 (1.5)	0.6 (1.0)	0.4 (0.6)

( ) 内の値は地階および 1 階（地表）に設置する水槽の場合に適用する．

物の想定各階床応答倍率 k_I, 地域係数 Z, 建築物の重要度係数 i_K などが含まれているとする.

$$k_H' = \frac{G_f}{g} \times k^2 \times DS_S \times I_S \quad (2.6)$$

G_f は各階の床応答加速度, g は重力加速度, k^2 は機器の応答倍率(防振支持 2.0, 固定 1.5), S_S は構造特性係数(振動応答が行われていない設備機器の据え付け・取り付けの場合 $DS_S = 2/3$ と設定), i_S は機器の重要度による係数(1.0～1.5 とする)

設計用標準鉛直震度 k_V も同様に計算する. 計算されていない場合には, 局部震度法と同じく設計用鉛直震度は設計用水平震度 k_H の 1/2 とする. いずれの方法でも値は 0.2, 0.3, 0.5, 0.75, 1.0 とする.

ここで, 免震装置に積層ゴムを用いている場合には, 鉛直方向の剛性がほぼ柱1階層分と同等である場合が多いので, 免震装置を1階層分として数える方が計算精度としてはより高くなる.

b. 配管・ダクトなどに作用する地震力

配管・ダクトなどの設計用標準水平震度 k_H については, 次式により求める.

$$k_H = \left(\frac{G_f}{g}\right) \times k^2 \times y \quad (2.7)$$

k^2 は配管などの応答倍率を表す係数(1.0～2.0. 共振させないように支持すれば 1.0～1.5 とする), y は有効質量を考慮した係数(0.65). ただし, $k_H \leq 1.0$ とし直上の 0.4, 0.6, 1.0 とする.

ここで注意することは, 吊り金物で支持されることが多い配管・ダクトの場合には, 鉛直方向の地震力を長期と短期の応力度の差で負担できると考えているので, 鉛直方向の床応答加速度の値が水平方向の 0.5 倍を超える場合には, 通常の支持部材では不足することになるので補強する必要がある. 前述のように長スパンの柱構造の建物の場合には特に注意が必要である.

2.2.5 機器類の耐震支持

表 2.3 にコンクリート基礎を利用して機器類を設置する場合に設計用水平震度 k_H の値により用いられる基礎形状を示す.

図 2.5 に機器の耐震支持金物に作用する地震力に必要な強度の計算法を, 図 2.6 に防振装置を設けた場合に用いるストッパーの例を示す. ストッパーは衝撃力を極力減らすために強度のある緩衝材を防振効果との調整のうえ, 機器に押しつけるように, または最小間隔で設ける.

表 2.3 基礎形状と検討方式[5] (一部修正. 詳細は文献 5) 参照)

断面形状 / 平面形状	a タイプ 目荒らしを行いラフコンクリートのない場合	b タイプ 目荒らしを行いラフコンクリートのある場合	c タイプ ラフコンクリートの間につなぎ鉄筋を配する場合	d タイプ 床スラブとの間にだぼ鉄筋を配する場合	e タイプ 床スラブと一体構造にする場合
A, A', A" タイプ (べた基礎)	・浮き上がりを生じないこと ・$k_H \leq 1.0$	・浮き上がりを生じないこと	・浮き上がりを生じないこと(基礎重量にラフコンクリート重量を見込んでよい)	・だぼ鉄筋の引抜き力, せん断力を検討すること	日本建築学会「鉄筋コンクリート構造計算規準・同解説」に準拠すること
B タイプ (はり型基礎)	・$k_H \leq 1.0$ ・機器のアンカーボルトに引抜き力を生じていない. 基礎高さ: h_F 基礎幅: $B_F \geq 20$ cm $h_F/B_R \leq 2$	・浮き上がりを生じないこと ・基礎高さ: h_F' 基礎幅: $B_F \geq 20$ cm $h_F'/B_R \leq 2$	・浮き上がりを生じないこと(基礎重量にラフコンクリート重量を見込んでよい)	日本建築学会「鉄筋コンクリート構造計算規準・同解説」に準拠すること	日本建築学会「鉄筋コンクリート構造計算規準・同解説」に準拠すること
C タイプ (独立基礎)	・$k_H < 1.0$ ・機器のアンカーボルトに引抜き力を生じていない. ・基礎高さ: h_F 基礎幅: $B_F \geq 30$ cm $h_F/B_R \leq 1$	・浮き上がりを生じないこと ・基礎高さ: h_F' 基礎幅: $B_F \geq 30$ cm $h_F'/B_R \leq 2$	・浮き上がりを生じないこと(基礎重量にラフコンクリート重量を見込んでよい)	日本建築学会「鉄筋コンクリート構造計算規準・同解説」に準拠すること	日本建築学会「鉄筋コンクリート構造計算規準・同解説」に準拠すること

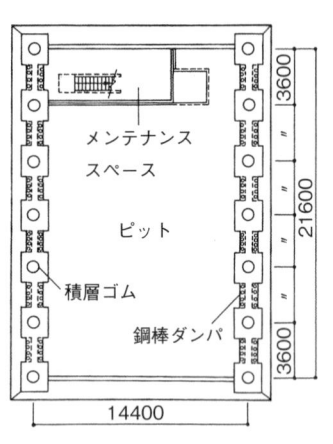

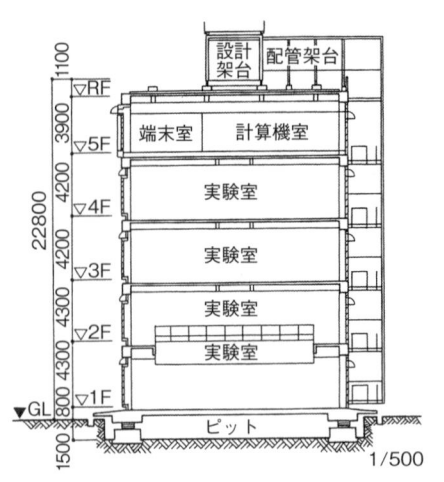

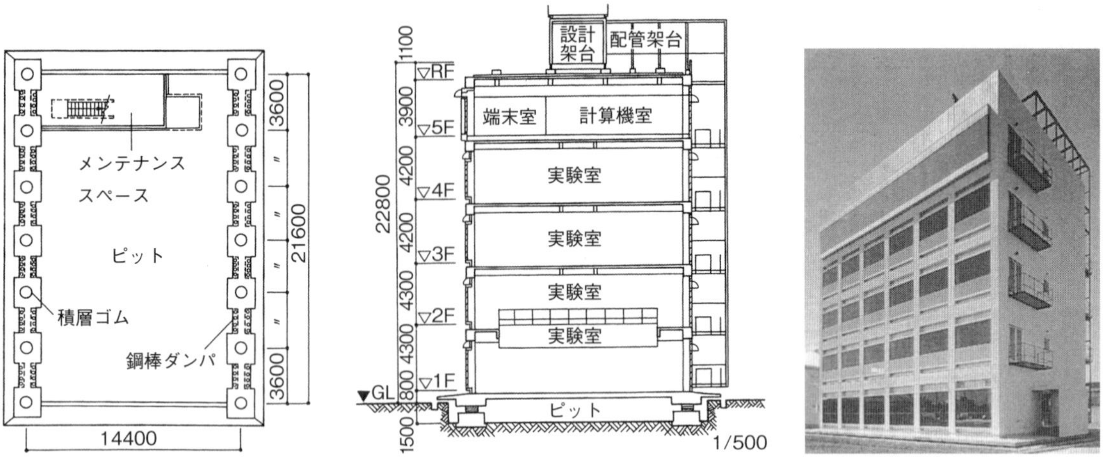

(a) 地階平面　(b) 短辺方向断面　(c) 建物外観

図 2.3　免震建物の例[12]

図 2.4　床免震[12]

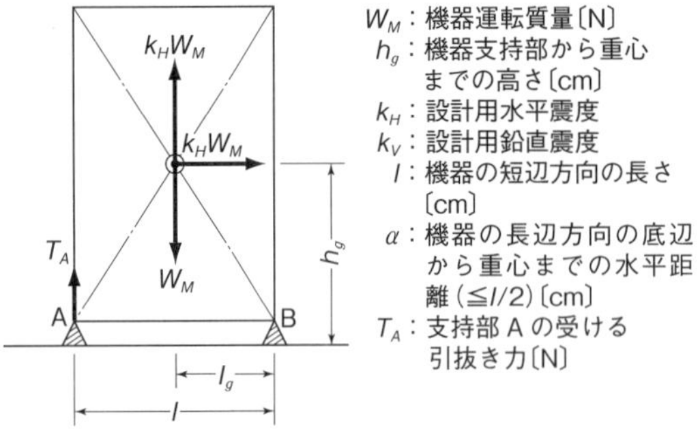

図 2.5　床置き機器[4]

W_M：機器運転質量〔N〕
h_g：機器支持部から重心までの高さ〔cm〕
k_H：設計用水平震度
k_V：設計用鉛直震度
l：機器の短辺方向の長さ〔cm〕
a：機器の長辺方向の底辺から重心までの水平距離（≦$l/2$）〔cm〕
T_A：支持部Aの受ける引抜き力〔N〕

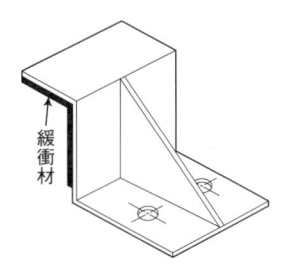

図 2.6　クランク型ストッパー[4]

管系の自重支持部材の選定が長期応力度で行われていることから、短期応力で求める地震用では水平方向地震力で選定した支持部材強度に、すでに含まれていることになる．したがって、配管・ダクトなどの耐震支持部材は水平方向のみを考慮すればよいことになる．

2) 計算による方法　動的設計法など地震力を計算した場合や、局部震度法で計算した場合に配管支持間隔や管サイズ、配管種別、配置状況などが表2.4および同付属の部材表と大きく異なったりする場合には計算にて行う．ただし、配管類の応答係数などは不明解な要素も多いので表2.4の値を参考に決定する．

ここで、長スパン建物である場合に設計用標準鉛直震度が水平方向の1/2を超える場合や、超えると想定される場合には、支持部材および耐震支持部材を調整することが必要となる．

b.　立て配管

耐震支持は、作用する地震力に耐え、層間変位に追従できる柔軟性を有するように行う．

1) 簡易法　図2.7に地震力と層間変位による曲げ応力に内圧による応力を合算した配管支持間隔に対

2.2.6　配管・ダクト類の耐震支持

a.　横引き配管

1) 簡易法　耐震用配管支持部材は表2.4によって耐震支持部材の種別を選定する．

設計用鉛直方向震度は超高層の大スパン構造以外の一般建物では設計用水平震度の1/2であることと、配

表 2.4 耐震支持の適用[5]
(一部修正. 耐震クラス A, B, S や耐震部材 A 種, B 種など詳細は文献 5 参照)

設置場所	配管 設置間隔	配管 種類	ダクト	電気配線
			耐震クラス A・B 対応	
上層階, 屋上, 塔屋	配管の標準支持間隔の 3 倍以内(ただし, 銅管の場合には 4 倍以内)に 1 カ所設けるものとする	すべて A 種.	ダクトの支持間隔約 12 m ごとに 1 カ所 A 種または B 種を設ける	電気配線の支持間隔約 12 m ごとに 1 カ所 A 種または B 種を設ける
中間階		50 m 以内に 1 カ所は, A 種とし, その他は B 種にて可	通常の施工方法による	通常の施工方法による
地階, 1 階		すべて B 種でも可		
			耐震クラス S 対応	
上層階, 屋上, 塔屋	配管の標準支持間隔(表3参照)の 3 倍以内(ただし, 銅管の場合には 4 倍以内)に 1 カ所設けるものとする	すべて S_A 種.	ダクトの支持間隔約 12 m ごとに 1 カ所 S_A 種または A 種を設ける	電気配線の支持間隔 12 m ごとに 1 カ所 S_A 種または A 種を設ける
中間階		50 m 以内に 1 カ所は, S_A 種とし, その他は A 種にて可	ダクトの支持間隔約 12 m ごとに 1 カ所 A 種を設ける	電気配線の支持間隔 12 m ごとに 1 カ所 A 種または B 種を設ける
地階, 1 階		すべて B 種でも可		
ただし, 以下のいずれかに該当する場合は上記の適用を除外する.		(i) 50 A 以下の配管, ただし, 銅管の場合には 20 A 以下の配管 (ii) 吊り材長さが平均 30 cm 以下の配管	(i) 周長 1.0 m 以下のダクト (ii) 吊り材長さが平均 30 cm 以下のダクト	(i) ϕ82 以下の単独電線管 (ii) 周長 80 cm 以下の電気配線 (iii) 定格電流 600 A 以下のバスダクト (iv) 吊り材長さが平均 30 cm 以下の電気配線

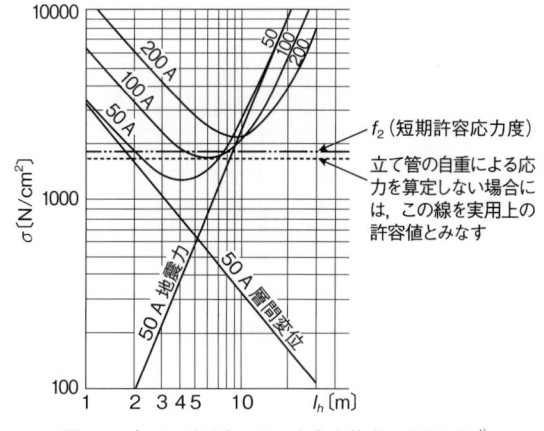

図 2.7 内圧 + 地震力による応力度算定の説明図例[4]

応したものを示す.

配管支持部材の設置位置を階高などと表 2.5 とによって想定し, 表 2.6 などを参考に支持部材を選定する.

2) 計算で行う方法

動的設計法などで地震力を計算した場合や, 配置状況などが表 2.6 などと大きく異なったりする場合には計算にて行う. ただし, 配管類の応答係数などもあるので同図の支持方法や部材を参考に決定する.

ここで, 長スパン建物である場合に立て配管位置が長スパンの中央部などにあり, 設計用標準鉛直震度が水平方向の 1/2 を超える場合や, 超えると想定される

表 2.5 立て配管の耐震支持間隔の範囲の例[5]
〔鋼管〕単位:m, 層間変位角 $R=1/100$

呼び径 (A)	SGP 空管 溶接接合	SGP 空管 ねじ接合	SGP 満水管 溶接接合	SGP 満水管 ねじ接合	STPG 38 Sch 40 満水管 溶接接合
65	2.0〜6.4	3.0〜6.4	2.0〜6.5	3.0〜6.5	1.5〜6.4
80	2.0〜7.5	3.0〜7.5	2.5〜7.5	4.5〜7.5	2.0〜7.5
100	3.0〜9.7	4.0〜9.7	3.0〜9.7	5.5〜7.0	2.5〜9.6
125	3.5〜11.9	5.0〜11.9	3.5〜12.0	—	3.0〜11.9
150	4.0〜14.1	6.0〜14.1	4.5〜14.2	—	3.5〜14.1
200	5.0〜18.6	8.0〜17.5	6.0〜12.5	—	4.5〜18.5
250	6.0〜23.0	10.5〜18.5	7.5〜14.0	—	5.5〜19.5
300	7.5〜27.5	13.0〜18.5	10.5〜12.0	—	6.5〜20.5
350					7.5〜21.5

場合には，支持部材および耐震支持部材を調整することが必要となる．

なお，ダクトや電気配線は反力が小さいので，支持間隔ごとに自重と地震力に耐えられる耐震支持を行う．

2.2.7 耐震支持部材とアンカーボルト
a. 耐震支持部材の形状と強度
機器類や配管類を構造体に耐震支持する金物の形状は，機器類のベース金物形状と取り付ける構造体形状とから決まり，その結果として必要強度が計算される．

b. アンカーボルト
アンカーボルトは耐震支持部材と構造体とを緊結する非常に重要なものである．多くの場合にアンカーボルトには引張力とせん断力とが同時に作用する．この場合にはアンカーボルトの許容応力を図2.8によって低減して計算する必要がある．

アンカーボルトの形状は建築では長いものをよく用

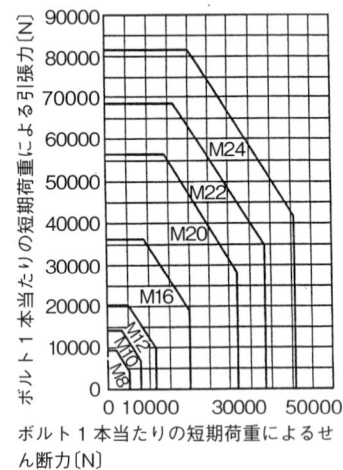

表2.6 立て配管用耐震支持部材選定の例[5]

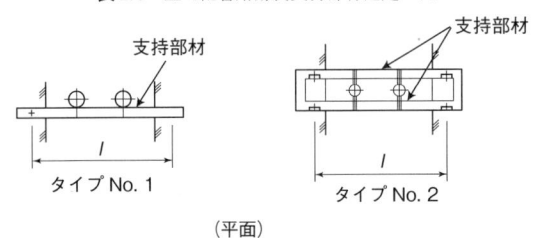

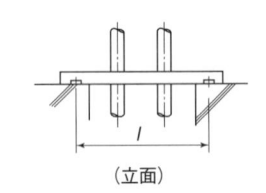

配管重量 P^{*1} (ton)	支持材寸法 l (mm)	タイプ No.1 部材仕様	タイプ No.1 躯体取付けアンカー	タイプ No.2 部材仕様	タイプ No.2 躯体取付けアンカー
0.25	500	L-40×40×5	M8	[-75×40×5×7	M8
	1000	L-50×50×6	〃	〃	〃
	1500	L-60×60×5	〃	〃	〃
	2000	L-65×65×6	〃	〃	〃
	2500	L-65×65×8	〃	〃	〃
0.5	500	L-50×50×6	M8	[-75×40×5×7	M8
	1000	L-65×65×6	〃	〃	〃
	1500	L-75×75×6	〃	〃	〃
	2000	L-75×75×9	〃	〃	〃
	2500	L-90×90×7	〃	〃	〃
1.0	500	L-65×65×6	M10	[-75×40×5×7	M8
	1000	L-75×75×9	〃	〃	〃
	1500	L-90×90×10	〃	〃	〃
	2000	L-100×100×10	〃	[-100×50×5×7.5	〃
	2500	L-120×120×8	〃	〃	〃
1.5	500	L-75×75×6	M12	[-75×40×5×7	M8
	1000	L-90×90×10	〃	〃	〃
	1500	L-120×120×8	〃	[-100×50×5×7.5	〃
	2000	L-130×130×9	〃	[-125×65×6×8	〃
	2500	L-130×130×12	〃	〃	〃
2.0	500	L-75×75×9	M12	[-70×40×5×7	M10
	1000	L-100×100×10	〃	[-100×50×5×7.5	〃
	1500	L-130×130×9	〃	[-125×65×6×8	〃
	2000	L-130×130×12	〃	〃	〃
	2500	L-130×130×15	〃	H-100×100×6×8	〃

図2.8 SS400中ボルト許容組合せ応力図[4]
（アンカーボルト用）

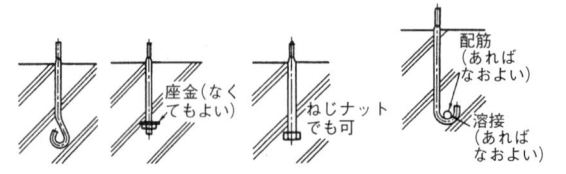

図2.9 アンカーボルトの例[4]
(a) JA型　(b) ヘッド付き型　(c) ヘッド付き型　(d) J型+配筋付き
(e) 箱入れ+ヘッド付き型　(f) あと施工おねじ型　(g) あと施工めねじ型

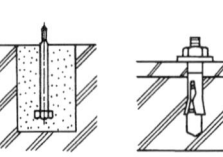

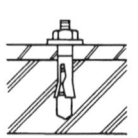

いるが，これは許容引抜き力をコンクリートとボルトとの付着力でまかなうものである．一方，設備では短小なものをよく用いる．この場合の許容引抜き力は埋め込まれたアンカーボルトの最下端部におけるコンクリートの破壊耐力で決まる．このようにアンカーボルトの先端の形状が耐力に大きく影響することになり，図2.9に示すヘッド付きや配筋付きなどが推奨される．

2.2.8 配管系の自在性

配管系の耐震化には相対的に生じる変位を吸収できる自在性が非常に重要である．変位を生じる部位には，建物引込み部の躯体と地盤，建築仕上げ材に取り付けられた器具類への接続配管類，設備機器への接続配管類（防振装置の有無にかかわらず），主管と枝管，立て管の層間変位，立管と取出し配管など多様である．

それらの多様な変位を吸収する変位吸収管継手には金属製やゴム製，メカニカル型があり，変位方向が軸直角方向に変位するものだけがHASSに規格化されている．支持部材に作用する反力はその種別ごとに，変位と管内圧力，管径によって製造会社から明示されている．

基本的に金属製やゴム製変位吸収管継手は2個で，メカニカル型は3個以上の組み合わせで用いるが，配管の耐震支持部材に生じる応力や反力はなるべく小さい方が好ましい．

耐震グレードが高い設備については，製缶類などの振動しない機器類や器具類への接続配管にも変位吸収管継手を必ず用いること，また配管の支持部材には地震力とは別に，熱伸縮によって生じる応力も作用するので，その対応も必要である．

〔注意〕
1. 金属製やゴム製には軸直角方向だけでなく軸方向にも変位する管継手が多く商品化されている．しかし，それらの取付けに際しては，配管内水圧による反力をも考慮した耐震支持部材を工事側で行うことになるので注意が必要である．
2. ハウジング形管継手は抜け出し防止機構が付属したものか，工場で抜け出し防止機構が組み込まれた組み継手以外を用いる場合には施工上の注意が必要である．また立て管に用いる場合には前項と同じ現象があるので耐震支持方法とその部材必要強度とには特に注意が必要である．

2.3 設備の機能確保を目指した耐震対策

2.3.1 概　　要

設備の耐震的特徴から機能確保を図るには，損傷防止を図る耐震支持と変位吸収とに加えて設備システム的対応をとることが必要である．

地震時における設備の損壊防止を図るには，機器と配管類との耐震支持と変位吸収とによる．耐震支持の強化には引用文献4）などに示されている支持強度に余裕をもたせることに加え，実質的に耐震強度が向上するように心掛ける．

地震後の必要な設備機能の確保を図るためには，地震時の損壊を最小限に抑えるとともに機器自体の耐震強度を強化することが望ましいが，水槽や冷却塔のフレーム強度などを除いて非常に困難である．そこで二重化や中央式の空調機とローカル式のビルマルの組み

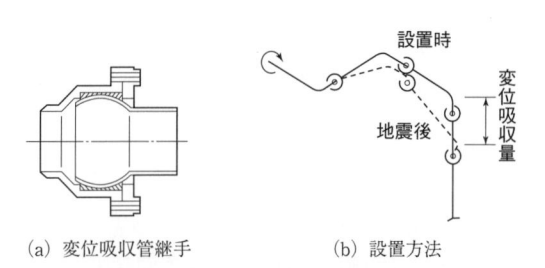

(a) 変位吸収管継手　　(b) 設置方法

図2.10 メカニカル型変位吸収管継手[4]（ボールジョイントの例）

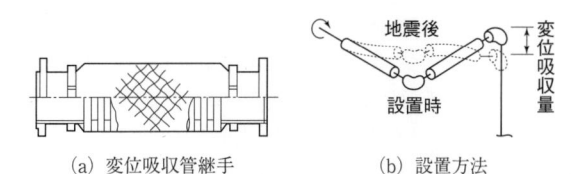

(a) 変位吸収管継手　　(b) 設置方法

図2.11 金属製変位吸収管継手[4]

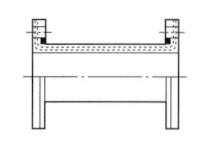

図2.12 ゴム製変位吸収管継手[4]

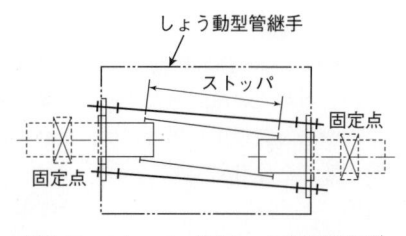

図2.13 ストッパー付きしょう動型管継手[9]

合わせなど，設備システム的な対応が有効となる．さらに，機能確保で最も重要なことは，重要度が高い設備については日ごろから交換部品や予備品の用意，簡単な補修，非常時の運転方法などを教育・訓練しておくことである．

2.3.2 実質的耐震性向上を図る地震力の計算

耐震性の向上を図る地震力の計算を次のようにして行う．

a. 局部振動法で行う場合

設計用水平震度の適用耐震クラスを必要に応じてより高いクラスを選択する．

鉛直方向震度を一律に水平方向の1/2とせずに，柱スパンが長い中高層建物（例えば15mを超え，高さ30～60mなど）の場合には，特にその高層階については構造設計者と協議して決める．

b. 動的設計法で行う場合

設計用水平震度などを計算するのに，各種係数（機器の応答倍率，重要度係数，建物の重要度係数）を大きめの値を用いて計算する．ただし，計算結果は局部震度法の「特定施設の重要機器」の最大値を参考に決める．

2.3.3 設備基礎と構造体との緊結性強化

コンクリート基礎は構造体と緊結していることが必要である．したがって，とくに重要度が高い設備機器などの屋上基礎はコンクリート立ち上げ形の基礎（躯体一体形基礎）を基本とする．やむを得ず防水層上にコンクリート基礎を設ける場合には，ラフコンクリートを利用したダボ筋やあと施工アンカーなど用いて緊結性の強化を図り，周囲のラフコンクリート利用により耐震強度を高める．この場合には地震力でコンクリート基礎に浮き上がりが生じないことを確認する．設計用水平震度（kH）が1.0以下の場合にはラフコンクリートがない場合でも耐震基礎として認められている．しかしこの場合には床スラブへの目荒しと水洗いとを十分に行うなど施工管理を十分に行うことや，コンクリートに浮き上りが生じないこととアンカーボルトに引き抜き力が作用しないことなどの確認が必要である．

なお，あと施工コンクリート基礎は構造体と同等品質のコンクリートが施工可能であることを条件に認めているので，コンクリート打設を設備工事で行う場合には，施工管理が十分でない場合も多いので注意が必要である．

2.3.4 機器自体の耐震強度の強化

要求耐震強度の機器を製造することは，法的規制がある水槽類と，一部の利用者の仕様で冷却塔のフレーム強度が規定されている．その他の機器では限定されるが冷凍機や太陽熱集熱器，製缶類，クリーンルーム用機器などに耐震強度アップの要求に鋼製架台強度などについてある程度応じてもらえる状況にある．

しかし，加振台による実験データから市販品の耐震設計の計算を行っているのは，一部の水槽や冷却塔製造会社の製品だけである．

その他の多くの市販の機器ではアンカーボルトで支持される鋼製架台の部材強度を計算で求めている状況である．加振台での実験検証をするには多大な経済的・時間的負担を要するし，同じ機種でも型番による部品や部材，取り付け方法の違いなどが耐震性に影響することもあり，すべての機器を行うことは難しい状況にある．しかし，多量に製造される量産機器類については加振台での実験検証をぜひ行いたいものである．

このような現状から，機器の耐震性の確認と耐震要求への対応状態は必ずしも満足できる状況にはないが，製造会社も社会情勢からその必要性を感じつつあり，今後改善されていくことが期待される．

一部の機器製造業者へのアンケート調査によると，耐震設計への取り組み状況は次のようである．

(1) 水槽類は内部荷重が流動することから特殊な計算方法を採用している．主要な製造会社が代表的な機種を加振台で実験検証し，設計法に反映している．

(2) 一部の冷却塔は振動台実験で耐震性能を確認し，フレーム強度などに反映させている．しかし充てん材などの検証は十分な状況ではない．

(3) その他の多くの機器では，固定するアンカーボルトを含んだ脚まわりの鋼製架台強度を計算上で配慮している状況である．内部部材や部品の取り付け状況などを含めて検討している例は少数である．

(4) 機器は，製缶類などを除くと部品点数が多くて構成も複雑である．

(5) 納入台数が少ない機器まで加振台などによる実験検証に裏づけられた計算を求めることは非常に難しい．

(6) 特殊用途のごく一部の機器については加振台での実験検証が行われている．したがって，耐震強度を高めた類似の機器を製造する場合には，それらの製造会社と協議することは有効である．

2.3.5 配管・ダクト類の耐震支持部材

配管・ダクト類の耐震支持は，表2.4に示されている耐震用支持部材を計算から再確認する．また，最下欄の除外は行わないで，耐震性能を高める．

2.3.6 設備システムで耐震性を高める

システム的対応とは予備機を含めた台数分割化や配管類の別ルート化，同じ設備機能を満たす異なるシステムの組み込み，ユニット化やシステムが簡易な空冷式機器の採用，設置階を低層階に，システム機器の配置を利用階と同一階に，同一機器の設置方向を90度変える，などの方法がある．さらに必要機能の維持する必要期間により水や燃料のストックに加えて，地震後の供給体制の整備などが必要である．

a. 実質的耐震的強度が強い機器の採用

機器類の耐震強度を増し，製造会社に耐震性を保証させることは非常に困難である．しかし，計算上は同等でも実質的に耐震強度が優れると判断される機種を積極的に採用したり，耐震補強を行うことは有効である．

(1) パネル水槽よりは，一体型水槽，さらに鋼板製一体型水槽を用いる．

(2) 本体と補機類などが現場施工型ではなく，制御盤や接続配管類を含めてユニット化され，同一の架台に設けられたユニット型を用いる．

(3) ユニット型氷蓄熱槽では，溶解時と結氷時とで耐震的特性が大きく異なる．採用には十分注意が必要である．

(4) 防振装置を設ける場合には特に注意を払い，硬めのクッション材を機器類のフレームに押しつけるように施工管理を十分に行う必要がある．

b. 耐震的設備システムの採用

耐震的設備システムとして次のようなものがある．

(1) 給水方式は加圧方式とし，複数台のポンプユニットを設ける．

(2) 受水槽や高置水槽などの取出し配管には地震計連動の遮断弁を設ける．

(3) 重要度の高い室や設備の供給配管には，二重化や別ルート化，予備管などを設ける．

(4) 重要度の高い系統の空調機は，台数分割や予備機を設ける．さらに，中央式では空冷式パッケージ型空調機との併用を図る．

(5) 一体型あるいはセパレート型の空冷式パッケージ型空調機の採用を図る．

(6) 機器類はユニット化として複数台設置とする．

なお，複数台機器の設置方向は，互いに直角方向に配置して，建物と機器側との耐震特性を変える．

(7) 立て管は極力大口径とせずに，複数の小口径配管とする．

(8) 管材料や管継手に可とう性のあるものを用いて柔軟性をもたせ，配管の耐震支持を十分に行う．この場合に管軸方向への伸縮性がない材料や管継ぎ手を用いる．

(9) 立て管など主管からの取出し枝管には3クッションを基本とする変位吸収性をもたせる．

(10) 製缶類や水槽類を含むすべての機器類への接続配管には必ず変位吸収管継手を用いる．

(11) 天井や壁などの建築仕上げ材に取り付けられる制気口や，スプリンクラーヘッド，器具類への接続には必ずフレキシブルなダクトや配管類を用い，加えて周囲部材との空間を確保し，相互間隔として20cm程度を目標にする．

2.3.7 機能確保の必要日数への対策

機能確保が必要な設備は，建物用途や重要度により異なるが，季節や地域の被害状態などによっても変わる．また用途により重要度の序列が変わり，例えば電算センターでは電気・油・水が，病院では電気・油・上水・水が・避難施設や住宅などでは水・電気などが必要となる．

また，建築設備の機能確保には基本的に電気（油）と水とが必要で，その貯蔵や必要に応じた補給が必要とされる．機能確保が必要な日数の設定は，建物用途や災害後の供給体制やインフラの復旧見込みなどがあるが，それらを現地事情によって決める必要がある．機能確保を図る施設には病院や救急施設など地震被害を最小限にする施設，最低限の市民生活や社会生活を行うための行政や銀行・避難所などの施設，情報伝達や復旧のための県や市・警察や消防などの中枢施設などがある．

機能確保を図るには地震時に重大な損傷がないことが前提となる．設備システムは地震時にいったん停止し，点検のうえ，必要あれば簡易な修繕や交換部材と取り替えたりして再運転に入る．このためにもに最も重要なことは日ごろからの教育訓練である．非常時を想定し，設備の定期点検等などを利用して発電機の運転や非常時用の運転方法，そして油や水，医薬品などの貯蔵と補給方法などを日ごろから行っておくことが重要である．

次に維持が必要な設備の注意事項を示す．

2. 地震対応設備

a. 電　気

(1) 非常用発電機容量に応じた貯油量は建物の設備機能の必要運転期間から決める．

(2) 地震後の運転必要日数により貯油量が不足すると予想される場合にはあらかじめ補給体制を計画しておく．補給体制には道路事情などを勘案しておく．

(3) 電源車を想定する場合にも道路事情や燃料の補給体制は同じである．ただし地震後に電源車が配車される施設には社会的な高い必要性があることを認識しておく．

b. 水

(1) トイレ洗浄用や発電機用，空調用，特殊用途用などの冷却水や補給水の合計量を貯蔵しておく．重要度により水槽清掃時における地震発生も考慮する．

(2) 井戸は防災時の雑用水として非常に有効であるが，日ごろから利用方法の訓練が必要である．また水質は災害時には悪化することがあるので注意が必要である．

(3) 受水槽は極力地下階に設ける．地震後に本管水圧が低くなっても夜間などに自然給水される可能性が高い．ただし，水質は悪く上水としては不適と考える．

(4) 病院などでは手術や透析などに多量の上水が必要であり最低限の上水を確保する．また病院などでは給水車の優先配置が計画されているので担当部署と協議する．阪神淡路大震災では，病院用の給水車による補給状況が問題となった．

(5) 飲料用にはペットボトルを基本とする．

c. その他

(1) 都市ガスは地震直後の利用はあまり期待できないと考える．最低限の加熱源は電気やガスボンベ・炭・油などに期待する．

復旧には都市インフラで最も長期間を要すると考える．

(2) 防災用品（TVやラジオ，懐中電灯，非常食，など）は時期を決めて定期的な交換を要する．

2.4 被災対応設備

図2.14に阪神・淡路大震災の都市設備の復旧状況を示す．都市設備の状況は建築設備の機能維持にも大きく関係してくるので，被災対応設備の参考となる．

2.4.1 トイレ

避難生活を余儀なくした人は神戸市で約23万人を

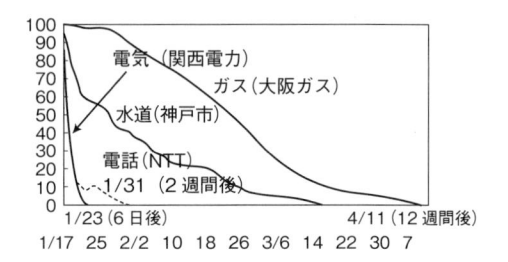

図2.14 都市設備の復旧状況[8]

超えた．避難所となった学校や公園のトイレは汚物であふれ，トイレ周辺や砂場・花壇・排水溝，さらに建物の裏手などが汚物であふれた．避難所の生活はトイレから始まりトイレで終わるとの声もあった．

一方，神戸市では震災の翌日から仮設トイレの設置を始め，一応の目標であった避難者100人に1基となったのは2週間後，ほぼ満たされる75人に1基は約3週間後，最終目標の60人に1基となったのは約4週間後の2月20日であった．逆にその日を境に設置数よりも撤去数が多くなっていった．

この間，避難所でもいろいろな工夫がなされた．

(1) 洗浄水に川や池，プールの水，さらに水道管から漏れ出している水などを使用した．

(2) 洗浄水を最少にして使用したので，排水管の詰まりの原因となる紙は捨てないでビニル袋に入れてごみとして出した．

(3) 仮設トイレが確保できなかった避難所では，運動場や花壇に穴を掘ったり，排水管のマンホールの蓋を外したり，缶などの容器に便座を付けるなどして，臨時トイレとした．

このように避難民はトイレの問題でたいへん苦しんだ．このような経験から，神戸市では図2.15に示すプールの水を使い，排水を本管に接続される災害時の緊急下水道システムを開発した．また足立区でも，避難所となる区内の全小中学校に地下埋設型トイレを設けた．

2.4.2 緊急用水

上水道の被害は近隣市町村全戸数の90％になった．実際に断水となった期間は，震度7地域で平均45日間，同6地域で33日間，震度5地域で平均3日間，震度4以下の地域では断水はしていなかった．

給水復旧作業は地震当日から行われ，1週間で被害戸数の約45％が，4週間で約16％が，13週間で完全通水となった．復旧作業が長期化した理由は建物が損壊した宅地内や道路の枝管にあたる給水管の損傷が多

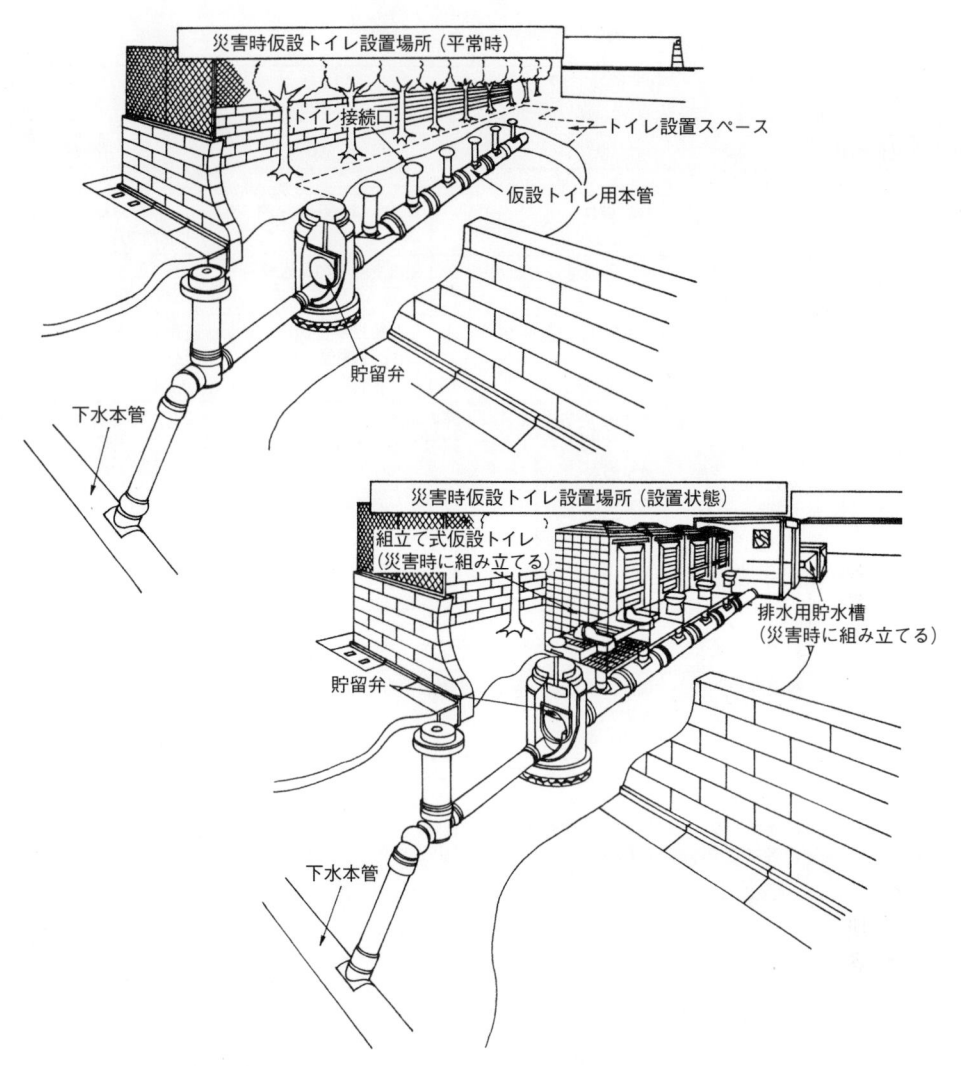

図 2.15 神戸市開発の災害時仮設トイレ[2]

かったことがある．逆に，配水管の復旧にはそれほどの日時を要しなかった．

芦屋市や明石市では，公道下の給水管にポリエチレン管が採用されていて被害はほとんどなかったとの報告がある．

参考に，災害時などの応急給水必要量などについて，表2.7に示す厚生省案（1997年）やその他の資料から次のように考えられる．

a. 飲 用

1日1人当たりの上水必要水量は飲料水，食物中水分，代謝水合わせて$3l$とされ，行政の指針などの作成においても生命維持に必要な水量として$3l$が採用されてきている．

b. 一 般 水

応急給水の目標の日水量と供給期間は，3日ごろまでの混乱期は生命維持用として$3l$，3～7日の復旧第1期は洗面・トイレ用を加えて$20l$，7日～20日の復旧第2期はさらに浴用（$40l$）と洗濯用（$40l$）を加えて$100l$としている．

また，震災時に飲料用と考えられるものには給水車とペットボトルなど，さらに状況と時期により上水道があるが，それ以外の水圧が下がった上水や受水槽・高架水槽などの残水，井戸水・河川・池・湧水や雨水，プール・蓄熱槽などの水，下水処理水などは飲料には適さない．

表 2.7 応急給水の各行政の対応[1]

		1日　3日	7日(1週間)	14日(2週間)	21日(3週間)	28日(4週間)
厚生省(案)[12](1997)	目標水量〔l/人・日〕	3 l　　20 l		100 l	250 l	
	運搬距離	おおむね1 km 以内	おおむね250 m 以内	おおむね100 m 以内	おおむね100 m 以内	
	給水方法	耐震貯水槽タンク水車	配水幹線付近の給水栓	配水支線上の給水栓	仮配管からの各戸給水共同栓	
神戸市[13]*1)(1997)		生命維持	生命維持+洗面(4 l)+トイレ(13 l)	生命維持+洗面+トイレ+浴用(40 l)+洗濯(40 l)	通常の使用量対応	
大阪府[14](1997)	使用用途	生きるための最小限の水	簡単な炊事1日に1回のトイレの水	3日に1回のふろ・洗濯 1日に1回のトイレの水	水量的に地震のレベルに近づける	地震前とほぼ同じ水量
	運搬距離給水場所	避難所	避難所給水拠点	250 m 程度(近くの公園)	100 m 程度(最寄りの交差点)	10 m 程度(前面道路)
福島県[15](1997)	目標水量〔l/人・日〕	3 l	10 l	50〜100 l	150〜200 l	通水
静岡市[16](1997)	目標水量〔l/人・日〕	3 l	20 l	100 l		100 l 以上
	使用用途	生命維持	調理,洗面などのための最小限必要量	浴用・洗濯などのための最小必要水量		通常給水とほぼ同量
	給水方法	自己貯水による利用と併せ水を確保できなかった者に対する応急拠点給水	自主防災組織を中心とする給水と応急拠点給水	仮設配管による給水		
横浜市[17](1989)	目標水量〔l/人・日〕	3 l	7 l	20 l		復興期 100 l
	使用用途	生命維持		炊事,洗面,洗濯		

〔注〕*1) 厚生省案に同じであるが,根拠が別に示されている.

2.4.3 下水道

神戸市の下水道管本管は一般に埋設深度が深いが,クラックなどの損傷はあっても排水機能そのものに障害が生じたものはなく大規模な下水の漏水も報告されなかった.もし被害があれば地下水位が 1.5〜2 m 程度と高い場所が多いので,地下水が下水管に流入してくる状況にあった.

しかし,埋設深度が浅い枝管では管の破損や本管およびますへの接続部のクラック,管継手の離脱,マンホールの破損やずれ,閉塞などが多く発生した.

応急復旧件数は約 25000 件にもなり,復旧に約 4 カ月半後の 5 月末まで要した.市では震災後すぐに緊急修繕班を編成し,延べ約 15000 件の排水管の破損やトイレの詰まり,避難所や宅地内排水管,ます等の修理を行った.

7 カ所の下水処理場では地盤が悪い 1 カ所が処理不能となり,他に 2 カ所が不同沈下や放流管路の破損によって機能が低下した.またポンプ場は 23 カ所のうち 6 カ所が被害を受けた.それらの復旧が終了したのは,処理場で約 3 カ月後,ポンプ場で約 3 週間後となった.

下水道の機能が維持されている地域でも,節水のために少量の水で汚水を流したために排水管に閉塞を生じさせたケースもあった.

2.4.4 電　力

地震直後の停電数 260 万軒に対して,13 時間半後の当日 19：30 には 62 % が,翌日 17 時には約 90 % が復電し,1 週間後の 23 日には完全に復旧した.

震度別に見ると,震度 7 地域ではすべてが停電し,90 % 復旧までに約 7 日間を要し,同 6 地域では平均 1日間,同 5 強地域では平均 0.5 日間の停電であったが,

震度5弱地域ではほとんど停電しなかった.

応急復旧工事は非常に早く行えたが,復電時における火災が話題となり,復電時の二次災害防止との兼ね合いが重要な課題となった.

2.4.5 都市ガス

震災直後85万戸へのガスの供給が停止した.復旧作業には全国から2300人もの応援が集まったが,2週間後でもガスの供給停止戸数は80万戸にもなっていて,80％復旧に約50日,復旧完了は12週間後となった.

しかし,高圧導管には被害はなく,中圧導管は軽微な損傷で3週間後には復旧した.問題は低圧導管であり,安全確認をしながらの作業となって日数を要した.

都市ガスの耐震化は供給エリアの細分化やポリエチレン管への変更,マイコンメータへの切り換えなどがある.

2.4.6 電 話

震災当日の夕方には約60％が復旧し,2週間後には完全に復旧した.被害は震度7地域では約5日間,同6地域では約3日間,同5地域では約1日間で,震度5以下の地域では不通になっていない.

被害は架空ケーブルに多く,地下ケーブルは比較的少なかった.共同溝などには大きな被害はなかった.

震災当日の神戸地域への電話は平常時の50倍に達し,回線数を緊急増設したが混雑は5日後まで続いた.

2.4.7 地域冷暖房施設

6つの施設があったが,施設では冷却塔の破損,地域導管では洞道の継目部分のずれや橋にかかる導管などに被害があった.これらの熱供給は2週間後から4週間後に再開した.　　　　　　　　　　〔平山昌宏〕

文　献

1) 岡田誠之:災害時(地震時)の水事情,空気調和・衛生工学,73-3:17-24,1999.
2) 上　幸雄:災害とトイレ,空気調和・衛生工学,73-3:25-32,1999.
3) 文献1).
4) 空気調和・衛生工学会:建築設備の耐震設計施工法,1997.
5) 国土交通省建築研究所監修:建築設備耐震設計・施工指針,日本建築センター,2005.
6) 空気調和・衛生工学会:設備機器の耐震調査報告書,災害調査対策委員会設備耐震対策分科会成果報告書,2001.
7) 金田勝徳,関松太郎,田村和夫,野路利幸,和田章:建築の耐震・耐風入門,彰国社,1995.
8) 阪神・淡路大震災調査報告委員会:阪神・淡路大震災調査報告,建築—7 建築設備・建築環境,日本建築学会,1997.
9) メカニカル形変位吸収管継手 HASS 007-2000,空気調和・衛生工学会規格.
10) 金属製変位吸収管継手 HASS 006-1999,空気調和・衛生工学会規格.
11) ゴム製変位吸収管継手 HASS 008-1999,空気調和・衛生工学会規格.
12) 大林組カタログ.
13) 木内俊明,米田千嵯夫:最近の地震発生,地震動の特性および震度階数,空気調和・衛生工学会.
14) 阪神大震災による設備システム関連の被害実態と評価,関連3団体現地支部における共同調査,空気調和・衛生工学会近畿支部,建築設備技術者協会近畿支部,電気設備被害調査特別委員会.
15) 特集・免震構造の最新動向,建築技術2000年7月号,2000.

3 雷対応設備

建物や設備，情報通信機器などが落雷によって受ける被害は，大きく分けて，雷の直撃による被害と誘導雷などによる二次的な被害に分類される．直撃雷による被害は感電，家屋の火災や損傷，コンクリートや外壁タイルのはく離・落下などで，起きると被害の大きいものが多い．また，雷による二次的な被害は，配電線や通信線を伝わって建物内に入ってくる雷サージによる機器の誤動作や損傷，落雷地点付近の誘導起電圧によって発生する機器と対地間の電位差などによる機器の損傷などがある．直撃雷は主に外部で被害を受けることから，その対策を外部雷保護といい，誘導雷による被害は建物内で多く発生するため，その対策を内部雷保護という．

3.1 外部雷保護

雷の直撃から建物などを守るためには，雷を避雷針などに誘導し，雷が直接建物や設備機器などに落ちないようにすることが大切である．建築物などの避雷設備は日本工業規格 JIS A 4201（以下 JIS）に規定されている．

3.1.1 受雷部のシステム
a. 保護角法
保護角法は建物の屋上などに突針や棟上げ導体を設け，建築物や設備機器などの被保護物を保護範囲内とすることにより，建物を落雷から守る方法である（図3.1）．保護角は建築物の高さ，雷撃電流の波高値により異なるが，JISでは危険度，発生頻度，経済性を考慮して，保護レベルが定められている（回転球体法メッシュ法も同様）．保護レベルは保護効率の高い順にⅠ～Ⅳが規定され保護レベルにより保護角が定められている．また，突針では保護できない屋上周囲のパラペットなどは棟上げ導体で保護する（図3.2）．

b. 回転球体法
回転球体法は2つ以上の受雷部に同時に接するように，または1つ以上の受雷部と大地とに同時に接するように球体を回転させたときに，球体表面の包絡面から被保護物側を保護範囲とする方法である（図3.3）．

c. メッシュ法
高層ビルなどでは側壁に雷の直撃を受け，外壁の一部がはく離し落下する事故例がある．側壁への落雷は保護角法や回転球体法では保護できない部分があるため，メッシュ法による雷保護が望ましい．メッシュ法は被保護物をメッシュ状の受雷部で覆い，落雷から建築物などを保護する方法である（図3.4）．

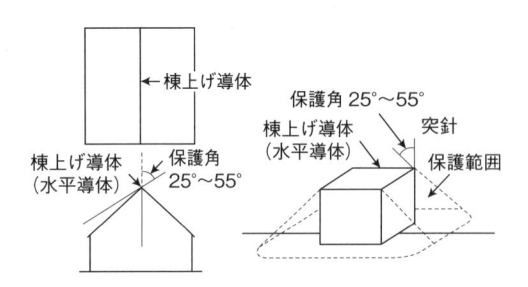

図3.1 突針と棟上げ導体の保護範囲

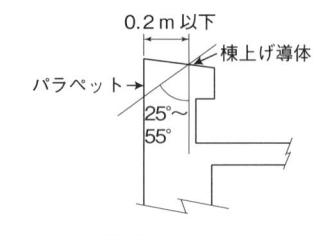

図3.2 棟上げ導体によるパラペットの保護

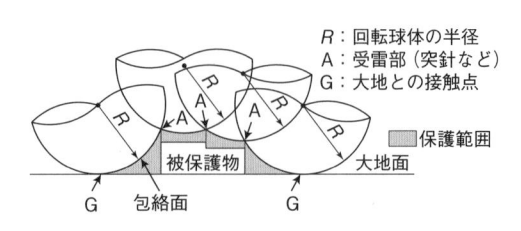

図3.3 回転球体法による保護範囲

3.1.2 引下げ導線

受雷部からの雷電流を大地に流すための電路として，引下げ導線が必要である．引下げ導線は専用の引下げ導線を設置する方法と建物の鉄骨または鉄筋を利用する方法がある（図3.5）．

3.1.3 接　　地

雷電流を大地に流す最終部分が接地極である．接地極には避雷設備専用の接地極を設ける方法と建築構造体そのものを接地極（図3.6）とする方法がある．専用接地極はさらに板状，棒状，メッシュ状接地極に分けられる．

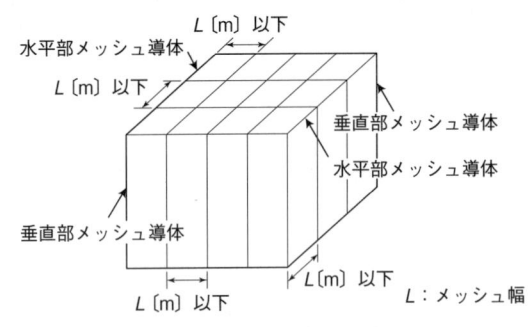

図3.4　メッシュ法による保護

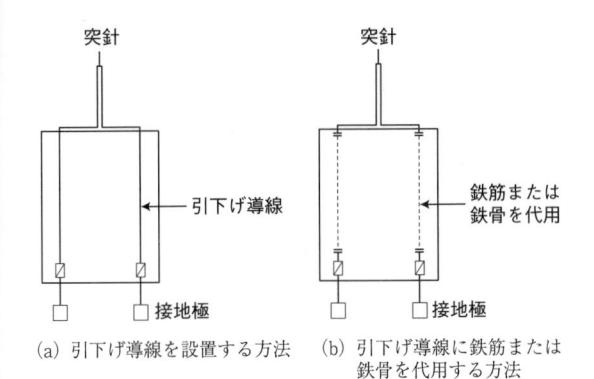

(a) 引下げ導線を設置する方法　(b) 引下げ導線に鉄筋または鉄骨を代用する方法

図3.5　引下げ導線の設置方法

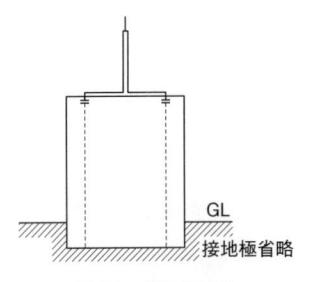

図3.6　構造体接地

3.2 内部雷保護

落雷による被害は直撃雷よりも二次的な誘導雷による被害の方が多い．一つは電力線や通信線を伝わって建物内に入ってくる雷サージによる機器の誤動作や損傷である．他方は落雷時の誘導起電圧によって生ずる機器と対地間の電位差などによる機器の破壊や損傷などである．内部雷保護対策の要点は雷サージ侵入の防止，等電位化，低い接地抵抗である．

3.2.1 雷サージの侵入防止

建物外部から入ってくる雷サージに対しては避雷器が有効である（図3.7）．避雷器は通常は絶縁が保たれ，ある一定以上の電圧が加わった場合に速やかに雷サージを大地に逃がすものである．避雷器には電力用・通信用があり，対象とする雷の大きさに適したものを採用することが重要である．複数の建物が電力線や通信線によって接続されている場合は各建物の入口部分に避雷器が必要となる．

3.2.2 等 電 位 化

落雷があると接地極周辺の電位が上昇し，異なる接地極の間には電位差が生ずる．電力用の接地極と通信用の接地極が異なる場合は，情報機器の回路と大地間に大きな過電圧が加わり，機器が破壊または焼損する場合がある．これらの被害を防止するには，すべての設備機器や情報通信機器の電位を同一にすることが必要である（図3.8）．等電位化することにより，落雷時に機器に過電圧が加わることを防止できる．

3.2.3 接地システム

接地抵抗は低いほど落雷時の電位上昇を小さくできるが，等電位化が図られれば必ずしも過度に低くする必要はない．現在は個別接地が多く施工されているが，最近では共用接地や統合接地システム[2]（構造体接地）が採用される建物も多くなってきた．共用接地は一つ

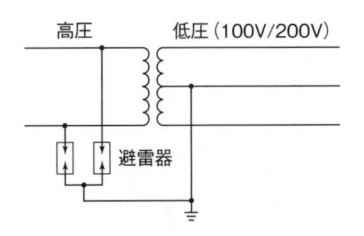

図3.7　避雷器による雷サージ保護

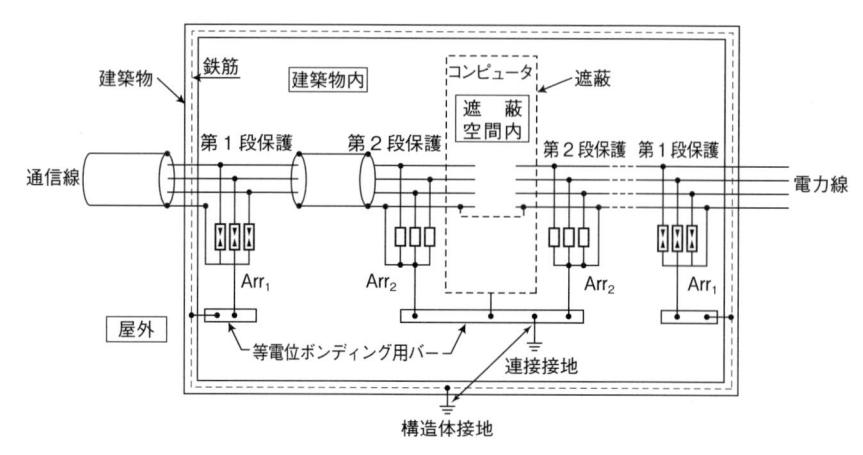

図3.8 雷サージ保護と等電位化[1]

の接地極を共用し,あるいは用途ごとの接地極を相互に接続し(連接接地とも呼ばれている),等電位化を図るものである.結果として接地抵抗は個別の値よりも,より小さくなる.

統合接地システムは電気設備,情報通信設備,避雷設備などのすべての接地を構造体に接続するシステムである.構造体接地は建築構造体そのものを接地極として利用する.建築物は地下に埋設されている部分が大地に接していて,建物の接地抵抗はかなり低いことが報告されている[3].構造体接地は接地銅板よりも巨大な接地極があることになり,等電位化と低い接地抵抗の2つを備えた,より良好な接地システムである.

〔昼間和男〕

文　献

1) 建築物等の避雷設備ガイドブック,電気設備学会誌,**11**-8, 701, 1991.
2) 昼間和男:品川インターシティの統合接地システム,電気設備学会誌,**19**-10, 715-717, 1999.
3) 川瀬太郎:建築構造体による接地について,電設工業(昭和57年3月号),65-69, 1982.

4 防犯設備

防犯設備には大きく分類して(1)侵入監視設備と(2)出入管理設備の2種類がある.

侵入監視とは防犯センサを用いて守るべきエリアの外部からの不正な侵入を監視することであり,不正な侵入をセンサが検知した場合には警報として人に異常を知らせる.出入監視とはカードリーダ・電気錠などを用いて特定のエリアへの出入を制限することである.特定な部屋の扉の鍵の開閉を許可されたカードのみの操作で行うことを可能にするなどの例がある.

また複数のビルを遠隔で監視する広域監視の形態をとる場合がある.広域管理は侵入監視システムとして行うことが多い.

警報を監視する監視装置,扉部に組み込まれ錠を電気的に開閉する電気錠,人を検知するセンサ,電気錠の開閉または警備状態の切り替えを行う装置(カード制御の場合はカードリーダ)から構成される.許可されたカードにて扉部の電気錠が解錠する.逆に許可されないカードでの操作や人が居ない状態(警備状態)時での人感センサの検知時にはセンター装置で発報し異常を知らしめることを主機能とする.

4.1 監視警報設備

一般的に防犯用のセンサと呼ばれるものの種類と特徴には多種多用なものがある.そこで建物を警戒しようとする場合,どの場所にどの種類のセンサを設置すればよいのか考える必要がある.

また防犯センサは1回線に複数台接続される場合には,一般に直列(シリーズ)で接続されており,対象物を検知したとき,接点を開いて発報信号とする.センター装置へこれらの信号を送信し,センター装置において警戒がセットされた場合警報とする.

4.1.1 マグネットスイッチ

マグネットセンサは窓や出入口の開閉を検知する検知機である.

(1) リードスイッチ部(磁性体)とマグネット部(永久磁石部)は1対をなし,マグネット部を接近させるとリードスイッチ部は接点を閉じ,離れると接点を開く.

(2) 枠にリードスイッチ部を取り付け,扉や窓にマグネット部を固定する.

(3) 小型で構造が簡単・電源不用・安価と取り扱いが容易であり,機械的寿命も長い.

4.1.2 スイッチストライク

(1) スイッチストライクは標準錠前と組み合わせて使用し,施解錠の状態を検知する検知機である.

(2) トロヨケの中にマイクロスイッチが組み込まれており,デッドボルトの動きを電気信号に変える.

(3) 鍵の閉め忘れを扉が開く前に事前に検知できる.

(4) 電源が不用であり,施工上も見栄えが悪くならない.

図4.1 防犯設備大分類

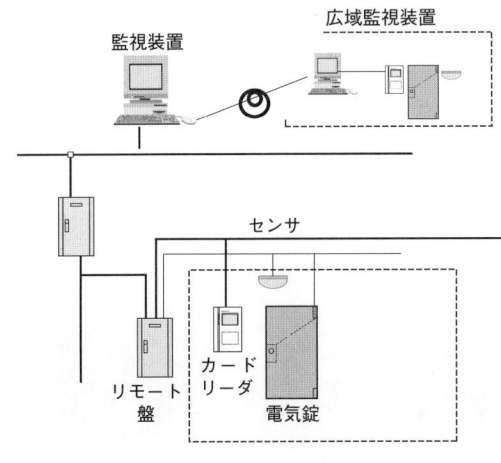

図4.2 システム構成例

図4.3 マグネットスイッチ

図4.4 スイッチストライク

図4.5 パッシブセンサ

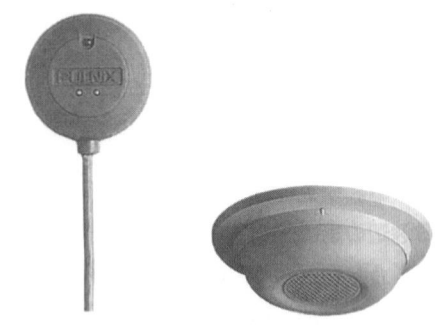

(a) ガラス破壊検知器　(b) ガラス破壊音検知器

図4.6 ガラス破壊センサ

4.1.3 パッシブセンサ
(1) パッシブセンサは物体の表面から放射されている遠赤外線エネルギーを検出するので，検知機自体からはなにも放射されない受動型（パッシブ型）の検知機である．
(2) 検出素子として焦電体セラミックス（焦電素子）が使用されている．
(3) 警戒している部屋の背景温度と侵入者の表面温度との差を集光し，電気的なエネルギーに変換したものを増幅して信号出力にかえる．

4.1.4 ガラス破壊センサ
ガラス破壊検知器は，侵入者が窓やショーウインドなどのガラスを破壊したとき，その振動や音を検知する検知器である．使用環境により，なるべく誤動作しないように検知方式により選定する．

a. 振動検知器
(1) 直接ガラス面に取り付ける．振動や衝撃で接点が開く機械式である．
(2) 電源が不用で構造が単純なため安価であるが，車両や地震などによる伝播振動をも検知するおそれがある．

b. ガラス破壊検知器
(1) 直接ガラス面に取り付ける．検出素子として圧電体セラミックス等を使用し，ガラス破壊時の振動による圧力変化を電気信号に変換する．
(2) 固有の振動周波数のみをとらえるため，ガラス破壊以外の振動をとらえないようにしている．

c. ガラス破壊音検知器
(1) 天井や壁に設置し，ガラス破壊音の集音にはコンデンサマイクロホンや圧電体セラミックスを使った超音波マイクロホンを使用している．
(2) 検知エリアの調整により，複数のガラスの破壊警戒をするとともに，他の音源の集音をしにくくしている．

4.1.5 監視カメラシステム
監視カメラシステムの基本構成は，撮像部・伝送部・受像部に分けられる．

a. 撮像部（監視カメラ）
レンズを通して入ってきた光を電気信号に変換して受像部（モニタ）へ送信する．監視カメラはカメラの存在を外部に知らしめて威嚇効果を出すこと，またその存在を知らせずにモニタするなどその目的によりタイプを選定する．

b. 伝送部
監視カメラとモニタテレビ間の接続には，同軸ケーブルを使用する．

図4.7 監視カメラ

c. 受像部

カメラから送られてきた画像信号を映し出すモニタテレビのことであり，専用のモニタテレビを設置することが望ましい．

d. その他周辺機器

その他周辺機器カメラ取付け台・ハウジング（カメラ保護ケース）・旋回台・操作器（リモートコントローラ）・映像切替え器・映像分配器・録画装置などがある．

4.2 出入管理装置

入室（入館）制限を必要とする扉（重要室または建物通用口）に電気錠およびカードリーダ（生体認証装置）を設置し，センター装置にて許可カードとしてシステム登録されたカード（または生体認証部位）の操作のみで，入室（入館）を可能とするシステムである．カード操作および指紋照合操作はセンター装置にて操作の記録データとして蓄積し，後で閲覧が可能である．電気錠こじ開け警報およびシステム異常警報などをセンター装置で表示することも可能である．そして，これらの入室，退室の情報を用いて，防犯センサ・照明・空調の連動制御も行うことができる．

表4.1 電気錠の種類と用途

電気錠の種類	用途
通電時解錠型	通用口，共用玄関など
通電時施錠型	非常口など
瞬時通電施解錠型	玄関扉，テナント扉など
モータ錠	玄関扉（ガラス扉）など

4.2.1 電気錠

遠隔操作あるいは入室制限が目的で，電気信号により施錠，解錠を行うことが可能な錠前を称して電気錠と呼ぶ．電気錠には以下のようなさまざまなタイプがあり，その種類，用途によって選別する．電気錠によっては，内側から自由に解錠できるタイプもある．（サムターン付き）電気錠はシステムからの信号により施錠，解錠を行う．

4.2.2 カードリーダおよびカード

a. 磁気ストライプカード方式

1) 磁気ストライプカード　カード表面に磁気ストライプカードが付いており，この部分に72桁の情報を書き込むことができる．キャッシュカード・クレジットカードなどのさまざまな用途にたいへん多く普及している．カード表面の磁気ストライプ部は専用リーダで読むことが可能であり，データのセキュリ

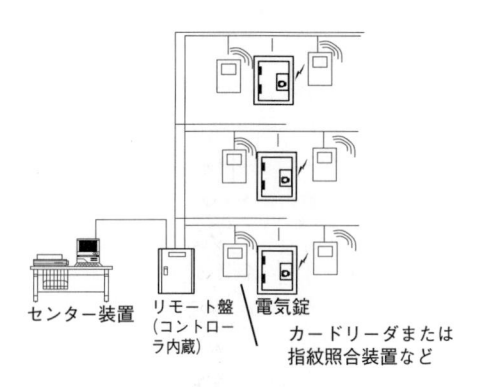

図4.8 システム構成例

図4.10 磁気カードリーダ

図4.9 電気錠

図4.11 非接触（IC）カードリーダ

2) **磁気ストライプカードリーダシステム**　磁気カードリーダは上記の磁気ストライプカードのある一定範囲のデータを読み込む装置であり，そのデータをシステム上に上げることで，該当するカードリーダに許可されたカードかどうかをコントローラおよびセンター装置にて判定し，許可されたカードであれば，許可信号をリモート盤より電気錠（または自動扉など）へ送信することで，電気錠が解錠し入室を可能とする．また，カード操作履歴は，センター装置に記録され，有事の際に確認が可能である．

磁気カードを読むための磁気ヘッドはカードの磁気ストライプ部がこすりつけられ摩耗が発生するためカードをこする回数に限度がある．

b. **非接触（IC）カード方式**

1) **非接触（IC）カード**　カード内にICチップ・コイルを内蔵し，リーダから発せられる電波信号に対してカード内のID（identification）データを返答することにより，照合を行う．

非接触カードは情報の読み出し（READ）専用であるが，非接触ICカードは情報の読み出し（READ），書き込み（WRITE）の両方が可能であり，カード内の情報を利用の都度更新していくシステムに適用可能である．

また，非接触ICカードはISO 14443にて国際標準化が進められており，近接型の場合は，Type A，Type B，（Type C）の種類が存在する．

カード内に電池を組み込む方式と無電池式の2種があるが，その利便性から現在無電池式が多く使用されている．無電池式はカード読取り装置から受けた電波を充電して一定時間動作する方式をとる．

非接触ICカードはカード内データを読むために特定のキーコードが合致してはじめてデータが読み取れる仕組みをとる場合が多い．このため，簡単にカード内データが読めないようになっており，セキュリティ性は磁気カードと比較して高い．

2) **非接触（IC）カードリーダシステム**　照合方法，カードが異なるだけで，磁気ストライプカードリーダシステムと相違はなく，入室制限を行うシステムである．

4.2.3　生体認証

身体の特徴で識別する方法は他人に盗用されたりすることが不可能であるため，たいへん信頼性の高い方法といえる．また，カードなどのように紛失の問題や

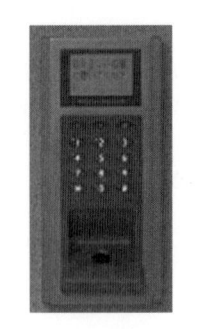

図4.12　指紋照合装置

もち歩きの煩わしさもないなど利便性も高い照合装置である．

a. **指紋照合装置**

指紋画像が人により異なることを利用した方式であり，指の置き方によっては認識できない場合があるため，毎回同じ置き方で照合を行う必要がある．

b. **掌型照合装置**

指の長さ，手の形が人により異なることを利用した方式である．手の置き方によっては，認識できない場合があるため，手の置き方に慣れが必要である．

c. **網膜照合装置**

網膜血管画像が人により異なることを利用した方式であり，弱視者や，色盲者には使用できない場合がある．

d. **声紋照合装置**

音声スペクトルが人により異なることを利用した方式であり，同一話者の音声でも，時間が隔って発声された音声は，変化し，認識できない場合があるため，数週間にわたる複数の声を登録しておく必要がある．

e. **顔照合装置**

顔の部位（顔全体）の特徴が人により異なることを利用した方式であり，同一者でも，眼鏡を掛けている場合，髪型が変化した場合は，認識できない場合もあるため，複数の顔を登録しておく必要がある．

4.2.4　センター装置の機能

センター装置の機能のなかで主に用いられているものを示す．

a. **基本機能**

1) **監視機能**　侵入監視機能，状態監視機能，警報監視機能など．

2) **表示機能**　グラフィック画面表示機能，警報一覧表示機能，管理点一覧表示機能など．

3) **操作機能**　機器個別操作機能（電気錠施解錠

図 4.13 センター装置

操作，警備切換え操作など），タイムスケジュール設定操作機能.

b. 制御機能

タイムスケジュール，カレンダ制御機能，機器連動機能.

c. カード登録・管理機能

入退カード登録機能，紛失カード登録機能，カード管理機能.

d. データ管理機能

1) **入退カード操作履歴・検索・表示機能**（カードNo，リーダNo，日時などを指定検索可能）

2) **警報履歴・検索・表示機能**（警報レベル，発生時刻などを指定検索可能）

3) **操作（状態変化）履歴・検索・表示機能**（操作，設定変更，管理点名称，状態変化，日時などを指定検索可能）

4.3 広域防犯設備

1台または数台のセンター装置と複数のリモート装置がネットワークにて接続される．多い場合はリモート装置の台数は数百台となる．センター装置の管理エリアは30分ほどでリモート装置に人が駆けつけられるエリアをカバーする．非常に広域エリアをカバーする場合はセンター装置がさらに広域センター装置に接

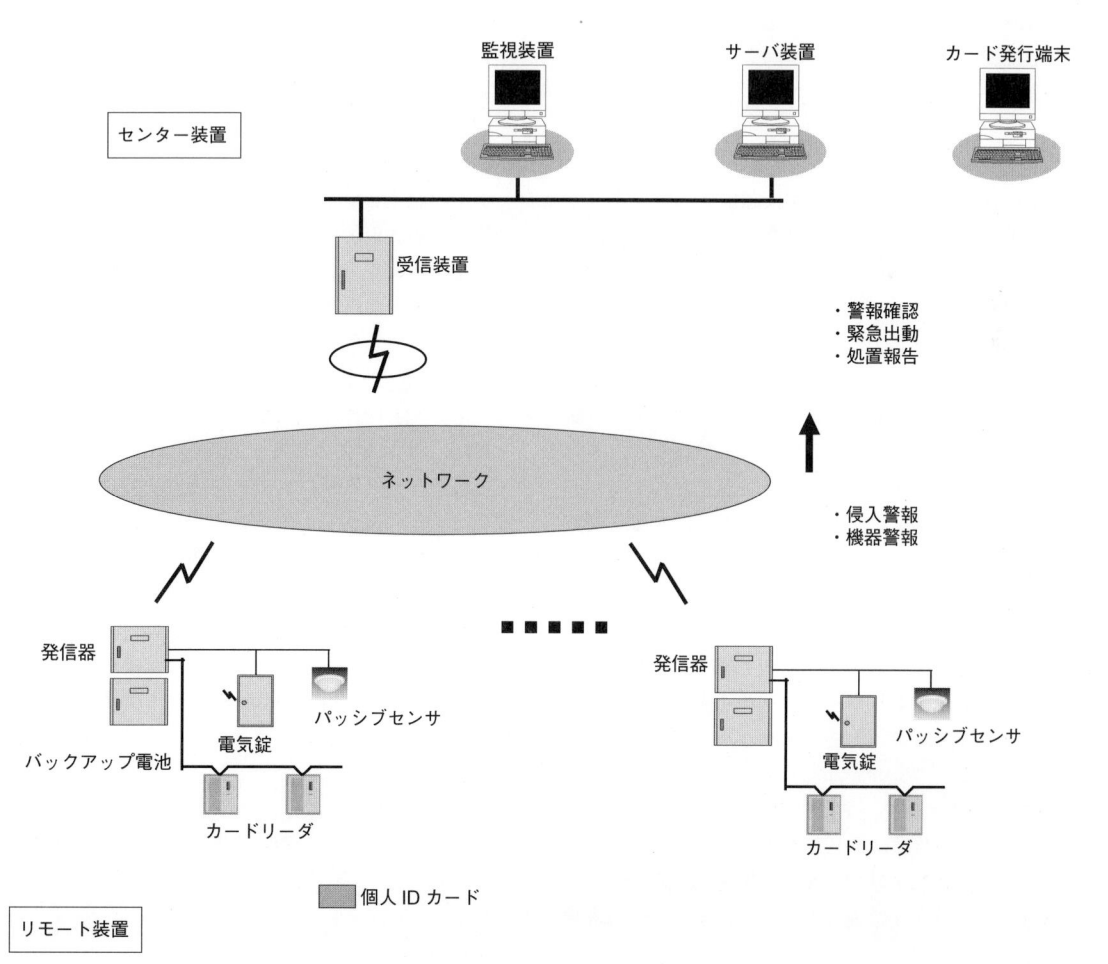

図 4.14 システム構成図

続されて，広域センター装置が一括管理しセンター装置はエリアごとのデポセンターとなるケースもある．

広域システムの場合はリモート装置が順次追加接続されていくため，追加への対応性の良さや拡張性が重要になる．

4.3.1 センター装置

センター装置側には通常24時間人が常駐し，リモート装置から送信される警報の対応を行う．主な機能はリモート装置からの警報の受信，表示と受信データの蓄積である．センター装置はネットワークと接続するための受信装置およびリモート装置から発信される防犯警報情報をリアルタイム表示する監視装置，受信した情報の蓄積および検索を行うサーバ装置および印字装置から構成される．通常センター装置は停電時にも動作可能にする必要があるため，CVCFまたはUPSにて常時電源バックアップを行う．センター装置が動作不可能になり監視が不可能になることを避けるために，監視装置を2台置き動作バックアップを行う場合もある．

4.3.2 カード発行機

リモート装置側は各個人に個人識別用のカードまたはタグを配る場合が多い．これをリモート装置に読ませることにより，リモート装置で個人の識別が可能となりリモートエリアの警戒状態の設定を行う．このカードやタグはシステムでユニークなIDコードをもつ必要があるため，カードまたはタグの発行機がセンター装置側に置かれる．センター装置側はリモート装置が追加されるごとにカードやタグを発行する．またカードの紛失時には，紛失したカードをシステムから抹消しリモート装置で使用できないようにする必要がある．

4.3.3 リモート装置

リモート装置は，ネットワークと接続するための送信機と，人が操作するカードリーダ装置，扉の鍵を制御する電気錠，および人感センサのパッシブセンサより構成される．

通常，人がカード（またはIDタグ）を常時持ち，そのカードを扉脇に設置されたカードリーダに読ませることにより該当エリアの警戒/非警戒状態の切り替えを行う．カードは磁気ストライプ付き，または非接触ICカード，IDタグなど多種に及ぶ．

警戒状態とは管理エリアが無人となり，不法な侵入者の入室があった場合にセンサが発報しセンター装置に通報する状態であり，非警戒状態とは，当該エリアへの入室が自由な状態を指す．

警戒状態に切り替わった場合は電気錠が施錠され，扉からの入室ができなくなる．さらにパッシブセンサが動作状態になり，人が侵入した場合にセンサが感知して警報をセンター装置に送信する．電気錠が無理やりこじ開けられた場合にも警報がセンター装置に送信される．

非警戒状態の場合は，電気錠が解錠または解錠可能状態となり，パッシブセンサが非動作状態となり，入室ができるようになる．

4.3.4 停電時動作バックアップ

リモート装置は停電時にも動作するように，動作バックアップ用の電池をもち，約30分間はバッテリーにて動作を保証する．バックアップ対象はカードリーダ，電気錠，パッシブセンサとなる．

4.3.5 拡張性への配慮

すでに記述したとおり，広域管理システムはリモート装置は順次追加接続されていくことを考慮した設計にしなければならない．よって将来にわたり，接続されるリモートの台数，または警報ポイントの最大数を考慮して，システムが管理できる最大数を決める必要がある．

4.3.6 メンテナンス性

主にセンター装置はリモート装置が接続されるたびにファイルの追加などのメンテナンスが発生する．メンテナンス時にリモート装置警報監視ができないようではまずいため，センター装置を二重化して，1台がメンテナンス中でもシステム動作が止まらないように考慮した設計をすべきである．またリモート装置の故障はネットワークを経由し，センター装置に表示する必要がある．

〔浜田晃爾〕

文 献

1) 竹中エンジニアリング株式会社：セキュリティ・情報機器総合カタログ，2000．
2) 株式会社ゴール：GOAL総合カタログ，2000．

VIII. 材料と施工

1. 汎用材料
2. 汎用機器
3. 建築設備施工

1 汎用材料

1.1 管材料

1.1.1 配管材料と継手

建築設備の配管には，使用用途や建物規模などによってさまざまな種類の材料が使用されている．通常は，炭素鋼鋼管やステンレス鋼管，銅管などの金属管が多く使用されているが，それ以外にも炭素鋼鋼管に樹脂を被覆した樹脂被覆鋼管やプラスチック管（硬質塩ビ管，架橋ポリエチレン管，ポリブデン管など）も使用されている．一般的に使用されている配管材料と使用用途一覧を表1.1に示した．

a. 炭素鋼鋼管

炭素鋼鋼管には，一般的に使用する配管用炭素鋼鋼管（JIS G 3452 SGP）と圧力が1 MPaを超える場合に使用される圧力配管用炭素鋼鋼管（JIS G 3454 STPG），大口径の配管（550 A以上）に使用される配管用アーク溶接炭素鋼鋼管（JIS G 3457 STPY）がある．

配管用炭素鋼鋼管（俗称：ガス管）には，亜鉛めっきを施した白管（白ガス管）とめっきのない黒管（黒ガス管）があり，蒸気と油を除く用途には一般的に白ガス管が使用される．配管用炭素鋼鋼管の寸法表を表1.2に示した．

炭素鋼鋼管の継手は図1.1に示す，ねじ継手やフランジ継手，溶接継手があり，一般的にねじ継手は

表1.2 配管用炭素鋼鋼管の寸法表 (JIS G 3452)

呼称 A	外径 〔mm〕	内径 〔mm〕	肉厚 〔mm〕	重量 〔kg/m〕
15	21.7	16.1	2.8	1.31
20	27.2	21.6	2.8	1.68
25	34.0	27.6	3.2	2.43
32	42.7	35.7	3.5	3.38
40	48.6	41.6	3.5	3.89
50	60.5	52.9	3.8	5.31
65	76.3	67.9	4.2	7.47
80	89.1	80.7	4.2	8.79
100	114.3	105.3	4.5	12.2
125	139.8	130.8	4.5	15.0
150	165.2	155.2	5.0	19.8
200	216.3	204.7	5.8	30.1
250	267.4	254.2	6.6	42.4
300	318.5	304.7	6.9	53.0
350	355.6	339.8	7.9	67.7

表1.1 配管材料と使用用途

管種	記号	規格	冷温水密閉	冷温水蓄熱槽	冷却水	蒸気	蒸気還水	給水	給湯	排水
配管用炭素鋼鋼管	SGP (白, 黒)	JIS G 3452	○白	○白	○白	○黒	○黒			○白
圧力配管用炭素鋼鋼管	STPG (白, 黒)	JIS G 3454	○白	○白	○白	○黒	○黒			
水道用硬質塩化ビニルライニング鋼管	SGP-VA, VB, VC	JWWAK 116						○		
水道用ポリエチレン粉体ライニング鋼管	SGP-PA, PB, PD	JWWAK 134						○		
水道用管端コア付き樹脂ライニング鋼管	SGP K-VA, VB, VC	WSP 057						○		
排水用タールエポキシ塗装鋼管	SGP-TA	WSP 032								○
排水用硬質塩化ビニルライニング鋼管	D-VA	WSP 042								○
一般配管用ステンレス鋼管	SUS-TPD	JIS G 3448	○					○		
配管用ステンレス鋼管	SUS-TP	JIS G 3459	○					○		
銅及び銅合金継目無し管		JIS H 3300	○					○	○	
水道用銅管		JWWAG 101						○	○	
排水用鋳鉄管	CIP	JIS G 5525								○
硬質塩化ビニル管	VP, VU	JIS K 6741			○			○		
耐熱性硬質塩化ビニル管	HTVP	JIS K 6776						○	○	
水道用硬質塩化ビニル管	HIVP	JIS K 6742						○		
水道用ポリエチレン二層管		JIS K 6762						○		
架橋ポリエチレン管		JIS K 6769	○					○	○	
ポリブデン管		JIS K 6778	○					○	○	

1.1 管　材　料

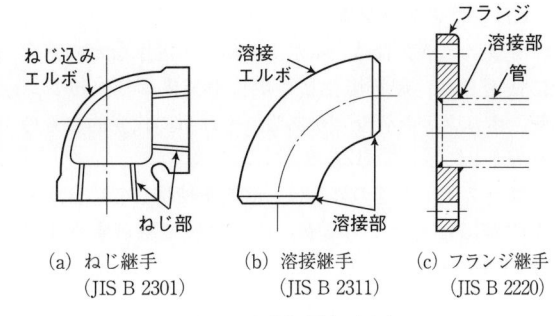

図1.1 炭素鋼鋼管の継手

(a) ねじ継手 (JIS B 2301)
(b) 溶接継手 (JIS B 2311)
(c) フランジ継手 (JIS B 2220)

80 A 以下のサイズに使用される．

b. ステンレス鋼管

建築設備で使用されるステンレス鋼管は，一般配管用ステンレス鋼管（JIS G 3448, SUS-TPD）が配管用ステンレス鋼管（JIS G 3459）よりも肉厚が薄く，軽量のため広く使用されている．また，材質も SUS 304 が一般的に使用されているが，より耐食性を必要とする場合は，SUS 316 や SUS 304 L などが使用されている．一般配管用ステンレス鋼管の寸法を表1.3に示した．

一般配管用ステンレス鋼管の継手は，80Su のサイズまではメカニカル継手（図1.2(a)～(c)）が，それ以上のサイズには，溶接継手またはルーズフランジ（図1.2(a)）が一般的に使用されている．

c. 銅　管

建築設備で使用される銅管は，銅及び銅合金継目無管（JIS H 3300）の「配管用及び水道用銅管」のL, K タイプが，冷媒配管には「冷媒用フレア及びろう付け管継手（JIS B 8607）の「一般用冷媒配管用銅管」に保温筒を被覆した被覆銅管が使用されている．配管用および水道用銅管の寸法を表1.4に示した．

銅管の継手は，ろう接継手（図1.3(a)）と機械的継手とがあり，ろう接継手には一般的に使用される銅及び銅合金の管継手（JIS H 3401），給水用として水

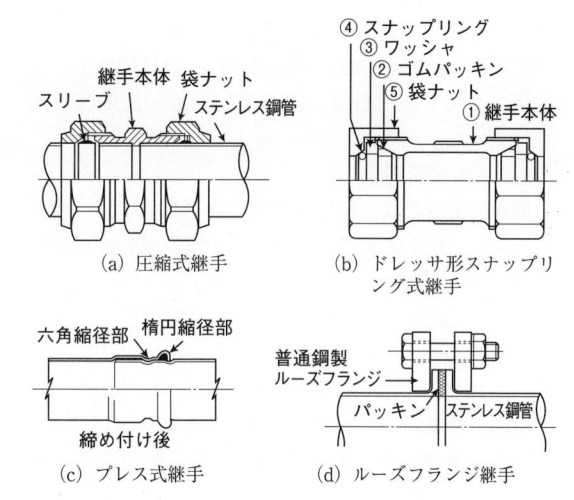

図1.2 ステンレス鋼管の継手（ステンレスマニュアルより）

(a) 圧縮式継手
(b) ドレッサ形スナップリング式継手
(c) プレス式継手
(d) ルーズフランジ継手

表1.3 一般配管用ステンレス鋼管の寸法表 (JIS G 3448)

呼称 A	外径 [mm]	厚さ [mm]	重量 [kg/m]
13	15.88	0.8	0.301
20	22.22	1.0	0.529
25	28.58	1.0	0.687
30	34.0	1.2	0.980
40	42.7	1.2	1.24
50	48.6	1.2	1.42
60	60.5	1.5	2.20
75	76.3	1.5	2.79
80	89.1	2.0	4.34
100	114.3	2.0	5.59
125	139.8	2.0	6.87
150	165.2	3.0	12.1
200	216.3	3.0	15.9
250	267.4	3.0	19.8
300	318.5	3.0	23.6

(SUS 304)

表1.4 配管用及び水道用銅管の寸法表 (JIS H 3300)

呼称 A	外径 [mm]	肉厚 Lタイプ [mm]	肉厚 Mタイプ [mm]
15	15.88	1.02	0.71
20	22.22	1.14	0.81
25	28.58	1.27	0.89
32	34.92	1.40	1.07
40	41.28	1.52	1.24
50	53.98	1.78	1.47
65	66.68	2.03	1.65
80	79.38	2.29	1.83
100	104.78	2.79	2.41
125	130.18	3.18	2.77
150	155.58	3.56	3.10

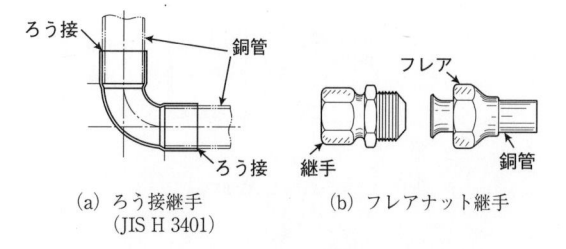

図1.3 銅管の継手

(a) ろう接継手 (JIS H 3401)
(b) フレアナット継手

道用銅管継手（JWWAH 102），冷媒用としてろう付け管継手（JIS B 8607）が使用され，機械的継手としてはフレアナット継手（図1.3 (b)）が一般的に使用されている．

d. 樹脂被覆鋼管

樹脂被覆鋼管は，被覆する樹脂の種類（塩ビ，ポリエチレン，ナイロン，タールエポ）や使用用途（給水，給湯，消火，排水），管端形状（プレンエンド，フランジ），外面防せい仕様（VA, VB, VD）などの種類が数多くあり，それらの代表的なものを表1.1に示している．

樹脂被覆鋼管の継手は，ねじ継手とフランジが一般に使用されており，ねじ継手としては管端防食継手（図1.4）が使用されている．

e. プラスチック管

プラスチック管は，給水，給湯，冷温水などの用途に使用され，硬質塩化ビニル管や架橋ポリエチレン管，ポリブデン管などがある．それらの代表的なものを表1.1に示してある．

プラスチック管の継手は，溶剤を使用して接合する方法がほとんどであるが，最近は熱で融着する製品（図1.5）もある．

1.1.2 バルブ

建築設備で使用するバルブには，構造上の種類（仕切り弁，玉形弁，逆止め弁，バタフライ弁など）と使用圧力（0.5 MPa, 1 MPa など），材質（青銅，黄銅，鋳鉄，ステンレスなど），接続方式（ねじ，フランジ）などの種類がある．

a. 仕切り弁

仕切り弁は，図1.6 (a) に示すようにハンドルを回

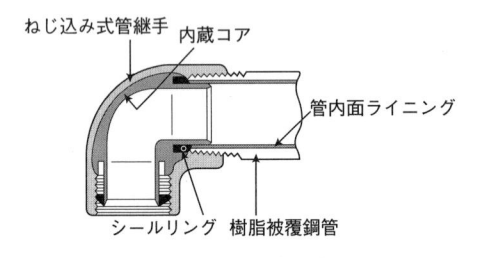

図1.4 管端防食継手

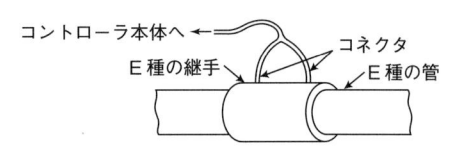

図1.5 プラスチック管の融着接合（JIS K 6788）

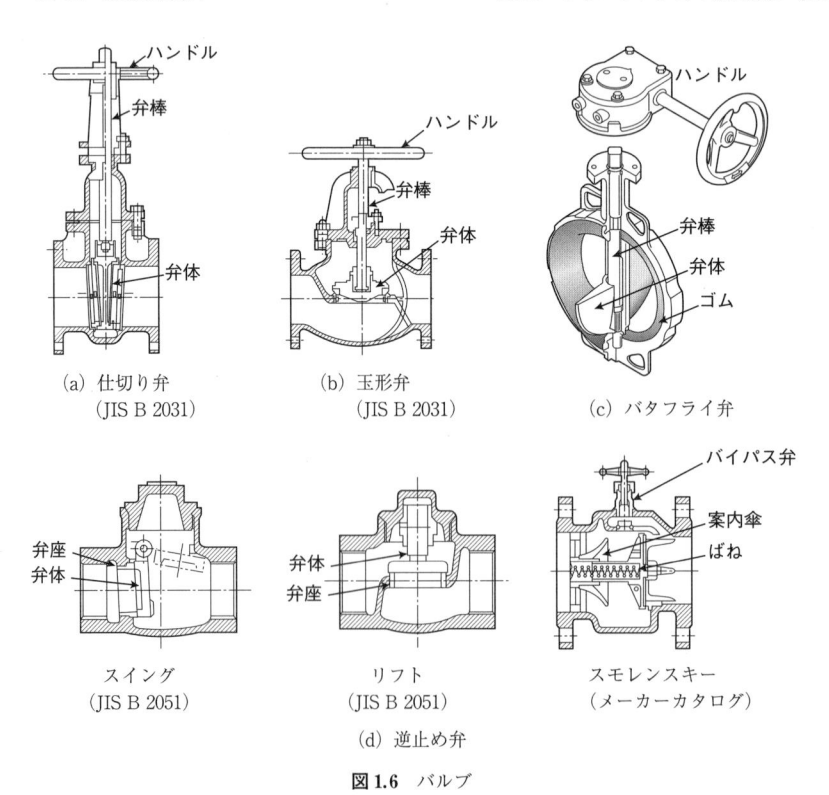

(a) 仕切り弁 (JIS B 2031)

(b) 玉形弁 (JIS B 2031)

(c) バタフライ弁

スイング (JIS B 2051)

リフト (JIS B 2051)

スモレンスキー (メーカーカタログ)

(d) 逆止め弁

図1.6 バルブ

すことによって，円盤状の弁体が上下して流体の開閉を行うバルブでゲート弁とも呼ばれている．したがって，流体抵抗が少なく，ハンドル操作力が小さいなどの特徴があるが，逆に開閉に時間を要し，流量調節がやや難しいなどの欠点もある．

b. 玉形弁

玉形弁は，図1.6(b)に示すようにハンドルを回すことによって，棒状の弁体が上下して流体の開閉を行うバルブでストップ弁とも呼ばれている．したがって，弁内部で流体の流れが変わるので流体抵抗が大きく，ハンドル操作力も大きいなどの欠点があるが，流量調節ができる特徴をもっている．

c. バタフライ弁

バタフライ弁は，図1.6(c)に示すようにハンドルを操作することによって，円盤状の弁体が回転して流体の開閉を行うバルブである．したがって，ハンドル操作力も取付けスペースも小さく，低コストなどから，近年急激に使用が増加している弁である．しかしながら，弁体のシールがゴムシートなので，高温度の流体などへの使用は注意が必要である．

また，バタフライ弁の取り替えを考慮して，弁の後に短管の取り付けが必要である．

d. 逆止め弁

逆止め弁は流体の逆流を防止する弁で，図1.6(d)に示すように流体の圧力で弁体を押し開き，流体が停止すると弁体の自重と背圧で弁体を閉鎖する構造となっている．この弁体の開閉構造の違いにより，スイング逆止め弁，リフト逆止め弁，スモレンスキー逆止め弁などのタイプがある．

スイング逆止め弁は弁体の円弧運動で開閉する構造なので，圧損も少なく，水平・垂直配管にも取り付けられるので，最も一般的に使用されている．リフト逆止め弁は弁体が上下して開閉する構造なので，圧損が大きくなり，垂直配管には使用できないので，小口径の水平配管に使用される．スモレンスキー逆止め弁は，弁体がばねの力で閉止する構造なので，流体の停止と同時に閉鎖できるので，ポンプの吐き出しの垂直配管に使用される．また，この逆止め弁はバイパス弁付きが多いので，二次側の水抜きにも便利である．

1.1.3 特殊継手

a. ストレーナ

ストレーナは，配管経路内に設置し流体内の異物（砂，金属くず，ごみなど）をろ過するもので，図1.7に示すようにろ過するスクリーン（金網，多孔パネル）が内蔵され，そのスクリーンが取り出せる構造になっている．一般的に使用されているのはY形ストレーナで，小型で圧力損失も小さい特徴がある．

Y形ストレーナのスクリーンには，ステンレス製多孔パネルと金網が使用される．なお，スクリーンの金網のメッシュは，1インチ（25.4 mm）当たりの網目の数で表示されている．

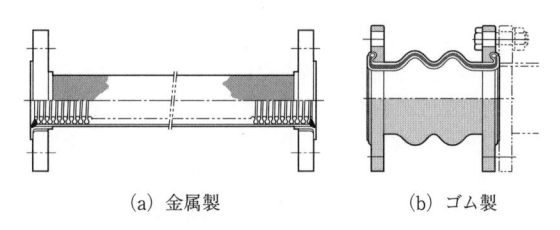

b. フレキシブル継手

フレキシブル継手は，ポンプの配管への振動伝達抑制と配管芯ずれ吸収の両方を兼ね備えた継手で，図1.8に示すように金属製とゴム製の製品がある．振動伝達抑制にはゴム製がよいが，ゴムは紫外線により劣化するので，屋外での使用は検討が必要である．

c. 伸縮継手

伸縮継手は，配管が温度変化によって伸縮するのを吸収する継手で，図1.9に示すようにベローズ型伸縮継手が一般に使用される．なお，高温高圧蒸気には，スリーブ型伸縮継手やベンド型伸縮継手が使用される．

なお，配管の伸縮量は下式で求められるので，求めた伸縮量に見合った伸縮継手の長さをメーカーカタログから選定する．

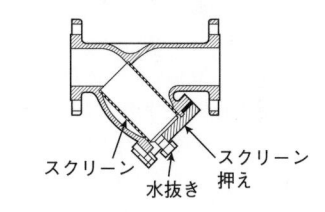

図1.7 ストレーナ

(a) 金属製　　(b) ゴム製

図1.8 フレキシブル継手

(JIS B 2352)

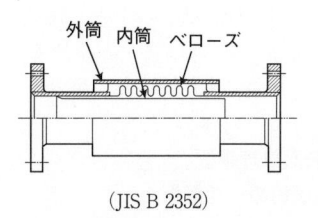

図1.9 伸縮継手（ベローズ型）

$$\Delta L = \beta (T-t) L$$

ここに，ΔL は管の伸縮量〔mm〕，β は管の膨張係数〔mm/(m・℃)〕，T は最高使用温度〔℃〕，t は最低気温〔℃〕，L は管の長さ〔m〕．

d. 変位吸収継手

変位吸収継手は，地震時に機器接続配管や建物導入部配管などの変位を吸収するための継手で，金属製変位吸収継手やゴム製変位吸収継手，メカニカル型変位吸収継手がある．なお，これらの適用用途や変位吸収方法，変位吸収量などは，SHASE-S や空気調和・衛生工学会の「建築設備の耐震設計施工法」などを参照のこと．〔村上三千博〕

文　献

1) JIS G 3452　配管用炭素鋼鋼管.
2) JIS G 3448　一般配管用ステンレス鋼管.
3) JIS H 3300　銅及び銅合金継目無管.
4) JIS B 2301　ねじ込み式可鍛鋳鉄製管継手.
5) JIS B 2311　一般配管用鋼製突き合せ溶接式継手.
6) JIS B 2220　鋼製溶接式管フランジ.
7) JIS H 3401　銅及び銅合金の管継手.
8) JIS K 6788　水道用架橋ポリエチレン管.
9) JIS B 2031　ねずみ鋳鉄弁.
10) JIS B 2051　可鍛鋳鉄 10 K ねじ込み形弁.
11) JIS B 2352　ベローズ形伸縮管継手.

1.2　板　材　料

建築設備に使用する板材料は，要求される強度・耐腐食性・美観などの性能により，鋼板，表面処理鋼板，ステンレス鋼板，クラッド鋼板，銅・銅合金板，アルミニウム板，プラスチック板，グラスウール板，などが使用される．

1.2.1　鋼　板

鋼板は鋼材を熱間圧延または冷間圧延したもので，JIS G 3101「一般構造用圧延鋼材」に熱間圧延材の成分・機械的性質などが，JIS G 3131「熱間圧延軟鋼板及び鋼帯」に SPHC・SPHD・SPHE 材 1.2 mm から 14 mm 以下の寸法・機械的性質などが，JIS G 3141「冷間圧延鋼板及び鋼帯」に SPCC・SPCD・SPCE 材 0.25 mm から 3.2 mm 以下の寸法・機械的性質などが規定されている．主にボイラ・タンクなどの缶体などに使用され，用途により塗装して腐食防止を行う．

1.2.2　表面処理鋼板

a. 溶融亜鉛めっき鋼板

鋼板に溶融亜鉛めっきしたもので JIS G 3302「溶融亜鉛めっき鋼板及び鋼帯」にめっきの付着量・機械的性質などが規定されている．耐食性・塗膜密着性・溶接性に優れ，ダクトや機器の部材，外装材など一般的に使用される．

b. 溶融亜鉛－アルミニウム合金めっき鋼板

亜鉛にアルミを加え耐食性を増したもので，JIS G 3317「溶融亜鉛 -5% アルミニウム合金めっき鋼板及び鋼帯」に規定された製品は，塗装鋼板用として使用される．また JIS G 3321「溶融 55% アルミニウム－亜鉛合金めっき及び鋼帯」に規定された製品は，ガルバニウム鋼板とも呼ばれ，屋外ダクトやケーシングなど，より耐食性が要求される部位に使用される．

c. 電気亜鉛めっき鋼板

鋼板に亜鉛を電気めっきしたもので JIS G 3313「電気亜鉛めっき鋼板及び鋼帯」に規定される．溶融亜鉛めっき鋼板より亜鉛付着量が少ないが加工性が良好で機器の部材などに使用される．

d. 塗覆装鋼板

鋼板に各種の塗料・樹脂を塗装・焼き付けたり，接着したもので，溶融亜鉛めっき鋼板をベースとしたものは，JIS G 3312「塗装溶融亜鉛めっき鋼板及び鋼帯」に規定され，一般にカラー鉄板と呼ばれる．溶融亜鉛－アルミニウム合金鋼板をベースとしたものは JIS G 3318「塗装溶融亜鉛 -5% アルミニウム合金めっき鋼板」，JIS G 3322「塗装溶融 55% アルミニウム－亜鉛合金めっき鋼板及び鋼帯」に規定され，屋根材・外装材など耐候性と美観が要求される部位に使用される．また鋼板に塩ビ樹脂を塗覆装したものは塩ビ鋼板とも呼ばれ，耐候性と優れた美観から，内外装材に使用される．

1.2.3　ステンレス鋼板

鋼にクロム，ニッケルを加え耐食性を増した鋼板で，一般にクロム 12% 以上を含んだものをステンレス鋼という．これは表面に不動態皮膜が形成されて，酸化・腐食を抑制するもので，硝酸には強いが，塩酸・硫酸には弱い．また水中の塩素イオンで破壊され，腐食に至ることもある．18Cr-8Ni の SUS 304 はオーステナイト系で強度，加工性に優れ，SUS 304 L は炭素含有量を減らして粒界腐食性を改良している．さらにモリブデンを添加し，オーステナイト系の弱点である応力腐食割れを改善した材料に 18Cr-12Ni-Mo の SUS 316 や，SUS 316 L がある．またニッケルを添加したフェライト系は一般に加工・溶接が難しいが応力腐食割れがなく 18Cr の SUS 430 や 19Cr-Mo の SUS

444などがある．高温域での加工に注意を要するが，焼き入れ硬化性もない．ボイラ，製缶類，熱交換機，空調機器，ダクト，衛生器具，など幅広く使用される．

1.2.4 ステンレスクラッド鋼板

鋼板を強度部材として母材に，耐食性のあるステンレス鋼板を合わせ材として，圧延などで接合した鋼材で，鋼とステンレス材の，互いの欠点を補完することから，貯湯槽などの缶体に使用される．

1.2.5 銅・銅合金板

銅・銅合金板は熱伝導率が高いほか，耐食性に優れ電気伝導率が高い．無酸素銅がJIS C 1020に規定されているほか，各種合金がそれぞれの規格に規定されている．銅と亜鉛の合金は黄銅または真ちゅう，銅とすずの合金は青銅または砲金，銅と亜鉛-ニッケルとの合金は洋銀（洋白）と呼ばれる．展延性に優れJIS H 3100「銅及び銅合金の板及び条」に各種性質・寸法などが規定されている．熱交換器，給湯機器などに使用される．黄銅では応力腐食割れ，脱亜鉛腐食防止処置が必要である．

1.2.6 アルミニウム板

アルミニウム板は比重が2.7と鋼板に比して軽量で，熱伝導率が高く，酸化皮膜をつくる性質から耐食性に優れ，さらに強度，耐食性，加工性，溶接性，装飾性などの特徴を付加した合金が，純アルミ系の1000系のほか，Al-Cu系の2000系，Al-Mg系の5000系，Al-Mg-Si系の6000系，Al-Zn-Mg系の7000系，ほかに規定されている．JIS H 4000「アルミニウム及びアルミニウム合金の板及び条」に，寸法・機械的性質などが規定されている．加工性がよく，熱交換器のフィンや各種部品に使用される．

1.2.7 硬質塩化ビニル板

硬質塩化ビニル材は耐食性・耐薬品性を要求される部位に使用される．耐油性，電気絶縁性もよい．ダクトや機器の部材として使用される．防じん性を要求されるものは帯電性を抑えた製品を使用する．

1.2.8 グラスウール板

JIS A 9505「人造鉱物繊維保温材」に規定されたグラスウール材を圧縮し板状に加工したもので，ダクト用には主に，厚さ25 mm，密度60 kg/m^3 に成型し，表面をアルミ箔やガラスシートで覆ったものを使用する．軽量で保温性，消音性に優れる．　〔室山浩二〕

文　献

1) 空気調和・衛生工学会編：空気調和・衛生工学便覧，第13版，第5巻，pp.95-112，2001．

1.3 電線材料

電線およびケーブルの役割として，電気を送る電力用と，信号を送る通信用に大別されるが，その種類は非常に多く，それぞれの用途に合わせて電線およびケーブルを選定しなければならない．

電線は，電気あるいは信号を送る導体と，導体から電気が漏れる，あるいは感電を防止するための絶縁体，および外傷などから保護をするシースから構成されている．

導体には銅あるいはアルミニウムが使われるが，建築物の内部で使われる電線の導体はほとんど銅である．また，用途により，単線およびより線があり，より線のなかには，同心より，集合より，複合よりがある．絶縁体およびシースの被覆材料には，ビニル，ポリエチレンなどのプラスチックやゴムが主に使われる．

近年，地球環境の保全が叫ばれるなか，ビニルに代わり，耐燃性ポリエチレンを使ったエコロジー電線・ケーブルがあり，官公庁を中心に使われるようになってきた．

1.3.1 裸線・裸導体

開放型の電気室の配線，避雷設備の導体に使われる．

1.3.2 絶縁電線

導体をビニルやポリエチレンなどで絶縁したもので，表1.5に示すものがある．なかでもIV（600 Vビニル絶縁電線）は接地用としてよく使われている．

1.3.3 低圧電力用ケーブル

導体をビニルやポリエチレンなどで絶縁したうえに保護被覆（シース）を施したもので，低圧引き込みから低圧機器への電力供給用として幅広く使用される．

なかでも，幹線回路にはCV・CVTが，室内の電灯・コンセント・スイッチ回路にはVVFがよく使われる．

1. 汎用材料

表 1.5　絶縁電線

記号	品種	主な用途
IV	600 V ビニル絶縁電線 (JIS C 3307)	低圧屋内配線，制御回路，動力電灯回路と多岐にわたって用いられる．配線の際は金属管工事，碍子引き工事などの配慮が必要である．他に接地線によく使用されている．
HIV	600 V 二種ビニル絶縁電線 (JIS C 3317)	IV と同様な取り扱いとされるが，絶縁体が耐熱配合としているため，高温雰囲気で使用できる．耐熱温度は 75℃である．
IK KGB	600 V けい素ゴム絶縁（ガラス編組）電線 (JIS C 3323)	90℃までの高温雰囲気で使用される．ただし，金属電線管配線などで保護し，人が触れるおそれがないように布設する場合は，180℃まで使用できる．
KIV	電気機器用ビニル絶縁電線 (JIS C 3316)	電気機器内の配線で使われる．
DVF DVR	引込用ビニル絶縁電線 (JIS C 3341)	低圧架空引込み線（電柱より軒下まで）として使用される．平型のDVF と，より合わせ型の DVR がある．
OW	屋外用ビニル絶縁電線 (JIS C 3340)	低圧の架空電線路に使用される．
OC	屋外用架橋ポリエチレン絶縁電線 (電力用規格 C-107)	高圧の架空電線路に使用される．
PDC PDP	高圧引下用絶縁電線 (JIS C 3609)	6600 V 以下の高圧架空電線路から柱上変圧器の一次側に至る引下げ線として使用される．
KIC	高圧機器内配線用架橋ポリエチレン絶縁電線 (JIS C 3611)	6600 V 以下のキュービクル式高圧受電設備内の配線で使用される．

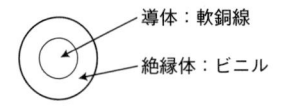

図 1.10　IV の構造

表 1.6　低圧電力ケーブル

記号	品種	主な用途
VVF	ビニル絶縁ビニルシース平型ケーブル (JIS C 3342)	室内の電源・電灯・コンセント回路に幅広く使われている．
VVR	ビニル絶縁ビニルシース丸型ケーブル (JIS C 3342)	屋内外の低圧配線で使われる．
600 V CV	架橋ポリエチレン絶縁ビニルシースケーブル (JIS C 3605)	VVR と同様な取り扱いとされるが，電気特性に優れ電流容量が多くとれるため，幹線に使われる．
600 V CVT	トリプレックス型架橋ポリエチレン絶縁ビニルシースケーブル (JIS C 3605 準拠)	CV と同一用途であるが，単心をより合わせてあるため，施工性がよく 14 mm² 以上では CV より多く使われている．

図 1.11　VVF の構造

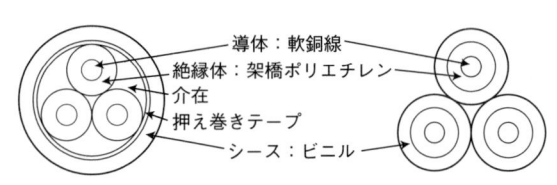

(a) 600 V CV の構造　　(b) 600 V CVT の構造

図 1.12

表 1.7　高圧・特別高圧電力ケーブル

記号	品種	主な用途
6 kV CV	架橋ポリエチレン絶縁ビニルシースケーブル (JIS C 3606)	6600 V の高圧回路で使用される．
6 kV CVT	トリプレックス型架橋ポリエチレン絶縁ビニルシースケーブル (JIS C 3606)	6 kV CV と同様な取り扱いとされるが，取り扱い性のよさと，許容電流が大きくとれるため，6 kV CV より多く使われる．ただし，500 mm² 以上になると 6 kV CV の単心がよく使われる．
22 kV 33 kV CV	架橋ポリエチレン絶縁ビニルシース単心ケーブル (電力用規格　A-216)	22000 V または 33000 V の特別高圧回路で使用される単心のケーブルである．
22 kV 33 kV CVT	トリプレックス型架橋ポリエチレン絶縁ビニルシースケーブル (電力用規格　A-216)	22000 V または 33000 V の特別高圧回路で 60～500 mm² が規定されている．

1.3.4　高圧・特別高圧電力用ケーブル

電気事業者より高圧（6600 V）または特別高圧（22000 V または 33000 V）で受電するときに使われる．

1.3.5　制御用ケーブル

600 V 以下の制御回路に使用される．静電誘導の影

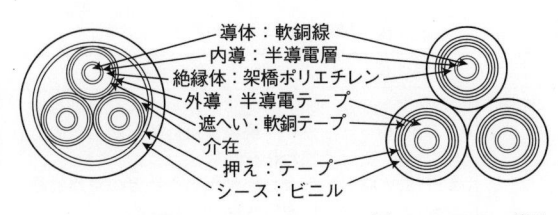

(a) 6 kV CV の構造　　(b) 6 kV CVT の構造

図 1.13

表 1.8　制御用ケーブル

記号	品種	主な用途
CVV	制御用ビニル絶縁ビニルシースケーブル (JIS C 3401)	機器の遠隔操作や自動制御を行う回路に使用される.
CVV-S	遮へい付制御用ビニル絶縁ビニルシースケーブル (JCS 4258)	静電誘導の影響を受けやすいところに使用する.
CVV-SCF	電磁遮へい付制御用ビニル絶縁ビニルシースケーブル (JCS 4258)	電磁誘導の影響を受けやすいところに使用する.

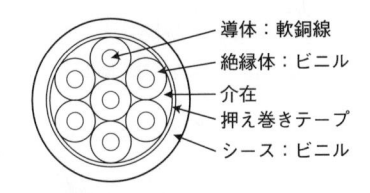

図 1.14　CVV の構造

響を受けやすいところへ布設する場合は，静電遮へいケーブルが，電磁誘導の影響を受けやすいところへ布設する場合は，電磁遮へいケーブルが使われる．

1.3.6　通信用ケーブル
電話回路，放送回路，インターホン回路などで使用される．

1.3.7　情報用ケーブル
主に LAN の配線に使用される．

1.3.8　同軸ケーブル
テレビ受信用およびテレビモニタ用に使用される．

1.3.9　防災用ケーブル
消防用防災システムの配線に使用される．耐火ケーブルは非常用電源回路に，耐熱ケーブルは 60 V 以下の制御回路，非常用通信および信号回路に，警報用電線は，自動火災報知器の感知回路に使われる．

表 1.9　通信用ケーブル

記号	品種	主な用途
CCP-P CCP-AP	市内 CCP ケーブル (JCS 9072)	電話局から市内配線用として使用される.
TKEV	構内用ケーブル (JCS 9070)	建築物内部の電話幹線および室内の配線に使用される.
BTIEV	ボタン電話用屋内ケーブル (JCS 9071)	ボタン電話用の配線として使用される.
TOEV-SS	屋外用電話ケーブル	引き込み用の電話線に使用される.
TIEV	屋内用電話ケーブル (JCS 9068)	室内の電話配線に使用される.
CPEV	市内対ポリエチレン絶縁ビニルシースケーブル (JCS 5224)	電話用の幹線，室内の配線に使用される．60 V 以下の制御回路にも使用される．ただし，最近は識別のしやすさから FCPEV がとって代わっている.
FCPEV	全色識別対ポリエチレン絶縁ビニルシースケーブル (JCS 5402)	電話用の幹線，室内の配線に使用される．60 V 以下の制御回路にも使用される.

図 1.15　FCPEV の構造

表 1.10　情報用ケーブル

記号	品種	主な用途
EBT	電子ボタン電話用ケーブル	10 BASE-T に使うことができるが，電話回路に主に使われている.
UTP 5	カテゴリー 3 相当 (JCS 5504)	
UTP 5 E	カテゴリー 5 ケーブル (TIA/EIA 568 A.5) エンハンスド	100 BASE-T に使われる.
UTP 6	カテゴリー 5 ケーブル (TIA/EIA 568 B.2)	100 BASE-T および 1000 BASE-T に使われる.
	カテゴリー 6 ケーブル (TIA/EIA 568 B.2)	1000 BASE-TX に使われる.

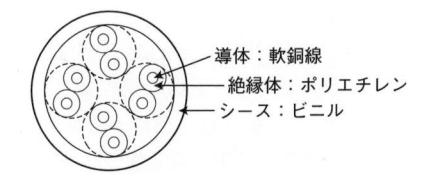

図 1.16　UTP 5 E の構造

表1.11 同軸ケーブル

記号	品種	主な用途
EFCX-HFL	CATV用高発泡ポリエチレン絶縁アルミラミネートシース同軸ケーブル（JCS 5058）	CATVの屋外の回路に使われる.
S-4, 5, 7C-FB	テレビ受信用同軸ケーブル（JIC 3502）	テレビ受信用配線に使用される.
5C-2V	高周波同軸ケーブル（JIS C 3501）	TVモニタ機器間の伝送路に使われる.

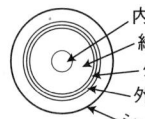

図1.17 S-5C-FBの構造

表1.12 防災用ケーブル

記号	品種	主な用途
FP FP-C	耐火ケーブル（JCS 4506）	消防用設備の電源回路に使われる.
HP	耐熱ケーブル（JCS 3501）	消防用設備の起動装置, 警報装置, 放送設備などの配線に使用される.
AE	警報用電線（JCS 4396）	自動火災報知器の感知回路に使われる.

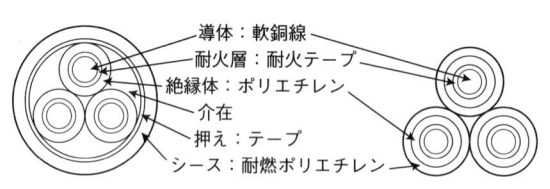

(a) FP-Cの構造　(b) トリプレックス型 FP-Cの構造

図1.18

1.3.10 光ファイバケーブル

近年, 情報通信の分野で写真や映像を送る場合が多くなり, 大きな伝送容量が必要となり, 伝送容量を大きくとれ, 無誘導, 低損失に優れた光ファイバケーブルが使われるようになってきた.

1.3.11 分岐付きケーブル

工場であらかじめ分岐加工または回路を組んであるもので, ビル・集合住宅・工場・学校などの低圧配線で幅広く使われる. 最近は, 通信・同軸ケーブル・LAN用の分岐付きケーブルもよく使われる.

1.3.12 キャブタイヤケーブル

移動用の電源回路および耐屈曲性が要求される回路

表1.13 分岐付きケーブル

記号	品種	主な用途
MB	分岐付ケーブル（JCS 4376）	600 V CVTを幹線および分岐線に使い, 縦幹線用低圧回路に幅広く使われる.
—	通信用分岐付ケーブル（JCS 5424）	集合住宅やホテルなどの電話幹線に使われる.
UB	屋内配線用ユニットケーブル（JCS 4398）	各部屋の電源・電灯・コンセント・スイッチなどの回路を工場で組み, 現場での結線作業が不要なため, 多くの集合住宅で使用されている.

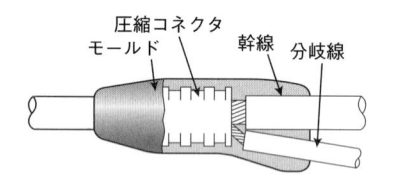

図1.19 MB接続部の構造

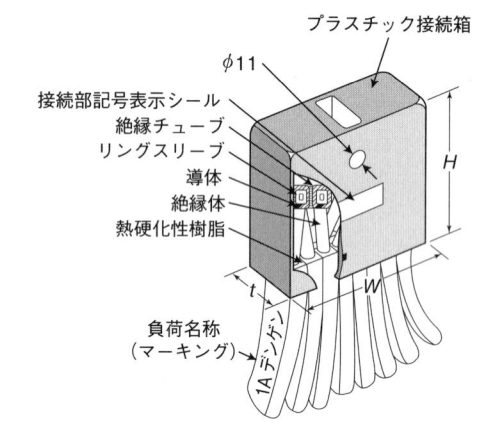

図1.20 UB接続部の構造

表1.14 キャブタイヤケーブル

記号	品種	主な用途
VCT	ビニル絶縁キャブタイヤケーブル（JIS C 3312）	移動用電気機器の電源回路など, 耐屈曲性の要求される場所で使用される.
2RNCT 2PNCT など	ゴム絶縁キャブタイヤケーブル（JIS C 3327）	VCTと同様な取り扱いとされるが, 耐衝撃性, 電灯回路など耐熱性が要求されるところに使われる.

に使用される.

1.3 電線材料

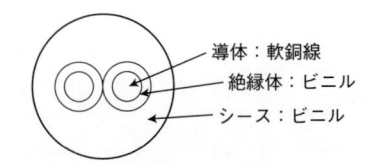

図 1.21 VCTの構造

表 1.15 コード

記号	品種	主な用途
VCTF	ビニルキャブタイヤコード (JIS C 3306)	300V以下の屋内に設置される小型電気機器に使用される.
NNFF など	ゴムコード (JIS C 3301)	耐熱性がよいのでアイロンなどの電熱器具に多く使用されている.

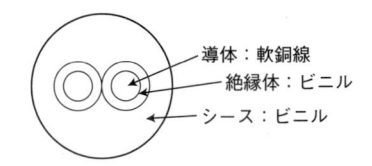

図 1.22 VCTFの構造

1.3.13 コード
移動用機器の電源コードとして使用される.

1.3.14 エコロジー電線・ケーブル
エコロジー電線・ケーブルは，燃焼時にハロゲンガスなどの有害なガスを発生させず，鉛などの重金属を含まず，耐燃性を有する環境にやさしい絶縁電線またはケーブルである. 構造的には，ビニルなどのハロゲンを含んだ材料を耐燃性ポリエチレンなどに置き換えたもので，外径寸法および使用用途は従来型電線・ケーブルと同じである.

1.3.15 低圧ケーブルの端末処理材・接続材
a. 端末処理材
丸型2心，3心ケーブルでは，防水のため分岐管が使われる.
600V CVケーブルの絶縁体は紫外線に弱いため，紫外線の当たる屋外などでは，自己融着テープまたはビニル粘着テープを絶縁体上に巻かなければならない.
(1) テープ巻き工法：絶縁体の上に自己融着テープまたはビニル粘着テープを巻く工法である.
(2) 熱収縮チューブ：熱を加えると収縮するチューブを使い保護層とする工法である.

b. 接続材
接続は直線接続と分岐接続に分けられる.
(1) テープ巻き工法：最も一般的な工法である.
(2) 熱収縮チューブ：幹線非切断型と幹線切断型があり，テープ巻き工法より防水性がよい.
(3) 常温収縮チューブ：あらかじめらせん状の拡張保持材で拡張しておき，端末処理時にそれを引き抜き収縮させる工法である.
(4) 絶縁パテ＋保護カバー工法：絶縁パテで絶縁し，そのうえに保護カバーをかぶせる工法で，テープに比べ施工性がよい.
(5) レジン注入工法：防爆工法として認められている.

1.3.16 高圧ケーブルの端末処理材・接続材
a. 端末処理材
高圧ケーブルの場合，端末部に電界の強いところができるため，ストレスコーンを付けたり，高抵抗を入れて電界の強いところを緩和しなければならず，次のような工法がある.
(1) テープ巻き工法：作業者の熟練性が必要であるため，最近はあまり使われていない.
(2) 差込み式ゴムストレスコーン型（セミプレハブ型ともいう）：ストレスコーンがゴムでできており，最も一般的である. 屋外用は沿面放電を防ぐため，雨覆をつける.
6kVの屋内またはキュービクルのなかはほとんどこのタイプ.
(3) 差込み式ゴムとう管型：JCAAの耐塩害性適用区分では屋外用の差込み式ゴムストレスコーン型と同じであるが，ゴムとう管型の方が耐塩害性において若干よい.
(4) 耐塩害用：碍子でできており，布設場所が海岸に近い場所で使用される.
(5) プレモールド型端末材（エポキシタイプともいう）：22kVの端末は碍子型が多いが，最近変電所の盤がコンパクトとなりスペースの関係上，碍子型よりコンパクトなプレモールド型が使われる
(6) 熱収縮型：熱収縮型チューブをトーチまたはドライヤの熱風で加熱し収縮させるもの. だれでも熟練を要さず信頼性の高い端末ができる.
(7) 常温収縮型：理論的には熱収縮型と同じであるが，あらかじめらせん状の拡張保持材で拡張しておき，端末処理時にそれを引き抜き収縮させる.
(8) 差込み式：差し込むだけで，テープ巻き不用，

表1.16 エコロジー電線・ケーブル

品　種	従来型電線・ケーブル 記号	エコロジー型電線・ケーブル 記号	適用規格
絶縁電線	IV	IE/F	JIS C 3612
低圧電力ケーブル	VVF 600 V CV 600 V CVT	EEF/F 600V CE/F 600V CET/F	JIS C 3605 JIS C 3605 JIS C 3605
高圧電力ケーブル	6 kV CV 6 kV CVT	6kV CE/F 6kV CET/F	JIS C 3606 JIS C 3606
制御用ケーブル	CVV CVV-S	CEE/F CEE/F-S	JIS C 3401 JCS 4258
通信用ケーブル	TKEV TIEV FCPEV EBT	TKEE/F TIEE/F FCPEV/F EBT/F	JCS 9075 JCS 9074 JCS 5421 JCS 5504
情報用ケーブル	CAT5E CAT6	CAT5E/F CAT6/F	TIA/EIA 568 B. 2 TIA/EIA 5868. 2
同軸ケーブル	S-4, 5, 7C-FB	S-4, 5, 7C-FB/F	JCS 5423
防災用ケーブル	FP-C HP AE	従来品もEM仕様となっている HP/F AEE/F	JCS 4506 JCS 3501 JCS 4396
分岐付きケーブル	MB UB	MB/F UB/F	JCS 4427 JCS 4425
コード	VCTF	00 CTF/F	JCS 4509

最も簡単な処理材である．ハロゲン物質や鉛レスのエコタイプもある．

(9) 機器直結型端末処理材：トランスなどに直につけるタイプで，その機器によって異なる．

〔注〕エコロジーケーブルにはエコロジーの端末が必要である．端末材で塩素が入っているものは，ビニル，ゴムのなかではクロロプレンゴムなどがあり，ビニルテープ，雨覆，三叉管，ゴムスペーサなどが該当する．また，鉛レスはんだもある．

b. 接 続 材

高圧の場合，接続は基本的に直線接続であるが，Y分岐接続がまれに使われる．

(1) テープ巻き工法：自己融着テープを巻き絶縁体を構成する工法である．

(2) セミプレハブ式：ゴムストレスコーンをケーブル両端に差し込み，あとはテープ処理する工法である．

(3) 差込み式直線接続：導体接続管の上に導体接続管カバー，スペーサ，絶縁筒を挿入する工法である．

(4) 常温収縮型直線接続材：基本的には端末部と同一である．

(5) プレハブ式Y分岐接続：高圧，特高圧ケーブルの分岐接続に使う．分岐が2本あるH分岐接続もある．

〔遠藤正俊〕

文　献

1) 日本電設工業協会編：新編　新人教育―電気設備（改訂新版），p.524，オーム社，2000．
2) 電気設備辞典編集委員会編：電気設備辞典，p.952，産業調査会，1982．

1.4 断熱材料

保温，保冷材の定義

この規格で用いる主な用語の定義はJIS A 0202によるほか次による．

(1) 保　温：常温以上，約1000℃以下の物体を被覆し熱放散を少なくすることまたは被覆後の表面温度を低下させることを行うこと．

(2) 保温材：保温の目的を果たすために使用される材料．一般に常温において熱伝導率が0.065 W/(m・K)以下の材料．

(3) 保　冷：常温以下の物体を被覆し侵入熱量を小さくすることまたは被覆後の表面温度を露点以上にし，表面に結露を生じさせないことを行うこと．

(4) 保冷材：保冷の目的を果たすために使用される材料．一般に低熱伝導率，低透湿率の材料．

(5) 防　露：保冷の一分野で，主に0℃以上常温以下

の物体の表面に結露を生じさせないことを行うこと.

(6) 防露材：防露の目的を保冷の目的を果たすために使用される材料.

(7) 管内水の凍結防止：保温の一分野で内部流体(一般的には水)が静止状態にある場合，一定時間凍結を防止することを行うこと.

(保温保冷工事施行基準 A 9501-2001 より)

1.4.1 断熱材料の種類と用途

建築設備において，断熱を目的として使用する材料を総称して一般的に保温材と呼んでいるが，保温保冷工事施工基準（JIS A 9501）では，常温以下の断熱に用いられるものを保冷材といっている.

保温材の目的は，熱の放散あるいは熱の侵入防止，一定温度の保持，結露防止および火傷や火災の防止である.

その材質は，一般に少量の固形物と多量の空気から構成されているが，なかには空気の代わりに空気より熱伝導率の小さい気体や真空を利用したものもある.熱的性能を高めるため，空気層の保温性能を上手に利用するようにつくられている.

1.4.2 種　類

保温材の種類は種々な方法で分類できるが，常温～650℃の範囲で使用される一般の保温材，それ以上の高温で使用される高温用保温材，常温以下の低温に使用される保冷材の3つに大別される.

一般的な分類方法としては，保温材の内部構造によって分類する方法がある.

表 1.17 主な断熱材の種類と製品, 用途および製法

種　類	製　品	用　途	製　法
グラスウール	グラスウール吸音材 グラスウール保温材 ダクト用グラスウールボード	消音・吸音・消音器 空調・衛生・プラント設備の機器, ダクト, 配管の保温, 保冷, 防露 空調用低速ダクト・チャンバ	ガラス原料を溶融し，遠心法・渦流法，火炎法などにより細かい繊維状にしたものである．これを加工し各種製品とする
ロックウール	ロックウール吸音材 ロックウール保温材 ロックウール	消音・吸音・消音器 空調・衛生・プラント設備の機器, ダクト, 配管の保温, 保冷, 防露：防火区画貫通部	石灰・けい素を主成分とする耐熱性の高い鉱物（鉱さい・岩石）を配合し，キューポラ・電気炉において（1500～1600℃）高温で溶融しこれを遠心力や圧縮空気または高圧蒸気で吹き飛ばすなどして繊維状にして，これを加工し各種製品とする
セラミックファイバ	ブランケット	厨房排気ダクト 耐火被覆ダクト	
発泡プラスチック	ポリスチレンフォーム	空調・衛生・プラント設備の機器, ダクト, 配管の保温,	ビーズ法：ビーズ状のポリスチレンに発泡材および難燃剤を添加し，蒸気加熱により予備発泡粒とし，養生・乾燥させた後金型に充てんし，再び蒸気加熱して融着成型し，各種形状の製品とする（通称スチロール保温材）. 押出し法：ポリスチレン樹脂，発泡剤および難燃剤などを押し出し機で混合・加熱溶融し先端ノズルから大気中に直接押し出して圧力を開放することにより，連続的に発泡させて，板状製品を作り所定の寸法に切断する（通称スタイロフォーム保温材）
	硬質ウレタンフォーム保温材	空調・衛生・プラント設備 低温タンク・ダクト・配管工事 配管サポート架台	ポリイソシアネートとポリオールを主原料として，融媒・発泡剤・製泡難燃剤などを添加し，各種製法により製品化する
	ポリエチレンフォーム保温材	空調用冷媒管の保温・保冷 冷凍機の保冷 給水管などの凍結防止用	ポリエチレン・ポリエチレン共重合体，ポリプロピレン・ポリエチレン共重合体およびそれらを混合したものを主材料とし，押出し機内で発泡剤および架橋材を添加・混合・溶融し，直接押し出し発泡成型する方法と，シート状に未発泡状態で成型した後，加熱して発泡成型し，これらを板状・筒状に加工する方法がある
無機多孔質	けい酸カルシウム保温材	プラント設備のタンク類 配管類の保温材	けい酸質（けい石・けいそう土）原料と石灰（生石灰，消石灰）原料をほぼ半量と少量の無機繊維を混合し，水を加えて約200℃の熱をかけ，水熱反応を行う．この溶液を型に入れ，水を抜きながらプレス成型し乾燥する

a. 無機系保温材
繊維質：グラスウール，ロックウール，セラミックファイバ
多孔質：けい酸カルシウム

b. 有機系保温材
発泡プラスチック保温材
発泡質：ポリスチレンフォーム，硬質ウレタンフォーム，ポリエチレンフォーム，フェノールフォーム

なお，日本工業規格では下記のように規定された．

(1) 人造鉱物繊維保温材（JIS A 9504とは，ロックウール保温材，グラスウール保温材の総称である．

(2) 無機多孔保温材（JIS A 9510）とは，けい酸カルシウム保温材，はっ水性パーライト保温材の総称である．

(3) 発泡プラスチック保温材（JIS A 9551）とはビーズ法ポリスチレンフォーム保温材（通称スチロール），押出し法ポリスチレンフォーム保温材（通称スタイロフォーム），硬質ウレタンフォーム保温材，ポリエチレンフォーム保温材，フェノールフォーム保温材の総称である．

断熱材の種類と用途，製法を表1.17示す．

保温材の価格

空調衛生設備に使用される保温材は，冷媒管（低温用）・ボイラ・煙道などを除くと使用範囲（5～220℃）が限定されるため，特殊な保温材の必要がない．したがって，工事価格に占める保温材の価格は20～30%にすぎず，外装材の種類によっては外装材より安価であることがある．

保温材と外装材を一体加工した保温材をメーカーが作製し，施工現場で加工取り付け工数を少なくする努力がなされている．

一般的には，保温・防露用にはグラスウールが最も安価で，ロックウール・ポリスチレンフォーム・硬質ウレタンフォームの順に高くなり，保温用にはグラスウール・ロックウール・けい酸カルシウム・パーライト保温材の順に高くなる．製品の種類により，例えば保温帯ではグラスウールよりロックウールの方が安価で，ポリスチレンフォーム保温筒は，押出し法ポリスチレン保温筒よりビーズ法ポリスチレン保温筒の方が安価で，ポリスチレン保温板は逆に押出しポリスチレン保温板の方が安価である．

1.4.3 一般的性質

保温材の種類の選択にあたっては，使用温度範囲，熱伝導率，物理的特性，化学的特性，使用年数および単位当たりの価格，工事現場状況に対する適応性，難燃性，透湿性，施工性などを考慮して選択する必要がある．

これらの特性はメーカーに確認する．

a. 使用温度範囲

保温材の使用温度には，上限（最高）と下限（最低）がある．

使用温度の上限はロックウールおよびグラスウールのような繊維質については，熱間収縮温度試験が定められており，けい酸カルシウムおよびパーライトのような多孔質保温材については線収縮率試験によって定められている．

有機系発泡質の保温材は，試験方法がないので明確には温度の提示はできないが，いずれも大きな変形，寸法変化のない経験的な使用温度の最高を上限と決めている．

使用温度の上限は非常に困難で，使用条件（連続運転，間欠運転）で使用される状態（水分・湿分の有無，密閉，振動，加圧下など）によって大きく異なる．

例えば，グラスウールなどは有機性バインダ（結合剤）を使用しているため，熱間収縮温度より低い温度でバインダが分解し，初期の性能が維持できなくなるので，バインダの分解温度が上限となる．

下限に関しては上限温度を決める以上に難しく，試験方法も皆無に近い，保冷は外表面側が温度も高く蒸気圧も高いので，防湿が重要である．一般には，独立気泡体で保温材自体の透湿率の小さいものが選定される．

ただし防湿層が完全であれば，どの保温材でも常温以下の低温でも使用が可能となる．さらに低温使用温度を定めるもう一つの条件として，低温での収縮・変形がある．これらのことは，実際のモデルにて測定しなくてはわからない場合が多く，また保温材単体ではなく，保冷の構造全体として評価する必要がある．

主な保温材の使用温度範囲を図1.23に示す．

b. 熱伝導率

熱の伝導・対流および放射の全部を含めた物質の熱の伝えやすさ（伝えにくさ）を表す一つの方法として，熱伝導率がある．熱の伝えやすさは物質によって差異があり，一般に固体＞液体＞気体の順に小さい．

熱伝導率が小さいということは熱を伝えにくい，つまり断熱性が大きいということであり，熱絶縁材（保温材）というのは熱伝導率が小さくつくられていて，常温ではだいたい0.023～0.093 W/(m・K)の間にあ

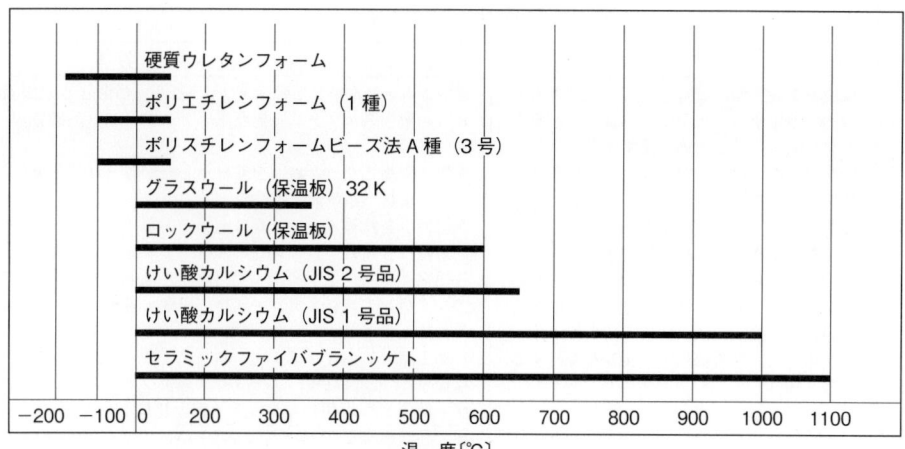

[注] 1. 使用温度上限は JIS（適用範囲など）による．
2. 使用温度下限は JIS に決めのないものは常温にした．

図 1.23 各種保温材の種類と使用温度範囲

るとみてよい．熱伝導率の異なる材料を積層したものについては，等価熱伝導率をもって表す．

1) 密度と熱伝導率 保温材では一般に材料の密度が大きくなると熱伝導率も増大する傾向にある．しかし繊維質保温材は低密度では繊維間空隙が多いために対流が発生しやすくなり，熱伝導率も増大する．グラスウール保温材では 80 kg/m^3 付近で最小値を示す．ロックウール保温材では 100 kg/m^3 最小値を示す．それ以上密度が大きくなると，伝導により熱伝導率は徐々に増大する．しかし高温領域においては，対流の影響が大きいために，より高密度の方が熱伝導率は小さくなる．有機発泡保温材は気泡が独立で微細かつ均一であるので密度は小さい（$15\sim70 \text{ kg/m}^3$）．しかし密度があまり小さくなると気泡が大きくなるので，放射・対流により熱伝導率は増大する．放射は熱流の方向に隔壁が多いほど少なく，対流は独立気泡のセルが 4 mm 以下の場合は無視できる．

気泡内に空気以外のガスを含む発泡質保温材は，これら気体の熱伝導率の影響により熱伝導率が小さくなることもある．

2) 温度と熱伝導率 熱伝導率は温度の上昇に伴い大きくなる傾向にある．100℃温度領域では，空気を利用した保温材の熱伝導率は，温度の上昇に対してはほぼ直線的に増大する．中・高温領域になると低密度の保温材では熱伝導率の増加割合は大きくなり，同一材種の保温材でも密度が小さいほど熱伝導率は大きくなる．これは，低密度で温度が高いほど放射による伝熱量が増大するためである．

繊維質の保温帯は，繊維の配列が熱流の配列と同一方向であるため，高温になると同一種，同密度の保温板に比べると熱伝導率が増大する．

含水している保温材は 100℃前後で水分が蒸発するので，熱伝導率が小さくなる．

3) 含水率と熱伝導率 一般に含水率が大きくなると熱伝導率が増大する．保温材は内部に空隙をもっているため，水蒸気が浸透しやすく，水も浸透しやすい．したがって湿潤状態におかれ，結露が発生しやすい部位に使用された場合には，保温材内部の空隙内の空気と水が入れ替わり，かなりの水を含み，初期の断熱性や熱伝導率を保持できない．

プラスチック系保温材は一般には吸湿しないと思われるが，年数単位の長期間，湿潤状態に置かれた場合には，相当の水を含むことがある．

4) 厚さと熱伝導率 伝導によって伝わる熱は，厚さが増せば熱抵抗が増して伝わる熱量は減少する．しかし，放射による伝熱は，厚さには無関係であるから，厚さが薄くなるにしたがって熱伝導率は大きくなる．

最近の繊維質断熱材のように，非常に軽量になると放射の影響力は大きく，熱伝導率の変化は無視できなくなる．

1.4.4 補助材料

保温材を使用し，保温・保冷・防露工事を施工する場合には各種補助材料が使用される．

これらも，保温の効率および耐用年数を決定する重

表1.18 補助材料の種類と使用目的[2]

種類	使用目的	品名
接着剤	保温材を施工面に固定または一時押さえの目的で使用する．または，外装材などを保温材に貼り付けるために使用する	合成ゴム・エポキシ樹脂系・ウレタン系・酢酸ビニル樹脂系・塩化ビニル樹脂系・アクリル樹脂系・アスファルト系接着剤・両面粘着テープ
ジョイントシーラ	保冷材料間の継目・突出物との継目などに防湿の目的で使用される	油脂・樹脂またはゴム系を基材としたもの（非硬化型）シリコーン系シール材（柔軟硬化型）
緊縛材	保温材および外装材料を所定のところへ固定または支持するために使用する	亜鉛めっき鉄線・ステンレス鋼線・銅線 亜鉛めっき鋼帯・ステンレス鋼帯・アルミニウム鋼帯
補強材	保冷材の外表面に，防湿の目的で使用する	各種鋲・ビニル亀甲金網・亜鉛めっき亀甲金網・銅亀甲金網
防湿材	保冷材の外表面に，防湿の目的で使用する	アルミパンチングメタル・鋼枠・座金・各種テープ類・
外装材	保温材の保護・防湿・防水・その他の障害の防止とともに外装により美観を維持するものである	ねじ類・アスファルトルーフィング・ポリエチレンフィルム・金属質加工品（アルミホイルペーパ・アルミガラスクロス）金属版（亜鉛鉄板・アルミニウム・ステンレス鋼板）・プラスチック（ビニルテープ・塩化ビニル製ジャケット・保温化粧ケース）・各種織布および加工品（綿布），アルミガラスクロス 原紙・整型エルボ・角あてジョイナ・菊座バンド
整型材	屋内露出部仕上げの美観をよくするために使用する	
防水材	外装材の間からの水分・雨水の浸入を防止するために使用する	シーリング材・コーキング材

要な要素である．

補助材料を選択する要素としては，次の項目があげられる．

(1) 耐候性・耐久性・耐腐食性・耐摩耗性
(2) 化学的強度（耐酸性・耐アルカリ性・耐溶剤性）
(3) 保温材の形状，施工場所との適合性
(4) 安全性（臭気・粉じんの発生など）
(5) 熱伝導率・放射率
(6) 経済性

補助材料の主なものを使用目的に分類し，表1.18に示す．

1.4.5 安　全　性

a. 被保温材内流体との関連

保温材は被保温体である機器，配管，ダクト内流体が保温材の中に漏えいし，火災などの災害につながるケースも多い．これは保温材内部に流体が漏れる場合，気づかないままに広く保温材内に拡散し，自然発火につながるものと思われる．したがって高圧可燃性を取り扱う化学工場などでは特に注意を必要とする．

b. 工事現場状況に対する適応性

保温材は施工する地域の状況（気象条件のみでなく人的・交通上の制約）あるいは被保温体の，性質，状態などによって，いろいろな制約を受ける．保温材はそれらの制約をカバーできる性能をもたなければならないが，一般的には長短あい半ばして要求するすべてを満たすことは難しい．一般に考えられる条項を下記に示す．

(1) 大気条件
① 腐食要素の有無
② 気象状況
(2) 設備状況
① 保温を取り外すことがあるか，その頻度，設備や配管は振動または粗暴な取り扱いを受けるか．
② 化学的薬品の漏れのおそれがあるか，どのくらいの範囲か．
③ 設置場所は屋内か屋外か，地中埋設か，運転状況（例えば1年間における点検期間など）．
(3) 難燃性について：主に無機質からなる保温材はバインダとして有機材料を大量に使用していない限り不燃性であり，火災に対して安全性が高い．発泡プラスチック保温材は，保冷材として使用される場合が多いが，この材料は有機質のフォームであり，そのままでは燃焼性があるため，JIS該当品は難燃材を添加するとか，化学的構造内に難燃化元素を導入するなど，なんらかの形で燃え難くなる．しかしまったく燃えないということではない．したがって火災を想定すると難燃材のみでは問題があるので，外装材の選択，耐火材の被覆など施工法に工夫を凝らす必要がある．

(4) 透湿性について：ロックウール，グラスウール保温材など無機質の保温材を保冷材として使用する場合は，透湿性が大きいため，外表面に防湿性の面材をつけて使用しなければならない．

発泡プラスチック保温材は，独立気泡体のため透湿性が小さいが外表面に透湿性の面材を一体化することにより透湿量は0になる．

(5) その他：保温材にアルカリ性のもの，あるいはアルカリ性物質を含む製品がある．アルミニウム面に使用する保温材は，この点に注意する．また外装材として使用する場合も同様である．

保温する容器や配管内の流体の性質を考慮し，万一保温材中にその流体が侵入しても危険な状態を引き起こすことのない保温材を選定する．外装材についても同様である．

保温保冷材および副資材のなかには，火災時に有毒ガスまたは大量の煙を発生するものがある．屋内に使用する場合は，その影響を考慮して危険性の少ない材質を選定する． 〔土屋欣治〕

文　献

1) 日本保温保冷工業協会：保温 JIS 解説 2006 年版，pp.341～366, 2006.
2) 空気調和・衛生工学会編：空気調和・衛生工学便覧（第 14 版），2010.

1.5　防音・防振材料

1.5.1　空気伝搬音と振動・固体伝搬音の低減

最近，快適空間あるいは快適環境に向けての取り組みがいろいろな分野で行われている．それらのなかの重要な取り組みの一つとして，騒音や振動の少ない生活空間あるいは生活環境づくりが積極的に行われている．それに伴って，騒音や振動の低減技術，材料の開発がいろいろな分野で活発に行われており，従来のパッシブタイプに加えてアクティブ制御タイプの開発など新しい展開も見られ，いろいろな形態の防音材料や防振材料が設計段階から要求されるようになってきている．

騒音の低減技術は，図 1.24 に示すように，低減したい対象によっていろいろな方法がある．空気伝搬音を低減する方法としては，遮音，吸音，消音に大別される．固体伝搬音を低減する方法としては，振動を低減することに帰着し，振動絶縁，制振，動吸振に大別される．なお，動吸振は共振の抑制として用いられる場合には制振と呼ばれる場合がある．これらの方法は，それぞれに役割があり，低減しようとする騒音や振動の性状を十分把握したうえで適切な方法を選択あるいは組み合わせる必要がある．

以上のような低減方法に対応した低減材料があり，ここでは，遮音，吸音，振動絶縁，制振のための材料を取り上げ，その種類，役割，メカニズム，用途など

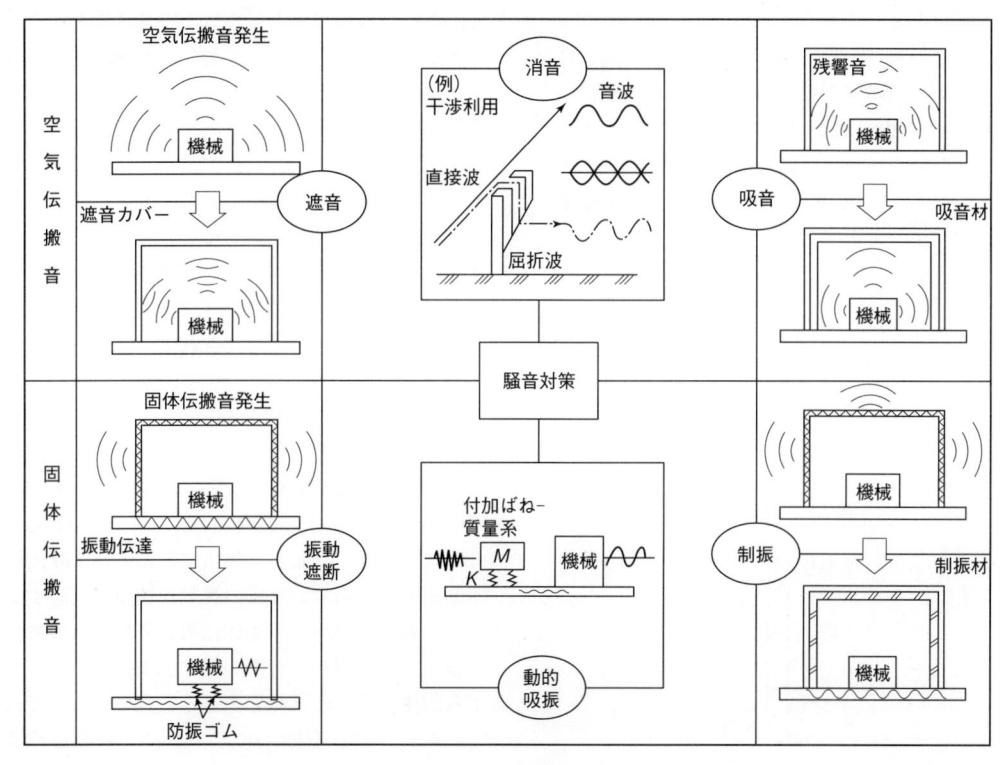

図 1.24　騒音の低減方法

について概説する.

1.5.2 空気伝搬音の低減
a. 遮　音
1) 遮音の役割　遮音とは,図1.25に示すように,空気伝搬音の伝搬する経路に材料を置いて,入射する音のエネルギーI_iを遮断し,透過する音のエネルギーI_tを低減することであり,この役割を果たす材料を遮音材料という.

遮音材料の性能を表す尺度として,TL = $10 \log_{10} I_i/I_t$で定義される音響透過損失TLがある.このTLが大きい材料ほど遮音性能が高いことになる.この音響透過損失は音の入射角度によって変化するが実際の場合にはランダム入射の場合が多く,ランダム入射法による音響透過損失が一般的である.

2) 遮音材料の種類とトレンド　遮音材料の材料構成や構造を遮音構造により分類すると,一体振動パネル,中空パネル,各種サンドイッチ構造とになるが,その構造により遮音特性に特徴があるので,要求特性,使用条件に適合した材料,構造を選択する必要がある.適用にあたっては,コインシデンスの現象,周辺支持条件の影響,すきまの影響,振動がある環境で使用する場合には固体伝搬音発生の程度など十分な留意が必要である.

また,遮音材料の用途に鉄道や道路などの遮音壁があるが,その回折減衰効果を増大するための装置として,干渉機構や吸音機構を利用したパッシブタイプやアクティブ制御タイプなどいろいろと開発され,実用化されている[1),2)].その他,循環型リサイクルの遮音材料も新しいトレンドである.

b. 吸　音
1) 吸音の役割　吸音とは,図1.26に示すように,空気伝搬音の当たる壁面に材料を置き,入射した音のエネルギーI_iを材料の中で熱エネルギーに変換し,反射する音のエネルギーI_rを抑制しようとするもので,この役割を果たす材料が吸音材料である.

吸音材料の性能を表す尺度として吸音率$α$があり,$α = (I_i − I_r)/I_i$で定義され,$α$が大きいほど吸音性能が高いことになる.この吸音率も音の入射角度によって変化し,吸音材料の表面に対して,音波が垂直,指定された斜めの角度,あらゆる角度から入射した場合の吸音率をそれぞれ垂直入射吸音率,斜め入射吸音率,ランダム入射吸音率と呼んでいる.実際の場合には,ランダム入射の条件に近い場合が多く,これを想定して測定される残響室法吸音率で吸音材料の吸音率が表されることが多い.最近,道路交通騒音では,斜め入射吸音率が使われている.

2) 吸音材料の種類とトレンド　吸音材料の材料構成,構造を吸音構造により分類すると,多孔質タイプ(多孔質材料:中高音用),多質点系振動タイプ(膜状・板状材料:中低音用),空洞共鳴タイプ(孔あき,スリット構造体,単一共鳴器:低音用)と大別される.以上のように,吸音材料は吸音特性に特色があるので,実際の適用にあたっては,吸音特性をはじめとする要求条件などを十分に把握し,的確な材料を選択あるいは組み合わせをする必要がある.これまで,最も代表的な吸音材料としては,グラスウールや軟質ウレタンフォームなどがあるが,最近,リサイクル性やリサイクル材料の有効利用,さらに生活環境や作業環境の安全性などの観点から,新しい吸音材料のニーズも高まっており,ポリエステルなど高分子繊維系[3)],セラミック系やアルミ系の吸音材料(いずれも多孔質タイプ)も開発され,実用化されている.

1.5.3 固体伝搬音の低減
a. 振動絶縁
1) 振動絶縁の役割　振動絶縁とは,例えば,図1.27に示すように,振動が発生している機械と床との間に適切な"ばね"を挿入することにより,機械の振動が床へ,あるいは床の振動が機械へ伝達するのを遮断する方法である(固体伝搬音の場合は前者の場合が多い).これによって,振動や,それに伴って発生する固体伝搬音の低減を図ることができる.

一般に,ばねを挿入することによる振動絶縁特性は,図1.27に示すように系の固有振動数f_0と損失係

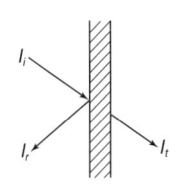

図1.25　遮音

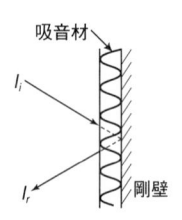

図1.26　吸音

1.5 防音・防振材料

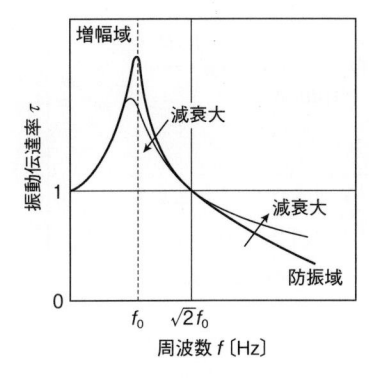

図1.27 振動絶縁

b. 制　振

1) 制振の役割　建築構造物や機械構造物のケーシングなどのパネル類は，広帯域の周波数領域に多くの共振を引き起こす要素をもっており，広帯域の不規則振動や衝撃などが印加されると一度に共振状態が励起され，大きな鋭い固体伝搬音を発生する．こうした場合に，例えば，振動エネルギーを熱エネルギーに変換すると共振現象を抑制することができる．これが制振の役割である．これにより，図1.29に示すようにパネルの振動は急激に減衰し，それに伴って固体伝搬音が低減する．

2) 制振材料の種類とトレンド　この制振機能を付与する代表的な方法として，振動エネルギーを熱エネルギーに変換する仕組みのものと"制振は共振を抑制すること"ということからダイナミックダンパにより慣性力と位相変換で共振を抑制する仕組みのものがある[6]．パネル類の固体伝搬音の低減には前者による方法がとられることが多い．前者に属するものとして，高分子系の制振材料を貼るか塗布する，異種材料を複合する，乾燥砂など粒体を詰める，磁性体を固着させるなどの方法がある．高分子系制振材料は，工業的に生産され，性能的にも安定したものになっており，非拘束タイプと拘束タイプがある．ただし，高分子系制振材料は温度依存性があるので，使用環境に則した適切なものを選択する必要がある．これを改善したものとして，磁性複合材料も開発されている．　〔飯田一嘉〕

数 η とで決まり，外力の振動数 f に対し振動伝達率 τ が1以下になるように系の固有振動数 f_0 を決定することになる．その場合，f_0 が外力の絶縁対象周波数の1/3程度になるようなばねを選ぶのが目安である．

2) 振動絶縁材料の種類とトレンド　振動絶縁に用いるばねは，概略，ゴム系（防振ゴム，空気ばね，積層ゴム），金属，樹脂系（板ばね，重ね板ばね，皿ばね，コイルばね）に分類されるが，振動絶縁対象により適切なばねを選択する必要がある．

乗用車はじめ，一般によく用いられている防振ゴムの一例として，乗用車のエンジンマウントの変遷の例[4]を図1.28に示すが，図(b)や図(c)は低周波数側では系の損失係数を大きくすることで，共振を抑え（$\tau > 1$ の領域），絶縁領域（$\tau < 1$ の領域）では系の損失係数が小さくなるように設計されたもので，図(a)の単一材料では実現できない特性をもたせたものになっている．

また，水平方向の振動絶縁を図る振動絶縁材料として，建築物の地震対策用に開発された積層ゴム[5]も精密機械や光学系の振動（いずれも水平方向の振動に弱い）の低減に用いられた事例も出てきている．

文　献

1), 2) 例えば，松本晃一：実用騒音・振動制御ハンドブック，740-742，エヌ・ティー・エス，2000．
3) 例えば，飯田一嘉：工業材料，**49**-9，23，2001．
4) 飯田一嘉：工業材料，**49**-9，20，2001．
5) 例えば，飯田一嘉：空気調和・衛生工学会便覧（第13版），136，丸善，2001．
6) 飯田一嘉：実用騒音・振動制御ハンドブック，489，エヌ・ティー・エス，2000．

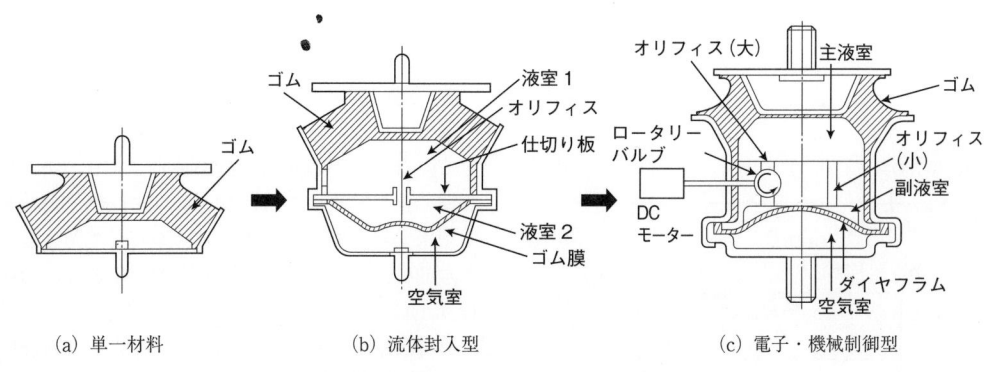

(a) 単一材料　　(b) 流体封入型　　(c) 電子・機械制御型

図1.28 乗用車エンジンマウントの変遷の例

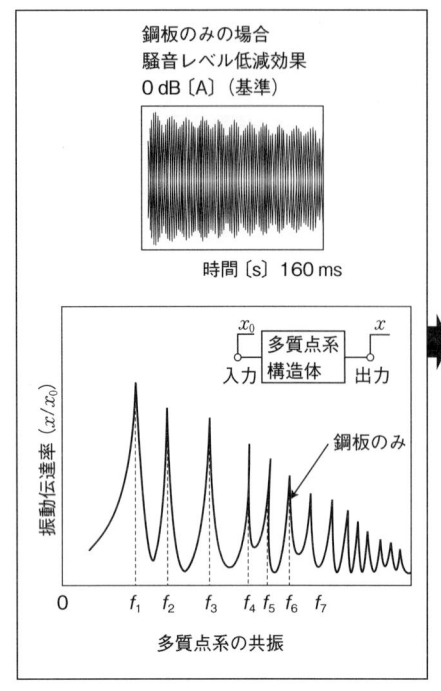

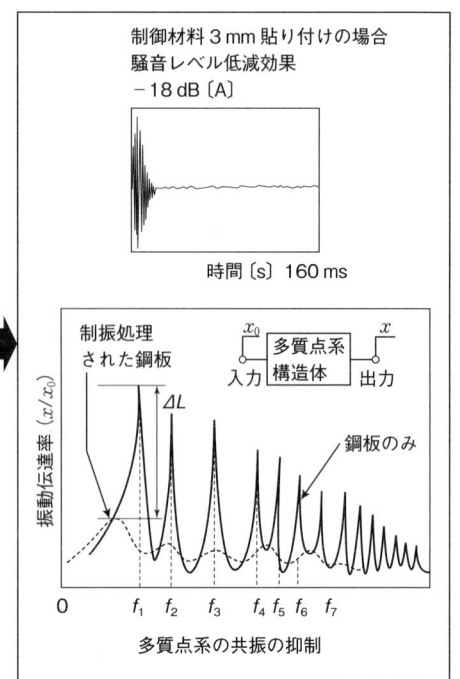

図 1.29 制振

1.6 防食・塗装材料

1.6.1 防食
a. 腐食のメカニズム
建築設備の腐食は水が介在する湿食で，その腐食メカニズムは，下式に示す2つの反応式が金属表面で同時に起こることによって進行する．したがって，酸素と水が存在することが必要条件である．その腐食模式図を図1.30に示す．

$$Fe \longrightarrow Fe^{2+} + 2e^- \quad アノード反応$$

$$\frac{1}{2}O_2 + H_2O + 2e^- \longrightarrow 2OH^- \quad カソード反応$$

b. 用途別配管の防食
1) 冷却水 冷却水は開放冷却塔によって水中の硬度成分（カルシウムなど）が濃縮され，かつpHも上昇するので，腐食性は緩和され，スケール生成傾向の水となっている．したがって，冷却塔での適性な濃縮管理を行えば，冷却水配管の腐食も冷凍機のチューブスケール化も予防ができる．

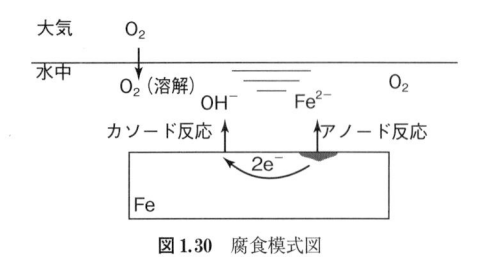

濃縮管理方法としては，LI値（ランゲリア指数）が0〜−1の範囲に入るように冷却塔ブロー水量を調整する．

2) 密閉系冷温水 密閉系冷温水は大気に触れることがなく配管系内を循環しているので，水中の溶存酸素は徐々に消費され，1〜2ppm程度まで減少する．したがって，腐食メカニズムのカソード反応は酸素が少ないため，ほとんど起こらず，腐食は抑制される．

しかしながら，水中の溶存酸素量が増加する要因として，ポンプグランドからの漏水，水替え，開放のバッファタンクなどがあるので，注意が必要である．

3) 蓄熱槽系冷温水 蓄熱槽系冷温水は，密閉系冷温水と異なり水中の溶存酸素が減少することはないので，なんらかの防食措置が必要である．例えば，蓄熱槽の水が二次側に流れないように，熱交換器を介して使用する密閉系冷温水システムにして防食し，蓄熱槽水側は，水処理薬剤で腐食を抑制するなどの措置を行う．

4) 蒸気系 蒸気系で腐食が問題となるのは蒸気還水管である．蒸気還水配管は，水中のMアルカリ

図1.30 腐食模式図

成分によってpHが低下し、炭酸腐食を起こすとともに、溶存酸素による腐食により加速されるので、なんらかの防食が必要である。したがって、耐食性のあるステンレス配管を使用するか、または還水処理薬剤（中和形＋脱酸素）の使用が必要である。

5) 給水 給水は腐食性のある水なので、なんらかの防食が必要である。現在は、ライニング鋼管やステンレス鋼管などの耐食材料が使用されているので問題ないが、鋼管が使用されている既設の配管は、赤さびやさびによる配管閉塞が問題になっている。これらの設備に対しては、水中の溶存酸素を除去する脱酸素が有効である。磁気処理も最近使用されているが、赤水解消には有効だが、防食効果には疑問がある。

6) 給湯 給湯は腐食性が強いので、古くから銅管が一般的に使用されている。しかしながら、給湯銅管にも潰食や孔食が発生するおそれがあり、それらを防食するためには、潰食では管内流速の制限が、孔食にはフィチン酸薬剤の添加やすずめっき銅管の使用などが行われている。

1.6.2 塗装材料

a. 塗装の種類

1) エッチングプライマ 亜鉛めっき鋼管や亜鉛鉄板の下地処理で、ウォッシュプライマとも呼ばれている。亜鉛の上に直接塗料を塗布すると塗料がはく離するのを防止し、密着性をよくするはたらきがある。

2) 下塗り塗料 黒ガス管や一般鉄面の防せいや密着性を目的として使用する塗料で、一般さび止めペイントなどが使用される。

3) 中・上塗り塗料 主に耐候性や防水、耐薬品性および仕上げの目的で使用される。仕上げ用としては、合成樹脂調合ペイント（SOP）が使用され、防水・耐薬品性では、タールエポキシ塗料が、耐候性では、塩化ゴム系またはウレタン樹脂塗料が使用される。

b. 素地調整

塗装面のさびや油分などを除去して塗料の接着性をよくするための素地調整が必要である。代表的な素地調整を表1.19に示した。　　　　　〔村上三千博〕

表 1.19 素地調整

塗装面	素地調整方法
鉄部	① ワイヤブラシ・スクレーパなどで汚れ、付着物を除去する ② 揮発油ぶきなどで油類を除去する ③ ディスクサンダなどでさびを落とし、ただちにさび止めを行う
亜鉛めっき部	① ワイヤブラシ・スクレーパなどで汚れ、付着物を除去する ② 揮発油ぶき・中性洗剤・湯・水洗などで油類を除去する ③ エッチングプライマで表面処理した後、ただちに塗装を行う
コンクリート部	① 素地を十分に乾燥させる ② ワイヤブラシ・スクレーパなどで汚れ、付着物を除去する ③ 素地の亀裂、穴などはエマルジョンパテなどで補修し、表面を平滑にする ④ 表面乾燥後、研磨紙で平滑にする

2 汎用機器

2.1 ポンプ・送風機

空調用ポンプ（冷却水・冷水・温水循環ポンプなど）以外の，深井戸・浅井戸用水中モーターポンプ，汚水・雑排水・汚物水中モーターポンプ，直結給水ブースターポンプ，消火ポンプユニットなどについて述べる．

2.1.1 ポンプの選定

空調では，密閉回路またはこれに近い回路での冷温水，冷却水の循環にポンプが使用されている．そのため吸込側揚程，ウォーターハンマなどが問題になることはまず無い．しかし，開放回路で用いられるポンプでは，上記が問題になる．

ポンプの選定には，全揚程 H〔m〕と吐出し水量 Q〔m^3/min〕が，初めに決まっていなければならない．

全揚程は，図2.1に示すように，次式で表される．
全揚程＝実揚程〔m〕＋配管損失水頭〔m〕＋吐出し速度水頭〔m〕

実揚程は，ポンプの中心を境にして，吐出し側と吸込側に分かれる．この吸込側実揚程（吸込み高さ）は，理想的には大気圧に相当する水柱高さ10.3〔m〕が得られるはずである．しかし水の飽和蒸気圧に相当する水頭，吸込管路の損失圧力水頭，ポンプに水を流し込むのに必要なヘッドNPSHRが必要である．この分だけ，吸込実高さは減少する（図2.2）．

実際にポンプを設備する際は，上記のNPSHRに余裕をもたせる．たとえば，NPSHRが3mのポンプでは，4mの絶体全圧（NPSHA）が得られるようにポンプ設備を計画する．NPSHRは採用したポンプ固有の値で，変更不可能であるが，NPSHAは吸込側設備の変更，たとえば配管径，据付け高さなどの変更で変えられる．図2.3に水温とポンプ吸込全揚程の関係を示した．

ポンプを含む配管系では，停電などによるポンプの急停止，急激な弁の開閉によるウォーターハンマが起こり，異常圧力波の発生でポンプ，配管が破損に至ることがある．

高低差が大きく，給水配管延長が長い場合はウォーターハンマによる圧力波の影響の検討が必要になる．配管は低くし，高所に長い水平部をつくってはならない．

図2.1　ポンプの全揚程

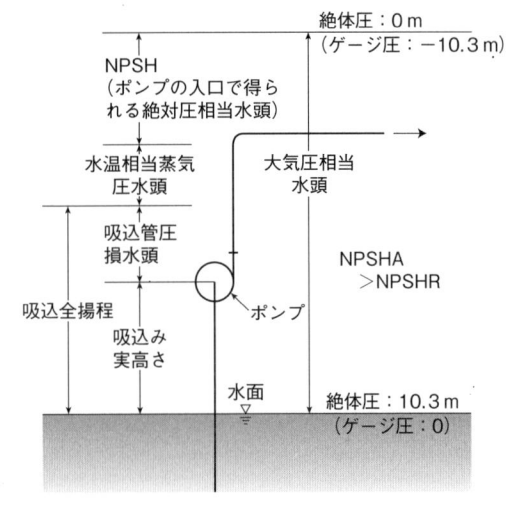

図2.2　NPSH

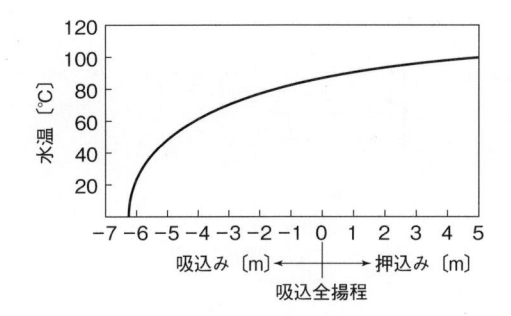

図2.3 水温とポンプ吸込全揚程（NPSHR 4 m の場合）[1]

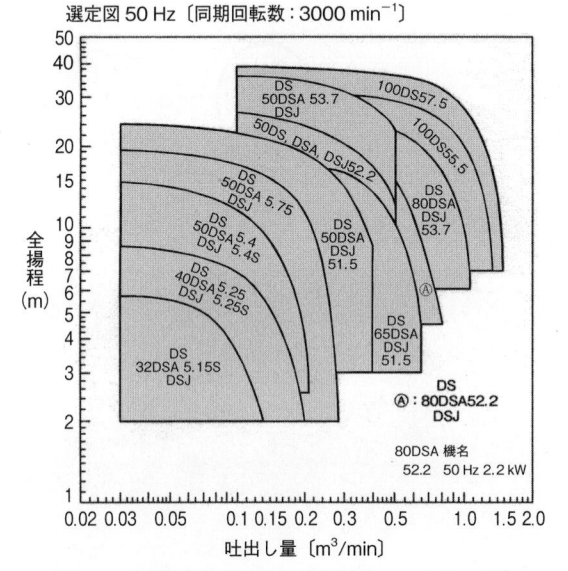

図2.4 動力基準選定図表（汚水用水中モータポンプ）[2]

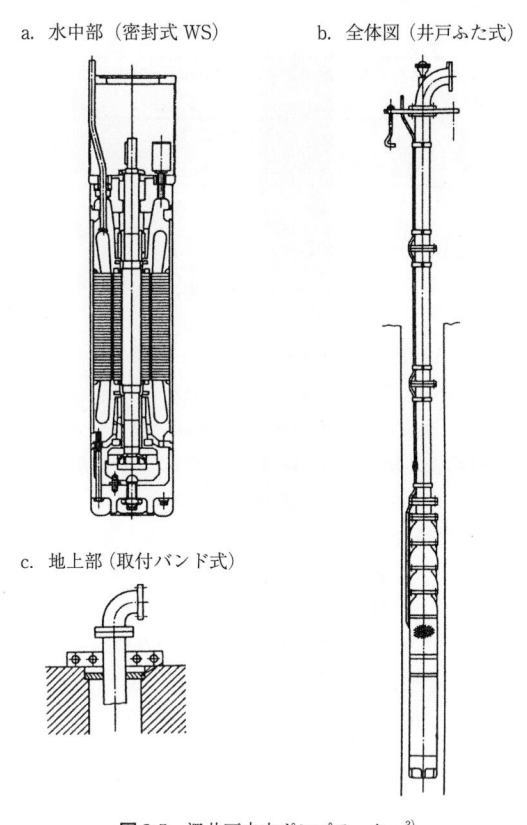

図2.5 深井戸水中ポンプモーター[3]

a. 水中部（密封式 WS）
b. 全体図（井戸ふた式）
c. 地上部（取付バンド式）

2.1.2 ポンプ選定図表

用途にあった機種，たとえば汚水を取扱うには，汚水水中モーターポンプを選ぶ．次に必要な吐出し量，それを送るに必要な全揚程が決まれば，メーカーが機種ごとに公表している選定表から最適な機名を選ぶ．

選定図表には動力基準（図2.4）と要目基準の2種類がある．横軸は吐出し量，縦軸に全揚程が対数目盛で刻まれている．この図表中にその機種に含まれているポンプのそれぞれの吐出し量と全揚程の関係を図示したもので，枠内には電動機のkW数，機名などが記入されているのが動力基準のものである．

2.1.3 深井戸水中ポンプモーター

耐水構造のモーターに直結した立形多段渦巻きポンプを深井戸中に水没させ，揚水するポンプである（図2.5）．ケーシングの最上部にチェッキ弁がビルトインされていて，停止時の吐出し管からの逆流を防止している．軸受には水潤滑のすべり軸受が使用されている．

モーターの巻線には，耐水絶縁電線が使用されている．小型のものには巻線部が薄いステンレス板で密閉されたキャンドモーターが使用されている．そのため巻線は水と接触することはない．中，大型のものでは，電動機内部に清水が封入されている．軸封にはオイルシール，またはメカニカルシールが使用されている．さらに軸受の潤滑には封入水が用いられている．軸受の発熱による水の膨張に対処するため，ベローズ機構などがある．

このポンプには JIS 規格，B 8324（深井戸水中モータポンプ）があり，下記が定められている．

・揚水の水質は，PH が 5.8〜8.6，塩素イオン 200 mg/l 以下，含有砂量は 50 mg/l 以下，砂粒大きさは 0.1〜0.25 mm 以下

・低水位用電極を設け，地下水位低下によるポンプの空転を防ぐ．

・水中ケーブルは，ケーシング止めにより揚水管に取りつける．その支持間隔は表2.1による．

・井戸ふたは，揚水管，吐出し曲管を支持する構造で，ケーブル引出し用の孔および水位測定用の孔

表 2.1　ケーブルの支持間隔

ケーブル心線の太さ〔mm²〕	支持間の距離〔m〕
50 以下	6 以下
50 を超えるもの	3 以下

（15 mm 以上）を設ける．
・潜没深さは少なくとも 2 m 以上を必要とする．

2.1.4　浅井戸水中モータポンプ

給水，消火栓用ポンプで，受水槽など比較的水深の浅い所に設置し，使用する．深井戸ポンプと異なり，井戸径による制限がないため，羽根車径を大きくできるので，1 段当たりの実揚程が大きくとられ，段数は少ない．構造的には深井戸水中モータポンプと同じである．

2.1.5　汚水・雑排水・汚物水中モータポンプ

表 2.2 は汚水・雑排水・汚物水中モーターポンプを取扱い液に含まれる固形物の大きさで区分したものである．

羽根車には，主として汚水用に用いられる開放形，雑排水・汚物用ポンプに用いられるノンクロッキング羽根車，渦流形がある．ノンクロッキング羽根車は円弧状の大きな羽根を 1～2 枚もつものである（図 2.6）．渦流形は，水に旋回流を与えるだけで，水の通路の外にあり，羽根車の回転により，水に遠心力を与え，水を押し出すものである（図 2.7）．

点検のため，汚水・汚物中でポンプの取付け，取り外しを行うのは好ましくないので，自動着脱装置がある．ポンプの吐出しフランジと吐出し配管をガイドパイプにより，自動的に接続する装置である．

運転方式としては，自動交互並列運転が一般的である．2 台のポンプを用い，水位により自動的に交互運転を行う．1 台が故障すると，残りの 1 台の水位による単独運転になる．異常増水時には，残りの 1 台が自動的に運転を始め，2 台の並列運転に入る．異常増水が止まれば，正常運転にもどり，自動交互運転に入る．

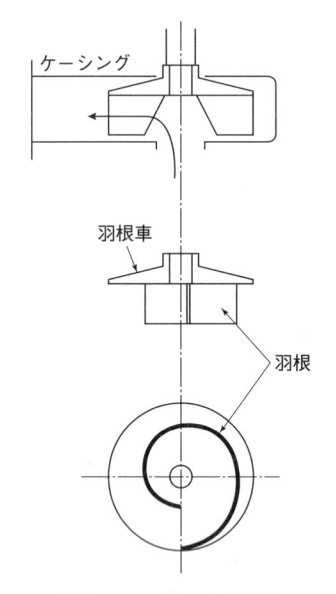

図 2.6　ノンクログ羽根車

図 2.7　過流形羽根車[4]

2.1.6　直結加圧形ポンプユニット

表 2.3 に給水方式を示した．従来の給水方式は，水道本管から一度受水槽に受け，ポンプで高置水槽に揚水し，そこから改めて需要先に給水するのが一般的で

表 2.2　汚水・雑排水・汚物水中モータポンプの区分

	汚水用水中モータポンプ	雑排水用水中モータポンプ	汚物用水中モータポンプ
用　途	し尿，浄化槽の処理水，二重スラブ内の湧水など，ほとんど固形物を含まない汚水の排水	雑排水のように小さな固形物が混っている水の排水	便水のような汚物を含む水の排水
＊含まれる固形物	固形物をほとんど含まない	口径 50 mm 以上のとき，直径 20 mm 固形物及びひも状固形物	口径 80 mm 以上のとき 53 mm の球形固形物，ひも状固形物
羽根車	オープン羽根車	ノンクロッキング・渦流形羽根車	ノンクロッキング・渦流形羽根車

〔注〕＊ 詳細はメーカーカタログ参照

表2.3 各給水方式の比較

給水方式 項目	水道直結方式	高置水槽方式	圧力水槽方式		ポンプ直送方式	
			地下階設置	屋上設置	受水槽あるもの	直結増圧給水
水質汚染の可能性	秀	良	優		優	秀
給水圧力の変化	水道本管の圧力に応じて変化する	ほとんど一定	圧力水槽の出口側に圧力調整弁を設けない限り水圧の変化は大きい		ほとんど一定	ほとんど一定
断水時の給水	不能	受水槽と高置水槽に残っている水量が利用できる	受水槽に残っている水量が利用できる		受水槽に残っている水量が利用できる	不能
停電時の給水	関係なし	高置水槽に残っている水量が利用できる エンジンまたは発電機があれば可能	エンジンまたは発電機を設ければ可能		エンジンまたは発電機を設ければ可能	水道水圧が及ぶ一部では可能 エンジンと発電機を設ければ可
最下階機械室スペース	不要	秀	良	秀	優	優
屋上タンク用スペース	不要	必要	不要	要	不要	不要
設 備 費	秀	良	優		良	良
維 持 管 理	秀	優	可		良	良

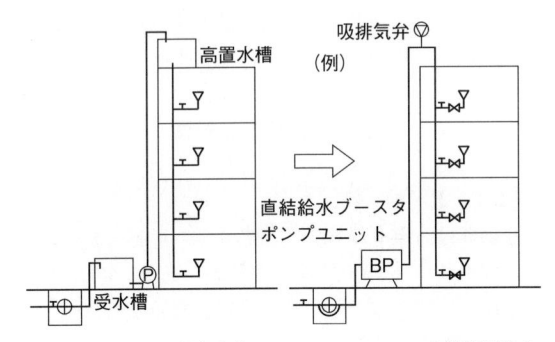

図2.8 従来方式と直結増圧給水方式

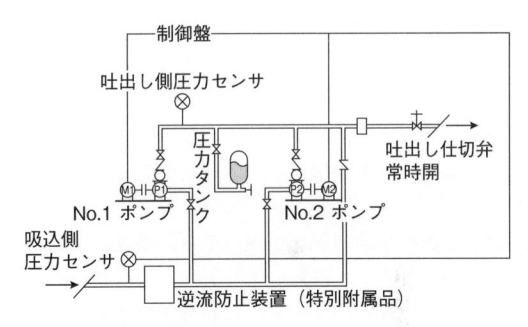

図2.9 直結給水ブースタポンプユニット[5]

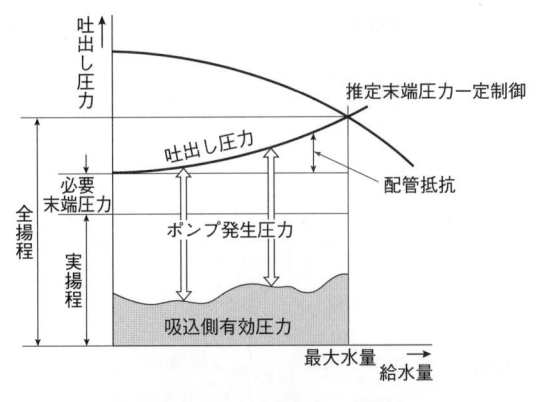

図2.10 推定末端圧力一定制御

あった.しかし,今日では増圧直結方式が下記理由により,上記の従来方式に代る傾向にある(図2.8).

・大気に開放される機会が無く,直接需要先に給水されるため,衛生的である.従来方式では受水槽と高置水槽で大気と接触し汚染のおそれがある.

・受水槽,高置水槽が不要になるため,スペースに大きな余裕ができる.

・受水槽,高置水槽での水質管理が不要になる.しかし,ポンプ停止時の逆流による,水源の汚損の懸念が残る.そのため逆流防止装置の機能をより高めた逆止弁を2個直列に配置した複式逆止弁などが採用されている.

直結加圧形ポンプユニットは,図2.9のように,2台のポンプ,圧力タンク,逆流防止装置,吐出し仕切り弁,吐出し・吸込の両側に装備されている圧力センサ,およびこれらを運転・制御するためのポンプ上部に置かれた制御盤から構成されている.

ポンプは,吐出し圧力,または末端推定圧力(図2.10)が一定に保たれるように,回転数がインバータで制御

されている.

夜間など使用水量が減少すると,ポンプは停止する.水道管圧が高圧になった場合,ポンプを停止させ,バイパス配管により水道管圧力で直接給水する.

2.1.7 消火ポンプユニット

消防法,建築基準法で定められた,屋内消火栓,スプリンクラー,屋外消火栓に,加圧送水するポンプである.構造,材料,性能など消防法の技術基準に従って製作されている.ポンプには通常陸上用遠心ポンプが用いられてはいるが,浅井戸用多段水中モータポンプも使用されている.ポンプ性能については,① 定格吐出し量での全揚程は,定格全揚程の100〜110%,② 吐出し量が定格値の160%での全揚程は,定格全揚程の65%以上であること,③ 締切り全揚程は定格吐出し量での140%以上であること,またポンプの軸動力は定格吐出量の150%で電動機定格出力の110%を超えてはならないと定められている.

ポンプを常時満水状態に保つため,呼水装置を附設し,ポンプ吸込口より高所に置くことが定められている.呼水水槽は定められた有効水量を保有し,給水用のボールタップ,減水警報装置,オーバーフロー管を附設する.呼水水槽はポンプと逆止弁を介して接続される.

締切り運転状態で運転が続いても,温度上昇による回転体が焼付くことの無いよう,水温上昇防止用逃し装置を設け,運転中は一定の水を外部に逃す.羽根車に働く推力をバランスさせるために,バランスディスクのあるものは,バランス室から常に一定の水を吸込側に逃している.この形のポンプでは,上記の吸込側に逃している水を,呼水槽に逃すことも許されている.

このポンプは,定められた間隔で性能試験を可能にするための,ポンプ性能試験設備を設ける.ポンプの吐出管から分岐管を設け,ここに流量計を装備する.流量調節用の弁を設け,吐出し水を消火槽に戻しながら,性能試験をする(図2.11).

2.1.8 送風機

空調用以外にも,送風機は,車庫,エンジンルーム,厨房,トイレの換気用などに,また排煙送風機としても使用されている.それぞれの目的に適した機種(遠心,軸流,横流送風機)が選ばれている.構造的にも,性能的にも空調用のものと変わらない.一般事項については第IV編2.2空調機器に記述されている.

しかし附属品の排気フード,グリースフィルタ,ガラリ,防火,防煙ダンパーなどは,規定のあるものは基準に従い,目的に合ったものを使用する.

2.2 電動機・原動機

2.2.1 電動機

電動機は,電源から受けた電気エネルギーを,回転力に変換するもので,多くの種類がある.図2.12のように分類できる.しかし,建築設備で使用されているのは,かご形誘導電動機が圧倒的に多い.

かご形三相誘導電動機を電源に接続すると,固定子に,電源の周波数に応じた回転磁界が発生し,それにひかれて回転子が回転するが,回転数は負荷の増加に

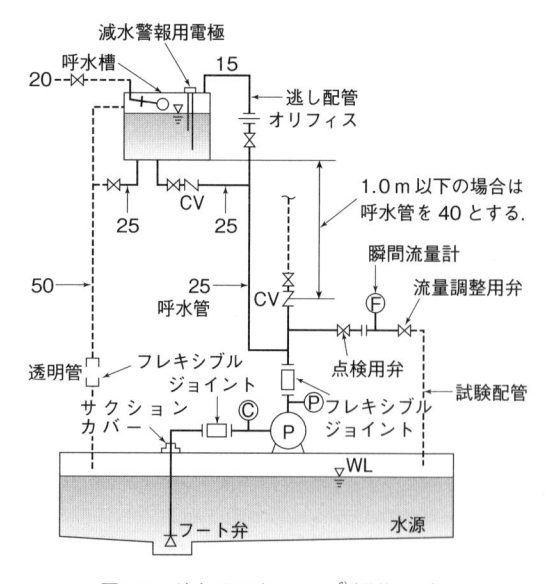

図2.11 消火ポンプユニット[6](単位 mm)

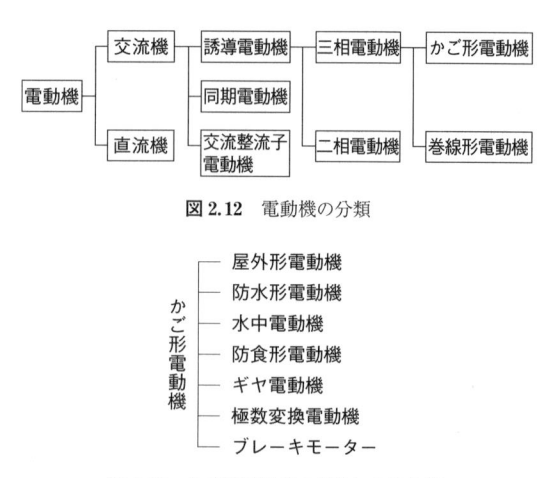

図2.12 電動機の分類

図2.13 かご形電動機の用途による分類

表2.4 始動方式の比較

始動方式		始動電流	始動トルク	備考
全電圧		100	100	始動電流は定格電流の6~7倍となる
スターデルター		33.3	33.3	5.5kW以上の電動機に適用．軽負荷で始動可能なもの
リアクトル	50%タップ	50	25	ファン・ポンプなどのように速度上昇とともに負荷トルクの増加するもの
	65%タップ	65	42.3	
	80%タップ	80	64	
コンドファ	50%タップ	25	25	比較的始動トルクを要するもの
	65%タップ	42.3	42.3	
	80%タップ	64	64	

注：全電圧始動を100とした．

従って遅くなる．無負荷時の回転数（同期回転数N）に対する遅れの割合を滑りsという．

$$N = 120f/p \quad \text{[r.p.m]}$$

ここでfは電源の周波数〔Hz〕，Pは電動機の極数である．Naを負荷時の回転数〔r.p.m〕とすると，

$$s = \frac{(N-Na)}{N} \times 100 \text{〔％〕}$$

高効率電動機ほどsは小さい．
電動機入力は，下式で表わされる．

単相交流　$P_1 = EI\cos\theta$〔W〕

ここで　P_1：単相電力〔W〕
　　　　E：電圧〔V〕
　　　　I：電流〔A〕
　　$\cos\theta$：力率〔-〕

三相交流　$P_2 = \sqrt{3}EI\cos\theta$〔W〕

電動機出力は，上記入力に電動機効率η_mを乗じたものになる．

かご形電動機は，構造簡単で堅牢なため，信頼性が高く，また用途にあった図2.13のように多くの機種が生産されているため使い勝手もよいので広く使用されている．しかし，始動時に大きな電流が流れる欠点がある．その緩和のため種々の始動方式（表2.4）が用意されているので，経済性も含め最適なものを選定すべきである．可変速電動機には，多くの種類があるが，かご形電動機とインバーターの組合せが広く使用されていて，インバーター搭載クーラー，ポンプなどが市販されている．

2.2.2 エンジン

建築設備では，防災用，予備電源用，およびコージェネレーション用の発電機駆動に，エンジンが用いられている．防災用，予備電源用にはディーゼルエンジンが，コージェネレーションにはガスエンジンの使用例が多い．両者では点火方法が異なる．ディーゼルは，空気を吸引し，圧縮後，燃料油を噴霧し，圧縮後の高温空気に触れさせ，着火させ，爆発させる．その力で発電機を回転させる．

ガスエンジンは，ガスミキサーでガスと空気を混合させたあと，そのガスをシリンダー内に吸引し，圧縮する．圧縮の終りに，点火プラグから電気火花を飛ばしガスに点火・爆発させる．この時の爆発力でエンジンを回転させ，発電機を駆動する．

シリンダ内に，高密度の空気を供給できれば，出力は増大する．このはたらきをするのが過給機である．排気ガス駆動遠心圧縮機を使用している．さらに給気冷却器を装備して，冷却により，高密度化を図り，燃焼効果を向上させた高過給エンジンが一般化している．そのため，コージェネレーション用では，エンジン冷却水は，給湯用などのものと，給気冷却用は別系統になっている（図2.14）．

表2.5にディーゼルエンジン，ガスエンジン，ガスタービンの特徴を対比させた．排ガス中のNO_x量は，ガスエンジンでは希薄燃焼，三元触媒の採用で，大都市地区の指導値もクリア可能であるが，ディーゼルの場合は三元触媒によるNO_xの処理は難しい．アンモニアによる還元作用によらなくてはならない．

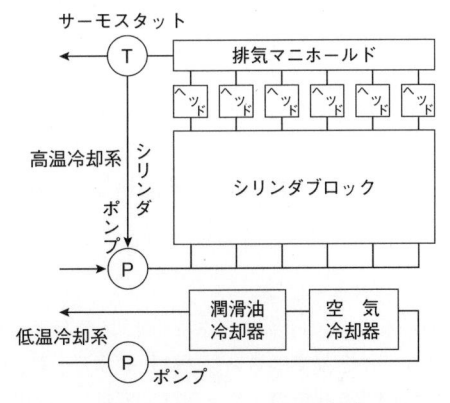

図2.14 過給エンジンの冷却系[8]

表 2.5 コジェネレーションシステム用エンジンの比較[7]

項　目			ディーゼルエンジン	ガスエンジン	ガスタービン
燃料			灯油，A〜C重油	天然ガス，都市ガス，LPG，下水消化ガス	灯油，A重油，LPG，都市ガス
エンジン タービン 効率[1]			32〜40%	25〜35%	20〜30%
排熱回収形態			排ガス：温水または蒸気 冷却水：温水	排ガス：温水または蒸気 冷却水：温水または蒸気	排ガス：温水主として蒸気
総合効率[2]			60〜80%	60〜80%	60〜80%
排ガス	温度	機関出口	360〜430℃	450〜550℃	400〜550℃
		熱交出口	200℃以上	150〜200℃	160〜200℃
	NO_x		1000〜2000 ppm（13% O_2）	1600〜2500 ppm（5% O_2）	100〜300（16% O_2）
排気煙（煤）			始動時，急負荷変動時に出やすい	少い	少い
騒音			100 dB（A）前後 102〜105	ディーゼルよりやや小 95〜97	高周波域が高い 105〜110
振動			要防振対策	要防振対策	防振対策不要
価格			ガスエンジンより安い	ガスタービンより安い	比較的高い
特徴			・発電効率が高い ・実績が豊富 ・部分出力時の効率低下が少い ・三元触媒による脱硝きわめて難しい	・排ガスがクリーンであるので熱回収が容易 ・三元触媒による脱硝可能 ・排気の清浄化可能	・発電効率が低い ・冷却水不要 ・年1回定期点検（開放点検）が義務付けられている ・小形軽量

注 1) 発電効率は出力レベル等により異なる．
　 2) 総合効率は排熱回収の形態により大きく異なる．

エンジンの効率 η_e は下式で計算される．

$$\eta_e = \frac{3.6P}{G \cdot h}$$

ここで，η_e：エンジン効率〔−〕
　　　　P：エンジン出力〔kW〕
　　　　G：燃料消費量〔$m^3(N)/h$〕
　　　　h：燃料の低位発熱量〔$MJ/m^3(N)$〕

コージェネレーションに用いる場合，ジャケット冷却水の出入口温度，ジャケット中の局部高温化のため局部蒸発による気泡で通水が止まるのを防ぐため，ジャケット内の水圧をある値以上に保つことが要望されている．しかしジャケットの強度上からの許容上限値があるのを忘れてはならない．

非常用発電機と異なり，コージェネレーションでは連続運転が建前なため，前者をそのまま後者に転用はできない．また，エンジンルームの室温が異常に上昇することのない．十分な容量のある換気設備の設備が必須となる．

2.2.3 ガスタービン

最近30kWのマイクロガスタービンが発表されてはいるが，小容量ではエンジンに比較すると熱効率は低い．この機種採用のメリットは大容量の高効率のものにある．建築設備では，大型ビル，地域冷暖房用を除くと，使用例は少ない．

ガスタービンは，エンジンのシリンダー内で行われている行程を，図2.15のように空気圧縮機，燃焼器，タービンの3基本要素で，連続的に順次行っている．その働きは次のようである．

・圧縮機で空気を吸入し，圧力を高めて，燃焼器に送る．

・燃料を，燃焼器中に噴霧し，燃焼させる．

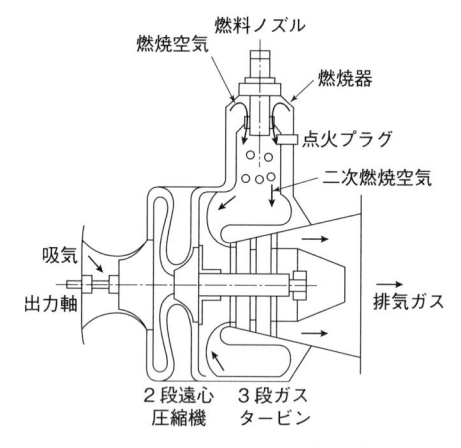

図 2.15 ガスタービン構造説明図[9]

2.3 水槽・圧力容器

・圧力をもった高温の燃焼空気で，タービンを回転させて，発電機を駆動する．

・出力は，タービン出力から圧縮機駆動動力を減じたものになる．

排ガスボイラーを用い，蒸気の形で排熱は回収される．エンジンがジャケット冷却水と排ガスからの回収が必要なのと比較すると，システムは簡単である．また蒸気の形で回収されるため，その使い勝手もよい．

NO_x処理は，水または蒸気を燃焼器中に噴霧することで，前述の大都市地区の指導値をクリヤーできる．

出力は吸気温度の影響を受ける．カタログ値は15℃時の値である．温度の上がるに従って出力が減少する．

2.3 水槽・圧力容器

2.3.1 高置水槽・受水槽

最高給水端より高所に高置水槽を設け，ここから必要個所に給水すると，安定した供給が可能なため，広く使用されている．水槽に設けられた電極棒（図2.16）で水位を検知し，ポンプを発停する．

水槽に必要な有効容量を Ve〔l〕とすると，次式で計算される．

$$Ve = (Q_s - Q_p)t_{PK} + Q_p t_{st}$$

ここで，Q_s：瞬間最大予想水量〔l/min〕
Q_P：ポンプの吐出し量〔l/min〕
t_{PK}：Q_sの予想継続時間〔min〕
t_{st}：ポンプの最小連続時間〔min〕

上式の関係を表したのが図2.17である．通常 t_{PK}には30 min，t_{st}には15 min 程度の値が採用されている．t_{st}は需要のほとんど無い運転時間である．あまり小さくすると，オン・オフが激しくなり，制御用リレーが消耗する．

V_eは，通常，1日の使用量の1/5〜1/3で，最大使用時の1〜2時間が目安となっている．

水道水受入れの水槽が受水槽である．その容量V_rは，水道本管の水圧が一定であれば，次式で計算できる．

$$V_r = t(Q_p - Q_s)$$

ここで，V_r：受水槽有効容量〔l〕
t：ピークロードの継続時間〔min〕
Q_p：ピークロード〔l/min〕
Q_s：受水量〔l/min〕

しかし水道本管の圧力は，変動するため，1日の使用量の1/4〜1/2が目安とされている．

水槽は地震時に起こる波打ち現象に対して十分な強

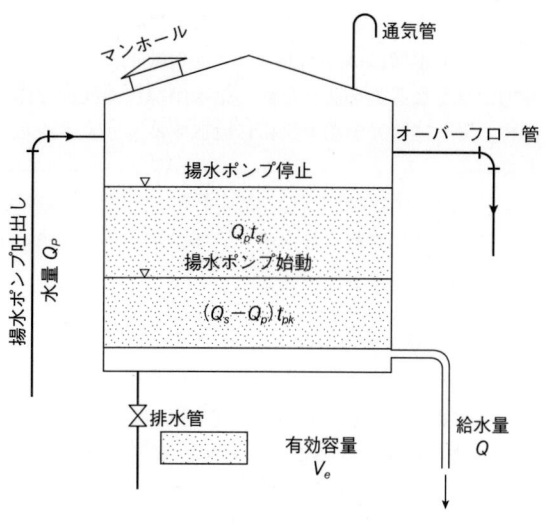

図2.17 高置水槽有効容量 V_e

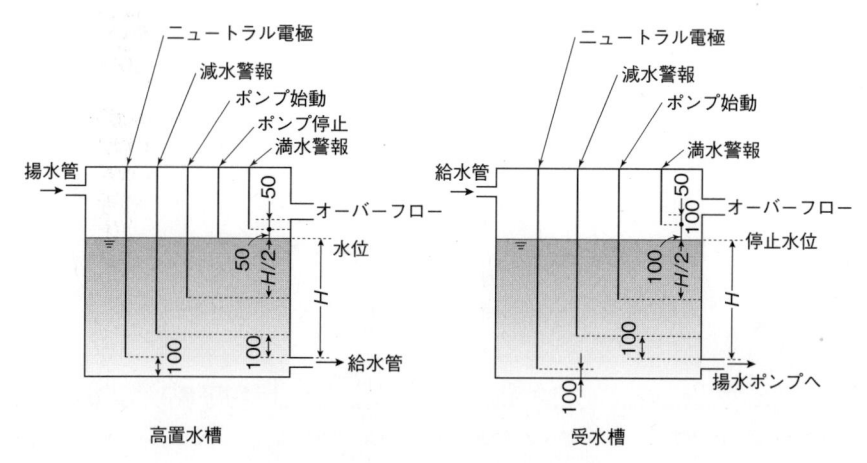

図2.16 高置タンク，給水槽の電極設定深さ

度が必要である．通気口が小さいと，この現象は大きくなる．受水槽には，地震時に下流の破損のため貯水能力が無くなるのを防ぐため，給水出口に感震針で作動する緊急遮断弁を給水出口に設置するようすすめられている．

屋内設置の冷水槽では，結露する．水温が低いほど，高湿な所ほど起こりやすい．保温型パネルを用い結露を避けるべきである．

2.3.2 給水圧力タンク

給水系が給水端まで，密閉されているため，衛生的で保守が簡単なこと，建物の美観を損いがちな屋上の高置水槽が不要になることなどで，高置水槽に替って，給水圧力タンクが採用される傾向にある．

圧力タンクは，インバーター制御ポンプの出口側に接続されていて，需要水量がポンプ吐出し量より少ないと，ポンプの吐出圧で，タンク内の水位は上昇し，水面上に密閉されている空気を圧縮する．需要水量が増大すると，タンク内圧力により，タンク内の水が給水に加わる（図2.18）．貯水量はタンク容量とタンク内圧力の差で定まる．

図2.19は圧力タンクの作動説明図である．

(a) で，水容積：0 〔l〕，初期圧力 P_0 〔kPa〕

(b) で，水容積：V_1 〔l〕，ポンプ起動圧力 P_1 〔kPa〕

(c) で，水容積：V_2 〔l〕，ポンプ停止圧力 P_2 〔kPa〕

水温に変化が無いとすると，次の関係を得る．

$$P_0 V_0 = P_1(V_0 - V_1) = P_2(V_0 - V_2)$$

$$V_2 - V_1 = V_0 P_0 \left(\frac{1}{P_1} - \frac{1}{P_2}\right)$$

図では P_0 を大気圧にしているが，圧力タンクに初圧を与えると，上式から明らかなように，有効貯水量は増大する．

タンク内の空気は加圧されているため，水中によく溶け込むため，空気補給装置を別に必要とする．また低水位では空気が給水側に混入するため，15％以上の水が，最低位でも残っているようにタンク容量を定める．

空気補給装置を必要としない，図2.20に示す隔膜式給水圧力タンク（5000 l までのもの）が生産されていて，広く使用されている．

ポンプがインバーター制御されている下記の例で，タンク容量 V_0，最大使用受水量を求めてみる．

例　ポンプ吐出し量 Q　100 〔l/min〕
　　ポンプ始動圧力 P_1　320 〔kPa〕abs
　　ポンプ停止圧力 P_2　410 〔kPa〕abs

タンク内最低水量にポンプ吐出量の3秒値を，タンク内保有水量にその10秒値を用い，タンク内の全水量 W を求めると，

$$W = 100 \times (3+10)/60 = 21.67 \, 〔l〕$$

これらの間で次の関係が成立する．

$$P_0 V_0 = P_1(V_0 - 100 \times 3/60) = P_2(V_0 - 21.67)$$

上式から V_0, P_0 を求め下記を得る．

$$V_0 = 80.94 \, 〔l〕$$
$$P_0 = 300.23 \, 〔kPa〕\text{ abs}$$
$$= 199 \, 〔kPa〕\text{ G}$$

ポンプが ON-OFF 制御の場合はタンク内保有水量はポンプ吐出し量の30秒値が用いられる．そのため，V_0, P_0 ともに変わり，次の値になる．

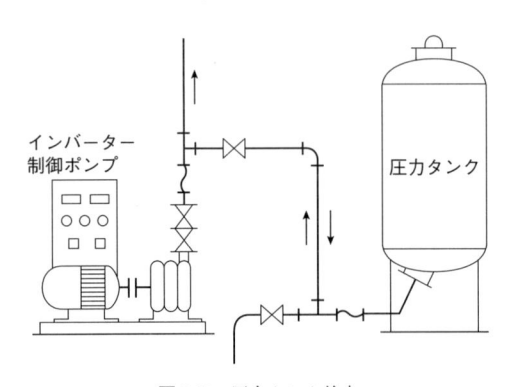

図2.18　圧力タンク給水

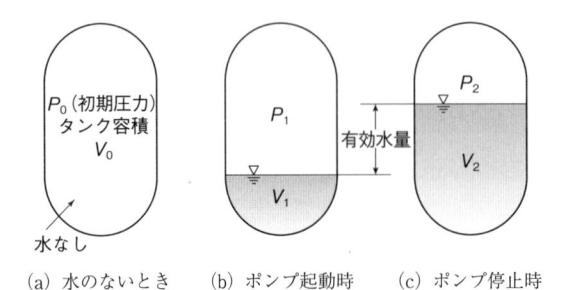

図2.19　圧力水槽の作動説明図[10]

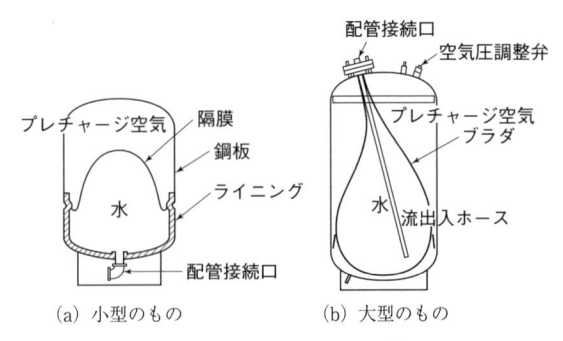

(a) 水のないとき　(b) ポンプ起動時　(c) ポンプ停止時

図2.20　隔膜式圧力タンク[11]

(a) 小型のもの　(b) 大型のもの

$V_0 = 233 \ [l]$
$P_0 = 214 \ [\text{kPa}]$

2.3.3 圧力容器

給水圧力タンクは「ボイラー及び圧力容器安全規則」による第二種圧力容器に該当する．内部に気体(空気・蒸気)を保有する容器で下記の条件を満たすものは第二種圧力容器となる．

・気体の圧力が 0.2 MPa 以上で，かつ内容積が 0.04 m³(40 l) 以上のもの

・圧力 0.2 MPa 以上で胴内径が 200 mm 以上，かつ長さが 1000 mm 以上のもの．　　〔高田秋一〕

文　献

1) 高田秋一・堀川武廣：ポンプの選び方・使い方，p.35，(株)オーム社，2000．
2) 荏原テクノサーブ (株)：エバラ汚水用水中モータポンプ，カタログ，p.1．
3) 日本規格協会：JISB 8324-1993 深井戸水中モーターポンプ．
4) 荏原テクノサーブ (株)：エバラ水中ボルテックスポンプ，カタログ，p.1．
5) 荏原テクノサーブ (株)：エバラ直結給水ブースタポンプ，カタログ，p.10．
6) (社) 公共建築協会：機械設備工事標準図，p.174，2001．
7) 高田秋一編 (著)：ガスコージェネレーション，p.8，(社) 日本ガス協会，2000．
8) 井上宇一，高田秋一共編：コジェネレーション技術入門，p.25，オーム社，1997年．
9) 前掲7)，p.10．
10) 前掲1)，p.44．
11) 前掲1)，p.45．

3 建築設備施工

3.1 着工前業務

3.1.1 積　算

a. 積算の重要性

積算とは，工事を発注または受注するために，設計図書より工事金額を算出することである．発注者の積算は，事業計画により定められた予算額と設計内容が整合性のある適正な価格で算出できていなければ，事業計画に重大な支障をきたす．一方，受注者側の請負工事業者にとっては，適正な工事価格を算出しないと，たとえ競争入札で落札できたとしても，利益を得ることができない．また，積算ミスで誤って高い見積金額を出せば，契約を成立させることはできない．

ゆえに，積算者は，設計図書より確実に所要資材，労務費その他を過不足なく拾い出し，日ごろから関係法規，工法について習熟していなければならない．

b. 請負工事費の構成

請負工事費の構成は図3.1に示すとおりである．

1) 直接工事費　直接工事費は，現場施工に必要とする費用のうち機器材料費・労務費・運搬費および直接仮設費を含めたものである．工事費は，各工事種目に区別し，工事種目は各科目に区分し，科目はさらに各細目別とする．

例えば，総合発注する場合は，機械設備・電気設備は工事種目となり，空気調和設備・給水設備・排水設備・電力設備・通信設備などは科目となる．

また，機械設備工事・電気設備工事をおのおの専門工事別に分離して発注する場合には，空気調和設備などは工事種目となる．

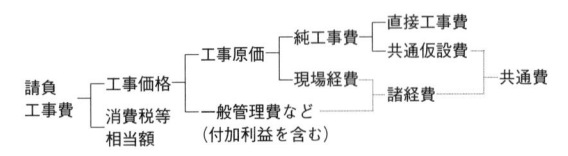

一般の事務所建物における設備工事には，表3.1に示す各工事種目，種目別の科目がある．

2) 共通仮設費　共通仮設費は，工事を施工するために各工事種目に共通して使用される仮設に要する費用であり，仮設物費と現場共益費が大きな割合を占めている．その他安全費，動力・用水・光熱費，試験調査費などを含む．

3) 現場経費　現場経費は，工事を施工するための，工事現場の管理運営上の費用であり，従業員給与手当，福利厚生費などの人件費で60％程度を占めている．

4) 一般管理費　一般管理費などは，一般管理費と付加利益からなっている．一般管理費は，その企業のもつ多くの工事現場を総合的に管理運営し，またその企業を維持発展させるために本社・支社などが必要とする費用である．

5) 消費税等相当額　消費税は，最終的には発注者らの消費者が負担すべきものであることから，工事費などについても，その円滑かつ適正な転嫁を図るべく，請負工事においては，工事価格に消費税等相当額加えて請負工事費としている．

c. 工事費の積算

1) 数量の積算　数量を求める対象は，「機械設備工事及び電気設備工事予定価格内訳書記載例」において，記載されている細目またはこれに準ずる細目を標準とする．

数量には以下の3種類があるが，原則として設計数量を用いる．

ⅰ) 設計数量　設計寸法または図示の寸法により計算される正味の数量，および設計図書に表示された台数，個数，組数などをいう．

ⅱ) 所要数量　市場（定尺）寸法によるむだ，施工上のやむをえない消耗および配管配線の迂回，弛み，つなぎしろなどを含む予測数量をいう．

ⅲ) 計画数量　設計図書に示されていないもので，施工計画に基づく数量をいう．

図3.1　請負工事費の構成例

表 3.1 一般事務所における設備工事種目および科目

(a) 一般事務所における設備工事種目	(b) 空気調和設備工事種目または科目	(c) 給排水衛生設備工事種目または科目
空気調和設備工事 給排水衛生設備工事 電力設備工事 通信,情報設備工事 受変電設備工事 構内交換設備工事 エレベータ設備工事	ボイラ設備 冷凍機設備 空調調和機設備 ダクト設備 配管設備 自動制御設備 換気設備 排煙設備 その他	衛生器具設備 給水設備 排水設備 給湯設備 消火設備 ガス設備 し尿浄化槽設備 その他(厨房器具設備,焼却炉設備,さく井設備,飲料用冷水設備など)

(d) 電力設備工事種目または科目	(e) 通信,情報設備工事種目または科目	(f) 輸送設備工事種目または科目
電灯設備 動力設備 受変電設備 自家発電設備 構内配電線路 外灯設備 避雷設備 静止形電源設備	電話設備 防犯設備 電気時計設備 拡声設備 表示設備 インターホン設備 テレビ共同受信設備 火災報知設備 構内交換設備 構内通信線路 その他	エレベータ設備 電動ダムウェータ設備 気送管設備 その他

2) 直接工事費 積算内訳書金額は,(数量×単価)という式になるが,内訳書に記載する数量の内容が素材だけか,副資材,雑材料を含めたものか,または材料,労務を含めた複合単価のものかによって,設計数量または所要数量を計上することになる.

i) 材料・機器 材料単価,機器類などの単価としては,資材の一次製品,二次製品の単価であり,荷渡し場所は,原則として現場館側渡しとし,送料は製品価格に含ませるのが一般的である.また,機器類費は,工事費のなかでも大きな比重を占めているので,単価を決定する場合は慎重に行わねばならない.その他の注意点は以下のとおりとする.

(1) 機器の形式,構造,材質,付属品,性能の仕様
(2) 納入時期(工期と関連,契約後,製作図承諾後○ヶ月)
(3) 数量
(4) 受渡場所(館側渡し,車上渡し,運賃,梱包,搬入費など)
(5) 支払い条件(支払日,分割・全額,現金・手形など)

ii) 施工費 施工費は,細目にある材料数量に対する労務歩掛り(歩掛りとは,配管工事の場合,単位当たりの作業を行うための,材料,労務を含んだもので,労務歩掛りとは,墨だし,インサート取り付け,小運搬,加工,組み立て,支持金物取り付け,吊り込み,満水,通気,通水試験を含む.機械設備工事および電気設備工事の配管工事における歩掛り(複合単価)例を表3.2および表3.3に示す)により算出したものに,労務単価を掛け合わせたものを計上するか次式による.

材料費＋労務費＝材料複合費
機器類費＋労務費＝機器複合費

iii) 改修工事の場合 現在は,改修工事がかなり増加しているが,新築工事に比べ,既存設備の調査や干渉チェックが必要になり,執務中の事務室であれば仮設,養生,騒音,清掃,待ち時間や夜間作業など制約が多いので,労務費の割増と直接仮設費を見込むこと.

iv) その他の留意点
(1) 機器類
① メーカーの価格問い合わせと同時に必ず見積書を要求しておく.
(2) 材 料
① 価格変動の激しい材料(銅材料など)の採用は,

表 3.2 複合単価の作成例：水道用硬質塩化ビニルライニング鋼管（SGP-VA）

給水・冷却水　呼び径　15 A　屋内一般　ねじ接合

名　称	摘要・規格	単位	数量	単価	金額	備　考
管	VA-15 A	m	1.10	255	479	
継　手	管単価×0.6		一式		261	
接合材など	管単価×0.05		一式		22	
支持金物	管単価×0.10		一式		44	
配管工		人	0.089	18300	1629	①
はつり補修	労務費×0.08		一式		130	②（①）1629×0.08
その他	（労＋はつり）×10%		一式		176	③（①・②）1759×0.1
計					2741	1 m 当たり　2740 円

表 3.3 複合単価の作成例：厚鋼電線管（GP）54 mm（露出）

名　称	摘要・規格	単位	数量	単価	金額	備　考
電線管	G 54	m	1.05	858	900.9	①
付属品			0.25	858	214.50	②
雑材料	材料価格×0.05		一式		55.77	③（①＋②）1115.4×0.05
電　工		人	0.275	18600	5115.00	④
その他	（労）×0.12		一式		613.80	⑤　④×0.12
計			①＋②＋③＋④＋⑤		6899.97	1 m 当たり　6900 円

電線管の複合単位計算式
電線管＝材料単価×所要係数＋材料単価×付属品率＋（材料単価 × 所要係数＋材料単価 × 付属品率）
　　　×雑材料率＋労務単価×歩掛り＋その他※
※その他＝労務単価×歩掛り×下請経費等率

価格動向に十分注意し決定する．

② 使用頻度の少ない材料は，メーカーにより差があるので数社を比較検討する．

(3) 工事費および工費

① ダクト・保温・塗装などの工事は，複合単価とする．

② 労務費は，施工場所（現場所在地）により特に地域格差が大きく，異なることがある．

(4) 経費

① 仮設費・現場経費・一般管理費・労災保険費などについては，通常直接工事金額に対する割合［%］にて算出する．

② 標準経費率と異なる特殊事情（例：工期が通常の2～3倍も要する場合，主要機器がなく外注工事のみの場合）の場合は，経費率の調整が必要．

③ 出張宿泊費，現地で協力業者が得られない場合は，経費率の調整が必要．

④ 海外工事では，国内工事に，輸出梱包費，船積み輸送費，陸揚げおよび外地陸送費など加算される．

3.1.2 契　約

建設工事における契約は，「建設業法」によってさまざまな制約を受けており，以下にその概要を示す．

a. 一般事項

1) 建設業法　契約には，さまざまな種類があり，民法で規定しているが，わが国では「契約自由の原則」に立っている．建設業法は，建設業の健全な発展を図ることを目的として，昭和24年に公布・施行され，その後数回の改正を経て，最終改正は平成20年である．建設業法上の用語の定義を表3.4に示す．

2) 建設工事の請負契約　請負契約は対等な立場で，公正な契約を締結し，誠実に履行しなければならない．

表 3.4 建設業法上の用語の定義

分　類	内　容
建設工事	土木建築に関する工事をいう
建設業	元請・下請，その他いかなる名義をもってするかを問わず，建設工事の完成を請け負う営業をいう
建設業者	建設工事の業種ごとに，国土交通大臣もしくは都道府県知事の許可を受けて建設業を営むものをいう
下請契約	建設工事を他の者から請け負った建設業を営む者と他の建設業を営む者との間で，当該建設工事の全部または一部について締結される請負契約をいう
発注者・請負人	発注者とは，建設工事の注文者をいい，元請負人とは，下請契約における注文者をいい，下請負人とは，下請契約における請負人をいう

表 3.5 契約形態による分類

分類		内容
発注形態による分類	分離（分割）発注入札	発注者と建築・電気・空調・衛生などの各専門業者の間で，各工事ごとに個別に契約する方式
	一括発注方式	発注者と総合建設業者の間で，建築・設備を一括して契約する方式
	コストオン発注方式	空調・衛生など，各設備専門業者と発注者との間であらかじめ工事費を決定し，発注者はこの工事費に数％の総合管理費を上乗せして，総合建設会社と一括契約する方式
	DB 発注方式	この契約方式のDBとは，「Design & Build」の略で，発注者が設計から施工まで一切の業務を総合建設業者に委託してしまう発注方式
	CM/PM 発注方式	欧米から近年日本に導入されてきた発注方式で，日本での採用実績は，2000年以降，外資系プロジェクトを中心に増加傾向にある
施工形態による分類	単独1社施工方式	規模のあまり大きくない工事で，1社が単独で受注し単独で施工する方式
	共同企業体施工方式	共同企業体（JV：Joint Venture）とは，主として大規模工事で，建設業者が数社お互いに出資し，共同して一つの建設工事の施工にあたることを合意した事業組織体をいう．施工形態としては，共同施工方式（甲型），分担施工方式（乙型）および，甲乙併用方式がある．適正に運用されればメリットも多い．
		共同施工方式（甲型）：全構成員がそれぞれの出資比率に応じて，資金・人員・機材などを出資し，共同して施工に当たり，損益も比率に応じ分配する方式
		分担施工方式（乙型）：請け負った工事を，棟別・階別・方位別・工事種別などに分割し，各構成員が分担した工事を自らの責任で施工し，損益精算も単独とする方式
		甲乙併用方式：甲型と乙型の長所を取り入れて併用する方式

契約は法に定められた事項を記載した書面によって行い，相互に署名または記名押印をしなければならない．これは，発注者と請負人の間はもちろん，元請負人と下請負人との間の下請契約においても同じである．

3) 主任技術者および監理技術者　建設業者は，その工事現場に，法令で定められた資格のある技術者を置かねばならない．

発注者から直接請負った特定建設業者は，元請として3000万円以上（建築では4500万円以上）の工事を下請させる場合には，工事現場に監理技術者を置かなければならない．また，監理技術者を置かなければならない特定建設業者以外の建設業者は，元請，下請に関わらず，主任技術者を置かなければならない（ただし，請負代金が5000万円以下の場合は，適用除外）．

公共性のある施設若しくは工作物または，多数の者が利用する施設若しくは工作物に関する重要な建設工事で政令で造めるもので請負金額が2500万円以上（建築5000万円以上）の場合，主任技術者または監理技術者は，工事現場ごとに専任でなければならない．

b. 契約方式

契約方式について，契約形態による分類および入札者，落札者の決定方法による分類をそれぞれ表3.5，表3.6に示す．

c. 契約図書類

本来，設計者はその設計意図を完全に伝達できるような設計図・仕様書を作成するとともに，その内容には100％の責任を負わねばならず，施工者は設計図や仕様書の内容に忠実にしたがい，その設計意図の具現化に責任を負わなければならないはずである．しかし，わが国の現状は，施工段階で請負者が十分な調整を行わないと施工できないものも多いなど，このような理想とは若干かけ離れており，本来の役割分担が定着することが望まれている．契約図書類の分類を表3.7に示す．

d. 工事費と契約

請負工事費の構成例は，先に図3.1で示したとおりで，一般的な入札では図の工事価格で入札し，落札後，落札金額に消費税額を加えて契約金額とすることが多い．通常，見積書を提出するときは，特記仕様書の指定に基づき，種目別・科目別および細目別に集計する．

空調設備工事および衛生設備工事の種目別集計表・科目別集計表および細目別集計表の一部の項目例は先に表3.1に示したとおりである．　　〔曽武川　淳〕

表3.6 入札者，落札者の決定方法による分類

分類		内容
入札者の決定方法による分類	一般競争入札	契約の内容，入札の条件，参加者に必要な資格などを公告し，見積金額の5/100以上の保証金を納付した不特定多数の者を競争に参加させ，発注者側の定める「予定価格」以下で，最低の入札をしたものを選定し，その者と契約する方式
	指名競争入札 公募型指名競争入札	工事概要・指名の対象となるランク・技術資料の作成・提出方法などについて事前に提示し，入札参加のある建設業者から提出されたを踏まえ，指名業者を10社程度選択する方式．おおむね「2億円以上7億2千万円未満」の工事で実施（国土交通省）．
	指名競争入札 工事希望型指名競争入札	建設業者が，希望する工事の内容（2年毎の資格審査時申出る），工事の規模・地域的特性などを勘案し，技術資料の提出を求める者を十数社～20社程度選択し，それらの建設業者から提出された技術資料の審査を踏まえ，指名を10社程度選択する方式．おおむね「1億円以上2億円未満」の工事で実施（国土交通省）．
	随意契約	正式な入札手続きによらないで工事契約を締結することをいう．民間工事においては，「分離発注」「一括発注」を問わず，この随意契約，すなわち「見積り合せ」で請負者を決定することが多い．
落札者の決定方法による分類	価格競争方式（従来型）	会計法第29条の6項第1項で規定された予定価格の制限範囲内で「最低の価格」をもって申込み（入札）をした者を契約の相手方とする契約
	総合評価方式	会計法29条の6第2項で規定された契約の性質または目的から，第1項の規定によりがたい契約については，価格およびその他の条件が国にとって「最も有利なもの」をもって申込み（入札）をした者を契約の相手方とする契約．「総合評価方式」とは，この規定に基づき，入札において価格以外の要素と価格とを総合的に評価して落札者を決定する方式

表3.7 契約図書類の種類

種類	特徴
契約書	・建設業法第19条で，元請契約・下請契約を問わず，すべての工事請負契約の書面化，およびその記載内容について定めている． ・元請契約：公共工事標準請負契約約款 　　　　　　民間建設工事標準請負契約約款 ・下請契約：建設工事標準下請契約約款 ・民間工事：四会連合協定工事請負契約約款 ・あらかじめ基本契約書あるいは基本約款を作成し，相互に調印・交付しておき，事後の取引を注文書・注文請書の形ですませることもできる．
設計図	・工事の具体的内容を指示した図面をいい，本来は正式の手続きを経て，注文者の文書もしくは図面による指示または承諾がなければ，請負者はその内容を変更できないものである． ・設計事務所を含む発注機関によっては，「標準詳細図」という標準的な詳細図を作成し，詳細図を省略する方法をとっているところもある．この場合は詳細図集も契約図書に含まれる．
仕様書	・工事仕様書というものは，本来それぞれの工事ごとに作成されるべき性質のものである．しかし，内容は共通する部分が相当あるため，各発注機関や設計事務所ごとに，各工事の共通部分を集めたものを，「共通仕様書」，「標準仕様書」とし制定公表した． ・「共通仕様書」だけでは，工事仕様書として不十分なので，個々の工事ごとには，「特記仕様書」，「工事仕様書」などを作成し，対応している．
その他要綱類	・現場説明が行われた場合の「現場説明要綱」，入札前にあらかじめ日時を指定されて提出した質問書の「回答書」なども，設計図書類に含まれ，請負者を拘束する例が多い．

3.2 施工管理

建設現場では，多種多様な業種が錯綜するため，施工管理は重要である．

施工管理は品質管理・予算管理・工程管理・安全衛生管理の4つに大きく分けられるが，最近では地球環境問題への配慮より環境管理を含めて考える必要がある．

3.2.1 品質管理

ISOにおいて，品質管理は品質管理手法および品質保証の両方を含み，さらに付加的な概念である品質方針，品質計画および品質改善をも含むと定められている．

建築設備施工における品質管理とは，第一に，顧客の要求事項への適合を追求することであり，第二に，各種法規の遵守および使用上の安全性を考慮し，設計上の不具合を確認し，改善を行う．これらを踏まえたうえで，施工計画書を作成し，実施・確認・改善を行う．

また，品質保証を行うため，施工段階に応じて品質検査を行い，確実に記録に残すことが大切である．

a. 施工計画書

施工計画書には総合施工計画書，施工要領書，施工図，施工要領図が含まれる．

1) 総合施工計画書 工事全般について仮設を含めた施工計画書であり，主な内容を下記に示す．
  (1) 請負者の組織表
  (2) 全体工程表
  (3) 諸官庁届出リスト
  (4) 現場仮設計画
  (5) 緊急時の連絡方法
  (6) 予想される公害，災害の種類と対策
  (7) 出入口管理，火災予防，夜間警戒　ほか

2) 施工要領書 実際に施工する内容を具体的に整理し，品質を確保する裏づけとなる計画書で，工期，使用機材，施工方法，安全管理方法，養生方法などから成る．

3) 施工図 建築設備工事の機器，配管，ダクトなどの施工上の納まりおよび他工事との取り合いなどを考慮し，実際に施工するために必要な情報を盛り込んだ図面である．これは，設計意図を踏まえた承諾図であるばかりでなく，実際の設備工事の作業指示書や機器資材の調達手配書の役割を担っており，施工図作成業務は現場施工担当者の業務のなかでも非常に重要で作業比重の高いものとなる．標準的な施工図作成フローを図3.2に示す．

4) 施工要領図 施工図では表現しきれない部分についての施工方法の詳細を記述したもの．

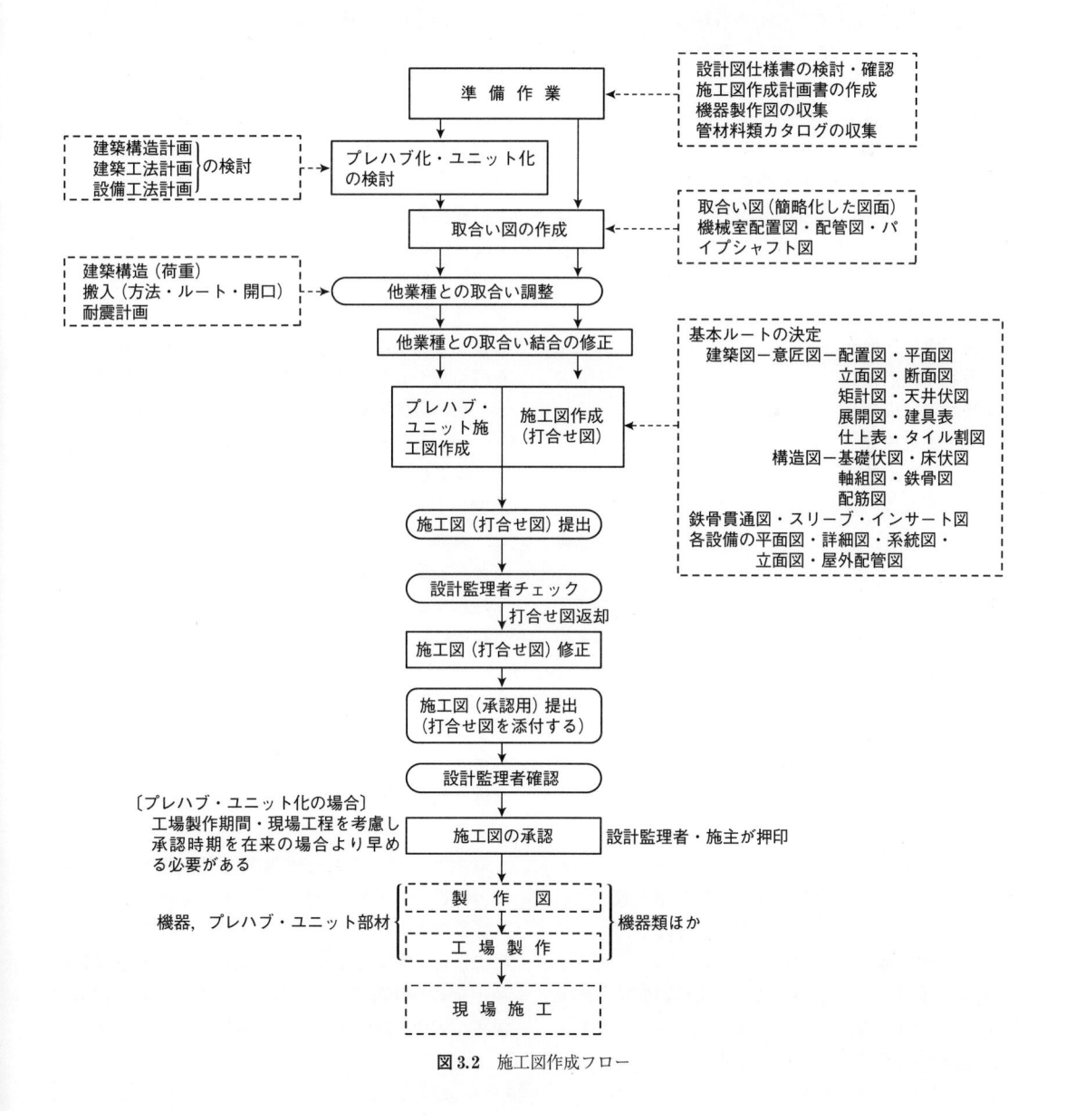

図 3.2 施工図作成フロー

b. 品質検査

1) 受入れ検査 受け入れる機材について行う検査で,破損・変形・傷などの目視確認や製品の素材・品質・機能・性能などについて納入仕様書と照合する.

2) 施工者側の検査 施工者側の検査として,施工図・要領書などに定めた施工が確実に行われているか,また配管における水圧・気密試験および勾配の確認検査などを行う.

3) 施工途中に受ける検査 最終的に隠蔽部分となるところを中心に諸官庁の中間検査,監理者による中間検査を行う.また,機器については製作される場所で行う工場検査やボイラ,圧力容器などについての官庁検査などを行う.スリーブ・埋設電線管などの配筋検査もこれに含まれる.

4) 最終検査 要求品質を満たした建築設備を施主に引き渡すために行う検査である.全体の目視確認および施工途中の検査の是正確認と機器単体およびシステム全体にて機能・性能検査を行う.そのほか,諸官庁の確認検査を行う.検査としては下記に示すような項目で進む.

(1) 受電検査
(2) 施工者自主検査
(3) 諸官庁完成検査
(4) 設計者完成検査
(5) 施主完成検査

3.2.2 予算管理

工事請負金額をもとに,会社運営に必要な利益を確保するため目標金額を設定し,その目標に向かって実行予算書を作成する.その実行予算書を基準として予算管理を行うが,実行予算書は仮設工事費と直接工事費などからなる.また,実行予算書は既決金額について行うものであり,今後必要となるべき未決金額についての管理も重要になる.

a. 仮設工事費
工事を行ううえで必要な仮設資材および事務所・作業員詰所などの設営費用をいう.

b. 直接工事費
大きく機器購入費・配管材などの材料購入費・労務費・一式下請負契約となる外注費からなる.

c. その他
その他の費用として,現場運営に必要諸費用,建築設備工事が建築工事と分離発注されたときの共益費を含む現場経費があり,また諸官庁申請手数料や各種検査費用も計上しておく必要がある.

3.2.3 工程管理

工程管理は工事全体がバランスよく進捗するように計画を立て,その計画どおりに進行させ,顧客の要望を満足する高品質で機能的にも優れた建築設備を完成させることを目的とする.

まず,工程表などにより計画を立て,それに則り,管理を行う.その後,施工途中で,工程に遅れが生じる場合は基本工程に戻すために,実際の施工状況から調整するフォローアップを適切に行うことが重要となる.

a. 工程表の作成
まず,設計図書の内容把握を行ったうえで,業種別の仕事量を割り出し,業種ごとのその地域における労働力や,施工現場の状況(交通事情,天候など)など事前調査および情報収集を行う.それをもとに,建築工事の工程および他の関連工事との調整を行ったうえで工程表を作成する.

b. 全体工程表
建築工事の基本工程および主な行事(受電・官庁検査・竣工日など)を記入し,これを考慮した建築設備工程を記入する.作業量を考慮し1日の作業人員がなるべく均一となるよう考慮する.図3.3に空気調和設備工事の全体工程表の例を示す.

c. 詳細工程表
全体工程表では表現できない工事進捗状況に応じて確実に工程管理を行うために詳細工程表が必要となる.詳細工程表には,月間や週間の期間工程表,工事ごとの工種別工程表,および各業種が錯綜する場所別工程表などがある.図3.4に空気調和設備工事の月間工程表の例を示す.

3.2.4 安全衛生管理

安全衛生管理は労働安全衛生法をはじめとした各種の規制・指導が確立されており,工事工程の進捗や経済性に左右されずに,業務の最優先事項とすべきである.

安全衛生管理を行う現場運営組織を労働安全衛生法・同規則に則り編成しなければならない.

作業標準・作業手順により安全教育を徹底し,施工中には安全衛生パトロールの実施による不安全行動の是正などの徹底が大切である.また,万が一の場合に備え,各種保険への加入が必要である.

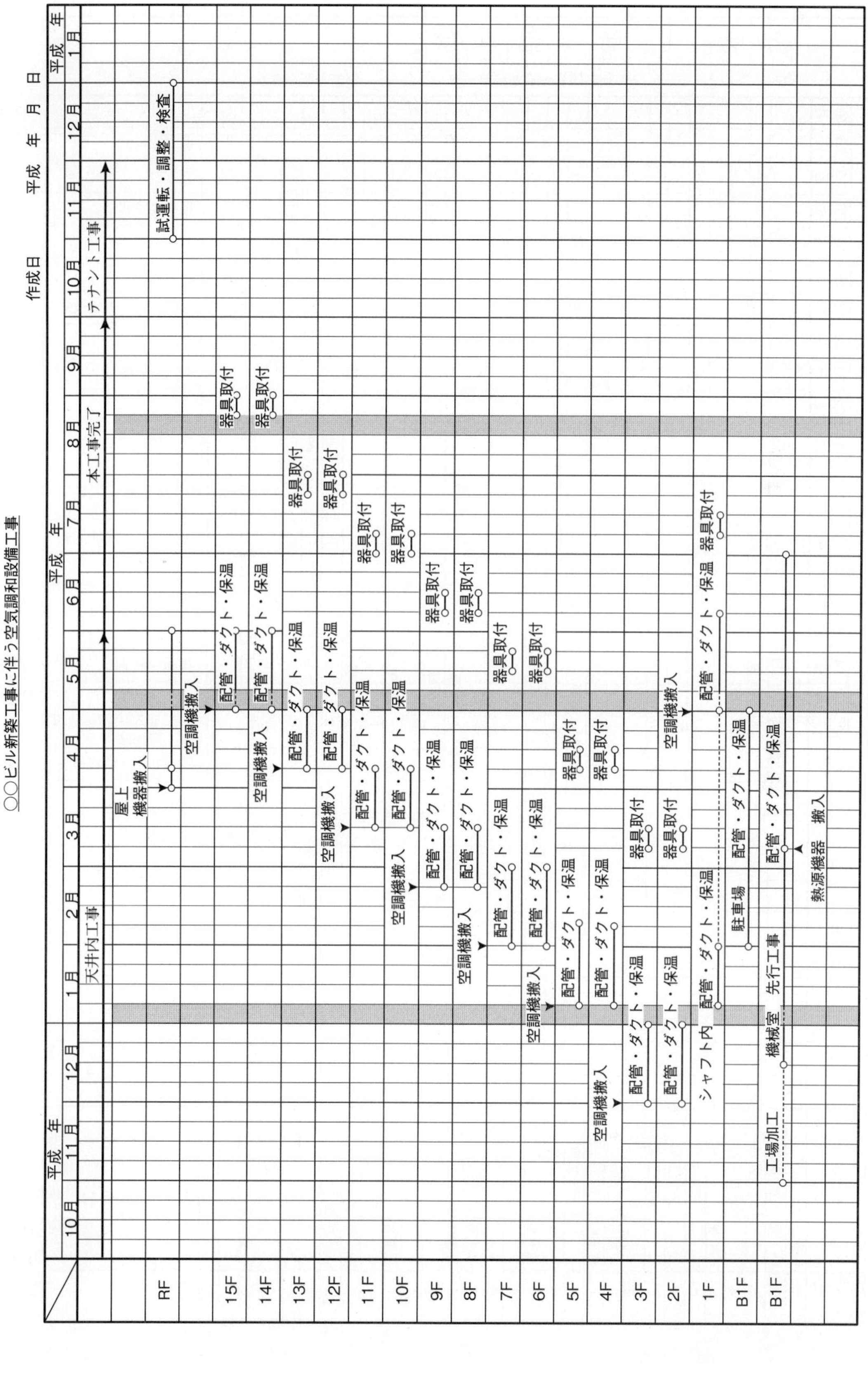

図 3.3 空気調和設備の全体工程表

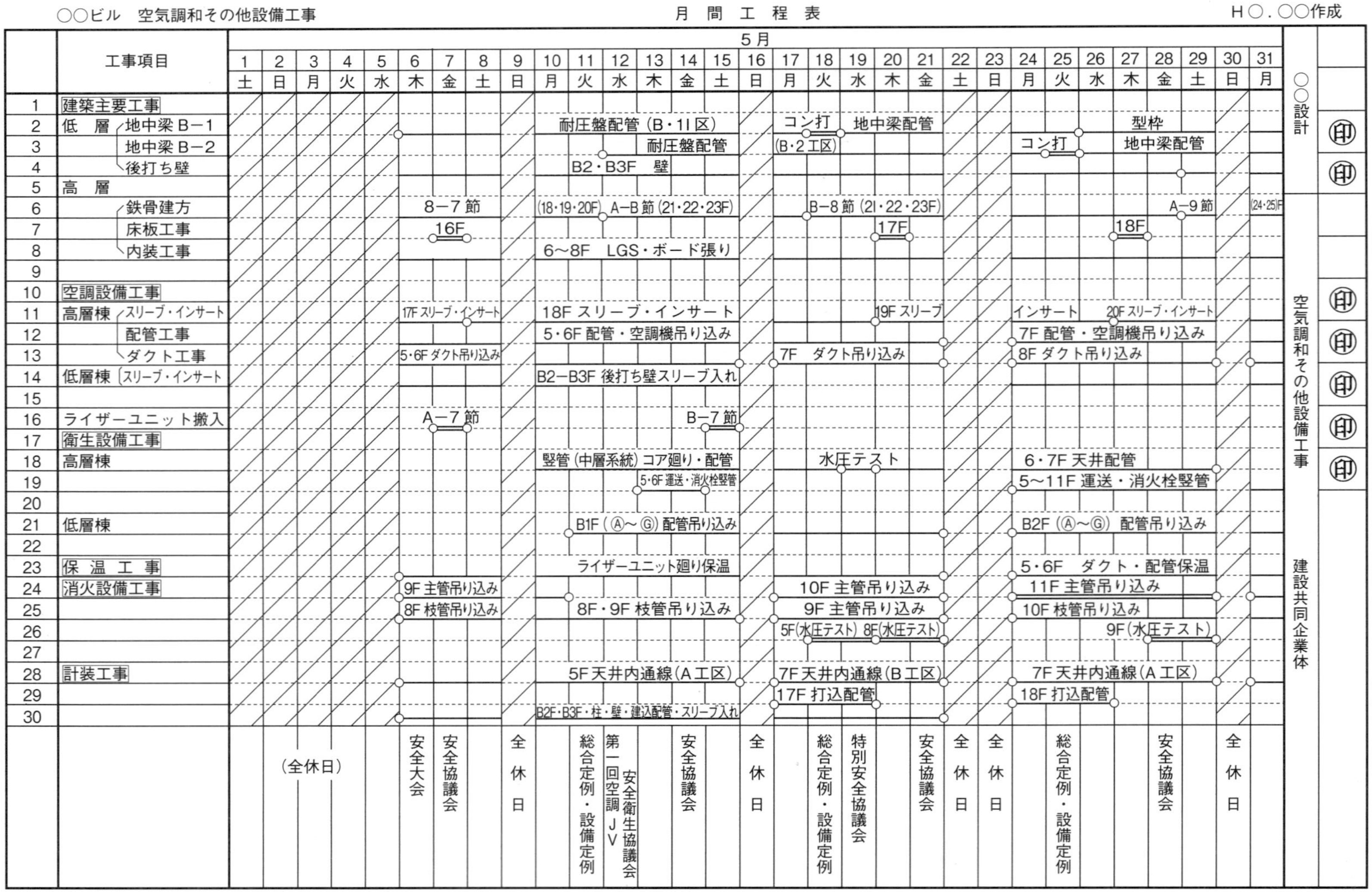

図 3.4 設備工事の月間工程表

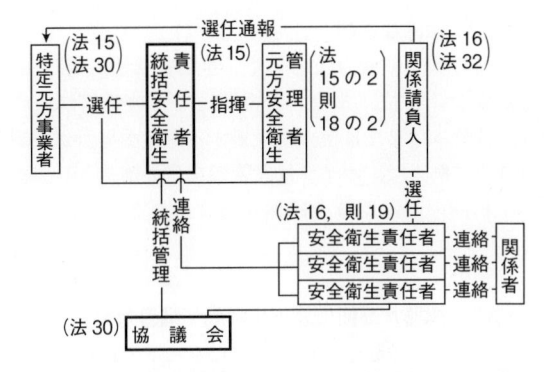

図3.5 統括安全衛生責任者・安全衛生協議会による組織
（東京労働基準局）

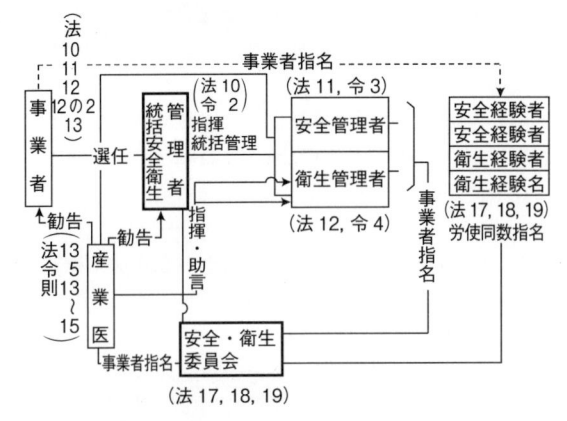

図3.6 統括安全衛生管理者・安全衛生委員会による組織
（東京労働基準局）
法：労働安全衛生法，令：同法施行令

a. 安全衛生管理組織

建設現場では多数の専門工事業者が混在して事業を行うため，図3.5に示すような統括安全衛生責任者・安全衛生協議会を中心とした組織を編成する場合が多い．統括安全衛生責任者は特定元方事業者により選任される．特定元方事業者に該当するのは，協力業者を含めた労働者が50人以上となる建設作業場において，分離発注の場合は設備工事会社となり，コストオン方式や一括発注の場合は総合請負建設業者となる．

また，常時労働者数が100人以上となる大規模な工事現場においては，図3.6に示すような統括安全衛生管理者・安全衛生委員会を中心とした組織を編成する．

b. 作業員の安全教育

安全教育の目的は，作業員が自主的に安全作業を推進できるように行うが，作業手順および作業標準の周知徹底と施工現場においての安全教育が不可欠である．

1) 作業手順および作業標準 作業手順とは施工前段階に作成するもので，作業に対して，事前準備事項の確認，作業分担の明確化，品質確保，災害の防止など必要事項を盛り込んだ作業の手順を示すものである．作業標準は，そのなかで，標準的な作業内容をまとめたものである．

2) 現場における安全教育 現場における安全教育には集合教育および実地教育があり，状況に応じて行う必要がある．また，日常の業務として，職長が作業指示を出すツールボックスミーティング（TBM）や危険箇所を指摘し合う危険予知活動（KYK）が重要である．

c. 各種保険

万一の際，保険は重要であり，現場で加入が必要なものとしては，法定上の労災保険のほか，任意保険として，建設工事保険，組立保険，賠償責任保険，運送保険，火災保険，盗難保険，生産物賠償責任保険などがある．

3.2.5 環境管理（地球環境保全）

地球環境保全に配慮する施工管理として6つの項目に分けて以下に示す．

(1) エネルギーに配慮した施工
 ① 車両の減少（資機材の調達管理の徹底）
 ② 低燃費施工機器の採用
 ③ 効率のよい試運転調整の実施
(2) 資源枯渇化に配慮した施工
 ① 再生材・再利用材の採用
 ② 将来の改修（交換）時に廃棄物の少ない資機材の採用
 ③ リサイクルの容易な材料および環境負荷の少ない材料（エコマテリアル）の採用
(3) 大気汚染防止に配慮する施工
 ① フロンの漏えいを防止するための管理徹底および新冷媒の採用
 ② 粉じん飛散防止（塗料用シンナー，断熱材など）
 ③ 運搬車両の排ガス規制（アイドリング規制）
(4) 水質汚濁防止に配慮する施工
 ① 有害廃棄物の水系への排水防止の徹底
(5) 廃棄物の少ない施工
 ① 梱包レスなどにより廃棄物発生の抑制を図る
 ② 分別回収管理の徹底
 ③ マニフェストにより現場から排出される廃棄物を最終処分場まで正しく管理する
 ④ 建築設備の長寿命化を図る

(6) 騒音・振動に配慮する施工
① 低騒音・低振動機械の採用,防音シート防音囲いの採用
〔橋村哲夫〕

3.3 機器搬入据え付け

機器の搬入据え付けは,機器の仕様や特性をよく理解し,それぞれの機器に合った搬入据付け工事計画を立てることが必要である.

3.3.1 機器仕様の確認

機器の仕様については,国土交通省などの官公庁の仕様書やSHASEの仕様書,各設計事務所や建設会社の仕様書などがあるが,各仕様書によって機器のグレードに差があるため,はじめに施工物件がどの仕様書に準拠しているか確認する.特に以下の事項について確認する.
(1) 機器の種類,型式
(2) 容量,圧力などの要求性能
(3) 部材の材質,種類
(4) 機器本体質量,運転質量
(5) 耐震クラス
(6) 防音・防振の要否

3.3.2 法的な規制

機器の種類や能力に応じて,建築基準法,消防法,労働安全衛生法,また,公害防止などの条例に基づき,機器本体または機器を設置する部屋や場所が規制される.例えば,ボイラは設置室を耐火構造とし,機器と周囲の離隔距離を確保することなどが必要である.

3.3.3 機器が周囲に及ぼす振動・騒音対策

機器の振動や騒音はいろいろなルートで機器設置部位から外部へ伝搬していく.特に機器の据え付け部位の近くに,騒音や振動を嫌う居室や精密機器設置場所がある場合は,そのエネルギーを遮音や吸音,または防振をすることにより減衰させるなどの適切な処置をする必要がある.

屋外の騒音については騒音規制法および各自治体で別個に定めた条例により規制しているので,自治体ごとに確認が必要である.

3.3.4 機器のレイアウトと据え付け部の強度確認

機器類の製作図を作成し,設置スペース内で納まるよう,製作図を基に機器のレイアウトをする.その際,規制による離隔距離やメンテナンススペースの確

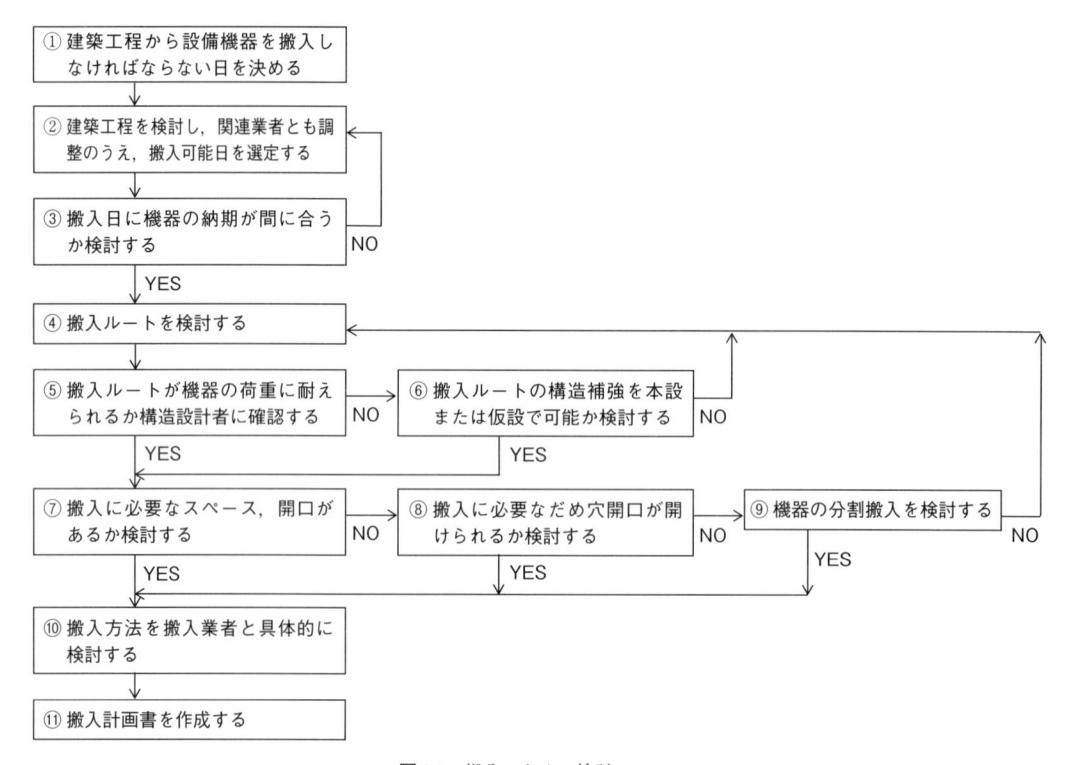

図3.7 搬入のための検討フロー

保に注意する．また，機器据え付け部位（床・壁・上階の床・梁・柱および支持架台など）の強度確認を行う（構造体が機器の運転重量に耐えられるか建築構造設計者に確認する）．

3.3.5 搬入方法・ルート，据え付け方法の検討

搬入計画検討例のフローの例を図3.7に示す．
これにしたがって検討を進め，搬入計画書を作成する．
機器の据付け工事に関しては以下の事項に留意する．

3.3.6 搬入計画書の作成

機器の支持方法や搬入方法・ルート，さらに搬入に必要な資格・免許，道路占用許可などの必要事項をとりまとめ，搬入計画書を作成する．
搬入計画書には以下の項目を明記する．
(1) 搬入機器の最大寸法・最大質量
(2) 搬入日時
(3) 搬入方法・経路
(4) 床，壁，扉などの搬入開口寸法（搬入用具のスペースも見込む）
(5) 搬入用重機・用具
(6) 作業人員
(7) 搬入に必要な資格・免許およびその番号

3.3.7 熱源機器の据え付け

a. 冷 凍 機

冷凍機は，高圧ガス保安法「冷凍保安規則」および同関係基準によるほか，高圧ガス保安協会による冷凍装置の施設基準などに基づき設置する．

b. ボ イ ラ

ボイラは，「ボイラー及び圧力容器安全規則」，「労働安全衛生法」，「消防法」ならびに各地方条例などによる規程，および JIS B 8201「陸用鋼製ボイラー構造」の鋼製蒸気ボイラの据え付けによる．

c. 冷 却 塔

冷却塔は，風向および障害物を考慮し所定の能力を確保するように，また，排気，騒音および水滴飛散が周囲に悪影響を与えないように設置する．

3.3.8 二次側機器の据え付け

a. ポ ン プ

ポンプの防振基礎に用いる防振材は振動絶縁性がよく，共振時の振幅が小さく耐久性のあるものを用いる．

配管に防振継手を設ける場合，運転時の内圧によりポンプに垂直または水平の反力がかかるので，防振材の変形に伴う傾きや，ポンプとモータの心ずれに注意する．ポンプとモータの軸が水平かどうか，カップリング面，ポンプの吐出しおよび吸込みフランジ面の水平および垂直を水準器でチェックする．

b. 送 風 機

♯3以上の送風機はできる限り床置きとする．風雨

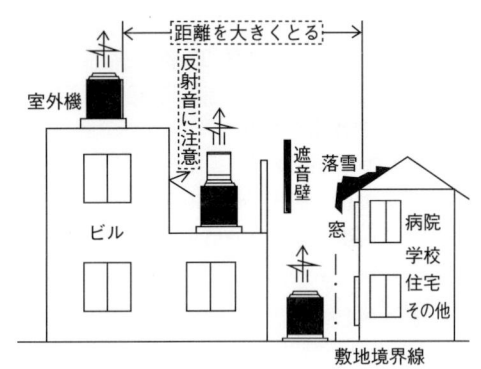

〔設置場所の選定〕
風通しがよく，近隣に配慮した最適な場所を選ぶ
(a) 室外機の設置場所

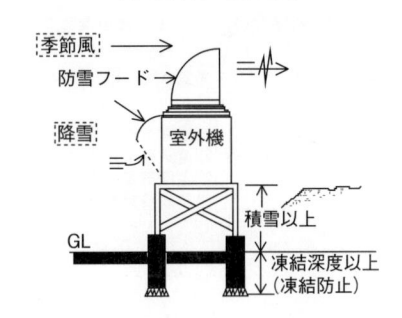

(b) 積雪寒冷地などの対策

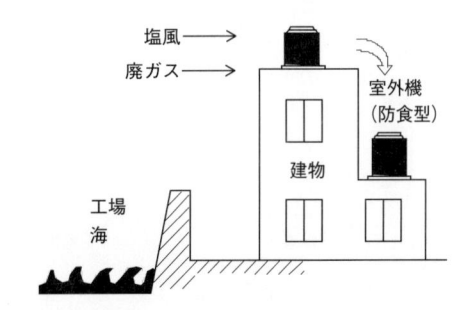

〔設置場所の選定〕
塩風などが直接当たらない場所
(c) 塩害などの対策

図3.8 ビル用マルチ空調機室外機設置上の注意点

や直射日光，じんあいが直接当たらないところに設置する．

ベルト交換，注油，清掃などの保守がしやすい位置に設置する．ルームチャンバ内に複数台の送風機を設置する場合は相互干渉しないよう離隔距離を確保する．

3.3.9 ビル用マルチ空調機

ビル用マルチ空調機の室外機設置に関する注意事項を図3.8に示す．　　　　　　　　　〔近藤保志〕

3.4 電気工事

3.4.1 電気工作物の法規

a. 電気工作物の種類

電気事業法では，電気工作物を図3.9のように区分し，規制している．電力を使用する需要家側の電気工作物は，一般電気工作物と，自家用電気工作物のうちの需要設備である．

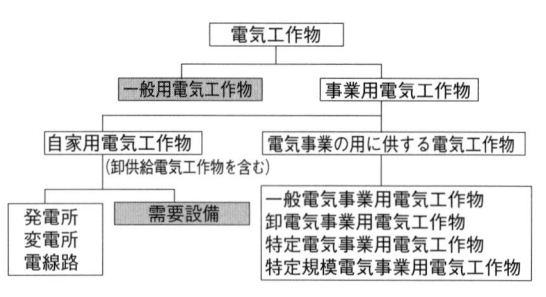

図3.9 電気工作物の区分

b. 作業従事者の制限

電気工事の作業に従事するものの資格および義務は「電気工事士法」によって定められている．

一般電気工作物の工事は「電気工事士法」に定める第1種電気工事士または第2種電気工事士によって行われなければならない．

自家用電気工作物の工事は，「電気事業法」に定める電気主任技術者によって監督されなければならず，工事は500 kW未満の需要設備の場合，第1種電気工事士らによって行われなければならない．ただし，ネオン工事や非常用予備発電装置工事などの特殊電気工事にかかわる部分は，特殊電気工事資格者によって行われなければならない．

3.4.2 官公庁などへの申請・届出

電気工事に直接関係する主な申請・届出を表3.8に示す．

3.4.3 配線方法と施設場所

配線方法については，「電気設備の技術基準」に規定されているほか，日本電気協会の「内線規定」に詳しく記述されている．

a. 低圧配線

屋内配線工事については，「電気設備技術基準の解釈」第174条に，使用電圧の区分に応じ，使用場所とその配線方法が規定されている．屋外配線工事も併せて表3.9に示す．

b. 高圧屋内配線

屋内の高圧配線や高圧機器を設置する場合の配線は，受変電設備工事を除くと，ケーブル工事を原則と

表3.8 官公庁などへの申請・届出

申請・届出の名称	提出先	提出時期	摘要	法規
主任技術者選任届	経済局	着工前	自家用電気工作物	電気事業法
保安規定届	〃	〃	〃	〃
電気設備設置届	消防長（市町村長，消防署長）	設置工事開始3日前まで	変電設備（20 kW以上），内燃機関による発電設備，蓄電池設備（4800 Ah以上）など	（地方火災条例）
工事計画届	経済局	着工30日前まで	最大電力1000 kW以上または受電電圧1万V以上の需要設備，燃料使用量（重油換算値）50 l/h（ただし，ガス機関・ガソリン機関の場合 35 l/h）以上の非常用予備発電装置	電気事業法
使用前安全管理審査申請	〃	受電後	最大電力1000 kW以上または受電電圧1万V以上の需要設備	電気事業法
使用前自主検査要領書および使用前自主検査成績表	経済局 電力会社	〃		〃
電気使用申込	電力会社	着工前		電気供給約款
電気需給契約	〃	供給承諾時		〃
電気工作物落成予定通知	〃	落成予定確定時		〃
自主検査報告	検査員	検査日	一般用電気工作物	〃

3.4 電気工事

表3.9 低圧配線工事の施設場所・電圧と配線方法

配線工事方法		屋内 展開した場所または点検できる隠ぺい場所 300 V 以下	屋内 展開した場所または点検できる隠ぺい場所 300 V 超過	屋内 点検できない隠ぺい場所 300 V 以下	屋内 点検できない隠ぺい場所 300 V 超過	屋外 300 V 以下	屋外 300 V 超過
碍子引き工事		◎	◎	×	×	①	②
合成樹脂線ぴ工事		○	×	×	×	×	×
合成樹脂管工事	CD管以外	◎	◎	◎	◎	◎	◎
	CD管	③	③	③	③	③	③
金属管工事		◎	◎	◎	◎	◎	◎
金属線ぴ工事		○	×	×	×	×	×
金属製可とう電線管工事	1種	○	④	×	×	×	×
	2種	◎	◎	◎	◎	◎	◎
金属ダクト工事		○	○	×	×	×	×
バスダクト工事		○	○	×	×	⑤	×
ライティングダクト工事		○	×	×	×	×	×
フロアダクト工事		×	×	⑥	×	×	×
セルラダクト工事		⑦	×	⑥	×	×	×
平形保護層工事		○	×	×	×	×	×
ケーブル工事（キャブタイヤケーブル）	ビニル	○	×	×	×	①	×
	2種（ゴム以外）	○	×	×	×	①	×
	2種（ゴム）	○	×	×	×	×	×
	3種・4種（ゴム以外）	◎	◎	◎	◎	◎	◎
	3種・4種（ゴム）	◎	◎	◎	◎	×	×
ケーブル工事（キャブタイヤケーブル以外）		◎	◎	◎	◎	◎	◎

〔注〕◎は，すべての場所に施設できる．○は，乾燥した場所に限り施設できる．×は，施設できない．
①は，展開した場所および点検できる隠ぺい場所に限り施設できる．
②は，展開した場所に限り施設できる．
③は，直接コンクリートに埋め込んで施設する場所を除き，専用の不燃性または自消性のある難燃性の管またはダクトの場合に限り施設できる．
④は，乾燥した場所で，電動機に接続する部分で可とう性を必要とする部分に限る．
⑤は，屋外用のダクトを使用する場合に限り，点検できない隠ぺい場所を除いて施設できる．
⑥は，乾燥した場所で，コンクリートなどの床内に限る．
⑦は，点検できる隠ぺい場所で，乾燥した場所に限る．

している．

c. 建築基準法・消防法関係による配線に関する規制

屋内配線を施設する場合，建築基準法施行令により次のような工法上および防火上の規制がある．

1) エレベータシャフト内の配線の制限 エレベータの電源および制御用の配線を除き，電灯・動力などの配線をエレベータシャフト内に施設してはならない．

2) 防火区画を貫通する配管・配線の処理 配管や配線が防火区画の床や壁を貫通する場合，および木造建物の防火壁を貫通する場合には，貫通部分から両側に1m以内を不燃材にするか，またはこれと同等以上の性能をもたせなければならない．

貫通配管の内部に通線していない予備配線は，その先端を密閉することが義務づけられている．

また，防火区画貫通配管の貫通部分にすきまが生じないように，モルタルやロックウールなどの不燃材を充てんしなければならない．

3) 防災設備の電源回路の耐熱保護 消防法および建築基準法により設置しなければならない防災設備の電源回路は，耐火構造とした主要構造物に埋設することとし，これにより難い場合は，これと同等以上の耐熱効果のある方法で保護することとされている．

3.4.4 接地工事

電路の絶縁を保つことはきわめて重要であり，電線路の1線，電線を収める金属管や金属製のボックス，電気機器の金属製外箱や台などを大地へ接続することが義務づけられている．

接地工事の施設箇所によってA種，B種，C種またはD種接地工事のいずれを行うかが規定されてい

る．

接地極としては，銅棒，銅板，銅被覆鋼板，鉄棒，鉄管，炭素被覆鋼棒などが用いられる．銅棒や鉄棒などの場合は深さ 80 cm 程度の穴を掘り，ハンマや打込み機械を用いて打ち込む．銅板などの場合は地表下 75 cm 以上埋め込む．

3.4.5 機器の据え付け・取り付け

機器が現場に据え付けられるまでの一般的な経過は次のとおりである．

製作図作成→図面承認→発注→製作
→工場検査→現場搬入→据え付け・取り付け

据え付け工事は，所定の位置に堅固に取り付けることが重要である．

照明器具の取り付けは，取り付けられた後の状態を十分考慮して施工する必要がある．一般には，照明器具 1 台の質量が 10 kg を超える場合は，スラブその他の構造体に荷重をもたせる．埋込み型器具の天井穴あけは，天井伏せ図により天井下地材に正しく墨出しして切り込む．

3.4.6 竣工時の検査

一般用電気工作物は，自主検査後に，検査員による検査を受ける．

自家用電気工作物のうち最大電力 1000 kW 未満かつ受電電圧 10000 V 未満の需要設備は，「自主検査」を行い，検査成績書を電力会社に提出する．最大電力 1000 kW 以上または受電電圧 10000 V 以上の需要設備の場合には，使用前自主検査を行い，受電後に，使用前安全管理申請書と使用前自主検査要領書および使用前自主検査成績表を提出する．

自主検査は接地抵抗，絶縁，耐圧，保護継電器の特性，シーケンスなどの試験のほか，電気工作物が工事計画どおり施工されており，かつ電気設備技術基準に適合しているかをチェックする．　　　〔橋本　健〕

3.5 配管工事

3.5.1 配管の施工計画

配管の施工にあたっては，施工および保守管理上必要なスペースが確保できるように計画する．建築や他設備との取り合いにも留意し，スリーブ計画，シャフト・機械室の配管計画を行い，施工図を作成する．

3.5.2 配管材料

空調・給排水設備工事で使用される管材は鋼管，ステンレス鋼管，銅管などの金属管のほか，ライニング管や樹脂管など種類が多い．設計仕様書で指定されている流体の使用区分に合わせて管の種類を決定する．

3.5.3 配管の接合

管の接合方法は，管および流体の種類，温度・圧力条件，管サイズ，火気使用の可否などの条件により決定する．管の種類別の接合方法を表 3.10 に示す．

異種管の接続が必要な場合は，何らかの継手を介して接合する必要がある．構造や接合方法を十分に理解して取り付け，電位差のある異種金属を接続する場合は，絶縁継手を使用する．異種管の接合方法を表 3.11 に，ステンレス鋼管と鋼管の接続例を図 3.10 に示す．

表 3.10　管の種類別接合方法

管の種類	接合方法	使用区分
鋼管	ねじ，フランジ，溶接，メカニカル	
ライニング鋼管	ねじ（管端防食内蔵），フランジ，メカニカル，MD 継手	MD 継手は排水用
ステンレス鋼管	溶接（TIG），フランジ，メカニカル（ステンレス協会規格継手 SAS 322）	メカニカルは一般配管用ステンレス鋼管用(80 Su 以下)
銅管	差し込み，メカニカル（日本銅センター規格継手 JCDA）	
鋳鉄管	メカニカル，ゴム輪	
鉛管	盛りはんだ，差し込み，プラスタン	
ビニル管ポリエチレン管	接着（TS），ゴム輪，フランジ，電気融着，メカニカル	
コンクリート管	ソケット（ゴム輪）	

表 3.11　異種管の接合方法

	接続管種	概　要
鋼　管	ステンレス鋼管	原則として絶縁フランジ接合
	銅管	原則として絶縁フランジ接合
	鋳鉄管	給水用はフランジ接合，排水用は GS 管継手を使用したねじ込み接合またはゴム輪接合
	塩化ビニル管	バルブソケットまたは特殊ユニオン継手を用いる
鋳鉄管	鉛管	鉛管接続用鋳鉄異形管を用いる
	塩化ビニル管	給水用はフレキシブルフランジ，ゴム輪付フランジ，排水用は硬質塩化ビニル管接続用鋳鉄異形管を用いる
鉛　管	塩化ビニル管	ユニオンソケットまたは鉛管用ユニオンを用いる

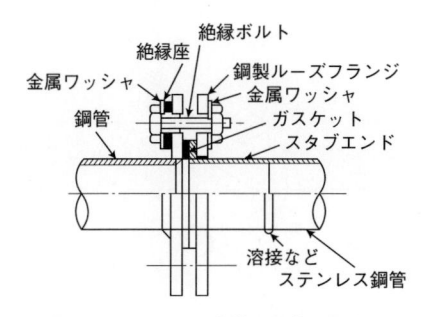

図 3.10 ステンレス鋼管と鋼管の接合例

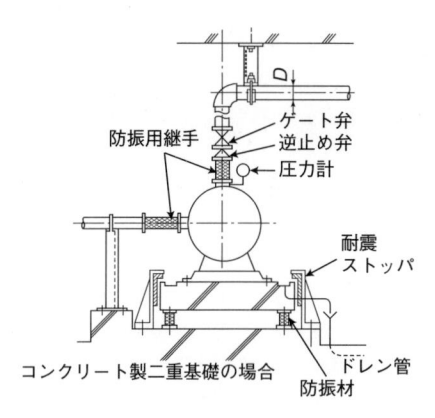

図 3.11 ポンプまわり配管（防振あり）

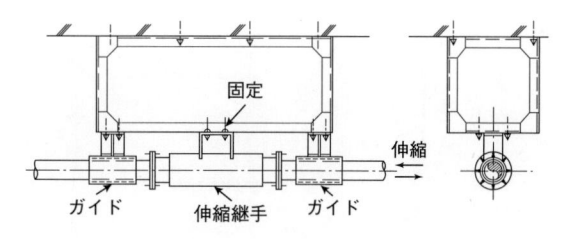

図 3.12 複式伸縮継手の固定例

3.5.4 機器まわりの配管

機器まわり配管は以下の内容に留意して施工する．
(1) 配管自重および伸縮による応力が機器本体にかからないようにする．
(2) 冷凍機などは，チューブ引抜きスペースを設ける．
(3) メンテナンスや機器の取り替えで配管を取り外す必要のある箇所はフランジ接続とし，弁を設ける．
(4) 防振基礎上に機器を設置する場合は，配管と機器の接続には，防振継手・フレキシブル継手を用いる．
(5) 排水は間接排水とする．
図 3.11 にポンプまわりの配管例を示す．

3.5.5 配管の分岐

主管から分岐する場合は，相互の管伸縮による応力により支障をきたさないように，エルボを2個以上用いる．また抵抗損失が過大にならない分岐方式とする．

3.5.6 配管の伸縮

配管の伸縮は，伸縮継手やループ配管などを用いて吸収する．機器まわりや配管スペースの確保できる箇所では，複数のエルボを用いて，配管クッションにて吸収する．図 3.12 に伸縮継手の固定およびガイドの方法を示す．

3.5.7 配管勾配

排水横管には管サイズにより，1/50～1/200 の勾配を確保する．蒸気還水管は重力還水方式の場合は，1/200～1/300 以上の勾配とし，蒸気往き管もスチームハンマ防止のために順勾配で 1/250 以上，逆勾配で 1/80 以上の勾配を確保する．

3.5.8 空気抜き・水抜き

配管あるいはコイルなどの機器内部に空気が滞留すると，流体の流れを阻害し，伝熱を妨げることになる．配管系の最上部または鳥居配管上部に自動または手動の空気抜き弁を取り付け，エアを排出する．配管の最下部あるいは機器まわりには，管内の堆積物の除去や更新時のために水抜き用の弁および配管を設ける．

3.5.9 吊りおよび支持

配管の支持には目的に応じて次のものがある．
(1) 常時配管の重量（管内流体含む）を支持する自重支持
(2) 配管の熱膨張や立て管の座屈防止のための振れ止め支持
(3) 配管の伸縮や管内圧力による反力に応じた固定支持
(4) 配管の振動が躯体に伝播するのを防ぐ防振支持
(5) 地震時の配管の振れによる配管自体の破断や機器の破損を防止する耐震支持

配管の吊りおよび支持間隔は工事仕様書に準じ，固定・耐震支持の鋼材，アンカー強度は応力計算などにより決定する．図 3.13 に横走り管の支持例を示す．
断熱被覆の配管には，結露防止のため配管と支持材の絶縁にインシュレーションスリーパを使用する．

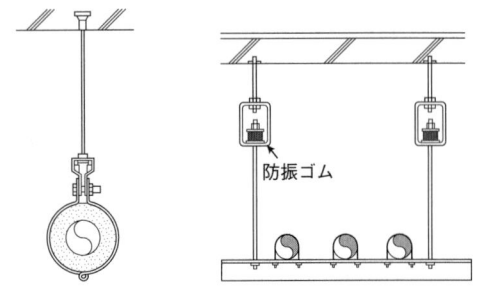

(a) 吊りボルトによる支持例　(b) 横走り配管の防振支持例
図 3.13

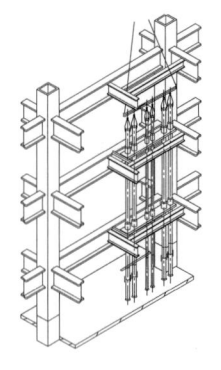

図 3.15　メインシャフトの立て配管

3.5.10　埋設配管

給水，ガス，油，消火，排水などの配管は土中を経て建物に引き込まれ供給される場合が多い．土中埋設配管は建物のコンクリート中の鉄筋との電位差や，土中の通気差によるマクロセル腐食を生じるため，耐腐食性配管および外面樹脂ライニング管の使用，防食テープによる処理などの対策を施す．

3.5.11　貫通部の処理

a.　防火区画の処理

配管が防火区画を貫通する場合は，延焼を防止するために，そのすきまをモルタルまたはロックウール断熱材で埋める．冷媒配管の場合は，原則として国土交通大臣が認定したものを使用する．また，給水管その他の管が防火区画を貫通する場合は，貫通部の両側 1 m は不燃材とする．

b.　防水処理

外壁の地中部分など水密を要する部分のスリーブは，つば付き管とし，管とスリーブとのすきまはシーリング材によりシーリングし水密を確保し，かつ，躯体と電気的に絶縁する．地中貫通部，屋上貫通部の施工例を図 3.14 に示す．

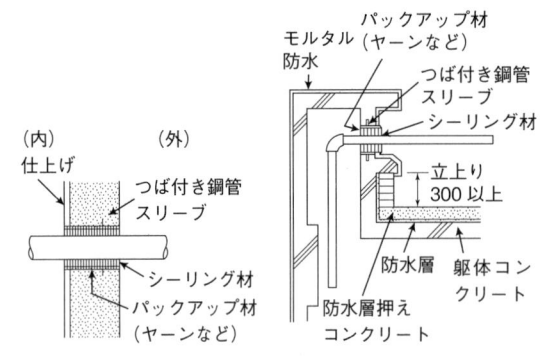

3.5.12　試　　験

施工過程において，配管接続部からの漏水や，水圧に耐えられるかを確認する試験を行う．試験用の流体は水が一般的であるが，油・冷媒配管や凍結のおそれがある場合は空気圧で実施し，規定の圧力・保持時間が保てるか確認する．試験は隠蔽埋め戻し前，または配管完了後の塗装もしくは保温被覆施工前に行う．

3.5.13　配管製作・工事の機械化・省力化

空調・給排水衛生工事における工業化工法として，プレハブ化・ユニット化が採用されている．

a.　プレハブ工法

現場での加工および組み立て作業を工場製作に置き換え，現場では接続，取り付け作業のみとする方法．工場製作のため，機械化・自動化が促進され，品質の均一化が期待できる．

b.　ユニット化工法

プレハブ加工した部材をユニットとして工場で組み立て，現場で据え付ける方法．配管ライザユニット，ポンプユニット工法などがあり，建築構造体との一体化工法では，スラブユニット工法などが採用されている．図 3.15 に立て管ライザユニット工法の例を示す．

〔井手克則〕

(a) 地中外壁貫通部の処理の例　(b) 屋上貫通部の処理の例
図 3.14　水密を要する貫通部の処理

3.6　ダクト工事

3.6.1　ダクト施工図

施工管理者が設計図より，建築や他の設備との取り合い，機械室やシャフト・天井内の納まり，作業スペースを検討したダクト施工図を作成し，これをもとにダクト工事が行われる．

3.6.2 ダクト材料

ダクトの板材料として亜鉛鉄板が最も多用されている．そのほか用途により，鋼板，ステンレス鋼板，塩ビライニング鋼板，硬質塩化ビニル板，ガルバリウム鋼板，グラスウール，コンクリートが用いられる．

ダクトを製作するにはそのほかに接合材・補強材として，鋼材，リベット，ボルト・ナット，タッピングねじ，フランジ用ガスケット，シール材，ダクトテープなどが必要となる．

3.6.3 ダクトの施工

a. ダクトの仕様

ダクトの仕様として，板材料，板の継目となるはぜ，ダクト間を接続する継手，補強，板厚，シールの部位，吊り間隔などを決める．以前は風速により仕様を区分していたが，最近はダクト内圧力により仕様を決めている．よく使われる仕様としては，空気調和衛生工学会の仕様や国土交通省の仕様がある．図3.16，図3.17，表3.12，表3.13 参照．

b. ダクトの形状

1）矩形ダクト

ⅰ）継目（はぜ）　角の継目位置は，図3.18に示すようにシングル型，L字型，U字型，ループ型などの種類があるが，ダクト長辺が750を超える場合は，ダクト剛性をもたせるため，2カ所以上設ける．

ⅱ）接　続　アングルフランジ工法とコーナーボルト工法と2つの工法があるが，以前から使われてきたアングルフランジ工法に代わり，省力化が図れるコーナーボルト工法を使用することが多くなってきている．アングルフランジ工法とコーナーボルト工法の

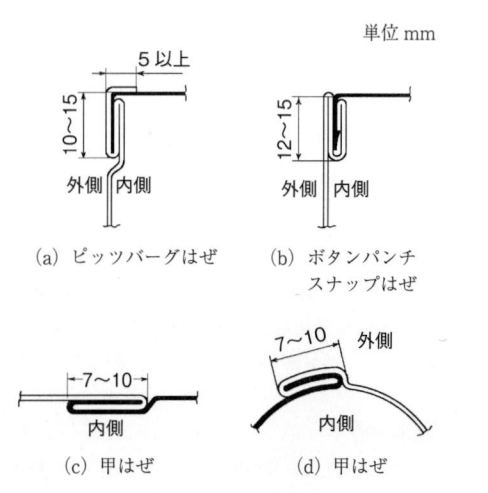

図3.16　はぜの種類

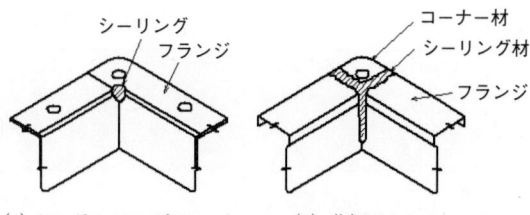

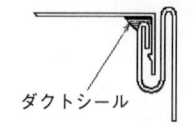

図3.17　シール部位の例

表3.12　ダクト内圧による種類と圧力範囲

ダクト内圧による種類	常用圧力〔Pa〕		制限圧力〔Pa〕	
	正圧	負圧	正圧	負圧
低圧ダクト	＋500 以下	－500 以内	＋1000	－750
高圧1ダクト	＋500を超え ＋1000以下	－500を超え －1000以内	＋1500	－1500
高圧2ダクト	＋1000を超え ＋2500以下	－1000を超え －2000以内	＋3000	－2500

〔注〕1. 常用圧力とは，通常の運転時におけるダクト内圧をいう．
2. 制限圧力とは，ダクト内のダンパの急閉などにより，一時的に圧力が上昇する場合の制限圧力をいう．制限圧力内では，ダクトの安全強度が保持されているものとする．

表3.13　ダクトの板厚と寸法　〔mm〕

ダクト＼板厚	0.5	0.6	0.8	1.0	1.2
長方形低圧ダクトの長辺	450 以下	451～750	751～1500	1501～2200	2201～
長方形高圧ダクトの長辺	－	－	450 以下	451～1200	1201～
スパイラル低圧ダクトの内径	450 以下	451～710	711～1000	1001～	－
スパイラル高圧ダクトの内径	200 以下	201～560	561～800	801～1000	1001～

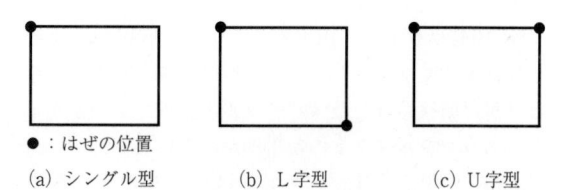

図3.18　矩形ダクトのはぜの位置

表 3.14 鋼製長方形ダクトの接続部の構造

	アングルフランジダクト（AFダクト）	コーナーボルト工法ダクト	
		共板フランジダクト（TFダクト）	スライドオンフランジダクト（SFダクト）
構成図	（図）	（図）	（図）
フランジ接続方法	（図）	（図）	（図）
構成部材	① ボルト（全周） ② ナット（全周） ③ アングルフランジ ④ リベット（全周） ⑤ ガスケット	① ボルト（四隅コーナー部のみ） ② ナット（四隅コーナー部のみ） ③ 共板フランジ ④ コーナー金具（コーナーピース） ⑤ フランジ押え金具（クリップ・ジョイナ） ⑥ ガスケット ⑦ シール材（四隅コーナー部）	① ボルト（四隅コーナー部のみ） ② ナット（四隅コーナー部のみ） ③ スライドオンフランジ ④ コーナー金具（コーナーピース） ⑤ フランジ押え金具（ラッツ・スナップ・クリップ・ジョイナ） ⑥ ガスケット ⑦ シール材（四隅コーナー部）
フランジ製作	等辺山型鋼でフランジを製作する	ダクト本体を成形加工してフランジとする	鋼板を成形加工して，フランジを製作する
フランジの取付け方法	ダクト本体にリベットまたはスポット溶接で取り付ける	フランジがダクトと一体のため，組み立て時にコーナーピースを取り付けるだけ	フランジをダクトに差し込み，スポット溶接する
フランジの接続	フランジ全周をボルト・ナット接続する	四隅のボルト・ナットと専用のフランジ押え金具（クリップなど）で接続する	四隅のボルト・ナットと専用のフランジ押え金具（ラッツなど）で接続する

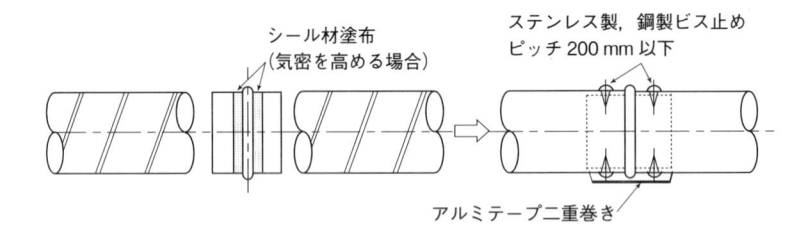

図 3.19 スパイラルダクトの接続

詳細を表 3.14 に示す.

2) 円形ダクト 円形ダクトには，板材料を丸めて製作する丸ダクトと，帯状の板材料をらせん状に甲はぜ掛け機械巻きしたスパイラルダクトの2つがあるが，スパイラルダクトの使用率が非常に高い.

ⅰ) 継 目 円形ダクトでは甲はぜが用いられる.

ⅱ) 接 続 差込み継手を直管ダクトに差し込みタッピングねじで止め，ダクトテープで二重巻きとする接続と，フランジ継手を使用した接続がある．図3.19 参照．

3) 異形ダクト

ⅰ) ダクトの拡大・縮小 偏流を避け圧力損失を小さくするため，変形角度はなるべく緩やかに，拡大

は15°以下，縮小は30°以下にすることが望ましい．

ⅱ）ダクトの曲がり　　曲がり部の長方形（円形）ダクトの内側半径をRとすると，ただし，Rはダクトの幅（直径）の1/2以上がよい．

ⅲ）ダクトの分岐　　割込み分岐と直付け分岐の2つの形があるが，割込み分岐は加工コストが高く漏気もしやすいため，直付け分岐（矩形ではテーパ付きもある）が多く用いられている．直付け分岐は圧力損失が大きくなることがあるので注意する．

c. ダクトの取り付け

吊りボルト，受けアングルをセッティングし，ダクトにガスケットを貼り付け，ダクトを吊り込む．次にボルト締め，クリップの取り付け，高さの調整を行う．また仕様に定められた間隔で鋼材にて振れ止めを設ける（図3.20）．

d. 制気口の取り付け

図3.21に示すように羽子板，ボックス，フレキシブルダクト接続などによる取り付け方法がある．取り付け時，ダクトその他の荷重が制気口にかからないように，天井や壁に固定するように注意する．制気口にはさまざまな種類があるので，それぞれに適した手法で取り付けを行う．

e. ダクト付属品と施工

1) ダンパ

ⅰ）風量調整ダンパ　　機器まわりやダクト分岐合流部で風量の調整や変更そして閉止などのために使用される．

ⅱ）防火ダンパ　　火災時の火炎や煙がダクトを介しての延焼を防ぐため，防火区画を貫通するダクトには防火ダンパを躯体に堅固に設ける．

ⅲ）その他ダンパ　　法規的に設けられる防煙防火ダンパ，ガス消火設備と連動するピストンダンパ，自動切り替えのためのモータダンパ，逆流防止のためのキャッキダンパなどがある．

2) たわみ継手　　機器から発生する振動を遮断する目的で機器とダクトの接続部に使用する．不燃性，引張強度，耐折れ強度に優れた材料（一般に繊維系クロスの片面に漏れ防止用のアルミ箔などを貼ったもの）が用いられる．

3) ガラリ　　用途により排気ガラリ・外気取入れガラリ・還気ガラリ・ドアガラリなどがある．直接外気に面している場合は，雨水の流入防止のため，水きり板や排水勾配を考慮する．また衛生上有害なねずみや虫，ほこりその他のものの侵入を防ぐため，網やフィルタを設ける．ダクト接続は，偏流が生じないように注意する．

4) 点検口および掃除口　　ダンパ・送風機の点検やダクト清掃のために設ける．ダクト内がプラス圧の場合は内開き，マイナス圧の場合は外開きの点検口とする．

5) 測定口　　試運転調整時に風量，圧力，温湿度などを測定する目的で設ける．

6) 定風量・変風量ユニット　　空調システムの高

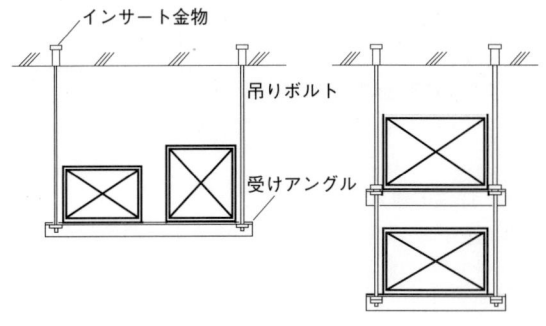

図3.20　ダクトの吊りの例

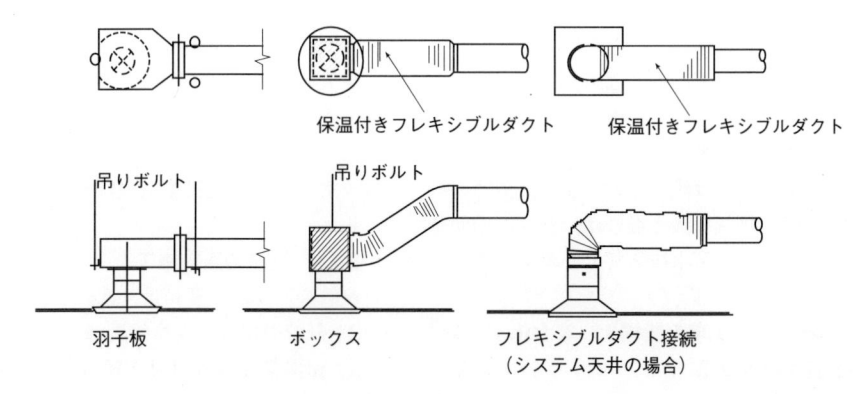

図3.21　制気口の取り付け例

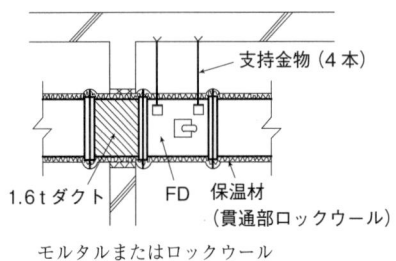

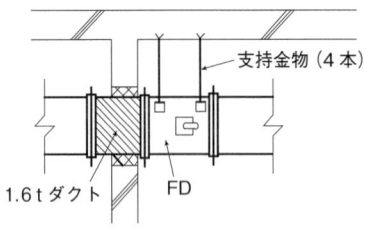

図 3.22 防火区画の貫通例

機能化により，定風量・変風量ユニットが採用される場面が増えてきている．ユニットの上流側は偏流が生じないよう十分な直管を設ける．

f. 送風機とダクトの接続

1) 送風機吸込み側ダクト 吸込み部分で，偏流や旋回流が発生すると性能が低下するので，吸込み口全面から均一に空気が流れるようなダクトサイズとする．

2) 送風機吐出し側ダクト 吐出しサイズからダクトサイズへの変更は，緩やかにして直管部分を長くとり，動圧成分を静圧成分に変化させるよう考慮する．

g. 貫通部の施工

防火区画では，防火ダンパの設置とロックウール保温材巻きなどの耐火措置を，外壁貫通部では，コーキングなどの止水処置をする．その他，防音壁や電磁シールド壁などの特殊壁を貫通する場合も機能を満足できる処理を検討する（図 3.22）．

h. 特殊用途のダクト施工

排煙ダクトや厨房排気ダクトには，法的な規制があり，ダクトの仕様が異なるので技術基準などを確認して施工をする．湯沸器の排気筒となるダクトは，原則単独排気とし防火ダンパは設けない．また，浴室の排気など湿気分の多い排気を扱う場合は，ダクト内が結露するので勾配・シール・水抜きなどを考慮する．

3.6.4 ダクト製作・工事の機械化・省力化

a. ダクト製作の機械化

ダクト製作は，1980 年代にコーナーボルト工法が欧米から導入されたことや，亜鉛鉄板からダクトの板取りを機械的に行うプラズマ切断機の登場により，一気に機械化が加速し，現在では各工程で機械化が進んでいる．

b. 現場における省力化工法

省力化工法として，立てシャフトのダクトを支持鋼材に取り付け，揚重・据え付けを行うライザユニット工法や，床デッキプレートから全ねじや針金でダクトを吊るし，揚重・組み込みを行うユニットスラブ工法がある．また，長尺フレキをスパイラルダクトのように使用したり，蛸足状に分岐させるフレキシブルダクティング工法もある． 〔宮崎久史〕

3.7 断 熱 工 事

3.7.1 断熱工事の目的

空調・衛生設備における断熱工事の目的は，以下のとおりである．

(1) 放散熱量を減少することによる冷暖房運転時の燃料および動力費の節減

(2) 冷房運転時の配管・ダクト・機器などの結露防止

(3) 管内部の凍結防止など

3.7.2 施工上の注意事項

断熱施工にあたって共通して留意すべき事項は，以下のとおりである．

a. 保温の厚さ

保温の厚さは保温材主体の厚さとし，外装材および補助材の厚さは含まない．

参考として，表 3.15 に保温材の厚さの一例を示す．

b. 保温材の継目

保温材相互の間隙はできる限り少なくし，重ね部の継目は同一線上を避けて取り付ける．

c. 防火区画貫通部

防火区画および主要構造部の床，壁などを配管，ダクトが貫通する場合の貫通部分の被覆は，貫通孔内面もしくはスリーブ内面と配管およびダクトの間隙をロックウール保温材で完全に充てんする．

3.7.3 配管の断熱施工

配管の断熱施工要領は，次のとおりである．

(1) 配管の保温・保冷施工は，水圧試験の後で行う．

(2) 保温筒を取り付ける場合は，筒 1 本につき亜鉛鉄線で 1 箇所以上，2 巻き締めとする．

表3.15 保温材の厚さ（公共建築工事標準仕様書（機械設備工事編）平成19年版）（単位：mm）

保温の種別		呼び径 15	20	25	32	40	50	65	80	100	125	150	200	250	300以上	参考使用区分	
I	イ			20							25			40		ロックウール	温水管 給湯管
I	ロ			20							25		40		50	グラスウール	
II	イ		25		30			40				50				ロックウール	蒸気管
II	ロ		25		30			40				50				グラスウール	
III	イ		30			40						50				ロックウール	冷水管 冷温水管
III	ロ		30			40						50				グラスウール	
III	ハ		30			40						50				ポリスチレンフォーム	冷温水管
IV	イ		30			40						50				ロックウール	冷媒管
IV	ロ		30			40						50				グラスウール	
V	イ			20					25			40				ロックウール	給水管 排水管
V	ロ			20					25		40		50			グラスウール	
V	ハ				20							30				ポリスチレンフォーム	
VI		25															
VII		50														機器，排気筒，煙道，内貼	
VIII		75															
IX		屋内露出（機械室，書庫，倉庫）および隠ぺい部は25 屋内露出（一般居室，廊下），屋外露出および多湿箇所は50														ダクト	

〔注〕高圧（0.1 MPa 以上）の蒸気管およびヘッダーの保温厚は，特記による．

(3) ポリスチレンフォーム保温筒の場合は，合わせ目をすべて粘着テープで止め，継目は粘着テープ2回巻きとする．なお，継目間隔が600 mm 以上1000 mm 以下の場合は，中間に1箇所粘着テープ2回巻きを行う．

3.7.4 ダクトの断熱施工

ダクトの断熱施工要領は，その形状（角・丸），大きさ，設置場所などによって大きく異なる．また，施工場所が屋内の場合，建築規模などによって不燃材料の使用が義務づけられているので，材料の選定では注意を要する．

3.7.5 機器の断熱施工

ブラインタンクなど0℃以下の機器には，断熱性能が高い硬質ウレタン，ポリスチレンフォームといった発泡プラスチック系の保温材が用いられる．その場合，機器には保温板を接着剤で缶面に密着するように取り付ける．

0℃程度以上の冷凍機・冷水ヘッダなどでは施工の簡単なグラスウール，ロックウールなど，繊維質の保温・保冷材を用いる．

150℃以上の高温機器には，繊維質でもロックウール保温材や，高温用のケイ酸カルシウム，はっ水パーライト保温材を用いる． 〔芳賀康寿〕

3.8 防食・塗装工事

3.8.1 防食・塗装の種類

建築設備に用いられる防食・塗装は，施工の仕上げ工程で重要な位置づけにある．目的や用途・耐久性などにより塗料や塗装仕様をそれぞれ使い分けて選定する．

3.8.2 防食・塗装の目的

防食・塗装の目的は，図3.23のように建築設備に対する材料面保護としての防せい・防水のほか医薬品・防かびなどの防食・耐食と美観や識別などの美装を図ることである．

3.8.3 塗装仕様

a. 塗装の要否

1) 一般的な塗装施工箇所　建築設備のどの部分に塗装を施すかは，被塗装面の材質や使用環境，経済性などを考慮して決められるが，一般的な塗装施工部位を以下に示す．

(1) 屋外の配管・ダクト・支持鋼材・製缶類（ただし，ステンレスやアルミ，塩化ビニルなど耐食材料面は除

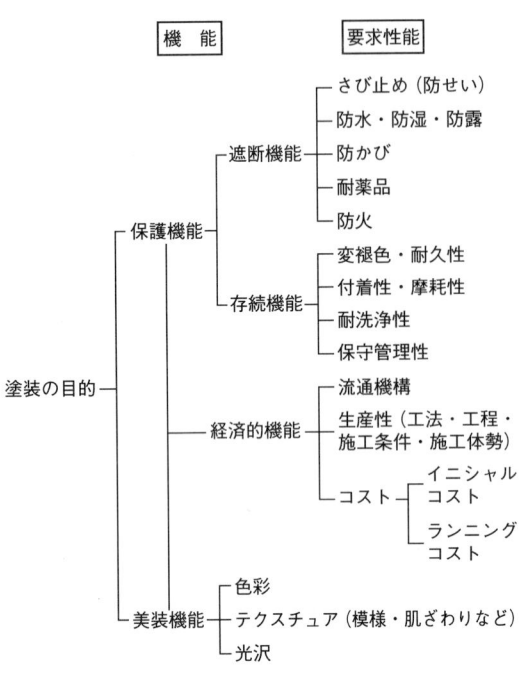

図3.23 塗装の目的

【機能】
- 保護機能
  - 遮断機能
    - さび止め（防せい）
    - 防水・防湿・防露
    - 防かび
    - 耐薬品
    - 防火
  - 存続機能
    - 変褪色・耐久性
    - 付着性・摩耗性
    - 耐洗浄性
    - 保守管理性
- 経済的機能
  - 流通機構
  - 生産性（工法・工程・施工条件・施工体勢）
  - コスト
    - イニシャルコスト
    - ランニングコスト
- 美装機能
  - 色彩
  - テクスチュア（模様・肌ざわりなど）
  - 光沢

塗装の目的 ← 【要求性能】

(2) 多湿部および酸・アルカリを含んだ空気，海岸付近などの腐食環境にさらされる部分

(3) 黒ガス管，鋼板製ダクト，支持鋼材などの鉄素地面

(4) 溶接部やねじ込み部分などの接合部

(5) 居室や機械室などの露出箇所で美観，色彩調整，識別が必要な部分

2) 一般的な塗装（現場塗装）不要箇所　現場で塗装が必要ない箇所は工場塗装済みの部分や材料そのものに防食性がある部分，美観をあまり必要としない部分などである．

3) 塗装禁止箇所　ゴムフレキシブル，防振ゴム部分，油タンク内面および可動部や確認を要する（キャンバス，空気抜きビニルホース，銘板など）部分は塗装しない．

3.8.4　塗装の分類

塗装の分類についてはいろいろあるが，代表的な分類方法を以下に示す．

a. 塗料の主成分による分類

(1) 油性塗料（油性ペイント，ボイル油，一般さび止めペイントなど）

(2) 合成樹脂塗料（エポキシ樹脂，ウレタン樹脂，塩化ビニル樹脂，塩化ゴムなど各ペイント）

(3) その他（シンナー，ニス，ラッカなど）

b. 塗装工程による分類

(1) 下地処理塗料（エッチングプライマ，目止め材など）

(2) 下塗り塗料（一般さび止めペイント，タールエポキシ樹脂系塗料など）

(3) 中・上塗り塗料（合成樹脂調合ペイントなど）

3.8.5　塗装方法

a. 施工の手順

図3.24に示すように塗装仕様の確認から施工要領作成，施工，検査，引き渡しの各ステップでチェックしながら実施するのが，標準的な塗装の手順である．

b. 素地ごしらえ

塗装面は，さびや汚れ，油分などを除去するとともに表面処理をして，塗料の接着性がよくなるよう素地を調整しなければならない．

c. 塗装方法

塗装方法には，はけ塗装，ローラはけ塗装，吹付け塗装，エアレス吹付け塗装などのほか，工場で使用される方法があるが，塗装面の形状・面積・量および塗料の種類・粘度などを考慮して，適切な塗装方法を採用する．

いずれの塗装方法も，塗り残し，たまり，泡などが生じないようにし，均一な膜厚の仕上げ面をつくるのが大切である．

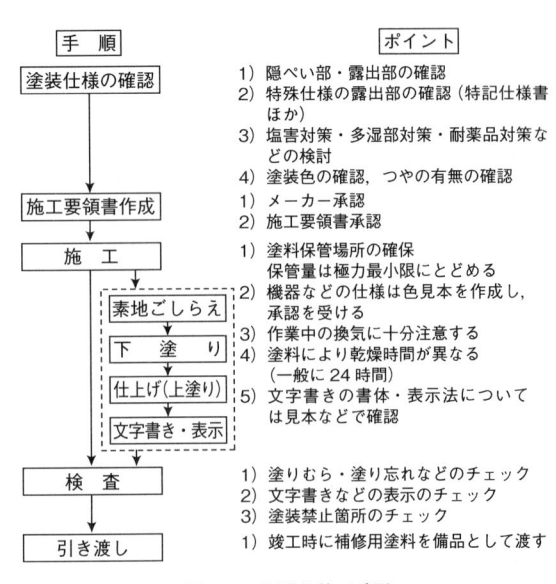

図3.24 標準的施工手順

手順	ポイント
塗装仕様の確認	1) 隠ぺい部・露出部の確認 2) 特殊仕様の露出部の確認（特記仕様書ほか） 3) 塩害対策・多湿部対策・耐薬品対策などの検討 4) 塗装色の確認，つやの有無の確認
施工要領書作成	1) メーカー承認 2) 施工要領書承認
施工 　素地ごしらえ 　下塗り 　仕上げ（上塗り） 　文字書き・表示	1) 塗料保管場所の確保　保管量は極力最小限にとどめる 2) 機器などの仕様は色見本を作成し，承認を受ける 3) 作業中の換気に十分注意する 4) 塗料により乾燥時間が異なる（一般に24時間） 5) 文字書きの書体・表示法については見本などで確認
検査	1) 塗りむら・塗り忘れなどのチェック 2) 文字書きなどの表示のチェック 3) 塗装禁止箇所のチェック
引き渡し	1) 竣工時に補修用塗料を備品として渡す

3.8.6 識別・色彩

a. 識 別

機器や配管・ダクトなどは保守点検のため文字記入や色分けによる識別を行う.

b. 色 彩

美観上塗装する場合の指定色の決定は，被塗装物の形状・位置・機能・周辺との色彩調節などを考慮し，色見本やマンセル記号などを使用して関係者と十分協議のうえ，決定する.

3.8.7 配管の防食

配管類を土中に埋設する場合は，基本的には耐食性のある配管材（塩化ビニル管，ポリエチレン管など）を使用するのが望ましいが，やむをえず鋼管を埋設する場合は防食に十分留意する必要がある.

鋼管外面の防食は，一般に防食用テープで被覆するが，防食テープにはペトロラタム防食テープおよびブチルゴム防食テープなどがあり，図3.25のようにおのおのペーストおよびプライマ塗布のうえ，巻き込む.

3.8.8 タンク類の防せい

各種水配管系の鋼板製タンクには表3.16に示す防せい処理を施す.

防せい処理を施す金属面はサンドブラスト，グリッドブラストなどの前処理を行ったうえで，エポキシ樹脂コーティングや亜鉛・アルミニウム合金溶射などを行う.

〔橋村哲夫〕

3.9 竣 工 時 業 務

3.9.1 試運転調整

設備工事が完了すれば，設計の意図する条件を満たしているか否かを確認するため，または満足させるために試運転を行い，総合的な装置の調整を行わなければならない．試運転調整に際しては，余裕のある期日を見込み，綿密な計画を立て，作業体制を確立して系統的に行わなければならない．なお，不備な点などは，容易につかめるように測定結果などの記録を行う必要がある.

試運転は設備ごとに実施するものと関連する設備もしくは建築と総合で実施するものがある.

a. 空調設備の試運転調整

主要機器単体の運転確認やダクト，配管系の清掃を終了させた後，系全体の総合試運転を行う．総合試運転は自動制御を含めた装置全体を稼働状態にし，設計が意図している機能を満足させるために，設計数値と運転で得られたデータを照合しながら関連機器の調整を行う.

空調設備の試運転・調整項目を表3.17に示す.

b. 給排水・衛生設備の試運転調整

主要機器の単体試運転調整が完了してからシステム全体の調整に入るのは空調設備と同じである．給排水・衛生設備の試運転・調整項目を表3.18に示す.

c. 電気設備の検査・試験

機器類が運転状態にて十分な機械的強度および電気的性能を保有し，要求される性能を確実に発揮できることを確認する．電気設備の主な点検および測定・試験項目を表3.19に示す.

3.9.2 総合機能試験

建物の防災システムなどのように複数の設備（建築工事も含まれる）にまたがって機能を発揮する装置およびシステムについての機能は空調設備，給排水設備，

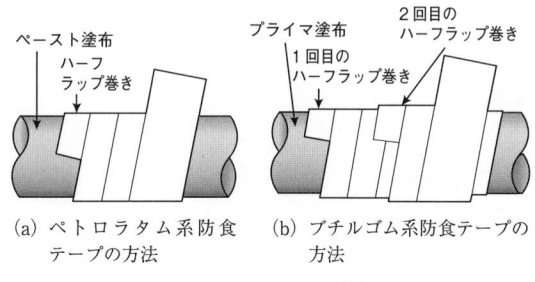

図3.25 土中埋設管の保護養生

(a) ペトロラタム系防食テープの方法
(b) ブチルゴム系防食テープの方法

表3.16 タンク類の防せい

区分	名称	施工箇所	防せい処理の種類
空調	鋼板製還水タンク	内面	亜鉛・アルミニウム合金溶射またはアルミニウム溶射
	熱交換器	端部水室部	同 上
	膨張タンク	内面	同 上
	冷温水ヘッダ	内外面	溶融亜鉛めっき（2種55）
衛生	鋼板製一体型タンク	内外面	エポキシ樹脂コーティングまたは亜鉛・アルミニウム合金溶射
	鋼板製パネルタンク	内外面	ナイロン11またはナイロン12による加熱流動浸漬粉体ライニング（厚さ0.3 mm以上）
	給湯用補給水タンク	内面	エポキシ樹脂ライニングまたは亜鉛・アルミニウム合金溶射
	消火用充水タンク	内面	同 上
	泡消火薬剤貯蔵容器	内面	エポキシ樹脂コーティング

表3.17 空調設備の試運転・調整項目

	検査・試験	配管・ダクト・付属品	機器・装置	器具
試運転・調整	通水試験 機器動作試験	機器運転時および空調運転時で ● 設計条件の達成の検証を行う ① 振動 ② 騒音 ● 基本的な品質確認 ① 空気だまり ② ウォータ・スチームハンマ ③ 各弁・ダンパ類の操作，機械的円滑性 ④ 各弁類の完全止水性 ⑤ ドレン排水状況 ⑥ 防露		器具単体の使用状態で ● 設計条件の達成の検証を行う（設計条件との照合→条件が満足されている．調整で条件を満足させる） ① 風量の確認・調整 ② 吹出し方向の確認・調整 ③ 吹出し温度の確認・調整 ④ 温度の確認・調整 ⑤ 応答時間の確認・調整 ⑥ 器具騒音の確認 ⑦ 器具振動の確認 ⑧ 気流の確認・調整 ⑨ 空気清浄度の確認・調整 ● 基本的な品質確認 ① 器具の完全止水性 ② 器具の機械的円滑性 ③ 器具からの漏水・漏えい ④ 近隣への影響 ⑤ 外気の風向・清浄度など
	運転試験		機器運転時および空調運転状態で ● 設計条件の達成の検証を行う ① 機器の作動（運転・停止・回転数・定格電流・温度・流量・温度設定・制御・異常表示等の表示・風量など） ② 熱源・熱交換器，放熱器の温度状態 ③ 運転騒音 ④ 運転振動 ● 基本的な品質確認 ① 電気的絶縁性 ② 機器からの漏水 ③ 回転方向 ④ 燃料漏れ	

		空調・換気設備	熱源設備
性能検査	性能検査で確認すべき項目	同時使用（使用状態）を考慮した ① 風量（給気・排気バランス） ② 吹出し温度 ③ 室内温度・湿度　⑥ 機器類の性能 ④ 室内残風速　　　⑦ 制御の機能 ⑤ 騒音レベル　　　⑧ 出来ばえ ● 設計条件の達成の検証を行う 設計条件との照合 　→条件が満たされている 　→調整で条件を満足させる	同時使用（使用状態）を考慮した ① 流量　　　　④ 機器類の性能 ② 圧力　　　　⑤ 制御の機能 ③ 騒音・振動　⑥ 出来ばえ ● 建物使用開始時点の初期性能として，運転点を記録する

消火設備，電気設備，中央監視設備の各設備，および建築との総合的な連係機能の上に成り立っている．このため発煙筒などにより模擬火災による防災総合試験を行い防災機能の適合性を確認しなければならない．防災総合試験で確認する主な項目は以下のとおり．

(1) 火災報知設備の作動
(2) 非常放送設備の連動
(3) 連動防火ダンパや防火シャッタの作動および空調機連動停止
(4) 排煙口開放および排煙機作動，空調機連動停止

3.9.3 完成検査

完成引渡し検査は施主の行う検査であるが，このほかにこれに先立って施工業者が自主的に行う試験・検査，消防署や保健所検査がある．また，設計事務所が監理業務を委託されている場合には設計事務所検査も行われる．設備の完成から引き渡しまでのわずかな期間に実施するため，検査日程や段取りなどについて関係者間で綿密に打ち合わせを行っておく．

a. 自主検査

自主検査は完成検査の際の手直し，だめ直しをできるだけ少なくすることや，消防検査前のデータ取りが

3.9 竣工時業務

表3.18 給排水・衛生設備の試運転・調整項目

	検査・試験	配管・付属品	機器・装置	装置器具
試運転・調整	通水試験 機器動作試験	機器運転時および給水時の流水状態で ● 設計条件の達成の検証を行う ① 振動 ② 騒音 ③ 排水ますからの溢水 ④ 排水ます内の偏流, 滞留 ● 基本的な品質確認 ① 空気だまり ② ウォータハンマ ③ 各弁類の操作, 機械的円滑性 ④ 各弁類の完全止水性 ⑤ 漏えい ⑥ 向流 ⑦ 防露		器具単体の使用状態で ● 設計条件の達成の検証を行う（設計条件との照合→条件が満足されている. 調整で条件を満足させる） ① 吐水量の確認・調整 ② 吐水圧の確認 ③ 圧量変動の確認・調整 ④ 吐水温度の確認・調整 ⑤ 器具騒音の確認 ⑥ 器具振動の確認 ⑦ 水はねの確認・調整 ⑧ 水質の調査・確認 ⑨ 温度変動の確認・調整 ⑩ 待ち時間の確認
	運転試験		機器運転時および給水時の流水状態で ● 設計条件の達成の検証を行う ① 機器の作動（運転・停止・回転数・定格電流・温度・流量・温度設定・制御・異常表示などの表示など） ② 熱源・貯湯槽の温度状態 ③ 送水量・送水圧力の安定性 ④ 運転騒音 ⑤ 運転振動 ⑥ 熱源の立上り時間 ● 基本的な品質確認 ① 電気的絶縁性 ② 機器からの漏水 ③ 燃料漏れ	● 給水設備での各流量調整後に実施する ① 排水時間 ② トラップの破封 ③ 停滞（大便器など） ④ 排水時の息継ぎ ⑤ 排水騒音 ⑥ 排水時の騒音 ● 基本的な品質確認 ① 器具の完全止水性 ② 器具の機械的円滑性 ③ 器具からの漏水 ④ ため洗い時の貯水性能 ⑤ ポップアップなどの機械的円滑性
		給水設備	給湯設備	排水設備
性能検査	性能検査で確認すべき項目	同時使用（使用状態）を考慮した ① 吐水量 ② 吐水圧 ③ 吐水圧変動	同時使用（使用状態）を考慮した ① 吐水量 ② 吐水圧 ③ 吐水圧変動 ④ 吐水温度 ⑤ 吐水温度変動	同時使用（使用状態）を考慮した 排水・通気状況 排水時間・滞留・排水時の息継ぎ, 器具の破封, 器具封水損失・排水時騒音 排水時振動, 排水ますからのオーバフロー, 屋外排水管の水位
		● 設計条件の達成の検証を行う 設計条件との照合 →条件が満たされている →調整で条件を満足させる		● 建物使用開始時点の初期性能として, 運転点を記録する

主な目的である. 自主検査は次の事項について速やかに実施する.

(1) 未完成部分の把握と完成検査までの工事完了
(2) 設備機器などの外観検査による手直し必要箇所の把握と完了予定の作成
(3) 試運転調整による各種データの整理と未調整部分の確認

b. 完成検査

完成検査は施主または監理を委託された設計事務所が, 契約書, 設計図書に基づいて外観・寸法・機能すべてについて施主の立場で行う最終の検査である.

検査時に準備しておくものや検査を受ける際の注意事項を次に示す.

(1) 検査の日程, 要領を事前に文書で関係者（施主, 設計事務所, 関連設備業者, 建築業者, 社内立ち会い

表 3.19 電気設備の主な点検および測定・試験項目

	項 目
点検	設計図との照合（配置・種別など） 引込み口・配電盤・分電盤・制御盤などの施設状況 電動機・電力装置・進相コンデンサの容量 始動器・制御器などの施設状況 使用材料・機器の可否 配線方法の可否 機器の設置と周囲状況 設置工事の状況
測定・試験	導通試験 絶縁抵抗測定 設置抵抗測定 試送電（試点火・試運転） 制御機器類の機能および回転方向確認 電圧・電流測定

者，協力業者，メーカーなど）に連絡しておく
(2) 検査場所の清掃
(3) 契約書，設計図，仕様書
(4) 施工図，機器類製作図
(5) 打ち合わせ議事録
(6) 機器類試験成績書，試運転記録（風量，温湿度，騒音，振動，電流，絶縁他各種チェックリストなど）
(7) 関係官庁届け出書類控え，検査証
(8) 工事記録写真，水圧等検査記録
(9) 月報
(10) 検査用品（脚立，懐中電灯，作業着，筆記用具など）．
(11) 検査で指摘された手直し事項については，項目，手直し方法，完了予定日，完了日欄を記載したリストを作成して提出する．

3.9.4 引渡し業務

完成検査から引き渡しまでは一連の業務であり，以降に記述する引き渡しに必要な項目も，完成検査時にすでに準備されていることが望ましい．

a. 取扱い説明と運転指導

取扱い説明書を作成し，設備の設置位置（特に隠ぺい部分においては写真などを用いる），設備を使用するうえで必要な作業や調整方法，緊急時の対応方法，保守管理の要点などについて現地指導を含めて実施する．

b. 引渡し書類の提出

完成検査後以下の書類を提出する．
(1) 取扱い説明書
(2) 機器保証書および機器メーカー連絡先一覧
(3) 機器類試験成績書，試運転記録
(4) 関係官庁届け出書類控え，検査証
(5) 工事記録写真，水圧等検査記録
(6) 引渡し書

〔近藤保志〕

文 献

1) 建築設備工事積算研究会編集：建築設備工事の積算，経済調査会．
2) 機械設備工事積算実務マニュアル, p.39, 全日出版社, 2009.
3) 電気設備工事積算実務マニュアル, p.43, 全日出版社, 2009.
4) 国土交通大臣官房官庁営繕部監修：機械設備工事監理指針，平成 19 年版．
5) 国土交通省大臣官房官庁営繕部監修：機械設備工事，共通仕様書，平成 19 年版．
6) 空気調和・衛生工学会編：空気調和・衛生工学便覧（第 13 版），5 材料・施工・維持管理篇, pp.247～251, 2003.
7) 空気調和・衛生工学会：空気調和・衛生工学, **74**-5, 366.
8) 国土交通省総合政策局建設業課／国土交通省大臣官房官庁営繕部設備課監修：管工事施工管理技術研修用テキスト技術編（第Ⅱ巻），平成 13 年度版, p.447.
9) 空気調和・衛生工学会：空気調和・衛生設備標準仕様書 HASS 010-2000.
10) JIS A 4009-1997.
11) 新工法風道の基準化委員会（空気調和・衛生工学会）：新工法風道の基準化に関する調査・研究報告書．

索　引

欧　文

ABB　661
ABC 粉末　822
ACC　122
ADSL 接続　138
AM　773
ATM-LAN　776
ATM 交換サービス　780
ATM シェアリングサービス　778
ATM 方式　784
ATM メガリンクサービス　778
AV 制御方式　764
AV 設備　760
A 火災　820

BA　188, 189, 191, 194
BACnet　198
BAS　198
BC 粉末　822
BEMS　77, 195, 213, 224, 407, 428, 437, 450, 452
BMS　188, 190, 193, 194, 198, 222, 429
BREEAM　59
BWR　123
B 火災　820

CAFM　77
CASBEE　60, 62, 63
CATV　138, 753
CAV　355, 406
CB 形　638
CCP　96
CE　574
CEA　30
CEC　70
CFD 解析　253
COP3　62
CR　573
CSMA/CD 方式　775, 784
CTI　786
CWV　405
C 火災　820

DDC　167, 191
DDC 式制御方式　412
DSU　785
DV　95

EMC　790, 792
EMCC　791
EMI　791

EO ガス　571
ESCO　222
EWS　190

FAX　786
FC　42
FCU　170
FCU まわり制御　423
FDM　774, 785
FFU 方式　267
FM　76, 219, 225, 450, 773
FP　74
FRP 製プール　577

GBTool　59
GCB　661
GLP　272
GMP　94, 269
GWP　77

HA　96
HACCP　78, 96
HEPA フィルタ　263
HP 給湯機　500
HUB　797
H 種絶縁乾式変圧器　660

IDF　796
IEC　746
IEC 規格　619
IEEE　745
IEEE 802.11 系方式　776
IMCS　780
IP　137
IP アドレス　138
IQ　95
IQ プロトコル　95
ISDN　773, 777, 779
ISO　259, 745
ISO 14443　856
IT　188

JEAC　620
JEAG　620
JEC　620
JEM　620
JESC　618
JIS　618, 745
JISC　620

KU 粉末　822
K 粉末　822

LAN　190, 773, 784, 786, 795
LAN スイッチ　776
LAN ネットワーク　774
LCA　28, 30, 77
LCA 手法　83
LCA 評価　77
LCC　28, 29, 42, 74, 82, 375, 450, 545
$LCCO_2$　71, 79, 82
LCD　28
LCW　78
LCW 評価　77
LC 評価　74
LEED　59
LGC　574
LNG　126, 127
LonWorks　198
Low-E ガラス　66

MBB　661
MBR　120
MDF　797
MF 膜　110
MTBF　85, 213
MTTF　85

NC 値　761
NF 膜　110
NGN　802
NPSHR　880

OA フロア　801
OCB　661
ODP　77
OQ　95

P 動作　166
P 波　836
PAL　70, 304
PBX　785
PCM　774
PE 管　141
PFI　75, 222
PF-S 形　638
PID コントローラ　172
PID 動作　166
PI 動作　166
PM　219, 225, 774
PMV　293
PPD　293, 294
PQ　95
PRTR　440, 601
PTFE フィルタ　264

PWR 123

RDF 608
RO 572
RO膜 110
ROE 32
RPS法 123
RS 208

S波 836
SDH 771, 779
SF6ガス絶縁変圧器 660
SONET 779

TCP/IP 781
TDM 785
TEWI 369
THM 108
TVOC 243

UF膜 110
UPCの最小設置数量 524
UPS 669

VAV 68, 170, 355, 406
VAV制御 207
VAV装置 419
VCB 661
VE 97
VMP 91
VOC 242
VoIP方式 781
VWV 68, 405

WAN 770, 773
WAN構成機器 785
WAN伝送媒体 785
WDM 774, 785

xDSL方式 781
X線透過装置 227

ア

アクセス管理 81
アクセス網 136
アクティブ手法 4
アクティブソーラーシステム 158
アクティブ法 245
浅井戸 473
アスベスト 237
アダプティブモデル 296
圧縮減湿装置 346
圧縮式ヒートポンプ 322
圧縮式冷凍機 319
　──の成績係数 321
圧送排水 507
圧力水槽方式 475
圧力配管用炭素鋼鋼管 860
アナログ式自動火災報知設備 819
アナログ方式（音響映像機器の） 764

アナログ網 136
アプリケーションレベルゲートウェイ 788
洗い落し式 527
洗出し 525
アルミ系吸音材料 876
泡消火器 821
泡消火設備 824
アンカーボルト 842
暗号化 789
安全衛生管理 896
安全弁 503
アンプ 751
安保用接地 732

イ

イオン化式スポット型感知器 818
イーサネット 793, 795
維持保全 79
異臭味 109
異種管の接続 904
異種用途区画 812
異常電圧 626
石綿 237
位相変調 774
一回線受電方式 636
1号消火栓 823
一次変電所 124
一方向流 276
一酸化炭素 290
一体型パッケージエアコン 338
一般管理費 890
一般情報設備 744, 747
一般専用線サービス 778
一般配管用ステンレス鋼管 861
一般廃棄物 603
一般用空調設備 288
移動式真空輸送設備 607
移動体通信サービス 777, 780
移動通信設備 137
居ながらリニューアル 80
イナート系ガス 826
イニシャルコスト 30, 42, 375
イベント収集機能 789
イメージ解析 678
医療廃棄物処理ガイドライン 610
医療用プール 577
色温度 675
陰極防食法 464
インダストリアルクリーンルーム 259, 268
インターネット 136, 137
インターネットサービス 778, 780
インターネットプロトコル 137
インターフェース設備 3
インターホン 747, 748, 749
インテリア空調 387, 393
インテリアゾーン 359
インテリジェント化 34
インバータ制御方式 406

インバータ・定流量ポンプ併用方式 406
インバータファン 168
インバータポンプ 168
インバート 516
インベントリー分析 19
飲料用給湯 495

ウ

ウェストンの式 479
ウォータスライド 577
ウォータハンマ 472
ウォッシャステリライザ 573
ウォッシャディスインフェクタ 573
ウォール内配線方式 800
受け入れ基地 127
受入設備 130
雨水 506
雨水処理 554
雨水貯留槽 555
雨水排水管の分離 521
雨水利用 553
雨水利用設備 553
渦巻ポンプ 482
宇宙用器具 542
埋立処分 135
運転管理設備 195
運転時適格性確認 95

エ

エアバリア 391
エアバリア方式 386
エアフィルタ 263
エアフォーム 824
エアフローウインド方式 387, 391
エアワッシャ 264
衛生器具 523, 525
衛星系アクセスネットワーク 745
映像系設備 747
映像処理 763
映像設備 763
映像伝送サービス 779
映像電話端末 786
映像表示 763
エキスパンションジョイント部 147
エクセルギー 436
エコマテリアル 71, 439
エコロジー電線・ケーブル 869
エスカレータ 180
　──の配列 181
　──の防火区画 181
エチルベンゼン 244
エッチングプライマ 879
エネルギー管理 196, 453
エネルギー管理指標 377
エネルギー計測 453
エネルギー計測システム 378
エネルギーフロー 11
エリア配線方式 800

索引

919

エレベータ
　　——の管理設備　179
　　——の昇降路　177
　　——の積載荷重　177
　　——の電気設備　178
遠隔監視システム　179
演色性　676
エンジン　886
エンジンマウント　877
遠心力鉄筋コンクリート管　518
遠心冷凍機　321
煙層高さ　813
塩素処理　109
鉛直方向地震力　838
エンドオブパイプ技術　8

オ

オイルショック　7
オイル阻集器　515
応答係数法　300
往復動冷凍機　319
屋外消火栓設備　820
屋外設置　48
屋外配線　716
屋外プール　577
屋上機械室　56
屋上機器設備　56
屋内消火栓設備　822
屋内設置　48
屋内配線　716
屋内プール　577
汚水　506, 549
汚水用水中モータポンプ　882
汚染質発生位置　250
汚染物質　231
オゾン処理　109
オゾン処理装置　582
オゾン層　367
　　——の破壊　18
オゾン層破壊ガス　83
オゾン破壊係数　77
オゾンホール　368
汚濁物質　582
オートクレーブ　570
オーバフロー溝　578
オフサイト資源　4
オフセット　166, 511
汚物流し　533
汚物用水中モータポンプ　882
オープン型　579
オープンネットワーク化　198
オープンネットワークシステム　428
オープンホール工法　473
親時計　752
オン・オフ動作　165
音響回路端子盤　766
音響設備　761
音響透過損失　876
オンサイト資源　4
オンサイト発電　121

温水洗浄便座　536
温水メータ　503
音声系設備　747
温泉の泉質　589
温泉供給方法　590
温泉大浴場　586
音像定位　762
温暖化ガス　61
温度成層型蓄熱槽　333
温熱環境　89
温熱環境基準　289

カ

加圧水型　123
加圧防煙システム　829
外気冷房制御　207, 421
概算コスト　461
外周給水方式　581
改修・更新　446, 447
海水　105
開水路式　105
階層型機能分散方式　202
快適域　294
快適方程式　293
快適レベル　4
回転機械診断　227
回転球体法　850
回転式除湿機　346
ガイドレール　831
階避難時間　815
外部雷　81
外部雷保護　850
外部雷保護用接地　734
外部情報通信ネットワーク計画　745
外壁面日射量　304
開放型貯湯タンク　500
開放式スプリンクラ設備　824
開放式貯湯槽　501
開放式燃焼器具　247
開放式膨張水槽　491, 502
開放式冷却塔　325
解剖室　573
改良型コンバインドサイクル発電　122
開ループ法　172
返し通気管　518
火炎高さ　811
化学泡消火器　821
架橋ポリエチレン管　862
架空送電線　125
各階IDF方式　798
各個通気方式　511
隔壁トラップ　508
隔膜式膨張水槽　491
かご形誘導電動機　884
火災継続時間　810
火災時管制運転　180
火災時連動制御　207
火災プルーム　812
重ね配置型　181
過酸化水素低温プラズマ滅菌法　571

加湿器　343
ガスエンジン　151, 154, 885
ガス化発電　131
ガス給湯機　504
カスケード遮断　631
カスケード制御　166
ガス遮断器　661
ガス設備　56
ガス栓　145
ガスタービン　151, 152, 154
ガスの事業法　140
ガスメータ　144
ガス漏れ火災警報設備　820
仮設工事費　896
可塑剤　243
価値工学　97
学校プール　576
　　——の衛生基準　579
活性炭　109
活性炭処理装置　583
滑走路　585
合併処理浄化槽　557
過電圧　626
過電流保護　624
家電リサイクル法　601
過電流保護協調　630, 645
可動警告板　182
稼動時適格性確認　95
可動床設備　578
カード発行機　858
カードリーダ　855
カートリッジ式　582
加入者回線　136
加入者交換機　136
加熱装置　489, 494
ガバナ　127
可搬式超低温液化ガス容器　574
過負荷　626
過負荷保護　684
株主資本利益率　32
雷サージ　851
雷保護用接地　734
ガラス破壊センサ　854
ガラス窓　306
渦流探傷装置　227
火力発電　121
簡易消火器具　820
簡易水洗便器　542
簡易専用水道　476
換気技術基準　241
換気駆動力　241
換気設備　55
換気設備技術基準　237
環境影響評価　20
環境衛生管理　196
環境管理　76, 77, 899
環境効率　31
環境診断　73
環境負荷　77
環境負荷原単位　77

環境負荷削減　431
環境負荷低減　44, 461
緩降機　833
監視カメラシステム　854
乾式配管方式　465
監視拠点　200
監視制御システム　407
監視盤設備　179
観賞施設　593
かん水　105
還水口　579, 581
還水溝　582
還水処理薬剤　879
還水槽　582
管水路式　105
完成検査　915
間接加熱方式　498
間接接続方式　130
間接排水　512, 905
完全混合状態　248
幹線方式　715
幹線保護　721
緩速砂ろ過法　106
管端防食継手　862
感知器連動　828, 831
管トラップ　508
館内情報設備　744, 748
管理運営設備　744
監理技術者　893
管理計画　222
管理対象　198
管理対象端末装置　190
貫流ボイラ　330
管理用情報連絡設備　747
管路網方式　477

キ

機械泡消火器　821
機械換気　230, 241, 254
機械換気設備　238
機械式収集車　609
機械式排水　506
機械室直上ロープ式エレベータ　174
機械室レスエレベータ　174
機械駐車設備　185
機械排煙　829
気化式加湿器　343
機器接続ガス栓　146
機器接地　732
機器発熱負荷　309
器具利用率　494
希釈換気　254
規準化居住域濃度　250, 251
基準電位用接地　733
キシレン　243, 244
気送管　183
気送子　183
キッチンユニット　543
輝度解析　678
輝度対比　673

機能確保性能　835
機能集中型入出力集中方式　202
機能集中型入出力分散方式　202
機能診断　73
機能接地　615
機能定義　97
機能評価　97
機能分散型自律方式　203
機能分散空調方式　390
機能用接地　733
揮発性有機化合物　242, 290
基本必要換気量　239, 246, 247, 248
逆サイホン作用　479
逆浸透処理法　572
客席誘導灯　832
逆潮流防止制御　694
逆止め弁　863
逆流防止器　484
キャビテーション　351
キャブタイヤケーブル　868
吸音　875
吸音材料　876
給気温度制御　421
給気口　829
給気風道　829
給気風量制御　421
給気用送風機　292
吸収減湿装置　346
吸収式ヒートポンプ　324
吸収式冷凍機　162, 323
救助袋　833
給水　879
給水圧力タンク　888
給水口　581
給水施設　104, 105
給水設備　55, 456
給水栓　533
給水装置　473
吸着減湿装置　346
吸着式空気清浄機　348
吸着式冷凍機　324
給湯　879
給湯機　504
給湯室排水　549
給湯設備　456, 489
給湯単位　494
給湯負荷の低減　463
給湯ボイラ　498
給湯メータ　503
給排水衛生設備規準　456
急速砂ろ過法　106
給湯設備　56
競泳プール　576
強化液消火器　820
競技施設情報設備　768
供給設備　614, 623
競技用プール　576
凝集剤　106, 119
凝集沈殿処理　119
強制循環式　505

強制通風式冷却塔　325
共通鍵方式　790
共通仮設費　890
京都議定書　45, 62, 369
業務・生活支援サービス計画　94
業務用建築　253
共用接地　851
局所換気　230, 241, 254
局所式　503
局所放出方式　825
局部振動法　844
局部震度法　837
局部不快感　294
局部摩擦損失　479
居住域平均空気齢　251
居住施設　35
許容応答時間　770
許容電流　719
　──の低減係数　719
起流装置　585
気流速度一様性　275
緊急ガス遮断装置　147
緊急遮断弁　482, 484
緊急用水　846
室間差圧測定　277

ク

空間平均濃度　233
空気加熱器　341, 342
空気管　817
空気環境基準　290
空気式自動制御機器　414
空気式集熱器　159
空気式制御方式　412
空気遮断器　661
空気浄化装置　292
空気清浄機　346
空気線図　315
空気対空気熱交換器　342
空気調和機　334
空気伝搬音　875
空気抜き弁　905
空気熱交換器セクション　335
空気ばね　877
空気搬送システム　404, 406
空気冷却器　341, 342
空調兼用システム　830
空調設備　55, 288
　──の最適制御　171
空調ゾーニング　270, 355
空調熱負荷　299
空調熱負荷計算　298, 305
空調熱負荷シミュレーション　298
空調用DS　56
空洞共鳴タイプ　876
偶発故障パターン　86
区画火災　807
区分鳴動方式　819
繰り返し利水　108
グリース阻集器　514

索引

グリーン庁舎　71
グリーン庁舎計画指針　60
クリーンルーム　258, 262
クールチューブ　67
グレア　675
グレア解析　678
黒ガス管　860
クロスコネクション　292, 479
クロスフローろ過方式　111
群乗合全自動方式　175

ケ

経営計画　222
経営支援サービス計画　94
警戒区域　816
計器用変成器　666
経済性条件　29
経済性評価　375
計時適格性確認　95
形状パラメータ　85
けいそう土式　582
計測計画　199
携帯電話　136, 137
携帯電話サービス　780
系統切り替え　629
系統接地　732
系統分離方式　153, 156
系統連系技術要件ガイドライン　153, 693
系統連系方式　153, 156
契約電力　639
計量計測　437
ゲイン　169
ケーシング収納型　111
下水　113
下水処理方式　117
下水道　113
下水排除基準　562
下水排除方式　114
結合塩素　583
結合通気管　518
欠相保護　684
結露　538
ゲートウェイ　787
ゲート弁　863
ケミカルエアフィルタ　264
ケミカルフォーム　824
煙感知器　817
煙制御　828
煙複合式スポット型感知器　818
減圧式逆流防止器　484
減圧弁　484
嫌気ろ床接触ばっ気方式　558
健康レベル　4
減湿装置　345
検出部　166
原子力発電　123
原水　105, 547, 553
建設業法　892
建設リサイクル法　601

建築火災の出火件数　807
建築環境システム　3, 5
建築基準法　194, 236, 621, 810
建築計画　44
建築設備管理　195
建築設備耐震設計・施工指針　646, 835
建築的手法　4
建築物衛生法　469
建築物における衛生的環境の確保に関する法律　469
建築物のLC　210
建築物用地下水の採取の規制に関する法律　473
原動機　635
顕熱交換器　342
現場経費　890

コ

コイルセクション　335
高圧幹線材料　715
高圧受電　156
高圧蒸気滅菌装置　570
高圧配電　627
広域循環方式　487
降雨量　553
公営プール　576
高汚濁雑排水　549
高汚濁雑排水処理　551
公開鍵　790
公開鍵方式　790
高架タンク　105
交換回線　772
交換網サービス　779
高輝度誘導灯　832
高級処理　116
公共下水道　113
公共放送受信設備　749, 753
工業用水法　473
工業用内視鏡装置　227
高効率電動機　885
高効率熱源システム　377
交差配置型　181
工事種目　746
硬質塩化ビニル管　862
硬質ポリ塩化ビニル管　517
鋼製および金属製プール　577
構造体接地　851
高層面積区画　826
高速LAN　775
高速イーサネット　775
高速ダクト　404
高速デジタル回線　771
光束法　679
高置水槽　886
高置タンク　106
高調波抑制制御　705
高調波抑制対策技術指針　706
交通計量　176
交通需要　176
交通バリアフリー法　88

工程管理　896
光電式スポット型感知器　818
光電式分離型感知器　818
高度浄水処理　107, 109
高度処理　117
高度処理浄化槽　557
高度処理装置　582
高度清浄空間　258
構内交換機　785
合流式　506
高齢者対応　88
氷蓄熱槽　333
小型チャンバー法　245
顧客満足度　213
国際基準公認プール　576
国際電気標準会議　746
国際標準化機構　259, 745
国内基準公認プール　576
固形塩素剤　584
固形燃料化装置　608
コージェネレーションシステム　150
　──の指針　378
故障率　85
個人用プール　576
コストプランニング　41
固体伝搬音　875
固定通信設備　136
固定保護板　182
コード　869
子時計　752
小荷物専用昇降機　175
個別空調DDC　170
個別循環方式　487, 556
個別洗浄弁式　529
個別熱源方式　382
個別ヒートポンプ方式　386
個別分散方式　364
ごみ圧縮機　609
ごみ固形燃料化　608
ごみ処理設備室　605
固有振動数　876
混合ガス供給装置　574
コンセントの標準選定　680
コンドルファ始動方式　684
コントローラ　172
コンバインドサイクル　121
コンパクタ
コンピュータグラフィックス　678
梱包機　607

サ

在館者密度　815
最終処分　135
再使用・再生利用　463
再性能検証　222
再生可能エネルギー発電　123
最大空調熱負荷　310, 313
最大空調熱負荷計算　305
最大需要電力　639
最大熱負荷　311

最低設置器具数　524
最低必要圧力　472
最適起動制御　421
最適制御　164, 165
サイホン式　525, 527
サイホンゼット式　525, 527
サイホンボルテックス式　527
サージアブソーバ　81
サステナブルビル　58
雑音防止用接地　734
殺菌　570
殺藻設備　597
雑排水　506
雑排水用水中モータポンプ　882
雑用水　468
雑用水給水設備　456
雑用水設備　487
差動式スポット型感知器　817
差動式分布型感知器　817
サニタリーユニット　543
サボニウス風車　99
さや管ヘッダ式配管工法　466
さや管ヘッダ方式　477
酸・アルカリ排水　567
酸化エチレンガス　571
産業空調　302
産業廃棄物　603
産業用空調設備　288
酸性雨　83
酸素　235, 290
三層ろ過池　107
暫定水質基準　546
残留塩素　468
残留塩素量　583

シ

次亜塩素酸溶液　583
試運転調整　913
紫外線式スポット型炎感知器　818
紫外線処理装置　583
紫外線・赤外線併用式スポット型炎感知器　819
視覚特性　763
自家発電設備　616
自家発電負荷配分制御　207
磁気　661
識別・色彩　913
事業管理　76, 78
仕切り弁　862
資源再利用　463
シーケンス制御　165, 408
資源有効利用促進法　601
時刻別空調熱負荷　314
事後保全　79, 215, 467
自主検査　914
地震感震器　180
地震時管制運転装置　180
地震波　835
システムキッチン　543
システムロス　310

施設管理　76, 77
施設情報化設備計画　93
私設情報通信設備　769
私設ネットワークサービス　784
自然エネルギー利用　434
自然開閉制御　282
自然換気　230, 241, 254, 257, 279
自然換気計画　279
自然循環式　504
事前精算システム　757
自然排煙　828
自然流下式　105
自然冷媒　369
事態対応機能　789
下塗り塗料　879
視聴覚設備　744, 760
室温センサ　168
室外機　902
シックハウス　241
シックハウス症候群　242
実験動物施設　273, 274
実効温度差　301
実施設計図　25
実体波　836
室内温度制御　419
室内温熱環境形成計画　295
室内快適性　170
室内化学物質測定　245
室内環境　2
室内環境基準　235, 289
室内基準　236
室内空間平均濃度　233, 234
室内清浄度測定　275
室内発熱負荷　308
指定消防水利　827
自動火災報知設備　816
自動切換え式マニフォールド　574
自動車用エレベータ　174
自動車リサイクル法　601
自動制御　164
自動制御システム　168, 408
自動制御システム計画　412
自動縦搬送システム　606
始動方式　706, 885
地盤沈下　84
時分割多重化装置　785
湿り空気線図　317
視野　763
遮煙性能　812, 831
遮炎性能　831
遮音　875
遮音材料　876
社会的劣化　79, 211
尺度パラメータ　85
斜降式救助袋　834
遮断器　661
社内システム　790
車番認識システム　758
車路管制システム　756
シャワー水栓　535

臭気　235, 290
周期定常計算法　300
周期非定常計算法　299
終局速度　508
集光型集熱器　159
柔構造　836
集合ポート方式　801
住戸セントラル方式　503
集中換気　254
集中管理方式　591
集中空調方式　388
集中方式（拡声方式の）　762
充電装置　656
集熱器　159
集熱板　159
収納可燃物量　811
周波数分割多重化　774
周波数分割多重化装置　785
周波数変調　773
終末処理場　116
重力式排水　506
主音響装置　819
宿泊・宴会施設　35
樹脂被覆鋼管　862
受信機　819
受水槽方式　475
出庫警報装置　187
受電電圧　636
受電方式　636
主任技術者　893
受変電設備　615, 634
受変電設備室　52
主要機械室　48
主要構造部　812
シュレッダ　607
循環回数　582
循環型社会形成推進基本法　601
循環式　540
瞬間式給湯ボイラ　498
循環水量　582
循環ポンプ　502
循環ろ過装置　581, 588
純水　571
準耐火構造　812
瞬低保護　684
準不燃材料　811
昇圧防止装置　149
省エネ診断　73
省エネルギー　64, 69, 128, 432, 670
省エネルギー型温度湿度制御方法　171
省エネルギー評価手法　70
障がい者用衛生器具　539
消火器　820
消火設備　56
浄化槽　557
　　──の構造　557
浄化槽躯体構造　561
浄化排水式　540
消火ポンプユニット　884
蒸気圧縮式冷凍機　318

蒸気還水配管　878
蒸気系　878
蒸気式加湿器　343
仕様規定　810
蒸気ボイラ　327
省資源　64, 128
上質水供給設備　486
浄水　106
上水　468
浄水器　486
上水給水設備　456
浄水施設　104
上水道施設　104
小水力発電　123
消毒　570
消毒装置　583
消波型　579
消費生活用製品安全法　533
消費税等相当額　890
小便器　529
情報化対応建築計画　745
情報化対応施設計画　92
情報系搬送設備　182
情報施設　35
情報授受装置　190
消防水利　827
情報通信システム　769
情報通信設備　743, 744, 769
情報通信設備計画　93
情報伝送装置　190
情報ネットワーク　793
情報配線設備　793
消防法　194, 621, 810
情報用ケーブル　867
消防用水　827
照明　706
照明制御　207
照明設備　673
照明電源　179
照明発熱負荷　308
使用目的によるゾーニング　358
乗用エレベータ　174
常用発電設備　646
常用・予備受電方式　637
初期建設コスト　30
初期故障パターン　86
初期消火　823
初期設備費　375
食品リサイクル法　601
除湿システム　162
処理水質基準　115
自力式制御方式　412
自律分散制御システム　428
自流式　123
白ガス管　860
人荷共用エレベータ　174
真空ガラス管型集熱器　159
真空式温水発生機　498
真空式温水ボイラ　330
真空遮断器　661

真空排水　507
シンクロナイズドスイミング競技プール　576
人工気候室　297
人工地下水　105
伸縮継手　863, 905
親水施設　593
浸漬方式　111
人体周辺環境調整装置　3
人体発熱負荷　308
寝台用エレベータ　174
伸頂通気方式　511
振動絶縁　875
侵入検出機能　789
侵入検知システム　789
振幅変調　773
新有効温度　294
信頼性　85

ス

水管ボイラ　329
水球プール　576
水景設備　592
水撃　472
水撃防止器　484
水源　104
水質　547
水質環境基準　118
水質基準　468
水損事故　466, 824
水中照明　599
水柱分離　472
垂直式救助袋　834
垂直軸型風車　99
スイッチストライク　853
水道原水水質保全法　109
水道直結方式　475
水道の引き込み　473
水道メータ　483
水平軸型風車　99
水平方向地震力　838
水力発電　123
水冷式パッケージエアコン　338
スイング逆止め弁　863
据付け時適格性確認　95
隙間風　308
スクリュー冷凍機　320
スクリーン　473
スクロール冷凍機　320
スケール　591
スター型LAN　774, 795
スターデルタ始動方式　684
ステップ応答法　172
ステンレス鋼管　861
ストップ弁　863
ストレーナ　863
砂式　582
砂阻集器　515
スピーカ　751, 760
スプリンクラ設備　823

スプリンクラヘッド　823
スプレッダ洗浄　529
スペース単価　222
滑り　885
すべり台　833
すべり棒　833
スポットネットワーク受電方式　637
スモレンスキー逆止め弁　863
スラット　831

セ

整圧器　127
盛期火災　812
制気口　355
制御機能　201
制御系　164
制御システム　164
制御設備　615
制御盤　691
制御方式　711
制御用ケーブル　866
静止機械診断　227
清浄度クラス　259
制振　875
制振構造　82
制振材料　877
生体認証　856
静電気防止用接地　734
静電式空気清浄機　348
静電誘導対策　721
性能規定　810
性能検証　210
性能防火設計　810
性能劣化診断　225
性能劣化診断システム　191, 194
性能劣化診断設備　224
性能劣化調査　191
生理学的制御モデル　294
赤外線式スポット型炎感知器　818
積算　746
積算熱量計　503
積層ゴム　877
石油給湯機　504
セキュリティ　81
施工管理　894
施工計画書　894
絶縁継手　904
絶縁電線　865
絶縁保護　624
設計グレード　34
設計外界条件　302
設計数量　890
設計必要換気量　240, 248, 251
節水　462
節水形　526
節水機器　462
接続材　869, 870
接地　730, 851
接地システム　851
接地設備　615

接地抵抗　739
接地電極　739
節電間欠運転制御　207
設備のユニット化　467
設備環境　2
設備計画　24, 44
設備シャフト計画　52
設備スペース　46
設備スペース計画　45
設備台帳　206
設備的手法　4
設備保全　467
設備ユニット　542
セパレート型パッケージエアコン　339
セラミック系吸音材料　876
セルリレー交換機　786
セルリレーサービス　777
全域放出方式　825
繊維くず阻集器　515
線火源　811
全館避難時間　815
全空気方式　386
全自動群管理方式　175
全自動精算システム　757
洗浄式空気清浄機　348
洗浄水量　526
潜水用プール　577
センターHUB方式　799
全電圧始動方式　684
全透明型　181
セントラル空調システム　419
セントラル方式　364
全熱交換器　342
洗髪器　533
全般換気　230, 241
専用サービス　777
全溶接型プレート式　341
専用線IP接続　780
全揚程　880
全容量遮断方式　631
全量ろ過方式　111

ソ

層間区画　812
層間変位　82
層間変形角　82
総揮発性有機化合物　243
総合衛生管理製造過程　96
双口型送水口　827
総合機能試験　913
総合試運転　913
総合的環境計画　5
操作性能　213
操作部　167
掃除口　516
槽浸漬型　111
槽浸漬方式　112
送水圧力制御　418
送水管　105
送水施設　105

送水ポンプ　105
想定事象　625
送電設備　125
相当管長　479
送配電設備　124
造波装置　585
造波プール　577
送風機　352
送風機セクション　335
測定・分析機器　227
素地ごしらえ　912
素地調整　879
ゾーニング　478
　計量区分による──　358
　室内環境条件設定レベルによる──　359
　重要度による──　360
　防災上の区分による──　360
ゾーニング計画　747
損失係数　876
損傷防止性能　835

タ

第1種換気方式　255
第2種換気方式　255
第3種換気方式　255
第4の建築行為　211
体育競技施設用情報設備　744
大温度差空調システム　390, 399
大温度差搬送方式　407
大温度差利用　68
耐火クロス　831
耐火クロス製防火防煙スクリーン　831
耐火構造　812
耐火性能検証法　810
大気汚染防止法　603
代謝系　3
耐食性　464
耐震強度　844
耐震支持　835, 838, 840
耐震支持部材　842, 843, 845
耐震診断　72
耐震性能　83, 835
耐震対策　646
耐震的設備システム　845
代替フロン　368
多位置動作　165
大便器　525
ダイヤフラム　817
ダイヤルアップIP接続　781
太陽光発電　100, 651
太陽電池　100, 651
太陽熱温水器　160, 504
太陽熱給湯システム　160
太陽熱集熱器　158
太陽熱暖房システム　161
太陽熱利用設備　158
太陽熱冷房システム　162
大量消費・大量廃棄文明　7
高置水槽方式　475

多機能電話機　786
ダクト　292
多孔質タイプ　876
多質点系振動タイプ　876
多重化技術　779
多重化方式　774, 785
多条敷設による低減係数　719
タスク・アンビエント空調　297
多段式駐車設備　186
脱着装置付きトラック　609
竪穴区画　812
立て配管　838
建物内焼却炉　608
ダブルスキン方式　387
玉形弁　863
ダリウス風車　99
タワー式駐車設備　185
たわみ継手　909
単位給水量　471
単一ダクト方式　404
ターンオーバ　582
タンク式　529
タンク類の防せい　913
単式自動方式　175
ターン数　582
単線結線図　642
単槽制御方式　567
炭素鋼鋼管　860
単独運転検出制御　695
単独処理浄化槽　557
ダンパ　167, 355
暖房熱負荷計算　306
端末処理材　869
端末装置　201
端末風量制御ユニット　355
短絡　626
短絡保護　684
断路器　663

チ

地域環境問題　7
地域導管　130
地域冷暖房　128, 129
地下式　105
地下式駐車設備　186
地下水　105
置換換気　254
地球温暖化　17, 61
地球温暖化係数　77
地球温暖化防止　44, 132, 461
地球温暖化問題　7
地球環境保全　899
地球環境問題　7
地球時代　8
蓄煙　828
地区音響装置　819
地区循環方式　487, 556
蓄電池　655
蓄電池設備　634
逐点法　679

蓄熱システムの指針　378
蓄熱システム運転制御　418
蓄熱槽系冷温水　878
蓄熱装置　331
地上系アクセスネットワーク　745
地中送電線　125
地表式　105
地表水　105
着水プール　585
着火温度　811
チャネル　136
中央監視システム　425, 428
中央監視設備　424
中央監視装置　207
中央管理室　57
中央個別併用方式　364
中央式給湯方式　496
中央式設備　492
中央処理装置　201
中央装置　206
中央熱源方式　382
中央方式　364
中汚濁雑排水処理　551
中間ガス栓　147
中間変電所　124
駐車場運営設備　749, 756
鋳鉄ボイラ　330
厨房除害施設　565
厨房排水　549, 562
中和処理　567
チューリッヒ式　579
長期修繕計画　75
超高圧変電所　124
超高速専用線サービス　778
超高齢社会　88
長時間ばっ気方式　559
長周期地震動　836
跳水現象　508
調整池　105
超節水便器　529
調節部　167
調節弁　167
直撃雷　81
直接工事費　890, 896
直接接続方式　130
貯水槽水道　476
貯水池水　105
直結加圧形ポンプユニット　882
直結増圧方式　475
直結直圧方式　475
貯湯式ボイラ　498
貯湯槽　494, 500
貯留排出機　607
地絡　626
地絡検出用接地　733
地絡保護　624
地絡保護協調　632, 645
沈殿　106
沈殿池　107

ツ

ツイストペアケーブル　796
通気口　520
通気主管　518
通気ヘッダ　518
通気弁　520
通気横走り管の位置　519
通信インターフェース　200
通信回線　770
通信設備　743
通信トラブル対策　209
通信ネットワーク　773
　　——の設計　770
通信ネットワークサービス　777
通信ネットワーク設備　769
通信費用　770
通信用ケーブル　867
通訳ブース　767
通路誘導灯　832

テ

手洗・洗面排水　548
低圧幹線材料　715
低圧配電　628
定置式空気輸送方式　607
低汚濁雑排水　548, 549
低汚濁雑排水処理　551
定温式感知器　817
低温送風方式　407
定期保全点検業務（法的・自主的）　215
抵抗加熱　688
デジタルコントローラ　173
定常計算法　299
定水位弁　483
ディスプレースメント換気　254
ディスポーザ　608
　　——による生ごみリサイクルシステムの開発　610
ディーゼルエンジン　150, 154, 885
停電時管制運転装置　179
低濃度長期暴露　231
定風量方式　406
底部給水方式　581
停復電制御　207
出入管理装置　855
定流量弁　484
定流量方式　405
定流量ポンプ台数制御方式　406
適正消費・最小廃棄システム　8
適正処理困難物　603
デシカント方式　163
デジタルPBX　785
デジタルアクセスサービス　778
デジタル式自動制御機器　414
デジタル専用線サービス　778
デジタル方式（音響映像機器の）　764
デジタル放送　753
デジタル網　136
データセンタ　139

データ保存機能　209
鉄筋コンクリート製プール　577
デマンド制御　703
デューディリジェンス　74, 221
テレビ共同受信システム　753
電圧降下　720
電荷　81
電技　618
電気エネルギーの低減　463
電気温水器　504
電気学会電気規格調査会標準規格　620
電気技術規定　620
電気技術指針　620
電気式自動制御機器　414
電気式制御方式　411
電気事業法　618
電気室　48, 641
電気主任技術者　156
電気錠　855
電気設備学会規格　621
電気設備技術基準　618
電気設備診断　227
電気通信事業法　745
電気時計　748, 752
電気防食法　464
電源供給機能　209
電源切り替え方式　649
電源制御　615
電源設備　615, 623
電子・空気式制御方式　412
電子式自動制御機器　414
電子式制御方式　412
電磁障害　791
電磁的環境両立性　790
電磁弁　484
電磁誘導対策　722
天井チャンバ　829
天井吹出し方式　391
天井モジュール計画　57
天水　105
伝送制御方式　706
伝送装置　201
伝送データ量　770
伝送密度　770
電動機
　　——の始動方法　683
　　——の保護　684
電動機出力　885
電熱設備概要　687
天然ガス　126
電波法　745
転落防止さく　182
電流補正係数　719
電力デマンド制御　206
電力配線設備　615
電力用ケーブル　865
電話交換機室　57
電話サービス　777, 778

ト

ドアクローザ 831
投影方式 764
灯外内管 141
銅管 861
同期回転数 885
同期発電機 152
凍結深度 465
凍結防止 464
凍結防止衛生器具 539
凍結防止ヒータ 464
統合接地システム 851
統合配線システム 784
動作点 168
同軸ケーブル 796, 867
同時通訳設備 744, 767
凍上防止 464
導水管 105
導水きょ 105
導水施設 104, 105
導水ポンプ 105
動的設計法 837, 838, 844
等電位化 851
等電位接地 733
等電位ボンディング 737
灯内内管 141
投入塩素量 583
導入外気熱負荷 309
透明型 180
動力 706
動力基準 881
動力消防ポンプ設備 827
動力制御盤 673
容器包装リサイクル法 601
特殊情報設備 744, 760
特殊継手排水方式 511
特殊排水 506
特殊プール 577
特殊浴槽 586, 587
特定環境保全公共下水道 113
特定公共下水道 113
特定防火設備 812, 831
特別管理廃棄物 603
特別高圧受電 156
特別措置法 123
特別特定製品 533
特別避難階段付室 815
トークンパッシング方式 775, 784
都市ガス
　——の種類 140
　——の分類 127
都市下水路 113
都市代謝 10
都市代謝システム 12
渡渉プール 577
吐水口空間 479
塗装
　——の分類 912
　——の目的 912

　——の要否 911
塗装方法 912
飛込みプール 576
トラップ 508, 529
トラップます 521
ドラフト 295
取扱い説明 915
トリハロメタン 108, 118
トルエン 243, 244
トレーサーガス 234
ドレンチャ設備 826
ドレンチャヘッド 826

ナ

内管 141
内線規程 618
ナイトパージ 257, 284, 433
内部情報通信ネットワーク計画 745
内部雷 81
内部雷保護用接地 734
中・上塗り塗料 879
流し類 533
流れ 593
生ごみ処理機 608
難燃材料 811

ニ

2位置動作 165
2号消火栓 823
二酸化塩素 584
二酸化炭素 290
二酸化炭素消火器 821
二酸化炭素消火設備 825
二酸化炭素排出量 61, 82
二酸化炭素発生量 461
二次災害 82
2段式駐車設備 186
日積算空調熱負荷 314
二方向避難 814
日本空気清浄協会 259
日本工業規格 618, 745
日本工業規格 JIS A 4201 850
日本工業標準調査会 620
日本電気技術規格委員会規格 618
日本電機工業会標準規格 620
荷物用エレベータ 174
人間的手法 4

ヌ

抜き管 227

ネ

ねじガス栓 146
熱汚染 18
熱回収ヒートポンプ 318
熱感知器 817
熱供給事業法 128
熱供給設備 130
熱源運転支援システム 171
熱源システム一般の指針 378

熱源システム計画 363, 370
熱源システムの省エネルギー指針 378
熱源設備 49, 54
　——の最適制御 171
熱源台数制御 207
熱交換器 340
　——および加湿器セクション 335
ネットワークオペレーティングシステム 787
熱媒水搬送システム 401
熱負荷算出 129
熱負荷特性によるゾーニング 359
熱複合式感知器 817
熱複合式スポット型感知器 818
年間空調熱負荷 313
年間経常費 375
年間熱負荷係数 304
年積算空調熱負荷 314
燃料の低位発熱量 886
燃料消費量 886
燃料電池 152, 154, 653

ノ

濃縮管理方法 878
能力単位 820
逃がし管 489, 490
逃がし通気管 518
逃がし弁 489, 491, 503
ノーマルブラインド方式 219
乗合全自動方式 175
乗り物用衛生器具 540

ハ

排煙機 829
排煙口 828
排煙効率 828
排煙設備 55, 828
排煙用 DS 56
バイオハザード防止施設 274
バイオロジカルクリーンルーム 268, 271
配管
　——の防食 913
　——のユニット化 466
配管口径 143
配管材料 730
配管ユニット 543
配管用 PS 56
配管用ステンレス鋼管 861
配管用炭素鋼管 517, 860
排気口 232
排気熱回収制御 421
排気濃度 234
廃棄物焼却 131
廃棄物処理 131, 132, 463
廃棄物処理法 601
排気フード 252
排気用送風機 292
配水池 105
排水横管の勾配 511

索引

配水管　105
排水口開放　512
排水口空間　512
排水再利用　555
排水再利用設備　547
配水施設　104, 105
排水処理方法　550
排水設備　56
排水槽　513
排水通気設備　456
排水通気用鉛管　517
配水塔　105
排水ポンプ　514
排水ます　516
排水用硬質塩化ビニルライニング鋼管　517
排水用耐火二層管　517
排水用鋳鉄管　517
排水用ノンタールエポキシ塗装鋼管　517
配線系統種別　715
配線工事方法　692
配線材料　728
配線室　53
配置計画　673
配電規程　618
配電設備　125
配電電圧　624, 715
配電方式　624, 627
配電用変電所　124
排熱回収システム　154
排熱投入型吸収式冷凍機　324
排熱利用システム　154
バイパスダンパ　829
バイパス弁逃がし制御　418
ハイブリッド換気　230
ハイブリッド下水処理　119
パーカッション式　473
吐出し水量　880
バキュームブレーカ　479, 484
パーキングロックシステム　758
パケット交換機　785
パケット交換サービス　777, 779
パケットフィルタリング　788
破砕機　607
バス型　795
バス型LAN　775
パーソナル空調方式　390
バタフライ弁　863
波長分割多重化　774, 785
パッカ車　609
バックアップ　80
バックアップ回線　773
パッケージエアコン　337
パッケージ型空調機　337
パッケージ型空調機まわり制御　423
パッシブ手法　4
パッシブセンサ　854
パッシブソーラー　67
パッシブソーラーシステム　158

パッシブ法　245
発信機　819
パッチ盤　766
発電機　152
発電機室　52
発電機出力　635
発電機容量の計画　156
発電設備　615, 634, 635
発熱速度　811
ハートビル法　80, 88
パニックバー方式　831
パネル型　180
ハバードタンク　572
破封　509
バリアフリー　80, 537
バリアフリー新法　88
バリデーション　78, 94
バリデーション計画　95
パルス符号変調方式　774
バルブ　862
ハロゲン化物消火設備　825
半屋外環境　296
搬送システム　401
搬送設備計画　182
搬入計画書　901
半分散方式（拡声方式の）　762

ヒ

非一方向流　276
光アクセス　138
光環境　89
光ケーブル　82
光ファイバケーブル　796, 868
引込み管ガス遮断装置　147
引下げ導線　851
ピークカット運転　331
ピーク電力問題　8
被災対応設備　846
火盛り期　808
非常コンセント設備　827
非常用エレベータ　175, 178, 179
非常用エレベータ兼用付室　815
非常用照明設備　832
非常用進入口　816
非常用発電機　156
非常用発電設備　646
非常用連絡線　179
ビースバーデン式　579
非接触（IC）カード　856
必要換気量　239
比抵抗測定法　473
非定常計算法　300
ヒートアイランド　8, 62
ヒートトランスフォーマー　324
ヒートポンプ　318
ヒートポンプ給湯機　498
避難安全検証法　810
避難器具　833
避難橋　833
避難口誘導灯　832

避難タラップ　833
避難はしご　833
避難ロープ　833
秘密鍵　790
110度CSデジタル放送　753
評価指標　16
表示設備　744
標準活性汚泥法　117
標準新有効温度　294
費用対効果分析　30
表面波　836
避雷器　81, 662
避雷導線　81
微粒子霧　594
ビル運転管理設備　189
ビル運用・運営支援管理　196
ビル衛生管理法　603
ビル管法　237
ビル管理システム　195
ビル管理設備　188
ビル経営管理システム　190, 193
ビル経営管理設備　222
ビル内端末機　786
ビル用水法　473
比例積分動作　166
比例積分微分動作　166
比例動作　166
品質管理　76, 78, 894
品質検査　896

フ

ファイヤウォール　788
ファウリング　112
ファシリティコスト　42
ファシリティプログラミング　74, 76
ファシリティマネジメント　76, 450
ファンコイルユニット　170, 336
フィードバック制御　164, 165, 408
フィードフォワード制御　165, 409
フィルタセクション　335
フィルタリーク測定　277
風車　99
封水　508
風力発電　99, 652
富栄養化　118
フォームウォータスプリンクラヘッド　825
フォームヘッド　825
深井戸水中ポンプモーター　881
負荷開閉器　663
歩掛り　891
負荷制御　615
負荷設備　615, 669
複合単価　891
部材ユニット　543
腐食環境　464
腐食メカニズム　878
腐食要因　463
不足電圧保護　684
舞台AV設備　744

沸騰水型　123
物品系搬送設備　183
物品搬送設備　182
物理的セキュリティ　790
物理的封じ込め　272
物理的劣化　79
不動態皮膜　482
不等率　179
不燃材料　811
フミン質　108, 109
浮遊粉じん　290
フューズガス栓　145
不要電波　791
プラスタ阻集器　515
プラスチック管　862
プラスチック減容装置　608
フラッシュオーバ　808
フラッシュ型スプリンクラヘッド　824
フランジ型バルブ　146
ブリッジ　786
プールの断面形状　578
フレアナット継手　862
フレキ管　141
フレキシブル継手　863
ブレージングプレート式　341
プレート式熱交換器　340
プレハブ工法　906
フレーム型スプリンクラヘッド　823
フレームリレー交換機　785
フレームリレー交換サービス　779
フレームリレーサービス　777
フロアヒーティング設備　688
プロジェクタ　763
フロック　106
フロック形成　106
ブロードバンドサービス　138
プロパティマネジメント　78
プロペラ型風車　99
フロン規制　368
フロン系冷媒　367
分岐ガス栓　147
分岐付きケーブル　868
分岐配線　723
分散 DDC　170
分散 HUB 方式　799
分散型個別熱源方式　364
分散型制御システム　169
分散空調方式　388
分散方式（拡声方式の）　762
噴射式　540
噴水　594
噴水姿態　594
噴水ノズル　596
分電盤　671, 690
分電盤配置計画　671
粉末消火器　816
粉末消火設備　826
分流式　506

ヘ

平均演色評価数 Ra　675
平均汚染質濃度　250
平均故障時間間隔　85
平均故障寿命　85
平均故障発生時間間隔　215
平衡点　168
米国電気電子学会　745
閉鎖式スプリンクラ設備　823
閉鎖障害　831
平板型集熱器　158
併用式　105
ヘーゼン－ウィリアムスの式　478
ヘッダ方式　477
ペリメータ空調　391
ペリメータ空調システム　382, 384
ペリメータシステムマップ　384
ペリメータゾーン　359, 384
ベルヌーイの式　478
変圧器　658
変圧器台数制御　704
変位吸収継手　84, 864
便所洗浄排水　549
変電設備　125
変風量方式　406
変風量ユニット　170
変流量方式　405

ホ

保安警備　195
保安用接地　615
ボイラ　327
防煙区画　829
防煙たれ壁　828
防火シャッタ　814, 831
防火設備　831
防火ダンパ　829
防火戸　814, 831
防火・防煙シャッタ　831
防蟻剤　243
防災監視設備　203
防災拠点施設　84
防災設備管理　195
防災用ケーブル　867
放射性排水　565, 568
放射冷暖房空調方式　390
防食　463
防食設計　464
防食・塗装工事　911
防振ゴム　877
防振対策　645
防振継手　905
放水区域　824
法線面直達日射量　303
放送受信設備　744
放送設備　750
膨張管　490
防潮水位　465
膨張水槽　491

防潮対策　465
法定耐用年数　219
防犯管理　195
防犯設備　203
保健空調　302
歩行速度　815
保護角法　850
保護継電器　644, 665
保護方式　706
補償式スポット型感知器　818
補償動作　166
保全履歴管理　206
炎感知器　817
ポリエステル系吸音材料　876
ポリブデン管　862
ボールタップ　483
ホルムアルデヒド　238, 243, 244, 290
ポンプ　349
ポンプ圧送式　105
ポンプ加圧式　105
ポンプ台数制御　418
ポンプ直送方式　475

マ

マイクロホン　760
マイコンメータ　144
埋設配管　692
まぐさ　831
膜処理　112
マグネットセンサ　853
膜モジュール　110
膜ろ過　110
マクロセルによる電食　463
マクロセル腐食　906
マシンマシン装置　190
窓台吹出し方式　391
摩耗故障パターン　86
マルチ型スプリンクラヘッド　823
マルチパッケージエアコン　339
マルチリンク　773
マンマシンインターフェース　190, 208
マンマシン装置　201

ミ

水遊び用プール　577
水-空気方式　386
水資源対策　462
水蓄熱槽　332
水の演出形態　593
水搬送システム　401, 405
水噴霧式加湿器　343
水噴霧消火設備　823, 824
水方式　386
密閉型貯湯タンク　500
密閉系冷温水　878
密閉式貯湯槽　501
密閉式膨張水槽　491
密閉式冷却塔　325
ミニエンバイロメント方式　267
未利用エネルギー　14

民営プール 576

ム

無圧式温水発生機 498
無機系保温材 872
無効電力制御 703
無次元発熱速度 811
無線 784
無線LAN 776, 799
無線系アクセスネットワーク 745
無線通信補助設備 828
無停電電源設備 209, 616, 634, 657

メ

メカニカル継手 861
メータガス栓 146
メチルイソボルネオール 108
滅菌 570
滅菌水 572
滅菌手洗ユニット 572
メッシュ 850, 863
免震 836
免震構造 82
免震建物 836
面積区画 812
メンテナンス 441
メンテナンス契約 441
メンテナンスポイント 441, 446
メンブレンバイオリアクタ 120

モ

網制御装置 785
毛髪阻集器 515
木材保存剤 243
モデム 785
モールド型変圧器 660

ユ

油圧式エレベータ 174
遊泳プール 577
　　──の衛生基準 579
有機系保温材 872
有効吸込みヘッド 351
有効流量特性 167
湧水 506
誘電加熱 688
誘導対策 721
誘導灯 832
誘導発電機 152
誘導標識 832
誘導雷 81
遊離有効塩素 583
床吹き出し空調システム 396
床免震 837
ユーザー端末装置 209
有人料金精算システム 756
輸送導管 127
ユニット化工法 906
油入遮断器 661
油入変圧器 660

ヨ

陽極防食法 464
幼児プール 577
用途別水量 547
要目基準 881
溶融技術 131
浴室排水 549
浴槽 531
横引き配管 838
予作動方式 465
予算管理 896
予備診断 72
予備電源設備 179
予防保全 79, 213, 467
より対線 796
予冷予熱時外気取入れ停止制御 421

ラ

ライフサイクル 82
ライフサイクルCO_2 82
ライフサイクルアセスメント 19, 30, 74, 77
ライフサイクルエンジニアリング 9
ライフサイクル計画 74
ライフサイクルコスト 29, 52, 42, 74, 375, 441, 450, 545
ライフサイクルデザイン 26, 28
ライフサイクル廃棄物評価 78
ライフライン 80
ラインフィルタ 733
落水 593
落水防止弁制御 418
落下防止網 182
ランゲリア指数 878
ランニングコスト 42
乱流拡散火炎 811

リ

リアクトル始動方式 684
力率改善制御 207
リコミッショニング 435, 452
リサイクル 439
リサイクル法 120, 131
リセス型 579
リニア駆動式自走台車 183
リニューアル 79
リニューアルコスト 42
リピータ 786
リフト逆止め弁 863
リミット制御 166
リモートコンデンサ型パッケージエアコン 339
リモートメンテナンス 213
流域下水道 113
溜水 594
流水プール 577
流量比例制御弁 601
料金徴収システム 756

良質雑排水 549
リング型 795
リング型LAN 775
ルーズフランジ 861
ルータ 787
ループ受電方式 637
ループ通気方式 511
ループヒーティング設備 689
ループ方式 477
霊安室 573
冷却減湿装置 345
冷却水 878
冷却水出口温度制御 418
冷却塔 293, 325
冷却塔ブロー水 549, 550
冷凍機 318
冷凍機入口三方弁制御 418
冷凍機送水温度制御 416
冷凍機台数制御 414
冷媒配管 861
冷房熱負荷計算 305
レイリー波 836
レジオネラ 489, 589
レスポンスファクタ法 300
劣化診断 73
連結温度成層型蓄熱槽 332
連結完全混合型蓄熱槽 332
連結散水設備 827
連結送水管設備 827
レンジアビリティ 167
連続配置型 181
連絡システム 766

ロ

漏水検知帯 466
漏水対策 466
ろう接継手 861
漏電火災警報器 820
漏電警報器 178
漏電遮断器 178
漏電保護 684
ろ過器 582
ろ過式空気清浄機 347
ローカル制御装置 208
ローカル調整装置 209
ローカル直接制御方式 191
露出配管 692
ロータリー式 473
ロータリー冷凍機 320
炉筒煙管ボイラ 329
ロードヒーティング設備 689
ロードリセット制御 421
ロバストPIDパラメータ 173
ロバスト調整 172
ろ布式 582
ロープ式エレベータ 174

ワ

ワイブル分布 85

資 料 編

―掲載会社索引―
（五十音順）

鹿島建設株式会社 ………………………………	4
株式会社銭高組 ……………………………………	1
株式会社竹中工務店 ………………………………	4
東光電気工事株式会社 ……………………………	5
株式会社日建設計 …………………………………	5
株式会社日本設計 …………………………………	6
株式会社フジタ ……………………………………	2
三井不動産株式会社 ………………………………	3

Zenitaka

それは人が集まる場所。

存在感、魅力あるスペース、独創……
いい建造物には、そんな表現が当てはまります。
でも、人が何故集まってくるのかと言えば、
そこにある優しさや信頼感からではないでしょうか。
我々は人に優しい空間を目指し、
これからも期待に応えて行きます。

錢高組
URL http://www.zenitaka.co.jp/

水面に放たれたエネルギーが、
力強く、幾重にも波紋を描いていくように。
創り上げたひとつひとつの建設物が、
一人ひとりのゆたかな暮らしを拡げていく。
そんな街づくりをすすめていくことが、
創業以来100年にわたって変わることのない
"F=FUJITA"の仕事です。
想像を超える創造力で、
果てしなく広がる未来の起点になる。
私たちは、100年目のフジタです。

2010年。おかげさまでフジタは創業100周年。

100
ANNIVERSARY

次の100年を築く。

FUJITA

www.fujita.co.jp

&'EARTH

街をつくることは 地球の一部をつくること
そして 地球の未来をつくること
だから私たちは あなたのことを想いながら
地球のことを考える
あなたの明日を想いながら 地球の明日を想像する

三井不動産グループは つづけています
たとえば ここ 東京ミッドタウンで
その豊かさと潤いが 50年先 100年先の
幸福な未来へとつながっていく あたらしい街づくりを
「共生・共存」という理念のもとで
そこで暮らす人 働く人 そこを訪れる人とともに

都市に豊かさと潤いを
三井不動産グループ

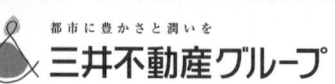

&(アンド)マークの理念とは、これまでの社会の中で対立的に考えられ、とらえられてきた「都市と自然」「経済と文化」「働くことと学ぶこと」といった概念を共生・共存させ、価値観の相克を乗り越えて新たな価値観を創出していくものです。

想像を、チカラに。

人が想像できることは、必ず人が実現できる。鹿島の都市づくりは、100年先を見つめています。

100年をつくる会社
鹿島

TAKENAKA CORPORATION

で、どうなるの。地球は…

想いをかたちに
竹中工務店

お問い合わせは ─────────── 広報部へ
〒136-0075 東京都江東区新砂1丁目1-1 Tel.03(6810)5140
〒541-0053 大阪市中央区本町4丁目1-13 Tel.06(6263)5605

www.takenaka.co.jp　　© Lisa Vogt / MC Planning, Inc.

幸せや楽しみを演出できる。
そんな明かりを考えています。

ほのかな明かりも、確かな技術の積み重ねから…

電気…。人類が手にしたものの中で、これほど文明に役立つものはありません。この便利な電気を、今日の社会の発展に、そして未来への計画に、上手に活用していただくために、電気工事の施工から管理まで、私どもがお役に立てれば…。と願っています。

東光電気工事株式会社　〒101-8350　東京都千代田区西神田1-4-5　TEL.(03) 3292-2111
http://www.tokodenko.co.jp/

NIKKEN SEKKEI

日建設計

代表取締役社長　岡本　慶一

http://www.nikken.co.jp

東　京	〒102-8117	東京都千代田区飯田橋2-18-3	TEL.03-5226-3030
大　阪	〒541-8528	大阪市中央区高麗橋4-6-2	TEL.06-6203-2361
名古屋	〒460-0008	名古屋市中区栄4-15-32	TEL.052-261-6131
九　州	〒810-0001	福岡市中央区天神1-12-14	TEL.092-751-6533

支社・支所　北海道(札幌)、秋田、東北(仙台)、神奈川(横浜)、静岡、長野、北陸(富山)、京滋(京都)、神戸、中国(広島)、北九州、熊本、鹿児島、沖縄、上海、大連、ドバイ、ハノイ、ホーチミン、ソウル

日本設計

NIHON SEKKEI

代表取締役社長　六　鹿　正　治

本　　社	東京都新宿区西新宿2-1-1　新宿三井ビル 〒163-0430　TEL03(5325)8300（総務本部直通）
札幌支社	札幌市中央区北一条西5-2-9　北一条三井ビル 〒060-0001　TEL011(241)3381
中部支社	名古屋市中区錦1-11-11　名古屋インターシティ 〒460-0003　TEL052(211)3651
関西支社	大阪市中央区高麗橋4-1-1　興銀ビル 〒541-0043　TEL06(6201)0321
九州支社	福岡市中央区天神1-13-2　福岡興銀ビル 〒810-0001　TEL092(712)0883

www.nihonsekkei.co.jp

建築設備ハンドブック　　　　　　定価は外函に表示

2010年9月20日　初版第1刷

編者　樹二博治堅稔次
　　　文寛清
　　　谷井澤中縄野田　賢
　　　紀酒瀧田松水山

発行者　朝倉　邦造

発行所　株式会社　朝倉書店
　　　東京都新宿区新小川町6-29
　　　郵便番号　162-8707
　　　電話　03(3260)0141
　　　FAX　03(3260)0180
　　　http://www.asakura.co.jp

〈検印省略〉

© 2010〈無断複写・転載を禁ず〉　　印刷・製本　東国文化

ISBN 978-4-254-26627-6　C 3052　　Printed in Korea

西林新蔵・小柳 治・渡邉史夫・宮川豊章編

コンクリート工学ハンドブック

26013-7 C3051　　　B 5 判 1536頁 本体65000円

1981年刊行で，高い評価を受けた「改訂新版コンクリート工学ハンドブック」の全面改訂版。多様化，高性能・高機能化した近年のめざましい進歩・発展を取り入れ，基礎から最新の成果までを網羅して，内容の充実・一新をはかり，研究者から現場技術者に至る広い範囲の読者のニーズに応える。21世紀をしかと見据えたマイルストーンとしての役割を果たす本。〔内容〕材料編／コンクリート編／コンクリート製品編／施工編／構造物の維持，管理と補修・補強／付：実験計画法

水文・水資源学会編　京大 池淵周一総編集

水文・水資源ハンドブック

26136-3 C3051　　　B 5 判 656頁 本体35000円

きわめて多様な要素が関与する水文・水資源問題をシステム論的に把握し新しい学問体系を示す。〔内容〕【水文編】気象システム／水文システム／水環境システム／都市水環境／観測モニタリングシステム／水文リスク解析／予測システム【水資源編】水資源計画・管理のシステム／水防災システム／利水システム／水エネルギーシステム／水環境質システム／リスクアセスメント／コストアロケーション／総合水管理／管理・支援モデル／法体系／世界の水資源問題と国際協力

日本風工学会編

風工学ハンドブック
―構造・防災・環境・エネルギー―

26014-4 C3051　　　B 5 判 440頁 本体19000円

建築物や土木構造物の耐風安全性や強風災害から，日常的な風によるビル風の問題，給排気，換気，汚染物拡散，風力エネルギー，さらにはスポーツにおける風の影響まで，風にまつわる様々な問題について総合的かつ体系的に解説した。強風による災害の資料も掲載。〔内容〕自然風の構造／構造物周りの流れ／構造物に作用する風圧力／風による構造物の挙動／構造物の耐風設計／強風災害／風環境／風力エネルギー／実測／風洞実験／数値解析

前東大 村井俊治総編集

測量工学ハンドブック

26148-6 C3051　　　B 5 判 544頁 本体25000円

測量学は大きな変革を迎えている。現実の土木工事・建設工事でも多用されているのは，レーザ技術・写真測量技術・GPS技術などリアルタイム化の工学的手法である。本書は従来の"静止測量"から"動的測量"への橋渡しとなる総合HBである。〔内容〕測量学から測量工学へ／関連技術の変遷／地上測量／デジタル地上写真測量／海洋測量／GPS／デジタル航空カメラ／レーザスキャナ／高分解能衛星画像／レーダ技術／熱画像システム／主なデータ処理技術／計測データの表現方法

京大防災研究所編

防災学ハンドブック

26012-0 C3051　　　B 5 判 740頁 本体32000円

災害の現象と対策について，理工学から人文科学までの幅広い視点から解説した防災学の決定版。〔内容〕総論（災害と防災，自然災害の変遷，総合防災的視点）／自然災害誘因と予知・予測（異常気象，地震，火山噴火，地表変動）／災害の制御と軽減（洪水・海象・渇水・土砂・地震動・強風災害，市街地火災，環境災害）／防災の計画と管理（地域防災計画，都市の災害リスクマネジメント，都市基盤施設・構造物の防災診断，災害情報と伝達，復興と心のケア）／災害史年表

東工大 池田駿介・名大 林　良嗣・前京大 嘉門雅史・東大 磯部雅彦・東工大 川島一彦編

新領域 土木工学ハンドブック

26143-1 C3051　　　B 5 判 1120頁 本体38000円

〔内容〕総論（土木工学概論，歴史的視点，土木および技術者の役割）／土木工学を取り巻くシステム（自然・生態，社会・経済，土地空間，社会基盤，地球環境）／社会基盤整備の技術（設計論，高度防災，高機能材料，高度建設技術，維持管理・更新，アメニティ，交通政策・技術，新空間利用，調査・解析）／環境保全・創造（地球・地域環境，環境評価・政策，環境創造，省エネ・省資源技術）／建設プロジェクト（プロジェクト評価・実施，建設マネジメント，アカウンタビリティ，グローバル化）

宇田川光弘・近藤靖史・秋元孝之・長井達夫著 シリーズ〈建築工学〉5 **建 築 環 境 工 学** ―熱環境と空気環境― 26875-1 C3352　　B5判 180頁 本体3500円		建築の熱・空気環境をやさしく解説。〔内容〕気象・気候／日照と日射／温熱・空気環境／計測／伝熱／熱伝導シミュレーション／室温と熱負荷／湿り空気／結露／湿度調整と蒸発冷却／換気・通風／機械換気計画／室内空気の変動と分布／他
前京大 松浦邦男・京大 高橋大弐著 エース建築工学シリーズ **エース 建 築 環 境 工 学 I** ―日照・光・音― 26862-1 C3352　　A5判 176頁 本体3200円		建築物内部の快適化を求めて体系的に解説。〔内容〕日照(太陽位置，遮蔽設計，他)／日射(直達日射，日照調整計画，他)／採光と照明(照度の計算，人工照明計画，他)／音環境・建築音響(吸音と遮音・音響材料，室内音響計画，他)
京大 鉾井修一・近大 池田哲朗・京工繊大 新田勝通著 エース建築工学シリーズ **エース 建 築 環 境 工 学 II** ―熱・湿気・換気― 26863-8 C3352　　A5判 248頁 本体3800円		I巻を受けて体系的に解説。〔内容〕I編：気象／II編：熱(熱環境と温熱感，壁体を通しての熱移動と室温，他)／III編：湿気(建物の熱・湿気変動，結露と結露対策，他)／IV編：換気(換気計算法，室内空気室の時間変化と空間変化，他)
前日大 板本守正・千葉工大 市川裕通・芝工大 塘 直樹・前九大 片山忠久・東工芸大 小林信行著 学生のための建築学シリーズ **環 境 工 学**（四訂版） 26856-0 C3352　　A5判 216頁 本体3900円		好評の旧版を，法律の改正や地球環境問題への配慮など，最新の情報に基づいて書き改めたテキスト。多数の図・表・データを用いて，簡潔かつわかりやすく解説。〔内容〕気候／熱環境／伝熱／湿気／換気／音響／日照／採光・照明／色彩
中島康孝・紀谷文樹・仁平幸治著 学生のための建築学シリーズ **建 築 設 備**（三訂版） 26838-6 C3352　　A5判 352頁 本体5000円		好評の旧版を最新の情報に基づき改訂。〔内容〕建築と建築設備／建築設備の基本計画／設備システムの計画／設備原論／冷暖房負荷／給水・給湯設備／排水・通気設備／特殊設備／電気設備／消火設備／輸送設備／地球環境と建築設備／他
横山浩一・西山紀光・西田 勝・赤司泰義・椛嶋裕幸・後藤立夫・小南義彦・谷口比呂海他著 新建築学シリーズ8 **建 築 設 備 計 画** 26888-1 C3352　　B5判 184頁 本体4300円		〔内容〕建築環境と設備計画(横山浩一)／建築設備の総合計画(西山紀光・西田勝)／空気調和設備(赤司泰義・椛嶋裕幸)／給排水・衛生設備(後藤立夫・大石剛)／電気設備(小南義彦)／先端技術と計画事例(谷口比呂海・村田泰郎)／各設計課題
柏原士郎・田中直人・吉村英祐・横田隆司・阪田弘一・木多彩子・飯田 匡・増田敬彦他著 **建築デザインと環境計画** 26629-0 C3052　　B5判 208頁 本体4800円		建築物をデザインするには安全・福祉・機能性・文化など環境との接点が課題となる。本書は大量の図・写真を示して読者に役立つ体系を提示。〔内容〕環境要素と建築のデザイン／省エネルギー／環境の管理／高齢者対策／環境工学の基礎
前東大 高橋鷹志・工学院大 長澤 泰・東大 西出和彦編 シリーズ〈人間と建築〉1 **環 境 と 空 間** 26851-5 C3352　　A5判 176頁 本体3800円		建築・街・地域という物理的構築環境をより人間的な視点から見直し，建築・住居系学科のみならず環境学部系の学生も対象とした新趣向を提示。〔内容〕人間と環境／人体のまわりのエコロジー(身体と座，空間知覚)／環境の知覚・認知・行動
前東大 高橋鷹志・工学院大 長澤 泰・阪大 鈴木 毅編 シリーズ〈人間と建築〉2 **環 境 と 行 動** 26852-2 C3352　　A5判 176頁 本体3200円		行動面から住環境を理解する。〔内容〕行動から環境を捉える視点(鈴木毅)／行動から読む住居(王青・古賀紀江・大月敏雄)／行動から読む施設(柳澤要・山下哲郎)／行動から読む地域(狩野徹・橘弘志・渡辺治・市岡綾子)
前東大 高橋鷹志・工学院大 長澤 泰・新潟大 西村伸也編 シリーズ〈人間と建築〉3 **環 境 と デ ザ イ ン** 26853-9 C3352　　A5判 192頁 本体3400円		〔内容〕人と環境に広がるデザイン(横山俊祐・岩佐明彦・西村伸也)／環境デザインを支える仕組み(山田哲弥・鞆田茂・西村伸也・田中康裕)／デザイン方法の中の環境行動(横山ゆりか・西村伸也・和田浩一)
関大 和田安彦・阪産大 菅原正孝・前京大 西田 薫・神戸山手大 中野加都子著 エース土木工学シリーズ **エース 環 境 計 画** 26473-9 C3351　　A5判 192頁 本体2900円		環境問題を体系的に解説した学部学生・高専生用教科書。〔内容〕近年の地球環境問題／環境共生都市の構築／環境計画(水環境計画・大気環境計画・土壌環境計画・廃棄物・環境アセスメント)／これからの環境計画(地球温暖化防止，等)
前建設技術研 中澤弌仁著 **水 資 源 の 科 学** 26008-3 C3051　　A5判 168頁 本体3800円		地球資源としての水を世界的視野で総合的に解説〔内容〕地球の水／水利用とその進展／河川の水利秩序と渇水／水資源開発の手段／河川の水資源開発の特性／水資源開発の計画と管理／利水安全度／海外の水資源開発／水資源開発の将来

前東大 長澤　泰・東大 神田　順・東大 大野秀敏・
東大 坂本雄三・東大 松村秀一・東大 藤井恵介編

建 築 大 百 科 事 典

26633-7　C3552　　　B 5 判　720頁　本体28000円

「都市再生」を鍵に見開き形式で構成する新視点の総合事典。ユニークかつ魅力的なテーマを満載。〔内容〕安全・防災(日本の地震環境，建築時の労働災害，シェルター他)／ストック再生(建築の寿命，古い建物はどこまで強くなるのか？他)／各種施設(競技場は他に何に使えるか？，オペラ劇場の舞台裏他)／教育(豊かな保育空間をつくる，21世紀のキャンパス計画他)／建築史(ルネサンスとマニエリスム，京都御所他)／文化(場所の記憶—ゲニウス・ロキ，能舞台，路地の形式他)／他

京大 古阪秀三総編集

建 築 生 産 ハ ン ド ブ ッ ク

26628-3　C3052　　　B 5 判　724頁　本体32000円

建築の企画・設計やマネジメントの領域にまで踏み込んだ新しいハンドブック。設計と生産の相互関係や発注者側からの視点などを重視。コラム付。〔内容〕第1部：総説(建築市場／社会のしくみ／システムとプロセス他)第2部：生産システム(契約・調達方式／参画者の仕事／施設別生産システム他)第3部：プロジェクトマネジメント(PM・CM／業務／技術／契約法務他)第4部：設計(プロセス／設計図書／エンジニアリング他)第5部：施工(計画／管理／各種工事／特殊構工法他)

日本水環境学会編

水 環 境 ハ ン ド ブ ッ ク

26149-3　C3051　　　B 5 判　760頁　本体32000円

水環境を「場」「技」「物」「知」の観点から幅広くとらえ，水環境の保全・創造に役立つ情報を一冊にまとめた。〔内容〕「場」河川／湖沼／湿地／沿岸海域・海洋／地下水・土壌／水辺・親水空間。「技」浄水処理／下水・し尿処理／排出源対策・排水処理(工業系・埋立浸出水)／排出源対策・排水処理(農業系)／用水処理／直接浄化。「物」有害化学物質／水界生物／健康関連微生物。「知」化学分析／バイオアッセイ／分子生物学的手法／教育／アセスメント／計画管理・政策。付録

東京都下水道局排水設備研究会編

新版 排 水 設 備 ハ ン ド ブ ッ ク

26616-0　C3052　　　A 5 判　532頁　本体18000円

下水道事業，排水工事に携わる人々，特に各市町村の工事店の人々の必携書。排水設備工事の設計から関係書類の書き方まで懇切に解説。付録に関連法規などを掲げた。永年自治体の好指針として好評を博してきた旧版の2度目の大改訂。〔内容〕公共下水道(下水道計画，管路の設計と工事，ポンプ場，下水試験方法，他)／排水設備(屋内，屋外，私道，他)／除害施設／事務取扱い(指定工事店，排水設備，公共汚水ます，他)／付録(排水設備設計標準，書類様式集，関係法令集)

前千葉大 丸田頼一編

環 境 都 市 計 画 事 典

18018-3　C3540　　　A 5 判　536頁　本体18000円

様々な都市環境問題が存在する現在においては，都市活動を支える水や物質を循環的に利用し，エネルギーを効率的に利用するためのシステムを導入するとともに，都市の中に自然を保全・創出し生態系に準じたシステムを構築することにより，自立的・安定的な生態系循環を取り戻した都市，すなわち「環境都市」の構築が模索されている。本書は環境都市計画に関連する約250の重要事項について解説。〔内容〕環境都市構築の意義／市街地整備／道路緑化／老人福祉／環境税／他

早大 彼末一之監修

からだと温度の事典

30102-1　C3547　　　B 5 判　640頁　本体20000円

ヒトのからだと温度との関係を，基礎医学，臨床医学，予防医学，衣，食，住，労働，運動，気象と地理，など多様な側面から考察し，興味深く読み進めながら，総合的な理解が得られるようにまとめられたもの。気温・輻射熱などの温熱環境因子，性・年齢・既往歴・健康状態などの個体因子，衣服・運動・労働などの日常生活活動因子，病原性微生物・昆虫・植物・動物など生態系の因子，室内気候・空調・屋上緑化・地下街・街路などの建築・都市工学的因子，など幅広いテーマを収録

上記価格(税別)は2010年8月現在